U0835512

致力于中国人的教育改革与文化重建

立品图书·自觉·觉他
www.tobebooks.net
出品

雍正御製文集

陆

（清）雍正 编著

東方出版社
人民东方出版传媒

目　录

御录宗镜大纲

御制重刊藏经（目录）

古今图书集成(目录)

其他御制典籍

附　录

御录宗镜大纲

雍正　御选

御制序

《宗镜录》者，永明寿禅师，约举佛祖大意，经论圆诠，刊落余文，单标至要。俾觉王所授之旨，大德相传之心，到眼分明，指掌即在。语其少，则不立一字；语其多，则该遍恒沙。无一点一画而非佛心，无一言一句而异佛口。不二圆通之旨，与难思教海，历历相应；大千方便之门，皆无际真心，重重交照。举一心以立宗要，若大母之乳千儿；摄万法以归镜中，如瞳人之印来物。五千华藏，一字中王，不减不增，无欠无剩。未来大士，句下自契灵源；博地凡夫，开卷多闻妙法。即使未得未证，亦不离正位之中。如其顿圆顿成，将永断纤毫之惑。挽天河以洒甘露，信口可尝；开龙藏以施宝珠，任人探取。绝思绝议，罕比罕俦。利自利他，无边无量。诚为绍祖佛之真子，破魔外之将军，救众生之慈父，教百世之宗师也。

朕读兹书，良深嘉悦。是以付诸剞劂，散在香林兰若之中。复为述其指南，弁诸卍字灵文之首。欲宣朕谆切期望之意，普劝后贤，特再颁叮咛训谕之文，昭示来学矣。兹念古佛纂集教文目为《宗镜》，其间曾宣金口，深表本情，谓："一为好略之人，撮其概要，精通的旨，免览繁文；二为执总之人，不明别理，微细开演，性相圆通。截二我生死之根，蹑一味菩提之道。仰群经之大旨，直了自心；遵诸圣之微言，顿开觉藏。去彼依通之见，破其邪执之情。深信正宗，方知月不在指；回光返照，便见性不徇文。"此古佛悲含同体，慈超无缘，以虚空中之风，吹莲花上之水，灭大海里之焰，苏无根树之苗者也。

然而，此书行世，千有余年，肉眼昏蒙，不知宝贵。固缘末世缁流，多愚少慧，亦以篇章浩瀚，意怠情烦。既缩教海为一盂，而饮者腹犹易濍。虽开义天于一线，而观者目尚未周。今为好略者，俯徇机宜，如实垂示；为执总者，明标要目，直截区分。拣天龙女如意之珠，更取如意中之如意；握金刚王无双之剑，更求无双内之无双。万机余暇，乙夜翻披，亲御铅丹，录其纲骨，刊十存二，举一蔽诸。此乃过去法王，助朕不住于相之布施。所冀当来佛子，同朕永弘至道之深心。用述所怀，明诏学者，爰为颁布，安乐有情。

旧之本录百卷，比此非繁，而今摘录如干，较彼非简。犹夫五千教典，入《宗镜》而无余，《宗镜》百篇，括教典而无剩。然古佛述兹《宗镜》，非令人置教典而不观，则朕今刊此要文，又岂令人置《宗镜》而不阅？作《宗镜》者，正为窥教典之梯航，则删《宗镜》者，即为入《宗镜》之向导矣。

唯愿尽未来际，遍法界中，上上根人，一闻千悟，中下之侣，依正修行。庶几不立纤尘，同游斯镜，凡有心者，皆入此宗。无一缘轻福薄而不得妙闻之人，无一业重障深而不生圆信之者。慧日高腾于觉海，破长夜之昏衢；德云飞驾于性天，弃小乘之仄径。同来广济于含识，用以仰报古佛恩，则此法利之普沾，长与虚空而无尽。古佛与朕，所同愿欤。是为序。

雍正十二年甲寅十二月初一日御笔

卷一

伏以真源湛寂，觉海澄清，绝名相之端，无能所之迹。最初不觉，忽起动心，成业识之由，为觉明之咎，因明起照，见分俄兴，随照立尘，相分安布，如镜现像，顿起根身。次则随想而世界成差，后则因智而憎爱不等。从此遗真失性，执相徇名，积滞着之情尘，结相续之识浪。锁真觉于梦夜，沉迷三界之中；瞽智眼于昏衢，匍匐九居之内。遂乃縻业系之苦，丧解脱之门。于无身中受身，向无趣中立趣。约依处则分二十五有，论正报则具十二类生，皆从情想根由，遂致依正差别。向不迁境上，虚受轮回，于无脱法中，自生系缚。如春蚕作茧，似秋蛾赴灯。以二见妄想之丝，缠苦聚之业质；用无明贪爱之翼，扑生死之火轮。用谷响言音，论四生妍丑；以妄想心镜，现三有形仪。然后违顺想风，动摇觉海，贪痴爱水，资润苦芽，一向徇尘，罔知反本。发狂乱之知见，翳于自心；立幻化之色声，认为他法。从此一微涉境，渐成戛汉之高峰；滴水兴波，终起吞舟之巨浪。尔后将欲反初复本，约根利钝不同，于一真如界中，开三乘五性。或见空而证果，或了缘而入真；或三祇熏炼，渐具行门；或一念圆修，顿成佛道。斯则克证有异，一性非殊，因成凡圣之名，似分真俗之相。若欲穷微洞本，究旨通宗，则根本性离，毕竟寂灭。绝升沉之异，无缚脱之殊。既无在世之人，亦无灭度之者，二际平等，一道清虚，识智俱空，名体咸寂，向无所有，唯一真心。达之名见道之人，昧之号生死之始。

复有邪根外种，小智权机，不了生死之病原，罔知人我之见本。唯欲厌喧斥动，破相析尘，虽云味静冥空，不知埋真拒觉。如不辩眼中之赤眚，但灭灯上之重光；罔穷识内之幻身，空避日中之虚影。斯则劳形役思，丧力捐功，不异足水助冰，投薪益火。岂知重光在眚，虚影随身。除病眼而重光自消，息幻质而虚影当灭。若能回光就己，反境观心，佛眼明而业影空，法身现而尘迹绝。以自觉之智刃，剖开缠内之心珠；用一念之慧锋，斩断尘中之见网。此穷心之旨，达识之诠，言约义丰，文质理诣。揭疑关于正智之户，薙妄草于真觉之原。愈入髓之沉疴，截盘根之固执，则物我遇智火之焰，融唯心之炉；名相临慧日之光，释一真之海。斯乃内证之法，岂在文诠？知解莫穷，见闻不及。

今为未见者，演无见之妙见；未闻者，入不闻之圆闻；未知者，说无知之真知；未解者，成无解之大解。所冀因指见月，得兔忘罤，抱一冥宗，舍诠检理，了万物由我，明妙觉在身。可谓搜抉玄根，磨砻理窟，剔禅宗之骨髓，标教网之纪纲。余惑微瑕，应手圆净，玄宗妙旨，举意全彰。能摧七慢之山，永塞六衰之路。尘劳外道，尽赴指呼；生死魔军，全消影响。现自在力，阐大威光。示真实珠，利用无尽；倾秘密藏，周济何穷？可谓香中爇其牛头，宝中探其骊颔，华中采其灵瑞，照中耀其神光，食中啜其乳糜，水中饮其甘露，药中服其九转，主中遇其圣王。故得法性山高，顿落群峰之峻，醍醐海阔，横吞众派之波。似夕魄之腾辉，夺小乘之星宿；如朝阳之孕彩，破外道之昏蒙。犹贪法财之人，值大宝聚；若渴甘露之者，遇清凉池。为众生所敬之天，作菩萨真慈之父。抱膏肓之疾，逢善见之药王；迷险难之途，遇明达之良导。久居暗室，倏临宝炬之光明；常处裸形，忽受天衣之妙服。不求而自得，无功而顿成。故知无量国中，难闻名字；尘沙劫内，罕遇传持。

以如上之因缘，目为心镜，现一道而清虚可鉴，避群邪而毫发不容，妙体无私，圆光匪外。无边义海，咸归顾盼之中；万像形容，尽入照临之内。斯乃曹溪一味之旨，诸祖同传；鹄林不二之宗，群经共述。可谓万善之渊府，众哲之玄源，一字之宝王，群灵之元祖。遂使离心之境，文理俱虚；即识之尘，诠量有据。一心之海印，楷定圆宗；入识之智灯，照开邪暗。实谓含生灵府，万法义宗，转变无方，卷舒自在，应缘现迹，任物成名。诸佛体之号三菩提，菩萨修之称六度行，海慧变之为水，龙女献之为珠，天女散之为无著花，善友求之为如意宝，缘觉悟之为十二缘起，声闻证之为四谛人空，外道取之为邪见河，异生执之作生死海。论体则妙符至理，约事则深契正缘。

然虽标法界之总门，须辩一乘之别旨。种种性相之义，在大觉以圆通；重重印入之门，唯种智而妙达。但以根羸靡鉴，学寡难周，不知性相二门，是自心之体用。若具用而失恒常之体，如无水有波；若得体而阙妙用之门，似无波有水。且未有无波之水，曾无不湿之波，以波彻水源，水穷波末，如性穷相表，相达性源，须知体用相成，性相互显。

今乃细明总别，广辩异同，研一法之根原，搜诸缘之本末，则可称宗镜，以鉴幽微，无一法以逃形，斯千差而普会。遂尔编罗广义，撮略要文，铺舒于百卷之中，卷摄在一心之内。能使难思教海，指掌而念念圆明；无尽真宗，目睹而心心契合。若神珠在手，永息驰求；犹觉树垂荫，全消影迹。获真宝于春池之内，拾砾浑非；得本头于古镜之前，狂心顿歇。可以深挑见刺，永截疑根。不运微毫之功，全开宝藏；匪用刹那之力，顿获玄珠。名为一乘大寂灭场，真阿兰若正修行处。此是如来自到境界，诸佛本住法门，是以普劝后贤，细垂玄览，遂得智穷性海，学洞真源。

此识此心，唯尊唯胜：此识者，十方诸佛之所证；此心者，一代时教之所诠；唯尊者，教理行果之所归；唯胜者，信解证入之所趣。诸贤依之而解释，论起千章；众圣体之以弘宣，谈成四辩。所以掇奇提异，研精洞微，独举宏纲，大张正网，捞摝五乘机地，升腾第一义天，广证此宗，利益无尽。遂得正法久住，摧外道之邪林；能令广济含生，塞小乘之乱辙。则无邪不正，有伪皆空。由自利故，发智德之原；由利他故，立恩德之事。成智德故，则慈起无缘之化；成恩德故，则悲含同体之心。以同体故，则心起无心；以无缘故，则化成大化。心起无心故，则何乐而不与；化成大化故，则何苦而不收。何乐而不与，则利钝齐观；何苦而不收，则怨亲普救。遂使三草二木，咸归一地之荣；邪种焦芽，同沾一雨之润。斯乃尽善尽美，无比无俦，可谓括尽因门，搜穷果海。故得创发菩提之士，初求般若之人，了知成佛之端由，顿圆无滞，明识归家之道路，直进何疑！

或离此别修，随他妄解，如构角取乳，缘木求鱼，徒历三祇，终无一得。若依此旨，信受弘持，如快舸随流，无诸阻滞，更遇便风之势，复加橹棹之功，则疾届宝城，忽登觉岸。可谓资粮易办，道果先成，披迦叶上行之衣，坐释迦法空之座，登弥勒毗卢之阁，入普贤法界之身。能令客作贱人，全领长者之家业；忽使沉空小果，顿受如来之记名。未有一门匪通斯道，必无一法不契此宗。过去觉王，因兹成佛，未来大士，仗此证真。则何一法门而不开，何一义理而不现？无一色非三摩钵地，无一声非陀罗尼门。尝一味而尽变醍醐，闻一香而皆入法界。风柯月渚，并可传心；烟岛云林，咸提妙旨。步步踏金色之界，念念嗅薝蔔之香。掬沧海而已得百川，到须弥而皆同一色。焕兮开观象之目，尽复自宗；寂尔导求珠之心，俱还本法。遂使邪山落仞，苦海收波，智楫以之安流，妙峰以之高出。

今详祖佛大意，经论正宗，削去繁文，唯搜要旨，假申问答，广引证明。举一心为宗，照万法如镜。编联古制之深义，撮略宝藏之圆诠。同此显扬，称之曰录。分为百卷，大约三章：先立正宗，以为归趣；次申问答，用去疑情；后引真诠，成其圆信。以兹妙善，普施含灵，同报佛恩，共传斯旨耳。

标宗章第一

详夫祖标禅理，传默契之正宗，佛演教门，立诠下之大旨，则前贤所禀，后学有归。是以先列标宗章，为有疑故问，以抉疑故答。谓此圆宗难信难解，是第一之说，若不假立言诠，无以荡其情执，因指得月，不无方便之门。次立问答章。欲坚信力，须假证明，广引祖佛之诚言，密契圆常之大道，遍采经论之要旨，圆成决定之真心。后陈引证章。以此三章，通为一观，搜罗该括，备尽于兹矣。

问：先德云："若教我立宗定旨，如龟上觅毛，兔边求角。"《楞伽经》偈云："一切法不生，不应立是宗。"何故标此章名？

答：斯言遣滞。若无宗之宗，则宗说兼畅。古佛皆垂方便门，切不可执方便而迷大旨。设有一解一悟，皆是落后之事，属第二头。

是故西天释迦文佛云："佛语心为宗，无门为法门。"此土初祖达摩大师云："以心传心，不立文字。"则佛佛手授授斯旨，祖祖相传传此心。

终不率自胸襟，违于佛语。凡有释疑去伪，显性明宗，无不一一广引经文，备彰佛意，所以永传后嗣，不坠家风。若不然者，又焉得至今绍继昌盛？法力如是，证验非虚。又若欲研究佛乘，披寻宝藏，一一须消归自己，言言使宜合真心。但莫执义上之文，随语生见；直须探诠下之旨，契会本宗。则无师之智现前，天真之道不昧。如《华严经》云："知一切法，即心自性，成就慧身，不由他悟。"故知教有助道之力，初心安可暂忘，细详法利无边，是乃搜扬纂集。且凡论宗旨，唯逗顿机，如日出照高山，駃马见鞭影。

故《首楞严经》云："圆明了知，不因心念，扬眉动目，早是周遮。"今为乐佛乘人，实未荐者，假以《宗镜》助显真心。虽挂文言，妙旨斯在，俯收中下，尽被群机。但任当人，各资己利。于四门八处虽殊，在一真见时无别。岂同劣解凡情，而生局见？我此无碍广大法门，如虚空非相，不拒诸相发挥，似法性无身，匪碍诸身顿现。须以六相（总相、别相、同相、异相、成相、坏相）义该摄，断常之见方消，用十玄门融通。

一、同时具足相应门，如海之一滴具百川味；

二、广狭自在无碍门，如一尺之镜见千里影；

三、一多相容不同门，如一室千灯光光涉入；
四、诸法相即自在门，如金与金色不相舍离；
五、秘密隐显俱成门，如秋空片月晦明相并；
六、微细相容安立门，如琉璃之瓶盛多芥子；
七、因陀罗网境界门，如两镜互明传耀相为；
八、托事显法生解门，如擎拳竖臂触目皆道；
九、十世融法异成门，如一夕之梦翱翔百年；
十、主伴圆明具德门，如北辰所居众星皆拱。

此十玄门，一一皆具十法，同时具足：一、教义，二、理事，三、境智，四、行位，五、因果，六、依正，七、体用，八、人法，九、逆顺，十、感应。去取之情始绝。又若实得一闻千悟，获大总持，即胡假言诠，无劳解释。船筏为渡迷津之者，导师因引失路之人。凡关一切言诠，于圆宗所示，皆为未了，文字性离，即是解脱。迷一切诸法真实之性，向心外取法，而起文字见者，今还将文字对治，示其真实。若悟诸法本源，即不见有文字，及丝毫发现，方知一切诸法，即心自性。则境智融通，色空俱泯。当此亲证圆明之际，入斯一法平等之时，又有何法是教而可离？何法是祖而可重？何法是顿而可取？何法是渐而可非？则知皆是识心，横生分别。

故先德云："一翳在目，千花乱空，一妄在心，恒沙生灭。翳除花尽，妄灭证真，病差药除，冰融水在。神丹九转，点铁成金；至理一言，点凡成圣。狂心不歇，歇即菩提，镜净心明，本来是佛。"

问答章第二

问：如上所标，已知大意，何用向下更广开释？

答：上根利智，宿习生知，才看题目"宗"之一字，已全入佛智海中，永断纤疑，顿明大旨，则一言无不略尽，摄之无有遗余。若直览至一百卷终，乃至恒沙义趣，龙宫宝藏，鹫岭金文，则殊说更无异途，舒之遍周法界。以前略后广，唯是一心，本卷末舒，皆同一际。终无异旨,有隔前宗。都谓迷情,妄与取舍。唯见纸墨文字,嫌卷轴多,但执寂默无言,欣为省要。皆是迷心徇境,背觉合尘,不穷动静之本原,靡达一多之起处,偏生局见,唯惧多闻。如小乘之怖法空,似波旬之难众善。以不达诸法真实性故,随诸相转,堕落有无。如《大涅槃经》云:“若人闻说大涅槃一字一句,不作字相,不作句相,不作闻相,不作佛相,不作说相,如是义者,名无相相。”释曰:若云即文字无相,是常见,若云离文字无相,是断见。又若执有相相,亦是常见,若执无相相,亦是断见。但亡即离、断常、四句、百非,一切诸见,其旨自现。

当亲现入宗镜之时,何文言识智之能诠述乎?若明宗达性之者,虽广披寻,尚不见一字之相,终不作言诠之解。以迷心作物者,生斯纸墨之见耳。故《信心铭》云:“六尘不恶,还同正觉,智者无为,愚人自缚。”如斯达者,则六尘皆是真宗,万法无非妙理,何局于管见,而迷于大旨耶?斯乃无尽妙旨,非浅智所知,性起法门,何劣解能览?燕雀焉测鸿鹄之志?井蛙宁识沧海之渊?如狮子大哮吼,狸不能为;如香象所负担,驴不能胜;如毗沙门宝,贫不能等;如金翅鸟飞,乌不能及。唯依情而起见,但逐物而意移。或说有而不涉空,或言空而不该有,或谈略为多外之一,或立广为一外之多,或离默而执言,或离言而求默,或据事外之理,或著理外之事,殊不能悟此自在圆宗。演广非多,此是一中之多;标略非一,此是多中之一。谈空不断,斯乃即有之空;论有不常,斯乃即空之有;或有说亦得,此即默中说;或无说亦得,此即说中默;或理事相即亦得,此理是成事之理,此事是显理之事;或理理相即亦得,以一如无二如,真性常融会;或事事相即亦得,此全理之事,一一无碍;或理事不即亦得,以全事之理非事,所依非能依,不隐真谛故,以全理之事非理,能依非所依,不坏俗谛故。

斯则存泯一际,隐显同时。如阐普眼之法门,皆是理中之义;似舒大千之经卷,非标心外之文。故经云:“一法能生无量义,非声闻缘觉之所知。”《华严经》云:“自深入无自性真实法,亦令他入无自性真实法，心得安隐。”以兹妙达，方入此宗。但祖教并施，定慧双照，自利利他，则无过矣。设有坚执己解，不信佛言，起自障心，绝他学路，今有十问以定纪纲。

还得了了见性，如画观色，似文殊否？还逢缘对境，见色闻声，举足下足，开眼合眼，悉得明宗，与道相应否？还览一代时教，及从上祖师言句，闻深不怖，皆得谛了无疑否？还因差别问难，种种征诘，能具四辩，尽抉他疑否？还于一切时一切处，智照无滞，念念圆通，不见一法能为障碍，未曾一刹那中暂令间断否？还于一切逆顺好恶境界现前之时，不为间隔，尽识得破否？还于百法明门心境之内，一一得见微细体性根原起处，不为生死根尘之所惑乱否？还向四威仪中行住坐卧，钦承祇对，着衣吃饭，执作施为之时，一一辩得真实否？还闻说有佛无佛，有众生无众生，或赞或毁，或是或非，得一心不动否？还闻差别之智，皆能明达，性相俱通，理事无滞，无有一法不鉴其原，乃至千圣出世，得不疑否？

若实未得如是，切不可起过头欺诳之心，生自许知足之意。直须广披至教，博问先知，彻祖佛自性之原，到绝学无疑之地。此时方可歇学，灰息游心。或自办则禅观相应，或为他则方便开示。设不能遍参法界，广究群经，但细看《宗镜》之中，自然得入。此是诸法之要，趣道之门。所以《志公歌》云：“六贼和光同尘，无力大难推托，内发解空无相，大乘力能翻却。”唯在玄览得旨之时，可验斯文究竟真实。

问：诸佛境寂，众生界空，有何因缘而与教迹？

答：一实谛中，虽无起尽，方便门内，有大因缘。故《法华经》偈云：“诸法常无性，佛种从缘起。”以万法常无性，无不性空时，法尔能随缘，随缘不失性。如诸大菩萨所集《唯识论》等，大意有其二种：一、为达万法之正宗，破二空之邪执；二、为断烦恼所知之障，证解脱菩提之门。斯则自证法原本觉真地，不在文字句义敷扬。今为后学慕道之人，方便纂集，又自有二意，用表本怀：一、为好略之人撮其枢要，精通的旨，免览繁文；二、为执总之人不明别理，微细开演，性相圆通，截二我生死之根，蹑一味菩提之道。仰群经之大旨，直了自心，遵诸圣之微言，顿开觉藏。去彼依通之见，破其邪执之情。深信正宗，令知月不在指；回光返照，使见性不徇文。唯证相应，斯为本意。不可横生知解，没溺见河。于无得观中，怀趣向之意；就真空理上，兴取舍之心。率自胸襟，疑误后学。须亲见性，方晓斯宗。

问：既虑执指徇文，又何烦集教？

答：为背己合尘，齐文作解者，恐封教滞情，故有此说。若随诠了旨，即教明心者，则有何取舍？所以藏法师云："自有众生寻教得真，会理教无碍，常观理而不碍持教，恒诵习而不碍观空，则理教俱融，合成一观，方为究竟圆通耳。"斯乃教观一如，诠旨同原矣。

问：诸大经论，自成片段，科节伦序，句义分明，何假撮录广文，成其要略？

答：但以教海弘深，穷之罔知其际，义天高广，仰之不得其边。今则以管窥天，将螺酌海，如掬沧溟之涓滴，似撮太华之一尘。本为义广难周，情存厌怠，亦为不依一乘教之正理，唯徇不了义之因缘，罕穷横竖之门，莫知起尽之处，所以删繁简异，采妙探玄。虽文不足而大义全，缘不备而正理显。搜尽一乘之旨，决开万法之源，为般若之玄枢，作菩提之要路。则资粮易办，速至大乘，证入无疑，免迂小径。

今斯录者，虽无广大制造之功，微有一期述成之事。亦如钞录前后，文势不全，所冀直取要诠，且明宗旨。如从石辩玉，似披沙拣金。于群药中，但取阿陀之妙；向众宝内，唯探如意之珠。举一蔽诸，以本摄末，则一言无不略尽，殊说更无异途。所望后贤，勿垂讥诮。所希断疑生信，但以见道为怀，非徇虚名，以邀世誉。

愿尽未来之际，遍穷法界之中，历劫逾生，常弘斯道。凡有心者，皆入此宗，去执除疑，见闻获益，承三宝力，加被护持，誓报佛恩，广济含识，虚空可尽，兹愿匪移，法界可穷，斯文不坠。

问：了义大乘，广略周备，解一义具圆通之见，闻一偈有成佛之功，何假述成，仍烦解释？

答：上上根人，一闻千悟，性相双辩，理事俱圆。若中下之徒，须假开演，庄严之道，赞饰之门，格量其功，不可为喻。所以《法华经》偈云："譬如优昙花，一切皆爱乐，天人所稀有，时时乃一出。闻法叹喜赞，乃至发一言，则为已供养，一切三世佛。是人甚希有，过于优昙花。"《般若颂》云："般若无坏相，过一切言语，适无所依止，谁能赞其德？般若虽叵赞，我今能得赞，虽未脱死地，则为已得出。"又古圣云："若菩萨造论者，名庄严经。如莲花未开，见虽生喜，不如已剖，香气芬馥。如金未用，见虽生喜，不如用之，为庄严具。"故知弘教一念之善，能报十方诸佛之恩。论稀有，则如花擅优昙之名；说光扬，则似金作庄严之具。

《大涅槃经》云："佛言：'善男子！除一阐提，其余众生闻是经已，悉皆能作菩提因缘，法声光明入毛孔者，必定当得阿耨多罗三藐三菩提。何以故？若有人能供养恭敬无量诸佛，方乃得闻大涅槃经，薄福之人，则不得闻。'"故知得闻《宗镜》所录，一心实相常住法门，皆是曩结深因，曾亲佛会，甚为大事，非属小缘。若未闻熏，曷由值遇？

又《大涅槃经》云："佛告迦叶菩萨：'诸善男子善女人，常当系心修此二字，佛是常住。迦叶！若有善男子善女人，修此二字，当知是人随我所行，至我至处。是以信此法人，即凡即圣，修持契会，住佛所住之中，进止威仪，行佛所行之迹。'"

《释摩诃衍论》云："若有众生，闻此摩诃衍之甚深极妙广大法门已，即其心中，亦不疑畏，亦不怯弱，亦不轻贱，亦不诽谤，发决定心，发坚固心，发尊重心，发爱信心，当知是人，真实佛子，不断法种，不断僧种，不断佛种，常恒相续，转转增长，尽于未来，亦为诸佛亲所授记，亦为一切无量菩萨之所护念故。”论云：“假使有人能化三千大千世界，满中众生令行十善，不如有人于一食顷正思此法，过前功德，不可为喻。所以者何？法身真如之功德，等虚空界，无边际故。”

故知信此心宗，成摩诃衍。同三世诸佛之所证，义理何穷？等十方菩萨之所乘，功德无尽。偶斯玄化，庆幸逾深。顺佛旨而报佛恩，无先弘法；阐佛日而开佛眼，只在明心。此《宗镜》中，若得一句入神，历劫为种，况正言深奥，总一群经？此一乃无量中一。若染此法，即是圆顿之种。可谓甘露入顶，醍醐灌心。耀不二之慧灯，破情根之暗惑，注一味之智水，洗意地之妄尘。能令厚障深遮，若暴风之卷危叶；繁疑积滞，犹赫日之烁轻水。

《大智度论》云：“三世诸佛，皆以诸法实相为师。”祖师云：“一切明中，心明为上。”故先德云：“剖微尘之经卷，则念念果成；尽众生之愿门，则尘尘行满。”未悟《宗镜》，焉信斯文？所以昔人云：“遇斯教者，应须自庆。其犹溺巨海而遇芳舟，坠长空而乘灵鹤矣。”

问：诸佛方便教门皆依众生根起。根性不等，法乃尘沙，云何唯立一心以为宗镜？

答：此一心法，理事圆备，为凡圣根本，作迷悟原由，诸门竞入，众德攸归。如《起信论》云：“复次真如自体相者，一切凡夫，声闻缘觉，菩萨诸佛，无有增减，非前际生，非后际灭，常恒究竟。从无始来，本性具足一切功德。谓大智慧光明义，遍照法界义，如实了知义，本性清净心义，常乐我净义，寂静不变自在义。如是等过恒沙数，非同非异不思议佛法，无有断绝。依此义故，名如来藏，亦名法身。”

问：真如离一切相，云何今说具足一切功德？

答:虽实具有一切功德,然无差别相。彼一切法,皆同一味一真,离分别相,无二性故。以依业识等生灭相,而立彼一切差别之相。此云何立?以一切法,本来唯心,实无分别。以不觉故,分别心起,见有境界,名为无明。心性本净,无明不起,即于真如,立大智慧光明义;若心生见境,则有不见之相,心性无见,则无不见,即于真如,立遍照法界义;若心有动,则非真了知,非本性清净,非常乐我净,非寂静,是变异,不自在,由是具起过于恒沙虚妄杂染,以心性无动故,即立真实了知义,乃至过于恒沙清净功德相义;若心有起,见有余境可分别求,则于内法有所不足,以无边功德,即一心自性,不见有余法而更可求,是故满足过于恒沙,非一非异,不可思议诸佛之法,无有断绝。故说真如名如来藏,亦复名为如来法身。

然此一心,非同凡夫妄认缘虑能推之心,决定执在色身之内。今遍十方世界,皆是妙明真心,如《入法界品》云:"华藏世界海中无问若山若河,大地虚空,草木丛林,尘毛等处,无不咸是一真法界,具无边德。"故先德云:"心也者,冲虚妙粹,炳焕灵明,无去无来,冥通三际,非中非外,朗彻十方。不灭不生,岂四山之可害?离性离相,奚五色之能盲?处生死流,骊珠独耀于沧海;踞涅槃岸,桂轮孤朗于碧天。大矣哉!万法资始也。万法虚伪,缘会而生。生法本无,一切唯识。识如幻梦,但是一心。心寂而知,目之圆觉,弥满清净,中不容他。故德用无边,皆同一性。性起为相,境智历然;相得性融,身心廓尔。方之海印,越彼太虚,恢恢焉,晃晃焉,迥出思议之表也。"若论一心性起功德,无尽无边,岂以有量之心,赞无为之德?

问:教明一切万法,至理虚玄,非有无之证,绝自他之性,若无一法自体,云何立宗?

答:若不立宗,学何归趣?若论自他有无,皆是众生识心分别,是对治门,从相待有。法身自体,中实理心,岂同幻有,不随幻无。《楞伽经》云："佛言：'大慧！譬如非牛马性，牛马性其实非有非无，彼非无自相。'"古释云："马体上，不得说牛性是有是无，然非无马自体。以譬法身上，不得说阴界八性是有是无，然非无法身自相。"此法空之理，超过有无，即法身之性。然有趣有向，智背天真；无得无归，情生断灭。但有之不用求，真规宛尔，无之自然足，妙旨焕然，则寂尔有归，恬然无间，顿超能所，不在有无，可谓真归，能通至道矣。

问：以心为宗，如何是宗通之相？

答：内证自心第一义理，住自觉地，入圣智门，以此相应，名宗通相。此是行时，非是解时。因解成行，行成解绝，则言说道断，心行处灭。如《楞伽经》云："佛告大慧：'宗通者，谓缘自得胜进相，远离言说文字妄想，趣无漏界自觉地自相，远离一切虚妄觉想，降伏一切外道众魔，缘自觉趣光明辉发，是名宗通相。'"所以悟心成祖，先圣相传。故达摩大师云："明佛心宗，了无差误，行解相应，名之曰'祖'。"

问：悟道明宗，如人饮水，冷暖自知，云何说其行相？

答：前已云诸佛方便，不断今时，只为因疑故问，因问故答。此是本师于楞伽会上，为十方诸大菩萨，来求法者，亲说此二通：一宗通，二说通。宗通为菩萨，说通为童蒙。祖佛俯为初机童蒙，少垂开示，此约说通。只为从他觅法，随语生解，恐执方便为真实，迷于宗通。是以分开二通之义，当具眼人前若更说示，则不得称知时，名为大法师。实见月人，终不观指，亲到家者，自息问程。唯证相应，不俟言说。终不执指为月，亦不离指见月。

如《大涅槃经》云："善男子！如彼众盲，不说象体，亦非不说。若是众相，悉非象者，离是之外，更无别象。善男子！或作是言，色是佛性。何以故？如来色者常不断故，是说色名为佛性。譬如真金，质虽迁变，色常不异，或时作钏作盘，然其黄色初无改易。众生佛性,亦复如是。质虽无常,而色是常。以是故说,色为佛性,乃至说受想行识等为佛性。又有说言,离阴有我,我是佛性。如彼盲人,各各说象,虽不得实,非不说象。说佛性者,亦复如是,非即六法,不离六法。善男子!是故我说众生佛性,非色不离色,乃至非我不离我。善男子!有诸外道虽说有我,而实无我。众生我者,即是五阴,离阴之外,更无别我。善男子!譬如茎叶须台,合为莲花,离是之外,更无别花。"

又佛言:"善男子!是诸外道,痴如小儿,无慧方便,不能了达:常与无常,苦与乐,净不净,我无我,寿命非寿命,众生非众生,实非实,有非有。于佛法中,取少许分,虚妄计有常乐我净。而实不知常乐我净,如生盲人,不知乳色。善男子!以是义故,我佛法中,有真实谛,非于外道。"

夫真实谛者,《宗镜》所归。未闻悟时,不信解者,所有说法,及自修行,皆成生灭折伏之门,不入无生究竟之道。如《庵提遮女经》云:"若不见生性,虽因调伏,少得安处,其不安之相,常为对治;若能见生性者,虽在不安之处,而安相常现前。若不如是知者,虽有种种胜辩,谈说甚深典籍,而即是生灭心,说彼实相密要之言。如盲辩色,因他语故,说得青黄赤白黑,而不能自见色之正相。当知,大德,空者亦不自得空,故说有空义也。"

故知能了万法无生之性,是为得道。是以不了唯心之旨,未入宗镜之人,向无生中,起贪痴之垢,于真空内,着境界之缘,以为对治,成其轮转。若能返照,心境俱寂。如《诸法无行经》云:"若菩萨见贪欲际,即是真际,见瞋恚际,即是真际,见愚痴际,即是真际,则能毕灭业障之罪。"

《不思议佛境界经》云:"尔时,世尊复语文殊师利菩萨言:'童子!汝能了知如来所住平等法否?'文殊师利菩萨言:'世尊!我已了知。'佛言:'童子!何者是如来所住平等法?'文殊师利菩萨言:'世尊!一切凡夫,起贪、瞋、痴处,是如来所住平等法。'佛言:'童子!云何一切凡夫,起贪、瞋、痴处,是如来所住平等法?'文殊师利菩萨言：‘世尊！一切凡夫，于空、无相、无愿法中，起贪、瞋、痴，是故一切凡夫，起贪、瞋、痴处，即是如来所住平等法。’佛言：‘童子！空岂是有法，而言于中有贪、瞋、痴？’文殊师利菩萨言：‘世尊！空是有，是故贪、瞋、痴，亦是有。’佛言：‘童子！空云何有？贪、瞋、痴，复云何有？’文殊师利菩萨言：‘世尊！空以言说故有；贪、瞋、痴，亦以言说故有。如佛说比丘有无生无起，无作无为，非诸行法。此无生无起，无作无为，非诸行法，非不有。若不有者，则于生起作为诸行之法，应无出离。以有，故言出离耳。此亦如是，若无有空，则于贪、瞋、痴，无有出离；以有，故说离贪等诸烦恼耳。’”

《中观论》偈云：“从法不生法，亦不生非法，从非法不生，法及于非法。”直释偈意：法即是有，如色心等；非法是无，如兔角等。若从法生法，如母生子；法生非法，如人生石女儿；从非法生法，如兔角生人；从非法生非法，如龟毛生兔角。故《般若假名论》云：“复有念言，若如来但证无所得者，佛法即一，非是无边。”是故经言：“如来说一切法，皆是佛法。”佛法谓何？即无所得。未曾一法，有可得性。是故一切，无非佛法。云何一切皆无所得？经云：“一切法者，即非一切法。云何非耶？无生性故。若无生即无性，云何名一切法？于无性中，假言说故。一切法无有性者，即是众生如来藏性。”故知诸法从意成形，千途因心有像。一念澄寂，万境旷然。元同不二之门，尽入无生之旨。

又无生有二，如《通心论》云：“一、法性无生，妙理言法，至虚言性，本来自尔，名曰‘无生’；二、缘起无生，夫境由心现，故不从他生，心藉境起，故不自生，心境各异，故不共生，相因而有，故不无因生。”亦云：“一、理无生，圆成实性，本不生故；二、事无生，缘生之相即无生故。”

《止观》云：“虽诸法不住，以无住法住般若中，即是入空；以无住法住世谛，即是入假；以无住法住实相，即是入中。”此无住慧，即是金刚三昧，能破磐石沙砾，彻至本际。又如释迦牟尼入大寂定金刚三昧，天亲、无著论，开善广解，讵出无生无住之意。若得此意，千经万论，豁矣无疑。此是学观之初章，思议之根本，释异之妙慧，入道之指归。故知一切诸法，皆从无生性空而有。有而非有，不离俗而常真；非有而有，不离真而恒俗。则幻有立而无生显，空有历然；两相泯而双事存，真俗宛尔。斯则无生而无不生，不住二边矣。如古德颂云：“无生终不住，万像徒流布，若作无生解，还被无生固。”若能知心无住，则无有心。既无有心，亦无无心。有无总无，身心俱尽。故泯齐万境，万境无相，合本一冥。冥然玄照，照无不寂。以寂为体，体无不虚。虚寂无穷，同通法界。法界缘起，无不自然。来无所从，去无所至。

又法无定相，真妄由心，起尽同原，更无别旨。正同宗镜，隐则一心无相，显则万法标形，不坏前后而同时，常居一际而前后。若依此一心无碍之观，念念即是华严法界，念念即是毗卢遮那法界。经云：“若与如是观行相应，于诸法中，不生二解。”

卷 二

问:以心为宗,理须究竟。约有情界,真妄似分,不可雷同,有滥圆觉,未审以何心为宗?

答:诚如所问,须细识心,此妙难知,唯佛能辩。只为三乘慕道,见有差殊,错指妄心,以为真实。认妄贼而为真子,劫尽家珍;收鱼目以作骊珠,空迷智眼。所以《首楞严经》云:"佛告阿难:'一切众生从无始来,种种颠倒,业种自然,如恶义聚。诸修行人,不能得成无上菩提,乃至别成声闻缘觉,及成外道诸天魔王及魔眷属,皆由不知二种根本,错乱修习。犹如煮沙,欲成嘉馔,纵经尘劫,终不能得。云何二种?阿难!一者,无始生死根本,则汝今者与诸众生,用攀缘心,为自性者;二者,无始菩提涅槃,元清净体,则汝今者,识精元明,能生诸缘,缘所遗者。由诸众生遗此本明,虽终日行而不自觉,枉入诸趣。'"

又云:"一切众生,从无始来,生死相续,皆由不知常住真心,性净明体,用诸妄想。此想不真,故有轮转。"以不了不动真心而随轮回妄识。此识无体,不离真心,元于无相真原,转作有情妄想。如风起澄潭之浪,浪虽动而常居不动之源;似翳生空界之花,花虽现而匪离虚空之性。风消空净,浪息潭清,唯一真心,周遍法界。

又此心不从前际生,不居中际住,不向后际灭。升降不动,性相一如。则从上禀受,以此真心为宗。离此修行,尽萦魔骨,别有所得,悉陷邪林。如经云:"阿难言:'如来现今征心所在,而我以心推穷寻逐,即能推者,我将为心。'佛言:'咄!阿难!此非汝心。'阿难矍然避座,合掌起立白佛:'此非我心,当名何等?'佛告阿难:'此是前尘虚妄相想,惑汝真性。因汝无始至于今生,认贼为子，失汝元常，故受轮转。'阿难白佛言：'世尊！若此发明不是心者，我乃无心，同诸土木，离此觉知，更无所有。云何如来此非心？我实惊怖，唯垂大悲，开示未悟。'尔时，世尊摩阿难顶而告之言：'如来常说，诸法所生，唯心所现，一切因果，世界微尘，因心成体。阿难！若诸世界，一切所有，其中乃至草叶缕结，诘其根原，咸有体性，纵令虚空，亦有名貌，何况清净妙净明心，性一切心，而自无体？若汝执吝，分别觉观所了知性，必为心者，此心即应离诸一切色、香、味、触诸尘事业，别有全性。如汝今者听我法，此则因声而有分别。纵灭一切见闻觉知，内守幽闲，犹为法尘分别影事。我非敕汝执为非心，但汝于心，微细揣摩。若离前尘有分别性，即真汝心；若分别性，离尘无体，斯则前尘分别影事。尘非常住，若变灭时，此心则同龟毛兔角，则汝法身同于断灭，其谁修证无生法忍？'"

古释云："能推者，即是妄心，皆有缘虑之用，亦得名心，然不是真心。妄心是真心上之影像，故云'汝身汝心，皆是妙明真精妙心中所现物'。若执此影像为真，影像灭时，此心即断，故云'若执缘尘，即同断灭'。"故知诸佛境智，遍界遍空，凡夫身心，如影如像。若执末为本，以妄为真，生死现时，方验不实。

又此能推之心，若无因缘，即不生起，但从缘生。缘生之法，皆是无常。如镜里之形，无体而全因外境；似水中之月，不实而虚现空轮。认此为真，愚之甚矣。所以庆喜执而无据，七处茫然；二祖了而不生，一言契道。则二祖求此缘虑不安之心不得，即知真心遍一切处。悟此为宗，遂乃最初绍于祖位。阿难因如来推破妄心，乃至于五阴、六入、十二处、十八界、七大性，一一微细穷诘，彻底唯空，皆无自性。既非因缘自他和合而有，又非自然无因而生，悉是意言、识想分别。因兹豁悟妙明真心，广大含容，遍一切处。即与大众俱达此心，同声赞佛。故经云："尔时，阿难及诸大众，蒙佛如来，微妙开示，身心荡然，得无罣碍。是诸大众，各个自知，心遍十方，见十方空，如观手中所持叶物。一切世间诸所有物，皆即菩提妙明元心。心精遍圆，含裹十方。反观父母所生之身，犹彼十方虚空之中，吹一微尘，若存若亡，如湛巨海，流一浮沤，起灭无从。了然自知，获本妙心，常住不灭。礼佛合掌，得未曾有。于如来前，说偈赞佛：'妙湛总持不动尊，首楞严王世稀有，消我亿劫颠倒想，不历僧祇获法身。'"即同初祖，直指人心，见性成佛。

如上依教所说，真妄二心，约义似分，归宗匪别。何者？真心约理体，妄心据相用。今以理恒是心，不得心相；心恒是理，不动心相。如水即波，不得波相；波即是水，不坏波相。是以动静无际，性相一原。当凡心而是佛心，观世谛而成真谛。所以《华严经》云："菩萨摩诃萨，观一切法，皆以心为自性，如是而住。若摄境为心，是世俗胜义；心之自性，即是真如，是胜义胜义。如是而住，以无所得而为方便，双照真俗，无住住故。"

问：若随分别，立真妄心，约此二心，总有几种？

答：《大智论》云："有二种道：一、毕竟空道，二、分别好恶道。若毕竟空道，尚不得一，何况说多？若分别好恶道，理从义别，事乃恒沙。"且约一心，古释有四：一、纥利陀耶，此云肉团心；二、缘虑心，通指八识；三、质多耶，此云集起心，唯第八识积集种子，生起现行；四、乾栗陀耶，此云坚实心，亦云贞实心，此是真心也。然第八识无别自体，但是真心，以不觉故，与诸妄想，有和合不和合义。和合义者，能含染净，目为藏识；不和合者，体常不变，目为真如，都是如来藏。

经云："隐为如来藏，显为法身。"故知四种心，本同一体，但从迷悟分多。经偈云："佛说如来藏，以为阿赖耶，恶慧不能知，藏即赖耶识。""佛说如来藏者"，即法身在缠之名。"以为阿赖耶"，即是藏识。"恶慧不能知，藏即赖耶识"，有执真如与赖耶体别者，是恶慧也。然虽四心同体，真妄义别，本末亦殊。前三是相，后一是性，性相无碍，都是一心，即第四真心以为宗旨。

《楞伽经》云："如来藏名阿赖耶识，而与无明七识共俱，如大海波，常不断绝。”又云：“如来藏者，为无始虚伪恶习所熏，名为识藏。若此一心，推末归本者，谓证第一义，则得解脱。第一义，是缘之性。若见缘性，则脱缘缚。”《华严经》云：“皆一心作。”论云：“但是一心者，一切三界，唯心转故。”诸教同引，证成唯心。云何一心而作三界？以真如性毕竟无尽故。如《漩洑颂》云：“若人欲识真空理，身内真如还遍外，情与非情共一体，处处皆同真法界。不离幻色即见空，此即真如含一切，一念照入于多劫，一一念劫收一切，于一境内一切智，于一智中诸境界，只用一念观一境，一切诸境同时会，时处帝网现重重，一切智通无罣碍。”

又偈云：“真如净法界，一泯未尝有，随于染净缘，遂成十法界。”随染缘成六凡法界，随净缘成四圣法界。

众生于真性上，以情想自异，则六趣升沉；诸圣于无为法中，以智行为差，则四圣高下。然凡圣迹虽升降，缚脱似殊，于一真法界之中，初无移动。又依华严宗，一心随理事，立四种法界：一、理法界者，界是性义，无尽事法，同一性故；二、事法界者，界是分义，一一义别有分剂故；三、理事无碍法界者，具性分义，圆融无碍；四、事事无碍法界者，一切分剂事法，一一如性融通，重重无尽故。以此十法界，因理事四法界，性相即入，真俗融通，滞出无穷，成重重无尽法界。然是全一心之法界，全法界之一心。随有力无力，而立一立多；因相资相摄，而或隐或显。如一空，遍森罗之物像；似一水，收万叠之波澜。入宗镜中，坦然显现。

问：心分四名，义开多种，识之名义，约有几何？

答：若约同门自相，不可分别。若约异门共相，随义似分。名约性相有九，义包内外具五。名有九者：一、眼识，二、耳识，三、鼻识，四、舌识，五、身识，六、意识，七、末那识，八、阿赖耶识，九、净识。义具五者：一、识自相，谓识自证分；二、识所变故，一切境界，从心现起；三、识相应故，同时受想等心法；四、识分位故，识上四相等；五、识实相故，谓二空真如，是识实性。自上诸法，皆不离识,总名唯识。故知若相若性,若境若心,乃至差别分位,皆是唯识。卷舒匪离,总别同时。犹云雾之依空,若波澜之涌海。

性相境智,教理行果等,皆唯是识,无有一法而非所标。故称群经了义中王,诸圣所依之父。若有遇者,顿息希望。无一法而可求,无一事而不足。全获如来无上之珍宝,宁同荆岫璞中?已探教海秘密之灵珠,岂比骊龙颔下?遂得尽众生之苦际,断烦恼之病原。一念功全,千途自正。

故知唯此真实,万法皆空。以此标宗,更无等等。如《观法经》云:"彼有菩萨,名曰'上首',作一乞士,入城乞食,时有比丘,名曰'恒伽',谓乞士言:'汝从何来?'答曰:'我从真实中来。'又问:'何谓真实?'答曰:'寂灭故名为真实。'又问:'寂灭相中,有所求,无所求耶?'答曰:'无所求。'又问:'无所求者,何用求耶?'答曰:'无所求中,吾故求之。'又问:'无所求中,何用求耶?'答曰:'有所求者,一切皆空。得者亦空,着者亦空,实者亦空,来者亦空,语者亦空,问者亦空,寂灭涅槃,一切虚空分界,亦复皆空。吾为如是次第空法,而求真实。'"

故知若能于法法上求空,则于门门中解脱。若人法问答,言语往来,如宗镜中像。若般若智照,寂灭涅槃,如宗镜中明。所以若像若明,一切皆空,唯有镜体,恒常披露,遍一切处,未尝出没。故云:"吾为如是次第空法,而求真实。即知一切法,皆真实故,无所求中,吾故求之矣。"亦是夫求法者,于一切法,应无所求。故融大师云:"若有一法可得,即是非时求也。"所以《净名经》云:"'空当于何求?'答曰:'当于六十二见中求。'又问:'六十二见,当于何求?'答曰:'当于诸佛解脱中求。'又问:'诸佛解脱,当于何求?'答曰:'当于一切众生心行中求。'"

又经云:"愿求诸佛慧,亦不着愿求。"求佛慧尚不令贪着,何况其余善法?又菩萨以离愿求,但众生不知求佛道,菩萨故发愿只云"我愿求佛道",众生因此方知发心而求佛道。得意自知无所求也。如上所解,则念念与实相相应,更无余念也。所以《楞伽经》云:"一一相相应,远离诸见过。"是知若于诸相,常与实相相应,自然远离诸过。会第一义清净真心,朗然明彻而无念着。即事即如,唯心直进。即佛之所许,自觉之境矣。故论偈云:"自知不随他,寂灭无戏论,无异无分别,是则名实相。"

问:此唯识大约有几种?

答:略有二种:一具分,二不具分。且具分唯识者,以无性理,故成真如随缘义。则不生灭与生灭和合,非一非异,名阿赖耶识,即是具分。若不全依真心,事不依理,故唯约生灭,便非具分。又若决定信入此唯识正理,速至菩提。如登车而立至遐方,犹乘舟而坐升彼岸,如《成唯识宝生论》云:"谓依大乘,成立三界,但唯是识。"

若知但是自心所作,无边资粮,易为积集。不待多时,如少用功,能成大事。善游行处,犹若掌中。由斯理故,所有愿求,当能圆满,随意而转。

问:真心靡易,妙性无生,凡圣同伦,云何说妄?

答:本心湛寂,绝相离言。性虽自尔,以不守性故,随缘染净。且如一水,若珠入则清,尘杂则浊。又如一空,若云遮则昏,月现则净。故《大智度论》云:"譬如清净池水,狂象入中,令其浑浊;若清水珠入,水即清净。不得言水外无象无珠,心亦如是。烦恼入故,能令心浊。诸慈悲等善法入心,令心清净。"然垢净不定,真妄从缘。若昧之则念念轮回,遗失真性;若照之则心心寂灭,圆证涅槃。故知真妄无因,空有言说。约真无说,约说无真。幻影才消,智光息焰。

故远法师云:"但内一不生,则无诸有欲,塞烦恼之窟穴,截生死之根株。但能内观一念无生,则空花三界,如风卷烟,幻影六尘,犹汤沃雪,廓然无际,唯一真心矣。"

《进趣大乘方便经》云:"佛言:'一实境界者,谓众生心体,从本以来，不生不灭。乃至一切众生心，一切二乘心，一切菩萨心，一切诸佛心，皆同不生不灭真如相故。乃至尽于十方虚空，一切世界，求心形状，无一区分而可得者。但以众生无明痴暗熏习因缘，现妄境界，令生念着。所谓此心不能自知，妄自谓有，起觉知想，计我我所，而实无有觉知之相。以此妄心毕竟无体，不可见故。若无觉知，能分别者，则无十方三世一切境界差别之相。以一切法，皆不能自有，恒依妄心分别故有。所谓一切境界，各个不自念为有。知此为自，知彼为他。是故一切法，不能自有，则无别异，唯依妄心，不了不知，内自无故。谓有前外所知境界，妄生种种法想。谓有谓无，谓好谓恶，谓是谓非，谓得谓失，乃至生于无量无边法想。当如是知，一切诸法，皆从妄想生，依妄心为本。然此妄心，无自相故，亦依境界而有。所谓缘念觉知前境界故，说名为心。又此妄心与前境界，虽俱相依，起无前后。而此妄心，能为一切境界原主。所以者何？谓依妄心，不了法界一相故，说心有无明。依无明力因故，现妄境界；亦依无明灭故，一切境界灭。非依一切境界自不了故，说境界有无明；亦非依境界故，生于无明。以一切诸佛，于一切境界，不生无明故，又复不依境界灭故，无明心灭。以一切境界，从本以来，体性自灭，未曾有故。因如此义，是故但说一切诸法，依心为本。当知一切诸法，悉名为心。以义体不异，为心所摄故。又一切诸法，从心所起，与心作相，和合而有，共生共灭，同无有住。以一切境界，但随心所缘，念念相续故，而得住持，暂时而有。’”

如上广引佛言，委曲周细，只为成后学之信，明我自心。《宝藏论》云：“古镜照精，其精自形。古教照心，其心自明。”当知一心遍一切心，无尘可异；一切性含一性，有法皆同。无形而廓彻虚空，谁分彼此？搜迹而任穷法界，莫得纤毫。何故众生界中，即今显现？斯则皆因妄念积集熏成，如镜上之尘，似遮光影；若空中之雾，暂混清虚。但有一法现前，皆是自心分别；设当一念才起，尽因幻境牵生。起灭同时，更无前后。若知能所无体，顿悟人空法空;忽了物我无依,始信境寂心寂。是以有心缘想,万境拟然;无念意持,纤尘不现。终无心外法,能与心为缘;但是自心生,还与心为相。是知若不于《宗镜》正义之中,所有知解,皆是邪道宗党设形言说,悉堕恶见论议。此《宗镜》法义,可以凭准。正理无差,可以依行,现前得力。万邪莫回其致,千圣不改其仪。遂能洗惑尘,消滞虑,湛幽抱,豁神襟。独妙绝伦,故无等等。

问:若言有真有妄,是法相宗;若言无真无妄,是破相宗。今论法性宗,云何立真立妄,又说非真非妄?

答:今《宗镜》所论,非是法相立有,亦非破相归空,但约性宗圆教,以明正理。即以真如不变,不碍随缘,是其圆义。若法相宗,一向说有真有妄;若破相宗,一向说非真非妄。此二门各着一边,俱可思议。今此圆宗,前空有二门俱存,又不违碍,此乃不可思议。若定说有无二门皆可思议,今以不染而染,则不变随缘;染而不染,则随缘不变。实不可以有无思,亦不可为真妄惑。斯乃不思议之宗趣,非情识之所知。今假设文义对治,只为破其邪执。若情虚则智绝,病差则药消,能穷始末之由,方洞圆常之旨。唯亡言绝想,可会斯玄。

于随缘门,初即迷真起妄,后乃悟妄即真。于迷悟中,似分终始;约不变门,妄自本空,谁论前后?真俗无性,凡圣但名。譬如迷绳作蛇,疑杌为鬼。真谛非有,世谛非无,二谛相成,不堕邪见。是以俗谛不得不有,有常自空;真谛不得不空,空恒彻有。今时学者,多迷空有二门,尽成偏见。唯尚一切不立,拂迹归空,于相违差别义中,全无智眼。既不辩惑,何以释疑?故云"涅槃心易得,差别智难明"。若能空有门中,双遮双照,真俗谛内,不即不离,方可弘法为人,绍隆觉位。

问:真妄二心,行相各异,如何融会得入法性之圆宗?

答:但了妄念无生,即是真心不动。此不动之外,更无毫厘法可得。

所以古师广释真妄交彻之义云："夫真妄者，若约三性，圆成是真，遍计为妄，依他起性，通真通妄。净分同真，染分为妄。约遍计为妄者，情有即是理无，妄彻真也；理无即是情有，真彻妄也。若染分依他为妄者，缘生无性，妄彻真也；无性缘成，真彻妄也。若约随俗说真妄者，真妄本虚，则居然交彻；真妄皆真，则本来一味。"故知真妄常交彻，亦不坏真妄之相。则该妄之真，真非真而湛寂；彻真之妄，妄非妄而云兴。如水该波而非水，湿性凝停；波彻水而非波，洪涛汹涌。则不存不泯，性相历然，一一融通，重重交彻，无障无阂，体用相收，入宗镜中，自然法尔。

故先德云："然其真妄所以交彻者，不离一心。"故《禅原集》云："谓一切凡圣根本，悉是一法界心。性觉宝光，各个圆满。本不名诸佛，亦不名众生。只以此心灵妙自在，不守自性，随迷悟之缘，成凡圣之事。又虽随缘，而不失自性，常非虚妄，常无变异，不可破坏。唯是一心，遂名真如。"故此一心，常具二门，未曾暂阙。只随缘门中，凡圣无定，谓本来未曾觉悟，故说烦恼无始。若修证即烦恼断尽，故说有终。然实无别始觉，亦无不觉，毕竟平等。

《大智度论》云："菩萨云何观心念处？菩萨观内外心，是内心有三相：生、住、灭。作是念：是心无所从来，灭亦无所至。但从内外因缘和合生。是心无有定实相，亦无实生、住、灭，亦不过去、未来、现在世中。是心不在内，不在外，不在中间。是心亦无性无相，亦无生者，无使生者。外有种种种杂六尘因缘，内有颠倒心想生灭相续，故强名为心。如是心中，实心相不可得。是心性不生不灭，常是净相。客尘烦恼相着故，名为不净心。心不自知。何以故？是心心相空故。是心本末无有实法，是心与诸法无合无散，亦无前际、后际、中际，无色、无形、无对，但颠倒虚诳生。是心空，无我、无我所，无常、无实，是名随顺心。观知心相无生，入无生法中。何以故？是心无生、无性、无相，智者能知。智者虽观是心生灭相，亦不得实生灭法，不分别垢净，而得心清净。以是心清净故，不为客尘烦恼所染。如是等观内心，观外心，观内外心亦如是。”

故知法本不有，因心故生。离忆想而无法可成，除分别而无尘可现。又反观忆想分别，毕竟无生。从三际求，求之不见；向十方觅，觅之无踪。既无能起之心，亦无所灭之迹。起灭俱离，所离亦空，心境豁然，名为见道。于见道中，相待之真妄自融，对治之能所皆绝。能所尽处，自然成佛。如《华严论》云：“此经云：‘以少方便，疾得菩提。’不同权教菩萨，同有为故，立能证所证也。一念之间，无有能所，能所尽处，名为正觉。亦不同小乘，灭能所也。了能所本无动故，此乃任法性故。动寂皆平，为本智非动寂故。妄谓为动，愚夫不了，弃动而求寂，为大苦也。”故《维摩经》云：“五受阴洞达空，为苦义。为小乘有忻厌故，即苦生。”

问：如上所说，真妄二心，但是文理会归。何方便门，得亲见性？

答：妄息心空，真知自现。若作计校，转益妄心。但妙悟之时，诸缘自绝。如《古佛悟道颂》云：“因星见悟，悟罢非星。不逐于物，不是无情。”又《宝藏论》云：“非有非空，万物之宗。非空非有，万物之母。出之无方，入之无所。包含万有，而不为事。应化万端，而不为主。道性如是，岂可度量？见性之时，自然披露。”所以古偈云：“妄息寂则生，寂生知则现，知生寂已舍，了了唯真见。”

如学人问黄蘖和尚：“只如目前虚空，可不是境，岂无指境见心？”答：“什么心向境上见？设尔得见，原来只是照境心，如人以镜照面，纵得眉目分明，原来只是影像，何关汝事？”问：“若不因照，如何得见？”答：“若涉因，常须假物，有什么了时？汝不见道，撒手似君无一物，徒劳谩说数千般。”问：“他若识了，照时亦无物。”师答：“若是无物，更何处得照？汝莫开眼寐语。”复云：“百种多知，不如无求，乃第一道人。”

夫《宗镜》本怀，但论其道。设备陈文义，为广被群机。同此指南,终无别旨。切不可依文失其宗趣。若悟其道,则可以承绍,可以传衣。

又古人云:“此事似空不空,似有不有,隐隐常见,只是求其处所不可得。”是以若定空则归断见,若实有则落常情,若有处所则成其境。故知此事非心所测,非智所知。故先圣悟道颂云:“有无去来心永息,内外中间都总无,欲见如来真佛处,但看石羊生得驹。”如此妙达之后,道尚不存,岂可更论知解,会不会之妄想乎?如古德偈云:“劝君学道莫贪求,万事无心道合头,无心始体无心道,体得无心道也休。”

问:觉体不迁,假名有异,凡圣既等,众生何不觉知?若言不迷,教中云何说有迷悟?

答:只为因本觉真心,而起不觉。因不觉,故成始觉。如因地而倒,因方故迷。又因地而起,因方故悟。则觉时虽悟,悟处常空。不觉似迷,迷时本寂。是以迷悟一际,情想自分。为有虚妄之心,还施虚妄之药。经云:“佛言:‘我说三乘十二分教,如空拳诳小儿,是事不知,号曰‘无明’。”祖师偈云:“如来一切法,除我一切心,我无一切心,何须一切法?”故知己眼若开,真明自废。所治之迷悟,见病既亡;能治之权实,法药自废。夫悟此法者,非假他智与异术也。或直见者,如开藏取宝,剖蚌得珠,光发襟怀,影含法界。如融大师颂云:“瞎狗吠茅丛,盲人唱贼虎,循声故致迷,良由目无睹。”若得心开照理之时,诸见皆绝,不见佛法是,不见世法非。以自性中,言思道断故。

如《起信钞》云:“离言说相,岂可以言谈?离心缘相,岂可以心度?”实谓心言路绝,唯证相应耳。且夫凡言说者,从觉观生,是共相和合而起。分别者,因意识生,是计度比量而起。以要言之,皆因不觉,教观随生。若无不觉之心,一切诸法悉无自相可说,除方便门而为开示,究竟指归无言之道。故论云:“若离不觉之心,则无真觉自相可说。以觉对不觉说,共相而转。若无不觉,觉无自相，如独掌不鸣。”思之可见。乃至染净诸法，悉亦如是。皆相待有，毕无自体可说，如离长何有短，离高何有低。若入宗镜中，自然绝待。

问：不觉妄心，原无自体。若觉悟妄心起时，无有初相，则全成真觉。此真觉相，为复随妄俱遣？为当始终建立？

答：因妄说真，真无自相，从真起妄，妄体本虚。妄既归空，真亦不立。《起信论》云：“不觉义者，谓从无始来，不如实知真如法一故。不觉心起而有妄念，自无实相，不离本觉。犹如迷人，依方故迷，迷无自相，不离于方。众生亦尔，依于觉故，而有不觉，妄念迷生。然彼不觉，自无实相，不离本觉。复待不觉，以说真觉，不觉既无，真觉亦遣。”此则明真觉之名，待于妄想。若离不觉，即无真觉自相可说。是明所说真觉，必待不觉。若不相待，即无自他。待他而有，亦无自相。自相既无，何有他相？是显诸法无所得义。

论云：“当知一切染法、净法，皆悉相待，无有自相可说。”《大智度论》云：“若世谛如毫厘许有实者，第一义谛亦应有实。”此之谓也。又凡立真妄，皆是随他意语，化门中收。若顿见性人，谁论斯事？如今不直悟一心者，皆为邪曲，设外求佛果者，皆不为正。如寒山子诗云：“邪道不用行，行之转辛苦，不用求佛果，识取心王主。”是知若见有法可求，有道可行，皆失心王自宗之义。若直入宗镜，万事休息，凡圣情尽，安乐妙常。离此起心，皆成疲苦。

问：真谛不谬，本觉非虚，云何同妄，一时俱遣？

答：因迷立觉，说妄标真。皆徇机宜，各无自体。约世俗有，依实谛无。但除相待之名，非灭一灵之性。性唯绝待，事有对治。遣荡为破执情，建立为除断见。苦行伏诸外道，神通化彼愚痴，三昧降众天魔，空观祛其相缚。见苦断集，为对增上慢人；证灭修真，皆成戏论之者。尽是权智，引入斯宗，则无一法可兴，无一法可遣。四魔不能减，大觉不能增。旋心而义理全消，会旨而名言自绝。

问：既云真心绝迹，理出有无，云何教中，广说无生无相之旨？

答：一心之门，微妙难究。功德周备，事理圆通。知解罕穷，分别不及。目为无相，实无有法可称无相之名。铭作无生，亦无有法以显无生之理。《发菩提心论》云："菩萨观一切善、不善，我、无我，实、不实，空、不空，世谛、真谛，正定、邪定，有为、无为，有漏、无漏，黑法、白法，生死、涅槃，如法界性，一相无相。此中无法可名无相，亦无有法以为无相。是则名为一切法印，不可坏印。于是印中，亦无印相，是名真实智慧。"释曰：一切法印者，以此心印，印一切法，楷定真实。不可坏印者，一切有无、内外等法，不能破坏故。于此印中，亦无印相者，万法皆空，亦无所印。所印之法既无，能印之智非有。如是通达，名为真实智慧。

问：若一切法，即心自性，云何又说性亦非性？

答：即心自性，此是表诠，由一切法无性故。即我心之实性，性亦非性者，此是遮诠。若能超遮、表之文诠，泯即离之情执，方为见性，已眼圆明。如今若要顿悟自心，开佛知见，但了自性遍一切处。凡有见闻，皆从心现，心外无有一毫厘法而有体性。各个不相知，各各不相到。何者？以是一法，故无法可相知相到。若有二法，即相往来。以知若凡若圣，若境若智，皆同一性，所谓无性。此无性之旨，是得道之宗。如《华严经》偈云："诸法无作用，亦无有体性，是故彼一切，各个不相知。"释曰：果从因生，果无体性。因由果立，因无体性。因无体性，何有感果之用？果无体性，岂有酬因之能？又互相待，故无力也。以他为自，故无体也。是故体用俱无。所以一切法，各个不相知也。

《肇论》云："夫人之所谓动者，以昔物不至今，故曰'动而非静'。我之所谓静者，亦以昔物不至今，故曰'静而非动'。动而非静，以其不来；静而非动，以其不去。然则所造未尝异，所见未尝同，逆之所谓塞，顺之所谓通。苟得其道，复何滞哉？伤夫人情之惑久矣，目对真而莫觉，既知往物之不来而谓今物而可往。往物既不来，今物何可往？何则求向物于向？于向未尝无，责向物于今，于今未尝有。于今未尝有，以明物不来。于向未尝无，故知物不去。覆而求今，今亦不往。是谓昔物自在昔，不从今以至昔；今物自在今，不从昔以至今。既无往返之微联，又何物而可动乎？"

释云：昔物自在昔，今物自在今，如红颜自在童子之身，白首自处老年之体。所以云："人则谓少壮同体，百龄一质，徒知年往，不觉形随。"世人虽知岁月在于往古，岂觉当时之貌？亦随年在于昔时，则童子不至老年，老年不至童子。刹那不相知，念念不相待。岂得少壮同体，百龄一质耶？又年往形亦往，此是迁义。即此迁中有不迁也，往年在往时，往形在往日，是谓不迁。而人乃谓往日之人，迁至今日，是谓惑矣。又昔自在昔，何须迁至今？今自在今，何须迁至昔？故论云："是以言往不必往，古今常存，以其不动。称去不必去，谓不从今至古，以其不来。经中言迁，未必即迁，以古在古，以今在今故也。所以言无常者，防人之常执。言常住者，防人之断执。言虽乖而理不异，语虽反而真不迁。不可随方便有无之言，迷一心不迁之性。人则求古于今，谓其不住。吾则求今于古，知其不去。今若至古，古应有今。古若至今，今应有古。今而无古，以知不来。古而无今，以知不去。若古不至今，今不至古，事各性住，有何物而可去来？"

《大涅槃经》云："人命不停，过于山水。"夫无常有二：一者，败坏无常；二者，念念无常。人只知坏灭无常，而不觉念念无常。论云："若动而静，似去而留。"经说："无常速疾，犹似流动。"据理虽则无常，前后不相往来，故如静也。虽则念念谢往，古今各性而住，当处自寂，故如留也。又虽说古今各性而住，当处自寂，而宛然念念不住，前后相续也。则非常非断，非动非静，见物性之原也。

若能见法是心，随缘了性，无一法从外而入，无一法从内而生，无一法和合而有，无一法自然而成。如是，则尚不见一微毫住相，宁观万法去来？斯乃彻底明宗，透峰见性。心心常合道，念念不违宗。去住同时，古今一贯。故《法华经》云："我观久远，犹若今日。"《维摩经》云："法无去来，常不住故。"若了此无所住之真心，不变异之妙性，方究竟明不迁矣。以上论中，借世相之古今，寄明不迁，同入真实。是以时因法立，法自本无。所依之法体犹空，能依之古今奚有？若假方隅而辩法，因指见月而无妨。或徇方便而迷真，执解违宗而反误。

卷 三

问:无性理同,是何宗摄?

答:法性宗摄。如古师云:“法性有体,是法相宗义;事上无体,是法性宗义。”

问:若一切法实无性者,不得教意之人,恐成断见。

答:若有性故,一法不成。以无性故,诸缘并立。于无性中,有无俱不可得,岂成断常之见耶?如《大般若经》云:“佛言:‘善现!善哉善哉!如是如是。如汝所说,于一切法,皆以无性为自性。于自性中,有性无性俱不可得,不应于此执有无性。’”故知既不可执有,亦不可执无。以自性中,无有无故。所说有无之法,皆是破执入法之方便。故先德云:“用无所得为方便者有二:一、以无所得,导前随相,则涉有不迷于空,为入有方便;二、假无得以入有,不存无得,即无得亦是方便。”此为入空之方便,是以无得相空,无作入空,无际性空。此三相尽,法界理现。故菩萨不坏空而常有,染净之法宛然;不碍有而常空,一真之道恒现。如是双照,方入甚深。

如《宝聚经》中:“佛告迦叶:‘有者是一边,无者是一边,如是等彼内地界及外地界,皆无二义。诸佛如来,实慧证知,得成正觉,无二一相,所谓无相。’”是以先德云:“谓诸宗计,多说但空自性,不空于法。”如法相宗,但无遍计,非无依他。今既无性,缘生故有。有体即空,缘生无性故空。空而常有,要互交彻,方是真空妙有。又约缘起法有二:一、无相如空,则荡尽无有,是相空;二、无自性如幻,则业果恒不失,即性空。以相空,故万法体虚,了无所得。以性空,故不坏业道,因果历然。以此性相二空,方立真空之理。是则非初中后际,终始宛然。无能造作人,报应非失。故知无性理成,法眼圆照。更无一法,有实根由。

今更引证广明,成就宗镜。夫真俗二谛,一切诸法,不出空有。空有之法,皆从缘生。缘生之法,本无自体。依心所现,悉皆无性。以缘生,故无性;以无性,故缘生。以此缘性二门,万法一际平等。是以《华严记广释》云:“谓缘生故有,是有义;无性故空,是空义。二义是空有。”所以谓无性故有,是有所以;缘生故空,是空所以。所以即是因缘。谓何以无性,得成空义?由从缘生,所以无性,是故缘生,是无性空之所以也。何以缘生,得为有义?特由无定性故,方始从缘而成幻有。是故无性,是有所以。若将四句总望空有,则皆名所以。故云“缘生故名有,缘生故名空,无性故名有,无性故名空”。良以诸法,起必从缘。从缘有故,必无自性。由无性故,所以从缘。缘有性无,更无二法,而约幻有。万类差殊,故名俗谛;无性一味,故名真谛。无性缘生故空者,并离断见。谓定有则着常,定无则着断。今缘生故空,非是空无,无性故空,亦非定无。定无者,一向无物,如龟毛兔角。今且从缘生无性,故非定无。无性缘生故有者,并非常见。常见之有,有是定性有。今从缘有,非定性有。况由无性有,岂定有耶?从缘无性,如幻化人,非无幻化人,幻化非真故。亦云幻有,亦名妙有。以非有为有,故名妙有。又幻有即是不有有。《大品经》云:“诸法无所有,如是有故,非有非不有,名为中道,是幻有义。真空是不空空者,谓不空与空,无障碍故,是故非空非不空,名为中道,是真空义。”《庵提遮女经》偈云:“呜呼真大德,不知实空义,色无有自性,岂非如空也?空若自有空,则不容众色,空不自空故,众色从是生。”

复有四义:一、真空必尽幻有,是无性故空义;二、真空必成幻有,是无性故有义;三、幻有必覆真空,是缘生故有义;四、幻有必不碍真空,是缘生故空义。然此空有,二而不二。须知四义,两处名异:一、真空必尽幻有,是真空上空义;二、真空必成幻有,是真空上不空义;三、幻有必覆真空,是幻有上有义;四、幻有必不碍真空，是幻有上非有义。又须知有非有，空非空。今此空有无碍，即是非空非有无碍，举一全收。若以真同俗，唯一幻有；若融俗同真，唯一真空。空有无二，为双照之中道；非空非有无二，为双遮之中道。遮照一时，存泯无碍。故云“离相离性，无障无碍”。无分别法门，以幻有为相，真空为性。又空有皆相，非空非有为性。又别显为相，总融为性。今互夺双融，并皆离也。无分别法，但约智说。唯无分别智，方究其原。可谓难思妙旨，非情所知。故云“性海无涯，众德以之繁广；缘生不测，多门由是圆通”。莫不回转万差，卷舒之形随智；熔融一际，开合之势从心。照不失机，从差别而恒顺；用非乖体，虽一味而常通。

《肇论》云：“本无、实相、法性、性空、缘会，一义耳。何则？一切诸法，缘会而生。缘会而生，则未生无有。未生无有，缘离则灭。如其真有，有则无灭。以此而推，故知虽今现有，有而性常自空。性常自空，故谓之性空。性空故，故曰‘法性’。法性如是，故曰‘实相’。实相自无，非推之使无，故名‘本无’。言不有不无者，不如有见常见之有，邪见断见之无耳。若以有为有，则以无为无。有既不有，则无无也。夫不存无以观法者，可谓识法实相矣。”

是以圣人乘真心以理顺，则无滞而不通。审一气以观化，故所遇而顺适。无滞而不通故，能混杂致淳。所遇而顺适故，则触物而一如。此则万像虽殊，而不能自异。不能自异故，知像非真像。像非真像，则虽像而非像。然则物我同根，是非一气，潜微幽隐，殆非群情之所尽。故知若乘真心而体物，则何物而不归？齐一气以观时，则何时而不会？何时而不会，则知触境之无生。何物而不归，则见物性之自虚矣。若任情所照，曷能尽其幽旨乎？若不悟宗，难逃见踪。才入此宗，自然融即。谓先明其起处，知自心生。既从心生，则万法从缘，皆无体性。必无心外法，能与心为缘，悉是自心生，还与心为相。但论空有，则广明诸法。何者？以空有管一切法故。此空有二门，亦是理事二门，亦是性相二门，亦是体用二门，亦是真俗二门。乃至总别、同异，成坏、理量，权实、卷舒，正助、修性、遮照等，或相资相摄，相是相非，相遍相成，相害相夺，相即相在，相覆相违，一一如是，各个融通。今以一心无性之门，一时收尽。名义双绝，境观俱融，契旨忘言，咸归宗镜。是以须明行相名义差别，方能以体性融通。若不先横竖铺舒，后何以一门卷摄？

如上微细剖析，广照空有二门，可谓得万法之根由，穷诸缘之起尽。此有无二法，迷倒所由。九十六种之邪师，因兹而起；六十二见之利使，从此而生。菩萨尚未尽其原，凡夫安能究其旨？所以《宝性论》云："空乱意菩萨，于此真空妙有，犹有三疑：一、疑空灭色，取断灭空；二、疑空异色，取色外空；三、疑空是物，取空为有。"《大智度论》偈云："有无二见灭无余，诸法实相佛所说。"《净名经》云："有无二见，无复余习。"又偈云："说法不有亦不无，以因缘故诸法生。"何者？若时机因缘执有，则说空门。若时机因缘着空，遂谈有教。为破有，故不存空。因治空，故不立有。故说有而不有，言空而不空。破立一际，遮照同时。

故知真空难解，应须妙得指归。若随空有之文，皆堕邪见。如《无生义》云："经言：'持心如虚空者，非是断空，由有妙神，即有妙识思虑。'"《华严经·性起品》作十种譬喻，明法身佛有心。大师言，虽有妙神，神性不生，与如一体。譬如凌还是水，与水一体，水亦有凌性。若无凌性者，寒结凌则不现。如中亦有妙神性同。如清净则现，不净不复可见。乃至如师主姓傅，傅姓，身内觅不得，身外觅不得，中间觅不得，当知傅姓是空，而非是断空之空。以傅姓中，含有诸男女故。言性空异于虚空，佛性是空，诸佛法身不空。

如上空有二门，约广其义用，遂说存泯开合。若破其情执，乃说即离有无。设当见性证会之时，智解俱绝。如《泯绝无寄观》云："谓此所观真空，不可言即色不即色，亦不可言即空不即空。一切皆不可，不可亦不可。此语亦不受。回绝无寄，非言所及，非解所到，是谓行境。何以故？生心动念，即乖法体，失正念故。乃至若不洞明前解，无以蹑成此行。若不解此行法，绝于前解，无以成其正解。若守解不舍，无以入此正行。是故行由解成，行起解绝。”古释云：“空若即色者，圣应同凡见妄色，凡应同圣见真空。又应无二谛，空若不即色者，见色外空，无由成于圣智。又应凡圣永别，圣不从凡得故。又色若即空者，凡迷见色，应同圣智见空。又亦失于二谛，色不即空者，凡夫见色应不迷。又所见色，长隔真空应永不成圣。生心动念，即乖法体，失正念故者。真空理性，本自如然，但以迷之，动念执相。所以若言即与不即，皆落是非。瞥挂有无，即非正念。故云才有是非，纷然失心。”

问：凡涉有无，皆成邪念，若关能所，悉堕有知。如何是无念而知？

答：瑞草生嘉运，林华结早春。

问：修行契悟，法乃尘沙。云何独立一心为宗，而称绝妙？

答：若不了心宗，皆成迷倒，触途成壅。若不得唯心之诀，正信无由得成。才得斯宗，千门自辟。道不待求而顿现，行弗假修而自圆。所以真觉大师歌云：“是以禅门了却心，顿入无生慈忍力。”以此无生一门，一成一切成。乃至三身四智，八解六通，无漏无为，普贤万行，悉于无生一时圆满。

《宝藏论》云：“其为也形，其寂也冥。本净非莹，法尔天成。光超日月，德越太清。万物无作，一切无名。转变天地，自在纵横。恒沙而用，混沌而成。谁闻不喜？谁闻不惊？如何以无价之宝，隐于阴人之坑？”是以体之即妙即神，显无价之宝；迷之成粗成昧，堕阴人之坑。遍览圆诠，释之莫尽。仰唯诸圣，赞之靡穷。可谓入道玄关，成佛妙诀。乃至凡圣因果，行位进修，不离此心，而得成办。契同心性，何德不收？以一切法，随所依住，皆于一心，顿圆满故。如斯之事，岂非绝待之妙耶？

如《还原观》云："一尘出生无尽遍。"一尘之内，即理即事，即人即法，即依即正，即染即净，即因即果，即同即异，即彼即此，即一即多，即广即狭，即情即非情，即三身：法身、报身、化身，即十身：菩提身、愿身、化身、力身、庄严身、威势身、意生身、福身、法身、智身。何以故？理事无碍，法如是故。十身互作，自在用故。唯普眼之境界也。经颂云："一切法门无尽海，同会一法道场中，如是次第展转成，此无碍人方得悟。"

问：据其所说，则一尘之上，理无不显，事无不融，文无不释，义无不通。今时修学之徒，云何晓悟，达于尘处顿抉群疑？且于一尘之上，何者是染？云何名净？何者名真？若为称俗，何者名生死？何者是涅槃？云何名烦恼？云何是菩提？何者名小乘法？云何名大乘法？请垂开决，闻所未闻。

答：大智圆明，睹纤毫而观性海；真原朗现，一尘之处以眺全身。万法显必同时，一际理无前后。何以故？由此一尘虚相能翳于真，即是染也；由尘相空无所有，即净也；由于尘性本体同如，即是真也；由此尘相缘生幻有，即俗也；由于尘相念念迁变，即是生死也；由观尘生灭相尽，空无有实，即涅槃也；由尘相大小，皆是妄心分别，即烦恼也；由尘体本空，缘虑自尽，即菩提也；由尘相体无遍计，即小乘法也；由尘性无生无灭，依他似有，即大乘法也。如是略说。若具言之，假使一切众生怀疑各异，一时同问如来，如来唯以一个尘字而为解释，宜深思之。经颂云："一切法门无尽海，一言演说尽无余。"依此义理，故名一尘出生无尽遍也。所言即者，现今平等故。此一心法门，如镜顿现，不待次第。如印顿成，更无前后。一见一切见，一闻一切闻，不俟推寻。若待了达而成，皆为权、渐。若能观于心性之一，则是一道甚深，即正道之一，是唯一之一，千佛同辙，今古不易之一道也。又名大佛顶首楞严王，具足万行，十方如来一门超出，妙庄严路。若谛了之，一切在我，升沉去住，任意随缘，示圣现凡，出生入死。变化难测，运无作之神通;隐显同时,阐如幻之三昧。是非冥合,逆顺同归。语默卷舒,常顺一真之道;治生产业,不违实相之门。运用施为,念念而未离法界;行住坐卧,步步而常在其中。若不信之人,对面千里。

问:此宗所悟,还有师否?

答:此是自觉圣智,无师智,自然智。之所证处,不从他悟。自证之时,法从心现,不从外来。故无师契,而能自得阿耨菩提。

问:若言无师自证者,即堕自然之计。执从他解者,仍涉因缘之门。且大道之性,非是自然,亦非因缘,云何开示而乖道体?

答:为破他求,故说须自证;为执自解,故从他印可。若当清醒之时,迷悟悉空,自他俱绝,非限量之所及,岂言论之能诠?何以故?离一切限量分别故。明知说自说他,言得言失者,若约圣教,则是随世语言,破执方便,若依意解,尽是限量分别,不出情尘。但不执教以徇情,则方见性而达道。

问:初心学人,悟入此宗,信解圆通,有何胜力?

答:若正解圆明,决定信入,有超劫之功,获顿成之力。虽在生死,常入涅槃;恒处尘劳,长居净刹。现具肉眼而开慧眼之光明;匪易凡心,便同佛心之知见。则烦恼尘劳不待断而自灭,菩提妙果弗假修而自圆。乃至等冤亲,和诤论,齐凡圣,泯自他,一去来,印同异,融延促,混中边,世出世间不可称、不可量,不可说不可说之力,莫能过者。亦名佛力,亦名般若力,亦名大乘力,亦名法力,亦名无住力。所以先德释云:"无住力持者,则大劫不离一念,有刹那成佛之功,顿截苦轮之力。"

《金光明经疏》云:"如日光能照天下,不能照道理,心智之光明,能发智照理,故心是光。若心痴暗,体则唯悴,心有智光,肤色充泽。故云般若大故色大,般若净故色净,即是明也。知一切法无一切法为明。"是以若于宗镜,才有信入,便生圆解,能发真正菩提心,更无过上,是无等等心,是最胜心,是最实心。《止观》云:"发此心者,能翻一一尘劳门,即是八万四千诸三昧门。"无明转,即变为明。如融冰成水,更非远物,不余处来,但一念心,普皆具足。如如意珠,非有宝,非无宝。若谓无者,即妄语;若谓有者,即邪见。不可以心知,不可以言辩。众生于此不思议不缚法中,而思想作缚,于无脱法中,而求于脱。是故起大慈悲,兴四弘誓。拔两苦:世间苦,出世间苦;与两乐:世间乐,出世间乐。故名非缚非脱,真正菩提心。

若一发此心,功德无际,念念圆满十波罗密:施、戒、忍、进、禅、慧、方、愿、力、智。故《净名经》云:"维摩诘言:'然汝等,便发阿耨多罗三藐三菩提心,是即出家,是即具足。'"今《宗镜》,正为开示此心,一一搜穷,重重引证,普为一切法界含生。凡有心者,愿皆信受。才得信入,法尔自然,发此无上菩提之心,便坐道场。行同体大悲,起无缘慈化。是以十方诸佛,赞了此心能发菩提者,功德无尽。

此论开发信入,功德无边。若但见闻,设不信乐,尚种善根,无空过者。如《华严经》云:"佛子!譬如丈夫,食少金刚,终竟不消,要穿其身,出在于外。何以故?金刚不与肉身杂秽而同止故。于如来所,种少善根,亦复如是。要穿一切有为诸行烦恼身过,到于无为究竟智处。何以故?此少善根,不与有为诸行烦恼而共住故。佛子!假使干草,积同须弥,投火于中,如芥子许,必皆烧尽。何以故?火能烧故。于如来所,种少善根,亦复如是。必能烧尽一切烦恼,究竟得于无余涅槃。何以故?此少善根性究竟故。"

所以《华严 · 初发心功德品》颂云:"菩萨发心功德量,亿劫称扬不可尽。"又颂云:"所说种种众譬喻,无有能及菩提心,以诸三世人中尊,皆从发心而得生。"又经云:"初发心即是佛故,悉与三世诸如来等。若起一普贤行时,即遍一切行、一切位、一切德、一切法、一切处、一切时、一切因、一切果。穷尽法界,具足一切,犹如帝网。"

是以此《宗镜录》中，并是称性而谈，约本而说，因果皆实，理事俱真。以是圆满之宗，普门之法。见普法故，名为普眼。普法者，一具一切，一一称性，同时具足，眼外无法，乃称普眼，亦名《普眼经》。遂令见闻之人，皆同性得。以此性无尽，则所益何穷？可示后贤，同继斯种。所以《如来藏经》中，校量功德，恒沙宝台供养所不能及。以七宝是限量之财，供养乃有为之福。若持此经者，则一乘常住之宝，真如无尽之福，如法界比微尘，岂可校量乎？

所以《仁王经》云："能起一念清净信者，是人超过百劫千劫无量无边恒河沙劫一切苦难，不生恶趣，不久当得无上菩提。"是以了心无作，即悟业空。观业空时，名为得道。其道若现，何智不明？心智明时，于行、住、坐、卧四威仪中，法尔能现自利利他之力。故《法华经》偈云："佛子住此地，则是佛受用，常在于其中，经行及坐卧。"

问：目心为镜，有何证文？

答：《大乘起信论》云："觉体相者，有四种大义，与虚空等，犹如净镜。一、如实空镜，二、因熏习镜，三、法出离镜，四、缘熏习镜。"如是四种，本觉大义遍一切众生界，一切二乘界，一切菩萨界，一切如来界中。无不住处，无不照处，无不通处，无不至处，具足圆满。

又，一、空镜，离一切外物之体；二、不空镜，谓体不无能现万像；三、净镜，谓已磨治，离尘垢故；四、受用镜，谓置之高堂，须者受用。前二自性净，后二离垢净。又初二就因隐时说，后二就果显时说；又前二约空不空，后二约体用。如《佛地经》云："复次，妙生大圆镜智者，如依圆镜，众像影现。如是依止如来智镜，诸处境识众像影现，唯以圆镜为譬喻者，当知圆镜，如来智镜，平等平等。是故智镜，名圆镜智。如是如来悬圆镜智，处净法界，无间断故，无所动摇。欲令无量无数众生，观于染净，为欲取净，舍诸染故。”

《大涅槃经》云:“若能听受是大涅槃经,悉能具知一切方等大乘经典甚深义味。譬如男女,于明净镜,见其色像,了了分明。大涅槃镜,亦复如是。菩萨执之,悉得明见大乘经典甚深之义。”又云何等名为《伊帝目多伽经》?乃至拘那牟尼佛时,名曰“法镜”?是知古佛,皆目此为镜,以教法万义,真俗万缘,无不于中显现故。

三智一心中得故,言明净镜,摄一切法,故称调御佛智藏,故名般若德。是知诸圣皆目心为镜,妙尽其中矣。《大乘千钵经》云:“谛观心镜,照见心性,唯照唯清,唯照唯净,遍观十方,廓周法界,朗然寂静,无有障碍。”所以先德云:“此真如性,犹如明镜,万像悉于中现。”又一切万法有二:一、皆如明镜含明了性,一心所成故;二、分别所现,如影像故。由初义,故为能现;由后义,故为所现。故一切法互为镜像,如镜互照而不坏本相。

又明镜只照其形,不照其心,只照生灭,不照无生,但照世间,不照出世,有形方照,无形不照。且如心镜,洞该性地,鉴彻心原,遍了无生,广明真俗,有无俱察,隐显咸通,优劣悬殊,略齐少喻。

先德云:“如大摩尼宝镜,悬耀太虚,十方色相,悉皆顿现。而此镜性净光,无有影像。诸佛法身,亦复如是,澄彻清净,而无影像。以昔大悲不倦,随众生业缘,感应差别,普现一切色身三昧,众生闻见,无不蒙益。”诸佛以无漏金刚心为身,普现一切众生界。但为烦恼习气所覆,无体不现。如瓶内净,灯光不灭。名如来藏,亦名功德藏,亦名无尽藏,诸祖共传。诸佛清净自觉圣智,真如妙心,不同世间文字所得。何以故?无碍解脱,是一真法性,不与世间出世间所共故。

经云:“无比是菩提,不可喻故。”若有悟斯真实法性,此人则能了知三世诸佛,及一切众生同一法界,本来平等,常恒不变。诸佛一切时中,离观相故。经偈云:“心净已度诸禅定。”是以心净故,则孤光一照,万虑全消。如暗室悬灯,重云见日。如古德偈云:"安知一念蒙光处,意劫昏迷灭此时。"故云,法有应照之能,故况之以镜;教有可传之义,故喻之于灯,可谓慧月入怀,灵珠在握,法界洞彻,无不鉴矣。《才命论》云:"心彻宝镜。"注云:"夫心以鉴物,庶品不遗,洞彻幽明,同乎宝镜。"又《庄子》云:"至人之心若镜也。"又如世间之镜,尚照人肝胆,何况灵台心镜,而不洞鉴耶?所以昔人云:"不游大海,未睹沃日之奇;不仰太山,靡觌千霄之状。"如未临宗镜,焉识自心?恢廓而体纳太虚,澄湛而影含万像。不信入者,莫测高深。故真觉大师歌云:"心镜明鉴无碍,廓然莹彻周沙界,万像森罗影现中,一颗圆光非内外。"是故依此《起信论》,四种空镜义,遂乃广录祖教,显现一心,证成宗镜。所以论云:"有法能起摩诃衍。"信根者,有法者,谓一心法。若人能解此法,必起广大信根故。信根既立,即入佛道。以成佛道故,离二现行。云何现行?一者,凡夫现行生死,成杂染事;二者,二乘现行涅槃,失利乐事。缚脱虽殊,俱迷宗镜。今成佛道,无二现行,圆证一心,具摩诃衍。以大智故,不住生死;以大悲故,不住涅槃。作一种之光明,为万途之津济。

问:宗镜广照,万法同归,是此镜义否?

答:若凡若圣,说异说同,皆是镜中之影像。唯此一镜,圆极十方,镜外无法,彼我俱绝。古德云:"若言众生心性,同诸佛心性者,别教也。圆教心性,是一寂光,无彼无此。极十方三世佛及众生边际,成一大圆镜。但是一镜,无有同异也。佛及众生,一镜上像耳。"

问:此宗镜中,如何信入?

答:但不动一心,不住诸法,无能所之证,亡智解之心,则是无信之信,不入之入,人法二空,心境双寂。故知若有能证,则为有人;若有所证,则为有法。以唯一真法界故,则心外无法,不可以法界更证法界。是以此录削去浮华,唯谈真实,不依名字,直显心宗。

问:所度之极无量,能度之法无边。立五行门:圣行、梵行、婴儿行、病行、天行。张八教纲:顿、渐、秘密、不定、藏、通、别、圆。何乃以心标宗,能治一切?

答:方便有多门,则遐张八教之纲;归源性无二,乃高峙一心之宗。如千方共治一病,万义俱显一心。令不执见徇文,失真法之味。所冀研心究理,得正觉之原。

此一心法门,横通竖彻。摄尽恒沙之义,故号总持;能为万法之宗,遂称无上。若但论事行,失佛本宗。

释论云:持戒为皮,禅定为血,智慧为骨,微妙善心为髓。是以能说此法门者,是彻佛真心施于己髓矣。实乃能治之妙,何病而不痊?巧度之门,何极而不凑?洗除心垢,拔出疑根。言言尽契本心,一一皆含真性。法法是金刚之句,尘尘具秘密之门。如《入法界体性经》云:"文殊言:'诸法性不坏,是故名金刚句。'"

《胜天王般若经》云:"菩萨摩诃萨,一切境界,无有一法不通达者。修行如是智波罗密,二乘、外道不能掩蔽。以智观察,从初发心,至入涅槃,皆悉明了。能以一法知一切境界,一切境界即是一法。何以故?如如一故,不见我能修及所修法,无二无别,自性离故。是名菩萨摩诃萨,行般若波罗密,通达智般若波罗密。"

《思益经》云:"网明谓梵天言:'是五百比丘从座起者,汝当为作方便,引导其心,入此法门,令得信解离诸邪见。'梵天言:'善男子!纵使令去至恒河沙劫,不能得出如此法门。譬如痴人,畏于虚空,舍空而走,在所至处,不离虚空。此诸比丘,亦复如是,虽复远去,不出空相,不出无相相,不出无作相。又如一人,求索虚空,东西驰走,言我欲得空。我欲得空,是人但说虚空名字,而不得空。于空中行,而不见空。此诸比丘,亦复如是,欲求涅槃,行涅槃中,而不得涅槃。所以者何?涅槃者,但有名字。犹如虚空,但名字,不可得取,涅槃亦复如是,但有名字而不可得。'"

是知一切不信众生,邪见外道,徒生厌离,枉自妄求。究竟一心位中，未曾暂出。故《密严经》偈云："如饭一粒熟，余粒即可知，诸法亦如是，知一即知彼。譬如赞酪者，尝之以指端，如是诸法性，可以一观察。"《楞伽经》偈云："譬如镜中像，虽见而非有，于妄想镜中，愚夫见有二。"

问：一心平等，理绝偏圆，云何教中，又说诸法异？

答：随情说异，虽异而同；对执说同，虽同而异。将同破异，将异破同，虽同虽异，非异非同。皆是俯顺机宜，善权方便。

《大涅槃经》云：譬如女人，生育一子。婴孩得病，是女愁恼，求觅良医。良医既至，合三种药，酥乳石蜜，与之令服。因告女人，儿服药已，且莫与乳。须药消已，方乃与之。是时女人，即以苦味，用涂其乳。语其儿言，我乳毒涂，不可复触。其儿渴乏，欲得乳母，闻毒气便舍远去。其药消已，母乃洗乳，唤子与之。是时小儿，虽复渴乏，先闻毒气，是故不来。母复告言，为汝服药，故以毒涂。汝药既消，我已洗竟，汝便可来，饮乳无苦。其儿闻已，渐渐还饮。经合譬意，譬无我等，犹如毒涂。说如来藏，如唤子饮。或时说我，或说无我，皆为适机，如彼涂洗。如义海云：谓尘事相是异，克体唯法是无异。只由法体不异，即异义方成，以不失体故。只由尘事差别，即不异义方成，以不坏缘。方言理也。故经云：奇哉世尊，于无异法中，能说诸法异，如森罗虽异，不能自异。虚妄虽同，不能自同。以无体故，法法常生。以无用故，尘尘恒寂。皆是世间分别，众生妄情。于平等法中，自生差别。向无二相处，强立多端。犹若画师，邈成高下之相状。或如金匠，锻出大小之器形。万法体常虚，但唯自心变。《大庄严论》偈云：譬如工画师，画平起凹凸。如是虚分别，于无见能所。譬如善巧画师，能画平壁，起凹凸相。实无高下，而见高下。不真分别，亦复如是。于平等法界，无二相处，而常见有能所二相，是故不应怖畏。云何不须怖畏？以自心变故，如画凹凸，由自手画故。

卷四

问:唯一心法,云何教中广立名字?

答:如来名号,十方不同。般若一法,说种种名,解脱亦尔,多诸名字。故《大般若经》云:“如一切法名,唯客所摄。于十方三世,无所从来,无所至去,亦无所住。一切法中无名,名中无一切法。非合非散,但假施设。所以者何?以一切法与名,俱自性空。”《大方等大集经》云:“尔时,佛告陀罗尼自在王菩萨:‘善男子!第一义者谓无有诸法。若无诸法,云何说空?无名字法,说为名字,如是名字亦无住处。名下之法,亦复如是。是以法从心生,名因法立。能生之心无处,所生之法亦然。则心境皆空,俱无处所。’”

论云:“心能为一切法作名,若无心,则无一切名字。当知世出世名字,皆从心起。以心随缘,应物立号。似金作器,随器得名。则一心不动,执别号而万法成差;真金匪移,认异名而千器不等。若知法法全心作,器器尽金成,名相不能干,是非焉能惑?又如圆器与方器,名字不同;若生金与熟金,言说有异。推原究体,万法皆空。但有意言,名义差别。动即八识,凝为一心。得旨忘缘,触途无寄。如《大涅槃经》云:“佛言:‘善男子!如来所有一切善行,悉为调伏诸众生故。譬如医王,所有医方,悉为疗治一切病苦。善男子!如来世尊,为国土故,为时节故,为他语故,为众生故,为诸根故,于一法中,作二种说;于一名法,说无量名;于一义中,说无量名;于无量义,说无量名。’”

《华严经》颂云:“如心诸佛尔,如佛众生然,心佛与众生,是三无差别。”只是一法,名别理同。何者?觉此无依无住,绝待不思议心不动时,八十信之初,号不动智佛。不觉此绝待真心,不守自性随缘差别时,名法身流转五道,号曰众生。但有迷悟之名,不离一心之体。更有何法而作凡圣名字为差别乎？如《文殊般若经》云："佛言：'佛法无上耶？'文殊答：'无有一法如微尘许名为其上。'"又经云："如世尊说此法时，无有菩萨得是三昧诸陀罗尼门，亦复无彼诸佛所说语言句义，乃至不说一文字句，无人听闻，无人得解，无人成佛。如此等法，是实言者。于后末世，五百岁时，此经法门，弘阎浮提，遍行流布，炽燃不灭，是真实语。"

问：既万机泯迹，独朗真心者，云何教中说，此是凡夫法，此是圣人法？

答：以一切法，缘生无性故，不得凡夫法，不得圣人法。以无性缘生故，若真若俗，不相混滥。如云："一切即一，皆同无性；一即一切，因果历然。虽即历然，不失无性之理；虽即无性，不坏缘生之道。然又虽但了一心，而于诸法，一一了知，分明无惑。"

《辅行记》问云："一心既具十法界因果，但观于心，何须观具？"

答：一家观门，即天台止观，永异诸说，该摄一切十方三世。若凡若圣一切因果者，良由观具。具即是假，假即空、中。理性虽具，若不观之，但言观心，则不称理。小乘奚尝不观心耶？但迷一心具诸法耳。

问：若不观具，为属何教？

答：别教示道，从初心来，但云次第生于十界，断亦次第，故不观具。或禀通教，即空但理。或禀三藏，寂灭真空。如此等人，何须观具？何者藏通？但云心生六界，观有巧拙，即离不同。是故此两教不须观具，尚不识具，况识空、中？若不尔者，何名发心？毕竟二不别，成正觉已，何能现于十界身土？又复学者，纵知内心具三千法，不知我遍彼三千，彼彼三千，互遍亦尔。苟顺凡情，生内外见。应照理体，本无四性：自生性、他生性、共生性、无因生性。心佛众生，三无差别，能知此者，依稀识心。

《华严论》云："以一心大智之印，印无始三世，总在一时，无边诸法，智印咸遍。以智等诸佛故，以智等众生心故，以智等诸法故，以智无中边、表里、三世、长短、近远故，为智过虚空量故。如世虚空，无所了知。如无分别智虚空，一念而能分别过虚空等法门。"是故经颂言："一切虚空犹可量，诸佛说法不可说。"又颂云："普光明智等虚空，虚空但空智自在。"所以《无量义经》云："无量义者，从一法生，即知一法能生无量义。"所谓一心，一一法皆生无量义者，以心遍一切法，一一法无非心故。以略代总，故知略心能含万法，历一切教。若境若智，若人若法，随诸事释，一一向心为观。观慧弥成，如海吞流，似薪益火。以不能深达故，为偏为小。以不能谛观故，住有住空。是以声闻，睹斯大事，自鄙无堪。或号泣而声振大千，或云同共一法中，而不得此事。若菩萨闻兹妙旨，忏悔前非。或云从无量劫来，为无我之所漂流，或言我等归前，尽是邪见人也。如上所失，皆是不达自心，广大圆融，能包能遍故。何以能包能遍？以无相故。如太虚无相，不拒诸相发挥，能含十方净秽国土。所以昔人云："夫万化非无宗，而宗之者无相。虚相非无契，而契之者无心。内外并冥，缘智俱寂。"是故，若能如是体道，千万相应，可谓正法中人，真佛弟子；若违斯旨，妄起有心，悉堕邪修，不入宗镜。如古德谓云："只为无心学无学，亦复正修于不修，若人不知如此处，不得称名为比丘。"是以若于宗镜发真，最省心力。《华严经》云："以少方便，疾得菩提。"古德云："学虽不多，可齐上贤。"即斯意矣。

问：理唯一道，事乃万差，云何但了一心，无边佛事，悉皆圆满？

答：出世之道，理由心成。处世之门，事由心造。若以唯心之事，一法即一切法，舒之无边；以唯心之理，一切法即一法，卷之无迹。因卷而说一，此法未曾一；因舒而说多，此法未曾多。作一非多，有而不有，而多而一，无而不无，一多相依，互为本末。

问:心性本净,寂照无遗,何假智光,而为鉴达?

答:心是正因,虽然照了,以客尘烦恼所遮,若无智慧了因,而不能显。故知万法无修,策修而至无修。本性虽空,亦由修空而显空。今《宗镜》所录,深有所以。只为众生无智不修,而随想暗,不照心性,枉陷轮回。若不得宗镜之智光,何由显于心宝?且众生无漏智性,本自具足,以客尘所蔽,似镜昏尘。但能知镜本明,尘即渐尽,客尘尽处,真性朗然。

问:释迦文佛,开众生心,成佛知见;达摩初祖,直指人心,见性成佛。若体此一心,云何是成佛之理?

答:一心不动,诸法无性。以无性故,悉皆成佛。《华严经》云:"佛子!如来成正觉时,于其身中,普见一切众生成正觉,乃至入涅槃,皆同一性,所谓无性。无何等性?所谓无相性、无尽性、无生性、无灭性、无我性、无非我性、无众生性、无非众生性、无菩提性、无法界性、无虚空性,亦复无有成正觉性。知一切法皆无性故,得一切智,大悲相续,救度众生。佛子!譬如虚空,一切世界,若成若坏,常无增减。何以故?虚空无生故。诸佛菩提,亦复如是。若成正觉,不成正觉,亦无增减。何以故?菩提无相,无非相,无一无种种故。佛子!菩萨摩诃萨应如是知,成等正觉,同于菩提,一相无相。"

是知若不自信心佛,求他胜缘,功业虽勤,终非究竟。如《华严·如来出现品》云:"佛子!设有菩萨,于无量百千亿那由他劫,行六波罗密,修习种种菩提分法,若未闻此如来不思议大威德法门,或时闻已,不信不解,不顺不入,不得名为真实菩萨,以不能生如来家故。"所以诸佛,知一切法皆无性故,得成就一切智,起同体悲,相续不断,尽未来际,广度有情。以一心无性成佛之理,愿一切众生与我无异。知众生本来一心不动,常合天真,以无性故,不觉随缘,六趣升降,枉受妄苦,虚度轮回,所以能起大悲,相续度脱。若无此无性之理,则大化不成。善恶凡圣,不可移易。

若能如是解悟，则是入不思议方便法门。

志公和尚《生佛不二科》云："众生与佛不殊，大智不异于愚。何用外求珍宝？身内自有明珠。正道邪道不二，了知凡圣同途。迷悟本无差别，涅槃生死一如。究竟攀缘空寂，推求意想清虚。无有一法可得，萧然直入无余。"

真觉大师歌云："雪山肥腻更无杂，纯出醍醐我常纳。一性圆通一切性，一法遍含一切法，一月普现一切水，一切水月一月摄。诸佛法身入我性，我性同共如来合，一地具足一切地，非色非心非行业。弹指圆成八万门，刹那灭却阿鼻业，一切数句非数句，与吾灵觉何交涉？"

又东林问云：众生为迷，诸佛为悟，体虽是一，约用有差。若以众生通佛，佛亦合迷。若以佛通众生，众生合悟。

答：恒以非众生为众生，亦以非佛为佛，不碍存而恒夺，不妨坏而常成。随缘且立众生之名，岂有众生可得？约体权施法身之号，宁有诸佛可求？莫不妄彻真原，居一相而恒有；真该妄末，入五道而常空。情谈则二界难通，智说乃一如易就。然后双非双是，即互坏互成。见诸佛于众生身，观众生于诸佛体。故云六道之道，离善之恶，离恶之善；二乘之道，离漏之无漏；菩萨之道，离边之中；诸佛之道，无离无至。何以故？一切诸法，即是佛道故。所以先德云："夫大道唯心，即心是佛。只依一心而修，即是根本之智，亦是无分别智，即能分别无穷。自具一切智故，不同起心遍计。"故知凡有心者，悉皆成佛。以不信故，决定为凡，以明了故，旧来成佛。

问：六祖云："善恶都莫思量，自然得入心体。"洞山和尚云："学得佛边事，犹是错用心。"今何广论成佛之旨？

答：今《宗镜录》正论斯义。以心冥性佛，理合真空，岂于心外妄求，随他胜境？如《华严记》云："若达真空，尚不造善，岂况恶乎？若邪说空，谓豁达无物，或言无碍，不妨造恶。若真知空，善顺于理，恐生动乱，尚不起心慕善，恶背于理，以顺妄情，岂当可造？若云无碍，不碍造恶，何不无碍，不碍修善，而断恶耶？厌修善法，尚恐有着心，恣情造恶，何不惧着？明知邪见恶众生也，乃至入理观佛，犹恐起心，更造恶思，特违至理。”

问：既博地凡夫，位齐诸佛者，云何不具诸佛神通作用？

答：非是不具，但众生不知。故《华严宗》云：“诸佛证众生之体，用众生之用，是以诸佛将众生心中真如体、相、用三大之因，为法、报、化三身之果，岂可更论具不具耶？如今若实未荐者，但非生因之所生，唯在了因之所了。”《大涅槃经》云：“生因者，如泥作瓶；了因者，如灯照物。”若智灯才照，凡圣一如。若意解观之，真俗似别。然世间多执事相，迷于真理。故《法华经》云：“取相凡夫，随宜为说。”《金刚经》云：“但凡夫之人，贪着其事。”所以一切经论，皆破众生身心、事相等执。如《宝藏论》云：“经云随宜说法，意趣难解，虽说种种之乘，皆是权接方便助道法也。然非究竟解脱涅槃。如有人于虚空中，画作种种色相，及发种种音声，然彼虚空，实无异相，受人变动。故知诸佛化身，及以说法，亦复如是，于实际中，都无一异。”

夫神中有智，智中有通。通有五种，智有三种。何为五种通？一曰道通，二曰神通，三曰依通，四曰报通，五曰妖通。妖通者，狐狸老变，木石精化，附傍人神，聪慧奇异，此谓妖通。何为报通？鬼神逆知，诸天变化，中阴了生，神龙隐变，此谓报通。何谓依通？约法而知，缘身而用，乘符往来，药饵灵变，此谓依通。何谓神通？静心照物，宿命记持，种种分别，皆随定力，此谓神通。何谓道通？无心应物，缘化万有，水月空花，影像无主，此谓道通。何谓三智？一曰真智，二曰内智，三曰外智。何谓外智？谓分别根门，识了尘境，博览古今，皆通俗事，此名外智。何谓内智？自觉无明，割断烦恼，心意寂静，灭无有余，此名内智。何谓真智？体解无物,本来寂静,通达无涯,净秽不二,故名真智。真智道通,不可名目,余所有者,皆是邪伪。伪则不真,邪则不正,惑乱心生,迷于本性。

夫智有邪正,通有真伪,若非法眼精明,难可辨了。是以俗间多信邪伪,少信正真,大教偃行,小乘现用。故知妙理难显也。庞居士偈云:"世人多重金,我爱刹那静,金多乱人心,静见真如性。心通法亦通,十八断行踪,但自心无碍,何愁神不通。"如是解者,方入宗镜之中。所有施为,皆入律行,自然成办一切佛事。如《净名私记》云:"得入律行者,如优波离章,是名奉律,是名善解。端坐不用经营办供养具,而常作佛事心行中求。"

但悟一心无碍自在之宗,自然理事融通,真俗交彻。若执事而迷理,永劫沉沦;或悟理而遗事,此非圆证。何者?理事不出自心,性相宁乖一旨?若入宗镜,顿悟真心,尚无非理非事之文,岂有若理若事之执?但得本之后,亦不废圆修。如有学人问本净和尚云:"师还修行也无?"对云:"我修行与汝别,汝先修而后悟,我先悟而后修。"是以若先修而后悟,斯则有功之功,功归生灭;若先悟而后修,此乃无功之功,功不虚弃。所以融大师《信心铭》云:"欲得心净,无心用功。"

又若具智眼之人,岂得妄生叨滥?况似明目之者,终不堕于沟坑。若盲禅暗证之徒,焉知六即(理即、名字即、观行即、相似即、分证即、究竟即)?狂慧徇文之等,奚识一心?如今但先令圆信无疑,自居观行之位。古人云"一生可办",岂虚言哉?切不可迷性徇修,执权害实,弃本逐末,认妄遗真。据世谛之名言,执无始之熏习。将言定旨,立解明宗,一向合尘,背于本觉。如昔人云:"妄情牵引何年了?辜负灵台一点光。"又真觉大师歌云:"觉即了,不施功,一切有为法不同。住相布施生天福,犹如仰箭射虚空。势力尽,箭还坠,招得来生不如意。怎似无为实相门,一超直入如来地?但得本,莫愁末,如净玻璃含宝月,既能解此如意珠,自利利他终不竭。"且如世间有福之人,于伏藏内,得摩尼珠,法尔以种种磨治，然后自然雨宝。况悟心得道之者，亦复如是。既入佛位，法尔万行庄严，悲智相续。故知悟道如得珠，岂无磨治庄严等事？

问：若不具神变，将何摄化？

答：若纯取事相神通，有违真趣，如《辅行记》云："修三昧者，忽发神通，须急弃之。有漏之法，虚妄故也。"故《止观》云："能障般若，何者？种智般若，自具诸法，能泯诸相，未具以来，但安于理，何须事通？若专于通，是则障理。又不唯障理，反受其殃。"夫言真实神变者，无非演一乘门，谈无生理。一言契道，当生死而证涅槃；目击明宗，即尘劳而成正觉。刹那而革凡为圣，须臾而变有归空。如此作用，岂非神变耶？如《维摩经》云："以神通慧，化愚痴众生。"若上上根人，只令观身实相，观佛亦然。

又古人云："不改旧时人，只改旧时行履处。"设或改形换质，千变万化，皆是一心所为。乃至神通作用，出没自在，易小令大，展促为长，岂离一心之内？故知万事无有不由心者，但证自心，言下成圣。若不识道，具相奚为？故《金刚经》云："若以三十二相见如来者，转轮圣王，即是如来。"又偈云："若以色见我，以音声求我，是人行邪道，不能见如来。"古人云："若不达此理，纵然步步脚踏莲花，亦同魔作。"庞居士偈云："色声求佛道，结果反成魔。"若决定取神通，胜相作佛者，不唯幻士成圣，乃至天魔外道，妖狐精魅，鬼神龙蜃等，皆悉成佛，彼咸具业报五通，尽能变化故。若不一一以实相勘之，何辩真伪？但先悟宗镜，法眼圆明，则何理而不通？何事而不彻？一切佛事摄化之门，自然成就。

如《华严论》云："经云：'入深禅定，得佛神通者，以心称理，原无出入。体无静乱体，无造作性，任理自真，不生不灭，理真智应，性自遍周，三世十方，一时普应，对现色身，随智应而化群品，而无来往，亦不变化，名佛神通。'"智无依止，无形无色，体无来去，性自遍周，非三世摄而能普应三世之法，名曰神通。是故经云:“智入三世而无来往,为三世是众生情所妄立,非实有故。为智体无形无色,不造不作,而应群品,名之为神。圆满十方,无法不知,无根不识,名之为通。”

问:佛称觉义,觉何等法?

答:无法之法,是名真法;无觉之觉,是名真觉。则妙性无寄,天真朗然。《华严经》颂云:“佛法不可觉,了此名觉法,诸佛如是修,一法不可得。”《无字宝箧经》云:“尔时胜思惟菩萨白佛言:‘何等一法,是如来所证觉知?’‘善男子!无有一法如来所觉。善男子!于法无觉是如来觉。善男子!一切法不生,而如来证觉;一切法不灭,而如来证觉。’”是以若有觉乃众生,无觉同木石,俱非真性,不契无缘。无觉之觉,方齐大旨。无觉故不同众生,觉故不如木石。则一觉一切觉,无觉无不觉。无觉故慧解寂然,无不觉故虚怀朗鉴。又见心常住,称之曰觉。一成一切成,一觉一切觉。言穷虑绝,不坏假名,故云始成正觉。

问:初发心时,便成正觉者,云何复说后心菩提?

答:十方诸佛,唯为一大事出现于世,皆令众生,于自心中,开此知见。若立种种差别,是众生知见。若融归一道,是二乘知见。若一亦非一,是菩萨知见。若佛知见者,当一念心开之时,如千日并照,不俟更言,即是祖师西来,即是诸佛普现。故云念念释迦出世,步步弥勒下生。何处于自心外,别求祖佛?则知众生佛智,本自具足,若欲起心别求,即成遍计之性。故六祖云:“本性自有般若之智,自用智慧观照,不假文字。”若如是者,何用更立文字?今为未知者,假以文字指归,令见自性。若发明时,即是豁然还得本心。于本心中,无法不了。故云悟无念法者,万法尽通。悟无念法者,见诸佛境界。是知若入无念法门,成佛不出刹那之际。若起心求道,徒劳神于尘劫之中。

问:即心成佛者,为即真心?为即妄心?

答:唯即真心,悟心真故,成大觉义,故称为佛。

问:若即真心,有何胜义?若即妄心,成何过咎?

答:毕竟空门,理无联迹,分别之道,事有开遮。妄心者,从能所生,因分别起,发浮根之暂用,成对境之妄知。若离前尘,此心无体。因境起照,境灭照亡。随念生尘,念空尘谢。若将此影事而为佛身,既为虚妄之因,只成断灭之果。真心者,湛然寂照,非从境生。含虚任缘,未尝作意。明明不昧,了了常知。舒之无踪,卷之无迹。如澄潭莹野,明镜悬空,万象森罗,豁然虚鉴。不出不入,非有非无。斯则千圣冥归,万灵交会。信之者,彻大道之原底;体之者,成常住之法身。祖佛同指此心,而成于佛。亦名天真佛、法身佛、性佛、如如佛。亦非离妄,妄无体故。亦非即真,真非即故。真妄名尽,即离情消,妙圆觉心,方能显现。又以本具故,方能开示。故云:"如来正觉心,与众生分别心,契同无二。"为开示悟入之方便,是以若众生心与诸佛心各异。如何说开,只为契同,方垂方便。如藏中无宝,徒劳掘凿;只为有宝,不废人功。但发信心,终当见性。故云"我为汝保任此事,终不虚也"。所以云:"摩尼珠,人不识,如来藏里亲收得,六般神用空不空,一颗圆光色非色。"如是的指,何用别求耶?故《心丹诀》云:"茫茫天下虚寻觅,未肯回头自相识,信师行到无为乡,始觉从来枉施力。"

问:若即真心成佛,妄觉堕凡,则妄念违宗,真心顺觉,斯乃真妄有二,体用分离,如何会通,圆融一旨?

答:真妄无性,常契一原,岂有二心,而互相即?以性净无染,妄不可得。如幻刀不能斫石,苦雾不能染空,为不了一心之人所以说即。如台教问云:"无明即法性,无复无明,与谁相即?"答:如为不识冰人,指水是冰,指冰是水,但有名字,宁复有二物相即耶?是知时节有异,融结随缘,湿性常在,未曾变动,乃至即凡即圣,亦复如是。凡圣但名,一体无异故。先德释《华严经》云:“一世界,尽法界亦如是者,知一眼如,一切眼如皆然。”举譬,如一人身有手足,一切人皆有手足。是以不了此一心,皆成二见。若凡夫执著此心,造轮回业;二乘厌弃此心,求灰断果。

又凡夫无眼,将菩提智照,成烦恼火烧。如大富盲儿,坐宝藏中,举动挂碍,为宝所伤。二乘将如来四德秘藏(常、乐、我、净)为无常五阴(色、受、想、行、识),谓是贼虎龙蛇,怕怖驰走,缚脱虽殊,取舍俱失。若谛了通达之者,不起不灭,无得无生,了此妄心,念念无体,从何起执?念念自离,不须断灭。尚不得一,何况二乎?故知诸法顺如,证圆成而情无理有;群情违旨,执遍计而情有理无。顺常在违,一道而何曾失体?情不乖理,千途而未暂分歧。洞之而情理绝名,了之而顺违无地。是以法法尽合无言之道,念念皆归无得之宗。天真自然,非干造作。如《无言菩萨经》云:“尔时,舍利弗谓无言菩萨曰:‘汝族姓子,不能语言,云何欲问如来义乎?’无言曰:‘一切诸法,悉无文字,亦无言词。所以者何?一切众生,皆悉自然,无诸言教,及众想念。’”所以若约事备陈,则凡圣无差而差;若就理融即,则生佛差而不差。是以差与不差,俱不离真如之体。如《华严演义》云:“无差之差者,是圆融上之行布也;差之无差者,是行布上之圆融也。”如揽别成总,非离别外而有此总。如是融摄,无法不归。则三乘非三,五性非五(缘觉、声闻、菩萨、不定、阐提)。如是妙解,方被宗镜之光;离此见生,悉乖不二之旨。

问:若一切众生即心是佛者,则诸佛何假三祇百劫方成?

答:此论自证法门,非述化仪方便。如《华严论》云:“此法门者,是概括始终一际,圆满无碍,无成无坏,无出无没,常转法轮。若人了得此法门者,佛智、自然智、无师智之所现前,为此法无出没故,还以自然无出没智而自能得之,非情击思量之所能得也。一切权教法门,总在其中。一时而说,为诸权教,不出法界,无三世故。各依自见,无量差殊。此一乘教,是始成正觉时说。”似明镜之对妍媸，故随乐皆见。乃至一身多身，但由众生分别心起，故无积无从。其犹并安千器，数步而千月不同；一道澄江，万里而一月孤映。又如三舟共观，一舟停住，二舟南北。南者，见月千里随南；北者，见月千里随北；停舟之者，见月不移。是为此月，不离中流而往南北。设百千共观，八方各去，则百千月各随其去。是以情隔即法身成异，心通而玄旨必均。纭纭自他，于佛何预？是以真身寥廓，与法界合其体；包罗无外，与万化齐其用。穷原莫二，执迹多端。一身多身，经论异说。

如《华严演义》问云："佛前唯一普贤，何以一一佛前各有多耶？"

答：含有二义：一、缘起相由，正约主伴，兼明即入。谓为主须一，为伴必多。此一者，是即多之一，一切一也。多是全一之多，一一切也。二、力用交彻，一有一切，普贤之身，不可思议。略有三类：一、随类身，随人天等，见不同故；二、渐胜身，乘六牙象等，相庄严故；三、穷尽法界身，帝网重重，无有尽故。此第三身，含前二身，及无尽身。又问：如上所说，则无一处无有普贤，今何不见？释有三意：一、约机不见，是盲者过；二、不见是见，见虚空身，以虚空不可见，若不见者，真见虚空；三、亦遍不见处故者，明见则不遍。何者？以可见不可见，皆是普贤身。要令可见为身，则普贤身不周万有。如智不可见，岂非智身耶？明知由有不见之处，方知遍耳。此等三身，何人能见？慧眼方见，非肉眼所见。如是慧眼，无见无不见矣。

卷 五

问:成佛之理,或云一念,或云三祇,未审定何文,以印后学?

答:成佛之旨,且非时劫,迟速之教,属在权宜。故《起信论》明,为勇猛众生成佛在于一念,为懈怠者得果须满三祇。但形教迹之言,尽成方便。《楞严经钞》云:"劫者,是时分义,而有成住坏空,皆由众生,妄见所感。且妄见动,外感风轮;由爱发故,外感水轮;由坚执心,外感地轮;由研求燥故,外感火轮。由四大故,起六根;起六根故,见六尘;见六尘故,有时分。"若了无明根本一念妄心,则知从心所生三界,毕竟无有。且时因境立,境尚本空,时自无体,何须更论劫数多少?但一念断无明,何假更历僧祇?是以《首楞严经》云:"如幻三摩提,弹指超无学。"又云:"想相为尘,识情为垢,二俱远离,则汝法眼应时清明,云何不成无上知觉?"《圆觉经》云:"知幻即离,不作方便,离幻即觉,亦无渐次。"故知长短之劫,由一念来,三乘趣果,并是梦中,说悟时事,皆无多劫耳。所以《法华经》演半日为五十小劫,《维摩经》演七日为一劫。又如《涅槃经》云:"屠儿广额,日杀千羊,后发心已,佛言于贤劫中成佛。诸大菩萨及阿罗汉疑云:'我等成佛即远劫,广额何故成佛在先?'佛言:'欲得早成者,即与早;欲得远成者,即与远;若顿见真性,即一念成佛。'"故知利钝不同,迟速在我。可验心生法生,心灭法灭矣!以三界无别法,但是一心作。一切境界,皆因动念,念若不生,境本无体,返穷动念,念亦空寂。即知迷时无失,悟时无得,以无住真心不增减故。

问:即自心成佛者,远立他佛否?若决定不立,则无诸佛之所威神建立,加被护念等,便成断见。

答:以自心性,遍一切处故,所以若见他佛即是自佛,不坏自他之境,唯是一心。众生如像上之模,若除模,既见自佛,亦见他佛。何者?虽见他佛,即是自佛,以自铸出故。亦不坏他佛,以于彼本质上,虽变起他佛之形,即是自相分故。变与不变,皆是一心。所以因众生迷悟二心,有见不见自他之理。若约真性,迷悟何从?自他俱泯,以法身无形,无自他相见之相。古德云:"迷有二种:一、心外取境,生想违理,故不能见无相之佛;二、取内蕴相,不了性故,不见心佛。悟有二种:一、了一切法,即心见性,性亦非性,情破理现,则见舍那身,称于法性,无内外也;二、了蕴性相,则见自心之佛,与舍那非一非异。"如天帝释不修天业宫殿,何以随身?转轮王不作王因,七宝无由聚集。唯凭自善,外感胜缘。是以《华严经》云:"佛子!一切如来,同一体性,大智轮中,出生种种智慧光明。佛子!汝等应知,如来于一解脱味,出生无量不可思议种种功德。众生念言:'此是如来神力所造。'佛子!此非如来神力所造。佛子!乃至一菩萨,不于佛所,曾种善根,能得如来少分智慧,无有是处。但以诸佛威德力故,令诸众生见佛功德,而佛如来无有分别,无成无坏,无有作者,亦无作法。佛子!是为如来应正等觉,出现之相。"《宝藏论》云:"夫所以真一无一,而现不同。或有人念佛佛现,念僧僧现,但彼佛非佛非非佛,而现于佛,乃至非僧非非僧,而现于僧。何以故?彼妄心希望现故。不觉自心所现,圣事缘起,一向为外境界,而有差别,实非佛法僧,而有异也。乃至譬如有人,于大冶边自作模样,方圆自称,愿彼熔金,流入我模,以成形像。然则熔金,虽成形像,其实熔金,非像非非像,而现于像。彼人念佛,亦复如是。大冶金,即喻如来法身;模样者,即喻众生希望。念熔得佛,故以念佛和合缘生,起种种身相。然彼法身,非相非非相。何谓非相?本无定相。何谓非非相?缘起诸相。然则法身,非现非非现,离性无性,非有非无,非心非意,不可以一切量度也。但彼凡夫随心而有,即生现佛想,一向谓彼心外有佛,不知自心和合而有,或一向言心外无佛,即为谤正法也。”

释曰:何谓非相?本无定相者,以因心所现,外相无体,从心感生,缘尽即灭,何相之有?故云本无定相。何谓非非相?缘起诸相者,既称无定,但随缘现,因缘和合,幻相不无,故云缘起诸相。若能不生分别,不执自他,内不执有而取诸蕴,外不执无而谤正法,则开眼合眼,举足下足,非见非非见,为真见佛矣!

故知三宝,如虚空相,非见闻之所及,则众生之心佛,度佛心之众生,若有一法对治,尽成邪见。故六祖云:“邪来正度,迷来悟度,愚来智度,恶来善度,如是度者,即是真度。”

问:既心外无佛,见佛是心,云何教中,有说化佛来迎,生诸净刹?

答:法身如来,本无生灭,从真起化,接引迷根,以化即真,真应一际。即不来不去,随应物心。又化体即真,说无来去,从真流化,现有往还,即不来相而来,不见相而见也。不来而来,似水月之顿呈;不见而见,犹行云之忽现。

问:如前剖析,理事分明,佛外无心,心外无佛,云何教中更立念佛法门?

答:只为不信自心是佛,向外驰求。若中下根,权令观佛色身,系缘粗念,以外显内,渐悟自心,若是上机,只令观身实相,观佛亦然。如《佛藏经》云:“见诸法实相,名为见佛。何等名为诸法实相?所谓诸法毕竟空无所有,以是毕竟空无所有法念佛。舍利弗!随无所有,无觉无观,无生无灭,通达是者,名为念佛。汝念佛时,莫取小想,莫生戏论,莫有分别。何以故?是法皆空,无有体性,不可念一相。所谓无相,是名真实念佛。”《华严经》颂云:“譬如日月住虚空,一切水中皆现影,住于法界无所动,随心现影亦复然。”又颂云:“譬如帝青宝,照物皆同色,众生见佛时,同佛菩提色。”释云:“诸佛菩提之色即众生心性之光。以心无相故，菩提亦复然。”所以文殊颂云：“无色无形相，无根无住处，不生不灭故，敬礼无所观。”又颂云：“虚空无中边，诸佛心亦然，心同虚空故，敬礼无所观。”

《婆沙论》中明念实相佛，得上势力，而不着色法二身。偈云：“不贪着色身，法身亦不着，善知一切法，永寂如虚空。”劝修者，若人欲得智慧如大海者，于此坐不运神通，悉见诸佛，悉闻所说，悉能受持者，常行三昧，于诸功德，最为第一。此三昧，是诸佛母、佛眼、佛父、无生大悲母，一切诸如来，从此二法生。碎大千地，及草木为尘，一尘为一佛刹，满尔世界中宝用布施，其福甚多，不如闻此三昧，不惊不畏，况信、受持、读诵，为人说，况定心修习，如穀牛乳顷，况能成是三昧，故无量无边。又《婆沙论》云：“劫火官贼怨，毒龙兽众病，侵是人者，无有是处。此人常为天龙八部、诸佛，皆共护念称赞。”

问：夫成佛门，若论修善，则有前后，若是性善，本一心平等。诸佛既有性恶，阐提亦有性善。既同一性，俱合成佛，云何阐提不成佛耶？

答：若言性佛，何人不等？若约修成，阐提未具。台教问：“阐提与佛，断何等善恶？”答：阐提断修善尽，但性善在；佛断修恶尽，但性恶在。

问：阐提不断性善，还能令修善起，佛不断性恶，还令修恶起耶？

答：阐提不达性善，以不达故，还为善所染，修善得起，广治诸恶。佛虽不断性恶，而能达于恶，以达恶故，于恶得自在。故不为恶所染，修恶不得起，故佛永无复恶。以自在故，广用诸恶法门，化度众生。终日用之，终日不染。不染，故不起，哪得以阐提为例耶？若阐提能达此善恶，则不复名为一阐提也！若依他文，明阐提断善尽，为阿赖耶识所熏更能起善。阿赖耶即是无记无明，善恶依持，为一切种子。阐提不断无记无明，故还生善。佛断无记无明尽，无所可熏，故恶不复还生。若欲以恶化物，但作神通变现，度众生耳。

是以善恶诸法，皆以无性为性。此性，即是佛性，即无住本，即法性故，此善恶性，不可断也。即今推自心性不可得，即无住处，能遍一切处，即善恶性也。性无善恶，能生善恶，善恶可断，性不可断。善恶同以心性为性，若断性恶，则断心性，性不可断，所以阐提不断性善。纵堕三途，性善不减，性恶不增，直至成佛，性善不增，性恶不减。此性即法身也，犹如明镜本无好丑众像，能现一切好丑众像，像有增减，明净光体，不增不减也。镜本无像，故能现像，佛性无善恶，能现善恶。众生不得性，但得善恶，为善恶所拘，不得自在也。性善不坏，故地狱发佛界善；性恶不坏，故佛能现六趣恶。又性者，即是善恶等诸法之性，遍十方三世众生国土等，一切处无有变异，不增不减，能现善恶、凡圣、垢净、因果等。从性而起，故云性善性恶。若善恶等，即无定相，随缘构习，如镜中像，无体可得，若遇净缘即善，若因染缘即恶，从修而得，故名修善修恶。若论性善，不唯阐提，若论性恶，不唯诸佛。以是善恶诸法之性故，即一切众生，皆悉具有，一际平等。若觉了此性，即便成佛，故能示圣现凡，自在无碍。若论修善修恶，于上中下根，即不可定，随修成之厚薄，任力量之浅深，得世间报而六趣升沉，成出世果而四圣高下。以不了善恶之性故，为善恶业之所拘，而不自在。若见性达道，何道不成？则法法标宗，尘尘契旨，岂唯善恶二法，而得自在耶？

问：三宝如虚空相，非见闻之所及者，教中云何说见道，又称见佛？

答：约本智发明，假称名见，非眼所见，唯证乃知，离见非见，方名真见。《涅槃经》云："菩萨实无所见。无所见者，即无所有；无所有者，即一切法。"是以法性无所有，菩萨则无所见。与法理会，假称为见，实非见也。真性湛然，非是见法。经云："不行见法,诸佛速与授记。”则是离断常二边,即见自身清净。见身清净,即是见佛清净,乃至见一切法,悉皆清净,无非是佛,无非是法,以自心性无生,顺物遍一切处故。若一微尘不是佛者,则成翳障,不入普眼之门,唯堕能所之见。《大集经》云:“梵天问海慧菩萨言:‘善男子!汝今了了见佛法否?’海慧言:‘佛法非色,不可睹见!汝云何言了了见佛法耶?一切诸法,悉不可见。夫了了者,即是佛法,无有二相。’”是以来同水月,散若幻云,见犹梦形,闻如谷响,觉处即现,不从方来,迷处自无,不从此去。如《圆觉经》云:“圆觉普照,寂灭无二,于中百千万亿不可说,阿僧祇恒河沙诸佛世界,犹如空华,乱起乱灭。”《般若假名论》偈云:“如来法为身,但应观法性,法性非所见,然亦不能知。”法性者,所谓空性,无生性,此即诸佛第一义身。若见于此,名为见佛。经云:“以见空性,名见如来。”又法性之处,无有一物可名所知,由是彼智,亦不能知。又经言:“大王!一切法性犹如虚空,等与众物,为所依止,而其体性非是有物,亦非无物。能知此中,寂然无知,名为了知,名为知者,随俗言说,信解无生之福,多于宝施。”如有颂言:“若人持正法,及发菩提心,不如解于空,十六分之一。”是以解第一义空,方成般若,见无生自性,始了圆宗。以真空不坏业果,尊卑宛然,不同但空,不该诸有。如《大涅槃经》云:“有业有报,不见作者,如是空法,名第一义空。”所以见性之时,性本离念,非有念而可除;观物之际,物本无形,非有物而可遣。故云:“离念之智,等虚空界。”如《大乘千钵大教王经》云:“是时普明菩萨,则证入毗卢遮那如来金刚法藏三昧三摩地,令一切菩萨及一切有情众生,同愿修持,入此性净真如法藏三昧真际观。云何应得修入此观?菩萨则当观照心地,觉用心智,唯照心性,细细观觉,觉照心体,见性无动,证觉不动,即能恒用,用观体智,见性清净。性自离念,离念无物,心等虚空,即证圣智,如如圣性,二俱澄寂,空同无体,性体虚静,则是名为菩萨证入真如法界性印,法藏真际观门。”故知法界性,即众生心性,众生心性,即虚空性。故

《大智度论》云："复次舍利弗，菩萨摩诃萨，欲住内空、外空、内外空、空空、大空、第一义空、有为空、无为空、毕竟空、无始空、散空、性空、自相空、诸法空、不可得空、无法空、有法空、无法有法空，当学般若波罗蜜。"释云：内空者，即内法，所谓内六入：眼、耳、鼻、舌、身、意，眼空无我，无我所等。外空者，即外法，所谓外六入：色、声、香、味、触、法，色空无我，无我所等。内外空者，即内外十二入，十二入中无我，无我所等。空空者，以空破内空、外空、内外空，破是三空，故名为空空。大空者，即十方空。东方无边，故名为大，亦一切处有，故名为大。第一义空者，第一义名诸法实相，不破不坏故，是诸法实相亦空。何以故？无受无着故。若诸法实相有者，应受应着。以无实故，不受不着。若受若着，即是虚诳。有为空、无为空者，有为法，名因缘和合生，所谓五阴、十二入、十八界等；无为法，名无因缘，常不生不灭，如虚空。

问：有为法，因缘和合生，无自性故空，此则可尔；无为法，非因缘生法，无破无坏，常若虚空，云何空？

答：若除有为，则无无为，有为实相，即是无为。如有为空，无为亦空，以二事不异故。毕竟空者，一切法皆毕竟空，是毕竟空亦空，空无有法故，亦无虚实相待。复次毕竟空者，破一切法，令无遗余，故名毕竟空。若有少遗余，不名毕竟空。无始空者，如经中说："佛语诸比丘，众生无有始。"无明覆爱所系，往来生死，始不可得。破是无始法，故名为无始空。散空者，散名别离相，如诸法和合故有。如车以辐辋辕毂，众合为车，若离散各在一处，则失车名。五阴和合因缘，故名为人，若离五阴，人不可得。性空者，诸法性常空，假来相续故，似若不空。譬如水性自冷，假火故热，止火停久，水则还冷。如经说"眼空无我，无我所。何以故？性自尔耳。"自相空者，一切法有两种相：总相、别相。是二相空，故名为相空。总相者，如无常等；别相者，诸法虽皆无常，而各有别相，如地为坚相，火为热相。一切诸法空者，一切法有好有丑，有内有外，一切法有心生，故名为有，无自体，故空。无所得空者，一切法，乃至无余涅槃不可得，故名无所得空。无法空、有法空、无法有法空者，无法，名法已灭，是灭无故，名无法空；有法空者，诸法因缘和合生，故有法，实性无故，名有法空；无法有法空者，取无法有法相不可得，是为无法有法空。乃至云："离我我所故空，因缘和合生故空，无常、苦、空、无我故名为空，始终不可得故空。"

唯心，故名为空。故知一切万法，皆从心现，悉无自体，尽称为空。所以云："若住此十八空门，当学般若。"则未尝有一法，能出我之灵台智性矣。此十八空，下至有为世间五阴，上至无为第一义谛，收一切法，无不皆空。若不学般若，别尚余宗，体有而未达有原，穷空而不尽空理，须归宗镜，内照发明，则外无一法，更有遗余矣。又此是如空，非体是空，以真心无碍，映现万法，如虚空不拒诸相发挥故。于真心中，能现一切，其所现一切，虽依心无体，照见五蕴皆空，然亦不着于空，能兴佛事。如《华严经》颂云："十方所有诸如来，了达诸法无有余，虽知一切皆空寂，而不于空起心念。以一庄严严一切，亦不于法生分别，如是开悟诸群生，一切无性无所观。"

问：法身之理，为复有法成，为复无法成，为复一法成，为复异法成？

答：本觉心宗，法身性地，口欲言而词丧，心欲缘而虑亡。所以然者，说有则妙体虚玄，谈无则道无不在，言生则三界无物，云灭则一体常灵，言一则各任其形，说异则同归实相，是知不可以称量，不可以希冀。若开方便，欲晓疑情，则不有不无，非一非异，能超四句，方会一乘。

古德问云："若众生与诸佛同一心佛性，等有法身，则有二过：一、众生悉当成佛，则众生界尽；二、诸菩萨阙利他行，以无所化机故。"

答:此所问难,并由妄见众生界故,妄起此难。《不增不减经》云:“大邪见者,见众生界增,见众生界减,以不如实知一法界,故于众生界,起增减见。”经意则一切众生,一时成佛,佛界不增,众生界不减。故经云:“众生即法身,法身即众生。众生法身,义一名异。”解云:况众生界,如虚空界。设如一鸟,飞于虚空,从西向东,经百千年,终不得说东近西远。何以故?虚空无分剂故。亦不得云总不飞行,以功不虚故。当知此中道理亦尔,非有灭度,令有终尽,非无终尽,有不灭度。故众生界,甚深广大,唯是如来智所知境,不可辄以狂心限量斟酌,起增减见。且如虚空界,虽无分剂,不碍鸟飞,类众生界,虽不可尽,不妨灭度。但不起增减之见,去取之情,则智翼高翔,真空无滞。如《华严疏释经》云:“‘佛智,广大同虚空’者,量智则包含而普遍,理智无分别而证。入是以太虚含众像,众像不能含太虚,太虚不分别众像,众像乃差别太虚。以况我法不能容佛智,佛智乃能容我法,有我法者,分别如来,是如来者,不分别我法。”

问:众生业果种子现行,积劫所熏,犹如胶漆。云何但了一心,顿断成佛?

答:若执心境是实,人法不空,定经万劫修行,终不证于道果。若顿了无我,深达物虚,则能所俱消,有何不证?犹微尘扬于猛吹,轻舸随于洄流。只恐不信一心,自生艰阻,若入宗镜,何往不从?

是以但了一心,自然万境如幻。何者?以一切诸法,皆从心幻生。心既无形,法何有相?所以高城和尚歌云:“说教本穷无相理,广读元来不识心。识取心,了取境,识心了境禅河静。若能了境便识心,万法都如闼婆影。”

卷 六

问:夫如上所说,祖教同诠,凡曰有心,皆得成佛,如今现见众生,何不成佛?

答:若以众生眼观,只见众生界有余,若以佛眼观,乃知诸佛界无外。故知无明妄风,鼓心海而易动;本觉真性,睡长梦而难惺。是以《首楞严经》云:"汝之心灵,一切明了,未曾暂昧,而迷者目击而不知。"如《法华经》云:"于某年月日,以无价宝珠,系汝衣里,今故现在,而汝不知,勤苦忧恼以求自活,甚为痴也。"

是知十方诸佛中,无有一佛不信此心成佛;二十八祖内,无有一祖不见此性成祖。如今闻而不成祖佛者,皆为信不及、见不谛故。但学共语,不照其心,但执其解,不深其法。经云:"信是道原功德母。"见即无疑故。但入宗镜,方悟前非,心光透时,余瑕自尽。

《涅槃经》云:"二十五有有我者,自实名我。"所谓一切诸法体实,一切众生,有如来藏能为佛因,名有佛性,如一切色中,皆有空性。然非独有情,具如来之正性,一切诸法中,皆有安乐性。所以云:"若以肉眼观,无真不俗;若以法眼观,无俗不真。"又云:"法身流转五道,名曰众生。"但法身即是真如,流转五道即是随缘,名曰众生是差别义。又由随缘即不变故,夺差别令体空,则末寂也。由体空差别故,夺不变令随缘,故本寂也。以全本为末故,本便隐;全末为本故,末便亡也。是则真如随缘成众生时,未曾失于真体,故今众生非众生也。众生体空即法身时,未曾无众生,故今法身非法身也。故二双绝。二既互绝,则真妄平等,无可异也。故云:"随缘非有之法身,恒不异事而成立,寂灭非无之众生,常不异真而显现。"故知烦恼即菩提,菩提即烦恼。

《入法界体性经》云："佛问文殊：'汝知法界耶?''如是，世尊，我知法界即是我界。'又问：'汝岂不乐法界耶?'文殊曰：'世尊！我不见一法非法界者，更何所乐?'"《持世经》云："若世间法，与出世间法异者，诸佛不出于世也。"何者？以觉一切法平等，故名为佛。《大集经》云："诸众生界及法界，若能平等观无异，不生分别一二数，是名菩萨不退印。"又云："若有菩萨不离凡夫，能知圣法，以凡夫心，观察圣法。"

《无生义》云："众生身中，有佛三十二相、八十种好，坐宝莲花，与佛无异。但为烦恼所覆故，未能得用。"此是具有佛知见根性，未有知见用，即时犹愚故。乃至譬如小儿，具有大人六根，与大人不异，在其身中，而未能有大人用，至渐长大，复须学问，乃有大人知见力用也。若根性是有，作用岂无？如种子本甘，结果非苦。只恐不知有，自认作凡夫，真性常了然，未曾暂隐覆。如佛言："如来实无秘藏。何以故？如秋满月，处空显露，清净无翳，人皆亲见。"故知但是众生不了，自称为秘。然虽无秘藏，而有密语，密语难解，唯智能知。

如经云："凡真实法，不舍自相，取于余相。若舍非正觉，成等正觉，则非真实。"正觉者，曾无有时不成正觉。故知一切众生，皆住觉地，非是舍不觉，而取正觉。则一觉一切觉，常成正觉，无有不觉时，如虚空湛然，无有成坏。若执有成不成，斯属情见。若以智照，何往不真？念念而常见法身，尘尘而尽成佛国。但以自眼有翳，妙见不通，违背己灵，沉溺家宝。虽同一性，要以智明，得失在人，精粗任己。故知众生之识，相续不断，但由精粗，分其升降耳。

如《华严疏》云："一切法有二：一是所迷，谓缘起不实故如幻，缘成故无性；二是能迷，遍计无物故如空，妄计故无相。"又以不觉，故不知有。以不信，故不承当。但起无明，空成倒想。如夜绳不动，疑之为蛇，暗室本空，怖之有鬼。故知本无迷悟，妄有升沉。昔迷悟而似迷，今悟迷而非悟。但以内见自隔，客尘所遮，于体上分远近之情,向性中立凡圣之量。如《胜思惟梵天所问经》云:"梵天问文殊师利:'比丘云何亲近于佛?'答言:'梵天!若比丘于诸法中,不见有法,若近若远,是则名为亲近于佛。'"《大集经》云:"不觉一法微相者,乃能了知如来出世,无出之出,即是佛出。"是以若不见一法,常见诸佛,则千里同风;若见一法,不见诸佛,则对面胡越。故知背心合境,顿起尘劳,背境合心,圆照法界。何者?心是所依,法是能依,能依从所依起,如水是所依,波是能依,离水无波,离心无法。又心是能生,法是所生,如木能生火,木是能生,火是所生,离木无火,离心无法。故知不即心为道者,如千人排门,无一得入;若了心顿入者,犹一人拔关,能通万汇。得宗镜之要者,其斯谓乎?

是知虽有佛性,久翳尘劳,须以止观熏修,乃得明净。如贫女得藏中之宝,犹力士见镜里之珠,方亲悟自心,妙觉圆满。又如何行于止观,得契真修?但了能观之心,所观之境,各个性离,即妄心自息,此名为止。常作此观,不失其照,故名为观。斯则即止即观,即观即止,无能所观,是名止观。如先德云:"法性寂然名止,寂而常照名观,非能所观,有其二事。"所以《华严经》颂云:"若有欲知佛境界,当净其意如虚空,远离妄想及诸取,令心所向皆无碍。"疏释云:"一离妄取,如彼净空无云翳故,斯即真止。二触境无滞,如彼净空无障碍故,斯即真观。此观不作意以照境,则所照无涯,此止,体性离而息妄,故诸取皆寂。"若斯则不拂不莹,而自净矣。无净之净,乃冥契法原;不修之修,则暗蹈佛境矣!故知唯一心真智,是我本身,湛然常存,现前明净,自然以智慧喙,啄破无明壳,飞出三界,自在无碍。此时方得见性了然,更有何法而堪比对?

问:诸佛心遍一切众生心,能现凡心,众生身遍一切诸佛身,能作圣体。为复转动互遍而成,为当一体?

答:若言转动,即成造作,若言互遍,则有二心。是以常住一心，犹若虚空之体；凡圣二号，还同空里之花。青黄起灭虽殊，匪越太虚之性；迷悟升沉有异，未离真觉之原。又如一室千灯，光光涉入，一镜万像，影影交罗，非异非同，不来不去。达斯旨者，唯佛洞知。是以万有即真，无转变相。

《大智度论》问云：若五阴空无佛，即是邪见，云何菩萨发心求作佛？

答曰：此中言无佛，破着佛想，不言取无佛相。若有佛尚不令取，何况取无佛邪见？又佛常寂灭，无戏论相。若人分别戏论，常寂灭事，是人亦随邪见。离是有无二边，处中道，即是诸法实相，诸法实相即是佛。何以故？得是诸法实相，名为得佛。《大般若经》云："诸菩萨众，尚不得法，何况非法？尚不得道，何况非道？"又云："于生死法，不起不堕，于诸圣道，不离不修。"释云：于生死法不起者，自性常空故，不落离边。不堕者，不随流转故，不落即边。于诸圣道不离者，性常相应故，不落断边。不修者，天真具足故，不落常边。如《清凉疏》云："不着一多，能立一切故，不着于有，能安立故。即真俗熔融，谓世俗幻有之相，相本自空，胜义真空之理，理常自有。有是空有非常有，斯有未曾不空；空是有空非断空，此空何尝不有？有空空有，体一名殊。名殊故真俗互乖，迢然不杂；体一故空有相顺，冥然不二。一与不一，不即不离，熔融无碍。菩萨智契其原，所以迥绝无寄，而善修安立。"又云："良以事虚揽理，无不理之事，理实应缘，无碍事之理。所以寂而常照，照而常寂，故终日知见而无知见也。乃至菩萨悲智相成，出没无碍，悲故常行世间，智故不染世法。"

问：一切真俗等法，各有理事，通别行相，果报历然，云何未入斯宗，恐成空见？

答：得本方了末，执末则违宗。若不观心，法无来处。若但修有为事行，不达自心无为，则迷事失宗，果归生灭。若体理行事，只照无违，只恐一向偏修，理事俱失。如《大宝积经》云："假使造宝塔，其数如恒沙，不如刹那顷思惟于此经。"又只为一心是万行之原，因兹能起同体之悲，无缘之化。如《起信钞》云："若信一味空理，则欣厌都绝；若信一向法相，则圣凡悬隔。"斯皆不能起行修进。今令信一心是凡圣之原，但由迷悟使之有异，是则必能起行修进，望佛果故。是知真心不守自性，随缘升降，果报历然，又随缘不失自性，缘假无实，境智冥寂。所以《起信论》云："所谓虽念诸法自性不生，而复即念因缘和合，善恶之业，苦乐等报，不失不坏。虽念因缘善恶业报，而亦即念性不可得。"若云果报不失，即须具修万行；若云性不可得，当知唯是一心。且万行之初，无先五戒，若依事相，报在人天，藏教但证无常，通教空无自性，别教历别，因果不融，唯圆教观心，即具法界。所以《大涅槃经》云："虽信别相，不信一体无差别相，名信不具。信不具故，所有禁戒，亦不具足。"故所有多闻，亦不具足，何谓信不具？未了一法即一切法，信岂圆耶？何谓戒不具？未知戒性如虚空，戒岂具耶？何谓闻不具？未闻如来常不说法，是谓具足多闻，闻岂具耶？若入宗镜，宁唯戒善，乃至诸佛果德，菩萨万行，靡有一法而非所被，则念念了知，法法圆满。且如五戒者，戒从心生，心因戒立，若心不起，为四德万行之基，若心妄生，作六趣三途之本，则无善而不摄，无恶而不收。故台教云："此五戒，亦是大乘法门。"束此五戒为三乘，即对三无失：身无失，口无失，意无失；三不护：意不护，身不护，口不护；三轮不思议化：身业轮，口业轮，意业轮；三密：身放光，口说法，意入定；三轨；资成轨，观照轨，真性轨；三身：法身，报身，化身；三佛性：住自佛性，引出佛性，至得佛性；三般若：文字般若，观照般若，实相般若；三涅槃：性净涅槃，方便净涅槃，圆净涅槃；三智：一切智，道种智，一切种智；三德：法身德，般若德，解脱德；无量三法门，横竖无边际，与虚空法界等，亦是无尽藏法门，亦是无量义三昧。举要言之，即是一切佛法也。

问:法身无象,真土如空,皆是一心,无别依正,云何教中广谈身土?

答:只于自心性相,分身土之名,以自心相义名身,自心性义名土。如裕公云:“心则诸佛证之以为法身,境则诸佛证之以为净土。则二皆所证,智为能证。”《慈恩疏》云:“问:净土以何为体?答:《准摄论》云:‘以唯识智为体,为佛及菩萨。’唯识智为体,即《金刚般若论》云‘智习唯识通,如是取净土’。若《佛地论》‘以佛自在无漏心为体,非离佛净心外,别有实等净心色也’。又云:‘色等即是佛净心所感,离佛自心之外,别无能感。’如是假实之色皆不离佛净心,即此净心,能显假实之色。如《无量寿疏》云:‘夫乐邦之与苦域,金宝之与泥沙,诚由心分垢净,见两土之升沉,行开善恶,睹二方之粗妙。’”

问:一切身土,八微所成。八微者,即地、水、火、风、色、香、味、触八味。云何唯心而无质碍?

答:执色极微有质碍性,是小乘宗,非通大旨。人水鬼火,岂在异方?毛海芥山,谁论巨细?一尘一识,万境万心矣。若迷心而观色,则通塞宛然;若了色而明心,乃是非绝矣。所以古德云:“若知色即空,观色非耶?若迷色不空,观色是耶?若知空即色,观空非耶?若观空异色,观空是耶?此乃解惑异途,自分妍丑,何关色空二境以辩邪正耶?”若晓此宗途,常色观而恒正,若迷斯旨趣,虽空观以恒邪,且夫众生不了二空,皆为执心色实有,观心不妙,照境无功,既不解即色明空,又不能微细剖析,罔知粗细色聚,焉穷真妄心原?

又经明一切世间净秽国土,皆是菩萨行所成,众生业共感。若娑婆缘熟,即华藏是娑婆,若华藏缘熟,即娑婆是华藏。若无行无感,世界不成,则离心之外,更无一法。又夫一切诸法,随缘幻生,体用俱无,隐显互起,或多中现一,一中现多。若不知起尽之根由,则任运但随境转,或随好境而忻集,或逐恶缘而怖生。若能明了一切凡圣等法，悉是自心境界，以此一印，众怖潜消。若论大旨，尚不得一净，何况多门？此乃一心真如，不守自性，随缘对处，有浅有深，或垢或净，不可滞理妨事，守一疑诸，迷卷舒之门，起通局之见。虽同一旨，约相差别不无，虽云有异，顺体一如不动。何者？若言其一，安养宝方，娑婆邱陇；若言其异，十方佛国，一道清虚；若言其有，无边净刹，犹若虚空；若言其无，妙土交罗，如天帝网。所以精超四句，妙出百非，道不可以一言诠，理不可以一义宣故。

问：真心无形，妙体绝相，云何有报化庄严等事？

答：诸佛法身如真金，相好似金庄严具。以金作具，体用全同，从心现色，性相无二。如《起信论》问云："若佛法身，无有种种差别色相，云何能现种种诸色？"答："以法身是色实体，故能现种种色。谓从本以来，色心无二。以色本性，即心自性，说名智身。以心本性，即色自性，说名法身。依于法身，一切如来所现色身，遍一切处，无有间断。十方菩萨，随所堪任，随所愿乐，见无量受用身，无量庄严土，各个差别，不相障碍，无有断绝，此所现色身，一切众生心、意、识不能思量，以是真如自在甚深用故。"故知所现一切依正二报，供具庄严等无边佛事，皆从一心而起。如《华严经》云："以从波罗蜜所生一切宝盖，于一切佛境界，清净解所生一切华帐，无生法忍所生一切衣，入金刚法无碍心所生一切铃网，解一切法如幻心所生一切坚固香，周遍一切佛境界如来座心所生一切佛众宝妙座，供养佛不懈心所生一切宝幢，解诸法如梦欢喜心所生佛所住一切宝宫殿，无着善根无生善根所生一切宝莲花云，一切坚固香云，一切无边色华云，一切种种色妙衣云，一切无边清净旃檀香云，一切妙庄严宝盖云，一切烧香云，一切妙鬘云，一切清净庄严具云，皆遍法界，出过诸天供养之具供养于佛。其诸菩萨一一身，各出不可说百千亿那由他菩萨，皆充满法界虚空界，其心等于三世诸佛，以从无颠倒法所起。"《解深密经》云：

“尔时,曼殊室利白佛言:‘世尊!如来成等正觉,转正法轮,入大涅槃,如是三种当知何相?’佛告曼殊室利:‘善男子!当知此三,皆无二相。谓非成等正觉,非不成等正觉,非转正法轮,非不转正法轮,非入大涅槃,非不入大涅槃。何以故?如来法身究竟净故,如来化身常示现故。’”释曰:非成等正觉者,以法身究竟净故,离常现故,入第一义谛故,非众生见闻故。非不成等正觉者,以化身常示现故,离断见故,约世俗谛故,随机熟有情心见故。然法报虽分,真化一际。又法身普遍有二:一、随相各别遍,以法身遍在一切大小相中,不坏相故;二、圆融总摄遍,以法身无相能融一切有相,总摄归一体故。色身即体之用遍,智身修成,如体之遍,遂则十身布影,散分十刹之中;一体分光,不动一尘之内。色身如日之影,随现世间;智身似日之光,照临法界。又佛身诸根,一一相好,皆遍法界,以诸根体同故。若眼为门,诸根相好,及佛刹土,莫不皆是一眼中现。如经云“众生身中有如来眼、如来耳”等,以佛法身共众生性,无别体故。皆从无性而起,起不违真,因法界而生,生不碍事。所以一切诸佛,于一切世界,皆是得菩提处。若以真身,则称性遍周,若以应身,则随机普现。所以天亲云:“广略相入者,诸佛有两种身:一、法性法身,二、方便法身。由法性法身故,生方便法身;由方便法身故,显法性法身。此二种身,异而不可分,一而不可同,是故广略相入。”法身无相故,则能无不相,是故相好庄严即是法身也。法身无知故,则能无不知,是故一切种智,即是真实智慧也。

《肇论》云:“用即寂,寂即用,用寂体一,同出而异名。更无无用之寂主于用也。”寂用原是一体,同从理出而有异名也。非谓离用之外,别有一寂为用之主也。故云般若之体,非有非无,虚不失照,照不失虚。故曰不动等觉而建立诸法,如镜鉴像,虚不失照,似日游空,照不失虚。又不动等觉建立诸法,则寂而常用,不坏缘生而观实相,则用而常寂。斯乃千差万用,别相异名,俱同出一真心体矣。所以又云:“经称圣人,无为而无所不为。无为,故虽动而寂;无所不为,故虽寂而动。虽寂而动,故物莫能一;虽动而寂,故物莫能二。物莫能二,故逾动逾寂;物莫能一,故逾寂逾动。"法性如是,动寂难量焉! 能一其寂而二其动哉? 故名不能名,相不能相矣!

《华严经》颂云:"清净慈门刹尘数,共生如来一妙相,一一诸相莫不然,是故见者无厌足。"《法华经》偈云:"深达罪福相,遍照于十方,微妙净法身,具相三十二。"则法身为一切法之印,无有一法出此印文。

如《大宝积经》云:"化乐天王白佛言:'世尊! 彼实际者,遍一切处,无有一法而非实际。世尊! 谓菩提者,亦是实际。世尊! 何者是菩提? 一切法是菩提,离自性故,乃至五无间业亦是菩提。何以故? 菩提无自性,五无间业亦无自性,是故无间业亦是菩提。'"是以了心本性,自体无生,从无生中建立诸法,观无性之心,说无性之教,随净缘而无性成佛,随染缘而无性为凡,不见纤尘暂出性空之理,未有一念能违平等之门。所以《大般若经》偈云:"有法不成有法,无法不成无法,有法不成无法,无法不成有法。"释曰:有不成有、无不成无者,以一体故,无能成所成。有不成无,无不成有者,自既不成,焉能成他? 故知各无自体,互不成就。《大集经》云:"一切诸法究竟无生。"一切诸法,无性无生,无起无出。是以缘不生因,因不生缘,自性不生自性,他性不生他性,自性不生他性,他性不生自性。是故说一切诸法,自性无生。《胜思惟梵天所问经》云:"尔时普华菩萨语舍利弗:'汝入灭尽定能听法耶?'答言:'善男子! 入灭尽定,无有二行而能听法也。''大德舍利弗! 汝信诸法,皆是自性灭尽否?'答言:'如是。诸法皆是自性灭尽之相,我信是说。'普华曰:'若如是者,则舍利弗,常一切时不能听法。何以故? 以一切诸法,常是自性灭尽相。'"是以诸法本空,但是缘起。缘会则似有,缘散则似无,有无唯是因缘,万法本无生灭。如真金随工匠而器成,即金体不变;似虚谷任因缘而响发,与法性无违。如有颂云:"如人掘路土,私人造为像,愚人谓像生,智者言路土,后时官欲行，还将像填路，像本无生灭，路亦非新故。”是知但是一土，生灭唯是因缘。例如一心万法，更无前后。何者？掘路成像时，土亦不减，坏像填路时，土亦不增，以不失本土故。如成佛时心亦不增，为凡时心亦不减，以心随缘时，不失自性故。又像生但是缘生，像灭唯从缘灭，像无自体故。如成佛但是净缘生，为凡亦是染缘起，凡圣本无生故。是知万法从缘，皆无自性，本未曾生，今亦无灭。如《文殊师利观幻颂》云："此会众善事，从本未曾为，一切法亦然，悉等于前际。”所以正作时无作，以无作者故，当为时不为，以无自性故。任从万法纵横，常等未生之际；假使群生出没，不离无性之宗。

《庄严菩提心经》云："佛言：'菩提心者，非有非造，离于文字，菩提即是心，心即是众生，若能如是解，是名菩萨修菩提心。'"是则心外无菩提，何所求耶？菩提外无心，何所得耶？如《华严经》云："知一切法，无相是相，相是无相，无分别是分别，分别是无分别，非有是有，有是非有，无作是作，作是无作，非说是说，说是非说，不可思议。知心与菩提等，知菩提与心等，心及菩提与众生等。”又颂云："虽尽未来际，遍游诸佛刹，不求此妙法，终不成菩提。”故知心法妙故，当体即是，若向外远求，则失真道。所以善财遍巡诸友，不出娑罗之林；慈氏受一生成佛之功，不离一念无生性海。

问：菩提之道，不可图度，约一期方便，宁无指示，如何是菩提之相？

答：若约究竟菩提，体常冥寂，如《净名经》云"寂灭是菩提，离诸相故。”若以无相之相，于方便门中，不无显示，令初发菩提心人，分明无惑故。如先德云："谓寂照无二，为菩提相，犹如明镜，无心为体，鉴照为用，合为其相，亦即禅宗，即体之用自知，即用之体恒寂，知寂不二，为心之相。”又云："理智相摄，以离理无智，离智无理。如珠之明故，以珠是体，明是用，用不离体，体不离用，明不离珠，珠不离明故。”

问:即心成佛之宗,曹溪正意;见性达道之旨,灵鹫本怀。如今信不及人,谓不现证,古今悟者,请垂指南。

答:若亲见,无一人而非佛;若不信,无一佛而非人。迷则常作佛之众生,悟则现证众生之佛。人佛不异,妄见成差,迷悟虽殊,本性恒一。

故云了了识心,惺惺见佛。是佛是心,是心是佛。念念佛心,心心念佛。欲得早成,戒心自律。净戒律心,净心即佛。除此心王,更无别佛。欲求万法,莫染一物。心性虽空,含真体实。入此法门,端坐成佛。如是则十方诸佛,同一法身。若欲念外施功,心外求佛,便落他境,无有得时。遂即前后情生,凡圣缘起,徒经时劫枉用功夫。所以《华严论》云:"不如一念缘起无生,超彼三乘权学等见。"

《华手经》云:"一切法如即是如来,如来即是一切法如。"心净佛现,则云佛来,佛亦不来;心垢不现即云佛去,佛亦不去。斯即来而非来,去而非去。佛既无来去,心亦不生灭,如是解者可见真佛矣。故《金刚经》云:"若人言,如来若来若去,若坐若卧,是人不解我所说义。如来者,无所从来,亦无所去,故名如来。"则知若人若法俱不出一如之道。如是通达,六根所对,无非见自性如如佛矣!此以不见为真见,见实为真佛。肇法师云:"佛者何也?盖穷理尽性大觉之称也。"生法师云:"以见实为佛,如是则亦名真见道,亦名真供养。"

问:如何是真供养?

答:契如理之心,无见佛之想,了自法身,是真供养。《宝积经》云:"真供养者,无佛想,无能见佛,何况供养?若供养佛,当供养自身。"

问:自身如何供养?

答:若舍己徇尘,是名违背。能回光返照,随顺真如,境智冥合,是真供养。故《维摩经》云:“无前无后,一时供养。”此是运无舍无得之意,起一际平等之心,则遍十方供养一切如来,尽法界含灵,一时受润。如是之供,施莫大焉!所以《宝雨经》云:“如理思维,即是供养一切如来。”

问:云何如理思维?

答:但一切不思维是真思维,以顿悟一心,无法可思量故。是以十方诸佛,证心成道,故称如理。若了自心,能顺佛旨,即是供养一切如来。若不依此如理悟心,能随事施为,心外见佛,设经多劫,皆不成真实供养,违背诸佛指授故。如《华严经》颂云:“设于念念中,供养无量佛,未如真实法,不名为供养。”云何真实法?所谓了心真如无生之旨故。是以《思益经》问云:“‘谁能供养佛?’佛言:‘能通达无生际者。’”《文殊般若经》云:“佛问文殊:‘汝云何供养佛?’答言:‘世尊!若幻人心数灭,我则供养佛。’”台教云:“供养佛者,只是随顺佛语。今顺佛教修三观心:空观、假观、中观,即是供养佛;为破五住得解脱故:欲爱住地、色爱住地、无色爱住地、见一切住地、无明住地,即供养法;三谛理和:真谛、俗谛、第一义谛,即供养僧。”又众行心资观智心,即供养佛;观智心开发境界,即供养法;境智心和,即供养僧。此是真实供养,亦名法供养。

问:岂无他助之力,发自智照之心?

答:无正无助,非自非他。若以智求,智则成解,解背圆宗。若起照心,照则立境,随照失旨,皆是影事,不契斯宗。若了真心,自然无心合道。合道则言语道断,无心则境智俱闲。

所以祖师西来,只为直示众生,令自知有,顿入凡圣平等真原。如《胜天王般若经》云:“菩萨摩诃萨,行般若波罗蜜,得心微细,作是思维:世间炽燃大火之聚,所谓贪欲火、瞋恚烟、愚痴暗,云何当令一切众生皆得出离?若能通达诸法平等,名为出离。”

如实知法，犹如幻相，善观因缘，而不分别。是以若欲舍劣就胜，厌异忻同，欲令凡圣一伦，垢净平等者，无有是处。但明宗镜万法自齐，即究竟出离三界火宅义，亦是与诸子同住秘密藏义。如云若夫以齐而齐不齐者，未齐矣；以齐而齐于齐者，未齐焉。余闻善齐天下者，以不齐而齐天下者也。何须夷岳实渊，然后方平；续凫截鹤，于焉始等？故知但了法法皆如，自然平等，则青松绿蕙，不见短长；鹏翥蝇飞，自忘大小。如《肇论》云："是以经云，诸法不异者，岂曰续凫截鹤，夷岳盈壑，然后无异哉？诚以不异于异，故虽异而不异耳。"乃至经云"般若与诸法亦不一相，亦不异相"，信矣！庄子《南华经》云："长者不为有余，短者不为不足。故凫胫虽短，续之则忧，鹤胫虽长，断之则悲。"故性长非所断，性短非所续，以明境智虽异而同，不待同而后同也。若能如上了达同异二门，或诸佛出世不出世，众生可度不可度，乃至有无高下，皆绝疑矣！若执同则滞寂，若执异则两分。迷此同异二门，皆智不自在。《金刚辩宗》云："以有镜故，男女之像于中现，以有法身故，而能处处应现往。"只缘镜中本无像，所以能现男女像；佛身本无身，所以能现一切身。众生机感，无缘之慈任运能应，若定有身，即为所碍。《肇论》云："佛非天非人，而能天能人耳。"故一切菩萨，皆以无所得为方便，能入无量无边尘劳幻网。以心外无法故，方成无所得慧。若心外有一毫所得，云何成无缘之慈，同体之化？以宗镜明，故能广照世间。观生也，如石女之怀见；观住也，若阳焰之飞浪；观异也，同浮云之万变；观死也，犹狂花之谢空。是以深达无生，知皆无我，空生空灭，幻坠幻升，愍彼愚迷，盲无慧目。遂乃发无能作之智照，开无所舍之檀门，秉自性空之戒心，具无所起之精进，圆无所伤之法忍，修无所住之禅门，了无身而相好庄严，达无说而纵横辩说，游戏性空之世界，建立水月之道场，陈列如幻之供门，供养影响之善逝，遍习空华之万行，施为谷响之度门，降伏镜像之魔军，大作梦中之佛事，广度如化之含识，同证寂灭之菩提。

问:绝待真心,本无名相,云何成佛,又作异生?若云随顺世法,立此假名,又因何法而得成立?

答:实际理中,本无凡圣可得。以一切众生,迷无性理,以无性故,不觉起妄,于真空中,妄立名相,故名为凡,了名相空,复称为圣。凡圣之号,因五法成,犹如幻化,名相非真。且如幻以术成,形因业有,术业俱假,形幻同空,但有迷悟之名,本无凡圣之体。五法者,《瑜伽论》云:"一名、二相、三妄想、四正智、五真如。"古释云:"名、相、妄想三法成凡,正智、真如成圣。"凡夫心惑,不达名相空故,妄计为有,迷有不空,名之为妄。从妄起心,名之为想。正智者,觉知名相本来空寂,以知空故,妄想自息,息妄归真,显理分明,正智现前,不立名相,故名正智。即此正智,心性真故,即名真如。故知但是一法,无中执有成凡,达有本空成圣。不唯五法,乃至恒沙,义出无边,理恒一道。此唯心之道,即是如来行处,步步履法空故;亦是摩诃衍处,念念无所得故。如《持世经》云:"一切法是如来行处,如来行处是无行处。"故知若了人法虚空,见真唯识性,即常在三昧,住真法界矣。

卷七

问:此一心宗,成佛之道,还假历地位修证否?

答:此无住真心,实不可修,不可证,不可得。何以故?非取果,故不可证;非着法,故不可得;非作法,故不可修。以本净非莹,法尔天成。若论地位,即在世谛行门,亦不失理,以无位中,论其地位,不可起决定有无之执。经明十地差别,如空中鸟迹。若圆融门,寂灭真如,有何次第?若行布门,对治习气,升进非无。又染净阶位,皆依世俗名字分别,则似分阶降,不坏一心。譬如土银金等,三种器量虽殊,然一一器中虚空,遍满平等,无有差别。虚空,即喻一心法身平等之理;诸器,即况根器地位阶降不同。道本无差,随行有异。夫论行解,顿渐不同。现行烦恼有浅深,熏染习气有厚薄,不可一向,各在当人。业轻则易圆,障深则难断。只如登八地菩萨,亲证无生法忍,观一切法,如虚空性,此犹是渐证无心。至十地中,尚有二愚。入等觉位,一分无明未尽,犹如微尘,尚须忏悔。又若未自住三摩地中,不信心外无法,如患眼翳者,不信空中无华,以分别智,解心不亡,但缘他境,未住自地。如《首楞严经》云:"十方如来及大菩萨,于其自住三摩地中,见与见缘,并所想相,如虚空华,本无所有。"所云大菩萨者,即八地以上。若八地菩萨,尚心外见净土,以智缘理,不名自住。若十地菩萨,虽心外不见境,犹有色心二习。是以有颂云:"唯佛一人持净戒,其余并名破戒者。"故知若入宗镜究竟一乘门中,方云持戒,方云见道。且知见有四:一、知而不见,初地至九地;二、见而不知,即十地;三、亦见亦知,唯佛;四、不见不知,地前异生等。若得直下无心,量出虚空之外,又何用更历阶梯?如未顿合无心,一念有异者,直须以佛知见治之,然后五忍明其正修(伏忍、信忍、柔顺忍、无生忍、寂灭忍），六即拣其叨滥（理即、名字即、观行即、相似即、分证即、究竟即），则免堕增上慢，究竟圆满佛乘。若入宗镜中，则为普机，菩萨乘不思议乘，依普门法，一位一切位，如善财一生具五位等，皆是普法相收。此普贤机，乃见一切所见，闻一切所闻，即普眼境也。普法相收者，以心外无法，故名为普，一切行位，皆在心中，岂不相收耶？于行布门，似分深浅。

如《玄义释不思议境》云："一心具十法界。一法界又具十法界，即百法界，一法界具三十种世间。百法界具三千种世间，此三千在一念心。若无心则已，介尔有心，即具三千。亦不言一心在前，一切法在后，亦不言一切法在前，一心在后。例如八相迁物（八相者，即生住异灭，本四相，随四相，合成八相），物在相前，物不被迁，相在物前，亦不被迁，前亦不可，后亦不可，只物论相迁，只相迁论物，今心亦如是。若从一心生一切法者，此则是纵；若心一时含一切法者，此即是横。纵亦不可，横亦不可。只心是一切法，一切法是心，故非纵非横，非一非异，玄妙深绝，非识所识，非言所言，所以称为不可思议境，意在于此。"

又《不思议佛境界经》云："尔时须菩提又问言：'大士！汝决定住于何地？为住声闻地？为住辟支佛地？为住佛地耶？'文殊师利菩萨言：'大德！汝应知我决定住于一切诸地。'须菩提言：'大士！汝可亦决定住凡夫地耶？'答曰：'如是。何以故？一切诸法，及以众生其性即是决定正位。我常住此正位。是故我言，决定住于凡夫地也。'须菩提又问言：'若一切法及以众生，即是决定正位者，云何建立诸地差别，而言此是凡夫地，此是辟支佛地，此是佛地耶？'文殊师利菩萨言：'大德！譬如世间，以言说故，于虚空中，建立十方。所谓此是东方，此是南方，乃至此是上方，此是下方。虽虚空无差别，而诸方有如是如是种种差别，此亦如是。如来于一切法决定正位中，以善方便立于诸地，所谓此是凡夫地，此是声闻地，此是辟支佛地，此是菩萨地，此是佛地。虽正位无差别，而诸地有别耳。'"

是知纵有为而至无为，因生忍而成法忍。圆融不坏行布，坏则失全理之事；行布不碍圆融，碍则失全事之理。然虽理事一际，因果同时，生熟之机似分，初后之心不混，直至妙觉，如月圆时，始尽因门，方冥果海。如《华严经》云："佛子！譬如乘船，欲入大海，未至于海，多用功力。若至海已，但随风去，不假人力。以至大海一日所行，比于未至，其未至时，设经百岁，亦不能及。佛子！菩萨摩诃萨，亦复如是。积集广大善根资粮，乘大乘船，到菩萨行海，于一念顷，以无功用智，入一切智智境界。本有功用行，经于无量百千亿那由他劫，所不能及。"

问：如上所说，即心即佛之旨，西天此土，祖佛同诠，云何又说非心非佛？

答：即心即佛，是其表诠，直表示其事，令亲证自心，了了见性。若非心非佛，是其遮诠，即护过遮非，去疑破执，夺下情见依通，意解妄认之者，以心佛俱不可得故。是以云非心非佛，此乃拂下能心，权立顿教，泯绝无寄之门，言语道断，心行处灭故，亦是一机入路。若圆教，即此情尽体露之法，有遮有表，非即非离，体用相收，理事无碍。今时学者，既无智眼，又阙多闻，偏重遮非之词，不见圆常之理，奴郎莫辩，真伪何分。如弃海存沤，遗金拾砾，掬泡作宝，执石为珠。所以经云："譬如痴贼，弃舍金宝，担负瓦砾。"此之谓也。

今当纂集正为于兹，且心之与佛，皆世间之名；是之与非，乃分别之见。空论妄想，曷得真归？所以祖师云："若言是心是佛，如牛有角，若言非心非佛，如兔无角。"并是对待强名边事。若因名召体，豁悟本心，证自真知，分明无惑者，终不认名滞体，起有得心，去取全亡，是非顿息。亦不一向离之，妄起绝言之见；亦不一向即之，反堕执指之讥。如《华严论》云"滞名即名立，废说即言生"，并是背觉合尘，舍己徇物。若实亲省，现证自宗，尚无能证之智心，及所证之妙理，岂况更存能知能解、有得有趣之妄想乎？

近代或有滥参禅门，不得旨者，相承不信即心即佛之言，判为是教乘所说，未得幽玄。“我自有宗门向上事在”，唯重非心非佛之说，并是指鹿作马，期悟遭迷，执影是真，以病为法。只要门风紧峻，问答尖新，发狂慧而守痴禅，迷方便而违宗旨。立格量而据道理，犹入假之金；存规矩而定边隅，如添水之乳。一向于言语上取办，意根下依通，都为能所未亡，名相不破。若实见性，心境自虚，匿迹韬光，潜行密用。是因全未悟道，唯逐妄轮回，起法我见而轻忽上流，恃错知解而摧残初学，毁金口所说之正典，拨圆因助道之修行，斥二乘之菩提，灭人天之善种，但欲作探玄上士，效无碍无修，不知返堕无知，成空见外道，唯观影迹，莫究圆常，积见不休，徒自疲极。

问：云何顿断疑心，生于圆信？

答：所以云难信者，如一微尘中有大千经卷，人无信者，实相之理，止在心中，无劳远觅，近而不识，说之不信，故云难信。是以须具大信，方断纤疑。此是难解难入之门，难省难知之法，如剑锋上，立无边身菩萨，将藕孔中丝，悬须弥之山，不思议中不思议，绝玄妙中绝玄妙。所以法华会上，身子三请，四众惊疑。只如五千退席之人，皆有得圣果之者，闻说十方佛土中，唯有一乘法，开权显实，直指自心，尚乃怀疑拂席而起，何况末法机劣之人？遮障既深，见惑尤重，情尘尚壅，欲火犹烧，而能荷担斯大事者欤？是以妙得其门，成佛匪离于当念；若失其旨，修因徒困于多生。唯在信心，别无方便。以是入道之原，功德之母故。所以古圣云：“明者德隆于即日，昧者望绝于多生，会旨者山岳易移，乖宗者锱铢难入。”此《宗镜录》不拣内道外道，利根钝根，但见闻信入者，皆顿了一心，理事圆足。如《圆觉经》云：“譬如大海，不让小流。乃至蚊虫及阿修罗，饮其水者，皆得克满。”良以众生包性德而为体，约智海以为源，故须开示。所以《般若文殊分》云：“若知我性，即知无法，若知无法，即无境界，若无境界，即无所依，若无所依，即无所住。"如是开示,如是信入,则是真实句,亦是金刚句,以无虚假,及可破坏故。如《大集经》云:"真实句者,如一法,一切法亦如是;如一切法,一法亦如是。"又云:"一众生心,一切众生心悉皆平等,名金刚句。"是知无有一法可得,名深信坚固,如金刚不可沮坏。无信心中能见佛。若有一法可信,即是邪见,一切不信,方成其信。如《般若经》云:"若念一切法,不念般若波罗蜜;不念一切法,则念般若波罗蜜。"如是解者,可谓深达实相,善说法要矣。所以云"无一法可得,名深达实相"。如《法华经》偈云:"于诸过去佛,在世或灭后,若有闻法者,无一不成佛。诸佛本誓愿,我所行佛道,普欲令众生,亦同得此道。未来世诸佛,虽说百千亿,无数诸法门,其实为一乘。诸佛两足尊,知法常无性,佛种从缘起,是故说一乘。是法住法位,世间相常住,于道场知已,导师方便说。天人所供养,现在十方佛,其数如恒沙,出现于世间,安稳众生故,亦说如是法,虽示种种道,其实为佛乘。"释曰:本师以出至梵天之舌相,演真实言,放一万八千之毫光,现稀奇瑞,引三世之觉王,同诠此旨,付十方之大士,共显斯宗。论位是最实之位,言诠乃第一之诠。可谓究竟指归,真实行处。若但志心读诵,灵感难思,何况信解悟入,如说修行!供养则福过正遍知,行处则可起如来塔。又如《神力品》偈云:"能持是经者,诸佛皆欢喜,是人之功德,无边无有穷。"故知证此一毫之灵智,量逾无尽之太虚。今者与诸有缘信士,亲闻正法,复思夙愿,微有良因,于末法中,偶斯遗教,既欣遭遇,傍愍未闻,遂乃略出要诠,遍示后学。可谓醍醐之正味,不觉不知,甘露之妙门,不问不信。如斯大失,实可惊心。如《法华经》云:"于后末世,有持是经者,于在家出家人中,生大慈心,于非菩萨人中,生大悲心。"释曰:于在家出家四众之中,生大慈心者,即是示如来一心方便门,慈能与乐,俱令信入,同证大般涅槃四德之乐。于非菩萨人中,生大悲心者,即是外道邪见,不生正信之人,悲能拔其苦,即是示如来一心解脱门,皆令悟解,永拔分段、变易二死之苦。此《宗镜录》,于后若遇有缘信心，或晓夜忘疲，精勤披览，以悟为限，莫告劬劳。是以诸大菩萨，皆思过去波浪苦海，作不利益之事，丧无数身，都无利益。又今犹处生死恶业之中，皆是过去世中，妙行不勤故。今者偶斯正典，可谓坐参，但仗三宝威神，诸佛加被，无诸难事，早得心开，普及一切法界含生，皆同此悟，即斯愿矣。须知圆宗罕遇，若芥子投于针锋；正法难闻，犹盲龟值于木孔。若非夙熏乘种，久积善根，焉偶斯文，亲得传受？应须庆幸，荷佛慈恩。所以古人或重教轻财，则输金若市，或忘身为法，则立雪幽庭。且金是身外之浮财，岂齐至教；命是一期之业报，曷等真诠？是故因闻般若深经以为乘种，遂得乘急，常聆妙音，可以身座肉灯，归命供养，皮纸骨笔，缮写受持。又我此《宗镜》所录之文，但为最上根人，唯令佛种不断，闻于未闻，誓报慈恩，不孤本愿。若涉名利，非被此机。古释华严教所被机，五简非器：一、违真，二、背正，三、乖实，四、狭劣，五、守权。

当知不偶斯文，虚功累劫，才闻此旨，便入圆通，深嘱后贤，无失法利。如《大乘本生心地观经》云："佛言：'我今演说心地妙法，引导众生，令入佛智。如是妙法，诸佛如来过无量劫，时乃说之，乃至以是因缘，难见难闻菩提正道，心地法门。若有善男子、善女人，闻是妙法，一经于耳，须臾之顷摄念观心，熏成无上大菩提种，不久当坐菩提树王，金刚宝座，得成阿耨多罗三藐三菩提。'"

故知若不闻此不思议，广大威德圆顿法门，何由修行，速证究竟一乘，常乐我净大涅槃果？以众生处不定聚中，闻小修小，遇权习权，俱成大失。今所集者，所益弘多。设闻而不修，亦成其种，何况闻思修者？如先德云："如今若要直会，但不取一切相即得，更无别语。佛是自心义，亦名为道，亦云觉义。灵觉之性，亦是心。心即道，道即佛，佛即是禅。禅之一字，非凡所测。若知诸法从心生，即不应执，执即不知。若不见本性，十二分教则为虚设。故知因教明心，何执文义。又教从心生，心由教立，离心无教，离教无心，岂心外别有教而可执乎？所以《唯识疏》云：‘若顿教门，大不由小起，即无三时前后次第。’即《华严经》中，说唯一心，是初成道竟，最初一说。”

又云：“诸愚夫类从无始来，虚妄分别因缘力故，执离心外，定有真实能取所取。如来大悲，以甘露法授彼令服，断妄狂心，弃执空有，证真了义。《华严》等中说一切法皆唯有识，所以佛证唯识，说一心经，令依修学。”释云：天亲造颂，成立佛经，令诸学者，了知万法皆不离心，即大乘中道，义理显矣。是知圆中之信，此信难成。

如《起信钞》问云：“此信若言本有，众生何故沉迷？如其本无，凭何发起？”

答：“此信本来非有非无。以非有故，众生沉迷；以非无故，遇缘即起。若言定无，发起何物？若言定有，何假因缘？”然上所述，是约迷悟因缘说，若论此信，须不信一切法，乃能成信。亦不是非有非无。何者？以众生不觉，似迷非迷，真性不沉，故不是非有。以一念复本，似悟非悟，不从新得，故不是非无。故云自心起信，还信自心。

问：一心具实性，凡圣是虚名者，云何作凡之时，炽燃系缚诸有，证圣之日，豁尔解脱真空？乃知不唯但名，的有其事。

答：虽有其事，如同梦中之事；设有其名，皆非得物之名，故知梦觉俱虚，名体双寂。如《净名私记》云：“法相如是，岂可说乎？若说，则言有一法可得，存法作解，还是生死业。”今时只欲令众生除一切见。此中见无别义，亦无巧释。如人夜梦，种种所见，比至觉时，总无一物。今亦尔，虚妄梦中，言有万法，若悟其性，毕竟无一物可得。此中亦无能说能示，亦无能闻能得。是以异生非堕凡夫地，迷处全空；诸佛不证真如门，悟时无得。则不见有一法可断，无生死所出之门；不见有一法可成，无菩提能入之路。《思益经》云:“诸佛出世,不为令众生出生死,入涅槃,但为度生死涅槃之二见耳。”是以大雄垂迹,但示正宗,破妄我而显真我之门,斥情识而归净识之道。

问:归命三宝,是仗他胜缘,云何总归一心而悉圆通?

答:诸圣以无为而得名,圆修以无作而成行。不分别诸境,是真调伏心;了一切法空,则常在三昧。《超日三昧经》云:“知色心空,得佛何难?”斯之谓矣!故知一切诸法,未有不由心者。心摄一切,如如意珠,无不具足,且论三宝。所以教中,但云自归依佛等,终不云归依于他。故云自性不归,无所归处。夫归者,是还原义。众生六根,从一心起,既背自原,驰散六尘。今举命根总摄六情,还归其本一心之原,故曰归命一心,即具三宝。三宝只是一心,心性自能觉照即佛宝,心体本自性离名法宝,心体无二即僧宝。入宗镜中,于刹那间,念念见一心三宝,常现世间。或障重遮深,任经尘劫,终不省信,尚不闻三宝之名,岂遇一真之道?

故知亲见佛、亲闻法人难得。阿难二十年为佛侍者,尚不见佛面。唯观救世者,轮回六趣中。又但以缘心听法,此法亦缘,非得法性。

《广博严净经》云:“若能持此经,具足一切戒。”《金刚三昧经》云:“明悟本觉者,佛言:‘如是之人,不存二相,虽不出家,不住在家,虽无法服,虽不具戒,能以自心无为自恣而获圣果。’”

经云:“不求诸法性相因缘,是名正慧。”宁外徇文言,强生知解耶?是知心外见法,尽名外道。故经云:“外道乐诸见。”若直了自心,则不为诸见所动。如经云:“菩萨无所见者,即无所有,无所有者,即一切法。”夫言无所见者,非是离一切法,云无所见。即见一切法,而无所见,以无所有即一切法,一切法即无所有故。所以经颂云:“若能除眼翳,舍离于色想,不见于诸法,则得见如来。”

问：万行唯心，则因心起行。夫道场法，则全在事相而修。云何总摄千途，成归一道？

答：我此宗门，一乘之妙，唯以一念心，照真达俗，成无上觉，名为道场。何者？照真则理无不统，达俗则事无不圆。所以《维摩经》云："一念知一切法是道场，成就一切智故。"什法师释云："二乘法以三十四心成道。大乘一念，则确然大悟，具一切智也。"肇法师解云："一切智者，智之极也，朗若晨曦，众冥俱照，澄若静渊，群像并鉴。无知而无所不知者，其唯一切智乎？何则？夫有心则有封，有封则有疆。封疆既形，则其智有涯。其智有涯，则所照不普。至人无心，无心则无封，无封则无疆。封疆既无，则其智无涯。其智无涯，则所照无际。故以一念一时，必知一切法也。又道场者，实相理遍为场，万行通证为道，则道无不至，场无不在。若能怀道场于胸中，遗万累于身外者，虽复形处愦闹，迹与事邻，乘动所游，无非道场也。"

《诸法无行经》云："文殊师利言：'世尊！一切众生皆是道场，是不动相。''文殊师利！一切法寂灭相、无相、无生相、无所有相、不可取相，是名道场义。'"《华严经》颂云："如是一切人中主，随其所有诸境界，于一念中皆了悟，而亦不舍菩提行。"又经云："一刹那心，觉一切法，究竟无余，是妙菩提。"今亦不碍事相道场。以即法恒真，相在无相；理外无事，无相在相。又无相在相，则隐显同时；相在无相，则空有一际。《悲华经》云："虽修净土，其心平等，犹如虚空。虽行道场，解了三界，无有异相。"斯则行事而不失理，照理而不废事。事理无碍，其道在中。经云："众生如，一切法如，如无有生，如无有灭。"以此义故，举足下足不离道场，于念念中常作佛事。故知通达一念，法法周圆，谛了一心，门门具足，则无边佛事，不出一尘矣！

问：既称一心一身，云何教中立种种身相，种种法门？

答：斯乃万化之原，一真之本，随缘应用，犹如意珠，对物现形，若大圆镜。是以能包万像，是大法藏；出生无尽，是无尽藏；妙慧无穷，是大智藏；法法恒如，是如来藏；本性无形，是净法身；体合真空，是虚空身；相好虚玄，是妙色身；妙辩无穷，是智慧身；隐显无碍，是应化身；万行庄严，是功德身；念念无滞，是入解脱法门；心心寥廓，是入空寂法门；六根自在，是入无碍法门；一念不生，是入无相法门。又此中旨趣，若相资则唯广唯大，演之无际；若相摄则唯微唯细，究之无踪。斯乃离有无而不坏有无，标一异而非一异，则四边之火莫能烧，百非之垢焉能染。

庐山远大师云："唯一知性，随用分多，非全心外，别有诸数。譬如一金作种种器，非是金外别有器体。随用别分受想行等，各守自相，得言有数。如金与器，非无差别。金器虽别，时无前后。心法如是，若言定一金时，应当无其诸器，若言定别，器应非一金，心法一异准此可知矣。是以若但指金则失器，坏于世谛；若但指器则失金，隐于真谛。"所以性净随染，举体成俗，即生灭门。染性常净，本来真净，即真如门。斯则即净之染，不碍真而恒俗；即染之净，不破俗而恒真。是故不碍一心，双存二谛，乃至无量身云，无量法门，随义虽分，一心不动。是以众圣所归，无非法也。法即心也，是以法能成佛。《大报恩经》云："佛以法为师。"《般若经》云："我初成道，观谁可敬可赞，无过于法，法能成立一切凡圣故。"台教云："若观如来藏心地法门，即是观如来眼、耳、鼻、舌、身、意。豁然真发，得见佛性，三智现前，三身具足。"故知舒为万法，卷即一心，一中无量，无量中一。

宗镜一心之旨，名具足道，是圆顿门。就缘起则无边，约真性则无二。一多交彻，存泯同时。如法藏法师云："明不二者，若执尘与心为一，遮言不一，以心所现，非无缘故。若执尘为二，遮言不二，以离心外，无别尘故。一二无碍现前，方入不二。"经颂云："无二智慧中，出人中狮子，不着一二法，知无一二故。"又云："若以尘唯心现，则外尘都绝；若以心全现尘，则内心都泯。"泯者泯其体外之见，存者存其全理之事。即泯恒存，即存恒泯。所以一心总含万有，万有不异一心。如《起信论疏》云：“所谓法者，即众生心者。”出其法体，谓如来藏心，含和合二门，以其在众生位故。若在佛地，即无和合义，以始觉同本，唯是真如，即当所显义也。今就随染众生位中，故得具其二种门也。次摄一切世出世法者，辩法功能，以其此心，体相无碍，染净同依，随流返流，唯转此心。是故若随染成于不觉，即摄世间法，不变之本觉，及返染始觉，摄出世间法，此犹约生灭门辩。若约真如门者，即熔融含摄，染净不殊，故通摄也。

问：诸总持陀罗尼门，差别句义，数若恒沙，云何但于一心，悉皆开演？

答：离心无说，离说无心。舒则恒沙法门，卷则一心妙旨。微尘经卷，尽大千而未展全文；普眼法门，竭大海而不书一偈。如忉利天鼓，演莫测之真诠；雷音宝林，说无生之妙偈。安养国内，水鸟皆谈苦空；华藏海中，云台尽敷圆旨。此一心门，是一字中王，亦名一语，亦名一句。《思益经》云：“如佛所说，汝等集会当行二事：若圣说法，若圣默然。何谓说法？何谓默然？答言：若说法不违佛，不违法，不违僧，是名说法。若知法即是佛，离相即是法，无为即是僧，是名圣默然。又善男子，因四念处而有所说（身、受、心、法四念处），名圣说法。于一切法无所忆念，名圣默然。”斯正说时心契法理，即不说耳，明非缄口名不说也。如《入佛境界经》云：“佛言：‘文殊师利！诸佛如来，无有人见，无有人闻，无有人现在供养，无有人未来供养。文殊师利！诸佛如来，不说诸法一，不说诸法多。文殊师利！诸佛如来，不证菩提，诸佛如来，不依一法得名，亦非多法得名。文殊师利！诸佛如来，不见诸法，不闻诸法，不念诸法，不知诸法，不觉诸法。文殊师利！诸佛如来，不说一法，不示诸法。’”

《璎珞经》云：“以一句偈，训诲八万四千国邑。”《大集经》偈云：“无量智者佛真子，数如十方微尘等，于无量劫谘问佛，不尽如来一字义。”又云：“能以一字入一切法为众生说，是名般若波罗蜜无涯际。”《总持经》云：“是般若波罗蜜一语，能答万亿之心。”《首楞严三昧经》云：“文殊言：‘若人得闻一句之法，即解其中千万句义，百千万劫敷演解说，智慧辩才，不可穷尽，是名多闻。’”《大涅槃经》云：“若见如来常不说法，是名具足多闻。”又云：“宁愿少闻多解义理，不愿多闻于义不了。”即是入此宗镜，一解千从，虽广引文，只证此义。上根一览，已断纤疑，中下再披，方能具信。对根故尔，非法合然。所以《胜天王般若经》云：“佛复告善思惟菩萨言：‘贤德天子，已于过去无量百千亿劫修习陀罗尼门，穷劫说法，亦无终尽。’善思惟菩萨白佛言：‘世尊！何等陀罗尼？’佛言：‘善男子！名众法不入陀罗尼。善男子！此陀罗尼过诸文字，言不能入，心不能量，内外众法皆不可得。善男子！无有少法能入此者，故名众法不入陀罗尼。何以故？此法平等，无有高下，亦无出入，无一文字从外来入，无一字从此法中出，又无一字住此法中，亦无文字共相见者，亦不分别法与非法。是诸文字，说亦不减，不说无增，从本以来，无起造者，无坏灭者。善男子！如文字，心亦如是，如心，一切法亦如是。何以故？法离言语，亦离思量，本无生灭，故无出入，是名众法不入陀罗尼。若能通达此法门者，辩才无尽。何以故？通达不断无尽法故。善男子！能入虚空者，则能入此陀罗尼门。’”

《华严出现品》云：“佛子！菩萨摩诃萨！应知如来音声非量非无量，非主非无主，非示非无示。”疏释云：“莫穷其边，故非量；随机随时，有闻不闻，故非无量；多缘集，故非有主；纯一法界生，故非无主，当体无生，故无能示；巧显义理，故非无示。”

《华严演义》云：“至圣垂诰，镜一心之玄极；大士弘阐，烛微言之幽致。虽忘怀于诠旨之域，而浩瀚于文义之海。盖欲寄象系之迹，穷无尽之趣矣。”故知非言无以立其文，非文无以广其义，非义无以穷其玄。夫得其玄者，则宗镜无尽之旨矣。旨既无尽，不说不知。今为未知者言，不为已知者说。脱或诸宗异执，见解差殊,或空有相非,大小各净,斯乃不穷理本,强说异同。入宗镜中,胜负俱息,如析金杖,段段俱金,犹截琼枝,寸寸是宝。

问:信入此法,还有退者否?

答:信有二种:一、若正信坚固,谛了无疑,理观分明,乘戒兼急,如此则一生可办,谁论退耶?二、若依通之信,观力粗浮,习重境强,遇缘即退。《华严疏》云:"深心信解常清净者,信烦恼即菩提,方为常净。由称本性而发菩提心,本来是佛,更无所进,如在虚空,退至何所?"

问:法唯心说者,云何教立五时,听分四众?

答:诸佛无有色声功德,唯有如如及如如智独存。凡有见闻,皆是众生自心影像。则说唯心说,听唯心听,离心之外,何处有法?

《宝性论》偈云:"天妙法鼓声,依自业而有,诸佛说法者,众生自业闻。如妙声远离,功用处身心,令一切众生,离怖得寂静。佛声亦如是,离功用身心,令一切众生,得证寂灭道。"故经偈云:"一切诸如来,无有说佛法,随其所应化,而为演说法。"

若顿教中,非直心外无佛色等,众生心内所显之佛,亦当相空。以唯是识,无别影故。色等性离,无所有故。一切无言,无言亦无故。是故圣教,即是无教之教。如经颂云:"如来不出世,亦无有涅槃。"

经云:"夫说法者,无说无示;其听法者,无闻无得。"

又说听全收,生佛相在,如一明镜。师弟同对说听,以师取之,即是师镜;弟子取之,是弟子镜。镜喻一心,师弟喻生佛。是谓弟子镜中和尚,为和尚镜中弟子说法;和尚镜中弟子,听弟子镜中和尚说法。诸有知识,请详斯喻。此喻犹恐未晓,又如水乳和同一处,而互为能和所和。且顺说听,以能和为说,所和为听。且将水喻于佛,乳喻众生,应言乳中之水,和水中之乳,水中之乳,受乳中之水。虽同一味，能所宛然，虽能所宛然，而互相在，相遍相摄，思以准之。又众生心中佛者，此明众生称性普周，而佛不坏相在众生心内；言为佛心中众生说法者，此明佛心称性普周，而众生不坏相在佛心内也。更无别理，但说听之异耳。是知一切众生语言，皆法轮正体，若离众生言说，即佛无所说。先德云："若离方言，佛则无说。"圣人无心，以万物心为心；圣人无身，亦以万物身为身；即知圣人无言，亦以万物言为言矣！

《肇论》云："为莫之大故，乃反于小成，施莫之广故，乃归于无名。"何谓小成？通百千恒沙之法门，在毛头之心地。何谓无名？形教遍于三千，无名相之可得。故须宗说双通，方成师匠。所以经偈云："宗通自修行，说通示未悟。"真觉大师云："宗亦通，说亦通，定慧圆明不滞空。"宗通是定，说通是慧，则宗说兼畅，定慧双明，二义相成，缺一不可。

然诸教中，皆说万法一心，而浅深有异。今约五教，略而辩之。一、愚人法声闻教，假说一心，谓世出世间染净等法，皆由心造业之所感故，若推征，则一心之义不成，以立前境，故云假说。二、大乘权教，明异熟赖耶以为一心，三界万法唯识变故。三、终教，说如来藏以为一心，识境诸法皆如梦故。四、顿教，泯绝染净以说一心，为破诸数假名故。五、圆教，总该万有以为一心，事理本未无别异故。如上所说，前浅后深，浅不至深，深必该浅。所以宗镜，虽备引五教一心证明，唯指归圆教一心，总摄前故。又如钞云："一心为如来所说法之根本者，盖缘如来，依此一心而成就故。"是则信解行证，皆依此心，从微至着，未尝离此。若离于心，得成佛者，无有是处。离此有说者皆外道教也。所以《起信论》云："所言法者，谓众生心。是心则摄一切世间出世间法，依于此心，显示摩诃衍义。"

卷 八

问:从禅定而发慧,因静虑以证真,何不令息念澄神,冥宗照体?故云禅能洗根情之欲垢,摧结使之高山,灭觉观之猛风,遮烦恼之毒箭,曷乃广论总别,说佛说心,惑乱初机,有违正典?

答:夫禅有四种:一、作异计,忻上厌下而修者是外道禅。二、信正因果,亦以忻厌而修者,是凡夫禅。三、了生空理证遍真之道而修者,是小乘禅。四、达人法二空而修者,是大乘禅。若背教而唯成暗证,只为己眼不明,守默而但坐痴禅,所以慧心弗朗,徒兴邪行,空滥真修。入道之初,教观须具。执观门而弃教旨,终成上慢之愚;徇他说而背自心,实招数宝之诮。所以《华严》明成就无生之慧,先赖多闻,《佛藏》说速入涅槃之门,皆因听法。如《佛藏经》颂云:"百千哑羊僧,无慧修静虑,设经百千劫,无一得涅槃。聪敏智慧人,能听法说法,敛念须臾顷,必速至涅槃。"此颂是自利入道也。又经颂云:"假使顶戴尘沙劫,身为床座遍三千,若不传法利众生,决定无能真报者。"斯颂乃利他报恩也。《华严》明菩萨证无生慧光,皆因善巧多闻。又闻有助观起信之功,能圆自行;说有断疑成佛之力,可以化他。故《华严经》颂云:"譬如暗中宝,无灯不可见,佛法无人说,虽智不能了。"是以说圆顿教,印众生心,开大施之门,成无边之益。若不以此示人,虽有利他而不尽善,所益既鲜,用力尤多。若直指自心,全提家宝,如倾囊倒藏,大施无遮,后果该因,究竟常乐。所以《辅行记》云:"若以权法化人,法门虽开,不名倾藏。今于一心开利物门,倾秘密藏,示真实珠。心既不穷,藏亦无量,藏既无量,珠则无边。"含一切法,故名为藏。理体无缺,譬之以珠。是则开示众生,本有觉藏,非余外来。《维摩经》云:"法施会者,无前无后,一时供养一切众生,是名法施之会。”

问:生佛同体,何故苦乐有殊?

答:诸佛悟达法性皆自然,了心原妄想不生,不失正念,我所心灭,故不受生死,即究竟常寂灭。以寂灭故,万乐自归。一切众生迷于真性,不达本心,种种妄想,不得正念,故即憎爱。以憎爱故,心器破坏,即受生死,故诸苦自现。欲知法要,守心第一。若一人不守真心,得成佛者,无有是处。故云:“制心一处,无事不办。”一切万法,不出自心。入万法门,三乘位体,一切贤圣,论其宗教,莫非自心是本。《文句疏》云:“若寻教迹,迹广,徒自疲劳;若寻理本,本高,高不可及。日夜数他宝,自无半钱分。但观己心之高广,扣无穷之圣应,机成致感,逮得己利。”故用观心释:“当知种种声教,若微若着,若权若实,皆为佛道而作筌罤。”大经偈云“粗言及细语,皆归第一义”,此之谓也。

如《大智度论》云:“譬如治病,苦药针炙,痛而得差。如有妙药,名稣陀扇陀,病人眼见,众疾皆愈。除病虽同,优劣法异。声闻、菩萨教化度人,亦复如是。苦行头陀,初中后夜,勤心禅观,苦而得道,声闻教也;观诸法相,无缚无解,心得清净,菩萨教也。”是以了心实相,悟在刹那,积行而成,因赊果远。但有一毫之善,悉随喜回向实相之心。乃至四威仪中,触途成观,念念契旨,步步入玄,不令一尘而失真智,如箭射地,无不中者。故知信解实相心,入宗镜内,举念皆是,无往不真,方顺佛所知,不谤三宝。若得实相智慧所荫,一切万行,悉皆成就。如大鹏影覆其子,令子增长。如今学人,但自直下内了自心,莫疑外境,心若得了,外境皆虚。一法才通,万像尽归心地;一轮有阻,千车悉滞修途。明明而只在自知,念念而无非真实。外粗易鉴,不虑他疑;内密难穷,唯应亲证。如庞居士偈云:“中人乐寂静,下士好威仪,菩萨心无碍,同凡凡不知。佛是无相体,何须有相持?但令心了事,遮莫外人疑,如人渴饮水,冷暖自心知。”

又若入此宗镜，谛了自心，无处无方，一切清净。《甚深大回向经》云："佛言有三种回向。何等为三？谓过去空、当来空、现在空。无有回向者，亦无回向法，亦无回向处。菩萨摩诃萨，当作是回向。作是回向时，三处皆清净。以此清净功德，与一切众生，共回向阿耨多罗三藐三菩提。作是回向者，无有凡夫，及凡夫法，乃至亦无有佛，及向佛者。何以故？法性无缘，不生不灭，无所住故。"

此《宗镜录》是大智所行，上根能受。绝投岩痴狂之见，舍草庵下劣之心。非限量之怀，辄可希冀。持螺何以酌海？折草焉能量天？若遇大机，又不可行于小径，须依宗镜直示本心。如经云："无以秽食置于宝器，无以大海内于牛迹。"是知于此生信者，甚为稀有。何者？信果佛则易，如十方诸佛；信因佛则难，如现今众生。故《起信钞》云："信过去释迦，当来弥勒等是佛，则为易有。今信众生心中真如，是凡圣通依，迷之则六趣无穷，悟之则三宝不断，此为稀有。"故知万法归心，则道全矣。

如《庚桑子道全篇》云："吾能听视不用耳目，非易耳目之用，所告者过也。公曰：'孰如是，寡人增异矣。其道若何，寡人早愿闻之。'庚桑子曰：'我体合于心，心合于气，气合于神，神合于无，其有介然之有，惟然之音，虽远际八荒之表，迩在眉睫之内，来干我者，吾必尽知之。乃不知为是我七窍手足之觉，五藏六腑心虑之所知，其自知而已矣。'"何璨注云："心形泯合，神气冥符，洞然至心，与无同体。然后心弥静而志弥远，神愈默而照愈彰，理极而自通，不思而立览，非夫至神至圣，其孰能与于此哉？"斯乃灵真之要枢，重立之妙道者也。是以内外指归，须冥符心体，则洞照无遗矣。遂能和光万有，体纳十方。夫言和者，非有能所二法相顺名和。如古德云："凡圣各别，不得名和。心体离念，不得众生相，法界即我，我即法界名和。"

《首楞严经》云："观世音菩萨白佛言：'世尊！我从闻思修，入三摩地，初于闻中，入流亡所，所入既寂，动静二相，了然不生。如是渐增，闻所闻尽，尽闻不住，觉所觉空，空觉极圆，空所空灭，生灭既灭，寂灭现前，忽然超越世出世间，十方圆明，获二殊胜：一者，上合十方诸佛本妙觉心，与佛如来同一慈力；二者，下合十方一切六道众生，与诸众生同一悲仰。'”斯乃能所迹消，真俗冥合。非从事行，因异而同。但了心无自他，万法自然一体。既与万法体和，则不共物诤。如《华手经》云："佛告舍利弗：'是故菩萨发菩提心，应当观察是心空相。舍利弗！何等是心？云何空相？舍利弗！心名意识，即是识阴，意入意界。心空相者，心无心相，亦无作者。何以故？若有作者，则有彼作而此人受，若心自作，则自作自受。舍利弗！是心相空，无有作者，无使作者，若无作者，则无作相。若人戏论是心相者，则与无碍空无相诤。若与无碍空无相诤，是人则与如来共诤。若与如来共诤，当知是人则坠深坑。'”是知若入宗镜海中，已摄余一切法门，登法性山，悉见诸无边境界。如《大涅槃经》云："譬如有人，在大海浴，当知是人，已用诸河泉池之水。菩萨摩诃萨，亦复如是。修习如是金刚三昧，当知已为修习其余一切三昧。"

问：诸佛境界，唯趣不思议一心解脱之门，何谓不思议解脱？

答：以一切法非有而有，有而非有，非定量之所知，故称不思议。既以非有而有，即不住于无；有而非有，即不住于有。有无不住，即于诸法悉皆解脱，以一切法不出有无故。是知一心解脱之中，无有文字，则无生死，无烦恼，无阴界，无众生，无忧喜，无苦乐，无系缚，无往来，无是无非，无得无失，乃至无菩提，无涅槃，无真如，无解脱。以要言之，一切世出世间诸法，悉皆无有。如《首楞严经》云："知见立知，即无明本，知见无见，斯即涅槃，无漏真净。云何是中，更容他物？"

所以《大涅槃经》中，佛说一百句解脱，句句皆云"真解脱者，即是如来"，夫如来者，即一心真如自性中来，故云如来。

如经云："当知解脱，即是如来，如来之性，即是解脱，解脱如来，无二无别。"是以如来之性，即众生性，众生之性，即一切法性，一切法性，即是心性。以心性遍一切处故，则一切处悉是不思议解脱。以不见自性故，则随处贪着，着即被缚。若了斯宗，缚脱俱寂。所以云："离即着，着即离，幻化门中生实义。亦无离，亦无着，何处更求无病药？"

是知心解则一切解，与真性而相应；心缚则一切缚，与尘劳而共处。出要之道，于此绝言，方便之门，更无过上。此不思议真性解脱法门，一入全真，真外无法，意消能所，情断是非。此非诵文法师，凑其智海；暗证禅伯，了此慧灯。唯除真见性人，一乘道种，方能悟入，顿了无疑。此圆顿教门，唯一无分别法耳。无有际畔，不涉一多。以即边而中，故无法可比；以即妄而真，故无法可待。岂更佛法待于佛法？唯一绝待如来法界故，出法界外，无复有法，无所可待，亦无所绝。唯证相应，不在言说。

问：众生法身，与佛平等，云何不起报化之用耶？

答：虽本平等，隐显有殊。隐名如来藏，显名法身。《起信疏》云："但众生迷自真理，起于妄念，是时真如，但现染相，不显其用。如水为风所击，但起波澜，而不能现像。"

又钞释应化不起者，但以妄染覆之，非谓本觉无此应用，亦非固心抑令不起。斯则过在于妄迷而不知，何关于觉？以本觉常具常熏故。如修竹有龙凤之音，尘镜有照胆之用。是知灵台绝妙，众生莫知。若暂返照回光，无有不得之者。如地中求水，矿里求金。惟虑不肯承当，沉埋心宝。宗镜委细，意嘱于斯。普劝后贤，直须知有。

问：《华严经》是圆满教，所明一法才起，皆有眷属随生，今此何故唯论绝待？

答：所言眷属者，皆是理内眷属。佛如，众生如，一如无二如，必无心外法而为主伴。如《净名疏》问："华严顿教大乘，可得约行明诸法门。此方等经，及小乘教，何得亦约观行明义？"答："此经既云诸佛解脱，当于众生心行中求，若不约观行，岂称斯文？”

故知了义教，不了义教，皆是了义，以唯一心故。所以云：“圆机对教，无教不圆，理心涉事，无事非理。”又云：“根羸则法劣，器广则道圆故。”

问：此宗玄奥，性自天真，非生因之所生，唯了因之所了，云何广述诸有，差别行门？

答：夫妙达殊伦，则法法齐旨，巧通异道，乃物物咸如。夫言了因者，乃是于真心中性德显了，故名了因。生因者，亦是信心中能生六度万行，故名生因。生了俱心，理行非外。若不了此，取舍万端。才入斯宗，自无高下。夫三界之有，是菩提之用，本末相遍，空有融通，岂同豁尔之无，块然之有？如《大智度论》云：“空有二种：一者，善空，炽然修一切行，而了性空；二者，恶空，恣行恶法，而欲拨令空。”今论不可得空，此空不离诸法，诸法不离此空。当知一切法趣空。如瓶处空，十方界空不异瓶空，故十方空皆趣瓶空。《华严论》云：“若也但修空，无相法身，即于智不能起用。若但一向生想，不见无相法身，即纯是有为。”又云：“如是大悲，如是智慧，如是万行，皆为长养初发心住，初生佛家之智慧大悲，令惯习自在故。时亦不改，法亦不异，智亦不迁。犹如竹苇依旧而成，初生与终，无有粗细。亦如小儿初生而后长为大，无异大也。”是知差别行门，皆入毕竟空中，若欲见道修行，无出身心之内。

《华严经》颂云：“身为正法藏，心为无碍灯，照了诸法空，名曰度众生。”故知身为法聚，无一法出我身田；心为慧光，无一智离我心海。若迷之者，则身为苦聚病原，心作无明怨贼。先须察所治过患之迹，方立能治功德之门，则一切众生所造过患，莫越身心。若欲对治，唯戒与慧，若修身戒，则戒急而妙行成；若修心慧，则乘急而真性显。故得乘戒兼急，理行俱圆，正助相资，方入宗镜，内外朗鉴，一道清虚。

问:道无可修,法无可问,才悟大旨,万事俱休。故云“言语道断,心行处灭”。又《法华经》云:“三藏学者尚不许亲近。”今示身戒心慧,既违大乘之经教,何成后学之信门?

答:经中所斥三藏学者,即是小乘戒定慧。戒则但持身口,断四住(见一切住地、欲爱住地、色爱住地、无色爱住地)枝叶之病苗;定则形同枯木,绝现外威仪之妙用;慧则唯证遍空,失中道不空之圆理。故称贫所乐法,堕下劣之乘,为《净名》所呵,是愚人之法。今此圆宗定慧,尚不同大乘初教无相之空,及大乘别教偏圆之理,岂与三藏灰断定慧之所论乎?此《宗镜录》戒定慧,乃至一事一行,一一皆入法界,具无边德,是无尽宗趣性起法门,无碍圆通,实不思议。

如观和尚云:“凡圣交彻,即凡心而见佛心;理事双修,依本智而求佛智。”是以入地已能离念,佛动方令起于事行。故经颂云:“法性真常离心念,二乘于此亦能得,不以此故为世尊,但以甚深无碍智。”此劝皆是事行故。是知果佛,须性相具足;因行,必须事理双修。依本智如得金,修理行如去矿,修事行如造作,求佛智如成器也。又《华严演义》云:“若执禅者,则依本智性,无作无修,镜本自明,不拂不莹。若执法者,须起事行,求依他胜缘,以成己德。”并为遍执,故辩双行。依本智者约理,无漏智性本具足故。而求佛智者约事,无所求中,吾故求之。心镜本净,久翳尘劳,恒沙性德,并埋尘沙烦恼。是故须以随顺法性,无悭贪等、修檀等六波罗蜜,以诸佛已证,我未证故。又理不碍事,不妨求故,事不碍理,求无求故。若此之修,修即无修,为真修矣。

《大智度论》云:“法忍者,于内六情不着,于外六尘不受,能于此二不作分别。何以故?内相如外,外相如内,二相俱不可得故。一相故,因缘合故,其实空故,一切法相常清净故。”何谓一切法相常清净?以同遵一道故。所以《华严疏》云:“一道甚深者,亦名一乘,佛佛皆同一真道故。佛佛所乘,同观心性,万行齐修,自始至终,更无异径,故为一道。"

问:真心常住遍一切处者,即万法皆真,云何而有四时生灭?

答:了真心不动故,则万法不迁,即常住义。若见万法迁谢,皆是妄心。以一切境界,唯心妄动,心若不起,外境本空。以从识变故,若离心识,则尚无一法常住,岂况有万法迁移?

问:如今现见物像荣枯,时景代谢,如何微细披剥,明见不迁之旨?

答:但当见性,自断狐疑。故《金刚三昧经》云:"因缘所生义,是义灭非生,灭诸生灭义,是义生非灭。"是以起恒不起,不起恒起。如此通达不落断常,可正解一心不迁之义矣!如先德云:"夫物性无差,悟即真理,真即不变,物自湛然。常情所封,于不动中妄以为动。"道体渊默,语路玄微,日用而不知者,物不迁也。事像可观,称之为物,物体各住,故号不迁。不迁故,随流湛然清净。为物故,与四像而为所依。故知无生不生,无形不形,处性相而守一者,其唯《不迁论》焉?所以《不迁论》云:"是以如来,因群情之所滞,即方言以辩惑,乘莫二之真心,吐不一之殊教。乖而不可异者,其唯圣言乎?故谈真有不迁之称,导俗有流动之说。虽复千途异唱,会归同致矣!而征文者闻不迁,则谓昔物不至今,聆流动者,而谓今物可至昔。既曰古今,而欲迁之者何耶?是以言往不必往,古今常存,以其不动,称去不必去,谓不从今至古,以其不来。不来故,不驰骋于古今;不动故,各性住于一世。然则群籍殊文,百家异说者,苟得其会,岂文言能惑之哉?是以人之所谓住,我则言其去,人之所谓去,我则言其住。然则去住虽殊,其致一也。故经云:'正言似反,谁当信者?'斯言有由矣!何者?人则求古于今,谓其不住;吾则求今于古,知其不去。今若至古,古应有今,古若至今,今应有古,今而无古,以知不来,古而无今,以知不去。若古不至今,今亦不至古,事各性住,有何物而可去来?

然则四像风驰，旋机电卷，得意毫微，虽速而不转也。是以如来，功流万世而常存，道通百劫而弥固。成山假就于始篑，修途托至于初步者，果以功业不可朽故也。功业不可朽故，虽在昔而不化，不化故不迁，不迁故，则湛然矣！故经云：'三炎弥沦而行业湛然。'信其言也。何者？夫果不俱因，因因而果。因因而果，因昔不灭。果不俱因，因不来今。不灭不来，则不迁之致明矣！复何惑于去留，踌躇于动静之间哉？"

问：万法唯识，诸佛单住真如，名无垢识者，为复决定有心，决定无心？

答：据体则言亡四句，意绝百非。约用则唯智能明，非情所及。如《华严经》云："佛子！如来心、意、识俱不可得，但应以智无量故，知如来心。"古释云："如来心、意、识俱不可得者，约体遮诠也。但应以智无量故，知如来心者，寄用表诠也。"一师云："识等有二：一染，二净。佛地无有漏染心及心所，而有净分心及心所。果位之中，智强识劣，故于心王上，以显无染，约彼智所，以明无量。若必无王所，智依何立？"经云："如来无垢识，是净无漏界，解脱一切障，圆镜智相应。"则有心王明矣。一师云："以无积集思量等义，故说心等亘得。就无分别智以显无量，非无心体。上之三解，俱明心、意、识有。"又云："佛果实无心、意、意识及余心法，云不可得，唯有大智，故言'智无量故，知如来心'。"经云："唯如如及如如智独存。"《佛地论》中，五法（五法者，清净法界兼四智）摄大觉性，唯一真法界及四智（大圆镜智、平等性智、妙观察智、成所作智），菩提不言更有余法。此二说约无。若依前有，未免增益，亦不能通不可得言；若依后无，未免损减，亦不能通知佛心言。既云知如来心，不可言无心，可知明非无心矣。又心既是无，智何独立？亦违涅槃灭无常识护常识义。若有无二义双取，未免相违。若互泯双非，宁逃戏论？若后宗言唯如智者，以心即同真性。故曰唯如，照用不失，故云如智，岂离心外而别有如？

是则唯如不乖于有。前宗以纯如之体，故有净心。心既是如，有之何失？是知即真之有，与即有之真，二义相成，有无无碍。正消经意者，言不可得者，以心义深玄，言不及故。寄遮显深，言但以智知如来心者，托心所寄表显深。云何深玄？欲言其有，同如绝相，欲言其无，幽灵不竭；欲谓之情，无殊色性；欲谓无情，无幽不彻。是知佛心即有即无，即王即数，心中非有意，亦非不有意，意中非有心，亦非不有心，数非依于王，亦非不依王。一一皆尔，圆融无碍。

《清凉记释》云："言佛无心有智，成相违过。心王最胜，尚说为无，智无所依，岂当独立？如无君主，何有臣下？"今先别会二宗，后通合二宗。先会法性宗意云：心即是如，智即如智，离心无如，则知有如已有心矣。况即体之用，称如智，即用之体，即是真如。如一明珠，珠体即如，明即如智，岂得存如亡于心矣？次会法相宗意云：即如之有，有岂乖如？如镜即虚，则有心无失。是知即真之有，即有之真。通会二宗，即真之有，是法相宗；即有之真，是法性宗。两不相离，方成无碍真佛心矣！又心中非有意亦复非无意者，非有，是不即义，二相别故；亦非不有，是不离义，无二体故。又非有者，以无二体，互摄尽故；亦非不有者，二相不坏，力用交彻故。

问：境识俱遣，众生界空，诸佛究竟，成得何法？

答：一切异生，因识对境，于生死中妄生执著，起常等四倒。二乘之人，于涅槃中妄求解脱，起无常等四倒。诸佛如来，因境识俱空，能离八倒，成得真常乐我净四波罗蜜。《宝性论》云："依两种法，如来法身有净波罗蜜：一者，本来自性清净，以同相故；二者，离垢清净，以胜相故。有二种法，如来法身有我波罗蜜：一者，还离诸外道边，以离虚妄我戏论故；二者，远离诸声闻边，以离无我戏论故。有二种法，如来法身有乐波罗蜜：一者，远离一切苦；二者，远离一切烦恼习气。有二种法，如来法身有常波罗蜜：一者，不灭一切诸有为行，以离断见边故；二者，不取无为涅槃，以离常见边故。"《胜鬘经》云:"世尊！见诸行无常,是断见,非正见;见涅槃常,是常见,非正见。妄想见故,作如是见。"所以如来,唯证四德涅槃秘密之藏。

问:既经云"见诸行无常,是断见,非正见;见涅槃常,是常见,非正见"者,云何教中,或说无我,又说于我?岂不相违耶?

答:夫说常与无常,我与无我,但形言迹,皆是方便。所以《肇论》云:"菩萨于计常之中,演非常之教。"以佛初出世,便欲说圆常之妙门,真我之佛性。为一切外道,皆妄执神我遍十方界,起于常见。若说真常乐我净,恐滥邪解,且一时拂下情尘,故云无常、无乐、无我、无净。

又二乘及权假菩萨,不知诸佛秘旨,执方便门,匆匆取证,皆住无我之理以为究竟,世尊又愍不达,遂乃具说常乐我净。若有于此究竟之说,明见真我佛性,人木虫尘,分明无惑,尚不住于中道,岂更见有常无常、我无我,二见之所乱乎?或若虽闻常乐我净之名,只作常乐我净之解,随语生见,昧自真心,则我无我之药成我无我之病。故知真我难辩,非证不明。

夫欲正修行者,不归宗镜,皆堕邪修。以万缘所起,起自真如。故《清凉钞》云:"因该果海,果彻因原。以极果由于始信,信依本智而起。今不离本智故,斯则以因成果,摄果酬因。然因有两种:一、约本有恒沙性德,信解行愿等无不具故;二、约修起,谓依本信德而起信心,依本解德而起解心。"如《起信论》云:"以知法性无悭贪故,随顺修行檀波罗蜜等。"故一一修起,皆带本有,俱来至果,无间道中,一时顿圆,解脱道中,因果交彻,名为得果。果亦有二:一者,本有菩提涅槃,一切佛性本觉具故;二者,修起令证菩提,始觉悟故。始觉同本,无复始本之异,名究竟觉,则二果无碍。然二因本从本觉体上起来,则二因与本觉无碍。始觉既同本觉,则二果全同于二因,则二因与二果交彻,故因该果海,果彻因原。又初发心时,便成正觉,因该果也;虽得佛道,不舍菩萨行,果彻因也。

卷九

问:性自了了常知,何须诸佛开示?

答:此言知者,不是证知,意说真性不同虚空木石,故云知也。非如缘境分别之识,非如照体了达之智,直是真如之性,自然常知。如《华严经》中,觉首等诸菩萨问文殊师利菩萨:"何等是佛境界智?何等是佛境界知?"文殊颂答云:"诸佛智自在,三世无所碍,如是慧境界,平等如虚空。"又颂云:"非识所能识,亦非心境界,其性本清净,开示诸群生。"既云本净,不待断障即知,群生本来皆有,但以惑翳而不自知。故《法华》中开示令得清净者,即是《宝性论》中离垢清净也。此心虽自性清净,终须悟修,方得究竟。经论所明,有两种清净,两种解脱。或只得离垢清净解脱,故毁禅门即心即佛。或只知自性清净解脱,故轻于教相,斥于持律、坐禅、调伏等行。不知必须顿悟自性清净,自性解脱,渐修令得离垢清净,离垢解脱,成圆满清净,究竟解脱,若身若心,无所壅滞,同释迦佛。经问"云何佛境界智",此问证悟之智;"云何佛境界知",此问本有真心。答智云"诸佛智自在,三世无所碍";答知云"非识所能识,亦非心境界"。识是分别,分别非真知,唯无念方见。又若以智证之,即属所诠之境,真知非境界故,瞥起照心,即非真知,故非心境界。以不起心为玄妙。以集起名心,起心看即妄想,故非真知。是以真知必虚心遗照,言思道断矣。北宗看心,是失真旨。若有可看,即是境界也。《宝藏论》云:"知有有坏,知无无败,真知之知,有无不计。"既不计有无,即自性无分别之知。是以此真心自体之知,即无缘心,不假作意,任运常知,非涉有无,永超能所。

水南和尚云:"即体之用曰知,即用之体为寂。如即灯之时即是光，即光之时即是灯，灯为体，光为用，无二而二也。”又云：“知一字，众妙之门。”如是开示灵知之心，即是真性，与佛无异。即马鸣标心为本原，文殊择知为真体。如何破相之党，但云寂灭，不许真如？说相之家，执凡异圣，不许即佛？今约教判定，正为斯人。故西域传心，多兼经论，无二途也。但以此方迷心执文，以名为体，故达摩善巧，拣文传心，标与其名。心是名也，默示其体，知是心也，喻以壁观，令绝诸缘。绝诸缘时，问：“断灭否？”答：“虽绝诸念，亦不断灭。”问：“以何证验，云不断灭？”答：“了了自知，言不可及。”师即印云：“只此是自性清净心，更勿疑也。”若所答不契，即但遮诸非，更令观察，毕竟不与他先言知字。直待他自悟，方验真实是亲证其体，然后印之，令绝余疑。故云默传心印。所言默者，唯默知字，非总不言，六代相传皆如此也。

问：悟此心已，如何修之？还依相教中，令坐禅否？

答：若瞋沉厚重，难可策发，掉举猛利，不可抑伏，贪瞋炽盛，触境难制者，即用教中种种方便，随病调伏。若烦恼微薄，慧解明利，即依本宗一行三昧。应知权实有异，遮表全殊，不可以遮诠遣荡，排情破执之言，为表诠直示、建立显宗之教。又不可以逗机诱引、一期权渐之说，为最后全提、见性真实之门。遮诠表诠异者，遮谓遣其所非，表谓显其所是。又遮者，拣却诸余；表者，直示当体。如诸经所说真如妙性，每云“不生不灭，不垢不净，无因无果，无相无为，非凡非圣，非性非相”等，皆是遮诠，遣非荡迹，绝想祛情。若云“知见觉照，灵鉴光明，朗朗昭昭，惺惺寂寂”等，皆是表诠。若无知见等体，显何法为性？说何法不生不灭等，必须认得现今了然而知，即是我之心性，方说此知不生不灭等。如说盐云“不淡”，是遮，云“咸”，是表；说水云“不干”，是遮，云“湿”，是表。空宗但遮，性宗有遮有表。

今时人皆谓遮言为深，表言为浅，故唯重非心非佛，无为无相，乃至一切不可得之言。良由只以遮非之词为妙，不欲亲自证认法体,故如此也。又若实识我心,不同虚空,性自神解,非从他悟,岂藉缘生?若不对机随世语言,于自性上,尚无表示真实之词,焉有遮非方便之说?如今实未亲证见性之人,但效依通,情传意解,唯取言语中妙,以遮非泯绝之文而为极则。以未见谛,故不居实地,一向托空,随言所转,近来尤盛,莫可遏之。若不因上代先贤多闻广学,深入教海,妙达禅宗,何能微细指陈,始终和会,显出一灵之性,剔开万法之原?故须先约经教,印证禅心,然后禅教双亡,佛心俱寂。俱寂,即念念皆佛,无一念而非佛心;双亡,即句句皆禅,无一句而非禅教。如此则自然闻泯绝无寄之说,知是破我执情;闻息妄修心之言,知是断我习气。执情破而真性显,即泯绝是显性之宗;习气尽而佛道成,即修心是成佛之行。顿渐互显,空有相成。若能如是圆通,则为他人说,无非妙方;闻他人说,无非妙药。药之与病,只在执之与通。故先德云:"执则字字疮疣,通则文文妙药。"如上依教依宗,撮略和会,挑抉宗旨之本末,开析法义之差殊,校量顿渐之异同,融即真妄之和合,对会遮表之回互,褒贬权实之浅深,可谓卷教海之波澜,湛然掌内,簇义天之星象,奂若目前,则顿释群疑,豁然妙旨。

若心外立法立境,起斗诤之端倪,识上变我变人,为胜负之由渐,遂乃立空破有,宾有非空,崇教毁禅,宗禅斥教,权实两道,常为障碍之因,性相二宗,永作怨仇之见,皆为智灯焰短,心镜光昏,终不能入无诤之门,履一实之道矣!

《金刚三昧经》云:"如我说者,义语非文。众生说者,文语非义。"夫立教之本,无出意言,以意诠量,从言开演。故基师云:"至理澄寂,是非之论息言;般若幽玄,一异之情绝虑。"息情虑故,非识非心。绝言论故,非声非说。法非声说,说遍尘沙;理无识心,心该法界。心该法界,斯乃非心作心;说遍尘沙,此亦无说为说。

问:境本无生,心常不住,何烦立观,背自天真?

答:为未达本无生,而欲向外妄修者,令自内观,冥合真性。

如《永嘉集》云:“诫其疏怠者。然渡海先须上船,非船何以能渡?修心必须入观,非观何以明心?心尚未明,相应何日?”此劝守愚空坐,不慕进修者。又云:“妙契玄原者。夫悟心之士,宁执观而迷旨?达教之人,岂滞言而惑理?理明则言语道断,何言之能议?旨会则心行处灭,何观之能思?心言不能思议者,可谓妙契寰中矣。”斯乃得旨之人,奚须言观?即届宝所,终不问程,已见玉蟾,宁当执指?故《般若吟》云:“见月休观指,归家罢问程,即心心是佛,何佛更堪成?”

问:此《宗镜录》于顿渐两教,真缘二修,云何悟入?如何修行?

答:今《宗镜》中依无作三昧,观真如一心,念念冥真,念念圆满。如台教明修无作三昧,观真如实相,不见缘修作佛,亦不见真修作佛,亦不见真缘二修合故作佛,亦不离真缘二修而作佛。若无四修,即无四作,是无作三昧。岂同尔相州北道,明缘修作佛?南土大小乘师,亦多用缘修,亦不同相州南道,用真修作佛。

问:偏用何过?

答:道无诤,何得诤同水火?今明用三昧,修中道第一义谛,开无明,显法性,忘真缘,离诤论,言语法灭,无量罪除,清净心一。水若澄清,佛性宝珠自然现也。见佛性故,即住大涅槃。

问曰:若尔者,今云何说?

答曰:《大涅槃经》云:“不生不生,名大涅槃。”以修道得故,故不可说。岂如诸大乘论师,偏执定说?今以因缘故,亦可得说者,若解四悉檀意(悉檀,此云遍施。四者:一、世界悉檀,二、为人悉檀,三、对治悉檀,四、第一义悉檀)。如前四种说则无咎。次明证成者,若观无明见中道者,即是入不二法门,住不思议解脱。故《入不思议法门品》云:“若知无明即是明,明亦不可得,是为入不二法门。”若入中道,即能双照二谛,自然流入萨婆若海。今依四悉普为群机,于真缘二修中,是无作真修,顿渐四句中,若约上上根是顿悟顿修，若约上根或是顿悟渐修。此《宗镜录》是圆顿门，即之于心，了之无际，更无前后，万法同时。所以《证道歌》云："是以禅门了却心，顿入无生慈忍力。"

只各于自心静念，如理思维，即如是如是显现。于宗镜中，了然明白。起此无涯之一照，遍法界无际之虚空，无一尘而不被光明，凡一念而咸承照烛。斯乃般若无知之照，照岂有边？涅槃大寂之宗，宗何有尽？如《般若无知论》云："《放光》云：'般若无所有相，无生灭相。'《道行》云：'般若无所知，无所见。'此辩智照之用。而曰无相无知者，何也？果有无相之知，不知之照明矣！何者？夫有所知，则有所不知。以圣心无知，故无所不知。不知之知，乃曰一切知。

"然则智有穷幽之鉴，而无知焉；神有应会之用，而无虑焉。神无虑，故能独王于世表；智无知，故能立照于事外。智虽事外，未始无事；神虽世表，终曰域中。何者？欲言其有，无状无名；欲言其无，圣以之灵。是以言知不为知，欲以通其鉴，不知非不知，欲以辩其相。辩相不为无，通鉴不为有。非有，故知而无知。非无，故无知而知。是以知即无知，无知即知，无以言异，而异于圣心也。

"难曰：夫真谛深玄，非智不测，圣智之能，在兹而显。故经云：'不得般若，不见真谛，真谛则般若之缘也。'以缘求智，智则知矣。

"答曰：以缘求智，智非知也。何者？《放光》云：'不缘色生识，是名不见色。'又云：'五阴清净，故般若清净。'般若即能知也。五阴即所知也，所知即缘也。夫知与所知，相与而有，相与而无。相与而无，故物莫之有；相与而有，故物莫之无。物莫之无，故为缘之所起；物莫之有，故缘所不能生。缘所不能生，故照缘而非知；为缘之所起，故知缘相因而生。是以知与无知，生于所知矣。何者？夫知以所知取相，故名知。真谛自无相，真智何由知？所以然者，夫所知非所知，所知生于知，所知即生知，知亦生所知，所知既相生，相生即缘法，缘法故非真，非真故非真谛。故《中观》曰：‘物从因缘有，故不真。不从因缘有，故即真。’今真谛曰真，真则非缘。真非缘，故无物从缘而生也。故经云：‘不见有法，无缘而生。’是以真智观真谛未尝取所知。智不取所知，此智何由知？然智非无知，但真谛非所知，故真智亦非知。而子欲以缘求智，故以智为知，缘自非缘，于何而求知乎？

“难曰：圣心非不能是，诚以无是可是。虽不是是，故当是于无是矣！是以经云‘真谛无相’，故般若无知者，诚以般若无有有相之知。若以无相为无相，又何累于真谛耶？

“答曰：圣人无无相也。何者？若以无相为无相，无相即为相，舍有而之无，犹逃峰而赴壑，俱不免于患矣！是以至人处有而不有，居无而不无。虽不取于有无，然亦不舍于有无。所以和光尘劳，周旋五趣，寂然而往，泊尔而来，恬淡无为，而无不为者也。

“难曰：圣心虽无知，然其应会之道不差，是以可应者应之，不可应者存之。然则圣心有时而生，有时而灭，可乎？

“答曰：生灭者，生灭心也，圣人无心，生灭焉起？然非无心，但无心心耳。又非不应，但是不应应耳。是以应会则信。若四时之质，直以虚无为体，斯不可得而生，不可得而灭也。

“难曰：圣智之无，惑智之无，俱无生灭，何以异之耶？

“答曰：圣智之无者，无知；惑智之无者，知无。其无虽同，所以无者异也。何者？夫圣心虚静，无知可无，可曰无知，非谓知无；惑智有知，故有知可无，可谓知无，非曰无知也。无知，即般若之无也；知无，即真谛之无也。是以般若之与真谛，言用即同而异，言寂即异而同。同故无心于彼此，异故不失于照功。是以辩同者，同于异；辩异者，异于同。斯则不可得而异，不可得而同也。何者？内有独鉴之明，外有万法之实。万法虽实，然非照不得，内外相与，以成其照功，此则圣所不能同，用也。内虽照而无知，外虽实而无相，内外寂然，相与俱无，此则圣所不能异，寂也。是以经云‘诸法不异者’，岂曰续凫截鹤，夷岳盈壑，然后无异哉？诚以不异于异,故虽异而不异耳。故经曰:‘甚奇,世尊!于无异法中,而说诸法异。’又云:‘般若与诸法,亦不一相,亦不异相。’信矣!

“难曰:论云‘言用则异,言寂则同’,未详般若之内,则有寂用之异乎?

“答曰:用即寂,寂即用,用寂体一,同出而异名,更无无用之寂,主于用也。是以智弥昧,照逾明;神弥静,应逾动。岂曰明昧、动静之异哉?故《成具》曰:‘不为而过为。’《宝积》曰:‘无心无识,无不觉知。’斯则穷神尽智,极象外之谈也。即之明文,圣心可知矣。”

释曰:般若无知者,是一论之宏纲,乃宗镜之大体,微妙难解,所以广引证明。夫般若者,是智用;无知者,是智体。用不离体,知即无知;体不离用,无知即知。若有知者,是取相之知,即为所知之相缚,不能遍知一切。故论云:“夫有所知,则有所不知。”若是无相之知,不被所知之相碍,即能遍知一切。故论云:“以圣心无知,故无所不知。”以要言之,但是理事无碍,非即非离。如论云“神无虑,故能独王于世表;智无知,故能玄照于事外”者,不即事也。“智虽事外,未始无事,神虽世表,终日域中”者,不离事也。理非即非离,如事亦然。是以理从事显,理彻于事,事因理成,事彻于理,理事交彻,般若方圆。故能有无齐行,权实双运。岂可执有执无迷于圣旨乎?所以论云:“欲言其有,无状无名,欲言其无,圣以之灵。”何者?此有是不有之有,曷有其名?斯无是不无之无,宁亏其体?有无但分两名,其性元一,不可以有为有,以无为无。故论云“非有,故知而无知”者,以知自无性,岂待亡知,然后无知乎?论云“非无,故无知而知”者,以无相之知非同木石,无而失照。此灵知之性,虽无名相,寂照无遗。如论云:“考之玄籍,本之圣意,岂复真伪殊心,空色异照耶?”是以照无相,不失抚会之功;睹变动,不乖无相之旨。造有不异无,造无不异有。未尝不有,未尝不无。故曰:“不动等觉而建立诸法。”以此而推，寂用何妨？如何谓睹变之知，异无相之照乎？又论云："知即无知，无知即知，无以言异，而异于圣心也。"故知若云有之与无同之与异，皆是世间言语，但有虚名，而无实体。岂可以不定之名言，而欲定其无言之妙性也？

今总结大意。般若无知者，但是无心，自然灵鉴，非待相显，靡假缘生，不住有无，不涉能所，非一非异，而成其妙道也。所以先德云："夫圣心无思，名言路绝。体虚，不可以色取；无虑，不可以心求。包法界而不大，处毫端而不微。寂寥绝于生灭，应物无有去来。鉴彻天镜，而无鉴照之勤，智周十方，而不生二相。森罗万象，与之同原。大哉！妙用而无心者，其唯般若无知之谓乎？"

《永嘉集》云："若以知知寂，此非无缘知，如手执如意，非无如意手。若以自知知，亦非无缘知，如手自作拳，非无不拳手。亦不知知寂，亦不自知知，不可为无知，自性了然故，不同于木石。手不执如意，亦不自作拳，不可为无手，以手安然故，不同于兔角。"

古德偈云："诸论各异端，修行理无二，竞执有是非，达者无违诤。"

问：诸佛经教，皆以名、句、文身诠表，方成法义，云何但名一心而已？

答：此心是诸法之都，显事合理，故称曰经。岂止于心？乃至一切六尘悉皆是经。如《大品》云："一切法趣色，是趣不过。"此色能诠一切法，如墨黑色。一画诠一，二画诠二，三画诠三，竖一画则诠王，足右画则诠丑，足左画则诠田，出上诠由，出下诠申，如是回转，诠不可尽。或一字诠无量法，无量字共诠一法，无量字诠无量法。一字诠一法，于黑墨小小回转，诠量大异。左回诠恶，右回诠善，上点诠无漏，下点诠有漏。杀活与夺，毁誉苦乐，皆在墨中，更无一法出此墨外。略而言之，黑墨诠无量教、无量行、无量理。黑墨亦是教本、行本、理本。黑墨从初一点，至无量点，从点至字,从字至句,从句至偈,从偈至卷,从卷至部。又从一字句中,初立小行,后著大行。又从点字中,初见浅理,后到深理,是名黑色教行义,三种微发。乃至当知黑字是诸法本,青黄赤白,亦复如是。非字非非字,双照字非字。不可说,非不可说;不可见,非不可见。何所简择?何所不简择?何所摄?何所不摄?何所弃?何所不弃?是则俱是,非则悉非。能于黑色,通达一切非,于一切非,通达一切是,通达一切非非、非是,一切法邪,一切法正。若于黑色不如是解,则不知字与非字,青黄赤白,有对无对,皆不能知。若于黑色通达,知余色亦如是。此即《法华经》意。以色为经也,声尘等亦如是。

问:但了一心,若无位次,真伪何分?须合教乘,以祛谬滥。

答:诚如所言,缺一不可。圆教观心,须明六即。古德约四教明六即者。若藏教,执色为有,施拙度破析之因,成但空灰断之果。通教,执色心是空,了缘生无性之宗,失中道不空之理。别教,从心生十法界心,但有能生十界之理性,未即便具十界之因果,如从地生一切草木,但从一心,次第生十界也。圆教,心具十法界不待能所生,亦无前后际。只一念是十界,只十界是一念。一切时,一切处,一切法,念念中体常圆满。尘沙万德,不欠少一分;八万惑业,不除断一分。不谓佛是果头极圣,我未证得;不谓凡是底下秽浊,我应舍离。总览法界,在一念心头。如一圆珠莹彻,明白圆解。更无觉观进修,亦不见有凡圣取舍,分别妄念悉尽也。

以初圆信人,未得纯净,烦恼有厚薄,习气有浅深,分别难忘,攀缘易起,心浮观浅,惑重境强,于对治之中,故分六即。是以凡夫心性本体,实齐上圣,但凡夫未能常用本体,随境生心,分别计校,千差万别,无始妄习,何能顿遣?虽有见解,未能常照,故是凡也。若生死即涅槃,烦恼即菩提,是理即。若能暂照谛理,即坐佛座,证佛身,用佛法,当此一念圆现时,不见十方佛,异我此身此念也,解而未修,是名字即。念有分数,名观行即。念以于境,名相似即。境入于念,名分真即。无境无念,名究竟即。虽六常一,何凡何圣?虽一常六,凡圣天绝。又六而常一,故言即一而常六,故初后不齐。是以顿悟宗已,复须言行相应,既得本清净,又须离垢清净。如《大集经》偈云:“远离一切诸烦恼,清净无垢犹真实,其心能作大光明,是名宝炬陀罗尼。”

问:只如自心如何观耶?

答:性该始终之际,体非起尽之缘,体遍迷悟之中,性非解惑之事。又云:“夫心原本净,无为无数,非一非二,无色无相,非偏非圆,虽复觉知,亦无觉知。”

此之心性,毕竟无心,有因缘时,亦得明心。既有论心,即事方便正观之义。譬如虚空,亦有阴阳时雨。心亦如是,虽无偏圆,亦论渐顿。

若观心非空非有,则一切从心生法,亦非空非有。如是等一切诸法,在一心中。当知观此心原,与如来等。如此观心,名观佛心也。若能如此信解,功德无量。此一念信解心,心同佛心,信齐佛言,入真实般若之性,到究竟解脱之原。即以无量无数劫中,修五波罗蜜之功德,校量信解宗镜一念之功,万不及一。故云不识玄旨,徒劳念静。是以先悟宗镜,然后圆修,理行无差,方为契当。

问:如上观心,如何是所入能入之门?

答:能所之入,唯是一心。约智而论,假分能所。所入,即所证一心之理;能入,即观一心之智。又理是心之体,智是心之用,犹如日光,还照日体,以此心光,复照心体,则二而不二,体用冥一,不二而二,能所似分。

《永嘉集》云:“故知妙道无形,万像不乖其致;真如寂灭,众响靡异其原。迷之则见倒惑生,悟之则顺违无地。阒寂非有,缘会而能生;峨嶷非无,缘散而能灭。灭既非灭,以何灭灭?生既非生，以何生生？生灭既虚，实相常住矣！”《华严疏》云：“生之无生，真性湛然，无生之生，业果宛然。”是知若即念存有，念即是常见；离生求无生，即是断见，皆不达实相无生无灭之理。若正了无生，则无生无不生，岂定执有生无生之二见乎？

问：觉王明敕，大教指归，末法比丘，须于四念处修道，其旨如何？

答：此出《大般涅槃经》，最后垂示。总前教迹，同此指归。以四念处，即是宗镜，所明一切众生身、受、心、法。如经云：“佛告阿难：‘如汝所问，佛涅槃后依何住者，阿难！依四念处，严心而住。观身性相，同于虚空，名身念处。观受不在内外，不住中间，名受念处。观心但有名字，名字性离，名心念处。观法不得善法，不得不善法，名法念处。阿难！一切行者，应当依此四念处住。’”

《华手经》云：“四念处者，于圣法中，一切诸法皆名念处。何以故？一切诸法常住自性，无能坏故。”一切诸法皆名念处者，故知即法是心，即心是法，皆同一性，岂能坏乎？若有二法则能相坏。

《金刚三昧经》云：“心无边际，不见处所。”论释云：“心无边际者，归一心原，心体周遍。遍十方，故无边，周三世，故无际。离周三世，而无古今之殊；虽遍十方，而无此彼之处。故言不见处所。”《大法炬陀罗尼经》云：“夫念处者，云何念义？当知是念，无有违诤，随顺如法，趣向平等，远离邪念，无有移转，及诸别异，唯是一心，入不动定。若能如是，名为念义。”

此四念处，破八颠倒。一、不净中作净想；二、苦中作乐想；三、无常中作常想；四、无我中作我想。此是外道、凡夫四倒。又，一、净中作不净想；二、乐中作苦想；三、常中作无常想；四、我中作无我想。此是二乘四倒，共成八倒。是以修四念处观，破八颠倒，于中而般涅槃，是十方诸佛出世本怀，究竟指归，秘密藏中，最后放舍身命之处，正当宗镜大旨，一心法门。

夫四念处者，念即观慧之心，处即智照之境，能所冥合，唯是一心。大论云："念想智，皆一法异名。初缘心名念，次习行名想，后成办名智。"处者境也，皆不离萨婆若。能观之智，照而常寂，名之为念。所观之境，寂而常照，名之为处。境寂智亦寂，智照境亦照。一相无相，无相一相，即是实相。实相即是一实谛，亦名虚空佛性，亦名大般涅槃。如是境智，无二无异，如如之境，即如如之智，智即是境。说智及智处，皆名为般若。亦例云："说处及处智，皆名为实谛。"是非境之境，而言为境，非智之智，而名为智，亦名心寂三昧，亦名色寂三昧，亦是明心三昧，亦是明色三昧。

《金光明经》云："不可思议智境，不可思议智照。"此意盖明念只是处，处只是念。虽说色心两名，其实皆是不可思议一心。今只观此一心，即不可思议，十界恒现前，入心地法门。但心之一法，微妙幽玄，见有浅深，智分优劣，须凭广学，以至法原。

《法华经》云："其不习学者，不能晓了此。"外书云："玉不琢，不成器；人不学，不知义。"但坚志节，常闻未闻。熏修而观力转深，磨炼而行门益净。常起难遭之想，道业恒新；长怀庆幸之心，终无退转。

问：既以真心为宗为本，如何辩其功能，湛然常住，尽未来际？

答：此心法妙故，如神不可测，无依无住，非古非今。只是有而不可见闻，非是一向空寂。蕴无尽之妙用，不断不常；具莫测之灵通，非隐非显。古德云："因虽涅槃永寂，而智体不无，不尔将何穷未来际？"故知此之心神，凡圣之本，尽未来际，无有断绝。诸佛常正念此法，祖师唯的指此宗。斯乃无相之真，真何有尽？无为之道，道何有穷？如幽谷之风，相续而微声不断；若洪钟之响，随扣而清韵常生。《宝藏论》云："唯道无根，灵照常存。唯道无体，微妙恒真。唯道无事，古今同贵。唯道无心，万物圆备。"既达此常住宗体，自然尽未来际，不休息佛业。

《华严经》云："于一念中，尽知一切，心非心地，境界之藏。于非心处，示生于心，远离语言，安住智慧，同诸菩萨所行之行。以自在力，誓成佛道，尽未来际，常无休息。"释曰：心非心者，识行于境，名之曰心；智行于境，名曰非心。所以《楞伽经》云："得相者识，不得相者智。"故知菩萨随顺妄缘，不舍世法，于方便中，悉能示现，随增减劫，任长短缘，乘大愿风，相续不断，供佛利生，无有休息。如《华严论》云："十一地等觉位菩萨，以大慈悲心行，赴俗济生之门，表自出世道满，无更求解脱离染离净之心。但以乘法性船，张大慈悲帆，以大智为船师，顺本愿风，吹诸波罗蜜网，常游生死海，漉一切众生有着之鱼，安置无依普光明之智岸，常生一切幻住万行功德法界，无碍宝堂。"

卷 十

问:真心无相,云何知有不空常住湛然之体?

答:以事验知,因用可辩,事能显理,用能彰体。如见波生,知有水体。《十八空论》云:"一切诸佛,于无余涅槃中,亦不舍功德善根门,犹随众生机缘,现应化两身,导利含识。"所以得知涅槃之中,犹有法身者,以用证体。既睹应化之用不尽,故知此身之体,常自湛然,永无迁坏。

问:悟此宗修行之人,得圆满普贤行否?

答:一切理智,无边行愿,皆不出普贤一毛孔。若实入此宗镜中,乃至凡圣之身,一一毛孔,皆能圆满普贤之行。

如古德云:"以遮那之境界,众妙之玄门,知识说之而不穷,善财酌之而不竭,文殊体之而寂寂,普贤证之以重重。"何者?以文殊是自心如理之体,体常湛然;以普贤是自心如量之用,用周法界。所以《宝性论》明,有两种修行:一、如实修行,了如理一味;二、遍满修行,备知一心有恒沙法界。是以悟此真如无尽之心,成得普贤无尽之行。亦云梵行已立,己事已办。如不了此而妄有所修,非唯不具普贤行门,乃至三归五戒等一切修进之门,悉不成就,以不达本故。

故知见性修行,性周万行。如《华严经》云:"菩萨行,即如来性,如来性,即菩萨行。"若明见此旨,方称圆修。权教罔思,下位天隔。赞一念随喜,福尚无量,何况正念修行,为人开示?

故知万途虽别,一性无差。若未归此自心之性,终非究竟。凡有所作,心境不亡,皆堕轮回,不入真实。如《大智度论》云:"复次如水性下流故,会归于海,合为一味。诸法亦如是,一切总相别相，皆归法性，同为一相，是名为法性。如金刚在山顶，渐渐穿下，至金刚地际，到自性乃止。诸法亦如是，智慧分别推求，已到如中，从如入自性，如无本末生灭诸法戏论，是名为法性。”

详夫诸大乘经，祖佛正意，凡从今日去，绍佛乘人，先须得本，悟自真心不生不灭为因，然后以无生之旨，遍治一切。所以《华严论》云：“若有习气，还以佛知见治之。若不入佛知见，设有修行，但成折伏，终不能入诸佛驶水之流。”如《法华》明开示悟入佛之知见，只是于众生心中，而论开示，以佛知见，蕴在众生心故。若宗门中，从上亦云：“先须知有，然后保任。”又云：“头尾须得相称，不可理行有缺。”心口相违，入我宗中，无有是处。若未悟自心无生之理，唯以生灭心为因，欲求无生之果，如蒸沙作饭，种苦求甘，因果不同，体用俱失。邪修妄习，犹九十六种，捏目生花，趣寂执权，似三乘道人，劳神费力。若入宗镜，理行俱圆。可谓二见之良医，释真之皎日矣。

故《大涅槃经》云：“譬如雾露，势虽欲住，不过日出，日既出已，消灭无余。善男子！是诸众生所有恶业，亦复如是。住世势力，不过得见大涅槃日，是日既出，悉能除灭一切恶业。”若未遇宗镜正法之日，不了一切法同虚空性，执有前境相状可观，随相发心，缘尘起行，不达同体之旨，悉堕有为，尽成爱见之悲，终成厌倦。若依宗镜，如说修行，所有一毫之功，毕趣菩提之果。是以无缘之缘，显无化之化，谓众生真心，称理不可得故。若无缘，即无所化。若真心随缘，不坏缘起，则亦有所化。如是则非真流之行，无以契真，非起行之真，不从行显。良以体融行而因圆，行该真而果满，理行兼备，因果同时，圆解圆修，方成宗镜。

又此普贤之行，全是佛智。佛智即是真心。如《华严经》颂云：“佛智广大同虚空，普遍一切众生心，悉了世间诸妄想，不起种种异分别。”则全佛智是众生心。世间妄想，皆从众生心变。能变之心既是佛智，所变之境岂成实耶？则了世间妄想皆空，终不起于异见分别，谓凡谓圣，谓有谓无等。又了世间妄想，即如量智，不起异分别，即如理智。如量观俗，如理了真。又即体之相包含，是如量智；即相之体一味，是如理智。若理量双消，方冥佛智。是以若欲真俗双照，因果俱圆，不出如理、如量之二智。

如《佛性论》云："此理量二智，有二种相：一者，无着；二者，无碍。言无着者，见众生界自性清净，名为无着，是如理智相。无碍者，能通达观无量无边境界故，是名无碍，是如量智相。又此二智，有二义：如理智为因，如量智为果。言如理为因者，能作生死及涅槃因；如量为果者，由此理故，知于如来真俗等法，具足成就。又如理智者，是清净因；如量智者，是圆满因。清净因者，由如理智，三惑灭尽（见思惑、尘沙惑、无明惑）。圆满因者，由如量智，三德圆满（法身德、般若德、解脱德）。"故知成佛皆由二智。如理智者，即一心之体为因；如量智者，即一心之用为果。所以体用相即，因果同时，初后卷舒，悉于一心圆满。乃至法界显于尘内，宝刹现于毛端，皆是如理智中，如量境界。若但证如理之旨，普贤大用不得现前；若唯行如量之宗，文殊正智不能究竟。具此二门，方明宗镜。

一切万法，皆是心成，离心计度，皆失宗旨。

问：唯心之体，前已略明，唯识之相，如何指示？性相双辩，方显正宗，理事俱通，始祛邪执。

答：欲显正宗，先除邪执者，故须因事明理，会妄归真。真是依妄之真，因情说会；事是从理之事，破执言明。无执而理事俱虚，离情而真妄双绝。瞖消而空花自谢，念息而幻境俄沉。今依诸圣，于众生界中，抱教迷宗，盖非一二，撮其枢要，无先二空。以迷人空故，起我见之愚，受妄生死。以迷法空故，违现量之境，障净菩提。所以我法俱空，唯从识变。今立第一心法，能变识有三：一、第八异熟识变；二、第七思量识变；三、第六了别境识变。既唯识变，我法皆虚。因此二空故，契会玄旨。以我空故，烦恼障断；以法空故，所知障消。烦恼障断故，证真解脱；所知障断故，获大菩提。然后行满因门，心冥果海。则境识俱寂，唯一真空。

当知名相关锁，非智钥而难开；情想勾牵，匪慧刀而莫断。应须责躬省己，策发进修。是以履圆通之人，岂堕绝言之见？发菩提之者，不生断灭之心。

问：大乘圆顿，识智俱亡，云何却述缘生，反论因果？

答：经云："深信大乘，不谤因果。"又云："深入缘起，断诸邪见。"夫唯识之旨，不出因果。正因相者，由识变故，诸法得生，以识为因。正果相者，由种识故，生诸分别，法体之果，及异熟等分位之果。所以上至诸佛，下及众生，皆因果所收。何得拨无，堕诸邪网？只为一切外道，不达缘生，唯执自然，拨无因果。二乘眇目，但证偏空，灭智灰身，远离因果。世间业系，无闻凡夫，五欲火烧，执著因果。尽成狂解，不体圆常。皆背法界缘起之门，悉昧般若无生之旨。今所论因果者，唯以实相为因，还用实相为果。但了平等一心故，终不作前后同时之见。若能如是信入一心，皆成圆因妙果。

《华手经》偈云："是心不在缘，亦不离众缘，非有亦非无，而能起大果。"若先因后果者，因亦不成，故果亦坏也。缘生之法，不相续故，即断灭故，自他不成故。如数一钱，不数后钱，无后二者，一亦不成。为刹那不相续，刹那因果坏，多劫不相续，多劫因果坏。待数后钱时，前一始成。因果亦尔。要待一时，中无间者，因果始成。若尔者，如两钱同数，无前无后，谁为一二，谁为因果，亦皆不成。

如《华严经》因果同时者，俱无如是前后因果，及同时情量系着，妄想有无，俱不俱，常无常等，系着因果。但了法体非所施设，非因果系。名为因果，非情所立，同时前后之妄想也。故经云："众生界即佛界。"如文殊以理会行，普贤以行会理，二人体用相彻，以成一真法界。

然此心是法界之都，无法不摄，非但凡圣因果，乃至逆顺善恶同归。若一一悟是自心，则事事无非正理。若上上机人，则一闻千悟，斯皆宿习见解生知。若是中下之根，须凭开导，因他助发，方悟圆成，为此因缘，微细纂集。所以云：“若有一微尘处未了，此犹有无明在，以不了处为障翳故。”何况自身根门之内，日用之中，有无量应急法门，全未明一？如生盲人，每日吃一百味饭，虽然得吃，设问总不知。若欲为未了之人凭何剖析，只成自狂，反堕无知。自眼未开，焉治他目？是以善财首见文殊，已明根本智，入圣智流中，然后遍参道友，为求差别智道，习菩萨行门。遇无厌足国王如幻法门，见胜熟婆罗门无尽轮解脱，尚乃述宗失旨，对境茫然。故知佛法玄微，非浅智所及。何乃将蚊子足，拟穷沧溟之底；用蜘蛛丝，欲悬妙高之山？益抱惭颜，须伸忏悔。是以般若海阔，入之者方悟无边；法性山高，升之者乃知弥峻。

伏自大雄应世，诸圣发扬。至像法初，则有马鸣、龙树等五百论师，大弘至教。及像法中，复有护法、陈那等十大菩萨，广解深经。辩空有之宗，立唯识之理。悉是贤劫千佛，十刹能仁，同酬本愿之怀，共助无缘之化。何乃持萤光而干日驭，捧布鼓而近雷门，不揆寡闻，退惭劣解？牛迹岂将大海齐量；腐草焉与灵椿等荣？今此持论，为成法器，深心好乐大乘之者。如《大宝积经》云：“佛言若有求大利益善男子、善女人，信我教者，时闻如是等甚深法已，应为如理者说，不为不如理者，为信者说，非不信者。”仰唯参玄之士，愿禀佛言；深嘱慕道之贤，同遵祖意。

问：初祖西来，唯传一心之法，迄至今日，云何着于言说，违背自宗？

答：前标宗门中，已唯提大旨。若决定信入，正解无差，则举一例诸言思路绝。窃见今时学者，唯在意思，多着言说。但云心外无法，念念常随境生；唯知口说于空，步步恒游有内。只总举心之名字，微细行相不知。若论无量法门，广说穷劫不尽，今所录者，为成前义，终无别旨，妄有披陈。此一心法门，是凡圣之本，若不先明行相，何以深究根原？故须三量定其是非（三量者：现量、比量、非量），真修匪滥。四分成其体用（四分者：相分、见分、自证分、证自证分），正理无亏。然后十因（随说、观待、牵引、摄受、生起、引发、定异、同事、相违、不相违）、四缘（因缘、次第缘、所缘缘、增上缘），辩染净之生处。三报（谓现报、生报、后报）、五果（异熟、等流、离系、士用、增上），鉴真俗之所归。则能斥小除邪，刬情破执。遂得心境融通，自他交彻，不一不异，触境冥宗，非有非空，随缘合道。若不达三量，真妄何分？若不知四分，体用俱失。故知浪说心之名字，微细行相，懵然不知，终不免心境缘拘，自他见缚。目下狐疑不断，临终津济何凭？所以般若是送神符，临终能令生死无滞。只为盲无智眼，教观不明，从无始以来，不能洞晓，违现量而失自心体，逐比、非而妄认外尘。终日将心取心，以幻缘幻，妄生妄死，空是空非，都不觉知，莫能暂省。今更不信，复待何时？生死海深，匪慧舟而不渡；尘劳网密，非智刃而莫挥。

问：祖佛大意，贵在心行，采义徇文，只益戏论。所以文殊呵阿难云："将闻持佛佛，何不自闻闻。"争如一念还原，深谐遗旨？

答：此为未知者说，不为已知者言。为未行者言，不为已行者说。若已知已行之者，则心迹尚亡，何待言说？今只为初学未知者，己眼不开，圆机未发，须假闻慧，以助初心。为未行者，但执依通，学大乘语，如虫食木，犹奴数钱。乃至尘沙教门，皆为此之二等，因兹见谛，如说而行。且智慧之光，如日普照，多闻之力，犹膏助明。以劣解众生，从无始来，受无量劫洞然之苦，只为迷正信路，失妙慧门，狂乱用心，颠倒行事。何乃盲无智照，翻嫌真实慧光，贫缺法财，更祛多闻宝藏？

如《华严经》云："欲度众生，令住涅槃，不离无障碍解脱智。无障碍解脱智，不离一切法如实觉。一切法如实觉，不离无行无生行慧光。无行无生行慧光，不离禅善巧决定观察智。禅善巧决定观察智，不离善巧多闻。"是以因闻显心，能辩决定观察之禅，因禅发起无行无生之慧,因慧了达诸法如实之觉,因觉圆满无碍解脱之智。斯皆全因最初多闻之力,成就菩提。若离此宗镜,别无成佛之门。设有所修,皆成魔外之法。有慧无多闻,是不知实相。譬如大暗中,有目无所见。多闻无智慧,亦不知实相。譬如大明中,有灯而无目。

夫学般若菩萨,应须三省,若心不动,诸事寂然。如《入楞伽经》偈云:"但有心动转,皆是世俗法,不复起转生,见世是自心。来者是事生,去者是事灭,如实知去来,不复生分别。"又若执经论无益,翻成诸圣虚功,则西土上德声闻,徒劳结集,此方大权菩萨,何假翻经?如抱沉疴之人,不须妙药;似迷险道之者,曷用导师。良医终不救无病之人,导师亦不引识路之者。见与不见,全在心知,行之不行,唯关意密。实不敢以己,妨于上上机人,但一心为报佛恩,依教略而纂录。如漏管中之见,莫测义天;似偷壁罅之光,焉裨法日?今遵慈敕,教有明文,法尔沙门,须具三施。三施之内,法施为先。念念不忘利物,步步与道相应。究竟同归,莫先宗镜。

《法华经》云:"唯此一事实,余二即非真。"若悟自心,即是智城,离愚痴故。

《金刚经》云:"若菩萨心,不住于法而行布施。如人有目,日光明照,见种种色。"是知心目开明,智日普照,光吞万像,法界洞然,岂更有一纤尘而作障翳乎?如是则空心不动,具足六波罗蜜。何者?若不见一尘,则无所取,若无所取,亦无可与,是布施义,是大舍义。故经云:"无可与者,名曰布施。"如是则悭施同伦,取舍平等,不归宗镜,何以裁之?

问:何不依自禅宗,蹑玄学正路,但一切处无着,放旷任缘,无作无修,自然合道?何必拘怀局志,徇义迷文?可谓弃静求喧,厌同好异。

答:近代相承,不看古教,唯专己见,不合圆诠。或称悟而意解情传，设得定而守愚暗证。所以后学讹谬，不禀师承。先圣教中，已一一推破，如云“一切处无着”者，是以阿难悬知末法，皆堕此愚，于楞严会中，示疑起执，无上觉王，以亲诃破。《首楞严经》云：“阿难白佛言：‘世尊！我昔见佛，与大目连、须菩提、富楼那、舍利弗四大弟子，共转法轮，常言觉知分别心性，既不在内，亦不在外，不在中间，俱无所在，一切无着，名之为心。则我无着，名为心否？’佛告阿难：‘汝言觉知分别心性，俱无在者，世间虚空，水陆飞行，诸所物像，名为一切，汝不着者，为在为无？无则同于龟毛兔角，云何不着？有不着者，不可名无。无相则无，非无则相，相有则在，云何无着？是故应知，一切无着，名觉知心，无有是处。’”

又所言放旷任缘者，于圆觉中，犹是四病之数。《圆觉经》云：“善男子！彼善知识，所证妙法，应离四病。云何四病？一者，作病。若复有人，作如是言‘我于本心，作种种行，欲求圆觉’。彼圆觉性，非作得故，说名为病。二者，任病。若复有人，作如是言‘我等今者，不断生死，不求涅槃，涅槃生死，无起灭念，任彼一切，随诸法性，欲求圆觉’。彼圆觉性，非任有故，说名为病。三者，止病。若复有人，作如是言‘我今自心，永息诸念，得一切性，寂然平等，欲求圆觉’。彼圆觉性，非止合故，说名为病。四者，灭病。若复有人，作如是言，‘我今永断一切烦恼，身心毕竟，空无所有，何况根尘？虚妄境界，一切永寂，欲求圆觉’。彼圆觉性，非寂相故，说名为病。离四病者，则知清净。作是观者，名为正观，若他观者，名为邪观。”

如上所说，不唯作无着任缘之解，堕于邪观，乃至起寂然冥合之心，皆存意地。如有学人问忠国师云：“不作意时，得寂然否？”答：“若见寂然，即是作意。”所以意根难出，动静皆落法尘。故知并是执见修禅，说病为法，如蒸沙作饭，缘木求鱼，费力劳功，枉经尘劫。且经中佛语幽玄，则义语非文，不同众生情见粗浮，乃文语非义。又若执任缘无着之事，尽落邪观；得悉檀方便之门，皆成正教。是以药病难辩，取舍俱非。但且直悟自心，自然言思道断，境智齐泯，人法俱空，向众生三业之中，开佛知见，就生死五阴之内，显大菩提，则了义金文，可为绳墨，实地知识，堪作真归。故得智炬增辉，照耀十方之际；心花发艳，荣敷法界之中。如上所述，皆为有心成障，若乃离于妄心，自然合道。

问：本自无心，妄依何起？

答：为不了本自无心，名妄。若知本自无心，即妄无所起，真无所得。

问：何故有心即妄，无心即无妄？

答：以法界性空寂，无主宰故。有心即有主宰，有主宰即有分剂。无心即无主宰，无主宰即无分剂，无分剂即无生死。

问：无心者，为当离心是无心，即心得无心？

答：即心得无心。

问：即心是有心，云何得无心？

答：不坏心相，而无分别。

问：岂不辩知也？

答：即辩知无能所，是无心也。岂浑无用，始是无心？譬如明镜照物，岂有心耶？当知一切众生，恒自无心，心体本来常寂。寂而常用，用而常寂，随境鉴辩，皆是实性自尔，非是有心方始用也。只谓众生，不了自心常寂，妄计有心，心便成境。以即心无心故，心恒是理；即理无理故，理恒是心。理恒是心故，不动心相；心恒是理故，不得心相。不得心相故，即是众生不生；不动心相故，即是佛亦不生。以生佛俱不生故，即凡圣常自平等法界性也。纯一道清净，更无异法。当知但有心分别作解之处，俱是虚妄，犹如梦中。若未全觉，所见纤毫，亦犹是梦中事。但得无心，即同觉后，绝诸境界。但有一微尘可作修证不思议解处，俱不离三界梦中所见。经云："无有少法可得，佛即授记。"

又经云："若有众生，能观一切妄念无相，则为证得如来智慧。"又且无心者，不得作有无情见之解。若将心作无，此即成有；若一切处无心，如土木瓦砾，此成断灭。皆属意根强知妄识边事。是以称不思议定者，以有无情见不及故。

所以《圆觉经》云："有作思维，从有心起，皆是六尘，妄想缘气，非实心体，已如空华。用此思维，辩于佛境，犹如空华，复结空果，展转妄想，无有是处。"

问：既不得作有无之解，如何是正了无心？

答：石虎山前斩，芦花水底沉。

问：前标宗不言法相，云何已下，更用广说事相法门？

答：若不先论其事相之表，何以辩其体性之原？如世间法，未见其海，争识其波？未见其山，宁谙其土？今欲总别双辩，理事具陈。不达事而理非圆，不了理而事奚立。故云理随事现，一多缘起之无边；事得理融，千差涉入而无碍。又从总出别，因别成总。不得别而何成总？不因总而岂称别？则理事总别，一际无差。只为今时，但唯执总滞理，见解不圆。法眼将明而不明，疑心欲断而非断。皆是理事成碍，总别不通。

故四弘誓愿云："法门无边誓愿学，佛道无上誓愿成。"何乃虚掷寸阴，顿违本愿，守愚空坐，辜负四恩？若愚痴人，不分菽麦；似牛羊眼，罔辩方隅。现今对境，尚不圆明，临终遇缘，焉能甄别？直须达事通理，彻果穷因，无一法而不明，无一尘而不照，则见闻莫能惑，境界不能拘。故《法华经》云："佛所成就第一稀有难解之法，唯佛与佛，乃能究尽诸法实相。所谓诸法如是相，如是性，如是体，如是力，如是作，如是因，如是缘，如是果，如是报，如是本末究竟等。”

故知一心实相，悉是诸法。诸法所生，皆从现行善恶熏习。第八识含藏种子为因，发起染净差别报应为果。若不微细剖析，问答抉疑，则何由到一心总别之愿，彻八识性相之际？古德云：“提纲意在张网，不可去网存纲。举领意在着衣，不可弃衣取领。”若只集而不叙，如无纲之网；若只叙而不集，如无网之纲。故知理事双明，方通圆旨；教观齐运，始达一乘。且如等觉菩萨，妙果将圆，却入幻网门，倒学凡夫事，习世间三昧，具工巧神通。今之所宗，且明大旨，须先立后破，以洗情尘。然即破立同时，而无所破。不同权教，定执教相之有门；宁比小乘，唯证析法之空理？今则以别成总，将偏显圆。别成总而一际无差，偏显圆而万法齐旨。开合自在，隐显无方。若执之成万有之疮疣，若定之为四魔（烦恼魔、五阴魔、死魔、天魔）之根蒂。况百法明门，大乘菩萨初地方了。乃至十方诸佛本后二智，俱证俱缘。若不证唯识之性，不成根本智，无成佛之期。若不了唯识之相，不成后得智，缺化他之行。

此唯识百法者，乃是有为无为真俗一切法之性相根本。所以经云：“若不证真如，焉能了诸行？”若不证唯识真如之性，焉能了唯识百法之行相？故云根本智，证百法性；后得智，缘百法相。《大乘起信论》云：“信成就发心，略说有三：一、发正直心，如理正念真如法故；二、发深重心，乐集一切诸善行故；三、发大悲心，愿拔一切众生苦故。”

问：一切众生，一切诸法，皆同一法界，无有二相，据理但应正念真如，何假复修一切善行，教一切众生？

答：不然。如摩尼宝，本性明洁，在矿秽中，假使有人勤加忆念，而不作方便，不施功力，欲求清净，终不可得。真如之法，亦复如是。体虽明洁，具足功德，而被无边客尘所染。假使有人勤加忆念，而不作方便，不修诸行，欲求清净，终无得理。是故要当集一切善行，救一切众生，离彼无边客尘垢染，显现真法。

如《首楞严经》云："幻妄称相，其性真为妙觉明体。"是以若偏执相而成妄，定据性而沉空。今则性相融通，真妄交彻，不堕断常之见，能成无尽之宗。故知若欲深达法愿，妙穷佛旨者，非上智而莫及，岂下机而能通？所以《法华经》偈云："如是大果报，种种性相义，我及十方佛，乃能知是事。"

又《华严经》云："佛子！譬如金师，善巧炼金，数入火，转转明净，调柔成就，随意堪用。菩萨亦复如是，供养诸佛，教化众生，皆为修行清净地法，所有善根，悉以回向一切智地，转转明净，调柔成就，随意堪用。"然虽万行磨炼，皆是自法所行。如先德云："一切佛事，无边化门，皆依自法融转而行。"即自心中有真如体大，今日体解，引出法身。由心中有真如相大，今日了达，引出报身。由心中有真如用大，今日修行，引出化身。乃至十波罗蜜一切尘沙万行，但是自心中引出，未曾心外得一法，行一行。若言更有从外新得者，即是魔王外道说。

夫欲显正宗，先除邪执。《百法钞》云："破邪执者，即二边之邪执。"总有三种二边：第一，外道断常二边。如有外道一向执常，即四遍常论等是，此即常见边；又有外道一向执断，即七断灭论是，此即断见边。第二，小乘假实二边。或有小乘一向执假，即一说部等，执一切法但有假名，而无实体，即是着假边；又有小乘一向执实，即萨婆多及犊子部等，执诸法皆实，即是着实边。第三，大小乘空有二边。即小乘有部等，执心外有法，是着有边；大乘清辩菩萨等，拨菩提涅槃悉无，即是着空边。显中道者有二：一、假施设中道；二、真实中道。真实中道有三：一者，能证净分依他，是其妙有，智起惑尽，名曰真空。妙有真空，正处中道。二者，能证有为，是其妙有，所证真理，名曰真空。妙有真空，正处中道。三者，唯于法身上说本来实性，名为妙有，即此实性，便是真空。妙有真空，正处中道。

二、假施设中道者，即佛于后得智中，而假施设。亦有三种：

一者，不断不常中道。谓佛经中，说有异熟识为总报主，此阴才灭，彼阴便生，即是不断；又说生灭不定，名曰无常，即是不常。不断不常，正处中道。此破外道，断常二边。二者，不假不实中道者。谓佛经中，说一切色心从种而生者，即是不假；依此分位，或有相形，即是不实。称实而谈，正处中道，此破小乘假实二边。三者，不有不无中道。谓经说我法遍计，即是不有；依圆妙有，即是不无。离有离无，正处中道，此破大小乘空有二边。

是以欲执二边之情，即背中道之理；才作四句之解，便失一乘之门。须知非离边有中，亦非即边是中。若离边求中，则边见未泯；若即边是中，中解犹存。是以难解难知，唯深般若。执之如大火聚，四边不可触之；了之若清凉池，诸门皆可入矣！故知法无定相，回转随心，执即成非，达之无咎。如四句法，通塞由人。在法名四句，悟入名四门，妄计名四执，毁法名四谤。是知四句不动，得失空生；一法无差，升沉自异。

又《唯心诀》破一百二十种邪见云："或和神养气而保自然。或苦质摧形而为至道。或执无着而椿立前境。或求静虑而伏捺妄心。或刬情灭法以凝空。或附影缘尘而抱相。或丧灵愿之真照。或殒佛种之正因。或纯识凝神，受报于无情之地。或澄心泯色，住果于八难之天。或着有而守乾城。或拨无而同兔角。或绝见而居暗室。或立照而存所知。或认有觉，是真佛之形。或效无知，同木石之类。或执妄取究竟之果，如即泥是瓶。或妄缘趣解脱之门，似拨波求水。或外骋而妄兴梦事。或内守而端居抱愚。或宗一而物像同如。或见异而各立法界。或守愚痴，无分别而为大道。或尚空见，排善恶而作真修。或解不思议性作预空。或体真善妙色为实有。或修沉机绝想，同有漏之天。或学觉观思维，堕情量之域。或不穷妄性，作冥初之解。或昧于幻体，立空无之宗。或认影像而为真。或舍虚妄而求实。或铭见闻性为活物。或指幻化境作无情。或起意而乖寂知。或断念而亏佛用。或迷性功德，而起色身之见。或据毕竟空，而生断灭之心。或执大理而顿弃庄严。或迷渐说而一向造作。或据体离缘而坚我执。或忘泯一切而守己愚。或定人法自尔,而堕无因。或执境智和合,而生共见。或执心境混同,乱能所之法。或着分别真俗,缚智障之愚。或守一如不变而堕常。或定四相所迁而沉断。或执无修而祛圣位。或言有证而背天真。或耽依正而随世轮回。或厌生死而丧真解脱。或迷真空而崇因着果。或昧实际而欣佛厌魔。或着随宜所说,而守语为真。或失音声实相,而离言求默。或宗教乘而毁自性之定。或弘禅观而斥了义之诠。或翾奇特而但愿出身,俄沉识海。或作净洁而唯求玄密,反堕阴城。或起殊胜知解,而剜肉为疮。或住本性清净而执药成病。或寻文采义而饮客水。或守静居闲而坐法尘。或起有得心,谈无相大乘。或运图度想,探物外玄旨。或废说起绝言之见。或存诠招执指之机。或认动用而处生灭根愿。或专记忆而住识相边际。或安排失圆觉之性。或从任亏八道之门。或起身心精进而滞有为。或守任真无事,而沉慧缚。或专系念勤思,而失于正受。或效无碍自在,而放舍修行。或随结使而恃本性空。或执缠盖而妄加除断。或保重而生法爱。或轻慢而毁佛因。或进求而乖本心。或退堕而成放逸。或语证相违而亏实地。或体用各据而乖佛乘。或欣寂而住空,失大悲之性。或泯缘而厌假,违法尔之门。或着我见而昧人空。或迷现量而坚法执。或解不兼信而滋邪见。或信不兼解而长无明。或云人是而法非。或称境深而智浅。或取而迷法性。或舍而乖即真。或离而违因。或即而亡果。或非而谤实。或是而毁权。或恶无明而背不动智门。或憎异境而坏法性三昧。或据同理而起增上慢。或贬别相而破方便门。或是菩提而谤正法轮。或非众生而毁真佛体。或着本智而非权慧。或迷正宗而执化门。或滞理溺无为之坑。或执事投虚幻之网。或绝边泯迹,违双照之门。或保正存中,失方便之意。或定慧偏习而焦烂道芽。或行愿孤兴而沉埋佛道。或作无作行,修有为菩提。或着无着心,学相似般若。或趣净相而迷垢实性。或住正位而失俗本空。

或立无相观而障翳真如。或起了知心而违背法性。或守真诠而生语见，服甘露而早终。或敦圆理而起着心，饮醍醐而成毒。”

以上略标一百二十种邪见，并是迷宗失旨，背湛乖真，捏目生华，迷头认影。若敲冰而索火，如缘木以求鱼。畏影逃空，扪风捉电。苦非甘种，沙岂饭因？皆不能以法性融通，一旨和会。尽迷方便，悉入见缠；不达正宗，皆投见网。所以天魔外道，本无其种，修行失念，遂派其愿。故知但有所重所依，立知立解，丝毫见处不亡，皆成外道。

如《华严论》云：“见在即凡，情亡即佛。”祖师云：“不用求真，唯须息见。”《法华经》云：“此法非思量分别之所能解。”

是以若实悟宗之人，尚不得无见无解，岂可更随言执意，而起有见有解乎？

《佛藏经》云：“佛言：‘一切诸见，皆从虚妄缘起。舍利弗！若作是念，此是正见，是人即是邪见。舍利弗！于圣法中，拔断一切诸见根本，悉断一切诸语言道。如虚空中，手无触碍，诸沙门法，皆应如是。’”又云：“佛言：‘舍利弗！诸佛阿耨多罗三藐三菩提，唯是一义，所谓离也。何等为离？离诸欲诸见。欲者即是无明，见者即是忆念。何以故？一切诸法，忆念为本，所有念想，即为是见，见即是邪。’”是以若能离见，即成诸佛，十方稽首，万类归依。如《中观论》云：“瞿昙大圣主，怜愍说是法，悉断一切见，我今稽首礼。”

若入宗镜，正解分明，体用相舍，心境交涉。空具德而彻万有之表，事无碍而全一理之中。又若究竟欲免断常边邪之见，须明《华严》六相义门，则能任法施为，自亡能所，随缘动寂，不坏有无，具大总持，究竟无过矣！此六相义，是辩世间法自在无碍，正显缘起无分别理。若善见者，得智总持门，不堕诸见。不可废一取一，双立双亡。虽总同时，繁兴不有；纵各具别，冥寂非无。不可以有心知，不可以无心会。详法界内，无总别之文；就果海中，绝成坏之旨。今依因门智照，古德略以喻明。六相义者：一、总相,二、别相,三、同相,四、异相,五、成相,六、坏相。总相者,譬如一舍,是总相。椽等,是别相。椽等诸缘,和同作舍,各不相违,非作余物,故名同相。椽等诸缘,递互相望,一一不同,名异相。椽等诸缘,一多相成,名成相。椽等诸缘,各住自法本不作故,名坏相。又椽即是舍,为椽独能作舍,若离椽舍即全不成故,若得椽时即得舍故。所以椽非是少力共成,皆是全力故。舍既即是椽,余瓦木等,总并是椽。若却椽即舍无故。舍坏,故不名瓦木等,是故瓦木等,即是此椽也。若不即椽者,舍即不成,椽瓦木等皆不成。今既并成,故知相即耳。椽即瓦木等,一椽既尔,余一切缘例然。是故一切缘起法不成,即已成也。别相者,椽等诸缘,别于总故。若不别者,总义不成。由无别时,即无总故,以因别而得总故。是故别者,以总为别也。如椽即舍故,名总相;即是椽故,名别相。若不即舍,不是椽;若不即椽,不是舍。例如若不即总,不名别;若不即别,不名总。

是故真如一心为总相,能摄世出世间一切法故。约摄诸法得总名,能生诸缘成别号,法法皆齐为同相,随相不等称异门,建立境界故称成,不动自位而为坏。又云:"一、总相者,一合多德故;二、别相者,多德非一故;三、同相者,多义不相违故;四、异相者,多义不相似故;五、成相者,由此诸义缘起成故;六、坏相者,诸缘各住自性,不移动故。"此上六相义门,是菩萨初地中观,通世间一切法门。能入法界之宗,不堕断常之见。若一向别,逐行位而乖宗;若一向同,失进修而堕寂。所以位位即佛,阶降宛然;重重炼磨,本位不动。斯则同异俱济,理事不亏,因果无差,迷悟全别。欲论大旨,六相还同梦里渡河;若约正宗,十地犹如空中鸟迹。若约圆修,断惑对治,习气非无,理行相资,缺一不可。是以文殊以理印行,差别之道无亏;普贤以行会理,根本之门不废。如上微细择见真实识心,可谓教观相应,境智冥合,正助齐运,目足更资。则定可以继先德之遗徽,绍觉王之后裔矣!

卷十一

问:夫言正唯识义,约有几种识?

答:经论通辩,有八种识:一、眼识,二、耳识,三、鼻识,四、舌识,五、身识,六、意识,七、末那识,八、阿赖耶识。

问:此八种识,行相如何?

答:经论成立,自有明文。此八种识,具三能变:一、异熟能变,即第八识;二、思量能变,即第七识;三、了别能变,即前六识。《唯识论》云:"识所变相,虽无量种,而能变识,类别唯三:一、谓异熟,即第八识,多异熟性故;二、谓思量,即第七识,恒审思量故;三、谓了境,即前六识,了境粗相故。"论颂曰:"初阿赖耶识,异熟一切种,不可知执受,处了常兴触,作意受想思,相应唯舍受,是无覆无记,触等亦如是,恒转如瀑流,阿罗汉位舍。"初能变识,大小乘教名阿赖耶。此识有能藏、所藏、执藏意故,谓与杂染互为缘故,有情执为自内我故。

问:佛种从缘起者,即是熏习义,约法报化三身中,是何佛种从缘起?

答:是报身佛,由熏成故,以智为种。法身是无为断惑所显,不从种子生。以法报具足,能起化现,即化身是法报之用。唯报佛性,即是一切众生闻熏种子。且如世间甘露叶上,雾露润湿,滴入土中,一滴成一连珠,又更湿润,生长芽茎。报佛性亦尔。我等第六识见分,及耳识见分,如同甘露叶;如来大乘教法,如似雾露;耳识第六识熏得大乘种子,似润湿;落在第八识中,如入土中生得连珠;后数资熏,至成自受用报身,似更遇湿润生起芽茎。故知佛种全自熏成。

初学之人，争不仗于闻法之力？且众生虽有正因性，须假缘因发起。如《大智度论》云："如经中说二因缘，发起正见：一者，外闻正法；二者，内有正念。"又如草木内有种子，外有雨泽，然后得生。若无菩萨，众生虽有业因缘，无由发起。然欲弘扬佛法，剖析圆宗，应须性相双明，总别俱辩。故《法华经》偈云："如是大果报，种种性相义，我及十方佛，乃能知是事。"

今《宗镜》本意，要理事分明，方显一心体用具足。若有体而无用，如有身而无手足，若有用而无体，如有手足而无身。若无身手，人相不具；若无体用，法身不圆。《释摩诃衍论》云："自性清净，无漏性德，从无始来，一向明白，亦无垢累，亦无染污，而以无明而熏习故，即有垢累。无明藏海，从无始来，一向暗黑，亦无智明，亦无白品，而以本觉而熏习故，即有净用。"如是染净，但是假立。染非实染，净非实净，皆是幻化，无实自性。故知染净无体，随熏所成。若离熏习之缘，决定无法可得。若无第八识所熏之体，万法不成。以前众多义门，成就唯识，即知无有一法，不从心化生。随善恶以熏成，因修习而为种。似裹香之纸，染芬馥以腾馨；如系鱼之绳，近腥膻而作气。况异熟本识，坚住真心，闻善法熏，则净种子增长，因恶法发，则染种子圆成。是以内则为因，虽然本有，外为缘助，须仗新熏，遂能起果酬因，为凡作圣。故经云："佛种从缘起。"故知无法不熏成。是以多闻熏习之功，须亲道友；积学炼磨之力，全在当人。不可虚度时光，不勤妙行。如木中火性，是火正因，未遇人工，不成火用。如身中佛性，是佛正因，不偶净缘，难成妙用。

问：*心识无形无对，云何说受熏之义？*

答：经明若熏若变，俱不思议。约随缘鼓动，彰熏变之相。以根本无明熏本觉时，即本觉随动，故说为熏。又本觉之体，理虽不变，由随缘故，故说为变。虽然熏变，染而不染。虽不熏变，不染而染。莫可以心意测，故云不思议熏。靡可以文句诠，故云不思议变。

问：阿赖耶识若常，则无转变；若断，则不相续。如何会通得合正理？

答：不一不异，非断非常，方契因缘唯识正理。《识论》云："此识非断非常，以恒转故。恒，谓此识无始时来，一类相续，常无间断。是界趣生，施设本故。性坚持种，令不失故。转，谓此识无始时来，念念生灭，前后变异；因灭果生，非常一故。可为转识，熏成种故。恒言遮断，转表非常，犹如瀑流，因果法尔。"

谓此识性，无始时来刹那刹那，果生因灭。果生故非断，因灭故非常。非断非常，是缘起理。故说此识，恒转如流。

问：此识既云恒转如流，定有生灭去来否？

答：此识不守自性，随缘变时，似有流转，而实无生灭，亦非去来。如湛水起沤，沤全是水；花生空界，花全是空。识性未尝去来，虚空何曾生灭？

又心无处所，实无来去，昔所行处，了了知见。性自虚通，体无去住，不用除灭此心。若识此心，本是佛体不须怕。今有不识心人，将此为妄，终日除灭，亦不可得灭。纵令得灭，证声闻果，亦非究竟。只如过去诸佛恒沙劫事，见如今日。真如之性，灵通自在，照用无方，不可同无情物。佛性是生气物，不可兀尔无知，但无心量种种施为，如幻如化。如机关木人，毕竟无有心量，于一切处，无执系，无住着，无所求，于一切时中，更无一法可得。

问：此阿赖耶识，既为一切法因，又称引果，只如因果之法，为真实有，为假施设？

答：皆从识变，是假施设。论云："谓此正理，深妙离言，因果等言，皆假施设。观现在法有引后用，假立当果，对说现因。观现在法有酬前相,假立曾因,对说现果。假,谓现识似彼相现。如是因果,理趣显然,远离二边,契会中道,诸有智者,应顺修学。”释云:今明诸法自相离言,谓观三世,惟有现法。观此现法,有能引生当果之用,当果虽无,而现在法有引彼用。用者,功能;行者,寻见现法之上,有此功用,观此法果,遂心变作未来之相。此似未来,实是现在。即假说此所变未来,名为当果。对此假当有之果,而说现在法为因。此未来果,即观现在法功能而假变也。其因亦尔。观此现法有酬前之相,即异熟变相等。观此所从生处,而能变为过去,实非过去,而是现在。假说所变为现在,即对此假,曾有过去因,而说现在为果。而实所观,非因非不因,非果非不果。且如于因,性离言故,非实有因,有功能故,非定不因。果亦如是。

问:此第八识,为定是真,是假?

答:是真,是假,不可定执。《首楞严经》云:“陀那微细识,习气成瀑流,真非真恐迷,我常不开演。”释曰:梵语阿陀那者,此云执持识。此识体净,被无明熏习,水乳难分,唯佛能了。以不觉妄染故,则为习气,变起前之七识瀑流波浪,鼓成生死海。若大觉顿了故,则为无漏净识,执持不断,尽未来际,作大佛事,能成智慧海。“真非真恐迷”者,佛意我若一向说真,则众生不复进修,堕增上慢,以不染而染,非无客尘垢故。

又外道执此识为我,若言即是佛性真我,则扶其邪执,有滥真修。我若一向说不真,则众生又于自身拨无,生断见故,无成佛之期。是以对凡夫二乘前,不定开演,恐生迷倒,不达如来密旨。以此根本识,微细难知故。

问:此第八识于真俗二谛中,俱建立否?

答:染净之本,真俗俱存。不达真异熟,正唯识人;多执俗有真无,强生异见。不知诸佛密意,执遣相空理以为究竟。此乃破遍计情执,是护过遮诠。便拨依他、圆成,悉作空花之相。若无依圆，本识及一切法，皆则无体，既非实有，成大邪见。

论云："外道毁谤染净因果，亦不谓全无，但执非实故。"若一切皆非实有，菩萨不应为不舍生死，精勤修集菩提资粮。谁有智者，为除幻敌，求石女儿，用为军旅？故应信有能持种心，依之建立染净因果。彼心即是此第八识。

所以经云："深信大乘，不谤因果。"但真谛中，以一切法不可得故，言语道断故，心智路绝故，或言一切法空。此是第一义空，不可得空，非是外道断空，小乘但空等。不可起龟毛兔角之心，执蛇足盐香之见。

问：受生命终，既依本识，生时死时，复住何心？

答：夫论生灭之事，必住散动之心。经云："有念即魔网，不动即法印。"魔网立生死之道，法印成涅槃之门。故知散乱寂静二途，皆依本识而有。

问：一切有情，皆依食住，即是第八识食，约有几种，行相如何？

答：《识论》云："经说食有四种：一者，段食，变坏为相。谓欲界系，香、味、触三，于变坏时能为食事。由此色处，非段食摄，以变坏时色无用故。二者，触食，触境为相。谓有漏触才取境时，摄受喜等能为食事。此触虽兴诸识相应，属六识者食义偏胜，触粗显境，摄受喜乐及顺益舍，资养胜故。三者，意思食，希望为相。谓有漏思与欲俱转，希可爱境能为食事。此思虽与诸识相应，属意识者食义偏胜，意识于境希望胜故。四者，识食，执持为相。谓有漏识，由段触思势力增长，能为食事。此识虽通诸识自体而第八识食义偏胜，一类相续执持胜故。"此四能持有情身命，令不坏断，故名为食。段食唯于欲界有用。触、意思食虽遍三界，而依识转，随识有无。眼等转识有间有转，非遍恒时能持身命，谓无心定。熟眠闷绝，无想天中，有间断故。设有心位，随所依缘，性界地等有转易故。于持身命，非遍非恒，乃至由此定知异诸转识，有异熟识,一类恒遍,执持身命令不断坏。世尊依此故作是言“一切有情皆依食住”。

《增一经》云:“世尊告阿那律曰:‘一切诸法,由食而住。在眼以眠为食,耳以声为食,鼻以香为食,舌以味为食,身以细滑为食,意以法为食,涅槃以无放逸为食。’尔时佛告诸比丘如此妙法。夫饮食有九事。人间有四食:一、段食,二、更乐食,三、念食,四、识食。复有五种是出世间食:一、禅食,二、愿食,三、念食,四、八解脱食,五、喜食。是出世间之表。当共专念,舍除四种之食,求办出世之食。”所以《维摩经》云:“迦叶住平等法,应次行乞食。为不食故,应行乞食。为坏和合相故,应取抟食。为不受故,应受彼食。斯皆是破五阴法,成涅槃食。”

问:住灭定者,于八识中,灭何等识?

答:但灭六识,以第八识持身故。论云:“契经说住灭定者,身、语、心、行无不皆灭,而寿不灭,亦不离暖,根无变坏,识不离身。若无此识,住灭定者,不离身识,不应有故。”

问:小乘入灭尽定,云何不能现其威仪?

答:小乘是事灭,大乘是理灭。如《清凉疏》云:“一切法灭尽三昧智通者,谓五聚之法,皆当体寂灭故。”斯即理灭。不同余宗灭定,但明事灭,唯灭六七心心所法,不灭第八等。但事灭故,不能即定而用。证理灭故,定散无碍。由即事而理,故不碍灭;即理而事,故不碍用。是以经云“虽念念入,而不废菩萨道”等,亦非心定而身起用,亦不独明定散双绝,但是事理无碍。故七地中云:“虽行实际,而不作证,能念念入,亦念念起。”及《净名经》云:“不起灭定,现诸威仪。”皆斯义也。又古师云:“若大乘灭定,由具五蕴,有第八识,及第七净分末那平等性智在,而能引起种种威仪。小乘唯有色、行二蕴,前六识已灭。以小乘所现威仪事,须意识始能引起,既无意识,则无运用之功,与大乘有异。”以上犹是约行相分别。若就理而论,威仪即定,定即威仪,以色心其已久如故。

问:识种即是命根者,以何义为根?

答:论云:"然依亲生此识种子,由业所引功能差别,住时决定,假立命根。以此种子为业力故,有持一报之身,功能差别,令得决定。若此种子无此功能,身便烂坏。"

故种子为命根。余现行色心等非命根,不恒续故,非业所引故。然业正牵时,唯牵此种子。种子方能造生现行,非谓现行名命根。故唯种是根。又夫命根者,依心假立,命为能依,心为所依,命之依心,如情之依心矣。

问:《净名经》云:"从无住本,立一切法。"无住本,即阿赖耶识。云何说此识为一切法本?

答:此识建立有情无情,发生染法净法。若有知有觉,则众生界起;若无想无虑,则国土缘生。因染法而六趣回旋,随净法而四圣阶降。可谓凡圣之本,身器之由。了此识原,何法非悟?证斯心性,何境不真?可谓绝学之门,栖神之地矣!

问:至圣垂慈,觉王应迹,以广长之舌相,出诚实之微言。于无名相中,布难思之教海;以假名相说,演无尽之义宗。且如第八识心,本无名相,随位立号,因执得名,至何位次之中,而舍虚假之称?

答:《唯识论》云:"第八识,虽诸有情皆悉成就,而随义别,立种种名。谓或名心,由种种法熏习种子,所积集故。或名阿陀那,执持种子及诸色根而不坏故。或名所知依,能与染净所知诸法,为依止故。或名种子识,能遍住持世出世间法种子故。此等诸名,通一切位。或名阿赖耶识,藏一切杂染品法,令不失故,我见等执藏,以为自内我故。此名唯在异生有学,非无学位,不退菩萨,有杂染法执藏义故。或名异熟,能引生死善不善业异熟果故。此名唯在异生二乘,诸菩萨位,非如来地,犹有异熟无记法故。或名无垢识，最极清净诸无漏法，所依止故。此名唯在如来地有，菩萨、二乘及异生位，持有漏种可受熏习，未得善净第八识故。”如契经偈说：“如来无垢识，是净无漏界，解脱一切障，圆镜智相应。”阿赖耶识名，过失重故，最初舍故。此中偏说，异熟识体，菩萨将得菩提时舍。声闻独觉，八无余依涅槃时舍，无垢识体，无有舍时。利乐有情无尽时故，心等通故。随义应说。

天台《净名疏》云：“一法异名者，诸经异名。说真性实相，或言一实谛，或言自性清净心，或言如来藏，或言如如，或言实际，或言实相般若，或言一乘，或言即是首楞严，或言法性，或言法身，或言中道，或言毕竟空，或言正因佛性，性净涅槃。”如是等种种异名，此皆是“实相”之异称。故《大智论》偈云：“般若是一法，佛说种种名，随诸众生类，为之立异字。”《大涅槃经》云：“如天帝释，有千种名，解脱亦尔，多诸名字。”又云：“佛性者，有五种名故，皆是赴机利物，为立异名也。而法体是一，未曾有异。”如帝释千名，名虽不同，终是目于天主。岂有闻异名故，而言非实相理？如人供养帝释，毁憍师迦，供养憍师迦，毁于帝释，如此供养，未必得福。末代弘法者亦尔。或信赖耶自性清净心，而毁毕竟空；或信毕竟空无所有，毁赖耶识自性清净心；或言般若明实相，法华明一乘，皆非佛性。此之求福，岂不虑祸？若知名异体一，则随喜之善遍于法界，何所诤乎？

问：因相立名，因名显相，名已广辩，识相如何？

答：诠表呼召，目之为名。行状可观，号之曰相。第六分别事识是名，取境染心是相。第七现识是名，无明熏妄心是相。第八藏识是名，心清净是相。第九真识是名，体性不改是相。斯皆是无名之名，无相之相。何者？以名相不出心境故。是以心无自性，因境而生，境无自性，因心而有。则张心，无心外之境；张境，无境外之心。若互夺两亡，心境俱泯。若相资并立，心境宛然。此乃无性而空，空而不空；无性而有，有而不有。不有之有，有显一如;不空之空,空成万德。可谓摧万有于性空,荡一无于毕竟矣!

问:诸心识中,何识坚牢,不为诸缘之所飘动?

答:世间无有一法不从缘生。缘生之法,悉皆无常。唯有根本心,不从前际生,不从中际住,不于后际灭,实为万有之根基,诸佛之住处。是以喻之如镜,可以精鉴妍丑,深洞玄微;仰之为宗,犹乎巨浸纳川,太虚含像。《密严经》云:"心有八种,或复有九,与无明俱,为世间因。世间悉是心心法现。是心心法,及以诸根,生灭流转,为无明等之所变异。其根本心,坚固不动。世间因缘,有十二分。若根若境,能生所生,刹那坏灭。从于梵世,至非非想,皆因缘起。唯有如来,离诸因缘。内外世间,动不动法,皆如瓶等,坏灭为性。"

又颂云:"汝等诸佛子,云何不见闻?藏识体清净,众身所依止。或具三十二,佛相及轮王,或为种种形,世间皆悉见。譬如净空月,众星所环绕,诸识阿赖耶,如是身中住。譬如欲天主,侍卫游宝宫,江海等诸神,水中而自在。藏识处于世,当知亦复然,如地生众物,是心多所现。譬如日天子,赫奕乘宝宫,旋绕须弥山,周流照天下。诸天世人等,见之而礼敬,藏识佛地中,其相亦如是。十地行众行,显发大乘法,普与众生乐,常赞于如来。在于菩萨身,是即名菩萨,佛与诸菩萨,皆是赖耶名。佛及诸佛子,已受当受记,广大阿赖耶,而成于正觉。密严诸定者,与妙定相应,能于阿赖耶,明了而观见。佛及辟支佛,声闻诸异道,见理无怯人,所观皆此识。种种诸识境,皆从心所变,瓶衣等众物,如是性皆无,悉依阿赖耶。众生迷惑见,以诸习气故,所取能取转。此性非如幻,阳焰及毛轮,非生非不生,非空亦非有。譬如长短等,离一即皆无。智者观幻事,此皆唯幻术,未曾有一物,与幻而同起。幻焰及毛轮,和合而可见,离一无和合,过未亦非有。幻事毛轮等,在在诸物相,此皆心变异,无体亦无名。世中迷惑人,其心不自在，妄说有能幻，幻成种种物。幻师砖瓦等，所作众物类，种种若去来，此见皆非实。如铁因磁石，所向而转移，藏识亦如是，随于分别转。一切诸世间，无处不周遍，如日摩尼宝，无思及分别。此识遍诸处，见之谓流转，不死亦不生，本非流转法。定者勤观察，生死犹如梦，是时即转依，说名为解脱。此即是诸佛，最上之教理，审量一切法，如秤如明镜。又如大明灯，亦如试金石，远离于断灭，正道之标相。修行妙定者，至解脱之因，永离诸杂染，转依而显现。”

问：本识与诸识和合，同起同灭，至转依位，诸烦恼识灭，唯本识在。如何分别灭不灭之异？

答：《摄大乘论》云：“若本识与非本识，共起共灭，犹如水乳和合，云何本识不灭，非本识灭？譬如于水，鹅所饮乳。”释云：譬如水乳虽和合，鹅饮之时，唯饮乳，不饮水，故乳虽尽，而水不竭。本识与非本识亦尔。虽复和合，而一灭一在。

问：此根本识心，既称为一切法体，又云常住不动，只如万法，即此心有，离此心有。若即此心，万法迁变，此心云何称为常住？若离此心，复云何得为一切法体？

答：开合随缘，非即非离。以缘会故合，以缘散故开。开合但缘，卷舒无体；缘但开合，缘亦本空。彼此无知，能所俱寂。《密严经》偈云：“譬如金石等，本来无水相，与火共和合，若水而流动。藏识亦如是，体非流转法，诸识共相应，与法同流转。如铁因磁石，周延而转移，二俱无有思，状若有思觉。赖耶与七识，当知亦复然，习绳之所系，无人而若有。普遍众生身，周行诸阴趣，如铁与磁石，辗转不相知。”

问：若不立此第八识，有何等过？

答：有大过失。一切染净法不成，俱无因故。《识论》云：“若无此识持烦恼种，界地往还无染心后诸烦恼起，皆应无因，余法不能持彼种故。”若诸烦恼无因而生，则无三乘学无学果，诸已断者皆应起故。又若无此识持世出世清净道种，异类心后，起彼净法，皆应无因。又出世道初不应生，无法持彼法尔种故。初不生故，后亦不生。是则应无三乘道果。若无此识持烦恼种，转依断果，亦不得成。谓道起时，现行烦恼，及彼种子，俱非有故。染净二心不俱起故。道相应心不持彼种，自性相违，如涅槃故。余法持种，理不成就。既无所断，能断亦无，依谁由谁而立断果。若由道力，后惑不生，立断果者，则初道起，应成无学，后诸烦恼，皆已无因，永不生故。许有此识，一切皆成。唯此能持染净种故。证此识有，理趣无边，恐厌繁文，略述纲要。则有此识，教理显然，诸有智人，应深信受。

实际理地，不受一尘；佛事门中，不舍一法。若欲学诸佛方便，须具菩萨遍行，一一洞明，方成大化。如上广引藏识之文，祖佛所明，经论共立，第八本识，真如一心，广大无边，体性微细。显心原而无外，包性相以该通。擅持种之名，作总报之主，建有情之体，立涅槃之因。居初位而总号赖耶，处极果而唯称无垢。备本后之智地，成自他之利门。随有执无执而立多名，据染缘净缘而作众体。孕一切而如太虚包纳，现万法而似大地发生。则何法不收，无门不入。

但以迷一真之解，作第二之观。初因觉明能了之心，发起内外尘劳之相。于一圆湛，析出根尘。聚内四大为身，分外四大为境。内以识情为垢，外因想相成尘。无念而境观一如，有想而真成万别。若能心融法界，境豁真空，幻翳全消，一道明现，可谓裂迷途之致网，抽觉户之重关，惘梦醒而大觉常明，狂性歇而本头自现。

夫第二能变识者，《识论》颂云：“次第二能变，是识名末那，依彼转缘彼，思量为性相。四烦恼常俱，谓我痴我见，并我慢我爱，及余触等俱。有覆无记摄，随所生所系，阿罗汉灭定，出世道无有。”乃至应知此意,但缘藏识见分。非余,彼无始来,一类相续,似常似一故,恒与诸法为所依故,此唯执彼为自内我故。

问:此第七识,云何离眼等识,别有自体?出何经文?

答:论云:“圣教正理,为定量故。谓薄伽梵处处经中,说心、意、识三种别义。集起名心,思量名意,了别名识,是三别义。如是三义,虽通八识,而随胜显。第八名心,集诸法种,起诸法故。第七名意,缘藏识等,恒审思量为我等故。余六名识,于六别境,粗动间断,了别转故。如《入楞伽》颂说:‘藏识说名心,思量性名意,能了诸境相,是说名为识。’”释云:虽通八识,皆名心、意、识而随胜显。第八名心,为一切现行熏集诸法种,现行为依,种子识为因,能生一切法故,是起诸法。第七名意者,因中有漏,唯缘于境无漏,缘第八及真如,果上许缘一切法故。余六识名识,于六别境体是粗动,有间断法,了别转故。易了名粗,转易名动,不续名间,各有此胜,各别得名。

又论云:“谓契经说,不共无明,微细恒行,覆蔽真实,若无此识,彼应非有。谓诸异生,于一切分,恒起迷理不共无明,覆真实义,障胜慧眼。如有颂说:‘真义心当生,常时为障碍,俱行一切分,谓不共无明。’是故契经说异生类,恒处长夜无明所蒙,惛醉缠心,会无醒觉。若异生位,有暂不起,此无明时,便违经义。谓异生位,迷理无明,有行不行,不应理故。此依六识皆不得成,应此间断,彼恒缘故。许有末那,便无此失。”

问:若无末那,有何等过?

答:若无第七,则无凡可厌,无圣可欣,凡圣不成,染净俱失。论云:“是故定应别有此意。又契经说:‘无想有情,一期生中,心心所灭。若无此识,彼应无染。’谓彼长时无六转识,若无此意,我执便无。乃至故应别有染污末那,于无想天,恒起我执,由斯贤圣,同诃厌彼。又契经说:‘异生善染无记心识,恒带我执,若无此识,彼不应有。'谓异生类,三性心时,虽外起诸业,而内恒执我。由执我故,令六识中所起施等,不能亡相。故《瑜伽》说:'染污末那,为识依止,彼未灭时,相了别缚,不得解脱。末那灭已,相缚解脱。'言相缚者,谓于境相不能了达如幻事等,由斯见分、相分所拘,不得自在,故名相缚。依如是义,有伽陀言:'如是染污意,是识之所依,此意未灭时,识缚终不脱。'"

释云:"于无想天,恒起我执,由斯贤圣,同诃厌彼"者,有第七于彼起我执,是异生故,出定以后,复沉生死,起诸烦恼,圣贤诃彼。若无第七,不应诃彼,无过失果。"由执我故,令六识中所起施等,不能亡相"者,此我外缘,行相粗动,非第七起。由第七故,第六起此,至由七生,增明为论。第六识中,我执体有间断,通三性心,间杂生故。第七不缘外境生故。

以上略录,第七末那,诸教同诠,群贤共释。创入道者,此意须明。是起凡圣之因,宜穷体性;乃立解惑之本,可究根原。迷之则为人法执之愚,悟之则成平等性之智。于诸识内,独得意名。向有漏中,作无明主。不间不断,无想定治而不消;常审常恒,四空天避而还起。虽有覆而无记,不外执而内缘。常起现行,能蔽真而障道;唯称不共,但成染而润生。是以欲透尘劳,须知要径,将施妙药,先候病原。若细意推寻,冥心体察,则何尘而不出?何病而不消?断惑之门,斯为要矣!

第三能变者,《唯识论》颂云:"次第三能变,差别有六种,了境为性相,善不善俱非。"此三能变,是了别境识。自证分是了别性。见分是了别相。

《识论》云:"随六根境,种类异故,或名色识,乃至法识,随境立名,顺识义故。"谓于六境,了别名识。色等五识,唯了色等。法识通能了一切法。

问:于眼等六识中,有几分别?

答:略有三种:一、自性分别,唯缘现在所缘诸行,自相行分别。所缘行,即五尘也。自相行,如色以青为行相,眼识缘时,亦运作青行相,名自行。又自相,即能缘行,简共相行。如缘青时,即缘黄不着。二、随念分别,于昔会所受诸行,追念行分别,唯缘过去。三、计度分别,于去来今不现前,思构行分别,即非有计有,是非量境。然约三世计度,不定一世。又《杂集论》,于三分别中,复有七种分别:一、谓于缘任运分别,谓五识身,如所缘相,无异分别,于自境界,任运转故;二、有相分别,谓自性随念二种分别,取过现境,种种相故;三、无相分别,谓希求未来境行分别;四、寻求分别;五、伺察分别;六、染污分别;七、不染污分别。此四分别,皆用计度分别,以为自性。所以者何?以思度故,或时寻求,或时伺察,或时染污,或不染污,种种分别。

问:前三分别,于八识中,几识能具?

答:八识中,唯第六识具三分别。自第七识唯有自性分别,以缘现在故。或可末那,亦有计度,以计度执我故。若论体性,计度以慧为性,随念以念为性,真法之中,既无虚妄,八识所以无此分别。

卷十二

问:八识中各具几分别?

答:第六识具广略十种分别。前五识唯自性、任运,两种分别。五识于自境界,任运转故。第七识具计度、染污、有相,三种分别。第八识同前五识,得有自性任运分别。

问:何故五识无分别执耶?

答:夫言执者,须是分别筹度之意,方坚执。五识虽有慧,而但任运,不能分别筹度,故五无执,唯第六也。

问:眼见色时,为是眼见,为是识见?

答:《杂集论》云:"非眼见色,亦非识等。以一切法,无作用故。由有和合,假立为见。"故称眼能见色。又识之于根,乍出乍入。如鹿在网,犹鸟处笼,啄一舍一,周而复始,无暂休息。识在根笼,亦复如是。或在于耳,或在于眼,来去无定,不可执常。虽复无定,相续不断。何为不断?以妙用无间故。若凡夫为色尘所缚,不得自在。若见一法,则被一法碍,不能圆通法界。是以《金刚经》云:"若菩萨心住于法而行布施,如人入暗,则无所见。"《首楞严经》云:"由尘发知,因根有相,相见无性,犹若交芦。"由尘发知者,即见分。因根有相者,即相分。相见无性者,心境互生,各无自体。心不自立,由尘发知;境不自生,因根有相。二虚相倚,犹若交芦。知见立知,即无明本;知见无见,斯即涅槃。但了了见,无可见无可见,即通法界见,即是涅槃。若了了闻,无可闻无可闻,即通法界闻,即是涅槃。一切诸法,本来涅槃,以分别心,妄见所隔,不知自识,翻作无明。

又《首楞严经》云："缘见因明，暗成无见，不明自发。"若不假明暗等见，见色之时则见余根。若离念，遍法界见，铁围山一切相，皆不能蔽。若六根伏，则不得六根相。如十人患翳，共见空花，一人眼可，则不见，余九人还见。各个自除妄见，则不得一切相，物物皆真。又十个空花，一人能见，十人眼可，余花总亡。但一妄除，皆不见诸相。一相则一切相。为一切相，皆我心起。是知一翳在目，千花竞飞；一妄动心，诸尘并起。若能离念，则当处坐道场，转大法轮，俱成佛道。

问：根尘所对，现证分明，如何圆通得入空理？

答：眼对色尘，无而有见。异熟业果，不可思议。唯智所知，非情所测。诸法实性，亲证方明。有见有闻，世俗心量。若约真谛，根境俱空。且如世俗门中，见无自性，如眼胜义根。如火，既能发识，又能照境。识如人能了别，境如物。故知无根不能发识，无识不能了境，无境不能起见。三法和合，方成见性。则见性无从，和合非有。如《思益经》偈云："悉见十方国，一切众生类，而于眼色中，终不生二相。诸佛所说法，一切能听受，而于耳声中，亦不生二相。能于一心中，知众生诸心，自心及彼心，此二不分别。"

《广百门论 · 破根境品》云："眼等根尘，若执实有，理必不然。所以者何？违比量故。谓眼非见。如耳等根，耳亦非闻。如鼻等根，鼻不能嗅。如舌等根，舌不能尝。如身等根，身不能觉。如上诸根，一切皆由造色性故，或大种故，或业果故。又眼等根皆有质碍，故可分析，悉令归空，成无穷过。是故不应执为实有，但是自心随因缘力，虚假变现，如幻事等，俗有真无。"

又《破情品》云："眼为到色见耶？不到色见耶？若眼去到色乃见者，远色应迟见，近色应速见。何以故？去法尔故。而今近瓶远月一时见，是故知眼不去。若不去，则无和合。复次若眼力不到色而见者，何故见近不见远？远近应一时见。故知见性无从。诸根例尔。”如《远源集 · 自他观门》云:“两身为自他,彼身为他,己身为自。一身复为自他,色身为他,心即为自。心复为自他,心即为他,智即为自。智复有自他,有所得智为他,无所得智为自。无所得智复有自他,净智为他,是净亦净为自。观身实相,观佛亦然。”

稽首如空无所依,心净已度诸禅定。无住则无本,觉此名为佛。假名名为佛,亦无佛可成。无成可成,无出可出,是名佛出。无所见,了了见;了了见,无所见。但有名字,名字性空无所有。镜像如虚空,虚空如镜像。色心如虚空,虚空如色心。色心如镜像,镜像身无二,亦复非是一。若能如是解,诸佛从中出。诸佛唯有名,如空应响声,无心究竟道,法法自然平。平处亦无平,无平作平说,此中言语断,心行处亦灭。

以上六识之相,总成三业之门。未转依中,随流徇境。发杂染之种,结生死之根。至转依位,冥真返流,正理相应。现妙观察心,抉四生之疑网;为成所作智,起三轮之化原。一体匪移,千差自别。迷之枉遭沉没,念念成凡;悟之本自圆明,心心证圣。经中又明,有九种识,以兼识性故。或以第八染净别开,故言九识。非是依他体有九,亦非体类别有九识。九识者以第八染净,别开为二。以有漏为染,无漏为净。前七识不分染净,以俱是转识摄故。第八既非转识,独开为二,谓染与净,合前七种,故成九识。如《楞伽经》颂云:“由虚妄分别,是则有识生,八九识种种,如海泉波浪。”

又《金刚三昧经》云:“尔时无住菩萨而白佛言:‘世尊!以何利转,而转众生一切情识八庵摩罗?’佛言:‘诸佛如来,常以一觉而转诸识八庵摩罗。何以故?一切众生本觉,常以一觉觉诸众生,令彼众生皆得本觉,觉诸情识空寂无生。何以故?决定本性,本无有动。”论释云:“一切情识,则是八识。庵摩罗者,是第九识。”古德云:“一切唯心造者,然其佛果契心,则佛亦心造。”谓四智菩提,是净八识之所造故。若取根本,即净第八。若依真谛三藏,此佛净识。称为第九,名阿摩罗识。唐三藏云:“此翻无垢,是第八异熟。”谓成佛时,转第八成无别第九。若依《密严》文具说之,经云:“心有八识,或复有九。”又云:“如来清净藏,亦名无垢智。”即同真谛所立第九,以出障故。不同异熟,为九有故。古释云:“阿摩罗识有二种:一者,所缘,即是真如;二者,本觉,即真如智。能缘即不空藏,所缘即空如来藏。若据通论,此二并以真如为体。”

《华严论》明《解深密经》说:“九识为纯净无染识。如瀑流水,生多波浪,诸波浪等,以水为依,五六七八等,皆以阿陀那识为依故。”又云:“如是菩萨,虽由法住智为依止,为建立故,此经意令于识处,便明识体本,唯真智故。如彼瀑流,不离水体而生波浪。又如明镜,依彼净体,无所分别,含多影像,不碍有而常无故。如是自心所现识相,不离本体无作净智;所现影相,都无自他内外等执。任用随智,无所分别。”

又经云:“阿陀那识甚深细。”深细者,引彼凡流,就识成智。不同二乘,及渐始菩萨,破相成空;不同凡夫,系而实有。不同彼故,不空不有。何法不空?为智能随缘,照机利物故。何法不有?为智正随缘时无性相故,无生住灭故。《华严经》则不然,但彰本身本法界,一真之根本智佛体用故。混真性相法报之海,直为上上根人,顿示佛果德一真法界本智,以为开示悟入之门,不论随妄而生识等。如《法华经》以佛智慧,示悟众生使得清净,出现于世,故不为余乘,若二若三。今《宗镜》大意,亦同此说。但先标诸识次第权门,然后会同真智。然不即识,亦不离识,但见唯识实性之时,方鉴斯旨。似宝镜普临众像,若海印顿现森罗。万法同时,更无前后。

又《楞伽经》云:“有三种识,谓真识、现识及分别事识。譬如明镜,持诸色像,现识处现,亦复如是。不思议熏,不思议变,是现识因。取种种尘,及无始妄想熏,是分别事识因。又诸识有三种相,谓转相、业相、真相。乃至譬如泥团微尘,非异非不异,金庄严具,亦复如是。如是大慧,转识藏识真相若异者,藏识非因。若不异者,转识灭,藏识亦应灭,而自真相实不灭。是故大慧,非自真相识灭,但业相灭。若自真相灭者,藏识则灭。大慧!藏识灭者,不异外道断见论议。大慧!彼诸外道,作如是论,谓'摄受境界灭,识流注亦灭',若识流注灭者,无始流注应断。"

释云:《入楞伽经》直明自真相。本觉之心不藉妄缘,性自神解,名自真相,是依异义门说。又随无明风作生灭时,神解之性与本不异,故亦得名为自真相。是依不异义门说。又识有两种生,谓流注生及相生。所言真识,是根本无明所熏本觉真心。现识是阿赖耶识。分别事识是意识。经云:"妙严菩萨白佛言:'世尊!粗相意识,细相意识,以何为因?以何为缘?'佛言:'如是粗细意识,以现镜识而为其因,以六尘境为缘,相续而转故。'"又三细中,粗是现识。七识中,强是意识。第六意识,分别六尘,必依末那为所依根。意识是能依,末那是所依。

此《楞伽经》,凡明几识,即有二门:一者,略说门;二者,广说门。如是二门中,三本各异说。谓《一本分流楞伽》中作如是说:"大慧!略说有三种识,广说有八相。何等为三?谓真识、现识、分别事识。"又《一本分流楞伽》中作如是说:"大慧!广说有八种,略说有二种,何等为二?一者,了别识;二者,分别事识。"又《一本分流楞伽》中作如是说:"大慧!略说有四种,广说有七种识。云何为四?业识,转识,现识,分别事识。"如是三经直是真说,当应归信。

初契经中第一真识,直是根本无明,所熏本觉真心。第二现识,直是现相阿赖耶识。第三分别事识,直是意识粗分。意识细分,即末那故。中契经中作如是说:第一了别识,直是现相阿赖耶识。第二分别事识,直是意识,义如前说,同说末那。后契经中四种识法文相明故,且略不说。言七识者,末那意识,总为一故,粗细虽别,唯一识故。《法界法轮契经》中作如是说:第六意识分别六尘境界时,中必依末那为所依根,方得生起。是故意识当是能依,彼末那识,当是所依也。

又《华严论》云:"世尊于南海中,楞伽山说法。其山高峻,下瞰大海,傍无门户,得神通者堪能升往。乃表心地法门,无心无证者,方能升也。下瞰大海,表其心海本自清净,因境风所转,识浪波动。欲明达境心空,海亦自寂。心境俱寂,事无不照。犹如大海无风,日月森罗,焕然明白。此经意直为根熟,顿说种子业识,为如来藏,异彼二乘灭趣寂者故。亦为异彼般若修空菩萨,空增胜者故。直明识体本性全真,便明识体即成智用。如彼大海无风,即境像便明,心海法门,亦复如是。了真即识成智。此经异彼《深密经》意,别立九识接引初根。渐令留惑长大菩提故。不令其心植种于空,亦不令心犹如败种。

"《解深密经》乃是入惑之初门。《楞伽》《维摩》直示惑之本实。《楞伽》即明八识为如来藏。《净名》即观身实相,观佛亦然。《净名》与《楞伽》同深密经文,与此二部少别。"当知入胎出胎,少年老年,乃至资生住处,若色若空,若性若相皆是自识,唯佛能知。

如《入楞伽经》云:"'大慧!复有余外道,见色有因,妄想执著形相长短,见虚空无形相分剂,见诸色相异于虚空,有其分剂。大慧!虚空即是色,以色大入虚空故。大慧!色即是虚空。依此法,有彼法,依彼法,有此法故。以依色分别虚空,依虚空分别色故。大慧!四大种性,自相各别,不住虚空。而四大中,非无虚空。大慧!兔角亦如是。因牛角有,言兔角无。大慧!又彼牛角析为微尘,分别微尘相,不可得见。彼何等何等法有,何等何等法无,而言有耶无耶?若如是观,余法亦然。大慧!汝当应离兔角牛角,虚空色异妄想见等。大慧!汝亦应为诸菩萨说离兔角等相。大慧!汝应当知,自心所见虚妄分别之相。大慧!汝当于诸佛国土中,为诸佛子,说汝自心现见一切虚妄境界。'

"尔时,世尊重说偈言:'色于心中无,心依境见有,内识众生见,身资生住处,心意与意识,自性及五法,两种无我净,如来如是说。长短有无等,展转互相生,以无故成有,以有故成无。分别微尘体，不起色妄想，但心安住处，恶见不能净。非妄智境界，声闻亦不知，如来之所说，自觉之境界。'"

《摄大乘论》云："又此识皆唯有识，都无义故。此中以何为喻显示？应知梦等为喻显示。谓如梦中都无其义，独唯有识。虽种种色、声、香、味、触，舍林地山，似义影现，而于此中，都无有义。由此喻显，应随了知一切时处，皆唯有识。"

夫从心现境，结业受生，不出三细（业相、转相、现相）六粗（智相、相续相、执取相、计名字相、起业相、业系苦相），九相之法。如石壁释云："唯一梦心喻。如有一人，忽然睡着作梦，见种种事。起心分别，念念无间。于其违顺，深生取着。为善为恶，是亲是疏。于善于亲，则种种惠利；于恶于疏，则种种陵损。或有报恩受乐，或有报怨受苦。忽然觉来，上事都遣。如有一人者，即真如一心也。忽然睡着者，即不觉无明忽起也。作梦者，最初三细业识相也。见者第二转识相也。种种事者，第三现识相也。起心分别者，最初六粗境智相也。念念无间者，第二相续相也。于其违顺深生取着者，第三执取相也。为善为恶、是亲是疏者，第四计名字相也。于善于恶得损益者，第五起业相也。受苦乐报者，业系苦相也，忽然觉来上事都遣者，即觉唯心，得入宗镜。"故云佛者，觉也，如睡梦觉，如莲花开。

如上依经论分别诸识，开合不同，皆依体用。约体则无差而差，以全用之体不碍用故；约用则差而无差，以全体之用不失体故。如举海成波不失海，举波成海不碍波。非有非无，方穷识性；不一不异，可究心原。如古德云："约诸识门，虽一多不定，皆是体用缘起本末相收。"本者九识，末者五识。从本向末，寂而常用；从末向本，用而常寂。寂而常用，故静而不结；用而常寂，故动而不乱。静而不结，故真如是缘起；动而不乱，故缘起是真如。真如是缘起，故无涅槃不生死，即八九为六七；缘起是真如，故无生死不涅槃，即六七为八九。无生死不涅槃，故法界皆生死；无涅槃不生死，故法界皆涅槃。法界皆涅槃，故生死非杂乱；法界皆生死，故涅槃非寂静。生死非杂乱，众生即是佛；涅槃非寂静，佛即是众生。是以法界违故，说涅槃是生死，即理随情用；法界顺故，说生死是涅槃，即情随理用。

如此明时，说情非理外，理非情外。情非理外故，所以即实说六七为八九。实者，体也。理非情外故，所以即假说八九为六七。假者，用也。以假实无碍，故人法俱空；以体用无碍，故空无可空。人法俱空，故说绝待；空无可空，故言妙用。如斯说者，亦是排情之言论。其至实者，不可以名相得；至极者，不可以二谛辩。不可以名相得，故非言像诠；不可以二谛辩，故非有无能说。故云至理无言，贤圣默然，言语道断，心行处灭。正可以神会，不可以心求。

问：觉海澄源，一心湛寂，云何最初，起诸识浪？

答：虽云识浪，起处无从，无始无生，能穷识性。只谓不觉忽尔念生，犹若澄澜，欻然风起。不出不入，汹涌之洪浪滔天；非内非外，颠倒之狂心遍境。《起信论》云："以不知真法一故，心不相应，忽然念动，名为无明。"此是现根本无明，最极微细，未有能所王数差别，故云不相应。非同心王心所相应也。唯此无明为染法之原最极微细，更无染法能为此本，故云忽然念起也。无明之前，无别有法为始集之本，故云无始。则是忽然义，非约时节以说忽然而起，无初故也。

又《释摩诃衍论》云："不如实知真如法一故，不觉心起者，即是显示根本不觉之起因缘。根本不觉，何因缘故得起而有？因不如故，得起而有。何等法中而不如耶？谓三法中而不如故。言不如者，当有何义？谓违逆义故。云何三法？一者，实知一法；二者，真如一法；三者，一心一法。是名为三。实知法者谓一切觉，即能达智。真如法者，谓平等理，即所达境。一心法者，谓一法界，即所依体。于此三法皆违逆故，无明元起。是故说言，谓不如实知真如法一故，不觉心起。"又论云："以无明熏力，不觉心动，最初成其业识。因此业识，复生转识等。"论释云："最初不觉，称为第一业相。

能见所见，无有差别，心王念法，不可分析。唯有精动隐流之义故名为业。如是动流，只由不觉。第二转相以业相念为所依，故转作能缘，流成了相。第三现相，以了别转为所依，戏论境界，具足现前所缘相分，圆满安布，依此见分，现彼相分。又动相者，动为业识，理极微细。谓本觉心，因无明风，举体微动。微动之相，未能外缘，即不觉故，谓从本觉有不觉生，即为业相。喻如海微波，从静微动，而未从此转移本处。转相者，假无明力，资助业相转成能缘，有能见用，向外面起，即名转相。虽有转相而未能现五尘所缘境相，喻如海波浪假于风力，兼资微动，从此击波，转移而起。现相者，从转相而成现相，方有色尘山河大地器世间等。”

如《楞伽经》云：“诸识有三种相，谓转相、业相、真相。”言真相者，本觉真心，不藉妄缘，名自真相。业相者，根本无明，起静令动，动为业识，极微细故。转相者，是能见相，依前业相，转成能缘，虽有能缘，而未能显所缘境故。现相者，即境界相，依前转相能现境故。

又云：“顿分别知自心、现身及身安立受用境界。如次即是根身，外器色等五境。以一切时任运现故。”此是三细，即本识故。最初业识即为初依生起门，为次第故。又远劫来时，无初始过未，无体熏习，唯心妄念为初，违真起故。又从静起动，名之为业。从内趣外，名之为转。真如之性，不可增减名为真相，亦名真识。此真识，即业转现等三性，即神解性不同虚空。通名识，亦名自相，不藉他成故。亦名智相，觉照性故。所以云本觉真心，不藉妄缘，以真心之体，即是本觉，非动转相，是觉性故。

又《楞伽经》云：“大慧菩萨摩诃萨白佛言：‘世尊！诸识有几种生住灭？’佛告大慧：‘识有二种生住灭，非思量所知。谓流注生住灭，相生住灭。’”古释云：“言流注者，唯目第八，三相微隐，种现不断，名为流注。由无明缘，初起业识，故说为生；相续长劫，故名为住；到金刚定，等觉一念，断本无明，名流注灭。相生住灭者，谓余七识，心境粗显，故名为相。虽七缘八，望六为细，具有四惑（第七识具我痴、我见、我慢、我爱四惑），亦云粗故。依彼现识自种诸境，缘合生七，说为相生。长劫熏习，名为相住。从末向本，渐伏及断，至七地满，名为相灭。依前生灭，立迷悟依。依后生灭，立染净依。后短前长，事分二别，即是流注生住灭，相生住灭。"

是以海水得风，变作波涛之相；心水遇境，密成流注之生。前波引后波，鼓沧溟而不绝；新念续旧念，腾心海以常兴。从此汩乱澄源，昏沉觉海。是知因真起妄，不觉无明之动摇；如从水成波，全是外风之鼓击。内外和合，因缘发萌，遂成能见之心，便现所观之境。因照而俄生智鉴，因智而分别妍媸。从此取舍情分，爱憎心变。于五尘境，执著坚牢；向六情根，相续不断。因兹爱河浪底，沉溺无忧；欲火焰中，焚烧罔惧。甘心受黑城之极苦，不觉不知；没命贪梦宅之浮荣，难醒难悟。

若能了最初一念，起灭何从，顿入无生，复本真觉，则尘尘寂灭，六趣之笼槛难羁；念念虚玄，九结之网罗休绊。犹如巨海风息，不起微涟。察动相之本空，见缘生之无体，则穷源湿性，湛尔清冷，万象森罗，焕然明白。

问：心识二名有何胜劣？

答：心是如来藏心、真如之性，识是性之所生。无有一法，不从真心性起。故《首楞严经》云："诸法所生，唯心所现。"心是本，即胜；识是依，即劣。如《圆觉疏》云："生法本无，一切唯识，识如幻梦，但是一心。"

问：设使识无其体，云何得是心乎？

答：以识本是心所成故，故识无体，则是一心。何异境从识生，摄境归识？若通而论之，则本是一心，心变为识，识变诸境，由是摄境归识，摄识归心也。

问：前已广明识相，如何是智？

答：分别是识，无分别是智。如《大宝积经》云："佛言：'所言识者，谓能了别眼所知色，耳所知声，鼻所知香，舌所知味，身所知触，意所知法，是名为识。所言智者，于内寂静，不行于外，唯依于智，不于一法而生分别，及种种分别，是名为智。又舍利弗，从境界生，是名为识；从作意生，是名为识；从分别生，是名为识。无取无执，无有所缘，无所了别，无有分别，是名为智。又舍利弗，所言识者，住有为法。何以故？无为法中，识不能行。若能了达无为之法，是名为智。'"

问：心王妙义，已断纤疑。心所之门，如何指示？

答：心所六位，都有五十一法。遍行有五，别境有五，善有十一，根本烦恼有六，随烦恼有二十，不定有四。此六位中，根随烦恼，过患尤深，开恶趣门，障菩提道。若如实知现在一尘一念，悉是自心，终不更故起心，贪取前境。所以《宝藏论》云："一切如幻，其幻不实，知幻是幻，守真抱一。"如是则智灯常照，业海自枯。

究竟住于无过咎，真唯识性之实际。于实际中，不见有一法，若生若灭，若合若散。所以《寂调音所问经》云："寂调音天子言：'文殊师利！为有烦恼故调伏？为无烦恼故调伏？'文殊师利言：'天子！喻如有梦为毒蛇所螫，此人为苦所逼，即于梦中而服解药，以服药故，毒气得除。天子！于意云何？此人实为所螫否耶？'天子言：'不也。'文殊师利言：'彼毒实为除否耶？'天子言：'文殊师利！如实不被螫，除亦如是。'文殊师利言：'天子！一切圣贤调伏，亦复如是。天子！汝作是言"为有烦恼故调伏，无故调伏"者，天子，如我与无我，有烦恼无烦恼，亦复如是。乃至一切法无我，以无主故；一切法无主，与虚空等故；一切法无来，无所依故；一切法无去，无窠窟故；一切法无住，无所安立故；一切法无安立，生即灭故；一切法无为，以无漏故；一切法无受，究竟调伏故。'"

《大庄严法门经》云："文殊师利见此大众，于金色女无染心已，问金色女言：'汝今烦恼置在何处，令诸王子乃至居士等，不生染心？'金色女言：'一切烦恼，及众生烦恼皆住智慧解脱之岸，如如法界平等法中。彼诸烦恼，非有生，非有灭，亦不安置。'"如《中观论》偈云："染法染者一，一法云何合？染法染者异，异法云何合？"古释：烦恼为能染，众生是所染。一即能所不成，异即如同水火，俱无合义。

《止观》云："若一念烦恼心起，具十法界百法，不相妨碍。虽多不有，虽一不无；多不积，一不散；多不异，一不同；多即一，一即多。亦如初灯，与暗共住，如是明暗不相妨碍，亦不相破。"如是了达，烦恼性空，则四种瀑流（即是四流：谓欲流、有流、见流、无明流），唯正法行日之能竭；七重慢阜（慢、过慢、慢过慢、我慢、邪慢、增上慢、卑劣慢），因平等慧风之所摧。能害所害俱消，自缚他缚同解。逢缘犹莲花上之水，历事若虚空中之风。一切时中，常居宗镜。见万法无异，如太虚空。因分别识生，名色影现。分别不起，名色本虚，向性空地中，美恶平等。

故《净名疏》云："但除其病，不除其法者，即是明其去取也。"有师解言："如人眼病，见空中花，眼病差时，即无花可除。"众生亦尔，妄见诸法，但除妄惑，妄惑若灭，则无法可除，此是本无法义。何谓不除法也？今言一切众生，悉具十法界法，无明不了，触处病生，若有智慧，无碍自在，悉为佛事。譬如火是烧法，若触烧痛，谨慎不触，即是除病，不可除火。若除此火，则失温身、照暗、成食之能。十二因缘三道之法（即十二因缘中惑、业、苦三道）亦尔，此有去取，法不同除也。又火能烧人，得法术者，出入无碍，不须除火也。故八万四千烦恼，凡夫为之受恼，诸佛菩萨以为佛事也。

问：色法有几义？

答：有四义。《百法》云："一识所依色，唯属五根。二识所缘色，唯属五尘。三总相而言，质碍名色。四别相而言，有二：一、有对，二、无对。”此一切色法，因缘似有，体用俱虚，不可执有执无，违于法性。

又不相应行法有二十四：一、得，谓于诸法，成就不失。二、命根，谓第八识种，连持色心。三、众同分，谓一类有情，自体相似。四、异生性，谓由二障种，趣类各别。五、无想定，谓想等不行，令身安和。六、灭尽定，谓六七心聚，皆悉灭尽。七、无想报，谓修无想定，感彼天果。八、名身，能诠诸法自性。九、句身，能诠诸法差别。十、文身，能为上二所依。十一、生，谓先无今有。十二、住，谓有位暂停。十三、老，谓住别前后，亦名为异。十四、无常，谓今有后无。十五、流转，谓因果相续。十六、定异，谓因果差别。十七、相应，谓因果事业，和合而起。十八、势速，谓诸有为法，流转迅疾。十九、次第，谓编列有叙，令不紊乱。二十、时，谓时节分限。二十一、方，谓色处分剂。二十二、数，谓诸法数量。二十三、和合，谓诸行缘会。二十四、不和合，谓诸行缘乖。谓得等二十四法，不与心王、心所、色法、无为法四位相应。虽不与四位相应，然皆是心之分位，亦不离心变，但应信受，诸法唯心。

问：有为门中，已明王所。无为法内，如何指陈？

答：诸经论有六种无为：一、虚空无为，二、择灭无为，三、非择灭无为，四、不动无为，五、想受灭无为，六、真如无为。此六无为，地前菩萨识变，即是有漏，至地上后得智变，即无漏。若依法性出体者，各皆依真如实德也。

问：如何圣教说真如实耶？

答：今言有者，不是真如名实有，但说有，即是遣恶取空，故说有。体是妙有真空，故言非空非有。

问：如何圣教说真空为空耶？

答：谓破执真如心外实有，故说为空。即空其情执，即不空其真如空也。

又《释摩诃衍论》云："无为有四：一、真如无为；二、本觉无为；三、始觉无为；四、虚空无为。有为法有五种：一者，根本无明有为；二者，生相有为；三者，住相有为；四者，异相有为，五者灭相有为。"

有为无为，一切诸法通以一心，而为其体。于《道智契经》中作如是说："尔时文殊师利白佛言：'世尊！阿赖耶识，具一切法过于恒沙。过于恒沙如是诸法，以谁为本？生于何处？'佛言：'如是有为无为，一切诸法，生处殊胜，不可思议。何以故？于非有为非无为处，是有为是无为法而能生故。'文殊又白佛言：'世尊！云何名为非有为非无为处？'佛言：'非有为非无为处者，所谓一心本法。非有为故，能作有为；非无为故，能作无为。是故我言，生处殊胜，不可思议。'"

譬如一切草木，有二所依：一者大地，二者种子。有为无为一切诸法，亦复如是，各有二依。谓通达依，及支分依。乃至广说不生不灭与生灭和合者，即是开示能熏所熏之差别故。云何开示？所谓显示染净诸法，有力无力，互有胜劣故。

卷十三

问:有为无为二门,为当是一是异?

答:非一非异,非泯非存。何者?若是一者,《仁王经》不应云“诸菩萨等,有为功德,无为功德,悉皆成就”。又《维摩经》云“菩萨不尽有为,不住无为”等,二义双明,岂是一耶?若是异者,《般若经》佛告善现“不得离有为说无为,不得离无为说有为”,岂成异耶?若云俱泯者,《华严经》云:“于有为界示无为之理,不灭有为之相;于无为界示有为之法,不坏无为之性,”则有无性相,无碍俱存。若言俱存者,如前论云“二依法性假施设有”,谓空无我。所显真如,有无俱非,心言路绝,则百非莫能惑,四句不能诠,非可以情谓有无,唯应智超言像,方达有为无为唯识之真性矣!

如《大智度论》“复次,夫生灭法者,若先有心,后有生,则心不待生。何以故?先已有心故。若先有生,则生无所生。又生灭性相违,生则不应有灭,灭时不应有生,以是故一时不可得,异亦不可得。是则无生。若无生,则无住灭;若无生住灭,则无心数法。无心数法,则无心不相应诸行色法。色法无故,无为法亦无故。何以故?因有为,故有无为,若无有为,则亦无无为。是故不应言诸法有。”又《胜思维梵天所问经》云:“有为无为之法,文字言说有差别耳。”《持世经》云:“有为法如实相,即是无为。”

问:八识真原,万法栖止,约其体性,都有几种?

答:经论通辩,有三种性。约能所、染净分别,随事说三。纵有卷舒,皆不离识性。合则一体无异,开则三相不同(即三性之相,对上体言,故称为相),三相不同,约用而行布;一体无异,就性以圆融。行布乃随义以施为,圆融则顺性而冥寂。若无行布,无可圆融。如无妄情，不立真智。染净既失，二谛不成。是以因妄辩真，在行相而须悉；寻迹得本，假因缘以发明。斯三性法门，收凡圣境界，事无不尽，理无不穷。

今言三性者，约经论共立：一、遍计所执性，二、依他起性，三、圆成实性。遍计所执性者，谓愚夫周遍计度，所执蕴等实我实法，名为遍计性。有二：一、自性，总执诸法实有自性；二、差别，别执取常无常等，实有自体。或依名遍计义，如未识牛，闻牛名，便推度因何道理，名之为牛。或依义遍计名，或见物体，不知其名，便妄推度，此物名何。如未识牛，共推度云："为鬼耶？为兽耶？"此诸遍计，约体不出人法二体，约执不出名义两种。

依他起性者，依他众缘和合生起，犹如幻事，名依他性。圆成实性者，一味真如圆满成就。

问：三性中遍计是妄想，即无，依他属因缘，是有否？

答：此二性能所相生，俱无自体。何者？因妄想故立名相，因名相故立因缘。若妄想不生，名相何有？名相不有，因缘即空。以万法不出名故。破妄想遍计性者，如二乘修诸观行。若作青想观时，天地万物，莫不皆青也。以无青处见青，由心变故，于一色境，种种不同。譬凡夫妄见生死，亦是无生死处妄见生死也。

破因缘依他性者，如目瞖所见，差别不同，彼实非有缘所起法。斯则妄想体空，因缘无性，即是圆成究竟一法。如明眼人，见净虚空，况一真心，更无所有。

问：此三性中，几法是假，几法是实？

答：《识论》云："遍计所执，妄安立故，可说为假。无体相故，非假非实。依他起性，有实有假，聚集相续，分位性故，说为假有。心心所色，从缘生故，说为实有。若无实法，假法亦无，假法依实因而施设故。圆成实性唯是实有，不依他缘而施设故。"

又三性者，即是一性。一性即无性。何者？遍计无相，依他无生,圆成无性。《解深密经》云:“瞖眼人,如遍计。现青黄,如依他。净眼,如圆成。”《摄论》云:“分别性如蛇,依他性如藤。”若人缘四尘相,分析此藤,但见四相,不见别藤。但是色香味触相故,藤非实有。以离四尘外,无别有藤。所以论偈云:“于藤起蛇知,见藤则无境,若知藤分已,藤知如蛇知。”若知藤之性分是空,则例如藤上妄生蛇想。《摄论》云“菩萨不见外尘,但见意言分别”,即了依他性。

菩萨住何处?唯住无别。一切名义中平等平等。又依二种平等,谓能缘所缘。能缘即无分别智,以智无分别故称平等。所缘即真如境,境亦无分别,故称平等。又此境智,不住能取所取义中,譬如虚空,故说平等平等。由此义故,菩萨得入真实性。此位不可言说,以自所诠故,证时离觉观思维分别故。

古德问云:我见所缘影像,若是依他有者,应有依他性实我。

答:此相仗因缘生,但是依他性幻有之法,而非是我。由彼妄执为我,故名妄执。此有两重相。约此相从因缘生,有力能生心,此乃是有,名依他性法。于此不称所执法义边,名遍计所执,乃名为无。如人昏冥,执石为牛,石体不无我见所缘缘,依他相有。如石本非牛,妄心执为牛;此所执牛,其体全无。如相分本非我,妄心执为我;此所执,其体全无;但有能执心,而无所执我。谓于此石处有所缘石,而无所执牛。于此相分上,有所缘法,而无所执我。

问:依他起相,但是自心妄分别有,理事双寂,名体俱虚,云何有忧喜所行境?

答:譬如夜行,见机为鬼,疑绳作蛇,蛇之与鬼,名体都无,性相恒寂。虽不可得,而生怖心,以体虚而成事故。《清凉疏》云:“若依《摄论》说喻,皆喻依他起性。然并为遣疑,所疑不同,故所喻亦异。一以外人闻依他起相,但是妄分别有,非真实义,遂即生疑云:‘若无实义,何有所行境界?’故说如幻,谓幻者幻作,所缘六处(即六尘)岂有实耶? 二疑云:‘若无实,何有心心法转?’故说如焰飘动,非水似水,妄有心转。三疑云:‘若无实,何有爱非爱受用?’故说如梦中实无男女,而有爱非爱受用,觉时亦尔。四疑云:‘若无实,何有戏论言说?’故说如响,实无有声,听者谓有。五疑云:‘若无实,何有善恶业果?’故说如影,谓如镜影像,故亦非实。六疑云:‘若无实,何以菩萨作利乐事?’故说如化,谓变化者,虽知不实,而作化事,菩萨亦尔。”是以万法虽空,体虚成事,一真非有,无性随缘。则湛尔坚凝,常随物化,纷然起作,不动真如。

问:此三性法,为当是一是异? 若道是一,不合云依圆是有,遍计是无;若道是异,又云皆同一性,所谓无性?

答:此三性法门,是诸佛密意所说,诸识起处,教网根由。若即之取之,皆落凡常之见;若离之舍之,俱失圣智之门。所以藏法师依华严宗,释三性同异义:一、圆成真如有二义,一不变,二随缘。二、依他二义,一似有,二无性。三、遍计所执二义,一情有,二理无。由真如不变,依他无性,所执理无,由此三义,故三性一际。又约真如随缘,依他似有,所执情有,由此三义,亦无异也。是故真该妄末,妄彻真原,性相融通,无障无阂。

问:依他似有等,岂同所执是情有耶?

答:由二义故,无异也。一、以彼所执,执似为实,故无异法;二、若离所执,似无起故。真中随缘亦尔,以无所执,无随缘故。又以三性,各有二义不相违,故无异性。且如圆成,虽复随缘成于染净。而恒不失自性清净,只由不失自性清净,故能随缘成染净也,犹如明镜现于染净,而恒不失镜之明净,只由不失镜明净故,方能现染净之相。以现染净,知镜明净;以镜明净,知现染净。是故二义,唯是一性。虽现净法,不增镜明;虽现染法,不污镜净。非直不污,亦乃由此反现镜之明净,真如亦尔。非真不动性净成于染净，亦乃由成染净方现性净；非直不坏染净明于性净，亦乃由性净故方成染净。是故二义，全体相收，一性无二，岂相违也？由依他无性，得成似有，由成似有，是故无性。此即无性即因缘，因缘即无性，是不二法门也。所执性中，虽复当情称执现有，然于道理毕竟是无。以于无处横计有故，明知理无，是故无二，唯一性也。

问：真如是有耶？

答：不也。随缘不变故，空故，真如离妄念故。

问：真如是无耶？

答：不也。不变随缘故，不空故，圣智所行处故。

问：真如是亦有亦无耶？

答：不也。无二性故，离相违故。

问：真如是非有非无耶？

答：不也。具法故，离戏论故。

问：依他是有耶？

答：不也。缘起无性故，为约观遣故，异圆成故。

问：依他是无耶？

答：不也。无性缘起故，能现无生故，异遍计故，是智境故。

问：依他是亦有亦无耶？

答：不也。无二性故，离相违故。

问：依他是非有非无耶？

答：不也。有多义门故，离戏论故。

问：遍计是有耶？

答：不也。理无故，无体相故。

问：遍计是无耶？

答：不也。情有故，无相观境故，能翳真故。

问：遍计是亦有亦无耶？

答：不也。无二性故。

问：遍计是非有非无耶？

答：不也。所执性成故，已上护执竟。今执成过者，若计真如一向是有者，有二失：一、不随缘，二、不待了因故。

问：教云："真如为凝然常。"既不随缘，岂是过耶？

答：圣说真如为凝然者，此是随缘成染净时，恒作染净而不失自体，即是不异无常之常，名不思议常，非谓不作诸法。如情所谓之凝然也，不异无常之常，出于情外，故名真如常。经云："不染而染，明常作无常；染而不染，明作无常时不失常也。"又不异常之无常，故说真如为无常。经云："如来藏，受苦乐与因俱，若生若灭。"又依他是生灭法，亦得有不异常之无常，不异无常之常。以诸缘起无常之法，即无自性，方成缘起，是故不异常性而得无常。故云不生不灭，是无常义，此即不异于常，成无常也。又诸缘起，即是无性，非灭缘起，方说无性，即是不异无常之常也。

经云："色即是空，非色灭空。"又"众生即涅槃"，不更灭也，此与真如二义同，即真俗双融，二而无二故。论云："智障甚盲暗，谓真俗别执故也。"又真如若不随缘成于染净，染净等法，即无所依，无所依有法，又堕常也。又真如若有者，即不随染净，染净诸法，既无自体，真又不随，不得自法，亦是断也。乃至执非有非无等四句，皆堕断常也。若依他执有者，谓已有体，不藉缘故，无缘有法,即是常也。又由执有,即不藉缘,不藉缘故,不得有法,即是断也。

问:依他性是有义,便有失者。何故《摄论》云,依他性以为有耶?

答:此即不异空之有,从缘无体故。一一缘中,无作者故,由缘无作,方得缘起。是故非有之有,为依他有,即是不动真际,建立诸法。若依他执无者,即缘无所起,不得有法,即是断也。

问:若说缘生为空无,即堕断者,何故《中论》广说缘生为毕竟空耶?

答:圣说缘生以为空者,此即不异有之空也,此即不动缘生,说实相法也。是故如情执无,即是断过。又若执依他为无法者,无法非缘,非缘之法,即是常也。乃至执非有非无,皆成断常二患。若遍计性中,计所执为有者,圣智所照理应不空,即是常也。若妄执遍计于理无者,即失情有,故是断也。乃至执非有非无,皆具上失。上已护过,今当显德者,真如是有义。何者?迷悟所依故,不空故,不坏故;真如是空义,随缘故,对染故;真如是亦有亦无义,具德故,违顺自在故,熔融故。真如是非有非无义,二不二故,定取不得故。依他是有义,无性缘成故;依他是无义,缘成无性故;依他是亦有亦无义,缘成故,无性故;依他是非有非无义,随取一不得故。遍计是有义,约情故;遍计是无义,约理故;遍计是亦有亦无义,由是所执故;遍计是非有非无义,由所执故。故知执则为断常二患,不执成性德之门,但除妄情,非遣法也。

是以不离有以谈真,见有之本际;匪存无而观法,了无之真原。则不出有无,不在有无,何取舍之干怀,断常之所惑乎?是则三性一性,情有而即是真空;一性三性,真如而能成缘起。终日有而不有,有彻空原;终日空而不空,空该有际。自然一心无寄,万法俱闲,境智相应,理行融即。方入宗镜,莹净无瑕,照破古今,光吞万汇矣。

故知妄依真起，而能覆真，真因妄显，而能夺妄，真妄无体，皆依识性。夫一心妙门，唯识正理，能变所变，内外皆通，举一例诸，收无不尽。如众星列宿，匪离于空；万本群萌，咸归于地。则可以拔疑根而开信户，朗智照而洗情尘。若机思迟回，未成胜解，须凭问答，渐入圆通。真金尚假锻炼而成，美玉犹仗琢磨而出。

《华严私记》云："正念思维甚深法门者，有二种人，能枯十二因缘大树：一者，温故不忘；二者，谘受新法。"此之谓也。

问：心法不可思议，离言自性，云何广与问答，横剖义宗？

答：然理唯一心，事收万法，若不初穷旨趣，何以得至觉原？今时不到之者，皆是谬解粗浮，正信力薄。玄关绵密，岂情识之能通；大旨希夷，非一期之所入。若乃未到如来之地，焉能顿悟众生之心？今因自力未到之人，少为开示，全凭佛语，以印凡心。凭佛语以契同，渺然无际；印凡心而不异，豁尔归宗。又有二义须说：一、若不言说，则不能为他说一切法离言自性；二、即说无说，说与不说，性无二故。

又此宗但论见性亲证，非在文诠，为破情尘，助生正信。若随语生见，执解依通，则实语是虚妄，生语见故；若因教照心，唯在得意，则虚妄是实语，除邪执故。《起信论》云："当知一切诸法从生以来，非色非心，非智非识，非无非有，毕竟皆是不可说相，所有言说示教之者，皆是如来善巧方便。假以言语，引导众生，令舍文字，入于真实。若随言执义，增妄分别，不生实智，不得涅槃。"又若文字显总持，因言而悟道，但依义而不依语，得意而不徇文，则与正理不违，何关语默？故《大般若经》云："若顺文字，不违正理，常无诤论，名护正法。"

《天王般若经》偈云："总持无文字，文字显总持，大悲方便力，离言文字说。"《楞伽经》云："佛告大慧：'我等诸佛，及诸菩萨，不说一字。所以者何？法离文字故，非不饶益义，说言说者，众生妄想故。大慧！若不说一切法者，教法则坏，教法坏者，则无诸佛菩萨，缘觉声闻。若无者，谁说为谁？是故大慧，菩萨摩诃萨，莫著言说，随宜方便，广说经法。’”

《净名经》云：“夫说法者，无说无示；其听法者，无闻无得。譬如幻士，为幻人说法，当建是意而为说法。”《思益经》云：“汝等比丘，当行二事：一、圣说法；二、圣默然。”但正说时，了不可得，即是默然，不是杜口无说。故昔人云：“幻人说法幻人听，由来两个总无情，说时无说从君说，听处无听一任听。”又若以四实性（自生、他生、共生、无因生，各四执性，破此四执，名四实性），自得法，本住法，约真谛中，即不可说。若以四悉檀，随他意语，断深疑，生正信，有因缘故，则亦可得说。又不可说即可说，真理普遍故；可说即不可说，缘修无性故。

经云：“不可思议智境，不可思议智照。”即此义也。若破四性境智，此名实慧；若四悉赴缘，说四境智，此名权慧。则权实双行，自他兼利，方冥佛旨，免堕己愚。

问：山河大地，一一皆宗；五性三乘，人人是佛，何须《宗镜》，强立异端？

答：诸佛凡敷教迹，不为已知者言；祖师直指人心，只为未明者说。今之所录，但示初机，令顿悟圆宗，不迂小径。若不得宗镜之广照，何由鉴自性之幽深？匪因智慧之光，岂破愚痴之暗？如临古镜，妍丑自分；若遇斯宗，真伪可鉴。岂有日出而不照，燃灯而不明者乎？故《华严记》中，述十种法明。法即是境，明即是心，以智慧明，照二谛法，故云法明。虽然法无成破，此属第一义门中，且教自有开遮，宁无善巧方便。

如《大涅槃经》中《高贵德王菩萨品》因琉璃光菩萨，欲来放光。佛问于文殊，文殊初以第一义答云：“世尊！如是光明，名为智慧。智慧者，即常住之法，常住之法，无有因缘。云何佛问，何因缘故，有是光明？”广说无因缘。竟末后云：“世尊！亦有因缘，因灭无明，则得炽然阿耨多罗三藐三菩提灯，是知因教明宗，非无所以，从缘入道，终不唐捐，方便之门，不可暂废。”又夫宗镜中，才说一字，便是谈宗，更无前后，以说时有异，理且无差。

问：但云方便，说则无妨，若约正宗，有言伤旨。

答：我此圆宗，情解不及，岂同执方便教人，空有不融通，体用两分，理事成隔。说常住，则成常见；说无常，则归断灭。斥边，则成边执；存中，则着中理。今此圆融之旨，无碍之宗。说常，则无常之常；说无常，则常之无常。言空，则不空之空；言有，则幻有之有。谈边，则即中之边；谈中，则不但之中。立理，则成事之理；立事，则显理之事。是以卷舒在我，隐显同时，说不乖于无说，无说不乖于说。

《宝藏论》云：“常空不有，常有不空，两不相待，句句皆宗。”是以圣人随有说有，随空道空，空不乖有，有不乖空，两语无病，二义双通。乃至说我，亦不乖无我；说事，亦不乖无事。何以故？不为言语所转也。

问：既称观心自悟，不假外缘，云何广赞佛恩，称扬经教？

答：若不因教所指，何由得识自心？设不因教发明，亦须凭教印可。若不然者，皆成自然外道，暗证禅师。真饶生而知之，亦是多生闻经熏种，或乃诸圣本愿冥加。所以台教云：“夫一向无生观人，但信心益，不信外佛威加益，此堕自性痴；又一向信外佛加，不内心求益，此堕他性痴。”是以世音凡愚，牵重不前者，须假傍力助进，如师与经，是乃外缘。证悟之者，皆被冥加，若不知恩，如树木不识日月风雨等恩。经云：“非内非外，而内而外。”而内故，诸佛解脱，于心行中求；而外故，诸佛护念。云何不信外益也？

问：平等真心，群生佛智，虽然等有，信解难生，多抱狐疑，少能圆证，更希再明教理，确实指陈。

答：广略之教，遮表之诠，虽开合不同，总别有异。然皆显唯心之旨，终无识外之文，证若恒沙，岂唯一二？所以《法华经》偈云：“知第一寂灭，以方便力故，虽说种种道，其实为佛乘。”释曰：知第一寂灭者，真如一心，是本寂灭，非轮回生灭之灭，亦非观行对治之灭，故称第一。于一心寂灭之中，即无法可敷扬，无道可建立。为未了者，以方便大慈力故，虽说种种别门异道，若克体而论，唯但指归一心佛乘，更无余事。

《楞伽经》云：“佛告大慧：‘身及资生器世间等，一切皆是藏识影像，所取能取两种相现。彼诸愚夫，堕生住灭二见中故，于中妄起有无分别。’”又《入楞伽经》偈云：“种种随心转，唯心非余法，心生种种生，心灭种种灭，众生妄分别，无物而见物，无义唯是心，无分别得脱。”又《华严经》云：“一切方海中，依于众生心想而住。”《大智度论》云：“譬如调马，自见影不惊。何以故？自知影从身出。如信入一乘调顺之人，见一切怖境不惊，自知境从心出。”

《唯识论》云：如契经说“三界唯心”，又说“所缘唯识所现”，又说“诸法皆不离心”，又说“有情随心垢净”，又说“成就四智菩萨，能随悟入唯识无境”，又颂说“心意识所缘，皆非离自性，故我说一切，唯有识无余”，此先进圣教，诚证非一。

如前所说，识差别相，依理世俗，非真胜义，但以从初业识，起见相二门，因见立能，因相立所，能所才具，我法互兴。从此因有为而立无为，对虚假而谈真实，皆无空体，似有非真。是以认互起之名，见色有表而执空无表；对相待之质，见牛角有而执兔角无。不知以有遮无，有非定有；以无遮有，无非定无。若了八识真心，自然绝待，疑消能所，藤蛇于是并空；见息对治，形名以之双寂。

问：能所之见，则心境宛然，圣人知见，如何甄别？

答：双照有空，不住内外，似谷答声而绝虑，如镜鉴像而无心，妙湛圆月，寂而常照。故云：常在正念，亦名正知，非是有念有知，亦非无念无知。若唯无念，寂而失照；若但照体，照而失寂。并称不正，正在双行。

《还原集》云："得其妙性起照，照见一切，了了知无所知，了了见无能见。内外圆明，廓周法界，亦名毗卢遮那无障碍眼，圆湛十方，照见一切佛刹。"即此义也。所以达人见闻，不落能所，既非是有见，亦非无见，但不生二相，常合真空。故《大集经》云："慧灯三昧者，即是诸法无二相也。"无二相者，不在有无，不出有无。夫有无者，以惑情所执，有无皆失；理无惑计，有无皆真。是知诸法，非实非虚，非空非有。若无于有，不成于无；若无于无，不成于有。有无交彻，万化齐融。

又约圣人亲证见闻之境，有其四种。所以《大涅槃经》云："约佛妙证，有四种闻：一、不闻闻，二、不闻不闻，三、闻不闻，四、闻闻。"台教释云："初入证道，修道忽谢，无所可有，名为不闻；真明豁开，无所不照，即是于闻，故名不闻闻；证得如是大般涅槃，无有闻相，故名不闻不闻；证起惑灭，名闻不闻；寂而常照，随扣则应，名曰闻闻。"初句证智，次名证理，第三名证断，第四句证应。若事若理，智断自他，于初智证之中，具足无缺，此一妙证，尽涅槃海。复次不闻闻，是证了因；闻不闻，是证缘因；不闻不闻，是证正因；闻闻，是证境界。

乃至明四种生：谓生生，生不生，不生生，不生不生，亦同四种闻义。一、生生，是因缘所生法；二、生不生，是我说即是空；三、不生生，是亦名为假名；四、不生不生，是亦名中道义。若能了此四生之无生，方达圣人见闻之境。是以不取不舍，达一道之原；非有非空，见诸法之实。如《肇论》云："道超名外，因谓之无；动与事会，因谓之有。谓之有者，应夫有为强谓之然耳。彼何然哉？故经云：'圣智无知而无所不知，无为而无所不为。'此无相寂然之道，岂曰有而为有，无而为无，动而乖静，静而废用耶？"

而今之谈者，多即言以定旨，寻大方而征隅，怀前识以标玄，存所存之必当。是以闻圣有知，谓之有心；闻圣无知，谓等太虚。

有无之境，边见所存，岂是处中莫二之道乎？何者？万物虽殊，然性本常一，不可而物，然非不物。可物于物，则名相异陈；不物于物，则物而即真。是以圣人不物于物，不非物于物。不物于物，物非有也；不非物于物，物非无也。非有所以不取，非无所以不舍。不舍故，妙存则真；不取故，名相靡因。名相靡因，非有知也；妙存则真，非无知也。是知真心无寄，不属有无，妙证之时，自然明了。

问：此佛之知见，如何开示悟入？

答：若约教，天台文句疏配圆教四位，开即十住，示即十行，悟即十向，入即十地。《华严记释大意》云："谓开除惑障，显示真理，令悟体空，证入心体。"若禅门南北二宗释者，北宗云："智用是知，慧用是见。心不起名智，智能知；五根不动名慧，慧能见。是佛知见。心不动是开，开者，开方便门；色不动是示，示者，示真实相。悟即妄念不生，入则万境常寂。"南宗云："众生佛智，妄隔不见。但得无念，即本来自性寂静，为开；寂静体上，自有本智，以本智能见本来自性寂静，名示。既得指示，即见本性，佛与众生本来无异，为悟。悟后于一切有为无为，有佛无佛，常见本性，自知妄想无性，自觉圣智，是故菩萨，前圣所知，转相传授，即是入义。"

《大涅槃经》云："第一义空，名为智慧。"二乘但空，空无智慧。菩萨得不但空，即中道慧。即此慧，寂而常照。二乘但得其寂，不得寂照，故非实相；菩萨得寂，又得寂照，即是实相。

卷十四

问:人法俱空,若实无我,谁受生死,依正果报?又谁厌苦,求趣涅槃缚解,去来升沉等事?

答:虽无作者,而有作业。以众缘力,至于后世,相续不断,但以识为种,能有厌求记忆等事。如《涅槃经》云:"佛言:'善男子!一切众生,皆有念心、慧心、发心、动精进心、信心、定心。如是等法,虽念念灭,犹故相似,相续不断,故名修道。乃至如灯,虽念念灭,而有光明,除破暗冥。念等诸法,亦复如是。如众生食,虽念念灭,亦能令饥者而得饱满,譬如上药,虽念念灭,亦能愈病。日月光明,虽念念灭,亦能增长草木树林。善男子!汝言念念灭,云何增长者,心不断故,名为增长。'"以善恶之业因,苦乐之果报,非有人我,能作能受,但是识持,因果不亡。如古师云:"众生为善恶而受其报者,皆由众生心识,三世相续,念念相传。如今世现行五蕴,由前世识种为因,起今世果。今世有作业熏种,而为来世现行因,辗转相续为因果故。"

《大庄严论》问:有缚则有解,无我则无有缚。若无有缚,谁得解脱?

答:虽无有我,犹有缚解。何以故?烦恼覆故,则为所缚;若断烦恼,则得解脱。是故虽复无我,犹有缚解。从于过去烦恼诸业,得现在身;及以诸根,从今现世复造诸业,以是因缘,得未来身。及以诸根譬如谷子,众缘和合,故得生芽。然此种子,实不至芽,种子灭故,芽便增长,子灭故不常,芽生故不断。佛说受身,亦复如是。虽复无我,业报不失。

《华严》会意问云：若准六根无我，谁造谁受耶？

答：佛说作善生天，为恶受苦者，此但因缘法尔，非是我能为受也。若言是我非因缘者，作恶何不生天，乃堕地狱耶？我岂爱彼地狱，故受苦耶？我既作恶而不受乐者，故知善恶感报，唯因缘非是我也。如论云"因缘故生天，因缘故堕地狱"，是此意也。

问：既言无我，谁感因缘？若言无我，但是因缘自为者，草木亦禀因缘，何不生天与受苦耶？

答：内外虽但禀因缘，因缘有二：一、善恶增上业因缘，但感生天及地狱异熟等；二、善恶等流业因缘，生天者，感宝地金华；堕地狱者，感刀林铜柱等。此是因缘业作，非我能为，岂谓受报不同，而计有我也？故经云："无我无造无受者，善恶之业亦不亡。"

问：若言造业受报，但是因缘非由我者，何故有证无我者，虽有已造恶业因缘，而不感受报耶？既得无我即不受报者，故知我造恶业受报，非是业因缘也。

答：由得无我已，即断恶业因缘，无彼因缘，故不受报，非谓有我无我，受不受也。故经云："因缘故法灭"等，此之谓也。即以如实推究，我不可得，是故无我，唯六根也。外我所执外分有六尘也，非实我所有。若言见闻等是我非是识者，如聋盲人有我，何不得见闻等耶？既聋盲等人虽有于我，而不得见闻者，故知见是识，非是我也。是知于此根、尘、识三处推择，唯有法而无我人。

夫外计内执我者，皆于地、水、火、风、空、识六大种中，及身内识、暖、息三事等起执。今观六大三事内，唯是识之一大，世多坚执以为实我。今只用于内外三世中推，自然无我无识。内外推者，只如执识实在身内者，且何者是识？若言身分皮肉筋骨等是识者，此是地大；若言精血便利等是识者，此是水大；若言身中暖触是识者，此是火大；若言折旋俯仰言谈祇对是识者，此是风大；除四大外，唯是空大，何者是识？各个既无，和合岂有？如一沙压无油，合众沙而岂有？似一狗非狮子，聚群狗而亦无。此四大种，现推无体，即是内空，死后各复外四大，一一归空，即是外空，内外俱空，识性无寄。又内推既无识，应在外者，外属他身，自无主宰，及同虚空，有何分别？内外俱空，中间奚有？以因内外立中间故，但破内外，中间自虚。若识内外空者，应在三世。何者？因三世以辩识，因识以立三世。若无有识，谁分三世？若无三世，何以明识？以此三识，若不思过去，即想未来，过未不缘，即住现在，离三际外，更过有识。故祖师云："一念不生，前后际断。"

今则念念成三世，念念识不住，念念唯是风，念念无主宰。故《金刚经》云："过去心不可得，未来心不可得，现在心不可得。"以因现在立过去，因过去立未来。现在既不住，过未亦无生，互检互无，彻底空寂，但有微毫起处，皆从识生。

今推既无，分别自灭，分别既灭，境界无依。如依水生波，依镜现像。无水则波不起，无镜则像不生。故知非关法有法无，但是识生识灭。如《金刚三昧经》偈云："法从分别生，还从分别灭，灭是诸分别，是法非生灭。"如是洞达，根境豁然，自觉既明，又能利他普照。故经偈云："究竟离虚妄，无染如虚空，清净妙法身，湛然应一切。"若不于自身仔细明察，妙观不习，智眼全盲，执妄迷真，以空作有，若能善观，即齐诸圣。

如《圆觉经》云："尔时世尊告普眼菩萨：'善男子！彼新学菩萨，及末世众生，欲求如来净圆觉心，应当正念远离诸幻，常作是念：我今此身，四大和合，实同幻化。此虚妄心，若无六尘，则不能有。四大分解，无尘可得，于中缘尘，各归散灭，毕竟无有缘心可见。善男子！彼之众生，幻身灭故，幻心亦灭；幻心灭故，幻尘亦灭；幻尘灭故，幻灭亦灭；幻灭灭故，非幻不灭。譬如磨镜，垢尽明现。

"'善男子！当知身心，皆为幻垢，垢相永灭，十方清净。譬如清净摩尼宝珠映于五色，随方各现。诸愚痴者，见彼摩尼宝有五色，圆觉净性，现于身心，随类各应。彼愚痴者，说净圆觉，实有如是身心自相，亦复如是，由此不能远于幻化。是故我说：身心幻垢，对离幻垢，说名菩萨，垢尽对除，即无对垢及说名者。

“‘善男子！此菩萨及末世众生，证得诸幻灭影像故，尔时便得无方清净，无边虚空觉所显发。觉圆明故，显心清净；心清净故，见尘清净；见清净故，眼根清净；根清净故，眼识清净；识清净故，闻尘清净；闻清净故，耳根清净；根清净故，耳识清净；识清净故，觉尘清净。如是乃至鼻、舌、身、意，亦复如是。善男子！根清净故，色尘清净；色清净故，声尘清净，香味触法，亦复如是。

“‘善男子！六尘清净故，地大清净，地清净故，水大清净，火大风大，亦复如是。善男子！四大清净故，十二处、十八界、二十五有清净。彼清净故，十力、四无所畏、四无碍智、佛十八不共法、三十七助道品清净，如是乃至八万四千陀罗尼门，一切清净。善男子！一切实相性清净故，一身清净，一身清净故，多身清净，多身清净故，如是乃至十方众生圆觉清净。善男子！一世界清净故，多世界清净，多世界清净故，如是乃至尽于虚空，圆裹三世，一切平等，清净不动。

“‘善男子！虚空如是平等不动，当知觉性平等不动，四大不动故，当知觉性平等不动，如是乃至八万四千陀罗尼门平等不动，当知觉性平等不动。善男子！觉性遍满，清净不动，圆无际故。当知六根遍满法界，根遍满故。当知六尘遍满法界，尘遍满故，当知四大遍满法界，如是乃至陀罗尼门，遍满法界。善男子！由彼妙觉性遍满故，根性尘性，无坏无杂，根尘无坏故，如是乃至陀罗尼门，无坏无杂，如百千灯，光照一室，其光遍满，无坏无杂。

“‘善男子！觉成就故，当知菩萨，不与法缚，不求法脱，不厌生死，不爱涅槃。何以故？一切觉故。善男子！此菩萨及末世众生，修习此心，得成就者于此无修，亦无成就。圆觉普照，寂灭无二，于中百千万亿不可说阿僧祇，恒河沙诸佛世界，犹如空华，乱起乱灭，不即不离，无缚无脱。始知众生，本来成佛，生死涅槃，犹如昨梦。善男子！如昨梦故，当知生死，及与涅槃，无起无灭，无来无去。其所证者,无得无失,无取无舍;其能证者,无作无止,无任无灭。于此证中,无能无所,毕竟无证,亦无证者,一切法性,平等不坏。善男子!彼诸菩萨,如是修行,如是渐次,如是思维,如是住持,如是方便,如是开悟,求如是法,亦不迷闷。'"

所以凡夫迷梦,怕怖生老病死;以二乘遍见,厌离成住坏空。若顿悟之时,不厌不怖,全将生死法,度脱于群生。以生死性空故,如释迦如来,不离不着,生则王宫降诞,演独尊之文;老则寿八十年,示迁坏之法;病则背痛偃卧,警泡幻之身;死则示灭双林,显无常之苦。令小根者悟其迁变,俾大器者顿了圆常。故知生老病死之中,尽能发觉;行住坐卧之内,俱可证真,岂同怖厌凡小之见乎?

问:《涅槃经》佛说有真我佛性之理,诸菩萨等皆申忏悔,我等无量劫来,常被无我之所漂流。今广说无我者,莫不违涅槃之教否?

答:今言无我者,谓破凡夫外道迷唯识理,妄执心外实有我法。如外道所执,略有三等:一、僧佉等,执我体常周遍,量同虚空,随处造业,受苦乐等。二、尼乾子,执我其体虽常,而量不定,随身大小,有卷舒故。三、遍出,执我体常至细,如一极微潜转身中,作事业故。余九十种所计我等,不异此三,故此等妄执,俱无道理,唯成五见之邪思(身见、边见、邪见、见取见、戒禁取见),岂同四德之真我?如《涅槃经》云:"外道言:'如瞿昙说无我我所,何缘复说常乐我净?'佛言:'善男子!我亦不说内外六入,及六识意,常乐我净。我乃宣说灭内外入,所生六识,名之为常;以常故,名之为我;有常我故,名之为乐;常我乐故,名之为净。'"夫真我者,是佛性义,常恒不变,非生因之所生,具足圆成,唯了因之所了。

又如经云:"尔时世尊赞诸比丘:'善哉,善哉!汝等善能修无我想。'时,诸比丘即白佛言:'世尊!我等不但修无我想,亦更修习其余诸想,所谓苦想、无常、无我想。世尊!譬如人醉,其心愐眩，见诸山河，石壁草木，宫殿屋舍，日月星辰，皆悉回转。世尊！若有不修苦无常想，无我等想，如是之人，不名为圣，多诸放逸，流转生死。世尊！以是因缘，我等善修如是诸想。'

"尔时佛告诸比丘言：'谛听，谛听，汝向所引醉人喻者，但知文字，未达其义。何等为义？如彼醉人，见上日月，实非回转，生回转想。众生亦尔，为诸烦恼无明所覆，生颠倒心，我计无我，常计无常，净计不净，乐计为苦，以为烦恼之所覆故，虽生此想，不达其义如彼醉人，于非转处，而生转想。我者，即是佛义；常者，是法身义；乐者，是涅槃义；净者，是法义。汝等比丘，云何而言有我想者憍慢贡高，流转生死？汝等若言，我亦修习无常、苦、无我等想，是三种修无有实义，我今当说胜三修法：二乘所修，无常、苦、无我，向下所说大乘真实之法，超三修曰胜。苦者计乐，乐者计苦，是颠倒法；无常计常，常计无常，是颠倒法；无我计我，我计无我，是颠倒法；不净计净，净计不净，是颠倒法。有如是等四颠倒法，是人不知正修诸法。汝诸比丘，于苦法中，生于乐想；于无常中，生于常想，于无我中，生于我想；于不净中，生于净想。世间亦有常乐我净。出世亦有常乐我净。世间法者，有字无义；出世间者，有字有义。何以故？世间之法，有四颠倒，故不知义。所以者何？有想倒、心倒、见倒。以三倒故，世间之人，乐中见苦，常见无常，我见无我，净见不净，是名颠倒。以颠倒故，世间知字而不知义。何等为义？无我者，名为生死；我者，名为如来。无常者，声闻缘觉；常者，如来法身。苦者，一切外道；乐者，即是涅槃。不净者，即有为法；净者，诸佛菩萨所有正法。是名不颠倒，以不倒故，知字知义。若欲远离四颠倒者，应知如是常乐我净。'"

释曰：夫迷四真实，起八颠倒者，无非人法二我之见，为生死之枢穴，作烦恼之基址，成九结之樊笼，开十使之业道。二乘虽断人我，常被无我之所漂流；外道谬认识神，恒为妄我之所轮转。如上剖析，皆属一期教门，不可于此，定执有无，迷于方便。如《广百论》云："为止邪见，拨无涅槃，故说真有常乐我净。此方便言，不应定执，既不执有，亦不拨无。如是乃名正智解脱。”

问：外尘无体，唯识理成，正教昭然，妙旨非谬。今凡夫所执，多徇妄情，以见闻之心，熏习之力，多执现见之境，难断纤疑，前虽广明，犹虑未信，更希再示，以破执情。

答：法性无量，得之者有边；真如相空，执之者形碍。如《还原观》云：“真空滞于心首，恒为缘虑之场；实际居在目前，翻为名相之境。”《起信钞》云：“若是唯心，则不合有境，以心无相，不可见故。既有所见，云何唯心？意云一切法从心起故，所起无体，即是一心，何用说见与不见，根本是心故。”又云：“境本非善，但以顺己之情，便名为善；境本非恶，但以违己之情，便名为恶。”故知妍丑随情，境无定体，既无自体，曷有境乎？唯心之门，从兹明矣。故知佛为信者说，不为疑者施，垢重障深，自生疑谤，遮轻根利，顿入元微。

问：境唯世俗之有，识通胜义之门者，云何为世俗谛，云何说胜义谛？

答：夫一切谛智，皆从无谛而起。无谛者，即绝待真心，非是对有称无，故云绝待，犹如虚空，非对小空而称大空。从此无谛，立一实谛，此一实之名，是对三权而名一实（三权者，言权巧说三乘之法），待虚名实，此是对待得名。又从此一实，对机约教，或分开二谛等。此二谛者，约情智而开。如《涅槃经》云：“如出世人之所知者，名第一义谛；世间人知者，为世谛。”《仁王经》云：“于解常自一，于谛常自二。”所以《仁王》虽分二谛，智照常一；《涅槃》本唯一谛，解惑分二。斯则二而不二，不二而二，一二自在，为真二谛。

故昔人颂云：“二谛并非双，恒乖未曾各。”即其义也。生公云：“是非相待故，有真俗名生。”梁《摄论》云：“智障甚盲暗。”谓真俗别执。然法相务欲分析，法性务在融通，各据一门，勿生偏滞。何者？若但分析而不融通，法成差异，若不分析事成混滥，又无可融通，则性相历然而非异，事理融即而非同，非异非同，圆中妙理。又境则不碍真而恒俗，智则不碍寂而常照。意以心寂对于境真，心照对于境俗。以照对俗，则心境非一；以寂对真，则心境非异。虽双融空有二境，寂照二心，终不得言境则不碍真而恒俗，智则不碍照而恒寂，境则不碍俗而恒真，智则不碍寂而常照。《中观论》偈云："若人不能知，分别于二谛，则于深佛法，不知真实义。"《金刚般若不坏假名论》云："佛所说法，咸归二谛：一者，俗谛；二者，真谛。"

问：既云约俗假立，心境双陈，开之则两分，合之则一味，今约开义，则互相生，未有无心境，曾无无境心，凡圣通论，都有几境？

答：境有二：一、众生遍计所执情境，心外见法，名之曰境。二、诸圣自在德用智境，以从心现故，成其妙用智境，又一，一一分剂境，广大无边故；二、所知境，唯佛能尽故。又有二种：一、是心境唯心现故，张心无心外之境，张境无境外之心，常合一味故；二、是境界之境，谓心境无碍，隐显同时，体用相成，理事齐现。

问：觉王随顺世法，曲徇机宜，欲显无相之门，先明有相之理，因方便而开真实，假有作而证无生，只如五蕴初始，以何为义？

答：蕴者，藏也。亦云五阴，阴者，覆也，即蕴藏妄种，覆蔽真心。《杂集论》云："蕴者，积聚义，此约俗谛所释。若论真谛，无一法可聚，以各无自体，亦无作用故。"故《最胜王经》云："佛告善天女：'五蕴能现法界，法界即是五蕴。'"

问：处以何为义？

答："论云，识生长门义，当知种子义，摄一切法差别义，亦是处义。"

问:界以何为义?

答:是界分建立义,以内外中间各对待立故。《杂集论》云:“一切法种子义。”谓依阿赖耶识中诸法种子,说名为界,界是因义。又能持自相义,又能持因果性义,又摄持一切法差别义。

问:何因五蕴,说唯有五?

答:《杂集论》云:“为显五种我事故:一、身具我事,谓内外色蕴所摄;二、受用我事,即受蕴;三、言说我事,即想蕴;四、造作一切法非法我事,谓行蕴;五、彼所依止我自体事,谓识蕴。是身具等所依我相事义,世间有情,多于识蕴计执为我,于余蕴计执我所。”

问:何因处唯十二?

答:《杂集论》云:“由身及具,能与未来六行受用,为生长门故,唯依根境立十二处,不依六种受用相识。”

问:何因界唯十八?

答:《杂集论》云:“由身具等,能持过现六行受用性故。身者,谓眼等六根。具者,谓色等六境。过现六行受用者,谓六识能持者。谓六根六境,能持六识所依所缘故,过现六识能持受用者,不舍自相故,当知十八。以能持义,故说名界。”是以真谛不有,世谛非无,迷之则一二情生,悟之则性相无碍。故先德云:“真俗双泯,二谛恒存;空有两亡,一味常现。”

问:万法唯识,正量可知。又云境灭识亡,心境俱遣?今观阴、入、界等,如上分析,性相宛然,云何同境?一时俱拂?

答:上约世谛分别,似有非真,但立空名,终无实体。所以,《首楞严经》微细推检阴、入、界处,一一皆空,非因非缘,非自然性。非因,即是不自生;非缘,即是不他生;既无自他二法,无法和合，即是不共生；非自然性，即是非无因生。四句无生，阴从何有？

《破五阴文》云："佛告阿难：'譬如有人取频伽瓶，塞其两孔，满中擎空，千里远行，用饷他国。识阴当知，亦复如是。阿难！如是虚空，非彼方来，非此方入。如是阿难，若彼方来，则本瓶中，既贮空去，于本瓶地，应少虚空。若此方人，开孔倒瓶应见空出，是故当知，识阴虚妄，本非因缘非自然性。'"

释曰：此破识阴也，瓶喻于身，空喻于识。故知虚空不动，识无去来，一阴既虚，四阴皆尔。故知色阴如劳目睛，忽现空华之相；受阴如手摩触，妄生冷热之缘；想阴如人说酸梅，口中自然水出；行阴如水上波浪，观之似有奔流；识阴如瓶贮虚空，持之用饷他国。斯则非内非外，不即不离，和合既不成，自然亦非有。若此况是实，则五阴不虚，既并世相而非真，审知阴入而无体，唯是性空法界，如来藏心，无始无终，平等显现。

是以《首楞严经》云："佛告阿难：'是故如来，与汝发明，五阴本因，同是妄想，汝体先因父母想生，汝心非想，则不能来想中传命。如我先言，心想酸味，口中涎生，心想登高，足心酸起。悬崖不有，酸味未来。汝体必非虚妄通伦，口水如何因谈酸出？是故当知，汝现色身，名为坚固第一妄想。即此所说临高想心能令汝形，真受酸涩，由因受生，能动色体。汝今现前顺益违损，二现驱驰，名为虚明第二妄想。由汝念虑，使汝色身，身非念伦，汝身何因，随念所使，种种取像，心生形取，与念相应，寤即想心，寐为诸梦，则汝想念，摇动妄情，名为融通第三妄想。化理不住，运运密移，甲长发生，气消容皱，日夜相代，曾无觉悟。阿难！此若非汝，云何体迁？如必是真，汝何无觉？则汝诸行，念念不停，名为幽隐第四妄想。又汝精明，湛不摇处名恒常者，于身不出见闻觉知，若实精真，不容习妄。何因汝等，曾于昔年，睹一奇物，经历年岁，忆忘俱无，于后忽然复睹前异，记忆宛然，曾不遗失。则此精了，湛不摇中，念念受熏，有何筹算？阿难当知，此湛非真，如急流水，望如恬静，流急不见，非是无流。若非想元，宁受妄习，非汝六根互用合开，此之妄想无时得灭。故汝现在见闻觉知中串习机，则湛了内罔象虚无，第五颠倒微细精想。

"阿难！是五受阴，五妄想成，汝今欲知因界浅深，唯色与空，是色边际；唯触及离，是受边际；唯记与忘，是想边际；唯灭与生，是行边际；湛入合湛，归识边际。此五阴元，重叠生起，生因识有，灭从色除，理则顿悟，承悟并消，事非顿除，因次第尽。"

是以若达五阴有，即众生世间；若了五阴空，即真谛世间；若达五阴实相，即中道第一义正智世间。离此五阴三世间外，更无一法能建能立。为俗为真，一代时教所诠，除此别无方便。悟此成佛，迷此为凡，唯是一心，开合无异。何者？以一阴名色，四阴名心，从心所生，故称为色。心是所依，色是能依，摄能归所，但是一心，本末元同，体用常合，宗镜大旨，于此绝言。

即知从来所执一切境界，皆从识变，尽逐想生。离识无尘，识寂则诸尘并寂；离想无法，想空则诸法皆空。因缘自然，俱成戏论，知解分别，本末无从。但有意言，都无真实，如此明达，顿悟前非。终不更待空里之华，将期结果；取梦中之物，拟欲牢藏。杌见鬼空，绳消蛇想。渴鹿罢驰于阳焰，痴猿息弄于月轮。遂乃静虑虚襟，若凌空之逸翮；随缘养性，犹纵浪之虚舟。毕故不造新，任真而合道。如是五阴、六入、十二处、十八界、七大性等，非是本来自然无因而有，非从今日和合因缘所生，但是识心，分别建立。

今破此识性，则七大性，乃至一切法皆空，如寻流得源，捕贼获赃，则无明怨对，生死魔军，应念俱消，如汤沃雪。唯如来藏，妙湛明心，性真圆融，遍十方界。如波澄秋渚，含虚洞然，云朗晴空，迥无所有。

所以《首楞严经》云："佛告阿难：'汝犹未明一切浮尘诸幻化相，当处出生，随处灭尽，幻妄称相，其性真为妙觉明体。如是乃至五阴六入，从十二处，至十八界，因缘和合，虚妄有生，因缘别离，虚妄名灭。殊不能知，生灭去来本如来藏，常住妙明不动周圆，妙真如性。性真常中，求于去来迷悟生死，了无所得。'"是以先令照彻心境分明，后乃顿融，须亡心境。

如《华严演义》云：“谓此《华严经》中，教人观察，若心若境。如颂云：‘欲知诸佛心，当观佛智慧，佛智无依处，如空无所依。’此令观佛心也。又颂云：‘若有欲知佛境界，当净其意如虚空。’此教观佛境也。”次《空心境》颂云：“法性本空寂，无取亦无见，性空即是佛，不可得思量，无取即无境，无见即无心。”又颂云：“若有欲得如来智，应离一切妄分别，有无通达皆平等，疾作人天大导师。”即空心境也。菩萨凡夫所有心境，观照例知。故经颂云：“知妄本自真，见佛则清净。”又云：“心佛与众生，是三无差别。”

问：于世间法，五蕴身中，作何见解，成外道义？云何通达，成佛法义？

答：外道不达诸法因缘和合成诸蕴，凡有所为，皆是识阴，便于蕴上，执有实我，受用自在，名为神主，于似常似一相续之中，说有神性，是外道义。若了内外和合因缘所成，唯识所变，似境所现，即第八识任持不断，似有相续，即佛法义。外道不知，将为实有，迷无性之理，执身见之愚。

问：前破五阴，识义俱无。云何建立唯识？

答：一为遣境故立识。何者？若不因识，何以立境？若不显识，何以遣境？二为以有妄想心故能知名义，何者？若无妄则不能显真，若无真则不能破惑。故知破立在我，染净由心。

问：世间无有一法不从缘生。具何因缘，能生万法？

答：曾无心外法，能与心为缘，但是自心生，还与心为相。《义海》云：“明缘起者，如见尘时，此尘是自心现。由自心现，即与自心为缘。由缘现前，心法方起，故名为缘起法也。”经云：“诸法从缘起，无缘即不起。”乃至则知尘体，空无所有。今悟缘非缘，起无不妙。但缘起体寂，起恒不起；达体随缘，不起恒起。如是见者，名实知见。何谓实知见？若见缘而不见体，即是常见；若见体而不见缘，即是断见。今从因缘而见性，则不落常；于真性中而缘起，则不堕断，名实知见。所以辩因缘行相者，谓因事而显理，令理不孤；因理而成事，令事融即。

问：般若无相，不受一尘。云何又辩因缘？

答：夫佛道正法，皆从缘生。故云："心法四缘生，色法二缘起。"若执不从缘生者，皆非正法，悉属外道，自然邪见。且心之一法，若无第一亲因缘者，无有生现行果之义，则诸法不成立；若无第二等无间缘者，则无开导引后生义，无有相续，全成间断；若无第三所缘缘者，则心无所虑处，不能牵心用，心无所托，乃心境俱成断灭；若无第四增上缘者，虽具前三缘，若无增上，即成障碍，法亦不生。四缘具足，方成心法。

若能明了世间因缘所生之法，方乃见无生之旨，以即生法达无生故。且生法尚不知正因，云何能了无生妙理？所以《华严钞》云："缘起深义，佛教所宗。"《净名经》云："说法不有亦不无，以因缘故诸法生。"《法华经》云："诸佛两足尊，知法常无性，佛种从缘起，是故说一乘。"又经云："一切诸法，因缘为本。"《中论》云："未曾有一法，不从因缘生，是故一切法，无不是空者。"则真空中道，亦因缘矣。

问：《涅槃经》云："若一切法从缘生者，则知无常。是诸外道，无有一法不从缘生。"则外道有因缘矣？

答：此明外道在因缘内，执于缘相以为常住，是故破之，言无常耳。今明教诠因缘妙理，具常无常，岂得同耶？况复宗者，从多分说，所以因缘是所宗，不应致疑。故知唯是一心缘起法门，以法无自性，随心所现，所现之法，全是自心。所以本末相收，皆归宗镜。何者？内即是本，外即是末。以唯心义，则内收外；托境生心，则末亦收本。若以法性为本，法性融通，缘起相由，则尘包大身，毛容刹土，故合为一大缘起也。故知有智慧无多闻，有多闻无智慧，俱不达实相。

闻慧具足，真见心原。如经云："若欲学般若，应学一切法。"又云："若欲了达因缘、等无间缘、所缘缘、增上缘者，应当学般若。"《智论》释云："不破四缘之义，唯破四缘之执。如水中之月，不破所见，只破所取。"故知但有能取执情，则非幻而成幻法，若成无所得慧，则非幻尚自不生，般若真性，何所滞乎？

问：八识之中，覆真习妄，何识造业，何识为因，何识为依，成其妄种？

答：前五识取尘，第六识为因，第七识计我造业，第八识为依，以此生死苦果不断。《楞伽经》偈云："如水大流尽，波浪则不起，如是意识灭，种种识不生。"释云，谓五识取尘，转入六识，六识记法为因，七识攀缘六识，造善恶业，得未来生死，覆障八识，不得显现。若五识不取尘，即无六识；六识无故，七识不生；七识不生故，则无善恶业；无善恶业故，即无生死；无生死故，如来藏心湛然常住。即是六七识灭，建立八识。又八识为五六七识所依，与诸识作因者，即第六识心，诸识依之。如水尽，则无波浪，六识灭，七识亦不生。故云"一念无明风，鼓动真如海。"无明风尽，识浪不生，则觉海性澄圆圆澄觉元妙。

问：一切世间因果相酬，生死不绝，于诸识中，何识为主？

答：生灭因缘，最初依阿赖耶识为体，以意识为用。如是三世因果，流转不绝，功在意识。以是义故，意名相续识。《起信论》云："复次生灭因缘者，谓诸众生依心、意、识转。此义云何？以依阿赖耶识，有无明不觉，起能见能现，能取境界，分别相续，说名为意。此意复有五种异名，一、名业识，谓无明力，不觉心动；二、名转识，谓依动心，能见境相；三、名现识，谓现一切境界相，犹如明镜现众色像，现识亦尔，如其五境，对至即现，无有前后，不由功力;四、名智识,谓分别染净诸差别法;五、名相续识,谓恒作意相应不断,任持过去善恶等业令无失坏,成熟现未苦乐等报,使无违越,已曾经事,忽然忆念,未曾经事,妄生分别。

“是故三界一切,皆以心为自性,离心则无六尘境界。何以故?一切诸法,以心为主。从妄念起,凡所分别,皆分别自心。心不见心,无相可得。是故当知,一切世间境界之相,皆依众生无明妄念而得建立,如镜中像,无体可得,唯从虚妄分别心转。心生,则种种法生;心灭,则种种法灭故。”

卷十五

问:生死之法是有是无?

答:非有非无。何者?若言是有,一身内外,地水火风各个性空,未会聚散,所以,无生之生可说为生,无灭之灭可说为灭。如《庵提遮女师子吼了义经》云:"若能明知地水火风四缘,毕竟未曾自得有所和合,而能随其所宜有所说者,是为生义。乃至若能明知地水火风,毕竟不自得有所散坏,而能随其所宜有所说者,是为死义。"若言是无,以染净真如,不守自性,不觉随缘,起幻生灭,故云"法身流转五道,号曰众生"。

须知生死中道,方离断常。是以生之无生,真性湛然;无生之生,业果宛然。真性湛然,不可执常;业果宛然,不可执断。又复诸佛出世,尚如空华,乱生乱灭,况众生颠倒生死,但如妄梦,如狂醉,岂是实耶?无如一切众生,饮无明酒,卧五住地,长劫惛然,孰有醒者,忽得见性之时,如同醉醒。如经偈云:"譬如惛醉人,酒消然后醒,得佛无上体,是我真法身。"又若入宗镜中,顿明实性。反观世间生死,名相虚诳,犹如儿戏,复似技人。然虽改换千差,一性宛然不动。

问:生死轮回不待外缘,既由内识,此即有漏异生,生死相续。诸佛菩萨净法相续,为复亦由内识?为复别有净体?

答:净法相续,应知亦然。论云:"谓无始来,依附本识有无漏种,由转识等数数熏发,渐渐增胜,乃至究竟得成佛时,转舍本来杂染识种,转得始起清净种识,任持一切功德种子,由本愿力,尽未来际起诸妙用,相续无穷。"由此应知,唯有内识。

所以经云:"解无不生,了有不死。"若了有空而无我,无我令谁生？解本无而不生，不生令谁死？唯持种本识，妙湛真心，体性圆明，寂然常住。处异生位，持无漏而常熏；至佛果门，续菩提而不断。又心性本来离生灭相，而有无明，迷自心性。由迷心性，离相寂静，故能生起动四相。四相无明和合力故，能令心体生住异灭。经云："即此法身，为诸烦恼之所飘动，往来生死，名为众生。"

《起信论》明自性清净心，因无明风动，四相流转，唯一梦心。处梦之士，谓为前后，各随智力浅深，分分而觉。大觉之者，知梦四相，唯一净心，无有体性，可辩前后。故论云："四相俱时，无有自立，生住异灭，一心而转。"四相俱有为心所成，离一心外，无别自体。故言俱时而有，无有自立者，本来平等，同一本觉故。如《般若灯论》偈云："生死有际否？佛言毕竟无。此生死无际，前后不可得。"如《般若经》云："复次极勇猛，如涅槃无际，一切法亦无际。"何者？生死以涅槃为际，涅槃以生死为际。既不得生死，亦不得涅槃。生死涅槃既不可得，则一切法悉无际。如是但了本觉一心，念念契圆常之道；若逐无明散意，尘尘成生死之轮。得失在人，法无邪正；取舍任己，道绝升沉。但自内观，蹑普门而顿入；唯当正眼，履一道以圆成。

问：动识相与真心性，既非一异，为复可坏不可坏？若不可坏，则为堕常；若可坏，则归断灭。

答：既非一而非是异，即亦可坏而不可坏。《起信论》云："一切心识相，即是无明相，与本觉非一非异，非是可坏，非不可坏。如海水与波，非一非异，波因风动，非水性动；若风止时，波动即灭，非水性灭。众生亦尔。自性清净心，因无明风动，起识波浪。如是三事，皆无形相，非一非异。然性净心，是动识本。无明灭时，动识随灭，智性不坏。"

根本无明灭者，是合风灭。相续即灭者，业识等灭，合动相灭也。智性不坏者，随染本觉神解之性，名为智性，是合湿性不坏。

是知本末相资，方立世间染净之位。应当防制意地，恒顺真如，圆满菩提，常乐妙果。所以《阿差末经》云："常正其心，不尚余学。"夫心常正直，本自玄虚。道全是心，心全是道。以不达故，随思虑心，为外缘所拘，内结所乱。乃令志当归一，不尚余学，虚明自现，返本之称也。如是开示，可谓把行人手，直至萨婆若海，保不孤然。若信受之人，可谓不动尘劳，顿成正觉。

《显识经》云："大药白佛言：'世尊！无形之识，云何假因缘力，而生有形？云何有形，止因缘内？'佛言：'大药！如木和合，相触生火。此火，木中不可得，若除于木亦不得。火因缘和合而生，因缘不具，火即不生。木等之中，寻火色相，虽不可见，然咸见火从木出。如是大药，识假父母因缘和合，生有形身。有形身中，求识不得，离有形身，亦无有识。大药！如火未出，火相不现，亦无暖触，诸相皆无。如是大药，若未有身，识受想行，皆悉不现。大药！如见日轮光明照曜，而诸凡夫不见日体，是黑是白，黄白黄赤，皆不能知，但以照热光明，出没环运，诸作用事，而知有日，识亦如是，以诸作用，而知有识。'"

故云心能作佛，心作众生，心作天堂，心作地狱。心异则千差竞起，心平则法界坦然，心凡则三毒萦缠，心圣则六通自在，心空则一道清净，心有则万境纵横。如谷应声，语雄而响厉；似镜鉴像，形曲而影凹。以知万行由心，一切在我。内虚外终不实，外细内终不粗。善因终值善缘，恶行难逃恶境。蹈云霞而饮甘露，非他所授；卧烟焰而啖脓血，皆自能为。非天之所生，非地之所出。只在最初一念，致此升沉。

欲外安和，但内宁静。心虚境寂，念起法生。水浊波浑，潭清月朗。修行之要，靡出于斯。可谓众妙之门，群灵之府，升降之本，祸福之原，但正自心，何疑别境？是以离众生罪行、福行、不动行，终无三界苦乐果报。若离众生见闻觉知，岂有阴处界等境界？如《大般若经》云："佛言：'若梦若觉，要于见闻觉知法中，有觉慧转，由斯起染，或复起净。若无见闻觉知法，无觉慧转，亦无染净。'"故知梦觉唯识，染净由心，前贤后学之所宗，千经万论之同指。

如《楞伽经》偈云："众生及瓶等，种种诸形相，内外虽不同，一切从心起。"但一念不生，诸缘自断。故云"一念心不生，六根总无过"。又云"一心不生，万法无咎"。如今厌生患老，随思随造，舍妄除身，业果恒新。若能了生无生，知妄无妄，一念心寂，万虑俱消。如云畏影畏迹，逾走逾极，端坐树荫，迹灭影沉，是知悟心即休，更无异术。如祖师云："一切由心，邪正在己，不思一物，即是本心，智者能知，更无别行。"所以本师云："此事唯我能知。"

问：一期真妄生死，约事而言，还有终始否？

答：第一义中，尚无生死，何有始终？顺世谛门中，随众生见，而妄说生死。如古德云"真妄相循，难穷初后"者，先妄后真，真则有始。若谓先真后妄，妄由何生？若妄依真起，真亦非真。若妄体即真，妄亦无始。为破始起，立无始言，始既不存，终从何立？无终无始，岂有中间？

问：如上所说，生死恶业，才了此心，得一切同时解脱否？

答：实有此理，全在当人。若障薄遮轻，直了直入，缘深机熟，顿悟顿修。如镜净明生，云开月朗。或垢浓习重，观劣心浮，虽信解一心，行门难立。有八重妄想之垢，犹致网稠林：一、自性妄想，二、差别妄想，三、摄受积聚妄想，四、我见妄想，五、我所妄想，六、有念妄想，七、不念妄想，八、俱相违妄想。具六种系缚之门，若坚冰胶漆：一、相应缚，二、所缘缚，三、贪缚，四、瞋缚，五、见取缚，六、戒取缚。若非大力，曷能解分？

又古释智障有其三门：一是智障，所谓分别有无之心；二是体障，谓观非有非无之解，立己能者，故曰体障；三是治想，谓妄识中合如正慧。依此地有其三：初一，四地乃至七地断除。四五六地断除分别取有之心，谓解法慢身净慢等。八七地时，断除分别取无之心。

八地以上，断除体障。前第七地，虽除分别有无之心，犹见己心以为能观，如为所观。其所观如不即心，能观之心不即如。心如别故，心外求法，故有功用；法外立心，故有体障。从第七地入八地时，破舍此障，观察如外由来无心，心外无如。如外无心，心不异如，心外无如，如不异心。故能如心，泯同法界，广大不动。以不异故，息外推求，故舍功用。不复如外建立神智，故灭体障。体障灭故，名无障想。第三治想，至佛方灭。故入八地虽无障想，而有治想。

从八地以上，无生忍体，转转寂灭，令彼治想，运运自亡，至佛乃穷。故知万境虽空，须得无心契合。不可口虽说空，行在有中。境智相应，能所冥合，方能解缚，随顺无生耳。才生取着，便成魔业。如《华严经》云："佛子！菩萨摩诃萨，有十种魔。何等为十？所谓蕴魔，生诸取故；烦恼魔，恒杂染故；业魔，能障碍故；心魔，起高慢故；死魔，舍生处故；天魔，自憍纵故；善根魔，恒执取故；三昧魔，久耽味故；善知识魔，起着心故；菩提法智魔，不愿舍离故。是为十。菩萨摩诃萨，应作方便，速求远离。"

疏释云："一蕴魔者，身为道器，体与佛同，岂即是魔？蕴魔之名，特由取着。下九例尔，皆以下句，释成魔义。"是知以心分别，万法皆魔，何但此十？故举菩提法智，以胜况劣。不以心分别，一切皆佛。岂舍魔界求佛界耶？然四魔直就体明，十魔多约执取。十表无尽故。菩提法者，即所证，智是能证。能所冥合，故名菩提。若不舍于分别，菩提之见，即是魔矣。若入宗镜，分别自亡，既无能证之心，亦无所证之理。

又《华严经》云："无有少法为智所入，亦无少智而入于法。"是以驾一智箭，破众魔军；挥一慧刀，斩群疑网。斯乃宗镜之力，余何言哉？若不悟自心，未达斯旨，虽修智慧，不入圆常，纵练行门，唯增我慢。以未达一际法门故，但生分别，长养无明。如经云："若分别是声闻法，是缘觉法，是菩萨法，是诸佛法，此名为净，此名不净，此名为道，此名非道，是名菩萨憍慢。”若入宗镜，智行俱成，我慢山崩，贪痴水竭，胜负情尽，差别业亡。如《弄珠吟》云：“消六贼兮铄四魔，摧我山兮竭爱河，龙女灵山亲献佛，贫儿衣里枉蹉跎。”

问：五阴一法，即妄即真，既作尘劳生死之门，又成出世菩提之道。今且推妄，生死无从。经云：“此阴才灭，彼阴便生。”既唯识无人，前阴灭，后阴如何得生？

答：五阴性空非常，相续不断。不常不断，即是正因。如《华严疏》云：“五蕴相续，即是正因，亦名生因。言正因者，是中道义。中道即是佛性。谓现在阴灭，中阴阴生，是现在阴，终不变为中阴五阴，故现阴非常。如种生芽，种不至芽，虽不至芽，而能生芽，此现在阴，虽不至后，而能生后，则现阴非断，而中阴五阴，亦非自生，不从余来。因现五阴，生中阴阴，斯则后阴非无因，故后阴非常。既能续前，故后阴非断。非断非常，是中道义，正因性也。”

问：夫论心含教法，如何是一心四谛法门？

答：四谛法门，横该竖彻，法无不备，教无不穷。今约台教一心具无作四谛者：一念心中具十界苦，名为苦谛；具十界惑，名为集谛；苦即涅槃，名为灭谛；惑即菩提，名为道谛。此唯论一心四谛。又四教四种四谛：藏教生灭四谛，通教无生四谛，别教无量四谛，圆教无作四谛。

今但论圆教无作四谛。《止观》云：“法性与一切法，无二无别。”凡法尚是，况二乘乎？离凡法更求实相，如避此空，彼处求空，即凡法是实法，不须舍凡向圣。经言：“生死即涅槃。”一色一香，皆是中道，即无作四谛。又《玄义》云：“以迷理故，菩提是烦恼，名集谛；涅槃是生死，名苦谛。以能解故，烦恼即菩提，名道谛；生死即涅槃，名灭谛。”即事而中，无思无念，无谁造作，故名无作。亦名一实谛。一实谛者，无虚妄，无颠倒，常乐我净等。是故名为无作四圣谛。

《法华经》偈云："更以异方便，助显第一义。"又云"唯此一事实"，即是无作一实谛也。以真如之性，是自心之实，名一实谛，念念圆成，更何所作，名无作四谛。所以八千声闻，于法华会上见如来性，如秋收冬藏，更无所作，以达本故，法尔如斯。若未见性人，不可安然拱手，效无作无修，直须水到渠成，自然任运故。又但了一心，自然无作，非是强为。故云阴入皆如，无苦可舍；无明尘劳，即是菩提，无集可断；边邪皆中正，无道可修；生死即涅槃，无灭可证；无苦无集，故无世间；无道无灭，故无出世间。纯一实相，实相外更无别法。

又《文殊道行经》云："佛告文殊师利：'若见一切诸法无起，即解苦谛。若见一切诸法无住，即能断集。若见一切诸法毕竟涅槃，即能证灭。文殊师利！若见一切诸法无自体，即是修道。'"

问：一念无明心，鼓动真如海，成十二缘起，作生死根由。若了之，为佛智海之波澜；昧之，作死河之漩澓。云何成佛智？云何成生死？

答：天真之佛智本有，妄缘之生死体空。虽有二名，但是一义。只谓不了第一义谛，号曰无明。因不了之所盲，成惑业之众苦。了无明之实性，成涅槃之妙心。若迷为惑业，则成三道：一、无明爱取，是烦恼道；二、行有是业道；三、识名色、六入、触、受、生、老死，是苦道。若悟，为三因佛性：一、识、名色、六入、触、受、生、老死七支，是正因佛性；二、无明、爱、取三支，是了因佛性；三、行有二支，是缘因佛性。如是等义，差别不同，唯是一心，迷成多种。虽成多种，不离一心。

《华严经》云："佛子！此菩萨摩诃萨，复作是念，三界所有，唯是一心，如来于此分别演说十二有支，皆依一心如是而立。何以故？随事贪欲，与心共生。心是识，事是行。于行迷惑是无明，与无明及心共生是名色，名色增长是六处，六处三分合为触，触共生是受，受无厌足是爱，爱摄不舍是取，彼诸有支生是有，有所起名生，生熟为老，老坏为死。”

《大集经》云：“十二因缘，一人一念，悉皆具足。但随一境，一念起处，无不具足。且如眼见色，不了名无明，生爱恶名行，是中心意名识，色共识行即名色，六处生贪名六入，色与眼作对名触，领纳名受，于色缠绵名爱，想色相名取，念色心起名有，心生名生，心灭名死。乃至意思法，亦复如是。一日一夜，凡起几念，念念织几十二因缘，成六趣无穷之生死。”是以生死无体，全是如来藏第一义心。迷悟升沉，了不可得。

内外诸法，皆具因缘，如《稻秆经》云：“尔时弥勒语舍利弗言：‘世尊常说，见十二因缘，即是见法。见法即是见佛，乃至有因有缘，是名因缘法。此是佛略说因缘相。以此因，能生是果。如来出世，因缘生法；如来不出世，亦因缘生法。性相常住，无诸烦恼。究竟如实，非不如实。是真实法，离颠倒法。复次十二因缘法从二种生。云何为二？一者，因；二者，果。因缘生法，复有二种。有内因缘，有外因缘。外因缘法，从何而生？如似种子，能生于芽，从芽生叶，从叶生节，从节生茎，从茎生穗，从穗生花，从花生实。无种子故无芽，乃至无有花实。有种子故芽生，乃至有花故果生。而种子不作念“我能生芽”，芽亦不作念“我从种子生”，乃至花亦不作念“我能生实”，实亦不作念“我从花生”，而实种子能生于芽。如是名为外因生法。

“‘云何名外缘生法？所谓地水火风空时，地种坚持，水种湿润，火种成熟，风种发起，空种不作障碍，又假于时，节气和变，如是六缘，具足便生。若六缘不具，物则不生。地水火风空时，六缘调和不增减故，物则得生。地亦不言“我能持”，水亦不言“我能润”，火亦不言“我能熟”，风亦不言“我能发起”，空亦不言“我能不作障碍”，时亦不言“我能令生”，种亦不言“我从六缘而得生芽”，芽亦不言“我从尔数缘生”，虽不作念“从尔数缘生”，而实从众缘和合得生芽,亦不从自生,亦不从他生,亦不从自他合生,亦不从自在天生,亦不从时方生,亦不从本性生,亦不从无因生,是名生法次第。

"'如是外缘生法以五事故,当知不断亦非常,亦不从此至彼。如芽种少,果则众多,相似相续,不生异物。云何不断?从种芽根茎,次第相续,故不断。云何非常?芽茎花果各自别,故非常。亦不种灭,而后芽生,亦非不灭,而芽便生,而因缘法,芽起种谢,次第生,故非常。种芽各个相异,故不此至彼,种少果多故。当知不一,是名种少果多。如种不生异果,故名相似相续。以此五种外缘,诸法得生。

"'内因缘法,从二种生。云何为因?从无明乃至老死,无明灭则行灭,乃至生灭故,则老死灭。因无明故,有行,乃至因有生故,则有老死。无明不言"我能生行",行亦不言"我从无明生",乃至老死亦不言"我从无明生",而实有无明则有行,有生则有老死,是名内因次第生法。

"'云何名内缘生法?所谓六界:地界、水界、火界、风界、空界、识界。何谓为地?能坚持者名为地界。何谓为水?能润渍者名为水界。何谓为火?能成熟者名为火界。何谓为风?能出入息者名为风界。何谓为空?能无障碍者名为空界。何谓为识?四阴五识亦言为名,亦名为识,如是众法和合名为身。有漏心名为识。如是四阴为五情根名为色。如是等六缘名为身。若六缘具足无损减者,则便成身。是缘若减,身则不成。地亦不念"我能坚持",水亦不念"我能湿润",火亦不念"我能成熟",风亦不念"我能出入息",空亦不念"我能无障碍",识亦不念"我能生长",身亦不念"我从尔数缘生",若无此六缘,身亦不生。地亦无我无人,无众生,无寿命,非男非女,亦非非男非非女,非此非彼,水火风乃至识等,亦皆无我无众生,无寿命,乃至亦非此非彼。

"'云何名无明?无明者,于六界中,生一想、聚想、常想、不动想、不坏想、内生乐想、众生想、寿命想、人想、我想、我所想,生如是种种众多想，是名无明。如是五情中，生贪欲瞋恚想，行亦如是。随着一切假名法，名为识。四阴为名，色阴为色，是名色。名色增长生六入，六入增长生触，触增长生受，受增长生爱，爱增长生取，取增长生有，有增长故，能生后阴为生。生增长变，名为老。受阴败坏故，名为死。能生嫉热故，名忧悲苦恼。五情违害，名为身苦。意不和适，名为心苦。乃至如月丽天，去地四万二千由旬，水流在下，月耀于上，玄像虽一，影现众水，月体不降，水质不升。

"'如是舍利弗，众生不从此世至于后世，不从后世复至于此，然有业果因缘报应，不可损减。是以如月不动，影现众流，类识不行，身分六趣，虽无作者，业果宛然，但逐缘生，不乖法尔。'"

又《有德女所问大乘经》云："尔时有德婆罗门女白佛言：'世尊！所信无明，为内有耶？为外有耶？'佛言：'不也。'有德女言：'世尊！若于内外无有无明，云何得有无明缘行？复次世尊，有他世法而来至于今世得否？'佛言：'不也。'有德女复白佛言：'世尊！无明行相，是实有耶？'佛言：'不也。无明自性从于虚妄分别而生，非真实生，从颠倒生，非如理生。'有德女复白佛言：'世尊！若如是者，则无无明，云何得有诸行生起，于生死中受诸苦报？世尊！如树无根，则无枝叶花果等物，如是无明无自性故，行等生起，定不可得。'佛言：'有德女！一切诸法，皆毕竟空。凡愚迷倒，不闻空义，设得闻之，无智不了，由此具造种种诸业。既有众业，诸有则生，于诸有中，备受众苦。第一义谛，无有诸业，亦无诸有而从业生，及以种种众苦恼事。有德女！如来应正等觉随顺世间，广为众生，演说诸法，欲令悟解第一义故。有德女！第一义者亦随世间而立名字。何以故？实义之中，能觉所觉，一切皆悉不可得故。有德女！譬如诸佛，化作于人，此所化人，复更化作种种诸物。其所化人，虚诳不实，所化之物，亦无实事。此亦如是。所造诸业，虚诳不实，从业有生，亦无实事。'"是以但了唯心之旨，自然万法常虚。随有见闻，悉顺无生之道；凡关动作，皆归无得之门。

问:三界初因,四生元始,莫穷本末,罔辫根由,最初起处,如何指南?

答:欲知有情身土,真实端由,无先我心,更无余法。《首楞严经》云:“富楼那而白佛言:‘世尊!若复世间一切根尘,阴、处、界等,皆如来藏,清净本然,云何忽生山河大地,诸有为相,次第迁流,终而复始?’又疑云:‘若此妙觉,本妙觉明,与如来心,不增不减,无状忽生山河大地,诸有为相,如来今得妙空明觉,山河大地,有为习漏,何当复生?’佛言:‘富楼那!如汝所言“清净本然,云何忽生山河大地”,汝常不闻如来宣说,性觉妙明,本觉明妙。’富楼那言:‘唯然,世尊!我常闻佛宣说斯义。’佛言:‘汝称觉明,为复性明称名为觉?为觉不明,称为明觉。’富楼那言:‘若此不明名为觉者,则无所明。’佛言:‘若无所明,则无明觉。有所非觉,无所非明。无明又非觉湛明性,性觉必明,妄为明觉。觉非所明,因明立所。所既妄立,生汝妄能,无同异中,炽然成异。异彼所异,因异立同,同异发明,因此复立无同无异。如是扰乱,相待生劳。劳久发尘,自相浑浊。由是引起,尘劳烦恼,起为世界,静成虚空。虚空为同,世界为异,彼无同异,真有为法。’”

释曰:此二觉义,幽旨难明,若欲指陈,须分皂白。大约经论,有两种觉:一、性觉,二、本觉。又有两种般若:一、本觉般若,二、始觉般若。又有两种心:一、自性清净心,二、离垢清净心。又有两种真如:一、在缠真如,二、出缠真如。此四种,名随义异,体即常同。今一切众生,只具性觉、清净本觉、自性清净心、在缠真如等。于清净本然中,妄忽生于山河大地,以在缠未离障故,未得出缠真如等。若十方诸佛,二觉俱圆,已具出缠真如等,无有妄想尘劳,永合清净本然,则不更生山河大地,诸有为相等。如金出矿,终不染于尘泥;似木成灰,岂有再生枝叶?将此二觉,已豁疑情。性觉妙明者,是自性清净心,即如来藏性,在缠真如等,本性清净,不为烦恼所染，名性觉。

经云："佛告阿难及诸大众：'汝等当知，有漏世界，十二类生，本觉妙明，觉圆心体，与十方佛，无二无别。由汝妄想，迷理为咎，痴爱发生，生发遍迷，故有空性，化迷不息，有世界生。则此十方微尘国土，非无漏者，皆是迷顽妄想安立。当知虚空生汝心内，犹如片云点太清里，况诸世界在虚空耶？汝等一人发真归元，此十方虚空，皆悉消殒，云何空中所有国土，而不振裂？'"以此文证，即知凡圣，本同此妙明之觉。本觉明妙者，出缠真如等，从无分别智，觉尽无始妄念，名究竟觉。始觉即本觉，悟本之觉，得本觉名。

论云："于真如门，名为性觉，于生灭门，名为本觉。由迷此性觉，而有妄念，妄念若尽，而立本觉。以性觉不从能所而生，非假修证而起，本自妙而常明，故云性觉妙明。以始觉般若，明性觉之妙，故云本觉明妙。又真如之性，性自了故，则性觉妙明。始觉之智，了本性故，则本觉明妙。"

又《摩诃衍论》有四种觉：一、清净本觉，二、染净本觉，三、清净始觉，四、染净始觉。若论本始明昧之事，皆依染净之觉得名。若清净觉原，愚智俱绝，非迷悟之所得，岂文义之能诠？经中佛常说"真如为迷悟依故，如万像依虚空，虚空无所依"。所以满慈领言："我常闻佛宣说斯义。"此二觉义，亦同《起信论》所立一心，分真如、生灭二门。以本性清净，是性觉义。但以性中本觉，如木中火性，未具因缘，有而无用。非是悟已，而更起迷。悟时始立本觉之号，悟本觉已，更不复迷。诸佛重为凡夫，无有是处。佛问："汝称觉明，为复觉性自明，名为觉明？为复觉体不明，能觉于明？"富楼那意，必有所明当情，为其所觉，若无所觉之明，则无觉明之号。但可称觉，而无所明。故云"则无所明"。佛意性觉体性自明，不因能觉所明，方称觉明。

《起信论》云："真如自体，有大智慧光明义，遍照法界义等。只缘迷一法界，强分能所，故成于妄。若要因所明方称觉明者，此乃因他而立，非自性觉，故云‘有所非觉’。如缘尘分别而有妄心，离尘则无有体，不可将断灭之心，以为本来真觉。”故若以无体之法为究竟者，故经云：“法身则同龟毛兔角，其谁修证无生法忍？”又释：若以不明名为觉者，则无所明者，故知觉体本无明相。佛证真际，实不见明。若见于明，即是所明。既立所明，便有能觉。但除能所之明，方称妙明。此妙之明，是不明之明。不同所明，因明起照。

《般若无知论》云：“难曰：‘圣智之无，惑智之无，俱无生灭，何以异之耶？’答曰：‘圣智之无者无知，惑智之无者知无。其无虽同，所以无者异也。何者？夫圣心虚静，无知可无，可曰无知，非谓知无。惑智有知，故有知可无，可谓知无，非曰无知也。故云般若无知，无所不知。无知者，无能所之知。无不知者，真如自性，有遍照法界义。’”

又圣人唯有无心之心，无见之见，非同凡夫有心有见，皆是分别能所相生。故《涅槃经》云：“不可见，了了见。”《华严经》颂云：“无见即是见，能见一切法，于法若有见，此则无所见。”又云：“菩萨悉见诸法，而无所见，普知一切，而无所知。”则般若无知，无所不知矣。但不落有无之知，能所之见，非是都无知见矣。诸佛皆具五眼三智、四辩六通、三谛理圆、一心具足，若不见空与不空，非空非不空，方与实相相应耳。

故《楞伽经》云“一一相相应，远离诸见过”者，若于诸相，常与实相相应，自然远离诸过。会第一义清净真心，朗然明澈，而无念着。即事即如，唯心直进。即诸佛所知，唯实相矣。离此立见，皆成诸过。无所非明者，若能觉之体。要因所明者，若无所觉之明，则能觉之体，便非是明。故云“无所非明”。故知觉之与明，互相假立，本无自体，岂成自性圆明之觉？无明又非觉湛明性者，显妄觉体，无湛明之用。若言但觉于明，何须觉体自明者，则自性非明，便无觉湛之用，故云无明。又非觉湛明性，性觉必明，妄为明觉者，释妄觉托真之相也。何以得知？妄觉初起有觉明，只缘性觉必有真明，所以妄觉托此性明，而起影明之觉，执形像之明，起攀缘之觉，迷真认影，见相二分。自此而生觉明之号。

觉非所明，因明立所者，夫一真之觉，体性虽明，不分能所，故觉非所明；由影明起觉，能所斯分，故云因明立所。所既妄立，生汝妄能，无同异中，炽然成异者，此则元因觉明，起照生所。所立，照性遂亡，则是识精元明，能生诸缘。缘所遗者，乃是但随能缘之相，覆真唯识性，一向能所相生，如风动水，波浪相续，澄湛之性，隐而不现。从此迷妄，生虚空之性。复因虚空，成立世界之形。于真空一心，毕竟无同异中，炽然建立，成诸法究竟之异。皆因情想扰乱，劳发世间之尘；迷妄昏沉，引起虚空之界。分世界差别为异，立虚空清净为同。于分别识中，又立无同无异，皆是有为之法，尽成生灭之缘。未洞本原，终为戏论。

卷十六

问:夫言一觉一切觉,云何教中分其多种?

答:觉体是一,随用分多。用有浅深,觉无前后。如《璎珞经》云:"妙觉方称寂照,等觉照寂。"又觉有三义:一、觉察,如睡梦觉,亦如人觉贼,贼无能为,妄即贼也;二、觉照,即照理事也,亦如莲花开,照见自心一真法界,恒沙性德,如其胜义,觉诸法故;三、妙觉,即上二觉,离觉所觉,故为妙耳,非更别觉故。经云:"无有佛涅槃,远离觉所觉。"又觉性无觉,即根本智;觉相历然,即后得智。

问:既云真如一心,古今不易,因何而有众生相续?

答:平等真法界,无佛无众生,随于染净缘,遂成十法界。以真心随缘,不守自性。只为众生,不自知无性之性故,但随染缘成凡,随净缘成圣,如虚谷响,任缘所发。又如太虚忽云,明镜忽尘,求一念最初起处,了不可得,故号无始无明。

问:凡所施为,皆是自心者,云何杀生而得杀罪?

答:皆是依于自心分别,强执善恶之因,妄受苦乐之果。若究三轮之体(一能杀、二所杀、三杀相)能杀所杀本空。是以文殊执剑于瞿昙,鸯崛持刀于释氏,终不见生见杀,执自执他,妄受轮回,酬还罪报。《识论》问云:"若彼三界,唯是内心,无有身口外境者,何故屠猎师等,杀害猪羊等,得杀生罪?"偈答云:"死依于他心,亦有依自心,依种种因缘,破失自心识。"释曰:如人依鬼,毗舍阇等,是故失心。或依自心,是故失心。或有忆念,爱不爱事,是故失心。或有梦见鬼着失心。或有圣人神通转变,前人失心。

如一比丘，夜蹋瓜皮，谓杀虾蟆，死入恶道故，死依于他心。亦有依自心者，以依仙人瞋心，瞋毗摩质多罗阿修罗王故，杀余众生。此依他心，他众生心，虚妄分别，命根谢灭，以彼身命，相续断绝。应如是知。颂云："经说檀拏迦，迦陵摩登国，仙人瞋故空，是故心业重。"

问：依仙人瞋心，依仙人鬼，杀害如是三国众生，非依仙人瞋心而死。

答：佛问尼乾子言："摩登伽等三国众生，汝颇曾闻云何而死？为身业杀？为意业杀？"尼乾子言："瞿云，我昔曾闻，仙人瞋心，以意业杀尔所众生。"佛言："以是成我义，三界唯心，无身口业。何以故？如世人言，贼烧山林聚落城邑，不言火烧，此义亦尔，唯依心，其善恶业得成。"故偈云："诸法心为本，诸法心为胜，离心无诸法，唯心身口名。"《成实论》云："若离心有业，非众生亦应有罪福。如风颓山，恼害众生，风应有罪。若吹香华，来堕塔寺，亦应有福。是则不可。故知离心无罪福也。"以此文证，罪福据心，无身口业。身口业者，但有名字，实是意义，身口名说。

问：若心虚境寂，理实无差，现对根尘事相违反，如何明彻境智一如？

答：一期根境，俗有真无，毕竟自他，皆无所得。又若定执真有俗无，则成增减二谤。但二谛双会，圆了一心。如《般若经》云："一切法无知无见，如幻人无受无觉。菩萨如是行，为行般若波罗蜜。"释曰：若行般若者，则是直了一心智性。了色无形，非眼境界，乃至达法体寂，非意所知。但是随心暂现，还随心灭。故云"一切法无知无见"。

《大智度论》云："相不能知无相，譬如刀虽利，不能破空。无相不能知相者，有人言'内智慧无定相，外所缘法有定相，心随缘而生，是故说无相不应和相'，譬如无刀，虽有物，无刀可斫。"是知若心有境无,亦不知见。若心无境有,亦不知见。若心境俱有,各无自性,各既不知,合岂成见?若心境俱无,亦不知见。有尚不知,无岂成见?则心境俱空,万有咸寂。如是则尚无一法冥合相顺,宁有根境对待而作相违者乎?如一切差别违顺之境,皆是一心之量,无有障碍,亦无解脱。譬如水不洗水,火不灭火。何者?以一体故,不相陵灭,若有异法,方成对治。如今但先得旨,自合真如。故经云:"法随于如,无所随故。若有所随,则有能随之别。既无所随,亦无能随故,则法外无如,如外无法。"《华严疏》云:"以如为佛,则无境非如者。"《金刚经》云:"如来者,即诸法如义。"既以如为佛,一切法皆如也,何法非佛耶?若信一如,此是开悟本法,生决定解,入自在门。

问:既但唯心,无有万法,目前差别,从何建立?

答:万法但名,实无体相。因名立相,相状元空。因相施名,名字本寂。唯相建立,名相俱虚。反穷想原,亦但名字。既无想体,分别则空。故知万法出自无名,万名生于无相。名不当相,相不当名。彼此无依,万法何在?相待之名既寂,分别之想俄空。如幻之境冥真,所执之情合觉。《密严经》颂云:"世间种种法,一切唯有名,但想所安立,离名无别义。"

又颂云:"如见杌为人,见人以为杌,人杌二分别,但有于名字。诸大和合中,分别以为色,若离于诸大,色性即无有。"

问:若以唯识为宗,则世出世间,唯是一识,万法皆决定空耶?

答:以唯识故,则有世俗谛。既有世俗,则有似尘识。幻相不无,以无实不可得,故称空耳。不可起蛇足盐香,决定断空之见。如《密严经》偈云:"瓶等众境界,悉以心为体,非瓶似瓶现,是故说为空。世间所有色,诸天宫殿等,皆是阿赖耶,变异而可见。众生身所有,从头至手足,顿生及渐次,无非阿赖耶。习气浊于心,凡愚不能了,此性非是有,亦复非是空。如人以诸物,击破于瓶等,物体若是空,即无能所破。譬如须弥量,我见未为恶,憍慢而着空,此恶过于彼。”

又经云:“宁可执有如须弥,不可执空如芥子。”《大般涅槃经》云:“解脱者名不空空。空空者名无所有。无所有者,即是外道尼乾子等所计解脱。而是尼乾,实无解脱,故名空空。真解脱者,则不如是,故不空空。不空空者,即真解脱,真解脱者,即是如来。又解脱者,名曰不空。如水酒酪酥蜜等瓶,虽无水酒酪酥蜜时,犹故得名为水等瓶。如是瓶等,不可说空,及以不空。若言空者,则不得有色香味触;若言不空,而复无有水酒等实。解脱亦尔。不可说色,及以非色;不可说空,及以不空。若言空者,则不得有常乐我净;若言不空,谁受是常乐我净者?以是义故,不可说空,及以不空。空者,谓无二十五有,及诸烦恼、一切苦、一切相、一切有为行,如瓶无酪,则名为空。不空者,谓真实善色,常乐我净,不动不变,犹如彼瓶色香味触,故名不空。是故解脱,喻如彼瓶。彼瓶遇缘,则有破坏。解脱不尔,不可破坏。不可破坏,即真解脱。真解脱者,即是如来。”

问:经云“五阴即世间者,一阴名色,四阴名心”,云何说内外种种世间,皆从心出?

答:种种五阴,皆从心起,从心现相,名多曰色。经偈云:“一切世间中,但有名与色,若欲如实观,但当观名色。”色即收尽无情国土,名即收尽有识世间。五阴即世间故,若了五阴俱空,则是出世间。是知世出世间,皆从心起。何者?若意地起贪瞋心,揽三途五阴,罪苦众生发现。意地修戒善心,揽人天五阴,受乐众生发现。意地证人空心,揽无漏五阴,真圣众生发现。意地立弘誓心,揽慈悲五阴,大士众生发现。意地运平等心,揽常住五阴,尊极众生发现。今所以置前四阴,但观识阴,如伐树除根,炙病得穴,则生死之苦芽永绝,烦恼之沉疴不生。又若毗蓝之风,卷群疑而净尽;犹劫烧之火,荡异执而无余。所以一切世间凡圣同居之处,无不悉是自心。如此悟入,名住真阿兰若正修行处。非论小大之隐,不堕喧静之观。所以古德云:“处众不见喧哗,独自亦无寂寞。”何故不喧寂?以但了一心故。

问:立识方成唯识义,云何境识俱遣?

答:《显识论》云:“立唯识,乃一往遣境留心,究竟为论,遣境为欲空心,是其正意。”是故境识俱泯,即是实性。实性即是阿摩罗识。所以唯识论,亦名破色心论。

《入楞伽经》云:“但不取诸境,名为识灭,实不灭识。何者?以境本空,从识变故。以识无体,不须灭故。”是以识心无体,随境有无,见空生空,见色生色,事来即起,事去还无。又事上无事,本全是心,念起尘生,念寂尘灭。如《起信论》云:“以一切色法,本来是心,实无外色。然既无外色,亦无外空。空尚是无,色焉能有?”

又云:“若无色者则无虚空之相。”疏释云:“本以待色为空,今既唯心无色,何得更有于空也?”故知万法皆相待而有。若入宗镜,自然诸法绝待,归本真心。故论云:“所谓一切境界,唯心妄起。若心离于妄动,则一切境界灭。唯一真心,无所不遍。”

问:既唯一真心,教中云何复说诸法如幻?

答:了境是心,万法奚有?以依心所起,无有定体,皆如幻化,毕竟寂灭。《宝积经》云:“尔时世尊告幻师言:‘一切众生,及诸资具,皆是幻化,谓由于业之所幻故。诸比丘众,亦是幻化,谓由于法之所幻故。我身亦幻,智所幻故。三千大千一切世界,亦皆是幻,一切众生共所幻故。凡所有法,无非是幻,因缘和合之所幻故。’”又教中总明十喻,如幻、如化、如梦、如影等,此是诸佛密意,破众生执世相为实,起于常见。世间共知幻梦等法是空,则不信人法心境等,如幻梦亦空,所以将所信之虚,破所信之实,令所信之实,同所信之虚。然后乃顿悟真宗,遍一切处,心内心外,决定无有实法建立。

《大庄严论》云:“我昔曾闻有一幻师,有信乐心,至耆阇山,为僧设会。供养已讫,幻尸陀罗木,作一女人,端正奇特。在大众前,抱捉此女而呜唈之,共为欲事。时诸比丘,见此事已,咸皆嫌忿,而作是言:‘此无惭人,所为鄙亵,知其如是,不受其供。’时彼幻师,既行欲已,闻诸比丘,讥诃嫌责,即便以刀,斫刺是女。分解肢节,挑目截鼻,种种苦毒,而杀此女,诸比丘等,又见此事,倍复嫌忿:‘我等若当知汝如是,宁饮毒药,不受其供。’乃至尔时幻师,即捉尸陀罗木,用示众僧,合掌白言:‘我向所作,即是此木。于彼木中,有何欲杀?欲安众僧身故,设此饮食。欲令众僧心安故,为此幻耳。愿诸比丘,听我所说。岂可不闻佛于修多罗中,说一切法,犹如幻化?我今为欲成彼语故,故作斯幻。如斯幻身,无寿无命。识之幻师,运转机关,令其视询俯仰顾盼,行步进止,或语或笑。以此事故,深知此身,真实无我。’”

《华严经》颂云:“世间种种法,一切皆如幻,若能如是知,其心无所动。诸业从心生,故说心如幻,若离此分别,普灭诸有趣。譬如工幻师,普现诸色像,徒令众贪乐,毕竟无所得。世间亦如是,一切皆如幻,无性亦无生,示现有种种。度脱诸众生,令知法如幻,众生不异幻,了幻无众生。众生及国土,三世所有法,如是悉无余,一切皆如幻。幻作男女形,及象马牛羊,屋宅池泉类,园林花果等。幻物无觉知,亦无有住处,毕竟寂灭相,但随分别现。菩萨能如是,普见诸世间,有无一切法,了达悉如幻。众生及国土,种种业所造,入于如幻际,于彼无依着。如是得善巧,寂灭无戏论,住于无碍地,普现大威力。”

又《入法界品》中,时童子童女告善财言:“善男子!我等证得菩萨解脱,名为幻住。得此解脱故,见一切世界皆幻住,因缘所生故;一切众生皆幻住,业烦恼所起故;一切世间皆幻住,无明有爱等辗转缘生故;一切法皆幻住,我见等种种幻缘所生故;一切三世皆幻住,我见等颠倒智所生故;一切众生生灭、老死、忧悲苦恼皆幻住,虚妄分别所生故;一切国土皆幻住,想倒、心倒、见倒无明所现故;一切声闻辟支佛皆幻住,智断分别所成故;一切菩萨皆幻住,能自调伏教化众生诸行愿法之所成故;一切菩萨众曾变化调伏诸所施为皆幻住,愿智幻所成故。善男子!幻境自性不可思议。"

是以凡夫盲无慧目,妄取前尘男女等相。如幻化法,但诳心眼都无实事。皆业识心动,起见现相,意识分别,强立我人、自他差别。若能识幻,方悟前非,终不于空而兴造作。又此幻法,人多错解,执一切法如幻如化,便作空无之见。如方广外道,立空无为宗,不知实义。故《华严论》云:"了如幻法,是坚固义。"言坚固者,即是常住义,岂可作空无之解?故知此幻即真,幻不可得。无幻之幻,名为幻法。绝见之见,方名见幻。

问:诸法不真,各无自性,刹那变异,故称为幻。佛身常住,岂称幻耶?

答:诸佛略有二身:一、真实身,二、方便身。以众生有不见如来真实身故,示方便身,令入真实。若悟入时,即方便身是常住体,了幻不可得故。

所以《鸯崛魔罗经》偈云:"如来所变化,众生悉不知。如来所作幻,众幻中之王。大身方便身,是则为如来。"

问:一切法如幻,云何有垢净能所对治?

答:只为如幻,故垢净不定,由心回转,凡圣法生故。《思益经》云:"垢法说净,见垢实性故。净法说垢,贪着净相故。"又《庄严经论》云:"问:'若诸法同如幻,以何义故,一为能治,一为所治?'偈答云:'譬如强幻王,令余幻王退,如是清净法,能令染法尽。'"

所以《圆觉经》云:"善男子!此虚妄心,若无六尘,则不能有四大分解。无尘可得,于中缘尘,各归散灭,毕竟无有,缘心可见。

善男子！彼诸众生，幻身灭故，幻心亦灭。幻心灭故，幻尘亦灭。幻尘灭故，幻灭亦灭。幻灭灭故，非幻不灭。譬如磨镜，垢尽明现。善男子！当知身心，皆为幻垢。垢相永灭，十方清净。善男子！譬如清净摩尼宝珠，映于五色，随方各现。诸愚痴者，见彼摩尼，实有五色。善男子！圆觉净性，现于身心，随类各应。彼愚痴者，说净圆觉，实有如是，身心自相，亦复如是。由此不能远于幻化。"

释曰：珠中无五方之色，因光所映；性中无五趣之身，随业而现，迷珠者执珠中实色，昧性者认性内虚身。法喻皎然，真伪可验。

问：入此宗门，云何了一切法如化？

答：以万法无体，名相本空，无而忽有，名之曰化。

《大智度论》问云："若一切法皆空如化，何以故，有种种说法别异？"答曰："如佛所化，及余人所化，虽不实，而有种种形象别异，梦中所见种种亦如是。人见梦中好恶事，有生喜者，有生怖者。如镜中像，虽无实事，而随本形，像有好丑。诸法亦如是，虽空而各个有因缘。如佛经中说"于是化法中，有声闻变化，有辟支佛变化，有菩萨变化，有佛变化，有烦恼变化，有业变化"，又云："如化者，化主无定物。但以心生，便有所作，皆无有实。人身亦如是。本无所因，但从先世心，生今世身，皆无有实。以是故诸法如化。"

故知一切法，皆从心生，悉如幻化。虽幻化不实，亦可作善恶之因缘，受升沉之报应。不可生于断见。但了体虚，莫生取舍。

以众生无性即空，故在凡不凡；以法身随缘，故处圣非圣；又以众生缘成似有，故圣不是凡；以法身常住不变，故凡不是圣。则真俗一际，染净恒分，凡圣两途，生佛无异。如是熔融，方明一心佛性。

《十地经》云："众生身中，有金刚佛性，犹如日轮。"佛者是觉,人有灵知之觉。今第一义空,与之为性,故名佛性。非情无觉,但持自体,得称为法。今真性与之为性,故名法性。故云假说能所,而实无差。云何无差?同一性故。

问:夫言佛性,境智俱收,云何教中云"在有情数中称佛性,在无情数中称法性"?

答:在心称佛性,在境称法性,从缘虽别,能所似分,约性本同,一体无异。如瓶贮醍醐,随诸器而不等;犹水分江海,逐流处而得名。一味真心,亦复如是。凡圣境智,一际无差。所以《法王经》云:"一切众生,一心佛性平等,等诸法故。"只为真心不守自性,随缘转动,于转动处,立其异名。

古德云:"譬如珠,向月出水,向日出火,一珠未曾异,而得水火之名。以珠体是一,能应二缘。且如月为水缘时,月中未曾无火性。日为火缘时,日中未曾无水性。何以故?二性相冥故。但缘水火,事有优劣,故使二性,冥伏不现,各从自体,得水火名,非全无性。真如一心,亦复如是。在有情中名佛性,在无情中名法性。一如未曾异,而得法佛之名,以真如体一,能应二缘。且如有情正为佛缘时,有情未曾无法性。无情正为法缘时,无情未曾无佛性。何以故?二性相冥故。但由色心,事有优劣,故二性冥伏不现,各从自体,得法佛名,非全无性。"

《清凉记》云:"法性即佛性者,以境因心变。境不异心,心若有性,境宁非有?况心与境,皆即真性。真性不二,心境岂乖?"若以性从相,不妨内外。若以外境,而例于心,令有觉知,修行作佛,即是邪见外道之法。故须常照,不即不离,不一不异,无所惑矣。故知佛性,非内非外,随物迷悟,强说升沉。又今为遮妄执一切无情有佛性义,就计此义,自有浅深。若谓精神化为土木金石,枭獍负块以成于子,情变非情,非情变情,斯为邪见,不异外道众生,计生草木有命,故不可也。若说无情同一性故,则稍近宗,亦须得意。彼本立意,约于真如自体遍故,真实之性无有二故。今直显正义，谓性与相，非一非异，情与非情，亦非一异。

故《起信论》问云："若诸佛法身离于色相者，云何能现种种色相?"答曰："即此法身，是色体故，能现于色。所谓从本以来，色心不二。以色性即智故，色体无形，说名智身。以智性即色故，说名法身，遍一切处。今取二性相即，互融之义说耳。"

《百门义海》云："谓觉尘及一切法，从缘无性，名为佛性。"经云："三世佛种，以无性为性。一切处随了无性，即为佛性。不以有情故有，不以无情故无。"今独言有情者，遍世劝人了性。常于一毛一毫之处，明见一切理事，无非如来性，是开如来性起功德，名为佛性。

是知六道四生，山河大地，情与非情，皆同一性。如世尊最后垂示，《应尽还原品》三告之文。经云："尔时，世尊如是逆顺入诸禅已，普告大众：'我以甚深般若，遍观三界一切六道，诸山大海，大地含生，如是三界，根本性离，毕竟寂灭，同虚空相，无名无识，永断诸有，本来平等，无高下想，无见无闻，无觉无知，不可系缚，不可解脱，无众生，无寿命，不生不起，不尽不灭，非世间，非非世间，涅槃生死，皆不可得，二际平等，等诸法故，闲居静住，无所施为，究竟安置，必不可得，从无住法，法性施为，断一切相，一无所有，法相如是。其知是者，名出世人。是事不知，名生死始。汝等大众，应断无明，灭生死始。'

"又复告大众：'我以摩诃般若，遍观三界有情无情，一切人法，悉皆究竟，无系缚者，无解脱者，无主无依，不可摄持，不出三界，不入诸有，本来清净，无垢无烦恼，与虚空等，不平等，非不平等，尽诸动念思想心息。如是法相，名大涅槃。真见此法，名为解脱。凡夫不知名曰无明。'作是语已，复入超禅，从初禅出，乃至入灭尽定，从灭尽定出，乃至入初禅。如是逆顺，入超禅已，复告大众：'我以佛眼，遍观三界一切诸法，无明本际，性本解脱，于十方求，了不能得，根本无故。所因枝叶，皆悉解脱，无明解脱故。乃至老死皆得解脱。以是因缘，我今安住，常寂灭光，名大涅槃。'"

如上真实慈父,广大悲心,不可思议三告之文,或有偶斯教者,可以析骨为笔,剥皮为纸,刺血为墨,而书写之。不可顷刻暂忘,刹那失照。且如第一文云"遍观三界一切六道,诸山大海,大地含生,如是三界,根本性离,毕竟寂灭";第二文云"遍观三界有情无情,一切人法,悉皆究竟";第三文云"遍观三界一切诸法,无明本性,性本解脱"。是以遍法界内,尽十方中,若有情,若无情,若有性,若无性,山河大地,草芥人畜,不在三界,不出三界,不随生死,不住涅槃,皆同真如一心妙性。如是信解,顿入一乘。更无秘文,能出斯旨。离此有说,皆是权施,诱引提携,咸归宗镜。

问:一切众生有佛性者,云何不免沉沦?

答:众生虽具正因,而无缘了。所以《圆觉经》云:"未出轮回,而辩圆觉,彼圆觉性,即同流转。若免轮回,无有是处。"故先德颂云:"圆成沉识海,流转若飘蓬。"是以真如本觉,不守自性,以无性故,但随缘转。如云"法身流转五道,故号众生"。应须以善巧方便,发之以智照,助之以良缘,了了见时,方逃境缚。如《起信钞》云:"且夫真之与妄,皆依一法界心所说。盖以此心,本来有体有用。即用之体,则荡然空寂;即体之用,则了然觉知,以无始时来迷故,于空寂之处,确然根身尘境,于觉知之处,则纷然分别缘念。"

故《肇论》云:"法身隐于形鷇之中,真智隐于缘虑之内。"然其形鷇缘虑,元来体空;空寂觉知,元来不变。不变之真,元来随缘;体空之妄,元来成事。非因造作,法尔如斯。

《大涅槃经》云:"佛告善男子:'如汝所言"若一阐提有佛性者,云何不遮地狱之罪"。善男子!一阐提中,无有佛性。善男子!譬如有王,闻箜篌音,其声清妙,心即耽着喜乐爱念,情无舍离,即告大臣:"如是妙音,从何处出?"大臣答言:"如是妙音,从箜篌出。"王复语言:"持是声来。"尔时,大臣持箜篌置于王前,而作是言:"大王当知,此即是声。"王语箜篌:"出声出声。"而箜篌声亦不出。尔时,大王即断其弦,声亦不出,取其皮木,悉皆拆裂,推求其声,了不能得。尔时大王,即瞋大臣:"云何乃作如是妄语?"大臣白王:"夫取声者,法不如是。应以众缘善巧方便,声乃出耳。"众生佛性,亦复如是。无有住处,以善方便,故得可见。以可见故,得阿耨多罗三藐三菩提。一阐提辈,不见佛性,云何能遮三恶道?善男子!若一阐提,信有佛性,当知是人,不至三恶,是亦不名一阐提也。以不自信有佛性故,即堕三恶,故名一阐提。'"

是知一切众生,虽有正因,不得了缘,枉沉生死,为不知故。甘称下凡,为不闻故。不亲善友,常迷智眼,岂有了因?恒习恶缘,何成善本?今为未闻者,广搜秘藏,发起信心;为未知者,直指心原,了然无滞。为已闻者,智慧开发,万善资熏。为已知者,一向保任,理行成就。有斯深益,岂厌文繁?普望后贤,广垂传授。

问:佛性若定有无,即成断常之见。如何体会,理合正因?

答:非一非异,能契一乘之门;亦有亦无,不谤三因(正因、缘因、了因)之性。如《大涅槃经》云:"佛言:'善男子!若有说言"一切众生,定有佛性,常乐我净,不作不生,烦恼因缘,故不可见",当知是人,谤佛法僧。若有说言"一切众生,都无佛性,犹如兔角,从方便生,本无今有,已有还无",当知是人,谤佛法僧。若有说言"众生非有如虚空,非无如兔角。何以故?虚空常故,兔角无故。是故得言,亦有亦无。有破兔角,无破虚空",如是说者,不谤三宝。'"

问:佛性于五眼中,何眼能见?

答:《涅槃经》云:"佛眼见故,而得明了。"以佛眼见一切美恶差别等事,悉皆不动,为见性故。《维摩经》云:"善能分别诸法相,于第一义而不动。"此是心鉴无碍为眼,非取根尘所对。是以肉眼见粗，天眼观细，慧眼明空，法眼辩有，佛眼观不二相一实之理。

《华严经 · 离世间品》说十眼。所谓肉眼，见一切色故；天眼，见一切众生心故；慧眼，见一切众生诸根境界故；法眼，见一切法实相故；佛眼，见如来十力故；智眼，见诸法故；光明眼，见佛光明故；出生死眼，见涅槃故；无碍眼，所见无障故；一切智眼，见普门法界故。又慧眼所见，无法可见故，名为见者。见法空故，名为慧眼。非独慧眼，五眼亦尔。如是五眼，照如千日，十方之中，无处不见。于一切处，地平如掌，无诸秽恶，若有可见，即是生盲。何以故？无所有故，当知无空，色空俱遣。又见一切尘全是眼，更不可见。闻一切声全是耳，不复更闻。

所以云："一切声是佛声，一切色是佛色。"又云："离心之外，更无一法。"纵见内外，但是自心所现。无别内外，此无过也。乃至若了尘时，尘全是知也。终不以知知于尘，即有所知也。若知于无知，不异知也。今尘即知，不复更以知及不知，知于无知，但无能所之知，非无知也。此方显无知也。经云："显现一切法，各个不相知。"见亦如是。又闻者，圆教明我，我即闻故。能闻所闻，皆法界故。故使我外更无别闻。是以若见若闻，若知若觉，皆一心故。《华严经》云："所见不可见，所闻不可闻，所知不可知，一心不思议。"

无有一法在于心外，亦无一心在于法外。心与法界，同体照明，故觉一切。又此心性，是真实了知义，遍照法界义。以本有为所照，以浮眼智明为能照。如《涅槃经》云："见性肉眼，即名佛眼。"又明两种见佛性：一、相貌见，二、了了见。相貌见者，谓登地菩萨，方便权智识变似空，名相貌见。了了见者，谓地上菩萨，根本正智亲证真理，不变相缘，名了了见。即是亲证。相貌见者比量知，了了见者现量得。

问:既云佛眼能观佛性,如何教中又言"我以五眼不见三聚众生,狂愚无目而言见"耶?

答:若约实相体,性遍法界,以实相无相故,则不可见。若论照用,相遍法界,以无相之相,亦可得见。又五眼圆照三谛之理,诸境分明。虽云洞鉴,未必是有;虽云不见,未必是无。斯乃无相之相,不观之观。当知相中无相只勿相,观中无观只勿观。体万物而自虚,同一道之清净。岂同执实随尘,作能所断常之见耶?

问:夫佛眼者,皆是圆修圆证方具,十住菩萨尚未分明,而无明烦恼凡夫,尚未得天眼,云何得同佛眼?

答:如来五眼,众生悉具,非待证圣方有。《涅槃经》云:"若学大乘人,虽是肉眼,而名佛眼。二乘虽具天眼,不名佛眼。"又云:"见如来性者,虽有烦恼,如无烦恼。"若实明宗见性,即肉眼而明佛眼,以智照为眼故。台教约五品初位中,以凡夫心同佛所知,用所生眼齐如来见。若论明昧浅深,即落修证。今直论见性,即无前后。如《止观》释《鸯崛经》云:"了了分明见者,照实为了了,照权为分明。三智一心中,五眼具足圆照,名为了了见佛性也。佛眼一心中得,名了了见。"

又若论差别者,则诸天是报得,二乘是修得。我此宗门,非报非修,是发得五眼,以本圆具故。若悟修佛乘人,虽具烦恼性,能知如来秘密之藏,即肉眼而名佛眼。二乘人,虽证灭修道,具漏尽通,即天眼而为瞖眼。所以志公云:"大士肉眼圆通,二乘天眼有瞖"。融大师云:"不取天眼等五通,造事外道,唯取入理凡夫耳。"

卷十七

问：真如一心，平等法界，众生不了，妄受沉沦。今悟此宗欲入圆觉位，于六度万行庄严门中，以何法助道保任，速得成就？

答：若论庄严，无非福智二业。于六波罗蜜中，前五是福德业，后般若是智慧业；前五福德业中，唯禅定一门最为机要。

此《宗镜》所集禅定一门，唯约宗说，于诸定中而称第一，名王三昧。总摄诸门，囊括行原，冠戴智海。亦名无心定，与道相应故；亦名不思议定，情智绝待故；亦名真如三昧，万行根本故；亦名一行三昧，一念法界故；亦名金刚三昧，常不倾动故；亦名法性三昧，恒无变异故。诸佛智光明海，无量观行皆从此生。若不体此理，非佛智故。以此佛智，证斯本理。理则不待照而自了，智则必资理而成照。若本觉性智，性自了故。以平等性智，了本性故。所以台教云："若人欲得一切佛法，相好威仪，说法音声，十力无畏者，当行此一行三昧，动行不懈，则能得入。如摩尼珠，随磨随光，证不思议功德。"

一行三昧者，系缘法界。一念法界，信一切法皆是佛法，无前无后，无复际畔，住佛所住，如诸佛住，安处寂灭法界。秘密藏中，则理无不圆，事无不足，故称秘密，亦号总持，究竟指归，自他俱利。故须先入宗镜，达一心万行根本，然后福智庄严，则不枉功程，永无退转。得其旨则智圆明，得其事则大用成就。如师子奋迅，成熟法界众生；犹象王回旋，启发十方含识。故《华严论》云："师子奋迅三昧者，于十方世界，普同一切众生想念作用而成熟之，大用而无作，是奋迅义。"

夫入宗镜，万事周圆，镜外更无一法可得。如《遗教经》云："是故汝等，当好制心，制之一处，无事不办。"所以《信心铭》云：

“心若不异，万法一如，眼若不睡，诸梦自除。”故知一念才起，五阴俱生，微识未亡，六尘不灭。若唯识之义灯常照，妄何由生？一心之智镜恒明，旨终不昧。

《华严经》云：“菩萨摩诃萨，以离垢心，现见无为真如法界，以自在心，现生三界，为教化彼诸众生故。”又经云：“依自虚妄染心，众生染；依自性清净心，众生净。”

《诸法无行经》云：“虽赞发菩提心，而知心性即是菩提；虽赞大乘经，而知一切诸法皆是大相；虽说菩萨道，而不分别阿罗汉、辟支佛、诸佛；虽赞布施，而通达布施平等相；虽赞持戒，而了知诸法同是戒性；虽赞忍辱，而知诸法无生无灭无尽相；虽赞精进，而知诸法不发不行相；虽种种赞叹禅定，而知一切法常定相；虽种种赞于智慧，而了智慧之实性；虽说贪欲之过，而不见法有可贪者；虽说瞋恚之过，而不见法有可瞋者；虽说愚痴之过，而知诸法无痴无碍；虽示众生堕三恶道怖畏之苦，而不得地狱、饿鬼、畜生之相。如是诸菩萨，虽随众生所能信解，以方便力而为说，而自信解一相之法。”

故知心外无法，于第一义而不动。为未信者以方便力，虽说种种道，其实为一乘。所以般若说一切法皆摩诃衍，靡不运载。《思益》明解诸法是菩萨遍行，《华严》入法界不动祇园，《净名》一念知一切法是道场。故知一法周备，无事不该，可谓圆满菩提，成就佛道。乃至坐禅见境，诸魔事起，但了一心，境界自灭，可谓降魔妙术，治惑灵方，匪用心神，安然入道。

《摩诃衍论》释：“若真若伪，唯自妄心现量境界，无有其实，无所着故。”又若真若伪，皆一真如，皆一法身，无有别异，不断除故。是以但了一心，不忘正念，一切境界，自然消灭。可谓应念断除，岂劳功行？此乃西来的旨，诸佛正宗，圆信圆修，不同权渐。

若有人不信此宗镜正义，反堕邪思，徇假执权而迷真实，如金易鍮石，凤换山鸡。如此愚盲，过在无眼。若能如是信解，乃为真发菩提之者。以是一心菩提，万行之本，既能通达，法尔利他。运同体之大悲，岂存能所？以无得之方便，谁立自他？

问：《华严经》颂云："禅定持心常一缘，智慧了境同三昧。"云何悟入一心，能令根境悉成三昧？

答：内外一切境界，皆从真如一心而起，真心不动，故称为三昧王。以统御一切万法万行，故得称为王。无有一法，不从一心真如三昧起，此是一切三昧根本。了此根本，则从本所现念念尘尘，尽成三昧，以本末无异故。《首楞严三昧经》云："问现意天子：'菩萨当修何法，得是三昧？'天子答：'欲得三昧，当行凡法。若见凡法不合不散，是名修行楞严三昧。'又问：'诸佛法中，有合散耶？'天子曰：'凡法尚无合散，况佛法耶？云何修习？若见凡法、佛法不二，是名修习。'"

是以了一心成现之门，则无修而修；达万法具足之体，乃不习而习。出入无际，心境一如。即于一切差别法中，念念入，念念起故，不唯根境尽成三昧，万法咸作智门，承此宗镜之光，可谓尽善尽美。何者？体含虚寂，不能赞其美；理绝见闻，不能尽其过。降兹以下，皆堕形名，则难逃毁赞矣。

问：欲净其土，当净其心，则心外有土，何成自净？

答：至极法身，常寂光土，离身无土，离土无身。依报是心之相，正报是心之体。体相无碍，依正本同。所以摄境归心，真空观中，则摄相归体，显出法身；从心现境，妙有观中，则依体起用，修成报身。若心境秘密圆融观中，则心境交参，依正无碍，心谓无碍心，诸佛证之以成法身，境谓无碍境，诸佛证之以成净土。

如《净名疏》中，明四种境界：一、因缘境，二、空境，三、假境，四、中道境。境是心所依住，即是土也。行人当知，一切菩萨净佛国土根本，从此而起。又凡圣共居，同一妙土，真俗所依，唯一法身。所依不二，能依自殊。所既不殊，能亦何别？无始妄习，谓依正殊。若能一切皆融，岂有身土别见？如此观心，实真净土，是真了义。若离此者，多是执文随语生见。《义海》云："尘毛刹海是依，佛身智慧光明是正。今此尘是佛智现，举体全是佛智，是故光明中见佛刹等。又刹海尘等，全以佛法界如如为尘体，是故尘中现一切佛事。当知依即正，正即依，乃至一事一法，一毛一尘，各个如是合佛依正也。"故知万像繁兴，唯一致矣。

问：自性清净心，本无垢染，云何说断惑之义？

答：有两种心：一、自性清净心，二、离垢清净心。以自性心虽本清净，以客尘不染而染，修诸对治，得成离垢，未必有垢可离，以自性离故。此即不断而断，虽有能断而无所断，此是圆断惑义。如古师云："断惑相者，要性相无碍。"由能断无性，方为能断，所断本空，方成所断。若定有者，则堕于常，不可断故；若定无者，则堕于断，失圣智故。《中论》偈云："能说是因缘，善灭诸戏论。"拙度为不善灭，巧度为善灭也。善灭者，不断断；不善灭者，是定断也。又若依顿教，一切烦恼本来自离，不可说即与不即。

故知但了真心，无惑可断；设有余习，还以一心佛知见而治之。不入此宗，皆成权渐。以此忏罪，何罪不消？除三毒根，如翻大地。以此发行，何行不成？彻十地源，似穷海底。游行奋迅，犹狮子之王；自在翱翔，若金翅之鸟。

问：唯一真心，入平等际，云何学者证有差殊？

答：此于能证智见有浅深，向无为法自生差别。《涅槃疏》云："佛性如世间道，有未行者，有欲行者，有正行者，有已行者。虽有未行等不同，不可言道有二。佛性亦尔，有未见、欲见、正见、已见。虽见不同，理无有二。"

问：三界五趣，即唯一心，云何而有迷悟不同，凡圣升降？

答：只为因心故迷，因心故悟，又因悟成圣，因迷作凡。凡圣但因迷悟得名，名亦本空，唯有真心湛然不动。但于一真心上，妄执人法二我，所以似迷；又因了人法二空，所以似悟。古德云："觉非始终，以迷故执我，以悟故见性。"如暗中迷杌为鬼，至明杌有鬼无。迷杌为鬼，见杌非新有；了鬼本无，悟鬼非始无。既唯得杌，不得鬼者。故知鬼不新无，杌非新有，无取舍也。既二念不生，即为实观。

是则迷无所迷，悟无所悟，迷则以真为妄，悟则以妄为真。如夜见杌为人，昼见人为杌，一物未尝异，二见自成差。既知迷悟空，真妄亦何有？

问：若无迷悟，平等一心，云何断惑证果，迟速不等？

答：虽了一心本末平等，以妄习众生界中差别种子，不熏而熏，无始坚牢，卒难除遣，至十地位犹有色心二习。若不勇猛精进，念念常以佛知见治之，无由得净。所以《宝积经》云："譬如系彩帛在头上，火来烧彩帛，无暇救帛，救头是急。"故外书劝学，尚云轻尺璧而重寸阴，况学般若求出生死法，岂可暂忘乎？

问：真心是一字之王，般若之母，云何论说，诸佛常依二谛说法？

答：若约正宗，心智路绝；若离二谛，断方便门。以真心是自证法，有何文字？凡能诠教，无非假名。故云依二谛说法。《金刚三昧经》偈云："因缘所生义，是义灭非生，灭诸生灭义，是义生非灭。"论释云："此四句，义有总别。别则明二门义，总则显一心法。如是一心二门之内，一切诸法，无所不摄。前二融俗为真，显平等义；后二融真为俗，显差别门。"

总而言之，真俗无二，而不守一。由无二故，则是一心；不守一故，举体为二。又真俗无二，一实之法，诸佛所归，名如来藏。明无量法及一切行，莫不归入如来藏中。无边教法，所诠义相，更无异起，唯一实义。所言实者，是自心之性。除此之外，皆是虚幻。《智度论》云："除一实相外，其余尽成魔事。"《法华经》云："唯此一事实，余二即非真。"凡经论大意，并是显宗破执，独标心性。若通达者，一切诸法，即心自性，心外无法，性无不包，犹若虚空，遍一切处。则一切诸法，无非实相。故知诸义，但一念心。一理应一切名，以理外无名故；一切名即一理，以名外无理故。则是无名之真名，无理之真理。是以一心二谛，体用周足。本约真论俗，从一起多；还约俗论真，从多会一。如如意珠，珠以譬真，用以譬俗，即珠是用，即用是珠，不二而二，分真俗耳。《起信论》明一心二门。心真如门者是体，以一切法无生无灭，本来寂静，唯是一心，如是名为心真如门。

《楞伽经》云："寂灭者，名为一心。"心生灭门者是用，此一心体有本觉，而随无明动作生灭，故于此门，如来之性隐而不显，名如来藏。《楞伽经》云："一心者，名如来藏。"又云："如来藏者，是善不善因。"此二门约体用分二。若以全体之用，用不离体，全用之体，体不离用，还念其一。以一心染净，其性无二，真妄二门，不得有异，故名为一。此无二处，诸法中实，不同虚空，性自神解，故名为心。既无有二，何得有一？一无所有，就谁曰心？如是道理，离言绝虑，不知何以言之，强为一心也。

问：《摩诃衍论》云"一即是心，心即是一，无一别心，无心别一。一切诸法，平等一味，一相无相，作一种光明心地之海"者，云何复说同相异相？

答：若同若异，俱一心作故，如海涌千波，千波即海。以众生差别性故，不能同种；以如来平等性故，不能异种。众生难差别，不能自异；如来虽平等，不能自同。不能自异故，即异无异也；不能自同故，即同非同也。《摩诃衍论》云："同相者，一切诸法唯一真如；异相者，唯一真如作一切法。"

《金刚三昧论》云："平等一味故，圣人所不能异也；有通有别故，圣人所不能同也。不能同者，即同于异；不能异者，即异于同。又不可说异故，可得说是同；不可说同故，可得说是异耳。说与不说，无二无别也。"又云："依甚深教如言取义者，有二种失：一者，闻佛所说动静无二,便谓是,一实一心,由是拨无二谛道理;二者,闻佛所说空有二门,计有二法,法无一实,由是诽谤无二中道。”又云:“如是一心,通为一切染净诸法之所依止故,即是诸法根本本来静门,恒沙功德无所不备。谓一切是随缘动门,恒沙染法无所不具,然举染法以望心体,不能遍通。”所以经云:“若离若脱,若举心体望诸净法,无所不遍。”故经云:“于世法中不离不脱。”总明一心通于动静,为染净所依。别显动门,染法所依;别显静门,净法所依。亦如《起信》,于一心立真如、生灭二门,若卷若舒,若总或别,皆是一心之体用,如日月之光明,似江河之波浪。真心无寄,不落言思。但约世谛随缘门中,分其二义:以真心不守性故,随缘成异,即成异门;以随缘时不失自性故,随缘不变,即成同门。虽立同异,常冥一际。

《金刚三昧经》云:“无住菩萨言:‘尊者!我从无本来,今至无本所。’佛言:‘汝本不从来,今亦不至所,汝得本利不可思议。’”乃至色无处所,清净无名,不入于内;眼无处所,清净无见,不出于外;心无处所,清净无上,无有起处,清净无动,无有缘别,性皆空寂。乃至如彼心王,本无住处,凡夫之心,妄分别见。如如之体,本不有无,有无之相,见唯心识。云何无本?以无住故。有本则有住,无住则无本。明知众生业趣去来,诸圣净界动止,来是心来,去是心去,动是心动,止是心止,毕竟无有去来动止而可得。

不离法界故,则未有一法非心所标。是以文殊师利化善财童子,现三千世界满中台观。善财观之,忽然不现世界皆空,问世界来去之处,文殊答言:“从来处来,却归去处去。”即是清净法界中来,却归清净法界中去。故知诸法所生,唯心所现,生灭去来,皆如来藏,斯乃穷迹达本,见法明宗矣。

问:《楞伽经》云:“佛语心为宗。”既立一心为宗,云何复云无心是道?

答:心为宗者,是真实心。此心不是有无,无住无依,不生不灭,有佛无佛,性相常住,为一切万物之性,犹如虚空体非一切,而能现一切。只为众生不了此常住真心,以真心无性,不觉而起妄识之心。遂遗此真心妙性,逐妄轮回,于毕竟同中,成究竟异,一向执此妄心能缘尘徇物,背道违真,则是令息其缘虑妄心。若不起妄心,则能顺觉。所以云无心是道,亦云冥心合道。又即心无心,常顺本觉,岂必灭心取证,却成背道。然虽即心无心,又不可故起。此妄识心对境而生,无体可得。如海上波,随风断续。境界妄风不起,分别识浪不生。心尚不有,能依枝末一切万法,宁是实耶?故云:"千端万累何能缚。"故知但了一念空,诸尘自然破。所依既不有,能依何得生?如源尽流干,根危叶谢。若能人法俱空,即显一心妙理。但以心尘相对,万法纵横;境智一如,千差顿寂。如是方能豁悟本觉灵智真心,无住无依,遍周法界。

《广百论》云:"经言,无有少法自性可得,唯有能造,能造即是心及心法。"又云:"三界唯心。"如是等经,其数无量。是故诸法唯识理成,岂不决定?执一切法实唯有识者,亦成颠倒。境既无,识云何有?经言"唯识"者,为令观识,舍彼外尘。既舍外尘,妄心随息。妄心息故,证会中道。故经偈言:"未达境唯心,起种种分别,达境唯心已,分别则不生。"

问:境识俱遣,何识所成?

答:境识俱泯,即是实性。实性即是阿摩罗识。

问:若尔,心境都无差别,何故乃说唯有识耶?

答:为遣外道等心,心所处执实有境故,假说唯有识,非唯识言,便有实识。论云:"为遣妄执心,心所外实有境故,说唯有识。若执唯识真实有者,如执外境,亦是法执。"若法执不生,即入真空矣。

问:论云"唯是一心,故名真如"者,真则无伪,如则不变,妙色湛然不空之性,云何经中复说"心空则一切法空"?

答:夫言空者,说世间一切妄心染法是空,以遍计情执无道理故。若出世佛法真心则不空,以有道理故。《起信论》云:"真如有二:一、如实空,以能究竟显实故;二、如实不空,以有自体,具足无漏性功德故。"

所言空者,从本以来,一切染法不相应故,谓离一切法差别之相,以无虚妄心念故。当知真如自性,非有无、一异等相。乃至总说,依一切众生,以有妄心,念念分别,皆不相应,故说为空。若离妄心,实无可空故。

所言不空者,以显法体空无妄故,即是真心,常恒不变,净法满足,则名不空。《清凉记》释云:"不与妄合,则名为空;性具万德,即名不空。"

若了妄空,真觉顿现,如云开月朗,尘去镜明。见性之时,故云"发得",非是"修成";三身满日,亦云"万行引出",不从外来。皆约一心,本有具足。故知不空之空,体含万德;不有之有,理合圆宗。空有相成,无诸障碍。若离空之有,有则是常;若离有之空,空则成断。今有无齐行,不违一旨。是以智能达有,慧能观空。菩萨不尽有为,不住无为。尽有则智业不成,住无则慧心不朗。若空即有,有即空,乃至一切法皆互相即也。既互相即,则毕竟无一异、空有等法,于心外发现。设有发现,皆是自心相分,不同凡小不知,取而执有,舍而沉空。若入此一心中道之门,能成万行方便之道。

问:若心外无法,唯是一心者,于外则无善恶业果,苦乐报应,何成佛法,翻堕群邪?

答:若了一心,有无见绝。境智双寂,契彼性空。根尘两亡,内外解脱。亦常照内外,脱于无知。空尚不存,妄从何起?所现外诸苦乐境界,如镜中像,以自心为明镜,还照自之业影。古德云:"以如来藏性而为明镜,随业缘质,现果影像。"夫业通性及相,谓此业体。以无性之法而为其性,以不失业果之相而为其相。由无性故,能成业果;由不坏相,方显真空。何者?若有性,则善恶业定不可改移,无有苦乐果报。若坏业相,则成断灭。以一切因果从自心生,心外实无善恶业可得,以业无自性,但由心起故,所以如影如幻,无有定相。又以业无自性,故不落有;以不坏业果,故不堕无。非有非无,则一心中理。

问:虽然心即是业,业即是心,既从心生,还从心受,如何现今消其虚妄业报?

答:但了无作,自然业空。所以云:"若了无作恶业,一生成佛。"又云:"虽有作业而无作者,即是如来秘密之教。"又凡作业,悉是自心横计外法,还自对治,妄取成业。若了心不取,境自不生,无法牵情,云何成业?

《义海》云:"除业报者,为尘上不了自心。谓心外有法,即生憎爱,从贪业成报。然此业报,由心迷尘妄计而生,但似有显现,皆无真实。迷者为尘相有所从来而复去,是迷;今了尘相无体,是悟。迷本无从求,悟亦无所去。何以故?以妄心为有,本无体故。如绳上蛇,本无从来,亦无所去。何以故?蛇上妄心横计为有,本无体故。若计有来处去处还是迷,了无去来是悟。悟之与迷,相待安立,非是先有净心,后有无明,此非二物,不可两解。但了妄无妄,即为净心,终无先净心而后有无明。"故知迷悟唯只一心。如手反覆,但是一手。如是深达,业影自消。从心所生,皆无真实,如梦心不实,梦事亦虚,世间共知,可深信受。

是以善恶之业,理皆性空,不坏缘生,恒宜妙旨。量云:正业是有法,定即有即空故是宗。因云:即缘成即无性故。同喻云:如幻。幻法术等生,即有不碍虚,正业从缘生,空有不相碍。故知万法从遍计情生,但有虚名,都无实义。如《首楞严经》云:"妙觉湛然,周遍法界,含吐十虚,宁有方所?循业发现,世间无知,惑为因缘及自然性,皆是识心分别计度,但有言说,都无实义。"含吐十虚者,含即一真不动,在如来藏中;吐即依妄分别,乃随处发现。但有纤尘发现之处,皆是自心生,从分别有。若知发处虚妄,则顿悟真空。真空现前,岂存言说?

问:真心不动,三际靡迁,云何说心流转,又云绝流转义?

答:所云随流返流,皆约众生缘虑之心,妄称流转,其体常寂,但不见一念起处,即是不流,未必有念可断。《智严经》云:"文殊师利言:'云何断流转?以于过去心不起,未来识不行,现在意不动,不住不思维,不觉不分别。'"故知以境对境,将心治心,狗逐块而逾多,人避影而徒乏。若能知身是影,舍块就人,则影灭迹沉,安然履道。故知万动皆摇,悉成魔业。若知心不动,则不随流,方入宗镜之中,永超魔幻。

如《虚空藏所问经》云:"菩萨守护于心,不令间隙。若心无间隙,则诸相圆满。以相圆满故,则空性圆满。是为菩萨超魔法门。"乃至文殊师利菩萨曰:"仁者!汝等所说,悉是魔境。何以故?施设文字,皆为魔业,乃至佛语犹为魔业。无有言说,离诸文字,魔无能为。若无施设,即无我见及文字见。以无我故,则于诸法无有损益。如是入者,则超魔境。是为菩萨超魔法门。"

《大乘千钵大教王经》云:"佛言:'诸天魔幻惑种种相貌,障修学人心眼圣道。'"乃至令见一切幻相、前后生死之事、善恶诸相、魔作幻惑,非关正智。唯心所变,莫取外缘。修学行人,必不得于梦境界,及现眼前,取相执著,动转人心;恐畏怕怖,则被天魔鬼神之所障碍。行人正见,须常谛观心性。见性寂静,心性无物,是相莫取,则无境界妄想因缘。是故行人勤行精进,实勿退转、懈怠、懒惰,则得速证无上正等菩提。

问:妄能覆真,全成生死;真能夺妄,纯现涅槃。真妄若离,互不生起;真妄若合,二谛不成。如何会通一心妙理?

答:一心二谛,教理所归。开即迷真,合则坏俗。何者?相随真起，即相而可辩真原；觉因妄生，因妄而能知觉体。无妄则觉不自立，无真则相无所依。真妄相和，染净成事。唯真不立，无妄而对谁立真？单妄不成，无真而凭何说妄？真妄各无自体，名相本同一原。是则二谛恒分，一味常在。藏性不动，缘起万差。故知实无一法而有自体独立者，皆从真妄二法和合而起。如《起信论》云："不生不灭与生灭和合，非一非异，名阿赖耶识。"变起根身器世间等。

《释摩诃衍论》云："无明之相，不离觉性，非可坏非不可坏。犹如大海，风相水相不相舍离者。"大海喻阿赖耶识，水喻本觉心，风喻根本无明。不觉能起动转虑知之识，如彼风故。波动者，喻诸戏论识，迁流无常。水相风相不相舍离者，喻真妄相资，俱行合转。谓本觉心不自起故，当资无明之力，方得而起；根本无明不自转故，要因真心之力，方得而转。如水不自作波，当因风力；风不自现动，要资水力，方得现动相。经云："烦恼大海中有圆满如来，宣说实相常住之理；本觉实性中有无明众生，起无量无边烦恼之波。"

问：上说真心无生，妄念起灭，如何会妄归真，入一乘平等之道？

答：妄原无体，本自全真，何须更会？今为情见妄执之人，引祖佛善巧，洞心原之智，搜经论微细，穷性海之诠，令顿豁情尘，便成真觉。如《释摩诃衍论》云："一心真如体大，通于五人，平等平等无差别故。云何名为五种假人？一者，凡夫，二者，声闻，三者，缘觉，四者，菩萨，五者，如来。是名为五。如是五名，人自是五，真自唯一。所以者何？真如自体无有增减，亦无大小，亦无有无，亦无中边，亦无去来。从本以来，一自成一，同自作同，厌异舍别，唯一真如。是故诸法，真如一相。"

《起信论》云："心真如者，即是一法界大总相法门体。以心本性，不生不灭相。一切诸法，皆由妄念而有差别。若离妄念，则无境界差别之相。"古释云："执者问云：'现见诸法差别迁流，云何乃云性无性灭？’释云：‘差别相者，是汝遍计妄情所作，本来无实，如依病眼妄见空花。故云皆依妄念而有差别？’疑者又云：‘以何得知依妄念生？’释云：‘以诸圣人离妄念故，尽无其境，即验此境，定从妄生。又若此境非妄，定实有者，圣人不见，应是迷倒，凡夫既见，应是觉悟。如不见空花是病眼，返结准之。故若离于念，即无差别也。’”所执本空故，真心不动。由此一切诸法，皆即真如。斯则会妄显真，可绝疑矣。如《首楞严经》云：“佛告阿难：‘我非敕汝执为非心，但汝于心微细揣摩：若离前尘有分别性，即真汝心；若分别性离尘无体，斯则前尘分别影事。’”

故知对俗说真，因虚立实，斥差别论平等，遣异相建如如，尽是对待得名，破执设教。若能真俗双拂，空有俱消，了边即中，无边可离，达中即边，无中可存，能证之智既亡，所证之理亦寂，方超心量，入绝待门。若有得无得，有生无生，尽不出于心量。《楞伽经》偈云：“离一切诸见，及离想所想，无得亦无生，我说为心量。非性非非性，性非性悉离，谓彼心解脱，我说为心量。如如与空际，涅槃及法界，种种意生身，我说为心量。”所以《涅槃经》云：“若有一法过涅槃者，我亦说如幻如化，以涅槃无相。”若取于相，即自心现量，非真涅槃。故知似形言迹，瞥生知解，皆是心量所收。若能悟心无心，了境无境，理量双消，方入宗镜。

卷十八

问:凡圣既同一心,云何圣人成一切种智,凡夫触事不知乎?

答:只为凡夫背觉合尘,为尘所隔,迷真徇妄,被妄所遮,自心与他心,二俱不了,焉能博通万类,成一切种智耶?故《起信论》云:"众生以依染心能见能现,妄取境界,迷平等性故。以一切法常静,无有起相,无明不觉,妄于法违故。不能得随顺世间一切境界,种种知故。"是知心外无法,法外无心,但了一心,诸尘自会。起心背法,即乖法体,既与法违,则不通达。若能顺法界性,合真如心,则般若无知,无所不知矣。

问:若了一心,何用广知诸法?

答:一心是总,诸法是别,别虽从总,事起千差。若不仔细通明,遮照双运,则理孤事寡,不入圆通。《维摩经》云:"善能分别诸法相,于第一义而不动。"

问:一色一香,无非中道,以何为中道?

答:若有中道,则不名中;若无中道,亦不名中。如《涅槃经》云:"内外合故,名为中道。"既云中道,何得是有?既云中道,何得是无?若也有执,则无所不碍;若也无执,则无所不通。如《智论》云:"若人见般若,是则名被缚,若不见般若,是亦名被缚。若人见般若,是则名解脱,若不见般若,是亦名解脱。"中道即实相,是有也;中道即性空,是无也。亦名为假名,亦有亦无也;亦名为中道,非有非无也。故知无执,则四句皆是。

问:为中即是道?为离中别有道?为道即是中?为离道别

有中？

答：离中无别道，离道无别中，即以道为中，即以中为道。

此之中义，即是一心。道即是心，心即是道，以真心遍一切处故。《肇论》云："有心者，众庶是也；无心者，太虚是也。众庶处于妄想，太虚绝于灵照。岂可以处妄想、绝灵照，而语圣心乎？"故须遮照无滞，体用自在，方成理行之门。《华严经》云："菩萨住是不思议，于中思议不可尽，住是不可思议地，思与非思俱寂灭。"若唯遮思议境者，则凡圣绝分。故非但遮常心，亦应融常心，是则于中思议不可尽。遮融无二，则思与非思，体俱寂灭，方曰真不思议也。是则遮照无滞，理事不亏。即遮而照，故双非即是双行；即照而遮，故双行即是双遣。不坏本而常末，万行纷然；不坏末而常本，一心恒寂。所以色尘体寂，香界性空。执作有无之边邪，达成唯心之中理。法法皆圆愿海，尘尘尽具行门。应念而六度咸成，目击而真心普遍。如《无尽意菩萨经》云："普贤！如来国土，彼诸菩萨当见佛时，寻能分别诸深妙义，具足成就六波罗蜜。何以故？若不取色相，即是具足檀波罗蜜；若除色相，即是具足尸波罗蜜；若观色尽，即是具足羼提波罗蜜；若见色寂灭，即是具足毗梨波罗蜜；若不行色相，即是具足禅波罗蜜；若不戏论色相，即是具足般若波罗蜜。是诸菩萨，即观佛时，寻具如是六波罗蜜，得无生忍。"

问：真如寂灭，本无次第之殊；法界虚玄，岂有阶降之别。云何一真体上，而分正助？

答：若以唯识真性，则性融一切，尚不指一，何况分多？以解行证入之门，不无深浅。如《华严论》云："十住以来，菩萨所行，皆是助道，非是正位。故意欲明行所行者，是为助道；无住无行，任真自体，名之为正果故。若以初发心住，以法性无相根本智，不离无作用之体，行诸万行，菩萨与佛，因果本来体齐；若简佛果无作无修，菩萨正加行以来，总名助道。以动寂无碍，正助元来不异。”此即全别全同，境界难解。佛及凡夫，各自别有。是全别义，故二见恒存；若全同故，便成滞寂。圆融道理，事理不碍。若也法门全分两向是凡夫法，全合一体是二乘法。但以理事自在，其道在中。留心灭之，此亦不可；以心存之，此亦不可。此助道行门，与正智果德无作之门，体合无二，事中轨则，不可不分。以其体用，不可一向全别，以全同作全别，以全别作全同。不可全别无全同，不可全同无全别。如迷此同别二门，即智不自在。

又经云“智入三世，悉皆平等”者，明智能随俗。言入三世，即俗体本真，故言平等。以总别同异成坏门，六相义概括：即总而全别，即别而全总；即同而俱异，即异而恒同；即成而俱坏，即坏而俱成。皆非情系一异，俱不俱，有无非有无，常无常，生灭相故。如是皆如是，理智体用依正悉自在故。以自体无念力大智，照之可见。是以若上上根人，顿了心空，入真唯识性，现行余习，种子俱亡，则何用更立地位？只为中下之根，或有缘信，或有正信，或有解悟，或有证悟，根机莫等，见解不同，于妄功用中，分其深浅，虽即明知信入唯识，心境俱空，以微细想念不尽，未得全除，分分炼磨，于升进中，故有地位差别。以根尘五阴，微细难亡。若得识阴尽，方超地位，了无所得，究竟圆成，如净琉璃，内含宝月。如《首楞严经》云：“此五阴元，重叠生起，生因识有，灭从色除。理则顿悟，乘悟并消；事非顿除，因次第尽。”

《消色阴文》云：“佛告阿难：‘当知汝坐道场，消落诸念，其念若尽，则诸离念一切精明，动静不移，忆忘如一。当住此处入三摩提，如明目人，处大幽暗，精性妙净，心未发光。此则名为色阴区宇。若目明朗，十方洞开，无复幽黯，名色阴尽。是人则能超越劫浊，观其所由，坚固妄想以为其本。’”

《尽受阴文》云：“佛告阿难：‘彼善男子，修三摩提，奢摩他中，色阴尽者，见诸佛心，如明镜中显现其像，若有所得，而未能用。犹如魇人，手足宛然，见闻不惑，心触客邪而不能动。此则名为受阴区宇。若魇咎歇，其心离身，返观其面，去住自由，无复留碍，名受阴尽。是人则能超越见浊，观其所由，虚明妄想以为其本。’”

《尽想阴文》云：“佛告阿难：‘彼善男子，修三摩提，受阴尽者虽未漏尽，心离其形，如鸟出笼，已能成就，从是凡身，上历菩萨六十圣位，得意生身，随往无碍。譬如有人，熟寐寱言，是人虽则无别所知，其言已成音韵伦次，令不寐者，咸悟其语。此则名为想阴区宇。若动念尽，浮想消除，于觉明心，如去尘垢，一伦生死，首尾圆照，名想阴尽。是人则能超烦恼浊，观其所由，融通妄想以为其本。’”

《尽行阴文》云：“佛告阿难：‘彼善男子，修三摩提想阴尽者，是人平常，梦想消灭，寤寐恒一，觉明虚静，犹如晴空，无复粗重前尘影事，观诸世间大地山河，如镜鉴明，来无所黏，过无踪迹，虚受照应，了罔陈习，唯一精真。生灭根元，从此披露，见诸十方十二众生，毕殚其类，虽未通其各命由绪，见同生基。犹如野马，熠熠清扰，为浮根尘究竟枢穴。此则名为行阴区宇。若此清扰熠熠元性，性入元澄，一澄元习，如波澜灭，化为澄水，名行阴尽。是人则能超众生浊，观其所由，幽隐妄想以为其本。’”

《尽识阴文》云：“佛告阿难：‘彼善男子，修三摩提，行阴尽者，诸世间性，幽清扰动，同分生机，倏然隳裂，沉细网纽，补特伽罗，酬业深脉，感应悬绝，于涅槃天，将大明悟，如鸡后鸣，瞻顾东方，已有精色，六根虚静，无复驰逸，内外湛明，入无所入，深达十方十二种类，受命元由，观由执元，诸类不召，于十方界，已获其同，精色不沉，发现幽秘。此则名为识阴区宇。若于群召已获同中，消磨六门，合开成就，见闻通邻，互用清净，十方世界，及与身心，如吠琉璃，内外明彻，名识阴尽。是人则能超越命浊，观其所由，罔象虚无颠倒妄想以为其本。’”

“乃至识阴若尽，则汝现前诸根互用。从互用中，能入菩萨金刚乾慧。圆明精心，于中发化。如净琉璃，内含宝月。如是乃超十信、十住、十行、十回向、四加行心，菩萨所行金刚十地，等觉圆明，入于如来妙庄严海，圆满菩提，归无所得。”

《佛地论》中言“清净法界”者，则是无垢净识，真如一心。即此正宗，凡圣共有。此一法界，是四智之体。四智则一体之用，以诸佛现证，众生不知。以不知故，执为八识之名。以现证故，能成四智之相。若昧之，则八识起执藏之号，七识得染污之名，六识起遍计之情，五识变根尘之境。若了之，赖耶成圆镜之体，持功德之门；末那为平等之原，一自他之性；第六起观察之妙，转正法之轮；五识与所作之功，垂应化之迹。斯则一心匪动，识智自分。不转其体，但转其名。不分其理，而分其事。

问：说有为法，皆蕴处摄。如来纯无漏法，还具蕴处界否？

答：《识论》云：“处处经说，转无常蕴，获得常蕴，界处亦然，宁说如来非蕴处界？故言非者，是密意说。”又佛身中十八界等，皆悉具足，而纯无漏。此转依果，又不思议，超过寻思言议道故，微妙甚深自内证故。

问：此智是佛知见，无师自尔，何假因缘称扬开示？

答：此智虽不约缘生，而从缘显。若执无因，皆成外道。如古师云：“佛法虽有无师智、自然智，而是常住真理，要假缘显，则亦因缘矣。”《法华经》云：“佛种从缘起。”《楞伽经》云：“大慧白佛：‘佛说常不思议，彼诸外道，亦有常不思议，何以异耶？’佛言：‘彼诸外道，无有常不思议，以无因故。我说常不思议有因，因于内证。岂得同耶？’”是则真常亦因缘起。故知无有一法，不从心生，三乘之道，悉皆内证。若心外立义，任说幽玄，皆成外道。又若入唯识智，虽不执前境，不同愚暗，无知无见，虽照镜虚，智眼斯在。

《能断金刚般若论》颂云：“虽不见诸法，非无了境眼。”所以《永嘉集》云：“夫境非智而不了，智非境而不生。智生则了境而生，境了则智生而了。智生而了，了无所了；了境而生，生无能生。

生能无生，虽智而非有；了无所了，虽境而非无。无即不无，有即非有。有无双照，妙悟萧然。如火得薪，弥加炽盛。薪喻发智之多境，火比了境之妙智。"其词曰："达性空而非缚，虽缘假而无着。有无之境双照，中观之心历落。"又颂曰："若智了于境，即是境空智，如眼了空花，是了空花眼。若智了于智，即是智空智，如眼了眼空，是了眼空眼。智虽了境空，及以了智空，非无了境智，境空智犹有。了境智空智，无境智不了，如眼了空花，及以了眼空。非无了空眼，花空眼犹有，了花眼空眼，无花眼不了。"

问：诸佛唯一法身，云何说三身差别？

答：约用分三，其体常一。《识论》云："如是法身有三相别：

"一、自性身。谓诸如来真净法界，受用变化平等所依，离相寂然，绝诸戏论，具无边际真常功德，是一切法平等实性。即此自性，亦名法身，大功德法所依止故。

"二、受用身。此有二种：(1)自受用，谓诸如来，修集无量福慧资粮，所起无边真实功德，及极圆净常遍色身，相续湛然，尽未来际，恒自受用广大法乐；(2)他受用，谓诸如来，由平等智，示现微妙净功德身，居纯净土，为住十地诸菩萨众，现大神通，转正示轮，抉众疑网，令彼受用大乘法乐。

"三、变化身。谓诸如来，由成事智，变现无量随类化身，居净秽土，为未登地诸菩萨众，二乘异生，称彼机宜现通说法，令各获得诸利乐事，是以转灭三心，得三身：(1)根本心，即第八识，转得法身；(2)依本心，即第七识转得报身；(3)起事心，即前六识，转得化身。"

则八解六通，一心而起，三身四智，八识所成。终无一理一行而从外来，皆从自识施为，一心而转，乃至一身无量身。如《华严》所明无量身云，重重无尽，皆从性起无碍圆融，如日光与虚空合，不分彼此。

问：变化身与他受用身，为是真实心，是化现心？

答：此二身是化，然化不离真。《识论》云："此二身，虽无真实心及心所，而有化现心心所法。由此经说，化无量类，皆令有心。又说变化有依他心，依他实心相分现故。乃至自性法身，唯有真实常乐我净，离诸杂染，众善所依，无为功德，无色心等差别相用。自受用身，具无量种妙色心等，真实功德。若他受用及变化身，唯具无边似色心等利乐他用，化相功德。"是以如来妙体，清净法身，不去不来，如影如像。犹四王天之日月（东持国、南增长、西广目、北多闻），显清净水中，不出不入；似憍师迦之宫殿，现琉璃地界，非有非无。

《涅槃无名论》云："法身无像，应物以形；般若无知，对缘而照。动若行云，止犹谷神。岂有心于彼此，情系于动静者乎？"是以诸佛不出世，亦不入涅槃，但随有心机熟众生，感见报化之身。所有见闻，皆是众生心中之影像。故云心生于有心，像出于有像。则诸佛无心无身，岂有劳虑疲患者乎？复礼法师述三身义云："法身犹虚空之性，云蒸即翳，雾敛即明，其性本常矣；报身若乘空之日，赫矣高升，朗然大照，其体恒在矣；化身如鉴水之影，沚清即现，流浊乃昏，显晦不恒，往来无定。"夫化佛者，岂他欤？报身圆应之用。报身者何哉？悲智所成之体也。悲以广济为理，智以善权为业，所以因时降迹，随物现身。身迹者用也，悲智者体也。体是其本，用是其末。依体兴用，摄末归本。欲求其异，理可然乎？报身即化也，化身即法也。

《般若》云："若见诸相非相，即见如来。"又"离一切诸相，即名诸佛"。是以举足下足，道场触处而无尽；开眼闭眼，诸佛现前而不灭。如上所说，一体三身，理事相成，体用交彻，不出不在，隐显同时，皆是一心本宗正义。是以一身多身，皆是法界。所悟一法，即无碍法界。

问：诸佛法身，湛然明净，如何起六根之相？

答:一、以即相明真,何乖大用;二、以利他胜业,不断化门。

如《宝性论》云:"依自利利他。"成就业义,故说偈云:"无漏及遍至,不灭法与恒,清凉不变异,不退寂静处。诸佛如来身,如虚空无相,妙色常湛然,六根甚明净。佛眼见众色,耳闻一切声,鼻能嗅诸香,舌能练众味,身觉三昧触,意知一切法。除诸稠林行,佛离虚空相。"又偈云:"如虚空无相,而现色等相,法身亦如是,具足六根相。"又偈云:"如来镜像身,而不离本体,犹如一切色,不离于虚空。"

《起信论》明不思议业相,则诸佛境界,云何不思议?以非一非异,不有不无,非言思可定,情解所测,故称不思议之业相。此不思议之业相者,谓与众生作六根境界。故《宝性论》云:"诸佛如来身,如虚空无相,为诸胜智者,作六根境界。示现微妙色,出显妙音声,令嗅佛戒香,与佛妙法味,使觉三昧触,令知深妙法。"常化众生,是真如之用,故云不思议业也。此本觉用与众生心,本来无二,但不觉随流,用即不现。用则于彼心中称根显现,而不作意我现差别,故云随根。自然相应,见无不益,是随染本觉之相。所以菩萨能行非道,通达正道。若入宗镜门究竟之道,则染净由心,无非无正;若入方便门分别之道,则菩萨大悲力故,常行无碍。

古德问云:非道之行是烦恼业,菩萨应断,云何行之?

答:有三义:一、渐舍门,止恶行善;二、舍相门,善恶俱离;三、随相利益门,染净俱行。此第三门,更有三义:一、约行,自行修净,化他随染;二、约人,化凡同染,化圣同净;三、约法,随世间法,必须现染,修菩萨法,必须修净。

问:菩萨行非道,修何道?

答:道有三种:一、证道,谓二空真如,正体智证;二、助道,缘修万行,助显真理;三、不住道,即是悲智,不住生死,不住涅槃。

所以菩萨示行，现同其事，为欲同恶止恶，同善进善。若其疏异，教化即难。故须行非而度脱之，皆令悟入同体真心耳。

问：身土既总唯一心法界之体，如何是自他各受用身土之行相？

答：一体虽同，不妨互遍。同中有异，自入于他；异中有同，他遍于自。

古德问云：自受用身土，一一无边，诸佛身土不相障碍，行相如何？

答：如水乳一处，其体无别。鹅王饮之，但得其乳，不得其水。乍见将谓水乳是一，若饮已即知有异。又如众灯光同处一室，自色不可分，若论光体，元来各别。自受用身虽合一处，元来各各有异，皆自受用法乐，则一一皆具八识故，所以得互遍，非同一体无异。非一非异可辩佛身。

问：既是真如，何分身土耶？

答：据义立之，于真如中，以性成万德为身，以真空之理为土。约义即别，体不相离。又真理中具四德，常净二德为土，我乐二德为身，故云"我此土净，而汝不见"，则真身含万法为土耳。若心外取土，见相迷真，成妄想之垢，故称为秽。若见心性，则名净耳。是以一法不动，异见常生，迷有作尘劳，悟空成佛国。非移妙喜，匪变娑婆。亦非神力所为，法性何曾迁变。犹眩翳之者，同处各观，蝇发毛轮，所见差别。如执外境界，皆是妄心。如经云："例如今目睹山河，皆是无始见病。"

问：心外无法，道外无心，云何诸佛自称出世得道，广说教门？

答：只为众生不了唯心，妄生外境，以不实故，所以诸佛出世。若有一法是实，则诸佛终不出世。所说方便教门，不为知者说，但为未知者破执除疑，似形言教。若执丧疑消，则无道可得，无法可说。《思益经》云："佛言：'我坐道场时，唯得颠倒所起烦恼，毕竟空性。以无所得故得，以无所知故知。'"

问：宗镜唯心者，何分始末乎？

答：始末是述心之义，约用行布门中，相虽历然，体常融即。

《起信钞》问云：据其论旨，初是一心，后亦一心，初后何别？

答：初之一心，心当能起；后之一心，心当所归。虽前后体同，且为始终义异，由是行布诸门历然。又云："但以本是一心，离名绝相，任其迷悟万法随生，生法本空，但唯一体。"宗镜亦尔。为广义用，前后不同。然是一心之前后，前后之一心耳，所以理事平等。何者？非初无以立后，初等于后；非后无以成初，后等于初。又理从事显，理等于事；事因理成，事等于理。故云："万法虽殊，不能自异也。"况宗镜中一尚不能一，岂况异乎？所以《起信论》云："一切诸法，平等平等。"钞释有二：一、谓真性于一切法中平等，如像中镜；二、即诸法本空故平等，如镜中镜。

问：夫言法身者，心为法家之身，身是积聚义，积聚含藏一切万法，故名为心，即何用更立般若及解脱二法？

答：法身即是人人俱有灵智，故名般若。若得般若照，则显现法身。故经云："隐名如来藏，显名为法身。"又若得般若，则一切处无着，不为境缚，即是解脱。若显法身得解脱，功全由般若。非唯此二法，一切万行，皆由般若成立。故五度如盲，般若如导。若布施无般若，唯得一世荣，后受余殃债；若持戒无般若，暂生上欲界，还堕泥犁中；若忍辱无般若，报得端正形，不证寂灭忍；若精进无般若，徒与生灭功，不趣真常海；若禅定无般若，但行色界禅，不入金刚定；若万善无般若，空成有漏因，不契无为果。

故知般若，是险恶径中之导师，迷暗室中之明炬，生死海中之智楫，烦恼病中之良医，碎邪山之大风，破魔军之猛将，照幽途之赫日,警昏识之迅雷,抉愚盲之金錍,沃渴爱之甘露,截痴网之慧刃,济贫乏之宝珠。若般若不明,万行虚设。祖师云:“不识玄旨,徒劳念静。”不可刹那忘照,率尔相违。以此三法不纵不横,非一非异,能成涅槃秘藏。

古德云:“即寂之照为般若,即照之寂为解脱,寂照之体为法身。如一明净圆珠,明即般若,净即解脱,圆即法身。约用不同,体不相离。”《净名经》云:“诸佛解脱,当于众生心行中求。若不观自心,非己智分,不能开发自身宝藏。”

问:真如一心,收尽无边义理,究竟指归何法?

答:究竟指归,三德秘藏。据《首楞严经》云,种种示作,现众色像,故名为身。所作办已,归于解脱。智慧照了,诸色非色,故名非身。所作办已,归于般若。实相之身,非色像身,非法门身,是故非身非非身。所作办已,归于法身。达此三身无一异相,是名为归;说此三身无一异相,是名为指。俱入秘藏,故言指归。

当知般若亦知、非知、非知非不知。道种智般若,遍知于俗,故名为知,所作办已,归于解脱;一切智般若,遍知于真,故名为非知,所作办已,归于般若;一切种智般若,遍知于中,故名非知非不知,所作办已,归于法身。达三般若无一异相,是名为归;说三般若无一异相,是名为指。俱入秘藏,名指归。

当知解脱亦脱、非脱、非脱非非脱。方便净解脱,调伏众生,不为所染,名脱,所作办已,归于解脱;圆净解脱,不见众生及解脱相,故名非脱,所作办已,归于般若;性净解脱,则非脱非非脱,所作办已,归于法身。若达若说如此三脱,非一异相,俱入秘密藏故,名为指归。

当知种种相,种种说,种种神力,一一皆入秘密藏中。何等是指归?指归何处?谁是指归?言语道断,心行处灭,永寂如空,是名指归。故知能化所化,无尽法门,未有一法,不指归宗镜。所以普智禅师云:“佛道皆因何法成?悟心无体荡无明,莫怕落空沉断见,万法皆从此处生。"

问:凡圣之道,同一法身。如何起应化之身,摄机宜之众?

答:只为众生不了自他唯心,横生彼此。若自达真空,则诸佛终不出世,菩萨亦无功夫。

古德问云:若言自他俱是自心现,离心无实我人者,诸佛亦见有众生,岂可有妄心未尽耶?

答:诸佛见有众生,俱是缘生幻有,不知谓实有我,所以造业受报,枉有轮回。此由无实我,感诸佛慈悲。若实有我,非是妄有者,诸佛何故妄救众生?以我实有,不可救故。今为救者,定知无我,妄计有也。故知众生不离佛界,迷不觉知。《华严经》颂云:"佛身非是化,亦复非非化,于无化法中,示有变化形。"

是故现化纷然,未尝不寂,真性湛然,未曾不化。若不达此理,自尚未度,焉能化他?如说五身者,睿公《维摩疏》释云:"所谓法性生身,亦言功德法身,变化法身,实相法身,虚空法身。详而辩之,一法身也。何者?言其生,则本之法性,故曰法性生身;推其因,则是功德所成,故言功德法身;就其应,则无感不形,则是变化法身;称其大,则弥纶虚空,所谓虚空法身;语其妙,则无相无为,故曰实相法身。故知一体不动,名逐缘分矣。"

《大乘千钵大教王经》云:"如是一切诸佛教化方便法智,我皆集在一心中,同金刚菩提圣性三摩地故。"《金光明最胜王经》云:"譬如日月,无有分别,亦如水镜,无有分别,光明亦无分别。三种和合,得有影生。如是法如如,如如智,亦无分别。以愿自在故,众生有感,现应化身,如日月影,和合出现。"如来者,无去无来。故云:"往应群机而不去,恒归寂灭而不来。"何者?依体起用故是去,以即体之用故不去;应机现前合是来,以应不离体,如月之影,故不来。又往应合故是去,应无应相故不去;恒归寂灭合是来,灭不可得故不来。乃至一切法,皆无来去。

如《华严光明觉品》文殊师利颂云："世及出世见，一切皆超越，而能善知法，当成大光耀。若于一切智，发生回向心，见心无所生，当获大名称。众生无所生，亦复无有坏，若得如是知，当成无上道。"又《大乘大集经》云："佛告贤护：'如火未生，或时有人发如是言："我于今日，先灭是火。贤护！于意云何？彼人是语，为诚实否？'贤护答言：'不也，世尊！'佛告贤护：'如是诸法，从本以来毕竟无得，云何于今乃作斯说"我能证知一切诸法，我能了达一切诸法，我能觉悟一切诸法，我能度脱一切众生于生死中"？此非正言。所以者何？彼法界中，本无诸法，亦无众生。云何言度？但世谛中因缘度耳。'"故知心外无法，何所得耶？佛身无为，但随缘现。

如《肇论》云："《放光》云：'佛如虚空，无去无来，应缘而现，无有方所。'然则圣人之在天下也，寂寞虚无，无执无竞，导而弗先，感而后应。譬犹幽谷之响，明镜之像，对之不如其所以来，随之罔识其所以往。恍焉而有，惚焉而亡。动而逾寂，隐而弥彰。出幽入冥，变化无常。其为称也，因应而作。显迹为生，息迹为灭。生名有余，灭名无余。然则有无之称，本乎无名，无名之道，于何不名？是以圣人居方而方，止圆而圆，在天而天，处人而人。原夫能天能人者，岂天人之所能哉？果以非天非人，故能天能人耳。"是以明镜无形，能现万形；圣人无心，能应万心。隐不韬光，显不现迹。故论云："圣人寂泊无兆，隐显同原，存不为有，亡不为无。何者？佛言：'吾无生不生，虽生不生，无形不形，虽形不形。'"

问：如来法身，即真心性；如来报身，依真而起。若如来化身，还有心否？

答：若约体亦不离，若约事即分。如《深密经》云："曼殊室利菩萨复白佛言：'世尊！如来化身，当言有心，为无心耶？'佛告曼殊室利菩萨曰：'善男子！非是有心，亦非无心。何以故？无自依心故，有依他心故。'”

问：一切境界，因心分别，若有分别，即属无明。故云无心分别，一切法正；有心分别，一切法邪。诸佛如来，已断无明，无有心相，云何能知真俗差别之境，名一切种智？

答：以法无自体故，即分别无分别；以体不碍缘故，无分别即分别。如《起信论》云：“自体显照故，名为觉者。”谓有难言：“若无别体，何能普现众生心行？”故答云：“自体显现，如珠有光，自照珠体。”珠体喻心，光喻于智，心之体性，即诸法性，照诸法时，是自照耳。故论文甚分明。然论中问曰：“虚空无边故，世界无边；世界无边故，众生无边；众生无边故，心行差别亦复无边。如是境界，不可分剂，难知难解。若无明断，无有心想，云何能了，名一切种智？”答曰：“一切境界，本来一心，离于想念。以众生妄见境界，故心有分剂。以妄起想念，不称法性，故不能决了。诸佛如来，离于见想，无所不遍，心真实故，即是诸法之性。自体显照一切妄法，有大智用，无量方便，随诸众生，所应得解，皆能开示种种法义，是故得名一切种智。”如《钞》云：“以内迷真理，识外见尘，故于如量之境，不能随顺种种知也。”如人动目，天地倾摇，故不能如实知也。是知心海波停，万像齐鉴；澄潭浪起，诸境皆昏。

卷十九

问:凡夫心外立法,妄执见闻,圣人既了一心,云何同凡知见?

答:圣虽知见,常了物虚,如同幻生,无有执著。如《大涅槃经》云:“迦叶菩萨白佛言:‘世尊!若以因此烦恼之想,生于倒想,一切圣人实有倒想,而无烦恼,是义云何?’佛言:‘善男子!云何圣人而有倒想?’迦叶菩萨言:‘世尊!一切圣人,牛作牛想,亦说是牛;马作马想,亦说是马。男女大小,舍宅车乘,去来亦尔,是名倒想。’佛言:‘善男子!一切凡夫,有两种想:一者世流布想,二者着想。一切圣人唯有世流布想,无有着想。一切凡夫恶觉观故,于世流布生于着想;一切圣人善觉观故,于世流布不生着想。是故凡夫,名为倒想。圣人虽知,不名倒想。’”

又以境本自空,何须坏相?以心灵自照,岂假缘生?不同凡夫能所情执知见。故《肇论》云:“夫有所知,则有所不知;以圣心无知,故无所不知。不知之知,乃曰一切知。”故经云:“圣心无知,无所不知。”信矣!是以圣人虚其心而实其照,终日知而未尝知也。如止水鉴影,岂立能所之心?则境智俱空,何有觉知之想?《楞伽经》云:“佛告大慧:‘为世间以彼惑乱,诸圣亦现,而非颠倒。大慧!如春时焰,火轮垂发,乾闼婆城,幻梦镜像,世间颠倒,非明智也,然非不现。’”

又般若无知者,不同木石;不是有知者,非同情想。古德云:“佛见无我,不是无知,但是不知知,故不见见。以知是不知知,即无心而不知;见是不见见,故无色而不见。无色而不见故,由不见见也;无心而不知故,以不知知也。”如《净名经》云:“所见色与盲等者。”崇福疏云:“譬如五指涂空,空无像现。”不以空无像现,便言指不涂空。岂以五指涂空,便欲令空中像现?事亦不然。不妨炽然涂空,空中原无像现。岂以眼根见色便令如盲?岂以眼根如盲,而便都无所见?不妨满眼见色,了色本自性空。虽然见色之时,原来与盲无异。但息自分别心,非除法也。法本自空,无所除也。

又所闻声与响等者,岂是不闻?但一切声,皆如谷响,无执受分别也。所以满眼见色,满耳闻声,不随不坏,了声色之正性故。何者?若随声色之门,即堕凡夫之执。分别妍丑之相,深着爱憎;领受毁赞之音,妄生欣厌。若坏声色之相,即同小乘之心,则有三过:一、色等性空,无可坏故,若坏方空,非本空故;二、由空即真,同法性故,若坏方真,事在理外故;三、由即空,不待坏故,坏则断灭。是以如来五眼洞照无遗,岂同凡夫生盲,二乘眇目,都无见耶?但不随不坏,离二见之边邪;非有非空,契一心之中理。则逢缘无碍,触境无生矣。

是以万物本虚,从心见实。因想念而执无执有,堕惑乱之门;以取着而成幻成狂,受杂染之报。若能反照唯心大智,鉴穷实相真原,则幻梦顿醒,影像俱寂。然后以不二相,洞见十方,用一心门,统收万汇,则见无所见,众相参天,闻无所闻,群音揭地。如此了达,心虚境空,则入大总持门,绍佛乘种性。若迷外法,以心取心,则成业幻之门,续众生种性。

《首楞严经》偈云:"自心取自心,非幻成幻法,不取无非幻,非幻尚不生,幻法从何立?"故知一切染净诸法,皆从取生,是以云"取我是垢,不取我是净"。若无能取所取之心,亦无是幻非幻之法。非幻实法,尚乃不生,幻起虚踪,何凭建立?又如心外见法,尽成相待,以无体无力缘假相依故。所以《楞伽经》偈云:"以有故有无,以无故有有,若无不应受,若有不应想。"若开方便,或说有治无,说无破有,即无所碍;若约正宗,则有无双泯。

故《大智度论》云:"佛有不言无,无不言有,但说诸法实相。"譬如日光,不作高下,平等一照。佛亦如是。非令有作无,非令无作有。是知若迷大旨,则见有无。如《涅槃论》云:"涅槃既不出有无,又不在有无。不在有无,则不可于有无得之矣;不出有无,则不可离有无求之矣。必有异旨,可得闻乎?"《无名》曰:"夫言由名起,名以相生,相因可相,无相无名,无名无说,无说无闻。经云:'涅槃非法、非非法,无闻无说,非心所知。'吾何敢言之?而子欲闻之耶?虽然,善吉有言,众若能以无心而受,无听而听者,吾当以无言言之,庶述其言,亦可以言。"《净名》曰:"不离烦恼而得涅槃。"天女曰:"不出魔界而入佛界。"然则玄道在于妙悟,妙悟在于即真,即真则有无齐观,有无齐观则彼己莫二。所以天地与我同根,万物与我一体。同我则非复有无,异我则乖于会通。所以不出不在,而道存乎其间矣。何者?夫至人虚心冥照,理无不统。怀六合于胸中,而灵鉴有余;镜万像于方寸,而其神常虚。至能拔玄根于未始,即群动以静心。恬澹渊默,妙契自然。所以处有不有,居无不无。居无不无,故不无于无;处有不有,故不有于有。故能不出有无,而不在有无者也。然则法无有无之相,圣无有无之知。圣无有无之知,则无心于内;法无有无之相,则无数于外。于外无数,于内无心。此彼寂灭,物我冥一。泊尔无联,乃曰涅槃。涅槃若此,图度绝矣。岂容责之于有无之内,又可征之于有无之外耶?

问:六尘境界,但依妄念而有差别。若无念之人,还见一切境界否?

答:妄念执有前尘,作实知解,妙性不通,遂成差别。若无念之人,非是离念,但是即念无念,念无异相,虽有见闻,皆如幻化。又一念顿圆,常见十法界万法中道之理。

所以《宝藏论》云:"无眼无耳谓之离,有见有闻谓之微;无我无造谓之离,有通有达谓之微。又离者涅槃,微者般若。般若故顿与大用,涅槃故寂灭无余。无余故烦恼永尽,大用故圣化无穷。若人不达离微者,虽复苦行头陀,远离尘境,断贪恚痴,法忍成就,经无量劫数,终不入真实。何以故?依止所行故,心有所得,不离颠倒梦想恶觉诸见。若复有人体解离微者,虽复近有妄想习气,及见烦恼，数数觉知离微之义，此人不久即入真实无上道也。何以故？了正见根本也。”

《思益经》云：“知离名为法，即诸佛所师。”所谓法也，微者即用，有见有闻，能通能达。以微者妙也，于无见中有见，于无闻中有闻。斯乃不思议之法，微妙难知，唯佛能觉。

问：无明达理，自性差别者，其事可然，本觉净法，云何说恒沙差别功德？

答：由对治彼染法差别，故成始觉万德差别也。《起信论》云：“对业识等差别染法，故说本觉恒沙性德。”如是染净，皆是真如随缘显现，似而无体。染法尚空，净法何有？《净名经》云：“见垢实性，即无净相。”又所言净者，对垢得名。因客尘烦恼不染而染，秽污真性，称之为垢；因始觉般若不净而净，开悟本心，名之为净。是以真如一心，湛然不动，名义唯客，垢净本空。《华严经》颂云：“若有知如来，体相无所有，修习得明了，是人疾作佛。”

问：一切众生无始无明，种子坚牢，现行浓厚，云何一念而得顿除？

答：根随结使，体性本空，愚夫不了，自生缠缚。若明佛知见，开悟本心，更有何尘境而能障碍乎？《宝积经》云：“佛言：‘譬如燃灯，一切黑暗，皆自无有，无所从来，去无所至。非东方来，去亦不至。南西北方，四维上下，不从彼来，去亦不至。而此灯明，无有是念：我能灭暗。但因灯明，法自无暗，明暗俱空，无作无取。如是迦叶，实智慧生，无智便灭，智与无智，二相俱空，无作无取。迦叶！譬如千岁冥室，未曾见明，若燃灯时，于意云何？暗宁有念，我久住此，不欲去耶？’‘不也，世尊！若燃灯时，是暗无力而不欲去，必当磨灭。’‘如是迦叶，百千万劫，久习结业，以一实观，即皆消灭。’”

《如来密藏经》云：“为十恶者，若能知如来说因缘法，无我、人、众生、寿命，无生无灭，无染无着，本性清净，又于一切法，知本性清净，解知信入者，我不说是人，趣向地狱，及诸恶道果。何以故？法无积聚，法无集恼。一切法不生不住，因缘和合而得生起，起已还灭。若心生已灭，一切结使亦生已灭。如是解，无犯处，若有犯有住，无有是处。”

台教释云：“此经具指四菩提心：若知如来说因缘法，即指初藏教菩提心；若无生无灭，指第二通教菩提心；若本性清净，指第三别教菩提心；若于一切法，知本性清净，指第四圆教菩提心。”初菩提心，已能除重重十恶，况第二、第三、第四菩提心耶？行者闻此胜妙功德，当自庆幸，如暗处伊兰，得光明栴檀。故知见佛罪灭，如阿阇世王之深愆；得道业亡，若鸯崛魔罗之重罪。但了无人无我，缘生性空。无我，则无能受罪之人；性空，又无所受罪之法。人法俱寂，罪垢何生？以心生罪生，心灭罪灭故。若能如是信入，谛了圆明，犹伊兰之林，布栴檀之香气；若积暗之室，耀桂烬之光明。能悟此心，功力无量。才入宗镜，业海顿枯。如风吹云，似汤沃雪；犹灯破暗，若火焚薪。

如《密严经》颂云：“如火燎长楚，须更作灰烬，智火焚业薪，当知亦如是。又如灯破暗，一念尽无余，诸业习暗冥，无始之熏聚，牟尼智灯起，刹那皆顿灭。”所以《大涅槃经》云：“有智慧时，则无烦恼。”故云：“夫免三途恶业者，要须离有无二相，证解一心，方得解脱也。”是知迷从自心迷，悟还自心悟。迷悟无性，但任缘与。

是故因智随迷，因智随悟。如人因地而倒，因地而起。正随迷时，名之为识；正随悟时，名之为智。在缠名识，在觉名智。识之与智，本无自名，但随迷悟而立其名，故不可系常系断也。此智之与识，但随迷悟立名，若觅始终，如空中求迹，如影中求人，如身中求我，依住所在，终不可得也。故无长短处所之相也。如此无明及智，无有始终。若得菩提时，无明不灭。何以故？为本无故，更无有灭。若随无明时，不动智亦不灭，为本无故，亦更无灭。但为随色、声、香所取缘，名为无明；但为知苦发心缘，名之为智。但随缘名之为有，故体本无也。

问：凡立五乘之道，皆为运载有心。若境识俱亡，则无乘可说。今约方便，乘理不无。此宗究竟何乘所摄？

答：于诸乘中，一乘所摄，亦云最上之乘，出过诸法顶故。亦云不思议乘，非情识测量故。今所言一乘者，即一心也，以运载为义。若攀缘取境，则运入六趣之门；若妄想不生，则运至一实之地。

问：既有能说，必对所机。此宗镜缘，当何等机？

答：当上上机。若已达者，凭佛旨而印可；若未入者，假教理以发明。因教理而照心，即言诠而体道。可谓得诸法之性，彻一心之原。如《首楞严经》云："阿难承佛悲救深诲，垂泣叉手，而白佛言：'我虽承佛如是妙音，悟妙明心，元所圆满，常住心地。而我悟佛现说法音，现以缘心允所瞻仰，徒获此心，未敢认为本元心地。愿佛哀愍，宣示圆音，拔我疑根，归无上道。'佛告阿难：'汝等尚以缘心听法，此法亦缘，非得法性。如人以手，指月示人，彼人因指，当应看月。若复观指以为月体，此人岂唯亡失月轮，亦亡其指。何以故？以所标指为明月故。岂唯亡指，亦复不识明之与暗。何以故？即以指体为月明性，明暗二性，无所了故。汝亦如是。若以分别我说法音，为汝心者，此心自应离分别音，有分别性。譬如有客，寄宿旅亭，暂止便去，终不常住。而掌亭人，都无所去，名为亭主，此亦如是。若真汝心，则无所去，云何离声无分别性？斯则岂唯声分别心，分别我容，离诸色相无分别性。如是乃至分别都无，非色非空，拘舍黎等，昧为冥谛，离诸法缘，无分别性。则汝心性，各有所远，云何为主？'"

释曰：若非色非空，都无分别。不见性之人，到此之时，全归断灭，便同外道拘舍黎等，己眼不开，昧为冥谛，以冥寂暗昧无知，以为至极。从此复立二十五谛（二十五谛者，初立冥性，从冥生觉，觉生我心，心生五尘，尘生五大，大生十一根，后复有神我，为二十五谛），迷真实心，成外道种。或有禅宗不得旨者，法学起空见人，多拂心境俱空，执无分别，将狂解痴盲以为至道。然非离因缘，求法性，灭妄心，取真心。对增上慢人，初学之者，不可雷同，应须甄别。

如经云："阿难言：'若我心性，各有所远，则如来说妙明元心，云何无还？唯垂哀愍，为我宣说。'佛告阿难：'且汝见我，见精明元。此见虽非妙精明心，如第二月，非是月影。汝应谛听，今当示汝无所还地。阿难！此大讲堂洞开，东方日轮升天，则有明耀；中夜黑月，云雾晦暝，则复昏暗；户牖之隙，则复见通；墙宇之间，则复观壅；分别之处，则复见缘；顽虚之中，遍是空性；郁孛之像，则纡昏尘；澄霁敛氛，又观清净。阿难！汝咸看此诸变化相，吾今各远本所因处，云何本因？阿难！此诸变化，明还日轮，何以故？无日不明，明因属日，是故还日。暗还黑月，通还户牖，壅还墙宇，缘还分别，顽虚还空，郁孛还尘，清明还霁。则诸世间一切所有，不出斯类。汝见八种见精明性，当欲谁还？何以故？若还于明，则不明时，无复见暗。虽明暗等，种种差别，见无差别。诸可还者，自然非汝，不汝还者，非汝而谁？则知汝心，本妙明净，汝自迷闷，丧本受轮，于生死中，常被漂溺。是故如来，名可怜愍。'"

故知一切众生，即今见精明心，非定真妄。昧之则粗，明之则妙。只于八种不还之中，了了见性常住，云何随境流转，失本真常，永没苦轮，常漂死海？大圣怜愍，非不惊嗟。阿难示起疑心，寄破情执。释迦微细开演，直指觉原。可谓不易凡身，顿成圣体，现于生灭，显出圆常。《宗镜》前后明文，一一全证于此。

问：夫《宗镜录》实相法门，若信得何福，若毁得何罪？

答：此一心实相之门，般若甚深之旨，于难信之中，或有信者，法利无尽，唯佛能知。若有毁者，谤般若罪，过莫大焉。何以受报如此广大？以般若是一切世出世间凡圣之母，犹如大地，无物不从地生。或若谤之，则谤一切佛地三宝功德。如十法界中一切众生，若升若沉，若愚若智，无不皆从般若中来，若不得般若威光，实无一尘可立。

故知若不信《宗镜》中所说实相之理，则如胜意比丘，没魂受裂地之大苦；若有信如是说，则如文殊师利，智慧演深法之妙辩。信毁交报，因果无差。如或障深不信，智浅谬传，依文起见，悉成谤法。如《文殊师利巡行经》云："文殊师利言：'大德舍利弗！若人说言，过去未来现在如来，有依不依，如是之人，则谤如来。何以故？真如无念，亦无所念，真如不退，真如无相。'"

今《宗镜》大意，所录之文，或祖或教，但有一字一句，若理若事，若智若行，皆悉回向，指归真如一心。何者？心之实性，名曰真如。性以不改为义，真以无伪得名，如则不变不异。以此心性，周遍圆融，横该十方，竖彻三际，至一切时处未尝间断。凡有一毫善根，悉皆回向。念念合真如之体，体无不寂；一一顺真如之用，用何有穷？所以但契一如，自含众德。今则普劝十方学士，一切后贤，但愿道富人贫，情疏德厚，以法为侣，以智为先，用慈修身，开物是务，为法施主，匪吝家风，无问不从，有疑咸抉，则履佛行处，免负本心，妙行恒新，至道如在。

此乃群贤之父，诸佛之母，万善由生，信谤岂不获重报耶？所以《法华经》云："又如大梵天王，一切众生之父。"此经亦复如是，一切圣贤学无学，及发菩提心者之父。《起信钞》云："若谤此法，以深自害，亦害他人，断绝一切三宝之种。一切如来，皆依此法得涅槃故，一切菩萨因之修行得入佛智故。"

夫所目《宗镜》，大旨焕然。今重为信力未深，纤疑不断者，更引大乘经，诸祖语，贤圣集若干之微言，总一佛乘之真训。可谓举一字而摄无边教海，立一理而收无尽真诠。普令眠云立雪之人，坐参知识；遂使究理探玄之者，尽入圆宗。寻古佛之丛林，如临皎日；履祖师之阃域，犹瞰净天。大觉昭然，即肉眼而圆通佛眼;疑情豁尔,当凡心而显现真实。可谓现知,指法界于掌内;便同亲证,探妙旨于怀中。

《大般若经》云:"一切如来,同在一处,自性清净无漏界摄。"又云:"三世诸佛住十方界,为诸有情宣说正法,无不皆用本性,空为佛眼,离本性空,无别方便。"释曰:本性空者,即是自性清净心。本性,即自性,空即清净义。此心则凡圣本有,今古常然。众生不知,诸佛因兹指授;含灵现具,祖师为此相传。故云离此别无方便。

《密严经》云:"尔时金刚藏菩萨告诸大众:'仁者!阿赖耶识,从无始来,为戏论熏习诸业所系,轮回不已。如海因风,起诸识浪,恒生恒灭,不断不常。而诸众生,不自觉知,随于自识,现众境界。若自了知,如火焚薪,即皆息灭,入无漏位,名为圣人。'"《首楞严经》云;"佛告文殊,及诸大众:'十方如来,及大菩萨于其自住三摩地中,见与见缘,并所想相,如虚空花,本无所有。此见及缘,元是菩提妙净明体。云何于中,有是非是?文殊!吾今问汝,如汝文殊,更有文殊是文殊者,为无文殊?''如是,世尊!我真文殊,无是文殊。何以故?若有是者,则二文殊。然我今日,非无文殊,于中实无是非二相。'佛言:'此见妙明,与诸空尘,亦复如是。本是妙明无上菩提净圆真心,妄为色空,及与闻见,如第二月。谁为是月?又谁非月?文殊!但一月真,中间自无是月非月。是以汝今观见与尘,种种发明,名为妄想,不能于中,出是非是。由是精真妙觉明性,故能令汝出指非指。'"

《大灌顶经》云:"禅思比丘,无他想念,唯守一法,然后见真。"释曰:一法为宗,诸尘无寄,他缘自绝,妙性显然。志当归一,而何智不明?寻流得源,而何疑不释?撮要之旨,斯莫大焉。《虚空孕菩萨经》偈云:"一切诸法相,真实无知者,若人住诸阴,六根皆蔽塞。"释曰:故知诸法皆真,无知无见。才有知见,即落识阴,则一心不通,六根暗塞,终不能见无见之见,知无知之知。若有见之见,则不见一切;若无知之知,则无所不知。所以《贤护经》云:“若菩萨观四念处时,无法可见,无声可闻。无闻见故,则无有法可得分别,亦无有法可得思维。而亦非瞽盲聋故,但是诸法无可见故。”以唯一真心,见外无法。

《十住断结经》云:“一切诸法,常自存在。众生不达,为兴庄严。法法自生,法法自灭。法法不生,法法不灭。法生法灭,性不移转。斯是菩萨大士之道,非诸凡俗之所及也。”释曰:一切诸法常自存在者,真心不易,性相恒如。众生不达为兴庄严者,以外道执断见,小乘证无常。菩萨为对治凡小故,不尽有为,常修福业;不住无为,深入智渊。广大庄严,云兴万行。念念圆满,十波罗蜜。拔断常外道之曲木,出邪见之稠林;拯遍真小果之矬身,升解脱之坑底。所以《华严经》云:“第七远行地,当修十种方便,慧殊胜道。”所谓虽善修空、无相、无愿三昧,而慈悲不舍众生;虽得诸佛平等法,而乐常供养佛;虽入观空智门,而勤修习福德;虽远离三界,而庄严三界;虽毕竟寂灭诸烦恼焰,而能为一切众生,起灭贪瞋痴烦恼焰;虽知诸法如幻如梦,如影如响,如焰如化,如水中月,如镜中像,自性无二,而随心作业,无量差别;虽知一切国土,犹如虚空,而能以清净妙行,庄严佛土;虽知诸佛法身,本性无身,而以相好庄严其身;虽知诸佛音声,性空寂灭,不可言说,而能随一切众生,出种种差别,清净音声;虽随诸佛了知三世唯是一念,而随众生意解分别,以种种相、种种时、种种劫数而修行。

经云:“虽善修空、无相、无愿三昧者,是对治凡夫着有循乐之见;而慈悲不舍众生者,是对治二乘沉空畏苦之见。”下诸句义,皆同此释,故云:“声闻畏苦,缘觉无悲,俱失菩萨二利之行。”

《须真天子经》云:“须真天子问文殊师利菩萨:‘不从三脱门而求道耶?’文殊答言:‘天子!不可从空而成道,亦不可于无相而成道,亦不可于无愿而成道也。所以者何?于是中无心、意、识,念亦无动故。有心、意、识念念动者,乃成其道也。’”释曰:若取三解脱门作证者,即是溺实际之海,背灵觉之原,遗性徇空,何成大道?若直了神解心性,念念菩提果圆,不堕断见之邪无,岂涉常见之实有？介尔起意，大用现前，无得无依，非取非舍。从真起行，体用相收；以行契真，卷舒一际。可谓心心合道，念念冥真矣。故《还原观》云："用则波腾海沸，全真体以运行；体则镜净水澄，举随缘而会寂。斯则不离体之用，用乃波腾；不离用之体，体常湛寂。体虽湛寂，常在万缘；用虽波腾，恒冥一际。"

《普超三昧经·决狐疑品》云："于是阿阇世王曰：'唯愿濡首，解我狐疑！'濡首答言：'大王所疑，恒河沙等诸佛世尊所不能决。王意云何？假若有人，而自说言，我以尘瞑灰烟云雾，污染虚空，宁堪任乎？'答：'不能污。'濡首又问：'设令大王，取此空洗之使净，宁堪任乎？'答曰：'不能净。'濡首报曰：'吾以是向者说言，恒河沙等诸佛世尊所不能决也。'"释曰：一切众生，不了自性清净心故，妄生垢净，迷悟自没，遂于无疑中起疑，于无决中求决。若能谛了，豁尔意消，即见一切染净诸法，皆同虚空性。既达虚空性不可染净，方悟本心未曾迷悟。设有说无生无得之理，皆是一期随宜方便。若入《宗镜》，妙旨了然，尚无疑与无疑，何怀决不决耶？

《月灯三昧经》颂云："譬如有童女，夜卧梦产子，生欣死忧戚，诸法亦复然。如人饮酒醉，见地悉回转，其实未曾动，诸法亦复然。如净虚空月，影现于清池，非月形入水，诸法亦复然。如人自好喜，执镜而照面，镜像不可得，诸法亦复然。如人在山谷，歌哭言笑响，闻声不可得，诸法亦复然。"释曰：狂醉见闻，事何真实？昏梦境界，忧喜皆虚。镜里之形，因谁所起？谷中之响，起自何来？所以《入楞伽经》云："佛告楞伽王：'譬如有人，于水镜中自见其像，于灯月中自见其影，于山谷中自闻其响，便生分别，而起取着，此亦如是。法与非法，唯是分别，由分别故，不能舍离。但更增长一切虚妄，不得寂灭。寂灭者，所谓一心。一心者，是最胜三昧，从此能生自证圣智，以如来藏而为境界。"

《华严经》颂云："一切法不生，一切法不灭，若能如是解，诸佛常现前。"又药王菩萨云："我舍两臂，必当得佛金色之身。"两臂，即是断常二法。若舍生灭、断常之见，则心佛现前，顿成佛体。故云“必当得佛金色之身”。《无涯际总持经》云：“一念之顷能知三世，一切诸法悉皆平等，无不通达，其人终无异行，亦无异念。”《胜迹菩萨所解诸法经》云：“法唯一字，所谓无字，本无言说，当知无说，是为真说。”释曰：心为一字中王，摄尽无边之教海；心为诸佛智母，演出无尽之真诠。若能发明，决定信入，则如来常不说法，是名具足多闻，亦是唯愿少闻，多解义趣。

《法句经》偈云：“森罗及万象，一法之所印，云何一法中，而见有种种？”《金刚三昧经》云：“空心不动，具六波罗蜜。”心空则一切皆空，故云唯有此大乘，无有二也。

《最胜王经》云：“离无分别智，更无胜智。离法如如，无胜境界。”释曰：一切境界，皆是意言分别，则无境唯识。若了识空，但一真心，成无分别智，此乃无等之智，第一之说。此真如一心之性，为万法之所依故。若离此一心境智，或有所见，皆是瞖眼狂心，不见真实。所以《如来不思议境界经》云：“如众瞖者，同于一处，见各差别，互不相碍，皆由眼瞖，不见正色。众生亦尔，色性无碍，心缘异故，蔽于正见，不了真实。”

《圆觉经》云：“云驶月运，舟行岸移。”不知妄想之云自飞，真月何动？岂悟攀缘之舟常泛，觉岸靡移？《入一切佛境界经》云：“佛言：‘若得修行正念法者，彼无一法非是佛法。何以故？以觉一切法空故。乃至文殊师利言，修行正念者，不取不舍，即名正念。不观不异，名为行；不着不缚不脱，名为行；不去不来，名为行。文殊师利！正念行者，彼处无行无利，无果无证。何以故？文殊师利！心自性清净故。彼心客尘烦恼染，而自性清净心不染。而彼自性清净心，即体无染。不染者，彼处无对治法故，以何法对治，能灭此烦恼。何以故？彼清净非净，即是本净；若本净者，即是不生；若不生者，彼即不染；若不染者，彼不离染法；若不离染法者，彼灭一切染。以何等法灭一切染？彼不生。若不生者，是菩提；菩提者，名为平等；平等者，名为真如；真如者，名为不异；不异者，名为如实，住一切有为无为法。’”

释曰：但了无生，即入平等。言平等者，即一切有为无为如实之性。见此性故，以无住义住一切法中。若不达一切法，是一心真如平等无生之性，在染离染，俱为烦恼所染。若了诸法无生，则一切有为无为，皆是菩提之道，何所染耶？

《大乘本生心地观经》云：“尔时文殊师利菩萨白佛言：‘世尊！如佛所说，过去已灭，未来未至，现在不住，三世所有一切心法，本性皆空，彼菩提心，说何名发？善哉！世尊！愿为解说，断诸疑网，令趣菩提。’佛告文殊师利：‘善男子！诸心法中，起众邪见，为欲除断六十二见种种见故，心心所法，我说为空，如是诸见，无依止故。譬如丛林，蒙密茂盛，狮子白象，虎狼恶兽，潜住其中，毒发害人，回绝行迹。时有智者，以火烧林。因林空故，诸大恶兽，无复遗余。心空见灭，亦复如是。乃至，善男子，以是因缘，服于空药，除邪见已，自觉悟心，能发菩提。此觉悟心，即菩提心，无有二相。’”

《转有经》偈云：“若为真实说，眼则不见色，意不知识法，此是最秘密。”《宝顶经》云：“佛言：‘迦叶！譬如有人，怖畏虚空，捶胸叫呼，作如是言：善友，汝等为我除此虚空！除此虚空！’迦叶！于汝意云何，此空为可除否？’迦叶言：‘不可，世尊！’佛言：‘迦叶！若有如是沙门、婆罗门怖畏性空，我说是人，失心狂乱。所以者何？迦叶！一切诸法，并是说空方便，若畏此空，云何不畏一切诸法？若惜诸法，云何不惜此空？’”

《佛性论》问云：“此经为显何义？”答：“为示一切诸法本性非有，故说法空，非关法灭，然后得空。故于空性，不应生怖。”释曰：一切诸法，并是说空方便者，夫有所说，皆为显空。所以空则一切法，法则一切空。非先有而后无，宁归断灭？岂先无而后有，不堕无常。是以性本常空，空无间断，体应诸有，有自繁兴。能入斯宗，闻诸法空，心大欢喜；不了此义，闻诸法空，心大怖畏。以不了法空，违现量境，执为外解，闻说唯心之旨，恐堕空见之门，心境俱迷，遂生怖畏。

《度一切诸佛境界经》云："佛言：'文殊师利！菩提者，无相无缘。云何无相？云何无缘？不得眼识是无相，不见色是无缘；不得耳识是无相，不闻声是无缘。乃至意法亦如是。'"释曰：无相则无能缘之心，无缘则无所缘之境。能所俱亡，真心自现。

《文殊师利行经》偈云："过现未来法，唯语无真实，彼若于实处，一相无差别。"释曰：若说三世所有之法，皆是世谛语言；若了一心真实之处，一道自无差别。何言之所议，意之所缘耶？

《菩萨处胎经》云："譬如泉源陂池，五河驶流，各个有名，悉归于海，便无本名。亦如须弥，峙立难动，杂色众鸟，往依附山，皆同一色，便无本色。菩萨摩诃萨，教化众生，净佛国土，亦复如是。众生心识，所念不同，若干思想，能令一切至解脱门，想定意灭，便无本念，同一解脱。"

《商主天子所问经》云："商主天子问言：'文殊师利！云何菩萨能清净心？'答言：'天子！若知诸心，皆是一心。如是菩萨，名得净心。'"《阿含经》偈云："我与己为亲，不与他为亲，智者善调我，则得生善趣。"释曰：所以云天下至亲，无过于心，可谓入道真要，修行妙门。若善调之，遂登大果。

《寂调音所问经》云："寂调音天子言：'文殊师利！何等如与垢净等？'文殊师利言：'空、无相、无愿如。所以者何？涅槃空故。天子！如瓦器中空，宝器中空，无二无别。如是天子，垢空净空，俱同一空，无二无别。'"释曰：器虽不等，空本无形；垢净虽殊，性何曾异？如是了者，入无相门，顿悟真空，不堕修证。

《月藏经》偈云："诸法无有二，导师舍憎爱，一道如虚空，此是佛境界。"又偈云："不分别诸法，不见有众生，诸法唯一相，得见佛境界。"《佛语经》云："佛言：'若有处语，是魔王语，是魔见语，不名佛语。善男子！若无一切诸处语者，是名佛语。'"释曰：无一切诸处语者，即是无所证之法，亦无能证之智。既无有法，岂可说耶？但子唯心自然无语，无语是真语。故云无法可说，是名说法。若着处所，若有所说，悉违本宗，不见法性。如云报化非真佛，亦非说法者。

《文殊般若经》云："佛告文殊师利：'汝已供养几所诸佛？'文殊师利言：'我及诸佛如幻化相，不见供养及与受者。'佛告文殊师利：'汝今可不住佛乘耶？'文殊师利言：'如我思维，不见一法，何当得住于佛乘？'佛言：'文殊师利！汝不得佛乘乎？'文殊师利言：'如佛乘者，但有名字，非可得，亦不可见。我云何得？'佛言："文殊！汝得无碍智乎？'文殊师利言：'我即无碍，云何以无碍而得无碍？'佛言：'汝坐道场乎？'文殊师利言：'一切如来，不坐道场，我今云何独坐道场。何以故？现见诸法住实际故。'"

《大品经》云："若住一切法，不住般若波罗蜜；不住一切法，方住般若波罗蜜。"释曰：若住法，则不见般若；若住般若，则不见法。以法有相，般若无相，有无相反故尔。又非离有相法，别立无相般若，以相即无相，全是般若。故经云："色无边故，般若无边。"又云："若学般若应学一切法。"何以故？夫般若者，是无住义。起心即是住着。若不住一切法，即是般若。故云若学般若，应学一切法。设住般若，亦成愚暗，但一切处皆无住，则无非般若。

《转女身经》云："若知诸法皆解脱相，是则名为究竟解脱。"释曰：执心为境，触目尘劳；知境是心，无非解脱。所以二乘只证人空，但离人我虚妄，名为解脱，未得法空一切解脱，以不识心故。如《入楞伽经》偈云："诸法无法体，而说唯是心，不见于自心，而起于分别。"

《出曜经》云："身被戒铠，心无慧剑者，则不能坏结使元首。"故知若不观心，妙慧成就，则不能断无明根本。《杂藏经》云："譬如两木相揩，则自生火，还烧其木。火不从风出，不从水出，不从地出。其四魔者，亦复如是，皆从心生，不从外来。譬如画师，画作形像，随手大小，虽因缘合，有彩有板有笔，画师不画不能成像。四魔如是，心已坚固，便无所起。"释曰：是以一心不动，法不现前，如画师不画，且无形象。故不动一心，有大功德。如《法句经》云："佛言：'善男子！善知识者，有大功德，能令汝等，于贪欲、瞋恚、愚痴、邪见，五盖五欲，众尘劳中建立佛法，不起一心，得大功德。譬如有人，持坚牢船，渡于大海，不动身心，而到彼岸。'"

卷二十

第十四祖龙树尊者，行化到南印土，彼国人多修福业，不会佛理。众问："佛性大小？"师曰："若说大小，即是大小，非佛性也。"即为说法，对大众而现异相，身如月轮，当于座上，唯闻说法，不睹其形。彼众有一长者，名曰提婆，谓诸众曰："识此瑞否？"彼众曰："非其大圣，谁能识也？"尔时提婆，心根宿净，亦见其相，默然契会，乃告众曰："师现佛性之义，非师身者，无相三昧，形如满月，佛性之义也。"语未讫，师即现本身，座上说偈曰："身现满月相，以表诸佛体，说法无其形，用辩非声色。"

第十八祖伽耶舍多。初第十七祖僧迦难提，因至其舍，忽见一子，手执铜镜而至师所。尊者曰："子几岁耶？"子曰："我当百岁。"是时尊者见答百岁，复问曰："汝当无知，看甚幼小，答吾百岁，非其理也。"子曰："我不会理，正当百岁。"尊者曰："子善机耶？"子曰："佛偈云：'若人生百岁，不会诸佛机，未若生一日，而得决了之。'"时尊者敬之，深知是圣。又征问曰："汝执此镜，意况如何？"尔时，童子以偈答曰："诸佛大圆镜，内外无瑕翳，两人同得见，心眼俱相似。"父母见子奇异，遂舍出家，尊者即领游化。至一古寺，而为受戒，名曰伽耶舍多。于彼殿上，有铜铃被风摇响。尊者问曰："彼风鸣耶？彼铃鸣耶？彼铜鸣耶？"子曰："我心鸣耳，非风铜铃。"尊者曰："非风铜铃，我心谁耳？"子曰："二俱寂静，非三昧耶？"尊者曰："善哉真比丘，善会诸佛理，善说诸法要，善识真实义。"又告曰："我今将此正法眼藏，咐嘱于汝。汝受吾偈，当行化之。"偈曰："心地本无生，因种从缘起，缘种不相妨，华果亦复尔。"

伽耶舍多后付鸠摩罗多，传法偈曰："有种有心地，因缘能发萌，于缘不相碍，当生生不生。”此土初祖菩提达摩多罗，述安心法门云：“迷时人逐法，解时法逐人，解则识摄色，迷则色摄识。但有心分别计校自心现量者，悉皆是梦。若识心寂灭无一动念处，是名正觉。”

问：云何自心现？

答：见一切法有，有自不有，自心计作有；见一切法无，无自不无，自心计作无。乃至一切法亦如是，并是自心计作有，自心计作无。又若人造一切罪，自见己之法王，即得解脱；若从事上得解者，气力壮；从事中见法者，即处处不失念；从文字解者，气力弱。即事即法者，深从汝种种运为跳踉颠蹶，悉不出法界，亦不入法界。若以界入界，即是痴人。凡有所施为，终不出法界心。何以故？心体是法界故。

让大师云：“一切万法，皆从心生。若达心地，所作无碍。汝今此心，即是佛故。达摩西来，唯传一心之法。三界唯心，森罗及万象，一法之所印，凡所见色，皆是自心。心不自心，因色故心。汝可随时，即事即理，都无所碍。菩提道果，亦复如是。从心所生，即名为色。知色空故，生即不生。”马大师问曰：“如何用意，合禅定无相三昧？”师曰：“汝若学心地法门，犹如下种。我说法要，譬如天泽。汝缘合故，当见于道。”马大师又问曰：“和尚云见道，道非色故，云何能睹？”师曰：“心地法眼，能见于道，无相三昧，亦复然矣。”马大师曰：“有成坏否？”师曰：“若契此道，无始无终，不成不坏，不聚不散，不长不短，不静不乱，不急不缓，若如是解，当名为道。”

吉州思和尚云：“即今语言即是汝心，此心是佛，是实相法身。佛经云：‘有三阿僧祇百千名号，随世界应处立名，如随色摩尼珠，触青即青，触黄即黄。’宝本色，如指不自触，刀不自割，镜不自照，随像所现之处，各个不同，得名优劣不同。此心与虚空齐寿。若入三昧门，无不是三昧，若入无相门，总是无相。随立之处，尽得宗门。语言啼笑，屈伸俯仰，各从性海所发。故得宗名，相好之佛，是因果佛，即实相佛家用。经云：'三十二相、八十种好，皆从心想生。'亦云'法性家焰'，又云'法性功勋'。随其心净，即佛土净，诸念若生，随念得果。应物而现，谓之如来。随应而去，故无所求。一切时中，更无一法可行，自是得法，不以得更得。是以法不知法，法不闻法。平等即佛，佛即平等。不以平等更行平等，故云独一无伴。迷时迷于悟，悟时悟于迷。迷还自迷，悟还自悟。无有一法不从心生，无有一法不从心灭。是以迷悟总在一心。"

南岳思大和尚云："若言学者，先须通心。心若得通，一切法一时尽通。闻说净，不生净念，即是本自净。闻说空，不取空，譬如鸟飞于空。若住于空，必有堕落之患。无住，是本自性体寂；而生其心，是照用。即寂是自性定，即照是自性慧，即定是慧体，即慧是定用。离定无别慧，离慧无别定。即定之时即是慧，即慧之时即是定，即定之时无有定，即慧之时无有慧。何以故？性自如故。如灯光虽有二名，其体不别。即灯是光，即光是灯。离灯无别光，离光无别灯。即灯是光体，即光是灯用。即定慧双修，不相去离。"

真觉大师云："夫心性灵通，动静之原莫二；真如绝虑，缘计之念非殊。惑见纷驰，穷之则唯一寂；灵原不状，鉴之则乃千差。千差不同，法眼之名自立；一寂非异，慧眼之号斯存。理量双消，佛眼之功圆著。是以三谛一境，法身之理恒清；三智一心，般若之明常照。境智冥合，解脱之应随机；非纵非横，圆伊之道玄会。故知三德妙性，宛尔无乖一心。深广难思，何出要而非路？是以即心为道者，可谓寻流而得源矣。"

神秀和尚云："一切非情，以是心等现故。染净随心，有转变故。无有余性，要依缘故。谓缘等之法，皆无自性，空有不俱。即有情正有时，非情必空故，他即自故。何以故？他无性，以自作故，即有情修证，是非情修证也。经云：'其身周普，等真法界。'

既等法界，非情门空，全是佛故。又非情正有时，有情必空故，自即他故。何以故？自无性，以他作故，即非情无修无证，是有情无修无证也。”

智达禅师《心境颂》云：“境立心便有，心无境不生。若将心系境，心境两俱盲。境心各自住，心境性恒清。悟境心无起，迷心境共行。若迷心作境，心境乱纵横。悟境心元净，知心境本清。知心无境性，了境心无形。境虚心寂寂，心照境泠泠。”

长沙和尚偈云：“最甚深，最甚深，法界人身便是心。迷者迷心为众刹，悟时刹海是真心。身界二尘元实相，分明达此号知音。”

又学人问：“尽法界众生识心，最初从何而有？”

偈答云：“性地生心王，心为万法师。心灭心师灭，方得契如如。”牛头下佛窟和尚云：“虽同凡夫，而非凡夫，不得凡夫，不坏凡夫。谓别有殊胜在心外者，即堕魔网。我今自观身心实相作佛，即是见十方佛同行同证处。”

问：佛身无漏，戒定熏修，五阴不缚不脱，不敢有疑。且如《大品经》云：“众生不善五阴之身，亦不缚不脱。”甚令人惊疑。

答：若向众生五阴外，别有诸佛解脱，无有是处。只了众生自性，从本以来，无有一法可得，谁缚谁脱，何得更有缚脱之异？

问：经云：“众生与佛平等，无有缚脱。”何得六道众生，沉沦不得解脱？

答：众生不了色心清净，妄想颠倒，不得解脱。若知人法常空，其中实无缚脱。佛窟下云居和尚《心境不二篇》云：“世出世间，俱不越自一念妄心而有。一念才起，万象分剂，一念相生，便成心境。若非心境，何得有念可见？既有所见之念，又有能见之心，将知念即是境，见即是心。所见之念，便成色蕴；能见之心，便成四蕴。经云：‘五蕴是世间，一念具五蕴。’一一蕴中，皆具五蕴，故得一不碍多，多不碍一。所以心境交通，互为宾主。若谛了一念之体，即恒沙世界，常现自心。由迷一念，即境智胡越。”

先曹山和尚云：“古佛心，墙壁瓦砾是者，亦唤作性地，亦称体全功，亦云无情解说法。若知有，这里得无辩处。十方国土，山河大地，石壁瓦砾，虚空与非空，有情无情，草木丛林，通为一身，唤作得记。亦云一字法门，亦云总持法门，亦云一尘一念，亦唤作同辙。若是性地不知有，诸佛千般喻不得，万种况不成。千圣万圣，尽从这里出，从来不变异。故云：‘十方薄伽梵，一路涅槃门。’”

《显宗论》云：“我此禅门一乘妙旨，以无念为宗，无住为本，真空为体，妙有为用。夫真如无念，非念想能知；实相无生，岂色心能见？真如无念，念者即念真如；实相无生，生者即生实相。无住而住，常住涅槃；无行而行，能超彼岸。如如不动，动用无穷，念念无求，常求无念。用而常空，空而常用。用而不有，即是真空；空而不无，便成妙有。妙有即摩诃般若，真空即清净涅槃。般若无见，能见涅槃；涅槃无生，能生般若。西天诸祖，共传无住之心，同说如来知见。”

《显正论》云：“问：‘欲显何义名为显正？’答：‘欲显明一切众生本原清净、无生心体，即是诸佛之正性也。所以者何？一切万法，心为其本。然其心性，都无所依。体自圆融，不碍万法。虽应现万法，而性自常真。无住无依，不可取舍。’”

《胜天王经》云：“清净心性，为诸法本，自性无本，虚妄烦恼，皆从邪念颠倒而生。”当知此心，即是最胜清净第一义谛，一切诸佛证知所归。

问曰：定以何法为心体？

答曰：不应求心之定体。何以故？心非所缘，无无相故；亦云非能所，绝相待故；体不可染，性常净故；非合非散，自性离故；不碍缘起，性虚融故；不可说示，名字空故；诸法虚净，缘相离故；灵照不竭，用无尽故；果报不同，作业异故；因果宛然，不断绝故；亦非真实，业性如幻故；又不断绝，现施为故；亦不可取，毕竟空故；诸法平等，一相如故；境智无差，离分别故；万法即空，性无生故。是以一切分别，不离自心。一切诸境，不离名相。若了万法，不了自心，分别无由能绝。乃至《楞伽经》云："若彼心灭尽，无乘及乘者，无有乘建立，我说为一乘。"彼心者，即取相所得心也；一乘者，即离相清净无生心也。此心悉能包含运载一切诸法，故名一乘。

《法苑珠林》云："夫壅其流者，未若杜其源；扬其汤者，未若扑其火。何者？源出于水，源未杜而水不穷；火沸于汤，火未扑而汤讵息。故有杜源之客，不壅流而自干；扑火之人，不扬汤而自止。"故知心为源，境为流，不察本心源，但随诸法转；意如火，事如汤，不制自意地，唯从境界流，斯皆失本迷源，随流徇末。若能顿明意地，直了心源，不求悦于诸尘，不系缚于一法，可谓究末遇本，寻流得源矣。遂乃无功而自办，无作而自成。显此一心，万法如镜。

《般若灯论序》云："始夫万物非有，一心如幻。心如幻故，虽动而恒寂；物非有故，虽起而无生。是以圣人说如幻之心，鉴非有之物。了物非物，则物物性空；知心无心，则心心体寂。达观之士，得其会归而忘其所寄，于是分别戏论，不待遣而自除，无得观门，弗假修而已入。荡荡焉，不出不在，无住无依者也。"

《缘生论》云："元是一心，积为三界。凡则迷而起妄，圣则悟以通真。"《陀罗尼三昧法门》偈云："是法法中高，犹如须弥山；是法法中海，众源所共归；是法法中明，犹如星中月；是法法中灯，能破无边暗；是法法中地，荷载遍十方；是法法中母，出生诸佛种。"《法界观序》云："法界者，一切众生身心之本体也。从本以来，灵明廓彻，广大虚寂，唯一真之境而已。无有形貌，而森罗大千；无有边际，而含容万有。昭昭于心目之间，而相不可睹；晃晃于色尘之内，而理不可分。非彻法之慧目，离念之明智，不能见自心如此之灵通也。于是称法界性,说《华严经》,令一切众生自于身中,得见如来广大智慧而证法界也。乃至于佛身一毛端,则遍一切含一切也。世界尔,众生尔,尘尘尔,念念尔,法法尔,无有法定有自体而独立者。"

杜顺和尚《摄境归心真空观》云:"谓三界所有法唯是一心,心外更无一法可得。所以曰归心,故得一心之旨,永传而不穷,八识之灯,恒然而无尽。"

复礼法师云:"观业义者,夫业因心起,心为业用,业引心而受形,心随业而作境。然则因业受身,身还造业。从心作境,境复生心。若影随形而曲直,犹响随声而大小矣。"

智者大师《与陈宣帝书》云:"夫学道之法,必须先识根原。求道由心,又须识心之体性。分明无惑,功业可成。一了千明,一迷万惑。心无形相,内外不居。境起心生,境忘心灭。色大心广,色小心微。乃至知心空寂,即入空寂法门;知心无缚,即入解脱法门;知心无相,即入无相法门;觉心无心,即入真如法门;若能知心如是者,即入智慧法门。"

澄观和尚《华严疏》云:"上来诸门,乃至无尽,不离一心,一心即法界。故《起信》云:'所言法者,谓众生心。'心体即大,心之本智即方广,观心起行即华严,觉心性相即是佛。为未了者,令了自心。若知触物皆心,方了心性。故《梵行品》云:'知一切法,即心自性,成就慧身,不由他悟。'然今法学之者,多弃内而外求;习禅之者,好忘缘而内照。并为偏执,俱滞二边。即心境如如,则平等无碍。昔曾莹两面镜,鉴一盏灯,置一尊容而重重交光,佛佛无尽。见夫心境互照,本智双入,心中悟无尽之境,境上了难思之心,心境重重,智照斯在。又即心了境界之佛,即境见唯心如来,心佛重重,而本觉性一。皆取之不可得,则心境两亡;照之不可穷,则理智交彻。心境既尔,境境相望,心心互研,万化纷纶,皆一致也。唯证相应,名佛华严矣。"释云:今人只解即心即佛,是心作佛,不知即境即佛,是境作佛。今明以如为佛,心境皆如,心如即佛，境如焉非？又心有心性，心能作佛，境有心性，安不作佛？以心收境，则心中见佛，是境界之佛；以境收心，境中见佛，是唯心如来。

如上所引祖教，委细披陈，可以永断纤疑，圆成大信。若神珠在掌，宝印当心，诸佛常现目前，法界不离言下。是以从初标宗，于一心演出无量名义。无量名义，不出理智。非理不智，故理外无智；非智不理，故智外无理。亦摄智从理，离体无用，摄用归体，体性自离。故体即非体，即一切法，如虚空性，空性亦空，毕竟寂灭。今还摄无量义海，总归一句，乃至无句，究竟指归，言思绝矣。

问：如上解释引证，皆是祖佛之言，何不自语？

答：我若自语，一切茫然，罔措津涯，岂有申问之处？设祖佛之教，皆是随他意语，曲顺时机。是以世尊言："三世诸佛所说之法，吾四十九年不加一字。"又经云："先佛已说，后佛随顺。"若能如是了达，则知佛语是自语，自语是佛语。故本师云："一切外道经书，皆是佛说，非外道说。"又云："释迦如来语，提婆达多语，无二无别。"若于此不信不明，皆成二见，常萦分别凡圣之想，恒生取舍自他之情，欲绍吾宗，无有是处。此是秘要之门，难信之法，转深转细，难解难知，悉抱疑情，尽居惑地。

今《宗镜》所录，皆是正直舍方便，但说无上道，随闻一法，尽合圆宗，实可以断深疑，成大信。如《清凉记》云："谓闻空莫疑断，是即事之空，非断灭故；闻有莫疑常，非定性有，从缘有故。闻双是莫疑两分，但双照二谛，无二体故；闻双非莫疑无据，以是遮过，令不着故。又闻空莫疑有，是即有之空故；闻有莫疑空，是即空之有故。闻双是莫疑双非，是即非有无为有无故；闻双非莫疑双是，是即有无方，是非有无故。"是知谛了一心，群疑顿断，则有不能有，空不能空，凡不能凡，圣不能圣，岂世间言语是非之所惑哉？

所以前后广引者，只为此心深奥故难信，秘密故难知，乃至菩萨大智，尚须佛力所加，岂况浅劣而能知者？是以虽前引后证，文广义繁，则语语内而利益根机，闻闻中而惊新耳目，勿厌重说，起上慢心。所以本师云："行住坐卧，常说妙法。"又云："我于得道夜，及涅槃夜，是二夜中间常说般若，是以机多生熟，信有浅深，前闻熏而未坚，后闻熏而方入。"如《大智度论》云："譬如摇树取果，熟者前堕，若未熟者，更须后摇。"又云："复次是般若波罗蜜相，甚深难解难知，佛知众生心，根有利钝，钝根者少智，为其重说。若利根者，一说二说便悟，不须种种说。如是等种种因缘故，经中重说无咎。"

问：如上所立一心之旨，能摄无量法门，融通一切，此心为复能含一切法，能生一切法，为复自生，他生，共生，无因生？

答：此心不纵不横，非他非自。何者？若云心含一切法，即是横；若云心生一切法，即是纵。若云自生，心不生心；若云他生，既不得自，云何有他？若云共生，自他既无，将何为共？若云无因生，有因尚不生，况无因乎？

问：心非四性者，教中云何说，"意根生意识，心如工画师，无不从心造"，则是自生。又云"心不孤起，必藉缘而起，有缘思生，无缘思不生"，则是他生。又云"所谓六触因缘生六受，得一切法"，则是共生。又云"十二因缘，非佛、天人、修罗作性自尔"，则无因生。既属教文，云何成过？

答：诸佛随缘差别，俯为群机生善破恶，令入第一义理，皆是四悉方便权施。空拳诳小儿，诱度于一切。

问：既非纵横不堕四性，则一切法是心，心是一切法否？

答：是则成二。

问:如是则一切不立俱非耶?

答:非亦成二。如文殊言:“我真文殊,无是文殊,若有是者,则二文殊。然我今日,非无文殊。于中实无是非二相。”

问:既无二相,宗一是否?

答:是非既乖大旨,一二还背圆宗。

问:如何得契斯旨?

答:境智俱亡,云何说契?

问:如是则言思道断,心智路绝矣?

答:此亦强言,随他意转,虽欲隐形,而未亡迹。

问:如何得形迹俱亡?

答:本无朕迹,云何欲亡?

问:如是则如人饮水,冷暖自知,当大悟时,方合斯旨?

答:我此门中,亦无迷悟,合与不合之道理。撒手似君无一物,徒劳苦说数千般。此事万种况不成,千圣定不得,大地载不起,虚空包不容,非大器人,无由担荷。若未亲到,徒劳神思。直饶说玄之又玄,妙中更妙。若以方便,于称扬门中助他信入,一期傍赞,即不无;若于自己分上观照之时,特地说玄说妙,起一念殊胜不可思议之解,皆落魔界。所以《圆觉经》云:“虚伪浮心,多诸巧见,不能成就圆觉。”此宗镜中,是一切凡圣大舍身命之处,不入此宗,皆非究竟。

问:毕竟如何?

答:亦无毕竟。

问:前云不入此宗,皆非究竟。此又云何称无毕竟?

答:前对增上慢人,未得为得,认虚妄为真实,执颠倒作圆常,为破情尘,权称究竟。今论见性,岂言虚实耶?

问:以此通明之后,如何履践?

答:教谁履践?

问:莫不成断灭否?

答:尚不得常住,云何断灭?

问:乞最后一言。

答:化人问幻士,谷响答泉声,欲达吾宗旨,泥牛水上行。

问:此录括略微细,理事圆明,于慕道人,得何资益?

答:若第一义中,无利无功德;就世俗门内,似有于称扬。总有二途,能禅初学:一者,为未信人,令成正信,摄归一念,不外驰求;二者,为已信人,助成观力,理行坚固,疾证菩提。步步而不滞宝所功程,念念而流入萨婆若海。似乘广大之辇,立至宝坊;如驾坚牢之船,坐登觉岸。

问:集此《宗镜》,有何功德?

答:此不思议大威德法门,但有见闻,深获善利。如一尘落嵩岳之岗陇,已带陵云;滴露入沧海之波澜,便同广润。可谓直绍菩提之种,全生诸佛之家。何况信解受持,正念观察,为人敷演,传布施行?约善利门,无法比喻。功德无尽,非种智而不可称量;利乐何穷,过太虚而莫知边际。以满空珍宝,供养恒沙如来,化十方众生,尽证辟支佛果,未若弘宣斯旨,开演此宗。以兹校量,莫能俦比。可谓下佛种子,于众生身田之中;抽正法芽,向烦恼欲泥之内。然后七觉花发,菩提果成,辗转相生,至无尽际。如《华严探玄记》云:“于遗法中,见闻信向此无尽法,成金刚种子,当必得此圆融普法。”

又《法华·见宝塔品》云:“若接须弥,掷置他方,亦未为难;手把虚空,而以游行,亦未为难。若持此经,为一人说,是则为难。”故知竭海移山,非无为之力;任使蹑虚履水,皆有漏之通。曷若开诸佛心,演如来藏,绍菩提种,入一乘门,能托圣胎,成真佛子?何以故?谓得本故。如从源出水,因乳得酥。

如《鸯崛魔罗经》云:“复次,文殊师利!如知乳有酥,故方便钻求,而不钻水,以无酥故。如是,文殊师利!众生知有如来藏,故精勤持戒,净修梵行。复次,文殊师利!如知山有金,故凿山求金,而不凿树,以无金故。如是,文殊师利!众生知有如来藏,故精勤持戒,净修梵行,言我必当得成佛道。复次,文殊师利!若无如来藏者,空修梵行,如穷劫钻水,终不得酥。”故知入宗镜中,见如来性,菩提道果,应念俱成。如下水之舟,似便风之火。若背宗镜,不识自心,设福智齐修,终不成就。如求乳钻水,离山凿金,任历三祇,岂有得理?如《宗镜》所录前后之文,皆是诸佛五眼所观,五语所说,无一言而不谛,非一义而不圆,可俟后贤决定信入。如《月上经》偈云:“假动须弥山倒地,修罗住处皆悉灭,大海枯涸月天坠,如来终不出妄言。”以兹诚实,可遍传持,功德无边,言思罔及。

所以《唯识论》偈云:“作此唯识论,非我思量处,诸佛妙境界,福德施群生。”斯论大旨,非情识知解之所思量,乃是大觉不思议绝妙境界,以此弘扬不思议无尽之福,悉用普施一切法界无量含生,同入此宗,齐登佛地。华严疏主藏法师发愿偈云:“誓愿见闻修习此,圆融无碍普贤法,乃至失命终不离,尽未来际愿相应。以此善根等此性,普润无尽众生界,一念多劫修善行,尽成无上佛菩提。”

御制重刊藏经（目录）

雍正　主编

序

粤自西汉,伊存口授佛陀经典于大月氏王使者,而震旦教始萌芽。其后摄摩腾、竺法兰随汉明帝求经使臣蔡愔等至洛阳,而《四十二章》等经乃缄于兰台石室。魏晋而降,大德迭兴,翻译通明,中西不隔。达摩西来,演畅宗风,不立文字之的旨既昭,而文字于以掀天揭地。至隋大业间,智果于东都内道场撰诸经目,分别条贯。以佛所说经为三部:一曰大乘,二曰小乘,三曰杂经。其余似后人假托者,别为一部,谓之疑经。又有菩萨及诸深解奥义、赞明胜谛者,曰论及戒律,并有大、小及中三部之别。而佛经已多于六经数十百倍矣。唐奘法师出,能博涉经论,谓译者多所讹谬,乃躬往西域,广求异本,以参验之。周流三竺,十有七年。唐太宗诏将所得梵本六百五十七部,与房乔等,集诸硕学沙门翻译,定为经律论三藏。自唐宋以迄本朝,虽代有增益,而其宏观大略,则无改于唐之旧也。

明永乐间,刊板京师,是为梵本北藏。又有民间私刊书本,板在浙江嘉兴府,谓之南藏。朕敕几之暇,游泳梵林,浓熏般若。因阅《华严》,知卷帙字句之间,已失其旧。爰命义学,详悉推究,讹舛益出。乃知北藏板本刻于明代者,未经精较,不足据依。夫以帝王之力洂成官本,犹乃如是,则民间南藏益可知已。爰集宗教兼通之沙门,在京师贤良寺,官给伊蒲,晓夜校阅,鸠工重刊。欲俾震旦所有三藏,不至简错字讹,疑人耳目。又历代名僧所著义疏及机缘语录,各就其时所崇信者陆续入藏,未经明眼辨别淄渑,今亦不无删汰,俾归严净。夫无边契经海,皆以一音演出,竖穷三际,横亘十方,方且立一,是名不可得,而何况于非然。既涉音声文字,则如来固善能分别诸相也,虽一字一句皆有正讹,不可以混。犹夫中乘、小乘,皆以大乘为之纲骨,四十九年所说,无非大乘。智果简出小乘,别安名字,未为得也。而在小乘中,则一语一默,一进一止,皆有佛敕,又奚可以悖欤?然则斯刻也,别异归同,简讹从正,未必无小补云尔。是为序。

雍正十三年二月初一日

目　录

大乘般若部

大乘宝积部

大宝积经　一百二十卷　唐三藏菩提流志译并合

大方广三戒经　三卷　北凉天竺三藏昙无谶

佛说无量清净平等觉经　三卷　后汉月支三藏支娄迦识

佛说阿弥陀经　二卷　吴月支优婆塞支谦

佛说无量寿经　二卷　曹魏康僧铠

佛说阿閦佛国经　三卷　后汉月支三藏支娄迦识

佛说大乘十法经　一卷　梁三藏僧伽婆罗

佛说普门品经　一卷　西晋三藏法师竺法护

文殊师利佛土严净经　二卷　西晋三藏法师竺法护

佛说胞胎经　一卷　西晋三藏法师竺法护

佛说法镜经　二卷　后汉安息安玄共严佛调

郁迦罗越问菩萨行经　一卷　西晋三藏法师竺法护

幻士仁贤经　一卷　西晋三藏法师竺法护

佛说决定毗尼经　一卷　西晋敦煌三藏法师

发觉净心经　二卷　隋天竺三藏阇那崛多

佛说优填王经　一卷　西晋三藏沙门释法

佛说须摩提经　一卷　西晋三藏法师竺法护

佛说须摩提菩萨经　一卷　姚秦三藏法师鸠摩罗什

佛说离垢施女经　一卷　西晋三藏法师竺法护

佛说阿阇世王女阿术达菩萨经　一卷　西晋三藏法师竺法护

佛说须赖经　二卷　曹魏白延前凉支施仑

得无垢女经　一卷　元魏婆罗门般若流支

文殊师利所说不思议佛境界经　二卷　唐三藏法师菩提流志

佛说如幻三昧经　三卷　西晋三藏法师竺法护

善住意天子所问经　三卷　元魏毗目智仙共般若流支

太子刷护经　一卷　西晋三藏法师竺法护

太子和休经　一卷　失译

入法界体性经　一卷　隋天竺三藏阇那崛多
慧上菩萨问大善权经　二卷　西晋三藏法师竺法护
大乘显识经　二卷　中天竺国沙门地婆诃罗
佛说大乘方等要慧经　一卷　后汉安息三藏安世高
弥勒菩萨所问本愿经　一卷　西晋三藏法师竺法护
度一切诸佛境界智严经　一卷　梁三藏法师僧伽婆罗
佛遗日摩尼宝经　一卷　后汉月支三藏支娄迦识
佛说摩诃衍宝严经　一卷　失译
胜鬘师子吼一乘大方便方广经
一卷　刘宋天竺三藏求那跋陀罗
毗耶娑问经　二卷　元魏三藏瞿昙般若流支

大乘大集部

大方等大集经　三十卷　北凉天竺三藏昙无谶
大乘大方等日藏经　十卷　隋天竺三藏那连提耶舍
大方等大集月藏经　十卷　高齐天竺三藏那连提耶舍
大乘大集地藏十轮经　十卷　唐三藏法师玄奘
佛说大方广十轮经　八卷　失译师名今附北凉录
大集须弥藏经　二卷　那连提耶舍共法智
虚空孕菩萨经　二卷　隋天竺三藏阇那崛多
虚空藏菩萨经　一卷　姚秦罽宾三藏佛陀耶舍
虚空藏菩萨神咒经　一卷　刘宋罽宾国三藏昙摩蜜多
观虚空藏菩萨经　一卷　刘宋罽宾国三藏昙摩蜜多
佛说菩萨念佛三昧经　六卷　刘宋天竺三藏功德直
佛说大方等大集菩萨念佛三昧经　十卷　隋天竺三藏达磨笈多
般舟三昧经　三卷　后汉月支三藏支娄迦识
阿差末菩萨经　七卷　西晋三藏法师竺法护
大方等大集贤护经　五卷　隋天竺三藏阇那崛多及笈多等
拔陂菩萨经　一卷　后汉月支三藏支娄迦识

无尽意菩萨经　四卷　刘宋凉州沙门智严共宝云
大集譬喻王经　二卷　隋天竺三藏阇那崛多
大哀经　八卷　西晋三藏法师竺法护
宝女所问经　四卷　西晋三藏法师竺法护
无言童子经　二卷　西晋三藏法师竺法护
自在王菩萨经　二卷　姚秦三藏法师鸠摩罗什
奋迅王问经　二卷　元魏三藏瞿昙般若流支
宝星陀罗尼经　八卷　唐天竺三藏波罗颇蜜多罗
度诸佛境界智光严经　一卷　失译人名附秦录
大乘金刚髻珠菩萨修行分经　一卷　唐三藏法师菩提流志

大乘华严部

大方广佛华严经　六十卷　东晋天竺三藏佛驮跋陀罗
大方广佛华严经　八十卷　唐于阗国三藏实叉难陀
大方广佛华严经普贤菩萨行愿品　四十卷　唐罽宾国三藏般若
信力入印法门经　五卷　元魏天竺三藏昙摩流支
佛华严入如来德智不思议境界经　一卷　隋天竺三藏阇那崛多
佛说如来兴显经　四卷　西晋三藏法师竺法护
大方广入如来智德不思议经　一卷　唐于阗三藏实叉难陀
大方广佛华严经修慈分　一卷　唐于阗三藏提云般若
显无边佛土功德经　一卷　唐三藏法师玄奘
大方广佛华严经不思议境界分　一卷　唐于阗三藏提云般若
大方广如来不思议境界经　一卷　唐于阗三藏实叉难陀
大方广普贤所说经　一卷　唐于阗三藏实叉难陀
庄严菩提心经　一卷　姚秦三藏法师鸠摩罗什
佛说菩萨本业经　一卷　吴月支优婆塞支谦
大方广佛华严经续入法界品　一卷　唐天竺三藏地婆诃罗
佛说兜沙经　一卷　后汉月氏三藏支娄迦谶

大方广菩萨十地经　一卷　元魏三藏吉迦夜共昙曜
度世品经　六卷　西晋三藏法师竺法护
十住经　六卷　姚秦鸠摩罗什共佛陀耶舍
佛说罗摩伽经　四卷　乞伏秦沙门释圣坚
诸菩萨求佛本业经　一卷　西晋清信士聂道真
菩萨十住行道品经　一卷　西晋三藏法师竺法护
佛说菩萨十住经　一卷　东晋西域三藏只多蜜
渐备一切智德经　五卷　西晋三藏法师竺法护
等目菩萨所问三昧经　三卷　西晋三藏法师竺法护
文殊师利问菩萨署经　一卷　后汉月氏三藏支娄迦谶

大乘涅槃部

大般涅槃经　四十卷　北凉天竺三藏昙无谶
南本大般涅槃经　三十六卷　宋代沙门慧严等
大般涅槃经后分　二卷　唐沙门若那跋陀罗
佛说方等般泥洹经　二卷　西晋三藏法师竺法护
大悲经　五卷　高齐天竺三藏那连提耶舍
大般涅槃经　三卷　东晋沙门释法显
佛说方等泥洹经　二卷　失译人名今附东晋录
大般泥洹经　六卷　东晋沙门释法显
四童子三昧经　三卷　隋天竺三藏阇那崛多
佛垂般涅槃略说教诫经(遗教经)
一卷　姚秦三藏法师鸠摩罗什
佛临涅槃记法住经　一卷　唐三藏法师玄奘
佛灭度后棺敛葬送经　一卷　失译人名今附西晋录
般泥洹后灌腊经　一卷　西晋三藏法师竺法护

大乘五大部外重译经

金光明最胜王经　十卷　唐三藏法师义净

金光明经　四卷　北凉天竺三藏昙无谶

等集众德三昧经　三卷　西晋三藏法师竺法护

集一切福德三昧经　三卷　姚秦三藏法师鸠摩罗什

合部金光明经　八卷　隋沙门宝贵天竺三藏志德合入

入定不定印经　一卷　唐三藏法师义净

不必定入定入印经　一卷　元魏三藏瞿昙般若流支

无量义经　一卷　萧齐天竺沙门昙摩伽陀耶舍

妙法莲华经　七卷　姚秦三藏法师鸠摩罗什

法华三昧经　一卷　刘宋凉州沙门释智严

萨昙分陀利经　一卷　失译人名今附东晋录

妙法莲华经观世音菩萨普门品　一卷　北天竺沙门阇那笈多

正法华经　十卷　西晋三藏法师竺法护

添品妙法莲华经　八卷　隋天竺阇那笈多共达磨笈多

分别缘起初胜法门经　上下同卷　唐三藏法师玄奘

佛说缘生初胜分法本经　上下同卷　隋天竺三藏达磨笈多

悲华经　十卷　北凉天竺三藏昙无谶

六度集经　八卷　吴天竺三藏康僧会

大乘顶王经　一卷　梁优禅尼国王子月婆首那

大方等顶王经　一卷　西晋三藏法师竺法护

维摩诘所说经　三卷　姚秦三藏法师鸠摩罗什

维摩诘经　三卷　吴月支优婆塞支谦

道神足无极变化经　四卷　西晋安息三藏安法钦

说无垢称经　六卷　唐三藏法师玄奘

阿惟越致遮经　四卷　西晋三藏法师竺法护

佛说宝雨经　十卷　唐三藏法师达摩流志等
佛说宝云经　七卷　梁三藏曼陀罗仙共僧伽婆罗
佛升忉利天为母说法经　三卷　西晋三藏法师竺法护
相续解脱地波罗蜜了义经　一卷　刘宋天竺三藏求那跋陀罗
相续解脱如来所作随顺处了义经
一卷　刘宋天竺三藏求那跋陀罗
佛说解节经　一卷　陈天竺三藏真谛
不退转法轮经　四卷　僧佑录云安公凉土异经在公凉
广博严净不退转法轮经　四卷　刘宋凉州沙门智严共宝云
方广大庄严经　十二卷　中天竺国沙门地婆诃罗
普曜经　八卷　西晋三藏法师竺法护
伅真陀罗所问宝如来三昧经　三卷　后汉月支三藏支娄迦识
大树紧那罗王所问经　四卷　姚秦三藏法师鸠摩罗什
诸法本无经　三卷　隋天竺三藏阇那崛多
诸法无行经　二卷　姚秦三藏法师鸠摩罗什
持人菩萨所问经　四卷　西晋三藏法师竺法护
持世经　四卷　姚秦三藏法师鸠摩罗什
佛说大灌顶神咒经　十二卷　东晋西域三藏帛尸梨蜜多罗
佛说文殊师利现宝藏经　二卷　西晋三藏法师竺法护
大方广宝箧经　二卷　刘宋天竺三藏求那跋陀罗
佛说药师如来本愿经　一卷　隋天竺三藏达磨笈多
药师琉璃光如来本愿功德经　一卷　唐三藏法师玄奘
药师琉璃光七佛本愿功德经　上下同卷　唐三藏法师义净
番字药师七佛本愿功德经　一卷　唐三藏法师义净
佛说阿阇世王经　二卷　后汉月支三藏支娄迦识
楞伽阿跋多罗宝经　四卷　刘宋天竺三藏求那跋陀罗
入楞伽经　十卷　元魏天竺三藏法师菩提流志
大乘入楞伽经　七卷　唐三藏沙门实叉难陀

菩萨行方便境界神通变化经　三卷　刘宋天竺三藏求那跋陀罗
大萨遮尼干子受记经　十卷　元魏天竺三藏菩提留支
大乘大悲分陀利经　八卷　失译师名附秦录
善思童子经　二卷　隋天竺三藏阇那崛多
普超三昧经　四卷　西晋三藏法师竺法护
佛说放钵经　一卷　失译人名今附西晋录
佛说大净法门品经　一卷　西晋三藏法师竺法护
大庄严法门经　二卷　隋天竺三藏那连提黎耶舍
佛说大方等大云请雨经　一卷　隋天竺沙门阇那崛多
大云请雨经　一卷　宇文周三藏阇那耶舍等
大云轮请雨经　上下同卷　隋天竺三藏那连提耶舍
胜思维梵天所问经　六卷　元魏天竺三藏菩提留支
思益梵天所问经　四卷　姚秦三藏法师鸠摩罗什
月灯三昧经　十一卷　隋天竺三藏那连提黎耶舍
月灯三昧经　一卷　刘宋沙门释先公
佛说象腋经　一卷　刘宋罽宾国三藏昙摩蜜多
佛说无所希望经　一卷　西晋三藏法师竺法护
佛说大乘同性经　二卷　宇文周三藏阇那耶舍共僧安
佛说证契大乘经　二卷　唐中天竺沙门地婆诃罗
持心梵天所问经　四卷　西晋三藏法师竺法护
佛说观无量寿佛经　一卷　刘宋西域三藏畺良耶舍
称赞净土佛摄受经　一卷　唐三藏法师玄奘
佛说阿弥陀经　一卷　姚秦三藏法师鸠摩罗什
拔一切业障根本得生净土神咒附神力传
一卷　刘宋天竺三藏求那跋陀罗
后出阿弥陀偈经　一卷　后汉失译师名
大阿弥陀经　二卷　吴月支优婆塞支谦
佛说弥勒菩萨上生兜率陀天经　一卷　刘宋居士沮渠京声

佛说弥勒下生经　一卷　姚秦三藏法师鸠摩罗什
佛说弥勒来时经　一卷　失译人名今附东晋录
佛说弥勒下生成佛经　一卷　唐三藏法师义净
观弥勒菩萨下生经　一卷　西晋三藏法师竺法护
佛说弥勒成佛经　一卷　姚秦三藏法师鸠摩罗什
佛说第一义法胜经　一卷　元魏三藏瞿昙般若流支等
佛说大威灯光仙人问疑经　一卷　隋天竺三藏阇那崛多
一切法高王经　一卷　元魏三藏瞿昙般若流支等
佛说诸法勇王经　一卷　刘宋罽宾国三藏昙摩蜜多
顺权方便经　二卷　西晋三藏法师竺法护
佛说乐璎珞庄严方便经　一卷　姚秦罽宾三藏昙摩耶舍
菩萨睒子经　一卷　失译人名今附西晋录
佛说睒子经　一卷　姚秦三藏法师释圣坚
佛说九色鹿经　一卷　吴月支优婆塞支谦
佛说太子沐魄经　一卷　西晋三藏法师竺法护
太子慕魄经　一卷　后汉安息三藏安世高
无字宝箧经　一卷　元魏天竺三藏菩提留支
大乘离文字普光明藏经　一卷　唐中天竺沙门地婆诃罗
大乘遍照光明藏无字法门经　一卷　唐中天竺沙门地婆诃罗
佛说老女人经　一卷　吴月支优婆塞支谦
佛说老母经　一卷　失译师名附刘宋录
佛说老母女六英经　一卷　刘宋天竺三藏求那跋陀罗
佛说长者子制经　一卷　后汉安息三藏安世高
佛说菩萨逝经　一卷　西晋沙门白法祖
佛说逝童子经　一卷　西晋沙门支法度
佛说月光童子经　一卷　西晋三藏法师竺法护
佛说申日儿本经　一卷　刘宋天竺三藏求那跋陀罗
佛说德护长者经　二卷　隋天竺三藏那连提黎耶舍

佛说犊子经　一卷　吴月支优婆塞支谦
佛说乳光佛经　一卷　西晋三藏法师竺法护
佛说无垢贤女经　一卷　西晋三藏法师竺法护
佛说腹中女听经　一卷　北凉天竺三藏昙无谶
佛说转女身经　一卷　刘宋罽宾国三藏昙摩蜜多
文殊师利问菩提经　一卷　姚秦三藏法师鸠摩罗什
伽耶山顶经　一卷　元魏天竺三藏菩提留支
佛说象头精舍经　一卷　隋天竺沙门毗尼多流支
大乘伽耶山顶经　一卷　唐南天竺三藏菩提流志
佛说决定总持经　一卷　西晋三藏法师竺法护
佛说谤佛经　一卷　元魏天竺三藏菩提留支
大方等大云经　四卷　北凉天竺三藏昙无谶
如来庄严智慧光明入一切佛境界经
二卷　元魏三藏法师昙摩流支
深密解脱经　五卷　元魏天竺三藏菩提留支
解深密经　五卷　唐三藏法师玄奘
佛说谏王经　一卷　刘宋居士沮渠京声
如来示教胜军王经　一卷　唐三藏法师玄奘
佛为胜光天子说王法经　一卷　唐三藏法师义净
宝积三昧文殊师利菩萨问法身经　一卷　后汉安息三藏安世高
佛说济诸方等学经　一卷　西晋三藏法师竺法护
大乘方广总持经　一卷　隋天竺沙门毗尼多流支
太子须大拏经　一卷　姚秦三藏法师释圣坚
佛说如来智印经　一卷　失译师名附刘宋录
佛说慧印三昧经　一卷　吴月支优婆塞支谦
佛说无极宝三昧经　二卷　西晋三藏法师竺法护
宝如来三昧经　二卷　东晋西域三藏祇多蜜
无上依经　二卷　梁天竺三藏真谛

大乘造像功德经　上下同卷　唐三藏法师提昙般若等
佛说作佛形象经　一卷　失译人名今附后汉录
佛说造立形象福报经　一卷　失译人名今附东晋录
佛说灌佛经　一卷　西晋沙门释法炬
佛说灌洗佛经　一卷　姚秦三藏法师释圣坚
佛说浴像功德经　一卷　唐天竺三藏法师宝思惟
浴像功德经　一卷　唐三藏法师义净
佛说校量数珠功德经　一卷　唐天竺三藏法师宝思惟
曼殊室利咒藏中校量数珠功德经　一卷　唐三藏法师义净
佛说龙施女经　一卷　吴月支优婆塞支谦
佛说龙施菩萨本起经　一卷　西晋三藏法师竺法护
佛说八吉祥神咒经　一卷　吴月支优婆塞支谦
佛说八阳神咒经　一卷　西晋三藏法师竺法护
佛说八吉祥经　一卷　梁扶南三藏僧伽婆罗
佛说八佛名号经　一卷　隋天竺三藏阇那崛多
佛说盂兰盆经　一卷　西晋三藏法师竺法护
佛说报恩奉盆经　一卷　失译人名今附东晋录
佛说观药王药上二菩萨经　一卷　刘宋西域三藏畺良耶舍
佛说大孔雀咒王经　三卷　唐三藏法师义净
佛母大孔雀明王经　三卷　唐三藏法师不空
佛说孔雀王咒经　二卷　梁扶南三藏僧伽婆罗
佛说大孔雀王神咒经　一卷　东晋西域三藏帛尸梨蜜多罗
佛说大孔雀杂神咒经　一卷　东晋西域三藏帛尸梨蜜多罗
大金色孔雀王咒经　一卷　姚秦三藏法师鸠摩罗什
佛说不空罥索咒经　一卷　隋天竺三藏阇那崛多
不空罥索心咒王经　三卷　唐天竺三藏法师宝思惟
不空罥索陀罗尼经　二卷　唐北天竺婆罗门李无谄

佛说称赞如来功德神咒经　一卷　唐三藏法师义净
华积陀罗尼神咒经　一卷　吴月支优婆塞支谦
师子奋迅菩萨所问经　一卷　失译人名今附东晋录
佛说华聚陀罗尼咒经　一卷　失译人名今附东晋录
六字咒王经　一卷　失译人名今附东晋录
六字神咒王经　一卷　失译人名今附梁录
梵女首意经　一卷　西晋三藏法师竺法护
有德女所问大乘经　一卷　唐南天竺三藏菩提流志
佛说七俱胝佛母心大准提陀罗尼经
一卷　唐武周天竺沙门地婆诃罗
佛说七俱胝佛母准提大明陀罗尼经　一卷　唐天竺沙门金刚智
七俱胝佛母所说准提陀罗尼经　一卷　唐三藏法师不空
种种杂咒经　一卷　宇文周比天竺三藏阇那崛多
佛顶尊胜陀罗尼经　一卷　唐朝散郎杜行顗
佛顶尊胜陀罗尼经　一卷　唐周罽宾沙门佛陀波利
佛说佛顶尊胜陀罗尼经　一卷　唐三藏法师义净
最胜佛顶陀罗尼净除业障经　一卷　唐中天竺沙门地婆诃罗
佛顶最胜陀罗尼经　一卷　唐中天竺沙门地婆诃罗
舍利弗陀罗尼经　一卷　梁三藏法师僧伽婆罗
佛说无量门破魔陀罗尼经　一卷　刘宋天竺三藏功德直共音阳
佛说无量门微密持经　一卷　吴月支优婆塞支谦
佛说出生无量门持经　一卷　东晋天竺三藏佛陀跋陀罗
阿难陀目佉尼诃离陀邻尼经　一卷　元魏天竺三藏佛陀扇多
阿难陀目佉尼诃离陀经　一卷　刘宋天竺三藏求那跋陀罗
佛说一向出生菩萨经　一卷　隋天竺三藏阇那崛多
出生无边门陀罗尼经　一卷　唐沙门智严
胜幢臂印陀罗尼经　一卷　唐三藏法师玄奘
妙臂印幢陀罗尼经　一卷　唐三藏沙门实叉难陀

大乘单译经

佛说内藏百宝经　一卷　后汉月支三藏支娄迦识
佛说温室洗浴众僧经　一卷　后汉安息三藏安世高
佛说菩萨行五十缘身经　一卷　西晋三藏法师竺法护
佛说菩萨修行经　一卷　西晋沙门白法祖
佛说金色王经　一卷　元魏三藏瞿昙般若流支
佛语法门经　一卷　元魏天竺三藏菩提留支
佛说四不可得经　一卷　西晋三藏法师竺法护
须真天子经　二卷　西晋三藏法师竺法护
佛说观普贤菩萨行法经　一卷　刘宋罽宾国三藏昙摩蜜多
观世音菩萨得大势至菩萨受记经
一卷　刘宋黄龙沙门释昙无竭
不思议光菩萨所说经　一卷　姚秦三藏法师鸠摩罗什
超日明三昧经　二卷　西晋清信士聂承远
除恐灾患经　一卷　姚秦三藏法师释圣坚
佛说首楞严三昧经　三卷　姚秦三藏法师鸠摩罗什
未曾有因缘经　二卷　萧齐三藏沙门释昙景
诸佛要集经　二卷　西晋三藏法师竺法护
称扬诸佛功德经　三卷　元魏三藏吉迦夜共昙曜
贤劫经　十卷　西晋三藏法师竺法护
佛说佛名经　十二卷　元魏天竺三藏菩提留支
过去庄严劫千佛名经　一卷　开元拾遗附梁录
现在贤劫千佛名经　一卷　开元拾遗附梁录
未来星宿劫千佛名经　一卷　开元拾遗附梁录
五千五百佛名神咒除障灭罪经　八卷　隋三藏崛多共笈多等
力庄严三昧经　三卷　隋天竺三藏那连提耶舍
佛说八部佛名经　一卷　元魏三藏瞿昙般若流支
百佛名经　一卷　隋天竺三藏那连提耶舍
佛说不思议功德诸佛所护念经　二卷　隋天竺沙门阇那崛多

金刚三昧本性清净不坏不灭经　一卷　新附三秦录失译师名
佛说师子月佛本生经　一卷　新附三秦录失译师名
演道俗业经　一卷　姚秦三藏法师释圣坚
佛说长者法志妻经　一卷　出安公凉土录失译师名
佛说萨罗国经　一卷　开元附东晋录失译师名
佛说十吉祥经　一卷　开元附秦录失译师名
佛说长者女庵提遮师子吼了义经　一卷　开元拾遗附梁录
佛说一切智光明仙人慈心因缘不食肉经
一卷　大乘单本失译人名
大方等陀罗尼经　四卷　北凉沙门释法众
大法炬陀罗尼经　二十卷　隋天竺沙门阇那崛多
大威德陀罗尼经　二十卷　隋天竺沙门阇那崛多
观察诸法行经　四卷　隋天竺沙门阇那崛多
佛说华手经　十卷　姚秦三藏法师鸠摩罗什
法集经　六卷　元魏天竺三藏菩提留支
大方广圆觉修多罗了义经　一卷　唐罽宾沙门佛陀多罗
佛说施灯功德经　一卷　高齐天竺三藏那连提黎耶舍
金刚三昧经　二卷　出北凉录失译师名
观佛三昧海经　十卷　东晋天竺三藏佛陀跋陀罗
大方便佛报恩经　七卷　失译人名出后汉录
菩萨本行经　三卷　失译人名附东晋录
菩萨处胎经　五卷　姚秦三藏法师竺佛念
央掘魔罗经　四卷　刘宋天竺三藏求那跋陀罗
菩萨内习六波罗蜜经　一卷　后汉沙门严佛调
菩萨投身饲饿虎起塔因缘经　一卷　北凉高昌沙门法盛
三昧弘道广显定义经　四卷　西晋三藏法师竺法护
佛说明度五十校计经　二卷　后汉安息三藏安世高
无所有菩萨经　四卷　隋天竺沙门阇那崛多

大法鼓经　二卷　刘宋天竺三藏求那跋陀罗
月上女经　二卷　隋天竺沙门阇那崛多
文殊师利问经　二卷　梁扶南三藏僧伽婆罗
大方广如来秘密藏经　上下同卷　失译师名附二秦录
大乘密严经　三卷　唐中天竺沙门地婆诃罗
菩萨璎珞经　二十卷　姚秦三藏法师竺佛念
大佛顶如来密因修证了义诸菩萨万行首楞严经
十卷　唐中天竺沙门般刺蜜帝
七佛所说神咒经　四卷　失译人名开元附东晋录
文殊师利宝藏陀罗尼经　一卷　唐天竺三藏菩提流志
僧伽吒经　四卷　陈优禅尼国王子月婆首那
出生菩提心经　一卷　隋天竺三藏阇那崛多等译
佛说佛印三昧经　一卷　后汉安息三藏安世高
佛说十二头陀经　一卷　刘宋天竺三藏求那跋陀罗
佛说树提伽经　一卷　刘宋天竺三藏求那跋陀罗
佛说法常住经　一卷　失译师名今附西晋录
佛说长寿王经　一卷　失译师名今附西晋录
佛说海龙王经　四卷　西晋三藏法师竺法护
佛为海龙王说法印经　一卷　唐三藏法师义净
佛说右绕佛塔功德经　一卷　唐于阗国三藏实叉难陀
佛说妙色王因缘经　一卷　唐三藏法师义净
师子素驮娑王断肉经　一卷　唐沙门智严
佛说差摩婆帝受记经　一卷　元魏天竺三藏菩提留支
佛说师子庄严王菩萨请问经　一卷　唐中天竺三藏法师那提
中阴经　二卷　姚秦三藏法师竺佛念
占察善恶业报经　上下同卷　隋外国沙门菩提登
佛说莲华面经　上下同卷　隋天竺三藏那连提耶舍
佛说三品弟子经　一卷　吴月支优婆塞支谦

清净观世音菩萨普贤陀罗尼经　一卷　唐三藏沙门智通
诸佛集会陀罗尼经　一卷　唐三藏法师提昙般若
佛说智炬陀罗尼经　一卷　唐三藏法师提昙般若
佛说随求即得大自在陀罗尼神咒经
一卷　唐天竺三藏法师宝思惟
佛说一切法功德庄严王经　一卷　唐三藏法师义净
佛说拔除罪障咒王经　一卷　唐三藏法师义净
佛说善夜经　一卷　唐三藏法师义净
佛说虚空藏菩萨能满诸愿最胜心陀罗尼求闻持法
一卷　唐三藏法师输波迦罗
佛说佛地经　一卷　唐三藏法师玄奘
百千印陀罗尼经　一卷　唐三藏沙门实叉难陀
庄严王陀罗尼经　一卷　唐三藏法师义净
香王菩萨陀罗尼咒经　一卷　唐三藏法师义净
优婆夷净行法门经　二卷　出安公凉土录失译师名
诸法最上王经　一卷　隋天竺沙门阇那崛多
文殊师利般涅槃经　一卷　西晋优婆塞聂道真
异出菩萨本起经　一卷　西晋优婆塞聂道真
佛说贤首经　一卷　姚秦三藏法师释圣坚
千佛因缘经　一卷　姚秦三藏法师鸠摩罗什
八大人觉经　一卷　后汉安息三藏安世高
佛说月明菩萨经　一卷　吴月支优婆塞支谦
佛说心明经　一卷　西晋三藏法师竺法护
佛说灭十方冥经　一卷　西晋三藏法师竺法护
佛说鹿母经　一卷　西晋三藏法师竺法护
佛说魔逆经　一卷　西晋三藏法师竺法护
佛说赖吒和罗所问德光太子经　一卷　西晋三藏法师竺法护
商主天子所问经　一卷　隋天竺沙门阇那崛多

大乘四法经　一卷　唐三藏沙门实叉难陀
离垢慧菩萨所问礼佛法经　一卷　唐中天竺沙门那提
寂照神变三摩地经　一卷　唐三藏法师玄奘
佛说造塔功德经　一卷　唐中天竺沙门地婆诃罗
佛说不增不减经　一卷　元魏天竺三藏菩提留支
佛说坚固女经　一卷　隋天竺三藏那连提耶舍
佛说大乘流转诸有经　一卷　唐三藏法师义净
佛说大意经　一卷　刘宋天竺三藏求那跋陀罗
受持七佛名号所生功德经　一卷　唐三藏法师玄奘
金刚光焰止风雨陀罗尼经　一卷　唐南天竺三藏菩提流志
大毗卢遮那成佛神变加持经
七卷　唐中天竺三藏输婆迦罗共一行
苏婆呼童子经　三卷　唐中天竺三藏输婆迦诃罗共一行
一字佛顶轮王经　六卷　唐南天竺三藏菩提流志
苏悉地羯罗经　四卷　唐中天竺三藏输婆迦诃罗
金刚顶瑜伽中略出念诵经　四卷　唐南天竺沙门金刚智
广大宝楼阁善住秘密陀罗尼经　二卷　唐南天竺三藏菩提流志
牟梨曼陀罗咒经　二卷　失译人名开元附梁录
金刚顶经曼殊室利菩萨五字心陀罗尼品
一卷　唐南天竺沙门金刚智
观自在如意轮菩萨瑜伽法要　一卷　唐南天竺沙门金刚智
佛说救面然饿鬼陀罗尼神咒经　一卷　唐于阗国三藏实叉难陀
佛说甘露经陀罗尼　一卷　唐于阗国三藏实叉难陀
佛说大陀罗尼末法中一字心咒经
一卷　唐天竺三藏法师宝思惟

小乘阿含部

中阿含经　六十卷　东晋罽宾三藏瞿昙僧伽提婆

增壹阿含经　五十卷　符秦三藏昙摩难提
杂阿含经　五十卷　刘宋天竺三藏求那跋陀罗
佛说长阿含经　二十二卷　姚秦三藏佛陀耶舍共竺佛念
别译杂阿含经　二十卷　失译师名附秦录
杂阿含经　一卷　失译师名附吴魏二录
长阿含十报法经　一卷　后汉安息三藏安世高
起世因本经　十卷　隋天竺三藏达磨笈多
起世经　十卷　隋天竺三藏阇那崛多
佛说楼炭经　六卷　西晋三藏法立共法炬
佛般泥洹经　二卷　西晋河内沙门白法祖
佛说人本欲生经　一卷　后汉安息三藏安世高
佛说梵网六十二见经　一卷　吴月支优婆塞支谦
佛说尸迦罗越六方礼经　一卷　后汉安息三藏安世高
中本起经　二卷　后汉三藏昙果共康孟
佛说七知经　一卷　吴月支优婆塞支谦
佛说碱水喻经　一卷　失译人名今附西晋录
佛说一切流摄守因经　一卷　后汉安息三藏安世高
佛说阎罗王五天使者经　一卷　刘宋三藏法师慧简
佛说铁城泥犁经　一卷　东晋西域沙门竺昙无兰
佛说古来世时经　一卷　失译人名今附东晋录
佛说阿那律八念经　一卷　后汉三藏法师支曜
佛说离睡经　一卷　西晋三藏法师竺法护
佛说是法非法经　一卷　后汉安息三藏安世高
佛说乐想经　一卷　西晋三藏法师竺法护
佛说漏分布经　一卷　后汉安息三藏安世高
佛说阿耨飍经　一卷　西晋沙门释法炬
佛说求欲经　一卷　西晋三藏法师竺法护
佛说受岁经　一卷　西晋三藏法师竺法护

佛说梵志计水净经　一卷　失译人名今附东晋录
佛说伏淫经　一卷　西晋沙门释法炬
佛说魔娆乱经　一卷　失译人名今附后汉录
佛说弊魔试目连经　一卷　吴月支优婆塞支谦
佛说泥犁经　一卷　东晋西域沙门竺昙无兰
佛说优婆夷堕舍迦经　一卷　失译师名附刘宋录
佛说斋经　一卷　吴月支优婆塞支谦
佛说苦阴经　一卷　失译人名在后汉录
佛说苦阴因事经　一卷　西晋沙门释法炬
佛说释摩男本经　一卷　吴月支优婆塞支谦
佛说鞞摩肃经　一卷　刘宋天竺三藏求那跋陀罗
佛说婆罗门子命终爱念不离经　一卷　后汉安息三藏安世高
佛说十支居士八城人经　一卷　后汉安息三藏安世高
佛说邪见经　一卷　失译师名附刘宋录
佛说箭喻经　一卷　失译人名今附东晋录
佛说普法义经　一卷　后汉安息三藏安世高
佛说广义法门经　一卷　陈天竺三藏真谛
佛说戒德香经　一卷　东晋西域沙门竺昙无兰
佛说四人出现世间经　一卷　刘宋天竺三藏求那跋陀罗
佛说诸法本经　一卷　吴月支优婆塞支谦
佛说瞿昙弥记果经　一卷　刘宋三藏法师慧简
佛说梵志阿飏经　一卷　吴月支优婆塞支谦
佛说寂志果经　一卷　东晋西域沙门竺昙无兰
佛说赖吒和罗经　一卷　吴月支优婆塞支谦
佛说善生子经　一卷　西晋沙门支法度
佛说数经　一卷　西晋沙门释法炬
佛说梵志頞波罗延问种尊经　一卷　东晋西域沙门竺昙无兰
佛说四谛经　一卷　后汉安息三藏安世高

佛说恒水经　一卷　西晋沙门释法炬
佛说瞻婆比丘经　一卷　西晋沙门释法炬
佛说本相倚致经　一卷　后汉安息三藏安世高
佛说缘本致经　一卷　失译人名今附东晋录
佛说顶生王故事经　一卷　西晋沙门释法炬
佛说文陀竭王经　一卷　北凉天竺三藏昙无谶
三归五戒慈心厌离功德经　一卷　失译人名今附东晋录
佛说须达经　一卷　萧齐天竺三藏求那毗地
佛说黄竹园老婆罗门说学经　一卷　失译师名附刘宋录
佛说梵摩喻经　一卷　吴月支优婆塞支谦
佛说尊上经　一卷　西晋三藏法师竺法护
佛说鹦鹉经　一卷　刘宋天竺三藏求那跋陀罗
佛说兜调经　一卷　失译人名今附西晋录
佛说意经　一卷　西晋三藏法师竺法护
佛说应法经　一卷　西晋三藏法师竺法护
佛说波斯匿王太后崩尘土坌身经　一卷　西晋沙门释法炬
须摩提女经　一卷　吴月支优婆塞支谦
佛说三摩竭经　一卷　吴沙门竺律炎
佛说婆罗门避死经　一卷　后汉安息三藏安世高
食施获五福报劫　一卷　失译人名今附东晋录
频毗娑罗王诣佛供养经　一卷　西晋沙门释法炬
佛说长者子六过出家经　一卷　刘宋三藏法师慧简
佛说鸯崛摩经　一卷　西晋三藏法师竺法护
佛说鸯崛髻经　一卷　西晋三藏法师竺法护
佛说力士移山经　一卷　西晋三藏法师竺法护
佛说四未曾有法经　一卷　西晋三藏法师竺法护
佛说舍利弗目犍连游四衢经　一卷　后汉康孟详
七佛父母姓字经　一卷　曹魏失译人名

佛说放牛经　一卷　姚秦三藏法师鸠摩罗什
缘起经　一卷　唐三藏法师玄奘
佛说十一想思念如来经　一卷　刘宋天竺三藏求那跋陀罗
佛说四泥犁经　一卷　东晋西域沙门竺昙无兰
舍卫国王梦见十事经　一卷　失译人名今附西晋录
佛说国王不黎先尼十梦经　一卷　东晋西域沙门竺昙无兰
阿难同学经　一卷　后汉安息三藏安世高
五蕴皆空经　一卷　唐三藏法师义净
阿难问事佛吉凶经　一卷　后汉安息三藏安世高
慢法经　一卷　西晋沙门释法炬
阿难分别经　一卷　西晋沙门释法炬
五母子经　一卷　吴月支优婆塞支谦
沙弥罗经　一卷　失译人名
玉耶经　一卷　东晋西域沙门竺昙无兰
玉耶女经　一卷　失译人名今附西晋录
阿遬达经　一卷　刘宋天竺三藏求那跋陀罗
摩邓女经　一卷　后汉安息三藏安世高
摩邓女解形中六事经　一卷　失译人名今附东晋录
摩登伽经　二卷　吴沙门竺律炎共优婆塞支谦
舍头谏经　一卷　西晋三藏法师竺法护
治禅病秘要经　二卷　北凉世安阳侯沮渠京声
佛说七处三观经　二卷　后汉安息三藏安世高
阿那邠邸化七子经　一卷　后汉安息三藏安世高
大爱道般涅槃经　一卷　西晋沙门白法祖
佛母般泥洹经　一卷　刘宋三藏法师释慧简
佛说圣法印经　一卷　西晋三藏法师竺法护
五阴譬喻经　一卷　后汉安息三藏安世高
佛说水沫所漂经　一卷　东晋西域沙门竺昙无兰

佛说不自守意经　一卷　吴月支优婆塞支谦
佛说满愿子经　一卷　失译人名今附东晋录
转法轮经　一卷　后汉安息三藏安世高
佛说三转法轮经　一卷　唐三藏法师义净
佛说八正道经　一卷　后汉安息三藏安世高
难提释经　一卷　西晋沙门释法炬
佛说马有三相经　一卷　后汉三藏法师支曜
佛说马有八态譬人经　一卷　后汉三藏法师支曜
佛说相应相可经　一卷　西晋沙门释法炬
修行本起经　二卷　后汉沙门竺大力共康孟祥
太子瑞应本起经　二卷　吴月支优婆塞支谦
过去现在因果经　四卷　刘宋天竺三藏求那跋陀罗
佛说奈女耆域因缘经　一卷　后汉安息三藏安世高
佛说奈女耆婆经　一卷　后汉安息三藏安世高
佛说生经　五卷　西晋三藏法师竺法护
蓱沙王五愿经　一卷　吴月支优婆塞支谦
琉璃王经　一卷　西晋三藏法师竺法护
佛说海八德经　一卷　姚秦三藏法师鸠摩罗什
佛说法海经　一卷　西晋沙门释法炬
佛说义足经　二卷　吴月支优婆塞支谦
鬼问目连经　一卷　后汉安息三藏安世高
杂藏经　一卷　东晋释法显
饿鬼报应经　一卷　失译人名今附东晋录
佛说四十二章经　一卷　宋迦叶摩腾共竺法兰

小乘单译经

正法念处经　七十卷　元魏三藏瞿昙般若流支

佛本行集经　六十卷　隋天竺沙门阇那崛多
佛说大安般守意经　二卷　后汉安息三藏安世高
佛说骂意经　一卷　后汉安息三藏安世高
禅行法想经　一卷　后汉安息三藏安世高
佛说处处经　一卷　后汉安息三藏安世高
佛说分别善恶所起经　一卷　后汉安息三藏安世高
佛说出家缘经　一卷　后汉安息三藏安世高
佛说阿含正行经　一卷　后汉安息三藏安世高
佛说十八泥犁经　一卷　后汉安息三藏安世高
佛说法受尘经　一卷　后汉安息三藏安世高
佛说进学经　一卷　刘宋居士沮渠京声
佛说得道梯隥锡杖经　一卷　失译人名今附东晋录
佛说贫穷老公经　一卷　刘宋沙门释慧简
须摩提长者经　一卷　吴月支优婆塞支谦
长者懊恼三处经　一卷　后汉安息三藏安世高
犍陀国王经　一卷　后汉安息三藏安世高
阿难四事经　一卷　吴月支优婆塞支谦
分别经　一卷　西晋三藏法师竺法护
未生怨经　一卷　吴月支优婆塞支谦
四愿经　一卷　吴月支优婆塞支谦
猘狗经　一卷　吴月支优婆塞支谦
八关斋经　一卷　刘宋居士沮渠京声
孝子经　一卷　失译人名
黑氏梵志经　一卷　吴月支优婆塞支谦
阿鸠留经　一卷　后汉失译人名
佛为阿支罗迦叶自化作苦经　一卷　失译人名
佛说罪业报应教化地狱经　一卷　后汉安息三藏安世高
佛说龙王兄弟经　一卷　吴月支优婆塞支谦

佛说长者音悦经　一卷　吴月支优婆塞支谦
佛说七女经　一卷　吴月支优婆塞支谦
佛说八师经　一卷　吴月支优婆塞支谦
佛说越难经　一卷　西晋清信士聂承远
佛说所欲致患经　一卷　西晋三藏法师竺法护
阿阇世王问五逆经　一卷　西晋沙门释法炬
本事经　七卷　唐三藏法师玄奘
佛说中心经　一卷　东晋西域沙门竺昙无兰
佛说见正经　一卷　东晋西域沙门竺昙无兰
佛说大鱼事经　一卷　东晋西域沙门竺昙无兰
佛说阿难七梦经　一卷　东晋西域沙门竺昙无兰
佛说呵雕阿那含经　一卷　东晋西域沙门竺昙无兰
佛说灯指因缘经　一卷　姚秦三藏法师鸠摩罗什
佛说妇人遇辜经　一卷　姚秦三藏法师释圣坚
佛说四天王经　一卷　刘宋凉州沙门智严共宝云
佛说摩诃迦业度贫母经　一卷　刘宋天竺三藏求那跋陀罗
佛说禅行三十七品经　一卷　后汉安息三藏安世高
比丘避女恶名欲自杀经　一卷　西晋沙门释法炬
佛说身观经　一卷　西晋三藏法师竺法护
佛说无常经(临终方诀附)　一卷　唐三藏法师义净
佛说八无暇有暇经　一卷　唐三藏法师义净
五百弟子自说本起经　一卷　西晋三藏法师竺法护
佛说五苦章句经　一卷　东晋西域沙门竺昙无兰
佛说坚意经　一卷　后汉安息三藏安世高
佛说净饭王般涅槃经　一卷　刘宋居士沮渠京声
佛说兴起行经　二卷　后汉外国三藏康孟祥
长爪梵志请问经　一卷　唐三藏法师义净
佛说譬喻经　一卷　唐三藏法师义净

佛说比丘听施经　一卷　东晋西域沙门竺昙无兰
佛说略教诫经　一卷　唐三藏法师义净
佛说疗痔病经　一卷　唐三藏法师义净
佛说业报差别经　一卷　隋洋川郡守瞿昙法智
佛说十二品生死经　一卷　刘宋天竺三藏求那跋陀罗
佛说轮转五道罪福报应经　一卷　刘宋天竺三藏求那跋陀罗
佛说五无返复经　一卷　刘宋居士沮渠京声
佛说佛大僧大经　一卷　刘宋居士沮渠京声
佛说大迦叶本经　一卷　西晋三藏法师竺法护
佛说四自侵经　一卷　西晋三藏法师竺法护
佛说罗云忍辱经　一卷　西晋沙门释法炬
佛为年少比丘说正事经　一卷　西晋沙门释法炬
佛说沙曷比丘功德经　一卷　西晋沙门释法炬
佛说时非时经　一卷　天竺三藏法师若罗严
佛说自爱经　一卷　东晋西域沙门竺昙无兰
佛说贤者五福德经　一卷　西晋沙门白法祖
天请问经　一卷　唐三藏法师玄奘
佛说护净经　一卷　失译人名今附东晋录
佛说木槵经　一卷　失译人名今附东晋录
佛说无上处经　一卷　失译人名今附东晋录
卢至长者因缘经　一卷　失译人名今附东晋录
佛说普达王经　一卷　失译人名今附西晋录
佛说鬼子母经　一卷　失译人名今附西晋录
佛说梵摩难国王经　一卷　失译人名今附西晋录
佛说孙多耶致经　一卷　吴月支优婆塞支谦
佛说父母恩难报经　一卷　后汉安息三藏安世高
佛说新岁经　一卷　东晋西域沙门竺昙无兰
佛说群牛譬经　一卷　西晋沙门释法炬

佛说九横经　一卷　后汉安息三藏安世高
佛说五恐怖世经　一卷　刘宋居士沮渠京声
佛说弟子死复生经　一卷　刘宋居士沮渠京声
佛说懈怠耕者经　一卷　刘宋居士沮渠京声
佛说辩意长者子所问经　一卷　元魏沙门释法场
无垢优婆夷问经　一卷　元魏三藏瞿昙般若流支
佛说耶祇经　一卷　刘宋居士沮渠京声
佛说末罗王经　一卷　刘宋居士沮渠京声
佛说摩达国王经　一卷　刘宋居士沮渠京声
佛说旃陀越国王经　一卷　刘宋居士沮渠京声
佛说五王经　一卷　失译人名今附东晋录
佛说出家功德经　一卷　失译师名附三秦录
佛说栴檀树经　一卷　失译人名今附汉录
佛说頞多和多耆经　一卷　失译人名今附西晋录
禅秘要法经　三卷　姚秦三藏法师鸠摩罗什
阴持入经　二卷　后汉安息三藏安世高
佛说因缘僧护经　一卷　失译人名今附东晋录

宋元入藏诸大小乘经

佛说大乘庄严宝王经　四卷　宋中印度三藏沙门天息灾
分别善恶报应经　二卷　宋中印度三藏沙门天息灾
佛说守护大千国土经　三卷　宋北印度三藏沙门施护
大方广总持宝光明经　五卷　宋中印度三藏沙门法天
佛说大乘圣无量寿决定光明王如来陀罗尼经　一卷　宋中印度三藏沙门法天
佛说大乘圣吉祥持世陀罗尼经　一卷　宋中印度三藏沙门法天
佛说大乘日子王所问经　一卷　宋中印度三藏沙门法天

佛说金耀童子经　一卷　宋中印度三藏沙门天息灾
佛顶放无垢光明入普门观察一切如来心陀罗尼经
二卷　宋北印度三藏沙门施护
佛说楼阁正法甘露鼓经　一卷　宋中印度三藏沙门天息灾
佛说大乘善见变化文殊师利化问法经
一卷　宋中印度三藏沙门天息灾
圣虚空藏菩萨陀罗尼经　一卷　宋中印度三藏沙门法天
佛说大护明大陀罗尼经　一卷　宋中印度三藏沙门法天
佛说无能胜旛王如来庄严陀罗尼经
一卷　宋北印度三藏沙门施护
最胜佛顶陀罗尼经　一卷　宋中印度三藏沙门法天
圣佛母小字般若波罗蜜多经　一卷　宋中印度三藏沙门天息灾
消除一切闪电障难随求如意陀罗尼经
一卷　宋北印度三藏沙门施护
圣最上灯明如来陀罗尼经　一卷　宋北印度三藏沙门施护
大寒林圣难拏陀罗尼经　一卷　宋中印度三藏沙门法天
佛说诸行有为经　一卷　宋中印度三藏沙门法天
息除中夭陀罗尼经　一卷　宋北印度三藏沙门施护
一切如来正法秘密箧印心陀罗尼经
一卷　宋北印度三藏沙门施护
妙法圣念处经　四卷　宋中印度三藏沙门法天
佛说大迦叶问大宝积正法经　五卷　宋北印度三藏沙门施护
嗟韈曩法天子受三归依获免恶道经
一卷　宋中印度三藏沙门法天
佛说较量寿命经　一卷　宋中印度三藏沙门天息灾
佛说沙弥十戒仪则经　一卷　宋北印度三藏沙门施护
佛说圣持世陀罗尼经　一卷　宋北印度三藏沙门施护
佛说布施经　一卷　宋中印度三藏沙门法天

佛说圣曜母陀罗尼经　一卷　宋中印度三藏沙门法天
法集名数经　一卷　宋北印度三藏沙门施护
圣多罗菩萨一百八名陀罗尼经　一卷　宋中印度三藏沙门法天
十二缘生祥瑞经　二卷　宋北印度三藏沙门施护
赞扬圣德多罗菩萨一百八名经
一卷　宋中印度三藏沙门天息灾
圣观自在菩萨一百八名经　一卷　宋中印度三藏沙门天息灾
佛说目连所问经　一卷　宋中印度三藏沙门法天
外道问圣大乘法无我义经　一卷　宋中印度三藏沙门法天
毗俱胝菩萨一百八名经　一卷　宋中印度三藏沙门法天
胜军化世百喻伽他经　一卷　宋中印度三藏沙门天息灾
六道伽陀经　一卷　宋中印度三藏沙门法天
妙臂菩萨所问经　四卷　宋中印度三藏沙门法天
佛说苾刍五法经　一卷　宋中印度三藏沙门法天
佛说苾刍迦尸迦十法经　一卷　宋中印度三藏沙门法天
诸佛心印陀罗尼经　一卷　宋中印度三藏沙门法天
大乘宝月童子问法经　一卷　宋北印度三藏沙门施护
佛说莲华眼陀罗尼经　一卷　宋北印度三藏沙门施护
佛说观想佛母般若波罗蜜多菩萨经
一卷　宋中印度三藏沙门天息灾
佛说如意摩尼陀罗尼经　一卷　宋北印度三藏沙门施护
佛说圣大总持王经　一卷　宋北印度三藏沙门施护
佛说最上意陀罗尼经　一卷　宋北印度三藏沙门施护
佛说持明藏八大总持王经　一卷　宋北印度三藏沙门施护
圣无能胜金刚火陀罗尼经　一卷　宋中印度三藏沙门法天
佛说尊胜大明王经　一卷　宋北印度三藏沙门施护
佛说智光灭一切业障陀罗尼经　一卷　宋北印度三藏沙门施护
佛说如意宝总持王经　一卷　宋北印度三藏沙门施护

佛说大自在天子因地经　一卷　宋北印度三藏沙门施护
佛说宝生陀罗尼经　一卷　宋北印度三藏沙门施护
佛说十号经　一卷　宋中印度三藏沙门天息灾
佛为娑伽罗龙王所说大乘法经　一卷　宋北印度三藏沙门施护
佛说普贤菩萨陀罗尼经　一卷　宋中印度三藏沙门法天
大金刚妙高山楼阁陀罗尼　一卷　宋北印度三藏沙门施护
广大莲华庄严曼拏罗灭一切罪陀罗尼经
一卷　宋北印度三藏沙门施护
佛说大摩里支菩萨经　七卷　宋中印度三藏沙门天息灾
佛说末利支提婆华鬘经　一卷　唐三藏沙门大广智不空
佛说摩利支天经　一卷　唐三藏沙门大广智不空
佛说摩利支天陀罗尼咒经　一卷　失译人名开元附梁录
佛说长者施报经　一卷　宋中印度三藏沙门法天
佛说毗沙门天王经　一卷　宋中印度三藏沙门法天
毗婆尸佛经　二卷　宋中印度三藏沙门法天
佛说大三摩惹经　一卷　宋中印度三藏沙门法天
佛说月光菩萨经　一卷　宋中印度三藏沙门法天
佛说普贤曼拏罗经　一卷　宋北印度三藏沙门施护
佛说圣庄严陀罗尼经　二卷　宋北印度三藏沙门施护
佛说圣六字大明王陀罗尼经　一卷　宋北印度三藏沙门施护
千转大明陀罗尼经　一卷　宋北印度三藏沙门施护
佛说华积楼阁陀罗尼经　一卷　宋北印度三藏沙门施护
佛说胜旛璎珞陀罗尼经　一卷　宋北印度三藏沙门施护
众许摩诃帝经　十三卷　宋西天译经三藏法贤
佛说七佛经　一卷　宋中印度三藏沙门法天
佛说解忧经　一卷　宋中印度三藏沙门法天
佛说遍照般若波罗蜜经　一卷　宋北印度三藏沙门施护
佛说大乘无量寿庄严经　三卷　宋西天译经三藏法贤

佛母宝德藏般若波罗蜜经　三卷　宋西天译经三藏法贤
佛说帝释般若波罗蜜多心经　一卷　宋北印度三藏沙门施护
佛说诸佛经　一卷　宋北印度三藏沙门施护
舍黎娑担摩经　一卷　宋北印度三藏沙门施护
佛说大金刚香陀罗尼经　一卷　宋北印度三藏沙门施护
最上大乘金刚大教宝王经　二卷　宋中印度三藏沙门法天
佛说萨钵多酥哩踰捺野经　一卷　宋西天译经三藏法贤
佛说一切如来乌瑟腻沙最胜总持经
一卷　宋中印度三藏沙门法天
菩提心观释　一卷　宋中印度三藏沙门法天
佛说护国尊者所问大乘经　四卷　宋北印度三藏沙门施护
佛说四无所畏经　一卷　宋北印度三藏沙门施护
增慧陀罗尼经　一卷　宋北印度三藏沙门施护
圣六字增寿大明陀罗尼经　一卷　宋北印度三藏沙门施护
佛说大乘戒经　一卷　宋北印度三藏沙门施护
佛说圣最胜陀罗尼经　一卷　宋北印度三藏沙门施护
佛说五十颂圣般若波罗蜜经　一卷　宋北印度三藏沙门施护
大乘八大曼拏罗经　一卷　宋西天译经三藏法贤
佛说较量一切佛刹功德经　一卷　宋西天译经三藏法贤
啰嚩拏说救疗小儿疾病经　一卷　宋西天译经三藏法贤
迦叶仙人说医女人经　一卷　宋西天译经三藏法贤
佛说俱枳罗陀罗尼经　一卷　宋西天译经三藏法贤
第佛说消除一切灾障宝髻陀罗尼经
一卷　宋西天译经三藏法贤
佛说妙色陀罗尼经　一卷　宋西天译经三藏法贤
佛说栴檀香身陀罗尼经　一卷　宋西天译经三藏法贤
佛说钵兰那赊嚩哩大陀罗尼经　一卷　宋西天译经三藏法贤
佛说宿命智陀罗尼经　一卷　宋西天译经三藏法贤

佛说慈氏菩萨誓愿陀罗尼经　一卷　宋西天译经三藏法贤
佛说灭除五逆罪大陀罗尼经　一卷　宋西天译经三藏法贤
佛说无量功德陀罗尼经　一卷　宋西天译经三藏法贤
佛说十八臂陀罗尼经　一卷　宋西天译经三藏法贤
佛说洛叉陀罗尼经　一卷　宋西天译经三藏法贤
佛说辟除诸恶陀罗尼经　一卷　宋西天译经三藏法贤
佛说大爱陀罗尼经　一卷　宋西天译经三藏法贤
佛说阿罗汉具德经　一卷　宋西天译经三藏法贤
佛说八大灵塔名号经　一卷　宋西天译经三藏法贤
佛说尊那经　一卷　宋西天译经三藏法贤
佛说频婆娑罗王经　一卷　宋西天译经三藏法贤
佛说人仙经　一卷　宋西天译经三藏法贤
佛说旧城喻经　一卷　宋西天译经三藏法贤
佛说信解智力经　一卷　宋西天译经三藏法贤
大正句王经　二卷　宋西天译经三藏法贤
佛说善乐长者经　一卷　宋西天译经三藏法贤
佛说圣多罗菩萨经　一卷　宋西天译经三藏法贤
佛说大吉祥陀罗尼经　一卷　宋西天译经三藏法贤
宝贤陀罗尼经　一卷　宋西天译经三藏法贤
佛说秘密八名陀罗尼经　一卷　宋西天译经三藏法贤
观自在菩萨母陀罗尼经　一卷　宋西天译经三藏法贤
佛说戒香经　一卷　宋西天译经三藏法贤
佛说妙吉祥菩萨陀罗尼　一卷　宋西天译经三藏法贤
佛说无量寿大智陀罗尼　一卷　宋西天译经三藏法贤
佛说宿命陀罗尼　一卷　宋西天译经三藏法贤
佛说慈氏菩萨陀罗尼　一卷　宋西天译经三藏法贤
佛说虚空藏菩萨陀罗尼　一卷　宋西天译经三藏法贤
宝授菩萨菩提行经　一卷　宋西天译经三藏法贤

佛说延寿妙门陀罗尼经　一卷　宋西天译经三藏法贤
一切如来名号陀罗尼经　一卷　宋西天译经三藏法贤
佛说息除贼难陀罗尼经　一卷　宋西天译经三藏法贤
佛说法身经　一卷　宋西天译经三藏法贤
信佛功德经　一卷　宋西天译经三藏法贤
佛说解夏经　一卷　宋西天译经三藏法贤
佛说帝释所问经　一卷　宋西天译经三藏法贤
佛说未曾有正法经　六卷　宋西天译经三藏法贤
佛说大方广善巧方便经　四卷　宋西天译经三藏法贤
佛母出生三法藏般若波罗蜜多经
二十五卷　宋北印度三藏沙门施护
佛说决定义经　一卷　宋西天译经三藏法贤
佛说护国经　一卷　宋西天译经三藏法贤
佛说分别布施经　一卷　宋北印度三藏沙门施护
佛说分别缘生经　一卷　宋中印度三藏沙门法天
佛说法印经　一卷　宋北印度三藏沙门施护
佛说大生义经　一卷　宋北印度三藏沙门施护
佛说发菩提心破诸魔经　二卷　宋北印度三藏沙门施护
佛说圣佛母般若波罗蜜多经　一卷　宋北印度三藏沙门施护
佛说大乘不思议神通境界经　三卷　宋北印度三藏沙门施护
佛说给孤长者女得度因缘经　三卷　宋北印度三藏沙门施护
佛说大集法门经　二卷　宋北印度三藏沙门施护
佛说光明童子因缘经　四卷　宋北印度三藏沙门施护
佛说宝带陀罗尼经　一卷　宋北印度三藏沙门施护
佛说金身陀罗尼经　一卷　宋北印度三藏沙门施护
佛说入无分别法门经　一卷　宋北印度三藏沙门施护
佛说净意优婆塞所问经　一卷　宋北印度三藏沙门施护

佛说金刚场庄严般若波罗蜜多教中一分
一卷　宋北印度三藏沙门施护
佛说息诤因缘经　一卷　宋北印度三藏沙门施护
佛说初分说经　二卷　宋北印度三藏沙门施护
佛说无畏授所问大乘经　三卷　宋北印度三藏沙门施护
佛说月喻经　一卷　宋北印度三藏沙门施护
佛说医喻经　一卷　宋北印度三藏沙门施护
佛说灌顶王喻经　一卷　宋北印度三藏沙门施护
佛说尼拘陀梵志经　二卷　宋北印度三藏沙门施护
佛说白衣金幢二婆罗门缘起经　三卷　宋北印度三藏沙门施护
佛说福力太子因缘经　三卷　宋北印度三藏沙门施护
佛说身毛喜竖经　三卷　宋三藏法师惟净等
大乘本生心地观经　八卷　唐罽宾三藏般若等
佛说出生无边门陀罗尼经　一卷　唐三藏沙门大广智不空
一切如来心秘密全身舍利宝箧印陀罗尼经
一卷　唐三藏沙门大广智不空
佛说大吉祥天女十二名号经　一卷　唐三藏沙门大广智不空
佛说大吉祥天女十二契一百八名无垢大乘经
一卷　唐三藏沙门大广智不空
佛说一切如来金刚寿命陀罗尼经
一卷　唐天竺沙门金刚智共智藏
佛说穰麌梨童女经　一卷　唐三藏沙门大广智不空
佛说雨宝陀罗尼经　一卷　唐三藏沙门大广智不空
慈氏菩萨所说大乘缘生稻𦼮喻经
一卷　唐三藏沙门大广智不空
佛说除盖障菩萨所问经　二十卷　宋三藏法师惟净
仁王护国般若波罗蜜多经　二卷　唐三藏沙门大广智不空

秽迹金刚说神通大满陀罗尼法术灵要门经
一卷　北天竺三藏沙门无能胜
秽迹金刚法禁百变法门经　一卷　北天竺三藏阿质达霰
佛说大乘大方广佛冠经　二卷　宋西天三藏法师法护等
佛说八种长养功德经　一卷　宋西天三藏法师法护等
大云轮请雨经　二卷　唐三藏沙门大广智不空
大乘密严经　三卷　唐三藏沙门大广智不空
佛说大集会正法经　五卷　宋北印度三藏沙门施护
叶衣观自在菩萨经　一卷　唐三藏沙门大广智不空
毗沙门天王经　一卷　唐三藏沙门大广智不空
文殊问经字母品　一卷　唐三藏沙门大广智不空
海意菩萨所问净印法门经　九卷　宋三藏法师惟净共法护
佛说如幻三摩地无量印法门经　三卷　宋北印度三藏沙门施护
守护国界主陀罗尼经　十卷　唐罽宾三藏般若等
佛说三十五佛名礼忏文　一卷　唐三藏沙门大广智不空
观自在菩萨说普贤陀罗尼经　一卷　唐三藏沙门大广智不空
佛说八大菩萨曼荼罗经　一卷　唐三藏沙门大广智不空
佛说能净一切眼疾病陀罗尼经　一卷　唐三藏沙门大广智不空
佛说除一切疾病陀罗尼经　一卷　唐三藏沙门大广智不空
佛说救拔焰口饿鬼陀罗尼经　一卷　唐三藏沙门大广智不空
瑜伽集要救阿难陀罗尼焰口仪轨经
一卷　唐三藏沙门大广智不空
佛说蚁喻经　一卷　宋北印度三藏沙门施护
圣观自在菩萨不空王秘密心陀罗尼经
一卷　宋北印度三藏沙门施护
佛说胜军王所问经　一卷　宋北印度三藏沙门施护
佛说轮王七宝经　一卷　宋北印度三藏沙门施护

佛说园生树经　一卷　宋北印度三藏沙门施护
佛说了义般若波罗蜜多经　一卷　宋北印度三藏沙门施护
佛说大方广未曾有经善巧方便品
一卷　宋北印度三藏沙门施护
佛说大坚固婆罗门缘起经　二卷　宋北印度三藏沙门施护
佛说巨力长者所问大乘经　三卷　宋西天沙门智吉祥等
佛说妙吉祥菩萨所问大乘法螺经　一卷　宋西天译经三藏法贤
佛说四品法门经　一卷　宋西天译经三藏法贤
佛说八大菩萨经　一卷　宋西天译经三藏法贤
佛说施一切无畏陀罗尼经　一卷　宋北印度三藏沙门施护
圣八千颂般若波罗蜜多一百八名真实圆义陀陀罗尼经
一卷　宋北印度三藏沙门施护
佛说一髻尊陀罗尼经　一卷　唐三藏沙门大广智不空
金刚摧碎陀罗尼　一卷　宋中天竺三藏法师慈贤
不空罥索毗卢遮那佛大灌顶真言经
一卷　唐三藏沙门大广智不空
地藏菩萨本愿经　二卷　唐于阗国三藏实叉难陀
大乘理趣六波罗蜜多经　十卷　唐罽宾三藏般若
佛说大乘菩萨藏正法经　四十卷　宋西天三藏法师法护等
佛为优填王说王法政论经　一卷　唐三藏沙门大广智不空
佛说五大施经　一卷　宋北印度三藏沙门施护
佛说无畏陀罗尼经　一卷　宋西天译经三藏法贤
佛说大威德金轮佛顶炽盛光如来消除一切灾难陀罗尼经
一卷　唐代失译人名
佛说炽盛光大威德消灾吉祥陀罗尼经
一卷　唐三藏沙门大广智不空
佛说顶生王因缘经　六卷　宋北印度三藏沙门施护等
佛说大乘随转宣说诸法经　三卷　宋三藏沙门绍德等

佛说大乘入诸佛境界智光明庄严经

五卷　宋西天三藏法师法护等

佛说大乘智印经　五卷　宋西天沙门智吉祥等

佛说法乘义决定经　三卷　西天三藏法师金总持等

佛说大白伞盖总持陀罗尼经

一卷　元天竺唧嚓铭得哩连得啰磨宁及僧真智等

佛说一切如来真实摄大乘现证三昧大教王经

三十卷　宋北印度三藏沙门施护

一切如来大秘密王未曾有最上微妙大曼拏罗经

五卷　宋中印度三藏沙门天息灾

出生一切如来法眼遍照大力明王经

二卷　宋西天三藏法师法护

金刚顶一切如来真实摄大乘现证大教王经

三卷　唐三藏沙门大广智不空

阿唎多罗陀罗尼阿噜力经　一卷　唐三藏沙门大广智不空

佛说瑜伽大教王经　五卷　宋西天译经三藏法贤

一字奇特佛顶经　三卷　唐三藏沙门大广智不空

菩提场所说一字顶轮王经　五卷　唐三藏沙门大广智不空

菩提场庄严陀罗尼经　一卷　唐三藏沙门大广智不空

佛说秘密相经　三卷　宋北印度三藏沙门施护等

佛说一切如来金刚三业最上秘密大教王经

七卷　宋北印度三藏沙门施护

大宝广博楼阁善住秘密陀罗尼经

三卷　唐三藏沙门大广智不空

佛说秘密三昧大教王经　四卷　宋北印度三藏沙门施护等

佛说无二平等最上瑜伽大教王经

六卷　宋北印度三藏沙门施护等

佛说金刚手菩萨降伏一切部多大教王经
三卷　宋中印度三藏沙门法天
圣妙吉祥真实名经　一卷　元沙门释智
金刚顶瑜伽理趣般若经　一卷　唐天竺沙门金刚智
大乐金刚不空真实三么耶般若波罗蜜多理趣经
一卷　唐三藏沙门大广智不空
佛说佛母般若波罗蜜多大明观想仪轨经
一卷　宋北印度三藏沙门施护
金刚顶瑜伽念珠经　一卷　唐三藏沙门大广智不空
佛说最上根本大乐金刚不空三昧大教王经
七卷　宋西天译经三藏法贤
佛说最上秘密那拏天经　三卷　宋西天译经三藏法贤
金刚峰楼阁一切瑜伽瑜祇经　二卷　唐天竺沙门金刚智
佛说妙吉祥最胜根本大教经　二卷　宋西天译经三藏法贤
妙吉祥平等秘密最上观门大教王经
五卷　宋中天竺三藏法师慈贤
普遍光明焰鬘清净炽盛如意宝印心无能胜大明王大随求陀罗尼经
二卷　唐三藏沙门大广智不空
佛说如来不思议秘密大乘经　二十卷　宋西天三藏法师法护等
大乘瑜伽金刚性海曼殊室利千臂千钵大教王经
十卷　唐三藏沙门大广智不空
佛说圣宝藏神仪轨经　二卷　宋中印度三藏沙门法天
佛说宝藏神大明曼拏罗仪轨经　二卷　宋中印度三藏沙门法天
金刚恐怖集会方广轨仪观自在菩萨三世最胜心明王经
一卷　唐三藏沙门大广智不空
金刚恐怖集会方广轨仪观自在菩萨三世最胜心明王大威力
乌枢瑟摩明王经　三卷　北天竺三藏阿质达霰
佛说大乘观想曼拏罗净诸恶趣经　二卷　宋西天译经三藏法贤

佛说大方广曼殊室利经观自在多罗菩萨仪轨经

一卷　唐三藏沙门大广智不空

佛说一切佛摄相应大教王经圣观自在菩萨念诵仪轨经

一卷　宋西天译经三藏法贤

瑜伽金刚顶经释字母品　一卷　唐三藏沙门大广智不空

佛说一切如来安像三昧仪轨经　一卷　宋北印度三藏沙门施护

文殊师利菩萨根本大教王金翅鸟王经

一卷　唐三藏沙门大广智不空

十一面观自在菩萨心密言念诵仪轨经

三卷　唐三藏沙门大广智不空

大方广菩萨藏文殊师利根本仪轨经

二十卷　宋中印度三藏沙门天息灾

佛说持明藏瑜伽大教尊那菩萨大明成就仪轨经

四卷　宋西天译经三藏法贤

佛说金刚香菩萨大明成就仪轨经

三卷　宋北印度三藏沙门施护

金刚萨埵说频那夜迦天成就仪轨经

四卷　宋西天译经三藏法贤

佛说大悲空智金刚大教王仪轨经　五卷　宋西天三藏法师法护

佛说幻化网大瑜伽教十忿怒明王大明观想仪轨经

一卷　宋西天译经三藏法贤

佛说妙吉祥瑜伽大教金刚陪罗缚轮观想成就仪轨经

一卷　宋西天译经三藏法贤

底哩三昧耶不动尊威怒王使者念诵法　一卷　唐三藏沙门大广智不空

圣迦柅忿怒金刚童子菩萨成就仪轨经　二卷　唐三藏沙门大广智不空

七佛赞呗伽陀　一卷　宋中印度三藏沙门法天

佛三身赞　一卷　宋西天译经三藏法贤
佛一百八名赞经　一卷　宋中印度三藏沙门法天
圣救度母二十一种礼赞经　一卷　翰林学士安藏
佛说一切如来顶轮王一百八名赞经
一卷　宋北印度三藏沙门施护
赞法界颂　一卷　宋北印度三藏沙门施护
八大灵塔梵赞　一卷　宋西天译经三藏法贤
三身梵赞　一卷　宋西天译经三藏法贤
佛说文殊师利一百八名梵赞　一卷　宋中印度三藏沙门法天
曼殊室利菩萨吉祥伽陀　一卷　宋西天译经三藏法贤
圣金刚手菩萨一百八名梵赞　一卷　宋西天译经三藏法贤
圣观自在菩萨功德赞　一卷　宋北印度三藏沙门施护
赞观世音菩萨颂　一卷　唐沙门慧智
佛说圣观自在菩萨梵赞　一卷　宋中印度三藏沙门法天
圣多罗菩萨梵赞　一卷　宋北印度三藏沙门施护
事师法五十颂　一卷　宋西天三藏日称
犍稚梵颂　一卷　宋中印度三藏沙门法天

大乘律

佛说菩萨内戒经　一卷　刘宋三藏求那跋摩
菩萨优婆塞五戒威仪经　一卷　刘宋三藏求那跋摩
佛说文殊师利净律经　一卷　西晋三藏法师竺法护
菩萨善戒经　十卷　刘宋三藏求那跋摩
菩萨地持经　八卷　北凉天竺三藏昙无谶
佛说梵网经　二卷　姚秦三藏法师鸠摩罗什
优婆塞戒经　七卷　北凉天竺三藏昙无谶
寂调音所问经　一卷　刘宋沙门释法海

大乘三聚忏悔经　一卷　隋天竺沙门阇那崛多及笈多
佛说文殊悔过经　一卷　西晋三藏法师竺法护
菩萨璎珞本业经　二卷　姚秦三藏法师竺佛念
佛说受十善戒经　一卷　后汉失译人名开元录拾遗
佛说净业障经　一卷　失译师名开元附秦录
佛藏经　四卷　姚秦三藏法师鸠摩罗什
菩萨戒本经　一卷　北凉天竺三藏昙无谶
菩萨戒羯磨文　一卷　唐三藏法师玄奘
菩萨戒本　一卷　唐三藏法师玄奘
佛说法律三昧经　一卷　吴月支优婆塞支谦
佛说十善业道经　一卷　唐于阗国三藏实叉难陀
清净毗尼方广经　一卷　姚秦三藏法师鸠摩罗什
菩萨五法忏悔经　一卷　失译师名开元附梁录
菩萨藏经　一卷　梁扶南三藏僧伽婆罗
三曼陀飐陀罗菩萨经　一卷　西晋清信士聂道真
菩萨受斋经　一卷　西晋清信士聂道真
舍利弗悔过经　一卷　后汉安息三藏安世高

小乘律

佛阿毗昙经　二卷　陈天竺三藏真谛
解脱戒本经　一卷　元魏三藏瞿昙般若流支
优波离问经　一卷　刘宋天竺三藏求那跋陀罗
根本说一切有部戒经　一卷　唐三藏法师义净
佛说迦叶禁戒经　一卷　刘宋居士沮渠京声
佛说犯戒罪轻重经　一卷　后汉安息三藏安世高
佛说戒消灾经　一卷　吴月支优婆塞支谦
佛说优婆塞五戒相经　一卷　刘宋天竺三藏求那跋陀罗

十诵律　六十五卷　姚秦弗若多罗共鸠摩罗什
尼羯磨　五卷　唐沙门怀素
四分律藏　六十卷　姚秦三藏佛陀耶舍共竺佛念
根本说一切有部毗奈耶　五十卷　唐三藏法师义净
摩诃僧祇律　四十卷　东晋三藏佛陀跋陀罗共法显
昙无德部四分律删补随机羯磨　四卷　唐沙门道宣
根本说一切有部毗奈耶杂事　四十卷　唐三藏法师义净
弥沙塞部五分律　三十卷　宋罽宾三藏佛陀舍共竺道生
根本说一切有部毗奈耶破僧事　二十卷　唐三藏法师义净
根本说一切有部苾刍尼毗奈耶　二十卷　唐三藏法师义净
善见毗婆沙律　十八卷　萧齐外国沙门僧伽跋陀罗
大比丘三千威仪　二卷　后汉安息三藏安世高
根本萨婆多部律摄　十四卷　唐三藏法师义净
四分僧羯磨　五卷　唐沙门怀素
四分比丘尼羯磨法　一卷　刘宋天竺三藏求那跋陀罗
戒因缘经　十卷　姚秦三藏法师竺佛念
根本说一切有部百一羯磨　十卷　唐三藏法师义净
萨婆多部毗尼摩得勒伽　十卷　宋三藏法师僧伽跋摩
根本说一切有部尼陀那　五卷　唐三藏法师义净
根本说一切有部目得迦　五卷　唐三藏法师义净
萨婆多毗尼毗婆沙　八卷　失译师名今附三秦录
续萨婆多毗尼毗婆沙　一卷　失译师名今附三秦录
出家授近圆羯磨仪轨附苾刍习学略法
一卷　元帝师苾刍拔合思巴
毗尼母论　八卷　失译师名附秦录
律二十二明了论　一卷　陈天竺三藏真谛
根本说一切有部毗奈耶尼陀那目得迦摄颂
一卷　唐三藏法师义净

根本说一切有部毗奈耶杂事摄颂　一卷　唐三藏法师义净
普贤菩萨行愿赞　一卷　唐三藏沙门大广智不空
根本说一切有部毗奈耶颂　四卷　唐三藏法师义净
十诵律毗尼序　三卷　东晋三藏卑摩罗叉
沙弥十戒法并威仪　一卷　失译人名今附东晋录
羯磨　二卷　曹魏沙门昙谛
佛说大爱道比丘尼经　二卷　北凉失译师名
佛说目连问戒律中五百轻重事经　二卷　失译人名今附东晋录
根本说一切有部苾刍尼戒经　一卷　唐三藏法师义净
比丘尼僧祇律波罗提木叉戒经　一卷　东晋沙门法显共觉贤
沙弥尼戒经　一卷　失译人名
舍利弗问经　一卷　东晋失译人名
弥沙塞羯磨本　二卷　唐沙门爱同录五分羯磨
四分戒本　二卷　唐怀素姚秦佛陀耶舍
四分比丘尼戒本　一卷　唐沙门怀素
五分戒本　一卷　宋罽宾三藏佛陀什
五分比丘尼戒本　一卷　梁沙门释明征
波罗提木叉僧祇戒本　一卷　东晋天竺三藏佛陀跋罗
十诵律比丘戒本　一卷　姚秦三藏法师鸠摩罗什
十诵律比丘尼戒本　一卷　宋沙门法颖
大沙门百一羯磨法　一卷　失译人名今附宋录
昙无德律部杂羯磨　二卷　前魏天竺三藏康僧铠
沙弥威仪　一卷　宋天竺三藏求那跋摩
沙弥尼离戒文　一卷　失译人名
十诵羯磨比丘要用　一卷　刘宋释僧璩依律撰出

大乘论

金刚般若波罗蜜经论　三卷　无著菩萨造

金刚般若波罗蜜经论　三卷　天亲菩萨造
大智度论　一百卷　龙树菩萨造
瑜伽师地论　一百卷　弥勒菩萨说
摄大乘论释(四译)　四十八卷　天亲菩萨造
无相思尘论　一卷　陈那菩萨造
观所缘缘论　一卷　陈那菩萨造
观所缘缘论释　一卷　护法菩萨造
大乘广五蕴论　一卷　安慧菩萨造
大乘五蕴论　一卷　世亲菩萨造
显扬圣教论　二十卷　无著菩萨造
大乘阿毗达磨杂集论　十六卷　安慧菩萨造
中论　四卷　龙树菩萨造
十住毗婆沙论　十五卷　龙树菩萨造
菩提资粮论　六卷　龙树菩萨造
大庄严经论　十五卷　马鸣菩萨造
摄大乘论(二译)　五卷　无著菩萨造
般若灯论　十五卷　龙树菩萨偈本
十二门论　一卷　龙树菩萨造
十八空论　一卷　陈天竺三藏真谛译
百论　二卷　提婆菩萨造
广百论本　一卷　圣天菩萨造
大乘庄严经论　十三卷　无著菩萨造
文殊师利菩萨问菩提经论　二卷　论师婆薮槃豆此云天亲造
金刚般若波罗蜜经破取着不坏假名论　二卷　功德施菩萨造
胜思惟梵天所问经论　三卷　元魏天竺三藏菩提留支译
十地经论　十二卷　天亲菩萨造
佛地经论　七卷　亲光等菩萨造
三具足经优波提舍　一卷　天亲菩萨造

成唯识论　十卷　护法等菩萨造
广百论释论　十卷　圣天菩萨本护法菩萨释
大乘阿毗达磨集论　七卷　无著菩萨造
王法正理论　一卷　弥勒菩萨造
瑜伽师地论释　一卷　最胜子等诸菩萨造
显扬圣教论颂　一卷　无著菩萨造
弥勒菩萨所问经论　七卷　元魏天竺三藏菩提留支译
无量寿经优波提舍　一卷　婆薮槃豆菩萨造
转法轮经优波提舍　一卷　天亲菩萨造
大般涅槃经论　一卷　婆薮槃豆菩萨造
涅槃经本有今无偈论　一卷　天亲菩萨造
能断金刚般若波罗蜜多经论颂　一卷　无著菩萨造
遗教经论　一卷　天亲菩萨造
成唯识宝生论(一名二十唯识释顺释论)　五卷　护法菩萨造
十二因缘论　一卷　净意菩萨造
壹输卢迦论　一卷　龙树菩萨造
大乘百法明门论　一卷　天亲菩萨造
转识论　一卷　陈天竺三藏真谛译
唯识三十论　一卷　世亲菩萨造
因明入正理论　一卷　商羯罗主菩萨造
显识论　一卷　陈天竺三藏真谛译
发菩提心论　二卷　天亲菩萨造
三无性论　二卷　陈天竺三藏真谛译
佛性论　四卷　天亲菩萨造
大乘成业论　一卷　世亲菩萨造
业成就论　一卷　天亲菩萨造
因明正理门论　一卷　龙树菩萨造
因明正理门论本　一卷　龙树菩萨造

止观门论颂　一卷　世亲菩萨造
手杖论　一卷　尊者释迦称造
缘生论　一卷　圣者鬱楞迦造
取因假设论　一卷　陈那菩萨造
观总相论颂　一卷　陈那菩萨造
六门教授习定论　一卷　无著菩萨本世亲菩萨释
能断金刚般若波罗蜜多论释　三卷　无著菩萨本世亲菩萨释
略明般若末后一颂赞述　一卷　无
妙法莲华经优波提舍　二卷　婆薮槃豆菩萨释
妙法莲华经论优波提舍　二卷　婆薮槃豆菩萨造
大宝积经论　四卷　元魏天竺三藏菩提留支译
决定藏论　三卷　梁三藏法师真谛译
究竟一乘宝性论　五卷　元魏天竺三藏勒那摩提
大乘掌珍论　二卷　清辩菩萨造
大乘楞伽经唯识论　一卷　天亲菩萨造
大乘唯识论　一卷　天亲菩萨造
唯识二十论　一卷　世亲菩萨造
宝髻经四法优波提舍　一卷　天亲菩萨造
大丈夫论　二卷　提婆罗菩萨造
入大乘论　二卷　坚意菩萨造
辩中边论　三卷　世亲菩萨造
辩中边论颂　一卷　弥勒菩萨说
顺中论　二卷　龙胜菩萨造
摄大乘论本　三卷　无著菩萨造
中边分别论　二卷　天亲菩萨造
大乘起信论(二译)　三卷　马鸣菩萨造
回诤论　一卷　后魏三藏毗目智仙译
如实论　一卷　天亲菩萨造

宝行王正论　一卷　梁三藏法师真谛译
百字论　一卷　提婆菩萨造
解拳论　一卷　陈那菩萨造
掌中论　一卷　陈那菩萨造
方便心论　一卷　龙树菩萨造
大乘法界无差别论　一卷　坚慧菩萨造
提婆菩萨破楞伽经中外道小乘四宗论　一卷　元魏天竺三藏菩提留支译
提婆菩萨释楞伽经中外道小乘涅槃论　一卷　元魏天竺三藏菩提留支译

小乘论

四谛论　三卷　婆薮跋摩造
辟支佛因缘论　三卷　失译人名今附秦录
阿毗达磨大毗婆沙论　二百卷　五百大阿罗汉等造
阿毗昙毗婆沙论　八十二卷　迦旃延子造
阿毗达磨顺正理论　八十卷　尊者众贤造
阿毗达磨藏显宗论　四十卷　尊者众贤造
阿毗达磨俱舍论　三十卷　尊者世亲造
舍利弗阿毗昙论　二十二卷　姚秦昙摩崛多共昙摩耶舍译
阿毗达磨俱舍释论　二十二卷　婆薮盘豆造
阿毗达磨俱舍释论本颂　二卷　尊者世亲造
三法度论　三卷　尊者山贤造
三弥底部论　三卷　失译人名今附三秦录
阿毗昙八犍度论　三十卷　迦旃延子造
成实论　二十卷　诃梨跋摩造
阿毗达磨发智论　二十卷　尊者迦多衍尼子造

阿毗达磨集异门足论　二十卷　尊者舍利子说
阿毗达磨品类足论　十八卷　尊者世友造
阿毗昙甘露味论　二卷　尊者瞿沙造
鞞婆沙论　十八卷　迦旃延子造
随相论　二卷　德慧法师造
阿毗达磨识身足论　十六卷　提婆设摩阿罗汉造
阿毗达磨界身足论　二卷　尊者世友造
五事毗婆沙论　二卷　尊者法救造
十八部论　一卷　失译人名
部执异论　一卷　天友菩萨造
异部宗轮论　一卷　世友菩萨造
杂阿毗昙心论　十一卷　尊者法救造
阿毗昙心论　四卷　尊者法胜造
尊婆须蜜菩萨所集论　十五卷　符秦罽宾三藏僧伽跋澄等译
分别功德论　三卷　失译人名今附后汉录
入阿毗达磨论　二卷　塞建地罗阿罗汉造
众事分阿毗昙论　十二卷　尊者世友造
解脱道论　十二卷　罗汉优婆底沙造
法胜阿毗昙心论　六卷　大德优婆扇多造
胜宗十句义论　一卷　胜者慧月造
阿毗达磨法蕴足论　十卷　尊者大目乾连造
立世阿毗昙论　十卷　陈天竺三藏真谛译

宋元续入藏诸论

大乘集菩萨学论　二十五卷　法称菩萨造
大宗地玄文本论　八卷　马鸣菩萨造
金七十论　三卷　外道迦毗罗仙人造

广释菩提心论　四卷　莲花戒菩萨造

集诸法宝最上义论　二卷　善寂菩萨造

金刚针论　一卷　法称菩萨造

菩提心离相论　一卷　龙树菩萨造

大乘破有论　一卷　龙树菩萨造

集大乘相论　一卷　觉吉祥智菩萨造

六十颂如理论　一卷　龙树菩萨造

大乘二十颂论　一卷　龙树菩萨造

佛母般若波罗蜜多圆集要义论　一卷　大域龙菩萨造

佛母般若波罗蜜多圆集要义释论　四卷　三宝尊菩萨大域龙菩萨造

大乘宝要义论　十卷　宋西天三藏法师法护等译

菩萨本生鬘论　十六卷　圣勇菩萨等造

圣佛母般若波罗蜜多九颂精义论　二卷　胜德赤衣菩萨造

大乘缘生论　一卷　圣者鬱楞迦造

诸教决定名义论　一卷　圣慈氏菩萨造

大乘中观释论　九卷　安慧菩萨造

施设论　七卷　宋西天三藏法师法护等译

大乘法界无差别论　一卷　坚慧菩萨造

金刚顶瑜伽中发阿耨多罗三藐三菩提心论　一卷　唐三藏沙门大广智不空译

彰所知论　二卷　元帝师 拔合思巴

西土圣贤撰集

出曜经　二十卷　姚秦三藏竺佛念

贤愚因缘经　十三卷　元魏沙门慧觉

佛本行经　七卷　宋凉州沙门释宝云

撰集百缘经　十卷　吴月支优婆塞支谦
第修行道地经　八卷　西晋三藏法师竺法护
道地经　一卷　天竺三藏僧伽罗刹造
佛说佛医经　一卷　吴沙门竺律炎共支越
惟日杂难经　一卷　吴月支优婆塞支谦
杂宝藏经　八卷　元魏沙门吉迦夜共昙曜
迦叶赴佛般涅槃经　一卷　东晋西域沙门竺昙无兰
瑜伽翳迦讫沙啰乌瑟尼沙斫讫啰真言安怛陀那仪则一字顶轮王瑜伽经　一卷　唐三藏沙门大广智不空
佛入涅槃密迹金刚力士哀恋经　一卷　失译人名
佛使比丘迦旃延说法没尽偈謌　一卷　失译人名
佛治身经　一卷　失译人名今附西晋录
治意经　一卷　失译人名今附西晋录
文殊师利发愿经　一卷　东晋天竺三藏佛陀跋陀罗
六菩萨名亦当诵持经　一卷　后汉失译人名见费长房录
小道地经　一卷　后汉三藏法师支曜
阿含口解十二因缘经　一卷　后汉安玄共严佛调
付法藏因缘经　六卷　后魏沙门吉迦夜共昙曜
达磨多罗禅经　二卷　东晋天竺三藏佛陀跋陀罗
禅法要解经　二卷　姚秦三藏法师鸠摩罗什
阿育王经　六卷　梁扶南三藏僧伽婆罗
阿育王譬喻经　一卷　失译人名今附东晋录
三慧经　一卷　今附北凉录
阿毗昙五法行经　一卷　后汉安息三藏安世高
宾头卢突罗阇为优陀延三说法缘经　一卷　刘宋天竺三藏求那跋陀罗
请宾头卢经　一卷　宋三藏慧简
大勇菩萨分别业报略经　一卷　宋天竺三藏僧伽跋摩

坐禅三昧法门经　二卷　僧伽罗刹造姚摩罗什译
佛所行赞经　五卷　马鸣菩萨造
僧伽罗刹所集佛行经　五卷　符秦沙门僧伽跋澄
法句譬喻经　四卷　西晋沙门法炬共法立
菩提行经　四卷　圣龙树菩萨集颂
金刚顶一切如来真实摄大乘现证大教王经
二卷　唐三藏沙门大广智不空
文殊菩萨及诸仙所说吉凶时日善恶宿曜经
二卷　唐三藏沙门大广智不空
僧伽斯那所撰菩萨本缘经　四卷　吴月支优婆塞支谦
那先比丘经　三卷　失译人名今附东晋录
旧杂譬喻经　二卷　吴天竺三藏康僧会
禅要诃欲经　一卷　失译师名
内身观章句经　一卷　汉失译师名
法观经　一卷　西晋三藏法师竺法护
迦叶结经　一卷　后汉安息三藏安世高
百喻经　二卷　萧齐天竺三藏求那毗地
法句经　二卷　吴天竺沙门维祇难
众经撰杂譬喻经　二卷　姚秦三藏法师鸠摩罗什
阿育王子法益法目因缘经　一卷　符秦三藏昙摩难提
杂譬喻经　两卷　失译人名出后汉录
无明罗刹经　一卷　失译人名今附秦录
文殊所说最胜名义经　两卷　宋西天三藏金总持等
迦丁比丘说当来变经　一卷　失译师名附宋录
杂譬喻经　一卷　后汉月支三藏支娄迦识
思惟要略法　一卷　姚秦三藏法师鸠摩罗什
十二游经　一卷　东晋沙门迦留陀伽
贤圣集伽陀一百颂　一卷　宋中印度三藏沙门天息灾

广大发愿颂　一卷　龙树菩萨造
无能胜大明陀罗尼经　一卷　宋中印度三藏沙门法天
无能胜大明心陀罗尼经　一卷　宋中印度三藏沙门法天
十不善业道经　一卷　马鸣菩萨集
大乘修行菩萨行门诸经要集　三卷　唐沙门智严
四阿含暮抄解　二卷　符秦沙门鸠摩罗佛提等
五门禅经要用法　一卷　大禅师佛陀蜜多撰
金刚顶瑜伽千手千眼观自在菩萨修行仪轨经
一卷　唐三藏沙门大广智不空
密迹力士大权神王经偈颂　一卷　元僧录管主入撰
一切秘密最上名义大教王仪轨　两卷　宋北印度三藏沙门施护
大乐金刚萨埵修行成就仪轨　一卷　唐三藏沙门大广智不空
曼殊室利菩萨吉祥伽陀　一卷　宋西天译经三藏法贤
成就妙法莲华经王瑜伽观智仪轨
一卷　唐三藏沙门大广智不空
金刚顶瑜伽降三世成就极深密门
一卷　唐三藏沙门大广智不空等
金刚顶瑜伽他化自在理趣会普贤修行念诵仪
一卷　唐三藏沙门大广智不空
金刚寿命陀罗尼念诵法　一卷　唐三藏沙门大广智不空
大药叉女欢喜母并爱子成就法　一卷　唐三藏沙门大广智不空
佛说帝释岩秘密成就仪轨　一卷　宋北印度三藏沙门施护
观自在菩萨如意轮念诵仪轨　一卷　唐三藏沙门大广智不空
大毗卢遮那成佛神变加持经略示七支念诵随行法
一卷　唐三藏沙门大广智不空
速疾立验魔醯首罗天说阿尾奢法
一卷　唐三藏沙门大广智不空
大圣曼殊室利童子五字瑜伽法　一卷　唐三藏沙门大广智不空

大威怒乌刍涩么仪轨　一卷　唐三藏沙门大广智不空
大孔雀明王画像坛场仪轨　一卷　唐三藏沙门大广智不空
金刚顶瑜伽金刚萨埵仪轨　一卷　唐三藏沙门大广智不空
一字轮王佛顶要略念诵法　一卷　唐三藏沙门大广智不空
观自在菩萨如意轮瑜伽念诵法　一卷　唐三藏沙门大广智不空
大圣大欢喜双身毗那耶迦法　一卷　唐三藏沙门大广智不空
大日经略摄念诵随行法　一卷　唐三藏沙门大广智不空
五字陀罗尼颂　一卷　唐三藏沙门大广智不空
仁王般若陀罗尼释　一卷　唐三藏沙门大广智不空
大乐金刚不空真实三昧耶经般若波罗蜜多理趣释
二卷　唐三藏沙门大广智不空
佛说最胜妙吉祥根本智最上秘密一切名义三摩地分
两卷　唐三藏沙门大广智不空
金刚王菩萨秘密念诵仪轨　一卷　唐三藏沙门大广智不空
金刚顶胜初瑜伽普贤菩萨念诵法经
一卷　唐三藏沙门大广智不空
金刚顶瑜伽金刚萨埵五秘密修行念诵仪轨
一卷　唐三藏沙门大广智不空
无量寿如来修观行供养仪轨　一卷　唐三藏沙门大广智不空
甘露军荼利菩萨供养念诵成就仪轨
一卷　唐三藏沙门大广智不空
观自在多罗瑜伽念诵法　一卷　唐三藏沙门大广智不空
圣观自在菩萨心真言瑜伽观行轨仪
一卷　唐三藏沙门大广智不空
菩萨诃色欲法　一卷　姚秦三藏法师鸠摩罗什
四品学法　一卷　刘宋天竺三藏求那跋陀罗
大虚空藏菩萨念诵法　一卷　唐三藏沙门大广智不空

仁王般若念诵法　一卷　唐三藏沙门大广智不空
阿閦如来念诵供养法　一卷　唐三藏沙门大广智不空
佛顶尊胜陀罗尼念诵仪轨　一卷　唐三藏沙门大广智不空
圣阎曼德迦威怒王立成大神验念诵法
一卷　唐三藏沙门大广智不空
大乘方广曼殊室利菩萨华严本教赞阎曼德迦忿怒王真言大威德仪轨品　一卷　唐三藏沙门大广智不空
大方广曼殊室利童菩萨华严本教赞阎曼德迦忿怒王真言阿毗遮噜迦仪轨品　一卷　唐三藏沙门大广智不空
苏悉地羯罗供养法　三卷　唐中天竺三藏善无畏
不动使者陀罗尼秘密法　一卷　唐三藏沙门金刚菩提
金刚顶瑜伽修习毗卢遮那三摩地法　一卷　唐天竺沙门金刚智
金刚顶瑜伽经文殊师利菩萨仪轨供养法
一卷　唐三藏沙门大广智不空
瑜伽莲华部念诵法　一卷　唐三藏沙门大广智不空
金刚顶经瑜伽观自在王如来修行法　一卷　唐天竺沙门金刚智
金刚顶经观自在王如来修行法　一卷　唐三藏沙门大广智不空
金刚手光明灌顶经最胜立印圣无动尊大威怒王念诵仪轨
一卷　唐三藏沙门大广智不空等
略述金刚顶瑜伽分别圣位修证法门
一卷　唐三藏沙门大广智不空
一字佛顶轮王念诵仪轨　一卷　唐三藏沙门大广智不空
仁王护国般若波罗蜜多经道场念诵仪轨
一卷　唐三藏沙门大广智不空
金刚顶莲华部心念诵仪轨　一卷　唐三藏沙门大广智不空
佛说如意轮莲华心如来修行观门仪
一卷　宋中天竺三藏法师慈贤

妙吉祥平等瑜伽秘密观身成佛仪轨

一卷　宋中天竺三藏法师慈贤

法集要颂经　四卷　尊者法救集

劝发诸王要偈　一卷　龙树菩萨撰

龙树菩萨劝诫王颂　一卷　唐三藏法师义净

普贤金刚萨埵瑜伽念诵仪　一卷　唐三藏沙门大广智不空

金刚顶瑜伽护摩仪轨　一卷　狮子国三藏智藏

大悲心陀罗尼修行念诵略仪　一卷　唐三藏沙门大广智不空

妙吉祥平等观门大教王经略出护摩仪

一卷　宋中天竺三藏法师慈贤

金刚顶超胜三界经说文殊五字真言胜相

一卷　唐三藏沙门大广智不空

金刚顶经瑜伽文殊师利菩萨法一品

一卷　唐三藏沙门大广智不空

金刚顶瑜伽经十八会指归　一卷　唐三藏沙门大广智不空

诃利帝母真言法　一卷　唐三藏沙门大广智不空

大方广佛华严经入法界品四十二字观

一卷　唐三藏沙门大广智不空

般若波罗蜜多理趣经大安乐不空三昧真实金刚菩萨等一十七圣大曼荼罗义述　一卷　唐三藏阿目佉金刚

陀罗尼门诸部要目　一卷　唐三藏沙门大广智不空

金刚顶瑜伽三十七尊礼　一卷　唐三藏沙门大广智不空

受菩提心戒仪　一卷　唐三藏沙门大广智不空

大圣文殊师利菩萨赞佛法身礼　一卷　唐三藏沙门大广智不空

一百五十赞佛颂　一卷　唐三藏法师义净

百千颂大集经地藏菩萨请问法身赞

一卷　唐三藏沙门大广智不空

佛吉祥德赞　三卷　尊者寂友造

阿育王传　五卷　西晋安息三藏安法钦

马鸣菩萨传　一卷　姚秦三藏法师鸠摩罗什
龙树菩萨传　一卷　姚秦三藏法师鸠摩罗什
提婆菩萨传　一卷　姚秦三藏法师鸠摩罗什
婆薮槃豆传　一卷　陈天竺三藏真谛
龙树菩萨为禅陀迦王说法要偈
一卷　刘宋天竺三藏求那跋陀罗
撰集三藏及杂藏传　一卷　失译人名今附东晋录
大阿罗汉难提蜜多罗所说法住记　一卷　唐三藏法师玄奘
瑜伽集要焰口施食仪(十类孤魂文三归依赞附)
一卷　唐三藏沙门大广智不空

此土著述

维摩诘所说经注　十卷　姚秦三藏法师鸠摩罗什
晋僧肇法师宝藏论　一卷　晋僧肇法师
法显传　一卷　东晋沙门法显自记
释迦谱　十卷　萧齐释僧佑
经律异相　五十卷　梁沙门僧旻宝唱等
慈悲道场忏法　十卷　无
比丘尼传　四卷　晋释宝唱
高僧传　十六卷　梁沙门慧皎
续高僧传　三十一卷　唐释道宣
宋高僧传　三十卷　宋沙门释赞宁等
明高僧传　六卷　明沙门释如惺识
弘明集　十四卷　梁释僧佑
广弘明集　三十卷　唐释道宣
陀罗尼杂集　十卷　未详撰者今附梁录
法华经安乐行义　一卷　陈南嶽思大禅师

大乘止观法门　四卷　陈南嶽思大禅师
法华三昧忏仪　一卷　隋释智顗
诸法无诤三昧法门　二卷　陈南嶽思大禅师
释摩诃般若波罗密经觉意三昧　一卷　隋天台智者大师
净土十疑论　一卷　隋天台智者大师
观音义疏　二卷　隋天台智者大师
观音义疏记　三卷　宋沙门释知礼
法界次第初门　三卷　隋天台智者大师
修习止观坐禅法要　二卷　隋释智顗
观音玄义　二卷　隋天台智者大师
观音玄义记　四卷　宋沙门释知礼
四念处　四卷　隋天台智者大师
天台四教仪　一卷　高丽沙门谛观
天台四教仪集注　九卷　南天竺沙门蒙润
妙法莲华经玄义释签　四十卷　隋天台智者大师
妙法莲华经文句　十卷　隋天台智者大师
法华文句记　十卷　唐沙门释湛然
摩诃止观　十卷　隋天台智者大师
集沙门不应拜俗等事　六卷　唐沙门释彦宗
华严经旨归　一卷　唐沙门法藏
般若波罗蜜多心经略疏　一卷　唐沙门法藏
金刚般若经疏　一卷　隋天台智者大师
隋天台智者大师别传　一卷　门人灌顶
仁王护国般若经疏　五卷　隋天台智者大师
金光明经玄义　二卷　隋天台智者大师
金光明经玄义拾遗记　六卷　宋沙门释知礼
佛说观无量寿佛经疏　一卷　隋天台智者大师
观无量寿佛经疏妙宗钞　六卷　宋沙门释知礼

释禅波罗蜜次第法门　十卷　隋天台智者大师
观心论疏　五卷　隋沙门灌顶
金光明经文句　六卷　隋天台智者大师
金光明经文句记　六卷　宋沙门释知礼
菩萨戒义疏　二卷　隋天台智者大师
历代三宝纪　一卷　隋费长房
请观音经疏　一卷　隋天台智者大师
四教义　六卷　隋释智顗
众经目录　五卷　隋翻经学士及沙门
众经目录　七卷　隋翻经沙门法经
大般涅槃经疏　十八卷　隋章安顶法师
大般涅槃经玄义　二卷　隋沙门灌顶
涅槃玄义发源机要　四卷　宋沙门释智圆
辩正论　十卷　唐沙门释法琳
华严一乘教义分齐章　四卷　唐沙门法藏
华严经明法品内立三宝章　二卷　唐沙门法藏
修华严奥旨妄尽还源观　一卷　唐沙门法藏
华严金师子章　一卷　唐沙门法藏
华严法界玄镜　二卷　唐沙门澄观
天台八教大意　一卷　隋沙门灌顶
破邪论　二卷　唐沙门释法琳
集古今佛道论衡实录　四卷　唐沙门道宣
续集古今佛道论衡　一卷　唐沙门智升
佛说阿弥陀经疏　一卷　唐沙门元晓
大唐内典录　十卷　唐沙门道宣
集神州塔寺三宝感通录　三卷　唐沙门道宣
大唐西域记　十二卷　唐三藏法师玄奘
大慈恩寺三藏法师传　十卷　唐沙门慧立本等

法苑珠林　一百卷　唐沙门释道世
诸经要集　二十卷　唐沙门释道世
显密圆通成佛心要集　二卷　沙门道殿
十门辨惑论　二卷　唐沙门释复礼
大唐西域求法高僧传　二卷　唐三藏法师义净
南海寄归内法传　四卷　唐三藏法师义净
开元释教录　二十卷　唐沙门智升
开元释教录略出　四卷　唐沙门智升
甄正论　三卷　唐沙门玄疑
说罪要行法　一卷　唐三藏法师义净
受用三水要行法　一卷　唐三藏法师义净
护命放生轨仪法　一卷　唐三藏法师义净
永嘉集　一卷　唐沙门玄觉
大方广佛华严经论　四十九卷　唐房山长者李通玄
解密显智成悲十明论　一卷　唐房山长者李通玄
六祖大师法宝坛经　一卷　门人法海等
止观大意　一卷　唐沙门释湛然
始终心要　一卷　唐沙门释湛然
法华三昧行事运想补助仪　一卷　唐国清沙门湛然
集诸经礼忏悔文　四卷　唐沙门智升
十不二门　一卷　唐荆溪尊者湛然
十不二门指要钞　二卷　宋沙门释知礼
金刚錍　一卷　唐沙门释湛然
大方广佛华严经悬谈疏钞会本　二十九卷　唐沙门澄观
华严会本悬谈会玄记　四十卷　比丘普瑞
大方广佛华严经疏钞会本　八十卷　唐沙门澄观
华严普贤行愿品别行疏钞会本　十卷　唐沙门澄观等
折疑论　五卷　比丘述注

华严原人论解　五卷　沙门圆觉
大方广圆觉修多罗了义经略疏　五卷　唐沙门宗密
圆觉经略疏之钞　二十五卷　唐沙门宗密
大方广圆觉经大疏　十二卷　唐沙门宗密
盂兰盆经疏　一卷　唐沙门宗密
禅源诸诠集　四卷　唐沙门宗密
注华严法界观门　一卷　唐沙门宗密
黄檗山断际禅师传心法要　二卷　河东裴休
金刚般若经疏论纂要　三卷　唐沙门宗密
金刚经纂要刊定记　七卷　沙门子璿
慈悲水忏法　三卷　失译人名
观自在菩萨如意轮咒课法　一卷　宋沙门仁岳
天台智者大师斋忌礼赞文　一卷　宋沙门遵式
金光明忏法补助仪　一卷　宋沙门遵式
往生净土忏愿仪　一卷　宋沙门遵式
往生净土决疑行愿二门　一卷　宋沙门遵式
请观世音菩萨消伏毒害陀罗尼三昧仪　一卷　宋沙门遵式
金光明最胜忏仪　一卷　宋沙门知礼
法智遗编观心二百问　一卷　法孙继忠
千手千眼大悲心咒行法　一卷　宋沙门知礼
礼法华经仪式　一卷　失译人名
修忏要旨　一卷　宋沙门知礼
炽盛光道场念诵仪　一卷　宋沙门遵式
释迦如来涅槃礼赞文　一卷　宋沙门仁岳
景德传灯录　三十卷　宋沙门道原
明觉禅师语录　六卷　参学小师惟盖竺
禅林宝训　四卷　东吴沙门净善
首楞严经义海　三十卷　唐房融等

传法正宗记　九卷　宋沙门释契嵩
传法正宗论　一卷　宋沙门释契嵩
万善同归　六卷　永明寿禅师
定慧相资歌　一卷　智觉禅师
警世　一卷　失译人名
永明心赋注　四卷　永明寿禅师
密咒圆因往生集　一卷　沙门智广
宗镜录　一百卷　宋禅师延寿
佛果圜悟禅师碧岩集　十卷　比丘性湛
佛果圆悟禅师碧岩集　十七卷　门人绍隆等
辅教编　三卷　宋沙门释契嵩
翻译名义集　二十卷　宋沙门法云
大乘起信论疏　五卷　沙门法藏
起信论疏笔削记　十五卷　沙门子璿
五灯会元　五十七卷　宋沙门大川济
护法论　一卷　宋居士张商英
佛遗教经论疏节要　一卷　姚秦三藏法师鸠摩罗什
天台传佛心印记　一卷　元沙门怀则
庐山莲宗宝鉴　十卷　僧普度
肇论新疏　十卷　释源
大藏圣教法宝标目　十卷　元居士王古
妙法莲华经要解　二十卷　比丘戒环
大佛顶如来密因脩证了义诸菩萨万行首楞严经会解
二十卷　沙门惟则
慧文正辨佛日普照元叟端禅师语录　四卷　沙门法琳
佛日普照楚石禅师语录　十六卷　比丘祖光
佛祖历代通载　三十六卷　僧华停念
百丈清规　八卷　僧德辉僧大訢

辩伪录　五卷　元沙门祥迈
大元至元法宝勘同总录　十卷　元沙门庆吉祥
楞伽阿跋多罗宝经注解　八卷　僧宗泐僧如己
般若波罗蜜多心经注解　一卷　僧宗泐僧如己
金刚般若波罗蜜经注解　一卷　僧宗泐僧如己
大明仁孝皇后梦感佛说第一希有大功德经
一卷　明仁孝徐皇后
大明三藏法数　三十八卷　沙门一如
诸佛世尊如来菩萨尊者神僧名经　二十卷　明成祖
大明太宗文皇帝御制序赞文　一卷　明成祖
神僧传　九卷　明成祖
缁门警训　十卷　元僧永中等
高丽国普照禅师脩心诀　一卷　高丽禅师知讷
真心直说　一卷　高丽禅师知讷
八识规矩补注　二卷　明法师普奉
大乘百法明门论(附唯识三十颂)　一卷　慈恩法师
八十八祖传赞　五卷　明释德清
大佛顶首楞严经正脉疏　四十卷　明沙门交光真
佛说阿弥陀经疏钞　十卷　明沙门袾宏
紫柏尊者全集　三十卷　明憨山德清
憨山大师梦游全集　五十五卷　侍者福善日门人通炯
性相通说　一卷　明释德清
庄子内篇注　四卷　明释德清
龙池幻有禅师语录　十卷　门人圆悟圆修
雪峤信禅师语录　十卷　门人弘歇
天隐修禅师语录　二十卷　门人通琇
密云悟禅师语录　十卷　门人弘觉
大觉普济能仁玉琳琇国师语录　七卷　门人行岳

明道正觉 森禅师语录　三卷　门人超德等
宏觉禅师语录　二十卷　门人显权等
佛说梵网经直解　十卷　沙门寂光
毗尼止持会　二十卷　清沙门读体
昙无德部四分律删补随机羯磨　二十卷　唐沙门道宣等
毗尼关要　二十卷　清沙门德基
大乘止观法门释要　六卷　吴沙门智旭
南岳山茨际禅师语录　四卷　门人达尊达谦
相宗八要直解　九卷　吴沙门智旭
五百罗汉尊号　一卷　素斗光
明觉聪禅师语录　二十卷　门人寂空
大佛顶首楞严经疏解蒙钞　六十卷　蒙叟钱谦益
长庆宗宝独禅师语录　六卷　释重
楞严经势至念佛圆通章疏钞　二卷　清沙门续法
观自在菩萨如意心陀罗尼咒经略疏　二卷　清沙门续法
药师瑠璃光如来本愿功德经直解　二卷　清苾刍灵耀
兜率龟镜集　三卷　清沙门释宏赞
七俱胝佛母所说准提陀罗尼经会释　三卷　清沙门释宏赞
沩山警策句释记　二卷　清沙门释宏赞
佛说四十二章经疏钞　九卷　清沙门续法
佛说八大人觉经疏　一卷　清沙门灌顶续法
成唯识论音响补遗　四十卷　清音义合响智素
妙法莲华经授手　四十卷　清沙门智祥
贤首五教仪　十卷　清沙门续法
重订教乘法数　三十卷　明沙门圆洁
御选语录　四十卷　清世宗御录
御录宗镜大纲　二十卷　智贤禅师
御录经海一滴　二十卷　清世宗御录

古今图书集成（目录）

雍正 主编

序

钦惟我皇考圣祖仁皇帝,聪明睿知,亶生知之质而又好古敏求,孜孜不倦。万几之暇,置图书于左右,披寻玩味,虽盛暑隆寒,未尝暂旷。积数十载之久,研综古今,搜讨殆遍,屡命儒臣,弘开书局。若《周易折中》,发四圣之微言,《朱子全书》,会群儒之奥义,皆禀自睿裁,复躬加校定。若律历渊源,推轩皇之神策,叶虞代之元声,皆亲行指授,以天纵之能而准于仪器。凡注经、考史、选诗、论文以及博闻多识之资,所纂辑雕镌,充溢于内府。删述之功,嘉惠无穷,称极盛矣。而又以为未揽其全,乃命广罗群籍,分门别类,统为一书,成册府之巨观,极图书之大备,而卷帙浩富,任事之臣弗克祗承。既多讹谬,每有阙遗,经历岁时,久而未就。

朕绍登大宝,思继先志,特命尚书蒋廷锡等董司其事,督率在馆诸臣重加编校,穷朝夕之力,阅三载之勤,凡厘定三千余卷,增删数十万言。图绘精审,考定详悉。书成,进呈朕览,其大凡列为六编,析为三十二典,其部六千有余,其卷一万。始之以历象观天文也,次之以方舆察地理也,次之以明伦立人极也,又次之以博物、理学、经济,则格物、致知、诚意、正心、治国、平天下之道咸具于是矣。惟我皇考法天行之刚健,协坤德之含弘,察于人伦,明于庶物,尊六经而礼先儒,厘六官以敷大政。故是书之成,贯三才之道而靡所不该,通万方之略而靡所不究也。我皇考金声玉振,集五帝三王孔子之大成。是书亦海涵地负,集经史诸子百家之大成。前乎此者，有所未备；后有作者，又何以加焉？敬藏石室，宝垂久远！用叙其本末，缀于篇首，上以彰皇考好学之圣德，右文之盛治，并纪朕继志述事，兢兢业业，罔敢不钦若于丕训云尔。

雍正四年九月二十七日

凡 例

一、是书为编有六:一曰历象汇编,二曰方舆汇编,三曰明伦汇编,四曰博物汇编,五曰理学汇编,六曰经济汇编。

法象莫大乎天地,故汇编首历象而继方舆。乾坤定而成其间者,人也。故明伦次之。三才既立,庶类繁生,故次博物。裁成参赞,则圣功王道以出。次理学、经济,而是书备焉。

一、是书为典三十有二,历象汇编其典四:一曰乾象,二曰岁功,三曰历法,四曰庶征。

鸿蒙既辟,在天成象,故是书首载乾象。五气顺布,四时行焉,故岁功次之。治历明时,典隆敬授,五行五事,道存修省,故历法次之,庶征又次之。

一、方舆汇编,其典四:一曰坤舆,二曰职方,三曰山川,四曰边裔。

坤厚承天,故是书继以坤舆,画土分疆,体国经野,故职方次之。地之成形,山川为大,故又次之。宅中制外,万国朝宗,故边裔又次之。

一、明伦汇编,其典八:一曰皇极,二曰宫闱,三曰官常,四曰家范,五曰交谊,六曰氏族,七曰人事,八曰闺媛。

伦莫大于君父,化必始于宫闱,故首皇极而次宫闱。百职惟贞,臣道之常也,故次曰官常。修身齐家,父子兄弟足法,故次曰家范。师教友规,推之宾客,里党皆有交谊焉,统之曰交谊。姓氏既分,谱系斯别,继之曰氏族。伦聚群分,交际事起,继之以人事。书契以来,不乏贞淑,正位乎内,人伦之本也,闺媛必详焉。

一、博物汇编,其典四:一曰艺术,二曰神异,三曰禽虫,四曰草木。

物号有万，莫灵于人；百家并兴，艺术各见。博物者，下厌详也。神怪，子所不语，而情状著之于《易》，则神异亦兼志之。禽虫草木，多识所资也，故备及之。

一、理学汇编，其典四：一曰经籍，二曰学行，三曰文学，四曰字学。

理莫备于六经，故首尊经籍。学成行立，伦类判矣，故学行次之。文以载道，其绪余也，故文学又次之。书契之作，典籍之权舆也，故字学亦及之。

一、经济汇编，其典八：一曰选举，二曰铨衡，三曰食货，四曰礼仪，五曰乐律，六曰戎政，七曰祥刑，八曰考工。

治道莫大于用人，故首选举，而继以铨衡。食货以养，而礼乐以教也，故食货次之，礼仪次之，乐律又次之。大者甲兵，小者刀锯，弼教之余也，故次戎政，而次祥刑。宫室器用，有国所必资也，故考工终焉。

一、是书为编有六，为典三十有二，为部六千有余，为卷一万。有一部而数百数十卷者，有一卷十余部者，而每部中有汇考、有总论、有图、有表、有列传、有艺文、有选句、有纪事、有杂录、有外编，无者阙之。

一、汇考之体有二：大事有年月可纪者，用编年之体，仿《纲目》，立书法于前，而以"按某书""某史"详录于后，事经年纬，而一事之始末沿革，展卷可知；立书法于前，详录诸书于后，则一事之异同疑误，参伍可得。此典中之最宏巨者也，或大事无年月可稽，与一事一物无关政典者，则列经史于前，而以子集参互于后，虽岁月未详，而时代之后先，一事因革损益之源流，一物古今之称谓，与其种类性情及其制造之法，皆可概见矣。

一、总论之所取，必择其纯正可行者，圣经中单词片句，并注疏皆录于前。盖立论要以圣经贤传为主也，至子集中有全篇语此一事，必择其议论之当者。论得其当，虽词藻无足取，亦在所录。即一篇中所论不一事，而数语有关，亦节取之。惟史传、章奏名篇，本文前后尚有因革得失事由，则入于汇考，此不复重载。

一、古人左图右史，如疆域山川，图不可缺也。即禽兽、草木、器用之形体，往籍所有，亦可存以备览观。或一物而诸家之图所传互异，亦并列之，以备参考。

一、史之立表，始自史迁。盖年月先后，列之表则易稽也。今政事载于汇考者，皆已编年，故凡史中年月表皆删之，惟星躔、宫度、纪元等非表不能详者，则皆立表。

一、艺文以词为主，明议论虽偏，而词藻可采者，皆在所录。篇多则择其精，篇少则瑕瑜皆所不弃，大抵隋唐以前从详，宋以后从略。

一、选句，凡丽词偶句，或以对待见工，近体古风或以警拔见赏，其全篇即无可观，而瑕不掩瑜，单词片语亦不可弃，况一时为佳句，日久遂为故实，故有选句之录。

一、纪事之大者入于汇考，其琐细亦有可传者，皆按时代列正史于前，而一代之稗史，子集附之。亦有后人杂记而及数代以前之事者，若按其著书之世代则疑于颠倒，故仍采附于前。

一、杂录，圣经之言多人总论。亦有非正论此一事而旁引曲喻，偶及之者，则入于杂录。至于集中所载，或有考究未真，难入于汇考；议论偏驳，难入于总论；文藻未工，难收于艺文者，统入于杂录。

一、外编，凡大纲皆入于汇考，琐细皆入于纪事，可谓详矣。而百家及二氏之书，所纪有荒唐难信，及寄寓譬托之臆造之说，录之则无稽，弃之又疑于挂漏，故另入于外编。

一、乾象典，汇考所载，天、地、日、月、星辰形体躔度之属，无事编年，惟按经、史、子、集分其先后。经、史但举其大纲，百家所传之图多失考据。国家新法历书，凡海西人所考究，造图制器，皆极精晰，故是典多据之。六合之外虽无所不有，而二氏之言过于怪异者，则皆入外编，惟取耳目可据者而已。

一、岁功典，一岁中月令、时政历代所行者，或可入于编年，其他五方风俗节令，古今各异，则但按经、史、子、集分其先后。

一、历法典，历代治历，沿革悉从编年，所改何历即附此历之法于后。至历中事无关沿革者，则入于纪事。泛言历法非见于施行者，则入于杂录。算法，历家所最重也，故算法及诸数附焉。

一、庶征典，史家之志灾祥，《史记·天古书》约其概，班固始分为《天文》《五行》二志，后人多因之。然独以星变为"天文"，而日食、云气、风、雷、雨、雪则入于"五行"，已为无稽。至于分屆五事，强为配合，又立为赤眚、黄祥、人痾、鼓妖、诗妖、牛祸、龙孽诸名，刘向父子已有异同之说，后儒多辟之。是典总以《洪范》"庶征"为名，其余皆据事直书，以事物之反常者为异，以异而有伤于人物者为灾。其事皆按年代立纲于前。而其灾伤大小及修省补救之实，皆详于后。其占法，则经史之可据者存之，附会谶纬妖异之说，皆所下录。

一、坤舆典，土、打、沙、水皆地中之大者也。然均一土打而形色各异，药性亦分，故本草细分之。如土有黄土、白垩；石有滑行、云母之类是也。然此等分之于事少所征，艺又亦不多见，故今于汇考中分之，艺文、纪事以下则介之。沙、水之类亦仿此。至如历代舆图，分土划疆，建都立国，皆地中大事，故并列之坤舆。

一、职方典，历代舆图详于坤舆。我国家幅员无外，今独立职力一典，亦《一统志》之规也。然《一统志》中，于沿革只记其代，山川只列其名，关隘、驿传只志其地，户口、财赋只详其数，风俗、节序只存其概，今则于通志、府、州、县志所已有者，皆分为各考，详列于前。而凡史传所载有关于地力利害者，悉按年代入于纪事，则灾变救攘之宜，山川关隘防守之要，水利蓄泄、驿递增减之法，移风易俗、休养生息之方，皆备焉。至于山川古迹古今互异，或传讹附会,地方大事之是非得失,或各为意见,或各有辨正,则皆归于杂录。此则较《一统志》从详者也。若其职官、选举、姓名,各省已有专节;人物则各典已有列传,可不重及,此又较《一统志》从略者也。

一、山川典,山川已载职方典中。然职力以各府分部,一二名山大川连跨数十郡邑,非通志一二语可了,故别立一典。山则有图以志其形,并考其跨连地界与他郡邑名同实异者。一山之中,水泉物产之多寡,寺观古迹之废兴,皆志之,可当卧游。一水中,源流曲折,灌溉之利,险阻之资,所关尤巨,非图可悉,必合山经、地志、史传、稗官小说、杂记,备书其详。皆经世务者所必知,非徒博涉而已。

一、边裔典,为目虽多,然有一国而前后异名者,有数小国合为一大国者,有一大国今又分为诸小国者,其更改分合之由,见于史传有据则从而合之,其国名只标其名之最著者,而溯其交通中国之始,及历代更改之称,皆分注于下。至其朝贡侵叛之详,皆按代编年,而一国之本末井如矣。或前代有其名,而其后更改合并之由不见于正史,则别立一国以待详考。至史传、子集所载列国之事无年月可纪者,但入于纪事。或泛沦此国风俗土产,无关事实者,则入于杂录。至于稗官所载,如《洞冥》《拾遗》诸记,及《杜阳杂编》所录外国之名不见于正史,其真伪假托皆不可知,则统归之外编,庶几传疑云尔。

一、皇极典,其所纪帝王之事,皆史传所书。其目亦皆诸类书所有。然有一二大纲较史传为详备者,如登极部,或开创,或守成,君道所以正其始也。本纪一二语寥寥,今则必合诸史传,详采附见于后,则正始之大事著矣。三代以下之君,亦多嘉谟善政可传,而本纪不载,其分见于列传者,人多略之,今皆按代详列,一事可称,皆入于“君德”部。至一二大纲,如“敬天”“勤民”“用人”“听言”,尤致治之本,皆遍采不遗。至于词藻翰墨,或事足纪者,亦详于“御制”“宸翰”两部。

一、宫闱典，母仪阴教，俪体宸极，内治之本也。史书本传或有未详，今按诸臣列传及稗官所记，但有嘉言懿轨，皆附本传之后。至于宫闱制度，皆按代编年，而历代之奢俭得失晓然矣。东宫、皇子、皇孙皆附宫闱。皇子、皇孙已封之事皆详于“宗藩”“外戚”，宦寺皆以不干政为宜，且无一定之职掌，故仍旧史列传，附于宫闱焉。

一、官常典，官常所以昭示百官，故备考一官历代异同之制，次列历代各臣之传.自周以降，名称繁紊，难以悉举。

明制独为近古，故国朝多因之。今官常典一以我朝所设之官为主，而上溯秦汉以来。官名异而职掌同者则介之，官名同而职掌异者则分之。皆按代编年，而详其因革异同之制，僚属职掌之详，此前人所未及也。至诸史列传有终于此官，而功业止于此官，见者则因其官，如宰相则称“公辅臣”，县令则称“县令名臣”，皆录其木传于前，而附他传所载及稗官所记于后。若历此官而有事可纪不以此官终者，但录其一节之事于此官之纪事。可泛沦此一官而无关事实者，则入于此官之杂录、纪事，淑慝并登。名臣列传则但主于录善而已。至所历非一官而声称卓卓可纪，则分为四种:一曰“谏净名臣”，二曰“忠烈名臣”，三曰“风节名臣”，四曰“政事名臣”，其他爵位虽显而无一可传且有奸邪叛乱者，分见于纪事之中。

一、家范典，于五伦居其三，盖君臣备于“皇极”“官常”。“朋友”之伦入于“交谊”。惟父子、兄弟、祖孙、夫妇皆家庭事也，宗族、戚属、奴婢异于朋友，故附焉。诸家类书分析其目未免繁碎，今皆合之。父子则象贤与败类者并书，兄弟则既翕与不咸者俱列，夫妇则唱随与反目者同载，作范垂规皆备矣。

一、交谊典，自师友以及里党，其中或亲或疏，从厚从薄，亦皆合记与“家范”同。

一、氏族典,先考其得姓之由为汇考,次列某姓人物,约其本末及爵谥名号大大节一二为列传。诸史传外,合《尚友录》《万姓统谱》二书及各省通志,大抵人多者则择其尤,少则中材,巨慝皆所必录,聊备一姓云尔。

一、人事典,其目虽繁,大都不外身体、年齿、命运、感应之类,至于人品学问,则皆入于学行,此不重载。

一、闺媛典,与史册列女传稍异者,区其流品,且一节必登,而贞淫不杂,庶为劝戒云。

一、艺术典,所纪多民用所资,故每部汇考皆先详其法,次列其人。此中不乏贤者,然艺成而下,故列传但曰名流。名公巨卿、贤士君子,虽兼此技,而他典已有列传,则此可不入,入其事于纪事。诸部以农为首,然劝相之权在上,故凡关政治者入"食货""农桑"部中,此但农人细事已耳。诸部中惟医最多,盖病非一,故汇考中统载《内经》及脏腑脉络图说于前,次则诸病,分门皆合诸家论此病之治法,次列方药,末列针灸医案,合此数者皆为汇考。次列医术名流列传,又次则总论及纪事、杂录,良以民命所关,至圣所慎,医书错杂不伦,此则为之详酌区分,以待人之采择也。至于堪舆、选择,以及太乙、奇门、六壬诸术数之学,未悉其详,则虽分其等差,不过即世俗所传之节,为之序次于前而已。

一、神异典,先列渚祀典、鬼神,外兼载二氏,而卫道之儒,方外之士,各随所取。然叙其教之兴废,可以参验其时之盛衰;详其人之颠末,亦可以徐定其理之当否矣。

一、禽虫、草木二典,虽一虫一草之微皆各自为部。有同一物而称谓各别,性味各殊者,虽于纪事、艺文合之,而于汇考仍分之。盖食品、药物各有所宜,风人赋物,取义亦别,故不厌求详也。

一、经籍典,经籍所以垂教万世,凡事关帝王尊经者,皆按代编年,详其本末。至诸经传注、先儒授受,各有源流,虽岁月无可稽,而时代有先后,皆仿编年之体立纲于前,述其授受源流。凡以尊经也，若诸子百家纪述，则区其种类，纪其事迹，兼集诸家评隲之语而已。

一、学行典，先列经传中道德性命之总论于前，而名贤之列传继之，盖学成而行始立也。居官卓然可纪者，已列于官常之名臣，则此可不复载，但举其一二事之可传者人于纪事可矣。而间有变例者，如王祥、范质不入晋宋公辅之名臣，而入于孝友笃行之传，则扬善之意虽多，而名节大防不容不谨也。其或位不称德，或功业不传，而行谊表著者，皆列之名贤。此外游侠勇力之徒，止载其事，不另立传，卑之同于艺术云尔。

一、文学典，在经籍之外，盖文各有体，作者亦各有擅长，类别区分，各极文人之能事而已，而列传则总之为文学名家，虽尊之艺术之上，而不遽许之为圣贤，人可以知所重矣。

一、字学典，字体源流既按代编年于前，而点画音韵皆合各家之议论于后，字学无遗蕴矣。至书法擅长者，则列之名家，与文学同。凡稗官所纪有涉书法者，皆附本传之后，较正史为详备焉。至于文房诸器，不入考工，附见于此，以书字所必资也。

一、选举铨衡一事分为二典，选举载取士之科，铨衡则官人之法。

一、食货典所载皆有国家者理财之事，而饮食货币之琐屑皆附焉，操国计者所宜详也。

一、礼乐相为用，而事各殊，故礼仪、乐律分为二典。前代礼志皆以五礼为序，今惟以冠昏丧祭期会燕飨为先后之次，礼莫重于祭，故祀典为最详，至章服以正名，定分礼所必严，故附之礼制之后。

一、乐律按代编年，附以乐章，则一代乐之升降大概可知。律吕前人多有成书，而体例不一，卷帙烦而多相袭，故难全载。今择一二可传者，采其议论，去其重复，以便览观。

一、戎政一典，于历代兵制，纤悉必详，至论兵之书多剿袭无当,择古人之精者入于总论,近代虽有专家之书不录,至历代兵战有一事而南北所载各殊者,有一朝之史,而各传所纪互异者,今皆按代编年。合而观之,则一代强弱胜负之大,较与兵家攻守算胜之道,思过半矣。

一、祥刑一典,律令皆按代编年,而轻重宽严之得失,一览可知。至子听断弭盗之宜,纤悉必录,凡以折狱惩奸所宜慎重尔。

一、考工之典,先列诸工匠、规矩、准绳、度量、权衡之制,而宫室器用次之。河渠水利本属司空,而水势之地形不一,蓄泄各殊,故附于山川,而此不复赘。城池、桥梁营缮之大者也,故列于宫室之先。乐器附于"乐律",重审音也;文房详于"字学",从其类也;军器详于"戎政",练军实也。今考工所载者,惟农器、饮器、食器、卧器及什器,皆绘图详其制,凡以民用所资不容或略也。

总　目

博物汇编

艺术典　四十三部八百二十四卷

神异典　七十部三百二十卷

禽虫典　三百一十七部一百九十二卷

草木典　七百部三百二十卷

理学汇编

经籍典　六十六部五百卷

学行典　九十六部三百卷

文学典　四十九部二百六十卷

字学典　二十四部一百六十卷

经济汇编

选举典　二十九部一百三十六卷

铨衡典　一十二部一百二十卷

食货典　八十三部三百六十卷

礼仪典　七十部三百四十八卷

乐律典　四十六部一百三十六卷

戎政典　三十部三百卷

祥刑典　二十六部一百八十卷

考工典　一百五十四部二百五十二卷

(以上六汇编三十二典六千一百九部共一万卷)

其他御制典籍

雍正 主编

《御定骈字类编》

序

我皇考德秉生知，学深稽古。万几之暇，披览简编。自六经诸史以逮诸子百家，莫不探其本源，穷其阃奥。又令词臣纂集群言，广稽博采，丹黄甲乙，荟萃成编。所就者非止一书，所录者动盈万卷。咸秉宸衷之厘定，并为秘府之珍藏。又以自古类书，或以事而相从，或以韵而相次，因循故辙，讹伪相沿，乃命儒臣纂修《骈字类编》一书，字从所统，若律吕之有元声；类以字分，如百川之归大壑。提纲挈领，义例灿然。首天地而时令次之，次山水、居处，而珍宝数目又次之，次方隅、采色、器物，而草木、鸟兽、虫鱼、人事又次之。部分则简而不繁，取材则博而能要。极词坛之玮丽，创类苑之奇观。

朕景仰前徽，钦承丕绪，如《子史精华》《图书集成》等书，悉遵先志，分命臣工，夙夜校雠，并皆竣事，而《骈字类编》亦以今秋告成。《记》曰"比事属辞"，盖骈之义也。《易》曰"方以类聚"，则类之始也。今字则从骈，义虽不同而不妨于并列；编则从类，事虽互见而不至于混淆。于是乎乾坤之蕴，民物之繁，大备于一书之中，而蔚然萃群书之秀矣！洪惟我皇考盛德，际天地大业，照古今述作，上继夫圣明文章，悉归于性道。是书之成，岂徒为艺林之盛事而已哉？形而上者谓之道，形而下者谓之器，引而伸之，触类而长之，无器之非道也。爰书大意，弁之简端，庶几以学务时、敏之思为、绍庭陟降之志云尔。

雍正四年五月初九日

凡　例

《御定骈字类编》凡例六条。

一、是书义取骈字，必选字面确实的，然成类不假牵合造作者，除虚字不采外，将天地、时令、山水、居处、珍宝、数目、方隅、采色、器物、草木、鸟兽、虫鱼分为一十二门。至如字面虽实，而类聚不伦及不甚雅驯，或于对属无取者，槩不泛及。

一、各种类书但分字类，今标二字于首与他书义例全别，所摘经史事实点醒标题二字，其前后文可以删削者从简以避太繁，其语势不可止者则用整段。

一、数目方隅采色等门类书从无此体，今既创设理宜详核其数目，字有一字分各样事实者如："十二"两字中间"十二楼""十二城"等件多至百十余条并皆采入。

一、两字中字面相同而意义各异者稍分前后以类相从庶无淆混。

一、器物一门如："乐器""衣饰""文房""武备"等若细加分别嫌于繁琐或恐转有遗失该以"器物"二字一切浑括中间排次仍以类从。

一、《佩文韵府》专取韵脚但叙所引之书以为编次，前后兹取上面一字，于例不同逐字次序稍从字义安排不以书拘，其每条之下所引经、史、子、集、杂文、诗赋则仍书之前后而以赋与诗次于杂文之末以有韵者相从其类云。

目　录

河

卷第四十九山水门十四

淮汉

卷第五十山水门十五

泾渭汧灞沮沣涝潼洮

漾湟汾沁漳滏潞浍涑

瀑洹瀵液洋涿滦澮洺

洹澶浗渥汙溳

卷第五十一山水门十六

洛瀍漳汴淇荡泷濮浚

溱洧汝颍隱洄泄湛渒

涅湑汜泌濯泚澌沅汶

济沇淄潍沂漯漕雩洸

泮

卷第五十二山水门十七

泗濠濉滁潜涡涟沐溧

洑淀涂沛濑浙浔溢沱

潜沔浕湏漉洿漫瀼汩

潇湘沅澧漓浈湔沫涪

泸滇

卷第五十三山水门十八

溟渤沧瀛潢渎湖泽薮

壑泺浦川渠

卷第五十四山水门十九

汀洲溪渚滩港湫津涯

滆泓滨沟洫澳

卷第五十五山水门二十

池沼渊潭汤井

卷第五十六山水门二十一

泉源湍瀑波涛澜漪浪

溜潮汐水

卷第五十七居处门一

宫殿禁阙

卷第五十八居处门二

楼台府寺亭馆

卷第五十九居处门三

省署邸第斋阁院坊廨

庐屋室苑囿园

卷第六十居处门四

门闺阁户窗牖

卷第六十一居处门五

庭堂轩厅廊庑厢衙陛

阶砌房寝

卷第六十二居处门六

城市闾街衢廛店巷村

墅堡

卷第六十三居处门七

关邮驿栈堠栅垒屯营

厩圯桥

卷第六十四居处门八

仓库囷帑廥廪庖厨灶

筵祠庙庵塔龛篱溷甓

砖瓦础

卷第六十五居处门九

梁栋楹枢檽柱椽桷楣

橑枅楄栏槛版簷垣墉

墙堵壁梯杠
卷第六十六珍宝门一
玉
卷第六十七珍宝门二
玉
卷第六十八珍宝门三
玉
卷第六十九珍宝门四
琼瑶琪琳琅球璞璆琬
瑜琨雕珉玑
卷第七十珍宝门五
璿圭璧璋琮珩琚璁璜
瑚琥珍璹琉玫瑰
卷第七十一珍宝门六
金
卷第七十二珍宝门七
金
卷第七十三珍宝门八
金
卷第七十四珍宝门九
银铁
卷第七十五珍宝门十
铜镠钢锡
卷第七十六珍宝门十一
宝
卷第七十七珍宝门十二
珠贝钱铅汞牙
卷第七十八数目门一
一
卷第七十九数目门二
一
卷第八十数目门三
一
卷第八十一数目门四
一
卷第八十二数目门五
一
卷第八十三数目门六
一
卷第八十四数目门七
一
卷第八十五数目门八
二
卷第八十六数目门九
二
卷第八十七数目门十
二
卷第八十八数目门十一
三
卷第八十九数目门十二
三
卷第九十数目门十三
三
卷第九十一数目门十四
三
卷第九十二数目门十五

四
卷第九十三数目门十六
四
卷第九十四数目门十七
四
卷第九十五数目门十八
五
卷第九十六数目门十九
五
卷第九十七数目门二十
五
卷第九十八数目门二十一
五
卷第九十九数目门二十二
六
卷第一百数目门二十三
六
卷第一百一数目门二十四
七
卷第一百二数目门二十五
八
卷第一百三数目门二十六
八
卷第一百四数目门二十七
九
卷第一百五数目门二十八
九
卷第一百六数目门二十九
十
卷第一百七数目门三十
百
卷第一百八数目门三十一
千万亿
卷第一百九数目门三十二
双
卷第一百十数目门三十三
两
卷第一百十一数目门三十四
两
卷第一百十二数目门三十五
双单半
卷第一百十三方隅门一
东
卷第一百十四方隅门二
东
卷第一百十五方隅门三
西
卷第一百十六方隅门四
西
卷第一百十七方隅门五
南
卷第一百十八方隅门六
南
卷第一百十九方隅门七
南
卷第一百二十方隅门八

冠弁冕巾帻幞帽衣裘
卷第一百四十九器物门二
衮黼黻袍袷衫衲襦袿
褕帕襟袂袖裾缨鞶组
绶绅带裳裙袴裈韠袜
鞋屦屩履屐绚兜蓑笠
絮
卷第一百五十器物门三
钗钿钏簪珥环玦佩镜
鑑奁梳镊刷梳栉篦笄
剪针机
卷第一百五十一器物门四
帘帷帏幕幄幔幨账簟
簀褥衽席衾被
卷第一百五十二器物门五
几案椅牀榻枕扆屏灯
烛燎
卷第一百五十三器物门六
玺符印鼎棊骰局炉扇
弹丸毬
卷第一百五十四器物门七
斗尺升斛规矩准绳权
称缧筹
卷第一百五十五器物门八
舆辇车
卷第一百五十六器物门九
銮辂轺辎軿輶轿軨轼
轴轵轸軥轮辀辕毂辐
幰辙鞍鞯珂鞭鞦鞅缰
辔槽枥
卷第一百五十七器物门十
舟舫船航舸艇舶舰舠
槎檝櫂榜帆樯篷橹柂
缆笮篙
卷第一百五十八器物门十一
旌旄旗旂旆旟旃旍幢
幡伞盖麾节杖
卷第一百五十九器物门十二
笾俎甑樽罍铏簋杯觞
斝觚觥卮瓯盂椀杓盘
盆罂匕筯匙箪瓢钵釭
瓷瓴铛铫锅
卷第一百六十器物门十三
壶瓶罐釜瓮筐筥笼
籯籧篮箕畚簁筛篑筒
囊橐箱柜椟匣箧笥簏
卷第一百六十一器物门十四
网罝罾索绋繻绲组绠
绷棚牓桁杙签牌枹磨
碓硙碾臼砧杵笭锣櫜
钳锤钻键锁钥钉镝镣
耒锄铚犁镈锻钯棰铃
钮镰叉镵砭牒筑帚檠
卷第一百六十二器物门十五

笔砚纸牋墨筒檄碑
卷第一百六十三器物门十六
书画图册
卷第一百六十四器物门十七
钟镛枸鼓鼙鞉
卷第一百六十五器物门十八
丝琴瑟笙篪箫笛筝竽
琵
卷第一百六十六器物门十九
磬管柷钲铎铙铃笳角
弦簧甲盾铠
卷第一百六十七器物门二十
剑刀轶钺钑铣铍钩锯
斤斧矛戟戟
卷第一百六十八 器物门二十一
弓弧弩矢箭镞干戈枪
殳锥锤槌椎熢燧炮
卷第一百六十九 器物门二十二
香
卷第一百七十 器物门二十三
盐油胶磁矾砂冶柴薪
炭煤麸醪醴酏醍
卷第一百七十一 器物门二十四
粢饭粥面饼粮糠牲脍
脯羹糟麴酱醋醢醢醢
豉糖饧饴蜜脂膏酪浆
酥
卷第一百七十二 器物门二十五
酒
卷第一百七十三 器物门二十六
锦绣绨纨缇缬币帛
卷第一百七十四 器物门二十七
罗绮纱绫壳缯纩练绢
细绡彩
卷第一百七十五器物门二十八
布缣绝缦组纩絺绤繐
褐毡罽氈绵线缕纶纬
卷第一百七十六 草木门一
谷米稻黍稷秬秫秔籼
粱糜粟麦荞麸豆荏菽
禾苗秧箕穞
卷第一百七十七草木门二
麻薏瓜匏瓠葫薇蕨藿
蒌蒿菌蕈蔗
卷第一百七十八草木门三
蔬菜葱韭蒜薤芥姜茄
莴芸苔菘苋荠苞菲葑
蔓荼莱芋藷薯葽蒻荬
术蕢蒟
卷第一百七十九草木门四
茶茗药
卷第一百八十草木门五
兰蕙荃
卷第一百八十一草木门六

芝蕒萱芸郁菊葵茗藤
茹
卷第一百八十二草木门七
萝薜苔藓莎藜堇苓稗
蘘茯菖苎枲葛
卷第一百八十三草木门八
蕉莣芍虋蓬茅萧
卷第一百八十四草木门九
蓍菁艾芒茮芭茨苹莪
藾苌蔹茜芜槀菅英蔐
荛苻蘧笼蔗茛莓菎萎
茵葶芫菟蔛苴蓤荀蕇
蕡荚蘴荜菝芻薰荪蘼
芷药蘅蔷芎蔄莜
卷第一百八十五草木门十
莲荷芰藕菏蕖芙菇蔆芡
卷第一百八十六草木门十一
蒲萑荇藻蒋莞茭苄芹
卷第一百八十七草木门十二
蒹葭莩芦荻荻萑苇蓼
苹萍
卷第一百八十八草木门十三
草
卷第一百八十九草木门十四
梅桂
卷第一百九十草木门十五
桃李杏棣樱
卷第一百九十一草木门十六
梨枣榛栗荔桔柑
卷第一百九十二草木门十七
杨柳枌榆
卷第一百九十三草木门十八
檀柟桤樟柞槠楸柽柏
橡栎椿樗荆槿
卷第一百九十四草木门十九
桑柘棘槐
卷第一百九十五草木门二十
桐椒苏梧梓栝樻
卷第一百九十六 草木门二十一
松柏枫桧杉
卷第一百九十七 草木门二十二
杞枸枳椅漆榴柰柿椑
櫨棫榧椹柚橙榄枇槟
椰榢
卷第一百九十八 草木门二十三
棠杜栀楝蘑蕣棫杼枢
栾杻椵楟桦桔杯蘖栘
橦橄棪槙榔欑机柜椆
枞榣樠楢梫楩榕槲栌
杶楔栲橿椤槠櫄棹柀
楷椶
卷第一百九十九 草木门二十四
木
卷第二百草木门二十五
树篠篁笆筍箬箘彗箨
筠篣簟箟篰笹

卷第二百二十三虫鱼门六

蚕蛹蜩蛾蝉萤蜂蝶蛛

螳蜻蜡蛩

卷第二百二十四虫鱼门七

蚁蚓蝼蚯蠖蜗蠹虱蛸

蟾蝎蚍虮螽蜼蝇蛆蚊

蚋蝝螟蛮螬蚤蛭蟥

虫

卷第二百二十五人事门一补遗

全福寿富贵禄

卷第二百二十六人事门二补遗

喜庆荣盛隆兴

卷第二百二十七人事门三补遗

胜得昌嘉怡悦

卷第二百二十八人事门四补遗

美康宁崇雍熙

卷第二百二十九人事门五补遗

高

卷第二百三十人事门六补遗

和娱久足愉丰幸

卷第二百三十一人事门七补遗

宜祥妙畅爱

卷第二百三十二人事门八补遗

雅协乐赏

卷第二百三十三人事门九补遗

瑞僃好欣快

卷第二百三十四人事门十补遗

长清

卷第二百三十五人事门十一补遗

大

卷第二百三十六人事门十二补遗

治增赐化

卷第二百三十七人事门十三补遗

顺动养

卷第二百三十八人事门十四补遗

静敷豫幽合

卷第二百三十九人事门十五补遗

平

卷第二百四十人事门十六补遗

安

提　要

臣等谨案:《骈字类编》二百四十卷,圣祖仁皇帝特勅儒臣刱例编纂,逮雍正四年告成,世宗宪皇帝制序颁行。其书以事分类,以类统字,标首概以二字皆取其的实可属对者而虚字不与焉,又以上字统下字为向来纂辑类书未有之格,若网在纲有条不紊。为门十有二曰天地,曰时令,曰山水,曰居处,曰珍宝,曰数目,曰方隅,曰采色,曰器物,曰草木,曰鸟兽,曰虫鱼,补遗一门曰人事,为类一千六百有四。一类之中多者至百十余条,并从字义排次而每条所引之书,则以经、史、子、集、杂文、诗赋为次,搜罗殚博,义例井然,且字必典核,文贵雅驯。于以嘉惠承学,用为选辞征事之祕,真可去豪发无遗憾矣。

乾隆四十一年九月恭校上

总纂官:臣纪昀、臣陆锡熊、臣孙士毅

总校官:臣陆费墀

诸臣职名*

雍正六年四月十三日奉旨开列《御定骈字类编》监修、校对、总裁、纂修、监造诸臣职名：

武英殿监修：

和硕庄亲王臣允禄

和硕果亲王臣允礼

南书房校对：

经筵日讲官起居注太子太保保和殿大学士兼户部尚书仍管翰林院掌院学士事加一级臣张廷玉

经筵讲官文华殿大学士兼户部尚书加一级臣蒋廷锡

经筵讲官刑部尚书加一级臣励廷仪

经筵讲官户部左侍郎兼吏部右侍郎加一级臣史贻直

经筵讲官内阁学士兼礼部侍郎降二级留任臣吴襄

原任日讲官起居注詹事府詹事臣王图炳

太仆寺乡署国子监祭酒加一级臣蔡嵩

总督仓场加一级臣刘于义

巡抚安徽等处地方军务兼理粮饷兵部右侍郎兼都察院右副都御史臣魏廷珍

广西按察使司按察使加一级臣张元怀

---

* 该标题为编者所加。

武英殿总裁：

经筵讲官工部左侍郎兼内阁学士加一级臣吴士玉

詹事府詹事兼翰林院侍读学士加一级臣张廷璐

翰林院侍讲学士加一级臣张照

提督浙江学政翰林院侍讲加一级臣王兰生

原进士臣方苞

纂修：

原任翰林院提督四译馆太常寺少卿臣沈宗敬

原任右春坊右中允兼翰林院编修臣张缙

提督贵州学政翰林院侍读加一级臣徐本

原任提督山西学政翰林院编修加一级臣沈锡辂

原任翰林院编修臣高舆

翰林院编修革职留任臣俞鸿图

翰林院编修加一级臣张梦征

原任翰林院检讨臣舒大成

翰林院检讨臣陈万策

翰林院检讨臣李光墺

提督广西学政江南道监察御史加一级臣卫昌绩

河南道监察御史加一级臣唐继祖

山东盐运使司盐运使加二级臣梅廷对

广东广州府知府臣张鋗

原任刑部福建司主事臣高衡

工部都水司主事臣管式龙

工部屯田司主事臣陈树萱

内阁中书舍人臣戴临

中书科中书舍人臣程鹏

原任中书科中书舍人臣郭元釪

原任中书科中书舍人臣王祖慎

原任中书科中书舍人臣邹元斗

翰林院待诏臣王时济

翰林院待诏臣顾阿瑛

贵州定番州知州臣葛敬夫

江南宝应县知县臣王宸儁

河南济源县知县臣汤权

广东揭阳县知县臣陈树芝

江南余干县知县臣董永年

直隶大名府元城县县丞臣赵仔敦

候选州同臣张家鉴

监生臣黄豹

监造：

稽察内务府事务监察御史兼护军参领佐领加二级臣三保

监造臣雅尔岱

监造臣李之纲

《御定音韵阐微》

序

声音之道微矣！天地有自然之声，人声有自然之节。古之圣人得其节之自然者，而为之依永和声，至于八音谐而神人和胥。是道也，文字之作，无不讲求音韵，顾南北异其风土，古今殊其转变。喉舌、唇齿、清浊、轻重之分辨在毫厘，动多讹舛，樊然淆混，不可究极。自西域梵僧定字母为三十六，分五音以总天下之声，而翻切之学兴。儒者若司马光、郑樵皆宗之，其法有音和、类隔、互用、借声，类例不一，后人苦其委曲繁重，难以骤晓，往往以类隔互用之切，改从音和，而终莫能得其原也。

我圣祖仁皇帝亶聪首出，天地万物之奥，律历象数之秘，靡弗心解神会，洞彻本原。以国书合声之法，出于自然，足以尽括汉文翻切之要妙也，于是指授大学士李光地拟定条例节目，俾诸生王兰生纂辑之后，复以尚书徐元梦董其成。始自康熙五十四年，迄今十载奏竣，命之曰《音韵阐微》。盖其为法也，缓读则成二字，急读则成一音，在音和中尤极其和，总出于人声之自然而无所勉强，洵为简明易晓，从来翻切家所莫及，而讲求音韵者，习之良甚便也。虽然，此特就切韵言之耳。尝观《皇极经世书》："律感吕而声生，吕感律而音生，律吕倡和，相生不穷。"以声音统摄万物之变说者，谓其以声起数，以数合卦，而万物之理备焉。我圣祖仁皇帝独见音韵之本原，即用以审音定律，作乐崇德，其道举无所不贯。盖睿知渊通，更有极乎至微者，夫岂群下所能仰窥万一哉！

凡　例

从来考文之典不外形声二端，开象存乎点画，声音在于翻切。世传切韵之书，其用法繁而取音难，今依本朝字书合声，切法则用法简而取音易，如公字旧用古红切，今拟姑翁切，巾字旧用居银切，今拟基因切，牵字旧用苦坚切，今拟欺烟切，萧字旧用苏彫切，今拟西腰切。盖翻切之上一字定母，下一字定韵。今于上一字择其能生本音者，下一字择其能收本韵者，缓读之为二字，急读之即成一音。此法启自国书十二字头，括音韵之源流，握翻切之窍妙，简明易晓乃前古所未有也。

凡字之同母者，其韵部虽异，而呼法开合相同，则翻切但换下一字而上一字不换。如姑翁切公字，姑威切归字，姑弯切关字，姑汪切光字，此四字皆见母合口呼俱生声于姑字。又如基因切巾字，基烟切坚字，基腰切骄字，其优切鸠字，此四字皆见母齐齿呼俱生声于基字。由此以推，凡翻切之上一字皆取支微鱼虞歌麻数韵中字，辨其等母呼法其音自合，以此数韵能生诸部之音，在国书十二字头与支微鱼虞歌麻数韵对音者原为第一部也。

凡字之同韵者，其字母虽异，而平仄清浊相同，则翻切但换上一字而下一字不换。如基烟切坚字，欺烟切牵字，梯烟切天字，卑烟切边字，此四字皆先韵之清声俱收声于烟字。如奇延切虔字，池延切缠字，弥延切绵字，齐延切钱字，此四字乃先韵之浊声俱收声于延字。由此以推，凡各韵清声之字，皆收声于本韵之影母，各韵浊声之字，皆收声于本韵之喻母。盖影喻二母声有清浊，乃本韵之喉音。天下之声，皆出于喉而收于喉，故翻切之下一字用影喻二母，中字收归喉音，其声自合也。

每韵中同音之字汇于一处，每音第一字下註明其音。今将旧翻切列于前，系以《广韵集韵》旧名，有不备者缺之，他书可参证者并存之，将所拟合声切列于后，系以合声二字其有系以今用二字者因本母本呼于支微鱼虞数韵中无字者则借仄声或别部之字以代之，但开齐合撮之类不使相淆。遇本韵影喻二母无字者则借本韵旁近之字以代之，其清母浊母之分不使或紊其取音比旧稍近也，有再系以协用二字者再借邻韵影喻二母中字以协其声也，或系以借用二字者乃虽借邻韵并非影喻二母中字其声为近而亦不甚协者也。盖汉文有音无字者多，又支微鱼虞数韵并各韵影喻二母皆单音之字不能合声，欲得正音必婉转以求其相近。若遇本字之切音易明者则不多注，遇旧韵书翻切用字已合者则仍其旧也。

平声诸韵，清浊之辨甚显故，收声之字必分清浊。至上去入声，其字较少而清浊之辨甚微，但据出切之字，以定其母。而收声之字或不拘清浊。又凡翻切用字，须择其常见常用者，若遇险僻之字，或读法差讹，南北古今互异者，其音虽近，不如借用也。

按韵分音在于字母。每音上所标见溪等字，乃字母也。其法出自梵僧，详析于宋郑樵《七音略》，而审定于元刘鉴《切音指南》。凡三十六母内有一十三母重列者，故纵分二十三行，横分四等，平上去入以声相附，唇喉齿舌以类相从。凡经史韵书中有音有字者，皆足以包之，各省风土之殊，古今音韵之变，亦有以界之，乃汉文审音之枢要也。他如高丽、回回诸字书，亦分韵分母，而与中土之音多不对。邵子《皇极经世书》及近代言韵者，其字母各有多寡，然或字母多，而母中不能有字，或字母少，而字音多无所归，惟三十六母之谱，与汉文合，今仍其旧。

排列字母各有等第，见溪诸母下系，一二三四字乃其等也。历代韵谱多分四等，故俗呼等韵，邵子《皇极经世书》分开发收闭四音，即四等之意，今仍其旧。

依韵辨音，各有呼法，旧分开合二呼，每呼四等。近来审音者，于开口呼内又分齐齿呼，于合口呼内又分撮口呼。每呼二等，以别轻重，二呼同居一幅，共分四等，名目加详，其实无二。今于每韵内，分注开口呼、齐齿呼、合口呼、撮呼，各若干音，以为按母分音之据，乃呼法也。

韵书原为诗赋之用，律诗律赋莫盛于唐，则律韵宜依唐韵。部分在三代以前有韵语无韵书，秦汉魏晋以来与右渐异，至齐梁间始有四声切韵之说，而周颙、沈约之书亦已不传。今之《广韵》，盖创自隋陆法言、刘臻诸人，增修于唐孙愐，而更定于宋陈彭年，共分二百有六韵，乃韵书之最旧者。景祐初宋祁丁度等撰修《集韵》，收字取音，务从该广复删其繁，为《礼部韵略》，颁之学官，以为科举诗赋之用。绍兴末衢州进士毛晃取《礼部韵略》，增修之为《增修互注韵略》。淳祐间平水刘渊有《壬子新刊韵略》，乃并《礼部韵》之同用者为一百七韵。金韩道昭有《五音集韵》就同用中，并其呼法等第之相同者为一百六十韵。嗣后惟元黄公绍《古今韵会》共韵目，尚仍刘渊之旧。他如阴时夫之《韵府群玉》、明之《洪武正韵》、章黼之《韵学集成》等书部分愈少与《广韵》《集韵》愈异。今按音编次，略仿《五音集韵》与《韵会》之式，而二百六韵之名附存《广韵》《集韵》之旧马至韵目下，独用同用之注皆为律韵设也。《广韵》《集韵》诸书亦互有异同，详见各韵按语中。

唐虞三代以及秦汉所传既无韵书，故古韵部分言者各殊，究无定论。今按其收声以别之，平声分为六部，上去二声与平声同入声分为三部，皆与国书十二字头之部分相对。歌麻支微齐鱼虞为一部，皆直收本字之喉音，凡诸韵之声皆从此出，与十二字头阿厄衣一部之音相对。佳灰与支微齐为一部，同收声于衣字，与十二字头艾厄矣一部之音相对。萧肴豪尤与鱼虞为一部，同收声于乌字，与十二字头傲殴优一部之音相对。东冬江阳庚青蒸为一部收鼻音,与十二字头昂罂英一部之音相对。真文元寒删先为一部收舌齿音,与十二字头按恩因一部之音相对。侵覃盐咸为一部收唇音,与十二字头收声于母字者相对。至入声屋沃觉药陌锡职为一部乃东冬江阳庚青蒸之入声,其音宜与十二字头之收声于克字者相对,以皆收声于鼻音也。质物月曷黠屑为一部乃真文元寒删先之入声,其音宜与十二字头之收声于忒字者相对,以皆收声于舌齿也。缉合叶洽为一部乃侵覃盐咸之入声,其音宜与十二字头之收声于卜字者相对,以皆收声于唇音也。至十二字头之收声于勒收声于思收声于尔者,其音为汉文之所无,不能对音者也。夫分六部收声,而三部有入,此古韵、唐韵之要诀,讲究乐府者言之,而考之秦汉以前之经书多依此为韵,即证之高丽、回回各国字书部分亦大致相符,而求其该括整齐,则未有如十二字头者也。

韵部为经,字母为纬,等第呼法以别其音。今于能别者悉为剖析注释,其不能辨者则仍旧以示存古之意。又如江韵之字古音与东冬韵近,今音与阳韵近。殷韵之字唐人多与真同用,宋以后乃与文同用。此声音部分之随韵而异者,皆详于各韵按语中。若疑微喻三母南音各异,北音相同,知彻澄三母古音与端透定相近,今音与照穿床相近。又泥母与孃母、非母与敷母古音异读,今音同读。此声音部分之随母而异者皆按旧谱列之,而古今南北之别,庶按母可辨不敢意为离合也。

韵书以审音为要,故注释之文不能多引,或但采诸韵书之注以解其义,或援经史子集以证其说,取字以适用为宜,故隐僻之文重复之音不能悉载,仍以宋《礼部韵略》为本,而复取诸家之韵书以增修之,其详则有字书类书可参考也。

目　录

卷八　上声

八荠

九蟹

十贿

十一轸

十二吻

十三阮

十四旱

十五潸

卷九　上声

十六铣

十七篠

十八巧

十九晧

二十哿

二十一马

二十二养

卷十　上声

二十三梗

二十四迥

二十五有

二十六寝

二十七感

二十八琰

二十九豏

卷十一　去声

一送

二宋

三绛

四寘

五未

六御

七遇

卷十二　去声

八霁

九泰

十卦

十一队

二十震

十三问

十四愿

十五翰

十六谏

卷十三　去声

十七霰

十八啸

十九效

二十号

二十一个

二十二禡

二十三漾

卷十四　去声

二十四敬

二十五径

二十六宥

二十七沁

二十八勘
二十九艳
三十陷
卷十五　入声
一屋
二沃
三觉
四质
五物
卷十六　入声
六月
七曷
八黠
九屑
卷十七　入声
十药
十一陌
十二锡
十三职
卷十八　入声
十四辑
十五合
十六叶
十七洽

提 要

臣等谨案:《音韵阐微》十八卷,始辑于康熙五十四年圣祖仁皇帝指受大学士臣李光地等承修,而告成于雍正四年,世宗宪皇帝制序刊布。自来音韵之说至为纠棼,梁沈约撰《四声》,继之者隋陆法言撰《切韵》,唐孙愐撰《唐韵》,其书并佚。若宋祥符之《广韵》,景祐之《集韵》,皆奉勅修,而《礼部韵略》独列于学官,毛晃仍而增益之,刘渊复因而通并其部分。元黄公绍作《韵会》,亦仍刘韵而笺注特详明。洪武中诏宋濂等刊修《正韵》,又以意删并部分,要其翻切轻重缓急之间,或因或改均未能悉协。惟本朝字书合声切法至为简易,实阐从来未发之蕴。是书翻切并以上一字生音,下一字收韵,审辨精微万古不易矣!

乾隆四十一年三月恭校上

总纂官:臣纪昀臣、陆锡熊、臣孙士毅

总校官:臣陆费墀

诸臣职名*

雍正六年九月二十一日奉旨开列《御定音韵阐微》监修、承修、编纂、校看、校对、监造诸臣职名：

武英殿监修：

和硕庄亲王臣允禄

和硕庄亲王臣允礼

承修：

原任文渊阁大学士兼吏部尚书太子太傅加三级臣李光地

编纂：

提督浙江学政翰林院侍讲加一级臣王兰生

校看：

内阁学士行走臣徐光梦

武英殿校对：

原进士臣方苞

翰林院编修革职留任臣俞鸿图

翰林院编修加一级臣周学健

翰林院编修臣李清植

巡视西城署掌河南道事浙江道监察御史加一级臣唐继祖

内阁中书舍人臣戴临

---

* 该标题为编者所加。

监造：

稽察内务府事务监察御史兼护军参领加二级臣三保

监造臣雅尔岱

监造臣李之纲

《子史精华》

序

恭惟皇考圣祖仁皇帝天纵聪明,秉上圣之姿,而垂意典籍,勤于稽古。御极六十余年,万几之暇,披览卷帙,不辍寒暑。巡幸所至,必以缃素自随,逮于耄龄,精研不倦。延阁广内之藏,搜讨无遗,所谓好古敏求多学,而一以贯之也。欲以编辑成书,嘉惠天下后世嗜学之士,特命开书局于武英殿,召集词臣,历岁修纂。每成数卷,即上呈御览,亲加指示。前后所成,充溢册府,而《子史精华》之纂为最后。

朕缵绪之初,尚未告竣。敬承先志,俾就厥功。综观大凡,其部三十,其目二百七十有九,自天文地理、帝德王功、礼乐兵刑之大、人伦日用之常,以及九边之殊域、二氏之异教、方术技艺之巧、草木鸟兽之蕃,门分类别,条理具备,而采掇子史,芟芜撷秀,甚有裨于学者。盖士之向学,通经为先,而博及于子史,固不能若穷经之专一,惟揽其精华而识之勿忘。俾考古者于兹寻其绪,则无虑于简牍之繁;绩文者于兹取其材,则有助于翰墨之富,用力甚简而成功已多,是圣祖皇帝垂教无穷之至意也。剞劂既毕,展阅全编,敬为叙引,昭示久远,用缀于篇端。

雍正五年四月初九日

目　录

王

卷二十三　皇亲部三

公主 公族 外戚

卷二十四　岁时部一

春

卷二十五　岁时部二

夏

卷二十六　岁时部三

秋

卷二十七　岁时部四

冬

卷二十八　礼仪部一

朝会

卷二十九　礼仪部二

飨燕

卷三十　礼仪部三

巡幸

卷三十一　礼仪部四

学校

卷三十二　礼仪部五

养老 婚姻

卷三十三　礼仪部六

郊社

卷三十四　礼仪部七

封禅

卷三十五　礼仪部八

陵庙

卷三十六　礼仪部九

祭祀

卷三十七　设官部一

宰辅

卷三十八　设官部二

词臣 史臣

卷三十九　设官部三

御史台 尚书省 省掖 吏部 户部 礼部 兵部 刑部 工部

卷四十　设官部四

卿寺 法官 郎署 师儒 京尹

卷四十一　设官部五

使臣 节镇 东宫官

卷四十二　设官部六

郡牧

卷四十三　设官部七

郡佐 县令 丞尉

卷四十四　设官部八

僚吏 封爵 俸禄 内侍

卷四十五　政术部一

选举上

卷四十六　政术部二

选举下

卷四十七　政术部三

荐举 征辟

卷四十八　政术部四

铨除

卷四十九　政术部五

考绩 功勋

卷七十八　边塞部二

边防

卷七十九　边塞部三

外域上

卷八十　边塞部四

外域下

卷八十一　伦常部一

君臣

卷八十二　伦常部二

父子

卷八十三　伦常部三

夫妇

卷八十四　伦常部四

兄弟

卷八十五　伦常部五

朋友

卷八十六　伦常部六

宗族 姻戚

卷八十七　品行部一

德行 度量

卷八十八　品行部二

廉俭

卷八十九　品行部三

风节

卷九十　品行部四

阴德 退让

卷九十一　品行部五

谨慎 明智

卷九十二　品行部六

识鉴

卷九十三　品行部七

高隐

卷九十四　品行部八

旷达 勇毅

卷九十五　品行部九

任侠 邪佞

卷九十六　品行部十

贪虐 骄奢

卷九十七　人事部一

贵贱 贫富

卷九十八　人事部二

门第

卷九十九　人事部三

风俗

卷一百　人事部四

名誉

卷一百一　人事部五

眉寿 早慧

卷一百二　人事部六

交与 施予 闲适

卷一百三　人事部七

游览 行旅

卷一百四　人事部八

干谒 恩怨

卷一百五　乐部一

雅乐 音律

卷一百三十四　妇女部二
才艺 女工 容貌 装饰 蛊惑
卷一百三十五　动植部一
鸟
卷一百三十六　动植部二
兽上
卷一百三十七　动植部三
兽下
卷一百三十八　动植部四
鳞 介
卷一百三十九　动植部五
虫豸
卷一百四十　动植部六
百谷 蔬菜 果瓜
卷一百四十一　动植部七
草木上
卷一百四十二　动植部八
草木下
卷一百四十三　仪饰部一
仪仗
卷一百四十四　仪饰部二
符节 印绶
卷一百四十五　服饰部一
冠巾 带佩
卷一百四十六　服饰部二
衣裳 履舄
卷一百四十七　居处部一
宫苑 廨署
卷一百四十八　居处部二
第宅 驿舍
卷一百四十九　产业部一
田农 蚕织
卷一百五十　产业部二
商贾 百工 渔樵 畜牧
卷一百五十一　食馔部一
食饮
卷一百五十二　食馔部二
膳羞
卷一百五十三　珍宝部一
珠玉 五金
卷一百五十四　珍宝部二
钱 杂宝
卷一百五十五　器物部一
法器 乐器 农器
卷一百五十六　器物部二
军器
卷一百五十七　器物部三
文具
卷一百五十八　器物部四
坐卧具 舟车
卷一百五十九　器物部五
杂器
卷一百六十　器物部六
布帛

提　要

臣等谨案:《子史精华》一百六十卷,圣祖仁皇帝御定,世宗宪皇帝实缵成之。唐臣韩愈有云:“纪事者必提其要,纂言者必钩其元。”周秦以来,子部著录者近数千家,正史杂史,下逮稗野之作,亦数千百种。承学之士,泛滥浩博,莫知津逮,而有志编摩者,间有节录,若《诸史提要》《经子法语》《诸子琼林》诸书,或剪裁过甚,得粗遗精,识者病之。是编综萃群言大书以标其警策,分注以玩其辞旨,卷帙不繁而包罗宏富。盖大圣人嘉惠艺林之盛心,无微不至矣!

乾隆四十二年二月恭校上

总纂官:臣纪昀、臣陆锡熊、臣孙士毅

总校官:臣陆费墀

诸臣职名*

雍正五年十二月初三日奉旨开列《御定子史精华》监修、校对、总裁、纂修、监造诸臣职名：

武英殿监修：

和硕庄亲王臣允禄

多罗果郡王臣允礼

南书房校对：

经筵日讲官起居注太子太保大华殿大学士兼户部尚书仍管翰林院掌院事加一级臣张廷玉

经筵讲官户部尚书加一级臣蒋廷锡

经筵讲官刑部尚书加一级臣励廷仪

经筵讲官户部左侍郎加一级臣史贻直

日讲官起居注詹事府詹事臣王图炳

巡抚安徽等处地方军务兼理粮饷兵部右侍郎兼都察院右副都御史加一级臣魏廷珍

日讲官起居注提督湖北学政翰林院修撰加一级臣于振

署理日讲官起居注翰林院编修加一级臣励宗万

日讲官起居注翰林院编修加一级臣戴瀚

翰林院编修臣杨炳

* 该标题为编者所加。

武英殿总裁：

经筵讲官工部左侍郎加一级臣吴士玉

日讲官起居注詹事府詹事兼翰林院侍读学士加一级臣张廷璐

翰林院侍讲学士加一级臣张照

提督浙江学政翰林院侍讲加一级臣王兰生

原进士臣方苞

纂修：

经筵讲官内阁学士兼礼部侍郎降二级留任加一级臣吴襄

原任翰林院提督四译馆太常寺少卿臣沈宗敬

原任右春坊右中允兼翰林院编修臣张缙

提督贵州学政左春坊左赞善兼翰林院检讨加一级臣徐本

日讲官起居注提督山西学政翰林院编修加一级臣沈锡辂

翰森院编修今革职留任臣愈鸿图

翰林院编修加一级臣张梦征

原任翰林院检讨臣舒大成

翰林院检讨臣陈万策

翰林院检讨臣李光墺

提督广西学政江南道监察御史加一级臣卫昌绩

浙江道监察御史加一级臣唐继祖

山西盐运使司盐运使加二级臣梅廷对

广东广州府知府臣张鋗

工部都水司主事臣管式龙

工部屯田司主事臣陈树萱

内阁中书舍人臣戴临

中书科中书舍人臣程鹏

原任中书科中书舍人臣王祖慎

原任中书科中书舍人臣邹元斗
翰林院待诏臣王时济
翰林院待诏臣顾阿瑛
江南宝应县知县臣王宸儁
广东揭阳县知县臣陈树芝
江西临川县知县臣董永年
贵州贵筑县知县臣葛敬夫
候选州同臣赵仔敦
候选州同臣张家鉴
监生臣黄豹

监造：
稽察内务府事务监察御史兼护军恭领佐领加二级臣三保
监造臣雅尔岱
监造臣李之纲

《钦定诗经传说汇纂》

序

朕惟《诗》之为教，所以成孝敬，厚人伦，美教化，移风俗，其用远矣。自说《诗》者，各以其学行世，释解纷纭，而经旨渐晦。朱子起而正之，《集传》一书，参考众说，探求古始，独得精意，而先王之诗教借之以明。国家列在学官，著之功令，家有其书，人人传习，四始六义，晓然知所宗尚。

我皇考圣祖仁皇帝，右文稽古，表章圣经。御纂《周易折中》，既一以《本义》为正。于《春秋》《诗经》，复命儒臣次第纂辑，皆以朱子之说为宗。故是书首列《集传》，而采汉唐以来诸儒讲解训释之与《传》合者存之，其义异而理长者，别为附录，折中同异，间出己见。乙夜披览，亲加正定。书成，凡若干卷，名曰《诗经传说汇纂》。

朕惟《诗》三百篇，先生所以明劝惩而行黜陟。盖治世之大经，而后世文人学士乃以风云月露之辞自托风雅，学经者又溺于训诂词章之陋习，乌在其能明先生之道也？我皇考指授儒臣，勒为是编，期以阐先王垂教之意与孔子删《诗》之旨。学于是者，有得于兴观群怨之微，而深明于事父事君之道，从政专对，无所不能，则经学之实用著，而所谓用之乡人，用之邦国以化天下者，亦于是乎行焉。刊校既竣，敬述圣意，序之简端。

凡例

一历代史志所载《诗经》传受源流，及先儒讲论六义之体、读诗之法与评议诸家经解是非得失者，采为纲领。

一朱子表章圣经，惟《诗集传》与《周易本义》为成书，尤生平精意所属，今标以为宗。而自汉迄明诸儒先之解诂，采其义理精当有裨经旨者，录在朱传之后为集说。其文义小殊彼此相备者，为折其中，或二说各成其是，则别为附录，用资参考，一依《周易折中》之式。

一小序相传出于子夏，或疑为卫宏所作，朱子亦以其所从来远。凡真有传授证验而不可废者，既入集传，其可疑者系以辩论并为一编，以还其旧，今仍另列为一卷。

一《诗》有谱有图，谱以胪诸国世次而考其时代，图以存三代以上制作之旧，古人左图右书其遗意也。今略存之其中，有辨证者则附著于下。

一鸟兽草木之名所以资多识，然儒先考索名物颇有专书，而御府纂修诸书更为博洽，今特依朱传所载释其梗概，至曲证旁诠无关比兴者则在所略。

一山川封域建置不齐，郡邑名称时代多改，朱传所载止据宋时，今悉遵《皇舆考》为之补释，以见沿革源流间有可疑宁从其缺。

目　录

斯 巷伯 谷风 蓼莪 大东 四月

卷十四

北山之什

北山 无将大车 小明 鼓钟 楚茨 信南山 甫田 大田 瞻彼洛矣 裳裳者华

卷十五

桑扈 鸳鸯 頍弁 车舝 青蝇 宾之初筵 鱼藻 采菽 角弓 菀柳

卷十六

都人士之什

都人士 采绿 黍苗 隰桑 白华 绵蛮 瓠叶 渐渐之石 苕之华 何草不黄

卷十七

大雅

文王之什

文王 大明 绵 棫朴 旱麓 思齐 皇矣 灵台 下武 文王有声

卷十八

生民之什

生民 行苇 既醉 凫鹥 假乐 公刘 泂酌 卷阿 民劳 板

卷十九

荡之什

荡 抑 桑柔 云汉 崧高 烝民 韩奕 江汉 常武 瞻印 召旻

卷二十

颂

周颂清庙之什

清庙 维天之命 维清 烈文 天作 昊天有成命 我将 时迈 执竞 思文

周颂臣工之什

臣工 噫嘻 振鹭 丰年 有瞽 潜 雍 载见 有客 武

周颂闵予小子之什

闵予小子 访落 敬之 小毖 载芟 良耜 丝衣 酌 桓 赉 般

卷二十一

鲁颂

駉 有駜 泮水 閟宫

商颂

那 烈祖 玄鸟 长发 殷武

诗序上

风

诗序下

雅

颂

引用姓氏

周

荀氏况

汉

贾氏谊

韩氏婴

毛氏苌

董氏仲舒

孔氏安国 子国

司马氏迁 子长

焦氏赣 延寿

刘氏向 子政

匡氏衡 稚圭

孔氏光 子夏

扬氏雄 子云

薛氏汉 公子

杜氏子春

班氏固 孟坚

贾氏逵 景伯

马氏融 季长

许氏慎 叔重

服氏虔 子慎

郑氏康成

赵氏岐 邠卿 又字台卿

何氏休 邵公

应氏劭 仲远

刘氏熙 成国

荀氏悦 仲豫

李氏巡

魏

王氏肃 子邕

张氏揖

孙氏炎 叔然

吴

陆氏玑 元恪

韦氏昭 弘嗣

晋

杜氏预 元凯

皇甫氏谧 士安

崔氏豹 正熊

郭氏璞 景纯

梁

陶氏弘景 通明 贞白

刘氏勰 彦和

北魏

郦氏道元 善长

隋

王氏通 仲淹 文中子

唐

陆氏德明

颜氏师古 籀

孔氏颖达 仲达 一作冲远

李氏延寿

李氏善

贾氏公彦

司马氏贞

吕氏向 子回

孙氏愐

杜氏佑 君卿

施氏士丐

韩氏愈 退之 昌黎

杨氏倞

成氏伯瑜 一作伯玙

段氏成式 柯古

后晋

刘氏昫

南唐

徐氏锴 楚金

宋

聂氏崇义

邢氏昺 叔明

胡氏旦 周父

寇氏宗奭

宋氏祁 子京

阮氏逸 天隐

欧阳氏修 永叔 庐陵

苏氏洵 明允 老泉

邵子雍 尧夫 康节

鲜于氏侁 子骏

刘氏彝 执中 长乐

张子载 子厚 横渠

曾氏巩 子固 南丰

刘氏敞 原父 公是

王氏安石 介甫 临川

程子颢 伯淳 明道

程子颐 正叔 伊川

苏氏颂 子容

沈氏括 存中

范氏祖禹 淳夫 华阳

苏氏轼 子瞻 东坡

苏氏辙 子由 颍滨

徐氏积 仲车

吕氏大钧 和叔

吕氏大临 与叔 蓝田

陆氏佃 农师

刘氏安世 器之 元城
张氏耒 文潜
谢氏良佐 显道 上蔡
游氏酢 定夫 广平
杨氏时 中立 龟山
尹氏焞 彦明 和靖
陈氏祥道 用之
陈氏旸 晋之
蔡氏卞 元度
胡氏安国 康侯 建安
董氏逌 彦远
廖氏刚 用中 高峰
方氏悫 性夫
郑氏樵 渔仲 夹漈
胡氏寅 明仲 致堂
郑氏伯熊 景望
曹氏粹中 纯老
陈氏鹏飞 少南
李氏樗 迂仲
林氏之奇 少颍
吴氏棫 才老
范氏浚 茂明
程氏大昌 泰之
范氏处义 逸斋
傅氏寅 同叔
罗氏愿 端良

朱子熹 元晦 紫阳
张氏栻 敬夫 南轩
陈氏傅良 君举 止斋
吕氏祖谦 伯恭 东莱
王氏质 景文 雪山
黄氏櫄 实夫
项氏安世 平甫 容斋
叶氏适 正则 水心
戴氏溪 肖望 岷隐
黄氏干 直卿 勉斋
陈氏淳 安卿 北溪
辅氏广 汉卿 潜庵 庆源
蔡氏沉 仲默 九峰
李氏如圭 宝之
赵氏顺孙 格非
陈氏埴 器之 潜室
李氏闳祖 守约
潘氏时举 子善
王氏日休 虚中 龙舒
钱氏文子 文季
濮氏一之 斗南
真氏德秀 景元 西山
魏氏了翁 华父 鹤山
叚氏昌武 子武
严氏粲 坦叔 华谷
饶氏鲁 仲元 又字伯舆 双峰

章氏如愚 俊卿 山堂

刘氏济

陈氏伯玉 振孙

陈氏大猷 东斋

王氏应麟 伯厚

熊氏刚大 古溪

黄氏震 东发

谢氏枋得 君直 叠山

王氏伯 会之 鲁斋

方氏逢辰 君锡 蛟峰

熊氏禾 去非 勿轩

刘氏辰翁 会孟 须溪

王氏炎 晦叔

何氏士信

张氏学龙 竹房

彭氏执中

元

金氏履祥 吉甫 仁山

董氏鼎 季亨

胡氏一桂 庭芳 双湖

熊氏朋来 与可

吴氏澄 幼清 草庐 临川

马氏端临 贵与

陈氏栎 寿翁 定宇

许氏谦 益之 白云

虞氏集 伯生

刘氏瑾 公瑾 安成

梁氏益 友直

曹氏居贞

罗氏复 中行

吴氏师道 正傅

陈氏日强

胡氏一中 允夫

陈氏澔 可大 云庄 东汇

颜氏达 一作达龙

李氏公凯 仲容

朱氏倬 孟章

朱氏德润

朱氏公迁 克升

蒋氏悌生 仁叔

明

宋氏濂 景濂

王氏袆 子充

朱氏善 备善

杨氏士奇 名寓以字行 东里

胡氏广 光大

薛氏瑄 德温 敬轩

杨氏守陈 维新

王氏逢 原夫 野谷

何氏英 积中 松坞

王氏鏊 济之 守溪

邵氏宝 国贤 二泉

王氏守仁 伯安 阳明
湛氏若水 元明 甘泉
陆氏深 子渊 俨山
崔氏铣 子钟 后渠
吕氏柟 仲木 泾野
季氏本 明德 彭山
杨氏慎 用修 升庵
黄氏佐 才伯
唐氏顺之 应德 荆川
薛氏应旂 仲常 方山
袁氏炜 懋中 元峰
瞿氏景淳 师道 昆湖
周氏斯盛
袁氏仁
章氏甫 小东
章氏潢 本清
邓氏元锡 汝极 潜谷
许氏天赠 德夫 南台
胡氏明昺
冯氏时可 元敏
黄氏洪宪 葵阳
姚氏舜牧 虞佐 承菴
朱氏得之 本思
汪氏应蛟 澄源
孙氏鑛 文融 月峰
薛氏志学 希之

朱氏谋㙔 郁仪
邹氏泉 峄山
林氏濠初 初成
林氏兆珂 孟鸣
陆氏南阳 聚冈
陶氏其情 逸则
吴氏瑞登 云卿 省菴
陈氏所学 幼溪
赵氏一元 士会
黄氏一正
陈氏推 行之
叶氏向高 道卿 台山
徐氏常吉 士彰 儆弦
郝氏敬 仲舆 楚望
向氏楫 景岩
曹氏学佺 能始
张氏彩 还白
顾氏起元 邻初
顾氏大韶 仲恭
马氏复京 嗣宗
徐氏光啟 子先
沈氏守正 无回
张氏榜 宾王
张氏所望 叔翘 七泽
刘氏桢 宁之
沈氏万钶 仲容

吴氏肃公
唐氏汝谔 士雅
钟氏惺 伯敬
邹氏忠胤
周氏昌年
陆氏化熙 濬源
胡氏胤嘉 休复
魏氏浣初 仲雪
朱氏道行 简修
钱氏天锡 公永
何氏楷 元子
金氏声 子骏 正希

杨氏廷麟 伯祥
张氏次仲 元岵
陈氏际泰 大士
陈氏组绶 伯玉
王氏志长 平仲
韦氏调鼎 玉铉
顾氏梦麟 麟士
赵氏起元 庶先
胡氏绍曾 宗一
范氏王孙
陈氏鸿谟
徐氏凤彩 圣期

提　要

臣等谨案:《诗经传说汇纂》二十一卷,序二卷,圣祖仁皇帝御定,尚书臣王鸿绪等奉敕纂修,刻成于雍正五年,世宗宪皇帝制序颁行。说诗之家,汉注唐疏均遵小序,至宋欧阳修作《诗本义》《诗谱补亡》,苏辙作《诗集传》,王质作《诗总闻》,皆不专主序而疑信犹参半,其后郑樵始尽斥为伪作,朱子从之作为《集传》。吕祖谦、陈傅良或不以为是也,祖谦《读诗纪》朱子亦深取之。其他如严粲之《诗缉》,王应麟之《诗考》《地理考》皆不能无疑于序。若辅广《诗童子问》则弃序而专宗朱子矣。是书之作博采传注,兼用汉宋之说而取其精,数千年来言诗者,可别白而定一尊矣!

乾隆四十年十月恭校上

总纂官:臣纪昀、臣陆锡熊、臣孙士毅

总校官:臣陆费墀

诸臣职名*

雍正五年六月初五日奉旨开列《钦定诗经传说汇纂》总裁、校对、分修、校刊诸臣职名：

总裁：

原任户部尚书臣王鸿绪

原任都察院左都御史臣揆叙

南书房校对：

经筵日讲官起居注太子太保文渊阁大学士兼户部尚书仍官翰林院事臣张廷玉

经筵讲官户部尚书臣蒋廷锡

经筵讲官刑部尚书臣励廷仪

原任日讲官詹事府詹事臣王图炳

巡抚案庆等处地方军务兼理粮饷兵部右侍郎兼都察院右副都御史臣魏廷珍

在馆分修校对：

经筵讲官户部右侍郎兼内阁学士教习庶吉士臣吴士玉

经筵日讲官内阁学士兼礼部侍郎臣吴襄

太仆寺乡臣蔡嵩

原任詹事府少詹事臣梅之珩

日讲官起居注翰林院侍读学士臣沈翼机

---

* 该标题为编者所加。

原任詹事府少詹事臣梅之珩

日讲官起居注翰林院侍读学士臣沈翼机

日讲官起居注翰林院侍讲臣蒋涟

原任提督贵州学政翰林院检讨臣张大受

翰林院编修臣许王猷

原任翰林院编修臣徐云瑞

翰林院检讨臣陈万策

提督广西学政江南道监察御史臣卫昌绩

协理浙江道事湖广道监察御史臣蒋洽秀

内阁中书臣冯汝轼

原任内阁中书臣林佶

原任内阁中书臣王赍

原任内阁中书臣陆琮

福建等处提刑按察使司按察使臣乔学尹

原任四川重庆府知府臣周天祐

山西解州安邑县知县臣车敏来

原任湖广长沙府攸县知县臣陈溥

举人臣王希正

岁贡生臣陈崿

校刊：

原署直隶巡抚事都察院佥都御史臣赵之垣

《书经传说汇纂》

序

朕思六经皆治世之书，而帝王之大经大法，昭垂万古者，惟《尚书》为最备。盖自继天立极、精一执中、二帝三王之心法，递相授受，而治法亦因之以传。今观《书》所载，成天平地、经国造邦、建官立教、礼乐兵刑之弘纲大用，与夫赓飏都俞之休风，嘉谟嘉猷之陈告，凡所为永膺天命，而致时雍协和之效者，虽相去数千年，尚可于方策中想见其钦明寅畏之衷，敷布经纶之迹，后之君臣得奉为模楷，以追踪于唐虞三代之隆，讵不于书是赖哉？

我皇考圣祖仁皇帝，圣学渊深，治功弘远。存于中者，二帝三王之心，发于外者，二帝三王之治。而稽古好学，于典谟训诰之篇，沉潜研究，融会贯通。初命讲官分日进讲，著有《解义》一编，颁示海内。复指授儒臣，荟萃汉唐宋元明诸家之说，参考折中，亲加正定，广大悉备，于地理山川援今据古，靡不精核。为《书经传说汇纂》凡二十有四卷，兹值刊校告竣，与《易》《诗》《春秋》诸经次第传布。敬制序文，勒之卷首。夫后世之天下，唐虞三代之天下也，而治法之垂为典章，心法之原于性命者，先后同揆，百世之圣君贤辅未能易也。故为君者，必思比德于尧舜禹汤文武而后无忝乎为君；为臣者必思媲休于皋夔伊傅周召而后无忝乎为臣。朕夙夜兢兢，冀克守主敬存诚之道，以遂觐光扬烈之怀，尤冀卿尹百执事，共体元首股肱之谊，殚协恭励翼之忱，寅亮天工，诚和民志。俾薄海内外，永底乂安。于以远宗圣哲，而仰承皇考尊崇经学、启牖万世之盛心，顾不美欤？是为序。

目 录

诸臣职名*

总裁：

原任经筵讲官太子太傅武英殿大学士兼工部尚书赠少傅臣王项龄

南书房校对：

经筵日讲官起居注少保兼太子太保保和殿大学士兼吏部户部尚书仍管翰林院事臣张廷玉

经筵讲官太子太傅文华殿大学士仍兼户部尚书事务臣蒋廷锡

经筵讲官太子少傅刑部尚书臣励廷仪

都察院左副都御史臣王图炳

巡抚安庆等处地方军务兼理粮饷兵部右侍郎兼都察院右副都御史臣魏廷珍

在馆分修校对：

太常寺少卿臣陆绍琦

原任提督四译馆太常寺少卿臣吴廷揆

鸿胪寺卿降一级调用臣李凤翥

原任湖北巡抚臣郑任钥

日讲官起居注翰林院侍讲臣蒋涟

左春坊左谕德兼翰林院修撰臣王希曾

---

* 该标题为编者所加。

原任提督贵州学政左春坊左赞善臣王奕仁

原任翰林院检讨臣陈均

原任翰林院检讨臣汤大辂

原任兵部车驾司主事臣李同声

行人司掌印司正臣董洪

原任广东广州府知府臣张䌢

监生臣张云章

监生臣王简心

校刊：

通政使司通政使臣赵之垣

《御制数理精蕴》

序

粤稽前古，尧有羲和之咨，舜有后夔之命，周有商高之访。逮及历代史书，莫不志律历、备数度，用以敬天授民，格神和人，行于邦国而周于乡闾，典至重也。我皇考圣祖仁皇帝，生知好学，天纵多能，万几之暇，留心律历、算法，积数十年，博考繁赜，搜抉奥微，参伍错综，一以贯之。爰指授庄亲王等率同词臣于大内蒙养斋编纂，每日进呈，亲加改正。汇辑成书，总一百卷，名为《律历渊源》。凡为三部，区其编次：一曰《历象考成》，其编有二：上编曰《揆天察纪》，论本体之象以明理也；下编曰《明时正度》，密致用之术，列立成之，表以著法也。一曰《律吕正义》，其编有三：上编曰《正律审音》，所以定尺考度，求律本也；下编曰《和声定乐》，所以因律制器，审八音也；续编曰《协均度曲》，所以穷五声二变相和相应之源也。一曰《数理精蕴》，其编有二：上编曰《立纲明体》，所以解《周髀》、探河洛、阐几何、明比例；下编曰《分条致用》，以线面体括九章，极于借衰割圜求体，变化于比例规、比例数、借根方诸法，盖表数备矣。

洪惟我国家声灵远届，文轨大同，自极西欧罗巴诸国，专精世业，各献其技于阊阖之下，典籍图表灿然毕具。我皇考兼综而裁定之，故凡古法之岁久失传，择焉而不精，与西洋之侏㒧诘屈，语焉而不详者，咸皆条理分明，本末昭晰。其精当详悉，虽专门名家，莫能窥万一，所谓惟圣者能之，岂不信欤？夫理与数合，符而不离,得其数则理不外焉,此《图》《书》所以开《易》《范》之先也。以线体例丝管之别,以弧角求经纬之度,若此类者,皆数法之精,而律历之要斯在。故三书相为表里,齐七政、正五音,而必通乎九章之义所由,试之而不忒,用之而有效也。书成,纂修诸臣请序而传之。恭惟圣学高深,岂易钻仰,顾朕夙承庭训,于此书大指微义,提命殷勤。岁月斯久,尊其所闻,敬效一词之赞。盖是书也,岂惟皇考手泽之存,实稽古准今,集其大成。高出前代,垂千万世不易之法,将欲协时正日,同律度量衡求之,是书则可以建天地而不悖,俟圣人而不惑矣。

目 录

和数比例　较数比例
卷七
线部五
和较比例
卷八
线部六
盈朒
卷九
线部七
借衰互徵　叠借互徵
卷十
线部八
方程
卷十一
面部一
平方　带纵平方
卷十二
面部二
勾股
卷十三
面部三
勾股
卷十四
面部四
三角形
卷十五
面部五
割圜
卷十六
面部六
割圜
卷十七
面部七
三角形边线角度相求
卷十八
面部八
测量
卷十九
面部九
各面形总论　直线形
卷二十
面部十
曲线形
卷二十一
面部十一
圜内容各等边形　圜外切各等边形
卷二十二
面部十二
各等边形　更面形
卷二十三
体部一
立方
卷二十四
体部二
带纵较数立方　带纵和数

立方

卷二十五

体部三

各体形总论　直线体

卷二十六

体部四

曲线体

卷二十七

体部五

各等面体

卷二十八

体部六

球内容各等面体　球外切各等面体

卷二十九

体部七

各等面体互容　更体形

卷三十

体部八

各体权度比例　堆垛

卷三十一

末部一

借根方比例

卷三十二

末部二

借根方比例

卷三十三

末部三

借根方比例

卷三十四

末部四

借根方比例

卷三十五

末部五

借根方比例

卷三十六

末部六

借根方比例

卷三十七

末部七

难题

卷三十八

末部八

对数比例

卷三十九

末部九

比例规解

卷四十

末部十

比例规解

表目录

卷一上

八线表上之上

卷一下

八线表上之下

卷二上

八线表下之上

卷二下

八线表下之下

卷三之一

对数阐微一

卷三之二

对数阐微二

卷三之三

对数阐微三

卷三之四

对数阐微四

卷三之五

对数阐微五

卷四之一

对数阐微六

卷四之二

对数阐微七

卷四之三

对数阐微八

卷四之四

对数阐微九

卷四之五

对数阐微十

卷五之一

对数表一

卷五之二

对数表二

卷五之三

对数表三

卷五之四

对数表四

卷五之五

对数表五

卷六之一

对数表六

卷六之二

对数表七

卷六之三

对数表八

卷六之四

对数表九

卷六之五

对数表十

定率对数表附

卷七上

八线对数表上之上

卷七下

八线对数表上之下

卷八上

八线对数表下之上

卷八下

八线对数表下之下

提 要

臣等谨案:《御制数理精蕴》五十三卷,圣祖仁皇帝《御定律历渊源》之第三部也。上编五卷,曰立纲明体,其别有六:曰《数理本原》,曰《河图》,曰《洛书》,曰《周髀经解》,曰《几何原本》,曰《算法原本》。下编四十卷,曰分条致用,其别有五:曰《首部》,曰《线部》,曰《面部》,曰《体部》,曰《末部》。又表八卷,其别有四:曰《八线表》,曰《对数阐微表》,曰《对数表》,曰《八线对数表》,皆通贯中西之异同而辨订古今之长短。如旧传方程分二色为一法,三色为一法,四色五色以上为一法,头绪纷然。所立假如仅可施之本例,而不可移之他处,至于正负加减法,实并分母诸例,率皆谬误,今则约之为和数较数,和较兼用,和较交变四例,而和数不分正负较数,任以一色为正,即以相当之一色为负,皆以异名相并同名相灭,实足正旧法之讹误。又割圆术,古径一围三为周径之率,宋祖冲之用圆容六边起算,元赵友友钦用圆容四边边算,皆属求勾股得径一者,周三一四一五九六二五。泰西法亦同其率,古今周率之密无逾于此,而旧所传弧矢诸术周径皆用古率,又弧弦弦背互求诸术立法极为疏舛,今则以六宗三要二简法,求得一象限内弦矢割切正余八线立为一表洵,极勾股弧矢之变。又《几何原本》止于测面,七卷以下徐光启、李之藻后无译之者。新法算书往往有杂引之处,读者未之能详,且理分中末线,但有求作之法,而莫知所用,今则求得各等面体,及球内容外切各等面体之积,至十二等面及二十等面之体,皆以理分中末线为之比例,足以补测量全义量体诸率之简略,至末部借根方法,即古人天元一之术。唐宋诸算家咸用之,至明而失传,是以顾应祥、唐顺之于元李冶《测圆海镜》一书所立天元一皆茫然不解。今则具明其加减乘除之例,而后根与平方以下诸,乘方之多少者,咸得其开法,与古所云带纵立方三乘方诸变同归一揆,且线面体一以贯之。而本法所不能求者,皆可以借根而得,至为精妙。他若对数表以假数求真数,比例规解以量代算,皆西法之迥异于中法者,咸为疏通证明绘图立表粲然毕备,寔为从古未有之书,虽专门名家,未能窥高深于万一也。

乾隆四十六年九月恭校上

总纂官:臣纪昀、臣陆锡熊、臣孙士毅

总校官:臣陆费墀

诸臣职名*

详校官：

钦天监天文生臣贾德辅

灵台郎臣倪廷梅覆勘

总校官：

检讨臣何思钧

校对官：

教习臣倪廷梅

誊录：

监生臣刘士煌

绘图：

监生臣周浚

* 该标题为编者所加。

《大清律例》

序

周礼大小司寇之职，以三典诘四方，以五刑听狱讼，正岁帅其属而观刑象。不用法者；国有常刑，月吉始和，布刑于邦国都鄙，乃悬刑象之法于象魏，使万民聚而观之。是知先王立法定制，将以明示朝野，俾官习之而能断，民知之而不犯，所由息争化俗而致于刑措也。恭惟我皇考圣祖仁皇帝大德如天，以至仁涵育群生，法司上奏，率多全宥，停刑肆赦，屡沛恩纶，临御六十一年，厚泽周浃乎宇内，血气心知之伦，熙然安处于仁寿之域。朕绍守丕图，深怀继述。雍正元年八月，乃命诸臣，将律例馆旧所纂修未毕者，遴简西曹，殚心蒐辑，稿本进呈。朕以是书民命攸关，一句一字必亲加省览，每与诸臣辩论商榷，折中裁定，或析异以归同，或删繁而就约，务期求造律之意，轻重有权，尽谳狱之情，宽严得体。三年八月，编校告竣，刊布内外，永为遵守。易曰："先王以明罚敕法。"汉郑昌言："律令一定，愚民知所避，奸吏无所施。"是书也，岂惟百尔有位，宜精思熟习，悉其聪明，以察小大之比。凡士之注名吏部，将膺民社之责者，讲明有素，则临民治事不假于幕客、胥吏，而判决有馀。若自通都大邑，至僻壤穷乡，所在州、县倣周礼布宪读法之制，时为解说，令父老子弟递相告戒，知畏法而重自爱。如此，则听断明于上，牒讼息于下，风俗可正，礼让可兴，于以体皇考好生之德，而追虞廷从欲之治不难矣。朕实有厚望焉。

雍正三年岁次乙巳九月初九日

上谕:雍正三年五月二十七日奉上谕。朕自临御以来钦恤刑狱,每遇法司奏谳必再三覆核,唯恐稍有未协。又念律例一书为用刑之本,其中条例繁多,若不校订画一,有司援引断狱得以意为轻重,贻误非小。特命纂修馆刻期告竣,今据将所纂全稿进呈,朕逐一详览,其有应行驳正者已一一批示。但明刑所以弼教关系甚大,著九卿会同细看,务期斟酌尽善,以副朕慎重刑名之意,特谕。

凡例

一、律文四百五十七条，历代相因，至雍正五年删改增并，定为四百三十六门，今仍其旧。至条例则世轻世重，有随时酌中之义。今自雍正五年刻本所载，至雍正五年以后，乾隆四年十二月以前，现行则例详为订正，增删改并，计共一千四百五十六条，分门别类，悉附律文之后。

一、律内小字注释难明之义，解达未足之语气，句斟字酌，实足补律所未备，今皆照旧详载，间有增损，务在理明辞顺，无取更张。其律文之后，大字总注，虽亦原本笺释、辑注等书，但意在敷宣，易生支蔓，又或义本明显，无事笺疏，今皆不载。其中有于律义有所发明，实可补律之所不逮，则竟别立一条，著为成例，以便引用。

一、律例一书，乃圣朝成宪，间亦允准群议，无不酌自皇衷。从前刊本，于条款中间，载钦奉上谕，今皆编纂成例，著之于篇。其于例款无涉，或止申饬训诫之文，通送上谕馆恭修，不更登载。

一、雍正五年刻本，于每条之上，分列原例、增例、钦定例各名目，既以时代为先后势必不能依类编辑。今将原例、增例等名目概不登载，如钱粮则由仓库，而次及杂项，侵那、贼盗则由正犯，而次及搜赃、举首，庶几条分缕析次序秩然。

一、律目有数例款繁多间，有不应隶此门而误为附入者，今皆考订详明，移入本条之下。如"飞诡税粮二百石以上"与"滥设官吏"无涉，"承审承缉诸限期"与"官文书稽程"无涉，而皆入之吏律，今分载户律田宅，刑律捕亡、断狱各条下，阅者以此类推，则按籍而稽，展卷了然矣。

一、文武官罚俸降革，事隶处分，间亦载入律例，然多不全不备。今吏、兵两部开馆编辑各有专书，无庸于律例内纷见杂出。

其有应议罪款而兼及处分之处，并改交部议处，或改交部分别议处，事以类从，义仍贯中，参观自得。

一、凡乾隆三十三年五月以前之例，已经逐条考校，奏准颁行。其乾隆三十三年五月以后之例，依乾隆十一年奏准，嗣后有陆续增修之处，仍定限五年一次编辑，附律例之后，颁行直省，从此永著为例。

一、“纳赎”各条，并冠名例之首，其应否准其纳赎，开载未能详悉，易至高下其手。今依律例中已经开明各条，因类比附，并查照读律佩觿所载“不准纳赎”罪名，详加酌定，于各条下注明，以免畸轻畸重之失。

一、首卷诸图皆仍旧刻，惟收赎过失杀伤人，律云“依律收赎”，而例内又止有“收赎过失杀人银数”，并无收赎过失伤人若干银两之文，内外办理向无凭准。查“收赎过失杀人绞罪银十二两四钱二分”，即律图内“收赎杂犯斩五钱二分五厘”之数合成。盖缘前明钱钞并收，故图内亦照钞数折算。今将收赎伤人银数亦照收赎杀人银数，按其致伤轻重应得罪名合算折银，另立一图附诸图之后，以备稽考。

一、颁发之后，内外问刑衙门，凡有问拟，悉令遵照办理。其有从前例款，此次修辑所不登入者，皆经奏准删除。毋得以曾经通行仍复援引，违者论如律。

总　目

卷一

律目（附例分八字之义）

工律目录

卷二　诸图

卷三　服制

卷四　名例律上

卷五　名例律下

卷六 吏律

职制

卷七 吏律

公式

卷八　户律

户役

脱漏户口

人户以籍为定

私创庵院及私度僧道

立嫡子违法

收留迷失子女

赋役不均

丁夫差遣不平

隐蔽差役

禁革主保里长

逃避差役

点差狱卒

私役部民夫匠

别籍异财

卑幼私擅用财

收养孤老

卷九　户律

田宅

欺隐田粮

检踏灾伤田粮

功臣田土

盗卖田宅

任所置买田宅

典买田宅

盗耕种官民田

荒芜田地

弃毁器物稼穑等

擅食田园瓜果

私借官车船

卷十　户律

婚姻

男女婚姻

典雇妻女

妻妾失序

逐婿嫁女

居丧嫁娶

父母囚禁嫁娶

同姓为婚

尊卑为婚

娶亲属妻妾

娶部民妇女为妻妾

娶逃走妇女

强占良家妻女

娶乐人为妻妾

僧道娶妻

良贱为婚姻

出妻

嫁娶违律主婚媒人罪

卷十一　户律

仓库上

钱法

收粮违限
多收税粮斛面
隐匿费用税粮课物
揽纳税粮
虚出通关硃钞
附馀钱粮私下补数
私借钱粮
私借官物

卷十二　户律

仓库下

那移出纳
库秤雇役侵欺
冒支官粮
钱粮互相觉察
仓库不觉被盗
守支钱粮及擅开官封
出纳官物有违
收支留难
起解金银足色
损坏仓库财物
转解官物
拟断赃罚不当
守掌在官财物
隐瞒入官家产

卷十三　户律

课程

盐法
监临势要中盐
阻坏盐法
私茶
私矾
匿税
舶商匿货
人户亏兑课程

卷十四　户律

钱债

违禁取利
费用受寄财产
得遗失物

卷十五　户律

市廛

私充牙行埠头
市司评物价
把持行市
私造斛斗秤尺
器用布绢不如法

卷十六　礼律

祭祀

祭享

毁大祀丘坛
致祭祀典神祇
历代帝王陵寝
亵渎神明
禁止师巫邪术

卷十七　礼律

仪制

合和御药
乘舆服御物
收藏禁书
御赐衣物
失误朝贺
失仪
奏对失序
朝见留难
上书陈言
见任官辄自立碑
禁止迎送
公差人员欺凌长官
服舍违式
僧道拜父母
失占天象
术士妄言祸福
匿父母夫丧
弃亲之任
丧葬
乡饮酒礼

卷十八　兵律

宫卫

太庙门擅入
宫殿门擅入
宿卫守卫人私自代替
从驾稽违
直行御道
内府工作人匠替役
宫殿造作罢不出
辄出入宫殿门
关防内使出入
向宫殿射箭
宿卫人兵仗
禁经断人充宿卫
冲突仪仗
行宫营门
越城
门禁锁钥

卷十九　兵律

军政

擅调官军
申报军务
飞报军情
漏泄军情大事
边境申索军需
失误军事

从征违期

军人替役

主将不固守

纵军掳掠

不操练军士

激变良民

私卖战马

私卖军器

毁弃军器

私藏应禁军器

纵放军人歇役

公侯私役官军

从征守御官军逃

优恤军属

夜禁

卷二十　兵律

关津

私越冒度关津

私役弓兵

诈冒给路引

关津留难

递送逃军妻女出城

盘诘奸细

私出外境及违禁下海

卷二十一　兵律

厩牧

牧养畜产不如法

孳生马匹

验畜产不以实

养疗瘦病畜产不如法

乘官畜脊破领穿

官马不调习

宰杀马牛

畜产咬踢人

隐匿孳生官畜产

私借官畜产

公使人等索借马匹

卷二十二　兵律

邮驿

递送公文

邀取实封公文

乘官畜产车船附私物

铺舍损坏

私役铺兵

驿使稽程

多乘驿马

多支廪给

文书应给驿而不给

公事应行稽程

占宿驿舍上房

乘驿马齎私物
私役民夫抬轿
病故官家属还乡
承差转雇寄人
私借驿马

卷二十三　刑律

贼盗上

谋反大逆
谋叛
造妖书妖言
盗大祀神御物
盗制书
盗印信
盗内府财物
盗城门钥
盗军器
盗园陵树木
监守自盗仓库钱粮
常人盗仓库钱粮
强盗

卷二十四　刑律

贼盗中

劫囚
白昼抢夺
窃盗
盗马牛畜产
盗田野谷麦

卷二十五　刑律

贼盗下

亲属相盗
恐吓取财
诈欺官私取财
略人略卖人
发冢
夜无故入人家
盗贼窝主
共谋为盗
公取窃取皆为盗
起除刺字

卷二十六　刑律

人命

谋杀人
谋杀制使及本管长官
谋杀祖父母父母
杀死奸夫
谋杀故夫父母
杀一家三人
采生折割人
造畜蛊毒杀人
斗殴及故杀人
屏去人服食
戏杀误杀过失杀伤人

干名犯义
子孙违犯教令
见禁囚不得告举他事
教唆词讼
军民约会词讼
官吏词讼家人诉
诬告充军及迁徙

卷三十一　刑律

受赃

官吏受财
坐赃致罪
事后受财
官吏听许财物
有事以财请求
在官求索借贷人财物
家人求索
风宪官吏犯赃
因公科敛
克留盗赃
私受公侯财物

卷三十二　刑律

诈伪

诈为制书
诈传诏旨
对制上书诈不以实
伪造印信时宪书等
私铸铜钱
诈假官
诈称内使等官
近侍诈称私行
诈为瑞应
诈病死伤避事
诈教诱人犯法

卷三十三　刑律

犯奸

犯奸
纵容妻妾犯奸
亲属相奸
诬执翁奸
奴及雇工人奸家长妻
奸部民妻女
居丧及僧道犯奸
良贱相奸
官吏宿娼
买良为娼

卷三十四　刑律

杂犯

拆毁申明亭
夫匠军士病给医药
赌博
阉割火者
嘱托公事

卷三十五 刑律

捕亡

卷三十六 刑律

断狱上

卷三十七 刑律

断狱下

卷三十八 工律

营造

织造违禁龙凤文段匹
造作过限
修理仓库
有司官吏不住公廨

卷三十九　工律

河防

盗决河防
失时不修堤防
侵占街道
修理桥梁道路

卷四十　总类

笞一十(三十一条)
笞二十(四十七条)
笞三十(四十一条)
笞四十(一百六条)
笞五十(一百十二条)

卷四十一　总类

杖六十(一百十六条)
杖七十(六十九条)
杖八十(二百十六条)
杖九十(七十一条)
杖一百(三百七十一条)

卷四十二　总类

徒一年(六十二条)
徒一年半(四十七条)
徒二年(五十七条)
徒二年半(六十八条)
徒三年(二百七条)
迁徙(六条)

卷四十三　总类

杂犯流三等
实犯流三等

卷四十四　总类

发配(七十三条)

卷四十五　总类

编发为民
分发充军

卷四十六　总类

杂犯绞罪(六条)
杂犯斩罪(八条)
监候绞(一百八十条)
监候斩(一百五十九条)
立绞(四十三条)
立斩
凌迟处死

卷四十七　总类

比引律条(三十条)

恭　记*

律例馆总裁，臣三泰等谨查大清律自世祖章皇帝定鼎之初即命刑部尚书吴达海等详译明律，参以国制书成奏进，刊布中外。

圣祖仁皇帝康熙九年命大学士管刑部尚书事对喀纳等复行校正。十八年，特谕刑部将定律之外所有条例应去应存详加酌定刊刻通行，名为《见行则例》二十八年，准台臣盛符升奏请，将《见行则例》载入《大清律条例》内，命尚书图纳、张玉书等为总裁，至四十六年缮写进呈，留览未发。

世宗宪皇帝，雍正元年，复命大学士朱轼，尚书查郎阿等为总裁，于应增应减之处再行详加分晰，作速修完，至雍正五年奏准颁行。我皇上御极之元年，允尚书傅鼐陈奏，特命臣三泰等为总裁。臣等奉命遴选提调臣何瞻，纂修臣岳泰等，逐条考正重加编辑，又详校定例纂入一千四十九条节次，恭缮进呈。蒙皇上亲加鉴定，间有未协之处悉经谕旨改正，特命刊布内外永远遵行。臣等幸生盛世，仰见典章之大成，谨拜手稽首敬录世祖章皇帝御制原序一篇，圣祖仁皇帝上谕一道，世宗宪皇帝御制序文一篇、谕旨一道，冠诸卷首。其诸臣章奏附录于后云，臣三泰等恭纪。

* 该标题为编者所加。

提　要

臣等谨案:《大清律例》四十七卷。乾隆五年,总裁臣三泰等奉敕修定,御制序文颁行。凡律目一卷,诸图一卷,服制一卷,名例律二卷,吏律二卷,户律七卷,礼律二卷,兵律五卷,刑律十五卷,工律二卷,总类七卷,比引律条一卷,前列、凡例十则及顺治初年以来节次奏议而恭录世祖章皇帝原序一篇,圣祖仁皇帝谕旨一道,世宗宪皇帝序文一篇,谕旨一道冠于卷首。盖我朝律文定鼎之初即诏刑部尚书吴达海等详考明律参以国制勒为成书颁布中外。康熙九年大学士管刑部尚书事对喀纳等复奉诏校正,旋又谕部臣于定律之外,所有条例或删或存,详为考定,随时增改,刊附律后,逮雍正元年大学士朱轼尚书查郎阿等奉诏续成。我皇上御极之初即允尚书臣傅鼐之请,简命廷臣遂条考正以成是编。其纂入定例凡一千余条,嗣是每数年一次修辑,悉以新定之例分附律条之后,期于损益随时,永垂法守,而我圣朝明刑弼教、规制精详,洵足范围万古矣!

乾隆四十六年十一月恭校上

总纂官:臣纪昀、臣陆锡熊、臣孙士毅

总校官:臣陆费墀

诸臣职名*

随经刑部,将应开列总裁官列名奏请。奉诛笔点出三泰、徐本、庆复、杨超曾为总裁官。

武英殿监理:

和硕和亲王臣弘书

总裁官:

经筵讲官、太子太保东阁大学士兼礼部尚书兼管户部尚书事务加六级臣徐本

经筵讲官议政大臣协办内阁大学士事务礼部尚书仍管太常寺鸿胪寺事务加二级臣三泰

经筵讲官吏部尚书教习庶吉士加三级又军功加二级纪录十八次军功纪绿二次臣史贻直

议政大臣内大臣刑部尚书兼内务府总管纪录四次革职留任臣来保

太子少保吏部尚书今任两广总督承恩公臣庆复

太子少保吏部尚书今任湖广总督臣孙嘉淦

太子少保刑部尚书今任川陕总督臣尹继善

议政大臣刑部尚书今任闽浙总督世袭云骑尉臣那苏图

原任经筵讲官吏部尚书臣杨超曾

原任工部尚书降三级调用臣赵殿最

---

* 该标题为编者所加。

提调官：

刑部主事臣德昌

刑部郎中、升任陕西粮驿道臣孙陈典

盛京户部郎中臣何瞻

吏部稽勳司员外郎臣戴章甫

原任刑部员外郎臣永奇

原任翰林院编修臣查祥

纂修官：

刑部贵州司郎中臣唐绍祖

原任刑部督捕司郎中臣周琬

原任刑部员外郎臣阿林泰

原任巴沟理事通判臣兆珠纳

盛京礼部郎中臣岳泰

盛京户部员外郎臣赵之采

盛京工部员外郎臣纳海

原任刑部员外郎、兼佐领臣殷珠

原任兵部主事臣常鼐

刑部四川主事臣王洛

刑部督捕司主事臣吴绍诗

原任河南郾城县知县臣包洪基

收掌官：

刑部笔帖式臣岳宁

刑部笔帖式臣富尼汉

刑部笔帖式、升任熊岳理事通判臣德禄

刑部笔帖式、升任通州理事通判臣伊兰泰

九品笔帖式臣马甯安

吏部笔帖式臣雅哈理

翻译官：

候补笔贴式臣明德

臣成善

臣法宝

臣德馨

臣丰阿泰

臣甯古礼

臣丰盛阿

臣九哥

贴写中书臣噶绅

盛京助教臣专图

七品笔帖式臣常云

满誊录官：

候补笔帖式臣福尔泰

臣马受福

臣德克进

臣克星额

臣明善

臣坤禄

臣满普

臣马进泰

臣赫楞额

臣德云

臣安元

臣爱隆阿

臣札禄顺

臣新成

臣速成

臣发福利

臣机兰泰

臣禄昌

臣九十

臣永悳

臣喀米图

户部缮本笔帖式臣明德

贴写中书臣永泰

汉誊录官：

臣永泰候选知县臣张巽

候选教谕臣张洪浚

候选县丞臣吴溶

臣陈鋗

候选吏目臣孟毓蕃

臣卢士琛

贡生臣嵇耀增

监生臣舒继英

生员臣张为柱

臣李承绩

臣张克济

监生臣潘溶

臣沈奂文

臣顾宗预

武英殿监造：

内务府南苑郎中、兼佐领、加五级、纪录十次臣雅尔岱

内务府钱粮衙门郎中、兼佐领、加五级、纪录十一次臣永保

内务府慎刑司员外郎、纪录一次臣永忠

同知、加一级、纪录九次臣英廉

内务府广储司、司库加二级臣三格

监造加一级臣李保

监造臣郑桑格

库掌臣李延伟

臣虎什泰

附　录

原　序

朕惟太祖、太宗创业东方，民淳法简，大辟之外，惟有鞭笞。朕仰荷天休，抚临中夏，人民既众，情伪多端、每遇奏谳，轻重出入，颇烦拟议。律例未定，有司无所禀承。爰敕法司官广集廷议，详译明律，参以国制，增损剂量，期于平允。书成奏进，朕再三覆阅，仍命内院诸臣校订妥确，乃允刊布，名曰大清律集解附例。尔内外有司官吏，敬此成宪，勿得任意低昂，务使百官万民畏名义而重犯法，冀几刑措之风，以昭我祖宗好生之德。子孙臣民，其世世守之。

顺治三年五月

圣祖仁皇帝上谕

康熙十八年九月十四日奉上谕：国家设立法制，原以禁暴止奸，安全良善，故律例繁简，因时制宜，总期合于古帝王钦恤民命之意。向因人心滋伪，轻视法网，及强暴之徒，陵虐小民，故于定律之外复设条例，俾其畏而知警，免罹刑辟。乃近来犯法者多，而奸伪未见衰止，人命关系重大，朕心深用恻然。其定律之外，所有条例，如罪不至死而新例议死，或情罪原轻而新例过严者，应去应存，著九卿、詹事、科道，会同详加酌定，确议具奏。特谕。

御制大清律例序

象刑有典，肇见虞书，其用之之道，则曰"钦"、曰"恤"、曰"明"、曰"允"，一篇之中，三致意焉。武王诰康叔，以用其义刑义杀。而吕刑则曰"士制百姓于刑之中，以教祇德。"古先哲王所为设法饬刑，布之象魏，县之门闾，自朝廷达于邦国，共知遵守者。

惟是适于义，协于中，弼成教化，以洽其好生之德，非徒示之禁令，使知所畏惧而已。我列祖受天明命，抚绥万邦，颁行大清律例，仁育义正，各得其宜。圣祖仁皇帝至仁如天，化成久道，德洋恩溥，涵浃群生。皇考世宗宪皇帝际重熙累洽之运，振起而作新之，亲定大清律集解，刊示中外，甄陶训迪，刑期无刑，法外之仁，垂为明训，有曰宽严之用，必因乎其时。洋洋圣谟，洵用法之权衡，制刑之准则也。

朕寅绍丕基，恭承德意，深念因时之义，期以建中于民。简命大臣，取律文及递年奏定成例，详悉参定，重加编辑，揆诸天理，准诸人情，一本于至公，而归于至当。折衷损益为四百三十六门，千有馀条，凡四十七卷。条分缕析，伦叙秩然，颁布宇内，用昭画一之守。于戏！五刑五用以彰天讨，而严天威。予一人恭天成命，监成宪以布于下民，敢有弗钦？虽然，有定者律令，无穷者情伪也。易曰："君子以明慎用刑，而不留狱。"书曰："式敬尔由狱，以长我王国。"忠信之长，慈惠之师，尚其慎厥用，敬厥由，体钦恤明允之意，率乂于民棐彝，克协于中，以弼予祈天永命，允升于大猷，从事于斯者，胥懋敬哉。是为序。

乾隆

《清汉文孝经》

序

《孝经》者，圣人所以彰明彝训，觉悟生民。溯天地之性，则知人为万物之灵；叙家国之伦，则知孝为百行之始。人能孝于其亲，处称惇实之士，出成忠顺之臣；下以此为立身之要，上以此为立教之原。故谓之至德要道。自昔圣帝哲王宰世经物，未有不以孝治为先务者也。恭惟圣祖仁皇帝缵述世祖章皇帝遗绪，诏命儒臣编辑《孝经衍义》一百卷，刊行海内，垂示永久。顾以篇帙繁多，虑读者未能周遍，朕乃命专译经文，以便诵习。夫《孝经》一书，词简义畅，可不烦注解而自明。诚使内外臣庶，父以教其子，师以教其徒。口讽其文，心知其理，身践其事。为士大夫者，能资孝作忠、扬名显亲，为庶人者能谨身节用、竭力致养。家庭务敦于本行，闾里胥向于淳风。如此则亲逊成化，和气薰蒸，跻比户可封之俗，是朕之所厚望也夫！

《清汉文小学》

序

古者八岁而入小学，教之以洒扫、应对、进退之节，爱亲、敬长之义，俾童而习之，以养其德性。其说散见经传，朱子采集为《小学》一书，所以示人教学之方，而有以为正心修身之本。其言约具理，该盖六经、四子、性理诸书之阶梯也。皇考圣祖仁皇帝尝特颁谕旨，令有司兼以命题课士，海内士子固已咸知诵法矣。又命尚书顾八代一人翻译清文，日进呈览，钦定三年而后成，嘉惠后学之心至深且厚。当日未经刊刻颁行，朕敬承皇考遗志，特命校对授梓，以资肄习。读者宜知纲常伦纪之当崇，视听言动之当谨，与夫嘉言懿行之当遵，循慕效修，其职自在家庭日用之常经，而充其量可以成圣贤忠孝之大节。子弟之习，于是而淳；教化之原，于是而备。《诗》曰："成人有德，小子有造。"朕盖深有望焉。

《朱批谕旨》

序

雍正十年三月初一日奉上谕朕向在藩邸，未谙政事，不识一人，毫无阅历闻见。及受皇考圣祖仁皇帝付托之重，临御寰区，惟日孜孜勤求治理，以为敷政宁人之本。然耳目不广，见闻未周，何以宣达下情，洞悉庶务；而训导未切，诰诫未详，又何以使臣工共知朕心，相率而遵道遵路，以继治平之政绩？是以内外臣工，皆令其具折奏事以广咨诹，其中确有可采者，即见诸施行，而介在两可者，则或敕交部议，或密谕督抚，酌夺奏闻。其有应行指示开导及戒勉惩儆者，则因彼之敷陈，发朕之训谕。每折或手批数十言，或数百言，且有多至千言者，皆出一己之见，未敢言其必当。然而教人为善、戒人为非，示以安民察吏之方，训以正德厚生之要，晓以福善祸淫之理，勉以存诚去伪之功，往复周详，连篇累牍。其大指不过如是，亦既殚竭苦心矣。至其中有两人奏事，而朕之批示迥乎不同者，此则因人而施，量材而教，严急者导之以宽和，优柔者济之以刚毅。过者裁之，不及者引之，并非逞一时之胸臆，信笔直书，前后矛盾，读者当体朕之苦心也。此等奏折，皆本人对达朕前，朕亲自览阅，亲笔批发。一字一句，皆出朕之心思，无一件假手于人，亦无一人赞襄于侧。非如外廷宣布之谕旨，尚有阁臣等之撰拟也。

雍正六年以前，昼则延接廷臣，引见官弁；傍晚观览本章，灯下批阅奏折，每至二鼓、三鼓，不觉稍倦。实六载如一日，此左右近侍及内直大臣所备知者。近年以来,天下庶政渐次就理,下情稍觉洞达。臣工之奏折较前减少,而朕躬精力亦不如前,批答之事,始从简便。此实情实事,可举以告天下者。今检内外诸臣缴回朱批之折,不下万余件,因思自古帝王治天下之道,以励精为先,以怠荒为戒。朕非敢以功德企及古先哲王,而惟此勤勉之心,自信可无忝于古训,实未负我皇考付托之深恩也。又念此等批示之语,实出于朕之苦心,或可为人心风俗之一助,但本人承旨之时不敢宣露于外,他人无由知之。今将外任之大臣官员奏折,经朕手批酌量可以颁发者检出,付之剞劂,计算实不过十分之二三。俾天下臣民,展读咸知朕图治之念,诲人之诚。庶几将此不敢暇逸之心,报我皇考于万一耳。或人人观此而感动奋发,各自砥砺,共为忠良,上下蒙福,朕心愉快,更当何如?

目　录

卷二十九下 韩良辅
卷三十上 石文焯
卷三十中 石文焯
卷三十下 石文焯
卷三十一上 马会伯
卷三十一下 马会伯
卷三十二 张楷
卷三十三上 朱纲
卷三十三下 朱纲
卷三十四 李成龙
卷三十五 何世璂
卷三十六 谢赐履
卷三十七 吴存礼
卷三十八 李馥
卷三十九 官达
卷四十 常賚
卷四十一 高成龄
卷四十二 索琳
卷四十三上 刘世明
卷四十三下 刘世明
卷四十四上 宜兆熊
卷四十四下 宜兆熊
卷四十五上 沈廷正
卷四十五下 沈廷正
卷四十六 张垣麟
卷四十七 吕耀会
卷四十八 杜滨
卷四十九 莽鹄立
卷五十 西琳
卷五十一 法敏
卷五十二 张大有
卷五十三 武格
卷五十四 常德寿
卷五十五 张保
卷五十六 伊拉齐
卷五十七 戴音保
卷五十八 郭朝祚
卷五十九 积善
卷六十上 王国栋
卷六十中 王国栋
卷六十下 王国栋
卷六十一 汪漋
卷六十二 甘汝来
卷六十三 刘柟
卷六十四 李兰
卷六十五 张元怀
卷六十六 董永艾
卷六十七 蔡仕舢
卷六十八 楼俨
卷六十九 杨尔德
卷七十 赫硕色
卷七十一 王璜
卷七十二 甘国奎
卷七十三之一 王士俊
卷七十三之二 王士俊
卷七十三之三 王士俊

卷七十三之四 王士俊
卷七十三之五 王士俊
卷七十四 杨天纵
卷七十五 许良彬
卷七十六 石云倬
卷七十七 蒋洞
卷七十八 胡瀛
卷七十九 李元英
卷八十 赵宏本
卷八十一 岳超龙
卷八十二 马纪勳
卷八十三 张起云
卷八十四 边士伟
卷八十五 张元佐
卷八十六 齐元辅
卷八十七 蔡珽
卷八十八 佛喜
卷八十九 黄焜
卷九十 管承泽
卷九十一 董象纬
卷九十二 冯允中
卷九十三 李灿
卷九十四 任国荣
卷九十五 杨长泰
卷九十六 徐鼎
卷九十七 路振扬
卷九十八 潘之善
卷九十九 张璨
卷一百 郑任钥
卷一百一 周英
卷一百二 施廷专
卷一百三 袁立相
卷一百四 尚濚
卷一百五 杨鹏
卷一百六 张善
卷一百七 佟世麟
卷一百八 马觌伯
卷一百九 蔡良
卷一百十 吴陞
卷一百十一 魏经国
卷一百十二 杨长春
卷一百十三 黄元骧
卷一百十四 赵国瑛
卷一百十五 田畯
卷一百十六 祖秉衡
卷一百十七 孙继宗
卷一百十八 颜光旿
卷一百十九 丁士杰
卷一百二十 袁继荫
卷一百二十一 赵坤
卷一百二十二 蓝廷珍
卷一百二十三 张耀祖
卷一百二十四 纪成斌
卷一百二十五之一 鄂尔泰
卷一百二十五之二 鄂尔泰
卷一百二十五之三 鄂尔泰

卷一百四十二上 王柔
卷一百四十二下 王柔
卷一百四十三 李万仓
卷一百四十四 徐本
卷一百四十五 唐执玉
卷一百四十六 缪沅
卷一百四十七 蔡嵩
卷一百四十八 黄之雋
卷一百四十九上 魏廷珍
卷一百四十九下 魏廷珍
卷一百五十 鄂礼
卷一百五十一 沈翼机
卷一百五十二 景考祥
卷一百五十三 舒喜
卷一百五十四 葛森
卷一百五十五 南天祥
卷一百五十六 冶大雄
卷一百五十七 何国宗
卷一百五十八 博尔多
卷一百五十九 万际瑞
卷一百六十 苗寿
卷一百六十一 李如栢
卷一百六十二 安修德
卷一百六十三 李淑德
卷一百六十四 高鐄
卷一百六十五 柏之蕃
卷一百六十六 陈王章
卷一百六十七 刘章
卷一百六十八 杨鲲
卷一百六十九 王世琛
卷一百七十 噶尔泰
卷一百七十一 赵城
卷一百七十二 王奕仁
卷一百七十三 于振
卷一百七十四之一 李卫
卷一百七十四之二 李卫
卷一百七十四之三 李卫
卷一百七十四之四 李卫
卷一百七十四之五 李卫
卷一百七十四之六 李卫
卷一百七十四之七 李卫
卷一百七十四之八 李卫
卷一百七十四之九 李卫
卷一百七十四之十 李卫
卷一百七十四之十一 李卫
卷一百七十四之十二 李卫
卷一百七十四之十三 李卫
卷一百七十四之十四 李卫
卷一百七十四之十五 李卫
卷一百七十四之十六 李卫
卷一百七十四之十七 李卫
卷一百七十五之一 嵇会筠
卷一百七十五之二 嵇会筠
卷一百七十五之三 嵇会筠
卷一百七十五之四 嵇会筠
卷一百七十六之一 高其倬

卷一百七十六之二 高其倬
卷一百七十六之三 高其倬
卷一百七十六之四 高其倬
卷一百七十六之五 高其倬
卷一百七十六之六 高其倬
卷一百七十六之七 高其倬
卷一百七十六之八 高其倬
卷一百七十六之九 高其倬
卷一百七十六之十 高其倬
卷一百七十六之十一 高其倬
卷一百七十七 性桂
卷一百七十八 德明
卷一百七十九 朱杰
卷一百八十 李秉忠
卷一百八十一 乔于瀛
卷一百八十二 禅济布
卷一百八十三 刘于义
卷一百八十四 王溯维
卷一百八十五 赵向奎
卷一百八十六 潘体丰
卷一百八十七 李玉鋐
卷一百八十八 孙文成
卷一百八十九上 张广泗
卷一百八十九下 张广泗
卷一百九十 巩建丰
卷一百九十一 石成峨
卷一百九十二 刘廷琛
卷一百九十三 赫胜额
卷一百九十四 廖坤
卷一百九十五 彭维新
卷一百九十六 阿克敦
卷一百九十七 方觐
卷一百九十八 鄂昌
卷一百九十九 吴關杰
卷二百 胡凤翚
卷二百一上 岳濬
卷二百一下 岳濬
卷二百二上 金鉷
卷二百二中 金鉷
卷二百二下 金鉷
卷二百三上 查郎阿
卷二百三下 查郎阿
卷二百四 励宗万
卷二百五上 高斌
卷二百五下 高斌
卷二百六 赵国麟
卷二百七上 史贻直
卷二百七下 史贻直
卷二百八 吴应棻
卷二百九上 杨永斌
卷二百九下 杨永斌
卷二百十 杨馝
卷二百十一上 程元章
卷二百十一下 程元章
卷二百十二上 许容
卷二百十二下 许容

提 要

臣等谨案:世宗宪皇帝朱批谕旨始刊于雍正十年,逮乾隆三年告成。凡二百二十三人,或人各数册,或册荟数人,并以月日为次,未尝分卷,今拟人为一卷,多者于一卷之中断为子卷,都三百六十卷。前后次第悉依原本,未敢稍紊,登诸史部与圣训实录并昭万古。至于都俞吁咈之盛,觉世牖民之模,详于卷前谕旨及卷后,恭载皇上御制后序,臣等未敢妄缀一词云。

乾隆四十一年十月恭校上

总纂官:臣纪昀、陆锡熊、臣孙士毅

总校官:臣陆费墀

诸臣职名*

乾隆三年二月初四日奉旨开列编次、校对、监造、收掌诸臣衔名编次：

少保保和殿大学士兼兵部尚书世袭三等伯臣鄂尔泰

少保兼太子太保保和殿大学士兼吏部尚书掌翰林院学士事世袭三等伯臣张廷玉

校对：

刑部左侍郎臣刘统勋

翰林院侍读学士臣杨炳

司经局洗马臣赵大鲸

翰林院检讨臣陆宗楷

翰林院编修臣张灏

翰林院编修臣钱本诚

翰林院修撰今提督陕西学政臣周霨

翰林院编修臣徐以烜

翰林院编修臣沈慰祖

翰林院编修臣杨廷栋

翰林院检讨臣韩彦曾

翰林院检讨臣阮学浩

翰林院编修臣冯元钦

原任翰林院编修今监察御史臣徐以升

---

* 该标题为编者所加。

原任翰林院庶吉士今山东武定府商河县知县臣范从律

监造：

巡视两淮监政监察御史内务府佐领臣三保

协理河南道监察御史臣沈崳

收掌：

委署主事臣伊立布

库掌史臣虎什泰

附　录

后序

皇考世宗宪皇帝，天纵圣神，精勤庶政，四方文武臣僚具折言事者，日或数人、人或数事，缄封直达御前，手自批发。或立见施行，或咨询廷议；善者温纶褒予，过者训戒谆谆：随宜指示，悉出睿裁，一字不假手于人。御极十有三年，常如一日。雍正十年，特检历年批发奏折，命内廷词臣缮录校理，付诸剞劂，汇成数帙，辄以颁赐在廷群臣，工未告竣，奄遘上宾。予小子缵绍丕基，敬展遗箧，见所贮手批奏折不下数万，奎画烂然，克溢巨簏；然以未经皇考检定，不敢意为增益。谨就检录已定者汇着为目，前后凡二百二十三人，分一百一十二帙，统为十八函。当时随检随发，无先后伦次，兹亦不复排类。盖折奏浩繁，不胜编录，所刻仅十百中之一、二，略见大凡，本非全览故也。既告蒇事，谨缀序言于后。

洪惟我皇考口至仁如天，至明如日，至诚如神。简拔贤才任之以心膂、股肱之寄，开诚布公，蔼然家人父子，无不可尽之言；诸臣之才具大小、短长，与性质之刚柔、强弱，克知灼见，如权衡、绳尺之不爽。片长足录，亟登而进之；有不及，则激厉而开导之。稍肆焉，则裁抑之；其陷于过，始则训饬之，能改则已，悛则戒儆之使知悔艾，终于怙恶，则亦未尝姑容。然哀矜恻怛之意尚流溢于毫楮间也。同一事，而此或俞之、彼或咈之，非有所好恶于其间也；盖俞之者必有可俞之道，而咈之者亦必有可咈之端。同一人而始或予之，终或斥之，非有所喜怒于其间也；盖始有可予则予之，终有可斥则斥之。明烛几先，坐悉情伪，远隔万里，迟阅数年，睿鉴所周，范围莫越正人心、厚风俗，兢兢业业，儆戒无虞。虽屡丰见告，瑞应频仍，而惟是忧勤惕厉之心，久而益笃。记有之曰：“天道至教，圣人至德”。春秋冬夏、风雨霜露，无非教也。我皇考之为治，一天道之运行；教泽所被，百志惟熙，即万世而下，尚如日月之临照，光景常新；春风之煦然被物，不自知其感动奋发而兴起也。

予小子寅承鸿业，自惟寡昧，无能企逮万一。仰法皇考明目达聪、孜孜图治之心，只绍徽猷，夙夜黾勉，其服教畏神、警省弗怠之志，讵敢以岁月易耶！谨序。

乾隆三年春三月既望敬书

《上谕八旗》

提　要

臣等谨案:世宗宪皇帝上谕八旗十三卷上谕旗务覆十二卷谕行旗务奏议十三卷雍正九年,和硕庄亲王允禄等奉敕编。凡三集,共为一书。自康熙六十一年十一月十七日以后所奉谕旨,涉于八旗政务者,曰《上谕八旗》。其前录谕旨而附载八旗大臣所议于后者,曰《上谕旗务议覆》。其前录八旗大臣所奏而恭录谕旨于后者,曰《谕行旗务奏议》。凡十三卷并兼用国书、汉书,刊刻颁行。伏考三代以上,兵与民同体,文与武亦不分途。故凡其著名版籍者,十六以下上所长,六十以上上所养。无事皆可合以训练,有事即人人可以荷戈。而当时之将帅,亦即以卿大夫为之,未尝治民而不治兵,治兵而不治民也。三代以下,时异势殊,虽尧、舜、禹、汤亦不能复行古法。维我国家八旗之制,则古法犹存。虽臂指相维,统以军律。而其人如比闾族党之相保,民事具焉。其官如郡国州县之相隶,吏事具焉。故六职百司之政,八旗无不备,而科条案牍亦遂至剧至繁。我世宗宪皇帝深维根本之重,睿谟规画,钜细咸周。故宣于纶綍者特多。犹虑纤毫之或遗也,谋及卿士,而议覆积而成帙。询于刍荛,而奏议亦积而成帙。盖辇毂之侧,视听至近。筹度周详,咨询周密,犹若此。然则万方广远,百度殷繁,睿虑精勤,一息而周四海者,不益可仰窥哉。谨案:列圣御制及官撰诸书,并恪遵圣谕,冠于国朝著作之首。惟《诏令奏议》一门,例以专集居前,总集居后。而所录汉、唐诏令,皆总集之属,不应在专集之前。是以恭录圣训圣谕,弁冕此门。前代诏令列后焉。

乾隆四十六年十一月恭校上

总纂官:臣纪昀、臣陆锡熊、臣孙士毅

总校官:臣陆费墀

《上谕内阁》

提　要

臣等谨案:上谕内阁一百五十九卷雍正七年世宗宪皇帝俯允廷臣之请,命和硕庄亲王允禄缮录刊布。所载起御极之初,止于是年,以雍正九年告成。皇上即祚以后,复命和硕和亲王弘昼编次雍正八年至十三年上谕,校正续刻,补为全书。以乾隆六年告成。原本皆以每月别为起讫,不标卷数。今恭依旧次,厘为一百五十九卷。原本亦未题书名。今恭绎谕旨,由内阁宣示者居多,谨题曰《上谕内阁》,以别于《上谕八旗》诸编焉。伏考国家旧制,始置内三院,后乃改置内阁,以出纳纶音,恭逢列圣膺图,乾纲独握。自增用奏折以后,皆高居紫极,亲御丹毫,在廷之臣,一词莫替,即硃批谕旨是也。其题本由内阁票拟者,遇事涉两岐,辄恭缮双签以请,无敢擅专。至于训诰特颁,则指授内直诸臣于禁廷具草。有纤微未达圣意者,必御笔涂乙添注,亦罔敢以私意参其间。鉴定之后,降付内阁,宣布中外而已。更无由如前代宰辅假批答以窃威福者。此一百五十九卷,名为臣工所缮录,实与御札手敕无以异。励精宵旰之怀,谨持魁柄之意,万世可伏读而见之也。我皇上御跋程颐《经筵札子》,力斥其天下安危系于宰相之说。诚所谓聪听彝训,垂裕后昆者矣。

乾隆四十二年十月恭校上

总纂官臣纪昀臣陆锡熊臣孙士毅

总校官臣陆费墀

附录

附录一

雍正皇帝的文化统御政略*

南怀瑾

（一）

纷纭万象，劳碌人世，众生以得解脱为乐。为解脱故，有求道之事。为求道故，有禅等诸学之作。有禅之学术故，于不落言诠、不立文字之余，有诸经语录之积。语录之作，本于无说无法中强示言说，使会者舍指见月，得鱼忘筌。孰意一落筌象，即有承虚撮影之辈，执文言情境而觅禅机，如麻似粟。于是建立门庭，聚讼坚白，不一而足。降至今世，谈禅成为专门之学，齐鲁道变，还珠买椟而说空蕉鹿梦者，朋从尔思，多如恒河沙数。自由出版社萧子天石，适际此时，影印《雍正御选语录》与《心灯录》二书，嘱以为言。骑牛觅牛，虽有画蛇添足之嫌，亦当勉起为其点睛，冀使二书再度问世，使禅之为学，从此破壁飞去，返还本来面目。

读书不难，读书不为书困，不为目瞒，入乎其内，出乎其外，别具只眼为难。禅宗诸经语录，为天下奇书之首，亦为世上最难读懂群书之冠。唐宋以还，宗门语录丛出，有读懂其书、视如无书之士，撷其精英，集其简要，使后之来者，易于出入慧海、涵泳性天风月者，乃有编纂禅宗汇书之作，如《传灯录》《人天眼目》《五灯会元》《指月录》等继集成风，皆此类也。要皆匠心独运，各自甄拣

* 本文是作者为台湾版《雍正御选语录》作的序言，经作者同意在本书中用此标题发表。

上哲,以示异同。雍正手自编撰语录,亦为抒其见地,剖陈珠玉以示世,以显其磨穿砖镜、咬破铁馒之能事。《心灯录》则列为禁书,凡山中林下、参究宗乘之士,亦视为毒药,信为魔说。何以故?此中隐有清代历史文化之另一巨案,素为通儒硕学暨禅门衲子所忽略,几已不知其究竟之因缘矣!

(二)

爱新觉罗氏崛起东北,以孤儿寡妇率三万之众,席卷华夏,臣服五族,历二百六十余载,代更十帝,终以孤儿寡妇毕其社稷。称今追昔,视帝王之尊荣,浮云太空,逝如春梦。然其入关之初,乘时继统之命世帝才,如康熙、雍正、乾隆三代父子,虽上溯汉唐隆盛,并无愧色。后之论史者,每况其武功之烈,或统驭之严,而略其砥定有清一代文治之懋也。康熙以幼冲继位于未定之局,削平诸藩于内忧外患之际,内用黄老,外崇理学,励精图治,躬亲力学,晓畅天文、历算,擅长中外文言,颁行《圣谕广训》,集孔孟人伦孝悌之义于笃行,以弭明末诸大儒履践忠君复国之学于无形。且著述群典,网罗思辨学致之士,尽瘁于博学鸿词之间,固亦有功文化学术于来世。然持弄先王仁义之说,为当时统治之权宜,使前明遗老,失据于素王圣贤之域,不入于醇酒美人,即遁于丛林布衲,而反躬诚明于法王觉海,澹泊其忧愤,遂使元明以来敝禅,稍振儒佛不分之宗风。康熙游刃于黄、老、孔、孟仁慈之术,而暗于方外,致使逃禅韬晦者,得以潜养其兴复机运。

雍正蛰居藩邸,屈志潜飞。初则因宫庭崇信佛道,窥奇禅悦,而从迦陵性音禅师,与章嘉呼图克图志学禅密,得识濡沫江湖者之用心利弊。故登极以后,不惜以九五之尊,躬自升堂说法,秉拂谈禅,谦居为宗门伯匠,与诸山长老较一日之短长。从学之徒，近有王室宗亲，远有比丘禅和、黄冠羽士。遂使山林沉潜之耳目，尽入彀中。其屡诏削灭汉月藏法裔，严令尽入临济宗乘，既以澄清王学末流蠹蚀宗门之颓风，复塞前明非常之士隐沦山岳、逃迹湖海之思路。轻举无为无不为之旨，活用于禅机道佛之间，可谓瞒尽天下老和尚眼目。虽然，雍正自于宗门作略，并非徒作口头禅语，捏弄空花阳焰于野狐队里，固已笃践真参实悟于行证之途，迫出一身白汗，深得拈花妙旨。其开示三关见地，印以唯识知见，迥出常流。且选辑语录，揭标《肇论》、永嘉为先。以寒山、拾得为辅。诚为独具只眼，昭示释迦心法东来之禅宗，实受中国文化儒道学术灌溉而滋茂也。至于唐、宋以来宗门，则以沩、仰、赵州、云门、永明、雪窦、圆悟克勤为主。以清初禅门宗匠玉琳琇、茆溪森为殿。过此以往，则目视云汉，自许荷担禅宗开继之任，即自称为圆明居士住持之当今法会而已矣。而拣择禅门宗匠之外，于道家，则独崇张紫阳为性命圆融之神仙真人。于净土，则推尊莲池大师为明末郢匠。且捞摝历代禅师之机锋转语，以自标其得正法眼藏之妙用。寡人位置大雄峰顶，气吞诸方。直欲踏破毗卢顶上，会法王人王之尊于一身。抑使儒冠学士与方外缁素，钳口结舌，无敢与之抗衡。狂哉豪矣！可谓汇萃魔佛内外之学于一炉，继康熙定鼎之后，清廷帝子英才，舍此其谁？

（三）

但自清初以后，禅宗之徒，别持三世因果之论而作异说，传称雍正为明末天童密云园悟禅师之转世。密云悟者，宜兴蒋氏子，幼时不学而慧，长事耕获樵苏。偶读《六祖坛经》而策心上宗。年二十九，弃家披鬀，得临济宗传。密云高弟汉月法藏禅师者，无锡苏氏子，为明末儒生。剃染后，初从密云受其心印而名噪一时。于是明末清初，避世入山，与逃儒入佛之文人志士，皆入于汉月藏之门。师弟承风，互相标榜。俟密云发现汉月知见未臻玄奥，且薄视师承，常以实法予人而为禅宗授受，即力斥其非，著《辟妄》之文开示正见。而汉月弟子固多明末宿儒名士，习于儒林鄙见，素视其师祖密云悟出身寒微，不足为齿，复著《辟妄救真》一书以力维师说。密云鉴于其已成之势，乃密以临济法统转付破山海明禅师。破山亦避乱返蜀，隐于其皈依弟子秦良玉之戎幕。迨张献忠之攻渝州，破山曾不辞腥秽，化导群魔，救免僇杀者，存活无数。从此禅门知见之争，与文字之讼，未因明清异代而稍戢。及雍正出而鼎擎密云法统，力灭汉月一支为魔外之学，扫穴犁庭，方致消声匿迹。上谕二则，皆切中僧伽流弊，无可厚非。故宗门相传雍正为密云悟后身之说，言之凿凿矣。自清初至今二百余年，汉月之禅与学，已不得而见。汉月其人其事，稽之逸史，亦不多觏。意为逃儒入佛之明末名士，洵无可疑。今所仅存者，唯汉月遗绪湛愚老人所著之《心灯录》，犹得见其概要。民国二十余年间，有湖北万氏倡《心灯录》之禅为极则，为之梓版而广流通。而著者湛愚老人之事迹，犹茫然未详。书中屡称三峰，即汉月往昔虞山隐居之别庵，由此而窥汉月知见传承，亦足多矣。

《心灯录》之禅说，首标释迦“天上天下，唯我独尊”之宗旨为直指，辅以○圆相为真诠。世尊说法，于般若，而标无我、无相、无说为依归。于涅槃，而揭常乐我净为圆极。于华严、唯识，而立非空不有之胜义，如珠走盘，无有定法可得。而《心灯录》建立独尊之“我”为极则，以○圆相为玄奥，予人有法，立我为禅。故具透关手眼而留心宗乘如雍正者，宁不颠扑而无容其流衍耶！稽之《心灯录》之见地，实从明末阳明学派心性之说与禅学会流，亦即援儒入佛之异禅也。立○圆相以标宗，盖取诸道家与宋易太极之学说。指一我为究竟，盖取诸《大学》慎独与王学良知良能之知见。循此以往，分梳历代禅师公案、机锋、转语之断案，一使读者闻者即知即得而为之首肯，适与般若实相无相、涅槃妙心之旨，背道违缘不知其几千万里！雍正拈提《肇论》，当可以救其偏。虽然，道并行而不悖，孟子非杨、墨，而杨墨得以显。孔子杀少正卯，而少正卯因仲尼而并彰其名。时异势易，何须雍正之斤斤。但留为后之具眼者，拣其染净，参其几微，容何伤哉！

（四）

异者有曰："雍正既趋诚禅道，何其心之忍，而其行之残耶？"此盖囿于稗官野史之说，谓其夺嫡与血滴子之传闻，及其被刺而不保首领之言耳。夺嫡一事，亦为清廷疑案之一，确证为难。然例之唐太宗、宋高宗处骨肉间事，古今中外权位攫夺之事，常使智者慧珠晦吝，理难焚欲者，数数如也。雍正参禅虽已具透关之见，而身为帝室贵胄，乏良师锻炼于造次行履之际，虽自号圆明，实明而未圆，极高明而未道中庸，此为其病耳。大丈夫若无泥涂黄屋，远志山林之胸襟，不淹没于富贵尊荣者，甚为稀有。至于统驭过严，逻察以密，乃局限于当时种族私见之治术，昧于礼治之本。而观其著《大义觉迷录》，以抗汪景祺、曾静、吕留良等民族志士，作文字之争，则知自康熙以还，清廷治权，遍布思想障碍，虽枝叶茂盛而根基未稳。故一变罗致安抚之策，而为锄芳兰于当门之计，其未臻君子大人明德之度，亏于王道之政，过无所逭也。然而《觉迷录》泯民族之歧见，如易时易位而处，用之今日五族平等之说，庸有何伤？且其除弊政而振乾纲，著《朋党论》而督诫廷臣之阿私，更考试旧制而责成循私取士之宿患，革削隶籍与山西乐户以除奴隶之陋习，升棚民惰民于编氓以持平阶级之善政，在位十有三载，而使中外臣服，平民感恩，济康熙宽柔而以刚猛，故有乾隆坐享六十余年升平之盛世。微雍正，岂偶然可致哉！递此以降，清室帝才，卑卑无所建树。乾隆以后，衰乱已陈。论清史者，每比雍正为汉景之刻薄。核实言之，汉景碌碌，不足为埒，未必可为定论。迨其生死之际，事涉臆测，抑犹仇者之诅咒，盖吾汉族先民所期望杀之而甘心之说欤！霸才已矣，王业不足凭。英明如雍正者，孰知于一代事功之外，独以编著禅宗语录而传世未休。于此而知学术为千秋慧命大业，非毕世叱咤风云之士所可妄自希冀也。若使雍正有知，当于百尺竿头，废然返照，更求向上一着，行证解脱于禅心乎！

（本文原为台湾版《雍正御选语录》序言）

附录二

外示儒学内用佛老的清朝

南怀瑾

接着明代已尽的气数，清朝爱新觉罗的入关，便是中国近代史到现代史的关键所在。当清兵入关称帝以后，在过去两百多年的时间，始终存在满、汉民族意识情绪的斗争。但从满族的立场来说，因为明末时期，明朝的政权，已经物腐而后虫生，自己不能收拾，所以才请我们入关来澄清宇内。大家都是炎黄子孙，天下本是天下人的天下，有德者居之，这有什么不对。雍正《大义觉迷录》的立论，就是由这个观点出发。

事实上，从中华民族发展史来讲，暂且不说魏晋南北朝的阶段，但从唐末五代到南北宋和辽、金、元这个时期，大约三百年之久，表面上，是政权上称王称帝和民族性的争夺。但在华夏文化的立场来讲，无论辽、金、宋、元、明、清，实际上，仍然都在儒、佛、道混合的文化基础上发展演变。只在空间区域上有南北之分，在时间的轨道上，有朝代之别，从中华民族整体的统一文化来讲，始终都是一致的。尤其满族与辽、金在氏族的血统系统上，关系更为密切，这又是历史上的一个专题，暂且不论。

满族在明神宗万历十六年（1588年），从努尔哈赤统一建州卫（吉林省），首先修建第一座佛寺及玉皇观等寺庙。正值万历二十七年（1599年）开始，仿造蒙古文字的方法，创造满文，但那也只是从言语读音的区别上，创立了文字的符号系统。而在人文生活的文化上，包括政治体制，仍然都是学习华夏文化的传统，并无另有满洲的文明。万历四十四年(1616年),清太祖努尔哈赤称“汗”,建元天命,自称国号为“后金”,这很明显的便自认为是金人的后裔。

再到明熹宗七年(1627年),努尔哈赤卒,皇太极(清太宗)即位,改元天聪以后,政治体制,也更加汉化。尤其在天聪三年,即设立“文馆”,并将以往由征明所俘虏的儒生三百人,分别考试优劣,逐渐录用。天聪四年,议定官制,设立吏、户、礼、兵、刑、工六部,统学明朝体制,并令满族子弟,皆须读书。当时初建的文馆,后来再加改制,到了入关以后,在顺治、康熙王朝,便正式扩充成为“内阁”了。所以入关之初的儒臣,如范文程、顾八代(文起)等人,都是镶黄旗的明儒汉人后代。

皇太极在天聪五年开始,为什么要命令旗人子弟,皆需读书呢?如史料所载:

上(皇太极)谕诸贝勒曰:我国诸贝勒大臣之子,令其读书,闻有溺爱不从者,不过谓虽不读书,亦未尝误事。不知昔我兵之弃滦州(河北地区)四城,皆由永平(河北卢龙)驻守贝勒,未尝学问,不通义理之故。今我兵围(明朝)大凌河(辽宁),越四月,人相食,竟以死守。虽援兵已败,凌河已降,而锦州、松杏(皆在辽宁)犹未下,岂非读书明理,为(明)朝廷尽忠之故乎?凡子弟十五岁以下,八岁以上,皆令读书。

这就是皇太极在当时已经体会到读书明理,与忠贞爱国的情操,确实具有重要关系,所以他要旗人子弟读书。后来再发展到要求武将也必须读书。但在当时所读的书,基本上,就是孔孟之道的“四书”最为重要。

从开建文馆,录用明朝遗留在东北各地的儒生,归入旗下以后,不到两三年,他们果然成为为大清出谋划策、文韬武略的中坚分子。如宁完我的首先上疏言事,建议厚待汉人。接着便有贝勒岳托提出优待汉人赐婚等等的办法。然后,就有朱延庆、张文衡等先后上书,请即征明的建议,他们当然都是出身文馆的明儒后裔儒生。但皇太极的头脑并不简单,不失为具有雄才大略的领导人,他对征明会议的讲话,就大有可观之处。如说:

进言者,皆欲朕速出师,以成大业。朕岂不愿出此!但今察哈尔新归附,降众未及抚绥,城郭未及修治,何可轻于出师!朕于旧人新人,皆不惜财帛以养之(如明之降将孔有德、耿仲明、尚可喜等)欲使人心倾服耳。若人心未和,虽兴师动众,焉能必胜?朕反复思维,我国既定,大兵一举,彼明主若弃北京而走,追之乎?抑不追而攻京城乎?抑围而守之乎?若欲请和,宜许之乎?抑拒之乎?若北京被困,逼迫求和,更当何以处之?倘蒙天佑,克取北京,其人应作如何安辑?我国贝勒及诸姑格格等,皆以贪得为心,宜作何禁止?尔高鸿中(时为刑部承政)、鲍承先(时为文信榜式)、宁完我、范文程(沈阳汉族旗人)等,其酌议以闻。

同时,又谕文馆诸臣择史有关紧要者,据实汇译成书,用备学习。如说:

朕观汉文史书,殊多饰词,虽全览无益也。今宜于辽、宋、元、金四史,择其紧要者:如勤于求治而国祚昌,或所行悖道而统绪坠,与其用兵行师之方略,及佐理之忠良,乱国之奸佞,汇译成书,用备观览。又见汉人称其君者,无论有道无道,概曰天子,安知其即为天之子耶?盖天下者,非一人之天下,惟有德者能居之,亦惟有德者乃可称天子。今朕蒙天佑,为国之主,岂敢遽以为天之子,为天所亲乎?

接着就以归降汉官,为各部承政,并遣大学士范文程祭先师孔子。

清取天下几异数

事实上,他在这个阶段,曾经有两三次致书明朝请和,而明廷都没有理会，当然更没有正式回应。因此，便在计策万全以后，才一步一步派满蒙部队侵近山海关。但仍然不敢有公然征明的大举。直到皇太极逝世，由第九个儿子，年方六岁的福临即位，多尔衮摄政。李闯王民兵攻入北京，朱明末代皇帝崇祯自杀，吊死煤山，才有吴三桂向清朝乞师，使清廷正当孤儿寡妇当政的危机中，趁势乘时而驾，由吴三桂为前驱，名正言顺地入关进京，登上皇帝的宝座，成为大清朝入主中国的第一代皇帝，年号顺治。这从中国几千年的历史上来说，取得天下有如此的容易侥幸，真可算是最稀奇特别的一代，如照古文精简的说法，便叫做“异数”。也就是说，有特别的好运气，不是人力所能勉强做到的。

清兵入关，福临在北京登位称帝，改年号为顺治元年（1644年）开始，已经是十七世纪的中叶。这个时期，除了帝都北京以外，中国的各省州县，并未完全被大清朝所统一。除李闯王、张献忠等遗散的民兵势力还未平定以外，在南方还有“南明”等临时政权存在。而且各地的抗清武力，皆未削平。所以当顺治在位十八年的时间里，全国还在兵荒马乱的战争状态，清室的皇权，也还处在安危未定的局势。

如从军事武力来讲，入关前后的满清八旗子弟，全数亦不过三万多人。加上在皇太极时代，收编内外喀喇沁蒙古的丁壮一万六千九百十三人，另行分编为十一旗（属于蒙古族的），总数加起来，还不到五万人。至于当时蒙古的人口，大约在四十多万内外，但并未完全归服清朝，何况扣除老弱妇孺，能征调动员的兵力也非常有限。何以他们能以十来万人的武力（这是比较宽松的估算）入关，统治当时三四亿人的中国呢？我们如果要了解这个问题，首先就要明白在人类世界的战争史上，最先能够运用“代理战争”的战略，可以说便是清朝。他们在东北初起，由皇太极时代开始，攻城略地，夺取明朝在东北的要塞阶段，已经运用收编了蒙古的旗兵参战。入关以后，南征北讨，也都是以蒙古旗兵参合互用,而从一般汉人来说,无论是满旗、蒙旗,统称之为清朝的旗人或旗兵。而且后来平定南方,统一全国,又是运用汉人汉兵作为代理战争的先驱。如用洪承畴及吴三桂、尚可喜、孔有德、耿仲明等藩镇四王,便是最明显的成例。

所以当郑成功在台湾,率水师十七万北上,入长江,克镇江,围南京的战役,防守北方的旗兵,还不足万人,而且大多是老弱残兵。顺治和皇太后,表面镇定,内心已准备在不得已的情况下,就出关回避。结果郑军因气象变化,天时不利。加上郑成功方面没有准确的侦查情报,而且反攻郑军部队的,也正是汉兵。因此,郑军只好迅速退走,反成败局,虽曰人事,岂非天命哉!

但在北京顺治一代的十八年间,除了还需随时警惕在中国各地用兵的统一战争,更大的主要内忧,还在爱新觉罗内廷的齐家问题。所以研究清史上的第一疑案,就是生母皇太后是否下嫁多尔衮,以及顺治的早年逝世是否别有原因,甚至民间相传,都相信顺治因受刺激而到五台山出家当和尚去了,这些事故,并不是空穴来风的谣传而已。正如清代绍兴师爷办案的老调一样,唯事出有因,查无实据而已。

但顺治成长以后,嗜好禅宗佛法,确是事实,他曾经召请当时深负时名的禅师,如憨璞性聪、玉琳通琇、木陈道忞等大和尚进宫参学,而且自号为"痴道人",或称"弟子福临",情如世俗子弟。至于顺治出家的诗篇,两百多年来流传在中国佛教的寺庙中,也并未遭到文字狱的取缔,而且还可任意张贴流通,岂非怪事。如果照那些浅近畅晓的词句来看,正如皇太极等初学汉文的笔法,如云:"天下丛林饭似山,钵盂到处任君餐。""朕(我)本西方一衲子,如何落在帝王家?""只因当初一念差,黄袍换却紫袈裟。""未生之前谁是我,既生之后我是谁?"这和他的孙子雍正登位以前所辑录的《悦心集》等文句,几乎都是很可爱的白话韵语。

总之,依史论史,清朝康熙、雍正、乾隆三代统治中国,除了满汉民族性争议的缺失以外,从版图的一统、政治的清明,乃至文治武功的成就,不但无愧汉唐,甚至可说是超过汉唐。如历代王朝的女祸、外戚、太监、藩镇等弊害,几乎绝无仅有。但这些比较良好根基的建立,完全是从康熙时代所奠定。唯一可惜的,如果在入关之初,舍弃满族初期偏仄的习性,不改中国传统的明代衣冠,不下令全国剃发编辫子,那在统一江山的工作上,必然会事半功倍,顺利得多了。我们研究历史文化,须要特别注意一个国家、一个民族"衣冠文物"四个字,它所代表生活文化的重要性。例如清兵入关之初,并未遭遇太大的反抗。但自下令剃发,改易服制以来,就使当时的全民引起反感,抗拒投降的意识就突然增强了。这种有关生活文化习性的群众心理问题,看来只是一件小事,但恰恰是为政治国的大关键所在,可惜一般人见不及此,英明如康熙、雍正两代,纵使心里明白,但也不敢违背祖制,所以就增加历史政治上许多不必要的麻烦了。

以我本身亲眼看到的一个事实,告诉大家值得参考的一个笑料。当我还在幼小的童年,清朝已被推翻,民国已经建国十多年了。可是在我家乡的亲戚故旧中,还有前清遗老,有秀才、举人功名的两三人,始终不肯剪掉辫子。后来被现实环境所影响剪掉了,却马上换穿道士衣冠,表示仍然不愿投降民国,以此自居为前清的遗老。我的父亲对我说,他老人家却忘了道士衣冠,正是明朝士绅的便服啊!既然要做前清遗老,为什么还要穿明代的衣冠呢!可见衣冠文物,对于民情心理来讲,在无形中,就具有不可思议的精神作用啊!

勤于治学的康熙

康熙只有十三岁,就由他的祖母扶持即位,但清廷的局势,还在内忧外患,岌岌可危之中。从他逐渐成长以后,内去权臣鳌拜,外平台湾及三藩之乱，安抚蒙藏，绥靖全国，先后做了六十一年的创业皇帝，实在真不容易。而且他对学识修养，也特别勤学，如对天文、数学等外来学识，也特别注意。对于中国传统的儒家和理学，也很用心，尤其对宋儒程朱的《大学》《中庸》所说的修养，也很有心得。如果从帝王的统治学术来讲，他是真的高明。现在只从文治的角度约略来讲，例如：

康熙九年，以宋儒后裔袭五经博士职。并且扩充顺治时代的乡约，令各地方官责成乡约人等，每月朔望，聚集公所宣讲。自颁训谕十六条，作为全国人民生活教育的指标：一、敦孝悌以重人伦。二、笃宗族以昭雍穆。三、和乡党以息争讼。四、重农桑以足衣食。五、尚节俭以惜财用。六、隆学校以端士习。七、黜异端以崇正学。八、讲法律以儆愚顽。九、明礼义以厚风俗。十、务本业以定民志。一一、训子弟以禁非为。一二、息诬告以全良善。一三、诫窝逃以免株连。一四、完钱粮以省催科。一五、联保甲以弭盗贼。一六、解仇忿以重身命。

十七年，诏修《明史》。

十八年，开博学鸿儒科，网罗前明遗老及全国所有不肯投降的读书知识分子。

二十三年冬，南巡，到南京谒明太祖（朱元璋）陵，并亲自拜奠。

二十四年，授宋儒周敦颐后裔五经博士职。并命勒德洪、王熙等修《政治典训》。又颁《四书》《易》《尚书》讲义于白鹿洞书院。

二十五年，诏增孔林地十一顷有奇，并免其税粮。诏访求遗书。诏令武职官员应阅览书籍，讲明大义。

二十六年，授宋儒张载后裔五经博士职。

二十八年，由杭州南巡回銮，经南京，再祭明太祖（朱元璋）陵。

三十一年，谕大学士等云："前者，进呈明史诸卷，命熊赐履校雠，赐履写签呈奏，于洪武、宣德本纪，訾议甚多。朕思洪武系明开基之祖，功德隆盛。宣德乃守成贤辟。朕自反厥躬，于古圣君，亦不能逮，何敢轻议前代令主。若表扬洪宣，朕尚可指示词臣，撰文称美。倘深求刻论，朕不惟本无此德，本无此才，亦非意所忍为也。至开创诸臣，若撰文臣事实优于武臣，则议论失平，难为信史，尔等当知之。"

五十一年，升宋儒朱熹配享孔庙，位于大成殿十哲之次。

五十四年，以宋儒范仲淹从祀孔庙。

康熙这些举动，都是尊重传统文化，针对以儒学为政治思想中心的作用。事实上，康熙非常了解真儒实学，必须内（圣）养与外（王）用的实践事功相配合，正如孔子所谓："我欲载之空言，不如见之于行事之深切著明也。"他曾经问过文华殿大学士张玉书说；"理学之名，始于宋否？"张玉书对说："道理自在人心，宋儒讲辩加详耳！"康熙就说："日用常行，无非此理。自有理学名目，彼此辩论，而言行不符者甚多。若不居讲学名，而行事允合，此即真理学也。"由此可知，他对于孔孟之道和宋儒理学的明辨，早已了然于心，他只是为了化民成俗，顺应民情而已。

中国之患重在边防

讲到这里，我们必须提起大家的了解，中国几千年来的祸患，都是由边疆问题所引起。从秦汉以来的边祸，如南北朝、五代、辽、金、元等时代，祸患常起于西北、东北及北疆，到了明清时代，几经战伐的混一，已连线为由西藏高原到新疆、蒙古而直达黑龙江畔到沿边入海，至于朝鲜。自清朝中叶以后，海运开放，新来的边患，使由西南到东北幅员万里的海疆。但如二十世纪三十年代初日本的侵华战祸，他们仍然是利用满蒙做起点。过去如此，将来未必不然。所以有志谋国的人,不能不先须留意中国的边疆政治问题。中国古人的成语所说“天塌西北,地陷东南”,实在很值得深思也!

我们在前面大约讲到清初康熙对统一大清江山的内政,和中国传统儒家文化的关系。但在满蒙之间,还是各怀二心,并非一致。而且蒙藏又是宗教一家,情有别钟,应付起来,并不容易。可是出努尔哈赤到皇太极,早已心中有数,知道安服蒙藏的最高战略,就是佛教,而且是佛教里突出的喇嘛密教。在过去的历史上,如南北朝的北魏等,以及南北宋时期的辽、金、元等,虽然都是归向于儒、佛、道三家的文化基础上,但北方的各个民族,注重佛、道的情绪尤过于儒家。这是历史的惯例,也是由西北到东北各民族的习性。问题研究起来,并不简单。有关密宗喇嘛教的发展来源,又属于专门的问题,在这里也姑且不说。

康熙对于这个问题,当然非常清楚。他在平定南方,统一中国以后,就回转来要确实整理蒙藏了。所以他在康熙三十五年,便亲征噶尔丹,先要示之以武。以后使用尊重喇嘛教来做为长治久安的政策。因此,他在多伦召集蒙古各族王公会盟,便对明朝永乐时期,宗喀巴所创黄教一系在蒙古的章嘉二世阿旺洛桑却丹,封为国师之尊。使章嘉和在前藏的达赖、在后藏的班禅等,为安服边疆,协调蒙藏各族等的矛盾工作。这样一来,就可省却军政的劳役和经费。至于在蒙古第一世的章嘉胡图克图,名章嘉扎巴俄巴,是青海红崖子沟张家村人,原称他是“张家活佛”。当康熙亲征噶尔丹时,认为张家活佛名号不雅,便从第二代起改名为“章嘉”,从封为“国师”的尊号以后,就经常出入皇宫,奔走塞外,深得康熙的信任。事实上,第二代的章嘉喇嘛,也确是有道的高僧。

西藏第五世的达赖喇嘛罗卜藏嘉穆错,对佛法的修持和世法的见解,都较有特别的造诣,章嘉二世早年也曾从他求学。五世达赖在皇太极的时期，已经派人到盛京（辽宁沈阳）献书进贡。到了顺治九年，五世达赖便亲自到北京朝见。顺治待以上宾之礼，住在宫内的太和殿，又特别建一所西黄寺给他住持，封为“西天自在大善佛”。到了康熙三十四年，达赖左右的权臣第巴，曾秘密和噶尔丹等勾结，假借达赖名义，遣使向清廷奏请撤回西藏、青海等处所置戍兵。康熙心知内情，严斥第巴，不准所请。跟着便有御驾亲征噶尔丹之役。第五世达赖身故以后，第巴把持前藏，造成转世的第六代达赖有真假双包案，也就是西藏历代流传第六代达赖文学名著情歌故事的一代。闹到康熙四十九年，再经议政大臣等会议，认为拉藏及班禅呼图克图与西藏诸寺喇嘛等，合同管理西藏事务一案。“今经侍郎赫寿奏请，波克塔胡必尔汗，前因年幼，奉旨俟数年后授封。今既熟谙经典，为青海诸众所重，应如所请，给以册印，封为第六世达赖喇嘛。”从此以后历代的达赖喇嘛，几乎都有事故。直到乾隆五十七年发给金瓶抽签，才定下了以人定胜天的解决办法。至于这个乾隆时代所颁发的金瓶，到现在还照旧应用。据《注释清鉴辑览》所载史料如下（括弧内为原书之注释，并供参考）：

乾隆五十七年十一月，定呼毕纳罕嗣续掣签例：

廓尔喀既平，帝欲乘用兵余威以革藏中积弊，故留兵戍藏，使驻藏大臣之权与达赖、班禅相埒，以控制之。先是宗喀巴倡黄教，禁娶妻，倡言教王乃世世转生，不必以肉身世袭。其大弟子有二：一曰达赖喇嘛，一曰班禅喇嘛，并居拉萨（前藏之都会），嗣宗喀巴法，为黄教徒宗主。宗喀巴圆寂之时，遗嘱达赖、班禅，世世“呼毕纳罕”转生，演大乘教，以济度众生。“呼毕纳罕”者，华言化身也（初，番高僧八思巴为帝师大宝法王，领藏地，后嗣世袭其号，西藏始为释教宗主，其所奉皆红教。迨及后嗣，渐流侈情，纲纪废弛，尽失佛教本旨。时宗喀巴学经于札什伦布之萨迦庙，既深观时数，当改立教，乃入大雪山，修苦行。道既成，为番众所敬信，因别立一宗，排幻术，禁娶妻，自服黄衣黄冠以示别，谓之黄教，而名旧教喇嘛曰红教）。

达赖一世曰敦根珠巴，故吐蕃王室之裔，世为藏王，自是黄教徒之势益张。传至第五世曰罗卜藏嘉穆错，及卒，有第巴专国事（达赖、班禅，惟总理宗教之事，不屑问世事，故二世根敦坚错者，始置第巴等官以摄理政事），唆准噶尔使入寇，藏中大乱。后第巴为拉藏汗所诛，而藏中所立之第六世达赖喇嘛，诸蒙古不复敬信，而别奉里塘之噶尔藏嘉穆错为真达赖，与藏中所立，互相是非。盖宗喀巴有一花五叶之谶，故自六世以后，登座者无复真观密谛，只凭垂仲神指示。垂仲者，犹内地巫师也（达赖喇嘛之化身第一世、第二世出于后藏；第三世出于前藏；第四世出于蒙古；第五世出于前藏，皆非限于一族一地而出者。至是，积久弊生，兄弟子侄，往往继登法座，等于世袭，而达赖、班禅亲族，或相率夤缘据要津，罔权利焉）。

帝久悉其弊，欲革之而未有会也。至是特创掣签法，颁金奔巴瓶一，供于西藏大招寺，遇有“呼毕纳罕”出世，互报差异者，纳签瓶中，诵经降神。大臣会同达赖、班禅于宗喀巴前掣之（法先使垂仲四人，演其降神之法，一旦达赖示寂时，则垂仲即将“吁毕尔罕”之姓名、生年、月、日，各书一签，藏于金瓶内。喇嘛诵经七日后，招集各“胡图克图”于佛前，驻藏大臣临席而后掣签，若四人所指之“呼毕勒罕”同为一人时，则置空签一枝于瓶内，若掣出空签，则以为无佛佑，更别为掣签云）。而各札萨克所奉“胡图胡克”其“毕呼勒罕”将出世，亦报名理藩院与住京之章嘉胡图克图掣之，瓶供雍和宫。

蒙藏两地，从元明以来，都是坚信藏传的喇嘛教为无上密法。对于内地的佛教各宗，除禅宗以外，都轻视排斥。康熙既能善于处置蒙藏两地胡图克图（意为无上大师，俗称活佛），各有差别待遇的办法。以他的日常作风来说，决不肯强不知以为知，他当然对佛学也须要进一步深入的了解，平常只是绝口不谈而已。他最喜欢亲自题赐各佛寺的匾额，尤其在他的一生中，曾经三上五台山，实为以往帝王少见的举动。第一次在康熙二十二年，也正是他三十五岁的年代，平定台湾及三藩之乱以后，就上五台山，住了一个月左右。因此后世的人们，就拿他做文章，说他是去亲见出家的父亲顺治皇帝。第二次，康熙三十七年正月，是平噶尔丹以后的第二年，又上五台山。第三次，在康熙四十一年，春正月，再去五台山住了十多天。

五台山是中国佛教四大名山之一，佛教徒们依据佛经的叙说，认为五台山是大智文殊师利菩萨的道场，四川峨眉山是大行普贤菩萨的道场，浙江普陀山是大悲观世音菩萨的道场，安徽九华山是大愿地藏菩萨的道场。文殊师利又是蒙藏两地喇嘛密教最为尊崇的宗祖。五台山上的佛寺，过去以密宗的喇嘛庙为主，只有少数如内地的禅寺。康熙的钟情五台，与其说他是去见出家了的父皇，毋宁说他是借机澄心静虑，亲自体认“内圣外王”之道。治内地，须用儒家；治满、蒙、藏地，须用佛教吧！不过，这是说明康熙时代的外示儒学，内用佛老作用的要点而已。

（摘选于《原本大学微言》）

附录三

从雍正说到乾隆

南怀瑾

由于康熙自十三岁即位，长期处于内忧外患的情况中，他从实践中所得的经验，影响了他的第四个儿子雍正，自小就重视学问，尤其醉心于禅宗的佛法，这是顺理成章的因缘成就。不然，雍正早年，还身为皇子的时候，居然潜心佛典，后来被封为亲王以后，更加认真，公然在王府中领导少数臣工，自称学佛参禅。甚至还杂有出家和尚们的参与，岂非怪事。"知子莫若父"，如以康熙的英明，对儿子们这些作为，绝对不会毫不知情而忽略过去。事实上，他对雍正的参禅学佛，根本就不置可否，也从来没有告诫过。这不能不说他是有意培养，至少也是并不反对。

可是一般写清初历史小说的人，大多都把雍正的参禅学佛，写作为夺嫡争权的手段，认为是以退为进的权术。其实，在康熙的时代，根本就没有把储位的密旨，先行写好，放在"正大光明"匾额后的办法。这个办法是雍正本人所开创的。因为他有鉴于历史上对储位之争的故事，如唐太宗李世民，也为了立太子的事，气得发昏。现在又亲自看到本身父兄之间立储和废太子的事，又加众多兄弟之间明争暗斗的惨痛内情，所以他在登位第一年的八月间，就命总理王公大臣等，将密封建储事的锦匣，收藏于乾清宫"正大光明"匾额后，并且明说是"以备不虞"。所谓"不虞"，就是意想不到的事。因为人的生命无常，况且身居高位，无常之变更多，万一本身不保，后继无人便难办了。而且如果自己所定的人选,因环境影响而变质变坏了,要想更换另一个人,也会引起很大的不安。“凡事以豫立而不劳”,他不如采用这种公开秘密的办法,早做准备为妙。然而从清末以后,一般人便颠倒清史的前后关系,说雍正用手段改掉了藏在匾额后的遗诏,抢得皇位,未免有欠公允。

昼夜勤劳“办事定”

但我们现在要讲的问题,是无关这些历史疑案的争议,只是说继康熙以后的雍正王朝,更为明显的是外示儒学、内用佛老文化政治的内涵。但要详细说明这个理由和事实,又是一个很烦复的专题。我们只要提起大家的注意,现在还保存在故宫的档案中,仔细查一查雍正在位十三年来所批过的奏折,就会承认他是历代帝王中最为认真勤政,而且生活比较俭朴,嗜欲比较淡泊的一位皇帝。如果他无诚心办事的真情,没有过人的精力,的确是经不起这样昼夜勤劳文牍的工作,但他在做皇帝时所批大量公文的同时,却对禅宗佛学方面的编著,比起他所批奏折公文的分量还要多得多。批奏折、编著书,都要动脑筋,用手来写的。那个时候,没有打字机,更没有电脑,他身为帝王之尊,不要说日理万机,就是十多年来关门闭户,专心写作的人,也未必能有如此精辟丰富的成绩。不过,对于雍正深入禅佛的学养方面,我相信将来必有专家去研究,我们姑且点到为止,不必多加讨论。但要补充一点,雍正平生书法,也极力学习他父皇的字体,只是笔力劲势稍有不同而已。所以只要在故宫保存康熙晚年所批的奏本中,找出已经有雍正为康熙代笔批阅处置的资料,便会了解康熙早已有心培养他可能继承帝位的干练才能。如果这样,就可明白康熙在临危时,何以匆促召来雍正,咐嘱他来登位的史实了。

清初康熙一代的施政重点,在于平定内乱,统一全国。而且最注重的是治理黄河与运河的灾患，费了很大的精神和力气。对于全国知识分子“反清复明”的意识，存在满汉之争的紧张情绪，只能用怀柔绥抚的政策，举行“博学鸿词科”，以时间来争取和缓。

但到雍正登位之前，他处身皇子之位，已有四十五年的经验和阅历，关于诸多兄弟之间的事故，以及八旗子弟与满汉之间的情形，他是深知利弊。尤其对满族旗人的贪婪和腐败情形，正如他祖先皇太极当年所说的“诸姑格格等，皆以贪得为心”，必须做出处置。因此，他即位以后，立即雷厉风行，毫不留情地先从宗室动手整顿。接着，就是清理八旗子弟的游惰和贪渎。所以他首先得罪树敌的不是汉人，却是他自己的宗室和满族旗人。因此，他的宗室族人勾结汉族臣民，造谣中伤不遗余力，甚至尽量宣传他是如何使用奸诈，取得权位的不正不顺。

其次，在康熙的晚年，朝廷（皇室中央）收入的财赋及库存银两，已渐见支绌，并且与各省地方之间的财赋库存，已有矛盾。康熙四十八年，已经有诏谕户部及各省，要“从长商榷”。其中有关宗室重臣及各省大吏的贪污侵占情形，以及权臣如年羹尧、外戚如隆科多的别有异心，雍正在藩邸的时候，早已知道得很清楚。但康熙以宽大为怀，雍正自己又处在诸王大臣及兄弟之间争权夺利的嫌疑地位，当然不好明显表态。所以当他登位以后，便着手严格处置满汉权臣，整顿田赋财税，即使是兄弟宗室，也毫不留情。历来在政治上整饬纲纪，肃清贪污，几乎没有一朝一代不弄得灰头土脸的。宋朝的包拯虽称“包青天”，但他也并未办过整理财经的大案。不然，就是万里无云的青天，也会风云变色。可是雍正却不顾一切，亲自动手做到了，清朝的国库充足了，贪污犯罪的官吏倾家荡产了。因此，有关满汉反对派的怨怨，就一概集中到他“朕”的一身了。但他是学佛参禅的健者，他深切体认到永嘉禅师所说“办事定”的学养，如“止水澄波，万象斯鉴”。只要见地真，行履切，即有如庄子所说的“举世而誉之而不加劝，举世而非之而不加沮”的决心，就毅然地做了。

雍正如何“平天下”

雍正元年正月，还未正式视政之时，就颁谕旨十一道，训饬督抚提镇以下各官。这就是先声夺人，告诉大家他要开始整肃了。如照现代观念来说，他已首先宣布他施政报告的方向了。我们现在依据史料所载，略选几则他的主要施政，并酌加简单说明如下。

如有关农业经济的开发和利民的事，即定“起科之例”：“谕各省凡有可垦之处，听民相度地宜，自垦自报。地方官不得勒索，胥吏不得阻挠。至升科之例，水田仍以六年起科，旱田以十年起科，著为例。”（这是集权于一身的帝王专制政治时代，不是如二十世纪民主时代经民意代表的提案，再经会议决定来办的。雍正他生在深宫之中，长于皇族家庭，可是他却深察民隐，就是这样地独断独行，严令照办。尤其他明白指出地方官的惯性勒索，和基层干部的有意阻挠，是不准许的，这是很值得赞赏的事）。

夏四月，复日讲起居注官（这也等于是自找麻烦，要大臣随时记录他生活和办事的是非好坏）。然后才“初御乾清宫听政”。跟着便下令“除山西、陕西教坊乐籍，改业为良民”（教坊乐籍是当时历代要唱戏及专为民间婚丧喜事等奏乐的贱民，甚至包括做娼妓。这是明朝以来的弊政，把战俘和罪人亲属归入这种户籍，子子孙孙，永远不得出头的贫民。可是雍正却以佛家的慈悲，儒家的仁德，首先下令解放了他们。如照我们现代来说，他早已有了“社会主义”思想的意识了）。

六月，命京师（北京）八旗兵无恒产者，移驻热河喀剌河屯桦榆沟垦田（他这道命令，对那些入关征战有功满族八旗的特权子弟，会引起多大的埋怨和愤恨啊！可是他却严厉地做到了。后果呢？当然是众怨所归了）。

八月，谕诸盐政约束商人，循礼安分，严禁奢靡僭越（在中国过去历代的财政经济上，最重要的财货，首在盐和铁的生产和贸易。经营贸易盐铁，是大生意。例如“二十四桥明月夜，玉人何处教吹箫”的扬州，就是大户盐商的集散码头。盐商巨贾，有富至敌国的豪门，有了钱，便在苏州造园林，奢侈的生活享受胜过王侯。做盐道的官，比做皇帝还要阔气。可是雍正非常明白，他是不愿这些官商勾结，胡作非为。所以他这一道改革的命令，也是招怨的要素）。至于建储匣，藏在乾清宫“正大光明”匾额后面，就是这个月中的事。

九月，除绍兴府惰民丐籍（这又是一道解放贫民，使穷人翻身的仁政。所谓浙江的惰民和丐籍，他们原来都是明初俘虏张士诚部下的残兵败将的后人，一部分圈在浙江的绍兴，既无恒产，又没有谋生的技能，便永远变成游手好闲的穷民。更苦一点，就沦为乞丐。由明朝到清初，还专门把他们编为惰民或乞丐的户籍来管理，永远不得翻身。可是雍正却下命令取消了这种户籍，使他们做一般良民的自由人，你能说这不是仁政吗）。跟着十一月，又下令“禁止奸棍私贩中国幼樨山口，卖与蒙古关口。官员兵丁，不行查拿者，分别议处。著为例”。所谓“著为例”，就是“作为永久立法”的词句。

十二月，当时有西洋人，在内地潜传天主教，因浙闽总督觉罗满的报奏，恐会有煽惑人心，要求驱逐出境。但雍正不因宗教信仰不同的外国人便加敌视，却下令各省地方官沿途照看西洋人，好好安插他们到澳门居住，以示宽大。

二年四月，命左右两翼各立“宗学”一所，捡选宗室四人为正教长，十六人为副教长，分别教习“清”“汉”书。

六月，又命内务府余地一千六百余顷，及入官地二千六百余顷，设立井田，将八旗无产业人，自十六岁以上，六十岁以下者，派往耕种。满洲五十户，蒙古十户，汉军四十户。三年以后，所种公田之谷，再行征取（这件事，他在文书中，便有“共力同养”的要求，如从现在人的观念来讲，等于是他首先实行“共产主义”的试验农场。事实上，可以看出他一步一步对八旗子弟的整肃和管教）。

九月，首先命山西丁银摊入田赋征收。

三年正月，又“遣官于直隶固安县择官地二百顷为井田，命八旗无产之人受耕”。

三月，允朱轼请求，修浙江杭州等府，江南华亭等县海塘，捍御潮汐。

四年二月，定陕西延安府十七州县丁银概从下则，以二钱为率。

四月，命云南通省丁银，摊入田亩内征收。

六月，禁赌，准许吏胥在赌场“所获银钱，不必入官。即赏给拿获之人，以示鼓励”，永为定例。

十二月，两浙盐商输银，照两淮盐义仓之例，于杭州府地方，建仓买米积贮，随时平粜。

五年三月，命江西丁银摊入地亩征收。

四月，除江南徽州、宁国等处伴当世仆名色。谕旨有“朕以移风易俗为心，凡习俗相沿，不能振拔者，咸与以自新之路。如山西之乐户，浙江之惰民，皆除其贱籍，使为良民，所以励廉耻而广风化也。近闻江南徽州府则有伴当，宁国府则有世仆，本地呼为细民。几与乐户惰民相同。又其甚者，如二姓丁户村庄相等，而此姓乃彼姓伴当世仆，凡彼姓有婚丧之事，此姓即往服役。稍有不合，加以箠楚，及讯其仆役起自何时，则皆茫然无考。非有上下之分，不过相沿恶习耳”。故着该督查明除报。

九月，给各省入川逃荒之民，以牛具籽种，令开垦荒地。

十月，命建八旗学舍（督促八旗子弟读书）。减嘉兴、湖州两府额征银十分之一。其谕旨有云:“查各省中赋税之最多者,莫如江南之苏(州)、松(江),浙江之嘉(兴)、湖(州),每府多至数十万两,地方百姓,未免艰于输将。其赋税加重之由,始于明初。以四府之人为张士诚固守,故平定之后,籍(没收)富民之田,以为官田。按私租为额税。有明二百余年,减复不一……查嘉兴额征银四十七万二千九百余两,湖州额征银三十九万九千九百余两,俱着简十分之一,二府共免银八万七千二百两有奇,永著为例。”

十二月,命江苏、安徽丁银均摊入地亩内征收。

七年三月,命湖广武(汉)、郧(阳)等九府州、武昌等十卫所,丁银摊入地亩内征收。

八年八月,分京师旗庄为八旗,设官分理。京畿各有庄屯之地方,旗人事务繁多。应以三百里内为一路,分为八路,设官八员,分司办理。

十一年春正月,命各直省设立书院。

四月,诏在京三品以上官员,及外省督抚,会同学政,荐举博学鸿词,一循康熙十七年故事。

十二年九月,谕各省生童,不许邀约罢考(严禁学生的罢考运动等)。

十月,命陕西督抚确查州县歉收之处,奏请蠲赈。

十三年四月,停旌表烈妇之例(这是解放妇女的德政,免受那些死守习俗三贞九烈的虚名所束缚)。接着乾隆元年并即“谕审案不许株连妇女”,也是步其后尘而立法的好事。

至于历来写历史或小说,描写雍正的严厉残忍手段,大多是以雍正三年,有年羹尧的幕僚汪景祺作《西征随笔》一书,以及雍正四年,名士而兼名宦的礼部侍郎查嗣庭所作的私人日记,和雍正七年,因湖南生员曾静,而祸及吕留良父子家人这三件文字狱的大案,作为罪不可恕的论断。这三件大案,都是有关当时满汉民族之争的问题，其中的是非曲直，善恶因果，颇为复杂，我们姑且不论。如从雍正素来是皈依佛学的禅者立场来说，他当然知道早在两千多年前，释迦牟尼佛已经首先提出泯除民族歧见、国土界别、众生平等的道理。但结果他仍然无法脱离满族祖制家法的立场，采用严刑峻法的手段来处理，可以想见其内心的矛盾和痛苦。因此他便呕心沥血，亲自写作一本《大义觉迷录》来辩说民族平等的问题。这本书在清朝两百多年中，虽然并不受人重视，但它却启发了民国初年五族共和，以及现在各个大小民族共和的国体，应该也算是先声之作了。

虽然如此，雍正总难逃"为德不周，为仁不达"的遗憾。但再退一步来讲，过去古今中外英雄帝王们的统治手法，都会如三国时代刘备说过一句坦白的老实话，那就是"芝兰当门，不得不锄"。有罪无罪，同为一例。所以佛、道两家便教人要知时知量，明哲保身，做为苟全性命，不求闻达，独善其身的规范。但如不幸处在兼善天下的地位上，那就随时会有可能碰上棘手的事，瓦砾黄金，同为废物，即使圣如尧舜，也有殛四凶的记载，孔子也有杀少正卯的故事。雍正虽学佛参禅，当然更不能比于尧舜与孔子，应当受到后世的批评。

大禅师整顿佛教

但做了清朝十三年守成皇帝的雍正，他受当时读书人及后世攻击的真正原因，就是他严格整顿佛教禅林的结果。因为从明朝中叶，王阳明理学一系的兴起，以禅宗明心见性的宗旨归入儒学的知见，以孔孟之教的良知良能作为禅宗开悟的极则。因此，阳明之学的流弊，到明末时期，大都犹如狂禅之流，到处都是。当时便有人嘲笑明末儒家"圣人满街走，贤人多如狗"的情况。那时禅宗的大匠如密云圆悟禅师，虽然望重禅林，但他的出身，犹如唐代的禅宗六祖慧能大师一样,并非儒林名士出家。可是从他求学的人,很多是为了逃避明末的党争,逃禅入佛的学者名士。他有一个名儒削发为僧的弟子法藏,自认是从密云那里开悟得法的高足。因此,一般有进士、举人功名的人,就纷纷归到法藏的门下,从禅宗的习惯,都尊敬简称他为"汉月藏"或"三峰藏"禅师。"三峰""汉月"就是他挂褡在江苏的庵名代号。

"汉月"的弟子中学者众多,声势日盛,便有谈禅的专著,阐扬唐宋以后禅宗的五家宗旨,标榜一个"○"(圆相)为指标,或说平常着衣吃饭,即知即行等等,就是"当下即是"佛法的禅。其实,给人有法可得、有道可修的作为,早已离禅离佛愈远。这样流传广了,密云大师知道了,大为不然,就著文章来批驳他们。可是"汉月藏"的弟子们不服气,又著书反驳师祖密云。如《雍正语录》所说的《五宗救》《辟妄》《辟妄救》等书名,就是这个故事的由来。

但自清兵入关以后,"汉月(三峰)"一派的弟子,愈来愈多。其中大部分还是"反清复明"的读书分子,有的以出家为僧作掩护,有的便以居士身份,住在禅林寺院,做为伺机而动的据点。明末有名的诗僧苍雪大师,就与"三峰"及"反清复明"分子有密切的往来,而且以诗文交谊、不涉世务做挡箭牌。苍雪大师遗著《南来堂诗集》,在他唱和的诗中,便有许多明末人物的史料。"汉月藏"一系,后来又专以禅宗五宗的"曹洞宗"相标榜,意在脱离"汉月藏"的传承来自"临济宗"的作用。雍正在王邸的时候,早已开始参禅学佛,和他交往的方外僧人也不少。而且他受章嘉大师的启迪印可以后,对于禅悟,自认为是已经破了三关的大彻大悟者,所以也公然以居士帝王禅师的身份,收出家和尚们做弟子。因此,他对明末清初佛教的禅宗丛林,和蒙藏密宗的教法,其中的利弊得失,以及龙蛇混杂的情形,都弄得非常清楚。

雍正登位以后,便以禅师而兼帝王的立场,大刀阔斧来整顿佛教的禅林，下令尽毁“汉月藏”一派《五宗救》《辟妄救》等著作，并命“汉月（三峰）”一系的出家僧众，统统要重新改投“临济宗”的门下。在圣旨威严管束的同时，他又声明自己是个明眼宗师，如果有天下老和尚认为他的见地有错误的，尽管进京找他面谈对错，他只以出家衲僧的立场相见，绝不以皇帝的权威压人。总之，要和他讲论佛法，他自认为只是一个禅师或居士而已，并非就以人王之尊的面目相见。可是当时如雍正一样，对于参禅学佛，确实下过一番真参实证功夫的出家人，并不多见，当然便没有像南北朝和唐代的禅师们，一领布衲，芒鞋拄杖，敢在帝王前面潇洒自如地侃侃论辩佛法了。因此，他把几个跟他参禅学佛多年的和尚徒弟，分别派到江、浙及其他省份去做禅寺丛林的住持，并命督抚以下各官照应，做为佛门的护法。如扬州的高旻寺、杭州的净慈寺、嵩山的少林寺等，都是由他派出和尚徒弟，住持整顿。经费由地方财政的盈余中划拨，及募集功德所得，或由皇室支付，统报由雍正自行核定。但从雍正的整饬佛教和禅宗以后，便使中国的禅宗，局限于高旻寺的禅堂之中，只以参一句“念佛是谁”的话头，定为参禅的风规，直到现在。这倒合了一句古话：“良冶之门多钝铁，良医之门多病人。”

但我们需要知道，雍正整顿佛教和禅宗各丛林寺院，从佛法的立场来讲，他是确有正知正见，并非歪缠。但同时也使那些皈依佛门，抱着“反清复明”思想的知识分子，临时冒充参禅学佛的和尚，走投无路，弄假成真了。因此，后来“反清复明”的帮会组织，就都离不开与佛门有关。可惜过去一般对历史记录的大儒，偏偏固执成见，认为佛、道两教，都是孔子所说的“异端”，从来不关心它与中国政治文化有关系的重要，所以并不深究。尤其对于清史，如入关前后的一百多年中的三四代皇皇，如不了解禅宗和密宗的渊源，当然所有论断，就多有外行之谈了。中国过去的历史，尤其在佛教的宗教史上，认为破坏佛教最厉害的，便是“三武一宗”之难(北魏太武帝、北周武帝、唐武宗、后周世宗)。但并没有说雍正这样做,也是佛教史上的灾难。事实上“三武一宗”的事,是有关历史文化思想的冲突,和佛、道两教的宗教斗争,以及那些昏君的不知正面治理所造成的结果,但也并非是政治上的绝对盲动。至于雍正的整顿佛教禅林,他是以内行对内行,他的本心原在维持佛法的正知正见,当然不能把他做为迫害宗教的事件来论断。

但另有一件与雍正整顿佛教禅林有关的故事,我也追究了几十年,直到如今,仍然是属于“事出有因,查无实据”的疑案,那就是:中国佛教的出家人,为什么要在光头上烧戒疤?开始在哪个朝代?根据佛经大小乘的戒律,以及印度原始的佛教和蒙古、西藏等地区的佛教传承,出家人剃除须发以外,也都没有这个规定。我曾经在五十多年前,访问过几个前辈的师友,都无法作答案。有一次,在峨眉山上,和一位老和尚讨论过此事。他说,大概从清兵入关以后开始,而且可能起于雍正的时代。

如果这样,那就是在雍正收拾“汉月(三峰)”一系,饬令统统归到临济宗门下以后所开始。他为了同时缓和满汉之争的作用,施行仁政,当他在位的十三年中,曾经两次在夏天盛暑时间,命令清除刑狱,释放一些罪犯。如诚心愿意忏悔改过,准许入佛门出家修行。但又恐一般始终心存“反清复明”思想的人,从中煽动,便咐嘱他所派往江南一带住持大寺的和尚徒弟们,提倡以《法华经》《药师经》和《梵网经菩萨戒》的舍身忏罪、燃灯供佛的作用,接受三坛大戒(沙弥戒、比丘戒、菩萨戒)的同时,便在一身最宝贵的头顶上燃灯,以表志诚。这样一来,即使要在出家以后,再来蓄发还俗,从事“反清复明”运动,或是怙恶不悛者,都无法逃过检查身份的法网了。从此以后,除蒙、藏喇嘛以外,就形成内地汉僧的顶上,都有戒疤为记了。除此以外,又有在禅堂中警策参禅入定的香板,也是由雍正当时在王府领导修行,交一把宝剑给一个和尚徒弟说,如果你在七天中不开悟,就以此自裁吧!结果,此僧果然不负所望,所以后来在禅堂中集体参禅时,便变更形式,做成剑形的香板,也是雍正禅师的杰作云云。

有关这两件事,是否如此,我仍然不敢确定,只如野老村言,备做研究参考而已。

至于后来写历史小说的人,便把雍正描写成学武少林寺,并与南京大侠甘凤池、白泰官,乃至了因和尚交往,以及吕四娘报仇等事,说得津津有味,有趣之至。甚至还有把乾隆也写成曾经学艺南少林寺,和洪熙官有关系,因此火烧少林寺等等,不一而足。雍正是学禅的行者,他在即位以前所编集的《悦心集》中便收有"千载勋名身外影,百年荣辱镜中花"的警世名言,这些毁誉对他来说,又何足论哉!

定鼎守成一奇才

至于雍正在位的时期,对于中国文化上历来所敬重的儒家传统和先师孔子的尊号,他虽然不像历代其他帝王一样,随时要听从儒者出身的大臣们的建议,做出特别表示尊儒尊孔的举动,但他也步康熙的后尘,做过几件事,算是对儒家文化也有了交代。如雍正元年六月,加封孔子先世五代,俱为王爵(这又是出手不凡,以虚名以博实誉的出奇之举)。二年八月,定从祀孔庙三十一人,包括有郑康成、诸葛亮,乃至清初的名儒蔡清、陆陇其等。三年正月,亲试应差学政各员文艺。如云:"因从前学政主考,皆就其为人谨慎者派往,并未考试,其中并有不能衡文者。或因中式之后,荒疏年久者故耳。着将应差之翰林,并进士出身之各部院官员查奏。俟朕试以文艺,再行委差。"六年六月,授先贤冉雍后裔世袭五经博士。雍正为什么忽然心血来潮,在孔门七十二贤中,偏要这样重视冉雍,实在不知道他的用意何在。唯一可以为他解释的,可能是他有感而发,觉得有德有学的帝王之才,实在太过难得。孔子曾经称赞“雍也可使南面”,所以他便有这一道诏命吧!

依照前面所讲的观点,总结雍正在位十三年来有关整肃传统文化的作为,从明儒王阳明开始,融会禅学于儒理的流弊,到明末万历崇祯时期的党争,以及进入顺治、康熙王朝以后,所有逃儒入禅的前明遗老和遗少们,在这位“雍和宫圆明居士胤禛(雍正)破尘大禅师”的棒喝之下,几乎都无立锥之地,无所逃于天地之间了。

同时又设置僧录司管理佛教事务,内分善世、阐教、讲经、觉义,左右各二人,号为“僧录八座”。选任出家的僧官,先由礼部考试,再送吏部备案,最后交内务府(皇宫内务主管机构)的掌仪司、礼部的祠祭司会同考核,再报由内务府大臣请旨准可,才移吏部颁发符札委任。这样一来,掌握僧官的实际权力都在内务府中,等于是由皇帝的亲自监管。各省地方僧官的选任权,便交由督抚决定。至于从雍正亲自主持参禅,经他自己认可的禅师和尚,有资料可查者,而且经他亲自派遣,住持江南等名刹,便有性音、明鼎、超盛,以及拈花寺方丈超善、万寿寺方丈超鼎、圣因寺方丈明慧,和元日、超源、实彻、悟修等十僧,犹如他出家众中的十大弟子。当然,也等于是他外派视察民情的耳目。在满汉的大臣中,如张廷玉、鄂尔泰、福彭、允禄、允礼、天申、圆寿,和他自己的儿子宝亲王弘历(乾隆)等八人,等于是他座下在家众中的得法弟子,可倚为治国的左右手。其他有关从他随缘参学的妃子、宫人、太监,当然在他的选佛场中,还不能得到榜上有名的记录。

清兵入关定鼎八十年后,有了一位文学词章并不亚于任何一位翰林进士、谈禅说道并不逊于禅门宗师的雍正皇帝。他的为政之道,使人不敢欺,亦不可欺。内肃权贵,不避亲疏。外立纲常,赫如烈日。用此守成,当然可使内外肃穆,谁敢与之抗衡。一般评论，便只能说雍正犹如汉代的文（汉文帝）景（汉景帝），过于忮刻而已。但他对用人之道，却真能实践“贤者在位，能者在职”的原则。换言之，他在需要外派整治事功的人才，“宁可用黠而能者，不肯用愚而廉者”。如果学问好，有品德，如张廷玉等人，始终就给以高位，留置内廷。出身功名不高，但的确别有才能，如田文镜、李卫等人，便委以重任外放。至于科名循序渐进的人，虽词章华丽，也只能位任文员，安置在翰林馆职而已。雍正在位十三年中，得以坐镇京畿，背靠漠北的满蒙，右握西北，左揽东南；西南有事，只需一个能臣，一旅雄兵，便可唾手而定。他是真实奠定了清朝的江山，赋予儿孙好自经理，实在可算是历代定鼎守成帝王中的一代奇才，为历代职业皇帝中绝无仅有的一人。如果以“修身、齐家、治国”之道来说，他确是做到了如《诗经》所说“刑于寡妻，至于兄弟”了。但从“格物、致知、诚意、正心”之道来说，他却落于“静虑而后能得”的窠臼，对于“亲民”而“止于至善”的外用（王）的实际，难免自有遗憾之处。明儒兼通佛道的洪自诚说得对：“涉世浅，点染亦浅。历事深，机械亦深。故君子与其练达，不若朴鲁。与其曲谨，不若疏狂。”雍正即位以后的禅病，正陷在过于练达而又曲谨的漩涡中而不自觉。

也许大家会问：他究竟是怎样死的？既然已经开悟，又何以只有五十八岁就死了呢？参禅开悟，并非是求仙道的长生。一个人事无巨细，都要事必躬亲，昼夜勤力，日里万机十多年，不累死也会瘫痪的。况且他对佛法心宗意生身的转身一路工夫，还须求证，并未到家。这是他无法告人、无处可问的关键所在。他究竟是怎么死的，也许将来或可知道谜底吧！

十全老人的乾隆

清朝从雍正以后，接着就是他许为已破禅宗三关的儿子宝亲王弘历,即晚年自称为“十全老人”的乾隆即位。事实上,在秦汉以后的历史上,本身做了六十年的太平天子,活到八十多岁,传位给儿子嘉庆以后,又以太上皇的身份,仍然还得干政,乾隆的确是绝无仅有的一人。那些相信宿命论的算命先生,算他的八字,是“子午卯酉”四正的命,好像很有道理而不尽然的巧合,却很有趣。

不过,以乾隆一生的际遇来说,他真是得力于父祖的遗荫。照俗话来说,也可说他靠祖宗有德的结果。从他的祖父康熙立下统一的根基,经过他父亲雍正的整肃守成,打好财政、经济、吏治的稳定基础后,他在正当青年的时期,称帝六十年。在他手中,编集了《四库全书》,对于中国文化做了最大的贡献。又对明末第三代的遗老遗少们,再举行一次“博学鸿词科”,一网收尽遗留有“反清复明”学术思想的汉人读书分子。从此使清朝的文运,真正做到“销磨天下英雄气,八股文章台阁书”的作用。读书知识分子,考取功名以后,大多数是浮沉宦海以外,便转向在文学词章上争取文艺的胜出。有关儒家“四书”“五经”的义理之学,只走向如《十三经注疏》和《皇清经解》等巨著的考证路线上去。少有如宋明那样的理学和禅宗大师人才辈出,论辩纵横的情景,但却产生了学识渊博、考证精详、文词华丽、蕴藉风流的人士,如纪昀(晓岚)、王文治(梦楼)、舒位(立人)、袁枚(子才)、赵翼(瓯北)、张问陶(船山)等一群风流潇洒的才子。在诗文词章上的成就,或变更成规,或注重性灵,但都不免带有孤臣孽子的潜藏情感。因此,使清代乾隆前后的文学境界,并不亚于中唐的格调,大有特色,值得欣赏。

他自己除了批注历史,编了一部《御选通鉴辑览》以外,又作了很多评论历史的诗。同时把清宫里所收集的历代名画,任意在空白处题诗写字,盖上“乾隆御宝”的印,自己以为是很艺术,其实是破坏了艺术作品的举动。并且命臣工编辑《御制文集》,夸耀自己为“翰林天子”,有意与那些进士状元出身的文人争一时的短长。但从乾隆一代的内政来讲,实在确是一个升平盛世。所以他在那时所作的春联,便有“天增岁月人增寿,春满乾坤福满门”“乾坤春浩荡,文治日光华”,乃至有“文章华国,诗礼传家”“国清才子贵,家富小儿骄”的现实情况。

因此,他到了晚年,自称为“十全老人”,并且在让位授玺(交印)归政给儿子颙琰,改年号为嘉庆的时候,又自称为“千古第一全人”,比起十全老人更要全了。其实,他所谓的十全,是包括了康熙、雍正前两代的功业在内,是指清朝的武功而言,并非完全属于文治。因为由于清代“康、雍、乾”三朝的领土扩张,全国版图,除元朝以外实为中国历史上版图最大的一朝。东至鄂霍次克海与日本海,朝鲜与库页岛在内。南至安南、缅甸、暹罗。西边的阿富汗、吉尔古斯、浩罕。西南的廓尔喀、哲孟雄、不丹,均臣服中国。北与西伯利亚接界。至于乾隆时代自夸的武功,便是曾经征服准噶尔、大小金川、廓尔喀各两次、臣服回部、台湾、缅甸、安南各一次。以此自炫,便称为是十全武功。他不像他的父亲雍正,或用“宝月居士”的身份而谈禅说佛,可是他却能通藏文,注意藏传密宗的修持。他曾经翻译藏文黄教主要修法的《阎曼德迦十三尊大威德修持仪轨》。据说嘉庆即位,正当白莲教作乱,他在太上皇的宁寿宫皇极殿上,手持念珠,跏趺禅坐,为大清江山保平安而修密法呢!

总之由顺治元年(1644 年)算起,到嘉庆末年(1799 年)为止,大清的江山已经过了百多年的升平岁月,时代即将进入十九世纪。乾、嘉以后,清朝也由盛而衰,整个中国文化,正开始受到西方文艺复兴运动以后工商业科技文明、发明的撞激,不变而变,非变不可了。如果要讲中国的近代史或现代史,准确一点,应当从嘉庆时代开端,不是咸(丰)、同(治)时代才开始啊!但我们应该知道,有关“四书”“五经”的文化,尤其是朱注《四书章句》,和明清两代八股考试文章的结合的一体,直到光绪末年才告一段落。可是中国人到现在,仍然对读经与不读经的争议,还在喋喋不休。其实,读“四书”“五经”是为了知道自己国家民族的文化根本来源,它和国家的兴衰成败，以及国运的强盛富有，不能混为一谈。事在人为，不是事在书为啊！传统文化的诗书并不害人，只怕自作高明的人为害了诗书的精义而已。

清朝由嘉庆开始，匆匆百年之间，经道光、咸丰、同治、光绪，乃至宣统，这六七位爱新觉罗后代的职业皇帝，都是卑卑不足言，何足论哉！况且地球世界的人类文化在变。中国和所有东方国土的文明，正如"白日依山尽""朝阳西海升"的情况。随着而来的，中国即处在"山雨欲来风满楼"的紊乱和刺激之中。现在我们需要对西方文化自十六世纪文艺复兴以后，十七世纪开始，怎样渐次兴起，怎样逐步东来，影响我们今天的情形，扼要作一了解。

（摘选于《原本大学微言》）

附录四

雍正及其编著的佛教典籍

史原朋

清世宗雍正皇帝（1678—1735 年），名胤禛，在位十三年（1722—1735 年），是康熙皇帝的第四子、乾隆皇帝的生父。康熙、雍正、乾隆三代之隆盛，在中国历史上时常被比于汉唐盛世。后世有的学者认为，汉唐盛世得益于帝王内用黄老之术，而清朝帝王实深通佛禅心法，尤其是清朝这三代中承上启下的雍正皇帝，更是历史上赫赫有名的禅师皇帝。

一、雍正与佛教禅宗的因缘

关于雍正与佛教的因缘，特别是他与禅宗的因缘，在雍正《御选语录》前后序言中作了详细的自述。根据雍正的自述，其学佛参禅的经历如下：

雍正（此时应称胤禛）自少年时就喜读佛典，惟慕有为佛事。特别于禅宗总以解路推究，因而心里轻视禅宗，认为如来正教不应如是。后来其禅宗修证主要得益于汉僧带领的坐禅与经行，及章嘉国师的教授与印证，章嘉国师是康熙敕封的“灌顶普慧广慈大国师”。对于章嘉国师，雍正称赞“乃真再来人也，实大善知识也。梵行精纯，圆通无碍”，并且为“中外诸土之所皈依，僧俗万众之所钦仰”。

雍正（此时应称雍亲王）年轻时就广交僧衲，曾经与章嘉国师在“藩邸清闲时，接茶话者十余载，得其善权方便，因知究竟此事”。于康熙五十年（1711 年）正月，雍正三十三岁那年，“延僧坐七，二十、二十一随喜同坐两日，共五支香，即洞达本来，方知唯此一事实之理”。当时章嘉国师评为只是“如针破纸窗，从隙观天”，勉励其更求进步。雍正于当年二月“复结制于集云堂，着力参求。十四日晚经行次，出得一身透汗，桶底当下脱落，始知实有重关之理”。遂又问证于章嘉国师，章嘉国师认为这“譬犹出在庭院中观天矣”，应该更加勇猛精进。于是雍正“仍勤提撕”，第二年（1712 年）正月二十一日“复堂中静坐，无意中忽踏末后一关，方达三身四智合一之理，物我一如本空之道，庆快平生”。于此章嘉国师称赞道：“王得大自在矣！”这一年雍正三十四岁，从此雍正自信在禅宗已经就是直透三关的大禅师了。

有着上述殊胜参究因缘的雍正，在当时激烈的皇储之争中，被誉为能够潜心修持，韬光养晦，以定应乱，因此脱颖而出，得到康熙的称许。所以于十年后，即康熙六十一年（1722 年）正式即位当上皇帝。雍正认为，“朕膺元后父母之任，并非开堂秉拂之人，欲期民物之安，惟循周孔之辙。所以御极以来，未说禅宗”。也就是说雍正即位后十年时间，主要遵循周孔儒家治国之道，基本上没有公开地见僧，谈佛论禅。

二、雍正的“三关”“三谬”

雍正在《御选语录》开篇总序中特别指出，“如来正法眼藏，教外别传，实有透三关之理，是真语者，是实语者，是不妄语者，不诳语者”。“朕既深明此事，不惜话堕，逐一指明”。因此，他以其多年亲参实悟的心得，详细介绍了他体悟到的禅宗的“三关”主要内涵：

夫学人初登解脱之门，乍释业系之苦，觉山河大地，十方虚空并皆消殒，不为从上古锥舌头之所瞒，识得现在七尺之躯不过地水火风，自然彻底清净，不挂一丝，是则名为初步破参，前后际断者。

破本参后，乃知山者山，河者河，大地者大地，十方虚空者十方虚空，地水火风者地水火风，乃至无明者无明，烦恼者烦恼，色声香味触法者色声香味触法，尽是本分，皆是菩提，无一物非我身，无一物是我己。境智融通，色空无碍，获大自在，常住不动，是则名为透重关，名为大死大活者。

透重关后，家舍即在途中，途中不离家舍，明头也合，暗头也合，寂即是照，照即是寂，行斯住斯，体斯用斯，空斯有斯，古斯今斯，无生故长生，无灭故不灭。如斯惺惺行履，无明执著自然消落，方能踏末后一关。

在这篇总序里，雍正同时强调，由于"去圣遥远，魔外益繁，不达佛心，妄参祖席，金山泥封，慧日云蔽，约其讹谬，亦有三端"，因此他针对一般修学过程中，容易出现的三种谬误，又详细地讲述了"三谬"内涵：

其上者，才见根尘互引，法界相生，意识纷飞，无非幻妄，顿生欢喜，谓是真常，休去歇去，以空为空；不知性海无边，化城无住，果能见性，当下无心。心既见空，即未见性，于是形同槁木，心等死灰，万有到前，一空不敌，纵能立亡坐脱，仍是业识精魂，况乃固执断见，必至变作狂华。谓因果之皆空，恣猖狂而不返，岂非一妄在心，恒沙生灭，能不造生死业，断菩提根？

其下者，见得个昭昭灵灵，便谓是无位真人，面门出入，扬眉瞬目，竖指擎拳，作识神之活计，张日下之孤灯，宝鱼目为明珠，觅旃檀于粪土，噙着铁丸，口称玉液，到得腊尽岁除时，方知依旧是个茫茫无据。

又其下者，从经教语录中挂取葛藤，从诸方举扬处拾人涕唾，发狂乱之知见，翳于自心，立幻化之色声，作为实法，向真如境上鼓动心机，于无脱法中自生系缚。魔形难掩，遁归圆相之中；解路莫通,躲向藤条之下。情尘积滞,识浪奔催,瞒己瞒人,欺心欺佛,全是为名为利,却来说妙说玄。盲驴牵盲驴,沿磨盘而绕转;痴梦证痴梦,拈漆桶为瓣香。是则循觉路而扑火轮,能不由善因而招恶果?

这"三关""三谬"是雍正在康熙五十一年(1712年)"直透三关"二十年以后总结的功夫与见地的结晶,也是雍正后来编著各种佛教典籍的指导思想!

三、《御选语录·正集》的编选

雍正即位以后,经过十年的勤政与治世,于雍正十年(1732年)腊月,"但念人天慧命,佛祖别传,拼双眉拖地以悟众生,留无上金丹以起枯朽,岂得任彼邪魔瞎其正眼,鼓诸涂毒,灭尽妙心?朕实有不得不言,不忍不言"。于是"近于几暇,辨味淄渑,随意所知,阅从上古锥语录中,择提持向上直指真宗者,并撷其至言,手为删辑",亲自开始了《御选语录》的编选工作。

雍正在他自信的"三关""三谬"的洞彻见地的基础上,首先选择了从古以来的十三位禅师的著述精心进行"删辑"工作,他认为"是数大善知识,实皆穷微洞本,究旨通宗,深契摩诘不二之门,曹溪一味之旨,能使未见者得无见之见,未闻者入不闻之妙闻,未知者彻无知之正知,未解者成无解之大解。此是人天眼目,无上宗乘"。

雍正在《御选语录·正集》里将亲自御选的十三位大禅师分别赐予封号,他们分别是僧肇(大智圆正圣僧肇法师)、永嘉(洞明妙智永嘉觉禅师)、寒山(妙觉普度和圣寒山大士)、拾得(圆觉慈度合圣拾得大士)、沩山(灵觉大圆沩山佑禅师)、仰山(真证通智仰山寂禅师)、赵州(圆证直指真际赵州谂禅师)、云门(慈云匡真弘明云门偃禅师)、永明(妙圆正修智觉永明寿禅师)、紫阳(大慈圆通禅仙紫阳真人）、雪窦（正智明觉雪窦显禅师）、圆悟（明宗真觉圆悟勤禅师）、玉琳（大觉普济能仁玉琳琇国师）（注：该封号为顺治皇帝所赐）、茆溪（明道正觉茆溪森禅师）。这《正集》最后一位就是他自己“和硕雍亲王圆明居士”。

雍正在《正集》里每一卷之前，为他亲自选封的大禅师都御制序言。他在序言里以其独具之慧眼，谆谆指示，阐明心要，其中多是点睛之笔。这些卷前序言，文约词简，是我们了解和研究雍正的禅宗见地的重要资料。

在《正集》的第一卷，雍正首先选辑了僧肇的论文。雍正指出，虽然僧肇“谓是菩提达摩以前时人，（那时）震旦未闻教外别传之旨，（一般认为）不得入席焉”。但是“朕阅僧肇法师所作《般若无知》《涅槃无名》《空有不迁》《形山秘宝》诸论，非深明宗旨，何能了了如斯？以此讲经，正是不立文字。”并且反问“诸佛慧命，奚隔封疆！有何今古！岂得谓菩提达摩未来以前，震旦无宗旨焉！故删辑其要文，序而刊行之”。在这里雍正针对“宗门每以教典为寻文解义”的弊端，首先选辑了僧肇论文，开篇就强调了“宗教合一”之旨。

雍正还收录了道教紫阳真人张伯端的《悟真篇》颂偈，并且把张伯端排在御封的四位佛教禅师（含一位顺治御封的国师）之前，认为张伯端这些颂偈“一一从性地演出西来最上一乘妙旨”。他评述“真人以华池神水温养子珠，会三界于一身之后，能以金丹作无义味语，忽地翻身一掷，抹过太虚，脱体无依，随处自在，仙俊哉大丈夫也”！赞扬“篇中言句，真证了彻，直指妙圆，即禅门古德中，如此自利利他，不可思议者，犹为希有”！最后特别指出，“如禅师薛道光，皆皈依为弟子，不亦宜乎？刊示来今，使学玄门者知有真宗，学宗门者知‘唯此一事实，余二即非真’焉！”此处可谓雍正用心会通佛道之例。

在《正集》的最后，雍正收录自己作为雍亲王的语录公案与圆明居士百问，而且所选篇幅超过之前所选的每位大禅师，他在自序中讲到，“朕昔者虽复时谈妙旨，实未遍阅群言，任性卷舒，随缘出没，实由杜撰，非法经文。近始披空里之遗文，剖尘中之积卷，欲使焦枯栗棘，新刺重生，陈烂葛藤，灵花再发”。并且“今见昔人之语与朕所言，多不约而暗符，无心而自合，圆音如是，不禁哑然。此足表千年而异口同声，非有意一字之雷同剿说也”。于是“今乃选编数帙，垂示来兹，于所采大善知识语录之后，亦附刊焉”！在自序中强调“朕今位居元后，岂慕作家居士之虚名？盖既亲履道场，宜宣大觉法王之正气，欲人信知祖印亲传实有据，本来具足；言思绝处非虚说，道理昭然”。虽然他强调“非曰朕之言句可与从上大善知识比肩也”，而实际上，从他编选篇幅上可以感知到他应该已经认为自己超越了那些“从上大善知识”！

在编选《御选语录》的同时，雍正十一年（1733年）春夏他举办了将近半年的“宫廷大会”，亲自为王公大臣讲禅说法，同时召选全国有学修的僧人参加。据记载，经过雍正的指导，“王大臣能彻底洞明者，遂得八人”，〔其中包括汉臣张廷玉及四子宝亲王弘历（后即位称乾隆）〕，“沙门羽士亦有同时证入者六人”。这其间的语录问答，就收录在了《圆明语录》里。

在《御选语录·正集》所附的《外集》，雍正特别从莲池大师的《云栖法汇》里选辑了《净土问答》等语录诗偈。“朕欲表是净土一门，使学人宴坐水月道场，不致歧而视之，误谤般若，故择其言之融合贯通者，刊为《外集》，以示后世。如学人宗旨不明，即将‘南无阿弥陀佛’一句作无义味语，一念万年，与之抵对，自然摸着鼻孔。如其已得正悟，则丈六金身是一茎草，三千世界是一微尘，延一刹那顷于万亿年，扩一毫毛端为四大部，宝池宝地充塞现前，翠竹黄花无非正受，于此净土正可随喜，花开见佛，岂不是直指心传也耶”？针对宗门每以“净土为著相菩提，置而勿论”的弊端，他特别选辑了莲池问答诗偈，以强调“至于净土之旨，又岂有二”！

雍正的《御选语录·正集》及所附《外集》仅仅选辑了十三位御封禅师(其中一位是道教的真人禅师)，另加他自己与莲池的语录问答等，“乃不数月之功，编次成集”了，并在雍正十一年(1733年)“长夏”以前已经刻印了！

四、《御选语录·前集》的编选

这一年(1733年)，雍正“长夏几暇”，又“欲全览历代古德之所激扬，而录其真切为人者”。于是“乃就妙喜所辑《正法眼藏》，幻寄所刻《指月录》二书，采取若干则公案以示后学”，开始了《御选语录·前集》的编选工作。

在《前集》的序言中，雍正指出“夫《正法眼藏》《指月录》二书，行海内数百年矣”，因此“妙喜、幻寄之功勋固为不可磨灭”。“但惜(妙喜、幻寄)皆未具透关眼，所以拈提自先失利，则粉中之雪，煤里之墨，岂能拣辨的当？掷黄金而取瓦砾，宝鱼目而弃摩尼，定所不免”。

雍正指出《前集》“所采言句，非如妙喜、幻寄所选，只尚语句尖新、机锋敏捷，不论与本分心地有无交涉也，皆专以提持向上”。他强调“不但时人之所推尚，流俗之所盛传，而实非旨要，未契真宗者，概置不录。即古来大善知识递相拈示之公案，少或不依本分，任其口头滑利，即不与选焉”。

对于《正法眼藏》《指月录》，其中的那些留存的“不了言句”，雍正认为“历代明眼善知识，非不知其为非第一义谛。或以祖父所遗，只得传为家珍。或因诸方检点，恐起争端，不无回互。不但不肯明以指斥，且弃短取长，附合拈提，将方寸之木，耸令高于岑楼，亦不过无奈，聊作门前之绕，岂实谓祖印在兹也”！因此对“初机后学，未能人人具生知慧眼，则不无误人在”。而“朕今日无挂无碍,一禀觉王正令,黜陟古今,有何忌讳而不为直捷指明”!

为了说明这种情况,雍正特别将“宗门中历代推为提持后学之宗匠,奈其机缘示语无一可入选者,聊举数端,以见其旨”。他列举的著名禅师,涉及到傅大士、大珠海、丹霞天然、灵云勤、德山鉴、兴化奖、长庆棱、风穴沼、汾阳昭、端狮子、大慧杲、洪觉范、高峰妙等。下面就是雍正列举的几例历代宗匠中不能入选的语录公案及其评述:

如傅大士“夜夜抱佛眠,朝朝还共起。起坐镇相随,语默同居止”及“能为万象主,不逐四时凋”之句。长庆上堂曰:“撞着道伴交肩过,一生参学事毕。”僧问兴化:“四方八面来时如何?”化曰:“打中间的。”如此语句,皆是只识得个昭昭灵灵耳。

即傅大士所云“空手把锄头,步行骑水牛,人从桥上过,桥流水不流”,亦只到得脱凡情执著见耳。只如步行骑水牛,较古德道士倒骑牛之句虽若仿佛,而相去天渊。

如庞居士“一口吸尽西江水”,乃从来多传为极则者,却不知但只会得个光吞万象而已,岂曾脚跟点地?所以五祖演云:“一口吸尽西江水,万丈深潭穷到底。略彴不似赵州桥,明月清风安可比?”此颂可谓补庞蕴之欠缺也。

如德山,乃从来历代推崇之古锥,而除一棒之外,详细搜求其垂示机缘,却无一则可采,不过会得个本无言说之理,不被天下老和尚舌头瞒地位耳,未踏向上一着在。所以沩山之语,泥里有刺,道“德山向后孤峰顶上盘结草庵,呵佛骂祖去在”,可谓将德山数语判尽也。

如岩头、雪峰,实乃见过于师,然亦未到圆通处,较伊法嗣玄沙,犹欠百步在。如大珠《顿悟入道要门论》,不过提唱初机,全未具顶门正眼,其马祖赏叹之说,未必确实。

综上所举,雍正认为“似此不经之说,徒增文士嗤谤耳,与佛法毫无裨益”。雍正强调“此一实事，有一丝毫，便是一丝毫，失之毫厘，差之千里。真伪之辨，若遇明眼人，断不能逃影”。

紧接着他又举了两个例子：

如丹霞烧木佛，观其语录见地，只止无心，实为狂参妄作。据丹霞之见，木佛之处，别有佛耶？若此，则子孙焚烧祖先牌，臣工毁弃帝王位，可乎？在丹霞以为除佛见，殊不知自堕铁围而不觉也；意在立奇扫相，而通身泥水自不知也。

如一古德殿前背佛坐，又一古德入殿向佛唾，旁僧云：“何得背佛坐？向佛唾？”答云：“将无佛处来与某甲唾，指无佛处来与某甲背。”此等见解与丹霞同，但知扫目前一像，却不觉自执千像万像矣。当日但问此二狂徒：“你道除此殿中佛，尚别有何佛？试指取看。”管教立地现形。

雍正指出，“此等无稽魔说，何堪提唱书录挂齿？更有拾狐唾以为狮乳者，尤堪怜悯，似此者不可枚举。以上所拈，尚皆非属邪妄，但脚跟未踏实地，非了义之说耳”。

对于瞿汝稷的《指月录》，雍正认为“其中采其拈提处甚多，其支离谬妄处与幻寄同，可谓同病相怜，不过令人作发笑之戏具，更不必论者”。接着他列举了一系列公案，“至如三唤侍者、婆子烧庵、吃油糍、野狐、斩猫、犀牛扇、台山婆子、子湖狗、香严上树、云门扇子、禾山鼓、慈明榜等”，对这些“古今丛林中日日举似者，朕悉不录。盖虽言语道断，不过启发初机，非是究竟，但此等公案尚不至榛芜向上一路耳”。

最后雍正综述道：“此事如杲日光，如大火聚，提则全提，印则全印，否乃不达佛之正旨，尽属夺弄精魂。”对于那些不被他选录的公案，“其言虽皆数千百年以来人人之所提唱，其人虽皆数千百年以来人人之所推崇，朕皆置之不论。盖历代震于其名，无人指出”。雍正指出，“此等未了之谈，杂入真正人天眼目之宗师语句中，后学岂能尽具参方眼？其目光如豆者，必致金鍮莫辨，皂白不分，到此地位，自以为已造某古德所造之境，向上自然无路，妄为参学事毕，岂不是尽九州铁铸成这一大错"！雍正进一步指出，"此等语句，虽于提掇初机，发人净信，未始无功，然其功甚小；能令真正发心参学之人中止化城，过由伊造，其过甚大"。

对于编选《御选语录 · 前集》，雍正认为"若无灼知定见，岂肯多生枝节，为天下后世之所嗤笑？实怜禅宗颓废，慧命悬丝，皆由此辈未了宗师，开此纷杂歧径，令鱼龙莫辨，后学不知所从也，故不得不为蛇足一上。如标月指，所指必月，无论三垣二十八宿，未尝误指，即弦朓之月亦所不指。所指者，如月之恒，既圆且明，普照三千大千，后学但毋向指边求月也"。

雍正《御选语录 · 前集》的编选工作，在《正集》所选的十三位大禅师基础上，又精心选辑从初祖达摩以来的一百六十二名禅师的精彩的语录公案，其绝大部分为和尚禅师，偶尔录有庞蕴、张商英等几个居士。

五、《御选语录 · 后集》的编选

完成《御选语录 · 前集》的编选工作后，雍正看到当时的宗门，每以"藏头白，海头黑""院主眉须堕落""掇退果棹"之类词句，谓之末后句。主要因为是先从解路推求，推求到解路断绝处，则强为末后句，翻成虚套实法。更有以"父母未生前本来面目""万法归一，一归何处""念佛的是谁"等为死句，以"东山水上行""庭前柏树子""唵哑吽""苏噜苏噜嚧唎嚧唎"等为活句。所谓"有字义可寻，则为死句；无字义可寻，则曰活句"。雍正认为，"如此会取，则末后句尚未是初句，而活句已尽成死句矣"。

无论末后句，还是活句，雍正认为"惟用以接引初机，千篇一律，正是敲门之瓦，意在门开。若持瓦不敲，惟向门前之绕，摩挲把玩，瓦不释手，甚至谓人之瓦不良，谓己之瓦至美，张旗树帜，为瓦交锋，瓦战弥深，去门愈远，不曰狂徒，不可得也”。

雍正自许证悟“三关”二十余年来，于“本分”少得相应。特别是于藩邸时，颇阅当时禅侣伎俩，认为大抵不过如是，尝于此作游戏三昧。“为悯学人身住大圆觉场而不得正悟，魔外滋繁，狂参益炽”，在选录《指月录》等书之后，又开始选录《教外别传》《禅宗正脉》的从上古德专提向上之语，以期灯传无尽。凡是那些接引初机，及问答如流，机锋迅利者，雍正概不入选。又恐未经举出，学人眼目不明，用是取其中不误学者中止化城，有碍正知正见者，别录一帙，编为《御选语录·后集》。雍正认为“盖古人既于无梯航处设兹梯航，朕即于无等次中分其等次”。

至于《指月录》其中有数十则本来可以入《前集》者，则因为当时《前集》已经刻成，难于再按次序添入，因而雍正也把它们编在《后集》内。

在编《前集》时，对所选历代禅师，“除六祖外一百五十六人语句，固皆本份极则，而诸人中如志公、马祖一、南岳思、石头迁、忠国师、长沙岑、观国师、临济玄、投子同、曹山寂、玄沙备、韶国师，其见证与前选中诸大善知识无二无别，但其传世语句可采者止于此，因其难成卷帙，是以并在《后集》中”。

《御选语录·后集》共选辑了三百九十七位禅师的语录公案，其中包括前集已选的大部分禅师的语录公案，在后集中又再次增选了更多禅师的语录公案。

六、《御选语录》的总结评述

《御选语录》的《正集》（附《外集》）、《前集》《后集》全部编集完成以后，于当年（雍正十一年）九月他又特别作了一篇《御制后序》。在这篇后序里，雍正的论述涉及到了几个方面的内容：

（一）雍正强调他在禅宗上是由章嘉喇嘛教授与印证，而不是藩邸近邻柏林寺方丈特别推荐的迦陵性音禅师。作为汉传佛教的教外别传的禅宗,向来重视学人开悟必须要有已经证悟的过来禅师予以印证。虽然雍正在壬辰春正月,是随汉僧在藩邸“坐七”“参究”,得以“洞达本来”“桶底当下脱落”,乃至第二年正月“忽踏末后一关”,但他一直强调他再三叩问并得到教授与印证的只是章嘉喇嘛。这里实际上他已经将章嘉刺嘛作为兼通汉地禅宗的开悟禅师了。对此当时也许很有争议,所以雍正特别指出,“其他禅侣辈不过曾在朕藩邸往来,壬辰巳间坐七时,曾与法会耳”。而且“迦陵性音之得见朕也,乃朕初欲随喜结七,因柏林方丈年老,问及都中堂头,佥云:只有千佛音禅师。乃命召至。既见,问难甚久。其伎俩未能令朕发一疑情”。雍正认为,当时他的“醒发”因缘,“若谓性音默用神力,能令朕五支香了明此事,何得奔波一生,开堂数处而不能得一人,妄付十数庸徒耶”!在这里雍正彻底否定了迦陵性音禅师对他任何“醒发”作用。

(二)雍正对迦陵性音的禅宗见地进行了严厉的批判。

雍正通达“三关”以后,性音曾劝雍正“研辨五家宗旨”。雍正于是反问“五家宗旨如何研辨”?性音回答:“宗旨须待口传”。

言下雍正非常愤怒:“是何言欤?口传耳受岂是拈花别传之旨?堂堂丈夫岂肯拾人涕唾?”于是“从兹弃置语录,不复再览者二十年”。也许担心人们不认同,甚至还强调一句“此府中宫中人人之所尽知者”。

接着,他又评述道:“夫五家宗旨,同是曹溪一味,不过权移更换面目接人,究之皆是无义味语。所为毒药醍醐搅成一器,黄金瓦砾融作一团,用处无差,拈来有准,并皆一代之宗师,百世之模楷”。“奈庸流不了自心,累他涂污有分,鼓动识情,横生法执,谬加穿凿,取笑旁观,明眼人前不堪举似。因见性音谆谆于此,是乃逐语分宗,齐文定旨也,甚轻其未能了彻。如使性音明知之,而劝朕于此打之绕,更是何心行也?则其限于见地可知矣”。

雍正认为，“五宗前后参差，亦非一时。即五宗所明，同是大圆觉性。宗若有五，性亦当有五矣”。如果“古人专为剿情绝见，惟恐一门路熟，又复情见炽然，是以别出一番手眼，使人悟取。众生心不能缘于般若之上，今乃转以情见分别之，埋没古人不少”。

（三）雍正对此前的禅宗诸书乃至《宗统一丝》存在种种错杂乖谬。

雍正认为，“朕阅《指月录》《正法眼藏》《禅宗正脉》《教外别传》诸书，所选古德机缘语句，皆错杂不伦；至于迦陵音所选《宗统一丝》者，尤为乖谬”。

他认为，“古人语句，专为开人迷云；后人选辑，专为垂诸久远。今乃挨门逐户拾取剩遗，或珠或玑，或金或鍮，或丝或布，或柴或草，或瓦或砾，或垢或腻，一家强收一物入笼中，更自夸曰秉公，何庸愚之甚也”！由于“但图人人有分，个个不遗，纷纭杂陈，撩乱错出，蝌蚪与神龙并游，野狐与狮子齐吼，饱参者尚或一时目迷，况初学之人，岂不观之而愈惑，求之而愈远？其为毒害，奚可胜言”？

同时，见到《宗统一丝》后，斥责道“未料性音昏愦卑鄙至于此极也！”认为该书“取本朝开堂说法之衲僧平生所有乱统，各各人编一则，错杂不堪，谓之宗统一丝，直接西天四七，东土二三，真令人笑之齿冷。”雍正认为，如果这样选编的话，“则禅宗之统，实危如一丝也。其意不过取媚同门参学之徒，俾感其选录伊祖父言句入集，以为荣华。此何异世间浇薄士子，彼此标榜选刻文字，自称名士乎”？最后感叹道：“噫！可为宗风太息流涕者矣”。

对于涌泉欣、天衣怀、韶国师等古德语句，雍正“宝之如摩尼夜光，赤刀大贝，而诸书所载极少，遍求不可复得”。因此雍正评价瞿汝稷辈，“自然皆是性音心行，既杂取下等语句，又畏繁多，自然将真正师范至言转播弃之而不惜，历年既久，渐以无传，良可叹惋”。

对于德山鉴，由于一味狂见恣肆，一般平生语句都无可取，但是性音的《宗统一丝》，“采其二条内一条，截去前后语言，专录其辱骂佛祖不堪之词，如市井无赖小人诟谇，实令人惊讶！不解其是何心行，将以此开示学人耶？是何为耶”？特别是“近世宗徒，未踏门庭，先决堤岸，一腔私意，惟恐若不呵佛骂祖，则非宗门，强作解事，学人饶舌，狐行象路，鹦学凤音，是何言欤？是何言欤”？

对于最为下品的南泉愿牧水牯牛公案，因为南泉愿颇有本分之语，所以雍正未加诃斥，但是“性音则于其他语句概置不录，所录二条，其一即是此条。”所以雍正评述：“具此凡眼，有何圣见可除？辄敢见人呵佛骂祖，便生欢喜采辑，鸱鼠嗜粪，斯之谓矣”！

（四）雍正特别阐述自己编选《御选语录》对于重振宗风的重要意义。

在这篇后序里雍正自述“即位以来，十年不见一僧，未尝涉及禅之一字。盖此事，实明者少，逐块之流，徒劳延伫，求名之辈，更长业缘，而世间井底蛙又必妄生议论”。因为“朕悯诸有情无知愚陋，恐其因此造诸谤般若大罪孽，不谈之意，良非偶然”。

时至当时，雍正“见去圣日远，宗风扫地，正法眼藏垂绝如线，又不忍当朕世而听其滔滔日下也，乃选辑从上宗师吃紧为人之语刊示天下后世，使之摆脱生死根尘，掀翻轮回陷阱”。

雍正先后编选有《正集》（附《外集》）、《前集》《后集》，并在篇首各序其旨，谆谆提示，“专欲学人真参实悟，各得本分正知正见，如象渡河，脚踏实地，便能超出三界，而一一具足六度万行，切莫仍向此中转求口头滑利也”。他强调“此事不由语言文字分迷悟，岂由语言文字定是非？已悟已证者，有语有句，固能为人解粘去缚，若平生无一则机缘语句传世者，岂得遂谓未悟未证乎”？

雍正最后表明，“朕实深尝上乘圆顿甘露之味，非依墙摸壁，率意之乱统，既知之无疑，岂忍不报佛祖深恩？因不辞话堕，竭力为宗门一番整顿，所冀天下禅僧改往修来，英灵辈出”。希望能依他所选中诸禅师，“唱导十方，使如来正教有振兴之象，是则朕之深愿”。“如尔等僧徒仍执迷不悟，将朕一片慈悲全不领受，仍以无明缁素人我心会取，如世尊所说三藏十二分，一例束之高阁，则宗风之衰，朕亦无如之何矣”！

七、《宗镜大纲》的编选

对于永明延寿禅师，雍正评价其为“震旦第一导师”。其所著《宗镜录》一书，为“震旦宗师中著述中第一妙典”。对于这部《宗镜录》，“朕谓达摩西来以后，宗门中述佛妙心，续绍慧命，广济含生，利益无尽者，未有若禅师者此书者也”。并惊叹“此书历宋元明以迄于今，宗门古德，不乏具眼，而从未有称道赞扬，标为第一希有者，亦可异也”！

雍正自述，“《宗镜录》一百卷，朕实心悦赞叹，不能自已”。赞叹道：“至矣哉！禅师慈愿如此其宏大，彻悟如此其真到，导人如此其微妙，自性如此其明圆也！”

正是由于雍正对永明禅师及其《宗镜录》如此“欣服敬礼，得未曾有”，因此特别在雍正十二年（1734 年）敕武英殿大臣们特别监督、监修重刊一百卷《宗镜录》，并亲自御作前序、后序、上谕，“欲宣朕谆切期望之意，普劝后贤，特再颁叮咛训谕之文，昭示来学矣”，以朝廷之力推广这部《宗镜录》。

雍正同时指出，“此书行世，千有余年，肉眼昏蒙，不知宝贵”。一方面“固缘末世缁流，多愚少慧”，另一方面“亦以篇章浩瀚，意怠情烦”。虽然这部《宗镜录》已“既缩教海为一盂，而饮者腹犹易濆。虽开义天于一线，而观者目尚未周”。因此“今为好略者，俯徇机宜，如寔垂示；为执总者，明标要目，直截区分。拣天龙女如意之珠，更取如意中之如意；握金刚王无双之剑，更求无双内之无双”。他开始于“万机余暇，乙夜繙披，亲御铅丹，录其纲骨，刊十存二，举一蔽诸”。他从原来一百卷本的《宗镜录》里新编选出二十卷本的《宗镜大纲》。

关于《宗镜录》与《宗镜大纲》，雍正评述道：“旧之本录百卷，比此非繁，而今摘录如干，校彼非简。”他评述道：“犹夫五千教典，入《宗镜》而无余，《宗镜》百篇，括教典而无剩。然古佛述兹《宗镜》，非令人置教典而不观，则朕今刊此要文，又岂令人置《宗镜》而不阅。”因此“作《宗镜》者，正为窥教典之梯航，则删《宗镜》者，即为入《宗镜》之向导矣”。

八、《拣魔辨异录》的著述

在编选《御选语录》时，雍正阅读密云圆悟著述时，发现了已经编入《大藏经》中圆悟法系的法藏、弘忍师徒两人的《五宗原》《五宗救》等。雍正认为圆悟语录“其言句机用，单提向上，直指人心，乃契西来的意，得曹溪正脉者”。而法藏之言“全迷本性，无知妄说，不但不知佛法宗旨，即其本师悟处，亦全未窥见，肆其臆诞，诳世惑人，此真外魔知见，所以其师一辟再辟”。同时雍正斥责法藏的弟子“如魔嗣弘忍，中其毒者，复有《五宗救》一书，一并流传，冀魔说之不朽，造魔业于无穷。天下后世具眼者少，不知其害”。雍正认为正是法藏、弘忍的这种魔见魔业，造成“今其魔子魔孙，至于不坐香，不结制，甚至于饮酒食肉，毁戒破律，唯以吟诗作文，媚悦士大夫，同于娼优伎俩，岂不污浊祖庭”的丑陋现象，所以“若不剪除，则诸佛法眼，众生慧命，所关非细”！雍正自认为“既深悉禅宗之旨，洞知魔外之情，灼见现在魔业之大，预识将来魔患之深，实有不得不言，不忍不言者”。

雍正分析“魔藏原非全无知识，只因离师太早，烦恼妄想，贡高我慢，只图争胜，欲于法门中独出一头，不顾己之脚跟全未着地，欲装点智过于师伎俩，捏定一〇、四法、双头等名相，拟为超师之作。每立一妄语,即捃摭文史,穿配古德言句,以证实之”。

而其弟子“魔忍所著《五宗救》凡十卷。首列总论三篇,明伊师所捏一“○”为千佛万佛之祖等魔说,为西天四七,东土二三,历祖相传之宗旨。次叙七佛以至黄檗。次叙临济宗,自临济以至法藏,凡三十一人。次标余宗,惟载云门沩仰法眼曹洞六人”。这部书“其大意皆所以申法藏之魔说。而其最要眼目,在临济为五宗之长,而法藏为临济之嫡骨,且使天下后世知伊又为法藏之肖子也”。

由于“当日魔藏取悦士大夫为之保护,使缁徒竞相逐块,遂引为种类,其徒至今散布人间不少,宗门衰坏,职此之由”。如果“朕今不加屏斥,魔法何时熄灭”?因此谕令“着将藏内所有藏、忍语录,并《五宗原》《五宗救》等书,尽行毁板。僧徒不许私自收藏,有违旨隐匿者,发觉以不敬律论”。

同时雍正亲自“将《五宗救》一书,逐条驳正,刻入藏内。使后世具正知见者,知其魔异,不起他疑”。将《五宗救》一书中“狂悖甚者”,亲自摘录八十余条,开始逐条驳正,希望将来可以编入大藏,以开人眼目。但是,由于雍正“万机无暇”,一直到雍正十三年(1735年)春才予脱稿。

雍正认为,“曹溪清派,何可容此浊流?况此魔说,与魔子孙,流落人间,末学受其无穷之遗毒。法眼慧命之所关,朕岂忍不辨其是非”?雍正强调,“天下后世,必有蒙朕眉毛拖地之深恩者。须知此魔之不可不辨,因其为佛界之魔。此异之不可不拣,因其为同中之异”。这就是雍正编著这部《拣魔辨异录》的缘起!

九、《御录经海一滴》的编选

在完成了《御选语录》与《宗镜大纲》的编选刻印工作之后,雍正又开始了《御录经海一滴》的编选工作,雍正编选此书,一是心慕永明《宗镜录》，因而仿效要编选一部佛经精要本，二是要以禅宗见地要对大藏经里的主要佛经进行一次新的选编。

在该书序文中，雍正自述说，“节录《宗镜》之后，因而泛览经文。……爰思五千教典，广博无涯．目览心周，实为不易，乃推广永明纂集《宗镜》之心，即用朕前此节录《大纲》之例，亲御丹憍，随披随录，既以受持读诵，即以刊刻颁行，导引群生入于如来普光明藏、大智度海”。

一方面，雍正举例说，“《金刚经》，有演四句偈之说，佛口亲宣也。《大般若经》六百卷，而以《般若波罗蜜多心经》二百六十字摄其指要”。

另一方面，雍正又指出，“释迦牟尼文佛大智慧海中缘起沤生，度诸众生，令入无余涅槃，普说三藏十二分，文字至为浩瀚。然佛所觉了一切诸法，未说者无论，其已说者，自西天来至震旦仅百分之一耳”。

他认为，佛经里“凡诸问答，皆属一期方便之门。不特所问之答，为佛所开示众生，即所答之问，亦乃佛所幻化敷宣。无非析理分条，穷业识之万变；发蒙振聩，烛深覆之群幽。……其问也，列千千之病状；其答也，示一一之良方。迨其药病双消，法尔问答俱寂。所为化人问幻士，谷响答泉声。以八万四千尘劳门，作八万四千功德藏”。

那么雍正是怎么从浩翰的大藏经中进行选择呢？雍正在“万几余暇”中，对于《般若》《华严》《宝积》《大集》等这类大经，因其“卷帙浩繁”，的确未及遍阅。遂对《圆觉》《金刚》《楞严》《净名》等这类小经，因其“展诵易周”亲自各选录数十则。

雍正自己承认，“至于教典，向来从未研究”。但同时他强调“既悟之人，根本教乘一贯，若不与佛口相应，设使妙证，亦非究竟。不见达摩直指人心，传此教外别传，而今以《楞伽》为印证乎”？并举例说，迦叶、阿难、马鸣、龙树等，均是西土教外别传之祖；然而种种诸经，皆迦叶令阿难述其所闻于佛者；又如马鸣、龙树，亦复造种种诸论。因此，“何有一经一论，不出宗门祖师之所绍述”？

雍正以禅宗见地，强调说：“昔如来以不说说，故四十九年未尝转法轮；迦叶以不闻闻，故毕钵岩中无人聚会，而三藏十二分不曾着一字。”从这个见地而言，因此他选编《经海一滴》，“以不拣择拣择，故所采所录不独震旦经藏，未尝缺遗一言一句，即西天未来古佛未说者，亦复不增不减，无欠无余焉”。

最后雍正总结道：“学者如欲广览灵文，既可于是先窥其奥阃。如欲直探骊颔，更可从兹即届于宝城。但莫执义上之文，随语生解；要须探诠下之旨，契会本宗。言言冥合真心，一一消归自己。将积此众微，定到须弥之高广；且举斯一滴，已同渤澥之清凉矣”！因此，雍正把这个经集名为《御制经海一滴》。

十、清朝《龙藏》的编刻

清朝《龙藏》又称《清藏》，广义来讲，可以说是自雍正十一年（1733年）的《御选语录》编选就开始准备了，在后来的雍正《御制重刊藏经序》里，雍正首先记叙了自“西汉伊存口授佛陀经典”至明永乐间北藏、南藏的大藏经刊刻历史，紧接着他说道：“朕敕几之暇，游泳梵林，浓薰般若。因阅《华严》，知卷帙字句之间，已失其旧。”所以“爰命义学，详悉推究，讹舛益出，乃知北藏核本刻于明代者，未经精校，不足据依”。

雍正感慨“夫以帝王之力渺成（明朝）官本，犹乃如是，则民间南藏益可知已”。于是他敕令“爰集宗教兼通之沙门，在京贤良寺，官给伊蒲，晓夜校阅，鸠工重刊，欲俾震旦所有三藏，不至简错字讹，疑人耳目”。开始了佛教大藏经刻印工程。

根据《大清三藏圣教目录》记载，为了刻刊《龙藏》，雍正首先成立了由他钦定朝廷官员与各地高僧133人组成的藏经馆，官员主要由和硕庄亲王允禄、和硕和亲王弘昼任“总理”，工布查等3人任“校阅官”，赫德等9人等任“监督”，九龄等64人任“监造”，僧人由敕封无阂永觉禅师、钦命贤良寺住持超盛等4人任“总率”，超鼎等3人任“带领分晰语录”，源满等4人任“带领校阅藏经”，祖安等6人任“分领校阅”，真乾等38人任“校阅”。此外，该藏经馆还召募刻字、刷印、木匠等800余人参与其事。

雍正十三年（1735年）四月钦定入藏的有《华严经疏钞会本》等有关《华严经》的会本4部300卷佛典，也是由雍正钦定于乾隆元年正月十一日入藏的有《明高僧传》《法华玄义释签》等50部827卷佛典（最后收录的是雍正亲自参与校订的《重订教乘法数》，亲自编选的《御选语录》《御录宗镜大纲》《御录经海一滴》），以上共计54部1127卷典籍。其中包括隋唐撰述者8部、宋元撰述者5部、明清撰述者41部。在这钦定入藏的54部典籍之中，有42部实际上在此前已编入过其它版本的大藏经，此次只是经重新对原文作了编排修订，有的卷首增附了赞文，或按千字文进行了编号而已，实际上真正属于首次入藏的只有12部。

在该藏刊刻过程中，雍正又特别提出“历代名僧所著义疏及机缘语录，各就其时所崇信者陆续入藏，未经明眼辨别淄渑，今亦不无删汰，俾归严净”。在《大清三藏圣教目录》（即清《龙藏》目录里），虽然全收了明朝《北藏》的“西土圣贤撰集”的目录，而对“此土著述”部分所录典籍，对比明朝《北藏》目录雍正特别删减了有32部典籍，合计316卷323册。所删减中包括《大慧普觉禅师语录》《宗门统要续集》《释迦氏谱》《止观辅行传弘诀》《出三藏记集》等。

该《龙藏》在乾隆三年（1738年）十二月正式刊印100部颁赐京内各大寺院，自乾隆二十七年（1762年）到清末宣统三年（1911年），又陆续分别刷印过32部。《龙藏》成为中国历史上最后一部最权威的官刻大藏经。因为该藏是在乾隆年间首次刊印完成的，所以后来又俗称《乾隆大藏经》。

清刻《龙藏》，在雍正的重视下，因为由两位亲王亲自主管，由朝廷内府出资，所选经板坚决不使用拼合、肿节、潮湿的板材，并令直隶、山东等地官员从州县直接查收梨木板材，所以该藏经板能够保存至今。全藏刻竣时，乾隆三年（1738 年）经板总计 79036 块（佛像、龙牌、韦陀像所用之板在外），1987 年时文物出版社查存经板总计 73024 块。该《龙藏》经板是中国汉传佛教自宋代以来遗留下来的唯一的一套比较完整的大藏经板，现已成为珍贵的国家一级文物。

自民国年间以至当代，《龙藏》又有多次木刷与影印出版，实际上已成为海内外佛教信众最喜好供奉珍藏的一部汉文大藏经。

十一、雍正编著佛教典籍的政治内涵

雍正（此时为雍亲王）自康熙五十一年（1712 年）在禅宗方面"直透三关"以后，以康熙晚年多次皇储废立之争中"潜修默炼"，经过了十年时间终于在康熙六十一年（1722 年）登基即位"君临天下"。从"直透三关"到"君临天下"，在这个过程中，他在禅宗上的这种卓越的"潜修默炼"，也许对他取得皇位发挥了重要作用。

雍正自述"荷上天眷佑，受圣祖仁皇帝付托之重，君临天下"，"自御极以来，夙夜孜孜，勤求治理，虽不敢比于古之圣君哲后，然爱养百姓之心，无一时不切于瘝瘝，无一事不竭其周详"。在雍正六年（1728 年）九月却发生了著名的"曾静谋反案"。面对以"华夷之分大于君臣之伦"为基本理论的反清排满的言论，与诋毁雍正为失德暴君所列举的"十大罪状"（谋父、逼母、弑兄、屠弟、贪财、好杀、酗酒、淫色、诛忠、好谀、任佞），在该案的审讯调查过程中，有着帝王之尊的雍正与身为平民囚徒的曾静之间展开了一场惊动朝野的大辩论。他特意将该案的“雍正谕旨”“曾静口供”“内阁九卿奏本”“诸王大臣奏请”，并曾静著述的《归仁说》，亲自编集为《大义觉迷录》一书，刊行全国各府州县及“远乡僻壤”，要求家喻户晓，人人皆知，尤其规定每个学生必读。只要发现没有读过此书的学生，该省学政及该县教官即被从重治罪。

曾静谋反案牵涉到当时已经去世四十五年的吕留良（1629—1683年），吕留良是明末清初的著名理学家。明朝灭亡后，他散尽家财，开始反清排满的思想宣传活动，并且一度成为“不参加清朝科举，不做清廷官吏，不与清官往来”的“东海夫子”。康熙十八年（1679年）、十九年（1680年），两次被地方官员荐举均不应，却削发出家当了和尚，法名耐可，字不昧，号何求老人。吕留良于康熙二十二年（1683年）病逝，留下了大量“谤议及于皇考”的诗词、著述。

这位耐可和尚（俗名吕留良）生前的著述、讲学，一贯主张以“华夷之分大于君臣之伦”的理论，大力推行反清排满的思想。在这部《大义觉迷录》里，雍正逐章逐句进行了口诛笔伐。同时还借追查“十大罪状”的来源，也进一步消灭已经被发配边地的允禩集团的残余势力。

从曾静案到《大义觉迷录》的编著刊行，这件让雍正费尽心力的举措一直到雍正十年腊月方告完结。通过曾静案雍正审讯追究出来的耐可（吕留良法号），已经引出了因为反清排满而出家为僧的汉地和尚，而雍正的《御选语录》也正是从曾静案完结时这年的腊月开始选编的。

无论从编著时间上还是编著风格上来讲，雍正《御选语录》或许正是《大义觉迷录》的继续。《大义觉迷录》是雍正用世间的“大义”来“觉迷”的心血之作，而《御选语录》是雍正用禅宗的“见地”来“悟众”的精心之作。

在禅宗修证上，雍正一方面极端地推崇赞叹蒙古地区的章嘉国师，另一方面极端地批评斥责汉地的性音禅师。而实际上，若不是“随喜”性音禅师的“坐七”法会，也就没有雍正后来的透脱“三关”。

性音禅师，字迦陵，沈阳人。传说曾在杭州理安寺得法，为临济宗正宗传人。其足迹遍及南北，是当时公认的“具参方眼者”。他一段时间曾住在雍王府附近的柏林寺。但在雍正元年（1723年）春，他“忽谢院事，飘然而南”，“一瓢一笠，山栖水宿，居无定止。四方征书交至，却之弗顾。四年秋，复还归宗（寺），独居静室。凉风九月，偶示微疾”，于雍正四年（1726年）秋去世。当时雍正得知后，即赐性音“圆通妙智禅师”谥号。但数年以后，不知为什么又借故大加指斥性音禅师，并黜其封号。雍正作为“君无戏言”的一代帝王，这种反复无常的行为或许另有深层原因？

再者，永明延寿是八百年前的宋朝禅师，法藏、弘忍是密云圆悟系下正在活跃的“三峰派”禅师。雍正一方面是极力推崇宋永明延寿禅师及其著述的《宗镜录》，并编有《御录宗镜大纲》；一方面是大力痛斥法藏、弘忍师徒及其著述的《五宗原》《五宗救》，并著有《御制拣魔辨异录》。

汉月法藏（1573—1635年）于海虞三峰，闻折竹声而开悟，曾为圆悟住持的寺庙之首座，因不满圆悟的“自性自悟”说，于天启五年（1625年）著《五宗原》，强调禅宗五宗均其来有据，反对曹洞宗抹杀五家宗旨，并依一大圆相探究佛祖之本源。圆悟反对法藏的论述，于崇祯七年、九年（1634年、1636年）分别著《七辟》《三辟》驳斥法藏。法藏弟子弘忍著《五宗救》又极力为师辩护。在顺治、康熙时期，法藏、弘忍及其弟子门人形成的“三峰派”由于许多士大夫的拥护，在江南地区已很有影响，或许这中间有反清排满的汉族知识分子混迹其中。

从曾静案引发出的耐可和尚，反映出清代顺康年间的确有一些反清排满的知识分子，既不作降臣，也不当顺民，他们隐形遁迹于寺庙禅院之中，成为了清朝统治者心头隐患。也许这正是引发了雍正开始着手编著《拣魔辨异录》的因缘。他还是以当年编著《大义觉迷录》的风格，用他特别的“禅宗见地”来对法藏、弘忍的言论逐条驳斥，并对这“两魔”的语录著述尽行毁板，乃至动用“直省督抚”的行政力量，去彻底削除这个“三峰派”，永不许复入祖庭。可以看出，这已经基本上是清剿反清排满的叛逆分子的作法。

清室入关以后，采取了尊崇和优待藏传“黄教”的政策，其一，就是在汉地建立与修缮了大量藏式寺庙；其二，继续赐封西藏、蒙古僧侣名号；再者，于雍正五年（1727 年）正式在西藏设置驻藏大臣，正副两人分驻前后藏。这样清王朝基本上达到“化道”“柔顺”蒙藏民族，以藏传佛教“佐助王化”的效果。

对于汉传佛教，雍正年间在各地敕建了数座重点寺院；晚年特别修缮、护持了曾经顺治礼遇的玉琳国师驻锡过，或康熙曾赐匾、修缮的大量寺院；雍正十二年（1734 年）春进行了“放皇戒”，一次新受皇戒僧 1819 人；仿效古人于“五城斋僧道万众”；在《清律》上制定僧道违法犯纪的处罚，严格度牒的发放与管理制度。清王朝虽然也在汉传佛教的尊崇与管理取得了很大效果，但是仍然不能够禁止大量反清排满人士混迹汉地寺庙的现象。

雍正在自己学佛禅修过程中，主要得益于汉传佛教的坐禅与经行，但是特别赞叹藏传佛教的章嘉国师，认为自己的禅修功夫与见地都是章嘉的教授与印证，而对当时汉传佛教的僧侣与禅师时常进行极端蔑视并大加斥责。

但我们从历史记载中看到，雍正从不重视令他非常受益的藏传佛教的学习研究，而用几乎全部的“万几之暇”来研究推行汉传佛教尤其是禅宗语录。他还将在宫廷亲自训练印证出来十大和尚弟子作为汉地禅师，分派到各地著名禅寺作住持，并命各省督抚照应护持。这是否因为上面介绍的藏传佛教已经“柔顺”“化道”“佐助王化”了，而汉传佛教特别是禅宗祖庭，一直与反清排满的知识分子形成的政治隐患密切有关？也正是因此才引发了雍正对汉传佛教尤其是禅宗的特别关注？据有关学者研究，中国汉传出家僧侣光头上烧戒疤，也许就是从清朝入关以后雍正时代开始执行的，这样就使不是真正以出家修行为目的的“反清排满”知识分子，无法逃过这一特别的身份检查了！

南怀瑾先生曾评述：“爱新觉罗氏崛起东北，以孤儿寡妇率三万之众，席卷华夏，臣服五族，历二百六十余载，代更十帝……”的确，以三万人入关统御中原上万万之众，绝不能仅仅依靠其“武功之烈”，是需要更有其“文治之懋”的。在这个过程中，“康熙放刃于黄老孔孟仁慈之术，而暗于方外，致使逃禅韬晦者，得以潜养其兴复机运”。而雍正“登机之后，不惜以九五之尊，躬自升堂说法，秉拂谈禅”，“遂使山林沉潜之耳目，尽入谷中”，“可谓瞒尽天下老和尚眼目”！

雍正一方面“战战兢兢”，“如履薄冰”，以“外夷”身份君临天下，不得不“宵旰忧勤、不遑寝食”；另一方面又“笑傲天下”，“气吞诸方”，居“寡人位置”而御驾亲征，用“大义”来“觉迷”，用“拣魔”来“辨异”。因此，雍正“在位十三载，而使中外臣服，平民感恩，济康熙宽柔而以刚猛，故有乾隆坐享六十年升平之盛世”。

雍正，自许是一位禅师，而实际上更是一位政治家，以人王而兼法王，是一位能够通晓与运用佛禅的实施文化统御政略的皇帝。

（摘选于《宗风》己丑·春之卷）

后　记

2012年上半年某日下午，在江苏庙港太湖大学堂与南怀瑾先生闲坐茶叙，本人提及准备编集雍正文集之事，南先生当即表示赞许，在场的刘雨虹、马宏达等也欣闻此事。

在介绍该书的副标题时，我告知拟用“雍正皇帝的文化统御战略”。南先生听后，当下提出批评，他说“战略”一词不宜随便使用。一个国家的领导者对社会民众的统御，不宜使用“战略”一词，应该用“政略”一词更为妥当。我们听后，都觉得甚是，决定遵从南先生的意见。同时南先生表示愿意为此书题写书名，并为本书作序推行。

南先生曾为台湾影印版的《雍正御选语录》作过一个序文。在该序文中南先生特别提到，“如康熙、雍正、乾隆三代父子，虽上溯汉唐隆盛，并无愧色。后之论史者，每说其武功之烈，或统驭之严，而略其砥定有清一代文治之懋也”。在本文及后来南先生在著述的《原本大学微言》之中，亦曾比较详尽阐述“有清一代文治之懋”。雍正在其执政八年之时，也曾自许“朕反躬内省，虽不敢媲美三代圣君哲后，若汉唐宋明之主，对之无愧”！由此可见雍正甚为自肯其文化统御政略之成绩。

南先生于2012年9月忽然去世，原拟为本书题写的书名与序文，均未能实现。因此这次出版特将南先生为《雍正御选语录》所作序文及其著作《原本大学微言》的两篇文章辑录而出，附在本书之后，以供读者参阅。在本书出版之时，虽没有使用当时南先生帮助议定的书名副标题，但还是特别把将之作为南先生在《雍正御选语录》序文的题目予以刊出，以为纪念。

本书稿在南先生去世之后不久编选整理完毕，此后一直搁置。近期因为友人督促，遂决定安排出版，并记述该书的上述因缘如上。

编者

二零一九年六月

致力于中国人的教育改革与文化重建

立 品 图 书·自觉·觉他
www.tobebooks.net
出 品

雍正御製文集

伍

(清)雍正 编著

人民东方出版传媒
東方出版社

目　录

御选语录(下)

卷第三十三　历代禅师语录(后集)

卷第三十四　历代禅师语录(后集)

卷第三十五 历代禅师语录(后集)

卷第三十八　历代禅师语录(后集)

御制拣魔辨异录

御选语录

（下）

雍正 御选

卷第二十五

历代禅师语录(前集)

御制序

朕既选刻僧肇等禅师语录,长夏几暇,欲全览历代古德之所激扬,而录其真切为人者。奈华藏浩瀚,目不暇给,臣工中与禅衲辈具能辨别淄渑目力者,不得其人,莫可使分任翻阅,呈朕总览者。无已,乃就妙喜所辑《正法眼藏》,幻寄所刻《指月录》二书,采取若干则公案以示后学。

夫《正法眼藏》《指月录》二书,行海内数百年矣。西竺四七,震旦二三,佛佛祖祖无义味语,至今普遍阎浮提界,俾荒山古刹,渺渺禅栖,榔栗蒲团,修修释子,皆得展卷而见,提唱而闻。妙喜、幻寄之功勋固为不可磨灭,但惜皆未具透关眼,所以拈提自先失利,则粉中之雪,煤里之墨,岂能拣辨的当?掷黄金而取瓦砾,宝鱼目而弃摩尼,定所不免。

是以《正法眼藏》《指月录》之外,其尚有玄枢正体,灵鉴真光,开示指归,裨益末世者,未经朕目,无可如何,在二书之中则可以自信选择一无所遗矣,明眼人自能辨取。帙中所采言句,非如妙喜、幻寄所选,只尚语句尖新,机锋敏捷,不论与本分心地有无交涉也,皆专以提持向上,不但时人之所推尚,流俗之所盛传,而实非旨要,未契真宗者,概置不录,即古来大善知识递相拈示之公案,少或不依本分,任其口头滑利,即不与选焉。

夫此不了言句,历代明眼善知识非不知其为非第一义谛,或以祖父所遗,只得传为家珍,或因诸方检点,恐起争端,不无回互,不但不肯明以指斥,且弃短取长,附合拈提,将方寸之木,耸令高于岑楼,亦不过无奈,聊作门前之绕,岂实谓祖印在兹也?初机后学未能人人具生知慧眼,则不无误人在。朕今日无挂无碍,一禀觉王正令,黜陟古今,有何忌讳而不为直捷指明?后世真正发心参学之人,如堕网之欲出,若沐漆而求解者,岂可不令解粘去缚之净尽,俾少留余地耶?

如傅大士,如大珠海,如丹霞天然,如灵云勤,如德山鉴,如兴化奖,如长庆棱,如风穴沼,如汾阳昭,如端狮子,如大慧杲,如弘觉范,如高峰妙,皆宗门中历代推为提持后学之宗匠,奈其机缘示语无一可入选者,聊举数端,以见其旨。

如傅大士"夜夜抱佛眠,朝朝还共起。起坐镇相随,语默同居止"及"能为万象主,不逐四时凋"之句。长庆上堂曰:"撞着道伴交肩过,一生参学事毕。"僧问兴化:"四方八面来时如何?"化曰:"打中间的。"如此语句,皆是只识得个昭昭灵灵耳。即傅大士所云"空手把锄头,步行骑水牛,人从桥上过,桥流水不流",亦只到得脱凡情执著见耳。只如步行骑水牛,较古德道士倒骑牛之句虽若仿佛,而相去天渊。如普化云:"明头来,明头打;暗头来,暗头打;四方八面来,旋风打;虚空来,连架打。"此语虽亦非究竟,较兴化打中间语,奚啻霄壤?

如庞居士"一口吸尽西江水",乃从来多传为极则者,却不知但只会得个光吞万象而已,岂曾脚跟点地?所以五祖演云:"一口吸尽西江水,万丈深潭穷到底。略彴不似赵州桥,明月清风安可比?"此颂可谓补庞蕴之欠缺也。

如庞婆"百草头边祖师意"之句,尤为粗浅,而无知狂参,亦称为究竟之说。如汾阳昭,除"十智同真"之外,其他语句无一可取,似此见地,则十智同真之设,亦从解路中得来耳。若欲如是推演敷布,岂有底止?“十智同真”亦奚足重?若为启初学之疑情,何必如此多言,徒使真参实悟之人牵连入于解路耳。

如德山,乃从来历代推崇之古锥,而除一棒之外,详细搜求其垂示机缘,却无一则可采,不过会得个本无言说之理,不被天下老和尚舌头瞒地位耳,未踏向上一着在。所以沩山之语,泥里有刺,道“德山向后孤峰顶上盘结草庵,呵佛骂祖去在”,可谓将德山数语判尽也。如托钵公案,亦只可启发初学疑情,与本分毫无交涉,况亦有何奇特,直得数千百年提倡?殊不可解。如岩头、雪峰,实乃见过于师,然亦未到圆通处,较伊法嗣玄沙,犹欠百步在。如大珠《顿悟入道要门论》,不过提唱初机,全未具顶门正眼,其马祖赏叹之说,未必确实。

如妙喜,乃数百年望重海内之人,其《武库》《全录》,朕皆详细披阅,其示语机缘中一无可取,其拈提古德处亦间有透脱之论,而支离谬误处甚多。观此,则非具真知见者,亦乃认得个本来微光,用解识学问勉强扩充之所致,非实透关之侣。如灵云“青山原不动,白云任去来”之句,如“露柱怀胎,打破镜来相见”之说,亦属一流。至《风穴录》中所载,不过默悟三玄指要是其极则,其语句如“老僧阇黎、祖意教意,皆左右两拍”之说,家国与野老、老僧与阇黎,岂有两个?虽将左右两拍,解路粉饰,似同中有异,异中同者,其鞶襚安贴,话成两橛,如何盖覆?如答随缘不变,云“披蓑侧立千峰外,引水浇蔬五老峰”,又如“壁立千仞,谁敢正眼觑着”之句,皆从玄要中知解得来,不问可知,不但非第一义,而且贻误后学,况与世理大相矛盾。似此不经之说,徒增文士嗤谤耳,与佛法毫无裨益。此一实事,有一丝毫便是一丝毫,失之毫厘,差之千里。真伪之辨,若遇明眼人,断不能逃影。

如丹霞烧木佛,观其语录见地,只止无心,实为狂参妄作。据丹霞之见,木佛之外,别有佛耶?若此,则子孙焚烧祖先牌,臣工毁弃帝王位,可乎?在丹霞以为除佛见,殊不知自堕铁围而不觉也;意在立奇扫相,而通身泥水自不知也。若谓院主眉须堕,设立疑案,究亦无可疑处,不过亦从解路中成就耳,非切实为人开人天眼目之宗匠。况其示寂时,一足未及地而化,此亦护法神明令伊自示脚跟不点地之一证。

如一古德殿前背佛坐,又一古德入殿向佛唾,傍僧云:“何得背佛坐,向佛唾?”答云:“将无佛处来与某甲唾,指无佛处来与某甲背。”此等见解与丹霞同,但知扫目前一像,却不觉自执千像万像矣。当日但问此二狂徒:“你道除此殿中佛,尚别有何佛?试指取看。”管教立地现形。此等无稽魔说,何堪提唱书录挂齿?更有拾狐唾以为狮乳者,尤堪怜愍,似此者不可枚举。以上所拈,尚皆非属邪妄,但脚跟未踏实地,非了义之说耳。

如弘觉范,《指月录》中采其拈提处甚多,其支离谬妄处与幻寄同,可谓同病相怜,不过令人作发笑之戏具,更不必论者。至如三唤侍者、婆子烧庵、吃油糍、野狐、斩猫、犀牛扇、台山婆子、子湖狗、香严上树、云门扇子、禾山鼓、慈明榜等公案,皆古今丛林中日日举似者,朕悉不录。盖虽言语道断,不过启发初机,非是究竟,但此等公案尚不至榛芜向上一路耳。总之,此事如杲日光,如大火聚,提则全提,印则全印,否乃不达佛之正旨,尽属夺弄精魂,其言虽皆数千百年以来人人之所提唱,其人虽皆数千百年以来人人之所推崇,朕皆置之不论。盖历代震于其名,无人指出,殊不知此等未了之谈,杂入真正人天眼目之宗师语句中,后学岂能尽具参方眼?其目光如豆者,必致金鍮莫辨,皂白不分,到此地位,自以为已造某古德所造之境,向上自然无路,妄为参学事毕,岂不是尽九州铁铸成这一大错?此等语句,虽于提掇初机,发人净信,未始无功,然其功甚小;能令真正发心参学之人中止化城,过由伊造,其过甚大。如迦陵音,亦可谓具参方眼者,乃于兴化古庙躲过、丹霞烧木佛、长庆路逢道伴等公案,尚被牵绊而未看破,且尤喜提唱风穴阇黎老僧一则,朕当年一一讨论,为之说破,尚不能透脱,何况初机后学耶?

兹集所选历代禅师,除六祖外一百五十六人语句,固皆本分极则,而诸人中如志公、马祖一、南岳思、石头迁、忠国师、长沙岑、观国师、临济元、投子同、曹山寂、玄沙备、韶国师,其见证与前选中诸大善知识无二无别,但其传世语句可采者止于此,因其难成卷帙,是以并在后集中。至于药山俨、黄檗运、洞山价、罗汉琛、法眼益、天衣怀,细细评量,犹有珠与玑之分。其余诸禅师公案言句,二书所载只此一二则,语虽可录,不能品其次第。学者能于古人语言相似而高下悬殊之处自具只眼,知朕采取删汰意趣之所归,举一明三,方为于此有分。否则,毋得颟顸含胡,轻言参透葛藤,转不如讲诵经典,薰此佛种以待机缘,尚为未昧自己。

朕今此举,若无灼知定见,岂肯多生枝节,为天下后世之所嗤笑?实怜禅宗颓废,慧命悬丝,皆由此辈未了宗师,开此纷杂歧径,令鱼龙莫辨,后学不知所从也,故不得不为蛇足一上。如标月指,所指必月,无论三垣二十八宿,未尝误指,即弦朓之月亦所不指,所指者,如月之恒,既圆且明,普照三千大千,后学但毋向指边求月也。是为序。

雍正十一年癸丑八月望日

无名氏问:“千七百则陈烂葛藤皆是无义味语,皇上品其优劣,毋乃涉于解路乎?”

有名氏答:“从上祖师言句,汝作么生会?”

无名氏云:“如鸦鸣鹊噪会。”

有名氏曰:“汝既不作言句会,汝今云何复生分别心?如可分别者,固应如是分别;如曰不可分别,则古来言句既作鸦鸣鹊噪会,皇上今日品题何不作风啸龙吟会?弯兔角弓而射空里风轮,或百发百中,或十发一中,计功行赏,夫何不可?”无名氏忪愣而退。

初祖菩提达摩大师

祖于般若多罗尊者得法,演化本国。时有二师,一名佛大先,二名佛大胜多,佛大先遇般若多罗尊者,舍小趣大,与祖并化,时号为二甘露门。而佛大胜多更分徒而为六宗:第一有相宗,第二无相宗,第三定慧宗,第四戒行宗,第五无得宗,第六寂静宗。各封已解,别展化源。祖喟然叹曰:“彼之一师,已陷牛迹,况复支离而分六宗?我若不除,永缠邪见。”

言已,微现神力,至有相宗所,问曰:“一切诸法,何名实相?”

彼众中有一尊长萨婆罗答曰:“于诸相中,不互诸相,是名实相。”

祖曰:“一切诸相,而不互者,若名实相,当何定耶?”

彼曰:“于诸相中,实无有定,若定诸相,何名为实?”

祖曰:“诸相不定,便名实相。汝今不定,当何得之?”

彼曰:“我言不定,不说诸相。当说诸相,其义亦然。”

祖曰:“汝言不定,当为实相。定不定故,即非实相。”

彼曰:“定既不定,即非实相。知我非故,不定不变。”

祖曰:“汝今不变,何名实相?已变已往,其义亦然。”

彼曰:“不变当在,在不在故,故变实相,以定其义。”

祖曰:“实相不变,变即非实。于有无中,何名实相?”

萨婆罗心知圣师悬解潜达,即以手指虚空曰:“此是世间有相,亦能空故,当我此身得似此否?”

祖曰:“若解实相,即见非相;若了非相,兴色亦然。当于色中,不失色体,于非相中,不碍有故。若能是解,此名实相。”彼众闻已,心意朗然,钦礼信受。

祖瞥然匿迹,至无相宗所而问曰:“汝言无相,当何证之?”

彼众中有波罗提者答曰:“我明无相,心不现故。”

祖曰:“汝心不现,当何明之?”

彼曰:“我明无相,心不取舍。当于明时,亦无当者。”

祖曰:“于诸有无,心不取舍。又无当者,诸明无故。”

彼曰:“入佛三昧,尚无所得,何况无相,而欲知之?”

祖曰:“相既不知,谁云有无?尚无所得,何名三昧?”

彼曰:“我说不证,证无所证。非三昧故,我说三昧。”

祖曰:“非三昧者,何当名之?汝既不证,非证何证?”

波罗提闻祖辨析,即悟本心,礼谢于祖,忏悔往谬。祖记曰:“汝当得果,不久证之。此国有魔,汝可降之。”言已,忽然不现。

至定慧宗所,问曰:“汝学定慧,为一为二?”

彼众中有婆兰陀者答曰:“我此定慧,非一非二。”

祖曰:“既非一二,何名定慧?”

彼曰:“在定非定,处慧非慧。一即非一,二亦不二。”

祖曰:“当一不一,当二不二。既非定慧,约何定慧?”

彼曰:“不一不二,定慧能知。非定非慧,亦复然矣。”

祖曰:“慧非定故,然何知哉?不一不二,谁定谁慧?”婆兰陀闻之,疑心冰释。

至第四戒行宗所,问曰:“何者名戒?云何名行?当此戒行,为一为二?”

彼众中有一贤者答曰:“一二二一,皆彼所生。依教无染,此名戒行。”

祖曰:“汝言依教,即是有染。一二俱破,何言依教?此二违背,不及于行。内外非明,何名为戒?”

彼曰:“我有内外,彼已知竟。既得通达,便是戒行。若说违背,俱是俱非。言及清净,即戒即行。”

祖曰:“俱是俱非,何言清净?既得通故,何谈内外?”贤者闻之,即自惭服。

至无得宗所,问曰:“汝云无得,无得何得?既无所得,亦无得得。”

彼众中有宝静者答曰:“我说无得,非无得得。当说得得,无得是得。”

祖曰:“得既不得,得亦非得。既云得得,得得何得?”

彼曰:“见得非得,非得是得。若见不得,名为得得。”

祖曰:“得既非得,得得无得。既无所得,当何得得?”宝静闻之,顿除疑网。

至寂静宗所,问曰:“何名寂静?于此法中,谁静谁寂?”

彼众中有尊者答曰:“此心不动,是名为寂;于法无染,名之为静。”

祖曰:“本心不寂,要假寂静。本来寂故,何用寂静?”

彼曰:“诸法本空,以空空故。于彼空空,故名寂静。”

祖曰:“空空已空,诸法亦尔。寂静无相,何静何寂?”

静尊者闻师指诲,豁然开悟。于是六众咸誓归依,化被南天,声驰五印。经六十载,度无量众。

祖念东震旦国佛记后五百岁,般若智灯运光于彼,遂嘱弟子般若密多罗住天竺传法,而躬至震旦,乃辞祖塔,别学侣,泛重溟,达南海,乃梁普通七年庚子岁也。广州刺史萧昂具礼迎供,表闻武帝。帝遣使赍诏迎请,十月至金陵。

帝问曰:“朕即位以来,造寺、写经、度僧,不可胜纪,有何功德?”

祖曰:“并无功德。”

帝曰:“何以无功德?”

祖曰:“此但人天小果,有漏之因,如影随形,虽有非实。”

帝曰:“如何是真功德?”

祖曰:“净智妙圆,体自空寂,如是功德,不以世求。”

帝又问:“如何是圣谛第一义?”

祖曰:“廓然无圣。”

帝曰:“对朕者谁?”

祖曰:“不识。”帝不悟。

祖渡江北,寓止嵩山少林寺,面壁而坐,终日默然。有僧神光诣祖参承,祖常端坐面壁,莫闻诲励,师立雪过膝,断臂求法,祖遂因与易名曰慧可。

问曰:“诸佛法印,可得闻乎?”

祖曰:“诸佛法印,匪从人得。”

可曰:“我心未宁,乞师与安。”

祖曰:“将心来,与汝安。”

可良久曰:“觅心了不可得。”

祖曰:“我与汝安心竟。”

越九年,欲返天竺,乃顾慧可而告之曰:“昔如来以正法眼付迦叶,大士展转嘱累而至于我。我今付汝,汝当护持,并授汝袈裟,以为法信。内传法印,以契证心;外付袈裟,以定宗旨。至吾灭后二百年,衣止不传,法周沙界,明道者多,行道者少;说理者多,通理者少。潜符密证,千万有余,汝当阐扬,勿轻未悟,一念回机,便同本得。听吾偈曰:‘吾本来兹土,传法救迷情。一花开五叶,结果自然成。’”

二祖慧可大师

有一居士，年逾四十，不言名氏，聿来设礼，而问祖曰："弟子身缠风恙，请和尚忏罪。"

祖曰："将罪来，与汝忏。"

士良久曰："觅罪了不可得。"

祖曰："与汝忏罪竟，宜依佛法僧住。"

士曰："今见和尚，已知是僧，未审何名佛法？"

祖曰："是心是佛，是心是法，法佛无二，僧宝亦然。"

士曰："今日始知罪性不在内，不在外，不在中间，如其心然，佛法无二也。"

祖深器之，即为剃发曰："是吾宝也！宜名僧璨。"

祖遂嘱累付以衣法，偈曰：

本来缘有地，因地种花生。

本来无有种，花亦不曾生。

向居士，幽栖林野，木食涧饮。北齐天保初，闻祖盛化，乃致书曰："影由形起，响逐声来。弄影劳形，不识形为影本；扬声止响，不知声是响根。除烦恼而趣涅槃，喻去形而觅影；离众生而求佛果，喻默声而求响。故知迷悟一途，愚智非别。无名作名，因其名，则是非生矣；无理作理，因其理，则争论起矣。幻化非真，谁是谁非？虚妄无实，何空何有？将知得无所得，失无所失。未及造谒，聊申此意，伏望答之。"

祖回示曰："备观来意皆如实，真幽之理竟不殊。本迷摩尼谓瓦砾，豁然自觉是真珠。无明智慧等无异，当知万法即皆如。愍此二见之徒辈，申辞措笔作斯书。观身与佛不差别，何须更觅彼无余？"

居士捧披祖偈，乃申礼觐，密承印记。

三祖僧璨大师

信心铭

至道无难，唯嫌拣择，但莫憎爱，洞然明白。
毫厘有差，天地悬隔，不识玄旨，徒劳念静。
圆同太虚，无欠无余，良由取舍，所以不如。
不用求真，唯须息见。才有是非，纷然失心。
二由一有，一亦莫守，一心不生，万法无咎。
无咎无法，不生不心，能由境灭，境逐能沉。
境由能境，能由境能，欲知两段，原是一空。
一空同两，齐含万象。欲取一乘，勿恶六尘。
六尘不恶，还同正觉，智者无为，愚人自缚。
法无异法，妄自爱著。将心用心，岂非大错？
梦幻空花，何劳把捉？得失是非，一时放却。
眼若不寐，诸梦自除，心若不异，万法一如。
狐疑尽净，正信调直。一切不留，无可记忆。
虚明自照，不劳心力。非思量处，识情难测。
真如法界，无他无自。要急相应，唯言不二。
不二皆同，无不包容。十方智者，皆入此宗。
宗非促延，一念万年。无在不在，十方目前。
极小同大，忘绝境界。极大同小，不见边表。
有即是无，无即是有。一即一切，一切即一。
但能如是，何虑不毕？

四祖道信大师

祖谓牛头融禅师曰："夫百千法门，同归方寸；河沙妙德，总在心源。一切戒门、定门、慧门，神通变化，悉自具足，不离汝心。一切烦恼业障，本来空寂；一切因果，皆如梦幻。无三界可出，无菩提可求，人与非人，性相平等，大道虚旷，绝思绝虑，如是之法，汝今已得，更无阙少，与佛何殊？更无别法，汝但任心自在，莫作观行，亦莫澄心，莫起贪瞋，莫怀愁虑，荡荡无碍，任意纵横，不作诸善，不作诸恶，行住坐卧，触目遇缘，总是佛之妙用，快乐无忧，故名为佛。”

五祖弘忍大师

咸亨中，有居士姓卢名慧能，自新州来参谒，祖问曰：“汝自何来？”

卢曰：“岭南。”

祖曰：“欲须何事？”

卢曰：“唯求作佛。”

祖曰：“岭南人无佛性，若为得佛？”

卢曰：“人即有南北，佛性岂然？”祖令随众作务。

卢曰：“弟子自心常生智慧，不离自性，即是福田。未审和尚教作何务？”

祖曰：“这獦獠根性太利，着槽厂去！”卢礼足而退，便入碓坊服劳于杵臼，昼夜不息。

一日，祖潜诣碓坊问曰：“米白也未？”

卢曰：“白也，未有筛。”祖以杖三击其碓，卢即以三鼓入室。

祖告曰：“诸佛出世，为一大事故，随机大小而引导之，遂有十地、三乘、顿渐等旨，以为教门。然以无上微妙秘密圆明真实正法眼藏付于上首大迦叶尊者，展转传授二十八世，至达摩届于此土，得可大师承袭，以至于我。今以法宝及所传袈裟用付于汝，善自保护，无令断绝，听吾偈曰：‘有情来下种，因地果还生。无情既无种,无性亦无生。'"

卢跪受讫,问:"法则既受,衣付何人?"

祖曰:"昔达摩初至,人未之信,故传衣以明得法。今信心已熟,衣乃争端,止于汝身,不复传也。"

六祖慧能大师

祖抵黄梅参礼五祖,当呈偈后,三鼓入五祖室,五祖复征其初悟"应无所住而生其心"语,祖于言下大彻,遂启五祖曰:"一切万法不离自性。何期自性本自清净!何期自性本不生灭!何期自性本自具足!何期自性本无动摇!何期自性能生万法!"

五祖知悟本性,谓祖曰:"不识本心,学法无益。若识本心,见自本性,即名丈夫、天人师、佛。"遂传衣法。

五祖送祖至九江驿边,令祖上船,祖随即把橹,五祖曰:"合是吾渡汝。"

祖曰:"迷时师度,悟时自度,度名虽一,用处不同。能蒙师传法,今已得悟,只合自性自度。"

五祖云:"如是!如是!以后佛法由汝大行。"

祖至广州法性寺,值印宗法师讲《涅槃经》,寓止廊庑间。暮夜,风扬刹幡,闻二僧对论,一曰幡动,一曰风动,往复不已。祖曰:"不是风动,不是幡动,仁者心动。"一众竦然。

印宗延至上席,征诘奥义,问曰:"黄梅付嘱,如何指授?"

祖曰:"指授即无,唯论见性,不论禅定解脱。"

宗曰:"何不论禅定解脱?"

祖曰:"为是二法,不是佛法,佛法是不二之法。"

宗又问:"如何是佛法不二之法?"

祖曰:"法师讲《涅槃经》,明佛性是佛法不二之法。如高贵德王菩萨白佛言:'犯四重禁,作五逆罪,及一阐提等,当断善根佛性否？'佛言：'善根有二：一者常，二者无常。佛性非常非无常，是故不断，名为不二；一者善，二者不善，佛性非善非不善，是名不二。蕴之与界，凡夫见二，智者了达，其性无二，无二之性，即是佛性。'"印宗闻说，欢喜合掌。

韦使君请益，师升座，告大众曰："总净心念摩诃般若波罗密多。"复云："善知识！菩提般若之智，世人本自有之，只缘心迷，不能自悟，须假大善知识示导见性。当知愚人、智人，佛性本无差别，只缘迷悟不同，所以有愚有智。吾今为说摩诃般若波罗密法，使汝等各得智慧，志心谛听，吾为汝说。善知识！世人终日口说般若，不识自性般若，犹如说食不饱。口但说空，万劫不得见性，终无有益。善知识！摩诃般若波罗密是梵语，此言大智慧到彼岸。此须心行，不在口念。口念心不行，如幻如化，如露如电；口念心行，则心口相应，本性是佛，离性无别佛。

"何名'摩诃'？'摩诃'是大，心量广大，犹如虚空，无有边畔，亦无方圆大小，亦非青黄赤白，亦无上下长短，亦无瞋无喜，无是无非，无善无恶，无有头尾，诸佛刹土，尽同虚空。世人妙性本空，无有一法可得。自性真空，亦复如是。善知识！莫闻吾说空，便即著空。第一莫著空，若空心静坐，即著无记空。善知识！世界虚空，能含万物色像，日月星宿，山河大地，泉源溪涧，草木丛林，恶人善人，恶法善法，天堂地狱，一切大海，须弥诸山，总在空中。世人性空，亦复如是。善知识！自性能含万法是大，万法在诸人性中。若见一切人，恶之与善，尽皆不取不舍，亦不染著，心如虚空，名之为大，故曰'摩诃'。善知识！迷人口说，智者心行。又有迷人，空心静坐，百无所思，自称为大，此一辈人，不可与语，为邪见故。

"善知识！心量广大，遍周法界，用即了了分明，应用便知一切。一切即一，一即一切，去来自由，心体无滞，即是般若。善知识！一切般若智，皆从自性而生，不从外入，莫错用意，名为真性自用。一真一切真,心量大事,不行小道。口虽终日说空,心中不修此行,恰似凡人自称国王,终不可得,非吾弟子。善知识!何名般若?‘般若’者,唐言‘智慧’也。一切处所,一切时中,念念不愚,常行智慧,即是般若行。一念愚即般若绝,一念智即般若生。世人愚迷,不见般若;口说般若,心中常愚。常自言我修般若,念念说空,不识真空。般若无形相,智慧心即是,若作如是解,即名般若智。

“何名波罗密?此是西竺语,唐言到彼岸,解义离生灭。著境生灭起,如水有波浪,即名为此岸;离境无生灭,如水常通流,即名为彼岸,故号波罗密。善知识!迷人口念,当念之时惟妄惟非。念念若行,是名真性。悟此法者,是般若法;修此行者,是般若行。不修即凡,一念修行,自身等佛。善知识!凡夫即佛,烦恼即菩提。前念迷即凡夫,后念悟即佛;前念著境即烦恼,后念离境即菩提。善知识!摩诃般若波罗密,最尊最上最第一,无住无往亦无来,三世诸佛从中出。当用大智慧打破五蕴烦恼尘劳,如此修行,定成佛道,变三毒为戒定慧。

“善知识!我此法门,从一般若生八万四千智慧。何以故?为世人有八万四千尘劳。若无尘劳,智慧常现,不离自性。悟此法者,即是无念、无忆、无著,不起诳妄。用自真如性,以智慧观照,于一切法不取不舍,即是见性成佛道。若起正真般若观照,一刹那间妄念俱灭,识自本性,一悟即至佛地。

“善知识!智慧观照,内外明彻,识自本心。若识本心,即本解脱。若得解脱,即是般若三昧,般若三昧即是无念。何名无念?若见一切法,心不染着,是为无念。用即遍一切处,亦不著一切处。但净本心,使六识出六门,于六尘中无染无杂,来去自由,通用无滞,即是般若三昧,自在解脱,名无念行。若百不思,常令念绝,即是法缚,即名边见。善知识!悟无念法者,万法尽通;悟无念法者,见诸佛境界;悟无念法者,至佛地位。善知识!后代得吾法者,将此顿教法门,于同见同行,发愿受持,如事佛故,终身而不退者,定入圣位。”

示众云:“善知识!我此法门,以定慧为本。大众勿迷,言定慧别。定慧一体,不是二。定是慧体,慧是定用,即慧之时,定在慧;即定之时,慧在定。若识此义,即是定慧等学。诸学道人,莫言先定发慧,先慧发定,定慧各别,作此见者,法有二相。口说善相,心中不善,空有定慧,定慧不等;若心口俱善,内外一种,定慧即等。自悟修行,不在于诤;若诤先后,即同迷人,不断胜负,却增我法,不离四相。善知识!定慧犹如何等?犹如灯光,有灯即光,无灯即暗。灯是光之体,光是灯之用,名虽有二,体本同一,此定慧法亦复如是。”

祖云:“善知识!云何立无念为宗?只缘口说见性,迷人于境上有念,念上便起邪见,一切尘劳妄想从此而生。自性本无一法可得,若有所得,妄说祸福,即是尘劳邪见,故此法门立无念为宗。

“善知识!无者无何事?念者念何物?无者无二相,无诸尘劳之心;念者念真如本性,真如即是念之体,念即是真如之用。真如自性起念,非眼耳鼻舌能念。真如有性,所以起念;真如若无,眼耳色声当时即坏。善知识!真如自性起念,六根虽有见闻觉知,不染万境,而真性常自在。故经云:‘能善分别诸法相,于第一义而不动。’”

无相颂曰:

迷人修福不修道,只言修福便是道。
布施供养福无边,心中三恶原来造。
拟将修福欲灭罪,后世得福罪还在。
但向心中除罪缘,名自性中真忏悔。
忽悟大乘真忏悔,除邪行正即无罪。
学道常于自性观,即与诸佛同一类。
吾祖唯传此顿法,普愿见性同一体。

若欲当来觅法身,离诸法相心中洗。

努力自见莫悠悠,后念总绝一世休。

若悟大乘得见性,虔恭合掌至心求。

南岳怀让禅师礼祖,祖曰:“何处来?”

曰:“嵩山。”

祖曰:“什么物恁么来?”

曰:“说似一物即不中。”

祖曰:“还可修证否?”

曰:“修证即不无,污染即不得。”

祖曰:“只此不污染,诸佛之所护念,汝既如是,吾亦如是。”

僧智通,看《楞伽经》约千余遍,不会三身四智,礼祖求解其义。祖曰:“三身者,清净法身,汝之性也;圆满报身,汝之智也;千百亿化身,汝之行也。若离本性别说三身,即名有身无智;若悟三身无有自性,即名四智菩提。听吾偈曰:‘自性具三身,发明成四智。不离见闻缘,超然登佛地。吾今为汝说,谛信永无迷。莫学驰求者,终日说菩提。’”

通曰:“四智之义可得闻乎?”

祖曰:“既会三身,便明四智,何更问耶?若离三身,别谈四智,此名有智无身也。即此有智,还成无智。”复说偈曰:

大圆镜智性清净,平等性智心无病,

妙观察智见非功,成所作智同圆镜。

五八六七果因转,但用名言无实性。

若于转处不留情,繁兴永处那伽定。

通礼谢,以偈赞曰:

三身原我体,四智本心明。

身智融无碍,应物任随形。

起修皆妄动,守住匪真精。

妙旨因师晓,终无污染名。

僧志道，览《涅槃经》，至“诸行无常，是生灭法。生灭灭已，寂灭为乐”而生疑，礼祖求发明，祖曰：“汝作么生疑？”

对曰：“一切众生皆有二身，谓色身、法身也。色身无常，有生有灭；法身有常，无知无觉。经云‘生灭灭已，寂灭为乐’者，未审是何身寂灭？何身受乐？若色身者，色身灭时，四大分散全是苦，苦不可言乐；若法身寂灭，即同草木瓦石，谁当受乐？又法性是生灭之体，五蕴是生灭之用，一体五用，生灭是常，生则从体起用，灭则摄用归体。若听更生，即有情之类不断不灭；若不听更生，即永归寂灭，同于无情之物。如是，则一切诸法被涅槃之所禁伏，尚不得生，何乐之有？”

祖曰：“汝是释子，何习外道断常邪见而议最上乘法？据汝所解，即色身外别有法身，离生灭求于寂灭。又推涅槃常乐，言有身受者，斯乃执吝生死，耽著世乐。汝今当知，佛为一切迷人认五蕴和合为自体相，分别一切法为外尘相，好生恶死，念念迁流，不知梦幻虚假，枉受轮回，以常乐涅槃翻为苦相，终日驰求，佛愍此故，乃示涅槃真乐。刹那无有生相，刹那无有灭相，更无生灭可灭，是则寂灭现前。当现前之时，亦无现前之量，乃谓常乐。此乐无有受者，亦无不受者，岂有一体五用之名？何况更言涅槃禁伏诸法，令永不生？斯乃谤佛毁法。

“听吾偈曰：‘无上大涅槃，圆明常寂照。凡愚谓之死，外道执为断。诸求二乘人，目以为无作。尽属情所计，六十二见本。妄立虚假名，何为真实义？唯有过量人，通达无取舍。以知五蕴法，及以蕴中我，外现众色象，一一音声相，平等如梦幻，不起凡圣见，不作涅槃解，二边三际断。常应诸根用，而不起用想；分别一切法，不起分别想。劫火烧海底，风鼓山相击。真常寂灭乐，涅槃相如是。吾今强言说，令汝舍邪见。汝勿随言解，许汝知少分。’”道闻已踊跃，作礼而退。

僧志常参祖，祖问：“汝从何来？欲求何事？”

曰:“学人近礼大通和尚,蒙示见性成佛之义,未决狐疑,望赐开示。”

祖曰:“彼有何言句?汝试举看。”

曰:“大通云:‘汝见虚空否?’对曰:‘见。’通曰:‘汝见虚空有相貌否?’对曰:‘虚空无形,有何相貌?’通曰:‘汝之本性犹如虚空,返观自性,了无一物可见,是名正见;无一物可知,是名真知;无有青黄、长短,但见本源清净,觉体圆明,即名见性成佛,亦名极乐世界,亦名如来知见。’学人虽闻此说,犹未决了,乞和尚示诲,令无凝滞。”

祖曰:“彼师所说,犹存见知故,令汝未了,吾今示汝一偈曰:‘不见一法存无见,大似浮云遮日面。不知一法守空知,还如太虚生闪电。此之知见瞥然兴,错认何曾解方便?汝当一念自知非,自己灵光常显现。’”

常闻偈已,心意豁然,乃述偈曰:

“无端起知见,著相求菩提。
情存一念悟,宁越昔时迷?
自性觉源体,随照枉迁流。
不入祖师室,茫然趣两头。”

有一童子,名神会,年十三,自玉泉来参礼。祖曰:“知识远来艰辛,还将得本来否?若有本,则合识主,试说看。”

会曰:“以无住为本,见即是主。”

祖曰:“这沙弥争合取次语!”

会曰:“和尚坐禅还见不见?”

祖以拄杖打三下,云:“吾打汝,痛不痛?”

对曰:“亦痛亦不痛。”

祖曰:“吾亦见亦不见。”

神会问:“如何是亦见亦不见?”

祖云:“吾之所见,常见自家过愆,不见他人是非好恶,是以亦见亦不见。汝言亦痛亦不痛，如何？汝若不痛，同其木石；若痛，则同凡夫，即起恚恨。汝向前见不见是二边，痛不痛是生灭。汝自性且不见，敢尔弄人！”神会礼拜悔谢。

一日，祖告众曰：“我有一物，无头无尾，无名无字，无背无面，诸人还识否？”

神会出曰：“是诸佛之本源，神会之佛性。”

祖曰：“向汝道无名无字，汝便唤作本源佛性。汝向去有把茆茅盖头，也只成个知解宗徒。”

唐中宗诏，遣使薛简迎祖，祖以疾辞。简问曰：“京城禅德皆云：‘欲得会道，必须坐禅习定。’未审师所说法如何？”

师曰：“道由心悟，岂在坐也？经云：‘若言如来若坐若卧，是行邪道。何故？无所从来，亦无所去。’无生无灭，是如来清净禅；诸法空寂，是如来清净坐。究竟无证，岂况坐耶？”

简曰：“弟子回京，主上必问，愿师慈悲指示心要，传奏两宫及京城学道者，譬如一灯燃百千灯，冥者皆明，明明无尽。”

师曰：“道无明暗，明暗是代谢之义，明明无尽，亦是有尽，相待立名。故《净名经》云：‘法无有比，无相待故。’明与无明，凡夫见二，智者了达，其性无二，无二之性即是实性。实性者，处凡愚而不减，在贤圣而不增，住烦恼而不乱，居禅定而不寂，不断不常，不来不去，不在中间，及其内外，不生不灭，性相如如，常住不迁，名之曰道。”

简曰：“师说不生不灭，何异外道？”

祖曰：“外道所说不生不灭者，将灭止生，以生显灭，灭犹不灭，生说不生。我说不生不灭者，本自无生，今亦不灭，所以不同外道。汝若欲知心要，但一切善恶都莫思量，自然得入清净心体，湛然常寂，妙用恒沙。”

简蒙指教，豁然大悟，礼辞归阙，表奏师语，诏加褒美。

僧问：“黄梅意旨什么人得？”

祖曰:“会佛法人得。”

曰:“和尚还得否?”

祖曰:“我不会佛法。”

祖说偈曰:

“一切无有真,不以见于真。
若见于真者,是见尽非真。
若能自有真,离假即心真。
自心不离假,无真何处真?
有情即解动,无情即不动。
若修不动行,同无情不动。
若觅真不动,动上有不动。
不动是不动,无情无佛种。
善能分别相,第一义不动。
但作如此见,即是真如用。
报诸学道人,努力须用意。
莫于大乘门,却执生死智。
若言下相应,即共论佛义。
若是不相应,合掌令欢喜。
此宗本无诤,诤即失道意。
执逆诤法门,自性入生死。”

祖曰:“诸善知识!汝等各各净心,听吾说法:汝等诸人,自心是佛,更莫狐疑,外无一物而能建立,皆是本心生万种法。故经云:‘心生种种法生,心灭种种法灭。’若欲成就种智,须达一相三昧、一行三昧。若于一切处而不住相,于彼相中不生憎爱,亦无取舍,不念利益成坏等事,安闲恬静,虚融澹泊,此名一相三昧。若于一切处行住坐卧,纯一直心,不动道场,真成净土,此名一行三昧。若人具二三昧,如地有种,含藏长养,成就其实,一相一行,亦复如是。我今说法,犹如时雨,溥润大地;汝等佛性,譬之种子,遇兹沾洽，悉得发生。承吾旨者，决获菩提；依吾行者，定证妙果。听吾偈曰：'心地含诸种，普雨悉皆萌。顿悟花情已，菩提果自成。'"

说偈已，复曰："其法无二，其心亦然，其道清净，亦无诸相。汝等慎勿观静，及空其心，此心本净，无可取舍，各自努力，随缘好去。"

卷第二十六

历代禅师语录(前集)

秦跋陀禅师

问生法师:“讲何经论?”

生曰:“《大般若经》。”

师曰:“作么生说色空义?”

曰:“众微聚曰色,众微无自性曰空。”

师曰:“众微未聚,唤作什么?”生罔措。

师又问:“别讲何经论?”

曰:“《大涅槃经》。”

师曰:“如何说涅槃之义?”

曰:“涅而不生,槃而不灭,不生不灭,故曰涅槃。”

师曰:“这个是如来涅槃,哪个是法师涅槃?”

曰:“涅槃之义,岂有二耶? 某甲只如此,未审禅师如何说涅槃?”

师拈起如意,曰:“还见么?”

曰:“见。”

师曰:“见个什么?”

曰:“见禅师手中如意。”

师将如意掷于地,曰:“见么?”

曰:“见。”

师曰:“见个什么?”

曰:“见禅师手中如意堕地。”

师斥曰:“观公见解,未出常流,何得名喧宇宙?”拂衣而去。

其徒怀疑不已,乃追师扣问:“我师说色空涅槃,不契,未审禅师如何说色空义?”

师曰:“不道汝师说得不是,汝师只说得果上色空,不会说得因中色空。”

其徒曰:“如何是因中色空?”

师曰:“一微空故众微空,众微空故一微空;一微空中无众微,众微空中无一微。”

宝志禅师

师问一梵僧:“承闻尊者唤我作屠儿,曾见我杀生么?”

曰:“见。”

师曰:“有见见?无见见?不有不无见?若有见见,是凡夫见;无见见,是声闻见;不有不无见,是外道见。未审尊者如何见?”

梵僧曰:“你有此等见耶?”

师垂语曰:“终日拈香择火,不知身是道场。”又曰:“京都邺都浩浩,还是菩提大道。”又曰:“如我身空诸法空,千品万类悉皆同。”

迷悟不二颂

迷时以空为色,悟即以色为空。
迷悟本无差别,色空究竟还同。
愚人唤南作北,智者达无西东。
欲觅如来妙理,常在一念之中。
阳焰本非其水,渴鹿狂趁匆匆。
自身虚假不实,将空更欲觅空。
世人迷倒至甚,如犬吠雷哄哄。

大乘赞(七首)

大道常在目前,虽在目前难睹。
若欲悟道真体,莫除声色烦恼。
烦恼本来空寂,妄情递相缠绕。
一切如影如响,不知何恶何好。
有心取相为实,定知见性不了。
若欲作业求佛,佛是生死大兆。
生死业常随身,黑暗狱中未晓。
悟理本来无异,觉后谁晚谁早?
法界量同太虚,众生智心自小。
但能不起吾我,涅槃法食常饱。

妄身临镜照影,影与妄身不殊。
但欲去影留形,不知身本同虚。
身本与影不异,不得一有一无。
若欲存一舍一,永与直理相疏。
更若爱圣憎凡,生死海里沉浮。
烦恼因心有故,无心烦恼何居?
不劳分别取相,自然得道须臾。
梦时梦中造作,觉时觉境都无。
翻思觉时与梦,颠倒二见不殊。
改迷取觉求利,何异贩卖商徒?
动静两忘常寂,自然契合真如。
若言众生异佛,迢迢与佛常疏。
佛与众生不二,自然究竟无余。

法性本来常寂,荡荡无有边畔。
安心取舍之间,被他二境回换。

敛容入定坐禅，摄境安心觉观。
机关木人修道，何时得达彼岸？
诸法本空无著，境似浮云会散。
忽悟本性原空，恰似热病得汗。
无智人前莫说，打你色身星散。

报你众生直道，非有即是非无。
非有非无不二，何须对有论虚？
有无妄心立号，一破一个不居。
两名由尔情作，无情即是真如。
若欲存情觅佛，将网山上罗鱼。
徒费功夫无益，几许枉用功夫。
不解即心即佛，真似骑驴觅驴。
一切不憎不爱，这个烦恼须除。
除之则须除身，除身无佛无因。
无佛无因可得，自然无法无人。

内见外见总恶，佛道魔道俱错。
被此二大波旬，便见厌苦求乐。
生死悟本体空，佛魔何处立脚？
只由妄情分别，前身后身孤薄。
轮回六道不停，结业不能除却。
众生身同太虚，烦恼何处安著？
但无一切希求，烦恼自然销落。

世间几许痴人，将道复欲求道。
广寻诸义纷纷，自救己身不了。
专寻他文乱说，自称至理妙好。
徒劳一生虚过，永劫沉沦生老。

浊爱缠心不舍,清净智心自恼。
真如法界丛林,反作荆棘荒草。
但执黄叶为金,不悟弃金求宝。
所以失念狂走,强力装持相好。
口内诵经诵论,心里寻常枯槁。
一朝觉本心空,具足真如不少。

声闻心心断惑,能断之心是贼。
贼贼递相除遣,何时了本语默?
口内诵经千卷,体上问经不识。
不解佛法圆通,徒劳寻行数墨。
头陀阿练苦行,希望后身功德。
希望即是隔圣,大道何由可得?
譬如梦里渡河,船师渡过河北。
忽觉床上安眠,失却渡船轨则。
船师及彼渡人,两个本不相识。
众生迷倒羁绊,往来三界疲极。
觉悟生死如梦,一切求心自息。

明州布袋和尚

师有偈曰:

"我有一布袋,虚空无挂碍,
展开遍十方,入时观自在。
吾有三宝堂,里空无色相,
不高亦不低,无遮亦无障。
学者体不如,求者难得样。
智慧解安排,千中无一匠,
四门四果生,十方尽供养。

吾有一躯佛，世人皆不识。
不塑亦不装，不雕亦不刻，
无一滴灰泥，无一点彩色。
人画画不成，贼偷偷不得，
体相本自然，清净非拂拭。
虽然是一躯，分身千百亿。”

又偈曰：

“弥勒真弥勒，分身千百亿。
时时示时人，时人自不识。”

师有歌曰：

“只个心心心是佛，十方世界最灵物。
纵横妙用可怜生，一切不如心真实。
腾腾自在无所为，闲闲究竟出家儿。
若睹目前真大道，不见纤毫也大奇。
万法何殊心何异？何劳更用寻经义？
心王本自绝多知，智者只明无学地。
非圣非凡复若何，不强分别圣情孤。
无价心珠本圆净，凡名异相妄空呼。
人能弘道道分明，无量清高称道情。
携锡若登故国路，莫愁诸处不闻声。”

南岳慧思禅师

师示众曰：“道源不远，性海非遥，但向己求，莫从他觅。觅即不得，得亦不真。”

偈曰：

顿悟心源开宝藏，隐显灵通现真相。
独行独坐常巍巍，百亿化身无数量。
纵令逼塞满虚空，看时不见微尘相。
可笑物兮无比况，口吐明珠光晃晃。

寻常见说不思议,一语标名言下当。

又偈曰:

天不能盖,地不能载,无去无来无障碍,
无长无短无青黄,不在中间及内外,
超群出众太虚玄,指物传心人不会。

清凉澄观国师

师《答皇太子问心要书》,其词曰:

至道本乎一心,心法本乎无住。无住心体,灵知不昧,性相寂然,包含德用,该摄内外。能深能广,非有非空;不生不灭,无终无始。求之而不得,弃之而不离。迷现量,则惑苦纷然;悟真性,则空明廓彻。虽即心即佛,唯证者方知。然有证有知,则慧日沉没于有地;若无照无悟,则昏云掩蔽于空门。

若一念不生,则前后际断,照体独立,物我皆如,直造心源,无智无得,不取不舍,无对无修。然迷悟更依真妄相待,若求真弃妄,犹弃影劳形;若体妄即真,犹处阴影灭;若无心忘照,则万虑都捐;若任运寂知,则众行爰起。放旷任其去住,静鉴觉其源流,语默不失玄微,动静未离法界。言止则双忘知寂,论观则双照寂知,语证则不可示人,说理则非证不了。是以悟寂无寂,真知无知。以知寂不二之一心,契空有双融之中道。无住无著,莫摄莫收,是非两忘,能所双绝。

斯绝亦寂,则般若现前。般若非心外新生,智性乃本来具足。然本寂不能自现,实由般若之功。般若之与智性,翻覆相成;本智之与始修,实无两体。双亡证入,则妙觉圆明;始末该融,则因果交彻。心心作佛,无一心而非佛心;处处成道,无一尘而非佛国。故真妄物我,举一全收,心佛众生,浑然齐致。是知迷则人随于法,法法万差而人不同;悟则法随于人,人人一智而融万境。言穷虑绝,何果何因?体本寂寥,孰同孰异?唯忘怀虚朗,消息冲融,其犹透水月华,虚而可见,无心鉴象,照而常空矣。

青原静居行思禅师

师令迁持书与南岳让和尚，曰："汝达书了，速回，吾有个钝斧子与汝住山。"

迁至彼，未呈书，便问："不慕诸圣、不重己灵时如何？"

岳曰："子问太高生，何不向下问？"

迁曰："宁可永劫受沉沦，不从诸圣求解脱。"岳便休，迁便回。

师问："子返何速？书信达否？"

迁曰："书亦不通，信亦不达。去日蒙和尚许个钝斧子，只今便请。"师垂一足，迁便礼拜，寻辞往南岳。

荷泽神会参，师问："甚处来？"

曰："曹溪。"

师曰："曹溪意旨如何？"会振身而立。

师曰："犹带瓦砾在。"

曰："和尚此间莫有真金与人么？"

师曰："设有，汝向什么处著？"

僧问："如何是佛法大意？"

师曰："庐陵米作么价？"

江西马祖道一禅师

师一日谓众曰："汝等诸人，各信自心是佛，此心即是佛心。达摩大师从南天竺国来至中华，传上乘一心之法，令汝等开悟。《楞伽经》以'佛语心为宗，无门为法门'。夫求法者，应无所求，心外无别佛，佛外无别心。不取善，不舍恶，净秽两边俱不依怙。达罪性空，念念不可得，无自性故，故三界唯心。森罗万象，一法之所印，凡所见色，皆是见心，心不自心，因色故有。汝但随时言说，即事即理，都无所碍，菩提道果，亦复如是。于心所生，即名为色,知色空故,生即不生。若了此意,乃可随时着衣吃饭,长养圣胎,任运过时,更有何事?听吾偈曰:‘心地随时说,菩提亦只宁。事理俱无碍,当生即不生。’”

一日,示众云:“道不用修,但莫污染。何为污染?但有生死心,造作趣向,皆是污染。若欲直会其道,平常心是道。何谓平常心?无造作、无是非、无取舍、无断常、无凡圣。故经云:‘非凡夫行、非圣贤行,是菩萨行。’只如今行住坐卧,应机接物尽是道。道即是法界,乃至河沙妙用,不出法界。若不然者,云何言心地法门?云何言无尽灯?一切法皆是心法,一切名皆是心名,万法皆从心生,心为万法之根本。故经云:‘识心达本源,故号为沙门。’名等、义等,一切诸法皆等,纯一无杂。

“随时自在,建立法界,尽是法界;若立真如,尽是真如;若立理,一切法尽是理;若立事,一切法尽是事。举一千从,事理无差,尽是妙用,更无别理,皆由心之回转。譬如月影有若干,真月无若干;诸源水有若干,水性无若干;森罗万象有若干,虚空无若干;说道理有若干,无碍慧无若干。种种成立,皆由一心也。建立亦得,扫荡亦得,尽是妙用,妙用尽是自家。一切法皆是佛法,诸法即是解脱,解脱者即是真如。诸法不出于真如,在缠名‘如来藏’,出缠号‘净法身’。体无增减,能大能小,能方能圆,应物现形,如水中月。滔滔运用,不立根苗,不尽有为,不住无为。有为是无为之用,无为是有为之依。

“了达无二,名平等性。性无有异,用则不同,在迷为识,在悟为智,顺理为悟,顺事为迷。迷则迷自本心,悟则悟自本性,一悟永悟,不复更迷。如日出时,不合于暗;智慧日出,不与烦恼暗俱。了心境界,妄想即除,妄想既除,即是无生。若见此理,真正合道,随缘度日,坐起相随,戒行增薰,积于净业。但能如是,何虑不通!”久立,“珍重!”

僧问:“离四句,绝百非,请师直指西来意。”

师曰:“我今日劳倦,不能为汝说,问取智藏去。”

僧去问西堂,堂云:“何不问和尚?”

僧云:“和尚教来问。”

堂云:“我今日头痛,不能为汝说,问取海兄去。”

僧又去问百丈,丈云:“我到这里却不会。”

僧却回,举似师,师曰:“藏头白,海头黑。”

庞居士问:“不昧本来人,请师高着眼。”师直下觑。

士曰:“一种没弦琴,唯师弹得妙。”师直上觑,士礼拜,师归方丈。

士随后曰:“适来弄巧成拙。”

洪州廉使问曰:“吃酒肉即是?不吃即是?”

师曰:“若吃,是中丞禄;不吃,是中丞福。”

师示疾,院主问:“和尚近日尊候如何?”

师曰:“日面佛、月面佛。”

石头希迁禅师

一日,青原问师曰:“有人道岭南有消息。”

师曰:“有人不道岭南有消息。”

曰:“若恁么,大藏小藏从何而来?”

师曰:“尽从这里去。”原然之。

僧问:“如何是解脱?”

师曰:“谁缚汝?”

问:“如何是净土?”

师曰:“谁垢汝?”

问:“如何是涅槃?”

曰:“谁将生死与汝?”

师问新到:“从什么处来?”

曰:“江西来。”

师曰:“见马大师否?”

曰:“见。”

师乃指一橛柴曰:“马师何似这个?”僧无对。

却回,举似马祖,祖曰:“汝见橛柴大小?”

曰:“没量大。”

祖曰:“汝甚有力。”

曰:“何也?”

祖曰:“汝从南岳负一橛柴来,岂不是有力?”

问:“如何是西来意?”

师曰:“问取露柱。”

曰:“学人不会。”

师曰:“我更不会。”

大颠问:“道有道无俱是谤,请师除。”

师曰:“一物亦无,除个什么?”

师却问:“并却咽喉唇吻道将来。”

颠曰:“无这个。”

师曰:“若恁么,汝即得入门。”

道悟问:“如何是佛法大意?”

师曰:“不得不知。”

曰:“向上更有转处也无?”

师曰:“长空不碍白云飞。”

问:“如何是禅?”

师曰:“碌砖。”

问:“如何是道?”

师曰:“木头。”

师因看《肇论》,至“会万物为己者,其唯圣人乎”,乃拊几曰:“圣人无己,靡所不己。法身无象,谁云自他?圆鉴灵照于其间,万象体玄而自现。境智非二,孰云去来?至哉斯语也!”遂掩卷,不觉寝,梦与六祖同乘一龟,游泳深池之内,觉而念曰:“灵龟者,智也;深池者,性海也。吾与祖师同乘灵智,游性海矣。”遂著《参同契》。

上堂："吾之法门，先佛传授，不论禅定精进，唯达佛之知见，即心即佛。心佛众生，菩提烦恼，名异体一。汝等当知，自己心灵，体离断常，性非垢净，湛然圆满，凡圣齐同，应用无方，离心意识。三界六道，唯自心现，水月镜像，岂有生灭？汝能知之，无所不备。"

鸟窠道林禅师

有侍者会通，一日欲辞去，师问曰："汝今何往？"

对曰："会通为法出家，和尚不垂慈诲，今往诸方学佛法去。"

师曰："若是佛法，吾此间亦有少许。"

曰："如何是和尚佛法？"师于衣上拈起布毛吹之，通遂领悟玄旨。

南阳慧忠国师

肃宗问："如何是十身调御？"

师乃起立曰："会么？"

帝曰："不会。"

师曰："与老僧过净瓶来。"

又曰："如何是无净三昧？"

师曰："檀越蹋毗卢顶上行。"

帝曰："此意如何？"

师曰："莫认自己清净法身。"

肃宗到，师指石狮子云："陛下！这石狮子奇特，下取一转语。"

帝曰："朕下语不得，请师下语。"

师曰："山僧罪过。"

后耽源问："皇帝还会么？"

师曰："皇帝会且置，你作么生会？"

师问紫璘供奉："佛是什么义？"

曰:"'觉'义。"

师曰:"佛曾迷否?"

曰:"不曾迷。"

师曰:"用觉作么?"

供奉注《思益经》,师曰:"凡注经,须会佛义始得。"

曰:"若不会佛意,争解注经?"

师令侍者盛一碗水,中著七粒米,碗面安一支箸,问奉:"是什么义?"奉无语。

师曰:"老僧意尚不会,何况佛意?"

师问禅客:"从何方来?"

禅客曰:"南方来。"

师曰:"南方知识如何示人?"

曰:"彼方知识直下示学人:'即心是佛,佛是"觉"义。汝今悉具见闻觉知之性,此性善能扬眉瞬目,去来运用,遍于身中,挃头头知,挃脚脚知,故名"正遍知"。离此之外,更无别佛。此身即有生灭,心性无始以来未曾生灭。身生灭者,如龙换骨、蛇蜕皮,人出故宅,即身是无常,其性常也。'南方所说,大约如此。"

师曰:"若然者,与彼先尼外道无有差别。若以见闻觉知是佛性者,《净名》不应云:'法离见闻觉知。'若行见闻觉知,是则见闻觉知,非求法也。"

僧又问:"《法华》了义,开佛知见,此复若为?"

师曰:"经云开佛知见,尚不言菩萨二乘,岂以众生痴倒,便同佛之知见耶?"

僧又问:"阿哪个是佛心?"

师曰:"墙壁瓦砾是。"

僧曰:"与经大相违也。《涅槃》云:'离墙壁无情之物,故名佛性。'今云是佛心,未审心之与性为别?不别?"

师曰:"迷即别,悟即不别。"

曰:"经云:'佛性是常,心是无常。'今云不别,何也?"

师曰:“汝但依语,而不依义。譬如寒月,水结为冰,及至暖时,冰释为水。众生迷时,结性成心;众生悟时,释心成性。若执无情无佛性者,经不应言三界唯心。宛是汝自违经,吾不违也。”

问:“无情既有佛性,还解说法否?”

师曰:“他炽然常说,无有间歇。”

曰:“某甲为什么不闻?”

师曰:“汝自不闻。”

曰:“谁人得闻?”

师曰:“诸圣得闻。”

曰:“众生应无分耶?”

师曰:“我为众生说,不为诸圣说。”

曰:“某甲聋瞽,不闻无情说法,师应合闻。”

师曰:“我亦不闻。”

曰:“师既不闻,争知无情解说法?”

师曰:“赖我不闻,我若得闻,则齐于诸圣,汝则不闻我说法。”

曰:“师但说无情有佛性,有情复若为?”

师曰:“无情尚尔,况有情耶?”

曰:“若然者,南方知识云‘见闻觉知是佛性’,应不合判同外道。”

师曰:“不道他无佛性,外道岂无佛性耶?但缘见错,于一法中而生二见,故言非也。”

曰:“佛身无挂碍,今以有为窒碍之物而作佛身,岂不乖于圣旨?”

师曰:“《大品经》云:‘不可离有为而说无为。’汝信色是空否?”

曰:“佛之诚言,哪敢不信!”

师曰:“色既是空,宁有挂碍?”

曰:“佛性一种?为别?”

师曰:“不得一种。”

曰:“何也?”

师曰:“或有全不生灭,或半生半灭,半不生灭。”

曰:“孰为此解?”

师曰:“我此间佛性全无生灭;汝南方佛性半生半灭,半不生灭。”

曰:“如何区别?”

师曰:“此则身心一如,身外无余,所以全不生灭;汝南方身是无常,神性是常,所以半生半灭,半不生灭。”

曰:“和尚色身岂得便同法身不生灭耶?”

师曰:“汝哪得入于邪道?”

曰:“学人早晚入邪道?”

师曰:“汝不见《金刚经》:‘色见声求,皆行邪道。’今汝所见,不其然乎?”

曰:“师亦言即心是佛,南方知识亦尔,哪有异同?师不应自是而非他。”

师曰:“或名异体同,或名同体异,因兹滥矣。只如菩提涅槃,真如佛性,名异体同;真心妄心,佛智世智,名同体异。缘南方错将妄心言是真心,认贼为子,有取世智,称为佛智,犹如鱼目而乱明珠,不可雷同,事须甄别。”

常州僧灵觉问曰:“发心出家,本拟求佛,未审如何用心即得?”

师曰:“无心可用,即得成佛。”

曰:“无心可用,阿谁成佛?”

师曰:“无心自成佛,成佛亦无心。”

曰:“无心即成佛,和尚即今成佛未?”

师曰:“心尚自无,谁言成佛?若有佛可成,还是有心。有心即有漏,何处得无心?”

曰:“既无佛可成,和尚还得佛用否?”

师曰:“心尚自无,用从何有?”

曰:“茫然都无,莫落断见否?”

师曰:“本来无见,阿谁道断?”

曰:“本来无见,莫落空否?”

师曰:“无空可落。”

曰:“有可堕否?”

师曰:“空既是无,堕从何立?”

曰:“山中逢见虎狼,如何用心?”

师曰:“见如不见,来如不来,彼即无心,恶兽不能加害。”

曰:“寂然无事,独脱无心,名为何物?”

师曰:“名‘金刚大士’。”

曰:“金刚大士有何体段?”

师曰:“本无形段。”

曰:“既无形段,唤何物作金刚大士?”

师曰:“唤作无形段金刚大士。”

曰:“金刚大士有何功德?”

师曰:“一念与金刚相应,能灭殑伽沙劫生死重罪,得见殑伽沙诸佛。其金刚大士功德无量,非口所说,非意所陈,无人能破坏者。更不须问,任意游行,独脱无畏,常有河沙贤圣之所覆护。所在之处,常得河沙天龙八部之所恭敬,河沙善神来护,永无障碍,何处不得逍遥?”

僧问:“古德云:‘青青翠竹尽是法身,郁郁黄花无非般若。’有人不许,云是邪说,亦有信者,云不思议,不知若为?”

师曰:“此盖普贤、文殊境界,非诸凡小而能信受,皆与大乘了义经意合。故《华严经》云:‘佛身充满于法界,普现一切群生前,随缘赴感靡不周,而常处此菩提座。’翠竹既不出于法界,岂非法身乎?又《般若经》云:‘色无边故,般若亦无边。’黄花既不越于色,岂非般若乎?深远之言,不省者难为措意。”于是禅客作礼而去。

僧问:“若为得成佛去?”

师曰:“佛与众生,一时放却,当处解脱。”

曰:“作么生得相应去?”

师曰:“善恶不思,自见佛性。”

曰:“若为得证法身?”

师曰:“越毗卢之境界。”

曰:“清净法身作么生得?”

师曰:“不著佛求耳。”

曰:“阿哪个是佛?”

师曰:“即心是佛。”

曰:“心有烦恼否?”

师曰:“烦恼性自离。”

曰:“岂不断耶?”

师曰:“断烦恼者,即名二乘;烦恼不生,名大涅槃。”

曰:“坐禅看静,此复若为?”

师曰:“不垢不净,宁用起心而看净相?”

曰:“禅师见十方虚空是法身否?”

师曰:“以想心取之,则是颠倒见。”

曰:“即心是佛,还用修万行否?”

师曰:“诸圣尚皆具二严,岂可拨无因果耶?”

师将涅槃,辞代宗。代宗曰:“师灭度后,弟子将何所记?”

师曰:“告檀越造取一所无缝塔。”

帝曰:“就师请取塔样。”

师良久曰:“会么?”

帝曰:“不会。”

师曰:“贫道去后,弟子应真却知此事,乞诏问之。”

后诏应真问前语,真良久曰:“圣上会么?”

帝曰:“不会。”

真述偈曰:

湘之南,潭之北,中有黄金充一国。

无影树下合同船,琉璃殿上无知识。

耽源应真禅师

麻谷问:“十二面观音岂不是圣?”

师曰:“是。”麻谷与师一掴。

师曰:“想汝未到此境。”

圭峰宗密禅师

山南温造尚书问:“悟理息妄之人不复结业,一期寿终之后,灵性何依?”

师曰:“一切众生,无不具有觉性,灵明空寂,与佛何殊?但以无始劫来,未曾了悟,妄执身为我相,故生爱恶等情。随情造业,随业受报,生、老、病、死,长劫轮回。然身中觉性未曾生死,如梦被驱役,而身本安闲;如水作冰,而湿性不易。若能悟此性即是法身,本自无生,何有依托?灵灵不昧,了了常知,无所从来,亦无所去。然多生妄执,习以性成,喜、怒、哀、乐,微细流注,真理虽然顿达,此情难以卒除。须常觉察,损之又损,如风顿止,波浪渐停,岂可一生所修,便同诸佛力用?但可以空寂为自体,勿认色身;以灵知为自心,勿认妄念。妄念若起,都不随之,即临命终时,自然业不能系。虽有中阴,所向自由,天上人间,随意寄托。若爱恶之念已泯,即不受分段之身,自能易短为长,易粗为妙。

“宗密有八句偈显示此意,于尚书处诵之。偈曰:‘作有义事,是惺悟心;作无义事,是狂乱心。狂乱随情念,临终被业牵。惺悟不由情,临终能转业。’情中欲作而察理不应,即须便止;情中不欲作而照理相应,即须便作。但由是非之理,不由爱恶之情,即临命终时,业不能系,随意自在,天上人间也。通而言之,但朝暮之间所作,被情尘所牵,即临终被业所牵而受生。若所作所为,由于觉智,不由情尘,即临终由我自在而受生,不由业也。当知欲验临终受生自在不自在,但验寻常行心于尘境自由不自由。”

无名老宿

师曰:“祖师九年面壁,为访知音。若恁么会,吃铁棒有日在。祖师九年面壁,何不惭惶?若恁么会,更买草鞋行脚三十年。”

百丈怀海禅师

马祖一日问师:“什么处来?”

师曰:“山后来。”

祖曰:“逢着一人么?”

曰:“不逢着。”

祖曰:“为什么不逢着?”

曰:“若逢着,即举似和尚。”

祖曰:“什么处得这消息来?”

曰:“某甲罪过。”

祖曰:“却是老僧罪过。”

师谓众曰:“有一人长不吃饭不道饥,有一人终日吃饭不道饱。”

师一日侍马祖行次,见一群野鸭飞过,祖曰:“是什么?”

师曰:“野鸭子。”

祖曰:“甚处去也?”

师曰:“飞过去也。”祖遂把师鼻扭,负痛失声。

祖曰:“又道飞过去也?”师于言下有省。

师令僧:“去章敬处,见伊上堂说法,你便展开坐具,礼拜起,将一只鞋,以袖拂却上尘,倒头覆下。”

其僧到章敬,一依师旨,章敬云:“老僧罪过!”

有僧问:“抱璞投师,请师一鉴。”

师曰:“昨夜南山虎咬大虫。”

曰:“不谬真诠,为什么不垂方便?”

师曰:“掩耳偷铃汉。”

曰:“不遇中郎鉴,还同野舍薪。”师便打。

曰:“苍天! 苍天!”

师曰:“得与么多口?”

曰:“罕遇知音。”拂袖便行。

师曰:“百丈今日输却一半。”

南泉普愿禅师

师玩月次,僧问:“几时得似这个去?”

师曰:“王老师二十年前亦恁么来。”

曰:“即今作么生?”师便归方丈。

师问黄檗:“定慧等学,明见佛性,此理如何?”

檗曰:“十二时中不依倚一物。”

师曰:“莫是长老见处么?”

檗曰:“不敢。”

师曰:“浆水钱且置,草鞋钱教阿谁还?”

师与鲁祖、归宗、杉山四人离马祖处,各谋住庵,于中路相别次,师插下拄杖云:“道得也被这个碍,道不得也被这个碍。”

宗拽拄杖打师一下,云:“也只是这个,王老师说什么碍不碍!”

鲁云:“只此一句语,大播天下。”

陆大夫向师道:“肇法师也甚奇怪,解道:‘天地与我同根,万物与我一体。’”

师指庭前牡丹花曰:“大夫! 时人见此一株花,如梦相似。”陆罔测。

僧问:“师归丈室,将何指南?”

师曰:“昨夜三更失却牛,天明起来失却火。”

师示众云:“唤作如如,早是变了也,如今师僧须向异类中行。”

归宗云:“虽行畜生行,不得畜生报。”

师云:“孟八郎汉又与么去也。”

师问僧云:“夜来好风?”

僧云:“夜来好风。”

师云:“吹折门前一株松?”

僧云:“吹折门前一株松。”

次问一僧云:“夜来好风?”

僧云:“是什么风?”

师云:“吹折门前一株松。”

僧云:“是什么松?”

师云:“一得一失。”

师云:“三世诸佛不知有,狸奴白牯却知有。”

大沩智云:“三世诸佛既不知有,狸奴白牯又何曾梦见?灼然须知向上有知有的人始得。”

师问维那:“今日普请作什么?”

对曰:“拽磨。”

师曰:“磨从你拽,不得动着磨中心树子。”那无语。

师在方丈与杉山向火次,师曰:“不用指东指西,直下本分事道来。”杉山插火箸叉手。

师曰:“虽然如是,犹较王老师一线道。”

盐官海昌齐安国师

僧问:“如何是本身卢舍那?”

师曰:“与老僧过净瓶来。”僧将净瓶至。

师曰:“却安旧处着。”僧送至本处,复来诘问。

师曰:“古佛过去久矣。”

归宗智常禅师

师尝与南泉同行,后忽一日相别,煎茶次,南泉问曰:“从来与师兄商量语句，彼此已知，此后或有人问毕竟事，作么生？”

师曰：“这一片地大好卓庵。”

南泉曰：“卓庵且置，毕竟事作么生？”师乃打翻茶铫，便起。

南泉曰：“师兄吃茶了，普愿未吃茶。”

师曰：“作这个语话，滴水也难销。”

幽州宝积禅师

上堂：“夫心月孤悬，光吞万象，光非照境，境亦非存，光境俱亡，复是何物？”

上堂：“禅德！可中学道，似地擎山，不知山之孤峻；如石含玉，不知玉之无瑕。若如此者，是名出家。故导师云：‘法本不相碍，三际亦复然。无为无事人，犹是金锁难。’所以灵源独耀，道绝无生，大智非明，真空无迹。真如凡圣，皆是梦言；佛及涅槃，并为增语。禅德！直须自看，无人替代。”

上堂：“三界无法，何处求心？四大本空，佛依何住？璇玑不动，寂尔无言。觌面相呈，更无余事。珍重！”

石巩慧藏禅师

师问西堂：“汝还解捉得虚空么？”

西堂曰：“捉得。”

师曰：“作么生捉？”西堂以手撮虚空。

师曰：“汝不解捉。”

西堂却问：“师兄作么生捉？”

师把西堂鼻孔拽，西堂作忍痛声曰：“太煞拽人鼻孔，直欲脱去。”

师曰：“直须恁么捉虚空始得。”

鹅湖大义禅师

唐宪宗诏入麟德殿论义，有法师问：“欲界无禅，禅居色界，此土凭何而立禅?”

师曰:“法师只知欲界无禅,不知禅界无欲。”

曰:“如何是禅?”师以手点空,法师无对。

帝曰:“法师讲无穷经论,只这一点,尚不奈何。”

师却问诸硕德曰:“行住坐卧,毕竟以何为道?”

有对:“知者是道。”

师曰:“不可以智知,不可以识识,安得知者是乎?”

有对:“无分别者是。”

师曰:“善能分别诸法相,于第一义而不动,安得无分别是乎?”

有对:“四禅八定是。”

师曰:“佛身无为,不堕诸数,安在四禅八定耶?”众皆杜口。

伊阙伏牛自在禅师

上堂曰:“即心即佛,是无病求药句;非心非佛,是药病对治句。”

僧问:“如何是脱洒的句?”

师曰:“伏牛山下古今传。”

兴善惟宽禅师

僧问:“狗子还有佛性否?”

师曰:“有。”

曰:“和尚还有否?”

师曰:“我无。”

曰:“一切众生皆有佛性,和尚因何独无?”

师曰:“我非一切众生。”

曰:“既非众生,莫是佛否?”

师曰:“不是佛。”

曰:“究竟是何物?”

师曰:“亦不是物。”

曰:“可见可思否?”

师曰："思之不及，议之不得，故曰不可思议。"

问："道在何处？"

师曰："只在目前。"

曰："我何不见？"

师曰："汝有我故，所以不见。"

曰："我有我故即不见，和尚还见否？"

师曰："有汝有我，展转不见。"

曰："无我无汝，还见否？"

师曰："无汝无我，阿谁求见？"

杨岐甄叔禅师

示众曰："群灵一源，假名为佛，体竭形消而不灭，金流朴散而常存。性海无风，金波自涌；心灵绝兆，万像齐照。体斯理者，不言而遍历河沙，不用而功益玄化，如何背觉反合尘劳，于阴界中妄自囚执？"

潭州华林善觉禅师

师常持锡杖夜出林麓间，七步一振锡，一称观音名号。夹山问："远闻和尚念观音，是否？"

师曰："然。"

山曰："骑却头时如何？"

师曰："出头即从汝骑，不出头，骑什么？"山无对。

僧参，方展坐具，师曰："缓，缓。"

曰："和尚见什么？"

师曰："可惜许！磕破钟楼。"其僧从此悟入。

观察使裴休访之，问曰："还有侍者否？"

师曰："有一两个，只是不可见客。"

裴曰："在什么处？"

师乃唤："大空！小空！"

时二虎自庵后而出，裴睹之惊悸。师语虎曰："有客，且去。"

二虎哮吼而去。

裴问曰:“师作何行业,感得如斯?”

师乃良久曰:“会么?”

曰:“不会。”

师曰:“山僧常念观世音。”

襄州庞蕴居士

至药山,山命十禅客相送,至门首,士乃指空中雪曰:“好雪片片,不落别处。”

有全禅客曰:“落在甚处?”士遂与一掌。

全曰:“也不得草草。”

士曰:“恁么称禅客,阎罗老子未放你在。”

全曰:“居士作么生?”

士又掌曰:“眼见如盲,口说如哑。”

偈曰:

“心如境亦如,无实亦无虚。

有亦不管,无亦不拘。

不是圣贤,了事凡夫。

易复易,即此五蕴有真智。

十方世界一乘同,无相法身岂有二?

若舍烦恼入菩提,不知何方有佛地。”

药山惟俨禅师

师参礼马祖,于言下契悟,便礼拜,祖曰:“你见什么道理便礼拜?”

师曰:“某甲在石头处,如蚊子上铁牛。”

祖曰:“汝既如是,善自护持。”

侍奉三年,一日,祖问:“子近日见处作么生?”

师曰:“皮肤脱落尽,唯有一真实。”

祖曰："子之所得，可谓协于心体，布于四肢。既然如是，将三条篾束取肚皮，随处住山去。"

师曰："某甲又是何人，敢言住山？"

祖曰："不然，未有常行而不住，未有常住而不行，欲益无所益，欲为无所为，宜作舟航，无久住此。"师乃辞祖返石头。

一日，在石上坐次，石头问曰："汝在这里作么？"

师曰："一物不为。"

头曰："恁么即闲坐也。"

曰："若闲坐，即为也。"

头曰："汝道不为，不为个什么？"

曰："千圣亦不识。"

头以偈赞曰：

从来共住不知名，任运相将只么行。
自古上贤犹不识，造次凡流岂可明？

石头垂语曰："言语动用没交涉。"

师曰："非言语动用亦没交涉。"

头曰："我这里针札不入。"

师曰："我这里如石上栽花。"头然之。

坐次，道吾、云岩侍立，师指按山上枯荣二树问道吾曰："枯者是？荣者是？"

吾曰："荣者是。"

师曰："灼然一切处，光明灿烂去。"

又问云岩："枯者是？荣者是？"

岩曰："枯者是。"

师曰："灼然一切处，放教枯澹去。"

高沙弥忽至，师曰："枯者是？荣者是？"

弥曰："枯者从他枯，荣者从他荣。"

师顾道吾、云岩曰："不是，不是。"

僧问："平田浅草，麈鹿成群，如何射得麈中主？"

师曰："看箭！"僧放身便倒。

师曰:“侍者! 拖出这死汉。”僧便走。

师曰:“弄泥团汉有什么限!”

看经次,僧问:“和尚寻常不许人看经,为什么却自看?”

师曰:“我只图遮眼。”

曰:“某甲学和尚还得也无?”

师曰:“你若看,牛皮也须穿。”

师坐次,僧问:“兀兀地思量什么?”

师曰:“思量个不思量的。”

曰:“不思量的如何思量?”

师曰:“非思量。”

朗州刺史李翱问:“师何姓?”

师曰:“正是时。”

李不委,却问院主:“某甲适来问和尚姓,和尚曰:‘正是时。’未审姓什么?”

主曰:“恁么则姓韩也。”

师闻,乃曰:“得恁么不识好恶,若是夏时对他,便是姓热。”

李初向师玄化,屡请不赴,乃躬谒师。师执经卷不顾,侍者曰:“太守在此。”

李性褊急,乃曰:“见面不如闻名。”拂袖便去。

师曰:“太守何得贵耳贱目?”

李回拱谢,问曰:“如何是道?”

师以手指上下,曰:“会么?”

曰:“不会。”

师曰:“云在青天水在瓶。”

李欣然作礼,述偈曰:

“炼得身形似鹤形,千株松下两函经。
我来问道无余话,云在青天水在瓶。”

李又问:“如何是戒定慧?”

师曰:“贫道这里无此闲家具。”李罔测玄旨。

师曰:“太守欲保任此事,须向高高山顶立,深深海底行,门阁中物舍不得，便为渗漏。”

潭州长髭旷禅师

师曹溪礼祖塔回，参石头，头问：“什么处来？”

曰：“岭南来。”

头曰：“大庾岭头一铺功德，成就也未？”

师曰：“成就久矣，只欠点眼在。”

头曰：“莫要点眼么？”

师曰：“便请。”头乃垂下一足，师礼拜。

头曰：“汝见个什么道理便礼拜？”

师曰：“据某甲所见，如红炉上一点雪。”

天王道悟禅师

师谒马祖，祖曰：“识取自心本来是佛，不属渐次，不假修持，体自如如，万德圆满。”师于言下大悟。

祖嘱曰：“汝若住持，莫离旧处。”

师蒙旨已，便返荆门，去郭不远，结草为庐。节使来访，师不为加礼，使怒，擒师掷江中。及归，见遍衙火发，且闻空中天王神瞋责声，遂哀悔设拜，烟焰顿息，宛然如初，乃躬往江边迎师。见师在水，都不湿衣，益自敬重，于府西造天王寺供师。

龙潭信问：“从上相承的事如何？”

师曰：“不是明汝来处不得。”

潭曰：“这个眼目几人具得？”

师曰：“浅草易为长芦。”

师常云：“快活！快活！”及临终时叫：“苦！苦！”又云：“阎罗王来取我也。”

院主问曰：“和尚当时被节使抛向水中，神色不动，如今何得恁么地？”

师举枕子云：“汝道当时是？如今是？”院主无对。

卷第二十七

历代禅师语录(前集)

黄檗希运禅师

百丈一日因普请开田回,问师曰:“运阇黎!开田不易。”

师曰:“随众作务。”

丈曰:“有烦道用。”

师曰:“争敢辞劳?”

丈曰:“开得多少田?”师将镢筑地三下,丈便喝,师掩耳而去。

一日,捧钵向南泉位上坐,泉入堂见,乃问:“长老甚年行道?”

师曰:“威音王以前。”

泉曰:“犹是王老师儿孙,下去!”师便过第二位坐,泉休去。

泉一日曰:“老僧有牧牛歌,请长老和。”

师曰:“某甲自有师在。”

师辞南泉,泉门送,提起师笠曰:“长老身材没量大,笠子太小生!”

师曰:“虽然如此,大千世界总在里许。”

泉曰:“王老师呢?”师戴笠便行。

裴相国一日托一尊佛于师前跪曰:“请师安名。”

师召曰:“裴休!”公应诺。

师曰:“与汝安名竟。”公礼拜。

师一日捏拳曰:“天下老和尚总在这里,我若放一线道,从汝七纵八横;若不放过,不消一捏。”

僧问:“放一线道时如何?”

师曰:“七纵八横。”

曰:“不放过不消一捏时如何?”

师曰:“普。”

示裴公美曰:“诸佛与一切众生,唯是一心,更无别法。此心无始以来,不曾生不曾灭、不青不黄,无形无相,不属有无,不计新旧,非长非短,非大非小,唯此一心即是佛。佛与众生,更无别异。若观佛作清净、光明、解脱之相,观众生作垢浊、暗昧、生死之相,作此解者,历河沙劫终不得菩提,为著相故。唯此一心,更无微尘许法可得,即心是佛。如今学道人不悟此心体,便于心上生心,向外求佛,著相修行,皆是恶法,非菩提道。

“维摩者,净名也。净者,性也,名者,相也,性相不异,故号净名。诸大菩萨所表者,人皆有之,不离一心,悟之即是。今学道人不向自心中悟,乃于心外著相取境,皆与道背。恒河沙者,佛说是沙,诸佛菩萨、释梵诸天步履而过,沙亦不喜;牛羊虫蚁践踏而行,沙亦不怒;珍宝馨香,沙亦不贪;粪尿臭秽,沙亦不恶。此心即无心之心,离一切相,众生诸佛更无差别,但能无心,便是究竟。学道人若不直下无心,累劫修行终不成道。

“造恶、造善皆是著相,著相造恶枉受轮回,著相造善枉受劳苦,总不如言下便自认取本法。此法即心,心外无法;此心即法,法外无心。心自无心,亦无无心者;将心无心,心却成有,默契而已。绝诸思议,故曰:‘言语道断,心行处灭。’此心是本源清净佛,人皆有之。蠢动含灵与诸佛菩萨一体不异,深自悟入,直下便是,圆满具足,更无所欠。”

师云:“若欲得知要诀,但莫于心上著一物。言佛真法身犹若虚空,此是喻法身即虚空,虚空即法身。常人谓法身遍虚空处,虚空中含容法身,不知法身即虚空,虚空即法身也。若定言有虚空,虚空不是法身;若定言有法身,法身不是虚空。但莫作虚空解,虚空即法身;莫作法身解,法身即虚空。虚空与法身无异相,佛与众生无异相,生死与涅槃无异相,烦恼与菩提无异相。离一切相,即是佛。凡夫取境,道人取心,心境双亡,乃是真法。忘境犹易,忘心至难。人不敢忘心,恐落空,无捞摸处。不知空本无空,唯一真法界耳。

“夫学道者,若以一切时中,心有常见,即是常见外道;若观一切法空作空见者,即是断见外道。所以三界唯心,万法唯识。若但不说本,只说末;不说迷,只说悟;不说体,只说用,总无你话论处。他一切法且本不有,今亦不无,缘起不有,缘灭不无;本亦不有,本非本故;心亦不心,心非心故;相亦非相,相非相故。所以道:无法无本心,始解心心法。法即非法,非法即法,无法无非法故,是心心法。既若如此,故知一切法性自尔,即不用愁他虑他。

“如言前念是凡,后念是圣,如手翻覆一般,此是三乘教之极也。据我禅宗中,前念且不是凡,后念且不是圣;前念不是佛,后念不是众生。所以一切色是佛色,一切声是佛声。举着一理,一切理皆然。见一事,见一切事;见一心,见一切心;见一道,见一切道,一切处无不是道;见一尘,十方世界山河大地皆然;见一滴水,即见十方世界一切性水;又见一切法,即见一切心。一切法本空,心即不无,不无即妙有,有亦不有,不有即有,即真空妙有。既若如是,十方世界不出我之一心;一切微尘国土,不出我之一念。若然,说什么内之与外。如蜜性甜,一切蜜皆然。

“世间出世间,乃至六道四生,山河大地,有性无性,原同一体。言同者,名相亦空,有亦空,无亦空,尽恒沙世界原是一空。故达摩大师从西天来至此土,经多少国土,只觅得可大师一人,密传心印,印你本心,以心印法,以法印心。心既如此,法亦如此,同真际,等法性。法性空中,谁是授记人?谁是成佛人?谁是得法人?他分明向你道,菩提者,不可以身得,身无相故;不可以心得,心无相故;不可以性得,性即便是本源自性天真佛故;不可以佛更得佛;不可以无相更得无相;不可以空更得空;不可以道更得道。

本无所得，无得亦不可得。所以道：无一法可得。只教你了取本心，当下了时，不得了相，无了无不了相亦不可得。如此之法，得者即得。得者，不自觉知；不得者，亦不自觉知。如此之法，从上以来，有几人得知？所以道：天下忘己者有几人？"

师云："凡人多为境碍心，事碍理，常欲逃境以安心，屏事以存理。却不知乃是心碍境，理碍事。但令心空境自空，但令理寂事自寂，勿倒用心也。凡人多不肯空心，恐落于空，不知自心本空。愚人除事不除心，智者除心不除事。"

示众："自如来付法迦叶以来，以心印心，心心不异。印着空，即印不成文；印着物，即印不成法。故以心印心，心心不异；能印所印，俱难契会，故得者少。然心即无心，得即无得。"

一日，云："学般若人，不见有一法可得。绝意三乘，唯一真实，不可云证得，谓我能证能得，皆增上慢人。法华会上拂衣而去者，皆斯徒也。故佛言：我于菩提实无所得，默契而已。

"凡人临欲终时，但观五蕴皆空，四大无我，真心无恒，不去不来。生时性亦不来，死时性亦不去，湛然圆寂，心境一如。但能如是直下顿了，不为三世所拘系，便是出世人也，切不得有分毫趣向。若见善相，诸佛来迎，及种种现前，亦无心随去；若见恶相种种现前，亦无心怖畏，但自忘心，同于法界，便得自在，此即是要节也。"

师云："我此禅宗从上相承以来，不曾教人求知求解，只云学道，早是接引之辞，然道亦不可学。情存学解，却成迷道，道无方所，名大乘心。此心不在内外中间，实无方所。第一不得作知解，情量若尽，心无方所，此道天真，本无名字。"

僧问："妄能障自心，未审而今以何遣妄？"

师云："起妄遣妄亦成妄，妄本无根，只因分别而有，你但于凡圣两处情尽，自然无妄，不得有纤毫依执。"

云："既无依执，当何相承？"

师云："以心传心。"

云："若心相传，云何言心亦无？"

师云:“不得一法,名为传心。若了此心,即是无心无法。”

云:“若无心无法,云何名传?”

师云:“汝闻道传心,将谓有可得耶?所以祖师云:‘认得心性时,可说不思议。了了无所得,得时不说知。’此事若教汝会,何堪也!”

问:“和尚现今说法,何得言无僧亦无法?”

师云:“汝若见有法可说,即是以音声求我。若见有我,即是处所。法亦无法,法即是心。所以祖师云:‘付此心法时,法法何曾法?无法无本心,始解心心法。’实无一法可得,名坐道场。道场者,只是不起诸见,悟法本空,唤作空如来藏。本来无一物,何处有尘埃?若得此中意,逍遥何所论?”

问:“圣人无心即是佛,凡夫无心,莫沉空寂否?”

师云:“法无凡圣,亦无沉寂。法本不有,莫作无见;法本不无,莫作有见。有之与无,尽是情见,犹如幻翳。所以云:见闻如幻翳,知觉乃众生。祖师门中只论息机忘见,所以忘机则佛道隆,分别则魔军炽。”

问:“本既是佛,哪得更有四生六道种种形貌不同?”

师云:“诸佛体圆,更无增减。流入六道,处处皆圆。万类之中,个个是佛,譬如一团水银分散诸处,颗颗皆圆,若不分时,只是一块。此一即一切,一切即一。种种形貌,喻如屋舍,舍驴屋,入人屋,舍人身,至天身,乃至声闻、缘觉、菩萨、佛屋,皆是汝取舍处,所以有别。本源之性,何得有异?”

长庆大安禅师

雪峰因入山采得一枝木,其形似蛇,于背上题曰:“本自天然,不假雕琢。”寄与师,师曰:“本色住山人,且无刀斧痕。”

清田和尚

师与瑫上座煎茶次,师敲绳床三下,瑫亦敲三下,师曰:“老僧敲，有个善巧；上座敲，有何道理？”

瑫曰：“某甲敲，有个方便；和尚敲，作么生？”师举起盏子。

瑫曰：“善知识眼应须恁么？”

茶罢，瑫却问：“和尚适来举起盏子，意作么生？”

师曰：“不可更别有也。”

大慈寰中禅师

杭州大慈山寰中禅师，蒲坂卢氏子。参百丈受心印，辞往南岳常乐寺，结茅山顶。一日，南泉至，问：“如何是庵中主？”

师曰：“苍天！苍天！”

南泉曰：“苍天且置，如何是庵中主？”

师曰：“会即便会，莫忉忉。”南泉拂袖而出。

僧辞，师问：“什么处去？”

曰：“江西去。”

师曰：“我劳汝一段事，得否？”

曰：“和尚有什么事？”

师曰：“将取老僧去，得么？”

曰：“更有过于和尚者，亦不能将去。”师便休。

僧后举似洞山，洞山曰：“阇黎争合恁么道？”

曰：“和尚作么生？”

洞山曰：“得。”

洞山又问其僧：“大慈别有什么言句？”

曰：“有时示众曰：‘说得一丈，不如行取一尺；说得一尺，不如行取一寸。’”

洞山曰：“我不恁么道。”

曰：“和尚作么生？”

洞山曰：“说取行不得的，行取说不得的。”

石霜性空禅师

僧问:“如何是祖师西来意?”

师云:“如人在千尺井中,不假寸绳出得此人,即答汝西来意。”

僧曰:“近日湖南畅和尚出世,亦为人东语西话。”

师唤沙弥:“拽出这死尸者!”

沙弥即仰山,山后问耽源:“如何出得井中人?”

源曰:“咄!痴汉!谁在井中?”

山复问沩山,沩召:“慧寂!”山应诺。

沩曰:“出也。”

仰山住后,常举前语谓众曰:“我在耽源处得名,沩山处得地。”

长沙景岑招贤禅师

上堂:“我若一向举扬宗教,法堂前须草深一丈。事不获已,向汝诸人道:尽十方世界是沙门眼,尽十方世界是沙门全身,尽十方世界是自己光明,尽十方世界在自己光明里,尽十方世界无一人不是自己。我常向汝诸人道:三世诸佛、法界众生是摩诃般若光。光未发时,汝等诸人向什么处委悉?光未发时,尚无佛无众生消息,何处得山河国土来?”

时有僧问:“如何是沙门眼?”

师曰:“长长出不得。”又曰:“成佛成祖出不得,六道轮回出不得。”

僧曰:“未审出个什么不得?”

师曰:“昼见日,夜见星。”

曰:“学人不会。”

师曰:“妙高山色青又青。”

师游山归,首座问:“和尚甚处去来?”

师曰:“游山来。”

座曰:“到什么处?”

师曰:“始从芳草去,又逐落花回。”

座曰:“大似春意。”

师曰:“也胜秋露滴芙蕖。”

有秀才看《千佛名经》,问曰:“百千诸佛但见其名,未审居何国土? 还化物也无?”

曰:“黄鹤楼崔颢题后,秀才还曾题也未?”

曰:“未曾。”

曰:“得闲题取一篇好。”

僧问:“本来人还成佛也无?”

师曰:“汝见大唐天子还自种田割稻么?”

曰:“未审是何人成佛?”

师曰:“是汝成佛。”僧无语。

师曰:“会么?”

曰:“不会。”

师曰:“如人因地而倒,依地而起,地道什么?”

问:“向上一路,请师道。”

师曰:“一口针,三尺线。”

曰:“如何领会?”

师曰:“益州布,扬州绢。”

师示偈曰:

百尺竿头不动人,虽然得入未为真。

百尺竿头须进步,十方世界是全身。

僧便问:“只如百尺竿头如何进步?”

师曰:“朗州山,澧州水。”

曰:“不会。”

师曰:“四海五湖皇化里。”

竺尚书问:“蚯蚓斩为两段,两头俱动,未审佛性在阿哪头?”

师曰:“莫妄想。”

曰:"争奈动何?"

师曰:"会即风火未散。"书无对。

师唤尚书,书应诺,师曰:"不是尚书本命。"

曰:"不可离却即今祇对,别有第二主人。"

师曰:"唤尚书作至尊,得么?"

曰:"恁么总不祇对时,莫是弟子主人否?"

师曰:"非但祇对与不祇对时,无始劫来是个生死根本。"示偈曰:

学道之人不识真,只为从来认识神。

无始劫来生死本,痴人唤作本来人。

僧问:"如何转得山河国土归自己去?"

师曰:"如何转得自己成山河国土去?"

曰:"不会。"

师曰:"湖南城下好养民,米贱柴多足四邻。"僧无语。

师示偈曰:

谁问山河转?山河转向谁?

圆通无两畔,法性本无归。

示众:"若心是生,则梦幻空华亦应是生;若身是生,则山河大地、万象森罗亦应是生。"

问:"教中说幻意是有耶?"

师曰:"大德是何言欤?"

曰:"恁么则幻意是无耶?"

师曰:"大德是何言欤?"

曰:"恁么则幻意是不有不无耶?"

师曰:"大德是何言欤?"

曰:"如某三明尽不契于幻意,未审和尚如何明教中幻意?"

师曰:"大德信一切法不思议否?"

曰:"佛之诚言,哪敢不信?"

师曰:"大德言信,二信之中是何信?"

曰:"如某所明,二信之中是名缘信。"

师曰："依何教门得生缘信？"

曰："《华严》云：'菩萨摩诃萨以无障无碍智慧，信一切世间境界是如来境界。'又《华严》云：'诸佛世尊悉知世法及诸佛法性无差别，决定无二。'又《华严》云：'佛法世间法，若见其真实，一切无差别。'"

师曰："大德所举缘信教门，甚有来处，听老僧与大德明教中幻意。若人见幻本来真，是则名为见佛人。圆通法法无生灭，无灭无生是佛身。"

华严座主问："虚空为是定有？为是定无？"

师曰："言有亦得，言无亦得。虚空有时，但有假有；虚空无时，但无假无。"

曰："如和尚所说，有何教文？"

师曰："大德！岂不闻《首楞严》云：'十方虚空生汝心内，犹如片云点太清里。'岂不是虚空生时，但生假名？又云：'汝等一人发真归元，十方虚空悉皆销殒。'岂不是虚空灭时，但灭假名？老僧所以道：'有是假有，无是假无。'"

问："如何是文殊？"

师曰："墙壁瓦砾是。"

曰："如何是观音？"

师曰："音声语言是。"

曰："如何是普贤？"

师曰："众生心是。"

曰："如何是佛？"

师曰："众生色身是。"

曰："河沙诸佛体皆同，何故有种种名字？"

师曰："从眼根返源，名文殊；耳根返源，名观音；从心返源，名普贤。文殊是佛妙观察智，观音是佛无缘大慈，普贤是佛无为妙行，三圣是佛之妙用，佛是三圣之真体。用则有河沙假名，体则总名一薄伽梵。"

皓月供奉问:“天下善知识证三德涅槃也未?”
师曰:“大德问果上涅槃?因中涅槃?”
曰:“问果上涅槃。”
师曰:“天下善知识未证。”
曰:“为什么未证?”
师曰:“功未齐于诸圣。”
曰:“功未齐于诸圣,何为善知识?”
师曰:“明见佛性,亦得名为善知识。”
曰:“未审功齐何道,名证大涅槃?”
师示偈曰:

摩诃般若照,解脱甚深法。
法身寂灭体,三一理圆常。
欲识功齐处,此名常寂光。

曰:“果上三德涅槃已蒙开示,如何是因中涅槃?”
师曰:“大德是。”
初,师久依南泉,有投机偈曰:

今日还乡入大门,南泉亲道遍乾坤。
法法分明皆祖父,回头惭愧好儿孙。

泉答曰:

“今日投机事莫论,南泉不道遍乾坤。
还乡尽是儿孙事,祖父从来不出门。”

鄂州茱萸和尚

上堂,擎起一橛竹曰:“还有人虚空里钉得橛么?”
时有灵虚上座出众曰:“虚空是橛。”师便打。
虚曰:“莫错打。”师便下座。

子湖岩利踪禅师

示众:“诸法荡荡,何绊何拘?汝等于中自生难易。心源一统,绵亘十方,上上根人,自然明白。自古及今,未曾有一个凡夫圣人出现汝前,亦无有一善语恶语到汝分上。为什么故?为善善无形,为恶恶无相。既已无我,把什么为善恶?立哪个是凡圣?汝信否?还保任否?有什么回避处?恰似日中逃影相似,还逃得么?今之既尔,古之亦然。今古齐时,汝还讳得么?佛法玄妙,了得者自相策发。无为小缘,妨于大事。汝不见道:宁可终身立法,谁能一旦忘缘?仁者要得会禅么?各归衣钵下看。"

僧问:"如何是大圆镜?"

师云:"一切物著不得。"

进云:"为什么一切物著不得?"

师云:"汝是一切物,还著得汝否?"

师曰:"仁者本自具足,本自周备,直教无纤尘法碍你眼光始得。若有微尘的不尽,不是一生半劫赚汝皮囊,汝性命根境法中造诸妖怪,山精鬼魅附汝行持,得少为足,鼓弄片皮,于佛法却为毒害,讥礼塔庙,毁彼持经,则成狮子身中虫,自食狮子身中肉。"

师曰:"仁者!岂不见目前太虚还有纤毫欠少处么?若也于中体得这个消息,不妨出得凡圣境界,了得世间出世间之智,一法既尔,万法亦然。仁者!还乐也无?"

示众:"天上人间,轮回六道,乃至蠢动含灵,未曾于此一分真如中有些子相违处。还信么?还领受得么?大凡行脚,也须具大信根作个丈夫始得。何处得与么难信?他古人只见道个即心是佛,即心是法,便承信去,随处茅茨石室,长养圣胎,只待道果成熟。汝今何不效他行取?仁者!可煞分明,并无参杂,治生产业与诸实相不相违背。"

灵鹫闲禅师

明水和尚问:"如何是顿获法身?"

师曰:"一透龙门云外望,莫作黄河点额鱼。"

仰山问:"寂寂无言,如何视听?"

师曰:“无缝塔前多雨水。”

新罗大茅和尚

上堂:“欲识诸佛师,向无明心内识取;欲识常住不凋性,向万物迁变处识取。”

湖南祇林和尚

师每叱文殊、普贤皆为精魅,手持木剑,自谓降魔。才见僧来参,便曰:“魔来也! 魔来也!”以剑乱挥,归方丈,如是十二年,后置剑无言。

僧问:“十二年前为什么降魔?”

师曰:“贼不打贫儿家。”

曰:“十二年后为什么不降魔?”

师曰:“贼不打贫儿家。”

道吾宗智禅师

师预药山法会,密契心印。一日,山问:“子去何处来?”

师曰:“游山来。”

山曰:“不离此室,速道将来。”

师曰:“山上乌儿头似雪,涧底游鱼忙不彻。”

师一日提笠出,云岩指笠曰:“用这个作什么?”

师曰:“有用处。”

岩曰:“忽遇黑风猛雨来时如何?”

师曰:“盖覆着。”

岩曰:“他还受盖覆么?”

师曰:“然虽如是,且无渗漏。”

有施主施裩,药山提起示众曰:“法身还具四大也无? 有人道得,与汝一腰裩。”

师曰:“性地非空,空非性地,此是地大,三大亦然。”

药山曰:“与汝一腰裩。”

云岩昙晟禅师

师问僧:“甚处来?”

曰:“添香来。”

师曰:“还见佛否?”

曰:“见。”

师曰:“什么处见?”

曰:“下界见。”

师曰:“古佛! 古佛!”

道吾问:“大悲千手眼,哪个是正眼?”

师曰:“如人夜间背手摸枕子。”

吾曰:“我会也。”

师曰:“作么生会?”

吾曰:“遍身是手眼。”

师曰:“道也太煞道,只道得八成。”

吾曰:“师兄作么生?”

师曰:“通身是手眼。”

师扫地次,道吾曰:“太区区生!”

师曰:“须知有不区区者。”

吾曰:“恁么则有第二月也。”

师竖起扫帚曰:“是第几月?”吾便行。

院主游石室回,师问云:“汝去入到石室里许,为只恁么便回?”院主无对。

洞山代曰:“彼中已有人占了也。”

师曰:“汝更去作什么?”

洞山曰:“不可人情断绝去也。”

华亭船子德诚禅师

师至秀州华亭泛一小舟,随缘度日,以接四方往来之众,时人莫知其高蹈,因号船子和尚。一日,泊船岸边闲坐,有官人问:"如何是和尚日用事?"

师竖桡子曰:"会么?"

官人曰:"不会。"

师曰:"棹拨清波,金鳞罕遇。"

后夹山散众,束装直造华亭,师才见,便问:"大德住什么寺?"

山曰:"寺即不住,住即不似。"

师曰:"不似,似个什么?"

山曰:"不是目前法。"

师曰:"甚处学得来?"

山曰:"非耳目之所到。"

师曰:"一句合头语,万劫系驴橛。"师又问:"垂丝千尺,意在深潭,离钩三寸,子何不道?"

山拟开口,被师一桡打落水中。山才上船,师又曰:"道! 道!"

山拟开口,师又打,山豁然大悟,乃点头三下,师曰:"竿头丝线从君弄,不犯清波意自殊。"

山遂问:"抛纶掷钓,师意如何?"

师曰:"丝悬绿水,浮定有无之意。"

山曰:"语带玄而无路,舌头谈而不谈。"

师曰:"钓尽江波,金鳞始遇。"山乃掩耳。

师曰:"如是! 如是!"遂嘱曰:"汝向去直须藏身处没踪迹,没踪迹处莫藏身。吾三十年在药山,只明斯事。汝今已得,他后莫住城隍聚落,但向深山里钁头边,觅取一个半个接续,无令断绝。"

山乃辞行，频频回顾。师遂唤：“阇黎！”山乃回首。师竖起桡子曰：“汝将谓别有？”乃覆船入水而逝。

沣州高沙弥

师住庵后，一日，归省药山，值雨，山曰：“你来也。”

师答曰：“是。”

山曰：“可煞湿！”

师曰：“不打这个鼓笛。”

云岩曰：“皮也无，打什么鼓？”

道吾曰：“鼓也无，打什么皮？”

山曰：“今日大好一场曲调。”

药山问曰：“汝从看经得？请益得？”

师曰：“不从看经得，亦不从请益得。”

山曰：“大有人不看经、不请益，为什么不得？”

师曰：“不道他不得，只是不肯承当。”

山斋时自打鼓，师捧钵作舞入堂，山便掷下鼓槌曰：“是第几和？”

师曰：“是第二和。”

山曰：“如何是第一和？”师就桶舀一勺饭便出。

仙天禅师

洛瓶和尚参，师问：“甚处来？”

洛瓶曰：“南溪。”

师曰：“还将南溪消息来么？”

曰：“消即消已，息即未息。”

师曰：“最苦是未息。”

洛瓶曰：“且道未息个什么？”

师曰：“一回见面，千载忘名。”洛瓶拂袖便出。

师曰:“弄死蛇手有什么限!”

三平义忠禅师

师初参石巩,巩常张弓架箭接机。师诣法席,巩曰:“看箭!”

师乃拨开胸曰:“此是杀人箭,活人箭又作么生?”巩弹弓弦三下,师乃礼拜。

巩曰:“三十年张弓架箭,只射得半个圣人。”遂拗折弓箭。

后参大颠,举前话,颠曰:“既是活人箭,为什么向弓弦上辨?”师无对。

颠曰:“三十年后要人举此话也难得。”

师问大颠:“不用指东划西,便请直指。”

颠曰:“幽州江口石人蹲。”

师曰:“犹是指东划西。”

颠曰:“若是凤凰儿,不向那边讨。”师作礼。

颠曰:“若不得后句,前话也难圆。”

师有偈曰:

“即此见闻非见闻,无余声色可呈君。
个中若了全无事,体用何妨分不分。”

睦州道明尊宿

师一日晚参,谓众曰:“汝等诸人还得个入头处也未?若未得个入头处,须觅个入头处;若得个入头处,以后不得辜负老僧。”

时有僧出礼拜曰:“某甲终不敢辜负和尚。”

师曰:“早是辜负我了也。”

紫衣大德到,礼拜,师问曰:“所习何业?”

曰:“唯识。”

师曰:“作么生说?”

曰："三界唯心，万法唯识。"

师指门扇曰："这个是什么？"

曰："是色法。"

师曰："帘前赐紫，对御谈经，何得不持五戒？"德无对。

僧问："如何是触途无滞的句？"

师曰："我不恁么道。"

曰："师作么生道？"

师曰："箭过西天十万里，却向大唐国里等候。"

秀才访师，称会二十四家书，师以拄杖空中点一点，曰："会么？"秀才罔措。

师曰："又道会二十四家书，永字八法也不识。"

新到参，方礼拜，师叱曰："阇黎因何偷常住果子吃？"

曰："学人才到，和尚为什么道偷果子？"

师曰："赃物现在。"

师问讲《金刚经》僧："荷担如来即不问你，寺门前金刚为什么入你鼻孔里？"

僧云："和尚什么说话？"

师云："你讲得梦里。"

问僧："什么处来？"

云："灵山来。"

师曰："近日打杀一门僧，是否？"僧无语。

师云："这个虾蟆。"

僧问："寺门前金刚，拓即乾坤大地，不拓即丝发不逢时如何？"

师曰："吽！吽！我不曾见此。"

问："教意祖意，是同是别？"

师曰："青山自青山，白云自白云。"

曰："如何是青山？"

师曰："还我一滴雨来。"

曰："道不得，请师道。"

师曰:“法华锋前阵,涅槃句后收。”
问:“如何是展演之言?”
师曰:“量才补职。”
曰:“如何是不展演之言?”
师曰:“伏惟尚飨!”
问:“以一重去一重即不问,不以一重去一重时如何?”
师曰:“昨朝栽茄子,今日种冬瓜。”
问:“一气还转得一大藏教也无?”
师曰:“有什么饽饽馇子,快下将来!”
问僧:“甚处来?”
僧云:“那边札。”
师曰:“老僧屈。”
僧云:“和尚即得。”
师曰:“担枷过状,搦脊便打。”
问僧:“几人新到?”
云:“五人。”
师云:“瓦解冰消。”
僧云:“和尚未曾有问。”
师云:“贼把赃为验。”

乌石灵观禅师

师问西院:“此一片地,堪着什么物?”
西院曰:“好着个无相佛。”
师云:“好片地被兄放不净污了也。”
划草次,问僧:“汝何处去?”
曰:“西院礼拜安和尚去。”
时竹上有一青蛇,师指蛇曰:“欲识西院老野狐精,只这便是。”

大随法真禅师

僧问："路逢古佛时如何？"

师曰："你忽逢驴驼象马，唤作什么？"

僧问："劫火洞然，大千俱坏，未审这个坏不坏？"

师曰："坏。"

曰："恁么则随他去也？"

师曰："随他去。"僧不肯。

后到投子举前话，子遂装香遥礼曰："西川古佛出世。"谓其僧曰："汝速回去忏悔。"

问僧："甚处去？"

曰："西山住庵去。"

师曰："我向东山头唤汝，汝便来得么？"

曰："不然。"

师曰："汝住庵未得。"

福州寿山师解禅师

闽帅问："寿山年多少？"

师曰："与虚空齐年。"

曰："虚空年多少？"

师曰："与寿山齐年。"

新兴严阳尊者

僧问："如何是佛？"

师曰："土块。"

曰："如何是法？"

师曰："地动也。"

曰："如何是僧？"

师曰:"吃粥吃饭。"

问:"如何是新兴水?"

师曰:"面前江里。"

婺州木陈从朗禅师

因金刚倒,僧问:"既是金刚不坏身,为什么却倒地?"

师敲禅床曰:"行、住、坐、卧。"

日容远和尚

因豁上座参,师拊掌三下,曰:"猛虎当轩,谁是敌者?"

豁曰:"俊鹞冲天,阿谁捉得?"

师曰:"彼此难当。"

关南道吾和尚

师问灌溪:"作么生?"

灌溪曰:"无位。"

师曰:"莫同虚空么?"

灌溪曰:"这屠儿!"

师曰:"有生可杀即不倦。"

临济义玄禅师

师锄地次,见黄檗来,拄镬而立,檗曰:"这汉困哪?"

师曰:"镬也未举,困个什么?"檗便打,师接住棒,一送送倒。

檗呼维那:"扶起我来。"

维那扶起,曰:"和尚争容得这疯颠汉无礼?"檗才起,便打维那。

师镬地曰:"诸方火葬,我这里活埋。"

师栽松次，檗曰："深山里栽许多松作什么？"

师曰："一与山门作境致，二与后人作标榜。"道了，将镬头䦆地三下。

檗曰："虽然如是，子已吃吾三十棒了也。"师又䦆地三下，嘘一嘘。

檗曰："吾宗到汝，大兴于世。"

师到翠峰，峰问："甚处来？"

师曰："黄檗来。"

峰云："黄檗有何言句指示于人？"

师云："黄檗无言句。"

峰云："为什么无？"

师云："设有，亦无举处。"

峰云："但举看。"

师云："一箭过西天。"

师小参曰："有时夺人不夺境，有时夺境不夺人，有时人境两俱夺，有时人境俱不夺。"

克符问："如何是夺人不夺境？"

师曰："煦日发生铺地锦，婴儿垂发白如丝。"

符曰："如何是夺境不夺人？"

师曰："王令已行天下遍，将军塞外绝烟尘。"

符曰："如何是人境俱夺？"

师曰："并汾绝信，独处一方。"

符曰："如何是人境俱不夺？"

师曰："王登宝殿，野老讴歌。"

有僧问："如何是真佛、真法、真道？乞师开示。"

师曰："佛者，心清净是；法者，心光明是；道者，处处无碍净光是。三即一，皆是空名而无实有，如真正作道人，念念心不间断。自达摩大师从西土来，只是觅个不受人惑的人。后遇二祖，一言便了，始知从前虚用工夫。大凡演唱宗乘，一句中须具三玄门,一玄门须具三要,有权有实,有照有用,汝等诸人作么生会?"

师应机多用喝,会下参徒亦学师喝。师曰:"汝等总学我喝,我今问汝:有一人从东堂出,一人从西堂出,两人齐喝一声,这里分得宾主么?汝且作么生分?若分不得,以后不得学老僧喝。"

师云:"山僧无一法与人,只是治病解缚,你取山僧口里语,不如休歇无事去。"

师曰:"你但一切入凡入圣,入染入净,入诸佛国土,入弥勒楼阁,入毗卢遮那世界,处处皆现国土成住坏空。佛出于世,转大法轮,入无余涅槃,不见有去来相貌,求其生死了不可得,便入无生法界,处处游履国土,入华藏世界,尽见诸法全真,皆是实相。"

师曰:"你一念心爱,被水溺;你一念心瞋,被火烧;你一念心疑,被地碍;你一念心喜,被风飘。若能如是辨得,不被境转,处处用境,东涌西没,南涌北没,中涌边没,边涌中没,履水如地,履地如水。缘何如此?为达四大如梦如幻故。道流!你只今听法者,不是你四大,能用你四大,若如是见得,便乃去住自由。约山僧见处,没嫌底法,你若憎凡爱圣,被圣凡境缚。有一般学人向五台山求文殊现,早错了也。五台山无文殊,你欲识文殊么?只你目前用处,始终不异,处处不碍,此个是活文殊;你一念心无差别光,处处总是普贤;你一念心能自在,随处解脱,此是观音三昧法;互为主伴,显即一时显,隐即一时隐,一即三,三即一。如是解得,方始好看教。"

夹山善会禅师

师初在沩山作典座,沩问:"今日吃甚菜?"

师曰:"二年同一春。"

沩曰:"好好修事着。"

师曰:"龙宿凤巢。"

僧问:"从上立祖意教意,和尚为什么却言无?"

师曰:"三年不吃饭,目前无饥人。"

曰:“既是无饥人,某甲为什么不悟?”

师曰:“只为悟,迷却阇黎。”复示偈曰:

“明明无悟法,悟法却迷人。
长舒两脚睡,无伪亦无真。”

问:“古人布发掩泥,当为何事?”

师曰:“九乌射尽,一翳犹存;一箭堕地,天下黯黑。”

僧问:“如何是夹山境?”

师曰:“猿抱子归青嶂里,鸟衔花落碧岩前。”

上堂:“金乌玉兔,交互争辉,坐却日头,天下黑暗。上唇与下唇,从来不相识,明明向君道,莫令眼顾着。何也?日月未足为明,天地未足为大,空中不运斤,巧匠不遗踪,见性不留佛,悟道不存师。寻常老僧道:目睹瞿昙犹如黄叶,一大藏教是老僧坐具,祖师玄旨是破草鞋,宁可赤脚不着最好。”

上堂:“不知天晓,悟不由师。龙门跃鳞,不堕渔人之手。但意不寄私缘,舌不亲玄旨,正好知音,此名俱生话。若向玄旨疑去,赚杀阇黎。困鱼止泺,钝鸟栖芦。云水非阇黎,阇黎非云水。老僧于云水而得自在,阇黎又作么生?”

上堂:“明不越户,穴不栖巢,目不顾他位里,脚不踏他位里。六户不掩,四衢无踪,学不亭午,意不立玄。千劫眼,不借舌头底;万劫舌头,不顾眼中明,峻机不假锋芒事。到这里,有什么事?阇黎!竿头丝线从君弄,不犯清波意自殊。”

上堂:“有祖以来,时人错会,相承至今,以佛祖言句为人师范,若或如此,却成狂人、无智人去。他只指示汝:‘无法本是道,道无一法,无佛可成,无道可得,无法可取,无法可舍。’所以老僧道:目前无法,意在目前,他不是目前法。若向佛祖边学,此人未具眼在。何故?皆属所依,不得自在。本只为生死茫茫,识性无自由分,千里万里求善知识,须具正眼,求脱虚谬之见,定取目前生死,为复实有?为复实无?若有人定得,许汝出头。上根之人,言下明道;中下根器,波波浪走。何不向生死中定当取?何处便疑佛疑祖替汝生死？有智人笑汝。汝若不会，更听一颂：‘劳持生死法，唯向佛边求。目前迷正理，拨火觅浮沤。’”

投子大同禅师

一日，赵州和尚至桐城县，师亦出山，途中相遇，乃逆而问曰：“莫是投子山主么？”

师曰：“茶盐钱布施我。”

州先归庵中坐，师后携一瓶油归，州曰：“久向投子，及乎到来，只见个卖油翁。”

师曰：“汝只识卖油翁，且不识投子。”

州曰：“如何是投子？”

师提起油瓶曰：“油！油！”

茶次，师自过胡饼与州，州不管，师令侍者过胡饼，州礼侍者三拜。

州问：“大死的人却活时如何？”

师曰：“不许夜行，投明须到。”

州曰：“我早候白，伊更候黑。”

雪峰到，师指庵前一片石谓雪峰曰：“三世诸佛总在里许。”

峰曰：“须知有不在里许者。”

师曰：“不快漆桶。”

师与雪峰游龙眠，有两路，峰问：“哪个是龙眠路？”师以杖指之。

峰曰：“东去？西去？”

师曰：“不快漆桶。”

问：“一槌便就时如何？”

师曰：“不是性燥汉。”

曰：“不假一槌时如何？”

师曰：“不快漆桶。”

峰问：“此间还有人参也无？”师将镢头抛向峰面前。

峰曰:“恁么则当处掘去也。”

师曰:“不快漆桶。”

峰辞,师送出门,召曰:“道者!”峰回首应诺。

师曰:“途中善为!”

僧问赵州:“初生孩子还具六识也无?”

州云:“急水上打毬子。”

后,僧问师:“急水上打毬子,意旨如何?”

师曰:“念念不停留。”

师因僧问:“如何是十身调御?”师下禅床立。

又问:“凡圣相去多少?”师亦下禅床立。

问:“一等是水,为什么海咸河淡?”

师曰:“天上星,地下木。”

师在京赴一檀越斋,檀越将一盘草来,师拳两手安头上,檀越便将斋来。后有僧问:“和尚在京投斋,意旨如何?”

师曰:“观世音菩萨。”

问:“和尚自住此山,有何境界?”

师曰:“丫角女子白头丝。”

问:“一念不生时如何?”

师曰:“堪作什么?”僧无语。

师又曰:“透出龙门云雨合,山川大地入无踪。”

清平安乐遵令禅师

初参翠微,便问:“如何是西来的的意?”

翠微曰:“待无人即向汝说。”

师良久曰:“无人也,请和尚说。”

翠微下禅床,引师入竹园,师又曰:“无人也,请和尚说。”

翠微指竹曰:“这竿得恁么长,那竿得恁么短。”师领谢。

僧问:“如何是大乘?”

师曰:“井索。”

曰:“如何是小乘?”

师曰:“钱贯。”

曰:“如何是有漏?”

师曰:“笊篱。”

曰:“如何是无漏?”

师曰:“木勺。”

问:“如何是清平家风?”

师曰:“一斗面作三个蒸饼。”

卷第二十八

历代禅师语录(前集)

洞山良价悟本禅师

师参沩山,问曰:"顷闻南阳忠国师有无情说法话,某甲未究其微。"

沩曰:"我这里亦有,只是罕遇其人。"

师曰:"某甲未明,乞师指示。"

沩竖起拂子曰:"会么?"

师曰:"不会,请和尚说。"

沩曰:"父母所生口,终不为子说。此去澧陵攸县有云岩道人,若能拨草瞻风,必为子之所重。"

师遂辞沩山,径造云岩,便问:"无情说法,什么人得闻?"

岩曰:"无情得闻。"

师曰:"和尚闻否?"

岩曰:"我若闻,汝即不闻吾说法也。"

师曰:"某甲为什么不闻?"

岩竖起拂子曰:"还闻么?"

师曰:"不闻。"

岩曰:"我说法汝尚不闻,岂况无情说法乎?"

师曰:"无情说法,该何典教?"

岩曰:"岂不见《弥陀经》云:'水鸟树林悉皆念佛念法。'"

师于此有省,乃述偈曰:

也大奇！也大奇！无情说法不思议。
若将耳听终难会，眼处闻声方得知。

岩曰："价阇黎！承当个事，大须审细。"

师犹涉疑，后因过水睹影，大悟前旨，有偈曰：

切忌从他觅，迢迢与我疏。
我今独自往，处处得逢渠。
渠今正是我，我今不是渠。
应须恁么会，方得契如如。

师作五位君臣颂曰：

正中偏，三更初夜月明前。
莫怪相逢不相识，隐隐犹怀旧日嫌。
偏中正，失晓老婆逢古镜。
分明觌面别无真，休更迷头犹认影。
正中来，无中有路隔尘埃。
但能不触当今讳，也胜前朝断舌才。
兼中至，两刃交锋不须避。
好手犹如火里莲，宛然自有冲天志。
兼中到，不落有无谁敢和？
人人尽欲出常流，折合还归炭里坐。

问："欲见和尚本来师，如何得见？"

师曰："年牙相似，即无阻矣。"

僧拟进语，师曰："不蹑前踪，别请一问。"僧无对。

问："蛇吞虾蟆，救则是？不救则是？"

师曰："救则双目不睹，不救则形影不彰。"

僧问："师寻常教学人行鸟道，未审如何是鸟道？"

师曰："不逢一人。"

曰："如何行？"

师曰："直须足下无私去。"

曰："只如行鸟道，莫便是本来面目否？"

师曰:“阇黎因甚颠倒?”

曰:“什么处是学人颠倒?”

师曰:“若不颠倒,因什么却认奴作郎?”

曰:“如何是本来面目?

师曰:“不行鸟道。”

师曰:“今时人学道,只认得驴前马后的将为自己,佛法平沉,此之是也。宾中主尚未分,如何辨得主中主?”

僧问:“如何是主中主?”

师曰:“阇黎自道取。”

曰:“某甲道得,即是宾中主,如何是主中主?”

师曰:“恁么道即易,相续也大难。”遂示颂曰:

嗟见今时学道流,千千万万认门头。
恰似入京朝圣主,只到潼关即便休。

问僧:“甚处来?”

曰:“游山来。”

师曰:“还到顶么?”

曰:“到。”

师曰:“顶上有人么?”

曰:“无人。”

师曰:“恁么则不到顶也。”

曰:“若不到顶,争知无人?”

师曰:“何不且住?”

曰:“某甲不辞住,西天有人不肯。”

师曰:“我从来疑着这汉。”

僧问:“如何是青山白云父?”

师曰:“不森森者是。”

曰:“如何是白云青山儿?”

师曰:“不辨东西者是。”

曰:“如何是白云终日倚?”

师曰:“去离不得。”

曰:“如何是青山总不知?”

师曰:“不顾视者是。”

师与云居过水,师问:“水深多少?”

居曰:“不湿。”

师曰:“粗人。”

居却问:“水深多少?”

师曰:“不干。”

师因曹山辞,遂嘱曰:“吾在云岩先师处亲印宝镜三昧,事穷的要,今付于汝。”词曰:

如是之法,佛祖密付,汝今得之,宜善保护。
银碗盛雪,明月藏鹭,类之弗齐,混则知处。
意不在言,来机亦赴,动成窠臼,差落顾伫。
背触俱非,如大火聚,但形文彩,即属染污。
夜半正明,天晓不露。为物作则,用拔诸苦。
虽非有为,不是无语。如临宝镜,形影相睹。
汝不是渠,渠正是汝。如世婴儿,五相完具。
不去不来,不起不住,婆婆和和,有句无句。
终不得物,语未正故。重离六爻,偏正回互,
叠而为三,变尽成五。如茎草味,如金刚杵。
正中妙挟,敲唱双举,通宗通途,挟带挟路。
错然则吉,不可犯忤。天真而妙,不属迷悟,
因缘时节,寂然昭著。细入无间,大绝方所,
毫忽之差,不应律吕。外寂中摇,系驹伏鼠。
先圣悲之,为法檀度。要合古辙,请观前古,
佛道垂成,十劫观树。如虎之缺,如马之馵。
以有下劣,宝几珍御;以有惊异,狸奴白牯。
木人方歌,石女起舞,非情识到,宁容思虑?

臣奉于君，子顺于父，不顺非孝，不奉非辅。

潜行密用，如愚若鲁，但能相续，名主中主。

师又曰："末法时代，人多乾慧，若要辨验真伪，有三种渗漏：一曰见渗漏，机不离位，堕在毒海；二曰情渗漏，滞在向背，见处偏枯；三曰语渗漏，究妙失宗，机昧终始。浊智流转于此三种，子宜知之。"

偈曰：

道无心合人，人无心合道。

欲识个中意，一老一不老。

仰山南塔光涌禅师

师依仰山剃度，北游谒临济，复归侍山，山曰："汝来作什么？"

师曰："礼觐和尚。"

山曰："还见和尚么？"

师曰："见。"

山曰："和尚何似驴？"

师曰："某甲见和尚亦不似佛。"

山曰："若不似佛，似个什么？"

师曰："若有所似，与驴何别？"

山大惊曰："凡圣两忘，情尽体露，吾以此验人二十年，无决了者，子保任之。"

山每指谓人曰："此子肉身佛也。"

福州双峰古禅师

师因辞石霜，石霜将拂子送出门首，召曰："古侍者！"师回首。

石霜曰："拟著即差，是著即乖，不拟不是，亦莫作个会。苟非知有,莫能知之。好去！好去!”师应喏喏。

后僧问:“和尚当时辞石霜,石霜恁么道,意作么生?”

师曰:“只教我不着是非。”

三圣院慧然禅师

上堂:“我逢人即出,出则不为人。”便下座。

僧问:“如何是祖师西来意?”

师曰:“臭肉来蝇。”

灌溪志闲禅师

师住末山后,上堂曰:“我在临济爷爷处得半勺,末山娘娘处得半勺,共成一勺吃了,直至如今饱不饥。”

僧问:“久向灌溪,到来只见沤麻池。”

师曰:“汝只见沤麻池,且不见灌溪。”

曰:“如何是灌溪?”

师曰:“劈箭急。”

九峰道虔禅师

僧问:“无间中人行什么行?”

师曰:“畜生行。”

曰:“畜生复行什么行?”

师曰:“无间行。”

曰:“此犹是长生路上人。”

师曰:“汝须知有不共命者。”

曰:“不共什么命?”

师曰:“长生气不常。”

师乃曰:“诸兄弟还识得命么?欲知命,流泉是命,湛寂是身。千波竞涌是文殊境界,一亘晴空是普贤床榻。其次,借一句子是指月话月。且如诸方先德未建许多名目指陈以前,诸兄弟约什么体格商量?到这里,不假三寸,试话会看;不假耳,试采听看;不假眼,试辨白看。所以道:声前抛不出,句后不藏形。尽乾坤大地都来是汝当人个体,向什么处安眼耳鼻舌?莫但向意根下图度作解,尽未来际亦未有休歇分。所以洞山道:'拟将心意学玄宗,大似西来却向东。'珍重!"

台州涌泉景欣禅师

上堂:"我四十九年在这里,尚自有时走作,汝等诸人莫开大口。见解人多,行解人万中无一个。见解言语总要知通,若识不尽,敢道轮回去在。为何如此?盖为识漏未尽。汝但尽却今时,始得成立。亦唤作立中功,转功就他去;亦唤作就中功,亲他去。我所以道:亲人不得度,渠不度亲人。恁么譬喻,尚不会荐取,浑囵的但管取性,乱动舌头。不见洞山道:'相续也大难。'"

洛浦元安禅师

师到夹山,不礼拜,乃当面叉手而立,山曰:"鸡栖凤巢,非其同类。出去!"

师曰:"自远趋风,请师一接。"

山曰:"目前无阇黎,此间无老僧。"师便喝。

山曰:"住!住!且莫草草匆匆,云月是同,溪山各异。截断天下人舌头即不无阇黎,争教无舌人解语?"师伫思,山便打,因兹服膺。

一日,问山:"佛魔不到处,如何体会?"

山曰:"烛明千里像,暗室老僧迷。"

又问:"朝阳已升,夜月不现时如何?"

山曰:"龙衔海珠,游鱼不顾。"师于言下大悟。

山将示灭,垂语曰:"石头一枝,看看即灭矣。"

师曰:“不然。”

山曰:“何也?”

师曰:“他家自有青山在。”

山曰:“苟如是,即吾宗不坠矣!”

上堂,师云:“末后一句,始到牢关,锁断要津,不通凡圣。寻常向诸人道:任从天下乐欣欣,我独不肯。欲知上流之士,不将佛祖言教贴在额头上。如龟负图,自取丧身之兆;凤萦金网,趋霄汉以何期?直须旨外明宗,莫向言中取则。是以石人机似汝,也解唱巴歌。汝若似石人,雪曲也应和。指南一路,智者知疏。”

问僧:“近离甚处?”

曰:“荆南。”

师曰:“有一人与么去,还逢么?”

曰:“不逢。”

师曰:“为甚不逢?”

曰:“若逢,即头粉碎。”

师曰:“阇黎三寸甚密。”

云门于江西见其僧,乃问:“还有此语否?”

曰:“是。”

门曰:“洛浦倒退三千里。”

岩头全豁禅师

示众:“但明取纲宗,本无实法。不见道:无实无虚。若向事上觑即疾,若向意根下寻,卒摸索不著。”又曰:“此是向上人活计,只露目前些子,如同电拂,如击石火,截断两头,灵然自在。若道向上有法有事,真碗鸣声,涂糊汝,系罩汝,古人唤作系驴橛。若将实法与人,土亦消不得。”

示众云:“夫大统纲宗中事,须识句,若不识句,难作个话会。什么是句?百不思时唤作正句,亦云居顶,亦云得住,亦云历历,亦云惺惺,亦云的的,亦云佛未生时,亦云得地,亦云与么时。将与么时，等破一切是非，才与么，便不与么，便转辘辘地。

“不见古人道：沉昏不好，须转得始得。触着便转，是句亦划，非句亦划，自然转辘辘，自然目前露裸裸地，饱齁齁地，不解却，不解咬。瞥起微情，早落地上。若也未得，与么荡荡地，唤作依句修行。有则便须等破，与么时，一物不存，信知从来学得一切言句，隘在胸中，有什么用处？不见道：辟观辟句，外不放入，内不放出，截断两头，自然光烯烯地，不与一物作对，便是无诤三昧。

“兄弟！若欲得易会，但向根本明取。不见道：无依无欲，便是能仁。古人道：置毒药安乳中，乃至醍醐，亦能杀人。这个不是汝习学得的，这个不是汝去住的，不是汝色里的，莫错认门头户口，赚汝腊月三十日，赤哄哄地无益。信知古风大好，不见道：有即是无，无即是有。与么送出来时，便知深浅，这个是古格。于中有一般汉，信彩吐出来，有什么碑记？但知唤作禅道，但知唤作一句子，软嫩嫩地，真是无孔铁椎，聚得一万个，有什么用处？若是有筋骨的，不用多，诸处行脚，也须带眼始得，莫被人谩。不见道：依法生解，犹落魔界。

“夫唱教，须一一从自己胸襟中吐得出来，与人为榜样。今时还有与么汉么？莫终日哄哄地，亦无了期，欲得易会，但知于声色前，不被万境惑乱，自然露裸裸地，自然无事。送向声色中，荡荡地，恰似一团火焰相似，触著便烧，更有什么事？不见道：非是尘不侵，自是我无心。时热，珍重！”

雪峰义存禅师

僧问西山和尚：“如何是祖师西来意？”山举拂子示之，其僧不肯。后参师，师问：“甚处来？”

云：“浙中来。”

师曰：“今夏在甚处？”

曰：“苏州西山。”

师曰：“和尚安否？”

曰:“来时万福。”

师曰:“何不在彼从容?”

曰:“佛法不明。”

师曰:“有什么事?”

僧举前话,师曰:“汝作么生不肯他?”

曰:“是境。”

师曰:“汝见苏州人家男女否?”

曰:“见。”

师曰:“汝见路上林木否?”

曰:“见。”

师曰:“凡睹人家男女、大地林沼总是境,汝肯他否?”

曰:“肯。”

师曰:“只如拈拂子,汝作么生不肯?”

僧乃礼拜曰:“学人取次发言,乞和尚慈悲。”

师曰:“尽乾坤是个眼,汝向什么处蹲坐?”僧无对。

三圣问:“透网金鳞以何为食?”

师曰:“待汝出网来,向汝道。”

圣曰:“一千五百人善知识,话头也不识。”

师曰:“老僧住持事繁。”

师问僧:“甚处来?”

曰:“沩山来。”

师曰:“沩山有何言句?”

曰:“某甲曾问:‘如何是祖师西来意?’沩山据座。”

师曰:“汝肯他否?”

曰:“某甲不肯他。”

师曰:“沩山古佛,汝可速去忏悔。”

问僧:“什么处去?”

曰:“识得即知去处。”

师曰:“你是了事人,乱走作么?”

曰:“和尚莫涂污人好。”

师曰:“我即不涂污你,古人吹布毛作么生? 与我说来看。”

曰:“残羹馊饭已有人吃了。”师休去。

玄沙问师曰:“某甲如今大用去,和尚作么生?”师将三个木毬一时抛出,沙作砍牌势。

师曰:“你亲在灵山,方得如此。”

沙曰:“也是自家事。”

普请次,路逢一猕猴,师曰:“人人有一面古镜,这个猕猴亦有一面古镜。”

三圣曰:“旷劫无名,何以彰为古镜?”

师曰:“瑕生也。”

圣曰:“这老汉着什么死急! 话头也不识。”

师曰:“老僧住持事繁。”

问:“古涧寒泉时如何?”

师曰:“瞪目不见底。”

曰:“饮者如何?”

师曰:“不从口入。”

僧举似赵州,州曰:“不从口入,不可从鼻孔里入。”

僧却问:“古涧寒泉时如何?”

州曰:“苦。”

曰:“饮者如何?”

州曰:“死。”

师闻得,乃曰:“赵州古佛。”遥望作礼,自此不答话。

师一日在僧堂内烧火,闭却前后门,乃叫曰:“救火! 救火!”玄沙将一片柴从窗棂中抛入,师便开门。

上堂:“南山有一条鳖鼻蛇,汝等诸人切须好看。”

长庆出曰:“今日堂中大有人丧身失命。”云门以拄杖攛向师前,作怕势。

有僧举似玄沙,沙曰:“须是棱兄始得。虽然如是,我即不然。”

曰:“和尚作么生?”

沙曰:“用南山作么?”

闽王问曰:“拟欲盖一所佛殿去时如何?”

师曰:“大王何不盖取一所空王殿?”

曰:“请师样子。”师展两手。

上堂:“尽大地撮来如粟米粒大,抛向面前,漆桶不会,打鼓普请看。”

上堂:“此事如一片田地相似,一任诸人耕种,无有不承此恩力者。”

玄沙曰:“且作么生是这田地?”

师曰:“看。”

玄沙曰:“是即是,某甲不与么。”

师曰:“你作么生?”

玄沙曰:“只是人人的。”

上堂,举拂子曰:“这个为中下。”

僧问:“上上人来如何?”师举拂子。

僧曰:“这个为中下。”师便打。

上堂:“诸上座!望州亭与汝相见了也,乌石岭与汝相见了也,僧堂前与汝相见了也。”

曹山本寂禅师

僧问:“沙门岂不是具大慈悲的人?”

师曰:“是。”

曰:“若遇六贼来时却如何?”

师曰:“亦须具大慈悲。”

曰:“如何具大慈悲?”

师曰:“一剑挥尽。”

曰:“尽后如何?”

师曰:“始得和同。”

问："眉与目还相识也无？"

师曰："不相识。"

曰："为什么不相识？"

师曰："为同在一处。"

曰："恁么则不分去也。"

师曰："眉且不是目。"

曰："如何是目？"

师曰："端的去。"

曰："如何是眉？"

师曰："曹山却疑。"

曰："和尚为什么却疑？"

师曰："若不疑，即端的去也。"

云门问："如何是沙门行？"

师曰："吃常住苗稼者是。"

曰："便恁么去时如何？"

师曰："你还畜得么？"

曰："畜得。"

师曰："你作么生畜？"

曰："着衣吃饭有什么难？"

师曰："何不道披毛戴角？"门礼拜。

师问德上座："'菩萨在定，闻香象渡河'，出什么经？"

曰："出《涅槃经》。"

师曰："定前闻？定后闻？"

曰："和尚流也。"

师曰："道也太煞道，只道得一半。"

曰："和尚如何？"

师曰："滩下接取。"

师问僧："作什么？"

曰："扫地。"

师曰:“佛前扫?佛后扫?”

曰:“前后一时扫。”

师曰:“与曹山过靸鞋来。”

僧问:“亲何道伴,即得常闻于未闻?”

师曰:“同共一被盖。”

曰:“此犹是得闻,如何是常闻于未闻?”

师曰:“不同于木石。”

曰:“何者在先?何者在后?”

师曰:“不见道:常闻于未闻。”

僧问:“一牛饮水,五马不嘶时如何?”

师曰:“曹山解忌口。”

纸衣道者来参,师问:“莫是纸衣道者否?”

者曰:“不敢。”

师曰:“如何是纸衣下事?”

者曰:“一裘才挂体,万法悉皆如。”

师曰:“如何是纸衣下用?”者近前应诺,便立脱。

师曰:“汝只解与么去,何不解恁么来?”

者忽开眼,问曰:“一灵真性,不假胞胎时如何?”

师曰:“未是妙。”

者曰:“如何是妙?”

师曰:“不借借。”者珍重便化。

师示颂曰:

> 觉性圆明无相身,莫将知见妄疏亲。
> 念异便于玄体昧,心差不与道为邻。
> 情分万法沉前境,识鉴多端丧本真。
> 如是句中全晓会,了然无事昔时人。

师问强上座曰:“佛真法身,犹若虚空,应物现形,如水中月。作么生说个应底道理?”

曰:“如驴觑井。”

师曰："道则太煞道，只道得八成。"

曰："和尚又如何？"

师曰："如井觑驴。"

师读杜顺、傅大士所作法身偈，曰："我意不欲与么道。"门弟子请别作之。既作偈，又注释之，其词曰：

渠本不是我，(非我) 我本不是渠，(非渠)
渠无我即死，(仰汝取活) 我无渠即余，(不别有)
渠如我是佛，(要且不是佛) 我如渠即驴。(二俱不立)
不食空王俸，(若遇御饭，直须吐却) 何假雁传书？(不通信)
我说横身唱，(为信唱) 君看背上毛，(不与你相似)
乍如谣白雪，(将谓是白雪) 犹恐是巴歌。

云居道膺禅师

师造洞山，山问："甚处来？"

师曰："翠微来。"

山曰："翠微有何言句示徒？"

师曰："翠微供养罗汉，某甲问：'供养罗汉，罗汉还来否？'微曰：'你每日噇个什么？'"

山曰："实有此语否？"

师曰："有。"

山曰："不虚参见作家来。"

山问："汝名什么？"

师曰："道膺。"

山曰："向上更道。"

师曰："向上即不名道膺。"

山曰："与老僧祇对道吾的语一般。"深然之。

一日，山问师："甚处去来？"

师曰："蹋山来。"

山曰:“哪个山堪住?”

师曰:“哪个山不堪住?”

山曰:“恁么则国内总被阇黎占却。”

师曰:“不然。”

山曰:“恁么则子得个入路。”

师曰:“无路。”

山曰:“若无路,争得与老僧相见?”

师曰:“若有路,即与和尚隔山去也。”

山曰:“此子以后千人万人把不住去在。”

僧问:“山河大地从何而有?”

师曰:“从妄想有。”

曰:“与某甲想出一铤金,得么?”师便休去,僧不肯。

示众曰:“佛法有什么多事?行得即是,但知心是佛,莫愁佛不解语。欲得如是事,还须如是人。自古先德,醇素任真,原来无巧,设有人问:‘如何是道?’或时答:‘碌砖木头作么皆重?’原来他根本脚下实有力,即是不思议人,握土成金。若无如是事,饶汝说得簇花簇锦相似,尽说了合煞头,人总不信受,原来自家脚下虚无力。僧家发言吐气须有来由,莫当等闲,一言参差,即千里万里。若是知有的人,自解护惜,终不取次,十度发言,九度休去。为什么如此?常恐无利益。欲得与么事,须是与么人;既是与么人,不愁恁么事,恁么事即难得。”

师曰:“汝等直饶学得佛边事,早是错用心了也。不见古人讲得天花落,石点头,尚不干自己事,如今拟将有限身心向无限中用,有什么交涉?不见古人道:‘学处不玄,尽是流俗,闺合中物舍不得,俱为渗漏。’直须向这里及取去,及去及来,并尽一切事,始得无过。所以古人道:‘犹如双镜,光光相对,光明相照,更无亏盈。’岂不是一般犹唤作影像边事?如日出时光照世间,明朗是一半,那一半唤作什么?如今人未认得光影门头户的粗浅的事,将作屋里事又争得?”

师曰:“从天降下即贫穷,从地涌出即富贵。门里出身则易,身里出门则难,动则埋身千尺,不动则当处生苗。一言迥脱,独拔当时。语言不要多,多则无用处。”

僧问:“如何是从天降下即贫穷?”

曰:“不贵得。”

又问:“如何是从地涌出则富贵?”

曰:“无中或有。”

疏山匡仁禅师

上堂:“病僧咸通年前会得法身边事,咸通年后会得法身向上事。”

云门出问:“如何是法身边事?”

师曰:“枯桩。”

曰:“如何是法身向上事?”

师曰:“非枯桩。”

曰:“还许某甲说道理也无?”

师曰:“许。”

曰:“枯桩岂不是明法身边事?”

师曰:“是。”

曰:“非枯桩岂不是明法身向上事?”

师曰:“是。”

曰:“只如法身还该一切也无?”

师曰:“法身周遍,岂得不该?”

门指净瓶曰:“只如净瓶还该法身么?”

师曰:“阇黎莫向净瓶边觅。”门便礼拜。

师常握木蛇,有僧问:“师手中是什么?”

师提起曰:“曹家女。”

洛京白马遁儒禅师

僧问:“如何是法身向上事?”

师曰:“井底虾蟆吞却月。”

龙牙山居遁证空禅师

师有颂曰:

学道如钻火,逢烟未可休,
直待金星现,归家始到头。

问:“十二时中如何着力?”

师曰:“如无手人欲行拳始得。”

问:“古人得个什么便休去?”

师曰:“如贼入空室。”

问:“如何是祖师西来意?”

师曰:“待石乌龟解语即向汝道。”

曰:“石乌龟语也。”

师曰:“向汝道什么?”

京兆府蚬子和尚

师居无定所,自印心于洞山,混俗闽川,冬夏唯披一衲,逐日沿江岸采掇虾蚬以充其腹,暮即宿东山白马庙纸钱中,居民目为蚬子和尚。华严静禅师闻之,欲决真假,先潜入纸钱中。深夜师归,严把住曰:“如何是祖师西来意?”

师遽答曰:“神前酒台盘。”

严放手曰:“不虚与我同根生。”

越州乾峰和尚

上堂:“法身有三种病、二种光,须是一一透得,始解归家稳坐,须知更有向上一窍在。”

云门出问:“庵内人为什么不知庵外事?”师呵呵大笑。

门曰:“犹是学人疑处。”

师曰:“子是什么心行?”

门曰:“也要和尚相委。”

师曰:“直须与么,始解稳坐。”门应诺诺。

上堂:“举一不得举二,放过一着,落在第二。”

云门出众曰:“昨日有人从天台来,却往径山去。”

师曰:“典座来日不得普请。”便下座。

问:“十方薄伽梵,一路涅槃门,未审路头在什么处?”

师以拄杖画云:“在这里。”

问僧:“甚处来?”

曰:“天台。”

师曰:“见说石桥作两段,是否?”

曰:“和尚甚处得这消息来?”

师曰:“将谓华顶峰前客,原是平田庄里人。”

芭蕉山慧清禅师

上堂,拈拄杖示众曰:“你有拄杖子,我与你拄杖子;你无拄杖子,我夺却你拄杖子。”靠拄杖,下座。

天童正觉云:“你有则一切有,你无则一切无,有无自是当人与夺,关芭蕉甚事,正恁么时,作么生是你拄杖子?”

南院慧颙禅师

上堂:“诸方只具啐啄同时眼,不具啐啄同时用。”

僧便问:“如何是啐啄同时用?”

师曰:“作家不啐啄,啐啄同时失。”

曰:“此犹未是某甲问处。”

师曰:“汝问处作么生?”

僧曰:“失。”师便打,其僧不肯。

后于云门会下闻二僧举此语,一僧曰:“当时南院棒折那!”其僧忽契悟。

台州瑞岩师彦禅师

师寻居丹邱瑞岩,坐盘石,终日如愚,每自唤主人公,复应诺,乃曰:“惺惺着! 他后莫受人瞒。”

后有僧参玄沙,沙问:“近离甚处?”

曰:“瑞岩。”

沙云:“有何言句示徒?”

僧举前话,沙云:“一等是弄精魂,也甚奇怪。”

镜清问:“天不能覆,地不能载,岂不是?”

师曰:“若是,即被覆载。”

清曰:“若不是,瑞岩几遭也。”

师自称曰:“师彦。”

玄沙师备宗一禅师

雪峰上堂曰:“要会此事,犹如古镜当台,胡来胡现,汉来汉现。”

师出众曰:“忽遇明镜来时如何?”

峰曰:“胡汉俱隐。”

师曰:“老和尚脚跟犹未点地在。”

一日,雪峰指火曰:“三世诸佛在火焰里转大法轮。”

师曰:“近日王令稍严。”

峰曰:“作么生?”

师曰:“不许搀夺行市。”

侍雪峰游山次,峰指面前地曰:“这一片地,好造个无缝塔。”

师曰:“高多少?”峰乃顾视上下。

师曰:“人天福报即不无和尚,若是灵山授记,未梦见在。”

峰曰:“你又作么生?”

师曰:“七尺八尺。”

雪峰曰:“世界阔一尺,古镜阔一尺;世界阔一丈,古镜阔一丈。”

师指火炉曰:“火炉阔多少?”

峰曰:“如古镜阔。”

师曰:“老和尚脚跟未点地在。”

与雪峰夹篱次,师问:“夹篱处还有佛法也无?”

峰曰:“有。”

师曰:“如何是夹篱处佛法?”峰撼篱一下。

师曰:“某甲不与么。”

峰曰:“子又作么生?”

师曰:“穿过篾头来。”

僧问:“如何是学人自己?”

师曰:“用自己作么?”

鼓山来,师作一圆相示之,山曰:“人人出这个不得。”

师曰:“情知汝向驴胎马腹里作活计。”

山曰:“和尚又作么生?”

师曰:“人人出这个不得。”

山曰:“和尚与么道却得,某甲为什么道不得?”

师曰:“我得,汝不得。”

师与韦监军茶话次,军曰:“占波国人语话稍难辨,何况五天梵语?还有人辨得么?”

师提起托子云:“识得这个即辨得。”

普请斫柴次,见一虎,天龙曰:“和尚!虎。”

师曰:“是汝虎。”

归院后,天龙问:“适来见虎云:‘是汝。’未审尊意如何?”

师曰:“娑婆世界有四种极重事,若人透得,不妨出得阴界。”

师问镜清:“教中道:‘不见一法为大过患。’且道不见什么法?”

清指露柱曰:“莫是不见这个法?”

师曰:“浙中清水白米从汝吃,佛法未梦见在。”

僧问:“承和尚有言:‘尽十方世界是一颗明珠。’学人如何得会?”

师曰:“尽十方世界是一颗明珠,用会作么?”僧便休。

师来日却问其僧:“尽十方世界是一颗明珠,汝作么生会?”

曰:“尽十方世界是一颗明珠,用会作么?”

师曰:“知汝向鬼窟里作活计。”

师曰:“若论此事,喻如一片田地,四至界分结契卖与诸人了也,只有中心树子犹属老僧在。”

上堂:“佛道闲旷,无有程途,无门解脱之门,无意道人之意,不在三际,故不可升沉,建立乖真,非属造化。动则起生死之本,静则醉昏沉之乡,动静双泯,即落空亡;动静双收,颟顸佛性。必须对尘对境如枯木寒灰,临时应用,不失其宜。道本如如,法尔天真,不同修证。只要虚闲,不昧作用,不涉尘泥,个中纤毫道不尽,即为魔王眷属。直饶得似秋潭月影,静夜钟声,随扣击以无亏,触波澜而不散,犹是生死岸头事。道人行处,如火销冰,终不却成冰,箭既离弦,无返回势。所以牢笼不肯住,呼唤不回头。若到这里,步步登玄,不属邪正,识不能识,智不能知,语路处绝,心行处灭。直得释迦掩室于摩竭,净名杜口于毗耶,若与么,现前更疑何事？没栖泊处，离去来今。不因庄严，本来真净，便是千圣出头来，也安一字不得。”久立，“珍重！”

示众：“夫古佛真宗，常随物现，堂堂应用，处处流辉，隐显坦然，高低尽照，是以沙门上士，道眼唯先，契本明心，方为究竟。森罗万象，一体同源，廓尔无边，谁论有滞？尘劫中事，都在目前，时人旷隔年深，致乖常体，迷心认物，以背真宗，执有滞空，浑成意度。古德云：‘情存圣量，犹落法尘；己见未忘，还成渗漏。’不可道持斋持戒，长坐不卧，住意观空，凝神入定，便当去也。有什么交涉？西天外道入得八万劫定，不免轮回。盖为道眼不明，生死根源不破。如今什么处不是汝？什么处不分明？什么处不露现？何不与么会去？若无这个田地，时中争奈诸般渗漏何？总成虚妄。阿哪个便是平生得力处？有为心法，不可相依，日久年深，全无利益，只为违真弃本，厌离凡情，忻心圣道。作此见知，不出他限量，抛他五阴不去。不见道：‘诸行无常，是生灭法。’你只拟向前，争能明得？可中彻去，方得知之；若未究得，当知尽是虚头。世间难信之法，具大根器方能明达。今生若彻去，万劫亦然。古德云：‘直向今生须了却，谁能累劫受余殃？’珍重！”

上堂：“我今问汝诸人，且承当得个什么事？在何世界安身立命？还辨得么？若辨不得，恰似捏目生花，见事便差。知么？如今目前现有山河大地、色空明暗，种种诸物，皆是狂劳花相，唤作颠倒知见。夫出家人，识心达本源，故号为‘沙门’。大丈夫儿何不自省察看是什么事？只如从上宗乘，是诸佛顶族，但从迦叶门接续顿超去。此一门超凡圣因果，超毗卢妙庄严世界海，直下永劫不教有一物与汝作眼见，何不自急急究取？未道我且待三生两生，久积净业。

“仁者！宗乘是什么事？不可由汝用功庄严便得去，不可他心宿命便得去。知么？识得即是大出脱、大彻头人。所以超凡越圣，出生离死，离因离果，超毗卢，超释迦，不被凡圣因果所谩，一切处无人识得汝。知么？莫只长恋生死爱网，被善恶业拘将去，无自由分。饶汝炼得身心同虚空去,饶汝到精明湛不摇处,不出识阴,古人唤作如急流水,流急不觉,妄为恬静。恁么修行,尽出他轮回际不得,依前被轮回去。所以道:诸行无常,直是三乘功果,若无道眼,亦不究竟,何似如今博地凡夫,不用一毫功夫便顿超去。解省心力么?我如今立地令汝构去,更不教汝加功炼行,如今不恁么,更待何时?"下座。

上堂:"汝诸人如在大海里坐,没头浸却了,更展手问人乞水吃。夫学般若菩萨,须具大根器,有大智慧始得。有一般坐绳床和尚,称善知识,问着便摇身动手,点眼吐舌瞪视。更有一般说昭昭灵灵,灵台智性,能见能闻,向五蕴身田里作主宰,恁么为善知识,大赚人!知么?我今问汝,汝若认昭昭灵灵是汝真实,为什么瞌睡时又不成昭昭灵灵?若瞌睡时不是,为什么有昭昭时?汝还会么?这个唤作认贼为子,是生死根本,妄想缘气。汝欲识根由么?我向汝道,昭昭灵灵,只因前尘色声香等法而有分别,便道此是昭昭灵灵;若无前尘,汝此昭昭灵灵同于龟毛兔角。

"仁者!真实在什么处?汝今欲得出他五蕴身田主宰,但识取汝秘密金刚体。古人向汝道:'圆成正遍,遍周沙界。'只如今山河大地、十方国土、色空明暗,及汝身心,莫非尽承汝圆成威光所现,直是天人群生类所作业次,受生果报,有情无情,莫非承汝威光,乃至诸佛成道成果,接物利生,莫非尽承汝威光。只如金刚体还有凡夫诸佛么?有汝心行么?不可道无,便得当去也。知么?汝既有如是奇特当阳出身处,何不发明取,因何却随他向五蕴身田中鬼趣里作活计,直下自谩去?若不了,此烦恼恶业因缘不是一劫两劫得休,直与汝金刚齐寿。知么?"

上堂:"太虚日轮,是一切人成立。太虚现在,诸人作么生满目觑不见,满耳听不闻?此两处省不得,便是瞌睡汉;若明彻得,坐却凡圣,坐却三界,梦幻身心无一物如针锋许为缘为对。直饶诸佛出来,作无限神通变现,设如许多教网,未曾措着一分毫,唯助初学诚信之门。还会么?如今沙门不荐此事,翻成弄影汉,生死海里浮沉,几时休息去?若要明彻,即今这里便明彻去,不教仁者取一法如微尘大,不教仁者舍一法如毫发许。还会么?”

师云:“是诸人见有险恶,见有大虫、刀剑诸事逼汝身命,便生无限怕怖,如似什么?恰如世间画师一般,自画作地狱变相,作大虫刀剑了,好好地看时,却自生怕怖。汝今诸人亦复如是,百般见有,是汝自幻出,自生怕怖,亦不是别人与汝为过。汝今欲觉此幻惑么?但识取汝金刚眼睛。若识得,不曾教汝有纤尘可得露现,何处更有虎狼刀剑解胁吓得汝?所以我向汝道:沙门眼把定世界,函盖乾坤,不漏丝发,何处更有一物为汝知见?知么?何不急究取?”

师示众曰:“世尊道‘吾有正法眼藏付嘱摩诃大迦叶’,犹如画月;曹溪竖拂,犹如指月。”

时鼓山出众曰:“月呢?”

师曰:“这个阿师就我觅月。”

鼓山不肯,却归众曰:“道我就他觅月。”

师以杖拄地,问长生曰:“僧见、俗见、男见、女见,汝作么生见?”

曰:“和尚还见皎然见处么?”

师曰:“相识满天下。”

师与韦监军吃果子,韦问:“如何是百姓日用而不知?”

师拈起果子曰:“吃。”

韦吃果子了,再问,师曰:“只这是日用而不知。”

僧问:“学人乍入丛林,乞师指个入路。”

师曰:“还闻偃溪水声么?”

曰:“闻。”

师曰:“从这里入。”

保福从展禅师

长庆问:“见色便见心,还见船子么?”

师曰:“见。”

曰:“船子且置,作么生是心?”师却指船子。

师见僧,以杖打露柱,又打其僧头,僧作忍痛声,师曰:“那个为什么不痛?”僧无对。

师因僧侍立,问曰:“汝得恁么粗心。”

僧曰:“什么处是某甲粗心处?”

师拈一块土度与僧曰:“抛向门前着。”

僧抛了却来,曰:“什么处是某甲粗心处?”

师曰:“我见筑着磕着,所以道汝粗心。”

龙华灵照真觉禅师

师一夕指半月,问溥上座曰:“那一片什么处去也?”

溥曰:“莫妄想。”

师曰:“失却一片也。”

翠岩令参永明禅师

上堂:“一夏与兄弟东语西话,看翠岩眉毛在么?”

圆悟勤拈云:“人多错会,道白日青天,说无向当话,无事生事,夏末先自说过,先自点检,免得别人点检他,且喜没交涉,这般见解,谓之灭胡种族,历代宗师出世,若不垂示于人,都无利益,图个什么?到这里见得透,方知古人有驱耕夫之牛,夺饥人之食手段。如今人问着,便向言句下咬嚼,眉毛上作活计,看他屋里人,自然知他行履处。”

雪窦颂云:“千古无对,他只道看翠岩眉毛在么?有什么奇特处,便乃千古无对?须知古人吐一言半句出来,不是造次,须是有定乾坤的眼始得。雪窦著一言半句,如金刚王宝剑,如踞地狮子,如击石火,似闪电光,若不是顶门具眼,争能见他古人落处?这个示众,直得千古无对,过于德山棒、临济喝,且道翠岩、雪窦为人意在什么处?急着眼看!”

镜清道怤顺德禅师

普请次，雪峰举："沩山道：'见色便见心。'汝道还有过也无？"

师曰："古人为什么事？"

峰曰："虽然如此，要共汝商量。"

师曰："恁么则不如道怤锄地去。"

师再参雪峰，峰问："甚处来？"

师曰："岭外来。"

峰曰："什么处逢见达摩？"

师曰："更在什么处？"

峰曰："未信汝在。"

师曰："和尚莫恁么粘腻好。"峰便休。

师后遍历诸方，益资权智。因访先曹山，山问："什么处来？"

师曰："昨日离明水。"

山曰："什么时到明水？"

师曰："和尚到时到。"

山曰："汝道我什么时到？"

师曰："适来犹记得。"

山曰："如是！如是！"

师因僧问："新年头还有佛法也无？"

师曰："有。"

曰："如何是新年头佛法？"

师曰："元正启祚，万物咸新。"

曰："谢师答话。"

师曰："镜清今日失利。"

问僧："近离甚处？"

曰："石桥。"

师曰："本分事作么生？"

曰:“近离石桥。”

师曰:“我岂不知你近离石桥,本分事作么生?”

曰:“和尚何不领话?”师便打。

僧曰:“某甲话在。”

师曰:“你但吃棒,我要这话行。”

问僧:“门外什么声?”

曰:“雨滴声。”

师曰:“众生颠倒,迷己逐物。”

曰:“和尚作么生?”

师曰:“洎不迷己。”

曰:“洎不迷己,意旨如何?”

师曰:“出身犹可易,脱体道应难。”

太原孚上座

雪峰一日见师,乃指日示之,师摇手而出,峰曰:“汝不肯我那?”

师曰:“和尚摇头,某甲摆尾,什么处是不肯?”

峰曰:“到处也须讳却。”

一日,众僧晚参,峰在中庭卧,师曰:“五州管内,只有这老和尚较些子。”峰便起去。

峰问师:“见说临济有三句,是否?”

师曰:“是。”

曰:“作么生是第一句?”师举目视之。

峰曰:“此犹是第二句,如何是第一句?”师叉手而退,自此,峰深器之。

一日,玄沙上问讯雪峰,峰曰:“此间有个老鼠子,今在浴室里。”

沙曰:“待与和尚勘过。”言讫,到浴室,遇师打水,沙曰:“相看上座。”

师曰:“已相见了。”

沙曰:“什么劫中曾相见?”

师曰:“瞌睡作么?”

沙却入方丈,白雪峰曰:“已勘破了。”

峰曰:“作么生勘伊?”

沙举前话,峰曰:“汝着贼也。”

金峰从志禅师

师拈起枕子示僧曰:“一切人唤作枕子,金峰道不是。”

僧曰:“未审和尚唤作什么?”师拈起枕子。

僧曰:“恁么则依而行之。”

师曰:“你唤作什么?”

曰:“枕子。”

师曰:“落在金峰窝里。”

问:“是身无知,如土木瓦石,此意如何?”师下禅床扭僧耳朵,僧负痛作声。

师曰:“今日始捉着个无知汉。”僧作礼出去。

师召:“阇黎!”僧回首。

师曰:“若到堂中,不可举着。”

曰:“何故?”

师曰:“大有人笑金峰老婆心。”

上堂:“事存函盖合,理应箭锋拄。还有人道得么?如有人道得,金峰分半院与他住。”时有僧出作礼。

师曰:“相见易得好,共住难为人。”便下座。

僧侍次,师曰:“举一则因缘,汝第一不得乱会。”

曰:“请和尚举。”师竖拂子,僧良久。

师曰:“知道阇黎乱会。”僧以目视东西。

师曰:“雪上更加霜。”

佛日本空禅师

师年十三参夹山,才入门,见维那,那曰:“此间不着后生。”

师曰:“某甲不求挂单,暂来礼谒和尚。”

维那白夹山,山许相见,师拟上阶,山曰:“三道宝阶,从何而上?”

师曰:“三道宝阶,曲为今时,向上一路,请师直指。”山便揖,师乃上阶礼拜。

山问:“阇黎与什么人同行?”

师曰:“木上座。”

山曰:“何不相看老僧?”

师曰:“和尚看他有分。”

山曰:“在什么处?”

师曰:“在堂中。”山便同师下到堂中,师遂取拄杖,掷在山面前。

山曰:“莫从天台得否?”

师曰:“非五岳之所生。”

山曰:“莫从须弥得否?”

师曰:“月宫亦不逢。”

山曰:“恁么则从人得也。”

师曰:“自己尚是冤家,从人得,堪作什么?”

山曰:“冷灰里有一粒豆爆。”乃唤维那:“明窗下安排着。”

来日普请,维那令师送茶,师曰:“某甲为佛法来,不为送茶来。”

那曰:“奉和尚处分。”

师曰:“和尚尊命即得。”乃将茶去作务处,摇茶瓯作声,山回顾。

师曰:“酽茶三五碗,意在镢头边。”

山曰:“瓶有倾茶势,篮中几个瓯?”

师曰:“瓶有倾茶势,篮中无一瓯。”便行茶。

时众皆举目,师曰:“大众鹤望,请师一言。”

山曰:“路逢死蛇莫打杀,无底篮子盛将归。”

师曰:“手执夜明符,几个知天晓?”众皆仰叹。

抚州疏山证禅师

师谒投子,投子问:“近离甚处?”

曰:“延平。”

投子曰:“还将得剑来么?”

曰:“将得来。”

投子曰:“呈似老僧看。”师乃指面前地,投子便休。

至晚问侍者:“新到在么?”

侍者曰:“当时去也。”

投子曰:“三十年弄马骑,今日被驴扑。”

卷第二十九

历代禅师语录(前集)

颖桥铁胡安禅师

师与钟司徒向火次,钟问:"三界焚烧时,如何出得?"师以香匙拨开火,钟拟议,师拨火云:"司徒! 司徒!"钟忽有省。

同安慧敏禅师

师初参洞山,问:"诸圣以何为命?"

洞山曰:"以不间断。"

师曰:"还有向上事也无?"

洞山曰:"有。"

师曰:"如何是向上事?"

洞山曰:"不从间断。"师于言下有省。

白云藏和尚

僧问:"如何是深深处?"

师曰:"矮子渡深溪。"

问:"赤脚时如何?"

师曰:"何不脱却?"

明招德谦禅师

师到坦长老处,坦曰:"夫参学,一人所在亦须到,半人所在亦须到。”

师便问:“一人所在即不问,如何是半人所在?”坦无对。

后令小师问师,师曰:“汝欲识半人所在么? 也只是弄泥团汉。”

到尧庵,乃提起绦子云:“得恁么胡毵毵地。”

庵云:“莫错认定盘星。”

师曰:“恰是。”

访保宁,于中路相遇,便问:“兄是道伴中人。”乃点鼻头曰:“这个碍塞我不彻,与我拈却少时,得么?”

宁曰:“和尚有来多少时?”

师曰:“噫! 几赚我踏破一緉草鞋。”便回。

师往国泰,深乃领众出接,至门首,师乃指金刚云:“这两个汉在这里作什么?”深揎拳作金刚势。

师云:“殿里黄面老子笑你。”

师在招庆,因普请去王太傅宅取木佛,傅乃问大众云:“忽遇丹霞又作么生?”众无语。

师当时捧起向顶上云:“也要分付着人。”

鹿门谭和尚

僧问:“如何是实际理地?”

师曰:“南赡部洲,北郁单越。”

云:“恁么则事同一家。”

师曰:“隔须弥在。”

罗汉院桂琛禅师

玄沙问:“三界唯心,汝作么生会?”

师指椅子曰:“和尚唤这个作什么?”

曰:“椅子。”

师曰:“和尚不会三界唯心。”

曰:“我唤这个作竹木,汝唤作什么?”

师曰:“桂琛亦唤作竹木。”

曰:“尽大地觅一个会佛法的人不可得。”师自尔愈加激励。

师侍沙在方丈说话,夜深,侍者闭却门,沙曰:“门总闭了,汝作么生得出去?”

师曰:“唤什么作门?”

问僧:“甚处来?”

曰:“南方来。”

师曰:“南方知识有何言句示徒?”

曰:“彼中道:‘金屑虽贵,眼里着不得。’”

师曰:“我道须弥在汝眼里。”

保福僧到,师问:“彼中佛法如何?”

答曰:“有时示众云:‘塞却你眼,教你觑不见;塞却你耳,教你听不闻;坐却你意,教你分别不得。’”

师曰:“吾问你:不塞你眼,见个什么?不塞你耳,闻个什么?不坐你意,作么生分别?”

师见僧,举拂子曰:“还会么?”

曰:“谢和尚慈悲示学人。”

师曰:“见我竖拂子便云示学人,汝每日见山见水,可不示汝?”

又见僧来,举拂子,其僧赞叹礼拜,师曰:“见我竖拂子便礼拜赞叹,那里扫地竖起扫帚,为什么不赞叹?”

上堂:“诸上座不用低头思量,思量不及,便道不用拣择。委得下口处么?汝向什么处下口?试道看。还有一法近得汝,还有一法远得汝么?同得汝,异得汝么?既然如是,为什么却特地艰难去?”

上堂:“宗门玄妙,为当只恁么也?更别有奇特?若别有奇特,汝且举将来看;若无,去,不可将两个字便当却宗乘也。何者两个字?谓宗乘、教乘也。汝才道着宗乘,便是宗乘;道着教乘,便是教乘。禅德，佛法宗乘原来由汝口里安立名字，作取说取便是也，斯须向这里说平说实，说圆说常。禅德！汝唤什么作平实？把什么作圆常？傍家行脚，理须甄别，莫相埋没，得些子声色、名字贮在心头，道我会解，善能拣辨。汝且会个什么？拣个什么？记持得的是名字，拣辨得的是声色。若不是声色、名字，汝又作么生记持、拣辨？风吹松树也是声，虾蟆老鸦叫也是声，何不那里听取拣辨去？若那里有个意度模样，只如老师口里，又有多少意度与上座？莫错！即今声色摐摐地，为当相及？不相及？若相及，即汝灵性金刚秘密，应有坏灭去也。何以如此？为声贯破汝耳，色穿破汝眼，因缘即塞却汝幻妄，走杀汝声色，体尔不可容也。若不相及，又什么处得声色来？会么？相及不相及，试裁辨看。”

少间又道：“是圆常、平实，什么人恁么道？未是黄夷村里汉解恁么说，是他古圣垂些子相助显发。今时不识好恶，便安圆实，道我别有宗风玄妙。释迦佛无舌头，不如汝些子便恁么点胸。若论杀、盗、淫罪，虽重犹轻，尚有歇时，此个谤般若，瞎却众生眼，入阿鼻地狱吞铁丸，莫将为等闲。所以古人道：‘过在化主，不干汝事。’珍重！”

安国慧球禅师

师于玄沙室中，参讯居首。因问：“如何是第一月？”

沙曰：“用汝个月作么？”师从此悟入。

上堂：“我此间粥饭因缘为兄弟举唱，终是不常，欲得省要，却是山河大地与汝发明。其道既常，亦能究竟。若从文殊门入者，一切无为土木瓦砾助汝发机；若从观音门入者，一切音响，虾蟆、蚯蚓助汝发机；若是普贤门入者，不动步而到。以此三门方便示汝，如将一只折箸搅大海水，令彼鱼龙知水为命。会么？若无智眼而审谛之，任汝百般巧妙，不为究竟。”

师问了院主：“只如先师道：‘尽十方世界是真实人体。’你还见僧堂么？”

了曰:“和尚莫眼花。”

师曰:“先师迁化,肉犹暖在。”

招庆省僜禅师

师初参保福。福一日入大殿,睹佛像,乃举手问师曰:“佛恁么,意作么生?

师曰:“和尚也是横身。”

福曰:“一橛我自收取。”

师曰:“和尚非唯横身。”福然之。

大龙智洪禅师

僧问:“色身败坏,如何是坚固法身?”

师曰:“山花开似锦,涧水碧如蓝。”

雪窦显颂:问曾不知,答还不会。月冷风高,古岩寒桧。堪笑路逢达道人,不将语默对。

手把珊瑚鞭,骊珠尽击碎。不击碎,增瑕颣,国有宪章,三千条罪。

龟洋慧忠禅师

一日,谓弟子曰:“众生不能解脱者,情累尔。悟道易,明道难。”

问:“如何得明道去?”

师曰:“但脱情见,其道自明矣。夫明之为言信也,如禁蛇人信其咒力、药力,以蛇绾弄,揣怀袖中,无难;未知咒药等力者,怖骇弃去。但谛见自心,情见便破,今千疑万虑不得用者,是未见自心者也。”

白云子祥禅师

上堂:“诸人会么?但向街头市尾、屠儿魁刽、地狱镬汤处会取。若恁么会得,堪与人天为师;若向衲僧门下,天地悬殊。更有一般的,只向长连床上作好人去。汝道此两般人,哪个有长处?无事,珍重!”

问僧:“不坏假名而谈实相,作么生?”

僧指椅子曰:“这个是椅子。”

师以手拨椅曰:“与我将鞋袋来!”僧无对。

师曰:“这虚头汉!”

云门闻,乃云:“须是我祥兄始得。”

德山缘密禅师

上堂:“我有三句语示汝诸人,一句函盖乾坤,一句截断众流,一句随波逐浪,作么生辨?若辨得出,有参学分;若辨不出,长安路上辊辊地。”

示众:“俱胝和尚但有问答,只竖一指头,寒则普天普地寒,热则普天普地热。”

上堂:“但参活句,莫参死句,活句下荐得,永劫无滞。一尘一佛国,一叶一释迦是死句;扬眉瞬目,举指竖拂是死句;山河大地,更无誵讹是死句。”

时有僧问:“如何是活句?”

师曰:“波斯仰面看。”

曰:“恁么则不谬去也。”师便打。

巴陵新开院颢鉴禅师

师住后更不作法嗣书,只将三转语上云门。

僧问:“如何是道?”

师曰:“明眼人落井。”

问:“如何是吹毛剑?”

师曰:“珊瑚枝枝撑着月。”

问:“如何是提婆宗?”

师曰:“银碗里盛雪。”

云门见曰:“他后老僧忌日,只消举此三转语,足以报恩。”

双泉师宽明教禅师

僧问洞山初和尚:“如何是佛?”

初曰:“麻三斤。”

师闻之,乃曰:“向南有竹,向北有木。”

一日,云门问师:“今日吃得几个胡饼?”

师曰:“五个。”

门曰:“露柱吃得几个?”

师曰:“请和尚茶堂里吃茶。”

师一日访白兆,兆曰:“老僧有《木鱼颂》。”

师曰:“请举看。”

兆曰:“伏惟烂木一橛,佛与众生不别。若以杖子击着,直得圣凡路绝。”

师曰:“此颂有成褫? 无成褫?”

兆曰:“无成褫。”

师曰:“佛与众生不别呢?”

侍僧救曰:“有成褫。”

师曰:“直得圣凡路绝呢?”当时白兆一众失色。

洞山守初宗慧禅师

师初参云门,门问:“近离甚处?”

师曰:“查渡。”

门曰:“夏在甚处?”

师曰:“湖南报慈。”

曰:“几时离彼?”

师曰:“八月二十五。”

门曰:“放汝三顿棒。”

师至明日却上问讯:“昨日蒙和尚放三顿棒,不知过在什么处?”

门曰:“饭袋子!江西、湖南便恁么去。”

师于言下大悟,遂曰:“他后向无人烟处,不蓄一粒米,不种一茎菜,接待十方往来,尽与伊抽钉拔楔,拈却炙脂帽子,脱却鹘臭布衫,教伊洒洒地作个无事衲僧,岂不快哉!”

门曰:“你身如椰子大,开得如许大口。”师便礼拜。

示众:“语中有语,名为死句;语中无语,名为活句。诸禅德!作么生是活句?到这里,实难得人。若也不动一尘,不拨一境,见事便道答话,长老下脚不得,东西南北莫知多少。要得去离泥水,活人眼目,举唱宗风,激扬大事,不道全无,其奈还少,只缘未达其源,落在第八魔境界中,识得个不名不物,无是无非,头头物物,无不具足。道我得安乐田地,更不求余,凡有叩击问难,即便敲床竖拂。更不惜,便施便设,便行便用,向恶水坑里头出头没,弄个无尾猢狲。到腊月三十日,鼓也打破,猢狲又走却了,手忙脚乱,一无所成,悔将何及?若是个衲僧,乍可冻杀饿杀,终不着他鹘臭布衫。”

又曰:“举唱宗乘,阐扬大教,须得法眼精明,方能鉴辨缁素。切缘真妄一源,水乳同器,到此难分。洞山寻常以心中眼观身外相,观之又观,乃辨真伪。若不如是,何名善知识?夫善知识者,驱耕夫之牛,夺饥人之食,方名善知识。即今天下,哪个是真善知识?诸禅德参得几个善知识来?也不是等闲,直须参教彻,覰教透,千圣莫能证明,方显大丈夫儿。不见释迦老子明星出时,豁然大悟,与大地众生同时成佛,无前后际,岂不畅哉!虽然如是,若遇明眼衲僧,也好劈脊便棒。”

问:“维摩掌擎四世界,未审维摩身在甚处?”
师曰:“在阇黎后的。”
曰:“为什么在学人后的?”
师曰:“还我话头来。”
问:“如何是佛?”
师曰:“麻三斤。”
问:“自古及今,不从人得,六祖在黄梅,夜间闻何事?”
师曰:“志公拄杖。”
曰:“得用时如何?”
师曰:“用那曲尺作什么?”
问:“十二时中行住坐卧自省觉时如何?”
师曰:“看人吃饭。”
曰:“争奈树影不斜何?”
师曰:“亲言出亲口。”
问:“金鍮现前请师辨。”
师曰:“两脚虾蟆吞却月。”
都监太保问:“眼处入正受,诸尘三昧起。此意如何?”
师云:“洞山茶碗里有太保,太保茶碗里有洞山。”太保无语。

首山省念禅师

僧问:“如何是佛?”
师曰:“新妇骑驴阿家牵。”
曰:“未审此语什么句中收?”
师曰:“三玄收不得,四句岂能该?”
曰:“此意如何?”
师曰:“天长地久,日月齐明。”
僧问:“学人乍入丛林,乞师指示。”
师曰:“阇黎在老僧会里多少时?”
曰:“已经冬夏。”

师曰:“莫错举似人。”乃曰:“若论此事,实不挂一元字脚。”便下座。

问僧:“近离何处?”

曰:“广慧。”

师曰::“穿云不渡水,渡水不穿云,离此二途,速道!”

曰:“昨夜宿长桥。”

师曰:“与么则合吃首山棒也。”

曰:“尚未参堂。”

师曰:“两重公案。”

曰:“恰是。”

师曰:“耶耶!”

示众:“诸上座!不得盲喝乱喝。这里寻常向你道:宾则始终宾,主则始终主;宾无二宾,主无二主。若有二宾二主,即是两个瞎汉。所以我若立时,你须坐;我若坐时,你须立。坐则共你坐,立则共你立。虽然如是,到这里,急着眼始得。若是眼孔定动,即千里万里。何故如此?如隔窗看马骑相似,拟议即没交涉。诸上座!既然于此留心,直须仔细,不要掠虚好,他日异时赚着你在。诸人若也有事,近前;无事,珍重!”

师示众曰:“识得拄杖子,行脚事毕。”

尝作《纲宗偈》曰:

咄哉拙郎君!巧妙无人识。
打破凤林关,着靴水上立。
咄哉巧女儿!撺梭不解织。
看他斗鸡人,水牛也不识。
背阴山子向阳多,南来北往意如何?
若人问我西来意,东海东面有新罗。

师上堂辞众,偈曰:

诸子谩波波,过却几恒河?
观音指弥勒,文殊不奈何。

良久,曰:

白银世界金色身,情与无情共一真。

明暗尽时都不照,日轮午后示全身。

日午后,洎然而化。

清溪洪进禅师

一日,师问修山主曰:“明知生是不生之理,为什么为生死之所流?”

修曰:“笋毕竟成竹去,如今作篾使,还得么?”

师曰:“汝向后自悟去在。”

修曰:“某所见止如此,上座意旨又如何?”

师指曰:“这个是监院房,那个是典座房。”修即礼谢。

龙济修禅师

问:“劫火洞然,大千俱坏,未审这个还坏也无?”

师曰:“不坏。”

曰:“为什么不坏?”

师曰:“为同于大千。”

上堂:“卷帘除却障,闭户生室碍。只这障与碍,古今无人会。会得是障碍,不会不自在。”

僧问:“古镜未磨时如何?”

师曰:“照破天地。”

曰:“磨后如何?”

师曰:“黑漆漆地。”

“万法是心光,诸缘唯性晓。本无迷悟人,只要今日了。”

智门光祚禅师

上堂:“赫日里我人,云雾里慈悲。霜雪里假褐,雹子里藏身。还藏身得么？若藏不得，却被雹子打破髑髅。”

示众：“数日好雨，且道雨从甚处来？若道从天降，哪个是天？若道从地出，唤什么作地？若更不会，所以古人道：天地之前径，时人莫强移，个中生解会，眼上更安锥。”

莲花峰祥庵主

师示众云：“若是此事，最是急切，须是明取使得。若是明得，时中免被拘系，便得随处安闲，亦不要将心捺伏，须是自然合他古辙去始得。才到学处分剂，便须露布个道理以为佛法，几时得心地休歇去？上座！却请与么相委好。”

示寂日，拈拄杖示众曰；“古人到这里为什么不肯住？”众无对。

师乃曰：“为他途路不得力。”复曰：“毕竟如何？”以杖横肩曰：“楖栗横担不顾人，直入千峰万峰去。”言毕而逝。

蓝田真禅师

上堂：“成山假就于始篑，修途托至于初步。上座适来从地炉边来，还与初步同别？若言同，即不会不迁；若言别，亦不会不迁。上座作么生会？还会么？这里不是那里，那里不是这里，且道一处两处？是迁不迁？是来去不是来去？若于此显明得，便乃古今一如，初终自尔，念念无常，心心永灭。所以道：观方知彼去，去者不知方。上座适来恁么来，却请恁么去。参！”

清凉法眼文益禅师

师同绍修、法进三人欲出岭，过地藏院，阻雪，少憩。附炉次，藏问：“此行何之？”

师曰：“行脚去。”

藏曰：“作么生是行脚事？”

师曰:“不知。”

藏曰:“不知最亲切。”

又同三人举《肇论》,至“天地与我同根”处,藏曰:“山河大地与上座自己,是同是别?”

师曰:“别。”藏竖起两指。

师曰:“同。”藏又竖起两指,便起去。

雪霁辞去,藏门送之,问曰:“上座寻常说三界唯心,万法唯识。”乃指庭下片石曰:“且道此石在心内?在心外?”

师曰:“在心内。”

藏曰:“行脚人着什么来由,安片石在心头?”

师窘无以对,即放包,依席下求决择。近一月余,日呈见解说道理,藏语之曰:“佛法不恁么。”

师曰:“某甲辞穷理绝也。”

藏曰:“若论佛法,一切现成。”师于言下大悟。

僧慧超问:“如何是佛?”

师曰:“汝是慧超。”

尝指竹问僧曰:“还见么?”

曰:“见。”

师曰:“竹来眼里?眼到竹边?”

曰:“总不与么。”

师笑曰:“死急作么?”

师因患脚,僧问讯次,师曰:“非人来时不能动,及至人来动不得。且道佛法中下得什么语?”

曰:“和尚且喜得较。”师不肯。

自别云:“和尚今日似减。”

因开井,被沙塞却泉眼,师曰:“泉眼不通被沙碍,道眼不通被什么碍?”僧无对。

师代曰:“被眼碍。”

上堂:“尽十方世界皎皎地,无一丝头。若有一丝头,即是一丝头。”

师曰:“出家儿但随时及节便得,寒即寒,热即热。欲识佛性义,当观时节因缘。古今方便不少,石头初看《肇论》,至‘会万物为己者,其唯圣人乎’,则曰:‘圣人无己,靡所不己。’乃作《参同契》,首言:‘竺土大仙心。’无过此语也,中间亦只寻常说话。夫欲会万物为自己去,盖尽大地无一法可见。已而又嘱曰:‘光阴莫虚度。’所以告汝辈,但随时及节便得。若也移时失候,即虚度光阴,于非色中作色解。于非色作色解,即是移时失候。且道色作非色解,还当得否?若与么会,便是没交涉,正是痴狂两头走,有什么用处?但守分过时好。”

上堂,大众久立,乃谓之曰:“诸人各曾看《还源观》《百门义海》《华严论》《涅槃经》诸多策子,阿哪个教中有这个时节?若有,试举看。莫是恁么经里有恁么语,是此时节么?有什么交涉?所以道:微言滞于心首,尝为缘虑之场,实际居于目前,翻为名相之境,又作么生得翻去?若也翻去,又作么生得正去?还会么?莫只恁么念策子,有什么用处?”

文邃禅师尝究《首楞严》,为之节解句释,自谓深符经旨,谒师,师曰:“《楞严》岂不是有‘八还义’?”

邃曰:“是。”

师曰:“明还什么?”

邃曰:“明还日轮。”

师曰:“日轮还什么?”邃懵然,师戒令焚所注,文邃始依师请益。

玄则禅师问青峰:“如何是学人自己?”

峰曰:“丙丁童子来求火。”

后谒师,师问:“甚处来?”

则曰:“青峰。”

师曰:“青峰有何言句?”

则举前话,师曰:“上座作么生会?”

则曰:“丙丁属火,而更求火,如将自己求自己。”
师曰:“与么会又争得?”
则曰:“某甲只与么,未审和尚如何?”
师曰:“你问我,我与你道。”
则问:“如何是学人自己?”
师曰:“丙丁童子来求火。”
三界唯心颂曰:

三界唯心,万法唯识。
唯识唯心,眼声耳色。
色不到耳,声何触眼?
眼色耳声,万法成办。
万法匪缘,岂观如幻?
大地山河,谁坚谁变?

华严六相义颂曰:

华严六相义,同中还有异。
异若异于同,全非诸佛意。
诸佛意总别,何曾有同异?
男子身中入定时,女子身中不留意。
不留意,绝名字,万象明明无理事。

承天三交智嵩禅师

师参首山,问:“如何是佛法的的大意?”
首山曰:“楚王城畔,汝水东流。”
师于此有省,顿契佛意,乃作三元偈曰:

须用真须用,心意莫定动。
三岁狮子吼,十方没狐种。

我有真如性,如同幕里隐。
打破六门关,显出毗卢印。

真骨金刚体可夸，六尘一拂永无遮。

廓落世界空为体，体上无为真到家。

首山闻，乃请吃茶，问："这三颂是汝作来耶？"

师曰："是。"

首山曰："或有人教汝现三十二相时如何？"

师曰："某甲不是野狐精。"

首山曰："惜取眉毛。"

师曰："和尚落了多少？"

首山以竹篦头上打曰："这汉向后乱作去在。"

郑工部问师："百尺竿头独打毬，万丈悬崖丝系腰时如何？"

师曰："幽州着脚，广南斯扑。"郑无语。

师曰："勘破这胡汉。"

郑曰："二十年江南界里，这回却见禅师。"

师曰："瞎老婆吹火。"

潭州神鼎洪諲禅师

师与数耆宿至襄沔间，一僧举论宗乘颇敏捷，会野饭山店中供办，而僧论说不已。师曰："'三界唯心，万法唯识。唯识唯心，眼声耳色'是什么人语？"

僧曰："法眼语。"

师曰："其义如何？"

曰："唯心故，根境不相到；唯识故，声色枞然。"

师曰："舌味是根境否？"

曰："是。"

师以箸夹菜入口中，含胡而语曰："何谓相入耶？"坐者皆骇然，僧不能答。

师曰："途路之乐，终未到家，见解入微，不名见道。参须实参，悟须实悟，阎罗大王不怕多语。"

上堂，举："古德曰：'贪瞋痴，太无知，赖我今朝识得伊。行便打,坐便槌,分付心王仔细推。无量劫来不解脱,问汝三人知不知?'"

师曰:"古人与么道,神鼎则不然。贪瞋痴,实无知,十二时中任从伊。行即往,坐即随,分付心王拟何为?无量劫来原解脱,何须更问知不知。"

谷隐蕴聪慈照禅师

僧问:"若能转物,即同如来。未审三门佛殿如何转?"

师曰:"我向汝道,汝还信么?"

曰:"和尚诚言,安敢不信?"

师曰:"这漆桶。"

问:"一处火发任从你救,八方齐发时如何?"

师曰:"快。"

曰:"还求出也无?"

师曰:"若求出,即烧杀你。"僧礼拜。

师曰:"直饶你不求出也烧杀你。"

上堂,师云:"五白猫儿爪距狞,养来堂上绝虫行。分明上树安身法,切忌遗言许外生。作么生是许外生的句?莫错举。"

僧问:"深山岩崖还有佛法也无?"

师曰:"有。"

曰:"如何是深山岩崖中佛法?"

曰:"奇怪石头形似虎,火烧松树势如龙。"

洞山晓聪禅师

僧问:"达摩未传心地印,释迦未解髻中珠,此时若问西来意,还有西来意也无?"

师曰:"六月雨淋淋,宽其万姓心。"

曰:"恁么则云散家家月,春来处处花。"

师曰:“脚跟下到金刚水际是多少?”僧无语。

师曰:“祖师西来,特唱此事,自是上座不荐。所以从门入者,不是家珍,认影迷头,岂非大错?既是祖师西来,特唱此事,又何必更对众忉忉?珍重!”

天台德韶国师

师所至少留,见知识五十四人,括磨搜剥,穷极隐秘。后至临川谒法眼,眼一见,深契之。师以遍涉丛林,但随众而已,无所咨参。

有僧问法眼禅师曰:“十二时中如何得顿息万缘去?”

法眼曰:“空与汝为缘耶?色与汝为缘耶?言空为缘,则空本无缘;言色为缘,则色心不二。日用果何物为汝缘乎?”师闻悚然异之。

又有问者曰:“如何是曹源一滴水?”

法眼曰:“是曹源一滴水。”

于是师大悟于座下,平生疑滞涣若冰释,感涕沾衣。法眼曰:“汝当大弘吾宗,行矣,无自滞。”

兴教明和尚问曰:“饮光持释迦丈六之衣在鸡足山,候弥勒下生,将丈六之衣披在千尺之身,应量恰好。只如释迦身长丈六,弥勒身长千尺,为复是身解短耶?衣解长耶?”

师曰:“汝却会。”明拂袖便出去。

师曰:“小儿子,山僧若答汝不是,当有因果;汝若不是,吾当见之。”

明归七日,吐血,浮光和尚劝曰:“汝速去忏悔。”

明乃至师方丈,悲泣曰:“愿和尚慈悲,许某忏悔。”

师曰:“如人倒地,因地而起,不曾教汝起倒。”

明又曰:“若许忏悔,某当终身给侍。”

师为出语曰:“佛佛道齐,宛尔高低,释迦弥勒,如印印泥。”

僧问:“承古有言:‘若人见般若,即被般若缚;若人不见般若,亦被般若缚。’既见般若,为什么却被缚?”

师曰:“你道般若见什么?”

曰:“不见般若,为什么亦被缚?”

师曰:“你道般若什么处不见?”乃曰:“若见般若,不名般若;不见般若,亦不名般若。且作么生说见不见?所以古人道:‘若欠一法,不成法身;若剩一法,不成法身;若有一法,不成法身;若无一法,不成法身。’此是般若之真宗也。”

示众:“真宗不二,万德无言,正当明时,如王宝剑。所以如来于一切处成等正觉,于刀山剑树上成等正觉,于镬汤炉炭里成等正觉,于棒下成等正觉,于喝下成等正觉。所以一动一静,一去一来,一生一灭,未曾有纤毫异相,未曾有纤毫别相,更无毫厘丝发许作见闻心识解会。何故?诚谓是非路绝,妙性天机。所以云:汝生我亦生,汝杀我亦杀,生杀轮王机,交驰激电掣。”

上堂:“佛法现成,一切具足。岂不见道:‘圆同太虚,无欠无余。’若如是也,且谁欠谁剩?谁是谁非?谁是会者?谁是不会者?所以道:‘东去亦是上座,西去亦是上座,南去亦是上座,北去亦是上座。’因什么却成东西南北?若会得,自然见闻觉知路绝,一切诸法现前。何故如此?为法身无相,触目皆形;般若无知,对缘而照。一时彻底会取好。诸上座!出家儿合作么生?此是本有之理,未为分外。识心达本源,故名为沙门。若识心皎皎地,实无丝毫障碍。上座!久立,珍重!”

上堂:“古圣方便犹如河沙。祖师道:‘非风幡动,仁者心动。’斯乃无上心印法门。我辈是祖师门下客,合作么生会祖师意?莫道风幡不动,汝心妄动;莫道不拨风幡,就风幡通取;莫道风幡动处是什么。有云附物明心,不须认物;有云色即是空;有云非风幡动,应须妙会。如是解会,与祖师意旨有何交涉?既不许如是会,诸上座便合知悉。若于这里彻底悟去,何法门而不明?百千诸佛方便一时洞了,更有什么疑情?所以古人道:‘一了千明,一迷万惑。’”

上堂:“毛吞巨海,海性无亏;纤芥投锋,锋利无动。见与不

见,会与不会,唯我知焉。”乃有颂曰:

暂下高峰已显扬,般若圆通遍十方。

人天浩浩无差别,法界纵横处处彰。珍重!

上堂:“古者道:‘如何是禅?三界绵绵。如何是道?十方浩浩。’因什么道三界绵绵?何处是十方浩浩的道理?要会么?塞却眼,塞却耳,塞却舌、身、意,无空阙处,无转动处。上座作么生会?横亦不得,竖亦不得,纵亦不得,夺亦不得,无用心处,亦无施设处。若如是会得,始会法门绝拣择,一切言语绝渗漏。曾有僧问:‘作么生是绝渗漏的语?’向他道:‘口似鼻孔甚好。’上座如此会,自然不通风去。如识得,尽十方世界是金刚眼睛。无事,珍重!”

上堂,僧问:“欲入无为海,先乘般若船。如何是般若船?”

师曰:“常无所住。”

曰:“如何是无为海?”

师曰:“且会般若船。”

问:“古德道:‘登天不借梯,遍地无行路。’如何是登天不借梯?”

师曰:“不遗丝发地。”

曰:“如何是遍地无行路?”

师曰:“适来向你道什么?”乃曰:“百千三昧门、百千神通门、百千妙用门,尽不出得般若海中。何以故?为于无住本建立诸法。所以道:‘生灭去来,邪正动静,千变万化,是诸佛大定门,无过于此。’诸上座!大家究取。珍重!”

上堂,举:“古者道:‘吾有一言,天上人间,若人不会,绿水青山。’且作么生是一言的道理?古人语须是晓达始得,若是将言而名于言,未有个会处。良由究尽诸法根蒂,始会一言不是一言半句,思量解会,唤作一言。若会,言语道断,心行处灭,始到古人境界。亦不是闭目藏睛,暗中无所见,唤作言语道断。且莫赚会,佛法不是这个道理。要会么?假饶经尘沙劫说,亦未曾有半句到诸上座;经尘沙劫不说,亦未曾欠少半句,应须彻底会去始得。若如是斟酌名言,空劳心力,并无用处。与诸上座共相证明,后学初心,速须究取。久立,珍重!”

师有偈曰:

通玄峰顶,不是人间。
心外无法,满目青山。

法眼闻,曰:“即此一颂,可起吾宗。”

师以涅槃四种闻示学者,诸方目为“韶国师四料拣”,云:“闻闻、闻不闻、不闻闻、不闻不闻。”

卷第三十

历代禅师语录(前集)

灵隐清耸禅师

师参法眼,眼指雨谓师曰:“滴滴落在上座眼里。”师初不喻旨,后因阅《华严》感悟,承眼印可。

上堂曰:“十方诸佛常在汝前,还见么?若言见,将心见?将眼见?所以道:一切法不生,一切法不灭。若能如是解,诸佛常现前。”又曰:“见色便见心,且唤什么作心?山河大地、万象森罗、青黄赤白、男女等相,是心?不是心?若是心,为什么却成物象去?若不是心,又道见色便见心。还会么?只为迷此而成颠倒,种种不同,于无同异中,强生同异。且如今直下承当,顿豁本心,皎然无一物可作见闻。若离心别求解脱者,古人唤作迷波讨源,卒难晓悟。”

奉先慧同禅师

僧问:“教中道:‘唯一坚密身,一切尘中见。’又道:‘佛身充满于法界,普现一切群生前。’于此二途,请师说。”

师曰:“唯一坚密身,一切尘中见。”

永明道潜禅师

师谒法眼,眼曰:“子于参请外,看什么经?”

师曰:“《华严经》。”

眼曰:“总、别、同、异、成、坏六相,是何门摄属?”

师曰:“文在《十地品》中,据理则世出世间一切法皆具六相也。”

眼曰:“空还具六相也无?”师无对。

眼曰:“汝问我。”

师乃问:“空还具六相也无?”

眼曰:“空。”师于是开悟,踊跃礼谢。

眼曰:“子作么生会?”

师曰:“空。”眼然之。

异日,因四众士女入院,眼问曰:“律中道:‘隔壁闻钗钏声,即名破戒。’现睹金银合杂,朱紫骈阗,是破戒?不是破戒?”

师曰:“好个入路。”

眼曰:“汝向后有五百毳徒,为王侯所重在。”

石霜慈明禅师

师到大愚,芝坐间开合子取香烧,师问:“作么生烧?”芝便放香炉中烧。

师指曰:“讶郎当汉又恁么去也。”

问:“闹中取静时如何?”

师曰:“头枕布袋。”

问:“四山火来时如何?”

师曰:“物逐人兴。”

永首座与师同辞汾阳,永未尽其妙,从师二十年,终不脱洒。一夕围炉,深夜,师以火箸敲炭曰:“永首座!永首座!”

永咄曰:“野狐精!”

师乃指永曰:“讶郎当汉又恁么去也。”永乃豁然。

上堂:“道吾打鼓,四大部洲同参;拄杖横也,挑括乾坤大地;钵盂覆也,盖却恒沙世界。且问诸人:向什么处安身立命?若也知得,向北俱卢洲吃粥吃饭;若也不知,长连床上吃粥吃饭。”

示众:“一切圣贤皆以无为法而有差别。前是按山,后是主山，哪个是无为法？”良久，云：“向下文长，付在来日。”

作示徒偈曰：

黑黑黑，道道道；
明明明，得得得。

琅邪慧觉广照禅师

上堂：“山僧因看《华严金师子章 · 第九由心回转善成门》又释曰：‘如一尺之镜，纳重重之影像。’若然者，道有也得，道无也得，道非亦得，道是亦得。虽然如是，更须知有拄杖头上一窍。若也不会，拄杖子穿灯笼入佛殿，撞着释迦，磕倒弥勒，露柱拊掌呵呵大笑。你且道笑个什么？”卓拄杖，下座。

上堂：“汝等诸人在我这里过夏，与你点出五般病：一、不得向万里无寸草处去；二、不得孤峰独宿；三、不得张弓架箭；四、不得物外安身；五、不得滞于生杀。何故？一处有滞，自救难为；五处若通，方名导师。汝等诸人若到诸方遇明眼作者，与我通个消息，贵得祖风不坠。若是常徒，即便寝息。何故？裸形国里夸服饰，想君太煞不知时。”

示众云：“有句无句，如藤倚树，树倒藤枯，好一堆烂柴。”

大愚守芝禅师

僧问：“昔日灵山分半座，二师相见事如何？”

师曰：“记得么？”僧良久。

师打禅床一下，曰：“多年忘却也。”乃曰：“且住！且住！若向言中取则，句里明机，也似迷头认影。若也举唱宗乘，大似一场寐语。虽然如是，官不容针，私通车马，放一线道，有个葛藤处。”遂敲禅床一下，曰：“三世诸佛尽皆头痛，且道大众还有免得的么？若一人免得，无有是处；若免不得，海印发光。”乃竖起拂子曰：“这个是印，哪个是光？这个是光，哪个是印？掣电之机，徒劳伫思。会么？

老僧说梦,且道梦见个什么?南柯十更。若不会,听取一颂:'北斗挂须弥,杖头挑日月。林泉有商量,夏末秋风切。'珍重!"

升座,揭香合子曰:"明头来,明头合;暗头来,暗头合。若道得,天下横行;道不得,且合却。"

问:"通身是眼,口在什么处?"

师曰:"三跳。"

曰:"不会。"

师曰:"章底词秋罢,歌韵向春生。"

慈明有善侍者,号称明眼,闻师之风,自石霜至大愚。入室,师趯出只履示之,善退身而立;师俯取履,善辄踏倒;师起面壁,以手点津连画其壁三,善瞠立其后;师旋转,以履打至法堂。

善曰:"与么为人,瞎却一城人眼在。"

文公杨亿大年居士

公出守汝州,谒广慧,广慧接见,公便问:"布鼓当轩击,谁是知音者?"

广慧曰:"来风甚辨。"

公曰:"恁么则禅客相逢只弹指也。"

广慧曰:"君子可入。"公应喏喏。

广慧曰:"草贼大败。"

夜语次,广慧曰:"秘监曾与甚人道话来?"

公曰:"某曾问云岩谅监寺:'两个大虫相咬时如何?'谅曰:'一合相。'某曰:'我只管看。'未审恁么道,还得么?"

广慧曰:"这里即不然。"

公曰:"请和尚别一转语。"

广慧以手作拽鼻势曰:"这畜生!更勃跳在。"

公于言下脱然无疑,有偈曰:

八角磨盘空里走,金毛狮子变作狗。
拟欲将身北斗藏,应须合掌南辰后。

天衣义怀禅师

示众："古人云：'五蕴山头一段空，同门出入不相逢，无量劫来赁屋住，到头不识主人翁。'有老宿拈云：'既不识他，当初问什么人赁？'恁么拈也太远在。何故？须知死人路上有活人出身处，活人路上死人无数。哪个是活人路上死人无数？哪个是死人路上活人出身处？若检点得分明，拈却炙脂帽子，脱却鹘臭布衫。"

僧问："如何是佛？"

师曰："布发掩泥，横身卧地。"

曰："意旨如何？"

师曰："任是波旬也皱眉。"

曰："谢师指示。"

师曰："西天此土。"

问："学人上来，请师说法。"

师曰："林间鸟噪，水底鱼行。"

上堂："须弥顶上不扣金钟，毕钵岩中无人聚会。山僧倒骑佛殿，诸人反着草鞋。朝游檀特，暮到罗浮。拄杖针筒，自家收取。"

上堂，师云："衲僧横说竖说，未知有顶门上眼。"

时有僧问："如何是顶门上眼？"

师曰："衣穿瘦骨露，屋破看星眠。"

上堂，大众集定，乃曰："上来道个不审，能销万两黄金；下去道个珍重，亦销得四天下供养。若作佛法话会，滴水难消；若作无事商量，眼中着屑。且作么生即是？"良久，曰："还会么？珍重！"

上堂："夫为宗师，须是驱耕夫之牛，夺饥人之食，遇贱即贵，遇贵即贱。驱耕夫之牛，令他苗稼丰登；夺饥人之食，令他永绝饥渴。遇贱即贵，握土成金；遇贵即贱，变金成土。老僧亦不驱耕夫之牛,亦不夺饥人之食。何谓?耕夫之牛,我复何用?饥人之食,我复何餐?我也不握土成金,也不变金作土。何也?金是金,土是土,玉是玉,石是石,僧是僧,俗是俗,古今天地,古今日月,古今山河,古今人伦。虽然如此,打破大散关,几个迷逢达摩?"

上堂:"雁过长空,影沉寒水,雁无遗踪之意,水无留影之心。若能如是,方解向异类中行,不用续凫截鹤,夷岳盈壑。放行也,百丑千拙;收来也,挛挛拳拳。用之,则敢与八大龙王斗富;不用,都来不直半分钱。参!"

上堂:"髑髅常干世界,鼻孔摩触家风。芭蕉闻雷开,葵花随日转。诸仁者!芭蕉闻雷开,还有耳么?葵花随日转,还有眼么?若也会得,西天即是此土;若也不会,七九六十三,收!"

上堂:"灵源绝朕,普现色身。法离断常,有无堪示。所以道:尘尘不见佛,刹刹不闻经。要会灵山亲授记,昼见日,夜见星。"良久,曰:"若到诸方,不得错举,参!"

上堂:"无边刹境,自他不隔于毫端。且道妙喜世界不动如来说什么法?十世古今,始终不离于当念,只如威音王佛最初一会度多少人?若是通方作者,试为道看。"良久,曰:"行路难,行路难,万仞峰头君自看。"

上堂,僧问:"天不能盖,地不能载,未审是什么人?"

师曰:"掘地深埋。"

曰:"此人还受安排也无?"

师曰:"土上更加泥。"

师问僧:"无手人能行拳,无舌人解言语,忽然无手人打无舌人,无舌人道个什么?"

色空颂二首:

色空空色色空空,碍却潼关路不通。
劫火洞然毫末尽,青山依旧白云中。

东西南北，十万八千。

空生罔措，火里生莲。

玉泉承皓禅师

丛林号为皓布裩。一日，为张无尽举傅大士颂曰："空手把锄头，步行骑水牛，人从桥上过，桥流水不流。"又举洞山颂曰："五台山顶云蒸饭，佛殿阶前狗尿天，刹竿头上煎锤子，三个猢狲夜簸钱。"此二颂只颂得法身边事，不颂得法身向上事。"

张曰："请和尚颂！"

师曰："昨夜雨滂澎，打倒葡萄棚，知事普请行者人力。拄地拄，撑地撑，撑撑拄拄到天明，依旧可怜生。"

永明延寿禅师

僧问："如何是永明妙旨？"

师曰："更添香着。"

曰："谢师指示。"

师曰："且喜没交涉。"僧礼拜。

师曰："听取一偈：'欲识永明旨，门前一湖水，日照光明生，风来波浪起。'"

问："如何是大圆镜？"

师曰："破砂盆。"

二僧来参，乃问参头："曾到此间否？"

曰："曾到。"

又问第二上座："曾到否？"

曰："不曾到。"

师曰："一得一失。"

少选，侍僧问："适来二僧，未审哪个得？哪个失？"

师曰："汝曾识这二僧也无？"

曰:“不曾识。”

师曰:“同坑无异土。”

指法以佛祖之语为铨准,曰:“迦叶波初闻偈曰:‘诸法从缘生,诸法从缘灭,我师大沙门,尝作如是说。’此佛祖骨髓也。龙胜曰:‘无物从缘生,无物从缘灭,起唯诸缘起,灭唯诸缘灭。’乃知色生时但是空生,色灭时但是空灭。譬如风性本不动,以缘起故动,倘风本性动,则宁有静时哉?密室中若有风,风何不动?若无风,遇缘即起。非特风为然,一切法皆然。维摩谓文殊师利曰:‘不来相而来,不见相而见。’文殊乃曰:‘如是,居士若来已,更不来;若去已,更不去。所以者何?来者无所从来,去者无所至所,可见者更不可见。’此缘起无生之旨也。”

问:“学人久在永明,为什么不会永明家风?”

师曰:“不会处会取。”

曰:“不会处如何会?”

师曰:“牛胎生象子,碧海起红尘。”

五云华严志逢禅师

上堂:“诸上座,舍一知识,参一知识,尽道善财南游之式样。且问上座,只如善财礼辞文殊,拟登妙峰谒德云比丘,及到彼所,何以德云却于别峰相见,夫教意祖意,同一方便,终无别理。彼若明得,此亦昭然。诸上座即今簇着老僧,是相见?是不相见?此处是妙峰?是别峰?脱或从此省去,可谓不辜负老僧,亦常见德云比丘,未尝刹那相舍,还信得及么?”

瑞鹿本先禅师

师偈三首,曰:

非风幡动仁心动,自古相传直至今。
今后水云人欲晓,祖师真是好知音。

又曰：

若是见色便见心，人来问着方难答。
若求道理说多般，辜负平生三事衲。

又曰：

旷大劫来只如是，如是同天亦同地。
同地同天作么形？作么形兮无不是。

上堂："《华严》称佛身充满于法界，是真个也无？且如佛身既已充满法界，菩萨界、缘觉声闻界、人天修罗界、饿鬼地狱畜生界，应无处蹲。如是理论，太煞聱讹。寻常说诸法所生，唯心所现，且道即今六根所对六境，与汝是同耶？是别耶？同则何不作一块？别则如何说唯是一心？大须着精彩，佛法不是等闲。"

上堂："天台教中说文殊、观音、普贤三门。文殊门者，一切色；观音门者，一切声；普贤门者，不动步而到。我道文殊门者，不是一切色；观音门者，不是一切声；普贤门者，是个什么？莫道别却天台教说话。无事，且退。"

上堂："你等诸人，夜间眠熟不知一切，既不知一切，且问你等那时有本来性？无本来性？若道有本来性，又不知一切，与死无异；若道无本来性，睡眠忽省，觉知如故。还会么？不知一切，与死无异。睡眠忽省，觉知如故，如是等时是个什么？若也不会，各体究取。无事，莫立。"

兴教洪寿禅师

师同国师普请次，闻堕薪有省，作偈曰：

扑落非他物，纵横不是尘。
山河及大地，全露法王身。

住后，中丞王公随一日过师，师拥毳负暄自若，王下拜，师推蒲团席地与坐，笑语终日而去。门人让师曰："此一众所仰，奈何不加礼？"

他日王复来，师出前趋迎之，王曰："何不如前日相见？"

师曰:“中丞即得,奈知事瞋何!”王益重之。

云居道齐禅师

师谓门弟子曰:“达摩言:‘此方经,唯《楞伽》可以印心。’吾读此经,偈曰:‘诸法无法体,而说唯是心,不见于自心,而起于分别。’可谓大慈悲父如实极谈,我辈自不领受,背负恩德如恒河沙。”

或问曰:“然则见自心遂断分别乎?”

师曰:“非然也,譬如调马,马自见其影而不惊。何以故?以自知其影从自身出故。吾以是知,不断分别,亦舍心相也。只今目前如实而观,不见纤毫。祖师曰:‘若见现在、过去,未来亦应见;若不见过去、未来,现在亦不应见。’此语分明,人自迷昧。”

黄龙慧南禅师

有僧侍立,师顾视久之,问曰:“百千三昧,无量妙门,作一句说与汝,汝还信否?”

对曰:“和尚诚言,何敢不信?”

师指其左曰:“过这边来。”

僧将趋,师咄之曰:“随声逐色,有甚了期?出去!”

一僧知之,即趋入,师理前语问之,亦对曰:“安敢不信?”

师又指其左曰:“过这边来。”僧竖住不往。

师又咄曰:“汝来亲近我,反不听我语。出去!”

舜老夫暮年有所开示,但曰:“本自无事,从我何求?”

师闻之,谓侍者曰:“老夫耄矣!何不有事令无事,无事令有事,是谓净佛国土,成就众生。”

师室中常问僧曰:“人人尽有生缘,上座生缘在何处?”正当问答交锋,却复伸手曰:“我手何似佛手?”又问诸方参请宗师所得,却复垂脚曰:“我脚何似驴脚?”三十余年示此三问,学者莫能契旨,天下丛林目为“三关”。

大宁道宽禅师

僧问:“如何是露地白牛?”

师以火箸横火炉上,曰:“会么?”

曰:“不会。”

师曰:“头不欠,尾不剩。”

问:“天下禅客为什么出这个〇不得?”

师曰:“往往如斯。”

僧问:“教中云:‘始知众生本来成佛。’为什么有烦恼菩提?”

师曰:“甘草甜,黄连苦。”

曰:“却成两个去也。”

师曰:“你不妨会得好。”

道吾悟真禅师

师问僧:“甚处来?”

曰:“僧堂里来。”

师曰:“圣僧道什么?”

僧近前曰:“不审。”

师曰:“东家作驴,西家作马。”

曰:“过在什么处?”

师曰:“万里崖州。”

上堂:“夜来雷声震地,今朝细雨霏霏,干枯滋润,万物萌芽。且道嘉州大象长得髭须多少?还有道得者么?若也道得,陕府铁牛是常不轻菩萨;若道不得,土宿拽脱你鼻孔。”

越州姜山方禅师

僧问:“如何是不动尊?”

师曰:“单着布衫穿市过。”

曰:“学人未晓。”

师曰:“骑驴踏破洞庭波。”

曰:“透过三级浪,专听一声雷。”

师曰:“伸手不见掌。”

曰:“还许学人进向也无?”

师曰:“踏地告虚空。”

曰:“雷门之下,布鼓难鸣。”

师曰:“八花毬子上,不用绣红旗。”

曰:“三十年后此话大行。”师便打。

云峰文悦禅师

僧问:“巅山岩崖还有佛法也无?”

师曰:“有。”

曰:“如何是巅山岩崖佛法?”

师曰:“猢狲倒上树。”

上堂:“未达境唯心,起种种分别;达境唯心已,分别即不生。知诸法唯心,便舍外尘相。诸禅德!只如大地山河,明暗色空,法法现前,作么生说个舍的道理?于此明得,正在半涂,须知向上更有一窍在。”便下座。

上堂:“即今休去便休去,欲觅了时无了时。此事若向言语上作解,意根下卜度,天地悬殊,不得相应,岂况被人唤去方丈里涂糊指注,举《楞严》《肇论》、根尘色法、向上向下、有无得失,他时后日,死不得其地。近世更有一般宗匠,二三十年驰声走誉,只管教人但莫上他言句,唤作透声色,便问东答西,以为格外之句,将此狂解递相沿习,从此混伤宗教,诳惑后生。苦哉!苦哉!我王库中无如是刀。”下座。

慧林宗本圆照禅师

高丽僧统义天，以王子奉国命使于朝，闻师名，请以弟子礼见，问其所得，以《华严经》对。师曰："《华严经》三身佛，报身说耶？化身说耶？法身说耶？"

义曰："法身说。"

师曰："法身遍周沙界，当时听众何处蹲立？"义茫然无对。

黄龙祖心晦堂宝觉禅师

师与夏倚公立谈，至《肇论》"会万物为自己者"及"情与无情共一体"时，有狗卧香桌下，师以压尺击狗，又击香桌曰："狗有情即去，香桌无情自住。情与无情如何得成一体？"公立不能对。

师曰："才涉思惟，便成剩法，何曾会万物为己哉？"

上堂："若也单明自己，不悟目前，此人有眼无足；若悟目前，不明自己，此人有足无眼。据此二人，十二时中常有一物蕴在胸中。物既在胸，不安之相常在目前，既在目前，便触涂成滞。作么生得平稳去？祖不言乎：'执之失度，必入邪路；放之自然，体无去住。'"

师室中常举拳问僧曰："唤作拳头则触，不唤作拳头则背，唤作什么？"

示众云："碍处非墙壁，通处没虚空，若能如是会，心色本来同。拂子是色，哪个是心？灵利汉才闻举着，隔墙见角，早知是牛。更若拟议思量，白云千里万里。"

宝峰云庵真净禅师

开堂日，乃曰："问话且止。只知问佛问法，殊不知佛法来处。且道从什么处来？"垂一足曰："昔日黄龙亲行此令，十方诸佛无敢违者；诸代祖师、一切圣贤无敢越者；无量法门，一切妙义，天下老和尚舌头始终一印,无敢异者。无异则且置,印在什么处?还见么?若见,非僧非俗,无偏无党,一一分付;若不见,而我自收。”遂收足,喝一喝,曰:“兵随印转,将逐符行。佛手、驴脚、生缘,老好痛与三十棒。而今会中莫有不甘者么?若有,不妨奇特;若无,新长老谩你诸人去也。”

白云守端禅师

示众:“若端的得一回汗出来也,向一茎草上便现琼楼玉殿;若未端的得一回汗出,纵有玉殿琼楼,却被一茎草盖却。且道作么生得汗出去?”良久,云:“自有一双穷相手,不曾容易舞三台。”

保宁勇和尚

示众云:“古人的,今人用;今人的,古人为。古今无背面,今古几人知?啷呜咿!一九与二九,相逢不出手。”又云:“无种灵苗火里栽,铁花还向树头开,蓦然结个团圞果,指似时人处得来。”

黄龙死心悟新禅师

师室中问僧:“月晦之阴,以五色彩着于暝中,令百人千万人夜视其色,宁有辨其青黄赤白者么?”僧无语。

师代曰:“个个是盲人。”

示众曰:“心外无法,而法可明;法外无心,而心可通。可通可明,心法全宗。全其宗,则法法皆宗;全其心,则心心无心。心既无心,直造其源,得其源,则现大身而满虚空中,现小身而纤尘不立。作么生是纤尘不立?”良久,云:“一点水墨,两处成龙。”

青原惟信禅师

上堂,师云:“老僧三十年前未参禅时,见山是山,见水是水;及至后来,亲见知识,有个入处,见山不是山,见水不是水;而今得个休歇处，依前见山只是山，见水只是水。大众！这三般见解，是同是别？有人缁素得出，许汝亲见老僧。”

五祖法演禅师

三佛侍师于一亭上夜话，及归，灯已灭，师于暗中曰：“各人下一转语看。”

佛鉴曰：“彩凤舞丹霄。”

佛眼曰：“铁蛇横古路。”

佛果曰：“看脚下。”

师曰：“灭吾宗者，克勤耳。”

示众，举德山答僧我宗无语句，雪峰闻之有省。后峰云“我当时空手去，空手归”因缘，师云：“白云今日说向透未过者，譬如有个人从东京来，问伊甚处来，他却道苏州来。问伊苏州事如何，伊道一切只寻常。虽然如是，谩白云不过。何故？只为他语音各别，毕竟如何？苏州菱，邵伯藕。”

师上堂：“人之性命事，第一须是○，欲得成此○，先须防于○，若是真○人○○。”

示众云：“‘吾本来兹土，传法救迷情。一花开五叶，结果自然成。’达摩大师信脚来，信口道，后代儿孙多成计较。要会开花结果处么？郑州梨，青州枣，万物无过出处好。”

郭功甫初到五祖，请祖升座，公趋前拈香曰：“此一瓣香，爇向炉中，供养我堂头法兄禅师。伏愿于方广座上，擘开面门，放出先师形相，与他诸人描邈。何以如此？白云岩畔旧相逢，往日今朝事不同。夜静水寒鱼不食，一炉香散白莲峰。”

祖遂云：“曩谟萨怛哆钵啰野。恁么恁么，几度白云溪上望，黄梅花向雪中开；不恁么不恁么，嫩柳垂金线，且要应时来。不见庞居士问马大师云：‘不与万法为侣者是什么人？’大师云：‘待汝一口吸尽西江水即向汝道。’大众！一口吸尽西江水，万丈深潭穷到底。略约不是赵州桥，明月清风安可比？”

泐潭景祥禅师

师室中问僧:“达摩西归,手携只履,当时何不两只都将去?”
曰:“此土也要留个消息。”
师曰:“一只脚在西天,一只脚在东土,着甚来由?”僧无语。
问僧:“唯一坚密身,一切尘中现。如何是尘中现的身?”
僧指香炉曰:“这个是香炉。”
师曰:“带累三世诸佛生陷地狱。”僧罔措,师便打。

慈氏瑞仙禅师

师至投子,广鉴问:“乡里甚处?”
师曰:“两浙东越。”
鉴曰:“东越事作么生?”
师曰:“秦望峰高,鉴湖水阔。”
鉴曰:“秦望峰与你自己是同是别?”
师曰:“西天梵语,此土唐言。”
鉴曰:“此犹是丛林祇对,毕竟是同是别?”
师便喝,鉴便打。
师曰:“恩大难酬。”便礼拜。

丞相张商英居士

公尝云:“先佛所说,于一毛端现宝王刹,坐微尘里转大法轮,是真实义。法华会上多宝如来在宝塔中分半座与释迦文佛,过去佛、现在佛同坐一处,实有如是事,非谓表法。”

太平慧勤佛鉴禅师

文殊心道禅师初参诸方,抵太平,闻师夜参举赵州柏树子话,至“觉铁觜云:‘先师无此语,莫谤先师好。’”因大疑。提撕既久,一夕豁然，即趋丈室，拟叙所悟。

师见来，便闭门，道曰："和尚莫瞒某甲。"

师曰："十方无壁落，何不入门来？"

道以拳擉破窗纸，鉴即开门搊住云："道！道！"

道以两手捧师头作口啐而出，遂呈偈曰：

赵州有个柏树话，禅客相传遍天下。
多是摘叶与寻枝，不能直向根源会。
觉公说道无此语，正是恶言当面骂。
禅人若具通方眼，好向此中辨真假。

师深然之。

龙门清远佛眼禅师

示众："千说万说，不若亲面一见。纵不说，亦自分明。王子宝刀喻，众盲摸象喻，禅学中隔江招手事，望州亭相见事，迥绝无人处，深山岩崖处事，此皆亲面而见之，不在说也。"

上堂云："大众，或有人唤上座，上座便应，设使不应，心中也须领览。今时学人便道：'应的是也，领览的是也。'若如此会，便是入地狱汉子。是即且置，且道面前是阿谁唤你？是有人唤耶？是无人唤耶？还裁断得么？若是有人唤，山精鬼魅唤你时，天魔外道唤你时，如何辨白？若道无人唤，你又不聋不騃，如何得无人唤？这个是十二时中生死路头事，诸人明得么？有人唤，生迷乱；无人唤，遭系绊。若能行，生死断，万两金，终不换。"下座。

师作示道三偈：

一曰《随流》：

千圣灵踪百草头，卓然放去号随流。
从教万古无人识，笑杀沩山水牯牛。

二曰《合辙》：

水中月是天边月，南北东西更无别。
新罗打铁火星飞，烧着指头名合辙。

三曰《双唱》:

坐断千差古路头,解开空岸济人舟。
明明一句该群象,善唱无声作么求?

净因继成禅师

师同圆悟、法真、慈受并十大法师、禅讲千僧,赴太尉陈公良弼府斋,时徽宗私幸观之。有善《华严》者,贤首宗之义虎也,对众问曰:“吾佛设教,自小乘至于圆顿,扫除空有,独证真常,然后万德庄严,方名为佛。常闻禅宗一喝,能转凡成圣,与诸经论似相违背。今一喝若能入吾宗五教,是为正说;若不能入,是为邪说。”

诸禅视师,师曰:“如法师所问,不足三大禅师之酬,净因小长老可以使法师无惑也。”师召善,善应诺。

师曰:“法师所谓小乘教者,乃有义也;大乘始教者,乃空义也;大乘终教者,乃不有不空义也;大乘顿教者,乃即有即空义也;一乘圆教者,乃不有而有,不空而空义也。如我一喝,非唯能入五教,至于工巧伎艺,诸子百家,悉皆能入。”

师震声喝一喝,问善曰:“闻么?”

曰:“闻。”

师曰:“汝既闻,此一喝是有,能入小乘教。”

须臾又问善曰:“闻么?”

曰:“不闻。”

师曰:“汝既不闻,适来一喝是无,能入始教。”遂顾善曰:“我初一喝,汝既道有;喝久声消,汝复道无。道无,则原初实有;道有,则而今实无。不有不无,能入终教。我有一喝之时,有非是有,因无故有;无一喝之时,无非是无,因有故无。即有即无,能入顿教。须知我此一喝不作一喝用,有无不及,情解俱忘。道有之时,纤尘不立;道无之时,横遍虚空。即此一喝入百千万亿喝,百千万亿喝入此一喝,是故能入圆教。”善乃起再拜。

师复谓曰:“非唯一喝为然,乃至一语一默,一动一静,从古至今,十方虚空,万象森罗,六趣四生,三世诸佛,一切圣贤,八万四千法门,百千三昧,无量妙义,契理契机,与天地万物一体,谓之法身。三界唯心,万法唯识,四时八节,阴阳一致,谓之法性。是故《华严经》云:法性遍在一切处,有相无相,一声一色,全在一尘中,含四义,事理无边,周遍无余,参而不杂,混而不一。于此一喝中皆悉具足,犹是建化门庭,随机方便,谓之小歇场,未至宝所。殊不知吾祖师门下,以心传心,以法印法,不立文字,见性成佛,有千圣不传的向上一路在。”

善又问曰:“如何是向上一路?”

师曰:“汝且向下会取。”

善曰:“如何是宝所?”

师曰:“非汝境界。”

善曰:“望禅师慈悲。”

师曰:“任从沧海变,终不为君通。”善胶口而出。上大悦,闻者靡不叹仰。

国清妙印禅师

上堂:“满口道得的,为什么不知有?十分知有的,为什么道不得?且道誵讹在什么处?若也知处,许你照用同时,明暗俱了;其或未然,道得道不得,知有不知有,南山石大虫,解作狮子吼。”

华藏密印安民禅师

师一日白圆悟曰:“和尚休举话,待某说看。”

圆悟:“诺。”

师曰:“寻常拈槌竖拂,岂不是经中道:‘一切世界诸所有相,皆即菩提妙明真心。’”

圆悟笑曰:“你原来在这里作活计。”

师又曰:“下喝敲床时,岂不是‘返闻闻自性,性成无上道’?”

圆悟曰:“你岂不见经中道:‘妙性圆明,离诸名相。’”师于言下释然。

圆悟出蜀,居夹山,师罢讲侍行。圆悟为众夜参,举古帆未挂因缘,师闻未领,遂求决。圆悟曰:“你问我。”

师举前话,圆悟曰:“庭前柏树子。”

师即洞明,谓圆悟曰:“古人道:‘如一滴投于巨壑。’殊不知大海投于一滴。”

圆悟笑曰:“奈这汉何!”未几,令分座。

大沩法泰禅师

僧问:“理随事变,该万有而一片虚凝;事逐理融,等千差而咸归实际。如何是理法界?”

师曰:“山河大地。”

曰:“如何是事法界?”

师曰:“万象森罗。”

曰:“如何是理事无碍法界?”

师曰:“东西南北。”

曰:“如何是事事无碍法界?”

师曰:“上下四维。”

云居高庵善悟禅师

一日,有僧被蛇伤足,佛眼问曰:“既是龙门,为什么却被蛇咬?”

师即应曰:“果然现大人相!”佛眼益器之。

后传此语到照觉,圆悟曰:“龙门有此僧耶,东山法道未寂寥尔。”

白杨法顺禅师

师依止佛眼，闻普说举"傅大士《心王铭》云：'水中盐味，色里胶青，决定是有，不见其形。'"乃于言下有省。

后观宝藏迅转，顿明大法，趋丈室作礼，呈偈曰：

顶有异峰云冉冉，源无别派水泠泠。
游山未到山穷处，终被青山碍眼睛。

佛眼笑而可之。

普庵印肃禅师

师谒牧庵于湘之沩山，问："万法归一，一归何处？"牧庵竖拂示之，有省。归寿隆，时年二十九矣。

使牒请主慈化寺，师利世不伐，尝言："舍家出家，当为何事？披缁削发，本属何因？若不报国资家，虚负皇恩；若不导化檀那，枉作释子。"楮衣粝食，胁不沾席者，十有二年。

一日，诵《华严论》，至"达本情亡，知心体合"，豁然大悟，遍体汗流，曰："我今亲契华严法界矣！"

遂示众曰："李公长者于《华严》大经之首，痛下一槌，击碎三千大千世界，如汤消雪，不留毫发许，于后进者作得滞碍。普庵老人一见，不觉吞却五千四十八卷，化成一气，充塞虚空，方信释迦老子出气不得之句，然后破一微尘，出此《华严经》，遍含法界，无理不收，无法不贯，便见摩耶夫人是我身，弥勒楼台是我体，善财童子是甚茄子？文殊、普贤与我同参，不动道场，遍周法界，悲涕欢喜，踊跃无量，大似死中得活，如梦忽醒。"良久，云："不可说，不可说，又不可说，始信《金刚经》云：'信心清净，即生实相。'实相既生，妄想相灭，全体法身遍一切处，方得大用现前。"即说偈曰：

捏不成团拨不开，何须南岳又天台？

六根门首无人用,惹得胡僧特地来。

师一日举似心斋、圆通二子云:“达本情亡,知心体合,汝作么生会?”

二人相顾笑云:“未达。”

明日各呈颂,师因题云:“据宗眼看来,句到意未到,其体未合,其情未亡,乘便强占二词调,曰《解佩令》,明眼人前觑着,三十拄杖不饶。为什么如此?不合雪上加霜。”

其一云:“先天先地,何名何样?阿曼陀无物比况,触目菩提,自是人不肯承当。且轮回滞名着相,圆融法界无思无想,庐陵米不用商量。血脉才通,便知道击木无声,打虚空尽成金响。”

其二云:“柏庭立雪,一场败阙,了无为当下休歇。百匝千围,但只这孤圆心月,不揩磨镇常皎洁,无余无欠,无听无说。韶阳老只得一橛,十圣三贤闻举着,魂消胆裂,唯普庵迥然寂灭。”

俄有僧称道存,自蜀冒雪而来,既见,师曰:“此吾不请友也。”遂相征诘,棒喝交驰,心心密契。

僧曰:“师再来人也!”

净慈师一禅师

师首参雪峰慧照禅师,慧照举藏身无迹话问之,师数日方明。呈偈曰:

藏身无迹更无藏,脱体无依便厮当。

古镜不劳还自照,淡烟和雾湿秋光。

慧照质之曰:“毕竟哪里是藏身无迹处?”

师曰:“嗄!”

慧照曰:“无踪迹处因什么莫藏身?”

师曰:“石虎吞却木羊儿。”慧照深肯之。

大安山省和尚

僧问:“离四句,绝百非,请和尚道。”

曰:“我王库内无如是刀。”

问:“重重关锁,信息不通时如何?”

曰:“争得到这里?”

云:“到后如何?”

曰:“彼中事作么生?”

问:“如何是真中真?”

曰:“十字街头泥佛子。”

花药英和尚

示众,师拈拄杖云:“我今为汝等保任此事终不虚也,大觉世尊是真语者、实语者、如语者、不诳语者、不异语者,不赚汝诸人,还信得及么?”喝一喝,云:“上无攀仰,下绝己躬,虚空大地咸出心中。万里八九月,一身西北风。”下座。

清凉普明和尚

示众云:“祖师心法,洞贯十方,今古恒然,法尔如是。如是之法,不假修而自就,不假得而自圆,一切现成,名不动地。用而非有,不用非无,妙体湛然,恒常不变,体合妙用,应备无为,映现重重,无边色相,心无自性,触事全彰,不动道场,遍十方界,如斯境界,略暂回光,背觉合尘,妄为影事。此之事,意如王大路行之即是,假使不行,亦在其路。如斯所论,犹是化门之说,若以举唱宗乘,只有一时散去好。”

卷第三十一

历代禅师语录(后集)

御制序

达摩西来,不立文字,直指人心,以此慧灯,续佛慧命。到这里,唯证乃知非可测。见闻知觉,一点难容;才辨聪明,丝毫无涉。但将一句无义味话,似银山铁壁看去,一时不了阅一岁,一岁不了阅一纪,拼却今生来生,与之抵对,久之久之,一时参破,万有皆空,并此无义味话亦了不可得。树头果熟,因风堕地,五花八裂,囫地一声,自然无着落处而知有着落在。然此无义味话,本同兔角龟毛,岂为真实?曰"末后句"、曰"活句"者,唯用以接引初机,千篇一律,正是敲门之瓦,意在门开。若持瓦不敲,唯向门前之绕,摩挲把玩,瓦不释手,甚至谓人之瓦不良,谓己之瓦至美,张旗树帜,为瓦交锋,瓦战弥深,去门愈远,不曰狂徒,不可得也。

今之宗门,每以"藏头白,海头黑""院主眉须堕落""掇退果棹"之类,谓之末后句。盖因先从解路推求,推到解路断绝处,则强为末后句,翻成虚套实法也。更有以"父母未生前本来面目""万法归一,一归何处""念佛的是谁"等为死句,以"东山水上行""庭前柏树子""唵阿吽""苏噜苏噜嗦唎嗦唎"等为活句。盖谓有字义可寻,则为死句;无字义可寻,则曰活句也。如此会取,则末后句尚未是初句,而活句已尽成死句矣。

水里月轮,岂容捞漉?空中火聚,安可推排?果能化毒药为醍醐,嚼金刚为香饭,脚跟着地,鼻孔撩天,自然知得祖师所言,无非末后句,无非活句,即至三藏十二分,亦无非末后句,无非活句,否则千七百则公案尽是死句,亦无一末后句。古德云:"有句无句,如藤倚树,树倒藤枯,好一堆烂柴。"古人与么老婆心切,明明道出,犹自不悟,不肯向藤树烂柴中直下承当,体取活句,只管向有句无句边分别初末,众生颠倒,实为可怜。甚至各立门庭,回护祖父,或乃当场败阙,嫉妒同参。挥劚情绝见之太阿锋,争情争见;用疗恚医痴之甘露味,增恚增痴。不知转得句圆,辨得机捷,与吾灵觉有何交涉?佛祖慧命岂其在斯?况此因缘,本同龟毛兔角,如曰胜,则有言亦胜,无言亦胜;如曰负,则一场忪愣固负,便百转不穷,愈见其负。岂得曰胜者活句,负者死句,胜者知末后句,负者不知末后句也?

朕二十余年来,于本分少得相应。于藩邸时,颇阅今时禅侣伎俩,大抵不过如是,尝于此作游戏三昧。巍巍堂堂者,折其头角;窃窃沉沉者,碎其窟窠。出泥牛于海心,载之片叶;骤玉麟于天上,控以单丝。机辨纷驰,遇者尽屈于句下。方之于古,朕实不后于人。然于所为本分相应者,何尝于此有丝毫交涉耶?为悯学人身住大圆觉场而不得正悟,魔外滋繁,狂参益炽,故选录从上古德专提向上之语,刊示丛林,以期灯传无尽。而凡接引初机,及问答如流,机锋迅利者,并不入选。又恐未经举出,学人眼目不明,用是取其中不误学者中止化城,有碍正知正见者,别录一帙,以供随喜。盖古人既于无梯航处设兹梯航,朕即于无等次中分其等次,譬如虚空,方则空方,圆则空圆。朕以方还方,以圆还圆,而为分别。然而方空圆空,等是虚空,非因分别而有同异也。

是选也,譬如鼓瑟弹琴,敲金击石,丹青书翰,咏月吟花,无非游戏三昧,可佐法喜禅悦,尚不得作杨叶止啼会云。至其中有数十则可入前集者,则以选阅《指月录》等书之后,采辑《教外别传》《禅宗正脉》,其时前集已经刻成,难于按次添入,因即编之后集卷内。事出偶然,遂成别例。阅此书者,玩千番之珉石,忽遇九华;散百斛之小玑,间逢七采。发心参学,未妨引起疑情;明眼宗徒,不必逐条指出。譬如曾游龙藏,自然到眼立分;若其生长筚门,且任目迷五色。爰识其缘起,俟学人自择焉。

雍正十一年癸丑八月望日

善慧傅大士

梁武帝请讲《金刚经》，士才升座，以尺挥案一下便下座。帝愕然，圣师曰："陛下还会么？"

帝曰："不会。"

圣师曰："大士讲经竟。"

大士一日披衲，顶冠，靸履，朝见，帝问："是僧耶？"士以手指冠。

帝曰："是道耶？"士以手指靸履。

帝曰："是俗耶？"士以手指衲衣。

偈曰：

空手把锄头，步行骑水牛，
人从桥上过，桥流水不流。

泗州僧伽大师

唐高宗时，至长安、洛阳行化，历吴楚间，手执杨枝，混于缁流。或问："师何姓？"

即答曰："我姓何。"

又问："师何国人？"

师曰："我何国人。"

天台丰干禅师

师欲游五台，问寒、拾曰："汝共我去游五台，便是我同流；若不共我去游五台，不是我同流。"

山曰："你去游五台作什么？"

师曰："礼文殊。"

山曰："你不是我同流。"

师寻独入五台，逢一老人，便问："莫是文殊么？"

曰:“岂可有二文殊?”师作礼未起,忽然不见。

师凡有人问佛理,止答“随时”二字。

寒山大士

赵州游天台路次,相逢大士,见牛迹,问州曰:“还识牛么?”

州曰:“不识。”

士指牛迹曰:“此是五百罗汉游山。”

州曰:“既是罗汉,为什么却作牛去?”

士曰:“苍天! 苍天!”州呵呵大笑。

士曰:“作什么?”

州曰:“苍天! 苍天!”

士曰:“这厮儿宛有大人之作。”

拾得大士

国清寺半月念戒,众集,大士拍手曰:“聚头作想那事如何?”维那叱之。

大士曰:“大德且住! 无瞋即是戒,心净即出家,我性与你合,一切法无差。”

明州布袋和尚

有一僧在师前行,师乃拊僧背一下,僧回头,师曰:“乞我一文钱。”

曰:“道得即与你一文。”师放下布袋,叉手而立。

师在街衢立,有僧问:“和尚在这里作什么?”

师曰:“等个人。”

曰:“来也! 来也!”

师云:“汝不是这个人。”

曰:“如何是这个人?”

师曰:"乞我一文钱。"

偈曰:

是非憎爱世偏多,仔细思量奈我何。
宽却肚肠须忍辱,豁开心地任从他。
若逢知己须依分,纵遇冤家也共和。
若能了此心头事,自然证得六波罗。

又偈曰:

一钵千家饭,孤身万里游,
青目睹人少,问路白云头。

法华志言大士

丞相吕许公问佛法大意,师曰:"本来无一物,一味却成真。"

集仙王质问:"如何是祖师西来意?"

师曰:"青山影里泼蓝起,宝塔高吟撼晓风。"

又曰:"请法华烧香。"

师曰:"未从斋戒觅,不向佛边求。"

国子助教徐岳问祖师西来意,师曰:"街头东畔底。"

徐曰:"某甲未会。"

师曰:"三般人不会。"

僧问:"世有佛否?"

师曰:"寺里文殊。"

有问师:"凡耶? 圣耶?"

遂举手曰:"我不在此住。"

扣冰澡先禅师

师谒雪峰,手携皂荚一包、酱一器献之。峰曰:"包中是何物?"

师曰:"皂荚。"

峰曰:"何处得来?"

师曰:“泥中得。”

峰曰:“泥深多少?”

师曰:“无丈数。”

峰曰:“还更有么?”

师曰:“转有转深。”

又问:“器中何物?”

曰:“酱。”

峰曰:“何处得来?”

曰:“自合得。”

峰曰:“还熟也未?”

曰:“不较多。”

峰异之,曰:“子异日必为王者师。”

初居温岭,继居将军岩,二虎侍侧,神人献地为瑞岩院,学者争集。尝谓众曰:“古圣修行,全凭苦节,吾今夏则衣楮,冬则扣冰而浴。”故人号为“扣冰古佛”。

有僧烧炭积成火龛,曰:“请师入此修行。”

曰:“真玉不随流水化,琉璃争夺众星明?”

曰:“莫只这便是么?”

曰:“且莫认奴作郎。”

曰:“毕竟如何?”

曰:“梅花腊月开。”

天成戊子,应闽王之召,王敬礼谢茶次,师提起橐子曰:“会么?”

曰:“不会。”

曰:“人王法王,各自照了。”

留十日,以疾辞。

懒残大士

师有歌曰:

兀然无事无改换,无事何须论一段?直心无散乱,他事不须断。

过去已过去，未来犹莫算。兀然无事坐，何曾有人唤？

向外觅工夫，总是痴顽汉。粮不畜一粒，逢饭但知噇。

世人多事人，相趁浑不及。我不乐天生，亦不爱福田。

饥来吃饭，困来即眠，愚人笑我，智乃知焉。不是痴钝，本体如然。

要去即去，要住即住。身披一破衲，脚着娘生裤。

多言复多语，由来反相误。若欲度众生，无过且自度。

莫谩求真佛，真佛不可见。妙性及灵台，何须受薰炼？

心是无事心，面是娘生面。劫石可移动，个中无改变。

无事本无事，何须读文字？削除人我本，冥合个中意。

种种劳筋骨，不如林下睡兀兀。举头见日高，吃饭从头律。

将功用功，展转冥蒙，取即不得，不取自通。

吾有一言，绝虑忘缘，巧说不得，只用心传。

更有一语，无过直与，细如毫末，大无方所。本自圆成，不劳机杼。

世事悠悠，不如山丘，青松蔽日，碧涧长流。山云当幕，夜月为钩。

卧藤萝下，块石枕头，不朝天子，岂羡王侯？生死无虑，更复何忧？

水月无影，我常只宁。万法皆尔，本自无生。兀然无事坐，春来草自青。

法顺大师

师作法身颂曰：

嘉州牛吃禾，益州马腹胀。

天下觅医人，灸猪左膊上。

南岳怀让禅师

有大德问:“如镜铸像,像成后,未审光向什么处去?”

师曰:“如大德为童子时相貌何在?”

曰:“只如像成后,为什么不鉴照?”

师曰:“虽然不鉴照,谩他一点不得。”马大师阐化于江西,师问众曰:“道一为众说法否?”

众曰:“已为众说法。”

师曰:“总未见人持个消息来。”众无对。

因遣一僧去,嘱曰:“待伊上堂时,但问作么生,伊道的言语,记将来。”

僧去,一如师旨,回谓师曰:“马师云‘自从胡乱后,三十年不曾少盐酱。’”师然之。

青原行思禅师

希迁诣静居参礼,师曰:“子何方来?”

迁曰:“曹溪。”

师曰:“将得什么来?”

曰:“未到曹溪亦不失。”

师曰:“若恁么,用去曹溪作什么?”

曰:“若不到曹溪,争知不失?”

迁又曰:“曹溪大师还识和尚否?”

师曰:“汝今识吾否?”

曰:“识又争能识得?”

师曰:“众角虽多,一麟足矣!”

迁又问:“和尚自离曹溪,什么时至此间?”

师曰:“我却知,汝早晚离曹溪。”

曰:“希迁不从曹溪来。”

师曰:“我亦知汝去处也。”

曰:“和尚幸是大人,莫造次。”

他日,师复问迁:“汝什么处来?”

曰:“曹溪。”

师乃举拂子曰:“曹溪还有这个么?”

曰:“非但曹溪,西天亦无。”

师曰:“子莫曾到西天否?”

曰:“若到,即有也。”

师曰:“未在,更道。”

曰:“和尚也须道取一半,莫全靠学人。”

师曰:“不辞向汝道,恐已后无人承当。”

马祖道一禅师

僧问:“和尚为什么说即心即佛?”

曰:“为止小儿啼。”

曰:“啼止时如何?”

师曰:“非心非佛。”

曰:“除此二种人来,如何指示?”

师曰:“向伊道不是物。”

曰:“忽遇其中人来时如何?”

曰:“且教伊体会大道。”

一夕,西堂、百丈、南泉随侍玩月次,师问:“正恁么时如何?”

堂曰:“正好供养。”

丈曰:“正好修行。”泉拂袖便行。

师曰:“经入藏,禅归海,唯有普愿独超物外。”

僧参次,师乃画一圆相,云:“入也打,不入也打。”僧才入,师便打。

僧云:“和尚打某甲不得。”师靠拄杖,休去。

问:“如何得合道?”

师曰:“我早不合道。”

有小师耽源行脚回,于师前画个圆相,就上拜了立,师曰:“汝莫欲作佛否?”

曰:“某甲不解捏目。”

师曰:“吾不如汝。”小师不对。

邓隐峰辞师,师曰:“什么处去?”

曰:“石头去。”

师曰:“石头路滑。”

曰:“竿木随身,逢场作戏。”便去。

才到石头,即绕禅床一匝,振锡一声,问:“是何宗旨?”

石头曰:“苍天!苍天!”

峰无语,却回,举似师,师曰:“汝更去问,待他有答,汝便嘘两声。”

峰又去,依前问,石头乃嘘两声。峰又无语,回,举似师,师曰:“向汝道石头路滑。”

有僧于师前作四画,上一画长,下三画短,曰:“不得道一画长,三画短,离此四字外,请和尚答。”

师乃画地一画,曰:“不得道长短,答汝了也。”

师问僧:“什么处来?”

云:“湖南来。”

师云:“东湖水满也未?”

云:“未。”

师云:“许多时雨水尚未满。”

石头希迁禅师

门人道悟问:“曹溪意旨谁人得?”

师曰:“会佛法人得。”

曰:“师还得否?”

师曰:“不得。”

曰："为什么不得？"

曰："我不会佛法。"

牛头山法融禅师

师年十九，学通经史，寻阅大部《般若》，晓达真空。忽一日叹曰："儒学世典，非究竟法，《般若》真观，出世舟航。"遂隐茅山，投师落发。后入牛头山幽栖寺北岩之石室，有百鸟衔花之异。

四祖遥观气象，知彼山有异人，乃躬自寻访，问寺僧："此间有道人否？"

曰："出家儿哪个不是道人？"

祖曰："阿哪个是道人？"僧无对。

别僧曰："此去山中十里许，有一懒融，见人不起，亦不合掌，莫是道人么？"

祖遂入山，见师端坐自若，曾无所顾。祖问曰："在此作什么？"

师曰："观心。"

祖曰："观是何人？心是何物？"

师无对，便起作礼曰："大德高栖何所？"

祖曰："贫道不决所止，或东或西。"

师曰："还识道信禅师否？"

祖曰："何以问他？"

师曰："向德滋久，冀一礼谒。"

祖曰："道信禅师，贫道是也。"

师曰："因何降此？"

祖曰："特来相访，莫更有宴息之处否？"

师指后面曰："别有小庵。"遂引祖至庵所，绕庵唯见虎狼之类，祖乃举两手作怖势。

师曰："犹有这个在。"

祖曰："这个是什么？"师无语。

少选,祖却于师宴坐石上书一佛字,师视之竦然,祖曰:“犹有这个在。”

博陵王问曰:“恰恰用心时,若为安隐好?”

师曰:“恰恰用心时,恰恰无心用。曲谈名相劳,直说无繁重。无心恰恰用,常用恰恰无。今说无心处,不与有心殊。”

问曰:“智者引妙言,与心相会当。言与心路别,合则万倍乖。”

师曰:“方便说妙言,破病大乘道。非关本性谈,还从空化造。无念为真常,终当绝心路。离念性不动,生灭无乖误。谷响既有声,镜像能回顾。”

天柱崇慧禅师

僧问:“达摩未来此土时,还有佛法也无?”

师曰:“未来且置,即今事作么生?”

曰:“某甲不会,乞师指示。”

师曰:“万古长空,一朝风月。”僧无语。

师复曰:“阇黎会么?”

曰:“不会。”

师曰:“自己分上作么生?干他达摩来与未来作么?他家来,大似卖卜汉,见汝不会,为汝锥破卦文,才生吉凶,尽在汝分上,一切自看。”

僧曰:“如何是解卜底人?”

师曰:“汝才出门时便不中也。”

径山道钦禅师

马祖令人送书到,书中作一圆相,师发缄,于圆相中着一点,却封回。

鸟窠道林禅师

白居易守杭时，入山谒师，问曰："禅师住处甚危险！"

师曰："太守危险尤甚！"

白曰："弟子位镇江山，何险之有？"

师曰："薪火相交，识性不停，得非险乎？"

又问："如何是佛法大意？"

师曰："诸恶莫作，众善奉行。"

白曰："三岁孩儿也解恁么道。"

师曰："三岁孩儿虽道得，八十老人行不得。"白作礼而退。

寿州道树禅师

师得法于北宗秀，卜寿州三峰山，结茅而居。常有野人，服色素朴，言谈诡异，时忽化作佛及菩萨、罗汉、天仙等形，或放神光，或呈声响。师之学徒睹之，皆不能测。如此涉十年后，寂无形影。

师告众曰："野人作多色伎俩眩惑于人，只消老僧不见不闻，伊伎俩有穷，吾不见不闻无尽。"

嵩岳破灶堕和尚

师不称名氏，言行叵测。隐居嵩岳，山坞有庙甚灵，殿中唯安一灶，远近祭祀不辍，烹宰物命甚多。

师一日领寺僧入庙，以杖敲灶三下，曰："咄！此灶只是泥瓦合成，圣从何来？灵从何起？恁么烹宰物命！"又打三下，灶乃倾破堕落。

须臾，有一人青衣峨冠，设拜师前，师曰："是什么人？"

曰："我本此庙灶神，久受业报，今日蒙师说无生法，得脱此处，生在天中，特来致谢。"

师曰："是汝本有之性，非吾强言。"神再礼而没。

少选,侍僧问曰:“某等久侍和尚,不蒙示诲。灶神得什么径旨,便得生天?”

师曰:“我只向伊道‘是泥瓦合成’,别也无道理为伊。”侍僧无言。

师曰:“会么?”

僧曰:“不会。”

师曰:“本有之性,为什么不会?”侍僧等乃礼拜。

师曰:“破也!破也!堕也!堕也!”

嵩岳元珪禅师

师得法安国师,隐于岳之庞坞。一日,有神人率群从谒师。师睹其貌,奇伟非常,乃问曰:“善来仁者!胡为而至?”

彼曰:“师宁识我耶?”

师曰:“吾观佛与众生等,吾一目之,岂分别耶?”

彼曰:“吾此岳神也,能生死于人,师安得一目我哉?”

师曰:“吾本不生,汝焉能死?吾视身与空等,视吾与汝等。汝能坏空与汝乎?苟能坏空及汝,吾则不生不灭也。汝尚不能如是,又安能生死吾耶?”

神稽首曰:“我亦聪明正直于余神,讵知师有广大之智辩乎?愿授以正戒,令我度世。”

师曰:“汝既乞戒,即既戒也。所以者何?戒外无戒,又何戒哉!”

神曰:“此理也,我闻茫昧,止求师戒我身为门弟子。”

师即为张坐,秉炉正几,曰:“付汝五戒,若能奉持,即应曰能;不能,即曰否。”

曰:“谨受教。”

师曰:“汝能不淫乎?”

曰:“我亦娶也。”

师曰:“非谓此也,谓无罗欲也。”

曰:“能。”

师曰："汝能不盗乎？"

曰："何乏我也？焉有盗取哉？"

师曰："非谓此也，谓向而福淫，不供而祸善也。"

曰："能。"

师曰："汝能不杀乎？"

曰："实司其柄，焉曰不杀？"

师曰："非谓此也，谓有滥误疑混也。"

曰："能。"

师曰："汝能不妄乎？"

曰："我正直，焉有妄乎？"

师曰："非谓此也，谓先后不合天心也。"

曰："能。"

师曰："汝不遭酒败乎？"

曰："能。"

师曰："如上是为佛戒也。"又言："以有心奉持，而无心拘执；以有心为物，而无心想身。能如是，则先天地生不为精，后天地死不为老，终日变化而不为动，毕尽寂默而不为休。信此，则虽娶非妻也，虽向非取也，虽柄非权也，虽作非故也，虽醉非昏也。若能无心于万物，则罗欲不为淫，福淫祸善不为盗，滥误疑混不为杀，先后违天不为妄，昏荒颠倒不为醉，是谓无心也。无心则无戒，无戒则无心、无佛、无众生、无汝及无我，孰为戒哉？"

神曰："我神通亚佛。"

师曰："汝神通十句，五能五不能；佛则十句，七能三不能。"

神竦然避席，跪启曰："可得闻乎？"

师曰："汝能戾上帝、东天行而西七曜乎？"

曰："不能。"

师曰："汝能夺地祇、融五岳而结四海乎？"

曰："不能。"

师曰："是谓五不能也。佛能空一切相，成万法智，而不能即灭定业;佛能知群有性,穷亿劫事,而不能化导无缘;佛能度无量有情,而不能尽众生界,是为三不能也。定业亦不牢久,无缘亦是一期,众生界本无增减,亘无一人能主其法。有法无主,是谓无法;无法无主,是谓无心。如我解,佛亦无神通也,但能以无心通达一切法尔。"

神曰:"我诚浅昧,未闻空义,师所授戒,我当奉行。今愿报慈德,效我所能。"

师曰:"我观身无物,观法无常,块然更有何欲耶?"

神曰:"师必命我为世间事,展我小神功,使已发心、初发心、未发心、不信心、必信心五等人,目我神踪,知有佛、有神、有能、有不能、有自然、有非自然者。"

师曰:"无为是,无为是。"

神曰:"佛亦使神护法,师宁隳叛佛耶?愿随意垂诲!"

师不得已而言曰:"东岩寺之障,莽然无树,北岫有之,而背非屏拥,汝能移北树于东岭乎?"

神曰:"已闻命矣。然昏夜必有喧动,愿师无骇。"即作礼而去。

师门送而目观之,见仪卫逶迤,如王者之状。其夕,果有暴风吼雷,栋宇摇荡。师曰:"神言征矣,众可无怖。"

诘旦和霁,则北岩松栝尽移东岭,森然行植。师谓其徒曰:"毋令外知,人将妖我。"

曰:"吾始居寺东岭,吾灭,汝必置吾骸于彼。"言讫,若委蜕焉。

嵩山峻极和尚

僧问:"如何是修善行人?"

师曰:"担枷带锁。"

曰:"如何是作恶行人?"

师曰:"修禅入定。"

曰:"某甲浅机,请师直指。"

师曰:"汝问我恶,恶不从善;汝问我善,善不从恶。"僧良久。

师曰:“会么?”

曰:“不会。”

师曰:“恶人无善念,善人无恶心。所以道‘善恶如浮云,俱无起灭处’。”僧于言下大悟。

后破灶堕闻举,乃曰:“此子会尽诸法无生。”

南阳慧忠国师

西天大耳三藏到京,云得他心通,帝命师试验三藏。才见师,便礼拜,立于右边,师问曰:“汝得他心通哪?”

对曰:“不敢。”

师曰:“汝道老僧即今在什么处?”

曰:“和尚是一国之师,何得却去西川看竞渡?”

良久,再问:“汝道老僧即今在什么处?”

曰:“和尚是一国之师,何得却在天津桥上看弄猢狲?”

师良久复问:“汝道老僧只今在什么处?”藏罔测。

师叱曰:“这野狐精!他心通在什么处?”藏无对。

一日,唤侍者,者应诺,如是三召,三应。师曰:“将谓吾辜负汝,却是汝辜负吾。”

南泉到参,师问:“什么处来?”

曰:“江西来。”

师曰:“还将得马师真来否?”

曰:“只这是。”

师曰:“背后的呢?”南泉便休。

丹霞来访,值师睡次,乃问侍者耽源云:“国师在否?”

者云:“在即在,只是不见客。”

霞云:“太深远生!”

者云:“莫道上座,佛眼也觑不见。”

霞云:“龙生龙子,凤生凤儿。”

师睡起,侍者举似师,师打二十棒趁出。丹霞闻,云:“不谬为南阳国师。”

师问紫璘供奉:“甚处来?”

云:“城南来。”

师云:“城南草作何色?”

云:“作黄色。”

师乃问童子:“城南草作何色?”

云:“作黄色。”

师云:“只这童子亦可帘前赐紫、对御谈玄。”

耽源应真禅师

吉州耽源山应真禅师,为国师侍者时,一日,国师在法堂中,师入来,国师乃放下一足,师见便出,良久却回,国师曰:“适来意作么生?”

师曰:“向阿谁说即得?”

国师曰:“我问你。”

师曰:“什么处见某甲?”

师又问:“百年后有人问极则事,如何?”

国师曰:“幸自可怜生!须要觅个护身符子作么?”

国师讳日设斋,有僧问曰:“国师还来否?”

师曰:“未具他心。”

曰:“又用设斋作么?”

师曰:“不断世谛。”

宋太宗皇帝

一日,幸相国寺,问看经僧曰:“是什么经?”

曰:“《仁王经》。”

曰:“既是寡人经,因甚却在卿手里?”无对。

幸开宝塔,问僧:“卿是甚人?”

曰："塔主。"

曰："朕之塔，因甚卿作主？"无对。

僧朝，宗问："甚处来？"

曰："庐山卧云庵。"

曰："朕闻卧云深处不朝天，因甚到此？"无对。

僧入对次，奏曰："陛下还记得么？"

曰："甚处相见来？"

曰："灵山一别，直至如今。"

曰："以何为验？"无对。

京寺回禄，藏经毁，僧乞宣赐。召问："昔日摩腾不烧，如今为甚却烧？"无对。

宗尝梦神人报曰："请陛下发菩提心。"因早朝宣问左右街："菩提心作么生发？"无对。

茶陵郁山主

师不曾行脚。因庐山有化士至，论及宗门中事，教看"僧问法灯：'百尺竿头如何进步？'灯曰：'嗯。'"凡三年，一日，乘驴度桥，一蹋桥板而堕，忽然大悟。遂有颂云：

我有神珠一颗，久被尘劳关锁。
今朝尘尽光生，照破山河万朵。

因兹更不游方。

楼子和尚

师不知何许人，亦不知其名氏。一日，偶经游街市间，于酒楼下整袜带次，闻楼上人唱曲云："你既无心我便休。"忽然大悟，因号"楼子"焉。

福州云顶禅师

有居士问:“洞山道:‘有一物,上拄天,下拄地。’未审是什么物?”

师曰:“担铁枷,吃铁棒。”

曰:“天地黑,山河走。”

师曰:“阎老殿前添一鬼,北邙山下卧千年。”

曰:“快活!快活!”

师曰:“也是野狐吞老鼠。”

无名老宿

师一夏不为师僧说话,有僧叹曰:“我只恁么空过一夏,不敢望和尚说佛法,得闻‘正因’两字也得。”

老宿闻,乃曰:“阇黎莫訾速!若论正因,一字也无。”道了,扣齿云:“适来无端,不合与么道。”

邻壁有一老宿闻,曰:“好一釜羹,被一颗鼠粪污却。”

无名婆子

婆子供养一庵主,经二十年,常令一二八女子送饭给侍。一日,令女子抱定曰:“正恁么时如何?”

主曰:“枯木倚寒岩,三冬无暖气。”

女子举似婆,婆曰:“我二十年只供养得个俗汉。”遂遣出,烧却庵。

有一僧参米胡,路逢一婆住庵,僧问:“婆有眷属否?”

曰:“有。”

僧曰:“在什么处?”

曰:“山河大地,若草若木,皆是我眷属。”

僧曰:“婆莫作师姑来否?”

曰:“汝见我是什么?”

僧曰:“俗人。”

婆曰:“汝不可是僧。”

僧曰:“婆莫混滥佛法好。”

婆曰:“我不混滥佛法。”

僧曰:“汝恁么岂不是混滥佛法?”

婆曰:“你是男子,我是女人,岂曾混滥?”

处州法海立禅师

师因徽宗革本寺作神霄宫,师升座,谓众曰:“都缘未彻,所以说是说非;盖为不真,便乃分彼分此。我身尚且不有,身外乌足道哉?正眼观来,一场笑具。今则圣君垂旨,更僧寺作神霄,佛头添个冠儿,算来有何不可?山僧今日不免横担拄杖,高挂钵囊,向无缝塔中安身立命,于无根树下啸月吟风,一任乘云仙客来此咒水书符、叩牙作法,他年成道,白日上升,堪报不报之恩,以助无为之化。只恐不是玉,是玉也大奇。然虽如是,且道山僧转身一句作么生道?还委悉么?”掷下拂子,竟而趋寂。郡守具奏诏,仍改寺额曰“真身”。

欧阳文忠公

公昔官洛中,一日,游嵩山,却去仆吏,放意而往。至一山寺,入门,修竹满轩,霜清鸟啼,风物鲜明。文忠休于殿陛,旁有老僧阅经自若,与语不甚顾答。文忠异之,问曰:“道人住山久否?”

对曰:“甚久也!”

又问:“诵何经?”

对曰:“《法华经》。”

文忠曰:“古之高僧,临生死之际,类皆谈笑脱去,何道致之耶?”

对曰:“定慧力耳。”

又问:“今乃寂寥无有,何哉?”

老僧笑曰:“古之人念念在定慧,临终安得乱?今之人念念在散乱,临终安得定?”文忠大喜,不自知膝之屈也。

无名僧

盐官会下有一主事僧,忽见一鬼使来追,僧告曰:“某甲身为主事,未暇修行,乞容七日,得否?”

使曰:“待为白王。若许,即七日后来;不然,须臾便至。”言讫不见。至七日后,觅其僧了不可得。

后有人举问一僧:“若被觅着时,如何抵拟他?”

又无名僧

僧在经堂内不看经,每日打坐。藏主曰:“何不看经?”

僧曰:“某甲不识字。”

藏主曰:“何不问人?”

僧近前叉手鞠躬曰:“这个是什么字?”藏主无对。

僧入冥见地藏菩萨,地藏问:“你平生修何业?”

僧曰:“念《法华经》。”

曰:“‘止止不须说,我法妙难思’,为是说?是不说?”僧无对。

无名古德

师一日不赴堂,侍者请赴堂,德曰:“我今日在庄上吃油糍饱也。”

侍者曰:“和尚不曾出入。”

德曰:“汝去问庄主。”者方出门,忽见庄主来谢和尚到庄。

天竺证悟法师

师依白莲仙法师。尝患学者囿于名相，至以天台为文字之学，南宗鄙之。乃谒护国此庵元禅师，夜语次，师举东坡宿东林偈，且曰："也不易，到此田地。"

元曰："尚未见路径，何言到耶？"

曰："只如他道：'溪声便是广长舌，山色岂非清净身？'若不到此田地，如何有这个消息？"

元曰："是门外汉耳！"

曰："和尚不吝，可为说破。"

元曰："却只从这里猛着精彩觑捕看，若觑捕得他破，则亦知本命元辰落着处。"

师通夕不寐，及晓，钟鸣，去其秘畜，以前偈别曰：

东坡居士太饶舌，声色关中欲透身。
溪若是声山是色，无山无水好愁人。

特以告元，元曰："向汝道是门外汉。"师礼谢。

未几，有化马祖殿瓦者，求语发扬，师书曰："寄语江西老古锥，从教日炙与风吹。儿孙不是无料理，要见冰消瓦解时。"

此庵见之，笑曰："须是这阇黎始得。"

净居尼玄机

师常习定于大日山石窟中。一日，忽念曰："法性湛然，本无去住，厌喧趋寂，岂为达耶？"乃往参雪峰。

雪峰问："甚处来？"

曰："大日山来。"

雪峰曰："日出也未？"

师曰："若出则镕却雪峰。"

雪峰曰："汝名什么？"

师曰:“玄机。”

雪峰曰:“日织多少?”

师曰:“寸丝不挂。”遂礼拜退。

才行三五步,雪峰召曰:“袈裟角拖地也。”师回首。

雪峰曰:“大好寸丝不挂!”

卖盐翁

有一僧去覆船,路逢一卖盐翁,僧问:“覆船路向什么处去?”

翁良久,僧再问,翁曰:“你患聋呢?”

僧曰:“你向我道什么?”

翁曰:“向你道覆船路。”

僧曰:“翁莫会禅么?”

翁曰:“莫道会禅,佛法也会尽。”

僧曰:“你试说着。”翁挑起盐篮。

僧曰:“难。”

翁曰:“你唤这个作什么?”

僧曰:“盐。”

翁曰:“有什么交涉?”

僧曰:“你唤作什么?”

曰:“不可更向你道是盐。”

僧文通慧

师,河南开封白云寺僧也。其师令掌盥盆,偶有市鲜者濯于盆,文恚击之,遽陨,因潜奔华州总持寺。久之,为长老,盖二十年余矣。

一日,忽语其徒曰:“二十年前一段公案,今日当了。”

众问故,曰:“日午当自知之。”遂趺坐以俟。

时张浚统兵至关中,一卒持弓矢至法堂,瞪目视文,将射之,文笑曰:“老僧相待久矣。”

卒曰:“素未相面,今见而恚心不可遏,即欲相戕,何耶?”

文语以昔故,卒遽说偈曰:

冤冤相报何时了?劫劫相缠岂偶然?
不若与师俱解释,如今立地往西天。

视之,已立化矣。文即索笔书偈曰:

三十三年飘荡,做了几番模样。
谁知今日相逢,却是在前变障?

书毕,泊然而化。

百丈怀海禅师

马祖升座,众才集,师出卷却席,祖便下座,师随至方丈,祖曰:“我适来未曾说话,汝为甚便卷却席?”

师曰:“昨日被和尚扭得鼻头痛。”

祖曰:“汝昨日向甚处留心?”

师曰:“鼻头今日又不痛也。”

祖曰:“汝深明昨日事。”师作礼而退。

师再参,侍立次,祖目视绳床角拂子,师曰:“即此用?离此用?”

祖曰:“汝向后开两片皮,将何为人?”师取拂子竖起。

祖曰:“即此用?离此用?”师挂拂子于旧处,祖振威一喝,师直得三日耳聋。

未几,住大雄山,以所处岩峦峻极,故号百丈,四方学者麇至。一日,谓众曰:“佛法不是小事,老僧昔被马大师一喝,直得三日耳聋。”

黄檗闻举,不觉吐舌。师曰:“子已后莫承嗣马祖去么?”

檗曰:“不然。今日因和尚举,得见马祖大机之用,然且不识马祖,若嗣马祖,已后丧我儿孙。”

师曰:“如是!如是!见与师齐,减师半德,见过于师,方堪传授。子甚有超师之见。”檗便礼拜。

住后,马师寄三瓮酱至,师集众,上堂,开书了,拈拄杖指瓮曰:“道得即不打破,道不得即打破。”众无语,师打破,归方丈。

沩山、五峰、云岩侍立次,师问沩山:“并却咽喉唇吻,作么生道?”

山曰:“却请和尚道。”

师曰:“不辞向汝道,恐已后丧汝儿孙。”

又问五峰,峰曰:“和尚也须并却。”

师曰:“无人处斫额望汝。”

又问云岩,岩曰:“和尚有也未?”

师曰:“丧我儿孙。”

师每上堂,有一老人随众听法。一日众退,唯老人不去,师问:“汝是何人?”

老人曰:“某非人也。于过去迦叶佛时曾住此山,因学人问:‘大修行人还落因果也无?’某对云:‘不落因果。’遂五百生堕野狐身,今请和尚代一转语,贵脱野狐身。”

师曰:“汝问。”

老人曰:“大修行人还落因果也无。”

师曰:“不昧因果。”

老人于言下大悟,作礼曰:“某已脱野狐身,住在山后,敢乞依亡僧津送。”

师食后,领众至山后岩下,以杖挑出一死野狐,乃依法火葬。师至晚上堂,举前因缘,黄檗便问:“古人错祇对一转语,堕五百生野狐身,转转不错,合作个什么?”

师曰:“近前来,向汝道。”檗近前打师一掌。

师笑曰:“将谓胡须赤,更有赤须胡。”

时沩山在会下作典座,司马头陀举野狐话问典座:“作么生?”座撼门扇三下。

司马曰:“太粗生!”

座曰:“佛法不是这个道理。”

普请镬地次,忽有一僧闻鼓鸣,举镬头,大笑便归。师曰:“俊哉! 此是观音入理之门。”

师归院,唤其僧问:“适来见什么道理便恁么?”

曰:“适来肚饥,闻鼓声,归吃饭。”师乃笑。

僧问西堂:“有问有答即且置,无问无答时如何?”

堂曰:“怕烂却那?”

师闻举,乃曰:“从来疑这个老兄。”

曰:“请和尚道。”

师曰:“一合相不可得。”

云岩问:“每日区区为阿谁?”

师曰:“有一人要。”

岩曰:“因什么不教伊自作?”

师曰:“他无家活。”

赵州参,师问:“近离甚处?”

曰:“南泉。”

师曰:“南泉近日有何言句?”

曰:“未得之人,直须悄然。”

师曰:“悄然一句且置,茫然一句作么生道?”州进前三步,师便喝,州作缩身势。

师曰:“大好悄然。”州便出去。

师有时说法竟,大众下堂,乃召之,大众回首,师曰:“是什么?”

上堂:“灵光独耀,迥脱根尘。体露真常,不拘文字。心性无染,本自圆成。但离妄缘,即如如佛。”

南泉普愿禅师

南泉山下有一庵主,人谓曰:“近日南泉和尚出世,何不去礼见?”

主曰:“非但南泉出世,直饶千佛出兴,我亦不去。”

师闻,乃令赵州去勘。州去,便设拜,主不顾;州从东过西,又从西过东,主亦不顾。州曰:“草贼大败!”遂拽下帘子便归。

举似师,师曰:“我从来疑着这汉。”

次日,师与沙弥携茶一瓶、盏三只到庵,掷向地上,乃曰:“昨日的,昨日的。”

主曰:“昨日的,是什么?”

师于沙弥背上拍一下,曰:“赚我来,赚我来。”拂袖便回。

赵州问:“道非物外,物外非道。如何是物外道?”

师便打,州捉住棒云:“已后莫错打人。”

师曰:“龙蛇易辨,衲子难瞒。”

师参百丈涅槃和尚,丈问:“从上诸圣还有不为人说的法么?”

师曰:“有。”

丈曰:“作么生是不为人说的法?”

师曰:“不是心,不是佛,不是物。”

丈曰:“说了也。”

师曰:“某甲只恁么,和尚作么生?”

丈曰:“我又不是大善知识,争知有说不说?”

师曰:“某甲不会。”

丈曰:“我忒煞为你说了也。”

师同鲁祖、杉山、归宗吃茶次,鲁祖提起茶盏云:“世界未成时便有这个。”

师云:“今人只识这个,未识世界。”

宗云:“是。”

师云:“师兄莫同此见么?”

宗却拈起盏云:“向世界未成时道得么?”师作掌势,宗以面作承掌势。

麻谷持锡到章敬,绕禅床三匝,振锡一下,卓然而立,敬云:

"是！是！"

谷又到师处，亦绕禅床三匝，振锡一下，卓然而立，师云："不是！不是！"

谷云："章敬道是，和尚为什么道不是？"

师云："章敬即是，是汝不是。此是风力所转，终成败坏。"

盐官谓众曰："虚空为鼓，须弥为椎，什么人打得？"众无对。

有僧举似师，师曰："王老师不打这破鼓笛。"

师与归宗、麻谷同去参礼南阳国师，师于路上画一圆相，曰："道得即去。"宗便于圆相中坐，谷便作女人拜。

师曰："恁么则不去也。"

宗曰："是什么心行？"师乃相唤，便回，更不去礼国师。

有一座主辞师，师问："什么处去？"

对曰："山下去。"

师曰："第一不得谤王老师。"

对曰："争敢谤和尚？"

师乃喷嚏，曰："多少？"主便出去。

师一日掩方丈门，将灰围却门外曰："若有人道得即开。"或有祇对，多未惬师意。

赵州曰："苍天！"师便开门。

陆大夫问："弟子家中有一片石，或时坐，或时卧，如今拟镌作佛，得否？"

师曰："得。"

陆曰："莫不得否？"

师曰："不得。"

问："父母未生时，鼻孔在什么处？"

师曰："父母已生了，鼻孔在什么处？"

师问神山："何处来？"

神山云："打罗来。"

师曰："手打？脚打？"山无语。

师曰:“你问我,我与你道。”

山如问,师曰:“分明记取,已后遇明眼人举似他。”

师问座主:“讲什么经?”

座主云:“《弥勒下生经》。”

师云:“弥勒几时下生?”

主云:“现在天宫未来。”

师云:“天上无弥勒,地下无弥勒。”

师住庵时,有一僧到庵,师向伊道:“我上山去作务,待斋时,作饭自吃了,送一分上来。”少时,其僧作饭自吃了,却一时打破家事就床卧。师待不见来,便归庵,见僧卧,师亦就伊边卧,僧便起去。

师住后曰:“我往前住庵时,有个灵利道者,直至如今不见。”

师因东西两堂争猫儿,师遇之,白众曰:“道得即救取猫儿,道不得即斩却也。”众无对,师便斩之。

赵州自外归,师举前语示之,州脱履安头上而出,师曰:“子若在,即救得猫儿也。”

师曰:“我十八上便解作活计。”

师示众云:“江西马祖说‘即心即佛’。王老师不恁么道,‘不是心,不是佛,不是物。’恁么道有过么?”赵州礼拜而出。

时有一僧随问赵州曰:“上座礼拜便出,意作么生?”

州曰:“汝却问取和尚。”

僧乃问:“适来谂上座意作么生?”

师曰:“他却领得老僧意旨。”

师云:“心如枯木,始有少许相应。”

师云:“文殊、普贤昨夜三更相打,每人与二十棒,趁出院了也。”

上堂:“王老师卖身去也,还有人买么?”

一僧出曰:“某甲买。”

师曰:“不作贵,不作贱,汝作么生买?”僧无对。

师至庄所,庄主预备迎奉。师曰:“老僧居常出入,不与人知，何得排办如此？”

庄主曰：“昨夜土地报道和尚今日来。”

师曰：“王老师修行无力，被鬼神觑见。”

侍者便问：“和尚既是善知识，为什么被鬼神觑见？”

师曰：“土地前更下一分饭。”

盐官齐安国师

有讲僧来参，师问：“座主蕴何事业？”

对曰：“讲《华严经》。”

师曰：“有几种法界？”

曰：“广说则重重无尽，略说有四种。”

师竖起拂子曰：“这个是第几种法界？”主沉吟。

师曰：“思而知，虑而解，是鬼家活计。日下孤灯，果然失照。”

师一日唤侍者曰：“将犀牛扇子来。”

者曰：“破也。”

师曰：“扇子既破，还我犀牛儿来。”者无对。

归宗智常禅师

上堂：“从上古德不是无知解，他高尚之士，不同常流，今时不能自成自立，虚度时光。诸子莫错用心，无人替汝，亦无汝用心处，莫就他觅。从前只是依他解，发言皆滞，光不透脱，只为目前有物。”

问：“如何是玄旨？”

师曰：“无人能会。”

曰：“向者如何？”

师曰：“有向即乖。”

曰：“不向者如何？”

师曰：“谁求玄旨？”又曰：“去！无汝用心处。”

曰:“岂无方便门令学人得入?”

师曰:“观音妙智力,能救世间苦。”

曰:“如何是观音妙智力?”

师敲鼎盖三下,曰:“子还闻否?”

曰:“闻。”

师曰:“我何不闻?”僧无语,师以棒趁下。

大愚一日辞师,师问:“甚处去?”

愚曰:“诸方学五味禅去。”

师曰:“诸方有五味禅,我这里只有一味禅。”

愚便问:“如何是一味禅?”

师便打,愚忽然大悟,云:“嗄!我会也。”

师云:“道!道!”愚拟开口,师又打趁出。

愚后到黄檗,举前话,檗上堂曰:“马大师出八十四员善知识,问着,个个屙漉漉地,只有归宗较些子。”

师入园取菜次,乃画圆相围却一株,语众曰:“辄不得动着这个。”众不敢动。

少顷,师复来,见菜犹在,便以棒趁众僧曰:“这一队汉,无一个有智慧的。”

刺史李渤问:“教中所言‘须弥纳芥子’,渤即不疑。‘芥子纳须弥’,莫是妄谈否?”

师曰:“人传使君读万卷书籍,还是否?”

曰:“然。”

师曰:“摩顶至踵如椰子大,万卷书向何处着?”李俯首。

李异日又问:“一大藏教明得个什么边事?”

师举拳示之曰:“还会么?”

曰:“不会。”

师曰:“这个措大,拳头也不识!”

曰:“请师指示。”

师曰:“遇人则涂中授与,不遇即世谛流布。”

卷第三十二

历代禅师语录(后集)

大梅法常禅师

初参大寂,问:“如何是佛?”

寂曰:“即心是佛。”师即大悟。遂之四明梅子真旧隐,缚茆燕处。

寂闻师住山,乃令僧问:“和尚见马大师得个什么便住此山?”

师曰:“大师向我道即心是佛,我便向这里住。”

僧曰:“大师近日佛法又别。”

师曰:“作么生?”

曰:“又道非心非佛。”

师曰:“这老汉!惑乱人未有了日,任他非心非佛,我只管即心即佛。”

其僧回,举似寂,寂曰:“梅子熟也。”

庞居士欲验师,特相访。才见,便问:“久向大梅,未审梅子熟也未?”

师曰:“熟也,你向什么处下口?”

士曰:“百杂碎。”

师伸手曰:“还我核子来。”士无语。

僧问:“如何是佛法大意?”

师曰:“蒲花柳絮,竹针麻线。”

夹山与定山同行言话次,定山曰:“生死中无佛,即无生死。”

夹山曰:“生死中有佛,即不迷生死。”

互相不肯,同上山见师,夹山便举问:“未审二人见处哪个较亲?”

师曰:“一亲一疏。”

夹山复问:“哪个亲?”

师曰:“且去,明日来。”

夹山明日再上问,师曰:“亲者不问,问者不亲。”

大梅山旁有石库,相传神仙置药之所。一夕,师梦神人告之曰:“君非凡夫,石库中有圣书,受之者为地下主,不然亦为帝王。”

师于梦中答曰:“昔僧稠不顾仙经,其卷自亡。吾以涅槃为乐,厥寿何啻与天偕老耶?”

神曰:“此地灵府,俗人居此,立致变怪。”

师曰:“吾寓迹梅尉之乡耳,非久据也。”

忽一日,谓其徒曰:“来莫可抑,往莫可追。”从容间,闻鼯鼠声,乃曰:“即此物,非他物,汝等诸人善自护持,吾今逝矣。”言讫,示灭。

鲁祖宝云禅师

师寻常见僧来便面壁,南泉闻,乃云:“我寻常向僧道:‘佛未出世时会取。’尚不得一个半个。他溜么,驴年去。”

师因僧问:“如何是不言言?”

师曰:“汝口在什么处?”

曰:“无口。”

师曰:“将什么吃饭?”僧无对。

泐潭常兴和尚

南泉至,见师面壁,泉乃拊师背,师问:“汝是阿谁?”

曰:“普愿。”

师曰："如何？"

曰："也寻常。"

师曰："汝何多事！"

泐潭法会禅师

师问马祖："如何是祖师西来意？"

祖曰："低声，近前来，向汝道。"师便近前。

祖打一掴，曰："六耳不同谋，且去！来日来。"

师至来日，独入法堂曰："请和尚道。"

祖曰："且去！待老汉上堂出来问，与汝证明。"

师忽有省，遂曰："谢大众证明！"乃绕法堂一匝便去。

五泄山灵默禅师

师初谒马祖，次谒石头，便问："一言相契即住，不契即去。"

石头据坐，师便行，头随后，石曰："阇黎！"师回首。

头曰："从生至死，只是这个，回头转脑作么？"师言下大悟，乃拗折拄杖而栖止焉。

幽州宝积禅师

师因于市肆行，见一客人买猪肉，语屠家曰："精的割一斤来。"

屠家放下刀，叉手曰："长史！哪个不是精的？"师于此有省。

僧问："如何是道？"师便咄。

僧曰："学人未晓。"

师曰："去。"

上堂："心若无事，万法不生；意绝玄机，纤尘何立？道本无体，因体而立名；道本无名，因名而得号。若言即心即佛，今时未入玄微；若言非心非佛，犹是指踪极则。向上一路，千圣不传，学者劳形，如猿捉影。"

麻谷宝彻禅师

师侍马祖行次,问:“如何是大涅槃?”

祖曰:“急。”

师曰:“急个什么?”

祖曰:“看水。”

师同南泉、归宗谒径山,路逢一婆,乃问:“径山路向甚处去?”

婆曰:“蓦直去。”

师曰:“前头水深,过得否?”

婆曰:“不湿脚。”

师又问:“上岸稻得与么好? 下岸稻得与么怯?”

婆曰:“总被螃蟹吃却也。”

师曰:“禾好香!”

婆曰:“没气息。”

师又问:“婆在甚处住?”

婆曰:“只在这里。”

三人至店,婆煎茶一瓶,摧盏三只至,谓曰:“和尚! 有神通者即吃茶。”

三人相顾间,婆曰:“看老朽自逞神通去也。”于是拈盏倾茶便行。

东寺如会禅师

仰山参,师问:“汝是甚处人?”

仰曰:“广南人。”

师曰:“我闻广南有镇海明珠,是否?”

仰曰:“是。”

师曰:“此珠如何?”

仰曰:“黑月即隐,白月即现。”

师曰："还将得来也无？"

仰曰："将得来。"

师曰："何不呈似老僧？"

仰叉手近前曰："昨到沩山亦被索此珠，直得无言可对，无理可伸。"

师曰："真狮子儿！善能哮吼。"仰礼拜了，却入客位，具威仪，再上人事。

师才见，乃曰："已相见了也。"

仰曰："恁么相见，莫不当否？"师归方丈闭却门。

仰归，举似沩山。沩曰："寂子是什么心行？"

仰曰："若不恁么，争识得他？"

相国崔公群出为湖南观察使，见师，问曰："师以何得？"

师曰："见性得。"

师方病眼，公讥曰："既云见性，其奈眼何？"

师曰："见性非眼，眼病何害？"公稽首谢之。

公见鸟雀于佛头上放粪，乃问："鸟雀还有佛性也无？"

师曰："有。"

公曰："为什么向佛头上放粪？"

师曰："是伊为什么不向鹞子头上放？"

西堂智藏禅师

师与百丈、南泉同入大寂之室。李尚书尝问僧："马大师有什么言教？"

僧曰："大师或说即心即佛，或说非心非佛。"

李曰："总过这边。"李却问师："马大师有什么言教？"师呼李翱，李应诺。

师曰："鼓角动也。"

僧问："有问有答，宾主历然，无问无答时如何？"

师曰："怕烂却那。"

有一俗士问:“有天堂、地狱否?”

师曰:“有。”

曰:“有佛、法、僧宝否?”

师曰:“有。”更有多问,尽答言有。

曰:“和尚恁么道莫错否?”

师曰:“汝曾见尊宿来耶?”

曰:“某甲曾参径山和尚来。”

师曰:“径山向汝作么生道?”

曰:“他道一切总无。”

师曰:“汝有妻否?”

曰:“有。”

师曰:“径山和尚有妻否?”

曰:“无。”

师曰:“径山和尚道无即得。”俗士礼谢而去。

大珠慧海禅师

道光座主问曰:“禅师用何心修道?”

师曰:“老僧无心可用,无道可修。”

曰:“既无心可用,无道可修,云何每日聚众,劝人学禅修道?”

师曰:“老僧尚无卓锥之地,什么处聚众来?老僧尚无舌,何曾劝人来?”

曰:“禅师对面妄语。”

师曰:“老僧尚无舌劝人,焉解妄语?”

曰:“某甲却不会禅师语论也。”

师曰:“老僧自亦不会。”

维摩座主问:“经云:‘诸菩萨各入不二法门,维摩默然。’是究竟否?”

师曰:“未是究竟。圣意若尽,第三卷更说何事?”

座主良久曰："请禅师为说未究竟之意。"

师曰："如经第一卷，是引众呵十大弟子住心。第二诸菩萨各说入不二法门，以言显于无言。文殊以无言显于无言，维摩不以言、不以无言，故默然。收前言语故，第三卷从默然起说，又显神通作用。座主会么？"

曰："奇怪如是。"

师曰："亦未如是。"

曰："何故未是？"

师曰："且破人执情，作如此说。若据经意，只说色心空寂，令见本性，教舍伪行，入真行，莫向言语、纸墨上讨意度，但会"净名"两字便得。净者，本体也；名者，迹用也。从本体起迹用，从迹用归本体，体用不二，本迹非殊。所以古人道："本迹虽殊，不思议一也。"一亦非一，若识净名两字假号，更说什么究竟与不究竟。无前无后、非本非末、非净非名，只示众生本性不思议解脱。若不见性人，终身不见此理。"

华严座主问："禅师信无情是佛否？"

师曰："不信。若无情是佛者，活人应不如死人，死驴、死狗亦应胜于活人。经云：'佛身者，即法身也，从戒定慧生，从三明六通生，从一切善法生。'若说无情是佛，大德如今便死，应作佛去。"

曰："如何得作佛？"

师曰："是心是佛，是心作佛。"

曰："众生入地狱，佛性入否？"

师曰："如今正作恶时，更有善否？"

曰："无。"

师曰："众生入地狱，佛性亦如是。"

三藏法师问："真如有变易否？"

师曰："有变易。"

藏曰："禅师错也。"

师却问三藏:“有真如否?”

曰:“有。”

师曰:“若无变易,决定是凡僧也。岂不闻善知识者,能回三毒为三聚净戒,回六识为六神通,回烦恼作菩提,回无明为大智真如。若无变易,三藏真是自然外道也。”

藏曰:“若尔者,真如即有变易也。”

师曰:“若执真如有变易,亦是外道。”

曰:“禅师适来说真如有变易,如今又道不变易,如何即是的当?”

师曰:“若了了见性者,如摩尼珠现色,说变亦得,说不变亦得。若不见性人,闻说真如变易,便作变易解会;说不变易,便作不变易解会。”

藏曰:“固知南宗实不可测。”

问:“三教同异?”

师曰:“大量者用之即同,小机者执之即异。总从一性上起用,机见差别成三。迷悟由人,不在教之同异也。”

源律师问:“和尚修道还用功否?”

师曰:“用功。”

曰:“如何用功?”

师曰:“饥来吃饭,困来即眠。”

曰:“一切人总如是,同师用功否?”

师曰:“不同。”

曰:“何故不同?”

师曰:“他吃饭时不肯吃饭,百种须索;睡时不肯睡,千般计较。所以不同也。”律师杜口。

杉山智坚禅师

师初与归宗、南泉行脚时,路逢一虎,各从虎边过了。泉问归宗:“适来见虎似个什么?”

宗曰："似个猫儿。"

宗却问师，师曰："似个狗子。"

又问南泉，泉曰："我见是个大虫。"

师吃饭次，南泉收生饭，乃曰："生呢。"

师曰："无生。"

泉曰："无生犹是末。"

泉行数步，师召曰："长老！"

泉回头曰："作么？"

师曰："莫道是末。"

普请择蕨次，南泉拈起一茎曰："这个大好供养。"

师曰："非但这个，百味珍馐他亦不顾。"

泉曰："虽然如是，个个须尝过始得。"

石巩慧藏禅师

师本以弋猎为务，恶见沙门，因逐鹿从马祖庵前过，祖乃逆之，师遂问："还见鹿过否？"

祖曰："汝是何人？"

曰："猎者。"

祖曰："汝解射否？"

曰："解射。"

祖曰："汝一箭射几个？"

曰："一箭射一个。"

祖曰："汝不解射。"

曰："和尚解射否？"

祖曰："解射。"

曰："一箭射几个？"

祖曰："一箭射一群。"

曰："彼此生命，何用射他一群？"

祖曰："汝既知如是，何不自射？"

曰:“若教某甲自射,直是无下手处。”

祖曰:“这汉旷劫无明烦恼,今日顿息。”师掷下弓,投祖出家。

一日,在厨作务次,祖问:“作什么?”

曰:“牧牛。”

祖曰:“作么生牧?”

曰:“一回入草去,蓦鼻拽将回。”

祖曰:“子真牧牛。”师便休。

师住后常以弓箭接机。

南源道明禅师

洞山参,方上法堂,师曰:“已相见了也。”山便下去。

明日,却上问曰:“昨日已蒙和尚慈悲,不知什么处是与某甲已相见处?”

师云:“心心无间断,流入于性海。”

山曰:“几合放过。”

中邑洪恩禅师

仰山问:“如何得见佛性义?”

师曰:“我与汝说个譬喻:如一室有六窗,内有一猕猴,外有猕猴从东边唤猩猩,猩猩即应,如是六窗俱唤俱应。”

仰山礼谢起,曰:“适蒙和尚譬喻,无不了知。更有一事,只如内猕猴睡着,外猕猴欲与相见,又且如何?”

师下绳床,执仰山手作舞,曰:“猩猩与汝相见了,譬如蟭螟虫在蚊子眼睫上作窠,向十字街头叫云:‘土旷人稀,相逢者少。’”

三角总印禅师

师示众曰："凡说法须用应时应节。"

时有僧问曰："四黄、四赤时如何？"

师曰："三月杖头挑。"

曰："为什么满肚皮贮气？"

师曰："争奈一条绳何！"

曰："如何得出气去？"

师曰："直待皮穿。"

僧问："如何是三宝？"

师曰："禾、麦、豆。"

曰："学人不会。"

师曰："大众欣然奉持。"

汾州无业禅师

师谒马祖，祖睹状貌奇伟，语音如钟，乃曰："巍巍堂堂，其中无佛。"

师礼跪而问曰："三乘文学，粗穷其旨，常闻禅门即心是佛，实未能了。"

祖曰："只未了的心即是，更无别物。"

师曰："如何是祖师西来密传心印？"

祖曰："大德正闹在，且去！别时来。"

师才出，祖召曰："大德！"师回首。

祖曰："是什么？"师便领悟，乃礼拜。

祖曰："这钝汉，礼拜作么？"

师既住后，凡学者致问，多答之曰："莫妄想。"

师曰："诸佛不曾出世，亦无一法与人，但随病施方，遂有十二分教。如将蜜果换苦葫芦，淘汝诸人业根。"

又云:“他古德道人,得意之后,茅茨石室,向折脚铛中煮饭吃过,三二十年名利不干怀,财宝不为念,大忘人世,隐迹岩丛,君王命而不来,诸侯请而不赴,岂同我辈贪名爱利,汩没世涂,如短贩人。”

芙蓉太毓禅师

师因行食到庞居士前,居士拟接,师乃缩手曰:“生心受施,净名早诃,去此一机,居士还甘否?”

居士曰:“当时善现岂不作家?”

师曰:“非关他事。”

居士曰:“食到口边被他夺却。”师乃下食。

居士曰:“不消一句。”

居士曰:“马大师着实为人处,还分付吾师否?”

师曰:“某甲尚未见他,作么生知他着实处?”

居士曰:“只此见知也无讨处。”

师曰:“居士也不得一向言说。”

居士曰:“一向言说,师又失宗,若作两向三向,师还开得口否?”

师曰:“直是开口不得,可谓实也。”居士抚掌而出。

利山和尚

僧问:“众色归空,空归何所?”

师曰:“舌头不出口。”

曰:“为什么不出口?”

师曰:“内外一如故。”

松山和尚

师同庞居士吃茶,士举橐子曰:“人人尽有分,为什么道不得?”

师曰:“只为人人尽有,所以道不得。”

士曰:“阿兄为什么却道得?”

师曰:“不可无言也。”

士曰:“灼然,灼然。”师便吃茶。

士曰:“阿兄吃茶,为什么不揖客?”

师曰:“谁?”

士曰:“庞公。”

师曰:“何须更揖?”

后丹霞闻,乃曰:“若不是松山,几被个老翁惑乱一上。”

士闻之,乃令人传语霞曰:“何不会取未举橐子时?”

紫玉山道通禅师

于頔相公问:“如何是黑风吹其船舫,漂堕罗刹鬼国?”

师曰:“于頔客作汉,问恁么事作么?”于公失色。

师乃指曰:“这个便是漂堕罗刹鬼国。”

公又问:“如何是佛?”

师唤相公,公应诺。师曰:“更莫别求。”

药山闻,曰:“噫! 可惜于家汉,生埋向紫玉山中。”

公闻,乃谒见药山,山问曰:“闻相公在紫玉山中大作佛事,是否?”

公曰:“不敢!”乃曰:“承闻有语相救,今日特来。”

山曰:“有疑但问。”

公曰:“如何是佛?”

山召:“于頔!”公应诺。

山曰:“是什么?”公于此有省。

五台隐峰禅师

师问石头:“如何得合道去?”

头曰:“我亦不合道。”

师曰:“毕竟如何?”

头曰:“汝被这个碍得多少时耶?”

石头划草次,师在左侧叉手而立。头飞刬子向师前划一株草,师曰:“和尚只划得这个,不划得那个。”头提起刬子,师接得,便作划草势。

头曰:“汝只划得那个,不解划得这个。”师无对。

师推车次,马祖展脚在路上坐,师曰:“请师收足。”

祖曰:“已展不缩。”

师曰:“已进不退。”乃推车碾损祖脚。

祖归法堂,执斧子曰:“适来碾损老僧脚的出来!”师便出,于祖前引颈,祖笑置斧。

到南泉,值众参次,泉指净瓶曰:“铜瓶是境,瓶中有水,不得动着境,与老僧将水来。”师拈起净瓶向泉面前泻,泉便休。

到沩山,便入堂于上板头解放衣钵。沩闻师叔到,先具威仪下堂内相看。师见来,便作卧势。沩便归方丈,师乃发去。少间,沩山问侍者:“师叔在否?”

曰:“已去。”

沩曰:“去时有什么语?”

曰:“无语。”

沩曰:“莫道无语,其声如雷。”

师在襄州破威仪堂只着衬衣,于砧椎边拈椎云:“道得即不打。”于时大众默然,师便打一下。

南岳西园昙藏禅师

师一日自烧浴次,僧问:“何不使沙弥?”师抚掌三下。

东厨有一大蟒,长数丈,张口呀气,毒焰炽然,侍者请避之,师曰:“死可逃乎?彼以毒来,我以慈受。毒无实性,激发则强;慈苟无缘,冤亲一揆。”言讫,其蟒按首徐行,倏然不见。

磁州马头峰神藏禅师

上堂："知而无知，不是无知而说无知。"便下座。

乌臼和尚

玄、绍二上座参，师乃问："二禅客发足什么处？"

玄曰："江西。"师便打。

玄曰："久知和尚有此机要。"

师曰："汝既不会，后面个师僧祇对看。"

绍拟近前，师便打曰："信知同坑无异土。参堂去！"

问僧："近离甚处？"

曰："定州。"

师曰："定州法道何似这里？"

曰："不别。"

师曰："若不别，更转彼中去。"便打。

僧曰："棒头有眼，不得草草打人。"

师曰："今日打着一个也。"又打三下，僧便出去。

师曰："屈棒原来有人吃在。"

曰："争奈勺柄在和尚手里。"

师曰："汝若要，山僧回与汝。"僧近前夺棒，打师三下。

师曰："屈棒！屈棒！"

曰："有人吃在。"

师曰："草草打着个汉。"僧礼拜。

师曰："却与么去也。"僧大笑而出。

师曰："消得恁么，消得恁么。"

古寺和尚

丹霞来参，经宿。明旦粥熟，行者只盛一钵与师，又盛一碗自吃,殊不顾丹霞,丹霞亦自盛粥吃,行者曰:“五更侵早起,更有夜行人。”

丹霞问师:“何不教训行者,得恁么无礼?”

师曰:“净地上不要点污人家男女。”

丹霞曰:“几不问过这老汉。”

石臼和尚

师初参马祖,祖问:“什么处来?”

师曰:“乌臼来。”

祖曰:“乌臼近日有何言句?”

师曰:“几人于此茫然。”

祖曰:“茫然且置,悄然一句作么生?”师乃近前三步。

祖曰:“我有七棒寄打乌臼,你还甘否?”

师曰:“和尚先吃,某甲后甘。”

本溪和尚

师因庞居士问:“丹霞打侍者,意在何所?”

师曰:“大老翁见人长短在。”

居士曰:“为我与师同参,方敢借问。”

师曰:“若恁么,从头举来,共你商量。”

居士曰:“大老翁不可共你说人是非。”

师曰:“念翁年老。”

居士曰:“罪过! 罪过!”

石林和尚

师见庞居士来,乃竖起拂子曰:“不落丹霞机,试道一句子。”居士夺却拂子,却自竖起拳。

师曰:“正是丹霞机。”

居士曰:“与我不落看。”

师曰:“丹霞患哑,庞公患聋。”

居士曰:“恰是。”师无语。

居士曰:“向道偶尔。”

又一日,问居士:“某甲有个借问,居士莫惜言语。”

居士曰:“便请举来。”

师曰:“原来惜言语。”

居士曰:“这个问讯,不觉落他便宜。”师乃掩耳。

曰:“作家,作家。”

镇州金牛和尚

师每自做饭供养众僧,至斋时,舁饭桶到堂前作舞,呵呵大笑曰:“菩萨子!吃饭来。”

百灵和尚

师一日与庞居士路次相逢,问曰:“南岳得力句,还曾举向人也无?”

士曰:“曾举来。”

师曰:“举向什么人?”

士以手自指曰:“庞公。”

师曰:“直是妙德空生也赞叹不及!”

士却问:“阿师得力句是谁得知?”师戴笠子便行。

士曰:“善为道路。”师更不回首。

则川和尚

师摘茶次,庞蕴曰:“法界不容身,师还见我否?”

师曰:“不是老师,洎答公话。”

士曰:“有问有答,盖是寻常。”师乃摘茶不听。

士曰:“莫怪适来容易借问。”师亦不顾。

士喝曰:“这无礼仪老汉!待我一一举向明眼人。”师乃抛却茶篮,便归方丈。

一日,在方丈内坐,士来见,乃曰:“只知端居丈室,不觉僧到参。”时师垂下一足,士便出,行三两步却回,师乃收足。

士曰:“可谓自由自在。”

师曰:“我是主。”

士曰:“阿师只知有主,不知有客。”师唤侍者点茶,士作舞而出。

忻州打地和尚

师自江西领旨,常晦其名。凡学者致问,唯以棒打地示之,时谓之“打地和尚”。一日,被僧藏却棒,然后致问,师但张其口。僧问门人曰:“只如和尚每日有人问便打地,意旨如何?”门人即于灶内取柴一片,掷置釜中。

江西椑树和尚

师卧次,道吾近前牵被覆之。师曰:“作么?”

吾曰:“盖覆。”

师曰:“卧的是?坐的是?”

吾曰:“不在这两处。”

师曰:“争奈盖覆何?”

吾曰:“莫乱道。”

道吾一日从外归,师问:“什么处去来?”

道吾曰:“亲近来。”

师曰:“用簸这两片皮作么?”

道吾曰:“借。”

师曰:“他有从汝借,无作么生?”

道吾曰:“只为有,所以借。”

浮杯和尚

凌行婆来礼拜师，与坐吃茶，婆乃问："尽力道不得的句，吩咐阿谁？"

师曰："浮杯无剩语。"

婆曰："未到浮杯，不妨疑着。"

师曰："别有长处，不妨拈出。"

婆敛手哭曰："苍天中更添冤苦。"师无语。

婆曰："语不知偏正，理不识倒邪，为人即祸生。"

后有僧举似南泉，泉曰："苦哉！浮杯被这老婆摧折一上。"

婆后闻，笑曰："王老师犹少机关在。"

澄一禅客逢见行婆，便问："怎生是南泉犹少机关在？"

婆乃哭曰："可悲！可痛！"一罔措。

婆曰："会么？"一合掌而立。

婆曰："伎死禅和，如麻似粟。"

一举似赵州，州曰："我若见这臭老婆，问教口哑。"

一曰："未审和尚怎生问他？"州便打。

一曰："为什么却打某甲？"

州曰："似这伎死汉，不打更待几时？"连打数棒。

婆闻，却曰："赵州合吃婆手里棒。"

后僧举似赵州，州哭曰："可悲！可痛！"

婆闻此语，合掌叹曰："赵州眼光烁破四天下。"

州令僧问："如何是赵州眼？"婆乃竖起拳头。

僧回，举似赵州，州作偈曰：

当机觌面提，觌面当机疾。
报汝凌行婆，哭声何得失？

婆以偈答曰：

哭声师已晓，已晓复谁知？
当时摩竭国，几丧目前机。

潭州龙山和尚

洞山与密师伯行脚,见溪流菜叶,洞曰:"深山无人,因何有菜随流?莫有道人居否?"乃相与拨草,溪行五七里间,忽见师羸形异貌,放下行李问讯,师曰:"此山无路,阇黎从何处来?"

洞曰:"无路且置,和尚从何而入?"

师曰:"我不从云水来。"

洞曰:"和尚住此山多少时耶?"

师曰:"春秋不涉。"

洞曰:"和尚先住?此山先住?"

师曰:"不知。"

洞曰:"为什么不知?"

师曰:"我不从人天来。"

洞曰:"和尚得何道理,便住此山?"

师曰:"我见两个泥牛斗入海,直至于今绝消息。"洞山始具威仪礼拜。

便问:"如何是主中宾?"

师曰:"青山覆白云。"

曰:"如何是宾中主?"

师曰:"长年不出户。"

曰:"宾主相去几何?"

师曰:"长江水上波。"

曰:"宾主相见,有何言说?"

师曰:"清风拂白月。"洞山辞退。

师乃述偈曰:

三间茅屋从来住,一道神光万境闲。
莫把是非来辨我,浮生穿凿不相关。

又曰:

一池荷叶衣无数,满地松花食有余。

刚被世人知住处，又移茅屋入深居。

因烧庵，不知所如。故人亦称“隐山和尚”。

襄州庞蕴居士

唐贞元初，谒石头，乃问：“不与万法为侣者是什么人？”头以手掩其口，豁然有省。后与丹霞为友。

一日，石头问曰：“见老僧以来，日用事作么生？”

士曰：“若问日用事，即无开口处。”乃呈偈曰：

日用事无别，唯吾自偶谐。

头头非取舍，处处没张乖。

朱紫谁为号？丘山绝点埃。

神通并妙用，运水及搬柴。

头然之，曰：“子以缁耶？素耶？”

士曰：“愿从所慕。”遂不剃染。

后参马祖，问曰：“不与万法为侣者是什么人？”

祖曰：“待汝一口吸尽西江水即向汝道。”士于言下顿领玄旨。

士见丹霞，霞作走势，士曰：“犹是抛身势，作么生是嚬呻势？”霞便坐，士以拄杖画地作七字，霞于下画个一字。

士曰：“因七见一，见一忘七。”霞便起去。

士曰：“更坐少时，犹有第二句在。”

霞曰：“向这里着语，得么？”士遂哭出去。

士悟后，以舟尽载珍橐数万，沉之湘流，举室修行。有女名灵照，常鬻竹漉篱，以供朝夕。有偈曰：

有男不婚，有女不嫁。

大家团圞头，共说无生话。

士一日庵中独坐，蓦地云：“难！难！十石油麻树上摊。”

庞婆接声云：“易！易！百草头上祖师意。”

灵照云：“也不难，也不易，饥来吃饭困来睡。”

士坐次,问灵照曰:“古人道:‘明明百草头,明明祖师意。’作么生?”

照曰:“老老大大,作这个语话。”

士曰:“你作么生?”

照曰:“明明百草头,明明祖师意。”士乃笑。

士卖竹漉篱,下桥吃扑,灵照见,亦去爷边倒,士曰:“你作什么?”

照曰:“见爷倒地,某甲相扶。”

士曰:“赖是无人见。”

士将入灭,谓灵照曰:“视日早晚及午以报。”

照遽报:“日已中矣,而有蚀也。”

士出户观次,灵照即登父座,合掌坐亡。士笑曰:“我女锋捷矣。”于是更延七日。

州牧于公頔问疾次,士谓之曰:“但愿空诸所有,慎勿实诸所无,好去世间皆如影响。”言讫,枕于公膝而化,遗命焚弃江湖。

药山惟俨禅师

住药山后,海众四集。遵布衲浴佛,师曰:“这个从汝浴,还浴得那个么?”

遵曰:“把将那个来。”师乃休。

院主报:“打钟也,请和尚上堂。”

师曰:“汝与我擎钵盂去。”

曰:“和尚无手来多少时?”

师曰:“汝只是枉披袈裟。”

曰:“某甲只恁么,和尚如何?”

师曰:“我无这个眷属。”

谓云岩曰:“与我唤沙弥来。”

岩曰:“唤他来作什么?”

师曰:“我有个折脚铛子,要他提上挈下。”

岩曰："恁么则与和尚出一只手去也。"师便休。

园头栽菜次，师曰："栽即不障汝栽，莫教根生。"

曰："既不教根生，大众吃什么？"

师曰："汝还有口么？"头无对。

师晚参云："我有一句子，待特牛生儿即向汝道。"

时有僧便出云："特牛生儿也，只是和尚不道。"

师唤侍者："将灯来！"其僧便抽身入众。

师问庞居士："一乘中还著得这个事么？"

士曰："某甲只管日求升合，不知还著得么？"

师曰："道居士不见石头，得么？"

士曰："拈一放一，未为好手。"

师曰："老僧住持事繁。"士珍重便出。

师曰："拈一放一，的是好手。"

士曰："好个一乘问宗，今日失却也。"

师曰："是！是！"

师因僧问："学人有疑，请师决。"

师曰："待上堂时来，与阇黎决疑。"

至晚上堂，众集，师曰："今日请决疑，上座在什么处？"

其僧出众而立，师下禅床把住曰："大众！这僧有疑。"便与一推，却归方丈。

问僧："年多少也？"

僧云："七十二也。"

师云："是年七十二那？"

僧云："是。"师便打。

问："己事未明，乞和尚指示。"

师良久曰："吾今为汝道一句亦不难，只宜汝于言下便见去，犹较些子。若更入思量，却成吾罪过，不如且各合口，免相累及。"

师令供养主抄化，甘贽行者问："甚处来？"

曰："药山来。"

甘曰:“作么?”

曰:“教化。”

甘曰:“将得药来么?”

曰:“行者有什么病?”甘便舍银两锭,意山中有人,必不受此。

主归,纳疏,师问曰:“子归何速?”

主举前话,师曰:“速送还他,子着贼了也。”

主遂送还,甘曰:“由来有人。”益金以施。

师久不升座,一日,院主白云:“大众久思和尚示诲。”

曰:“打钟着。”

时大众才集定,便下座,归方丈,院主随后问云:“和尚许为大众说话,为什么一言不措?”

师曰:“经有经师,律有律师,争怪得老僧?”

卷第三十三

历代禅师语录(后集)

丹霞天然禅师

一日,石头告众曰:“来日铲佛殿前草。”

至来日,大众、诸童行各备锹镬铲草,独师以盆盛水沐头,于石头前胡跪。头见而笑之,便与剃发,又为说戒,师乃掩耳而出。

再往江西谒马祖,未参礼,便入僧堂内,骑圣僧颈而坐。时大众惊愕,遽报马祖,祖躬入堂,视之曰:“我子天然!”

师即下地礼拜,曰:“谢师赐法号。”因名天然。

祖问:“从甚处来?”

师曰:“石头。”

祖曰:“石头路滑,还跶倒汝么?”

师曰:“若跶倒,即不来也。”

乃杖锡观方,过慧林寺,遇天大寒,取木佛烧火向,院主诃曰:“何得烧我木佛?”

师以杖子拨灰曰:“吾烧取舍利。”

主曰:“木佛何有舍利?”

师曰:“既无舍利,更取两尊烧。”主自后眉须堕落。

明日再往礼拜,见国师,便展坐具,国师曰:“不用!不用!”师退后。

国师曰:“如是!如是!”师却进前。

国师曰:“不是!不是!”师绕国师一匝便出。

国师曰:“去圣时遥,人多懈怠,三十年后觅此汉也难得。”

访庞居士,见女子灵照洗菜次,师曰:“居士在否?”女子放下菜篮,叉手而立。

师又问:“居士在否?”女子提篮便行,师遂回。

须臾,居士归,女子乃举前话,士曰:“丹霞在么?”

女曰:“去也。”

士曰:“赤土涂牛奶。”

师问庞居士:“昨日相见何似今日?”

士曰:“如法举昨日事来,作个宗眼。”

师曰:“只如宗眼还著得庞公么?”

士曰:“我在你眼里。”

师曰:“某甲眼窄,何处安身?”

士曰:“是眼何窄?是身何安?”师休去。

士曰:“更道取一句,便得此话圆。”师亦不对。

士曰:“就中这一句,无人道得。”

师与庞居士行次,见一泓水,士以手指曰:“便与么也还辨不出。”

师曰:“灼然是辨不出。”士乃戽水泼师二掬。

师曰:“莫与么,莫与么。”

士曰:“须与么,须与么。”师却戽水泼士三掬。

师曰:“正与么时,堪作什么?”

士曰:“无外物。”

师曰:“得便宜者少。”

士曰:“谁是落便宜者?”

问僧:“什么处宿?”

曰:“山下宿。”

师曰:“什么处吃饭?”

曰:“山下吃饭。”

师曰:“将饭与阇黎吃的人,还具眼也无?”僧无对。

潮州大颠禅师

僧问:"其中人相见时如何?"

师曰:"早不其中也。"

曰:"其中者如何?"

师曰:"不作个问。"

韩文公一日相访,问师:"春秋多少?"

师提起数珠曰:"会么?"

公曰:"不会。"

师曰:"昼夜一百八。"公不晓,遂回。

次日再来,至门前见首座,举前话,问:"意旨如何?"座扣齿三下。及见师,理前问,师亦扣齿三下。

公曰:"原来佛法无两般。"

师曰:"是何道理?"

公曰:"适来问首座亦如是。"

师乃召首座问:"是汝如此对否?"

座曰:"是。"师便打趁出院。

文公又一日白师曰:"弟子军州事繁,佛法省要处,乞师一语。"师良久,公罔措。

时三平为侍者,乃敲禅床三下,师曰:"作么?"

平曰:"先以定动,后以智拔。"

公乃曰:"和尚门风高峻,弟子于侍者边得个入处。"

僧问:"苦海波深,以何为船筏?"

师曰:"以木为船筏。"

曰:"恁么即得度也。"

师曰:"盲者依前盲,哑者依前哑。"

一日,将痒和子廊下行,逢一僧,问讯次,师以痒和子蓦口打曰:"会么?"

曰:"不会。"

师曰:“大颠老野狐,不曾辜负人。”

潭州长髭禅师

师问僧:“甚处来?”
曰:“九华山控石庵。”
师曰:“庵主是什么人?”
曰:“马祖下尊宿。”
师曰:“名什么?”
曰:“不委他法号。”
师曰:“他不委?你不委?”
曰:“尊宿眼在甚处?”
师曰:“若是庵主亲来,今日也须吃棒。”
曰:“赖遇和尚放过某甲。”
师曰:“百年后讨个师僧也难得。”
李行婆来,师乃问:“忆得在绛州时事么?”
婆曰:“非师不委。”
师曰:“多虚少实在。”
婆曰:“有甚讳处?”
师曰:“念你是女人,放你拄杖。”
婆曰:“某甲终不见尊宿过。”
师曰:“老僧过在什么处?”
婆曰:“和尚无过,婆岂有过?”
师曰:“无过的人作么生?”
婆乃竖拳曰:“与么总成颠倒。”
师曰:“实无讳处。”
师见僧,乃擒住曰:“狮子儿,野干属。”僧以手作拨眉势。
师曰:“虽然如此,犹欠哮吼在。”
僧擒住师曰:“偏爱行此一机。”师与一掴,僧拍手三下。
师曰:“若见同风,汝甘与么否?”

曰:“终不由别人。”师作拨眉势。

僧曰:“犹欠哮吼在。”

师曰:“料想不由别人。”

汾州石楼禅师

僧问:“未识本来性,乞师方便指。”

师曰:“石楼无耳朵。”

曰:“某甲自知非。”

师曰:“老僧还有过。”

曰:“和尚过在什么处?”

师曰:“过在汝非处。”僧礼拜,师便打。

大同济禅师

米胡领众来,才欲相见,师便拽转禅床,面壁而坐,米于背后立,少时却回客位。师曰:“是即是,若不验破,已后遭人贬剥。”

令侍者请米,米却拽转禅床便坐,师乃绕禅床一匝,便归方丈。米却拽倒禅床,领众便出。

访庞居士,士曰:“忆在母胎时,有一则语,举似阿师,切不得作道理主持。”

师曰:“犹是隔生也。”

士曰:“向道不得作道理。”

师曰:“惊人之句,争得不怕?”

士曰:“如师见解,可谓惊人。”

师曰:“不作道理,却成作道理。”

士曰:“不但隔一生两生。”

师曰:“粥饭的僧,一任检责。”士鸣指三下。

师见庞居士来,便掩却门曰:“多知老翁,莫与相见。”

士曰:“独坐独语,过在阿谁?”

师便开门,才出,被士把住曰:“师多知?我多知?”

师曰:“多知且置,闭门开门,卷之与舒,相较几许?”

士曰:“只此一问,气急杀人。”师默然。

士曰:“弄巧成拙。”

一日,问庞居士:“是个语言,古今少人避得,只如庞公还避得么?”

曰:“诺。”

师再举前话,士曰:“什么处去来?”

师曰:“非但如今,古人亦有此语。”士作舞而出去。

师曰:“风颠老,风颠老,自过教谁检?”

士来访,提起笊篱,唤曰:“大同师!大同师!”师不顾。

士曰:“石头一宗,瓦解冰消。”

师曰:“若不得庞公辈,灼然如此。”

士抛下笊篱曰:“宁教不直一文钱。”

师曰:“钱虽不直,欠他又争得?”士作舞而退。

师乃提起笊篱曰:“庞公!庞公!”

士曰:“你要我笊篱,我要你木勺。”师作舞而退。

士抚掌笑曰:“归去来!归去来!”

黄檗希运禅师

师上堂,众才集,师拈拄杖一时打散;复召大众,众回首,师曰:“月似弯弓,少雨多风。”

问:“如何是西来意?”师便打。

一日,上堂,大众云集,乃曰:“汝等诸人欲何所求?”以拄杖趁之,大众不散。

师却复坐,曰:“汝等诸人尽是噇酒糟汉,恁么行脚,取笑于人!但见八百一千人处便去,不图他热闹也。汝等既称行脚,亦须着些精神好,还知道大唐国里无禅师么?”

时有僧问:“诸方尊宿尽聚众开化,为什么却无禅师?”

师曰:“不道无禅,只是无师。”

长庆大安禅师

僧问:“此阴已谢,彼阴未生时如何?”

师曰:“此阴未谢,哪个是大德?”

曰:“不会。”

师曰:“若会此阴,便明彼阴。”

问:“黄巢军来,和尚向什么处回避?”

师曰:“五蕴山中。”

曰:“忽被他提着时如何?”

师曰:“恼乱将军。”

古灵神赞禅师

师行脚遇百丈开悟,却回,受业本师问曰:“汝离吾在外得何事业?”

曰:“并无事业。”遂遣执役。

一日,因澡身,命师去垢,师乃拊背曰:“好所佛堂,而佛不圣。”本师回首视之。

师曰:“佛虽不圣,且能放光。”

本师又一日在窗下看经,蜂子投窗纸求出,师睹之曰:“世界如许广阔不肯出,钻他故纸驴年去。”遂有偈曰:

“空门不肯出,投窗也太痴。
百年钻故纸,何日出头时?”

本师置经,问曰:“汝行脚遇何人?吾前后见汝发言异常。”

师曰:“某甲蒙百丈和尚指个歇处,今欲报慈德耳。”本师于是告众致斋,请师说法。

师乃登座,举唱百丈门风,曰:“灵光独耀,迥脱根尘。体露真常,不拘文字。心性无染,本自圆成。但离妄缘,即如如佛。”

本师于言下感悟，曰："何期垂老得闻极则事！"

天台平田普岸禅师

师访茂源和尚，源才起迎，师近前把住云："开口即失，闭口即丧，去此二途，请师别道。"

源以手掩鼻，师放开云："一步较易，两步较难。"

源云："着甚死急！"

师曰："若非是师，不免诸方点检。"

临济访师，到路口，先逢一嫂在田使牛，济问嫂："平田路向什么处去？"

嫂打牛一棒，曰："这畜生到处走，到此路也不识。"

济又曰："我问你平田路向什么处去？"

嫂曰："这畜生！五岁尚使不得。"

济心语曰："欲观主人，先观所使。"便有抽钉拔楔之意。

及见师，师问："你还曾见我嫂也未？"

济曰："已收下了也。"

师遂问："近离甚处？"

济曰："江西黄檗。"

师曰："情知你见作家来。"

济曰："特来礼拜和尚。"

师曰："已相见了也。"

济曰："宾主之礼，合施三拜。"

师曰："既是宾主之礼，礼拜着。"

洪州东山慧禅师

大于侍者到，师问："金刚正定，一切皆然。秋去冬来，且作么生？"

者曰："不妨和尚借问。"

师曰:“即今即得,去后作么生?”

者曰:“谁敢问着某甲?”

师曰:“大于还得么?”

者曰:“犹要别人点检在。”

师曰:“辅弼宗师,不废光彩。”侍者礼拜。

百丈山涅槃和尚

师一日谓众曰:“汝等与我开田,我与汝说大义。”众开田了归,请说大义,师乃展两手,众罔措。

赵州真际从谂禅师

师到黄檗,檗见来,便闭方丈门,师乃把火于法堂内,叫曰:“救火! 救火!”

檗开门捉住曰:“道! 道!”

师曰:“贼过后张弓。”

师一日于雪中倒卧,曰:“相救! 相救!”有僧便去身边卧,师便起去。

师在东司上见远侍者过,蓦召:“文远!”远应诺。

师曰:“东司上不可与汝说佛法。”

僧问:“二龙争珠,谁是得者?”

师曰:“老僧只管看。”

僧问:“至道无难,唯嫌拣择,是时人窠臼否?”

师曰:“曾有人问我,老僧直得五年分疏不下。”

问院主:“什么处来?”

主曰:“送生来。”

师曰:“鸦为什么飞去?”

主曰:“怕某甲。”

师曰:“汝十年知事,作恁么语话!”

主却问:“鸦为什么飞去?”

师曰:“院主无杀心。”

僧游五台,问一婆子曰:“台山路向甚处去?”

婆曰:“蓦直去。”僧便去。

婆曰:“好个师僧,又恁么去。”

后有僧举似师,师曰:“待我去勘过。”

明日师便去,问:“台山路向甚处去?”

婆曰:“蓦直去。”师便去。

婆曰:“好个师僧,又恁么去。”

师归院,谓僧曰:“台山婆子为汝勘破了也。”

问:“如何是玄中玄?”

师曰:“汝玄来多少时耶?”

曰:“玄之久矣。”

师曰:“阇黎若不遇老僧,几乎玄杀。”

有一婆子,令人送钱请转藏经。师受施利了,却下禅床转一匝,乃曰:“传语婆,转藏经已竟。”

其人回,举似婆,婆曰:“比来请转全藏,如何只为转半藏?”

官人问:“丹霞烧木佛,院主为什么眉须堕落?”

师云:“官人宅内变生作熟是什么人?”

云:“所使。”

师云:“却是他好手。”

问:“作何方便即得闻于未闻?”

师云:“未闻且置,你曾闻个什么来?”

新到参,师曰:“甚处来?”

曰:“南方来。”

师曰:“佛法尽在南方,汝来这里作什么?”

曰:“佛法岂有南北耶?”

师曰:“饶汝从云居、雪峰来,只是个担板汉。”

师问一婆子:“什么处去?”

曰:“偷赵州笋去。”

师曰:“忽遇赵州又作么生?”婆与一掌,师休去。

师因有老宿问:“近离甚处?”

师云:“滑州。”

宿云:“几程到这里?”

师云:“一跶到。”

宿云:“好个捷疾鬼!”

师云:“万福大王!”

宿云:“参堂去。”师应:“喏喏。”

又谓众曰:“你若一生不离丛林,不语五年十载,无人唤你作哑汉,已后佛也不奈你何。你若不信,截取老僧头去。”

南泉从浴室里过,见浴头烧火,问云:“作什么?”

云:“烧浴。”

泉云:“记取来唤水牯牛浴。”浴头应喏。

至晚间,浴头入方丈,泉问:“作什么?”

云:“请水牯牛去浴。”

泉云:“将得绳索来不?”浴头无对。

师来问讯泉,泉举似师,师云:“某甲有语。”

泉便云:“还将得绳索来么?”师便近前,蓦鼻便拽。

泉云:“是即是,太粗生。”

师问南泉:“离四句,绝百非外,请师道。”泉便归方丈。

师云:“这老和尚每常口爬爬地,及其问着,一言不措。”

侍者云:“莫道和尚无语好。”师便打一掌。

南泉便掩却方丈门,便把灰围却,问僧云:“道得即开门。”多有人下语,并不契泉意。

师云:“苍天!苍天!”泉便开门。

问:“承闻和尚亲见南泉,是否?”

师云:“镇州出大萝卜头。”

问:“如何是佛真法身?”

师云:“更嫌什么?”

问:“如何是宾中主?”

师云:“山僧不问妇。”

“如何是主中宾?”

师云:“老僧无丈人。”

问:“如何是一切法常住?”

师云:“老僧不讳祖。”

其僧再问,师云:“今日不答话。”

问:“万物中,何物最坚?”

师云:“相骂饶汝接嘴,相唾饶汝泼水。”

问:“晓夜不停时如何?”

师云:“僧中无与么两税百姓。”

师上堂云:“兄弟!你正在第三冤里。所以道‘但改旧时行履处,莫改旧时人’。共你各自家出家,比来无事,更问禅问道,三十、二十人聚头来问,恰似欠伊禅道相似。你唤作善知识,我是同受榜。老僧不是戏好,恐带累他古人,所以东道西说。”

问:“如何是赵州主人公?”

师咄云:“这箍桶汉!”学人应喏。

师云:“如法箍桶着。”

问:“如何是学人本分事?”

师云:“树摇鸟散,鱼惊水浑。”

问:“如何玄中玄?”

师云:“说什么玄中玄,七中七,八中八!”

问:“如何是玄中玄?”

师云:“这僧若在,合年七十四五。”

师上堂云:“兄弟但改往修来,若不改,大有着你处在。”

尼问:“离却上来说处,请和尚指示。”

师咄云:“煨破铁瓶。”

尼将铁瓶添水来："请和尚答话。"师笑之。

问："从上至今即心是佛，不即心还许学人商量也无？"

师云："即心且置，商量个什么？"

师示众云："拟心即差。"

僧便问："不拟心时如何？"

师打二下，云："莫是老僧辜负阇黎么？"

问："凡有问答，落在意根。不落意根，师如何对？"

师云："问。"

学云："便请师道。"

师云："莫向这里是非。"

问："上上人一拨便转，下下人来时如何？"

师云："汝是上上？下下？"

云："请和尚答话。"

师云："话未有主在。"

云："某甲七千里来，莫作心行。"

师云："据你这一问，心行莫不得么？"此僧一宿便去。

问："真如、凡圣皆是梦言，如何是真言？"

师云："更不道这两个。"

学云："两个且置，如何是真言？"

师云："唵啷啉唛。"

师示众云："心生即种种法生，心灭即种种法灭，你诸人作么生？"

僧乃问："只如不生不灭时如何？"

师云："我许你这一问。"

师因参次，云："明又未明，道昏欲晓，你在阿哪头？"

僧云："不在两头。"

师云："与么即在中间也？"

云："若在中间，即在两头。"

师云："这僧多少时在老僧这里，作与么语话，不出得三句里。然直饶出得，也在三句里，你作么生？"

僧云:“某甲使得三句。”

师云:“何不早与么道?”

问:“万境俱起,还有惑不得者也无?”

师云:“有。”

学云:“如何是惑不得者?”

师云:“你还信有佛法否?”

学云:“信有佛法,古人道了。如何是惑不得者?”

师云:“为什么不问老僧?”

学云:“问了也。”

师云:“惑也。”

师示众云:“教化得的人,是今生事;教化不得的人,是第三生冤。若不教化,恐堕却一切众生;教化亦是冤。是你还教化也无?”

僧云:“教化。”

师云:“一切众生还见你也无?”

学云:“不见。”

师云:“为什么不见?”

学云:“无相。”

师云:“即今还见老僧否?”

学云:“和尚不是众生。”

师云:“自知罪过即得。”

师示众曰:“八百个作佛汉,觅一个道人难得。”

问:“白云不落时如何?”

师云:“老僧不会上象。”

学云:“岂无宾主?”

师云:“老僧是主,阇黎是宾,白云在什么处?”

师示众云:“佛之一字,吾不喜闻。”

问:“和尚还为人也无?”

师云:“为人。”

学云:“如何为人?”

师云："不识玄旨，徒劳念静。"

学云："既是玄，作么生是旨？"

师云："我不把本。"

学云："这个是玄，如何是旨？"

师云："答你是旨。"

问："狗子还有佛性也无？"

师云："无。"

学云："上至诸佛，下至蚁子，皆有佛性，狗子为什么无？"

师云："为伊有业识性在。"

问："如何是道人？"

师云："我向道是佛人。"

问："凡有言句，举手动足，尽落在学人网中。离此外，请师道。"

师云："老僧斋了未吃茶。"

马大夫问："和尚还修行也无？"

师云："老僧若修行即祸事。"

云："和尚既不修行，教什么人修行？"

师云："大夫是修行的人。"

云："某甲何名修行？"

师云："若不修行，争得扑在人王位中，喂得来赤冻红地，无有解出期。"大夫乃下泪拜谢。

问："学人才到，总不知门户头事如何。"

师云："上座名什么？"

学云："惠南。"

师云："大好不知。"

问："学人欲学，又谤于和尚，如何得不谤去？"

师云："你名什么？"

学云："道皎。"

师云："静处去者米囤子。"

问："不挂寸丝时如何？"

师云:“不挂什么?”

学云:“不挂寸丝。”

师云:“大好不挂寸丝!”

问:“用处不现时如何?”

师云:“用即不无,现是谁?”

问:“空劫中还有人修行也无?”

师云:“唤什么作空劫?”

云:“无一物是。”

师云:“这个始称修行,唤什么作空劫?”

问:“如何是出家?”

师云:“不履高名,不求垢坏。”

有秀才见师手中拄杖,乃云:“佛不夺众生愿,是否?”

师云:“是。”

秀才云:“某甲就和尚乞取手中拄杖,得否?”

师云:“君子不夺人所好。”

秀才云:“某甲不是君子。”

师云:“老僧亦不是佛。”

师因出外,见婆子插田,云:“忽遇猛虎作么生?”

婆云:“无一法可当情。”

师云:“嗏!”

婆子云:“嗏!”

师云:“难有这个在。”

问:“如何是佛向上人?”

师云:“只这牵耕牛的是。”

问:“初生孩子还具六识也无?”

师云:“急流水上打毬子。”

问:“唯佛一人是善知识,如何?”

师云:“魔语。”

问:“如何是急切处?”

师云："一问一答。"
问："如何是无师智？"
师云："老僧不曾教阇黎。"
问："如何是亲切一句？"
师云："话堕也。"
问："如何是西来意？"
师云："板齿生毛。"
问："如何是丈六金身？"
师云："腋下打领。"
云："学人不会。"
师云："不会请人裁。"
尼问："如何是密密意？"师以手掐之。
云："和尚犹有这个在。"
师云："是你有这个。"
问："如何是尘中人？"
师云："布施茶盐钱来。"
问："如何是佛法大意？"
师云："礼拜着。"
僧拟进话次，师唤沙弥文远，文远到，师叱云："适来去什么处来？"
问："如何是忠言？"
师云："你娘丑陋。"
问："如何是忠言？"
师云："吃铁棒。"
问："如何是不思处？"
师云："快道！快道！"
问："非思量处如何？"
师云："速道！速道！"
问："出来的是什么人？"
师云："佛菩萨。"

问:“如何是圣?”

师云:“不凡。”

云:“如何是凡?”

师云:“不圣。”

云:“不凡不圣时如何?”

师云:“好个禅僧。”

问:“两镜相向,哪个最明?”

师云:“阇黎眼皮盖须弥山。”

问:“高峻难上时如何?”

师云:“老僧不向高峰顶。”

问:“如何是沙门行?”

师云:“离行。”

问:“真休之处,请师指。”

师云:“指即不休。”

问:“利剑出匣时如何?”

师云:“黑。”

问:“如何是沙门得力处?”

师云:“你什么处不得力?”

问:“高峻难上时如何?”

师云:“老僧自住峰顶。”

云:“争奈曹溪路侧何?”

师云:“曹溪是恶。”

云:“今时为什么不到?”

师云:“是渠高峻。”

问:“祖佛命不断处如何?”

师云:“无人知。”

问:“贫子来,将什么物与他?”

师云:“不欠少。”

师因在室坐禅次,主事报和尚云:“大王来礼拜。”

大王礼拜了，左右问烈士："王来，为什么不起？"

师云："你不会，老僧这里，下等人来，出三门接；中等人来，下禅床接；上等人来，禅床上接。不可唤大王作中等、下等人也，恐屈大王。"大王欢喜，再三请入内供养。

师因问周员外："你还梦见临济也无？"员外竖起拳。

师云："哪边见？"

外云："这边见。"

师云："什么处见临济？"员外无对。

师问周员外："什么处来？"

云："非来非去。"

师云："不是老鸦飞来飞去。"

问新到："从何方来？"

云："无方面来。"师乃转背，僧将坐具随师转。

师云："大好无方面。"

师与侍郎游园，见兔走过，侍郎问："和尚是大善知识，兔子见，为什么走？"

师云："老僧好杀。"

师问僧："离什么处？"

云："离京中。"

师云："你还从潼关过么？"

云："不历。"

师云："今日捉得这贩私盐汉。"

师因到临济，方始洗脚，临济便问："如何是祖师西来意？"

师云："正值洗脚。"临济乃近前侧聆。

师云："若会便会，不会更莫啖啄作么？"临济拂袖去。

师云："三十年行脚，今日为人错下注脚。"

师行脚时见二庵主，一人作丫角童，师问讯，二人殊不顾。来日早晨，丫角童将一铛饭来，放地上分作三分。庵主将席子近前坐，丫角童亦将席近前相对坐，亦不唤师。师乃亦将席子近前坐，丫童目顾于师。庵主云:“莫言侵早起,更有夜行人。”

师云:“何不教诏这行者?”

庵主云:“他是人家男女。”

师云:“洎合放过。”

丫童便起,顾视庵主云:“多口作么?”丫童从此入山不见。

师因看经次,沙弥文远入来,师乃将经侧视之,沙弥乃出去。师随后把住云:“速道!速道!”

文远云:“阿弥陀佛!阿弥陀佛!”师便归方丈。

有新罗院主请师斋,师到门首,问:“此是什么院?”

云:“新罗院。”

师云:“我与你隔海。”

有一婆子日晚入院来,师云:“作什么?”

婆云:“寄宿。”

师云:“这里是什么所在?”婆呵呵大笑而去。

长沙景岑禅师

师与仰山玩月次,山曰:“人人尽有这个,只是用不得。”

师曰:“恰是倩汝用。”

山曰:“你作么生用?”师劈胸与一踏。

山曰:“囫!直下似个大虫。”自此诸方称为岑大虫。

问:“南泉道:‘三世诸佛不知有,狸奴白牯却知有。’为什么三世诸佛不知有?”

师曰:“未入鹿苑时,犹较些子。”

曰:“狸奴白牯为什么却知有?”

师曰:“汝争怪得伊?”

问:“南泉迁化向什么处去?”

师曰:“东家作驴,西家作马。”

曰:“学人不会此意如何。”

师曰:“要骑即骑,要下即下。”

三圣令秀上座问曰:“南泉迁化向什么处去?”

师曰:“石头作沙弥时参见六祖。”

秀曰:“不问石头见六祖,南泉迁化向什么处去?”

师曰:“教伊寻思去。”

秀曰:“和尚虽有千尺寒松,且无抽条石笋。”师默然。

秀曰:“谢和尚答话。”师亦默然。

秀回,举似三圣,圣曰:“若恁么,犹胜临济七步。然虽如此,待我更验看。”

至明日,三圣上问:“承闻和尚昨日答南泉迁化一则语,可谓光前绝后,今古罕闻。”师亦默然。

子湖岩利踪禅师

师于门下立牌曰:“子湖有一只狗,上取人头,中取人心,下取人足,拟议即丧身失命。”

临济会下二僧来参,方揭帘,师喝曰:“看狗!”僧回顾,师便归方丈。

刘铁磨参,师曰:“汝是刘铁磨否?”

曰:“不敢。”

师曰:“左转? 右转?”

曰:“和尚莫颠倒。”师便打。

陆亘大夫

宣州刺史陆亘大夫问南泉:“古人瓶中养一鹅,鹅渐长大,出瓶不得,如今不得毁瓶,不得损鹅,和尚作么生出得?”

南泉召:“大夫!”亘应诺。

南泉曰:“出也。”亘从此开解,即礼谢。

池州甘贽行者

一日,入南泉设斋,黄檗为首座,行者请施财,座曰:“财法二施,等无差别。”

甘曰:“恁么道争消得某甲嗓?”便将出去。

须臾复入曰:“请施财。”

座曰:“财法二施,等无差别。”甘乃行嗓。

又一日,入寺设粥,请南泉念诵,泉乃白椎曰:“请大众为狸奴白牯念摩诃般若波罗密。”甘拂袖便出。

泉粥后,问典座:“行者在甚处?”

座曰:“当时便去也。”泉便打破锅子。

芙蓉灵训禅师

师初参归宗,问:“如何是佛?”

宗曰:“我向汝道,汝还信否?”

曰:“和尚诚言,安敢不信?”

宗曰:“即汝便是。”

师曰:“如何保任?”

宗曰:“一翳在眼,空华乱坠。”

五台智通禅师

师初在归宗会下,忽一夜连叫曰:“我大悟也!”众骇之。

明日上堂,众集,宗曰:“昨夜大悟的僧出来。”

师出曰:“某甲。”

宗曰:“汝见什么道理便言大悟?试说看。”

师曰:“师姑原是女人做。”宗异之。

师便辞去,宗门送,与提笠子,师接得笠子,戴头上便行,更不回顾。后居台山法华寺,临终有偈曰:

“举手攀南斗,回身倚北辰。
出头天外看,谁是我般人?”

卷第三十四

历代禅师语录(后集)

镇州普化和尚

师事盘山,密受记莂,而佯狂出言无度。暨盘山顺世,乃于此地行化,每振一铎曰:“明头来,明头打;暗头来,暗头打;四面八方来,旋风打;虚空来,连架打。”

一日,临济令僧捉住曰:“总不恁么来时如何?”

师拓开曰:“来日大悲院里有斋。”

僧回,举似济,济曰:“我从来疑着这汉。”

师见马步使出喝道,师亦喝道,作相扑势,马步使令人打五棒,师曰:“似即似,是即不是。”

师尝于阛阓间摇铎唱曰:“觅个去处不可得。”

时道吾遇之,把住问曰:“汝拟去什么处?”

师曰:“汝从什么处来?”吾无语,师掣手便去。

虔州处微禅师

僧问:“三乘十二分教体理得妙,与祖意是同是别?”

师曰:“须向六句外鉴,不得随声色转。”

曰:“如何是六句?”

师曰:“语的、默的、不语、不默、总是、总不是,汝合作么生?”僧无对。

金州操禅师

师请米和尚斋,不排坐位。米到,展坐具礼拜,师下禅床,米乃坐师位,师却席地而坐。斋讫,米便去,侍者曰:“和尚受一切人钦仰,今日座位被人夺却。”

师曰:“三日后若来,即受救在。”

米三日后果来,曰:“前日遭贼。”

朗州古堤和尚

师寻常见僧来,但曰:“去!汝无佛性。”僧无对,或有对者,莫契其旨。

仰山到参,师曰:“去!汝无佛性。”仰山叉手近前三步应喏。

师笑曰:“子什么处得此三昧来?”

仰山曰:“我从耽源处得名,沩山处得地。”

师曰:“莫是沩山的子么?”

仰山曰:“世谛即不无,佛法即不敢。”仰山却问:“和尚从甚处得此三昧?”

师曰:“我从章敬处得此三昧。”

仰山叹曰:“不可思议!来者难为凑泊。”

湖南上林戒灵禅师

师初参沩山,山曰:“大德作什么来?”

师曰:“介胄全具。”

山曰:“尽卸了,来与大德相见。”

师曰:“卸了也。”

山咄曰:“贼尚未打,卸作什么!”师无对。

仰山代曰:“请和尚屏却左右。”

沩山以手指曰:“喏!喏!”

师后参永泰,方谕其旨。

五台秘魔岩和尚

师常持一木叉,每见僧来礼拜,即叉却颈曰:“哪个魔魅教汝出家?哪个魔魅教汝行脚?道得也叉下死,道不得也叉下死。速道!速道!”学徒鲜有对者。

霍山通和尚访师,才见,不礼拜,便撺入怀里,师拊通背三下,通起拍手曰:“师兄三千里外赚我来!三千里外赚我来!”便回。

沩山灵祐禅师

合酱次,问仰山:“这个用多少盐水?”

仰曰:“某甲不会,不欲祗对。”

师云:“却是老僧会。”

仰云:“不知用多少盐水。”

师云:“汝既不会,我亦不答。”

晚间,师却问仰山:“今日因缘,子作么生主持?”

仰云:“待问即答。”

师云:“现问次。”

仰云:“耳背眼昏,见闻不晓。”

师云:“凡有问答,出子此语不得。”仰礼谢。

师云:“寂子今日忘前失后,不是小小。”

师谓仰山曰:“汝须独自回光返照,别人不知汝解处,汝试将实解献老僧看。”

仰曰:“若教某甲自看,到这里无圆位,亦无一物一解得献和尚。”

师云:“无圆位处原是汝作解处,未离心境在。”

仰曰:“既无圆位,何处有法?把何物作境?”

师曰:“适来是汝作与么解,是否?”

仰曰:“是。”

师云:“若恁么,是具足心境法,未脱我所心在。原来有解献我,许汝信位显,人位隐在。”

师一日见香严、仰山作饼次,师曰:“当时百丈先师亲得这个道理。”

仰与香严相顾视云:“什么人答得此话?”

师云:“有一人答得。”

仰云:“是阿谁?”

师指水牯牛云:“道!道!”

仰取一束草来,香严取一桶水来,放牛前,牛才吃,师云:“与么与么,不与么不与么。”二人俱作礼。

仰云:“或时明,或时暗。”

师因资国来参,乃指月示之,国以手拨三下,师云:“不道汝不见,只是见处太粗。”

师问道吾:“甚处去来?”

吾云:“看病来。”

师云:“有几人病?”

吾云:“有病的,有不病的。”

师云:“不病的莫是智头陀否?”

吾云:“病与不病,总不干他事。急道!急道!”

师云:“道得也与他没交涉。”

师问仰山:“终日与子商量,成得个什么边事?”仰空中画一画。

师曰:“若不是吾,终被子惑。”

师问僧:“甚处来?”

曰:“西京来。”

师曰:“还得西京主人公书来么?”

曰:“不敢妄通消息。”

师曰："作家师僧，天然犹在。"

曰："残羹馊饭谁人吃之？"

师曰："独有阇黎不吃。"僧作呕吐势。

师曰："扶出这病僧着。"僧便出去。

道吾山宗智禅师

沩山问云岩："菩提以何为座？"

岩曰："以无为为座。"

岩却问沩山，山曰："以诸法空为座。"

又问师："作么生？"

师曰："坐也听伊坐，卧也听伊卧，有一人不坐不卧，速道，速道！"山便休去。

师指佛桑花问僧曰："这个何似。那个？"

曰："直得寒毛卓竖。"

师曰："毕竟如何？"

曰："道吾门下的。"

师曰："十里大王。"

云岩不安，师乃谓曰："离此壳漏子，向什么处相见？"

岩曰："不生不灭处相见。"

师曰："何不道非不生不灭处，亦不求相见？"

云岩昙晟禅师

师少出家于石门，参百丈海禅师，二十年因缘不契。后造药山，山问："甚处来？"

曰："百丈来。"

山曰："百丈有何言句示徒？"

师曰："寻常道：'我有一句子，百味具足。'"

山曰："咸则咸味，淡则淡味，不咸不淡是常味，作么生是百味具足的句?”师无对。

山曰:“争奈目前生死何?”

师曰:“目前无生死。”

山曰:“在百丈多少时?”

师曰:“二十年。”

山曰:“二十年在百丈,俗气也不除。”

他日,侍立次,山又问:“百丈更说什么法?”

师曰:“有时道三句外省去,六句内会取。”

山曰:“三千里外且喜没交涉。”山又问:“更说什么法?”

师曰:“有时上堂,大众立定,以拄杖一时趁散;复召大众,众回首,丈曰:‘是什么?’”

山曰:“何不早恁么道?今日因子得见海兄。”师于言下顿省,便礼拜。

师煎茶次,道吾问:“煎与阿谁?”

师曰:“有一人要。”

曰:“何不教伊自煎?”

师曰:“幸有某甲在。”

师问石霜:“什么处来?”

曰:“沩山来。”

师曰:“在彼中得多少时?”

曰:“粗经冬夏。”

师曰:“若恁么,即成山长也。”

曰:“虽在彼中却不知。”

师曰:“他家亦非知非识。”石霜无对。

僧问:“一念瞥起,便落魔界时如何?”

师曰:“汝因什么却从佛界来?”僧无对。

师曰:“会么?”

曰:“不会。”

师曰:“莫道体不得,设使体得,也只是左之右之。”

裴大夫问僧："供养佛，佛还吃否？"
僧曰："如大夫祭家神。"
大夫举似师，师曰："有几般饭食，但一时下来。"
师却问神山："一时下来后作么生？"
神山曰："合取钵盂。"师然之。
师一日作草鞋次，洞山近前曰："学人乞师眼睛，得么？"
师曰："汝的与阿谁去也？"
曰："良价无。"
师曰："设有，汝向什么处著？"洞山无语。
师曰："乞眼睛的，是眼否？"
洞山曰："非眼。"师便喝出。
尼僧礼拜，师问："汝爷在否？"
曰："在。"
师曰："年多少？"
曰："年八十。"
师曰："汝有个爷，不年八十，还知否？"
曰："莫是恁么来者？"
师曰："恁么来者，犹是儿孙。"
一日，药山问："汝除在百丈，更到什么处来？"
师曰："曾到广南来。"
曰："见说广州城东门外有一片石被州主移去，是否？"
师曰："非但州主，阖国人移亦不动。"

百岩明哲禅师

洞山与密师伯到参，师问："二上座甚处来？"
山曰："湖南。"
师曰："观察使姓什么？"
曰："不得姓。"
师曰："名什么？"

曰:“不得名。”

师曰:“还治事也无?”

曰:“自有郎幕在。”

师曰:“还出入也无?”

曰:“不出入。”

师曰:“岂不出入?”山拂袖便出。

师次早入堂,召二上座曰:“昨日老僧对阇黎一转语不相契,一夜不安,今请阇黎别下一转语。若惬老僧意,便开粥相伴过夏。”

山曰:“请和尚问。”

师曰:“岂不出入?”

山曰:“太尊贵生!”师乃开粥,同共过夏。

翠微无学禅师

一日,师在法堂内行,投子进前接礼,问曰:“西来密旨,和尚如何示人?”师驻步少时。

子曰:“乞师垂示。”

师曰:“更要第二勺恶水那?”子便礼谢。

师曰:“莫躲根。”

子曰:“时至根苗自生。”

师因供养罗汉,僧问:“丹霞烧木佛,和尚为什么供养罗汉?”

师曰:“烧也烧不着,供养亦一任供养。”

曰:“供养罗汉,罗汉还来也无?”

师曰:“汝每日还吃饭么?”僧无语。

师曰:“少有灵利的。”

孝义性空禅师

丁行者看师,师打一棒,云:“瞎却汝本来眼也。”

丁云:“非但今日,古人亦行此令。”

师云:“谁向汝道古今?”丁拂袖便出。

师云:“青天白日有迷路人。”

丁云:“莫要指示么?”师便打。

丁云:“莫瞎却人眼好。”

师云:“瞎却俗人眼有什么过?”

仙天禅师

僧参,才展坐具,师曰:“不用通时暄,还我文彩未生时道理来。”

曰:“某甲有口哑却即闲苦,死觅个腊月扇子作么?”

师拈棒作打势,僧把住曰:“还我未拈棒时道理。”

师曰:“随我者,随之南北;不随我者,死住东西。”

曰:“随与不随且置,请师指出东西南北。”师便打。

披云和尚来,才入方丈,师便问:“未见东越老人时,作么生为物?”

云曰:“只见云生碧嶂,焉知月落寒潭?”

师曰:“只与么,也难得。”

曰:“莫是未见时么?”师便喝,云展两手。

师曰:“错怪人者有什么限?”云掩耳出。

师曰:“死却这汉平生也。”

马颊本空禅师

上堂:“只这施为动转,还合得本来祖翁么?若合得,十二时中无虚弃的道理;若合不得,吃茶说话往往唤作茶话在。”

僧便问:“如何免得不成茶话去?”

师曰:“你识得口也未?”

曰:“如何是口?”

师曰:“两片皮也不识。”

曰:“如何是本来祖翁?”

师曰:“大众前不要牵爷恃娘。”

曰:“大众欣然去也。”

师曰:“你试点大众性看。”僧作礼。

师曰:“伊往往道一性一切性在。”

僧欲进语,师曰:“辜负平生行脚眼。”

问:“去却即今言句,请师直指本来性。”

师曰:“你迷源来得多少时?”

曰:“即今蒙和尚指示。”

师曰:“若指示你,我即迷源。”

曰:“如何即是?”

师示颂曰:

“心是性体,性是心用,心性一如,谁别谁共?

妄外迷源,只这难洞,古今凡圣,如幻如梦。”

本生禅师

师拈拄杖示众曰:“我若拈起,你便向未拈起时作道理;我若不拈起,你便向拈起时作主宰。且道老僧为人在什么处?”

时有僧出曰:“不敢妄生节目。”

师曰:“也知阇黎不分外。”

曰:“低低处平之有余,高高处观之不足。”

师曰:“节目上更生节目。”僧无语。

师曰:“掩鼻偷香,空招罪犯。”

石室善道禅师

师参石头。一日,随头游山次,头曰:“汝与我斫却面前树子,免碍我。”

师曰:“不将刀来。”头乃抽刀倒与。

师曰："何不过那头来？"

头曰："你用那头作什么？"师即大悟。

师一夕与仰山玩月，山问："这个月尖时，圆相什么处去？圆时，尖相又什么处去？"

师曰："尖时圆相隐，圆时尖相在。"

龙潭崇信禅师

初，悟和尚居天王寺，师家于寺巷，其家卖饼，师日以十饼馈之，天王食毕，常留一饼，曰："吾惠汝以荫子孙。"

师一日自念曰："饼是我持去，何返遗我？其别有旨乎？"遂造问焉。

天王曰："是汝持来，复汝何咎？"师闻之，颇晓玄旨，因投出家，服勤左右。

一日，问曰："某自到来，不蒙指示心要。"

天王曰："自汝到来，吾未尝不指汝心要。"

师曰："何处指示？"

天王曰："汝擎茶来，吾为汝接；汝行食来，吾为汝受；汝和南时，吾便低首。何处不指示心要？"师低头良久。

天王曰："见则直下便见，拟思即差。"

师当下开解，复问："如何保任？"

天王曰："任性逍遥，随缘放旷，但尽凡心，别无圣解。"

僧问："髻中珠，谁人得？"

师曰："不赏玩者得。"

曰："安着何处？"

师曰："有处即道来。"

有尼问："如何得为僧去？"

师曰："作尼来多少时也？"

曰："还有为僧时也无？"

师曰："汝即今是什么？"

曰:“现是尼身,何得不识?”

师曰:“谁识汝?”

李翱刺史问:“如何是真如般若?”

师曰:“我无真如般若。”

李曰:“幸遇和尚。”

师曰:“此犹是分外之言。”

睦州道明尊宿

师曰:“明明向汝道,尚自不会,何况盖覆将来?”又曰:“老僧在此住持,不曾见个无事人到来,汝等何不近前?”

时有一僧方近前,师曰:“维那不在,汝自领去三门外与二十棒。”

曰:“某甲过在什么处?”

师曰:“枷上更着杻。”

师见僧,乃曰:“现成公案,放汝三十棒。”

曰:“某甲如是。”

师曰:“三门头金刚为什么举拳?”

曰:“金刚尚乃如是。”师便打。

座主参,师问:“莫是讲《唯识论》否?”

曰:“不敢。”

师曰:“朝去西天,暮归唐土,会么?”

曰:“不会。”

师曰:“吽!吽!五戒不持。”

问僧:“近离甚处?”

曰:“仰山。”

师曰:“五戒也不持。”

曰:“某甲什么处是妄语?”

师曰:“这里不着沙弥。”

问僧正云:“讲得《唯识论》么?”

正云："不敢，小年曾读文字来。"

师拈起糖饼擘作两片云："你作么生？"正无语。

师云："唤作糖饼是？不唤作糖饼是？"

正云："不可不唤作糖饼。"

师却唤沙弥："来！来！你唤作什么？"

弥云："糖饼。"

师云："你也讲得《唯识论》。"

师问武陵长老："了即毛端吞巨海，始知大地一微尘，长老作么生？"

曰："问阿谁？"

师曰："问长老。"

曰："何不领话？"

师曰："汝不领话？我不领话？"

问："一句道尽时如何？"

师曰："义堕也。"

曰："什么处是学人义堕？"

师曰："三十棒教谁吃。"

问："某甲讲兼行脚，不会教意时如何？"

师曰："灼然实语当忏悔。"

曰："乞师指示。"

师曰："汝若不问，老僧即缄口无言；汝既问，老僧不可缄口去也。"

曰："请师便道。"

师曰："心不负人，面无惭色。"

问："高揖释迦、不拜弥勒时如何？"

师曰："昨日有人问，趁出了也。"

曰："和尚恐某甲不实那？"

师曰："拄杖不在，苕帚柄聊与三十。"

问僧："何处来？"

云:“灵山来。”

师云:“涅槃是第几座?”僧无对。

师又问:“迦叶什么处去?”

僧云:“不知。”

师云:“脱空妄语汉。”

师闻一老宿难亲近,躬往相访。才入,宿便喝,师侧掌曰:“两重公案。”

宿曰:“过在什么处?”

师曰:“这野狐精!”便退。

升座云:“首座呢?”

答云:“在。”

“寺主呢?”

答云:“在。”

“维那呢?”

答云:“在。”

师云:“三段不同,今当第一,向下文长,付在来日。”下座。

示众:“大事未明,如丧考妣;大事既明,如丧考妣。”

示众:“我见百丈不识好恶,大众才集,以拄杖一时打下;复召大众,众回首,乃云:‘是什么?’有甚共语处?又黄檗和尚亦然。复召大众,众回首,乃云:‘月似弯弓,少雨多风。’犹较些子。”

僧问:“如何是一代时教?”

师曰:“上大人,丘乙巳。”

问:“如何是禅?”

师曰:“猛火着油煎。”

僧参,师曰:“汝是新到否?”

曰:“是。”

师曰:“且放下葛藤,会么?”

曰:“不会。”

师曰:“担枷陈状,自领出去!”僧便出。

师曰:“来! 来! 我实问你甚处来?”

曰:“江西。”

师曰:“泐潭和尚在汝背后,怕你乱道,见么?”僧无对。

看《华严经》次,僧问:“看什么经?”

师曰:“大光明云、青色光明云、紫色光明云。”却指面前曰:“那边是什么云?”

曰:“南边是黑云。”

师曰:“今日须有雨。”

问:“以字不成,八字不是,是何章句?”

师弹指一声,曰:“会么?”

曰:“不会。”

师曰:“上来讲赞,无限胜因。虾蟆蹦跳上天,蚯蚓蓦过东海。”

问僧:“近离甚处?”

曰:“河北。”

师曰:“彼中有赵州和尚,你曾到否?”

曰:“某甲近离彼中。”

师曰:“赵州有何言句示徒?”

僧举吃茶话,师乃呵呵大笑曰:“惭愧!”却问:“赵州意作么生?”

曰:“只是一期方便。”

师曰:“苦哉! 赵州被你将一勺屎泼了也。”便打。

师却问沙弥:“你作么生会?”沙弥便设拜,师亦打。

其僧往沙弥处问:“适来和尚打你作什么?”

沙弥曰:“若不是我和尚,不打某甲。”

乌石灵观禅师

师寻常扃户,人罕见之。一日,雪峰伺便扣门,师开门,峰蓦胸挡住曰:“是凡是圣?”

师唾曰:“这野狐精!”便推出,闭却门。

峰曰:“也只要识老兄。”

雪峰至,敲门,师曰:“谁?”

峰云:“凤凰儿。”

师云:“作什么?”

峰云:“来啖老鹳。”

师便开门扭住云:“道! 道!”峰拟议,师便托开,闭却门。

峰住后,示众云:“我当时若入得老观门,你这一队噇酒糟汉向甚处摸索?”

大随法真禅师

师妙龄夙悟,遍参知识次,至大沩会下数载,食不至充,卧不求暖,清苦炼行,沩深器之。

一日,问曰:“阇黎在老僧此间不曾问一转话。”

师曰:“教某甲向什么处下口?”

沩曰:“何不道如何是佛?”师便作手势掩沩口。

沩叹曰:“子真得其髓!”

问僧:“甚处去?”

曰:“峨嵋礼普贤去。”

师举拂子曰:“文殊、普贤总在这里。”僧作圆相抛向后,乃礼拜。

师唤侍者:“取一贴茶与这僧。”

僧问:“如何是大随一面事?”

师曰:“东西南北。”

庵侧有一龟,僧问:“一切众生皮裹骨,这个众生为甚骨裹皮?”师拈草履覆龟背上,僧无语。

灵树和尚

僧问:“如何是和尚家风?”

曰:“千年田,八百主。”

“如何是千年田,八百主?”

曰:“郎当屋舍没人修。”

灵云志勤禅师

师初在沩山,因见桃花悟道,有偈曰:

三十年来寻剑客,几回落叶又抽枝。
自从一见桃花后,直至如今更不疑。

沩览偈,诘其所悟,与之符契,嘱曰:“从缘悟达,永无退失,善自护持。”

长生问:“混沌未分时,含生何来?”

师曰:“如露柱怀胎。”

曰:“分后如何?”

师曰:“如片云点太清。”

曰:“未审太清还受点也无?”师不答。

曰:“恁么则含生不来也。”师亦不答。

曰:“直得纯清绝点时如何?”

师曰:“犹是真常流注。”

曰:“如何是真常流注?”

师曰:“似镜长明。”

曰:“向上更有事也无?”

师曰:“有。”

曰:“如何是向上事?”

师曰:“打破镜来与汝相见。”

新兴严阳尊者

师初参赵州,问:“一物不将来时如何?”

州曰:“放下着。”

师曰:“既是一物不将来,放下个什么?”

州曰:“放不下,担取去。”师于言下大悟。

后常有一蛇一虎随从,手中与食。

杭州多福和尚

僧问:“如何是多福一丛竹?”

师曰:“一茎两茎斜。”

曰:“学人不会。”

师曰:“三茎四茎曲。”

益州西睦和尚

上堂,有俗士举手曰:“和尚便是一头驴。”

师曰:“老僧被汝骑。”士无语。

去后三日,再来白言:“某甲三日前着贼。”师拈杖趁出。

石梯和尚

师因侍者请浴,师曰:“既不洗尘,亦不洗体,当作么生?”

者曰:“和尚先去,某甲将皂角来。”师呵呵大笑。

一日,见侍者托钵赴堂,乃唤侍者,者应诺。师曰:“什么处去?”

者曰:“上堂斋去。”

师曰:“我岂不知汝上堂斋去?”

者曰:“除此外,别道个什么?”

师曰:“我只问汝本分事。”

者曰:“和尚若问本分事,某甲实是上堂斋去。”

师曰:“汝不缪为吾侍者。”

末山尼了然禅师

师因灌溪闲和尚到,“若相当即住,不然即推倒禅床。”便入堂内。

师遣侍者问:“上座游山来? 为佛法来?”

溪曰:“为佛法来。”

师乃升座,溪上参。师问:“上座今日离何处?”

曰:“路口。”

师曰:“何不盖却?”

溪无对,始礼拜问:“如何是末山?”

师曰:“不露顶。”

曰:“如何是末山主?”

师曰:“非男女相。”

溪乃喝曰:“何不变去?”

师曰:“不是神,不是鬼,变个什么?”溪于是伏膺,作园头三年。

金华俱胝和尚

有尼名实际来,戴笠子,执锡绕师三匝,曰:“道得即下笠子。”如是三问,师皆无对,尼便去。

师曰:“日势稍晚,何不且住?”

尼曰:“道得即住。”师又无对。

尼去后,师叹曰:“我虽处丈夫之形,而无丈夫之气,不如弃庵往诸方参寻知识去。”

其夜,山神告曰:“不须离此,将有肉身菩萨来。”

后天龙和尚到庵,师乃迎礼,龙竖一指示之,师当下大悟。自此,凡有学者参问,师唯举一指,无别提唱。

有一供过童子,每见人问事,亦竖指衹对,人谓师曰:“和尚!童子亦会佛法,凡有问,皆如和尚竖指。”

师一日潜袖刀子,问童曰:“闻你会佛法,是否?”

童曰:“是。”

师曰:“如何是佛?”童竖起指头,师以刀断其指,童叫唤走出,师招童子,童回首。

师曰:“如何是佛?”童举手,不见指头,豁然大悟。

师将顺世,谓众曰:“吾得天龙一指头禅,一生用不尽。”

仰山慧寂通智禅师

师坐次,有僧翘一足云:“西天二十八祖亦如是,唐土六祖亦如是,天下老和尚亦如是,某甲亦如是。”师下禅床打四藤条。

师谓第一座曰:“不思善,不思恶,正恁么时作么生?”

座曰:“正恁么时,是某甲放身命处。”

师曰:“何不问老僧?”

座曰:“正恁么时,不见有和尚。”

师曰:“扶我教不起。”

香严智闲禅师

师参沩山,山问:“我闻汝在百丈先师处问一答十,问十答百,此是汝聪明灵利,意解识想,生死根本,父母未生时,试道一句看。”

师被一问,直得茫然,归寮,将平日看过文字从头寻一句酬对,竟不能得,乃自叹曰:“画饼不可充饥!”屡乞沩山说破。

山曰:“我若说似汝,汝已后骂我去。我说的是我的,终不干汝事。”

师遂将平昔所看文字烧却，曰："此生不学佛法也！且作个长行粥饭僧，免役心神。"乃泣辞沩山。过南阳，睹忠国师遗迹，遂憩止焉。

一日，芟除草木，偶抛瓦砾击竹作声，忽然省悟。遽归，沐浴焚香，遥礼沩山，赞曰："和尚大慈，恩逾父母，当时若为我说破，何有今日之事？"乃有颂曰：

一击忘所知，更不假修持。
动容扬古路，不堕悄然机。
处处无踪迹，声色外威仪。
诸方达道者，咸言上上机。

沩山闻得，谓仰山曰："此子彻也。"

仰曰："此是心机意识著述得成，待某甲亲自勘过。"

仰后见师曰："和尚赞叹师弟发明大事，你试说看。"

师举前颂，仰曰："此是夙习记持而成，若有正悟，别更说看。"

师又颂曰：

去年贫，未是贫；
今年贫，始是贫。
去年贫，犹有卓锥之地；
今年贫，锥也无。

仰曰："如来禅许师弟会，祖师禅未梦见在。"

师复颂曰：

我有一机，瞬目视伊。
若人不会，别唤沙弥。

仰乃报沩山曰："且喜闲师弟会祖师禅也。"

上堂："若论此事，如人上树，口衔树枝，脚不蹋枝，手不攀枝，树下忽有人问：'如何是祖师西来意？'不对他，又违他所问；若对他，又丧身失命。当恁么时作么生即得？"

时有虎头招上座出众云："树上即不问，未上树时，请和尚道。”师乃呵呵大笑。

径山洪禋禅师

佛日长老访师,师问:“伏承长老独化一方,何以荐游峰顶?”

日曰:“朗月当空挂,冰霜不自寒。”

师曰:“莫是长老家风也无?”

日曰:“峭峙万重关,于中含宝月。”

师曰:“此犹是文言,作么生是长老家风?”

日曰:“今日赖遇佛。”日却问:“隐密全真,时人知有,道不得;太省无辜,时人知有,道得。于此二途,犹是时人升降处,未审和尚亲道、自道、如何道?”

师曰:“我家道处无可道。”

日曰:“如来路上无私曲,便请玄音和一场。”

师曰:“任汝二轮更互照,碧潭云外不相关。”

日曰:“为报白头无限客,此回年少莫归乡。”

师曰:“老少同伦无向背,我家玄路勿参差。”

日曰:“一言定天下,四句为谁宣?”

师曰:“汝言有三四,我道其中一也无。”师因有偈曰:

东西不相顾,南北与谁留?
汝言有三四,我道一也无。

僧问:“掩息如灰时如何?”

师曰:“犹是时人功干。”

曰:“干后如何?”

师曰:“耕人田不种。”

曰:“毕竟如何?”

师曰:“禾熟不临场。”

许州全明上座先问石霜:“一毫穿众穴时如何?”

石霜曰:“直须万年去。”

曰:“万年后如何?”

石霜曰:“登科任汝登科,拔萃任汝拔萃。”

后问师曰:“一毫穿众穴时如何?”

师曰:“光靴任汝光靴,结果任汝结果。”

僧问:“如何是长?”

师曰:“千圣不能量。”

曰:“如何是短?”

师曰:“蟭螟眼里著不满。”其僧不肯,便去。

举似石霜,石霜曰:“只为太近实头。”

僧却问石霜:“如何是长?”

石霜曰:“不屈曲。”

曰:“如何是短?”

石霜曰:“双陆盘中不喝彩。”

定山神英禅师

师因椑树省和尚行脚时参问:“不落数量,请师道。”

师提起数珠曰:“是落不落?”

省曰:“圆珠三窍,时人知有,请师圆前话。”师便打,省拂袖便出。

师曰:“三十年后槌胸大哭去在。”

省住后,示众曰:“老僧三十年前至定山,被他热谩一上,不同小小。”

京兆七师米和尚

师参学后,归受业寺。有老宿问:“月中断井索,时人唤作蛇,未审七师见佛唤作什么?”

师曰:“若有佛见,即同众生。”

老宿曰:“千年桃核。”

王敬初常侍

公视事次,米和尚至,公乃举笔示之,米曰:“还判得虚空否?”公掷笔入宅,更不复出,米致疑。

明日,凭鼓山供养主,入探其意,米亦随至,潜在屏蔽间侦伺。供养主才坐,问曰:“昨日米和尚不审有什么言句,便不相见?”

公曰:“狮子咬人,韩卢逐块。”

米闻此语,即省前缪,遽出,朗笑曰:“我会也,我会也。”

公曰:“会即不无,你试道看。”

米曰:“请常侍举。”公乃竖起一只箸。

米曰:“这野狐精!”

公曰:“这汉彻也。”

卷第三十五

历代禅师语录(后集)

临济义玄禅师

师问黄檗佛法大意,三度问,三度被打,师辞黄檗,檗曰:“不须他去,只往高安滩头参大愚,必为汝说。”

师到大愚,愚曰:“甚处来?”

师曰:“黄檗来。”

愚曰:“黄檗有何言句?”

师曰:“某甲三度问佛法的的大意,三度被打,不知某甲有过无过?”

愚曰:“黄檗与么老婆心切,为汝得彻困,更来这里问有过无过?”

师于言下大悟,乃曰:“原来黄檗佛法无多子。”

愚搊住曰:“这尿床鬼子!适来道有过无过,如今却道黄檗佛法无多子,你见个什么道理?速道!速道!”

师于大愚肋下筑三拳,愚拓开曰:“汝师黄檗,非干我事。”师辞大愚,却回黄檗。

黄檗一日普请次,师随后行,檗回头见师空手,乃问:“镬在何处?”

师云:“有一人将去了也。”

檗曰:“近前来!共汝商量个事。”师便近前。

檗竖起镬曰:“只这个,天下人拈掇不起。”

师就手掣得,竖起曰:“为什么却在某甲手里?”

檗曰:“今日自有人普请。”便回寺。

师一日在僧堂前坐,见黄檗来,便闭却目。黄檗乃作怖势,便归方丈。师随至方丈礼谢,首座在黄檗处侍立,黄檗云:“此僧虽是后生,却知有此事。”

首座云:“老和尚脚跟不点地,却证据个后生。”黄檗自于口上打一掴。

首座云:“知即得。”

师在僧堂里睡,檗入堂见,以拄杖打板头一下;师举首,见是檗,却又睡;檗又打板头一下,却往上间,见首座坐禅,乃曰:“下间后生却坐禅,汝在这里妄想什么?”

座曰:“这老汉作什么?”檗又打板头一下,便出去。

黄檗因入厨下,问饭头:“作什么?”

头曰:“拣众僧饭米。”

檗曰:“一顿吃多少?”

头曰:“二石五。”

檗曰:“莫太多么?”

头曰:“犹恐少在。”檗便打。

头举似师,师曰:“吾与汝勘这老汉。”

才到侍立,檗举前话,师曰:“饭头不会,请和尚代转一语。”

檗曰:“汝但举。”

师曰:“莫太多么?”

檗曰:“来日更吃一顿。”

师曰:“说什么来日,即今便吃。”随后打一掌。

檗曰:“这疯颠汉又来这里捋虎须。”师喝一喝,便出去。

师半夏上黄檗山,见檗看经,师曰:“我将谓是个人,原来是唵黑豆老和尚。”

住数日,乃辞,檗曰:“汝破夏来,何不终夏去?”

师曰:“某甲暂来礼拜和尚。”檗便打趁令去。师行数里,疑此事,却回终夏。

后又辞檗，檗曰："甚处去？"

师曰："不是河南，便归河北。"

檗便打，师约住，与一掌。檗大笑，乃唤侍者："将百丈先师禅板、几案来。"

师曰："侍者！将火来。"

檗曰："不然，子但将去，已后坐断天下人舌头去在。"

到三峰平和尚处，平问："甚处来？"

师曰："黄檗来。"

平曰："黄檗有何言句？"

师曰："金牛昨夜遭涂炭，直至如今不见踪。"

平曰："金风吹玉管，哪个是知音？"

师曰："直透万重关，不住青霄内。"

平曰："子这一问太高生。"

师曰："龙生金凤子，冲破碧琉璃。"

平曰："且坐吃茶。"又问："近离甚处？"

师曰："龙光。"

平曰："龙光近日如何？"师便出去。

到凤林，林曰："有事相借问，得么？"

师曰："何得剜肉作疮？"

林曰："海月澄无影，游鱼独自迷。"

师曰："海月既无影，游鱼何得迷？"

林曰："观风知浪起，玩水野帆飘。"

师曰："孤蟾独耀江山静，长啸一声天地秋。"

林曰："任张三寸挥天地，一句临机试道看。"

师曰："路逢剑客须呈剑，不是诗人莫献诗。"林便休。

师乃有颂曰：

大道绝同，任向西东。
石火莫及，电光罔通。

到大慈，慈在方丈内坐，师问："端居丈室时如何？"

慈云:“寒松一色千年别,野老拈花万国春。”

师云:“今古永超圆智体,三山锁断万重关。”慈便喝,师亦喝。

慈云:“作么?”师拂袖便出。

到明化,化问:“来来去去作什么?”

师云:“只图踏破草鞋。”

化云:“毕竟作么生?”

师云:“老汉话头也不识。”

到金牛,牛见师来,横按拄杖,当门踞坐。师以手敲拄杖三下,却归堂中第一位坐。牛下来见,乃问:“夫宾主相看,各具威仪,上座从何而来,太无礼生!”

师云:“老和尚道什么?”牛拟开口,师便打一坐具;牛作倒势,师又打一坐具。

牛曰:“今日不着便。”遂归方丈。

师住镇州临济,学侣云集,一日,谓普化、克符二上座曰:“我欲于此建立黄檗宗旨,汝等成褫我。”二人珍重下去。

三日后,普化却上来问:“和尚三日前说什么?”师便打。

三日后,克符上来问:“和尚三日前打普化作么?”师亦打。

师曰:“有时一喝如金刚王宝剑,有时一喝如踞地狮子,有时一喝如探竿影草,有时一喝不作一喝用。汝作么生会?”僧拟议,师便喝。

上堂次,两堂首座相见,同时下喝,僧问师:“还有宾主也无?”

师曰:“宾主历然。”

师召众曰:“要会临济宾主句,问取堂中二首座。”

示众:“我有时先照后用,有时先用后照,有时照用同时,有时照用不同时。先照后用有人在,先用后照有法在,照用同时,驱耕夫之牛,夺饥人之食,敲骨取髓,痛下针锥;照用不同时,有问有答,立宾立主,合水和泥,应机接物。若是过量人,向未举已前撩起便行，犹较些子。”

上堂：“赤肉团上有一无位真人，常从汝等面门出入，未证据者看看。”

时有僧出问：“如何是无位真人？”

师下禅床把住云：“道！道！”

其僧拟议，师托开云：“无位真人是什么干矢橛？”便归方丈。

僧问：“如何是佛法大意？”师竖起拂子，僧便喝，师便打。

又僧问：“如何是佛法大意？”

师亦竖起拂子，僧便喝，师亦喝；僧拟议，师便打，乃曰：“大众！夫为法者，不避丧身失命。我于黄檗先师处，三度问佛法的的大意，三度被打，如蒿枝拂相似。如今更思一顿，谁为下手？”

时有僧出曰：“某甲下手。”师度与拄杖，僧拟接，师便打。

有一老宿参，便问：“礼拜即是？不礼拜即是？”师便喝，宿便拜。

师曰：“好个草贼！”

宿曰：“贼！贼！”便出去。

师曰：“莫道无事好。”

时首座侍立，师曰：“还有过也无？”

座曰：“有。”

师曰：“宾家有过，主家有过？”

曰：“二俱有过。”

师曰：“过在什么处？”座便出去。

师曰：“莫道无事好。”

大觉到参，师举起拂子，觉敷坐具；师掷下拂子，觉收坐具参堂去。僧众曰：“此僧莫是和尚亲？不礼拜又不吃棒。”

师闻，令唤觉，觉至，师曰：“大众道汝不礼拜，又不吃棒，莫是长老亲故？”觉乃珍重下去。

师问院主：“什么处去来？”

曰：“州中粜黄米来。”

师曰:“槼得尽么?”

曰:“槼得尽。”

师以拄杖画一画,曰:“还槼得这个么?”主便喝,师便打。

典座至,师举前话,座曰:“院主不会和尚意。”

师曰:“你又作么生?”座礼拜,师亦打。

同普化赴施主斋次,师问:“毛吞巨海,芥纳须弥,为复是神通妙用?为复是法尔如然?”化趯倒饭床。

师曰:“太粗生!”

曰:“这里是什么所在?说粗说细!”

次日又同赴斋,师复问:“今日供养何似昨日?”化又趯倒饭床。

师曰:“得即得,太粗生。”

化喝曰:“瞎汉,佛法说什么粗细?”师乃吐舌。

师与河阳、木塔长老同在僧堂地炉内坐,因说:“普化每日在街市掣风掣颠,知他是凡是圣?”言犹未了,普化入来,师便问:“汝是凡是圣?”

普化云:“汝且道我是凡是圣?”师便喝。

普化以手指云:“河阳新妇子,木塔老婆禅,临济小厮儿,却具一只眼。”

师云:“这贼!”

普化云:“贼!贼!”便出去。

一日,普化在僧堂前吃生菜,师见云:“大似一头驴!”普化便作驴鸣。

师谓直岁云:“细抹草料着。”

普化云:“少室人不识,金陵又再来,临济一只眼,到处为人开。”

师问杏山:“如何是露地白牛?”

山曰:“吽!吽!”

师曰:“哑那!”

山曰："长老作么？"

师曰："这畜生！"

麻谷问："大悲千手眼，哪个是正眼？"

师搊住曰："大悲千手眼，作么生是正眼？速道！速道！"谷拽师下禅床却坐。

师问讯曰："不审。"谷拟议，师便喝，拽谷下禅床却坐，谷便出。

石霜庆诸禅师

师抵沩山为米头，一日，筛米次，沩曰："施主米，莫抛撒。"

师曰："不抛撒。"

沩于地上拾得一粒，曰："汝道不抛撒，这个是什么？"师不对。

沩又曰："莫轻这一粒，百千粒尽从这一粒生。"

师曰："百千粒从这一粒生，未审这一粒从什么处生？"沩呵呵大笑，归方丈。

沩至晚上堂曰："大众！米里有虫，诸人好看。"

因僧自洞山来，师问："和尚有何言句示徒？"

曰："解夏上堂云：'秋初夏末，兄弟或东去西去，直须向万里无寸草处去。'复良久，曰：'只如万里无寸草处，作么生去？'"

师曰："有人下语否？"

曰："无。"

师曰："何不道出门便是草？"

师在方丈内，僧在窗外问："咫尺之间，为什么不睹师颜？"

师曰："遍界不曾藏。"

僧举问雪峰："遍界不曾藏，意旨如何？"

峰曰："什么处不是石霜？"

师闻，曰："这老汉着甚死急！"

峰闻，曰："老僧罪过。"

僧问："三千里外远闻石霜有个不顾。"

师曰:“是。”
曰:“只如万象历然,是顾不顾?”
师曰:“我道不惊众。”
曰:“不惊众是与万象合,如何是不顾?”
师曰:“遍界不曾藏。”
云盖问:“万户俱闭即不问,万户俱开时如何?”
师曰:“堂中事作么生?”
曰:“无人接得渠。”
师曰:“道也太煞道,也只道得八九成。”
曰:“未审和尚作么生道?”
师曰:“无人识得渠。”
问僧:“近离甚处?”
曰:“审道。”
师于面前画一画,曰:“汝剌脚与么来,还审得这个么?”
曰:“审不得。”
师曰:“汝衲衣与么厚,为甚却审这个不得?”
曰:“某甲衲衣虽厚,争奈审这个不得?”
师曰:“与么则七佛出世也救你不得。”
曰:“说甚七佛,千佛出世也救某甲不得!”
师曰:“太懵懂生。”
曰:“争奈呢?”
师曰:“参堂去。”
僧曰:“喏!喏!”
示众:“初机未覩大事,先须识取头,其尾自至。”
疏山仁参问:“如何是头?”
师曰:“直须知有。”
曰:“如何是尾?”
师曰:“尽却今时。”
曰:“有头无尾时如何?”

师曰:“吐得黄金,堪作什么?”

曰:“有尾无头时如何?”

师曰:“犹有依倚在。”

曰:“直得头尾相称时如何?”

师曰:“渠不作个解会,亦未许渠在。”

渐源仲兴禅师

一日,宝盖和尚来访,师便卷起帘子,在方丈内坐。盖一见,乃下却帘便归客位。师令侍者传语:“长老远来不易,犹隔津在。”盖擒住侍者与一掌。

者曰:“不用打某甲,有堂头和尚在。”

盖曰:“为有堂头老汉,所以打你。”

者回,举似师,师曰:“犹隔津在。”

夹山善会禅师

师会下有一僧到石霜,入门便道:“不审。”

霜曰:“不必,阇黎!”

僧云:“与么则珍重。”

又到岩头,亦云:“不审。”头乃嘘两声。

僧云:“与么则珍重。”

才回步,头云:“虽是后生,亦能管带。”

其僧归,举似师,师明日升堂,乃唤:“昨日从石霜、岩头来的阿师出来,如法举前话。”

僧举了,师云:“大众还会么?若无人道,老僧不惜两茎眉毛道去也。”乃云:“石霜虽有杀人刀,且无活人剑;岩头亦有杀人刀,亦有活人剑。”

上堂:“我二十年住此山,未曾举着宗门中事。”

有僧问:“承和尚有言:‘二十年住此山,未曾举着宗门中事。'是否?"

师曰:"是。"僧便掀倒禅床,师休去。

至明日普请,掘一坑,令侍者请昨日僧至,曰:"老僧二十年说无义语,今日请上座打杀老僧,埋向坑里,便请便请。若不打杀老僧,上座自着打杀,埋在坑中始得。"其僧归堂,束装潜去。

虎头上座参,师问:"甚处来?"

曰:"湖南来。"

师曰:"曾到石霜么?"

曰:"要路经过,争得不到?"

师曰:"闻石霜有毬子话,是否?"

曰:"和尚也须急着眼始得。"

师曰:"作么生是毬子?"

曰:"跳不出。"

师曰:"作么生是毬杖?"

曰:"没手足。"

师曰:"且去!老僧未与阇黎相见。"

明日升座,师曰:"昨日新到在么?"头出应诺。

师曰:"目前无法,意在目前,不是目前法,非耳目之所到。"

头曰:"今日虽问,要且不是。"

师曰:"片月难明,非关天地。"

头曰:"莫孱沸。"便作掀禅床势。

师曰:"且缓缓!亏着上座什么处?"

头竖起拳曰:"目前还着得这个么?"

师曰:"作家!作家!"头又作掀禅床势。

师曰:"大众!看这一员战将,若是门庭布列,山僧不如他;若据入理之谈,也较山僧一级地。"

德山宣鉴禅师

师担《青龙疏钞》出蜀，至澧阳路上，见一婆子卖饼，因息肩，买饼点心。婆指担曰："这个是什么文字？"

师曰："《青龙疏钞》。"

婆曰："讲何经？"

师曰："《金刚经》。"

婆曰："我有一问，你若答得，施与点心；若答不得，且别处去。《金刚经》道：'过去心不可得，现在心不可得，未来心不可得。'未审上座点哪个心？"师无语。

师至龙潭，上法堂曰："久向龙潭，及乎到来，潭又不见，龙又不现。"

潭引身曰："子亲到龙潭。"师无语，遂栖止焉。

一夕，侍立次，潭曰："更深，何不下去？"

师珍重便出，却回，曰："外面黑。"潭点纸烛度与师，师拟接，潭复吹灭，师于此大悟，便礼拜。

潭曰："子见个什么？"

师曰："从今向去，更不疑天下老和尚舌头也。"

潭谓众曰："可中有个汉，牙如剑树，口似血盆，一棒打不回头，他时向孤峰顶上立吾道去在。"

师将《疏钞》堆法堂前，举火炬曰："穷诸玄辩，若一毫置于太虚；竭世枢机，似一滴投于巨壑。"遂焚。

师抵沩山，挟复子上法堂，从西过东，从东过西，曰："有么？有么？"

山坐次，殊不顾盼，师曰："无，无。"便出。至门首，乃曰："虽然如此，也不得草草。"遂具威仪，再入相见，才跨门，提起坐具，曰："和尚！"山拟取拂子，师便喝，拂袖而出。

沩山至晚问首座："今日新到在否？"

座曰："当时背却法堂，着草鞋出去也。"

山曰:“此子已后向孤峰顶上盘结草庵,呵佛骂祖去在。”

小参,示众曰:“今夜不答话,问话者三十棒。”时有僧出礼拜,师便打。

僧曰:“某甲话也未问,和尚因什么打某甲?”

师曰:“汝是什么处人?”

曰:“新罗人。”

师曰:“未跨船舷,好与三十棒。”

示众:“道得也三十棒,道不得也三十棒。”

临济闻得,谓洛浦曰:“汝去问他,道得为什么也三十棒,待伊打汝,接住棒送一送,看伊作么生?”

浦如教而问,师便打,浦接住送一送,师便归方丈。

浦回,举似临济,济曰:“我从来疑着这汉。虽然如是,你还识德山么?”浦拟议,济便打。

龙牙问:“学人仗镆铘剑拟取师头时如何?”

师引颈近前曰:“囮!”

牙曰:“头落也。”师呵呵大笑。

牙后到洞山,举前话,山曰:“德山道什么?”

牙曰:“德山无语。”

洞曰:“莫道无语,且将德山落的头呈似老僧看。”牙方省,便忏谢。

有僧举似师,师曰:“洞山老人不识好恶,这汉死来多少时?救得有什么用处?”

有僧相看,乃近前作相扑势,师曰:“与么无礼,合吃山僧手里棒!”僧拂袖便行。

师曰:“饶汝如是,也只得一半。”僧转身便喝。

师曰:“须是我打你始得。”

曰:“诸方有明眼人在。”

师曰:“天然有眼。”

僧擘开眼曰:“猫。”便出。

师曰："黄河三千年一度清。"

僧参，师问维那："今日几人新到？"

曰："八人。"

师曰："唤来一时生按着。"

上堂："及尽知也，直得三世诸佛口挂壁上，犹有一人呵呵大笑，若识此人，参学事毕。"

示众："有言时，骑虎头，收虎尾，第一句下明宗旨；无言时，觌露机锋，如同电拂。"

师因疾，僧问："还有不病者也无？"

师曰："有。"

曰："如何是不病者？"

师曰："阿啷！阿啷！"师复告众曰："扪空追响，劳汝心神，梦觉觉非，竟有何事？"

洞山良价悟本禅师

师初行脚时，路逢一婆担水，师索水饮，婆曰："水不妨饮，婆有一问，须先问过。且道水具几尘？"

师曰："不具诸尘。"

婆云："去！休污我水担。"

他日，因供养云岩真次，僧问："先师道'只这是'，莫便是否？"

师曰："是。"

曰："意旨如何？"

师曰："当时几错会先师意。"

曰："未审先师还知有也无？"

师曰："若不知有，争解恁么道？若知有，争肯恁么道？"

云岩讳日营斋，僧问："和尚于云岩处得何指示？"

师曰："虽在彼中，不蒙指示。"

曰："既不蒙指示，又用设斋作什么？"

师曰:“争敢违背他?”

曰:“和尚初见南泉,为什么却与云岩设斋?”

师曰:“我不重先师道德、佛法,只重他不为我说破。”

曰:“和尚为先师设斋,还肯先师也无?”

师曰:“半肯半不肯。”

曰:“为什么不全肯?”

师曰:“若全肯,即辜负先师也。”

师与泰首座冬节吃果子次,乃问:“有一物,上拄天,下拄地,黑似漆,常在动用中,动用中收不得,且道过在什么处?”

泰曰:“过在动用中。”师唤侍者掇退果桌。

问雪峰:“从甚处来?”

曰:“天台来。”

师曰:“见智者否?”

曰:“义存吃铁棒有分。”

雪峰上问讯,师曰:“入门来须有语,不得道早个入了也。”

峰曰:“某甲无口。”

师曰:“无口且从,还我眼来。”峰无语。

雪峰搬柴次,乃于师面前抛下一束,师曰:“重多少?”

峰曰:“尽大地人提不起。”

师曰:“争得到这里?”峰无语。

洗钵次,见两乌争虾蟆,有僧便问:“这个因什么到恁么地?”

师曰:“只为阇黎。”

问:“三身之中,阿哪身不堕众数?”

师曰:“吾尝于此切。”

陈尚书问师:“五十二位菩萨中,为什么不见妙觉?”

师曰:“尚书亲见妙觉。”

官人问:“有人修行否?”

师曰:“待公作男子即修行。”

师有时曰:“体得佛向上事,方有些子语话分。”

僧问："如何是语话？"

师曰："语话时阇黎不闻。"

曰："和尚还闻否？"

师曰："不语话时即闻。"

僧问："如何是佛向上人？"

师曰："非佛。"

师不安，令沙弥传语云居，乃属曰："他或问：'和尚安乐否？'但道：'云岩路相次绝也。'汝下此语须远立，恐他打汝。"沙弥领旨去，传语声未绝，早被云居打一棒。

将圆寂，谓众曰："吾有闲名在世，谁人为吾除得？"众皆无对。

时沙弥出曰："请和尚法号。"

师曰："吾闲名已谢。"

睦州刺史陈操尚书

公问僧："有个事与上座商量，得么？"

曰："合取狗口！"

公自掴口曰："某甲罪过！"

曰："知过必改。"

公曰："恁么则乞上座口吃饭，得么？"

斋次，拈起胡饼问僧："江西、湖南还有这个么？"

曰："尚书适来吃个什么？"

公曰："敲钟谢响。"

又与僚属登楼次，见数僧行来，有一官人曰："来者总是行脚僧。"

公曰："不是。"

曰："焉知不是？"

公曰："待来勘过。"

须臾，僧至楼前，公蓦唤："上座！"僧皆举首。

公谓诸官曰："不信道。"

无著文喜禅师

师往五台山华严寺，至金刚窟礼谒，遇一老翁牵牛而行，邀师入寺，翁呼均提，有童子应声出迎，翁纵牛，引师升堂，堂宇皆耀金色，翁踞床，指绣墩命坐，翁曰："近自何来？"

师曰："南方。"

翁曰："南方佛法如何住持？"

师曰："末法比丘少奉戒律。"

翁曰："多少众？"

师曰："或三百，或五百。"

师却问："此间佛法如何住持？"

翁曰："龙蛇混杂，凡圣同居。"

师曰："多少众？"

翁曰："前三三，后三三。"

翁呼童子致茶，并进酥酪，师食之，觉心意开爽。翁拈起玻璃盏问曰："南方还有这个否？"

师曰："无。"

翁曰："寻常将什么吃茶？"师无对，辞退翁，令童子相送。

师问童子："前三三，后三三，是多少？"

童召："大德！"师应诺。

童曰："是多少？"

师复问曰："此为何处？"

童曰："此金刚窟般若寺也。"师凄然悟彼翁者即文殊也，不可再见，即稽首童子，愿乞一言为别。童说偈曰：

面上无瞋供养具，口里无瞋吐妙香，
心里无瞋是珍宝，无垢无染是真常。

言讫，均提与寺俱隐，但见五色云中，文殊乘金毛狮子往来，忽有白云自东方来，覆之不见。

师因驻锡五台，后参仰山，顿了心契，令充典座，文殊尝现于粥镬上，师以搅粥篦便打曰："文殊自文殊，文喜自文喜。"

殊乃说偈曰：

苦瓜连根苦，甜瓜彻蒂甜。
修行三大劫，却被老僧嫌。

一日，有异僧来求斋食，师减己分馈之。仰山预知，问曰："适来果位人至，汝给食否？"

师曰："辍己回施。"

仰曰："汝大利益。"

霍山景通禅师

有行者问："如何是佛法大意？"师乃礼拜。

行者曰："和尚为什么礼俗人？"

师曰："汝不见道：尊重弟子。"

兴化存奖禅师

师到大觉为院主。一日，觉唤："院主，我闻你道：'向南方行脚一遭，拄杖头不曾拨着一个会佛法的。'你恁个什么道理与么道？"师便喝，觉便打；师又喝，觉又打。

师来日从法堂过，觉召："院主！我直下疑你昨日这两喝。"师又喝，觉又打；师再喝，觉亦打。

师曰："某甲于三圣师兄处学得个宾主句，总被师兄折倒了也，愿与某甲个安乐法门。"

觉曰："这瞎汉！来这里纳败缺。脱下衲衣，痛打一顿。"师于言下荐得临济先师在黄檗处吃棒的道理。

师后开堂日拈香曰："此一炷香，本为三圣师兄，三圣于我太孤；本为大觉师兄，大觉于我太赊；不如供养临济先师。"

师谓克宾维那曰："汝不久为唱导之师。"

宾曰："不入这保社。"

师曰:“会了不入？不会了不入？”

曰:“总不与么。”

师便打曰:“克宾维那法战不胜,罚钱五贯,设馔饭一堂。”

次日,师自白椎曰:“克宾维那法战不胜,不得吃饭,即便出院。”

示众曰:“若是作家战将,便请单刀直入,更莫如何若何。”

有旻德禅师出礼拜,起便喝,师亦喝;德又喝,师亦喝;德礼拜归众,师曰:“适来若是别人,三十棒一棒也较不得。何故？为他旻德会一喝不作一喝用。”

师见同参来,才上法堂,师便喝,僧亦喝;师又喝,僧亦喝;师近前拈棒,僧又喝。师曰:“你看！这瞎汉犹作主在。”僧拟议,师直打下法堂。

侍者请问:“适来那僧有甚触忤和尚？”

师曰:“他适来也有权,也有实,也有照,也有用,及乎我将手向伊面前横两横,到这里却去不得。似这般瞎汉,不打更待何时？”僧礼拜。

后唐庄宗车驾幸河北,回至魏府行宫,诏师问曰:“朕收中原,获得一宝,未曾有人酬价。”

师曰:“请陛下宝看。”帝以两手舒幞头脚。

师曰:“君王之宝,谁敢酬价？”宗大悦。

镇州宝寿沼禅师

师在方丈坐,因僧问讯次,师曰:“百千诸圣尽不出此方丈内。”

曰:“只如古人道‘大千沙界海中沤’,未审此方丈向什么处着？”

师曰:“千圣现在。”

曰:“阿谁证明？”师便掷下拂子,僧从西过东立,师便打。

僧曰:“若不久参,焉知端的？”

师曰:“三十年后此话大行。”

师问僧:“甚处来？”

曰:“西山来。”

师曰:“见猕猴么?”

曰:“见。”

师曰:“作什么伎俩?”

曰:“见某甲,一个伎俩也作不得。”师便打。

三圣院慧然禅师

师至仰山,山问:“汝名什么?”

师曰:“慧寂。”

山曰:“慧寂是我名。”

师曰:“我名慧然。”山大笑。

到德山,才展坐具,山曰:“莫展炊巾,这里无残羹馊饭。”

师曰:“纵有,也无着处。”山便打,师接住棒,推向禅床上。山大笑,师哭苍天,便下参堂。

堂中首座号踢天泰,问:“行脚高士须得本道公验,作么生是本道公验?”

师曰:“道什么?”

座再问,师打一坐具曰:“这漆桶,前后触忤多少贤良!”座拟人事,师便过第二座人事。

问僧:“近离甚处?”僧便喝,师亦喝;僧又喝,师又喝。

僧曰:“行棒即瞎。”便喝,师拈棒,僧乃转身作受棒势。

师曰:“下坡不走,快便难逢。”便棒。

僧曰:“这贼!”便出去,师遂抛下棒。

次有僧问:“适来争容得这僧?”

师曰:“是伊见先师来。”

镇州万寿和尚

师访宝寿,宝寿坐不起,师展坐具,宝寿下禅床;师却坐,宝寿骤入方丈闭却门。知事见师坐不起,曰:“请和尚库下吃茶。”师乃归院。

翌日,宝寿来复谒,师踞禅床;宝寿展坐具,师亦下禅床;宝寿却坐,师归方丈闭却门。宝寿入侍者寮取灰,围却方丈门便归去。师遂开门,见曰:“我不恁么,他却恁么。”

幽州谈空和尚

镇州牧有姑为尼,行脚回,欲开堂为人,牧令师勘过,师问曰:“见说汝欲开堂为人,是否?”

尼曰:“是。”

师曰:“尼是五障之身,当作么生为人?”

尼曰:“龙女八岁南方无垢世界成等正觉,又作么生?”

师曰:“龙女有十八变,你试一变看。”

尼曰:“设使变得,也只是个野狐精。”师便打。

牧闻举,乃曰:“和尚棒折那?”

虎溪庵主

僧问:“庵主在这里多少年也。”

师曰:“只见冬凋夏长,年代总不记得。”

曰:“大好不记得。”

师曰:“汝道我在这里得多少年也。”

曰:“冬凋夏长呢。”

师曰:“闹市里虎。”

桐峰庵主

有老人入山参,师曰:“住在甚处?”老人不语。

师曰:“善能对机。”老人地上拈一枝草示师,师便喝;老人礼拜,师便归庵。

老人曰:“与么疑杀一切人在。”

杉洋庵主

有僧到参,师问:“阿谁?”

曰:“杉洋庵主。”

师曰:“是我。”僧便喝,师作嘘声。

僧曰:“犹要棒吃在。”师便打。

问僧:“什么处来?”

曰:“江西来。”

师竖起痒和子曰:“江西还有这个么?”僧拓膝闭目。

师曰:“东家厮儿却向西家使唤。”

僧曰:“有口不烦宾主说。”

师曰:“适来患聋,而今患哑。”

僧曰:“买铁得金,一场富贵。”

师曰:“客作无功,未免逃避。”僧便行。

师曰:“自累犹可,莫累老僧。”

豁上座

师参德山,山才见,下禅床作抽坐具势,师曰:“这个且置,或遇心境一如的人来,向伊道个什么,免被诸方检责?”

山曰:“犹较昔日三步在,别作个主人公来。”师便喝,山默然。

师曰:“塞却这老汉咽喉也!”拂袖便出。

九峰道虔禅师

师为石霜侍者,洎霜归寂,众请首座继住持,师白众曰:“须明得先师意始可。”

座曰:“先师有什么意?”

师曰:“先师道:‘休去、歇去、冷湫湫地去、一念万年去、寒灰枯木去、古庙香炉去、一条白练去。’其余则不问,如何是一条白练去?”

座曰:“这个只是明一色边事。”

师曰:“原来未会先师意在。”

座曰:“你不肯我那? 但装香来,香烟断处若去不得,即不会先师意。”

遂焚香,香烟未断,座已脱去。师拊座背曰:“坐脱立亡即不无,先师意未梦见在。”

涌泉景欣禅师

强、德二禅客于路次见师骑牛,不识师,忽曰:“蹄角甚分明,争奈骑者不鉴!”师骤牛而去。

强、德憩于树下煎茶,师回,却下牛,问曰:“二禅客近离什么处?”

曰:“那边。”

师曰:“那边事作么生?”强提起茶盏。

师曰:“此犹是这边事,那边事作么生?”强无对。

师曰:“莫道骑者不鉴。”

云盖志元圆净禅师

僧问:“如何是狮子?”

师曰:“善哮吼。”

僧拊掌曰:“好手! 好手!”

师曰:“青天白日,却被鬼迷。”僧作掀禅床势,师便打。

曰:“驴事未去,马事到来。”

师曰:“灼然作家。”僧拂袖出。

师曰:“将瓯盛水,拟比大洋。”

道吾问:“久向和尚会禅,是否?”

师曰:“苍天! 苍天!”

吾近前掩师口,曰:“低声,低声。”师与一掌。

吾曰:“苍天! 苍天!”

师把住曰:“得与么无礼!”吾却与一掌。

师曰:“老僧罪过。”吾拂袖便行。

师呵呵大笑,曰:“早知如是,不见如是。”

凤翔石柱禅师

师游方时到洞山,时虔和尚垂语曰:“有四种人:一人说过佛祖,一步行不得;一人行过佛祖,一句说不得;一人说得行得;一人说不得,行不得。阿哪个是其人?”

师出众曰:“一人说过佛祖,行不得者,只是无舌不许行;一人行过佛祖,一句说不得者,只是无足不许说;一人说得行得者,只是函盖相称;一人说不得,行不得者,如断命求活,此是石女儿披枷带锁。”

山曰:“阇黎分上作么生?”

师曰:“该通分上,卓卓宁彰。”

山曰:“只如海上明公秀又作么生?”

师曰:“幻人相逢,拊掌呵呵。”

张拙秀才

士因禅月大师指参石霜,霜问:“秀才何姓?”

曰:“姓张名拙。”

霜曰:“觅巧尚不可得,拙自何来?”

张忽有省,乃呈偈曰:

光明寂照遍河沙,凡圣含灵共我家。
一念不生全体现,六根才动被云遮。
破除烦恼重增病,趣向真如亦是邪。
随顺世缘无挂碍,涅槃生死等空花。

洛浦元安禅师

师抵涔阳,遇故人,因话武陵旧事,问曰:“倏忽数年,何处逃难?”

师曰:“只在阛阓中。”

曰:“何不向无人处去?”

师曰:“无人处有何难?”

曰:“阛阓中如何逃避?”

师曰:“虽在阛阓中,要且人不识。”故人罔测。

庞居士礼拜,起曰:“孟夏毒热,孟冬薄寒。”

师曰:“莫错。”

士曰:“庞公年老。”

师曰:“何不寒时道寒,热时道热?”

士曰:“患聋作么?”

师曰:“放你三十棒。”

士曰:“哑却我口,塞却你眼。”

蛤溪道者相访,师问:“自从犁溪相别,今得几年?”

溪曰:“和尚犹记得昔年事。”

师曰:“见说道者,总忘却年月也。”

溪曰:“和尚住持事繁,且容仔细看。”

师曰:“打即打会禅汉。”

溪曰:“某甲消得。”

师曰:“道者住山事繁。”

问:“一毫吞尽巨海,于中更复何言?”

师曰:“家有白泽之图,必无如是妖怪。”

僧问:“供养百千诸佛,不如供养一个无心道人。未审百千诸佛有何过?无心道人有何德?”

师曰:“一片白云横谷口,几多归鸟尽迷巢。”

上蓝令超禅师

僧问:“二龙争珠,谁是得者?”

师曰:“其珠遍地,目睹如泥。”

黄山月轮禅师

师谒夹山,山问:“名什么?”

师曰:“月轮。”

山作一圆相,曰:“何似这个?”

师曰:“和尚恁么语话,诸方大有人不肯在。”

山曰:“阇黎作么生?”

师曰:“还见月轮么?”

山曰:“阇黎恁么道,此间大有人不肯诸方。”师乃服膺参讯。

一日,夹山抗声问曰:“子是什么处人?”

师曰:“闽中人。”

山曰:“还识老僧么?”

师曰:“和尚还识学人么?”

山曰:“不然,子且还老僧草鞋钱,然后老僧还子庐陵米价。”

师曰:“恁么则不识和尚也,未委庐陵米作么价?”

山曰:“真狮子儿!善能哮吼。”乃入室受印。

韶山普寰禅师

僧参,师问:“莫是多口白头因么?”

因曰:“不敢。”

师曰:“有多少口?”

曰:“通身是。”

师曰:“寻常向什么处屙?”

曰:“向韶山口里屙。”

师曰:“有韶山口即得,无韶山口向什么处屙?”因无语,师便打。

遵布衲访师,在山下相见,遵问:“韶山路向什么处去?”

师以手指曰:“呜!那青青黯黯处去。”

遵近前把住曰:“久向韶山,莫便是否?”

师曰:“是即是,阇黎有什么事?”

遵曰:“拟伸一问,师还答否?”

师曰:“看君不是金牙作,争解弯弓射尉迟?”

遵曰:“凤凰直入烟霄去,谁怕林间野雀儿?”

师曰:“当轩画鼓从君击,试展家风似老僧。”

遵曰:“一句迥超千圣外,松萝不与月轮齐。”

师曰:“饶君直出威音外,犹较韶山半月程。”

遵曰:“过在甚处?”

师曰:“倜傥之辞,时人知有。”

遵曰:“恁么则真玉泥中异,不拨万机尘。”

师曰:“鲁班门下,徒施巧妙。”

遵曰:“学人即恁么,未审师意如何?”

师曰:“玉女夜抛梭,织锦于西舍。”

遵曰:“莫便是和尚家风也无?”

师曰:“耕夫制玉漏,不是行家作。”

遵曰:“此犹是文言,如何是和尚家风?”

师曰:“横身当宇宙,谁是出头人?”

遵无语,师遂同归山,才人事了,师召近前曰:“阇黎有冲天之气,老僧有入地之谋;阇黎横吞巨海,老僧背负须弥;阇黎按剑上来,老僧掗枪相待。向上一路,速道!速道!”

遵曰:“明镜当台,请师一鉴。”

师曰:“不鉴。”

遵曰:“为甚不鉴?”

师曰:“水浅无鱼,徒劳下钓。”遵无对,师便打。

太原海湖禅师

师因有人请灌顶三藏供养,敷坐讫,师乃就彼位坐,时有云涉座主问曰:“和尚什么年行道?”

师曰:“座主近前来。”涉近前。

师曰:“只如憍陈如是什么年行道?”涉茫然。

师喝曰:“这尿床鬼!”

投子感温禅师

师游山见蝉蜕,侍者问曰:“壳在这里,蝉向什么处去也?”师拈壳就耳畔摇三五下,作蝉声,侍者于是开悟。

郢州四禅禅师

僧问:“古人有请不背,今请和尚入井,还背也无?”

师曰:“深深无别源,饮者消诸患。”

凤翔天盖幽禅师

因有一院名无垢净光,造浴室,有人问:“既是无垢净光,为什么却造浴室?”僧无语。

后请师代,师曰:“三秋明月夜,不是骋团圆。”

岩头全豁禅师

师谒仰山,才入门,提起坐具曰:“和尚!”仰山取拂子拟举。

师曰:“不妨好手。”

后参德山,执坐具上法堂瞻视,山曰:“作么?”师便喝。

山曰:“老僧过在什么处?”

师曰:“两重公案。”乃下参堂。

山曰:“这个阿师稍似个行脚人。”

至来日,上问讯,山曰:“阇黎是昨日新到否?”

曰:“是。”

山曰:“什么处学得这虚头来?”

师曰:“全豁终不自谩。”

山曰:“他后不得辜负老僧。”

一日,参德山,方跨门,便问:“是凡是圣?”山便喝,师礼拜。

有人举似洞山,山曰:“若不是豁公,大难承当。”

师曰:“洞山老人不识好恶,错下名言,我当时一手抬一手搦。”

雪峰在德山作饭头,一日,饭迟,德山擎钵下法堂,峰晒饭巾次,见德山,乃曰:“钟未鸣,鼓未响,拓钵向什么处去?”德山便归方丈。

峰举似师,师曰:“大小德山未会末后句在。”

山闻,令侍者唤师去问:“汝不肯老僧那?”师密启其意,山乃休。

明日升堂,果与寻常不同。师至僧堂前,拊掌大笑曰:“且喜堂头老汉会末后句,他后天下人不奈伊何。虽然,也只得三年活。”山果三年后示寂。

师与罗山卜塔基,罗山中路忽曰:“和尚!”

师回顾曰:“作么?”

山举手指曰:“这里好片地。”

师咄曰:“瓜州卖瓜汉!”

又行数里,歇次,山礼拜,问曰:“和尚岂不是三十年前在洞山而不肯洞山?”

师曰:“是。”

又曰:“和尚岂不是嗣德山又不肯德山?”

师曰:“是。”

山曰:“不肯德山即不问,只如洞山有何亏缺?”

师良久曰:“洞山好佛,只是无光。”山礼拜。

问:“三界竞起时如何?”

师曰:“坐却着。”

曰:“未审师意如何?”

师曰:“移取庐山来,即向汝道。”

僧问:“尘中如何辨主?”

师曰:“铜钞锣里满盛油。”

师值沙汰,于鄂州湖边作渡子,两岸各挂一板,有人过渡,打板一下,师曰:“阿谁?”或曰:“要过那边去。”师乃舞棹迎之。

一日,因一婆抱一孩儿来,乃曰:“呈桡舞棹即不问,且道婆手中儿甚处得来?”师便打。

婆曰:“婆生七子,六个不遇知音,只这一个,也不消得。”便抛向水中。

牛头微禅师

上堂:“三世诸佛用一点伎俩不得,天下老师口似匾担,诸人作么生?大不容易,除非知有,余莫能知。”

卷第三十六

历代禅师语录(后集)

雪峰义存禅师

师在洞山作饭头,淘米次,山问:"淘沙去米? 淘米去沙?"

师曰:"沙米一时去。"

山曰:"大众吃个什么?"师遂覆却米盆。

山曰:"据子因缘,合在德山。"

洞山一日问师:"作什么来?"

师曰:"斫槽来。"

山曰:"几斧斫成?"

师曰:"一斧斫成。"

山曰:"犹是这边事,那边事作么生?"

师曰:"直得无下手处。"

山曰:"犹是这边事,那边事作么生?"师休去。

师辞洞山,山曰:"子甚处去?"

师曰:"归岭中去。"

山曰:"当时从什么路出?"

师曰:"从飞猿岭出。"

山曰:"今回向什么路去?"

师曰:"从飞猿岭去。"

山曰:"有一人不从飞猿岭去,子还识么?"

师曰:"不识。"

山曰:"为什么不识?"

师曰："他无面目。"

山曰："子既不识，争知无面目？"

师无对，遂谒德山，问："从上宗乘，学人还有分也无？"

山打一棒，曰："道什么？"

师曰："不会。"

至明日请益，山曰："我宗无语句，实无一法与人。"师有省。

后与岩头至澧州鳌山镇阻雪，头每日只是打睡，师一向坐禅。一日，唤曰："师兄！师兄！且起来。"

头曰："作什么？"

师曰："今生不着便，共文邃个汉行脚，到处被他带累，今日到此又只管打睡。"

头喝曰："噇眠去！每日床上坐，恰似七村里土地，他时后日魔魅人家男女去在。"

师自点胸曰："我这里未稳在，不敢自谩。"

头曰："我将谓你他日向孤峰顶上盘结草庵，播扬大教，犹作这个语话。"

师曰："我实未稳在。"

头曰："你若实如此，据你见处，一一通来，是处与你证明，不是处与你刬却。"

师曰："我初到盐官，见上堂举色空义，得个入处。"

头曰："此去三十年，切忌举着。"

"又见洞山过水偈曰：'切忌从他觅，迢迢与我疏。渠今正是我，我今不是渠。'"

头曰："若与么，自救也未彻在。"

师又曰："后问德山：'从上宗乘中事，学人还有分也无？'德山打一棒，曰：'道什么？'我当时如桶底脱相似。"

头喝曰："你不闻道：从门入者，不是家珍。"

师曰："他后如何即是？"

头曰："他后若欲播扬大教，一一从自己胸襟流出，将来与我盖天盖地去。"

师于言下大悟,便作礼起,连声叫曰:"师兄!今日始是鳌山成道。"

住后,僧问:"和尚见德山得个什么便休去?"

师曰:"我空手去空手归。"

有两僧来,师以手拓庵门,放身出曰:"是什么?"

僧亦曰:"是什么?"师低头归庵。

僧辞去,师问:"什么处去?"

曰:"湖南。"

师曰:"我有个同行住岩头,附汝一书去。"

书曰:"某书上师兄:某一自鳌山成道后,迄至于今饱不饥。同参某书上。"

僧到岩头,问:"什么处来?"

曰:"雪峰来,有书达和尚。"

头接了,乃问僧:"别有何言句?"

僧遂举前话,头曰:"他道什么。"

曰:"他无语,低头归庵。"

头曰:"噫!我当初悔不向伊道末后句,若向伊道,天下人不奈雪老何。"

僧至夏末,请益前话,头曰:"何不早问?"

曰:"未敢容易。"

头曰:"雪峰虽与我同条生,不与我同条死,要识末后句,只这是。"

有一僧山下卓庵多年,不剃头,畜一长柄勺,溪边舀水,时有僧问:"如何是祖师西来意?"

主曰:"溪深勺柄长。"

师闻得,乃曰:"也甚奇怪!"

一日,将剃刀同侍者去访,才相见,便举前话问:"是庵主语否?"

主曰:"是。"

师曰:"若道得,即不剃你头。"主便洗头,跪师前,师即与剃却。

僧问:"声闻人见性,如夜见月;菩萨人见性,如昼见日。未审和尚见性如何?"师打三下。后问岩头,头打三掌。

问僧:"甚处来?"

曰:"近离浙中。"

师曰:"船来? 陆来?"

曰:"二涂俱不涉。"

师曰:"争得到这里?"

曰:"有什么隔碍?"师便打趁出。

僧过十年后再来,师又问:"甚处来?"

曰:"湖南。"

师曰:"湖南与这里相去多少?"

曰:"不隔。"

师竖起拂子曰:"还隔这个么?"

曰:"若隔,即不到也。"师又打趁出。

此僧住后,凡见人便骂师。一日,有同行闻,特去访问:"兄到雪峰有何言句便如是骂他?"

遂举前话,被同行诉叱,与他说破,这僧当时悲泣,常向中夜焚香遥礼。

问僧:"甚处去?"

曰:"礼拜径山和尚去。"

师曰:"径山若问此间佛法如何,汝作么生祇对?"

曰:"待问即道。"师便打。

后举问镜清:"这僧过在什么处?"

清曰:"问得径山彻困。"

师曰:"径山在浙中,因什么问得彻困?"

清曰:"不见道'远问近对'?"

师曰:“如是!如是!”

问僧:“近离甚处?”

曰:“覆船。”

师曰:“生死海未渡,为什么覆却船?”僧无对。

乃回,举似覆船,船曰:“何不道渠无生死?”

僧再至,进此语,师曰:“此不是汝语。”

曰:“是覆船恁么道。”

师曰:“我有二十棒寄与覆船,二十棒老僧自吃,不干阇黎事。”

闽帅施银交床,僧问:“和尚受大王如此供养,将何报答?”

师以手拓地曰:“轻打我,轻打我。”

瓦棺和尚

师在德山为侍者,一日,同入山斫木,山将一碗水与师,师接得便吃却,山曰:“会么?”

师曰:“不会。”

山又将一碗水与师,师又接吃却,山曰:“会么?”

师曰:“不会。”

山曰:“何不成褫取不会的?”

师曰:“不会,又成褫个什么?”

山曰:“子大似个铁橛。”

住后,雪峰访师,茶话次,峰问:“当时在德山斫木因缘作么生?”

师曰:“先师当时肯我。”

峰曰:“和尚离师太早。”

时面前偶有一碗水,峰曰:“将水来。”师便度与,峰接得便泼却。

高亭简禅师

师参德山，隔江才见，便云："不审。"山乃摇扇招之，师忽开悟，乃横趋而去，更不回顾。

曹山本寂禅师

师谒洞山，山问："阇黎名什么？"

师曰："本寂。"

山曰："那个呢？"

师曰："不名本寂。"山深器之。

自此入室，盘桓数载，乃辞去，山问曰："子向什么处去？"

师曰："不变异处去。"

山曰："不变异处岂有去耶？"

师曰："去亦不变异。"

僧问："学人通身是病，请师医。"

师曰："不医。"

曰："为什么不医？"

师曰："教汝求生不得，求死不得。"

镜清问："清虚之理，毕竟无身时如何？"

师曰："理即如此，事作么生？"

曰："如理如事。"

师曰："谩曹山一人即得，争奈诸圣眼何！"

曰："若无诸圣眼，争鉴得个不恁么？"

师曰："官不容针，私通车马。"

问："具何知解，善能问难？"

师曰："不呈句。"

曰："问难个什么？"

师曰："刀斧砍不入。"

曰："恁么问难，还有不肯者么？"

师曰:“有。”

曰:“是谁?”

师曰:“曹山。”

僧举:“药山问僧:‘年多少?’曰:‘七十二。’山曰:‘是七十二那?’曰:‘是。’山便打。此意如何?”

师曰:“前箭犹似可,后箭射人深。”

曰:“如何免得此棒?”

师曰:“王敕既行,诸侯避道。”

僧问香严:“如何是道?”

严曰:“枯木里龙吟。”

曰:“如何是道中人?”

严曰:“髑髅里眼睛。”

僧不领,乃问石霜:“如何是枯木里龙吟?”

霜曰:“犹带喜在。”

曰:“如何是髑髅里眼睛?”

霜曰:“犹带识在。”

又不领,问师:“如何是枯木里龙吟?”

师曰:“血脉不断。”

曰:“如何是髑髅里眼睛?”

师曰:“干不尽。”

曰:“未审还有得闻者么?”

师曰:“尽大地未有一人不闻。”

曰:“未审枯木里龙吟是何章句?”

师曰:“不知是何章句,闻者皆丧。”遂示偈曰:

枯木龙吟真见道,髑髅无识眼初明。
喜识尽时消息尽,当人哪辨浊中清?

师作四禁偈曰:

莫行心处路,不挂本来衣,
何须正恁么?切忌未生时。

云居道膺禅师

师结庵于三峰，经旬不赴堂，山问："子近日何不赴斋？"

师曰："每日自有天神送食。"

山曰："我将谓汝是个人，犹作这个见解在，汝晚间来。"

师晚至，山召："膺庵主！'师应诺。

山曰："不思善，不思恶，是什么？"

师回庵寂然宴坐，天神自此竟寻不见。如是三日乃绝。

山问师："作什么？"

师曰："合酱。"

山曰："用多少盐？"

师曰："旋入。"

山曰："作何滋味？"

师曰："得。"

山问："大阐提人作五逆罪，孝养何在？"

师曰："始成孝养。"自尔，洞山许为室中领袖。

师曾令侍者送裤与一住庵道者，道者曰："自有娘生裤。"竟不受。

师再令侍者问："娘未生时，着个什么？"道者无语。

后迁化有舍利，持似于师。师曰："直饶得八斛四斗，不如当时下得一转语好。"

新罗僧问："佛陀波利见文殊，为甚却回去？"

师曰："只为不将来，所以却回去。"

荆南节度使成汭入山设供，问曰："'世尊有密语，迦叶不覆藏'，如何是世尊密语？"

师召："尚书！"成应诺。

师曰："会么？"

成曰："不会。"

师曰："汝若不会，世尊有密语；汝若会，迦叶不覆藏。"

疏山匡仁禅师

师到夹山，山上堂，师问："承师有言：'目前无法，意在目前。'如何是非目前法？"

山曰："夜月流辉，澄潭无影。"师作掀禅床势。

山曰："阇黎作么生？"

师曰："目前无法，了不可得。"

山曰："大众，看取这一员战将！"

师参岩头，头见来，乃低头佯睡，师近前而立，头不顾；师拍禅床一下，头回首曰："作什么？"

师曰："和尚且瞌睡。"拂袖便行。

头呵呵大笑曰："三十年弄马骑，今日被驴扑。"

有僧为师造寿塔毕，白师，师曰："将多少钱与匠人？"

曰："一切在和尚。"

师曰："为将三钱与匠人？为将两钱与匠人？为将一钱与匠人？若道得，与吾亲造寿塔来。"僧无语。

后僧举似大岭庵闲和尚（即罗山也），岭曰："还有人道得么？"

僧曰："未有人道得。"

岭曰："汝归与疏山道：'若将三钱与匠人，和尚此生决定不得塔；若将两钱与匠人，和尚与匠人共出一只手；若将一钱与匠人，累他匠人须眉堕落。'"

僧回，如教而说，师具威仪，望大岭作礼，叹曰："将谓无人，大岭有古佛放光射到此间。虽然如是，也是腊月莲花。"

大岭后闻此语，曰："我恁么道，早是龟毛长三尺。"

青林师虔禅师

师初参洞山，山问："近离甚处？"

师曰:“武陵。”

曰:“武陵法道何似此间?”

师曰:“胡地冬抽笋。”

山曰:“别甑炊香饭供养此人。”师拂袖便出。

山曰:“此子向后走杀天下人在。”

师在洞山栽松次,有刘辰翁者求偈,师作偈曰:

长长三尺余,郁郁覆青草。
不知何代人,得见此松老。

刘得偈,呈洞山,山谓曰:“此是第三代洞山主人。”

师辞洞山,山曰:“子向什么处去?”

师曰:“金轮不隐的,遍界绝红尘。”

山曰:“善自保任。”师珍重而出。

洞山门送,谓师曰:“恁么去一句作么生道?”

师曰:“步步踏红尘,通身无影像。”山良久。

师曰:“老和尚何不速道?”

山曰:“子得恁么性急。”

师曰:“某甲罪过。”便礼辞。

问:“学人径往时如何?”

师曰:“死蛇当大路,劝子莫当头。”

曰:“当头者如何?”

师曰:“丧子命根。”

曰:“不当头者如何?”

师曰:“亦无回避处。”

曰:“正当恁么时如何?”

师曰:“失却也。”

曰:“向什么处去?”

师曰:“草深无觅处。”

曰:“和尚也须提防始得。”

师拊掌曰:“一等是个毒气。”

白水本仁禅师

长生然和尚问:“如何是西来意?”

师曰:“还见庭前杉樧树否?”

曰:“恁么则和尚今日因学人致得是非。”

师曰:“多口座主!”

然去后,师方知是雪峰禅客,乃曰:“盗法之人,终不成器。”

上堂:“老僧寻常不欲向声前色后鼓弄人家男女,何故?且声不是声,色不是色。”

僧问:“如何是声不是声?”

师曰:“唤作色,得么?”

曰:“如何是色不是色?”

师曰:“唤作声,得么?”僧作礼。

师曰:“且道为汝说?答汝话?若向这里会得,有个入处。”

白马山霭和尚

僧问:“如何是白马正眼?”

曰:“面南看北斗。”

龙牙居遁证空禅师

师参翠微,乃问:“学人自到和尚法席,一个余月不蒙示诲一法,意在于何?”

微曰:“嫌什么?”

师又问洞山,山曰:“争怪得老僧?”

师又问翠微:“如何是祖师意?”

微曰:“与我将禅板来。”师遂过禅板,微接得便打。

师曰:“打即任打,要且无祖师意。”

又问临济:“如何是祖师意?”

济曰："与我将蒲团来。"师乃过蒲团，济接得便打。

师曰："打即任打，要且无祖师意。"

后有僧问："和尚行脚时问二尊宿祖师意，未审二尊宿明也未？"

师曰："明即明也，要且无祖师意。"

师复举德山头落底语，因自省过，遂止于洞山，随众参请。一日，问："如何是祖师西来意？"

山曰："待洞水逆流即向汝道。"师始悟厥旨，服勤八稔。

裴相国入大安寺，问诸大德曰："罗睺罗以何为第一？"

曰："以密行为第一。"

裴不肯，遂问："此间有何禅者？"

时师在后园种菜，遂请来，问："罗睺罗以何为第一？"

师曰："不知。"

裴便拜曰："破布裹真珠。"

报慈屿赞师真曰："日出连山，月圆当户。不是无身，不欲全露。"

师一日在帐中坐，僧问："不是无身，不欲全露，请师全露。"

师拨开帐子曰："还见么？"

曰："不见。"

师曰："不将眼来。"

上堂："夫参玄人，须透过祖佛始得。新丰和尚道：'祖佛言教，似生冤家，始有参学分。若透不得，即被祖佛谩去。'"

僧问："祖佛还有谩人之心也无？"

师曰："汝道江湖还有碍人之心也无？"乃曰："江湖虽无碍人之心，为时人过不得，江湖成碍人去，不得道江湖不碍人；祖佛虽无谩人之心，为时人透不得，祖佛成谩人去，不得道佛祖不谩人。若透得祖佛过，此人过却祖佛，若也如是，始体得佛祖意，方与向上人同；如未透得，但学佛学祖，则万劫无有出期。"

僧曰："如何得不被祖佛谩去？"

师曰:“道者直须自悟去始得。”

益州北院通禅师

师参洞山,山上堂曰:“坐断主人公,不落第二见。”

师出众曰:“须知有一人不合伴。”

山曰:“犹是第二见。”师便掀倒禅床。

山曰:“老兄作么生?”

师曰:“待某甲舌头烂即向和尚道。”

后辞洞山,拟入岭,山曰:“善为! 飞猿岭峻好看。”

师良久,山召:“通阇黎!”师应诺。

山曰:“何不入岭去?”师因有省,更不入岭。

钦山文邃禅师

师与岩头、雪峰过江西,到一茶店吃茶次,师曰:“不曾转身通气者,不得茶吃。”

头曰:“若恁么,我定不得茶吃。”

峰曰:“某甲亦然。”

师曰:“这两个老汉话头也不识。”

头曰:“甚处去也?”

师曰:“布袋里老鸦,虽活如死。”

头退后曰:“看! 看!”

师曰:“豁公且置,存公作么生?”峰以手画一圆相。

师曰:“不得不问。”

头呵呵曰:“太远生!”

师曰:“有口不得茶吃者多。”

德山侍者来参,才礼拜,师把住曰:“还甘钦山与么也无?”

侍者曰:“某甲却悔久住德山,今日无言可对。”

师乃放手曰:“一任祇对。”

侍者拨开胸曰:“且听某通气一上。”

师曰:“德山门下即得,这里一点用不着。”

侍者曰:“久闻钦山不通人情。”

师曰:“累他德山眼目。参堂去!”

资福如宝禅师

陈操尚书来,师画一圆相,操曰:“弟子与么来,早是不着便。”更画圆相,师于中着一点。

操曰:“将谓是南番舶主。”师便归方丈闭却门。

南院慧颙禅师

师问僧:“近离甚处?”

曰:“襄州。”

师曰:“来作什么?”

曰:“特来礼拜和尚。”

师曰:“恰遇宝应老不在。”僧便喝。

师曰:“向汝道不在,又喝作什么?”僧又喝,师便打,僧礼拜。

师曰:“这棒本是汝打我,我且打汝,要此话大行。瞎汉!参堂去。”

问:“从上诸圣向什么处去?”

师曰:“不上天堂,则入地狱。”

曰:“和尚又作么生?”

师曰:“还知宝应老汉落处么?”

僧拟议,师打一拂子曰:“你还知吃拂子的么?”

曰:“不会。”

师曰:“正令却是你行。”又打一拂子。

僧参,方入丈室,便以手指云:“败也!”师乃拈起拄杖度与僧,僧才接,师便打。

问僧:“近离甚处?”

曰:“长水。”

师曰:“东流? 西流?”

曰:“总不恁么。”

师曰:“作么生?”僧珍重,师便打。

僧参,师举拂子,僧曰:“今日败缺。”师放下拂子。

僧曰:“犹有这个在。”师便打。

守廓侍者

师问德山曰:“从上诸圣向什么处去?”

山曰:“作么? 作么?”

师曰:“敕点飞龙马,跛鳖出头来。”山便休去。

来日,浴出,师过茶与山,山于背上拊一下,曰:“昨日公案作么生?”

师曰:“这老汉今日方始瞥地。”山又休去。

师到鹿门,一日,见楚和尚与僧道话次,鹿门下来,问:“楚和尚! 你终日披披搭搭作什么?”

楚云:“和尚见某甲披披搭搭那?”门便喝,楚亦喝,两家总休去。

师云:“诸上座! 你看这两个瞎汉。”随后便喝。

门归方丈,却令侍者请师上来,云:“老僧适来与楚阇黎宾主相见,什么处败缺?”

师曰:“转见病深。”

门云:“老僧自见兴化来便会也。”

师曰:“和尚到兴化时,某甲为侍者,记得与么时语。”

门云:“请举看。”

师遂举:“兴化问和尚:‘甚处来?’和尚云:‘五台来。’化云:‘还见文殊么?’和尚便喝。化云:‘我问你还见文殊么,又恶发作么?’和尚又喝,化不语,和尚作礼。化至明日教某甲唤和尚,和尚早去也。化上堂云:‘你看这个僧,担条断贯索向南方去也,已后也道见兴化来。’”

师曰:“今日公案恰似与么时的。”

门云:“兴化当时为甚无语?”

师曰:“见和尚不会宾主句,所以不语。及欲唤和尚持论,和尚已去也。”

鹿门明日特为煎茶,晚参,告众曰:“夫参学龙象,直须仔细,入室决择,不得容易,逴得个语,便以为极则,道我灵利。只如山僧当初见兴化时,认得个动转的,见人道一喝两喝便休,以为佛法也。今日被明眼人觑破,却成一场笑具,图个什么?只为我慢无明,不能回转亲近上流,赖得明眼道人不惜身命,对众证据,此恩难报。何故?兴化云:‘饶你喝得兴化老人上三十三天,却扑下来,一点气也无,款款地苏息起来,向你道未在。何故如此?兴化未曾向紫罗帐里撒真珠与你在,胡喝乱喝作么?’真谓药石之言,道流难信。如今直下分明辨取,岂不庆快平生、参学事毕?”

汝州西院思明禅师

从漪上座到法席旬日,常自曰:“莫道会佛法人,觅个举话的人也无。”师闻而默之。

漪异日上法堂次,师召从漪,漪举首,师曰:“错。”漪进三两步。

师又曰:“错。”漪近前。

师曰:“适来两错,是上座错?是思明老汉错?”

曰:“是从漪错。”

师曰:“错!错!”乃曰:“上座且在这里过夏,共汝商量这两错。”漪不肯,便去。

后住相州天平山,每举前话曰:“我行脚时,被恶风吹到汝州,有西院长老勘我,连下两错,更留我过夏,待共我商量。我不道恁么时错,我发足向南方去时,早知错了也。”

宝寿和尚

师开堂日,三圣推出一僧,师便打,圣云:"与么为人,非但瞎却这僧眼,瞎却镇州一城人眼去在。"师掷下拄杖,便归方丈。

凤栖同安常察禅师

僧问:"学人未晓时机,乞师指示。"

师曰:"参差松竹笼烟薄,重叠峰峦月上迟。"

僧拟进语,师曰:"剑甲未施,贼身已露。"

僧曰:"何也?"

师曰:"精阳不翦霜前竹,水墨徒夸海上龙。"僧绕禅床而出。

师曰:"闭目食蜗牛,一场酸涩苦。"

新到持锡绕师三匝,振锡一下,曰:"凡圣不到处,请师道。"师鸣指三下。

僧曰:"同安今日吓得忘前失后。"

师曰:"阇黎发足何处?"僧珍重便出。

师曰:"五湖衲子,一锡禅人,未到同安,不妨疑着。"

僧回首曰:"远闻不如近见。"

师曰:"贪他一杯酒,失却满船鱼。"

问僧:"近离何处?"

曰:"江西。"

师曰:"江西法道何似此间?"

曰:"赖遇问着某甲,若问别人则祸生也。"

师曰:"老僧适来造次。"

曰:"某甲不是婴儿,徒用止啼黄叶。"

师曰:"伤鳖恕龟,杀活由我。"

僧又问:"久造玄微,如何洞晓?"

师曰:"老僧耳背,分明问将来。"

曰："快鹞不打篱边雀。"

师曰："暗中临镜，谁辨妍媸？"

曰："向上机关，如何洞晓？"

师曰："何必？"

曰："休！休！"

师曰："始解乘舟，拟跨剑水。"

问僧："甚处来？"

曰："五台。"

师曰："还见文殊么？"僧展两手。

师曰："展手颇多，文殊难睹。"

曰："气急杀人。"

师曰："不睹云中雁，焉知沙塞寒？"

曰："远趋丈室，乞师一言。"

师曰："孙膑门下，徒话钻龟。"

曰："名不浪得。"

师曰："吃茶去。"僧珍重便出。

师曰："虽得一场荣，刖却一双足。"

问僧："近离甚处？"

曰："太原。"

师曰："太原近日法道如何？"

曰："只见云随日出，水逐波生，不知太原法道如何。"

师曰："岂不是离太原乎？"

曰："苦！苦！"

师曰："不睹海云色，微觉旱雷声。"

曰："以金易鍮，憎真爱假。"师便归方丈，僧拂袖便出。

师曰："得缩头时且缩头。"

禾山无殷禅师

师至九峰，虔公问："汝远来何所见？当由何路出生死？"

对曰:“重昏廓辟,盲者自盲。”

虔笑,以手挥之曰:“佛法不如是。”

师不怿,请曰:“岂无方便?”

曰:“汝问我。”

师理前语问之,曰:“奴见婢殷勤。”师于是依止十余年。

问:“习学谓之闻,绝学谓之邻,过此二者,谓之真过。如何是真过?”

师曰:“禾山解打鼓。”

曰:“如何是真谛?”

师曰:“禾山解打鼓。”

问:“即心即佛则不问,如何是非心非佛?”

师曰:“禾山解打鼓。”

曰:“如何是向上事?”

师曰:“禾山解打鼓。”

青峰传楚禅师

一日,洛浦问:“院主去什么处来?”

师曰:“扫雪来。”

浦曰:“雪深多少?”

师曰:“树上总是。”

浦曰:“得即得,汝向后住个雪窟定矣。”

后访白水,水曰:“见说洛浦有生机一路,是否?”

师曰:“是。”

水曰:“止却生路,向熟路上来。”

师曰:“生路上死人无数,熟路上不着活汉。”

水曰:“此是洛浦的,你的作么生?”

师曰:“非但洛浦,夹山亦不奈何。”

水曰:“夹山为什么不奈何?”

师曰:“不见道:生机一路。”

僧问:“大事已明,为什么也如丧考妣?”

师曰:“不得春风花不开,及至花开又吹落。”

木平善道禅师

师初谒洛浦,问:“一沤未发已前,如何辨其水脉?”

浦曰:“移舟谙水脉,举棹别波澜。”

师不契,乃参蟠龙,语同前问,龙曰:“移舟不别水,举棹即迷源。”师从此悟入。

郢州桐泉山禅师

师参黄山,山问:“天门一合,十方无路,有人道得,摆手出漳江。”

师曰:“蛰户不开,龙无龙句。”

山曰:“是你恁么道?”

师曰:“是即直言是,不是直言不是。”

山曰:“摆手出漳江。”

山复问:“‘卞和到处荆山秀,玉印从他天子传’时如何?”

师曰:“灵鹤不于林下憩,野老不重太平年。”山深肯之。

瑞岩师彦禅师

师初礼岩头,问曰:“如何是本常理?”

头曰:“动也。”

曰:“动时如何?”

头曰:“不是本常理。”师良久。

头曰:“肯即未脱根尘,不肯即永沉生死。”师遂领悟,便礼拜。

后谒夹山,山问:“甚处来?”

曰:“卧龙来。”

山曰:“来时龙还起也未?”师乃顾视之。

山曰:“炙疮瘢上更著艾燋。”

曰:“和尚又苦如此作什么?”山休去。

师问夹山:“与么即易,不与么即难,与么与么即惺惺,不与么不与么即居空界,与么不与么,请师速道。”

山曰:“老僧瞒阇黎去也。”

师喝曰:“这老和尚,而今是甚时节!”便出去。

罗山道闲禅师

师问石霜:“起灭不停时如何?”

霜曰:“直须寒灰枯木去、一念万年去、函盖相应去、全清绝点去。”

师不契,谒岩头,复如前问,头喝曰:“是谁起灭?”师于此有省。

师在禾山,送同行矩长老出门,把拄杖向面前一撺,矩无对,师曰:“石牛拦古路,一马生双驹。”

保福问:“岩头道:‘与么与么,不与么不与么。’意作么生?”师召福,福应诺。

师曰:“双明亦双暗。”福礼谢。

三日后,却问:“前日蒙和尚垂慈,只为看不破。”

师曰:“尽情向汝道了也。”

福曰:“和尚是把火行山。”

师曰:“若与么,据汝疑处问将来。”

福曰:“如何是双明亦双暗?”

师曰:“同生亦同死。”福又礼谢而退。

别有僧问福:“同生亦同死时如何?”

福曰:“彼此合取狗口。”

僧曰:“和尚收取口吃饭。”其僧却问师:“同生亦同死时如何?”

师曰:“如牛无角。”

曰:“同生不同死时如何?”

曰:“如虎带角。”

玄沙师备宗一禅师

师,福州闽县谢氏子。少渔于南台江上,及壮,忽弃舟,从芙蓉山灵训禅师祝发,芒鞋布衲,食才接气,宴坐终日,众异之。初,兄事雪峰,既而师承之,峰以其苦行,呼为头陀。

一日,峰问:“阿哪个是备头陀?”

师曰:“终不敢诳于人。”

异日,峰召曰:“备陀头,何不遍参去?”

师曰:“达摩不来东土,二祖不往西天。”峰然之。

暨登象骨山,乃与师同力缔构,玄徒臻萃,师入室咨决,罔替晨昏。又阅《楞严》,发明心地,由是应机敏捷,与修多罗冥契,诸方玄学有所未决,必从之请益。至与雪峰征诘,亦当仁不让,峰曰:“备头陀再来人也。”

师辞雪峰,云:“启和尚:人人自由自在,某甲如今下山去。”

峰云:“是谁与么道?”

师曰:“是和尚与么道。”

峰曰:“汝作么生?”

师云:“不自由自在。”

峰云:“知。”

雪峰谓师曰:“有个南际长老,问无有答不得者。”

际一日到雪峰,峰令访师,师曰:“古人道:‘此事唯我能知。’长老作么生?”

际曰:“须知有不求知者。”

师曰:“山头老汉吃许多辛苦作么?”

师见僧来礼拜,乃曰:“礼拜着,因我得礼汝。”

闽王送荔枝与师,师拈起示众云:“这个荔枝得恁么红,这个荔枝得恁么赤,诸人作么生会？若道得一色,犹是儱侗;若道是众色,又落断常。诸人作么生?”

有僧出云:“不可不识荔枝。”

师自代云:“只是荔枝。”

师一日见三人新到,自去打普请鼓三下,却归方丈;新到具威仪了,亦自去打普请鼓三下,却入僧堂。久住来白师云:“新到轻欺和尚。”

师云:“打钟集众勘过。”

大众集,新到不赴,师令侍者去唤新到,才至法堂,却向侍者背上拍一下,云:“和尚唤你。”侍者至师处,新到便归堂。

久住乃问:“和尚何不勘新到?”

师云:“我与你勘了也。”

韦监军来谒,乃曰:“曹山和尚甚奇怪。”

师曰:“抚州取曹山几里?”

韦指旁僧曰:“上座曾到曹山否?”

曰:“曾到。”

韦曰:“抚州取曹山几里?”

曰:“百二十里。”

韦曰:“恁么则上座不到曹山。”韦却起礼拜。

师曰:“监军却须礼此僧,此僧却具惭愧。”

师南游,莆田县排百戏迎接。来日,师问小塘长老:“昨日许多喧闹向什么处去也?”塘提起衲衣角。

师曰:“料掉没交涉。”

问:“承和尚有言:‘闻性遍周沙界。’雪峰打鼓,这里为什么不闻?”

师曰:“谁知不闻?”

长庆来,师问:“除却药忌作么生道?”

庆曰:“放憨作么?”

师曰:“雪峰山橡子拾食,来这里雀儿放粪。”

泉守王公请师登楼，先语客司曰：“待我引大师到楼前，便舁却梯。”客司禀旨。

公曰：“请大师登楼。”

师视楼，复视其人，乃曰：“佛法不是此道理。”

师与泉守在室中说话，有一沙弥揭帘入见，却退步而出。师曰：“那沙弥好与二拄杖。”

守曰：“恁么即某甲罪过。”

师曰：“佛法不是恁么。”

上堂，众集，师将拄杖一时趁下，却回丈室向侍者道：“我今日作得一解，险入地狱如箭射。”

者曰：“喜得和尚再复人身。”

师垂语曰：“诸方老宿尽道接物利生，只如三种病人，汝作么生接？患盲者，拈槌竖拂他又不见；患聋者，语言三昧他又不闻；患哑者，教伊说又说不得。若接不得，佛法无灵验。”

时有僧出曰：“三种病人，还许学人商量否？”

师曰：“许。汝作么生商量？”其僧珍重出。

师曰：“不是！不是！”

罗汉曰：“桂琛现有眼耳口，和尚作么生接？”

师曰：“惭愧。”便归方丈。

长庆慧棱禅师

师往来雪峰、玄沙二十年，坐破七个蒲团，不明此事。一日卷帘，忽然大悟，乃有颂曰：

也大差！也大差！卷起帘来见天下。

有人问我是何宗，拈起拂子劈口打。

峰举谓沙曰：“此子彻去也。”

沙曰：“未可，此是意识着述，更须勘过始得。”

至晚，众僧上来问讯，峰问师曰：“备头陀未肯汝在，汝实有正悟，对众举来。”

师又颂曰：

万象之中独露身，唯人自肯乃方亲。

昔时谬向途中觅，今日看来火里冰。

峰乃顾沙曰："不可，更是意识着述。"

师问峰曰："从上诸圣传授一路，请师垂示。"峰良久，师设礼而退，峰乃微笑，师入方丈参。

峰曰："是什么？"

师曰："今日天晴好晒麦。"自此酬问未尝爽于玄旨。

师与保福游山，福问："古人道：'妙峰山顶'，莫只这个便是也无？"

师曰："是即是，可惜许！"

师在西院，问诜上座曰："这里有象骨山，汝曾到么？"

曰："不曾到。"

师曰："为什么不到？"

曰："自有本分事在。"

师曰："作么生是上座本分事？"诜乃提起衲衣角。

师曰："为当只这个，别更有？"

曰："上座见个什么？"

师曰："何得龙头蛇尾？"

问僧："甚处来？"

曰："鼓山来。"

师曰："鼓山有不跨石门的句，有人借问，汝作么生道？"

曰："昨夜报慈宿。"

师曰："劈脊棒，汝又作么生？"

曰："和尚若行此棒，不虚受人天供养。"

师曰："几合放过。"

雪峰问："吾见沩山问仰山：'从上诸圣什么处去？'仰云：'或在天上，或在人间。'汝道仰山意作么生？"

师云："若问诸圣出没处，与么道即不可。"

峰云:“汝浑不肯,忽有人问,汝作么生道?”

师云:“但道错。”

峰云:“是汝不错。”

师云:“何异于错?”

僧问:“如何是正法眼?”

师曰:“有愿不撒沙。”

保福院从展禅师

一日,长庆谓师曰:“宁说阿罗汉有三毒,不可说如来有二种语。不道如来无语,只是无二种语。”

师曰:“作么生是如来语?”

庆曰:“聋人争得闻?”

师曰:“情知和尚向第二头道。”

庆曰:“汝又作么生?”

师曰:“吃茶去。”

因举:“盘山道:‘光境俱亡,复是何物?’洞山道:‘光境未亡,复是何物?’”

师曰:“据此二尊宿商量,犹未得剿绝。”乃问长庆:“如今作么生道,得剿绝?”庆良久。

师曰:“情知和尚向鬼窟里作活计。”

庆却问:“作么生?”

师曰:“两手扶犁水过膝。”

上堂:“有人从佛殿后过,见是张三、李四;若从佛殿前过,为什么不见?且道佛法利害在什么处?”

僧曰:“为有一分粗境,所以不见。”

师乃叱之,自代曰:“若是佛殿即不见。”

曰:“不是佛殿,还可见否?”

师曰:“不是佛殿,见个什么?”

鼓山神宴兴圣国师

师与招庆相遇次,庆曰:“家常。”

师曰:“太无厌生。”

庆曰:“且款款。”

师却曰:“家常。”

庆曰:“今日未有火。”

师曰:“太鄙吝生!”

庆曰:“稳便将取去。”

师问保福:“古人道:‘非不非,是不是。’意作么生?”福拈起茶盏。

师曰:“莫是非好。”

师示众云:“若论此事,如一口剑。”

时有僧问:“承和尚言:‘若论此事,如一口剑。’和尚是死尸,学人是死尸,如何是剑?”

师云:“拖出这死尸。”僧应诺,归衣钵下结束便行。

师至晚,问首座:“问话的僧在否?”

座云:“当时便去也。”

师云:“好与二十棒。”

师有偈曰:

直下犹难会,寻言转更赊。
若论佛与祖,特地隔天涯。

师举问僧:“汝作么生会?”

僧无语,乃谓侍者曰:“某甲不会,请代一转语。”

者曰:“和尚与么道,犹隔天涯在。”

僧举似师,师唤侍者,问:“汝为这僧代语,是否?”

者曰:“是。”师便打趁出院。

问东使:“只如仰山祇对沩山,于面前与一画,意作么生?”

东使云:“作家么?”

师云:“兄真个与么,作么生?”

东使云:“日可冷,月可热,被师拦胸与一托。”

清源王太尉问安国了院主云:“劫火洞然,向什么处回避?”

院主云:“这里回避。”

太尉不肯,自代云:“不回避。”

进云:“为什么不回避。”

太尉云:“他不出头,回避什么?”

师云:“什么处见他道不出头?”

师因与清源王太尉话次,云:“但是世间一切杂学的事尽是网。”

太尉云:“只如今还网得也无?”

师云:“太尉哧!”

太尉乃展手云:“即今有什么?”

师云:“只这一网亦不少。”

太尉举:“南阳唤侍者事,赵州云:‘如空中书字,虽然不成,而文彩已彰。’”

师云:“只如与么道,是宗国师? 不宗国师?”

太尉云:“宗与不宗俱是彰也。”

师云:“只如赵州意旨作么生?”

太尉云:“不辜负赵州。”

师云:“此是句也,赵州意作么生?”

太尉云:“作么?”

师云:“彰也。赵州意作么生?”太尉无对。

镜清道怤顺德禅师

师谒雪峰,峰问:“甚处人?”

曰:“温州人。”

峰曰:“恁么则与一宿觉是乡人也。”

曰:“只如一宿觉是什么处人?”

峰曰:“好吃一顿棒,且放过。”

一日,师问:“只如古德岂不是以心传心?”

峰曰:“兼不立文字语句。”

师曰:“只如不立文字语句,师如何传?”峰良久,师礼谢。

峰曰:“更问我一转岂不好?”

师曰:“就和尚请一转问头。”

峰曰:“只恁么,为别有商量?”

师曰:“和尚恁么即得。”

峰曰:“于汝作么生?”

师曰:“辜负杀人!”

雪峰谓众曰:“堂堂密密地。”

师出问:“是什么堂堂密密?”

峰起立曰:“道什么?”师退步而立。

雪峰垂语曰:“此事得恁么尊贵,得恁么绵密。”

师曰:“道忞自到来数年,不闻和尚恁么示诲。”

峰曰:“我向前虽无,如今已有,莫有所妨么?”

曰:“不敢!此是和尚不已而已。”

峰曰:“致使我如此。”师从此信入。

普请次,雪峰举:“沩山道:‘见色便见心。’汝道还有过也无?”

师曰:“古人为什么事?”

峰曰:“虽然如此,要共汝商量。”

师曰:“恁么则不如道忞锄地去。”

师再参雪峰,峰问:“甚处来?”

师曰:“岭外来。”

峰曰:“什么处逢见达摩?”

师曰:“更在什么处?”

峰曰:“未信汝在。”

师曰:“和尚莫恁么粘腻好。”峰便休。

问:“学人啐,请师啄!”

师曰:“还得活也无?”

曰:“若不活,遭人怪笑。”

师曰:“也是草里汉。”

师一日于僧堂自击钟,曰:“玄沙道的,玄沙道的。”

僧问:“玄沙道什么?”师乃画一圆相。

僧曰:“若不久参,争知与么?”

师曰:“失钱遭罪。”

问:“学人未达其源,请师方便。”

师曰:“是什么源?”

曰:“其源。”

师曰:“若是其源,争受方便?”僧礼拜退。

侍者问:“和尚适来莫是成褫伊么?”

师曰:“无。”

曰:“莫是不成褫伊么?”

师曰:“无。”

曰:“未审意旨如何?”

师曰:“一点水墨,两处成龙。”

普请锄草次,浴头请师浴,师不顾。如是三请,师举镢作打势,头便走,师召曰:“来!来!”头回首。

师曰:“向后遇作家,分明举似。”

头后到保福,举前语未了,福以手掩其口。头却回,举似师,师曰:“饶伊恁么,也未作家。”

安国弘瑫禅师

师举“国师碑文云:‘得之于心,伊兰作栴檀之树;失之于旨,甘露乃蒺藜之园。’”问僧曰:“一语须具得失两意,汝作么生道?”

僧举拳曰:“不可唤作拳头也。”

师不肯,亦举拳别示:“只为唤这个作拳头。”

清化全怤禅师

师初参南塔,南塔问:“从何而来?”

师曰:“鄂州。”

南塔曰:“鄂州使君名什么?”

师曰:“化下不敢相触忤。”

曰:“此地道不畏。”

师曰:“大丈夫何必相试?”南塔㘞然而笑,遂乃印可。

长生皎然禅师

师久依雪峰。一日,与僧斫树次,峰曰:“斫到心且住。”

师曰:“斫却着。”

峰曰:“古人以心传心,汝为什么道斫却?”

师掷下斧曰:“传。”峰打一拄杖而去。

普请次,雪峰负一束藤,路逢一僧便抛下,僧拟取,峰便踏倒,归谓师曰:“我今日踏这僧快。”

师曰:“和尚却替这僧入涅槃堂始得。”峰便休去。

雪峰问:“光境俱亡,复是何物?”

师曰:“放皎然过,有道处。”

峰曰:“放汝过,作么生道?”

曰:“皎然亦放和尚过。”

峰曰:“放汝二十棒。”师便礼拜。

玄沙问:“我观如来,前际不来,后际不去,今亦无住,长老作么生?”

师云:“放某甲过,有个道处。”

沙云:“放你过,作么生道?”师默然。

沙云:“教谁委?”

师云:“和尚不委。”

沙云："情知你向鬼窟里作活计。"师休去。

太原孚上座

师尝游浙中，登径山法会。一日，于大佛殿前，有僧问："上座曾到五台否？"

师曰："曾到。"

曰："还见文殊么？"

师曰："见。"

曰："什么处见？"

师曰："径山佛殿前见。"

其僧后适闽川，举似雪峰，峰曰："何不教伊入岭来？"师闻，乃趣装入岭。

初至雪峰廨院憩锡，因分柑子与僧，长庆问："什么处将来？"

师曰："岭外将来。"

曰："远涉不易担负将来。"

师曰："柑子！柑子！"

次日上山，雪峰闻，乃集众，师到法堂上顾视，雪峰便下看知事。明日却上礼拜曰："某甲昨日触忤和尚。"

峰曰："知是般事便休。"

保福签瓜次，师至，福曰："道得，与汝瓜吃。"

师曰："把将来。"福度与一片，师接得便去。

鼓山问："父母未生时，鼻孔在什么处？"

师曰："老兄先道。"

山曰："如今生也，汝道在什么处？"师不肯。

山却问："作么生？"

师曰："将手中扇子来。"山与扇子，再征前话，师摇扇不对。山罔测，乃殴师一拳。

新罗国大岭禅师

僧问:“如何是一切处清净?”

师曰:“截琼枝,寸寸是宝;析栴檀,片片皆香。”

金峰从志禅师

师问僧:“发足甚处?”

曰:“赵州。”

师曰:“赵州法嗣何人?”

曰:“南泉。”

师曰:“你何曾离赵州?”

曰:“未审和尚尊意如何?”

师曰:“赵州实嗣南泉。”

僧至晚,请益曰:“今日蒙和尚慈悲,某甲未会,请和尚指示。”

师曰:“若到别处,莫道后语是金峰的。”

曰:“为甚如此?”

曰:“恐辱他赵州。”

师一日上堂,吃胡饼次,乃拈一个从上座板头转一匝,大众见,一一合掌,师曰:“假饶十分抬起手,也只得一半。”

至晚间,有僧请益曰:“今日和尚行胡饼,见众僧合掌,曰:‘假饶十分抬起手,也只得一半。’请和尚全道。”

师以手作拈饼势曰:“会么?”

曰:“不会。”

师曰:“金峰也始道得一半。”

僧问讯次,师把住曰:“辄不得向人道我有一则因缘举似你。”僧作听势,师与一掌。

僧曰:“为什么打某甲?”

师曰:“我要这话行。”

上堂:“老僧二十年前有老婆心,二十年后无老婆心。”

僧问:“如何是二十年前有老婆心?”

师曰:“问凡答凡,问圣答圣。”

曰:“如何是二十年后无老婆心?”

师曰:“问凡不答凡,问圣不答圣。”

处州广利容禅师

因僧到,师乃竖拂子云:“贞溪老汉还具眼么?”

僧云:“某甲不敢见人过。”

师云:“老僧死在阇黎手里。”僧以手指胸便出去。

师云:“阇黎参见先师来。”

至晚,请吃茶了,僧拈起盏子云:“这个是诸佛出世边事,作么生是未出世边事?”

师以手拨却盏云:“到阇黎死在老僧手里。”

僧云:“五里牌在郭门外。”

师云:“无故惑乱师僧。”僧遂起谢茶。

师曰:“特谢阇黎相访。”

凤栖山同安丕禅师

僧问:“如何是和尚家风?”

师曰:“金鸡抱子归霄汉,玉兔怀胎入紫微。”

曰:“忽遇客来,将何祇待?”

师曰:“金果朝来猿摘去,玉花晚后凤衔归。”

新到参,师问:“甚处来?”

曰:“湖南。”

师曰:“还知同安这里风云体道,花槛璇玑么?”

曰:“知。”

师曰:“非公境界。”僧便喝。

师曰:“短贩樵人,徒夸书剑。”

僧拟进语,师曰:“剑甲未施,贼身已露。”

佛日本空禅师

师谒云居,作礼问曰:“二龙争珠,谁是得者?”

居曰:“卸却业身来与子相见。”

师曰:“业身已卸。”

居曰:“珠在什么处?”师无对。

池州嵇山章禅师

师在投子作柴头,投子同吃茶次,谓师曰:“森罗万象总在里许。”

师泼却茶,曰:“森罗万象在什么处?”

子曰:“可惜一碗茶!”

师后谒雪峰,峰问:“莫是章柴头么?”师乃作轮椎势,峰肯之。

朱溪谦禅师

韶国师到,参次,闻犬咬灵鼠声,韶问:“是什么声?”

曰:“犬咬灵鼠声。”

韶曰:“既是灵鼠,为何却被犬咬?”

曰:“咬杀也。”

韶曰:“好个犬。”师便打。

韶曰:“莫打!某甲话在。”师休去。

云居道简禅师

僧问:“路逢猛虎时如何?”

师曰:“千人万人不逢,为什么阇黎偏逢?”

问:“孤峰独宿时如何?”

师曰:“闲却七间僧堂不宿,阿谁教汝孤峰独宿?”

问:“古人云:‘若欲保任此事,直须向高高山顶立,深深海底行。’意旨如何?”

曰:“高峰深海,迥绝孤危,似汝闺阁中软暖么?”

问:“如何是朱顶王菩萨?”

师曰:“问这赤头汉作么?”

灵泉归仁禅师

师初问疏山:“枯木生华,始与他合,是这边句?是那边句?”

山曰:“亦是这边句。”

师曰:“如何是那边句?”

山曰:“石牛吐出三春雾,灵雀不栖无影林。”

僧问:“如何是沙门行?”

师曰:“恰似个屠儿。”

曰:“如何行履?”

师曰:“破斋犯戒。”

曰:“究竟作么生?”

师曰:“因不收,果不入。”

俗士问:“俗人还许会佛法否?”

师曰:“哪个台无月?谁家树不春?”

伏龙奉璘禅师

僧问:“和尚还爱财色也无?”

师曰:“爱。”

曰:“既是善知识,为什么却爱财色?”

师曰:“知恩者少。”

石门献蕴禅师

师问青林:“如何用心,得齐于诸圣?”

林仰面,良久,曰:“会么?”

师曰:“不会。”

林曰:“去! 无子用心处。”师礼拜,乃契悟,更不他游,遂作园头。

一日,归侍立次,林曰:“子今日作什么来?”

师曰:“种菜来。”

林曰:“遍界是佛身,子向甚处种?”

师曰:“金锄不动土,灵苗在处生。”林欣然。

来日入园唤:“蕴阇黎!”师应诺。

林曰:“剩栽无影树,留与后人看。”

师曰:“若是无影树,岂受栽耶?”

林曰:“不受栽且止,你曾见他枝叶么?”

师曰:“不曾见。”

林曰:“既不曾见,争知不受栽?”

师曰:“止为不曾见,所以不受栽。”

林曰:“如是,如是。”

青林将顺寂,召师,师应诺,林曰:“日转西山后,不须取次安。”

师曰:“雪满金檀树,灵枝万古春。”

林曰:“或有人问你金针线囊事,子道什么?”

师曰:“若是羽毛相似者,某甲终不敢造次。”

问:“不落机关,请师便道。”

师曰:“湛月迅机无可比,君今曾问几人来?”

曰:“即今问和尚。”

师曰:“好大哥,云绽不须藏九尾,恕君残寿速归丘。”

问:“月生云际时如何?”

师曰："三个孩儿抱华鼓。好大哥，莫来拦我毬门路。"

般若寺被焚，有人问曰："既是般若，为什么被火烧？"

师曰："万里一条铁。"

师应机多云"好大哥"，时称大哥和尚。

僧问："如如不动时如何？"

师曰："有什么了日？"

曰："如何即是？"

师曰："石户非关锁。"

重云晖禅师

僧问："要路坦然，如何践履？"

师曰："我若指汝，则东西南北去也。"

卷第三十七

历代禅师语录(后集)

报慈藏屿禅师

僧问:“情生智隔,相变体殊。只如情未生时如何?”

师曰:“隔。”

曰:“情未生时,隔个什么?”

师曰:“这个梢郎子未遇人在。”

云门文偃禅师

师在雪峰,僧问峰:“如何是‘触目不会道,运足焉知路’?”

峰云:“苍天! 苍天!”

僧不会,遂问师:“苍天意旨如何?”

师云:“三斤麻,一匹布。”

僧云:“不会。”

师云:“更奉三尺竹。”

峰闻,喜云:“我常疑个布衲。”

师在浙中蕴和尚会里,一日,因吃茶次,举蕴和尚垂语云:“见闻觉知是法,法离见闻觉知作么生?”

有旁僧云:“见定如今目前一切见闻觉知是法,法亦不可得。”师拍手一下,蕴乃举头。

师云:“犹欠一着在。”

蕴云:“我到这里却不会。”

师到卧龙,问:“明己的人还见有己么?”

龙曰:“不见有己,始明得己。”

又问:“长连床上学得的是第几机?”

龙曰:“是第二机。”

曰:“如何是第一机?”

龙曰:“紧峭草鞋。”

到天童,童曰:“你还定当得么?”

师曰:“和尚道什么?”

童曰:“不会则目前包裹。”

师曰:“会则目前包裹。”

到鹅湖,闻上堂曰:“莫道未了的人长时浮逼逼地,设使了得的明明得知有去处,尚乃浮逼逼地。”

师下问首座:“适来和尚意作么生?”

曰:“浮逼逼地。”

师曰:“首座久在此住,头白齿黄作这个语话。”

曰:“上座又作么生?”

师曰:“要道即得,见即便见。若不见,莫乱道。”

曰:“只如道‘浮逼逼地’又作么生?”

师曰:“头上着枷,脚下着杻。”

曰:“与么则无佛法也。”

师曰:“此是文殊、普贤大人境界。”

问新到:“你诸方行脚道我知有,与我拈三千大千世界来眼睫上著。”

僧云:“喏!”

师云:“钱塘为什么去国三千里?”

僧云:“岂干他事?”

师云:“这掠虚汉。”

问首座:“乾坤大地与你自己,是同是别?”

曰:“同。”

师曰:“一切物命蛾蛘蚁子,是同是别?”

曰:“同。”

师曰:“你为什么干戈相待?”

举:“座主就《华严》讲,请翠岩斋。岩云:‘山僧有个问,座主若道得即斋。’岩便拈起胡饼云:‘还具法身么?’主云:‘具法身。’岩云:‘与么则吃法身也。’主无语。本讲座主代云:‘有什么过?’岩不肯。东使云:‘喏! 喏!’”

师代云:“特谢和尚隆重空筵。”

问:“树凋叶落时如何?”

师云:“体露金风。”

有讲僧参,经时,乃曰:“未到云门时,恰似初生月;及乎到后,曲弯弯地。”

师得知,乃问:“是你道否?”

曰:“是。”

师曰:“甚好! 吾问汝:‘作么生是初生月?’”僧乃斫额作望月势。

师曰:“你如此,已后失却目在。”

僧经旬日复来,师又问:“你还会也未?”

曰:“未会。”

师曰:“你问我。”

僧便问:“如何是初生月?”

师曰:“曲弯弯地。”僧罔措,后果然失目。

问:“一生积恶不知善,一生积善不知恶,此意如何?”

师曰:“烛。”

问:“承古有言:‘了即业障本来空,未了应须偿宿债。’未审二祖是了? 不了?”

师曰:“确。”

问:“新到甚处人?”

曰:“新罗。”

师曰:“将什么过海?”

曰:"草贼大败。"

师引手曰:"为什么在我这里?"

曰:"恰是。"

师曰:"一任踍跳。"僧无对。

问:"十二时中如何得不空过?"

师曰:"向什么处着此一问?"

曰:"学人不会,请师举。"

师曰:"将笔砚来。"

僧乃取笔砚来,师作一颂曰:

举不顾,即差互。

拟思量,何劫悟?

问:"一口吞尽时如何?"

曰:"我在你肚里。"

曰:"和尚为什么在学人肚里?"

师曰:"还我话头来。"

师问岭中顺维那:"古人竖起拂子,放下拂子,意旨如何?"

顺曰:"拂前见?拂后见?"

师曰:"如是!如是!"

师后举问僧:"你道当初诺伊不诺伊?"僧无对。

师曰:"可知礼也。"

问直岁:"甚处去来?"

曰:"刈茆来。"

师曰:"刈得几个祖师?"

曰:"三百个。"

师曰:"朝打三千,暮打八百,东家勺柄长,西家勺柄短,又作么生?"岁无语,师便打。

问僧:"甚处来?"

曰:"西禅。"

师曰:"西禅有何言句?"僧展两手,师与一掌。

曰:“某甲话在。”师却展两手,僧无语,师又打。

问僧:“什么处来?”

曰:“礼塔来。”

师曰:“谑我。”

曰:“某甲实礼塔来。”

师曰:“五戒也不持。”

问僧:“看什么经?”

僧云:“《瑜伽论》。”

师云:“义堕也。”

僧云:“什么处义堕?”

师云:“自领出去。”

问僧:“看什么经?”

其僧却指旁僧云:“和尚问,何不祇对?”

师云:“露柱为什么倒退三千里?”

僧云:“岂干他事?”

师曰:“学语之流。”

代云:“洎合不识势。”

师见饭头,云:“汝是饭头么?”

云:“是。”

师云:“颗里有几米?米里有几颗?”头无对。

代云:“某甲瞻星望月。”

王太傅问北院:“古人道:普现色身,遍行三昧。佛法为什么不到北俱卢洲?”

院云:“只为遍行,所以不到。”

师云:“如法置一问来。”

师坐次,有僧非时上来,师云:“作什么?”

僧云:“请益。”

师云:“你有什么疑?”

僧云:“某甲曾问和尚:‘一宿觉搬柴?柴搬一宿觉?’”

师乃敲椅子三下，云："你作么生会？"

僧云："一切临时。"

师乃揎拳云："我与你相扑一交，得么？"僧无对。

次日，僧再上，值师漱盥次，师乃将水碗过与僧云："送去厨下著。"

其僧送去了却来，师见来，乃从后门出去，其僧云："比来请益，只得一口碗。"

因供养罗汉，问僧："今夜供养罗汉，你道罗汉还来也无？"僧无对。

师曰："你问我。"

僧便问，师曰："换水添香。"

僧曰："与么即来也。"

师云："有什么馒头䭔子，速下来。"

一日，行次，一僧随后行，师竖起拳云："如许大栗子吃得几个？"

僧云："和尚莫错。"

师云："是你错。"

僧云："莫压良为贱。"

师云："静处萨婆诃。"

问："如何是一代时教？"

师曰："对一说。"

问："不是目前机，亦非目前事时如何？"

师曰："倒一说。"

师云："古佛与露柱相交是第几机？"

僧问："意旨如何？"

师云："一条绦三十文买。"复代前语云："南山起云，北山下雨。"

僧又问："一条绦三十文买，如何？"

师云："打与。"

师赴广主召至府,留止供养两月余,还山谓众曰:“我离山得六十七日,且问汝六十七日事作么生?”众莫能对。

师曰:“何不道和尚京中吃面多?”

示众:“古德道:‘药病相治。’尽大地是药,哪个是你自己?”乃曰:“遇贱即贵。”

僧曰:“乞师指示。”

师拍手一下,拈拄杖曰:“接取拄杖。”僧接得,拗作两橛。

师曰:“直饶恁么,也好与三十棒。”

示众:“从上祖师、三世诸佛说法,山河大地草木为什么不省去?”

代云:“新到行人事。”

示众:“拄杖子化为龙,吞却乾坤了也。山河大地甚处得来?”

师每顾见僧即曰:“鉴。”僧欲酬之,则曰:“咦。”率以为常,故门弟子录曰:“顾、鉴、咦。”德山密禅师删去“顾”字,但以“鉴、咦”二字为颂,谓之抽顾颂。

芭蕉继彻禅师

师初参风穴,穴问:“如何是正法眼?”

师曰:“泥弹子。”穴异之。

次谒先芭蕉,蕉上堂,举:“仰山道:‘两口一无舌。’此是吾宗旨。”师领悟,礼拜。

承天院辞确禅师

僧问:“众罪如霜露,慧日能消除时如何?”

师曰:“亭台深夜雨,楼阁静时钟。”

曰:“为什么因缘会遇时,果报还自受?”

师曰:“管笔能书,片舌解语。”

风穴延沼禅师

师参南院，入门不礼拜，院曰："入门须辨主。"

师曰："端的请师分。"院于左膝拍一拍，师便喝；院于右膝拍一拍，师又喝。

院曰："左边一拍且置，右边一拍作么生？"

师曰："瞎。"

院便拈棒，师曰："莫盲枷瞎棒，夺打和尚，莫言不道。"

院掷下棒曰："今日被黄面浙子钝置一场。"

师曰："和尚大似持钵不得，诈道不饥。"

院曰："阇黎曾到此间么？"

师曰："是何言欤？"

院曰："老僧好好相借问。"

师曰："也不得放过。"便下参众了，却上堂头礼谢。

院曰："阇黎曾见什么人来？"

师曰："在襄州华严与廓侍者同夏。"

院曰："亲见作家来。"

院问："南方一棒作么商量？"

师曰："作奇特商量。"

师却问："和尚此间一棒作么商量？"

院拈拄杖曰："棒下无生忍，临机不见师。"师于言下大彻玄旨，遂依止六年。

一日，南院问曰："汝闻临济将终时语否？"

曰："闻之。"

曰："临济曰：'谁知吾正法眼藏向这瞎驴边灭却！'渠平生如狮子，见即杀人，及其将死，何故屈膝妥尾如此？"

对曰："密付将终，全主即密。"

又问："三圣如何亦无语乎？"

对曰："亲承入室之真子，不同门外之游人。"南院颔之。

上堂:“祖师心印,状似铁牛之机,去即印住,住即印破;只如不去不住,印即是?不印即是?还有人道得么?”

时有卢陂长老出问:“学人有铁牛之机,请师不搭印。”

师曰:“惯钓鲸鲵澄巨浸,却怜蛙步骤泥沙。”

陂注思,师喝曰:“长老何不进语?”

陂拟议,师便打一拂子曰:“还记得话头么?”陂拟开口,师又打一拂子。

时有牧主曰:“信知佛法与王法一般。”

师曰:“见什么道理?”

主曰:“当断不断,反招其乱。”师便下座。

问:“随缘不变者,忽遇知音时如何?”

师曰:“披蓑侧立千峰外,引水浇蔬五老前。”

问:“九夏赏劳,请师言荐。”

师曰:“出袖拂开龙洞雨,泛杯波涌钵囊花。”

问:“如何是清净法身?”

师曰:“金沙滩头马郎妇。”

问:“如何是佛?”

师曰:“杖林山下竹筋鞭。”

黄龙诲机超慧禅师

僧问:“急切相投,请师通信。”

师曰:“火烧裙带香。”

僧问:“风恬浪静时如何?”

师曰:“百尺竿头五两垂。”

僧问:“毛吞巨海,芥纳须弥,未是学人本分事。如何是学人本分事?”

师曰:“封了合盘市里揭。”

明招德谦禅师

清上座举仰山插锹话问师:"古人意在叉手处? 插锹处?"师召清,清应诺。

师曰:"还梦见仰山么?"

清曰:"不要上座下语,只要商量。"

师曰:"若要商量,堂头自有一千五百人老师在。"

师在疾,一日,国泰深和尚来问疾,侍者通报云:"深师叔来。"

师令请,深才入方丈,师便云:"阿哪、阿哪! 深师叔救取老僧。"

深云:"和尚有什么救处?"

师举头一觑,云:"咦! 眼子乌啤啤地,依前是旧时深上座。"乃回身面壁。

师问国泰瑫和尚云:"古人道:'俱胝只念三行咒,便得名超一切人。'作么生与他拈却三行咒,便得名超一切人?"国泰竖起一指。

师云:"不因今日,争识得瓜州客?"

师会迅庵主在高司徒宅,见挂弥勒帧子,师指弥勒佛,唤云:"庵主!"主应诺。

师云:"这汉还彻也未?"主无语。

师云:"黄连和根煮也未是苦。"

后国泰代合掌云:"善哉! 善哉!"

师云:"和尚与他邻舍住庵即得。"

尝与僧拥炉,僧问曰:"目前无法,意在目前,不是目前法,非耳目所到。哪句是主? 哪句是宾?"

师指火曰:"与我向此中拈出一茎眉毛,得么?"

僧曰:"非但学人,尽大地人丧身失命。"

师曰:"汝因什么自把髻投衙耶?"

师在婺州智者寺居第一座,寻常不受净水,主事瞋曰:“上座不识触净,为什么不受净水?”

师跳下床,提起净瓶曰:“这个是触是净?”事无语,师乃扑破。

罗汉院桂琛禅师

师因插田次,见僧,问:“甚处来?”

曰:“南州。”

师曰:“彼中佛法如何?”

曰:“商量浩浩地。”

师曰:“争如我这里栽田博饭吃?”

曰:“争奈三界何?”

师曰:“唤什么作三界?”

问:“如何是罗汉一句?”

师曰:“我向汝道,却成两句。”

问:“一佛出世,普为群生。和尚今日为个什么?”

师曰:“什么处遇一佛?”

曰:“恁么即学人罪过。”

师曰:“谨退。”

玩月次,乃曰:“云动有雨去。”

有僧曰:“不是云动,是风动。”

师曰:“我道云亦不动,风亦不动。”

曰:“和尚适来又道云动。”

师曰:“阿谁罪过?”

问僧:“甚处来?”

曰:“秦州。”

师曰:“将得什么物来?”

曰:“不将得物来。”

师曰:“汝为什么对众谩语?”其僧无对。

师却问："秦州岂不是出鹦鹉？"

曰："鹦鹉出在陇西。"

师曰："也不较多。"

王太傅上雪峰施众僧衣，时从弇上座不在，师弟代上名受衣。弇归，弟曰："某甲为师兄上名了。"

弇曰："汝道我名什么？"弟无对。

师代云："师兄得恁么贪？"

又曰："什么处是贪处？"

又代云："两度上名。"

师与长庆、保福入州，见牡丹幛子，保福曰："好一朵牡丹花！"

长庆曰："莫眼花！"

师曰："可惜许一朵花！"

师因疾，僧问："和尚尊候较否？"

师以杖拄地曰："汝道这个还痛否？"

曰："和尚问阿谁？"

师曰："问汝。"

曰："还痛否？"

师曰："原来共我作道理。"

太傅王延彬居士

公一日入招庆佛殿，指钵盂问殿主："这个是什么钵？"

主曰："药师钵。"

公曰："只闻有降龙钵。"

主曰："待有龙即降。"

公曰："忽遇拿云矱浪来时作么生？"

主曰："他亦不顾。"

公曰："话堕也。"

公到招庆煎茶，朗上座与明招把铫，忽翻茶铫，公问："茶炉下是什么?"

朗曰:"捧炉神。"

公曰:"既是捧炉神,为什么翻却茶?"

朗曰:"事官千日,失在一朝。"公拂袖便出。

明招曰:"朗上座吃却招庆饭了,却向外边打野榸。"

朗曰:"上座作么生?"

招曰:"非人得其便。"

漳州报恩道熙禅师

师因与保福送书到泉州王太尉,尉问:"漳南和尚近日还为人也无?"

师曰:"若道为人,即屈着和尚;若道不为人,又屈着太尉来问。"

太尉曰:"道取一句,待铁牛能啮草,木马解含烟。"

师曰:"某甲惜口吃饭。"

尉良久,又问:"驴来? 马来?"

师曰:"驴马不同途。"

尉曰:"争得到这里?"

师曰:"谢太尉领话。"

鼓山智岳禅师

师游方,至鄂州黄龙,问:"久向黄龙,及乎到来,只见赤斑蛇。"

龙曰:"汝只见赤斑蛇,不见黄龙。"

师曰:"如何是黄龙?"

龙曰:"滔滔地。"

师曰:"忽遇金翅鸟来又作么生?"

龙曰:"性命难存。"

师曰:"恁么则被他吞却去也。"

龙曰："谢阇黎供养。"师便礼拜。

报国照禅师

佛塔被雷霹，有问："祖佛塔庙为什么却被雷霹？"

师曰："通天作用。"

曰："既是通天作用，为什么却霹佛？"

师曰："作用处何处见有佛？"

曰："争奈狼藉何？"

师曰："见什么？"

同安志禅师

先同安将示寂，上堂曰："多子塔前宗子秀，五老峰前事若何？"如是三举，莫有对者。

师出曰："夜明帘外排班立，万里歌谣道太平。"

安曰："须是这驴汉始得。"

襄州广德义禅师

师谒先广德作礼，问曰："如何是和尚密密处？"

德曰："隐身不必须岩谷，阛阓堆堆睹者稀。"

师曰："恁么则酌水献花去也。"

德曰："忽然云雾霭，阇黎作么生？"

师曰："采汲不虚施。"

广德欣然曰："大众看取第二代广德。"

襄州广德周禅师

僧问："教中道：'阿逸多不断烦恼，不修禅定，佛记此人成佛无疑。'此理如何？"

师曰："盐又尽，炭又无。"

曰:“盐尽炭无时如何?”

师曰:“愁人莫向愁人说,说向愁人愁杀人。”

石门慧彻禅师

僧问:“云光作牛,意旨如何?”

师曰:“陋巷不骑金色马,回途却着破烂衫。”

(云光法师不事戒律,志公曰:“出家何为?”光曰:“吾不斋而斋,食而非食。”后招报作牛,拽车于途。志公见之,呼曰:“云光!”牛举首。志曰:“何不道拽而非拽?”牛堕泪,跳号而卒。)

香林澄远禅师

僧问:“美味醍醐为什么变成毒药?”

师曰:“导江纸贵。”

问:“如何是西来的的意?”

师曰:“坐久成劳。”

僧问:“北斗里藏身,意旨如何?”

曰:“月似弯弓,少雨多风。”

问:“如何是室内一灯?”

曰:“三人证龟成鳖。”

问:“如何是衲衣下事?”

曰:“腊月火烧山。”

问:“鱼游陆地时如何?”

曰:“发言必有后救。”

僧云:“却下碧潭时如何?”

曰:“头重尾轻。”

问:“一子出家,九族尽得解脱,目连为什么母入地狱?”

师曰:“确。”

将示寂,辞知府宋公珰曰:“老僧行脚去。”

通判曰:“这僧风狂,八十岁行脚去哪里?”

宋曰:“大善知识去住自由。”

归,谓众曰:“老僧四十年方打成一片。”言讫而逝。

新开院颢鉴禅师

师问僧:“游山来? 为佛法来?”

曰:“清平世界,说什么佛法!”

师曰:“好个无事禅客。”

曰:“早是多事了也。”

师曰:“上座去年在此过夏了?”

曰:“不曾。”

师曰:“与么则先来不相识。下去!”

问:“祖意教意,是同是别?”

师曰:“鸡寒上树,鸭寒下水。”

洞山守初宗慧禅师

师曰:“言无展事,语不投机,乘言者丧,滞句者迷。于此四句语中见得分明也,作个脱洒衲僧,根椽片瓦粥饭因缘,堪与人天为善知识;于此不明,终成莽卤。”

问僧:“甚处来?”

曰:“汝州。”

师曰:“此去多少?”

曰:“七百里。”

师曰:“踏破几緉草鞋?”

曰:“三緉。”

师曰:“甚处得钱买?”

曰:“打笠子。”

师曰:“参堂去。”僧应诺。

问僧:“莫便是新到否?”

曰:“是。”

师曰:“夜来投栖处,今朝事如何?”

曰:“今朝风较急,青山背上行。”

师曰:“不是,更道。”

曰:“珍重!”师便打。

问:“不向心头安了义,如何得达祖师言?”

师曰:“六脚蜘蛛上板床。”

金陵奉先深禅师

师同明和尚在众时,闻僧问法眼:“如何是色?”眼竖起拂子。或曰:“鸡冠花。”或曰:“贴肉汗衫。”

二人特往请益,问曰:“承闻和尚有三种色语,是否?”

眼曰:“是。”

师曰:“鹞子过新罗。”便归众。

时李主在座下,不肯,乃白法眼曰:“寡人来日致茶筵,请二人重新问话。”

明日茶罢,备采一箱,剑一口,谓二师曰:“上座若问话得是,奉赏杂采一箱;若问不是,只赐一剑。”

法眼升座,师复出问:“今日奉敕问话,师还许也无?”

眼曰:“许。”

曰:“鹞子过新罗。”捧采便行。

大众一时散去,时法灯作维那,乃鸣钟集众僧堂前勘师,众集,灯问:“承闻二上座久在云门,有甚奇特因缘?举一两则来商量看。”

师曰:“古人道:‘白鹭下田千点雪,黄鹂上树一枝花’,维那作么生商量?”灯拟议,师打一坐具,便归众。

师同明和尚到淮河,见人牵网,有鱼从网透出,师曰:“明兄俊哉!一似个衲僧相似。”

明曰:“虽然如此,争如当初不撞入网罗好?”

师曰:“明兄,你欠悟在。”明至中夜方省。

大容諲禅师

僧问:“既是大容,为什么趁出僧?”

师曰:“大海不容尘,小溪多搕㨓。”

问:“如何是古佛一路?”师指地。

僧曰:“不问这个。”

师曰:“去!”

师与一老宿相期他往,偶因事不去,宿曰:“佛无二言。”

师曰:“法无一向。”

华严慧禅师

僧问:“承古有言:‘妄心无处即菩提。’正当妄时,还有菩提也无?”

师曰:“来音已照。”

曰:“不会。”

师曰:“妄心无处即菩提。”

西禅钦禅师

僧问:“如何是函盖乾坤句?”

师曰:“天上有星皆拱北。”

曰:“如何是截断众流句?”

师曰:“大地坦然平。”

曰:“如何是随波逐浪句?”

师曰:“春生夏长。”

洞山清禀禅师

师参云门,门问:"今日离甚处?"
曰:"慧林。"
门举拄杖曰:"慧林大师恁么去,汝见么?"
师曰:"深领此问。"门顾左右微笑而已。

白云智作禅师

僧问:"如何是枯木里龙吟?"
师曰:"火里莲生。"
曰:"如何是髑髅里眼睛?"
师曰:"泥牛入海。"

北禅寂禅师

师问僧:"甚处来?"
曰:"黄州。"
师曰:"夏在甚处?"
曰:"资福。"
师曰:"福将何资?"
曰:"两重公案。"
师曰"争奈在北禅手里!"
曰:"在手里即收取。"师便打,僧不甘,师随后趁出。

首山省念禅师

师与真园头同上问讯风穴次,穴问真曰:"作么生是世尊不说说?"

真曰:"鹁鸠树头鸣。"

穴曰:"汝作许多痴福作么?何不体究言句?"又问师曰:"汝

作么生?”

师曰:“动容扬古路,不堕悄然机。”

穴谓真曰:“汝何不看念《法华》下语?”

问僧:“不从人荐得的事,试道看。”僧便喝。

师曰:“好好相借问,恶发作么?”僧又喝。

师曰:“今日放过即不可。”僧拟议,师喝之。

问:“有一人荡尽来时,师还接否?”

师曰:“荡尽即置,那一人是谁?”

曰:“风高月冷。”

师曰:“僧堂内几人坐卧?”僧无对。

师曰:“赚杀老僧。”

问:“如何是梵音相?”

师曰:“驴鸣犬吠。”乃曰:“要得亲切,第一莫将问来问。还会么?问在答处,答在问处。汝若将问来问,老僧在汝脚底;汝若拟议,即没交涉。”

时有僧出礼拜,师便打,僧便问:“挂锡幽岩时如何?”

师曰:“错。”

僧曰:“错。”师又打。

师问僧:“近离甚处?”

僧曰:“襄州。”

师云:“路上曾逢达摩也无?”

僧近前云:“不审。”

师云:“这个是驴前马后的。”

僧云:“和尚又如何?”

师曰:“非公境界,且坐吃茶。”

僧才坐,师又问:“在什么处过夏?”

僧云:“石门。”

师云:“水牯牛安乐么?”

僧云:“及时水草。”

师曰:“为什么伤人苗稼?”
僧云:“对和尚不敢造次。”
师云:“放过即不可。”便打。

黑水和尚

师参黄龙,问:“雪覆芦花时如何?”
龙曰:“猛烈。”
师曰:“不猛烈。”
龙又曰:“猛烈。”
师又曰:“不猛烈。”龙便打,师于此有省,便礼拜。

枣树和尚

师问僧:“近离甚处?”
曰:“汉国。”
师曰:“汉国天子还重佛法也无?”
曰:“苦哉! 赖值问着某甲,问着别人则祸生。”
师曰:“作什么?”
曰:“人尚不见,有何佛法可重?”
师曰:“阇黎受戒来多少时?”
曰:“二十夏。”
师曰:“大好不见有人。”便打。

清凉休复禅师

僧问:“古人得个什么即便休歇去?”
师曰:“汝得个什么即不休歇去?”

龙济绍修禅师

示众:“具足凡夫法,凡夫不知;具足圣人法,圣人不会。圣人若会，即是凡夫；凡夫若知，即是圣人。此语具一理二义，若人辨得，不妨于佛法中有个入处；若辨不得，莫道不疑好。”

又云：“是柱不见柱，非柱不见柱，是非已去了，是非里荐取。”

问：“如何得出三界？”

师曰：“是三界则一任出。”

曰：“不是三界又如何？”

师曰：“什么处不是三界？”

问僧：“甚处来？”

曰：“翠岩。”

师曰：“翠岩有何言句示徒？”

曰：“寻常道：‘出门逢弥勒，入门见释迦。’”

师曰：“与么道又争得？”

曰：“和尚又如何？”

师曰：“出门逢阿谁？入门见什么？”僧于言下有省。

上堂：“声色不到处，病在见闻；言诠不及处，过在唇吻。”

僧问：“离却声色，请和尚道。”

师曰：“声色里问将来。”

广平玄旨禅师

僧问：“如何是广平境？”

师曰：“地负名山秀，溪连海水清。”

曰：“如何是境中人？”

师曰：“汝问我答。”

问：“如何是法身体？”

师曰：“廓落虚空绝点瑕。”

曰：“如何是体中物？”

师曰：“一轮明月散秋江。”

曰：“未审体与物分不分？”

师曰:“适来道什么?”

曰:“恁么则不分也。”

师曰:“穿耳胡僧笑点头。”

灵峰志恩禅师

僧问:“如何是灵峰境?”

师曰:“万叠青山如钉出,两条绿水若图成。”

曰:“如何是境中人?”

师曰:“明明密密,密密明明。”

鼎州梁山缘观禅师

师会下有个园头参得禅,众中多有不信者。一日,有僧去撩拨他,要其露个消息,乃问园头:“何不出问堂头一两则话结缘?”

园头云:“我除是不出问,若出,须教这老汉下禅床立地在。”

及梁山上堂,果出问曰:“家贼难防时如何?”

山曰:“识得不为冤。”

曰:“识得后如何?”

山云:“贬向无生国里。”

曰:“莫是他安身立命处也无?”

山云:“死水不藏龙。”

曰:“如何是活水里龙?”

山云:“兴波不作浪。”

曰:“忽然倾湫倒岳时如何?”

梁山果然从法座上走下,把住云:“阇黎莫教湿着老僧袈裟角。”

智门光祚禅师

上堂:“一法若有,毗卢堕在凡夫;万法若无,普贤失其境界。正当恁么时,文殊向什么处出头?若也出头不得,金毛狮子腰折。

幸好一盘饭,莫待糁姜椒。"

上堂:"山僧记得在母胎中有一则语,今日举似大众,诸人不得作道理商量。还有人商量得么?若商量不得,三十年后不得错举。"

开福贤禅师

僧问:"如何是衲僧活计?"

师曰:"耳里种田。"

上堂:"不用思而知,不用虑而解,知解俱泯,合谈何事?"

师曰:"一叶落,天下秋。"

乾明睦禅师

师问洞山:"停机罢赏时如何?"

洞山曰:"水底弄傀儡。"

师曰:"谁是看玩者?"

洞山曰:"停机罢赏者。"

师曰:"恁么则知音不和也。"

洞山曰:"知音的事作么生?"

师曰:"大尽三十日。"

洞山曰:"未在,更道!"

师曰:"某甲合吃和尚手中痛棒。"洞山休去。

西峰云豁禅师

师早扣诸方,晚见清凉,问:"佛未出世时如何?"

清凉曰:"云遮海门树。"

曰:"出世后如何?"

清凉曰:"擘破铁围山。"师于言下大悟,清凉印可之。

大历和尚

僧问:“施主供养,将何报答?”师以手捻髭。

曰:“有髭即捻,无髭又如何?”

师曰:“非公境界。”

连州宝华和尚

师问僧:“甚处来?”

曰:“大容来。”

师曰:“大容近日作么生?”

曰:“近来合得一瓮酱。”

师唤沙弥:“将一碗水来与这僧照影。”

月华山月禅师

有一老宿上法堂,东西顾视曰:“好个法堂,要且无主!”

师闻,乃召曰:“且坐吃茶。”

宿问曰:“玄中最的犹是龟毛兔角,不向二谛中修,如何密用?”

师曰:“侧。”

宿曰:“恁么则拗折拄杖,割断草鞋去也。”

师曰:“细而详之。”

蕲州五祖师戒禅师

湖州上方岳禅师至丈室,师曰:“上人名什么?”

对曰:“齐岳。”

师曰:“何似泰山?”岳无语,师即打赶。

翌日复谒,师曰:“汝作什么?”岳回首,以手画圆相呈之。

师曰:“是什么?”

岳曰:“老老大大,胡饼也不识。”

师曰:“趁炉灶热,更搭一个。”岳拟议,师拽拄杖赶出门。

及数日后,岳再诣,乃提起坐具曰:“展则大千沙界,不展则毫发不存。为复展即是?不展即是?”

师遽下绳床把住云:“既是熟人,何须如此?”岳又无语,师又打出。

福昌善禅师

僧问:“如何是正法眼?”

师曰:“夜观乾象。”

曰:“学人不会意旨如何。”

师曰:“日里看山。”

法眼文益禅师

僧问:“声色两字,什么人透得?”

师却谓众曰:“诸上座,且道这僧还透得也未?若会此僧问处,透声色也不难。”

师问修山主:“毫厘有差,天地悬隔,兄作么生会?”

修曰:“毫厘有差,天地悬隔。”

师曰:“恁么会又争得?”

修曰:“和尚如何?”

师曰:“毫厘有差,天地悬隔。”修便礼拜。

因僧来参次,师以手指帘,寻有二僧齐去卷帘,师云:“一得一失。”

问觉上座:“船来?陆来?”

曰:“船来。”

师曰:“船在什么处?”

曰:“在河里。”觉退。

师问旁僧曰:“你道适来这僧具眼不具眼?”

师令僧取土添莲盆,僧取土到,师曰:“桥东取?桥西取?”

曰:“桥东取。”

师曰:“是真实?是虚妄?”

问僧:“甚处来?”

曰:“泗州礼拜大圣来。”

师曰:“今年大圣出塔否?”

曰:“出。”

师却问旁僧曰:“汝道伊到泗州不到?”

云门问僧:“甚处来?”

曰:“江西来。”

问曰:“江西一队老宿寱语住也未?”僧无对。

后,僧问师:“不知云门意作么生?”

师曰:“大小云门被这僧勘破。”

生法师曰:“敲空作响,击木无声。”

师忽闻斋鱼声,谓侍者曰:“还闻么?适来若闻,如今不闻;如今若闻,适来不闻。会么?”

师见僧搬土次,乃以一块土放僧担上曰:“吾助汝。”

僧曰:“谢和尚慈悲。”师不肯。

一僧别云:“和尚是什么心行?”师便休去。

问:“六处不知音时如何?”

师曰:“汝家眷属一群子。”师又曰:“作么生会?莫道恁么来问便是不得。汝道六处不知音,眼处不知音?耳处不知音?若也根本是有,争解无得?古人道:‘离声色着声色,离名字着名字。’所以无想天修得,经八万大劫,一朝退堕,诸事俨然。盖为不知根本真实,次地修行三生六十劫、四生一百劫,如是直到三祇果满,他古人犹道:‘不如一念缘起无生,超彼三乘权学等见。’又道:“弹指圆成八万门,刹那灭却三祇劫。’也须体究。若如此,用多少气力?”

汾阳善昭禅师

僧问："如何是接初机的句？"

师曰："汝是行脚僧。"

又问："如何是辨衲僧的句？"

师曰："西方日出卯。"

又问："如何是正令行的句？"

师曰："千里特来呈旧面。"

又问："如何是立乾坤的句？"

师曰："北俱卢洲长粳米，食者无瞋亦无喜。"

又曰："只将此四转语验天下衲僧，才见汝出来，验得了也。"

问："大悲千手眼，如何是正眼？"

师曰："瞎。"

曰："恁么则一条拄杖两人舁。"

师曰："三家村里唱巴歌。"

曰："恁么则和尚同在里头。"

师曰："谢汝殷勤。"

郑工部到，茶话次，郑呈师偈曰：

黄纸休遮眼，青云自有阴。
莫将闲学解，埋没祖师心。

复云："只将此偈验天下长老。"

师曰："与么则汾阳也在里头。"

云："担枷过状。"

师云："更不再勘。"

郑云："两重公案。"

师云："知即得。"郑良久，师嘘一声。

郑云："文宝！文宝！"

师云："在甚所在？"

郑云："不容某甲出气，争得瞋他道淹滞长老在此？"

师曰:“是何言欤?”

郑云:“实。”

师云:“也不得放过。”

郑云:“请师一偈。”

师云:“不闲纸墨。”随示偈云:

荒草寻幽径,岩松迥布阴。

几多玄学客,失却本来心。

上堂,谓众曰:“夫说法者,须具十智同真。作么生是十智同真?与诸上座点出:一、同一质;二、同大事;三、总同参;四、同真智;五、同遍普;六、同具足;七、同得失;八、同生杀;九、同音吼;十、同得入。”

又曰:“与什么人同得入?与阿谁同音吼?作么生是同生杀?什么物同得失?阿哪个同具足?是什么同遍普?何人同真智?孰能总同参?哪个同大事?何物同一质?有点得出的么?点得出者,莫吝慈悲;点不出来,未有参方眼在。切须辨取,要识是非,面目见在。不可久立,珍重!”

承天三交智嵩禅师

师辞首山,山以拄杖送师,师接得,有偈曰:

和尚拄杖,照破龙象。

临济家风,落在我掌。

山云:“莫相带累。”师打山一坐具。

山曰:“果然带累。”

师云:“今日捉败这老汉。”

山云:“又似得便宜,又似落便宜。”

杨侍郎、李驸马与师问答,问:“弥陀演化于西方,达摩传心于东土,胡来汉现,水到渠成。五岳镇静以峥嵘,百谷朝宗而浩渺,一灵之性托境现形,三有之中凭何立命?”

师曰:“仙人无妇,玉女无夫。”

杨云:“尼剃头不复生子。”

师云:“陕府铁牛能哮吼,嘉州大象念摩诃。”

李云:“侧跳上山巅。”

师云:“骑牛不着靴。”

问:“玄沙不出岭,保寿不渡河,善财参知识五十三员,慧远结黑白一十八士,雪峰三度上投子,智者九旬讲《法华》。遮六个汉,为复野干鸣?为复狮子吼?速道!速道!”

师云:“水急鱼行涩,峰高鸟不栖。”

杨云:“泗州大圣。”

师云:“土上加泥更一重。”

李云:“舌上覆金钱。”

师曰:“半夜歌乐动,谁是得知音?”

师作宗本颂:“左顾右觑,黄昏莽卤。展手回来,早是彰露。且道作么生是彰露底句?”

杨云:“正杀人时努出头。”

师云:“两脚捎空手叉胸。”

李云:“左须右发隐文章。”

师云:“名利已彰天下去,丫头女子倒骑牛。”师复云:“维摩一默,文殊赞善,若遇老僧在彼,各与三十棒。且道这二老汉过在什么处?”

杨云:“头破作七分,如阿黎树枝。”

师云:“迦叶不擎拳,阿难不合掌。”

李云:“似犊牛儿未用角时。”

师云:“忙屈拳打令。”师复云:“教有明文,佛身充满于法界。老僧今日充满于法界,侍郎即今在什么处?”

杨云:“布裙一截泥,努出膝盖子。”

师云:“宽口布裤三尺杖。”

李云:“河水一担值三文。”

师云:“只见鼻头津,不见顶后湿。”

广教归省禅师

师参首山,山一日举竹篦问曰:"唤作竹篦即触,不唤作竹篦则背,唤作什么?"

师掣得,掷地上曰:"是什么?"

山曰:"瞎。"师于言下豁然顿悟。

问:"维摩丈室不以日月为明,和尚丈室以何为明?"

师曰:"眉分八字。"

曰:"未审意旨如何?"

师曰:"双耳垂肩。"

问:"如何是和尚深深处?"

师曰:"猫有歃血之功,虎有起尸之德。"

曰:"莫便是也无?"

师曰:"碓捣东南,磨推西北。"

问:"忽遇大阐提人来,还相为也无?"

师曰:"法久成弊。"

曰:"慈悲何在?"

师曰:"年老成魔。"

问:"己事未明,以何为验?"

师曰:"闹市里打静槌。"

曰:"意旨如何?"

师曰:"日午点金灯。"

僧问:"闻钟声只有这个声,为复别有?"

师曰:"脑后三斤。"

问一僧曰:"近离什么处?"

僧曰:"东京。"

师曰:"你因甚口上破?"

僧曰:"和尚也须仔细。"

师曰:"七棒对十三,库下吃茶去。"

师到洞山，问洞山："廓然无依，法归何处？"

山云："三番羯磨。"

师云："恁么即知音不和也。"

山云："知音不和的事作么生？"

师云："龟毛拂子长三尺。"

山云："你因什么眉须堕落？"师便礼拜。

神鼎洪諲禅师

有僧自汾州来，师倚拄杖曰："一朵峰峦上，独树不成林时如何？"

僧曰："水分江树浅，远涧碧泉深。"

又问："作么生是回互之机？"

僧曰："盲人无眼。"

又问曰："我在众时不会汾阳一偈，上座久在法席，必然明了。"

僧曰："请和尚举看。"

师曰："鹅王飞鸟去，马头岭上住，天高盖不得，大家总上路。作么？"

僧举起坐具曰："万年松在祝融峰。"

师曰："不要上座答话，试说看。"

僧曰："忽忆少年曾览照，十分光彩脸边红。"即拂衣去。

师曰："弄巧成拙。"

师住神鼎，以一朽床为说法座，其甘枯淡无比，德腊俱高，诸方尊之如古赵州。

谷隐蕴聪慈照禅师

师到太阳，玄和尚问："近离甚处？"

师曰："襄州。"

阳曰:“作么生是不隔的句?”

师曰:“和尚住持不易。”

阳曰:“且坐吃茶。”师便参众去。

侍者问:“适来新到只对住持不易,和尚为什么教坐吃茶?”

阳曰:“我献他新罗附子,他酬我舶上茴香,你去问他,有语在。”

侍者请师吃茶,问:“适来只对和尚,道住持不易,意旨如何?”

师曰:“真鍮不博金。”

僧侍立次,师问:“什么处坐?”

曰:“后架里坐。”

师曰:“你向什么处举话?”

曰:“与主人公举话。”

师曰:“主人公姓什么?”

曰:“不得姓。”

师曰:“名什么?”

曰:“不得名。”

师曰:“恁么则不识主人公也。”僧便喝,师不对。

问:“古人索火,意旨如何?”

师曰:“任他灭。”

曰:“灭后如何?”

师曰:“初三十一。”

问:“寸丝不挂,法网无边,为什么却有迷悟?”

师曰:“两桶一担。”

上堂:“十五日已前诸佛生,十五日已后诸佛灭。十五日已前诸佛生,你不得离我这里,若离我这里,我有钩子钩你;十五日已后诸佛灭,你不得住我这里,若住我这里,我有锥子锥你。且道正当十五日,用钩即是?用锥即是?”遂有偈曰:

正当十五日,钩锥一时息。

更拟问如何，回头日又出。

广慧元琏禅师

师初依招庆真觉禅师，日事炊爨，有间诵经，真觉见而问曰："汝念什么经？"

对曰："《维摩经》。"

真觉曰："经在这里，维摩在什么处？"

师茫然无以酬，泣涕曰："大丈夫汉被人一问，无词可措，岂不愧哉？"

于是谒闽中尊宿，历五十余员不能契旨，遂趋河南首山，山问："近离甚处？"

师曰："汉上。"

山竖起拳曰："汉上还有这个么？"

师曰："这个是什么碗鸣声？"

山曰："瞎。"

师曰："恰是。"拍一拍便出。

他日又问："学人亲到宝山空手回时如何？"

山曰："家家门前火把子。"

师当下大悟，云："某甲不疑天下老和尚舌头也。"

山曰："汝会处作么生？与我说来看。"

师曰："只是地上水碙砂也。"

山曰："汝会也。"师便礼拜。

许郎中式漕西蜀，经由谒师，适接见于佛前，许曰："先拜佛？先拜长老？"

师曰："虾蟆吞大虫。"

许曰："恁么则总不拜去也。"

师曰："运使话堕。"

许曰："许长老具一只眼。"师以衣袖便拂。

许曰："今日看破。"便礼拜。

住后,杨亿侍郎问:“天上无弥勒,地下无弥勒,未审在什么处?”

师曰:“敲砖打瓦。”

又问:“风穴道:‘金沙滩头马郎妇。’意旨如何?”

师曰:“更道也不及。”

鹿门慧昭山主

杨亿侍郎问曰:“入山不畏虎,当路却防人时如何?”

师曰:“君子坦荡荡。”

智门罕迥禅师

师为北塔僧使点茶次,师起揖曰:“僧使! 近上坐。”

使曰:“鹞子头上,争敢安巢?”

师曰:“棒上不成龙。”随后打一坐具。

使茶罢,起曰:“适来却成触忤和尚。”

师曰:“江南杜禅客,觅什么第二碗?”

太阳警玄禅师

师游方,初到梁山,问:“如何是无相道场?”

梁山指观音曰:“这个是吴处士画。”

师拟进语,梁山急索曰:“这个是有相的,哪个是无相的?”师遂有省,便礼拜。

梁山曰:“何不道取一句?”

师曰:“道即不辞,恐上纸笔。”

梁山笑曰:“此语上碑去在。”

石霜诚禅师

僧问:“古者道:‘卷帘当白昼,移榻对青山。’如何是卷帘当白昼?”

师曰:“过净瓶来。”

曰:“如何是移榻对青山?”

师曰:“却安旧处着。”

上堂云:“心外无法,法外无心,随缘荡荡,更莫沉吟。你等诸人才上阶道,便好回去,更要待第二勺恶水泼作什么?”

泐潭澄禅师

师一日见僧披衲,师曰:“得恁么好针线。”

曰:“只要牢固。”

师曰:“打草惊蛇作什么?”

曰:“客来须看。”

师曰:“只有这个,更别有?”

曰:“云生岭上。”

师曰:“未在,更道!”

曰:“水滴岩前。”

卷第三十八

历代禅师语录(后集)

雪窦重显禅师

师造智门,即伸问曰:“不起一念,云何有过?”门召师近前,师才近前,门以拂子蓦口打;师拟开口,门又打,师豁然开悟。留止五年,尽得其道,乃复遍参。

师到大龙为知客。一日,问曰:“语者默者不是,非语非默更非,总是总不是拈却,大用现前,时人知有,未审大龙如何?”

龙曰:“子有如是见解?”

师曰:“这老汉瓦解冰消。”

龙曰:“放你三十棒。”师礼拜归众。

龙却唤:“适来问话的僧来。”师便出。

龙曰:“老僧因什么瓦解冰消?”

师曰:“转见败阙。”

龙作色曰:“叵耐!叵耐!”师休去。

后举似南岳雅和尚,雅曰:“大龙何不与本分草料?”

师曰:“和尚更须行脚。”

问罗汉林曰:“法尔不尔,如何指南?”

林曰:“只为法尔不尔。”

师曰:“大众记取某甲话头。”拂衣归众。

林下堂,却令侍者请师至方丈,问:“上座适来不肯老僧那?”

师曰:“和尚当代宗匠,焉敢不肯?”

林曰:“你为甚拂衣归众?”

师曰:"还许某甲说道理也无?"

林曰:"你说看。"师拍一拍下去。

僧问:"远离翠峰祖席,已临雪窦道场,未审是一是二?"

师曰:"马无千里谩追风。"

曰:"恁么则云散家家月。"

师曰:"龙头蛇尾汉。"

师问新到:"甚处人?"僧提起坐具。

师曰:"虾跳不出斗。"

僧曰:"勃跳。"师便打。

僧曰:"更勃跳。"

师又打,僧便走;师唤回,僧作礼曰:"触忤和尚。"

师曰:"我要这话行,你又走作什么?"

僧曰:"已遍天下了也。"师复打五棒。

僧曰:"有诸方在。"

师曰:"你只管吃棒。"

师又唤第二的近前来,问:"甚处人?"

僧曰:"鼎州人。"

师曰:"败也。"

僧曰:"青天白日。"

师曰:"两重公案。"

僧曰:"恰是。"

师以拄杖指曰:"你拟勃跳?"僧拟议,师亦打五棒。

参头曰:"这僧吃棒与某甲不同。"

师一时唤近前,僧珍重便走,师随后与一拄杖。

问僧:"名什么?"

云:"义怀。"

师云:"何不名怀义?"

云:"当时致得。"

师云:"谁与汝安着?"

云:“某甲受戒来十年也。”

师云:“行脚费却多少草鞋?”

云:“和尚莫谩人好。”

师云:“我也没量罪过,汝作么生?”僧无语。

师云:“脱空谩语汉。”便打。

僧问:“猿抱子归青嶂里,鸟衔花落碧岩前。古人意旨如何?”

曰:“夹山犹在。”

曰:“和尚如何?”

曰:“依稀似曲才堪听,又被风吹别调中。”

僧却问:“如何是翠峰境?”

曰:“春到桃花亦满溪。”僧礼拜。

师曰:“山僧今日败阙,有人点检得出,许他顶门上具一只眼。”便下座。

宗首座到,方拟人事,师约住云:“既知信之韬略,便须拱手归降。”

宗云:“今日败阙。”

师云:“剑刃未施,贼身已露。”

宗云:“气急杀人。”

师云:“败将不斩。”

宗云:“是。”

师云:“礼拜着。”

宗云:“三十年后有人举在。”

师云:“已放你过。”

与数僧游山次,见牯牛举头,师问:“牯牛举头作什么?”

僧云:“怕和尚穿却。”

师不肯,自云:“看人草底。”

首座写真,师曰:“既是首座,为什么却有两个?”

曰:“争之不足。”

师曰:“你问我,我与你道。”

座拟问,师曰:“雪窦门下。”

雪峰钦山主

上堂:“昨日一,今日二,不用思量,快须瞥地;不瞥地,蹉过平生没巴鼻。咄!”

洞山晓聪禅师

师游方时,在云居作灯头,见僧说泗州大圣近日在扬州出现,有设问曰:“既是泗州大圣,为什么却向扬州出现?”

师曰:“君子爱财,取之以道。”

后僧举似莲花峰祥庵主,主大惊曰:“云门儿孙犹在!”中夜望云居拜之。

师尝负柴上山,路逢一僧问:“山上有柴,何故向山下担柴?”

师放柴于地曰:“会么?”

曰:“不会。”

师曰:“我要烧。”

发供养主,示众云:“住持之道,劳他十方高人,且实际理地,不受一尘;佛事门中,不舍一法。盖为清众之故,所以忘劳。然尽大地作一胡饼,天下人尽得吃,唯有深沙神不得吃,怒发将蒺藜杖打一棒,瓦解冰消。”

师手植万松于东岭,而恒诵《金刚般若经》,山中人因名其岭曰“金刚”。方植松,而宝禅师至,时亲自五祖来,师问:“上岭一句作么生道?”

宝曰:“气急杀人。”

师拄镢呵曰:“从何得此随语生解阿师!见问上岭,便言气急,佛法却成流布。”

宝请代语,师曰:“气喘杀人。”

逍遥问:“岭在此,金刚在何处?”

师指曰:“此一株是老僧亲栽。”

因事示众:“天晴盖却屋,乘干刈却禾,早输王税了,鼓腹唱巴歌。”

金陵天宝和尚

僧问:“如何是和尚家风?”

师曰:“列半作三。”

曰:“学人未晓。”

师曰:“鼻孔针筒。”

清凉泰钦法灯禅师

师在众日,性豪逸,不事事,众易之,法眼独契重。法眼一日问众曰:“虎项金铃是谁解得?”众无对。

师适至,法眼举前语问,师曰:“系者解得。”

法眼曰:“汝辈轻渠不得。”

上堂,有僧出礼拜,师曰:“道者!前时谢汝请我,将什么与汝好?”

僧拟问次,师曰:“将谓相悉,却成不委。”

报恩慧明禅师

一日,有新到参,师问:“近离甚处?”

曰:“都城。”

师曰:“上座离都城到此山,则都城少上座,此间剩上座。剩则心外有法,少则心法不周。说得道理即住,不会即去。”僧无对。

资岩长老问:“如何是现前三昧?”

师曰:“还闻么?”

岩曰:“某甲不患聋。”

师曰:“果然患聋。”

师寻迁天台山白沙卓庵,有朋彦上座博学强记,来访师,敌论宗乘,师曰:“言多去道转远,今有事借问,只如从上诸圣及诸先德,还有不悟者也无?”

彦曰:“若是诸圣先德,岂有不悟者哉?”

师曰:“一人发真归源,十方虚空悉皆消殒。今天台山嶷然,如何得消殒去?”彦无对。

云居清锡禅师

有廖天使入院,见供养法眼真,乃问曰:“真前是什么果子?”

师曰:“假果子。”

廖曰:“既是假果子,何以将供养真?”

师曰:“也只要天使识假。”

罗汉院智依禅师

师问僧:“今夏在什么处?”

僧曰:“在无言上座处。”

师曰:“还曾问讯他否?”

僧曰:“也曾问讯。”

师曰:“无言作么生问得?”

僧曰:“若得无言,什么处不问得?”

师喝曰:“恰似问老兄。”

师与彦端长老吃饼饺,端曰:“百种千般,其体不二。”

师曰:“作么生是不二体?”端拈起饼饺。

师曰:“只守百种千般。”

端曰:“也是和尚见处。”

师曰:“汝也是罗公咏梳头样。”

上堂:“尽十方世界,无一微尘许法与汝作见闻觉知。还信么?然虽如此,也须悟始得,莫将为等闲。不见道‘单明自己,不悟目前,此人只具一只眼’,还会么?”

僧问:“纤尘不立,为什么好丑现前?”

师曰:“分明记取,别处问人。”

报恩玄则禅师

上堂:“诸上座尽有常圆之月,各怀无价之珍,所以月在云中,虽明而不照;智隐惑内,虽真而不通。无事,久立。”

僧问:“如何是不动尊?”

师曰:“飞飞飏飏。”

宝塔绍岩禅师

吴越王命师开法。上堂云:“今日大王施张法筵,致请山僧,只图诸仁者明心,此外别无道理。诸仁者还明心也未?莫不是语言谈笑时,凝然杜默时,参寻知识时,道伴商略时,观山玩水时,耳目绝对时,是汝心否?如上所解,尽为魔魅所摄,岂曰明心?更有一类人,离身中妄想外,别认遍十方世界,含日月,包太虚,谓是本来真心,斯亦外道所计,非明心也。诸仁者要会么?心无是者,亦无不是者,汝拟执认,其可得乎?”

栖贤圆禅师

上堂:“出得僧堂门,见五老峰,一生参学事毕,何用更到这里来?虽然如此,也劳上座一转了也,珍重!”

石霜慈明禅师

师谒唐明嵩禅师,嵩谓师曰:“杨大年内翰知见高,入道稳实,子不可不见。”

师乃往见大年，年问曰："对面不相识，千里却同风。"

师曰："近奉山门请。"

年曰："真个脱空。"

师曰："前月离唐明。"

年曰："适来悔相问。"

师曰："作家。"年便喝。

师曰："恰是。"年复喝。

师以手画一画，年吐舌曰："真是龙象！"

师曰："是何言欤？"

年唤客司："点茶来，原来是屋里人。"

师曰："也不消得。"

茶罢，又问："如何是上座为人一句？"

师曰："切。"

年曰："与么则长裙新妇拖泥走。"

师曰："谁得似内翰？"

年曰："作家！作家！"

师曰："放你二十棒。"

年拊膝曰："这里是什么所在？"

师拍掌曰："也不得放过。"

年大笑，又问："记得唐明当时悟的因缘么？"

师曰："唐明问首山：'如何是佛法的的大意？'山曰：'楚王城畔，汝水东流。'"

年曰："只如此语，意旨如何？"

师曰："水上挂灯毬。"

年曰："与么则辜负古人去也。"

师曰："内翰疑则别参。"

年曰："三脚虾蟆跳上天。"

师曰："一任勃跳。"年乃大笑，馆于斋中。

师谒李督尉，公闻谒，使童子问曰："道得即与上座相见。"

师曰:“今日特来相看。”

又令童子,曰:“碑文刊白字,当道种青松。”

师曰:“不因今日节,余日定难逢。”

童又出曰:“都尉言:与么则与上座相见去也。”

师曰:“脚头? 脚底?”

公乃出,坐定,问曰:“我闻西河有金毛狮子,是否?”

师曰:“甚处得这消息?”公便喝。

师曰:“野干鸣。”公又喝。

师曰:“恰是。”公大笑。

师辞,公问:“如何是上座临行一句?”

师曰:“好将息。”

公曰:“何异诸方?”

师曰:“都尉又作么生?”

公曰:“放上座二十棒。”

师曰:“专为流通。”公又喝。

师曰:“瞎。”

公曰:“好去。”师应:“喏喏。”自是往来杨李之门,以法为友。久之,辞还河东。

年曰:“有一语寄与唐明,得么?”

师曰:“明月照见夜行人。”

年曰:“却不相当。”

师曰:“更深犹自可,午后更愁人。”

年曰:“开宝寺前金刚,近日因什么汗出?”

师曰:“知。”

年曰:“上座临行,岂无为人的句?”

师曰:“重叠关山路。”

年曰:“与么则随上座去也。”师嘘一声。

年曰:“真狮子儿,大狮子吼。”

师曰:“放去又收来。”

年曰："适来失脚蹋倒，又得家童扶起。"

师曰："有什么了期？"年大笑。

师还唐明，谒神鼎諲禅师。鼎，首山高弟，望尊一时，衲子非人类精奇，无敢登其门者，门弟子气吞诸方。师发长不剪，敝衣楚音，通谒称法侄，一众大笑。鼎遣童子问："长老谁之嗣？"

师仰视屋曰："亲见汾阳来。"

鼎杖而出，顾见颀然，问曰："汾州有西河师子，是否？"

师指其后，高叫曰："屋倒矣！"童子返走，鼎回顾，相矍铄。师地坐，脱只履而示之，鼎老忘所问，又失师所在。师徐起整衣，且行且语："见面不如闻名。"遂去。鼎遣人追之不可，叹曰："汾州乃有此儿耶！"

问："行脚不逢人时如何？"

师曰："钓丝绞水。"

问："磨砻三尺剑，去化不平人。师意如何？"

师曰："好去。"

僧曰："点。"

师曰："你看。"僧拍手一下归众。

师曰："了。"

问僧："近离甚处？"

曰："云过千山碧。"

师曰："着忙作么？"

曰："雁过水声凄。"师便喝，僧亦喝；师便打，僧亦打。

师曰："你看这瞎汉！本分打出三门外，念你是新到，且坐吃茶。"

师问显英首座："近离甚处？"

曰："金銮。"

曰："去夏在甚处？"

曰："金銮。"

曰："前夏在甚处？"

曰:“金銮。”

曰:“先前夏在甚处?”

曰:“和尚何不领话?”

曰:“我也不能勘得汝,教库下供过奴子来勘,且点一碗茶与汝湿口。”

师室中晏坐,横刀水盆之上,旁置草鞋,使来参扣者下语,无有契其机者。

又冬日榜僧堂,作此字“$\underline{\underline{\bigcirc\bigcirc\bigcirc}}$ ═ ═ ☰”其下注云:“若人识得,不离四威仪。”

中有首座者见之,谓曰:“和尚今日放参。”师闻而笑之。

法华全举禅师

师得法汾阳,遍历诸方。首谒荆南福昌善禅师,善问曰:“回互不回互?”

师曰:“总不与么。”

曰:“为什么已吃福昌棒?”

师曰:“一家有事百家忙。”

曰:“脱空谩语。”

师曰:“调琴澄太古,琢句体全真。”

谒公安远禅师,远问:“作么生是伽蓝?”

师曰:“深山藏独虎,浅草露群蛇。”

曰:“作么生是伽蓝中人?”

师曰:“青松盖不匝,黄叶岂能遮?”

曰:“道什么?”

师曰:“少年玩尽天边月,老倒扶桑没日头。”

曰:“一句两句,云开月露,作么生?”

师曰:“照破祖师关。”

谒夹山真首座,真曰:“还见么?”

师曰:“万事全无。”

曰："还不见么？"

师曰："千般皆在手。"

师曰："首座未见澄散圣时如何？"

曰："湖南、江西。"

又问："见后如何？"

曰："江西、湖南。"

师曰："却共首座一般耶？"

曰："打草惊蛇。"

师曰："终不捏怪。"

谒大愚芝禅师，芝问："古人见桃花，意作么生？"

师曰："曲不藏直。"

曰："那个且从，这个作么生？"

师曰："市中拾得宝，比邻哪得知？"

曰："上座还知么？"

师曰："路逢剑客须呈剑，不是诗人不献诗。"

曰："作家诗客。"

师曰："一条红线两人牵。"

曰："玄沙道谛当又作么生？"

师曰："海枯终见底，人死不知心。"

曰："恰是。"

师曰："楼阁凌云势，峰峦叠翠层。"

谒五祖戒禅师，戒问："作么生是绝羁绊的人？"

师曰："反手把笼头。"

曰："却是作家。"

师曰："背鞭打不着。"

曰："为什么上来下去？"

师曰："甚处见上来下去？"戒便打。

师曰："一言无别路，千里不逢人。"

谒雪窦显禅师，窦问："牛吃草？草吃牛？"

师曰:“回头欲就尾,已隔万重关。”

曰:“应知无背面,要须常现前。”

师曰:“验在目前。”

曰:“自领出去。”

到琅琊觉和尚处,琊问:“近离甚处?”

师曰:“两浙。”

曰:“船来?陆来?”

师曰:“船来。”

曰:“船在甚处?”

师曰:“步下。”

曰:“不涉程途一句作么生道?”

师以坐具摵一摵,曰:“杜撰长老,如麻似粟。”拂袖而出。

琊问侍者:“此是什么人?”

者曰:“举上座。”

琊曰:“莫是举师叔么?先师教我寻见伊。”遂下旦过,问:“上座莫是举师叔么?莫怪适来相触忤。”

师便喝,复问:“长老何时到汾阳耶?”

曰:“某时到。”

师曰:“我在浙江早闻你名,原来见解只如此,何得名播寰宇?”

琊遂作礼曰:“某甲罪过。”

示众:“释迦不出世,达摩不西来,佛法遍天下,谈玄口不开。”

芭蕉谷泉禅师

师谒慈明,明问曰:“白云横谷口,道人何处来?”

师左右顾曰:“夜来何处火,烧出古人坟?”

慈明呵曰:“未在,更道。”师乃作虎声,慈明以坐具摵之;师接住,推明置禅床上,明却作虎声。

师大笑曰:“我见七十余员善知识,今日始遇作家。”

天圣皓泰禅师

师到琅琊,琊问:“埋兵掉斗,未是作家。匹马单枪,便请相见。”

师指琊曰:“将头不猛,带累三军。”

琊打师一坐具,师亦打琊一坐具,琊接住曰:“适来一坐具,是山僧令行。上座一坐具,落在什么处?”

师曰:“伏惟尚飨!”

琊拓开曰:“五更侵早起,更有夜行人。”

师曰:“贼过后张弓。”

琊曰:“且坐吃茶。”

浮山圆鉴禅师

欧阳文忠公闻师奇逸,造其室,未有以异之。与客棋,师坐其旁,文忠遽收局,请因棋说法。师即令挝鼓升座,曰:“若论此事,如两家著棋相似。何谓也?敌手知音,当机不让。若是缀五饶三,又通一路始得。有一般的,只解闭门作活,不会夺角冲关,硬节与虎口齐彰,局破后,徒劳绰干。所以道:肥边易得,瘦肚难求,思行则往往失粘,心粗而时时头撞。休夸国手,谩说神仙,赢局输筹即不问,且道黑白未分时,一著落在什么处?”良久,曰:“从来十九路,迷悟几多人?”

文忠嘉叹从容,谓同僚曰:“修初疑禅语为虚诞,今日见此老机缘,所得所造非悟明于心地,安能有此妙旨哉?”

师老,退休于会圣岩。因阅班固《九流》,遂拟之作《九带》,叙佛祖教义,博采先德机语,参同印证。其一曰佛正法眼带,其二曰佛法藏带,其三曰理贯带,其四曰事贯带,其五曰事理纵横带,其六曰屈曲带,其七曰妙叶兼带,其八曰金针双锁带,其九曰平怀常实带。学者既已传诵,师曰:“若据圆极法门,本具十数,今此九带已为诸人说了,更有一带,还见得么?若也见得亲切分明,却请出来说看。说得分明,许汝通前九带,圆明道眼;若见不亲切,说不相应,唯依吾语而为己解,则名谤法。大众!到此如何?”众无语,师叱之去。

金山昙颖达观禅师

师首谒太阳玄禅师,遂问:“洞山特设偏正君臣,意明何事?”

阳曰:“父母未生时事。”

师曰:“如何体会?”

阳曰:“夜半正明,天晓不露。”

师罔然,遂谒谷隐,举前话,隐曰:“太阳不道不是,只是口门窄,满口说未尽。老僧即不然。”

师问:“如何是父母未生时事?”

隐曰:“粪墼子。”

师曰:“如何是夜半正明,天晓不露?”

隐曰:“牡丹花下睡猫儿。”师愈疑骇。

一日普请,隐问:“今日运薪耶?”

师曰:“然。”

隐曰:“云门问僧:‘人搬柴?柴搬人?’如何会?”师无对。

隐曰:“此事如人学书点画,可效者工,否者拙,盖未能忘法耳。当笔忘手,手忘心,乃可也。”

师于是默契。良久,曰:“如石头云:‘执事原是迷,契理亦非悟。’”

隐曰:“汝以为药语?为病语?”

师曰:“是药语。”

隐呵曰:“汝以病为药,又安可哉?”

师曰:“事如函得盖,理如箭直锋,妙宁有加者,而犹以为病,实未喻旨。”

隐曰："妙至是，亦只名理事，祖师意旨，智识所不能到，矧事理能尽乎？故世尊云：'理障，碍正见知；事障，续诸生死。'"

师恍如梦觉，曰："如何受用？"

隐曰："语不离窠臼，安能出盖缠？"

师叹曰："才涉唇吻，便落意思，尽是死门，终非活路。"

住后，示众曰："才涉唇吻，便落意思，尽是死门，俱非活路。直饶透脱，犹在沉沦，莫教辜负平生，虚度此世。要得不辜负平生么？"拈拄杖，卓一下，曰："须是莫被拄杖谩始得。看看！拄杖子穿过你诸人髑髅，勃跳入你鼻孔里去也。"又卓一下。

过京师，寓止驸马都尉李端愿之园，李公问曰："地狱毕竟是有是无？"

师曰："诸佛向无中说有，眼见空花；太尉就有里寻无，手摅水月。堪笑眼前见牢狱不避，心外见天堂欲生。殊不知欣怖在心，善恶成境，太尉但了自心，自然无惑。"

李曰："心如何了？"

师曰："善恶都莫思量。"

李曰："不思量后，心归何所？"

师曰："且请太尉归宅。"

上堂："山僧平生意好相扑，只是无人搭对，今日且共首座搭对。"卷起袈裟下座，索首座相扑。

座才出，师曰："平地上吃交。"便归方丈。

光庆遇安禅师

上堂："欲识曹溪旨，云飞前面山。分明真实个，不用别追攀。"

僧问："古德有言：'井底红尘生，山头波浪起'，未审此意如何？"

师曰："若到诸方，但恁么问。"

曰："和尚意旨如何？"

师曰："适来向汝道什么？"

景清居素禅师

僧问:“即此见闻非见闻,为什么法身有三种病、二种光?”

师曰:“填凹就缺。”

驸马李遵勖居士

公谒谷隐,问出家事,隐以崔赵公问径山公案答之,公于言下大悟,作偈曰:

学道须是铁汉,著手心头便判。
直趋无上菩提,一切是非莫管。

公一日与坚上座送别,公问:“近离上党,得届中都,方接麈谈,遽回虎锡,指云屏之翠峤,访雪岭之清流。未审此处彼处的的事作么生?”

座曰:“利剑拂开天地静,霜刀才举斗牛寒。”

公曰:“恰值今日耳聩。”

座曰:“一箭落双雕。”

公曰:“上座为什么着草鞋睡?”座以衣袖一拂。

公低头曰:“今日可谓降伏也。”

座曰:“普化出僧堂。”

华严道隆禅师

师初参石门彻和尚,问曰:“古者道:‘但得随处安闲,自然合他古辙。’虽有此语,疑心未歇时如何?”

石门曰:“知有,乃可随处安闲,如人在州县住,或闻或见,千奇百怪,他总将作寻常;不知有而安闲,如人在村落住,有少声色,则惊怪传说。”师于言下有省。

文公杨亿大年居士

公问广慧曰："承和尚有言：'一切罪业，皆因财宝所生。'劝人疏于财利，况南阎浮提众生以财为命，邦国以财聚人，教中有财法二施，何得劝人疏财乎？"

慧曰："幡竿尖上铁笼头。"

公曰："海坛马子似驴大。"

慧曰："楚鸡不是丹山凤。"

公曰："佛灭二千岁，比丘少惭愧。"

投子义青禅师

师谒见圆通秀禅师，无所参问，唯嗜睡而已。执事白通，通即曳杖入堂，见师正睡，乃击床呵曰："我这里无闲饭与上座吃了打眠！"

师曰："和尚教某何为？"

通曰："何不参禅去？"

师曰："美食不中饱人吃。"

通曰："争奈大有人不肯上座！"

师曰："待肯，堪作什么？"

通曰："上座曾见什么人来？"

师曰："浮山。"

通曰："怪得恁么顽赖。"遂握手相笑，归方丈。

兴阳清剖禅师

师在太阳作园头，种瓜次，阳问："甜瓜何时得熟？"

师曰："即今熟烂了也。"

曰："拣甜的摘来。"

师曰："与什么人吃？"

曰："不入园者。"

师曰:“未审不入园者还吃也无?”

曰:“汝还识伊么?”

师曰:“虽然不识,不得不与。”阳笑而去。

僧问:“娑竭出海乾坤震,觌面相逢事若何?”

师曰:“金翅鸟王当宇宙,个中谁是出头人?”

曰:“忽遇出头时又作么生?”

师曰:“似鹘捉鸠君不信,髑髅前验始知真。”

曰:“恁么则叉手当胸,退身三步也。”

师曰:“须弥座下乌龟子,莫待重遭点额回。”

罗浮山显如禅师

师初到太阳,阳问:“汝是甚处人?”

曰:“益州。”

阳曰:“此去几里?”

曰:“五千里。”

阳曰:“你与么来,还曾踏着么?”

曰:“不曾踏着。”

阳曰:“汝解腾空那?”

曰:“不解腾空。”

阳曰:“争得到这里?”

曰:“步步不迷方,通身无辨处。”

阳曰:“汝得超方三昧耶?”

曰:“圣心不可得,三昧岂彰名?”

阳曰:“如是,如是。”

修撰曾会居士

公幼与明觉同舍,及冠,异涂。天禧间,公守池州,一日,会于景德寺,公遂以《中庸》《大学》,参以《楞严》符宗门语句质明觉,觉曰:“这个尚不与教乘合,况《中庸》《大学》耶? 学士要径节理会此事。”乃弹指一下,曰:“但恁么荐取。”公于言下领旨。

云居晓舜禅师

师参洞山,一日,如武昌行乞,首谒刘居士。士曰:“老汉有一问,若相契,即请开疏;若不相契,即请还山。”遂问:“古镜未磨时如何?”

师曰:“黑似漆。”

“磨后如何?”

师曰:“照天照地。”

士长揖曰:“且请上人还山。”

师忪愣而归,洞山问其故,师述前语,山曰:“汝问我。”

师理前问,山曰:“此去汉阳不远。”

师进后语,山曰:“黄鹤楼前鹦鹉洲。”师于言下大悟。

师尝讥天衣说葛藤禅。一日,闻怀迁化,于法堂上合掌云:“且喜葛藤桩子倒了也。”

秀圆通时在会中作维那,每见诃骂不已,乃谓同列曰:“我须与这老汉理会一上。”及夜参,又如前诃骂,秀出众厉声曰:“岂不见《圆觉经》中道……”师遽曰:“久立大众,伏惟珍重!”便归方丈。

秀曰:“这老汉通身是眼,骂得怀和尚也。”

翠岩真点胸常骂师说无事禅,石霜永和尚令人传语云:“舜在洞山悟古镜因缘岂是说无事禅? 你骂他,自失却一只眼。”

师闻之,作颂曰:

云居不会禅,洗脚上床眠。

冬瓜直侜侗,瓠子曲弯弯。

永和尚亦作颂曰:

石霜不会禅,洗脚上床眠。

枕子扑落地,打破常住砖。

上堂:“诸方有弄蛇头,拨虎尾,跳大海,剑刃里藏身。云居这里,寒天热水洗脚,夜间脱袜打睡,早朝旋打行缠,风吹篱倒,唤人夫劈篾缚起。"

师问秀圆通曰:"你见怀和尚有何言句?"秀举怀投机颂。

师曰:"不好,别有甚言句?"

秀曰:"一日有长老来参,怀举拂子云:'会么?'云:'不会。'怀云:'耳朵两片皮,牙齿一具骨。'"

师叹曰:"真善知识!"

佛日契嵩禅师

师得法于洞山,师夜则顶戴观世音菩萨像而诵其号,必满十万乃寝,自是世间经书章句,不学而能。作《原教论》十万余言,以抗宗韩排佛之说,读者畏服。后居永安兰若,著《禅门定祖图》《传法正宗记》《辅教编》上进,仁宗嘉赏,令编次入藏,赐号"明教"。

太守许式

公得法于洞山。一日,与泐潭澄、上蓝溥坐次,潭问:"闻郎中道:'夜坐连云石,春栽带雨松。'当时答洞山什么话?"

公曰:"今日放衙早。"

潭曰:"闻答泗州大圣扬州出现语,是否?"

公曰:"别点茶来。"

潭曰:"名不虚传。"

公曰:"和尚早晚回山?"

潭曰:"今日被上蓝觑破。"蓝便喝。

潭曰:"须你始得。"

公曰:"不奈船何,打破戽斗。"

公入上蓝僧堂,问首座:"年多少?"

曰:"六十八。"

公曰："僧腊多少？"

曰："四十七夏。"

公曰："圣僧得几夏？"

曰："与虚空齐受戒。"

公拍板头曰："下官吃饭不似首座吃盐多。"

玉泉承皓禅师

无尽居士张公奉使京西南路，就谒之，问曰："师得法何人？"

师曰："复州北塔广和尚。"

公曰："与伊相契可得闻乎？"

师曰："只为伊不肯与人说破。"公善其言。

僧入室次，狗子在室中，师叱一声，狗子便出去，师曰："狗却会，你却不会。"

一日，众集，师问曰："作什么？"

曰："入室。"

师曰："待我抽解来。"及上厕来，见僧不去，以拄杖赶散。

示寂，门人围绕，师笑曰："吾年八十一，老死舁尸出，儿郎齐著力，一年三百六十日。"言毕而逝。

育王怀琏大觉禅师

师持律严甚，仁庙尝赐以龙脑钵盂，师对使者焚之，曰："吾法以坏色衣，以瓦钵食，此钵非法。"仁庙益嘉叹。

师自京师乞还山，时英宗赐手诏，有"经过庵院，任性住持"语，师藏之不以示人。东坡为师撰《宸奎阁记》，欲一见之，师终不出，示寂后，始得之笥中。示寂之时，年八十二。

法昌倚遇禅师

师谒北禅，禅问："近离甚处？"

师曰:“福严。”

禅曰:“思大鼻孔长多少?”

师曰:“与和尚当时见的一般。”

禅曰:“汝道我见时长多少?”

师曰:“和尚大似不曾到福严。”

禅曰:“学语之流。”

又问:“来时马大师安乐否?”

师曰:“安乐。”

禅曰:“向汝道什么?”

师曰:“教和尚莫乱统。”

禅曰:“念汝新到,不能打得你。”

师曰:“某甲亦放和尚过。”

茶罢,禅问:“乡里甚处?”

师曰:“漳州。”

禅曰:“三平在彼作什么?”

师曰:“说禅说道。”

禅曰:“年多少?”

师曰:“与露柱齐年。”

禅曰:“有露柱且从,无露柱年多少?”

师曰:“无露柱,一年也不少。”

禅曰:“夜半放乌鸡。”

师事北禅最久。慈明过北禅,师侍立,禅曰:“汾阳狮子,可煞威狞!”

明曰:“不道来者咬杀。”

禅曰:“审如此,汾阳门下道绝人荒耶!”

明举拂子曰:“这个因甚到今日?”

禅未及对,师从旁曰:“养子不及父,家门一世衰。”

禅呵曰:“汝具甚眼目乃敢尔!”

师曰:“若是咬人狮子,终不与么。”

明将去，至龙牙像前指问师云："谁像？"

师曰："龙牙像。"

明曰："既是龙牙像，为甚在北禅？"

师曰："两彩一赛。"

明曰："像在此，龙牙在甚处？"

师拟对，明掌之曰："莫道不能咬人。"

师曰："乞儿见小利。"明呵逐之。

游庐山，寓圆通，时大觉琏公方赴诏，辞众曰："此事分明须荐取，莫教累劫受轮回。"

师问曰："如何是此事？"

曰："荐取。"

师曰："头上是天，脚下是地，荐个什么？"

曰："不是知音者，徒劳话岁寒。"

师曰："岂无方便？"

曰："胡人饮乳，反怪良医。"

师曰："暴虎凭河，徒夸好手。"拍一拍归众。

师在双岭受法昌请，与英、胜二首座相别，曰："三年聚首，无事不知，检点将来，不无渗漏。"以拄杖画一画，曰："这个即且止，宗门事作么生？"

英曰："须弥安鼻孔。"

师曰："恁么则临崖看浒眼，特地一场愁。"

英曰："深沙努眼睛。"

师曰："争奈圣凡无异路，方便有多门。"

英曰："铁蛇钻不入。"

师曰："这般汉有甚共语处？"

英曰："自缘根力浅，莫怨太阳春。"却画一画，曰："宗门事且止，这个事作么生？"师便掌。

英曰："这漳州子，莫无去就。"

师曰："你这般见解，不打更待何时？"又打。

英曰:“也是老僧招得。”

住后,英、胜到山相访,英曰:“和尚寻常爱点检诸方,今日因什么却来古庙里作活计?”

师曰:“打草只要惊蛇。”

英曰:“莫涂糊人好。”

师曰:“你又刺头入胶盆作什么?”

英曰:“古人道:‘我见两个泥牛斗入海,所以住此山。’未审和尚见个什么?”

师曰:“你他时异日有把茆盖头,人或问你,作么生祗对?”

英曰:“山头不如岭尾。”

师曰:“你且道还当得住山事也无?”

英曰:“使钁不及拖犁。”

师曰:“还曾梦见古人么?”

英曰:“和尚作么生?”师展两手。

英曰:“虾跳不出斗。”

师曰:“休将三寸烛,拟比太阳辉。”

英曰:“争奈公案现在。”

师曰:“乱统禅和,如麻似粟。”

云居了元佛印禅师

师入室次,苏子瞻适至,师曰:“此间无坐处。”

苏曰:“暂借佛印四大为座。”

师曰:“山僧有一问,学士道得即请坐,道不得即输玉带。”

苏欣然请问,师曰:“四大本空,五阴非有,居士向什么处坐?”苏遂施带,师答一衲。

西塞帅王公韶,自以杀业重,祈为澡雪,请说法上蓝,师炷香曰:“此香为杀人不眨眼上将军立地成佛大居士。”众称善,韶亦悠然意消。

智海逸正觉禅师

僧问:“古镜未磨时如何?”

师曰:“青青河畔草。”

曰:“磨后如何?”

师曰:“郁郁园中柳。”

曰:“磨与未磨,是同是别?”

师曰:“同别且置,还我镜来。”僧拟议,师便喝。

道士问:“如何是道?”

师曰:“龙吟金鼎,虎啸丹田。”

曰:“如何是道中人?”

师曰:“吐故纳新。”

曰:“道与道中人相去多少?”

师曰:“罥鹤颠崖上,冲天昧米民。”

五云华严志逢禅师

师一日入普贤殿中宴坐,倏有一神人跪膝于前,师问:“汝其谁乎?”

曰:“护戒神也。”

师曰:“吾患有宿愆未殄,汝知之乎?”

曰:“师有何罪,唯一小过耳。”

师曰:“何也?”

曰:“凡折钵水,亦施主物,师每倾弃,非所宜也。”言讫而隐。

师自此洗钵水尽饮之,积久因致脾疾,十载方愈。

瑞鹿上方遇安禅师

师事天台,阅《首楞严经》,到“知见立知,即无明本,知见无见,斯即涅槃”,师乃破句读曰:“知见立,知即无明本;知见无,见斯即涅槃。”于此有省。

有人语师曰:“破句了也。”

师曰:“此是我悟处,毕生不易。”时谓之“安《楞严》”。

雁荡愿齐禅师

僧问:“夜月舒光,为什么碧潭无影?”

师曰:“作家弄影汉。”其僧从东过西立。

师曰:“不唯弄影,兼乃怖头。”

云居道齐禅师

大梅煦来参,师问:“汝从甚处来?若从僧堂来,即是谩语;不从僧堂来,又是自瞒。汝从甚处来?”梅于言下顿悟。

支提辩隆禅师

上堂:“巍巍实相,逼塞虚空,金刚之体,无有破坏。大众还见不见?若言见也,乃实相之体,本无青黄赤白,长短方圆,亦非见闻觉知之法。且作么生作个见的道理?若言不见,又道巍巍实相,逼塞虚空,为什么不见?”

僧问:“如何是向上一路?”

师曰:“脚下的。”

曰:“恁么则寻常履践。”

师曰:“莫错认。”

庐山栖贤澄湜禅师

僧问:“毗目仙人执善财手,见微尘诸佛。只如未执手时,见个什么?”

师曰:“如今又见个什么?”

师性高简,律身精严,动不违法度。暮年,三终藏经,以坐阅为未敬，则立诵行披之。黄龙南禅师初游方，年方少，从之屡年，故其平生所为多取法焉。尝曰："栖贤和尚定从人天中来，丛林标表也。"

黄龙慧南禅师

化主归，上堂："世间有五种不易：一、化者不易，二、施者不易，三、变生为熟者不易，四、端坐吃者不易，更有一种不易是什么人？"良久，云："咻。"便下座。

师问翠岩："承闻首座常将女子出定话为人，是否？"

岩曰："无。"

师曰："奢而不俭，俭而不奢，为甚道无？"

岩曰："若是本分衲僧，也少他盐酱不得。"

师却回首唤侍者："报典座，明日只煮白粥。"

师风度凝远，丛林中有终身未尝见其破颜者。居积翠时，一夕燕坐间，光烛室，戒侍者令勿言。

四祖演长老通法嗣书，上堂："山僧才轻德薄，岂堪人师？盖不昧本心，不欺诸圣。未免生死，今免生死；未出轮回，今出轮回；未得解脱，今得解脱；未得自在，今得自在。所以大觉世尊于然灯佛所无一法可得，六祖夜半于黄梅又传个什么？"乃说偈曰：

得不得，传不传，归根得旨复何言？
忆得首山曾漏泄，新妇骑驴阿家牵。

杨岐方会禅师

慈明上堂，师出问："'幽鸟语喃喃，辞云入乱峰'时如何？"

明曰："我行荒草里，汝又入深村。"

师曰："官不容针，更借一问。"明便喝。

师曰："好喝。"明又喝，师亦喝，明连喝两喝，师礼拜。

明曰："此事是个人方能担荷。"师拂袖便行。

一日，慈明问师："马祖见让师便悟去，且道迷却在什么处？"

师曰："要悟即易，要迷即难。"

升座,时有僧出,师曰:“渔翁未掷钓,跃鳞冲浪来。”僧便喝。

师曰:“不信道。”僧拊掌归众。

师曰:“消得龙王多少风?”

问:“师唱谁家曲?宗风嗣阿谁?”

师曰:“有马骑马,无马步行。”

曰:“少年长老,足有机筹。”

师曰:“念汝年老,放汝三十棒。”

问:“如何是佛?”

师曰:“三脚驴子弄蹄行。”

曰:“莫只这便是么?”

师曰:“湖南长老。”

师下座,九峰勤和尚把住云:“今日喜得个同参。”

师曰:“作么生是同参的事?”

曰:“九峰牵犁,杨岐拽耙。”

师曰:“正恁么时,杨岐在前?九峰在前?”

勤拟议,师拓开曰:“将谓同参,原来不是。”

慈明忌辰设斋,众才集,师于真前以两手捏拳安头上,以坐具画一画,打一圆相,便烧香,退身三步,作女人拜。首座曰:“休捏怪。”

师曰:“首座作么生?”

座曰:“和尚休捏怪。”

师曰:“兔子吃牛奶。”

第二座近前,打一圆相,便烧香,亦退身三步,作女人拜。师近前作听势,座拟议,师打一掌曰:“这漆桶也乱做。”

问来僧曰:“云深路僻,高驾何来?”

曰:“天无四壁。”

师曰:“踏破多少草鞋?”僧便喝。

师曰:“一喝两喝后作么生?”

曰:“看这老和尚着忙。”

师曰:“拄杖不在,且坐吃茶。”

又问来僧："败叶堆云，朝离何处？"

曰："观音。"

师曰："观音脚跟下一句作么生道？"

曰："适来相见了也。"

师曰："相见的事作么生？"其僧无对。

师曰："第二上座代参头道看。"亦无对。

师曰："彼此相钝置。"

室中问僧："栗棘蓬你作么生吞？金刚圈你作么生透？"

一日，七人新到，师问："阵势既圆，作家战将何不出阵与杨岐相见？"僧以坐具便打。

师曰："作家。"僧又打。

师曰："一坐具，两坐具，又作么生？"僧拟议，师背面立，僧又打。

师曰："你道杨岐话头落在甚处？"

僧指面前曰："在这里。"

师曰："三十年后遇明眼人不得错举好，且坐吃茶。"

翠岩可真禅师

慈明问："如何是佛法大意？"

师曰："无云生岭上，有月落波心。"

明瞋目喝曰："头白齿豁犹作这个见解，如何脱离生死？"师悚然求指示。

明曰："汝问我。"

师理前语问之，明震声喝曰："无云生岭上，有月落波心。"师于言下大悟。

师语南禅师曰："我他日十字街头作个粥饭主人，有僧自黄檗来，我必勘之。"

南公曰："何必他日，我作黄檗僧，汝今试问。"

师便问："近离甚处？"

曰："黄檗。"

师曰:“见说堂头老子脚跟不点地,是否?”

曰:“上座何处得这消息来?”

师曰:“有人传至。”

南公笑曰:“却是汝脚跟不点地。”师亦大笑而去。

灵隐德章禅师

师初住大相国寺西经藏院,仁宗诏师于延春阁下斋,宣普照大师问:“如何是当机一句?”

师曰:“一言迥出青霄外,万仞峰前险处行。”

曰:“作么生是险处行?”师便喝。

曰:“皇帝面前,何得如此?”

后再宣入化成殿斋,宣守贤问:“斋筵大启,如何报答圣君?”

师曰:“空中求鸟迹。”

曰:“意旨如何?”

师曰:“水内觅鱼踪。”

大宁道宽禅师

僧问:“饮光正见,为甚拈花却微笑?”

师曰:“忍俊不禁。”

问:“既是一真法界,为什么有千差万别?”

师曰:“根深叶盛。”

曰:“未审还出得这个也无?”

师曰:“弄巧成拙。”

卷第三十九

历代禅师语录(后集)

道吾悟真禅师

示众,举:"洞山云:'五台山上云蒸饭,佛殿阶前狗尿天,幡竿头上煎槌子,三个猢狲夜簸钱。'老僧即不然,三面狸奴脚踏月,两头白牯手拿烟,戴冠碧兔立庭柏,脱壳乌龟飞上天。老僧葛藤尽被汝诸人觑破了也,洞山老人甚是奇特。虽然如是,只行得三步四步,且不过七跳八跳。且道誵讹在什么处?老僧今日不惜眉毛,一时布施。"良久,曰:"叮咛损君德,无言真有功,任从沧海变,终不为君通。"

师卧病,院主问:"和尚近日尊候如何?"

师曰:"粥饭头不得气力。"良久,曰:"会么?"

曰:"不会。"

师曰:"老鼠尾上带研椎。"

数人新到,礼拜,师曰:"总是浙里师。"

僧曰:"猢狲向火。"

师曰:"踍跳作么?"

僧曰:"今日得见和尚。"

师曰:"伏惟尚飨!"僧无语,师便打。

师在慈明会里,一日,提螺蛳一篮绕院行,云:"卖螺蛳。"令众下语,皆不契。有一老宿揭帘见,以目顾视师,放身便卧,师放篮子便行。

越州姜山方禅师

僧问:“奔流度刃,疾焰过风,未审姜山门下还许借借也无?”

师曰:“天寒日短夜更长。”

曰:“锦帐绣鸳鸯,行人难得见。”

师曰:“髑髅里面气冲天。”

僧召:“和尚!”

师曰:“鸡头凤尾。”

曰:“诸方泥里洗,姜山画将来。”

师曰:“姜山今日为客,且望阇黎善传。虽然如是,不得放过。”乃拍禅床一下。

兴教院坦禅师

师住兴教,有雪窦化主省宗出问:“诸佛未出世,人人鼻孔撩天。出世后,为什么杳无消息?”

师曰:“鸡足峰前风悄然。”

宗曰:“未在,更道。”

师曰:“大雪满长安。”

宗曰:“谁人知此意?令我忆南泉。”拂袖归众,更不礼拜。

师曰:“新兴教今日失利。”便归方丈。

令人请宗至,师曰:“适来错祇对一转语,人天众前何不礼拜,盖覆却?”

宗曰:“大丈夫膝下有黄金,争肯礼拜无眼长老?”

师曰:“我别有语在。”

宗乃理前语,至“未在,更道”处,师曰:“我有三十棒,寄与打雪窦。”宗礼拜。

西余净端禅师

师始见弄师子,发明心要,往见龙华,蒙印可,遂旋里。合采为师子皮,时被之,因号"端师子"。

丞相章惇慕其道,躬请开法,吴山化风盛播。开堂日,僧宣疏,至"七轴之《莲经》未诵,一声之渔父先闻",师止之,遂登座,拈香祝圣罢,引声吟曰:"本是潇湘一钓客,自西自东自南北。"大众杂然称善。师顾笑曰:"谛观法王法,法王法如是。"便下座。

一日,章丞相留饭,师瞋,说偈曰:

章惇章惇,请我看坟。

我却吃素,汝却吃荤。

惇为大笑。

又因惇请供,赚下馄饨。师偈曰:

腥馄饨,素馄饨,满碗盛来浑囵吞。

垃圾打从滩上过,龙宫海藏自分明。

惇赴召,别师,师曰:"且为爱护佛法。"

惇曰:"不兴不废,爱护佛法也。"

师令侍者取糖与相公送路,吃糖次,师问:"甜么?"

惇曰:"甜。"

师曰:"甜便住。"惇一笑遂起。

师到华亭,众请上堂:"灵山狮子,云间哮吼,佛法无可商量,不如打个筋斗。"便下座。

问:"羚羊未挂角时如何?"

师曰:"怕。"

曰:"既是善知识,因何却怕?"

师曰:"山僧不曾见恁么差异畜生。"

师抵郭南,见上方超和尚。有一尼来参,师曰:"待来日五更三点入来。"师侵早红粉搽面而坐,尼入见,惊而遂悟。

天宁道楷禅师

师谒投子于海会,乃问:“佛祖言教如家常茶饭,离此之外,别有为人处也无?”

子曰:“汝道寰中天子敕,还假尧舜禹汤也无?”

师方拟进语,子以拂子摵师口曰:“汝发意来,早有三十棒也。”师即开悟,再拜便行。

子曰:“且来,阇黎!”师不顾。

子曰:“汝到不疑之地耶?”师以手掩耳。

后作典座,子曰:“厨务勾当不易。”

师曰:“不敢。”

子曰:“煮粥耶?蒸饭耶?”

师曰:“人工淘米着火,行者煮粥蒸饭。”

子曰:“汝作什么?”

师曰:“和尚慈悲,放他闲去。”

一日,侍投子游菜园,子度拄杖与师,师接得便随行,子曰:“理合恁么?”

师曰:“与和尚提鞋挈杖也不为分外。”

子曰:“有同行在。”

师曰:“那一人不受教。”子休去。

至晚,问师:“早来说话未尽。”

师曰:“请和尚举。”

子曰:“卯生日,戌生月。”师即点灯来。

子曰:“汝上来下去,总不徒然。”

师曰:“在和尚左右,理合如此。”

子曰:“奴儿婢子,谁家屋里无?”

师曰:“和尚年尊,缺他不可。”

子曰:“得恁么殷勤。”

师曰:“报恩有分。”

示众，略曰："夫出家者，为厌尘劳，求脱生死，休心息念，断绝攀缘，遇声遇色，如石上栽花；见利见名，如眼中着屑。无始以来，此等不是不曾经历，何须苦苦贪恋？如今不歇，更待何时能尽？今时更有何事？若得心中无事，佛祖犹是冤家，一切世事自然冷淡，方始那边相应。你不见隐山至死不肯见人；赵州至死不肯告人；匾担拾橡栗为食；大梅以荷叶为衣；纸衣道者只披纸；玄泰上座只着布；石霜置枯木堂与人坐卧，只要死了你心；投子使人办米同煮共餐，要得省取你事。且从上诸圣有如此榜样，若无长处，如何甘得？诸仁者！若也于斯体究的不亏人，若也不肯承当，向后深恐费力。山僧今日向诸人说，家门已是不着便，岂可更去升堂入室，拈槌竖拂，张眉努目，东棒西喝，如痫病发相似？不见达摩西来，少室山下面壁九年，二祖至于立雪断臂，可谓受尽艰辛。然而达摩不曾措一辞，二祖不曾问着一句。唤达摩作不为人，得么？唤二祖作不求师，得么？"

灵隐玄本禅师

师见僧看经，乃问："看什么经？"僧无语。

乃示颂曰：

看经不识经，徒劳损眼睛。
欲得不损眼，分明识取经。

慧林宗本圆照禅师

神宗最重师，尝召对，师翛然自如，无所加损。出都日，王公贵人送者，车骑相属。师诲之曰："岁月不可把玩，老病不与人期，唯勤修勿怠，是真相为。"闻者莫不感动。

长芦应夫禅师

上堂，召众曰："江山绕槛，宛如水墨屏风；殿阁凌空，丽若神仙洞府。森罗万象,海印交参,一道神光,更无遮障。诸人还会么?”良久,曰:“寥寥天地间,独立望何极?参!”

佛日智才禅师

上堂:“城里喧繁,空山寂静。然虽如此,动静一如,死生不二,四时轮转,物理湛然。夏不去而秋自来,风不凉而人自爽,今也古也,不改丝毫,谁少谁多?身无二用。诸禅德,既无二用,为什么龙女现十八变?君不见,弄潮须是弄潮人。珍重!”

上堂:“风雨萧骚,塞汝耳根;落叶交加,塞汝眼根;香臭丛杂,塞汝鼻根;冷热甘甜,塞汝舌根;衣绵温冷,塞汝身根;颠倒妄想,塞汝意根。诸禅德!直饶汝翻得转,也是平地骨堆。参!”

上堂,举柏树子话,师曰:“赵州庭柏,说与禅客,黑漆屏风,松椤亮隔。”

开圣栖禅师

开堂,垂语曰:“选佛场开,人天普会,莫有久历觉场,罢参禅客?出来相见。”时有僧出。

师曰:“作家!作家!”

僧曰:“莫着忙。”

师曰:“原来不是作家。”

僧提起坐具曰:“看!看!摩竭陀国亲行此令。”

师曰:“只今作么生?”僧礼拜。

师曰:“龙头蛇尾。”

法云寺法秀禅师

师习《圆觉》《华严》,妙入精义,而颇疑禅宗,闻怀禅师法席之盛,径往参谒,怀问:“座主讲何经?”

师曰:“《华严》。”

曰："《华严》以何为宗？"

师曰："法界为宗。"

曰："法界以何为宗？"

师曰："以心为宗。"

曰："心以何为宗？"师无对。

怀曰："毫厘有差，天地悬隔，汝当自看，必有发明。"

后闻僧举："白兆参报慈：'情未生时如何？'慈曰：'隔。'"师忽大悟。

住真州长芦，众千人，有全椒长老至，登座，众目笑之，无出问者。师出拜趋问："如何是法秀自己？"

椒笑曰："秀铁面乃不识自己乎？"

师曰："当局者迷。"一众服其荷法心。

长芦福长老道眼不明，常将所得施利舟载往上江斋僧。师闻之，往验其虚实。适至，见福上堂云："入荒田不拣，可煞颟顸；信手拈来草，犹较些子。"便下座。

师大惊曰："说禅如此，谁道不会？乃谓诸方生灭也。"遂躬造方丈礼谒，具说前事，仍请益提唱之语，福为依文解义。

师曰："若如此，诸方不漫道你不会禅。"福不肯。

师曰："请打钟集众，有法秀上座在此与和尚理会。"福休去。

李伯时善画马，师呵曰："汝士大夫以画名，矧又画马期人夸妙。妙入马腹中，亦足惧也。"伯时遂绝笔。师劝画观音赎过。

黄鲁直工艳词，师亦诋呵之。鲁直笑曰："又当置我马腹耶？"

师曰："汝以艳语动天下人淫心，不止马腹，正恐生泥犁耳。"黄竦然悔谢，遂励精求道。

礼部杨杰无为居士

公历参诸名宿，晚从天衣游，衣每引老庞机语，令参究深造。后奉祠太山，一日鸡初鸣，睹日如盘涌，忽大悟，乃别老庞偈曰：

男大须婚,女大须嫁。
讨甚闲工夫,更说无生话。

书寄衣,衣称善。

会芙蓉楷禅师,公曰:“与师相别几年?”

蓉曰:“七年。”

公曰:“学道来? 参禅来?”

蓉曰:“不打这鼓笛。”

公曰:“恁么则空游山水,百无所能也。”

蓉曰:“别来未久,善能高鉴。”公大笑。

公有辞世偈曰:

无一可恋,无一可舍。
太虚空中,之乎者也。
将错就错,西方极乐。

慈云慧禅师

上堂:“片月浸寒潭,微云满空碧,若于达道人,好个真消息。还有达道人么? 微云穿过你髑髅,片月触着你鼻孔。珍重!”

黄龙祖心晦堂禅师

居士吴敦夫自谓多见知识,心地明净,偶阅《邓隐峰传》,见其倒卓化去,而衣亦顺身不褪,忽疑之曰:“彼化之异故莫测,而衣亦顺之,何也?”

以问师,师曰:“汝今衣顺垂于地,复疑之乎?”

曰:“无所疑也。”

师笑曰:“此既无疑,则彼倒化衣亦顺体,何疑之有哉?”敦夫言下开解。

师过法昌遇禅师,遇问曰:“承闻和尚造草堂,已毕工否?”

师曰:"已毕工。"

曰:"几工?"

师曰:"止用数百工。"

遇恚曰:"大好草堂!"

师拊掌笑曰:"且要天下人疑着。"

师于南公圆寂之日作偈曰:

昔人去时是今日,今日依前人不来。
今既不来昔不往,白云流水空徘徊。
谁云秤尺平?直中还有曲;
谁云物理齐?种麻还得粟。
可怜驰逐天下人,六六原来三十六。

宝峰克文真净禅师

师坐夏大沩,闻举:"僧问云门:'佛法如水中月,是否?'门曰:'清波无透路。'"师乃领解。

往见黄龙,不契,却曰:"我有好处,这老汉不识我。"

遂往香城见顺和尚,顺问:"甚处来?"

师曰:"黄龙来。"

曰:"黄龙近日有何言句?"

师曰:"黄龙近日州府委请黄檗长老,龙垂语云:'钟楼上念赞,床脚下种菜,有人下得语契便往。'住持胜上座云:'猛虎当路坐。'龙遂令去住黄檗。"

顺不觉云:"胜上座只下得一转语,便得黄檗住,佛法未梦见在。"师于言下大悟,方知黄龙用处。

遂回,见黄龙,问:"甚处来?"

师曰:"特来礼拜和尚。"

龙曰:"恰值老僧不在。"

师曰:"向什么处去?"

龙曰:"天台普请,南岳游山。"

师曰:“恁么则学人得自在去也。”

龙曰:“脚下鞋甚处得来?”

师曰:“庐山七百五十文唱得。”

龙曰:“何曾得自在?”

师指鞋曰:“何尝不自在?”龙异之。

一日,龙曰:“适令侍者卷帘,问渠卷起帘时如何,曰‘照见天下’;放下帘时如何,曰‘水泄不通’;不卷不放时如何,侍者无语。汝作么生?”

师曰:“和尚替侍者下涅槃堂始得。”

龙喝曰:“关西人果无头脑!”乃顾旁僧。

师指之曰:“只这僧也未梦见。”龙大笑。

问讲师曰:“火灾起时,山河大地皆被焚尽,世间虚空,是否?”

曰:“教有明文,安有不是之理?”

师曰:“如许多灰烬将置何处?”

讲师笑曰:“不知。”

师亦笑曰:“汝所讲者,纸上语耳!”

刘宜翁尝参佛印,颇自负。一日,见师便问:“长老写戏来得几年?”

师曰:“专候乐官来。”

曰:“我不入这保社。”

师曰:“争奈即今在这场子里!”

刘拟议,师拍手曰:“虾蟆禅只跳得一跳。”

又坐次,刘指禅衣曰:“唤作什么?”

师曰:“禅衣。”

曰:“如何是禅?”

师乃抖擞曰:“抖擞不下。”刘无语。

师打一下,曰:“你伎俩如此,敢勘老僧耶?”

钱弋郎中访师,谈久,钱如厕,师令侍者引从西边去,钱遽曰:

“既是东司,为什么向西去?”

师曰:“多少人向东边讨。”

师报谒,钱有獒逸出,师避之,钱戏曰:“禅者教诲龙虎,乃畏狗乎?”

师应声曰:“易伏隈岩虎,难降护宅龙。”钱嘉之。

南康诸山相会,佛印后至,师问曰:“云居来何迟?”

曰:“为着草鞋从归宗肚里过,所以迟。”

师曰:“却被归宗吞了。”

曰:“争奈吐不出!”

师曰:“吐不出即屙出。”

僧问:“如何是道?”

师曰:“宝公云:‘若欲将心求佛道,问取虚空始出尘。’汝今求佛道,虚空向汝道什么?”其僧于是大悟于言下。

僧问:“如何是佛?”师呵呵大笑。

曰:“何哂之有?”

师曰:“笑你随语。”

生解曰:“偶然失利。”

师喝曰:“不得礼拜。”僧便归众。

师复笑曰:“随语生解。”

僧问:“有一人欲出长安,有一人欲入长安,未审哪个在先?”

师曰:“多少人疑着。”

曰:“不许夜行。”

师曰:“蚊子锥铁牛。”

曰:“山顶老猿啼古木,渡头新雁下平沙。”

师曰:“长安人已入,你合作么生?”

曰:“春日华山青。”

师曰:“这僧虽然后生,却可与商量。”

僧问:“云门大师欲一棒打杀释迦老子,和尚又欲粪扫堆里罨杀云门,未审和尚罪过还许学人点检也无?”

师曰:“且莫造次。”

曰:“和尚坐断庐山,为什么不识某甲这话?”

师曰:“三十棒。”

曰:“关。”

师曰:“点。”

曰:“札。”

师曰:“念汝做街坊。”

师室中问僧云:“了也未?”

僧云:“未了。”

师云:“你吃粥了也未?”

僧云:“了。”

师云:“又道未了。”复云:“门外什么声?”

僧云:“雨声。”

师云:“又道未了。”复云:“面前是什么?”

僧云:“屏风。”

师曰:“又道未了。”复云:“还会么?”

僧云:“不会。”

乃云:“听取一颂:‘随缘事事了,日用何欠少?一切但寻常,自然不颠倒。’”

上堂:“裈无裆,裤无口,头上青灰三五斗,赵州老子少卖弄。然则国清才子贵,家富小儿骄。其奈禾黍不阳艳,竞栽桃李春,翻令力耕者,半作卖花人。”

隆庆院庆闲禅师

师父事黄龙,龙甚重之,时与翠岩顺公同在黄檗,顺时时诘问师,师横机无所让,顺谓龙曰:“闲轻易,且语未辨浊净。”

龙曰:“法应如是,以情求闲,乃成是非。”

既龙过双岭,师谒龙,龙问:“甚处来?”

师曰:“百丈。”

曰:“几时离彼?”

师曰:“正月十三。”

龙曰:“脚跟好痛与三十棒。”

师曰:“非但三十棒。”

龙喝曰:“许多时行脚,无点气息!”

师曰:“百千诸佛亦乃如是。”

龙曰:“汝与么来,何曾有纤毫到诸佛境界?”

师曰:“诸佛未必到庆闲境界。”

龙随问:“如何是汝生缘处?”

师曰:“早晨吃白粥,如今又觉饥。”

问:“我手何似佛手?”

师曰:“月下弄琵琶。”

问:“我脚何似驴脚?”

师曰:“鹭鸶立雪非同色。”

龙咨嗟而视曰:“汝剃除须发,当为何事?”

师曰:“只要无事。”

龙曰:“既无事,何须剃发?”

师曰:“若不剃发,争知无事?”

曰:“与么则数声清磬是非外,一个闲人天地间也。”

师曰:“是何言欤?”

曰:“灵利衲子。”

师曰:“也不消得。”龙便喝,师拍一拍;龙又喝,师便出。

复侍次,龙曰:“此间有辨上座者,汝着精彩。”

师曰:“他有什么长处?”

曰:“他拊汝背一下又如何?”

师曰:“作什么?”

曰:“他展两手。”

师曰:“甚处学这虚头来?”龙大笑,师却展两手;龙喝,师便出。

斋后又侍立,龙问:“ 㧐㧐松松,两人共一碗,作么生会?”

师曰:“百杂碎。”

曰:“尽大地是个须弥山,撮来掌中,汝又作么生会?”

师曰:“两重公案。”

曰:“这里从汝胡言汉语,若到同安,如何过得?”

师曰:“渠也须到这个田地始得。”

曰:“忽被渠指火炉曰:‘这个是黑漆火炉,那个是黑漆香桌,甚处是不到处?’”

师曰:“庆闲面前,且从恁么说话;若是别人,笑和尚去。”龙拍一拍,师便喝。

明日同看僧堂,曰:“好僧堂。”

师曰:“极好工夫。”

曰:“好在甚处?”

师曰:“一梁拄一柱。”

曰:“此未是好处。”

师曰:“和尚又作么生?”

龙以手指曰:“这柱得与么圆,那枋得与么匾。”

师曰:“人天大善知识,须是和尚始得。”便出。

龙出堂外,曰:“适来与么,是肯你不肯你?”

师曰:“若与么,何曾得安乐处?”

师上方丈问讯,龙曰:“据汝知见,只得上梢,不得下梢。”

师曰:“某甲上梢亦得,下梢亦得。”

曰:“如何是上梢?”

师曰:“风过树头摇。”

曰:“如何是下梢?”

师曰:“刀斫斧凿。”

龙曰:“老僧即不然。”

师曰:“如何是上梢?”

曰:“头鬅鬙,耳卓朔。”

曰:"如何是下梢?"

曰:"紧峭草鞋。"

师曰:"谢师答话。"龙便喝。

明日侍立,龙问:"得坐披衣,向后如何施设?"

师曰:"遇方即方,遇圆即圆。"

曰:"汝与么说话,犹带唇齿在。"

师曰:"庆闲即与么,和尚作么生?"

曰:"近前来,为汝说。"

师拊掌曰:"三十年用的,今朝捉败。"

龙大笑曰:"一等是精灵。"师拂袖而去。由是学者争归之。

泐潭洪英禅师

有僧礼拜起,便垂下袈裟角曰:"脱衣卸甲时如何?"

师曰:"喜得狼烟息,弓弰壁上悬。"

僧却揽上袈裟曰:"重整衣甲时如何?"

师曰:"不到乌江畔,知君未肯休。"僧便喝。

师曰:"惊杀我!"僧拍一拍。

师曰:"也是死中得活。"僧礼拜。

师曰:"将谓是收燕破赵之才,原来是贩私盐汉。"

双岭顺禅师问:"庵中老师好问学者'并却咽喉唇吻,道取一句',首座曾道得么?"

师干笑,已而有偈曰:

阿家尝醋三尺喙,新妇洗面摸着鼻,
道吾答话得腰裈,玄沙开书是白纸。

顺公屈服。

黄檗积翠永庵主

师问僧审奇:"汝久不见,何所为?"

奇曰:“见伟藏主有个安乐处。”

师曰:“举似我。”

奇叙所得,师曰:“汝是,伟未是。”

奇莫测,以语伟。伟曰:“汝非,永不非。”

奇走积翠,质之南公,南亦大笑。

师闻,作偈曰:

明暗相参杀活机,大人境界普贤知。
同条生不同条死,笑倒庵中老古锥。

白云守端禅师

师参杨岐,岐一日忽问:“受业师为谁?”

师曰:“茶陵郁和尚。”

岐曰:“吾闻伊过桥遭攧有省,作偈甚奇,能记否?”

师诵曰:

我有明珠一颗,久被尘劳关锁。
今朝尘尽光生,照破山河万朵。

岐笑而趋起,师愕然,通夕不寐。黎明,咨询之,适岁暮,岐曰:“汝见昨日打驱傩者么?”

曰:“见。”

岐曰:“汝一筹不及渠。”

师复骇曰:“何谓也?”

岐曰:“渠爱人笑,汝怕人笑。”师大悟。

示众:“明明知道只是这个,为什么透不过?只为见人开口时,便唤作言句;见人闭口时,便唤作良久默然。又道动展施为,开言吐气,尽十方世界内无不是自己,所以堕在涂中,隐隐犹怀近日嫌。岂不见云门道:‘闻声悟道,见色明心。’遂举手云:‘观世音菩萨将钱来买胡饼’,放下手云:‘原来却是馒头。’又不见山僧在法华时尝示众云:‘无业禅师道:一毫头圣凡情念未尽,未免入驴胎马腹里去。’大众!直饶一毫头圣凡情念顿尽,亦未免入驴胎马腹里去。瞎汉！但恁么看取。参！”

示众云：“此事如万仞崖头相似，总知道放著手便扑到底，只是舍命不得。法华今日不动一毫头，教诸人到底去也。”掷拄杖下座。

保宁仁勇禅师

僧问：“如何是佛？”

师曰：“近火先焦。”

曰：“如何是道？”

曰：“泥里有刺。”

曰：“如何是道中人？”

曰：“切忌踏着。”

上堂：“有手脚，无背面，明眼人，看不见。天左旋，地右转。”拍膝云：“西风一阵来，落叶两三片。”

示众云：“释迦老子四十九年说法，不曾道着一字；优波鞠多丈室盈筹，不曾度得一人。达摩不居少室，六祖不住曹溪，彼自无疮，勿伤之也。”拍膝顾众云：“且喜得天下太平。”

师云：“一是一，二是二，三是三，四是四，数目甚分明，上下依资次。依资次，有何事？”以拄杖画一画，云：“大众一时乱却六十甲子了也。”

示众曰：“三界唯心，万法唯识。槛外云生，檐前雨滴。涧水湛如蓝，山花开似锦。此时若不究根源，直待当来问弥勒。”

比部孙居士

因杨岐来访，值视断次，士曰：“某为王事所牵，何由免难？”

岐指曰：“委悉得么？”

士曰：“望师点破。”

岐曰：“此是比部弘愿深广，利济群生。”

士曰：“未审如何？”

岐示以偈曰：

应现宰官身，广弘悲愿深。
为人重指处，棒下血淋淋。

士于此有省。

宝峰阐提惟照禅师

示聪藏主法语五则。一曰："曹山立四禁，尽衲僧命脉。透得过，切忌依倚将来。了事人，须别有生机一路。"

二曰："衲僧向异类中行履，先德道异类堕，此了事人病。明安道，须是识主始得。"

三曰："阐提寻常向人道，不得参禅，不得学佛，只要伊如大死人。只恐闻此语，作无事会，作无法可当情会，正是死不得；若是死得，决不肯作这般见解。他时为人，切宜仔细。"

四曰："吾家立五位为宗，往往人以理事明，以寂照会，以能所见，以体用解，尽落今时，何得名为教外别传之妙？生死路头，哪个是得处？总不恁么时如何？卜度即不中。"

五曰："有情故情渗漏，有见故见渗漏，有语故语渗漏，设得见无、情无、语无，拽住便问他：'你是何人？'"

上堂："过去诸佛已入涅槃了也，汝等诸人不应追念；未来诸佛未出于世，汝等诸人不要妄想。正当今日，你是何人？参！"

上堂："本自不生，今亦无灭，是死不得的样子。当处出生，随处灭尽，是活生受的规模。大丈夫汉，直须处生死流，卧荆棘林，俯仰屈伸，随机施设。能如是也，无量方便庄严三昧大解脱门荡然顿开。其或未然，无量烦恼，一切尘劳，岳立面前，塞却古路。"

雪下，僧问："祖师西来即不问，时节因缘事若何？"

师曰："一片两片三四片，落在眼中犹不荐。"

石门元易禅师

上堂："十方同聚会，个个学无为。此是选佛场，心空及第归。大众，只如闻见觉知，未尝有间，作么生说个心空的道理？莫是见而不见，闻而不闻，谓之心空耶？错！莫是忘机息虑，万法俱捐，销能所以入元宗，泯性相而归法界，谓之心空耶？错！恁么也不得，不恁么也不得，恁么不恁么总不得，未审毕竟作么生？还会么？"

良久，曰："若实无为无不为，天堂地狱长相随。三尺杖子搅黄河，八臂那吒冷眼窥。无限鱼龙尽奔走，捉得循河三脚龟。脱取壳，铁锥锥，吉凶之兆便分辉。借问东村白头老，吉凶未兆若何为？休休休！古往今来春复秋，白日腾腾随分过，更嫌何处不风流。咄！"

资圣南禅师

圣节上堂，顾视左右曰："诸人还知么？夜明帘外之主，万化不渝；琉璃殿上之尊，四臣不昧。端拱而治，不令而行，寿逾百亿须弥，化洽大千沙界。且道正恁么时如何行履？野老不知黄屋贵，六街慵听静鞭声。"

法云善本大通禅师

僧问："宝塔原无缝，如何指示人？"

师曰："烟霞生背面，星月绕檐楹。"

曰："如何是塔中人？"

师曰："竟日不干清世事，长年占断白云乡。"

曰："向上更有事也无？"

师曰："太无厌生！"

师所至，见佛菩萨行立之像，不敢坐；伊蒲塞馔以鱼胾名者，不食。其真诚应事，防心离过，类如此。

寿州资寿岩禅师

僧问:“大藏经中还有奇特事也无?”

师曰:“只恐汝不信。”

曰:“如何即是?”

师曰:“黑的是墨,黄的是纸。”

曰:“谢师答话。”

师曰:“领取钩头意,莫认定盘星。”

上堂:“乾坤肃静,海晏河清,风不鸣条,雨不破块,春生夏长,秋收冬藏。这个是世间法,作么生是佛法?”良久,曰:“欲得不招无间业,莫谤如来正法轮。”

投子修颙禅师

师参慧林,因吃攧有省,作偈曰:

这一交,这一交,万两黄金也合消。

头上笠,腰下包,清风明月杖头挑。

富郑公因赵清献公警发,不舍昼夜,力进此道。谒师于投子,会师方为众登座,富见师左右顾视,忽有省,因执弟子礼,趋函丈,命侍者请为入室。师见即曰:“相公已入来,富弼犹在外。”富闻,汗流浃背,即大悟。

清献公赵抃字悦道

公年四十余,摈去声色,系心宗教。会佛慧来居衢之南禅,公日亲之,慧未尝容措一词。后典青州,政事之余多宴坐,忽大雷震,惊即契悟,作偈曰:

默坐公堂虚隐几,心源不动湛如水。

一声霹雳顶门开,唤起从前自家底。

慧闻,笑曰:“赵悦道撞彩耳。”

公尝自题偈斋中，曰：

腰佩黄金已退藏，个中消息也寻常，

世人欲识高斋老，只是柯村赵四郎。

复曰：“切忌错认。”

临终，遗书佛慧，有曰：“非师平日警诲，至此必不得力矣。”

黄龙死心悟新禅师

师初谒栖贤秀铁面，秀问：“上座甚处人？”

师曰：“广南韶州。”

又问：“曾到云门否？”

师曰：“曾到。”

又问：“曾到灵树否？”

师曰：“曾到。”

秀曰：“如何是灵树枝条？”

师曰：“长的自长，短的自短。”

秀曰：“广南蛮，莫乱统。”

师曰：“向北驴，只恁么。”拂袖而出。

秀器之，而师无留意。至黄龙谒晦堂，堂竖拳问曰：“唤作拳头则触，不唤作拳头则背，汝唤作什么？”师罔措，经二年，方领解，然尚谈辩，无所柢牾。

堂患之，偶与语，至其锐，堂遽曰：“住！住！说食岂能饱人？”

师窘，乃曰：“某到此弓折箭尽，望和尚慈悲，指个安乐处。”

堂曰：“一尘飞而翳天，一芥堕而覆地。安乐处正忌上座许多骨董，直须死却无量劫来识心乃可耳。”师趋出。

一日，闻知事捶行者，而迅雷忽震，即大悟。趋见晦堂，忘纳其履，即自誉曰：“天下人总是参得的禅，某是悟得的。”

堂笑曰：“选佛得甲科，何可当也？”因号死心叟。

谒法昌遇禅师，遇问：“近离甚处？”

师曰:“某甲自黄龙来。”

遇曰:“还见心禅师么?”

师曰:“见。”

遇曰:“什么处见?”

师曰:“吃粥吃饭处见。”

遇插火箸于炉中曰:“这个又作么生?”师拽脱火箸便打。

王正言问:“尝闻三缘和合而生,又闻即死即生,何故有夺胎而生者?”

师曰:“如正言作漕使,随所住处,即居其位,还疑否?”

王曰:“不疑。”

师曰:“复何疑也?”王于言下领解。

师住翠岩时,翠岩有淫祠,乡人禳禬酒胾无虚日,师诫知事令毁之,知事辞以不敢掇祸,师曰:“使能作祸,吾自当之。”乃躬自毁拆。俄有巨蟒盘卧内,引首作吞噬之状,师叱之,蟒遁,安寝无他。

领云岩,建经藏,太史黄庭坚为作记,有以其亲墓志镌于碑阴者,师骂曰:“凌侮不避祸若是。”语未卒,电光翻屋,雷击自户,入析其碑阴中分之。视之,志已灰烬,而藏记安然无损。

晚属疾,退居晦堂。夜参,竖起拂子云:“看!看!拂子病,死心病;拂子安,死心安。拂子穿却死心,死心穿却拂子。正当恁么时,唤作拂子,又是死心;唤作死心,又是拂子。毕竟唤作什么?”良久,云:“莫把是非来辨我,浮生穿凿不相关。”

有乞末后句者,师示偈曰:

末后一句子,直须心路绝。
六根门既空,万法无生灭。
于此彻其源,不须求解脱。
平生爱骂人,只为长快活。

泐潭草堂清禅师

上堂："色心不异，彼我无差。"竖起拂子曰："若唤作拂子，入地狱如箭；不唤作拂子，有眼如盲。直饶透脱两头，也是黑牛卧死水。"

太史山谷黄庭坚居士

士初谒秀圆通，语具圆通章。自是遂著发愿文，痛戒酒色，日唯朝粥午饭，锐志参求。既依晦堂，乞指径捷处。堂曰："只如仲尼道'二三子以我为隐乎？吾无隐乎尔'者，太史居常如何理论？"公拟对。

堂曰："不是，不是。"公迷闷不已。

一日，同堂山行次，时岩桂盛开，堂曰："闻木樨花香么？"

公曰："闻。"

堂曰："吾无隐乎尔。"

公释然，即拜之曰："和尚得恁么老婆心切！"

堂笑曰："只要公到家耳。"

久之，谒死心新禅师，随众入室。心见，张目问曰："新长老死，学士死，烧作两堆灰，向什么处相见？"公无语。

心约出曰："晦堂处参得的，使未著在。"

后左官黔南道，力愈胜，于无思念中，顿明死心所问，报以书曰："往年尝蒙苦苦提撕，长如醉梦，依稀在光影中，盖疑情不尽，命根不断，故望崖而退耳。谪官在黔南道中，昼卧觉来，忽尔寻思被天下老和尚瞒了多少，唯有死心道人不肯，乃是第一相为也。"

秘书吴恂德夫居士

士参晦堂，堂谓曰："平生学解记忆多闻即不问你，父母未生已前，道将一句来。"

公拟议,堂以拂子击之,即领深旨,连呈三偈,其后曰:

“咄这多知俗汉,咬尽古今公案。

忽于狼藉堆头,拾得蜣螂粪弹。

明明不直分文,万两黄金不换。

等闲拈出示人,只为走盘难看。”

兜率从悦禅师

师初首众于道吾,领数衲谒云盖智和尚。智与语,未数句,尽知所蕴,乃笑曰:“观首座气质不凡,奈何出言吐气如醉人耶?”

师面热汗下曰:“愿和尚不吝慈悲。”智复与语,锥札之,师茫然,遂求入室。

智曰:“曾见法昌遇和尚否?”

师曰:“曾看他语录,自了可也,不愿见之。”

智曰:“曾见洞山文和尚否?”

师曰:“关西子,没头恼,拖一条布裙作尿臭气,有甚长处?”

智曰:“你但向尿臭气处参取。”

师依教,即谒洞山,深领奥旨。复谒智,智曰:“见关西子后,大事如何?”

师曰:“若不得和尚指示,洎乎蹉过一生。”遂礼谢。

师复谒真净,后出世鹿苑。有清素者,久参慈明,寓居一室,未始与人交。师因食蜜渍荔枝,偶素过门,师呼曰:“此老人乡果也,可同食之。”

素曰:“自先师亡后,不得此食久矣。”

师曰:“先师为谁?”

素曰:“慈明也,某忝执事十三年耳。”

师乃疑骇曰:“十三年堪忍执事之役,非得其道而何?”遂馈以余果,稍稍亲之。

素问:“师所见者何人?”

曰:“洞山文。”

素曰："文见何人？"

师曰："黄龙南。"

素曰："南匾头见先师不久，法道大振如此。"

师益疑骇，遂袖香诣素作礼，素起避之，曰："吾以福薄，先师受记不许为人。"

师益恭，素乃曰："怜子之诚，违先师之记，子平生所得试语我。"师具通所见。

素曰："子之所见，可以入佛而不能入魔。"

师曰："何谓也？"

素曰："岂不见古人道：'末后一句，始到牢关。'"

如是累日，素乃印可，仍戒之曰："文示子者，皆正知正见。然子离师太早，不能尽其妙，吾今为子点破，使子受用，得大自在，他日切勿嗣吾也。"师后嗣真净，如素所戒。

师室中设三语以验学者：一曰："拨草瞻风，只图见性，即今上人性在什么处？"二曰："识得自性，方脱生死，眼光落地时作么生脱？"三曰："脱得生死，便知去处，四大分离，向什么处去？"

泐潭湛堂文准禅师

初，云岩虚席，郡牧命死心禅师举所知，心曰："准山主住得，某未尝识渠，见有《洗钵颂》甚好。"

牧请举，心举云："之乎者也，衲僧鼻孔大头向下。若也不会，问取东村王大姐。"牧奇之，因请主云岩。

一日，新到相看，展坐具，师曰："未得人事，上座近离甚处？"

曰："庐山归宗。"

师曰："宗归何处？"

曰："嗄！"

师曰："虾蟆窟里作活计。"

曰："和尚何不领话？"

师曰："是你岂不从归宗来？"

曰:“是。”

师曰:“驴前马后汉。”

问第二上座:“近离甚处?”

曰:“袁州。”

师曰:“夏在甚处?”

曰:“仰山。”

师曰:“还见小释迦么?”

曰:“见。”

师曰:“鼻孔长多少?”

僧拟议,师曰:“话堕阿师。”

问僧:“你来作什么?”

曰:“特来问讯和尚。”

师曰:“云在岭头闲不彻,水流涧下太忙生。”

曰:“和尚莫瞒人。”

师曰:“马大师为什么从阇黎脚跟下走过?”僧无语。

师曰:“却是阇黎瞒老僧。”

一日,法堂上逢首座,便问:“向什么处去?”

座曰:“拟与和尚商量一事。”

师曰:“便请。”

曰:“东家勺柄长,西家勺柄短。”

师曰:“为甚拈起巩县茶瓶,却是饶州磁碗?”

曰:“临崖看浒眼,特地一场愁。”师叫屈,座吐舌而退。

僧问:“教中道:‘若有一人发真归源,十方虚空悉皆销殒。’未审此理如何?”

师遂展掌点指曰:“子丑寅卯,辰巳午未,一罗二土,三水四金,五太阳,六太阴,七计都。今日计都星入巨蟹宫,宝峰不打这鼓笛。”便下座。

示众云:“钻珍珠,解玉板却易,看窟笼着楔却难。月色和云白,松声带露寒即不问,你诸人且道大目犍连共须菩提商量个什么事?”

清凉洪范慧禅师

师示众曰:“灵源禅师谓予曰:‘道人保养,如人病须服药,药之灵验易见,要须忌口乃可。不然,服药何益?生死是大病,佛祖言教是良药,污染心是杂食,不能忌之,生死之病无时而损也。’予爱其言,追念《圆觉经》曰:‘末世诸众生,心不生虚妄,佛说如是人,现世即菩萨。’《法句经》曰:‘若起精进心,是妄非精进。但能心不妄,精进无有涯。’南岳思大禅师悟入法华三昧,即诵曰:“是真精进,是名真法供养。”汾阳大达国师一生答学者之问,但曰:‘莫妄想。’是谓称性之语,见道径门,而禅者易其言,反求元妙,良可笑也。”

尊胜有朋讲师

师尝疏《楞严》《维摩》等经,学者宗之。每疑祖师直指之道,故多与禅衲游。一日,谒开元,迹未及阃,心忽领悟,开元出,遂问:“座主来作什么?”

师曰:“不敢贵耳贱目。”

开元曰:“老老大大,何必如是。”

师曰:“自是者不长。”

开元曰:“朝看《华严》、夜读《般若》则不问,如何是当今一句?”

师曰:“日轮正当午。”

开元曰:“闲言语,更道来。”

师曰:“平生仗忠信,今日任风波。然虽如是,只如和尚恁么道,有甚交涉?须要新戒草鞋穿。”

开元曰:“这里且放你过,忽遇达摩问你,作么生道?”师便喝。

开元曰:“这座主今日见老僧气冲牛斗。”

师曰:“再犯不容。”开元拊掌大笑。

五祖法演禅师

师至白云,举僧问南泉摩尼珠话请问,云叱之,师领悟,献投机偈曰:

“山前一片闲田地,叉手叮咛问祖翁。

几度卖来还自买,为怜松竹引清风。”

云特印可,令掌磨事。一日,有僧见磨转,遽指以问,师曰:“此神通耶?法尔耶?”师褰衣旋磨一匝,僧无语。

未几,云至,语师曰:“有数禅客自庐山来,皆有悟入处。教伊说亦说得有来由,举因缘问伊亦明得,教伊下语亦下得,只是未在。”

师于是大疑,私自计曰:“既悟了,说亦说得,明亦明得,如何却未在?”遂参究累日,忽然省悟。从前宝惜一时放下,走见白云,云为手舞足蹈,师亦一笑而已。师后曰:“吾因兹出一身白汗,便明得下载清风。”

云一日示众曰:“古人道:‘如镜铸像,像成后,镜在什么处?’”众下语不契,举以问师。

师近前问讯,曰:“也不较多。”

云笑曰:“须是道者始得。”乃命分座。

问:“如何是佛?”

师曰:“露胸跣足。”

曰:“如何是法?”

师曰:“大赦不放。”

曰:“如何是僧?”

师曰:“钓鱼船上谢三郎。”

圆悟一日请益临济“四宾主”,师曰:“也只个程限,是什么闲事?”又云:“我这里却似马前相扑,倒便休。”

师谓圆悟曰:“你也尽好,只是有些病。”

悟再三请问:“不知某有什么病?”

师云："只是禅忒多。"

悟云："本为参禅，因什么却嫌人说禅？"

师云："只似寻常说话时多少好。"

时有僧便问："因甚嫌人说禅？"

师云："恶情悰。"

师一日问圆悟无缝塔话，悟罔然，直从方丈至三门方道得。师云："你道得也。"

悟云："不然，暂时不在，便不堪也。"

三佛一日相谓曰："老和尚只是干爆爆地，往往说心说性不得。"因请益佛身无为，不堕诸数。

师曰："譬如清净摩尼宝珠，映于五色，五色是数，摩尼是佛身。"

圆悟谓二老曰："他大段会说，我辈说时费多少工夫，他只一两句便了，分明是个老大虫。"

师闻之，乃曰："若说心说性，便是恶口。"又曰："猫有歃血之功，虎有起尸之德。所谓驱耕夫之牛，夺饥人之食，若不如是，尽是弄泥团汉。"

示众："将四大海水为一枚砚，须弥山作一管笔，有人向虚空里写'祖师西来意'五字，太平下座，大展坐具，礼拜为师；若写不得，佛法无灵验。有么？有么？"便下座，大众散。

师高声云："侍者！"者应诺。

师曰："收取坐具。"复问侍者云："收得坐具么？"者提起坐具。

师曰："我早知汝恁么也。"

上堂："汝等诸人见老和尚鼓动唇吻，竖起拂子，便作胜解。及乎山禽聚集，牛动尾巴，却将作等闲。殊不知檐声不断前旬雨，电影还连后夜雷。"

上堂："山僧昨日入城，见一棚傀儡，不免近前看，或见端严奇特，或见丑陋不堪，动转行坐，青黄赤白，一一见了。仔细看时，原来青布幔里有人，山僧忍俊不禁，乃问：'长史高姓？'他道：'老和尚看便了,问什么姓?'大众!山僧被他一问,直得无言可对,无理可伸。还有人为山僧道得么?昨日那里落节,今日这里拔本。"

师垂语曰:"譬如水牯牛过窗棂,头角四蹄都过了,因甚尾巴过不得?"

室中常问僧:"倩女离魂,哪个是真的?"

示众云:"每日起来,拄却临济棒,吹云门曲,应赵州拍,担仰山锹,驱沩山牛,耕白云田,七八年来渐成家活。更告诸公,每人出一只手,相共扶助,唱归田乐,粗羹淡饭,且恁么过。何也?但愿今年蚕麦熟,罗睺罗儿与一文。"

僧问:"牛头未见四祖时如何?"

曰:"头上戴累垂。"

云:"见后如何?"

曰:"青布遮前。"

云:"未见四祖时为什么百鸟衔花献?"

曰:"富与贵是人之所欲。"

云:"见后为什么百鸟不衔花献?"

曰:"贫与贱是人之所恶。"

问:"一代时教是个切脚,未审切哪个字?"

师曰:"钵啰娘。"

天童正觉禅师

师至汝州,香山成枯木一见,深所器重。一日,闻僧诵《莲经》,至"父母所生眼,悉见三千界",瞥然有省,即诣丈室陈所悟。香山指台上香合曰:"里面是什么物?"

师曰:"是什么心行?"

香山曰:"汝悟处又作么生?"师以手画一圆相呈之,复抛向后。

香山曰:"弄泥团汉有什么限?"

师曰:"错。"

香山曰:“别见人始得。”师应喏喏,即造丹霞。

丹霞问:“如何是空劫已前自己?”

师曰:“井底虾蟆吞却月,三更不借夜明帘。”

丹霞曰:“未在,更道!”

师拟议,丹霞打一拂子曰:“又道不借。”师言下释然。

华药智朋禅师

师依宝峰有年,无省。因为众持钵,宝峰自题其像曰:“雨洗淡红桃萼嫩,风摇浅碧柳丝轻,白云影里怪石露,绿水光中古木清。噫!你是何人?”

至焦山,枯木成禅师见之,叹曰:“今日方知此老亲见先师来!”师遂请益其赞。

成曰:“岂不见法眼拈夹山境话,曰:‘我二十年只作境会。’”

师即契悟,乃曰:“原来恁么地。”

成曰:“汝作么生会?”

师曰:“春生夏长,秋收冬藏。”

成曰:“直须保任。”师应:“喏。”

宝林果昌禅师

师与提刑杨次公入山,同游山次,杨拈起大士饭石,问:“既是饭石,为什么咬不破?”

师曰:“只为太硬。”

杨曰:“犹涉繁词。”

师曰:“未审提刑作么生?”

杨曰:“硬。”

师曰:“也是第二月。”

杨为写七佛殿额,乃问:“七佛重出世时如何?”

师曰:“一回相见一回新。”

云盖智本禅师

上堂:"满口道不出,句句甚分明;满目觑不见,山山叠乱青。鼓声犹不会,何况是钟鸣?"喝一喝。

禾山方禅师

上堂,举拂子曰:"看!看!只这个,在临济则照用齐行,在云门则理事俱备,在曹洞则偏正叶通,在沩山则暗机圆合,在法眼则何止于心。然五家宗派,门庭施设则不无,直饶辩得倜傥分明去,犹是光影边事。若要抵敌生死,则霄壤有隔。且超越生死一句作么生道?"

良久,曰:"洎合错下注脚。"

空室道人智通

龙图范珣女也,幼聪慧,厌世相,求父祝发,龙图难之,遂清修。因看《法界观》有省,乃连作二偈见意。一曰:

浩浩尘中体一如,纵横交互印毗卢。
全波是水波非水,全水成波水自殊。

二曰:

物我元无异,森罗镜像同。
明明超主伴,了了彻真空。
一体含多法,交参帝网中。
重重无尽处,动静悉圆通。

后父母俱亡,兄涓领分宁尉,通偕行,闻死心名重,往谒之。心见知其所得,便问:"常啼菩萨卖却心肝,教谁学般若?"

通曰:"你若无心我也休。"

又问:"一雨所滋,根苗有异。无阴阳地上生个什么?"

通曰:"一华五叶。"

复问:“十二时中向什么处安身立命?”

通曰:“和尚惜取眉毛好!”

心打曰:“这妇女乱作次第。”通礼拜,心然之。

政和间,居金陵,尝设浴于保宁,揭榜于门曰:“一物也无,洗个什么?纤尘若有,起自何来?道取一句,乃可入浴。古灵只解揩背,开士何曾明心?欲证离垢地时,须是通身汗出。尽道水能洗垢,焉知水亦是尘?直饶水垢顿除,到此亦须洗却。”后为尼,名惟久,挂锡姑苏之西竺。

卷第四十

历代禅师语录(后集)

雪窦持禅师

上堂:“悟心容易息心难,息得心源到处闲。斗转星移天欲晓,白云依旧覆青山。”

石佛益禅师

上堂:“一叶落,天下秋;一尘起,大地收;一法透,万法周。且道透哪一法?”遂喝曰:“切忌错认驴鞍桥作阿爷下颔。”便下座。

中岩蕴能禅师

师一日与黄提刑奕棋,黄曰:“数局之中,无一局同。千着万着则固是,如何是那一着?”师提起棋子示之,黄伫思。

师曰:“不见道:从前十九路,迷杀几多人?”

慧日安禅师

僧问:“如何是和尚为人一句?”

师曰:“狗走抖擞口。”

曰:“意旨如何?”

师曰:“猴愁搂搜头。”

雪窦智鉴禅师

上堂:“世尊有密语,迦叶不覆藏。一夜落华雨,满城流水香。”

太平慧勤佛鉴禅师

师以“唯此一事实,余二则非真”味之有省,乃遍参名宿,往来五祖之门有年,恚祖不为印据,与圆悟相继而去。及悟还侍五祖,得彻证,而师忽至,意欲他迈,悟勉令挂搭,且曰:“某与兄相别始月余,比旧相见时如何?”

师曰:“我所疑者此也。”遂参堂。

一日,闻祖举“僧问赵州:‘如何是和尚家风?’州曰:‘老僧耳聋,高声问将来。’僧再问。州曰:‘你问我家风,我却识你家风了也。’”师即大豁所疑,曰:“乞和尚指示极则。”

祖曰:“森罗及万象,一法之所印。”师展拜,祖令掌翰墨。

后同圆悟语话次,举:“东寺和尚问仰山:‘汝是甚处人?’仰山曰:‘广南人。’寺曰:‘我闻广南有镇海明珠,曾收得否?’山曰:‘收得。’寺曰:‘珠作何色?’山曰:‘白月即现,黑月即隐。’寺曰:‘何不呈似老僧?’山叉手近前云:‘慧寂昨到沩山,被索此珠,直得无言可对,无理可伸。’”悟顾师曰:“既云收得,逮索此珠,又云无言可对,无理可伸,是如何?”师无语。

忽一日,谓悟曰:“仰山见东寺因缘,我有语也。东寺当时只索一颗珠,仰山倾出一栲栳。”

悟深肯之,乃告之曰:“老兄更宜亲近老和尚去。”

师一日造方丈,未及语,被祖诟骂,忺愣而退,归寮闭门打睡,恨祖不已。悟已密知,即往叩门,师曰:“谁?”

悟曰:“我。”师即开门。

悟问“你见老和尚何如?”

师曰:“我本不去,被你赚累,我遭这老汉诟骂。”

悟呵呵大笑曰:“你记得前日下的语么?”

师曰:“是什么语?”

悟曰:“你又道:‘东寺只索一颗,仰山倾出一栲栳。’”师当下释然。

悟遂领师同上方丈,祖才见,遽曰:“勤兄,且喜大事了毕。”

龙门清远佛眼禅师

师读《法华》,至“是法非思量分别之所能解”,质其讲师,师不能答,遂遍参。至太平,见五祖,旋丐于庐州,偶雨仆地,烦懑间,闻二人交相恶骂,谏者曰:“你犹自烦恼在。”师于言下有省。及归,凡有所问,祖即曰:“我不如你,你自会得好。”或曰:“我不会,我不如你。”

师愈疑,遂咨决于元礼首座,礼乃以手引师之耳,绕围炉数匝,且行且语曰:“你自会得好。”

师曰:“有冀开发,乃尔相戏耶?”

礼曰:“你他后悟去,方知今日曲折耳。”

太平将迁海会,师慨然曰:“吾持钵方归,复参随往一荒院,安能究决己事耶?”遂作偈告辞。

之蒋山坐夏,邂逅灵源禅师,相与甚善,话次,师曰:“比见都下一尊宿语句似有缘。”

源曰:“演公天下第一宗师,何故舍而事远游耶?所谓有缘者,盖知解之,师与公初心相应耳。”

师从所勉,径趋海会,后命典谒,适寒夜孤坐,拨炉,见火如豆许,怳然自喜曰:“深深拨,有些子。平生事,只如此。”遽起阅几上《传灯录》,至破灶堕因缘,忽大悟,作偈曰:

刀刀林鸟啼,披衣终夜坐,
拨火悟平生,穷神归破堕。
事皎人自迷,曲淡谁能和?
念之永不忘,门开少人过。

示众:“以迷心故,山林中来见善知识,将谓别有一道可令人安乐,不知返究向来迷处,工夫乃最第一。”

大随南堂元静禅师

师参永安恩,于临济三顿棒话发明,次依诸名宿,无有当意者。闻五祖机峻,欲抑之,遂谒祖。祖乃曰:“我此间不比诸方,凡于室中,不要汝进前退后,竖指擎拳,绕禅床作女人拜,提起坐具,千般伎俩,只要你一言下谛当,便是汝见处。”师茫然退,参历三载。

一日,入室罢,祖谓曰:“子所下语,已得十分,试更与我说看。”师即剖而陈之。

祖曰:“说亦说得十分,更与我断看。”师随所问而判之。

祖曰:“好即好,只是未得老僧说话在。斋后汝可来祖爷塔所,与汝一一按过始得。”

及至彼,祖便以“即心即佛,非心非佛,睦州担板汉,南泉斩猫儿,赵州狗子无佛性、有佛性”之语编辟之,其所对了无凝滞。至子胡狗话,祖遽转面曰:“不是!”

师曰:“不是却如何?”

祖曰:“此不是,则和前面皆不是。”

师曰:“望和尚慈悲指示!”

祖曰:“看他道子胡有一狗,上取人头,中取人腰,下取人脚,入门者好看。才见僧入门,便道看狗。向子胡道看狗处下得一转语,教子胡结舌,老僧钤口,便是你了当处。”

次日入室,师密启其说,祖笑曰:“不道你不是千了百当的人,此语只似先师下的语。”

师曰:“某何人,得似端和尚?”

祖曰:“不然,老僧虽承嗣他,谓他语拙,盖只用远录公手段接人故也。如老僧共远录公,便与百丈、黄檗、南泉、赵州辈把手共行,才见语拙即不堪。”师以为不然,乃拽杖渡江,适大水泛涨,因留四祖,侪辈挽其归。又二年,祖方许可。

尝商略古今次,执师手曰:“得汝说,须是吾举;得汝举,须是吾说。而今而后,佛祖秘要,诸方关键,无逃子掌握矣。”

上堂:“有祖已来,时人错会,只将言句以为禅道。殊不知道本无体,因体而立名;道本无名,因名而立号。只如适来上座才恁么出来,便恁么归众,且道具眼不具眼?若道具眼,才恁么出来,眼在什么处?若道不具眼,争合便恁么去?诸仁者!于此见得倜傥分明,则知二祖礼拜,依位而立,真得其髓。只这些子,是三世诸佛命根,六代祖师命脉,天下老和尚安身立命处。虽然如是,须是亲到始得。”

有一老宿垂语云:“十字街头起一间茅厮,只是不许人屙。”僧举以叩师。

师曰:“是你先屙了,更教什么人屙?”宿闻,焚香遥望大随拜谢。

无为宗泰禅师

师参五祖,祖举赵州洗钵盂话俾参。洎入室,举此话问师:“你道赵州向伊道个什么,这僧便悟去?”

师曰:“洗钵盂去呢。”

祖曰:“你只知路上事,不知路上滋味。”

师曰:“既知路上事,路上有甚滋味?”

祖曰:“你不知耶?”又问:“你曾游浙否?”

师曰:“未也。”

祖曰:“你未悟在。”师自此凡五年不能对。

祖一日升堂,顾众曰:“八十翁翁辊绣球。”便下座。

师欣然出众曰:“和尚试辊一辊看。”

祖以手作打杖鼓势,操蜀音唱绵州巴歌曰:“豆子山,打瓦鼓;杨平山,撒白雨。白雨下,取龙女,织得绢,二丈五,一半属罗江,一半属元武。”

师闻大悟，掩祖口曰："只消唱到这里。"祖大笑而归。

五祖表自禅师

师依五祖最久，未有省。时圆悟为座元，往请益，悟曰："兄有疑处，试语我。"

师遂举："德山小参不答话，问话者三十棒。"

悟曰："礼拜着，我作得你师，举话尚不会。"

师作礼竟，悟令再举前话，师曰："德山小参不答话。"

悟掩其口曰："但恁么看。"

师出，扬声曰："屈！屈！岂有公案只教人看一句的道理？"

有僧谓师曰："兄不可如此说，首座须有方便。"因静坐体究，及旬，顿释所疑，诣悟礼谢。

悟曰："兄始知吾不汝欺。"又诣方丈，祖迎笑。

师榜侍者门曰："东山有三句，若人道得，即挂搭。"衲子皆披靡。

一日，有僧携坐具径造丈室，谓师曰："某甲道不得，只要挂搭。"师大喜，呼维那于明窗下安排。

九顶清素禅师

师闻五祖举首山西来意话，倏然契悟，述偈曰：

颠倒颠，颠倒颠，新妇骑驴阿家牵。
便恁么，太无端，回头不觉布衫穿。

祖见，乃问："百丈野狐话又作么生？"

师曰："来说是非者，便是是非人。"祖大悦。

太守吕公来瞻大像，问曰："既是大像，因甚肩负两楹？"

师曰："船上无散工。"

至阁下睹观音像，又问："弥勒化境，观音何来？"

师曰："家富小儿娇。"守乃礼敬。

法闪上座

师久依五祖,未有所入。一日造室,祖问:“不与万法为侣者是什么人?”

曰:“法闪即不然。”

祖以手指曰:“住!住!法闪即不然作么生?”师于是启悟。

师至东林宣密度禅师席下,见其得平实之旨。一日,拈花绕度禅床一匝,背手插香炉中,曰:“和尚且道意作么生?”度屡下语,皆不契。

逾两月,乃令师试说之,师曰:“某只将花插香炉中,和尚自疑,有什么事来?”

金陵俞道婆

市油糍为业,常随众参问琅琊,琊以临济无位真人话示之。一日,闻丐者唱莲花落云:“不因柳毅传书信,何缘得到洞庭湖?”忽大悟,以油糍投地。

夫曰:“你颠耶?”

婆掌曰:“非汝境界。”

往见琅琊,琊望之,知其造诣,问:“哪个是无位真人?”

婆应声曰:“有一无位真人,六臂三头努力瞋,一擘华山分两路,万年流水不知春。”

圆悟蒋山开堂,方至法座前,婆于众中跃出,以身一拶,便归众。悟曰:“见怪不怪,其怪自坏。”

悟次日至其家,婆不出,厉声曰:“这般黄口小儿,也道出来开堂说法。”

悟曰:“婆子少卖弄,我识得你了也。”婆遂大笑,出相见。

凡有僧至,则曰:“儿!儿!”僧拟议,即掩门。

佛灯珣禅师往勘之,婆见,如前问,珣曰:“爷在甚处?”

婆转身拜露柱，珣即踏倒曰："将谓有多少奇特。"便出。

婆蹶起曰："儿！儿！来。惜你则个。"珣竟不顾。

颂马祖不安因缘曰："日面月面，虚空闪电。虽然截断天下人舌头，分明只道得一半。"

石门聪和尚

师在报慈，闻鸠子鸣，乃问僧："是什么声？"

云："鹁鸠声。"

师曰："欲得不招无间业，莫谤如来正法轮。"

净慈慧晖禅师

师谒宏智，智举"当明中有暗，不以暗相遇；当暗中有明，不以明相睹"问之，语不契。初夜定回往圣僧前烧香，而宏智适至，师见之，顿明前话。

次日，入室，智举"堪嗟去日颜如玉，却叹回时鬓似霜"诘之，师曰："其入离，其出微。"自尔问答无滞，智许为室中真子。

雪窦嗣宗禅师

僧问："如何是正法眼？"

师曰："乌豆。"

问："如何是君？"

师曰："磨砻三尺剑，待斩不平人。"

曰："如何是臣？"

师曰："白云闲不彻，流水太忙生。"

曰："如何是君臣道合？"

师曰："云行雨施，月皎星辉。"

问曰："如何是正中偏？"

师曰："菱华未照前。"

曰:“如何是偏中正?”

师曰:“团圞无少剩。”

曰:“如何是正中来?”

师曰:“遍界绝纤埃。”

曰:“如何是兼中至?”

师曰:“啮镞功前戏。”

曰:“如何是兼中到?”

师曰:“十道不通耗。”

问:“如何是转功就位?”

师曰:“撒手无依全体现,扁舟渔父宿芦华。”

曰:“如何是转位就功?”

师曰:“半夜岭头风月静,一声高树老猿啼。”

曰:“如何是功位齐彰?”

师曰:“出门不踏来时路,满目飞尘绝点埃。”

曰:“如何是功位俱隐?”

师曰:“泥牛饮尽澄潭月,石马加鞭不转头。”

吉祥元实禅师

师自到天衣,早夜精勤,胁不至席。一日,偶失笑喧众,天衣摈之。中夜宿田里,睹星月粲然,有省。晓归趋方丈,天衣见,乃问:“洞山‘五位君臣’如何话会?”

师曰:“我这里一位也无。”

天衣令参堂,谓侍僧曰:“这汉却有个见处,奈不识宗旨何!”

入室次,天衣预令行者五人分序而立,师至,俱召:“实上座!”师于是密契奥旨,述偈曰:

一位才彰五位分,君臣叶处紫云屯。

夜明帘卷无私照,金殿重重显至尊。

天衣称善。

左丞范冲致虚居士

公由翰苑守豫章，过圆通，谒旻禅师。茶罢，曰："某行将老矣，堕在金紫行中，去此事稍远。"

通呼："内翰！"公应诺。

通曰："何远之有？"

公跃然曰："乞师再垂指示！"

通曰："此去洪都有四程。"公伫思。

通曰："见即便见，拟思即差。"公豁然有省。

士与圆通拥炉次，公问："诸家因缘，不劳拈出，直截一句，请师指示。"

通厉声指曰："看火！"

公急拨衣，忽大悟，谢曰："灼然佛法无多子。"

通喝曰："放下着！"公应诺诺。

士问圆通曰："是法非思量分别之所能解，如何凑泊？"

通曰："全身入火聚。"

公曰："毕竟如何会？"

通曰："蓦直去。"公沉吟。

通曰："可更吃茶么？"

公曰："不必。"

通曰："何不恁么会？"

公契旨曰："原来太近。"

通曰："十万八千。"

公占偈曰："不可思议，是大火聚。便恁么去，不离当处。"

通曰："咦！犹有这个在。"

公曰："乞师再垂指示。"

通曰："便恁么去，铛是铁铸。"公顿首谢之。

径山涂毒智策禅师

师初谒寂室光,洒然有省。次谒大圆于万寿,圆问曰:"甚处来?"

师曰:"天台来。"

曰:"见智者大师么?"

师曰:"即今亦不少。"

曰:"因甚在汝脚跟下?"

师曰:"当面蹉过。"

圆曰:"上人不耘而秀,不扶而直。"

一日,辞去,圆送之门,拊师背曰:"宝所在近,此城非实。"师颔之。

往豫章,谒典牛,道由云居,风雪塞路,坐阅四十二日。午时,版声铿然,豁尔大悟,乃造门,典牛独指师曰:"甚处见神见鬼来?"

师曰:"云居闻板声来。"

牛曰:"是什么?"

师曰:"打破虚空,全无柄靶。"

牛曰:"向上事未在。"

师曰:"东家暗坐,西家厮骂。"

牛曰:"崭然超出佛祖,他日起家,一麟足矣!"

虎丘绍隆禅师

师初谒长芦信禅师,得其大略。有传圆悟语至者,师读之,叹曰:"想酢生液,虽未浇肠沃胃,要且使人庆快,第恨未聆謦欬耳!"遂由宝峰依湛堂,客黄龙,扣死心禅师,次谒圆悟。

一日,入堂,悟问曰:"见见之时,见非是见;见犹离见,见不能及。"举拳曰:"还见么?"

师曰:"见。"

悟曰:“头上安头。” 师闻,脱然契证。

悟叱曰:“见个什么?”

师曰:“竹密不妨流水过。”悟肯之。

寻俾掌藏教,有问悟曰:“隆藏主柔易若此,何能为哉?”

悟曰:“瞌睡虎耳。”

育王佛智端裕禅师

上堂曰:“行时绝行迹,说时无说踪。行说若到,则垛生招箭;行说未明,则神锋划断。就使说无渗漏,行不迷方,犹滞壳漏在。若是大鹏金翅,奋迅百千由旬,十影神驹,驰骤四方八极,不取次啖啄,不随处埋身,且总不依倚,还有履践分也无?刹刹尘尘是要津。”

护国景元禅师

上堂:“威音王已前,这一队汉错七错八;威音王已后,这一队汉落二落三;而今这一队汉坐立俨然。且道是错七错八?落二落三?还定当得出么?”举拂子曰:“吽!吽!”

师因僧读死心小参语云:“既迷,须得个悟;既悟,须识悟中迷、迷中悟。迷悟双忘,却从无迷悟处建立一切法。”师闻而疑,即趋佛殿,以手拓开门扉,豁然大彻。

继而执事,机辩逸发,圆悟目为聱头玄侍者。悟自题肖像付之,有曰:“生平只说聱头禅,撞着聱头如铁壁。”

灵隐慧远禅师

内翰曾开居士,久参诸方。绍兴辛未,值师领光孝,开来谒,问曰:“如何是善知识?”

师曰:“灯笼露柱,猫儿狗子。”

开曰:“为什么赞即欢喜,毁即烦恼?”

师曰:“侍郎曾见善知识否?”

开曰:“某三十年参问,何言不见?”

师曰:“向烦恼处见,向欢喜处见?”

开拟议,师震声便喝。开拟对,师曰:“开口的不是公。”

开罔然,师召曰:“侍郎向什么处去也?”

开猛省点头,说偈曰:

咄哉瞎驴!丛林妖孽,
震地一声,天机漏泄。

有人更问意如何,拈起拂子劈口截。

师曰:“也只得一橛。”

知府葛剡志慕禅宗,久无证入。一日,举“不是心,不是佛,不是物”,豁然有省,说偈云:

非心非佛亦非物,五凤楼前山突兀,
艳阳影里倒翻身,野狐跳入金毛窟。

谒师求证,师云:“居士见处,只可入佛,未得入魔在。”葛礼拜。

师曰:“云何不道‘金毛跳入野狐窟’?”葛乃顿领。

华藏安民禅师

师谒佛鉴,鉴问:“佛果有不曾乱为人说的句,曾与你说么?”

师曰:“合取狗口。”

鉴震声曰:“不是这个道理!”

师曰:“无人夺你茶盐袋,叫作什么?”

鉴曰:“佛果若不为你说,我为你说。”

师曰:“和尚疑时,退院别参去。”鉴呵呵大笑。

玄沙僧昭禅师

上堂:“天上无弥勒,地下无弥勒,且道弥勒在什么处?”良久,曰:“夜行莫踏白,不是水便是石。”

南峰云辩禅师

师参圆悟,值入室,才踵门,悟曰:“看脚下。”师打露柱一下。

悟曰:“何不着实道取一句?”

师曰:“师若摇头,弟子摆尾。”

悟曰:“你试摆尾看。”师翻筋斗而出,悟大笑。

上堂:“好是仲春渐暖,哪堪寒食清明?万叠云山耸翠,一天风月良邻,在处花红柳绿,湖天浪稳风平。山禽枝上语谆谆,再三琐琐碎碎,嘱咐叮叮咛咛。且道叮咛嘱咐什么?”卓拄杖曰:“记取明年今日,依旧寒食清明。”

僧问:“十二时中教学人如何用心?”

师曰:“蘸雪吃冬瓜。”

问:“浩浩尘中如何辨主?”

师曰:“木勺头边镰切菜。”

曰:“莫便是和尚为人处也无?”

师曰:“研槌撩饦饦。”

大沩佛性法泰禅师

上堂:“欲识佛去处,只这语声是。咄!傅大士不识好恶,以昭昭灵灵教坏人家男女,被志公和尚一喝曰:‘大士莫作是说,别更道看。’大士复说曰:‘空手把锄头,步行骑水牛,人从桥上过,桥流水不流。’志公呵呵大笑曰:‘前头犹似可,末后更愁人。’”

鼓山珍禅师

上堂:“寻牛须访迹,学道贵无心。迹在牛还在,无心道易寻。”竖起拂子曰:“这个是迹,牛在什么处?直饶见得头角分明,鼻孔也在法石手里。”

昭觉道祖首座

初见圆悟,于即心即佛语下发明。久之,悟命分座。一日,为众入室,师忽问曰:“生死到来,如何回避?”僧无对,师掷下拂子,奄然而逝,众皆眙愕。

悟闻至,召曰:“祖首座!”师张目视之。

悟曰:“抖擞精神透关去。”师点头,竟尔趋寂。

慧日默庵道禅师

上堂:“同云欲雪未雪,爱日似晖不晖。寒雀啾啾闹篱落,朔风冽冽舞帘帷。要会韶阳亲切句,今朝觌面为提撕。”卓拄杖,下座。

枢密徐俯师川居士

公参圆悟,悟喜其见地超迈。一日,至书记寮,指悟顶相曰:“这老汉脚跟犹未点地在。”

悟靓面曰:“瓮里何曾走却鳖?”

公曰:“且喜老汉脚跟点地。”

悟曰:“莫谤他好。”公休去。

龙牙智才禅师

师初住岳麓,开堂日,僧问:“德山棒、临济喝,今日请师为拈掇。”

师曰:“苏噜苏噜。”

曰:“苏噜苏噜,还有西来意也无?”

师曰:“苏噜苏噜。”由是丛林呼为“才苏噜”。

何山佛灯守珣禅师

师参佛鉴,随众咨请,邈无所入,乃封其衾曰:“此生若不彻,誓不展此!”于是昼坐宵立,如丧考妣。

逾七七日，忽佛鉴上堂曰："森罗及万象，一法之所印。"

师闻顿悟，往见鉴，鉴曰："可惜一颗明珠被这疯颠汉拾得。"乃诘之曰："灵云道：'自从一见桃花后，直至如今更不疑。'如何是他不疑处？"

师曰："莫道灵云不疑，知今觅个疑处了不可得。"

鉴曰："玄沙道：'谛当！甚谛当！敢保老兄未彻在。'哪里是他未彻处？"

师曰："深知和尚老婆心切。"鉴然之。

师拜起，呈偈曰：

终日看天不举头，桃花烂漫始抬眸。

饶君更有遮天网，透得牢关即便休。

鉴嘱令护持。是夕，厉声谓众曰："这回珣上座稳睡去也！"

圆悟闻得，疑其未然，乃曰："我须勘过始得。"遂令人召至。

因与游山，偶到一水潭，悟推师入水，遽问曰："牛头未见四祖时如何？"

师曰："潭深鱼聚。"

悟曰："见后如何？"

师曰："树高招风。"

悟曰："见与未见时如何？"

师曰："伸脚在缩脚里。"悟大称之。

待制潘良贵依师，久不契，谓师曰："某只欲死去，如何？"

师曰："好个封皮，且留着使用，而今不了不当便去，忽被他换却封皮，卒无整理处。"

公又以南泉斩猫话问曰："某看此甚久，终未透彻，望和尚慈悲。"

师曰："你只管理会别人家猫儿，不知走却自家狗子。"公于言下如醉醒。

师复曰："不易！公进此一步，更须知有向上事始得。如今士大夫说禅说道，只依着义理便快活，大率似将钱买油糍吃了便不饥，其余便道是瞒他，亦可笑也。"公唯唯。

师尝谓众曰："兄弟如有省悟处，不拘时节，请来露个消息。"

雪夜，有僧扣方丈门，师起秉烛，震威喝曰："雪深夜半，求决疑情，因什么威仪不具！"僧顾视衣裓，师逐出院。

龙翔士珪禅师

师醉心《楞严》，逾五秋，南游，谒诸尊宿。始登龙门，即以平时所得白佛眼，眼曰："汝解心已极，但欠著力开眼耳。"俾职堂司。

一日，侍立次，问云："绝对待时如何？"

眼曰："如汝僧堂中白椎相似。"师罔措。

眼晚至堂司，师理前话，眼曰："闲言语！"师遂大悟。

黄龙法忠禅师

师习台教，悟一心三观之旨，未能泯迹。遍参名宿，至龙门，观水磨旋转，发明心要，乃述偈曰：

转大法轮，目前包裹。
更问如何，水推石磨。

呈佛眼，眼曰："其中事作么生？"

师曰："涧下水长流。"

眼曰："我有末后一句，待吩咐汝。"师掩耳而出。

已而礼辞，渡九江，登庐阜，露眠草宿，相羊山水，会意则居，或数日不食，或连宵不卧，发长不翦，衣敝不易，故禅会呼为忠道者。

宣和间，湘潭大旱，祷而不应，师跃入龙渊，呼曰："业畜！当雨一尺。"雨随至。居南岳，恒跨虎出游，儒释望尘而拜。

世奇首座

师遍参诸方，晚造龙门。一日，晏坐瞌睡间，群蛙忽鸣，误听为净发版响，亟趋往。有晓之者曰："蛙鸣非版也。"师恍然，诣方丈剖露。佛眼曰:“岂不见罗睺罗?”

师遽止曰:“和尚不必举,待去自看。”

未几有省,乃占偈曰:

梦中闻版响,觉后虾蟆啼。
虾蟆与版响,山岳一时齐。

由是益加参究,洞臻玄奥。佛眼命分座,师固辞曰:“此非细事也。如金针刺眼,毫发若差,眼则破矣!愿生生居学地而自煅炼。”佛眼因以偈美之。

护圣居静禅师

师年十四礼白马安慧为师,闻南堂道望,遂往依焉。南堂举香严枯木里龙吟话往返酬诘,师于言下大悟。一日,南堂问曰:“莫守寒岩异草青,坐却白云宗不妙,汝作么生?”

师曰:“直须挥剑,若不挥剑,渔父栖巢。”

南堂矍然曰:“这小厮儿!”师珍重便行。

开先智和尚

示众曰:“宗之与教权道,佛之与祖强名。受教传心,俱为虚妄;求真觅实,转更参差。若取自己自心为究竟,必有他物他人作对治。”

时有僧问:“如何则是?”

曰:“是则有非。”

云曰:“如何得入?”

曰:“汝何劫在外头?”

问:“如何是佛?”

曰:“汝唤哪个作众生?”

云:“与么则无佛无众生也。”

曰:“这众生。”

问:“如何是平常心?”

曰:“蜂虿狼贪。”

云:“与么则全众生心也。”

曰:“你道哪个是平常心?”

云:“不会。”

曰:“汝他后会去在。”

问:“四大何缘有形?”

曰:“你道虚空何缘无像?”

云:“到这里却不会。”

曰:“我也不会。”又曰:“汝道汝不会与我不会,是一是二?”

云:“乞和尚慈悲。”

曰:“我早晚曾骂辱汝?”

问:“如何是大道?”

曰:“我无小径。”

云:“如何是小径?”

曰:“我不知有大道。”

问:“和尚见处如何?”

曰:“非汝境界。”

云:“学人见处如何?”

曰:“取我处分又争得?”

云:“乞师指授。”

曰:“我长劫来不曾蒙蔽汝。”

龙图王萧居士

居士字观复,留昭觉日,闻开静板声,有省,问南堂曰:“某有个见处,才被人问,却开口不得,未审过在甚处?”

南堂曰:“过在有个见处。”南堂却问:“朝旆几时到任?”

公曰:“去年八月四日。”

南堂曰:“自按察几时离衙?”

公曰:“前月二十。”

南堂曰:“为什么开口不得?”公乃契悟。

南台安和尚

因僧问:“寂寂无依时如何?”

曰:“寂寂底呢?”因有颂曰:

“南台静坐一炉香,终日凝然万虑忘。
不是息心除忘想,都缘无事可思量。”

法轮添禅师

上堂,喝一喝,曰:“狮子哮吼。”又喝一喝,曰:“象王嚬呻。”又喝一喝,曰:“狂狗趁块。”又喝一喝,曰:“虾跳不出斗。”乃曰:“此四喝,有一喝堪与祖佛为师,明眼衲僧试请拣看。若拣不出,大似日中迷路。”

光孝深禅师

上堂:“维摩一默,普贤广说,历代圣人,互呈丑拙。君不见落华三月子规啼,一声声是一点血。”

上堂:“风萧萧,叶飘飘,云片片,水茫茫,江干独立向谁说?天外飞鸿三两行。”

中竺痴禅玄妙禅师

僧问:“如何是截断众流句?”

师曰:“佛祖开口无分。”

曰:“如何是函盖乾坤句?”

师曰:“匝地普天。”

曰:“如何是随波逐浪句?”

师曰:“有时入荒草,有时上孤峰。”

御制后序

朕少年时喜阅内典，唯慕有为佛事，于诸公案总以解路推求，心轻禅宗，谓如来正教不应如是。圣祖敕封灌顶普慧广慈大国师章嘉呼土克图喇嘛，乃真再来人，实大善知识也。梵行精纯，圆通无碍，西藏、蒙古、中外诸土之所皈依，僧俗万众之所钦仰。藩邸清闲时，接茶话者十余载，得其善权方便，因知究竟此事。

壬辰春正月，延僧坐七，二十、二十一随喜同坐两日，共五枝香，即洞达本来，方知唯此一事实之理。然自知未造究竟，而迦陵音乃踊跃赞叹，遂谓已彻玄微，优侗称许，叩问章嘉，乃曰："若王所见，如针破纸窗，从隙窥天，虽云见天，然天体广大，针隙中之见，可谓遍见乎？佛法无边，当勉进步。"朕闻斯语，深洽朕意。

二月中，复结制于集云堂，着力参求。十四日晚，经行次，出得一身透汗，桶底当下脱落，始知实有重关之理。乃复问证章嘉，章嘉国师云："王今见处虽进一步，譬犹出在庭院中观天矣。然天体无尽，究未悉见，法体无量，当更加勇猛精进。"云云。朕将章嘉示语问之迦陵音，则茫然不解其意，但支吾云："此不过喇嘛教回途工夫之论，更有何事？"而朕谛信章嘉之垂示，而不然性音之妄可，仍勤提撕。恰至明年癸巳之正月二十一日，复堂中静坐，无意中忽蹋末后一关，方达三身四智合一之理，物我一如本空之道，庆快平生。

诣章嘉所礼谢，国师望见，即曰："王得大自在矣！"

朕进问："更有事也无？"国师乃笑，展手云："更有何事耶？"复用手从外向身挥云："不过尚有恁么之理，然易事耳。"此朕平生参究因缘。

章嘉呼土克图国师喇嘛实为朕证明恩师也，其他禅侣辈不过曾在朕藩邸往来，壬辰癸巳间坐七时，曾与法会耳。迦陵性音之得见朕也，乃朕初欲随喜结七，因柏林方丈年老，问及都中堂头，佥云："只有千佛音禅师。"乃命召至。既见，问难甚久，其伎俩未能令朕发一疑情，迫窘诘屈，但云："王爷解路过于大慧杲，贫衲实无计奈何矣。"

朕笑云："汝等只管打七，余且在傍随喜。"

尔时醒发因缘已具述如左，若谓性音默用神力，能令朕五枝香了明此事，何得奔波一生，开堂数处而不能得一人，妄付十数庸徒耶？

向后性音唯劝朕研辨五家宗旨，朕问："五家宗旨如何研辨？"

音云："宗旨须待口传。"

朕意是何言欤？口传耳受岂是拈花别传之旨？堂堂丈夫岂肯拾人涕唾？从兹弃置语录，不复再览者二十年，此府中宫中人人之所尽知者。夫五家宗旨，同是曹溪一味，不过权移更换面目接人，究之皆是无义味语。所为毒药、醍醐搅成一器，黄金、瓦砾融作一团，用处无差，拈来有准，并皆一代之宗师，百世之模楷。奈庸流不了自心，累他涂污有分，鼓动识情，横生法执，谬加穿凿，取笑傍观，明眼人前不堪举似，因见性音谆谆于此，是乃逐语分宗，齐文定旨也，甚轻其未能了彻。如使性音明知之，而劝朕于此打之绕，更是何心行也？则其限于见地可知矣。如达摩传衣偈云："一花开五叶，结果自然成。"后世附会其说，以为五叶者五宗也。夫传衣止于曹溪，则是从慧可而下五世矣。因震旦信心已熟，法周沙界，衣乃争端，不复用以表信，达摩、黄梅之言具在，由可至能，岂非五叶？后来万派同源，岂非结果自然成耶？何得以五宗当之？且传衣公案，世多囫囵吞枣，全未明白。世尊至多子塔前，命摩诃迦叶分座令坐，以僧伽黎围之，遂告曰："吾以正法眼藏密付于汝,汝当护持。”继又告迦叶:“吾将金缕僧伽黎衣传付于汝,转授补处,至慈氏佛出世,勿令朽坏。”世尊所分之座,究是何座?僧伽黎究是何物?如云即是此金缕僧伽黎衣,从迦叶传至六祖者,岂有自周昭王至梁武帝时尚不朽坏?即属异宝,不可思议,便能常存世间,又与正法眼藏有何交涉?且自六祖以后,何以又复消泯?世尊明言“至慈氏佛出世,勿令朽坏”,乃未至唐时即已无存,岂世尊妄语诳语耶?且以僧伽黎围迦叶者,又是何意?

总之,未悟正法眼藏,从何推测?人必明取僧伽黎定然留得到慈氏出世之故,然后可与论传衣之事,何得支离穿凿,妄定宗旨,更以五宗牵合附会耶?况五宗前后参差,亦非一时。即五宗所明,同是大圆觉性,宗若有五,性亦当有五矣。古人专为剿情绝见,唯恐一门路熟,又复情见炽然,是以别出一番手眼,使人悟取。众生心不能缘于般若之上,今乃转以情见分别之,埋没古人不少。

朕既深明本旨,只图真实以办平生,岂肯被伊牵绊葛藤窠也?因一年之后,自清凉山回,宗教两不拈提。迨即位以来,十年不见一僧,未尝涉及禅之一字。盖此事,实明者少,逐块之流,徒劳延伫,求名之辈,更长业缘,而世间井底蛙又必妄生议论。朕愍诸有情无知愚陋,恐其因此造诸谤般若大罪孽,不谈之意,良非偶然。今见去圣日远,宗风扫地,正法眼藏垂绝如线,又不忍当朕世而听其滔滔日下也,乃选辑从上宗师吃紧为人之语刊示天下后世,使之摆脱生死根尘,掀翻轮回陷阱。学者当知,朕今此举,实为佛祖慧命所系,不惜眉毛拖地,非与十方常住行脚秉拂之徒较论见地短长。朕此选出,莫又缉缉聚头,妄论是何宗派,却与朕莫交涉在。天下宗徒能为自己一大事勇猛精进,如救头燃,立雪不寒,断臂无痛,自然黑漆桶拦空扑破,玉麒麟就地勒回,那时方省得朕此一番话堕无量慈悲。如或此心不真不诚,不苦不切,但从语言文字放出见闻觉知,任情卜度,细意推求,此一则是临济宗,那一则是曹洞派,起模画样,滞相执缘,以此求契求证,所为将空塞空,徒使朕与从上诸古德百千方便，亦如取声锁向匣中，吹网欲令气满耳，岂不钝置人耶？朕在藩邸时亦以本分事接人，不无漏逗，所有语句并已刊入圆明居士语录卷内，此外并无一则机缘流布人世。况朕身居帝王之位，口宣佛祖之心，天下后世理障深重者，必以教外别传之旨未经周公、孔子评定，怀疑而不肯信，然此其为害犹浅。若夫外托禅宗，心希荣利之辈，必有千般诳惑，百种謷讹，或曾在藩邸望见颜色，或曾于法侣传述绪言，便如骨岩木陈之流，捏饰妄词，私相纪载，以无为有，恣意矜夸，刊刻流行，煽惑观听。此等之人，既为佛法所不容，更为国法所宜禁，发觉之日，即以诈为制书律论。

朕今此举，实以教外别传将坠于地，不得已而为此。至于宗门能杀能活，能纵能夺之趣，皆由宗师所参不谬，所悟无垠。如千里驹，随意举步便是追风逐日，其不可及者，皆其所不自知。苟存一与夺自在，擒纵无偏之见于八识田内，则人法不空，能所交接，其与魔外有何分别？兹选之有《正集》《外集》《前集》《后集》，而又谆谆提示，各序其旨于篇端者，专欲学人真参实悟，各得本分正知正见，如象渡河，脚踏实地，便能超出三界，而一一具足六度万行，切莫仍向此中转求口头滑利也。此事不由语言文字分迷悟，岂由语言文字定是非？已悟已证者，有语有句，固能为人解粘去缚，若平生无一则机缘语句传世者，岂得遂谓未悟未证乎？如西天四七，所垂言句甚少；东土二三，唯达摩、曹溪尚传语句，璨大师尚有《信心铭》一篇，其他二祖、四祖并无一语垂后，岂皆是未悟未证人也？应知何在。语录之流传与否，乃近代宗徒动辄拾取他人涕唾，陈襕葛藤，串合弥缝，偷作自己法语，灾梨祸枣，诳惑人家男女。其口头实能滑利者，便鸣钟击板，竖拂擎拳，彼建立则我扫荡，彼扫荡则我建立，各出妄见争持，大家一场忪懡。礼拜者，作出身之活路；棒喝者，成漂堕之黑风。如此心行，称曰度人，佛祖门庭岂不污辱！

又如古人契证无差,每有拈、代、偈、颂以相印合。今则不然,不于契证处自了自心,但于公案上盲拈瞎颂,剽窃成语,差排牵合,为可解不可解之语,作若通若不通之文,千七百则皆可通融,百千万言无非活套,以此为拈、代、偈、颂,岂不涂污古人,误累自己?有何交涉?虚费钻研。夫讲师诠解教典,何尝不同于如来之语?而不得谓传如来之心者,以心宗非语言文字所可传,故曰教外别传。今将教外别传所有公案作文字,则是又成一教外别传之教典矣。况文字边事,欲其工妙,亦非聚数十年心力不能到家。至作得文字好,则此数十年不究本分,可知教外别传只是"本分"二字,安可离却而为此门庭以外事?拈、代、偈、颂四者,颂最为后,学人于颂古切用工夫,遂渐至宗风日坠。此端一开,尽向文字边作活计,赵州所呵"枝蔓上生枝蔓",正为此辈。

至乃子孙,稍得世荣,便欲将祖父言句夤缘入藏,不思千古自有明眼人,岂得欺尽谩尽?夫本为利益将来,流芳百世,夤缘入藏,而乃忘其贻误后人,遗臭万年也,何苦夤缘,自贻伊戚?平素一无所事,吃得饭饱,长连床上三三五五握管伸纸,商量作一部好语录垂后,纵使句句如初祖所说,亦乃馊羹餲饭,与灵觉有何交涉?况此实非学问之所能及,思虑之所能到,何苦造大罪孽同于谤佛?古人云:"佛法不怕烂却。"又云:"但得成佛,不愁不会说法。"朕愿天下宗徒,参则实参,悟则实悟,此是菩提道场,其中无求名利处,于此尚不无污染,可见从初发心便非真实为生死出家也。若为名利,何如耕农,作一孝悌力田之民;不然应试,作一科举文学之士。留此宗门,以待真正发心参学之人,免致涂污佛祖之慧命。

朕阅《指月录》《正法眼藏》《禅宗正脉》《教外别传》诸书,所选古德机缘语句,皆错杂不伦。至于迦陵音所选《宗统一丝》者,尤为乖谬。古人语句,专为开人迷云;后人选辑,专为垂诸久远。今乃挨门逐户拾取剩遗,或珠或玑,或金或鍮,或丝或布,或柴或草，或瓦或砾，或垢或腻，一家强收一物入笼中，更自夸曰秉公，何庸愚之甚也！但图人人有分，个个不遗，纷纭杂陈，撩乱错出，蝌蚪与神龙并游，野狐与狮子齐吼，饱参者尚或一时目迷，况初学之人，岂不观之而愈惑，求之而愈远？其为毒害，奚可胜言？此选朕近日方见，未料性音昏愦卑鄙至于此极也。至于取本朝开堂说法之衲僧平生所有乱统，各各人编一则，错杂不堪，谓之宗统一丝，直接西天四七，东土二三，真令人笑之齿冷。若然，则禅宗之统，实危如一丝也。其意不过取媚同门参学之徒，俾感其选录伊祖父言句入集，以为荣华。此何异世间浇薄士子，彼此标榜选刻文字，自称名士乎？噫！可为宗风太息流涕者矣。如朕于涌泉欣、天衣怀、韶国师等古德语句，宝之如摩尼夜光，赤刀大贝，而诸书所载极少，遍求不可复得。盖瞿汝稷辈，自然皆是性音心行，既杂取下等语句，又畏繁多，自然将真正师范至言转播弃之而不惜，历年既久，渐以无传，良可叹惋。因念从上古德不肯以佛法当人情，一任香火歇绝，不妄付拂者，其与盲传盲受，只图支派蕃衍之人，高下相去，天地悬隔。

夫慧命绝续，正同父子，但与身体发肤之禀受，其理相不可强同。虽瓣香所承，定不容昧，但如朕所采语句中诸禅师，现在已无法嗣者，天下宗徒之祖父岂得不从此摸着鼻孔？是则亦为伊祖父生身之所自也。凡为嗣续，正当饮水思源，奈何各立门庭，同于世间种族，赵甲之家不祀钱乙之祖，横分畛域，各守封疆。况伊辈盲传盲受，并未大死大活，有何法乳？所报何恩？倘从此选中诸禅师垂示处得个入头，是乃瓣香法乳之恩，理宜酬答者也；如或未能，则姑如先圣先贤列祀学宫之例，使人人致敬，要亦未为不可。天下丛林古刹衲子，除各自供养伊本支祖父外，应将从来拔萃古德一一设位于堂，朝夕供养礼拜，使其香火绝而复续，遍满震旦，不但为后世真参实学者劝，亦报本酬源之正举。再者，从上祖师设呵佛骂祖之路，盖为学人圣见不除，则触途成碍,苟不向脚跟下,如斩一握丝,一斩一齐断,则见相横前,仍沿此岸。

夫如来直指灵鉴心体,不特破根尘相对之妄,亦乃破离妄绝对之真。真妄两途,皆众生无始以来之见病,大善知识透天透地,泯妄泯真,是以扫空生佛之虚华,荡尽妄真之闲说,吃紧为人,无奈立此呵佛骂祖之说,所谓以慈悲之故,而有落草之谈也。其实水月道场,空花万行中,此等语言何处安着?如德山鉴,平生语句都无可取,一味狂见恣肆,乃性音选《宗统一丝》,采其二条内一条,截去前后语言,专录其辱骂佛祖不堪之词,如市井无赖小人诟谇,实令人惊讶,不解其是何心行,将以此开示学人耶?是何为耶?近世宗徒未踏门庭,先决堤岸,一腔私意,唯恐若不呵佛骂祖,则非宗门,强作解事,学人饶舌,狐行象路,鸮学凤音,是何言欤?是何言欤?释子既以佛祖为祖父,岂得信口讥诃?譬如家之逆子,国之逆臣,岂有不人神共嫉,天地不容者?阎罗面前刀山剑树,专为此辈而设,极宜猛省。如南泉愿牧水牯牛公案最为下品,因南泉愿颇有本分之语,是以朕未加诃斥,而性音则于其他语句概置不录,所录二条,其一即是此条,具此凡眼,有何圣见可除?辄敢见人呵佛骂祖,便生欢喜采辑,鸱鼠嗜粪,斯之谓矣。又如大慧杲云“今时宗师为人,入室三五遍,辨白不出,却教他说悟处,若恁么地,如何为人”等语,此论大误。从来如永嘉一宿觉之类,只因当时但知教乘,初阐禅宗,所以一言半语漏逗本分,皆胸襟流出,便可印合。

自唐季以后,古德垂示流布海内,人人捃摭攘窃,预备应机,若不入室细扣,知其是何心行?朕亦颇能为人,然实不能不令入室三五遍而即悉其底蕴。开堂说法,临机问答,固不可无,若止凭一二语以定虚实,此盲传盲受之根,大慧杲误人谬论,丛林当为炯戒,况大慧杲既具如此眼目,所谈奇妙法何耶?所得英俊才谁耶?朕实深尝上乘圆顿甘露之味,非依墙摸壁,率意之乱统,既知之无疑,岂忍不报佛祖深恩?因不辞话堕,竭力为宗门一番整顿,所冀天下禅僧改往修来,英灵辈出,如朕所选中诸禅师者,唱导十方,使如来正教有振兴之象,是则朕之深愿。如尔等僧徒仍执迷不悟,将朕一片慈悲全不领受,仍以无明缁素人我心会取,如世尊所说三藏十二分,一例束之高阁,则宗风之衰,朕亦无如之何矣!选辑既竣,书此以为后序。

雍正十一年癸丑九月朔日

御制拣魔辨异录

雍正 御撰

上　谕

佛祖之道,指悟自心为本。是此说者,名为正知正见。用之以利人接物,令人直达心源,方得称佛祖儿孙。所言外道魔道者,亦具有知见,因其妄认识神生死本,以为极则,误认佛性,谤毁戒行,所以谓之外道魔道。

朕览密云悟天隐修语录,其言句机用,单提向上,直指人心,乃契西来的意,得曹溪正脉者。及见密云悟语录内,示其徒法藏辟妄语,其中所据法藏之言,骇其全迷本性,无知妄说,不但不知佛法宗旨,即其本师悟处,亦全未窥见,肆其臆诞,诳世惑人。此真外魔知见。所以其师一辟再辟,而天隐修亦有释疑普说,以斥其谬。然当日魔心不歇,其所著述,不行即毁,如魔嗣弘忍,中其毒者,复有《五宗救》一书,一并流传,冀魔说之不朽,造魔业于无穷。

天下后世具眼者少,不知其害,即有知而辟之者,有德无位,一人之言,无徵不信。将使究竟禅宗者,怀疑而不知所归;而传染其说者,将谓禅宗在是。始而起邪信,继而具邪见。起邪信,则正信断;具邪见,则正见灭。必至处处有其魔种,人人承其魔说,自具之性宗不明,而言条之枝蔓肆出。今其魔子魔孙,至于不坐香,不结制,甚至于饮酒食肉,毁戒破律,惟以吟诗作文,媚悦士大夫,同于娼优伎俩,岂不污浊祖庭?若不剪除,则诸佛法眼,众生慧命,所关非细。

朕为天下主,精一执中,以行修齐治平之事,身居局外,并非开堂说法之人,于悟修何有?又于藏忍何有?但既深悉禅宗之旨,洞知魔外之情,灼见现在魔业之大,预识将来魔患之深,实有不得不言,不忍不言者。

夫禅宗者,教外别传,可以无言,可以有言。古德云:"穷诸玄辨,若一毫置于太虚;竭世枢机,若一滴投于巨海。"如是言者,言言从本性中自然流出。如三藏十二部,千七百则公案,何一非从本性中自然流出?从无一实法系缀人天。今魔藏立一"○"相为千佛万佛之祖,以袈裟缕缕为宗旨所系,有四法,有双头,有小法大法,有大法之大法。称为细宗密旨,有传有授。而魔嗣弘忍,以僧伽难提遇童子持鉴直前,为从来有象可示,证其魔师一"○"之象为不悖。又以多子塔前袈裟围绕一事,作袈裟为宗旨所系之明证。又以临济打克符普化,凿为黄檗三顿棒之象象。种种作为实法,不胜枚举。全从知解穿凿,失却自心。

黄檗云:"今时人只欲多知多解,翻成壅塞。惟知多与儿酥吃,消与不消,都总不知。三乘学道人,皆是此样,尽名食不消者。所以知解不消,皆为毒药,尽向生灭中取,真如之中,都无此事。"夫食不消之人多,而魔藏父子,则是已经饱毒者也。

佛法不二,岂可执定三四,而更有密传三四之宗旨?广引从上古德言句相似者,为之注脚,转以较勘不立言说,单提向上之正宗,仰面唾云,反污己面。赵州云:"老僧此间,即以本分事接人。若老僧随伊根机接人,自有三藏十二部,接他了也。"只说无是非分别相,早不本分,何况宛出个是非分别相?世尊四十九年所说,古锥千七百则公案,总是语言文字。若不识得这个,纵使字字句句,依样葫芦,即为魔说,即为谤佛。纵能记得佛祖所说三藏十二部,千七百则公案,字字句句不差,正是光明海中,多着泥滓。况既落言诠,即同教相,既同教相,则三藏十二部现在,又何必立教外别传之旨?任伊横说竖说,能出三藏十二部之外乎?圣人多能,佛多神通,能非圣本,神通亦非佛宗。仲尼何尝知西方之梵语?如来不能作震旦之唐言。能与神通,各有所穷,与这个有何交涉?何况文字一端?魔藏父子,辄以不识字讥密云,意谓不如伊等学问。若要诠理论文,自有秀才们在,何用宗徒?识字不识字,与这个又有何交涉?博通经史,如剪彩以添树上之生花;目不识丁,亦饭熟不借邻家之水火。若魔藏父子,其大病根,正在识丁,而不识这个。今使俄罗斯人来,便接俄罗斯;暹罗苏禄琉球日本人来,便接暹罗苏禄琉球日本。若必待伊识得文字,然后接得,则佛法不能盖天盖地矣!

魔藏邪外知见,自以为言言据古,字字禀经,岂知尽三藏十二部,乃至十三经二十一史诸子百家,尽世间四库缥缃;所有文字,并与贯串配合,极其棱消缝泯,自道佛来也开口不得,正是佛出世也救不得也!阿难三十年为侍者,只为多闻智慧,被佛呵云:“汝千日学慧,不如一日学道。若不学道,滴水难消。”况魔藏以邪外知见,唐突佛祖向上边事,尚安得有呵斥分?只瞒得有眼无珠之徒,明眼人前,魔形自露。赵州云:“如今知识,枝蔓上生枝蔓,都大是去圣遥远,一代不如一代。只如南泉寻常道:‘须向异类中行。’且作么生会?如今黄口小儿,向十字街道,说葛藤,博饭噇,觅礼拜,聚三五百众,云:‘我是善知识,尔是学人。’”可知法藏父子之魔形,从数百年前,赵州早为判定,更不必到眼始知也。

悟修皆以临济一棒指人,魔藏斥曰:“一橛头禅,躲跟窠臼。”若论个事,无论奇言妙句,俱用不着,虽一棒一喝,亦为剩法。古人不得已而用棒喝,原为剿绝情见,直指人心,魔藏乃以情见解会,乖谬之甚。古不云乎,“一棒喝不作一棒喝用”。何尝执此一喝一棒也!魔意但欲抵排棒喝,希将伊所妄立之一“○”相,双头四法之实法以邀奇取胜,殊不知其大乘教外别传无法可传之旨也!且悟修未尝谓一棒为千佛万佛之祖,而魔藏妄捏一“○”相为千佛万佛之祖,独非“躲跟窠臼”乎?若将一“○”相作棒喝用,犹是躲跟窠臼,若将一“○”相为千佛万佛之祖,直是魔家窟宅矣!

忠国师以九十七“○”相示耽源,耽源以之示仰山,魔藏杜撰,称为燃灯以前无文密印。当日耽源示仰山,仰山一见,即焚却。源后问仰,仰即重集一本呈源,更无遗失。又沩山举“○”相,内作一日字,仰山就地画一“○”相,内作一日字,以脚抹之,沩山大笑。魔藏但于仰山一见即能记忆处,诧为神奇,而不于沩山大笑处，仰山焚却，及脚抹处荐取，所谓韩卢逐块。若谓九十七“〇”相奇特者，朕今即作八万四千“〇”相，归于八千三百九十七“〇”相，又归于七百九十一“〇”相，又归于九十五“〇”相，又归于九“〇”相，又归于一“〇”相。正如入海算沙，亦游戏华藏之一具，有何奇特？

至于三玄三要，自临济唱出以来，古今宗师，无不拈提，而皆不能分明举似，魔藏乃执黄檗三顿棒以附会之。杜撰差排，是乃全不知三玄三要。临济不云乎，“大凡演唱宗乘，须一句语具三玄门，一玄中须具三要”。首提演唱二字。演唱不能无言句，言句须识玄要，方成活句。然一玄而三要即具，三玄而九要全具，如此〇〇〇，乃玄以立要，要以贯玄，非九要不能贯三玄，得九要而三玄始圆。不分而分，分而不分。所以玄要之法，无法不该。如一棒喝不作一棒喝用，显而易见者。又如四料拣之法，亦如春夏秋冬之四时，虽寒暑变迁，总不出此一年。此一年即棒喝也。曹洞之五位，亦如五行之互具，不出此一气。此一气即棒喝也。若夫浮山九带，朕谓一句中须具九带，而九带中须具五十五束。又如汾阳十智同真，朕谓一句中，须具十智同真，而一同真中，须具五十五实。如此，与玄要之旨何别？推而广之，难以悉数。总之历代祖师，虽更换面目接引世人，总不离世尊拈花，临济棒喝之旨。离此者，即为魔说。况此棒喝，能具万法，能消万法。此棒喝岂有定相？一棒喝何得作一棒喝用？魔藏不识，目为一橛禅。如果言禅，即一橛已属多设。魔藏意犹未足，不知必待几橛，方称其魔意也。三顿棒与三日耳聋，岂更有别意，有何交涉乎？

又魔藏作《五宗录序》，以窣堵波为喻，以九级为五时教义，以结顶处为如来禅，以千丈旃檀从空破顶为祖师禅，以五光三昧为五家宗派。又自诩其言，为塔顶上加聚沙一掬。种种魔说。夫一切教相，皆属筌蹄，垦土种瓜，瓜成非土；金从矿出，矿岂即金。乃谓教之级尽，其结顶处，即如来禅，直同梦呓。且西来大意，即是如来涅槃妙心。五家分派，的的归宗。何可分佛分祖而又分五家？虽二乘之与大乘，尚如皮肉骨髓，层次历历，而分拆不开，何况单提向上边事？五光五派，有何交涉？大似汉代迂儒，谓《尚书》二十八篇，应云台二十八将。魔意只欲推五宗为超佛越祖，而掬沙加顶，已又度越五宗。如来所谓大妄语成者。

又魔藏指曹溪“本来无一物”，为落空亡外道，而弘忍泥黄梅“亦未见性”一语，死在句下。夫只就“本来无一物”句论，固似自了之见，而下既云“何处惹尘埃”，亦可为超越功勋，直臻向上也。黄梅“亦未见性”一语，死在句下者，且不必论，若言掩人耳目者，亦非。黄梅岂肯疑误众生？而米白无筛之对，曹溪又岂世法谦让？悟修所判，虽稍儱侗，而藏忍直斥为空亡外道，转见不堪。可见其自了尚未能，一味有为实法，邪知邪见耳。

弘忍又指斥密云“情与无情焕然顿现”，为闺阁中物，引云门“直得大地无纤毫过患”为转句，“不见一色为半提，须知更有全提的时节”为证。殊不知密云之一棒到底，正是处处全提，皆是“情与无情焕然顿现”之力。彼既未到密云悟处，乃牵引云门言句附会盖覆，狐凭于城，鼠依于社，使人不敢焚熏。究竟城社自是城社，狐鼠自是狐鼠，何能混狐鼠同于城社？

弘忍又云：“三峰师天童，师其源流；我辈师三峰，师其法乳。”魔罪不问自承，岂非并未会“实无一法可得”，故曰源流；所得有凭有据，故妄云法乳耶？夫工夫了彻，识得自心，师资道合，针芥相投，啐啄同时，从上心印，亦惟言“汝如是，吾亦如是”耳，何曾有一法可传？况亦实无一法可得，一言相授受者，如是方名法乳。若藏忍之邪知邪见，魔外师徒，以密传口授为乳，是乃毒乳，何云法乳？

朕谓魔藏原非全无知识，只因离师太早，烦恼妄想，贡高我慢，只图争胜。欲于法门中独出一头，不顾己之脚跟全未着地。欲装点智过于师伎俩，捏定一“〇”四法双头等名相，拟为超师之作。每立一妄语，即捃摭文史，穿配古德言句，以证实之。正如永明云：“以限量心，起分齐见，局太虚之阔狭，定法界之边疆。遂令分别之情，不越众尘之境。向真如境上，鼓动心机；于寂灭海中，奔腾识浪。于管中存见，向壁罅偷光，立能所之知，起胜劣之解，齐文定旨，逐语分宗。”蟭螟岂健于鹏翼；萤照那齐于日曜。魔藏父子之语言著作，永明数语，可为判尽。

当日魔藏取悦士大夫为之保护，使缁徒竞相逐块，遂引为种类，其徒至今散布人间不少。宗门衰坏，职此之由。朕今不加屏斥，魔法何时熄灭？着将藏内所有藏忍语录，并《五宗原》《五宗救》等书，尽行毁板，僧徒不许私自收藏。有违旨隐匿者，发觉，以不敬律论。另将《五宗救》一书，逐条驳正，刻入藏内，使后世具正知见者，知其魔异，不起他疑。天童密云悟派下法藏一支，所有徒众，着直省督抚详细查明，尽削去支派，永不许复入祖庭。果能于他方参学，得正知见，另嗣他宗，方许秉拂。谕到之日，天下祖庭系法藏子孙开堂者，即撤钟板，不许说法，地方官即择天童下别支承接方丈。凡祖庭，皆古来名刹，且常住本属十方，朕但斥徐魔外，与常住原自无涉，与十方参学人更无涉，地方官勿误会朕意。凡常住内一草一木，不得动摇，参学之徒，不得惊扰。奉行不善，即以违旨论。

如伊门下僧徒固守魔说，自谓法乳不谬，正契别传之旨，实得临济之宗，不肯心悦诚服，梦觉醉醒者，着来见朕，令其面陈，朕自以佛法与之较量。如果见过于朕，所论尤高，朕即收回原旨，仍立三峰宗派。如伎俩已穷，负固不服，以世法哀求者，则朕以世法从重治罪，莫贻后悔。

从来邪说之作，易惑人心，然内道外道是非邪正，亦不难辨。本乎自性而为修为说，即谓之内；不本乎自性而妄修妄说，即谓之外。释宗每辟玄门为外。如紫阳真人，于所著《悟真篇》后，另著外集，不杂玄门一语，一一从性地演出禅宗，即从上宗门禅师，似此晓畅无碍，包括于数篇之中者，亦为罕见，而目之为外可乎？如真人者，是外之内也；如魔藏之徒攘佛法而坏佛法，乃内之外也。曹溪清派，何可容此浊流？况此魔说，与魔子孙，流落人间，末学受其无穷之遗毒。法眼慧命之所关，朕岂忍不辨其是非？天下后世,必有蒙朕眉毛拖地之深恩者。须知此魔之不可不辨,因其为佛界之魔;此异之不可不拣,因其为同中之异。《传》曰:“息邪说,正人心。”夫祛邪扶正,朕之所不得不然者也。

粤稽三教之名,始于晋魏。后世拘泥崇儒之虚名,遂有意诋黜二氏。朕思老子与孔子同时,问礼之意,犹龙之褒,载在史册,非与孔子有异教也。佛生西域,先孔子数百年。倘使释迦孔子,接迹同方,自必交相敬礼。盖五典九经三物六行,治天下之大纲小纪,固始自二帝三王,而集成于我至圣。然必解脱诸相,而后此心方能达万事万物之性理。此则其必然者。后世或以日月星比三教,谓某为日,谓某为月,谓某为星。朕意不必如此作拘碍之见,但于日月星之本同一光处,喻三教之异用而同体可也。观紫阳真人之外集,自可无疑于仙佛一贯之旨。道既一贯,愈可以无疑于三教并行不悖之说。爰附及于此,使天下后世,真实究竟性理之人,屏去畛域,广大识见,朕实有厚望焉。特谕。

雍正十一年四月初八日

卷　一

魔忍曰:佛不云乎,“吾有正法眼藏,涅槃妙心,实相无相,微妙法门,咐嘱摩诃大迦叶”。夫涅槃妙心,即吾人本具之广大心体也。正法眼藏,即双明双暗,同死同生之金刚眼也。心即眼,眼即心,实相而无相者也。如国之印玺然,无前际,无后际,无中际,一印而文理备焉。

若欲征心,则虽竖穷三际,横亘十方,犹征不尽。岂未读《楞严》七处征心耶?可惜世尊于百万人天中,拈出一花,不在内,不在外,不在中间,直指人心,见性成佛,却被魔忍“吾人本具之广大心体”一句钝置煞了也。尽大地是一只眼,乃以正法眼藏,为双明双暗,同死同生之金刚眼,岂止认奴作郎?明暗生死,如何又是金刚眼?金刚眼,如何又有明暗生死?说明金刚眼尚不得,何况暗金刚眼?说生金刚眼尚不得,何况死金刚眼?无论孟八郎恁么去,大似韩卢逐块。纵使说得毫厘无差,方成天地悬隔。正法眼藏,涅槃妙心,实相无相,微妙法门,若可诠注得破,何必迦叶方堪受嘱?且三藏十二分,早已说得盛水不漏,又何为末后拈出一花,两人相对捏怪,诳惑天下后世男女?又谓“心即眼,眼即心”,然则离眼便非心,离心便非眼耶?尽大地,指何物为不是心?尽大地,指何物为不是眼?将此心眼,自谓法王宝印,正同伪造印信,岂真玺印耶?又“以一印而文理备”,拈提三际。夫三际者,无际之实际,实际而无际。若譬之一印而文理备,则谓之无前际后际,犹依稀仿佛,如何是无中际?况未印即前际,既印即后际,又何所为无前后际耶?与三际之论,有何交涉?

魔忍曰：及其弊也，知解横生，故不得不变而为机锋，为棒喝。又其弊也，不得不变而定宗旨。宗旨定，若三代之礼乐备焉，虽千圣继出，不能易矣。夫言论之弊也，弊于心性；而棒喝之弊也，弊于乱统。故从棒喝悟者，知乱统之病，而建同喝四喝、料简玄要、函盖截流等纲宗，临济云门是也。从机语悟者，知心性之病，而建四禁五位、六相种种三昧门等纲宗，曹洞沩仰法眼是也。

从上诸祖，终日言而未尝言。然而何一言离却宗旨？离却宗旨，其言又何足道？乃谓“一弊而为机锋，为棒喝，再弊而为定宗旨。宗旨既定，若三代之礼乐备，虽千圣继出不能易”，剿袭庄子之遗蘖，唐突佛祖向上边事，可乎？如此，则所谓机锋棒喝宗旨者，乃是实法，乃是妄语，乃是捏怪，乃是拖泥带水，自救不了。魔之所以为魔，如是如是。又谓临济云门，建同喝等纲宗，曹洞沩仰法眼，建四禁等纲宗，硬作主张，妄生区别。鸱鼠嗜粪，牵引凤凰，与共一坑同食，埋杀五宗矣！

魔忍曰：正法眼藏，果易言哉？惟其不易言也，故先圣秘之而听其悟。惟其不易悟也，故湮没而至于不提。夫湮没既久，必有乘愿再来之大士，起而救之。然而救之之际，不无触讳，故有疑之者，有毁之者，甚至投毒下狱，篆面鞭背。在古人犹所不免，况今日乎？《语》曰“弦急则断”，亦势之固然也。三峰老人，履固然之祸，而卒免矣。有所不能免者，其在我乎？

夫此一大事，虽释迦牟尼佛亦秘不得，释迦牟尼佛亦提不得。说法四十九年，三藏十二部具在，如何秘得？且山河大地，十方虚空具在，如何能取而秘之？然说法四十九年，三藏十二部，不曾说着一个字，如何提得？山河大地、十方虚空，尘说刹说炽然说，而悟者自悟，迷者自迷，又如何能取而提之？魔忍乃谓“惟其不易言，故先圣秘之而听其悟。惟其不易悟，故湮没而至于不提”，可为白日呓语。此中本自清净，此土本自极乐，何尝有造次颠沛，披发缨冠景象？乃谓伊师魔藏，以此事湮没不提，乃触犯忌讳而提之，祸事不了；伊又明知不免，挺身承当而提之，可怜可怜！何苦何苦！

魔忍曰：夫世之为书者，集点画而后成字，集字而后成句，集句而后成章，章之成也，必有先后起止之迹。惟印则无之。学道亦尔。有小悟，有大悟。大悟若印，小悟若集书。当是时，不升巨匠之堂，未有不于点画字句，生满足者。是故兴化因大觉而见临济先师，洛浦由夹山以透牢关一句，黄龙启迪于文悦，云门温研于雪峰，至若灌溪之造末山，妙喜之从佛果，是皆一悟再悟，至于大悟一十八遍。然而岂有他哉？务与从上印文相合而止耳。风穴曰："祖师心印，状似铁牛之机，去即印住，住即印破，乃至印泥印水印空，不留朕迹。"予尝深观之。自拈花至马祖临济，凡三十九传，而此印再铸，光芒四射，睨之即丧其睛，所谓印水者也。自兴化至圆悟大慧虎邱应庵，又十一传，而诸老愈唱愈高，愈造愈不可测，若龙变虎踞，风驰电转，所谓印空者也。至华藏而后，此印渐没矣！嗟乎！三峰先师，穴重泉以出之，磨其光，刮其垢，还其旧观，以用于今日，所谓印泥者也。何也？老人生临济七百年大法灭尽之后，一呼而不应，再呼之，再呼则不应，三呼之，声为之咽，气为之绝。四顾彷徨，而未有和之者，故不得不印诸泥上，以待天下后世。其为心亦苦矣！夫所谓印泥者何？谓印文之不能化也。非印文之不能化也，泥之不能化也。呜呼！吾辈之终日玄要，而不透玄要之极者，与彼一棒到底，只不百步耳。可不戒哉?！可不慎哉?！戒之慎之，藏之护之，以俟其人焉。如临济者出，焚其符，剖其印，重于空中图画五彩，与正法眼藏，暗相吻合。是三峰之愿也，亦从上列祖之愿也。

三印者，一印空，一印水，一印泥。古今提唱。或云："山河大地，悉皆消殒，前后际断，则曰印空；见山还是山，见水还是水，则曰印水；末后牢关，脚踏实地，则曰印泥。”或云：“见空见有，尚有见在，则曰印泥；非空非有，犹落中边，则曰印水；若到一亦不立地位，中边俱捐，如来如来，如是如是，则曰印空。”或云：“三印非是三关，并皆究竟极则。空来空如，则曰印空；有来有如，则曰印泥；非空非有来，非空非有如，则曰印水。”三说虽若异同，总不离正知正见，非可情识知解卜度。魔忍乃谓拈花至临济而此印再铸，所谓印水；兴化至圆悟，愈唱愈高，愈不可测，所谓印空；至华藏而失其印，至魔藏复得之重泉之中，磨光刮垢，顿还旧观，而为印泥。盖谓此印，即同印绶之印。明得自己手中有个如来佛传国玺，伊是真正觉王嫡子而已。世法言之，当同叛贼；出世法言之，可谓狂痴矣。夫帝王统绪，亦在奉天承运，不在传国玺之有无。况乎觉王正令，岂有玺印之可传哉？如果有之，则是作为实法矣！伊之为外道邪魔，自供自认。

魔忍曰：四七二三诸祖师，应机多标理致。而棒喝机锋，始自马祖。诸老宿不察三峰之用心，憎其异己，至欲抹杀从上相承之法印。自谓一棒到底，不立窠臼。独不思棒喝之始自谁乎？若谓此棒直接马祖之上，则马祖已上，未尝用棒喝也。若为此棒仍承马祖之下，则马祖已下，未尝无宗旨也。是二者何居？若谓自立门庭，不从人得，其如棒喝何？进退推求，实无本据，反欲辟人之扶救慧命者，为无师，为外道，为旁出，其谁曰信然？今三峰往矣，而《辟书》又一再至，则吾之辨亦安能已耶？非辨也，救也。

救者，人有难而吾拯之也，人之乎死而吾生之也。若夫从上佛祖之宗旨，自威音以前无生，弥勒以后无灭。尚非出世间法，而何有于世谛？何患何难？何得何失？而又何从而救之耶？众生心无处不缘，惟不能缘于般若之上。今于青天白日，忽起狂花，妄生救心，妄立救相，妄出救言，妄成救境。无论不须救，实亦不受救。而此大妄语成，堕无间狱，则虽欲自救而不得也。且宗旨之与棒喝，有二乎？无二乎？譬如三峰法藏，棒喝即三峰，宗旨即法藏,乃欲是法藏而非三峰,灭三峰以救法藏,气急败坏,披发缨冠,不谓之狂人不可也！谓棒喝如自马祖,岂知燃灯以前未尝无乎？且如世尊拈花,拈花非棒喝乎？迦叶微笑,微笑非棒喝乎？推而广之,天有四时,春秋冬夏,风雨霜露,天之棒喝也；地载神气,风霆流形,庶物露生,地之棒喝也；鸢飞戾天,鱼跃于渊,物之棒喝也；爪生发长,脉动气旋,饭过其中,衣裹其外,身之棒喝也。何得云马祖而后始有？且棒喝亦名相耳。譬如冠然,夏曰收,殷曰冔,周曰弁,秦汉以来曰冠,魏晋以后,始有帽之名。今则冠与帽并称,而所谓收冔弁者无称焉。要而论之,不过是暖此头,饰此头之一器耳。何问名之异同？棒喝亦不过是建万法,消万法之一机,欲人自明宗旨耳。其落处不涉宗旨,其用处不离宗旨。岂得将棒喝与宗旨斤斤较量？何异将冠与头斤斤较量？不谓之愚痴不可也！如此而一则曰宗旨,再则曰宗旨,是其所谓宗旨,乃魔说而非宗旨。以魔说为宗旨,安得不绝人慧命乎？

魔忍曰:四十九年说法,皆随机遮护,至拈花一着,始尽天上天下独尊之旨。先师谓"一花拈出,圆证吾人心法广大",非臆谈也。《辟书》以一棒为全提独尊,谓"此外别有,即同魔说"。岂吾所谓全提独尊之旨哉？吾所谓独尊者,如天子为万国之独尊。吾所谓全提者,如万国皆在天子王化之中。布一令而天下肃,发一言而天下应,除一官,授一职,而天下被其泽,天下之教教化化皆归之。故谓之独尊。非天下之外,别有独尊,而独尊之外,别有天下也。心法亦然,洞宗有五位,以君位为尊。临济有四宾主,以主中主为贵。云门有全提半提,以全提为究竟。教中有海印三昧,谓万象森罗,皆在海光之中,无前际后际,而一时俱现,所谓全提独尊者也。若夫《辟书》之一棒,谓之法外之心,谓之乾慧,特孤独之独耳。独可也,尊则吾不知矣。

世尊初生,一手指天,一手指地,周行七步,曰:"天上天下,惟我独尊。”云门云：“若使老僧看见，一棒打煞与狗子吃。贵图天下太平。”雪窦云：“云门此语有两负门。有一门不共戴天，有一门恩大难酬。”古德提唱，究竟是何心行？且西天记此公案，又是何心行？若解不得，入地狱如箭射。若解得，亦入地狱如箭射。解得解不得，天下总然太平。何以故？“天上天下，惟我独尊”故。密云以一棒为全提独尊，尚复依稀似曲。若魔忍之喻，真乃乌焉成马，有甚了期？又复牵合五位君臣四宾主，谓“五位以君位为尊，四宾主以主中主为贵”。不特与独尊之旨，毫无交涉，且五位中，又可有四卑而一尊，四宾主中，又可有三贱而一贵耶？五位犹一手五指，四宾主犹一室四隅。莫非东看为西，南观成北，同中有异异中同。岂可实实作一二三四五会？若夫指斥密云一棒为乾慧，为孤独之独，直是逆心炽然，妄呵肆骂其祖，更无可论矣！

佛祖语言，并是直心直行，只是向人直说而会者自会，不会者自不会耳。何尝随机遮护？若随机遮护，便是众生相，并不到圣处，何为佛语？

魔忍曰：凡先圣或示此“○”相，或示此“●”相之类，若伏羲之卦画也。虽无文字，而天地万物之理备焉。而七佛列祖传法偈，若文王之系辞也。所云双头独结，无文密印等，其爻象乎？盖以此“○”相统言诠，以言诠入此“○”相，不相害也。昔临济大师初住镇州，即谓普化克符曰：“我欲于此建立黄檗宗旨，汝二人成褫我。”二人禀旨上问，济于三段二打之后，以四料简明之。于是便有玄要宾主照用等宗旨立焉。夫黄檗接临济，不过三顿痛棒，而济乃建立若是，岂非三顿之象彖乎？然卦无象彖，卦之理固自若也。使由卦以知象彖，由象彖以知卦，卦之理亦固自若也。今有人焉，执一画以为乾，问其乾之所以乾，则瞋目大怒，至欲焚其书，绝其人，止存一画以教天下后世。是果知乾乎？

伏羲时无文字，所谓☰者，即是乾字。非伏羲画此象，而文王以“乾元亨利贞”注释之也。至于“○”则是何文字乎？又可作文字边会乎？《易》之为书，虽天地万物之理备，然此是其余事。若论其旨要，皆所以尽人伦。人伦之内，万有不齐，一一随时变易，以期适得其宜，必有道矣。圣人欲如《善见毗婆沙律》之一一分而列之，而不胜其赜也。于是多方设喻以该之。四圣各自作《易》，道则同而义不相袭也。与佛门相较，于律门最相似。于此不明，往往牵引《易》语，为似佛祖教外别传者。此两家门庭，皆未曾涉足者之说也。譬如藏内律文，何条有碍宗旨？拟指何条与宗旨相似？魔忍乃以“○”为卦画，以七佛列祖传法偈等为系辞，而以其师所捏造之双头独结，无文密印为爻象。真所谓扣槃扪烛，无端蔑圣污贤。至以“临济打克符普化，以四料简明之，于是便有玄要宾主照用等宗旨立焉，为黄檗三顿棒之象象”等语，此邪魔外道之尤者。祖师机缘，如清凉风，如大火聚，捉不得，近不得。岂有今日棒喝，而明日捏几句话头，以疏通证明之？如此祖师，虽令洗脚，亦不需也。宗旨二字，即同教外别传，皆是不可名而强名，出于无奈。者个原不受这等涂污埋没。今乃以四料简玄要宾主照用为宗旨，岂但迷头认影，且认脚影为头矣！岂但玄要等葛藤，即三藏三十分，亦岂瞿昙宗旨？若云瞿昙以此为宗旨，则为谤佛。

魔藏颂世尊升座，文殊白椎公案云：“人人都向世尊未升座前会取，早已错了也。”复颂云：“雨过空山水碓声，文殊何处着槌鸣，脚头脚底无劳问，宝座从他下与升。”

世尊升座，文殊白椎云：“谛观法王法，法王法如是。”世尊便下座。夫既升座，则法王法，绝覆藏矣。文殊既白椎竟，四至分明讫，又复作多口阿婆，叮咛嘱咐，曰“谛观法王法，法王法如是”。所谓以慈悲之故，有落草之谈也。魔藏既知空山水碓，即是文殊白椎，何以又不向世尊升座处，张眼明明看取？却云：“脚头脚底何劳问，宝座从他下与升。”岂不以外道伎俩，妄测世尊耶？如此，岂不仍是向世尊未升座前会取耶？然则其所谓空山水碓者，却与文殊白椎，天地悬隔。空山在眼，何尝睹无见之妙见？碓声在耳，何尝入不闻之圆闻哉？

魔藏颂灵山拈花公案云："大地花开胜国春，碧池窥洞笑相亲，自从惹得燕莺语，话到于今转失真。"

拈花公案，燕莺恰恰道着，燕莺即是花，语即是拈，无二无别。而三峰藏云"自从惹得燕莺语，话到于今转失真"，连个燕莺之见，尚未得一如在，道甚真与不真？

魔忍曰：六祖入黄梅之室，亦以袈裟遮围，征其前悟，至"应无所住而生其心"，言下大彻，乃曰："一切万法，不离自性，何期自性本自清净，何期自性本不生灭，何期自性本不动摇，何期自性能生万法。"黄梅知其彻悟，遂以衣钵付之。先师谓袈裟缕缕，明示法数，非苟然也。盖袈裟自一条至二十五条，每条各五，各个四长一短，颠倒参错，开阖变化，默印吾人本具之广大心体，圆融行布，不滞一偏，始尽此心此法之奥，非心外别有所谓密付者也。如六祖偈曰"菩提本无树，明镜亦非台，本来无一物，何处惹尘埃"，岂非滞在净处，而于心法有所未圆者乎？请试言之。若此偈便为究竟，则三鼓入室，不应复有言下大彻等语。既有此语，则偈旨之偏，虽卢公再出，亦当首肯。今之人悟不及此，遂谓先师以宗旨定在衣上，不亦欺世之甚乎？且初祖亦曰："内传法印以契证心，外付袈裟以定宗旨。"若以衣表宗旨，而宗旨遂在衣上，则灵云见桃花，水潦被马师一踏，二公之悟，应在树头之上，鞋跟之下耶？盖未肯深思尔。何则？请观世尊拈花之际，普告大众曰"吾有正法眼藏，涅槃妙心，付与摩诃迦叶"，当是时，人天百万，未有若秀公之徒起争端者。世尊不即此时，付以金缕，却于多子塔前重增公案。何哉？则袈裟遮围，分座令坐之事，有旨无旨，不待辨而较然黑白矣。噫！物之最大者天地是也，理之最幽者阴阳是也，而圣人迎日推策，画八卦，考河图，测以浑天之仪，载以历象之书，然后天地之动静，日月之行度，星辰之区分，阴阳寒暑之数，闰余盈缩之变，鬼神幽冥之情状，灼见而指诸掌。由是而观，圣人之智虑过人远矣！使匹夫匹妇从而论之，又乌得不增其昧昧哉？

儒者即数以显理，谓理数不相离也。然理是形，数是影。夫数实理虚，而谓理形数影者，何也？理得而数随之，则是无定者乃一定，而一定者乃无定也。数无定，而随理之有定者以为大小，故以形影喻也。此皆是儒门边事。若夫禅门，先去理障，直标心宗，理尚不可说，何况于数？魔忍乃谓"袈裟自一条至二十五条，每条各五，各个四长一短，颠倒参错，开阖变化，默印吾人本具之广大心体，圆融行布，不滞一偏，始尽此心此法之奥，非心外别有所谓密付者"，真是魔说。伊不过略涉世典，见乾数二十有五，坤数三十，坤之三十，即是二十有五而再五之，坤统于乾，阳实阴虚，坤为虚数，惟乾之二十有五为实数，故乾数该万有之数。乾，生生也。生生者，天地之心也。天地无心，人为天地之心。故生生之数二十有五，而心之数亦二十有五也。袈裟二十五条，偶然符合，遂谓以此表吾人广大之心体。无论与无生法忍，毫无交涉，即以《易》论，孔子所谓天数二十有五者，又何尝预知后人之推测到此哉？不过理必与数符，自然恰合耳。有何奇特？至若所谓直标心宗者，岂是这个心？不见《楞严经》云"此非汝心"？且又与袈裟何涉？如曰即此是，不知才说是，即已不是。是亦不立，况伊固非谓即此是乎？以此诱惑士大夫之无学者，俾群称妙谛，为之外护。如此心行，真乃污浊祖庭。既谓袈裟二十五条，默印心体，又自觉其说之迂怪也，于是又谓不是将宗旨定在衣上。妄引灵云桃花等公案为证，总无落处。至谓世尊拈花，迦叶微笑，未是授受，必待多子塔前，袈裟围绕，而后密付宗旨，鬼窟里作活计，涂污世尊，结成魔界，应堕无间狱矣。狂吠不了，忽又转入世谛，谓"物之最大者天地，理之最幽者阴阳"，又谓"圣人迎日推策，画卦考图，而得其秘奥，圣人智虑过人”，特地赞叹圣人一番，又谓“使匹夫匹妇从而论之，乌得不增其昧昧”等语，暗指伊师法藏为圣人，而密云天隐为匹夫匹妇。暗用韩愈《送浮屠文畅序》意义，借此向迂儒俗士打个关节。真所谓“胁肩谄笑，病于夏畦”者。此种议论，宗门语中何处着落？本无足辨，但恐后世无识之徒，或谓伊于儒门义理，尚有可取，不得不亦为蛇足一上。夫天地曰两大，尊称之辞也。然虽蟭螟之细，其气皆是天，其质皆是地，固亦可曰莫小于天地。岂得但曰物莫大于天地？至于理最幽于阴阳之说，即知伊连个阴阳也不识。但可言莫显于阴阳耳。夫阴阳以对待言，则男阳女阴，昼阳夜阴，推之万物皆然。尘尘刹刹，具在目前，可曰幽乎？以互根言，则男阴女阳，昼阴夜阳，推之万物，又莫不皆然。亦尘尘刹刹，具在目前，可曰幽乎？连个幽之一字，尚在阴阳甲里，必得与显为对，然后可以论阴阳。如论其象，则显而在外者阳也，幽而在内者阴也。如论其根，则显而昭著于外，有形之可指者阴也；幽而主运于内，无迹之可寻者阳也，何得云理最幽于阴阳？况乎天地亦不是物，阴阳亦不是理，即此二语，其于世典，亦是邪魔外道，何论禅宗。圣人之所以为圣人者，以其明人伦耳。孟子曰：“圣人，人伦之至也。”《大学》曰：“为人君，止于仁。为人臣，止于敬。为人子，止于孝。为人父，止于慈。”惟能以三达德行五达道，故曰圣人。若夫迎日推策，画卦考图，而知天地日月之行度等类，乃是圣人之多能。圣不圣于此全无交涉。若于此等处，谓是圣人之所以为圣，则是西洋回回之能历法者，皆是圣人矣。况周孔之历在《春秋》，尧舜之历在《尚书》，以算术考之，并皆疏阔而舛讹，不及今之时宪历处甚多。若以此为圣，则是昔之南怀仁，今之戴进贤，胜于尧舜周孔矣！岂不是盲人观象，妄生议论？

谓世尊多子塔前，袈裟围绕，别无义味，卢行者三鼓入室，仍是“何处惹尘埃”见地，固是颟顸，若如魔忍所说，又属外道。学者既具正知正见，切须于此著精彩。

魔忍曰:金刚舍利,建塔立庙,乃人天植福之田耳。结集法眼者,使真金刚,真舍利,照天照地,而光明种子,世世不绝,真续佛慧命者事也。今乃抹杀临济正法眼藏,谓之学解。观尊者此语,宁不惕然?

金刚舍利,建塔立庙,亦不得但作人天植福会。会得,则所谓正法眼藏,即金刚舍利,建塔立庙;会不得,则所谓结集法眼,续佛慧命,岂止不及人天植福之因,即是灭慧命而续魔命。岂得不以善因而招恶果?夫金刚舍利,即是法眼。如将金刚舍利,建塔立庙,与法眼慧命,话成两橛,即属脚跟不点地汉。况法眼岂由结集而成?如使可以结集,则尚安得谓之真金刚,真舍利?只结集二字,非止学解,直是魔外耳!魔忍自立为临济嫡宗,与其祖师密云为难,思压倒密云,驱出祖席,全是好胜心,瞋恚意,尚何慧命?尚何法眼?不如朴朴实实,拜塔礼庙,熏此善种,以待来生,尚不错过。何必托语言文字,横造无穷之业?

魔忍曰:古今以聪明睿智偾事者实多,而神尧神禹,不碍为君,周公孔子,不碍为圣人,七十子之徒,俱不碍为贤人。未闻田舍翁,致君尧舜而垂范百世者也。吾道亦然。故如来称一切智人,而华严菩萨,于百工技艺,星相图纬之学,莫不精究。第观其用心何如耳。《辟书》于三峰所说之法不可测,遂贬为旁出,称瑞光顶兄为类己。顷见瑞光之录又不可测,而《辟书》旋至,甚至以瑞光为假冒不识字之名。嗟乎!不识字者,所谓饱食终日,无所用心,有何佳名而假冒之耶?但瑞光不幸而堕无此数中,又幸而得在先师炉锤之下,发其覆,淘其滞,开其宿慧,使至于今日。辄前是而后非,法眼何尝定欤?且西天诸祖说法如云涌河决,至于马鸣、迦毗摩罗、龙树等,各著论百余卷,亦呼为聪明旁出,可乎哉?

亘古亘今,未闻以聪明睿智而偾事者也。论出世间法,无明本性即佛性。聪明睿智,又岂得不是佛性?谓之无心道人,亦谓之无事之人。尚不得说个事,说什么偾事不偾事?论世间法,听而圣曰聪,视而圣曰明,思而圣曰睿,合而言之曰智。聪明睿智,便是圣人,安得偾事?今曰“古今以聪明睿智偾事者实多”,则不知其说为何等魔说也!赵州出院,路逢一婆子,问:“和尚住什么处?”师云:“赵州东院西。”婆子无语。师归院,问众僧:“合使哪个西字?”或言东西字,或言栖泊字。师云:“汝等总作得盐铁判官。”僧曰:“和尚为什么恁么道?”师曰:“为汝总识字。”观此则密云斥瑞光假冒不识字之名,岂无落处?且不识字人,又如何定是饱食终日,无所用心者?贩夫贾竖,一字不识。其心日夜营营,岂能休去歇去?以世谛言,亦属不解。况孔子所谓“饱食终日,无所用心,难矣哉”者,盖策励下学之辞。若向上事,不又曰“饭蔬食饮水,曲肱而枕之,乐亦在其中矣”乎?如使尚有心可用,安得乐在其中?至于宗门,终日吃饭不曾咬着一粒米,然后到得饱食终日无所用心地位,此正是绝学无为闲道人也。魔忍乃曰:“有何佳名而假冒之”,不特不曾证此实际,并不曾闻此佳名矣。又讥密云“以魔藏所说之法不可测,遂贬为旁出,称瑞光为类己,顷见瑞光之录又不可测,而《辟书》旋至。”夫佛祖语言,所谓如语、真语、实语、不妄语、不诳语。木头即是木头,碌砖即是碌砖。明明道得七花八裂,而听者不悟,则依然囫囵。所以说者,不由心意识,而听者亦不得向心意识边摸索。有什么可测与不可测?魔忍魔光之不可测,正是密云之所痛心疾首,不忍不辟,不得不辟者也。魔忍乃复卖弄伊父兄之不可测,正庄周所云“鸱得腐鼠,鹓雏过之,仰而视之,曰吓”者矣。且伊等之语,亦何不可测之有?凡不可测者,惟此正法眼藏,涅槃妙心,则惟证乃知难可测。盖以才用测时,便落心意识,既落心意识,便如用墨染绢而求其白,其染愈深,其白愈黑故也。若伊等之所谓四法交加,双头独结,勒成无文密印者,不过“穿凿附会”四字尽之,何不可测之有?极其微妙,总归一“○”耳。亦既“○”之,则亦既测之矣。充其伎俩,能举陈年葛藤,配合得枝枝相对,叶叶相当耳。夫此葛藤,所当付之一炬。如其付之一炬,则亦既测之矣。能将诸子百家,四库万卷,种种无明窠窟,资其谈锋舌剑耳。夫此谈锋舌剑,等于鹊噪鸦啼。如其等之于鹊噪鸦啼,则亦既测之矣。然则更有何不可测者,乃敢附会马鸣、迦毗摩罗、龙树诸大士耶!《诗》云:“巧言如簧,颜之厚矣!”

魔忍曰:童子持鉴出游,以表诸佛圆智。从来象示,不可诬矣,至如龙树现自在身,而提婆谓众曰:“无相三昧,形如满月。”夫玄黄未兆之际,圣凡罔立之先,果可以规规小见征之耶?永嘉曰:“大千沙界海中沤,一切圣贤如电拂。”《般若》曰:“一切诸佛,及诸佛阿耨多罗三藐三菩提法,皆从此经出。”然则先师谓无象一“○”相,为千佛万佛之祖,其理固未尝悖也。

“○”,不在内,不在外,不在中间。“○”,前无始,后无终,现在无现在。“○”,不是心,不是佛,不是物。夫此“○”者,不过言思绝处,不得已而为之。然此言思绝处,不得已而为之之“○”,只合供仰山一脚抹去。古德云:“达摩西来,只为欲觅个不受惑的人。”若见于“○”,即已非“○”。若契于“○”,“○”更何立?若立一“○”,即惑于“○”,若惑于“○”,即是谤“○”。今乃以“○”为千佛万佛之祖,然则千佛万佛,乃“○”之子孙耶?童子持鉴,鉴与童子,是同是异?诸佛圆智与鉴,又是同是异?如何可作象示人!若然,则“心如明镜台”之句,能大师何以不肯?且既谓此鉴为诸佛圆智之象矣,又曰“此无象一‘○’,为千佛万佛之祖”,“○”则象存,又何言无象耶?

魔忍曰:达摩初破六宗,其意锐甚。及东来震旦,六番受毒而不言,谤议沸腾而不辨,不契于梁,不闻于魏,不容于流支之徒,机亦危矣!稍有争论,安能默坐九年,以俟二祖耶?

又曰：天童当今第一名宿也。拨无宗旨者，孰不借口？予将使天下后世，知天童盛怒之日，已有犯颜死争者如某。庶乱统之弊，其少惩乎？

佛祖之开人迷云，提示要旨，莫非慈悲之故。所谓无门解脱之门，无意道人之意。岂其有争论是非，必欲己之胜彼，如臧三耳之说耶？此等凡夫见，尚不可涂污圣贤，何况佛祖？乃谓："达摩初破六宗，其意锐甚。"达摩意作么生？魔忍于何见之？意尚不可得，何况于锐？岂有舌战胜人之香至哉？苦哉香至，受此大谤。况乎西天贝叶，大都譬喻。彼小乘禅观，有此六种各封己解之流。达摩一一剖明化导，俾之舍小趣大。然此六宗之徒，即谓之莫须有，亦可也。又安得有初破六宗，意气横溢，若武夫斩将搴旗，秀才状元及第时境象哉！担屎泼佛，斯之谓矣。

明哲保身，在儒门亦非趋利避害之谓。险莫险于嗜欲，而患难不与焉；丑莫丑于凶德，而六极不与焉。明哲者，明哲于见理，非明哲于趋避也。况乎宗门，善恶齐屏，吉凶齐致，有无齐等，生死齐际，身亦非身，何有于保？乃谓达摩履危机而默坐九年，何其谬也！唐时无名老宿有云："祖师九年面壁，为访知音。若恁么会，吃铁棒有日在。"魔忍乃谓面壁九年以俟二祖，魔外心肠，无名老宿于千百年前，早为觑破而抉示矣！夫乱统固是宗徒陋弊，然与作为实法，妄建宗旨者，彼为五十步，此为百步。盖乱统之害，易分雪里粉，妄建宗旨之害，难辨墨中煤故也。夫曰法喜，曰禅悦，曰乐土，曰净因，曰闲道人，曰无事人，佛祖心行，如是如是。今乃曰"将使天下后世，知天童盛怒之日，已有犯颜死争者如某"，此是何等言语，何等心行耶？恐天下后世之不知有魔忍也。恐人谓"见与师齐，减师半德"，必欲冒见过于师之名也。恐天童之名在己上。思天下惟羿为愈己，于是杀羿也。恐天下后世之或是天童而非己也。恐天童之我先，而天下后世之不以我为善知识也。恐天下后世之知其然，终不以是归己，以非归天童。执祖孙之义以相诮，非托父有诤子之义，不是以压倒天童，使天下后世皆盗跖天童而龙逢我也。究竟何为而然?则曰为宗旨云尔,为是非不立,空有双融,圣凡情尽,人我同根之宗旨云尔。能不捧腹绝倒耶?

魔忍曰:廓然不识,涂毒鼓声也。雪窦以本语作颂,可谓白圭无玷矣。后人向左右顾视处,妄下注脚,而自谓不存知解,不亦难乎?东坡居士曰:"《本草》谓芋为土芝,能充饥益气。惠州富此物,人食之者不免瘴,非芋之罪也。芋当去皮,湿纸包,煨之火,过热乃熟,啖之则松而腻,能益气充饥。今惠人皆和皮水煮冷啖,坚顽少味,其发瘴固宜。"夫直指人心,见性成佛之言犹芋,而纲宗则纸包火煨之法也。令诸穷子辗转求食者,如法啖之,不复饥饿。若夫抹杀宗旨,以扬眉瞬目见解,执悟中迷,发为狂打泼骂之瘴,非所谓水煮和皮者耶?

"休相忆,清风匝地有何极?顾视左右云:'这里有祖师么?唤来与老僧洗脚'",雪窦此语,与丹霞烧木佛,大相悬绝。既云清风匝地,则不唤洗脚者则已,如唤洗脚者,则欲求一不是祖师,与之洗脚,固不可得也。是以密云示人,于左右顾视处着眼,正是雪窦所颂。而魔忍斥为妄下注脚,既不识密云所谓,即不识雪窦所颂,不识雪窦所颂,即不识达摩所对矣!且廓然无圣及不识二语,正是如语、实语、真语、不妄语、不诳语,乃谓是涂毒鼓声。然则以此二语为权语耶?又举东坡煨芋说。而以直指人心,见性成佛为芋,以纲宗为纸包火煨之法,益属谬论。夫惟者个,不落圈禬?,非修持之所可到,故曰直指人心见性成佛。古德提持,惟处处将此芋放入口边,而人不能食。何尝有纸包火煨之实法可说耶?此芋天然异味,食之无欠无余,不在春生夏长秋收冬藏之内,何须纸包火煨?尽大地作一张纸,亦包不得;遍虚空是一团火,亦煨不得。但要人吃得,便九转大还,一超直入。有何烹炮调和,如法不如法耶?乃斥密云为狂打泼骂之瘴。不如密云一棒到底,正是剥好此芋,放伊口中。伊不解吃,转目之为瘴气。伊师双头独结,无文密印之鸩毒,转以为调和此芋之盐梅。将见入口而慧命已绝,又岂止水煮和皮,能发瘴气已哉?!

魔忍曰:永明寿禅师垂诫云,“学道之门,别无奇特。只要洗涤根尘下无量劫来业识种子。汝等但能消除情念,断绝妄缘,对世间一切爱欲境界,心如木石相似,直饶未明道眼,自然成就净身”。又云:“深嗟末世,惟说一禅,只学虚头,全无实解,步步行有,口口谈空。自不责业力所牵,更教人拨无因果,便说‘饮酒食肉,不碍菩提;行盗行淫,无妨般若’,生遭王法,死陷阿鼻,诸佛出来,也无救你处。若割心肝如木石相似,便可食肉;若吃酒如吃屎尿相似,便可饮酒,若见端正男女,如死尸相似,便可行淫;若见己财他财,如粪土相似,便可侵盗。饶你炼得到此田地,亦未可顺汝意在。直待证无量圣身,始可行世间逆顺事。”古圣施设,岂有他心?只为末世僧尼,少持禁戒,恐赚他向善俗子,多退道心,所以广行遮护。千经所说,万论所陈,若不去淫,断一切清净种,乃至若不去酒,断一切智慧种。如何后学,略不听从,自毁正因,反行魔说?夫永明,无量寿之应身,其垂诫与楞严三决定义,同一慨切。后代魔子,或借二祖调心之言为口实,如刻粪作檀,佛说名为可怜悯者。或玉泉皓禅师制犊鼻裈,书历代祖师名字。有狂僧效之,皓见而诟曰:“汝具何道理,敢以为戏事耶?呕血无及矣!”僧寻于鹿门如所言而逝。夫酒仙蚬子,皆散圣中人,应时而出,以救一期之病,非传佛心宗者所宜效颦也。至于末后一段光明,转疑为信。今之大言不惭者,能如是乎?

此篇举永明之语,儆戒依托宗门,不持五戒之流。孔子所谓“不以人废言”,缁流所宜猛省。虽然魔忍言此,其造业更甚于饮酒食肉,盗财行淫,则又不可不为诛心之论。何则?密云患风,汉月乃诱令以川牛膝浸酒饮,治有验,密云随其计。汉月乃遍告诸方，斥密云破戒，煽惑当时士大夫，以夺其外护。如是心行，父作之，子述之，又假永明之言，粉饰点缀，末乃微辞刺讥密云，以夺其宗席。于戏！富贵利达之场，陷溺人心，愈巧愈深，愈变愈幻，失却自心，自食自肉。所赖一登菩提之门，更蝉蜕于浊秽。乃流俗日下，将得宗旨与不得宗旨，又如得富贵与不得富贵，害人以自利，辱人以自荣，变幻万端，深巧百计。释迦视之，真同出佛身血矣！庄子所谓"窃钩者诛，窃国者侯。圣人以仁义治国，乃并其仁义而窃之"，其斯之谓欤！较之饮酒食肉，盗财行淫，种种诸业，犹一羽之较一钧，轻重悬殊矣！

卷　二

魔忍曰：祖有《信心铭》近千言，其略曰："至道无难，惟嫌拣择。但莫憎爱，洞然明白。毫厘有差，天地悬隔。欲得现前，莫存顺逆。"要知临济、德山千奇百怪处，不过驱学者丧尽心智，与此数语符合耳。彼义学之徒解曰："至道本无难易，但不拣择即是。"譬夫画龙，头角牙眼，一一相似，惟不能行雨。所谓"毫厘有差，天地悬隔"，非宗旨何以辨之？

魔忍谓："临济、德山千奇百怪处，不过驱学者丧尽心智，与此数语符合。"夫丧尽心智，尚未知会得个大死大活否。曷由即与此数语符合？然虽大死大活，慧命既续之后，洞山云："相续也大难。"涌泉云："我四十九年在这里，尚自有时走作。汝等诸人莫开大口。见解人多，行解人，万中无一个。"古德言语切实如此。亲尝甘露味人，出口自是不同。岂若魔忍辈轻谈般若！虽曰此中岂有阶级渐次，然而无渐次中，大有渐次，没阶级处，大有阶级。惟证乃知，谈何容易！魔忍之论，譬如书生纸上谈兵，数行之间，便身经大小百余战，辟土开疆十万里矣！还当得实事否，且临济、德山，门庭施设，原不过接引初机。所以欲令学人丧尽心智者，欲令学人自悟自性也。即其入门便棒，两堂同喝等，睹面相呈，当阳指示处，尚属光影边事。较璨大师铭语落处，犹是望长安而西笑。何况三玄三要等一串络索？且古德岂喋喋利口胜人者？特欲人于言思绝处，一念回光，即同本得耳。若魔忍辈所说三玄三要等，不过欲天下后世，推伊为明宗旨人。欲人向伊边讨个宗旨的关节，显得伊是善知识。如此心行，纵使说得天雨曼陀罗花，亦是子不语怪。何况不过乌焉成马，有甚了期？一群盲驴，聚头打谜而已。且陈烂葛藤中,寻出什么宗旨来?又将这个宗旨去辨别那陈烂葛藤中打之绕者。此为拣择耶?不拣择耶?此不过斥密云一棒到底,为貌似璨大师之不拣择而非真龙,其头角牙鬣虽似,不能行雨。不如他得了宗旨,是个真龙,分得出青黄皂白。人有向伊开口者,与他宗旨合,则是善知识,与他宗旨不合,便是学人。将此诳惑闾阎耳。如此,先未曾发个净信,又说甚《信心铭》?璨大师明明说个"惟嫌拣择",而伊则专事拣择;明明说个"但莫憎爱",伊则全是憎爱。只就语言文字边会取,其为魔外,已是自己供招确凿。

魔忍曰:五祖观六祖偈毕,乃云"亦未见性在",及其三鼓入室,征至"应无所住",言下大彻。则"亦未见性"之语,皎然明白。后世装点云"故意不许,以息其争",而谓"袈裟遮围,不欲人见",非以世俗流布,诬谤祖师耶?夫既曰入室,闭门足矣。何至遮遮掩掩,欲隐弥露乎?此无他,只欲于"本来无一物"上作解会。而袈裟遮围处,注脚不行,强作此语耳。可发千古一笑。

密云悟据大藏中《坛经》所载,谓五祖一日忽见六祖,曰"吾思汝之见可用,恐有恶人害汝,遂不与言,汝知之否",六祖曰"弟子亦知此意,不敢行至堂前,令人知觉",后五祖见法众总惊,无不嗟讶,遂将鞋擦了偈,曰"亦未见性在",众人疑息等语,辟魔忍。后世装点云"故意不许,以息其争"之语,亦是钉桩摇橹。古今传记,不可信者甚多。虽史家载笔,尚多讹传,况空山衲子,得诸往昔之传闻者乎?"本来无一物,何处惹尘埃","亦未见性在",自属铁案。但魔忍禀伊师魔藏之说,谓落空亡外道,必待袈裟遮围,五五二十五,细宗密旨,入室传示之后,然后卢行者于黄梅边得个宗旨。如此涂污,不但未了黄梅"亦未见性"之旨,实于曹溪"本来无一物",未曾梦见。则虽说得袈裟遮围处,与多子塔前因缘,毫厘无差,亦是学语之流。何况伊所谓"袈裟自一条至二十五条,每条各五,各各四长一短,颠倒参错,开阖变化,默印吾人本具之广大心体”，种种魔说，驾虚凿空，作为实法乎？伊师魔藏既斥“本来无一物”为空亡外道，伊又斥为着在净边。殊不思曹溪初见黄梅时，黄梅令随众作务，曹溪曰：“弟子自性常生智慧，不离自性即是福田。未审和尚教作何务？”黄梅曰：“这獦獠根性太利，着槽厂去。”经八月，乃有各述心偈之事。八月以前曹溪之言具在，何得又有落空著净，种种狐疑耶？总为欲证其三鼓入室，别有细宗密旨之魔说，遂不顾谤祖之罪，肆无忌惮耳。

魔忍曰：夫拈花一宗之始入震旦也，不契于君，不甚信于缁素，不著闻于朝野。是故达摩以之而受毒，二祖毙于刑，璨大师混迹于潜山，兢兢业业，与道自匿。故曰慎勿言“自我所得法来”也。

拈花一宗四字，即是魔说。释迦以四十九年所说，诚恐恒河沙世界，尽未来际，一切诸众生，迷头认影，以心意识测其所说，各封己见，自立为宗，于是拈出一花，于百万人天中，直捷提持。迦叶尊者，亦是忍俊不禁，破颜微笑。岂曰这便是个宗？相与诳吓闾阎。只为多此一举，留下许多络索。直至于今，如魔忍辈不了汉，又在花边拈边，成个不快漆桶。韩大伯有云：“一兔横身当古路，苍鹰才见便生擒，后来猎犬无灵性，空向枯桩旧处寻。”然则提个宗字，释迦早为皱眉，何况说一说二？岂舍此别有，故曰拈花一宗耶？抑自有此拈花一宗后，子孙蕃衍，别子为祖，继别为宗，遂有二宗三宗，以至五宗耶？其去达摩所破之六宗，得毋更不堪也！又谓“始来震旦，不契于君，不信于缁素，不著闻于朝野，是故达摩以之受毒，二祖毙于刑，璨大师混迹于潜山，兢兢业业，与道自匿”，此等语句，真成世谛流布矣！魔忍好以世典附会禅宗。然即以儒门论之，如《史记·孔子世家》，载颜子曰“夫子之道大，故天下莫能容”，其语即不可信，不似颜子之言，其问答亦不似孔颜心行。《论语》中，便不得有此种议论。道者，人之所共由，千万世之所同具。岂得在一人为独大，而天下莫容哉？况乎宗门！

益为可发一大笑。达摩未来震旦，震旦遂无佛法耶？若然，则达摩实实将得个佛法来也。且如世尊所拈之花，达摩未来震旦以前，为有花耶？为无花耶？震旦之花，不因达磨来而始有，则佛法岂是达摩来而始有耶？若于世尊所拈之花，生殊特想，不信即是震旦所有种种诸花，不见人问青原“如何是禅”，曰“碌砖”，又问“如何是道”，曰“木头”？青原之碌砖木头，又是达摩从西天带来，一种禅碌砖道木头耶？若谓碌砖非禅，木头非道，青原不应造大妄语，如谓青原是实语者，则震旦之人，与碌砖木头相安久矣。碌砖木头，伊亦无欠无余。不见碌砖木头，有甚“兢兢业业，与道自匿”之处？何得无端谤毁达摩，及可璨两大师，得了个什么拈花一宗，寝食不安，坐立不稳，自祸不了，贻累后人？

魔忍曰：六祖诞生之际，祥光烛天，感异僧与之安名。应跋陀三藏戒坛之谶。闻《金刚》而发悟；闻《涅槃》而能讲。至于示现，则目不识丁。使其稍涉学地，虽万卷何难？顾时当如此耳。后之看不识丁者，遂借口于卢公。吾将请试之，闻诵而能讲，如卢公乎？闻音而发悟，如卢公乎？说法如云雨，如卢公乎？偈颂之圆妙昭彻，如卢公乎？《楞严》曰：“想明斯聪，情幽斯钝。”夫真不识丁者，良以情尘固蔽，与之语世谛浅小，且瞶瞶焉，瞪目直视，况无上妙道乎？

“有情来下种，因地果还生”。于此阎浮提界，有大果者，必有先兆。如小草落实于土中，一样勾萌甲拆，而人不见。若大竹生笋，则虽犹在土中，而数日前，地面早已大坼，惯掘笋者，一望而知。子产所谓：“用物精多则魂魄强，是以有精爽，至于神明。”其死如此，其生何独不然？然此皆是生灭边事。譬如作梦，锦帐香重重，固是一梦，席地幕天，亦是一梦。其梦中作么生处，锦帐围香，与幕天席地，都没交涉。若以曹溪始生之际，祥光烛天，异僧安名，跋陀留谶，闻《金刚》而发悟，闻《涅槃》而能讲，种种灵异边求曹溪，谓曹溪传佛心印，实由再来，不可勉强，即是向绣帏金鸭边寻好梦,谓好梦不由合眼而得矣!岂知人人具足,个个不遗,只愁不肯合眼,不愁不会作梦。使曹溪无此许多灵异,渠实实到得“本来无一物,何处惹尘埃”田地,亦能米白一筛,即成香饭。若无曹溪自性自度之力,虽有种种灵异,管取又过一生在。世间如曹溪种种灵异,而不如曹溪自性自度者,历劫以来,决定不知凡几。特既不曾成个曹溪,则亦不传于后世耳。何得以传佛心印,诩为再来,捏天下人之目,使之生花乎?至谓曹溪目不识丁,为时当如此,益属怪僻。夫仓颉造字,以代结绳,其功用之大,虽非一切器具所可比。然与制耒以耕,制室以居,制裘葛以衣,制炮燔以食,究是同途同类。未有字以先,岂无贤圣?既有字以后,贤圣岂在字中?贤圣用字,非字用贤圣。即以儒门论,亦在知得行得,尽周孔所垂字中之意,不在识得尽周孔所用,以托意之字。何况宗门?识字不识字,有何交涉?不见永嘉云“损法财,灭功德,莫不由斯心意识?”请问识字之识,离得这心意识之识么?若离不得,则“损法财,灭功德”,正谓这个识。何得自弃龙宫宝藏,伸手向贫子乞一文耶?人即果如曹溪闻诵而能讲,果如曹溪闻音而发悟,果如曹溪说法如云雨,果如曹溪偈颂圆妙昭彻,而不如曹溪自性自度,亦只是万劫系驴橛,天地悬隔在,又何得向此等处觅曹溪?!无你寻摸处。且情尘固蔽,又与识字不识字何干?识字则愈易滋其情尘固蔽,或有之矣。若以情尘固蔽,为不识字之罪,则真所谓张公吃酒李公醉也。且如曹溪不识字,亦情尘固蔽耶?不识字而瞶瞶于世谛,则或有之。若无上妙道,不在字中,不可以识识,岂与识字不识字有交涉哉?魔忍不过斥密云不识字,又谓识字人方能悟道,取悦当时士大夫之无识者,使之疑天童而亲己,乃一俗物耳。谓之曰魔,尚属侥幸。

云门说法,如云雨绝。盖记云门不肯以语言系缀人,故一说之后,都不存省,不许侍者纪录,故谓之如云雨绝。言如雨既离云,便不再到云上。即李白诗雨落不上天之意也。何得云说法如云雨?又按《南史》,谢灵运讥孟顗曰:“学道当须慧业。丈人生天在灵运前，成佛当在灵运后。”刻本传讹，“丈”字讹为“文”字，遂成“学道当须慧业文人”。魔忍涉猎世典，而又不深晓，乃窃取谢灵运之谬论，又属谬论中之讹传。发此一段魔说，良可喷饭。即以识字论，伊又何尝识字？

魔忍曰：淮阴侯破赵，出背水阵，令裨将传飧，曰：“今日破赵会食。”诸将皆莫信，佯应曰：“诺。”既而果以克赵，诸将问曰：“兵法右背山陵，前左水泽。今者将军令臣等反背水阵，臣等不服，然竟以胜。此何术也？”信曰：“此在兵法，顾诸君不察耳。兵法不曰‘陷之死地而后生，置之亡地而后存’？且信非得素拊循之士卒也。此所谓驱市人而战之。其势非置之死地，使人人自为战。今与之生地，皆走，宁尚可得而用之乎？”诸将皆服，曰：“善，非臣所及也。”夫五家宗旨，备在四七二三诸祖临机与夺之中。盲师无眼，自不能见，而谓曹溪以后，厥旁岐，厥奇名异相。不惟不知临济诸宗，且未识曹溪以上为何等语也。呜呼！

引淮阴背水阵事，不过谓五宗语脉，皆陷之死地而后生，置之亡地而后存耳。夫不向银山铁壁，死尽偷心，固不得囫地一声，五花八裂。然谓此四七二三，临机与夺，即是宗旨，则何异宝鼠璞为玉璞？转讥密云为“盲师无眼，自不能见，而谓曹溪以后，厥旁岐，厥奇名异相。不惟不知临济诸宗，且未识曹溪以上为何等语”。此如妄说，真所谓以不狂为狂者也。夫“厥旁岐，厥奇名异相”，即陷之死地而后生，置之亡地而后存，种种善权方便是。魔忍死在“厥旁岐，厥奇名异相”等字下，不知“厥旁岐，厥奇名异相”，即是自己口中所说，“陷之死地而后生，置之亡地而后存”之注脚也。然则不特不识曹溪，并亦不识临济在。则所谓“陷之死地而后生，置之亡地而后存”，亦是念言语汉，何尝向从上古德处，得半勺来？譬如不识淮阴用兵，应时及节处，专一背水阵，将见尽驱入水，成王寻王邑昆阳故事耳。且此事说个宗，早已不本分。无可奈何，强名为宗。乃又生出临济诸宗。谓之一宗，已钝置煞人，那堪说个诸宗？十方薄伽梵，一路涅槃门，可以诸宗涂污之耶？五官百骸，八万四千毛孔，只得一个身；“厥旁岐，厥奇名异相”，只得一个善权方便。谓此八万四千毛孔之身为实相，不可也。谓此“厥旁岐，厥奇名异相”之善权方便为实法，其又可乎？

魔忍曰：达摩东来，六世而有曹溪。自曹溪而后分为两支。其一曰青原思，思出石头，为曹洞宗之祖。其一曰南岳让，让出马祖，为临济、沩仰、云门、法眼四宗之祖。《礼》曰：“别子为祖，继别子为宗，百世不迁者，别子之后也。”今达摩之道，以南岳为别子。临济又南岳后之别子也。五宗既定，当各宗其始别之祖。故源流始于临济，于义为安。不知广通何所据依，而曰“挽祖回风，直接大鉴”。若谓溯流穷源，则西天始于迦叶，东土始于达摩。通乃上弃迦叶达摩之元祖，下忘临济始别之本宗，而中继六祖，将何为者耶？况其言曰“马祖以下，纵横肆出，厥奇名异相，罗笼天下学者”，则抹杀宗旨之罪明甚。三峰力辨之，触其忌讳，遂致相责，连篇累牍，至今日而不已。盖不察三峰之用心也。《传》曰：“人之有技，若己有之。人之彦圣，其心好之。”近世传佛心宗者，诚能好三峰之道以自辅，俾其考定乃祖乃宗法与名位，则曹洞、沩仰可以并美。噫！亦晚矣。

宗门法嗣，称为父子。盖父子之义，生身所自；法嗣之义，无生身所自。固非但有假名而无实义，要知实义即是假名。然必悉知世法“高、曾、祖、考、子、孙、曾、玄”，斤斤论之，所谓痴人前不可说梦。至若《礼记》所称“别子为祖，继别为宗”等说，盖因古之中华，与今之塞外部落相去不远，不得不各君其国，各子其民，既各君其国，各子其民，则不得不有宗法，以为大宗小宗之别。使大宗世其爵土，以育小宗，小宗守其名义，以奉大宗。故曰：“宗，尊也。”后世封建变为郡县，而儒门犹以古之宗法，理今之族人，亦是痴人前不可说梦。今魔忍谓“南岳为别子，临济又南岳后之别子。五宗既定，当各宗其始别之祖”，更是痴梦说痴梦矣。夫别子也者，支子也，庶子也。支庶之名，以有嫡子而起，别于嫡子，故曰别子。今曹溪法嗣四十三人。究竟四十三人中，何人是其嫡子？何人非其嫡子？乃以青原南岳俱作别子论，可乎？又诋广通直接曹溪之说，为抹杀宗旨。又斥其上弃迦叶达摩之元祖，下忘临济始别之本宗。夫论自性自度，则非从人得，并不得谓己得。且释迦与己，等是无得。亦不可云从释迦得，亦不可云非从释迦得。然而得无所得，莫不欢喜赞叹感激，无可名言，则曰“释迦牟尼佛大慈悲父”。若如魔忍之论，则称释迦牟尼为大慈悲父者，便是灭煞从上古德，而冒认西天第二祖以下为儿孙耶？若论宗旨，不得举一；若云门庭施设，则厥奇名异相，无所不可。况所云宗旨，亦是奇名异相，亦是门庭施设。若作实法会，并门庭施设亦非。乃欲天下后世宗徒，并好伊师之说，考定乃祖乃宗法与名位，牵连一坑埋却。不识伊乃祖乃宗法与名位，是何等邪魔外道。古人云：“临济小厮儿，却具一只眼。”伊虽欲牵之入火坑，临济固是如水不可入，如火不可近，如地不可舍，如风不可捉也。

宗门不涉文字，固不得以文字辨论。但魔藏父子，动即援引世典，差排牵合，又不得不即以世典明其舛谬，以解无学者之惑也。夫宗法之宗，与宗门之宗，不过宗字偶同，其实方底圆盖。宗法之宗，宗者尊也。如周天子则为大宗，为天下之所尊；若鲁若卫，则为别子，为小宗，为一国之所尊。其在异姓，如太公望开国于齐，则为大宗，为一国之所尊；若丁若桓，则为别子，为小宗，为一家之所尊。至于禅宗宗字，与宗法有何交涉？宗者，总持之谓也。到此言语道断，心行处灭，为一总持，涅槃不二，不知其名，强名曰宗。是故教曰说通，宗曰宗通。宗之为言，如是如是。达摩破六宗而为教外别传之一宗。大鉴大通分为南宗北宗。其后南宗又分为曹洞、临济、沩仰、云门、法眼五宗。盖皆唱导一时，为人所钦仰，而推崇之为某宗而已。与嗣续之义何涉？如何牵合附会？历代无识哑羊，辄欲攀古名宿为之祖父，以为世荣，误认禅门宗字，与宗法宗字同义。于是议论蜂起，聚讼不休，遂成五家各有宗旨，各传其子孙。齐文定旨，逐语分宗，口传耳授，意想识知，将曹溪一味醍醐，化为五般毒药。吁可叹也！殊不思宗法必合考妣而论之，以分宗子别子，禅门何由强同？即《景德传灯录》，有旁出法嗣之名，亦属谬见。佛说："十方薄伽梵，一路涅槃门。"又曰："惟此一事实，余二即非真。"稍涉旁岐，即属外道。安得有旁出而又可谓之法嗣之理？此事无边而不中，可曰旁乎？不出而不入，可曰出乎？密云悟付法藏留为旁出一枝，即属智眼不明。魔藏父子乃欲考定宗法，自立为临济正宗。种种贪瞋痴相，不过欲讳却旁出二字，而不自知其说之谬戾至于此极也。魔藏辈每斥密云目不识丁，不知伊识丁之害，大至绝人慧命，小亦累人笑而齿冷。

魔忍曰：六人共证一体，如初祖皮肉骨髓，以拣道之偏全。其意固不在是。《辟书》未免随语生解耳。昔者雪窦显公典客太阳。客与论赵州宗旨，曰："法眼禅师昔邂逅觉铁嘴于金陵，问曰'赵州柏子因缘还记得否'觉曰：'先师无此语，莫谤先师好。'法眼拊手曰：'真自狮子窟中来。'觉公言无此语而法眼肯之，其旨安在？"显对曰："宗门抑扬，哪有规辙乎？"有苦行名韩大伯者，貌寒寝，侍其旁，辄匿笑而去。显怒曰："我对客语，尔敢慢笑，何耶？"对曰："笑知客智眼未正，择法不明。"曰："岂有说乎？"对以偈曰："一兔横身当古路，苍鹰才见便生擒，后来猎犬无灵性，犹向枯桩旧处寻。"显阴异之，结以为友。嗟夫！韩大伯者，固奇矣。而显公受善迁过，更不可得，真古今杰士哉。

无善也，无过也，并无善无过之无亦无也。无无既无，才名初发心住。三藏十二分千七百则公案，道是善，则皆善，不待成卷成则,成句成字而后善。举笔沁墨,落纸成点而已善;开口转喉,出气发声而已善。道是过,则皆过,亦不待成卷成则,成句成字而后有过。举笔沁墨,落纸成点已成大过;开口转喉,出气发声已成大过。于此尚未荐取,便欲谈宗说旨,尽成世谛流布矣！何有吾宗?所以法眼益、觉铁嘴论赵州柏树子公案,觉谓“先师无此语,莫谤先师好”,法眼拊手啧啧,叹为真自狮子窟中来。而韩大伯并不肯雪窦“宗门抑扬无轨辙”之语,爰有“苍鹰擒兔,顽犬寻桩”之喻。魔忍乃谓雪窦迁善改过。夫韩大伯何善而雪窦何过耶?其意不过暗刺天童《辟书》之为饰非拒谏。不知其为埋没雪窦,埋没韩大伯,埋没觉铁嘴,埋没法眼,埋没赵州,埋没达摩,埋没柏树子、鹰兔犬,埋没魔忍自己本命元辰。特教密云悟一橛头硬禅,逞智作威,一棒直打到底耳！夫一棒亦可为躲跟窠臼,然一棒又岂非直透三关?若因一棒打着色身,而色身中是见非见,善见过见,炽然发露,于是疑之谤之,诬之陷之,不知柱杖子早已勃跳上三十三天,恁尔向旧处捉搦。真韩大伯所谓猎犬无灵性也已。

魔忍曰:马大师阐化于江西。南岳问众曰:“道一为众说法否?”众曰:“已为众说法。”师曰:“总未见人持个消息来。”众无对。因遣一僧去,嘱曰:“待伊上堂时,但问作么生,伊道的言语记将来。”僧去,一如师旨。回,谓师曰:“马师云‘自从胡乱后,三十年不曾少盐酱。’”师然之。此一语,是塞心性义路之锢鏴,摧生死魔军之利剑,而直指人心见性成佛之指南车也。金刚棘蓬,穿人鼻孔者,自此而始,但不可向痴人说梦耳。

心性义路,即是唯识真诠;生死魔军,即是涅槃佛果。古德云:“若取一法,不成法身。若舍一法,不成法身。若欠一法,不成法身。若剩一法,不成法身。”安得厌离心性义路,而为锢鏴以塞之?自塞,则为怖头。塞他,则为狂药。况诸佛在众生生死海里;众生在诸佛无生死门中。佛见若起,即为是魔;魔罥若空,即为是佛。欲断生死,即不了生死;即了生死,乃本无生死。又何得有所谓“摧生死魔军之利剑”乎？况义路乃识神生死本，惟了达心性，则义路即是涅槃。今混心性义路而一之。不知既曰心性，何云义路，既曰义路，何云心性耶？生死者，众生见耳。不了生死而欲断生死，期为魔见。今以生死为魔军，可见其未了生死。夫天地万物，并在生死海内，岂得斥之曰魔？足知伊之为魔眷属。直指人心见性成佛者，横该十方一切处，竖彻三际一切时，皆是心，皆是佛。故曰：“如牟尼珠，体非一色。如宝丝网，层映相连。”是为圆宗。不出而不入，安得有指南车之可喻？如以指南车喻，则此圆宗，是有一定之所，而马祖此句，实有直指之能。能所双粘，圆宗顿泯矣！夫唯这个，惟证乃知。不可以语言文字传。虽有无碍辨才，不能使未证者，因吾语言文字而证。若其因之而证，还是伊自心自证。否则说者彻底说破，听者依然囫囵，转碍伊正见。所以古人有“父母所生口，终不为汝说”之语，令人自心自证。善权方便，则以无义味语，置伊八识田中，如金刚圈，如栗棘蓬，吞不得，吐不得，到得真参实悟，报恩有分。此正古德无缘之大慈，同体之大悲。岂欲将此穿人鼻孔，操纵自由？是何心行耶？且此数句，与马祖上堂，“自从胡乱后，三十年不曾少盐酱”，有何交涉？马祖阐化江西，南岳以“无人持个消息来”，遣一僧往，蓦问“作么生”，马祖乃作是语。盖其境智融通，理事无碍，丝毫不离本分，即便以本分事接人，随缘应机，答此蓦问“作么生”之僧耳！何尝谓此一语，可以蔽塞义路，斫断生死，有指人成佛之能，可为穿人鼻孔之具，流传数千百年，宗旨自此始立耶？如魔忍者，正是痴人说梦，乃转谓“痴人前不可说梦”，何其谬也。圆悟云：“若向下委曲提持，则敲床竖拂，瞬目扬眉，或语或默，说有说无。若向上提掇，如击石火，似闪电光，有时行棒，有时行喝，有时箭锋相拄，有时佛眼觑不见。虽然如是，犹有向上向下，忽遇其中人，却没许多般事，只是现成，所以道，山是山，水是水，天是天，地是地，不移易一丝毫。正当恁么时，还委悉么？万邦有道归皇化，偃息干戈乐太平。”圆悟此则语句，学人荐得，自知马大师落处，直是现成。魔忍说妙谈玄，皆为实法。

魔忍曰：大师应般若多罗之谶，为震旦第一法王。观其施设，如石季伦宴客。虽厨厕卑秽之地，罗列杂宝，客随手而得之。往往揖婢为夫人，错愕迁避，自谓入崇之室。及其登广筵，罚巨觥，照以明月之珠，使绿珠歌于前，三尺珊瑚，一击粉碎，又不觉爽然自失。此大智之得于扭鼻而失于最后之一喝。临济所谓"吹毛用了急须磨"是也。夫虎豹之威，信乎其猛矣，或不免于戈戟；吞舟之鱼，信乎其大矣，或难逃于巨浸；骐骥之驹，瞬目而驰千里，人得而縻之，以其迹在耳。惟龙则不然，大而溟渤，小而杯盏间，莫不卷舒自得，排山岳，兴云雨，过而不留，变化而莫穷。得此道者，谓之龙奋迅三昧。马大师其是乎？变三十四祖之法式，融其弊，扫其辙，若疾雷之破山，使心性解路之偷心，闻之立死，如金翅鸟王，直取龙吞，然后翱翔九天，不住虚空，不离于空，不为空性之所留滞。"我为法王，于法自在"，不特龙变而已。后来临济、云门、沩仰、法眼各建宝幢，不过一为拈出，岂于三日耳聋外，别有宗旨哉？然则今之不透重关，认悟中迷为实法者，与客之登厕得宝时节等耳。

无论马祖未尝变三十四祖之法式，莫谤马祖。且三十四祖，何尝有甚法式？莫谤三十四祖，无论谓三十四祖有辙可扫，有弊可融，是谤三十四祖。即谓三十四祖无辙可扫，无弊可融，尚是谤三十四祖。何也？尚落个无字在，乃谓"马祖融三十四祖之弊，扫三十四祖之辙，为震旦第一法王"，不啻斥马祖是震旦第一大魔矣！从上古德，俱登一际解脱之门，尽受平等菩提之记。至于任性卷舒，随缘接物，各各时节因缘不相同，是以各各语默作止不相袭。譬东西南北，不得谓此方胜于彼方；地水火风，不得谓此大高于彼大。尽是门庭边事，不关涅槃妙心。若马祖门下八十四员善知识，个个堪作十方导师，固是马祖钳锤不同，要亦是一时法会因由,德星会聚。是诸人等各各自性自度,得无所得。岂是马祖曾经个个教以无文密印,双头独结,种种作为实法耶?夫惟这个,向之即背,近之即离,取之即失,急之即迟。千圣拱手而无计较,一门深入而忘觉知。中心自证,不从人得。有何法式之可言?又有何弊何辙,可融可扫哉?夫垢净虽曰不二,然举屠坊酒肆中语,唐突佛祖,譬如不嗅芬陀利而嗅伊兰,不成鼻功德。《晋书·石崇传》,何堪引喻马祖施设?但以施设言,却正可以豪富喻。多财之人,自必百事易遂,却与身心性命有何交涉?门庭施设,亦复如是。要之与这个料掉没交涉。魔忍乃铺张扬厉,见得伊师所建宗旨,源远流长,直从马祖得来。以此为压倒密云之具,实为邪说。又斥密云为不透重关,认悟中迷为实法。夫不踏末后一关,虽菩提涅槃真如佛性,赵州谓之贴体衣服,犹为实法。盖有一丝头,即是一丝头。一丝不圆,一丝是实法;一微尘处未了,一微尘是实法。以此检点他人,谁能避其舌锋者?虽然,自眼未开,莫问他日。如魔忍者,六根尚未断,五戒尚未持,身居迷中之迷,而责人悟后之悟,亦可嗤也。以迷人空故,起我见之愚,随情生执;以迷法空故,违现量之境,逐块弄丸。纵使检点得毫厘无差,正所谓如虫食木,犹奴数钱,与自己何益耶?

百丈野鸭子公案。魔藏颂曰:“野鸭子,飞过去,捩转鼻头哭笑处,是伊会也又深明。劈破囫囵未相许,却把住,道道。”

魔忍曰:“劈破囫囵未相许”,若人悟得,不劳再参。

自他俄立,逆顺随兴,一念堕常,即为物转。故谓之劈破囫囵而马祖不许,亦为依稀似曲。然若如是,不合于囫囵中妄建宗旨,妄起分别,妄谓千问千打为一橛头硬禅,妄立一“〇”为千佛万佛之祖,妄作双头独结四法交加细宗密旨等诳惑闾阎。若如是,方且不肯灭却野鸭子,以伸自己,岂肯灭却瓣香来处,以伸自己?道人行处,如火消冰。箭既离弦,无返回势。金既出矿,永无入矿之期。木若作灰,再无成木之理。然则伊所谓“劈破囫囵未相许”

者，只道百丈鼻头不痛后，尚自囫囵，未曾劈破，直待振威一喝，三日耳聋，然后一时百杂碎，大机大用现前，能作龙奋迅三昧也。岂不是全离本分，一向认奴作郎？脚跟不点地，于此一蹉失，毫厘有差，天地悬隔。直至于欲凭口头滑利，灭却目不识丁老禅和，使天下后世，无复称为愈己。如此作为，不道伊魔力不能横绝四海，只是业识茫茫，无本可据，自误误他，涂污慧命。夫唯这个，不在内，不在外，不在中间，是以皆在也；不是心，不是佛，不是物，是以皆是也。一毫端建宝王刹，是以碎入微尘；尽大地是一只眼，是以圆融无际。抽刀断水水复流，劈之不破；一月普现一切水，破处皆圆。然则劈破囫囵之说，果何处安着耶？即谓指百丈"飞过去也"一句说，亦属不了之谈。何得谓"若人悟得，不劳再参"？至于古德机用，虽复千变万化，不过建化门庭，一时老婆心切，亦或逢场作戏，本非如实极谈。若非一切遣，即是一切立，与本分没交涉。本分风光，无有可遣，以一切法悉皆真故；亦无可立，以一切法皆同如故。若将门庭边事，认为本分，以贪痴爱水，违顺想风，于垢净识地，发瞋恚愚火，迷人空则起我见，迷法空则障圆闻，机用愈深，去道愈远，尽属凡因，岂成圣果。夫圣凡情尽，始许问津。若离圣逐凡，已违起信初地，向后尚何可言哉？极其所至，如魔藏父子竟成小人之无忌惮。学者安可不猛省？故曰参须真参，悟须实悟，从初彻一切空有，切须脚头稳实。

魔忍曰：马祖以三瓮酱寄百丈，可疑也。百丈上堂一时打碎，又可疑也。不疑马祖百丈，而疑先师以三数表法，可谓不善疑矣！不善疑而求善悟，譬若首燕而之越也。

"凡所有相，皆是虚妄，若见诸相非相，即见如来"。瞥有一豪起处，悉落见闻。从分别生，俱非真实。若不达无相即相，则是取相凡夫。若了相即无相，则成唯心大觉。既不可取相求悟，亦不可离相思空。不即不离，觉性自现。韩简曰："物生而后有象，象而后有滋，滋而后有数。"象既虚妄，何况从象滋生之数？这个若可以数表，则不当云不二法门矣！夫不可有二，故曰“惟此一事实”；不可有一，故曰“不二法门”。百万亿那由他算数譬喻之所不能及之多，即此一是。不可有一之一，百万亿那由他算数譬喻之所不能及之多是。多无自性，即一为多；一无自性，即多为一。一亦不立，多尚何存；多既森罗，一自显现。为一为多，莫非幻住；于多于一，皆达真源。是故非多非非多，非一非非一。今魔藏以三数表法，将以表何法耶？夫法者，百万亿那由他算数譬喻之所不能及，三数何其少？不可有一，三数何其多？如上种种言多言一，皆是虚妄，从分别生，非为真实。于百丈打破酱瓮公案，尚属不快漆桶，多嘴阿师。况于三瓮酱上从三起义，谓从黄梅三击碓出，因而黄檗三顿棒，兴化三拈香，如此拈弄，直是痴狂。未知百丈打碎酱瓮，可是三棒否？百丈耳聋，固是三日，马祖之喝，何以不三？黄檗闻举，应当三吐其舌。野鸭子当是三只。捩鼻大痛，当是三捩。归寮哀哀痛哭，当是三声。适才哭而今笑，当是三笑。所以马祖上堂说法曰“三十年不少盐酱”。想马祖知其悟得三数，遂以三瓮酱遗之。可惜两堂无一人能如藏忍父子得知三数表法者，于是百丈一齐打碎，酱不得吃。马祖于是不复再遣人，遗以盐三斤耶？藏忍两盲驴，闻此不知亦发一笑否？

魔忍曰：三问三打，古今惟黄檗一人，又止于接临济一用。若再问，则效颦者蜂然而起矣。况千问千棒，万问万打，可至今日而无弊乎？昔者昭觉勤禅师常曰：“近来诸方尽成窠臼。五祖下我与佛鉴佛眼三人结社参禅。如今早见漏逗出来。佛鉴下，有一种作狗子叫，鹁鸠鸣，取笑人。佛眼下，有一种觑灯笼露柱，指东画西，如眼见鬼。我这里且无这两般病。”妙喜曰：“击石火，闪电光，引得无限人弄业识。举了便会了，岂不是佛法大窠臼？”勤不觉吐舌，乃曰：“休管他，我以契证为期。若不契证，断不放过。”妙喜曰：“契证即得，若只恁么传将去，举了便会了，硬作主张，击石火，闪电光，业识茫茫，未有了日。”勤深肯之。噫！证之一字，惟宗旨可以辨验，否则金鍮混杂，孰敢谁何？

己眼不明，终无为人之分。若使顶𩕳上具眼衲师，任尔如何盖覆，如铜铁金银，入炉便晓。炉无分别之意，火无辨验之心。炉火何尝预立个法门，以待铜铁金银之就勘？若别有勘铜铁金银法门，便不成炉火了也。大慧杲远逊其师圆悟勤处，即此便见。明明向伊道“以契证为期，若不契证，断不放过”，犹道“若只恁么传将去，举了便会了，硬作主张，击石火，闪电光，业识茫茫，未有了日”。此语圆悟勤何由深肯？即当日深肯其语，知他圆悟勤是何心行？从上古德，接引学人，皆是应时及节，随病发药。至于契证，离却六祖“只合自性自度”一语，有何奇妙秘密之旨，可以自我度他？若有，即是魔说，即是实法，自救不了，如何为人？魔忍乃以密云千问千打万问万打为有弊，而谓“证之一字，必宗旨可以辨验，否则金鍮混杂，孰敢谁何”。夫密云千问千打，万问万打，固是金鍮混杂，然犹是金则从他金，鍮则从他鍮。若魔忍以作为实法为宗旨，则自己通体是鍮。却欲辨他孰为金孰为鍮，化他鍮令成金，岂非“业识茫茫，未有了日”？譬如身在岸上，则能拯人以出于水。若自己没顶入水，而自夸有辟水珠，呼在岸在水之人，随伊所向，则其为非拯人出水之人，而为引人入水之魔，必矣！三问三打，何所见古今只黄檗一人？黄檗平生，何所见只接临济一用？个事，岂在册子上考究得者？三问三打，如使黄檗负堕，哪许他偶然一用？若果接得临济，何妨千问千打，万问万打？此事从册子上得来者，古人皆斥为念言语汉。何况从上古德接机故事，威音那畔，今事门头，种种事相，百万亿那由他算数譬喻之所不能及。其载在册子上者，乃恒河里一沙耳。即载在册子，而目光未到，不曾装入茫茫业识中者，当不知凡几。乃欲据两眼如豆之光，查看所得者，以评论个事，岂非轻谈般若乎？古德云：“诸祖共传诸佛清净自觉圣智，真如妙心，不同世间文字所得。若有悟斯真实法性，此人则能了知三世诸佛，及一切众生，同一法界，本来平等常恒不变。”是知吾宗本无有旨，言旨即已非宗,无可名言,强名宗旨,以离却心意识故。今乃以心意识所造之双头独结等,辨验一切众生心意识,如打谜,如射覆,中者,则谓之契证,宗风扫地矣!此事岂可意解情求?若以意解情求,如将兔角之弓,架龟毛之箭,以无手之者,拟射碎须弥之山;似倾压沙之油,点无烟之火,贮漏卮之内,欲照破铁围之暗。徒役狂心,无有是处。今以狂心所造之狂花,饮人狂药,令人同狂,以为宗旨,以为契证,将使末学受其无穷之遗毒。如欲仰报佛恩,安得不思回狂澜于既倒?反覆辨论,其能已乎?

魔忍曰:余救五宗,祸患死生,不暇措意,但恐百千世后,不复知有扬子云,为可叹耳。

常寂光中,毗卢顶上,有甚祸患死生?说甚措意不措意?魔忍自夸其因救五宗之故,不措意于祸患死生,又以后世人之不知为可惜,复自托于扬子云,以见后世之必知。请问此等语言,在常寂光中,毗卢顶上,有可着处否?不污浊否?虽然,伊恐百千世后,不复知有扬子云,岂知百千世后,必知有扬子云,犹夫百千世后,必知有魔忍。此则自因生自果,理合遗臭万年,无可如何者也。扬子云者,王莽之大夫也。其急欲貌为孔子,正与魔藏父子急欲貌为临济同。其作《法言》仿《论语》,作《太玄经》仿《周易》,正与魔藏父子妄立双头独结等为达摩西来宗旨同;其作《剧秦美新》,正与魔藏父子作《五宗原》《五宗救》同。魔藏父子,特不及扬子云博学多闻耳。然扬子云陷身乱贼,为忠臣孝子所羞称。魔藏父子倒戈乃祖乃父,为宗徒中之败类。其罪正同,伊欲自比扬子云,供招已定,可为千秋铁案。

《华严经》云:"汝承事一切善知识,应发如大地心,荷负重任无疲倦故;应发如金刚心,自愿坚固不可坏故;应发如铁围山心,一切诸苦无能动故;应发如给侍心,所有教令皆随顺故;应发如弟子心,所有训诲无违逆故;应发如僮仆心,不厌一切诸作务故;应发如养母心,受诸勤苦不告劳故;应发如佣作心,随所受教,无违逆故;应发如除粪人心,离憍慢故;应发如已熟稼心,能低下故;应发如良马心,离恶性故;应发如大车心,能运量故;应发如调顺象心,恒伏从故;应发如须弥山心,不倾动故;应发如良犬心,不害主故;应发如旃陀罗心,离憍慢故;应发如牸牛心,无威怒故;应发如舟船心,往来不倦故;应发如桥梁心,济渡志疲故;应发如孝子心,承顺颜色故;应发如王子心,遵行教命故。"夫佛之诚言,承事善知识当如是。今《五宗救》中,呵骂讥诮乃祖密云悟之语,不一而足,显悖佛教,尚何论宗旨?实属法国土背道之臣,大乘家邪见之子。

卷　三

魔忍曰：济用处，如巨灵擘华岳，女娲炼石补天，无坚不破，无迹不绝，而后世惊骇以为荒僻怪诞不稽之语。即信然者，又谓神妙莫可测识，非己智所窥。安知不欺之力，本自具足，但学者望崖不前耳？妙喜偈曰："龟毛拈得笑咍咍，一击万重关锁开，庆快平生在今日，孰云千里赚吾来。"语曰："不入虎穴，难得虎子。"夫临济一后生也，三年不知问话，使其进道之不笃，师友扶持之不力，与庸众何异哉？后来建大法幢，如十日并照，辉映古昔。当是时，出其门者，皆狮子王哮吼一声，精邪辟易，真可以典型百代，冠冕五宗。然而法运久湮，弘护之人借缘而起。是故三峰唱于前，而天童辟于后。辟者唱之机，唱者辟之响。如钟之受杵，愈扣愈鸣，愈击愈莫能掩。吾又从而和焉，使临济眼光于是乎在。倘出格高流，向佛法无多子处，万户俱洞，是旦暮遇之也。然则天童三峰二老子者，果可以世法论哉？

古德云："临济大似白拈贼。"此等言句，岂是呵辱临济？到此地位，岂同世谛流布？乃以"巨灵擘岳，女娲补天"颂之，临济闻之，当必掩耳而走。这个没缝塔子，容谁擘耶？如何补耶？又曰："后世惊骇，以为荒僻怪诞不稽之谈。即信然者，又谓神妙莫可测识，非己智所窥。"此二种不了汉，何足挂齿。从上诸禅德，虽复同中有异异中同，然以此二种不了汉视之，凡其言句，无不可惊可骇，无不神妙莫测，岂但临济为然耶？济之施设处，不是临济，若以此为临济，钝置煞临济。乃云"安知不欺之力，本自具足，但学者望崖不前"，学者若从施设处学临济，正是夸父逐日矣！又如"典型百代冠冕五宗"等语，皆属谬论。世尊七处九会，岂不典型百代？末后道“吾未尝说一字”，然则世尊不欲以七处九会为百代典型明矣！凡属门庭施设，即非典型。儒门事事是实法，所以有典型之说。典者，可载于书册者也；型者，以合土范金之模格为喻，言其可用为定式者也。禅宗无语句，亦无一法与人，然则何所为典型百代耶？若论五宗，俱是门庭边事；若论本分，则是达摩西来，光发千灯。尽未来际无尽之灯，并是一般照天照地，尚不得谓达摩为典型百代冠冕五宗，何况临济？若有冠冕，即有裳衣，既有冠裳，即有阶级。此事可有如许差别相耶？又魔忍于此篇，复作解纷之语，回护天童，将魔藏之倒戈，与天童之攻击，谓“俱非世法”。正是巧于回护魔藏，正是世法，岂能逃明眼人之觑破？又谓两人彼唱此辟，已又从而和之，然后临济眼光不坠，而出格高流，向佛法无多子处，万户俱洞，是旦暮遇之，尤可嗤笑。夫嘉禾恶莠，没阴阳地上，总不能生；而清净大海中，活物死物，俱不能住。此唱彼辟，若皆世谛流布，则此没阴阳地上，两皆不着。若是较论宗乘，则无论藏忍固属魔论，天童亦已全身落草，带水拖泥。虽有死活之别，要之俱不得住清净大海中矣。安得于此有佛法无多子可证耶？且未论门庭，先泯人法。人空法空，则何是何非？离非于百非，非所不能非也；超是于万是，是所不能是也。非所不能非，则无非矣，是所不能是，则无是矣。即到无是无非境界，尚未踏百尺竿头一步在。今乃于是非堆里索取佛法无多子，何异向大火聚中求一滴水耶？

魔藏《黄檗三顿棒颂》曰：“层叠楼高一步登，末梢撩着迅骞腾，角尖迸出玄中要，万古真师贵所承。”

若喻程途，则百尺之楼，离地虽远，究亦因地而起。初级顶级，平等无二。步步踏实，即是步步登空；步步登空，何非步步踏实。如欲骞腾，即是脚跟不点地汉。若喻了悟，则一心法界，法界一心，函盖十方，不露丝发。今既有个楼在，又有个登楼之人在，又说个重叠之高，一步之捷，撩着之末梢，骞腾之绝顶在，岂非人法并执，能所两粘，捏目生花，迷头认影？无怪其宝死鼠为美玉，指山鸡为凤凰，将临济纳败阙处，奉为无上真宗，而有“角尖迸出玄中要，万古真师贵所承”之颂也。永明云：“人闻佛传心、法，将谓心上别有一法可证可取，遂将心觅法。不知心即是法，法即是心，不可将心更求于心，历千劫终无得日。”今以三玄三要为极则，是心上别有一法可证可取矣！若以此为悟，则所悟者，与九流百家之所学所悟，何殊何别？岂有不用识神分别而能入者乎？纵使推到大含无际，摄到细入无间，总是入海算沙，与吾灵觉有何交涉？世尊四十九年说法，末后示人曰：“我未尝说一字。”可知三藏十二分，无一字可为真师，无一字可取以授受。临济何人，说得个“一句中具三玄门，一玄中具三要”，便可称万古真师，便可将此二语，子子孙孙继继承承，奉以不坠，便可将无量无边广大佛门，收拾在里许耶？学人若未能真参实悟，自信得及，且将世尊与临济，三藏十二分与三玄三要，相较看，自当不惑于魔说矣。

魔忍曰：临济当时在黄檗处吃棒，只得尽大地草木一时放大光明，帝释梵王赞叹不及。可惜许被大愚老婆蓦面印破，未免平地上吃交。而今诸方老宿道临济悟得棒头拂着的道理，且道临济还肯么？诸仁者，只如腊月三十日到来，眼光落地了，锯解斧削又不知痛，金抹香涂又不知喜，正当与么时，这棒头拂着的，向什么处着？还会么？我恁么道，且作死马医。

临济云：“我二十年前，在黄檗处三度吃棒，如蒿枝拂着相似。”此语有二义：一、自述当年漆桶不快，受三顿痛棒，如蒿枝拂着，不知痛痒；二、示学人果能为一大事因缘，真参实悟，虽三度痛棒，如蒿枝拂着相似，则能所忘，人我泯，是非绝，解惑寂，自然银山铁壁，一筑百杂碎。所以大愚一句，当下憬然。若不到此地位，终不得少分相应也。今魔忍死在密云“棒头拂着的道理”句下，乃谓“而今诸方老宿道，临济悟得棒头拂着的道理，且道临济还肯么？诸仁者，只如腊月三十日到来，眼光落地了，锯解斧削又不知痛,金抹香涂又不知喜,正当与么时,这棒头拂着的向什么处着”。此等言语,不过欲装诬密云。不知自己担枷过状。且如腊月三十日未到来,眼光未落地,双眸炯炯,说着锯解斧削便怕痛,说着金抹香涂便生喜,正当与么时,这棒头拂着的,又向什么处着耶?且临济在黄檗处吃棒,不过是个不会,待得大愚印破,方才囫地一声,有甚奇特异人之处?魔子意欲抬高临济,以夸诩自己是临济下儿孙。可怜临济千百世后,受此不肖魔孙涂污钝置。

魔忍曰:睦州三劝问话,而黄檗三打,既不悟,又指参大愚,正见三老钳锤妙密处。临济立宗旨,尽在此也。今人但知黄檗三问三打,遂倚一棒为极则。若无郢匠之手,虽万打安能活人?

曹溪传衣之后,黄梅送至九江驿边,曹溪云:“只合自性自度。”黄梅云:“如是如是。”自性自度者,此十方薄伽梵,一路涅槃门也。虽有世尊大威神力,能他性他度否?夫“归元性无二,方便有多门”,从上古德,种种施设,有时行棒行喝,有时瞬目扬眉,或时架箭张弓,或时吹毛竖指,虽时节因缘不同,偏圆顿渐各异,折合归来,究是学人自了自心。何尝举起一丝毫与人?何尝于自性自度外,有甚奇特秘密?能强不了自性不肯自度者,如蜾蠃之化螟蛉,全不由己,直赖伊力之事。如其有之,即是邪魔外道;如曰有之,即是谤大法轮,今魔忍谓睦州黄檗大愚三老钳锤妙密,乃能陶铸出个临济来,又谓临济因此而立宗旨;又谓若非郢匠之手,虽万打安能活人,恰似睦州黄檗大愚临济,实实有个奇特秘密之法,可以度人者,牵累四老不少。夫密云亦未尝以一棒为极则。但千问千打万问万打,又如何便不能活人?如俱胝一指,石巩一箭,与密云一棒,是同是别?若谓是别,岂不从指上箭上换却眼睛?若谓是同,岂得许俱胝石巩而不许密云?且不许密云,犹是余事;强立宗旨,使漆桶未破汉,妄认宗门实有奇特秘密之法,不关己躬真参实悟,只要高手阿师口传面授,如此沿流不止,岂不断传灯之慧命。

魔忍曰:赵简子欲验诸子之贤。一日谓曰:“吾藏宝符于常山上,先得者赏。”诸子驰之常山上,求无所得。少子毋恤曰:“已得符矣。”简子曰:“奏之。”毋恤曰:“常山上临代,代可取也。”简子贤之,乃废太子伯鲁而立毋恤为太子。嗟乎!黄檗临济所示者,深于简子之言百倍,近世之学者,机器不妙,去毋恤又百倍,遂认直打到底为后人标榜。其错谬岂特求符于常山而已耶?

代者,赵简子女所嫁国也;代夫人,毋恤之亲姊也。赵简子贪其土地,不顾代之人民,不顾代之祖宗血食,并不顾己之婿与女,处心积虑成乎杀,乃以宝符密试诸子孰为同心。惟毋恤能济其恶,不恤其姊,一至常山,便识取代之形势,又无一毫回互,即决取代之志愿。虎子应须虎怜,简子遂以为贤而立之。厥后果灭代之宗而取其地,杀人盈城。其亲姊摩笄自杀。如此恶行,世人颠倒,转以为贤。此释迦之所不忍闻也。阎浮提界,乃五浊恶世,信已。此无论性宗,在六度万行中,可着此等污秽否?今若有人,取佛经典,为屠坊拭刀,为酒肆覆瓮,则无论缁流俗子,莫不恻然曰“罪过”。今赵简子毋恤之事,其秽污过于屠坊酒肆万倍,而魔忍引喻佛祖向上边事,岂不堕无间地狱乎?又谓密云机器不妙,去毋恤百倍,一何颠倒至此?纵一市井愚人,苟祝发出家,虽懵懂一生,一无所知,但能不肯萌诸恶念,少少有所顾忌,无显然杀盗淫之迹,则此人已过毋恤百倍矣!况密云耶?又谓黄檗临济所示者,深于简子之言百倍。若然,则黄檗临济之机械变诈,深于赵简子又百倍,不特佛法之所不容,在世法论,亦所谓“不待教而诛者”也。何至涂污黄檗临济至于此极?!总之魔忍父子,未识禅宗为何物,全以心意识推测佛祖向上边事,遂成佛界大魔。况复关人心世道不浅,不但宗门修学事,其乌可已于辨论哉?

魔藏曰:原来临济不曾自立宗旨,亦不但是黄檗宗旨,逆而推之,迦叶释迦七佛威音一派宗旨,幸从这里建立,不被断贯索禅坏却。只今还有抹得杀者么？个个缚来好与三十棒，贵图天下太平。复颂云："三日前，三日后，普化克符俱漏逗，如今临济到三峰，与他一镞三关透。"

临济谓克符普化二人曰："我欲于此建立宗旨，汝且成褫我。"二人珍重下去。三日后，普化却上来，问和尚三日前说什么，济便打。三日后克符上来，问和尚前日打普化，作什么，师亦打。然则临济果曾建立宗旨否也？如云"打普化打克符，即是建立宗旨"，则密云一棒不作一棒用，亦即便是宗旨，又有何种种区别，种种辨论？若谓别有，则临济打克符普化落处何在？克符普化一番啐啄，落处又何在？三古锥何尝丝毫挂碍？何得矫诬之耶？魔藏乃云"自临济推至迦叶释迦七佛威音一派宗旨，幸从这里建立，不被断贯索禅坏却"，意欲推尊临济，不道钝置不少。个事，盖天盖地，古之今之，横该十方一切处，竖彻三际一切时，如海无自性而全体是水，如水无自性而全体是海。以针锋沾一滴水，而全海不欠；以大海倾入大海，而本水无余。无起无灭，无作无止，无前无后，而安得有成有坏？无论一黄檗一临济，即使千释迦千迦叶，亦成不得，而又岂可坏哉?！必有成时而后有坏时，必有所坏者而后有能坏者，本无成则安有坏，本无所坏则谁其能坏？至云"不被断贯索禅坏却"，足知伊死在古人句下，全未会在。妄建宗旨，只因未悟断贯索禅。若会得断贯索禅，自然不妄建宗旨；肯于断贯索直下承当，一生参学事毕。哪得起能贯之妄，成所贯之幻，从此千差万别，奇名异相，直至于涂污黄檗临济，以及于释迦迦叶七佛威音一派，造大妄语耶？于此少分相应，自必瓦解冰消，珠回玉转。即临济克符普化一番漏逗，尚属门庭之绕，又况建立宗旨种种谬说耶？

魔忍曰：风穴和尚对南院曰："凡语不滞凡情，即堕圣见，学者大病，先圣哀之，为施方便，如楔出楔。"曹山有四禁曰："莫行心处路，不挂本来衣，何须正恁么，切忌未生时。"四病皆圣见，古人为设种种法药，因其病而禁治之，待病去而后除药可也。夫药可除也，医不可除也。医者，圣人预设以待天下后世之病者也。必欲灭宗旨，是除医矣！况今乱统之病，方炽然于丛林。师家头破额裂而不能禁，对打还拳而不能辨，裨贩满途而不能制止，反汲汲焉，以抹杀宗旨为务，是犹疾患满门而叱医却药。岂佛祖咐嘱之意乎？且德山鉴禅师，呵实法之甚者也，而有第一句。其他云门、沩仰、曹洞、法眼，固不待言。若宗旨便是实法，则诸老自立而自呵之，病狂丧心，不至如是。古德曰："但须明取纲宗，本无实法。"然则纲宗者，锻炼实法之炉鞴也，又何疑焉？

有身则有病，身等处空，病于何着？有识则有病，识即真如，病于何住？肉身之病，还从身起，以大地所生之药医之，药者非身，非身者大身，故谓之身医身可也；法身之病，为有识在，以本分所具之药医之，药者唯识，唯识者即识，故谓之识医识可也。从上古德，为人解粘去缚，令彼当处解脱，得大安隐者，即将本人自有不粘不缚唯识真心，撤其粘缚，故曰化毒药为醍醐。若于本分外，别有神方妙七，预设以待天下之病，纵使出自药师琉璃光如来亲手炮制，总为毒药耳！然则药固不离学人本所自有，如何可强立宗旨以为医乎？乱统固是丛林陋习，然其弊由于最初发心，并非必要真参实悟，了明此一大事，徒思滥竽法席，挂名衲僧而起。此种谬妄之徒，何足比数？五戒不持，遑问一乘。若到明眼人前，犹如五金入冶，毫发不淆。岂有混铜锡为金银之理？若己眼不明，欲借口传手授之作为实法，以辨验之，则自己先属应行拣出者矣！何得拣别他人？以此拣别，正是野干拣别野狐。若遇真狮子儿，又何从识得？乃云："乱统之病，方炽然于丛林。师家头破额裂而不能禁，对打还拳而不能辨，裨贩满途而不能制止，反汲汲焉以抹煞宗旨为务。是犹疾患满门而叱医却药，岂佛祖咐嘱之意？"说得宗门扫地。此种岂得算入学人数内？若此类亦须斤斤研辨，则推而广之，阎浮提界五浊恶行，罄竹难尽，岂亦设立个宗旨，便能令行而禁止乎？又云："德山鉴禅师，呵实法之甚者也，而有第一句。其他云门、沩仰、曹洞、法眼，固不待言。若宗旨便是实法，则诸老自立而自呵之，丧心病狂，不至如是。"此一段议论，魔忍直以病狂丧心，谤佛谤祖，堕无间狱矣。众生颠倒，是则名为可怜悯者。即如德山鉴云"骑虎头，收虎尾，第一句下明宗旨"，此第一句，究是何句耶？有句则早落第二了也。云门、沩仰、曹洞、法眼，种种落草之谈，全为慈悲之故。岂得钉桩摇橹，诬为曾立宗旨？且世尊四十九年说法，末后却云"不曾说一字"，每道"尔谓吾曾转法轮耶"。明明说的三藏十二分，而作如是言，岂非自立而自呵之乎？魔忍病根，全在一个自字。盖过去未来现在有一个自，便不见十方三界无非心。于是转以不狂者为狂，转以明心者为丧心。种种颠倒，总为不识从上古德自立而自呵落处，总为执著一个自。既已执著一个自，则从初参学，未曾大死大活来，直是无处说起。譬如朝堂中礼乐刑政，可向屠肆鼓刀人商确耶？又引古德"但须明取纲宗，本无实法"，而谓纲宗者锻炼实法之炉鞴。夫古德之意，谓纲宗本非实法，而魔忍乃欲将纲宗为锻炼实法之炉鞴。一何剌谬？实法犹如毒草，虽加炮制，岂能活人？实法犹如沙砾，虽加镕铸，岂能成器？五宗语脉，若不作实法会，则皆可利益学人；若作实法会，则已失五宗本旨，全成毒草沙砾。岂是另有一种实法，而欲以纲宗锻炼之耶？然则什么是实法？什么是纲宗？空本无花，眼翳而有。入大海而觅泥牛，有甚了日？

魔藏曰："打趁横流一掌行，先师禅板最分明，当时若与亲相见，不致如今叹不平。"

此魔藏作黄檗付临济禅板几案颂也。盖自言深达临济宗旨，堪受百丈咐嘱，若使身在其时，亲受临济咐嘱，便不至有密云广通辈，种种不平之说也。大我慢，增上慢，毕具。世谛流布，有何禅宗耶？且临济明明说个侍者将火来，若已早知千百世后，有如魔藏辈者出，而预遮预简于黄檗语声才绝之际。何犹漫不訾省，仍复死在禅板几案上，炫转荧惑，生出许多不自在耶？如此，则与盗名窃利，贪位慕禄之流，有何分别？最初发心出家究何为者？佛鉴语默涉离微，如何通不犯？颂曰："彩云影里神仙现，手把红罗扇遮面，急须着眼看仙人，莫看仙人手中扇。"若魔藏者，所谓看扇人欤！

天童《辟书》曰："慈明颂曰：'一喝分宾主，照用一时行。'一喝既分宾主，则一棒岂非'三要印开朱点窄，未容拟议主宾分'者乎？"

魔忍曰：此语似是而非。七辟三辟诸引证，往往类此。夫百骸九窍，五藏六府，只在一身，儿童可晓也。问其子母生克之义，经络运行之状，虽卢扁犹当伫思。况临济宗旨，千牢百固。诚如《辟书》所训，又何必参而求悟，悟而求大悟哉？深心于此道者思之。

学人固忌囫囵吞枣，颟顸佛性。然若藏忍辈，齐文定旨，逐语分宗，将一片常寂光土画界分疆，向毗卢遮那顶上，舍非取是，以此为不颟顸，则又争得？岐黄之术，如何可喻宗乘？方底圆盖，曷能强合？夫百骸九窍，五藏六府，子母生克之义，经络运行之状，其中五运六气之周流，气血阴阳之衰旺，南北东西之异质，老少男女之殊情，千差万别，细密难分。十方薄伽梵一路涅槃门中，哪得如许络索？宗旨之细密难分，果与相似，则其所谓宗旨，宁得不谓之邪魔外道乎？临济宗旨，直是百杂碎。说个百杂碎，犹属蛇足。今乃谓之千牢百固，不知如何密织细缝，乃得如此千牢百固？岂非全是造作？何曾梦见绝学无为之藩篱耶？师家既全以智力制造得个宗旨千牢百固，则学人自必全以心意识用事，然后能推求测度。正如岐黄之术，若不口传手授，而欲自证自求，何路可入？个事，若可以岐黄喻，必全不由参悟而后可，岂不与从上佛祖之语，大相背违耶？既谓临济宗旨千牢百固，又曰参而求悟，悟而求大悟，不知此全凭造作成之千牢百固之宗旨，如何参，如何悟，又如何悟而求大悟耶？种种谬说，实为学人未了者之大害。较之囫囵吞枣，颟顸佛性者，其害之轻重悬殊。盖颟顸者，果能奋起根本无明，真参实悟，自有不颟顸之一日。若此谬说，入人八识田中，参学愈勤,去道愈远,所谓首越之燕,抱薪救火也。天童以一棒为“三要印开朱点窄,未容拟议主宾分”。魔忍嫌其颟顸,故曰“似是而非”。不知天童此论无有是处,尚安得非?天童一棒,颟顸一半,不颟顸一半;临济一句,亦颟顸一半,不颟顸一半。颟顸者自颟顸,不颟顸者自不颟顸。与天童之棒临济之句何交涉?今以一棒为似是而非,一句为千牢百固,所为朝三而暮四则众狙皆怒,改为朝四而暮三则众狙皆喜也。岂非众生颠倒相乎?

魔忍曰:《辟书》谓三玄三要,不过临济一时上堂语。临济灭后,谆谆拈提者,尽是狂狗逐块。呜呼!不觉其言之过欤!且临济因僧问真佛真法真道而示三句,因三句而曰“一句中具三玄”云云。则三玄三要非一时偶然语矣!《辟书》既以三玄三要为偶然,而又扯“三要印开朱点窄,未容拟议主宾分”,以配一棒为全宾全主,去取何尝定耶?自无定见,专以私意斥逐先圣从上法式,殆扫地矣。觉范洪禅师曰:“予昔庵于高安九峰之下。有僧问余曰:‘临济会中两僧一日相见,同时下喝。’临济闻之,升座曰:‘大众要会临济宾主句,问取堂中二禅客。’僧便问哪个是宾,哪个是主。临济曰:‘宾主历然。’予方欲酬之,顿见三玄三要之旨,于是再拜曰:‘大哉无为寂灭之光明幢也。虽百千世,有闻之者,偷心死尽,况余去大师余二百年哉。’作偈曰:‘一句中具三玄门,一玄中具三要路,细看即是陷虎机,忽轰一声涂毒鼓,偷心死尽眼麻迷,石女梦中毛卓竖。’”《辟书》遂引“陷虎”二字,证三玄三要是权,谓权设此语以陷学家耳。觉范之意,果如是乎?汾阳曰:“只须明取古人意旨,然后自心明去,更得通变自在,受用无穷,唤作自受用身。”夫谓之自受用身,定非权设明甚。盖虎不陷,则偷心不死;心不死,则女毛不竖。惟证乃知。若因“陷虎”二字,遂谓权设,则毒鼓女毛,又当云何?古德曰:“依文解义,三世佛冤。”教乘且不可义解,况教外别传之旨乎?

天童《辟书》，谓三玄三要，不过临济一时上堂语。此是天童报临济恩，不啻巴陵三语。而魔忍谓为言之过，不但不识者个，且亦不识三玄三要也。临济因僧问真佛真法真道，而云："佛者心清净是，法者心光明是，道者处处无碍净光是。"夫岐佛法道而三之，已是不可救药。乃又于其中分别真假，而欲求其真者，此僧尚可与语否？临济随缘布施，作此三语。随自遮曰："三即一，皆是空名而无实有。"已是明明道破。又曰："如真正道人，念念心不间断。自达摩西来，只是觅个不受惑的人。后遇二祖，一言便了。始知从前虚用工夫。山僧今日见处，与佛祖不别。"如此说得罄尽，正如将照乘夜光，倾出一栲栳。而这僧眼目定动，梦中入梦。于是更与一勺恶水，道："若第一句中荐得，堪与佛祖为师。若第二句中荐得，堪与人天为师。若第三句中荐得，自救不了。"拨着这僧无明，欲待荐得第一句，与佛祖为师，便问："如何是第一句？"济曰："三要印开朱点窄，未容拟议主宾分。"这僧不荐，乃问第二句。济曰："妙解岂容无著问，沤和争负截流机。"如此说明，而不了者仍不了，又问第三句。则真是傀儡一般，全被心意识抽牵者矣。故曰："但看棚头弄傀儡，抽牵全藉里头人。"如此问去，有甚了期？乃自下注脚曰："大凡演唱宗乘，一句中须具三玄门，一玄中须具三要。有权有实，有照有用。汝等诸人作么生会？"然则三玄三要，诚所谓偶然者耳。而历代拈提不休，认为向上，尚为识得临济否？天童判作偶然语，许具只眼。而魔忍以为非一时偶然，真乃薰莸不同器也。且偶然二字，亦一句中具三玄门，一玄中具三要，有权有实，有照有用。魔忍辈究作么生会？既是偶然，即非偶然；既非偶然，便是偶然。何偶然，何不偶然？道是偶然，已不偶然；即不偶然，斯真偶然。偶是其然，何然非偶？偶乎偶，不偶乎不偶；然乎然，不然乎不然。即今辨别偶然二字，是偶然耶？非偶然耶？于此荐得，"未容拟议主宾分"。此犹未明，"直是棚头弄傀儡"矣。天童以一棒为全宾全主，以配"三要印开朱点窄，未容拟议主宾分"。魔忍乃谓既以三玄三要为偶然，又何得牵合其说，于是斥其去取不定，谓其扫灭祖宗之法式。夫无取无舍，谓之圆宗。说甚去取定不定耶，三玄三要，不得谓为临济之法式；而密云一棒，亦不得谓为密云之法式。若作法式会，两家俱是傀儡。若于无一定之法式处荐得，则说“一句中具三玄门，一玄中具三要”也可，一棒不作一棒用也可。究竟一句与一棒相去多少？一句许具三玄三要，一棒又岂得不具三玄三要？又岂得执句为非棒，执棒为非句耶？然则所谓从上法式扫地者，是何言欤？总之，佛法不是这个道理。即如只今判这僧问临济处，道是哑羊，是据临济以简点这僧耳。然这僧别未措一语，又安知不是过量大人？若据这僧以简点临济，临济通身败阙，向这僧露布，尚何法式之有？僧问“如何是真佛真法真道”，知他是何心行？临济曰：“佛者心清净是，法者心光明是，道者处处无碍净光是。”岂不是向毗卢遮那顶上着楔？多见其不知量。乃自知惭愧，即道个“三即一，皆是空名而无实有”。三且不问，这一又如何举？还说个“皆是空名而无实有”。者个尚可说空说有否？自己通身泥水，却说达摩“只觅个不受惑的人”，又道“山僧今日见处与佛祖不别”。若本分事，则这僧又与佛祖何别？奚得向龙王斗富？若道见处，则未开口以前，早“白云千里万里”也。又复分别三句，谓第一第二，堪与佛祖人天为师，若落第三，即自救不了，所谓转见不堪。这僧旋听旋问，观其作剧。乃道个“三要印开朱点窄，未容拟议主宾分”，谓之第一句。“妙解岂容无著问，沤和争负截流机”，谓之第二句。“但看棚头弄傀儡，抽牵全藉里头人”，谓之第三句。自以为这僧鼻孔，在自己手里，不知自己鼻孔，却在这僧手里。且第一句荐得，真乃自救不了。一句才立，便是就他人而求自法，取彼眼而作圆通矣。岂不自救不了？若第三句荐得，正堪与佛祖为师。佛祖何师？佛祖之所师者，即众生耳。这僧闻此三语，亦如莺啼过耳。又安知其非真到不疑之地，一任他人门外历乱者？临济末后道出三玄三要，把个圆伊三点，太一含三，一般闲家具，尽情搬演出来。这僧终无一语，不见不闻无尽。临济方才线断一时休。岂不是平生第一场败阙哉？如此判断，不知魔忍辈闻之，当取前论为法式乎？抑当取后论为法式乎？是则俱是，非则俱非，亦是俱是俱非，亦非俱非俱是。定当得出，方许看古人言句，亦方许看临济言句。正临济所云"尔等诸人作么生会"也。三玄三要，本是不了之谈；觉范之颂，又何足取？但觉范意，亦正非魔忍辈之所能晓者。观其为"细看即是陷虎机，忽轰一声涂毒鼓，偷心死尽眼迷麻，石女梦中毛卓竖"，下注脚曰"虎不陷则偷心不死，心不死则女毛不竖"，真为可笑。此等语句，犹自作实法会。不但宗风扫地，即语言文字又如何可通？女毛不竖，是何等言语耶？乃以斥天童权设三玄三要以陷学人之说为非。天童此说固有渗漏，而魔忍之谬，则更为谬中之谬矣！

魔忍曰：宗旨之设，本为胡喝乱棒者禁。如曰："汝等诸人总学我喝。"又曰："已后不得学老僧喝。"可谓彰明较著矣。今《辟书》倒持此说以禁纲宗，无乃不可乎？予尝窃评之曰："譬夫多男之人，病且死，以其券付诸子曰'吾少子多在外，惟此可以验之。与券合者，即吾真子也。'诸子受命，于是辗转相验而误托舍于邻人。彼邻人者，据其舍，焚其券，凡诸子之远还者，皆拒而绝之。乡党不为怪，朋友不为异。何则？久假不归，其所来渐矣。"夫济上之纲宗，券也。祖宗之源流，舍也。自兴化至雪岩高峰二十余世，即辗转相验之真子也。三峰先师，即真子之远游而后还者也。呜呼！彼邻人者，吾不忍言之矣。

以券合识真子之喻，魔忍供状具，铁案定。盖圆宗之不可以实法传，即同父子之不凭文券合也。夫法嗣之义，诚以慧命绝续所关。故曰："从佛口生，为佛真子。"虽然，尽十方三界觅个不是佛不可得，则欲觅个不是真子亦不可得矣！从上相承，即用世法父子之道，以报本返始，不忘其所由生，而有法嗣之说。盖世谛即是第一义谛，无不可者。若乃同于晋唐间人，以门第之甲乙相夸尚，而起争端，以己之得法为荣，以人之得法为憾，说己是真。斥人是伪，则宗风扫地，与佛法料掉没交涉矣！既与佛法料掉没交涉，则何所逃于世法之外？哪许伊不父其父而父他人？说真说假，诳惑闾阎，妄自尊大，称佛祖儿孙，岂非世法之所不容者耶？从上佛祖，辗转嘱累以至于今，代不乏人。真参实悟，大死大活，与佛祖同一鼻孔，只为自己本命元辰，本来如是。不过佛祖如是，我亦如是。岂得别有一法可宣可秘，可受可传？魔忍只欲斥天童不得为临济儿孙，谓如邻人之据舍焚券；明己得魔藏之真传，如远游真子之后人。俾拍盲哑羊，吠声士夫，相与尊崇礼敬之，而不顾人天慧命之涂污。所为大妄语成，堕无间狱者。

魔忍曰：临济有四宾主。有宾主句，同中有别，而别中自同，不可混也。故先师云："两堂同喝，为四宾主之母。"至于临机勘辨之际，魔宫佛国，一时现前，譬夫观音大士，百千手眼，或慈或威，或定或慧，随学家立地处，与之夺之，如珠之走盘，圆转横斜，千态万状。所言四者，珠不出盘之候而已。昔善财童子遍参五十三人大善知识，于知识所，各得恒河沙等无量法门。及见无厌足王之惨虐，胜热婆罗门之炽然，婆须密女之淫艳，诸外道种之差别，未免望崖自屈。何故？垢净未忘，而三昧之量未销也。故云："但可入佛，不能入魔。"直至大楼阁中，从三昧起，忽然打失布袋，使将从前所得玄妙，尽底扬却，十方坐断，一法不留，方契善财本来面目。然非五十三老驱耕夺食，擒纵变化，不能至此耳！《辟书》往年禁先师曰："宾主者，尔我之谓也。"近又解曰："你喝我喝，喝牛喝马，亦是宾主历然。"盖始则安于不知，近则强不知以为知。首尾支牾，不顾后世。呜呼痛哉！不谓临济之道至如此也。

临济四宾主，与本分没交涉。所以当时说四宾主竟，即呼大德而为注破曰："山僧所举，皆是辨魔拣异，知其邪正。"盖谓不可于此认作己躬下事也。夫曹溪以前，圆顿心宗，尚未普传于震旦。故或一句半句直截透彻，便相印可。迨临济之时，虽光发千灯，而末流亦滥觞矣。念言语汉处处有之。若不更换面目接人，止凭一句半句，知他是何心行？故种种门庭施设，不过欲拣魔辨异，知其邪正。何尝将此作自己脚跟下工夫？又何尝谓人能学得恁般施设，便可了得生死也？魔藏父子，于此等处，未具顶𩕳只眼，一向认奴作郎，却来诳吓闾阎。岂免无益自己，有损他人？此是伊本心不正，到底皆邪处。夫两堂同喝，宾主历然。宾则全宾，主则全主，一主一宾，一宾一主，岂不历然？天童曰："宾主者，尔我之谓也。"又曰："你喝我喝，喝牛喝马，亦是宾主历然。"二说并无同异。而魔忍斥其首尾牴牾，乃奉其师魔藏"两堂同喝为四宾主之母"之说为指南。真所谓宝鱼目为明珠者。四宾主与两堂同喝，都卢是个没交涉。何直得再三拈弄？且谓其中有子母相生之义，岂非梦中呓语？又云"善财未入弥勒楼阁以前，但可入佛，不可入魔"，益属谬论。魔与佛虽如火与水之不相入，却如面与背之相比附。佛界如众生界，众生界亦如魔界，魔界亦如佛界。了则无魔无佛，不了则但有魔而无佛。无魔无佛则真佛矣。但有魔而无佛，佛亦未尝欠少分毫。只是见为有佛，即已入魔耳！安得有"但可入佛，不可入魔"之程途宿旅耶？果其"但可入佛，不可入魔"，则其人，已证佛位，又何有更上一层境界？若更上一层，别有境界，则所谓但可入佛者，正是入魔耳！魔佛尚未分明，智眼未开，遑问脚跟点地与否。以此推测善财弥勒，岂非豆棚麦陇间人，谈中书堂内事？魔忍既说得"打失布袋，将从前所得玄妙，尽底扬却，十方坐断，一法不留"等语，又何有"无文密印，双头独结，四法交加"种种奇名异相？可知伊将古德一片婆心，全身落草，吃紧为人之谈，都作文字念读了也。无论魔忍，即较伊高出百倍者，若不自己摸着鼻孔，翻转面皮，断却命根，于这里少分相应；纵使说也说得，解也解得，判断公案也例断得，总谓之业识茫茫，无本可据。何况魔忍辈，一腔子全是玄妙，却学古人说话，道个"所得玄妙,尽底扬却”,真乃数他人宝,不济己贫,守着饭箩,作饿死汉。只因伊不曾真要饭吃,所以不知箩内是饭也。学人参须真参,悟须实悟。若不如是,即使多闻如阿难,济得甚事?不过多记得若干贝叶龙藏之文,与书橱有何差别?转不如书橱没些心意识,却是一尊古佛。纵使说得依稀似曲,亦只是个说禅匠,与世间博学士夫,有何分别?且与能言鹦鹉,又有何分别?举足下足,日日在道场中,却未踏得道场一步。要知禅不是口舌纸笔间事。学者慎勿将此一大事,作口舌纸笔上生活。此乃谤大般若,罪业无穷。魔忍即是前车之鉴。

卷　四

魔忍曰:先师曰:“待心死而伏诛,须切用前之照;先擒下而去缚,略挑用后之灯。”实照用之真虎。譬如神医,刮骨疗病,必见病而下刀。若确定一方,妄加针割,是重增一病矣!古德曰:“才有所重,便成窠臼。”夫学者之窠臼不一,而宗师之照用临时。自古圣人,莫不皆尔。如夹山之接乐普,大觉之接兴化,所谓“心死而伏诛,擒下而去缚”者也。盖二公之病,在有一橛硬禅之主宰,所以才问便喝,将谓禅道如是而已。赖二大老临之以法镜,使其无逃隐处,然后乞命于我。故一言而起其痼疾。所云“略挑用后之灯”是也。《辟书》于此,盖屡禁之。今又自解之,意谓非不知也,知之而不为也。呜呼!世则可欺矣,从上列祖可欺乎?自心又可欺乎?余谓天童师翁用心必不若是,或好事者,借其名以涂污法门耳。如《辟书》中,自解四照用曰:“人不法不立,法不人不则,法不则即用无准的,人不立即照无定格。以人照人故名照,以法则人故名用。”此从临济“人在”“法在”上随语生解,以杜撰此说。观其意,是以相对之人为人,而以确定一棒为法,岂不误哉?临济曰“先照后用有人在”,非是之所谓人也。“先用后照有法在”,亦非是之所谓法也。若以相对之人为人,以确定之一棒为法,则人法俱夺之语,又何以解之?先圣曰:“贵不说破。”予不得已而聊通一线。临济至处,固不在此。

绝学无为闲道人,其于本分无针尖之隙。其为人也,不过任性卷舒,随缘出没。如透水月花,虚而可见;无心镜像,照而常空。住于不动道场,而行大机大用。若如魔藏所云“待心死而伏诛,须切用前之照,先擒下而去缚,略挑用后之灯”,则是满腹机关,全成人我。照已失照,用成何用?魔忍称之为"照用之真虎",虎则诚是矣,其如唖人之凶何?夫起念即是住着。心若不起,万法无生。瞥有一毫起处,悉落见闻。从分别生,俱非真实。今云"待心死而伏诛",已失无心道人风味。况云"须切用前之照",则直是不使刹那放下。心住于照,并且时时刻刻住于所照之人,悉落见闻分别相矣!若必如此,始可为人,岂非自利利他,打成两橛乎?至于古德解粘去缚,惟恐其不能应手圆净,不惮反覆申明,直截深透。虽一字一句,非简也,全身浑在里许;虽千语万语,非繁也,一丝不越中心。惟是学者果能顺旨契宗,则虽不说法,触境而常聆妙音;如或未然,障深缘背,设居佛会,当说而不闻一字。听者自别,说者无不彻底掀翻。何尝有意留一丝毫,与学人为障为碍?设有此意,则其语先非实语如语,教且不可,何有于宗?乃魔藏云"略挑用后之灯",是何心行耶?又引夹山接乐普,大觉接兴化以为证。夫夹山之接乐普也;乐普至夹山,礼拜端身而立。夹山曰:"鸡栖凤巢,非其同类,出去。"乐普曰:"自远趋风,请师一接。"夹山曰:"目前无阇黎,此间无老僧。"乐普便喝。夹山曰:"住住,阇黎且莫草草匆匆。云月是同,溪山各异。阇黎坐却天下人舌头即得,如何却教无舌人解语?"乐普无对,夹山便打,自此服膺。大觉之接兴化也:兴化为院主时,一日问云:"我常闻汝道'向南行一回,拄杖头未曾拨着个会佛法的人',汝凭什么道理有此语?"兴化乃喝,大觉便打。兴化又喝,大觉又打。来日,兴化从法堂过,大觉召云:"院主,我直下疑汝昨日行喝的,与我说来。"兴化曰:"存奖平生于三圣处学得的,尽被和尚折倒了也。愿与存奖个安乐法门。"大觉云:"这瞎驴,卸却衲帔,痛决一顿。"兴化言下悟得临济于黄檗处吃棒的道理。此二公案,魔忍谓是"心死而伏诛,擒下而去缚"者。又谓乐普兴化,病在有一橛头硬禅之主宰,所以才问便喝,将谓禅道如是而已,皆是妄加卜度,何尝梦见四人真面目耶?乐普未见夹山以前,临济称为门下一只箭,岂是孟八郎汉?其闻夹山"目前无阇黎,此间无老僧"之句,便乃下喝。此一喝，三玄收不得，四句岂能该？夹山示以“云月是同，溪山各异，坐断天下人舌头即不无，争教无舌人解语”，而乐普不对。到此地位，言语道断，心行处灭。其不对者，当非全然漆桶。夹山之棒，是赏是罚，如何可定？何得辄谓有一橛硬禅之痼疾？雪窦拈乐普“自远趋风，请师一接”一句，谓：“这僧可悲可痛。”雪窦每用此机，所谓前箭犹轻后箭深者。乐普谓“自远趋风请师一接”，得非涂毒鼓声？而雪窦又复助伊发擂。魔忍死在雪窦句下，乃谓乐普束手就缚耳。谓乐普得夹山之提持而服膺也可，谓夹山于乐普喝处不对处，有后话圆前话之妙也可，安见所谓“心死而伏诛，擒下而去缚”也？至于大觉，因兴化有“拄杖头不曾拨着个会佛法的”，是以勘问。只因疑兴化实有个佛法在。迨两喝两打之后，大觉复召问行喝之故，而兴化转就大觉乞个安乐法门，于是痛下一椎，兴化却当下便见得临济三顿棒道理。虽似兴化于大觉处得个入路者，但两喝两打，固是旗鼓相当，胜则俱胜，负则俱负。至于大觉召问，而对以“三圣处学得者，俱被折倒，就师兄乞个安乐法门”，安知其非陷虎机乎？大觉谓“这汉来这里纳败阙，脱下衲衣，痛与一顿”，亦只堪自救，未见如何为人。即其当下悟得黄檗三顿棒道理，又安知其非向来疑着三顿棒别有微妙，至此而知其不过如是？若谓悟得三顿棒，便乃一镞透三关，则千里万里去在。佛法广大，无量无边，这里岂是休歇处？然则兴化之于大觉，又安见所谓“心死而伏诛，擒下而去缚”也？他日兴化上堂拈香曰：“欲为三圣，三圣太孤。欲为大觉，大觉太赊。不如仍为临济。”若果从大觉一言顿圆顿成，兴化安得不嗣大觉耶？魔忍父子，每以一橛头硬禅，指斥密云，此则更以指斥兴化乐普，实为妄谩。此四古德者，皆从纤毫不立处，敲唱拈提。而魔忍父子，却谓兴化乐普禅止一橛，经夹山大觉之指授，然后其禅乃能多橛。不特涂污兴化乐普，岂不涂污夹山大觉？真所谓“夏虫不可与语冰也”。至于指斥密云处，又谓《辟书》非密云所作，直是伪造，以此眩惑无眼目士夫，以自解免指斥伊祖之罪，转见不堪。

至于《辟书》所解四照用，固不得为极则之论。但谓密云以确定之一棒为法，实为诬妄。既云一棒，如何又云确定？一棒则三玄三要四宾主四照用全举全收，可谓之确定乎？至云"'先照后用有人在'，非是之谓人；'先用后照有法在'，非是之谓法"，益属模糊影响之论。密云悟云："是之谓人，与非是之谓人，是之谓法，与非是之谓法，相去多少？速道速道。若道不得，堲杀者尿床鬼子去。"此语颇为透辟。要之临济四照用语，伊已明明说个"若是过量人，向未举已前，撩起便行，犹较些子矣"。何得不向此处领会？专在伊门庭施设边，眼花目眩。所谓为物所转，是名众生也。

《辟书》驳《五宗原》曰："正法眼藏已向瞎驴边灭却。况有一'○'宾主首罗眼等名，遗害后世耶？"

魔忍曰：据《辟书》此论，是三圣不契临济之意，而灭却正法眼藏。风穴何故称圣为入室真子，而南院颔之耶？不足称而称，则风穴无眼矣；不当颔而颔，则南院亦无眼矣。然则首山至今二十余世，不亦无眼长老之子孙乎？此信《辟书》而论之也。语曰："一失步无所措足，一失言无所措口"，《辟书》其是哉！

临济曰："吾灭后，不得灭却吾正法眼藏。"三圣出曰："争敢灭却和尚正法眼藏？"济曰："以后有人问你，向他道什么？"圣便喝。济曰："谁知吾正法眼藏，向这瞎驴边灭却。"后来风穴谓三圣是亲承入室之真子，不同门外之游人，而南院颔之。魔忍既据风穴南院所判，谓临济深肯三圣语，而又指斥天童所言"正法眼藏尚向瞎驴边灭却"句，为判三圣不契临济之意。真所谓依文解义者。夫正法眼藏，只是个干矢橛。门外游人，道甚正法眼藏？若已亲承入室，正法眼藏，定须灭却。然后横该十方，竖彻三际，都卢是个正法眼藏。临济虽灭，正法眼藏，又如何得灭？况临济今亦不灭。然则所谓"吾灭后不得灭吾正法眼藏"者，又岂可作实法会？三圣云"争敢灭却"，不知伊敢于灭却，又如何灭却？既无灭却，即真灭却。风穴以灭却句，谓是肯语，尚只道得一半。况魔忍实未知风穴落处，妄意密云与风穴龃龉，遂倚门傍户，藉风穴南院声势，痛斥密云。不知风穴南院密云，转是一家人语也。密云谓"正法眼藏尚向瞎驴边灭却，况有一'〇'宾主首罗眼等名遗害后世"，此语却切中藏忍之病，而一"〇"宾主首罗眼等名，乃魔忍父子魔魅人家男女之器具，平生最护惜者。故其诋毁密云，亦复不遗余力。

魔忍曰：临济，黄檗之嫡子也。济之纲宗，非黄檗有也。檗不可诸方，而以济为可何耶？且临济之世，佛法鼎盛。使其建立果不可，老师宿德，宁无一言？沩山祐禅师，济之父辈也，私称济为尊宿。普化，黄檗之昆季也，反北面而师事之。小释迦，果位中人也，发愿以续其断脉。方是时，讥诃学解者，无过德山。济顺世，德山尚无恙也，曾无一言正济之非。果畏济而不言耶？则济已顺世。不欲起诤端耶？而德山实呵佛骂祖之魁也。考之于古，质之于同辈，原之于师承之间，皆不以济为非。而今日独非之，何哉？且棒喝，济之所常用，而纲宗，亦济之所建立也。苟以济为非，即不当效渠棒喝。既用棒喝，岂可不知棒喝之纲宗？又岂可禁人之救纲宗者？夫为善知识，辨古今之淆讹，如观掌果，洞彻不疑，孰是而孰非，然后定龙蛇，行赏罚，据款结案，为千古不磨之式。使三峰之徒，钳口结舌，虽有盖世之辩，不能伸其救，非雄猛丈夫所为哉？今《辟书》之评宗旨也，若眼之受声，耳之承色，泛泛然不相入，但儱侗到底，曰"实法实法"。天下后世何所准焉？

临济曰："山僧无一法与人，只是治病解缚，你取山僧口里语，不如休歇无事去。"然则棒喝纲宗，不过同是解粘去缚之具。如食以济饥，而饥与饱者，人也，非粥饭也；如眠以济困，而睡与醒者，人也，非衾枕也。疑粥而信饭，疑饭而信粥，皆惑也。粥饭皆可饱人，特不食则不能饱，而不饥则亦不可以食也。舍衾而取枕，舍枕而取衾，皆惑也。衾枕莫非眠具，特不眠则不得睡，而不困则亦无所事于眠也。黄檗、沩仰、普化、德山诸老宿之重临济，岂重其建立纲宗？且纲宗何关于轻重？密云之非纲宗，又何尝非临济？且纲宗亦何关于是非？个事，是非双泯，能所两亡，蚊子上铁牛，无渠下口处。才有是非，纷然失心。即今与么辩论，作是非会得么？夫宗风岂有诤？诤即泯宗风。德山平生，狂见恣肆，呵佛骂祖，其语句毫无足取。但伊孤峰顶上盘结草庵风味，较之魔忍辈，执相徇尘贪名逐利之流，奚可同年而语？乃以己之心，测人之腹，谓伊于临济纲宗，澽然心服，是以终身无一贬词，否则济在世，或畏济而不言，济顺世后，何畏而不鼓其唇吻。将自己一副污秽肺肠，蓦地涂污德山。当是德山呵佛骂祖之果报。

又曰："为善知识，辨古今之淆讹，如观掌果，洞彻不疑，孰是而孰非，然后定龙蛇，行赏罚，据款结案，为千古不磨之定式"，正是乞儿思暴富，饱吃酸黄齑。凡是是而非非者，尽是儒门边事，何关宗门？既是大善知识，于本分无针线之隙。若离本分，一切简弃，尚不管自己，遑问他人。时举古德本分极则之语，拈提为人，则有之矣。取千百余年来种种狐唾狸涎，不嫌腥秽，味其酸咸，有如此大善知识否？魔忍自喜略通文史，又恃其辩口，欲压倒目不识丁之密云。谓密云之《辟书》，岂能使三峰之徒钳口结舌，但儱侗到底，曰"实法实法"。不知密云目不识丁，实不能使三峰之徒钳口结舌，而密云之所以为密云，了无交涉，了无增损。而魔忍欲恃盖世之辨，以诤论无为无作之圆宗，其为魔魅，业已不问自承矣！

又曰"苟以济为非，即不当效其棒喝。既用棒喝，岂可不知棒喝之纲宗"，尤为魔论。临济以前，岂无棒喝？而谓密云效临济之棒喝，可乎？如曰可，则谓临济效黄檗之棒喝，亦可矣！即一人之手口，今日吃饭，非效昨日之吃饭，今日说话，非效昨日之说话。何况他人之棒喝，如何效得？各人自有手口，谁为效谁，惟魔忍辈专精致志效临济之纲宗，是以成其为魔，并且涂污临济耳。

魔忍曰：师英挺天纵，如虎生三日，气便食牛，与乐普俱为临济侍者。然皆坐在一悟视天下无人。微大觉夹山，则一堕无尾巴队中矣。

学者入此圆宗，念念证真，尘尘合体，共三世佛一时成道，前后情消，与十类生同日涅槃，始终见绝。其视天下人，无一人不是佛，而亦无佛见，无一人不是己，而亦无己见。觌面相逢，安得尚有人之见在其八识田中？今魔忍谓兴化为临济侍者时，“坐在一悟视天下无人”。兴化虽未了彻，不至于此极。足知伊并未梦见悟者门头户底光影边事。岂有既悟之后，而自以为能悟，且自以为实有所悟，挟其所悟，矜己能悟，谓天下人莫若己悟之理？人己能所，是非解惑，种种妄见邪思，纷纭起灭，如此，则全是识神分别影事，业识茫茫，无本可据。何谓悟耶？此亦可谓之悟，则凡涉猎宗门之书，拾些狐唾狸涎者，便皆可谓之悟矣！世传妙喜大悟一十八遍，小悟不计其数。此种不了之谈，魔忍中其深毒。于是妄立大悟小悟小法大法等名相，诳惑闾阎。何尝真到不疑之地？经云：“一人发真归元，则十方虚空尽皆消殒。”若斤斤较量，沾沾自喜，谓有所悟在，我是能悟人，戴着恁般炙脂帽子，则阎罗面前吃铁棒的刑书，自己赍棒到案矣！试问悟者何耶？非所谓了生死者耶？生死既了，则无生死；生死尚无，人我何着？而尚有所谓人不如我之悟，尚有所谓天下人皆不如我之悟，岂不是一片清冰，消盛猛火？

魔忍曰：临济曰：“我有时一喝如金刚王剑，有时一喝如踞地狮子，有时一喝如探竿影草，有时一喝不作一喝用。”具此眼者，如明镜当台。学家虽悟到彻处，而大法未明，其开口动舌，便有种种影象于中露现。如兴化勘僧数则，大略可见矣。后世不究四有时句之故，乃效之曰：“一棒不作一棒用。”或问其旨趣，又从而解曰：“特指人人面门出入时节耳。”或更诘之曰：“眼光落地时，这面门出入的向甚处着?”彼又解曰:“尽大地无非这一着子。”若果如是,则旻德两喝后便拜,何处是会得面门出入的道理耶?

临济四喝,皆具“一喝不作一喝用”,若不具者,三喝皆自救不了。然此“一喝不作一喝用”,早已拖泥带水了也。何故?向上无“一喝不作一喝用”,与吾灵觉有何交涉?古德有言:“直饶喝上三十三天,风力止处,到地苏醒,便向伊道:‘未在。’”今魔忍死在四有时句下,简密云悟“一棒不作一棒用”,真是涂污临济。临济平生自利利他处,岂在四喝?若以四喝论,转不如密云“一棒不作一棒用”,直截了当矣!学人桶底透脱,更无一法为当为对,是之为悟。岂有悟到彻处,犹然大法未明?然则所谓大法者,自在悟外,非由悟明,必从口传密授而得,岂非谤大般若?“法本法无法,无法法亦法,今付无法时,法法何曾法”。若谓别有大法,出于悟外,岂不显背佛祖语言?且所贵悟到彻处者,究为何事?岂是专欲开口动舌,与山野狐精,磨牙斗吻,争个尔钝我捷耶?如此大法,明之何用?且一法才兴,即一切无边万法皆悉同时具足相应。故一法之外,更无余法。而无余法中,不立一法。惟其不立一法,是以具足无边万法。然则悟得彻时,尚落法见分否?九重天子,决定不与民并耕。今云“悟到彻处,而大法未明,其开口动舌,便有种种影象于中露现”,可知伊并未梦见云何是悟,一味强作解事。譬如三家村老学究,忽揶揄未央宫阙不为壮丽,非呓即狂耳。

临济上堂:“赤肉团上有一无位真人,常从汝等面门出入,未证据者看看。”时有僧出问:“如何是无位真人?”师下禅床把住云:“道道。”其僧拟议,师托开云:“无位真人,是什么干矢橛?”便归方丈。后来密云以一棒不作一棒用,谓“直指人人面门出入时节”,以此接引初机亦未为有过。但临济吃紧为人,不在“无位真人面门出入句”,而在“是什么干矢橛”句,人惟不肯于干矢橛直下承当,而于无位真人面门出入处,生奇特想。于是我我所,心心所,炽然纷拏,起念而投五阴之城,取相而沉六入之海。若悟得临济"是什么干矢橛"句,是实语,是如语,自有少分相应处。密云平生拈提,惟以一棒不作一棒用,直指人人面门出入,而于此未经注破,以待学人自证。乃魔忍数数指斥,且谓"眼光落地时,这面门出入的向甚处着?"夫谓眼光落地,无处着此面门出入的,则是眼光未落地时,有处着此面门出入的矣。然则无位真人,实有出入之能,而人人面门,实为无位真人出入之所,岂非疑机为鬼?魔忍既设为诘问,又揣密云之意而为答语,曰:"尽大地无非这一着子。"凭空捏撰,是何心行?所以当日密云作《辟妄救》云:"若眼光更有落地时,若眼光落地时,更有个面门出入的,向甚处着,岂可谓常在面门出入?亡僧面前,是触目菩提,说甚尽大地无非这一着子?若更有这一着子,早已千里万里矣。又岂可谓常在面门出入者?"足证密云本无此语。

古德云:"一心法界,法界一心,含盖十方,不露丝发,岂惟心具,身亦遍含。"故曰"尽大地是一只眼"。翠岩上堂云:"一夏与兄弟东语西话。看翠岩眉毛在么?"学人诚于此有个入处,自然不起有情无情之妄想,不生心内心外之邪思。若也未然,不特魔忍辈妄说妄评,易中其毒,即密云所示,亦复饭中有砂在。

魔忍曰:师忧仰山之谶,为在己躬,故终日哭泣。非无悟人也,忧悟人之不透宗旨,以害天下后世者也。譬如神医,为国人所仰活者,既老,阅诸子之才,皆无一可,欲秘之,则是天下后世活人之术,自我绝矣,欲传之,恐不能尽其妙,益误天下后世。此风穴之心欤!或曰:"穴之对念公曰'聪明者多,见性者少',观其意,所患在聪明耶?"曰:"否。"谓聪明虽多,而见性者不易得耳。如百丈通三学,德山讲《金刚经》,风穴之于书,无所不观,岂皆尽碍于道?但世之聪敏者,解路习熟,而智多役乎外。苟能反所役于道,一门深入,又恶知其不可?夫太阿之锋在乎利,夜光之宝在乎明,人之所以贵于万物者在乎灵,圣人之所以贵于人者在乎圣。

必曰“椎埋驺蹇而后合道”,则是庆喜不当居祖位,而百丈临济不得载传灯矣!且夫下语朴钝之若真公者,岂可以聪明诬之?然风穴舍真而器念,何耶?或曰:“真公尚未有悟。”余应曰:“是何言欤?风穴曰‘当看念法华下语’,果未悟,是教渠学语矣。岂有风穴大士,教人学语哉?”或者又曰:“真公既有悟,而风穴曰‘见性者少’,岂悟之不足以当见性耶?”曰:“悟而不透宗旨,则见性未圆。如六祖偈曰‘菩提本无树,明镜亦非台,本来无一物,何处惹尘埃’,五祖曰‘亦未见性在’。盖见之未圆,必落偏枯。坐此不进,与无见等耳。又何疑焉?”

公羊高曰:“所见异辞,所闻异辞,所传闻又异辞。”孟子曰:“尽信书,则不如无书。”夫以朝廷之礼乐刑政,百司纪之,四国传之,然而世远年湮,犹且多失其实。孟子、公羊高,特表而出之,戒后世学者,毋轻信史氏之文,必权之以人情天理。况荒林野水之间,枯木寒崖之外,一二闲僧,传说千年闲事,其可遽信为实哉?

风穴沼忧仰山之谶,谓在己躬,终日哭泣,可谓荒怪不经,愚痴无理。如其有之,则风穴尚何足挂齿?南州处士,求死不得,古今传之为笑。况十方薄伽梵一路涅槃门,而容此哑羊污浊之耶?横亘十方,竖穷三际,都卢是个正法眼藏,涅槃妙心。虽释迦牟尼佛,不言自我而传;何烦风穴,却恐至伊而断。此事,岂如九流百氏之学,有创有守,有断有灭者?傅大士歌云:“诸佛村乡在世界,四海三田遍满生,佛共众生同一体,众生是佛之假名,若欲见佛看三郡,田宅园林处处停,或飞虚空中扰扰,戒掷山水口轰轰,或结群朋往来去,或复孤单而独行,或复白日东西走,或复暗夜巡五更,或乌或赤而复白,或紫或黑而黄青,或大或小而新养,或老或少旧时生,或身腰上有灯火,或羽翼上有琴筝,或游虚空乱上下,或在草木乱纵横,或无言行自出宅,或入土坑暂寄生,或攒木孔为乡贯,或遍草木作窠城,或转罗网为村巷,或卧土石作阶厅,诸佛菩萨家如是,只个名为舍卫城。”然则个事可断绝者,必尽大地众生，自风穴出世后，无眼耳鼻舌身意六识，无末伽那识，无阿赖耶识，而后可。如不能使尽大地众生，无此八识，则触着磕着，尽是释迦牟尼佛，耳提面命摩顶授记。何用风穴虚费苦悰，妄下迷痴之泪？虽然，风穴平生语句，虽不得与云门玄沙辈同日而语，要亦自具正知正见，岂有此事？如此谬悠之论，识者羞称，而魔忍辈闻之，悦其类己，津津称述不置，且耳食其虚名，倚之为泰山，横建魔论以魅惑人，以攻异己者。是则宗门中可悲可涕者也。观其言曰"风穴非忧无悟人也，忧悟人之不透宗旨，以害天下后世者也"，夫宗旨外有悟，则所谓悟者，乃魔情矣。悟外有宗旨，则所谓宗旨者乃魔罥矣。不忧自己之害天下后世，而忧人之既悟而不透宗旨，为害天下后世，如是之说，真所谓魔说矣！

魔忍好以医喻个事。彼见教乘每以佛为大医王，而学作此语。不知佛之为医王，正不得以世医为比。世医以己之术，医人之病。佛则不然，以己医己，以人医人。盖众生将诸佛心为尘劳门，一念回光，即同本得；诸佛用众生心成菩提道，不得一法，安住佛乘。是故众生界如佛界，佛界如众生界。自其成佛而言之，则曰医；自其堕众生者言之，则曰病。故曰"以己医己，以人医人"。然则是医也，是病也，可用他人之针灸药石否耶？魔忍乃为风穴终日哭泣下注脚曰："譬神医为国人所仰活者，既老，阅诸子之才，皆无一可取。秘之，则是天下后世活人之术，自我绝矣；欲传之，恐不能尽其妙，益误天下后世。"此风穴之心欤？若然，则从上古德，实有医人之法，辗转相传，以至于风穴矣。不见文殊菩萨，一日令善财采药，曰"是药者采将来"，善财遍观大地，无不是药，却来白曰"无有不是药者"，文殊曰"是药者采将来"，善财遂于地上拈一茎草，度与文殊，文殊接得，示众曰"此药能杀人，亦能活人"。学者将此公案，与魔忍所论合观，其为显背佛说，不烦言而自解。夫药尚无有实药，医岂犹有实医？既是皆无有实，则虽欲秘之，将何为秘？虽欲传之，又将何为传？秘者，我所有而秘不示人也；传者，人所无而我传与之也。这个，密在汝边，如何可秘？人人自将得来，如何可传？若有可秘可传之处，则非这个。既非这个，则以之为己，即为饮鸩，以之为人，即为下蛊。全是魔术娆人，岂同神医试手？风穴之终日哭泣以忧无传，盖属传闻之误。而魔忍不知，遂倚之为重城，宝之为拱璧。号于天下，见宗旨之必须传，传之难其人，而己之得传宗旨，为千古名僧之明证。如是心行，魔耶非耶？

肇法师曰："智有穷幽之鉴，而无知焉；神有应会之用，而无虑焉。神无虑，故能独王于世表；智无知，故能玄照于事外。智虽事外，未始无事；神虽事表，终日域中。"永嘉云："心镜明，鉴无碍，廓然莹彻周沙界，万象森罗影现中，一颗圆光非内外。"夫此神智心镜，不离第八识，不涉第八识。夫第八识尚且不离而不涉，则聪明椎鲁，乃第六识分中事，何得奴郎不辨，于向上一路，任情卜度，椎鲁者是耶，聪明者是耶？且喜没交涉？夫聪明椎鲁，于何区别？岂不于事上区别，理上区别，机上区别，境上区别耶？从念虑起，亦从念虑分。若夫个事，法尔如然，不由念虑，作何交涉？夫苟着事着理着机着境，则神珠隐光，灵鉴撤照矣。惟其不着一事，而自贯万事；不着一理，而自达万理；不着一机，而自运万机；不着一境，而自融万境。故曰"般若无知而无不知"。若乃椎鲁者之无知，是于机境理事上有所不知，非般若之无知也。聪明者之有知，是于机境理事上有所知，非般若之无不知也。知是妄尘，不知是无记，皆与般若了无交涉。非椎鲁于般若远，聪明于般若近；亦非椎鲁于般若近，聪明于般若远。总之般若，函盖得聪明椎鲁，而聪明椎鲁，皆近傍不得般若。譬如朝廷之礼乐刑政，经纬及于百姓之耕稼陶渔，然令百姓耕稼陶渔于朝廷之上，则从无此礼乐刑政也。是故能悟，则聪明亦悟，椎鲁亦悟；不能悟，则聪明有聪明之不悟，椎鲁有椎鲁之不悟。聪明椎鲁，皆属心意识内事，而个事未明，皆心意识为缘为碍。岂容向冰求暖，执火思凉？演唱宗乘，而问及于聪明椎鲁，即为与本分间隔。

至于或则诗书满腹，或则目不识丁，世谛流布，则一人聪明，一人椎鲁。究极而论,此是文学边事,并且与聪明椎鲁没交涉。尽有当机临境,据理处事,诗书满腹者昏昏,目不识丁者了了。孰聪明耶?孰椎鲁耶?夫洞彻了悟之人,其于机境理事,重重无碍,无作无为,如镜觑人,不思而得。苟非然者,聪明则一思再思而得,椎鲁则百思千思而得,要皆与本分没交涉。而思而得之之难易,即为聪明椎鲁之所由分。若夫文学边事,犹如饮量之高下,或一石而醉,或五斗而醉,或果腹而不醉,或沾唇而已醉。岂得谓能饮者聪明,不能饮者椎鲁乎?

纵使记得三藏十二分如瓶泻水,是名运粪入,不名运粪出。若不了悟,转障正知正见。魔忍自以为聪明曾读书,而轻密云目不识丁,故借风穴与念法华答问"聪明者多,见性者少"一段公案,妄立魔论,深辩聪明之无碍于道,而椎鲁之必不如聪明。以真园头之了悟,而以钝拙之故,终不若念法华之得法风穴。言外之意,以为了悟则椎鲁者亦能之,若宗旨,非聪明不可。盖伊既为密云嗣孙,若谓密云不悟,则有生于空桑之嫌,故谓悟则椎鲁者亦悟,而宗旨则非其所敢望。抑扬反覆,微文刺讥,以戏侮密云,却不知自己负堕。

如云"世之聪明者,解路习熟,而智多役乎外。苟能反所役于道,一门深入,又恶知其不可",不快漆桶。这个,不在内,不在外,不在中间,是以无不在。若以解路为役智于外,而欲反所役于道,一门深入,是将役其智于内耶?且宗门不取一法,不舍一法,若得了悟,则解路亦所不舍。解路又岂非法?况解路又岂只役其智于外,而不役其智于内?足知伊解路之说,亦是学语。又曰"反而役其智于道",既曰役其智,则仍是解路矣!又如何得一门深入?但有不得其门而入耳!且夫道者,在内耶?在外耶?在中间耶?今将断绝解路,而专役其智于道,则必实见道之所在,而后可以役其智。乃此如大火聚,如金刚圈,小则毫毛莫测,大则三千大千者,将如何役其智而后可耶?岂非掠虚弄影汉?

又云"太阿之锋在乎利,夜光之宝在乎明,人之所以贵于万物者在乎灵，圣人之所以贵于人者在乎圣。必曰‘椎埋驺蹇而后合道’，则是庆喜不当居祖位，而百丈临济不得载传灯矣”，亦是不快漆桶。夫一际解脱之门，平等菩提之记，哪容如许圣见、凡见、人见、物见、椎埋驺蹇见、博学多闻见？有如是种种炽然分别见，尚安得具正知正见？

又曰“悟而不透宗旨，则见性未圆。如六祖偈曰‘菩提本无树，明镜亦非台，本来无一物，何处惹尘埃’，五祖曰‘亦未见性在’。盖见之未圆，必落偏枯”，益为不快漆桶。见性犹如见月，万里无云处观之，固见月之全体，芥孔针鼻中窥之，亦见月之全体。只除不见月则已，若已见月，则月自不能使人分段见，半偏见也。安得有“见之未圆，必落偏枯”之虑？至谓“悟而不透宗旨，则见性未圆”，益为魔说。其意不过谓六祖作偈时，尚未得宗旨，故五祖谓“其亦未见性”，直至夜半传衣，乃始密密传个宗旨，六祖见性始圆，以见宗旨之必须密授。魔魅人家男女，俾知伊之所建宗旨，是从佛国传来，伊为受记负荷宗旨之人，不同其他禅侣。相与欢喜敬信，喧传一时，流播百世，造魔业于无穷，诚为何苦乃尔。

魔忍曰：“棒下无生忍，临机不见师”，即玄要的旨。穴于廓侍者处，虽悟三玄而未至于要，安得不有再悟耶？《辟书》谓既悟三玄，复于南院处，始得大彻，遂以三玄为无用，是未见汾阳语耳。汾阳因僧问“如何是学人得力处”，答曰“嘉州打大象”；“如何是学人转身处”，答曰“陕府灌铁牛”；“如何是学人亲切处”，答曰“西河弄狮子”。乃曰：“若人会此三句，已辨三玄，更有三要语在，切在荐取”。此无渐次中真渐次，无得失中真得失也。洞宗亦曰：“士庶公侯一道看，贵贱尊卑明位次。”知此者可与言宗旨矣。

“棒下无生忍，临机不见师”，直得十方虚空悉皆消殒，何处更觅佛见法见？尚何有三玄三要许多络索？而魔忍谓是玄要的旨，可知伊未彻无生忍在。既未彻无生忍之旨，则所谓“临机不见师”者，必认定“师”字为“师弟子”之“师”，是以魔藏敢于灭师，魔忍敢于灭祖。夫十方虚空悉皆消殒，正乃山是山，水是水，虚空是虚空，万有是万有。“是法住法位，世间相常住”，岂得弟子不住弟子位，师不住师位？正惟善能分别诸法相，于第一义而不动，方不落断，不落常，而契空有双融之中道。若以“临机不见师”为面前参问之师，则宛立我人，说甚无生法忍耶？

魔忍谓：“风穴于廓侍者处，虽悟三玄而未至于要，安得不有再悟？”若论三玄三要，即使会得如临济一般，总名知解，不名为悟。若以此为悟，白云千里万里。即以三玄三要论，玄中必立要，无要不成玄，岂有虽悟三玄而未至于要之理？乃又引汾阳“若人会此三句，已办三玄，更有三要语在”为证，岂知死在汾阳句下，被伊换却眼睛。所为韩卢逐块者。

汾阳三句，曰：“嘉州打大象，陕府灌铁牛，西河弄狮子。”此三句者同耶？异耶？实法耶？非实法耶？临济分明说“一句中具三玄，一玄中具三要”，而汾阳三句，各具一玄，三要尚不在内，还须九句始具，有是理否？只因僧问“如何是学人得力处”，而答以“嘉州打大象”。夫自己得力处，如何却问他人。这僧为具眼为不具眼？又问“如何是学人转身处”，而答以“陕府灌铁牛”。又问“如何是学人亲切处”，而答以“西河弄狮子”。如此三问，皆为就他人而觅自法，安得亲切？于何转身？有甚得力？于是更与一勺恶水，曰“若人会此三句，已办三玄，更有三要语在，切在荐取”。魔忍乃谓“此无渐次中真渐次，无得失中真得失”，岂非盲参瞎会，与这僧同一鼻孔？

况汾阳此则公案，并未于“切在荐取”处语绝。下文曰：“不是等闲，与大众颂出。曰‘三玄三要事难分，得意忘言道易亲，一句明明该万象，重阳九日菊花新’，还会么？恁么会得？不是性燥的衲僧，作么生会好？”魔忍于下半则公案，全不理会，只取上半则作十成死句实法会。在汾阳虽非极则之谈,乃经魔忍裁削,益令短气。夫"三玄三要事难分",则非三句具三玄明矣。"得意忘言道易亲",则所谓"一句具三玄门,一玄中具三要"之"一句",并非执定语句之句为句,又明矣。又复自注云:"一句明明该万象,重阳九日菊花新。"恁么会得?犹嫌有此一句在,所以不是性燥的衲僧。今魔忍死在上半则语句下,谓是"无渐次中真渐次,无得失中真得失"。汾阳若见,当评为何等衲僧也。

又引洞宗之语"士庶公侯一道看,贵贱尊卑明位次",谓知此乃可与言宗旨,转见不堪。此二语,即属别调无足论者。可知伊未举已前错。且如嘉州陕府西河,孰贵而孰贱?大象铁牛狮子,孰尊而孰卑耶?必穿凿附会,使天下后世,知宗旨之传,属在魔忍。所谓作伪心劳日拙也。

魔忍曰:风穴垂示,于临济宗旨,如青天白日,无丝毫障翳。盲者自不能见。关尹曰:"不知道而妄意卜者,如射覆盂。高之存金存玉,中之存角存羽,卑之存瓦存石。是乎?非是乎?惟置物者知之。"《辟书》之于济上纲宗,实有类此。辟之而不得,复解之;解之而不通,又辟之。七辟三辟,其射覆也亦劳矣!

仰山上堂云:"汝等诸人,各自回光返照,莫记我言。汝无始劫来,背明投暗,妄想根深,卒难顿拔。所以假设方便,夺汝粗识。如将黄叶止啼,有什么是处?亦如人将百种货物,与金宝作一铺货卖,只拟轻重来机。所以道石头是真金铺,我这里是杂货铺。有人来觅鼠粪,我亦拈与他,来觅黄金,我亦拈与他。"学人观仰山此则语句,则魔忍所引关尹子语,以非笑密云不知宗旨者,其迷谬显然,不须更说矣!

夫学人果能拈得鼠粪,有少分相应处,自然冰消瓦解,觌体真纯,玉转珠回,光华圆满。只因无始以来,滞壳迷封,只要黄金,羞称鼠粪,不知尽大地是一个鼠粪,并无黄金,所以历劫沉沦,头出头没。

至若宗师为人,看孔着楔,或拈黄金,或拈鼠粪,都是善巧方便,不定法门。会得是金,不会是矢。即矢即金,即金即矢;非金非矢,是矢是金。如何可比射覆盂中,存金存玉,存角存羽,存瓦存石,实在置得之一物?正惟魔忍辈拾得狐唾狸涎,宝为黄金,藏在射覆盂下,聚集魔男魔女,更相诳惑,互相卜度,自称识得盂下是第一异宝。识者便是宗师,不识者便是盂八郎汉。自误不了,欲率天下后世禅侣,靡然向风,共饮毒乳。所以不得不辞而辟之耳。

乃转非笑辟之者不识盂下何物。魔民所置盂下之物,学道人何用识之?这个,亦是金,亦是玉,亦是角,亦是羽,亦是瓦,亦是石,昭然万目之前,而视之不见,纵然万耳之内,而听之不闻,不可卜射;无是,无非是,竖穷三际,横亘十方,莫高于天而不能覆,莫大于地而不能载,在盂即盂,而盂不覆盂,置物者亦物,而物不能置物。魔忍辈何由识得?若如金玉角羽瓦石之一定而不可转移,存金则金,不可曰玉,存瓦则瓦,不可曰金,如是而曰是宗旨,则宗旨即成实法矣!若然则魔忍自劳,胜于射覆十倍,何谬妄之甚也!

卷　五

魔忍曰：佛果曰："不疑言句，是为大病。"岩头曰："大统纲宗中事，先须识句。"而风穴又教人体究言句如此。近代老宿，一概斥绝言句，将使天下学者以墙壁瓦砾为师乎？夫墙壁瓦砾，真可师也，但学者不知。奈何绝言句哉？文殊曰："此方真教体，清净在音闻。"此大士不合与今人相左。

宗门之学，直了一心。而直了一心，必剿绝情见。是故每以无义味语，置人八识田中。吞不得，吐不得，时节因缘既至，"囫"地一声，五花八裂，自然会得世尊不说说，迦叶不闻闻的道理。若到这里廉纤，毕竟未曾了彻在，只得仍复体究言句。虽然，无论会去不会去，总与言句无涉。若作言句会，纵使参得千七百则公案，都能下得语，阎罗面前，不管你会答话不会答话，腊月三十日到来，依旧是业识茫茫，无本可据。

圆悟以不疑言句为大病者，盖不疑由于不信。不信何由得入？信而后疑，疑而后真到不疑之地。如从初便已不疑，则是憎上慢大我慢全具。虽有本分钳锤，从何下手也？

岩头谓："大统纲宗中事，先须识句。"夫所谓句者，如何是句？吾宗无语句，而亦无一法与人，是之谓句。诚识得这无语句之语句，自然离四句而绝百非，亦且即四句而泯百是。若然，则岩头"先须识句"，风穴教人体究言句，皆正是斥绝言句。而密云斥绝言句，却正是建立言句。魔忍死在句下，而谓："一概斥绝，则将使天下学者，以墙壁瓦砾为师乎？"岂知墙壁瓦砾，正是言句。若谓墙壁瓦砾为非言句，则千七百则公案，可知伊无一字荐得在。

又道"墙壁瓦砾虽真可师，而学者不知。奈何绝言句"，若于绝言句处荐得，自然能体究言句，亦自然能知得墙壁瓦砾，是真佛真法真僧。若于此不荐，而欲于言句下测量卜度，则才有是非，纷然失心，徇尘背本，波起水昏。纵使讲诵三藏十二分，亦只做得个三世佛冤在，况诸野狐涎唾耶？

魔忍又举文殊云"此方真教体，清净在音闻"，谓此大士不宜与今人相左。文殊此语，与世尊不说说，迦叶不闻闻，是一是二？此大士亦不宜与世尊迦叶相左。

夫惟这个，竖该三际，横亘十方，无量无边，光明清净，不可以这个明这个，尚安可以这个简这个？悟者，举一滴而已彻海源；迷者，涌千波而全非水性。魔忍教人体究言句，却不知自已全未会得言句。若果会得，岂复死在言句边？学人不用如何若何，直须真参实悟。如果真参实悟，则斥绝言句亦得，体究言句亦得。如魔忍者，体究言句亦不得，斥绝言句亦不得也。

魔忍曰：觉范答无尽居士曰："十智同真，与三玄同一机轴。"乃作颂曰："十智同真面目全，其中一智是根源，若人欲见汾阳老，劈破三玄作两边。"劈破之义，若画龙点眼，非可以言论通也。《辟书》谓："既以劈破，后世不当复有三玄。"是何言与？吾尝观近代老宿，开口便骂知解，揣其证悟处，当如狮子王，哮吼一声，壁立万仞。今乃确确然信三玄之可以劈破，是将泥丸土鼓为三玄耶？读至此不觉喷饭。

师又有颂曰："三玄三要事难分，得意忘言道易亲，一句明明该万象，重阳九日菊花新。"又别颂曰："第一玄，法界广无边，森罗及万象，都在镜中圆。第二玄，世尊问阿难，多闻随事答，随器量方圆。第三玄，直出古皇前，四句百非外，闾氏问丰干。"乃曰："这个是三玄的颂，作么生是三玄底旨趣？直教抉择分明。莫只与么望空妄解，道我曾亲近和尚来，为我说了也。脱空谩语，吃铁棒有日在。"《辟书》曰："三玄三要，不过临济一时上堂语耳。当时有执为宗旨者，故汾阳作颂警曰‘三玄三要事难分’云云。”不知《辟书》何所考据而为此说。若颂即是警，则不当分而别颂三玄矣。自禁之而又自犯，想汾阳昏悖不至此耶？

大都《辟书》凡见古人有一二语相似，即靠之如泰山，其不可晓者，即攻之如仇敌。似者少而不可晓者多，故不免前后牴牾耳。如《人天眼目》师十八问有曰："凡学人编辟言句，盖覆将来，验师家眼目，尽皆打得。何故？只为识得破。"《辟书》引为一棒之据。不知识得破，非肘后有符者不能也。

且夫一汾阳耳，颂三玄，则斥为狂狗，作十八问，则倚为凭仗，使古人何以自处耶？倘三玄之颂为非，则是汾阳见处固非，十八问亦不足观矣！使十八问为是，则汾阳之见处元是，三玄之颂亦是矣！何其纷纶不定，一赞而一呵之？

尝谓汾阳昭平生语句，除十智同真之外，其他无可取者。因知十智同真，亦属解路。况如此推演开去，何所底止？正同入海算沙。未能启初学之疑情，先牵引入于知解宗徒，亦无裨于发心参学者。盖其平生得力处，不过三玄三要闲家具，未踏向上一着在。今观其三玄三要总颂分颂，亦属言中取则，意下推求。以明三玄三要则可矣，与这个没交涉。

魔忍倚为泰山，以斥密云"三玄三要，为临济一时上堂语"之非，反覆辩论，推尊三玄三要，为个事极则，足知伊于三玄三要亦未梦见在。三玄三要，十智同真，又岂著得争竞耶？至密云悟谓"三玄既已劈破，后世不当复有三玄"，固属拙语，而魔忍笑其认三玄为泥丸土鼓，将汾阳劈破之义，颟顸过去，谓如画龙点眼，益为漆桶。夫泥丸土鼓，安见不是三玄三要？岂特泥丸土鼓中，即具三玄三要？若能于泥丸土鼓，直下承当，却正好劈破三玄三要，销除十智同真，净裸裸，赤洒洒，直达宝所，圆通无碍，肯向三玄三要十智同真等闲言剩语，作门前之绕耶？

魔忍又以汾阳总颂三玄处，非为抹却三玄，若总颂是抹却者，分颂岂非自禁自犯？汾阳昏悖，不至于此。不知此无是无非法门，安可以情见卜度？当汾阳总颂三玄，亦不得谓之禁。迨后分颂三玄，又安得谓之犯？且汾阳明明说“三玄三要事难分”矣，又分第一玄、第二玄、第三玄，各为之颂。试问谓分耶？不分耶？不解者，若曰昏悖，此亦昏悖极矣！魔忍何以又畏忌而不敢指斥，而专指斥密云耶？

至于密云引汾阳十八问“尽皆打得”语，为一棒之据，而魔忍谓非肘后有符者，如何识得破，既未识得破，如何打得，足知伊将一棒作实法会。不特吃棒未有了期，且亦并无棒吃分在。汾阳所谓识得破者，岂在意言象数边识取？如必识得意言象数，则恒河沙数法门，又岂十八问之所能该？虽有阿难之多闻，又如何识得尽？如果无一不记，无一不通，则其人八识田中，装满如许络索，情见炽然，然其人安可与语？若离意言象数别有者，则是已经会取十八问“尽皆打得”之旨趣矣！既已会得，则业已肘后有符，更别求什么符系肘后乎？一棒是罚是赏，是建是销，本无实义，亦无实法，如何于此横生分别，捏目生花耶？

又谓密云评论汾阳处，“若三玄之颂为非，则汾阳见处固非，十八问亦不足观；如十八问为是，则汾阳见处元是，三玄之颂亦是，何其纷纶不定，一赞而一呵之”。考密云之于汾阳，实亦未具顶𩕳只眼，并未缁素分明，故其钦重汾阳甚至，何尝敢于指斥？而魔忍亦非不知密云并未指斥汾阳，特欲装诬密云，则其事莫须有。使天下后世有议伊呵斥乃祖密云者，将曰“密云之于祖汾阳，亦复如是”。不特使疑密云者信伊，并使信密云者亦不疑伊。其术诚巧，顾其拘执谬悠之论，实足疑误学人，不可不辨。

夫此圆宗，所谓无是无非法者，非若外道猖狂之见，任意纵横，谓之无是无非也。盖以四句分之，皆无所住，无所着，则绝对待，既绝对待，则离四句，既离四句，则绝百非。于此荐得，则千七百则公案，无全是，无全非，无皆是皆非，无无非无是，随举一则而皆然。然后可于无等级中，分霄分壤；无分别中，辨渑辨淄。否则才有是非，纷然失心，自救不了，如何为人？夫就一则公案，尚且如是，岂可于一人平生公案内，谓三玄颂是，则十八问必无非，十八问非，则三玄颂必无是耶？从其是而言之，三玄颂亦是，十八问亦是。从其非而言之，三玄颂亦非，十八问亦非。从其有是有非言之，三玄颂亦有是有非，十八问亦有是有非。从其无非无是言之，三玄颂亦无非无是，十八问亦无非无是。据十八问以非三玄颂也可，据三玄颂以非十八问也可，据三玄颂而是十八问也可，据十八问而是三玄颂也可。于此荐得，则推移无定，却为缁素分明；于此不荐，则缁素分明，正是人法两执。若魔忍之见，无论全未会得汾阳三玄颂十八问落处在，直饶分别清疏得，仍是业识茫茫，无本可据。

魔忍曰：灌婴滕公樊哙等，从汉高起丰沛间，攻城掠地，随功而渐进，至汉有天下，数人者位不过封侯。至若韩信，则一见而授以上将之权，此先爵而后功者也。若夫冒处尊位而功业罔建，鲜有不夷灭者。功业建矣，而稍自矜伐，亦鲜有不夷灭者。《楞严》曰："理须顿悟，事以渐修。"长沙曰："功未齐于诸圣。"夫三乘十地，灌婴滕公比也，功胜于悟。大心凡夫，超宗越格，韩信比也，悟胜于功，无功之功也。予以是观汾阳之悟之行，岂非直授上将而不矜功伐者欤？

如来者，无所从来，亦无所去，往应群机而不去，恒归寂灭而不来，故曰如来。入此圆宗，则曰一超直入如来地，为万法之总持，则有法王之号，作人天之眼目，爰有导师之称。然此名相，毕竟虚空。赞叹徒多，虚空不受。岂若世间班爵制禄，有公侯伯子男之分，立政经邦，有君臣民事物之位？魔忍托迹宗门，驰情尘海，三条衲下，裹求富贵而未得之幻躯，百尺竿头，作留声名于千古之痴梦，加以曾涉坟典，略观古今，记史氏之剩言，无可眩耀，疑古锥之心行，即是尘劳，遂以菩萨十地，等之绛灌之俦，如来正因，拟作淮阴之将。如带如砺，移为绍承祖印之丹书，勿伐勿矜，取作涅槃妙心之宝鉴。直是一场笑柄，尚未足云外道邪魔也。

魔忍曰：玉在山则秀，珠在川则媚。道之在人也，宁独不然？予观会公，深得慈明之道，服勤甚久，至出世，而同参者不知其履实践真，深韬厚晦，去今日实霄壤。浮山远录公谓首座曰："所以治心，须求妙悟。悟则神和气静，容敬色庄，妄想情虑，皆融为真心矣。以此治心，心自灵妙。然后导物，孰不从化？"远公，首山之嫡孙也。所示如此。而近世称悟者，状若屠儿魁刽，出言行事，禽兽之不若，而世人敬之，意其有悟耳。予愿好心护法而道眼未明者，以远公之言辨之。

谓"近世称悟者，状若屠儿魁刽，出言行事，禽兽之不若，而世人敬之，意其有悟"，此数语，不知其何所指。指同参之广通辈耶？抑即指伊祖密云耶？总不过欲当时士大夫辈，勿敬他人而敬伊耳。其语言辞气，尚是浮山所云"神和气静，容敬色庄，妄想情虑，皆融为真心"之悟人否？拍浮糟池中，而戒人饮酒，鼓刀屠肆里，而劝勿杀生，令人厌恶嗤笑。况证悟之与修行，如水与米，煮而成饭。当其成也，分不得，合不得。未证悟者，虽历劫修持，而有我我所，只增益得人天福果，如有水无米，饭不得成；既证悟而修持未至，其力未充，功未齐于诸圣，如水多水少，饭不堪吃。夫所谓修行者，自是六度万行边事。所谓梦中佛事，镜里庄严，惟梦惟镜，即幻即真，不将梦与镜作幻相会，然后能行满普贤愿海，而同梦与镜观。至若宗师为人，痛下钳锤，只要伊立地自证，遑计我此言、我此行，与屠儿魁刽奚若？！自古岂有专论语言外貌之宗师耶？古德云："或是或非人不识。"安得将为人解粘去缚之施设，教人执滞较量？则如云门三度扣睦州门，睦州启门即闭，轧折云门一足，得非屠儿魁刽乎？临济于大愚肋下筑三拳，又两度掌其师黄檗，甚至将镬筑地，谓其师曰"诸方火葬，我这里活埋"，得非屠儿魁刽乎？他如尼问赵州"如何是密密意"，赵州以手掐之，俱胝因童子竖指，举刀斫断其指。如此等类，不可胜数。魔忍于此等处，将亦生谤议耶？若不敢生谤议，何得诈分皂白，诳惑闾阎？

且如沩山云:“百年后向山下作一头水牯牛去。左胁书沩山僧某甲。道是沩山僧,又是水牯牛。道是水牯牛,又是沩山僧。”不知魔忍所谓好心护法者,于此当作么生辨别,应致敬不应致敬,其敢以禽兽目沩山乎?举儒门礼法,以譸讹宗门之机缘,自然方底圆盖。魔忍之意,只为密云才问便棒,便谓是“屠儿魁刽”。因而痛诋之为禽兽,以魔魅士大夫之无识者。且以牢笼四方缁侣,令皆乐其逢迎。如此心行,却是儒门中所指为禽兽之不若者也。浮山警戒首座之言,盖属对病下药,却因魔忍妄下注脚,钝置不少。

魔忍曰:昔妙喜大彻后,反于数禅客有疑,乃以问昭觉。觉曰:“我禅如大海。你须将个大海倾去始得。若将钵盂盛得些子,是伊器量如此,吾当奈何。”嗟嗟!今日以钵盂盛得者,若真海水,于此末世亦表表可观矣!其所盛又皆污秽不堪之物,便欲拨弃师法,颠狂横悖,牢不可开。三复白云之语,为之涕泗。

须将大海来,倾取大海去。迷则海心渴死,悟来无尽无边。盖此大圆觉海,不共而不分,不出而不入,不可以智知,不可以识识,无大小垢净之差别。从上古德相传,不过“尔如是,我亦如是”。如是,则以一针尖举滴水,而与大海之润性无差。不如是,则虽河伯望洋,而有见笑大方之叹。况乃以钵盂盛取者乎?

魔忍谓:“今日以钵盂盛得者,若真海水,于此末世,亦表表可观矣!其所盛又皆污秽不堪之物,便欲拨弃师法,颠狂横悖,牢不可开。三复白云之言,为之涕泗。”不知钵盂盛得,即非海水。并此钵盂,亦在海中,如何盛取?上天下地,古之今之,如鱼在水,通身是水。若泊沙泥,而呴取勺水,则鱼将为非鱼矣!乃鳃鳃然,较量钵盂所盛之是海水,非海水,是垢,是净,总因伊未见大海故。若真到大海,自然不生是非垢净之想,自然知得盛入钵盂,即为钵盂,不为大海,断无表表可观之理。且既入钵盂,即为死水,日炙风吹,尘蒙土坌,即便污秽不堪,虽从龙王手内分来,究竟背离真海水。若欲得真海水,直须亲到海始得。并无师法之可执。若有师法,即是钵盂内死水。盲传盲受,信而守之,一期无见海之分。

魔忍之病,正在自信钵盂内有真海水,而疑密云钵盂内水,污秽不堪。不知密云钵盂,久经扑破,虽未达彼岸,未始不身在海中,不若魔忍死守一钵毒乳,却成海心渴死汉也。

魔忍曰:已呈投机颂,白云业已许可,又乃重出白汗。今人不能无疑,难矣哉!禅之不可不悟,不可不大悟,不可不明大法。所云大法者,非区区卜度名相而已也。

圭峰密曰:"禅是天竺之语,具云禅那,翻云思惟修,亦云静虑,皆是定慧之通称也。今时有但目真性为禅者,不辨华竺之音也。然非离真性别有禅体,但众生迷真合尘,即名散乱,背尘合真,名为禅定。若直论本性,即非真非妄,无背无合,无定无乱,谁言禅乎?天真性即不垢不净,凡圣无差;禅则有浅有深,阶级殊等。谓带异计欣上厌下而修者,是外道禅;正因信果,亦以欣厌而修者,是凡夫禅;悟我空遍真之理而修者,是小乘禅;悟我法二空所显而修者,是大乘禅;若顿悟自心本来清净,原无烦恼,无漏智性,本自具足,此心即佛,毕竟无异,依此而修者,是上乘禅,亦名如来清净禅,亦名一行三昧,亦名真如三昧。此是一切三昧根本,若能念念修习,自然渐得百千三昧。达摩门下,辗转相传者,是此禅也。达摩未到,古来诸家所解,皆是前四禅八定。诸高僧修之,皆得功用。南岳、天台,令依三谛之理,修三止三观,教义虽最圆妙,然其趣入门户次第,亦只是前之诸禅行相。惟达摩所传者,顿同佛体,迥异诸门,故宗习者难得其旨。得即成圣,疾证菩提,失即成邪,速入涂炭。祖师革昧防失,故且人传一人,后代已有所凭,故任千灯千照。"

圭峰考正禅之名义如是。然则魔忍所论"禅不可不悟,不可不大悟,不可不知大法"者,为是四禅八定,三止三观之禅耶?为是达摩西来,不立文字,直指人心,见性成佛之禅耶?如云达摩所传之禅,则圭峰不云乎"得则成圣,疾证菩提",安得有小悟大悟之阶级？且谓“大悟之后，又须明大法也”。且西来大意，直指人心，正圭峰所云“非真非妄，无背无合，无定无乱”者。禅亦不可得，何况迷头认影，别有大法可明，与本来自性天真佛，为缘为对？然则其所谓大法者，既又非三止三观天台南岳之说。其为圭峰所云“带异计欣上厌下之外道禅”，何疑乎？乃又谓：“所为大法者，非区区卜度名相而已。”夫大法，岂非名耶，伊所捏造一“〇”为千佛万佛之相，种种大法，岂非相耶？却又见古德斥绝名相，学说个“非区区卜度名相而已”，真是掩耳偷铃汉。

魔忍曰：五祖曰：“先师语拙，当时不以为慢尊。大慧欲毁《碧岩集》板，当时不以为好高逞己。黄檗沩仰不许马祖下诸尊宿，当时不以为人我是非。知此道公也。”今海内缁素，至贤且明者，犹曰：“三峰之争宗旨诚是，但名分则不可。”呜呼！是道轻于名分矣。且二老年德相去不甚远，所以屈身折节，尊临济之道而已矣。苟舍道，名分何自而生耶？呜呼！至明且贤而为此说者，特未知道耳。

魔忍谓：“海内缁素，至贤且明者，犹曰‘三峰之争宗旨诚是，但名分则不可。’夫达摩西来，直指别传，曹溪滴乳，流衍震旦，虽学者车载斗量，得者凤毛麟角。然此圆宗一灯，照耀今古，代不乏人。魔藏父子，以双头独结，四法交加，种种奇名异相，疑误参徒，使一片“净洁空堂堂，光华明日月”田地，横着泥滓，强自号曰临济宗旨。自既邪毒入心，累人向恶水坑里，头出头没。是以伊祖密云，恐后世辗转相诳，妄认其说为宗旨，而不自悟，灭佛灭祖，灭人慧命，贻害无穷，法炬将昏，禅河欲竭，是以作《七辟》以辟魔藏，作《辟妄救》以辟魔忍。其间藏忍倒戈相向，痛斥密云，时无智眼，遂成聚讼。密云虽亦有见未到处，要之自具正知正见，所论魔忍父子，妄建宗旨之罪，自是千秋铁案。海内缁素，果属贤明，岂有不识伊等种种作为实法，至妄极谬之理？如尚以伊父子所争者为是，则是一般瞎汉，日月丽天而不见者，谓之至贤且明可乎？且既谓至贤且明者皆以争宗旨为是矣，而又以其人为未知道，岂道又在宗旨外，宗旨又在道外耶？伊所谓宗旨，果何宗旨？伊所谓道，果何道也？不过欲矫诬密云，煽惑当时士大夫。而彼士大夫，虽皆盂八郎汉，不辨孰是孰非，然而弟子不得灭师，子孙不得灭父祖，人人共晓，岂能无议？于是为此说以自解免。先以至贤且明之名奉之，复以未知道之说魔魅之。不知不觉自说自相矛盾。然则魔忍是何心行也？虽宗门父子，原因法乳相传而同世间之名分。然使密云妄建宗旨，而藏忍谏诤，则可譬之父有诤子。今伊等将从上相传，佛法的的大意，涂污澌灭如此，密云起而正之，便任意谤毁，并欲灭绝名分，是乃家之逆子，实万中无一可许者。

魔忍曰：夫透法而后忘法，世间技艺且尔，况无上觉道耶，今之拨无宗旨者，若未渡而焚舟；泥于名相者，若忘渡而恋筏。二者俱病。

“透法而后忘法，世间技艺尚然，况无上觉道耶”，斯言也，可知魔忍尚未知道与技艺之不可同日语也。

夫技艺，从知而知，从学而得，由习而精，由熟而神，无大小，必有规矩焉。迨其神明于规矩之中，而变化于规矩之外，则所谓“忘足，屦之适也；忘腰，带之适也”，所谓透法而后忘法者也。

若夫无上觉道，不可以知知，不可以学得，非习所能精，非熟所能神，不欠一法，不剩一法，不取一法，不舍一法。恒河沙数法门，举一是无上觉道者而不可得，而何法之可透？举一非无上觉道者而不可得，而何法之可忘？

魔忍涉猎外典，盖闻庄周之论，而拾其唾余耳。庄周之寓言曰：“仲尼适楚，出于林中，见佝偻者承蜩，犹掇之也。仲尼曰‘子巧耶，有道耶？’曰‘我有道也。五六月，累丸二，而不坠，则失者锱铢，累三，而不坠，则失者十一，累五，而不坠，犹掇之也。吾处身也，若橛株拘，吾执臂也，若槁木之枝。虽天地之大，万物之多，而惟蜩翼之知。吾不反不侧，不以万物易蜩之翼，何为而不得？’

孔子顾语弟子曰‘用志不分,乃疑于神,其佝偻丈人之谓乎?’”

夫累丸五而不坠,是透法也。当此之时,内忘己躬,外忘万物,惟丸之知,不以万物易丸,然后移之以承蜩而若掇焉。固忘其为丸,为蜩,为累,为承,而若掇之也,是所谓忘法者也。魔忍妄意五家宗旨若累丸焉!迨其既熟而证无上觉道,犹累丸既熟而承蜩若掇也。是谬之甚也!

夫“用志不分,乃疑于神”,岂可以喻出世间法?我王库内,无如是刀。夫既有所用之志,复有用志之所,是识神分别影事也。既有能神之技,又有神技之能,是业力假伪机关也。以识神分别影事,造业力假伪机关,以此为筏为舟,渡清净觉海,是犹驾火轮入火宅耳!方且末由至乎津涯,遑问彼岸。

禾山方上堂举拂子云:“看看只这个,在临济则照用齐行,在云门则理事俱备,在曹洞则偏正叶通,在沩仰则暗机圆合,在法眼则何止于心。然五家宗派,门庭施设则不无,直饶辨得倜傥分明去,犹是光影边事。若要抵敌生死,则霄壤有隔。”学人观禾山方之言,则魔忍所称“拨无宗旨者,若未渡而焚舟;泥于名相者,若忘渡而恋筏”之语,可以无惑矣。纵使于门庭施设处,倜傥分明,透法忘法,于无上觉道,有何交涉?此非乘筏渡海,直是阶梯升天耳!

或曰:“五家宗派,更换面目接人,古德为人解粘去缚,慈悲方便,今曰阶梯升天,不其过欤?”曰:“无过也。”面前虚空,即是昊天,无适而非天。知天者,不移跬步而已在天之中;不知天者,欲踏梯以升天,虽累百仞而上,其苍苍之色,终不可得而扪也。是故悟者,随举五家宗派,皆是无上觉道。若魔忍者,虽于五家宗派,倜傥分明,犹登百仞之梯,终不可得而扪苍苍之色。为其不知身在天中,而妄想踏梯之可以升天也。世间固无上天之梯,而安得有证道之法耶?

魔忍曰:三峰先师欲求人于古人之中。见学者品器不端,辄删去,冀渠洗心涤胃,而每每成怨。至有捏造种种相似言句,诬为三峰所传。人之丧心，固至于此。且三峰嫉灭法者如仇，灭法者嫉三峰亦如仇，天下共知也。使有言句传尔，又肯摈尔以资仇敌乎？此稍知事势者不为也。夫言句所以载道，道固不在言句。使道在言句，则得言句者，固得三峰之道矣！三峰求人若饥渴，又肯为此不情之举，摈汝得道真子乎？余观佛果悟由有曰“尽其机用，祖皆不诺”，况区区记持言句，妄谓得道，删摈亦宜矣！尤不省过，而坏教伤义。使其称赞三峰，相辱不乃甚乎？

虚空有仇乎？无有也。排之捉之而虚空不知也。大地有仇乎？无有也。履之践之而大地不知也。虚空非不知也，排之捉之者，亦即虚空。更且即此虚空，无二虚空，知在能排能捉之虚空边，不在所排所捉之虚空边也。大地亦然。履之践之者，亦即大地。更且即此大地，无二大地，知在能履能践之大地边，不在所履所践之大地边也。其体自体，其知自知，不与万物为对，则不与一物为仇矣！

一人发真归元，虚空大地，悉皆消殒，净裸裸，赤洒洒，没可把，竖穷三际，横亘十方，何灭何起，何憎何爱，何取何舍，何是何非，何彼何此，何背何向，与天地同根，与万物同体。方且不见有己，而何人焉？方且不见有人，而何仇焉？

《礼记》子张问孔子“居父母之仇如之何，居兄弟之仇如之何，居从父昆弟之仇如之何”，孔子一一答其问。而不闻子张问“居己躬之仇如之何”也，不闻孔子言居己躬之仇如之何也。可知儒者之学，固亦无仇矣。

仇也者，匹也，敌也。是以怨耦曰仇，而嘉耦亦曰好仇。至人无己，靡所不己。夫靡所不己，则绝对待；既绝对待，则何所仇？以儒门世法论之，犹且无仇，况乃出世间法乎？闻夫与人为仇者矣，未闻与己为仇者也。既已靡所以不己，犹有所嫉之仇，岂非与己为仇乎？夫靡所不己，犹不得有己之见者存。况乃宛立一己，己外又宛立一法，己外法外，又宛立一灭法之人，而嫉之仇之。如此为法起见，真乃愚甚痴甚。嫉人灭法，不知自己早已灭法了也。

魔忍称其师曰："先师嫉灭法者如仇，而灭法者亦视先师如仇。"此二语，藏忍父子并未破参，业已自己分疏明白，了无可疑矣。夫起佛见法见，犹是二铁围山，若起嫉见仇见，非现前黑暗地狱乎？虽然，魔藏父子，所谓"嫉灭法之人如仇"者，犹是妄语。实则不过嫉"名胜于己者如仇"耳。至其所谓伊师魔藏并无言句传人者，不过盖覆魔藏言句之失，自知其为妖血狐漦而欲一洗之。且以拨弃同参之人，显己之为嫡嗣，以诳惑当时士大夫。其卑鄙尤不足挂齿。

魔忍曰：金刚王剑，佛祖不留。至虎丘应庵十有二传，如器注器。当时有与临济先后出世者，如石霜多枯木众，以胜妙境界作究竟。至首座化去，不会宗旨。微九峰，孰能反正之？厥后流为默照邪禅，而真净五祖妙喜诸老宿，痛斥其非。迨胜朝，此病炽作，虽没量大汉，不免从狐鼠蹊径中来。赖是二老生铁铸成，终得正悟。虽悟后痛斥昔时之谬，往路之非，而学者耽著恬寂，卒不能舍。甚哉邪法入人之深也。由是国初至今，多坐不语禅，南北甚行，牢不可破。天童三峰，相并而出，十余年中，搂尽黑暗魔军窠臼。然而狂打泼骂记名泥迹之弊，不旋踵而生。末世说法其难如此。要当扇以淳风，感以至诚，验以宗旨，择以人类，复还马祖百丈临济兴化以来之元气根本，全机大用。非徒嚣嚣然口舌争也！若夫雪岩父子，拈提济上纲领，下刀发药，去古人实有间。设使施之今日，独不可以称良剂乎！故曰：道，岁也；圣人，时也。

庆诸住石霜山二十年，学众有长坐不卧，屹若株杌，天下谓之枯木众。九峰虔为侍者。石霜诸归寂，众请首座继住持。虔白众白："须明得先师意，始可。"首座曰："先师有什么？"虔曰："先师道：'休去歇去，冷湫湫地去，一念万年去，寒灰枯木去，古庙香炉去，一条白练去。'其余则不问，如何是'一条白练去'？"首座曰："这个只是明一色边事。"虔曰："原来未会先师意在。"首座曰：

"但装香来，香烟断处，若去不得，即不会先师意。"遂焚香，香烟未断，首座已脱去。虔拊其背曰："坐脱立亡即不无，先师意未梦见在。"

石霜导众，参学精勤，一时称羡，而有枯木众之号。其后首座坐脱，而九峰明向上一路不涉功勋。既以能坐脱立亡示人，则是犹有这个在，岂所谓生是不生之理？此不过石霜会中两般故典，与石霜没交涉在。初非因枯木众而有此首座，亦未见首座必是枯木众中之一人也。且即此枯木众中，亦万有不齐。其屹坐勤参，长年不会，作方来之福果者，固不无，安知必无发真归元，洞明廓彻，而以四禅八定，作梦中佛事者乎？

乃魔忍牵合附会，谓枯木众以胜妙境界作究竟，而九峰反正其弊。九峰还甘受否？且谓厥后流为默照邪禅。然则达摩面壁九年，亦默照邪禅乎？即以默照言，只是弄精魂汉，尚不犯谤大般若罪业。岂若伊未得谓得，未证谓证，捏造名相，瞎人眼目，妄称宗旨，涂污慧命？何得转将勤参力究，自求证入，不肯顺朱填墨之道流，尽斥为黑暗魔军，狐鼠蹊径耶？

魔忍自知以三顿棒，三撼门扇等，配三玄三要，以为宗旨，难逃明眼人一觑，于是以天童之弊在狂打泼骂，三峰之弊在记名泥迹，若曰"三峰本无奇名异相，乃学徒记名泥迹之咎"。以此回护，其计诚巧。岂知终难逃明眼者之一觑乎？且天童以一棒指人立地处，犹是本分草料，何尝不是古德方便法门？乃以狂打泼骂议之，使天下后世，将棒作打会，喝作骂会，印定眼目，只这便是黑暗魔军，劫人法施矣。

至其所称"扇以淳风，感以至诚，验以宗旨，择以人类，复还马祖百丈临济兴化以来之元气根本，全机大用"之说，益不知其是何等呓语！入此圆宗，如斩一握丝，一斩一齐断，说甚淳风浇风，至诚至伪？既云宗旨，则净瓶便是古佛。何况同此眼耳鼻舌身意？谁则不是释迦出世，弥勒再来？而欲择以人类。窃恐欲择人类者，早非人类耳。从上佛祖，昔亦无生，今本不灭，钵盂里，拄杖头,常转法轮,无断无尽。后代儿孙,哪个湮没得他?可湮没者即是邪法,复他何用?若不能者,何须言复?亘古亘今,亘上亘下,亘东亘西,亘南亘北,一切法门无尽海,同会一法道场中。西天四七,东土二三,到此说同不得,何况于异?岂得马祖百丈临济兴化,别有什么元气根本,全机大用?若谓宗门至马祖百丈临济兴化,而后元气全,根本固,全机大用著,岂不装诬煞马祖百丈临济兴化?况乎马祖百丈临济兴化,正如大珠小玑,贱瑨贵玉,何得连类并称?足知伊有眼同盲,何苦强作解事?

卷　六

魔忍曰：临济大法，后世得其自受用者，亦间有之。至于驱耕夺食，解粘去缚，应庵华藏而下，能说者未必能用，能用者未必能全用，或有穷而未核，玩而弗精。故天奇诸老不复拈起矣。近世遂以宗旨为怪诞，实由渐而至著也。余述《五宗救》，得失必书之，非暴其所闻以论先德，盖法之隆替系此。知而罪我，又何憾焉？

绝学无为闲道人，只领取个自受用。夫领取自受用者，非蕲得乎自受用而领之也。蕲得乎自受用而领之，则首越而之燕矣。虽然，非实有证夫得无所得之玄旨，断不能得自受用。既得自受用，一生参学事毕。至于驱耕夺食，解粘去缚，亦只是自受用。若起个人之见，即便已不自受用了也。学人只愁不作佛，不愁佛不会说法。驱耕夺食手段，古德谓之一时籍没伊家计，然后责伊纳钞。盖不如是，不能使人能所忘，情识尽，是非泯，圣凡融，断却命根，大死大活。良非得已，非以此自矜口头滑利也。人果得自受用后，自然信手举一茎草，皆能杀人，皆能活人。这个伎俩，岂从人得？不见佛日空道“自己尚是冤家，从人得，堪作什么”？

魔忍动称临济大法，考论宗旨源流，即此便是客作汉，不二法门中，何处安着？夫为人良非细事，如金针刺眼，豪发若差，眼便瞎却。然而评论从上古德优劣，专以“能为人解粘去缚与否，有驱耕夺食手段与否”为断，却又争得？驱耕夺食，解粘去缚，又岂只在语句机缘种种假相边？即作权巧施设会，亦只如泛一叶轻舟于大海耳。达摩西来，九年面壁，不说一字。且道达摩为人不为人？魔忍以此贬斥应庵华藏以下，而于天奇尤多微词。应庵华藏天奇之为人处，魔忍又何能知得？即使应庵华藏天奇，与魔藏父子一鼻孔出气，魔藏父子所捏造之大法小法，种种奇名异相，应庵华藏天奇于数百年前，何由冥符默合耶？乃以此刺讥伊祖，却又自比于孔子之作《春秋》，发知我罪我之叹，何其狂悖？

魔藏云：兴化既悟这两喝，又道曾学个宾主句，则何待向较言句中大悟？中峰道："大觉兴化，棒喝交驰，岂容思议？则二老既同鼻孔，化何更待后语耶？今之不识宗旨者，每每藉口中峰有扫荡宗旨药病之言，据为实法，守住初悟，不肯信有彻底宾主等事。若向这里了去，便不疑五家各阐祖师心印之妙也。复颂云："喝既已明，打岂不会？两度相逢，醒何复醉？衲衣脱下又加槌，黄檗也应百杂碎，堪笑儿孙逐队多，翻嫌临济不足贵。"

中峰本学问渊博，文采高出道流。迨后自领会得，深叹寻行数墨泥名着相之害，故其导引禅侣，每以"参须真参，悟须实悟，自心自证，不从人得"谆谆训示，痛扫五家宗旨。如云："达摩西来，单传直指，初无委曲，后来法久成弊，生出异端。或五位君臣，四种料简，三玄九带，十智同真，各立门庭，互相提唱。虽则一期建立，却不思赚他后代儿孙，一个个浑身堕在参天荆棘中，枝上攀枝，蔓上引蔓，但见葛藤遍地，无有出期。逗到头白齿黄，命根子欲断未断之际，返思从前知解，豪发无灵，甘赴死门，悔将奚及。近代丛林如斯参学者，波荡风靡，十人而九矣。"中峰本此等言句，平生不一而足。

至其拈古颂古，不过翻腾公案，欲学者知这个不落是非，不得于言句上起优劣想，致堕情识中，使古德解粘去缚机缘，增粘添缚，向生死海里头出头没。识渠此意，则渠拈古二十六篇，颂古三十一篇，本同一律。其拈大觉两打兴化公案云："二虎之下，兽不容蹄。两刃之间，人不容足。当大觉兴化棒喝交驰之际，岂容心思拟议于其间？虽然只如大觉云'脱下衲衣，痛与一顿'，兴化言下大悟，又悟个什么？这里见得，许你作临济半个儿孙。"中峰此语，正谓彻底宾主，犹是门庭施设耳！而魔藏转欲牵合将来，作伊所捏造之宗旨之证据。谓“二老既同鼻孔，何必待后语始悟”，意谓兴化所悟，即悟这个宗旨。造此黑暗魔窟，引人入阱。兴化中峰二人，虽皆未究竟，然亦何至于此极？

夫彻底宾主，若在名相上求，则尚去初悟远在。既得初悟，便不向如来行处行，岂肯信此红紫乱朱之说，转复痴狂外边走？若果荐得古德“宾则始终宾，主则始终主”之旨，则伊所捏造之宗旨，更容何处安放？而云“若向这里了去，便不疑五家各阐祖师心印之妙”，不快漆桶，如是如是。夫祖师单传直指处，不得认自己精魂以为本性。是故不于心外，别有信佛之心。亦不于自心之内，见自心有佛相。然则立一祖师之心，又立一自心，又立一五家之心，于是以心印心，以心阐心，岂非全是心意识边事？业识茫茫，无本可据。夫祖师有何心印？全是指点各人己躬下事。五家虽更换面目接人，无非导人自证自悟，何尝有一实法与人？若道个祖师心印，已属捏目生花。又道五家各阐其心印，真乃古德所云“认驴鞍桥，作阿爷颔颏”者矣。

魔忍曰：佛祖单传之道，不言福德操行。要非无福德无操行者，所能传持，但恐偏坠福德操行而入道不精耳。自应庵华藏以后，临济之道，日就浸溺，余波末流，无所不有。欲求高峰之履践，中峰千岩之福智，以振起末运，乌可多得哉？三峰先师，据令独行，直砭道之沉痼。福德操行人类文章，非所云也。如宋学士制师塔铭，叙其末曰：“濂尝往伏龙山见师。师问曰：‘闻君阅尽一大藏教，有诸？’濂曰：‘然。’曰：‘君耳阅乎？目观乎？’曰：‘目观也。’曰：‘使目之能观者，君谓谁耶？’濂扬眉向之。于是相视一笑，缔为方外友。”以此言之，则临济正法眼藏，至师之世，已若大羹元酒，备而不用久矣！厥后天奇祖翁，只以一“谁”字诲人。至于广通辈，遂明目张胆，数滹沱之法，为奇名异相。法运之变，否亦甚矣！而天童之棒，三峰之宗旨，恰恰乎激扬于是，岂徒然哉？

“惟此一事实，余二即非真”。是以佛祖云：“善恶都莫思量，自然得入心体。”又曰：“诸行无常，是生灭法。”宗徒因此，但取顿圆，不尊戒行。不知实者，权之实，真者，幻之真；权者，实之权，幻者，真之幻。胶立真实之位，则见相横前，仍沿此岸。不修权幻之行，则守愚空坐，即是尘劳。果于一味的旨，不犯纤毫，必于万善门头，不舍一法。菩萨以无所得而为方便，涉有而不乖空，依实际而起化门，履真而不阂俗，常然智炬，不昧心光，云布慈门，波腾行海，遂得同尘无碍，自在随缘，一切施为，无非佛事。所谓以虚空之心，合虚空之理，而无虚空之量者也。学人欲了生死，断轮回，非鼓波罗蜜之智楫，驾大般若之慈航，越三有之苦津，入普贤之愿海，岂能理事无碍，身心一如？如何厌幻欣真，简权认实，用生死之根本，测圆顿之性宗？但有空花，终无妙果。

魔忍谓：“佛祖单传之道，不言福德操行”，所谓鹦鹉学人言，依语失义者。佛祖单传之道，何尝如是？不闻《大集经》云“舍离大慈而观无生，是为魔业。厌离有为功德，是为魔业”？释迦达摩，岂应有异旨耶？魔忍又谓“但恐偏坠福德操行而入道不精”，益属魔说。夫曰道，则有情无情，全在里许，悟者不入，迷者不出。未得了悟而勤修福德操行，未尝出于道外，既得了悟，而勤修福德操行，如何转不在道中？夫此圆宗，离四句，绝百非，更无一法为当为对。岂得将福德操行，与之为当为对，而云“偏坠福德操行”？据魔之见，不当偏坠福德操行，则当偏坠于道耶？夫有左有右，则各有一偏，有中有不中，则有四偏。今将以道为左，而以福德操行为右耶？抑以道为中，而以福德操行为偏耶？若以道为左，而以福德操行为右，则不左不右之中，何物居之？若以道为中，而福德操行为一偏，则彼三偏者，又何物居之？得毋哑然自失否？

又曰：“自应庵华藏以后，临济之道，日就浸溺，余波末流，无所不有。”夫曰道，即释迦牟尼佛，亦专擅不得。尚不得云释迦之道,况可云临济之道乎？夫道无量无边,辉腾照耀,威音那畔,弥勒当生,含盖十方,超出三界。若有道可名,谓之释迦之道,则何以异于西天九十六种外道乎？今魔忍动称临济之道,装诬临济不少。如果临济别有道者,即临济已是外道,又何怪夫"余波末流无所不有"？惟其本无有道可名,是以自证自悟者,从佛口生,为佛真子。既具正知正见,则能害所害俱消,自缚他缚同解。逢缘犹莲华上之水,历事若虚空中之风。尚不得以福德操行名之,何况非福德操行？

后世宗门衰谢,只图暖热门庭。未得谓得,未证谓证,冬瓜印子,盲传瞎受,辗转相欺,反覆自诳。此等宗徒,去勤修戒行不敢妄说涅槃者,尚是千里万里。其余波末流无所不有者,固其所耳,又何怪乎？虽然,原是一班俗汉,妄认临济子孙,原与临济没交涉在。譬如古来曾读六经四书,而于修齐治平之道,茫然无知,更且所为之事,遗臭万年者,其人亦多矣,与周孔有何交涉哉？藏忍父子,鳃鳃然自以为临济后人,欲为临济扶衰救弊,岂非疑杌为鬼,剜肉成疮？

魔忍又推尊其师,谓:"三峰据令独行,以砭道之沉痼。"夫人则有沉痼耳,道安得有沉痼？道无受沉痼之所,而又安得有受砭之所？既无受砭之所,而自谓能砭,岂非妄施功,虚捏怪乎？

乃谓千岩未能了彻临济正法眼藏,举金华宋濂扬眉一笑为证。夫宋濂扬眉,千岩一笑,知千岩是何心行？厥后宋濂为千岩作塔铭,欲自负作家居士,录入文中。岂得以此即为千岩只认得个昭昭灵灵之实据？

况乎正法眼藏,广周法界,不于此外别有一法,而得安住一切诸法,含摄诸尘,圆裹三际。如何将正法眼藏,专属之临济？又如何可谓"是临济正法眼藏,至千岩之世,如太羹元酒备而不用"？足知伊于临济示寂垂语处,皆作十成死句会矣！念言语汉,有甚了期。如作十成死句会,临济三圣尚何足道,直得诸方称扬,流传今古？今且不惜饶舌,略为注破。临济云:"我灭后,不得灭却我正法眼藏。”吃官酒，贩私盐，三圣出云：“争敢灭却？”将错就错。临济云：“以后有人问你，向他道什么？”忽轰一声涂毒鼓。三圣便喝。自起自倒。临济曰：“谁知吾正法眼藏向这瞎驴边灭却。”任尔云雨翻覆，个中不见不闻。所以古德或云：“密付将终，全主即密。”或云：“亲承入室之真子，不同门外之游人。”

乃魔忍尚谓临济实有个正法眼藏。真所谓三家村里汉，放下担商量今日中书堂里议何事也。如此陋见，乃强作解事，妄谓“千岩以来正法眼藏，若太羹元酒备而不用”。不知正法眼藏千岩如何备，又如何用？涂污千岩犹小，其涂污临济亦已甚矣！

魔忍记密云悟与法藏付法悟由云：三峰藏来参，请升座，示临济宗旨来源。师举至百丈再参马祖，黄檗吐舌，丈云：“子以后莫承嗣马祖去么？”檗云：“不然。今日因师举，得见马祖大机之用，且不识马祖，若承嗣马祖，以后丧我儿孙。”故临济三度问佛法大意，檗只棒三顿。后临济出世，惟以棒喝接人，不得如何若何，只贵单刀直入。三峰出众礼拜，起便喝。师云：“好一喝。”峰又喝。师云：“汝试更喝一喝看。”峰礼拜，归众。师乃顾峰，复举僧问古德云“朗月当空时如何”，德云“犹是阶下汉”，僧云“请师接上阶”，德云“月落后相见”，且道月落后又如何相见？峰便出。

当日密云于魔藏请示临济宗旨来源时，便应痛棒赶出院，免令如何若何，魔魅人家男女。乃搬演杂剧，说恁么百丈再参黄檗吐舌。如此络索，何尝是单刀直入汉？木心不正，到底皆邪。此却难为密云讳。藏之魔，悟所启也。魔藏出众礼拜起便喝。悟曰：“好一喝。”峰又喝。悟曰：“汝试更喝一喝看。”藏礼拜归众。真成一双傀儡，自起自倒。悟乃复征月落相见因缘，诘藏以“月落后如何相见”，惹得魔子撮空弄虚，却赚盲师认真作实。白云千里万里矣！乃遂以源流拂子表信。所谓尽九州铁，铸不得这一大错。

魔忍又记三峰问云:"济上门庭即不问。如何是堂奥中事?"师曰:"汝即今在恁么处?"峰云:"此犹是门庭边事。"师指云:"汝且坐。"峰云:"咦。"未几,师以源流付之。

说个堂奥中事,便是知解宗徒。十方无壁落,四面亦无门,何处分堂分奥分门分庭?从上以接引初机善权方便,谓之门庭施设。究属强名,岂为真实?悟者即门即庭即堂即奥。不悟者,道是堂奥不得,道是门庭亦不得。尽大地无非这一着子。若悟得这一着子,则说是门,即是庭即是堂奥,而无入是门行是庭升是堂奥者。若不悟,道有是门庭堂奥,是幻魔;道无是门庭堂奥,是空魔。夫以门庭堂奥言者,法相也;以进门行庭升堂入奥言者,人相也。若取法相,便不得进门行庭升堂入奥,若取人相,便在门庭堂奥之中,而捉摸不着门庭堂奥。且即人即法,即法即人,人便是门庭堂奥,如何可言进门行庭升堂入奥?且非人非法,非非人非非法,人相法相两不可得,何得复有门庭堂奥种种戏论?直得大地平沉,虚空消殒,折合归来,自然能将门庭作堂奥,移堂奥作门庭。又复分明顺序,门庭是门庭,堂奥是堂奥。今魔藏横一堂奥之见在胸中,疑佛祖别有个秘密法门,正是所谓门外汉也。密云谓奥者,主人之所安息,即汉月之立地处。金锟不快,刮眼添伤。故曰藏之魔,悟所启也。

魔忍曰:"宁可将身入地狱,不将佛法作人情",古德自誓语也。借如《辟书》所论,则先师既不知自己立地处,又不识举一举二之用处,是一茫然无知之掠虚汉子耳。乃独喜便出一事,而付之源流,岂不以佛祖慧命为儿戏乎?况不独先师一人为然也,付法数人皆然也。辄前是而后非之。清净法眼,果安在哉?

先师尝自颂前三则语曰:"举一举二出亲言,三番掷过有南泉。七百年来起临济,捶胸换手哭苍天。"盖伤夫传持祖道者,使学家三番掷过而不知也。或者疑之曰:"三峰既以彼为不识宗旨，即勿受源流可也。既已受其源流矣，亦何辩论之多乎？”此盖不察弘法救弊者之心耳。

夫仲尼之仕鲁，孟轲之游梁，非求售也，将欲阐明尧舜之道而已也。彼一圣一贤者，岂以梁鲁之君，班尧舜而后臣之哉？庶几可说以尧舜之道耳。夫言不用即去。去而禁之曰“终身勿失人臣之礼”，中士可能也。去而禁之曰“终身勿谈尧舜之道”，虽孔子、孟轲亦未能也。不能而愈禁之，独无慨叹乎？夫三峰之受源流，亦犹孔子、孟轲事梁鲁之君也。三峰之不得于师，亦犹孔子孟轲之不得于诸侯也。古者臣有不得于君，子有不得于父，道亦穷矣。或著书以明志，或赋诗以写哀怨。《小弁》《离骚》之类是也。

三峰先师正百代之宗旨，扬古抑今，辞气慷慨，实所以明上下之道，使不坠于地而已也。独无触讳乎？孔子盖尝作《春秋》矣。

夫曰常乐我净，曰极乐国土，不二法门中，古德言其乐者多矣。虽乐亦情识中事，实则不得有乐之可名。然到得拈却炙脂帽子，脱却鹘臭布衫之时，“净洁空堂堂，光华明日月”，何以名之？不名之为乐不可矣。此中哪有伤心陨涕之事？即曰起无缘之慈，发同体之悲，如菩萨行愿者，要亦是梦中佛事，尚安得有诤己之是，斥人之悲，谓“世莫我知”，因而俯仰兴悲之理？

魔藏曰：“举一举二出亲言，三番掷过有南泉，七百年来起临济，捶胸换手哭苍天。”魔忍述其师之意曰：“盖伤夫传持祖道者，使学家三番掷过而不知也。”岂非《楞严》所云“悲魔入其心腑”者乎？乃托于《小弁》《离骚》之义，以自粉饰。夫《小弁》《离骚》，在世间法，已非中正之道。若周公孔子当之，必不如是。况可以此论出世间法耶？出世间法，本自无诤，如何斤斤然，辨龟毛之短长，议兔角之铦钝？中心怦怦，愤闷不平，至欲起临济于九原而问之，一何痴至于此？夫临济若是个汉，则昔本无生，今亦不灭。当伊握笔鼓舌，说此写此魔魅人家男女，涂污慧命语句之时，早在尘尘刹刹中，发观音大悲心，道：“苦哉！佛陀，救伊不得。”若非然者，临济即是个尿床鬼子，问他何用？

不见肇法师云“人则求古于今，谓其不住。吾则求今于古，知其不去。今若至古，古应有今；古若至今，今应有古。今而无古，以知不来；古而无今，以知不去。若古不至今，今亦不至古，事各性住，有何物而可去来”？然则即魔藏“七百年前起临济”一语，可知于不迁论义未明。既于不迁论义未明，可知于“如来”二字，尚未解得。方且算不得个义解宗徒，何得学人饶舌，说甚举一举二？

夫了知一，万事毕。实际理地，不立一尘。无有圣人法如微尘许而有异，亦无凡夫法如微尘许而有异。若乃放过一着，落在第二，则万行门头，不舍一法。岂得五戒不持，放出业识无明，与师争论孰非孰是？甚乃至于“捶胸换手哭苍天”，能不你哭我笑？婆子哭苍天公案，被伊如此引用！虽伎死禅和，如麻如粟，然婆子当时，不料被魔藏涂污至此也。

至于源流授受之间，引孔孟事梁鲁之君以为解，其悖道伤义，岂特佛法之所不容，且为王法之所必戮！夫君臣之义犹父子然，天定之也。孔子为鲁之臣，岂孔子所得择焉者哉？孔子即不相鲁，岂得曰非鲁臣？孔子安得议鲁君为非尧舜而不为之臣？且尧舜之所以为尧舜者，惟以君臣父子之义，自尧舜而益明，万万世蒙其福。故孔孟言必称尧舜。岂有包藏鄙菲君父之心，而口述尧舜之道以检点之？若是者，正尧舜孔子之所必诛。而魔忍竟以此涂污孔子，以涂污尧舜，何其悖哉？至于战国之时，天下横分，君臣之义，不坠如线。孟子生于其时，较之孔子之时抑又变矣。然其事梁齐之君，终不敢挟尧舜之道以检点惠宣也。不必孟子之贤而始然也。其以尧舜之道陈于君前者，耻己之不能使其君为尧舜，非检点也。使以为尧舜之道尽在己，而检点齐宣梁惠，尚安得为孟子哉？孟子之忠，非浅夫之所知；孟子之孝，则三尺村童所传为二十四孝中之一也。忠孝一心，君父一理。曾闻孟子以尧舜之道检点孟母耶？

今藏忍父子，背叛其师密云悟，自比于孔子孟子之不得于梁鲁之君，自称得个什么临济之道，挟之以检点密云，而自比于孔子之作《春秋》，怪诞荒唐，至于此极！伊于孔孟之书，曾未涉其津涯，乃掠取村塾学究不通时文之讲解，矫诬圣贤，污浊佛祖，以眩惑一时无学无识之士大夫。其与左道妖言曾何以异？

彼固不知尧舜之道为何道，彼亦不知佛祖之道又为何道。不过以密云为临济宗幻有传之子，希得其源流枝拂，以便开堂聚众，钓誉沽名。密云智眼未明，为其所惑，一时付以源流，迨后悔之无及，救之不可。而藏忍遂大肆厥词，公然与密云为仇，谓密云虽是临济子孙，而不得临济之道。自称临济之道尽在己。于以惑世诬民，使天下谓密云不如其弟子，而伊为实得临济之嫡传者。又恐无学无识之士大夫，固不知临济之道是何物也，于是就其在村塾中，所闻什么尧舜之道，什么孔子仕鲁孟子仕梁之事，依稀仿佛，含糊影射，以魔魅之。将伊所谓临济之道者，比之尧舜之道，而以密云比梁鲁之君，伊父子自比孔孟，实为增上慢，大我慢，造大妄语，堕无间狱。

自西天四七，东土二三以来，源流以父子言者闻之矣，从未闻以君臣为比者也。如以君臣为比，而以不得尧舜之君为魔藏解，则曷不念密云当日，又安得为臣者，尽如皋夔稷契，而后用之耶？

当密云嗣幻有传之时，宗门衰替日甚。学徒中如魔藏辈，或以其解路推求，不为无见，或以其起信坚固，求法恳诚，一时奖赏鼓励，以待后日徐徐启迪，其后或因终隔重障，而成弃置，或因中止化城，而加提持，此亦师家常事。乃魔忍将密云平生整顿法藏处，便责其何以前是而后非。且曰："不特魔藏为然，付法数人皆然，清净法眼安在？"如忍之意，则必师家一经付法，便终身不敢指斥弟子之非，乃可自保护其清净法眼耶？佛门中亦有如是清净法眼否？密云既于付法数人皆然，正可见密云不是盲传瞎授，其于诸人必皆有一长所取。且不闻他人有如魔藏者，可知密云于他人，尚未尝甚失清净法眼。而于魔藏，一辟再辟，至于七辟，尚救得清净法眼一半。今魔忍转以为非,则是谓法门中之皋夔稷契既不可得,便应将浑沌穷奇梼杌饕餮,不加诛殛,尽嘉许而录用之,终身毋敢斥其非,然后可乎?

且源流以父子言者,犹是假世间之名相,表出世之真传。实则父子虽至亲,现是两身。至于从佛口生为佛真子,则从源出流,真是一身。正如水焉,源亦此水,流亦此水,既已源流契合,则千里万里之水皆同。如有不同,则何源之有?何流之有?今魔藏既传密云悟之源流矣,而又谓悟之道为非道,然则所谓源流,是何源流?既无所谓源流,则又何所为道耶?

夫强名曰道,亦是教乘中,借世法名义以为言。其实岂得与世教中所谓道者同论?世教中所谓道者,每曰:"尧以是传之舜,舜以是传之禹,禹以是传之汤,汤以是传之文武周公,文武周公以是传之孔子。"虽有此说,实无此事。数圣人者,何尝一堂授记,曰"我如是,尔亦如是"耶?不过后世之人,以数圣人德相若,心相同,以其时代计之,尊者曰授,卑者曰受,前者曰授,后者曰受,谓之某传于某云尔。若夫宗门,一堂啐啄,如冰释于水中,到得"言语道断,心行处灭"处,尔如是,我亦如是。入此地位,实无可以名言者,不得已,乃以世间法,名出世间法,谓之传道。实则说个道,即不得,说个传,更不得也。岂若尧以传舜,舜以传禹之云哉?如欲假是以为比,直是佛传于佛,经数百传止是一佛耳。如是乃可谓之源流。

今魔藏父子之于密云,何源耶?何流耶?而又何道耶?其始以密云为临济嫡支,而蕲得其杖拂,既得其杖拂,又曰"百代之宗旨,非密云所知"。然者所谓源流者,同于世间之爵位,而密云之源流,直是伪爵伪位。既以伪爵伪位视之,而又谓已之所得之百代宗旨,必须此伪爵伪位,乃可以阐扬,则不特出世间法,所万万无有之理,亦世间法所万万无有之理矣!

且夫源流杖拂,奚为者哉?自世尊以金缕袈裟嘱付摩诃迦叶,转授补处,至慈氏下生,迨黄梅曹溪而下,衣止不传,以杖拂表信。夫衣止不传,而以杖拂表信,衣与杖拂,何以无二无别？且信者何信,杖拂又何以即可表信？若于此颟顸模糊,则佛祖以来相传不绝者,岂不只成戏论耶？疏山仁弄一木蛇,人问之,则曰:“曹家女。”木蛇何以是女？此女何以属曹家？此木蛇与杖拂,是同是异？若也未明,宜乎将杖拂同于世间爵位矣!

古德释华严教所被机,简五种非器。首斥违真。何谓违真？曰:“不发菩提心,不求出离,依傍此经求名求利,庄饰我人。经非彼缘,故非其器。经云:‘为名利说法是为魔业。’”然则魔藏之求源流于密云,佛祖从千百年前,早为道破,尚得谓之非魔业否？藏既屈身于密云,以诱得其源流。既得之,即以刍狗视密云,而蹴践之。此是何等心行,具是心行,则其说是何等妄说也？为佛法害,为人心世道害。得罪佛祖,得罪尧舜周孔。在佛法曰魔民,在世法曰妖人。其安可以不诛？

魔忍曰:六祖一日告众曰:“吾有一物,无头无尾,无名无字,无背无面,诸人还识么?”神会出曰:“是诸佛之本源,神会之佛性。”祖曰:“向汝道无名无字,汝便唤作本源佛性。汝向去有把茆盖头,也只成个知解宗徒。”此曹溪之本语也。余观拈花一宗,流于震旦,自初祖至六祖,皆有旁出。会公向无名无字上计本源佛性,斥为知解固宜。是故五家各立宗旨,专为治此知解之病,非厌故尚新者也。如僧问云门:“如何是诸佛出身处?”曰:“东山水上行。”僧问洞山:“如何是佛?”曰:“麻三斤。”临济曰:“一句中具三玄,一玄中具三要。”若此,则本源佛性之知解,岂能生乎？今《辟书》以立宗旨为知解,是与六祖之言相反矣!

此事,直下无俦无侣,无同无异,无始无终,无内无外,是故不可以知知,不可以识识。是即是,不是即不是。既是,则无有纤毫之不是;既不是,则无有纤毫之是。

今谓“拈花一宗,流于震旦,自初祖至六祖,皆有旁出”,可知伊是个记诵宗徒，未可谓之知解宗徒也。古德谓："思而知，虑而解，鬼家活计，日下孤灯。"今魔忍辈，但能记诵，而未能知解，较知解更下一等。又何得依文学语，检点知解宗徒？

夫宗门之书，若其意以正宗为优，旁出为劣者，即皆不了之谈，挟私之见。如宋景德时，杨亿奉敕删定道原所撰《传灯录》，其中不可为依据者甚多。至其他记载源流之书，撰者亦非尽有歧视之见。盖子孙繁衍，班班可考者，自然依代列载，其传之不远，中间绝续无考者，既不便叙入传流有绪之中，只得列之为旁出。此一时编纂凡例，著书家强立名色。非谓旁出之人，皆不能得其师之全体，较正派有优劣也。魔忍何尝知得解得？

且六祖曰："吾有一物，无头无尾，无名无字，无背无面，诸人还识否？"神会出曰："是诸佛之本源，神会之佛性。"而六祖呵之曰："向汝道无名无字，汝便唤作本源佛性。向汝去有把茆盖头，也只成个知解宗徒。"六祖识得神会此语，是思而知，虑而解。虽识得个无名无字，无头无尾，无背无面者，而执著个无名无字，无头无尾，无背无面，便落在佛见、法见边，故以此言提持之，使之猛省。设使尔时有人问六祖"毕竟唤作什么"，六祖何妨即向伊道"是诸佛之本源，神会之佛性"乎？知解只是知解，非知解只是非知解，灼然灼然，如是如是。若因曾道个"无名无字"，而定不许唤作"本源佛性"，则知解即从"无名无字"边起，亦是个狙公赋芧，暮四朝三。而掩耳盗铃汉，即以此为不存知解，尚为识得曹溪否？

魔忍又以"东山水上行""麻三斤""三玄三要"等语句，谓必如是，然后"本源佛性"之知解不生。而以此等语句，谓可专治知解之病。真乃强作解事。且云门洞山临济三语，如何可视为一例？白云千里万里去在。人问云门："如何是诸佛出身处？"而曰："东山水上行"，识得"东山水上行"，定知尽大地是诸佛出身处矣。人问洞山："如何是佛？"而曰："麻三斤。"正是一句中具三玄，一玄中具三要。果识得"麻三斤"是佛，哪更向三玄三要寻讨？至于临济拈出个“三玄三要”，无非钩在不疑之地，一期方便法门。安得据云门洞山临济以检点神会，乃谓此等是五家各立宗旨处，同为专治知解之病？其意盖谓五家各造五种可解不可解话头，使人忪愣，无从思议耳，埋没五家不少。夫以不可解为绝思议，则即其不可解处，正是极易思议处，又何由能治人知解？如“东山水上行”，如“麻三斤”，如此实语如语，不妄不诳语，谓之不可解话头可乎？

夫此圆宗，诸佛列祖之所不能异同，乃谓五家各立宗旨。五家既同此无头无尾无名无字无背无面，又如何肯自甘外道，各立宗旨？若有所立，即是魔说。尚未得为知解宗徒，如何可用以治知解？密云以立宗旨为知解之说，谓之义有未尽则可，岂得谓与六祖之言相反？不知魔忍意中将六祖提持神会处，作么生会。

魔忍曰：余阅《法华经》，诸菩萨发愿于后五百岁，忍苦弘经者，咸曰：“娑婆世界怀增上慢，数数见摈。”余初以为过虑，以今观之，信其言之苦矣。夫后五百岁，非时也。麟出非时，世且怪之，况举世难信之法宝乎？三峰先师，抱举世难信之法，出去圣绝远之时，忤增慢怀疑之耳，故一拈香而人以为怪怪奇奇。而喋虚吠影之讥，销骨铄金之毁，杂然而至，亦其势之固有也。孔子围于陈，弟子有愠色。子贡曰：“夫子之道至大，故天下莫能容夫子。夫子盍少贬焉？”孔子曰：“赐，良农能稼而不能为穑，良工能巧而不能为顺，君子能修其道，纲而纪之，统而理之，不能为容。今尔不修其道而求为容，赐，尔志不远矣。”嗟嗟！余尝以子贡之言进之。若三峰先师者，非徒不能贬也，且昭昭焉若揭日月以耀人之过，取嫉于世也。孰谓不宜？虽然，此三峰之病，亦三峰之志也。

余适赞其像曰：“乘有翼虎，开万钧弩，道大时疑，心劳志阻，据重关则当仁不让，处尊贵即御饭亦吐，追千古以得师，复五灯而续祖，故其道也尊，其心也普。”皇皇乎大哉，若日月之丽天，又何在乎盲者之必睹也。

孟子曰："尽信书则不如无书。"儒门典籍，舍六经外，皆不可一概信。即六经中，而孟子犹疑《尚书 · 武成》之篇，况其他乎？孔子围于陈，与门弟子问答，《史记》载之，其事良不可信。按《论语》曰："在陈绝粮，从者病，莫能兴。"不言陈发卒徒，围孔子也。《孟子》曰："孔子之厄于陈蔡之间，无上下之交也。"孟子此言，谓宜纳交于上下固无理，谓讥陈蔡之君臣亦无谓。何为有是言哉？盖当时即有陈蔡发兵围孔子之说，而孟子辨之。言孔子厄于陈蔡之间，因陈蔡之君臣，皆与孔子无交，是以适有绝粮之厄，而非有兵戎之患云尔。历来转以《史记》所载者释孟子，而孟子之意遂不显。

今按《史记》所载：吴伐陈，楚救陈，军于城父，知孔子在陈蔡之间，使人召孔子。陈蔡之大夫相谓曰："孔子贤者，其刺讥皆中侯王之疾。"恐孔子至楚而发其阴私，遂相与发卒徒围孔子。绝粮三日。孔子使子贡告于楚昭王。昭王发兵迎孔子，围乃解。此其为子虚乌有无疑。

当是时，陈蔡如弹丸，安敢构怨于楚？且吴伐陈而楚救之，楚迎孔子而陈转围之，陈之君臣，虽至愚劣，亦安敢当大国伐我之时，复得罪于救我之大国耶？楚使者与孔子俱，陈其并围之耶？抑解围一角而出之耶？楚王闻之，有不即发兵迎孔子，而必待子贡之往告耶？既至于从者皆病莫能兴，何子贡独能溃围而出耶？此事之必无者也。

又古语云"贤者居是邦，不非其大夫"，况其君乎？而谓孔子之圣，刺讥皆中侯王之疾，以致陈人畏惧而欲加之以兵，何与《论语》"温良恭俭让"之说相反也？且所记孔子之告子贡、颜渊曰："诗云：'匪兕匪虎，率彼旷野，'我道非耶？吾何以至此？"而子贡曰："夫子之道大，故天下莫能容，盍亦少贬焉？"颜渊曰："不容何病？不容然后见夫子。"夫颜渊、子贡之贤，岂得谬戾至此？君子当患难，省躬克己，则有之矣。安得有忽思改弦易操之理？且道大则于人无所不容，而亦无恶于天下。岂有以道大而转致天下莫能容之事？如果至于不容于天下，则必于己实有不韪。天下国家，岂有皆非之理？安得漫然曰“不容何病，不容然后见夫子”？岂圣贤戒慎恐惧之心哉？且孔子于子贡之劝以少贬，则怒而嗤之，于颜渊之言“不容何病”，则悦而受之。天下有如是好谀之圣人乎？且曰：“回也，使尔多财，我为尔宰。”于绝粮三日之时，因一语投机，忽欲为弟子主掌家财，尤可谓无谓之极矣！此又理之所必无者也。

于理于事既皆必无，然则《史记》之言，好事者为之也。

魔忍好举外典，以炫惑当日无识之士大夫。故其叙伊师魔藏事迹，将言与密云诤论宗旨之始末，而先引孔子厄于陈蔡之事以比之。以其师为孔子，而己为颜渊，凡密云之徒之不附己者，即比诸陈蔡之君臣。诚不足以供一笑。

夫此圆宗，虽曰举世难信之法，然既入此无为法门，实如仰观天，俯察地，自然有目共见。不特无所谓难信，方且说个信即不得，惟证相应，不在言说。所以永明云：“说因缘自然，皆属世间言语。谈有无真俗，悉是分别识心。当见性之时，岂留观听？在发明之际，焉落言思？”若然，人之信与不信，有何交涉？人果自证，万难强之使不信；人若不自证，亦万难强之使信。即或起信，亦非净信圆信。而安有自谓诸佛列祖所传世间难信之法实在己，而欲强天下以共信之理？不观天地乎？有目者见天见地而天地不问，无目者不见天不见地而天地亦不问。又何斤斤注意于其间哉？况藏忍父子所捏造之宗旨，种种惑世诬民之法，又安可使举世共信之耶？

夫冀人之信，贪也；怨人之不信，瞋也；其冀其怨，皆痴也。贪瞋痴尚未除，一个我字，如油入面，如漆投胶，如蝇没酒，如蛆在粪，正无出头之日，又何暇举《法华》，举《史记》，旁征曲引，以伸其说，以沽其名，以直己而曲人？业识茫茫，无本可据。腊月三十日到来，阎罗老子面前，尚可巧言如簧，说甚“麟出非时”，“忍苦弘经”,种种谬论否?漆桶未脱汉,且宜少看文字。多一字,即多一障。

若魔忍亦只是个可怜悯者。其赞伊师魔藏曰“乘有翼虎,开万钧弩。道大时疑,心劳志阻。据重关则当仁不让,处尊贵即御饭亦吐。追千古以得师,复五灯而续祖”数语,却是魔藏爰书铁案。

扬雄《法言》之书,斥酷吏曰:“虎哉虎哉,角而翼者也。”盖谓酷吏如虎生翼,飞而食人之肉耳。魔忍涉猎世间文字而未通晓,乃奉其师以如是名目。虽然,谓魔藏“乘有翼虎”,良信良信。彼其捏造宗旨,中人膏肓。后代发心参学之侣,未具正知正见者,读其书而惑其说,直饶佛出世救不得。则其断人慧命,非虎而翼者哉?

夫此圆宗,即边而中,故无法可比,即妄而真,故无法可待。岂更佛法待于佛法?惟一绝待如来法界,出法界外,无复有法,无所可待,无所可绝。所以古德云:“一叶落,天下秋。一尘起,大地收。一花开,天下春。一事寂,万法真。”见性之人,顿了无疑。譬如以针尖举于枣叶,尚不足以形容其易。盖针尖尚有一举之能,而枣叶尚有可举之所也。何所用其“开万钧弩”之力?若以力言,虽有阿修罗之力,举须弥山易,举这个难。举这个者即这个,又将何力以举这个?

《大涅槃经》说一百句解脱,谆谆开示人以“解脱即是如来,如来解脱,无二无别”。盖一切世出世间诸法,悉皆无有,皆从知见文字出生。若无知见文字,名体本空,如妙明心中,更有何物?故其有也,乃不有之有;且其无也,乃不无之无。不无之无,不住于无;不有之有,不住于有。有无皆不住,诸法悉解脱。安得有所谓“道大时疑,心劳志阻”种种捏怪?彼其道也,外道之道;其心也,众生之心。以众生心,住众生相,以众生相,行外道行。其于不思议解脱法门,诚所谓首越而之燕,抱冰而求热。乃欲率天下而从之。时之疑也,志之阻也,乃正法之不终澌泯也。魔忍之意,必欲天下皆不疑，以快其魔志。岂非造魔业于无穷哉？

重关如何可据？才有可据，便失初地，何重关之有？藏忍父子，并未踏着初地，是以心意识炽然，妄见种种奇名异相。闻古德有所谓重关之说，实未知重关是何物，是以下个据字，若实有个要津隘口者然。亦可嗤已。到得重关，山是山，水是水，师住师位，弟子住弟子位。所谓王登宝殿，野老讴歌。菩提无作而作，万行无修而修。又安得所谓“当仁不让于师”耶？

曹山法身偈曰：“不食空王俸。”复自注曰：“若遇御饭直须吐却，”盖以明法身向上事，无佛无众生，若起圣见作第一人想，即为损法财灭功德，故曰直须吐却。今魔忍曰“处尊贵则御饭亦吐”，好个掩耳偷铃汉！既有尊贵想，早已咽却御饭，如何又云“御饭亦吐”？且既作处尊贵想，早是吞糟咽糠了也，何由得见御饭？魔忍之意，谓其师已证至尊至贵之法身，其于曹山吐却御饭之语，直作轻鄙侯王，不屑食其食解。然则伊父子两魔民，非即乱民耶？

夫既御饭亦吐，则是不轻众生，不贵诸佛，宛作顿觉之人，并法不随顺面目矣。何以又云“追千古而得师”？所谓“吐却御饭”者安在？盖魔藏我慢贡高，耻为密云弟子，思天下惟密云为愈己，辄求所以抹煞之。妄攀高峰为印心之师。觉范为印法之师，一派魔言魔语魔心魔行，而魔忍惑焉，津津称道之而不知其丑，所谓可怜悯者。

夫师弟子之分，若无真悟，仍只是世法名教，不得为生无生身之父子。若法藏之于密云，本不得称为父子。至于攀高峰为印心之师，觉范为印法之师，真是脱空漫语。岂心外别有法耶？而法外别有心耶？既已印心，又须印法，一人印心，一人印法，不知其将何者为心，何者为法？永嘉云：“心是根，法是尘，两种犹如镜上痕。痕垢尽除光始现，心法双忘性即真。”然则魔藏所云印心印法者，诚异乎永嘉之论矣！永嘉教人心法双忘，魔藏乃将心法两印。高峰、觉范虽甚驽下，亦不收此不肖儿。

且法乳之恩，必有所自。若谓平生有得力处，即称法乳，则一切圣贤所垂语句，利益后人，皆可得力，魔藏何不人人遥嗣之？虽宗门父子，不同世间父子，然亦岂有拣择一二佳父之理？且古德上贤出类拔萃者，代有其人，盲眼不识。高峰实为中平，觉范尤其下劣。忽然拣得此二人奉以为父，诚可发一大笑。

维摩室中有“一灯传无尽灯”之语，后世遂以说法鼎盛者五家，谓之五灯。此不过后人之假名。若谓五灯之外，不容有六灯，其五灯之灯，各异其光，分照分传，不可为一灯，则所谓五灯者，皆为妖火，急应扑灭。奚为既灭而复之哉？且五灯法派，虽有绝有续，而五灯光明，周遍三千大千世界，虽经恒河沙劫，而终无灭息之理。何劳魔藏之复之？

且此灯非人之所能扑灭，而又岂人之所能复燃？何谓“复五灯而续祖”？诚可谓不识羞耻矣。

据此数赞语，法藏之为魔民，岂非爰书成，铁案定？乃魔忍一则曰“若揭日月”，再则曰“皇皇乎若日月之丽天”，何物幺魔，唐突孔子不已，甚至唐突日月?！肆无忌惮，至于此极。

又谓魔藏“揭日月以耀人之过，取嫉于世，孰谓不宜“。夫此无是无非法门，孰为过？孰为非过？密云有过无过，姑不具论。魔藏之于密云，既经一日师资之礼，而必揭其过于天下，以此为平生志愿，然则魔藏者，尚可容于佛门否？尚可容于世间否？魔忍竭力为魔藏掩覆，岂知据款结案，却成揭露其丑不遗余力也。

卷　七

魔忍叙伊师三峰藏事迹曰：临济第三十一世，苏州邓尉山于密法藏禅师，天童悟嗣，梁溪苏氏子。年十五，披剃于五牧之德庆庵。未几，鄙所习，因放游山水间。尝语同辈曰："吾四十当悟道，六十岁死矣。"闻者异之。二十九见《高峰语录》，隐隐若能记。遂决志参禅。是岁，受戒于云栖宏大师。又十年，受具于灵谷古心和尚。又明年，住海虞之三峰。如是十余年中，费尽心力，虚檐破壁，草屋萝墙，食豆滓，衣补缀，不以为苦。尝参"万法归一一归何处"话，目不交睫，胁不至席。夜中，为昏沉所罩，师乃悬巨板于座侧，命徒众分香击板，佛声彻天。每叹曰："吾尝言四十悟道，若有可凭。今三十有八矣，而徒劳若是。岂终负此语乎?"于是惶惧，泣不自禁。

至万历壬子，师年四十，参究愈猛，必以得悟为期。适峰中老宿朗泉者闭关，师乘便求入。才与老宿相拜下，忽眩晕，吐痰斗许。放身一睡，五日不知人事。会窗外有二僧夹篱，折大竹，声若迅雷。师自枕中跃起，顿得心空，乃自念曰："古人所谓前后际断，不可坐著。"乃尽力推究。忽于青州布衫打失鼻孔，凡祖师言句，一时会尽。自此触处皆悟，转悟转深。尤于高峰落枕消息，得大受用。乃作偈曰："一口棺材三只钉，声声斧子送平生，自从薤露悲歌断，赢得朝朝墓柏青。"又颂曰："截断洪波自往还，新秋月印钓丝寒，老渔持鲋便归去，安得龙珠掌上看。"

龙牙遁因僧问"古人得个什么，便休去"，遁曰："如贼入空室。"此语，最善形容悟后景象。然则贼当未入空室以前，自然妄计室中有金银、琉璃、砗磲、玛瑙、珊瑚、琥珀、珍珠等宝，是以竭力往偷。岂有预知之而预告人曰“我当于某年月日，见此室中空无一物”之事？且知得即便休去。既知之而又云“须及早凿壁钻篱去偷”，有是理乎？

魔藏捏造悟由，诳惑当时，而魔忍述之。谓于十五时，便自知四十当悟道。辄以语人。迨三十八不悟，而涕泪悲泣，恐所言之不应。又谓“一向若有可凭，今恐终负此语”。恰年四十时，一睡五日，闻折竹声而顿得大悟，如其十五岁时所言。然则其所谓悟者，果曾悟否？

莲池袾宏示寂时，嘱诸学徒曰：“老实念佛，勿捏怪。”盖深有见于当日宗门中如魔民法藏辈，涂污自己，涂污佛祖，至于此极，而不觉其言之痛且切也。

总因实未有悟，妄意悟后实有所得。既得之，则名高一世，利在一身。而得与不得，并无证据，不妨自称已得，人无知者。如贼并未入室，不知其空，而欲以偷得异宝，夸耀同伙，乃云：“我于十五岁时，便知于四十岁上，当偷得许多金银、琉璃、砗磲、玛瑙、珊瑚、琥珀、珍珠等宝，及期果然。”如是说已，更搬出无数瓦砾粪土，给诸同伙，称是所得异宝。而诸同伙，实未知室中果有何物，而亦未见金银、琉璃、砗磲、玛瑙、珊瑚、琥珀、珍珠等宝，是何等形状也。于是辗转相绐，终无休去之一日。亦可哀已！

又魔藏父子最喜自比孔孟。孔子曰：“吾十有五而志于学。”孟子曰：“我四十不动心。”于是捏称十五预知四十悟道，而四十果悟之说，以影射之。以蛊惑当时无学无识之士大夫。如此心行，岂非魔魅？

魔藏谤其师密云悟“铜官山顶，情与无情，焕然顿现”，谓是一个眼花。乃自道悟由，诳诸弟子，谓参朗泉才下拜，忽眩晕吐痰斗许，一睡五日，会窗外两僧夹篱折大竹，声若迅雷，乃自枕跃起，顿得心空，自念曰“古人所谓前后际断，不可坐着”，乃尽力推究，忽于青州布衫打失鼻孔。如此妄语，岂此一个眼花？直是五日后梦犹未醒耳！

渠固未知前后际断，是何的旨，而妄作境会。当是胸有一石痰，止吐斗许，尚有八九斗未吐在。前后际断，与坐着不坐着，何交涉？其意以未睡五日前为前际，已睡五日后为后际耶？足知伊未曾荐取“三际一际，一际无际，无际实际”在。于此尚未荐得，说甚青州布衫？且青州布衫，便是衲僧鼻孔，作么生打失？且青州布衫，只是个青州布衫，悟者何用推究？不悟则又岂尽力推究之所能得？漫夸转悟转深，而不知其转深转谬也。心思费尽，将从上宗师如语实语，都作三玄三要闲家具会。件件说一说三，以为临济宗旨。岂非业识茫茫无本可据？何尝得大受用？却取古人悟后景象，仿佛装点作自己事迹，以欺天下后世。岂知此事必不可装点，徒使明眼人，嗤为作伪心劳日拙。

魔忍为之颂曰："截断洪波自往还，新秋月印钓丝寒，老渔持鲋便归去，安得龙珠掌上看。"夫如来者，无所从来，亦无所去，故名如来。是故过去心不可得，未来心不可得，现在心不可得。若了是心，则知生死去来，毕竟无性，谓之前后际断。前后际断，则三际一际矣。前际已去，后际未萌，而正际又复不住，既无前后，既无中间，则一际无际矣。了了无际，而历历三际，历历三际，而了了无际，则此不无之无，即为不有之有，而无际实际矣。然则安得有所谓“截断洪流自往还”者耶？既有往有还，则未尝截断，既有往还之自，则已堕洪流。且此洪流，不舍昼夜者，正是不动道场。若云截断，即为外道。盖洪流必无截断之理，而不截原无不断之流。于此未明，又复将何为月，将何为印耶？

藏忍父子，妄认古人前后际断，大死大活等语为实法。于是以一睡五日为大死，闻折竹声惊醒为大活，将五日之前后为前后际断。岂知这一觉醒来，仍只是个竹叶精灵。直饶一觉醒来，会得移星换斗，乘云吐雾，种种神通，也只是个竹叶精灵在，未曾前后际断也。乃漫疑密云“铜官山顶情与无情，焕然顿现”，与此境界相似。而讥密云守住这个境界，不求更进，不如魔藏得此之后，又学得三玄三要等许多法门。故曰“老渔持鲋便归去，安得龙珠掌上看”。此等魔说,实能断绝慧命。果能前后际断,纵使释迦牟尼佛出世,亲口传与佛法,亦不肯要,说甚龙珠?惟其人法两空,是以前后际断。岂有前后际断之后,别去学甚玄要法门之理?密云老渔,却已知真谛中无一法可得,是个“满船空载月明归”,并且未尝持鲋去。而藏忍父子,造出无边龙蜃楼台,夸逞弄珠好手,正其所以为魔也。

魔忍又记曰:后参三玄要,于两堂首座同喝处,忽尔符契。乃取《觉范智证传》读之。四百余年,不分延促,如在室中,亲受印记。遂欣然奉高峰为印心,觉范为印法。且伤觉公无后,意欲遥嗣之。于是闭门高卧,惟以所得质之古人,研极五宗之妙,著《五宗原》。

藏忍父子曾记诵内外诸典,故剽窃摸拟,如鹦鹉能作人言,历历可听。不知终是鸟语,未得人身。夫所谓“四百余年不分延促”,非时之谓耶?所谓“如在一堂亲受印记”,非法之谓耶?《中观论》偈云:“时住不可得,时去亦叵得,时若不可得,云何说时相?因物故有时,离物何有时,物尚无所有,何况当有时。”永明曰:“既无来去之法,亦无住止之时。以因法明时,因时辨法,法既无有,时岂成耶?世人认物为己,背觉合尘,以动为身,以动为境,则颠倒行事,性心失真。境实不迁,惟心妄动,云驶月运,舟行岸移。若得亲证涅槃,则法法各住真如之位,无有一物往来,亦未曾一念暂住,皆不相待,岂其或迁。”然则果能证入不迁常住一心之道,则不驰骋于古今,各性住于一世。岂得分区画段,独于觉范四百年间,不分延促耶?既明此不分延促之理,尚安有法可得?乃如在一堂,亲受印记耶?然则所谓“四百余年不分延促”者,正如梦里事,仍是心意识知所造。何尝前后际断?而其所谓“如在一堂亲受印记”者,亦是饥人忽梦饭甑溢,未得真果腹在。乃仿佛天台及《肇论》,作此依稀似曲之论,正如鹦鹉学人言,不能达人意也,至于既称前后际断,又于三玄三要闲家具,著临济热瞒,则并未前后际断。若高峰印心，觉范印法，歧心与法而二之，益为妄谬。是则介葛卢所不能知，不特鹦鹉学人言矣。

又曰："闭门高卧，惟以所得质之古人。"夫古人何在耶？今人是也。岐今与古，又是未尝前后际断之明证。如欲质之古人，何用闭门高卧？观其闭门高卧，则未尝一见古人可知。且既自谓有所得，则其漆桶未破，亦不必更质之古人矣。其夺弄精魂，辗转业识中，已于言下灼然。

又曰："研极五宗之妙，作《五宗原》。"只一妙字，屈煞五宗。魔藏以所作《五宗原》呈密云，密云不视。以书晓之曰："目'原'之一字，恐已成知解宗徒。盖即原得字字不差，已成知解，况五宗各各如大火聚，近傍着即燎却面门，作么生原得？"

魔忍又记曰：后闻天童悟和尚出世金粟，师策杖从之。甫至，粟即上堂告众曰："汉公悟处真实，学大而名，先出世于我。所以屈身来此者，为临济源流耳。老僧从来不易安首座，今以累汉公。"即日请师为第一座。师请粟上堂。粟举百丈再参马祖，黄檗接临济公案，师出众问答，当仁不让，一众倾仰。自是居座元寮，循循首众，识者服师荷法之诚，而天童之道，亦自此愈尊矣。

事有相得而益彰，亦有相妨而并累。如沩仰父子，一堂啐啄，共阐元音，非所谓相得益彰者乎？若魔忍所记密云上堂告众语，只是埋却密云，何尝救得法藏？密云作《辟妄救》，详载一默汉月潭吉三人。记载互异，以见所言之诬妄。今亦不必左袒密云，臆断藏忍，但使伊等所记果确，密云果将临济源流，作奇珍异宝夸示法藏，则密云即非临济子孙，而其源流，亦非佛祖源流矣。岂止灵龟负图，自取丧身之兆？在密云已不足言，何况受密云咐嘱之法藏？如其不然，则妄捏密云示众语，并谓密云之道，得法藏为首座而愈尊？亦可谓诈而且愚矣！自在粪坑中头出头没，而牵连密云一坑埋却，岂非所谓相妨而并累者乎？

且如密云果有"汉公悟处真实，学大而名，先出世于我"之语,则密云于法藏未到金粟以前,业已将其平生罪案,一语判尽。且其所以提持法藏,使之拨转念头者,亦已不遗余力。奈伊不悟,殃及儿孙,转奉此以为美谈,转藉口以征诘密云,转坐密云以两舌,诚司马迁所云“未可一二为俗人道”者也。

夫法藏之病,正以挟其平生解路推求所得,自谓悟处真实,识得几字,阅过世典,自诩学大,为一时盲眼士人,哑羊禅侣,一人传虚,千人传实,自负名高。不知毗卢顶上,常寂光中,何处安着得。若闻密云此语后,愧念不甘,将此种入心热毒,尽情呕却,发猛利愿力,求本分相应,当不至始终落魔落外。可怜才到金粟,早被密云淋头一勺恶水,全然不觉。且将此水爱玩不休,传子传孙,此固密云之所不料也。

魔忍又记曰:未几,请及堂奥中事。粟不应。良久曰:“宗旨太密,嗣续难乎其人,不若已之。且先师不曾提起。”师曰:“不然。黄龙有言:‘学者欺诈之弊,不以如来知见之慧,密而煅之,何由能尽?’且古人建立宗旨,千牢百固,尚有乘虚接响者,混我真宗。若师家大法不明,无从辨验,则胡喝乱棒,群然而起,吾宗扫地矣。”遂辞去。

魔忍述密云告法藏之语,谓“宗旨太密,嗣续难乎其人,不若已之,且先师不曾提起”。此数语,其为装诬密云,可以决定无疑。盖密云见地,虽未到至处,然观其平生语句,并未落于魔外,岂有将宗旨作粗密评量之理?

这个,若言其密,盛水不漏,未足为喻,不居内外及中间,说密者亦在密里,无你下口赞密处。若言其非密,正是烂柴断索,何处寻讨些些密意来?古德有云:“这是什么所在,容你说粗说细?”总因魔辈,以一棒为粗,以齐文定旨,逐语分宗为密。既不识一棒之密处,又何由识齐文定旨,逐语分宗之非密乎?即曰密甚,又与这个有何交涉?若以此等密处,传子传孙,成得恁么闲家计?转不若百工技艺之相传,有济世用。何可比兵农礼乐之专业,实裨治功？然则佛佛祖祖授记，作人天眼目者，乃是一场笑具耶？欲得不招无间业，莫谤如来正法轮。密云之必不会谤佛，固可深信。密云既不谤佛，则藏忍父子之破妄语戒，所必然矣。

至法藏答密云曰："黄龙有言：'学者欺诈之弊，不以如来知见之慧，密而锻之，何由能尽？'"黄龙此语，便是乱统。夫了了知，无所知，了了见，无能见，而谓如来有知见之慧耶？若道如来有知见之慧，正是第一个欺诈学徒，孟八郎汉。夫学人欺诈，与如来知见，翻手覆手，只是一手，在学人一举手翻覆之耳。若要师家出如来知见之慧，锻学人欺诈之弊，恐海枯石烂，未有尽时。何以故？熔金须用火，断无以金熔金之理也。且既已欺诈，即未曾起信，既未曾起信，即是众生，如何称得学人？如曰"吾有如来知见之慧，吾将以此密而锻之"，则我见横前，又是一个众生。安得有众生度众生之理？

又曰"古人建立宗旨，千牢百固，尚有乘虚接响者，混我真宗"，此言埋没古人不少。未知伊于何处见得古人建立宗旨，又于何处见得什么千牢百固。若古人有如是建立者，即是魔外。古德不云乎，"净裸裸，赤洒洒，没可把"。然则何处着此千牢百固之宗旨耶？如曰"正此净裸裸赤洒洒，没可把者，是个千牢百固之宗旨"，则早已不曾净裸裸赤洒洒，而亦有可把了也。夫此真宗，竖穷三际，横亘十方，岂有一丝毫不在里许，而曰乘虚接响者，混我真宗？此宗，岂亦是世法宗族之宗，晋推王谢，唐推崔卢，甲乙门第，不许小姓混入大姓耶？向大圆镜里，鼓动心机，于无脱法中，自生系缚，宁非痴甚？鸦鸣鹊噪，尽说菩提，竹翠花黄，咸明般若，何处有乘虚接响之者？如曰乘虚接响，亦彼自乘虚接响，岂能混此真宗？不见鸦鸣鹊噪，竹翠花黄，曾经混却，鸦鸣鹊噪，竹翠花黄，转明得这个圆融无尽。即今藏忍父子，以邪魔外道，乘虚接响，亦是伊父子自成邪魔外道耳！真宗岂曾被伊混却？且所谓宗者何欤？请未论其宗，先除其我。今乃转将此宗属之于我，我相千牢百固，而恐他人之乘虚接响以混之。譬如将粪水洗旃檀，而欲去其尘垢,不知粪水之更污于尘垢也。乃欲以此辨验学人,是又譬如以粪草之火,烧旃檀,而欲辨其香之高下也,作么生辨得?

总之此段公案,皆是魔藏住安隐后,以宗旨迷误学人,魔魅外护,密云闻之,切加呵斥,伊遂背师灭父,欲必伸其说而后止,于是捏造诳语,掩饰受嘱之由,以为受嘱于密云者,系密云攀伊为高弟,非伊心悦诚服,奉密云为真师而已。天下后世明眼人,必不可欺。如果魔藏以此语对密云,而翻然辞去,密云定必不追而授以杖拂,转救却密云一生大过,而亦无此魔外滥入临济源流,作倒戈相向之逆徒矣!前后所记俱仿此。

魔忍又记曰:粟手书源流信拂,亲至蔡子谷居士静室,面付师,师不受。起更衣,遂入舟中。侍者密收之。师觉,叱曰:“辞受之间,大故有道,何得草草?”竟作书辞还之,曰:“藏自折竹已来,十余年深究临济宗旨,毕竟无疑,乃敢雪头行脚。实非掠虚知解宗徒,只以口头三昧棒喝门头户口了事而已者也。昨闻和尚,乃高峰正脉,特访大法于座下。深蒙法爱,感激非浅。复惠法源信物,如饥逢王膳,未敢即受者,无他,未得宗旨细契,恐后返辱和尚法门。伏乞和尚指示三玄三要,究竟是何等法。法若相符,方敢秉和尚拂,接和尚脉。如或不契,九顿以辞。此系法门大事,谅和尚亦不以佛法当人情也,谨此详复,惟大慈鉴此硁硁之志,再赐曲折。源流姑完上,以俟宗旨。”

明早雪大,舟不能行。粟复举三玄问语,传入舟中,云:“自世尊与迦叶拈花微笑,有何偈颂相传?只或拄杖拂子,以表信物而已。今汝索老僧颂三玄三要,将谓别有实法,口耳相传,实非吾家种草。汝试详之。”复问云:“临济道:‘一句中具三玄,一玄中具三要。’三要三玄即且置,如何是一句?”师答以偈云:“雪寒江水冱,此是第一句,团也团不圆,劈也劈不破,滚倒牛角尖,无舌舌头大,深深深处绝古路,若不行,是门户,若要行,子非父,问取和尚道一句!”粟又问:“汾阳道:‘三玄三要事难分。’如何是难分处?”师又书偈曰:“若落难分处,颟顸未足谈,若还分得是,依旧隔千山,意与言,请过关,得而忘,是何颜,粘头缀尾倒翻掀,大雪满湖天。”粟又问:“‘得意忘言道易亲’,如何是得意忘言处?”师画此“⊙”相,解缆便行。

粟后令僧传到嘉禾问云:“‘⊙’此是圆相耶?三点耶?”师复答书云:“窃惟法门事大,任荷自心者,苟非深得祖宗的骨之髓,哪可承虚接响,丧我儿孙?若于授受之际,稍涉卤奔,如指南倒置,岂独千里万里之谬而已。此藏所以褰裳濡足于法门,故有临岐至再之请。其中外汹汹议论,何足知此血心哉!今去临济七百余年之远,而其堂奥之旨,犹未狼藉。藏尝走问诸方老宿,无有能对其请者。盖以法门建立之密,千古万古不能扑破。宗旨未破,则临济犹生也。哪可一时以举扬之不易,承接之无人,便欲越过此宗,喜行平易坦途?故觉范曰:‘此如衣冠称孔门弟子,而毁《易》系辞,三尺童子皆笑之。’言犹在耳,宁不寒心?此又藏之决不可不请者也。伏惟和尚,鉴此至愚之诚,容其玄要之法,俾后世有兴起之人,确有定分之据,弗使狐狼野干,溷同狮吼。则佛祖幸甚!法门幸甚!子孙幸甚矣!”使首座一默成公,赍书往见金粟。粟曰:“我先师不见说起此事。彼既知此,彼自行之。”一默既谢许行宗旨,拜受源流拂子归三峰。

此一段,魔忍叙伊师不受密云源流,至再至三,密云强之令受,亦至再至三,必待密云许行宗旨,然后受其杖拂,以见并非初终改易。如是种种言说,所谓欲盖弥彰。

夫源流杖拂者,不过尔如是我亦如是,用以表信耳。如人饮水,冷暖自知。此是爵位耶?利禄耶?木上座,谈柄尘尾者,空王之节钺耶?乃如田家馈岁,楂梨橘栗满心欲吃,而口中再三推却不受耶?昔王莽、曹操之受九锡也,既讽其党事事预定,乃至受日,再三辞让。此人间千古之所唾骂。不谓出世间法,乃亦有此王莽、曹操受九锡之举。其为污浊祖庭，虽决江水之波，流恶难尽矣！

魔忍谓经密云亲付，又有蔡子谷为之介绍，而法藏卒不肯受，至于托更衣以逃，侍者密收之，及觉，将侍者痛斥，作书付还，以见法藏如此廉节，如此高尚。请问知寂不二之一心，着得如许污浊否？且如此作为，尚是直心直行否？意欲为之掩饰，却不知已将伊一片诈伪心行，和盘托出。丑状万千，令人欲呕。

又魔藏与密云书曰："伏乞和尚指示三玄三要，究竟是何等法。法若相符，方敢秉和尚拂，接和尚脉，如或不契，九顿以辞。"苦哉滹沱一宗，被伊等如此涂污，牵连堕落铁围。不见古佛传法偈乎？曰："法本法无法，无法法亦法，今付无法时，法法何曾法。"安得执著三玄三要，考问究竟是何等法？若果有法可得，何有吾宗？若入此宗，虽如来佛亲口传与妙法，亦不肯要。涕唾同是涕唾，虽拾如来佛涕唾，亦算不得个堂堂丈夫。

盖有法可得，便是实法。若实法者，虽能算出恒河中所有沙数，如是沙等恒河中所有沙，妙于容成大挠，是象数也，非宗也。虽能平天成地，尽道明伦，功在当时，泽流万世，比于尧舜禹汤文武周公孔子，是理行也，非宗也。虽能乘云驱雷，夷岳盈壑，隐身变化，同于天神地祇，是神通也，非宗也。惟此百千万亿算数譬喻所不能及之法，入此圆宗，无欠无余，而不见有一法可得，夫是之谓宗。

今乃举三玄三要，考问究竟是何等法，法若相符，便为宗旨相契，岂非所谓认驴鞍桥作阿爷颔颏乎？三玄三要，不出宗旨外，然钵盂钟磬，又何尝出宗旨外？若必将百千万亿算数譬喻所不能及者，件件作个颂，说个偈，然后宗旨明，则报身有尽，宗旨无明得之日矣！

且即以实法相传论之，亦必弟子得师之实法，方为受其实法于师。若弟子却先知此实法，转要师家共明此实法，然后肯受师之咐嘱，则所谓传者何传乎？所谓受者何受乎？天下有此倒行逆施之事乎？只缘魔藏误会百丈赞黄檗“有超师之见”，又谓“见与师齐，灭师半德；见过于师，方堪传授”，遂认黄檗见高于百丈，而承百丈授记。遂自己装点捏造，费尽一生心力，欲令盲聋僧俗，说伊高过密云，而承嗣密云。

黄檗风规，再见于世。所谓愚而且诈，诈而益愚。若百丈此语，如伊所会者，则是释迦咐嘱迦叶，迦叶已过于释迦，迦叶咐嘱阿难，阿难又过于迦叶，溯而下之，西天四七东土二三，一代过于一代，传到密云法藏辈，便应高出无量。今无论法藏愚陋至于此极，即密云亦不如前代古德远甚！岂从来古德，尽以佛法当人情耶？且如所言，则溯而上之，一代不如一代，到得迦叶释迦，尚成得个什么？此三尺童子所知其必不然者。既必不然，则百丈便是脱空谩语汉。百丈必非脱空谩语汉，则魔藏必是错认定盘星矣。总缘伊字字作实法会，便欲说向伊，亦何从下口处？

乃自夸云：“藏自折竹以来，十余年深究临济宗旨，毕竟无疑，乃敢雪头行脚。实非掠虚知解宗徒，只以口头三昧棒喝门头户口了事而已者也。”不知乱统禅和，如麻似粟，虽亦玷辱祖庭，然此等浮光掠影之徒，自既不自信，亦不能深惑他人。既不深自信，尚有回头之一日；既不能深惑他人，业力犹浅。岂若伊之积十余年功力于邪魔外道中，自害既深，害人亦非浅鲜也！

密云谓“汝索老僧颂三玄三要，将谓别有实法口耳相传，实非吾家种草”云云，业已明明道破。其后转索渠作颂，使渠自惭自愧。其如魔藏卒不领悟，乱统不休，自贻千古笑柄。又复作书再三恳乞密云，容其玄要之法，所谓谬中之谬。使临济所传滹沱的旨，果止此三玄三要，则密云业已不知滹沱的旨，密云便非临济子孙，何必向伊恳乞？如三玄三要，只是一期方便，不可执指为月，临济宗风尚别有者，则须及早改悔，向己躬下自求证入，何得固执谬见，转向师家恳乞相容耶？据魔藏之言，则是玄要之法存而临济存，玄要之法亡而临济亡矣。夫玄要之说，创自临济。如必明得玄要，始为明得宗旨，则自临济以前，未有玄要之说之时，岂不慧命断绝，自四七二三以至百丈黄檗，俱是不识宗旨者耶？若非然者，果其玄要存而临济存，玄要亡而临济亡，临济又在四七二三百丈黄檗等，佛佛授记祖祖传心之外，别开玄要一宗，临济岂不便是邪魔外道耶？若谓从上相传，不曾分明说似，至临济始明此玄要，点出光明，照天照地去，则玄要高出拈花之上，不知临济还肯受否？

乃谓“何得越过此宗，喜行平易坦途”，又举觉范所言“衣冠称孔门弟子，而毁《易》系辞，三尺童子皆笑之”之语，以见玄要之法，断不可废，不知是何等呓语？要知觉范即是呓语，伊又是呓中述呓。总由自心不会，对面无睹见之期。尽十方世界是摩诃般若光，何处平易，何处险巇，何处坦途，何处仄径耶？若犹有浅深高下，夷险逆顺，是非内外等，种种诸见，种种识尘分别影事，且莫问宗旨，哪讨三玄三要来？信亦未成，何论修证？正如孔门弟子，若不知进退存亡而不失其正之理，徒向击辞语句下，拘文牵义，正为得罪孔门耳。况系辞亦非孔子所作。伊涉猎得几卷外典，便强作解事耶？伏羲画卦而无辞，文王乃于卦下各系之以辞，则如“乾，元亨利贞”之类也。伏羲画卦，有爻而无辞。周公乃于爻下各系之以辞，则如“初九潜龙勿用”之类也。孔子于文王系辞下作传，谓之《彖传》，则如“大哉乾元”等文是也；于周公系辞下作传，谓之《象传》，则如“天行健”等文是也。此外孔子所作之易，又有《文言传》《说卦传》《序卦传》《杂卦传》，而其推本文王周公之系辞，以广论易理者，谓之《系辞传》。秀才勿深考，便谓孔子作系辞，不知系辞乃文王周公所作，孔子乃为系辞作传耳。如左丘明、公羊高、谷梁赤、邹氏、夹氏，各为孔子《春秋》作传，然而《春秋》究系孔子所作，岂得谓《春秋》乃五家所作耶？觉范亦认为孔子作系辞，而魔藏乃拾其涕唾也。

密云智眼，未能灼见为祸之烈，至于今日，乃曰：“彼若知此，彼自行之。”于是鼠辈得志，接得太阿之柄，转以太阿拟密云。孟子曰“是亦羿有罪焉”，正密云之谓也。

魔忍又记曰:丙寅冬,吴门北禅寺请师开堂。师知粟以说宗旨为嫌,复上书请明之,曰:"无上正法,自威音一圈,七佛交截,四七二三,双头独结,而马驹脚下,三顿棒头,横开竖合,宾主之机,愈玄愈实。所以有雪岩之英特,高峰之出群,代代智过于师,霆震火烈,至今绵远振起,为万世法者,师承法印之力所持然也。藏夙缘何幸,得获上传。廿九岁,揭《高峰语录》,宛若自语,因发大心参禅,自誓大彻之后,当绍此宗。万楚千辛,至四十岁,于折竹声边,捉得落地枕子。那时心肯,早已承嗣双髻了也。及参济上玄要宾主,深见祖道不可草草,愈入愈深。既透济宗,旁参四家,兼搜河洛。因见寂音尊者,著《临济宗旨》,遂肯心此老,愿弘其法。自谓得心于高峰,印法于寂音,无复疑矣。乃复发愿,此两枝法脉,合起临济正宗。凡遇扫宗旨者,力为诤之。不独荷负滹沱,将使云门沩仰曹洞法眼四家,遥承近续,令五宗再灿。愿世世生生,为接续断脉之种,所以酝酿有年,搜披不满,提持之暇,屈指诸家。知和尚乃高峰的骨之传,敢不一探堂奥?向于金粟山前,叨承委付。然复攻苦力辨,往复数四,种种具诸语录,兼复流布诸方。徘徊三载,旧愿难忘。兹因吴门北禅之役,旧参新学,一时来集。兼之护法咸劝乘时拈出,不昧先宗。既不获辞,谨以平生愿力,披肝胆于侍者之前。倘和尚一棒血流,三翻火灭,藏敬将高峰一脉,与寂音临济佛祖威音并老和尚,向北禅堂前,连瓣香炷作一炉烧却,免见贻害方来,用报法乳之恩。不揣下愚,敬陈陋劣,伏惟大慈照亮,不胜企仰之至。"金粟答书:"许行宗旨,兼送法衣一顶。"于是北禅安隐,相次说法。源流之案自此定矣。

宾主二字,不离人法。以人言之,宾人而主我,即更互回换,而人我之见相仍在也。以法言之,宾权而主实,即更互回换,而权实之法相仍在也。若离人法,则无宾主。即到无宾主处,宾主历然,犹是空拳诳小儿,未为本分相应处。所谓假托名相,镂绘虚空。惟自证自悟者,可以为人解粘去缚。若不自证自悟,而执此为实法,则粘缚之中,又添一层粘缚矣。

魔藏谓:“自威音一‘○’,七佛交截,四七二三,双头独结,而马驹脚下三顿棒,横开竖合,宾主之机,愈玄愈实。”则是执著宾主之说以为究竟。且谓四七二三上至七佛,俱是此宾主实法相传,岂不涂污佛祖?

高峰即属中下之品,其语录原不足数。魔藏即真到高峰地位,亦犹登培嵝者,未可与语泰山。况又何尝亲见高峰?而云“廿九岁揭《高峰语录》,宛若自语”,亦颜之厚矣!且既以高峰为极则,而于未发心参禅之前,已宛若自语,则是已造高峰极则地位,尔如是吾亦如是矣,又何发心参禅,自誓大彻之后,当绍此宗,直至万楚千辛,至四十岁时,于折竹声边,捉得恁么落地枕子,于是心肯承嗣高峰?岂非自相矛盾?

且伊既自谓捉得落地枕子,一场大彻大悟,则必不受天下老和尚舌头瞒,何于临济玄要宾主,又道是“愈入愈深”耶?然则所称捉得落地枕子者,固是机中见鬼也。无怪其又有“既透济宗,旁参四家”之说。拾却一家涎唾不了,又过一家,真乃孟子所谓“乞其余不足,又顾而之他者”。如是旁参四家竟,又复兼搜河洛,益为不伦不类。兼搜河洛竟,忽又肯心觉范,愿为觉范之嗣,愈进愈下。

又将平生所用工夫,指前一半谓之心,指后一半谓之法,打成两橛,造大妄语。据伊历历自叙,业经自己绘出纷然失心景象。夫三界惟心,欲从何处得心?不自得心,而向高峰得心,是之谓失心。况心不自心,以法故心,法不自法,以心故法,固无即心之法即法之心,更不得有离法之心离心之法。所以打成两橛,只因不了自心。既已不了自心,何处更有无上妙法?

牵连临济玄要宾主,曹洞五位君臣,云门沩仰法眼,各发无缘之慈,同体之悲,为人拈提,解人粘缚,种种法门,皆成毒药。以此自害,不过懵懂一生,以此害人,立入无间地狱矣!夫获鸟者,罗之一目,不可以一目为罗。玄要宾主君臣等,皆以为人解粘去缚,若解得去得,正所谓获鸟于罗之一目。若如藏忍辈执为实法,即是以一目为罗矣!若如所云,参得高峰落枕消息,又去参临济玄要宾主,又去旁参四家,如此参去,正如结得一目之罗后,再结个一目之罗,纵使结得恒河沙数恒河中所有沙数,一目之罗,亦安得有获鸟之日哉?

至于兼搜河洛之语,更可发一大笑,若悟圆宗,河洛亦在里许。若从河洛求圆宗,则如求冰于火。夫河洛者,伏羲时,龙马负图出于河。马身之文,"一六北,二七南,三八东,四九西,五十中"是也。神禹时,神龟负书出于洛。龟背之文,"戴九履一,左三右七,二四为肩,六八为足,五居中"是也。俗儒不解,疑此中有神秘莫测之机。不知伏羲以河图演《易》,神禹以洛书演《范》,乃是圣人之神智,有以通天地之文,而极万物之变,与龙马神龟何涉?使龙马神龟,不遇伏羲神禹,只是个毛虫介虫而已。天地间动植之物,其文理数目,与天地相合者甚多,不独龙马神龟。即如人身,五藏六腑九窍百骸,何尝不备天地之数耶?伏羲既将河图演《易》,则其义已尽在《易》。神禹既将洛书演《范》,则义已尽在《范》。儒家置《易》《范》不讲,而于"一六北,二七南,三八东,四九西,五十中"之图,"戴九履一,左三右七,二四为肩,六八为足,五居中"之书,推详研究,别求其数,譬如种禾成粒,不肯煮作饭吃,而覆将禾秆咬嚼之,岂能果腹耶?

魔藏涉猎外典,见有河图洛书之文,喜其是个黑暗窠窟,于是牵圆宗入河洛,媚当世无识见士大夫,牵河洛入圆宗,诳当日不识字禅和子。本无足深辨,今恐禅侣未知《大易》《洪范》之大旨,或犹谓河洛之有裨于圆宗也,不得不为蛇足一上。

夫河图之演而为《易》也,天以一三五七九为生,而地以二四六八十为成。生成相合,而有山泽雷风水火之六子。八者相生相成,而万物备焉。天之体健,地之体顺,山之体止,泽之体说,雷之体动,风之体入,水之体陷,火之体丽。八者相参相错,而万物之情该焉。人于其间，藐然有身，与两大六子之气相通，与两大六子之体相涉。此身与家国天下相接，而万事生，万情起。夫制事者理也，而情不协则理不得。圣人欲示人万事之情，使之各中乎其理，而情有万，不可以悉数，于是还以八者参伍错综示之，从八以至六十四，从六十四以至四千九十六，使人观其象而喻其情，达其情而明其理，得其理以制其事，于是乎寡过，此《易》之大略也。

洛书之演而为《范》也，其畴虽有九，而其纲则惟三：一曰敬天，二曰修身，三曰勤民。九畴之中，一四七，敬天之道也，二五八，修身之道也，三六九，勤民之道也。一四七者，一曰五行：水、火、木、金、土，其质在地，而其精在天，此天地之身也；四曰五纪：岁、月、日、星辰、历数，此天地之身之运动处也；七曰稽疑：龟卜五：雨、霁、蒙、驿、克，蓍筮二：贞、悔。凡以天地之身之运动处，必有心焉，天地之心不可得而见也，不敢以有情之类，有执有滞之意识测之，而以无情之物之文与数测之，以求天地之心之果以若何为是，而遵而行之，则敬天之道尽也。二五八者，二曰五事：貌、言、视、听、思，貌恭、言从、视明、听聪而思睿，五者各协于极，则曰肃、乂、哲、谋、圣，外以治躬，内以治心也；五，皇极：天子貌恭作肃，言从作乂，视明作哲，听聪作谋，思睿作圣，则皇建其有极矣，自卿士以至庶民，胥以是为归依，以从天子之训，而受天子之福，则《大学》所谓"自天子以至于庶人，壹是皆以修身为本也"；八曰庶征：雨、旸、燠、寒、风，自天子以至于庶人，其身之修不修，皆与天地之气数相感召，如形有影，如响随声，其雨旸燠寒风之得其宜与不得其宜，皆人之貌言视听思之所为，如人食则饱而不食则饥，并无彼此之别，故必雨旸燠寒风无一不得其宜，方知天下之人之各修其身，必天下之人各修其身，则一人修身之道尽也。三六九者，三曰八政：食、货、祀、司空、司徒、司寇、宾、师，八者所以纲纪天下之民事者也；六曰三德：正直、刚克、柔克，三者可以该天下之民风与其土俗也；九曰五福六极：善者以五福向之，恶者以六极威之，二者所以平天下之不平以底于平，而勤民之道尽也。此《范》

之大略也。

然则《大易》《洪范》，虽从河图洛书出，然龙马之身，神龟之背，虽具其文，列其数，而其义则由伏羲神禹而阐。今其义既备在《大易》《洪范》，何为复从其文与数别求耶。凡此《大易》《洪范》之义，入此圆宗，正是见山是山，见水是水，可以为六度万行空里之妙花，四生三有梦中之佳事，与出世间法相较，正与毗尼相近。若欲于此求圆宗，正如煮砂成饭，作镜磨砖。砂岂饭因，砖非镜体。况乃魔藏之所谓河洛者，乃拾取俗儒寻文核数，弃本求末之浮言卮词。而谓此中可悟圆宗，岂但迷头认影，直乃取韩卢之影以为本头，真所谓不直一笑也。

又复大言不惭，谓己“不独负荷滹沱，将使云门沩仰曹洞法眼四家，遥承近接，令五宗再灿。愿世世生生为接续断脉之种”，是何言欤？惟其将五家所有为人解粘去缚，方便法门，尽作河图“一六北，二七南，三八东，四九西，五十中”，洛书“戴九履。一，左三右七，二四为肩，六八为足，五居中”之实数实法会，是以既将五宗岐而为五，又将临济岐而为二，以心属之高峰，以法属之觉范，而谓此两支法脉，可合起临济正宗。将此以为宗旨，有不合于己者，即与之为仇。始而欲以诳人，既而自受自诳，如饮狂药，即以自己所捏造者，自己转复深信不疑，以为接续断脉之种。岂知乃是断绝慧命之根也？

末乃以吴门北禅寺旧参新学，一时来集，聚集千百无识无知之哑羊，哄动一群有势有利之外护，为鹳为鹅，列偏列伍，成却一个宗旨军阵，愿与密云鏖战，要劫密云，必令许行宗旨而后已。魔哉！魔哉！不谓毗卢顶上常寂光中，有此妖氛祸水也！虽然，如是要劫，如是肆狂，则所谓宗旨者，是耶非耶，固亦不必深辨矣！

末后自觉羞惭，知终不免实法二字定论，乃以狂参知见，呵佛骂祖，将所心肯承嗣之高峰觉范，诓骗杖拂之密云，与四七二三以至威音佛祖，欲作一炉烧却，谓“免见贻害方来，以此为报法乳之恩”，欲以盖覆自己。不知终难盖覆，徒将为枭为獍心行，一齐和盘托出。所谓有诸内必形诸外者欤！

魔忍乃谓密云从此许行宗旨，而源流之案自此定，不知既是宗旨，如何向他人口中寻讨着落？却是洗却密云以源流妄付法藏之耻。何得转谓源流之案自此定耶？

魔忍曰：予侍先师最晚，尝疑授受之际，不谨于初，父子之间变更于后，意者弘愿大而举止轻乎？何其言之多也！及搜其书问，则源流辞让至再至三，必许行宗旨而后受。金粟手自答书，一字一褒，灿若星日，现藏玄墓山可睹也。夫若是，则今日之衅，何所从开？嗟嗟！上位而骄，不无护短，忠言过直，颇类矜高，是故谗口酝酿于中，傍观鼓荡于外，织成文彩，张设祸机，贬道义为人情，加刑名于佛法。盖弘道之士，未察耳。"取彼奸人，投于豺虎，发斯谈者，岂避刀俎"。

魔忍历叙伊师与密云诤论宗旨始末讫，乃谓密云"手自答书，一字一褒"，又谓密云晚年听谗，遂与法藏为难，而引《小雅·巷伯》之章，欲"取彼奸人，投畀豺虎"，更欲以身殉之，不避刀俎，良为可笑可嗤，可悲可涕。圆宗至此，扫地尽矣！夫佛法无诤，诤即五戒不持，又何有宗？

无论密云之书，藏于邓尉者，是真是赝未定，即使有之，当作么生会？三佛随五祖夜行，各下一语，五祖独许圆悟，乃曰："灭吾宗者克勤也。"临济寂时，许三圣曰："可惜我正法眼藏，向这瞎驴边灭却。"若密云答书，应作一字一褒会，则五祖临济语句，应作骂会矣！又何怪伊棒作棒会，喝作喝会，拾得狐唾狸涎，又作宗旨会！挟其所会，谓人不会，幸人不会，夸已能会，自堕轮回，未有出期。法藏父子，受密云当头一勺恶水，尚自不悟，转宝爱此一勺恶水，传子传孙，作丹书铁券。苦哉佛陀！

《广百论》有云："若随自觉，执有我者，岂不但缘无常身等，虚妄分别，执为有我？所以者何？现见世间，但缘身等，前后随缘，分位差别，虚妄计度，我肥我瘦，我明我暗，我苦我乐。身等无常，可有是事，常住实我，无此差别。”然则魔忍种种谬论，是执无常身等所见杯中蛇影，横生是非，妄计人我，唐突佛祖向上边事，岂非罪业？

其指斥密云处，无论全不知密云心行，密云本不如是。若曰密云果如是，是密云者，一懵懂俗汉，尚何有毫厘许佛法可言？则魔藏父子，其所得于密云之源流，又何源何流耶？而乃忿叫不休，要将伊宗旨，向人争个尔非我是。正如醉象入池，愈腾踔而愈汩没。痴云何日得开？瞋火何时得息耶？乃曰“作斯谈者，岂避刀俎”，夫宗旨是非，世法所不论，孰以刀俎加之？但谤佛之罪，阎罗刀山剑树，则所不免耳。

魔忍曰：兴化奖禅师初为临济侍者，业有悟入，后于三圣大觉彻法源底。既出世，拈香曰：“此一炷香本为三圣师兄，三圣于我太孤，本为大觉师兄，大觉于我太赊，不若供养临济先师。”

余谓兴化瓣香，而济北家风，囫囵拈出，近代知此法式者，先师一人而已。然而《辟书》由此而发，衅隙由此而生。言之难固若是哉！在我则曰：宗旨，慧命之系也，吾师，续佛慧命之人也，我不诤，谁敢诤之？在彼则曰：三峰，我徒也，徒胜师，古之未有也，我不抑，谁能抑之？加以信三峰者，讹其真而得其似；袒天童者，乐其易而就其名。苛意以责人，容佞以附己，而各个自谓弘护末法。譬夫同舟共济于波涛险恶之上，而操戈自斗。彼行路之人，犹且寒心，而斗焉不已者，可谓智乎？

兴化拈香，明出大觉三圣，末后供养临济者，在兴化，只就自心所证言之，何尝谓此可以为万世法式？魔藏东施效颦，邯郸学步，明出高峰觉范，末后供养密云。魔忍遂谓近代知此法式者，先师一人而已。以此惑世诬民，不知明眼人前，不值一笑。

无论兴化此举本亦不足为人法式，与济北家风，有何交涉，即兴化法藏二事论之，二人心行，天地悬隔。兴化虽在大觉三圣处参学，然所云“在三圣处学得宾主句，在大觉处折倒”者，岂得索鸿爪于雪中，便谓兴化得法于大觉？若此是得法者，即是得个实法，即是辜负三圣大觉了也。其摸着鼻孔处，原因亲近临济来，则拈出临济，正是兴化直心直行处。若魔藏自谓从高峰处得心，觉范处得法，复向密云证明，而密云不契，则是密云与伊，毫无法乳之恩，其受密云杖拂，即同优孟衣冠。其所谓都卢供养密云者，又何谓耶？其于密云，既无所谓法乳之恩，则其自谓得心于高峰，得法于觉范者，正所谓无师外道矣！

夫宗旨固为慧命所系，而师家固为续佛慧命之人。但既为慧命所系之宗旨，又与续佛慧命之人谈宗旨，而曰“我不诤，谁敢诤之”，是则宗旨有诤法耶？惟其有我，是以有诤？若无我者，阿谁能诤？惟其有法，是以有诤，若无法可得，又何所诤？

夫法爱不尽，皆为顶堕之人；圆证涅槃，犹是我见之者。法执难忘，最为微细，立生死之根原，作众苦之基址，障菩提之大道，断解脱之正因，即使勤修圣果，历劫多生，但名有为，不证无上。何况魔藏父子，执双头独结等捏造之宗旨，是何等奇名异相，外道邪魔？乃父子相承，与其祖父诤论，断人慧命，涂污法门。凡诸有情，思欲仰报佛恩，不肯令慧命断绝者，自必辞而辟之。又况密云亲所授记，有此魔外之弟子，岂得不反覆深明，一辟再辟？冀其回头是岸，塞其邪说横流，既免后世袭谬无穷，亦为自己救取一半。魔忍乃谓密云恶其徒胜师而抑之，真所谓“以小人之腹，测君子之心”。如油入面，有甚了期？杯水不能救车薪之火，阿胶不能止黄河之浊，当亦密云所无可如何者矣！

夫此涅槃妙心，清净觉海，古德有云“此是何地，容你说粗说细”。说粗说细，犹且不容，而乃譬之为同舟共济于波涛险恶之上，而操戈自斗，何其涂污至此耶？夫既尚在波涛险恶之中，则是未脱轮回生死万种苦业在。何谓宗旨？夫为宗旨而操戈相斗者，魔弟子耶？佛弟子耶？是宗旨耶？非宗旨耶？岂必明者始能辨之？

魔忍记法藏小参曰："机先一向，是汝诸人安身处。先机一着，是汝诸人立命处。其间左之右之，或伸或缩，是汝诸人踏脚处。末后一句，是汝诸人出头处。只这四句，若一一透过，如化一道清风，度荆棘林中，了无一点挂碍。若有一些子透不过，如着一领破袈裟，度荆棘林中，便有东兜西塔，无自由分。还有透得过者么，出来唱和。"

良久，举云门大师参睦州。州见来，便闭却门。师曰："好个消息。"云打门，州云："是谁？"云："某甲。"州云："作恁么？"云："己事未明，乞师指示。"师曰："好个老实人。"州开门，才见，便闭却。师曰："向这里入。"云如是三日打门。第三日，才开门，云拶入。师曰："俊鲤冲涛。"州把住，云："道道。"云无语。师曰："几乎点额。"州便推出，云："秦时𨍏轹钻。"便闭却门，损云一足。云即悟入。师曰："但解跳龙门，不知烧却尾。"州指见雪峰。师曰："知心能几人。"云到雪峰庄，见一僧，云云："今日还上山去那？"僧云："是。"云云："寄一则因缘。问堂头和尚。只是不得道是别人语。"僧云："得。"云曰："上座到山中。"见和尚上堂，众才集，便出握腕立地，曰："这老汉项上铁枷，何不脱却？"师曰："雪峰无出头分。"其僧一依云教。峰见僧与么道，便下座。师曰："阵云拨转，卦象抽爻。"峰拦胸把住，云："道道。"师曰："犹是睦州鼻孔。"僧无语。峰拓开，曰："不是汝语。"僧云："是某甲语。"峰曰："侍者将绳棒来。"僧曰："实非某语，是庄上一浙中上座教某甲来道。"峰曰："大众。去庄上迎取五百人善知识来。"师曰："是贼识贼，是精识精。"云次日，上雪峰。峰才见，便曰："因甚得到与么地？"师曰："也无出头分。"云乃低头。师曰："抽爻换象去也。"从此契合。温研积稔，密以宗印授焉。师乃云："大众。且道既已推门折足悟得，又到雪峰有如此作略，雪峰已没奈他何，因甚又要温研积稔，才以宗印印之？何不向这里穷究看？"

又良久，云："大众。"云门这一着。从睦州才见便闭门处来，睦从黄檗吐舌处来，檗从百丈马祖大机之用处来。且道如何是云门这一着？"咦！"便下座。

从上古德，圆机无尽，如珠走盘。然其自利利他，总与机无交涉。譬如珠圆自然走盘。若从盘上觅珠，岂但失珠之体，并且失珠之用矣。欲得安身立命，先须丧身失命。若未大死大活，尚从机前机后，觅身觅命，何由举足下足，皆在道场中？何处许伊有出头分？

魔藏谓："机先一向，是汝诸人安身处。先机一着，是汝诸人立命处。"请问伊之身命，究从何处安立？若道"何处不是安身立命"，则又何得分"机先一向"为安身，"先机一着"为立命也。夫心是根，法是尘。根尘相对，犹如交芦，此芦既倒，彼芦随仆。果其心法双忘，自然前后际断，何处更觅"先机一向""机先一着"许多络索？机先一向，正不许物外安身，先机一着，正不许孤峰独宿耳。乃于六七识上，妄起端由，向根尘法中，强为主宰。漆桶子未破在。然则其间"左之右之，或伸或缩"，自心皆成系缚，何曾踏着正修行路？自然步步入荆棘。又道："末后一句，是汝诸人出头处。"若道末后一句，千圣无出头分；若自谓于此出头，又早埋头入光影中了也。

复举云门参睦州，睦州指见雪峰两公案。逐段著语，将古德如语实语，全成设置张网，卖弄机锋。若将佛法作机锋会，真乃谤大般若。庄周尚能说个"有机事者，心有机心"，岂佛佛授记，祖祖相传者，皆庄周所耻而不为者耶？

又道："云门既从推门折足悟得，又到雪峰有如此作略，雪峰已没奈他何，因甚要温研积稔，才以宗印印之？何不向这里究看？"此数语，即是魔忍所谓小悟之后有大悟，又谓悟后方可学小法之大法、大法之小法，种种谬论之根。

古德为人，虽知其人已属法器，自必久之又久，观其行解果否相应，观其解脱果否圆净，然后授记。诚以得人之难，匪可轻易。

况唐宋以降，南能北秀，机缘流布人间，不同达摩初来，直指一宗，未盛于震旦之时，可以片语投契，即信其不爽。保无有拾人涕唾，学人弄泥团，偶尔阳货貌以孔子之事，而可漫与授记乎？所以温研积稔，然后以宗印印之者，良为是耳。岂其既悟之后，复令鼓起无明业风，放出分别识想，苦思力索诸方举扬种种野狐涎唾，其始如秀才训诂，逐字逐句评量，其后如市驵狡狯，眉边睫边能语，然后谓之宗旨明，然后以宗印印之耶？若如是者，个个成魔，宗门澌尽矣！

魔藏谓："云门这一着，从睦州才见便闭门处来，睦州从黄檗吐舌处来，黄檗从百丈马祖大机之用处来。且道如何是云门这一着？咦！"只因云门平生接人方便，顾着便鉴，拟问即咦，遂将这一个"咦"字，草蛇灰线，一直推到马祖大机之用，以明此圆宗只是一个机耳，以与伊所称"机先一向，先机一着"者，遥相影射，魔魅初学。睦州云门黄檗百丈，在常寂光中，能不齐声称曰"冤苦"？永明云"齐文定旨，逐语分宗，于真如境上鼓动心机，于无作法中自生系缚"，实魔藏之谓矣！

卷　八

魔藏《五宗原》曰：尝见绘事家图七佛之始，始于威音王佛。惟大作一“○”圆相之后，则七佛各有言诠。言诠虽异，而诸佛之偈旨，不出圆相也。夫威者，形之外者也。音者，声之外者也。威音王者，形声之外，未有出载，无所考据，文字以前最上事也。苦龙树所现，而仰上所谓无相三昧，燃灯以前是也。

密云以魔藏揑造一“○”为千佛万佛之祖，自悔座下有此魔外弟子，贻累方来，于是一辟再辟，以至七辟。魔忍从而救之，作《五宗救》。密云复作《辟妄救》以辨之。此篇盖密云法藏一段公案之缘起也。

魔藏谓：“七佛之始，始于威音王佛，惟大作一‘○’圆相之后，则七佛各有言诠。”今且不必备举七佛偈旨，只举第一毗婆尸佛偈第一句言之，佛不云身从无相中受生乎？魔藏一“○”，独非相乎？即魔藏自言，亦未尝不名之为圆相。然则业已显悖佛旨，不知魔藏何以自解也。

又谓：“言诠虽异，而诸佛之偈旨，不出圆相。”夫古德明明道个不在内、不在外、不在中间，今谓“诸佛偈旨不出圆相”，则是偈旨在圆相之中，而圆相有内外及中间矣！若圆相有内外及中间者，则威音王以前，此圆相何处安着？威音王以后，此圆相又何处安着？岂不成戏论乎？

又谓：“威者形之外者也，音者声之外者也，威音王者形声之外，未有出载，无所考据，文字以前最上事也。”夫形声之外亦是今世门头，岂是威音那畔？且威音二字，如此依文解义，则正在文字之中，又何得谓文字以前？犹之形外有威，而威究从形起；声外有音，而音究从声出。则亦正在形声之中，又何得谓形声之外也？仰上所谓无相三昧燃灯以前者，岂谓此形外之威，声外之音耶？若云两仪未判以前，谓之形声之外，如世儒之所云者，则尚未识“如来”二字在。又何从说起威音那畔乎？

夫去住同时，古今一贯。《法华经》云：“我观久远，犹如今日。”《维摩经》云：“法无去来，常不住故。”若了此无所住之真心，不变异之妙性，乃可从无分别中，强分别个威音那畔今世门头。夫所为威音那畔者，岂太古鸿荒之谓哉？时因法立，法本自无。所依之法体犹空，能依之古今奚有？即此今世门头，便是威音那畔。若举威音那畔，不得复举今世门头。惟证乃知，非言可说。

今法藏谓：“威音王佛惟大作一‘○’，至于七佛乃有言诠。”然而当威音王住世之时，亦是威音王之今世门头，又何所谓无相三昧乎？则其所谓大作一“○”者，即便是威音王之文字，又何所谓文字以前最上事也？

依文解义，三世佛冤。凡世间生死，出世涅槃等，无量差别之名，皆知见文字所立。若无知见文字，名体皆空，本妙明心，更何所有？古德只为世人迷真弃本，执相徇名，故于语言文字之外，别作方便示人。如“○”，如“∴”，如“●”，如“◎”等，皆是不得已而为之。今乃复以语言文字之法，为之诠注，且谓西天七佛，曾经诠注此一“○”，又谓此一“○”，乃威音王佛所作，如伏羲画卦者然，诚所谓痴人说梦也已！

魔忍曰：形声之外云者，非定指《法华》所载之威音，与授记释迦之燃灯也，仰上宗有三燃灯：燃灯前，燃灯后，正燃灯是也。大作一“○”象示也，如太极图以示天地万物未形之际，非定执此图为太极也。《辟书》谓先师妄捏一“○”以盖释迦，谓释迦既出燃灯之后，此相不合在燃灯之前故也。噫！是乌知仰上所谓燃灯也哉！兹法中深旨，论之无益，姑论其浅者，以开先师之罪云。夫威音那畔，古德盖累言矣。如曹山和尚有偈曰：“威音王未晓，弥勒岂惺惺。”又画此“●”。今谓曹山妄捏一“●”以盖威音弥勒，可乎？闻之曰“荷旃被毳者，难与道纯锦之丽密；羹藜含糗者，不足与论太牢之滋味”。夫先师所示，皆临济德山共证之旨也。行周于鲁，人且笑之，况行临济德山之道于后五百岁乎？

《法华·常不轻菩萨品》：“佛告得大势菩萨，古昔过无量无边不可思议阿僧祇劫，有佛名威音王如来，劫名离衰，国名大成。其威音王佛，于彼世中说法。是威音王佛，寿四十万亿那由它恒河沙劫，正法住世劫数，如一阎浮提微尘，像法住世劫数，如四天下微尘。其佛饶益众生已，然后灭度。正法像法灭尽之后，于此国土，复有佛出，亦号威音王如来。如是次第有二万亿佛，皆同一号。”此密云所谓世尊《法华》所载威音王佛事迹也。

法藏谓威音在七佛之前，然则世尊所说“如是次第有二万亿佛，皆同一号”，且谓“常不轻菩萨，亲见威音，岂异人乎？我身是者”，尽属齐谐之论耶？即经一字，三世佛冤，离经一字，即为魔说。今将《法华》所载威音事迹，与七佛燃灯释迦弥勒，编年纪月，作佛国《春秋》，岂非“即经一字，三世佛冤”？若谓非定指《法华》所载之威音，别有个威音王佛，又复大作一“○”，谓之象示，岂非“离经一字，即为魔说”？毕竟世尊所说威音事迹，何以是如语实语，而非齐谐之论？于此尚未洞明，乃谓“威音尚无文字，七佛已落言诠”，杜撰妄谈，如盲人说象。既不知威音七佛，究竟是何义旨，定不知授记释迦之燃灯，即是仰上所言燃灯前燃灯后正燃灯也。且释迦牟尼佛于此经中，既明明说常不轻菩萨即是释迦，乃至他经所说，鸽髓鹅珠等，亦俱是释迦。于此只作寓言会取，无怪将仰上三燃灯，谓非授记释迦之燃灯也。

又引曹山“威音王未晓，弥勒岂惺惺”，画此“●”相公案，以解法藏谓“威音王大作一‘○’之失，然曹山何尝谓威音弥勒作此一‘●’也？曰‘未晓’，曰‘岂惺惺’，而作此‘●’相以示，则其为曹山所作明甚”。岂若法藏妄谬捏造谓“威音大作一‘○’，七佛各以言诠之”也？

魔忍又牵连周濂溪太极图说,以附会外护。谓此一“○”象示,如太极图示天地万物未形之际,更为鄙倍。夫威音那畔,并非天地万物未形之际,不得作此解会。若可作此解会,即说个“天地万物未形之际”便得,何必说个威音那畔?且天地万物未形之际,威音王佛,又如何大作一“○”?且无天地无万物之先,但有此一大“○”,果孰闻之而孰传之耶?

今且姑勿置论,只以太极图言之。天地万物,同一太极,各一太极,而此太极,即是无极。太极,有也,无极,无也。此有,乃不有之有,故曰太极本无极也。此无,乃不无之无,故曰无极而太极也。俗儒不会,乃言天地万物未形之先,则有五行;五行未布之先,则有阴阳;阴阳未分之先,则有太极;太极未成之先,则有无极。不知此无极太极阴阳五行,于天地万物未形之际,于何安着耶?且天地万物俱尚未形,人乃万物中之一,而作此谬解者,又是万万人中之一,伊亦尚自未形,何由知得尔时有如许层次,如许络索,乃大言不惭,作此判断耶?

一人传虚,千人传实。魔忍拾得此遗檠,便以此说救法藏;法藏拾得此遗檠,便以此说模拟威音七佛。所谓以违顺想风,动摇觉海,贪痴爱水,滋润苦芽,翳目生花,转用花为目之自性,迷头认影,又从影里索取本头,没入深泥,自投丛棘,可怜悯者,莫过于斯矣。

魔藏曰:圆相出于西天诸祖,七佛偈出于达摩传来,盖有所本也。

密云曰:“汉月反抹杀世尊《法华》所载威音王佛事迹,谓‘未有出载,无所考据’者。无根妄作一‘○’相,反以为燃灯以前。既谓燃灯以前,岂可谓‘圆相出于西天诸祖’?既曰出于西天诸祖,皆释迦老子之后者,以何为燃灯以前耶?则汉月如是自语相违,自相乖戾者,欲人不谓汉月妄作妄说,而老僧则不信也矣!”

魔忍曰:长沙岑大虫曰,“三世诸佛,法界众生,是摩诃般若光。光未发时，无佛无众生，乃至尚无生佛消息”。先师所谓“无文字考据已前”，盖此意也。枣柏论《华严》，寂音论《法华》诸经，其间名号事迹，多以象示，岂刻舟求剑者同年而语哉？夫威音者，诸佛之母也，西天祖师托圆相以示之也。屏山居士曰：“天地未生之前，圣人在道。天地既生之后，道在圣人。”斯可语象示之端矣。必规规然以先后之迹求之，不亦劳且惑乎？且《辟书》自曰：“威音者，一切众生之容威，举目了然者也。”今无论其理之未当，姑就《辟书》二说以问之。其一以为众生之容威，其一执定《法华》之事迹，亦自语相违乎？亦眼光之未定乎？古德曰：“流泉是命，湛寂是身。千波竞起，是文殊境界，一亘晴空，是普贤床榻。”临济曰：“无依道人是诸佛之母。”枣柏以文殊配艮卦，为小男，普贤配震卦，为长子。此等垂示，皆非经籍所载，岂独疑三峰一“○”相为妄捏乎？

古德云：“若有一法可信，即是邪见。一切不信，方成其信。”夫一切不信，又成何信？岂古德又是自语相违耶？果其自证得彻，始成圆信；既成圆信，自然无一法可信；无一法可信，自然无一法可简。若有一法可信，必有诸法可简。既有简有信，何成圆信？见相横前，仍沿此岸。果能识得七佛偈，则“○”内“○”外，都卢是摩诃般若光，奚问其有何所本？若有所本，即是邪法。若信为本，即是邪见，即与西天诸祖所示，七佛所传，恰相违背。亦无须再论“○”相之未必出于西天诸祖也。

心是根，法是尘。觅心尚了不可得，何况对根之尘，缘心之法？若于此起法见，成法执，正所谓一向徇尘，罔知返本者。法藏谓此“○”与偈，盖有所本，足见伊之迷本逐末矣！密云斤斤与论威音事迹，载在《法华》，不得谓无所考据，“○”相既出西天诸祖，不得又谓在燃灯以前，舍其大谬，辟其小谬，固亦无足道者。

而魔忍救之，谓法藏之说，即是长沙岑“三世诸佛，法界众生，是摩诃般若光，光未发时，无佛无众生，乃至尚无生佛消息”

之义。是则并未救得法藏，徒然涂污长沙岑不少耳。长沙岑此语，岂谓摩诃般若光既发，则有文字可考据，摩诃般若光未发，则无有文字，无可考据耶？亘古亘今，亘上亘下，亘东亘西，亘南亘北，并是摩诃般若光，将何为未发？并无摩诃般若光，将何为既发？会得，则“三世诸佛，法界众生，是摩诃般若光，光未发时，无佛无众生，乃至尚无生佛消息”。会不得，道个摩诃般若光，便是法执，道个光未发时，更属子虚乌有之妄论。何况将天地未生以前，为摩诃般若光未发，天地既生以后，为摩诃般若光既发？如此分疆画界去，长沙岑更添冤苦。

乃举屏山“天地未生以前，圣人在道。天地既生以后，道在圣人”之语，以为注解，转见不堪。天地未生以前，如何尔时便有个道装载圣人在里许？天地既生以后，如何便将此道属之圣人，而一切有情无情，不得而与？不特与佛祖言教大相刺谬，即与儒门所论性与天道，亦大相刺谬。此明代天启以后秀才时文中荒唐谬悠之论。乃亦取以救法藏，灭密云。韩愈《蛤蟆》诗有云“无理只取闹”，斯之谓矣！

密云因法藏捏造“威音王大作一‘○’”，故以“法华事迹”正之。又因法藏将威音王与七佛，论长幼，叙履历，故以“威音者众生之容威，举目了然者”晓之。而魔忍遂谓其自相悖谬，何尝会得密云之意？密云意尚未会得，何况世尊《法华》所说威音王佛意？古德云：“举一不得举二，放过一着，落在第二。”威音那畔，即是举一。“放过一着，落在第二”，则一正在里许。若一向举一，不特失却二并失却一。故举“众生之容威举目了然者”言之，而威音即在里许。此正《法华》所载之威音也。而魔忍议之曰：“自语相违耶？眼光未定耶？”执文泥字以刻责密云。密云又有何说以解免？

又举古德“流泉是命，湛寂是身。千波竞起，是文殊境界，一亘晴空，是普贤床榻”之语，临济“无依道人，是诸佛之母”之语，枣柏“以文殊配艮卦为小男，普贤配震卦为长男”之说，谓均与法藏所言一“〇”相不殊。今无论法藏一“〇”相为千佛万佛之祖之说，固不可与三说同年而语，即三说中，又奚得浑同一致？

临济曰：“目前听法无依道人，是诸佛之母。”然则威音王佛，不离众生举目了然处矣！古德谓“流泉是命，湛寂是身。千波竞起，是文殊境界，一亘晴空，是普贤床榻”，作此语句，不特亲见威音，并且亲见常不轻菩萨矣！魔忍果能悟此数句，定不执“威音大作一‘〇’”之谬见，妄生议论。至于枣柏震艮之说，以之论《易》，尚且不可，何况于宗？盖《易》义亦不得谓震中无艮，艮中无震。以义有分属，斯在艮言艮，在震言震耳。震，动也，艮，止也。无不止之动，亦无不动之止。止是不止之止，动是不动之动。今将以文殊为止，而以普贤为动，其又奚可？内外教典，两处负堕，奚得与前二说连类并观耶？

魔藏曰：尝试原之，圆相早具五家宗旨矣！五家各出一面，然有正宗第一先出。临济宗旨，此相抛出，直下断人命根，于一“〇”中，宾主辊辊直入首罗眼中。所谓“沿流不止问如何，真照无边说似他，离相离名人不禀，吹毛用了急须磨”是也。次则云门三句一字关也。沩仰圆相本于此也。法眼谈教义于六相之外。曹洞分回互于黑白之交。只一“〇”中，五宗具矣。

魔忍曰：五宗各出一面，谓各出“〇”相之一面，以接人也。如曹洞宗以五位回互，或因偏以显正，或即正以摄偏，或兼至而背触俱非，或兼到而通身尊贵，皆即一面而通诸面者也。至临济宗，则直下抛出矣。故以临济为正宗，非简偏也，犹曰五宗之长也。《辟书》谓：“五宗各出一面，则当分此‘〇’相为五面。既分为五，则临济安得而直下抛出耶？”观其意，是以此“〇”相为蠢然一物耳！不知此“〇”相出百千万亿面而相体不分，百千万亿面入此“〇”相而相体不狭。法如是耳！

昔吉祥元实禅师依天衣聪，偶失笑喧众，衣摈之，夜宿田里，观星月灿然，有省。晓归趋方丈，衣见之，乃问五位君臣如何话会，实曰：“我这里一位也无。”衣令参堂，而谓侍者曰：“这汉有个见处，柰不识宗旨何。”入室次，衣预令行者五人分序而立，实至，俱召实上座，实于是密契奥旨，述偈曰：“一位才彰五位分，君臣合处紫云屯，夜明帘卷无私照，金殿重重显至尊。”知此者，可与言“○”相之开合矣。知相之开合，可与论诸宗之同异矣。

噫！道固无争也，而有争之者，见不同耳。如实公之初悟，谓之无见可乎？谓之彻见亦可乎？非天衣钳锤之妙，是又与宗旨竖一劲敌矣！虽然，非嫉宗旨也，不知有宗旨也。不知焉而毁之，彼安得不自以为救世乎？夫七辟之有近于理者，辟其所谓不知者也，三辟之有近于理者，亦辟其所谓不知者也。此外则横争狠骂之辞矣！姑不备载以存厚道云。

实际理地，不立一尘；万行门头，不舍一法。必于实际理地不立一尘处，得个消息来，然后可与向万行门头不舍一法中，举足下足去。既在万行门头，自然无渐次中有渐次，无阶级中有阶级。若言实际理地，则十方平等，一道清虚，不落言思，岂容区别？

今藏忍父子之论五宗，以临济为正宗第一先出，而云门次之，沩仰又次之，法眼又次之，曹洞又次之。圆宗有如是区别相耶？不过欲推尊临济为五宗第一，以见己为第一宗之嫡子，至荣至贵，至尊至胜而已。此岂武将论功，秀才对策，而有甲乙之科目，先后之殿最耶？据伊之说，则曹洞最为末后矣。

乃洞山云：“这个犹不是，况复张三李，真空与非空，将来不相似，了了如目前，不容毫发拟。”永明云：“只如云这个犹不是，岂况诸余狂机谬解？”然则所谓“一‘○’直下抛出断人命根，‘○’中宾主辊辊直入首罗眼中”者，正洞山所谓张三李四，永明所谓狂机谬解耳。纵饶果是第一正宗，恰恰成得“这个犹不是”。何得将张三李四，狂机谬解，区别四宗，横分次第？

魔忍自觉所评五宗次第，难免明眼人检点，于是回护其说，谓

"以临济为正宗,非简偏也,犹曰五宗之长也"。将个胡张三,来换黑李四。宗若可以长幼论,则必幼不及其长明矣。其与宗旨偏正之说,何异五十步笑百步?宗尚不得以是非言,况可以长幼论乎?

密云谓:"五宗既各出一面,则当分此'○'相为五面。既分为五,则临济安得而直下抛出耶?"只因我王库内,无如是刀,不胜捧腹而为是说,究亦只成戏论。而魔忍又谓"此'○'相出百千万亿面而相体不分,百千万亿面入此'○'相而相体不狭。"所谓紫色淆朱,蛙声乱耳!又引吉祥实五位君臣公案以回护之。不知既云"此'○'相出百千万亿面而相体不分,百千万亿面入此'○'相而相体不狭",则临济云门沩仰法眼曹洞诸古德,不能与此"○"相,分内分外,分同分异,亦明矣!又如何临济能举此"○"相直下抛出,其余四家又如何能各出一面耶?如此"○"相,可以直下抛出,可以各出一面,则除非实有是"○"相始得。既实有是"○"相,则此"○"相直是蠢然一物,又何能"出百千万亿面而相体不分,百千万亿面入此'○'相而相体不狭"乎?

惟宗无相,惟宗无体,今曰相曰体,即已非宗。惟宗无同,惟宗无异,今曰同曰异,又已非宗。夫相与体,同与异,皆是世间言语,但有虚名而无实际。何得以不定之虚名,欲定无名之妙性?欲以"○"相之开合,论诸宗之同异,譬如取音声而绘画之,音声何由肯受汝画?

夫临济曹洞二宗,传至于今不绝,而临济独盛,云门沩仰法眼三宗,无人承嗣,此如世法门祚之盛衰,于宗旨有何交涉?若就云门沩仰法眼曹山五人平生为人机缘语句而论,皆优于临济。岂得以其子孙蕃衍,而遂居五宗之长乎?五宗亦出后人之强名,岂宗之果五?同此不二法门,故称为宗;若其有五,则是差别魔外矣!

且如吉祥实云"我这里一位也无",此语亦何得谓非彻见?天衣预令五人分序而立,召实上座,实于言下契旨,而述偈云云。究竟五人与实上座,同是一位也无。何得从实上座偈语边换却眼睛，便乃说一说五，又成实法？

又曰："道固无争也，而有争之者，见不同耳。"夫见即是邪魔，争即是众生。既兴见刺，又起争情，则五戒已破，尚何一乘之有？如是而欲明宗旨，何异首越而之燕，抱薪而救火？

又谓"密云七辟三辟，其尚可救者，皆辟其所不知。其余则横争狠骂之辞，姑勿具录以存厚道云"，更属可笑。夫密云七辟三辟，正为魔藏父子之多所知，而失却正知。伊谓密云不知，密云果何知耶？魔藏父子，若能悔却平生如许邪知，即不为所知之相缚，而能遍知一切。折合归来，如许邪知皆成正知，而亦无所知矣！其如执著无明所熏情识之知，转以人所不知，为己所独知，业识茫茫，有何了日？夫既论宗旨，则何者为厚？何者为薄？何者为能厚能薄？何者为所厚所薄？乃曰"姑勿具录以存厚道"，则全是众生相，世间法矣！如果本分相应，即横争很骂，又哪许作骂会？如不然者，横争很骂固不得，甘言绮语，又争免堕无间地狱耶？

魔忍曰：云门于衲子，陶铸圣凡情见，尽净不留丝忽。是故嗣其法者七十余人，临生死若门开相似，率多坐脱。德山密、洞山初、香山远、巴陵鉴四老，其超类者也。

世人情见炽然，业缘轮转，爱河涌地，慢阜撑天，甘五浊而冥行，处重昏而罔觉，憎欣反覆，贪畏回环。就中欣而贪者莫过于生，畏而憎者莫过于死。祖佛杨叶止啼，苦涂断乳，为说生死事大，无常迅速，俾其从空无我得真如性，亦是"先以欲钩牵，后令成佛智"耳！本无生死，又说甚生死？

文殊问庵提遮女曰："生以何为义？"女曰："生以不生生为生义。"殊曰："如何是生以不生生为生义？"女曰："若能明知地水火风四缘，未尝自得有所和合，而能随其所宜，是为生义。"殊曰："死以何为义？"女曰："死以不死死为死义。"殊曰："如何是死以不死死为死义？"女曰："若能明知地水火风四缘，未尝自得有所离散，而能随其所宜，是为死义。”

魔忍谓“云门弟子临生死若门开相似，率多坐脱”，以为奇特，以此归功云门钳锤之妙，埋没云门不少。云门弟子七十余人，岂皆于地水火风四缘，自得有所离散，而不能随其所宜者耶？生，昼也；死，夜也。虽贪生怖死永堕轮回之者，到此地位，哪一个不门开相似？不了生死，而曰“临生死若门开相似”，以为奇特。若奇特者，临昼夜若门开相似，亦奇特耶？

天王悟临终时，叫：“苦苦。”又云：“阎罗王来取我也。”院主问曰：“和尚当时被节使抛向水中，神色不动，如今何得恁么地？”师举枕子云：“汝道当时是？如今是？”古德慈悲，留此因缘垂示后人，照天照地。乃犹向饥时吃饭倦时睡处，作奇特商量，痴云黮黮，慧日朦朦，有甚了期？不见洞山价临行，因众恋慕，复开目示训，并令营斋。众故延之，七日而斋始成。价亦随斋，乃云：“此斋可名愚痴矣。”夫恋慕者，众生相也。于坐脱生奇特想者，外道见也。众生许吃愚痴斋，外道则愚痴斋亦不得吃。

昔南方禅客道：“此身即有生灭，心性无始以来未曾生灭。身生灭者，如龙换骨，蛇蜕皮，人出故宅。”南阳忠斥之曰：“若然者，与彼先尼外道无有差别。”古德明训灼然，何得了不契悟，流浪生死？于此粗浅见处，尚不分明，何得妄谈宗旨哉？

魔忍曰：予在万峰，参云门折足公案有省，作颂曰：“石处撑睛也大奇，梦中翻转髓和皮，这回月向泉根出，照见云门跛阿师。”余门人利根，见而惊曰：“奇字不可，请易之。”余曰：“何谓也？”曰：“和尚最怪人说奇特玄妙。”余笑曰：“不虚你先见和尚也。”嗟乎！先师禁学者奇特解会，使人畏惮如此。因提济上玄要，遂以玄妙诬之，无乃精鉴未至耶？

魔忍弟子利根，畏法藏平生恶人言奇特，而谓魔忍偈中奇字不可用。魔忍举以为法藏并未说玄说妙证，且谓密云之辟，乃属冤诬，所谓欲盖弥彰者。夫心不负人，面无惭色，奇即是常，常即是奇。奇与常皆属法相边事，与清净妙觉有何交涉？清净妙觉中，无一法可取，无一法可舍。今法藏畏奇特玄妙如是，必将以平常浅易为归耶，舍奇特玄妙而取平常浅易，亦是失心。况又实以奇特玄妙魔魅学人，而勒令不许说奇特玄妙，则非止奇特玄妙之谬说，直是机械变诈之奸谋矣！且此正可以识其切中所忌，内惭于心而恶闻人言。实则有何益处？诈者必愚，如是如是。

乃魔忍转取以为并未说玄说妙这证。譬如哺糟啜醨，醉舞僛僛，载叫载呶，曰："我平生禁酒甚严，而人犹谓我酒狂耶？"其为可笑，何以异是？

且所作云门折足颂，何尝窥见睦州云门丝毫许？而自夸有省。"石虎撑睛也大奇，梦中翻转髓和皮"，为著语曰："夜梦不祥，题门大吉。""这回月向泉根出，照见云门跛阿师"，为著语曰："一个眼花，终身见鬼。"

魔忍曰：睦州尊宿，黄檗嫡子也。识滹沱于陆沉之中，接韶阳于门臼之内，可谓克振家声矣！而生平接人，多用言句。《辟书》曰："临济三度问法，黄檗只痛棒三顿。故济出世，惟以棒喝接人，是之谓的骨。"信斯言也，是睦州不得在的骨之例耶？且云门既折足于睦州，则当时时推门损人之足，肖其形似可也，何乃斤麻匹布之语，雪峰闻而喜之？雪峰亦于德峤棒下如桶度脱，又不专用德峤之棒而立三句。如近代之论，则睦州雪峰云门三大老，俱不得为克肖之子矣！昔俱胝和尚凡有问话，但竖一指，自曰："我得天龙一指头禅，一生受用不尽。"有童子效之，俱胝潜利刀断童子指。夫五家纲宗，即俱胝之利刀也。今无论棒喝言诠，真者如角，似者如毛，不以宗旨，乌能尽斩其指哉？

密云谓临济惟以棒喝接人，故为黄檗的骨，盖言临济所谓三玄三要四喝四宾主等，皆属门庭施设，学者不可于此著相分别，剜肉成疮耳。今魔忍遂谓"睦州平生接人多用言句，岂便不是嫡骨?雪峰于德峤棒下透脱,而立'函盖乾坤,截断众流,随波逐浪'三句,何尝专一用棒",以此刻责密云。其口头固滑利矣!奈破妄语戒何?棒喝言句,是同是异?于此未明,无怪言句是言句,棒喝是棒喝,且棒喝亦非棒喝,言句亦非言句矣!密云接人,亦何尝不用言句?若不用者,即今所称"临济出世惟以棒喝接人"云云者,又是什么?可不谓之言句耶?睦州雪峰平生接人处,渠乃作言句会那。即如所谓雪峰三句,何以便不是棒喝?只今即与一棒,岂不函盖乾坤?再与一棒,岂不截断众流?复与一棒,岂不随波逐浪?魔忍作么生分别?若分别者,早被东海鲤鱼鳞甲裹带过新罗国去也。俱胝断指因缘,正是密云证佐。若以密云之棒,作童子竖指观,而以纲宗比俱胝断指者,则正伊所谓"云门既折足于睦州,正当时时推门损人之足者也"。凡三玄三要四喝四宾主等,皆是推门断指一般,偶尔成文,适逢其会。今执之以为宗旨,何异时时推门损人之足,时时袖刀断人之指耶?若云此异于彼,则是以断人指足为重,而以断人慧命为轻矣!

魔忍曰:雪峰禅师有"函盖乾坤"句、"截断众流"句、"随波逐浪"句。云门生平用此接人,如风驰电转。自非透明大法死尽全心者,难为凑泊。盖自家立地处不漏丝发,故应机垂手,不期然而然。余出峡时,过夔门江边,有数堆乱石,传云诸葛孔明所遗阵图。今不知书者,但以为乱石,即知书者,亦不过曰阵图而已。既不达出生入死之门,擒纵变化之数,图安所用哉?

雪峰三句,与临济四喝,同是门庭施设。雪峰鼻孔,哪许从三句中摸着?魔忍于此眩转荧惑,谓"非透明大法死尽全心者不能凑泊"。既死尽全心,又凑泊这野孤涎作么?若有一法可得,雪峰即是弄泥团汉。何得以透明大法涂污雪峰?纵饶不受天下老和尚舌头瞒,于行解尚无交涉在,何况遇三玄三要,即被三玄三要转,遇四喝四宾主,即被四喝四宾主转,遇三句,又被三句转?平生受临济舌头瞒不了,又被雪峰瞒。自饮狂药而狂,又复以狂药饮人。诚何苦耶？

正如俗儒不知八阵为何物，见说天地风云龙蛇鸟虎，便道“风云附天，蛇虎附地，龙与鸟在天地之中”，作种种依文起义。不知天地风云龙蛇鸟虎，不过如今之镶黄正黄等八旗旗色，用以为军营之志别耳！虽名天地风云龙蛇鸟虎，而与天地风云龙蛇鸟虎八者了无交涉也。

魔忍自谓曾过夔峡，见武侯阵图，而叹不知书者以为乱石，其知书者，亦止以为阵图，无人知其出生入死擒纵变化之妙，以比宗旨实有出生入死擒纵变化，如武侯八阵图者，非极粗一棒可以了事。此正魔忍自具供招，承认谤大般若罪业处。

正法眼藏中，岂以出生入死擒纵变化为究竟也？只缘不知宗匠为人，俱是如语实语，即其门庭施设，亦是如语实语。其不可近傍处，皆由学人自将得来：擒者汝自擒，纵者汝自纵，种种变化，皆在汝边。本分中有何丝毫许交涉？若先自辨个出生入死擒纵变化之机，以待学人之来，岂不自先失心？如何为人？如此而曰为人，有何利益？只是与人舌战耳。

且凡物之圆而转者，皆必无根。若有根如毫发许，则从其毫发许之根处，便不成圆。而此根如毫发许不断，亦便不能转。不宁惟是。今既鼓动无明业识，讲求所为小法之大法，大法之小法，根牢蒂固，尘壅土埋，业已堕入大铁围山，岂能圆转？其所谓出生入死擒纵变化者，徒妄语耳！且使果能出生入死擒纵变化，以与天下人舌战，则托诸空言，是一场利口，见诸行事，是一片机心，尚何宗旨？尚何佛法？必如是乃称宗旨明，则是明于宗旨者，皆王法之所必诛者耶？

八阵图之说，尤与宗旨了无交涉。且魔忍亦只取为譬喻，本无足深辨。但其好以外典颟顸一时禅和子，且以慢侮不识字之密云，而实则自亦未尝了了，今一并揭露，以消天下后世禅和子之惑。

世传诸葛亮八阵图有三：一在夔州，一在新都，一在沔阳。而其在夔州鱼复浦者，水发则没，水落复出，历数千年不圮坏，世以为神。盖天地间物，如是不可思议者甚多。或亦亮精诚之所固结也。但所为图，本非出自亮作。盖八则虚中而成方，七则实中而成圆，此自然之数，非人力所能为。而阵用八数，世传出自风后。亮以前窦宪亦曾用之。则其非自亮始明矣。且此聚石为图，留示后人，又岂能使人知兵？亮又岂好为身后名而为是无益之举耶？盖不过当时训练士卒所立之绵蕞耳！后之人思亮而奉为召公之甘棠，则曰武侯阵图。其中何尝有出生入死擒纵变化之妙耶？譬如召公甘棠，学者欲于甘棠树内求周南之美政，虽枝枝叶叶而索之，了不可得也！且八阵亦止是战时士卒之行列，守时营伍之位置而已。何所谓出生入死？然则魔忍所谓出生入死云者，惑于奇门休死伤杜开惊生景之邪说，谓敌若入死门则必死也。极为迂愚可笑，且魔忍所谓擒纵者，盖出亮征孟获故事。亮欲大折孟获之心，使其不为内扰，故七纵之而七擒之。此与夔州鱼复浦阵图何涉？鱼复浦即永安宫。乃与刘先主图吴时，训练士卒所立之绵蕞。其在今日，究竟是一堆乱石而已！魔忍认为武侯用以七擒七纵孟获者，恰与误认雪峰三句作宗旨绝相似也。

魔忍曰：古之言悟者曰："如莲花开，如梦忽觉。"余于沩山信然。而百丈更为说法曰："此是暂时岐路，时节若至云云。"又曰："悟了同未悟，无心亦无法。"方其深拨得火，庆快之际，心华发明，是故闻理最易深入。只此数言之下，一了百了。若待抛迷就误，执成窠臼，虽百方磨治，卒难脱洗。是之谓法乳之恩也。若仰山者，悬应西天祖师咐嘱圆相之记，实果位圣人，犹曰："得体于耽源，得用于沩山。"岂其智弗若今日欤？盖不自瞒耳！父父子子，交互增辉，开凿人天眼目，以垂范百世。宜乎！

沩山云："从闻入理，闻理深妙，心自圆明，不居惑地。"魔忍遂谓："方其深拨得火，庆快之际，心华发明，是故闻理最易深入。"此等言论，所谓如虫蚀木，偶尔成文，究竟虫不识字。若沩山当百丈拨火次,尚滞理境,则有何发悟之处?百丈何得颟顸众生,妄为印可?

古之言悟者曰:“如莲花开,如梦忽觉。”如莲花开,则不立一尘。若尚有理竟之可深入,则莲花尚在污泥中,何尝得开?如梦忽觉,觉后梦中所见之物,所行之事,究在何处?若尚有理境之可深入,则是梦中说梦,何尝得觉?

圆宗若可从理得者,祖师即不道“以心传心,不立文字”,释迦即不道“佛语心为宗,无门为法门”矣!何则?理从言显,言藉文彰。虽有甚深之理,必有甚显之文以发之。如文不能发明,自是文不至。文之所以不至,自是理之未曾透明。断无有透明此理,而无文字可以达之者!何得因噎废食,因文不能明,遂乃不立文字?且理字之义,本借木之文理以为言。事物之有理,如木之有理。理即是木之窾隙处。虽紧密至极,循其理,则斤斧可入。其入处,即其门也。既有理之可名,必有门之可入。百思不得,千思之,千思不得,万思之。毕竟心思斤斧,能入事理窾隙。入其窾隙,即开其扃鐍,何得谓“无门为法门”?所以言语道断,而不立文字,心行处灭,而无门为法门者,佛祖岂属虚语?

夫此尽大地是门,而无门,恒河沙数劫转妙法轮,而无字者,尚从何处说个理字耶?若果心华发明,即已迥无所有,岂得转入业识,复步昏衢?直因魔忍自未心华发明,而卜度其境界,料应如是,遂乃妄判沩山。岂非三家村里汉,说中书堂内事?

世传永明为弥勒,寒山拾得为文殊普贤,以至近世茆溪为大通佛等,不一而足,奚止仰山为小释迦?若为了彻者言,则是实有其事,纤毫不爽;若为未了彻者言,可云皆为捏怪,直是涂污诸古德。今魔忍执著其说,谓仰山“悬应西天祖师咐嘱圆相之记,实果位圣人”,良属梦呓。圆相既是西天祖师咐嘱,仰山何以又焚却?若仰山平生,只此九十七圆相是者,仰山则为贻误众生。何足济美沩山?岂堪垂范百世?

魔忍曰：褚小者不可以怀大，绠短者不可以汲深。确乎先哲之言也。仰山为沙弥时，一见此图，即能了然于心，又重录一本，毫无差谬，岂初根浅识所能？而《辟书》引“执本”二字，尽欲抹杀，是未辨耽源“在子即得”之语矣！且本之存也，非有训诂言理可以传授，但欲学者提脱心智于无门无缝处，更进一步耳。风穴曰：“若立一尘，家国兴盛，野老颦蹙。不立一尘，家国丧亡，野老安贴。”今人于无住本，强生节目，反以宗旨为赘疣，譬夫患翳之人，投药而眩，不自咎其内热诸病，而遗罪于黄帝卢扁之书。惑亦甚矣！

仰山不可及处，在一见耽源九十七圆相，即便烧却。至于重录一本呈耽源，毫无差谬，不过是伊能解能会，有何足重？且能此者，奚必仰山？当日耽源谓仰山曰：“南阳国师当时传得六代祖师圆相，共九十七个，授与老僧，乃曰：‘吾灭后三十年，南方有一沙弥到来，大兴此教。次第传授，无令断绝。’我今付汝，汝当奉持。“尔时仰山，若非真实庆快平生，了无一法可得，鲜有不生奇特想者。乃一见便烧却，则真乃用得九十七圆相也。至于一览便知其意，重集一本，不爽毫发，古今聪明强记之人，不但垂于记载，亦且着在耳目间者甚多。若以此为小释迦始能，佛法扫地矣！

然与这个，了无交涉。宋朝同时两宰相，一则每日只食饼半个，卷作笔管细，啖过六分，即不能复咽。一则每日食不知饱。庖人窃记之，每食一器，饮一器毕，即如数倾入大罂，凡倾数十器，大罂满溢流地，而饮啖自若不休。二人同相同寿，皆八十余。夫抟食与寿，尚两无交涉，何况法食正命耶？

若言过目不忘之奇特，则古今之人不知其名姓者多矣。略举史册所载，如汉王充，魏荀悦，唐韦述、张巡、李峤，宋胡松年、汪应辰、何涉、黄庭坚，元不忽术等，并能为仰山之所为，岂亦曾受西天佛祖授记耶？

至谓“欲学者提脱心智于无门无缝处，更进一步”，亦属强作解事。若欲起学者疑情，令于无门无缝处，更进一步，又何必九十七圆相，方可为人作方便耶？

又引风穴家国野老公案为证。不知风穴平生败阙，此段公案为最。将家国与野老，打成两橛，既违世理，即背真宗。别立一野老于家国之外，则此野老，即是一尘，何云不立一尘？正所谓于无住本强生节目者，早于无住处住著，坚固不拔。此等不了之谈，深违佛祖之意。自未具眼，乃妄欲为人投药，即是佛祖真诠，亦必化为鸩毒，何况此等以谬传谬耶？

魔忍曰：如金铸器，钟盂鼎鼐皆金。而鼎不是钟，盂不是鼐，所用异也。干将莫邪，用在斩割，临济云门近之。秦宫宝镜，用在兼摄，曹洞沩仰似之，而法眼则鼎也。《易》曰："鼎折足，覆公餗。"盖鼎三足而立，废一则倾。岩头谓："∴伊字三点，略似宗门。法眼以华严六相立为宗旨，虑后世学者，偏局于一，其意深矣。"六相者，总别同异成坏是也。而总不是别，异不是同，互为子母，以尽法界广大之性，开合之变。如织锦回文诗，一字百咏，祖师之全体大用，至五宗各立，发挥尽矣！

眼嗣地藏琛，琛嗣玄沙备，备嗣雪峰存，存嗣德山鉴，鉴嗣龙潭信，信嗣天王悟，悟嗣马祖。玄沙宗旨，有用处不换机，与六相义相为隐显，琛公善之。至法眼专以此机接人。故玄沙之道，至眼始大。但学者未能细心研究，不数传而《宗镜》出焉。义解沙门，倚以为说，可叹也。

凡有对待者，皆有所似。即无所似，必有所反。惟有反也，则亦似也。《易》之所谓反类是也。如阴之与阳，欲举何者为似阴，何者为似阳，而不可也。然而阴与阳正相反，则阴固反类乎阳，而阳固反类乎阴也。若此正法眼藏涅槃妙心，则何有对待乎？无有对待，则何有似乎？若举其正似，虽以大海量墨须弥聚笔写之，百分不及一百千万亿分也。何也？盖悉与此如也。若举其反类，虽以大海量墨须弥聚笔写之，而亦百分不及一百千万亿分也。何也？又悉与彼如也。惟其悉与之如，而悉不与之一，是以总不可谓之相似也。

今魔忍欲举物类以喻宗旨，已属愚甚，又况分临济云门之宗旨为似剑，沩仰曹洞之宗旨为似镜，法眼之宗旨为似鼎，是果何等魔说耶？夫剑固利于断割矣，而有活人剑，岂亦断割义乎？镜固利于兼摄矣，而镜无自性，谁为兼摄者？至于华严六相，该摄一切以消断常之见，固是佛语，然不了无门为法门，而执著六相义，即落识心分别矣！况六相义，如何可成三足？即成三足，又何所见是鼎之三足耶？其牵合支离，于语言文字尚未圆成在，乃于不涉语言文字之真宗的旨，妄为拟议耶？

佛法广大，无量无边不可思议，虽释迦牟尼佛说法四十九年，迦叶阿难从毕钵岩中，述佛所说，多至三藏十二分，迨后西天四七，东土二三，各述佛旨，垂示方来，以及历代宗师为人机缘，年岁既久，日益日多，象负之而难胜，龙藏之而不尽，然谓已足尽诸法门，则窃恐百分不及一百千万亿分也！

若乃顿了自心，直达宝所，则古德有云“相逢不拈出，举意便知有”，永明下一转语曰：“何待举意？此则实乃圆明了知，不因心念，大地全收，涅槃不二”。是故若言其总，祖师一语一默，并是全提，并无一尘一丝尚有渗漏，何待五宗各立，方始尽其发挥？若言其别，虽至慈氏下生，并且尽贤劫千佛住世转轮，亦不能尽其广大。五宗虽皆古德，然岂能远迈释迦，预超慈氏？而其一时擎拳竖拂，对机下语，便可夸为无量无边不可思议之佛法，于此发挥已尽乎？

法眼传韶国师，韶国师传永明寿禅师。永明平生，行解相应，纯粹以精，无少罅漏，而性地圆净，如杲日在空，光明普照。岂特比之法眼益天台韶，实为青出于蓝，直是释迦牟尼佛以后，佛法入震旦以来，第一导师。

即其生无缘之慈，起同体之悲，合宗教律为一贯，示天下后世学人正修行路,集天台贤首慈恩三宗上首,共举三藏要文的旨,设为更相问难,编缀成书一百卷,名曰《宗镜录》。使学者于无上秘密法门,举目便见,举足便行,如贫子之入龙藏,信手拈来,足富十世,如病者之值神香,随风过去,彻体康宁。震旦所有宗门文字,斯实最尊最胜。

魔忍何尝开卷涉猎,转谓永明不能细心研究玄沙之宗旨,遂妄造《宗镜录》,成义解沙门。如此谤佛灭祖,直是抉人天之眼目,伤众生之慈父,断如来之慧命,焚医王之药库矣!尽世间恶业,尚有大于此者乎?永明《宗镜录》功德,虽有阿难之无碍辨才,尽其心力广设譬喻所不能尽。然则魔忍毁《宗镜录》之罪业,亦虽有阿难无碍辨才,尽其心力广设譬喻所不能尽矣!恒河中所有沙如是沙等恒河中沙,数之犹尚可尽,如是沙虽至多,其数有定。伊之罪业,方来无穷,本无定数,奚可尽耶?刀山剑树,镬汤炉炭,铁绳热灰,阿鼻无间,种种地狱,当亦与之无尽耳!

达摩从南天竺来,虽以不立文字,传大乘一心之宗,然亦以《楞伽》为印。《楞伽》云:"佛语心为宗,无门为法门。"《楞伽》独非文字乎?佛语心者,今语即是心语,心语即是佛语。达是心语,别无佛语。永明不云乎,"文字性离,即是解脱。才得见性,当下无心。若迷一切诸法真实之性,向心外取法而起文字见者,还以文字对治,示其真实。若悟诸法本源,即不见有文字丝毫许发现,方知一切诸法,即心自性,则境智融通,色空俱泯。当此亲证圆明之际,入斯一法平等之时,又有何法是教而可离?何法是祖而可重?何法是顿而可取?何法是渐而可非耶"?夫如是,则尚何义解之有?今魔忍之意,若有一文一字,即属义解。然而离文离字,一棒不作一棒用,则又曰极粗。然则惟有伊师所捏一"〇"为千佛万佛之祖者,方为盖天盖地乎?正同瞎驴转磨,绕盘而走。即此一大妄语,魔藏父子,必堕无间阿鼻而无疑!

魔忍曰:单传之道,自大鉴以后,裂为五宗。言诠虽异,未有不因事建立者。据悟由可考也。师初见云岩,已悟无情说法之旨矣。又于默然良久处,沉吟不决,非得其半而昧其全乎?故云岩宗旨曰:“如临宝镜,形影相睹,汝不是渠,渠正是汝。”师后过水睹影方大彻,作偈曰:“切忌从他觅,迢迢与我疏。我今独自往,处处得逢渠。渠本不是我,我今正是渠。应须恁么会,方得契如如。”曹山亦有偈曰:“渠无我即死,我无渠即余,渠如我即佛,我如渠即驴。”父子祖孙,立言垂教,何其似与?近世老宿辄曰:“三峰扯尽三击三撼以配玄要。若曹洞五位,又安得五数而配之?”噫!是自无目而废天下视也!晟不云乎,“重离六爻,偏正回互,叠而为三,变尽成五”?晟得法于药山,山得法于石头。石头著《参同契》,多明暗回互之旨。晟实阐明之,而洞山父子大彰其道。师法渊源,其来上矣!

魔忍父子,错认定盘星,谓五家各立宗旨,遂谓大鉴以下,裂为五宗。盖惑于“一花开五叶”为五宗灵谶之说。既被所愚,还以自愚者愚人。不知宗有五,性岂亦有五耶?“一花开五叶”,与五宗有何交涉?

又谓:“五宗言诠虽异,未有不因事建立者。”夫实际理地,不立一尘,岂有因事而建立宗旨之理?一事立一宗旨,何止五宗?百千万亿恒河沙事,即有百千万亿恒河沙宗矣!然百千万亿恒河沙事,即百千万亿恒河沙宗,转是一即一切一切即一重重无尽之门,转尚不为无义。若谓因一事而建立一宗旨,五事建立五宗旨,五宗既建,宗旨发挥遂尽,如是谬论,则自汉明帝世佛法入震旦以来,从未闻者。不但达摩西来将直指人心见性成佛之正法眼藏涅槃妙心明出以后,不容如是鼾睡作呓语也。

又将云岩洞山曹山所作“我渠偈”,谓父子祖孙立言垂教相似,以为渊源师法,尤为呓中之呓。若然,则是五家宗旨,如举业家习《诗经》者之言赋比兴,习《易经》者之言彖象爻耶?然则亦可以五宗命题开科取士,俾习临济者说玄要,习云门者说鉴咦,习法眼者说同异,习沩仰者说圆相,习曹洞者说黑白耶?

俗儒谓天有五星,地有五行,是以儒有五经,今复恰有五宗相配。法藏以三击三撼配三玄三要,伊若作曹洞子孙,亦当以此为五位君臣配耶?伊等谬见,与此等实相伯仲。何尝了得自心?徒然狂狗逐块。放出见闻觉知,咬嚼语言文字,猜详卜度,组织雕镂。不知五家同是无义味语,苦费心思作么?不如改业穷经,尚可为有益世间事。何苦于野狐涎唾内,妄加分别,着意推求,在宗门则缘木求鱼,毕生无分,徒使儒门知其来寄庑下,笑之齿冷?佛祖宗风扫地尽矣!

密云谓:"法藏扯尽三击三撼以配玄要。若曹洞五位,又安得五数配之?"实为切中病根。魔忍不肯舍其所执,转牵合云岩晟语为证,岂不自己再加一重枷锁?夫云岩《宝镜三昧》词,魔忍何不向伊"背触俱非,如大火聚,但形文彩,即属染污"处领会,而向"重离六爻,偏正回互,叠而为三,变尽成五"处打之绕耶?

跋

魔忍所著《五宗救》凡十卷。首列总论三篇，明伊师所捏一“○”为千佛万佛之祖等魔说，为西天四七，东土二三，历祖相传之宗旨。次叙七佛以至黄檗，次叙临济宗，自临济以至法藏，凡三十一人。次标余宗，惟载云门沩仰法眼曹洞六人。

其大意皆所以申法藏之魔说。而其最要眼目，在临济为五宗之长，而法藏为临济之嫡骨，且使天下后世知伊又为法藏之肖子也。

密云者，法藏所由得厕临济源流之所自也。然而密云辟法藏，则法藏之位不固矣！其势不得不灭密云。即灭密云，而仍奉密云所得诸龙池以上者为祖宗，则临济嫡骨之说，天下后世必有疑之者也。于是从东明海舟以下，即为微辞刺讥，而别奉高峰觉范，为法藏得心印法之师，以见伊父子所传临济之道，别从高峰觉范得来。而其所以能从高峰觉范得来者，因伊师系果位中人，出自夙根，不可思议。用以魔魅当时无慧僧徒，耳食外护，钓取后世名。正如王莽伪作符命，虽汉兵举火焚之，犹执玉斗，按方位而坐，曰“天生德于予，汉兵其如予何”者也。二人者，实为空王之乱臣，密云之贼子，世出世间法并不可容者。

雍正十一年四月初八日，特颁上谕，既深著其罪状矣。兹将《五宗救》中，择其尤悖谬者，逐条指出，以发十方禅子之蒙。俾误饮其毒乳者，作大黄巴豆猛下之剂，冀读之者，毒尽而命乃徐苏，或亦不无小补也。

南阳忠国师云：“禅宗法者，应依佛语一乘了义，契取本原心地，转相传授，与佛道同。不得依于妄情，及不了义教，横作见解，贻误后学，俱无利益。纵依师匠领受宗旨，若与了义教相应，即可依行。若不了义教，互不相许。譬如狮子身中虫，自食狮子身中肉，非天魔外道而能破灭佛法矣！”南阳忠此语，直从唐代早为判定。

《楞伽经》云：“诸天及梵乘，声闻缘觉乘，诸佛如来乘，我说此诸乘，乃至有心转，诸乘非究竟。若彼心灭尽，无乘及乘者，无有乘建立，我说为一乘。”夫声闻缘觉，诸佛如来乘，尚须直了无有建立，始明一乘之旨，何况魔忍父子，私自捏造之一“〇”双头独结之宗旨，横生分别之鉴咦、我渠、玄要、宾主之野狐涎唾乎？况其所由，绝非为佛法，利益于人起见，只以误于不知而为是扰扰，直因自己名利起见，以贡高我慢之心，为垄断居奇之术，假佛祖言句，逞胸臆邪思耳！

如是谤大般若，涂污慧命之魔外，何忍听其邪说横流，而不思回狂澜于既倒？是以辞而辟之，非好辩也。况护正法，以简魔辨异为本，亦朕报恩之所当为者。用兹以示天下后世。

致力于中国人的教育改革与文化重建

立品图书·自觉·觉他
www.tobebooks.net
出品

雍正御製文集

肆

（清）雍正 编著

人民东方出版传媒
東方出版社

目　录

御选语录(上)

御选语录

（上）

雍正　御选

御制总序

如来正法眼藏,教外别传,实有透三关之理,是真语者,是实语者、不妄语者、不诳语者。有志于道之人,则须勤参力究,由一而三,步步皆有着落,非可颟顸函胡,自欺欺人。朕既深明此事,不惜话堕,逐一指明。夫学人初登解脱之门,乍释业系之苦,觉山河大地,十方虚空,并皆消殒。不为从上古锥舌头之所瞒,识得现在七尺之躯,不过地水火风,自然彻底清净,不挂一丝,是则名为初步破参、前后际断者。

破本参后,乃知山者山,河者河,大地者大地,十方虚空者十方虚空,地水火风者地水火风,乃至无明者无明,烦恼者烦恼,色声香味触法者色声香味触法,尽是本分,皆是菩提,无一物非我身,无一物是我己。境智融通,色空无碍,获大自在,常住不动,是则名为透重关,名为大死大活者。

透重关后,家舍即在途中,途中不离家舍,明头也合,暗头也合,寂即是照,照即是寂,行斯住斯,体斯用斯,空斯有斯,古斯今斯,无生故长生,无灭故不灭。如斯惺惺行履,无明执著,自然消落,方能踏末后一关。

虽云透三关,而实无透者,不过如来如是,我亦如是。从兹方修无修、证无证,妙觉普明,圆照法界;一为无量,无量为一,大中现小,小中现大。坐微尘里,转大法轮,于一毫端,现宝王刹。救拔众生,利用无尽,佛佛祖祖皆为此一大事因缘出现于世。达摩西来,历代授受,古德传灯,无尽光中,大圆镜里,日往月来,以至于今。

虽然，广大法门，圣凡并托；华严香海，细钜同归，得骨得髓者固多，如麻如粟者何限？去圣遥远，魔外益繁，不达佛心，妄参祖席，金山泥封，慧日云蔽，约其讹谬，亦有三端：其上者，才见根尘互引，法界相生，意识纷飞，无非幻妄，顿生欢喜，谓是真常。休去歇去，以空为空，不知性海无边，化城无住。果能见性，当下无心；心既见空，即未见性。于是形同槁木，心等死灰，万有到前，一空不敌，纵能立亡坐脱，仍是业识精魂。况乃固执断见，必至变作狂华，谓因果之皆空，恣猖狂而不返。岂非一妄在心，恒沙生灭，能不造生死业，断菩提根！

又其下者，见得个昭昭灵灵，便谓是无位真人面门出入，扬眉瞬目，竖指擎拳，作识神之活计，张日下之孤灯。宝鱼目为明珠，觅旃檀于粪土，嚥着铁丸，口称玉液，到得腊尽岁除时，方知依旧是个茫茫无据。

又其下者，从经教语录中，挂取葛藤；从诸方举扬处，拾人涕唾；发狂乱之知见，翳于自心；立幻化之色声，作为实法；向真如境上鼓动心机，于无脱法中自生系缚。魔形难掩，遁归圆相之中；解路莫通，躲向藤条之下。情尘积滞，识浪奔催，瞒己瞒人，欺心欺佛，全是为名为利，却来说妙说玄。盲驴牵盲驴，沿磨盘而绕转；痴梦证痴梦，拈漆桶为瓣香。是则循觉路而扑火轮，能不由善因而招恶果？

如是三者，实繁有徒，宗旨不明，沉沦浩劫矣。

朕膺元后父母之任，并非开堂秉拂之人，欲期民物之安，唯循周孔之辙，所以御极以来，十年未谈禅宗。但念人天慧命，佛祖别传，捹双眉拖地，以悟众生；留无上金丹，以起枯朽，岂得任彼邪魔瞎其正眼，鼓诸涂毒，灭尽妙心？朕实有不得不言，不忍不言者。近于几暇，辨味淄渑，随意所如，阅从上古锥语录中，择提持向上、直指真宗者，并撷其至言，手为删辑，曰僧肇，曰永嘉，曰寒山，曰拾得，曰沩山，曰仰山，曰赵州，曰永明，曰云门，曰雪窦，曰圆悟，曰玉林,十二禅师,藏外之书,曰紫阳真人,乃不数月之功,编次成集者。其他披览未周,即采掇未及,非曰此外无可取也。是数大善知识,实皆穷微洞本,究旨通宗,深契摩诘不二之门,曹溪一味之旨。能使未见者得无见之妙见,未闻者入不闻之妙闻,未知者彻无知之正知,未解者成无解之大解。此是人天眼目,无上宗乘。至于净土法门,虽与禅宗似无交涉,但念佛何碍参禅!果其深达性海之禅人,净业正可以兼修,于焉随喜真如,圆证妙果。

云栖莲池大师,梵行清净,乃曾参悟有得者,阅其《云栖法汇》一书,见论虽未及数善知识之洞彻,然非不具正知正见,如着相执有者之可比拟!亦采其要语,别为一卷,以附于后。兼此净土一门,使未了证者,建菩提道场;已了证者,为妙觉果海,途路之助。

爰为总序,弁于篇端,刊示来今,嘉惠后学。庶几因指见月,得鱼忘筌,破外道之昏蒙,夺小乘之戋弇,朕有厚望焉。

雍正癸丑四月朔日

卷第一

大智圆正圣僧肇法师论

御制序

汉明帝时，佛法始入中国，盛于晋宋间，远公其殊胜者也。向传泥洹宗旨，由远公而始闻于此土，然观《莲社高贤传》中所载远公之语，远公固非洞明泥洹宗旨者，徒闻其说耳。僧肇与远公同时，晋有远公，秦有僧肇。言净土者，推远公；言讲经者，推僧肇。宗徒皆视为小乘，谓是菩提达摩以前时人，震旦未闻教外别传之旨，不得入祖席焉。朕阅肇法师所作《般若无知》《涅槃无名》《空有不迁》《形山秘宝》诸论，非深明宗旨，何能了了如斯？以此讲经，正是不立文字。诸佛慧命，奚隔封疆？有何今古？岂得谓菩提达摩未来以前，震旦无宗旨哉？故删辑其要文，序而刊行之。学者勿于长江一苇，葱岭只履边，目起狂华，则知菩提达摩见梁武时，无所从来；遇宋云时，亦无所去也。

雍正十一年癸丑四月望日

肇论序

慧达率愚，序长安释僧肇法师所作《宗本》《不迁》等四论。曰：有美若人，超语兼默，标本则句句深达佛心，明末则言言备通众教。达猥生天幸，逢此正音，每至披寻，不胜手舞，誓愿生生尽命弘述。

夫神道不形，心敏难绘，聊寄一序，请俟来哲。盖大分深义，厥号本无，故建言宗旨，标乎实相，开空法道，莫逾真俗。所以次释二谛，显佛教门，但圆正之因，无尚般若；至极之果，唯有涅槃。故末启重玄，明众圣之所宅，虽以性空拟本，无本可称，语本绝言，非心行处。然则不迁当俗，俗则不生，不真为真，真但名说。若能崇兹一道，无言二谛，斯则静照之功著。故般若无知，无名之德兴，而涅槃不称。余谓此说周圆，罄佛渊海，浩博无涯，穷法体相，洪论第一，肇公其人矣！

(《传灯录》载：僧肇在姚秦问大辟，师乞七日假，著《宝藏论》毕，临刑时说偈曰：

“四大元无主，五阴本来空。

将头临白刃，犹似斩春风。”

然此偈非肇所作也。肇为鸠摩罗什高弟，秦王姚兴命入逍遥园，助什详定经论，尊礼有加。《十六国春秋·僧肇传》云：“以姚秦弘始十六年卒于长安，时晋义熙十年也。”况典刑之人岂有给假著论之理？则肇法师之以吉祥灭度，信矣。事既子虚，偈非师作，盖讹传焉。)

肇 论

宗本义

本无、实相、法性、性空、缘会,一义耳。何则?一切诸法缘会而生。缘会而生,则未生无有,缘离则灭,如其真有,有则无灭。以此而推,故知虽今现有,有而性常自空。性常自空故,谓之性空;性空故,故曰法性;法性如是,故曰实相;实相自无,非推之使无,故名本无。言不有不无者,不如有见常见之有,邪见断见之无耳。若以有为有,则以无为无;有既不有,则无无也。

夫不存无以观法者,可谓识法实相矣。是谓虽观有而无所取相,然则法相为无相之相,圣人之心为住无所住矣,三乘等观性空而得道也。性空者,谓诸法实相也。见法实相,故云正观;若其异者,便为邪观。设二乘不见此理,则颠倒也。是以三乘观法无异,但心有大小为差耳。

沤和般若者,大慧之称也。诸法实相,谓之般若,能不形证,沤和功也。适化众生,谓之沤和;不染尘累,般若力也。然则般若之门观空,沤和之门涉有,涉有未始迷虚,故常处有而不染。不厌有而观空,故观空而不证,是谓一念之力,权慧具矣。好思,历然可解,泥洹尽谛者,直结尽而已,则生死永灭,故谓尽耳,无复别有一尽处耳。

物不迁论第一

夫生死交谢,寒暑迭迁,有物流动,人之常情。余则谓之不然,何者?《放光》云:"法无去来,无动转者。"寻夫不动之作,岂释动以求静?必求静于诸动。必求静于诸动故,虽动而常静;不释动以求静故,虽静而不离动。然则动静未始异,而惑者不同,缘

不真空论第二

夫至虚无生者,盖是般若玄鉴之妙趣,有物之宗极者也。自非圣明特达,何能契神于有无之间哉?是以至人通神心于无穷,穷所不能滞,极耳目于视听,声色所不能制者,岂不以其即万物之自虚,故物不能累其神明者也?是以圣人乘真心而理顺,则无滞而不通;审一气以观化,故所遇而顺适。无滞而不通故,能混杂致淳;所遇而顺适故,则触物而一。如此则万象虽殊,而不能自异。不能自异故,知象非真象;象非真象故,则虽象而非象。然则物我同根,是非一气,潜微幽隐,殆非群情之所尽,故顷尔谈论,至于虚宗,每有不同。夫以不同而适同,有何物而可同哉?故众论竞作,而性莫同焉。何则?心无者,无心于万物,万物未尝无,此得在于神静,失在于物虚。即色者,明色不自色故,虽色而非色也。夫言色者,但当色即色,岂待色色而后为色哉?此直语色不自色,未领色之非色也。本无者,情尚于无,多触言以宾无故。非有,有即无;非无,无即有。寻夫立文之本旨者,直以非有非真有,非无非真无耳,何必非有无此有,非无无彼无,此直好无之谈,岂谓顺通事实,即物之情哉?夫以物物于物,则所物而可物,以物物非物,故虽物而非物。是以物不即名而就实,名不即物而履真。然则真谛独静于名教之外,岂曰文言之能辩哉?然不能杜默,聊复厝言以拟之,试论之曰:

《摩诃衍论》云:“诸法亦非有相,亦非无相。”《中论》云:“诸法不有不无者,第一真谛也。”寻夫不有不无者,岂谓涤除万物,杜塞视听,寂寥虚豁,然后为真谛者乎?诚以即物顺通,故物莫之逆;即伪即真,故性莫之易。性莫之易故,虽无而有;物莫之逆故,虽有而无。虽有而无,所谓非有;虽无而有,所谓非无。如此则非无物也,物非真物。物非真物故,于何而可物?故经云:“色之性空，非色败空。”以明夫圣人之于物也，即万物之自虚，岂待宰割以求通哉？

是以寝疾有不真之谈，超日有即虚之称，然则三藏殊文，统之者一也。故《放光》云：“第一真谛，无成无得，世俗谛故，便有成有得。”夫有得即是无得之伪号，无得即是有得之真名。真名故，虽真而非有；伪号故，虽伪而非无。是以言真未尝有，言伪未尝无。二言未始一，二理未始殊。故经云：“‘真谛、俗谛谓有异耶？’答曰：‘无异也。’”此经直辩真谛以明非有，俗谛以明非无，岂以谛二而二于物哉？然则万物果有其所以不有，有其所以不无？有其所以不有故，虽有而非有；有其所以不无故，虽无而非无。虽无而非无，无者不绝虚；虽有而非有，有者非真有。若有不即真，无不夷迹，然则有无称异，其致一也。故童子叹曰：“说法不有亦不无，以因缘故诸法生。”《璎珞经》云：“转法轮者，亦非有转，亦非无转，是谓转无所转。”此乃众经之微言也。何者？谓物无耶，则邪见非惑；谓物有耶，则常见为得。以物非无故，邪见为惑；以物非有故，常见不得。

然则非有非无者，信真谛之谈也。故《道行》云：“心亦不有亦不无。”《中观》云：“物从因缘故不有，缘起故不无。”寻理即其然矣。所以然者，夫有若真有，有自常有，岂待缘而后有哉？譬彼真无，无自常无，岂待缘而后无也？若有不能自有，待缘而后有者，故知有非真有。有非真有，虽有，不可谓之有矣。不无者，夫无则湛然不动，可谓之无。万物若无，则不应起，起则非无，以明缘起，故不无也。故《摩诃衍论》云：“一切诸法，一切因缘故，应有；一切诸法，一切因缘故，不应有。一切无法，一切因缘故，应有；一切有法，一切因缘故，不应有。”寻此有无之言，岂直反论而已哉？若应有即是有，不应言无；若应无即是无，不应言有。言有是为假有，以明非无，借无以辨非有，此事一称二，其文有似不同，苟领其所同,则无异而不同。

然则万法果有其所以不有,不可得而有;有其所以不无,不可得而无。何则?欲言其有,有非真生;欲言其无,事象既形,象形不即无,非真非实有。然则不真空义显于兹矣。故《放光》云:“诸法假号不真,譬如幻化人,非无幻化人,幻化人非真人也。”夫以名求物,物无当名之实;以物求名,名无得物之功。物无当名之实,非物也;名无得物之功,非名也。是以名不当实,实不当名,名实无当,万物安在?故《中观》云:“物无彼此,而人以此为此,以彼为彼;彼亦以此为彼,以彼为此。”此彼莫定乎一名,而惑者怀必然之志。然则彼此初非有,惑者初非无,既悟彼此之非有,有何物而可有哉?故知万物非真,假号之矣。是以《成具》立强名之文,园林托指马之况。如此则深远之言于何而不在?是以圣人乘千化而不变,履万惑而常通者,以其即万物之自虚,不假虚而虚物也。故经云:“甚奇,世尊!不动真际为诸法立处,非离真而立处,立处即真也。”然则道远乎哉?触事而真;圣远乎哉?体之即神。

般若无知论第三

夫般若虚玄者,盖是三乘之宗极也。诚真一之无差,然异端之论,纷然久矣。有天竺沙门鸠摩罗什者,少践大方,研几斯趣,独拔于言象之表,妙契于希夷之境,齐异学于迦夷,扬淳风于东扇,将爰烛殊方,而匿耀凉土者。所以道不虚应,应必有由矣。弘始三年岁次星纪,秦乘入国之谋,举师以来之意也,北天之运数其然矣。

大秦天王者,道契百王之端,德洽千载之下,游刃万机,弘道终日,信季俗苍生之所天,释迦遗法之所仗也。时乃集义学沙门五百余人于逍遥观,躬执秦文,与什公参定方等,其所开拓者,岂唯当时之益，乃累劫之津梁矣！余以短乏，曾厕嘉会，以为上闻异要，始于时也。然则圣智幽微，深隐难测，无相无名，乃非言象之所得，为试罔象其怀，寄之狂言耳，岂曰圣心而可辨哉？试论之曰：

《放光》云："般若无所有相，无生灭相。"《道行》云："般若无所知无所见。"此辨智照之用，而曰无相无知者，何耶？果有无相之知，不知之照明矣。何者？夫有所知，则有所不知。以圣心无知，故无所不知，不知之知，乃曰"一切知"。故经云："圣心无所知，无所不知。"信矣！是以圣人虚其心而实其照，终日知而未尝知也。故能默耀韬光，虚心玄鉴，闭智塞聪而独觉冥冥者矣。然则智有穷幽之鉴而无知焉，神有应会之用而无虑焉。神无虑，故能独王于世表；智无知，故能玄照于事外。智虽事外，未始无事；神虽世表，终日域中。所以俯仰顺化，应接无穷，无幽不察而无照功，斯则无知之所知，圣神之所会也。然其为物也，实而不有，虚而不无，存而不可论者，其唯圣智乎！何者？欲言其有，无状无名；欲言其无，圣以之灵。圣以之灵故，虚不失照；无状无名故，照不失虚。照不失虚故，混而不渝；虚不失照故，动以接粗。是以圣智之用，未始暂废，求之形相，未暂可得。故《宝积》曰："以无心意而现行。"《放光》云："不动等觉而建立诸法，所以圣迹万端，其致一而已矣。"是以般若可虚而照，真谛可亡而知，万动可即而静，圣应可无而为。斯则不知而自知，不为而自为矣，复何知哉？复何为哉？

夫圣人功高二仪而不仁，明逾日月而弥昏。以无知之般若照彼无相之真谛，真谛无兔马之遗，般若无不穷之鉴，所以会而不差，当而无是。经云："般若义者，无名无说，非有非无，非实非虚，虚不失照，照不失虚，斯则无名之法，故非言所能言也。"言虽不能言，然非言无以传，是以圣人终日言而未尝言也。

夫圣心者，微妙无相，不可为有；用之弥勤，不可为无。不可为无,故圣智存焉;不可为有,故名教绝焉。是以言知不为知,欲以通其鉴;不知非不知,欲以辨其相。辨相不为无,通鉴不为有。非有,故知而无知;非无,故无知而知。是以知即无知,无知即知。故经云:"尽见诸法而无所见。"然则圣人无无相也。何者?若以无相为无相,无相即为有,舍有而之无,譬犹逃峰而赴壑,俱不免于患矣。是以至人处有而不有,居无而不无。虽不取于有无,然亦不舍于有无。所以和光同尘,周旋五趣,寂然而往,泊尔而来,恬淡无为而无不为。

然圣人非无心,但是无心心耳;又非不应,但是不应应耳。是以圣人应会之道,则信若四时之质,直以虚无为体,斯不可得而生,不可得而灭也。

是以般若之与真谛,言用即同而异,言寂即异而同。同故无心于彼此,异故不失于照功。是以辨同者同于异,辨异者异于同。斯则不可得而异,不可得而同也。何者?内有独鉴之明,外有万法之实。万法虽实,然非照不得,内外相与以成其照功,此则圣所不能同用也。内虽照而无知,外虽实而无相,内外寂然,相与俱无,此则圣所不能异寂也。是以经云诸法不异者,岂曰续凫截鹤,夷岳盈壑,然后无异哉?诚以不异于异,故虽异而不异也。故经云:"甚奇,世尊!于无异法中而说诸法异。"又云:"般若与诸法亦不一相,亦不异相。"信矣!

奏秦王表

僧肇言:肇闻天得一以清,地得一以宁,君王得一以治天下。伏惟陛下浚哲钦明,道与神会,妙契环中,理无不统,游刃万机,弘道终日,威被苍生,垂文作则,所以域中有四大,而王居一焉。涅槃之道,盖是三乘之所归,方等之渊府,渺漭希夷,绝视听之域,幽致虚玄，殆非群情之所测。

肇以人微，猥蒙国恩，得闲居学肆，在什公门下十有余载，虽众经殊致，胜趣非一，然涅槃一义，常以听习为先。肇才识暗短，虽屡蒙诲喻，犹怀疑漠漠，为竭愚不已，亦如似有解，然未经高胜先唱，不敢自决。不幸什公去世，谘参无所，以为永慨，而陛下圣德不孤，独与什公神契，目击道存，快其方寸，故能振彼玄风，以启末俗。一日过蒙答安城侯姚嵩书问无为宗极，颇涉涅槃无名之义。何者？夫众生所以久流转生死者，皆由著欲故也。若欲止于心，即无复于生死，既无生死，潜神玄默，与虚空合其德，是名涅槃矣。既曰涅槃，复何容有名于其间哉？斯乃穷微言之美，极象外之谈者也。自非道参文殊，德侔慈氏，孰能宣扬玄道，为法城堑？

使夫大教卷而复舒，幽旨沦而更显，寻玩殷勤，不能暂舍，欣悟交怀，手舞弗暇，岂直当时之胜轨，方乃累劫之津梁矣。然圣旨渊玄，理微言约，可以匠彼先进，拯拔高士。惧言题之流，或未尽上意，庶拟孔《易·十翼》之作，岂贪丰文？图以弘显幽旨，辄作《涅槃无名论》。论有九折十演，博采众经，托证成喻，以仰述陛下无名之致，岂曰关诣神心，穷究远当，聊以拟议玄门，班喻学徒耳？

论末章云："诸家通第一义谛，皆云廓然空寂，无有圣人。"吾常以为太甚径庭，不近人情。若无圣人，知无者谁？实如明诏！实如明诏！夫道恍惚窅冥，其中有精，若无圣人，谁与道游？顷诸学徒不踌躇道门，怏怏此旨，怀疑终日，莫之能正。幸遭高判，宗徒惼然，扣关之俦蔚登玄室，真可谓法轮再转于阎浮，道光重映于千载者矣！今演论之作旨曲，辨涅槃无名之体寂，彼廓然排方外之谈，条牒如左，谨以仰呈。若少参圣旨，原敕存记；如其有差，伏承指授。僧肇言。

泥曰、泥洹、涅槃，此三名，前后异出，盖是楚夏不同耳。云涅槃，音正也。

卷第二

大智圆正圣僧肇法师论

九折十演者

开宗第一

无名曰:经称"有余涅槃""无余涅槃"者,秦言"无为",亦名"灭度"。"无为"者,取乎虚无寂寞,妙绝于有为。"灭度"者,言其大患永灭,超度四流,斯盖是镜像之所归,绝称之幽宅也。而曰"有余""无余"者,良是出处之异号,应物之假名耳。

余尝试言之,夫涅槃之为道也,寂寥虚旷,不可以形名得,微妙无相,不可以有心知,超群有以幽升,量太虚而永久,随之弗得其踪,迎之罔眺其首,六趣不能摄其生,力负无以化其体。潢漭惚恍,若存若往,五目不睹其容,二听不闻其响,冥冥窅窅,谁见谁晓?弥纶靡所不在,而独曳于有无之表。然则言之者,失其真;知之者,反其愚;有之者,乖其性;无之者,伤其躯。所以释迦掩室于摩竭,净名杜口于毗耶,须菩提唱无说以显道,释梵绝听而雨花,斯皆理为神御,故口以之而默,岂曰无辩?辩所不能言也。经云:"真解脱者,离于言数,寂灭永安,无始无终,不晦不明,不寒不暑,湛若虚空,无名无说。"论曰:"涅槃非有,亦复非无,言语道断,心行处灭。"寻夫经论之作,岂虚构哉?果有其所以不有,故不可得而有;有其所以不无,故不可得而无耳。

何者?本之有境,则五阴永灭;推之无乡,而幽灵不竭。幽灵不竭，则抱一湛然；五阴永灭，则万累都捐。万累都捐，故与道通洞；抱一湛然，故神而无功。神而无功，故至功常存；与道通洞，故冲而不改。冲而不改，故不可为有；至功常存，故不可为无。然则有无绝于内，称谓沦于外，视听之所不暨，四空之所昏昧，恬焉而夷，泊焉而泰，九流于是乎交归，众圣于是乎冥会，斯乃希夷之境，太玄之乡，而欲以有无题榜，标其方域而语其神道者，不亦邈哉？

核体第二

有名曰：夫名号不虚生，称谓不自起，经称有余涅槃、无余涅槃者，盖是返本之真名，神道之妙称者也，请试陈之。有余者，谓如来大觉始兴，法身初建，澡八解之清流，憩七觉之茂林，积万善于旷劫，荡无始之遗尘，三明镜于内，神光照于外，结僧那于始心，终大悲以赴难，仰攀玄根，俯提弱丧，超迈三域，独蹈大方，启八正之平路，坦众庶之夷途，骋六通之神骥，乘五衍之安车，至能出生入死，与物推移，道无不洽，德无不施，穷化母之始物，极玄枢之妙用，廓虚宇于无疆，耀萨云于幽烛，将绝朕于九止，永沦太虚，而有余缘不尽，余迹不泯，业报犹魂，圣智尚存，此有余涅槃也。经云："陶冶尘滓如炼真金，万累都尽而灵觉独存。"

无余者，谓至人教缘都讫，灵照永灭，廓尔无朕，故曰无余。何则？夫大患莫若于有身，故灭身以归无；劳勤莫先于有智，故绝智以沦虚。然则智以形倦，形以智劳，轮转修途，疲而弗已。经曰："智为杂毒，形为桎梏。渊默以之而辽，患难以之而起。"所以至人灰身灭智，捐形绝虑，内无机照之勤，外息大患之本，超然与群有永分，浑尔与太虚同体，寂焉无闻，泊尔无兆，冥冥长往，莫知所之，其犹灯尽火灭，膏明俱竭，此无余涅槃也。

经云："五阴永尽，譬如灯灭。"然则有余可以有称，无余可以无名。无名立，则宗虚者欣尚于冲默；有称生，则怀德者弥仰于圣功。斯乃典诰之所垂文,先圣之所轨辙,而曰有无绝于内,称谓沦于外,视听之所不暨,四空之所昏昧。使夫怀德者自绝,宗虚者靡托,无异杜耳目于胎壳,掩玄象于霄外,而责宫商之异辨,玄素之殊者也。子徒知远推至人于有无之表,高韵绝唱于形名之外,而论旨竟莫知所归,幽途故自蕴而未显,静思幽寻,寄怀无所,岂所谓朗大明于冥室,奏玄响于无闻者哉?

位体第三

无名曰:有余、无余者,盖是涅槃之外称,应物之假名耳。而存称谓者,封名;志器象者,耽形。名也,极于题目;形也,尽于方圆。方圆有所不写,题目有所不传,焉可以名于无名,而形于无形者哉?难序云:有余无余者,信是权寂致教之本意,亦是如来隐显之诚迹也。但未是玄寂绝言之幽致,又非至人环中之妙术耳。子独不闻正观之说欤?维摩诘言:"我观如来,无始无终,六入已过,三界已出,不在方,不离方,非有为,非无为,不可以识识,不可以智知,无言无说,心行处灭。以此观者,乃名正观;以他观者,非见佛也。"《放光》云:"佛如虚空,无去无来,应缘而现,无有方所。"然则圣人之在天下也,寂莫虚无,无执无竞,导而弗先,感而后应,譬犹幽谷之响,明镜之像,对之弗知其所以来,随之罔识其所以往,恍焉而有,惚焉而亡,动而逾寂,隐而弥彰,出幽入冥,变化无常。

其为称也,因应而作,显迹为生,息迹为灭,生名有余,灭名无余。然则有无之称,本乎无名,无名之道,于何不名?是以至人居方而方,止圆而圆,在天而天,处人而人。原夫能天能人者,岂天人之所能哉?果以非天非人,故能天能人耳。其为治也,故应而不为,因而不施。因而不施故,施莫之广;应而不为故,为莫之大。为莫之大故,乃返于小成;施莫之广故,乃归乎无名。经曰:"菩提之道，不可图度，高而无上，广不可极，渊而无下，深不可测，大包天地，细入无间，故谓之道。”然则涅槃之道，不可以有无得之明矣。而惑者睹神变，因谓之有，见灭度，便谓之无。有无之境，妄想之域，岂足以标榜玄道而语圣心者乎？意谓至人寂泊无兆，隐显同源，存不为有，亡不为无。何则？佛言：“吾无生不生，虽生不生；无形不形，虽形不形。”以知存不为有。

经云：“菩萨入无尽三昧，尽见过去灭度诸佛。”又云：“入于涅槃而不般涅槃，以知亡不为无。”亡不为无，虽无而有；存不为有，虽有而无。虽有而无故，所谓非有；虽无而有故，所谓非无。然则涅槃之道，果出有无之域，绝言象之径断矣。子乃云：“圣人患于有身，故灭身以归无。劳勤莫先于有智，故绝智以沦虚。无乃乖乎神极，伤于玄旨者也。”经曰：“法身无象，应物而形；般若无知，对缘而照。”万机顿赴而不挠其神，千难殊对而不干其虑。动若行云，止犹谷神，岂有心于彼此，情系于动静者乎？既无心于动静，亦无象于去来。去来不以象故，无器而不形；动静不以心故，无感而不应。然则心生于有心，象出于有象。象非我出故，金石流而不灼；心非我生故，日用而不动。纭纭自彼，于我何为？所以智周万物而不劳，形充八极而无患，益不可盈，损不可亏，宁复痾疠中逵，寿极双树，灵竭天棺，体尽焚燎者哉？而惑者居见闻之境，寻殊应之迹，秉执规矩而拟大方，欲以智劳至人，形患大圣，谓舍有入无，因以名之，岂谓采微言于听表，拔玄根于虚壤者哉？

征出第四

有名曰：夫浑元剖判，万有参分，有既有矣，不得不无，无不自无，必因于有。所以高下相倾，有无相生，此乃自然之数，数极于是。以此而观，化母所育，理无幽显，恢恑憰怪，无非有也，有化而无，无非无也，然则有无之境，理无不统。经云：“有无二法，摄一切法。”又称三无为者,虚空、数缘尽、非数缘尽。数缘尽者,即涅槃也。而论云“有无之表,别有妙道,妙于有无,谓之涅槃”。请核妙道之本,果若有也,虽妙非无;虽妙非无,即入有境;果若无也,无即无差,无而无差,即入无境。总而括之,即而究之,无有异有而非无,无有异无而非有者明矣。而曰“有无之外,别有妙道,非有非无,谓之涅槃”,吾闻其语,未即于心也。

超境第五

无名曰:有无之数,诚以法无不该,理无不统。然其所统,俗谛而已。经曰:“真谛何耶?涅槃道是;欲谛何耶?有无法是。”何则?有者有于无,无者无于有,有无所以称有,无有所以称无。然则有生于无,无生于有,离有无无,离无无有,有无相生,其犹高下相倾,有高必有下,有下必有高矣。然则有无虽殊,俱未免于有也,此乃言象之所以形,是非之所以生,岂足以统夫幽极而拟夫神道者乎?是以论称出有无者,良以有无之数,止乎六境之内,六境之内,非涅槃之宅,故借出以祛之,庶悕道之流,仿佛幽途,托情绝域,得意忘言,体其非有非无,岂曰有无之外别有一有而可称哉?经曰三无为者,盖是群生纷绕,生乎笃患,笃患之尤,莫先于有,绝有之称,莫先于无,故借无以明其非有,明其非有,非谓无也。

搜玄第六

有名曰:论自云涅槃既不出有无,又不在有无。不在有无,则不可于有无得之矣;不出有无,则不可离有无求之矣。求之无所,便应都无,然复不无其道,其道不无,则幽途可寻,所以千圣同辙,未尝虚返者也。其道既存,而曰不出不在,必有异旨,可得闻乎?

妙存第七

无名曰:夫言由名起,名以相生,相因可相,无相无名,无名无说,无说无闻。经曰:"涅槃非法非非法,无闻无说,非心所知。"吾何敢言之?而子欲闻之耶?虽然善吉有言,众人若能以无心而受,无听而听者,吾当以无言言之,庶述其言,亦可以言。《净名》曰:"不离烦恼而得涅槃。"天女曰:"不出魔界而入佛界。"然则玄道在于妙悟,妙悟在于即真,即真则有无齐观,齐观则彼已莫二。所以天地与我同根,万物与我一体。同我则非复有无,异我则乖于会通。所以不出不在,而道存乎其间矣。何则?夫至人虚心冥照,理无不统,怀六合于胸中而灵鉴有余,镜万有于方寸而其神常虚。至能拔元根于未始,即群动以静心,恬淡渊默,妙契自然。所以处有不有,居无不无。居无不无故,不无于无;处有不有故,不有于有,故能不出有无而不在有无者也。然则法无有无之相,圣无有无之知。圣无有无之知,则无心于内;法无有无之相,则无数于外。于外无数,于内无心,此彼寂灭,物我冥一,泊尔无朕,乃曰涅槃。涅槃若此,图度绝矣,岂容可责之于有无之内,又可征之于有无之外耶?

难差第八

有名曰:涅槃既绝图度之域,则超六境之外,不出不在而玄道独存,斯则穷理尽性,究竟之道,妙一无差,理其然矣。而《放光》云:"三乘之道,皆因无为而有差别。"佛言:"我昔为菩萨时,名曰儒童,于燃灯佛所,已入涅槃。儒童菩萨时于七住,初获无生忍,进修三位。"若涅槃一也,则不应有三,如其有三,则非究竟,究竟之道而有升降之殊，众经异说，何以取中耶？

辨差第九

无名曰：然究竟之道，理无差也。《法华经》云："第一大道，无有两正。吾以方便，为怠慢者，于一乘道，分别说三。"三车出火宅，即其事也，以俱出生死，故同称无为。所称不一，故有三名，统其会归，一而已矣。而难云三乘之道皆因无为而有差别，此以人三，三于无为，非无为有三也。故《放光》云："涅槃有差别耶？答曰：无差别。但如来结习都尽，声闻结习不尽耳。"请以近喻，以况远旨。如人斩木，去尺无尺，去寸无寸，修短在于尺寸，不在无也。夫以群生万端，识根不一，智鉴有浅深，德行有厚薄，所以俱之彼岸而升降不同，彼岸岂异，异自我耳。然则众经殊辩，其致不乖。

责异第十

有名曰：俱出火宅，则无患一也；同出生死，则无为一也。而云彼岸无异，异自我耳。彼岸则无为岸也，我则体无为者也。请问我与无为，为一为异？若我即无为，无为亦即我，不得言无为无异，异自我也；若我异无为，我则非无为，无为自无为，我自常有为，冥会之致，又滞而不通。然则我与无为，一亦无三，异亦无三，三乘之名何由而生也？

会异第十一

无名曰：夫止此而此，适彼而彼。所以同于得者，得一得之；同于失者，失亦失之。我适无为，我即无为，无为虽一，何乖不一耶？譬犹三鸟出网，同适无患之域，无患虽同，而鸟鸟各异。不可以鸟鸟各异，谓无患亦异。又不可以无患既一，而一于众鸟也。然则鸟即无患，无患即鸟，无患岂异，异自鸟耳。如是三乘众生俱越妄想之樊，同适无为之境，无为虽同，而乘乘各异，不可以乘乘各异，谓无为亦异。又不可以无为既一，而一于三乘也。然则我即无为，无为即我，无为岂异？异自我耳。所以无患虽同，而升虚有远近；无为虽一，而幽鉴有浅深。无为即乘也，乘即无为也，此非我异无为，以未尽无为，故有三耳。

诘渐第十二

有名曰：万累滋彰，本于妄想。妄想既祛，则万累都息。二乘得尽智，菩萨得无生智，是时妄想都尽，结缚永除。结缚既除，则心无为；心既无为，理无余翳。经曰："是诸圣智，不相违背，不出不在，其实俱空。"又曰："无为大道，平等不二。"既曰无二，则不容心异，不体则已，体应穷微，而曰体而未尽，是所未悟也。

明渐第十三

无名曰：无为无二，则已然矣。结是重惑而可谓顿尽，亦所未喻。经曰"三箭中的，三兽渡河，中渡无异，而有浅深之殊者，为力不同故也。"三乘众生，俱济缘起之津，同鉴四谛之的，绝伪即真，同升无为。然则所乘不一者，亦以智力不同故也。夫群有虽众，然其量有涯，正使智犹身子，辩若满愿，穷才极虑，莫窥其畔，况乎虚无之数，重玄之域，其道无涯，欲之顿尽耶？书不云乎："为学者日益，为道者日损。"为道者，为于无为者也。为于无为而日日损，此岂顿得之谓？要损之又损之，以至于无损耳。经喻萤日智用可知矣。

讯动第十四

有名曰:经称法身已上入无为境,心不可以智知,形不可以象测,体绝阴入,心智寂灭。而复云进修三位,积德弥广。夫进修本于好尚,积德生于涉求。好尚,则取舍情现;涉求,则损益交陈。既以取舍为心,损益为体,而曰体绝阴入,心智寂灭,此文乖致殊而会之一人,无异指南为北,以晓迷夫。

动寂第十五

无名曰:经称圣人无为,而无所不为。无为故,虽动而常寂;无所不为故,虽寂而常动。虽寂而常动故,物莫能一;虽动而常寂故,物莫能二。物莫能二故,愈动愈寂;物莫能一故,愈寂愈动。所以为即无为,无为即为,动寂虽殊,而莫之可异也。《道行》云:“心亦不有亦不无。”不有者,不若有心之有;不无者,不若无心之无。何者?有心,则众庶是也;无心,则太虚是也。众庶止于妄想,太虚绝于灵照,岂可止于妄想,绝于灵照,标其神道而语圣心者乎?是以圣心不有,不可谓之无;圣心不无,不可谓之有。不有故,心想都灭;不无故,理无不契。理无不契故,万德斯弘;心想都灭故,功成非我。所以应化无方,未尝有为;寂然不动,未尝不为。经云“心无所行,无所不行”,信矣。儒童曰:“昔我于无数劫,国财身命施人无数,以妄想心施,非为施也。今以无生心五花施佛,始名施耳。”又空行菩萨入空解脱门,方言:“今是行时,非为证时。”然则心弥虚,行弥广,终日行,不乖于无行者也。是以贤劫称无舍之檀,《成具》美不为之为,禅典唱无缘之慈,《思益》演不知之知。圣旨虚玄,殊文同辩,岂可以有为便有为,无为便无为哉?菩萨住尽不尽平等法门,不尽有为,不住无为,即其事也,而以南北为喻,殊非领会之唱。

穷源第十六

有名曰:非众生无以御三乘,非三乘无以成涅槃。然必先有众生,后有涅槃,是则涅槃有始,有始必有终,而经云涅槃无始无终,湛若虚空。则涅槃先有,非复学而后成者也。

通古第十七

无名曰:夫至人空洞无象,而万物无非我造,会万物以成己者,其惟圣人乎! 何则? 非理不圣,非圣不理,理而为圣者,圣不异理也。故天帝曰:“般若当于何求?”善吉曰:“般若不可于色中求,亦不离色中求。”又曰:“见缘起为见法,见法为见佛。”斯则物我不异之效也。所以至人戢玄机于未兆,藏冥运于即化,总六合以镜心,一去来以成体。古今通,终始同,穷本极末,莫之与二,浩然大均,乃曰涅槃。经曰:“不离诸法而得涅槃。”又云:“诸法无边,故菩提无边。”以知涅槃之道,存乎妙契。妙契之致,本乎冥一。然则物不异我,我不异物,物我元会,归乎无极,进之弗先,退之弗后,岂容终始于其间哉? 天女曰:“耆年解脱,亦何如久?”

考得第十八

有名曰:经云:“众生之性极于五阴之内。”又云:“得涅槃者,五阴都尽,譬犹灯灭。”然则众生之性顿尽于五阴之内,涅槃之道独建于三有之外,邈然殊域,非复众生得涅槃也。果若有得,则众生之性不止于五阴,必若止于五阴,则五阴不都尽。五阴若都尽,谁复得涅槃耶?

玄得第十九

无名曰:夫真由离起,伪因著生。著故有得,离故无名。是以则真者同真,法伪者同伪。子以有得为得,故求于有得耳;吾以无得为得,故得在于无得也。且谈论之作,必先定其本,既论涅槃,不可离涅槃而语涅槃也。若即涅槃以兴言,谁独非涅槃而欲得之耶?何者?夫涅槃之道,妙尽常数,融冶二仪,涤荡万有,均天人,同一异,内视不己见,返听不我闻,未尝有得,未尝无得。经曰:"涅槃非众生,亦不异众生。"维摩诘言:"若弥勒得灭度者,一切众生亦当灭度。所以者何?一切众生本性常灭,不复更灭。"此名灭度,在于无灭者也。然则众生非众生,谁为得之者?涅槃非涅槃,谁为可得者?《放光》云:"'菩提从有得耶?'答曰:'不也。''从无得耶?'答曰:'不也。''从有无得耶?'答曰:'不也。''离有无得耶?'答曰:'不也。''然则都无得耶?'答曰:'不也。''是义云何?'答曰:'无所得故为得也,是故得无所得也。'"无所得谓之得者,谁独不然耶?然则玄道在于绝域,故不得以得之;妙智存乎物外,故不知以知之;大象隐于无形,故不见以见之;大音匿于希声,故不闻以闻之。故能囊括终古,导达群方,亭毒苍生,疏而不漏,汪哉洋哉,何莫由之哉?故梵志曰:"吾闻佛道,厥义弘深,汪洋无涯,靡不成就,靡不度生。"然则三乘之路开,真伪之途辨,贤圣之道存,无名之致显矣。

宝藏论

空可空,非真空;色可色,非真色。真色无形,真空无名。无名,名之父;无色,色之母。形兴未质,名起未名,形名既兆,游气乱清,寂兮寥兮,分兮别兮。

有善可称，有恶可名，善人所重，恶人所轻，于是即是非而竞生。其智有解，其愚有缚，其妄有识，其真有惑。非取而取，非得而得，是故理则无穷，物则无极。动兮乱兮，内发三毒；视兮听兮，外受五欲。其心慌慌，其身忙忙，触物动作，如火煌煌。故圣人立正教，置真谟，使无知之侣上下相依。修无为，息有余，渐至乎如如。如如之理，同本真轨，不可以修证，不可以希冀，唯寂灭性耳。

夫真也者，无洲无渚，无伴无侣，无涯无际，无处无所，能为万物之祖宗；非目视，非耳闻，非形色，非幻魂，能为三界之根门。其正者，先离形，次泯情，不依物，不拘生，可以合大道，通神明。有用曰神，有形曰身，无为曰道，无相曰真，应物而号，随物而造，常住常存，不生不老，理合万德，事出千巧，事虽无穷，理终一道，无有证者，无有得者。有妄曰愚，无妄曰真，真冰释水，妄水结冰，冰水之二，其体不异。迷妄曰愚，惺真曰智。其冰也，冬不可释；其水也，春不可结。故愚不可即改，智不可即待，渐释渐消，以通乎大海。斯可谓自然之道，运用玄玄，非念虑所测，当可以绵绵，不可以勤勤。

夫进道之由，中有万途，困鱼止沥，病鸟栖芦，其二者不识于大海，不识于丛林，人趋乎小道，其义亦然。此可谓久功中止，不达如理，舍大求小，半路依止，以小安而自安，不及大安而安矣。其大也恍荡无涯，含识一体，万物同怀，应则千变，化则众现，不出不没，用无有间，有心无形，有用无人，示生无生，示身无身，常测不测，常识不识，为而无为，得而无得，无形而形，无名而名，物类相感，和合而生，生而不生，其无有情，众谓之圣，众谓之明，种种称号，各任其名。然其实也，以无为为宗，无相为容，等清虚，同大空，究无处所，用在其中，其得者一，其证者密。得则不一，证则不密，然非不一，然非不密。夫学道者，习无余；不学道者，习有余。无余道近，有余道疏。知有有坏，知无无败，真知之知，有无不计，于有不有，于无不无，有无不见，性相如如。夫神通变化者，其犹于龙升天，覆宇宙者，其犹于云凝，斯未可贵，斯未可真。若取其为实者，而未为道也。或有形而丽，若有语而辨，或有智而聪，或有用而巧，若取以为道者，亦未为善也。有必不真，作必不常，乾坤尚坏，器物何刚？唯道无根，虚湛常存；唯道无体，微妙常真；唯道无事，古今常贵；唯道无心，万物圆备。故道无相、无形、无事、无意、无心，善利群品，率意人伦，可谓一切，物无不宾。

夫万物有侣，唯道独存，其外无他，其内无腹，无内无外，包含太一，该罗八冥，周备万物。其状也，非内非外，非小非大，非一非异，非明非昧，非生非灭，非粗非细，非空非有，非开非闭，非动非静，非归非逝，非刚非柔，非独非对。所以然者，若以言内，通含法界；若言其外，备应形载；若言其小，包裹弥远；若言其大，复入尘界；若言其一，各任其质；若言其异，妙体无物；若言其明，杳杳冥冥；若言其昧，朗照彻明；若言其生，无状无形；若言其灭，今古常灵；若言其粗，束入尘卢；若言其细，山岳之躯；若言其空，万用在中；若言其有，阒然无容；若言其开，摄入尘埃；若言其闭，义出无际；若言其动，湛然凝重；若言其静，忙忙物耸；若言其归，往而不辞；若言其逝，应物还来；若言其刚，摧挫不伤；若言其柔，力屈不尪；若言其独，恒沙物族；若言其对，真一孤毂。故道不可以一名言，理不可以一义宣，盖略陈其说，何能以尽其边？是以斩首灰形，其无以损生；金丹玉液，其无以养生。故真生不灭，真灭不生，可谓常灭，可谓常生。其有爱生恶灭者，斯不悟常灭；爱灭恶生者，斯不悟常生。其迷悟二名，不见真成，取舍之意，随虚妄情，故常空不有，常有不空，两不相待，句句皆宗。

是以圣人随有道有，随空道空，空不乖有，有不乖空，两语无病，二义双通，乃至说我亦不乖无我，乃至说事亦不乖无事，以故不为言语之所转也。夫铸金为人，但观其人，不睹其金。其名也迷，其相也惑，所以然者，皆失乎真。然则一切皆幻，虚妄不实，知幻是幻，守真抱一，不染外物，清虚太一，平等不二，圆通一身。不遣一法，不得一法，不修一法，不证一法，性净天真，而谓大道乎！是以遍观天下，莫非真人，孰得此理，同其一伦！其学者希，其得者微，可谓渺漠而难知。其知者师，其化者夷，无心动作，作而无为，无为而为，无所不为，和光任物，物无所羁。

夫天地之内，宇宙之间，中有一宝，秘在形山，识物灵照，内外空然，寂寞难见，其号玄玄，巧出紫微之表，用在虚无之间，端化不动，独而无双，声出妙响，色吐华容，穷睹无所，寄号空空，唯留其声，不见其形，唯留其功，不见其容，幽显朗照，物理虚通，森罗宝印，万象真宗。其为也形，其寂也冥，本净非莹，法尔圆成，光超日月，德越太清，万物无作，一切无名，转变天地，自在纵横，恒沙妙用，混沌而成，谁闻不喜？谁闻不惊？如何以无价之宝，隐在阴入之坑，哀哉哀哉！其为自轻，悲哉悲哉！晦何由明？其宝也焕焕煌煌，朗照十方，阒寂无动，应用堂堂，应声应色，应阴应阳，奇特无根，虚湛常存，瞬目不见，侧耳不闻。其本也冥，其化也形，其为也圣，其用也灵，可谓大道之精。其精甚真，万物之因，凝然常住，与道同伦，故经云："随其心净，则佛土净。"任用森罗，其名曰圣。

卷第三

洞明妙智永嘉觉禅师语录

御制序

古人遇时节因缘,每云言下大悟。夫言下大悟,悟不在言也。韩卢逐块,乃于言中求悟;梦到驴年,是为执指求月者。黄梅、曹溪密室夜分传衣授受,究何曾道一字耶?迨后黄梅送曹溪至九江驿边,两人共语,曹溪云:"只合自性自度。"黄梅云:"如是!如是!"夫既自性自度,则黄梅何授?曹溪何受乎?虽然,此正黄梅所授,曹溪所受也。永嘉之于曹溪,更可分明举似天下后世。夫永嘉参承,止一宿耳,故谓之"一宿觉"。今观其问答语,永嘉全是逆水之机,毫无顺水之意。然则曹溪何授而永嘉何受乎?不知永嘉正从此得曹溪法乳,不可诬也。盖使有一实法与人,而曰"法乳",直同马生马,驴生驴耳。若此,魔外别生魔外,又如久竹生青宁,青宁生程尚,安得称慧命哉?

永嘉言句,西竺推为东土大乘论,朕披览之,嘉其修悟双圆,乘戒兼妙,自浅之深,浅深一致,实唯宗徒指南,爰加删订,刊示十方丛林焉。

雍正十一年癸丑四月望日

永嘉集*

师，永嘉人也，姓戴氏。丱岁出家，遍探三藏，精天台止观圆妙法门，于四威仪中，常冥禅观。后因左溪朗禅师激励，与东阳策禅师同诣曹溪。

初到，振锡携瓶，绕祖三匝。祖曰："夫沙门者，具三千威仪，八万细行，大德自何方而来，生大我慢？"

师曰："生死事大，无常迅速。"

祖曰："何不体取无生，了无速乎？"

曰："体即无生，了本无速。"

祖云："如是！如是！"

于时，大众无不愕然。师方具威仪参礼，须臾告辞，祖曰："返太速乎？"

师曰："本自非动，岂有速耶？"

祖曰："谁知非动？"

曰："仁者自生分别。"

祖曰："汝甚得无生之意。"

曰："无生岂有意耶？"

祖曰："无意谁当分别？"

曰："分别亦非意。"

祖叹曰："善哉！善哉！少留一宿。"时谓一宿觉矣。

回住温江，学者辐辏，号真觉大师。著《禅宗悟修圆旨》，自浅之深，庆州刺史魏静辑而成篇，目为《永嘉集》。

慕道志仪第一

先观三界，生厌离故；次亲善友，求出路故；次朝晡问讯，存礼数故；次审乖适如何，明侍养故；次问何所作为，明亲承事故；次瞻仰无怠，生殷重故；次数决心要，为正修故；次随解呈简，为识邪正故；次验气力，知生熟故；次见病生疑，堪进妙药故；委的审思，求谛当故；日夜精勤，恐缘差故；专心一行，为成业故；亡身为法，为知恩故。

如其信力轻微，意无专志，粗行浅解，泛漾随机，触事则因事生心，缘无则依无息念。既非动静之等观，则顺有无之得失，然道不浪阶，随功涉位耳。

戒憍奢意第二

衣食由来，长养栽种，垦土掘地，盐煮蚕蛾，成熟施为，损伤物命，令他受死，资给自身。但畏饥寒，不观死苦，杀他活己，痛哉可伤！兼用农功，积力深厚，何独含灵致命，亦乃信施难消。虽复出家，何德之有？

噫！夫欲出超三界，未有绝尘之行，徒为男子之身，而无丈夫之志，但以终朝扰扰，竟夜昏昏，道德未修，衣食斯费，上乖弘道，下阙利生，中负四恩，诚以为耻。故智人思之，宁有法死，不无法生。徒自迷痴，贵身贱法耳。

净修三业第三

贪、瞋、邪见，意业；妄言、绮语、两舌、恶口，口业；杀、盗、淫，身业。夫欲志求大道者，必先净修三业，然后于四威仪中渐次入道，乃至六根所对，随缘了达，境智双寂，冥乎妙旨。

云何净修身业？深自思惟，行住坐卧，四威仪中，检摄三愆，无令漏失，慈悲抚育，不伤物命。水陆空行，一切含识，命无大小，等心爱护。蠢动蜎飞，无令毁损。危难之流，殷勤拔济，方便救度，皆令解脱。于他财物，不与不取，乃至鬼神，随有主物，一针一草，终无故犯。贫穷乞丐，随己所有，敬心施与，令彼安隐，不求恩报。作是思惟，过去诸佛，经无量劫，行檀布施，象马七珍，头目髓脑，乃至身命，舍而无吝。我今亦尔，随有施与，欢喜供养，心无吝惜。于诸女色，心无染著，凡夫颠倒，为欲所醉，耽荒迷乱，不知其过。如捉花茎，不悟毒蛇。智人观之，毒蛇之口，熊豹之手，猛火热铁，不以为喻。铜柱铁床，焦背烂肠，血肉縻溃，痛彻心髓，作如是观，唯苦无乐。革囊盛粪，脓血之聚，外假香涂，内唯臭秽，不净流溢，虫蛆住处，鲍肆厕孔，亦所不及。智者观之，但见发毛爪齿，薄皮厚皮，肉血汗泪，涕唾脓脂，筋脉脑膜，黄痰白痰，肝胆骨髓，肺脾肾胃，心膏膀胱，大肠小肠，生藏熟藏，屎尿臭处，如是等物，一一非人。识风鼓击，妄生言语，诈为亲友，其实怨妒，败德障道，为过至重，应当远离，如避怨贼。是故智者观之，如毒蛇想，宁近毒蛇，不亲女色。何以故？毒蛇杀人，一死一生，女色系缚，百千万劫，种种楚毒，苦痛无穷。谛察深思，难可附近。

是以智者切检三愆，改往修来，背恶从善。不杀不盗，放生布施，不行淫秽，常修梵行，日夜精勤，行道礼拜，归凭三宝，志求解脱，于身命财，修三坚法。知身虚幻，无有自性，色即是空，谁是我者？一切诸法，但有假名，无一定实，是我身者，四大五阴，一一非我，和合亦无，内外推求，如水聚沫，浮泡阳焰，芭蕉幻化，镜像水月，毕竟无人。无明不了，妄执为我，于非实中，横生贪著，杀生偷盗，淫秽荒迷，竟夜终朝，矻矻造业，虽非真实，善恶报应，如影随形。作是观时，不以恶求，而养身命，应自观身，如毒蛇想。为治病故，受于四事，身著衣服，如裹痈疮，口餐滋味，如病服药。节身俭口,不生奢泰,闻说少欲,深乐修行。故经云:“少欲头陀,善知止足,是人能入圣贤之道。”何以故?恶道众生,经无量劫,阙衣乏食,叫唤号毒,饥寒切楚,皮骨相连,我今暂阙,未足为苦。是故智者贵法贱身,勤求至道,不顾形命,是名净修身业。

云何净修口业?深自思惟:口之四过,生死根本,增长众恶,倾覆万行,递相是非,是故智者欲拔其源,断除虚妄,修四实语。正直、柔软、和合、如实,此之四语,智者所行。何以故?正直语者,能除绮语;柔软语者,能除恶口;和合语者,能除两舌;如实语者,能除妄语。

正直语者有二:一、称法说,令诸闻者,信解明了;二、称理说,令诸闻者,除疑遣惑。柔软语者亦二:一者安慰语,令诸闻者,欢喜亲近;二者宫商清雅,令诸闻者,爱乐受习。和合语者亦二:一、事和合者,见斗诤人,谏劝令舍,不自称誉,卑逊敬物;二、理和合者,见退菩提心人,殷勤劝进,善能分别菩提烦恼,平等一相。如实语者亦二:一、事实者,有则言有,无则言无,是则言是,非则言非;二、理实者,一切众生皆有佛性,如来涅槃常住不变。

是以智者行四实语,观彼众生旷劫已来,为彼四过之所颠倒,沉沦生死,难可出离。我今欲拔其源,观彼口业,唇舌、牙齿、咽喉、脐响,识风鼓击,音出其中,由心因缘,虚实两别。实则利益,虚则损减,实是起善之根,虚是生恶之本。善恶根本,由口言诠。诠善之言,名为四正;诠恶之语,名为四邪。邪则就苦,正则归乐。善是助道之缘,恶是败道之本。是故智者要心扶正,实语自立,诵经念佛,观语实相,言无所存,语默平等,是名净修口业。

云何净修意业?深自思惟:善恶之源,皆从心起。邪念因缘,能生万恶;正观因缘,能生万善。故经云:“三界无别法,唯是一心作。”当知心是万法之根本也。

云何邪念?无明不了,妄执为我,我见坚固,贪瞋邪见,横计所有，生诸染著。故经云："因有我故，便有我所；因我所故，起于断常六十二见，见思相续，九十八使，三界生死，轮回不息。"当知邪念，众恶之本，是故智者制而不随。

云何正观？彼我无差，色心不二；菩提烦恼，本性非殊；生死涅槃，平等一照。故经云："离我我所，观于平等，我及涅槃，此二皆空。"当知诸法，但有名字。故经云："乃至涅槃，亦但有名字。"又云："文字性离，名字亦空。"何以故？法不自名，假名诠法。法既非法，名亦非名，名不当法，法不当名，名法无当，一切空寂。故经云："法无名字，言语断故。"是以妙相绝名，真名非字。何以故？无为寂灭，至极微妙，绝相离名，心言路绝，当知正观还源之要也。是故智者正观因缘，万惑斯遣，境智双忘，心源净矣，是名净修意业。此应四仪，六根所对，随缘了达，入道次第云尔。

奢摩他颂第四

恰恰用心时，恰恰无心用。无心恰恰用，常用恰恰无。夫念非忘尘而不息，尘非息念而不忘。尘忘则息念而忘，念息则忘尘而息。忘尘而息，息无能息；息念而忘，忘无所忘；忘无所忘，尘遗非对；息无能息，念灭非知。知灭对遣，一向冥寂，阒尔无寄，妙性天然，如火得空，火则自灭，空喻妙性之非相，火比妄念之不生。

其辞曰：忘缘之后寂寂，灵知之性历历，无记昏昧昭昭，契本真空的的。惺惺寂寂是，无记寂寂非；寂寂惺惺是，乱想惺惺非。若以知知寂，此非无缘知，如手执如意，非无如意手。若以自知知，亦非无缘知，如手自作拳，非是不拳手。亦不知知寂，亦不自知知，不可为无知。自性了然故，不同于木石。手不执如意，亦不自作拳，不可为无手，以手安然故，不同于兔角。

复次，修心渐次者，夫以知知物，物在知亦在。若以知知知，知知则离物，物离犹知在。起知知于知，后知若生时，前知早已灭。二知既不并,但得前知灭,灭处为知境,能所俱非真。前则灭灭引知,后则知知续灭,生灭相续,自是轮回之道。

今言知者,不须知知,但知而已,则前不接灭,后不引起,前后断续,中间自孤,当体不顾,应时消灭。知体既已灭,豁然如托空,寂尔少时间,唯觉无所得,即觉无觉,无觉之觉,异乎木石。此是初心处,冥然绝虑,乍同死人,能所顿忘,纤缘尽净,阒尔虚寂,似觉无知,无知之性,异乎木石。此是初心处,领会难为。

入初心时,三不应有:一、恶,谓思惟世间五欲等因缘;二、善,谓思惟世间杂善等事;三、无记,谓善恶不思,阒尔昏住。

戒中三,应须具:一、摄律仪戒,谓断一切恶;二、摄善法戒,谓修一切善;三、饶益有情戒,谓誓度一切众生。

定中三,应须别:一、安住定,谓妙性天然,本自非动;二、引起定,谓澄心寂泊,发莹增明;三、办事定,谓定水凝清,万像斯鉴。

慧中三,应须别:一、人空慧,谓了阴非我,即阴中无我,如龟毛兔角;二、法空慧,谓了阴等诸法,缘假非实,如镜像水月;三、空空慧,谓了境智俱空,是空亦空。

见中三,应须识:一、空见,谓见空而见非空;二、不空见,谓见不空而见非不空;三、性空见,谓见自性而见非性。

偏中三,应须简:一、有法身,无般若、解脱;二、有般若,无解脱、法身;三、有解脱,无法身、般若。有一无二故不圆,不圆故非性。

又偏中三,应须简:一、有法身、般若,无解脱;二、有般若、解脱,无法身;三、有解脱、法身,无般若。有二无一故不圆,不圆故非性。

圆中三,应须具:一、法身不痴即般若,般若无著即解脱,解脱寂灭即法身;二、般若无著即解脱,解脱寂灭即法身,法身不痴即般若;三、解脱寂灭即法身,法身不痴即般若,般若无著即解脱。

举一即具三,言三体即一,此因中三德,非果上三德。欲知果上三德:法身有断德,迩因断惑而显德,故名断德;自受用身有智德，具四智真实功德故；他化二身有大恩德，他受用身于十地菩萨有恩德故。三种化身于菩萨、二乘、异生有恩故。三谛四智，除成作智为缘俗谛故。然法无浅深，而照之有明昧；心非垢净，而解之有迷悟。创入初心，迷复何非浅？终契圆理，达始何非深？迷之失理而自差，悟之失差而即理，迷悟则同其致，故有渐次名焉。

复次，初修心人入门之后，须识五念：一、故起；二、串习；三、接续；四、别生；五、即静。故起念者，谓起心思惟世间五欲及杂善等事；串习念者，谓无心故忆，忽尔思惟善恶等事；接续念者，谓串习忽起，知心驰散，又不制止，更复续前思惟不住；别生念者，谓觉知前念是散乱，即生惭愧改悔之心；即静念者，谓初坐时，更不思惟世间善恶及无记等事，即此作功，故言即静。

串习一念，初心者多；接续、故起二念，懈怠者有；别生一念，惭愧者多；即静一念，精进者有。

串习、接续、故起、别生四念为病，即静一念为药。虽复药病有殊，总束俱名为念。得此五念停息之时，名为一念相应。一念者，灵知之自性也。然五念是一念枝条，一念是五念根本。

复次，若一念相应之时，须识六种料简：一、识病，二、识药，三、识对治，四、识过生，五、识是非，六、识正助。

第一，病者有二种：一、缘虑，二、无记。缘虑者，善恶二念也，虽复差殊，俱非解脱，是故总束名为缘虑；无记者，虽不缘善恶等事，然俱非真心，但是昏住，此二种名为病。

第二，药者亦有二种：一、寂寂，二、惺惺。寂寂，谓不念外境善恶等事；惺惺，谓不生昏住无记等相，此二种名为药。

第三，对治者，以寂寂治缘虑，以惺惺治昏住。用此二药对破二病，故名对治。

第四，过生者，谓寂寂久，生昏住；惺惺久，生缘虑。因药发病，故云过生。

第五,识是非者,寂寂不惺惺,此乃昏住;惺惺不寂寂,此乃缘虑;不惺惺不寂寂,此乃非但缘虑,亦乃入昏而住;亦寂寂亦惺惺,非唯历历,兼复寂寂,此乃还源之妙性也。此四句者,前三句非,后一句是,故云识是非也。

第六,正助者,以惺惺为正,以寂寂为助。此之二事,体不相离,犹如病者因杖而行,以行为正,以杖为助。夫病者欲行,必先取杖,然后方行。修心之人亦复如是,必先息缘虑,令心寂寂;次当惺惺,不致昏沉,令心历历。历历、寂寂,二名一体,更不异时。譬夫病者欲行,阙杖不可,正行之时,假杖故能行。作功之者亦复如是,历历、寂寂,不得异时,虽有二名,其体不别。

又曰乱想是病,无记亦病;寂寂是药,惺惺亦药。寂寂破乱想,惺惺治无记;寂寂生无记,惺惺生乱想。寂寂虽能治乱想,而复还生无记;惺惺虽能治无记,而复还生乱想。故曰惺惺寂寂是,无记寂寂非;寂寂惺惺是,乱想惺惺非。寂寂为助,惺惺为正。思之!

复次,料简之后,须明识一念之中五阴。谓历历分别,明识相应,即是识阴;领纳在心,即是受阴;心缘此理,即是想阴;行用此理,即是行阴;污秽真性,即是色阴。此五阴者,举体即是一念;此一念者,举体全是五阴。历历见此一念之中无有主宰,即人空慧;见如幻化,即法空慧。是故须识此五念及六种料简,愿勿嫌之。如取真金,明识瓦砾及以伪宝,但尽除之。纵不识金,金体自现,何忧不得?

毗婆舍那颂第五

夫境非智而不了,智非境而不生。智生则了境而生,境了则智生而了。智生而了,了无所了;了境而生,生无能生。生无能生,虽智而非有;了无所了,虽境而非无。无即不无,有即非有,有无双照，妙悟萧然。如火得薪，弥加炽盛，薪喻发智之多境，火比了境之妙智。

其辞曰：达性空而非缚，虽缘假而无著。有无之境双照，中观之心历落。若智了于境，即是境空智，如眼了花空，是了花空眼。若智了于智，即是智空智，如眼了眼空，是了眼空眼。智虽了境空，及以了智空，非无了境智，境空智犹有。了境智空智，无境智不了，如眼了花空，及以了眼空，非无了花眼，花空眼犹有，了花眼空眼，无花眼不了。

复次，一切诸法悉假因缘，因缘所生，皆无自性。一法既尔，万法皆然。境智相从，于何不寂？何以故？因缘之法，性无差别故，今之三界轮回，六道升降，净秽苦乐，凡圣差殊，皆由三业、四仪、六根所对。随情造业，果报不同，善则受乐，恶则受苦。故经云："善恶为因，苦乐为果。"

当知法无定相，随缘摄集，缘非我有，故曰性空，空故非异，万法皆如。故经云："色即是空，四阴亦尔。"如是则何独凡类缘生，亦乃三乘圣果皆从缘有。是故经云："佛种从缘起。"是以万机丛凑，达之者，则无非道场；色像无边，悟之者，则无非般若。故经云："色无边故，当知般若亦无边。"何以故？境非智而不了，智非境而不生。智生则了境而生，境了则智生而了。智生而了，了无所了；了境而生，生无能生。生无能生，则内智寂寂；了无所了，则外境如如。如寂无差，境智冥一，万累都泯，妙旨存焉。故经云："般若无知，无所不知。"如是则妙旨非知，不知而知矣。

优毕叉颂第六

夫定乱分岐，动静之源莫二；愚慧乖路，明暗之本非殊。群迷，从暗而背明，舍静以求动；众悟，背动而从静，舍暗以求明。明生则转愚成慧，静立则息乱成定。定立由乎背动，慧生因乎舍暗。

暗动连系于烦笼,静明相趋于物表。物不能愚,功由于慧;烦不能乱,功由于定。定慧更资于静明,愚乱相缠于暗动。动而能静者,即乱而定也;暗而能明者,即愚而慧也。如是则暗动之本无差,静明由兹合道;愚乱之源非异,定慧于是同宗。宗同则无缘之慈,定慧则寂而常照,寂而常照则双与,无缘之慈则双夺。双夺故优毕叉,双与故毗婆奢摩。以奢摩他故,虽寂而常照;以毗婆舍那故,虽照而常寂;以优毕叉故,非照而非寂。照而常寂故,说俗而即真;寂而常照故,说真而即俗;非寂非照故,杜口于毗耶。

复次,观心十门:初则言其法尔,次则出其观体,三则语其相应,四则警其上慢,五则诫其疏怠,六则重出观体,七则明其是非,八则简其诠旨,九则触途成观,十则妙契玄源。

第一,言其法尔者,夫心性虚通,动静之源莫二;真如绝虑,缘计之念非殊。惑见纷驰,穷之则唯一寂;灵源不状,鉴之则以千差。千差不同,法眼之名自立;一寂非异,慧眼之号斯存;理量双消,佛眼之功圆著。是以三谛一境,法身之理恒清;三智一心,般若之明常照。境智冥合,解脱之应随机;非纵非横,圆伊之道玄会。故知三德妙性,宛尔无乖,一心深广难思,何出要而非路?是以即心为道者,可谓寻流而得源矣。

第二,出其观体者,只知一念即空不空、非空非不空。

第三,语其相应者,心与空相应,则讥毁赞誉何忧何喜?身与空相应,则刀割香涂何苦何乐?依报与空相应,则施与劫夺何得何失?心与空不空相应,则爱见都忘,慈悲普救;身与空不空相应,则内同枯木,外现威仪;依报与空不空相应,则永绝贪求,资财给济。心与空不空、非空非不空相应,则实相初明,开佛知见;身与空不空、非空非不空相应,则一尘入正受,诸尘三昧起;依报与空不空、非空非不空相应,则香台宝阁,严土化生。

第四,警其上慢者,若不尔者,则未相应也。

第五，诫其疏怠者，然渡海应须上船，非船何以能渡？修心必须入观，非观无以明心。心尚未明，相应何日？思之，勿自恃也。

第六，重出观体者，只知一念即空不空，非有非无，不知即念即空不空，非非有非非无。

第七，明其是非者，心不是有，心不是无，心不非有，心不非无。是有是无，即堕是；非有非无，即堕非。如是只是是非之非，未是非是非非之是。今以双非破两是，是破非是，犹是非。又以双非破两非，非破非非，即是是。如是只是非是非非之是，未是不非不不非，不是不不是。是非之惑，绵微难见，神清虑静，细而研之。

第八，简其诠旨者，然而至理无言，假文言以明其旨；旨宗非观，藉修观以会其宗。若旨之未明，则言之未的；若宗之未会，则观之未深。深观乃会其宗，的言必明其旨。旨宗既其明会，言观何得复存耶？

第九，触途成观者，夫再演言辞，重标观体，欲明宗旨无异。言观，有逐方移；移言，则言理无差；改观，则观旨不异。不异之旨即理，无差之理即宗，宗旨一而二名，言观明其弄引耳。

第十，妙契玄源者，夫悟心之士，宁执观而迷旨？达教之人，岂滞言而惑理？理明则言语道断，何言之能议？旨会则心行处灭，何观之能思？心言不能思议者，可谓妙契环中矣。

三乘渐次第七

夫妙道冲微，理绝名相之表；至真虚寂，量超群数之外。而能无缘之慈，随有机而感应；不二之旨，逐根性以区分。顺物忘怀，施而不作，终日说示，不异无言，设教多途，无乖一揆。是以大圣慈悲，随机利物，统其幽致，群籍非殊。中下之流，观谛缘而自小；高上之士，御六度而成大。由是品类愚迷，无能自晓，或因说而悟解,故号声闻。原其所修四谛而为本行,观无常而生恐,念空寂以求安,患六道之轮回,恶三界之生死,见苦常怀厌离,断集恒畏其生,证灭独契无为,修道唯论自度,大誓之心未普,摄化之道无施,六和之敬空然,三界之慈靡运,因乖万行,果阙圆常,六度未修,非小何类?如是则声闻之道也。

或有不因他说,自悟非常,偶缘散而体真,故名缘觉。原其所习十二因缘而为本行,观无明而即空,达诸行而无作,二因既非其业,五果之报何酬?爱取有以无疵,老死亦何所累?故能翛然独脱,静处幽居,观物变而悟非常,睹秋零而入真道。四仪庠序,摄心虑以恬愉;性好单栖,憩闲林而自适;不忻说法,现神力以化他。无佛之世出兴,作佛灯之后焰。身唯善寂,意玩清虚,独宿孤峰,观缘散灭,利他不普,自益未圆,于下有胜,于上不足,两非其类,位处中乘,如此辟支佛道也。

如其根性本明,玄功宿著,学非博涉,解自生知,心无所缘,而能利物,慈悲至大,爱见之所不拘,终日度生,不见生之可度,一异齐旨,解惑同源,人法俱空,故名菩萨。原其所修六度而为正因,行施则尽命倾财,持戒则吉罗无犯,忍辱则深明非我,割截何伤?安耐毁誉,八风不动。精进则勤求至道,如救头然,自行化他,刹那之顷无间。禅那则身心寂泊,安般希微,住寂定以自资,运四仪而利物。智慧则了知缘起,自性无生,万法皆如,真源至寂。虽知烦恼无可舍,菩提无可取,而能不证无为,度生长劫,广修万行,等观群方,下及谛缘,上该不共,大誓之心普被,四摄之道通收,总三界以为家,括四生而为子,悲智双运,福慧两严,超越二乘,独居其上,如是则大乘之道也。是以一真之理,逐根性以阶差,取益随机,三乘之唱备矣。然而至理虚玄,穷微绝妙,尚非其一,何是于三?不三之三而言三,不一之一而言一。一三非三尚不三,三一之一亦何一?一不一,自非三;三不三,自非一。非一一非三不留，非三三非一不立。不立之一本无三，不留之三本无一。一三本无无亦无，无无无本故妙绝。如是则一何所分？三何所合？合分自于人耳，何理异于言哉？

譬夫三兽渡河，河一宁从兽合？复何独河非兽合，亦乃兽不河分。河尚不成三河，岂得以河而合兽？兽尚不成一兽，岂得以兽而成河？河非兽而何三，兽非河而何一？一河独包三兽，而河未曾三；三兽共履一河，而兽未尝一。兽之非一，明其足有短长；河之不三，知其水无深浅。水无深浅，譬法之无差；足有短长，类智之有明昧。如是则法本无三，而人自三耳。

今之三乘之初，四谛最标其首，法之既以无差，四谛亦何非大？而言声闻观之，位居其小者哉。是知谛似于河，人之若兽。声闻最劣，与兔为俦，虽复奔波，宁穷浪底？未能知其深极，位自居卑，何必观谛之流，一概同其成小。如其智照高明，量齐香象者，则可以穷源尽际，焕然成大矣。故知下智观者，得声闻果；中智观者，得缘觉果；上智观者，得菩萨果。明宗皎然，岂容图度者矣？是以声闻见苦而断集，缘觉悟集散而观离，菩萨了达真源，知集本无和合。三人同观四谛，证果之所差殊，良由观有浅深，对照明其高下耳。是以下乘行下，中上之所未修；上乘行上，而修中下；中行中下，不修于上。上中下之在人，非谛令其大小耳。

然三乘虽殊，同归出苦之要。声闻虽小，见爱之惑已祛，故于三界无忧，分段之形灭矣。三明照耀开朗，八万之劫现前，六通纵任无为，山壁游之直度，时复空中行住，或坐卧之安然，泛沼则轻若鸿毛，涉地则犹如履水，九定之功满足，十八之变随心。然三藏之佛，望六根清净位，有齐有劣，同除四住，此处为齐，若伏无明，三藏则劣。佛尚为劣，二乘可知。望上断伏虽殊，于下悟迷有隔，如是则二乘何咎，而欲不修者哉？如来为对大根，引归宝所，令修种智，同契圆伊，或毁或誉，抑扬当时耳。凡夫不了，预畏被呵，宁知见爱尚存,去二乘而甚远?虽复言其修道,惑使诸所不祛,非唯身口未端,亦乃心由谄曲。见生自意,解背真诠,圣教之所不依,明师未曾承受,根缘非唯宿习,见解未预生知,而能世智辩聪,谈论以之终日,时复牵于经语,曲会私情,纵邪说以诳愚人,拨因果而排罪福,顺情则嬉怡生爱,违意则忏慉怀瞋。三受之状固然,称位乃侔菩萨;初篇之非未免,过人之衅又萦。大乘之所不修,而复讥于小学。恣一时之强口,谤说之患铿然,三途苦轮,报之长劫,哀哉吁哉!言及怆然悲酸矣。

然而达性之人,对境弥加其照;忘心之士,相善不涉其怀。况乎三业之邪非,宁有历心于尘滴?是以鉴玄之侣,净三受于心源;涤秽之流,扫七支于身口。无情罔侵尘业,有识无恼蜎螟,幽涧未足比其清,飞雪无以方其素。眷德若羽群扬翅,望星月以穷高;弃恶若鳞众惊钩,投江瀛而尽底。玄曦惭其照远,上界恧以缘消,境智合以圆虚,定慧均而等妙。桑田改而心无易,海岳迁而志不移,而能处愦非喧,凝神挺照,心源朗净,慧解无方,观法性而达真如,鉴金文而依了义,如是则一念之中,何法门而不具?如其妙慧未彰,心无准的,解非契理,行阙超尘,乖法性而顺常情,背圆诠而执权说,如是则次第随机,对根缘而设教矣。是以叙其纲纪,委悉余所未明,深浅宗途,略言其趣,三乘之学,影响知其分位耳。

事理不二第八

夫妙悟通衢,则山河非壅;迷名滞相,则丝毫成隔。然万法本源,由来实相;尘沙惑趣,原是真宗。故物像无边,般若无际者,以其法性本真,了达成智故也。譬夫行由通径,则万里可期,如其触物冲渠,则终朝域内。以其不知物有无形之畔,渠有穷虚之域故也。是以学游中道,则实相可期,如其执有滞无,则终归边见,以其不知有有非有之相,无有非无之实故也。

今之色相纷纭，穷之则非相；音声吼唤，究之则无言。迷之，则谓有形声；悟之，则知其圆寂。如是则真谛不乖于事理，即事理之体元真；妙智不异于了知，即了知之性元智。然而妙旨绝言，假文言以诠旨；真宗非相，假名相以标宗。譬夫象非雪山，假雪山而类象者，此但取其能类耳，岂以雪山而为象耶？今之法非常而执有，假非有以破常；性非断而执无，假非无而破断。类夫净非水灰，假水灰而洗净者，此但取其能洗耳，岂以水灰而为净耶？

故知中道不偏，假二边而辨正；断常非是，寄无有以明非。若有若无言既非，非有非无亦何是？信知妙达玄源者，非常情之所测也。何者？夫妄非愚出，真不智生。达妄名真，迷真曰妄。岂有妄随愚变，真逐智回？真妄不差，愚智自异耳。夫欲妙识玄宗，必先审其愚智；若欲审其愚智，善须明其真妄；若欲明其真妄，复当究其名体。名体若分，真妄自辨；真妄既辨，愚智迢然。是以愚无了智之能，智有达愚之实。故知非智无以明其真妄，非智莫能辨其名体。何者？或有名而无体，或因体而施名，名体混绪，实难穷究矣。是以体非名而不辨，名非体而不施，言体必假其名，语名必藉其体。今之体外施名者，此但名其无体耳，岂有体当其名耶？譬夫兔无角而施名，此则名其无角耳，岂有角当其名耶？无体而施名者，则名无实名也。名无实名，则所名无也。所名既无，能名不有也。何者？设名本以名其体，无体何以当其名？言体本以当其名，无名何以当其体？体无当而非体，名无名而非名，此则何独体而玄虚，亦乃名而本寂也。

然而无体当名，由来若此，名之体当，何所云为？夫体不自名，假他名而名我体；名非自设，假他体而施我名。若体之未形，则名何所名？若名之未设，则体何所明？然而明体虽假其名，不为不名而无体耳。设名要因其体，无体则名之本无。如是则体不名生，名生于体耳。今之体在名前，名从体后，辨者如此，则设名以名其体,故知体是名源耳。则名之所由,缘起于体。体之元绪,何所因依?

夫体不我形,假缘会而成体;缘非我会,因会体而成缘。若体之未形,则缘何所会?若缘之未会,则体何所形?体形则缘会而形,缘会则体形而会。体形而会,则明形无别会;形无别会,则会本无也。缘会而形,则明会无别形;会无别形,则形本无也。是以万法从缘,无自体耳。体而无自,故名性空。性之既空,虽缘会而非有;缘之既会,虽性空而不无。是以缘会之有,有而非有;性空之无,无而不无。何者?会即性空,故言非有;空即缘会,故曰非无。今言不有不无者,非是离有别有一无也,亦非离无别有一有也。如是则明法非有无,故以非有非无名耳,不是非有非无。既非有无,又非非有、非非无也。如是何独言语道断,亦乃心行处灭也。

劝友人书

婺州浦阳县佐溪山朗禅师召大师山居书

自到灵溪,泰然心意。高低峰顶,振锡常游。石室岩龛,拂巾宴坐。青松碧沼,明月自生。风扫白云,纵目千里。名花香果,蜂鸟衔将。猿啸长吟,远近皆听。锄头当枕,细草为毡。世上峥嵘,竞争人我。心地未达,方乃如斯。倘有寸阴,愿垂相访。

答朗禅师书

自别以来,经今数载,遥心眷想,时复成劳。忽奉来书,适然无虑,不委信后道体如何?法味资神,故应清乐也。玄觉粗得延时,钦咏德音,非言可述。承怀节操,独处幽栖,泯迹人间,潜形山谷，亲朋绝往，鸟兽时游。竟夜绵绵，终朝寂寂，视听都息，心累阒然。独宿孤峰，端居树下，息繁餐道，诚合如之。然而正道寂寥，虽有修而难会；邪徒喧扰，乃无习而易亲。若非解契玄宗，行符真趣者，则未可幽居抱拙，自谓一生欤。应当博问先知，伏膺诚恳，执掌屈膝，整意端容，晓夜忘疲，始终虔仰，折挫身口，蠲矜怠慢，不顾形骸，专精至道者，可谓澄神方寸欤。

夫欲采妙探玄，实非容易。决择之次，如履轻冰，必须侧耳目而奉玄音，肃情尘而赏幽致。忘言宴旨，濯累餐微，夕惕朝询，不滥丝发，如是则乃可潜形山谷，寂累绝群哉。其或心径未通，瞩物成壅，而欲避喧求静者，尽世未有其方。况乎郁郁长林，峨峨耸峭，鸟兽鸣咽，松竹森梢，水石峥嵘，风枝萧索，藤萝萦绊，云雾氤氲，节物衰荣，晨昏眩晃，斯之种类，岂非喧杂耶？故知见惑尚纡，触途成滞耳。是以先须识道，后乃居山。若未识道而先居山者，但见其山，必忘其道；若未居山而先识道者，但见其道，必忘其山。忘山则道性怡神，忘道则山形眩目。是以见道忘山者，人间亦寂也；见山忘道者，山中乃喧也。必能了阴无我，无我谁住人间？若知阴入如空，空聚何殊山谷？如其三毒未袪，六尘尚扰，身心自相矛盾，何关人山之喧寂耶？

且夫道性冲虚，万物本非其累；真慈平等，声色何非道乎？特因见倒惑生，遂成轮转耳。若能了境非有，触目无非道场，知了本无，所以不缘而照。圆融法界，解惑何殊？以含灵而辨悲，即想念而明智，智生则法应圆照，离境何以观悲？悲智理合通收。乖生何以能度？度尽生而悲大，照穷境以智圆。智圆，则喧寂同观；悲大，则怨亲普救。如是则何假长居山谷，随处任缘哉！况乎法法虚融，心心寂灭，本自非有，谁强言无？何喧扰之可喧，何寂静之可寂？若知物我冥一，彼此无非道场，复何徇喧杂于人间，散寂寞于山谷？是以释动求静者，憎枷爱杻也；离怨求亲者，厌槛忻笼也。若能慕寂于喧,市廛无非宴坐。征违纳顺,怨债由来善友矣。如是则劫夺毁辱,何曾非我本师?叫唤喧烦,无非寂灭。故知妙道无形,万像不乖其致;真如寂灭,众响靡异其源。迷之则见倒惑生,悟之则违顺无地。阒寂非有,缘会而能生;峨嶷非无,缘散而能灭。灭既非灭,以何灭灭?生既非生,以何生生?生灭既虚,实相常住矣。是以定水滔滔,何念尘而不洗?智灯了了,何惑雾而不祛?乖之则六趣循环,会之则三途迥出。如是则何不乘慧舟而游法海,而欲驾折轴于山谷者哉?

故知物类纭纭,其性自一。灵源寂寂,不照而知。实相天真,灵智非造。人迷谓之失,人悟谓之得。得失在于人,何关动静者乎?譬夫未解乘舟而欲怨其水曲者哉。若能妙识玄宗,虚心冥契,动静常矩,语默恒规,寂尔有归,恬然无间,如是则乃可逍遥山谷,放旷郊廛,游逸形仪,寂泊心腑,恬澹息于内,萧散扬于外,其身兮若拘,其心兮若泰,现形容于寰宇,潜幽灵于法界。如是则应机有感,适然无准矣。

因信略此,余更何申?若非志朋,安敢轻触?宴寂之暇,时暂思量,予必诳言无当,看竟,回充纸烬耳。不宣。

同友玄觉和南

证道歌

君不见绝学无为闲道人,不除妄想不求真。
无明实性即佛性,幻化空身即法身。
法身觉了无一物,本源自性天真佛。
五阴浮云空去来,三毒水泡虚出没。
证实相,无人法,刹那灭却阿鼻业。
若将妄语诳众生,自招拔舌尘沙劫。

顿觉了，如来禅，六度万行体中圆。
梦里明明有六趣，觉后空空无大千。
无罪福，无损益，寂灭性中莫问觅。
比来尘镜未曾磨，今日分明须剖析。
谁无念？谁无生？若实无生无不生。
唤取机关木人问，求佛施功早晚成。
放四大，莫把捉，寂灭性中随饮啄。
诸行无常一切空，即是如来大圆觉。
决定说，表真乘，有人不肯任情征。
直截根源佛所印，摘叶寻枝我不能。
摩尼珠，人不识，如来藏里亲收得。
六般神用空不空，一颗圆光色非色。
净五眼，得五力，唯证乃知难可测。
镜里看形见不难，水中捉月争拈得？
常独行，常独步，达者同游涅槃路。
调古神清风自高，貌悴骨刚人不顾。
穷释子，口称贫，实是身贫道不贫。
贫则身常披缕褐，道则心藏无价珍。
无价珍，用无尽，利物应机终不吝。
三身四智体中圆，八解六通心地印。
上士一决一切了，中下多闻多不信。
但自怀中解垢衣，谁能向外夸精进？
从他谤，任他非，把火烧天徒自疲。
我闻恰似饮甘露，销融顿入不思议。
观恶言，是功德，此即成吾善知识。
不因讪谤起冤亲，何表无生慈忍力？
宗亦通，说亦通，定慧圆明不滞空。

非但我今独达了,恒沙诸佛体皆同。
狮子吼,无畏说,百兽闻之皆脑裂。
香象奔波失却威,天龙寂听生欣悦。
游江海,涉山川,寻师访道为参禅。
自从认得曹溪路,了知生死不相关。
行亦禅,坐亦禅,语默动静体安然。
纵使锋刀常坦坦,假饶毒药也闲闲。
我师得见燃灯佛,多劫曾为忍辱仙。
几回生,几回死,生死悠悠无定止。
自从顿悟了无生,于诸荣辱何忧喜。
入深山,住兰若,岑崟幽邃长松下。
优游静坐野僧家,阒寂安居实潇洒。
觉即了,不施功,一切有为法不同。
住相布施生天福,犹如仰箭射虚空。
势力尽,箭还坠,招得来生不如意。
争似无为实相门,一超直入如来地。
但得本,莫愁末,如净琉璃含宝月。
既能解此如意珠,自利利他终不竭。
江月照,松风吹,永夜清宵何所为?
佛性戒珠心地印,雾露云霞体上衣。
降龙钵,解虎锡,两钴金环鸣历历。
不是标形虚事持,如来宝杖亲踪迹。
不求真,不断妄,了知二法空无相。
无相无空无不空,即是如来真实相。
心镜明,鉴无碍,廓然莹彻周沙界。
万象森罗影现中,一颗圆光非内外。
豁达空,拨因果,莽莽荡荡招殃祸。

弃有著空病亦然，还如避溺而投火。
舍妄心，取真理，取舍之心成巧伪。
学人不了用修行，真成认贼将为子。
损法财，灭功德，莫不由斯心意识。
是以禅门了却心，顿入无生知见力。
大丈夫，秉慧剑，般若锋兮金刚焰。
非但空摧外道心，早曾落却天魔胆。
震法雷，击法鼓，布慈云兮洒甘露。
龙象蹴踏润无边，三乘五性皆醒悟。
雪山肥腻更无杂，纯出醍醐我常纳。
一性圆通一切性，一法遍含一切法。
一月普现一切水，一切水月一月摄。
诸佛法身入我性，我性同共如来合。
一地具足一切地，非色非心非行业。
弹指圆成八万门，刹那灭却三祇劫。
一切数句非数句，与吾灵觉何交涉？
不可毁，不可赞，体若虚空勿涯岸。
不离当处常湛然，觅即知君不可见。
取不得，舍不得，不可得中只么得。
默时说，说时默，大施门开无壅塞。
有人问我解何宗，报道摩诃般若力。
或是或非人不识，逆行顺行天莫测。
吾早曾经多劫修，不是等闲相诳惑。
建法幢，立宗旨，明明佛敕曹溪是。
第一迦叶首传灯，二十八代西天记。
法东流，入此土，菩提达磨为初祖。
六代传衣天下闻，后人得道何穷数？

真不立，妄本空，有无俱遣不空空。
二十空门元不著，一性如来体自同。
心是根，法是尘，两种犹如镜上痕。
痕垢尽除光始现，心法双忘性即真。
嗟末法，恶时世，众生福薄难调制。
去圣远兮邪见深，魔强法弱多恐害。
闻说如来顿教门，恨不灭除令瓦碎。
作在心，殃在身，不须冤诉更尤人。
欲得不招无间业，莫谤如来正法轮。
旃檀林，无杂树，郁密森沉狮子住。
境静林间独自游，走兽飞禽皆远去。
狮子儿，众随后，三岁便能大哮吼。
若是野干大法王，百年妖怪虚开口。
圆顿教，勿人情，有疑不决直须争。
不是山僧逞人我，修行恐落断常坑。
非不非，是不是，差之毫厘失千里。
是则龙女顿成佛，非则善星生陷坠。
吾早年来积学问，亦曾讨疏寻经论。
分别名相不知休，入海算沙徒自困。
却被如来苦诃责，数他珍宝有何益？
后来蹭蹬觉虚行，多年枉作风尘客。
种性邪，错知解，不达如来圆顿制。
二乘精进勿道心，外道聪明无智慧。
亦愚痴，亦小騃，空拳指上生实解。
执指为月枉施功，根境法中虚捏怪。
不见一法即如来，方得名为观自在。
了即业障本来空，未了应须还夙债。

饥逢王膳不能餐，病遇医王争得瘥？
在欲行禅知见力，火中生莲终不坏。
勇施犯重悟无生，早时成佛于今在。
狮子吼，无畏说，深嗟懵懂顽皮靼。
只知犯重障菩提，不见如来开秘诀。
有二比丘犯淫杀，波离萤光增罪结。
维摩大士顿除疑，犹如赫日销霜雪。
不思议，解脱力，妙用恒沙也无极。
四事供养敢辞劳，万两黄金亦销得。
粉骨碎身未足酬，一句了然超百亿。
法中王，最高胜，恒沙如来同共证。
我今解此如意珠，信受之者皆相应。
了了见，无一物，亦无人，亦无佛。
大千沙界海中沤，一切圣贤如电拂。
假使铁轮顶上旋，定慧圆明终不失。
日可冷，月可热，众魔不能坏真说。
象驾峥嵘谩进途，谁道螳螂能拒辙？
大象不游于兔径，大悟不拘于小节。
莫将管见谤苍苍，未了吾今为君诀。

卷第四

寒山拾得诗

御制序

寒山诗三百余首,拾得诗五十余首,唐闾邱太守写自寒岩,流传阎浮提界。读者或以为俗语,或以为韵语,或以为教语,或以为禅语。如摩尼珠,体非一色,处处皆圆,随人目之所见。朕以为非俗非韵,非教非禅,真乃古佛直心直语也。永明云:“修习空花万行,宴坐水月道场,降伏镜里魔军,大作梦中佛事。”如二大士者,其庶几乎正信调直,不离和合因缘,圆满光华,周遍大千世界。不萌枝上,金凤翱翔;无影树边,玉象围绕。性空行实,性实行空。妄有真无,妄无真有。有空无实,念念不留;有实无空,如如不动。是以直心直语,如是如是。学者狐疑净尽,圆证真如,亦能有无一体,性行一贯,乃可与读二大士之诗,否则随文生解,总无交涉也。删而录之,以贻后世,寒山子云:“有子期,辨此音。”是为序。

雍正十一年癸丑五月朔日

寒山拾得诗序

唐朝议大夫使持节台州诸军事守
刺史上柱国赐绯鱼袋闾邱胤撰

详夫寒山子者，不知何许人也，自古老见之，皆谓贫人、疯狂之士。隐居天台唐兴县西七十里，号为寒岩。每于兹地，时还国清寺。

寺有拾得，知食堂，寻常收贮余残菜滓于竹筒内，寒山若来，即负而去。或长廊徐行，叫噪陵人，或望空独笑。时僧遂捉骂打趁，乃驻立抚掌，呵呵大笑，良久而去。且状如贫子，形貌枯悴。一言一气，理合其意，沉思有得，或宣畅乎道情，凡所启言，洞该玄默。乃桦皮为冠，布裘破敝，木屐履地，是故至人遁迹，同类化物，或长廊唱咏，惟言："咄哉！咄哉！三界轮回。"或于村墅与牧牛子而歌笑，或逆或顺，自乐其性，非哲者，安可识之矣？

胤顷受丹邱薄宦，临途之日，乃萦头痛，遂召日者医治，转重，乃遇一禅师名丰干，言从天台山国清寺来，特此相访。乃命救疾，师乃舒容而笑曰："身居四大，病从幻生，若欲除之，应须净水。"时乃持净水上师，师乃噀之，须臾祛殄，乃谓胤曰："台州海岛岚毒，到日必须保护。"

胤乃问曰："未审彼地当有何贤堪为师仰？"

师曰："见之不识，识之不见。若欲见之，不得取相，乃可见之。寒山文殊遁迹国清，拾得普贤状如贫子，又似疯狂，或去或来，在国清寺库院走使，厨中著火。"言讫，辞去。

胤乃进途，至任台州，不忘其事，到任三日后，亲往寺院，躬问禅宿，果合师言，乃令勘唐兴县有寒山、拾得是否。时县申称当县界西七十里内有一岩,岩中古老,见有贫士,频往国清寺,止宿寺库中,有一行者,名曰拾得。胤乃特往礼拜。到国清寺,乃问寺众:"此寺先有丰干禅师院在何处?并拾得、寒山子现在何处?"

时僧道翘答曰:"丰干禅师院在经藏后,即今无人住得,每有一虎时来此吼。寒山、拾得二人现在厨中。"

僧引胤至丰干禅师院,乃开房,唯见虎迹,乃问僧宝德、道翘禅师:"在日有何行业?"

僧曰:"丰干在日唯攻舂米供养,夜乃唱歌自乐。"

遂至厨中,灶前见二人向火大笑,胤便礼拜,二人连声喝胤,自相把手呵呵大笑,叫唤乃云:"丰干饶舌!饶舌!弥陀不识,礼我何为?"僧徒奔集,递相惊讶。何故尊官礼二贫士?时二人乃把手走出寺,乃令逐之,急走而去,即归寒岩。

胤乃重问僧曰:"此二人肯止此寺否?"乃令觅访,唤归寺安置。胤乃归郡,遂置净衣二对、香药等,持送供养。

时二人更不返寺,使乃就岩送上而见,寒山子乃高声喝曰:"贼!贼!"退入岩穴,乃云:"报汝诸人,各各努力。"入穴而去,其穴自合,莫可追之。其拾得迹沉无所。乃令僧道翘等,具往日行状,唯于竹木石壁书诗,并村墅人家厅壁上所书文句三百余首,及拾得于土地堂壁上书言偈,并纂集成卷。胤栖心佛理,幸逢道人,乃为赞曰:

菩萨遁迹,示同贫士。
独居寒山,自乐其志。
貌悴形枯,布裘敝止。
出言成章,谛实至理。
凡人不测,谓疯狂子。
时来天台,入国清寺,

徐步长廊，呵呵抚指。
或走或立，喃喃独语。
所食厨中，残饭菜滓。
吟偈悲哀，僧俗咄捶，
都不动摇，时人自耻。
作用自在，凡愚难值。
即出一言，顿祛尘累。
是故国清，图写仪轨，
永劫供养，长为弟子。
昔居寒山，时来兹地，
稽首文殊，寒山之士，
南无普贤，拾得定是。
聊申赞叹，愿超生死。

妙觉普度和圣寒山大士诗

重岩我卜居，鸟道绝人迹。
庭际何所有？白云抱幽石。
住兹凡几年，屡见春冬易。
寄语钟鼎家，虚名定何益？

欲得安身处，寒山可长保。
微风吹幽松，近听声愈好。
下有斑白人，喃喃读黄老。
十年归不得，忘却来时道。

岩前独静坐，圆月当天耀，
万象影现中，一轮本无照。
廓然神自清，含虚洞元妙，
因指见其月，月是心枢要。

水清澄澄莹，彻底自然见。
心中无一事，万境不能转。
心既不妄起，永劫无改变。
若能如是知，是知无背面。

寒岩深复好，无人行此道。
白云高岫间，青嶂孤猿啸。
我更何所亲？畅志自宜老，
形容寒暑迁，心珠甚可保。

吾家好隐沦，居处绝嚣尘。
践草成三径，瞻云作四邻。
助歌声有鸟，问法语无人。
今日娑婆树，几年为一春？

人问寒山道，寒山路不通。
夏天冰未释，日出雾朦胧。
似我何由届？与君心不同。
君心若似我，还得到其中。

家住绿岩下，庭芜更不芟。
新藤垂缭绕，古石竖巉岩。
山果猕猴摘，池鱼白鹭衔。
仙书一两卷，树下读喃喃。

报汝修道者，进求空劳神。
人有精灵物，无字复无文。
呼时历历应，隐虚不居存。
叮咛善保护，勿令有点痕。

自乐平生道，烟萝石洞间。
野情多放旷，长伴白云闲。
有路不通世，无心孰可攀？
石床孤夜坐，圆月上寒山。

时人寻云路，云路杳无踪。
山高多险峻，涧阔少玲珑。

碧嶂前兼后，白云西复东。
欲知云路处，云路在虚空。

凡读我诗者，心中须护净。
悭贪继日廉，谄曲登时正。
驱除遣恶业，归依受真性。
今日得佛身，急急如律令。

手笔太纵横，身材极魁伟。
生为有限身，死作无名鬼。
自古多如此，君今争奈何？
可来白云里，教你紫芝歌。

惯居幽隐处，乍向国清中。
时访丰干老，仍来看拾公。
独回上寒岩，无人话合同。
寻究无源水，源穷水不穷。

一向寒山坐，淹留三十年。
昨来访亲友，大半入黄泉。
渐灭如残烛，长流似逝川。
今朝对孤影，不学泪双悬。

有酒相招饮，有肉相呼吃。
黄泉前后人，少壮须努力。
玉带暂时花，金钗非久饰。
张翁与郑婆，一去无消息。

可怜好丈夫，身体极棱棱。
春秋未三十，才艺百般能。
金骑逐侠客，玉馔集良朋。
唯有一般恶，不传无尽灯。

我见东家女，年可十有八。
西舍竞来问，愿姻夫妻恬。
烹羊煮众命，聚头作淫杀。
含笑乐呵呵，啼哭受殃决。

益者益其精，可名为有益。
易者易其形，是名为有易。
能益复能易，当得上仙籍。
无益复无易，终不免死厄。

我今有一襦，非罗复非绮。
借问作何色？不红亦不紫。
夏天将作衫，冬天将作被。
冬夏递互用，长年只这是。

恶趣甚茫茫，冥冥无日光。
人间八百岁，未抵半宵长。
此等诸痴子，论情甚可伤。
劝君求出离，认取法中王。

有人把椿树，唤作白旃檀。
学道多沙数，几个得泥洹？

弃金却担草，谩他亦自谩。
似聚沙一处，成团也大难。

欲识生死譬，且将冰水比。
水结即成冰，冰消返成水。
已死必应生，出生还复死。
冰水不相伤，生死还双美。

人生不满百，常怀千载忧。
自身病始可，又为子孙愁。
下视禾根土，上看桑树头。
秤锤落东海，到底始知休。

有树先林生，计年逾一倍。
根遭陵谷变，叶被风霜改。
咸笑外凋零，不怜内文彩。
皮肤脱落尽，唯有真实在。

有人畏白首，不肯舍朱绂。
采药空求仙，根苗乱挑掘。
数年无效验，痴意瞋怫郁。
猎师披袈裟，原非汝使物。

老翁娶少妇，发白妇不耐。
老婆嫁少夫，面黄夫不爱。
老翁娶老婆，一一无弃背。
少妇嫁少夫，两两相怜态。

高高峰顶上，四顾极无边。
独坐无人知，孤月照寒泉。
泉中且无月，月自在青天。
吟此一曲歌，歌中不是禅。

世有多事人，广学诸知见，
不识本真性，与道转悬远。
若能明实相，岂用陈虚愿？
一念了自心，开佛之知见。

丈夫莫守困，无钱须经纪。
养得一牸牛，生得五犊子。
犊子又生儿，积数无穷已。
寄语陶朱公，富与君相似。

寒山有裸虫，身白而头黑。
手把两卷书，一道将一德。
住不安釜灶，行不赍粮裓。
常持智慧剑，拟破烦恼贼。

可贵天然物，独立无伴侣。
觅他不可见，出入无门户。
促之在方寸，延之一切处。
你若不信受，相逢不相遇。

大海水无边，鱼龙万万千。
递互相食啖，冗冗痴肉团。

为心不了绝，妄想起如烟。
性月澄澄朗，廓尔照无边。

教汝数般事，思贤知我贤。
极贫忍卖屋，才富须买田。
空腹不得走，枕头须莫眠。
此言期共见，挂在日东边。

昔时可可贫，今日最贫冻。
作事不谐和，触途成倥偬。
行泥屡脚屈，坐社频腹痛。
失却斑猫儿，老鼠围饭瓮。

余家有一窟，窟中无一物。
净洁空堂堂，光华明日月。
蔬食养微躯，布裘遮幻质。
任你千圣现，我有天真佛。

从生不往来，至死无仁义。
言既有枝叶，心怀便谂诐。
若其开小道，缘此生大伪。
诈说造云梯，削之成棘刺。

一瓶铸金成，一瓶埏泥出。
二瓶任君看，哪个瓶牢实？
欲知瓶有二，须知业非一。
将此验生因，修行在今日。

不见朝垂露，日烁自消除。
人身亦如此，阎浮是寄居。
慎莫因循过，且令三毒祛。
菩提即烦恼，尽令无有余。

国以人为本，犹如树因地。
地厚树扶疏，地薄树憔悴。
不得露其根，枝枯子先坠。
决陂以取鱼，是求一期利。

昔日经行处，今复七十年。
故人无往来，埋在古冢间。
余今头已白，犹守片云山。
为报后来者，何不读古言？

我见利智人，观者便知意，
不假寻文字，直入如来地。
心不逐诸缘，意根不妄起，
心意不生时，内外无余事。

本志慕道伦，道伦常获亲，
时逢社源客，每接话禅宾。
谈玄月明夜，探理日临晨，
万机俱泯迹，方识本来人。

世事何悠悠，贪生未肯休，
研尽大地石，何时得歇头？

四时凋变易，八节急如流，
为报火宅主，露地骑白牛。

可叹浮生人，悠悠何日了？
朝朝无闲时，年年不觉老。
总为求衣食，令心生烦恼。
扰扰百千年，去来三恶道。

二仪既开辟，人乃居其中。
迷汝即吐雾，醒汝即吹风，
惜汝即富贵，夺汝即贫穷。
碌碌群汉子，万事由天公。

传语诸公子，听说石齐奴，
僮仆八百人，水碓三十区，
舍下养鱼鸟，楼上吹笙竽，
伸头临白刃，痴心为绿珠。

出身既扰扰，世事非一状，
未能舍流俗，所以相追访。
昨吊徐五死，今送刘三葬，
日日不得闲，为此心凄怆。

世有一般人，不恶又不善，
不识主人翁，随客处处转，
因循过时光，浑是痴肉脔，
虽有一灵台，如同客作汉。

是我有钱日，恒为汝货将。
汝今既饱暖，见我不分张。
须忆汝欲得，似我今承望。
有无更代事，劝汝熟思量。

人以身为本，本以心为柄。
本在心莫邪，心邪丧本命。
未能免此殃，何言懒照镜？
不念《金刚经》，却令菩萨病。

五岳俱成粉，须弥一寸山。
大海一滴水，吸入其心田。
生长菩提子，遍盖天中天。
语汝慕道者，慎莫绕十缠。

无衣自访觅，莫共狐谋裘。
无食自采取，莫共羊谋馐。
借皮兼借肉，怀叹复怀愁，
皆缘义所失，衣食常不周。

我见黄河水，凡经几度清。
水流如急箭，人世若浮萍。
痴属根本业，无明烦恼坑。
轮回几许劫，只为造迷盲。

常闻释迦佛，先受然灯记，
然灯与释迦，只论前后智。

前后体非殊，异中无有异，
一佛一切佛，心是如来地。

一人好头肚，六艺尽皆通。
南见趁向北，西见趁向东。
长漂如泛萍，不息似飞蓬。
问是何等色，姓贫名曰空。

柳郎八十二，蓝嫂一十八。
夫妻共百年，相连情狡猾。
弄璋字乌皦，掷瓦名婠妠，
屡见枯杨荑，常遭青女杀。

可笑五阴窟，四蛇同苦居。
黑暗无明烛，三毒递相驱。
伴当六个贼，劫掠法财珠。
斩却魔军辈，安泰湛如苏。

世有一等流，悠悠似木头。
出语无知解，云我百不忧。
问道道不会，问佛佛不求。
仔细推寻著，茫然一场愁。

鹿生深林中，饮水而食草。
伸脚树下眠，可怜无烦恼。
系之在华堂，肴膳极肥好。
终日不肯尝，形容转枯槁。

自古多少圣，叮咛教自信。
人根性不等，高下有利钝。
真佛不肯认，置力枉受困。
不知清净心，便是法王印。

可畏三界轮，念念未曾息。
才始似出头，又却遭沉溺。
假使非非想，盖缘多福力。
争似识真源，一得即永得？

可畏轮回苦，往复似翻尘。
蚁巡环未息，六道乱纷纷。
改头换面孔，不离旧时人。
速了黑暗狱，无令心性昏。

余乡有一宅，其宅无正主。
地生一寸草，水垂一滴露。
火烧六个贼，风吹黑云雨。
仔细寻本人，布裹真珠尔。

寒山出此语，此语无人信。
蜜甜足人尝，黄檗苦难吞。
顺情生喜悦，逆意多瞋恨。
但看木傀儡，弄了一场困。

有个王秀才，笑我诗多失。
云不识蜂腰，仍不会鹤膝，

平仄不解压，凡言取次出。
我笑你作诗，如盲徒咏日。

三五痴后生，作事不真实。
未读十卷书，强把雌黄笔。
将他《儒行》篇，唤作贼盗律。
脱体似蟫虫，咬破他书帙。

众生不可说，何意许颠邪？
面上两恶鸟，心中三毒蛇。
是渠作障碍，使你事烦拿。
高攀手弹指，南无佛陀耶。

时人见寒山，各谓是疯颠。
貌不起人目，身唯布裘缠。
我语他不会，他语我不言。
为报往来者，可来向寒山。

劝你休去来，莫恼他阎老。
失脚入三途，粉骨遭千捣。
长为地狱人，永隔今生道。
勉你信余言，识取衣中宝。

男儿大丈夫，作事莫莽卤。
劲挺铁石心，直取菩提路。
邪路不用行，行之枉辛苦。
不要求佛果，识取心王主。

城北仲翁翁，渠家多酒肉。
仲翁妇死时，吊客满堂屋。
仲翁自身亡，能无一人哭。
吃他杯脔者，何太冷心腹？

人生一百年，佛说十二部。
慈悲如野鹿，瞋怒似家狗。
家狗赶不去，野鹿常好走。
欲伏猕猴心，须听狮子吼。

我见百十狗，个个毛鬡鬡，
卧者乐自卧，行者乐自行。
投之一块骨，相与啀喍争，
良由为骨少，狗多分不平。

猪吃死人肉，人吃死猪肠。
猪不嫌人臭，人返道猪香。
猪死抛水内，人死掘地藏。
彼此莫相吃，莲花生沸汤。

世有一等愚，茫茫恰似驴。
还解人言语，贪淫状若猪。
险歌难可测，实语却成虚。
谁能共伊语，令教莫此居。

怜底众生病，餐尝略不厌。
蒸豚揾蒜酱，炙鸭点椒盐。

去骨鲜鱼烩，兼皮熟肉脸。
不知他命苦，只取自家甜。

寄语诸仁者，复以何为怀？
达道见自性，自性即如来。
天真原具足，修证转差回。
弃本却逐末，只守一场呆。

下愚读我诗，不解却嗤诮。
中庸读我诗，思量云甚要；
上贤读我诗，把著满面笑。
杨修见幼妇，一览便知妙。

五言五百篇，七字七十九。
三字二十一，都来六百首。
一例书岩石，自夸云好手。
若能会我诗，真是如来母。

吾心似秋月，碧潭清皎洁。
无物堪比伦，教我如何说？
碧涧泉水清，寒山月华白。
默知神自明，观空境逾寂。

瞋是心中火，能烧功德林。
欲行菩萨道，忍辱护真心。
闲自访高僧，烟山万万层。
师亲指归路，月挂一轮灯。

闲游华顶上，天朗月光辉。
四顾晴空里，白云同鹤飞。
身著空花衣，足蹑龟毛履。
手把兔角弓，拟射无明鬼。

多少天台人，不识寒山子。
莫知真意度，唤作闲言语。

粤自居寒山，曾经几万载。
任运遁林泉，栖迟观自在。
岩中人不到，白云常叆叆。
细草作卧褥，青天为被盖。
快活枕石头，天地任变改。

自羡山间乐，逍遥无倚托。
逐日养残躯，闲思无所作。
时披古佛书，往往登石阁。
下窥千尺崖，上有云盘礴。
寒月冷飕飕，身似孤飞鹤。

昔日极贫苦，夜夜数他宝。
今日审思量，自家须营造。
掘得一宝藏，纯是水晶珠。
大有碧眼胡，密拟买将去。
余即报渠言，此珠无价数。

一生慵懒作，憎重只便轻。
他家学事业，余背一卷经。
无心装标轴，来去省人擎。
应病则说药，方便度众生。
但自心无事，何处不惺惺？

有人笑我诗，我诗合典雅。
不烦郑氏笺，岂用毛公解？
不恨会人稀，只为知音寡。
若遣趁宫商，余病莫能罢。
忽遇明眼人，即自流天下。

我见人转经，依他言语会。
口转心不转，心口相违背。
心真无委曲，不作诸缠盖。
但且自省躬，莫觅他替代。
可中作得主，是知无内外。

余劝诸稚子，急离火宅中。
三车在门外，载你免飘蓬。
露地四衢坐，当天万事空。
十方无上下，来往任西东。
若得个中意，纵横处处通。

我见出家人，不习出家学。
欲知真出家，心净无绳索。
澄澄绝玄妙，如如无倚托。

三界任纵横，四生不可泊。
无为无事人，逍遥实快乐。

寒山出此语，复似颠狂汉。
有事对面说，所以足人怨。
心直出语直，直心无背面。
临死渡奈河，谁是喽罗汉？
冥冥泉台路，被业相拘绊。

忆得二十年，徐步国清归。
国清寺中人，尽道寒山痴。
痴人何用疑？疑不解寻思。
我尚自不识，是伊争得知？
低头不用问，问得复何为？
有人来骂我，分明了了知。
虽然不应对，却是得便宜。

语你出家辈，何名为出家？
奢华求养活，继缀族姓家。
美舌甜唇嘴，谄曲心钩加。
终日礼道场，持经置功课。
炉烧神佛香，打钟高声和。
六时养客舂，夜夜不得卧。
只为爱钱财，心中不脱洒。
见他高道人，却嫌诽谤骂。
驴屎比麝香，苦哉佛陀耶！

又见出家儿，有力及无力。
上上高节者，鬼神钦道德，
君王分辇坐，诸侯拜迎逆。
堪为世福田，世人须保惜。
下下低愚者，作现多求觅。
浊滥即可知，愚痴爱财色，
著却福田衣，种田讨衣食。
作债税牛犁，为事不忠直，
朝朝行弊恶，往往痛臀脊。
不解善思量，地狱苦无极。
一朝著病缠，三年卧床席。
亦有真佛性，翻作无明贼。
南无佛陀耶，远远求弥勒。

上人心猛利，一闻便知妙。
中流心清净，审思云甚要；
下士钝暗痴，顽皮最难裂。
直得血淋漓，始知自摧灭。
看取开眼贼，闹市集人决。
死尸弃如尘，此时向谁说？
男女大丈夫，一刀两段截。
人面禽兽心，造作何时歇？

我见转轮王，千子常围绕，
十善化四天，庄严多七宝。
七宝镇随身，庄严甚妙好。
一朝福报尽，犹若栖芦鸟，

还作牛领虫，六趣受业道。
况复诸凡夫，无常岂长保？
生死如旋火，轮回似麻稻。
不解早觉悟，为人枉虚老。

寒山有一宅，宅中无栏隔。
六门左右通，堂中见天碧。
房房虚索索，东壁打西壁。
其中一物无，免被人来借。
寒到烧软火，饥来煮菜吃。
不学田舍翁，广置田庄宅。
尽作地狱业，一入何曾极？
好好善思量，思量知轨则。

寒山无漏岩，其岩甚济要。
八风吹不动，万古人传妙。
寂寂好安居，空空离讥诮。
孤月夜长明，圆日常来照。
虎丘兼虎溪，不用相呼召。
世间有王傅，莫把同周邵。
我自遁寒岩，快活长歌笑。
沙门不持戒，道士不服药。
自古多少贤，尽在青山脚。

自闻梁朝日，四依诸贤士。
宝志万回师，四仙傅大士。
显扬一代教，作持如来使。

建造僧伽蓝，信心归佛理。
虽乃得如斯，有为多患累。
与道殊悬远，拆西补东尔。
不达无为功，损多益少矣。
有声而无形，至今何处是？

我见凡愚人，多畜资财谷。
饮酒食生命，谓言我富足。
莫知地狱深，唯求上天福。
罪业如毗富，岂得免灾毒？
财主忽然死，争共当头哭。
供僧读疏文，空是鬼神禄。
福田一个无，虚设一群秃。
不如早觉悟，莫作黑暗狱。
狂风不动树，心真无罪福。
寄语兀兀人，叮咛再三读。

心高如山岳，人我不伏人。
解讲闱陀典，能谈三教文。
心中无惭愧，破戒违律文。
自言上人法，称为第一人。
愚者皆赞叹，智者抚掌笑。
阳焰虚空花，岂得免生老？
不如百不解，静坐绝忧恼。

侬家暂下山，入到城隍里。
逢见一群女，端正容貌美。

头戴蜀样花，胭脂涂粉腻。
金钏缕银朵，罗衣绯红紫。
朱颜类神仙，香带氤氲气。
时人皆顾盼，痴爱染心意。
谓言世无双，魂影随他去。
狗咬枯骨头，虚自舐唇齿。
不解返思量，与畜何曾异？
今成白发婆，老陋若精魅。
无始由狗心，不超解脱地。

昨到云霞观，忽见仙尊士，
星冠月帔横，尽云居山水。
余问神仙术，云道若为比？
谓言灵无上，妙药心神秘。
守死待鹤来，皆道乘鱼去。
余乃返穷之，推寻勿道理。
但看箭射空，须臾还坠地。
饶你得仙人，恰似守尸鬼。
心月自精明，万象何能比？
欲知仙丹术，身内元神是。
莫学黄巾公，握愚自守拟。

我有六兄弟，就中一个恶。
打伊又不得，骂伊又不著。
处处无奈何，耽财好淫杀。
见好埋头爱，贪心过罗刹。
阿爷恶见伊，阿娘嫌不悦。

昨被我捉得，恶骂恣情掣。
趁向无人处，一一向伊说。
汝今须改行，覆车须改辙。
若也不信受，共汝恶合杀。
汝受我调伏，我共汝觅活。
从此尽和同，如今过菩萨。
学业攻炉冶，炼尽三山铁。
至今静恬恬，众人皆赞说。

三界人蠢蠢，六道人茫茫，
贪财爱淫欲，心恶若豺狼。
地狱如箭射，极苦若为当？
兀兀过朝夕，都不别贤良。
好恶总不识，犹如猪及羊。
共语如木石，嫉妒似颠狂。
不自见己过，如猪在圈卧。
不知自偿债，却笑牛牵磨。

推寻世间事，仔细总要知。
凡事莫容易，尽爱讨便宜。
护即弊成好，毁即是成非。
故知杂滥口，背面总由伊。
冷暖我自量，不信奴唇皮。

云山叠叠连天碧，路僻林深无客游。
远望孤蟾明皎皎，近闻群鸟语啾啾。

老夫独坐栖青嶂，少室闲居任白头。
可叹往年与今日，无心还似水东流。

世间何事最堪嗟，尽是三途造业柤。
不学白云岩下客，一条寒衲是生涯。
秋到任他林叶落，春来从你树开花。
三界横眠无一事，清风明月是吾家。

我家本住在寒山，石岩栖息离烦缘。
泯时万象无痕迹，舒处周流遍大千。
光影腾辉照心地，无有一法当现前。
方知摩尼一颗珠，解用无方处处圆。

余家本住在天台，云路烟深绝客来。
千仞岩峦深可遁，万重溪涧石楼台。
桦巾木屐沿流步，布裘藜杖绕山回。
自觉浮生幻化事，逍遥快乐实奇哉！

众星罗列夜深明，岩点孤烛月未沉。
圆满光华不磨莹，挂在青天是我心。

千年石上古人踪，万丈岩前一点空。
明月照时常皎洁，不劳寻讨问西东。

寒山顶上月轮孤，照见晴空一物无。
可贵天然无价宝，埋在五阴溺身躯。

我向前溪照碧流，或向岩边坐磐石。
心似孤云无所依，悠悠世事何须觅？

千生万死何时已？生死来去转迷情。
不识心中无价宝，恰似盲驴信脚行。

一住寒山万事休，更无杂念挂心头。
闲于石壁题诗句，任运还同不系舟。

我居山，勿人识。
白云中，常寂寂。
寒山深，称我心。
纯白石，勿黄金。
泉声响，抚伯琴。
有子期，辨此音。
重岩中，足清风。
扇不摇，凉气通。
明月照，白云笼。
独自坐，一老翁。
寒山子，长如是。
独自居，不生死。

家有寒山诗，胜汝看经卷，
书放屏风上，时时看一遍。

圆觉慈度合圣拾得大士诗

自从到此天台寺，经今早已几冬春。山水不移人自老，见却多少后生人。君不见三界之中纷扰扰，只为无明不了绝。一念不生心澄然，无去无来不生灭。

我见顽钝人，灯心拄须弥。
蚁子啮大树，焉知气力微？
学咬两茎菜，言与祖师齐。
火急求忏悔，从今辄莫迷。

君见月光明，照烛四天下。
圆辉挂太虚，莹净能潇洒。
人道有亏盈，我见无衰谢。
状似摩尼珠，光明无昼夜。

余住无方所，盘礴无为理。
时陟涅槃山，或玩香林寺。
寻常只是闲，言不干名利。
东海变桑田，我心谁管你。

左手握骊珠，右手执慧剑。
光射无明贼，神珠吐光焰。
伤嗟愚痴人，贪爱哪生厌？
一堕三途间，始觉前程险。

般若酒泠泠，饮多人易醒。
余住天台山，凡愚哪见形？
常游深谷洞，终不逐时情。
无愁亦无虑，无辱也无荣。

嗟见世间人，个个爱吃肉。
碗碟不曾干，长时道不足。
昨日设个斋，今朝宰六畜。
都缘业使牵，非干情所欲。
一度造天堂，百度造地狱。
阎罗使来追，合家尽啼哭。
炉子边向火，镬子里澡浴。
更得出头时，换却汝衣服。

出家要清闲，清闲即为贵。
如何尘外人，却入尘埃里？
一向迷本心，终朝役名利。
名利得到身，形容已憔悴。
况复不遂者，虚用平生志。
可怜无事人，未能笑得汝。

得此分段身，可笑好形质。
面貌似银盘，心中黑如漆。
烹猪又宰羊，夸道甜如蜜。
死后受波吒，更莫称冤屈。

佛哀三界子，总是亲男女。
恐沉黑暗坑，示仪垂化度。
尽登无上道，俱证菩提路。
教汝痴众生，慧心勤觉悟。

佛舍尊荣乐，为悯诸痴子。
早愿悟无生，办集无上事。
后来出家者，多缘无业次。
不能得衣食，头钻入于寺。

嗟见世间人，永劫在迷津。
不省这个意，修行徒苦辛。

我诗也是诗，有人唤作偈。
诗偈总一般，读者须仔细。
缓缓细披寻，不得生容易。
依此学修行，大有可笑事。

有偈有千万，卒急述应难。
若要相知者，但入天台山。
岩中深处坐，说理及谈玄。
共我不相见，对面似千山。

世间亿万人，面孔不相似。
借问何因缘，致令遣如此？
各执一般见，互说非兼是。
但自修己身，不要言他己。

我劝出家辈，须知教法深。
专心求出离，辄莫染贪淫。
大有俗中士，知非不受金。
故知君子志，任运听浮沉。

寒山自寒山，拾得自拾得。
凡愚岂见知？丰干却相识。
见时不可见，觅时何处觅？
借问有何缘？向道无为力。

从来是拾得，不是偶然称。
别无亲眷属，寒山是我兄。
两人心相似，谁能徇俗情？
若问年多少，黄河几度清？

若解捉老鼠，不在五白猫。
若能悟理性，哪由锦绣包？
真珠入席袋，佛性止蓬茅。
一群取相汉，用意总无交。

运心常宽广，此则名为布。
辍己惠于人，方可名为施。
后来人不知，焉能会此义？
未设一庸僧，早拟望富贵。

猕猴尚教得，人可不愤发？
前车既落坑，后车须改辙。

若也不知此，恐君恶合杀。
比来是夜叉，变即成菩萨。

闭门私造罪，准拟免灾殃。
被他恶部童，抄得报阎王。
纵不入镬汤，亦须卧铁床。
不许雇人替，自作自身当。

古佛路凄凄，愚人到却迷。
只缘前业重，所以不能知。
欲识无为理，心中不挂丝。
生生勤苦学，必定睹吾师。

各有天真佛，号之为宝王。
珠光日夜照，玄妙卒难量。
盲人常兀兀，哪肯怕灾殃？
唯贪淫佚业，此辈实堪伤。

出家求出离，哀念苦众生。
助佛为扬化，令教选路行。
何曾解救苦？恣气乱纵横。
一时同受溺，俱落大深坑。

我见出家人，总爱吃酒肉。
此合上天堂，却沉归地狱。
念得两卷经，欺他市廛俗。
岂知廛俗人，大有根性熟。

嗟见多知汉，终日枉用心。
岐路逞喽啰，欺谩一切人。
唯作地狱滓，不修来世因。
忽尔无常到，定知乱纷纷。

迢迢山径峻，万仞险隘危。
石桥莓苔绿，时见片云飞。
瀑布悬如练，月影落潭辉。
更登华顶上，犹待孤鹤期。

松风冷飕飕，片片云霞起。
匼匝几重山，纵目千万里。
溪潭水澄澄，彻底镜相似。
可贵灵台物，七宝莫能比。

水浸泥弹丸，思量无道理。
浮泡梦幻身，百年能几几。
不解细思维，将言长不死。
诛剥累千金，留将与妻子。

世有多解人，愚痴学闲文。
不忧当来果，唯知造恶因。
见佛不解礼，睹僧倍生瞋。
五逆十恶辈，三毒以为邻。
死定入地狱，未有出头辰。

可笑是林泉，数里少人烟。
云从岩嶂起，瀑布水潺潺。
猿啼唱道曲，虎啸出人间，
松风清飒飒，鸟语声关关。
独步绕石涧，孤陟上峰峦。
时坐盘陀石，偃仰攀萝沿。
遥望城隍处，唯闻闹喧喧。

自笑老夫筋力败,偏恋松岩爱独游。
可叹往年至今日,任运还同不系舟。

无来无去本湛然,不拘内外及中间。
一颗水精绝瑕翳,光明透满出人间。

云山叠叠几千重,幽谷路深绝人踪,
碧涧清流多胜境,时来鸟语合人心。

三界如转轮,浮生若流水。
蠢蠢诸品类,贪生不觉死。
汝看朝垂露,能得几时子。

悠悠城里人,常乐尘中趣。
我见尘中人,心多生悯顾。
何哉悯此流？念彼尘中苦。

丰干诗附

余自来天台,凡经几万回。
一身如云水,悠悠任去来。
逍遥绝无闹,忘机隆佛道。
世途岐路心,众生多烦恼。
兀兀沉浪海,漂漂轮三界。
可惜一灵物,无始被境埋。
电光瞥然起,生死纷尘埃。
寒山特相访,拾得常往来。
论心话明月,太虚廓无碍。
法界即无边,一法普遍该。
本来无一物,亦无尘可拂。
若能了达此,不用坐兀兀。

卷第五

灵觉大圆沩山祐禅师语录

御制序

夫佛祖代代相承，称为父子，虽曰假世间之名教，表出世之真传，然大死大活，而慧命斯续，视属毛离里而四大和合者，一为生身，一为无生身，同是实际，本非引喻也。永明云："须臾即俗归真，莫畴兹旨；顷刻从凡入圣，难报斯恩。"

夫拔火宅而登清凉之山，开迷云而入光明之海，回视头刺胶盆，身同茧缚之时，正所谓如人饮水，冷暖自知，岂有不念皮肉骨髓所由来者乎？莫非父子也。而其中父子济美，以沩仰为最，当日提唱一声，啐啄一时，同禀法王之正令，共现琉璃之金身。一堂两琴，鼓宫而宫应，鼓商而商应；一奁两镜，胡来而皆胡，汉来而皆汉。无上妙旨，齐转金轮；一代法门，双标铜柱。

盖沩山、仰山之父子，正同寒山、拾得之弟兄。于佛法中，如世间所云"家庆人瑞"者矣。故合为一编，以为天下后世宗徒劝。是为序。

雍正十一年癸丑五月朔日

灵觉大圆沩山祐禅师语录

潭州沩山灵祐禅师,福州长溪赵氏子。年十五出家,依本郡建善寺法常律师剃发,于杭州龙兴寺究大小乘教。二十三游江西,参百丈,丈一见,许之入室,遂居参学之首。

侍立次,丈问:“谁?”

师曰:“某甲。”

丈曰:“汝拨炉中有火否?”

师拨之,曰:“无火。”

丈躬起,深拨,得少火,举以示之曰:“汝道无,这个呢?”

师由是发悟,礼谢,陈其所解,丈曰:“此乃暂时岐路耳。经云:‘欲识佛性义,当观时节因缘。’时节既至,如迷忽悟,如忘忽忆,方省己物不从他得。故祖师云:‘悟了同未悟,无心亦无法。’只是无虚妄、凡圣等心,本来心法原自备足。汝今既尔,善自护持。”

次日,同百丈入山作务,丈曰:“将得火来么?”

师曰:“将得来。”

丈曰:“在甚处?”师乃拈一枝柴吹两吹,度与百丈。

丈曰:“如虫御木。”

司马头陀自湖南来,谓丈曰:“顷在湖南寻得一山,名大沩,是一千五百人善知识所居之处。”

丈曰:“老僧住得否?”

陀曰:“非和尚所居。”

丈曰:“何也?”

陀曰:“和尚是骨人,彼是肉山,设居,徒不盈千。”

丈曰:“吾众中莫有人住得否?”

陀曰:“待历观之。”

时华林觉为第一座,丈令侍者请至,问曰:“此人如何?”

陀请謦欬一声,行数步,陀曰:“不可。”

丈又令唤师,师时为典座,陀一见,乃曰:“此正是沩山主人也。”

丈是夜召师入室,嘱曰:“吾化缘在此,沩山胜境,汝当居之,嗣续吾宗,广度后学。”

而华林闻之,曰:“某甲忝居上首,典座何得住持?”

丈曰:“若能对众下得一语出格,当与住持。”即指净瓶问曰:“不得唤作净瓶,汝唤作什么?”

林曰:“不可唤作木楔也。”

丈乃问师,师踢倒净瓶,便出去,丈笑曰:“第一座输却山子也。”师遂往焉。

是山峭绝,敻无人烟,猿猱为伍,橡栗充食。经于五七载,绝无来者。师自念言:“我本住持为利益于人,既绝往还,自善何济?”即舍庵而欲他往。行至山口,见蛇虎狼豹交横在路,师曰:“汝等诸兽不用拦吾行路,吾若于此山有缘,汝等各自散去;吾若无缘,汝等不用动,吾从路过,一任汝吃。”言讫,虫虎四散而去,师乃回庵。

未及一载,安上座同数僧从百丈来,辅佐于师,安曰:“某与和尚作典座,待僧及五百人,不论时节,即不造粥,便放某甲下山。”

自后,山下居民稍稍知之,率众共营梵宇,连帅李景让奏号同庆寺,相国裴公休尝咨玄奥,繇是天下禅学辐辏焉。

上堂:“夫道人之心,质直无伪,无背无面,无诈妄心。一切时中,视听寻常,更无委曲,亦不闭眼塞耳,但情不附物即得。从上诸圣只说浊边过患,若无如许多恶觉、情见、想习之事,譬如秋水澄渟,清净无为,澹泞无碍,唤他作道人,亦名无事人。”

时有僧问:“顿悟之人更有修否?”

师曰:“若真悟得本,他自知时,修与不修,是两头语。如今初心虽从缘得,一念顿悟自理,犹有无始旷劫习气未能顿净,须教渠净除现业流识,即是修也,不可别有法教渠修行趣向。从闻入理,闻理深妙,心自圆明,不居惑地,纵有百千妙义,抑扬当时,此乃得座披衣,自解作活计始得。以要言之,则实际理地,不受一尘,万行门中,不舍一法。若也单刀直入,则凡圣情尽,体露真常,理事不二,即如如佛。”

仰山问:“如何是祖师西来意?”

师指灯笼曰:“大好灯笼。”

仰曰:“莫只这便是么?”

师曰:“这个是什么?”

仰曰:“大好灯笼。”

师曰:“果然不见。”

一日,师谓众曰:“如许多人只得大机,不得大用。”

仰山举此语问山下庵主曰:“和尚恁么道,意旨如何?”

主曰:“更举看。”仰拟再举,被庵主踏倒。仰归,举似师,师呵呵大笑。

师在法堂坐,库头击木鱼,火头掷却火杪,拊掌大笑,师曰:“众中也有恁么人。”遂唤来问:“你作么生?”

火头曰:“某甲不吃粥,肚饥,所以欢喜。”师乃点头。

师摘茶次,谓仰山曰:“终日摘茶,只闻子声,不见子形。”仰撼茶树。

师曰:“子只得其用,不得其体。”

仰曰:“未审和尚如何?”师良久。

仰曰:“和尚只得其体,不得其用。”

师曰:"放子三十棒。"

仰曰:"和尚棒某甲吃,某甲棒教谁吃?"

师曰:"放子三十棒。"

上堂,僧出曰:"请和尚为众说法。"

师曰:"我为汝得彻困也。"僧礼拜。

师坐次,仰山入来,师曰:"寂子速道! 莫入阴界。"

仰曰:"慧寂信亦不立。"

师曰:"子信了不立? 不信不立?"

仰曰:"只是慧寂,更信阿谁?"

师曰:"若恁么,即是定性声闻。"

仰曰:"慧寂佛亦不立。"

师问仰山:"《涅槃经》四十卷,多少是佛说? 多少是魔说?"

仰曰:"总是魔说。"

师曰:"以后无人奈子何!"

仰曰:"慧寂即一期之事,行履在什么处?"

师曰:"只贵子眼正,不说子行履。"

仰山搭衣次,提起问师曰:"正恁么时,和尚作么生?"

师曰:"正恁么时,我这里无作么生。"

仰曰:"和尚有身而无用。"

师良久,却拈起问曰:"汝正恁么时作么生?"

仰曰:"正恁么时,和尚还见伊否?"

师曰:"汝有用而无身。"

师一日唤院主,主便来,师曰:"我唤院主,汝来作什么?"主无对。

又令侍者唤第一座,座便至,师曰:"我唤第一座,汝来作什么?"座亦无对。

师问云岩:"闻汝久在药山,是否?"

岩曰:“是。”

师曰:“如何是药山大人相?”

岩曰:“涅槃后有。”

师曰:“如何是涅槃后有?”

岩曰:“水洒不着。”岩却问师:“百丈大人相如何?”

师曰:“巍巍堂堂,炜炜煌煌。声前非声,色后非色。蚊子上铁牛,无汝下嘴处。”

师过净瓶与仰山,山拟接,师却缩手曰:“是什么?”

仰曰:“和尚还见个什么?”

师曰:“若恁么,何用更就吾觅?”

仰曰:“虽然如此,仁义道中与和尚提瓶挈水,亦是本分事。”师乃过净瓶与仰山。

师与仰山行次,指柏树子问曰:“前面是什么?”

仰曰:“柏树子。”

师却问耘田翁,翁亦曰:“柏树子。”

师曰:“这耘田翁向后亦有五百众。”

师问仰山:“何处来?”

仰曰:“田中来。”

师曰:“禾好刈也未?”仰作刈禾势。

师曰:“汝适来作青见?作黄见?作不青不黄见?”

仰曰:“和尚背后是什么?”

师曰:“子还见么?”

仰拈禾穗曰:“和尚何曾问这个?”

师曰:“此是鹅王择乳。”

师问仰山:“天寒?人寒?”

仰曰:“大家在这里。”

师曰:“何不直说?”

仰曰："适来也不曲，和尚如何？"

师曰："直须随流。"

上堂："仲冬严寒年年事，晷运推移事若何？"仰山进前叉手而立。

师曰："我情知汝答这话不得。"

香严曰："某甲偏答得这话。"

师蹑前问，严亦进前叉手而立，师曰："赖遇寂子不会。"

师一日见刘铁磨来，师曰："老牸牛！汝来也。"

磨曰："来日台山大会斋，和尚还去么？"师乃放身作卧势，磨便出去。

有僧来礼拜，师作起势，僧曰："请和尚不用起。"

师曰："老僧未曾坐。"

僧曰："某甲未曾礼。"

师曰："何故无礼？"僧无对。

僧问："如何是道？"

师曰："无心是道。"

曰："某甲不会。"

师曰："会取不会的好。"

曰："如何是不会的？"

师曰："只汝是，不是别人。"复曰："今时人但直下体取不会的，正是汝心，正是汝佛。若向外得一知一解，将为禅道，且没交涉，名运粪入，不名运粪出，污汝心田。所以道，不是道。"

问："如何是百丈真？"师下禅床叉手立。

曰："如何是和尚真？"师却坐。

师坐次，仰山从方丈前过，师曰："若是百丈先师见，子须吃痛棒始得。"

仰曰："即今事作么生？"

师曰:“合取两片皮。”

仰曰:“此恩难报。”

师曰:“非子不才,乃老僧年迈。”

仰曰:“今日亲见百丈师翁来。”

师曰:“子向什么处见?”

仰曰:“不道见,只是无别。”

师曰:“始终作家。”

师问仰山:“即今事且置,古来事作么生?”仰叉手近前。

师曰:“犹是即今事,古来事作么生?”仰退后立。

师曰:“汝屈我?我屈汝?”仰便礼拜。

仰山、香严侍立次,师举手曰:“如今恁么者少,不恁么者多。”严从东过西立,仰从西过东立。

师曰:“这个因缘,三十年后如金掷地相似。”

仰曰:“亦须是和尚提唱始得。”

严曰:“即今亦不少。”

师曰:“合取口。”

师坐次,仰山入来,师以两手相交示之,仰作女人拜,师曰:“如是!如是!”

师方丈内坐次,仰山入来,师曰:“寂子!近日宗门令嗣作么生?”

仰曰:“大有人疑着此事。”

师曰:“寂子作么生?”

仰曰:“慧寂只管困来合眼,健即坐禅,所以未曾说着在。”

师曰:“到这田地也难得。”

仰曰:“据慧寂所见,只如此一句也着不得。”

师曰:“汝为一人也不得。”

仰曰:“自古圣人尽皆如此。”

师曰："大有人笑汝恁么祇对。"

仰曰："解笑者是慧寂同参。"

师曰："出头事作么生？"仰绕禅床一匝。

师曰："裂破古今。"

一日，仰山、香严待立次，师曰："过去、现在、未来，佛佛道同，人人得个解脱路。"

仰曰："如何是人人解脱路？"

师回顾香严曰："寂子借问，何不答伊？"

严曰："若道过去、未来、现在，某甲却有个祇对处。"

师曰："子作么生祇对？"严珍重便出。

师却问仰山曰："智闲恁么祇对，还契寂子也无？"

仰曰："不契。"

师曰："子又作么生？"仰亦珍重出去。

师呵呵大笑曰："如水乳合。"

师一日索门人呈语，乃曰："声色外与吾相见。"

时有幽州鉴弘上座呈语云："不辞出来，那个人无眼？"师不肯。

仰山凡三度呈语，第一云："见取不见取底。"

师云："细如毫末，冷似雪霜。"

第二度云："声色外谁求相见？"

师云："只滞声闻方外榻。"

第三度云："如两镜相照，于中无像。"

师云："此语正也。我是你不是，早立像了也。"

仰山却问师："某甲精神昏昧，拙于祇对，未审和尚于百丈师翁处作么生呈语？"

师云："我于百丈先师处呈语云：'如百千明镜鉴像，光影相照，尘尘刹刹各不相借。'"仰山于是礼拜。

师向仰山云:“有俗弟子将三束绢来与我赎钟子,欲与世人受福。”

仰云:“俗弟子则有绢与和尚赎钟子,和尚将何物酬他?”

师以拄杖敲床三下,云:“我将这个酬他。”

仰云:“若是这个,用作什么?”

师又敲三下,云:“汝嫌这个作什么?”

仰云:“某甲不嫌这个,这个只是大家的。”

师云:“你既知是大家的,何得更就我觅物酬他?”

仰云:“只怪和尚把大家的行人事。”

师云:“汝不见达摩大师从西天来此土,亦将此物来人事,汝诸人尽是受他信物者。”

师坐次,仰山问:“和尚百年后,有人问先师法道,如何祇对?”

师曰:“一粥一饭。”

曰:“面前有人不肯又作么生?”

师曰:“作家师僧。”仰便礼拜。

师曰:“逢人不得错举。”

师问仰山:“生住异灭,汝作么生会?”

仰曰:“一念起时,不见有生住异灭。”

师曰:“子何得遣法?”

仰曰:“和尚适来问什么?”

师曰:“生住异灭。”

仰曰:“却唤作遣法。”

一日,师翘起一足,谓仰山曰:“我每日得他负载,感伊不彻。”

仰曰:“当时给孤园中与此无别。”

师曰:“更须道始得。”

仰曰："寒时与他袜着，也不为分外。"

师曰："不负当初，子今已彻。"

仰曰："恁么更要答话在。"

师曰："道看。"

仰曰："诚如是言。"

师曰："如是！如是！"

师问仰山："妙净明心，汝作么生会？"

仰曰："山河大地、日月星辰。"

师曰："汝只得其事。"

仰曰："和尚适来问什么？"

师曰："妙净明心。"

仰曰："唤作事，得么？"

师曰："如是！如是！"

石霜会下有二禅客到，云："此间无一人会禅。"

后普请搬柴，仰山见二禅客歇，将一橛柴问曰："还道得么？"俱无对。

仰曰："莫道无人会禅好。"仰归，举似师曰："今日二禅客被慧寂勘破。"

师曰："什么处被子勘破？"仰举前话。

师曰："寂子又被吾勘破。"

师睡次，仰山问讯，师便回面向壁，仰曰："和尚何得如此？"

师起曰："我适来得一梦，你试为我圆看。"

仰取一盆水与师洗面。少顷，香严亦来问讯，师曰："我适来得一梦，寂子为我圆了，汝更与我圆看。"严乃点一碗茶来。

师曰："二子见解过于鹙子。"

师因泥壁次，李军容来，具公裳，直至师背后，端笏而立，师回首见，便侧泥盘作接泥势；李便转笏作进泥势，师便抛下泥盘，同归方丈。

僧问:“不作沩山一顶笠,无由得到莫徭村。如何是沩山一顶笠?”

师唤曰:“近前来!”僧近前,师与一踏。

上堂:“老僧百年后向山下作一头水牯牛,左胁下书五字,曰‘沩山僧某甲’,当恁么时,唤作沩山僧,又是水牯牛;唤作水牯牛,又是沩山僧。毕竟唤作什么即得?”仰山出,礼拜而退。

云居膺代曰:“师无异号。”

资福宝曰:“当时但作此○相拓呈之。”

新罗和尚作此(牛)相拓呈之,又曰:“同道者方知。”

芭蕉彻作此初衣袱相拓呈之,又曰:“说也说了也,注也注了也,悟取好。”乃述偈曰:

“不是沩山不是牛,一身两号实难酬。

离却两头应须道,如何道得出常流。”

师敷扬宗教凡四十余年,达者不可胜数。大中七年正月九日,盥漱敷坐,怡然而寂,寿八十三,腊六十四,谥大圆禅师。

真证通智仰山寂禅师语录

袁州仰山慧寂通智禅师,韶州怀化叶氏子。年九岁,于广州和安寺投通禅师出家。十四岁父母取归,欲与婚媾。师不从,遂断手二指,跪致父母前,誓求正法,以答劬劳。父母乃许,再诣通处,而得披剃。未登具,即游方。初谒耽源,已悟玄旨,后参沩山,遂升堂奥。

耽源谓师曰:“国师当时传得六代祖师圆相共九十七个,授与老僧,乃曰:‘吾灭后三十年,南方有一沙弥到来,大兴此教,次第传受,无令断绝。’我今付汝,汝当奉持。”遂将其本过与师,师接得一览，便将火烧却。

耽源一日问："前来诸相，甚宜秘惜。"

师曰："当时看了便烧却也。"

源曰："吾此法门，无人能会，唯先师及诸祖师诸大圣人方可委悉，子何得焚之？"

师曰："慧寂一览，已知其意，但用得，不可执本也。"

源曰："然虽如此，于子即得，后人信之不及。"

师曰："和尚若要，重录不难。"即重集一本呈上，更无遗失。

源曰："然。"

耽源上堂，师出众作此○相，以手拓呈了，却叉手立，源以两手相交，作拳示之；师进前三步，作女人拜，源点头，师便礼拜。

师浣衲次，耽源曰："正恁么时作么生？"

师曰："正恁么时向什么处见？"

后参沩山，沩问："汝是有主沙弥？无主沙弥？"

师曰："有主。"

曰："主在什么处？"师从西过东立，沩异之。

师问："如何是真佛住处？"

沩曰："以思无思之妙，返思灵焰之无穷。思尽还源，性相常住，事理不二，真佛如如。"师于言下顿悟，自此执侍前后，盘桓十五载。

后参岩头，头举起拂子，师展坐具，岩拈拂子置背后，师将坐具搭肩上而出，岩曰："我不肯汝放，只肯汝收。"

扫地次，沩问："尘非扫得，空不自生。如何是尘非扫得？"师扫地一下。

沩曰："如何是空不自生？"师指自身，又指沩。

沩曰："尘非扫得，空不自生，离此二途，又作么生？"师又扫地一下，又指自身，并指沩。

沩一日指田问师:“这丘田,那头高,这头低。”

师曰:“却是这头高,那头低。”

沩曰:“你若不信,向中间立看两头。”

师曰:“不必立中间,亦莫住两头。”

沩曰:“若如是著水看,水能平物。”

师曰:“水亦无定,但高处高平,低处低平。”沩便休。

有施主送绢与沩山,师问:“和尚受施主如是供养,将何报答?”沩敲禅床示之。

师曰:“和尚何得将众人物作自己用?”

师在沩山为直岁,作务归,沩问:“什么处去来?”

师曰:“田中来。”

沩曰:“田中多少人?”师插锹叉手。

沩曰:“今日南山大有人刈茅。”师拔锹便行。

师在沩山牧牛时,踢天泰上座问曰:“一毛头狮子现即不问,百亿狮子现又作么生?”师便骑牛归。

侍立沩山次,举前话方了,却见泰来,师曰:“便是这个上座。”

沩遂问:“百亿毛头百亿狮子现,岂不是上座道?”

泰曰:“是。”

师曰:“正当现时,毛前现? 毛后现?”

泰曰:“现时不说前后。”沩山大笑。

师曰:“狮子腰折也。”便下去。

一日,第一座举起拂子曰:“若人作得道理即与之。”

师曰:“某甲作得道理,还得否?”

座曰:“但作得道理便得。”师乃掣将拂子去。

一日,雨下,天性上座谓师曰:“好雨!”

师曰:“好在什么处?”性无语。

师曰："某甲却道得。"

性曰："好在什么处？"师指雨，性又无语。

师曰："何得大智而默？"

师随沩山游山，到磐陀石上坐。师侍立次，忽鸦衔一红柿落在面前，沩拾与师，师接得，洗了度与沩，沩曰："子什处得来？"

师曰："此是和尚道德所感。"

沩曰："汝也不得无分。"即分半与师。

沩山问师："忽有人问汝，汝作么生祇对？"

师曰："东寺师叔若在，某甲不致寂寞。"

沩曰："放汝一个不祇对罪。"

师曰："生之与杀，只在一言。"

沩曰："不负汝见，别有人不肯。"

师曰："阿谁？"

沩指露柱曰："这个。"

师曰："道什么？"

沩曰："道什么？"

师曰："白鼠推迁，银台不变。"

师问沩山："大用现前，请师辨白。"沩山下座归方丈，师随后入。

沩问："子适来问什么话？"

师再举，沩曰："还记得吾答语否？"

师曰："记得。"

沩曰："你试举看。"师便珍重出去。

沩曰："错。"

师回首曰："闲师弟若来，莫道某甲无语好。"

师问东寺曰："借一路过那边，还得否？"

寺曰："大凡沙门不可只一路也，别更有么？"

师良久，寺却问："借一路过那边，得否？"

师曰:"大凡沙门不可只一路也,别更有么?"

寺曰:"只有此。"

师曰:"大唐天子决定姓金。"

师在沩山前坡牧牛次,见一僧上山,不久便下来,师乃问:"上座,何不且留山中?"

僧曰:"只为因缘不契。"

师曰:"有何因缘?试举看。"

曰:"和尚问某名什么,某答归真。和尚曰归真何在,某甲无对。"

师曰:"上座却回,向和尚道:'某甲道得也。'和尚问:'作么生道?'但曰:'眼里、耳里、鼻里。'"

僧回,一如所教,沩曰:"脱空谩语汉!此是五百人善知识语。"

师卧次,梦入弥勒内院,众堂中诸位皆足,唯第二位空,师遂就座,有一尊者白槌曰:"今当第二座说法。"

师起,白槌曰:"摩诃衍法,离四句,绝百非。谛听!谛听!"众皆散去。及觉,举似沩,沩曰:"子已入圣位。"师便礼拜。

师侍沩行次,忽见前面尘起,沩曰:"面前是什么?"师近前看了,却作此"⌽"相,沩点头。

沩山示众曰:"一切众生皆无佛性。"

盐官示众曰:"一切众生皆有佛性。"

盐官有二僧往探问,既到沩山,闻沩山举扬,莫测其涯,若生轻慢。因一日与师言话次,乃劝曰:"师兄须是勤学佛法,不得容易。"

师乃作此○相,以手拓呈了,却抛向背后,遂展两手就二僧索,二僧罔措。师曰:"吾兄直须勤学佛法,不得容易。"便起去。

时二僧却回盐官,行三十里,一僧忽然有省,乃曰:"当知沩山道:'一切众生皆无佛性。'信之不错。"便回沩山。

一僧更前行数里,因过水忽然有省,自叹曰:"沩山道:'一切众生皆无佛性。'灼然有。"他恁么道,亦回沩山,久依法席。

沩山同师牧牛次,沩曰:"此中还有菩萨也无?"

师曰:"有。"

沩曰:"汝见哪个是? 试指出看。"

师曰:"和尚疑哪个不是? 试指出看。"沩便休。

师送果子上沩山,沩接得,问:"子什么处得来?"

师曰:"家园的。"

沩曰:"堪吃也未?"

师曰:"未敢尝,先献和尚。"

沩曰:"是阿谁的?"

师曰:"慧寂的。"

沩曰:"既是子的,因什么教我先尝?"

师曰:"和尚尝千尝万。"

沩便吃,曰:"犹带酸涩在。"

师曰:"酸涩莫非自知。"沩不答。

赤干行者闻钟声,乃问:"有耳打钟? 无耳打钟?"

师曰:"汝但问,莫愁我答不得。"

干曰:"早个问了也。"

师喝曰:"去!"

师夏末问讯沩山次,沩曰:"子一夏不见上来,在下面作何所务?"

师曰:"某甲在下面锄得一片畬,下得一箩种。"

沩曰:"子今夏不虚过。"

师却问:"未审和尚一夏之中作何所务?"

沩曰:"日中一食,夜后一寝。"

师曰:"和尚今夏亦不虚过。"道了,乃吐舌。

沩曰:"寂子何得自伤己命?"

沩山一日见师来,即以两手相交过,各拨三下,却竖一指;师亦以两手相交过,各拨三下,却向胸前仰一手,覆一手,以目瞻视,沩山休去。

沩山喂鸦生饭,回头见师,曰:“今日为伊上堂一上。”

师曰:“某甲随例得闻。”

沩曰:“闻的事作么生?”

师曰:“鸦作鸦鸣,鹊作鹊噪。”

沩曰:“争奈声色何!”

师曰:“和尚适来道什么?”

沩曰:“我只道:‘为伊上堂一上。’”

师曰:“为什么唤作声色?”

沩曰:“虽然如此,验过也无妨。”

师曰:“大事因缘又作么生验?”沩竖起拳。

师曰:“终是指东画西。”

沩曰:“子适来问什么?”

师曰:“问和尚大事因缘。”

沩曰:“为什么唤作指东画西?”

师曰:“为著声色故,某甲所以问过。”

沩曰:“并未晓了此事?”

师曰:“如何得晓了此事?”

沩曰:“寂子声色,老僧东西。”

师曰:“一月千江,体不分水。”

沩曰:“应须与么始得。”

师曰:“如金与金,终无异色,岂有异名?”

沩曰:“作么生是无异名的道理?”

师曰:“瓶、盘、钗、钏、券、盂、盆。”

沩曰:“寂子说禅如狮子吼,惊散狐狼野干之属。”

师后开法王莽山，问僧："近离什处？"

曰："庐山。"

师曰："曾到五老峰么？"

曰："不曾到。"

师曰："阇黎不曾游山。"

上堂："汝等诸人，各自回光返照，莫记吾言。汝无始劫来，背明投暗，妄想根深，卒难顿拔。所以假设方便，夺汝粗识，如将黄叶止啼，有什么是处？亦如人将百种货物与金宝作一铺货卖，只拟轻重来机。所以道：石头是真金铺，我这里是杂货铺。有人来觅鼠粪，我亦拈与他；来觅真金，我亦拈与他。"

时有僧问："鼠粪即不要，请和尚真金。"

师曰："啮镞拟开口，驴年亦不会。"僧无对。

师曰："索唤，则有交易；不索唤，则无。我若说禅宗，身边要一人相伴亦无，岂况有五百七百众耶？我若东说西说，则争头向前采拾，如将空拳诳小儿，都无实处。我今分明向汝说圣边事，且莫将心凑泊，但向自己性海如实而修，不要三明六通。何以故？此是圣末边事。如今且要识心达本，但得其本，不愁其末，他时后日自具去在。若未得本，纵饶将情学他亦不得。汝岂不见沩山和尚云：'凡圣情尽，体露真常，事理不二，即如如佛。'"

问："如何是祖师意？"师以手于空作此(佛) 相示之，僧无语。

师谓第一座曰："不思善，不思恶，正恁么时作么生？"

座曰："正恁么时，是某甲放身命处。"

师曰："何不问老僧？"

座曰："正恁么时，不见有和尚。"

师曰："扶我教不起。"

师因归沩山省觐，沩问："子既称善知识，争辨得诸方来者知有不知有？有师承无师承？是义学是玄学？子试说看。"

师曰:“慧寂有验处,但见僧来便竖起拂子问伊:‘诸方还说这个不说?’又曰:‘这个且置,诸方老宿意作么生?’”

沩叹曰:“此是从上宗门中牙爪!”

沩问:“大地众生,业识茫茫,无本可据,子作么生知他有之与无?”

师曰:“慧寂有验处。”

时有一僧从面前过,师召曰:“阇黎!”僧回首。

师曰:“和尚!这个便是业识茫茫,无本可据。”

沩曰:“此是狮子一滴乳,迸散六斛驴乳。”

师问僧:“甚处来?”

曰:“幽州。”

师曰:“我恰要个幽州信,米作么价?”

曰:“某甲来时无端从市中过,踏折他桥梁。”师便休。

师见僧来,竖起拂子,僧便喝,师曰:“喝即不无,且道老僧过在什么处?”

曰:“和尚不合将境示人。”师便打。

有梵师从空而至,师曰:“近离甚处?”

曰:“西天。”

师曰:“几时离彼?”

曰:“今早。”

曰:“何太迟生?”

曰:“游山玩水。”

师曰:“神通游戏则不无阇黎,佛法须还老僧始得。”

曰:“特来东土礼文殊,却遇小释迦。”遂出梵书贝多叶与师,作礼乘空而去。自此号“小释迦”。

师住东平时,沩山令僧送书并镜与师,师上堂,提起示众曰:“且道是沩山镜?东平镜?若道是东平镜,又是沩山送来;若道是沩山镜，又在东平手里。道得，则留取；道不得，则扑破去也。”众无语，师遂扑破，便下座。

僧参次，便问：“和尚还识字否？”

师曰：“随分。”

僧以手画此○相拓呈，师以衣袖拂之；僧又作此○相拓呈，师以两手作背抛势；僧以目视之，师低头；僧绕师一匝，师便打，僧遂出去。

师坐次，有僧来作礼，师不顾，其僧乃问师：“识字否？”

师曰：“随分。”

僧乃右旋一匝，曰：“是什么字？”师于地上书十字酬之。

僧又左旋一匝，曰：“是什字？”师改十字作卍字。

僧画此○相，以两手拓，如修罗掌日月势曰：“是什么字？”师乃画此卍⃝相对之，僧乃作娄至德势。

师曰：“如是！如是！此是诸佛之所护念，汝亦如是，吾亦如是，善自护持。”其僧礼谢，腾空而去。

时有一道者见，经五日后，遂问师，师曰：“汝还见否？”

道者曰：“某甲见出门腾空而去。”

师曰：“此是西天罗汉，故来探吾道。”

道者曰：“某虽睹种种三昧，不辨其理。”

师曰：“吾以义为汝解释，此是八种三昧，是觉海变为义海，体则同然。此义合有因有果，即时异时，总别不离，隐身三昧也。”

师问僧：“近离甚处？”

曰：“南方。”

师举拄杖曰：“彼中老宿还说这个么？”

曰：“不说。”

师曰：“既不说这个，还说那个否？”

曰：“不说。”

师召：“大德！”僧应诺。

师曰:“参堂去!”僧便出。

师复召曰:“大德!”僧回首。

师曰:“近前来!”僧近前。

师以拄杖头上点一下,曰:“去!”

刘侍御问:“了心之旨,可得闻乎?”

师曰:“若要了心,无心可了,无了之心,是名真了。”

师一日在法堂上坐,见一僧从外来,便问讯了,向东边叉手立,以目视师,师乃垂下左足;僧却过西边叉手立,师垂下右足;僧向中间叉手立,师收双足,僧礼拜。

师曰:“老僧自住此,未曾打着一人。”拈拄杖便打,僧便腾空而去。

陆希声相公欲谒师,先作此○相封呈,师开封,于相下面书云:“不思而知,落第二头;思而知之,落第三首。”遂封回。

公见即入山,师乃门迎,公才入门,便问:“三门俱开,从何门入?”

师曰:“从信门入。”

公至法堂,又问:“不出魔界,便入佛界时如何?”师以拂子倒点三下,公便设礼。

又问:“和尚还持戒否?”

师曰:“不持戒。”

曰:“还坐禅否?”

师曰:“不坐禅。”公良久。

师曰:“会么?”

曰:“不会。”

师曰:“听老僧一颂:‘滔滔不持戒,兀兀不坐禅。酽茶三两碗,意在镢头边。”

师却问:“承闻相公看经得悟,是否?”

曰:“弟子因看《涅槃经》有云‘不断烦恼而入涅槃’,得个安乐处。”

师竖起拂子曰:“只如这个作么生入?”

曰:“‘入’之一字,也不消得。”

师曰:“‘入’之一字,不为相公。”公便起去。

庞居士问:“久向仰山,到来为什么却覆?”师竖起拂子。

士曰:“却是。”

师曰:“是仰是覆?”

士乃打露柱曰:“虽然无人,也要露柱证明。”

师掷拂子曰:“若到诸方,一任举似。”

师指雪狮子问:“众有过得此色者么?”众无对。

师问双峰:“师弟近日见处如何?”

曰:“据某见处,实无一法可当情。”

师曰:“汝解犹在境。”

曰:“某只如此,师兄又如何?”

师曰:“汝岂不知无一法可当情者?”

沩山闻,曰:“寂子一句,疑杀天下人。”

师卧次,僧问曰:“身还解说法也无?”

师曰:“我说不得,别有一人说得。”

曰:“说得的人在什么处?”师推出枕子。

沩山闻,曰:“寂子用剑刃上事。”

师闭目坐次,有僧潜来身边立,师开目,于地上作此㊌相,顾视其僧,僧无语。

师携拄杖行次,僧问:“和尚手中是什么?”

师便拈向背后曰:“见么?”僧无对。

师问一僧:“汝会什么?”

曰:“会卜。”

师提起拂子曰:“这个六十四卦中,阿哪卦收?”僧无对。

师自代云:“适来是‘雷天大壮’,如今变为‘地火明夷’。”

问僧:“名什么?”

曰:“灵通。”

师曰:“便请入灯笼。”

曰:“早个入了也。”

问:“古人道:‘见色便见心。’禅床是色,请和尚离却色,指学人心。”

师曰:“哪个是禅床?指出来看。”僧无语。

问:“如何是毗卢师?”师乃叱之。

僧曰:“如何是和尚师?”

师曰:“莫无礼。”

师共一僧语,旁有僧曰:“语的是文殊,默的是维摩。”

师曰:“不语不默的,莫是汝否?”僧默然。

师曰:“何不现神通?”

曰:“不辞现神通,只恐和尚收作教。”

师曰:“鉴汝来处,未有教外的眼。”

问:“天堂、地狱相去几何?”师将拄杖画地一画。

师住观音时,出榜云:“看经次,不得问事。”

有僧来问讯,见师看经,旁立而待,师卷却经问:“会么?”

曰:“某甲不看经,争得会?”

师曰:“汝以后会去在。”

其僧到岩头,头问:“甚处来?”

曰:“江西观音来。”

头曰:“和尚有何言句?”

僧举前话,头曰:“这个老师,我将谓被故纸埋却,原来犹在。”

僧思郄问："禅宗顿悟毕竟入门的意如何？"

师曰："此意极难，若是祖宗门下上根上智，一闻千悟，得大总持。其有根微智劣，若不安禅静虑，到这里总须茫然。"

曰："除此一路，别更有入处否？"

师曰："有。"

曰："如何即是？"

师曰："汝是甚处人？"

曰："幽州人。"

师曰："汝还思彼处否？"

曰："常思。"

师曰："能思者是心，所思者是境。彼处楼台林苑，人马骈阗，汝反思的还有许多般也无？"

曰："某甲到这里，总不见有。"

师曰："汝解犹在，信位即得，人位未在。"

曰："除却这个，别更有意也无？"

师曰："别有别无即不堪也。"

曰："到这里作么生即是？"

师曰："据汝所解，只得一元，得座披衣，向后自看。"郄礼谢之。

师接机利物，为宗门标准。再迁东平。将顺寂，数僧侍立，师以偈示之曰：

"一二二三子，平目复仰视。
两口一无舌，即是吾宗旨。"

至日午，升座辞众，复说偈曰：

"年满七十七，无常在今日。
日轮正当午，两手攀屈膝。"

言讫，以两手抱膝而终，谥"通智禅师"。

卷第六

圆证直指真际赵州谂禅师语录

御制序

夫达摩西来，九年面壁，无多言句，而能直指人心，见性成佛，首开震旦之宗风。后人演唱提持，照用权实，鸣涂毒鼓，挥太阿锋，于言象不该之表，形名未兆之先，机如电掣雷奔，谈似河流海注。青莲花纷飘舌本，大狮子吼断十方，穿透百千诸佛耳根，踍跳三十三天空外。究其所归，不过铺荆列棘，遍地生枝，甘草黄莲，自心甘苦耳。然则自利利他，固不在于多言欤。

赵州谂禅师，圆证无生法忍，以本分事接人。龙门之桐，高百尺而无枝，朕阅其言句，真所谓皮肤剥落尽，独见一真实者，诚达摩之所护念。狮乳一滴，足迸散千斛驴乳，但禅师垂示，如五色珠，若小知浅见，会于言表，则辜负古佛之慈悲，落草之婆心也。

观师信手拈来，信口说出，皆令十方智者一时直入如来地，可谓壁立万仞，月印千江。如赵州之接人，诚为直指人心、见性成佛之古佛云。爰录其精粹者著于篇，以示后学，俾知真宗轨范，如是如是尔。

雍正十一年癸丑五月望日

赵州禅师语录*

师问南泉："如何是道？"

泉云："平常心是。"

师云："还可趣向也不？"

泉云："拟即乖。"

师云："不拟，争知是道？"

泉云："道不属知不知，知是妄觉，不知是无记。若真达不疑之道，犹如太虚，廓然荡豁，岂可强是非也？"师于言下顿悟玄旨，心如朗月。

南泉上堂，师问："明头合？暗头合？"泉便归方丈。

师便下堂云："这老和尚被我一问，直得无言可对。"

首座云："莫道和尚无语，自是上座不会。"

师便打，又云："这棒合是堂头老汉吃。"

师问南泉："知有的人向什么处去？"

泉云："山前檀越家作一头水牯牛去。"

师云："谢和尚指示。"

泉云："昨夜三更月到窗。"

师在南泉作炉头，大众普请择菜，师在堂内叫："救火！救火！"大众一时到僧堂前，师乃关却僧堂门，大众无对，泉乃抛钥匙从窗内入堂中，师便开门。

师在南泉井楼上打水次，见南泉过，便抱柱悬却脚云："相救！相救！"

南泉上榻梯云："一二三四五。"

师少时间却去礼谢云："适来谢和尚相救。"

师问南泉："异即不问，如何是类？"

泉以两手托地,师便蹋到,却归涅槃堂内叫:“悔! 悔!”

泉闻,乃令人去问:“悔个什么?”

师云:“悔不与两蹋。”

师上堂,谓众曰:“此事的的没量大人出这里不得。老僧到沩山,一僧问:‘如何是祖师西来意?’沩山云:‘与我将床子来。’若是宗师,须以本分事接人始得。”

时有僧问:“如何是祖师西来意?”

师云:“庭前柏树子。”

学云:“和尚莫将境示人。”

师云:“我不将境示人。”

云:“如何是祖师西来意?”

师云:“庭前柏树子。”

师又云:“老僧九十年前见马祖大师下八十余员善知识,个个俱是作家,不似如今知识,枝蔓上生枝蔓,都大是去圣遥远,一代不如一代。只如南泉寻常道:‘须向异类中行。’且作么生会?如今黄口小儿向十字街头说葛藤,博饭噇,觅礼拜,聚三五百众,云我是善知识,你是学人。”

僧问:“如何是清净伽蓝?”

师云:“丫角女子。”

问:“如何是伽蓝中人?”

师云:“丫角女子有孕。”

问:“法无别法,如何是法?”

师云:“外空、内空、内外空。”

师上堂云:“兄弟莫久立,有事商量,无事向衣钵下坐穷理好。老僧行脚时,除二时斋粥是杂用心力处,余外更无别用心处也,若不如此,出家大远在。”

问:“十二时中如何用心?”

师云："你被十二时使，老僧使得十二时，你问哪个时？"

问："毗目仙人执善财手见微尘佛时如何？"

师遂执僧手云："你见个什么？"

有尼问："如何是沙门行？"

师云："莫生儿。"

尼云："和尚勿交涉。"

师云："我若共你打交涉，堪作什么？"

问："凡有施为，尽落糟粕，请师不施为答。"

师叱尼云："将水来添鼎子沸。"

问："如何是赵州主人公？"

师云："田库奴。"

问："如何是王索仙陀婆？"

师云："你道老僧要个什么？"

问："如何是法非法？"

师云："东西南北。"

学云："如何会去？"

师云："上下四维。"

问："王索仙陀婆时如何？"师蓦起打躬叉手。

问："如何是道？"

师云："不敢！不敢！"

问："如何是法？"

师云："敕敕摄摄。"

问："赵州去镇府多少？"

师云："三百。"

学云："镇府来赵州多少？"

师云："不隔。"

问："如何是学人自己？"

师云:“还见庭前柏树子么?”

问:“如何是西来意?”师下禅床。

学云:“莫便是否?”

师云:“老僧未有语在。”

问:“如何是赵州一句?”

师云:“半句也无。”

学云:“岂无和尚在?”

师云:“老僧不是一句。”

问:“如何得不被诸境惑?”师垂一足,僧便出鞋;师收起足,僧无语。

老僧在此间三十余年,未曾有一个禅师到此间,设有来,一宿一食急走过,且趁软暖处去也。

问:“忽遇禅师到来,向伊道什么?”

师云:“千钧之弩,不为鼷鼠而发机。”

师云:“兄弟!若从南方来者,即与下载;若从北方来,即与装载。所以道‘近上人问道即失道,近下人问道即得道’。兄弟!正人说邪法,邪法亦随正;邪人说正法,正法亦随邪。诸方难见易识,我这里易见难识。”

问:“善恶惑不得的人还独脱也无?”

师云:“不独脱。”

学云:“为什么不独脱?”

师云:“正在善恶里。”

问:“世界变为黑穴,未审此个落在何路?”

师云:“不占。”

学云:“不占是什么人?”

师云:“田库奴。”

问:“无言无意始称得句,既是无言,唤什么作句?”

师云:“高而不危,满而不溢。”

学云:“即今和尚是满是溢?”

师云:“争奈你问我。”

问:“如何是佛? 如何是众生?”

师云:“众生即是佛,佛即是众生。”

学云:“未审两个,哪个是众生?”

师云:“问! 问!”

问:“正修行的人被鬼神测得也无?”

师云:“测得。”

云:“过在什么处?”

师云:“过在觅处。”

云:“与么即不修行也。”

师云:“修行。”

问:“孤月当空,光从何生?”

师云:“月从何生?”

问:“承和尚有言:‘道不属修,俱莫染污。’如何是不染污?”

师云:“检校内外。”

云:“还自检校也无?”

师云:“检校。”

云:“自己有什么过,自检校?”

师云:“你有什么事?”

师上堂云:“此事如明珠在掌,胡来胡现,汉来汉现。老僧把一枝草作丈六金身用,把丈六金身作一枝草用。佛即是烦恼,烦恼即是佛。”

问:“佛与谁人为烦恼?”

师云:“与一切人为烦恼。”

云:“如何免得?”

师云:“用免作么?”

师示众云:“老僧此间即以本分事接人,若教老僧随伊根机接人,自有三乘十二分教接他了也。若是不会,是谁过欤?以后遇著作家汉,也道老僧不辜他。但有人问,以本分事接人。”

问:“古镜不磨,还照也无?”

师云:“前生是因,今生是果。”

问:“三刀未落时如何?”

师云:“森森地。”

云:“落后如何?”

师云:“迥迥地。”

问:“如何是出三界的人?”

师云:“笼罩不得。”

问:“牛头未见四祖,百鸟衔花供养,见后为什么百鸟不衔花供养?”

师云:“应世不应世。”

问:“白云自在时如何?”

师云:“争似春风处处闲。”

问:“龙女亲献佛,未审将什么献?”师以两手作献势。

师示众云:“此间佛法,道难即易,道易即难。别处难见易识,老僧这里即易见难识。若能会得,天下横行。忽有人问什么处来,若向伊道从赵州来,又谤赵州;若道不从赵州来,又埋没自己。诸人且作么生对他?”

僧问:“触目是谤,和尚如何得不谤去?”

师云:“若道不谤,早是谤了也。”

问:“如何是正修行路?”

师云:“解修行即得,若不解修行,即参差落他因果里。”又云:“我教你道,若有问时,但向伊道赵州来。忽问赵州说什么法，但向伊道，寒即言寒，热即言热。若更问道，不问这个事，但云问什么事。若再问赵州说什么法，便向伊道，和尚来时不教传语，上座若要知赵州事，但自去问取。”

问：“且如二祖得髓又作么生？”

师云：“莫谤二祖。”师又云：“达摩也有语，在外者得皮，在里者得骨。且道更在里者得什么？”

问：“如何是得髓的道理？”

师云：“但识取皮，老僧这里髓也不立。”

云：“如何是髓？”

师云：“与么皮也摸未着。”

问：“与么堂堂，岂不是和尚正位？”

师云：“还知有不肯者么？”

学云：“与么即别有位。”

师云：“谁是别者？”

学云：“谁是不别者？”

师云：“一任叫。”

问：“如何是衲衣下事？”

师云：“莫自瞒。”

问：“如何是赵州？”

师云：“东门、西门、南门、北门。”

问：“如何是定？”

师云：“不定。”

学云：“为什么不定？”

师云：“活物，活物。”

问：“不随诸有时如何？”

师云：“合与么。”

学云：“莫便是学人本分事？”

师云:“随也,随也。”

问:“古人三十年一张弓两下箭只射得半个圣人,今日请师全射。”师便起去。

师示众云:“至道无难,唯嫌拣择。才有言语是拣择,老僧却不在明白里,是你向什么处见祖师?”

问:“和尚即不在明白里,护惜什么处?”

师云:“我亦不知。”

学云:“和尚既自不知,为什么道不在明白里?”

师云“问事即得,礼拜退。”

师示众云:“法本不生,今则无灭,更不要道才语是生,不语是默。诸人且作么生是不生不灭的道理?”

问:“草是不生不灭么?”

师云:“这汉只认得个死语。”

问:“至道无难,唯嫌拣择。才有言语是拣择,和尚如何示人?”

师云:“何不尽引古人语?”

学云:“某甲只道得到这里。”

师云:“只这至道无难,唯嫌拣择。”

上堂,示众云:“看经也在生死里,不看经也在生死里,诸人且作么生出得去?”

僧便问:“只如俱不留时如何?”

师云:“实即得。若不实,争能出得生死?”

问:“如何是通方?”

师云:“离却金刚禅。”

师示众云:“大道只在目前,要且难睹。”

僧乃问:“目前有何形段令学人睹?”

师云:“任你江南江北。”

学云:“和尚岂无方便为人?”

师云:“适来问什么?”

问:“入法界来,还知有也无?”

师云:“谁入法界?”

学云:“与么即入法界不知去也。”

师云“不是寒灰死木,花锦成现百种有。”

学云:“莫是入法界处用也无?”

师云:“有什么交涉?”

问:“若是实际理地,却向什么处得来?”

师云:“更请阇黎宣一遍。”

问:“未审古人与今人还相近也无?”

师云:“相近即相近,不同一体。”

学云:“为什么不同?”

师云:“法身不说法。”

学云:“法身不说法,和尚为人也无?”

师云:“我向个里答话。”

学云:“争道法身不说法?”

师云:“我向个里救你阿爷,他终不出头。”

师示众云:“龙女心亲献,尽是自然事。”

问:“既是自然,献时为什么?”

师云:“若不献,争知自然?”

问:“只如无佛无人处,还有修行也无?”

师云:“除却这两个,有百千万亿。”

学云:“道人来时在什么处?”

师云:“你与么即不修行也。”其僧礼拜。

师云:“大有处着你在。”

师示众云:“是他不是不将来,老僧不是不祇对。”

僧云:“和尚将什么祇对?”师长吁一声。

云:“和尚将这个祇对,莫辜负学人也无?”

师云:“你适来肯我,我即辜负你;若不肯我,我即不辜负你。”

师示众云:“老僧今夜答话去也,解问者出来。”

有僧才出礼拜,师云:“比来抛砖引玉,只得个墼子。”

问:“如何是法身?”

师云:“应身。”

云:“学人不问应身。”

师云:“你但管应身。”

问:“正当二八时如何?”

师云:“东东西西。”

学云:“如何是东东西西?”

师云:“觅不着。”

问:“学人全不会时如何?”

师云:“我更不会。”

云:“和尚还知有也无?”

师云:“我不是木头,作么不知?”

云:“大好不会。”师拍掌笑之。

师示众云:“阇黎不是不将来,老僧不是不祇对。”又云:“阇黎莫擎拳合掌,老僧不将禅床拂子对。”

问:“思忆不及处如何?”

师云:“过这边来。”

云:“过这边来即是及处,如何是思不及处?”

师竖起手云:“你唤作什么?”

云:“唤作手。和尚唤作什么?”

师云:“百种名字我亦道。”

云:“不及和尚百种名字,且唤什么?”

师云:“与么即你思忆不及处。”僧礼拜。

师云:“教你思忆得及者。”

云:“如何是?”

师云:“释迦教、祖师教是你师。”

云:“祖与佛,古人道了也。如何是思忆不及处?”

师再举指云:“唤作什么?”僧良久。

师云:“何不当头道着,更疑什么?”

问:“如何是和尚家风?”

师云:“老僧耳背,高声问。”

僧再问,师云:“你问我家风,我却识你家风。”

问:“万境俱起时如何?”

师云:“万境俱起。”

云:“一问一答是起,如何是不起?”

师云:“禅床是不起的。”

僧才礼拜次,师云:“记得问答?”

云:“记得。”

师云:“试举看。”

僧拟举,师云:“诳我。”

问:“如何是目前佛?”

师云:“殿里的。”

云:“这个是相貌佛,如何是佛?”

师云:“即心是。”

云:“即心犹是限量,如何是佛?”

师云:“无心是。”

学云:“有心无心,还许学人拣也无?”

师云:“有心无心,总被你拣了也,更教老僧道什么即得?”

问:“远远投师,未审家风如何?”

师云:“不说似人。”

学云:“为什么不说似人?”

师云:“是我家风。”

学云:“和尚既不说似人,争奈四海来投?”

师云:“你是道,我不是海。”

学云:“未审海内事如何?”

师云:“老僧钓得一个。”

问:“祖佛近不得的是什么人?”

师云:“不是祖佛。”

学云:“争奈近不得何!”

师云:“向你道不是祖佛,不是众生,不是物,得么?”

学云:“是什么?”

师云:“若有名字,即是祖佛、众生也。”

学云:“不可只与么去也。”

师云:“卒未与你去在。”

问:“如何是平常心?”

师云:“狐狼野干是。”

问:“如何是学人保任的物?”

师云:“尽未来际拣不出。”

问:“如何是大修行的人?”

师云:“寺里纲维是。”

问:“如何是和尚大意?”

师云:“无大无小。”

学云:“莫便是和尚大意么?”

师云:“若有纤毫,万劫不如。”

问:“如何是毗卢圆相?”

师云："老僧自小出家，不曾眼花。"

学云："和尚还为人也无？"

师云："愿你常常见毗卢圆相。"

问："佛祖在日，佛祖相传；佛祖灭后，什么人传？"

师云："古今总是老僧分上。"

学云："未审传个什么？"

师云："个个总属生死。"

云："不可埋没却祖师也。"

师云："传个什么？"

问："朗月当空，未审室中事如何？"

师云："老僧自出家，不曾作活计。"

学云："与么即和尚不为今时也。"

师云："自疾不能救，焉能救诸疾？"

学云："争奈学人无依何！"

师云："依即蹋着地，不依即一任东西。"

问："在心心不测时如何？"

师云："测阿谁？"

学云："测自己。"

师云："无两个。"

问："不见边表时如何？"

师指净瓶云："是什么？"

学云："净瓶。"

师云："大好不见边表。"

问："如救头燃的人如何？"

师云："便学。"

学云："什么处？"

师云："莫占他位次。"

问："空劫中阿谁为主？"

师云："老僧在里许坐。"

学云："说什么法？"

师云："说你问的。"

问："承古有言：'虚明自照。'如何是自照？"

师云："不称他照。"

学云："照不着处如何？"

师云："你话堕也。"

问："如何是法王？"

师云："州里大王是。"

云："和尚不是。"

师云："你拟造反去，都来一个王不认。"

问："如何是佛心？"

师云："你是心，我是佛，奉不奉自看。"

学云："师即不无，还奉得也无？"

师云："你教化我看。"

问："三身中，哪个是本来身？"

师云："缺一不可。"

问："未审此土谁为祖师？"

师云："达摩来这边总是。"

学云："和尚是第几祖？"

师云："我不落位次。"

学云："在什么处？"

师云："在你耳里。"

问："不弃本，不逐末，如何是正道？"

师云："大好出家儿。"

学云："学人从来不曾出家。"

师云:“皈依佛,皈依法。”

学云:“未审有家可出也无?”

师云:“直须出家。”

学云:“向什么处安排他?”

师云:“且向家里坐。”

问:“明眼人见一切,还见色也无?”

师云:“打却着。”

学云:“如何打得?”

师云:“莫用力。”

学云:“不用力如何打得?”

师云:“若用力即乖。”

问:“祖佛大意合为什么人?”

师云:“只为今时。”

学云:“争奈不得何!”

师云:“谁之过?”

学云:“如何承当?”

师云:“如今无人承当得。”

云:“与么即无依倚也。”

师云:“又不可无却老僧。”

崔郎中问:“大善知识还入地狱也无?”

师云:“老僧末上入。”

崔云:“既是大善知识,为什么入地狱?”

师云:“老僧若不入,争得见郎中?”

问:“毫厘有差时如何?”

师云:“天地悬隔。”

云:“毫厘无差时如何?”

师云:“天地悬隔。”

问:“如何是不睡的眼?”

师云:“凡眼、肉眼。”又云:“虽未得天眼,肉眼力如是。”

学云:“如何是睡的眼?”

师云:“佛眼、法眼是睡的眼。”

问:“大庾岭头趁得及,为什么提不起?”

师拈起衲衣云:“你甚处得这个来?”

云:“不问这个。”

师云:“与么即提不起。”

问:“如何是不错路?”

师云:“识心见性是不错路。”

问:“明珠在掌,还照也无?”

师云:“照即不无,唤什么作珠?”

问:“学人拟作佛时如何?”

师云:“太煞费力生。”

云:“不费力时如何?”

师云:“与么即作佛去也。”

问:“学人昏钝在一浮沉,如何得出?”师只据坐。

云:“某甲实问和尚。”

师云:“你甚处作一浮一沉?”

问:“不指一法,如何是和尚法?”

师云:“老僧不说茆山法。”

云:“即不说茆山法,如何是和尚法?”

师云:“向你道不说茆山法。”

云:“莫这个便是也无?”

师云:“老僧未曾将这个示人。”

问:“如何是目前独脱一路?”

师云:“无二亦无三。”

云:“目前有路,还许学人进前也无?”

师云:“与么即千里万里。”

问:“如何是毗卢向上事?”

师云:“老僧在你脚底。”

云:“和尚为什么在学人脚底?”

师云:“你原来不知有向上事。”

问:“如何是合头?”

师云:“是你不合头。”

云:“如何是不合头?”

师云:“前句辨取。”

问:“如何和尚的的意?”

师云:“止止,不须说,我法妙难思。”

问:“未审出家誓求无上菩提时如何?”

师云:“未出家,被菩提使;既出家,使得菩提。”

有一秀才辞去云:“某甲在此括挠和尚多时,无可报答和尚,待他日作一头驴来报答和尚。”

师云:“教老僧争得鞍?”

师到道吾处,才入僧堂,吾云:“南泉一只箭来。”

师云:“看箭!”

吾云:“过也。”

师云:“中也。”

师上堂,示众:“金佛不度炉,木佛不度火,泥佛不度水,真佛内里坐。菩提涅槃、真如佛性,尽是贴体衣服,亦名烦恼。不问,即无烦恼。实际理地什么处着?一心不生,万法无咎。但究理而坐,二三十年若不会,截取老僧头去。梦幻空花,徒劳把捉。心若不异,万法亦然。既不从外得,更拘什么?如羊相似,更乱拾物安口中作么?”

问:“百骸溃散,一物长灵时如何?”

师云:“今朝又风起。”

问:“万国来朝时如何?”

师云:“逢人不得唤。”

问:“十二时中如何淘汰?”

师云:“奈河水浊,西水流急。”

云:“还得见文殊也无?”

师云:“这蒙瞳汉！什么处去来?”

问:“如何是道场?”

师云:“你从道场来,你从道场去,脱体是道场,何处更不是?”

问“如何数量?”

师云:“一二三四五。”

云:“数量不拘的事如何?”

师云:“一二三四五。”

问:“什么世界即无昼夜?”

师云:“即今是昼是夜?”

云:“不问即今。”

师云:“争奈老僧何!”

问:“迦叶上行衣,不踏曹溪路,什么人得披?”

师云:“虚空不出世,道人都不知。”

问:“如何是混而不杂?”

师云:“老僧菜食长斋。”

云:“还得超然也无?”

师云:“破斋也。”

问:“万法归一,一归何所?”

师云:“我在青州作一领布衫重七斤。”

问:“四山相逼时如何?”

师云:“无路是赵州。”

问:“和尚年多少?”

师云:“一串数珠数不尽。”

问:“外方忽有人问:‘赵州说什么法?’如何祇对?”

师云:“盐贵米贱。”

问:“纯一无杂时如何?”

师云:“大煞好一问。”

问:“无为寂静的人莫落在沉空也无?”

师云:“落在沉空。”

云:“究竟如何?”

师云:“作驴作马。”

问:“如何是祖师西来意?”

师云:“床脚是。”

云:“莫便是也无?”

师云:“是即脱取去。”

问:“澄澄绝点时如何?”

师云:“老僧这里不着客作汉。”

问:“凤飞不到时如何?”

师云:“起自何来?”

问:“实际理地不受一尘时如何?”

师云:“一切总在里许。”

问:“如何是一句?”师应喏。

僧再问,师云:“我不患聋。”

问:“如何是和尚的家风?”

师云:“老僧自小出家,抖擞破活计。”

问:“请离四句道。”

师云:“老僧常在里许。”

问:“如何是大人相?”

师云:“侧耳视之。”

云:“犹是隔阶趋附在。”

师云:“老僧无工夫趋得这闲汉。”

问:“才有心念,落在人天。直无心念,落在眷属时如何?”

师云:“非但老僧,作家亦答你不得。”

问:“如何是般若波罗蜜?”

师云:“摩诃般若波罗蜜。”

问:“如何是咬人狮子?”

师云:“皈依佛,皈依法,皈依僧,莫咬老僧。”

问:“离却言句,请师道。”师咳嗽。

问:“如何是一句?”

师云:“两句。”

问:“如何是菩提?”

师云:“这个是阐提。”

问:“如何是大人相?”

师云:“好个儿孙。”

问:“如寂寂无依时如何?”

师云:“老僧在你背后。”

问:“如何是伽蓝?”

师云:“别更有什么?”

云:“如何是伽蓝中人?”

师云:“老僧与阇黎。”

问:“如何是离因果的人?”

师答云:“不因阇黎问,老僧实不知。”

问:“众盲摸象,各说异端,如何是真象?”

师云:“无假自是不知。”

问:“如何是第一句?”师咳嗽。

云:“莫便是否?”

师云:“老僧咳嗽也不得。”

问:“大海还纳众流也无?”

师云:“大海道不知。”

云:“因什么不知?”

师云:“终不道我纳众流。”

问:“如何是毗卢师?”

师云:“毗卢,毗卢。”

问:“诸佛还有师也无?”

师云:“有。”

云:“如何是诸佛师?”

师云:“阿弥陀佛,阿弥陀佛。”

问:“如何是学人师?”

师云:“云有出山势,水无投涧声。”

云:“不问这个。”

师云:“是你师不认。”

问:“诸方尽向口里道,和尚如何示人?”师脚跟打火炉示之。

云:“莫便是也无?”

师云:“恰认得老僧脚跟。”

问:“不行大道时如何?”

师云:“这贩私盐汉。”

云:“却行大道时如何?”

师云:“还我公验来。”

问:“如何是祖师西来意?”

师答云:“东壁上挂葫芦多少时也。”

问:“方圆不就时如何?”

师云:“不方不圆。”

云:“与么时如何?”

师云:“是方是圆。”

问:“道人相见时如何?”

师云:“呈漆器。”

问:“谛为什么观不得?”

师云:“谛即不无,观即不得。”

云:“毕竟如何?”

师云:“失谛。”

问:“行又不到,问又不到时如何?”

师云:“到以不到,道人看如涕唾。”

云:“其中事如何?”师唾地。

问:“如何是祖师西来意?”

师云:“如你不唤作祖师意犹未在。”

云:“本来的如何?”

师云:“四目相睹,更无第二主宰。”

问:“学人拟向南方学些子佛法去,如何?”

师云:“你去南方,见有佛处急走过,无佛处不得住。”

云:“与么即学人无依也。”

师云:“柳絮,柳絮。”

问:“如何是和尚家风?”

师云:“茫茫宇宙人无数。”

云:“请和尚不答话。”

师云:“老僧合与么。”

问:“二龙争珠,谁是得者?”

师云:“失者无亏,得者无用。”

有俗士献袈裟，问："披与么衣服，莫辜负古人也无？"

师抛下拂子云："是古是今？"

问："如何是沙门行？"

师云："展手不展脚。"

问："牛头未见四祖时如何？"

师云："饱柴饱水。"

云："见后如何？"

师云："饱柴饱水。"

问："如何是学人自己？"

师云："吃粥了也未？"

云："吃粥也。"

师云："洗钵盂去。"

问："如何是毗卢师？"

师云："驴驼来也未？"

云："来也。"

师云："牵去喂草。"

问："不借口，还许商量也无？"

师云："正是时。"

云："便请师商量。"

师云："老僧不曾出。"

问："二祖断臂，当为何事？"

师云："粉骨碎身。"

云："供养什么人？"

师云："来者供养。"

问："昼是日光，夜是火光，如何是神光？"

师云："日光火光。"

问："如何是大人相？"师以手摸面，叉手敛容。

问:“如何是祖师西来意?”

师云:“栏中失却牛。”

问:“柏树子还有佛性也无?”

师云:“有。”

云:“几时成佛?”

师云:“待虚空落地。”

云:“虚空几时落地?”

师云:“待柏树子成佛。”

问:“无边身菩萨为什么不见如来顶相?”

师答云:“如隔罗縠。”

问:“诸天甘露,什么人得吃?”

师云:“谢你将来。”

问:“如何是伽蓝?”

师云:“三门佛殿。”

问:“如何是不生不灭?”

师云:“本自不生,今亦无灭。”

问:“如何是赵州主?”

师云:“州里大王是。”

问:“急切处,请师道。”

师答云:“尿是小事,须是老僧自去始得。”

问:“学人有疑时如何?”

师云:“大宜? 小宜?”

学云:“不疑。”

师云:“大宜东北角,小宜僧堂后。”

师示众云:“老僧三十年前在南方火炉头,有个无宾主话,直至如今无人举着。”

问:“和尚受大王如是供养,将什么报答?”

师云:“念佛。”

云:“贫子也解念佛。”

师云:“唤侍者将一钱与伊。”

问:“如何是和尚家风?”

师云:“屏风虽破,骨格犹存。”

问:“如何是不迁之义?”

师云:“你道这野鸭子飞从东去西去?”

问:“大耳三藏第三度觅国师不见,未审国师在什么处?”

师云:“在三藏鼻孔里。”

问:“盲龟值浮木孔时如何?”

师云:“不是偶然事。”

问:“久居岩谷时如何?”

师云:“何不隐去?”

问:“久向赵州石桥,到来只见略彴子。”

师云:“阇黎只见略彴子,不见赵州石桥。”

云:“如何是赵州石桥?”

师云:“过来,过来。”

又僧问:“久向赵州石桥,到来只见略彴子。”

师云:“你只见略彴子,却不见赵州石桥。”

云:“如何是石桥?”

师云:“度驴度马。”

问:“和尚姓什么?”

师云:“常州有。”

又问:“甲子多少?”

师云:“苏州有。”

师上堂云:“才有是非,纷然失心,还有答话分也无?”

有僧出,抚侍者一下云:“何不祗对和尚?”师便归方丈。

后侍者请益:“适来僧是会也？不会也?”

师云:“坐的见立的,立的见坐的。”

问:“如何是道?”

师云:“墙外的。”

云:“不问这个。”

师云:“问什么道?”

云:“大道。”

师云:“大道通长安。”

问:“拨尘见佛时如何?”

师云:“拨尘即不无,见佛即不得。”

问:“如何是无疾之身?”

师云:“四大五阴。”

问:“如何是阐提?”

师云:“何不问菩提?”

云:“如何是菩提?”

师云:“只这便是阐提。”

师有时屈指云:“老僧唤作拳,你诸人唤作什么?”

僧云:“和尚何得将境示人?”

师云:“我不将境示人,若将境示阇黎,即埋没阇黎去也。”

云:“争奈这个何!”师便珍重。

师示众云:“才有是非,纷然失心,还有答话分也无?”有僧出,将沙弥打一掌,便出去,师便归方丈。

至来日问侍者:“昨日这师僧在什么处?”

侍者云:“当时便去也。”

师云:“三十年弄马骑,被驴子扑。”

问:“与么来的人,师还接也无?”

师云:“接。”

云:“不与么来的人,师还接也无?”

师云:“接。”

云:“与么来从师接,不与么来,师如何接?”

师云:“止止不须说,我法妙难思。”

镇府大王问:“师尊年有几个齿在?”

师云:“只有一个牙。”

大王云:“争吃得物?”

师云:“虽然一个,下下咬着。”

问:“如何是学人珠?”

师云:“高声问。”僧礼拜。

师云:“不解问,何不道高下即不问,如何是学人珠?何不与么问?”

僧便再问,师云:“洎合放过这汉。”

问:“二边寂寂,师如何阐扬?”

师云:“今年无风波。”

问:“大众云集,却合谈何事?”

师云:“今日拽木头竖僧堂。”

云:“莫只这个便是接学人也无?”

师云:“老僧不解双陆,不解长行。”

问:“如何是真实人体?”

师云:“春夏秋冬。”

云:“与么即学人难会。”

师云:“你问我真实人体。”

问:“如何是佛法大意?”

师云:“你名什么?”

云:“某甲。”

师云:“含元殿里,金谷园中。”

问:“如何是七佛师?”

师云:“要眠即眠,要起即起。”

问:“道非物外,物外非道,如何是物外道?”师便打。

进云:“和尚莫打某甲,以后错打人去在。”

师云:“龙蛇易辨,衲子难瞒。”

师见大王入院不起,以手自拍膝云:“会么?”

大王云:“不会。”

师云:“自小出家今已老,见人无力下禅床。”

问:“从上至今不忘的人如何?”

师云:“不可得系心常思念十方一切佛。”

问:“如何是佛向上事?”师便抚掌大笑。

问:“一灯燃百千灯,一灯未审从什么处发?”

师便趺出一只履,又云:“作家即不与么问。”

问:“归根得旨,随照失宗时如何?”

师云:“老僧不答这话。”

云:“请和尚答话。”

师云:“合与么。”

问:“夜升兜率,昼降阎浮,其中为什么摩尼不现?”

师云:“道什么?”

僧再举前问,师云:“毗婆尸佛早留心,直至如今不得妙。”

问:“如何是衣中宝?”

师云:“这一问嫌什么?”

云:“这个是问,如何是宝?”

师云:“与么即衣也失却。”

问:“万里无店时如何?”

师云:“禅院里宿。”

问:“觌面相呈,还尽大意也无?”

师云:“低口。”

云:“收不得处如何?”

师云:“向你道低口。”

问:“不与万法为侣者是什么人?”

师云:“非人。”

问:“三乘教外,如何接人?”

师答云:“有此世界来,日月不曾换。”

问:“众机来凑,未审其中事如何?”

师云:“我眼本正,不说其中事。”

问:“如何是万法之源?”

师云:“栋梁椽柱。”

云:“学人不会。”

师云:“拱斗叉手不会?”

问:“一物不将来时如何?”

师云:“放下着。”

问:“路逢达道人,不将语默对,未审将什么对?”

师云:“人从陈州来,不得许州信。”

问:“开口是有为,如何是无为?”

师以手示之云:“这个是无为。”

云:“这个是有为,如何是无为?”

师云:“无为。”

云:“这个是有为。”

师云:“是有为。”

师示众云:“‘佛’之一字,吾不喜闻。”

问:“和尚还为人也无?”

师云:“佛,佛。”

问:“尽却今时,如何是的的处?”

师云:“尽却今时,莫问那个。”

云:“如何是的?”

师云:“向你道莫问。”

云:“如何得见?”

师云:“大无外,小无内。”

问:“如何是和尚家风?”

师云:“内无一物,外无所求。”

问:“出家的人还作俗否?”

师云:“出家即是座主,出与不出,老僧不管。”

云:“为什么不管?”

师云:“与么即出家也。”

问:“不见边表时如何?”

师云:“因什么与么?”

问:“澄而不清,浑而不浊时如何?”

师云:“不清不浊。”

云:“是什么?”

师云:“也可怜生。”

云:“如何是通方?”

师云:“离却金刚禅。”

问:“如何是祖师的的意?”师涕唾。

云:“其中事如何?”师又唾地。

问:“四山相逼时如何?”

师云:“无出迹。”

问:“如何是三界外人?”

师云:“争奈老僧在三界内。”

问:“知有不有的人如何?”

师云:“你若更问,即故问老僧。”

师示众云:“向南方趋丛林去,莫在这里。”

僧便问:“和尚这里是甚处?”

师云:“我这里是柴林。”

问:“如何是毗卢师?”

师云:“性是弟子。”

刘相公入院,见师扫地,问:“大善知识为什么却扫尘?”

师云:“从外来。”

问:“如何是和尚示学人处?”

师云:“目前无学人。”

云:“与么即不出世也。”师便珍重。

问:“祖意与教意,同?别?”师作拳安头上。

云:“和尚犹有这个在。”

师卸下帽子云:“你道老僧有个什么?”

问:“如何是异类中行?”

师云:“唵嘟啉,唵嘟啉。”

问:“毫厘有差时如何?”

师云:“粗。”

云:“应机时如何?”

师云:“屈。”

问:“如何是沙门行?”师展手拂衣。

问:“佛花未发,如何辨得真实?”

师云:“是真是实?”

云:“是什么人分上事?”

师云:“老僧有分?阇黎有分?”

问:“觉花未发时,如何辨得真实?”

师云:“已发也。”

云:“未审是真是实?”

师云:“真即实,实即真。”

有婆子问:“婆是五障之身,如何免得?”

师云:“愿一切人生天,愿婆婆永沉苦海。”

问:“朗月当空时如何?”

师云:“犹是阶下汉。”

云:“请师接上阶。”

师云:“月落了,来相见。”

师有时示众云:“老僧初到药山时,得一句子,直至如今齁齁地饱。”

师因看《金刚经》次,僧便问:“一切诸佛及诸佛阿耨菩提皆从此经出,如何是此经?”

师云:“《金刚般若波罗蜜经》:‘如是我闻,一时佛在舍卫国。’”

僧云:“不是。”

师云:“我自理经也不得。”

因僧辞去,师云:“阇黎出外,忽有人问:‘还见赵州否?’你作么生祇对?”

云:“只可道见。”

师云:“老僧是一头驴,你作么生见?”无语。

师问新到:“从什么处来?”

云:“南方来。”

师云:“还知有赵州关么?”

云:“须知赵州关者。”

师叱云:“这贩私盐汉!”又云:“兄弟!赵州关也难过。”

云:“如何是赵州关?”

师云:“石桥是。”

问新到:“离什么处?”

云:“离雪峰。”

师云:“雪峰有什么言句示人?”

云:“和尚寻常道:‘尽十方世界是沙门一只眼,你等诸人向什么处屙?’”

师云:“阇黎若回,寄个锹子去。”

师因舍衣表大众次,僧便问:“和尚总舍却了,用个什么去?”

师召云:“湖州子!”僧应诺。

师云:“用个什么?”

僧问:“如何是此性?”

师云:“五蕴四大。”

云:“此犹是坏,如何此性?”

师云:“四大五蕴。”

定州有一座主到,师问:“习何业?”

云:“经律论不听便讲。”

师举手示之:“还讲得这个么?”座主茫然不知。

师云:“直饶你不听便讲得,也只是个讲经论汉,若是佛法,未在。”

云:“和尚即今语话,莫便是佛法否?”

师云:“直饶你问得答得,总属经论,佛法未在。”主无语。

师问僧:“你曾看《法华经》么?”

云:“曾看。”

师云:“经中道:‘衲衣在空闲,假名阿练若,诳惑世间人。’你作么生会?”僧拟礼拜。

师云:“你披衲衣来否?”

云:“披来。”

师云:“莫惑我。”

云:“如何得不惑去?”

师云:“自作活计,莫取老僧语。”

问新到:“从什么处来?”

云:“南方来。”

师云:“三千里外逢莫戏。”

云:“不曾。”

师云:“摘杨花,摘杨花。”

问:“如何是心地法门?”

师云:“古今榜样。”

问:“利剑锋头快时如何?”

师云:“老僧是利剑,你道快在什么处?”

问:“朗月当空时如何?”

师云:“阇黎名什么?”

学云:“某甲。”

师云:“朗月当空在什么处?”

问:“三乘十二分教即不问,如何是祖师西来意?”

师云:“水牯牛生儿,也好看取。”

云:“未审此意如何?”

师云:“我不知。”

问:“如何是宝月当空?”

师云:“塞却老僧耳。”

示众云:“我此间有出窟狮子,亦有在窟狮子,只是难得狮子儿。”时有僧弹指对之。

师云:“是什么?”

云:“狮子儿。”

师云:“我唤作狮子儿,实实罪过,你更行趺踏。”

师一日将拄杖上茱萸法堂上,东西来去,萸云:“作什么?”

师云:“探水。”

荚云:“我这里一滴也无,探个什么?”师将杖子倚壁便下去。

师因见僧扫地次,遂问:“与么扫还得净洁也无?”

云:“转扫转多。”

师云:“岂无拨尘者也?”

云:“谁是拨尘者?”

师云:“会么?”

云:“不会。”

师云:“问取云居去。”

其僧乃去问云居:“如何是拨尘者?”

云居云:“这瞎汉!”

因沙弥童行参师,向侍者道:“教伊去。”

侍者向行者道:“和尚教去。”

师云:“沙弥童行得入门,侍者在门外。”

师问二新到:“上座曾到此间否?”

云:“不曾到。”

师云:“吃茶去。”

又问:“那一人曾到此间否?”

云:“曾到。”

师云:“吃茶去。”

院主问:“和尚!不曾到,教伊吃茶去即且置,曾到,为什么教伊吃茶去?”

师云:“院主!”院主应喏。

师云:“吃茶去。”

师到云居,云居云:“老老大大,何不觅个住处?”

师云:“什么处住得?”

云居云:“前面有古寺基。”

师云:“与么即和尚自住取。”

师又到茱萸,茱萸云:“老老大大,何不觅个住处去?”

师云:“什么处住得?”

茱萸云:“老老大大,住处也不识。”

师云:“三十年弄马骑,今日却被驴扑。”

师又到茱萸方丈,上下观瞻,茱萸云:“平地吃交作什么?”

师云:“只为心粗。”

师见僧来,挟火示之云:“会么?”

僧云:“不会。”

师云:“你不得唤作火,老僧道了也。”

师挟起火云:“会么?”

云:“不会。”

师却云:“此去舒州有投子山和尚,你去礼拜问取。因缘相契,不用更来;不相契却来。”其僧便去。

才到投子和尚处,投子乃问:“近离什么处?”

云:“离赵州,特来礼拜和尚。”

投子云:“赵州老人有何言句?”僧乃具举前话。

投子乃下禅床,行三五步,却坐云:“会么?”

僧云:“不会。”

投子云:“你归,举似赵州。”

其僧却归,举似师,师云:“还会么?”

云:“未会。”

师云:“也不较多也。”

师因行路次,见一婆子问:“和尚住什么处?”

师云:“赵州东院西。”

师举向僧云:“你道使哪个西字?”

一僧云:“东西字。”

一僧云:“依栖字。”

师云:“汝两人总作得盐铁判官。”

师问僧:“你在此间多少时也?”

云:“七八年。”

师云:“还见老僧么?”

云:“见。”

师云:“我作一头驴,你作么生见?”

云:“入法界见。”

师云:“我将为你有此一着,枉吃了如许多饭。”

僧云:“请和尚道。”

师云:“因什么不道向草料里见?”

师问菜头:“今日吃生菜?熟菜?”菜头提起一茎菜。

师云:“知恩者少,负恩者多。”

有俗行者到院烧香,师问僧:“伊在那里烧香礼拜,我又共你在这里语话,正与么时,生在哪头?”

僧云:“和尚是什么?”

师云:“与么即在那头也。”

云:“与么已是先也。”师笑之。

师与小师文远论义,不得占胜,占胜者输糊饼。师云:“我有一头驴。”

远云:“我是驴胃。”

师云:“我是驴粪。”

远云:“我是粪中虫。”

师云:“你在彼中作么?”

远云:“我在彼中过夏。”

师云:“把将糊饼来。”

师因入内回,路上见一幢子无一截,僧问云:“幢子一截上天去也?入地去也?”

师云:“也不上天,也不入地。”

云:“向什么处去?”

师云:“扑落也。”

有僧上参次,见师衲衣盖头坐次,僧便退,师云:“阇黎莫道老僧不祇对。”

师问僧:“从什么处来?”

云:“南方来。”

师云:“共什么人为伴?”

云:“水牯牛。”

师云:“好个师僧,因什么与畜生为伴?”

云:“不异故。”

师云:“好个畜生。”

云:“争肯?”

师云:“不肯且从,还我伴来。”

堂中有二僧,相推不肯作第一座,主事白和尚,师云:“总教他作第二座。”

云:“教谁作第一座?”

师云:“装香着。”

云:“装香了也。”

师云:“戒香? 定香?”

有僧见猫儿,问云:“某甲唤作猫儿,未审和尚唤作什么?”

师云:“是你唤作猫儿。”

因镇州大王来访师,侍者来报师云:“大王来!”

师云:“大王万福!”

侍者云:“未在,方到三门下。”

师云:“又道大王来也。”

因在殿上过,乃唤侍者,侍者应喏,师云:“好一殿功德。”侍者无对。

师因到天台国清寺，见寒山、拾得，师云："久向寒山、拾得，到来只见两头水牯牛。"寒山、拾得便作牛斗。

师云："叱！叱！"寒山、拾得咬齿相看，师便归堂。

二人来堂内问："师适来因缘作么生？"师乃呵呵大笑。

师行脚时，到一尊宿院，才入门相见便云："有么？有么？"尊宿竖起拳头。

师云："水浅船难泊。"便出去。

又到一院，见尊宿便云："有么？有么？"尊宿竖起拳头。

师云："能纵能夺，能取能撮。"礼拜便出去。

师一日拈数珠问新罗长老："彼中还有这个也无？"

云："有。"

师云："何似这个？"

云："不似这个。"

师云："既有，为什么不似？"无语。

师自代云："不见道：新罗大唐。"

问新到："什么处来？"

云："南方来。"

师竖起指云："会么？"

云："不会。"

师云："动止万福不会。"

师行脚时，问大慈："般若以何为体？"

慈云："般若以何为体？"师便呵呵大笑而出。

大慈来日见师扫地次，问："般若以何为体？"师放下扫帚，呵呵大笑而去，大慈便归方丈。

师到投子处对坐斋，投子将蒸饼与师吃，师云："不吃。"

不久，又下糊饼，投子教沙弥度与师。师接得饼，却礼沙弥三拜,投子默然。

因僧写师真呈师,师云:“若似老僧,即打杀我;若不似,即烧却。”

师与首座看石桥,乃问首座:“是什么人造?”

云:“李膺造。”

师云:“造时向什么处下手?”无对。

师云:“寻常说石桥,问著下手处也不知。”

师因参潼关,潼关问师云:“你还知有潼关么?”

师云:“知有潼关。”

云:“有公验者即得过,无公验者不得过。”

师云:“忽遇銮驾来时如何?”

关云:“也须检点过。”

云:“你要造反。”

师在南泉时,泉牵一头水牯牛入僧堂内巡堂而转,首座乃向牛背上三拍,泉便休去。师后将一束草安首座面前,首座无对。

有秀才见师,乃赞叹师云:“和尚是古佛。”

师云:“秀才是新如来。”

有僧问:“如何是涅槃?”

师云:“我耳重。”

僧再问,师云:“我不害耳聋。”乃有颂:

“滕滕大道者,对面涅槃门。
但坐念无际,来年春又春。”

有僧问:“生死二路,是同是别?”

师乃有颂:

“道人问生死,生死若为论?
双林一池水,朗月耀乾坤。
唤他句上识,此是弄精魂。

欲会个生死,颠人说梦春。”

因见诸方见解异途,乃有颂呵:

“赵州南,石桥北,观音院里有弥勒。
祖师遗下一只履,直至如今觅不得。”

鱼鼓颂

四大犹来造化功,有声全贵里头空。
莫怪不与凡夫说,只为宫商调不同。

赵王与师作真赞

碧溪之月,清镜中头。
我师我化,天下赵州。

哭赵州和尚(二首)

师离滹水动王侯,心印光潜尘尾收。
碧落雾霾松岭月,沧溟浪覆济人舟。
一灯乍灭波旬喜,双眼重昏道侣愁。
纵是了然云外客,每瞻瓶机泪还流。

佛日西倾祖印隳,珠沉丹沼月沉辉。
影敷丈室炉烟惨,风起禅堂松韵微。
只履乍来留化迹,五天何处又逢归?
解空弟子绝悲喜,犹自潸然对雪帏。

卷第七

慈云匡真弘明云门偃禅师语录

御 制 序

顾著曰鉴,拟问即咦,扬眉眨眼,败阙如斯。又道古来老宿为慈悲之故,有落草之谈。如是鉴咦,落草也未?大慈大悲,哪顾丧身失命?只这注破,即今早已落草了也。佛印元曰:“云门说法如云雨,绝不喜人记录,见必骂逐曰:‘汝口不用,反记吾语。’今室中对机录,皆香林明教以纸为衣,随即书之。”朕今刊录,删辑云门言句,且道与云门意旨是同是别?云门古德岂畏落草?朕亦大丈夫,岂问与云门是同是别者哉?虽然超情绝解,直指自心,如云门者,实为奇特。垂示后世,云门与朕实是大慈大悲,设使灯笼露柱向前致问:“还慈悲个什么?”答曰:“鉴!”进云:“落草了也。”曰:“咦!”

雍正十一年癸丑六月朔日

机　缘

云门文偃禅师，浙西嘉兴张氏子。依空王寺志澄律师出家，禀具，穷律部。初参睦州踪禅师，州才见师来，便闭却门。师乃扣门，州云："谁？"

师云："某甲。"

州云："作什么？"

师云："己事未明，乞师指示。"

州开门一见便闭却。师如是连三日去扣门，至第三日，州始开门，师乃挮入，州便擒住云："道！道！"

师拟议，州托开云："秦时𨍏轹钻。"师从此悟入。

师到雪峰庄，见一僧，师问："上座今日上山去哪？"

僧云："是。"

师云："寄一则因缘问堂头和尚，只是不得道是别人语。"

僧云："得。"

师云："上座到山中，见和尚上堂，众才集，便出，握腕立地云：'这老汉！项上铁枷何不脱却？'"其僧一依师教。

雪峰见这僧与么道，便下座拦胸把住其僧云："速道！速道！"僧无对。

雪峰托开云："不是汝语。"

僧云："是某甲语。"

雪峰云："侍者将绳棒来。"

僧云："不是某语，是庄上一浙中上座教某甲来道。"

雪峰云："大众！去庄上迎取五百人善知识来。"

师次日上山，雪峰才见，便云："因什么得到与么地？"师乃低头，从兹契合。

师在雪峰与长庆、西院商量。雪峰上堂云:“尽大地撮来如粟米大,抛向面前,漆桶不会,打鼓普请看。”

西院问师:“雪峰与么道,还有出头不得处么?”

师云:“有。”

院云:“作么生是出头不得处?”

师云:“不可总作野狐精见解也。”又云:“狼藉不少。”又云:“七曜丽天。”又云:“南阎浮提,北郁单越。”

师一日与长庆举赵州无宾主话,“雪峰当时与一蹋作么生?”

师云:“某甲不与么。”

庆云:“你作么生?”

师云:“石桥在向北。”

师到洞岩,岩问:“作什么来?”

师云:“亲近来。”

岩云:“乱走作什么?”

师云:“暂时不在。”

岩云:“知过即得。”

师云:“和尚乱走作什么?”

师到疏山,疏山问:“得力处道将一句来。”

师云:“请和尚高声问。”山便高声问。

师云:“和尚早朝吃粥么?”

山云:“作么生不吃粥?”

师云:“乱叫作么?”

师到曹山,山示众云:“诸方尽把格则,何不与他道一转语,教伊莫疑去?”

师便问:“密密处为什么不知有?”

山云:“只为密密,所以不知有。”

师云:“此人作么生亲近?”

山云："不向密密处。"

师云："不向密密处，还得亲近也无？"

山云："始得亲近。"

师应诺诺。

师问曹山："如何是沙门行？"

云："吃常住苗稼者。"

师云："便与么去时如何？"

云："你还畜得么？"

师云："学人畜得。"

山云："你作么生畜？"

师云："着衣吃饭有什么难？"

山云："何不道披手戴角？"师便礼拜。

师到江州，有陈尚书请师斋，相见便问："儒书中即不问，三乘十二分教自有座主，作么生是衲僧行脚事？"

师云："曾问几人来？"

书云："即今问上座。"

师云："即今且置，作么生是教意？"

书云："黄卷赤轴。"

师云："这个是文字语言，作么生是教意？"

书云："口欲谈而辞丧，心欲缘而虑忘。"

师云："口欲谈而辞丧，为对有言；心欲缘而虑忘，为对妄想。作么生是教意？"尚书无语。

师云："见说尚书看《法华经》，是否？"

书云："是。"

师云："经中道：'治生产业，皆与实相不相违背。'且道非非想天有几人退位？"书无语。

师云："尚书且莫草草。十经五论，师僧抛却，特入丛林十年二十年尚不奈何,尚书又争得会?”

尚书礼拜云:“某甲罪过。”

师到归宗,僧问:“大众云集,合谈何事?”

宗云:“两两三三。”

僧云:“不会。”

宗云:“三三两两。”

师却问其僧:“归宗意旨如何?”

僧云:“全体与么来。”

师云:“上座曾到潭州龙牙么?”

僧云:“曾到来。”

师云:“打野榸汉。”

师因乾峰上堂云:“法身有三种病、二种光,须是一一透得,更须知有照用临时向上一窍在。”峰乃良久。

师便出问:“庵内人为什么不见庵外事?”峰呵呵大笑。

师云:“犹是学人疑处在。”

峰云:“子是什么心行?”

师云:“也要和尚相委。”

峰云:“直须与么,始解稳坐地。”师应诺诺。

乾峰示众云:“举一不得举二,放过一着,落在第二。”

师出众云:“昨日有人从天台来,却往径山去。”

峰云:“典座来日不得普请。”便下座。

师问乾峰:“请师答话。”

峰云:“到老僧处也未?”

师云:“与么则学人在途也。”

峰云:“与么那!与么那!”

师云:“将谓侯白,更有侯黑。”

师到灌溪时,有僧举“灌溪语云:‘十方无壁落,四面亦无门,净裸裸，赤洒洒，没可把。’”问师：“作么生？”

师云：“与么道即易，也大难出。”

僧云：“上座不肯和尚与么道哪？”

师云：“你适来与么举哪？”

僧云：“是。”

师云：“你驴年梦见灌溪？”

僧云：“某甲话在。”

师云：“我问你‘十方无壁落，四面亦无门，净裸裸，赤洒洒，没可把’，你道大梵天王与帝释商量个什么事？”

僧云：“岂干他事！”

师喝云：“逐队吃饭汉！”

示　众

师上堂，良久，云：“夫唱道之机，固难谐剖，若也一言相契，犹是多途，况复忉忉，有何所益？然且教乘之中，各有殊分，律为戒学，经为定学，论为慧学，三藏五乘，五时八教，各有所归。然一乘圆顿也大难明，直下明得，与衲僧天地悬殊。若向衲僧门下句里呈机，徒劳伫思，门庭敲磕，千差万别，拟欲进步向前，过在寻他舌头露布。从上来事，合作么生？向这里道圆道顿，得么？这边那边，得么？莫错会好！莫见与么道，便向不圆不顿处卜度，这里也须是个人始得。莫将依师语、相似语、测度语到处呈似，将谓自己见解，莫错会。只如今有什么事，对众决择看。”

时有州主何公礼拜问曰：“弟子请益。”

师云：“目前无异草。”

有官问：“佛法如水中月，是不？”

师云：“清波无透路。”

进云:“和尚从何得?”

师云:“再问复何来?”

进云:“正与么时如何?”

师云:“重叠关山路。”

有官问:“千子围绕,何者为的?”

师云:“化下住持,已奉来问。”

问:“今日开筵,将何指教?”

师云:“来风深辨。”

进云:“莫只这便是么?”

师云:“错。”

问:“从上古德以心传心,今日请师,将何施设?”

师云:“有问有答。”

进云:“与么则不虚施设也。”

师云:“不问不答。”

问:“如何是正法眼?”

师云:“普。”

问:“如何是端坐念实相?”

师云:“河里失钱河里摝。”

问:“如何是沙门行?”

师云:“会不得。”

进云:“为什么会不得?”

师云:“只守会不得。”

问:“如何是寻常之用?”

师云:“且哪里葛藤去?”

问:“如何是教意?”

师云:“你看什么经?”

僧云:“《般若经》。”

师云："一切智智清净，还梦见未？"

僧云："一切智智清净且置，如何是教意？"

师云："心不负人，面无惭色，放你三十棒。"

问："如何是诸佛出身处？"

师云："东山水上行。"

问："乞师指个入路。"

师云："吃粥吃饭时。"

问："如何是尘尘三昧？"

师云："桶里水，钵里饭。"

问："如何是一如体玄？"

师云："欠你一问。"

问："如何是玄中的？"

师云："垤。"

进云："如何即是？"

师云："速退！速退！妨他别人问。"

问："如何是非思量处？"

师云："识情难测。"

问："凿壁偷光时如何？"

师云："恰。"

问："一言道尽时如何？"

师云："裂破。"

进云："和尚作么生下手拈掇？"

师云："拈取粪箕扫帚来。"

问："如何是透法身句？"

师云："北斗里藏身。"

问："如何是本来宗？"

师云："不问不答。"

问:“如何是内外光?”

师云:“向什么处问?”

“学人如何明达?”

师云:“忽然有人问,你作么生道?”

进云:“明达后如何?”

师云:“明即且置,还我达来。”

问:“学人有疑,请师不责,从上宗乘事作么?”

师云:“三拜不虚。”

上堂云:“举一则语,教汝直下承当,早是撒屎着你头上也。直饶拈一毛头,尽大地一时明得,也是剜肉作疮。虽然如此,也须是实到这个田地始得。若未,且不得掠虚,却须退步向自己脚根下推寻,看是什么道理?实无丝发许与汝作解会,与汝作疑惑。况汝等且各各当人有一段事,大用现前,更不烦汝一毫头气力,便与祖佛无别。自是汝诸人信根浅薄,恶业浓厚,突然起得如许多头角,担钵囊千乡万里受屈作么?且汝诸人有什么不足处?大丈夫汉,阿谁无分?独自承当,尚犹不着便,不可受人欺瞒,取人处分。才见老和尚开口,便好把特石蓦口塞,便是屎上青蝇相似,斗哑将去,三个五个聚头商量,苦屈兄弟!古人一期为汝诸人不奈何,所以垂一言半句,通你入路。知事般事,拈放一边,自著些子筋骨,岂不是有少许相亲处?快与!快与!时不待人,出息不保入息,更有什么身心闲别处用?切须在意!珍重!”

上堂,良久,云:“触目不会道,运足焉知路?”

僧问:“如何是触目菩提?”

师云:“与我拈却佛殿。”

问:“如何是最初一句?”

师云:“九九八十一。”

问:“承教有言‘一切智智清净’时如何?”师便唾之。

问:“学人与么来,请师实说。”

师云:“知。”

问:“金刚为什么倒地?”

师云:“不着力。”

问:“不起一念,还有过也无?”

师云:“须弥山。”

问:“如来唯一说,无二说,如何是如来说?”

师云:“哪个师僧何不问?”

上堂云:“诸和尚子!莫妄想,天是天,地是地,山是山,水是水,僧是僧,俗是俗。”良久,云:“与我拈案山来看。”

便有僧问:“学人见山是山,见水是水时如何?”

师云:“三门为什么从这里过?”

进云:“与么则不妄想去也。”

师云:“还我话头来。”

上堂,良久,云:“还有人道得么?道得的出来。”众无语。

师拈拄杖云:“适来是个小屎坑,如今是个大屎坑。”

问:“万法归一,一即不问,如何是万法?”

师云:“你来这里说葛藤瞒我。”

问:“圣僧为什么被大虫咬?”

师云:“与天下人作榜样。”

问:“十二时中如何用心即得不辜负去?”

师云:“省力。”

问:“学人拟伸一问,还许也无?”

师云:“佛不夺众生所愿。”

问:“如何举唱即得不负来机?”

师云:“痛领一问。”

问:“己事未明,如何指示?”

师云:“不避来机,还当得么?”

问:“尽其机来,师还接也无?”

师云:“一问不错。”

学云:“一问且置,师还接不?”

师云:“细看前话。”

问:“毗卢向上即不问,虚空请师留些子。”

师云:“把却汝咽喉,你作么生道?”

问:“如何是学人自己?”

师云:“一叉一扎。”

进云:“莫便是不?”

师云:“苏噜苏噜。”

上堂云:“一言才举,千差同辙。该括微尘,犹是化门之说。若是衲僧,合作么生?若将祖意佛意这里商量,曹溪一路平沉,还有人道得么?道得的出来。”

时有僧问:“如何是超佛越祖之谈?”

师云:“糊饼。”

进云:“这个有什么交涉?”

师云:“灼然有什么交涉。”

问:“当今一句,请师道。”

师云:“放你一线道,还我一句来。”

问:“不涉廉纤,请师道。”

师云:“一怕汝不问,二怕汝不举,三到老僧勃跳,四到你退后。速道!速道!”僧便礼拜,师便打。

问:“目前荡尽时如何?”

师云:“热发作么?”其僧礼拜而退。

师云:“且来!且来!”

僧近前,师便棒云:“这掠虚汉唬我。”

问:“绝消息处,如何履践?”

师云:“三十年后。”

进云:“只今如何?”

师云:“莫乱统。”

问:“凡有言说,皆是葛藤。如何是不葛藤?”

师云:“大有人见汝问。”

上堂云:“大众!汝等还有郢州针么?若有,试将来看。有么?有么?”众无对。

师云:“若无,散披衣裳去也。”便下座。

问:“尽大地人来,师如何接?”

师云:“提纲有路。”

进云:“莫只这便是指示不?”

师云:“合取狗口。”

问:“目前坦然时如何?”

师云:“海水在汝头上。”

进云:“远着得也无?”

师云:“向这里脱空妄语。”

问:“施主设斋,将何报答?”

师云:“量才补职。”

进云:“不会。”

师云:“不会即吃饭。”

问:“如何是向上事?”

师云:“截却汝肚肠,换却匙箸,拈将钵盂来看。”僧无对。

师云:“这掠虚汉。”

问:“上无攀仰,下无己躬时如何?”

师云:“藏身一句作么生道?”僧便礼拜。

师云:“放过一着,置将一问来。”僧无语。

师云:“这死虾蟆。”

问:“如何是色即是空?”

师云:“拄杖敲汝鼻孔。”

问:“久值为什么不识?”

师云:“测。”

问:“如何是心?”

师云:“心。”

进云:“不会。”

师云:“不会。”

进云:“究竟如何?”

师咄云:“静处东行西行。”

问:“如何是途中受用?”

师云:“七九六十三。”

进云:“如何是世谛流布?”

师云:“江西湖南,新罗渤海。”

问:“请师提纲宗门。”

师云:“南有雪峰,北有赵州。”

问:“大彻的人见一切法是空不?”

师云:“苏噜苏噜。”

问:“树凋叶落时如何?”

师云:“体露金风。”

上堂云:“夫学般若菩萨,须识得众生病,即识得学般若菩萨病。还有人拣得么?出来对众拣看。”众无语。

乃云:“若拣不得,莫妨我东行西行。”

问:“一摆净尽时如何?”

师云:“争奈老僧何!”

进云:“此事和尚分上。”

师云："这掠虚汉。"

问："如何是道？"

师云："透出一字。"

进云："透出后如何？"

师云："千里同风。"

问："古人道：'知有极则事。'如何是极则事？"

师云："争奈在老僧手里何！"

进云："某甲问极则事。"

师便棒云："吽！吽！正当拨破，便道请益。这般底到处但知乱统，近前来，我问你，寻常在长连床上商量向上向下，超佛越祖，你道水牯牛还有超佛越祖的道理么？"

僧云："适来已有人问了也。"

师云："这个是长连床上学得的不要，有便言有，无便言无。"

僧云："若有，更披毛戴角作么？"

师云："将知你只是学语之流。"

上堂，有僧出礼拜云："请师答话。"师召大众，大众举头，师便下座。

上堂："有解问话者，置将一问来。"

僧出礼拜云："请师鉴。"

师云："抛钩钓鲲鲸，钓得个虾蟆。"

云："和尚莫错。"

师云："朝走三千，暮走八百，作么生？"僧无语，师便打。

上堂云："江西即说君臣父子，湖南即说他不与么，我此间即不如此。"良久，云："汝还见壁么？"

上堂云："从上来且是个什么事？如今抑不得已，且向汝诸人道，尽大地有什么物与汝为对为缘？若有针锋与汝为隔为碍，与我拈将来，唤什么作佛作祖？唤什么作山河大地、日月星辰？

将什么为四大五蕴？我与么道,唤作三家村里老婆说话。忽然遇着本色行脚汉闻与么道,把脚拽向阶下,有什么罪过？虽然如此,据个什么道理便与么？莫趁口快向这里乱道,须是个汉始得。忽然被老汉脚根下寻着你去处,打脚折有什么罪过？既与么,如今还有问宗乘中话么？待老汉答一转了,东行西行。"有僧拟问次,师以拄杖劈口打,便下座。

问:"狮子嚬呻时如何?"

师云:"嚬呻且置,试哮吼看。"僧应诺。

师云:"这个是老鼠啼。"

上堂云:"不得已且作死马医,向汝道是个什么？是东是西,是南是北,是有是无,是见是闻,是向上是向下,是与么是不与么,这个唤作三家村里老婆说话。是你有几个到此境界？相当即相当,不相当,静处萨婆诃。"下座。

上堂云:"诸方老和尚道,须知有声色外一段事,似这个语话,诳唬人家男女。三间法堂里独自妄想,未曾梦见我本师宗旨在,作么生消得他信施？腊月三十日,个个须赏他始得。任汝教跳去,是你诸人各自努力。珍重!"

问:"目前无一法,还免得生死不?"

师云:"你驴年未免得在。"

问:"如何是道?"

师云:"去。"

进云:"学人不会,乞师道。"

师云:"阇黎公验分明,何在重判?"

问:"维摩一默,还同说也无?"

师云:"痛领一问。"

进云:"与么则同说也。"

师云:"适来道什么?"

问："如何是清净法身？"

师云："花药栏。"

进云："便与么会时如何？"

师云："金毛狮子。"

上堂，因闻钟鸣，乃云："世界与么广阔，为什么钟声披七条？"

上堂云："人人自有光明在，看时不见暗昏昏。"便下座。

上堂，大众集定，师乃拈起拄杖云："不得已向这里会取，看！看！三门在露柱上。"便下座。

示众云："尽十方世界、乾坤大地，"以拄杖一画，"百杂碎。三乘十二分教，达摩西来，放过即不可；若不放过，不消一喝。"

示众云："西天二十八祖、唐土六祖、天下老和尚，总在拄杖头上，直饶会得倜傥分明，只在半途。若不放过，尽是野狐精师。"

一日，云："古来老宿皆为慈悲之故，有落草之谈，随语识人。若是出草之谈，即不与么，若与么，便有重话会语。不见仰山和尚问僧：'近离甚处？'僧云：'庐山。'仰山云：'曾游五老峰么？'僧云'不曾游。'仰山云：'阇黎不曾游山。'"

师云："此语皆为慈悲之故，有落草之谈。"

有时云："若言即心即佛，权且认奴作郎；生死涅槃，恰似斩头觅活。若说佛说祖，佛意祖意，大似将木槵子换却你眼睛相似。"

室中语要

举："古云：'闻声悟道，见色明心。'"

师云："作么生是闻声悟道，见色明心？"乃云："观世音菩萨将钱来买糊饼，放下手云：'元来只是馒头。'"

有时云："灯笼是你自己，把钵盂噇饭，饭不是你自己。"

有僧便问："饭是自己时如何？"

师云："这野狐精，三家村里汉。"复云："来！来！不是你道饭是自己？"

僧云："是。"

师云："驴年梦见三家村里汉。"

有时云："真空不坏有，真空不异色。"

僧便问："作么生是真空？"

师云："还闻钟声么？"

问："此是钟声。"

师云："驴年梦见。"

举："疏山和尚问僧：'什么处来？'僧云：'岭中来。'山云：'曾到雪峰么？'僧云：'曾到。'山云：'我以前到时，是事不足，如今作么生？'僧云：'如今足也。'山云：'粥足？饭足？'僧无语。"

师云："粥足饭足。"

举："三平颂云：'即此见闻非见闻。'"

师云："唤什么作见闻？"

"'无余声色可呈君。'"

师云："有什么口头声色？"

"'个中若了全无事。'"

师云："有什么事？"

"'体用无妨分不分？'"

师云："语是体，体是语。"复拈起拄杖云："拄杖是体，灯笼是用，是分不分？不见道：一切智智清净。"

举："一宿觉云："'幻化空身即法身。'"

师拈起拄杖云："尽大地不是法身。"

举："僧问赵州：'某甲乍入丛林，乞师指示。'州云：'吃粥了也未？’僧云：‘吃粥了也。’州云：‘洗钵盂去。’”

师云：“且道有指示？无指示？若道有指示，向他道什么？若道无指示，这僧何得悟去？”

举无情说法，忽闻钟声，云：“释迦老子说法也。”蓦拈起拄杖问僧：“这个是什么？”

僧云：“拄杖子。”

师云：“驴年梦见。”

一日，云：“三家村里卖卜，东卜西卜，忽然卜着也不定。”

僧便问：“忽然卜着时如何？”

师云：“伏惟。”

师有时云：“大用现前，不存轨则。”

僧便问：“如何是大用现前？”

师乃拈拄杖，高声唱云：“释迦老子来也。”

有时以拄杖打火炉一下，大众眼目定动，师乃云：“火炉勃跳上三十三天，见么？见么？”众无语。

师云：“无智人前莫说，打你头破百裂。”

师有时云：“看！看！法身变作灯笼，超佛越祖之谈从你脚跟下过也。”

僧云：“脚跟下认得时如何？”

师云：“钝置杀我。”

僧云：“与么则迥然不在这里也。”

师云：“十万八千。”

举：“盘山语云：‘光境俱忘，复是何物？’”

师云：“直饶与么道，犹在半途，未是透脱一路。”

僧便问：“如何是透脱一路？”

师云：“天台华顶，赵州石桥。”

举：“仰山云：‘如来禅即许师兄会。’”

僧便问:“如何是如来禅?”

师云:“上大人。”又拈起扇子云:“我唤作扇子,你唤作什么?”僧无语。

师云:“扇子上说法,灯笼里藏身作么生?”

僧却问:“如何是和尚禅?”

师叱云:“原来只在这里。”

举:“雪峰唤僧:‘近前来!’僧近前。峰云:‘去!’”

师举了,问僧:“你作么生道得叉手句?你若道得叉手句,即见雪峰。”

举:“三祖云:‘一心不生,万法无咎。’”

师云:“只这里悟了。”乃拈起拄杖云:“乾坤大地有什么过?”

举:“盘山云:‘光景俱忘,复是何物?’”

师云:“东海里藏身,须弥山上走马。”复以拄杖打床一下,大众眼目定动,乃拈拄杖趁散云:“将为灵利,这漆桶!”

举:“僧问乾峰:‘十方薄伽梵,一路涅槃门,未审路头在什么处?’峰以拄杖划云:‘在这里。’”

师拈起扇子云:“扇子勃跳上三十三天,筑着帝释鼻孔,东海鲤鱼打一棒,雨似盆倾相似。会么?”

师有时云:“诸方拈槌竖拂云:‘会么?’但云:‘莫压良为贱。’却云:‘是,是。’待伊拟议,便行。”

举:“教云:‘心生种种法生,心灭种种法灭。’”乃拈起拄杖云:“重多少?”

僧云:“半斤。”

师云:“驴年梦见。”

举:“夹山语云:‘百草头上荐取老僧。’”

师合掌云:“不审,不审。”又以拄杖指露柱云:“夹山变作露柱也,看!看!”

举:“《参同契》云:‘回互不回互。’”

师云:“作么生是不回互?”乃以手指板头云:“这个是板头。作么生是回互?”

师云:“唤什么作板头?”

举:“见闻觉知无障碍,声香味触常三昧。”

师云:“一切处不是三昧,行时不是三昧。有处云声香味触,体在一边。声香味触在一边,见解偏枯。”

举:“祖师偈云:‘法法本来法。’”

师云:“行住坐卧不是本来法,一切处不是本来法。只如山河大地与你日夕着衣吃饭,有什么过?”又云:“法本法无法。”师拈起拄杖云:“不是本无法。”

举:“宝公云:‘如我身空诸法空,千品万类悉皆同。’”

师云:“你立不见立,行不见行,四大五蕴不可得,何处见有山河大地来?是你每日把钵盂噇饭,唤什么作饭?何处更有一粒米来?”

举:“一切声是佛声,一切色是佛色。”

师拈起拂子云:“是什么?若道是拂子,三家村里老婆禅也不会。”

举:“南方禅客问国师:‘此间佛法如何?’国师云:‘身心一如,身外无余。’”

师云:“山河大地何处有也?”

有时云:“要识祖师么?”以拄杖指云:“祖师在你头上教跳。要识祖师眼睛么?在你脚跟下。”又云:“这个是祭鬼神茶饭。然虽如此,鬼神也无厌足。”

师有时云:“若说菩提涅槃、真如解脱,是烧枫香供养你;若说佛说祖,是烧黄熟香供养你;若说超佛越祖之谈,是烧饼香供养你。归依佛法僧。下去!”

师一日拈起拄杖,举:"教云:'凡夫实谓之有,二乘析谓之无,缘觉谓之幻有,菩萨当体即空。'"乃云:"衲僧见拄杖但唤作拄杖,行但行,坐但坐,总不得动着。"

举:"夹山语云:'百草头上荐取老僧,闹市里识取天子。'"又云:"一尘才起,大地全收。"

举:"盘山语云:'光非照境,境亦非存,光境俱忘,复是何物?'"

师云:"尽大地是光,唤什么作自己?你若识得光去,境亦不可得,有什么屎光境?光即不可得,境复是何物?"又云:"此是古人慈悲之故,重话会语。这里倜傥分明去,放过即不可。若不放过,"复举手云:"苏卢苏卢。"

举:"傅大士云:'禅河随浪静,定水逐波清。'"

师拈拄杖指灯笼云:"还见么?若言见,见破凡夫;若言不见,有一双眼在。你作么生会?"良久,复拈拄杖云:"尽大地不是浪。"

师有时拈拄杖打床一下,云:"一切声是佛声,一切色是佛色。你把钵盂噇饭时,有个钵盂见,行时有个行见,坐时有个坐见。这般底,作与么去就,把棒一时趁散。"

有时拈起拂子云:"这里得个入处去,捏怪也。日本国里说禅,三十三天有个人出来,唤云:'吽!吽!特库儿!'担枷过状。"

举:"古人道:'一处不通,两处失功;两处不通,触途成滞。'"

拈起拄杖云:"山河大地三世诸佛尽在拄杖头上,有甚滞碍?如今明也,暗向什么处去?只这明便是暗。一切众生只被色空明暗隔碍,便见有生灭之法。"

举:"一宿觉云:'六般神用空不空,一颗圆光色非色。'"

师拈起拂子云:"这个是圆光,是色非色。唤什么作色?与我拈将来看。"

举："《般若经》云：'无二无二分，无别无断故。'"

师乃指露柱云："与《般若经》相去多少？"

师因斋次，将糊饼一咬，云："咬着帝释鼻孔，帝释害痛。"复以拄杖指云："在你诸人脚跟下变作释迦老子，见么？见么？阎罗闻说，呵呵大笑云：'这个师僧相当，阎王不奈你何。若不相当，总在我手里。'"

师有时以拄杖打床一下，云："你若是个汉，忽然这里闻声悟了，一切山河大地、日月星辰有什么过？"

举："洛浦云：'一尘才起，大地全收。'"

师云："鸟窠拈布毛，便有人悟去。"

因吃茶次，举："一宿觉云：'三身四智体中圆，八解六通心地印。'"

师云："吃茶时不是心地印。"乃拈拄杖云："且向这里会取。"

举："僧问雪峰：'如何是触目菩提？'峰云：'好个露柱。'有处云：'还见露柱么？'"

师拈起拄杖云："有的体上会事，见露柱只唤作露柱。有处道不见有露柱，见解偏枯。见露柱但唤作露柱，见拄杖但唤作拄杖，有什么过？"

举："国师云：'南方佛法半生半灭，此间身心一如，身外无余。'"

师云："唤什么作身心一如？"又云："汝等要识国师的么？"

自代云："不可辜负国师去也。"

举："肃宗帝请国师看戏，国师云：'有什么身心看戏？'帝再请，国师云：'幸自好戏。'"

师云："龙头蛇尾。"

举："雪峰云：'饭箩边坐饿死人，临河渴死汉。'玄沙云：'饭箩里坐饿死汉，水里没头浸渴死汉。'"

师云:“通身是饭,通身是水。”

举:“僧问资福:‘如何是一尘入正受?’福作入定势。僧云:‘如何是诸尘三昧起?’福云:‘你问阿谁?’”

师云:“这阿师话堕也不知。”

举:“茱萸上堂云:‘你诸人莫向虚空里钉橛。’时有灵虚上座出众云:‘虚空是橛。’茱萸便打。虚云:‘和尚莫错打某甲!’萸便归方丈。”

师云:“矢上加尖。”

僧云:“和尚适来与么道哪?”

师云:“槌钟谢响,得个虾蟆出来。”

举:“古云:‘寂寂空形影。’”

师展两手云:“山河大地何处得也?”又云:“一切智通无障碍。”

师云:“拄杖走到西天,却归新罗国里。”乃敲床云:“这个是你鼻孔。”

举:“僧问夹山:‘如何是道?’山云:‘太阳溢目,万里不挂片云。’”

师云:“不唤作一句,不唤作法身,却是什么?”

僧问:“如何是学人自己?”

师云:“老僧入泥入水。”

僧云:“某甲粉骨碎身去也。”

师喝云:“大海水在你头上。速道!速道!”僧无语。

师代云:“也知和尚恐某甲不实。”

有时云:“直得乾坤大地无纤毫过患,犹是转句。不见一色,始是半提,直得如此,更须知有全提时节。”

有时云:“泡幻同无碍,一切处不是幻,一切处不是无碍。”

有时云:“横说竖说,菩提涅槃、真如佛性,总是向下商量。

直得拈槌竖拂时节，虽亦是横说竖说，然较前犹较些子。”

僧问：“请师向上道。”

师云：“大众久立，速礼三拜。”

举：“赵州问僧：‘什么处去？’僧云‘摘茶去。’”

师云：“闭口。”

举：“法身说法，青青翠竹尽是法身，然未是提纲拈掇时节。”

举：“有为无三世，无为有三世。有为是断灭法，何处得三世？无为有三世，不是守寂处法。”

举：“法身吃饭，早是剜肉作疮，将谓合有与么说话。”

举：“僧问云居：‘湛然时如何？’居云：‘不流。’”

师云：“不流说什么湛然？”又云：“此是截铁之言。”

举：“《心经》云：‘无眼耳鼻舌身意。’”

师云：“为你有个眼见，所以言无。不可如今见时不可说无也。然虽如此，见一切有什么过？一切不可得，有什么声香味触法？”

举：“光明寂照遍河沙。”问僧：“岂不是张拙秀才语？”

僧云：“是。”

师云；“话堕也。”

举：“僧问石霜：‘教中还有祖师意么？’霜云：‘有。’僧云：‘如何是教中祖师意？’霜云：‘莫向卷中求。’”

师代云：“不得辜负老僧，却向屎坑里坐地作什么？”

举：“石霜云：‘须知有教外别传一句。’僧问：‘如何是教外别传一句？’霜云：‘非句。’”

师云：“非句始是句。”

举：“法身清净，一切声色尽是廉纤语话。不涉廉纤，作么生是清净？”又云：“作么生是法身？”

师云：“六不收。”又云：“三十三天、二十八宿。”

举:“古云:‘如我身空诸法空,千品万类悉皆同。’”

师云:“身不可得,一切诸法岂是有也? 所以古人道无情有佛性。”又云:“无情不唤作法身说法。”

有时云:“光不透脱,有两般病:一切处不明,面前有物是一;又透得一切法空,隐隐地似有个物相似,亦是光不透脱。又法身亦有两般病:得到法身,为法执不忘,己见犹存,坐在法身边是一;直饶透得法身去,放过即不可,仔细检点来,有什么气息,亦是病。”

举:“韦监军见帐子画牛抵树,问僧:‘牛抵树? 树抵牛?’无对。”

师代云:“归依佛法僧。”

举:“雪峰云:‘尽大地是你,将谓别更有。’”

师云:“不见《楞严经》云:‘众生颠倒,迷己逐物;若能转物,即同如来’?”

举:“僧问投子:‘如何是此经?’子云:‘《维摩》《法华》。’又问:‘尘中不染,丈夫儿时如何?’子云:‘不著。’”

师云:“不唤作法身,不唤作第一义,亦为说法,亦为说真空。”

师斋次,拈起匙箸云:“我不供养南僧,只供养北僧。”

时有僧问:“为什么不供养南僧?”

师云:“我要钝置供养。”

僧云:“为什么只供养北僧?”

师云:“一箭两垛。”

有僧拈问:“只如前意作么生?”

师云:“好即同荣。”

或时以拄杖打露柱一下,云:“三乘十二分教说得着么?”自云:“说不着。”复云:“咄! 这野狐精。”

僧问:“只如师意作么生?”

师云:“张公吃酒李公醉。”

举："国师云：'语渐也，返常合道；论顿也，不留朕迹。'"

师云："拈槌竖佛，弹指时节，若检点来，也未是无朕迹。"

有时拈拄杖云："乾坤大地，杀活总在这里。"

僧便问："如何是杀？"

师云："七颠八倒。"

僧云："如何是活？"

师云："要作饭头。"

僧云："不杀不活时如何？"

师便起云："摩诃般若波罗蜜。"

有时云："遇人即途中受用。"乃拈起拄杖云："拄杖不是途，说话不是途。"

举："法身吃饭，幻化空身即法身。"

师云："乾坤大地，何处有也？物物不可得，以空噇空，若约点检来，将谓合有与么说话。"

举："志公云：'鸡鸣丑，一颗圆光明已久。'"

师云："脑后即不问你，三千里外道将一句来。"

举："僧问南泉：'牛头未见四祖时，为什么百鸟衔花献？'泉云：'步步踏佛阶梯。'僧云：'见后为什么不衔花献？'泉云：'直饶不来，犹较王老师一线道。'"

师云："南泉只解步步登高，不解从空放下。"

僧云："如何是步步登高？"

师云："香积世界。"

僧云："如何是从空放下？"

师云："填沟塞壑。"

有时云："若问佛法两字，东西南北，七纵八横，朝到西天，暮归唐土。虽然如此，向后不得错举。"

举："祖师偈云：'心随万境转，转处实能幽。'"

僧问:“如何是转处实能幽?”

师云:“吉嘹舌头,老僧倒走三千里。”

又问:“如何是随流认得性?”

师云:“馒头䭔子,摩诃般若波罗蜜。”

举:“玄沙示众云:‘诸方老宿尽道接物利生,忽遇三种病人来,作么生接?患盲者,拈槌竖拂他又不见;患聋者,语言三昧他又不闻;患哑者,教伊说又说不得。且作么生接?若接此人不得,佛法无灵验。’”

有僧请益师,师云:“你礼拜着。”

僧礼拜起,师以拄杖便指,僧退后。师云:“你不是患盲。”

复唤近前,僧近前。师云:“你不是患聋。”乃竖起拄杖云:“还会么?”

僧云:“不会。”

师云:“你不是患哑。”其僧于此有省。

举:“肇法师云:‘诸法不异者,不可续凫截鹤,夷岳盈壑,然后为无异者哉。’”

师云:“长者天然长,短者天然短。”又云:“是法住法位,世间相常住。”乃拈起拄杖云:“拄杖不是常住法。”

举:“古云:‘一念劫收一切智。’”

师拈起拄杖云:“乾坤大地总在上头,若透得去,拄杖也不见有,直饶与么,也是不着便。”

举:“湖南报慈垂语云:‘我有一句子遍大地。’僧便问:‘如何是遍大地的句?’慈云:‘无空缺。’”

师云:“不合么与道。”别云:“何不庵外问?”

举:“南泉示众云:“‘昨夜三更文殊、普贤相打,每人与二十棒,趁出院去也。’赵州出众云:‘和尚棒教谁吃?’泉云:‘王老师有什么过?’州便礼拜。”

师代云："深领和尚慈悲，某甲归衣钵下得个安乐。"

举："长庆拈拄杖云：'识得这个，一生参学事毕。'"

师云："识得这个，为什么不住？"

举："僧到翠岩，值岩不在，乃下看主事。主事云：'参见和尚也未？'僧云：'未。'主事却指狗子云：'要见和尚，但礼拜这狗子。'僧无语。后翠岩归，闻此语，云：'作么生道免得与么无语？'"

师代云："欲观其师，先观弟子。"

举："龙牙寻常道：'云居师兄得第二句，我得第一句。'"

西院云："只如龙牙与么道还扶得也无？"

师云："须礼拜云居始得。"

西院云："傍观者哂。"

举："崇寿问僧：'还见灯笼么？'僧云：'见。'寿云：'两个。'"

师代云："三头两面。"又云："七个八个。"

师云："打草鞋行脚去。"无对。

又云："汝问我，与汝道。"

僧便问："和尚什么处去？"

师云："四维上下，对机设教去。"

或云："佛法不用学，灯笼露柱欺你去。作么生得不欺你去？"

代云："赵州南，石桥北。"

一日，云："古人面壁闭却门，还透得这里么？"

代云："这里是什么干屎橛！"

又云："一。"

或云："搬柴来去，行住坐卧四威仪中，还出得释迦老子鼻孔么？"

代云："和尚也是量才补职。"

一日，云："古人道：'一句合头语，万劫系驴橛。'作么生明得免此过?”

代云:“赵州石桥,嘉州大象。”

或云:“虚空还有长短也无?”

代云:“这个师僧得与么肥,这个师僧得与么瘦。”

或云:“是你诸人绕天下行脚,不知有祖师意,露柱却知有祖师意。你作么生明得露柱知有祖师意?”

代云:“九九八十一。”

示众云:“一举不再说,作么生是一举?”

代云:“长安虽乐。”

又云:“你若不相当,且觅个入头路,微尘诸佛尽在你舌头上,三藏圣教在你脚根下,不如悟去好。还有人悟得的么?出来道看。”

代云:“养子之缘。”

或云:“第一句作么生道?若道不得,作么生得心息?”

代云:“和尚莫要草鞋拄杖么?”

或云:“今日二十七,拈向什么处?”

代云:“壁上挂。”

一日,云:“汝作么生辨得无碍法?”

代云:“闲家具。”

师或云:“日里来往,日里辨人,忽然中夜教取个物来,未曾到处,作么生取?”

代云:“瞒却多少人?”

或云:“作么生是不瞒人的句?”

代云:“莫道这个是瞒人的。”

或云:“你多年在丛林里。”乃举手便放下云:“向后不得与么。”

代云:“若与么,便成辜负和尚。”

上堂,大众集定,云:“总上来也,各自东行西行。”便下座。

代云："不少。"

或云："古人一言悟道，触缘见性，拈起作么生商量？"

代云："云居鼓、上蓝钟。"

师因说事了，起立以拄杖打禅床一下，云："适来如许多葛藤贬向什么处去？灵利的即见，不伶利的着我热瞒。"

代云："雪上加霜。"

一日，云："今日十五入夏也，寒山子作么生？"

代云："和尚问寒山，学人对拾得。"

或云："你诸人傍家行脚，还识西天二十八祖么？"

代云："坐的坐，卧的卧。"又云："少吃。"

因斋次，指白磁器云："这个知有超佛越祖之谈。"

代云："五九四十五。"又云："和尚自吃饭。"

一日，云："是你傍家行脚，作么生是不落宾主的句？道将来。"

代云："便出去。"

一日，云："非贵贱，据什么？"

代云："虾跳不出斗。"

或云："作么生是脚跟下一句？"

代云："有么？"

或云："作么生出得这里？"

代云："朝游罗浮，暮归檀特。"

一日，云："明己的人还见有己么？"

代云："把将来。"又代展两手。

一日，云："你师僧绕天下行脚，见老和尚开口，便上来东听西听，何不向洗钵盂处置将一问来？"

代云："也知和尚为物之故。"

或云："佛法还有变易也无？"

代云:“钵盂、鞋履、拄杖、针筒。”

一日,云:“佛法拈却我不问你,还有识世谛法么?”

代云:“某甲若道有,被和尚领过。”

示众云:“大众!函盖乾坤,目机铢两,不涉世缘,作么生承当?”

代云:“一镞破三关。”

或云:“你诸人担钵囊行脚,不知有佛法,佛殿上蚩吻却知有佛法。”

代云:“佛殿里装香,三门外合掌。”

师或以拄杖一画,云:“微尘诸佛尽在这里,还辨得尽么?”

代云:“日出东方夜落西。”

一日,云:“作么生是扣门一句?”

代云:“打。”

师或云:“古人道:‘触目是道。’拈却酱瓮,阿哪个是道?”无对。

代云:“是什么心行?”

师云:“苍天!苍天!”

示众云:“十五日以前不问你,十五日以后道将一句来。”

代云:“日日是好日。”

因看志公颂,问僧:“半夜子,心住无生即生死,古人意作么生?”

代云:“不可总作野狐精见解也。”

或云:“古人道:‘人人尽有光明在,看时不见暗昏昏。’作么生是光明?”

代云:“厨库三门。”又云:“好事不如无。”

或云:“是你诸人行脚,须知有隔身句。作么生是隔身句?”

代云:“初三十一。”

或云:“大智非明,真空绝迹。还有人明得这个道理么?若有人明得,出来道看。”

代云:“捏。”

或云:“一言才举,千差同辙,是什么言?”

代云:“如是我闻。”又云:“要道有什么难?”

因见狗子,乃打一下,云:“你为什么咬这露柱?”

代云:“但以脚趺狗子便去。”

一日,众集定,云:“莫错认一着。”便下座。

代云:“谢和尚重重相为。”

示众云:“中有一宝,秘在形山。拈灯笼向佛殿里,将三门来灯笼上。作么生?”

代云:“逐物意移。”又云:“雷起云兴。”

师或云:“阿耶耶!新罗国里打铁,火星烧着我指头。”

自代云:“非但指头。”

一日,云:“眼睫横亘十方,眉毛上透乾坤,下透黄泉,须弥塞却你咽喉。还有人会得么?若有人会得,拽取占波共新罗斗额。”

代云:“哂。”

或云:“古人道声香味触常三昧,我与你葛藤。”乃拈拄杖云:“这个拄杖子是三昧,你若识得拄杖子,即识得天下老宿。”又云:“你若识得拄杖子,未梦见天下老宿脚根下一茎毛。”

代云:“和尚不使别人。”

一日,云:“一箭两垛作么生?”

代云:“长安虽乐。”

一日,云:“作么生道得不落第二问?”

代云:“洪州鞋履。”

一日,拈起拄杖云:“解脱深坑勃跳。”

代云:“出。”

或云:“一语明得,不要分外。”

代云:“将谓是天地。”

师或云:“尘无自性,揽真成立。作么生是成立的事?”

代云:“五尺拄杖三尺竹。”

一日,云:“说即天地悬殊,不说即眼睫里藏身,眉毛上教跳。”

代云:“三三。”

或云:“古人道:‘一语无二语。’作么生是一语?”

代云:“早朝粥,斋后茶。”

师或拈起拄杖云:“是你诸人作么生辨云门?云门作么生辨你诸人?”

代云:“平。”

问僧:“佛法还有青黄赤白黑也无?”

代云:“东方甲乙木,西方庚辛金。”

一日,云:“作么生是尘中辨主?”

代云:“赵州去江华不远。”

师或云:“有一人问着,口似木楧;有一人问着,口似悬河。你道二人过在甚处?”

代云:“有过即拈出。”

示众云:“丛林言话即不要,作么生是宗门自己?”

代云:“但展两手。”

一日,云:“作么生是不续再问?”

代云:“秋风过去春风至。”

因斋时闻鼓声,师云:“释迦老子叫唤也。”

时有僧问:“未审释迦老子叫唤作么?”

师云:“你与么驴年梦见在?”

代云:“今日吃饭甚是迟。”

或云:“我今年老七十八也,所作事难也。”

良久,问僧:“你道净瓶年多少?”无对。

代云:“甲子会。”

一日,云:“灵利的人难得,作么生是灵利的人?”

代云:“不妨。”

一日,云:“会佛法的人共什么人语话?”

代云:“行者。”

问僧云:“三藏圣教、天下老和尚言语总拈去,虾蟆口里道将一句来。”

代云:“昨日新雷起。”

问僧云:“行住坐卧,着衣吃饭是法身,哪个是你四大?”

代云:“和尚今年年尊。”

或云:“照尽一句作么生道?”

代云:“某甲不欲开虾蟆口。”

师在糊饼寮吃茶云:“不向汝道罪过。”无对。

复云:“第一须忌火。”便起去。

代云:“大众不得辜负和尚。”

师或拈起拄杖问僧:“这个汝不得道着,作么生是衲僧孔窍?”无对。

又云:“你若道不得,向鼻孔里道将一句来。”

代云:“新罗火铁郓州针。”又云:“疋上不足。”

因僧来参,师拈起袈裟云:“你若道得,落我袈裟绻缋里;你若道不得,又在鬼窟里坐。作么生?”

代云:“某甲无气力。”

一日,云:“万法从甚处起?”

代云:“粪堆头。”

师或云:“第一句作么生道?你若明得,陕府铁牛吞却乾坤。”

代云:“谢和尚重重相为。”

示众云:“举一不得举二,你若举二,放你举三。”

代云:“开。”

或云:“头上霹雳即不问你,脚下龙过道将一句来。”

代云:“朝起云,暮降雨。”

一日,云:“一切智智清净中,还有生灭么?”

代云:“夜叉说半偈。”

示众云:“作么生是不露锋骨句?”

代云:“今时人须是明明向道始得。”

师乃有颂:

“不露锋骨句,未语先分付。

进步口喃喃,知君大罔措。”

或云:“十方国土中,唯有一乘法。你道自己在一乘法里?一乘法外?”

代云:“入。”又云:“是。”

或云:“折半列三,针筒鼻孔在什么处?与我个个拈出来看。”

代云:“上中下。”

师或云:“衲僧须得巴鼻,即识得天下人。作么生是衲僧巴鼻?”

代云:“德山棒。”

示众云:“浅闻即深悟,深闻即不悟。”

代云:“迷逢达摩。”

或云:“衲僧须识古人眼,作么生是古人眼?”

代云:“虾蟆跳上天。”

师或拈起拄杖云:“莫道老和尚瞒你,贵之与贱,纵横十字,一时这里会得了,莫辜负老僧。”

代云:“百鸟为子屈。”又云:“抑与之与。”

师举:“古人云:‘至道无难,唯嫌拣择。’这个是僧堂,这个是佛殿,哪个是不拣择?”

代云:“何必如此?”

师或云:“不问汝丛林言教,这个是天,这个是地。”以手指身云:“这个是我。”又指露柱云:“这个是露柱,哪个是佛法?”

代云:“也大难。”

一日,云:“通明的人什么物与么来?”

代云:“莫教屈着人。”又云:“释迦老子须弥山。”

一日,云:“一句辨邪正,忽有人问:‘作么生是辨邪正的句?’你作么生道?”

代云:“西天与此土不同。”

或云:“今日以前不要,今日以后不要,正当今日,道将一句来。”

代云:“正好。”

或云:“钵盂匙箸与露柱相去多少?”

代云:“分开好。”又云:“寻常得此便。”

一日,云:“作么生是提婆宗?”

代云:“西天令严,此土还较。”

或云:“有一切见的人是什么人?”

代云:“三家村里纳税汉。”

一日,云:“不占田地,道将一句来。”

代云:“总属和尚。”

师行次,以拄杖打露柱一下,云:“什么处来?”自云:“西天来。”复云:“来这里作什么?”自云:“说佛法。”乃喝云:“欺我唐土人!”又以拄杖打一下便行,却拈问僧:“汝道我意作么生?”

僧便问:“只如师意作么生?”

代云:“不用行主。”又云:“狮子咬人。”

一日,云:“蓦扎一句作么生道?”

代云:“因一事,长一智。”

或云:“大藏教将什么辨?”

代云:“点。”

又云:“衲僧鼻孔又作么生道?”

代云:“玩山玩水。”

或云:“作么生是入乡随俗的句?”

代云:“君子可入。”

一日,云:“作么生是提纲一句?”

代云:“雪峰南,赵州北。”

师或云:“非色非声,体上明得是第几机?”

代云:“不可向野狐窟里作活计。”

一日,云:“远即照,近即明,作么生道?”

代云:“入水始见长人。”又云:“更不要也。”

师或拈拄杖云:“且向这里会,也有利益,也无利益;总不会,颟顸佛性,侵侗真如。”

代云:“疋上不足,疋下有余。”

因斋时打帐座一下,云:“这个吃。”又打饭床一下,云:“这个不吃。”

代云:“一槌两当。”

因搬米,问僧:“人担米? 米担人?”

代云:“总得。”又云:“搬米辛苦犹是可。”

又问僧:“大桥有多少米?”

僧云:“七十硕。”

师拈起拄杖云:“七十硕米一时在拄杖头上,担将来即得;若担不得，饿杀你。”

代云：“不可为小小。”

一日，云：“有所说，野干鸣；无所说，狮子吼。我与么是野干鸣，作么生是狮子吼？”

代云：“九九八十一。”

师或云：“埋没两字，不用道着。”

代云：“深领和尚慈悲。”又云：“因某甲所置。”

“善财入门也，作么生道得出去？”

代云：“朝游罗浮。”

或云：“糊饼从你横咬竖咬，不离这里道将一句来。”

代云：“今日新面。”

或云：“作么生得道断商量？”

代云：“来年更有新条在，恼乱春风卒未休。”

卷第八

妙圆正修智觉永明寿禅师集

御制序

宋初杭州永明智觉禅师,平生著述有《宗镜录》《唯心诀》《心赋》《万善同归》等集,凡千万言,并在大藏,有流传海外者。朕披阅采录,不胜敬礼喜悦,真所谓明逾晓日,高越太清。如鼓狮子弦,众响俱绝;如发摩尼宝,五色生光。信为曹溪后第一人,超出历代大善知识者,特加封"妙圆正修智觉禅师"。

卷中《万善同归集》一书,禅师自谓略述教海之一尘,普施法界之含识云。自师证明,方知大小齐观,宗教一贯。但学人须必真参,实有所悟,乃可观此书。依教行持,可以普独耀之神光,圆幻有之万行。所为无成之成,不修之修,无碍妙谛,有益圆证。若未能解缚俱空,境智双泯,则必依情起识,执相求诠,则堕铁围之山,转迷真觉之海。禅师云:"先明其宗,方能进道;若一向逐末,实有所妨。"然则此书未经参悟,不必观读,本禅师之志也。朕既刊其全书,颁示宗徒,又采其至言,附于本集,因恐疑误初学,故又指述于此。

雍正十一年癸丑六月望日

唯心诀

详夫心者，非真妄有无之所辨，岂文言句义之能述乎？然众圣歌咏，往哲诠量，千途异说，随顺机宜，无不指归一法而已。故《般若》唯言无二，《法华》但说一乘，《思益》平等如如，《华严》纯真法界，《圆觉》建立一切，《楞严》含裹十方，《大集》染净融通，《宝积》根尘泯合，《涅槃》咸安秘藏，《净名》无非道场，统摄包含，事无不尽，笼罗该括，理无不归。是以一法千名，应缘立号，不可滞方便之说，迷随事之名，谓众生非真，诸佛是实。

若悟一法，万法圆通，尘劫凝滞，当下冰消，无边妙义，一时通尽，深彻法源之底，洞探诸佛之机，不动微毫之功，匪移丝发之步，优游沙界，遍历道场，何佛刹而不登？何法会而不涉？无一相而非实相，无一因而非圆因。恒沙如来，焕若目前；十方佛法，皎然掌内。高低岳渎，共转根本法轮；大小鳞毛，普现色身三昧。处一座而十方俱现，演一音而沙界齐闻，谈玄显妙而不坏凡伦，千变万化而未离真际，与三世佛一时成道，共十类生同日涅槃。击法鼓于魔宫，震法雷于邪域，履逆而自顺，处刚而自柔，临高而不危，在满而不溢，可谓端居绝学之地，深履无为之源，入众妙之玄门，游一实之境界。

无一法本有，无一法始成。泯中边，绝前后，印同异，一去来，万境齐观，一际平等。梵音恒闻，慧光常照，此大寂三昧，金刚定门，今古咸然，圣凡齐等。如一滴之水，与渤澥之润性无差；若芥孔之空，等太虚之容纳非别。信之者，功超远劫；明之者，只在刹那。此一际之法门，真无方之大道。聚一尘而非合，散众刹而非分，和光而不群，同尘而不染，超出而不离，冥合而无归，养育凡圣而无质像可观，兴建法界而无名字可立。

依荫草木,笼罩古今,遍界遍空,穹苍不能覆其体;常照常现,铁围不能匿其辉。无住无依,尘劳不能易其性;非纯非杂,万法不能隐其真。阒尔无声而群音揭地,荡然无相而众像参天。相入而物境千差,相即而森罗一味。不从事而失体,非共非分;不守性而任缘,亦同亦别。是以即性之相故,无妨建立;即理之事故,不翳真常;以空之有故,岂碍繁兴?以静之动故,何亏湛寂?

言一,则大小相入;言异,则高下俱平;言有,则理体寂然;言无,则事用不废。虽起而常灭,世相含虚;虽寂而恒生,法界出现。任动而常住,万化不移;任隐而恒兴,一体随应。无假而幻相和合,无实而真性湛然,无成而异质交辉,无坏而诸缘互绝。境虽现而无现性,智虽照而无照功,寂用非差,能所一际。状同净镜,万像而不能逃形;性若澄空,众相而不能离体。为常住藏,作变通门,湛尔坚凝,恒随物化,纷然起作,不动真如,男身没,女身彰,东方入,西方起,当存而正泯,在卷而恒舒,普注而不迁,俱遍而无在。

举一尘,列无边刹土;指一念,树无尽古今。居一相而非升,即净随染;骤五趣而不坠,处浊恒清。外望无盈余,内窥无积聚,触目而不见,满耳而不闻,盈怀而无知,遍量而非觉,本成而非故,今现而非新,不磨而自明,弗莹而自净。可谓妙体常住,灵光靡沉;至德遐周,神性独立。众妙群灵而普会,为万法之王;三乘五性而冥归,作千圣之母。独尊独贵,无比无俦,实大道源,是真法要。

玄踪不定,任物性以方圆;妙应无从,逐机情而隐显。是以本生末而末表本,体用互兴;真成俗而俗立真,凡圣交映;此显彼而彼分此,主伴齐参;生成佛而佛度生,因果相彻。境无自性,而他成自;心无自性,而自成他。理不成就,而一即多;事不成就,而多即一。相虽虚而恒冥一体,性虽实而常在万缘;虽显露而难以情求，任超绝而无妨大用。纵横幻境，在一性而融真；寂灭灵空，寄森罗而显相。谛智相发，染净更熏。随有力无力而出没无恒，逐缘成缘散而卷舒不定。相摄则纤尘不现，相资则万境俱生。来如水月之顿呈，去若幻云之忽散。动寂无碍，涉入虚融；互夺互存，灵通莫测；不出不在，妙性无方。智海滔滔，包纳而无遗纤芥；灵珠璨璨，照临而不隐微毫。若真金随异器以分形，千差不碍；如湛水腾群波而显相，一体无亏。俱是俱非，亦邪亦正。不有而示有，杳若梦存；无成而似成，倏如幻住。

依空源而起尽，法法无知；随化海以兴亡，缘缘绝待。是以五岳穹崇而不峻，四溟浩渺而不深，三毒四倒而非凡，八解六通而非圣，悉住真如寂灭之地，尽入无生不二之门。施为大解脱中，重重无尽；显现不思议内，浩浩难穷。岂可立其始终，定其方域？何必崇真斥妄，厌异欣同？欲坏幻化之身，拟断阳焰之识，不知念念释迦出世，步步弥勒下生。分别现文殊之心，动止运普贤之行，门门而皆开甘露，味味而纯是醍醐。不出菩提之林，长处莲华之藏，晃晃而无尘不透，昭昭而溢目腾光，岂劳妙辩之敷扬？谁待神通之显示？动止常遇，明暗不离，非古盛而今衰，岂愚亡而智现？语默常合，终始冥通，初祖岂用西来？七佛何尝出世？是以心空则天地虚寂，心有则国土峥嵘；念起则山岳动摇，念默则江河宁谧；机峻而言言了义，志彻而念念虚玄；器广而法法周圆，量大而尘尘无际。意地清而世界净，心水浊而境像昏。举一全该，坦然平等，宛尔具足，惟在正观。

万法本只由人，真如自含众德。无念而殊功悉备，无作而妙行皆圆。不运而成，灵智法尔；无求自得，妙性天真。方知理智圆融，大道无外。绝一尘而独立，何众相以枞然？是则声处全闻，见外无法，岂玄黄之所惑，匪音响之能沦？如沧海之味混百川，犹须弥之色吞群鸟。无一名不播如来之号，无一物不阐遮那之形。岩树庭莎,各挺无边之妙相;猿吟鸟噪,皆谈不二之圆音。痴爱成解脱真源,贪瞋运菩提大用,妄想兴而涅槃现,尘劳起而佛道成。从体施为,报化而未尝不寂;随缘显现,法身而无处不周。实教法之所归,圣贤之禀受,群生之实际,万物之根由,正化之大纲,出世之本意,三乘之正辙,入道之要津,般若之灵源,涅槃之窟宅。

盖以妙理玄邈,大旨希夷,狂慧而徒自劳神,痴禅而但能守缚,实谓言思路绝,分别意穷。

识智倏然,神清可鉴;空有双豁,根尘洞开。如窥净天,似临皎日,无一法门而不现,无一至理而不明。岂动神情,春池而稳探真宝;匪劳心力,赤水而自获玄珠。观沙界于目前,指大千于身际,收群生于掌握,纳万汇于胸襟。不施一功,成就楞严之大定;不披一字,遍览普眼之真经。四句之义顿融,百非之路杳绝。竖彻三际,横亘十方,为一总持,号大自在。神光赫赫,威德巍巍,尼乾魄消,波旬胆碎。烦恼贼飒然隳坏,生死军豁尔飘飏,爱河廓清,慢山崩倒。逍遥物外,无得无求,淡泊虚怀,旷然绝累,虚空让其高广,日月惭其光明。然后则权实双游,悲智齐运,拯世若幻,度生同空,涉有而不乖无,履真而不碍俗,若乾坤之覆载,犹日月之相须。示圣现凡,出生入死,持实相印,建大法幢,作一种之光明,为万途之津济。能令寒灰再焰,焦种重荣,永为苦海之迅航,常作迷途之明导,任运遮照,随智卷舒。

虽无知而万法圆通,虽无见而一切明现,但契斯旨,体本自然。如群萌值春,万物得地,十身顿现,四智郁兴。犹如意幢,若大宝聚,法财丰溢,利物何穷!故号功德之林,乃称无尽之藏,岂有朝曦而不照,夜炬而不明者哉?何得以限量心起分齐见,局太虚之阔狭,定法界之边疆,遂令分别之情不越众尘之境?向真如境上鼓动心机,于寂灭海中奔腾识浪,于管中存见,向壁罅偷光,立能所之知,起胜劣之解,齐文定旨,逐语分宗,蟭螟岂继于鹏程?

萤照哪齐于日曜？岂能一毛孔内纳十方之虚空，一刹那中现亿佛之世界，一一身而遍一切刹，一一刹而含无边身？乘高广之大车，展大千之经卷，升灯王之法座，餐香积之佳馐，披迦叶之上衣，入释迦之正室。促多生于顷刻，掷世界于他方，腹吸风轮，口吹劫火，变丘陵为宝刹，移净土于秽邦，一毫中放无尽之光明，一言内演难思之教海。此乃群生之常分，与众圣而同俦，无一法而不然，但有心而皆尔，非假变通之力，不从修证之因，德量如然，尘毛悉具。

一香一味，同栖灭尽定门；蠢动蜎飞，不昧灵知寂照。何得遗山认培，弃海存沤，劣志卑心而自鄙屈，翻乃持神珠而乞丐，守金藏以贫穷，辜负己灵，埋没家宝？或舍离而保持偏正，或绝分而甘处尘劳，或认妄而谬附邪宗，或执权而劳修渐行，或认位高推于极圣，或积德望满于三祇。不知全体现前，犹希妙悟，岂觉从来具足，仍待功成？

不入圆常，终成轮转，只为昧于性德，罔辩真宗，舍觉循尘，弃本就末。挂有无之魔罥，投一异之邪林。宰割真空，分罗法性，依尘生灭。随境有无，执断迷常，骤缘遗性，谬兴知解，错倒修行。或和神养气而保自然，或苦质摧形而为至道。或执无著而桩立前境，或求静虑而伏捺妄心。或刬情灭法以凝空，或附影缘尘而抱相。或丧灵源之真照，或殒佛法之正因。或绝识凝神，受报于无情之地；或澄心泯色，住果于八难之天。或著有而守乾城，或拨无而同兔角。或绝见而居暗室，或立照而存所知。或认有觉是真佛之形，或效无知同木石之类。或执妄同究竟之果，如即泥是瓶；或忘缘趣解脱之门，似拨波求水。或外骋而妄兴梦事，或内守而端居抱愚。或宗一而物象同如，或见异而各立法界。或守愚痴，无分别而为大道；或尚空见，排善恶而作真修。或解不思议性作顽空，或体真善妙色为实有。或沉机绝想，同有漏之天；或觉观思惟,堕情量之域。或不穷妄性,作冥初之解;或昧于幻体,立空无之宗。或认影而为真,或执妄而求实。或认见闻性为活物,或指幻化境作无情。或起意而乖寂知,或断念而亏佛用。或迷性功德而起色心之见,或据毕竟空而生断灭之心。或执大理而顿弃庄严,或迷渐说而一向造作。或据体离缘而坚我执,或亡泯一切而守己愚。或定人法自尔而堕无因,或执境智和合而生共见。或执心境混杂,乱能所之法;或著分别真俗,缚智障之愚。或守一如不变而堕常,或定四相所迁而沉断。或执无修而祛圣位,或言有证而背天真。或耽依正而随世轮回,或厌生死而丧真解脱。或迷真空而崇因著果,或昧实际而欣佛厌魔。或著随宜所说而守语为真,或失音声实相而离言求默。或宗教乘而毁自性之定,或弘禅观而斥了义之诠。或斗奇特而但顾出身,俄沉识海;或作净洁而推求玄密,返堕阴城。或起殊胜知解而剜肉为疮,或住本性清净而执药成病。或寻文探义而饮客水,或守静居闲而坐法尘。或起有得心,谈无相大乘;或运图度想,探物外玄旨。或废说起绝言之见,或存诠招执指之讥。或认动用而处生灭根源,或专记忆而住识想边际。或安排失圆觉之性,或纵任亏入道之门。或起身心精进而滞有为,或守任真无事而沉慧缚。或专系念勤思而失于正受,或效无碍自在而放舍修行。或随结使而恃本性空,或执缠盖而妄加除断。或保重而生法爱,或轻慢而毁佛因。或进求而乖本心,或退堕而成放逸。或语证相违而亏实地,或体用各队而乖佛乘。或守寂而住空,失大悲之性;或泯缘而厌假,违法尔之门。或著我见而昧人空,或迷现量而坚法执。或解不兼信而滋邪见,或信不兼解而长无明。或云人是而法非,或称境深而智浅。或取而迷法性,或舍而乖即真。或离而违因,或即而忘果。或非而谤实,或是而毁权。或恶无明而背不动智门,或憎异境而坏法性三昧。或据同理而起增上慢,或贬别相而破方便门。或是菩提而谤正法轮,或非众生而毁真佛体。或著本智而非权慧,或迷正宗而执化门。或滞理溺无为之坑,或执事投虚幻之网。或绝边泯迹,违双照之门;或保正存中,失方便之意。或定慧偏习,焦烂道芽;或行愿孤兴,沉埋佛种。或作无作行,修有为菩提;或著无著心,学相似般若。或趣净相而迷垢实性,或住正位而失自本空。或立无相观而障翳真如,或起了知心而违背法性。或守真诠而生语见,服甘露而早终;或敦圆理而起著心,饮醍醐而成毒。

以上略标一百二十种邪宗见解,并是迷宗背旨,失湛乖真,捏目生花,迷头认影。若敲冰而索火,类缘木以求鱼,畏影逃空,扪风捉电,苦非甘种,砂岂饭因?皆不能以法性融通,一旨和会,尽迷方便,悉溺见河,障于本心,不入中道。匍匐升沉之路,缠绵取舍之怀。于无心中强欲断除,向无事内刚求舍离,将法空为恚爱之境,返真智作想碍之情,常随八倒之风,难出四边之网。竟不知理即生死,恒与道冥,妄本菩提,从来合觉。明常住暗,水不离冰,灵智常存,妙用无尽。何乃遏想念而求湛寂,断烦恼而证真如?妄作妄修,自难自易。且灵觉之性,本非秘密,如来之藏,实不覆藏。故知圆常之理不亏,信解之机难具,如针锋上无边身菩萨,似藕丝悬须弥卢之山,唯叹希奇,罔知所措。如水母土蜂之类,犹蚑蛛屈步之徒,历劫他求,终朝取相,不自暂省,返照回光,货鬻衣珠,承绍家业,但争空花之起灭,定认眚影之是非,去淳朴而专尚浮华,丧根源而唯寻枝派,可谓遗金拾砾,掷宝持薪。

是以众圣惊嗟,达人悲叹,都谓不到实地,未达本心。妄识浮沉,缘心巧伪,遍计所执,现似外尘,人杌绳蛇,横生空见。不知万法无体,一切无名,从意现形,因言立号,意随想起,言逐念兴,想念俱虚,本末非有。是以三界无物,万有俱空,邪正同伦,善恶齐旨。全抛大义,莫返初源,于无心中妄立异同,就一体内强分离合。自他才立,逆顺随生,起斗争之端,结惑业之始,织是非之致网,绢憎爱之樊笼。观镜像,分妍丑之心;聆谷响,兴喜怒之色。责化人之心行,保幻物之坚牢,汲焰水而欲满漏卮,折空花而拟栽顽石。

能所双寂,事理俱空。既造惑因,不无幻果。欲知妙理,惟在观心。恒沙之业,一念而能消;千年之暗,一灯而能破。自然不立名相,解惑寂然,岂有一物当情,万境作对?取舍俱丧,是非顿融,众翳咸消,豁然清净,无非不思议解脱,尽是大寂灭道场。视听俱忘,身心无寄,随缘养性,逐处消时,犹纵浪之虚舟,若凌空之逸翮,纵横放旷,任迹郊廛。普劝诸后贤,但遵斯一路。闻而不信,尚结佛种之因;学而未成,犹益人天之福。此乃群经具载,诸佛同宣,非率尔以致辞,请收凝而玄鉴。

心 赋

觉王同禀,祖胤亲传,大开真俗之本,独标天地之先,常为诸佛之师,能含众妙;恒作群贤之母,可谓幽玄。灵性有殊,该通匪一,千途尽向于彼生,万象皆从于此出。事廓恒沙,理标精实,吞沧溟于毛孔,唯是自因;卷法界于尘中,匪求他术。任机启号,应物成名,大士修之而行立,觉帝体之而圆成,声闻证之为四谛,支佛悟之名缘生,天女之华无著,海慧之水澄清。

执谬解而外道门开,边邪网密;役妄念而凡途业起,生死波横。括古搜今,深含独占,五乘道炼出于冲襟,十法界孕成于初念。虚声顿息,法空之正信旋生;猛焰俄消,灵润之真诚立验。升沉表用,体具灵知,惺惺不昧,了了何亏?湛尔而无依无住,萧然而非合非离。

一字宝王演出难思之法海,群生慈父训成莫测之宗师。任性卷舒,随缘出没,挺一真之元始,总万有之纲骨。十二因缘之大树，产自元根；五千教典之圆诠，终归理窟。孤标寂寂，独立堂堂，若华中之灵瑞，犹照内之神光。截琼枝而寸寸是宝，析栴檀而片片皆香。克从凡夫之身，便登觉位；类在白衣之地，直坐龙床。听而不闻，观之莫见，常在而莫更推寻，本莹而何劳熏炼？

三界之门无体，谷里传声；六尘之境本空，镜中写面。寂寞虚冲，无事不融，弥勒阁而普现，摩耶腹而无穷。文殊宝冠之内，净名方丈之中，芥子针锋而不窄，近尘远刹而全通。靡减靡增，绵绵而常凝妙体；非成非坏，续续而不坠玄风。大业机关，金轮种族，如频伽鸟而韵压群音，犹好坚树而高升众木。

一翳初起，缤纷而华影骈空；瞥念才兴，纵横而森罗满目。道绝浮言，至妙难论，出生死而无别路，登涅槃而唯一门。须臾而即俗归真，莫俦兹旨；顷刻而从凡入圣，难报斯恩。

群籍共推，罕逾深理。吞蛇得病而皆是疑生，悬砂止饥而悉从思起。乃至笋拔寒林，鱼跳冰沚，酒变河中，箭穿石里，非曲蘖之所成，岂功力之能恃？无纤尘而不因识变，道理昭然；非一种而罔赖心成，言思绝矣。动静之境，皆我缘持，如云驶而月运，似舟行而岸移。

鱼母忆而鱼子长，蜂王起而蜂众随。印前后而无差，诸贤共仰；楷初终而不谬，千圣同推。是以朕迹才生，皆从此建，快马见鞭而鹙子先知，香象回旋而龙女亲献。得果而荣枯已定，尽合前因；举念而苦乐随生，悉谐初愿。美恶无体，因念所持；声响冥合，形影相随。本性希奇，莫可思议，似服伽陀之药，如餐真乳之糜。同如意树，雨无尽之宝；类水清珠，澄众浊之池。升第一义天，正会大仙之日；登普光明殿，当朝法界之时。冥真寂照，含虚吐耀，罔象兮获明珠，希夷兮宗法要。恩覆群生而无得，不作不为；光含万象而绝思，忘知忘照。如是则尘成佛国，念契圆音。

但显金色之世界，唯闻薝蔔之园林，莫比商人之宝，宁齐樵客之金？厌异忻同而情自隔，舍此取彼而理恒任。绳上生蛇而惊悸，杌中见鬼而沉吟，痴猿捉月而费力，渴鹿逐焰而虚寻。饮狂药而情随转日，食莨菪而眼布华针，皆自想生；万品而始终常寂，尽因念起。一真而境界恒深，法内规模，人间轨则，愿无不从，信无不克。见万像于掌中，收十方于座侧，感现而唯徇吾心，美恶而咸归我识。手出金毛狮子，皆藉善根；城变七宝华池，尽承慈力。卷舒不定，隐显千端，或阒尔无迹，或烂然可观，处繁而不乱，履险而常安。

醍醐之海泓深，横吞众派；法性之山挺出，高落群峦。理体融通，芳名震烈，瞻时而别相难穷，入处而一门深彻。服善见王之药饵，众病咸消；奏狮子筋之琴弦，群音顿绝。尔乃明逾皎日，德越太清，随机起用，顺物无生。非异非同，盈刹而坦然平现；不大不小，遍空而法尔圆成。神灵之台，秘密之府，病遇良医，民逢圣主。以本摄末，驾智海之津梁；举一蔽诸，辟玄关之规矩。匡时龟镜，为物权衡，相夺则境智互泯，相资则彼我俱生。

无明树上而觉华顿发，八苦海内而一味恒清。全体现前，岂用更思于妙悟？本来具足，何须苦待于功成？显异标奇，精明究竟，如舒杲日之光，似布勾芒之令。三毒四倒而非凡，八解六通而非圣。至宝居怀兮终不他求，灵珠在握兮应须自庆，悯同体兮起无缘，溢法财兮资慧命。履得一之旨，豁尔消疑；入不二之门，廓然无诤。大理齐平，不亏不盈；道性如是，无送无迎。千浔海底而孤峻，万仞峰头而坦平，竹祖摇风而自长，桐孙向日而潜荣。数朵之青山长在，一片之闲云忽生。意地顿空，如兔角之铦利；解心全息，犹焰水之澄清。

大建法幢，深提宝印，居下恒高，处违常顺，握王库刀之真形，抚修罗琴之正韵。得趣而幽途大辟，胡用多求；了一而万事齐休，但生深信。自在无碍，超古绝伦，荆棘变为行树，枭獍啼成梵轮。

似毛端之头含于宝月，如琉璃之内现出金身。若畅斯宗，发明妙慧，剔摩诃衍之骨髓，摘优昙花之根蒂，任聚须弥之笔，未写纤毫；纵饶乐说之门，难敷一偈。印同异，泯中边，等来去，绝偏圆，水朝东而星拱北，谷孕风而海纳川。寂尔无声，众响群音而吼地；荡然无相，奇形异状而参天。约理而分，称真而说，蜜齐海内之甜，火均天下之热，当正位之发扬，因法性之施设。弗从事而失体，非一非多；不守己而任缘，亦同亦别。本迹双举，权实俱存，言中而尽提纲要，指下而全见根源。如一金分众器之形，不变随缘之道；犹千波含湿性之理，随缘不变之门。若达斯宗，无在不在，入圣体而靡高，居凡身而弗改，即狭而广，毫端遍于十方；以短摄长，刹那包于劫海。一叶落时天下秋，一尘起处厚地收，向空门而及第，于禅苑而封侯。敌生死军之甲胄，战烦恼阵之戈矛，得大总持，可作超尘之本；具王三昧，堪为入道之由。

学问宗师，菩提榜样；功德丛林，真如库藏。纵横幻境，在一性而融虚；寂灭灵空，寄千门而显相。妙迹无等，寰中最亲。小器出无边之佳馔，仰空雨莫测之殊珍。仙人执手之时，动经尘劫；童子登楼之日，倏见前因。成现而虽圆至道，弘阐而全在当人。殊功警世，大用通神。乐蕴奇音，指妙而宫商应节；心怀觉性，智巧而动用冥真。十力功高，上贤能践，日月潜光，山川回转。摧慢峰兮涸爱河，拆疑城兮截魔罥。明之而法法在我，巨岳可移；昧之而事事随他，纤毫莫辩。

法无难易，转变由人。促多生于一念，化寒谷为芳春。秉大炬而烛幽关，炳然见旨；驾迅航而渡深济，倏尔登真。生如来家之要，行菩萨道之因，万别千差，靡出虚空之性；尊高卑下，难逃平等之津。剪惑裁疑，标真显正，使佛法之穹崇，致宗门之昌盛，类秋江万影而交罗，状寒室千灯而互映，若鸟戛汉以翱翔，似鱼沉渊而游泳。啼笑而佛慧分明，行坐而觉源清净，妙解而唯应我是，列祖襟喉;通心而莫更余思,群贤性命。

逆顺同归,行住不离,雨宝而摩尼绝意,演教而天鼓无私,重重而理事相须,恒体恒用;一一而有空齐现,常寂常知。迎之弗前,随之不后,匿纤芥而非无,展十方而曷有?旋转陀罗之内,常当大士之心;嚬呻三昧之中,不堕二乘之手。一理当锋,万境皆融,囊括智源之底,冠擎法海之宗,如睹镜中,现千重之影像;犹窥牖隙,见无际之虚空。

万汇虽分,还归一总。渤澥之润同滥觞,十方之空齐芥孔。其犹今古之日,照无异明;仍侔过现之风,鼓无二动。履实际地,冲涅槃天,掘众生之干土,涌善逝之智泉。声闻之焦芽蕊绽,华王之极果功圆。如得返魂之香,枯荄再发;似服还丹之药,寒焰重燃。了达无疑,何劳科判?驾牛车而立至祇林,乘慈舟而坐升彼岸。

千年暗室而破在一灯,无始樊笼而惟凭妙观。临法国土,无小境而不降;静佛边疆,岂一尘而作乱?超情绝解,对此无言,旨冥真极,道契玄源。二谛推而莫知,理中第一;三际求而罔得,法内称尊。觉树根株,教门头首,安详作象王之行,决定成狮子之吼。欲荐默传之法,合在言前;将陈秘密之门,宁思机后?圆宗焰火,手触应难。

驱四句于虚无之外,殄百非于寂寞之间。如那罗箭之功,势穿铁鼓;似金刚锤之力,拟碎邪山。成七辩才,具四无畏,人中日用之韬钤,世上时机之经纬。若森罗之吐孕,总摄地轮;犹万物之发生,皆含一气。玄邈甚深,力自堪任。月渚烟林而常谈妙旨,云台宝网而尽演圆音。餐香积之厨,真堪入律;听风柯之响,密可传心。莫尚他宗,须遵此令。出世之大事功终,入禅之本参学竟。直言不谬,指南之车辙非虚;的示无疑,鸡犀之枕纹常正。绝待英灵,一念齐成,转变天地,撼动神明,孰见不喜?谁闻弗惊?普现心光，标人间之万号；遍该识性，犹帝释之千名。妙觉非遥，当人不远。随法性而云散晴空，任智用而花开媚苑。攀觉树而不荣，陷铁围而非损。冒境而朝宗悟旨，诸佛果源；拶目而得意通真，群生理本。

祖佛不道，父母非亲，知三有异我而明佛性，会万物为己而成圣人。一两真金，胜毡花千斤之价值；半株檀树，改伊兰四十之由旬。上上真机，滔滔法海，堕无明而不可隳，纵神力而焉能改？设戴角披毛之者，本性非殊；任形消骨散之人，至灵常在。等觉不迁，随物周旋，为出世真慈之父，作归宗所敬之天。一雨无私，群木而自分甘苦；太虚绝量，众器而各现方圆。既在正观，须当神听，扣寂寂之玄门，蹑如如之道径。若玻璃随物而现色，于自体而匪亡；犹金刚对日而分形，逐前尘而不定。菩提窟宅，解脱丛林，澹泊而慧眼何见？杳霭而大智难寻。五岳峥嵘而不峻，四溟浩渺而非深。轮王坐妙宝床时，方能入定；菩萨戴法性冠处，始得明心。滞念才通，幽襟顿适，成现而可以坐参，周遍而徒烦游历。达无不是，统法界以为家；用而靡虚，将大地为标的。至道无隔，唯理堪亲。抉目而金鎞快利，澍顶而甘露光新。寂默无言，因居士而荐旨；虚空绝相，化阇王而悟真。慧日晶明，信心调直，被大乘衣而坐正觉床，饮菩提浆而餐禅悦食。善财知见，举目而皆入法门；华藏山河，立相而无非具德。群蒙尽正，一概齐平。迹分尘界而不浊，性合真空而靡清，体凝一味而匪缩，用周万物而非盈。似天中意树之林，常随天转；若人闲心想之处，还逐人成。

贫济骊珠，幽冥玉烛，如来宝眼而自绝纤毫，金沙大河而更无回曲。若海中之咸味，物物圆通；犹色里之胶青，门门具足。孤高独步，莹彻摅情。意根净而宝坊净，心地平而世界平。若拂雾以披天，神襟顿爽；似拨云而见日，法眼恒清。一道逍遥，群心仰慕，保证而犹玉玺之真文，包藏而若琼林之宝库。久行方了，具遍吉之明宗;初学易亲,成慈氏之入路。正念才发,狐疑自惺,匪五目之可鉴,岂二耳之能听?非有而非空,故称卓绝;不出而不在,实谓通灵。尘思俱逃,烦机顿洗,迥超万行之先,深彻法源之底。月光大士,变清水于自心;空藏高人,现太虚于本体。

甄明畅志,悟入怡神。若旱天而遍霶甘泽,犹萎草而顿遇阳春。翠羽红鳞,普现色身之三昧;霞峰雾沚,同转根本之法轮。智朗昏衢,梦惊长夜。贫室之金藏全开,焰宅之牛车尽驾。纷然起作,冥冥而弗改真如;豁尔虚凝,历历而常随物化。大象无形,洪音绝声,三光匿曜,河岳齐平。

向九居六合之中,随作色空明暗之体;于七大四微之内,分为色香味触之名。德御神州,威灵法宇,通智海之宏津,立吾宗之正主。违情难信,如藕丝悬须弥之山;入悟能谈,似一手接四天之雨。居混沌之始,出恍惚之间,法雷震四生之幽蛰,慧日烛三界之重关。不世之珍,抱玄门而寂寂;非常之道,任法性以闲闲。发觉根苗,胤灵筋骨,若谷神之安静,似幻云之出没。事因理显,犹金乌照万里之程;用就体施,如玉兔摄千江之月。非相非名,孤寂幽清,一言无不略尽,殊说更非异盈。吞苦雾而浸邪峰,须澄性海;降四魔而六贼,应固心城。广演玄风,长施法利,诸圣不改其仪,万邪莫回其致。十军三惑,消影响于幻场;智刀慧刀,利锋芒于实地。一言合理,天下同归,体标奇而显妙,用含虚而洞微。可谓镇敌国之宝珠,千金罕易;挺惊人之法将,万古传辉。

动而无为,寂而常照,立佛道之垣墙,树修行之大要。画出山河国土,意笔纵横;分开赤白青黄,心灯照耀。性自神解,不同虚空,或垂本以显迹,或居边而即中。犹狮子就人之机,理标径直;如王索一锤之器,言下全通。慧海关防,灵园苗裔,遍滋广摄而不拣高低,竖彻横该而混同粗细。作一种之光辉,为万途之津济,暗鬼没于明灯,毛轮消于厚翳。确乎不拔,高超变易之门;湛尔唯坚,永出轮回之际。妙极众象,理统诸方,如积海含万水,犹聚日而放千光。文圃义围,言将发而词丧;清神静思,意欲缘而虑亡。处众不群,居尊匪独。阐大道之基垧,布教海之漩澓,了辩乳之真机,达观象之明目。蹑萨云路兮非近非远,诣清凉池兮不迟不速,出一语兮海竭山崩,提妙旨兮天翻地覆。举圆宗兮敷至理,法界横关;括众义兮掩群诠,禅门啮镞。

念念而灵山出世,步步而兜率下生,娑婆现华藏之海,园林为王舍之城。见闻觉知,运普贤无尽之行;周旋俯仰,具文殊本智之名。从实分权,因别显总,掷大千于方外,吸海水于毛孔。妙位初成之际,天雨四华;无明欲破之时,地摇六动。理事无碍,本末同岐。横吞五乘之粹,圆舒八藏之奇。从心而出心,犹兰生兰叶;因意而发意,似檀孕檀枝。不空之空,非有之有,如外无智而可知,智外无如而可守。帝网而重重交映,非一非多;芥瓶而历历分明,不前不后。

忘心而照,无念而知,若瑞草生于嘉运,如林华结于盛时。顿息疑情,现额珠于明镜;全澄乱想,获真宝于春池。体广用深,文丰理诣,攀觉树以分枝,受轮王之解髻。初终交彻,即凡心而见佛心;理事该罗,当世谛而明真谛。龙宫诠奥,海藏抽奇。空里披文之际,尘中剖卷之时,觉华枝秀,忍草苗垂。临太华之犹低,机前鹏翥;比毗岚之未速,言外鹰驰。身泛禅河,手开玄钥,执石为珍,揽草成药。传智焰兮胡假世灯?受佛职兮宁齐天爵?贸内珠而自省,不探骊龙;受密印而明知,靡求乾鹊。

迷时徒昧,谛处非难。念想而如山不动,襟怀而似海常安。实际无差,与三世佛而一时成道;真空平等,共十类生而同日涅槃。心若不分,法终无咎,是之而六荫七情,非之而二头三手。从因缘而生起,不同兔角之无;向正法而施为,岂类乾城之有?德业无尽,至理难论,恒一恒异,常泯常存。说证说知,背天真而永沉有海;无照无悟,失圆修而常锁空门。大体焉分?随机自别。万派而岂有殊源?千车而终无异辙。不隐不显,四聪而莫认真归;无性无形,妙辩而难穷实说。冥心合道,意解难明,了达而尚非于智,参详而岂在于情?化人舞而幻士歌,谁当断送?木马奔而泥牛斗,孰定输赢?故知唯识唯心,无二无别。一旨而已绝诠量,万法而但空施设。

虚生虚灭,唯情想而成持;似义似名,但意言而分别。于一圆湛,析出根尘,外抟地水而成境,内聚风火而为身。持种之门,作生死之元始;总报之主,为涅槃之正因。标实慧宗,成真性轨,具体而有法皆宗,绝待而无尘可比。高高法座,非声闻矬短之能升;赫赫日轮,岂外道婴儿之所视?无偏无党,至极至尊,总千岐而得旨,搜一切而归根。眼底放光,照破十方之刹土;意根演教,碾开一代之法门。

触目相应,盈怀周匝;清白混同,水乳无杂。理从事变,存泯而尽逐缘分;事得理融,一多而常随性合。意网弥布,心轮遍生,与群徒而作体,向万物以安名。初居圆成现量之中,浮尘未起;后落明了意根之地,外状潜呈。原夫业识之宗,何成教训?能所不分,是非焉运?因依转相之内,倏起见心;俄关现识之间,忽陈相分。光消积曀,影射重昏,彻古而真源不散,该今而妙用常存。八万四千之教乘,苗抽性地;三十七品之道树,果秀灵根。出迷之津,履玄之始,义似华开,行同云起。当覆一篑之日,山耸千寻;玄行初步之时,程通万里。真俗无碍,其道在中,非即非离,常泯常通。应用恒沙,求之而奚穷秘迹;含容百巧,窥之而靡炫殊功。易辩邪途,难探正穴。听之者,无得无闻;演之者,非示非说。妙峰耸于性地,仰之弥高;法水涌于真源,酌而何竭?包空而遍,匝界而周。是以大忘天下,方能万事无求。火灾欲坏之时,一吹顿灭;世界将成之际,举念全收。乘急戒圆,因成果满;该括有空,交参主伴。十玄门之资摄，无尽无穷；六相义之融通，不常不断。

鹫山正脉，鹿苑鸿基，真风长扇，慧范恒施。隐显无际而晦明相并，念劫融通而延促同时。微妙之境幽深，非从像设；太玄之乡绵邈，莫可心知。卓尔不群，湛然纯一。天成神授而挺生，万德千珍而共出，众义咸归于此宗，百华同成于一蜜。独超紫微之表，教海宏枢；细开虚寂之间，禅扃正律。唯自不动，于彼云云。道在心而不在事，法由我而不由君。真性与缘起同寿，不思议而可思议；有量共无量平运，居见闻而非见闻。物外祥云，法中闲气，奇绝而异代殊珍，广大而宗徒富贵。得初而即得后，犹圆珠无间隔之方；了一而便了余，似海滴总江河之味。一法才彻，万汇皆通。直论入道之处，靡离净意之中。诸佛不证真门，悟时无得异生，弗沉死海，迷处全亡。幽旨罕穷，浅根难信。情见不到而理深，智解莫明而机峻。业果隳于净地，苦海收波；罪华籍于慈风，刀山落刃。旨不可见，义不可寻。理短而甘鞭尸吼石，请说而愿捧足倾心。广长舌之敷扬，暂披而即能熏种；五实语之剖析，一览而须纳千金。

举止施为，现大神变。理不偏而事不孤，行常顺而道常遍。即多用之一体，同时顿具而非分；于一体之多门，前后交罗而齐现。美恶无体，唯想任持；声响冥合，形影相随。胎狱华池，受报而自分优劣；琼林棘树，禀生而各具荣衰。明断由人，斯言可听，运意而须契正宗，举步而莫行他径。如急湍之水，逐南北而分流；似尺蠖之身，食青黄而不定。如来之藏，万德之林，湛然无际，曷用推寻？木母变色之时，生于孝意；金像舒光之日，起自诚心。引喻何穷，证明非一，理理而悉具圆常，事事而皆谈真实。似幻师观技而无著，了是心生；如调马见影而弗惊，知从身出。诸尘不隔，此旨堪遵，变化莫测，绵密难论。如善财不出道场，遍历百城之法；犹海幢常冥寂定，广开佛事之门。最上之宗，第一之说，大悟而岂假他求？内证而应须自决，似冰含水，融通而岂有等伦？如金与环,展转而更无差别。若空孕色,犹蓝出青。马鸣因兹而制论,释迦由此而弘经。外道打髑髅之时,察吉凶之往事;相者占人面之际,辨贵贱之殊形。大体平分,玄基高峙,十心九识之宗,三细六粗之旨。根身国土,因本识而先生;妍丑高低,从分别而潜起。矗然端直,靡历光阴,德用之道恢廓,善巧之门甚深。金地酥河,匪出化源之意;人波鬼火,宁离业识之心?

迹现多门,光韬实地,不用天眼而十方洞明,岂运神通而千界飞至?未离兜率,双林而已般涅槃;不起树王,六欲而早升忉利。坚贞难并,泡沫非同。立绝相之相,运无功之功。慈敕分明,始因四念之处;教文审的,终归三点之中。性非造作,理实镕融,明之而心何曾动?昧之而路自迷东。任竭海移山,未是无为之力;纵蹑虚履水,皆为有漏之通。辨玉须真,探珠宜静,但向境外而求心,焉知圆光而在眚?捏目之处,飞三有之虚华;迷头之时,认六尘之幻影。顺法界性,合真如心,智必资理而成照,理不待发而自深。意绝思惟,鉴彻十方之际;佛不说法,闻通无尽之音。

莫摘枝苗,须搜祖祢,豁尔而无明顿开,湛然而情尘自洗。恶从心起,如铁孕垢而自毁铁形;善逐情生,犹珠现光而还照珠体。鹄林大意,须归准凭。形端影直,风静波澄。辩伪识真,如试金之美石;除昏鉴物,犹照世之明灯。事绝纤毫,本无称谓,因用之而不穷,从赞之而成贵。义天行布,重重之星象璨然;法海圆融,浩浩之波澜一味。根尘泯合,能所双销,了了而如同眼见,一一而尽是心标。照烛森罗,随念而未曾暂歇;飞穿石壁,举意而顷刻非遥。绝观通人,破尘上将,作智海之健舟,为法筵之极唱。如虻附翔鸾之尾,迥登丹汉之程;犹声入画角之中,出透重霄之上。言言合道,法法随根,对大心之高士,谈普眼之法门。厚地金刚,穿之而始终不坏;雪山正味,流之而今古恒存。一际无差,随缘自结;旷代无减,十方咸说。如天宝器,任福而饭色不同;似一无为,随证而三乘有别。万法万形，皆逐心成；孤光一照，众虑俱清。如瓶贮醍醐，随诸器而不等；犹水分江海，逐流处而得名。直了无疑，襟怀自豁，非劣解情当，乃上根机夺。犹如庭雀，焉攀鸿鹄之心？还似井蛙，岂测沧溟之阔？

群经之府，众义之都，写西来之的意，脱出世之真模。或徇他求，如钻冰而觅火；但归己解，犹向乳以生酥。正业常新，恒居本位，统一心之高广，烛微言之周备。了宗之际，殒十方之虚空；忏罪之时，翻无边之大地。一花开而海内春，一理现而法界真，如二乘之蒙佛记，似穷子之付家珍。水未入海之时，不成咸味；境若归心之日，方可言均。梦宅虚无，化源寂灭。破疑情而藤蛇并融，廓智地而形名双绝。心外求悟，望石女而儿生；意上起思，邀空花而果结。本非有作，性自无为，智者莫能运其意，像者何以状其仪？言语道亡，是得路指归之日；心行处灭，当放身舍命之时。执迹多端，穷源孤迈，非世匠之所成，岂劫火之能坏？

白毫光里，出莫测之身云；无生盖中，现大千之世界。释门挺价，法苑垂箴，无声之乐寂寂，真如之海沉沉。应量出生，如龙王之降雨差别；循业发现，犹人间之随福浅深。既达心宗，应当莹饰，炼善行以扶持，澄法水而润泽。照世行慈而不谬，先洞三明；观根授道而无差，须凭十力。杜源大士，立志高强，或剥皮出髓而誓思缮写，或投岩赴火而志愿传扬。身烛千灯，沥恳而唯求半偈；足翘七日，倾心而为赞华王。更有念法勤苦，只希一言，悬悬而顿忘寝食，颙颙而不避寒温。遍界南求，行菩萨之大道；忘身东请，为般若之真源。冲邃幽奇，举文难述，任身座与肉灯，用海墨而山笔。药王烧手，报莫大之深恩；普明刎头，求难思之妙术。能祛冰执，可定行藏，证自觉之圣智，入本住之道场。步步而到泥彻底，箭箭而破的穿杨。齐襟而唯思举领，整网而只要提纲。浴沧溟，而已用诸河之水；爇一尘，而皆含众味之香。如忉利杂林，靡作差殊之见;犹须弥南面,纯舒金色之光。

乍似醉醒,如同梦起。外道授咒于天中,妇人求男于林里。无为无事,全当实相之门;惟寂惟深,顿悟法空之旨。百氏冥归,万古难移。据前尘之无体,惟自法之施为,若乐工之弄木偶,如戏场之出技儿。纵浅纵深,靡出一心之际;任延任促,但当唯识之时。大矣圆诠!奇哉正辙!六神通而焉可变?四辩才而莫能说。攀枝而直到根株,寻水而已穷源穴,传印而尽继曹溪,得记而俱成摩竭,可谓履道之通衢,悟宗之真诀。

卷第九

妙圆正修智觉永明寿禅师集

《宗镜录》序

伏以真源湛寂，觉海澄清，绝名相之端，无能所之迹。最初不觉，忽起动心，成业识之由，为觉明之咎。因明起照，见分俄兴，随照立尘，相分安布，如镜现像，顿起根身。次则随想而世界成差，后则因智而憎爱不等，从此遗真失性，执相徇名。积滞著之情尘，结相续之识浪，锁真觉于梦夜，沉迷三界之中；瞽智眼于昏衢，匍匐九居之内，遂乃縻业系之苦，丧解脱之门，于无身中受身，向无趣中立趣。约依处则分二十五有，论正报则具十二类生，皆从情想根由，遂致依正差别，向不迁境上虚受轮回，于无脱法中自生系缚。如春蚕作茧，似秋蛾赴灯。以二见妄想之丝，缠苦聚之业质；用无明贪爱之翼，扑生死之火轮。用谷响言音，论四生妍丑；以妄想心镜，现三有形仪。然后违顺想风，动摇觉海；贪痴爱水，资润苦芽。一向徇尘，罔知返本，发狂乱之知见，翳于自心；立幻化之色声，认为他法。从此一微涉境，渐成戛汉之高峰；滴水兴波，终起吞舟之巨浪。尔后将欲返初复本，约根利钝不同，于一真如界中，开三乘五性，或见空而证果；或了缘而入真；或三祇熏炼，渐具行门；或一念圆修，顿成佛道。斯则克证有异，一性非殊，因成凡圣之名，似分真俗之相。若欲穷微洞本，究旨通宗，则根本性离，毕竟寂灭，绝升沉之异，无缚脱之殊。既无在世之人，亦无灭度之者，二际平等，一道清虚，识智俱空，名体咸寂，迥无所有，唯一真心。达之，名见道之人；昧之，号生死之始。

复有邪根外种，小智权机，不了生死之病源，罔知人我之见本，唯欲厌喧斥动，破相析尘，虽云味静冥空，不知埋真拒觉。如不辨眼中之赤眚，但灭灯上之重光；罔穷识内之幻身，空避日中之虚影。斯则劳形役思，丧力捐功，不异足水助冰，投薪益火，岂知重光在眚，虚影随身？除病眼而重光自消，息幻质而虚影当灭。若能回光就己，反境观心，佛眼明而业影空，法身现而尘迹绝。以自觉之智刃，剖开缠内之心珠；用一念之慧锋，斩断尘中之见网。此穷心之旨，达识之诠，言约义丰，文质理诣。揭疑关于正智之户，薙妄草于真觉之原，愈入髓之沉痾，截盘根之固执。则物我遇智火之焰，融唯心之炉；名相临慧日之光，释一真之海。斯乃内证之法，岂在文诠？知解莫穷，见闻不及。

今为未见者演无见之妙见，未闻者入不闻之圆闻，未知者说无知之真知，未解者成无解之大解。所冀因指见月，得兔忘罤，抱一冥宗，舍诠检理，了万物由我，明妙觉在身。可谓搜抉玄根，磨砻理窟，剔禅宗之骨髓，标教网之纪纲。余惑微瑕，应手圆净；玄宗妙旨，举意全彰。能摧七慢之山，永塞六衰之路。尘劳外道，尽赴指呼；生死魔军，全消影响。现自在力，阐大威光；示真实珠，利用无尽；倾秘密藏，周济何穷！可谓香中爇其牛头，宝中探其骊颔，华中采其灵瑞，照中耀其神光，食中啜其乳糜，水中饮其甘露，药中服其九转，主中遇其圣王。故得法性山高，顿落群峰之峻；醍醐海阔，横吞众派之波。似夕魄之腾辉，夺小乘之星宿；如朝阳之孕彩，破外道之昏蒙。犹贫法财之人，值大宝聚；若渴甘露之者，遇清凉池。为众生所敬之天，作菩萨真慈之父。抱膏肓之疾，逢善见之药王；迷险难之途，偶明达之良导。久居暗室，倏临宝炬之光明；常处裸形，忽受天衣之妙服。不求而自得，无功而忽成。故知无量国中，难闻名字；尘沙劫内，罕遇传持。

以如上之因缘，目为心镜，现一道而清虚可鉴，辟群邪而毫发不容。妙体无私，圆光匪外。无边义海，咸归顾盼之中；万象形容，尽入照临之内。斯乃曹溪一味之旨，诸祖同传；鹄林不二之宗，群经共述。可谓万善之渊府，众哲之玄源，一字之宝王，群灵之玄祖。遂使离心之境，文理俱虚；即识之尘，诠量有据。一心之海印，楷定圆宗；八识之智灯，照开邪暗。实谓含生灵府，万法义宗，转变无方，卷舒自在。应缘现迹，任物成名，诸佛体之号三菩提，菩萨修之称六度行，海慧变之为水，龙女献之为珠，天女散之为无著华，善友求之为如意宝，缘觉悟之为十二缘起，声闻证之为四谛人空，外道取之为邪见河，异生执之作生死海。论体则妙符至理，约事则深契正缘。

然虽标法界之总门，须辩一乘之别旨。种种性相之义，在大觉以圆通；重重即入之门，唯种智而妙达。但以根羸靡鉴，学寡难周，不知性相二门是自心之体用。若具用而失恒常之体，如无水有波；若得体而阙妙用之门，似无波有水。且未有无波之水，曾无不湿之波，以波彻水源，水穷波末，如性穷相表，相达性源，须知体用相成，性相互显。

今乃细明总别，广辩异同，研一法之根源，搜诸缘之本末，则可称宗镜，以鉴幽微，无一法以逃形，斯千差而普会。遂尔编罗广义，撮略要文，铺舒于百卷之中，卷摄在一心之内，能使难思教海，指掌而念念圆明；无尽真宗，目睹而心心契合。若神珠在手，永息驰求；犹觉树垂阴，全消影迹。获真宝于春池之内，拾砾浑非；得本头于古镜之前，狂心顿歇。可以深挑见刺，永截疑根。不运一毫之功，全开宝藏；匪用刹那之力，顿获玄珠。名为一乘大寂灭场,真阿兰若正修行处,此是如来自到境界,诸佛本住法门。是以普劝后贤,细垂玄览,遂得智穷性海,学洞真源。

此识此心,唯尊唯胜。此识者,十方诸佛之所证;此心者,一代时教之所诠;唯尊者,教理行果之所归;唯胜者,信解证入之所趣。诸贤依之而解释,论起千章;众圣体之以弘宣,谈成四辩。所以掇奇提异,研精洞微,独举宏纲,大张正网,捞摝五乘机地,升腾第一义天,广证此宗,利益无尽。遂得正法久住,摧外道之邪林;能令广济含生,塞小乘之乱辙,则无邪不正,有伪皆空。由自利故,发智德之原;由利他故,立恩德之事。成智德故,则慈起无缘之化;成恩德故,则悲含同体之心。以同体故,则心起无心;以无缘故,则化成大化。心起无心故,则何乐而不与?化成大化故,则何苦而不收?何乐而不与,则利钝齐观;何苦而不收,则怨亲普救。遂使三草二木,咸归一地之荣;邪种焦芽,同沾一雨之润。斯乃尽善尽美,无比无俦,可谓括尽因门,搜穷果海。故得创发菩提之士,初求般若之人,了知成佛之端由,顿圆无滞;明识归家之道路,直进何疑!

或离此别修,随他妄解,如毂角取乳,缘木求鱼,徒历三祇,终无一得。若依此旨信受弘持,如快舸随流,无诸阻滞,更遇便风之势,复加橹棹之功,则疾届宝城,忽登觉岸,可谓资粮易办,道果先成。披迦叶上行之衣,坐释迦法空之座,登弥勒毗卢之阁,入普贤法界之身,能令客作贱人全领长者之家业,忽使沉空小果顿受如来之记名。未有一门匪通斯道,必无一法不契此宗。过去觉王因兹成佛,未来大士仗此证真,则何一法门而不开?何一义理而不现?无一色非三摩钵地,无一声非陀罗尼门,尝一味而尽变醍醐,闻一香而皆入法界。风柯月渚,并可传心;烟岛云林,咸提妙旨。步步踏金色之界,念念嗅薝蔔之香,掬沧海而已得百川,到须弥而皆同一色。焕兮开观象之目,尽复自宗;寂尔导求珠之心,俱还本法。遂使邪山落仞,苦海收波,智楫以之安流,妙峰以之高出。

今详祖佛大意，经论正宗，削去繁文，唯搜要旨，假申问答，广引证明。举一心为宗，照万法如镜，编联古制之深义，撮略宝藏之圆诠，同此显扬，称之曰录。分为百卷，大约三章，先立正宗，以为归趣；次申问答，用去疑情；后引真诠，成其圆信。以兹妙善，善施含灵，同报佛恩，共传斯旨耳。

万善同归

夫众善所归,皆宗实相,如空包纳,似地发生,是以但契一如,自含众德。然不动真际,万行常兴;不坏缘生,法界恒现。寂不阂用,俗不达真,有无齐观,一际平等。是以万法唯心,广须广行诸度,不可守愚空坐,以滞真修。若欲万行齐兴,毕竟须依理事,理事无阂,其道在中,遂得自他兼利,而圆同体之悲;终始该罗,以成无尽之行。

若论理事,幽旨难明,细而推之,非一非异。若离事而推理,堕声闻之愚;若离理而行事,同凡夫之执。当知离理无事,全水是波;离事无理,全波是水。故菩萨以无所得而为方便,涉有而不乖空;依实际而起化门,履真而不阂俗。常燃智炬,不昧心光,云布慈门,波腾行海,遂得同尘无阂,自在随缘,一切施为无非佛事。故《般若经》云:"一心具足万行。"《华严经》云:"善男子!应以善法扶助自心,应以法水润泽自心,应于境界净治自心,应以精进坚固自心,应以智慧明利自心,应以佛自在开发自心,应以佛平等广大自心,应以佛十力照察自心。"明心虽即佛,久翳尘劳,故以万行增修,令其莹彻。但说万行由心,不说不修为是。万法即心,修何阂心?

问曰:祖师云:"善恶都莫思量,自然得入心体。"《涅槃经》云:"诸行无常,是生灭法。"如何劝修,故违祖教?

答:祖意据宗,教文破着。若禅宗顿教,泯相离缘,空有俱亡,体用双寂。若华严圆旨,具德同时,理行齐敷,悲智交济。是以文殊以理印行,差别之义不亏;普贤以行严理,根本之门靡废。本末一际,凡圣同源,不坏俗而标真,不离真而立俗。具智眼而不没生死,运悲心而不滞涅槃。以三界之有,为菩提之用;处烦恼之海,通涅槃之津。

夫万善是菩萨入圣之资粮,众行乃诸佛助道之阶渐。若有目而无足,岂到清凉之池?得实而忘权,奚升自在之域?是以方便般若,常相辅翼;真空妙有,恒共成持。《法华》会三归一,万善悉向菩提;《大品》一切无二,众行咸归种智。《维摩经》云:"菩萨虽行于空而植众德本,是菩萨行;虽行无相而度众生,是菩萨行;虽行无作而现受身,是菩萨行;虽行无起而起一切善行,是菩萨行。"

古德问云:万行统,唯无念。今见善见恶,愿离愿成,疲役身心,岂当为道?

答:此离念而求无念,尚未得真无念,况念无念而无阂乎?又无念但是行之一,岂知一念顿圆?如上所引,佛旨焕然,何得空腹高心,以少为足,拟欲蛙嫌海量,萤掩日光乎?

问:泯绝无寄,境智俱空,是祖佛普归,圣贤要路。若论有作,心境宛然,凭何教文,广陈万善?

答:诸佛如来一代时教,自古及今,分宗甚众,撮其大约,不出三宗:一、相宗;二、空宗;三、性宗。若相宗多说是,空宗多说非,性宗唯论直指,即同曹溪见性成佛也。如今不论见性,罔识正宗,多执是非,纷然诤竞,皆不了祖佛密意,但徇言诠。如教中或说是者,即依性说相;或言非者,是破相显性;唯性宗一门,显了直指,不说是非。如今多重非心非佛,非理非事,泯绝之言以为玄妙,不知但是遮诠治病之文,执此方便,认为标的,却不信表诠直指之教,顿遗实地,昧却真心。但任浅近之情,不探深密之旨,迷空方便,岂识真归?

问:经云但凡夫之人,贪著其事。取相凡夫,随宜为说。若得理本,万行俱圆,何须事迹而兴造作乎?

答:此是破贪著执取之文,非干因缘事相之法。《净名经》

云:“但除其病而不除法。”《金刚三昧经》云:“有二入:一、理入,二、行入。”以理导行,以行圆理。又菩提者,以行入无行,以行者缘一切善法,无行者不得一切善法,岂可滞理亏行,执行违理?祖师马鸣《大乘起信论》云:“信成就发心有三:一、直心,正念真如法故;二、深心,乐集一切诸善行故;三、大悲心,欲拔一切众生苦故。”

论问:上说法界一相,法体无二,何故不唯念真如,复假求学诸善法之行?

论答:譬如大摩尼宝,体性明净而有矿秽之垢,若人虽念宝性,不以方便种种磨治,终无得净。如是众生真如之法体,性空净而无量烦恼垢染,若人虽念真如,不以方便种种熏修,亦无得净。以垢无量,遍修一切善行,以为对治。若人修行一切善法,自然归顺真如法故。

当知三祇修道,不曾心外得一法、行一行。何以故?但是自心引出自净行性而起修之。故知摩尼沉泥,不能雨宝;古镜积垢,焉能鉴人?虽心性圆明,本来具足,若不众善显发,万行磨治,方便引出,成其妙用,则永翳客尘,长沦识海,成妄生死,障净菩提。是以祖教分朗,理事相即,不可偏据而溺见河。

问:夫如来法身,湛然清净,一切众生只为客尘所蔽,不得现前。如今但息攀缘,定水澄清,何须众善?向外纷驰,反背真修,但成劳虑。

答:无心寂现,此是了因;福德庄严,须从缘起。二因双备,佛体方成。诸大乘经,无不具载。《净名经》云:“佛身者,即法身也。从无量功德智慧生,从慈悲喜舍生,从布施、持戒、忍辱柔和、勤行精进、禅定解脱三昧、多闻智慧诸波罗蜜生,乃至从断一切不善法,集一切善法,生如来身。”又云:“具福德故,不住无为;具智慧故,不尽有为。大慈悲故,不住无为;满本愿故,不尽有为。”此乃自背圆诠,不遵佛语,拟捉涅槃之缚,欲沉解脱之坑。栽莲花于高原,植甘种于空界,欲求菩提花果,何处得成?譬如不下巨海,不能得无价宝珠;如是不入烦恼大海,则不能得一切智宝。

问:入法以无得为门,履道以无为先导。若兴众善,起有得心,一违正宗,二亏实行。

答:以无得故,无所不得;以无为故,无所不为。无为岂出为中?无得非居得外。得与无得既非全别,为与无为亦非分同。非别非同,谁言一二?而同而别,不阂千差。若迷同别两门,即落断常二执。所以《华严·离世间品》云:"知一切法无相是相,相是无相;无分别是分别,分别是无分别;非有是有,有是非有;无作是作,作是无作;非说是说,说是非说。"如今末代宗门中,学大乘人多轻戒律,称是执持小行,失于戒急。所以《大涅槃经》佛临涅槃时,扶律谈常,则乘戒俱急,故号此经为"赎常住命之重宝"。何以故?若无此教,但取口解脱,全不修行,则乘戒俱失。故经云:"尸罗不清净,三昧不现前。"从定发慧,因事显理,若阙三昧,慧何由成?是知因戒得定,因定得慧,故云"赎常住命之重宝"。何得灭佛寿命,坏正律仪,为和合海内之死尸,作长者园中之毒树?众圣所责,诸天所诃,善神不亲,恶鬼削迹。居国王之地,生作贼身;处阎罗之乡,死为狱卒。诸有智者,宜暂思焉。

问:空即罪性,业本真如,取相增瑕,如何忏悔?

答:若烦恼道,理遣合宜。苦业二道,须行事忏,投身归命,雨泪翘诚,感佛威加,善根顿发。似池花得日敷荣,若尘镜遇磨光耀,三障除而十二缘灭,众罪消而五阴舍空。《最胜王经》云:"求一切智、净智、不思议智、不动智、三藐三菩提正遍知者,亦应忏悔,灭除业障。何以故?一切诸法从因缘生故。"又经云:"前心起罪,如云覆空;后心灭罪,如炬破暗。须知炬灭暗生,要须常燃忏炬。"《弥勒所问本愿经》云:"弥勒大士,善权方便安乐之行,得致无上正真之道。昼夜六时,正衣束体,下膝著地,向于十方,说此偈言:'我悔一切过,劝助众道德,归命礼诸佛,令得无上慧。'"又经云:"然诸福中,忏悔为最,除大障故,获大善故。"《婆沙论》云:"若人于一时,对十方佛前,代为一切众生修行五悔,其功德若有形量者,三千大千世界著不尽。"

夫罪性无体,业道从缘,不染而染,习垢非无;染而不染,本来常净。业性如是,去取尤难。一切众生,业通三世,真慧不发,被二障之所缠;妙定不成,为五盖之所覆。唯圆乘佛旨,须于净处严建道场,苦到恳诚,普代有情勤行忏法,内则唯凭自力,外则全仰佛加,遂得障尽智明,云开月朗。是以非内非外,能悔所忏俱空;而内而外,性罪遮愆宛尔。且登地入位,尚洗垢以除瑕;毛道散心,却谈虚而拱手。

问:《净名经》云"罪性不在内、外、中间",岂是虚诳?何坚不信,谤正法轮?执有所作罪根,实乃重增其病。

答:佛语诚谛,理事分明,能拔深疑,善开重惑。若深信者,一闻千悟,称说而行,既荡前非,不形后过,步步观照,念念无差,此乃宿习轻微,善根深厚,乘戒俱急,理行相从,斯即深达教门,坚持佛语,何须事忏?过自不生。如若垢重障深,智荒德薄,但空念一切罪性不在内、外、中间,观其三业现行,全没根尘法内。如说美食,终不充饥;似念药方,焉能治病?若令但求其语而得罪消,则一切业系之人故应易脱,何乃积劫生死,如旋火轮?以知业海渺茫,非般若之舟罕渡;障山孤峻,匪金刚之慧难倾。然后身心一知,理事双运,方萎苦种,永断业绳。

所以祖师云:"将虚空之心,合虚空之理,亦无虚空之量,始得报不相酬。"又教云:"净意如空。"此有二义:一者离虚妄取,如彼净空无有云翳;二者触境无滞,如彼净空不生障阂。既廓心境,罪垢何生?若能如是,名为依教。尚不见无罪,岂况有愆耶?又罪性本净,是体性净;契理无缘,是方便净。因方便净,显体性净;因体性净,成方便净。方便净者,力行熏治;体性净者,一念圆照。本末相应,内外更资,故须理事相扶,成其二净;正助兼忏,证此一心。设但念空言,实难违教,不信之谤,非此谁耶?

问:一生习恶,积累因深,如何临终十念顿遣?

答:《那先经》云:"国王问那先沙门言:'人在世间作恶,至百岁临终时念佛,死后得生佛国,我不信是语。'那先言:'如持百枚大石置船上,因船故不没。人虽有本恶,一时念佛,不入泥犁中。其小石没者,如人作恶,不知念佛,便入泥犁中。'"又《智度论》"问云:'临死时少许时心,云何能胜终身行力?'答:'是心虽时顷少,而心力猛利,如火如毒,虽少,能作大事。是垂死时心决定勇健,故胜百岁行力,是后心名为大心。及诸根事急,如人入阵,不惜身命,名为健。故知善恶无定,因缘体空,迹有升沉,事分优劣。真金一两,胜百两之叠华;爝火微光,爇万仞之积草。'"

问:心外无法,佛不去来,何有见佛及来迎之事?

答:唯心念佛,以唯心观,遍该万法。既了境唯心,了心即佛,故随所念,无非佛矣。《般舟三昧经》云:"如人梦见七宝,亲属欢喜,觉已追念,不知在何处。"如是念佛,此喻唯心所作,即有而空,故无来去。又如幻非实,则心佛两亡;而不无幻相,则不坏心佛。空有无阂,即无去来,不妨普见,见即无见,常契中道。是以佛实不来,心亦不去,感应道交,唯心自见,如造罪众生,感地狱相。《唯识论》云:"一切如地狱,同见狱卒等,为能逼害事,故四义皆成。"四义者,如地狱中亦有时定、处定、身不定、作用不定,皆是唯识。罪人恶业心现,并无心外实铜狗铁蛇等事,世间一切事法亦复如是。

然遮那佛土,匪局东西,若正解了然,习累俱殄,理量双备,亲证无生,既历圣阶,位居不退,即不厌生死苦,六道化群生。如信心初具,忍力未圆,欲拯沉沦,实难俱济。无船救溺,翅弱高飞,卧沉疴而欲离良医,处襁褓而拟抛慈母,久遭沉坠,必死无疑。但得陷己之虞,未明利他之分,故《智论》云:譬如婴儿,若不近父母,或堕坑落井,水火等难,乏乳而死。须常近父母,养育长大,方能绍继家业。初心菩萨,多愿生净土,亲近诸佛,增长法身,方能继佛家业,十方济运,有斯益故,多愿往生。

圣境非虚,真谈匪谬,何乃爱河浪底,沉溺无忧,火宅焰中,焚烧不惧?密织痴网,浅智之刃莫能挥;深种疑根,汛信之力焉能拔?遂即甘心伏意,幸祸乐灾,却非清净之邦,顾恋恐畏之世,焦蛾烂茧,自处余殃;笼鸟鼎鱼,翻称快乐。故知佛力不如业力,邪因难趣正因。且未脱业身,终萦三障,既不爱莲台化质,应须胎藏禀形。若受肉身,全身是苦,既沉三界,宁免轮回?

生死海阔,业道难穷,声闻尚昧出胎,菩萨犹昏隔阴,况具缚生死底下凡夫,宁不被生苦所羁,死魔所系?故《目连所问经》云:佛告目连:譬如万川长注,有浮草木,前不顾后,后不顾前,都会大海。世间亦尔,虽有豪贵,富乐自在,悉不得免生老病死。只由不信佛经,后世为人,更甚困剧,不能得生千佛国土。是故我说无量寿佛国易往易取,而人不能修行往生,反事九十六种邪道,我说是人名无眼人,名无耳人。《大集月藏经》云:“我末法时中亿亿众生起行修道,未有一得者。”当今末法,现是五浊恶世,唯有净土一门可通入路。当知自行难圆,他力易就。如劣士附轮王之势,飞游四天;凡质假仙药之功,升腾三岛。实为易行之道,疾得相应,慈旨叮咛,须铭肌骨。

《维摩经》云:“欲得净土,但净其心,随其心净,即佛土净。”又经云:“心垢即众生垢,心净故众生净。”《华严经》云:“譬如心王宝,随心见众色,众生心净故,得见清净刹。”《大集经》云:“欲净汝界,但净汝心。”故知一切归心,万法由我,欲得净果,但行净因。如水性趣下，火性腾上，势数如是，何足疑焉？

问：住相布施，果结无常，增有为之心，背无为之道，争如理观，福等虚空？故经云：佛言：非我而能顺理，何坚执事缘尘而不观心达道乎？

答：若约观心，寓目皆是。既云达道，举足宁非菩萨万行齐兴，四摄广被？不可执空害有，守一疑诸。《华严经》云："受一非余，魔所摄持。"是以舍边趣中，还成邪见。不可据宗据令，认妙认玄，识相施为，阴界造作，应须随机遮照，任智卷舒。于空有二门，不出不在；真俗二谛，非即非离。动止何乖？圆融无阂。大凡诸佛菩萨修进之门，有正有助，有实有权，理事齐修，乘戒兼急，悲智双运，内外相资。若定立一宗，是魔王之种；或亡泯一切，成己见之愚。

问：祖佛法要，唯立一乘。或云十方薄伽梵，一路涅槃门；或云一切无阂人，一道出生死。如何广陈差别，立二法门，惑乱正宗，起诸邪见？

答：诸佛法门，虽成一种，约用分二，其体常同。如一心法，立真如、生灭二门，则是二谛一乘之道。今古恒然，无有增减。是以总别互显，本末相资。非总无以出别，非别无以成总；非本无以垂末，非末无以显本。故知只翼难冲，孤轮匪运，唯真不立，单妄不成。约体则差而无差，就用则不别而别。一二无阂，方入不二之门；空有不乖，始蹈真空之境。

是以八万法门无非解脱，一念微善皆趣真如。自有初心后心，生忍法忍，未必将高斥下，以下凌高，善须知时，自量根力，不可评他美恶，强立是非，言是祸胎，自招来业。

是知事出千巧，理归一源，皆是大慈善权方便，或因舍身命而顿入法忍，或一心禅定而豁悟无生，或了本清净而证实相门，或作不净观而登远离道，或住七宝房舍而阶圣果，或处冢间树下而趣涅槃。是以尘沙度门,入皆解脱;无边教网,了即归真。大圣垂言,终不虚设。譬如涉远以到为期,不取途中,强论难易。故知医不专散,天不长晴,应须丸散调停,阴阳兼济,遂得众疾同愈,万物齐荣,皆是权施,实无定法,随其乐欲,逗其便宜。唯取证道为心,不拣入门粗细。是以众行俱备,万善齐修,一行归源,千门自正。岂可舍此取彼,执实谤权,顿弃机缘,灭佛方便?故云从实分权,权是实权;开权显实,实是权实。如迷权实二门,则智不自在。

所言般若功深者,然般若孕圣弘贤,含灵蕴妙。标之则为宗为首,为导为依;融之则触境该空,无非般若。故经云:"色无边故,般若无边。"《肇论》云:"三毒四倒皆悉清净,何独尊净于般若?"今何取舍而欲逃空避影乎?且诸佛密意,诠旨难裁,空拳诳小儿,诱度于一切,无有决定法,故号大菩提。不知般若有破著之功,教中偏赞,却乃随语生见,是以依方故迷。故般若能导万行,若无万行,般若何施?偏啖酱而饮咸,失味致患;专抱空而执断,丧智成愆。

《智论》云:"帝释意念:'若般若是究竟法者,行人但行般若,何用余法?'佛答:'菩萨六波罗蜜,以般若波罗蜜,用无所得法和合故,此即是般若波罗蜜。若但行般若,不行余法,则功德不具足,不美不妙。譬如愚人不识饭食种具,闻酱是众味主,便纯饮酱,失味致患。行者亦如是,欲除著心故,但行般若,反坠邪见,不能增进善法。若与五波罗蜜和合,则功德具足,义味调适。'"是以般若无方便,溺无为之坑;方便无般若,陷幻化之网。二轮不滞,一道无亏,权实双行,正宗方显。住无所住,佛事所以兼修;得无所得,智心所以恒寂。

《华严经》云:"譬如虚空,于十方中,若去来今,求不可得,然非无虚空。菩萨如是观一切法皆不可得,然非无一切法。如实无异,不失所作,普示修行菩萨诸行,不舍大愿,调伏众生,转正法轮，不坏因果。”又云：“菩萨摩诃萨了达自身及以众生本来寂灭，不惊不怖，而勤修福智无有厌足。”虽知一切法无有造作，而亦不舍诸法自相；虽于诸境界永离贪欲，而常乐瞻奉诸佛色身；虽知不由他悟入于法，而种种方便求一切智；虽知诸佛国土皆如虚空，而常乐庄严一切佛刹；虽恒观察无人无我，而教化众生无有疲厌；虽于法界本来不动，而以神通智力现众变化；虽已成就一切智智，而修菩萨行无有休息；虽知诸法不可言说，而转净法轮令众生喜；虽能示现诸佛神力，而不厌舍菩萨之身；虽现入于大涅槃，而一切处示现受生。能作如是权实双行法，是佛业。是以若拨果排因，即空见外道；据体绝用，是趣寂声闻。

如金中虽有众器，除矿但能显金，若不施功造作，无因得成其器。岂金出矿已，不造不作，自然得成于器？是知果佛须性相具足，因行必须事理双修。依本智，如得金；修理行，如去矿；修事行，如造作；求佛智，如成器也。

若三世佛行执为妄想，凭何修学而得解脱？不依佛行，别有所宗，皆外道行。古德云：“若一向拱手，自取安隐，不行仁义道，即阙庄严，多劫亦不成。但实际不受一尘，佛事不舍一法。”《还源观》云：“真该妄本，行无不修；妄彻真源，相无不寂。”又云：“真如之性，法尔随缘，万法俱兴，法尔归性。”祖师传法偈云：

“心地随时说，菩提亦只宁。
事理俱无阂，当生即不生。”

故知真不守性，顺寂而万有恒兴；缘不失体，任动而一空恒寂。

问：《思益经》云：“入正位者，不从一地至十地。”《楞伽经》云：“寂灭真如，有何次第？”古德云：“宁可永劫沉沦，终不求诸圣解脱。”又云：“任汝千圣现，我有天真佛。”何乃捏目生华，强分行位？

答:若心冥性佛,理括真源,岂假他缘,尚犹忘己?若随智区分,于无次第中而立次第,虽似升降,本位不动,常居中道。不有而有,阶降历然;有而不有,泯然虚静。故《般若经》云:“须菩提问佛:‘若诸法毕竟无所有,云何说有一地乃至十地?’佛言:‘以诸法毕竟无所有故,则有菩萨初地至十地。若诸法有决定性者,则无一地乃至十地。’”是以三十七品,菩萨履践之门;五十二位,古佛修行之路。从初念处,一念圆修,讫至十八不共,练磨三业,究竟清净。

问:何不一法顿悟,万行自圆,而迂回渐径,勤劳小善乎?禅宗一念不生,一尘不现,若争驰焰水,竞执空华,以幻修幻,终无得理。

答:诸佛了幻,方能度幻众生;菩萨明空,是以从空建立。《涅槃经》云:“佛言一切诸法皆如幻相,如来在中,以方便力无所染著。何以故?诸佛法尔。”《中论》云:“以有空义故,一切法得成。”是以顿如种子已包,渐似芽茎旋发。又如见九层之台,则可顿见,要须蹑阶,而后得升。顿了心性,即心是佛,无性不具,而须积功遍修万行。又如磨镜,一时遍磨,明净有渐。万行顿修,悟则渐胜,此名圆渐,非是渐圆,亦是无位中位,无行中行。

是以彻果该因,从微至著,皆须慈善根力,乃能自利利他,故道不遗于小行,暗弗拒于初明。故一句染神,历劫不朽;一善入心,万世匪忘。又云万善理同无漏者,夫万善本有,皆资理发,理既无异,善岂容二本?如来藏性,为万善之因,亦名正因,亲生万善。台教云:“如轻小善不成佛,是灭世间佛种。”又云:“善机有二:一感人天华报,二感佛道果报。”是以大圣顺机曲应,大小不忘,接后逗前,半满岂废?或赞小而引归深极,或诃半而恐滞初门,黄叶宁金?空拳岂实?皆是抑扬之意,权施诱度之恩,而不得教旨者,但执方便之言,互相是非,确定取舍;或执小滞大,违失本宗；或据大妨小而亏权慧。

又虽然宗大，大旨焉明？徒云斥小，小行空失。运意则承虚托假，出语则越分过头。断正法轮，谤大般若，深愆极过，莫越于斯，历劫何穷，长沦无间。《净名经》云："无方便慧缚，有方便慧解，无慧方便缚，有慧方便解。"岂可执权谤实，害有宾无？但大小双弘，空有俱运，一心三观，即无过矣。是以顺法体则纤毫不立，随智用则大业恒兴。体不离用故，寂而常照；用不离体故，照而常寂。是以常体常用，恒照恒寂。若会旨归宗，则体用俱离，何照何寂？曷乃据体而碍用，执性而坏缘？理事不融，真俗成隔，则同体之悲绝运，无缘之慈靡成。善恶既不同，观冤亲何能普救？过之甚矣！失莫大焉！又先德云："夫善知识者，虽明见佛性，与佛同等，若论其功，未齐诸圣，须从今日步步资熏。"

是以诸大菩萨，皆思往世波腾苦海，作诸不利益事，捐功丧力，唯长业芽。今省前非，顿行佛道，擐精进甲，发金刚心，众善普行，广兴法利，入世间三昧，现功巧神通，和光同尘，潜行密用，灭无明火，摧憍慢幢，曲顺机宜，和颜诱诲，爱语摄受，慈眼顾瞻，开谕愚盲，安慰惊恐，悬照世之日，耀破暗之灯，揭有狱之重关，沃火宅之炽焰。满求者之愿，若如意之珠；拔病者之根，犹善见之药。干欲海而成悲海，碎苦轮而成智轮。变贫穷，济作福德之津；转生死，野合菩提之道。诸佛法内，靡所不为；众生界中，无所不济。如地所载，如桥所升，如风所持，如水所润，如火所熟，如春所生，如空所容，如云所覆，遂令闻名脱苦，蹈影获安，触光而身垢轻清，忆念而心猿调伏，皆是从微至著，渐积善根，行满功圆，成其大事。何乃毁善业道，开恶趣门，成就魔缘，断灭佛种？

夫一念顿圆，三德悉备，未有一法能越心源，设修万行，皆从真法界之所成。或治习气而用佛知见之所断，所谓无成之成，何妨妙行？不断之断，岂阂圆修？极恶违境，尚为助发知识；美德嘉善,宁非进趣道乎?

问:何不直明本际,则本立而道生。若广述行门,恐生迂滞。

答:理为道本,行为道迹。因本垂迹,无本迹,何所施?因迹显本,无迹本,奚独立?故云本迹虽殊,不思议一也。是知先明其宗,方能进道。若一向逐末,实有所妨。经云:非不了真如而能成其行,犹如幻事等,似有而非真。且圆根顿受之人,则遮照而无滞。即遮而照故,双非即是双行;即照而遮故,双行即是双遣。不坏本而常末,万行纷然;不坏末而常本,一心恒寂。

问:《法句经》云:"若能心不起,精进无有涯。"何故立事兴心,而乖无作道乎?

答:即心无心,事不妨理;作而无作,性不阂缘。故贤首国师云:"缘起体寂,起恒不起;达体随缘,不起恒起。"《大集经》云:"佛言:精进有二种:一、始发精进,二、终成精进。菩萨以始发精进,习成一切善法;以终成精进,分别一切法,不得自性。"《金光明经》中,虽得佛果,精进不休,故于众中起礼身骨,况余凡下端拱成耶?故十八不共法中,精进无减。《大论》云:"菩萨知一切精进皆是虚妄,而常成就不退,是名真实精进。"

《弘明集》云:"或有恶趣于空,以生断见,说之于口若同,用之心则异。正法以空去其贪,邪说以空资其爱。大士体空而进德,小人说空而退善,良由反用正言,以生邪执矣。不观空以遣累,但取空而废善。又善恶诸法等空无相,而善法助道,恶法生障。故知万法真性,同一如矣,无妨因缘法中有万殊矣。"故经云:"深信因果,不谤大乘。"三世因果,佛不诳欺;十方劝诫,闻当不疑,而谓善恶都空,无损益乎?

夫法眼明了,无法不悉;舌相广长,言无不实。其析有也,则一毫为万;其等空也,则万像皆一。防断常之生尤,兼空有而除疾。非圣者必凶,顺道者终吉,勿谓不信,有如皎日。故《中论》

云："诸佛说空法，为始于有故，若复着于空，诸佛所不化。"《金刚三昧经》云："若离无取有，破有取空，此伪妄空，而非真无。"今虽离有而不存空，如是乃得诸法真无。故《肇论》云："若以有为有，则以无为无；有既不有，则无无也。"

夫不存无以观法者，可谓见法实性矣。何得以空害有，以有害空，乖一味之源，成二见之垢乎？并是依语失义，遗智存情。虽言破有，未达有源，强复执空，罔穷空旨。经云："菩萨不尽有为，不住无为。"肇法师云："有为虽伪，舍之则大业不成；无为虽实，住之则慧心不朗。"《华严经》云："解如来身非如虚空，一切功德，无量妙法所圆满。"故《大集经》云："舍离大慈而观无生，是为魔业；厌离有为功德，是为魔业。"

问：忘缘顿入，教有明文，今何所非，而逐因缘法乎？

答：顿教一门，亦是上根所受，忘缘净意，真为如实修行。今所论者，为著法之人而生偏见，一向毁事，不了圆宗，但析妄情，岂除教道？台教云："如大乘师不弘小教，则失佛方便。只如古德设有边辟之言，皆是为物遣执，今时但效其言，罔知其旨，又全未入于顿门，但妄生讥谤，所失太过，故今愍之。"是以骤缘遗性，积杂染而为凡；离缘求证，沉偏空而成小。缘性无阂，即大菩提。不离尘劳门，能成无为种；不溺实际海，能随有作波。真俗熔融，有无不滞，可谓履非道而达正道，即世法而具佛法矣。

问：万善威仪，声闻劣行，迂滞化垒，跧伏草庵，岂称大心？何成圆顿？

答：三乘初学不愚于法，所以《法华经》云："若有比丘实得阿罗汉，若不信此法，无有是处。"又云："汝等所行，是菩萨道，渐渐修学，悉当成佛。"皆是中途取证，起住著心，是以诸佛所诃，劝令起行。且二乘之人，皆登圣位，超九地之烦恼，断三界之业身，同坐解脱之床，已具神通之慧，岂比博地具缚凡夫，唯向依通，全无修证？故真觉大师云：二乘何咎，而欲不修？教中或毁或赞，抑扬当时耳。凡夫不了，预畏被诃，宁知见爱尚存，去小乘而甚远？虽复言其修道，惑使之所不除，非唯身口未端，亦乃心由邪曲，见生自意，解背真诠，圣教之所不依，明师未曾承受。

根缘非为宿习，见解未预生知，而能世智辩聪谈论以之终日，时复牵于经语，曲会私心，纵邪说以诳愚人，拨因果而排罪福。顺情则熙怡生喜，逆意则忏懦怀瞋。三受之状，固然称位，乃俦菩萨初篇之非，未免过人之衅，又蔑大乘之所不修，而复讥于小学，恣一时之强口，谤说之患铿然，三途苦轮，报之长劫。

问：五度如盲，般若如导，今则偏赞众行，广明散善乎？

答：今所论众善者，只为成就般若。故教中或诃有为，但是破其贪执。如若取舍不生，一切无阂。若未明般若，以万行为助缘；若已明般若，用众行为严饰。《万善同归集》，离般若外，更无一法。或不证般若，但习有为，所成生死之因，岂得涅槃之果？若布施无般若，唯得一世荣，后受余殃债；若持戒无般若，暂生上欲界，还堕泥犁中；若忍辱无般若，报得端正形，不证寂灭忍；若精进无般若，徒兴生灭功，不趣真常海；若禅定无般若，但行色界禅，不入金刚定；若万善无般若，空成有漏因，不契无为果。故知般若是险恶径中之导师，迷暗室中之明炬，生死海中之智楫，烦恼病中之良医，碎邪山之大风，破魔军之猛将，照幽途之赫日，惊昏识之迅雷，抉愚盲之金锟，沃渴爱之甘露，截痴网之慧刃，给贫乏之宝珠。若般若不明，万行虚设。祖师云："不识玄旨，徒劳念静。"不可刹那忘照，率尔相违，乃至成佛究竟位中，定慧力庄严，以此度含识。

大凡善法略有四种：一、自性善，无贪痴瞋等三善根；二、相应善，善心起时，心王心所一时俱起；三、发起善，发身语业，表内心所思；四、第一义善，体性清净。又略有二种：一、理善，即第一义；二、事善，即六度万行。今时多据理善，若是理善，阐提亦具，何不成佛？是以须行事善，庄严显理，积大福德，方成妙身。如矿藏金，似山藏玉，若石蕴火，犹地生泉。未遇因缘，不成济用，虽然本具，有亦同无，众生三因亦复如是。故《法华经》云："我以相严身，光明照世间，一切众所尊，为说实相印。"又"薄德少福人，不堪受此法"。夫善根易失，恶业难除，是故此心难得调伏。故知善事易忘，人身难得，不可因循，刹那异世。

如上所明，万德众善，菩提资粮，唯除二法，能成障阂：一者不信，二者瞋恚。不信障未行善、欲行善；瞋恚灭已行善、现行善。以不信故，如同败种，永断善根，隳坏正宗，增长邪见。以瞋恚故，焚烧功德，遮障菩提，开恶趣门，闭人天路。又不瞋从慈而起，大信因智而成。智刃才挥，疑根顿断；慈云既润，瞋火潜消。是以因智度苦海之津，因信入菩提之户，因慈住大觉之室，因忍披如来之衣。

问：慈悲万善，深如佛业，祖教或毁或赞，所以生疑。上虽广明，犹怀余惑，未审佛旨究竟所归，更希指南，永袪积滞。

答：祖立言诠，佛垂教迹，但破遍计所执，不坏缘起法门。遍计性者，情有理无，如绳上生蛇，杌中见鬼，无而横计，脱体全空。依他性者，即是因缘。若随净缘，即得成圣；若随染缘，即乃为凡。是以从缘无性，故号圆成。《法华经》云："诸佛两足尊，知法常无性，佛种从缘起，是故说一乘。"论云：若见因缘法，则名为见佛。故知无有一尘不合理事，未有一法非是佛乘。皆是不了万法之初源，一尘之自性，遂生情执，滞相迷名，妄分自他，强生离合，致令理事水火竞生，各据二边，不成一味。自翳眼见，明珠有颣，以执心观万善生瑕。

淫怒痴性，邪见非道，尚为解脱之门；尊崇三宝，利他众信，岂成障阂之事？是以达之则瓦砾为金，取之则妙药成毒。故经云：虚妄是实语，除邪执故；实语成虚妄，生语见故。但除去取之情，尽履玄通之道。见网既裂,唯一真心;尘翳若除,无非佛国。故《华严经》云:"偏修理则滞寂,偏修智则无悲,偏修悲则染习便增,但发愿则有为情起。故菩萨以法融通,不去不取。"圭峰禅师云:师资传授,须识药病。承上方便,皆须先开示本性,方令依性修禅。性不易悟,多由执相。故欲显性,先须破执,破执方便,须凡圣俱泯,功业齐祛,使心无所著,方可修禅。后学浅识,便执此言为究竟道。

如上所引,祖教了然,但以所非者破其执,离性之相而生常见,离相之性成其断灭。或有所赞者,乃是了即相之性,用不离体;即性之相,体不离用。故知相是性之用,性是相之体。若欲赞性,即是赞相;若欲毁相,只是毁性。云何妄起取舍之心而生异见?若入一际法门,则毁赞都息。

问:如上问意,只据今时,多取理通,少从事习,皆称玄学,离物超尘。佛果尚鄙而不修,片善岂宗而当作?未审上古事总如然,请更决疑,免坠邪网。

答:前贤往圣,志大心淳,究理而晷刻不忘,潜行而神灵罔测,晓夕如临深履薄,克证似燃足救头,重实而不重虚,贵行而不贵说,涉有而不住有,行空而不证空,从小善而积殊功,仗微因而成大果。今时则劫浊时讹,志微根钝,我慢垢重,懈怠障深,一行无成,百非恒习,乘戒俱丧,理事双亡,堕无知坑,坐黑暗狱,不达即事即理之旨,空念破执破病之言。智者深嗟,愚人仿效,既成途辙,顿夺尤难。

是以广引祖佛之深心,备彰经论大意,希悛旧执,庶改前非,同蹑先圣之遗踪,共禀觉王之慈敕,无亏本志,免负四恩。齐登解脱之门,咸阐离生之道,成诸佛业,满大菩提。塞邪径而辟正途,坚信根而拔疑刺,备波罗蜜之智楫,驾大般若之慈航,越三有之苦津,入普贤之愿海,度法界之飘溺,置涅槃之大城,往返尘劳,周旋五趣，不休不息，无始无终，未来穷而不穷，虚空尽而无尽。仰唯佛眼，证此微诚，普为群灵，敬述兹集。

问：上上根人顿悟自心，还假万行助道熏修不？

答：圭峰禅师有四句料简：一、渐修顿悟，如伐树，片片渐砍，一时顿倒；二、顿修渐悟，如人学射，顿者箭箭直注意在的，渐者久久方中；三、渐修渐悟，如登九层之台，足履渐高，所见渐远；四、顿悟顿修，如染一綟丝，万条顿色。上四句多约证悟。唯顿悟渐修，此约解悟，如日顿出，霜露渐消。《华严经》说："初发心时，便成正觉，然后登地，次第修证。"若未悟而修，非真修也。唯此顿悟渐修，既合佛乘，不违圆旨。如顿悟顿修，亦是多生渐修，今生顿熟。此在当人，时中自验，若所言如所行，所行如所言，量穷法界之边，心合虚空之理，八风不动，三受寂然，种现双消，根随俱尽。若约自利，则何假万行熏修？无病不应服药；若约利他，亦不可废，若不自作，争劝他人？

故经云："若自持戒，劝他持戒；若自坐禅，劝他坐禅。"《智论》云："如百岁翁翁舞，为教授儿孙故。先以欲钩牵，后令入佛智。"如或现行未断烦恼，习气又浓，寓目生情，触尘成滞，虽了无生之义，其力未充，不可执云我已悟了。烦恼性空，若起心修，却为颠倒。然则烦恼性虽空，能令受业，业果无性，亦作苦因，苦痛虽虚，只么难忍。如遭重病，病亦全空，何求医人，遍服药饵？故知言行相违，虚实可验，但量根力，不可自谩，察念防非，切宜仔细。

问：因缘义空，自他无性；涅槃生死，一体无殊。如何行慈，广垂摄化？

答：虽人法本空，彼我虚寂，而众生迷如梦，所得都不觉知，菩萨兴悲，而示真实。

问：西天九十六种外道，各立修行之门，勤苦兢兢，非无善业，云何报尽还入轮回,不得解脱?

答:未达无生正理,唯修生灭有因,起贪著之心,怀希望之意,以苦舍苦,从迷积迷,匍匐升沉,轮回莫已,蒸砂之喻,足可明之。

问:非唯外道修善不得解脱,依内教修亦有不得道者,何耶?

答:皆为有我故,不得断结。凡作之时,皆云我能作,随境所得,住著因果,若了二无我,理证解一,心不动尘劳,当处解脱。凡有一法,皆从众缘所成,实无本体,以无体故空。是以众生于性空中执为实有,内则为我所羁,外则为尘所局,所以修行不出心境,及至得果,不离所因。升降虽殊,常系诸有,互为高下,终始轮回,众患所生,我为其本。

问:既万法无体,本来自空,云何复有诸法建立?

答:只为空无体性,而从缘生。若有自体,即不假缘生,既不从缘生,即万法有其定体。若立定相,即成常过,善恶不可改移,因果遂成错乱。为恶应生天,为善应沉渊,以无因故;作善应无福,作恶应无罪,以无果故。是以万法无体无定,但从缘现。以缘生故无性,诸法皆空;以无性故缘生,诸法建立。故《华严经》明菩萨于无自性中建立一切佛事。是以因空立有,有无自名;从有辨空,空无自体。

问:既一切诸法无性无生,云何众生执著境缘而受实报?

答:只为不了无性,迷为实有,所以受其实报。如达其性空,即不生贪著。既不耽著,任运施为,不住其因,终不受果。故经云:"心生种种法生。"又云:"一切唯心造。"若心不起,外境常虚,了境性空,其心自寂,妄心既寂,幻相何生?心境俱冥,自然合道。《华严经》云:"眼耳鼻舌身,心意诸情根,一切空无性,妄心分别有。"又云:"世间一切法,但以心为主,随解取众相,颠倒不如实。"

问:既受实报,云何言一切空?

答:分明云众生自妄认为实,其性常空,虽受苦乐,厌爱情生,人法俱空,一无所得。犹如梦见好恶,欣戚盈怀,及至觉来,豁然无事,觉来非有,梦里非无,既习颠倒之因,不无虚妄之果。

问:所修万善以何为根本乎?

答:一切理事,以心为本。约理者,经云:"观一切法,即心自性,成就慧身,不由他悟。"此以真如观真实心为本。约事者,经云:"心如工画师,能画诸世间,五蕴悉从生,无法而不造。"此以心识观缘虑心为本。真实心为体,缘虑心为用。用即心生灭门,体即心真如门。约体用分二,唯是一心。即体之用,用不离体;即用之体,体不离用。开合虽殊,真性不动,心能作佛,心作众生,心作天堂,心作地狱,心异则千差竞起,心平则法界坦然,心凡则三毒萦缠,心圣则六通自在,心空则一道清净,心有则万境纵横。如谷应声,语高而响大;似镜鉴像,形曲而影邪。以万行由心,一切在我。内虚外终不实,内细外终不粗。善因终值善终,恶行难逃恶境。

问:万行之源,以心为本,助道门内,何法为先?

答:以其真实正直为先,慈悲摄化为道。以正直故,果无迂曲,行顺真如;以慈悲故,不堕小乘,功齐大觉。以此二门,自他兼利。

问:前明先知正宗遍行助道,今万行门中,以消疑滞,未审以何为宗旨?

答:佛法本无定止,但随入处,明见心性,权名为宗。

问:以何方便而得悟入?

答:有方便门,应须自入。

问:岂无指示?

答:见性无方,云何所指?实非见闻觉知境界。

问:既无所指,明见之时见何物?

答:见无物。

问:无物如何见?

答:无物即无见,无见是真见,有见即随尘。

问:若然,如是教中,佛云何亦说见?

答:佛随世法,即是不见见,非同凡夫,执为实见。究竟而论见性,非属有无,湛然常寂。

问:毕竟如何?

答:须亲省察。

问:理事无阂,万事圆修,何教所宗?何谛所摄?

答:法性融通,随缘自在,随举一法,万行圆收,即华严所宗,圆教所摄。若六度万行,成佛度生,虽净缘起,皆世谛所收。若发明本宗,深穷果海,则理智俱亡,言心路绝。

问:此集所陈,有何名目?

答:若问假名,数乃恒沙。今略而言之,总名《万善同归》。别开十义:一名理事无阂,二名权实双行,三名二谛并陈,四名性相融即,五名体用自在,六名空有相成,七名正助兼修,八名同异一际,九名修性不二,十名因果无差。

问:此集所申,当何等机?得何等利?

答:自他兼利,顿渐俱收。自利者,助道之圆门,修行之玄镜;利他者,滞真之皎日,二见之良医。顿行者,不违性起之门,能成法界之行;渐进者,免废方便之教,终归究竟之乘。若信之者,则禀佛言;若毁之者,则谤佛意。信毁交报,因果历然,略述教海之一尘,普施法界之含识,愿弘正道,用报佛恩。颂曰:

菩提无发而发,佛道无求而求,

妙用无行而行,真智无作而作。

兴悲悟而同体,行慈深入无缘。

无所舍而行檀,无所持而具戒。

修进了无所起，习忍达无所伤。
般若悟境无生，禅定知心无住。
鉴无身而具相，证无说而谈诠。
建立水月道场，庄严性空世界。
罗列幻化供具，供养影响如来。
忏悔罪性本空，劝请法身常住。
回向了无所得，随喜福等真如。
赞叹彼我虚玄，发愿能所平等。
礼拜影现法会，行道足摄真空。
焚香妙达无生，诵经深通实相。
散花显诸无著，弹指以表去尘。
施为谷响度门，修习空华万行。
深入缘生性海，常游如幻法门。
誓断无染尘劳，愿生唯心净土。
履践实际理地，出入无得观门。
降伏镜像魔军，大作梦中佛事。
广度如化含识，同证寂灭菩提。

卷第十

大慈圆通禅仙紫阳真人张平叔语录

御制序

紫阳真人作《悟真篇》以明玄门秘要,复作颂偈等三十二篇,一一从性地演出西来最上一乘之妙旨。自叙云:"此无为妙觉之至道也。"标为外集,夫外之云者,真人岂以玄门为内,而以宗门为外哉?审如是,真人止应专事玄教,又何必旁及于宗说?且又何谓此为最上,岂非以其超乎三界,真亦不立,故为悟真之外也欤?

真人云:"世人根性迷钝,执其有身,恶死悦生,卒难了悟。黄老悲其贪著,乃以修生之术,顺其所欲,渐次导之。"观乎斯言,则长生不死,虽经八万劫,究是杨叶止啼,非为了义,信矣。若此事,虽超三界之外,仍不离乎一毛孔之中,特以不自了证,则非人所可代。学者将个无义味语放在八识田中,奋起根本无明,发大疑情,猛利无间,纵丧身失命,亦不放舍,久之久之,人法空,心境寂,能所亡,情识尽,并此无义味语一时忘却,当下百杂粉碎,觌体真纯。此从上古德所为,决不相赚者。

真人以华池神水温养子珠,会三界于一身之后,能以金丹作无义味语用，忽地翻身一掷，抹过太虚，脱体无依，随处自在。仙俊哉大丈夫也！篇中言句，真证了彻，直指妙圆，即禅门古德中，如此自利利他，不可思议者，犹为希有。如禅师薛道光，皆皈依为弟子，不亦宜乎？刊示来今，使学玄门者知有真宗，学宗门者知唯此一事实，余二即非真焉。是为序。

雍正十一年癸丑七月朔日

《悟真篇》后序

切以人之生也,皆缘妄情而有其身。有其身则有患,若其无身,患从何有?夫欲免夫患者,莫若体夫至道;欲体夫至道,莫若明夫本心。故心者,道之体也;道者,心之用也。人能察心观性,则圆明之体自现,无为之用自成,不假施功,顿超彼岸。此非心镜朗然,神珠廓明,则何以使诸相顿离,纤尘不染,心源自在,决定无生者哉?然其明心体道之士,身不能累其性,境不能乱其真,则刀兵乌能伤?虎兕乌能害?巨焚大浸,乌足为虞?

达人心若明镜,鉴而不纳,随机应物,和而不唱,故能胜物而无伤也,此所谓无上至真之妙道也。原其道本无名,圣人强名;道本无言,圣人强言尔。然则名言若寂,则时流无以识其体而归其真。是以圣人设教立言以显其道,故道因言而后显,言因道而返忘。奈何此道至妙至微,世人根性迷钝,执其有身,而恶死悦生,故卒难了悟。黄老悲其贪著,乃以修生之术,顺其所欲,渐次导之。以修生之要在金丹,金丹之要在乎神水华池。故《道德》《阴符》之教,得以盛行于世矣,盖人悦其生也。然其言隐而理奥,学者虽讽诵其文,皆莫晓其义。若不遇至人,授之口诀,纵揣量百种,终莫能著其功而成其事。岂非学者纷如牛毛,而达者乃如麟角也。

余向己酉岁于成都遇师授丹法,当年且生公倾背,自后三传于人,三遭祸患,皆不逾两旬。近方忆师之所戒云:“异日有与汝解缰脱锁者,当宜授之,余不许。”尔后欲解名籍,而患此道人不知信，遂撰此《悟真篇》，叙丹药本末。既成，而求学者凑然而来，观其意勤，心不忍秘，乃择而授之。然而所授者，皆非有巨势强力，能持危拯溺，慷慨特达，能仁明道之士。初再罹祸患，心犹未知，竟至于三，乃省前过。故知大丹之法，至简至易，虽愚昧小人，得而行之，则立超圣地。是以天意秘惜，不许轻传于非其人也。而余不遵师语，屡泄天机，以其有身，故每膺谴患，此天之深戒。如此之神且速，敢不恐惧克责，自今以往，当钳口结舌，虽鼎镬居前，刀剑加项，亦无复敢言矣。

此《悟真篇》中所歌咏大丹药物火候，细微之旨，无不备悉。好事者夙有仙骨，观之则智虑自明，可以寻文解义，岂须余区区之口授之矣。如此乃天之所赐，非余之辄传也。如其篇末歌颂，谈见性之法，即上之所谓无为妙觉之道也。然无为之道，齐物为心，虽显秘要，终无过咎。奈何凡夫缘业有厚薄，性根有利钝，纵闻一音，纷成异见。故释迦、文殊所演法宝，无非一乘，而听学者随量会解，自然成三乘之差。此后若有根性猛利之士见闻此篇，则知余得达摩、六祖最上一乘之妙旨，可因一言而悟万法也。如其习气尚余，则归中小之见，亦非余之咎矣。时元丰改元戊午岁仲夏月戊寅日，张平叔再序。

《悟真篇》外集

性地颂

一

佛性非同异,千灯共一光。
增之宁解益？减着且无伤。
取舍俱无过,焚漂总不妨。
见闻知觉法,无一可猜量。

二

如来妙体遍河沙,万象森罗无障遮。
会得圆通真法眼,始知三界是吾家。

三

视之不可见其形,及至呼之又却应。
莫道此声如谷响,若还无谷有何声？

四

一物含闻见觉知,盖诸尘境显其机。
灵常一物尚非有,四者凭何作所依？

五

不移一步到西天,端坐诸方在目前。
顶后有光犹是幻,云生足下未为仙。

六

求生本自无生,畏灭何曾暂灭？
眼见不如耳见,口说争如鼻说？

无罪福

终日行不曾行,终日坐不曾坐。
修善不成功德,造恶原无罪过。

时人若未明心，莫执此言乱做。
死后须见阎王，难免镬汤碓磨。

三界唯心

三界唯心妙理，万物非此非彼。
无一物非我心，无一物是我己。

见物便见心

见物便见心，无物心不现。
十方通塞中，真心无不遍。
若生知识解，却成颠倒见。
睹境能无心，始见菩提面。

圆　通

见了真空空不空，圆明何处不圆通？
根尘心法都无物，妙用方知与物同。

随　他

万物纵横在目前，看他动静任他权。
圆明定慧终无染，似水生莲莲自莲。

宝　月

一轮明月当虚空，万国清光无障碍，
收之不聚拨不开，前之不进后不退。
彼非远兮此非近，表非外兮里非内，
同中有异异中同，问你傀儡会不会？

《心经》颂

蕴谛根尘空色,都无一法堪言。
颠倒之见已尽,寂静之体翛然。

人　我(又名《齐物》)

我不异人,人心自异。
人有亲疏,我无彼此。
水陆飞行,等观一体。
贵贱尊卑,首足同己。
我尚非我,何尝有你?
彼此俱无,众沤归水。

读雪窦禅师《祖英集》

曹溪一水分千派,照古澄今无滞碍。
近来学者不穷源,妄指蹄涔为大海。
雪窦老师达真趣,大震雷音椎法鼓。
狮王哮吼出窟来,百兽千邪皆恐惧。
或歌诗兮或语句,叮咛指引迷人路。
言词磊落义高深,击玉敲金响千古。
争奈迷人逐境留,却将言相寻名数。
真如实相本无言,无下无高无有边。
非色非空非二体,十方尘刹一轮圆。
正定何曾分语默,取不得兮舍不得。
但于诸相不留心,即是如来真轨则。
为除妄想将真对,妄若不生真亦晦。

能知真妄两俱非，方得真心无挂碍。
无挂碍兮能自在，一悟顿消穷劫罪。
不施功力证菩提，从此永离生死海。
吾师近而言语畅，留在世间为榜样。
昨宵被我唤将来，把鼻孔穿放杖上。
问他第一义何如，却道有言皆是谤。

戒定慧解

夫戒定慧者，乃法中之妙用也。佛祖虽尝有言，而未达者有所执，今略而言之，庶资开悟。然其心境两忘，一念不动，曰戒；觉性圆明，内外莹彻，曰定；随缘应物，妙用无穷，曰慧。此三者相须而成，互为体用。或戒之为体者，则定慧为其用；定之为体者，则戒慧为其用；慧之为体者，则戒定为其用。三者未尝斯须相离也。犹如日假光而能照，光假照以能明，非光则不能照，非照则不能明。原其戒定慧者，本乎一性；光照明者，本乎一日。一尚非一，三复何三？三一俱忘，湛然清净。

即心是佛颂

佛即心兮心即佛，心佛从来皆妄物。
若知无佛复无心，始是真如法身佛。
法身佛，没模样，一颗圆光含万象。
无体之体即真体，无相之相即实相。
非色非空非不空，不动不静不来往。
无异无同无有无，难取难舍难听望。
内外圆通到处通，一佛国在一沙中。
一粒沙含大千界，一个身心万个同。

知之须会无心法，不染不滞为净业。
善恶千端无所为，便是如来及迦叶。

采珠歌

贫子衣中珠，本自圆明好。
不会自寻求，却数他人宝。
数他宝，终无益，只是教君空费力。
争如认取自家珍，价值黄金千万亿？
此宝珠，光最大，遍照三千大千界。
从来不解少分毫，刚破浮云无障碍。
自从认得此摩尼，泡体空就谁更爱？
佛珠还与我珠同，我性即归佛性海。
珠非珠，海非海，坦然心量包法界。
任你尘嚣满眼前，定慧圆明常自在。
不是空，不是色，内外皎然无壅塞。
六通神明妙无穷，自利利他宁解极？
见即了，万事毕，绝学无为度终日。
怕兮如未兆婴儿，动止随缘无固必。
不断妄，不修真，真妄之心总属尘。
从来万法皆无相，无相之中有法身。
法身即是天真佛，亦非人兮亦非物。
浩然充塞天地间，只是希夷并恍惚。
垢不染，光自明，无法不从心里生。
心若不生法自灭，即知罪福本无形。
无佛修，无法说，丈夫智见自然别。
出言便作狮子鸣，不似野狐论生灭。

禅定指迷歌

如来禅性如水，体静风波自止。
兴居湛湛常清，不独坐时方是。
今人静坐取证，不道全在见性。
性于见里若明，见向性中自定。
定成慧用无穷，是名诸佛神通。
几欲究其体用，但见十方虚空。
空中杳无一物，亦无希夷恍惚，
希恍既不可寻，寻之却成乖失。
只此乖失两字，不可执为凭据，
本心尚乃如空，岂有得失能所？
但将万法遣除，遣令净尽无余，
豁然圆明自现，便与诸佛无殊。
色身为我桎梏，且恁和光混俗，
举动一切无心，争甚是非荣辱？
生身只是寄居，逆旅主号毗卢。
毗卢不来不去，乃知生灭无余。
或问毗卢何似，只为有相不是。
眼前叶叶尘尘，尘叶非同非异。
况此尘尘叶叶，个个释迦迦叶。
异则万籁皆鸣，同则一风都摄。
若要认得摩尼，莫道得法方知。
有病用他药疗，病瘥药更何施？
心迷须假法照，心悟法更不要。
又如昏镜得磨，痕垢自然灭了。
本为心法皆妄，故令离尽诸相。

诸相离了何如？是名至真无上。
若欲庄严佛土，平等行慈救苦。
菩提本愿虽深，切莫相中有取。
此为福慧双圆，当来授记居先。
断常纤尘有染，却于诸佛无缘。
翻念凡夫迷执，尽被情爱染习。
只为贪著情多，常生胎卵化湿。
学道须教猛烈，无情心刚似铁。
直饶父母妻儿，又与他人何别？
常守一颗圆光，不见可欲思量。
万法一时无著，说甚地狱天堂。
然后我命在我，空中无声无堕。
出没诸佛土中，不离菩提本座。
观音三十二应，我当亦从中证。
化现不可思议，尽出逍遥之性。
我是无心禅客，凡事不会拣择。
昔时一个黑牛，今日浑身总白。
有时自歌自笑，傍人道我神少。
争知被褐之形，内怀无价之宝？
更若见我谈空，恰似浑囵吞枣。
此法唯佛能知，凡愚岂解相表？
兼有修禅上人，只学斗口合唇。
夸我问答敏急，却元不识主人。
尽是寻枝摘叶，不解穷究本根。
得根枝叶自茂，无根枝叶难存。
便逞己握灵珠，转于人我难除。
与我灵源妙觉，远隔千里之殊。

此辈可伤可笑，空说积年学道。
心高不肯问人，枉使一生虚老。
乃是愚迷钝根，邪见业重为因。
若向此生不悟，后世争免沉沦？

无心颂

堪笑我心，如顽如鄙。
兀兀腾腾，任物安委。
不解修行，亦不造罪。
不曾利人，亦不私己。
不持戒律，不徇忌讳。
不知礼乐，不行仁义。
人间所能，百无一会。
饥来吃饭，渴来饮水。
困则打睡，觉则行履。
热则单衣，寒则盖被。
无思无虑，何忧何喜？
不悔不谋，无念无意。
凡生荣辱，逆旅而已。
林木栖鸟，亦可为比。
来且不禁，去亦不止。
不避不求，无赞无毁。
不厌丑恶，不羡善美。
不趋静室，不远闹市。
不说人非，不夸己是。
不厚尊崇，不薄贱稚。

亲爱冤仇，大小内外。
哀乐得丧，钦侮险易。
心无两睹，坦然一揆。
不为福先，不为祸始。
感而后应，迫而后起。
不畏锋刃，焉怕虎兕？
随物称呼，岂拘名字？
眼不就色，声不来耳。
凡所有相，皆属妄伪。
男女形声，悉非定体。
体相无心，不染不碍。
自在逍遥，物莫能累。
妙觉光圆，映彻表里。
包裹六极，无有遐迩。
光兮非光，如月在水。
取舍既难，复何比拟？
了兹妙用，迥然超彼。
或问所宗，此而已矣。

西江月(一十二首)

一

妄想不复强灭,真如何必希求?本源自性佛齐修,迷悟岂拘前后?悟即刹那成佛,迷而万劫轮流。若能一念契真修,灭尽恒沙罪垢。

二

本自无生无灭,强作生灭区分。只如罪福亦无根,妙体何曾增损?我有一轮明镜,从来只为蒙昏。今朝磨莹照乾坤,万象昭然难隐。

三

我性入诸佛性,诸方佛性皆然。亭亭寒影照寒泉,一月千潭普现。小即毫毛莫识,大时遍满三千。高低不约信方圆,说甚短长深浅。

四

法法法元无法,空空空亦非空。静喧语默本来同,梦里何劳说梦?有用用中无用,无功功里施功。还如果熟自然红,莫问如何修种。

五

善恶一时忘念,荣枯都不关心。晦明隐显任浮沉,随分饥餐渴饮。神静湛然常寂,不妨坐卧歌吟。一池秋水碧仍深,风动莫惊尽恁。

六

对镜不须强灭,假名权立菩提。色空明暗本来齐,真妄休分两体。悟即便名净土,更无天竺曹溪。谁言极乐在天西,了即弥陀出世。

七

人我众生寿者,宁分彼此高低?法身通照没吾伊,念念不须寻觅。见是何曾见是,闻非未必闻非。从来诸用不相知,生死谁能碍你?

八

住相修行布施,果报不离天人。恰如仰箭射浮云,坠落只缘力尽。争似无为实相,还源返朴归淳。境忘情尽任天真,以证无生法忍。

九

鱼兔若还入手,自然忘却筌罤。渡河筏子上天梯,到彼悉皆遗弃。未悟须凭言说,悟来言说成非。虽然四句属无为,此等仍须脱离。

十

悟了莫求寂灭,随缘且接群迷。断常知见及提携,方识指归实际。五眼三身四智,六度万行修齐。圆光一颗好摩尼,利物兼能自济。

十一

我见时人谈性,只夸口急酬机。及逢境界转痴迷,又与愚人何异?说得便须行得,方明言行无亏。能将慧剑斩摩尼,此号如来正智。

十二

欲了无生妙道,唯须自见真心。真身无相亦无音,清净法身只恁。此道非无非有,非中有甚求寻?二边俱遣弃中心,见了名为上品。

卷第十一

正智明觉雪窦显禅师语录

御制序

雪窦遍参诸方，机辩无敌，忽遇智门，两度拂子蓦口打，豁然开悟，乃嗣智门。学者于此荐得，当知心不在思维，而普照法界；口不必语言，而遍演恒沙。如雪窦云："直饶乾坤大地草木丛林尽为衲僧，异口同声，各置百千问难，也不消长老一弹指，便乃高低普应，前后无差也。"虽然一弹指中随缘自结，如三十三天共食宝器，随其福德而饭色不同，故经云："一切贤圣皆以无为法而有差别。"一弹指尚且如是，况乃有答有问，有字有文，岂得颟顸浑同，无复选择？

昔年雪窦眉毛拖地，留此葛藤；今日圆明解髻探珠，蛇足一上。兹编也，皆是第一义谛最上宗乘。学者不假外求，直下自证，则不离此言句，而皆有从凡入圣之机。譬如以火销冰，冰释于水，水冰一味，得无所得。火水殊途，有何交涉？然而火力销冰，其功曷可诬欤？

雍正十一年癸丑七月朔日

上　堂

师在万寿，开堂日，白槌毕，师云："宗乘一唱，三藏绝诠；祖令当行，十方坐断。其有达士不避死生，眨上眉毛，出众相见。"

问："人天普集，伫听雷音，学人上来，乞师垂示。"

师云："十万八千不是远。"

进云："恁么则大众沾恩也。"

师云："后五日看。"

问："师唱谁家曲？宗风嗣阿谁？"

师云："分明记取。"

进云："恁么则昔日智门，今朝和尚。"

师云："有什么交涉？"

问："如何是和尚为人一句？"

师云："量才补职。"

学云："谢师方便。"

师云："自领出去。"

师乃云："一问一答，总未有事在，直饶乾坤大地草木丛林尽为衲僧，异口同声，各置千百问难，也不消长老弹指一下，并乃高低普应，前后无差，旷祖佛之妙灵，廓天人之幽迹。如是则何假觉城东际，五众咸居？古佛庙前，此时参毕。"

师在杭州灵隐，受疏了，众请升座，时有僧问："宝座先登于此日，请师一句震雷音。"

师云："徒劳侧耳。"

进云："恁么则一音普遍于沙界，大众无不尽咸闻。"

师云："忽有人问，尔作么生举？"

僧云："三十年后敢为流芳。"

师云："赚了也。"

师乃云："天下绝胜之觉场，灵隐导师之广座，暂借卑僧升陟，实愧非材。岂敢于五百员衲子前提唱佛祖，抑扬古今，炫耀见知，耻他先作？假饶说得天雨四华，地分六震，于曹溪路上一点使用不著。何也？行脚高士有把定世界、函盖乾坤的眼，谁敢错误丝毫？其知有者，必共相悉。"

师到苏州日，僧俗迎在万寿，众请上堂，问："向上一路，千圣不传，和尚从何而得？"

师云："将谓是衲僧。"

学云："恁么则大众沾恩，学人礼谢也。"

师云："龙头蛇尾。"

问："选佛场开，还许学人入选也无？"

师云："切忌点额。"

学云："恁么则心空及第归也。"

师云："阶下汉。"

师乃云："如天普盖，似地普擎，有如是自在，具如是威德，谁不承恩？谁不景慕？过去诸圣于无量劫勤苦受尽，所得秘要法门，今将普示大众，不用纤毫心力，各请一时验取。于此荐得，便能永出四流，高步三界。其或不知，刚是诸人讳却。"

师初到院，升座，僧问："杖锡已居于此日，请师一句定乾坤。"

师云："百杂碎。"

进云："恁么则海晏河清去也。"

师云："非公境界。"

问："如何是佛法大意？"

师云："龙吟雾起，虎啸风生。"

问："如何是祖师西来意？"

师云:“山高海阔。”

进云:“学人不会。”

师云:“紧峭草鞋。”

师乃云:“未来翠峰,多人疑著,及乎亲到,一境萧然,非同善财入楼阁之门,暂时敛念;莫比维摩掌中世界,别有清规。冀诸人饱足观光,以资欣慰。”

上堂,僧问:“如何是实学的事?”

师云:“针扎不入。”

进云:“乞师方便。”

师云:“水到渠成。”

问:“如何是教外别传一句?”

师云:“看看腊月尽。”

学云:“恁么则流芳去也。”

师云:“哑子吃苦瓜。”

问:“言迹之兴,异途之所由生,不犯锋芒,请师道。”

师云:“谁家无白月清风?”

进云:“还当也无?”

师云:“土上加泥汉。”

师乃云:“剑轮飞处,日月沉辉;宝杖敲时,乾坤失色。众魔从兹胆裂,千圣由是眼开。其如二听不圆,震迅雷而莫觉;孤根将败,霈春雨以非滋。致使凡圣岐分,悟迷派列,奔驰七趣,汩没四流,重业相缠,无有休日。尔诸禅德,觊善参详,如人上山,各自努力。”

上堂,僧问:“古人借问田中事,插锹叉手意如何?”

师云:“人从陈州来,不得许州信。”

问:“古人道:‘有读书人到来。’意旨如何?”

师云:“且在门外立。”

学云:“请师相见。”

师云:“任是颜回亦不通。”

师乃云:“立宾立主,剜肉作疮;举古举今,抛沙撒土。直下无事,正是无孔铁槌;别有机关,合入无间地狱。明眼衲子应须自看。”

上堂,僧问:“古人一喝不作一喝用,是否?”

师云:“是。”僧便喝,师便棒,僧无语。

师云:“谑我。”

问:“古人道:‘有佛法处不得住,无佛法处急走过。’意旨如何?”

师云:“气急杀人。”

僧拟议,师云:“什么处去也?”

问:“只在目前,为什么再三不睹?”

师云:“截耳卧街。”

僧云:“恰是。”

师云:“令我攒眉。”

问:“黑豆未生芽时如何?”

师云:“喂驴喂马。”

进云:“生后如何?”

师云:“透水透沙。”僧礼拜。

师云:“一似不斋来。”

问:“功巧诸技艺,尽现行此事。如何是此事?”

师云:“诸方榜样。”

进云:“莫便是学人会处也无?”

师云:“有头无尾汉。”

师乃云:“过去诸如来,斯门已成就,放过一著;现在诸菩萨,今各入圆明,两重公案;未来修学人,总被翠峰穿却鼻孔。”

上堂,才有僧出礼拜,师云:"大众一时记取这僧话头。"便下座。

上堂云:"从天降下,从地涌出,南北东西,一棚俊鹘,顾杼停机,苦屈苦屈!"

上堂,问答罢,乃云:"映眼时,若千日,万像不能逃影质,凡夫只是未曾观,何得自轻而退屈?"师拈起拄杖云:"把定世界,不漏丝发,还观得也无?所以云门大师道:'直得乾坤大地无纤毫过患分,只是转句。不见一色,犹为半提,直得如此,更须知有全提时节。'诸上座!翠峰若也全提,尽大地人并须结舌,放一线道,转见不堪。"以拄杖一时趁下。

师到灵隐,众请升座,僧问:"远别翠峰丈室,将届雪窦道场,如何是不动尊?"

师云:"看风使帆。"

进云:"恁么则观方知彼去,去者不至方。"

师云:"龙头蛇尾。"

问:"如何是祖师西来意?"

师云:"点。"

进云:"犹有这个在。"

师云:"三十年后。"

进云:"与么则翠峰今日瓦解冰消。"

师云:"有些子。"

师乃云:"莫是与上座相争?然则论战也,个个力在,箭锋相柱,又须是个特达汉始得。若意根尚滞,直须向前决择。所以长沙和尚道:'百尺竿头坐的人,虽然得入未为真。百尺竿头须进步,十方世界是全身。'僧举问南泉:'百尺竿头,如何进步?'泉云:'更进一步。'僧复问瓦官,官云:'百尺竿头,用进作什么?'僧不肯,官便打。"

师云:“大众!古人机变出在一时,其间别有商量,亦未言著。且如雪窦今日再入灵隐,也似百尺竿头,依南泉之言,得进一步。喜与大众相见,则十方世界一时周匝。”便下座。

师到赵州承天寺,众请升座,僧问:“学人不问西来意,藏身北斗意如何?”

师云:“拈头作尾汉。”

进云:“请师答话。”

师云:“西天令严。”

问:“有问有答,宾主历然,无问无答时如何?”

师云:“古路草漫漫。”

进云:“若不上来,焉知与么?”

师云:“利剑不斩死汉。”

师乃云:“作者相见,一拶一捺,撩起便行,若伫思停机,卒摸索不着。若言问在答处,答在问宗,个个依草附木;问不在答处,答不在问宗,罕见顶上有眼。诸人还荐得也无?荐得荐不得,并是新雪窦之过,且莫钝致承天和尚。”

上堂,僧问:“承师有言,‘三更过铁门’,意旨如何?”

师云:“忠言不避截舌。”僧礼拜。

师云:“临筌方觉取鱼难。”

问:“千山万水穿云去,拨草瞻风事若何?”

师云:“蹋破草鞋。”

进云:“为什么如此?”

师云:“人无远虑,必有近忧。”

问:“如何是向去的人?”

师云:“伊兰树下坐。”

进云:“却来时如何?”

师云:“白日绕须弥。”

进云:“天上天下,唯我独尊。”

师云:“二头三手汉。”

问:“承师有言:‘释迦老子出气不得,甚处誵讹?’”

师云:“君子千里同风。”

进云:“与么则殃及子孙也。”

师云:“素非鸭类。”

师乃云:“诸禅德!直饶文殊辩说,认萤火为太阳;居士杜词,指鱼目同明月。所以雪窦寻常道:‘威音王以前无师自悟是第二句,还我第一句来。’若未能把定要津,不免奔驰南北。”

上堂,因僧送拄杖上师,师拈起成颂云:

“清峻孤根别有灵,势含山水自分明。

提来胜得丰城剑,报尽人间两不平。”

复云:“大凡以平报不平,是义烈常准;以不平报不平,为格外清规。亦犹以智遣惑,颇逢下士;以智遣智,罕遇作家。要会两不平么?诸人也没量罪过,雪窦也没量罪过,雪窦过自能检责,你这漆桶,不打更待几时?”以拄杖一时趁下。

上堂云:“布袋里盛锥子,不出头是好手。”复云:“大众!雪窦锥头出也,其有傍不肯的禅客出来。”良久,云:“诸人既乃缩头,且听诸方检责。”

上堂云:“黄金为地,白银为壁,释迦老子不合向这里屙。”师以拄杖拨一下,云:“看看!落尔诸人头上。”

上堂,拈起拄杖云:“物中眼,眼中物,十方如来同此起出。还会么?瞎汉!归堂。”

上堂云:“直得动地雨华,何如归堂向火?”便下座。

上堂,举:“云门大师云:‘禅河随浪静,山河大地不是浪。’”

师拈起拄杖云:“看!看!一处起,千处百处没嘴;一处息,千处百处不识。还会么?归堂。”

上堂云:“见一则瞎汝眼,知一则翳汝眼,翳生则天上人间,瞎却则三头六臂,或若辩得,许尔十字纵横。”

上堂云:“大无外,小无内,半合半开,成团成块。老胡既隔绝,衲子多违背,从他千古万古长漫漫,填沟塞壑没人会。”以拄杖卓地一下,云:“归堂。”

上堂,众方集,以拄杖横按膝上云:“恁么会得,瞎却天下人眼。”复抛下拄杖云:“救取一半。”便下座。

上堂云:“似地擎山,不知山之孤峻;如石含玉,不知玉之无瑕。昼行三千,夜行八百,是我寻常用的,拈放一边,尔诸人向甚处见盘山?速道!速道!”

上堂,举:“僧问赵州:‘二龙争珠,谁是得者?’州云:‘老僧只管看。’”

师云:“看即不无,争即不得。且道扶这僧?扶赵州?”

上堂:“善财别后谁相访,楼阁门开竟日闲。”便下座。

上堂云:“一花开,天下春,古佛为什么不著便?尔若透得,救取天下老宿。忽若有个衲僧出来云:‘和尚且自救也。’许伊是金毛狮子。”

上堂云:“国无定乱之剑,四海晏清也不是分外,还有梯山入贡的么?”

上堂云:“摩竭掩室,计校未成;毗耶杜辞,伎俩俱尽。还有人点检得这两个老汉出头不得处么?直饶觑透,更有个汉碍着。”以拄杖击绳床一下,便下座。

上堂云:“一尘一佛国,一叶一释迦,德山何以卓牌于闹市?”又云:“入林不动草,入水不动波,投子因什么脚下五色索?透关的试辩看。”

上堂云:“世事悠悠,不如山丘,卧藤萝下,块石枕头,这般底有甚用处?唤起了打。”

上堂云:“一切法皆是佛法,瞒瞒顸顸,非为正观;一切法即非一切法,莽莽卤卤,还同天鼓。赏个名,安个是,立个非,向甚处见释迦老子? 还会么?”以拄杖卓地一下,云:“各请归堂。”

上堂云:“机轮转处,作者犹迷,千眼顿开,与君相见。”

上堂云:“泡幻同无碍。”拈起拄杖云:“泡幻何处得来?”又击一下,云:“西天四七圣,东土二三祖,鼻孔眼睛总穿在这里。瞌睡汉! 归堂。”

上堂云:“目前无法,意在目前,不是目前法,非耳目之所到。”师拈起拄杖云:“夹山老子甚处去也? 何不出来百草头与大众相见?”又卓地一下,云:“在这里。”复云:“咄! 这野狐精缩头去。”便下座。

上堂,僧问:“承和尚有言:‘道士倒骑牛。’意旨如何?”

师云:“泥人眼赤。”

僧云:“不会。”

师云:“有什么了期?”便下座。

上堂云:“天得一以清,地得一以宁,衲僧得一,无风浪起。尔若辩得,祸不入慎家之门。”

上堂,举:“雪峰示众云:‘尽乾坤是个解脱门,把手拽,不肯入。’一僧云:‘和尚怪某甲不得。’一僧云:‘用入作什么?’”

师云:“三个中有一人受救在,忽若总不辩明,平地上有甚数?”便下座。

上堂云:“穷诸玄辩,若一毫致于太虚;竭世枢机,似一滴投于巨壑。不如歇去好。还会么? 客亭不远。”

上堂云:“万法本闲而人自闹,国师走入露柱里去也。见么? 见么?”良久,云:“出头便死。归堂。”

上堂云:“欲得现前,莫存顺逆,这里参见祖师了,更买草鞋行脚三千里外,也被雪窦穿却鼻孔。”

上堂云："胡蜂不恋旧时窠，好花不在枝上萎。若是个汉，聊闻举着，剔起眉毛便行。"

上堂，僧问："如何是时节因缘？"

师云："瞌睡汉！"僧便喝。

师云："诈惺惺。"复云："譬若世界坏时，大水竞作，其间无量众生或没未没，互相悲号，仰望苍苍，皆云相救。当尔之时，四禅天人一见，便高声喝云：'咄哉众生！我预曾报汝，令频频上来，汝都不听，如今有什么救处？'"乃拍手一下，云："归堂。"

上堂云："乾坤之内，宇宙之间，中有一宝，挂在壁上，达摩九年不敢正眼觑着，如今衲僧要见，劈脊打。"

上堂，僧问："如何是佛？"

师云："头鬅鬙，耳卓朔。"

学云："不会。"

师云："堪笑堪悲。"复云："不著便也不奈何。尔从江南江北来，笠子下为什么拶破洛浦遍参的？"

上堂云："乾坤把定即不无尔，作么生是手擎日月的句？"又云："周游四天下，道我知有，须弥顶上著得几人？"复云："举步已经诸佛刹，是尔草鞋踏破多少？"

上堂云："不与一法作对，便是无诤三昧。或是个汉，闻我举著，悉能坐断，有什么难处？虽然如此，向后莫辜负人好。"便下座。

上堂，举："古人道：'明眼汉，没窠臼。'我且问尔：各从德山、临济下来，棒喝向尔不能施，语言向尔使不着，我既如此，汝合必然，又作么生露得个消息，令雪窦知尔是个风不入的汉？去！"便下座。

上堂云："粪扫堆上现丈六金身，遇贱则贵；赤肉团上壁立千仞，遇明则暗。鼻孔撩天的衲僧，试辩雪窦为人眼看。"

上堂云:“禅河随浪静,定水逐波清。若拄杖子是浪,衲僧便七纵八横;忽乾坤大地是浪,便见扶篱摸壁。且道放行好?把定好?”

一日,云:“春雷已发,阳鸟未啼,迷身句即不问尔,透出一字作么生道?”

上堂云:“巢知风,穴知雨,灵利衲僧未可相许。若问如何,苦哉佛陀!参。”

上堂云:“种种幻化皆生如来圆觉。”

师云:“住!住!三世诸佛是幻,六代祖师是幻,天下老和尚是幻。”复拈起拄杖云:“拄杖子是幻,哪个是圆觉?”良久,以拄杖击绳床一下,云:“幻出。”

大众拟议,师云:“这一队漆桶,总无孔窍。”以拄杖一时趁下。

上堂云:“乾坤侧,日月星辰一时黑,东西不辨,南北不分的衲僧向甚处见雪窦?”

上堂,僧问:“雪覆芦花时如何?”

师云:“点。”

僧云:“恁么则为祥为瑞也。”

师云:“两重公案。”复成一颂:

“雪覆芦花欲暮天,谢家人不在鱼船。

白牛放却无寻处,空把山童赠铁鞭。”

上堂云:“汝等诸人尽是久经阵敌,惯战作家,倚天长剑即不问你,作么生是袖里藏锋?”

代云:“寡不敌众。”

又云:“彼此。”

上堂,师云:“不得春风花不开,个个道我会。会即且置,作么生举?”

代云:“时人相师。”

又云:“空劫以前徒指住,空劫之后错商量,正当空劫时,什么人为主?”

代云:“本是将军致太平。”

上堂:“天不能盖,地不能载,衲僧坐断如恒河沙,闹市里指出一个来。”

代云:“便掴傍僧。”

上堂云:“如来唯一说,无二说,穿却衲僧鼻孔,换却衲僧眼睛即得,若教我明破,恐带累你,不是好人。”

代云:“欲见其师,先观弟子。”

上堂云:“远则照,近则明,你会也,笠子、拄杖拈放一边,入水见长人,作么生辩?”

代云:“平出。”

上堂云:“若道得隔身句,知你是个了事人;忽若总道不得,我也知你亲。”

代云:“猛虎不食其子。”

示　众

有时云:“一切不是句,瞎却时人眼,还有出得的么?”

示众云:“父子亲其居,尊卑异其位,于衲僧分上是放开?是捏聚?或若辨得,分半院与尔。”

一日,云:“宝山到,也须开眼,勿使茫茫空手回。”便下座。

示众云:“譬若二龙争珠,有爪牙者不得。或有衲僧问:‘既是有爪牙者,为什么不得?’请大众为雪窦下一转语。”

一日,云:“此大讲堂洞开,东方日轮升天则有明曜,中夜黑月云雾晦暝则复昏暗,户牖之隙则复见通,墙宇之间则复观壅,分别之处则复见缘,顽虚之中遍是空性,郁𡋯之象则纡昏尘,澄霁敛氛又观清净。惭愧释迦老子,说甚还与不还。文殊堂里万菩萨,到处觅不得,元来总在这里。灵利汉一见,便请拗折拄杖。"

一日,云:"古人道:其为也形,其寂也冥。转变天地,自在纵横,河沙而用,混沌而荣。谁闻不喜,谁闻不惊?如何以无价之宝隐在阴入之坑?"师以拄杖击一下,云:"打破了也,宝在甚处?"

示众云:"回而更相涉。"拈起拄杖云:"头上是天,脚下是地,眼前绿水,背靠青山,衲僧道我会也,忽若骑驴入尔鼻孔里,牵牛入尔眼睛中,又作么生商量?"

师因事示众云:"杜耳目于胎壳,掩玄象于霄外,而责宫商之异,辨玄素之殊的是什么人?还知落处么?那一个,这一个,兼本三人,放过一著。"便下座。

一日,三僧辞,师把住问云:"天无门,地无户,辞走衲僧,拟往何处?"僧皆无对。

师劈面唾云:"枉吃我多少粥饭!"便推出。

有时云:"袖头打领,腋下剜襟,诸方一任剪裁。南山起云,北山下雨,衲子作么话会?"

示众云:"一法不通,万缘方透,会与不会,成群作队,筑着磕着,一时拈却,管取乾坤独露。"便下座。

一日,云:"山河无隔碍,光明处处透,傅大士骑驴入尔鼻孔里,见尔诸人不惺惺,却归双林寺去也。"便下座。

示众云:"世界与么广阔,为什么向雪窦手里乞命?"

师云:"交锋两刃,要定生死,彼此无伤,功勋不立。作么生是将军正令?"

代云:"到即不点。"

有时云:"释迦老子出气不得,什么处謪讹?"

代云:"填沟塞壑。"

又代云："退身三步。"

问云："填沟塞壑，负恩者多，甚处见老的？"

代云："香积世界。"

师云："五千四十八卷，止啼之说，如今啼止也，还我黄叶来。"

代云："事不孤起。"

师云："威音王以前无师自悟是第二句，还我第一句来。"

代云："扫土而尽。"

问僧："扫土而尽，你还知么？"

代云："因谁致得？"

有时拈起拄杖云："天不能盖，地不能载。"复以拄杖画一画，云："百千诸佛、诸代祖师，尽向翠峰乞命。"

代云："官不容针。"

师一日云："举一明三，为甚不着便？"

代云："作贼人心虚。"

又云："文殊起佛见、法见，贬向二铁围山；衲僧起佛见、法见，列在三条椽下；翠峰起佛见、法见，谁敢觑着？"

代云："秤尺在手。"

师云："洞庭湖水一吸净尽，鱼鳖向甚处藏身？"

代云："咦！"

又云："喝下承当，崖州万里；棒头荐得，别有条章。作么生是衲僧本分？"

代云："恶。"

师云："火待日热，风待月凉，北斗南星句不要你道，留与后人贬剥。"

代云："一言已出，驷马难追。"

师云："因一事，长一智，针筒药袋不得失却，如履轻冰道将一句来。”

代云:“以己妨人。”

又云:“会则事同一家,且放你过;不会则东西南北,付与驴年。”

代云:“一日便头白。”

师云:“阃内者不出,阃外者不入,将相双行句作么生道?”

代云:“吊民伐罪。”

因普请,问僧:“甚处来?”

云:“摘茶来。”

师云:“茶园里有玄沙见的,还见么?”

代但指露柱云:“和尚问。”

又问僧:“甚处来?”

云:“摘茶来。”

师云:“人摘茶,茶摘人不问你,无底篮子重多少?”

代云:“惯得其便。”

又问僧:“甚处来?”

云:“摘茶来。”

云:“茶丛列作鼻孔,茶叶是你眼睛,作么生摘?”

师代云:“今日不着便。”

一日,云:“佛法不用学,触目皆成滞,百城既未游,楼阁门长闭,劝君回首看,请下一转语。”

自云:“莫辜负人好。”

一日,游园次,问僧:“苦瓠连根苦,甜瓜彻蒂甜,明得个什么边事?”僧无对。

代云:“平出。”

师一日见二僧来,拈起拄杖云:“与你二人分取。”

僧云:“只恐和尚不平。”

第一僧云:“那上座先到雪窦。”

师云:“有功者赏。”

师一日见僧来,拈起拄杖云:“我两手分付,你作么生?”

僧退身云:“不敢。”

师云:“为什么棒上不成龙?”

僧云:“三十年后恐辜负和尚。”

师放下拄杖云:“吽! 吽!”

师一日问僧:“你见《雪窦后录》未?”

僧云:“见了。”

师云:“向甚处见我?”

僧云:“也知和尚是川中人。”

师将拄杖打一下,云:“梦见。”

师一日见僧出归,师云:“闹市里还见天子么?”僧无语。

师代云:“非但。”又云:“苦哉佛陀!”

师因在庄,数僧侍立次,师问云:“维摩老云:‘步步是道场。’这里何似山里?”众下语,师皆不诺。

师代云:“只恐和尚不肯。”

师一日同三五僧看种田,师云:“灵苗无根,作么生种?”

僧云:“明年更有新条在。”

师云:“你问我,我与你道。”

僧便问,师云:“分付田舍奴。”

玄沙见孚上座便云:“新到相看。”

孚云:“已相见了也。”

沙云:“什么劫中曾相见来?”

孚云:“莫瞌睡。”

别云:“这贼败也。”

云门示众云:“世尊生下,一手指天,一手指地,周行七步,目顾四方云:‘天上天下,唯我独尊。’我当时若见,一棒打杀与狗吃,贵得天下太平。”

法眼云:“云门气势甚大,要且无佛法道理。”

老宿代云:“将谓无人证明。”

别云:“钩在不疑之地。”

拈古

举:“米胡问僧:‘近离甚处?’僧云:‘药山。’米云:‘药山近日如何?’僧云:‘大似顽石一般。’米云:‘得恁么郑重。’僧云:‘也无提拨处。’米云:‘非但药山,米胡亦恁么。’僧近前顾视而立。米云:‘看!看!顽石动也。’其僧便出。”

师拈云:“米胡也纵夺可观,争奈死而不吊。”

举:“‘长髭到石头处,头问:‘什么处来?”髭云:‘岭南来。’石头云:‘大庾岭头一铺功德,还成就也未?’髭云:‘成就久矣,只欠点眼。’石头云:‘莫要点眼么?’髭云:‘便请。’石头垂下一足,髭便礼拜。石头云:‘见什道理便礼拜?’髭云:‘如红炉上一点雪。’石头便休。”

师拈云:“无眼功德,有什么点处?”

举:“德山和尚到龙潭,问:‘久向龙潭,及乎到来,潭又不见,龙又不现。’龙潭云:‘子亲到龙潭。’德山便休去。”

师拈云:“将错就错。”又云:“大小德山。”

举:“外道问佛:‘不问有言,不问无言。’世尊据座。外道礼拜云:‘世尊大慈大悲,开我迷云,令我得入。’外道去后,阿难问佛：‘外道有何所证而言得入？’佛云：‘如世良马，见鞭影而行。’”

师拈云：“邪正不分，过犹鞭影。”

举：“傅大士云：‘夜夜抱佛眠，朝朝还共起。起坐镇相随，如身影相似。要识佛去处，只这语声是。’玄沙云：‘大小傅大士只认得个昭昭灵灵。’”

师拈云：“玄沙也是打草蛇惊。”

举：“南泉示众云：‘三十年来牧一头水牯牛，欲拟东边放，不免侵他国王水草；欲拟西边放，不免侵他国王水草。不如随分纳些子，免被官王劳挠。’长庆云：‘尔道南泉前头为人？后头为人？’云门云：‘且道牛内纳？牛外纳？直饶道得纳处分明，我更问你：牛在甚处？’”

师拈云：“一时穿却。”

举：“僧问长庆：‘如何是正法眼？’庆云：‘有愿不撒沙。’保福云：‘不可更撒也。’”

师云：“夫宗师决定以本分相见，不敢撒沙，且哪个是诸人正眼？不受人瞒的汉出来对众道看，共相知委。若道不得，翠峰一一与尔点过，开眼也着，合眼也着。”

举：“赵州问僧：‘曾看《法华经》么？’僧云：‘看来。’州云：‘衲衣在空闲，假名阿练若，诳惑世间人，尔作么生会？’其僧拟礼拜。州云：‘尔披衲衣来么？’僧云：‘披来。’州云：‘莫惑我。’僧云：‘如何得不惑去？’州云：‘莫取我语。’”

师云：“大小赵州龙头蛇尾，诸人若能辨得，便乃识破赵州。如或不明，个个高拥衲衣，莫惑翠峰好。”

举:“傅大士云:‘要知佛去处。’”

师云:“三生六十劫,末后一句,天下衲僧跳不出。直饶口挂壁上汉别有一窍,勘过了打。”

举:“长庆示众云:‘撞着道伴交肩过,一生参学事毕。’”

师云:“是即是,针不扎,风不入,有什么用处?”

举:“乾峰示众云:‘举一不得举二,放过一着,落在第二。’云门大师出众云:‘昨日有人从天台来,却往南岳去。’峰云:‘来日不要普请。’”

师云:“诸禅德!云门老汉只解一手抬,不能一手搦。还有共相着力的么?试露爪牙看。”

举:“马祖上堂,众方集,百丈出卷席,祖便下座。诸方皆谓奇特,㵾么举,还当么?若当,譬若水母以虾为目;若不当,又空赞叹图个什么?众中一般汉乱踏向前问:‘古人意旨如何?’更有老的不识好恶,对云:‘将谓仙陀客。’又云:‘来日更到座前。’苦哉!苦哉!如此自称宗匠,欲开人天眼目,驴年去。诸上座!雪窦当时若见伊出来卷席,劈胸与一踏,令坐者倒者俱起不得,且要后人别有生涯去,免见互相钝置,岂不个个是英灵的汉?还会也无?归堂。”

举:“云门大师云:‘尽十方世界、乾坤大地、天下老和尚。’以拄杖一画,云:‘百杂碎。’”

师云:“这老汉是即是,要且未有出身之路。如今拄杖在雪窦手里。”复横按云:“东西南北,甚处得来?”

举："僧问投子：'如何是十身调御？'投子下绳床立。又问：'凡圣相去多少？'投子下绳床立。"

师云："此公案，诸人无不委知，若溜么举，天下衲僧尽为念话社家。雪窦莫有长处也无？试为大众举看。'凡圣相去多少？'投子下绳床立。'如何是十身调御？'投子下绳床立。且道与前来举的，同？别？若道一般，许上座具一只眼；若云别有奇特，也许上座具一只眼。复更开一线道，'凡圣相去多少？'请上座下一转语。'如何是十身调御？'答一转话。非但参见投子，亦乃知雪窦长处。或若总道下绳床立，惜取眉毛。"便下座。

举："洞山聪和尚每见新到便问：'沩山水牯牛，上座作么生会？'前后皆不相契。师到，亦用垂问，师云：'后人标榜。'洞山拟道，师以坐具拂一下便行。洞山云：'且来，上座！'师云：'未参堂。'"

举："永嘉云：'六般神用空不空，一颗圆光色非色。'云门大师拈起拄杖云：'是色非色。'"

师云："雪窦即不然，圆光一颗，侊侗真如，神用六般，和泥合水。墣窑人设斋且置，水中拈月致将一问来。"

举："僧问乾峰：'十方薄伽梵，一路涅槃门，路头在什么处？'乾峰云：'在这里。'"

师代僧便喝。

"复有僧问长庆，长庆云：'问取堂中第二座。'"

师代僧云："错。"

复有僧问师，师云："堕坑落堑。"自代云："作贼人心虚。"

举:"赵州问僧:'甚处来?'云:'雪峰来。'州云:'雪峰近日有何言句示徒?'僧云:'雪峰道:尽大地是沙门一只眼,尔诸人向什么处屙?"州云:'尔若过岭,我附个锹子去。'"

师云:"这僧既不从雪峰来,可惜赵州锹子。"

举:"崇寿指凳子云:'识得凳子,周匝有余。'云门云:'识得凳子,天地悬殊。'"

师云:"泽广藏山,狸能伏豹。"

举:"香严垂语云:'如人上树,口衔树枝,手不攀枝,脚不踏树,树下有人问西来意,不对,则违他所问;若对,又丧身失命。当恁时作么生即是?"有虎头上座云:'上树即不问,未上树,请和尚道。'严呵呵大笑。"

师云:"树上道即易,树下道即难,老僧上树也,致将一问来。"

举:"僧问雪峰:'古涧寒泉时如何?'峰云:'瞪目不见底。'僧云:'饮者如何?"峰云:'不从口入。'僧举似赵州,州云:'不可从鼻孔里入。'僧却问赵州:'古涧寒泉时如何?'州云:'苦。'云:'饮者如何?'州云:'死。'雪峰闻举,云:'赵州古佛从此不答话。'"

师云:"众中总道:'雪峰不出这僧问头,所以赵州不肯。'如斯话会,深屈古人。雪窦即不然,斩钉截铁,本分宗师;就下平高,难为作者。"

举:"钦山一日上堂,竖起拳又开,云:'开即为掌,五指参差。'复握云:'如今为拳,必无高下。还有商量也无?'一僧出众,竖起拳。山云:‘尔只是个无开合汉。’”

师云:“雪窦即不然。”乃竖起拳云:“握则为拳,有高有下。”复开云:“开则成掌,无党无偏。且道放开为人好?把定为人好?开也造车,握也合辙。若谓闭门造车,出门合辙,我也知尔向鬼窟里作活计。”

举:“洞山到云门,门问:‘近离甚处?’山云:‘查渡。’云:‘夏在甚处?’山云:‘湖南报慈。’云:‘甚时离?’山云:‘去年八月。’门云:‘放尔三顿棒。’山至来日,却上问讯:‘昨日蒙和尚三顿棒,不知过在什么处?’门云:‘饭袋子!江西、湖南便潲么去。’山于此大悟。”

师云:“云门气宇如王,拶着便冰消瓦解,当时若据令而行,子孙也未到断绝。”

卷第十二

正智明觉雪窦显禅师语录

上　堂*

举:"僧问智门和尚:'如何是佛?'云:'踏破草鞋赤脚走。'僧云:'如何是佛向上事?"云:'拄杖头上挑日月。'"

师云:"千兵易得,一将难求。"

举:"师祖问南泉:'摩尼珠,人不识,如来藏里亲收得。如何是如来藏?'云:'王老师与尔往来者是藏。'"

师云:"草里汉。"

"祖云:'不往不来者?'云:'亦是藏。'"

师云:"雪上加霜。"

"祖云:'如何是珠?'"

师云:"险。百尺竿头作伎俩,不是好手。这里着得个眼,宾主互换,便能深入虎穴;或不溜么,纵饶师祖悟去,也是龙头蛇尾汉。"

举:"马大师令智藏驰书上径山,山接书开,见一圆相,于中下一点。国师闻举,云:'钦师犹被马师惑。'"

师云:"径山被惑且置,若将呈似国师,别作个什么伎俩,免被惑去?有老宿云:'当时坐却便休。'亦有道:'但与划破。'若与么，只是不识羞。敢谓天下老师各具金刚眼睛，广作神通变化，还免得么？雪窦见处，也要诸人共知，只这马师当时画出，早自惑了也。”

举：“赵州访茱萸，才上法堂，茱萸云：‘看箭！’州亦云：‘看箭！’茱萸云：‘过。’州云：‘中。’”

师云：“二俱作家，盖是茱萸、赵州；二俱不作家，箭锋不相拄。直饶齐发齐中，也只是个射垛汉。”

举：“巴陵示众：‘祖师道：不是风动，不是幡动。既不是幡风，向什么处着？有人与祖师作主，出来与巴陵相见。’”

师云：“雪窦道：‘风动幡动，既是风幡，向甚处着？有人与巴陵作主，亦出来与雪窦相见。’”

举：“僧问云门：‘一言道尽时如何？’门云：‘裂破。’”

师乃弹指三下。

举：“僧问睦州：‘一言道尽时如何？’州云：‘老僧在尔钵囊里。’”

师呵呵大笑。

举：“本生和尚以拄杖示众云：‘我若拈起，尔便向未拈起时作道理；我若不拈起，尔便向拈起时作主宰。且道老僧为人在甚处？’时有僧出云：‘不敢妄生节目。’本生云：‘也知阇黎不分外。’僧云：‘低低处平之有余，高高处观之不足。’本生云：‘节目上更生节目。’僧无语。本生云：‘掩鼻偷香，空招罪犯。’”

师云：“这僧也善能切磋，争奈弓折箭尽！然虽如此，且本生是作家宗师,拈起也,天回地转,应须拱手归降;放下也,草偃风行,必合全身远害。还见本生为人处也无?”师复拈起拄杖云:“太平本是将军致,却许将军见太平。”

举:“僧问雪峰:‘声闻人见性,如夜见月;菩萨人见性,如昼见日。未审和尚见性如何?’峰打三下。其僧复问岩头,岩头打三掌。”

师云:“应病设药,且与三下;若据令而行,合打多少?”

举:“太原孚上座参雪峰,至法堂上,顾视雪峰,便下看知事。”

师云:“一千五百人作家宗师被孚老一觑,便高竖降旗。”

“孚至来日入方丈,云:‘昨日触忤和尚。’峰云:“知是般事便休。’”

师云:“果然。”

“僧问云门:‘作么生是触忤处?’门便打。”

师云:“打得百千万个,有什么用处?直须尽大地人吃棒,方可扶竖雪峰。且道太原孚具什么眼?”

举:“鼓山示众云:‘若论此事,如一口剑。’时有僧问:‘承和尚有言:若论此事,如一口剑。和尚是死尸,学人是死尸,如何是剑?’山云:‘拖出这死尸。’僧应诺,归衣钵下,打揲便行。山至晚,问首座:‘问话僧在否?’座云:‘当时便去也。’山云:‘好与二十棒。’”

师云:“诸方老宿总道鼓山失却一只眼,殊不知重赏之下,必有勇夫。然虽如此,若仔细点检来,未免一时埋却。”

举:"僧问智门和尚:'如何是般若体?'云:'蚌含明月。'僧云:'如何是般若用?'云:'兔子怀胎。'"

师云:"非唯把定世界,亦乃安贴邦家。若善能参详,便请丹霄独步。"

举:"鸟臼有玄、绍二上座到,臼云:'二禅伯近离甚处?'云:'江西。'臼便打。僧云:'久闻和尚有此机要。'臼云:'尔既不会,第二个近前来。'僧拟议,臼亦打云:'同坑无异土,参堂去!'"

师云:"宗师眼目须至恁么,如金翅擘海,直取龙吞。有般汉眼目未辨东西,拄杖不知颠倒,只管说照用同时,人境俱夺。"

举:"茱萸把一橛竹上堂,云:'还有虚空里钉得橛么?'时有灵虚上座出云:'虚空是橛。'茱萸便打。虚云:'莫错打某甲!'茱萸休去。"

师云:"若要此话大行,直须打了趁出。"

举:"夹山与定山同行言话次,定山云:'生死中无佛,则无生死。'夹山云:'生死中有佛,则不迷生死。'互相不肯,同上大梅,相见了,具说前事,夹山问:'未审哪个亲?哪个疏?'梅云:'一亲一疏。'山又问:'哪个亲?'梅云:'且去,明日来。'夹山至来日又问:'未审哪个亲?'梅云:'亲者不问,问者不亲。'夹山住后云:'我当时在大梅失却一只眼。'"

师云:"夹山毕竟不知换得一只眼。大梅老汉当时闻举,若以棒一时打出,岂止划断两人葛藤,亦乃为天下宗匠。"

举:"僧问保福:'雪峰平生有何言句,得似羚羊挂角时?'福云:'我不可,作雪峰弟子不得。'"

师云："一千五百个布衲，保福较些些子。"

举："僧问长庆：'羚羊未挂角时如何？'庆云：'草里汉。'云：'挂角后如何？"庆云：'乱叫唤。'云：'毕竟如何？'庆云：'驴事未了，马事到来。'"

师云："宁可碎身若微尘，终不瞎个众生眼。长庆较些些子。"复云："一般汉设使羚羊未挂角，也是万里望乡关。"

举："僧问巴陵：'祖意教意，同？别？'陵云：'鸡寒上树，鸭寒下水。'僧问睦州：'祖意教意，同？别？'州云：'青山自青山，白云自白云。'"

师云："问既一般，答亦相似。其中有利他自利，瞒人自瞒。若检点分明，管取解空第一。"

举："雪峰问僧：'近离甚处？'云：'覆船。'峰云：'生死海未渡，为什么覆船？'"

师代云："久响雪峰，待这老汉拟议，拂袖便行。"

"其僧当时无语，归，举似覆船，船云：'何不道渠无生死？"僧再至雪峰举此语，峰云：'此不是尔语。'云：'是覆船恁么道。'峰云："我有二十棒寄与覆船，二十棒老僧自吃，不干阇黎事。'"

师云："能区能别，能杀能活，若也辨得，天下横行。"

举："大梅闻鼯鼠、鸟声，谓众云：'即此物，非他物，汝善护持，吾当逝矣。'"

师云："这汉生前莽卤，死后颟顸。即此物，非他物，是何物？还有分付处也无？有般汉不解截断大梅脚跟，只管道贪程太速。"

举:“雪峰示众云:‘望州亭与尔相见了也,乌石岭与尔相见了也,僧堂前与尔相见了也。’保福问鹅湖:‘僧堂前且置,望州亭、乌石岭什么处相见?’鹅湖骤步归方丈,保福便入僧堂。”

师云:“二老宿是即是,只知雪峰放行,不见雪峰把定。忽有个衲僧出问:‘未审雪窦作么生?’岂不是别机宜,识休咎的汉?还有望州亭、乌石岭相见的衲僧么?”良久,云:“担板禅和,如麻似粟。”

举:“赵州问大慈:‘般若以何为体?’慈云:‘般若以何为体?’州呵呵大笑。至来日,州扫地次,大慈却问:‘般若以何为体?’州放下扫帚,呵呵大笑。”

师云:“前来也笑,后来也笑,笑中有刀。大慈还识么?直饶识得,也未免丧身失命。”

举:“德山一日饭迟,自掌钵至法堂上,雪峰见云:‘这老汉!钟未鸣,鼓未响,托钵向什么处去?”德山便回。峰举似岩头,头云:‘大小德山不会末后句。’山闻举,令侍者唤岩头至方丈,问:‘尔不肯老僧哪?”岩头密启其意。山至来日上堂,与寻常不同。岩头到僧堂前,抚掌大笑云:‘且喜得老汉会末后句,他后天下人不奈何。虽然如此,只得三年。’明招代德山云:‘咄!咄!没处去!没处去!’”

师云:“曾闻说个独眼龙,元来只有一只眼。殊不知德山是个无齿大虫,若不是岩头识破,争得明日与昨日不同?诸人要会末后句么?只许老胡知,不许老胡会。”

举:“雪峰一日见猕猴,乃云:‘这猕猴各各背一面古镜。’三圣便问:‘历劫无名,何以彰为古镜?’峰云:‘瑕生也。’圣云:‘一千五百人善知识,话头也不识。’峰云:‘老僧住持事繁。’”

师云:“好与二十棒。这棒放过也好,免见将错就错。”

举:“僧问国师:‘如何是本身卢舍那?’云:‘与老僧过净瓶来。’僧将到净瓶,云:‘却安旧处着。’僧复问:‘如何是本身卢舍那?’云:‘古佛过去久矣。’云门大师道:‘无朕迹。’”

师云:“直得一手指天,一手指地,争得无?还会么?云在岭头闲不彻,水流涧下太忙生。”

举:“洛浦久为临济侍者,到夹山,问:‘自远趋风,乞师一接。’山云:‘目前无阇黎,此间无老僧。’浦便喝。山云:‘住!住!阇黎莫草草匆匆,云月是同,溪山各异。截断天下人舌头即不无,争教无舌人解语?’浦无对,山便打。”

师云:“这汉可悲可痛,钝置他临济。他既云月是同,我亦溪山各异,说什么无舌人不解语,坐具劈口便摵。夹山若是个知方汉,必然明窗下安排。”

举:“三圣问雪峰:‘透网金鳞以何为食?’峰云:‘待汝出网来,向汝道。’圣云:‘一千五百人善知识,话头也不识。’峰云:‘老僧住持事繁。’”

师云:“可惜放过!好与二十棒,这棒一棒也饶不得,直是罕遇作家。”

举:“玄沙问镜清:‘我不见一法为大过患,尔道不见什么法?’清指露柱云:‘莫是不见这个法么?’沙云:‘浙中清水白米从尔吃,佛法则未在。’”

师云："大小镜清被玄沙热瞒，我当时若见，但只向道：'灵山授记也未到如此。'"

举："先报慈问僧：'近离甚处？'答云：'卧龙。'慈云：'在彼多少时？'云：'经冬过夏。'慈云：'龙门无宿客，为什么在彼许多时？'云：'狮子窟中无异兽。'慈云：'尔试作狮子吼看。'云：'若作狮子吼，即无和尚。'慈云：'念汝新到，且放三十棒。'"

师云："奇怪！诸禅德！若平展，则两不相伤；据令则彼此俱险。还点检得么？"

举："船子云：'千尺丝纶直下垂，一波才动万波随。夜静水寒鱼不食，满船空载月明归。'"

师云："这汉劳而无功。忽若云门道：'一句合头语，万劫系驴橛。'又作么生免此过？"良久，云："莫谓水寒鱼不食，如今钓得满船归。"

举："祖师道：'六尘不恶，还同正觉。'拄杖子是尘，有什么过？过既无，应合辨主。所以道：粪扫堆上现丈六金身，且拈在一边；赤肉团上壁立千仞，又放过一着。直饶八面四方，正好连架打。"

举："古云：'眼里着沙不得，耳里着水不得。'忽若有个汉信得及，把得住，不受人瞒，祖佛言教是什么热碗鸣声，便请高挂钵囊，拗折拄杖，管取一员无事道人。"

又云："眼里着得须弥山，耳里着得大海水。一般汉受人商量，祖佛言教如龙得水，似虎靠山，却须挑起钵囊，横担拄杖，亦是一员无事道人。"

复云:“恁么也不得,不恁么也不得,然后没交涉。三员无事道人中,要选一人为师。”

举:“裴相公捧一尊佛像于黄檗前跪云:‘请师安名。’檗云:‘裴休!’”师代相公当时便喝。

举:“投子示众云:‘汝等诸人尽道我实头,若出门三步,有人问你作么生是投子实头处,作么道?’”

师代云:“疑杀天下人。”

举:“有老宿见官人手中执笏,乃问:‘在官人手中为笏,在天子手中为珪,在老僧手中唤作什么?’”

师代云:“弄巧成拙。”

举:“问投子:‘定慧等学,明见佛性,此理如何?’投子云:‘打水用桶,舀粥用杓。’”

师代云:“争得不问?”

举:“玄沙与地藏在方丈说话,夜深,沙云:‘侍者关隔子门,汝作么生出得?’地藏云:‘唤什么作门?’”

别云:“珍重便行。”

举:“崇寿问僧:‘泉眼不通被沙碍,道眼不通被什么碍?’僧云:‘眼碍。’”

师别云:“强将下无弱兵。”

举:“有西天声鸣三藏到王大王处,王令玄沙验过,玄沙以铜火箸击铁火炉，问三藏云：‘是什么声？’云：‘铜铁声。’沙云：‘大王莫受外国人瞒。’”

师别云：‘大王宜加信敬。”又别三藏云：‘莫瞒外国人。”

举：“有僧问法灯：‘百骸俱溃散，一物镇长灵。未审百骸、一物相去多少？’灯云：‘百骸一物，一物百骸。’”

师别云：“吾不如汝。”

举：“麻谷持锡到国师处，振锡而立，国师云：‘汝既如是，何用见吾？’谷又振锡一下。”

别云：“洎不到此。”

举：“玄沙问南际云：‘此事唯我能知，长老作么生会？’际云：‘须知有不求知者。’”

师别云：“雪峰门下几个如斯？”

举：“清峰辞，雪峰问：‘甚处去？’清峰云：‘识得这汉即知去处。’雪云：‘你是了事人，乱走作什么？’”

别云：“西天斩头截臂。”

“清峰当时云：‘和尚莫涂污人好。’雪云：‘我即涂污你，你道古人吹布毛作么生？’清峰云：‘残羹馊饭已有人吃了也。’雪峰休去。”

师出雪峰语云：“一死更不再活。”

偈 颂

送全禅者

有龙彪兮时之相宜,有艺行兮人之所归。东西武步兮复谁是我?上下观方兮存机未机。全禅! 全禅! 知不知,大施门开兮尘区可依。

送澄禅者

春色依依袭尔原草,春风浩浩拂我窗牖。念此分飞赠无琼玖,片片乱飘岩上梅,条条纵舞溪边柳。澄禅! 澄禅! 听斯言,古也今也行路难。知之者,石火星流未急;不知者,龙骧步骤曾宽。看! 看! 孰云平地起波澜?

送继宝禅者

宝非宝,日杲杲,上上机,无处讨。赤水求来何太狂! 荆山觅得苦相恼。不恼不狂排夜光,险恶道中为津梁。

送小师元楚

道之冥机,一何相守,汝竞光阴,我亲蒲柳。毋厚辨之夺席,毋薄愚之诵帚。深思彼伐木丁丁之声,照古照今兮宜善求友。

送清果禅者

春雨蒙蒙,春风拂拂,动兮静兮,匪待时出。云霞闲澹作性,金铁冷落为骨。知我者,谓我高蹈世表;不知我者,谓我下视尘窟。道恣随方,情融羁锁,紫栗一寻,青山万朵。行行思古人之言,无可不可,南北东西但唯我。

酬行谿长老

黄金为骨松为恣，道高曾鄙天人师。
有言遗我千古奇，无人知，石虎吞却木羊儿。

春风辞寄武威石秘校

春风何萧萧，和雨复兼雪。
折花功未深，偃草势曾烈。
毗城痴爱老，怯寒对清拙。
襄岩影响士，难御同孤劣。
鳌峰人不来，柴门亦休闭。
松头栗鼠下，时把藤床啮。
庭际霜禽归，屡啄苔钱阙。
一旦春风息，暖日生林樾。
幽径磐石上，拄筇行且歇。
无弦兮莫弹，有语兮存舌。
泠落流水声，古之若为说？
凋残早梅树，今之若为别？
俯仰身力轻，翻忆春风切，
为吾吹却尘，欲革分歧辙；
为吾吹却云，欲问辽空月。
不知天地间，堪为谁交结？

拟寒山送僧

择木有灵禽，寒空寄羽翼，
不止蓬莱山，冥冥去何极！

寄于秘丞

百径通岩窦,引步藏欹侧。
蓬莱人不来,扫尽苍苔色。
飞瀑千万层,五月状冰雪。
将期云雾开,永夜对孤月。

再成古诗

霜华一镊中,玉童摘未摘。
斯言如不闻,千古动愁色。
因忆商山吟,在乌不在白。

因事示众

客从远方来,遗我径寸璧。
中有四个字,字字无人识。
清涵鲸海宽,冷射蟾轮窄。
今朝呈似看,请道末后句。

静而善应(二首)

觌面相见,不在多端。
龙蛇易辨,衲子难瞒。
金槌影动,宝剑光寒。
直下来也,急着眼看。

对扬殊特本同参,谁自辽空强指南?
今舌不存师弟子,一轮秋月印寒潭。

自 诲

麟龙不为瑞，草木生光辉。
三尺一丈六，且同携手归。
惭尔惩世师，巍巍何巍巍？

宗门三印（三首）

印空印水印泥，炳然字义还迷。
黄头大士不识，敢问谁得亲提？

印泥印空印水，匝地寒涛竞起。
其中无限鳞龙，几处争求出嘴？

印水印泥印空，衲子不辨西东。
拨开向上一窍，千圣齐立下风。

革辙二门（二首）

劫火曾洞然，木人泪先落。
可怜傅大士，处处失楼阁。
德云闲古锥，几下妙峰顶。
唤他痴圣人，担雪共填井。

祖佛未生前，已振涂毒鼓。
如今谁乐闻？请试分回互。
宛转复宛转，真金休百炼。
丧却毗耶离，无人解看箭。

透法身句(二首)

潦倒云门泛铁船,江南江北竞头看。
可怜无限垂钩者,随例茫茫失钓竿。

一叶飘空便见秋,法身须透闹啾啾。
明年更有新条在,恼乱春风卒未休。

灵隐小参

六合茫茫竟不知,灵山经夏是便宜。
虚堂夜静无余事,留得禅僧立片时。

秘魔岩

把断重津过者难,擎杈须信髑髅干。
霍山到后知端的,同死同生未足观。

灵云和尚

本无迷悟数如麻,独许灵云是作家。
借问遍参诸祖客,不知何处见桃花?

名实无当

玉转珠回祖佛言,精通犹是污心田。
老卢只解长舂米,何得黄梅万古传?

迷悟相返

霏霏梅雨洒危层,五月山房冷似冰。
莫谓乾坤乖大信,未明心地是炎蒸。

道贵如愚

雨过云凝晓半开，数峰如画碧崔嵬。
空生不解岩中坐，惹得天华动地来。

晦迹自贻

图画当年爱洞庭，波心七十二峰青。
如今高卧思前事，添得卢公倚石屏。

送文用庵主归旧隐

太白峰前旧隐基，杉松寒翠滴无时。
经年抛却又归去，再听岩猿只自知。

送宝月禅者之天台

春风吹断海山云，别夜寥寥绝四邻。
月在石桥更无月，不知谁是月边人。

玄沙和尚

本是钓鱼船上客，偶除须发着袈裟。
祖佛位中留不得，夜来依旧宿芦花。

送　僧

凉飙新叶坠岩阴，禅起高秋别翠岑。
孤月冷光清有兴，断云闲影合无心。
瓶分吴浪情何极，钵化膺门道更深。
好是却回旧屋日，倚栏同看橘铺金。

寄内侍太保(二首)

千尺岩泉喷冷声,草堂云淡竹风清。
蒲团时倚无他事,永日寥寥谢太平。

萝龛薜室狎猿猱,忽捧纶言挂紫袍。
恩大不知何以报,五云天上望空劳。

寄曹都护

故国休言万里程,为官为释且分明。
道存不必曾倾盖,俱有清风匝地生。

寄灵隐惠明禅师(二首)

千峰影里叶初凋,极望远将慰寂寥。
也谓毫端不相隔,秋云秋水奈遥遥。

海峤生片云,有时忽如盖。
不挂飞来峰,悠悠拟何待?

送益书记之霅水

白蘋汀是旧家乡,归兴兰舟泛渺茫。
日暮沙禽啼欲断,不知谁在碧云房。

云门俱字

百草头,何太极!重与禅徒下锥刺。
云门俱字好参详,雪峰辊球亦端的。

黛非青兮蓝一色，辰锦砂兮敢言赤。
紫罗帐里有真珠，曹溪路上生荆棘。
还会么？此时若不究根源，直向当来问弥勒。

送德珉山主

溪山春色映云袍，爱住隍城意转高。
翻笑忘机自安者，不能垂手入尘劳。

送中座主入广

船主船中寄惠持，云霞无迹共依依。
海山见说多嘉赏，莫便因循忘却归。

因仰山气球颂

四大假合非虚妄，笼笼统统为一相。
东西南北不相知，留与衲僧作榜样。

寄陈悦秀才

水中得火旨何深？握草由来不是金。
莫道庄生解齐物，几人穷极到无心？

春日示众（二首）

门外春将半，闲花处处开。
山童不用折，幽鸟自衔来。

门外春将半，闲花处处开。
山童曾折后，幽鸟不衔来。

因金鹅和尚语药病

药病相治见最难,百重关锁太无端。
金鹅道者来相访,学海波澜一夜干。

风幡竞辩(二首)

不是幡兮不是风,衲僧于此作流通。
渡河用筏寻常事,南山烧炭北山红。

不是风幡何处着?新开作者曾拈却。
如今懵懂痴禅和,谩道玄玄为独脚。

兔角拄杖

少室传来兔角杖,千圣护持为顶相。
虎踞龙蟠势未休,云影山形冷相向。
有时闲倚在虚空,寥寥匝地凝秋霜。
有时大作狮子吼,德峤临济何茫茫?
今日提来还不惜,分明普示诸知识。
解拈天下任横行,高振风规有何极!

送从吉禅者

君不见行路难亦容易,握草为金不为贵。
难曾平地涌波澜,易复到处列祥瑞。
堪笑堪悲能几几?天上人间立高轨。
兄弟十字越参星,一义同心淡秋水。
因忆韶阳古风骨,石火电光迟出没。

隔身之句是程途，扣门之问非窠窟。
殷勤报君君记取，方外周游看爪距。
虎狼丛不遇知音，剔起眉毛便归去。

寄送凝长老

德不孤兮必有邻，四明留住是因循。
如今高步钱塘境，只许灵山个老人。

喜禅人回山

别我游方意未论，瓶盂还喜到云根。
旧岩房有安禅石，再折松枝拂藓痕。

送文佶归庐岳

春色未深，兴无迟早。
瓶谢九江，峰寻五老。
到日攀萝独上时，依依莫忘海山脑。

送侃禅者之丹丘

石桥多古迹，路险少人过。
如同白日闲，冷拂青苔坐。
寒老若相逢，为吾略嘲破。

示　众

丫角女子白头丝，报你诸方作者知。
借问住山何境界？春风拂拂，春鸟喧喧。
翠峰不能助发，心印却是他传。

因香严和尚

我有一机,禅子须知。
烁迦罗眼,总是胶黐。
若人借问,伏惟!伏惟!

为道日损

三分光阴二早过,灵台一点不揩磨。
贪生逐日区区去,唤不回头争奈何!

疏古

我有面镜,到处悬挂。
凡圣不来,谁上谁下?

访俞秀才

万叠云山未得归,寂寥心许老卢知。
江城雨雪书名纸,不谒鸿儒更谒谁?

偶作

列岫霁新雨,凭栏只澹交。
夕阳明远水,秋叶露空巢。
思极会无玷,神清未动爻。
只应千古意,谁得共云坳?

和酬郎签判殿丞

向国心存了了身,大方无外且同尘。
江城早晚重相见,解笑宗雷十八人。

寄海会之长老

百花开后一花开，风递清香远远来。
谁问黄梅不平事？照中依旧惹尘埃。

石头大师《参同契》

予尝览斯作，颇见开士皆擒辞肇极，成赞厥道，因亦随兴以拟之，匪求蚀木于文也。噫！先觉洪规可洞照遐古，岂复情谓逾越于其间哉？盖往往学者抑问勉意不获而已，其或金沙混流，淘之汰之，固必存彼匠手明矣！

竺土大仙心，(谁是能举) 东西密相付。(惜取眉毛)
人根有利钝，(作么生) 道无南北祖。(且款款)
灵源明皎洁，(抚掌呵呵) 枝派暗流注。(亦未相许)
执事原是迷，(展开两手) 契理亦非悟。(掂却了也)
门门一切境，(舍短从长) 回互不回互。(以头换尾)
回而更相涉，(这个是拄杖子) 不尔依位住。(莫错认定盘星)
色本殊质像，(岂辨开眸) 声原异乐苦。(还同掩耳)
暗合上中言，(心不负人) 明明清浊句。(口宜挂壁)
四大性自复，(随所依) 如子得其母。(可知也)
火日风动摇，(春冰自消) 水湿地坚固。(从旦至暮)
眼色耳音声，(海晏河清) 鼻香舌咸醋。(可凭可据)
然于一一法，(重报君) 依根叶分布。(好明取)
本末须归宗，(唯我能知) 尊卑用其语。(不犯之令)
当明中有暗，(暗必可明) 勿以暗相遇。(明还非睹)
当暗中有明，(一见三) 勿以明相睹。(无异说)
明暗各相对，(若为分) 比如前后步。(不如此)

万物自有功,(旨尔宁止) 当言用及处。(纵横十字)
事存函盖合,(仔细看) 理应箭锋拄。(莫教错)
承言须会宗,(未兆非明) 勿自立规矩。(突出难辨)
触目不会道,(又何妨) 运足焉知路?(也不恶)
进步非近远,(唱弥高) 迷隔山河尔。(和弥寡)
谨白参玄人,(闻必同归) 光阴莫虚度。(诚哉是言也)

《三宝赞》并序

予天禧中寓迹灵隐,与宝真禅者为友,或游或处,固以道义相接,投报相袭,冷冷然自乐天常之性也。一日,真公谓予曰:"愚近偶作《三宝赞》三十韵,宜请赓唱。"因披阅加叹,率尔而继之,类蚀木也。

俄属分飞吴楚,将二十载,殊不复记忆,真公不以事旷成隔,远远附僧如衍而至,再窥荒斐,愧慰多集。且夫圣人之立言也,必朕虚,必冥奥,使文外之士同振古风,垂千万世,又焉知来者及之不及,道在其中也。斯之赞辞曾不沽不待,但遐仰觉皇宗致,禅徒告而行之,得不曲为序引。

佛　宝

甘蔗流苗应刹尘,觉场高发利生因。
紫金莲捧千轮足,白玉毫飞万德身。
孤立大方资定慧,等观含类舍怨亲。
埃星相好中天主,匝地名闻出世人。
螺发右旋仙岛碧,月眉斜印海门新。
鸾翔凤舞非殊品,象转龙蟠绝比伦。
璎珞聚中腾瑞色,华鬘影里夺芳春。
慈仪恋望知何极,梵德言辞莫可陈。

胸字杳分无量义，顶珠常照百由旬。
双林孰谓归圆寂？坐断乾坤日见真。

法　宝

后得智生功德聚，大悲留演润禽鱼。
贯花虽自科千品，标月还归理一如。
过量劫应期广布，刹那心合未忘书。
四衢道内抛红焰，五欲波中绽白蕖。
排斥众魔登寿域，引携诸子上安车。
义天星象萤萤也，辞海波澜浩浩欤。
违背此恩难拯拔，遭逢末世岂踌躇？
闻来半偈须相效，惜去全身莫共居。
飞辩恨曾亏激问，颐幽欣且免长嘘。
生生顶奉辉心镜，廓照尘劳信有余。

僧　宝

方袍圆顶义何宣，续焰千灯岂小缘？
花雨座前犹滞相，虎驯庵畔尚稽诠。
岩栖冢宿难依望，鹤貌云心迥洒然。
宝杖夜鸣寒峤月，铜瓶秋漱碧潭烟。
名标练若澄喧猾，迹念昏衢警睡眠。
林下雅为方外客，人间堪作火中莲。
情高不是超三际，道在非同入四禅。
浮世勉谁知逝水，深峰甘自听飞泉。
苾刍草馥僧祇后，玳瑁盂传古佛先。
珍重觉皇有真子，坤维高步列金田。

卷第十三

明宗真觉圆悟勤禅师语录

御制序

“频呼小玉缘何事？为要檀郎认得声。”圆悟勤禅师因此言下顿彻。斯语也，绮语耶，禅语耶？涂毒鼓边，岂容侧耳？但于绮语禅语一伫思拟议，则剑去远矣。亘古亘今，亘上亘下，亘东亘西，亘南亘北，皆是微尘。一微尘中，皆建宝刹，一宝刹中，皆作佛事。凡诸佛事，皆具如来正法眼藏，涅槃妙心。

于何开口说得？于何着手拣得？开口说者，即是这个；着手拣者，亦是这个。岂得以这个说这个，以这个拣这个？略一伫思拟议，这边是地水火风，铁山岌岌；那边是见闻知觉，玉海沉沉。何由撒手悬崖，尽是开眼说梦。所以古德云：“若欠一法，不成法身；若剩一法，不成法身。若有一法，不成法身；若无一法，不成法身。”于此荐取，开口说亦可，着手拣亦可；如或未能，可惜孤负圆悟平生许多络索，即圆明主人一番选录，亦复钝置不少。

雍正十一年癸丑七月望日

上　堂*

升座,云:“蜗牛角上三千界,云月溪山共一家。既尔业缘无避处,不如随分纳些些。一不做,二不休,还有共相建立的么?”

僧问:“逢人即不出,出即便为人;逢人即出,出即不为人。未审如何?”

师云:“两个无孔铁锤。”

进云:“把断要津,还有为人处也无?”

师云:“百杂碎。”

进云:“恁么则如龙得水去也。”

师云:“知则得。”

问:“如何是道中至宝?”

师云:“待你脱却业识来,向你道。”

进云:“业识已脱,请师指示。”

师云:“种谷不生豆。”

问:“宝剑出匣,海蚌初开,向上宗乘,乞师直指。”

师云:“横按镆铘全正令。”

进云:“恁么则坐断十方去也。”

师云:“七纵八横。”乃云:“一向目视云霄,壁立千仞,则孤负诸圣;一向拖泥涉水,灰头土面,则埋没自己。如今恁么也得,不恁么也得,且贵正眼流通。还委悉么?直饶高步毗卢顶,不禀释迦文,婢视声闻,奴呼菩萨底来,也须亡锋结舌,自余故是出头不得。所以道:三世诸佛只言自知,历代祖师全提不起,一大藏教诠注不及,明眼衲僧自救不了。若据本分草料,犹是节外生枝。不涉化门一句作么生道?阵云横海上,拔剑搅龙门。”下座。

升座云:“火不待日而热,风不待月而凉,鹤胫自长,凫胫自短,松直棘曲,鹄白乌玄,头头露现。若委悉得,随处作主,遇缘即宗,竿木随身,逢场作戏。有么?有么?"

问:"灵云见桃花,衲子如何通信?"

师云:"满山红烁烁。"

进云:"上机顿晓,中下何如?"

师云:"顶门上着眼。"

进云:"功夫不浪施去也。"

师云:"你脚跟下作么生?"

僧云:"踏破澄潭月。"

师云:"当空轰霹雳。"

进云:"泥牛吼处天关转,木马嘶时地轴摇。"

师云:"阇黎还和得么?"僧拍手三下。

师云:"错!错!错!"

进云:"灵山授记,未到如此。"

师云:"不是苦心人不知。"

进云:"四海浪平龙睡稳,九天云静鹤飞高。"

师云:"却得阇黎共证明。"乃云:"我本无心有所希求,今此宝藏自然而至。上是天,下是地,左边厨库,右边僧堂,前是佛殿三门,后是寝堂方丈,宝藏在什么处?还见么?如今坐立俨然,见闻不昧,光辉溢目,寂尔无垠,尽凡圣情,脱知见佛,长河为酥酪,大地变黄金,从自己胸襟流出一句作么生道?今古长如白练飞,一条界破青山色。"下座。

上堂云:"法界不容身,佛眼觑不见;圣智离言说,海口莫能宣。直截当阳,已成阶级;转身吐气,转见周遮。明明无覆藏,明明绝点翳,宽若太虚,清如古镜,若以眼见,文殊横身;若以耳闻,观音彰用;若以心知,普贤当堂。且道毗卢遮那在什么处?眨上眉毛。"

上堂云:“一毫穿众穴,大地没遮拦;遍界不曾藏,今古无向背。刹刹尔,尘尘尔,句句尔,念念尔。还明得么? 若明得去,不费纤毫力,直入解脱门。绝承当一句作么生道?”喝一喝,下座。

上堂云:“一即一切,实际理地;一切即一,本来无物。拈起也,吒吒沙沙;放下也,绵绵密密。三界长时独露,十方无处容身,孤峰顶上倒行,十字街头横卧。目视云霄则置,鱼行酒肆一句作么生道? 放憨作么!”

上堂云:“通身是眼见不及,通身是耳闻不彻,通身是口说不着,通身是心鉴不出。直饶尽大地明得,无丝毫透漏,犹在半途。据令全提,且道如何展演? 域中日月纵横挂,一亘晴空万古春。”

上堂云:“当阳有路,祖佛共知;觌面相呈,见闻不隔。万象不能藏覆,千圣无以等阶,活鱍鱍,绝承当,净裸裸,无回互。直饶棒如雨点,喝似奔雷,犹未动着向上关棙在。如何是向上关棙? 瞎却诸圣眼,哑却山僧口,日午打三更,面南看北斗。”

上堂,僧问:“一大藏教,哪个是头?”

师云:“如是我闻。”

进云:“此是阿难的,如何是和尚的?”

师云:“山僧用得甚快。”乃云:“一言道合,随处皆真;一句无私,全彰宝印。问得也善,不问甚奇,烜赫光明,本无向背。所以道:无边刹海,自他不隔于毫端;十世古今,始终不移于当念。不隔处,总十方为真境;不移处,贯十世于目前。净裸裸,脱尘情,赤洒洒,无盖覆,直得千圣同躔,万机顿赴。还会么? 竿头丝线从君弄,不犯清波意自殊。”下座。

上堂,僧问:“如何是教外别传一句?”

师云:“问取灯笼。”

进云:“谢师答话。”

师云:“自领出去。”

进云:“却是禅外别传也。”

师云:“三千里外过崖州。”

问:“学人不恁么时如何?”

师云:“莫乱统。”

进云:“赵州庭前柏,崇宁庭前楠,是同是别?”

师云:“莫眼花。”

进云:“一种没弦琴,唯师弹得妙。”

师云:“山僧亦不承当。”乃云:“在天成象,在地成形。日月为照临,四时作寒暑,居谷盈谷,处坑满坑,有情则动转施为,无情则森罗显焕。如今在山僧拄杖头上,指山山崩,指海海竭,点铁成金,点金成铁,搅长河为酥酪,化酥酪为长河。见诸人不会,变作无边身菩萨,十方六趣悉皆普现去也。还见么?鸳鸯绣出从君看,不把金针度与人。”以拄杖击禅床,下座。

上堂,问:“如何是尘尘三昧?”

师云:“点滴不施。”

进云:“是一是二?”

师云:“毫端宝刹。”

进云:“两彩一赛去也。”

师云:“痛领一问。”

僧云:“苍天!苍天!”

师云:“未领在。”

问:“世尊拈花,迦叶微笑。和尚说法,有何指示?”

师云:“一物也无。”

进云:“为什么一物也无?”

师云:“为你无眼。”

进云:“争奈学人何?”

师云:“一任勃跳。”乃云:“目前绝对待,万境森然;物外有玄机，当阳卓荦。棒喝照用拈向一边，语路纵横放过一着，尔诸人向这里拨得一线路去，直下孤危；倘未拨得，鼻孔尽在山僧手里。"拈拄杖云："穿却了也。"击禅床，下座。

上堂，僧问："团团无缝罅，因什么得恁奇特？"

师云："七花八裂。"

进云："言中有响去也。"

师云："且缓缓。"

问："长至一阳生，君子道长时如何？"

师云："衲僧门下无许多事。"

进云："万法是心光又作么生？"

师云："却好高着眼。"

进云："直下承当去也。"

师云："利剑挥空。"乃云："离相离名，绝尘绝迹，一回拈出一回新，一度用着一度快。横该万有，竖透金轮，内没纤毫，外无点缀。若能不作圣情凡解，担荷展演得去，入廛垂手，着着有出身之机；退处孤峰，处处历刹尘之境。恁么中不恁么，不恁么中却恁么，全提一句作么生道？拨开向上一窍，千圣齐立下风。"下座。

上堂，僧问："十五日即不问，如何是和尚分明为人一句？"

师云："当阳见定无毫发，拟议寻思隔万山。"

问："正当上元，水牯牛在什么处？"

师云："铁棒打着疮痕露。"乃云："拨尘见佛，未免眼里撒沙；闻声悟道，亦是耳中着水。直得生佛无阶级，空界悉等平，净裸裸，绝思惟，赤洒洒，没可把，犹未离这边事在。更须挥金刚宝剑，斩断謦讹，拈杀活拄杖，打破得失，亦未明向上一窍在；倘或具大丈夫意气，有烹佛祖钳锤，直下向那边承当得，却来这里横三竖四，坐一走七，荷负宗乘，提持祖印。有时放行，同彼同此，现随类身，和光顺物；有时把住，莫道佛眼觑不见，设使尽大地草木悉变为千百亿身,放无数光明,也照不着。且道即今作么生?若不蓝田射石虎,几乎误杀李将军。”下座。

上堂,僧问:“横穿碧落,倒卓须弥,未审是什么人分上事?”

师云:“入地狱人分上事。”

进云:“却是他安身立命处。”

师云:“瓦解冰消。”

进云:“此心能有几人知?”

师云:“只恐不知。”乃云:“终日相逢无半面,刚然千里有知音,不须格外论奇特,只此全机耀古今。倾盖如旧,白头如新。两镜相照,不隔纤尘。遍界未尝示相,毫端普现色身,止犹谷神,动若行云。相见又无事,不来还忆君。”

上堂,僧问:“了了见,无一物,未审如何?”

师云:“好个消息。”

进云:“功不浪施去也。”

师云:“只恐脚不点地。”

进云:“回头看浒眼,特地一场愁。”

师云:“果然浪走。”

僧问:“学人不起一念时如何?”

师云:“自伤己命。”

进云:“因谁致得?”

师云:“莫换崇宁舌头好。”

问:“妙体本来无处所时如何?”

师云:“脑后拔楔。”

问:“如何是玄中玄?”

师云:“玄杀你。”

进云:“石人暗点头。”

师云:“言犹在耳。”乃云:“举无遗照,十方刹海目前观;正体堂堂，大千同一真如性。各守本位去，山是山，水是水；互换投机去，星辰易位，祖佛潜踪。两处绝謦讹，二边纯莫立。无可不可，悉得安居，随时应缘，凝然湛寂。且道长养圣胎一句作么生道？不起纤毫修学心，无相光中常自在。”

上堂，僧问：“须弥山意旨如何？”

师云：“推不向前，约不退后。”

进云：“未审还有过也无？”

师云：“坐却舌头。”

问：“法不孤起，仗境方生。”提起坐具云，“这个是境，如何是法？”

师云：“却被阇黎夺却枪。”

进云：“和尚今日为什么退己让人？”

师云：“只有先锋无殿后。”

进云：“未审如何是殿后？”

师云：“还我话头来。”乃云：“田地稳密的，抬脚不起，探头太过；神通妙用的，放脚不下，收身未转，直饶十字纵横，朝打三千，犹较些子。且道謦讹在什么处？若知有去，始见全提半提；倘或未知，布袋里老鸦，虽活如死。”

上堂云：“风清户牖，明明古镜高悬；光射斗牛，凛凛太阿横按。外魔临之胆慑，妖邪拟之魂亡，千圣拱手归降，十方居然坐断。外绝四维，内绝理事，直下便是，诸人还见么？不离当处常湛然，觅则知君不可见。”

退院归辞众，上堂云：“未有长行而不住，未有长住而不行，为无为，益无益，梯航三有，津济四生，是衲僧家本分事。虽然，时节到来，一刀两段，要且鼻孔不在别人手里。所以道：动若行云，止犹谷神。既无心于彼此，亦无象于去来，如是则去来不以象，动静不以形，岂不绰绰然有余裕哉？且道临行一句作么生道？本是林下人,却归林下去。”下座。

上堂,洛浦和尚白槌云:“法筵龙象众,当观第一义。”

师云:“早是第二了也。若论胜义谛中真胜义,文彩未兆,一槌未落,把断要津,不通凡圣,不于言下荐,不向意中求。既然草偃风行,不免随波逐浪。还有共相证据者么?”师乃云:“烁迦罗眼,顶上放大光明;摩醯首罗,面门现奇特相。一言含众象,一句逗群机,何止猛虎穴里横身,万仞峰头侧足。所以道:显大机,明大用,得失俱丧,是非杳忘,绝尘绝迹,透色透声,重重无尽,事事圆融。又如华严法界无边香水海不可说浮幢王刹,尽向这里一时开现,即此现成,即此受用,不以眼见,不以耳闻,不以口谈,不以心知,还证得么?若也证得,不必觉城东际初见文殊,楼阁门开方参慈氏。敢问大众:且道即今是什么人境界?”举拂子云:“卢舍本身全体现,当机直下没纤毫。”

洛浦上堂云:“万木萦纡一径遥,沉沉古屋枕山腰,今朝喜到深深处,几度飞书辱见招。烁烁山桃似火,丝丝溪柳拖金,日暖风和,莺吟燕语。所以不离普光殿,不出菩提场,遍游华藏海,无边刹境,左穿右穴,重重无尽,一一交罗。且作么生是洛浦深深处?觌面若无宗正眼,回头只见翠山岩。”

留首座上堂:“古路坦然,真规不坠,纪纲得所,表帅得人,内肃外宁,安家乐业。以大千界为一真境,以十方佛同一舍那,文殊、普贤交光相罗,观音、弥勒擎拳合掌,临济、德山互相赞成,白牯、狸奴了无向背,可以演无生曲,唱太平歌。且超情离见一句作么生道?木人把板云中拍,石女含笙井底吹。”

开炉上堂,僧问:“古者道:‘敲空作响,击木无声。’如何是敲空作响?”

师云:“释迦老子来也。”

师乃云:“三世诸佛向火焰里转大法轮,热发作什么?火焰为三世诸佛说法，三世诸佛立地听，也须照顾眉毛。若是聊闻彻骨彻髓，信得及，见得彻，直下与三世诸佛同生同死，与火焰同起同灭，当处解脱，得大安隐，衲被蒙头便是个清凉世界。苟或未然，只知事逐眼前过，不觉老从头上来。"

上堂云："一向不恁么，目视云汉，不徇人情；一向恁么，灰头土面，带水拖泥；恁么中不恁么，就下平高；不恁么中却恁么，从空放下。或有个恁么不恁么总不管，亦无明亦无暗，亦不放亦不收，且道如何？到头霜夜月，任运落前溪。"

上堂云："雪窦道：义出丰年，俭生不孝。于衲僧门下是放行？是把住？若人道得，老僧分半院与伊住。"

师云："雪窦病多谙药性，经效始传人。个中或有知丰知俭，知放行知把住的，亦何必分半院与伊住？烧香发愿，只图他早有个院子住，使尝些滋味，且免得穷厮煎，饿厮炒。"

上堂云："满天和气，匝地韶光，柳眼迸开，桑条瞥破，花枝似锦，鸟语如簧。八穴七穿，篆不雕之心印；百头千绪，演不说之妙门。物物上明，头头上现，当处截得断去，死灰不重燃；直下信得及去，枯荄生物外。不涉程途则且置，和泥合水一句作么生道？还家尽是儿孙事，祖父从来不出门。"

上堂云："牙上生牙，角上生角，机上生机，巧上生巧，毒蛇鼻头揩痒，饥鹰爪下夺肉，千尺井底施筹略，百尺竿头作伎俩。纳须弥于芥子，掷大千于方外，奇则甚奇，妙则甚妙，仔细检点将来，争如向这里直下似桶底脱去，三界平沉，得个休歇，过去自过去，未来由未来，只今现成，坐断天下人舌头。还委悉么？檐声不断前旬雨，电影还连后夜雷。"

上堂云："花开世界起，达者先知；叶落即惊秋，贤明早悟。而况雁连湘浦影，虫作促织吟，明明节换时移，历历星驰电急。正当恁么时，机关脱落的，万法本闲；尚留见闻的，长安正闹。若能善观时节,把断要津,堂堂越圣超凡,一一骑声盖色,当处平和一句作么生道?志士惜日短,愁人知夜长。"

上堂云:"一尘入正受,尽大地冷啾啾;诸尘三昧起,遍十方闹浩浩。分身百亿,未足为多;端坐虚堂,未尝言静。到这里,卷舒收放,擒纵杀活,以金刚宝剑截断疑情,将衲僧巴鼻脱生死关,坐断要津,不通凡圣,千人万人罗笼不住,百千境界转变不得,始能为如来使,普现色身。且道正当恁么时如何?日用无回互,当机有卷舒。"

上堂云:"山头鼓浪,井底扬尘,眼听似震雷霆,耳观如张锦绣。三百六十骨节,一一现无边妙身;八万四千毛端,头头彰宝王刹海。不是神通妙用,亦非法尔如然。苟能千眼顿开,直下十方坐断,且超然独脱一句作么生道?试玉须经火,求珠不离泥。"下座。

上堂云:"第一句下荐得,祖师乞命;第二句下荐得,人天胆落;第三句下荐得,虎口里横身。不是循途守彻,亦非革彻移途。透得则六臂三头,未透亦人间天上。且道三句外一句作么生道?生涯只在丝纶上,明月扁舟泛五湖。"

升座云:"炎炎伏暑离青嶂,肃肃清秋渡碧湘,古殿耽耽松桧密,无尘金地足清凉。既到这里,还有本色衲僧么?出来共相证明。"(问答不录)

师乃云:"法无住相,着相乖宗;道不虚行,随行得路。须知住中无住,行中无行,宽若太虚,明如杲日,万象不能藏覆,千圣岂可拟伦?一尘飞而翳天,一芥堕而覆地,一花开而见佛,一叶落而知秋。物物头头,明明历历,事有千差,理归一揆,须是通方作者始解证明。不见道:尽乾坤都卢是沙门一只眼。又道:尽大地撮来如粟米粒大。非是神通妙用,亦非本体如然。到这里,遇缘即宗,随处应机。且到山一句作么生道?古殿倚岩腹,新径绕云根。”复云：“诸佛不出世，四十九年说，威音以前没交涉；祖师不西来，少林有妙诀，达摩一宗扫土净尽。若人识祖佛，渠无面目，甚处识渠？当处便超越。前是三门佛殿，后是方丈寝堂，左右厨库僧堂，作么生说当处超越？还委悉么？撒手到家人不识，更无一物献尊堂。”

上堂，师云：“大道无向背，至理绝言诠，迥出三乘，高超十地，万法不到处，特地光辉生。佛未分时，灵源独耀，不落闻见，不随色声，直下无一丝毫头，遍界全彰奇特事，直饶棒头取证，喝下承当，犹是曲为今时；更或光境俱忘，契心平等，毕竟亦非的旨。所以道：向上一路，千圣不传，学者劳形，如猿捉影。到这里，理绝、事绝、行绝、照绝、用绝、权绝、实绝，直似倚天长剑，凛凛神威，如铁牛之机，罗笼不住。今日不肯被盖囊藏，八字打开去也。”拈拂子云：“还委悉么？耀古腾今活鲅鲅，大千沙界露全身。”

复云：“大众！昔日雪峰拈拄杖示众云：‘我这个为中下机人。’时有僧出问云：‘忽遇上上机人来时如何？’峰拈却拄杖。云门云：‘我不似雪峰打破这葛藤。’乃拈拄杖云：‘我这个为中下机人。’时有僧问：‘忽遇上上机人来时如何？’云门便打。”

师拈云：“大凡扶宗立教，须是顶门上具眼，肘臂下有符。看他二老宿纵横杀活，出没卷舒，甚生奇特，仔细检点将来，犹是节外生枝。若据山僧见处，乃拈拄杖云：山僧只将这个普为一切人，无论上中下，若要擎展，一任擎展；若要承当，一任承当。处处把断要津，个个壁立千仞。且道忽遇其中人来时如何？万国醉心尝大鼎，相逢携手上高台。”

上堂云：“玄玄玄，太颟顸；了了了，没边表。有生有灭，特地乖张；无去无来，转见漏逗。不起灭尽定而现诸威仪，不舍凡夫法而修诸胜行，且道是放行？是把住？随流认得性，无喜亦无忧。”

檀越请上堂，僧问：“教云：‘初日分、中日分、后日分皆以恒河沙等身布施。’如何是初日分恒河沙等身布施?”

师云:“大海若不纳,百川应倒流。”

进云:“如何是中日分恒河沙等身布施?”

师云:“现成公案。”

进云:“如何是后日分恒河沙等身布施?”

师云:“尽未来际一时收。”

师乃云:“日面月面,珠回玉转;有句无句,丝来线去。如来禅,父母未生前;祖师意,井底红尘起。透得者,权实句下双明;透未得者,葛藤窝里埋没。透得透不得,总不恁么时如何?薰风自南来,殿阁生微凉。”

结夏上堂云:“高超十地,不历僧祇;物我一如,身心平等。不与万法为侣,不与千圣同途,历历常光现前,处处壁立万仞。直饶透出威音以前,犹是这边事在。及乎理随事变,应物应机,或现十种他受用身,或现三尺一丈六,有时孤峰顶上目视云霄,有时浅草平田横三竖四,亦只是这边事。只如不动步而廓周沙界,不起念而周遍十虚的人,且道九旬三月还结夏也无?云在岭头闲不彻,水流涧下太忙生。”

郑枢密奏到紫衣、师名,上堂云:“此一瓣香,奉为祝严今上皇帝,伏愿帝基永久,宝祚弥昌,亿万斯年永隆圣寿。次拈香,奉为两府枢密相公,伏愿常居三事,永处岩廊,寿算等乔松,福禄深巨海。”

升座,僧问:“师名远赐,全提佛祖大机;椹服初披,独露人天正眼。百匝千重则且置,孤峰顶颔事如何?”

师云:“优钵罗花火里开。”

进云:“只如朕兆未分以前,是何面目?”

师云:“渠无面目。”

进云:“龙得水时添意气,虎逢山势长威狞。”

师云："谁不恁么？"

进云："空生若解岩中坐，争得天花动地来？"

师云："却被阇黎勘破。"

进云："圣明天子，未审将何报答？"

师云："此心心外更无心。"

进云："还许学人转身吐气也无？"

师云："你作么生着力？"

进云："三事衲衣青嶂外，一炉沉水白云中。"

师云："大家赞叹。"

师乃云："大道绝遮拦，其谁趣向？虚空无背面，何处雕镌？迥出威音王，高超毗卢顶，直得绝尘绝迹，离相离名，海口莫能宣，佛眼觑不见。其奈岩中宴坐，诸天雨花；净室掩关，梵音慰谕。远禀一人洪造，特资宰辅陶熔，椹服师名，荐臻岩穴。既尔从天降下，理应直下承当。泉石光辉，林峦增秀，风行草偃，水到渠成。由是击开解脱门，显示正法眼，调无生曲，唱太平歌，乐无为之化去也。还委悉么？优钵罗花开，嗅着无香气。名自枢密府，恩从九天至，草木生光辉，麟龙不为瑞，誓奋铁石心，仰答邱山惠。"

解夏上堂云："妙净明心，本无延促；金刚正眼，岂有开遮？丝毫不移，古今独露。理随事变，事逐理融，随所作心，应所知量，便有春夏秋冬，生住异灭。从无住本，立一切法，用无功用成一切事，且随缘不变一句作么生道？秋风吹八极，木落露千山。"下座。

道林辞众上堂云："十虚同一沤，宁分彼此？大千同一尘，岂有去来？若能各人明见本心，显发妙用，通天作略，动静一如，匝地风光，彼此无二，住也浮云凝于幽谷，去也虚舟泛于长江，去住本自圆成，解脱更无异路，如是则全起全灭，全动全静，全去全来，全收全放。且出门一句作么生道？头头物物皆成现，正眼当阳廓太虚。"复云："三年承乏幸参陪，道业荒虚愧不材，赴诏直从天外去,何时相与复徘徊?”

上堂,升座云:“道不虚行,如风偃草;缘不虚应,似镜临形。若能于心无心,于己无己,于彼无彼,于我无我,荡荡廓周沙界,皆非外物纵历,尽乾坤际悉在目前,法随法行,法幢随处建立,理亦如是,事亦如是。况宝公道场,梁时示化;舒王福地,圣世重兴。宏开选佛场,宣唱大般若,于其中间且作么生是于心无心,于己无己,坐断要津,不通凡圣的一句?三山半落青天外,二水中分白鹭洲。”

结夏上堂云:“一尘含法界无边,仔细点检,犹有空缺处在。百亿毛头狮子,百亿毛头一时现,著实论量,未是极则之谈。若论本分事,大人具大见,大智得大用,设使尽无边香水海,越不可说不可说世界,都卢是自己安居处。举一念,超越无边刹海,犹未是衲僧行履处。不犯锋芒,不拘得失,不落二见,不在中间,正当恁么时如何?山中九十日,云外几千年。”

上堂云:“一切无收摄,触处圆成;应用绝参差,莫穷形相。向千圣顶𩕳上,有时露出祖佛莫穷的机关;于一毫端中,有时演出主宾互换的文彩。经天纬地,玉转珠回即且置。”举拂子作点势云:“这一点落在什么处?海神知贵不知价,留与人间光照夜。”

上堂云:“至真非内,大千非外,表里一如,含融法界,月印寒潭,珠沉沧海,树凋叶落,无在不在。万法本通同,从来无向背,要是个中人,始终无变改。且作么生是无变改?雪后始知松柏操,事难方见丈夫心。”

上堂云:“格外真乘,当阳正眼,骑声盖色,离见绝闻,非三贤十圣所知,非神通变化所测,拨开向上一窍,威音以前把断封疆,直饶达摩西来,也无措手足处。到这里,更说心说境,说得说失,得么?掀知有什么交涉?若是利根汉,一刀截断,不落第二见,不落第二机,直下便承当,岂不省要?乃至若行若住,若坐若卧,一香一花，一瞻一礼，无不皆从自己流出，无不皆从本有道场中来，以此坐断报化佛头，不妨随时着衣吃饭，三世诸佛只言自知，祖师西来全提不起，一大藏教诠注不及。且道到这里作么生说预作津梁的道理？还委悉么？片云点太清，已落第二见。"

报宁民和尚受帖上堂云："一向孤峰独宿，目视云霄，虽则不埋没宗风，无乃太高生；一向十字路口土面灰头，利物应机，虽则埋没自己，无乃太屈辱生。况明悟之士，顶门具眼，肘下有符，出没卷舒，得大自在，动若行云，止犹谷神，可以或孤峰独宿，不碍土面灰头；或土面灰头，不碍孤峰独宿。恁么中有不恁么，不恁么中却有恁么，且应时应节一句作么生道？"良久，云："瑞气逢嘉运，灵苗触处春。"下座。

上堂云："千圣不同辙，正体独露；万象无所覆，妙用常真。法随法行，无处不遍；心随心用，无处不周。若能上绝攀仰，下绝己躬，放出人人常光，目前各各独露，便可以于一尘中现宝王刹，坐毛端里转大法轮。以无转而转，即一切皆转；以无身现身，一切处无不是身，亘古亘今，凝然寂照。所以道：唯一坚密身，一切尘中现。虽居尘中，而尘中收他不得；虽居四相，而四相罗笼不住。虽一切处觅其纤毫形相了不可得，然而要用便用，要行便行，亦不于一尘中觅尘，亦不寻其纤毫形相，谓之无生法忍。且只如截断两头一句作么生道？死生同一际，万化悉皆如。"

解夏上堂云："毫端宝刹，宽阔优游；十世邻虚，古今渺邈，洞视不见，彻听不闻。到这里，非止善财七日敛念，设使文殊百劫运大智力，起无边神用，亦不能觑见。只如诸人九十日间，各各于中全体游历，出没卷舒，纵横收放，八穴七穿，东涌西没，倘忽于此知得谛当去，不妨步步踏着实地，心心契证平常；苟或未然，今日布袋口开。还委悉么？"良久，云："无谓清秋多胜致，低回且复按云头。"

开炉上堂云:“干茆近火,理合先焦;滴水冰生,事不相涉。倘或透生死,明寒暑,融动静,一去来,直得意遣情忘,如痴似兀,然后乃可饥则吃饭,健则经行,热则乘凉,寒则向火。虽然如是,赵州道:‘我在南方三十年,有个无宾主句,直至如今无人举得。’且无宾主话,火炉头如何举得?还委悉么?衲被蒙头万事休,此时山僧都不会。”

上堂,僧问:“选佛场开,上根圆证,不昧当机,如何指示?”

师云:“一超直入如来地。”

进云:“庞居士道:‘不昧本来人,请师高着眼。’马大师因什么直下觑?”

师云:“顶门上有。”

进云:“居士道:‘一种没弦琴,唯师弹得妙。’马大师直上觑,未审意旨如何?”

师云:“暗里能抽骨。”

进云:“直上觑的是?直下觑的是?”

师云:“莫谤马大师。”

进云:“争奈龙袖拂开全体现,象王行处绝狐踪?”

师云:“有庞居士证明。”

师乃云:“真妄窠窟,生死根株,论其汗漫则千差,掬其趣向则一致。起唯法起,灭唯法灭,起灭全真,了无二致。所以道:三界唯心,万法唯识。离心之外,无别识境。杨岐又道:‘群灵一源,假名为佛,体竭形消而不变,金流朴散而常存。’如此则亘古亘今,不生不灭,罗笼不住,呼唤不回,古圣不安排,至今无处所。且始终不变一句作么生道?还委悉么?不从千圣中传得,透出威音更那边。”

杨安抚请上堂,僧问:“白云生满座,瑞气拥禅堂,少室真消息,当机愿举扬。”

师云:“一举千差同一照。”

进云:“一音清迅生潮舌,万类聊闻道眼开。”

师云:“风行草偃。”

进云:“只如蕴定乾坤谋略,有盖世英雄具杀人刀,秉活人剑,还有佛法道理也无?”

师云:“有。”

进云:“如何是佛法道理?”

师云:“直是天下无敌。”

师乃云:“十虚融摄,正眼洞明;八表升平,圆机独运。万象不能藏覆,千圣无以拟伦,明明绝承当,历历无回互,现成是个大解脱门,有超宗越格的眼,具离见绝情的机,出没于中,往复同用,直得拈起也,天回地转,应须拱手归降;放下也,草偃风行,必合全身远害。可以集众福,可以灭诸殃,可以报君亲,可以安邦国,全明一道神光,不落见闻知觉。正当恁么时,收因结果一句作么生道? 万里江河归有道,凯歌齐唱贺郎回。”

上堂,僧问:“单拈独弄,只贵眼辨手亲;正按傍提,须是作家手段。棒喝交驰则且置,顶门一句事如何?”

师云:“倒行此令。”

进云:“蒋山门下不为分外。”

师云:“分身两处看。”

进云:“学人更向上行时如何?”

师云:“且只向下问。”

进云:“任大也须从地起,更高争奈有天何?”

师云:“过。”

师乃云:“目击尘尘刹刹,同居华藏海中;顶门密密堂堂,浑是无生法忍。拈一茎草,现丈六身;吹一布毛,传正法眼。离无离有,绝圣绝凡,八字打开,分明显示了也。若委悉得去,”遂举拂子云:“东方妙喜世界不离个里,西方极乐世界亦不离个里,上方兜率世界亦不离个里,如是则一处通,千处百处一时通;一处圆,千处百处一时圆。且不离本有一句作么生道?阎浮树下亲修处,九品莲中妙果圆。”

开圣节上堂云:“顶天履地,共荷皇恩;含齿戴发,均承帝力。神霄降庆,真主示生,倾万国丹心,祝一人圣寿。当阳有路,万派朝宗,一句无私,辄输肝胆。还委悉么?大明齐北极,圣寿等南山。”

升座,僧问:“承师有言:‘龙飞凤舞,降自九重。’此意如何?”

师云:“无人不仰最深恩。”

进云:“好音在耳,人皆耸去也。”

师云:“水到渠成是一家。”

进云:“直得樵夫舞袖,野老讴歌去也。”

师云:“谁不恁么?”

进云:“庄野春林与天花而合彩。”

师云:“一枝别是太和春。”

进云:“争奈云本无心,自有从龙之势。”

师云:“却得阇黎出气。”

进云:“只如宝公还肯放和尚去也无?”

师云:“放来久矣。”

进云:“从教猿鹤怨,且副一人心。”

师云:“是处是弥勒,无门无善财。”

师乃云:“寒岩枯木白云堆,散质何能中巨财?岂为虚声彻清禁?紫微圣诏九天来。既然事出意外,要须直下承当,所贵正眼流通,仰祝无疆睿算。直得昆虫草木悉仰动地风光,大地生灵咸沾唐虞睿泽,处处和风遍野,人人喜气盈眸,感覆焘无疆之恩,荷一人生成之德。正当恁么时,还委悉么?碧桃冉冉凝朝露,红杳蒙蒙映彩霞。”下座。

乔贵妃设千佛会，上堂云：“千花显瑞应，万善积灵台，广辟解脱门，大开无价藏，举扬正法眼，表示千佛因。直得遍界绝笼罗，当阳无取舍，透声透色，亘古亘今。有具大信根，修菩萨行，发难思愿力，启清净庄严，建大道场，具列珍馐，一香一花，一茶一果，同法性，等太虚，尘尘刹刹，千佛放光，如理如事，十方普应。所以道：大匠无绳墨，良材无曲直，红轮烁太虚，遍界皆辉赫。一花开，一佛出世；一尘举，一佛成道。主伴交参，森罗显焕，集无涯福禄，祝睿算无疆。正当恁么时，作么生道？室内千灯相照耀，天边宝月更清圆。”

郛国大王请上堂，僧问：“如何是第一句？”

师云：“岂容声相从君见？”

进云：“半夜碧云笼古殿，天明海岸迸金乌。”

师云：“肘臂有符人共看。”

进云：“如何是第二句？”

师云：“真金须向炉中锻。”

进云：“倒骑铁马上须弥，踏断曹溪流水声。”

师云：“正在半途间。”

进云：“如何是第三句？”

师云：“出草入草要求人。”

进云：“妙喜刹中为雨露，无明山上起云雷。”

师云：“分明垂手处，仔细好生观。”

师乃云：“至理自调然，千花曾现瑞，无在无不在，十方即目前。若是利根上智，一举便解承当，既能截断众流，可以超今冠古。以如是智，以如是力，以如是心，以如是愿，明同杲日，宽若太虚。所以道：譬如虚空，体非群相，而不拒彼诸相发挥。又道：若人欲了知，三世一切佛，应观法界性，一切唯心造。盖此清净本元,离去离来,离声离色。若以真实正见契寂如如,虽二六时中不思不量,无作无为,至于动静语默觉梦之间,无不皆是本地风光,本来面目,现诸祥瑞,现诸奇特,皆是从无量无边劫海薰习种智,从清净微妙根智如是应现。正当恁么时如何?无相光中千佛现,一道清虚亘古今。"

复举:"释迦老子灵山会上说大般若,舍利弗于佛前问须菩提:'梦中说六波罗蜜与觉时,是同是别?'须菩提云:'此义幽深,吾不能说。此会中有弥勒大士,次补佛处,可往问之。'弥勒云:'谁为弥勒?谁是弥勒者?'"

师拈云:"还委悉么?一句当机,万缘寝削。更听一颂:'梦中说法觉无殊,妙用神通不出渠。谁是谁名总弥勒,祥光起处现心珠。'"下座。

本然居士请上堂,云:"寸丝不挂,犹有赤骨律在;万里无片云处,犹有青天在。若乃不尽去,未免这也周由。直饶一切坐断,已落佛祖圈缋。到这里,作么生举扬?作么生提持?虽然如是,从上来有个现成公案,不免提持去也。古者道:'吾有大病,非世所医。'僧后问曹山:'未审是什么病?'山云:'攒簇不得的病。'僧云:'未审一切众生还有此病也无?'山云:'众生若病,即非众生。'僧云:'只如和尚还有么?"山云:'正觅起处不得。'大众!此病即非世所医,须要本分作家以金刚锥与他顶上一扎。正觅起处不得,也与一服,直教祖病、佛病、玄妙之病,机缘境界,悉洒洒落落,脱然解脱,不住解脱机。到这里,罗笼不肯住,呼唤不回头,古圣不安排,至今无处所。只这无处所,早是处所了也,直须千峰万峰那边承当得去好。等闲拈一机,举一句,尽与人抽钉拔楔,解黏去缚,更说什么直指人心,更觅什么见性成佛。正当恁么时如何?不假纤毫力,碎佛祖窠窟。"下座。

少保张丞相忌日请上堂,僧问:"维摩大士去何从?千古令人望莫穷，不二法门今正问，夜来明月上高峰。只如维摩一默，意旨如何？”

师云：“逼塞虚空。”

进云：“恁么则当阳无向背，觌体露全机。”

师云：“无你插嘴处。”

进云：“争奈前三三，后三三。”

师云：“也是巩县茶瓶。”

进云：“只如文殊道‘我于一切处无言无说’，与他一默，是同是别？”

师云：“落在第二头。”

进云：“争奈斩钉截铁。”

师云：“横按镆铘。”

进云：“只如无尽居士与和尚平昔道契相知，且道即今何在？”

师云：“为你说了也。”

进云：“学人今日小出大遇。”

师云：“你将什么报恩？”

进云：“万古碧潭空界月。”

师云：“闲言语！”

师乃云：“大众！握佛祖钳锤，控作家炉鞴，烹煅古今，验证衲僧，唯用向上一机，金刚王宝剑。临济祖师传黄檗、马祖此个机要，向大河之北独振正宗，一喝分宾主，照用一时行，坐断天下人舌头，奔走四海云水，以至乃子乃孙传此正见，用此真机。若非大解脱人，安能当阳证验？忆昔无尽大居士，生平以此个事为务，遍寰海宗师无不咨参，到兜率山下逢见老衲，论末后句，始得脱体全真，言解道理一时脱却，遂作偈云：‘鼓寂钟停托钵回，岩头一拶语如雷。果然只得三年活，莫是遭他授记来。’铿金戛玉，虎骤龙骧,不妨具大机,得大用,以此正印,印天下丛林善知识。山僧昔在湖北相见,与伊电卷星驰,一言契证,表里一如。居士功业书于竹帛,遗德在于生民,后来当此之日,撒手那边行止。且道无尽居士向什么处去？还委悉么？大千沙界诸佛土,刹刹尘尘现胜身。”

复云:“盛德在生民,四方共钦仰,三教大宗师,秤头有铢两。七十九岁佛齐年,是日霜风亘霄壤,一声振忽雷,前星堕云帐。麒麟掣断黄金锁,一跃直归梵天上,万载千秋著遗想。”

郑太师请上堂,僧问:“万机休罢时如何？”

师云:“坐断毗卢顶。”

进云:“可谓风前一句超调御,拟问如何历劫迷。”

师云:“只得拱手赞叹。”

师乃云:“灵光未兆,万汇含太虚;一气既彰,花开世界起。过去诸佛、现在诸佛、未来诸佛,皆同个中出现;若天若人若群生,无不从是中流出。以一处明,百处千处光辉;一机转,千机万机历落。所以道:净法界身,本无出没,大悲愿力,示现受生。然而此悲此愿此力,若是宿禀灵根,具超脱种智,则才生下时,已作狮子吼,已具大神通,至于若行若住若坐若卧,或放行,或把住,无不皆从诸圣顶𩕳上纵横十字,乃至享福享寿享富贵多子孙,悉承渠侬威力,正当恁么时一句作么生道？重重彰瑞气,一一涌金莲。”

复颂云:

“威音以前灵苗秀,到今光彩转新鲜。

万卉芬芳风景丽,寿山高到大椿年。”

大内庆国夫人请上堂,僧问:“空劫中还有佛法也无？”

师云:“逼塞虚空。”

僧云:“未审学人向什么处安身立命？”

师云:“蹉过也。”

僧云："和尚唤什么作虚空？"

师云："阇黎问从何来？"

僧云："三际断时凡圣尽，十身圆处刹尘空。"

师云："争奈你踏不着。"

师乃云："处处真，无回互；尘尘尔，有鉴觉。万象以不见而见，万法以不闻而闻。不见，见其见，逼塞虚空；不闻，闻其闻，包含万有。离却见不见、闻不闻，别有一段奇特事，要须是个大解脱机，大解脱用，然后方能历落，起处全真。岂不见僧问云门：'如何是尘尘三昧？'门云：'钵里饭，桶里水。'又僧问：'如何是诸佛出身处？'门云：'东山水上行。'一等是个时节，朴实头处直是朴实头，孤危峭峻处直是孤危峭峻。正当恁么时，将个什么提持？将个什么眼目辨别？还委悉么？试玉须经火，求珠不离泥。"

复颂云：

"此心含法界，明契本来人。

千祥如雾集，万善若云臻。"

上堂云："我我我，渠渠渠，千圣顶𩕳乃遽卢。不是心，不是物，一口吞尽三世佛。浮幢王，香水海，拈起掷向他方外。净裸裸，赤洒洒，万象森罗无缝罅。平怀的实镇巍然，饥来吃饭困来眠。"下座。

大内贵妃请上堂，云："一句子出于千圣顶门，一妙机发于无尽宝藏，迥无依倚，杳绝端倪，非色非心，非如非异。尽虚空，穷法界，都卢是个大解脱门，你诸人浩浩地于中出入，还觉寒毛卓竖么？若向脚根下一念不生，全体显露，则净裸裸，活鲅鲅，要行即行，要住即住，要用即用，要休即休，不指第二头，不落第二见。到这里，亘古亘今，凝然寂照。若踏着去，透脱生死，是甚闲事！能以无漏根力建法幢，立宗旨，衣被一切群灵，尽未来际，无有穷尽。正当恁么时，且道承谁恩力？还委悉么？五蕴山头无相佛，放光动地廓周沙。”颂云：

“一心无住着，遍界法王家。

崇成无漏福，端坐宝莲花。”

上堂，升座云：“正令已行，十方同应，献花酌水，全藉傍人。还有共相证明的么？”

僧问：“唱罢御楼一曲，高升浮玉孤峰。未过扬子江，如何道得接手句？”

师云：“风不来，树不动。”

进云：“只这里何异妙峰顶？”

师云：“吹毛宝剑当头截。”

进云：“忽若德云比丘出来道个隔，和尚如何转身？”

师云：“也则摸索不着。”

进云：“争奈处处无回互，头头不让机。”

师云：“七日何曾得见来？”

进云：“设使亲见，也只是山上的。”

师云：“苦屈之词最难吐。”

进云：“学人若也通消息，只恐扬子江水逆流去。”

师云：“三十棒且待别时。”

师云：“大道无背面，直机有卷舒。撮大地如陶家轮，运大千向针锋上，犹未是寰中正令，阃外全威，所以万国仰瞻，同归舜日，灵光一道，共照皇家，重兴佛祖道场，追还普天宝所，正令全提，主宾同用。山僧今日得奉一人圣诏，傍资宰辅威权，共建法幢，竖立宗旨。扬子江心，滔天滚浪；妙峰孤顶，舒卷闲云。是处着眼不前，顶颈正令全现，若是个同得同用，同杀同活的，共一眼见，共一耳闻，同一口宣，同一音演，更无异缘，亦无异见，说什么九十六种、二十五有，正要当头辨取，一时列在下风。且如今应时应节事作么生道？一句迥超今古格，万年仰祝圣明天。”

上堂云："大众！赤肉团上，人人古佛家风；毗卢顶门，处处祖师巴鼻。拈一机，千机万机通透；用一句，千句万句流通。不假他人，全彰己用。若也人人恁么返照，则亘古亘今，凝然寂照，一段光明，非中非外，非色非心，行棒也打他不着，行喝也喝他不得，直得净裸裸，赤洒洒，是个无生法忍不退转轮，截断两头，归家稳坐。正当恁么时，不须他处觅，只此是西方。"

钱学士请升座，云："透生死关，出有无见，脱佛祖机，超格则量，须是利根上智，一闻千悟，直下承当始得，撒手那边，更无余事。所以道：几回生，几回死，达者悠悠无定止。自从顿悟了无生，于诸荣辱何忧喜？诸人还识无生么？劫火洞然毫末尽，青山依旧白云中。"

升座云："盖天盖地，触处逢渠；亘古亘今，全彰正体。法无异相，不落生灭；时无异缘，不涉春秋。所以道：处生死流，骊珠独耀于沧海；踞涅槃岸，桂轮孤朗于碧天。如是则人人脚根下辉腾今古，迥绝见知，六处惹绊不住，三界收摄不得，唯当阳直截承当，便见透脱分晓。正当恁么时如何？天上有星皆拱北，人间无水不朝东。"下座。

上堂云："法身无相，应机现形；法眼无瑕，随照鉴物。安排不得处，是天真佛；受用不及处，乃向上机。若能上绝攀仰，下绝己躬，鼻孔摩触家风，髑髅常干世界，则一为无量，无量为一，小中现大，大中现小，更讨什么生死去来？地、水、火、风、声、香、味、触，都卢是个真实人体，还有人向个里承当得么？识取摩尼无价珠，当来受用无穷极。"

黄运使请上堂，云："大众！一句截流，铁壁银山莫凑泊；万缘俱透，照地照天绝罗笼。明明无覆藏，历历非照用。三世诸佛出兴，唯此一事；历代祖师传持，亦此一心。所以般若如大火聚，般若如无尽藏，般若如泛海舟楫，般若如照夜明灯。若向下委曲提持,则敲床竖拂,瞬目扬眉,或语或默,说有说无;若向上提掇,如击石火,似闪电光,有时行棒,有时行喝,有时箭锋相拄,有时佛眼觑不见。虽然如是,犹有向上向下,忽遇其中人,却没许多般事,只是现成。所以道:山是山,水是水,天是天,地是地,不移易一丝毫。正当恁么时,还委悉么?万邦有道归皇化,偃息干戈乐太平。"

郑龙学请上堂,云:"相逢不拈出,举意便知有。且道此意作么生举?知有个什么?若论佛论祖,论玄论妙,论机论境,论棒论喝,尽是末边事。上头还着得么?若着得去,尽十方世界香水海向一毫头上见得物物头头,初无变易;若向一毫端蹉过,设使用得七穿八穴,亦没交涉。只如有交涉一句,你作么生道?咭嘹舌头三千里,壶中日月自分明。"

上堂云:"灵山话月,语密难藏;曹溪指月,心真莫测。倒却门前刹竿著,已落第二头;金刚阶下蹲,神龟火里走,犹落第三首。只如未有佛祖以前,还有恁么时节么?到这里,不论懵底,唯是俊流。还委悉么?巨浪涌千寻,澄波不离水。"

耿左丞请上堂,云:"无佛世界是般若光,百千圣贤是般若用,金刚正体是般若根,摧魔城垒是般若力。有如是自在威神,得如是解脱知见。用一丝毫,千里万里尽光辉;拈一丝毫,无边世界无变易,全体承当,如如不动。所以乃佛乃祖提持此事,令一切人各各于根脚下洞明正见,得其光,显其用,证其根,获其力。正当恁么时如何?天上有星皆拱北,人间无水不朝东。"

陈大夫请上堂,师云:"有句无句,初无两端;如藤倚树,打作一片;树倒藤枯,忍俊韩卢;呵呵大笑,金毛狮子。若是铁眼铜睛,当阳觑透,便可以把断要津,不通凡圣,终不向他语言里作窠窟,机境上受罗笼。所以道:言无展事,语不投机,承言者丧,滞句者迷。不落语言,不立机关,布漫天网,打冲浪鱼,垂万里钩,驻千里乌骓，也须还他大达之士始得。所以赵州勘破处为方便，玄沙蹉过处验作家，雪峰辊球，云门顾鉴，睦州现成，俱胝一指，如生铁铸就，通上彻下，只要个本分人。忽若总不恁么又作么生？委悉么？了取平常心是道，饥来吃饭困来眠。”复颂云：

“即心即佛开心印，非佛非心蹈大方。
当处分身千百亿，普光明殿放毫光。”

卷第十四

明宗真觉圆悟勤禅师语录

上　堂*

赵观察请上堂，僧问："有一句子，从上千圣不曾道着，未审唤作什么句？"

师云："你哪里得这消息来？"

僧云："未审千圣密祝用哪一句？"

师云："用鼻孔上一句。"

僧云："此一句还该一切也无？"

师云："阇黎不空缺。"

师乃云："当阳直截，不昧时机，答去问来，全彰奥旨。直得千古万古只如今，前佛后佛无别道，宽廓无外，大千沙界个中藏；寂寥非内，香水海里浮幢刹。若能无彼无此，非色非心，直下坐断要津，不通凡圣，则古释迦不先，新弥勒不后。只如今人人顶门上放大宝光，壁立千仞，显一切妙用神通，挺单提不思议力，正当恁么时一句作么生道？一一山河无障碍，重重楼阁应时开。"

上堂云："山僧入院得六日，表里如如，十方纯静，只有一事说向诸人。且道是什么事？不得动着。"下座。

上堂云："古者道：'结夏得十一日也，寒山子作么生？'又道：'结夏得十一日也，水牯牛作么生？'山僧即不然，结夏得十一日也，灯笼露柱作么生？若透得灯笼露柱，即识水牯牛；若识得水牯牛，即见寒山子。忽若拟议，老僧在你脚底。”

上堂，僧问：“镜清：‘诸方只具啐啄同时眼，不具啐啄同时用。’如何是啐啄同时眼？”

师云：“打破千年野狐窟。”

进云：“如何是啐啄同时用？”

师云：“掀翻骊龙颔下物。”

进云：“南院道‘作家不啐啄，啐啄同时失’，又作么生？”

师云：“随他语言走向草窠里打辊。”

进云：“忽被学人掀翻禅床时如何？”

师云：“我且问你见个什么道理？”

僧礼拜云：“仁义道中放过一着。”

师云：“倒退三千。”

师乃云：“平旦清晨五月一，吹起少林无孔笛，十方沙界坦然平，大地山河印印出。二祖曾不往西天，达摩曾不到梁国，大家共贺太平歌，摩诃般若波罗蜜。”复云：“孤迥迥，峭巍巍，面前案山子，昔闻弘觉言，今朝亲到此，有时生层云，有时霈微雨，逗到大晴明，依前突兀地。且道是心耶？是境耶？为复在心内？为复在心外？鸳鸯绣出从君看，不把金针度与人。”下座。

上堂云：“五月五日天中节，万祟千妖俱殄灭，眼里拈却须弥山，耳中拔出钉根楔。钟馗小妹舞三台，八臂那吒嚼生铁，敕摄截急急如律令。”

上堂，举：“僧问法眼：‘慧超咨和尚：如何是佛？’法眼云：‘汝是慧超。’”

师云：“还委悉么？病遇良医，饥逢王膳，酱里得盐，雪中送炭。”

上堂云：“昨日风，今日风，阵阵不从他发；十日雨，五日雨，点点不落别处。大方无外，大象无形，尽世界撮如粟米粒，总虚空乃掌中叶,可以拽新罗国与占波国斗额,直得东胜身洲射箭,西瞿耶尼中垛。所以道:髑髅常干世界,鼻孔摩触家风。若是未出阴界,尚滞见知闻。恁么说话,一似鸭听雷鸣,隔靴抓痒,直饶脱却根尘,去却机境,尚余一线路在。且二途不涉一句作么生道?还委悉么?佛殿阶前石狮子,大洋海底铁昆仑。"

上堂,僧问:"百丈问沩山:'并却咽喉唇吻,作么生道?'山云:'却请和尚道。'此理如何?"

师云:"傍观者哂。"

进云:"百丈云:'不辞向汝道,恐以后丧我儿孙。'为复是答他话?为他说?"

师云:"老婆心切。"

进云:"五峰道:'和尚也须并却。'意旨如何?"

师云:"一箭中红心。"

进云:"百丈道:'无人处斫额望汝。'是肯他?不肯他?"

师云:"万人丛里夺高标。"

进云:"云岩道:'和尚有也未?'又作么生?"

师云:"拖泥涉水两三重。"

进云:"未审云岩会了恁么道?不会了恁么道?"

师云:"与阇黎一般。"

进云:"忽有人问和尚:'并却咽喉唇吻,作么生道?'"

师云:"合取。"

进云:"恁么则与云岩一般去也。"

师云:"直截根源人不识,忙忙业识几时休?"

师乃云:"万仞悬崖撒手,要须其人;千钧之弩发机,岂为鼷鼠?云门、睦州当面蹉过;德山、临济诳吓闾阎。自余立境立机,作窠作窟,故是灭胡种族。且独脱一句作么生道?万缘迁变浑闲事,五月山房冷似冰。"

上堂:“壁立万仞处透得,闹市里可以横身;闹市里透得,壁立万仞处可以倒退。何也?根本若真,正眼洞明,则七穿八穴;根本若不明,正眼若麋麻,则皮穿骨露。故德山入门便棒,临济入门便喝,睦州见僧便道现成公案,资福道隔江见刹竿便去,脚跟下好与三十棒,岂不是壁立万仞处透得?大丈夫汉一等是踏破草鞋,何不向祖佛提不起处承当,天人着眼不及处担荷,然后即心即佛,非色非心,以一重去一重,以一句脱一句,岂不是闹市里透得?向个里直得壁立万仞,然后似鹘提鸠。所以古人道:垂手还同万仞崖,正偏何必在安排。然后与么也得,不与么也得,与么不与么总得,似虎靠山。忽若与么也不得,不与么也不得,与么不与么总不得,如银山横路。许他是具眼的,向个里双照双遮,同生同死,全明全暗,全杀全活。正与么时,且作么生?杖头点出金刚王,铁壁银山百杂碎。”复云:“圣凡情解初无相,一法真时法法真。万仞崖头能撒手,千峰顶上现全身。”

上堂,举:“古者道:‘动是诳,寂是谤,动寂向上有事在,老僧口门窄,不能与汝说。’”

师云:“是则是,只道得一橛。若是山僧则不然,语是诳,默是谤,语默向上有事在,老僧舌头短,不能与你说。还委悉么?两刃金刚宝剑,一对无孔铁锤。”下座。

上堂云:“释迦悭,弥勒富,八字打开无尽库。拄杖子化为龙,赫日光中吐云雾,遍界滂沱注甘雨。”卓拄杖,下座。

上堂云:“知幻即离,不作方便,眼里拈却须弥山;离幻即觉,亦无渐次,耳里除却四大海。不见而见,钟鸣鼓响玲珑;不闻而闻,大地山河历落。无生田地,有种有收;般若梯航,有津有济。离一切相即且置,威音王以前一句作么生道?云中生石笋,火里出青莲。”

中秋上堂,僧问:“黄龙三关即不问,如何是杨岐栗棘蓬?”

师云:“天下人吞不得。”

进云:“和尚还吞得也无?”

师云:“老僧是第一个吞不得的。”

进云:“既是吞不得,将何为人?”

师云:“终不敢孤负杨岐。”

进云:“如何是金刚圈?”

师云:“阇黎尽伎俩,百年透不出。”

进云:“忽遇个汉出来道:‘尽是闲言语。’又作么生?”

师云:“一任踍跳。”

进云:“这老和尚今日稍有些子相为。”

师云:“且莫冬瓜印子。”

师乃云:“秋半西风急,当空月正圆,萧萧木叶落,湛湛露珠悬,嘹唳冲云雁,凄清抱树蝉,头头浑漏泄,切忌觅幽玄。”

上堂云:“大众!仲冬严寒,千山万山,滴水滴冻,成块成团,冻得达摩板齿落,冰得金乌嘴团圞。明镜当台幽洞侧,更看双凤舞孤鸾。”复云:“金毛狮子一滴乳,迸散驴儿乳十斛,活却死人平地上,似地擎山石含玉。”

上堂云:“不登泰山,不知天之高;不涉沧海,不知海之阔。此区中之论也。若是其中人,天在一粒粟中,海在一毫头上,浮幢王、华藏界尽在眉毛眼睫间。且道此个人在什么处安身立命?还委悉么?无边虚空盛不受,直透威音更那边。”

上堂云:“三界无法,霜天皎月,何处求心?山高水深;四大本空,不辨西东,佛依何住?乾坤独露。透得脱,见得彻,正在半途逡巡,击碎铁门关,拔脱无根树,便见掌擎日月,背负须弥,引手过越一百一十城,翻身独立十方华藏界。到个里,也无佛,也无祖,不立照,不立用,不立权,不立实,不行棒,不行喝,正当恁么时如何?凭仗阿伽陀妙药,点取金刚正眼开。”下座。

上堂云:“十方同聚会,本来身不昧;个个学无为,顶上用钳锤;此是选佛场,深广莫能量;心空及第归,利剑不如锥。庞居士舌拄梵天,口包四海,有时将一茎草作丈六金身,有时将丈六金身作一茎草,甚是奇特。虽然,要且不曾动着向上关。如何是向上关?铸印筑高坛。”

上堂云:“日面月面,胡来汉现,有时放行,有时把断,世法佛法,打成一片。若作一片会,遇贵即贱;不作一片会,麦里有面。”复云:“三世诸佛不知有,一一面南看北斗;狸奴白牯却知有,戴角擎头狮子吼。四棱蹋地又团圞,八角磨盘空里走。拟推寻,劈脊搂,拈得鼻孔失却口。为问普化一头驴,何似子胡一只狗?”

上堂云:“大众!久雨不晴今日晴,乾坤大地放光明,墙壁瓦砾说佛法,露柱灯笼着眼听。敢问诸人作么生听得?”乃云:“亲。”复云:“释迦老子道:知幻即离,横身万里,不作方便,十分成现;离幻即觉,须弥倒卓,亦无渐次,眼中出刺。忽若尽大地撮来如粟米粒大,且作么生知?扇子踍跳上三十三天,且作么生觉?正恁么时,还委悉么?十方刹海金刚座,万煅炉中铁蒺藜。”

上堂,僧问:“日面佛,月面佛,意旨如何?”

师云:“翻来覆去看。”

进云:“金乌急,玉兔速,又作么生?”

师云:“两重公案。”

进云:“只如道三世诸佛、六代祖师同一舌说,未审同哪一舌说?”

师云:“便是同,也截断了也。”

进云:“未审将什么截?”

师云:“将无舌的。”

进云:“草贼大败。”

师云:“点。”

师乃云:“大众！月生一,快鹰俊鹞趁不及;月生二,德山临济失巴鼻;月生三,文殊普贤特地参。忿怒那吒把须弥一擘,百杂碎,折脚铛子撞破无底篮儿,大悲千手,一只手中一只眼也提不起,无言童子却解道:‘前三三,后三三。’还委悉么？万仞峰头都放却,多年破衲太毰毸。”

上堂云:“大众！傅大士道:‘须弥芥子父,芥子须弥爷。山水坦然平,敲冰来煮茶。’曾闻傅大士乃弥勒大士化身,看他通个消息,不妨着实。山僧今日土上加泥,亦有个颂子:‘须弥纳芥不容易,芥纳须弥匹似闲。长河搅着成酥酪,轻轻击透祖师关。’”下座。

举丹霞裕长老为人入室,上堂云:“大众！摩醯首罗揭示顶门正眼,摩竭陀国全提向上钳锤,壁立万仞绝承当,孤光烁破四天下。所以道:杀人刀,活人剑,将错就错。上古之风规,亦是今时之枢要,和泥合水。若论杀人刀,不存毫末;活人剑,横尸万里。须知杀中有活,擒纵人天;活中有杀,权衡佛祖。直饶说得杀活倜傥分明,山僧更问你觅剑在。正恁么时见么？万仞悬崖垂只手,高峰共唱太平歌。”复云:“赵州道:‘赵州南,石桥北,观音院里有弥勒。祖师留下一只履,直至如今觅不得。’诸人要知落处么？问取丹霞和尚。”

上堂:“金色头陀衣粪扫,毯多尊者运神通,火星迸入新罗国,大象牵藏藕窍中。”下座。

上堂:“一二三四五六七,七六五四三二一,旋风车上定盘星,百尺竿头吹筚栗。咦!”

复举:“云门一日示众云:‘和尚子！莫妄想,山是山,水是水,僧是僧,俗是俗。’时有僧出云:‘学人见山是山,见水是水时如何？’云门以手划一划,云:‘佛殿为什么从这里去？’”

师拈云:“似地擎山,如石含玉,透得过者,尽在无尽藏中;透不过者，未免抟量。只如云门以手划一划，云：‘佛殿因什么从这里去？’又且如何？一叶落知天下秋。”

上堂云：“十方同聚会，个个学无为。此是选佛场，心空及第归。大丈夫具决烈志气，慷慨英灵，踏破化城，直截承当，外不见有一切境界，内不见有自己，上不见有诸圣，下不见有凡愚，净裸裸，赤洒洒，一念不生，桶底剔脱，岂不是心空？到个里，还容棒喝么？还容玄妙理性么？还容彼我是非么？直下如红炉上一点雪相似，岂不是选佛场中擎头截角？虽然如此，仔细检点将来，犹涉阶梯。且不涉阶梯一句作么生道？还委悉么？千圣不留无朕迹，万人丛里夺高标。”复有颂云：

“住山只贵众和谐，表里通明应整齐。
折脚铛儿幸无恙，相凭出手共提携。”

上堂云：“清秋晴色，苗稼丰登，四海晏清，万民乐业，林下之士歇意休心，直下当阳坐断报化，饥餐渴饮，倦卧闲行，无事无为，得大自在。当阳一句，不可重宣，回避不行，直须漏泄。还委悉么？八月秋，何处热？”

复云：“昨夜梦登楼，蓦然得个时节因缘，今朝举似大众，四野迥澄澄，端如坐少林，云笼高岳顶，月在碧波心。”下座。

小　参

云众云：“祖师心印，直截当机，凛若剑锋，明如皎日，当台辉赫，枞尔现前。还有互相平展的么？”

僧问：“世尊久默斯要，及至末后，为什么独召饮光密传法眼？”

师云：“正是龙头蛇尾。”

进云：“一点水墨，两处成龙。”

师云:“带累山僧。”

进云:“苦瓠连根苦,甜瓜彻蒂甜。”

师云:“灼然。”

进云:“也是乌龟吃生菜。”

师云:“取性。”乃云:“欲知佛性义,当观时节因缘。时节若至,其理自彰。苟或时节未至,理地未明,便乃业识茫茫,无本可据。敢问诸公:即今是什么时节?莫是黄昏时节么?莫是小参时节么?莫是坐立俨然时节么?莫是说禅说道时节么?莫是万象交参时节么?莫是心境一如时节么?若与么儱侗,且喜没交涉。今夜诸公在此权立片时,山僧不惜眉毛,确实评论这一段时节去也。只如诸人在此听山僧鼓两片皮,用作时节,正堕常情,须知山僧不曾说一字,诸人不曾闻一言。

“诸人与山僧各各有一段大事辉腾今古,迥绝知见,净裸裸,赤洒洒,各不相知,各不相到,透声透色,超佛越祖。若能退步就己,脱却情尘意想、记持分别、露布言诠、闻见觉知、是非得失,直下豁然,瞥地便与古佛同一知见,同一语言,同一手作,同一体相。非唯与诸圣同,亦乃与历代宗师、天下老和尚同,下至四生六道、醯鸡蠛蠓,无不皆同。不被前尘所惑,知解所挠,不畏生死,不爱涅槃,放旷平常,随时任运,动静施为,无非解脱,能转一切境界,能使一切语言。非唯诸人分上如此,至于古人,无不皆由此个时节得入。

“岂不见赵州初参南泉,悟平常心是道,后来有问西来意,便对曰‘庭前柏树子’,以至‘镇州出大萝卜头’、‘我在青州作一领布衫重七斤’。非唯赵州,德山得此时节,入门便打;临济得此时节,入门便喝;睦州得此时节,便道‘现成公案,放你三十棒’;俱胝一指头上用此时节;鸟窠吹布毛处见此时节。以要言之,古来宗师无不皆用此个时节,只如法眼曾举《参同契》云‘竺土大仙心’,遂云:‘无过此语也,向下中间也只是应时应节说话。’至最后‘谨白参玄人,光阴莫虚度’,乃云:‘住!住!恩大难酬。’设使粉骨碎身,亦报此恩不得。岂不是知此时节方恁么说?

“如今若有未发明处去,只虚度光阴;若参得彻底分明去,二六时中管取无丝毫许落虚。非唯二六时中,下至百千亿劫,尽未来际,悉不落虚。只如山僧说恁么时节,还得谛当也未?”复云:“梦也未曾梦见在。且道还有为人处也无?若善参详,只这一句亦不虚设。有个山颂举似大众:‘秋深天气爽,万象共沉沉,月莹池塘静,风清松桧阴。头头非外物,一一本来心,直下便荐取,切莫更沉吟。’”

示众云:“当轩有路,直下坦平,惯战作家,便请单刀直入。有么?有么?”良久,云:“诸人既是藏锋,山僧不免作一场独弄杂剧去也。未恁么前,是第二头;正恁么时,是第三首;饷间恁么去,只是随波逐浪。如今且向随波逐浪处与诸人商量,还盖覆得么?还有一法与他为伴侣么?所以道:他能成就一切法,能出生一切法,一切诸佛依之出世,一切有情因他建立,六道四生以他为本。只如诸人即今在此坐立,悉皆在他光中显现,还见得他么?若也见得,直下无一丝发隔碍,无一丝发道理,更有什么见闻觉知为缘为对?但恐自家不能返照,所以生疑。寻常不是向诸人道:千言万言,但只识取一言;千句万句,但只识取一句;千法万法,但只识取一法。

“识得一,万事毕;透得一,无阻隔。直下脱却情尘意想,放教身心空劳地,于一切时,遇茶吃茶,遇饭吃饭,天但唤作天,地但唤作地,露柱但唤作露柱,灯笼但唤作灯笼。一切亦然,二六时中只么平常,无一星事。虽然如是,若有个无事怀在胸中亦未得自在,有个有事亦未得自在。直须有事也无,无事也无,无二亦无,犹在半途。若是聊闻举著,入骨入髓,信得及的人闻恁么说话,大似热碗鸣声，寻常闻说个禅字，便去河边洗耳，等闲地不着便；偶然道个佛字，也须漱口三日。

"宁可生身入地狱，永劫受沉沦，向镬汤炉炭里煮炸，终不肯将佛法作解会，亦终不起佛见法见。佛见法见尚自不起，何况更起世间情想，分别妄缘诸业。且作么生见得此人？作么生亲近得此人？有具眼的么？出来道看。如无，待三二十年后，山僧换却骨头，别与诸公通个消息。"

示众云："道无方所，明之在人；法离见闻，断之在智。若能顿舍从来妄想执著，于一念顷顿悟自心，顿明自性，不染诸尘，不落有无，自然法法成现。然虽此事，不可造次领会，须是发大丈夫慷慨特达之志，不顾危亡，不拘得失，存个长久铁石身心，逢境遇缘，不变不异，时时着眼体究，不论岁月，以悟为期。祖师门下不比教家，只要直截根源，于一言下领取，与诸圣同体同用大解脱，任运施为，无不见性。至于杂乱狂慧，思量分别，有一丝毫斩不断，则无趣入之期。教中尚道：'是法非思量分别之所能解。'又云：'以有思惟心，测度如来圆觉境界，如取萤火烧须弥山，终不能着。'祖师道：'但尽凡情，别无圣量。'凡情尽处，圣量现前，直须顿歇妄缘，无念无为，放教虚静，千圣万圣未有不从此门而得入者，只在存诚坚固，努力向前，但办肯心，必不相赚。珍重！"

郡中出队，众请小参，师云："兰城道友集如云，选佛场开不二门，光饰碧岩无舌老，小参佳会四方闻。闻者争如见的？见的争如激扬酬唱的？还有作家禅客么？"

僧问："三世诸佛只言自知，历代祖师全提不起，一大藏教诠注不及，未审和尚如何？"

师云："夹山到这里，口似扁担。"

进云："捉败这老汉。"

师云："且喜没交涉。"

进云："恁么则天下人鼻孔被和尚穿却了也。"

师云："你且道夹山鼻孔在什么处？"僧便喝。

师云："也须穿却。"

进云："明眼宗师天然有在。"

师云："犹是落二落三。"

师乃云："开佛祖炉鞴，用向上钳锤，拟议不来，则千里万里；当锋荐得，则坐断要津。此犹是化门之说，若确实而论，山僧有口无说处，诸人有耳无侧聆处，乃至日月未足为明，虚空未足为广，乾坤未足为大，万象未足为众。到这里，一搓一捺，一挨一拶，要见本分事。且问如何是本分事？大千沙界海中沤，一切圣贤如电拂。"

师示众云："举不顾，即差互。拟思量，何劫悟？且道举个什么？直饶解顾，也是方木逗圆孔，何况更涉思量计较道理，较没交涉。着实而论，有什么事？直下无一丝毫事，亦无一丝毫见闻玄妙道理得失。到这里，便是千圣出来，要举扬也无下口处，要作用亦无动转处。所以云门云：'向你道直下无事，早是相埋没了也。'且道什么处是埋没处？灼然能有几人到此？此是文殊、普贤大人境界，岂是寻常涉道理，计较得失思量的？还知么？须是绝情识，绝玄妙。千圣只言自知，亦无窠臼照用，净裸裸，赤洒洒。

"岩头道：'只露目前些子，如击石火。'此是向上人行履，若觑不见，切不得疑着。若无恁么事，达摩西来经六百年，亦不传至今日。为有恁么事，至今天下列刹相望，一一真善知识踞狮子座，各各为人天师，牙如利剑，口似血盆。其余有窠臼，有依倚，黏皮着骨，有得有失，有传授，尽打入弄泥团处去。若是石头、马师、百丈、黄檗、临济、云门、玄沙、岩头、法眼、沩仰、曹洞此等之流，皆是向上宗师，动静施为皆在此中行履。

"譬如狮子捉象皆全其力，至于捉兔亦全其力。如僧问云居弘觉:‘狮子捉兔捉象亦全其力,未审全什么力?’云居云:‘不欺之力。’要须一一与他本分草料,且哪个是本分草料?岂不见长沙道:‘我若一向举扬宗教,法堂前须草深一丈。事不获已,向你道:尽大地是般若光。光未发时,无佛无众生消息,向什么处得来?’恁么说话,早是葛藤了也。所以寻常向兄弟道:须是打叠情尘,得失计较净尽,蓦地一场汗出,自然活鱍鱍,天下人不奈何。

“幸有如是威风,有如是自在,若随人脚跟转,觅人涎唾吃,则没交涉。且如仰山问同参道:‘近日见处如何?’对曰:‘实无一法可当情。’山云:‘师弟解犹在境。’问:‘何故?’仰山云:‘汝岂无能知一法可当情者?’他直得无一法可当情,尚遭仰山点检。到这里,无能所知,无一法无。无一法也须是个人始得,所以唤作无事人,方始说本来无事。既是本来无事,只如目前万境枞然,六凡四圣哪里得来?直须超达始得。且作么生是超达的句?莫怪从前多意气,他家曾踏上头关。”

小参,僧问:“猿抱子归青嶂里,鸟衔花落碧岩前。此是和尚旧时安身立命处,如何是道林境?”

师云:“寺门高开洞庭野,殿脚插入赤沙湖。”

进云:“如何是境中人?”

师云:“僧宝人人沧海珠。”

进云:“此是杜工部的,作么生是和尚的?”

师云:“且莫乱统。”

进云:“如何是夺人不夺境?”

师云:“山僧有眼不曾见。”

进云:“如何是夺境不夺人?”

师云:“阇黎问得自然亲。”

进云:“如何是人境俱夺?”

师云:“收。”

进云："如何是人境俱不夺？"

师云："放。"

进云："人境已蒙师指示，向上还有事也无？"

师云："不可土上更加泥。"

师乃云："恁么恁么，如虎带角；不恁么不恁么，似兔无角；恁么又却不恁么，暗隔两重关；不恁么又却恁么，全行向上路。此四句若排着四边，则为祸为祟；若一时划断，则为祥为瑞。何故？他从上来本无许多事，只为群机有利钝，所悟有浅深，是故劳他诸圣出来应物现形，随机逗教，便有权有实，有照有用，有杀有活，有宾有主，有问有答，万别千差。只如正当恁么时，可中若有个汉，牙如剑树，口似血盆，一棒打不回头，出来掀翻露布，截断葛藤，天是天，地是地，山是山，水是水，长是长，短是短，方是方，圆是圆，一丝毫不得动着，直下承当，便能丹霄独步，与他诸圣把手共行。有佛世界，互为宾主，接物利生；无佛世界，风飒飒地，坐断要津，不通凡圣。然虽恁么，若是于中端的恁么来的，且道与他作么生商量？待老僧上山斫棒来。"

小参，僧问："玄沙不过岭，保寿不渡河，未审意旨如何？"

师云："直超物外。"

进云："雪峰三度到投子，九度上洞山，是同是别？"

师云："别是一家春。"

进云："恁么则春色无高下，花枝自短长。"

师云："一任卜度。"

师乃云："大道坦然，更无回互，同证者识，同道者知，若有实法系缀罗笼人，入地狱如箭射。所以诸佛出世，祖师西来，实无一法与人，只要诸人休歇。若实到休歇田地，二六时中如天普盖，似地普擎，更不剩一丝毫，亦不欠一丝毫，净裸裸，赤洒洒，现成公案。若更踌躇四顾，说有说无，论得论失，有会有不会，有得有不得,落二落三去也。

“所以上古尊宿、天下老和尚,拂子边、拄杖头现无量神通,其实与你诸人解黏去缚,抽钉拔楔,令汝直下到安闲之地,也无证,也无得,亦无周由者也。七十三、八十四,若也未到,不免搽糊去也。一切境界、一切有无、一切法门,但于一言下、一念顷脱得情尘去,尘尘刹刹,廓周沙界,大小、长短、方圆、青黄赤白,全是本心,于见处净裸裸,于闻处八面玲珑,无得失是非,无长短好恶,山是山,水是水,僧是僧,俗是俗,无异无别。若能实头到这个田地,离情尘,绝露布,不落胜妙,更须知有一尘中含一切境界,一切境界入一尘中,悉皆含摄,于一毫端现无边刹海。直得恁么,更须知有大用现前时节始得。且作么生是大用现前的时节?毕竟水须朝海去,到头云定觅山归。”

冬夜小参:“有作思惟,从有心起,一轮生灭,行无间道,修无漏业,万古超然,拈一放一,半开半合,未免在窠窟里,殊不知往复无间,动静一如,融大千沙界于一尘,会十世古今于一念,去来起灭,甚处安排?春夏秋冬,如何理论?到这里,净裸裸,赤洒洒,没可把。东西不辨,南北不分的,则固是未知落处,久参先得,脚踏实地,且道正当恁么时如何?还委悉么?群阴消剥尽,来日是书云。”

师云:“一向据令而行,呵佛骂祖,截断众流,直得释迦、弥勒、文殊、普贤退身无路,临济、德山、赵州、睦州目瞪口呆,千里万里无片云,拟议不来三十棒,恁么举唱,本色衲僧愈生光彩,后学初机无摸索处。一向垂慈落草,立问立答,存主存宾,有始有末,三元戈甲中论譊讹,四种料拣里别皂白,丝来线去,照用双行,各各脚跟下只推明一个大机,唯此一事,更无余事,恁么举唱,后学初机通一线道,其奈取笑衲僧。恁么中有不恁么,不恁么中有恁么,权实双运,照用并行,佛祖譊讹,离名绝相,不守窠窟,单明向上一路，犹是寻常茶饭；更或打翻许多露布，则上是天，下是地，山是山，水是水，僧是僧，俗是俗，都无许多得失玄妙，又落在无事甲里。四种为人，向此时为诸人都拈却，更教山僧说个什么？若能不以眼见，不以耳闻，不以意想，不以口说，则千里万里见誵讹，千句万句都穿却。恁么会得，可以通彻古今，更须知有向上事始得。敢问大众：作么生是向上事？万古碧潭空界月，再三捞摝始应知。”

师云：“诸佛不出世，哪里得这个消息？祖师不西来，免见累及后代。正恁么时，天之自高，地之自厚，日月星辰之昭昭，人物境界之浩浩，不曾移易一丝毫，何不向这里荐取？若向这里荐得，管取是一员无事道人。及至诸佛出世，提持一大事因缘，祖师西来，传持个正法眼藏，令一切闻者见者生希有心，起难遭想，各各依佛依祖，历阶梯，超地位，证无为，登圣果，若恁么荐得，亦是一员无事道人。

“更有个具大阐提，不起信根，逢佛叱佛，遇祖骂祖，乃至灭却佛，灭却祖，令人不见佛，不闻法，净裸裸，赤洒洒，全体只是个真实，若向个里荐得，亦是一员无事道人。有个信得及，把得住，依佛行而不着佛，依祖证而不着祖，善建法幢，能立宗旨，赞佛赞祖，如锦上铺花，乃至天上天下，如金如玉，若向个里荐得，亦是一员无事道人。此四员无事道人中要选一人为师，且道选哪一人为师？若道得，试出来道看；若道不得，山僧不免露个消息去也。披蓑侧立千峰外，引水浇蔬五老前。”

檀越请小参，师云：“尽大地是个解脱门，头头物物皆证入无边刹海如来藏，绵绵密密悉包容，举处峭巍巍，用时净裸裸。譬如猛火聚，近之则燎却面门；又如太阿剑，拟之则神惊胆战。若是知有恁么，彻骨彻髓承当，不劳啖啄；其或尚留观听，犹滞皮肤，须是透出金刚圈，吞却栗棘蓬。若透得一圈，则百千亿圈一时透过；若吞得一蓬,则无数亿蓬一时吞得。可以作奇特因,可以现殊胜相,无罪可忏而罪垢消除,无冤可解而冤家解释,显现一切难思议,作为无边殊胜业,只消个一道清虚,更不用周由者也。正当恁么时,当机一句作么生道?声前突出金刚眼,弹指圆成八万门。”

颂云:

“忏罪涤垢,解冤释结。
似日熔霜,如汤沃雪。
云散长空,一轮皎洁。
感应道交,绵绵瓜瓞。”

邓朝议请小参,云:“宏机独唱,千圣潜踪;一句当阳,十方坐断。有亦不管,无亦不拘,圣亦不收,凡亦不立,明明无覆藏,明明无渗漏。顶门眼照,山河大地全彰;肘后符开,万象森罗顿现。有如是奇特相,有如是殊胜门,只求向上作家,要接大乘根器。所以道:垂钩四海,只钓狞龙;格外玄机,为寻知识。若是利根种智,具大解脱性,一闻一切闻,一了一切了,一见一切见,一证一切证,净裸裸,赤洒洒。只如今还有道得的么?试出众露个消息看。若道未得,山僧这里八字打开去也。还委悉得么?利根上智须圆证,十圣三贤一念超。”复颂云:

“无对毗耶彼上人,顶门有眼耀乾坤。
只凭一个无言说,遍界全开不二门。”

修道者请小参:“天地与我同根,其根深固;万物与我一体,其体虚凝。万物之根,亘古亘今;坚固之体,包含万有。毫芒得意,可以点铁成金,可以转凡作圣。如理如事,即处即真,一念不生,前后际断。所以道:不思议解脱力,妙用恒沙也无极。若论妙用去,可以击碎业山,可以点竭苦海,可以忏不忏之罪,可解不解之冤,可以起必死之疾,可以证无生法忍。正当恁么时,不立功勋一句作么生道?还委悉么?千年暗室一灯破,万劫愆尤一句消。”颂云：

“阿阇被疾投皇觉，调御垂慈放月光。
法药之功同佛力，自然身病得清凉。”

住东京天宁寺小参，师云：“一见更不再见，今已再见；一说更不重说，今已重说。未有长行而不住，途中无这个消息；未有长住而不行，屋里没此葛藤；直得二途俱不涉，去住得纵横。其住也，千人万人罗笼不得；其去也，等闲坐断一切人舌头。假使亲到这个田地，更须知有照用同时，人境俱夺，向上一窍始得。若论向上一窍，佛祖不立，凡圣杳绝，净裸裸，没承当，赤洒洒，无回互。正当恁么时作么生？但愿春风齐着力，一时吹入此中来。”复颂云：

“明珠在掌，有功者赏。
长老新入院，都卢无伎俩。
不立赵州关，各自着槽厂。”

四月八日小参：“直下便是，已涉阶梯；总不恁么，犹落情识。直得威音以前没交涉，七佛以后没交涉，向上向下总没交涉。然虽如是，通方作者，举着便知，尚滞皮肤，难脱蹊径，所以向第二义门不恁么中有时恁么，恁么中有时不恁么。净法界身本无出没，大悲愿力示现受生，虽则落草之谈，也须草中有通身之路。敢问诸人：要知本无出没的道理么？”乃竖拂子云：“只这是。要知示现受生么？”竖拂子云：“只这是。到这里，双收双放，全暗全明。若言九龙吐水，一场捏怪；目视四方，转纳败阙。直饶未离兜率，已降王宫；未出母胎，度人已毕。一往看来却是，仔细点检将来，犹滞两边。殊不知东弗于逮走马，南瞻部州作舞，西瞿耶尼作拍，北郁单越翻筋斗，也无是，也无非，也无得，也无失。且道毕竟如何？八角磨盘空里走。”

郓王请小参，僧问：“无修无证，乃是本觉妙明；为求佛果菩提,正是有作之因。去此二途,请师直指。”

师云:“吹毛宝剑逼人寒。”

进云:“一点灵光异,万古照人间。”

师云:“用一点灵光作么?”

进云:“可谓言言合圣道,法法自圆成。”

师云:“他亦本无言。”僧礼拜。

师乃云:“宽廓非外,十方国土目前观;寂寥非内,一毫头上宝王刹。直得无内无外,绝彼绝此,亘古亘今,全明全暗,到这里,亦须有转身一路,始能得大自在。岂不见道:大人见大见,大智得大用。发大机,群机泯息;立一言,众言绝谓。直得言言机机,头头相副,如金锁连环相续不断,此犹是长生路上事。所以道:言锋若差,玄关万里。直得悬崖撒手,自肯承当,绝后再苏,欺君不得。非常之旨,人焉廋哉?既有非常之旨,必藉非常之人;既有非常之人,必明非常之旨。正当恁么时如何?侧身方外看,谁是个中人?”复云:“护生之德彻坤维,草木昆虫乐圣时。敌胜惊群有奇特,如何是奇特?啰啰哩哩。”击禅床,下座。

小参:“目前无一法,森罗万法历然;格外立千机,权实照用廓尔。只如不落权实照用,不落格外千机,不落目前一法,正当恁么时,如何凑泊?若是心机透脱,得失已忘,玄妙理遣,有恁么人,聊闻举着,踢起便行,释迦自释迦,弥勒自弥勒,解脱自解脱,善财自善财;其或未能,便恁么直下信得及,把得定,作得主,却须于古人方便门建立处,头头上明,物物上显,无一丝毫蹉过,无一丝毫得失,净裸裸,绝承当,赤洒洒,无回互,踏着本地风光,明见本来面目。正当恁么时,如何着力?不起纤毫修学心,无相光中常自在。”复颂云:

“佛佛道同同至道,心心真契契真心。

廓然透出威音外,地久天长海更深。”

益国夫人请小参，云："目前无一法，绵密有谁知？格外列千差，到头须自用。若自用得去，改禾茎为粟柄，易短寿作长年，变大地作黄金，搅长河为酥酪，不为分外。且如绵密处若辨得，用处即是绵密，绵密即是用处。所以道：世尊三昧，迦叶不知；迦叶三昧，阿难不知；阿难三昧，商那和修不知；商那和修三昧，优婆毱多不知。既是各各不知，何故却相传受？到这里，不妨諵讹处直是諵讹，绵密处直是绵密。若会，山僧适来答这僧问道：'和尚三昧什么人得知？'答云：'山僧自知。'然虽如是，大似把手上高山，未免傍观者哂。更有一着，诸人往往向知不知处作活计。若道知去，此人只具一只眼；若道不知去，此人亦只具一只眼。离却知不知，正当恁么时如何？大千沙界海中沤，一切圣贤如电拂。"

复举："外道问佛：'昨日说什么法？'世尊云："说定法。'外道云：'今日说什么法？'世尊云：'说不定法。'外道云：'昨日定，今日为什么不定？'世尊云：'昨日定，今日不定。'"

师云："大小世尊龙头蛇尾。若是天宁即不然，忽有问：'早朝说什么法？'对云：'不定法。''即今说什么法？'对云：'定法。'或云：'早辰不定，而今为什么定？'即向他道：'一钓便上。'"

小参云："提向上机，须向上眼；指其中事，要其中人。若能立千圣于下风，掷大千于方外，脚根下硬纠纠，顶门上黑漫漫，坐断要津，不通凡圣，亦未是向上机，亦未是其中事。且作么生是向上机、其中事？灼然将谓实有恁么说话，殊不知如将蜜果换苦葫芦，淘却业根，俱无实事。若是灵利的人，聊闻举着，便知落处，更不纷纭。既不纷纭，则二六时中虽终日吃饭，不曾咬着一粒米；终日着衣，不曾挂着一条线；终日说话，不曾动着舌头。虽然如是，能有几人到此田地？何故？只为不落心意识，不落净秽边，透出威音那边，全明本元要地。一棒一喝，一挨一拶，一出一入，一问一答，譬如掷剑挥空，莫论及之不及，斯乃空轮无迹，剑刃无亏。

正当恁么时,着实一句作么生道?还委悉么?撒手那边千圣外,灯笼露柱放毫光。”颂云:

“妙德空生赞莫穷,摩醯正眼不通风。

大千掷在他方外,作者须明向上宗。”

解夏小参云:“护生须杀,虽杀无伤。蜡人已冰,其功历尔。可以驾铁船入海,可以飞磨盘轮空,半合半开,成团成块,尽出个大圆觉不得。若有出得大圆觉的,便能逆顺纵横,杀活自在。是故文殊菩萨一夏三处度夏,一月日在魔宫,一月日在长者家,一月日在淫房。既三处度夏,却入世尊会中解制,极为不平,所以迦叶欲白槌擯出文殊,才举此念,见会中有无量释迦、无量文殊、无量迦叶、无量楗槌,迦叶既见恁么,直得目瞪口呆。何故?过量人有过量见,有过量用,虽金色头陀,到这里,缩手不得,展手不去。只如与么时,是大圆觉里耶?大圆觉外耶?须是通方作者始能证明。何故?此是文殊、普贤大人境界。若参得文殊、普贤境界,则无边香水海、无量无数微尘佛刹,悉为安居处,乃至现无边身,处处行住坐卧,亦不相妨,亦不犯手。正当恁么时,若是知音者,举起便知。所以天宁虽与大众九十日安居,毕竟诸人还知么?诸人若透顶透底去,即是文殊、普贤境界;若不透顶透底去,即是迦叶境界。离却文殊、迦叶,收因结果一句作么生道?还委悉么?九十日功今已满,豁开布袋各优游。”

小参,僧问:“如何是主中宾?”

师云:“阇黎问处带纤尘。”

进云:“如是则灵光千古秀,万法落阶梯。”

师云:“阶下立。”

进云:“如何是宾中主?”

师云:“山僧不免自道取。”

进云:“古佛位中无觅处,深深草里露全身。”

师云:“莫来这里呈蒙袋。”

进云:“如何是主中主?”

师云:“坐断舌头无去取。”

进云:“袖里金锤光灿烂,吹毛宝剑逼人寒。”

师云:“七十五棒翻成一百五十。”

进云:“如何是宾中宾?”

师云:“青山之外更愁人。”

进云:“如是则家贫未是贫,路贫愁杀人。”

师云:“荒村古庙里去。”

进云:“只如不涉宾主是什么人?”师便喝。

师乃云:“目击知归,已为分外;未言先契,犹涉程途。须知个中有格外机,行格外用,明格外道,证格外心,洒洒落落,净裸裸,绝承当;密密堂堂,赤洒洒,无回互。壁立万仞处,千差万别;万别千差处,壁立万仞。所以道:垂钩四海,只钓狞龙;格外之机,为寻知识。于中若有个便恁么承当,得格外趣向,便恁么权衡,得格外的作略时,向伊道个什么即得?说玄说妙,说佛说祖,说心说性,已是此人弃下之剩语;论棒论喝,论权论实,论照论用,亦是此人不要之长物。以其中间不犯锋芒,纤尘不立,如何透脱?还委悉么?大道体宽无向背,当阳须是个中人。”

季迪甫请小参,师云:“一蓦地相期,全机独证,眼眼相照,心心相知,俱不从他处得来,尽皆在胸襟流出。正当恁么时,森罗万像,古佛家风;碧落青霄,道人活计。打开自己库藏,运出自己家财,与诸佛、祖师同德同诚,维摩、庞老同拈同放,与裴相国、王常侍同一机用,同一境照,更无余事。截断生死路头,打破烦恼窠窟,不消一句子,且道是哪一句子?还委悉么?超然直透威音外,目前无法可商量。”

益国夫人请小参,僧问:“最初威音王,末后楼至佛,未审威音参见什么人?"

师云:"参见无面目的。"

僧云:"只如无面目人,复见阿谁?"

师云:"狂狗趁块。"

僧云:"争奈拄杖子在学人手里。"

师云:"你试用看。"

僧云:"到这里,直得无言可说,无理可伸。"

师云:"只得七成。"乃云:"三世诸佛也恁么,历代祖师也恁么,德山也恁么,临济也恁么,天宁岂可不恁么?所以早朝也恁么,而今也恁么。且道恁么恁么是个什么?还委悉么?所以道:向上一路,千圣不传,学者劳形,如猿捉影。只如遇达者面前,作么生提掇?作么生谙悉?说理性玄妙得么?喝一喝得么?划一划得么?口吧吧地得么?六六三十六、九九八十一得么?且总不是这个道理。况此乃千圣不传之妙。

"这一片田地,唯佛与佛乃能知之,毕竟知后,还传与人,不传与人?若传得去,龙头蛇尾;若传不得,千圣万圣。一个个到这里,若佛若祖,于一切人机境不到处发明,于一切人用不及处提掇,一切人情识计较不得处坐断千差路头。虽然拈一句,簇锦攒华,攒华簇锦,可以趣向,及至到那畔,若也承当,则没交涉。到这里,有棒有喝,有权有实,有杀有活,有擒有纵,唯许诸佛知,不许诸佛会。既许诸佛知,为什么不许诸佛会?会则传得去也。所以要人心机绝,智境忘,得失遣,是非一时落谢,万境枞然而无可碍,可以与千圣把手共行,同用同证,一切处光辉,一切处澄湛,抽钉拔楔,解黏去缚。

"只如今山僧对众恁么说,还当得千圣不传的么?灼然当不得,既当不得,又说作什么?千人万人管取不奈何。所以古人道:虽然点破纲宗,意在文彩未生时,要一觑便透,一咬便断。若也未会，切不得疑着。如今不惜性命，向这里与诸人通个消息，还会么？千圣共传无底钵，大千沙界一浮沤。"

小参云："截断千差路，坐却是非头，报化不容身，语默绝消息。正当恁么时，若有祖师西来意，正是撒土撒沙；若无西来，大似对面相谩。去此二途，须知他家有出身的路。大众！灼然不是目前事，亦非目前机。有一句子，千圣觑他不见；有一句子，千圣出头不得；有一句子，千圣同廛共用。且道此一句毕竟从什么处流出？若有识得流出去处，则净裸裸，赤洒洒，也不说一即三，三即一，不用行棒，不用行喝，不用道现成公案，不消瞬目扬眉，不用谈玄说妙。所以释迦、弥勒、文殊、普贤犹是他走使。他本不作一切，不为一切，坐断一切，初无动摇，各各当人脚跟下圆明朗照，如大日轮，人人回光得度，也不在他处，也不在己处，不在内，不在外，不在中间，然而一切奇特事因他建立，一切殊胜事由他圆成，如王库宝刀，如摩醯三目，如圆伊三点，如涂毒鼓，千言万句终说他不成，说他不就。正当恁么时，还委悉么？如王宝剑随王意，挥斥纵横得自由。"

卷第十五

明宗真觉圆悟勤禅师语录

小　参*

济王请小参,僧问:“波斯匿王请问世尊:‘圣谛义中还有世俗事也无?’世尊云:‘大王!汝于龙光佛时曾问此义。’为复答他话?为他说?”

师云:“一时在里许。”

进云:“只如翠岩道‘大王善问不善答,世尊善答不善问’,未审此意如何?”

师云:“拈起上头关棙子。”

进云:“忽若大王请传此语问和尚,未审如何祇对?”

师云:“开口见胆。”乃云:“适早已露线索,如今更展家风。摩醯首罗三只眼,八面通透;释迦老子百亿身,十方分形。如印印空,如印印水,如印印泥。初不分前后际,亦不分纵横并列,到这里,若深入骨髓的,直下透脱,不疑天下人舌头,聊闻举著,踢起便行,可以坐断十方,可以乾坤独步;其或尚留观听,犹滞皮肤,直须脚跟下一一洞明,各各见本来面目,踏着本地风光,不随声色,不居凡圣,不落见闻,不涉语默,净裸裸,赤洒洒。所以道:十方无壁落,四面亦无门。全体与么来,全体与么去。毕竟天人群生类,皆承此恩力。若识此恩力,终不落虚,步步脚踏实地,句句透见根源,全体如如,不变不动。推此以及群灵,摄此普济品汇。正当恁么时，超声越色一句作么生道？还委悉么？不须更费纤毫力，吞跳金圈栗棘蓬。”

张国太夫人请小参，云：“霜风凛凛，细雨微微，解脱门八字打开，正法眼顶门显示。还有超宗越格，离见绝情的么？出来证据。若也证据得去，七佛以前也不恁么，七佛以后也不恁么，西天二十八祖亦不恁么，唐土六祖亦不恁么，至于历代宗师、天下老和尚亦不恁么。为什么不与么？只恐赚误人去。既不与么，亦不赚误人，作么生承当？到这里，平田中万仞壁立，壁立万仞处一似平田，把断要津，不通凡圣，亦无语话分，亦无展演分，毕竟教一切人什么处入？老僧不惜眉毛，通个消息去也。”遂竖起拂子云：“见么？”又击禅床云：“还闻么？若道见，且得没交涉；若道不见，更是没交涉。毕竟作么生？若教老僧只管与你说，经无穷劫摸索不着。不随言解，则净裸裸，赤洒洒，各各坐断报化佛头，各各气冲宇宙，设使千佛出兴，恰如蚊蚋相似，与么把得定，作得主，方始是本分作家。正当恁么时，如何委悉？一句迥超诸佛格，坐断天下衲僧头。”复颂云：

“虽然说破五家宗，争及曹溪一线通？

宝剑当阳谁杀活？离名离相振高风。”

师云：“昨夜钟鸣时，诸人尽来此，已是刺脑入胶盆；今夜钟鸣时，复来有何事？两重三重已落节。若是知有底，聊闻举着，彻骨入髓，踢起便行，坐断报化佛头，不落语默声色，却较些子；如或准前只守窠窟，山僧不免向无事处生事，无言处显言，无葛藤处说葛藤，无荆棘处立荆棘去也。一尘才举，大地全收，四方八面净裸裸，花开世界起，浮幢王刹明历历。直得无情有情齐成佛道，有说无说俱转法轮，此犹是法性海边拈掇在。若向衲僧门下，直饶一棒打破虚空，一喝喝散白云，释迦、弥勒犹为走使，德山、临济目瞪口呆，也未当本分气宇在。

“所以道:坐却舌头,别生见解。他参活句,不参死句,活句下荐得,永劫不忘;死句下荐得,自救不了。只如诸人即今作么生会他活句?莫是即心即佛是活句么?没交涉。莫是非心非佛是活句么?没交涉。不是心,不是佛,不是物,是活句么?没交涉。莫是入门便棒是活句么?没交涉。入门便喝是活句么?没交涉。但有一切语言尽是死句,作么生是活句?还会么?万仞峰头独足立,四方八面黑漫漫。”复云:“一口吸尽西江,栗棘埿杀老庞,当阳若也吞得,管取海内无双。”

师云:“天无四壁,迥绝罗笼;地绝八维,了无障隔。与虚空同体,合暗合明;与虚空同寿,亘古亘今。人人有一坐具地,何用安排?处处悉弥勒门开,不须弹指。尽是人人受用,无去无来,以大悲力成此胜事。所以释迦老子未离兜率,已降王宫;未出母胎,度人已毕。且道诸人分上还有这个消息也无?若无,人人具足,个个圆成,因什么却无?若有,诸人即今在什么安身立命?还知落处么?若知落处,不动道场而遍能含受十方刹海,一尘一刹随处受生,何待九龙吐香水,分手指天地,作大狮子吼?须知未出母胎时,已作大狮子吼,直至各各时时,念念处处,悉皆圆满,清净无为,无间无断,大解脱门。正当恁么时,昼升兜率,夜降阎浮,其中摩尼珠为什么不现?敢问诸人中间作么生?还委悉得么?龙袖拂开全体现,象王行处绝狐踪。”

师云:“大机圆应,大用纵横,不堕千圣机关,不游诸祖窠窟,举一机,千机截断;拈一事,万事齐彰。须是他大解脱人乃能明向上宗旨。岂不见维摩不离本座,移妙喜世界如针锋持枣叶。又不见大仰云:‘拈一片木叶,便是移一座仰山去。’是知个事若在心机意识,露布言诠上觅,大似掘地觅天,了没交涉。若是个生铁铸就,不涉化城,不由迷悟,不拘得失,然后一明一切明,一了一切了,一见一切见,一用一切用,此犹是衲僧家垂手应机为人边行履。若使他独照独运，乃至千圣觅他不着，诸天捧花无路，魔外潜观不见，周旋往返，十方无碍；一念普应，前后际断。只如今坐立俨然，灯烛荧煌，且道是什么时节？若道是唯心境界，正坐在荆棘林里；若道是向上时节，亦未跳出金刚圈在。总不恁么，又作么生？还有人道得么？若不蓝田射石虎，几乎误杀李将军。”颂曰：

“天上人间不可陪，同风千眼应时开。

智通居士真奇特，道照三年两度来。”

师云：“言发非声，和言击碎；色前不物，与物俱融。声色翳障全消，闻见之源亦脱，直得净裸裸，赤洒洒，清寥寥，白滴滴，一片本地风光，一著本来面目。神通妙用的，纵横十字，不离田地稳密；田地稳密的，坐断十方，不离神通妙用。双明中有双暗，同生中有同死，恁么也不得，不恁么也不得，恁么也得，不恁么也得。所以道：即此见闻非见闻，无余声色可呈君。个中若了全无事，体用何妨分不分？个中见闻是体，声色是用；声色是体，见闻是用，分也得，不分也得。所以云门道：‘移灯笼向佛殿里，拈三门向灯笼上。’若以衲僧正眼觑之，犹为小事；直得纳须弥于芥中，掷大千于方外，也只是个半提。所以尽乾坤大地都无空阙处，更须知有全提时节，三世诸佛只堪齐立下风，六代祖师只得全身远害。当机直截一句作么生道？三尺杖子搅沧波，令彼鱼龙知性命。”

如上座请小参，僧问：“城东老母与佛同生，为什么不欲见佛？”

师云：“他具大丈夫意气。”

进云：“以手掩面，十指悉皆见佛，为什么回避不得？”

师云：“只为渠依得自由。”

进云：“雪窦道：‘他虽是女人，却有丈夫之行。’是肯伊？不肯伊？”

师云：“重言不当吃。”

师乃云:“情与无情一体,触目皆真;佛与众生不别,当体全现。随处作主,遇缘即宗。有时放行,则沟渠瓦砾悉生光彩;有时把定,则真金七宝咸皆失色。所以道:诸人欲识命么?流泉是命,湛寂是身,千波竞起是文殊境界,一亘晴空是普贤床榻。其次,借一句子是指月,于中事是话月。从上来事,如节度使信旗相似,如诸古德未建立许多作略,到这里作么生商量?不假三寸,试请说看;不假眼,试观瞩看;不假耳,试采听看。所以道:尽十方世界都卢是个真实人体,更向什么处着眼耳鼻舌身意?

“所以山僧从来向诸人道:塞却你眼,教你觑不见;塞却你耳,教你听不闻;塞却你鼻,教你嗅不得;塞却你口,教你说不得;拈却你身,教你不知痛痒;坐却你意根,教你分别不得。正当恁么时,却是好个消息,且不是情尘意想、分别计较、得失是非境界,也须是罢却机境,不立知见,不作道理,除却解会,不见有佛祖,然后可以坐断报化法佛,天下人罗笼不住。

“是故玄沙道:‘沙门眼目,直须把定世界,不漏丝毫。’只如把时,诸人向这里下喝得么?打一坐具得么?拂袖出去得么?从东过西,从西过东得么?六六三十六、九九八十一得么?都卢是自家屋里事得么?唤作本分事得么?指露柱,话灯笼得么?唯心唯性得么?若恁么,浑是纷纷纭纭,俱非正见。若有个正知正见的,便知有本分事。既知有本分事,终不作计较窠窟道理。作么生道?还委悉么?振奋吒沙无向背,翻身狮子大家看。”

师云:“道由悟达,法离见闻,直下便承当,更无第二个,此犹是就今时曲为垂手处,若是本分事,又且不然。所以道:你未跨船舷时,好与三十棒。如此则千里万里一时坐断。何故?须知当人分上,各有水洒不着,风吹不入,清寥寥,白滴滴,祖佛不能到,魔外不能入,坐断要津,不通凡圣,设使尽大地草木丛林尽化为衲僧,各各置百千问难,不消一扎,尽教吞声饮气,目瞪口呿。而今事不获已,且无见起见,无言起言,与诸人通个时节。只如各各当人分上上来下去,已是十分现成,欠少个什么,更来就人觅?所以玄沙道:'饭箩里坐地展手,问人觅饭吃。'只为无始劫来抛家日久,背驰此本分事,向六尘境界里妄想轮回,不能回光返照,甘处下流。若能具上根利智,返本还源,知有此事,辉腾今古,迥绝知见,坐断十方,无复轮转,始有语话分。而今须是换个骨头了,方见此一片田地。若未知有此一片田地,直饶解到佛祖边事,问一答十,终无交涉。须知诸佛出世,唯证明此一片田地;祖师西来,亦提持此一片田地。所以先师见白云师翁,一觑透了,便作个颂子道:'山前一片闲田地,叉手叮咛问祖翁。几度卖来还自买,为怜松竹引清风。'诸人还曾恁么也未?须是向此一片田地,净裸裸,赤洒洒,方可入作。"

普　说

告香普说。师示众云:"只这个便承当得去,如天普盖,似地普擎,更不欠一毫头,亦无第二见。设使尽无边香水海尘尘刹刹一时穿却鼻孔,也更不落别处;倘或思量拟议,即没交涉。所以道:一念不生,前后际断,即名为佛。若也涉思量,作计校,分能所,作知解,则千里万里。祖师门下直教见须实见,悟须实悟,证须实证,诸人各各有一灵妙性;确实而论,才被拶着,便脚忙手乱,作么生见得亲,信得彻,桶底子脱去?只为从无始劫来妄想浓厚,只在诸尘境界中,原不曾踏着本地风光,明见本来面目。若是真实人,直下承当,了知生本不生,知死本不死,向不生不死处,千圣着眼觑不见,千手大悲提不起。而今兄弟若能返照,更无第二人,更不待山僧两回三度不惜眉毛入泥入水,何况抛沙撒土,说心说性,未免落七落八,当面相谩去也。岂不见破灶堕和尚闻古庙作孽,遂领十八弟子入山观之,全无神相,唯见三间空屋,一所泥灶,遂以杖击之云:‘汝本泥土合成,灵从何来?圣从何起?’其灶乃飒飒而堕。破灶堕云:‘破也!破也!堕也!堕也!’不觉纸钱后有一神人出云:‘某甲乃灶神,蒙师为说无生法,已得生天。’礼谢而去。其十八弟子乃白师云:‘某等皆久参侍和尚,殊不蒙开示无生法。今日灶神何幸,和尚却为伊说?’破灶堕云:‘我只向伊道:汝本砖瓦泥土合成,灵从何来?圣从何起?’其徒皆作礼。破灶堕云:‘破也!破也!堕也!堕也!’其十八弟子悉皆省悟。只如山僧即今举拂子,且道与破灶堕是同是别?”

遂云:“破也!破也!堕也!堕也!若也见得,不唯不孤负破灶堕和尚,亦乃不孤负从上祖师;若也不见,不唯孤负破灶堕和尚,亦乃孤负自己。知有此事不从他得,所以道灵从何来,圣从何起?只如诸人现今身是父母血气成就,若于中识得灵明妙性,则若凡若圣觅你意根了不可得,便乃内无见闻觉知,外无山河大地,寻常着衣吃饭更无奇特。所以道:我若向刀山,刀山自摧折;我若向地狱,地狱自消灭。方知有如是灵通,有如是自在。

“只如今禅僧家何不回光返照,明教彻去?若也未明得,且向三根椽下七尺单前默默地究取。不见云门大师道:‘你且东卜西卜,忽然卜着也不定。若也打开自己库藏,运出自己家财,拯济一切,教无始妄想一时空索索地,岂不庆快!’老僧往日为热病所苦,死却一日,观前路黑漫漫地,都不知何往,获再苏醒,遂惊骇生死事,便乃发心行脚,访寻有道知识,体究此事。初到大沩参真如和尚,终日面壁默坐,将古人公案翻覆看。及一年许,忽有个省处,然只是认得个昭昭灵灵,驴前马后,只向四大身中作个动用,若被人拶着,一似无见处,只为解脱坑埋却,禅道满肚,于佛法上看即有,于世法上看即无。

“后到白云老师处，被他云：‘你总无见处。’自此全无咬嚼分，遂烦闷辞去。心中疑情终不能安乐，又上白云再参先师，便令作侍者。一日，忽有官员问道次，先师云：“官人，你不见小艳诗道：频呼小玉原无事，只要檀郎认得声？官人却未晓，老僧听得，忽然打破漆桶，向脚跟下亲见得了原不由别人。方信乾坤之内，宇宙之间，中有一宝，秘在形山，以至诸佛出世，祖师西来，只教人明此一件事。若也未知，只管作知作解，瞠眉努目，原不知只是捏目生华，担枷过状，何曾得自在安乐如红炉上一点雪去？

“若打破了，或喝或掌，一切皆得，然终不作此解，方可放下人我担子，千休万歇，方可生死奈何不得，也须是实到此个田地始得。若实到此，便能提唱大因缘，建立法幢，与一切人抽钉拔楔，解黏去缚。如是揭千人万人，如金翅鸟入海，直取龙吞；如诸菩萨入生死海中，捞摝众生放在菩提岸上，方可一举一切举，一了一切了。有时一喝如金刚王宝剑，有时一喝如踞地狮子，有时一喝如探竿影草，有时一喝不作一喝用，方可杀活自由，布置临时，谓之我为法王，于法自在。诸人既是挑囊负钵，遍参知识，怀中自有无价之宝，方向这里参学。先师常云：莫学琉璃瓶子禅，轻轻被人触着，便百杂碎。参时须参皮壳漏子禅，任是向高峰顶上扑下，亦无伤损，劫火洞然，我此不坏。若是作家本分汉，遇着咬猪狗的手脚，放下复子靠将去，十年二十年，管取打成一片。且作么生得独脱去？须是入流人，方知恁么事。此事如何？万古碧潭空界月，再三捞摝始方知。”

法　语

示隆藏主

五祖老师平生孤峻，少许可人，于曝曝地壁立，只靠此一着，常自云如倚一座须弥山,岂可落虚弄滑头谩人?把个没滋味铁酸馅,劈头拈似学者令咬嚼,须待渠桶底子脱,丧却如许恶知恶见,胸次不挂丝毫,透得净尽,始可下手锻炼,方禁得拳踢,然后示以金刚王宝剑。度其果能践履负荷,净然无一事,山是山,水是水,更应转向那边千圣笼罗不住处,便契乃祖以来所证,传持正法眼藏,及至应用为物,仍当驱耕夫牛,夺饥人食,证验得十成无渗漏,即是本家道流也。

示禅人

达摩西来,不立文字语句,唯直指人心。若论直指,只人人本有,无明壳子里全体应现,与从上诸圣不移易一丝毫许。所谓天真自性,本净妙明,含吐十方,独脱根尘。一片田地,唯离念绝情,迥超常格,大根大智,以本分力量,直下就自己根脚下承当,如万仞悬崖撒手放身更无顾,藉教知见解碍倒底脱去,似大死人已绝气息,到本分地上大休大歇,口鼻眼耳初无相知,手足项背各不相到,然后向寒灰死火上,头头上明;枯木朽株间,物物斯照。乃契合孤迥迥,峭巍巍,更不须觅心觅佛,筑着磕着,无非外得。古来悟达,百种千端,只这便是心,不必更求心,是佛何劳更觅佛。倘于言句上作露布,境物上生解会,则堕在骨董袋中,卒捞摸不着,此忘怀绝照真谛境界也。

示尼修道者

学道之士,初无信向,厌世烦溷,长恐不能得个入路,既逢师指,或因自己直下发明,从本以来,原自具足妙圆真心,触境遇缘,自知落著,便乃守住,患不能出得,遂作窠臼,向机境上立照立用,下咄下拍,努眼扬眉,一场特地。更遇本色宗匠,尽与拈却如许知解，直下契证本来无为无事无心境界，然后识羞惭，知休歇，一向冥然，诸圣尚觅他起念处不得，况其余耶？所以岩头道他得的人，只守闲闲地，二六时中无欲无依，可不是安乐法门？

昔灌溪往末山，山问："近离甚处？"溪云："路口。"山云："何不盖却？"溪无语。次日致问："如何是末山境？"山云："不露顶。""如何是境中人？"云："非男女等相。"溪云："何不变去？"山云："不是神，不是鬼，变个什么？"如此岂不脚踏实地到壁立万仞处？所以道：末后一句，始到牢关，把断要津，不通凡圣。古人既尔，今人岂少欠耶？幸有金刚王宝剑，当须遇着知音可以拈出。

示谐知浴

此个大法，三世诸佛同证，六代祖师共传，一印印定，直指人心，见性成佛，不立文字语句，谓之教外别行，单传心印。若涉言诠露布，立阶立梯，论量格内格外，则失却本宗，辜负先圣。要须最初入作，便遇本分人，直截根源，退步就己，以铁石心，将从前妄想见解、世智辩聪、彼我得失到底一时放却，直下如枯木死灰，情尽见除，到净裸裸，赤洒洒处，豁然契证，与从上诸圣不移易一丝毫许，谛信得及，明见得彻，此始为入理之门。更须教一念万年，万年一念，二六时中纯一无杂，才有纤尘起灭，则落二十五有，无出离之期，抵死谩生咬教断，然后田地稳密，圣凡位中收摄不得，始是如鸟出笼，自休自了处。得座披衣，真金百炼，举动施为等闲荡荡地，根尘生死，境智玄妙，如汤沃雪，遂自知时，更无分外的，名为无心道人。以此自修，转开未悟，令如是履践，岂不为要道哉？

示印禅人

道由悟达，立志为先。自博地具缚凡夫，便欲跂步超证，直入圣域,岂小因缘哉?固宜操铁石心,截生死流,承当本来正性,不见纤尘中外有法,使胸次荡然,了无挂碍,施为作用悉根本中出。根本既牢实,能转一切物,是谓金刚正体,一得永得,岂假外求?是故古德云:此中难得其妙,当须仔细用心,可中顿悟正因,便是出尘阶堑。古德隔江摇扇,吹布毛,便有发机处,至于蓦口塑,劈脊棒,亦解桶底子脱。盖缘专一,久之,一日瞥地,此岂外得之?皆由自证自悟。

示信侍者

学道之要,在深根固蒂,于二六时中照了自己根脚,当未起念,百不干怀时,圆融无际,脱体虚凝,一切所为曾无疑间,谓之现成本分事。及至才起一毫头见解,欲承当作主宰,便落在阴界里,被见闻觉知、得失是非笼罩,半醉半醒,打叠不办。约实而论,但于闹哄哄处管带得行,如无一事相似,透顶透底,直下圆成,了无形相,不废功用,不妨作为,语默起倒,终不是别人。稍觉纤毫滞碍,悉是妄想,直教洒洒落落,如太虚空,如明镜当台,如杲日丽天。一动一静,一去一来,不从外得,放教自由自在,不被法缚,不求法脱,尽始尽终打成一片,何处离佛法外别有世法,离世法外别有佛法?是故祖师直指人心,金刚般若贵人离相,譬如壮士屈伸臂顷,不借他力。如此省要,好长时自退步体究,令有个落著谛实证悟之地,即是念念遍参无边无量大善知识也。切切谛信,勉力作工夫,乃善也。

示材知庄

俱胝凡见僧来及答问,唯竖一指,盖通上彻下,契证无疑,瘥病不假驴驼药也。后代不谙来脉,随例竖个指头谩人,不分皂白,大似将醍醐作毒药，良可怜愍。若是真的见透底，始知郑重，终不将作等闲，所谓千钧之弩，不为鼷鼠而发机，是故须具顶𩕳上眼，方可入作。后来玄沙拈曰："俱胝承当处，莽卤只认得一机一境。"有般拍盲的随语生解，便抑屈俱胝，以谓实然，殊不知焦砖打着连底冻。到这里，直须仔细，切忌颟顸。只如俱胝临迁化去，自云："得天龙一指头禅，一生受用不尽。"岂徒然哉？

示觉民知库

圆湛虚凝，道体也；展缩杀活，妙用也。善游刃，能操守，如珠走盘，如盘走珠，无顷刻落虚，亦不分世法佛法，直下打成一片。所谓触处逢渠，出没纵横，初无外物，净裸裸，阿辘辘，以本分事印定，头头上明，物物上了，何处更有得失是非、好恶长短来？但恐自己正眼未得洞明，是致落在二边，则没交涉也。岂不见永嘉道："上士一决一切了，中下多闻多不信。"

佛祖言教筌罤尔，藉之以为入理之门，既廓然明悟承当得，则正体上一切圆具，观佛祖言教皆影响边事，终不向顶𩕳上戴却。近世参学，多不本其宗猷，唯务持择言句，论亲疏，辨得失，浮沤上作实解，夸善淘汰得多少公案，解问诸方五家宗派语，一向没溺情识，迷却正体，良可怜愍。有真正宗师不惜眉毛，劝令离却如上恶知恶见，却返谓之心行移换，摆撼煅炼，展转入荆棘林中。所谓打头不遇作家，到老只成骨董。

送圆首座西归

大凡为善知识，应当慈悲柔和，善顺接物，以平等无诤自处。彼以恶求及以恶声名色加我，非理相干，讪谤毁辱，但退步自照，于己无慊，一切勿与较量，亦不动念瞋恨，只与直下坐断，如初不闻不见,久久魔孽自销;尔若与之校,则恶声相返,岂有了期?又不表显自己力量,与常流何以异?切力行之,自然无思不服,槌拂之下开发人天,俾透脱生死,岂小因缘?应恬和词色,当机接引勘对,辨其来由,验其蹲坐,攻其所偏坠,夺其所执着,直截指示,令见佛性,到大休大歇安乐之场。所谓抽钉拔楔,解粘去缚,切不可将实法系缀人,令如是住,如是执,勿受别人移倒,此毒药也,令渠吃着,一生担板赚误,岂有利益耶?

示枢禅人

解语非干舌,能言不在词。要明舌头语言不是倚仗处,古人一言半句,其意唯要人直下契证本来大事因缘,所以修多罗教如标月指,但知是般事便休。行履处绵密,受用时宽通,日久岁深不少移易,拈弄收放得熟,小小境界悉能照破断割,不留朕迹。及至死生之际,结角罗纹不相参杂,湛然不动,翛然出离,此腊月三十日涅槃堂里禅也。

示裕书记

踏着实地到安稳处,时中无虚弃的工夫,绵绵不漏丝毫,湛寂凝然,佛祖莫能知,魔外无捉摸,是自住无所住大解脱,虽历无穷劫,亦只如如地,况复诸缘耶?安住是中,方可建立,与人抽钉拔楔,亦只令渠无住著去,此谓之大事因缘。

如来有密语,迦叶不覆藏。迦叶不覆藏,乃如来真密语也。当不覆藏即密,当密即不覆藏,此岂可与系情量,立得失,存窠窟,作解会者举耶?透脱到实证之地,向出格超宗顶𩕳上领始得。既已领略,应当将护,遇上根大器方可印受也。

秉拂据位称宗师,若无本分作家手段,未免赚误方来,引他入草窠里打骨董去也。若具金刚正眼,须洒洒落落,唯以本分事接之,直饶见与佛齐,犹有佛地障在。是故从上来行棒行喝,一机一境,一言一句,意在钩头,只贵独脱,勿使依草附木,所谓驱耕夫之牛,夺饥人之食。若不如是,尽是弄泥团汉。

方来衲子有夙根作工夫,蓦地得入者,不遇真正宗师,返引他作露布,堕在机境中,无绳自缚,半前落后,似是不是,最难整理。要须识其病脉,辨其落着,征其所偏坠而发起之,俾舍执着住滞,然后示以本分正宗,使无疑惑,了然得大解脱,居大宝宅,自然趁亦不去,可以洪济大法,传续祖灯,堪报不报之恩也。

黄龙老南禅师,昔未见石霜,会一肚皮禅,翠岩悯之,劝谒慈明,只穷究玄沙语灵云未彻处,应时瓦解冰消,遂受印可。三十年只以此印拈诸方解路,瘥病不假驴驼药,紧要处岂有如许多佛法也?大宗师为人,虽不立窠臼露布,久之,学徒妄认亦成窠臼露布也。盖以无窠臼为窠臼,无露布作露布,应须及之令尽,无令守株待兔,认指为月,鉴在机先,风尘草动亦照其端倪,况应酬扰扰哉?非胸次虚静,无一法当情,安能圆应无差,先机照物耶?此皆那伽在定之效也。

示粲禅人

赵州和尚见僧,唤云:“近前来!”僧近前。州云:“去!”多少省力。若荐得,乃是十成完全;若作如之若何,则知见生也。

唐朝古德因禅师微时,事田运槌击块,见一大块,戏以槌猛击之,应时粉碎,蓦地大悟,自此散诞为不测人,颇彰神异。有老宿拈云:“山河大地被这僧一击,百杂碎。”献佛不假香多,诚哉是言!

示成修造

诸佛开示，祖师直指，唯心妙性，径截承当。不起一念，透顶透底，无不现成。于现成际，不劳心力，任运逍遥，了无取舍，乃真密印也。

示曾待制

禅非意想，道绝功勋。若以意想参禅，如钻冰求火，掘地觅天，只益劳神；若以功勋学道，如土上加泥，眼里撒沙，转见困顿。倘歇却意识，息却妄想，则禅河浪止，定水波澄。去却功用，休却营为，则大道坦然，七通八达。是故僧问石头："如何是禅？"头云："碌砖。"僧云："如何是道？"头云："木头。"此岂意想功勋所能辩哉？除非直下顿领，截流便透，则禅道历然，才拟作解，则千里万里。要是向来世智辩聪顿然放却，消遣令尽，自然于此至实之地，自证自悟而不留证悟之迹，翛然玄虚，通达乃善。

示智祖禅德

从上古德动尽平生，或三十二十年，靠个入处，期彻头彻尾去，志既有力，用心坚确，是以成就得来，掷地金声。大丈夫儿，攀上景仰不得不然，彼既能尔，我岂不能耶？况透脱死生，穷未来际，一得永得，当深固根本，根本既固，枝叶不得不郁茂。但于一切时令长在，勿使走作，湛湛澄澄，吞烁群象，四大六根皆闲家具尔，况知见语言解会耶？一时到底放下，到至实平常大安稳处，了无纤芥可得，只恁随处轻安，真无心道人也。保任此无心究竟，佛亦不存，唤甚作众生？菩提亦不立，唤甚作烦恼？翛然永脱，应时纳佑,遇茶吃茶,遇饭吃饭,纵处阛阓如山林,初无二种见,假使致之莲华座上,亦不生忻,抑之九泉之下,亦不起厌,随处建立,又是赢得边事,何有于我哉?

大迦叶云:“法法本来法,无法无非法。何于一法中,有法有不法?”古人得旨之后,多深藏不欲人知,恐生事也。抑不得已,被人捉出,亦不牢让,盖无心矣。至于垂慈示方便,亦只随家丰俭。如俱胝一指、打地唯打地、秘魔擎叉、无业莫妄想、面壁降魔、舞笏骨剉,初不拘格彻胜负,唯务要人各知归休歇,不起见刺向鬼窟里弄精魂,卓卓叮咛到脱体安隐之地,乃妙旨也。伶利汉脚跟须点地,脊梁要硬似铁,游人间世,幻视万缘,把住作主,不徇人情,截断人我,脱去知解,直下以见性成佛,直指妙心为阶梯。及至作用应缘,不落窠臼,办一片长久,守寂淡身心,于尘劳中透脱去,乃善之又善者也。

示蒋待制

襄阳郡王常侍参沩山大圆得旨。有僧从沩山来,常侍问:“山头老汉有何言句?”僧云:“人问如何是祖师西来意,山竖拂子。”常侍云:“山中如何领解?”僧云:“山中商量:即色明心,附物显理。”常侍云:“会便会,着甚死急！汝速去,侍有书与老师。”僧驰书回,沩山拆,见画一圆相,于中书个“日”字,沩山呵呵大笑云:“谁知吾千里外有个知音?”仰山云:“也只未在。”沩山云:“子又作么生?”仰山于地上作一圆相,书个“日”字,以脚抹之而去。看他得的人步骤趣向岂守窠窟耶?个里若善观其变,则能原其心。既能原其心,则有自由分。既有自由分,则不随他去也。既不随他去,何往而不自得哉?

示方清老道友

老达摩来自竺乾,岂尝持一物?及游梁历魏,面壁少林,无人识渠,独可祖效勤,立雪断臂,始略垂慈,由此印心。若谓无言,从何而入?如谓有言,向伊道甚?将知须是个人始十分领略,乃无渗漏。所以入此门来,要是根器猛利,能疾速弃舍从前知见解路,使胸次空劳劳不留毫发,洞然虚凝,言思路绝,直契本源,泯然无际,自得本有无得妙智,方号信及见彻,犹有无量无边、莫测莫量、大机大用在。倘留些能所,堕在缘尘,则卒急未便相应。是故古德劝人直下休去歇去,此段譬如快鹰快鹞,捎云突日,迷风透青,掀腾直截,不容拟议,苟或踟蹰,乃蹉过也,其为教外别行则可知矣。既有志于是,放下着,觌体承当,一切现成,则初祖不曾来,自己亦无得。

示李嘉仲贤良

全心即佛,全佛即人,人佛无异,始为道矣,此谛实之言也。但心真则人佛俱真,是故祖师直指人心,俾见性成佛。然此心虽人人具足,从无始来清净无染,初不取著,寂照凝然,了无能所,十成圆陀陀地,只缘不守自性,妄动一念,遂起无边知见,漂流诸有,脚跟下恒常佩此本光,未尝暖昧,而于根尘枉受缠缚。若能蕴宿根本,从诸佛祖师直截指示处便到底,脱却炙脂衲袄,赤条条,净裸裸,直下承当,不从外来,不从内出,当下廓然明证此性,更说甚人佛心?如洪炉上着一点雪,何处更有如许多忉怛也?

是故此宗不立文字语句,唯许最上乘根器,如飘风疾雷,电激星飞,脱体契证,截生死根,破无明壳,了无疑惑,直下顿明,二六时中,转一切事缘皆成无上妙智,岂假厌喧求静,弃彼取此?一真一切真，一了一切了，总万有于此心，握权机于方外，而应物现形，无法不圆，何有于我哉？要须先定自己着落立处，既硬纠纠地，自然风行草偃，所以王老师十八上便解作活计，香林四十年乃成一片。尘劳之俦为如来种，只在当人善自看风使帆，念念相续，心心不住，向此长生路上行履，即与佛祖同得同体，同作同证，况百里之政柄在手头，安民利物即是自安。万化同此一机，千差并此一照，尽尘沙法界可以融通，何况人佛无异耶？

示远猷奉议

从上径截一路，直拔超升，无出直指人心，见性成佛。但此心渊奥，脱去圣凡阶级，只贵利根上智于无明具缚窠窟中不动纤毫，直下顿契，廓彻灵明，与有情无情、有性无性同体，与大法相应，发起作用，透古超今，骑声盖色，虚而灵，寂而照，无量无涯，不思议大解脱，一一七穿八穴，了无回互，便识落着。所以乃佛乃祖谓之单传密付，如印印空，如印印水，如印印泥，万德昭然，十方坐断，独证独超，初无依倚，若起见作相，则没交涉也。

今时大有具种性之士，能始末觑破幻缘幻境，勇猛奋志向个边来。亦有久存诚探赜者，然患缺方便力，止以知见解会为明了，殊不知全坐了但是识心，纵解到佛边，穷到修证尽头处，不出指踪在。是故古来作家宗师不贵人作解会，唯许人舍知见，胸中不曾留毫发许，荡然如太虚空，悠久长养纯熟，此即是本地风光，本来面目也。到此亘古亘今之地，脱离生死有甚难也？如裴相国、庞居士样，直以信得及便得力，受用自在，尘缘幻境岂从别处生？若脚下谛实，二六时中能转一切物，而无能相等闲，空牢牢地不生心动念，随自天真，平怀常实，便是从宦游斡斡，悉皆照透，承那个恩力。既识渠如下水船相似，略左右照顾，扶持将去，自然速疾与般若相应。此禅流所谓自做工夫，触处无有虚弃的时节，绵绵相续，办长久不退转心,不必尽弃世间有漏有为,然后入无为无事,当知原非两般,若怀去取,则打作两橛也。一切时一切处,唯以此为实在力行之,当截断众流,得大安乐矣。

示无住道人

《维摩经》:"依无住本,立一切法。"《金刚经》:"应无所住而生其心。"古德云:"一切无心无住着,世出世法莫不皆尔。"使有住则胶固,岂复能变通耶?日月住则无昼夜,四时住则失岁功,唯其无住,乃所以流于无穷。是故住于无所住,所以转凡成圣,即无作无为无住妙用,于万有中得大解脱。既达此意,见此道,唯力行不倦,乃真道人也。

拈　古

举:"僧问云门:'佛法如水中月,是否?'门云:'清波无透路。'僧云:'和尚从何得?'门云:'再问复何来?'僧云:'便恁么去时如何?'门云:'重叠关山路。'"

师云:"清波万里,湛寂凝然;宝月凌虚,光吞群象。这僧泛一只船入云门法海里,引得一阵猛风,看伊把舵张帆也不易当抵,及至下梢,可惜输却一筹。且道是什么处是输处?试辨看!"

举:"文殊菩萨问维摩居士云:'我等各自说已,云何是仁者所说不二法门?'"

师云:"这一转语,丛林话会不少,有道默然,有道良久,有道据坐,有道不对,要且摸索不着。直得其声如雷,普惊群动,自古及今前圣后圣所说法门,只向维摩片时之间一时显现。且道正当恁么时,作个什么得见维摩?"

举："僧问破灶堕：'如何是大修行人？'灶云：'担枷抱锁。'僧云：'如何是大作业人？'灶云：'坐禅入定。'复云：'会么？'僧云：'不会。'灶云：'汝问我善，善不从恶；汝问我恶，恶不从善。'后有僧举似安国师，安云：'此子会尽诸法无生。'"

师云："穷善，善自何生？究恶，恶从何起？若能明见这个田地，便是诸法无生。有问崇宁：'如何是大修行人？'对他道：'坐禅入定。''如何是大作业人？'对他道：'担枷抱锁。'且道是同是别？"

举："雪峰示众云：'世界阔一丈，古镜阔一丈；世界阔一尺，古镜阔一尺。'玄沙指火炉云：'且道火炉阔多少？'峰云：'如古镜阔。'沙云：'老和尚脚跟未点地在。'"

师云："现成公案，古镜本非火炉；打破笼罗，火炉即是古镜。若非父子投机，争见赤心片片？诸人作么生会他道这老汉脚跟未点地在？如来宝杖亲踪迹。"

举："云门示众云：'你若实未得个入头处，三世诸佛在你脚跟下，一大藏教在你舌头上，且向葛藤处会取。'"

师云："崇宁土上加泥，敢道直得沩山水牯触杀东海鲤鱼，陕府铁牛吞却嘉州大象。"

举："古者道：'这一片田地分付来多时也，我立地待你构去。'法眼云：'这一片田地分付来多时也，我坐待你构去。'"

师云："这一片田地分付来多时也，我今日当众庆忏。"

举："临济入僧堂，两堂首座齐下喝，僧问临济：'还有宾主也无?’济云:‘宾主历然。’”

师云:“正敕既行,诸侯避道。”

举:“僧问巴陵:‘如何是道?’陵云:‘明眼人落井。’僧问石头:‘如何是道?’头云:‘木头。’僧又问韶国师:‘如何是道?’国师云:‘四生浩浩。’”

师拈云:“宗师家为人,各有出身处。若是通方之士,一举便知。苟未相谙,不免指注。只如一个问头,三人恁么答,且道是哪一句亲切?还委悉么?一镞破三关,分明箭后路。”

举:“赵州访一庵主,便云:‘有么?有么?’庵主竖起拳头。州云:‘水浅不是泊船处。’便去。又访一庵主,亦云:‘有么?有么?’庵主亦竖起拳头。州云:‘能纵能夺,能杀能活。’礼拜而去。”

师拈云:“佛祖命脉,列圣钳锤,换斗移星,经天纬地,有般汉未出窠窟,只管道舌头在赵州口里,殊不知自己性命已属他人。若能握向上纲宗,与二庵主相见,便可以定龙蛇,别缁素,正好着力。还知赵州落处么?切忌颟顸。”

举:“僧问长沙:‘作么生转得山河大地归自己去?’沙云:‘作么生转得自己归山河大地去?’”

师拈云:“得人一牛,还人一马。”

举:“玄沙见鼓山来,作一圆相,山云:‘人人出这个不得。’沙云:‘情知汝向驴胎马腹里作活计。’山云:‘和尚又作么生?’沙云:‘人人出这个不得。’山云:‘和尚与么道得,某甲却与么道不得?’沙云:‘我得,汝不得。’”

师拈云："灼然这一条路，作者方知，直得穷天地亘万古而不移，消劫石空芥城而不尽，便是透关底，也须急着眼始得。一等是与么时节，为什么我得汝不得？切忌向驴胎马腹里作活计。"

举："道吾问云岩：'脱却壳漏子，向什么处相见去？'岩云：'向不生不灭处相见。'"

师拈云："太周遮生！"

"道吾云：'何不道非不生不灭处相见？'"

师拈云："太孤峻生！大凡善知识举一语，垂一机，要明生死根源，令一切人明心见性去，岂不快哉！或有问道林：'脱却壳漏子，向什么处相见？'只对他道：'何处不逢渠？'"

举："修山主颂云：'欲识解脱道，诸法不相到，眼耳绝见闻，声色闹浩浩。'"

师拈云："声不到耳，色不到眼，声色交参，万法成现。且道还踏着解脱道也无？不省这个意，修行徒苦辛。"

举："古者道：'生死中有佛，则不迷生死。'又有道：'生死中无佛，则无生死。'"

师拈云："是则是，两口金刚宝剑，要且拂掠虚空。金山则不然，生死为诸佛根基，诸佛乃生死炉鞲，若解险绝承当，即证六通八解。"

禅人写真求赞

泡幻中出，枯木朽株。顶缺神骨，额无圆珠。曾遭海会毒龙咬，快意追风天马驹。施设千种巧，其实一物无。若凭这个见，至了不识渠。混沌未分时,无此个面孔。泡幻既张皇,乃具足十种。胸次不立纤尘,口角波涛汹涌,唯有一件长,爱打破漆桶。

乍瞋乍喜,浑只由你。最爱谩人,摇唇弄嘴。忍草遍地生,何曾浇法水?倾倒心肝一句禅,个些儿子犹呈瑞。

模子中脱出,佛果老古锥。万缘休歇处,端坐不言时。移刻定动,奋迅全威。为人到彻骨,不惜两茎眉。

卷第十六

大觉普济能仁玉琳琇国师语录

御制序

昔黄帝访道于广成子,汤问于卞随、务光。古之圣王,其于高世之士,必资其薰习身心,以为宰制万事之本。迨于后世,凡入帝王之门者,功业边事尚难其人,何况心性边事?从来宗门古德,传灵山之心灯,其中不少大丈夫而不入帝王之门。其居帝王之位者,悟宗旨主复少,间或浮慕教相,浅识小夫,辄以崇尚异端议之,而其所尊礼之人,多每不足以服世,徒滋疑谤。于是黄帝成汤之美事,不可复见于后世。

我朝之初居东土也,风俗淳古,实忠实孝,直心直行,历代敬礼佛天,而于僧道,并无不问高下,一概尊敬之事,与蒙古习尚迥殊。我皇祖世祖章皇帝抚有方夏,万几余暇,与玉琳琇、茆溪森父子,究竟心性之学,一时遇合。盖与黄帝成汤之事,无二无别,非我朝夙有崇僧之习而然也。

朕览玉琳琇父子之书,阐扬宗乘之妙旨,实能利人济世。如杲日在空,迷云顿净;如清钟响夜,幻梦旋消。惠当来龙象于无穷,媲从上佛祖而不愧,用是采辑校刊,传示后世。因念帝王访道于高世之士,乃古圣之盛轨,而自昔世儒,每于二氏限量区别，朕不忍将来者之终懵，而不为之剖晰也，故叙其说如左。至于万善殿西苑说法，并奏对机缘，虽载自《骨岩侍香纪略》，但皆佛法中事，非装点夸张妄谬之说，亦玉琳琇扬日月之光华，作人天之眼目处，尚足取者，故采编数则，敬昭皇祖当日之恩遇云。

雍正十一年癸丑八月朔日

上　堂*

顺治十六年己亥闰三月初一日，万善殿奉御旨上堂，师至座前，召众云："会么？若也会得，山僧未离江南，升座说法已竟；如或未然，看向第二门头施展去也。"便登座，拈香云："此一瓣香，亲受灵山记莂，爇向炉中，祝严佛心天子成等正觉。"次拈香云："此一瓣香，华藏海会早已敷宣，爇向炉中，祝严佛母太后百福具备，保助皇躬，大扬法化。"

上首白椎竟，问："百福丛中选佛场，海众侧聆求法要，如何是宾中宾？"

师云："一钵千家饭。"

进云："个中好消息，刹刹尘尘现，如何是宾中主？"

师云："青目睹人少。"

进云："一人有庆，兆民赖之，如何是主中宾？"

师云："庭前古柏荫人天。"

进云："天高群象正，海阔百川朝，如何是主中主？"

师云："当堂不正坐。"

进云："宾主历然承指示，当阳一句又如何？"

师打云："有功者赏。"

问："仁皇好道，启大会于重玄；祖令当行，建法幢于今日。从上宗猷如何展演？"

师云："进前来，与汝道。"

进云："金轮顶上无生曲，唱彻皇都调更新。"

师云："一句耸人。"

进云："恁么则万善殿中为雨露，五龙亭上起清风。"

师云："共愿如是。"

进云:“只如仰答圣明一句又作么生道?”

师云:“天台华顶万年藤,报德酬恩心铁石。”

问:“即今万善堂中顶礼万佛宝号,但知其名,未审居何国土?”

师云:“上座醉那?”

进云:“某甲则不然。”师便打,僧喝,师又打。

进云:“不劳重举。”师复打。

问:“如何是十方薄伽梵?”

师云:“处处撞着。”

进云:“如何是一路涅槃门?”

师云:“看脚下。”

进云:“如何是选佛场?”

师云:“棒头有眼明如日。”

进云:“如何是心空及第归?”师便打。

进云:“恁么则天上有星皆拱北,人间无水不朝东。”师又打。

问:“五祖门下有一神秀大师,因什么不得衣钵?”

师云:“为他通身是佛。”

进云:“卢行者因什么却得衣钵?”

师云:“为他不会禅道。”

进云:“恁么可谓伶俐不妨随处有,痴愚端的世间稀。”师便打。

是日名德颇多,师复左右顾视云:“世尊拈花,迦叶微笑,百万人天,次第成佛。御驾俨临,命登万善宝座,揭露正法眼藏、涅槃妙心,作家禅侣尽出相见,还更有么?”乃云:“九年面壁,计较未成;立雪齐腰,苦劳徒尔;三拜依位立,可知礼也。忏罪解缚,鞭影高飞;无性性空,松风聒耳;本无一物,追金琢玉;两枝嫩桂,五叶芬敷;异口同音,千山一月。乃至笑岩老祖挺生神京,建立临济宗旨，禹门浪阔，突兀孤危。事是恁么事，人须恁么人，但得恁么人，何愁恁么事？且道如何是恁么事？”举袈裟云：“如天普盖，似地普擎。好风齐着力，尽向此中吹。”

上堂，上首白椎竟，问：“仙客乘云泛紫畿，欣逢圣主话玄微，五旬金殿垂恩重，又许扁舟渡雪溪。未审其中秘密还得大家知也无？”

师云：“天高地厚。”

进云：“雷音已震青霄外，四海咸闻第一机。”

师云：“日光月华。”

问：“当今天子圣明君，隆兴三宝剔禅灯，特请和尚登宝座，御驾亲临转法轮。如何是转法轮？”

师云：“山僧惭愧。”

进云：“本来大道无言说，未审如何又有言？”

师云：“圣恩难报。”

进云：“一颗明珠在海中，光照虚空作慧灯。”

师卓拄杖云：“念汝老实。”

问：“舌无十字关，脚断五色线。请问和尚：如何是舌头上无十字关？”

师云：“恁么的人来，与他茶吃。”

进云：“如何是脚跟下断五色线？”

师云：“恁么的人来，教他地下坐着。”

进云：“打破十字关，扫断五色线。”

师打云：“你替他各吃三十棒。”乃云：“释迦文佛降生之月，朔旦良辰，奉旨重升宝座，举扬大法，通琇打点些佛法出来供养大众。及乎升到座上，观诸大众，通身是法，一一毛孔出无量口，一一口出无量音声，一一音声宣无量妙义，人人尔，法法尔，盈虚空，遍法界，无有一毫亏欠处，无有一毫空缺处，通琇更作么担水河头卖？直如河伯见海若,恍然自失耳。伏惟大众,各自珍重!”下座。

己亥春,诏迎入京,命住西苑。世祖问:“心在七处？不在七处？”

师云:“觅心了不可得。”

世祖问:“悟道的人还有喜怒哀乐也无？”

师云:“唤什么作喜怒哀乐？”

世祖问:“山河大地从妄念而生,妄念若息,山河大地还有也无？”

师云:“如人睡醒,梦中之事是有是无？”

世祖问:“如何用功？”

师云:“端拱无为。”

世祖问:“如何是大？”

师云:“光被四表,格于上下。”

世祖问:“本来面目如何参？”

师云:“如六祖所言参。”

云:“六祖如何说？”

师云:“祖言:‘不思善,不思恶,正恁么时,如何是本来面目？’”

世祖问:“思善思恶时如何？”

师云:“好善但好善,恶恶但恶恶,正好善恶恶时,即参这好善恶恶的是个什么？所谓要一切处参,第一要动里参,动中得力,静中愈胜。古人所谓从缘荐得,相应捷也。”

世祖退,命近侍传语云:“恨相见之晚。”

庚子秋,世祖马上有省,连诏敦请至京,世祖就见西苑丈室,相视而笑,日穷玄奥。世祖见一矮戒子,指问师,师云:“长者长法身,短者短法身。”世祖喜谢。

奉旨进颂:

“深殿焚香永，心斋笑坐忘。

大圆镜智净，应物妙无方。”

又：

“慈帏色养适，侍坐快谈玄。

法界尘尘佛，同光照大千。”

雨夜奉旨书：

僧问赵州：“如何得不蹉路？”

州云：“识自本心，见自本性，即不蹉路。”

心同虚空界，示等虚空法，证得虚空时，无是无非法。且道虚空作么生证？心随万境转，转处实能幽。随流认得性，无喜亦无忧。见闻觉知是流，且道性作么生认？

一念不生全体现，六根才动被云遮。且道全体现时如何？略彴不是赵州桥，明月清风安可比？

世祖宾天拈香，师云：“报身如梦幻，世界若空花，唯过量大人去来无碍。”进如意云：“此是皇上生生用不尽的。现前大众专精持念究竟坚固大陀罗尼，执事举楞严、大悲、药师、往生等神咒，并绕诵普门大士名，忏悔发愿回向。”

元旦上堂，问答不录。师云：“追金琢玉，绣口文心，自有当行作者；转身掉臂，努目撑眉，一任逞俊禅流。两眼对两眼，真金不博鍮。未举先知，早已属二属三，当阳荐取，岂止落七落八？诸佛不出世，祖师不西来，目前无阇黎，此间无老僧。但有言说，都无实义。”掷拂子云：“踏着故乡田地密，人人鼓腹乐升平。”下座。

端阳上堂，白椎竟，举：“天龙为玄沙侍者，侍沙山行，遇虎，龙曰：‘和尚！虎。’沙云：‘是汝虎。’”

师召众云：“衲僧行处，如火消冰，万法本闲，唯人自闹。六祖大师云：‘非风幡动，仁者心动。’将谓说心性禅，承言者丧，滞句者迷。舍多尊者云：‘非风铃鸣，我心鸣耳。’多少人面墙而立，心复谁乎？俱寂静故，大众还会么？一物寂静，多物寂静；一身寂静，多身寂静；一世界寂静，多世界寂静。先师天隐老和尚如是，龙池幻翁老和尚如是，济宗上下诸祖如是，东土二三，西天四七如是。”卓拄杖云：“拄杖如是，山僧如是，大众如是。”顾左右云：“堂中吃粽子如是。”下座。

幻有大和尚诞日设供，师指真云：“兀坐嘴卢都，教人没奈何个老汉惯得其便。这里透得过的，如龙得水，似虎靠山，有意气时添意气，不风流处也风流。而今大明国里称为师翁后裔者，不啻百千万亿，究竟得大机、显大用、堪为的骨儿孙者，能有几人？某上座初阅《龙池语录》，见师翁云：‘世间多少不平之辈，务要别寻一个人与我老释迦比胜负，较优劣，还知我释迦如来是何等一个面目么？’某上座便于此丧身失命，将谓师翁面目只如是。后来呈似先师，和尚受他许多恶辣钳锤，方知见与翁齐，减翁半德；见过于翁，方堪嗣续。从此脚跟下自解作活计，虽与师翁同条生，不与师翁同条死。师翁善为隐语云：‘人还知我释迦如来是何等一个面目？’令某小瞎秃最初只见师翁杀人刀，未见师翁活人剑。今日某上座不妨显示，令见者闻者知我祖师门下亦有杀人刀，亦有活人剑。”顾视左右云：“若有问：如何是我师翁真面目？”拈香云：“急着眼。”

佛诞度僧上堂，师云：“报恩新长老，今年才廿四，黄面老瞿昙，是吾最小子。古往今来，多少居曲录床的大善知识，凡于四月八日播弄瞿昙小老的矢臭气则有分，还曾梦见瞿昙的师么？若向这里缁素得，则不论剃发不剃发，不虚亲到报恩来；若这里缁素不得，直饶新报恩亲手为他划草，也未免对面白云千万里。”蓦喝一喝，下座。

秋中行化上堂，师拈拄杖召众云：“终日与山僧同居共处，还识得山僧立地处也未？时常见山僧摇唇鼓舌，还会得山僧真实相为处也未？若识得山僧立地处，则于此深山穷谷卧月披云，却在十字街头拖泥带水；而十字街头拖泥带水，却在此深山穷谷卧月披云。若识得山僧真实相为处，则与大众耳提面命却千里万里，而千里万里未尝不与大众耳提面命。还会么？”卓拄杖云：“顶上一轮满，清光何处无？”

元旦上堂，众问话毕，师乃云：“参禅流，听我说，此事非常休仓卒。登山须到绝顶头，入水须至最深窟。乾坤宽广实难知，沧海渊深岂易识？不识不知且止，透顶透底一句作么生道？草树尽非前度色，蓝田日暖玉生光。”

便舟化主领昆山众居士请上堂，师顾左右云：“毁形易服作世外之士，直须不惜身命，饥寒困苦置之度外，颛究大事，图报佛恩。所以古德示众云：‘夫既出家，如囚脱狱，于佛法中万死一生，更莫弃舍。’盖虑后学遇境界艰难，一时打不过，故尔苦口叮咛。殊不知清苦僧家本分，不独今时如此，自古皆然。昔日大愚芝和尚常住澹薄，想与报恩差不多，而芝老和尚穷酸直是穷酸到底，几株宿菜也不令人好吃，尝上堂云：‘大家相聚吃茎齑，唤作一茎齑，入地狱如箭射。’报恩这里虽云澹薄，然山僧素愿有食有法，令众安止，近因饥馑，安众无方，直是食不下咽，坐卧不宁，幸有化主发心在外，渐领信心檀越入山，且不要学他古人见识，度量与么小，口门与么窄。大家相聚在此，澹薄时澹薄，吃斋时吃斋，唤作吃斋，我等与施主皆共成佛道。”

问：“如何是函盖乾坤句？”

师云：“满院梅花香喷鼻。”

进云：“如何是截断众流句？”

师云：“近日厨房几断烟。”

进云：“如何是随波逐浪句？”

师云：“礼拜着。”

复举:“雪窦禅师云:‘客从远方来,赠我径寸璧,中有四个字,字字无人识。’报恩亦有一偈:‘化主昆山归,献我数块石,通身浑是口,有眼谁不识?’”下座。

行化过清溪,明道蔡封翁就开封寺请上堂,师云:“本是真实人,共谈真实话。欲明真实事,须办真实心。会中办心真实的,出来互相酬唱。”

问:“临济问黄檗佛法大意,黄檗便打。某甲问和尚佛法大意,和尚如何?”

师云:“化长生米。”

师乃云:“佛祖出世为一大事因缘,人人悟自妙心,得自宝藏,虚空不足以喻其久,宇宙不足以喻其宽,岱岳未可以为高,沧海未可以为深,取之不竭,用之无穷。明道老居士,深受灵山付嘱,欲为有情揭开迷封,悟自妙心,得自宝藏,特重建此开封古刹,玉琳道人到来,特为举扬。”蓦召众云:“我不轻于大众,大众皆当作佛。”下座。

蔡居士作礼云:“弟子每对神佛前发愿,护持蔡铎正念,禁止蔡铎邪思,唯愿临欲命终时,净除一切诸障碍等,是否?”

师云:“即此誓愿真实,皆成佛道。”士再礼谢。

诞日上堂,众僧问话毕,师乃云:“白云千顷,老屋数间,一榻高眠,令土木瓦石为大众转大法轮者,是先师和尚向日家风。唐存翁合诸檀越,建大禅堂,十方聚会,应时及节,请山僧说法者,是新报恩今日行履。且道先和尚向日家风是?新报恩今日行履是?”竖拄杖云:“若也会得,释迦不在前,弥勒不在后,大众与诸佛同证一相三昧,山僧与大众寿量无殊;若也不会,父少而子老,举世所不信。”掷拄杖,下座。

出坡上堂,问:“岁将终,期已半,当人脚下事,请师相为。”

师云:“三十棒一棒也较不得。”师乃云:“报恩寺里禅,尽在衲僧边，搬柴及运土，终日担横肩。”下座。

上堂，师云：“马祖道一口吸尽西江水，慈悲之故，而有落草之谈。世尊道十方虚空生汝心中，犹如片云点太清里。与么会得，正好捉来朝打三千，暮打八百。有般汉迷头认影，弃本逐末，以守个昭昭灵灵为悟主人公，把举足动步摇唇鼓舌的为常住心体，认六尘缘影为自心相。譬如病眼见空中华及第二月，百千澄清大海弃之，唯认一浮沤。迷中倍人，佛所深愍。世尊又示阿难云：‘如汝今者，承听我法，此则因声而有分别，纵离一切见闻觉知，内守幽闲，犹为法尘分别影事。’今时外道好笑杀人，既以晓得走路问话的为悟自心，更以识神空主人公也不可得，为末后无疑，谁知数千年前尽被世尊痛呵明叱，有如斯举。凡学者可弗见不善如探汤？猛看破浮幻身心，向一念未生前，当下证得广大心体，连证之一字，亦不可得，便识得一切佛祖广大心体，方可出生出死，方可入死入生。事是恁么事，人须恁么人，苟不如斯，生死到来，便验真伪。”

复举：“古德云：‘毫厘有差，天地悬隔。’”师蓦竖如意召大众云：“还会么？”良久，掷如意云：“万古碧潭空界月，再三捞摝始应知。”

示　众

示众，举：“法眼禅师指凳子云：‘识得凳子，周匝有余。’云门偃云：‘识得凳子，天地悬殊。’天衣怀云：‘识得凳子，榆楠木做。’大慧杲云：‘识得凳子，好剃头洗脚。’”

师云：“诸大老与么各出好手，放过则尽可居宝花王座，仔细检点将来，合各与三十矮凳脚。”

因课诵示众，师云：“迩来魔强法弱，亦以上无严师，故容邪谬之徒插足宗门,多是学宗旨、论宗旨、虚拟宗旨,一味妄穿妄凿,妄卜妄度。从上纲宗,面目俨然,何尝梦见?所以言言会旨,步步迷宗,即如一等无惭愧汉,妄称自己亦是临济儿孙,开口便道:‘垂慈必有法,无法不垂慈。’临济宗有玄有要,有权有实,有照有用,有主有宾,而竟把丛林正务及两堂课诵皆曰此只是应点故事,可将就些,必当少念佛,方像祖师门下客。

“吁嗟乎!我不知此等人面皮厚多少,若道是泛常故事,有碍祖道,则直当不念,何得云少念及将就些?若如此随顺俗套,将就故事,岂是大丈夫作人天眼目,与佛祖为师者之所为耶?我今诚实指示此辈暗短流俗阿师,且莫夸是祖师门下客,莫虚称会宗旨,莫别求所以为人,既欲明宗旨,且莫当面蹉过,莫拈一放一好。教你知报恩这里即两堂课诵,便有玄有要,有权有实,有照有用。某上座有时一声佛如金刚王宝剑,有时一声佛如踞地狮子,有时一声佛如探竿影草,有时一声佛不作一声佛用,亦有杀,亦有活,亦有纵,亦有夺,亦有主,亦有宾,亦如清凉池,亦如大火聚。背之则受诸苦恼,触之则烧却面门。饶人左之右之,时进时退,或邪或正,或是或非,或行解相应不相应,或见地透脱不透脱,不消别施勘验,只这两堂课诵,都料简详悉也。

“凡在报恩者,切莫以课诵、出坡等为虚应故事,须知无不是佛祖之秘密法,无不是佛祖之总持门,无不是佛祖之不传心要,无不是佛祖之自利利人捷径。若道别有宗旨,别有佛法,别有好知解,更欲假借赵州念佛漱口之说以图避懒,妄拟议人,则先谤他赵州为不要人念佛。又以报恩念佛作念佛会,则真可怜生!你若果是个人,能各出手眼,别样设施为人去,某上座自识得你,不要你类我。若你等道必要恁么,我又不恁么也,只如我恁么,事无不具玄要,权实照用,主宾纵夺,你作么生会?敢妄拟议耶?凡为魔所摄,毒气深入者,一任你别去学佛法,学宗旨,多生分别,异样拣择,他日眼开,自知负堕。如我同志真实学道者,切须立定脚跟,努力行持,莫为魔惑。其或狮子虫,定不轻纵以乱清规。”

羯磨夜示众,师云:“毁犯者,堕诸苦趣;执持者,报在人天。且道既不毁犯,又不执持的,当生何处?”良久,云:“自是不归归便得,故园风月有谁争?”便归方丈。

示众,举:“僧问慈明:‘闹中取静时如何?’明曰:‘头枕布袋。’”

师云:“山僧若在座下,管教先南源不只恁么休去。何不进云:‘和尚莫世谛流布。’且道先南源又且如何?”

示众,师云:“汝等诸人须信本来是佛,各须识取本来面目,蹋着本地风光。若识得本来面目,黄金世界,白玉为身,旃檀丛林,旃檀围绕,不然草木丛林时时凋丧。”众礼拜。

示众,举:“佛眼禅师上堂云:‘世人尽道路行难,本分真金入火看。炼去炼来金体净,一槌打作玉栏杆。’”

师云:“古德恁么道,应有闻之踊跃者,应有闻之竦惕者。”

示众,举:“净觉本禅师,僧问:‘同声相应时如何?’净云:‘鹁鸠树上啼。’”

师云:“可惜这僧浪问,不知落处。见净老云:‘鹁鸠树上啼。’何不遥空掌云:‘打落枝头时如何?’偿净老再云:‘作家禅客,天然有在。’何不进云:‘某甲点茶,来请和尚。’偿净老再云:‘果然作家。’便礼拜而出。岂不话不虚行?虽然,鹁鸪树上啼,汝诸大众作么生会?”

死关千丈岩回,示众云:“这一百二十日,老僧日日在两序诸公肚里走三转,诸公知么?”

众进语毕,师又云:“这一百二十日,老僧日日在各堂寮苦行,诸禅肚里走三转,诸禅知么?”

众进语毕,师又云:“这一百二十日,老僧日日在内外大众肚里走三转,大众知么?"众久立,师左右顾视,下座。

小　参

晚参,师拈拄杖云:"我此山中,一物也无,石头大的大,小的小,内外诸人每日出坡三两度,蓦有个汉出来道:'和尚前言不应后语。'但向他道:'非汝境界。'"顾左右云:"若也会得,许你不咬一粒米,大碗吃饭;不挂一缕丝,终日着衣。若也不会,不是逐色随声,即落解脱深坑。大众!到这里切须仔细。"良久,卓拄杖云:"参!"

晚参,师拈拄杖云:"当初庞居士到百尺竿头,将谓见过于人,开口便道:'不与万法为侣者是什么人?'幸而其时诸方有人,若遇如今狐狼野干之属,盲引众盲,见有百尺竿头坐的,便道你已死了,须透祖师机缘,方是死中得活,便教人胡穿乱凿,今日透这一则,明日透那一则,若恁么,岂不见笑一时,遗臭万世?讨甚盖天盖地好庞老耶?然而也是当人肯入作家炉鞴,肯求大手眼人锻炼始得。

"你看庞居士见石头,问:'不与万法为侣者是什么人?'头蓦掩其口,于此有个会处,惭惶不少,未到大休大歇田地。到江西马大师处,仍旧问云:'不与万法为侣者是什么人?'马大师蹋向前一步云:'待汝一口吸尽西江水方与汝道。'庞居士到这里,方才命根子卒地折,爆地断,放开穷肚皮,海纳百川,七纵八横,千通万达,高步大方,发一言,令人不敢正耳听着;立一行,令人不敢正眼视着。"

师召众云:"马大师进哪一步,诸人还见到也未?若也见到,方可与山僧拄杖子相见;若未见到,岂可衲子不如他俗人?有么?有么?"蓦竖拄杖云:"吸尽西江且止,只如山僧拄杖子作么生吞?”良久,卓杖云:“剑为不平离宝匣,药因救病出金瓶。”掷杖出堂。

十五夜小参,举:“僧问赵州:‘如何是祖师西来意?’州云:‘庭前柏树子。’”

师云:“报恩则不然,有人问:‘如何是祖师西来意?’但向道:‘今夜一轮满,清光何处无?’”

小参,师云:“山僧不指路头,一任诸人瞎闯。诸人若也瞎闯得勇猛,不顾危亡得失,尽力闯将去,蓦然撞着峭壁巉岩,磕破脑壳,则一回知痛痒也未可知。”

问:“诸人瞎闯则不问,磕破脑壳时如何?”

师云:“又惭惶,又好笑。”

问:“磕破脑壳则不问,为甚又惭惶,又好笑?”

师云:“非汝境界。”

小参,举:“眉州黄龙禅师,僧问:‘如何是密室?’龙曰:‘斫不开。’曰:‘如何是密室中人?’龙曰:‘非男女相。’”

师云:“古人恁么道,山僧则不然。‘如何是密室?’‘七通八达。’‘如何是密室中人?’‘长的长,矮的矮。’且道与古人是同是别?”喝一喝,卓拄杖一下。

仲春晚参,师云:“古者道灵云见处不在桃花上,且道他见处作么生?”众无语。

师云:“正所谓如将名品果子,壳也去了,核也去了,送人口边,人不解吃。”

举峰西堂秉拂,师云:“昔日赵州云:‘我在南方火炉边有个无宾主话,至今无人举着。’嗯!直饶道闭门打睡,接上上机也未?若如斯提持,今时人闻举着向上一路,末后牢关,未尝不商量浩浩地,如说药人,真药现前都不能识。渊明云:‘平畴交远风,良苗亦怀新。’东坡云:‘非古之耦耕植杖者不能道,非吾世农不知此语之妙。’吾于赵州亦云：‘少间烦峰西堂对众拈出。’”

晚参，问答不录。师云：“早间森首座领众请法，山僧道：‘钟动吃斋。’召众云：“大包方外，细彻毫端，帆正晴湘，衡开九面。出家儿造次颠沛，不离衣钵之侧，端能与露柱同披一领袈裟，与山僧同一钵盂烹飧也未？此间一草一木，同证圆明，胡为有人自疑自别？损法财，灭功德，莫不由兹心意识。’诚哉是言也！台山南，岱宗北，殊天异域之宾，咸与山僧晨香暮灯，共分寥寂，胡为有人咫尺关山？只为分明极，翻令所得迟，不大可哀乎？昔日少林面壁，二祖趋风，寒庭立雪，没膝齐腰，何等心骨！鼻祖尚诃为轻心慢心，徒劳无益。断臂安心，出群得髓，瞻彼前修，岂同禆贩？”打一拂云：“精金百炼自光莹，药汞从教夸耀冶。”

晚参，问：“某甲阅《楞严》，至七处征心，有个会处。”

师云：“咄！此非汝心，作么生会？”

进云：“某甲无心。”

师云：“咬人矢橛，不是好狗。”

问：“光阴如箭，日月如梭，如何了生脱死？”

师云：“莫厚颜。”

师乃云：“莫谓无心云是道，无心犹隔一重关。又有道说甚一重，直是千重万重。既然如是，毕竟如何明心见性？”良久，云：“山僧昨在报恩示众云：‘古之天地日月，犹今之天地日月。天地日月无古今之异，禅道佛法亦不应有古今之分。为什么古之知识，千百世之下，凛凛常在人目前；后之知识，当世现在，每淹淹如九泉下人。古之学者，一面瞥地，耀古辉今；今之学者，今日有些会处，明日有些会处，及乎生死到来，依旧手忙脚乱。盖道无同异，同异在人。今之发心未尝不如古人，参究未尝不如古人，刻苦未尝不如古人，用心到无用心处亦未尝不如古人，但古人到无用心处决不望崖而退，百尺竿头更能进步。所以道：‘悬崖撒手，自肯承当，绝后再苏，欺君不得。’今人到千峰绝顶，不唯不进步，反退转身来，云吾已死而得活了，以了不可得为究竟，以擎拳竖指为透祖师关，尽是悬崖缩脚，种种自欺，去他古人远之远矣！”卓拄杖云：“有志之士，自知好恶。”

晚参，师云：“明道者多，行道者少。大小祖师话作两橛，明而不能行，明的事向哪里去也？诸人十二时中行的事作么生？”良久，云：“绕庵一水声常住，拥榻千峰势欲翔。”

早参，师云：“古者道：‘莫被天下老和尚舌头瞒。’山僧道：‘莫被天下善知识行履瞒。’祖师门下客，须确实为生死，口不嚼一粒米，身不挂一缕丝，方可随意穿衣吃饭。眼中不见一画一竖，耳中不闻一语一言，方可随时写字看书。否则大事未明，如丧考妣；大事已明，如丧考妣。如或生死心不切，慎勿出家，纵出家，慎勿来宗门。何以故？目下虽未为生死，倘不轻易出家，不轻易来宗门，尚知有出家事在，尚知有宗门事在。有等造次出家，来此宗门，随群逐队，发意做工夫，如撞采的一般，做几时撞不着，便一日悠忽一日，一时怠惰一时，自己既然，将谓他人亦是如此，谤大般若，苦报无量。有志之士，务须确实。”

晚参，师云：“同居在此，不论久参初学，须各各退步到真实不欺之地。”

晚参，师云：“龙渊今冬与大众约法三章：第一，饮水不得打湿口；第二，吃饭不得咬着米；第三，经行不得撞着露柱。”

元旦，知浴领檀越请小参，师云：“大众知么？汝等成佛以来，已经无量阿僧祇劫，举足下足，其地坚固，金刚所成上妙宝轮以为严饬，宝池琼阁，奇树珍禽，乐具充溢，无有苦缘，寿命无量，光明无量，法亲无量。如或未知，则不矜久修，不薄初学，一念回光，即同诸圣。若也根思迟钝，便请一念不生去。如或多知解，多愚痴，便请净念相继去。但办肯心，决不相赚。虽然如是，且道善财入楼阁门,为甚入已还闭?所以道:如来不出世,祖师不西来。汝等成佛已经无量阿僧祇劫。”

晚参,师云:“昨夜行者通大众晚参,山僧传语云:‘大好月,你诸人作么生会?’僧云:‘砍却月中桂,清光应更多。’”

师云:“矢上加尖。”众久立。

师云:“山僧自领三十棒。”

知浴古渊领海宁众居士请解制,绍兴范居士求释愆,同请小参,问答毕,师挥拂云:“人人殊胜,个个净明,似鸟行空而昧空,如鱼在水而忘水。无瑕翳中自生瑕翳,无障缘处自生障缘。结空花于无明树头,有何实果?捞水月于昏沉海上,徒见劳心。既能物外逍遥,必须真源顿达;苟知空门皈向,定应觉性洞明。觉性明,真源达,方知罪垢本空,而无罪不忏;法道本超,而无法不成。大众!我不轻于汝等,汝等皆当作佛。”下座。

小参,师云:“昨日大众晚参,山僧道:‘洗清昔日担泉处,斫出当年面壁岩。’汝诸大众各各领悟也否?闻斯提举,若能正眼洞开,则忙闲动静,一语一默,着着有出身之路。用得十二时,不为十二时用;转得一切物,不为一切物转。搅长河为酥酪,变大地作黄金,供养大众,不为分外。如或不然,二时粥饭,咬须弥山子,唇齿之间,太费支持,七尺形骸,挂冰棱铁甲,俯仰之际,大有不便。”卓拄杖。

结夏,檀越请小参,师云:“圆陀陀,光烁烁,净裸裸,赤洒洒,三头六臂,千手千眼而本无一物,纯真一如,无臭无声而万象纵横,闭门打坐,遍界不藏,闹市横身,孤巍严密,诸作纷纭而非动,一物不为而非寂。违之者自暴,求之者愈失。千贤万圣,趋向无门;千佛万祖,退身有分。”师以拂子打一下,云:“谁参胜热婆罗门?六月霜花凝枕席。”下座。

晚参,师云:“去圣时遥,言高志下。欲明格外旨,须尽域中情。”顾左右云：“大众看脚下。”

晚参，师云：“‘劫火洞然，大千俱坏，未审这个坏不坏？’‘坏。’‘恁么则随他去也？’‘随他去。’大随恁么答话有甚长处，投子望山礼拜？”众无语。

师云：“古之学者为己。”以竹篦拍香案，便归寝室。

晚参，师云：“祖师时时在水桶上出现，刚见人挑水，走入水桶里去也；祖师时时在火焰上出现，刚见人烧火，走入火焰里去也；祖师时时在木鱼上出现，刚见人打木鱼，走入木鱼里去也；祖师时时在钟鼓上出现，刚见人打钟鼓，走入钟鼓里去也。”良久，云：“有人出来道：‘和尚何得压良为贱？’山僧只要你恁么道。”

小参，师云：“理无事外之理，事无理外之事。理外之事则愚，事外之理则狂。狂则为魔所摄，愚则为佛所悲。宁为佛悲，莫为魔摄。大众来此祖庭，必须立深誓愿，正知正见，正路修行，庶几同证，圆满菩提。”

晚参，师云：“昔年大慧禅师因一禅子参公案不透，乞求方便。慧云：‘你是福建人，我为汝说个譬喻，如将名品荔枝，皮也去了，核也去了，送在汝口边，只是汝不解吃。’”

师召众云：“当初大慧为此一人设个譬喻，此人当下咬破舌头。山僧因众参上树公案，重重相为云：‘紧夹藩篱宽辟道，如何？’众中未见有脚头点地的。”乃云：“但办肯心，必不相赚。更与汝等一个安心丸子，三文大光钱，买得个油糍，吃向肚里了，当下便不饥。”

晚参，师顾左右云：“今日晚参不许问话，不问话者三十棒。”

众拟议，师云：“自从立雪人归后，几片白云护翠岑。”

结制，古渊知浴领海宁众檀越请小参，问：“炉鞴大开，不留钝铁；金锤挥掷，万窍通明。还许学人立地成佛也无？”

师云：“进前来吃棒。”

进云:“与么则滚入红炉大冶中,直得通身无缝罅。”

师云:“许汝胆大,问得祖宗之髓,登祖宗之堂。”

“敢问和尚:昔日僧问临济:‘如何是夺人不夺境?’济云:‘煦日发生铺地锦,婴儿垂发白如丝。’为甚本山中祖道错?”

师云:“一对无孔铁锤。”

进云:“与么则二大老料拣,一齐蒙和尚指示去也。”

师云:“与汝六十棒。”

问:“如何是法王正令?”

师云:“千钧之弩。”

进云:“与么则人人沾恩,个个得力。”

师云:“已放过。”

居士问:“不侣万法,不取凡圣事如何?”

师云:“佛子受佛戒,即入诸佛位。”

师乃云:“天目山下无寸土,天目山头无片云。脚跟踸着寸土,有寒暑兮促君寿,有鬼神兮妒君福;眼中见有片云,风力所转,终成败坏。且道住此天目山,如何行履即得?虚空拍手呵呵笑,报汝人人净法身。闻斯告报,直下承当,如来禅许汝会,更须知有祖师禅始得。且道如何是祖师禅?”蓦喝一喝,随声以竹篦抚案一下。

晚参,师云:“祖师示现全身,向汝诸人毛孔中念普字真言,汝等尽见尽闻么?”一僧喝。

师云:“胡喝乱喝。”乃云:“分明指出平川路,却奈忠言逆耳何!”

除夕晚参,师拈拄杖召众云:“识得拄杖子么?一日不为少,千载不成多。小则蟭螟眼里横眠,大则乾坤西倾东阙。出息不随众缘,入息不居阴界,试看先宗是何标格?你有拄杖子,与你拄杖子;你无拄杖子,夺你拄杖子。”

晚参，师召大众云："莫瞌睡。"

石庭晚参，师以杖指一碎石云："这石板如何没一些缝？"良久，又指一完石云："这石板若为有许多缝？"

一僧云："谢师指示。"

师便打，乃云："今时学者，有两种错路。一种错路的，问着便道唤什么作灯笼？一种错路的，问着便道露柱没一点缝。是这两般错路，便掩蔽却人人本地风光，若不蹋着本地风光，终不能免此两种错路，今日不惜眉毛说似诸人。"竖拄杖云："山僧拄杖子有九千九百九十九只眼。"顾视左右云："更有一只不与你们说尽，何故？若教容易得，便作等闲看。"

晚参，师云："吾观大众尽与佛祖无二无别，但存人我，自生间隔。所以祖师示众，诵《金刚般若经》，上根者一闻千悟。后来祖师教人参死了烧了话、父母未生前话，便是将一卷《般若经》括作一句，教人持念。汝诸大众须在佛祖路上行，方到佛祖田地。若四相未空，徒劳无益，各宜珍重。"

晚参，师云："山僧说得一篇佛法悬在雨花桥上，大众各去看取。"良久，云："伯乐曾三顾，千金谁解增？赠君君不纳，完璧倚枯藤。"

晚参，举："傅大士道：'空手把锄头，步行骑水牛，人从桥上过，桥流水不流。'"

师云："天目则不然，生铁打锄头，披蓑牧水牛，人从桥上过，水流桥不流。且道傅大士的是？山僧的是？"良久，云："朝参暮请缘何事？应须立透祖师关。"

早参，举："六祖云：'本来无一物。'长庆云：'万象之中独露身。'"

师云："孙必类祖，大众会么？"拈拄杖，旋风打散。

晚参，师云："汝诸大众多有广游人间世，遍礼诸名山的；多有参遍诸方,久亲知识的;多有诸方许可记莂的。我不问汝别样佛法,只有一句极平常的话问你,且道这一时香在什么所在坐?”良久,云:“衲僧在处,如火消冰,终不却成冰。若道有香可坐,有坐的人,有坐的所在,莫道你广游博礼,参方受记,直饶你向世尊肚中转一过来,也只是个能仁的矢橛,各各自揣摩,道个惊人句看。”顾视左右,震威一喝。

小参,举:“世尊九十日在忉利天为母说法,及辞天界下时,四众八部俱往空界迎。有莲华色比丘尼作念云:‘我是尼身,必居大僧后见佛,不如用神力变作转轮圣王,千子围绕,最初见佛。’果满其愿。世尊才见,乃诃云:‘莲华色比丘尼!汝何得越大僧见我?汝虽见我色身,且不见我法身;须菩提岩中宴坐,却见我法身。’”

师云:“大小世尊抑强为劣,山僧若见莲华色比丘尼,但云汝真能现大人相,殷勤见我。若须菩提岩中宴坐,乃是闭门作活,岂能见我全身?”蓦拈拄杖云:“还有为世尊作主的么?有则出来,各出人一头地。”卓拄杖云:“好手岂容无妙拍?三台须是大家推。”

小参,举:“赵州问南泉:‘知有的人向甚处去?’泉云:‘山前檀越家作一头水牯牛去。’”

师云:“长裙新妇拖泥走。”

“州云:‘谢师答话。’”

师云:“帆随湘转,望衡九面。泉云:‘昨夜三更月到窗。’”

师云:“向上一路,千圣不传。”

晚参,举:“僧问赵州:‘如何是佛?’州云:‘殿里的。’”

师云:“古佛恁么道,可谓眼空四海。”

晚参,师云:“解制来,走动的走动,各执少人,久住者未免辛苦。汝诸大众如何得不为境转?”

一僧云:“心如木石。”

师笑云："说到行到，吾为汝保任此事，终不虚也。"

早参，师云："有一人，日勤众务，一物不为；有一人，一物不为，日勤众务，且道哪个作家？"一僧出，师打退；又一僧作礼，师亦喝出。

师乃云："有叟情相似，日香夜夜灯。"

晚参，师云："如净琉璃，内外明彻。凡见道者，若身心世界果如净琉璃，内外明彻，方是真见本来面目的人，不然，徒自欺耳。生死到来，悔将何及？不见道：吾心似灯笼，点火内外红。虽非依样画描，却是一鼻出气。"

晚参，师云："秋来好坐禅，贤衲莫乱走，各得坐具地，他年大开口。且得地一句作么生道？父母所生口，终不为人说。"

灯节，知浴同王檀越请小参，师云："如净琉璃，内外明彻，光逾日月，量裹太虚，探之不见其初，避之莫究其极，山河大地即之，靡不消镕，明暗色空舍之，无以建立，神鬼不能觑，贤圣不能知，洁之不新，垢之不故，蠕动不减，佛祖不增。谓之为微，普天匝地；谓之为显，朕迹不留。指为智珠，暗然日著；目为福岳，坦然日尊。"召大众云："我见灯明佛，本光瑞如此。"

戒私看文书，晚参，师云："上三画长，下二画短，天左旋，地右转，日月照临乎其上，龙象奔走乎其下，高出无顶天，深逾香水海。无论智愚贤不肖，识得这个字，宣圣、孟夫子拱手赞叹，释迦不在前，弥勒不在后，奔轶绝尘，今之古之，谁敢与偶？好大哥，直截根源尚迂曲，寻枝摘叶复何如？"

小参，问话毕，师云："一片清凉地，安闲绝比伦，往来及住众，举步莫迷津。"众久立，师震威一喝，下座。

小参，师云："有一无事人，终日忙碌碌；有一精进汉，长年讷且木。如是二人中，有一人堪与人为师，汝诸大众出入好看。"良久，云："寂光真境何尝远？同在琉璃国土行。"下座。

卷第十七

大觉普济能仁玉琳琇国师语录

法　语

示全庵进上座

进上座事我十年,不动竿头,每为咬破拇指。夏初,入大雄室,闻举一归何处话,直下透脱。须念自利易,利人难,深心大心,终身誓居学地。所谓证无量圣身,犹未是泊头处也。

示嶺侍司

禅和家,善用心难;善用心的,得正悟难;得正悟的,打脱见地难;打脱见地的,不走作难。翻此四难为四易,则自利利他,一切了办。

古人道数十年尚有走作,或云我数十年方打成一片。成片者无论矣,未成片者,但把曹溪云"什么物恁么来"随时觉察,管教衲僧行处如火消冰。

示岳书状

余生平无甚长处,只不记古今只言片字;生平亦有自负处,不学他诸方佛法世法。噫!安得不记人言句者,聆我斯言乎?书付行岳,以示千百年知音者。

示巇侍司

在堂中不要学佛学法，辨古明今，当毒眼孤瞠，无佛无祖，无人无己，放出盖天盖地志气来，东拂于逮横身，西瞿耶尼展脚，南赡部洲啜饭，北郁单越撒溺。语默超越常情，动止迥殊旧习，天神捧花无路，人鬼觑捕无门。果能如是，不变不杂，等闲举起，钝刀子也能杀，也能活，也能照人肝胆，也能称人伎俩。把从上千七百老古锥遗下一言半句，或是作家相见，或是出格提持，或严密，或危险，或泥中有刺，或沙里无油，或人目为誵讹，或人目为奇特，千歧万别，骇状奇音，逢着个钝刀子，自然如庖丁之解牛，由基之绕树，岂他穿窬担板，乱统支离者，可同年而语哉？然犹未也，并知山僧与么庭训，亦是怜儿不觉丑，方是有气性衲子。祖师云："行解相应，名之曰祖。"又曰："明道者多，行道者少。"如斯料简，岂是等闲？今时有等无忌惮者，拟为佛祖苗裔，得些见地，全不修省，难免道力不胜业力，又安望其透末后句、向上关哉？戒之！勉之！

示峰首座

长沙岑禅师，因秀才看《千佛名经》，问曰："百千诸佛，但见其名，未审居何国土？还化物也无？"岑曰："黄鹤楼崔颢题后，秀才还曾题也未？"曰："未曾。"曰："得闲题取一篇好。"如斯答话，非大有福慧人不能。

自励四誓

一誓不与本分间隔，作一佛事，乃至一称一礼；一誓不与本分间隔，为一人，乃至交一言；一誓不与本分间隔，阅一书，作一字；

一暂不与本分间隔,一坐立,一谈笑。

客 问

客问:“学道如何不蹉路?”

曰:“善哉斯问!世之不参涅槃堂里禅者,难乎其不蹉路矣。虽然,当今传法者遍界,方行等慈,不择净秽,开阐无遮,度诸疑谤,先进者以广接为心,后进者以易入为事,知名盛而实衰,辨名似而实非者,难道全无,敢谓罕有。吾言之安足为人重,而可与子深言之也哉?”客固请。

曰:“如子之不以人废言,吾姑与子漫言之。学道欲无首越之燕之叹,第一,须发心谛当。或志小见近,图作世间善人,只消读治世圣贤之书,行治世圣贤之事,或遵行如来权教法门,助其修省,亦有益无损。若欲究竟出世无上妙道,当颛为生死始得。颛为生死,则博闻强记如庆喜,一问十答如香严,百鸟衔花如牛头,千指绕座如夹山,尚须舍己从人,况降斯而下者乎?不为生死,必尚知见,此道不属知见;不为生死,必务功能,此道不属功能;不为生死,必慕豪放,此道不属豪放。一尚知见,务功能,慕豪放,则非愚即狂,成魔落外,善因而招恶果,多自不颛为生死学道者而成,岂不一蹉永蹉哉?

“第二,须工夫谛当。既为生死发心学道,可不返躬自省?果能具大根器,一闻千悟也未?若也未能,须参一句话头,一日不透一日参,一月不透一月参,一年不透一年参,一生不透一生参,今生不透来生参,永无退失,永无改变,方谓之谛当工夫。参定一句话头,便是斩知见稠林之利刃,渡生死苦海之慈航,解杂毒入心之圣药,指万古迷津之导师,不集善而自集,不断恶而自断,不持戒而自戒,不习定而自定,不修慧而自慧,不课佛而自课,不诵经而即诵,不求生胜处而自生胜处,不求多善友而自多善友,本不求誉,亦莫可毁。如是颛一,如是精进,如是久远,纵未发明,亦现在可为后学规模,将来必得佛祖心髓。倘名色为生死学道而起傍疑,求别助,生异见,多外骛,惮艰辛,喜快便,管教百妄交集,其蹉可胜言哉!

“第三,须悟处谛当。既颛为生死,纯一参究,必待工穷力极,时至理彰,命根断,本来面目现,不疑生死,不疑古今,不堕坑落堑,不强作主宰,不认识神,不陷空豁,不涉矫乱,不入邪师圈缋,不犯明眼料简。倘鱼目为珠,瞌睡当死,以卤莽承当为有力量,以硬差排为不疑,以粗放狂乱为大机大用,以颟顸为透脱无余,竿头宜进而不进,言句应参而不参,不烦穿凿而穿凿,不可抹杀而抹杀,入门一蹉,异解杂陈,所谓可痛哭流涕,长太息者,非此类乎?

“第四,须师承谛当。非但无真传杜撰阿师,不可承虚接响,即沿流不断者亦须察其行实。不担条断贯索,谬自主张,蹉过师家相为处否?不孤负师家脑后深锥否?洞明从上纲宗否?不施为偏重,瞎人眼目否?若无真正作家宗师为之打瞎顶门眼,夺却肘后符,则虽有实悟,自了则可,为人则祸生。倘若已见既偏,投人又谬,自方空豁,复向瞎棒瞎喝下似水合水,如空合空,谬执金刚宝剑斩尽一切,为实不知我王库内无如是刀,盲引众盲,江河日下。或自入处廉纤,沾着邪知恶解家滋味,邪毒入心,如油入面。更或不知错认,漫云自肯,不受人究竟,谓之不被他转却。又或云我见处是的,只要行履了。此等何足挂之齿颊?

“第五,须末后谛当。末后一句,始到牢关。灵龟负图,自取丧身之兆。不透末后牢关,而言得大机大用;不透末后牢关,而言具本分草料,其不为粗恶狂徒者鲜矣!不透此关,有正悟者,犹可为一时唱导之师。如无正悟,不知有此关者,其于古人参悟与悟后重疑,不移前作后,指悟为迷者鲜矣！谤先圣,误后人,皆由不知向上一关,可不畏惧乎？自利不全,利人不足,皆由不透向上一关,可不惕厉乎？

“第六,须修道谛当。虽发心谛当,工夫谛当,悟处谛当,师承谛当,末后透脱谛当,更须自己觉察是顿悟顿修根器否？是果地善知识否？打成一片,速于香林否？不走作过涌泉否？现业流识净尽否？事事无碍否？行解相应,名之为祖,试看先宗是何标格？

“第七,须为人谛当。不可有实法与人,不可骗人,云有方便,助汝易入,不可教人不参死话头,决要人真参,决要人实悟,决要人悟后达向上关棙,决以见性谓之悟,不可轻意牢笼人。于人认识之谬,哄云有省,于人向念未生时,认妄为真,印云有入,图一时门庭热闹,不顾展转误赚,邪法纵横,病发于此,宁绝嗣,不乱传,方谓之为人谛当。前六种不谛当,则自错;后一种不谛当,则错人。良药苦口,忠言逆耳,怜子请之,诚而示之,甚弗轻以语人!”

机　缘

僧问:“如何是函盖乾坤句?”

师鼓腹云:“我容得你这些人万万千。”

进云:“如何是截断众流句?”

师云:“赶得你无脚跑。”

进云:“如何是随波逐浪句?”

师云:“容你在这里立片时。”

师问僧:“玄沙是汝虎话,你如何会?”

僧舒五指云:“牙爪齐露。”

师便打,复示偈云:

“生平不出岭,一语古今传。

明眼人难会,君须向上看。”

师问僧:“向父母未生前道将一句来。”

进云:“八角磨盘空里走。”

师指香盒云:“这是什么?”

僧拟议,师便打,僧无语。师云:“真诚莫作小儿嬉。”

问行堂云:“饭桶里多少达磨眼睛?”堂罔措。

问火头:“三世诸佛向火焰里说法,还端的也未?”头亦罔措。

师指傍立一僧云:“唯有这个师僧解答话。”便归方丈。

园头问:“和尚病好了么?”

师云:“我从来不病,有何好不好?”

进云:“某甲不能亲近得和尚。”

师云:“我日日在你园中。”

退庵呈世尊拈花颂云:

“倚天长剑露锋芒,拈出何人敢近傍?

潦倒饮光轻触着,面门血溅太郎当。”

师云:“只见锥头利,不见凿头方。”

进云:“却被和尚看破。”

师面壁云:“谁人知此意?令我忆庞公。”

僧问:“如何是有拄杖子与拄杖子?”

师云:“长安风月贯今昔,哪个儿童摸壁行?”

进云:“如何是无拄杖子夺却拄杖子?”

师云:“多少人饭箩边饿死。”

师还江上度亲,张静涵老居士过访十方庵,话次,伸问:“尘劳中如何得本?”

师云:“居士这一问从哪里来?”士无语。

师云:“昔云栖大师虽不主持宗门,指示人参究却甚谛当。尝盛称人著述之妙,末后提撕之云:‘须看这段光明从何处流出。’于此着眼,便是得本之捷径。”

士云:“如何用力?”

师云:“这个代居士不得。”

师一日入库房,指团子问库头:“吸尽西江即不问你,试吞却这两箩团子看。”

进云:“吞却了也。”

师云:“大众吃个什么?”头答不契。

师自代云:“乐则同欢。”

僧问:“不与万法为侣的是谁?”

师云:“桌子、板凳。”

辒荆璧入精进三,次日上方丈云:“某有个见处。”

师云:“狗子为甚无佛性?”

辒拳师肋下云:“一向在赵州处落节,今日在和尚处拔本。”师便推出。

次日复入,师云:“尽大地火发,得何三昧不被烧却?”

进云:“特来度夏。”师便喝。

璧呈颂云:

“圆似满月圆,宽同太虚宽。
历劫无姓氏,从来绝跻攀。
圣凡由此出,刹海在伊安。
始终无变异,触处善随缘。”

师云:“还会适来一喝么?”璧便出。

师从龙渊归,问侍司云:“你十二时中还见念头起处么?”

进云:“念头了不可得,更觅什么起处。”

师云:“我适来见一块石,有九十九条缝。”

师与一秀才话次,谓云:“你合会得天地同根,万物一体。”

进云:“某甲何尝不会?”

师云:“为甚杀生食肉?”

修殿公务作礼,师云:“释迦老子向灰瓦上转大法轮,什么人得闻?”众无语。

师云:“好生看取。”

壁侍司作礼云:“请和尚答一转语。”

师云:“问将来。”

进云:“闻的事作么生?”

师云:“逼塞虚空无缝殿,东西南北月轮红。”

江上归,师问众云:“大地无寸土是什么人境界?”

一僧进云:“和尚家风。”

师云:“如何大地无寸土是山僧家风?”僧不能答。

师代云:“常州、湖州、杭州。”

僧问:“大地山河即不问,一毛头上事如何?”

师云:“吞取七个八个。”

进云:“不会。”

师云:“吐却两个三个。”

僧问:“如何是万法归一?”

师云:“天圆地方。”

进云:“一归何处?”

师云:“地方天圆。”

僧问:“百千法门,无量妙义,如何是第一义?”

师云:“横七竖八。”

问:“如何是本来面目?”

师举扇示云:“不得唤作扇。”僧礼拜。

师云:“伶俐衲僧。”

问："前不得后不得时，如何是出身处？"

师云："前去佛殿，后去东司，为甚不得？"

问僧："父母未生前道来。"

僧以手外拱云："遍界不曾藏。"

师云："遍界不曾藏，因甚偏向那边？"僧无语。

师云："何不道某甲指东画西？"

僧参，师云："承你远来，无可供养，将五间禅堂与你一口吞却。"

进云："大地无寸土，吞个什么？"

师云："多少人恁么道，苕帚柄也要打三十。"

僧问："一尘透脱，千界光辉，为甚十圣三贤不明斯旨？"

师云："你莫管他十圣三贤，且道虚空作么生证？"

进云："觅虚空了不可得。"

师云："恰是。"

进云："和尚是大善知识。"

师云："正要你检点。"

僧拟议，师云："直透万重关，莫住青霄里。"

师问圆证堂寮主云："香炉几时成佛？"

进云："成佛久矣。"

师云："昨夜被虚空压碎，你还知么？"

僧拟议，师云："脱空妄语汉。"

师云覆庵归，侍司中路接，师云："你来得迟，将前面远山与你作点心。"

侍拟议，师以拄杖蓦面划一划，云："再加一分啋钱。"

进云："也不得将别人家物作人情。"

师云："不但啋钱，点心也消受不起。"

颂　古

举:"赵州问南泉:'知有的人向甚处去?'泉云:'山前檀越家作一头水牯牛去。'州作礼云:'谢师指示。'泉云'昨夜三更月到窗。'"

雪中春色梅梢见,黄鸟声闻意气新。意气新,谁知黄鸟笑声频?说与风流明敏者,眼从今日碧,花自去年馨。

举:"归宗常禅师,素与南泉同行,忽一日相别,煎茶次,南泉问曰:'从来与师兄商量语句,彼此已知,或后有人问毕竟事,作么生?'宗曰:'这一片地,大好筑庵。'泉曰:'筑庵且置,毕竟事作么生?'宗打翻茶铫便起。泉曰:'师兄吃茶了,普愿未吃。'宗曰:'作这个说话,滴水也难消。'"

宾则始终宾,主则始终主。金锤各逞藏锋技,父子不传,兄弟同气。和烟搭在玉栏干,上苑垂杨鸟深处。

举:"陆亘大夫向南泉云:'肇法师也甚奇怪,解道:天地与我同根,万物与我一体。'泉指牡丹花云:'大夫!时人见此一株花,如梦相似。'"

一枝花发十分春,睹彻根源把玩新。
堪羡大夫打失鼻,共来笑傲古今人。

举:"僧问疏山禅师:'如何是法身?'山云:'枯桩。''如何是法身向上事?'山云:'非枯桩。'"

一拳拳倒黄鹤楼,一踢踢翻鹦鹉洲。
有意气时添意气,不风流处也风流。

举:"慈明祖师,僧问:'闹中取静时如何?'云:'头枕布袋。'"

悟入汾阳,鞋穿足裂, 塞却口门,出广长舌。
如钟在虡,小大徐疾。有扣斯应,浑身金石。
三玄弹指,四看语默。易知难会,易见难识。
莲棹洛伽,云开兜率。

诗

赠履坦禅人兼报天一居士

鼎立三峰势插天,岭门虽辟白云连。
飞鸿传得人间信,石壁难依过别川。

入磬山

隐居风范依然在,说法堂前任草生。
莫谓门庭能阒寂,从来此道少人行。

示退庵重子住敔山

澄江有山孰多僻?敔山两湾苍翠积。
澄江有水孰多情?敔山前后敔水平。
当年一身澹如水,夜随明月过深林。
化山拟作推蓬室,扁舟乘兴堪深入。
汝今为我先去住,庵傍闲地多栽芋。
忘世情怀尔我同,茅镰铁镬振先风。
得人不在门如市,犹忆当年面壁翁。

赠禅人

见道谁修道？忘山好住山。
雪深岩屋老，百衲一身闲。

又

重岩之下，茅屋耽耽，
有幽人兮，雪立冰餐。

又

好山如画画如山，红叶村村杖笠闲。
看到桃花成一笑，再来云外访柴关。

守塔怀古

多年黄叶类形骸，此日徘徊谁偶谐？
麻衣草履食接气，象骨崖前呼再来。

咏怀

千峰绝顶尖头屋，草荐柴床火一炉。
三十年中无一事，诸方何处觅潜夫？

静夜思

枝枝叶叶月，疏疏密密风。
谁共蹋流水，倚杖石桥东？

题　壁

星高月晓，松雨满衣。
西冈危坐，嗒然忘归。

偶　题

月浸千山冷，风鸣万木清。
一声村外犬，客路有人行。

山　居

荒凉苔壁寺，孤冷草堂人。
雨后舒长望，庭泥虎迹新。

烹　泉

广修供养事如何？百沸清泉上佛陀。
旱色争妍排闼入，莺啼古木梵音多。

对　镜(华山兰若)

对镜吾非昔，扪怀志自新。
何林一枝别，荫我雪霜身？

冬日有怀(荆山旅堂)

空阶柏子落，饥鸟入门来。
千尺危岩下，梅花几树开？

望台山

荒阔三千路，高闲一万人。
当年冰畔石，迟我未归身。

舟　居（三却竹林）

澹荡寒烟古木，孤悬雪浪轻帆。
只在寻常行处，杳然万壑千岩。

又

一叶千溪水，三盂六月霜。
逢人不舞棹，高卧对斜阳。

冬归草堂

潜形餐柏实，放目看梅花。
何处忘机客，同来灌古畲？

济宁道中

临溪茅屋临檐树，鸡犬依依水国村。
虞夏平成风化永，江南江北共林园。

读白乐天诗怀扣冰（舟次东昌）

池上有小舟，舟中虚胡床。
我心久忘世，愧未使世忘。

甲马营夜泊

水上舟如织，人间事若蕉。
无为与无欲，谁共我逍遥？

节　食

寄形天地间，饮食唯接气。
翛然等个人，明此澹泊意。

龙渊南坞坐月

松树三长四短，石台七高八低。
坐来夕阳在树，归去月落峰西。

昼　寝

譬如木偶人，鼓歇索亦住。
山僧动与静，请问诸露柱。

荆溪道中招友

正是千山红叶时，摩挲石壁好题诗。
百年嚼蜡能多味，分取松根带露葵。

高祖寝堂题壁

床头悬瀑布，塔顶长苔衣。
一住不复入，高寒到乃知。

示　众

万里晴空谁共？三春花柳争游。
王孙醉眠芳草，何似漱石枕流？
我有莲舟一叶，沙城芥劫全收。
高歌唾壶击破，童稚出没洪流。

山　居

胸中无一事，终日坐闲闲。
睡起摩挲腹，山间与水间。

高　步

登山造极，步自此始。
有怀君子，行远本迩。

促都监立还山

山中有佳月，宜人终夜看。
山中有好风，解衣可盘桓。
泉鸣千嶂寂，松静一涛寒。
永日鸟相唤，清秋虫自纨。
解听紫芝曲，乔木在层峦。
活埋与断壁，千古仰金兰。
时哉石梁雉，雪饮且霞餐。

普请口占

年来渐觉精神复，老去偏知日月闲。
饱饭安眠无一事，椎鸣随众看秋山。

枕流台题石

山中流水寂无声,枯木生花别有春。
若个到来知解绝,红炉分取万年冰。

庚戌二月磬山题壁

面目分明遍界亲,偏于此地受恩深。
三更月下低徊立,恍是当年侍拂巾。

磬山挥麈台(先录法济十咏之一,有此名)

松根时独坐,花雨不从栽。
忆昔别峰侍,无言声似雷。

庚戌题壁(三首)

本是矜矜自了僧,饱餐安寝别无能。
酬恩报祖雄明哲,斗室焚香怀古人。

一钵霜花半榻云,无求无喜亦无瞋。
三更对月开扉坐,惭愧焚香侍立人。

卧倚青山饭白云,溪声鸟语共晨昏。
空庭有隙栽兰蕙,缄户无蹊入怨恩。

卷　帘

寻常入望惊殊绝,何意全身住此中?
传语岩栖木石侣,时时放眼识云松。

独乐园雨后(二首)

一溪银凤玉龙腾,想见霜花此得名。
步到上方忘药石,劳他从者请频频。

枕流石上枕流台,到者教君悔晚来。
白鹭群飞千涧雪,洪钟大扣万山雷。

巡寮至大义阁(癸丑灯前)

花满寒庭月满林,巡寮未半欲三更。
到门且莫掀帘入,爱此楼前布水声。

邗江赠虎公至契

交道江河下,于公见古人,
素心千里月,青目一山晴。

楚州题壁

澹黄微绿拂疏风,到处垂杨适我慵。
觅得小舠瓜子大,一帆漂渺水云中。

旅　堂

爱柳无如我,摩挲玩岁年。
旅堂忘岑寂,一树适垂轩。

开　窗

风声雨声,声声入耳。
花色草色,色色幽妍。

书 问

复岵瞻戴廷丞

在在是居士菩提场,物物是居士正法眼。事事是居士菩萨行,步步是居士那伽定。使十二时,不为十二时使;转一切境,不为一切境转,斯为道人。若一处光不透脱,一时光不透脱,即本分不透脱,须刻刻向父母未生前绝思惟,无依倚。既恒且密,时至道成,冷眼圆明,方知在在是菩提场,物物是正法眼,事事是菩萨行,步步是那伽定,使十二时,不为十二时使,转一切境,不为一切境转,此言不欺人也。居士心光,时注天目;居士慧性,不昧古今;居士至行,大建法幢。奉复,不觉缕缕。

答王泰卿居士三问

问:"为人容易做人难,敢问为人之道?"

师云:"己所不欲,勿施于人。"

问:"何为知生?何为知死?"

师云:"知所从来为知生,知所从去为知死。"

问:"临去时,心不颠倒,意不散乱,在何处捉摸?"

师云:"验在目前。"

师复云:"居士真为生死,须知制心一处,无事不办。但勤持药师如来万德洪名,持到持而无持,彻见念未生前本来面目,则率性而行,头头是道。所谓发而皆中节,天下之达道也。如是方能了生脱死,方可出死入生。何谓了生脱死?如太虚空,先天地而生,后天地而不老。何谓出死入生?譬如大海,日照光明生,风来波浪起。到此则去来自在,夭寿不二。又临去时作得主,有二种:彻见本来面目,则了知生死不相干,如上所云。若未见本来面目,勤持药师如来,则临命终时,八大菩萨接引,上生极乐世界,入不退地,见佛明心。因切问虔请,不觉缕缕。”

杂 著

东语西话

开了两片皮,只是粥饭罐。
当世有与么人,山僧礼他三拜。

颠 仙 谣

憎爱胸中尽,是非眼底空。
泥牛入海后,聚散问沤风。

书沩山语

行脚高士,须向声色里睡眠,声色里坐卧始得。山谷云:“东坡文字语言,历劫赞扬,有不能尽。”吾于沩山亦云。戊子春二日,荆邸书。

题雪窦颂古

野鸭子,知何许?马祖见来相共语,话尽云山水月情,依然不会还飞去。却把住,道!道!颂出雪窦,真能于法自在,匪夷所思,如清光匝地,犹岸夜塘。以尽所欲言而妙此“却把住,道!道!”以不完题而妙“尽所欲言”,如千雷并吼易;不完题,如千日并照难。偶阅之,直欲击碎唾壶。

草堂书壁

日中一食,树下一宿,世尊模范如是。一语不投,折苇渡江,少林九年,终日面壁,鼻祖标格何如?

荆山旅堂纪事

丁亥十一月朔,着新絮袄,饱领本庵香饭,饭余展足熟睡,皆行脚经年未曾有事。睡起一跌,晚晴快人,遗景在屋,庭东大树,茂绿未衰,殊映日溢目。忽忆十五年前,侍先师乌峰竹斋,瞌睡起,书窗浣壁时。复忆甲戌秋,先师迁吴兴报恩,是日结冬,破屋败垣,炊巾满谷,群贤卧草,眠霜冰骨,老人支枯藤,指点砖头瓦砾,为诸人阐最上机。余时独处江干,野色无垠,天光连水,曾和老人寄示偈云:

"师辟山头宇,吾撑水上门。
脚仝蹋实地,眼独空丛林。"

小儿无绳尺,旷荡之言。不谓至今多人成诵,昨便鸿南去,拈句寄重监院,高歌天地外,稳卧雪霜中,他日忆此,更作何状?

书岩子纸

大雄道人,廿年来炊冰煮雪,接纳诸方,能三十夏不惮寒苦者,敢保出他人一头地。岩子能否?

参禅悟难,既悟已,忘悟难。且道忘悟的人何如?岩子道看。

此事极平易,极欺人,等闲看得平易者,此最受人欺者也。戒之哉!

多见人在壳漏子里谈盖天盖地之道,徒自欺耳。盖天盖地者,能把壳漏子作涂毒鼓挝。

书 楚 纸

近年少至性衲子，盖稍有见处，不能出头天外，全体受用，多以名利熏心，学文字语言。还知但患不成佛，不怕佛不解说法么？笔此蚬子和尚，卓立纸末。

三 师 说

吾有三师：父师、母师、师师。父师生我眼，师师开我眼，母师护我眼。父师身示无常，此生我眼者也；师师了我生死，此开我眼者也；母师勖我证果，此护我眼者也。三师皆有大因缘，使我悚然省，豁然开，恻然痛，吾何修而得此三善知识师也？噫！吾于荆溪磬山开此眼，于江上水关忘此眼，于吴兴草堂保此眼，不知何年得真不负三师也？

有客蹑而问曰："忘矣，何用保为？"

曰："此非汝所知也，保矣，更俟何年不负？"

师曰："此非汝所知也，待汝证果地涅槃，与汝共报难报之恩可也。"虽然，父师，母师，出离之缘，皆赖师师。师乎！师乎！粉骨碎身未足酬，将此身心奉尘刹。

潜子苫次草述，时乙未九月戊戌。

西楼闻雪

潜子早失泰山之仰，不获遍任两序列职。壬辰夏，报恩乏住持，供先老人方丈重归侍室，首修殿公务，摄客司，诸禅极不安，潜子有余乐也。向志夙夜守塔，每为事夺，适寓监院寮后轩，篝灯正当宝峰塔下，漏下三十刻，闻雪起立，不禁清绝。向于磬山有生平儌幸处，千古快心时之句，此际是第二番境界。时壬辰十一月癸巳。手书所用破砚,犹是二十年前记室旧物,并记。

报恩旅堂闲书

近日学者有二病:一等弄聪明,习外学;一等守愚抱拙,般若不清楚。二者皆不可与言道。不识一丁者,必如六祖方可;不拨文字者,必须远同西天龙树、马鸣,近同永明、明教,始得无过。

题 壁

本学古人,莫视流俗,阅《赵州语录》自励。

跋赵州三佛话

金佛不度炉,木佛不度火,泥佛不度水,真佛内里坐。南岳磨砖,江西盐酱,不是过也。又云非四十年不杂用心者,不知斯言简尽。

题《药师日课》语

予辞恩绝尘,不暇披览,偶入藏,阅《药师如来本愿功德》,不觉手额失声,愿人人入如来愿海也。或问:何于此经惊叹如是?告之曰:予见世人顺境沦溺者不一,富贵可畏,甚于贫贱。今此如来,使人所求如愿,遂从此永不退道,直至菩提。则欲于王臣长者,一切人中,作同事摄,不乘如来愿航,何从济乎?

大凡修持,须量己量法,直心直行,诚能厌恶三界,坚志往生,则专依《阿弥陀经》收摄六根,净念相继,所谓执持名号,一心不乱,决定往生。此先自利而后利人者之所为也。若于现前富贵功名未能忘情,男女饮食之欲未知深厌,则于往生法门未易深信。即信矣,身修净土,而心恋娑婆,果何益乎?则求其不离欲钩而成佛智,处于顺境不致沦胥者,固无如修持药师愿海者之殊胜难思也。

癸巳之夏,山居不宁,偶奉亲归养江上,晏如程君以刻成《药师日课》见示,此出人意表。是经流传已久,编成日课未之闻也,乃得之吾江之善士为之助喜,信能修持,久久不懈,知不独富贵功名,转女成男,离危迪吉,如如意珠,随愿成就,即得于一切成就处直至菩提,永无退转。何幸如之!人间亦有扬州鹤,但泛如来功德船。

卷第十八

明道正觉茆溪森禅师语录

上 堂*

结制升座,问答毕,师云:“放下布袋,快活无匹,闲看猢狲偷吃生铁,阿呵呵!的的的!问甚生前面目?谁论梨花笑日?斋堂有粥有饭,禅和要吃便吃。吃即不无,饱后作么生?夜行莫踏白。”下座。

解制升座,问:“正法眼藏即不问,今朝解制句如何?”

师云:“穿山鼻孔破。”僧礼拜。

师大笑云:“虽然和盘托出,却是大段不同,琅琊禅师道:‘本来无一物,厌杀天下人。直饶便分明,坐在粪坑里。’作么生是透脱一路?妙音观世音,梵音海潮音。众兄弟!朝看东南,暮看西北,近世双笛从羌,骯饭不及壶食。”下座。

报恩元旦秉拂,僧问:“古德道‘清光照眼尚迷家,明白转身犹堕位’且止,请问报恩意作么生?”

师云:“数点梅花报晓春。”

进云:“恁么则月明帘外家风古,宝镜堂前瑞气新。”

师云:“且站过。”

问:“灵山记莂则不问,今朝分座事如何?”

师云:“孤鸿呖呖。”

进云:“龙象云臻,乞慈再示。”

师云："野鹤穿云。"

进云："点开碧眼，水到渠成，毕竟恩归何地？"

师云："不许物外安身。"

进云："恁么则水接长天远，春光遍界新。"

师云："巡照去问，物有新旧，拄杖子还有新旧也无？"

师云："老鸦乱叫。"

进云："今古顿超圆智体，何山松柏不青青？"

师云："截断葛藤。"

进云："谢师答话。"

师云："今日且放过。"

问："几点梅花送春来，哪里来？"

师云："人笑你。"

进云："数声爆竹催腊去，哪里去？"

师云："羞也不识。"

进云："去来且止，卉木咸新又作么生？"

师云："转见转见。"

进云："一天佳气，万象腾辉。"

师云："望烟寻食地。"

一僧出呈数珠云："这个依旧一百八，请师点出新鲜句。"

师云："光寒星斗少。"

进云："不会。"

师云："切忌五更初。"

又进云："不会。"师便打。

进云："从今更不疑。"

师云："错认焇皮家。"

问："举足动步则不问，新年接新令句作么生？"

师云："贵货易土。"僧礼拜。

师云:“今日行森承老人命,为众敷扬,适才一问一答,只恐错会。数点梅花报晓春,一声爆竹催残腊。不许物外安身,谁论老鸦乱叫?嗟嗟多少人,望烟寻食地,错认焇皮家,呵呵光寒星斗少,切忌五更初。咄!孤鸿呖呖,野鹤穿云,新年新令,贵货易土。众兄弟!六桥近日水仙花,十字街头铁拐李。”卓拄杖云:“珍重!”

上堂,问答毕,师乃云:“行脚须具眼,参禅要识句,大众识得句也未?适才答僧云:是柱不见柱。咦!非柱亦不见柱。既然是非都去了,因甚又说是非里荐取?汝等诸人作么生荐?莫是云日能催晓,风光不惜年么?莫错会好。幸逢征客尽,归在落花前,切忌颟顸儱侗去。所以古德云:‘至道无难,唯嫌拣择。’桃花红,李花白,谁道融融只一色?诸禅德!瞥不瞥?一夜东风,吹散枝头残雪。会么?老祖殿前,梵王宫阙。双峰灯放,九天风月。燕子语,黄莺鸣,谁道关关只一声?不透祖师关棙子,空认山河作眼睛。咄!冷的冷,热的热,粥锅西边底,莓苔裹石碣。”良久,喝一喝,云:“歇,如今是什么时节?”师大笑曳杖下座。

两序请升座,师竖拂云:“一群子上来,一群子下去,残梦五更钟,落花三月雨。合掌低头换步时,进前退后翻身处,有利有害,人无远虑,归到故乡还似客。布谷催耕鸣别树,叉手句,可惜许,一切数句非数句。”打一拂云:“去。”下座。

问:“学人道眼不明,未审什么碍?”

师云:“几时立春?”

僧云:“昨日二十三。”

师云:“怪我作么?”

小　参

众入室，师拈杖云："摩诃般若波罗蜜，明如日，黑如漆，异解多途，商量非一。"卓柱杖云："急！若人信受奉行，一生参学事毕。昔日殃崛摩罗尊者持钵至一长者家，其家妇人正值产难，子母未分，长者曰：'瞿昙弟子！汝为至圣，当有何法能免产难？'尊者曰'我乍入道，未知此法，待问世尊，却来相报。'及返，具事白佛，佛告殃崛：'速往报言：我从贤圣法来，未曾杀生。'殃崛奉佛语，疾往告之，其妇得闻，当时分娩。"

师云："从古至今，拈提者极多，错会者不少，龙溪今晚索性与你点出：天苍苍，野茫茫，风吹草，见牛羊。禅和子！会也未？不会，再说一遍。水溢天开堤，花落满龙溪，凫随潮落去，日上绮霞低。"众作礼，师掷拄杖便起。

晚参，师云："万法归一，一归何处？呵呵！学人也有趣，和尚也有趣。"拂一拂，归卧室。

晚参，师云："山门前得的句，禅堂里商量去，进到方丈，不必再举。何也？天溪不肯辜负汝。"

晚参，师云："竹窗夜启，月明霜大，高鸿入云，鼠儿穿磨。大众行住坐卧且道是个什么？"良久，大笑云："癞头回子骑骆驼。"

重阳早参，师云："今朝九月九，猢狲上树赛觔斗，右转左，左转右，好手手中呈好手。呵呵！天溪长老不唧嗗。"

早参，师云："水中盐味，色里胶青。咄！将谓明星是眼睛，通身有口向谁说？挽尽天河洗铁丁。"

室中晚参，问答毕，师乃云："阿逸多笑什么？蛇穿耗子窟，普化摇铃过。呜呼！小子脚板踏破痒疮，近火血沾衣，伤盐伤醋陈年货。有人道，慈翁老，有茶请吃茶，无茶滚水好。咄！汉仙琴高骑赤鲤,羲之写字换鹅儿。”良久,云:“归堂去。”

六月十九早参,师云:“路上红尘起,江中白浪飞。”拈拄杖云:“观音菩萨来也,有眼者近前,无眼者退后。”

一僧出,作礼毕,拟归位,师打云:“与么不得得与么。”良久,卓拄杖云:“礼拜归位真堪笑,与么不得得与么,曼拏罗指地为泉,胡大头锤破铁山。若也知去,龙行虎步;如或懵懂,世尊升座默然,阿难遣出比丘。”左右顾云:“半山庙,三天竺。”遂以拄杖一齐打散。

雪夜晚参,师云:“吃苦茶,说淡话,谁管佛法不佛法。冯夷剪破龙溪练,枯柳梅花处处春。咦!月下冻痕生绿井,隔窗玉片飞无影,树枝风息转迎寒,寒人如鸟栖未安。日短夜长谁先觉?荧荧残烛呜呜角。咄!咄!黄龙三关,香严独脚。”

冬至早参,师云:“冷地里梦见一呆和尚曰:‘昨夜三更子癸时,枫杉隔坞问松枝,满天飞雪来何处?寒梅低首笑嘻嘻。’他又大叫云:‘老祖!老祖!’如今是什么时节?大众说看。”

傍僧拟答,师便打,僧复出问:“生擒猛虎,活捉狞龙人来时如何?”

师云:“官法如炉。”

进云:“忽遇透网金鳞又作么生?”

师云:“谨慎火烛。”

进云:“驱耕夫牛,夺饥人食,未是向上钳锤。如何是向上钳锤?”

师叱云:“扬州客。”

僧拟议,师云:“大众归堂。”

小年晚参,众集,师举拄杖云:“是我不是?”众茫然,师掷下,归卧室。

四月八日早参,师云:“从古相传释迦佛今日降生,不知是否？说与诸人检点看。南康府里星子县，黄梅县外义丰城，这便是森长老见处。”良久，云：“知客在否？”

众答：“在。”

复云：“内外大众今早都念课诵么？”

众云：“念。”师便入卧室。

师见病人多逐苦境，乃示云：“莫！莫！莫！病是众生之良药，我在俗时，一病几死，正迷闷中，忽闻鼓吹，始知病源不从他有，遂决志出家。”云：“鼓角分明破毒针，蓦然扎断爱情心，死去活来真好笑，石头土块尽知音。语诸人，识病因，大家割舍梦中身。咄！咄！不作维摩诘，文殊何处寻？”

机　缘

僧问：“如何是鸟道玄路？”

师云：“白云飞起红叶落。”

进云：“文武兼济人来时如何施设？”

师云：“不许饮酒食肉。”

进云：“邪法难扶时如何？”

师云：“岂有此理。”

进云：“如何是正法眼？”

师云：“早晚也。”

进云：“何以为之大机？”

师云：“米。”

进云：“何以为之大用？”

师云：“时。”

进云：“异类中如何行得？”

师云：“斗有大小，秤有轻重。”

进云:“疑情未息时如何?”

师云:“鱼劳尾赤,人劳头白。”

同参问:“首座亲见老人,是否?”

师云:“是。”

参云:“还有奇特事也无?”

师云:“扣冰人少,祟福人多。”

僧入室,请师决疑,师云:“鬼谷老爷不在家。”

僧云:“岂无方便?”

师云:“归去门前自打瓦。”

僧问:“如何是清净法身?”

师云:“普请担泥。”

僧云:“因甚学人不会?”

师云:“有直岁在。”

僧云:“如何是超佛越祖之谈?”

师云:“依教奉行。”

僧云:“牛头横说竖说,不知有关棙子。如何是关棙子?”

师云:“止。”

僧拟议,师云:“去。”

僧问:“如何是妙唱不干舌?”

师云:“罕遇知音。”

僧云:“如何是死蛇惊出草?”

师云:“照顾性命。”

僧云:“如何是铁锯舞三台?”

师云:“呆鸭闻雷。”

僧云:“如何是解针枯骨吟?”

师云:“切忌寐语。”

僧问:“终日纷纷扰扰,如何是不动尊?”

师云:“天晴快走。”

僧拟进语,师云:“换手搥胸。”

僧问:“四方八面来时如何?”

师云:“门前石马脚撩天。”

僧问:“羚羊挂角时如何?”

师云:“引我笑。”

僧问:“一等是水,因甚海咸河淡?”

师云:“莫矢溺。”

僧请益云:“不假半寸绳,如何出得深井人?”

师云:“赖遇天溪。”

进云:“大似失便宜。”

师云:“看你颠倒。”

进云:“乞师方便。”

师云:“大圣紧那罗王菩萨。”

僧问:“如何是玄中玄?”

师云:“日长夜短。”

僧问:“佛心无处不慈悲,观音大士因甚不去高丽国?”

师云:“谢汝馒头汤饼!”

游山归,问僧:“涂毒鼓闻者皆丧,因甚击者不死?”僧下语不契。

师示偈云:“山上鸥夷又买舟,清风明月几时休?欲知进退存亡事,只问归来郑化州。”

僧问:“昔日赵州勘破台山婆子,毕竟在什么处?”

师云:“天开河。”

进云:“学人不知落处。”

师云:“斋堂东边。”

进云:“乞师慈悲直说。”

师云:“赵州两只眼,婆子一条舌,五台山上去,旧路岭莫欹。”

僧问:“如何是先照后用?”

师云:“临济来也。”僧拟议,师便喝。

僧云:“如何是先用后照?”

师搊住云:“道! 道!”僧茫然,师遂托开。

僧云:“如何是照用同时?”

师掌云:“非驴所堪。”

僧云:“如何是照用不同时?”

师云:“不知痛痒汉。”僧喝。

师云:“再喝看。”僧又喝,师便打。

僧问:“如何是无相涅槃?”

师云:“五里亭,十里铺。”

僧云:“因甚学人不会?”

师云:“驴前马后。”

僧问:“如何是云门顾鉴咦?”

师展手云:“那。”

僧拟议,师云:“了。”

僧再问,师云:“去。”

僧问:“劈面来时如何?”师随声便掌。

僧问:“如何是大雄山的佛法?”

师云:“白额当途坐。”

僧云:“还有方便也无?”

师云:“阇黎莫夜行。”

僧问:“如何是西来祖意?”

师云:“南人瘦,北人肥。”

僧问:“诸佛出身处且置,如何是和尚安身立命处?”

师云:“你却跳得好。”

僧喝,师云:“为什么?”僧拟议,师打退。

僧问:“因甚不点路灯?”

师云:“一任瞎闯。”

僧问:“入门便喝便打,意作么生?”

师云:“祖师在你背后。”

僧问:“不慕千圣,不重己灵时如何?”

师云:“你五戒也不持。”

僧云:“古人到这里为甚不肯住?”

师划一划,僧喝,师云:“好喝。”僧拟议,师便打。

僧问:“金锁断后时作么生?”

师云:“脑门着地。”

僧问:“堆堆坐禅,图个什么?”

师掩鼻云:“出去。”僧茫然。

师云:“走来。”僧近前。

师云:“三黄丸好。”

僧问:“从上宗乘,如何接续?”

师云:“日东上,月西下。”

僧云:“与么则人人有分也。”

师云:“知章骑马似乘船。”

同参问:“如何是首座家风?”

师云:“没篱没壁。”

参云:“忽遇贼来时作么生?”

师云:“凭你摸索。”

僧问:“毕竟如何是佛?”

师云:“撞不破便烧。”

僧问:“如何是梵音相?”

师云:“铺堂不细行。”

僧问:“箭锋相拄时如何?”

师云:“过这边立。”

僧喝,师便笑;僧拟议,师云:“大好箭锋相拄。”

僧问:“作么生转得自己归山河大地去?”

师云:“昨夜好秋雨。”

僧问:“如何是和尚为人处?”

师云:“呆子!呆子!”

进云:“不落古今句作么生道?”

师云:“官久必富。”

进云:“七佛未出世时,向甚处行履?”

师云:“疑人莫用。”

僧入室请益:“《心经》云‘揭谛揭谛’,意旨如何?”

师云:“孔子产山东,文才今古通,大夫天下有,白屋出三公。”

僧云:“学人不知落处。”

师云:“自卫返鲁。”

僧问:“一人发真归元,十方虚空悉皆消殒。为什么方丈后泥挑不尽?”

师云:“鬼吃馊馒头。”

僧问:“既是报恩人,因甚不识金车山?”

师云:“看你打之绕。”

僧喝,师云:“有甚了期?”

僧拟议,师云:“还怪得我么?”便打。

僧问:“山河大地还有过也无?”

师云:“缺嘴打锣。”

僧问:“乍起乍灭时如何?”

师云："不是鬼灯，便是萤火。"

僧问："如何是观音三昧？"

师云："夜来孩子哭。"

僧云："如何是文殊三昧？"

师云："日里踢绣毬。"

僧云："如何是普贤三昧？"

师云："包公庙里失毡包。"

僧问："心佛俱忘时如何？"

师云："谁与么道？"僧拟议，师喝出。

僧问："浩浩尘中，如何辨主？"

师云："饭里沙多。"

僧云："谢师指示。"

师云："莫乱嚼。"

僧问："无梦无想时，主人公在什么处？"

师云："大众笑你。"

师问僧："仙乡哪里？"

僧答："合浦县。"

师云："明珠拈出看。"僧无对。

师云："想是新戒。"

师问座主："金刚且止，唤什么作经？"

主拟议，师便笑，主问："如何是经？"

师召云："法师！"主应诺。

师云："好个座主。"

主指茶钟云："这里有赵州也无？"

师云："匙挑不上。"

师问："一切葛藤，敲门瓦子，如今门开也，瓦子在什么处？"僧茫然。

师云:“可惜七间僧堂。”

僧问:“一字不著画,是什么字?”

师云:“鼻大心无毒。”

僧问:“未生之前即不问,如何是赵州勘破婆子处?”

师云:“饭饱弄箸。”

进云:“某甲即不然。”

师云:“要屙那边去。”僧无语。

师云:“急归堂。”

僧问:“如何是有拄杖子与拄杖子?”

师云:“伶俐好。”

僧云:“如何是无拄杖子夺拄杖子?”

师云:“懵懂汉。”

僧问:“目前荡尽时如何?”

师云:“更梦见什么?”僧作礼。

师问:“汝名什么?”

僧云:“南山。”

师云:“南山起云,为甚北山下雨?”僧无对。

师云:“春无三日晴。”

僧问:“百尺竿头进步时如何?”

师云:“三月三。”

僧云:“学人不知落处。”

师云:“起席不谢坐。”

僧云:“从今得个安乐地。”

师云:“义冢泪痕多。”

师问僧:“抑而为之,可谓贵人多忘,拟向哪边施设?”僧无对。

师问傍僧:“若也鉴不出,落地作金声,你道作么生?”僧拟作礼，师便打。

师游牛首时，路逢一道者，者弹指一下，问云：“是何宗旨？”

师云：“老鼠吃盐。”

者云：“如何是藏锋句子？”

师云：“东西南北。”

者云：“如何是事藏锋？”

师云：“隔岸醉人多。”

者云“如何是理藏锋？”

师云：“满江野鸭子。”

者云：“如何是事理俱藏锋？”

师云：“水里船，船里水。”

者云：“如何是事理俱不藏锋？”

师云：“上的上，下的下。”者便作礼。

僧问：“万法归一即不问，毕竟一归何处？”

师云：“昨日典座来，今朝柴头去。”

僧问：“髑髅粉碎时如何？”

师云：“僧排夏腊，俗列耆年。”

僧问：“供养百千诸佛，不如供养一无心道人。诸佛有何过？无心道人有何德？”

师云：“打鼓转船头。”

僧问：“王索仙陀婆，意作么生？”

师云：“听事不真。”

僧云：“古人点铁成金，乞师直捷指示。”

师云：“淮北鼓。”

师问打稻僧：“禾熟不临场且置，作么生耕人田不种？”僧无对。

师云：“贺家湖上天华寺。”

僧问：“不是风动，不是幡动，是什么动？”

师云:“禅和走入漆桶。”

僧云:“和尚作么生?”

师云:“茆溪号做慈翁。”

僧问:“树凋叶落时如何?”

师云:“大好从头起。”

僧云:“体露金风又作么生?”

师云:“歌于斯,哭于斯。”僧喝。

师云:“汝命何短?”僧拟议,师打退。

僧问:“至道无难,唯嫌拣择,是否?”

师云:“双陆盘开大喝彩。”

进云:“如何是至道?”

师云:“不差,不差。”

进云:“学人今日得遇和尚。”

师云:“禅客昨晚在哪里歇?”

僧问:“如何是大通智胜佛?”

师云:“古家桥下。”

进云:“为什么佛法不现前?”

师云:“临平腐干。”

入室,僧问:“临济的的意作么生?”

师云:“官打现在。”

进云:“学人不识宗旨时如何?”

师云:“我是天溪主人。”

进云:“道眼如何得明?”

师云:“礼防君子。”

进云:“乞师方便。”

师云:“你问什么?”僧罔然。

师云:“近前来。”僧近前。

师大笑云："金风落落洗芳菲，瘦尽千峰雁始飞。南海一波长不定，西山半面莫疑非。"

僧问："燕子善谈实相，如何是实相？"

师云："韩獹！韩獹！"

僧问："撩起便行时如何？"

师云："泥作头。"

僧问："如何是古佛心？"

师云："桥流红树。"

僧云："如何是物不迁？"

师云："叶泛霜波。"

僧问："禅客相逢只弹指，此心能有几人知？如何是此心？"

师云："阇黎鼻头黑。"

僧问："如何是道？"

师云："好日多同。"

僧云："如何是道中人？"

师云："再过一家。"

僧问："作么生是禅？"

师云："日里不点灯。"

僧问："牛头未见四祖时如何？"

师云："初七清明。"

僧云："见后如何？"

师云："念二谷雨。"

僧问："上木下铁，意旨如何？"

师云："逢凶化吉。"

僧拟议，师大笑。僧再问，师云："近日工夫太杀闲。"

师问僧："无根树子作么生种？"僧无对。

师云："巡山稍暇。"

僧请益,举:“玄沙问光侍者:‘打铁船也未?’光无对。请师代。”

师云:“今日好风。”

问:“进门一句作么生道?”

师云:“猢狲骑鳖背。”

问:“既是大雄山,因什么又道云覆庵?”

师云:“你是瓶窑来的。”

僧云:“是。”

师云:“扣冰去。”

霉大连雨,师落堂云:“大众!因什么迷痴,许久不晴?”众无对。

师云:“知之为知之,不知为不知。天上雷公叫,地下走蟛蜞。呵呵!好场热乱。”以拄杖画云:“湄。”众茫然。

师喝云:“聋牛瞎驴,一齐打散!”

解制,师问僧云:“秋风清,秋月明,百城烟水任君行。只有一事,撞见胜热婆罗门时,莫道在这里起程。何故呢?彭。”良久,云:“你道老祖意在什么处?”

师问僧:“语是谤,默是诳,语默向上有事在。什么事?呵呵!不到死牛边,不欠死牛钱,我与么道,你又作么生?”

僧问:“如何是学人亲切处?”

师云:“火烧乌龟。”

进云:“如何是本身卢舍那?”

师云:“受戒也未?”

僧云:“如何是清净法身?”

师云:“斗打相争。”

僧问:“如何是大通智胜佛?”

师云:“东廊西廊。”

僧云:“为甚十劫坐道场?”

师云："看你颠。"

僧云："作么生佛法不现前？"

师笑云："酒鬼子。"

僧云："何故不得成佛道？"

师咄云："痴虫！"

师问柴头："无根树子斫断也未？"

头无对，次早云："昨夜看无根树子，闻锣声忽然断去。"

师指花云："因什么唤作海棠？"头拟议，师便掌。

僧问："清净本然，云何忽生山河大地？"

师云："你寻衣单么？"

进云："学人请问佛法。"

师云："天旱棉花少。"

僧呈怀州牛食禾颂，师笑云："蛮婆哈醋嘴三尺，村老闻酸面百折，引得乞儿耸膊寒，俨然一幅吴生笔。"

师垂问云："祖师西来，篱边山菜带泥挑，滋味新鲜好，诸增上慢者，闻必不敬信。"

侍者答云："甘草甜，黄连苦。"

师云："向去莫言今日事，观音自在放毫光，谁不忍者说？"

答："深山藏猛虎。"

师云："风灯动夜帏，大棒打老鼠，为什么窗敲碎玉声偏细？"

答："明月堂前风冷淡。"

师云："太平时节桑麻话，不用兵符佩绛纱，错过也。"

答："云从龙，风从虎。"

师云："蛟翻波作雪，鼍吼气蒸云，金色头陀供麦饭，还知否？"

答："曲不藏直。"

师云："毕陵伽呵叱河神，梅花倒影插人头，是否？"

答："楼阁里善财。"

师云:“一钩新月鱼吞影,双峰云外瞑,是何病?”

答:“碧波生水面。”

师云:“月上女出城,舍利弗入城,布袋和尚何故如今笑不止?”

答:“辰属龙,卯属兔。”

师云:“东西南北,水洒不着,泼墨飞毫莫浪题,你能构得么?”

答:“雨过看长虹。”

师云:“禅和子!亲舍每疑云外近,长安翻觉日边遥呢?”侍者答,不契,师遂遣出。

偈 颂

雁宕山过夏示徒

踏破草鞋,坐消白日。
北海天麻,南台乌药。
嚼得破者,急须吐却;
吞不下者,翻成毒药。

示溟源禅人

水至柔而能攻坚,故一其内。美哉!沨沨乎!经始绵绵,滂沱淮海,子宜自勉。

天目秋夜礼祖塔

凉月侵衣红叶鲜,杖藜几度塔松前。
寒鸦数点栖枯杪,一阵西风霜满天。

天目扫高祖塔

绿犀海外分离坎，金毛崖畔甲丁庚。三四四三三四四，四三三四四三三。西方庵上，铁蛇钻入金刚眼；东坞峰下，岩前石虎抱儿眠。恭惟老祖，珍重万福，行森到此，瞻之仰之。万年松拂日，百怪石腾溪，不一而一，不二而二。

世尊出山相

头鬔松，鼻突兀，膝拄腮，皮裹骨，见之曰佛。咄！咄！

水月观音大士

一蒲青草上，四面白云飞，尽日无言说，岩花落满衣。野店风涛惊泊岸，西峰月上善财归。

布袋和尚赞

头大头无角，肚大肚无囊，尽道是奉化县老官，不知说得着不着？放下布袋等个人，手里把柄破木杓。嗯！

颂世尊拈花迦叶微笑

是处江湖有钓蓑，相逢犹更问如何。
横吹黄鹤楼前笛，直是庐山采菊歌。

颂汾阳"十智同真"示僧

当轩竹佩因风向，绕径梧阴带月奢。
曾识桃源仙子面，岂缘流水觅胡麻？

达摩祖师赞

怒目咬齿,何苦如此? 而今用师不着,有理也是无理。西天东土一般,各各自有所以。祖师! 祖师! 请起! 请起!

示明镜

本来无一物,何处惹尘埃?
六祖好语话,几人不错会?

宿黄梅小石口五祖送六祖滩

夕阳楼外淡烟笼,野渡舟横草接空。
望断岭南人不见,九江月冷水溶溶。

宿四祖塔前

破额山窗纸泣风,乌声月下绕青桐。
夜寒古殿鸡鸣早,曳杖仍登最上峰。

宿黄梅东禅寺

扑面蓬尘拟蔽天,东禅槽厂若为传?
应庵华祖三生室,耕者南田又北田。

秋日扫龙池传祖塔

塔上双虹适偶期,焚香谁识独悲思。
池当夕照半添色,句与秋山两斗奇。
龙出无心三汲浪,鹤鸣有意九皋岐。
若非吾祖何来此? 雨细风斜归去迟。

礼磬山师翁塔宿海会寺

游罢荆溪过上方，笑看归鸟磨斜阳。
千盘石径云承屐，一室松风月满床。
既破浮生尘外梦，宁耽长夜定中香？
分明塔下钟清韵，多少时人叹渺茫。

山中四仪

山中行，春鸟逢人自唤名。芝兰满谷藏深草，无限禅和努眼睛。

山中住，结夏安居云水聚。施主虽然个也无，竹石松风时共遇。

山中坐，燕去雁来历乱过。梧桐叶落一天秋，双峰月上僧功课。

山中卧，被絮前冬脚踢破。夜寒无数个翻身，床头老鼠如旋磨。

自　箴

诗云："无易由言，耳属于垣，事以密成，语以泄败。"聪明深察而近于死者，好议人者也；博辨广大而危其身者，发人之恶者也。孔子恶称人之恶者，阮嗣宗口不论人过。乱之所生也，则言语以为阶。吉人之辞寡，言以简为贵；言简而意尽者，至言也。少言气完，而梦寐亦安，君子绝交，不出恶言。

少皋氏有不才子，崇饰恶言，天下之民为之穷奇。人而不仁，疾之已甚，乱也。汝唯不矜，天下莫与汝争能。矜己能，丧厥功，齐桓公葵邱之会,微有振矜,而叛者九国。人有满于意,而不觉形于词色者,则其所养可知矣。

人好直言,必及于祸。言切直,则不用而身危。刚肠疾恶,不避嫌疑,谓之大失。狃于能直者,所发多敝。恶言不出于口,忿言不反于身。好尽言以招人过,国武子所以见杀于齐也。出言有时而不敢尽,保身之道也。往哲提命,犹在一堂,不次书之,以清座右。嗟乎!金人三缄,实唯我师。

卷第十九

和硕雍亲王圆明居士语录

御制自序

夫本妙明心，大圆觉海，非见闻知解所可通，故无语言文字之可立。然而古来大德，于最上真乘灼示学人，直言无隐，于无法可说之中，演无意之言句，超情绝解，直指自心，了了可知，昭昭不昧，使听者音前荐取，性地承当。苟非神悟于几先，则必滞情于句下。非若秀才训诂，法师言诠，录道德仁艺之文，能言鹦鹉；说梦幻泡影之论，依样葫芦。此事唯证乃知，非自不悟，滔滔法海，上上真机，隔阂丝毫，睽违万里。一音演出，彻底分明；一字才成，大千透露。

真金矿内，必无点铜；大火聚中，宁容滴水？程途阶级，历历若绘诸图；真伪正邪，灼灼自呈于镜。群蒙易惑，明眼无花。盖雨入草心，自分甘苦；水归器内，各现方圆。既具正观，难逃神听。朕于此事，曾著参详，藩邸清闲，化城游历，有向无方便中曲伸请问，亦于绝思维处俯徇来机，岂曰梯航，不无漏逗？

今乃选编数帙，垂示来兹，于所采大善知识语录之后，亦附刊焉。朕昔者虽复时谈妙旨，实未遍阅群言，任性卷舒，随缘出没，实由杜撰，非法经文。近始披空里之遗文，剖尘中之积卷，欲使焦枯栗棘,新刺重生,陈烂葛藤,灵花再发。今见昔人之语与朕之所言,多不约而暗符,无心而自合,圆音如是,不禁哑然。此足表千年而异口同声,非有意一字之雷同剿说也。

朕今位居元后,岂慕作家居士之虚名?盖既亲履道场,宜宣大觉法王之正令,欲人信知祖印亲传实有据,本来具足;言思绝处非虚说,道理昭然。非有而非空,不出而不入,妙性不远,明觉非遥,朕实本一性之圆通,作五般之实语,唯此一事,余二非真。古德之所显承,当来之所默印,是以序而传之,不惜重添一番话堕,非曰朕之言句可与从上大善知识比肩也,观者切莫哂焉。

雍正十一年癸丑四月八日

觉生铭

佛佛祖祖，觉悟生民，
唯此一事，余二非真。
此事云何？直指人心；
此心云何？有幻有真。
幻亦非幻，真亦非真，
真即是幻，幻即是真。
心即是佛，佛即是心，
何名众生？执生灭因，
背真合妄，颠倒沉沦。
欲了生死，切莫用心，
切莫断妄，切莫求真。
诸缘若息，何处有因？
少涉取舍，即憎爱心。
即此憎爱，即生灭因。
即此生灭，名曰无常。
因此无常，显有真常。
何名真常？遍界不藏，
头头吐露，法法全彰。
万年一念，物我一如，
本无来去，岂有终初？
平等不动，是名真如。
觉明妙有，无实无虚；
妙有觉明，无欠无余。
圣贤不著，凡愚自缚。

妄执妄有，错中更错，
迷生是非，悟无好恶。
不必计议，不必卜度，
佛生之分，只在识觉。
知解念想，尽情弃却，
蓦然相应，如响应声。
明暗塞空，无处不通，
圆虚寂照，如月摄空。
无今无古，无他无自，
无二无一，光湛清碧，
如来如来，如是如是。

真心铭

祖师西来，直指人心，
多少学者，错认识神。
凡所推解，皆妄非真，
琢石磨玉，枉费艰辛。
不必除妄，不必求真，
毕竟如何？只要死心。
一心若死，万心皆真，
尘尘刹刹，的的亲亲。
此名不二，玄妙法门。

一贯铭

不二之门，吾道一贯，
一二之法，唯以息见。

见若能息，觌体全现，
弃其生灭，住此不辩。
不辩是非，憎爱自幻，
如此进途，是名正见。
若道同行，另有公案，
向下文长，语言道断。
非一非二，万年此念。

立春日，王垂示云：“八万有尘有不有？十二空门空不空？识得口中两片舌，许汝具得一只睛。若但随着赤律律一个舌头，依着光烁烁两个眼睛，要会螺蛳跳上船，只恐虾蟆未必肯作狗叫。青山原不长草，绿水本不生鱼，说什么朝游北海，暮宿苍梧！春也融和，夏也炎蒸，秋也凄爽，冬也肃凝，饶伊一筋斗翻到非非想天，也跳不出这圈子去。何如一头淬在恒河沙里，尘尘尔，刹刹尔，悠悠自在，任运如如。虽是背父逃走，却作的是本分营生，一时倒撑铁舫泛沧海，何妨自家骨肉依然亲。若也不会，更为注破：不见尘尘刹刹，刹刹尘尘是我，我是刹刹尘尘，谁见尘尘刹刹？咄！四序一年轮转遍，试看今日又从起。

“掬香水海于两掌心，三尺孩童弄泥团伎俩；撮三千界于一指尖，赤贫乞儿贪小利营生。路逢道伴交肩过，赵一道：‘一人何得有两头？一口吸尽西江。’钱二说：‘瞎汉生吞铁蒺藜，不与万法为侣。’孙三言：‘尚欠老虎吞却大虫在，横担拄杖直入千峰。’李四云：‘还须遇着死蛇休打杀，青黄赤白黑。’虽然色色不见酸甜苦辣咸，一一尝着滋味始得。便只在长安城内打个踍跳，恁么也不得，不恁么也不得；必至入含元殿里翻一筋斗，恁么也得，不恁么也得。所以大慈父我佛言：‘我若按指，海印发光；汝才动念，尘劳先起。’且道作么生即得？今朝腊月八日。”

“三界无法,何处求心?心不可求,法将安寄?兔角杖挑潭底月,巴鼻俨然;龟毛绳系树头风,显露已了。头头物物,逼塞虚空,心耶法耶?只在当人识取。若道描不成,画不就,罗笼不住,呼唤不回的,要且未必在这里着脚。”喝一喝。

“路逢瓦砾休轻弃,将得归来尽是金。一时将宝藏金丹诀两手分付诸人了也,还有知恩者么?”回顾左右云:“作得一解,险入地狱如箭射。”

“不管张三嘴上胡,谁论李四身如漆?电光影里吼泥牛,任运腾腾没绊系,照顾眉毛眼上排,留着鼻孔好出气。眉毛则且置,且道鼻孔落在什么处?东牵东去,西扯西来。”

“青青翠竹,一茎两茎东,三茎四茎西;郁郁黄花,一朵两朵上,三朵四朵下。松直棘曲,剥削一些子不得;鹄白乌黑,点染一些子不得。会得的,须弥山塞却咽喉;会不得的,香水海浸瞎眼睛。呵呵!有什么交涉?”

“真空妙有,妙有真空,一条拄杖两人扶,打着西边动北边。薰风拂拂,时雨蒙蒙,东东滴滴,滴滴东东,无孔笛逢毡拍板,大家齐唱玉芙蓉,不见道‘做一日和尚,撞一日钟’?”

“树作筋兮石为骨,水为血兮山为肉,日作心兮路为肠,天作皮兮地为肤,唯有大地众生没处安排,把来权当肚里蛔虫,设有个汉出来问道:‘集云咻?’只向他摇手云:“怕怕!’若云:‘大善知识为什么怕?’但云:‘从来没见这样个大怪物。’呵呵大笑。”

“众生不了,犹如小儿放风筝相似,随风放去,风定却复收来,收来放去,实同儿戏,何日是了期?所以古德每拈云:‘脚跟下红丝断也未?’此语甚亲切,譬如风筝线断,纸莺落在何处?参!”

“寻师访道,何异驴头上觅鹿角?行脚参禅,大似龟壳里取珍珠。眼观耳听,增添些什么?鼻直眉横,少欠些什么?会得的,当下承当;会不得,千生百劫。且道承当个什么?你是你,我是我,你是我,我是你。若也不会,圆明更再下一注脚:你不是你,我不是我,你不是我,我不是你。"

王云:"海阔吾鱼跃,天空我鸟飞;我海任鱼跃,吾空任鸟飞;海阔从鱼跃,天空任鸟飞。此三句,有一句可与佛祖为师,试检点看?若儱侗会去,辜负圆明;若拟意分疏,未免辜负前圣。且道作么生始得?"竖拳云:"木凤披毛霄汉舞,石虎怀胎海底行。"

月下赏花次,闻钟声,王云:"钟是我声,只是听不着;花是我色,只是见不着;酒是我味,只是尝不着;月是我体,只是触不着。"乃对侍从云:"圆明今日饮酒啖肉,论玄谈禅,且道有罪过也无?"众无对。

王笑云:"幸而谈论是我,只是说不着。咄!莫非酒话。"众皆大笑。

王云:"也不可草草,汝等但一心念佛念法念僧,自然有个会处。"

"从来都道:'一句中荐得,堪与佛祖为师;第二句荐得,堪与人天为师;第三句荐得,自救不了。'圆明以为不然,第三句荐得,堪与佛祖为师;第二句荐得,堪与人天为师;第一句荐得,自救不了。若道圆明有意别资一路,翻拈倒提,未免辜负一番眉毛拖地,何则?一句中有不具三句之道,三句中未有不具一句之理。诸方自有具眼者辨取。"

王云:"寒山大士道:'瞋是心中火,能烧功德林,欲行菩萨道,忍辱护真心。'圆明今日道:'情是身中水,能迷般若津,欲行菩萨道,戒欲护真身。'且道是同耶,异耶?"

"西天四七,教外别传,大似饱汉说饿话;东土二三,一花五叶,尽是开眼吟梦诗。若然,将什么维持正法,觉渡群迷?常拈一只无孔笛,随缘演唱太平歌。"

“净洁洁,一片闲田地;露堂堂,万古旧家风。竖穷三际,横遍十方,山水云霞,妆点乾坤锦绣;日月星辰,照耀宇宙辉煌;东南西北,历历八方布列;春夏秋冬,明明四季周张。自然观自在,妙圆净妙音,即便恁么去,何异宝镜当空,全没交涉在?且道作么生行履?”良久,云:“饶伊一口吸尽西江,还须直入千峰始得。虽然,尚欠知恁么来在。”

“清净法身,性合空;百千万亿化身,性合有;圆满报身,性合空有;大圆镜智,即有即空;平等性智,即空即有;妙观察智,知空有而不知;成所作智,如镜摄三身三智。所谓那伽常在定,无有不定时者。三身四智一体全彰,乃不二之法。一二尚了不可得,何得三四之说也?要会三身四智一体全彰么?”弹指云:“切忌认性为我。”

“一念动,一念静,动静二相浑无定。一个鼻孔香,一个鼻孔臭,取不得,舍不得,不可得中只么得。俊鹞搏空入云端,欲落不能下;癞狗滚地堕泥中,欲起不能升。且道是苦是乐?但至否极泰来,自然群阴剥尽,一阳来复。到这里,虽是春同往岁,要知梅桩上开的不是去年花。恰有个小犬跳跃,在傍叫道:‘光光光光光!’圆明不觉失口说:‘却被道着。’”

“横说十方,竖说上下,若道随波逐浪,吾尝于此切,只是你自未梦见在。有时如来,有时来如,有时来来,有时如如,若不如是,争得如是?若问如何是如是?夜来诸人八万四千毛孔,为甚塞却了一千二百五十?”众默然。

王云:“是你不通,却干圆明甚事?”

“从来言:‘见道易,修道难;修道易,守道难;守道易,行道难。’圆明不然此论,若见假道易,修假道难;修假道易,守假道难;守假道易,行假道难。若真实言,则行真道易,守真道难;守真道易,修真道难;修真道易,见真道难。但得真见,修、守、行皆易于为力；若见处不真，修、守、行不但难之一字，亦断不能成也。所以云：‘参须真参，悟须实悟。但得本，何愁末？’各人扪心自问，不可强蒸沙望成米饭，徒劳何益？若不到大休歇田地，不可妄为休歇也，学者其勉诸。”

“有时大，有时小，有时有，有时无。大也非是放开，小也非是捏聚，有也非别有无，无也非别有有。若能恁么，方得恁么。若能得恁么，不可知恁么。若知恁么，即不得恁么。如是见，如是行，如是修，如是证，同见同行，同修同证者，珍重！勉之！”

“明头也合，逾白昼之光；暗头也合，较黑夜弥寂。开眼也合，无一物非我身；闭眼也合，无一物是我己。言本无物多饶舌，说一合相强安名，谁道竖穷三际，横亘十方？只得绵绵然，知而不知；密密尔，见而不见。依草附木，混俗和光，饥渴则饮食，寒热则披解，往之来之，今之古之，听天而天不拘，由命而命不束，虽非长生，却乃久视。且道如何是久视？一粒金丹藏世界，万般珍宝聚形山。”喝一喝，云：“有什么交涉？”

“天堂地狱，即此人间佛国；忠恕贪瞋，皆是识性佛心。勉修善因，以招福应；莫种恶果，以造业根。虽是有为幻做作，确然无相实功德，宁可从有背有，不可从空背空。背空从有，恶果而招善因；从空背有，善因而招恶果。然自本具，非向非背，非有非空，非无向背，非无有空，非无亦非，非非亦无，无非亦无，无无亦无。达者不用频频举，未了之人仔细参。”画一○相云：“参什么？”复画一⦸相云：“参什么？”复画一⊛相云：“参什么？”复尽扫却云：“参什么？参！参！参！”

“眼听声乃名真听，耳观色乃名正观，非是六根互用，却乃法尔如然。所以慈悲大士，号观世音，若不如是，何得与佛佛同一慈力，与生生同一悲仰？虽然，此犹是化门度生，声色见闻边事。设有个汉道：‘舍此向上道句看。’圆明只得抚其背云：‘亦不必话作两橛。’”

“多少住山者，却在山外住；多少江湖客，却在水面行；不知朝堂城市中，人人却在山水里。不明斯旨者，大似诳惑闾阎说话，孰不知真语、实语、的语、确语？何则？试看住山者，阿谁不在山外住？江湖客，阿谁不在水面行？朝堂城市人，阿谁不在山间水里？”良久，大笑云：“恁么说话，可谓真实的确诳惑闾阎也，有不甘者出来，大家同发一大笑。”

“情生智隔，念起神昏，是非迷正性，好恶障真心。心生种种法生，心灭种种法灭。贪瞋痴念起，见怪不怪，其怪自坏；戒定慧情生，门前生瑞草，好事不如无。不见道：‘损法财，灭功德，莫不由斯心意识。是以禅门了却心，顿入无生知见力。’且道此知见力，心也？意也？识也？非心也？非意也？非识也？砖石瓦砾，大的大，小的小，称他分两作么？东西南北，近的近，远的远，量他丈尺作么？只可言了心，不可言无心。所以云：‘莫道无心却是道，无心又隔万重山。’有法即有心，无心即无法，不是无法无心，只要心法一贯。”

傍有一从者云：“供养百千万亿佛，不如斋一无心道人咏？”

王云：“待汝会得无心，再向汝道。”

十三弟朝阳居士，丁酉年春打破漆桶，以能问于不能，虚怀请示，难辞一番漏逗，援笔以应此：

“昨有深契不生不灭相应之说，夫见到不生不灭者，不足论也，今贤弟乃坐在不生不灭甲里也。夫坐在色身内不生不灭者，固不足数也，今贤弟乃坐在法身中不生不灭者也。能此者，三十年后觅个人也难得。若于如来法门，坐一微尘里转大法轮，于一毫端现宝王刹，尚未梦见在。今将色身法界不妨蛇足一上，一切众生认色为己，偶尔警省，识得本来主人不生不灭者，次也。一切圣贤以大千为己，一念真实入妙圆觉海不生不灭者，上也。

“即如人之夭寿，物之短长，虽有差别，仍属梦幻，又何足贵？色身不过百年，世界不过一劫，故认色身者，不可说短促，认法界者，不可说延长。如言色身法界终归于尽，将谓别有安身立命的所在，却话成两橛；如言色身法界皆无尽藏，乃外道空言。盖色身小者近者不必言，即法界大者远者亦有成住坏空之理。今日所契不生不灭相应处，犹是眼前功夫边之展转，如更踏一步向前，自然不假丝毫便见三身四智，人我众生，三千世界，八万尘劳，竖穷三际，横亘十方，不生不灭，不灭不生，不生生，不灭灭，不生生灭，不灭生灭，不生生生，不灭灭灭。饶他如来一按指，海印发光，也只得向他道：‘这老汉不识好恶。’莫道：‘此山多险峻，前途犹有最高峰。’同行者勉之。”

问：“重关工夫如何？”

“大事已明，虽忌疑而他求，恐脚跟不稳，然多强作主宰，有误向上。如未踏重关，最忌不疑，得少为足，不肯努力行这一步，破参后要疑而进，重关后要不疑而入真实。如无明这件事，原无无明，亦无无明尽，既无明本无，又何用断？若以静止动，以真除妄，饶伊一念万劫，终是空亡外道，成得个什么边事？

“佛云：‘迷头认影。’只为众生一向忘头认影熟了，错认颠倒，既识得头了，管他影作么？然此事不可作一，不可作二。影是日月灯火光芒边事，有头必有影，有影必有头，众生住影观头，圣贤住头观影，说不得自观自，说不得他视他。日月灯火四光息后，哪有头视头的事？四光不能长息，头影何得长无？因熟处难忘，所以有无量劫熏习种子之说。只这一句，若错解了，赚煞多少人。譬如日光头影随日灭，月光头影随月生时，还唤他是先前的影子得么？原是当处受生，当处受灭。经云：‘金已出矿，不复为矿。’总工夫浑些，乃又来认影认矿，并非我头金来作矿作影也。勉之！”

问:“回途工夫如何?”

“一切众生本具如来智慧德相,但因妄想执著不能证得。破本参后,妄想已除;透重关后,执著全消。智慧德相,哪里有证不得的事?只是此时且莫管回途不回途及前后等事,但就这里静以俟之,随遇而安。说个三千大千世界,视如宅舍,不免犹有小大远近比量在。我只是见得一切处皆可坐卧起居,有什么堂寝庭陛之分?所谓无入而不自得,切不可作是非觉,不可作真妄觉,不可作舍就觉,不可作去住觉,如是觉者是名正觉者,还是灯影边事。譬如灯体虽无用,其用在光,然其光却在灯体。破参如灯近光,透重关如灯远光,不能即至于灯体者,是灯光暗弱无力也。故行履到周年半载,若仍不见动静,还是重关工夫,未曾通彻。

“果能一念信心,当下用力,不妨重起疑情。古云:‘功不浪施。’又云:‘佛法不怕烂却。’即便错用了心,也只当书作几篇文字,办理几件事情,总是认得明了,一切不妨的。光毕竟能见体,体毕竟不离光,然是体不在内,实在内;不在外,实在外。千万不可预为计较,徒自障碍,更不可错认错解那句经,那句文,着一境界,便是魔境。虽然,从缘入者,不是家珍,即愚兄从上所说,也只作公案看去,不可被葛藤绊住,必待一一从胸襟中流出,方是向上一路。因贤弟问有反面回途,如何用力,不知何前何后,随援笔写及,然此乃是目下工夫道理,用力所在,若更进一步处,预言无益,候一步踏到时,自然庆快平生,不消言得。”

王云:“佛法度人无量,佛法误人无量。一切众生热火寒冰内,九横八苦,千生千死,六道轮回,无有休息,茫茫业海,痛莫可喻。善男信女能生一念净信,猛省回光,即登彼岸,超离苦海,是佛法度人无量处。彼岸已登,万业冰消,逍遥极乐之乡,游戏清凉之界,回观三界,犹如火宅,譬如伤弓之鸟,遐举高飞,又如漏网之鱼,深藏远遁,往往令人执指为月,画饼充饥,这是佛法误人无量处。哪里知得镬汤炉炭内即是法王全身？

“《法华经》中化城之喻甚切，众生于一切痛苦孰不生厌？厌故易弃，一切乐利孰不生恋？恋故难舍。乃至生必定爱，死必定恶，故离死从生易，舍生就死难。所以说这件事，非将相之所能也。若论生中之生，将相能也；死中之死，将相能也；生中之死，死中之生，将相不能也。不见道‘天下可均，白刃可蹈，中庸不可能’，何故不可能？因有能，所以不能也。这百尺竿头，悬崖撒手一步，必须大丈夫汉才能了办，非希图小利，画地自止辈所可拟料也。

“古人云：‘但莫憎爱，洞然明白。才有是非，纷然失心。’又云：‘取舍之心成巧伪。’若欲了明此事，待汝脱却汗衫，断了命根，方许汝会常住真心也。要会常住真心么？昼行须把火，夜坐莫张灯。且道是度人无量？是误人无量？”喝一喝，云：“向下文长，来日再说。”

一日，王云：“这件事，因在内，所以不在外；因在外，所以不在内；因不在内外，所以在内外；因在内外，所以不在内外。不见临济道：‘有时夺境不夺人，有时夺人不夺境，有时人境俱夺，有时人境俱不夺。’后人不解其旨，把作接人边会去，未免辜负他前人此等说话。譬如天之春夏秋冬，地之东西南北，人之生老病死，日之子午卯酉，月之晦朔弦望也。且道孰有孰无？孰真孰妄？本是以有显无，以无显有，二既不无有，四何得有无？有无尚且不立，真妄从何而分？

“所以说，无明识性即佛性，幻化空身即法身。既是无明即佛性，空身即法身，则佛性法身何可贵？无明空身何可贱？只这一贵一贱，即生取舍；一生取舍，即生真妄；真妄一生，有无继起，生死随之，万业云集，皆从此一识一觉而生也。所以佛云：‘我若按指，海印发光；汝才动念，尘劳先起。’这个关头，第一要紧，一丝不透,一毫不脱,如一指之障须弥,是谁之过欤?

“古人云:‘尘垢尽除光始现,心法双忘性即真。’若欲尘垢尽除,必须心法双忘;若欲心法双忘,必须心法合一。但有彼此相,何能忘此心?此心如镜,万有来临,尽皆尘垢。若不能浑物我,但云我自无心于万物。妄为镜已打破,皆属诳语,自欺自误,此事须实踏不二心地,非知识可解者。参!”

王示一禅者云:“学者已入道而不能踏破重关者,有三病:一者惺惺的,有个大圆光相似,或放或收,以为操纵由己,是一;二者呆呆的,无声无臭,或随或夺,以为物来则应,事过不留,是一;三者见红是红,见黑是黑,胸中隐隐的,似有个物在,是一。是皆识漏未除,净相里作活计,乐境里觅生涯,若如此去,直饶千百劫,也只作得个种佛种的伶俐众生,何时得了期?必须跳出化城,寻觅真境,还如未破参时一般,更加一番苦心,尚恐不能,何况优游自在,贪图小利,画地自限,岂能进步也?待汝内外一如,今古不隔,百尺竿头者一步踏来,再向汝道真实不虚之说。”

“从上佛佛祖祖,千说万说,总为这个;能见这个,切莫管这个;若一管这个,即成假这个;若认假这个,还不如不见这个。何故?妄想易舍,执著难销。后学者不可认贼为子,得少为足。得少为足事小,一认贼为子则障汝前程万里。不见佛言:‘是人行邪道,不能见如来。’未了者,当踊往直前,莫贻自误。”

“凡人欲了此一大事,只得将这个觅那个,觅得那个,那个却成这个,这个却成那个。到此时,须要离却那个,要离那个,须要就那个,那个成了这个,这个就是那个,那个就是这个,到此时,方可商量真这个。若见了真这个,实实无这个那个,一任这个也是那个,那个也是这个。既然道实,实无这个那个,为何又道那个这个?却不知此时这个那个不是从前那个这个。若也不会,且下四句注脚:‘八万尘消顷刻间,石含玉兮地擎山,清风皓月无人识,唯证方知非可传。’参！”

“参须真参，悟须实悟。何谓假参？为博得个明眼宗师、作家居士之虚名也。何谓真参？为了死生也。若实为生死，致心一处穷究。赵州道：‘七日不悟，摘取老僧头去。’永嘉道：‘若将妄语诳众生，自招拔舌尘沙劫。’试看前圣婆心之紧恳，自可信此事之的真。所以石霜云：‘休去、歇去、一念万年去、寒灰枯木去、古庙香炉去、一条白练去、冷湫湫地去也。’若是假参者，到此便谓可以成名，便不肯蓦直而前，扪心自问，果了死生乎？非欺人也，非欺天也，乃自欺也。不但堕落空亡外道，奈大诳语成之罪业何！若为生死真参者，断不肯画止此也。不见雪峰道：‘不休不歇去、业识茫茫去、七颠八倒去、十字街头闹浩浩的坐卧去、荆棘里游戏去、刀山剑树镬汤炉炭去、驴胎马腹去也。’若道二老别资一路，作此见解者，实辜负前人眉毛拖地之深恩。

“然若不到不休不歇，断不能真到休去歇去；若不到业识茫茫，断不能真到一念万年去；若不到七颠八倒，断不能真到枯木寒灰去；若不到十字街头闹浩浩的，断不能真到古庙香炉去；若不能到荆棘林里游戏去，断不能真到一条白练去；若不能到刀山剑树，以至驴胎马腹去，断不能真到冷湫湫地去。到此虽未能了死脱生，实见明脱生了死之路，此正文殊言：其力未充之候，然犹功勋边事。不见涌泉欣禅师云：‘相续也大难。’要会相续的面目么？求闻见而不可得，作善恶而亦不会。湛湛碧天秋月皎，大千沙界露全身。咄！切忌耳闻、眼看、意会。”

“生死一事，如大海中之浮沤，本属空幻，众生妄执为有，正我佛言一切众生从无始来生死相续，皆由晦昧为空，空晦暗中，结暗为色，色杂妄想，想相为身，此想不真，故有轮转。譬如澄清大海弃之，唯认一浮沤体，目为全潮之谓。经云凡事因譬喻而得明晓，佛言众生执有之因。如譬言浮沤之起，乃因物触风搅而成，聚则浮沤,散则海水也。我之妙明觉性,譬之海水;众生尘刹,譬之浮沤。海水无暂竭之日,浮沤无常灭之时。虽是当处受生,当处受灭,即此生灭亦随海水以无穷。众生以沤泡为己而观海水,如来以海水为己而视浮沤。众生非离海也,如来非离沤也,须知生灭相即常住相。

"所以佛言是法住法位,世间相常住也。愚昧众生不但不知海之为己,且亦不知其沤之为水也。若彼投胎夺舍者,即如舍此沤而就彼沤也。勤求长生者,即如以诸权巧护惜此沤也;神通变化者,即如以幻术舞弄此沤也。所以道:饶经八万劫,终究落空亡。乃显而易会者。善男子!大丈夫勤求此事,务研至与海同体而后已,方为了事,不可坐浮沤中目为全潮为了事也。一知半解之人,较凡愚稍差者,知沤之为水也,是以不得大死者,未舍此沤也,得大活者,通身入海也。

"一切贤圣皆以无为法而有差别者,如浮沤非只海有,江河湖海各有沤也,然沤体水性其理本一。圣贤修证之等列,如江河湖海,虽有大小深浅之不同,不得仍名为浮沤也。佛与众生,其性无二亦然,众生不可言有生死,圣贤不可言无生死,若欲了生死,不必离生死觅,但即浮沤中识得沤是水。谚云:'但入深山去,何怕没柴烧?'切不可得少为足,以能推的心,识得大海之理,便妄为已证休去歇去,不但画地自限,且大诳语成,翻落无限苦趣也。古人道:'见解人多,行解人万中无一个。'以上乃性觉妙明之说,更有本觉明妙之理,实有口道不出。若是铁汉子,到此自然领会,亦不烦圆明重下注脚也。掷笔惭惶处,三十年后自有无面目人证明。"

"天下丛林拈椎竖拂,堂头动辄言:'放行也恁么恁么,把住也恁么恁么,拈起也恁么恁么,放下也恁么恁么。'实令人发一大笑,愚何至此?尚敢大言将此谓我为法王,于法自在,实不解此辈具何面皮肚肠也？此事本不动摇，阿谁放行把住？本自具足，阿谁拈起放下？从上超佛越祖，阐扬宗旨，震雷音，作狮吼的大善知识亦间有恁么举者，乃黄叶止儿啼的婆心，使子遣孙的说话，何尝似今日盲眼禅徒，将此以为究竟极则也？并此化城境界，亦未亲睹实踏，尚属拾人涕唾为珍馐，所谓可怜愍中更可怜悯者也，此乃执识神生死本，外道断常邪见，认贼为子，岂止中止化城而已？自误不了，有误他人，于心何忍？能不畏佛诳语之戒乎？

"未了禅和见圆明此说，当各各自省自问，知愧知勉，发勇猛心，务踏向上一关，讨个大休大歇，续佛慧命，亦不枉出家参学，父母之生身，大丈夫三字也。况南泉分明道破：'归家尽是儿孙事，祖父从来不出门。'但这一句不可错会，若言此皮袋中有一祖父，不出此皮袋之门，如此见解，何异坐井窥天，蒙眼拽磨？此言山川草木祖父不出山川草木之门，龙凤鲲鹏祖父不出龙凤鲲鹏之门，亭台屋宇祖父不出亭台屋宇之门，鸟兽昆虫祖父不出鸟兽昆虫之门，虚空祖父不出虚空之门，尘刹祖父不出尘刹之门也。若然，则有情无情，物物俱有祖父，各不出其门，则此皮袋亦万有中之一物，亦自然有不出门之祖父也。如是参，如是悟始得。不见临济道：'有一人在途中，不离家舍；有一人在家舍，不离途中。'会得此二人，方得会不出门的祖父。且道作么生会？折合归来炭里坐。再道作么生归，只是不归归便得，故乡风月有谁争？"喝一喝，云："刀斧斫不开。"

"经教语句，人人皆知为指月标、渡河筏，既见道已，皆知标筏而舍之，孰不知此乃外标筏也？如我此一见，乃自身之内标筏，而人不知舍也。何则？经云：'知见无见，方是无漏真性。'又云：'见见之时，见非是见。'所以道：'迷时师渡，悟时自渡。'学者不可草草。"

"凡学世间事，非用心之至，学不能成；学既得成，必到得信手拈来,无事于心,无心于事,方名精纯。悟出世间法,非无心之至,悟不能彻;悟既得彻,必到得随缘应物,有法皆心,有心皆法,方名究竟。圆明此说,未具眼者观之,大似妄谈般若。孰不知古人云:‘莫谓无心便是道,无心翻隔万重山。’不妨重为注破:凡夫以幻心为幻事,至极则无心地位迷之而不收入觉。道人泯幻心究真如,至极则真心地位觉之而不放入迷。正所谓常惺惺,常历历。此境界,乃佛说如是住,如是持,如是信解,如是奉行者。”

“从上提唱三印,多言上士闻道,如印印空;中士闻道,如印印水;下士闻道,如印印泥者。圆明以为不然,接初机下士,如印印空;接进步中士,如印印水;接回途上士,如印印泥。何则?若言下士,执有滞句为印泥,何可言闻道也?自有诸方作者检点在。”

“学人初闻道,空境易,空心难;究竟则空心易,空境难。空境而不空心,到处为碍;空心而不空境,触途成滞。不见道:心空及第。应知心外复有何物而可空,物外复有何心而可空。所以云:‘我自无心于万物,何妨万物常围绕?’少有分别心,则非第一义。若不如是,必不能守。”

“妙明心地,要会不难,但办信心,即在目前。夫生灭心,乃生死本,凡所对待因缘,善恶是非,人我彼此,憎爱取舍,皆是无明生灭识性,本地妙明真心中,实无这些葛藤。学道之人但能识得本心,看破生灭幻心,即明生死之理。若能了办生灭幻心,即超生死之道。看破谓见,了办谓成,其途路中无修守之修守。若非踏破重关,物我一如,亦不可轻言易也。其强作主宰辈与下士闻道大笑者何殊?凡入道者,谛自省可也。”

“此一件事,若与语默边会,总没交涉。初学欲了明此事,务将聪明知解、语言文字尽情抛开,的确一字用他不着。《净名经》云:‘依于义,不依语。’能如是直心而入,必得了明,将此为入道之基。但既入矣,又不可以默为究竟,云此一事不在语句上,便务静观心，又所谓逃坑落堑也。所以经云：‘虽复不以言语道，亦复不著无言说。’何则？语言乃色相之名，若不能彻其名，焉能彻其体？果能彻其体，自能彻其名，语默二见不除，皆为障道之因。聊述前后阶级次第，上根大器者，自能领会，直踏华藏焉。”

“凡夫种田，从地上耕种；道人种田，从地下耕种。凡田赖时雨滋长禾苗，圣田需法雨收获籽粒。务心田者，谛审思之。设有增上慢人道：‘求心了不可得，更有何田可耕可种？’则未免辜负圆明此数句说话也，自有真实修行明眼人辨取在。”

“学者参悟见道，顷刻之间便可明生死幻妄之因，识得即生死而离生死之理。然明虽在一时，而了不可限期，真心若不修无修，幻身何得证无证？所以道：祖言外其身而身存，寒山大士言易者易其形。夫外易之道有二：有从内而外身易形之道；有从外而外身易形之道。若执内之外易，则似滞壳迷封；若执外之外易，则似痴狂外走。若不明二种外易之道，但囫囵排拨，复不力行行业，则饶伊经千生百劫，亦不过空言。明知生不是生，死不是死，为何被生死之所流转？委之其力，未充而已。拟欲脚踏实地，了明生死，不能也。且将二种内外外身易形之理试体会看。若也体会得出，许汝明佛仙一贯之道；若也不能体会，不可执狂空以欺己欺人也。即圆明亦不敢自言了证，但所见实有确据，愿与同见者期，共勉同行云尔。”

十月初五日，祖师诞辰，王云：“达摩大士，乃我震旦大恩初祖，西归时，复慈留只履。我东土百千万亿众生，而祖履亦化为百千万亿只履，人人惠之，现今各各在目前，为何诸人负恩辜德，一一弃之不顾？况当年祖师九载所面之壁，亦日日在各各面前，何不体究？若也不会，圆明今日与诸人露个消息，参、透、会、穿。”

王云：“学道之人，识心不了，不著有，便著无；不著此二种，便于有无之间博量卜度；及自觉得此病，又在非有非无处著倒。

所以古人谆谆垂训,令离四句之说。四句者,乃有、无、非有非无、亦有亦无是也。若透得此四句,如何保任?遇一切诸法有,我亦随顺与之有,却不被此有所碍;遇一切诸法无,我亦随顺与之无,亦非世俗虚豁之无;遇一切诸法亦有亦无,我亦随顺与之亦有亦无,不作凡情戏论;遇一切诸法非有非无,我亦随顺与之非有非无,且非互相背违。此《净名》所云'外道六师所堕,汝亦随堕'是也。若不如是,不得轻言离四句也。珍重!"

一日,偶云:"十方薄伽梵,一路涅槃门。从来拈提此旨,乾峰拄杖一画为最,但未免太隐。圆明今日重开一面,年牙相似体,乌鸟不同心。且道与乾峰同耶,异耶?若检点得出,许汝解涅槃门一路。"

"天无心覆而普盖,地无心载而普擎,三光无心明而普照,圣人无心用而普应。圣凡之殊,丝毫之隔,只在有心无心之别耳。所以道:人能常清净,天地悉皆归。何况其他万有诸法与吾为碍为滞也。既为人矣,何不则天象地,法三光作一真人,不亦快欤?"

有一从者进云:"恁么则王爷自能超凡入圣也?"

王云:"恶。"

"是何言哉?"

曰:"'圣'一字,则余岂敢?修而不倦,诲人不厌,或可谓云尔已矣。"

有问:"如何是无位真人?"

王云:"贪。"复云:"此一字已绘出无位真人行乐了也。若也不识,只得蛇足一上,言无位真人者,本非无位,强名之曰无位耳。若言有位,却是无位;说他无位,却是有位。要识无位真人,须从有位中会。譬如一人不住东南西北四位,立在这里,若东望此人,则谓之西;西望此人,则谓之东;南北亦然,此乃逃一位而堕四位也。上下亦然,乃至尘尘刹刹亦然,然则尘尘刹刹尽是有位真人。

举一言是有位真人，则百千万亿为无位真人也，从此一一推而广之，将何为有位真人也？既不可名有位真人，岂非无位真人而何？所以无位真人之名如此而立，乃从有位真人而得此名也。所以有因无有，无因有无，无即是有，有即是无，若于有无之外另觅无位真人，保汝觅到驴年亦不得梦见在。若也不会，参。”

有僧问：“无位真人如何保护？”王默然良久。

僧云：“恳乞指示。”

王云：“护真但化妄，妄化自皈真。绵绵化导去，妄尽即全真。真名因妄立，妄尽何名真？一真不自立，是名为护真。”

云：“王爷还是演教，还是酬机？”

王云：“先演教，后酬机。”

云：“衲子分疏不下。”

王云：“观音千手千眼，大师会得也无？”

云：“会不得。”

王云：“若也不会，圆明八万四千张口理应分疏不下。”僧礼谢。

王笑云：“何不道今日才见多口亲王？”

僧问：“不与万法为侣者是什么人？”

王云：“这句也须吞却。”

僧云：“不解。”

王云：“闭眼钻入恒沙里。”

僧云：“恁么则马祖云‘一口吸尽西江水’，误矣。”

王云：“中人以下果，不可以语上也。”

僧问：“不是心，不是佛，不是物，毕竟是什么？”

王云：“是六。”

僧云：“如是如是去也。”

王云：“还添减些子才得圆。”

中秋,僧问:“清净本然,云何忽生山河大地?”

王云:“只此十二字也少他不得。”

僧云:“作么生行履?”

王云:“客来我便出,何怕不相亲?”

僧云:“向上还有事也无?”

王云:“切忌赏中秋。”僧拍手。

王云:“我醉欲眠君且去。”

除夕,有一僧问:“如何是父母未生前本来面目?”

王云:“岁月蹉跎,何暇戏论?”

云:“小僧是至心真实请问。”

王云:“来年此月此日此时向汝道。”僧礼谢。

王取笔签一押云:“立此存照。”

岁底,王至柏林,书春福散众。一僧至云:“一大藏经尽被王爷布施了也。”王随手执笔,自向额上一点。

僧云:“王为何自己点额?”

王云:“自己点了,免被他人点。”

僧云:“作家王爷,今日大有人我在。”

王指额点云:“这点的是我是人?”僧惭惶作礼,王急取乌帕拭净墨点。

又一僧出云:“金不博金,王爷为何将乌帕拭墨?”

王云:“仁者到诸方切不可举,圆明分黑疏白。”

僧云:“衲子不敢。”

王云:“水洗水也。”

有一老僧在傍云:“王爷真正仙机。”

王云:“仙机与否无据,情知你不解佛话。”

又一僧云:“请王爷道佛话看。”

王云:“且书‘寿’字。”

僧云:“王书的是‘福’字,何得言‘寿’字?”

王云:“不见道‘人间五福寿为先’?”

老僧复拍手笑云:“有趣。”

王云:“八十公公嚼秫秸。”

老僧云:“贫衲实不解此语。”

王云:“老老大大,何曾尝着些滋味?”众笑无语。

王云:“今日无端,频遭点额。”

一日较射,众皆空发,唯一善射护卫,矢矢中的,射毕论赏罚,王罚善射者而赏众。者云:“仆矢皆中的,何翻受罚耶?”

王云:“余所论者中地,汝所论者中的,何得不罚汝也?”

者云:“若如是论,则易事也。”

王云:“原系易事,谁教汝自己为难?”众皆大笑,乃厚赏善射者。

一日,王赏花饮酒,晚归寝室,呼从者点灯来,从者擎灯入室,王将灯吹灭云:“点灯来。”

者重燃灯,方至,王复吹灭云:“点灯来。”

者云:“王醉也。”

王喝云:“速点灯来!”者急复燃灯,入室擎立。

王云:“灯下仔细观看,余醉也,乃汝醉也。”

一日网鱼,从者将所网之鱼呈献,王云:“网得之水何不一并呈来?”

者云:“网何可网水?”

王云:“水不可网,鱼如何可网得?”

者笑云:“此鱼即是网网得。”

王云:“网呢?”

者云:“在池边。”

王云:“可惜许!”令从者将鱼担去放生。

从者一人问:“参禅悟道,唯觅一真我。如何是真我?请王指示。”

王云:“水重水银轻。”

者云:“岂有水重似水银之理?”

王云:“若如汝说,大海里尽是水银哪?”

者云:“总算自然水多水银少。”

王云:“痴人!谁不教你总算?”

一日晚,有侍从一人求请开示明心见性之法,王云:“大海里张灯捕鱼虾去即得。”

从者云:“水里何可张灯?”

王云:“水里既不可张灯,心如何可明?性如何可见?”

者云:“若如是,明心见性之理无耶?”

王云:“不是无是理,只是无有是理。”

者云:“某甲更糊涂不解矣。”

王问云:“月上也未?”

答云:“月尚未上。”

王云:“待月上时再向汝道。”

有僧请示,问云:“踏破虚空,向后作么生行履?”

王云:“合大体去。”

僧云:“设如有个直入千峰万峰的,还有事也无?”

王云:“牛过窗棂。”

僧云:“莫是安身立命处么?”

王云:“身亦非身,命亦非命。”

僧云:“被贫衲勘破王爷伎俩了也。”

王云:“大士今日如何唤余?”

僧云:“雍亲王殿下。”

王云:“若然,未许你勘破在。”

卷第二十

和硕雍亲王圆明居士语录

语　录*

王一日闻戌楼钟声，问云："什么声？"

从者云："是钟声。"

王云："我只道是鼓声。"

从者笑云："何以钟声作鼓声赚小奴？"

王云："你见撞钟来哪？"

从者云："虽然不见，听得是钟声。"

王摇手云："却是你赚我。"

王夜坐，忽闻风起，唤从者，者应入，王云："风唤汝不答，余唤汝即应，何也？"从者无对。

王云："风唤汝即去，余唤汝不来，何也？"从者又无对。

王云："大门闭了不曾？"

从者云："尚未。"

王云："开开！"

有僧问："童子持鉴，意旨如何？"

王云："小儿伎俩。"

云："如何是大人作用？"

王云："训他不持。"

云："王爷特尊贵生。"

王云:“将谓你是小儿。”僧便喝。

王云:“小儿形态毕露。”

云:“切莫压良为贱。”

王云:“公案现在。”

云:“恁么则王爷一状领过也。”

王云:“无奈被阇黎带累。”

云:“转见不堪。”

王云:“漆桶相逢,传为诸方笑具。”

有僧问:“大海无波,因甚触风鼓浪?”

王云:“只为无心。”

云:“本自清净,为何遇缘生情?”

王云:“只为有意。”

云:“如何修行?”

王云:“有意处无心,无心处有意。”

云:“若然,人天福报则不无,衲僧门下尚欠一筹在。”

王云:“试露消息看。”僧便喝。

王云:“龙头蛇尾汉。”

云:“王爷又作么生?”王亦喝,僧又喝。

王云:“果然通身鳞甲。”

僧笑云:“收。”

闲坐次,侍从请示云:“古德往往有一字之答,意旨如何?”

王云:“汝等试问看。”

问:“如何是佛?”

王云:“天。”

问:“如何是法?”

王云:“地。”

问:“如何是僧?”

王云:“人。”

问:“如何是不是佛?”

王云:“物。”

问:“如何是不是心?”

王云:“佛。”

问:“如何是不是物?”

王云:“心。”

问:“如何是万法归一?”

王云:“开。”

问:“如何是一归何处?”

王云:“合。”

问:“如何是庭前柏树子?”

王云:“入。”

问:“如何是吹布毛意旨?”

王云:“随。”

云:“如何是麻三斤意旨?”

王云:“慈。”

问:“如何是未生前本来面目?”

王云:“谑。”

问:“如何是赵州关?”

王云:“穿。”

问:“如何是君?”

王云:“仁。”

问:“如何是臣?”

王云:“义。”

问:“如何是臣奉君?”

王云:“礼。”

问:“如何是君就臣?”

王云:“智。”

问:“如何是君臣道合?”

王云:“信。”

云:“如何是透网金鳞?”

王云:“苦。”

问:“如何是不与万法为侣?”

王云:“亲。”

问:“如何是一口吸尽西江?”

王云:“浸。”

问:“如何是函盖乾坤?”

王云:“怪。”

问:“如何是细入微尘?”

王云:“奇。”

问:“如何是古涧寒泉?”

王云:“冷。”

问:“如何是夺境不夺人?”

王云:“狂。”

问:“如何是夺人不夺境?”

王云:“痴。”

问:“如何是人境俱夺?”

王云:“睡。”

问:“如何是人境俱不夺?”

王云:“醒。”

问:“如何是第一句?”

王云:“下。”

问:“如何是第二句?”

王云："中。"

问："如何是第三句？"

王云："上。"

问："如何是即心即佛？"

王云："诳。"

问："如何是非心非佛？"

王云："诞。"

问："如何是若能转物即同如来？"

王云："急。"

问："如何是金刚王宝剑？"

王云："狠。"

问："如何是踞地狮子？"

王云："毒。"

问："如何是探竿影草？"

王云："戏。"

问："如何是一喝不作一喝用？"

王云："屈。"

问："如何是到岸不须舟？"

王云："留。"

问："如何是生无所住心？"

王云："如。"

问："如何是因果报应？"

王云："确。"

问："如何是眼耳鼻舌身意？"

王云："六。"

问："如何是色声香味触法？"

王云："一。"

问:“如何是北斗里藏身?”

王云:“显。”

问:“如何是一领布衫重七斤?”

王云:“露。”

问:“如何是大海无鱼?”

王云:“妄。”

问:“如何是大富无粮?”

王云:“诈。”

问:“如何是大悟无道?”

王云:“贼。”

问:“如何是一路涅槃门?”

王云:“然。”

问:“如何是香严上树意旨?”

王云:“堕。”

问:“如何是神前蜡烛台?”

王云:“真。”

问:“如何是殿阁生微凉意旨?”

王云:“隐。”

问:“如何是三玄三要?”

王云:“九。”

问:“如何是我宗无语句?”

王云:“实。”

问:“如何是空谷传声?”

王云:“应。”

问:“如何是看山不是山?”

王云:“明。”

问:“如何是看水还是水?”

王云:“瞎。”

问:“如何是狗子无佛性?”

王云:“钓。”

问:“如何是脚跟点地?”

王云:“退。”

问:“如何是百草头边祖师意?”

王云:“赚。”

问:“如何是尘尘刹刹露全身?”

王云:“彻。”

问:“如何是饭罗边饿死人?”

王云:“愚。”

问:“如何是不涉功勋?”

王云:“诚。”

问:“如何是无为而治?”

王云:“平。”

问:“如何是念佛往生?”

王云:“必。”

问:“如何是六波罗蜜行?”

王云:“种。”

问:“如何是净裸裸,赤洒洒?”

王云:“累。”

问:“如何是不染一尘?”

王云:“浊。”

问:“如何是云门一棒?”

王云:“空。”

问:“如何是主?”

王云:“升。”

问:“如何是宾?”

王云:“降。”

问:“如何是主中主?”

王云:“多。”

问:“如何是宾中宾?”

王云:“重。”

问:“如何是宾主互换?”

王云:“错。”

问:“如何是一喝分宾主?”

王云:“斫。”

问:“如何是芥子纳须弥?”

王云:“易。”

问:“如何是须弥纳芥子?”

王云:“难。”

问:“如何是无舌人解语?”

王云:“辩。”

问:“如何是啐啄同时?”

王云:“中。”

问:“如何是大人相?”

王云:“沙。”

问:“如何是无量法门?”

王云:“杂。”

问:“如何是戒定慧?”

王云:“鼎。”

问:“如何是出家人行履?”

王云:“俗。”

问:“如何是在家人修行?”

王云："僧。"

问："如何是驴胎马腹去？"

王云："偿。"

问："如何是别峰相见？"

王云："会。"

问："如何是尘说、刹说、炽然说？"

王云："鸣。"

问："如何是一念万年？"

王云："梦。"

问："如何是清净法身？"

王云："无。"

问："如何是万亿化身？"

王云："有。"

问："如何是圆满报身？"

王云："串。"

问："如何是途中不离家舍，家舍不离途中？"

王云："恰。"

问："如何是照？"

王云："妖。"

问："如何是用？"

王云："精。"

问："如何是照用同时？"

王云："捏。"

问："如何是照用不同时？"

王云："裂。"

问："如何是竖穷三际，横遍十方？"

王云："普。"

问:“如何是普度众生?”

王云:“引。”

问:“如何是太平世界?”

王云:“和。”

问:“如何是西来大意?”

王云:“月。”乃云:“一字之意虽然如是,一字尚然多设,何况余言?若能会得一字,方可涉猎余文。若不能领一字之旨,便熟诵三藏十二部,博通经传子史,皆如以明珠作鱼目,徒增茫茫业识耳。有志达士但悉心究了此一字,千经万卷即在其中矣,决不相赚。”

有僧问:“一人发真归元,十方虚空悉皆消殒,意旨如何?”

王云:“因他有,因他浊。”

云:“晴空如何言得有浊?”

王云:“一阐提会中,许上座添一位。”

一道士问云:“释道之教,是同是别?”

王云:“同则总同,别则总别。”

云:“如何是同处?”

王云:“渴饮饥餐。”

云:“别处如何?”

王云:“黄冠僧帽,衲衣羽裳。”

士云:“贫道所问三藏洞文之教意。”

王云:“仙佛设教之意,岂出衣冠饮食也?”

士有省,礼谢云:“多感布施无上金丹。”

王笑云:“虽然,还须煅炼九转,方得成熟。”

春日林中同僧坐次,闻黄鹂声,王问云:“此鸟弄艳词演唱般若,功也?过也?”

一僧云:“将谓王爷唱曲。”

王愕然云："大德几时得这个消息？"

云："岂不闻鸦鸣鹊噪尽演摩诃？"

王笑云："依稀似曲才堪听，又被风吹别调中。"

有僧问："兴化四方八面来时，打中间的，意旨如何？"

王云："太吃力生。"

云："王爷作么生？"

王云："割肉喂鹰去。"

云："兴化又道遇卒风暴雨，向古庙里躲过哧？"

王云："转见不堪。"

云："王爷又作么生？"

王云："帮他括，帮他下。"

僧礼谢云："恁么则兴化未彻在。"

王云："盗名欺世，虚誉惑人者，如麻似粟，岂止兴化一人而已？所以要具参方眼睛，不然不被耳朵瞒者罕矣。"

一护卫问："北斗里藏身，意旨如何？"

王云："因慈悲故，有落草之谈。"

云："如三脚驴子弄蹄行，八角磨盘空里走，是何言也？"

王云："因落草故，有慈悲之谈。"

云："佛经为何不见有此说话？"

王笑云："因佛不慈悲不落草，所以不言及此。"

僧问："不与万法为侣者什么人？"

王云："即内不即外，离二不离一。"

云："恁么则是法住法位，世间相常住也。"

王云："日落西山，月升东海。"

云："可作得中心树子也未？"

王云："还见四方八面么？"

云："作么生行履即得？"

王云:“泥牛奔入海底,羚羊挂角松梢。”

僧问:“万里不挂片云时如何?”

王云:“万里不挂片云。”

云:“为何又道青天也须吃棒?”

王云:“万里自不挂片云,与青天有何交涉?”

云:“恁么则恁么去也。”

王云:“青天也须吃棒。”

云:“前言何在?”

王云:“因有前言,乃举后语。”

云:“莫非末后句也?”

王云:“将什么唤作最初句?”僧礼谢。

王云:“无始有终的衲子,三十年后觅一个半个也难得。”

一日,赏花次,王云:“人欲修佛,极易之事,不必千经万卷。佛言:‘若能转物,即同如来。’只此一句,即可成佛,世尊乃大慈悲父,如语、真语、实语者。”

有一侍从云:“众生如何被物转?”

王云:“赏花。”

从者云:“如来如何转物?”

王云:“花赏。”

者云:“众生随波逐浪,如来如何行履?”

王云:“钝置汉,浪逐波随也道不出。”

者云:“若如此,极易也,吃饭但言饭吃,睡觉但言觉睡,即可谓同如来耶?”

王喝一喝,云:“是你听见我喝?是我喝见你听?”

者云:“自然是奴才听见主喝。”

王笑云:“真正听喝的奴才。”

是日大风,有僧问曰:“风鼓尘也?尘鼓风也?”

王云:“好好一个圆球,被汝擘作两半。”

云:“大有人未肯点首在。”

王云:“一口吸尽西江,堪作什么?”僧于言下大省。

王叹云:“虽然,沧海不觉阔易,青天不觉空难。”

有僧问:“静喧语默,如何通不犯去?”

王云:“饮啖珍馐,不知百味。”

云:“恁么则枯木寒灰去也。”

王云:“即此用始得。”

云:“恁么则镬汤炉炭去也。”

王云:“离此用始得。”

云:“如何行履?”

王云:“耳观目听去。”

云:“向上还有事也无?”

王云:“有。”

云:“乞请指示。”

王云:“耳亦观不着,目也听不着。”

中秋月初八上弦夜,对月闲坐,王云:“好月不圆不缺,好个时节。”侍从无语。

王云:“从前弘觉忞禅师举仰山玩月次,山指月问:‘这个月尖时,圆相向什么处去?圆时,尖相又向什么处去?’石室云:‘尖时圆相隐,圆时尖相在。’云门别云:‘尖时圆相在,圆时无尖相。’道吾云:‘尖时亦不尖,圆时亦不圆。’时师会下有一僧云:‘逢尖即尖,遇圆即圆。’师自别云:“尖时圆相尖,圆时尖相圆。’弘觉大似将张三作李四,这僧韩卢逐块,道吾躲跟,石室龙头蛇尾,云门犹较些子。虽然如是如是,未免有这个在。圆明即不然,是尖不见尖,是圆不见圆,恁么说话,还有检点者么?智者见之谓之智,仁者见之谓之仁,不是与人难共处,大都缁素要分明。”

一日,同僧斋次,王举:“昔日黄龙心与夏公立谈《肇论》,论会‘情与无情共一体’,时有狗子卧香桌下,龙拈尺击狗子,又击香桌云:“狗子有情则去,香桌无情自住。情与无情如何成一体?’公立不能对。灵岩愠云:‘要会情与无情共一体,锤杀有情狗子,碎却无情香桌,将来与他一团束缚,抛向大洋海,自然洒洒落落。’弘觉忞云:‘何如有情狗子仍教他守夜,无情香桌且留支用?要会情与无情共一体,但将拟议思量的,与他一刀两段,则十方空荡荡地,自然常光见前,唤甚有情无情与你为碍为缘?’据圆明看来,二老俱涉功勋,不免勉强作主,非的实之论,各为公立代一语看。”

有云“恁么则两重公案”者,王云:“一任双参。”

有云“分疏即不堪”者,王云:“不分疏,可堪哪?”

有云“狗子不动,香桌走”者,王云:“各人且扫门前雪。”

有云“还识香桌狗子么”者,王云:“躲跟到哪里去?”

有云“香桌狗子一状领过”者,王云:“阇黎也少不得在里许。”

众云:“王爷却如何代?”

王云:“狗子击则去,香桌击不动,此正有情无情共一体处。”

一日,同僧坐次,王云:“文殊从无住本立一切法,圆明从一切法立无住本。问诸仁者,同异在什么处?”

有云“翻手云,覆手雨”者,有云“今日瞻仰”者,有云“黄河九曲,水出昆仑”者,有云“着珍服,挂垢衣,须是王爷始得”者,有云“王爷升堂,文殊放参”者,王云:“俱未在,文殊先天而天弗违,圆明后天而奉天时,且道圆明与文殊是同是异?”

有云“昔日文殊,今朝王爷”者,有云“文殊途中家舍,王爷家舍途中”者,有云“同则总同,异则总异”者,有云“文殊不识王爷,王爷不识文殊”者,有云“唤王爷作文殊亦得,唤文殊作王爷亦得”者，王云：“俱非圆明境界，文殊是圆明，圆明不是文殊。”

闲坐次，众护卫侍侧，有一侍从问云：“如何是奴才的真我？”

王自指云：“是我。”

从者云：“小人岂敢当？”

王云：“实话。”

者云：“若然，王爷将何为我？”

王云：“是你。”

者云：“如何是主仆的你我？”

王复指一人云：“是他。”众皆不解。

王云：“佛法平等，无人我、贵贱、是非之分。”

者云：“若然，将子孙唤祖父可乎？”

王云：“善哉此问！一切众生皆因执幻我故，所以孝慈亦皆成幻孝幻慈；执有我故，所以有孝有不孝，有慈有不慈。菩萨因无我故，上与诸佛同一慈力，下与众生同一悲仰，孝敬祖父则同悲仰，慈爱子孙则同慈力，如此则只有孝慈，而觅不孝不慈了不可得，是则名为真孝。真慈即此孝慈，便是真我，推而言之，万事万理皆然。

“《华严经》云：‘以菩提心为家，以如理修行为家法。’古德云：‘佛法不坏世间相。’如井底之蛙，坐井窥天之凡愚，谤释门如杨朱墨翟之邪见外道，谓之无父无君者，何异仰面唾云，自取辱耳？此皆未见颜色之瞽论，汝等切莫惑此邪说。

“吾儒圣人切言世间之法，而罕言命与仁者，非弃出世间法也，恐凡愚著空见故也。佛释之切言出世间法，而罕言是与非者，非弃世间法也，恐凡愚著有见故也。释教实有补于圣人之明德新民，克己复礼之教；圣教实有补于佛言之戒行功德，因缘果报之教。中外二圣，实互为表里，化人度世之慈恩，实无同异。圣佛合一之微旨，非凡夫知识之所能推，口笔之所能示，唯证乃知，难可测者,须各努力参究,余实达一贯之宗,非强立分别之论,决不相赚。”

侍从一人问曰:“如何是无所住心?”

王云:“明来明住,暗来暗住,色来色住,空来空住。”

从者云:“此有所住心也。”

王云:“又道无所住。”

者云:“下愚实甚生疑。”

王云:“将你的疑给我来。”

者云:“小人自己的疑,如何与得王主?”

王云:“既如此,我的不疑,又何法与汝也?”者默然。

王笑云:“参。”

一从者问:“牛过窗棂,头角四蹄都过了,为甚尾巴过不得?”

王云:“你看见牛过窗来哪?”

云:“未曾。”

王云:“且莫听人愚弄。”

云:“过去祖师岂有诳语?”

王云:“自然,祖师岂有诳语?”

云:“王爷前言何在?”

王云:“实话且莫听人愚弄。”者茫然。

王笑云:“莫轻视人,圆明也是个不打诳语的小祖师。”

一从者问:“玄沙道:‘聋瞽喑哑人作么生接?’倘遇此等人,王爷便作么生?”

王云:“薰香接。”

者云:“设复塞却鼻孔又如何?”

王云:“与他服麻木药吃。”

者云:“恁么则更毫无知识也,奈何?”

王云:“已为汝接竟。”

从者不解，王云："看来你较此病人却更觉难接。"

一从者问："香严道：'口衔树枝，手脚俱不攀踏，有人问西来意，答即丧身失命，不答又辜负他来意。却如何是好？'"

王云："你设身在树上问？树下问？"

者云："设身树上。"

王云："那来问的，你道是好心？是不好心？"

者云："有什么好心？"

王云："似此不好心的人，采他作么？虽然，下树始得安稳。"

热河有僧问："一尘入正受，诸尘三昧起，意旨如何？"

王云："我。"

皇巡狩，中外欢迎云："还登宝殿也不？"

王云："不是不登，如同行在。"

云："四海五湖王化里也。"

王云："清风明月，绿水青山，有什么交涉？"

云："恁么则同中不说异，异里不言同也。"

王云："分别即不得。"

云："如何操履？"

王云："大德道此去京城多少路？"僧礼谢。

王云："不可将途中作家舍。"

僧云："又道家舍不离途中哧？"

王云："将谓上座作如是解。"

一侍从问："透网金鳞以何为食？"

王云："吃土。"

云："学人不解。"

王云："逃坑落堑，不吃土，吃什么？"

复云："透网金鳞以何为命？"

王云："以火为命。"

云:“学人更不解。”

王云:“避溺投火,自然以火为命。”从者默然。

王云:“解得无语,不解无语。”

云:“仍然不解。”

王云:“好个消息,可惜只多了个不解。”

僧问:“如何是有一人尽力入不得?”

王云:“鸢飞戾天。”

云:“有一人尽力出不得哜?”

王云:“鱼跃于渊。”

云:“二人相去多少?”

王云:“上下察也。”

僧问:“天不能盖,地不能载,恒沙闹市里,请王爷指出一个来。”

王云:“问他第二月作么?”

云:“如何是月?”

王云:“到即不点。”

云:“即恁么去也。”

王云:“保任,保任。”

一侍从问:“如何是佛祖的的之法?”

王云:“你问我答。”

从者云:“王爷不曾答。”

王云:“我不答,你不问。”

者云:“若然,则问与不问,答与不答,皆是的的法也。”

王云:“问与不问,答与不答,皆不是的的法。”

者云:“学人不会,求王爷开示的的佛祖之法。”

王笑云:“除此之外,将何的的佛祖法与你说?”者默然。

王云:“向上一句又被你占了,更没得说也。”

有僧问:“一物不将来时如何?”

王云:“贪官遭籍没。”

云:“万物皆备于我,却作么生?”

王云:“也是乞儿获小利。”

云:“两途不取不舍,如何行履?”

王云:“清清着。”

云:“清清与惺惺,是同是别?”

王云:“惺惺有不清清之时,清清无不惺惺之理。”

云:“向上还有事也无?”

王云:“有。”

云:“请王指示。”

王云:“千峰势到处,万派声归时。”

云:“此时此处,可通一消息否?”

王云:“今日十五不可说,俟到初一慢商量。”

有僧问:“一人门内出不得,一人门外入不得事如何?”

王云:“凭空筑堵墙作么?”

僧云:“渠却出入得自由。”

王云:“何苦走出走入?”

僧云:“恁么则皇风成一片,何处觅封疆?”

王云:“还我中心树子来。”

云:“祖父从来不出门。”

王笑云:“大好拆却墙。”僧作掌势。

王云:“这便是墙。”僧一喝。

王云:“这便是门。”

云:“请王出入看。”

王云:“我王府内无如是奴。”僧无语。

王云:“伎俩应尽,阇黎无过。”

云:“到此,王爷作么生道?”

王云:“代汝一语,还我王府来。”

僧稽首云:“果然作家雍亲王。”

王云:“幸不是知音。”

南来二僧参见,方入堂,王云:“二大德,余一人认得,一人不认得。”

二僧云:“某某皆系初见尊驾。”

王云:“圆明言的是前生。”

僧云:“王爷莫非宿命通也?”

王云:“非是圆明宿命通,自是阇黎未会前生话。”

云:“未生前话如何?”

王云:“一识一不识。”二僧欣笑作礼。

王云:“亦不可作两说。”

茶次,王云:“一人吃茶,一人茶吃。”

云:“前三三,后三三。”

王云:“却又不是这个道理。”

有僧问:“我是有,如何?”

王云:“须待有现。”

云:“我是空,如何?”

王云:“须待空现。”

云:“向来葛藤如何安置?”

王云:“如同有会。”

云:“终非究竟。”

王云:“用无焰冰火去。”

云:“恁么则洪炉一点雪也。”

王云:“珍重!”

僧大展礼云:“将此身心奉尘刹,何以仰报我王恩?”

王云:“知恩即不得。”

僧感泣礼谢云:“又是一重恩,争能不感激?”

王笑云:“瞎驴又恁么去。”

柏林僧至府,坐次,问:“如何是庭前柏树子?”

王云:“你道柏林寺里明日放堂,明日打斋。”

一道者问:“太阳溢目,万里不挂片云,意旨如何?”

王云:“汝但去人看。”

有儒士问三教之同异,王云:“若论○以内,三教实同一道,不可泥于迹象,涉于事为而妄生分别也。儒以修齐治平设教,道以虚无清净设教,究其所以示人者,不能外○这个,而释教亦不舍离○这个。既不舍离,即此○内而言,则不谓之一贯不可也。若以○之外,周孔黄老之书未言及此,能明此者,唯有释典耳。下士愚盲,小智见浅,谓○以内尚不明了,何暇究○以外?不知○以内者倚○以外者而立。若不明○以外,则○以内无论不能顿地透脱,即使到得尽处,犹有这个○在。人但知拘滞生死,不知穷其无生不死,此一大关,唯此一路方透。即以佛教而论,如讲演戒律,何尝不与宗为一贯?必须宗为之统摄,离宗则尽属幻作。宗乃第一义也,然一亦不立,方是佛旨。即此观彼,自明三教分合之定论,圆明宁甘汝等迂儒之谤?断不忍令众生长溺苦海而不拯救指迷也。”士闻愕然,诺诺而退。

四月八日,月下坐次,有从者指月问云:“那一半为何不见?”

王云:“理合如是。”

有儒士问:“如何是六般神用?”

王云:“穴里工人只须两个不两个。”

溪边闲步,一书生问:“如何得似碧潭光皎洁去?”

王云:“减去目下一点。”

僧问:“了明此事,有捷径直指之道否?”

王云:“有。总不出佛经祖意,但人疏忽而不省耳。如三藏十二部,无非敷演色即是空,空即是色,教外别传,历代祖师提唱,无非即心即佛一句。汝但会色即是空,空即是色;色即是心,心即是色;佛即是心,心即是佛;佛即是空,空即是佛。能将此四句㊀色心空佛合成一句承当,一生参学事毕。”

有道者问:“无边身菩萨为何不见世尊顶?”

王云:“如文殊菩萨不能测如来智。”

云:“文殊为何不能测如来智?”

王云:“如无边身菩萨不见世尊顶。”

云:“佛见无边身菩萨顶否?”

王云:“见则非佛,不见亦非佛。”

云:“佛测文殊智否?”

王云:“若测非佛,不测亦非佛。”

道者有醒,王云:“卸下道冠始得。”

侍从妆香次,王云:“香烟如何得无香味去?”

者云:“却请王爷道。”王以手掩鼻。

有僧问:“慧灯朗耀时如何?”

王曰:“伸手不见掌。”

云:“意旨如何?”

王云:“一里火光。”

王至柏林,僧众迎次,王指阶下一犬问大众云:“不得目为犬,道句看。”众无语。

王云:“常住的。”

一日,月夜延僧茶话次,一僧问云:“如何是静极光通达?”

王云:“今日合昨日看。”

僧问:“‘无明识性即佛性’之说,如何理会?”

王云:“此意有两说,无明譬波,佛性譬水,不可言波非是水,不可言水全是波，凡情认波舍水，圣见取水弃波，皆非真如佛性。所以《圆觉经》云：‘于诸妄心亦不息灭。’又云：‘住妄想境不加了知。’《金刚经》云：‘如如不动。’如如者如波，不动者如水。若了彻之人，无明识性即佛性；未了彻之人，无明识性非佛性。参学之人不遇明师指引，若但认以扬眉瞬目，动转施为，将昭昭灵灵谓自真性，是则认贼为子，不但辜负己灵，抑且谤经诬法，学者当穷究彻底，不可被古今未达向上之盲眼宗师不了义论中止自误也。”僧稽首叹服。

一日，王云：“三冬滴水滴冻，且喜春融冰泮，诸人看看池内龟生毛也未？”

一侍从问：“如何是鬼王？”

云：“糊涂人。”

云：“如何是神王？”

云：“明白人。”

云：“如何是佛？”

王云：“不明白不糊涂人。”

云：“如何是人？”

王云：“一任拣择。”

有僧问：“天得一以清，地得一以宁，君王得一，坐致太平。衲僧得一，如何？”

王云：“清宁太平。”僧礼谢。

王云：“争奈你不是衲僧！”

云：“为何不是？”

王云：“因阇黎未得一在。”

云：“谁是衲僧？”

王云：“圆明是衲僧。”

云：“恁么则王爷得一也。”

王云:“我却不是衲僧。”

云:“王何前后互异?”

王以左手拍膝云:“衲僧。”复以右手拍膝云:“衲僧。”

有僧问:“如何是自性本不生灭?”

王云:“因常生灭,所以说不生灭。”

云:“如何是本不动摇?”

王云:“因时动摇,所以说不动摇。”

云:“如何是本自具足?”

王云:“因无一物可得,所以说具足。”

云:“如何是能生万法?”

王云:“因无一法可见,所以说能生万法。”

云:“王言与祖说大相违背。”

王云:“若不违背,即有趣向。”

云:“如何生无所住心?”

王云:“入林动草,入水兴波。”僧无语。

王云:“还须违背始得。”

有僧问:“如何是十智同真?”

王云:“浮山九带、八辩见、七征心、六波罗蜜、五位君臣、四料拣、三玄要、二宾主,一句总答汝了也。”

云:“葛藤则且置,设如有个纤尘不立的,王爷又如何接?”

王云:“一任门外听誵讹。”

云:“尘尘刹刹露全身,阿谁分上事?”

王云:“阿谁无分?”

云:“恁么则王爷分半座与贫衲始得。”

王云:“阇黎要还俗耶?”

云:“王爷亦不得出家。”

王云:“可惜棒不在手。”

云:“何不领话?”

王云:“向谁讨保?”僧作礼。

王云:“虽则如是,须知更有在。”

僧拂袖便行,王唤云:“大德! 记取圆明此语好。”

问一僧云:“将虚空填实,将实地撮空,向甚处出气立脚?”

僧云:“求生不得,求死不得。”

王云:“恁么则了生死耶? 离生死耶?”

云:“待填实虚空,撮空实地,还许通个消息也无?”

王云:“消息即不无,还我填撮伎俩始得。”

云:“非人扑地倒骑牛。”

王云:“也是木女石郎唱合欢。”

云:“若然,文不加点也。”

王云:“幸尔还有一点在。”

云:“且喜流通。”

王沐浴,索茶饮次,问从者云:“身内是水,身外是水,汝看我身是水也不?”

者云:“王身岂可言水?”

王云:“人身原是四大合成,汝可信得及否?”

云:“信得及。”

王云:“可又来,汝细思之,火见水自然灭,土见水自然沉,风见水自然浮,其余现今与水相合的,此身非水而何?”

者云:“虽然如是说,理上行不得。”

王笑云:“你既不知理,却如何向汝谈道?”

王问一僧云:“不张弓,不鸣弦,箭箭中红心,是阿谁伎俩?”

僧云:“蓝田射石虎,须待李将军。”

王云:“莫谤李广好。”

云:“还是大功不宰,是无为而治。”

王云:“圆明生平不辜负人。”

云:“若然,空谷应响也。”

王云:“这掠虚汉。”

云:“恁么则洪钟在架也。”

王云:“这敲磕汉。”

云:“如何即得?”

王云:“啐啄同时失。”

云:“争奈作家不啐啄!”

王云:“还我话头来。”

云:“贫衲不是作家。”

王云:“转见转见。”

云:“与王爷平分始得。”

王云:“一任效颦。”

有僧问:“如何是大海无鱼?”

王云:“大地还见有众生么?”

云:“大富无粮又作么生?”

王云:“阇黎吃饭还咬着米粒哪?”

云:“大悟无道又如何说?”

王云:“情知你我未曾大悟。”

云:“王爷何得以己方人?”

王云:“却被阇黎带累。”

云:“心不负人,面无惭色。”

王云:“吾尝于此切。”

云:“恁么则与王爷一鼻孔出气也。”

王自指鼻云:“且道圆明哪一鼻孔通?哪一鼻孔塞?”

云:“无暇分疏。”

王云:“若然,未许阇黎一鼻孔出气在。”

一日风，有僧问："风声来耳？耳闻到风？"

王云："白鹤唳空，石人侧耳。"

云："小僧不会。"

王云："有声无闻。"

云："有声无闻，意旨如何？"

王云："有我故有声，无我故无闻。"

云："恁么则任自声也。"

王云："大似土牛木马。"

云："若然，则我声也。"

王云："拾人涕唾汉。"

云："会也，会也。"

王云："会处道来看。"

云："有口的的道不出。"

王笑云："许汝识得一星星。"

僧问："阿难云：'世尊大开慈悲，令我得入。'请问如何入？"

王云："芥纳须弥易，须弥纳芥难。"

云："恁么则倒骑青牛去也。"

王云："虽是知恁么去，还应知恁么来。"

云："如何恁么来？"

王云："芥纳须弥。"

云："还假功勋也不？"

王云："若假功勋，去来皆幻。"

云："如何行履？"

王云："但尽今时，自然成立。"

云："立后如何？"

王云："密在汝边。"僧礼谢。

王云："切忌将此数句留在胸中。"

云:“贫衲不肯辜负。”

王云:“珍重!”

有儒士问:“曹溪一派则且置,五家宗旨请王宣示。”

王云:“圆明但知曹溪旨,不解五家宗。”

士云:“一旨五宗,是同是别?”

王云:“遇正则同,遇邪则别。”

云:“曹溪一派之旨如何?”

王云:“不取不舍。”

云:“不取不舍个什么?”

王云:“不取妙明,不舍明妙。”

云:“如何行履?”

王云:“惺惺着。”

云:“如何修证?”

王云:“修证则不无,染污即不得。”

云:“向上还有事也无?”

王云:“有。”

云:“如何趋向?”

王云:“佛言不可说,千圣岂能宣?”

云:“恁么则不可得而闻也。”

王云:“证者自知非可测。”士礼谢。

王执扇问一僧云:“若道心内物,缺半边;若道物内心,缺半边;若道在心内外,缺半边;若道不在心内外,缺半边。且道如何得圆成去?”僧笑而不答。

王云:“试一一问圆明看。”

问云:“物在心内耶?”

王云:“在心内。”

云:“心在物内耶?”

王云:“在物内。”

云:“物在心内外耶?”

王云:“在心内外。”

云:“不在心内外耶?”

王云:“不在心内外。”

云:“恁么则四边俱缺矣。”

王云:“圆成已竟,还少欠个什么?”僧叹服礼谢。

王笑云:“也只道得一半。”

闲言说

遍界无藏覆,不挂一丝头。
随缘闲饮啄,悠然任自由。

不识路

山自高兮水自清,乾坤物我太分明。
偶然忘却来时路,偏向他人行处行。

夜步

月上池鱼吞饵,风来竹影扫尘。
此际顿忘物我,浑然一派天真。

懒夫我慢

一觉醒来睁眼处,满窗红日天将午。
抖擞精神着力看,佛法世法谁来忤?

易 难

善恶之报,如影随形。
不造罪福,出平入平。

写 真

有人有我浑然幻,无我无人非是真。
独坐有时山夜冷,朝廷清净一王身。

空 色

空兮色兮,色空非空;
色兮空兮,空色非色。
空色是空,色空是色,
空色云何?空空色色。

自然而然

身应王位为名系,心向空门又法缚。
两头担子齐拈也,早是秦时旧镀铄。

小园三字经

圆明园,真妙好,如佛地,同仙岛。
青山环,绿水抱,鹤衔芝,鱼吞藻。
有交梨,多火枣,种桑麻,植粳稻。
阅六经,礼三宝,任春秋,随晚早。
不拘束,无烦恼,奉天时,养吾老。

自　得

有甚千年与万春？朝朝暮暮好光阴。
一物唤来皆不中，逢场作戏乐天真。

人　生

浮生如梦幻，梦幻即长生。
长生离梦幻，便是野狐精。

实　话

谁言世事等浮云？舍此何方更觅真？
莫道无人解句意，赖他露柱作知音。

自　述

暮归朝出也寻常，玉兔金乌一任忙。
四海浪平无个事，凭将一句祝吾皇。

闲

草堂空寂寂，檐鹊演摩诃。
昼永闲无事，浑忘岁月过。

错　错

十八木珠一串穿，终朝念佛涤心愆。
可怜不识弥陀旨，数尽恒沙也枉然。

解　脱

悟是迷根,修为法缚。
不悟不修,岁月耽搁。
何计度生？对病设药。
海上奇方,一服病却。
平地金仙,百亿化身。
不悟不修,名解脱人。

笑　话

难明此事是何因,到底皆缘信不真。
一切图维齐放下,寒灰豆爆笑当人。

竹

数茎翠竹,移自幽谷。
亭亭拂云,青青覆屋。
何以名之？本来面目。

念　珠

百八心珠颗颗圆,痴人误作手中禅。
其间妙义无多子,佛尾佛头一串穿。

扇

玉骨冰肌得自由,山川人物半轮收。
放开捏聚浑闲事,一度风生一度秋。

真　经

说经万八千,未曾道一语。
欲识西来意,香炉与柱础。

鼻烟壶

全体琉璃静发光,顶门具眼岂寻常?
等闲嗅破其中味,谁道壶中日月长?

止儿啼

人我生是非,是非生憎爱。
憎爱心一生,万有为对待。
寡岂能敌众?处处成滞碍。
何如浑物我,悠然得自在。

纸

冰肌素质无瑕垢,一任东君自剪裁。
饶他玉简金经出,若个不登宝筏来。

露

出入同门,形影莫喻。无量劫来,不离寸步。
愚者自瞒,对面不晤。一朝打破,廓然独露。

释迦文佛

大慈悲父大医王,演说众生疗病方。
砒霜翻作醍醐用,笑煞阶前石敢当。

观音大士

三十二应露全身,拯救众生渡苦津。
只此慈悲心太切,却将觉海作红尘。

六　句

闻不是耳,见不是眼。
但可转物,莫被物转。
非垢非净,无增无减。

示　人

佛与众生差别处,只于觉识转移间。
回头直下之成也,乎者从教一串穿。

警世俗句

笑凡夫,何太愚?珍粪土,弃宝珠,甘五浊,乐三途,忘生死,逐有无。蓬舞风,叶泛湖,堪怜愍,可嗟吁!当警醒,莫踟蹰,诚省己,自识吾。只弹指,一斯须,超彼岸,踏仙衢。真活计,实良图,休迟疑,莫含糊。千圣辙,万佛途,明指示,莫辜负。

不　二

佛生相隔多少?只在一念之间。
失之毫厘千里,得来沙界眉端。

偶　成

红尘觉海原无隔,堪笑众生眼自瞒。
莫谓毫端全摄去,这毫更是障知端。

尘　心

身是心中物，心是身中神。
法界亦若尔，尘空兮空尘。

石女曲

佛祖无言彻底宣，几人能不错流传？
当时古德曾经道，却是虚空举得圆。

爱山居

谁是山中人？渠是山中叟。
有人来访问，渠便大开口。

木人歌雪

即心即佛是非是，非佛非心非不非。
试把是非皆坐断，管他心佛作何依。

实相颂

云何名实相？湛湛与堂堂。
虚空有陨坠，真体无戕伤。
此共天天久，此同地地长。
保经八万劫，终不落空亡。

拟金丹

金丹一粒水银团，光射三千星斗寒。
恰似碧潭秋月影，清清湛湛彻层峦。

闻钟声

一声万籁寂,万籁一声鸣。
不是知音者,徒劳侧耳听。

忏　修

心从何起将心忏,忏得心空罪福空。
修幻修兮行幻行,上天下地自从容。

无理之谈

铁舟泛巨海,泥牛踏太空。
个中真意味,料得几人同?

中　秋

真空世界中秋月,旋碾清霄无障遮。
盘古至今明此夜,何曾有意照天涯?

烧　香

我香我焚,我烟我闻。
香闻合一,我我谁分?

物　我

情爱空闲闲空里,性耽山水水山中。
谩言鱼鸟非相识,且共升沉上下同。

月中兔

我家有一物，大似月中兔。
遇霞便餐霞，逢雾便吐雾。
或时跃天衢，或时步云路。
玉毫现三千，眼光射四部。
不染亦不贪，无喜亦无怒。
升沉同古今，往来任朝暮。
悠悠度岁华，长生不拘数。

自在

明明洞洞绝尘纤，露露堂堂遍大千。
妙谛不言空与色，人间天上任安然。

白猿捉月图

老猿闲不住，频捉水中月。
因迷月体无，狂心不肯歇。

净土

一念不生此净土，直心前往彼西天。
内丹成了外丹就，三字拈来竖作川。

真心咏

皎洁虚明空界寂，青山绿水意分明。
秋来春去浑闲事，月印寒潭一色清。

合头语

明头明明合,暗头暗暗合。
色头色色合,空头空空合。
明此四和合,是名一相合。
一相无和合,一一一和合。

俗谈

葛藤亘古自如如,万别千差总一渠。
识得个中非物我,纵横自在任收舒。

谁说

渠本自无生,何处穷渠灭?
尘尘露其体,刹刹演其说。
五蕴当下空,三毒霎时歇,
湛湛碧天清,浩劫一轮月。

遣怀

昨自神州游北溟,今从天竺到台山。
虽然行脚痴狂客,却是乘空一地仙。

彻论

动静原一体,是非无二心。
不空亦不有,无古亦无今。

魔说

我佛道无生,我却道有生。

如来说不灭,我却说有灭。
若不如是说,不得大休歇。

说　梦

甲子周流年复年,几番沧海变桑田。
翻云覆雨浑闲事,谁解壶中别有天?

行　脚

东西十万里,南北八千程。
会得脚跟下,移来一步行。

引　镜

你是我兮我是你,你我对面不相识。
二人合眼细商量,一片青铜一饭器。

答起灭

起从何处起? 灭向何处灭?
如念亦如风, 何处可把捉?
起灭既若尔, 生死亦如说,
法界亦同然, 空不空无别。
但了取舍心, 洞然自明白。
任运兮如如, 悠悠兮万劫。

不是躲根

无相光中藏日月,驴胎马腹作生涯。
山河大地浑闲事,锦被蒙头是处家。

心　体

明者明其心,见者见其体。
见性明心体,明心见性理。
理体无回互,心性无比拟。
历历与明明,如斯而已矣。

指　路

烟水云山千万叠,就中一路坦然平。
世间多少探奇客,妄觅鹏程鸟道行。

对月谈心

不是惺惺不是痴,个中滋味几人知?
试看秋夜挎空月,湛湛清光谁可移?

书斋述心

风花雪月天真佛,几篁琴书迦叶身。
不是懒于拈妙句,只缘无处觅诗心。

一　物　颂

身中有一物,时时身外安。或同鸾鹤清霄里,或共虫鱼山水间。不动不定,无往无还。飞潜任其所以,出没听其如然。极乐界,自在天,弥勒后,威音前,不得号佛,强名曰仙。

西江月

（乘片时之兴，率成一十六首。书罢，不觉掷笔大笑）

其　一

海底泥牛声寂，挂树石羊没踪。三千破衲拥晴空，却惹非人出梦。耳觑铁驴拽磨，目听木马嘶风，铜蛇钻入石棱中，兔角龟毛厮共。

其　二

大道非三非一，凡夫说一说三。终朝捏怪曰参禅，此句何尝梦见？此句却非此句，此句不出一三。高低普应霎时间，一月千潭遍现。

其　三

遍界如来妙体，万象隐显其中。乾坤物我本来同，莫作经文空诵。会得千途一辙，不会六道纵横。如如若若自从容，岂费纤毫功用？

其　四

烟水云山叠叠，浩浩万里前程。默移寸步自分明，大千须臾坐定。从他寒来暑往，谁云地浊天清？笑看日月任西东，一曲无声三弄。

其　五

八风吹来不动，还同柳絮杨花，个中妙理实堪夸，不是脱空说话。会得途中受用，不会屋里波查。分明直截报君家，不必别探奇法。

其　六

春夏秋冬四序，覆载高厚乾坤。就中一物太殷勤，处处皆有渠分。视之却又不见，听之更复无音。欲识此物名和身，塞耳合睛相认。

其　七

鼻舌身意眼耳，香味触法色声。但不对待便灵通，翻成六般神用。凡情圣见无二，佛性即是无明。幻化空身妙体成，何止三十二应？

其　八

佛性戒珠心印，廓周沙界没根。尘尘刹刹满圆身，拆合不离方寸。识得无形妙体，如来宝藏奇珍。但弃生灭守常真，根尘自然脱尽。

其　九

空空空兮色色，色色色兮空空。色空通塞本来同，隐显测其定动。动动动兮定定，定动岂假施功？荣枯得失听天公，自在弥陀净境。

其　十

雾锁长江浩瀚，云封华岳氤氲。霎时风卷雾云分，山水依然远近。浊浪搅为酥酪，大千变作黄金。不须卜度妄劳心，云雾从他为晕。

其十一

一二三四五六，六一二五四三。芥纳须弥自等闲，说甚颠倒互换？不是神通妙用，亦非法尔如然。石人鼻孔垂唇边，谁道一条白练？

其十二

善恶种瓜种豆，收来亦属空花。何如自种野人家？心田一粒无价。此粒非空非有，大千随处生芽。根深蒂固遍天涯，道子难描难画。

其十三

十方世界法体，名曰“如来化身”。不须断妄莫求真，即在目前切近。取之转迷转远，舍之愈沉愈深。的实妙诀在无心，历历明明普印。

其十四

石火电光岁月，急忙下手犹迟。光阴荏苒几多时，刹那疾如弹指。心田离此即此，迷途百辙千岐。茫茫堪笑世人痴，大似河边觅水。

其十五

至道本离言语，风云月露成吟。信手拈出却无心，聊寄闲情一哂。多少词坛诗社，刻画争欲惊人。平头合掌各评论，总被文魔牵引。

其十六

西江月词数首,堪笑不谙宫商。参差韵调欠铿锵,大似无声演唱。乘兴岂知工拙?推敲不费思量。游戏三昧偶逢场,腔板原来一样。

教外别传,不立语言文字。如何是三宝?大地是佛,虚空是法,众生是僧。如威音前,弥勒后之说,世尊若不指出,我辈何以得闻?凡似此,皆从缘所知,非自真见。但了目前虚空,自然会竖穷三际;但了目前片地,自然会得横遍十方。三宝一体,大道只在目前,不必向高远奇妙会,实不用一句语言文字,如是参。

卷第二十一

圆明百问

问:“凡有一身,必有一心。清净法心,百千万亿化心即不问,如何是圆满报心?”

问:“既是头头显露,法法全彰,为何被森罗万象、色空明暗埋却?”

问:“钟声鼓声同来耳中,黑色白色同在目前,且道辨别的是? 不辨别的是?”

问:“如何是觌体现前的水中真火,火中真水?”

问:“有一丝毫便多一丝毫即不问,有一丝毫便少一丝毫事如何?”

问:“一人卖珠买产,一人卖产买珠,且道二人阿谁获利?”

问:“兔角弓,龟毛箭,发发中红心,此人伎俩何如?”

问:“太阳中却具太阴之体,太阴中却具太阳之用,将此体用试定夺看。”

问:“大海内有一通天彻地至宝神物,且道是什么?”

问:“天上有件物,地上有件物,人上有件物,山河万籁上,风云星辰上,昆虫草木上,皆有一物,且道是何物?”

问:“屋棚为何在人脚下? 卧榻为何在人头上?”

问:“一人乘马,却脚点地;一人步行,却脚不点地。且道是什么人?”

问:“水结为冰,冰解为水,且道哪个是真体?”

问:“且道光含万象是?光透万象是?试检点看。”

问:“松树稍头,有一物有体;松树根下,有一物无体。且道是何二物?”

问:“圆月内有一点,太空中有一点,大地里有一点,巨海心有一点,有人会得此四点,参学事毕。”

问:“大则遍满三千即不问,如何是小则毫毛莫识?”

问:“金木毕竟是金木,为何水火不是水火?土为何又是土不是土?试道看。”

问:“四通八达易,七花八裂难;七花八裂易,四通八达难。若检别得出,许汝内外一如。”

问:“老鼠钻入米囤里,且道是鼠吃米?米吃鼠?”

问:“一人山顶立,一人山脚坐,二人相顾,且道谁上谁下?”

问:“如何是东行却西走?如何是北走却南行?”

问:“世尊说大藏经,训导众生之恩,初祖九年面壁,开示诸人之德,且道孰为深厚?”

问:“将四海投于一滴水,五岳移入一撮土则不问,将虚空收归何处?”

问:“天无上有上,泉无下有下,空无际有际,海无边有边,且道个什么是无的?”

问:“以三千为己任,为何又道寸丝不挂体?”

问:“平伸两空掌,一手有物,一手无物,且道却是为何?”

问:“毡席乃万毛千苇共相无明之所成,且道群毛众苇无明在什么处?”

问:“一部《华严经》内有一字与当人最切,且道是哪一字?”

问:“历历三千界,为何又道湛湛绝点尘?”

问:“一间屋,栋梁椽柱,砖瓦土石基址,且道以何为体?以何为用?”

问:“以刀割水,且道是断不断?大好譬一事,试举看。”

问:“春夏秋冬四序,以何为正令?”

问:“一圆青铜镜,一方玻璃镜,且道二镜哪一镜有痕迹?哪一镜无痕迹?”

问:“空中书字是?水面签押是?泥上搭印是?”

问:“目下在土地上有百千万亿鱼鳖虾蟹浮沉游泳,诸人还见也否?”

问:“雪峰三个木球如何得合一球去?俱胝一指如何得成三指去?试作用看。”

问:“万有诸法皆是镜中花,水中月,且道镜在彼?镜在此?”

问:“五音六律合声,五蕴六根合性,且道似同似别?”

问:“有因无为果,无因有为果。除此有无,以何为因?以何为果?”

问:“人人脚跟下有对金刚钉,为何各各步步不能插地?”

问:“天上群星皆拱北辰,世间万有却朝何宗?”

问:“一人饰粉涂脂,一人灰头土面,一人浣濯灰土,亦不涂饰脂粉,且道三人孰优孰劣?”

问:“一人多梦,梦里作得主;一人无梦,梦里作不得主。且道二人孰优孰劣?”

问:“一般果子,桃为何甜?李为何苦?”

问:“一人道,山中有水;一人道,水中有山。二人内,一人得体,一人得用,试辨别看。”

问:“万有诸色皆各分五色,万有声音皆各合五音,且道何因有此差别?”

问:“如何是仰观却下视,如何是下视却仰观?”

问:“泥金刚胡须俨然,且道四肢有寒毛耶?无寒毛耶?”

问:“相识熟人,对面如何得不识去?不识生人,对面如何得相识去?”

问:“古人言:‘杀人刀,活人剑。’今射一箭,杀一物,活一物,且道活者何物?杀者何物?”

问:“器世界内瓜多子,情世界内鱼多子,且道空世界内阿谁多子?”

问:“城东老母怕见佛,一人怕见太阳相同,太阳在东,此人避于西,太阳向西亦然,且道此人住居何所?姓甚名谁?”

问:“一支笔具清净法身、圆满报身、百千化身,且道还有欠缺处也无?”

问:“地上有一群星,天上有一撮尘,试拈出看。”

问:“桃红复含宿雨,柳绿更带朝烟,两句有一句亲,一句疏,试检点看。”

问:“如何是将大千撮来如粟米大?”

问:“佛说三藏十二部,如语、实语、真语者,为何又道不曾说着一字?”

问:“大海汪洋,滔天波浪,为何不见一滴水?”

问:“山顶有一松树,水底有一松树,二树同根,且道哪里是同根处?”

问:“五九合十四数,五九成四十五数,且道哪句是体,哪句是用?”

问:“拂子丝丝向下垂,为甚珊瑚枝枝撑着月?”

问:“投水色于水,水便变成何色?且道水性合色?色性合水?”

问:“昼明属日,夜黑何因?试道看。”

问:“会丝为绳,以哪一丝为体?聚毫为笔,以哪一毫为用?试分析看。”

问:“山是山,水是水,为甚鹿不是鹿,鱼不是鱼?”

问:“有一人好静而不净,有一人好净而不静,且道二人有优劣也不?”

问:“且道镜中花、水中月较天中月、槛边花,孰真孰幻?”

问:“古刹三门,且道哪一门是正路?”

问:“山上有一人,却在山下;山下有一人,却在山上。且道二人相去多少?”

问:“千万字中皆容一字,一字之中却容何字?”

问:“日月日日东升西落,风云为何时刻不定?试比量看!”

问:“如何是峻岭不高?如何是坡泽不下?”

问:“月光穿帘入,灯光透帘出,二光相合去,还道有分别也无?”

问:“《金刚经》内有第一义字,包括全经之旨,且道是哪一字?”

问:“引镜照形,孰为真我?空谷应声,孰是我声?”

问:“上而最上者何物?下而最下者何物?外而又外者何物?内而又内者何物?”

问:“百炉焚百种香,且道以哪一味为主?”

问:“云无心以出岫,谁知无心?鸟倦飞而知还,谁知有意?”

问:“大地沙门一只眼,为何千手千眼观世音?”

问:“日下如何得逃影去?”

问:“二人执线两头,东扯西拉,且道谁是得者?”

问:“香灯一般是火,为何一有光,一无光?”

问:“海滨有一老姆,家有一瓮,有时一瓮中尽是海水,有时将瓮水成大海去,且道具何神通?”(不可作大海投于一滴会。)

问:“有一条线,从三十三天直穿到十八层地狱,试拈出这一条线看。”(线不可作丝会。)

问:“有一人修行而不修行,有一人不修行而修行,且道孰是孰非?”(不可作执相修,修无修会。)

问:“玉琳国师不安,有僧问候,师云:‘我本无病,有甚好不好?’且道此意如何?”(若道另有不病者,则国师话成两橛矣,不可作此解诬谤。)

问:“星月普印一潭,且道以哪个为主?”(不可作潭水为主会。)

问:“凡人有六金刚圈,若能跳得出,许汝出三界。”(不可作六根、六尘、六欲、六道会。)

问:“三千大千可是百千万亿化身否?”

答云:“是。”

问:“目前丛丛芦苇可是百千万亿化身否?”

答云:“不是。”

问云:“何得话成两橛?”

笑答云:“人情惯务远而略近。”(且道意旨如何?)

问:“人身内有一物,具一体五用;身外有一物,具五体一用。且道是什么物?”(不可作五蕴六识、五色五音会。)

问:“水火之中,皆具杀人刀、活人剑,且道锋刃在什么处?利害在什么处?”(不可作焚漂饮食会。)

问:“情世界,器世界,万有之中有一物是我,自己试定当看。”(不可作笼统会去。)

问:“如何是上而又上之人?如何是下而又下之人?且道二人是同是别?”(不可作尊卑山上山下会。)

问:“水因何解渴而不能解饥?饭因何解饥而不能解渴?”

答云:“勤劳思歇,闲极思动,寒则思暖,热则思凉。”(且道是何意旨?)

问:“万有诸法皆归一空,且道空归何处?”(不可作本分解路。)

问："瓶盘钗钏总是一金，且道分也不分也？"（不可作制造前，溶化后，以道理讲说会。）

问："心手水墨纸笔，且指出是谁成字？"（不可作和合相看。）

问："三千大千色空明暗、万有诸法，总是一个字，且道是何字？"（不可作归于一心一理会。）

问："不论圣凡贤愚，蠕动含灵，各各身中有一物最高，且道是何物？"（不可作顶会。）

上谕附录

佛祖之道，指悟自心为本，是此说者，名为正知正见，用之以利人接物，令人直达心源，方得称佛祖儿孙。所言外道魔道者，亦具有知见，因其妄认识神生死本以为极则，误认佛性，谤毁戒行，所以谓之外道魔道。

朕览密云悟、天隐修《语录》，其言句机用，单提向上，直指人心，乃契西来的意，得曹溪正脉者。及见《密云悟录》内，示其徒法藏辟妄语，其中所据法藏之言，骇其全迷本性，无知妄说，不但不知佛法宗旨，即其本师悟处亦全未窥见，肆其臆诞诳世惑人，此真外魔知见。所以其师一辟再辟，而天隐修亦有释疑普说以斥其谬。然当日魔心不歇，其所著述，不行即毁，如魔嗣弘忍，中其毒者，复有《五宗救》一书，一并流传，冀魔说之不朽，造魔业于无穷。

天下后世具眼者少，不知其害，即有知而辟之者，有德无位，一人之言，无征不信，将使究竟禅宗者怀疑而不知所归，而传染其说者，将谓禅宗在是，始而起邪信，继而具邪见。起邪信则正信断，具邪见则正见灭，必至处处有其魔种，人人承其魔说，自具之性宗不明，而言条之枝蔓肆出。今其魔子魔孙至于不坐香，不结制,甚至于饮酒食肉,毁戒破律,唯以吟诗作文媚悦士大夫,同于倡优伎俩,岂不污浊祖庭?若不剪除,则诸佛法眼、众生慧命所关非细。

朕为天下主,精一执中以行修齐治平之事,身居局外,并非开堂说法之人,于悟修何有?又于藏忍何有?但既深悉禅宗之旨,洞知魔外之情,灼见现在魔业之大,预识将来魔患之深,实有不得不言,不忍不言者。

夫禅宗者,教外别传,可以无言,可以有言。古德云:"穷诸玄辨,若一毫置于太虚;竭世枢机,若一滴投于巨海。"如是言者,言言从本性中自然流出。如三藏十二部、千七百则公案,何一非从本性中自然流出?从无一实法系缀人天。

今魔藏立一〇相为千佛万佛之祖,以袈裟缕缕为宗旨所系,有四法,有双头,有小法大法,有大法之大法,称为细宗密旨,有传有授。而魔嗣弘忍以僧伽难提遇童子持鉴直前为从来有象可示,证其魔师一〇之象为不悖。又以多子塔前袈裟围绕一事,作袈裟为宗旨所系之明证。又以临济打克符、普化,凿为黄檗三顿棒之象象。种种作为实法,不胜枚举,全从知解穿凿,失却自心。黄檗云:"今时人只欲多知多解,翻成壅塞。唯知多与儿酥吃,消与不消都总不知。三乘学道人皆是此样,尽名食不消者。所以知解不消,皆为毒药,尽向生灭中取,真如之中都无此事。"

夫食不消之人多,而魔藏父子则是已经饱毒者也。佛法不二,岂可执定三四而更有密传三四之宗旨?广引从上古德言句相似者为之注脚,转以校勘,不立言说,单提向上之正宗,仰面唾云,反污己面。赵州云:"老僧此间即以本分事接人,若教老僧随伊根基接人,自有三藏十二部接他了也。"

只说无是非分别相,早不本分,何况宛立个是非分别相?世尊四十九年所说,古锥千七百则公案,总是语言文字,若不识得这个，纵使字字句句依样葫芦，即为魔说，即为谤佛。纵能记得佛祖所说三藏十二部、千七百则公案，字字句句不差，正是光明海中多著泥滓，况既落言诠，即同教相。既同教相，则三藏十二部现在，又何必立教外别传之旨？任伊横说竖说，能出三藏十二部之外乎？

圣人多能，佛多神通，能非圣本，神通亦非佛宗，仲尼何尝知西方之梵语？如来不能作震旦之唐言，能与神通各有所穷，与这个有何交涉？何况文字一端，魔藏父子辄以不识字讥密云，意谓不如伊等学问。若要诠理论文，自有秀才们在，何用宗徒？识字不识字与这个又有何交涉？博通经史，如剪采以添树上之生花；目不识丁，亦饭熟不借邻家之水火。若魔藏父子，其大病根正在识丁而不识这个。今使蒙古人来便接蒙古，俄罗斯人来便接俄罗斯，暹罗、苏禄、琉球、日本人来便接暹罗、苏禄、琉球、日本，若必待伊识得文字，然后接得，则佛法不能盖天盖地矣。

魔藏邪外知见，自以为言言据古，字字禀经，岂知尽三藏十二部，乃至十三经、二十一史、诸子百家，尽世间四库缥缃，所有文字，并与贯串配合，极其棱消缝泯，自道佛来也开口不得，正是佛出世也救不得也。阿难三十年为侍者，只为多闻智慧，被佛呵云："汝千日学慧，不如一日学道。若不学道，滴水难消。"况魔藏以邪外知见唐突佛祖向上边事，尚安得有呵斥分？只瞒得有眼无珠之徒，明眼人前，魔形自露。赵州云："如今知识，枝蔓上生枝蔓，都大是去圣遥远，一代不如一代。只如南泉寻常道：'须向异类中行。'且作么生会？如今黄口小儿向十字街头说葛藤，博饭噇，觅礼拜，聚三五百众，云我是善知识，尔是学人。"可知法藏父子之魔形，从数百年前赵州早为判定，更不必到眼始知也。

悟、修皆以临济一棒指人，魔藏斥曰一橛头禅，躲跟窠臼。若论个事，无论奇言妙句，俱用不着，虽一棒一喝，亦为剩法。古人不得已而用棒喝,原为剿绝情见,直指人心,魔藏若以情见解会,乖谬之甚。古不云乎:“一棒喝不作一棒喝用。”何尝执此一喝一棒也?魔意但欲抵排棒喝,希将伊所妄立之一〇相、双头、四法之实法,以邀奇取胜,殊不知其大乖教外别传,无法可传之旨也。且悟、修未尝谓一棒为千佛万佛之祖,而魔藏妄捏一〇相为千佛万佛之祖,独非躲跟窠臼乎?若将一〇相作棒喝用,犹是躲跟窠臼,若将一〇相为千佛万佛之祖,直是魔家窟宅矣。

忠国师以九十七〇相示耽源,耽源以示仰山,魔藏杜撰,称为燃灯以前无文密印,当日耽源示仰山,仰山一见即焚却,源后问仰,仰即重集一本呈源,更无遗失。又沩山举〇相,内作一日字,仰山就地画一〇相,内作一日字,以脚抹之,沩山大笑。魔藏但于仰山一见即能记忆处诧为神奇,而不于沩山大笑处、仰山焚却及脚抹处荐取,所谓韩卢逐块。若谓九十七〇相奇特者,朕今即作八万四千〇相,归于八千三百九十七〇相,又归于七百九十一〇相,又归于九十五〇相,又归于九〇相,又归于一〇相,正如入海算沙,亦游戏华藏之一具,有何奇特?

至于三玄三要,自临济唱出以来,古今宗师无不拈提,而皆不能分明举似。魔藏乃执黄檗三顿棒以附会之,杜撰差排,是乃全不知三玄三要。临济不云乎:“大凡演唱宗乘,须一句语具三玄门,一玄中须具三要。”首提演唱二字,演唱不能无言句,言句须识玄要,方成活句。然一玄而三要即具,三玄而九要全具,如此,乃玄以立要,要以贯玄,非九要不能贯三玄,得九要而三玄始圆。不分而分,分而不分,所以玄要之法,无法不该,如一棒喝不作一棒喝用,显而易见者。又如四料拣之法,亦如春夏秋冬之四时,虽寒暑变迁,总不出此一年,此一年即棒喝也。曹洞之五位,亦如五行之互具,不出此一气,此一气即棒喝也。若夫浮山九带,朕谓一句中须具九带,而九带中须具五十五束。又如汾阳十智同真,朕谓一句中须具十智同真，而一同真中须具五十五实。如此，与玄要之旨何别？推而广之，难以悉数。

总之，历代祖师虽更换面目接引世人，总不离世尊拈花，临济棒喝之旨，离此者即为魔说。况此棒喝能具万法，能消万法，此棒喝岂有定相？一棒喝何得作一棒喝用？魔藏不识，目为一橛禅，如果言禅，即一橛已属多设。魔藏意犹未足，不知必待几橛，方称其魔意也？三顿棒与三日耳聋，岂更有别意？有何交涉乎？又魔藏作《五宗录序》，以窣堵波为喻，以九级为五时教义，以结顶处为如来禅，以千丈旃檀从空破顶为祖师禅，以五光三昧为五家宗派，又自诩其言为塔顶上加聚沙一掬，种种魔说。

夫一切教相皆属筌罤，垦土种瓜，瓜成非土；金从矿出，矿岂即金？乃谓教之级尽，其结顶处即如来禅，直同梦呓。且西来大意即是如来涅槃妙心，五家分派，的的归宗，何可分佛分祖而又分五家？虽二乘之与大乘尚如皮肉骨髓，层次历历而分拆不开，何况单提向上边事？五光五派有何交涉？大似汉代迂儒，谓《尚书》二十八篇应云台二十八将。

魔意只欲推五宗为超佛越祖而掬沙加顶，已又度越五宗，如来所谓大妄语成者。又魔藏指曹溪本来无一物，为落空亡外道，而弘忍泥黄梅亦未见性一语，死在句下。夫只就本来无一物句论，固似自了之见，而下既云何处惹尘埃，亦可谓超越功勋，直臻向上也。黄梅亦未见性一语，死在句下者且不必论，若言掩人耳目者亦非，黄梅岂肯疑误众生？而米白无筛之对，曹溪又岂世法谦让？悟、修所判，虽稍儱侗，而藏忍直斥为空亡外道，转见不堪，可见其自了尚未能，一味有为实法，邪知邪见耳。

弘忍又指斥密云情与无情焕然顿现为闺合中物，引云门"直得大地无纤毫过患为转句，不见一色为半提，须知更有全提的时节"为证，殊不知密云之一棒到底，正是处处全提，皆是情与无情焕然顿现之力,彼既未到密云悟处,乃牵引云门言句附会盖覆,狐凭于城,鼠依于社,使人不敢焚熏,穷竟城社自是城社,狐鼠自是狐鼠,何能混狐鼠同于城社?弘忍又云三峰师天童,师其源流;我辈师三峰,师其法乳。魔罪不问自承,岂非并未会实无一法可得,故曰源流,所得有凭有据,故妄云法乳耶?

夫工夫了彻,识得自心,师资道合,针芥相投,啐啄同时,从上心印,亦唯言汝如是,吾亦如是耳,何曾有一法可传?况亦实无一法可得,一言相授受者,如是方名法乳。若藏忍之邪知邪见,魔外师徒以密传口授为乳,是乃毒乳,何云法乳?

朕谓魔藏原非全无知识,只因离师太早,烦恼妄想,贡高我慢,只图争胜,欲于法门中独出一头,不顾己之脚跟全未着地,欲装点智过于师伎俩,揑定一〇、四法、双头等名相,拟为超师之作,每立一妄语,即捃摭文史,穿配古德言句以证实之。正如永明云:"以限量心起分齐见,局太虚之阔狭,定法界之边疆,遂令分别之情,不越众尘之境,向真如境上鼓动心机,于寂灭海中奔腾识浪,于管中存见,向壁罅偷光,立能所之知,起胜劣之解。齐文定旨,逐语分宗,蟭螟岂健于鹏翼?萤照哪齐于日曜?"魔藏父子之语言著作,永明数语可为判尽。

当日魔藏取悦士大夫为之保护,使缁徒竞相逐块,遂引为种类,其徒至今散布人间,不少宗门衰坏。职此之由,朕今不加屏斥,魔法何时熄灭?著将藏内所有藏忍语录,并《五宗原》《五宗救》等书,尽行毁板,僧徒不许私自收藏,有违旨隐匿者,发觉以不敬律论。另将《五宗救》一书逐条驳正,刻入藏内,使后世具正知见者,知其魔异,不起他疑。天童密云悟派下,法藏一支所有徒众,著直省督抚详细查明,尽削去支派,永不许复入祖庭。果能于他方参学,得正知见,别嗣他宗,方许秉拂。谕到之日,天下祖庭系法藏子孙开堂者,即撤钟板,不许说法,地方官即择天童下别支承接方丈。

凡祖庭皆古来名刹，且常住本属十方，朕但斥除魔外，与常住原自无涉，与十方参学人更无涉，地方官勿误会朕意。凡常住内一草一木不得动摇，参学之徒不得惊扰，奉行不善即以违旨论。如伊门下僧徒固守魔说，自谓法乳不谬，正契别传之旨，实得临济之宗，不肯心悦诚服，梦觉醉醒者，著来见朕，令其面陈。朕自以佛法与之较量，如果见过于朕，所论尤高，朕即收回原旨，仍立三峰宗派，如伎俩已穷，负固不服，以世法哀求者，则朕以世法从重治罪，莫贻后悔。从来邪说之作，易惑人心，然内道外道，是非邪正，亦不难辨。本乎自性而为修为说，即谓之内；不本乎自性而妄修妄说，即谓之外。

释宗每辟玄门为外，如紫阳真人于所注《悟真篇》，后另注《外集》不杂玄门一语，一一从性地演出禅宗，即从上宗门禅师似此晓畅无碍，包括于数篇之中者，亦为罕见，而目之为外可乎？如真人者，是外之内也。如魔藏之徒，攘佛法而坏佛法，乃内之外也。曹溪清派何可容此浊流？况此魔说与魔子孙流落人间，末学受其无穷之遗毒，法眼慧命之所关，朕岂忍不辨其是非？天下后世必有蒙朕眉毛拖地之深恩者。须知此魔之不可不辨，因其为佛界之魔，此异之不可不拣，因其为同中之异。传曰息邪说，正人心，夫祛邪扶正，朕之所不得不然者也。

粤稽三教之名，始于晋魏，后世拘泥崇儒之虚名，遂有意诋黜二氏，朕思老子与孔子同时，问礼之意，犹龙之褒，载在史册，非与孔子有异教也。佛生西域，先孔子数十年，倘使释迦、孔子接迹同方，自必交相敬礼。盖五典、九经、三物、六行、治天下之大纲小纪，固始自二帝三王，而集成于我至圣，然必解脱诸相，而后此心方能达万事万物之性理，此则其必然者。后世或以日月星比三教，谓某为日，谓某为月，谓某为星，朕意不必如此作拘拟之见，但于日月星之本同一光处,喻三教之异用而同体可也。观紫阳真人之《外集》,自可无疑于仙佛一贯之旨。道既一贯,愈可以无疑于三教并行不悖之说,爰附及于此,使天下后世真实究竟性理之人屏去畛域,广大识见,朕实有厚望焉。

朕意禅宗莫盛于今日,亦莫衰于今日,直省刹寺棋布,开堂秉拂者不可胜计,固莫盛于今日也。然天下宗徒不特透得向上一关者,罕有其人,即能破本参,具正知见者,亦不多得,宗风如此,实莫衰于今日也。夫达摩西来,九年面壁,方得二祖慧可传衣,以佛祖之慧力接引人天,尚俟九年之久,始得一人。今溥天之下,万刹万僧,万僧万拂,师以盲传,弟以盲受,人人提唱宗乘,个个不了自心,岂不使正法眼藏,涅槃妙心,垂绝如线?

虽曰岂能必如达摩之传二祖,然亦必真参实悟,自具正知正见,而得正知正见之人而授之,岂有盲传盲受,毫无着落?若以此为振兴佛教,续佛慧命,与毁佛灭法何殊?甚至名利薰心,造大妄语,动称悟道,喝佛骂祖,不重戒律,彼此相欺,卖拂卖衣,同于市井,将佛祖之慧命作世谛之人情,虽窃有佛祖儿孙之名,并无人天师范之实。如法藏、弘忍辈,唯以结交士大夫,倚托势力为保护法席计,士大夫中喜负作家居士之名者受其颟顸,互相标榜。世尊当日虽以佛法付嘱国王、大臣、善信护持,未有令枉道而从人也。况乃不结制,不坐香,唯务吟诗作文以媚悦士大夫,舍本逐末,如是居心,与在家何异?若此,则将来佛法扫地矣!

夫西来的意,不落言诠纲宗之设,所以拣魔辨异,虽更换面目接人,何尝有意别立言说,离单提向上之正旨,横分畛域,各立门庭也?于今宗徒多将识神生死本,傍语言文字边,拾人唾余,学人饶舌,问者答者互相乱统,棒者喝者翻成躲跟,忽于解路中相逢,便作交融之水乳,谓是我宗密意。若然,与外道邪魔何异?正所谓一盲引众盲,相牵入火坑,自负良重,何言利生?以限量心起分别见，向真如境上鼓动业识，齐文定旨，逐语分宗，令后学者虽欲勤心力参，奈荆棘布地，热毒迷空，措足无从，依心生业，日积月久，虽宗徒愈盛，而宗旨愈泯矣，良可愍叹！

特颁明谕，晓示丛林，目今直省诸刹堂头，若有自信无疑，已臻向上，如愿来见朕者，著来京，朕自以佛法接之。其深山穷谷之中，或有独老烟霞，不肯受盲师衣拂，自具正知正见之人，宜念宗风颓败，当出而仰报佛恩。果是实蹋三关，知见超越，朕必褒赐禅师之号，令续从上诸祖法乳。设若以名利心，生徼幸想，一至朕前，水落石出，伊既希冀世荣，朕即投诸法网。其或本未自信，不过依样葫芦，既称禅徒，只得说法，正见魔见两皆不具者，闻朕此旨，当竭力领众结制坐香，勤求本分。或摘钟撤板，或弃拂舍篦，重复加力参学，必期了证，毋再自欺误人。若大诳语成，则善因而遭恶果，何苦如此？

其余缁侣未受付嘱者，当念佛祖留此法门，原为众生生死，若不以了生死为念，披袈裟何事？要了生死，须明心地。勿守一知半解，得少为足；勿堕学识依通，未证谓证；勿但图妄嘱，出头误人；勿苟合世法，求名损己。所谓业识茫茫，无本可据。上则辜负佛祖眉毛拖地之深恩，下则辜负自己本来具足之面目，长受沉沦，永依苦趣，诚为可悯，岂不惕然？是宜真心切念，求了求当，唯有大悟大彻，方免醉生梦死；其或未能，且坚守佛制，严净梵行，莫犯贪瞋痴，常修戒定慧，不可妄为知证，贻误后学，存此佛种，以待机缘。若唯以邪知邪见密传口授，欺己欺人，贪名逐利，世谛流布，毁戒犯律，则俗子之不如，岂法门所宜？有亟须自省，知往修来，毋负朕谆切护法训诲之至意，著该部传谕直省督抚，晓示天下宗门禅林。

卷第二十二

云栖莲池宏大师语录

御制序

达摩未到梁土以前,北则什公弟子讲译经文,南则莲社诸贤精修净土,迨后直指心传,辉映震旦,宗门每以教典为寻文解义,净土为著相菩提,置而勿论,不知不觉,话成两橛。朕于肇法师语录序已详言宗教之合一矣,至于净土之旨,又岂有二?这个如摩尼珠,面面皆圆;如宝丝网,重重交映;如大圆镜,万有虚空不得而出;如大火聚,万有虚空不得而入。诚乃不无不有,无欠无余,果能了悟,则终日吃饭不曾嚼着一粒米,终日着衣不曾挂着一条丝。然则终日念佛,岂有为念佛所挂碍哉?如犹不能了悟,则色空明暗、受想行识尽是一场大梦,又何必但许人恶梦,而不许人善梦也?

曹溪十一传而至永明寿禅师,始以净土提持后学,而长芦、北硐诸人亦作净土章句,及明莲池大师专以此为家法,倡导于浙之云栖,其所著《云栖法汇》一书,于本分虽非彻底圆通之论,然而已皆正知正见之说。朕欲表是净土一门,使学人宴坐水月道场,不致岐而视之,误谤般若,故择其言之融合贯通者,刊为《外集》,以示后世。如学人宗旨不明,即将南无阿弥陀佛一句作无义味语，一念万年，与之抵对，自然摸着鼻孔。如其已得正悟，则丈六金身是一茎草，三千世界是一微尘，延一刹那顷于万亿年，扩一毫毛端为四大部，宝池金地充塞现前，翠竹黄花无非正受，于此净土正可随喜，花开见佛岂不是直指心传也耶？是为序。

雍正十一年癸丑八月望日

净土问答

问:“念佛之心,无杂无间,即精进度,何故乃云不退堕耶?”

答:“将谓精进乃能不退堕,非精进即是不退堕耶?辩此有二:一者亦可即是不退,何以故?虽常言精不杂,进不退,然此二字,总之成就进义,古云精进度懈怠是也。进与退对,故精进即不退。二者此重念佛普摄诸度,不重训诂精进二字,况既云精进,乃能不退。今念佛之人永不退堕,则念佛即成精进,不必更求精进矣,如所问,乃是精进念佛,非念佛即精进。”

问:“世人闻念佛念心,心净土净之语,因胶执内心,拂拭令净,偏空自喜,拨无西方,及语心土一如,则曰我心非石,怀土奚为?蚓实含泥,黄壤岂侔金界?鳌诚戴岳,持地何若抟空?盖亦喻似丹台,象比莲萼,四十脉络,以当宝网交罗,一灵内朗,以况弥陀安住,近肺约西,通舌为池,法譬而已。无论实境,则有引风水之凶吉,致子孙之兴衰,例依正之互融,示机感之靡忒,此犹未委正因,未穷十妙,更求明诲,倾此恶见。”

答:“心净土净,语则诚然,但语有二义:一者约理,谓心即是土,净心之外无净土也;二者约事,谓心为土,因其心净者,其土净也。若执理而废事,世谓清闲即是仙,果清闲之外无真仙乎?至如揽身分而言净土,此则邪见尤甚,苦报弥深。盖吾佛唯明一心,而谬人恒执四大,是故认肉络为宝罗,指妄想为真佛,肺属西而便名金地,舌生津而遂号华池,鄙伪千途,莫可枚举。岂知革囊不净,幻质非真,徒费辛勤,终成败坏?而复迷醉无知,窃附于心净土净之说,不但愚夫愚妇惑之,士大夫亦有受其害者,良可叹也!”

问:“或谓佛逼众生,抛离骨肉,弃舍形骸,近别家乡,远投外国，魂爽幽幽，入此梦境，梦中获宝，色色非真，闻之惨然，有何极乐？又云在生亦是梦境，既全是梦，益复可悲。将谓菩萨先醒，却行如梦六波罗蜜，则实报庄严，更成恍忽矣。我其归常寂光乎？寂光无色，莽渺安依？不如寓世梦间，一任献吉憎恶。”

答：“虚浮界内是梦非真，常寂光中是真非梦，世人以梦为真，以真为梦，颠倒如斯，良可悲矣！岂知骨肉之即仇冤，形骸之为桎梏？得生净土，是则脱沉疴而再获天年，释狴犴而荣归故里，名之极乐，讵不然乎？若夫菩萨行门，虽云如梦，譬之大喜将临，夜现吉祥之境，岂比重昏失晓，魂招凶恶之征？盖菩萨在梦而将苏，凡夫由梦而入梦，至于寂光则朗然，大寐之得醒矣。”

问：“世之求往生者，非即欲往生者也。就使正礼念时，佛现其前，引之西往，必辞以化缘未周，婚嫁未毕，幸少须臾无死耳。复有一人异于前人，力修三昧，无间六时，虑后倦勤，失此机会，便乃投身自毙，纵火自焚，既匪舍报安详，如入禅定，佛怜其愚，亦肯手相接否？”

答：“智人之修净土也，在生则自净其心，报满则任缘而往。不欲生而恋著世缘者，慢也；急欲生而自残躯命者，愚也。如是之流，轻则摄入魔群，重则沉于恶趣，日光普照，不及覆盆，佛虽大慈，莫之能救。”

问：“王臣往生，是不舍国事者也；居士往生，是不舍家事者也。夫居士一心念佛，或无他碍，若王臣之劳于王事，当不若家事之可推诿者。杨无为诸君亦何尝被鳏官之刺而竟致化佛之迎？岂军旅政刑一切不妨往生乎？抑彼念念与实相不背乎？”

答：“达心之士，万机万变，而国政非繁；执境之流，一夫一妇，而家缘尚累。譬之明镜，照物终日，照而无劳，空谷传声，多众传而不困。如是则大君不异世尊，百辟何非海众？都俞吁咈而妙法交宣，庆赏刑威而真慈平等，王事佛事，打成一片，何净土之难生耶?"

问:"今之迷者,犹背烛而坐,回首无不见烛者,彼一念缘佛,便应见佛,如必念之熟而后见,将回首见烛者,亦必瞪目熟视,久而后见哉?向令佛设善权,念佛时随念见佛,停心绝念及与杂念时便尔懵然,斯人人念佛矣,安有阐提耶?"

答:"太阳日日当天,而戴盆不觉;明镜时时对面,而瞽目无知。念佛之人,念念与弥陀相接,而自昧自迷,何以异于是?良以心水不清,佛月不现;众生自咎,于佛何尤?且明烛在背,回首几人?指点徒劳,坚然强项,乃责佛之难见,亦独何欤?"

问:"《黄帝内经》明大惑之病,谓目中无端,忽有所见是也。今学人于本无中忽有所见,与见鬼何别?又云将死之时乃得接引,所谓时衰鬼弄人,舍身而随之,不亦大惑欤?"

答:"无故而忽见,安得非邪?昔观而今成,安得非正?盖因果之常理也。净业学人应须平日考因果之根源,辨邪正之微细,至于临终所见,魔佛显然,谁足为惑?如观立佛,而现坐佛者,魔也;正报依报,不与经文符合者,魔也;以空观空而隐者,魔也。苟为不然,则净心成就,净境现前,接引往生,训垂金口,安得与无故忽见比耶?"

问:"或云:'西乃天倾物老之方,人死念绝乃得生。'彼又云:'天倾之处,地为有余,有余则能广容往生之众。'又云:'庚辛属金,金不变坏,以示不退转之义。'又云:'万物以西而成百果,皆实于秋,行人东方行因,西方证果。'窃为往生,乃是生机,何不入东方生物之府,而反入肃杀之地,若标第一义谛,何不直于中央摄人耶?无乃但论一时当机,所谓西者,无所取义欤?"

答:"如来一语,多义攸含,但邪正殊途,理应拣择。若云念绝,则谁生念?若云地容,则地容有限。金性不变,秋位司成,二义为近,据实而论,亦不尽然。盖虚空无尽,世界何穷?今此极乐之邦，东观则西，西观则东，南北二方亦复类是。释迦劝往，故说西方，别佛赞生，必标他向，哪得执西立义，胶固不融？不然，童子遍参，何复南为正位？药师示现，乃令东亦净方，但归心一处，专念斯成已耳。”

问：“兜率，弥勒宫也，昔人往往发愿求生，具有仪法，至唐道昂专修西方，而临终兜率来迎，夫兜率可不愿而致，西方似亦可不愿而致矣。又或誓取铜轮，反得铁轮；誓取金台，反得银台；则誓取西方净土，反得东方净土，亦未可知。”

答：“十善戒定，生天之正因；发愿回向，净土之正因。故生天者，容有不资于愿，而生净土者，无愿则不成。盖净土非无善力，而愿乃居先，生天亦假慕求，而善为之主。世有初修天业，后一意西方，是以殁现玉京，俄隐迹，而重彰佛国，正专求之所感，岂漫修而可成？至如铜铁未符，金银稍隔，则是求上仅得其中，然而终竟必如其愿。志西方而功未就，要于人天善道受生耳。若能纯一用心，坚诚发愿，西则必西，何东生之足虑？”

问：“忏中所礼佛，乃尽三世，而所念佛，独一弥陀，固谓三世诸佛无称名之愿耳，然弥陀亦有多名，具在经中，随取一名持之，得否？据《小弥陀经》，翻为无量寿、无量光，而《观经》独称无量寿者，岂能观之智，所观之光，即为光耶？六方佛中，其西亦有无量寿者，即是此佛自赞否耶？”

答：“如来名号，诚曰多端，但取偏熟众生耳根，于中实无差别。唯彼弥陀之号，普遍十方，故令称念之人皆归一致。且无量寿是唐言，阿弥陀乃梵语，而寿量现等虚空，光明自遍宇宙，举体该用，但云无量寿足矣。若夫十方诸佛，核之历有同名，释迦尊称多之至于无算，极乐教主何独不然？非佛自赞，亦无疑矣。今时有人执念释迦而不念弥陀者，自以为是拗众称高。噫！释迦使汝师弥陀，而汝不从教，譬之子违父命而不就明师，虽日呼其父，安得不云忤逆?”

问:“极乐之乐,从情识生,三禅而上,已不耽乐,九品之内,顾复求乐,何也?若云寂灭为乐之乐,岂必缘衣食自然,无有众苦而得名乎?若云净土唯心,心体常乐,何为又言观佛心者,大慈悲是?”

答:“极乐虽接凡情,其实有二:一者对苦说乐,无有众苦,故名极乐;二者称性说乐,无苦无乐,故名极乐。此之真乐,岂情识之拟耶?又声闻以寂灭为乐,大圣以慈悲为乐,则大慈悲心非即常乐乎?而世人以戚戚言悲,抑末矣。”

问:“一人作佛事,诸佛应尽知,十方佛来迎,是人何所向?诸佛本同、迹同,种种皆同。念佛者,合是十方诸佛同来接引,此独一方三圣往迎,必其念时所见偏浅。”

答:“诸佛虽能遍知,而赴机不乱;一佛既勤专念,而感应自符。修净土者,就使诸佛齐彰,亦必有主有伴,弥陀独显,化佛云从,因果法尔如然,非是偏浅所致。”

问:“《涅槃》云:‘释迦亦有净土,本我导师。’在彼末法,最后诚言,可无信受?便尔六时,但念迦文,生难胜国,岂不当机耶?释迦极赞弥陀,合如其愿,既生彼已,遣我承事弥陀,亦复何碍?”

答:“诸佛谁无净土?弥陀亦有秽邦,良由土土交资,佛佛互赞,如世易子而教,犹花接干而生,妙用微权,不可思议。恶知难胜,非即清泰之乡,安辨瞿昙得无法藏之后?但遵现教,毋用他求。”

问:“有云大彻大悟人,不妨更见弥陀,既已不历诸位,立地成佛矣。以佛见佛,犹以知知知,此一见为是参?为是证?意者权示榜样,又或理既顿超,身犹凡下,往获妙用,乃可度生耳。”

答:“凡夫心始得悟,见处与佛相齐,菩萨行实,无边功能,去佛犹远,不妨再依古佛重受新闻,且证且参,何穷何尽?昔人谓离师太早,不能尽其妙,况离佛乎?若执三祇薰炼,是藏教小乘,而弱羽狂飞,失利多矣,可不慎诸?”

问:“即净即秽,即秽即净,西方此土,不逾分寸,生而即无生,去则实不去,今弹指一念顷,屈伸臂,此已约时,便似举足移步,虽云极速,犹是两途。”

答:“执谢惑销,纵使路阻千山,而融通不二;情关识锁,就令速超弹指,而判隔弥深。今学人唯图句语尖新,喜谈即秽即净,不知头没九泉之下,谓天壤无殊;身沉鲍厕之中,谓薰莸不别。良可哀夫!”

问:“执途之人而问之,皆曰念佛乃口称,非心念,诘之,则曰心口相应。夫心口相应斯成声,因心而动斯为念,安得以声为念乎?或谓万法唯心,何声之非心耶?然则钟鼓琴瑟之鸣亦是念乎?几矫乱矣。”

答:“钟鼓虽含洪韵,非叩不鸣;琴瑟虽具妙音,无指不发。钟鼓琴瑟,譬唇舌之外张,若击若弹,似心念之内动,如其绝念,从何发声?是以寐语喃喃,亦由梦想,岂得佛声浩浩,不自心源?但世人任运称呼,不专不切,初则藉念成声,顷则随声乱念,名曰相应,实不相应耳。天如有言,口与心声声相应,心与佛步步不离,如是念佛,其庶几乎。”

问:“善财之参德云,始知念佛法门,及南过百城,五十四参而见阿弥陀佛,则三昧成矣。他日文殊现身竹林,但令人念阿弥陀佛。夫以善财位臻十信,文殊何不径指弥陀,而顾使周历百城?彼学人未南询而辄议西归者,太早计乎?”

答:“始参而教念佛,则从源以及流;周历而见弥陀,则由末而归本。所谓无不从此法界流,无不还归此法界。是故南询而西返,岂曰迟还?往生而遍游,何云早计?医王发药,标本随宜,操纵微机,凡情靡测。”

问:“总摄六根而念佛,此势至语也,念既从心,则凡发愿回向礼忏者,一念蔽之矣。世无心外之愿,与心外之回向礼忏也。夫一心念佛,而是佛所发之菩提,即愿也;专向是佛,即回向也;南无,即礼也;一念消生死之罪,即忏也。余可例知矣。念佛有何不足而纷纷使心乱哉?”

答:“一心清净,是为理观内明;五体翘勤,乃曰事忏外助。直观本心,非不径要,而末法众生慧薄垢重,须假理观事忏,内外交攻,庶得定就慧成,死生速脱。但今人唯存事忏,理观全荒,何况外饰虚文,中无实悔,反令清信男女纷纷乱心,背普贤之愿王,乖慈云之本制。嗟乎!伤哉!弊也久矣!”

问:“《观经》言观佛心者,大慈悲是。世人若能放生戒杀,仁民爱物,以至九类众生皆灭度之而不作灭度想,遂与法藏之心契矣。且又不违释迦观心之训,奈何取观身与称名之粗迹,而反以佛心为助缘耶?”

答:“念佛有二:一者念佛心性,二者念佛身名。念心性者,见真佛也,不妨觐光明相好之佛于西方;念身名者,见应佛也,亦能睹自性天真之佛于象外。本迹双举,理事同源,心性良非助缘,身名岂云粗迹?今五部六册之徒,藉口无为,拨空因果,障人礼像,嗤彼称名。古德有言:人人丹霞,方可劈佛;个个百丈,始可道无。其或未然,入地狱如箭射。”

问:“空花巾兔之类,世所谓幻妄也;一切依正之报,世所谓实事也。佛言实事俱是幻妄,则空花巾兔又当何名?藉令彼之实事果为幻妄,其形状了了虚伪,一空花巾兔可矣。安俟推破,始知幻妄?是故有幻者,有如幻者,有妄者,有如妄者,彼同居净土幻妄耶?如幻妄耶?全妄是真,全幻是中,同居秽土,即同居净土,同居净土,即上三土耶?”

答:“空花巾兔,全体虚无;肉兔树花,从来幻妄。本不推而自破，但在迷而未知故。正幻与如幻无殊，实妄与似妄何别？同居净土，即幻即如，即真即中。统而论之，即秽即净，即一即三，毕竟空寂，有何阶限？然虽如是，情见未破，欣厌犹存，应须消除幻妄，证入真常，捐弃秽邦，求生净国。若夫舍垢取净是生死业，何净土之有？"

问："人畏生死事大，无常迅速，乃始猛欲求脱，不敢暂息也。一闻横出三界之旨，捷路修行之说，念佛消罪之文，十声往生之愿，便谓有佛可凭，无业足惧，以致悠悠，竟不得力，而入阎老手者多矣，则莲宗误之也。彼宗教二门，参究甚难，又不许疾见功效，生死二字常系于心，安得有此？"

答："凡人修道，有闻难则止，闻易则行者；有闻难则勤，闻易则惰者。古圣施教，各顺时宜，善用心者，存乎其人而已。念佛一途，直超三界，大悲之极，故启斯门。若夫怠荒成弊，众生自误，非佛误众生也。我欲仁而仁斯至，仁在目前，狂克念而圣斯成，圣非遥远，是亦以易误人乎？若夫一言顿悟，立地成佛，宗门言易，抑又甚矣，安得亦谓之误？"

问："丰干，弥陀化身也；寒山、拾得，文殊、普贤也。弥陀之现，不领观音、势至，而挟文殊、普贤以游，至所属词，又多宗门语，将无以念佛观佛为局，而转如来禅成祖师禅乎？抑常寂光土之人，匪是莫由接乎？"

答："观音、势至固称日侍导师，文殊、普贤何曾暂离安养？故释迦乃娑婆化主，会有观音；黄檗非儒教宗师，席延裴相。融通摄化，宁有定乎？至谓语涉宗门，似乎更翻净业。殊不知九莲花蕊，枝枝开迦叶之颜；七宝栏楯，步步入善财之阁；八棱毫相，棱棱观中道真诠；六字名称，字字示西来密意。何待转小为大，变局为通，然后接彼上根，演斯玄化？故知念佛一路即是入理妙门，圆契五宗，弘该诸教，精微莫测，广大无穷。钝根者得之而疾免苦轮，利智者逢之而直超彼岸,似粗而细,若易而难,普愿深思,慎勿忽也!”

答曹鲁川(附原书)

久不奉面命,歉歉!乃时时获翻刻教,迪我孔多,慰谢!慰谢!南企法云,殊切瞻依。适敝郡断凡悟上人只趋坛下,为求法故,附此候安,不佞缪迂,近守东鲁,远宗西竺,乃于儒释之书为蠹鱼者,四十年于兹矣。亦尝奉教于诸达者,有所蓄积,冀正之于大善知识,兹因断凡之来布之也。夫释尊有三藏十二部教,所谓于广大海,张众多网,又所谓大围小围也者,只宜谈大以该小,讵可举一而废多?比吾党中有倡为“历劫成圣、必渐无顿”之说者,夫渐亦圣说,未尝不是,而以渐废顿,左矣。尊者内秘顿圆,而外显净土法门,诸佛有然,无足疑者。岂近来听众不无如《法华》所说,初闻佛法,遇便信受,思惟取证者,直欲以弥陀一圣而尽废十五王子,以净土一经而尽废三藏十二部,则不佞之所不愿闻者也。

时虽末法,而斯人之机岂无巧钝?有如释尊为迦叶,为憍陈如其说如此;为善财,为龙女其说如彼;二十五圣各证圆通,文殊所称又如彼。正所谓昨日定,今日不定;又所谓说我是空,且不是空,说我是有,且不是有。此所以为善无常主,活泼泼地,如水上按葫芦,然非死煞法也。倘钉桩守窟,焉利人天?所愿尊者为大众衍净教,遇利根,指上乘,圆融通达,不滞方隅,俾鹏鷃并适,不亦尽美尽善乎哉!

又佛《华严》乃无上一乘圆教,如来称性之极,谈非教非宗而即宗即教,不空不有而无垢无净,是在《法华》,犹较一筹。若余乘,似难与之絜长比短也者。尊者乃与《弥陀经》并称,已似未妥,因此遂有著论腾之,驾净土于《华严》之上者。朱紫递淆之谓何?鹿马互指,又何说也?此而无人言之,天下后世必有秦无人焉之嗤,亦愿尊者为净土根人说净土,为华严根人说《华严》,毋相诮，亦毋相滥，乃为流通佛乘，乃为五教并陈，三根尽摄，奈之何必刻舟而求剑，且弹雀而走鹞也？

若夫《华严》一经，有信解行证四法，善说此法者，宜莫如方山，今其言具在，可覆也。爰有清凉人，号为“华严菩萨”，而实不会《华严》义旨，草草将全经裂为四分，以隶四法，舍那妙义委之草莽矣！亦愿尊者辨黑白，分泾渭，扬杲日于义天。嗟！嗟！今之时，缁素中高流日就凋谢，不佞之所仰重于尊者，如泰嵩然，故不以赞而以规，知尊者无我，而不佞亦非为我，故谆谆言之，唯尊者亮之。

久闻居士精意《华严》，极怀敬仰，兹接手教，殷勤直欲尽法界众生而纳之一乘性海，是普贤大愿也。然不肖虽崇尚净土，而实则崇尚《华严》，不异于居士。夫《华严》具无量门，求生净土，《华严》无量门中之一门耳；就时之机，盖由此一门而入《华严》，非举此一门而废《华严》也。

又来谕谓不肖以《弥陀》与《华严》并称，因此遂有著论，驾净土于《华严》之上者，此论谁作乎？《华严》如天子，谁有驾诸侯王大臣百官于天子之上者乎？然不肖亦未尝并称也。《疏钞》中特谓《华严》圆极，《弥陀经》得圆少分，是《华严》之眷属流类，非并也。古称《华严》之与余经，喻如杲日丽天，夺众景之耀；须弥横海，落群峰之高。夫焉有并之者？此不待论也。

又来谕谓宜随机演教，为宜净土人说净土，宜华严人说《华严》，此意甚妙。然中有二义：一者千机并育，乃如来出世事，非不肖所能。故曹溪专直指之禅，岂其不通余教？远公擅东林之社，亦非止接钝根。至于云门、法眼、曹洞、沩仰、临济虽五宗同出一源，而亦授受稍别，门庭施设，理自应尔，无足怪者，况不肖凡品乎？若其妄效古人昨日定，今日不定，而漫无师承，变乱不一，名曰利人,实误人矣。何以故?我为法王,于法自在,平民自号国王,不可不慎也。二者说《华严》则该净土,说净土亦通《华严》,是以说《华严》者自说《华严》,说净土者自说净土,固并行而不相悖,今人但知《华严》广于极乐,而不知弥陀即是遮那也。

又来谕清凉不会《华严》义旨,而裂全经为四分,以属四法。夫信解行证虽贯彻全经,而经文从始至终亦有自然之次第,非清凉强为割截也。其贯彻也,所谓圆融;其次第也,所谓行布。即行布而圆融,四分何害?使无行布,圆融何物?必去行布,而圆融则不圆融矣。且信、住、行、向地,以至等、妙,佛亦自裂全经为五十二段乎?何不将五十二段一句说尽,而为此多卷之文乎?因该果海,果彻因源,因果未尝不同时,而亦未尝不因自因,果自果也。何必定执八十卷经束作一块,都卢是个无孔铁锤,而后谓之圆融乎?定执一块,不许分开,即死煞法,即钉桩,即守窟,安在其为活泼泼也?

方山之论,自是千古雄谈,而论有论体,疏有疏体,统明大义则方山专美于前;极深探赜,穷微尽玄,则方山得清凉,而始为大备。岂独方山,即杜顺而至贤首诸祖,亦复得清凉而大备;岂独华严诸祖,即三藏十二部、百家论疏,亦复得清凉而大备。温陵解《华严》,以方山为主,清凉为助,已为失宜,而居士顾訾之,此不肖之所未解也。又龙树于龙宫而出《华严》,而愿生极乐,普贤为华严长子,而愿生极乐,文殊与普贤同佐遮那,号“华严三圣”,而愿生极乐,咸有明据,皎如日星,居士将提唱《华严》以风四方,而与文殊、普贤、龙树违背,此又不肖之所未解也。况方山列十种净土,极乐虽曰是权,而《华严》权实融通,理事无碍,事事无碍,故淫房杀地无非清净道场,而况七宝庄严之极乐乎?婆须无厌,皆是古佛作用,而况万德具足之弥陀乎?居士游戏于《华严》无碍门中而碍净土,此又不肖之所未解也。

不肖与居士同为华藏莫逆良友，而居士不察；区区之心，复欲拉居士为莲胎骨肉弟兄，而望居士之不我外也。居士爱我，不赞而规，今妄有所规，亦犹居士之爱我也。病笔略申梗概，殊未尽意，唯鉴之谅之。

敝郡断凡上人索书上谒，附致悃素，顾承来翰，规切究竟，殷殷亟也。荷荷谢谢，来翰云《华严》具无量门，求生净土，《华严》无量门中之一门，就时之机，由此一门而入《华严》，非举一门而废《华严》；又谓《华严》圆极，无可驾于其上者，并为确论。第《华严》是法身佛说，一乘妙义迥异诸经，而人多与释迦经一目之。故疏此经者，贤首爰肇其端，方山深契其旨，在清凉则择焉而弗精，在温陵则语焉而未详，至有撰为纶贯者，抑末矣。

温陵云："方山为正，清凉为助。"此见最卓，而尊者以为失宜，似未知温陵，亦未知方山者。诸不了义经论及别行《普贤行愿品》与《起信》等论，皆称说净土，此岂无因？然《华严经》中未尝及之，即方山所第十净土更晰也。《法华》鳞差十六王子，内有弥陀，未尝定为一尊，其赞持经功德，旁授安乐，实说女人因果。《首楞严》二十五圣证圆通，文殊无所轩轾，但云"方便有多门"，又云"顺逆皆方便"，然继以迟速不同伦，则于无轩轾中又未尝无所指归也者，故要极于普门而不推诩。夫势至更加贬剥，曰无常，曰生灭。若夫释尊只说大小弥陀，不啻足矣，胡为乎纷纷然三藏十二部为乎？

贤首、清凉诸师，亟标小、始、终、顿、圆五教，佥以为允，而未尝品及净土，心宗家流，尤所荡扫，大鉴之言，且未及诠，更拈一二。如志公曰："智者知心是佛，愚人乐往西方。"如齐己禅师曰："唯有径路修行，依旧打之绕，但念阿弥陀佛，念得不济事。"又曰："你诸人日夕在径路中往来，因什么当面蹉过阿弥陀佛？"又曰:“其或准前舍父逃去,流落他乡,东撞西磕,苦哉!阿弥陀佛!”此之三言,或以为苛,然岂无谓?而彼言之亦必有道矣。

古德云:一切众生自己迷悟不同,迷心外见,修行觅佛,未悟自性,即是小乘。又有云:直下顿了此心本来是佛,无一法可得,此是无上道,此是真如佛,学道人只怕一念有,与道隔矣。又有云:目前无法,意在目前,他不是目前法。若向佛祖边学,此人未具眼在,何不向生死中定当?何处更拟佛拟祖替汝生死?有智人笑汝在。所以达者亟道祇劫辛苦修行,不如一念得无生法忍,又道一念缘起无生,超出三乘权学,况毋论三乘一乘,要之无我我所。今之往生净土也者,我为能生,土为所生,自他历然,生灭宛然,欣厌纷然,所未及悉。顾从来谈莲乘者,必曰花开见佛悟无生,盖必待往生而见弥陀,始从观音,若势至,抑或弥陀,诲以无生,此时方悟。岂其上品绝少,中下滋多?滞在祇劫,似为迂迟,矧欲修净土,亦须先修有无等四四十六观门。试问所观者是何轨则?能观者还有几人?所以念佛者如牛毛,往生者如麟角,何似反而求之?自有余佛在也。

彼寒山之勖丰干谓:“往五台礼文殊,不是我同流。”此在通达佛道者,出辞吐气自别。且也一切佛道以《金刚》《般若》为入门,以佛《华严》为究竟。《金刚》则曰:“实无少法可得。”而佛《华严》所称佛地二愚:一则曰“微细所知愚”,一则曰“极微细所知愚”。所以阿难自道“不历僧祇获法身”,识者犹且呵之,故或曰“佛疮”,或曰“佛魔”,文殊暂起佛见,未免贬向二铁围。嗟!嗟!见河能漂香象,智主不受功德,道人心无住处,踪迹不可寻,故不历权乘,独秉一乘,此则不佞之所谓惓惓者也。彼诸佛诸祖为一分执著我识,下劣众生以及小乘弟子唯依一意识,计以现在色心等,为染净依者,悯其四大既离,一灵无归,如失水鱼,踯躅就毙,故不得不将错净土而安置之,此亦化城之类也。传有之,若能悟法性身、法性土，要归于无物，是真佛土。若华严性海，所现全身如人身，中有八万四千毛孔，东药师，西弥陀，各各在一毛孔中说法度生。人若涣毛孔，彻全身，未尝不可，倘抛撮全身，入一毛孔，不但海沤倒置，而蝇投窗纸，其谓之何？

昨不佞手疏所云“为宜净土人说净土，为宜华严人说《华严》”，自谓不悖诸佛法门，亦是为尊者赤心片片，尊者乃欲携我莲胎，则昔人所云“若捉物入迷津，与夫弃金担草”之谓矣。更稽之古人，有云：“若欲究竟此事，须向高高山顶立，深深海底行，若闺阁中软暖物舍不得，有什么用处？”又有云：“诸经所称无瞋恨行，此之瞋恨，非凡情可比。恨者，恨一切众生皆有如来智慧福相而不自觉；瞋者，瞋吾度脱之未至也。以故自觉觉他有世间智，有出世间智，有世出世间上上智，举以语人，得无违拒，庶几能利益于人。”溯昔三教圣人出兴于世，无不为一大事，且观时节因缘，偏者补之，弊者救之，微者显之，要以心性开示于人已耳。

以今天下拘儒株，守传注，旷士溺意虚玄，余之手木槵而口弥陀者，自通道大都迨穷村僻巷，居相望而肩相摩也。尊者又从而和之，非所谓顺世情之教，波随而风偃者乎？是在不佞不能无疑，而来翰乃称虽崇净土，实尚《华严》，又云由此净土一门而入《华严》，此如古德所云但为弘实而众生不信，须为实施权，以浅助深。又云用与适时，口虽说权，内不违实，但使含生得权实诸益也者，则不佞诚契之，只领之，且美且慰矣。

乃会下听众，自杭过苏者，时时有之，罔弗津津九品，间与之言，稍涉上乘则骇心瞠目，或更笑之，此其过在弟子耶？在师耶？大丈夫气宇冲天，而度生为急，若出世矣，开堂矣，敷座矣，不具大人作略，只作闾巷老斋公斋婆举止，忽被伶俐人问着，或明眼人拶着，拟向北斗里潜身耶？抑铁围山里潜身耶？不见道：“若是大鹏金翅鸟，奋迅百千由旬；蹑影神驹，驰骤四方八极，断不取次啖啄,亦不随便埋身,且总不依倚。”佛法大事,非同小可,愿尊者重厝意焉!

来翰又云弥陀不异遮那,是也。第化境化仪,各各差殊,盖诸佛教义,通宗因缘。既堕因缘,岂无大小?定有深浅,故谓诸佛为异,则千佛一佛不可谓异,谓诸佛为同,则遍照能仁,二尊亦自不同。古人以为一切诸法同异重重,不可一向全同,不可一向全异,不可以全同作全异,不可以全异作全同,迷此同异二门,则智不自在。如云:“拟向白雪芦花处觅,则以温州橘皮作火,得乎?”首山念有云:“夫为宗师,须具择法眼始得。”所以古来有拈古、颂古,又有别古、懋古。如云“至道无难,唯嫌拣择”,又云“至道最难,须要拣择”,所以《华严》第八地曰“寂灭真境现前矣”,犹云“应起无量差别智”。又云“观察分别诸法门”,此非作而致其情也,我之鉴觉自性,本自圆明,如大宝镜,胡汉不分而分;如如意珠,青黄不异而异。若是于诸法中不生二解,人何尝离却拣择,别求明白这些道理?便是拣择不拣择,所谓善巧分别清净智非耶?方山为论,清凉为疏,皆综佛乘,共阐圆宗,虽论有论体,疏有疏体,然惟其义,不惟其文,文或殊而义则一耳。如以其义,则见地迥别,清凉演说诸经,真善知识,唯于《华严》其句训而字释,岂无补于舍那?其挈领而引维,实弗逮夫枣柏,清凉枣柏之区别弗明,则卢舍那经之旨要终晦,所谓信解行证四法,裂全经而瓜豆之,此其大者,自余更多,不佞谓之择焉弗精,非无以也。倘以为未然,请更质之于枣柏大士。

辱惠书,累累及二千言,玄词妙辨,汪濊层叠,诚羡之仰之。然窃以为爱我深,而辞太费也,果欲扬禅宗,抑净土,不消多语,曷不曰:“三世诸佛被我一口吞尽,既一佛不立,何人更是弥陀?”又曷不曰:“若人识得心,大地无寸土,既寸土皆无,何方更有极乐国?”只此二语来谕二千言,摄无不尽矣。兹拟一一酬对,则恐犯斗争;不对,则大道所关,终不可嘿,敢略陈之。

来谕谓清凉择焉而未精,愚意不知清凉择《华严》未精耶?抑亦居士择清凉未精耶?又来谕谓不了义经,乃谈说净土,而以《行愿品》《起信论》当之,《起信》且止,《行愿》以一品而摄八十卷之全经,自古及今,谁敢议其不了义者?居士独尚《华严》而非《行愿》,《行愿》不了义,则《华严》亦不了义矣。又来谕谓《法华》记往生净土为女人因果,则龙女成佛亦只是女人因果耶?谓弥陀乃十六王子之一,则毗卢遮那亦止是二十重华藏之第十三耶?居士独尊毗卢,奈何毗卢与弥陀等也?又来谕谓《楞严》取观音,遗势至,复贬为无常生灭,则 憍陈如悟客尘二字可谓达无常,契不生灭矣,何不入圆通之选?诚曰观音登科,势至下第,岂不闻龙门点额之喻为齐东野人之语耶?

又来谕谓齐已禅师将古人念佛偈逐句著语,其曰“唯有径路修行,则著云依旧打之绕”;其曰“但念阿弥陀佛,则著云念得不济事”。居士达禅宗,何不知此是宗师家直下为人解粘去缚,乃作实法会,而死在句下耶?果尔,古人有言:踏毗卢顶上行,则不但弥陀不济事,毗卢亦不济事耶?此等语言、语录、传纪中百千万亿,老朽四十年前亦曾用以快其唇吻,雄其笔札,后知惭愧,不敢复然,至于今犹赧赧也。又齐已谓求西方者,舍父逃逝,流落他乡,东撞西磕,苦哉阿弥陀佛!往应之曰,即今却是如子忆母,还归本乡,舍东得西,乐哉!阿弥陀佛!且道此语与齐已所说相去多少?

又来谕谓多劫修行,不如一念得无生法忍。居士已得无生法忍否?如得,则不应以我为能生,以土为所生。何则?即心是土,谁为能生?即土是心,谁为所生?不见能生所生而往生,故终日生而未尝生也,乃所以为真无生也,必不许生而后谓之无生,是断灭空也,非无生之旨也。

又来谕谓必待花开见佛,方悟无生,则为迂迟。居士达禅宗,岂不知从迷得悟,如睡梦觉,如莲花开?念佛人有现生见性者,是花开顷刻;也有生后见性者,是花开久远也。机有利钝,功有勤怠,故花开有迟速,安得概以为迂迟耶?又来谕谓遮那与弥陀不同,而喻华藏以全身,喻西方以毛孔,生西方者,如撮全身入毛孔,为海沤倒置。夫大小之喻则然矣,第居士通华严宗,奈何止许小入大,不许大入小?且大小相入,特《华严》十玄门之一玄耳,举华藏不可说不可说无尽世界而入极乐国一莲花中,尚不盈花之一叶,叶之一芥子地,则何伤乎全身之入毛孔也?

又来谕谓荒山僧但问以上乘,便骇心瞠目。居士向谓宜《华严》者语以《华严》,宜净土者语以净土,今此钝根辈正宜净土,何为不与应病之药,而强聒之耶?又来谕谓老朽既出世开堂,不具大人作略,而作闾巷老斋公斋婆举止,设被伶俐人问着,明眼人拶着,向北斗里潜身耶?铁围里潜身耶?老朽曾不敢当出世之名,自应无有大人之略,姑置弗论,而以修净土者鄙之斋公斋婆,则古人所谓非鄙愚夫愚妇,是鄙文殊、普贤、马鸣、龙树也。岂独文殊、普贤、马鸣、龙树,凡远祖、善导、天台永明、清凉圭峰、圆照真歇、黄龙慈受、中峰天如等,诸菩萨、诸善知识悉斋公斋婆耶?刘遗民、白少傅、柳柳州、文潞公、苏长公、杨无为、陈莹中等,诸大君子悉斋公斋婆耶?就令斋公斋婆但念佛往生者,即得不退转地,亦安可鄙耶?且斋公斋婆庸呆下劣,而谨守规模者,是也愚也;若夫聪明才辨,妄谈般若,吃得肉已饱,来寻僧说禅者,魔也。愚贵安愚,吾诚自揣矣,宁为老斋公老斋婆,无为老魔民老魔女也。

至于所称伶俐人、明眼人者,来问着拶着,则彼斋公斋婆不须高登北斗,远觅铁围,只就伶俐汉咽喉处安单,明眼者瞳人上敷座。何以故?且教伊暂闭口头三昧,回光返照故。抑居士尚《华严》而力诋净土，老朽业净土而极赞《华严》，居士静中试一思之，是果何为而然乎？又来谕谓劝己求生净土，喻如弃金担麻，是颠倒行事，大相屈辱也。但此喻尚未亲切，今代作一喻，如农人投刺于大富长者之门，延之入彼田舍，闻者皆笑之。农人不知进退，更扫径，谋重请焉，笑之者曰："主人向者不汝责，幸矣！欲为冯妇乎？"农人曰："吾见诸富室，有为富而不仁者，有外富而中贫者，有未富而先骄者，有典库于富人之门而自以为富者，且金谷郿坞于今安在哉？而吾以田舍翁享太平之乐，故忘己之卑，怜而为此，今知过矣。"于是相与大笑散去。

卷第二十三

云栖莲池宏大师语录

答吴观我

来书云:兢兢以未获了明此一大事为甚忧。此人情所谓不足忧者也,即此是入道正因,愿一心本参而已。又浮山册中诸名公俱称述“观棋黑白语”为上妙玄谈,此语虽传诵千古,而远老深深处不在此,此等今日聪明人亦能为之,即九带等亦不须穿凿求会,但做远老安乐工夫耳。有如是工夫,方有如是证悟。古德谓:“只愁不成佛,不愁佛不解语。”至哉言也!幸留意焉。

答谢青莲

提话头,是宗门发悟最紧切工夫,修净土人即以一声佛号做个话头,此妙法也。但心粗气浮,则未能相应,须是沉潜反照,至于力极势穷,乃有囫地一声消息。

答金广聚

来问曰“末后紧关”,曰“甚深之旨”,曰“本地相应”,曰“直捷指斯事”。紧也、深也、本也、直也,皆切问也,然只在近思而已。除此灵知炯炯外,皆缓耳、浅耳、末耳、曲耳,诚即此念佛一念所起,觑得破,管取大事了毕。又不可见如是说便作思惟卜度,穿凿求通,则反失之矣。但念念体究,真积力久,而自得之,方是证悟。

答张广经

所问云门语，不须究他说教外别传，只看他说须退步向自己脚跟下推寻是个什么。其推寻今亦不难，既信念佛，但内看念佛的是谁，便是脚跟下推寻也。久之，则《正讹》中所云“最后穷玄极微一段事”，不患不得。

答广印

真信净土，决志往生者，不论已悟未悟。其从事单传直指而未悟者，虽日以参禅为务，不妨发愿往生，以未能不受后有，毕竟有生处故，不是偷心，歧路心也。其已悟者，古人云：“汝将谓一悟便可上齐诸佛乎？故普贤为华严长子，虽尘尘华藏，在在莲邦，而《行愿品》必拳拳乎以往生安乐为言也。”已悟尚然，未悟可知矣。

一念不生，是禅非参；起念下疑，乃名曰参。《楞严经》云“又以此心反复研究”等是也。念时参时俱属有念，亦不相悖。

即心即佛，若真信得及，真见得彻，千了百当，更无疑滞者，方可任运过时；如其不然，未可放参。

大悟则有念，亦可无念，亦可所谓入息不居阴界，出息不涉众缘是也。

永明说：“先以闻解信入。”却又说：“后以无思契同。”契同则法身透矣，情识尽矣，是亦解亦证，绍祖位不亦宜乎？

不务实修实证，而以口头三昧逞机锋，斗胜负，此言语不可有也；真为生死心地未明，互相辩论，互相酬唱，此言语不可无也。三登九上，一句千山，不论未悟以前，即既悟以后，尚有最后重关，参求决择之功未可便止。

答僧海光

汝若一切无在,何人受衣?汝若周遍一切,衣居何地?汝若一切无在,则本自无体,安用戒为?汝若周遍一切,则本自无欠,何求具足?菩提有树,明镜有台,本来有物,此三句翻破曹溪;后一句原不惹尘埃,依旧落他窠臼。何不道:“本来有一物,任使惹尘埃。”

答周海门

“诸恶莫作,众善奉行”,当下布毛满地,何待拈吹?哪更说同说别?直饶是同,早已成两橛去也。鸟窠初不曾钝置白公,偏厚侍者。然虽如是,于前言不会玄旨,只么止恶行善,亦不误人。若向“古人道如来不断性恶”及“兀兀不修善”等处错会,为祸不少。

杂　答

“归元性无二,方便有多门。”今之执禅谤净土者,却不曾真实参究;执净土谤禅者,亦不曾真实念佛。若各各做工夫到彻底穷源处,则知两条门路原不差毫厘也。

若直指西方,不但过此娑婆十万亿刹者为非也,说个自性,已涉程途;若实谈净土,不但宝池金地种种庄严者为非也,才着唯心,翻成垢秽。离此二边,作么生是西方净土?

工夫最怕拣择,有志于学者,只是一个正念常在胸中,逢静时也如此,逢闹时也如此,凭他静闹变迁,而我这个念头断然无有移易,如是方无间断,谓之善做工夫也。岂不见古人道:“智者除心,愚者除境。”如必嫌喧取静,则境界恐无有静之时,亦无有静之处。

夫求静者,莫如深山之中,然深山静矣,而樵斧闻于隔云,牧笛鸣于斜照,则耳畔又安能静也?然樵斧、牧笛或可使屏绝之,使不交于吾耳,至于清宵而猿啼虎啸,白昼而鹊噪鸦鸣,又安能静耶?然猿啼虎啸,鹊噪鸦鸣或可驱逐之,使不交于吾耳,至于狂风起而万窍怒号,迅雷发而千山震撼,则此时嫌喧取寂者将屏绝之耶?驱逐之耶?以此推之,境界决无有静之时也,决无有静之处也。学人但患志不猛烈耳,存一猛烈之志,则何之而不可?

示大同

古人教亲近明师,求善知识,而善知识实无口传心授秘密法门,只替人解粘去缚,便是秘密。今但“执持名号,一心不乱”此八个字即是解粘去缚秘密法门,即是出生死堂堂大路,朝念暮念,行念坐念,念念相续,自成三昧,莫更他求也。

示李居士

“参疑”二字不必分解,疑即参之别名,总是体究追审之意。但看念佛是谁,以悟为则而已。又古德云:“看话头,不得卜度穿凿,亦不得抛向无事甲里,但只恁么看。”此要言也。

示吴大峻

莫管悟与不悟,莫管有无、内外、中间,莫管止观,莫管与他法门同与不同,既疑情不起,亦莫管是谁不是谁,但执持名号,一心一意,无间无断,纯一不杂做去。

示沈广达

世谛中觉名利恩爱之毕竟成空,便成觑破;真体上觅生老病死而本来无有,即是修持。初机与究竟同归,因该果海;究竟与初机不二,果彻因源。只贵明心,别无异法。

答周海门

月虽皎洁,水清浊而影别昏明;心本昭灵,事善恶而迹分升坠。岂得以月体本无清浊而故云浊水为佳,心体本无善恶而遂云恶事不碍?既存空见,便悖圆宗,识渠善恶双空,正好止恶行善。定禁止恶行善,犹是识渠未真,步步行有,口口谈空,此今日聪明人参禅之大病也。

答戒问

高谈无佛之世,直指当人之心,则不但老瞿昙绝口毗尼,优波离羞称羯磨,即使束五部置之高阁,褫三衣悬之树端,未足为过。如或不然,法林唯恐不稠,正见唯恐不广耳,何纷纷之足厌?

空有二,契真空则万法俱備备,何须更习毗尼?堕顽空则众善皆堕,岂不有伤戒品?执莽荡,轻轨仪,其失大矣。

总观心地本体,则体唯一念,本自圆成;细析心地法门,则门有万殊,不妨分属。故云三十心者,皆一毫头也。复以一二分属戒相者,毛头之上更出毛头也。譬天王虽名天主,亦应列任六曹,六曹犹未遍周,岂不重开百职?经始标“某心”,“某心”者,六曹之谓也。今复增“某心”,“某心”者,百职之谓也。姑取义之相近,亦令余可例推,便初学易知简行,在智者神融意会而已。

非常大器,过量圆人,既不拘夏前夏后,自相应即小即大;才持戒品，已达教相全文；正受毗尼，便悟禅宗妙旨。建立则繁兴万法，不碍六时；扫荡则屏绝纤尘，奚存一念？远公常礼有定，永明自行不亏，岂彼小根故为细事？凡我后学，愿各深思。

此《梵网经》以心地为宗，无一法不从心地中流，无一法不还归心地。菩萨万行若非出自一心，还归一心，即不名佛因，不名佛果。今此花出舍那心地，表菩萨从自心中出无量因行，还以此花供养彼佛，表还以自心因行，成自心果佛也。据《华严》，因该果彻，不离因果，不落因果，拈来无一物不可供佛，举起无一法不可为因。若执花必表因，非圆教义。何以故？有时花表因，实表果，开花后乃结实故；有时实表因，花表果，种核后乃生花故。有时定因慧果，净极光通故；有时慧因定果，惑破心安故。乌可一途而取，一格而论乎？

如来妙定，非动非静，而常动静；非出非入，而常出入。此三昧，号体性虚空，虚对实，故使体性不空，当如山不纳山，石不容石，一顽定耳。体本虚空，故华光任现，岂以既入三昧便应灰灭不生？《圆觉经》如来入大光明藏三昧而起现净土，与十二大士更相酬答，抑又何也？且三昧有百千万亿等名，不是一味寂静，故有三昧，二乘尚不闻其名，菩萨犹未解其义，而执泥寂静，则狮子奋迅嚬呻，皆成喧闹矣。

又问："诸三昧各有出入，何独此中而说出入？"

答：出入非难，自在为难。三乘敛念方入，起念方出，不名自在。随心自在，乃称妙定也。据《华严》，即入即出，依报正报交互圆融，不可思议，此特其小小者耳，何足为异！

与刘罗阳居士

曩启专以念佛求生净土奉劝，然此道至玄至妙，亦复至简至易，以简易故，高明者忽焉。夫生死不离一念，乃至世出世间万法皆不离一念,今即以此念念佛,何等切近真实!若觑破此念,起处即是自性弥陀,即是祖师西来意。纵令不悟,乘此念力往极乐国,且横截生死,不受轮回,终当大悟耳。愿翁放下万缘,十二时中念念提撕,是所至望。

与冯筠居居士

七十古稀,百年能几?今此暮景,正宜放开怀抱,看破世间宛如一场戏剧,何有真实?但以一声阿弥陀佛消遣光阴,但以西方极乐世界为我家舍,我今念佛,日后当生西方,何幸如之!发大欢喜,莫生烦恼,倘遇不如意事,即便拨转心头这一声佛,急急提念,却回光返照,我是阿弥陀佛世界中人,奈何与世人一般见识?回瞋作喜,一心念佛,此是智慧中人大安乐、大解脱法门也。

答袁孝廉

婴儿曾不欠少圆明寂照之体,但迷而不发耳。何止婴儿,凡人自幼而壮,自壮而老,自老而死,无不在迷。此圆明寂照之体,有而不现,非无也。至于曹溪水、赵州茶,且不必以胸臆强解,只顾本参,以求正悟。何谓本参?若于念佛法门信得及,但参是谁念佛,所谓本参也。

与朱西宗居士

人之处世,遇顺境者,其情愉以安;遇逆境者,其情忧以危。然而顺未足为幸,逆未足为不幸也。溺于意之所愿,则出世之心不生;戚戚乎不得志,夫然后厌身世之桎梏而求以出世。是故万苦交于前,但以正智观察,苦从何生?从身生。身从何生?从业生。业从何生?从惑生。因惑造业,因业成身,因身受苦,但能破惑，一切空寂。敢问所以破惑之方，只须就本参话头上理会念佛的是谁，捉败此疑，诸惑皆破，思之毋忽！

答江广宥居士

承居士来谕：朱紫阳终是谤法，当有何报？余谓各有其报，其为儒家贤者，自有人天之福；然既排佛，则闻法为难。

己事办方可为人

古人大彻大悟，参学事毕，且于水边林下长养圣胎，不惜口头生醭，龙天推出，方乃为人。故辞法席者，愿生生居学地而自锻炼。予出家时，笃奉此语，佩之胸襟，后以病入山，久久不觉，渐成丛林。然至今不敢目所居为方丈，不敢开大口妄论宗乘，盖与众同修，非领众行道也，忝一日之长，互相激劝而已。诸仁者以友道待我而责善焉，幸甚！

自他二利

古云："未能自利先能利人者，菩萨发心。"斯言甘露也，不善用之，则翻成毒药。试反己而思之，我是菩萨否？况云发心非实已能也。独不闻自觉已圆，复行觉他者，如来应世乎？

或谓必待已圆而后利他，则利他终无时矣，然自疾不能救而能救他人，无有是处。是故当发菩萨广大之心，而复确守如来真切之训，不然以盲引盲，欲自附于菩萨，而人己双失，谓之何哉？

讲　宗

宗门之坏，讲宗者坏之也。或问："讲以明宗，曷言乎坏之也？"

予曰:“经、律、论有义路,不讲则不明;宗门无义路,讲之则反晦。将使其参而自得耳,故曰:‘任从沧海变,终不为君通。’又曰:‘我若与汝说破,汝向后骂我在。’”今讲者翻成套子话矣,西来意不明,正坐此耳。

妄拈古德机缘一

云栖僧约妄拈古德机缘者,出院。一僧云:“此不必禁,禁之则断般若缘。彼谤《法华》者,地狱罪毕,还以谤故,植缘《法华》,况妄拈者非谤乎?”

予曰:“子言则诚善矣,然知其一,未知其二。谤《法华》者,出地狱而植善缘,孰若敬信《法华》者,不入地狱而即植善缘乎?又谓妄拈非谤,而不思无知臆谈,皆名谤大般若。是故漫述师言者,被点检云:‘先师无此语,莫谤先师好。’彼尊师也,非谤也;错答一转语者,堕野狐身,彼错也,非谤也。何二人皆成罪戾?古人一问一答,皆从真实了悟中来,今人驰骋口头三昧,明眼人前似药汞之入红炉,妖邪之遇白泽耳。若不禁止,东竖一拳,西下一喝,此作一偈,彼说一颂,如风如狂,如戏如谑,虚头炽而实践亡。子以为宗门复兴,吾以为佛法大坏也。”

妄拈古德机缘二

僧不悦曰:“审如是,古德机缘更不可开口一评量乎?”

曰:“止禁妄拈,未尝言不可拈也。二僧同起卷帘,古德云:‘一得一失。’子试评量得失谁在。”僧无语。

予曰:“昔人有言:十回被师家问,九回答不得,未为害,但恐无知妄谈,则终无升进耳。慎之哉!”

禅宗净土迟速

一僧专修念佛法门,一僧以禅自负,谓念佛者曰:“汝念佛,必待生西方已,见阿弥陀佛,然后得悟。我参禅者,现生便得悟去,迟速较然矣。汝罢念而参,可也。”

僧莫能决,举以问予,予曰:“根有利钝,力有勤惰,存乎其人,则彼此互为迟速,未可是此而非彼也。喻如二人同趋宝所,一人乘马,一人乘船,同日起程,而到之迟速未可定也。则利钝勤惰之说也,参禅念佛亦复如是。语其迟,念佛人有累劫莲花始开;参禅人亦有多生勤苦,不能见性者矣。语其速,参禅人有当下了悟,不历僧祇获法身;念佛人亦有现生打彻,临终上上品生者矣。古云:如人涉远,以到为期,不取途中,强分难易。”

居　山

古云大隐居廛,小隐居山,遂有甘心汩没于尘俗者。不知居廛者,混俗和光,闹中得静,有道之士则然,非初心所宜也。或曰永嘉谓未得道而先居山,但见其山,必忘其道,是不许居山也。此各有说,予赞山居,为汩没于尘者诫也,而永嘉所言自是正理,出家儿大事未明,千里万里寻师访道,亲近知识,朝参暮请,岂得蒙昧无知作守山鬼乎?故知行脚在前,居山在后可也,则亦不悖乎永嘉之言也。

为僧宜孝养父母

有为僧不孝父母者,予深责之。或曰出家既已辞亲割爱,责之则反动其恩爱心矣。曰:恶是何言也?大孝释迦尊,累劫报亲恩,积因成正觉。而《梵网》云:“戒虽万行,以孝为宗。”《观经》

云:"孝养父母,净业正因。"古人有作堂奉母者,担母乞食者,未尝以恩爱累也。奈何于亲割爱矣,而缔交施主,不绝馈遗,畜养弟子过于骨肉,是无亲而有亲,出一爱而复入一爱也,何颠倒乃尔?且已受十方供养,饱暖安居,而坐视父母之饥寒寥落,汝安则为之?

真友

中峰大师《警策》有:"参禅必待寻师友,敢保工夫一世休。"又曰:"纵饶达摩与释迦拟亲,早已成窠臼。"此醍醐至妙之言也,然不可闻于下士也。执此言而自用自专,不复知取友之益,则翻成毒药矣。取友非难,得真友为难。饮食财帛相征逐者,恶友也;善相劝,恶相规者,好友也。开我以正修行路,示我以最上乘法,为我灯,为我眼,为我导师,为我医王者,真善知识友也,不可一日而远离者也。

传灯

《传灯录》所载诸师,如六代相承,五灯分焰,诸大尊宿皆天下古今第一流人物,所谓"始知周孔外,别自有英豪者"是也,岂易言哉?而今人或得一知半见,或得些少轻安,便自以为大彻大悟,而无眼长老又或以东瓜印子印之,一盲众盲,非徒无益而有害,可胜悼欤!

续原教论

国初翰林待诏沈士荣居士作《续原教论》,其详品名儒学佛一篇,备举唐宋诸君子,如白香山、苏内翰,至裴丞相、杨大年等诸公禅学浅深,最为精核。其言曰:即裴、杨诸公,不云无悟入,而保养受持则未可知也。岂有身居名利之场,又非果位菩萨,而能无细惑流注者哉?游戏法门者,固不必论矣,我辈身为出家儿者,试静思之。

护　法

人知佛法外护付与王臣,而未知僧之当其护者,不可以不慎也。护法有三:一曰兴崇梵刹,二曰流通大教,三曰奖掖缁流。曷言乎慎也?

护刹者,梵刹果尔原属寺产,豪强占焉,夺而复之,理也。有如考诸图籍,则疑似不明,传之远久,则张王互易,以势取之,可乎?喜舍名为吉祥地,力不敌而与者,谓之冤业薮。若僧唯劝化有力大人,以恢复旧刹为大功德主,而不思佛固等视众生如罗睺罗,殃民建刹,即广逾千顷,高凌九霄,栴檀为林,珠玉为饰,佛所悲怜而不喜者也,有过无功,不可不慎,一也。

护教者,其所著述果尔远合佛心,近得经旨,赞叹而传扬之理也。有如外道迂谈胸臆偏见,过为称誉,可乎?若僧唯乞诸名公作序作跋,而不思疑误后学,有过无功,不可不慎,二也。

护僧者,其僧果尔真参实悟,具大知见者,尊而礼之;实心实行,操持敦确者,信而近之,理也。有如虚头禅客、下劣庸流,亦尊之信之,可乎?若僧唯亲附贵门,冀其覆庇,而绵纩锦绣,以裹痈疽,只益其毒,有过无功,不可不慎,三也。是则王臣护法而僧坏法也。悲夫!

颂古拈古一

或问:古人皆有颂古拈古,子独无,何也?

答曰:不敢也,古人大彻大悟之后,吐半偈,发片言,皆从真实心地大光明藏中自然流出,不假思惟,不烦造作,今人能如是乎?国初尊宿言公案有二等,如“狗子佛性”“万法归一”之类是一等,又有最后极则誵讹,谓之脑后一槌,极为难透。予于前狗子、万法尚未能无疑,何况最后?故不敢恣其臆见,妄为拈颂也。

颂古拈古二

或曰:子其谦乎?盖能而示之以不能乎?

曰:非谦也,是真语、实语也。《楞伽》示宗说二通,而教多显义,宗多密义,故又云无义味语。予于教之深玄者,犹未能尽通也,而况于宗门中语乎?复次,宗门问答机缘,虽云无义味语,然有犹存少分义路可思议者;有绝无义路,似无孔铁槌不可钻刺者;有似太虚空不可捉摸者;有似铁蒺藜不可咬嚼者;有似大火聚不可近傍者;有似赫日轮不可着眼者;有似砒霜鸩羽不可沾唇者,安得妄议?

略举古人一二,世尊拈花,迦叶破颜微笑,我今已能冥会佛心如迦叶否?客诵《金刚》,六祖即时契悟,我今已能顿了深经如六祖否?临济见大愚而曰“黄檗佛法无多子”,我今已能实见得无多子否?赵州八十行脚,曰“只为心头未悄然”,我今已能心头悄然否?香严击竹有声,而曰“一击忘所知”,我今已能忘所知否?灵云见桃花而曰“直至如今更不疑”,我今已能的的到不疑之地否?高峰被雪岩问“正睡着无梦时主人”,不能答,我今已能答斯问否?又“三年而于枕子落地处大悟”,我今已能有此大悟否?

如此类者,不可胜举,倘有一未明,其余皆未必明。如兜率悦公之谓张无尽是也。非唯古人,即今人所作,亦不敢轻评其是非而漫为之贬驳也。何也?人坐于堂上,方能辨堂下人曲直,又未曾系籍圣贤故也。嗟乎!错答一转语,堕野狐身百劫;笑明眼人答话,倒屙三十年。覆辙昭然,可弗慎诸?

出家利益

古德云："最胜儿，出家好。"俗有恒言曰："一子出家，九族生天。"此皆赞叹出家而未明言出家之所以为利益也。岂曰不耕不织而有自然衣食之为利益乎？岂曰不买宅，不赁房，而有自然安居之为利益乎？岂曰王臣护法，信施恭敬，上不役于官，下不扰于民，而有自然清闲逸乐之为利益乎？

古有偈曰："施主一粒米，大似须弥山。若然不了道，披毛戴角还。"又曰："他日阎老子与你打算饭钱，看你将何抵对。"此则出家乃大患所伏，而况利益乎哉！

所谓出家之利益者，以其破烦恼，断无明，得无生忍，出生死苦，是则天上人间之最胜，而父母宗族被其泽也。不然，则虽富积千箱，贵师七帝，何利益之有？吾实大忧大惧，而并以告夫同业者。

三难净土

一人问：释迦如来以足指按地，即成金色世界。佛具足如是神力，何不即变此娑婆土石诸山秽恶充满之处，便成七宝庄严之极乐国，乃必令众生驱驰于十万亿佛土之迢迢也？

噫！佛不能度无缘，子知之乎？净缘感净土，众生心不净，虽有净土，何由得生？喻如十善生天，即变地狱为天堂；而彼十恶众生，如来垂金色臂牵之，彼终不能一登其阈也。是故刹那金色世界，佛摄神力而依然娑婆矣。

又一人问：经言至心念阿弥陀佛一声，灭八十亿劫生死重罪，斯言论事乎？论理乎？

噫！经云："一称南无佛，皆已成佛道。"又云："礼佛一拜，从其足跟至金刚际一尘、一转轮王位。”今正不必论其事之与理,但于“至心”二字上著倒,唯患心之不至,勿患罪之不灭。事如是,理亦如是;理如是,事亦如是。何足疑也?

又一人问:有人一生精勤念佛,临终一念退悔,遂不得生;有人一生积恶,临终发心念佛,遂得往生。则善者何为反受亏,而恶者何为反得利也?

噫!积恶而临终正念者,千万人中之一人耳,苟非宿世善根,临终痛苦逼迫,昏迷瞀乱,何由而能发起正念乎?善人临终退悔,亦千万人中之一人耳,即有之,必其一生念佛悠悠之徒,非所谓精勤者。精则心无杂乱,勤则心无间歇,何由而生退悔乎?是则为恶者,急宜修省,毋妄想临终有此侥幸;真心求净土者,但益自精勤,勿忧临终之退悔也。

世　梦

古云:“处世若大梦。”经云:“却来观世间,犹如梦中事。”云:“若云如者,不得已而喻言之也,究极而言,则真梦也,非喻也。人生自少而壮,自壮而老,自老而死,俄而入一胞胎也,俄而出一胞胎也,俄而又入又出之无穷已也。而生不知来,死不知去,蒙蒙然,冥冥然,千生万劫而不自知也。俄而沉地狱,俄而为鬼,为畜,为人,为天,升而沉,沉而升,惶惶然,忙忙然,千生万劫而不自知也。非真梦乎?古诗云:‘枕上片时春梦中,行尽江南数千里。’今被利名牵,往返于万里者,岂必枕上为然也?故知庄生梦蝴蝶,其未梦蝴蝶时亦梦也;夫子梦周公,其未梦周公时亦梦也。旷大劫来,无一时一刻而不在梦中也。破尽无明,朗然大觉曰:‘天上天下,唯吾独尊。’夫是之谓梦醒汉。”

一转语

先德开示学人，谓："我今亦不论你禅定、智慧、神通、辨才，只要你下一转语谛当。"学人闻此，便昼夜学转语。错了也！既一转语如是尊贵，如是奇特，则知定不是情识卜度，见解依通所可袭取，盖从真实大彻大悟中自然流出者也。如其向经教中，向古人问答机缘中，以聪明小智模仿穿凿，取辩于口，非不语句尖新，其实隔靴抓痒，直饶一刹那下恒河沙数转语，与自己有何交涉？今莫管转语谛当不谛当，且抛向不可说不可说世界之外，只牢守本参，密密用心，时时不舍，但得悟彻时，岂愁无语？吾虽钝根，不敢不勉。

本身卢舍那

僧问古德："如何是本身卢舍那？"

答云："与我过拂子来。"俄而曰："置旧处。"

僧理前问，曰："古佛过去久矣。"又云："未了之人听一言，只这如今谁动口？"

后人由此以举手动足，开口作声，便为真佛。是则是，是而实不是，所谓认贼为子者也，遂将柏树子、麻三斤、翠竹黄花、鸟衔猿抱等，一概认去，岂不误哉？俱胝遇问，即竖一指；鲁祖见僧，回身面壁。昔人道我若看见，拗折指头；予亦云待渠回身，拦胸踏倒。

宗门语不可乱拟

古人大悟之后，横说竖说，正说反说，显说密说，一一契佛心印，皆真语实语，非庄生寓言比也。今人心未妙悟，而资性聪利，辞辩捷给者,窥看诸语录中问答机缘,便能模仿,只贵颠倒异常,可喜可愕,以眩俗目,如当午三更,夜半日出,山头起浪,海底生尘,种种无义味语,信口乱发,诸无识者,莫能校勘,同声赞扬。彼人久假不归,亦谓真得,甚至“一棒打杀与狗子吃”“这里有祖师么?唤来与我洗脚”,此等处亦复无忌惮,往往效颦。吁!妄谈般若,罪在不原,可畏哉!

看语录须求古人用心处

凡看古人语录文字,不可专就一问一答,一拈一颂,机锋峻利,语妙言奇处,以爽我心目,资我谈柄,须穷究他因何到此大彻大悟田地。其中自叙下手工夫,刻苦用心处,遵而行之。所谓何不依他样子修也?若但剽窃模拟,直饶日久岁深,口滑舌便,俨然与古人乱真,亦只是剪采之花,画纸之饼,成得什么边事?

古玩入吾手

今人于一彝一罍、一书一画,其远在上古者、出自名家者、平生欣慕而不能致者,一旦得之,则大喜过望,欣然慰曰:“此某某所递互珍藏者,今幸入吾手矣!”曾不思旷劫以来无酬价之至宝何时入吾手,况世玩在外,求未必获,至宝在我,求则得之,亦弗思而已矣。

喜怒哀乐未发

予初入道,忆子思以“喜怒哀乐未发”为中,意此中即空劫以前自己也。既而参诸《楞严》,则云:纵灭一切见闻觉知,内守幽闲,犹为法尘分别影事。夫见闻泯,觉知绝,似喜、怒、哀、乐未发,而曰法尘分别者,何也?意根也,法尘也。根与尘对,顺境感而喜与乐发，逆境感而怒与哀发，是意根分别法尘也；未发，则尘未交于外，根未起于内，寂然悄然，应是本体不知向缘动境，今缘静境。向缘法尘之粗分别也，今亦法尘之细分别也，皆影事也，非真实也。谓之幽闲，特幽胜显，闲胜闹耳。空劫以前自己尚隔远在，此处更当谛审精察，研之又研，穷之又穷，不可草草。

急参急悟

放牛居士，古杭人，余氏子，参无门老人得悟。于宋淳祐中，其言曰："大聪明人才闻此事，便以心意识领解，所以认影为真，到腊月三十日眼光欲落时，向阎老子道：'待我澄心摄念，却与你去。'断不可也，须是急参急悟。"

放牛此语可谓吃紧，为人若真实彻悟者，平日踏得牢牢固固，稳稳当当，不动干戈，可以八面受敌，无常到来，安闲自如，不慌不忙，不怖不乱，何更待澄心摄念，勉强支吾耶？所谓急参急悟，吾辈当力图之。

厌喧求静

有习静者，独居一室，稍有人声，便以为碍。夫人声可禁也，鸦鹊噪于庭则如之何？鸦鹊可驱也，虎豹啸于林则如之何？虎豹犹可使猎人捕之也，风响水流，雷轰雨骤则如之何？故曰："愚人除境不除心，智者除心不除境，欲除境而境卒不可除，则道终不可学矣。"或曰："世尊不知五百车声，盖禅定中事，非凡夫所能。"然则高凤读书，不知骤雨漂麦，当是时，凤所入何定？不咎志之不坚，而嫌境之不寂，亦谬矣哉！

除　日

古人以除日当死日,盖一岁尽处,犹一生尽处。故黄檗垂示云:“预先若打不彻,腊月三十日到来,管取你热闹。”然则正月初一便理会除日事不为早,初生堕地时便理会死日事不为早,那堪荏荏苒苒,悠悠扬扬,不觉少而壮,壮而老,老而死?况更有不及壮且老者,岂不重可哀哉?

今晚岁除,应当惕然自誓自要,不可明年依旧蹉跎去也。虽然,此打彻二字不可容易看过,不是通几本经论当得彻也;不是坐几炷香,不动不摇当得彻也;不是解几则古德问答机缘,作几句颂古拈古当得彻也;不是酬对几句口头三昧滑溜当得彻也。古人谓于此事,洞然如桶底骤脱,爽然如大梦得醒,更无纤毫疑处,然后可耳。嗟乎!敢不努力!

念佛不碍参禅

古谓:“参禅不碍念佛,念佛不碍参禅。”又云:“不许互相兼带。”然亦有禅兼净土者,如圆照本、真歇了、永明寿、黄龙新、慈受深等诸师,皆禅门大宗匠,而留心净土,不碍其禅。故知参禅人虽念念究自本心,而不妨发愿,愿命终时往生极乐。

所以者何?参禅虽得个悟处,倘未能如诸佛住常寂光,又未能如阿罗汉不受后有,则尽此报身,必有生处。与其生人世而亲近明师,孰若生莲花而亲近弥陀之为胜乎?然则念佛不唯不碍参禅,实有益于参禅也。

心　得

以耳听受而得者,不如以目看读而得之者广也;以目看读而得者，不如以心悟明而得之者极其广也。以心为君，以目为臣，以耳为佐使可也。用目当心斯下矣，用耳当目又下之下矣。

世智当悟

智有二：有世间智，有出世间智。世智有二：一者博学宏辞，长技远略，但以多智多解而胜乎人者是也。二者明善恶，别邪正，行其所当行，而止其所当止者是也。仅得其初，是谓狂智，当堕三途；兼得其后，是谓正智，报在人天。何以故？德胜才，谓之君子；才胜德，谓之小人也。出世间智亦二：一者善能分别如来正法，四谛六度等，依而奉行者是也。二者破无明惑，如实了了，见自本心者是也。仅得其初，是出世间智也，名为渐入；兼得其后，是出世间上上智也，乃名顿超。何以故？但得本，莫愁末。得末者，未必得本也。今有乍得世智初分，便谓大彻大悟者，何谬昧之甚！

静之益

日间有事，或处分不定，睡去，四五更起坐，是非可否忽自了然，日间错处于此悉现，乃知尔来不得明见心性，皆由忙乱覆却本体耳。古人云："静见真如性。"又云："性水澄清，心珠自现。"岂虚语哉？

佛经不可不读

予少时见前贤辟佛，主先入之言，作矮人之视，罔觉也。偶于戒坛经肆请数卷经读之，始大惊曰："不读如是书，几虚度一生矣！"今人乃有自少而壮而老而死不一过目者，可谓面宝山而不入者也；又一类，虽读之，不过采其辞致以资谈柄，助笔势，自少而壮而老而死不一究其理者,可谓入宝山而不取者也;又一类,虽讨论讲演,亦不过训字诂文,争新竞高,自少而壮而老而死不一真修而实践者,可谓取其宝把玩之,赏鉴之,怀之袖之,而复弃之者也。虽然,一染识田,终成道种,是故佛经不可不读。

泰首座

或谓泰首座刻香坐脱,九峰不许,以不会石霜休去、歇去、寒灰枯木去等语也。而纸衣道者能去能来,将无会石霜意,而洞山亦不许者,何也?愚谓纸衣若果已出息不涉众缘,入息不居阴界,则去住自由,当与洞山作愚痴斋,把手共行,泰何可及?

如或不然,未免是弄精魂汉,古人所谓鬼神活计者是也。而泰公却有真实定力,特其耽着静境,不解转身一句,二者病则均也。然纸衣虚心,就洞山理会;而泰公奋然长往,自失大利。满招损,谦受益,学禅者宜知之。

心之精神是谓圣

《孔丛子》云:"心之精神是谓圣。"杨慈湖平生学问以是为宗,其于良知何似得无合佛说之真知欤?曰:精神更浅于良知,均之水上波耳,恶得为真知乎哉?且精神二字,分言之,则各有旨;合而成文,则精魂神识之谓也。昔人有言"无量劫来生死本,痴人认作本来人"者是也。

僧习

末法僧有习书、习诗、习尺牍语,而是三者,皆士大夫所有事。士大夫舍之不习而习禅,僧反习其所舍,而于己分上一大事因缘置之度外,何颠倒乃尔!

宗门问答

古尊宿家相见，其问答机缘，或无义无味，或可惊可疑，或如骂如谑，而皆自真参实悟中来，莫不水乳投，函盖合，无一字一句浪施也。后人无知效颦，则口业不小。譬之二同邑人，千里久别，忽然邂逅，相对作乡语、隐语、谚语，傍人听之，亦复无义无味，可惊可疑，如骂如谑，而实字字句句皆衷曲之谈，肝膈之要也。傍人固不知是何等语，而二人默契如水乳，如函盖矣。今不如缄口结舌，但向本参上着力，只愁不悟，不愁悟后无语。

卷第二十四

云栖莲池宏大师语录

闻　谤

经言:“人之谤我也,出初一字时,后字未生,出后一字时,初字已灭,是乃风气鼓动,全无真实,若因此发瞋,则鹊噪鸦鸣皆应发瞋矣。”其说甚妙。而或谓:“设彼作为谤书,则一览之下字字具足,又永存不灭,将何法以破之?”独不思白者是纸,黑者是墨,何者是谤?况一字一字皆篇韵凑合而成。然则置一部篇韵在案,是百千万亿谤书无一时不现前也,何惑之甚也?虽然,此犹是对治法门,若知我空,谁受谤者?

菩萨不现今时

窃怪今时造业者多,信道者寡。菩萨既度生无已,何不分身示现,化诱群迷?且昔佛法东流,自汉魏以迄宋元,善知识出世若鳞次,然元季国初犹见一二,近何寥寥无闻?如地藏愿度尽众生,观音称无刹不现,岂其忍遗未度之生,亦有不现之刹耶?久而思之,乃知菩萨随愿度生,众生无缘则不能度。喻如月在天上,本无绝水之心,水自不清,月则不现。况今末法渐深,心垢弥甚,菩萨固时时度生,而生无受度之地,是则临浊水而求明月,奚可得乎?

曹溪不断思想

有诵六祖偈云:“惠能没伎俩,不断百思想,对境心数生,菩提作么长。”扬扬自谓得旨，便拟纵心任身，一切无碍。座中一居士斥之曰：“大师此偈，药卧龙能断思想之病也，尔未有是病，妄服是药，是药反成病。”善哉言乎！今更为一喻，曹溪之不断百思想，明镜之不断万像也；今人之不断百思想，素缣之不断五彩也。曹溪之对境心数起，空谷之遇呼而声起也；今人之对境心数起，枯木之遇火而烟起也。不揣己而自附于先圣者，试闲处一思之。

根原枝叶

末法人业经论，其所尚多在名繁相剧而难为记持者，义幽理晦而难为剖析者，文隐句涩而难为销会者，以是骋辩博，夸新奇，而衲僧脚跟下一大事因缘置之罔闻，又宁知彼名相、义理、文句皆从此中流出？是则攻枝叶而昧根原，永嘉所以浩叹也，故曰：“但得本，不愁末。”只恐时人于此信不及，放不下耳。

种种法门

譬如王师讨伐，临阵格斗，以杀贼为全胜。而杀贼者，或剑或槊，或槌或戟，乃至矢石种种随用，唯贵精于一技而已。以例学人，则无明惑障如彼贼人，种种法门如剑槊等，破灭惑障如获全胜。是知无论杀具，但取杀贼，贼既杀已，大事斯毕。

所云杀具，皆过河筏耳，不务其大而沾沾焉。谓剑能杀人，槊不能杀，岂理也哉？参禅者讥念佛为著相，励行者呵修定为落空，亦犹是也。故经云：“归元无二道，方便有多门。”先德云：“如人涉远，以到为期，不取途中，强分难易。”

生死根本

黄鲁直曰：“深求禅悦，照破生死之根，则忧畏淫怒无处着脚。但枯其根,枝叶自瘁。”此至论也,但未明言孰为生死根者,又禅悦下要紧在“照破”字,若得禅悦,便谓至足,则内守幽闲,正生死根耳。须是穷参力究,了了见自本性,则生死无处着脚。生死无处着脚,忧畏淫怒何由而生?

智　慧

《增一阿含经》佛言:“戒律成就是世俗常数,三昧成就亦世俗常数,神足飞行成就亦世俗常数,唯智慧成就为第一义。”则知戒定等三学,布施等六波罗蜜,唯智慧最重,不可轻也;唯智慧最先,不可后也;唯智慧贯彻一切法门,不可等也。

经云:“因戒生定,因定发慧。”盖语其生发之次第。然而要当知所重,知所先,知所贯彻始得。虽然,此智慧者,又非聪明辨才之谓也。如前世智,当悟中说。

行脚住山

今人见玄沙不越岭,保福不度关,即便端拱安居,眼空四海。及见雪峰三登投子,九上洞山,赵州八旬行脚,即便奔南走北,浪荡一生。斯二者皆非也。

心地未明,正应千里万里亲附知识,何得守愚空坐,我慢自高?既为生死参师访道,又何得观山观水,徒夸履历之广而已哉?正因行脚之士自不如此。

山　色

近观山色苍然,其青焉如蓝也;远观山色郁然,其翠焉如蓝之成靛也。山之色果变乎?山色如故,而目力有长短也。自近而渐远焉,青易为翠;自远而渐近焉,翠易为青。是则青以缘会而青,翠以缘会而翠，非唯翠之为幻，而青亦幻也，盖万法皆如是矣。

惺　寂

止观之贵均等尚矣，圣人复起，不能易矣，或有稍缓急于其间者曰："经言因定发慧，则止为要。"以是相沿成习，修行之人多主寂静。唯永嘉既为惺惺寂寂，寂寂惺惺之说，以明均等，而后文曰"惺惺为正，寂寂为助"，则迥然独得之见，从古至今无道及者。自后宗门教人看话，以期彻悟，而妙喜呵默照为邪禅，正此意也。是故佛称大觉，众生称不觉。觉者惺也，永嘉之旨微乎。

真道人难

凡人造业者百，而为善者一二；为善者百，而向道者一二；向道者百，而坚久者一二；坚久者百，而坚之又坚，久之又久，直至菩提心不退转者一二。如是最后名真道人难乎哉！

楞　严

天如集《〈楞严〉会解》，或曰："此天如之《楞严》，非释迦之《楞严》也。"予谓此语虽是，而新学执此，遂欲尽废古人注疏，则非也。即尽废注疏，单存白文，独不曰此释迦之《楞严》，非自己之《楞严》乎？则经可废也，何况注疏？又不曰自己之《楞严》遍一切处乎？则诸子百家，乃至樵歌牧唱皆不可废也，何况注疏？

悟　后

沩山和尚云："如今初心虽从缘得，一念顿悟自理，尤有无始旷劫习气未能顿净，须教渠净除现业流识，即是修也，不道别有法教渠修行趋向。"沩山此语，非彻法源底者不能道。今稍有省觉，便谓一生参学事毕者,独何欤?

去　障

修行去障,亦有五等喻。如一人之身五重缠裹,最外铁甲,次以皮裘,次以布袍,次以罗衫,又次贴肉极以轻绡。次第解之,轻绡俱去,方是本体赤历自身也。行人外去粗障,去之又去,直至根本无明极细微障皆悉去尽,方是本体清净法身也。

禅佛相争

二僧遇诸途,一参禅,一念佛。参禅者谓:"本来无佛,无可念者。佛之一字,吾不喜闻。"

念佛者谓:"西方有佛,号阿弥陀,忆佛念佛,必定见佛。"执有执无,争论不已。

有少年过而听焉,曰:"两君所言皆徐六担板耳。"

二僧叱曰:"尔俗士也,安知佛法!"

少年曰:"吾诚俗士,然以俗士为喻而知佛法也。吾梨园子也,于戏场中,或为君,或为臣,或为男,或为女,或为善人,或为恶人,而求其所谓君臣、男女、善恶者以为有,则实无;以为无,则实有。盖有是即无而有,无是即有而无,有无俱非真,而我则湛然常住也。知我常住,何以争为?"二僧无对。

谈　宗

予未出家时,乍阅宗门语,便以情识摸拟与一座主书,左纵右横,座主惮焉。出家数年后,重会座主于一宿庵,劳问间,见予专志净土,语不及宗,瞿然曰:"子向日见地超卓,今反卑近,何也?"

予笑曰:"谚有之'初生牛犊不畏虎',识法者惧,君知之乎?"

座主不答。

名　利

荣名厚利，世所同竞。而昔贤谓："求之既不可得，却之亦不可免。"此"却之不可免"一语最极玄妙，处世者当深信熟玩。

盖求不可得，人或知之；却不可免，谁知之者？如知其不可免也，何以求为？又求之未得，不胜其愠；及其得之，不胜其喜。如知其不可免也，何以喜为？又已得则喜，他人得之则忌，如知其不可免也，何以忌为？庶几达宿缘之自致，了万劫之如空，而成败利钝，兴味萧然矣。故知此语玄妙。

神　通

神通大约有三：一报得，一修得，一证得。报得者，福业自致，如诸天皆能彻视彻听，及鬼亦有通是也；修得者，习学而成，如提婆达多学神通于阿难尊者是也；证得者，专心学道，无心学通，道具而通自具，但迟速不同耳，如古今诸祖，诸善知识是也。

较而论之，得道不患无通，得通未必有道。先德有言："神通妙用不如阇黎，佛法还须老僧。"意有在矣。试为喻之，世间官人所有爵禄、冠服、府署、仪卫等，若神通。然而亦有三种，其报得者如功勋，荫袭自然而有者也；其修得者，人力夤缘，古人所恶不由其道者是也；其证得者，道明德立而位自随之。仲尼云"学也，禄在其中矣"是也，是三者胜劣可知也。

大豪贵人

世间大豪贵人，多从修行中来，然有三等：其一，持戒修福而般若正智念念不忘，则来生虽处高位，五欲具足，而心则时时在道,真所谓有发僧也;其二,持戒修福而般若之念稍疏,则来生游戏法门而已;其三,持戒修福而于般若邈不系念,则来生为顺境所迷,背善从恶,甚而谤佛毁法灭僧者有矣。鞠其因地,则均之修行人耳,而差别如是,来生更来生,其差别又何如也?寒心哉!

世　界

忆昔童子时,戏与诸童子相问难,谓:“天地尽处当作何状?将空,然皆太虚欤?则此空者又何所止?将结实如垣壁欤?则此实者又何所止?”诸童子无以应,笑而罢,而予则隐隐碍于胸中也。

彼《山海经》所谓:“东西相去二亿里,南北相去一亿五万里,只据一方,诚管窥而已。”后阅内典,至“虚空不可尽,世界不可尽”,意始大豁,以为非佛不能道。嗟乎,此未易言也!

心不在内

《楞严》征心,谓心不在内者,指真心也。若妄想心,则亦可云在内,此意微妙,未易与不知者道。世书曰:“心藏神。”神即妄想别名,其所称心,则肉团之谓耳。

有义学辈闻予言,摇首不信,今请以事明之,人熟寐,戏以物压其心,则魇,或自手误掩其心,亦魇,又戏画睡人面,有至魇死者,此在内之明征也。

义学曰:“如是则真妄成二物矣。”

曰:“子徒知真妄不二,不知真妄一而常二,二而常一也。不观水与冰乎?水冰不二,孰不知之?而水既成冰,水流动而无定方,冰凝实而有常所。真无方,妄有所,亦犹是也。从真起妄,妄外无真;由水结冰,冰外无水。故其体常一而用常二也。”

义学曰:“此子臆见,终违《楞严》,有据则可。”

曰:“有据,据在《楞严》,诸君自不察耳。经云:‘一迷为心,决定惑为色身之内,虽在色身之内,不妨体遍十方;正遍十方之时,不妨现在身内。’此意妄想破尽者,方能证之,吾与子尚在妄想中,葛藤且止。”

出谷喻

诗咏鸟谓“出自幽谷,迁于乔木”,盖别是非,慎取舍之论。昔德山作《青龙钞》,初以为三祇炼修,乃得成佛,而南方魔子谓一悟了毕,吾当往灭其种,以报佛恩。当是时,是一片真实好心,耿耿于怀,特不自知其所见之谬耳。及夫受指教于婆子,亲见龙潭,而积岁所宝所重,弃之如腐草,故能终成大器,震耀末法也。向使封滞臆见,我慢自贤,喻如窭人珍秘燕石,反谤贾胡,谓嫉己宝,虽有百婆子,千龙潭,其将若之何?

丸饼诳儿

忆在家时,一儿晚索汤饼,时市门已掩,家人无以应,丸米粉与之,啼不顾,其母恚甚。予曰:“易事耳。”取米丸匾之,儿入手,哑然而笑。时谓儿易诳若此。因知今人轻净土,重禅宗者似焉。语以丸汤饼之净土则啼,易以匾米丸之禅宗则笑,此真与儿童之见何异?嗟夫!

好名

人知好利之害,而不知好名之为害尤甚。所以不知者,利之害,粗而易见;名之害,细而难知也。故稍知自好者,便能轻利。至于名,非大贤大智不能免也。思立名,则故为诡异之行;

思保名,则曲为遮掩之计。终身役役于名之不暇,而暇治身心乎?

昔一老宿言:“举世无有不好名者。”因发长叹。

座中一人作而曰:“诚如尊谕,不好名者,唯公一人而已。”老宿欣然大悦解颐,不知已为所卖矣。名关之难破,如是哉!

看忙

世有家业已办者,于岁尽之日,安坐而观贫人之役役于衣食也,名曰看忙;世有科名已办者,于大比之日,安坐而观士人之役役于进取也,亦名曰看忙。独不曰世有惑破智成,所作已办者,安坐而观六道众生之役役于轮回生死也,非所谓看忙乎?

吁!举世在忙中,谁谓看忙者?古人云:“老僧自有安闲法。”此安闲法,可易言哉?虽然,世人以闲看忙,有矜己心,无怜彼心;菩萨看忙,起大慈悲心,普觉群迷,冀彼同得解脱。则二心迥异,所以为凡圣小大之别。

无义味语

宗门答话有所谓无义味语者,不可以道理会,不可以思惟通故也。后人以思惟心强说道理,则愈说愈远,岂唯谬说?直饶说得极是,亦只如鹦鹉学人语而已。

圆悟老人曰:“汝但情识意解,一切妄想都尽,自然于这里会去。”此先德已验之方,断非虚语,吾辈所当深信而力行者也。

得悟人正宜往生净土

或问:“某甲向修净土,有禅者曰:‘但悟自佛即已,何必外求他佛而愿往生?’此意如何?”

予谓此实最上开示，但执之亦能有误。请以喻明，假使有人颖悟同于颜子，而百里千里之外，有圣如夫子者，倡道于其间，七十子，三千贤，相与周旋焉。汝闻其名，往而见之，未必不更有长处，而自恃颖悟，拒不觐谒，可乎？虽然得悟，不愿往生，敢保老兄未悟在。何者？天如有言："汝但未悟，若悟则汝净土之生，万牛不能挽矣。"深矣哉言乎！

亲　师

古人心地未通，不远千里求师访道，既得真师，于是拗折拄杖，高挂钵囊，久久亲近。太上则阿难一生侍佛，嗣后历代诸贤，其久参知识者，未易悉举。只如慈明老人下二尊宿，一则杨岐辅佐终世，一则清素执侍一十三年，是以晨咨暮炙，浃耳洽心，终得其道，以成大器。

而予出家时晚，又色力羸弱，气不助志，先师为度出家，便相别去，方外行脚，所到之处，或阻机会，或罹病缘，皆乍住而已。遂至今日，白首无知，抱愚守拙。嗟乎！予不能于杏坛泗水济济多士中作将命童子，而乃于三家村里充教读师，可胜叹哉！

千僧无一衲子

龙兴靖公受知于雪峰大师，峰记靖云："汝他日住持，座下千僧，无一衲子。"后靖应钱王之请，住持龙兴，果众千余，皆三藏诵习之徒而已，一如峰记。

昔马大师得人之多，其成大器者至八十八人。靖去马师，年不甚远，而衲子之难得，乃千中罕见其一，况今时乎？人间无十善则天类衰，僧中无衲子则佛种断。近且不知衲子之谓何也？法道伶仃，如线欲绝，悲夫！

生　日

世人生日，设宴会，张音乐，绘图画，竞辞赋，以之为乐。唐文皇独不为，可谓超越常情矣。或曰："是日也不为乐，而诵经礼忏，修诸福事，则何如？"曰："诚善矣！欲报父母劬劳生育之恩，及灭己躬平生所作之业，于此宜尽心焉。然末也，非本也。先德有言：'父母未生前，谁是汝本来面目？'是日也，有能不为乐而正念观察未生前之面目者乎？若于此廓尔洞明，则不但报此身之父母，而累劫之亲恩无不报；不但灭现生之业，而多生之夙障罔弗灭矣，罢人世之乐，得涅槃之乐。孝矣哉！若人乎！伟矣哉！若人乎！"

年少闭关

闭关之说，古未有也，后世乃有之，所以养道，非所以造道也。且夫已发菩提大心者，犹尚航海梯山，冒风霜于百郡。不契随他一语者，方且挑包顶笠，踏云水于千山；八旬行脚，老更驱驰；九上三登，不厌勤苦。尔何人斯？安坐一室，人来参我，我弗求人耶？

昔高峰坐死关于张公洞，依岩架屋，悬处虚空，如鸟在巢，人罕觏之者，然大悟以后事耳。如其图安逸而缄封自便，则断乎不可。

僧畜僮仆

僧有畜僮仆供使令者。夫出家人，有弟子可服役，奚以僮仆为？或曰："弟子为求道而来，非执役人也。"噫！夫子之适国也，一则曰"冉有仆"，一则曰"樊迟御"；渊明之赴友人召也，一门生、二子舁其篮舆，后世图而绘之，以为高致。今出家为僧，乃宠爱其弟子如富贵家儿,而另以钱买僮仆,供爨负薪,张伞执刺,末法之弊,一至是乎!

时光不可空过

世人耽着处,不舍昼夜。曰:昼短苦夜长,何不秉烛游?耽赏玩也;百年三万六千日,一日须倾三百杯,耽曲蘖也;野客吟残半夜灯,耽诗赋也;长夏唯消一局棋,耽博弈也。

古有明训曰:"是日已过,命亦随减,当勤精进,如救头燃。"今出家儿耽曲蘖者固少,而前后三事或未免焉。将好光阴蓦然空过,岂不大可惜哉?

一蹉百蹉

古云:"今生若不修,一蹉是百蹉。"一之至百,何蹉之多直至于是?经言:"离恶道得人身难,得人生逢佛法难。"然而逢念佛法门信受,为尤难也。如经所言,蚁子自七佛以来未脱蚁身,安知何日得人身?又何日逢佛法?又何日逢念佛法门而信受也?何止百蹉,盖千蹉万蹉而无穷也。伤哉!

修　福

古有偈:"修慧不修福,罗汉应供薄;修福不修慧,象身挂璎珞。"有专执前之二句者,终日营营唯勤募化曰:"吾造佛也,吾建殿也,吾斋僧也。"此虽悉是万行之门,而有二说:一则因果不可不分明,二则己事不可不先办。

或曰:"果如子言,则佛像湮没,谁其整之?塔寺崩颓,谁其立之?僧饿于道路而不得食,谁其济之?人人唯办己事,而三宝荒芜矣!"

云:“不然,但患一体三宝荒芜耳。世间三宝,自佛法入中国以来,造佛、建殿、斋僧者,时时不休,处处相望,何烦子之私忧而过计也?吾独慨夫僧之营事者,其瞒因昧果,不惧罪福,克减常住,藏匿信施者,无论矣。即守分僧而未谙律学,但知我不私用入己则已,遂乃移东就西,将甲补乙,或那还急债,或馈送俗家,不知砖钱买瓦,僧粮作堂,枉受辛勤,翻成恶报,是则天堂未就,地狱先成,所谓无功而有祸者也。中峰大师训众曰:‘一心为本,万行可以。’次之,则所谓己事先办者也,己事办而作福事,则所作自然当可矣。”至哉言乎!为僧者,当铭之肺腑可也。

大鉴大通

大鉴能禅师,世称南宗;大通秀禅师,世称北宗。然黄梅衣钵不付“时时勤拂拭”之大通,而独付“本来无一物”之大鉴。何《宗镜录》谓大鉴止具一只眼,大通则双眼圆明?信如是,何以不得衣钵?夫曹溪亲接黄梅,远承达摩,又远之承迦叶,又远之承释迦,乃永明传道于天台韶国师而为此说者。何也?抑随时救弊之说也。昔人言晋宋以来,竞以禅观相高,而不复知直指人心,见性成佛之旨。故初祖西来,至永明时,又或以为一悟即了。故《宗镜》及《万善同归》等书,力赞修持,则似乎南宗专于顿悟,而北宗顿悟渐修,智行双备,故有只眼、双眼之喻。

万松老人独奋笔曰:“此一只眼,是之谓尽大地是沙门一只眼也,是之谓把定乾坤眼也,是之谓顶门金刚眼也。”倘新学辈诸浅见者,执《宗镜》所云,作实法会,则大鉴止是空谛,而大通方始是中道第一义谛,可乎?

或曰:“曹溪六代传衣,举世靡不知之,而当是时,何为唯见两京法主,二帝门师?北宗大著于天下,而不及曹溪者,又何也?”

曰:“曹溪既承印记,秘其衣钵,为猎人守网,潜光匿彩,至于一十八年。大通之道盛行,曹溪之名未显也。迨风幡之对,而后道播万世矣。曹溪潜龙深渊,不自炫耀;大通见龙在田,不自满盈。其言曰:‘彼亲传吾师衣钵者也。’盖善知识之相与,以有成也如是。”

诗偈

劝修四料简

作福不念佛,福尽还沉沦。
念佛不作福,入道多苦辛。
无福不念佛,地狱鬼畜群。
念佛兼作福,后证两足尊。

示广位

病从身生,身从业生。
不造诸业,祸消福增。
娑婆念佛,极乐标名。
一心不乱,上品位登。

因性灵示众

聋哑痴僧,名曰性灵。
世间好恶,何足评论?
是非长短,何必强分?
以此不说,即杜祸门。
以此勿听,即塞谤门。
以此不疑,成就信门。
人能学我,万祸无侵。
再或精进,圣道可成。

僧大文求偈字无外号含空

万象之中，唯空为大，
空在我心，眇如一芥。
大哉心乎！谁与对待？
无对待故，是以无外。

示大睥

有生必有死，长短安足论？
今得圆僧相，平生愿已满。
当生大欢喜，切勿怀忧恼。
万缘俱放下，但一心念佛。
注想极乐国，上品莲花生。
见佛悟无生，还来度一切。

新春日示众

今日贺新春，岁时重换却。
昨日作么生？十二月廿八。

宿地藏院

济宁城，地藏院，隐隐犹闻发弘愿。巧禅和空钵还家，痴道人卖衣买面。吃面人，休乱咽，照管胸中石头片。

还俗僧复祝发入灵隐

数年佛殿蔓延，一瞬魔宫震肃。
即非新起规模，原是本来面目。

答台州王敬所侍郎

问："夜来床头老鼠唧唧，说尽一部《华严经》。"

师云："猫儿突出时如何？"王无语。

师自代云："走却法师，留下讲案。"因书颂曰：

老鼠唧唧，华严历历，奇哉王侍郎，却被畜生惑。猫儿突出画堂前，床头说法无消息。无消息，《大方广佛华严经》，《世主妙严品第一》。

采蕨叹

云栖主人爱食蕨，衲子山前群采折。
采归食已洗足坐，切切唤我谈心诀。
心诀何须待我谈？蹉过山前好时节。
蕨！蕨！竖起拳头向汝说。

放螺蛳有感

盘盘曲曲，深深密密。
出门则带水拖泥，闭户则泯踪绝迹。
险遭玉鼎调和，几被金针挑剔。
今来复入波涛，但愿永离罗织。
休嫌肢体廉纤，莫怪廊房窄塞。
若知圆觉作伽蓝，眼前便是金刚窟。

示沈居士见衡

五十年前咏见衡，一似描形不识面。
要将无见当玄修，野狐伪作金毛现。

愿依夫子真实言,念念存诚心不变。
一朝悟取首楞严,见见之时非是见。

向偈附此以戒妄言

跨上白牛车,尺木横当面。
顶门眼圆睁,正见时时现。
千程复万程,永劫何曾变?
毕竟是什么来?
黑脸胡僧坐壁边,一物不存如是见。

大音希声

空谷幽然也,一呼而响应十方;雷霆寂然也,一鼓而震惊百里。若夫春禽昼啼,秋虫夜鸣,繁其声者,小音而已矣。故世尊默然良久,而外道谓开我迷云;空生宴坐不言,而帝释云善说般若。大音希声,非此之谓乎?颂曰:

不音之音,名曰至音。沉沉寂寂,吼动乾坤。
无叩而鸣,古人所箴。学道之士,默以养真。

大器晚成

楩梓在山,千岁而巨材成室;干将铸冶,九载而神光烛天。若夫槿花早发,而萎不终朝;蜉蝣易生,而寿不逾夕。速其成者,小器而已矣。故长庆七破蒲团而卷帘大悟,赵州八旬行脚而杰出丛林。大器晚成,非此之谓乎?颂曰:

不器之器,名曰上器。积厚养深,一出名世。
欲速不达,古人所刺。学道之士,静以俟势。

大智如愚

连城之璧,隐顽石而藏辉;照乘之珠,孕深渊而秘彩。若夫象以齿而焚身,翠因毛而殒命,炫其智者,小智而已矣。故曹溪妙契五祖而执劳负辛以韬光,慈明亲见汾阳而含垢忍耻以匿迹。大智如愚,非此之谓乎?颂曰:

不智之智,名曰真智。蠢然其容,灵辉内炽。
用察为明,古人所忌。学道之士,晦以混世。

大巧若拙

骐骥负千里之能,而迹滥驽骀;栴檀值大千之价,而形同枯木。若夫振螳臂于齐轮,呈驴技于黔虎,售其巧者,小巧而已矣。故马师具大机大用而初守钝于磨砖,香严能答十答百而终甘心乎学圃。大巧若拙,非此之谓乎?颂曰:

不巧之巧,名曰极巧。一事无能,万法俱了。
露才扬己,古人所少。学道之士,朴以自保。

画像自赞

瘦若枯柴,衰如落叶;
呆比盲龟,拙同跛鳖。
无道可尊,无法可说。
问渠趺坐何为?但念阿弥陀佛。

又

十画九不像,恼杀丹青匠。
庶几此近之,权留作供养。

若道这便是,依然成两样。
不两样,三十棒。

示孙居士无高

人苦凡夫名,超之欲入圣。
操此上人心,穷高不知病。
我观圣与凡,无欠亦无剩。
廓然平等门,高下何足竞?
抑之又抑之,乃见真如性。

鬼子母揭钵图

鬼母失儿情太戚,天上人间求未得。
钵盂指示空睹形,尽其神力不能出。
回光省过大归依,刹那母子重相识。
重相识,迟八刻。
自家怀里抱婴儿,何必向如来膝下殷勤觅?

答头陀袁希贤

须知有念终无念,千丈绮罗无一线。
谁识无情却有情,庭前铁树发新英。
无亦非,有亦非,偏南倚北莫相讥。
无亦是,有亦是,东行西去随我意。
君不见虚空本自绝中边,东西南北何曾异?

拟古四首

畏寒时欲夏,苦热复思冬。
妄想能消灭,安身处处同。

其　二

忖得翻成失，拟东仍复西。
未来杳无定，何必预劳思？

其　三

蚕出桑抽叶，蜂饥树给花。
有人斯有禄，贫者不须嗟。

其　四

草食胜空腹，茆堂过露居。
人生解知足，烦恼一时除。

蓝　田

蔼蔼平畦瑞起烟，山翁怀玉正高眠。
春深莫讶犁锄静，不是人间稻黍田。

东　铭

一瓦一椽，一粥一饭。檀信脂膏，行人血汗。
尔戒不持，尔事不办。可惧可忧，可嗟可叹。

西　铭

一时一日，一月一年。流光易度，幻形匪坚。
凡心未尽，圣果未圆。可惊可怖，可悲可怜。

厨房铭

雪峰饭头，沩山典座。古德芳风，于今未堕。
摄尔狂心，慎尔口过。运水搬柴，无忘这个。
堂内坐禅，堂外禅坐。谁信传衣，不离碓磨？

浴堂铭

山巍路远,致其柴薪;瀹釜燃火,效其劳勤。
一月八浴,丛林罕闻。沙弥戏笑,沸汤浇淋。
洗心涤虑,日新又新。何以报德?忽悟水因。

致力于中国人的教育改革与文化重建

立 品 图 书·自觉·觉他
www.tobebooks.net
出 品

雍正御製文集 叁

（清）雍正 编著

人民东方出版传媒
東方出版社

目　录

大义觉迷录

世宗上谕儒释道三教

御录经海一滴

大义觉迷录

雍正 编著

卷一

上　谕*

上谕：自古帝王之有天下，莫不由怀保万民，恩加四海，膺上天之眷命，协亿兆之欢心，用能统一寰区，垂庥奕世。盖生民之道，唯有德者可为天下君。此天下一家，万物一体，自古迄今，万世不易之常经。非寻常之类聚群分，乡曲疆域之私衷浅见所可妄为同异者也。

《书》曰："皇天无亲，唯德是辅。"盖德足以君天下，则天锡佑之，以为天下君，未闻不以德为感孚，而第择其为何地之人而辅之之理。又曰："抚我则后，虐我则仇。"此民心向背之至情，未闻亿兆之归心，有不论德而但择地之理。又曰："顺天者昌，逆天者亡。"唯有德者乃能顺天，天之所与，又岂因何地之人而有所区别乎？

我国家肇基东土，列圣相承，保乂万邦，天心笃佑，德教弘敷，恩施遐畅，登生民于衽席，遍中外而尊亲者，百年于兹矣。夫我朝既仰承天命，为中外臣民之主，则所以蒙抚绥爱育者，何得以华夷而有殊视？而中外臣民，既共奉我朝以为君，则所以归诚效顺，尽臣民之道者，尤不得以华夷而有异心。此揆之天道，验之人理，海隅日出之乡，普天率土之众，莫不知大一统之在我朝。悉子悉臣，罔敢越志者也。

乃逆贼吕留良，凶顽悖恶，好乱乐祸，僭扰彝伦，私为著述，妄谓"德佑以后，天地大变，亘古未经，于今复见"。而逆徒严鸿逵等，转相附和，备极猖狂，余波及于曾静，幻怪相煽，恣为毁谤，至谓“八十余年以来，天昏地暗，日月无光”。在逆贼等之意，徒谓本朝以满洲之君，入为中国之主，妄生此疆彼界之私，遂故为讪谤诋讥之说耳。不知本朝之为满洲，犹中国之有籍贯。舜为东夷之人，文王为西夷之人，曾何损于圣德乎？《诗》言“戎狄是膺，荆舒是惩”者，以其僭王猾夏，不知君臣之大义，故声其罪而惩艾之，非以其为戎狄而外之也。若以戎狄而言，则孔子周游，不当至楚应昭王之聘。而秦穆之霸西戎，孔子删定之时，不应以其《誓》列于《周书》之后矣。

盖从来华夷之说，乃在晋宋六朝偏安之时，彼此地丑德齐，莫能相尚，是以北人诋南为岛夷，南人指北为索虏。在当日之人，不务修德行仁，而徒事口舌相讥，已为至卑至陋之见。今逆贼等于天下一统，华夷一家之时，而妄判中外，谬生忿戾，岂非逆天悖理，无父无君，蜂蚁不若之异类乎？

且以天地之气数言之，明代自嘉靖以后，君臣失德，盗贼四起，生民涂炭，疆圉靡宁，其时之天地，可不谓之闭塞乎？本朝定鼎以来，扫除群寇，寰宇乂安，政教兴修，文明日盛，万民乐业，中外恬熙，黄童白叟，一生不见兵革，今日之天地清宁，万姓沾恩，超越明代者，三尺之童亦皆洞晓，而尚可谓之昏暗乎？

夫天地以仁爱为心，以覆载无私为量。是为德在内近者，则大统集于内近；德在外远者，则大统集于外远。孔子曰：“故大德者必受命。”自有帝王以来，其揆一也。

今逆贼等以冥顽狂肆之胸，不论天心之取舍，政治之得失，不论民物之安危，疆域之大小，徒以琐琐乡曲为阿私，区区地界为忿嫉，公然指斥，以遂其昧弃彝伦，灭废人纪之逆意。至于极尽狂吠之音，竟敢指天地为昏暗，岂皇皇上天，鉴观有赫，转不如逆贼等之智识乎？

且逆贼吕留良等，以夷狄比于禽兽，未知上天厌弃内地无有德者，方眷命我外夷为内地主。若据逆贼等论，是中国之人皆禽兽之不若矣，又何暇内中国而外夷狄也？自詈乎？詈人乎？

且自古中国一统之世，幅员不能广远，其中有不向化者，则斥之为夷狄。如三代以上之有苗、荆楚、猃狁，即今湖南、湖北、山西之地也。在今日而目为夷狄可乎？至于汉、唐、宋全盛之时，北狄、西戎世为边患，从未能臣服而有其地，是以有此疆彼界之分。自我朝入主中土，君临天下，并蒙古极边诸部落，俱归版图，是中国之疆土开拓广远，乃中国臣民之大幸，何得尚有华夷中外之分论哉！

从来为君上之道，当视民如赤子；为臣下之道，当奉君如父母。如为子之人，其父母即待以不慈，尚不可以疾怨忤逆，况我朝之为君，实尽父母斯民之道，殚诚求保赤之心。而逆贼尚忍肆为讪谤，则为君者，不知何道而后可也。

从前康熙年间，各处奸徒窃发，动辄以朱三太子为名，如一念和尚、朱一贵者，指不胜屈。近日尚有山东人张玉，假称朱姓，托于明之后裔，遇星士推算，有帝王之命，以此希冀鼓惑愚民，现被步军统领衙门拿获究问。从来异姓先后继统，前朝之宗姓臣服于后代者甚多，否则隐匿姓名伏处草野，从未有如本朝奸民假称朱姓，摇惑人心若此之众者。似此蔓延不息，则中国人君之子孙，遇继统之君，必至于无噍类而后已，岂非奸民迫之使然乎？

况明继元而有天下，明太祖即元之子民也。以纲常伦纪言之，岂能逃篡窃之罪？至于我朝之于明，则邻国耳。且明之天下丧于流贼之手，是时边患肆起，倭寇骚动，流贼之有名目者，不可胜数。而各村邑无赖之徒，乘机劫杀，其不法之将弁兵丁等，又借征剿之名，肆行扰害，杀戮良民请功，以充获贼之数。中国民人死亡过半，即如四川之人，竟致靡有孑遗之叹。其偶有存者，则肢体不全，耳鼻残缺，此天下人所共知。

康熙四五十年间，犹有目睹当时情形之父老，垂涕泣而道之者。且莫不庆幸我朝统一万方，削平群寇，出薄海内外之人于汤火之中，而登之衽席之上。是我朝之有造于中国者大矣，至矣！

至于厚待明代之典礼，史不胜书。其藩王之后，实系明之子孙，则格外加恩，封以侯爵，此亦前代未有之旷典。而胸怀叛逆之奸民，动则假称朱姓，以为构逆之媒。而吕留良辈又借明代为言，肆其分别华夷之邪说，冀遂其叛逆之志。此不但为本朝之贼寇，实明代之仇雠也。

且如中国之人，轻待外国之入承大统者，其害不过妄意诋讥，蛊惑一二匪类而已，原无损于是非之公，伦常之大。倘若外国之君入承大统，不以中国之人为赤子，则中国之人，其何所托命乎？况抚之则后，虐之则仇，人情也；若抚之而仍不以为后，殆非顺天合理之人情也。假使为君者，以非人情之事加之于下，为下者其能堪乎？为君者尚不可以非人情之事加之于下，岂为下者转可以此施之于上乎？

孔子曰："君子居是邦也，不非其大夫。"况其君乎！又曰："夷狄之有君，不如诸夏之亡也。"夫以春秋时百里之国，其大夫犹不可非，我朝奉天承运，大一统太平盛世，而君上尚可谤议乎？且圣人之在诸夏，犹谓夷狄为有君，况为我朝之人，亲被教泽，食德服畴，而可为无父无君之论乎？韩愈有言："中国而夷狄也，则夷狄之；夷狄而中国也，则中国之。"历代从来，如有元之混一区宇，有国百年，幅员极广，其政治规模颇多美德，而后世称述者寥寥。其时之名臣学士，著作颂扬，纪当时之休美者，载在史册，亦复灿然具备，而后人则故为贬词，概谓无人物之可纪，无事功之足录，此特怀挟私心识见卑鄙之人，不欲归美于外来之君，欲贬抑淹没之耳。不知文章著述之事，所以信今传后，著劝戒于简编，当平心执正而论，于外国入承大统之君，其善恶尤当秉公书录，细大不遗。庶俾中国之君见之，以为外国之主且明哲仁爱如此，自必生奋励之心，而外国之君见是非之不爽，信直道之常存，亦必愈勇于为善，而深戒为恶。此文艺之功，有补于治道者，当何如也？倘故为贬抑淹没，略其善而不传，诬其恶而妄载，将使中国之君以为既生中国，自享令名，不必修德行仁，以臻隆之治。而外国入承大统之君，以为纵能夙夜励精，勤求治理，究无望于载籍之褒扬，而为善之心，因而自怠，则内地苍生，其苦无有底止矣。其为人心世道之害，可胜言哉！

况若逆贼吕留良等，不唯于我朝之善政善教，大经大法，慨为置而不言，而更空妄撰，凭虚横议，以无影无响之谈，为惑世诬民之具，颠倒是非，紊乱黑白，以有为无，以无为有，此其诞幻诪张，诳人听闻，诚乃千古之罪人，所谓悯不畏死，凡民罔不憝，不待教而诛者也，非只获罪于我国家而已。

此等险邪之人，胸怀思乱之心，妄冀侥幸于万一，曾未通观古今大势，凡首先倡乱之人，无不身膏斧锧，遗臭万年。夫以天下国家之巩固，岂乌合鼠窃之辈所能轻言动摇？即当世运式微之时，其首乱之人，历观史册，从无有一人能成大事者。如秦末之陈涉、项梁、张耳、陈余等，以至元末之刘福通、韩林儿、陈友谅、张士诚等，虽一时跳梁，究竟旋为灰烬。而唐宋中叶之时，其草窃之辈，接踵叠迹，亦同归于尽。总之，此等奸民，不知君臣之大义，不识天命之眷怀，徒自取诛戮，为万古之罪人而已。

夫人之所以为人，而异于禽兽者，以有此伦常之理也。故五伦谓之人伦，是缺一则不可谓之人矣。君臣居五伦之首，天下有无君之人，而尚可谓之人乎？人而怀无君之心，而尚不谓之禽兽乎？尽人伦则谓人，灭天理则谓禽兽，非可因华夷而区别人禽也。且天命之以为君，而乃怀逆天之意，焉有不遭天之诛殛者乎？

朕思秉彝好德，人心所同，天下亿万臣民，共具天良。自切尊君亲上之念，无庸再为剖示宣谕，但险邪昏乱之小人，如吕留良等，胸怀悖逆者，普天之下不可言止此数贼也。用颁此旨特加训谕，若平日稍有存此心者，当问天扪心，各发天良，详细自思之。

朕之详悉剖示者，非好辩也。古昔人心淳朴，是以尧舜之时，都俞吁咈，其词甚简。逮至殷周之世，人心渐不如前，故《殷盘》《周诰》所以告诫臣民者，往复周详、肫诚剀切，始能去其蔽固，觉其愚蒙，此古今时势之不得不然者。

每见阴险小人，为大义所折，理屈词穷，则借圣人之言，以巧为诋毁，曰："是故恶夫佞者"，不知孔子之以子路为佞，因子路"何必读书，然后为学"之语而发。盖以无理之论，而欲强胜于人，则谓之佞，所谓御人以口给也。

若遇吕留良、严鸿逵、曾静等逆天背理，惑世诬民之贼，而晓以天经地义，纲常伦纪之大道，使愚昧无知，平日为邪说陷溺之人，豁然醒悟，不致遭天谴而罹国法，此乃为世道人心计，岂可以谓之佞乎？天下后世自有公论。著将吕留良、严鸿逵、曾静等悖逆之言，及朕谕旨，一一刊刻，通行颁布天下各府、州、县、远乡僻壤，俾读书士子及乡曲小民共知之，并令各贮一册于学宫之中，使将来后学新进之士，人人观览知悉。倘有未见此书，未闻朕旨者，经朕随时察出，定将该省学政及该县教官从重治罪。特谕！

上谕：朕荷上天眷佑，受圣祖仁皇帝付托之重，君临天下。自御极以来，夙夜孜孜，勤求治理，虽不敢比于古之圣君哲后，然爱养百姓之心，无一时不切于寤寐，无一事不竭其周详。抚育诚求，如保赤子，不惜劳一身以安天下之民，不惜殚一心以慰黎庶之愿，各期登之衽席，而无一夫不得其所。宵旰忧勤，不遑寝食，意谓天下之人，庶几知朕之心，念朕之劳，谅朕之苦，各安生业，共敦实行，人心渐底于善良，风俗胥归于醇厚。朕虽至劳至苦，而此心可大慰矣。岂意有逆贼曾静，遣其徒张熙投书于总督岳钟琪，劝其谋反，将朕躬肆为诬谤之词，而于我朝极尽悖逆之语。廷臣见者，皆疾首痛心，有不共戴天之恨，似此影响全无之事，朕梦寐中亦无此幻境，实如犬吠狼嗥，何足与辩？既而思之，逆贼所言，朕若有几微愧歉于中，则当回护隐忍，暗中寝息其事，今以全无影无声之谈，加之于朕，朕之心可以对上天，可以对皇考，可以共白于天下之亿万臣民。而逆贼之敢于肆行诬谤者，必更有大奸大恶之徒，捏造流言，摇众心而惑众听。若不就其所言，明目张胆宣示播告，则魑魅魍魉，不公然狂肆于光天化日之下乎？

如逆书加朕以谋父之名，朕幼蒙皇考慈爱教育，四十余年以来，朕养志承欢，至诚至敬，屡蒙皇考恩谕。诸昆弟中，独谓朕诚孝，此朕之兄弟及大小臣工所共知者。

朕在藩邸时，仰托皇考福庇，安富尊荣，循理守分，不交结一人，不与闻一事，于问安视膳之外，一无沽名妄冀之心。此亦朕之兄弟及大小臣工所共知者。

至康熙六十一年十一月冬至之前，朕奉皇考之命，代祀南郊。时皇考圣躬不豫，静摄于畅春园。朕请侍奉左右，皇考以南郊大典，应于斋所虔诚斋戒，朕遵旨于斋所致斋。

至十三日，皇考召朕于斋所，朕未至畅春园之先，皇考命诚亲王允祉、淳亲王允祐、阿其那、塞思黑、允䄉、公允祹、怡亲王允祥、原任理藩院尚书隆科多至御榻前，谕曰："皇四子人品贵重，深肖朕躬，必能克承大统。"著继朕即皇帝位。是时唯恒亲王允祺以冬至命往孝东陵行礼，未在京师，庄亲王允禄、果亲王允礼、贝勒允禑、贝子允祎，俱在寝宫外祗候。

及朕驰至，问安皇考，告以症候日增之故，朕含泪劝慰。其夜戌时，龙驭上宾，朕哀恸号呼，实不欲生。隆科多乃述皇考遗诏，朕闻之惊恸，昏仆于地。诚亲王等向朕叩首，劝朕节哀，朕始强起办理大事。此当日之情形，朕之诸兄弟及宫人内侍与内廷行走之大小臣工，所共知共见者。

夫以朕兄弟之中，如阿其那、塞思黑等，久蓄邪谋，希冀储位，当兹授受之际，伊等若非亲承皇考付朕鸿基之遗诏，安肯帖无一语，俯首臣伏于朕之前乎？而逆贼忽加朕以谋父之名，此朕梦寐中不意有人诬谤及此者也。

又如逆书加朕以逼母之名，伏惟母后圣性仁厚慈详，阖宫中若老若幼，皆深知者。朕受鞠育深恩，四十年来，备尽孝养，深得母后之慈欢，谓朕实能诚心孝奉。而宫中诸母妃咸美母后，有此孝顺之子，皆为母后称庆，此现在宫内人所共知者。及皇考升遐之日，母后哀痛深至，决意从殉，不饮不食。朕稽颡痛哭，奏云："皇考以大事遗付冲人，今圣母若执意如此，臣更何所瞻依，将何以对天下臣民？亦唯以身相从耳。"再四哀恳，母后始勉进水浆。自是以后，每夜五鼓，必亲诣昭仁殿，详问内监，得知母后安寝，朕始回苫次。

朕御极后，凡办理朝政，每日必行奏闻，母后谕以不欲与闻政事。朕奏云："臣于政务素未谙练，今之所以奏闻者，若办理未合，可以仰邀训诲，若办理果当，可仰慰慈怀，并非于予政事也。"后朕每奏事，母后辄喜，以皇考付托得人，有"不枉生汝，勉之莫怠"之慈旨。

母后素有痰疾，又因皇考大事，悲恸不释于怀，于癸卯五月，旧恙举发。朕侍奉汤药，冀望痊愈，不意遂至大渐。朕向来有畏暑之疾，哀痛擗踊，屡次昏晕，数月之内，两遭大事，五内摧伤，几不能支，此宫廷所共知者。

朕于皇考、母后大事，素服斋居，三十三月如一日，除祭祀大典，及办理政事外，所居之地，不过屋宇五楹，不听音乐，不事游览，实尽三年谅阴之礼，此亦内外臣工所共知者。

至于朕于现在宫中诸母妃之前，无不尽礼敬养，今诸母妃亦甚感朕之相待，岂有母后生我，而朕孺慕之心，有一刻之稍懈乎？况朕以天下孝养，岂尚缺于甘旨，而于慈亲之前有所吝惜乎？逆贼加朕以逼母之名，此更朕梦寐中不意有人诬谤及此者也。

又如逆书加朕以弑兄之名。当日大阿哥残暴横肆，暗行镇魇，冀夺储位，二阿哥昏乱失德，皇考为宗庙社稷计，将二人禁锢。此时曾有朱笔谕旨："朕若不讳，二人断不可留。"此广集诸王大臣特降之谕旨，现存宗人府。

朕即位时，念手足之情，心实不忍，只因诸弟中如阿其那等，心怀叵测，固结党援，往往借端生事，煽惑人心。朕意欲将此辈徐徐化导，消除妄念，安静守法，则将来二阿哥亦可释其禁锢，厚加禄赐，为朕世外兄弟，此朕素志也。所以数年以来，时时遣人赉予服食之类，皆不令称御赐，不欲其行君臣之礼也。二阿哥常问云："此出自皇上所赐乎？我当谢恩领受。"而内侍遵朕旨，总不言其所自。及雍正二年冬间，二阿哥抱病，朕命护守咸安宫之大臣等，于太医院拣择良医数人，听二阿哥自行选用。二阿哥素知医理，自与医家商订方药。迨至病势渐重，朕遣大臣往视，二阿哥感朕深恩，涕泣称谢云："我本有罪之人，得终其天年，皆皇上保全之恩也。"又谓其子弘皙云："我受皇上深恩，今生不能仰报，汝当竭心尽力，以继我未尽之志。"及二阿哥病益危笃，朕令备仪卫移于五龙亭。伊见黄舆，感激朕恩，以手加额，口诵佛号。以上情事，咸安宫宫人、内监百余人，皆所目睹者。及病故之后，追封亲王，一切礼仪有加，且亲往哭奠，以展悲恸。其丧葬之费，动支库帑，悉从丰厚，命大臣等尽心办理，封其二子以王公之爵，优加赐赉。今逆贼加朕以弑兄之名，此朕梦寐中不意有人诬谤及此者也。

又如逆贼加朕以屠弟之名，当日阿其那以二阿哥获罪废黜，妄希非分，包藏祸心，与塞思黑、允䄉、允禵结为死党。而阿其那之阴险诡谲，实为罪魁；塞思黑之狡诈奸顽，亦与相等。允禵狂悖糊涂，允䄉卑污庸恶，皆受其笼络，遂至胶固而不解，于是结交匪类，蛊惑人心，而行险侥幸之辈，皆乐为之用，私相推戴，竟忘君臣之大义，以致皇考忧愤震怒。圣躬时为不豫，其切责阿其那也，则有"父子之情已绝"之旨。其他忿激之语，皆为臣子者所不忍听闻。

朕以君父高年，忧怀郁结，百计为伊等调停解释，以宽慰圣心，其事不可枚举。及皇考升遐之日，朕在哀痛之时，塞思黑突至朕前，箕踞对坐，傲慢无礼，其意大不可测，若非朕镇定隐忍，必至激成事端。朕即位以后，将伊等罪恶，俱行宽宥，时时教训，望其改悔前愆，又加特恩，将阿其那封为亲王，令其辅政，深加任用。盖伊等平日原以阿其那为趋向，若阿其那果有感悔之心，则群小自然解散。岂料阿其那逆意坚定，以未遂平日之大愿，恚恨益深，且自知从前所为，及获罪于皇考之处万无可赦之理，因而以毒忍之心肆其桀骜之行，扰乱国政，颠倒纪纲，甚至在大庭广众之前诅咒朕躬，及于宗社。此廷臣所共见，人人无不发指者。

从前朕遣塞思黑往西大同者，原欲离散其党，不令聚于一处，或可望其改过自新。岂知伊怙恶不悛，悖乱如故，在外寄书允禩，公然有"机会已失，悔之无及"等语。又与伊子巧编格式，别造字样，传递京中信息，缝于骡夫衣袜之内，诡计阴谋，甚于敌国奸细。有奸民令狐士仪，投书伊处，皆反叛之语，而伊为之隐藏。其他不法之处甚多，不可胜数。

允禵赋性狂愚，与阿其那尤相亲密，听其指使。昔年因阿其那谋夺东宫之案，皇考欲治阿其那之罪，允禵与塞思黑在皇考前袒护强辩，致触圣怒，欲手刃允禵。此时恒亲王允祺抱劝而止。皇考高年，知伊愚逆之性，留京必致妄乱启衅，后因西陲用兵，特遣前往效力，以疏远之。伊在军前，贪婪淫纵，恶迹种种。及朕即位，降旨将伊唤回，伊在朕前放肆傲慢，犯礼犯分，朕悉皆曲宥，仍令奉祀景陵。竟有奸民蔡怀玺，投书伊之院中，造作大逆之言，称允禵为皇帝，而称塞思黑之母为太后。允禵见书，将大逆之语剪裁藏匿，向该管总兵云："此非大事，可酌量完结。"即此，则其悖乱之心，何尝改悔耶！

允䄉无知无耻，昏庸贪劣，因其依附邪党，不便留在京师，故令送泽卜尊丹巴胡土克图出口。伊至张家口外，托病不行，而私自禳祷，连书雍正新君于告文，怨望慢亵。经绪王大臣等以大不敬题参，朕俱曲加宽宥，但思若听其闲散在外，必不安静奉法，是以将伊禁锢以保全之。伊在禁锢之所竟敢为镇魇之事，经伊跟随太监举出，及加审讯，凿凿可据。允禩亦俯首自认，不能更辩一词。

从前诸王大臣胪列阿其那大罪四十款，塞思黑大罪二十八款，允禵大罪十四款，又特参允禩镇魇之罪，恳请将伊等立正典刑，以彰国宪。朕再四踌躇，心实不忍，暂将阿其那拘禁，降旨询问外省封疆大臣，待其回奏，然后定夺。仍令太监数人供其使，令一切饮食所需，听其索取。不意此际，阿其那遂伏冥诛，塞思黑从西宁移至保定，交与直隶总督李绂看守，亦伏冥诛。夫以皇考至圣至慈之君父，而切齿痛心于阿其那、塞思黑等，则伊等不忠不孝之罪，尚安有得逃于天谴者乎？

朕在藩邸，光明正大，公直无私，诸兄弟之才识实不及朕，其待朕悉恭敬尽礼，并无一语之争竞，亦无一事之猜嫌，满洲臣工及诸王门下之人，莫不知者。今登大位，实无丝毫芥蒂于胸中，而为报怨泄愤之举。但朕缵承列祖皇考基业，负荷甚重，其有关于宗庙、社稷之大计，而为人心世道之深忧者，朕若稍避一己之嫌疑，存小不忍之见，则是朕之获罪于列祖皇考者大矣。古人大义灭亲，周公所以诛管、蔡也，假使二人不死，将来未必不明正典刑。但二人之死，实系冥诛，众所共知共见，朕尚未加以诛戮也。至于朕秉公执法，锄恶除奸，原不以诛戮二人为讳。若朕心以此为讳，则数年之中，或暗赐鸩毒，或遣人伤害，随时随地皆可陨其性命，何必咨询内外诸臣，众意佥同而朕心仍复迟回不决，俾伊等得保首领以殁乎？至允禩、允禵将来作何归结，则视乎本人之自取，朕亦不能预定，而目前则二人现在也。

朕之兄弟多人，当阿其那等结党之时，于秉性聪明、稍有胆识者，则百计笼络，使之入其匪党，而于愚懦无能者，则恐吓引诱，使之依附声势，是以诸兄弟多迷而不悟，堕其术中。即朕即位以后，而怀藏异心者，尚不乏人，朕皆置而不问。朕之素志，本欲化导诸顽，同归于善，俾朝廷之上，共守君臣之义，而宫廷之内，得朕兄弟之情，则朕全无缺陷，岂非至愿。无如伊等恶贯满盈，获罪于上天、皇考，以致自速冥诛，不能遂朕之初念。此朕之大不幸，天下臣庶，当共谅朕为国为民之苦心。今逆贼乃加朕以屠弟之名，只此一事，天下后世自有公论，朕不辩亦不受也。

至逆书谓朕为贪财。朕承皇考六十余年太平基业，富有四海，府库充盈，是以屡年来大沛恩泽，使薄海黎庶莫不均沾。如各省旧欠钱粮，则蠲免几及千万两，江南、江西、浙江之浮粮，则每年减免额赋六十余万两。地方旱涝偶闻，即速降谕旨，动帑遣官，多方赈恤；及灾伤勘报之后，或按分数蠲除，或格外全行豁免。今年又降谕旨，将被灾蠲免分数，加至六分七分。至于南北黄运河工堤工，兴修水利，开种稻田，以及各省建造工程，备办军需，恩赐赏赉，所费数百万两，皆令动支帑项，丝毫不使扰民。夫以额征赋税，内库帑金减免支给如此之多，毫无吝惜，而谓朕为贪财，有是理乎？

只因从前贪官污吏，蠹国殃民，即置重典，亦不足以蔽其辜。但不教而杀，朕心有所不忍，故曲宥其死，已属浩荡之恩；若又听其以贪婪横取之资财肥身家，以长子孙，则国法何存，人心何以示儆？况犯法之人，原有籍没家产之例，是以将奇贪极酷之员，照例抄没，以彰宪典，而惩贪污，并使后来居官者，知赃私之物，不能入己，无益有害，不敢复蹈故辙，勉为廉吏。此朕乂安百姓，整饬吏治之心，今乃被贪财之谤，岂朕不吝惜于数千百万之帑金，而转贪此些微之赃物乎？

至于属员，亏空钱粮，有责令上司分赔者，盖以上司之于属吏，有通同侵蚀之弊，有瞻徇容隐之风，若不重其责成，则上司不肯尽察吏之道，而侵盗之恶习无由而止，是以设此惩创之法，以儆惕之。俟将来上官皆能察吏，下寮群知奉公，朕自有措施之道。若因此而谤为贪财，此井蛙之见，乌知政治之大乎？

至逆书谓朕好杀。朕性本最慈,不但不肯妄罚一人,即步履之间,草木蝼蚁,亦不肯践踏伤损。即位以来,时刻以祥刑为念,各省爰书及法司成谳,朕往复披览,至再至三;每遇重犯,若得其一线可生之路,则心为愉快;倘稍有可疑之处,必与大臣等推详讲论,期于平允。六年以来,秋审四经停决,而廷议缓决之中,朕复降旨,察其情罪稍轻者,令行矜释,其正法及勾决之犯,皆大逆大恶之人,万万法无可贷者。

夫天地之道,春生秋杀;尧舜之政,弼教明刑。朕治天下,原不肯以妇人之仁,弛三尺之法。但罪疑唯轻,朕心慎之又慎,唯恐一时疏忽,致有丝毫屈枉之情,不但重辟为然,即笞杖之刑,亦不肯加于无罪者。每日诫饬法司,及各省官吏等,以钦恤平允为先务。今逆贼谓朕好杀,何其与朕之存心行政相悖之甚乎?

又逆书谓朕为酗酒。夫酒醴之设,圣贤不废。古称尧千钟、舜百碗,《论语》称孔子"唯酒无量",是饮酒原无损于圣德,不必讳言。但朕之不饮,出自天性,并非强致而。然前年提督路振扬来京陛见,一日忽奏云:"臣在京许久,每日进见,仰瞻天颜,全不似饮酒者。何以臣在外任,有传闻皇上饮酒之说?"朕因路振扬之奏,始知外闻有此浮言,为之一笑。今逆贼酗酒之谤,即此类也。

又逆书谓朕为淫色。朕在藩邸,即清心寡欲,自幼性情不好色欲。即位以后,宫人甚少。朕常自谓天下人不好色,未有如朕者。远色二字,朕实可以自信,而诸王大臣近侍等,亦共知之。今乃谤为好色,不知所好者何色?所宠者何人?在逆贼既造流言,岂无耳目,而乃信口讥评耶!

又逆书谓朕为怀疑诛忠。朕之待人,无一事不开诚布公,无一处不推心置腹,胸中有所欲言,必尽吐而后快,从无逆诈,亿不信之事。其待大臣也,实视为心膂股肱,联络一体,日日以至诚训诲臣工,今诸臣亦咸喻朕心有感孚之意。至于年羹尧、鄂伦岱、阿尔松阿则朕之所诛戮者也。年羹尧受皇考及朕深恩，忍于背负，胸怀不轨，几欲叛逆。其贪酷狂肆之罪，经大臣等参奏九十二条，揆以国法，应置极刑。而朕犹念其西藏、青海之功，从宽令其自尽。其父兄俱未处分，其子之发遣远方者，今已开恩赦回矣。

鄂伦岱、阿灵阿实奸党之渠魁。伊等之意，竟将东宫废立之权，俨若可以操之于己。当阿其那恶迹败露之时，皇考审询伊之太监，比将鄂伦岱、阿灵阿同恶共济之处，一一供出，荷蒙皇考宽宥之恩，不加诛灭。而伊等并不感戴悔过，毫无畏惧，愈加亲密，鄂伦岱仍敢强横踞傲，故意触犯皇考之怒。当圣躬高年颐养之时，为此忿懑恚恨，臣工莫不切齿。阿灵阿罪大恶极，早伏冥诛。伊子阿尔松阿，仿效伊父之行，更为狡狯。朕犹念其为勋戚之后，冀其洗心涤虑，以盖前愆，特加任用，并令管理刑部事务。而伊逆心未改，故智复萌，颠倒是非，紊乱法律。一日审理刑名，将两造之人，用三木各夹一足，闻者皆为骇异。又与鄂伦岱同在乾清门，将朕所降谕旨掷之于地，其他狂悖妄乱之处，不可殚述。朕犹不忍加诛，特命发往奉天居住，使之解散其党羽，尚可曲为保全。岂料二人到彼，全无悔悟之念，但怀怨望之心，而在京之邪党，仍然固结，牢不可破。朕再四思维，此等巨恶，在天理国典，断不可赦，于是始将二人正法。

至于苏努则老奸大蠹，罪恶滔天，实逆党之首恶。隆科多则罔上欺君，款迹昭著。二人皆伏冥诛，未膺显戮。逆书之所谓怀疑诛忠者，朕细思，朕于年羹尧、鄂伦岱、阿尔松阿三人之外，并未诛戮忠良之大臣。想逆贼即以年羹尧、鄂伦岱、阿尔松阿、苏努、隆科多等为忠良乎？天下自有公论也。

又逆书谓朕为好谀任佞。朕在藩邸四十余年，于人情物理，熟悉周知，谗谄面谀之习，早已洞察其情伪，而厌薄其卑污，不若冲幼之主，未经阅历者也。是以即位以来，一切称功颂德之文，屏弃不用。不过臣工表文，官员履历，沿习旧日体式，作颂圣之句，凑合成章,朕一览即过,不复留意。日日训谕大小臣工,直言朕躬之阙失,详陈政事之乖差,以忠谠为先,以迎合为戒。是以内外诸臣,皆不敢以浮夸颂祷之词见诸言奏,恐为朕心之所轻。今逆贼之所谓好谀任佞者,能举一人一事以实之否耶?

以上诸条,实全无影响,梦想不及之事,而逆贼灭绝彝良,肆行诋毁者,必有与国家为深仇积恨之人捏造此言惑乱众听。如阿其那、塞思黑等之奸党,被朕惩创拘禁,不能肆志,怀恨于心;或贪官污吏,匪类棍徒,怨朕执法无私,故造作大逆之词,泄其私愤。且阿其那、塞思黑当日之结党肆恶,谋夺储位,也于皇考则时怀忤逆背叛之心。于二阿哥则极尽摇乱倾陷之术,因而嫉妒同气,排挤贤良,入其党者,则引为腹心;远其党者,则视为仇敌。又如阿其那,自盗廉洁之名,而令塞思黑、允䄉、允禵贪脏犯法,横取不义之财,以供其市恩沽誉之用。且允禵出兵在外,盗取军需银数十万两,屡次遣人私送与阿其那,听其挥霍。前允禵之子供出,阿其那亦自认不讳者。又如阿其那残忍性成,逐日沉醉。当朕切加训诫之时,尚不知改。伊之护军九十六,以直言触怒,立毙杖下;长史胡什吞,亦以直言得罪,痛加棰楚,推入水中,几至殒命。允禵亦素性嗜酒,时与阿其那沉湎轻生。允禵又复渔色宣淫,不知检束,以领兵之重任,尚取青海台吉之女,及蒙古女子多人,恣其淫荡,军前之人谁不知之?

今逆书之毁谤,皆朕时常训诲伊等之事,伊等即负疚于心,而又衔怨于朕,故即指此以为讪谤之端,此鬼蜮之伎俩也。且伊等之奴隶太监,平日相助为虐者,多发遣黔、粤烟瘴地方,故于经过之处,布散流言。而逆贼曾静等,又素怀不臣之心,一经传闻,遂借以为蛊惑人心之具耳。

向因储位未定,奸宄共生觊觎之情,是以皇考升遐之后,远方之人皆以为将生乱阶,暗行窥伺。及朕缵承大统,继志述事,数年以来幸无失政。天人协应,上下交孚,而凶恶不轨之徒,不能乘间伺衅，有所举动，逆志迫切，自知无得逞之期，遂铤而走险，甘蹈赤族之罪，欲拼命为疑人耳目之举耳。殊不知实于朕无损也。

又逆书云“明君失德，中原陆沉，夷狄乘虚入我中国，窃据神器”等语。我朝发祥之始，天生圣人起于长白山，积德累功。至于太祖高皇帝，天锡神武，谋略盖世，法令制度，规模弘远，是以统一诸国，遐迩归诚，开创帝业。迨太宗文皇帝，继位践祚，德望益隆，奄有三韩之地，抚绥蒙古，为诸国之共主。是本朝之于明，论报复之义，则为敌国；论交往之礼，则为与国。本朝之得天下，较之成汤之放桀，周武之伐纣，更为名正而言顺。况本朝并非取天下于明也，崇祯殉国，明祚已终。李自成僭伪号于北京，中原涂炭，咸思得真主，为民除残去虐。太宗文皇帝不忍万姓沉溺于水火之中，命将兴师，以定祸乱；干戈所指，流贼望风而遁。李自成为追兵所杀，余党解散。世祖章皇帝驾入京师，安辑畿辅，亿万苍生咸获再生之幸，而崇祯皇帝始得以礼殡葬。此本朝之为明报怨雪耻，大有造于明者也。是以当时明之臣民，达人智士，帖然心服，罔不输诚向化。今之臣民，若果有先世受明高爵厚禄，不忘明德者，正当感戴本朝为明复仇之深恩，不应更有异说也。况自甲申，至今已八十余年，自祖父以及本身，履大清之土，食大清之粟，而忍生叛逆之心，倡狂悖之论乎？

逆书云：“夷狄异类，詈如禽兽。”夫人之所以异于禽兽者几希，以其存心也。君子以仁存心，以义存心。若僻处深山旷野之夷狄番苗，不识纲维，不知礼法，蠢然漠然，或可加之以禽兽无异之名。至于今日蒙古四十八旗、喀尔喀等，尊君亲上，慎守法度，盗贼不兴，命案罕见，无奸伪盗诈之习，有熙皞宁静之风，此安得以禽兽目之乎？若夫本朝，自关外创业以来，存仁义之心，行仁义之政，即古昔之贤君令主，亦罕能与我朝伦比。且自入中国，已八十余年，敷猷布教，礼乐昌明，政事文学之盛，灿然备举，而犹得谓为异类禽兽乎？孔子曰：“夷狄之有君，不如诸夏之亡也。”是夷狄之有君,即为圣贤之流;诸夏之亡,君即为禽兽之类,宁在地之内外哉!

《书》云:“皇天无亲,唯德是辅。”本朝之得天下,非徒事兵力也。太祖高皇帝开创之初,甲兵仅十三人,后合九姓之师,败明四路之众。至世祖章皇帝入京师时,兵亦不过十万,夫以十万之众,而服十五省之天下,岂人力所能强哉?实道德感孚,为皇天眷顾,民心率从,天与人归。是以一至京师,而明之臣民,咸为我朝效力驰驱。其时统领士卒者,即明之将弁;披坚执锐者,即明之甲兵也。此皆应天顺时,通达大义,辅佐本朝成一统太平之业。而其人亦标名竹帛,勒勋鼎彝,岂不谓之贤乎?而得以禽兽目之乎?及吴三桂反叛之时,地方督抚提镇,以至县令武弁,攻城破敌,转饷挽粮,多半汉人也。且多临阵捐躯,守土殉节者,国史不胜其载,历历可数。又如三次出征朔漠,宣力行间,赞襄荡平之勋者,正复不少。岂不谓之忠且义乎?而得以禽兽目之乎?即如岳钟琪,世受国恩,忠诚义勇,克复西藏,平定青海,屡奏肤切,赤心奉主,岂非国家之栋梁、朝廷之柱石乎?

如逆贼曾静者,乃汉人之禽兽也。盖识尊亲之大义,明上下之定分,则谓之人;若沦丧天常、绝灭人纪,则谓之禽兽,此理之显然者也。且夷狄之名,本朝所不讳。孟子云:“舜东夷之人也,文王西夷之人也。”本其所生而言,犹今人之籍贯耳。况满洲人皆耻附于汉人之列,准噶尔呼满洲为蛮子,满洲闻之,莫不忿恨之;而逆贼以夷狄为诮,诚醉生梦死之禽兽矣。

本朝定鼎以来,世祖十八年建极开基,圣祖六十一年深仁厚泽。朕即位以后,早夜忧劳,无刻不以闾阎为念,是以上天眷佑,雨旸时若,奸宄不兴,寰宇享升平之福。在昔汉、唐、宋极治之时,不过承平二三十年,未有久安长治如今日者。百姓自龆龀之年,至于白首,不见兵革,父母妻子家室完聚,此非朝廷清明、庶绩咸熙之所致乎?且汉、唐、宋、明之世,幅员未广,西北诸处,皆为劲敌,边警时闻,烽烟不息。中原之民,悉索敝赋,疲于奔命,亦危且苦矣。今本朝幅员弘广,中外臣服,是以日月照临之下,凡有血气,莫不额手称庆,歌咏太平;而逆贼谓乾坤反复,黑暗无光,此又瘈犬鸱鸮之吠鸣,禽兽中之最恶者矣。

或逆贼之先世为明代之勋戚,故恋恋于明乎?今昌平诸陵,禁止樵采,设户看守,每岁遣官致祭。圣祖屡次南巡,皆亲谒孝陵奠酹,实自古所未有之盛典。朕又继承圣志,封明后以侯爵,许其致祭明代陵寝,虽夏、商、周之所以处胜国之后,无以加矣。若逆贼果心念前明,更当感切肺腑,梦寐之中,唯本朝崇奉,而犹云:"内中国而外夷狄乎?"此逆贼也,非唯在本朝为汉人之禽兽,即在明代,亦一禽兽,且其意非仅比本朝为禽兽,其视明代亦一漠不相关之禽兽耳。

又云:"五六年内寒暑易序,五谷少成,恒雨恒旸,荆、襄、岳、常等郡,连年洪水滔天,吴、楚、蜀、粤旱涝时闻,山崩川竭,地暗天昏。"夫天时水旱,关乎气数,不能保其全无,所恃人力补救耳。如尧有九年之水,汤有七年之旱,曾无损于一帝一王贤圣之名。但朕自嗣位以来,赖天地、祖宗之福庇,阴阳和顺,风雨时调,五谷丰收,农民乐业。各省之内,间有数州县旱涝不齐,即令动帑赈济,民获安全。湖广唯上年江水泛涨,有伤禾稼,即特发帑金,筑堤捍御,此天下臣民所共知者。幸六年之内,各省薄收之处不过数州县耳,倘遇大水大旱,不知又作何幸灾乐祸之说也。方今天下,凡有知识之人,以及草木昆虫,皆居于戴高履厚之内,而云"地暗天昏",盖逆贼之心昏暗,入于鬼道,固不知有天地矣。

至云:"孔庙既毁,朱祠复灾。"孔庙之不戒于火,唐宋皆有之。明弘治时,被灾尤甚。弘治非明代之贤君乎?若以此为人君之不德所致,则将来叛逆之徒,必藉此煽动人心,至有纵火焚毁,以及各府州县文庙者。逆贼既称东鲁腐儒,附于圣人桑梓,而忍为此言乎?若朱祠之焚,未知果有其事否?但朱子祠宇遍天下,偶一被火，即关君德，则诸儒之祠宇何穷，宁能保其一无回禄之灾乎？

至云："五星聚，黄河清，为阴尽阳生，乱极转治之机。"夫果至乱极之时，有此嘉祥，犹可附会其说，今天下吏治虽不敢曰尽善，然已大法小廉矣；民生虽不敢曰乂安，然已衣食粗足矣。四方无事，百姓康乐，户口蕃庶，田野日辟，正万国咸宁之时，而乃云"乱极"乎？且食草木者何人，积尸者何地？逆贼能确指之乎？昧心丧理，总不举首仰观于天也。昊苍之所以恩眷本朝者，历代未有若斯之厚，而且显也。

朕即位之初，孝陵蓍草丛生，六年之秋，景陵芝英产于宝城山上，以至双岐五秀之嘉禾，九穗盈尺之瑞谷，五星聚于奎璧，黄河清于六省，骈实连株之应，卿云甘露之祥，朕虽不言祯符，而自古史册所艳称而罕观者，莫不备臻而毕具。而逆书则云："山崩川竭。"试问此数年来，崩者何山，竭者何川？能指出一二否乎？

夫灾异之事，古昔帝王未常讳言。盖此乃上天垂象，以示儆也。遇灾异而能恐惧修省，即可化灾为福矣；遇嘉祥而或侈肆骄矜，必致转福为灾矣。朕于此理见之甚明，信之甚笃，故每逢上天赐福，昭示嘉祥，寤寐之间，倍加乾惕。并饬内外臣工，共深敬谨，若涉冰渊，所颂谕旨，已数十次，朕岂敢欺天而为此不由衷之语耶？数十年来，凡与我朝为难者，莫不上干天谴，立时殄灭。如内地之三逆，外藩之察哈尔、噶尔丹、青海、西藏等，偶肆跳梁，即成灰烬。又幺么丑类，如汪景祺、查嗣庭、蔡怀玺、郭允进等，皆自投宪网，若有鬼神使之者。今逆贼曾静，又复自行首露。设逆贼但闭户著作，肆其狂悖，不令张熙投书于岳钟琪，其大逆不道之罪，何人为之稽察，不几隐没漏网乎？而天地不容，使之自败，朕实感幸之。昔明世嘉靖，万历之时，稗官野史所以诬谤其君者，不一而足。如《忧疑竑议录》《弹园杂志》《西山日记》诸书咸讪诽朝廷，诬及宫壶，当时并未发觉，以致流传至今，惑人观听。今日之凶顽匪类，一存悖逆之心，必曲折发露，自速其辜，刻不容缓，岂非上天厚恩我朝之明征欤？

又云："自崇祯甲申，以至今日，与夫德佑以迄洪武，中间两截世界，百度荒塌，万物消藏，无当世事功足论，无当代人物堪述。"夫本朝岂可与元同论哉？元自世祖定统之后，继世之君，不能振兴国家政事，内则决于宫闱，外则委于宰执，纲纪废弛。其后诸帝，或欲创制立法，而天不假以年，所以终元之世，无大有为之君。

本朝自太祖、太宗、世祖，圣圣相承。圣祖在位六十二年，仁厚恭俭，勤政爱民，乾纲在握，总揽万几，而文德武功，超越三代，历数绵长，亘古未有。朕承嗣鸿基，以敬天法祖为心，用人行政，无一不本于至诚。六年以来，晨夕惕厉之心，实如一日。朕虽凉德，黾勉效法祖宗，不敢少懈，是岂元政之可比哉？且元一代之制作，及忠孝节义之人物，亦史不胜书。《元史》独非明洪武时之所编辑乎？其称太祖则云："深沉有大略，用兵如神。"称世祖则云："度量弘广，知人善任，信用儒术，立经陈纪。"是明之于元帝誉美如此，而云"无当世事功足论"乎？且《元史》专传之外，其儒学、循良、忠义、孝友诸传，标列甚众，而云"无当代人物堪述"乎？《元史》系明太祖所修，而逆贼云尔，是厚诬明太祖矣，乃称欲为明复仇乎？

夫天眷帝德，以为保定，朕唯兢兢业业，夙夜基命，则自蒙上天嘉佑，历世永享太平，为内外一家之主，岂一二禽兽之吠鸣，可以惑人心而淆公论哉！

人生天地间，最重者莫如伦常，君臣为五伦之首，较父子尤重。天下未有不知有亲者，即未有不知有君者，况朕之俯视万民，实如吾之赤子。朕清夜扪心，自信万无遭谤之理，而逆贼之恣意毁谤，果何自而来乎？夫造作蜚语，捏饰诬词，加之平等之人，尚有应得之罪，今公然加之于君上，有是理乎？何忍为乎？朕思秉彝之良，人所同具，宇宙亿万臣民，无不怀尊君亲上之心，而逆贼独秉乖戾之气，自越于天覆地载之外，自绝于纲常伦纪之中，可恨亦可哀矣。

逆贼之所诋毁者，皆禽兽不为之事，而忍心加之于朕，朕实不料吾赤子之内，有此等天良尽丧之人。普天率土之臣民，定不为其所惑于万一。但天壤间，既有此诞幻怪异之事，则天下之人情不可以常理测度。或者百千亿万人之中，尚有一二不识理道之人，闻此流言，而生几微影响之疑者。是以特将逆书播告于外，并将宫廷之事宣示梗概，使众知之。若朕稍有不可自问之处，而为此布告之词，又何颜以对内外臣工、万方黎庶，将以此欺天乎？欺人乎？抑自欺乎？朕见逆贼之书，坦然于中，并不忿怒，且可因其悖逆之语，明白晓谕，俾朕数年来寝食不遑，为宗社苍生忧勤惕厉之心，得白于天下后世，亦朕不幸中之大幸事也。特谕！

奉旨问讯曾静口供十三条

问曾静：旨意问你，上岳钟琪书内云“道义所在，民未尝不从；民心所系，天未尝有违。自古帝王能成大功、建大业，以参天地，而法万世者，岂有私心成见介于其胸”等语。

我朝积德累功，至太祖高皇帝神武盖世，统一诸国，成开创之功；太宗文皇帝，弘继统之业；世祖章皇帝，建极绥猷，抚临中外。此正顺天命，从民心，成大功，建大业，参天地而法万世之至道也。你生在本朝，不知列祖为天命、民心之所归，而云“道义所在，民未尝不从；民心所系，天未尝有违”，是何所指？

曾静供：弥天重犯这些话，是泛说自古帝王之兴与帝王之在位，皆是顺天命，得民心的。天命顺，民心从，而兴起在位，即是道义之当然。

弥天重犯生长楚边山谷，本乡本邑，以及附近左右，并没有个达人名士在朝，而所居去城市又最远，所以盛朝功绩，传闻不到。直至旧年到省城，由省城以至于帝畿，见闻渐广，方知东海龙兴，列祖列圣承承继继，不唯非汉、唐、宋、明所及，直迈三代成周之盛。盖天地精英日流日开，上世浑噩，人文未起，积到成周，而太和翔洽，文明大著。然天之笃生圣人以开治者，在周亦唯算文、武二圣为极至，岂若本朝叠叠相因，日远日大，愈久愈光。

自太祖高皇帝神武盖世，开创王基；太宗文皇帝继体弘业，统一诸国；世祖章皇帝建极绥猷，抚临中外；圣祖仁皇帝深仁厚泽，遍及薄海；迨至我皇上，天亶聪明，恢弘前烈，已极礼明乐备，海晏河清。此正是天命民心所归，乃道义之当然，参天地，法万世，为天运文明之隆会。从前弥天重犯实实陷于不知，不是立意要如何,以自外于圣世。

问曾静:旨意问你,书内云"天生人物,理一分殊,中土得正,而阴阳合德者为人;四塞倾险而邪僻者,为夷狄;夷狄之下为禽兽"等语。禽兽之名,盖以居处荒远,语言文字,不与中土相通,故谓之夷狄;非生于中国者为人,生于外地者不可为人也。人与禽兽同在天地之中,同禀阴阳之气,得其灵秀者为人,得其偏异者为禽兽,故人心知仁义,而禽兽无伦理。岂以地之中外,分人禽之别乎?若如你所说,则中国阴阳和合之地,只应生人之一类,不应复有禽兽并育其间矣。何以遍中国之地,人与禽兽杂然共居,而禽兽之族,比人类为尤多?且即人类之中,还生出你这等叛逆狂悖、沦丧天良、绝灭人理、禽兽不如之物来呢?你有何说处?

曾静供:天生人物,理一分殊,其有分别,实以理之偏全,不在所居之内外。弥天重犯读书浅少,义理看不透彻,妄意以地之远近分华夷,初不知以人之善恶分华夷。今日伏读皇上谕旨,谓"如你所说中国只应生人之一类,不应复有禽兽并育其间矣",义更精实,理更显明,虽顽石无知,亦应灵动了。况本朝之兴,列圣相承,亘古所无,万国咸宁,历代罕睹;且开辟幅员之广,声教四讫,自有生民以来,到今日而极盛。又圣祖皇帝承天眷顾之笃厚,享年之久,三代以来所无。况更有几多善政善教,纬地经天,开万世之弘基,立百王之大法,所谓考诸三王而不谬,建诸天地而不悖,质诸鬼神而无疑,百世以俟圣人而不惑者,正于今日见之矣。所以圣祖皇帝宾天诏到,虽深山穷谷,亦莫不奔走悲号,如丧考妣。即以弥天重犯冥顽无知,至此亦曾废食辍饮,恸哭号涕,被素深山,居丧尽制。然在当时皆起于心之不及觉,发于情之不容已,非有所为而为也。若非圣德隆厚,皇恩浩大,何以使民至此?今日圣祖皇帝在天之灵,犹或洞鉴。只为向见《春秋》有华夷之辨,错会经旨,所以发出诞妄狂悖言语,其实到今日方晓得经文所说。

只因楚不尊王，故攘之；而本朝之兴，与经文之所指天悬地隔。

弥天重犯因思天地之内无气不通，无理不到，华夷之辨固不可以地言，即以地言，亦无定限。天地精英之气日散日远，而且循环无常，今日二五之精华尽钟于东土，诸夏消磨，荡然空虚，是实话实理。况夷狄本是论人，亦善恶五性克全，无所亏欠为人；五性浊杂，不忠不信，为夷狄。孟子既称大舜、文王为东西夷所生，又诋杨朱、墨翟之无父无君为禽兽，是中国岂无夷狄，要荒岂无圣人？至于有明之世，非鲁、卫、齐、晋之旧；而本朝之兴，直迈成周之辙，更不待言。

弥天重犯识浅见小，未曾经历，又得这些无知流言夹杂胸中，所以有此妄言，悔罪无及。弥天重犯记得前而两次亲供，前供就人而论，看得天地精英之气愈开愈远，循环无常，不以地限。而后供指出，有明之世非鲁、卫、齐、晋之旧，而本朝之兴，直迈成周之辙。以今看来，益觉自信无疑，悔罪无及，是弥天重犯虽昔同禽兽，今蒙金丹点化，幸转人胎矣。

问曾静：旨意问你，书内云“聪明睿智，仁能育万物，义能正万事，礼能宣万化，智能察万类，信能孚万邦者，天下得而尊之亲之。概自先明君丧其德，臣失其守，中原陆沉，夷狄乘虚窃据神器，乾坤反覆，地塌天荒，八十余年，天运衰歇，天震地怒，鬼哭神号”等语。从来皇天无亲，唯德是辅。我太祖、太宗、世祖，圣圣相承，圣祖在位六十二年，深仁厚泽，浃髓沦肌。正所谓聪明睿智，仁育万物，义正万事，礼宣万化，智察万类，信孚万邦者也。天与人归，懋昭大德；凡有血气，莫不尊亲。盖列祖之至德感孚，奉若天道者，为从古之极盛。是以皇天之保佑，申命恩厚于我朝者，为从古之极隆。

若谓乾坤反覆，地塌天荒，而我朝八十余年以来，享承平之福，凡叛逆之徒，稍萌奸回，即灭不旋踵。是岂天震地怒，鬼哭神号,皆无可奈何,而人力竟可胜天乎?此非敢于诬诋我朝,乃敢于诬诋上天矣。曾静,你有何说处?

曾静供:弥天重犯所说必聪明睿智而兼具五性之全德,乃是尊贵天位之语。到今日看来,列祖列圣之聪明睿智,仁义礼智信之施于薄海内外者,固已共信为圣神之极致。我皇上御极以来,圣德神功,上承列祖,尤无纤毫不惬于民心。唯弥天重犯为谣言蛊惑,遂戴天不知天之高,履地不知地之厚,出入作息,竟忘帝力于何有,以是酿成大恶,身陷乱贼。直到旧冬,得闻钦差大人宣传圣德之大,涵育宇宙;又伏读圣谕谆谆,光被四表,始觉心神开豁,脱然得悟从前之非。然耳虽闻圣德,心虽服圣教,目实未曾亲见有道盛世的光景。昨奉解来京,自湖南而湖北,以抵河南,由河南而到直隶京城,所过都邑省郡,自野及市,历人历境,不知凡几万千,但见民康物阜,风景和平,生其间者,皆气象古茂,性习淳厚,治化休明,太和翔洽,油然共庆太平有道之世。若不是皇上聪明睿智,仁育万物,义正万事,礼宣万化,智察万类,信孚万邦,休养抚育,励精不倦,为从古所未有,何以民心爱戴,休征齐著,天眷隆笃至此?到此愈觉从前错误之罪大弥天,无地自容,唯日自痛悔号泣而已。

至若谓"中原陆沉"以下等语,总因错听谣言,错解经义,一个病根,一路直错到底。今日虽万死万剐,亦所宜然,更何能稍置一喙?

问曾静:旨意问你,书内云"土田尽为富户所收,富者日富,贫者日贫"等语。自古贫富不齐,乃物之情也。凡人能勤俭节省,积累成家,则贫者可富;若游惰侈汰,耗散败业,则富者亦贫。富户之收并田产,实由贫民之自致窘迫,售其产于富户也。

今你说土田为富户所收,其果自雍正元年以后,富者始收民之土田乎?抑康熙年间,富者已收民之土田乎?其果本朝以前,若明若宋若汉、唐之代，民间皆贫富均齐乎？抑自古以来，民间即有富者收民之土田乎？你以富者日富，贫者日贫，俱归咎于君上，有何理据呢？

曾静供：此是太平日久，民间辗转，积而成弊，固自然之势，不关君上事，亦汉、唐以来的通弊，不起于本朝。但本朝历圣相继，承平之久，亘古少及。而皇上御极以来，德盛民化，风清弊绝，民间无丝毫烦扰；而惟田业一项，富户安于有余，贫民常苦不足，辗转流弊，土田将多为富户所收。此际似正须裁成辅相，因妄谓斯民所仰望君上者，在酌盈剂虚，裒多益寡。圣人成能，宜不忍任物情之自流。此是弥天重犯山鄙之粗见，不通世事之愚论，岂知贫以游惰而致，富因勤俭而得？此等不齐，自天降下民已然，原非人力之所能挽。盖天之生物不齐，因五气杂揉，不能一致；人之昏明巧拙，才质不同，乃造化之自然，虽天亦无可如何。人之贫富，视乎作为营办；作为营办，又视乎才力之巧拙昏明，此自然之理势也。况天道福善祸淫，更幽远莫测。其穷困者，安知不是天厄之？其丰亨者，安知不是天相之乎？皇上以抚育为心，举一世而涵濡之，岂愿其有此？得圣谕点化，更觉分明。

问曾静：旨意问你，书内云："到处呼号怨恨，切日丧偕亡之愿"等语，这呼号怨恨的确是何人？确在何地？确有何被虐之事？确有何愿丧之情？须一一据实供来。

曾静供：这等呼号的，乃是洞庭湖滨偶被水灾，不能安业之民。盖人生疾病痛苦，饥寒劳瘁，忍耐不过，多呼天呼父母，此情之不容自已者。而小民太平日久，素享丰盈，偶尔被水，觉苦不聊生，曾不如他郡他邑之群歌大有。皇上痌瘝赤子，发帑赈济，存留者虽沐恩惠，而散流辗转者或远不遍及，其逃于外的间有呼号。弥天重犯不能广览远稽，故有此语。其实寒暑怨咨，何伤天地之大？况沐恩者久，且多未遍者暂而少，不获安业者，以湖南计之，不过百分之一，以普天下计之，尚不及亿万分之一乎。此个缘故，到今方知。

问曾静：旨意问你，书内云“戴皇祖之仇以为君，且守死尽节于其前”，又有“俯首屈节，尽忠于匪类”等语。曾静以岳钟琪之远祖武穆王，称为皇祖者，是奉岳钟琪为主而已，为其臣子也。且曾静狂言，以《春秋》大义自居。其逆书有云“人臣之择主，如女子之从夫，为臣者事非其主，而失身如女子已嫁于人而再醮”等语。岳钟琪假若依曾静之说而叛本朝，是岳钟琪为不能守死尽节而再醮者矣。而曾静又臣事于岳钟琪，是又失身再醮之人矣。曾静以岳钟琪之臣事本朝为屈节尽忠于匪类，则曾静之愿奉岳钟琪为君，岂不为匪类中之匪类乎？且逆书内以岳钟琪为岳飞之后，称功颂德。及钦差讯问时，又盛言本朝之恩泽勋业。未知曾静之心，仍欲臣事岳钟琪乎，抑愿臣事本朝乎？如愿臣事本朝，则曾静不亦屈节于匪类乎？设岳钟琪为曾静鼓惑，未知曾静此时以岳钟琪为是乎，抑为匪类也？可一一讯问，令其逐条供明。

曾静供：弥天重犯本心毫无所为，只为误听谣言，错解经义，故一切大义大分，都至混淆。加以闻见狭隘，不知本朝世德之隆，得统之正，深仁厚泽之久而且洽，所以上书岳钟琪。种种悖谬，直是痛悔无及。盖人臣之择主，固如女子之从夫，今岳钟琪以文武全材，笃生圣神之世，而事圣神之君，正如皋夔之事尧舜，伊周之事汤武，不但如正女之从贤夫而已者，固万无可叛之义，亦决无或叛之心。而弥天重犯以误听流言，遂至冒昧上书，不唯自昧君臣之大义，而并劝人以不忠。是微如蜂蚁，尚知有君臣；毒如蛇虎，尚不忘恩报，而腼然人面，直匪类之不若也。迨至去冬，奉钦差大人审问，传宣圣德，已知从古盛世帝王莫与伦比；而且详告本朝来龙兴功德，事事仁至义尽，得统之正，全是天与人归。盖本朝来抚万国之初，明愍帝已身殉国难。而李贼猖狂，中原涂炭，毒逾水火。世祖章皇帝不烦一兵，不折一矢，而天下感戴，率从如赤子之依父母，较之汤武，昔尝为夏殷诸侯，而临时不免兵戈者，更名正言顺，神武而不杀。弥天重犯得闻此义，始如坠深渊，而痛哭追悔，万死莫及。

嗣后蒙大人仰遵皇上高厚深恩，一路抚惜到京。而弥天重犯自长沙以抵京师，沿途目之所见，尽是圣世隆景；耳之所闻，莫非圣德仁声。且当身亲被，又有几多破格恩典，而一到京师出之囹圄，居以广厦，给食赐衣。弥天重犯生长山陬，不知圣天子忧切民瘼，曲谅民难，哀矜民隐，竟及于极恶重囚、万死莫赦之徒，直至如此。弥天重犯虽同草木无知，顽石无灵，亦当翻然感化。故在当时岳钟琪幸而怒斥，得免乱贼之名；万一误见听从，不唯弥天重犯为万世乱贼之罪魁，而岳钟琪亦不免为万世乱贼之巨恶了。岳钟琪之守正，固益显其为圣世之良臣，而弥天重犯到此尚有何别义可以借口？只痛恨谣言之害人，遂至陷身于大恶而莫解；然犹幸到今，尚得接天语下诘，省悟以翻身，纵不敢望苟免幸生，得为圣世之民，然得闻大义而知前此之非，是即为圣世之鬼，亦所甘心矣。

至若奉岳钟琪为君，而己为其臣子，在弥天重犯初无此心，其称彼远祖为皇祖者，乃是见得《礼经》“自诸侯以下，概有皇考皇伯父之号”，故欲用三代以上称呼而妄耳。盖当时止做旁人献议，未即输身归顺。总之大义既错，罪大恶极，一路皆错，尚有何是处可言？唯千万叩首感激隆恩盛德，自伤欲为圣世之民而不可得。至于臣事本朝，乃天经地义之当然，又曷尝自即于匪类乎？

问曾静：旨意问你，书内云“明亡之恨”等语。前明之亡国，亡于流寇李自成之手，与我朝毫无干涉。自有明之季，政教不修，纲纪废弛，内则盗贼纷起，李自成等扰乱残虐，沦陷京师；外则边警时闻，各处蒙古外藩，皆为劲敌。是蹂躏中国，消耗明之元气，非独本朝也。

况我太祖创业以来,并无取明之天下之心。太宗皇帝曾勒兵入关徇地,直到山东临清,周视京城,纵猎南苑,数日乃归。明朝并不能一矢加遗。彼时若欲取明之天下,岂不易如反掌?盖我祖宗列圣唯冀息兵安民,解仇释忿。屡欲与明朝和好,而明之君臣总置之不问。迨李自成已陷北京,明愍帝殉国而死,明祚已绝,明位已移,始请兵我朝,来除寇乱。太宗皇帝命将兴师,兵至山海关,一战而胜。李自成二十万之众,望风逃窜,席卷长驱,是以我世祖皇帝君临万邦,廓清群寇,救亿万臣民于水火之中,为明朝报仇雪耻,是我朝深有德于前明,显然著明,可白万世者也。我朝得国较之汤武征诛,更为名正言顺,何明亡之有恨乎?

以李自成之横行中原,所过残破;明朝糜饷百万,曾不能少抗其锋。贼兵一至城下,长驱直入,李自成唾手得明之天下。是明之兵力,万万不如流寇甚明。当李自成既陷京师之后,其志方张,精锐之锋未尝少挫,更增明之叛臣降卒以助其势。而我朝兵威甫及,如摧枯拉朽,只经山海关一战,流贼即亡魂夺魄,奔逃溃败。由是而论,我朝之兵力声势,与明何啻相悬霄壤乎?设若取明之天下,已早取矣,何待流贼之摧残乎?唯以仁义为心,不肯代有其国。本朝之光明正大若此,今你怀叛逆之心,若在明朝,即是流寇李自成。而乃以明亡致恨为词,曾不反心自问乎?你还有何说?

曾静供:这个源头,弥天重犯从前全然不知,盖因失父太早,独居山僻穷陋者,已数十余年左右。附近不唯无史册可以借观稽考,而乡党邻里,并无知事老成传闻,但知本朝代明而有天下,初不知有明之天下,早已失之于流寇之手。直至旧冬,闻大人之说后,又得仰读圣谕,乃知本朝全是以仁义而兴,直驾千古莫媲,其弘功伟绩之在当世,不唯明之君臣感其恩、戴其力,即在当时之草木,亦莫不被德而蒙惠。盖有明之季,上下怠慢,政教全然荡废不举,纲纪颓然倒坠不整,内则任宦官把持国政,外则听诸藩剥削民力，荒淫纵恣，无礼无学，遂致民不聊生，奔入贼党，四起为敌。在外官兵望风而靡，所以贼得长驱，直抵京师。当此之时，生民流离困苦，残杀惨掠，直不啻如水火之告急。

太宗皇帝龙兴东海，政举教修，仁声仁闻，施及薄海内外，并未萌一点取天下之心。曾勒兵入关，纵猎南苑，以期为明解仇释怨，息兵而安民。而明之君臣，竟置之不问，由是振旅东归。当时若有一毫利天下之心，取明直如反掌之易耳，又何待贼陷京城，愍帝身殉国难，明祚已绝，明位已移，请求除寇安乱，而后兴师命将乎？即此一举，较之武王观兵孟津，以冀纣恶之改悔，心事更光明正大，表里无憾。况入关一战而胜，李自成二十万之众流寇，亡魂夺魄，溃散奔逃，扫荡廓清，当时天下之众如出深渊，如睹父母。世祖皇帝由是发政施仁，抚临天下，救亿万生灵之苦于水火之中。而天下之感戴者，不唯在明之君臣雪耻复仇，衔结莫报；而为亿万生灵救死扶生，其大德直与天地同流。由是看来，汤武虽以仁兴，而君臣一伦犹不能脱然无憾，所以当时成汤不免有惭德，武庚不免以殷叛，岂若本朝之有天下得于流贼之手，名正言顺，明臣、汉人皆感激深切，乐为效力致死者乎！弥天重犯从前陷于不知，任臆狂悖，妄引《春秋》以自误，所以有“明亡之恨”等语。到今知之，痛悔流涕，几不欲生，而且蒙恩高厚，更觉无地自容了，复有何说？

问曾静：旨意问你，书内云“《春秋》大义，未经先儒讲讨，有明三百年，无一人深悉其故。幸得东海夫子秉持撑柱”等语。孔子成《春秋》，原为君臣父子之大伦，扶植纲常，辨定名分。故曰：“孔子成《春秋》而乱臣贼子惧。”今曾静以乱臣贼子之心，托《春秋》以为说，与孔子经文判然相背，无怪乎明三百年无一人能解。不但元、明之人，即汉、唐、宋以来之儒，亦无人能解也。唯逆贼吕留良凶悖成性，悍然无忌，与曾静同一乱贼之性，同一乱贼之见，所以其解略同耳。

曾静之恶逆大罪，肆诋朕躬，已为自古乱臣贼子所罕见，而吕留良诪张狂吠，获罪于圣祖，其罪万死莫赎，宜曾静之服膺倾倒，以为千古卓识。可问曾静，吕留良所说《春秋》大义，如何昭然大白于天下？吕留良是域中第一义人，还是域中第一叛逆之人？著他据实供来。

曾静供：弥天重犯僻处山谷，离城甚远，左右邻里，无读书士子、良师益友就正，因应试州城，得见吕留良所选本朝程墨，及大小题，房书诸评。见其论题理，根本传注，文法规矩，先进大家，遂据僻性服膺，妄以为此人是本朝第一等人物，举凡一切言议，皆当以他为宗。其实当时并未曾晓得他的为人行事何如。而中间有论管仲九合一匡处，他人皆以为仁，只在不用兵车，而吕评大意，独谓仁在尊攘。弥天重犯遂类推一部《春秋》也只是尊周攘夷，却不知《论语》所云"攘"者止指楚国而言，谓僭王左衽，不知大伦，不习文教，而《春秋》所摈，亦指吴楚僭王，非以其地远而摈之也。若以地而论，则陈良不得为豪杰，周子不得承道统，律以《春秋》之义，亦将摈之乎！况舜为东夷之人，文王为西夷之人，其说载于《孟子》，更大昭著者也。由是看来，在当时吕留良固为背谬之极，而弥天重犯信而宗之，尤为失之千里矣。但吕留良议论弥天重犯所见者止此，其余文字著作，并不曾见过。唯到雍正五年，有学徒张熙到浙江购书，到吕家传得吕留良题《如此江山图》及《钱墓松歌》诗。彼时闻之，不觉惊异，不敢信以为然，随复得谣言，叠叠惑乱，遂疑他的话是实，且妄悔当身大义之不能早闻。

今奉旨将吕留良家藏旧作日记簒一本、诗集一本、日记草本四束、抄本文集四本、散诗稿一束赐看。其中不唯错看《春秋》，罪与弥天重犯同，且竟有讥诋圣祖皇帝处。圣祖皇帝在位六十余年，深仁厚泽，遍及薄海，即弥天重犯生长山僻，犹知感佩，况吕留良身居浙江大地，列名胶庠，食毛践土，亦已数十余年，如何丧心病狂，竟至如此。弥天重犯从前不知，恣以《春秋》之义说，虽出于吕氏，旨实发于孔子，不得不信。今日解出孔子不是如此说，又深知本朝得统之正，全是天与人归，历圣相承，无不道隆德备。而吕留良所云，如此到今，实实见得他是凶悖成性，悍然无忌，诪张狂吠，得罪圣祖，万死莫赎，诚为盛朝叛逆之罪魁。而弥天重犯山鄙无知，坐昧当身大义，恣信而附和之，万死亦不足以当其罪。今虽深痛无知而误信，切恨吕说之害人，俱嗟无及矣，更有何说？

但吕留良之说行世日久，如弥天重犯之为其蛊惑者，谅复不少，今幸得因弥天重犯败露，莫非历圣德隆，皇天笃佑我朝，故水落石出，一至于此，此岂人力之所能与？弥天重犯今虽陷法网，由此而天下之人共知其叛逆，不为彼说所惑，弥天重犯死所甘心矣。

问曾静：旨意问你，书内云“可荣可辱，可生可死，而此义必不可失坠”等语。今钦差审问之时，曾静缮写亲供全然改变，求哀乞怜，备极称颂。在曾静将以为荣乎，将以为辱乎？又未知曾静之心，此时愿生乎，抑愿死乎？其争持大义者何在？著他据实供来。

曾静供：弥天重犯向谓荣辱死生大义必不可失，只因错解《春秋》，错听谣言耳。其实弥天重犯原是皇上的赤子，非有历世功爵在先明难忘，素怀背叛不臣之心。今日发觉被执，只为谣言蛊惑，错解经义，遂至狂悖若此。即在旧年狂悖蒙心之中，此心自问毫无别为，皆是从知识闻见上差错起。到今日解出经义，毫不相干，知得谣传是蜚语诋诬。弥天重犯是蝼蚁小民，实是心悦诚服，到此唯有痛哭流涕，自恨当身大义，自悔不能为顺则之民，其乞哀求怜，正是弥天重犯今日当身之正义，但恐求乞之诚不至不能赎补当前之罪，虽蒙皇恩浩荡，自计于法无可生耳。

至若颂德称功，亦弥天重犯为臣民之分所宜然，尚得似前日之陷于不知，而姿自诋诬，唯所虑者，识浅学陋，不能仰测龙德中正之备，而颂与称有不能至，以是死难瞑目也。盖君之尊同天，亲同父，民之称天、子之颂父岂得为过？况五伦从天而下，极之昆虫草木皆有，而君臣一伦，尤为五伦之首。弥天重犯从前错听流言，错解经义，所以陷身禽兽，自咎虽生犹死。今既晓得本朝龙兴，不同寻常万万，又亲被圣德高厚，从古所无。此时虽死犹生，虽辱亦荣了。

问曾静：旨意问你，书内云“生当今日，遭逢今世，无志于当世之利禄以自污”等语。曾静果无志当世，则宜早为高尚，何以应试入学，身列青衿，及考居五等，然后愤懑穷居，肆为狂放？尚得云无志利禄乎？又书内“与一二同志，闭门空山，养鸡种瓜”等语。观曾静书内，见闻甚多，援据甚广，若闭门空山之中，蜚语讹言，何因入耳？是曾静同志之人，必非一二数也。著据实供吐，若供出何人传说，则曾静是误听传闻，罪尚可恕，不可以身犯大逆之罪，遂拼一死以含糊了事，甘为众人容隐。皇上恩旨，著你据实供吐，你须将书内所云若者得自何人，若者传自何处，逐一据实供来。

曾静供：弥天重犯书内千错万错，无一字著实者，总因错听谣言，误解经义，所以酿成大恶，到今日不可疏解。今圣德光洁，毫无瑕玷，而皇恩浩荡，不可名言。以弥天重犯如是之大罪大犯，尚如是优容宽待，另置幽闲清旷之地，且敕部给食赐衣，此诚千古未有奇典，尧舜所不到之殊恩。即此一事，弥天重犯粉身碎骨，亦不能仰酬皇恩于万一。

此时此际，若果晓得造言首犯，方欲寝食其皮肉，又岂敢容隐他人奸回，以负皇恩？所以当日在长沙，大人审问再三，不敢说者，实为胸中不晓得个实在源头上造言的人。而传言的人，又实实是个忠厚守法，不唯不肯造言，并不肯乱言的人。且自计罪大咎深，自料必不能生，虽蒙大人屡宣皇上智虑神奇，聪明天纵，事事非常，法所得定，亦非常情所得拟。弥天重犯的死生，断非事前所得决然。在弥天重犯当身自计，万难自信，可以侥幸于不死，与其临死而又牵累他人，不如自家一死之安为稍愈。

今感皇恩如此高厚，且奉旨意询问，思量自家一死何足轻重，即死亦要说明白自家的心事。赤子冒触父母，虽当父母盛怒之下，亦要向前号泣，说个明白，况今日旨意煌煌，得许弥天重犯直吐其人乎。此在自家分上计合，该要供出人来。因思水流毕竟有源即流，或可以寻源，胸中记出有两个偶尔传言的人，一是安仁县生员，姓何名立忠，曾说他听闻有个茶陵州人，姓陈字帝锡，传说朝中有人上议皇上多条，其大者如此如此。又永兴县十八都有个医生，姓陈字象侯，也说他在一处人家行医，听得人说茶陵州有个堪舆，姓陈字帝锡，口传有个本章，谏议皇上如此不好，那上本的臣子姓岳名钟琪。弥天重犯听得二人之话符同，遂渐疑此为实事，其实源头造言的人，不知就是那陈帝锡，抑陈帝锡上手还递传有人否。且陈帝锡弥天重犯从未会面，不知其人形貌何如，即“帝锡”两字，也不知是此两字否，问何立忠便知。听闻此人会堪舆，前两年在安仁县起学官，何立忠是安仁县的秀才，或者知得他的名字。其实今日仰唯皇上如天如地，何可毁谤？天经云隔，何伤于天？反因云隔，而转见天之高；地经穿凿，何损于地？反因穿凿，而转见地之厚。今皇上之行，如日月经天，虽湖山万里，莫不共见共闻。弥天重犯幸今亦如盲得视，复见天地日月了。

问曾静：旨意问你，在湖南供称“山崩川竭，是传闻泰山崩四十里，至于川并未竭，因笔头不谨，弄文致诬”等语。这泰山崩四十里之说，影响全无，你将传说笔之于书，已极悖逆了，况川竭之事，并无传说，而遂连类。并及这“山崩川竭”，是何等之事，竟可以笔头播弄得么？乃仅以“不谨”二字，轻忽戏玩之词掩饰此罪，如何使得呢？但所闻必有所自，你须据实供出。

曾静供:“山崩”之说,虽有传闻,弥天重犯今日万死,记想个人不出。“川竭”之误,弥天重犯今日实实该死。盖寻常说话,犹庸言之谨,一涉不实,不唯于道理有碍,于心不能无愧,抑且当面受人诃责不小。此是何等重大的事情,如何可以轻易掠过?且以庶人小民之贱,而上议国家事体,即有实据,犹不免出位冒干之罪,况既僭复妄,虚中更虚。即此一项,已足粉骨莫偿了,而前供犹仅以“笔头不谨”,盖过是身陷于罪,而竟不自知其罪之大小轻重矣,今日省悟,万死何辞!

问曾静:旨意问你,所著逆书《知新录》,内云“以大事看来,五星聚,黄河清,某当此时如何死得。天不欲开治则止,天欲开治,某当此机会,毕竟也算里面一个,求人于吴楚东南之隅,舍某其谁”等语。从古治乱之数,必上有桀纣之君,下有生民涂炭之祸,方可谓之大乱。曾静以我朝为夷狄,为匪类,然必为君者实有昏德,纪纲法度一切废弛,方为否极之时。

以今日海宇承平,万民乐业,以朝廷政事而论,虽不敢谓为至治之世,然苟有人心之识者,断无有诬为乱极当治之时也。且自开辟以来,未有如曾静禽兽不如之人,而以“五星聚,黄河清”为“舍我其谁”。又云“当此机会”,所谓机会者,何所指?据实供来。

曾静供:弥天重犯许多该死该剐的话,今日反复省悟,也有个病根。盖缘自幼以来,讲解经书,讲到《孟子》“滕文公问为国”章说,那井田法制,心中觉得快活,私地暗想,以为今日该行。由是屡去问人,却无一人说今日行得。心下听着人说行不得,甚不快活。后看见吕留良此章书文评语,竟以为行得,且说治天下必要井田封建,井田封建复了,然后方可望得治平。遂不觉赏心合意,从此遂深信吕留良的话,且执着这个死法子放肚里。因而看轻汉、唐、宋、明之治,大不及三代,妄以为井田不复,贫富不均,其余言治，皆非至道。乃猥不自量，敢以经济抱负，超越寻常。自许一闻“五星聚，黄河清”，遂疑此必是文明开治的机会；既遇文明开治的机会，必行井田复三代，欲行井田复三代，在当身自计，竭其驽骀，亦足备一时犬马之用，因而有“舍我其谁”之语。即所谓当此机会者，亦是望上之人用我，故曰“求人于吴楚东南之隅”，非是说弥天重犯当此机会，另生个别见也。只因谣言日闻，遂深疑皇躬主德未纯，所以狂悖，而有是举。及昨自湖南一路以抵京师，所历过之地数千里，无不家给人足，薄海内外无不化行俗、美道德，政教修举，详明较三代之井田学校，更因时损益，已精益精，正礼明乐备之极，天开文明之盛，当此如是之道隆德至，治著功成。我皇上犹求治之念孜孜不遑，不肯一时一刻少懈。伏读谕旨，尚曰：不敢谓为至治之世。德隆心下，圣不自圣，一至于此，此所以无人感孚，瑞呈详见，“五星聚，黄河清”者，正为皇上道德纯全，超越千古，本朝治教休明，迈盛三代，大圣人兴起在位应也。况井田疆界，自秦以来，已荡废二千余年，封洫沟渠，皆不可考。而今日承平日久，平原旷土，各成旧业，以理势论之，亦必不可行。且天下人文蔚起，不知有几千几万贤良，才智深于治体，精于治法者，用之不尽。而弥天重犯山鄙无知，禽兽不如，乃谓“舍我其谁”，其不自量，一至如此，狂妄之罪，万死何逃？

问曾静：旨意问你，所著逆书《知新录》内云“近世晚村夫子学问足，本领济，大有为得”。又“生非其时，在今日似恰逢其会”等语。这吕留良自以其先世为前明之仪宾，不忘故国，而在本朝应试为生员十有余年，后来考居五等，忽削发弃诸生。以天盖楼选刻时文，将本朝制科内名人之墨卷文稿刊板求利，致富不赀。乃包藏祸心，肆行无忌，实一反复无赖、卑污狂悖叛逆之人，天地覆载所不容。今你乃奉为师法，心悦诚服，以为孔孟复生。你所谓吕留良之学问本领，从何处见得？吕留良之大有为，从何处知道？是你与吕留良必曾会晤，亲承指授，因而信敬畏服一至于此。且云“今日恰逢其会”，又是何解？可从实供来。

曾静供：圣人曰：“不患人之不己知，患不知人也。”又曰：“不知人则是非邪正莫能辨。”弥天重犯今日狂悖，一路错到底者，总因自家僻处山谷，眼孔小，见闻隘，胸次鄙陋，错认人故也。如这些话都是自家没识见讨人底里不着，遂妄意心悦诚服，奉以为师；不唯以为师，且以他为一世的豪杰。其实当时何曾晓得他的行径大有不好处，不过就语句言话上，见得与自家僻性相投合，遂不觉好之深；好之深，遂不觉信之笃。

当时所谓学问本领者，妄意指他的说理明、论文精。谓他大有为者，期他得用，可行井田，复三代，从前谬妄信得他是如此。今日蒙圣恩开导点化，始晓得他的行事为人，到处不是。不特他当身大义背谬而已，从此回想，向日之信听他者，何啻陈相之悦许行，痛悔何及？至若谓亲承指授，实实没有。他生在浙江，弥天重犯生在湖南，近广东界，相去有数千里。且弥天重犯是康熙十八年生，吕留良是康熙二十一年死，弥天重犯只有四岁，实未曾与他会晤。至于“恰逢其会”等语，是弥天重犯胸中先有他一段看轻后世之心，又有他一段错解《春秋》之意，加以元年匪类之说在耳，而又适值永兴县那两年天雨，数月不断，遂以为世道有不好处，此全是山僻无知的识见。直到旧岁奉拿到长沙，今岁又由长沙到京城，见得年丰时和，化行俗美，太平有道，普天薄海皆然，方知圣人在位，政教修举，礼乐明备，直盛千古。从前满肚疑团，始得一洗落实。而吕留良之欺世盗名，大逆不道，蛊惑人心，为覆载难容处，弥天重犯亦了然明白矣。

卷二

奉旨讯问曾静口供二十四条

问曾静：旨意问你，所著逆书《知新录》内云"敬卿、景叔西游，似亦不轻。那年二月初二日五星联珠，日月合璧。某等七月初即有是行。天上这个朕兆不应则已，若应此事，必落于我辈之手。纵不能成于我手，亦必是我家眷属敬卿、景叔之手"等语。敬卿是张熙，所谓景叔又是何人？

据你前次供云"胸中原无确见，但传闻讹言，妄生疑惑，因而遣徒上书"等语。今据书中所云，是年七月，即有是行。是你于雍正三年已令张熙等各处行走，纠合叛逆之人，至六年方于岳钟琪处上书。你平日自命以为上应联珠合璧之祥，且云：此事必落于我辈之手，则是久蓄异谋，处心积虑要叛逆。你将三年七月以后差张熙等在何处行走，纠合何人，并所谓眷属，共有多少？景叔是何姓名，他又行往何处？逐一据实供来。

曾静供：西游的话，是雍正三年事，当时并没有别意。因弥天重犯所住的地最狭僻，在山谷中，左右方圆十余里，尽是耕户山农，并没有个读书识字的人相接。弥天重犯的父亲在日，曾尝有个迁居的志，而不能得遂。复因近来人多田贵，家事单寒，转移不得。后得学徒张熙、廖易在门往来，居宿安顿不得。而张熙、廖易家事亦贫寒，因见这些去四川的传来，以为四川田贱，乃与张熙、廖易商量，思欲去四川寻采个安静的所在，以为搬家安耕之计。且与张熙、廖易同往，并可以遂其读书之志，于是打叠有去四川之行。于七月二十五日起身，搭船到长沙上岸，因到长沙城中走一回。盖弥天重犯从未出门，只因考试到过郴州，余并未曾走动。不意到长沙竟看见有一告示，上说“五星联珠，日月合璧”的话。彼时大喜，以为有好世界来，毕竟会复井田封建；复井田封建，毕竟要用人；到那会用人时，我辈的行藏就不可得知。且既有井田则到处可以安身，又何必搬家带属，走四川做甚？于是去四川志遂灰了，就要转身来。那时并没有一点别样志向，唯有心中打量，要来京城上书献策，再三不决者，苦为匪类一篇说话在胸中狐疑，乃转身到长沙岳麓山一看。由是往湘潭一路回来，并没有会着别样人物，说一句异话，到九月初三日归家。唯回来有两年，见得这两年的收成不好。接年水荒，米贵，谷贵，百姓艰难，逃荒避水的多，乃翻疑此五星联珠、日月合璧的兆，恐另有别应，加以传闻日密，皆与前匪类之说相印证，于是狂悖有是话。盖此话是雍正五年冬说的，乃追忆雍正三年事，一前一后，前面的志向，与后面所见大不相黏。其实并没有到别处，并未曾会半个人。所谓西游者亦是因去四川西蜀取名。景叔即今在案解到之廖易。所谓眷属，即指张熙、廖易言。除此之外，并没有别人。

总之，弥天重犯狂举的心肝肺腑，一丝一毫，点点滴滴，尽载于《知几录》《知新录》。此两本书，虽有两个名号，确不是立意著作的书、装点的话。《知新录》乃是仿张横渠先生“心有开明，即便札记”之说。随每日所知所见，不论精粗是非，写放于此，以便自家翻阅。考其所学之得失议论，固未曾斟酌，文法亦未曾修饰，原是随便写出的口语。《知几录》不过写出叮咛张熙的话，明说与他，恐左右人听闻。且虑他未必记得，因写于纸上，到写得多了，遂取个名号，此是暗地递与他的话。今二书俱已搜获，进呈御览矣。弥天重犯当年情事何处掩藏？况皇上圣明天纵，明睿所照，丝毫尽露，并不能掩。且弥天重犯一路感戴皇恩如此高厚，自计虽粉骨碎身，亦莫能仰报万一，到此又何忍隐？

问曾静：旨意问你，所著逆书《知新录》内云“永兴童生应县试者二千四五百人，应道试者有二千人，何曾是今文风极盛，盖缘风俗日趋日下，无耻的多，所以奔竞成习”等语。从来以人材之众多，征国家培养教育之功。是以《兔罝》之诗，言化行俗美，贤才众多，未闻以人文日盛为风俗趋下者。且士人求名进取，有志观光，亦其本分当然。今曾静谓为无耻奔竞。试问曾静，伊既以应试为无耻，则自己不该应试，何以从前名列青衿？考试多年，及考居劣等，方不出来应试。曾静自问，为有耻安静之人乎？为无耻奔竞之人乎？著伊自评品。

曾静供：这种狂悖说话，大病总坐于看轻举子，所以颠倒悖谬，竟至于此。当年之意，盖谓国家隆重师儒，养育人材，开此科举，以为士子荣进之阶，典至重大。读书均当仰体朝廷之意，亦须看此为至重至贵之路，必敦行励节，有廉有耻，经义明晓，文理通达，然后从此应试上进，方不负朝廷取士之意。若文理全未通，经义全未解，行谊毫不加修，而唯日以应举应试为荣，岂不是以至重至贵之路，而反为争名夺利之场！所以狂悖，遂有此说。岂知我生之初应试少者，因明末丧乱之后，百姓流离困苦，不得安业读书所致。到后来蒙世祖章皇帝休养生息，圣祖仁皇帝至德流洽，仁渐义摩，所以盛朝人材蔚起，迥不同于先明，是这个缘故。如何当年不省？至于弥天重犯当身自问，从前未睹天日，狂妄丧心，看得一切皆不入眼，到今日得圣化，一洗从前谬妄，因翻思向之所知所行，直与禽兽无异，狗彘不如，更有何人行堪问，只有愧死无地耳。

问曾静：旨意问你，所著逆书《知新录》内云“刘先生所著《格物集》，他从子光斗过宁远县任所，带得一个稿本来”等语。这刘先生是何等样人？是何名字？他的从子光斗，于今现在何处？其所著《格物集》是何等样书呢？

曾静供：刘先生即今案内解到之刘之珩，从子刘光斗，在湖南岳州府安乡县住。《格物集》是刘之珩所著的，其中专言物理，并没说别样话，书亦不多。因刘之珩原任在永兴县做教谕，弥天重犯做生员时，曾经接见。后于雍正元年刘之珩丁父忧，遂回归岳州府安乡县居丧去了。到服满起复，改补永州府宁远县教谕。有从子刘光斗，自安乡县到宁远县学署看问伯父刘之珩，路从永兴县过，弥天重犯见他带得《格物集》，故写在《知新录》内。前在长沙，这《格物集》已经钦差大人从刘之珩家搜获进呈矣。

问曾静：旨意问你，所著逆书《知新录》内云“皇帝合该是吾学中儒者做，不该把世路上英雄做。周末局变，在位多不知学，尽是世路中英雄，甚者老奸巨猾，即谚所谓‘光棍’也。若论正位，春秋时皇帝该孔子做，战国时皇帝该孟子做，秦以后皇帝该程、朱做，明末皇帝该吕子做，今都被豪强占据去了。吾儒最会做皇帝，世路上英雄他那晓得做甚皇帝”等语。

孔、孟之所以为大圣大贤者，以其明伦立教，正万世之人心，明千古之大义。岂有孔子、孟子要做皇帝之理乎？孔子云：“事君尽礼。”又云：“臣事君以忠。”又云：“君君臣臣，父父子子。”看《乡党》一篇，孔子于君父之前，备极敬畏小心。孟子云：“欲为臣，尽臣道。”又云：“齐人莫如我敬王者。”使孔、孟当日得位行道，唯自尽其臣子之常经，岂有以韦布儒生要自做皇帝之理！

若依曾静所说，将乱臣贼子篡夺无君之事，强派在孔、孟身上，污蔑圣贤，是何肺肠？且自汉唐以来，圣君哲后，代不乏人。汉高祖、唐太宗、宋太祖、金太祖、元太祖、世祖，或戡定祸乱，或躬致太平，皆天命所归，功德丕著。今乃概目为光棍！况曾静时切明亡之恨，而以周末局变之后，皇帝皆系光棍，则明太祖亦在光棍之列。曾静不但是本朝之叛臣贼子，亦即是明之叛臣贼子。且曾静亦知光棍应得何罪，今以开创之主，皆诋为光棍，则当时佐命翼赞之名臣，皆当治以光棍为从之律矣。又春秋至明，数千年间，曾静所谓合该做皇帝者，只有孔、孟、程、朱、吕留良五人。开辟至今，无此狂怪丧心之论，可问曾静是如何说？

曾静供：这狂怪的话，本是说做君的毕竟是聪明天亶，学问盖世。如前供所说，聪明睿智，仁能育万物，义能正万事，礼能宣万化，智能察万类，信能孚万邦，天下乃得而尊之亲之，奉以为君之意。盖天降下民，作之君，作之师。君以职位言，师以道德言。必道德极天下之至，然后职位居天下之尊。其实君师原是一人做的，君之外，另有一种道德高出天下者为师。所以二帝三王之世，尧、舜、禹、汤、文、武之君，皆是深于道德之至，精于学问之极，当明天下莫得而尚之，所以为君。春秋、战国之局变，有孔孟之道全德备，而世莫能用。在上周家天子，又未闻有道德高出于孔孟者，以唐虞三代极盛之例推之，却似春秋时的大君，合该有孔子之道德，方足以当之；战国时之大君，合该有孟子之仁义，乃足以当之；宋末时的大君，合该有程、朱的理学，方足以当之。当日之意，不是谓孔、孟必要出来做君，程、朱亦有志于临民，乃是谓君临天下，必有孔、孟之道德仁义，与程、朱之理学精详耳。

盖敬君之至，莫如孔、孟；尊君之极，莫如程、朱。孔子事君尽礼，见于《乡党》一篇，后世人臣所少到，且不唯敬而已。推事君之诚，无所不至；为委吏则牛羊茁壮长，为乘田则会计当。举凡当官之职，尽到十分处，不肯一毫苟且者，皆是看得君命重大，所以职不敢旷耳。观孔子，则孟子、程、朱可类推矣。其所谓会做者，谓学问造到极处，成己自可以成物。《大学》讲明德，必及新民；《中庸》致中和，必到位育，盖性分中功用之全，自然贯通到此。所以说禹、稷、颜子易地则皆然。禹为君、稷为相、颜子是个陋巷匹夫，如何做得君相的事，亦是一理相通，修身就可以齐家，齐家就可以治国、平天下。四书、五经中，无一章不言及治天下的事。弥天重犯此条狂怪的话，是说出做大君的，原不是别样人可做，乃是聪明睿智而精深于学问道德的，正是看得君至重至大，轻易不得。

伏唯今日皇上抚临天下,统一六合,神明天纵,睿智性成。性焉安焉,优入圣域,其实道德之微,无不经历学问之精,无不透过中和并致,方得天地位而万物育,如是岂不是圣人而精于学问,方得尊居天下之上,与尧、舜、禹、汤、文、武千载符合。他若汉高祖、唐太宗、宋太祖、金太祖、元太祖、世祖,或戡定祸乱,或躬致太平,才智虽然有余,学问未免欠缺,故其发于政治,见于事功,未见得浑乎天理之正,而不能保其无一毫人欲之私。其实天下未闻有才德驾出其上,所以得而君之。

弥天重犯狂怪之说,本系以英雄比历代诸祖,而以光棍指魏、晋篡窃之主,所云"周末局变,在位多不知学,尽是世路中英雄",这三句原指汉、唐、宋、金、元诸祖说。所云"甚者老奸巨猾,即谚所谓光棍",这两句乃是指魏、晋诸篡夺者言,因辞不能达意,以致混同不明,一带说了。而"光棍"两字,亦是楚中俗语,山鄙无知,妄引以比例当时,立言大指原是如此。其实一种狂妄粗率,悍然无忌之罪,实有难容。况其中所举吕留良,尤为无知之极,不唯不识本朝历圣之德与尧、舜、禹、汤无异,竟把狂悖叛逆之吕留良当孔、孟矣。从前如在云雾中,今得圣谕开导点化,不唯光天睹日,抑且自觉寸磔不足以抵其辜矣。

问曾静:旨意问你,所著逆书《知新录》内云:"敬卿、景叔语言文字推崇过量,把某看做莫大的人物。心心念念,望世变世革,想某乘运起来复三代。"又云"仰观三代,天亶聪明,乾之九五,圣位莫乘。此等语在分上,固不敢当,只是他也不是一时躁率轻妄,信口说大话,抬高师长,确是他心中所见,实实如是"等语。这敬卿、景叔丧心病狂之语言文字,岂人所可当?而云"不是抬高师长的大话,实实见的如是",是你自承认担当莫大的人物了。"天宜聪明,乾位九五",这话都是你可以承认担当的么?且你如何乘运起来，你须将敢于担当大话的意思，据实一一供出。

曾静供：张熙、廖易病狂丧心，猥以此等语，推尊弥天重犯，何异弥天重犯盲睛瞎眼，以千古人宗推尊吕留良。虽说话轻重稍有不同，其实皆是一样无知，一样狂妄。揆之于法，不唯万剐莫辞，即问之于心，亦且愧死无地。但当时此话下语未清，大意谓人之知识有浅有深、有大有小，浅不能骤使之深，小不能强扩之大。随所见到，以为大小浅深，如蛙居井底，所见者只井底之地。初不知井之外更有地，遂妄以为天下之地尽在于此，岂知天地间有几多大地宽广，山岳湖海无穷无尽在。然不到过，亲见过，如何信得过？山鄙无知，何以异是？

弥天重犯从前为谣言所惑，亦因生平五十岁人，从未见过满洲，从未见过京师、省城，又未亲目亲耳，晓得皇上道德政教如此经天纬地，所以谣言易惑。直到旧年，捉拿到长沙，见过大人，由是心中遂疑吕留良的说话有不当。复自长沙以抵京城，耳所闻，目所见，与胸中所传闻者，不啻昼夜之相反。及至到京，又身亲皇恩如此之极，心醉圣德如此之至，乃脱然大悟从前之狂悖，该死该剐莫逃。而深信皇上之道隆德盛，直驾千古，而莫敢媲。当时弥天重犯此条，本意说知有大小浅深，必要人见到方信得过，故末后所以说敬卿、景叔异日见到，则必不肯说此狂悖之语。至若谓乘运起来，亦是谓如太公之遇文王，伊尹之受汤聘，此即张熙、廖易病狂丧心之意而言之。总之，说到此处，皇上圣明天纵，天地包容，万万叩首，唯冀哀之怜之，矜恤其无知而已，更有何说分解得？

问曾静：旨意问你，所著逆书《知新录》内云："如何以人类中君臣之义，移向人与夷狄大分上用。管仲忘君仇，孔子何故恕之，而反许以仁？盖以华夷之分，大于君臣之伦；华之与夷乃人与物之分界，为域中第一义，所以圣人许管仲之功。"又云"人与夷狄无君臣之分"等语。君臣为五伦之首，断无有身缺一伦，而可以为人之理。曾静当日以人与夷狄无君臣之分,不知从前以何人为君,且到今还是甘心俯首以君臣之义,移于夷狄分用乎?抑是始终以与夷狄无君臣之分乎?据实供来。

曾静供:凡这悖逆狂妄之说,皆是雍正五年冬与雍正六年春写载的。实因见得吕留良论孔子称管仲之仁处,有华夷之分,大过于君臣之伦之说,以致推论到此。其实,弥天重犯平昔并无此说。岂知华夷之分,圣人原不在地上论,若以地论,则舜生于诸冯,东夷之人也;文王生于岐周,西夷之人也,都不通了。将谓大舜与文王不是人可乎?且更不是圣人可乎?况由舜、文以下,不知更有几多行为师表,道高百世,如周子、张子、陈良者,俱生于四裔之地,犹历历可数指者乎?弥天重犯当年中吕留良之毒深,所以不察其非,而狂悖发论至此。

到今日亲被皇上德化之盛,且晓得本朝之得统,全是仁义,天与人归,浑乎天理。且我皇上道隆德盛,亘古所未见,即僻处在东海北海之隅,凡声名所到,犹尊之亲之,而无思不服。矧弥天重犯生居中土,身受抚绥之恩,而现为赤子者乎?

故弥天重犯今日之甘心俯首,如七十子之服孔子者,一为本朝得统之正,从古所少;二为皇上道德之大,生民未有其心悦诚服,乃是当身之至情,天地之大义。弥天重犯即是草木无知,到此亦当欣然向荣了,况有血气者,敢不尊亲乎?

问曾静:旨意问你,所著逆书《知新录》内云"夷狄盗窃天位,染污华夏,如强盗劫去家财,复将我主人赶出在外,占踞我家。今家人在外者,探得消息,可以追逐得他"等语。明朝天下亡于流贼李自成之手,是强盗劫去家财,赶出明之主人者,李自成也。我朝驱逐流寇,应天顺人而得天下,是乃捕治强盗,明罚敕法之天吏也。你等为家人者,既不能追逐李自成索取家财,而于强盗花费家财之后,转向捕治强盗、明罚敕法之天吏,指令赔偿可乎?

且由曾静之说推之，元之主人为明朝赶出，元人当索取家财于有明；而宋之主人，又为元朝赶出，宋人亦当索取家财于有元。等而类之，自唐以上，至于晋、汉皆然矣。从古有曾静逆天背理之论否？试问曾静，教他自己细想此段议论，是何如说？

曾静供：大义看错，遂总错到底。盖人身之主宰在心，心之所系在知。知上一错，凡发言行事，逆天背理，遂致不可穷诘。此等处总因错认本朝为夷狄，而不知圣人之生，原无分于东西也。且并不知明末之丧乱，生民受李自成残杀之毒，逾于水火。而本朝兴义师以除寇乱，功同天地，到今方知得本朝不唯不同于汉、唐之以智力取天下，而直过商、周之以仁兴，而不免于征诛者。且历圣相承，自有生民以来所未有之盛会。弥天重犯如何诬天诬父，至于此极。由今日看来，本朝当日即实实取明，代明而有天下，亦有德者兴，无德者亡，天理之当然。况有明当年与本朝原为与国，而天下又早已亡于流贼李自成之手。本朝之来抚中国，又不是以智谋力制中国而使之服，乃是仁义感动中国，筐篚争迎，而心悦诚服。

今弥天重犯误听人言，而反指以为盗窃，将明之取元，元之取宋，宋之取周等，而上之若唐若汉，以及周之代商，商之革夏，无一而不是盗窃，无一不当索回家财矣。其背理逆天之论，自家今日也解说不出，岂止于一处窒碍而已哉！今日细思此段议论，实实无知。其无知也，总因不知本朝龙兴之故，历圣功德之隆，徒为人言蛊惑，遂致狂悖如此，嗟悔无及，更有何说？

问曾静：旨意问你，所著逆书《知新录》内云："天下一家，万物一源。"又云"中华之外，四面皆是夷狄。与中土稍近者，尚有分毫人气，转远转与禽兽无异"等语。既云天下一家，万物一源，如何又有中华、夷狄之分？曾静但知肆其狂悖之词，而不知其自相矛盾。

《中庸》云:“致中和,天地位焉,万物育焉。”九州四海之广,中华处百分之一,其东西南朔,同在天覆地载之中者,即是一理一气,岂中华与夷狄有两个天地乎?圣人之所谓万物育者,人即在万物之内,不知夷狄在所育之中乎,抑不在所育之中乎?可问曾静是如何讲。且《易经》言:“信及豚鱼。”是圣人尚欲感格豚鱼,岂以远与中国,而云禽兽无异乎?即如曾静之叛逆肺肠,真禽兽不如,然至今日可能如豚鱼之感格否?著他据实说来。

曾静供:天下一家,万物一源,此两句是从本心出的话,不杂外诱,不被人惑,所以冲口说出,与道理尚无窒碍。至若后面中华之外,四面皆是夷狄等语,总因误听人言,错解经旨之所致,所以自相矛盾,以至于此。岂知《中庸》云“致中和,天地位焉,万物育焉”者,原兼人物而言之也。盖为人心广大,原通天地,天大无外,人心之大亦无外。凡天下之大,理所贯、气所通,皆在人心胞与之内。是以圣人在位,举天下之大,四海九州之远,皆涵濡之,使之各遂其生,各复其性,无一物之不得其所者;亦为中外只有一个天地,心体性量所贯通,无一处不到耳。岂同然并生于天地之中,齐在覆载之内,而为人有中外之分乎?

弥天重犯从前醉生梦死,强分中外,今日蒙皇上旨意,发明此章道理,至明至当。弥天重犯到此实实如醉初醒,如梦初觉,恍然大悟从前之非。

至于《易经》所载“信及豚鱼”等语,弥天重犯自幼亦曾读过,既有此等诬天的说话,当时何不把这信及豚鱼等经文取来印证一印证,而竟狂悖率意,写放纸上,这就是天夺其魄了。今蒙皇上开示到此,弥天重犯便是豚鱼亦当感格,何况人性未泯,尚有知觉乎?总之,山鄙无知,眼光小,胸次隘,道理不经点破,终看不出,今蒙皇上过化存神之德感孚,方得省悟。

问曾静:旨意问你,所著逆书《知新录》内云“君臣之义,一日不可无。天下岂有无君之国哉？孟子曰：‘无父无君，是禽兽也。’禽兽亦有君臣，蜂蚁犹如依从。如今八十余年没有君，不得不遍历域中，寻出个聪明睿智人出来做主”等语。《传》云：“君，天也，天可逃乎？”曾静既知君臣之义不可一日无，本朝君天下八十余年，曾静之祖、父，皆是大清之子民，曾静年纪不过四十余岁，即其逆乱之谋，蓄无君之念，不过四十余年。其四十余年以前，伊祖伊父之心中，有君乎，无君乎？而云八十余年没有君，是加其祖、父以无君之罪矣。

孟子所谓无父无君，是禽兽者，言不知有君有父也。曾静现在食毛践土，而云没有君，且加祖、父以无君之罪，此实孟子所谓无父无君之禽兽。又曾静云，禽兽亦有君长，而云，八十余年没有君，是又禽兽不如矣。且孟子之所谓无君者，谓不知有君，而曾静以为没有君，不更诬圣贤之言乎？曾静又云，不怕利害辛苦，要从遍域中寻出个聪明睿智之人主来，伊如何寻遍域中，可曾寻得个人来？曾静到今日还是要另寻个聪明睿智之人乎？抑将此寻遍域中之心歇息乎？或其心以夷狄禽兽、元凶巨恶感戴为君乎？著他据实供来。

曾静供：无君之说，实非弥天重犯的本意，因吕留良《钱墓松歌》上有云：“其中虽有数十年，天荒地塌非人间。”彼时闻得此说，如坠深谷，语虽为元朝而发，而引例未尝不通于本朝。始而疑，因思弥天重犯世受国恩，祖、父皆列名胶庠，而当身亦现在食毛践土五十年，如何架阁漏空八十余年没有得君，并不算人间得？反复思索，解此缘故不得。既而言，以为吕留良是大地人宗，他的学问海内通行，毕竟他的说话有所见。

弥天重犯僻处山谷，有何知识，如何晓得这种义理，加以谣言叠叠满耳，遂妄以为人在天地间，君臣为五伦之首，今既不见得有君，如何安然自立得住。乃孟浪定志，不辞辛苦，不计利害，思想遍历域中，寻出个聪明睿智，能尽其性的人来做主。所以狂悖，激而有是举。非是当时心下另藏有别样不好意见,而甘为此谋反叛逆,以自取死地。其实此举原是妄为当身大义起见,原是错听人言,不知本朝得统之正,不知皇上道德之隆起见,但所见一错,则无所不错。既身犯大逆之罪,而为禽兽,又诬祖、父以无君之罪,并诬及圣贤立言之旨。种种悖谬,皆因山鄙无知见错来。岂知本朝圣德神功,垂于两间,与天地同大;而皇上道德隆盛,更为亘古所未有。

弥天重犯从前妄意所云,寻个聪明睿智,能尽其性,以为当身之主者,当时虽极十分过望,亦梦想不得到这样田地,梦想不到今世有此圣明的君,而今日恭逢盛会,得近圣天子之清光,正与当年孟浪,遍历域中,不辞辛苦,不怕利害,诚恳寻君之始念相合而庆幸,且更出于望外。到此实实欢喜倒地,不唯为一身一家幸,实为天下苍生之大幸大快事焉,得不极其尊亲爱戴之诚。至若当身从前见错,万死之罪,唯有痛哭自咎自悔而已,更有何说?

问曾静:旨意问你,所著逆书《知新录》内云"科举词章之习,比阳明之害更大更广。阳明之教,虽足以害道,尚依傍道理来;科举之习,公然讲名讲利,卑污苟贱,而不知耻,直把道理一笔勾消,人类尽灭"等语。朝廷用人,所以设立科举者,以科举之人,所习皆四书、五经,诵法圣贤之道,讲求圣贤之义理故也。人能读书明理,其造诣底蕴,皆见之于举业文章。是以朝廷设立科举,以期多得读书明理之人,为国家之用。今曾静以科举之为害,直到得把道理一笔勾消,人类尽灭,这是何说?且若不设科举,更有何法可以发明圣人之道理乎?

至人之贤愚不一,科举内卑污苟贱之人,原世所间有,唯在朝廷辨别此等卑贱之人而不用耳,非可废科举之制,而后禁人之卑污苟贱也。况无耻之人,即使不设科举,而别开用人之途,如或乡举里选,或征辟聘荐,或改诗赋策论,则讲名讲利者,又必于别途行其卑污苟贱之事矣。曾静又有何术，可以禁人之讲名讲利，著据伊所见供来。

曾静供：朝廷设立科举，以四书、五经取士者，盖以修己治人之道尽备于四书、五经，欲人童而习之，素讲明其理，理通然后发为文章。而朝廷即以考察其浅深得失，择其优者而升举之。其立法之意，原尽美尽善，无毫发可议。但在下之人，实能仰体朝廷之意者少，蒙昧不知者多，是以积之又久，不免忘其本而徒事其末。以为朝廷取士，取文字，只要文字说得尖隽，即可以中有司之选。初不知文字之上，原有一层义理，当学当讲也。因妄谓文字可以乖巧习得来，于是设立方便法门，拟定程课，日以讲文为事。其讲文也，又只是以临场描摹填凑，袭取割截，及卖弄笔头为计。而圣贤道理，当身行谊，遂置之高阁不论。且人身既有血气，营名图利，乃其常情。况乡人无知者多，能有几个晓得朝廷立法之意，原是要人通经明理，以备国家之用。只谓科场之设，乃是生人取名取利之途。是以一有子弟，未尝不使之读书，问读书何为，则曰取科名、获禄利而已。自少小时，即横着这个俗鄙识见，在胸渐长渐大，名利之心日深，而从事于文字。到文字中式得选时，越发营名图利，而毫无忠君爱民，力图报效之心。

此弥天重犯在山僻无知，不通世务，妄据蠢见，遂有是把道理一笔勾消之说。其实到今日看来，全不如是。举业何曾无人？几多奇勋伟烈，大半多是举业家做就。且皇上天亶聪明，无法不精，无弊不彻。即如圣谕，谓无耻之人即使不设科举，而别开用人之途，则讲名讲利者，又必于别途行其卑污苟贱之事，此皆洞彻人情，深悉世务，智能察万变方得见及于此。由是看来，大半总要得人，何法无弊，唯得其人而行之，弊斯可免。

如今养士之法，平昔总要教官得人，教官之品虽小，而所职之事甚大。必须择道明行修者，专使之教育其子弟。以圣贤中正之道，孝弟忠信之行，聚讲日专，丁宁反复，其或有行谊不修者，则即许责惩。如此三年教成，然后教官具文行优劣之册，申详学政，学政核考其实而高下之，并以其果否验教官之诚伪明暗。是教官劝其行于平日，而不徒以文。学政考其文于一时，而兼察其行，文行交备而真才以得，积弊庶几得减。抑近读圣谕，而知本朝用人，原不专恃科举一途。除科举之外，尚有选孝廉、优生、实学等法，有此诸法，庶几足以尽天下之才，而裕国家之用。但选举亦要得选举之人，方能无弊。若临考，学政独凭教官之荐举，苟教官非人，只取平日与己情文相接、酒食相征逐者，荐之举之，而闭户守正之士，仍终不得有闻，恐亦无补。故在今日国家取士用人之际，固超出千古，然欲历久成化，似当参用程明道所议宋熙宁间取士法，损益斟酌行之，方为更善。弥天重犯山鄙无知，不与人数，感佩皇恩，深重自计，衔结无由，仰承旨问，敢不剖心直供？

问曾静：旨意问你，所著逆书《知新录》内云“程子、朱子、吕子，如今人做官一样。程子是世袭荫补出身，朱子是由科甲出来，吕子是市井江湖钻刺打点作来底”等语。

你平日推尊吕留良极其崇奉，心悦诚服，如何又说他是市井江湖钻刺的人呢？且如为官，亦未有市井江湖之人可以钻刺而得的道理，何况这做圣贤也可以钻刺打点得么？且吕留良系一钻营打点的人，从前曾静如何尊敬悦服之诚，一至于此，今曾静还是尊敬此钻营打点之吕留良乎？抑忿恨此钻营打点之吕留良乎？务将心上实话供来。

曾静供：弥天重犯以吕留良为市井江湖钻刺打点作用来的者，是个譬喻的话。当时心下见得程明道先生天资纯和，道德粹美，浑然无一毫圭角令人摹拟得，是天生下来德器就如此纯全，人学他不得。恰似做官的样，他是个荫补世袭官，生下来是他受用的。朱子天资未甚高，生质亦未甚美，然他从持敬致知，循循做法，由下学而直造上达，今日成法俱在，令人可学而至。恰如做官的，由科举正路来，是他辛苦读书读出的，人人可以学得他。

若吕留良，观他文字所传，少年本不是正路学人，下学工夫并未拈起，东剽西掠，无事不揽，到中年只以批评文字为事。因批评文字，遂得窥探程、朱之奥，所以当时说他是市井江湖钻刺打点来的。盖谓他本无临政治民之学，只是办得闲杂事好，效用有功，朝廷悯其劳，亦把个闲杂的职与他做样。此虽是当时妄意推崇他的话，其实心中天理发见，大是不满足他。可惜当时无人指破他的失处，且并未曾看过他的遗稿残编有许多大逆不道的说话，所以终为他所迷陷。此全是自家识见浅陋，窥他不破，而一时学人文士，多以他为文章宗匠，群然向慕他。所以山鄙无知，被他枉误，竟至于此。今日若不恭逢皇上圣德合天，洞悉致罪之有由，悯念陷罪之无知，弥天重犯之磔尸碎骨，灭门赤族，俱因吕留良之逆凶毒祸之所致也。今日使吕留良而在，弥天重犯当食其肉而寝其皮，岂但忿恨而已？此是心肝上的实话，天鉴在兹，如何欺罔得？

问曾静：旨意问你，所著逆书《知新录》内云“封建是圣人治天下之大道，亦即是御戎狄之大法”等语。三代以前，封建之制，原非圣人以为良法美意，万世无弊，而行之也。古者疆域未开，声教未通，各君其国，各子其民。有圣人首出庶物，而群然向化，虽不欲封建，而封建之势已定，是故圣人即因其地而封建之，众建亲贤，以参错其间。此三代以前之制，封建所以公也。后世干戈相寻，礼乐征伐之权下移于诸侯大夫，而乱臣贼子益多，至战国七雄并吞，而生民之祸极矣。其势虽欲封建，而封建之势必不可久，是以秦人乘便因势，混一天下而郡县之。封建之变为郡县者，其势不得不然也，自是以后，遂为定制。岂有去三代二千余年，而可复行封建之理乎？如欲复行封建，则三代以来，帝王苗裔，诸侯遗胄，皆湮失不可复知，而后世之勋臣，孰可以享茅土；后世之懿亲同姓，孰可以保万民？即分疆画界，置为万国，又何从得人而封建之乎？且以塞外蒙古言之，昔者各蒙古自为部落，亦互相战伐，至元太祖之世，而统于一。越有明二百余年，我太祖皇帝神武奋兴，遐迩归诚，而复统于一。我朝幅员广大，中外一家，为千古所莫伦，盖悉唯天时人事积渐使然也。至若封建以御戎狄，则尤为不通之论。

曾静僻处东南，距边塞为远，妄意西北、中州各自为守可作藩蔽，为东南诸处假息偷安之计耳。不知前明之时，西北诸边，各蒙古皆为劲敌，以天下之全力备御，而所在蹂躏，况以封建诸国，地方仅百余里，兵甲不满万人，遂能支拄门户，遏戎马之南牧乎？西北、中州诸处，既至离析残破，无以自存，则东南之人，虽欲安枕，亦何可得也？此其言至为愚陋无知，迂妄之甚者也。而叛逆之徒，动以封建为说者，盖自知奸恶倾险，不容于乡国，意谓封建行，则此国不可即去之他国，殊不知狂怪逆乱之人，如曾静辈，天地所不容，虽之海外何益？可问曾静，伊言封建之利是此意否？再如，曾静如此叛逆，天下可有容得他的国否？著他一一供来。

曾静供：弥天重犯生处穷乡陋谷，胸次极狭，眼界极小，往昔狂妄无知，依稀影响，孟浪自信，以为窥探得管中之天。到今日蒙圣化所被，反思从前五十年发言行事，不唯如此经国大计，毫无当于事理，即寻常日用一言一动，亦不见一毫是处。是前头五十年，今已除落，不算人了。感皇恩浩荡，破格宽宥，做人当自今兹始。是前头的行，原不算人行；前头的话，亦不算人话。只为旨意问及当初立言之意，不敢不说明其实耳。

弥天重犯所云，封建是圣人治天下之大道，亦是御戎狄之大法者，只见得天下之大，一人耳目所及，心思所系，海隅之远，必有遥隔不到之处。而天生人材，有圣有贤，有贤之大者，有贤之小者，类皆有治民之责。以圣统贤，以大统小，错壤以居，事虽分于众贤，政实颁于一人，此古之王者，所以有封建之制。且其中礼乐征伐，虽出自于天子，而抚民之任，治民之责，则永属各国诸侯之长。非若郡县之此去彼来，彼此可以推委，且在任不久，视民常多泛而不亲，即有极意为民，立为法制，然政随人转，新旧交迁，实不免于朝张暮弛之叹。所以妄谓郡县不如封建之好，其实当时何曾穷源究委，晓得自家看错事理，不是如此。

直到今日伏读旨意，乃知古圣人之制为封建者，因当时疆域未开，声教未通，各君其国，各子其民，封建之势已定，圣人不过因其地，顺其势，而封建之。初非以为良法美意，万事无弊，而行之也。后世礼乐征伐之权，下移于诸侯大夫，干戈相寻，至战国并吞而封建之势必不可久。秦人所以乘便因势，混一天下，而郡县之，是封建之变为郡县者，势不得不然也。况今日欲复封建，亦实无许多勋旧懿亲可以保万民，享茅土，又从何得人而封建之乎？且封建之变，为郡县本积渐所至。今既为郡县矣，岂有复为封建之理？而我朝幅员之广，中外一家，亘古未有。实因百年之内，圣德神功，亦亘古未有。所以天与人归，大成一统，无外之盛，是以今日之不可封建者，理也，势也，天命也，民从也。

至若弥天重犯谓封建以御戎狄，当日愚陋无知之论，诚如圣鉴，所谓妄意西北、中州各自为守，可作藩蔽，为东南诸处假息偷安之计之说。岂知西北诸边，各蒙古皆为劲敌，当明以天下全力备御，而所在蹂躏，况以封建之地小兵少，而能支拄门户，遏戎马之南牧乎？弥天重犯到此乃得如梦而初觉，深愧从前妄论极为愚陋无知。而且感服我皇上聪明首出，神睿无微不昭，天下之大，何理不透；古今之远，何义不精，学问精神，卓识超越，虽极帝尧之钦明，大舜之睿哲，不是过也。弥天重犯从前狂怪逆乱，虽蒙圣朝宽宥，稍缓寸磔之死，然自知负罪弥天，无颜得立于世，久为天地所不容，尚有何地何国可以潜处，所不敢自就死地者，恐以蝼蚁之命，负天地浩大之恩，思欲留余息以图报无疆之大德于万一耳。

问曾静：旨意问你，所著逆书《知新录》内云“中国人之诡谲反复无耻无状者，其行习原类夷狄。只是恶亦是人之恶，天经地义，究竟不致扫灭。若是夷狄，他就无许多顾虑了，不管父子之亲，君臣之义，长幼之序，夫妇之别，朋友之信”等语。中国之人既有行习类乎夷狄者，然则夷狄之人，岂无行同圣人者乎？你说中国之人虽恶，究竟天经地义不致扫灭，今你这等逆乱君臣上下之义荡然无存，且身罹重罪，有衰老之母，而毫不相顾；犯赤族之诛，门无噍类而不恤，殃及子孙，害及朋友，尚得谓之有君臣、父子、长幼、夫妇、朋友之伦理乎？曾静将天经地义，尽情扫灭，是禽兽不如之类，亦还有顾虑乎？著曾静回心细想，据实供来。

曾静供：弥天重犯此等狂悖的说话，总因生平未到外面走过，并未接见一个外境人，兀坐山谷中，意想中外华夷之分，大约是如此，遂不觉狂悖，写放纸上。直至旧年到长沙，今年奉解来京，一路见得政教美盛，万物得所。复又伏读圣谕诸书，章章经天纬地，句句理精义透，不觉惊魂夺魄。始知天地之大，一理一气，无处不到。而近代之精英尽聚本土，所谓“东海有圣人出，此心同，此理同；西海有圣人出，此心同，此理同”者，今日方实信得。东海之圣人，其心理果与尧舜同也。若中国人物，则久已沦落不堪问。

如弥天重犯生圣明之世，而竟不知有圣明之君在上，乃听信谣言逆说，大肆诋毁，虽圣人量同天地，包容群丑，怨嗟而不计，然当身实已陷于极恶大罪而莫解。且不唯当身陷罪，君臣上下之伦，荡然无存；而堂有七十七岁之老母，而不能顾；犯赤族之诛，门无噍类而弗知恤。若非皇上裕天地好生之德，开生民未有之典，将弥天重犯老母、幼子宽宥释放，当此炎暑气候，必禁毙狱中，而莫能顾此。弥天重犯万死万剐，粉骨难偿当身之极罪；亦弥天重犯万死万剐，粉骨难报未有之洪恩。回心细想，到此实实天经地义，尽情扫灭，直禽兽不如了。尚得有人气乎？尚得谓之有顾虑乎？尚有君臣、父子、长幼、夫妇、朋友之伦理乎？万死万剐，罪尚何辞？

问曾静：旨意问你，所著逆书《知新录》内云“夷狄侵凌中国，在圣人所必诛而不宥者，只有杀而已矣，砍而已矣，更有何说可以宽解得”等语。曾静今日称功颂德，极口赞扬，可问他还是要杀，还是要砍，还是可以宽解，据实供来。

曾静供：今日仔细检点，弥天重犯当身狂悖之举，狂悖之言，该死该剐的罪，尽是吕留良之说所陷。即如此等万剐不足以蔽其辜的说话，原不是从弥天重犯本心上说出来的，实因吕留良批《射不主皮》文，有云“弧矢之利，以威天下。圣人何故制此不祥之物？盖有所用也”句，推出这个说话，遂信以为实，而有是说。

总之，弥天重犯识见浅小，学力不到，受他的著作语言蛊惑最深。所以到今日，当身受他的害更大。今日默自计来，凡旨意摘出所问的话，尽是弥天重犯当初错信吕留良的说话之所致。弥天重犯自己亦解说不出如何，误信至于此极。到今日亲见圣天子道德隆备，与天为一，学问高深，亘古未有，尊之如天，亲之如父，犹不足以惬其爱戴之诚，而万剐不足以蔽其辜的说话，尚敢萌之于心乎？尚忍萌之于心乎？此时此际，唯有稽颡流血，哀恳皇上终始垂怜山野无知，误受蛊惑而已，尚有何说？

问曾静：旨意问你，所著逆书《知新录》内云“开蒙书，叙道统，只该叙到吕子止”等语。曾静以孔子比吕留良，推尊诵法，心悦诚服之至，确是何见？曾静还是只就吕留良之著述文章因而信服，或是别有他故？今又极口痛斥吕留良之奸逆大罪，与前叙道统之意，迥然不侔。未知是真心痛斥吕留良之大逆乎？抑伪为怨恨而始终悦服推尊乎？据实供来。

曾静供：弥天重犯从前之所以心服吕留良者，实无他为，因山野僻性，未有见闻，读书只心服三代的治体治法，尽美尽善。遂谓三代君德之大，是个体天；三代立政之本，是个为民。一切政治，皆是推本天心,为民筹画。其教养之大者,则有井田、学校之制,然世儒多以为不可复,唯吕留良的著述文章内以为可复,与僻性相合,遂不觉心悦诚服,推尊他直接孔孟之统者以此,实无他故。是当日之推尊吕留良者,原是为他的著述文词蛊惑之所致。今日明目张胆,极口痛斥吕留良者,实因得见他的遗稿残篇内有大逆不道之语,甚而至于良心丧尽,天理全无,竟忍于讥诋圣祖。凡为赤子者见之,焉有不切骨痛恨之理。此又弥天重犯今日当身之大义,发乎天理,本于至情,合该如此,到此岂尚有一点伪为怨恨之心乎?

在弥天重犯今日之当身大义,固当如是,但若非弥天重犯亲见皇上之圣德、圣治、圣度,如此亘古未有,从前即使见得吕留良之残稿遗篇,亦未必至于如此之极口痛斥也。然使不得见他讥诋圣祖皇帝处,又未得至于极口痛斥如是之甚也。此弥天重犯心肝中吐出的实语,无一字欺隐。

问曾静:旨意问你,所著逆书《知新录》内云"湘湾陈梅鼎,识见气节,乡人中罕见。某为他侄婿,一日某到,他迎接某,吾岳翁出见,乃大声指某曰:'此诗礼大家,方正君子。'又曰:'吾老三生平作事,唯择婿一桩,眼力高过天下。'又曰:'贤婿有济世之德,宰相之量。'又生平极鄙薄当今,屡叹先朝衣冠文物,最喜茶陵陈元章,以为大丈夫奇男子"等语。据此,则曾静平昔以济世自命,心怀异谋,图为不轨已久矣。可问曾静,伊叔岳陈梅鼎与岳丈是何等样人?茶陵陈元章又是何等人?此三个人,如今现在何处?可供来。

至若衣冠文物之语,最为谬妄。盖衣冠之制度,自古随地异宜,随时异制,不能强而同之。亦各就其服习,便安者用之耳。其于人之贤否,政治之得失,毫无关涉也。向闻无知愚妄之徒,轻诋本朝衣冠,有云"孔雀翎,马蹄袖,衣冠中禽兽"之语,其说至为鄙陋。夫以冠言之，则周有雀弁、鹿弁，汉唐有獬豸冠、貂蝉冠、鵔鸡冠之类。以衣言之，则《尚书》云："山、龙、华、虫作绘。"汉、唐以来，有羽衣、鹤氅，以及雉头裘、狮蛮带之类，不可胜数，皆取禽兽之名状，以为服饰之光华。岂有自古以来，用此等衣冠之人皆为禽兽可乎？

若夫治天下之道，唯在政教之修明，纪纲之备举，从来帝王全盛之时，君明臣良，朝野宁谧，万民安生乐业，不问为何代之衣冠，皆足以为文明之治。如其不然，则桀纣时之衣冠，即禹汤时之衣冠也。岂以衣冠之相似，而遂可以文明不坠，礼乐不废，不至于乱乎？如元代混一之初，衣冠未改，仍其蒙古旧服，而政治清明，天下乂安。其后改用中国衣冠，政治不修，遂致祸败，即此可见衣冠之无关于礼乐文明治乱也。且如故明之末年，衣冠犹是明之衣冠也，而君臣失德，纲纪废弛，寇盗蜂起，生民涂炭。区区衣冠之制，礼乐文明何在世？可能救明代之沦覆乎？

我世祖皇帝统一区夏，戡定祸乱，救民于水火之中。圣祖皇帝继天出治，久道化成，海内承平，恩周万类。凡我朝之仁育义正，鸿猷善政，不及往古者何事？岂容以我朝之衣冠而有妄议乎！盖我朝起自东土，诞膺天命，本服我朝之衣冠，来为万国臣民之主。是上天大命集于我朝祖功宗德者，即天心降鉴在于我朝之衣冠，谓可表中州而式万方也。

夫衣冠既为天心降鉴之所在，则奕世相传，岂容擅为改易乎！且如曾静以山野穷僻、冥顽无知之人，尚因妄逆之见，心念故明之衣冠，况我朝席祖宗之鸿业，奉列圣之成规，历世相承，已有百余年，岂有舍己而从人，屈尊而就卑，改易衣冠之理乎？又如今之外藩各国，衣冠之制皆多不同，我朝受其职贡，亦不必强易其衣冠也。况我朝一统之盛，抚有万邦，其衣冠安可轻议乎！著并问曾静，屡叹先朝衣冠文物之语，是何意见呢？

曾静供：陈梅鼎是安仁县的百姓，于康熙五十二年老死。弥天重犯的岳父名国衡，是陈梅鼎之弟，亦是个百姓，于康熙四十六年病死。其子贫不能自立，于康熙五十七年搬往四川去了。陈梅鼎之子，今不知其在否。陈元章是茶陵州人，不知是士是民，不在已四十多年矣。陈梅鼎是弥天重犯的岳伯，弥天重犯十七岁娶他的侄女陈国衡之女，十八岁到他家中有是话。弥天重犯之所以记说此话者，亦是因见得吕留良诗"稚子诧衣冠"之句，所以言得此处。这话皆是雍正五年丁未岁，因张熙至浙江，传得吕留良的诗看见，方有此话。其实当年与陈梅鼎说话时，并未有别意。陈梅鼎本是个农家乡人，未曾读书学问，如何晓得别样说话？其所称许弥天重犯为"诗礼大家，方正君子"者，是因见弥天重犯在他家中比常儿厚重敦笃，不佻达耳。许弥天重犯有"济世之德，宰相之量"者，为心多慈爱而量能容受。因弥天重犯原同居有个兄嫂，因夫妻不睦，兄将嫂改嫁到陈梅鼎邻家，陈梅鼎与是妇语言之间，妇称言弥天重犯处待得他好，所以说有宰相之量。妇复说弥天重犯屡劝兄不得嫁妻。陈梅鼎闻得此话，所以说弥天重犯有济世之德。

至于陈梅鼎屡叹先朝衣冠文物者，彼时有七十余岁，大抵他服过先朝衣冠来，所以叹其好。喜陈元章以为大丈夫、奇男子者，弥天重犯不知得陈元章的底里，亦不知陈元章是个什么样人，相隔有五百多里。当时只闻得茶陵州有个陈元章，因得罪州官，州官要捉拿处治他，他随聚众围城，几乎起变，当即被捉伏诛。陈梅鼎之所以称他者，大抵是喜他以匹夫而不受制于官长之故。此是陈梅鼎反常异俗狂怪的说话，弥天重犯见得吕留良前诗句，所以记忆到此。

至若谓衣冠文物之说，在弥天重犯有何知识定见，能剖决其中道理丝毫不易而有是说，此乃听得这些俗儒鄙陋议论，不察其理，遂妄有是说。今伏读旨意，广大精深，惊天动地，乃知本朝衣冠之制，原是随地异宜，随时异制，全以道为归，初未尝有意立异，亦未尝强以求同。此正所谓上律天时,下袭水土而无私者也。观此则知本朝一切礼乐刑政,经天纬地之制,无一不顺天因地,因物付物,宜乎冠百王而超千古。弥天重犯得闻斯义,不唯当身喜极快极,冰释雾开,且私幸此说一出,竟足以破千古愚陋疑团。因思从前几多误听谣言处,皆是为心中愚暗,窥探义蕴理奥不到之所致。当时若有高明指示,当前妙理精义之所在,心中未有不喜悦诚服者。如今衣冠之说,从前未尝不因人言而心疑,今得旨意如此煌煌指示,虽木石也会动心点头,弥天重犯到此更有何说!只有叩首,叩首,千万叩首!将此段议论记于心,口传于当世,以解陋儒之疑。若得蒙恩宽宥,德教所被,期以数年,当身学问觊有寸进,笔传于万世,以为百王立政之准而已。

问曾静:旨意问,前曾静供内有"国家取士之法,宜当参用程明道所议宋熙宁间取士,损益斟酌行之,方为更美"之语。查程子熙宁取士札子云:"宜先礼命近侍贤儒,各以类推及百执事、方岳州县之吏,悉心推访,有笃志好学,材良行修者,皆以名闻,命州县敦遣。"朕于雍正元年,即有举贤良方正之恩诏。迩年以来,有令各省州县延访孝友端方,才可办事,而文亦可观者,每岁各举一人之谕。又有六年选拔贡生,不拘考试名次,务取经明行修者之谕。又有令满汉内外文武诸臣,将有猷、有为、有守者,各举一人之谕。又有令中外诸臣,在京主事以上,在外知县以上,各举所知,或举贡生员,或山林隐逸,送部引见之谕。是程子所议,皆朕已行之事也。无如举贤良方正,则各省举者寥寥。唯福建巡抚黄国材荐彭鹏之孙二人,皆童稚无知,学识浅陋,不堪任用。至浙江巡抚李馥所举贤良方正,竟系积恶巨棍,夤缘荐举,后经地方大吏察出纠参,赃私累累,款迹狼藉。观此,则贤良方正之举,可尽信乎?

自三代至汉,用乡举里选之法。迨其后,刺史守相,得专辟召之权；九品中正，得司人物之柄。用人之权不在上而在下，其势不可复行，于是改为糊名易书，以文艺科目取士。盖言为心声，人之文章，先由积学深造而成，尚可以略知其人之蕴蓄。若专取行谊，则必有伪为涂饰以欺世而盗名者。且心术至难窥测，每见曲谨自好之徒，一旦改涂易辙，即可无所不为。是以《汉书》史臣之论，谓“直言独行，高节沉隐之属，荣路既广，遂有窃名伪服，浸以流竞，权门贵仕，请谒繁兴”者，可知前代德行之选，已不足为铨衡之准则，何如科场文艺之稍有凭据乎！

宋臣郑樵谓“科甲一途，虽非古人德行之举，而犹可以得才能之士”，其言信而足征也。且朕用人之道，并未尝限于科甲一途，乃多方鉴拔，唯日孜孜，冀获贤才，以为莅政临民之选。用心甚苦，而其事甚难，此在廷诸臣所共知者。又岂程子奏议一格，所能尽朕求材之意乎！

至于程子所云，取材能明达之士，受业于成德之士，其学业大明者为太学之师，其次分教天下，由州、郡而县，以次而用。三岁宾兴，优者自县而州、郡，自州、郡而太学，以此递迁，劣者以此递降。欲以化成天下，其说迂远而难行，是以当熙宁之时，已不能见诸实用，况数百年以后乎！且今之选拔，即古贡士之法，而朕数年以来，用人之道，亦可谓详且尽矣。曾静以为当参用熙宁取士之法。试问曾静，熙宁取士之法果有实效否？今当何如斟酌损益方为尽美？可详悉供来。

曾静供：弥天重犯本山野愚民，从前谬发狂言，固是井蛙之见，无当事理，然亦因平昔不知我皇上之所以因时立政致治敷猷者，其中损益变化，既详且尽，不唯非今人之谋虑所得及，并非从古圣贤之筹画所能备。直到今日，方知神化广运，无处不到。生天地之内，只有顺天地之化而已，又焉知天地之高厚哉！天地之高厚且不知，又焉知天地之大，造化之所以然哉！况当此极恶重罪之会，虽屡蒙皇上如天之仁，钦恤无知，沛生民未有之殊恩，宽宥重典，然在弥天重犯自悔自愧，惶恐战栗，自是无时无刻可释于怀，岂但感恩戴德，昊天罔极而已！又焉敢妄抒蚁见于经国大计万分中之一乎！不意我皇上宵旰图治，孜孜为民，既无一时少懈，复无一处不到，今明旨下颁，竟以前供取士之法，如何斟酌损益方为尽美，许弥天重犯详悉再供。

自古算君德之备，君道之尽，以尧舜为极。然孔子称舜为大智，在不自用而取诸人，其言曰“舜好问而好察迩言”，其所问察世，亦只曰迩言而已，未闻察及于深囚重犯，不足齿数之人言也。况弥天重犯之山野穷僻、冥顽无知更甚者乎！于此可见我皇上虚中之极，用中之精，视当年大舜更进而上无疑矣。是不唯宽宥弥天重犯之重典，为沛生民未有之殊恩，即今日许弥天重犯之再供，亦属生民未有之大德。由是看来，我皇不特为明君、圣君，缵往古圣贤之绪而已，直继天立极，开万世之君统，立百王之大法，于天运再辟再造之中也。

弥天重犯虽自量愚顽，本无说可以敷奏，然当此生民未有之盛会，焉敢不竭一线之明，因前供所未详悉者而直供之，以仰副我皇上好问好察、勤求不倦之至意！因思前供所谓程子取士之法者，彼时无知，妄谓古昔帝王治天下之道，皆是争先一著之法。如欲禁民为盗，不在盗上禁，要推其为盗之源。或是为饥起念，或是为寒生心，如何设法安置，使之农桑不失业，衣食饥暖，则盗自止。又如欲士习善行，亦不专在行上引，要先使之通道德、明理义；道德通、理义明，则人自乐于为善，虽强之为恶亦不去矣。以此推之，事事皆要争先一著，虽极之日用寻常、百工末技、农圃医药之小，亦必要从原本上做来，方得妥贴，况治天下之大乎！所以当时妄意谓要取士，必以教士为先，教士又必以明理义、通道理为要。然欲教士明理义、通道德，必先择教官之理义明、道德通者，方可以当其职。此弥天重犯前供谬妄、谓当参用程子所议熙宁取士之法者，大意谓先要教士得法；教士得法，系于教官，又先要教官得人。

今伏读旨意，方知我朝取士之典，除科举外，有举贤良方正之恩诏；有令各省州县延访孝友端方，才可办事，而文亦可观者，每岁各举一人之谕；有选拔贡生，不拘考试名次，务取经明行修者之谕；有令满汉、内外、文武诸臣，将有猷、有为、有守者，各举一人之谕；有令中外诸臣，在京主事以上，在外知县以上，各举所知，或举贡生员，或山林隐逸，送部引见之谕。猗欤！何其盛欤！此不唯当年程子所议熙宁取士一格所不能尽，且自古隆盛之朝取士之典所不能备。弥天重犯至此，因感念我皇上一种忧民图治之苦心，体天求贤之至意，不觉泣下，移时不能言。其所以为我辈赤子抚绥谋者，亘古来有如是之我后乎！况监前代德行之选，不足为铨衡之准，勘出科举文章之发，尚由积学深造而成，尤无弊不彻，无隐不烛，皆历历如数家珍，若分黑白。以是思我皇上之用心甚切甚周，抑且良苦矣。

夫以取士之方，如是之广；得人之念，如是之笃，宜贤才汇登，多士济济。而天下所荐举，间多不能仰副我皇上之深愿者，固是人才难得，然亦无乃在下之有司，以他政为急，视此荐举为稍缓欤！岂知我皇上治天下以得人为先，尧以不得舜为己忧，舜以不得禹、皋陶为己忧。自古政治之休明，生民之乐利，全视乎在上之得人，即为微末之邑宰，亦必以得人为先。所以子游为武城宰，圣人不问其他，必先问其得人与否。诚以人才所关于政教风俗为至大而且重也。所以谕旨煌煌，广开仕路，立贤无方者，正为得人为治天下所必先之政。而今日之少能荐举与荐举而不实者，无乃有司视为泛常，而各省督抚亦少以此为事，而责望于所属之有司，所以至此。若使督抚以及有司执事知得为政必得人为先，仰体圣心，认真职分，在外早夜不遑，悉心推访，何患人才不得！自然千中选百，百中选十，可以仰副我皇上唯日孜孜，冀获贤才，以为莅政临民之选之德意。

至若谓程子所云,取材能明达之士,受业于成德之士,其学业大明者为太学之师,其次分教天下,由州、郡而县,以次而用,三岁宾兴,以此为黜陟。欲以化成天下,其说迂远而难行。今日得明旨剖分,反复看来,果是迂远难行。然我朝取士之法至矣,尽矣,无以复加矣!

唯养士之典,稍有未备。弥天重犯因念古法贡士,必本于乡里,而风俗适与人材相通。曾见有蓝田《吕氏乡约》,经朱子斟酌增损者,其纲领甚切,其节目甚密,其联络督率之法更精详美备,有关于德教风化甚大而远。大纲有四:一曰德业相劝;二曰过失相规;三曰礼俗相交;四曰患难相恤。每纲之下,类分节目,节目所载,准古酌今,更为尽善。乡中择一老成有齿德者为都约正,其次者为副约正,更择子弟中之端方正直、通道义而能文辞者为直月。直月每岁十二人,轮流掌其事。立三籍,愿入约者,书一籍;有善,书一籍;有过,书一籍。近者每月一会,远则每季一会。择四达之处立一约所。直月先期循环纠察同约中之善行与过行。临约之日,行礼读约毕,约正及同约以次就坐,酒三行,直月举约中之善与过,告于约正。约正当众询其实状,无异词,然后书于籍。善则约正率同约奖励之,过则约正率同约规戒之,仍将善、过两籍遍传在坐者观省,然后许各人就约所质疑问事。讲辨道理,区画家计,以及论文习射,至晡乃退。其中纲张目举,仪文度数,最为精密。

弥天重犯妄谓今日于科举取士之中,似当取此全文,恳祈我皇上天聪,参以时宜,斟酌损益,颁行天下。敕令督抚责委有司,每县视地之大小远近,多立约所。不拘士农工商,居其土者,皆许其入约。读约之会,先将圣祖皇帝《上谕十六条》及我皇上《圣谕广训》宣读毕,然后取此约大纲细目,依其仪节,次第读过,讲解一遍。或并列祖圣德神功及前后所颁政令,凡有关于风俗民事者,俱著令有司行文到乡约中宣示。盖小民不知上之德教者,由于居乡之日多,到县城之日少,或又不通文义,不能仰会上意。今各乡有约,每月一会,得约正、直月等讲明,心下自无疑团,各知上意,且记善有籍,记过有籍,民固知劝惩,而乐于为善。即异日有司荐举,亦必先察此二籍,必有善而无过,与过而能改者,然后试之以文艺,文艺可观,然后得蒙荐举。如此则不唯荐举本于乡里,善恶无毫发之爽,可绝欺罔清托之弊,而且情文密而壅睦洽,教化明而礼乐兴,道德同而风俗一,人人相勉于善。他年科甲举子之从乡约中历练来者,岂不更有可观者乎?

夫乡约本朝廷所已颁行之典,但联络无方,约束无法,彼此善恶之行不著,友朋规劝之义不行,早晚情谊不关,往来督率无人,甚至山州草县只行之于城而不行之于乡,讲之于官而不遍通于民。不唯善恶无人纠察劝戒,即宣讲亦多不能依期奉行,在官固视为泛常,而民之听之亦或作或辍,有来有不来。况居乡者多,在城市者少,乡民离远,无人督率,虽有讲宣,如何听见?即如弥天重犯所居,离城市远,县中讲约读法之事,生平并未撞逢一次。如所颁《圣谕广训》及我皇上斟酌取士之法,从前不唯不曾目见,并未曾耳闻。直至近日,伏读皇上圣谕,中间有《圣谕广训》序文,持以问人方知,从前只晓得圣祖皇帝《上谕十六条》而已。况乡人中之全不通文理者,如何晓得?似此法亦简易易行,但要责令有司实心奉行。若能天下之大,县县如此奉行,每县之中,到处如此宣讲行习,道德齐礼,其治效岂有极哉!况此规制既成于各县各乡之中,凡有善政善教,皆可照此仪节,遍晓民间。不唯无上行而下不效之患,且君民一体,呼吸竟可相通矣。弥天重犯山野冥顽,本不知是非可否,但管见及此,不敢不尽情直供。伏祈圣明,取此约全文,详览规制,裁夺可否为幸!

问曾静:旨意问你,所著逆书《知新录》内云"即观铸钱一事,自癸卯到今六年,尚铸个钱不顺。勉强铸就的,糊糊涂涂,不明不白，民间无人肯受。谣曰：‘雍正钱，穷半年。’若身上有一个雍正钱，即投之沟壑”等语。制钱为民间日所必需，务宜轻重适均，流通无弊，方于民生有益。钱文字画之清楚与否，皆关铜铅之多少，此人人所知者。向年圣祖皇帝时所铸制钱，以铜六铅四搭配，虽钱文字画清楚，而铜多于铅，遂有奸民销毁制钱改造器皿者，因而钱价日昂。康熙四十五六年间，每银一两仅可兑钱七八百文。

朕在藩邸时，深悉其弊，是以令钱局以铅铜各半搭配鼓铸，使奸民无销毁之利。又严黄铜器皿之禁，方得钱价渐平。今银一两，可兑制钱一千，小民并受其利。其钱文字画虽未甚精工，然唯铜铅相半，方能禁止销毁，而制钱可得流通便民，并非吝惜铜斤而多加铅两也。且铸钱由模范而成，其样钱谓之祖钱，轮廓匀厚，字画完整。由祖钱套出，谓之母钱，即逊于祖钱；再由母钱套出，是谓铸钱，今民间日用之官钱也，较之祖钱，更不逮矣。盖即一板之内，所铸二枝之钱，下沉者必重，在中者适均，在上者必轻，而字画亦因之而不能一式完美。此从来铸钱皆然，非独今日之雍正钱为然也。乃曾静不知钱法，信狂妄之说，遂肆讥议，任意蛊惑咒诅，何殊昏梦中之呓唔乎！至云投之沟壑，尤为可笑。民间所有之钱，必以银两兑易而来，岂有以银易之物而委之沟壑乎！至于贸易之人，当其受钱之时，必细视钱文而后交易，若以雍正钱为不祥之物，孰肯收受！况既以货物售卖，人虽至愚，孰肯以银与货物换得之钱而轻弃之沟壑也！今直省内外，果不肯用雍正钱文乎？即如曾静之家，至为贫薄，然囊箧中亦必有制钱收贮，然后可以易米买薪，何以不投而弃之乎？

江南地方，因雍正钱文尚少，元年、二年间，有以旧钱十文易一雍正钱以为宝玩者。其重雍正钱文何以又如此？向湖南之人情与江南迥别乎？至于铸钱未能流通普遍，此则事理之常，明而易见者。圣祖皇帝在位六十余年，康熙铸钱尚有流行未到之处。又如广东高、雷、廉等府，至今尚用宋时旧钱，并元、明代之钱亦流通未至。自雍正元年以来，甫及七年，所铸钱文，欲令遍及天下并荒僻之处，亦有是理乎？曾静所闻谣言，确系何人传说？曾静果否亲见投钱沟壑之人？其人系何姓名？确在何处？可据实供来。

曾静供：此等狂悖说话，弥天重犯当时无知，听得人言如此，遂不穷究其事理，信以为实，随手写记放在纸上。其实到今日看来，无论人言己言，皆该杀该剐，尚有何说分解得！盖缘弥天重犯所住之地离城市远，无交易买卖，即间有买卖，亦是用稻谷，不唯不使钱，竟少有用银子。穷民无所出息，亦无处交易得银子，所用者只有谷耳。唯富户积得稻谷多，方以谷去卖得银子用。至若钱，则无论康熙钱、雍正钱，皆未用。

皇上御极之初，雍正元年、二年、三年，雍正钱流通未遍楚疆。弥天重犯彼时心下常想求雍正钱一看，以为此是新天子的通宝，以此去问人，而人间有自城市中来者，遂妄传以为雍正钱铸不成。后又逾年，心下实要想求雍正钱看而不可得，又去随便问人，谣传遂以为如今新皇帝因铸钱不成，杀了几多铸匠。弥天重犯此话固不肯信，然无奈乡愚小民，不通钱法，每多如是说。后弥天重犯偶得一二雍正钱，细验其钱文字画，果不十分清楚。先疑以为模范新制，恐是初铸，所以未甚精工，后来再看，亦复如是。那会雍正钱少，到街市上用康熙钱熟识，又见得雍正钱文字画不完美，不知从何处遂造出这个谣言来。无知小民听得此言，遍传于乡里，弥天重犯心中渐次受了谣言悖论之毒，又加以不通钱法，解这钱文字画不清楚的缘故不出，遂不察而信以为实。直至雍正六年春，狂悖将萌，竟把此事做一个验证。

其实到今日伏读我皇上旨意，方晓得钱文字画之清楚与否，原关铜铅之多少。康熙钱文字画清楚者，由于铜六铅四，铜多于铅；雍正钱文字画未甚精工者，由于铅铜各半。其铜多于铅，则致奸民销毁制钱，改造器皿，而钱价日昂；其铜铅各半，则奸民无销毁之利，而制钱可得流通便民。细思到此，全是我皇上一段爱民苦心,经天纬地的学问,方能鉴别物理之所以然,察照民间之积弊,直从源头整理下来,此岂寻常之智虑所能窥测万一!况钱有祖钱、母钱、铸钱,即一板之内,所铸二枝之钱,下沉者必重,在中者适均,在上者必轻,而字画亦因之不能一式完美。小民不知其由,竟以钱文字画未甚精工,遂从此妄生议论。而弥天重犯不知钱法,亦妄信而附和之,万死万剐,自知何辞!但念小民虽顽,天性亦难泯绝,未有不知爱戴君亲者。其所以狂悖如此者,实由于心中无知,不知圣天子之德意。其所以不知圣天子之德意者,又由于宣传之未遍。即如我皇上禁取黄铜一事,弥天重犯耳闻,亦有几多说话。山野无知,不解取铜禁铜之故,甚有谓我皇上欲取尽中国之铜,解往满州地方,镕铸以为宫殿者。弥天重犯虽心知谬传,然亦无话可解答。离县城远,未见衙门所张挂告示如何说,在外只有取铜禁铜之令,中间并未说出取铜禁铜之由。小民无知,焉得不妄生拟议!拟议出于一二人之口,传者遂遍递于千百人之耳。直至今日伏读圣谕,方晓得禁铜为防奸民销毁制钱,改造器皿,钱价日昂;禁铜不用,则钱无所毁,而价可渐平,民得利用。是我皇上几多深仁厚泽,为民善政;远鄙百姓,皆为心中不知,糊涂浪过。此弥天重犯前供乡约内,所以说到朝廷所颁政令,凡有关于风教民事者,须要在乡约中宣示,正为此类也。至若谓投之沟壑,从前不深究其事理,遂误听以为果有是说。今得明旨,反复推勘,而复心下思索,不唯信得无是理,且天地间并无是事,何其诞妄一至于此极邪!

总之,愚民类多无知而悖谬,实非有心以肆妄。况毁谤讥议出于小民无知者之口,本无损于圣天子明德,而御极初年之毁谤,尤足以圣德神功之远大。盖有非常之主,必有非常人所得知之猷谋。众见未尝不惊,不知者未尝不疑,惊疑交集,此谤之所由生也。是以帝尧承帝喾之后,自唐侯而陟践帝位,始三年而谤作,又三年而颂兴,又三年而谤颂悉泯,乃得“不识不知,顺帝之则”。

况我皇上初潜之时，韬光养晦，无求无欲，只尽己性分之当然，并未尝稍露一毫声光于人间。龙德中正，不唯非天下所得知，并非在廷诸臣所能识。唯我圣祖皇帝聪明天纵，本父子之亲，以圣知圣。早知我皇上天禀贵重，蕴蓄美富，为能聪明睿智，足以有临。然亦只以是存之于心，而不肯扬之于众。直至圣躬不豫，委以南郊大礼，方知我皇上圣德神谋久为圣祖皇帝所深契。所以当我皇上御极之初，一切政治，经天纬地，天下莫能仰测高厚之所以然，加以阿其那、塞思黑等久蓄奸谋，散布流言于山陬海隅，小民无知误听而起疑生谤者。以今看来，实属理势之所必至。

如此等说钱的话，亦是二年、三年事，到雍正五年、六年来，实无人如此说。今若究问传说的姓名，此是泛泛乡愚，只听得人如此说，亦依口学舌如此说，原是不识不知，随声妄和。今日如何记得哪一人说？指得哪一人姓名出？在弥天重犯固冥顽无知，然尚稍识得一两个字，稍通得丝毫义理，且不免以讹承讹，传妄踵妄，按其罪过，该杀该剐。其实在今日就杀就剐，浑身寸磔，亦抵当弥天重犯许多罪过不得。况蚩蚩之众，较弥天重犯之无知更甚乎！我皇上德量同天，明睿并日，今日实是弥天重犯万死万剐罪不容诿。其余传说，同在覆冒涵育之内者，唯恳矜之恤之，悯念小民之无知陷罪而已，如何妄扯得别人？

奉上谕：据山西巡抚石麟奏称："晋省绅士百姓，愿将军需应用之驼屉、苫毡、绳索三万副，从本地自备车骡运送，至归化城交收。臣等遵旨，令地方官给价雇送。而各属士民，挽车策骡，争先装载，给以脚价，感激涕零，稽首称谢，不肯领取。急公效力，旷古所稀"等语。著将此折令杭奕禄发与曾静看，并讯问曾静：湖南、山西同在戴天履地之中，何以山西之民踊跃急公，忠诚爱戴，实能视朕为后，而湖南之民，乃有猖狂悖逆、肆恶扰乱之徒如曾静等，至于视朕如仇？此朕所不解，著讯取曾静口供具奏。

曾静供：弥天重犯禀性愚顽，不知天高地厚。然圣人在上，恩深德大，感化到至处，虽木石亦知倾向起舞。是以数月以来，感恩被化之深，白昼对人，虽是无言可以称述，然梦寐恍惚，对人言及皇恩圣德，惊惶感泣，几次流涕痛号至醒，犹有不能自止者。以是知秉彝之良，原未尝尽绝，特从前偶为外诱浮言所惑乱，不知圣德高深万一之所致，非本性与人异也。

今蒙恩旨，以山西巡抚所奏，奉旨动用正项钱粮，制造骆驼绳屉等以备军需。抚臣遵旨，动银给发通省。而通省士民咸称我皇上宵旰勤民，爱养百姓，直如赤子，安享升平，无以为报，情愿自备骡车，各从本地运送，期效犬马之劳，感激涕零，稽首称谢，不肯领受脚价。折奏等情，命弥天重犯阅看。弥天重犯因思君臣一伦，至大至重，分虽有尊卑之别，情实同父子之亲，本于天命之自然，无物不有，无时不在，通古今、遍四海而未尝有异也。

民之乖戾，不供应其上，固是民之无良，然亦半由在上者不以民为子，或子焉而德惠偶有未洽于民，或及民而有司不能宣扬上意，以致民或不能以君为后，即或后戴其君，而不能至诚赤忠，实尽我赤子之道者，往往有之。若果能以民为子，食思民饥而为之谋其饱，衣思民寒而为之谋其暖，痌瘝一体，每念不忘其民，则君民一体，民自不敢有其身，不敢私其财，不敢恤其力，虽赴汤蹈火，亦不肯避矣。然此虽有其理，从古未见有其事，不唯汉、唐、宋、明如文景、贞观、熙宁极盛之时所无，即三代郅隆之世，亦所少见。唯文王上承十五王之积累，下开八百年之太平，太和融洽，至德深仁，沦肌浃髓，见于经者，方有"庶民子来"之事。不然，以尧舜之德，亦难期此圣神功化之极效也。

今我皇上子惠元元，时时刻刻以爱养抚绥为念，至德深仁，无隐不入，无处不到。所以天和萃聚，丰稔频登，民心爱戴，顶踵思捐，以期踊跃争先报效万一者，将遍宇内而皆然矣。何况山西省近京都，感德被化，尤为最先而更亲者乎？唯有湖南隔远，民习又夙浇漓，加以奸党犯罪充发广西，往来通衢，布散流言，传闻道左，致使圣德声称，湮郁未洽。然到今云开日丽，快爽欢欣，舆情谅是不同寻常爱戴。况我皇上治化，已几刑措而道德齐礼之教，犹时轸念远方，已蒙差使往湖南观风整俗矣。今又蒙恩旨，著弥天重犯往湖南观风整俗使衙门听用。弥天重犯虽愚陋不堪，然数月以来，被我皇上德教，耳闻目见京都风景，亦颇粗知圣教之万一。纵不能有所赞助，裨补于观风整俗使之前，然以当身所感我皇上之德，被我皇上之恩，尽心竭力，以直道实，逢人说项，亦得期赎重罪之毫末。但念犯罪蝼蚁，自揣不足取信于人，所赖者，唯我皇上大德至诚，既可感召天和，屡奏成效，必能孚及豚鱼，而四方风动，从欲以治。自是家喻户晓，人人咸思尊君亲上，民情必不减山西爱戴之隆矣。

奉旨讯问曾静：你看了山西巡抚石麟奏折，供称"君臣一伦，情同父子，四海未尝有异，湖南民习浇漓，奸党犯罪，充发广西，往来通衢，布散流言，致使圣德声称，湮郁未洽"等语。夫"扶我则后，虐我则仇"，古有是语，朕于普天之下，一视同仁，湖南、山西之民，固皆抚之如子也。山西民俗醇良，感召天和，连年丰稔，无待朕之大加恩泽。湖南民俗浇悍，乖戾之气，上干天谴，以致灾祲间作，荒歉屡告。朕叠沛恩膏，所以子惠而抚绥者，不一而足，尚不得为抚我之后乎？

朕揣山西之民，所以趋事赴功者，盖因圣祖仁皇帝六十余年深仁厚泽，浃髓沦肌，是以一遇国家公事，即输诚效力，踊跃争先，如此肫切。试问湖南之民，独不受圣祖六十余年之恩泽乎？即据曾静前供，圣祖宾天之时，亦尝哭泣尽哀，持服拜祭。夫既感圣祖之深恩，顾不念及朕躬乎？

人情于亲戚朋友，素相契厚者，或闻其子孙有过失，则必曲为之掩护；或闻其子孙被谤议，则必力为之辨白，况于君臣之间乎？

伊之于朕躬，万无忍于指斥之理，况以毫无影响之流言，不察真伪而便肆为诬蔑，敢行悖逆，尚得谓有人心者乎？伊既知君臣之伦，情同父子，今有人诬曾静之父有盗名，捏其母有淫行，曾静闻之，忍不与之辨乎？忍不察其言之虚实乎？抑不问其虚实，遽将其父母丑诋唾骂，且著书立说以扬播之乎？伊称往来奸党布散流言，被其煽惑。夫奸党充发往来之所，不止湖南一省也，即山西地方岂无此等逆党之流言，乃从无一人被其摇惑煽动者，独湖南奸民如曾静之辈，一闻奸徒之蜚语，即起叛逆之心，谓非其性与人殊者乎？

且“抚我则后，虐我则仇”之语，亦非正论。夫君臣、父子皆生民之大伦，父虽不慈其子，子不可不顺其亲；君即不抚其民，民不可不戴其后。所谓抚我则后，虐我则仇者，在人君以此自警则可耳，若良民必不忍存是心，唯奸民乃得以藉其口。然人虽甚无良，亦断无有以抚为虐者。朕于湖广已实尽其抚民之道，而不意曾静辈犹视朕如仇也。至曾静蛊惑于华夷之辨，此盖因昔之历代人君，不能使中外一统，而自作此疆彼界之见耳。朕读《洪武宝训》，见明太祖时时以防民防边为念。盖明太祖本以元末奸民起事，恐人袭其故智，故汲汲以防民奸；其威德不足以抚有蒙古之众，故兢兢以防边患。然终明之世，屡受蒙古之侵扰，费数万万之生民膏血，中国为之疲敝。而亡明者，即流民李自成也。

自古圣人感人之道，唯有一诚，若存笼络防范之见，即非诚也。我以不诚待之，人亦以不诚应之，此一定之情理。是以明代之君，先有猜疑百姓之心，而不能视为一体，又何以得心悦诚服之效！先有畏惧蒙古之意，而不能视为一家，又何以成中外一统之规！虽当时蒙古之人，亦有入中国者，然皆闲散不足数之辈耳。若因此遂谓蒙古之人臣服于中国，则当时中国之人，亦有入蒙古者，是中国亦曾臣服于蒙古矣。至于我朝兴自东海，本非蒙古，向使明代之君果能以至诚之道，统御万方，使我朝倾心归往，则我朝入中国而代之，亦无解于篡窃之名矣。乃我朝自太祖、太宗以来，浸昌浸炽；明代自万历、天启而后，浸微浸熄。明代久已非我朝之敌，彼自失天下于流民，上天眷佑我朝为中国主。世祖君临万邦，圣祖重熙累洽，合蒙古、中国成一统之盛，并东南极边番彝诸部俱归版图，是从古中国之疆宇，至今日而开廓。凡属生民皆当庆幸者，尚何中外、华夷之可言哉？曾静有何辨说，据实逐一供来。钦此！

曾静供：弥天重犯山野无知，于人事无一得通，自犯罪以来，只有惶恐战栗，万死待罪而已，更有何说可以分辨？今承高厚之恩，复降谕旨诘问。反复细读，字字句句皆发从古圣贤所未发，义蕴精深弘博，已到至处极处。在弥天重犯实无一言可以分疏、解免其罪，但自计当初狂举之念，处处皆从不知圣德高深，错执人言起见。

因念人之五伦，虽有人合、天合之分，其实皆本天而出，根性而具，所以圣人谓之达道。唯其谓之达道，所以通古今、遍四海而不异。五伦之中，又唯君臣、父子为更大。君臣虽从义生，而以人合；父子虽从仁出，而以天合。其实君臣之伦，大过父子之亲。盖以父则对子，其尊只在子一身之上；君乃天下万物之大父大母，其尊与天配，在万物之上，故五伦以君臣为首。而所以处之者，彼此有当然各尽之道，本不相期待。在君之职以天自处，所以一切寒暑怨咨有不屑计；而为臣为民者，一身之生杀，唯君所命，不敢以私怨生怼叛之心。虽圣人说“君使臣以礼，臣事君以忠”，两边平放，其实不相期待。臣之忠君，乃天命之自然，不是因君使臣以礼而后臣得事君以忠，所以朱子注云：“二者皆理之当然，各欲自尽而已。”玩“理之当然”四字，见得臣之忠君，原从天出，不是报答君恩。君加恩于臣，在臣固当忠君；即不加恩于臣，而臣亦当忠。诚如圣谕所示：“父虽不慈其子，子不可不顺其亲；君即不抚其民，民不可不戴其后。”盖臣之忠君，乃天命之当然，所性之自然，岂计君恩之轻重哉！

试看文王遭纣之昏乱而不改小心服事之节，圣人称为至德。曾子作《大学》传释“止至善”章，引文王作榜样，以为止善之极则，曰“为人臣，止于敬”，而不及汤武者，正为此个缘故。今谕旨谓“抚我则后，虐我则仇”非正论，正合文王、孔、曾之旨。盖“抚我则后，虐我则仇”，乃武王将伐纣而誓师之权词。汤武之事，本非圣人之得已，但所遇之时不同，究其极而仍合于义耳。初非其所乐为，而可以为法于天下后世也。故必有汤武之至德深仁，而又遇桀纣之昏乱失德，以汤武而遇桀纣，又要看天命，验民心，方可行得。然在圣人心中，终是不满，终不免以此为惭，岂后世莽、操等所得借口乎！盖圣人处此，只为常经到此穷绝，理势不得不变，所以就时地上裁制，不得已而为古今之通义，以持续天理耳。故此一种道理，非大圣人不能用。所以圣人说个未可与权，虚悬此理于天地间，而未敢轻以许人耳。今我皇上因父子之亲则剖晰分示，推出此理，兼使弥天重犯得以闻所未闻，此诚不幸中之大幸事也。

因回思我皇上子惠元元，尽六合而皆然，所以抚绥我辈赤子者，本无间于山西、湖广。而山西之民醇良，湖广民俗浇悍，几烦圣虑，叠沛皇恩，以尽抚我之道。今圣德谦光，圣孝诚笃，深仁厚泽，归美圣祖。于此见湖南之民，不唯沐我皇上之深恩，当思忠顺，以事其上，即推想圣祖至德，亦无不当输诚尽分以竭其忠。况为民当身正义，处覆冒之下，既食毛而践土，君即不抚其民，民不可不仰戴其君者乎！思量到此，弥天重犯虽粉身碎骨，不足以偿万剐之罪，更有何说可以解脱！况弥天重犯既知感圣祖之深恩而持服尽哀，独不思推圣祖大德于我皇上而思忠孝顺？

今明旨诘问及此，虽木石亦当动心，况弥天重犯身带血气，有不割肝泣泪者乎！所痛恨者，只为自居山谷，我皇上御极初年，大德尚未遍洽，即为奸言先入，以此递递叠闻，遂尔步步生疑。唯其有元年之流谤在心，是以后此之谣传得以入耳。而奸党造谤之大，皆与圣祖皇帝为仇为敌之事。以弥天重犯当日看得君父之伦重大，痛当身受圣祖皇帝四十余年抚绥之恩，吃紧此义，不觉透骨彻髓，只思报效于圣祖，思为圣祖皇帝之忠民义士，于义合当为圣祖皇帝舍身致死，以是妄萌悖逆之念，甘蹈赤族之诛而不辞耳。

即谓惑于吕留良之悖论，在当时尚属第二、第三义。逆书虽有其说，然亦是看得君父之伦重，故以是劝岳钟琪耳。其实多为感圣祖皇帝之深恩大德起念，所以圣祖宾天，弥天重犯持服尽哀，发于至性。在当时悲思，竟有不堪对人者，每暗地流涕拭泪，在己亦不自知其何以至是。原无意于人知，以为忠孝是读书人本分事，为各人自尽之道，岂敢希冀人知！一著人知之念，即为伪矣，尚得有忠孝乎！

前供所以说到此处者，只为弥天重犯犯此大罪，心事未易明白，故缘此以为证据耳。其实当日一片赤心肫切并未说到，故在当时，非弥天重犯全然死心，只为谮言流毒，多切紧圣祖皇帝身上。岂意我皇上大孝大德，为圣祖皇帝同德嫡体而更有光者乎？

他若弥天重犯以毫无影响之流言，不察真伪，而便肆为诬蔑，揆以君臣之义，情同父子之亲，彼人有诬弥天重犯之父以盗名，捏弥天重犯之母淫行，在弥天重犯情必不安，必察而辨之，且为之掩护之。而人于我皇上之诬捏，则遽信以为实，漠不加察，较之父子之情，相去悬绝，弥天重犯万死之罪，实无所逃。但当初之狂举妄动，而误信以为实者，亦以圣祖皇帝之恩德在人者深，为民者无不冀圣子圣孙之继其统。当时心中所期，以为处今日，即皇上偶有德不及圣祖处，在民间亦必为之掩护，不忍宣扬。今所闻如此，且以为言出于京城往来道路人口，并非起于民间，因妄疑圣祖皇帝非有仇于人者，而今日所闻如是，必有其因。况天子本四海之共主，人只有爱戴颂扬，谁甘不良而肯造言讪谤！

是以弥天重犯当日，一为从未历过世路倾险，识透人情有此变诈;二为从未到过京师,得闻奸党如此阴毒;三为圣德高深,湖山万里,未得骤闻。因此三事未谙,以致谮谤流言得以乱听。况阿其那、塞思黑、允禵等之奸党,流布民间,本非一处一路。除充发广西外,尚有诡名变迹,借游学为名者,而其所诋诬圣德,多由谈文论学引入。山野蝼蚁,从何窥测其底里?因此不觉为之摇惑煽动。若奸党充发,所过省郡极多,不止湖南一省,即山西地方岂无此等逆党流言?独不能惑人之听,而唯湖南奸民一闻蜚语,即起叛逆之心。夫奸人有心造谤,每乘人之虚而避人之实,诚以虚则吾言易入,实则吾言易识。故其不肯在山西、河南等近处传布者,以山西、河南等省离帝都近,往来者多,皇上之至德声称,人人所习闻,心中实而有主故也。唯湖南离帝都远,往来者少,我皇上之至德声称,未得遍洽,山谷知之者少,心中虚而易惑故也。非山西与湖南之民全异,实所处之地有不同也。

至若谕旨以华夷之辨,推原于昔之历代人君不能中外一统,而自作此疆彼界之见,且谓明祖以元末奸民起事,恐人袭其故智,故汲汲以防民奸;其威德不足以抚有蒙古之众,故兢兢以防边患;以及先有猜疑百姓之心,而不能视为一体,又何以得心悦诚服之效,先有畏惧蒙古之意,而不能视为一家,又何以成中外一统之规,大哉皇言!既与天地同体,复与天地同用。於穆天也,而我皇上配对之,不见其不足;我皇上也,而天全体之,不见其有余。况见透汉、唐、宋、明几多英主隐曲作用,直同儿戏。不唯德量同天,心公到至处,而且眼界高出日月之上,明察到极处。此等境界,自古帝王所少到,而此等议论,自古圣人所未发。苟非我皇上身亲历到,焉能辨别到此至处,焉能包容到此极处,焉能阐发到此至微至细处!况复以感人之道,总归一诚,尤俨然活露天体之大矣。

盖唯天至诚,唯其至诚,所以覆冒无外,感而遂通。故《中庸》言"诚",必推极于天,唯其诚能合乎天,所以高明光大,博厚悠久,与天无异也。此我皇上所以合蒙古、中国成一统之盛,凡天所覆冒者，俱归版图，凡属民生，皆当庆幸，岂有华夷、中外之间哉！理到至处，行到极处，虽尧舜复起，亦不能赞一词。而我皇上不唯规模弘远，开中天之隆会，抑且道德广大，立万世之成规。人君不能修身配天，强分中外华夷者，到此直堪愧耻无地矣。况欺世盗名，假窃圣言余唾以混理学之正者，逆天不亦甚欤！至是而益信我朝名义之正，德业之隆，诚极生民所未有也，猗欤盛哉！

奉旨讯问曾静：你供称"身居山谷，我皇上御极初年，大德尚未遍洽，即为奸言先入，遂尔步步生疑，后此入耳谣传，皆与圣祖皇帝为仇为敌之事。因身受圣祖皇帝四十余年抚绥之恩，思为忠民义士，是以妄萌悖逆之念，甘蹈赤族之诛"等语。你自雍正元年以来，讹传逆党之言，是朕之失德备闻于耳，而阿其那贤孝之名，及圣祖皇帝欲传位于允禩之事，亦入于耳。你既感圣祖皇帝之恩，即以朕为君父之仇敌，不克缵承大统，则亦当劝岳钟琪世受国恩，当仰承先帝之志，辅佐阿其那、允禩等以继先帝之基业，何以竟将叛逆之事，欣动岳钟琪？况你逆书内分别华夷，直指圣祖皇帝为夷狄，如何尚说感戴圣祖皇帝四十余年抚绥之恩，思为忠民义士乎？可据实供来。

曾静供：弥天重犯狂悖之举，按其罪，触处皆是，本无一线可生。苟非大圣人在上，德量同天，精明并日，本大公无我之怀，虚心体察，使顽逆隐情毕露，虽磔尸磨骨亦不足以偿当身莫大之罪，尚有何说可以疏解？今承恩旨讯问，前供所称身受圣祖皇帝四十余年抚绥之恩，思为忠民义士，则当劝岳钟琪仰承先帝之志，辅佐阿其那、允禩等，以继先帝之基业，何以竟将叛逆之事，欣动岳钟琪，况逆书分别华夷，直指圣祖皇帝为夷狄，如何尚说感戴圣祖皇帝四十余年抚绥之恩，思为忠民义士，究问及此，弥天重犯惶恐战栗，万死何逃！不唯无说可以仰答天聪，即自问亦无说可通了。今亲观圣德之高深，极生平所未有，感被皇恩之浩荡，彻骨髓而融治。此所以心悦诚服，而痛悔当年狂悖之举，切齿于阿其那、塞思黑、允禵等之奸党造言流谤者以终天也。然苟非我皇上之德量同天，精明并日，亦只有杀而已矣，剐而已矣。今承旨问，从肝滴出一字一泪，实无半语只字可以仰答天聪，理屈辞穷，自知万死万剐莫偿，只有惶恐战惧而已矣。

奉旨讯问曾静：前因山西绅士庶民运送军前骆驼鞍屉，自备车骡，不肯领价，踊跃急公，争先恐后，已将晋民情节谕你。今不旬日间，晋省保德州等处，遂有庆云呈献之瑞。据巡抚、学政、布政使三处奏报前来，特将奏折发与你看。

朕从来不言祥瑞，但天人相感之理，实捷于影响。晋民怀尊君亲上之心，是以连年丰稔，今又蒙上天特锡嘉祥，以昭示福佑万民之象。可见从前湖南地方屡被水灾者，实因民风浇薄，又有你与张熙辈心怀悖逆，以致乖戾之气上干天和，此理显然昭著。但朕凉德，不能化导湖南百姓，亦不能辞其咎。你从此更当猛醒，知天之不可欺矣。你今仍怨谤朕一人乎？

曾静供：自古称圣王励精图治，虽不言祥瑞，然到治定功成，而祥瑞自然协应；必到祥瑞协应时，而后称得治定功成。此《中庸》推学问之极功，圣神之能事，而必归到“天地位，万物育”上去者，此诚以大君之身，与天配对，其精神运量，与天相通。君心能与天心融通无间，而克符合一，则和气致祥，自然云日辉煌，藻彩缤纷，以及河清海晏，万物顺成，百福骈集。若君心稍有一点与天心不相符合，则戾气致异，一切反是，此理之大致一定不易者。但其中不能尽同，亦微有辨。盖有君尽其道，而臣庶不能仰体君心，此又以君为天，君心为天心，臣庶之心不能仰体君心，即与天心相违，所以亦能致异。此普天之下，所以有嘉祥灾异之不能尽同也。

恭唯我皇上克体天心，克肖天德，励精图治，仁恩厚泽，遍浴寰宇。其效至于薄海内外，物阜民康，皆歌乐育，礼陶乐淑，共被洪钧。唯圣心与天心合一，君德与天德无间，所以天和见彩，地灵垂祥，大者如五星聚、黄河清，嘉谷蓍芝，百瑞叠呈。我皇上天人感孚，成自古未有之治功，以致获自古未见之休征，此理之捷于影响而无疑者也。

至于近者晋省庆云捧日，外绕三环，光华四射，藻彩缤纷，与湖南数年歉收，旱涝叠闻，灾异间见，其理复异者，何也？诚以晋省民心醇厚，知恩感戴，民心能仰体君心，一切输诚奉公之事，无不踊跃争先。故于办理驼屉之会，而天垂祥瑞，以协人心之顺。若湖南虽同处覆冒之下，而民俗浇漓，不能仰体我皇上之心，加恩而不以为恩，被德而竟忘其德。加以弥天重犯等之狂悖丧心，不唯不知我皇上之大德合天，而竟不能安业顺化。是湖南庶兆之心多与我皇上之圣心相违，即与天违，所以厉气致异，而灾祲独屡见于湖南也。但此理甚显亦甚微，非我皇上精通性命之源，素能默契乎天，而复能与天合一，焉能知之！

弥天重犯到今日读所报闻诸嘉祥奏折，并我皇上所讯问谕旨之理观之，不唯信我皇上之至德毫无瑕累，实实与天合一。在弥天重犯将插翅遍飞遍传，破谮除谤之不暇，岂尚复为谮谤所惑之理！抑且自痛悔当年狂悖之举，诚得罪于天，而不意今日戴天广大之德，推原致罪之由，宽宥以至于此极也。

奉旨问曾静：湖南地方，人心诈伪，风俗浇漓，而督抚大吏又不能宣朕之威德，化导愚民，以致风雨不时，灾祲屡作。云贵总督鄂尔泰实能体朕之心，教养百姓，而民风淳厚，又能服教乐善，以此感召天和。云南连岁大稔，而贵州今年通省丰收，所产嘉谷，岐穗繁多，颗粒硕大，为从来所未见。今将贵州巡抚张广泗奏本，及所进嘉谷图样与你看，天人感应之理，显然昭著如此，你再有何说？

曾静供：天人感应之理，捷于影响，弥天重犯已曾供过，不敢复赘。今观贵州巡抚所进献瑞图，共四十六种。稻谷粟米之多，有一茎两穗至十五六穗不等；稻谷有每穗四五百粒至七百粒数之多者；粟米有每穗长一尺八九寸至二尺有奇者。不唯从来目所未见，实从古耳所未闻。此必贵州人民被服圣教，革面涤心，输诚向化，熙皞乐利，一团忠顺太和之气，上应我皇上励精图治之苦心，于我皇上之大德无不洽，至教无不通，道德齐礼之化，无不顺应协从。所以与云南、山西等省同一尊亲爱戴之诚，上召天和，是以或垂天锦以示祥，或著地灵以呈瑞。其事虽异，其理则一也。

唯湖南虽与山西、贵州、云南等省同居覆冒之下，同受生成之恩，而数年以来灾异屡见者，何也？实因阿其那、塞思黑、允禩、允禵等之奸党将圣德诋诬，造言惑乱，而湖南之民无知轻听，妄以我皇上之德，果如奸人之谤，各怀不平而怨咨嗟议，反以数年灾祲为皇德之亏所致。岂知我皇上以亘古未有之至德深仁而湮郁远鄙，是以上天震怒，屡示灾异，以谴责湖南之民。而湖南之民乃不知省，反听信奸党之谤而致怨乎上，故怨愈深而灾愈厉。盖湖南之多灾与贵州、云南、山西等省致祥，其事虽殊，其理实同，同一上天眷佑我皇上之大德所致。

贵州、山西、云南等省之致祥，是贵州、山西、云南等省之民，能仰体我皇上之大德，各尽忠顺之道而乐业安化，皇上至德舒畅四达而无隔碍，所以和气融通而能致祥。湖南之多灾，是湖南之民不能仰体我皇上之大德，胸存悖逆之念，不肯安业乐化，皇上至德间隔湖山而多郁结，所以戾气否塞而能致灾。所谓同一上天眷佑我皇上之大德，实因我皇上之大德亘古未有，所以既有此等应处，又有此等异处。

今弥天重犯得见阿其那、塞思黑、允禩、允禵等之太监及伊等平日所蓄养之匪类等所供谤议，恰与湖南百姓所闻无异，于此见得奸党上误国家，下害生民，蓄心狠毒，一至于此。若非我皇上仁孝诚敬之至，上格于天，素孚于祖，感通默相，焉能使诸奸尽行败露，恶迹如此昭彰！而我皇上之大德，转因此光明显烁，焜耀中天。所谓“仲尼，日月也，人虽欲自绝，其何伤于日月乎”，此理至今日而益验矣。到此实实信得我皇上之德，超越古今，与天、与圣祖一而二，二而一，并无毫发彼此之间，故能为圣祖所笃爱、上天所眷佑，而天理响应如是，报验如是。

奉旨讯问曾静：你从前逆书内云“于今正值斯文厄运，是以孔庙焚毁”。今据督修庙工之通政使留保奏报，“十一月二十六日午刻，正当孔庙大成殿大梁之前二日，庆云现于曲阜县，形若芝英彩凤，五色缤纷，正南、东、西三面拱日朝阳，历久益加绚烂。万目共睹，无不称庆”等语。今将留保所奏之折及庆云图发与你看，还是斯文厄运之灾异？还是文明光华之祥瑞？你今又如何说？

曾静供：道之在天下，本无处不有，无人不备，特凡民为气禀所拘，物欲所蔽，是以有的不适如其有，备的不能果见其备。故聪明睿智之资，气禀清明，义理昭著，生知安行，千万人中无一见焉，甚或数千年无一遇焉。然一有之，则天必命之以为亿兆之君师，所谓“亶聪明作元后，元后作民父母”，又曰“天降下民，作之君，作之师”。是君与师原属一道，并未尝有岐，此尧、舜、禹、汤、文、武之世，所以只有君之重，并无师之名，盖以君职原兼师职故也。

唯至春秋战国，二帝三王之道熄，时有孔子生安之圣，厄而在下，当时仁义之风微，功利之习兴。一时功名之士，以治天下为另有一种权谋术数之学。于是群指孔子为师道，而称君德者，视此则有彼此之分。而孔子之所谓仁义道德者，每多置而不讲。历汉及唐以至于明，二千余年，孔道晦塞，未有能明能行。孔道不明不行，又安望其有虞、夏、商、周之治效乎！

唯我朝圣祖皇帝得尧、舜、孔子之心传，是以六十余年，深仁厚泽，遍及薄海内外，已媲美于虞、夏、商、周。我皇上以天亶之聪，生安之资，加以初潜四十余年，研深味道之功，其于尧、舜、孔子之道，合圣祖家学精蕴而久已集其大成，不唯与尧、舜、孔子之心传无二，抑且于圣祖一切政治而更有光矣。此所以天人感应，随时随地，莫不信而有征。盖有亘古未有之道德，自能成亘古未有之治功；有亘古未有之治功，斯能备亘古未备之休征，此理之一定而不易者。

兹因山东孔庙大成殿庙上梁之前二日，而庆云五彩捧日，光华融霭于曲阜县，此盖孔子之圣，浑全一团天理，孔子之心即天心。今圣心与孔子之心为一，即是与天心为一。而祥瑞见于曲阜，适在兴修圣庙之会者，乃上天所以嘉予圣心与孔子之心为一处，比泛见于云、贵、山西等省，其庆幸为更大，其盛德之合于孔子，而感孚上天者为更极其至。此所以为一元之中，文明光华极盛之会，而为生民所未有也。弥天重犯从前无知，并不知天之高、地之厚，所以为流言摇惑，而为是万剐之说，悔恨无及。今既含生被化于天高地厚之中，自验知之比他人更深，信之比他人更笃，到此只有尊之亲之、爱之戴之，传颂以为亘古未有此文明光华之圣德神功而已，更有何说？

卷三

杭奕禄等讯问曾静供词五条

问曾静：你书内云“五六年之内，四时寒暑易序，五谷耕作少成，恒雨恒旸，荆、襄、岳、常等郡，连年洪水，吴、楚、蜀、粤到处旱涝时闻”等语。皇上嗣位以来，阴阳和顺，风雨时调，五谷丰收，人民乐业。各省之内，间有数州县旱涝不齐，即动帑赈济，民获全安。今你所说四时易序，五谷少成，确是何年、何月、何地呢？吴、楚、蜀、粤到处旱涝，确有何见呢？至于荆、襄、岳、常之地，有你这样狂背逆乱之人，伏藏匿处其间，秉幽险乖戾之气，致阴阳愆伏之干，以肆扰天常为心，以灭弃人理为志，自然江水泛涨，示儆一方。灾祸之来，实因你一人所致。你知道么？有何说处？

曾静供：这是弥天重犯僻处山谷，正如坐井议天模样，不知天壤内如许广大，见偶尔一处旱涝，遂谓旱涝时闻，不知时序调和，丰收乐业，不旱不涝者，此外遍地皆是。此正不得事体之实，而其根实由眼孔小，不通世事之故也。且当时实不知皇上深居九重，视民间疾苦直如赤子痌瘝，一遇偶尔旱涝，即动帑赈救，且免其赋供。弥天重犯今日始知圣恩高厚，虽尧舜不过如此，则愚顽无知之罪，实所甘受。一民狂背，皆足致灾，此则非精通天人之故者不能知。弥天重犯闻之，豁然如大寐初醒，虽朝闻夕死，亦实幸矣。

问曾静：你书内云“抚我则后，虐我则仇”等语。我皇上夙夜孜孜，勤求治理，爱养百姓之心，无时不切于痌瘝，无事不备其周详。屡年来大沛恩泽，薄海黎庶，莫不均沾。旧欠钱粮，蠲免几及千万，江浙等处浮粮，每年减免六十余万；至于赈恤蠲除，以及豁免之处，其数至多；南北黄、运河工、堤工，兴修水利，开种稻田，察吏安民，弭盗除奸，一切实心实政，日昃不遑。

其所以抚天下之百姓者，洵乃养育诚求，如保赤子，所以抚之者至矣。海宇内外，无不深元后之戴。今你不以为抚，而以为虐；不以为后，而以为仇。此是何肺肠？且虐民者何事？你将所见实说。

曾静供：皇上至德深仁，遍及薄海内外，其用意于民，固可谓亘古少媲。弥天重犯住在远方，不晓世事，不知天高地厚之恩，但见承平岁久，生齿繁多，远方之民，富者田多，而贫者或至无田。皇上屡年大沛恩泽，蠲免旧欠，减免浮粮，动计几百万，扶养非不极其至；然只有田业者，饱饫其惠，而无田业的，多致憾于雨露之不均。直至旧年到省，今年来京，方知皇上有几多爱养善政，有几多扶绥经画，端拱深宫，忧勤惕厉，无事不周，无微不到，且无时无刻不以天下苍生为念。功德昭然在目，传颂哄然满耳。

自古圣帝贤君，用意加惠于民，称元后，颂父母，载之史册，垂之经典。以今准古，实所罕闻。此今日海宇内外，所以共深元后之戴。以弥天重犯如此狂诋，如此触冒，尚有几多钦恤，几多宽仁，恩惠频施，被服愧悔，直不啻如天如地之感，则天下之大，四海九州之广，无一民一物不在涵育生成之内，尤不待言矣。弥天重犯前之所以不以为抚，而以为虐者，总为谣言所掩隔，遂使帝德难名，食其力者忘其力，王道同天，蒙其化者自不知其化耳。

问曾静：据你在湖南供称，有“皇帝使人从四川贩米至江南苏州发卖”，又云“广东、广西发卖水银”等语。这卖米事情，乃外省督抚条奏：江浙地方人多米贵，请动帑项于产米省份，采运平粜以济民食。此是古人移粟之道，且此项运到米石，皆减价粜卖于民，于正项钱粮尚有亏折，如何说贩米石争小民之利呢？至水银之事，乃因原任贵州巡抚金世扬亏空库帑，不能完交。署巡抚石礼哈奏称：金世扬有动帑收贮水银，可以变价完公。皇上允其所请，令于广东发卖，乃系保全金世扬身家性命，实出宽大之特恩。你如何说为争民之利呢？但此二事皆有其因，你在何处听来？须将传说之人供出。

曾静供：弥天重犯于这些事，当时都不晓得皇上神奇作为，经纬妙用。从四川贩米至江南苏州发卖的事，这等谣传，是这些往来搬家去四川的百姓回来说；广东发卖水银，是因走广东往永兴县过，弥天重犯是永兴县人，虽住居离县城百数十里，而乡间常有人在县来往，传得此说，并非远方人说。岂知卖米是移此就彼，乃酌盈济虚，圣人裁成辅相之能事，而平粜与减价尤一视同仁，万物各得其所之猷谋。至变卖水银完公，则又体恤群臣，使法无犯而事得济，且有以见天地含弘之量，物各因物，而无伤于其中也。此皆帝王之运量，小民不知皇上苦心，遂至妄传，以为卖米、卖水银。而弥天重犯彼时莫知圣虑高深，遂误信以为争民之利，不知此乃利民之大者也，诬上之罪何逃？

问曾静：你在湖南供内有“极好杀人，京城凛凛”等语。我皇上如天好生，自元年以来，凡矜恤民命之案，不可枚举。即今四月十一日以后，现有督抚及刑部拟定之案，如云南之黑夜杀人八十二岁老妇何氏一案，广东之殴伤服叔谢伯达一案，江西之不知情奸妇刘氏一案，安庆之误伤兄命郭国正一案，浙江之误伤妻命曹道生一案，山西之父为代首之劫盗查声闻一案，凡有一线可生者，皆令九卿详议，从宽减等。

又逃纵之窃盗赵玉等一案，私铸钱文之张仙等一案，或以愚人未知定例，或情罪稍轻，俱从宽减。至同殴庶母之曹霦一案，以情罪尚轻，不忍处以极典，命确查定议。其廷臣所议，如定捕役治罪之例，符咒作奸之例，皆以未曾议及通行晓谕，及与以遵奉之期，敕部另行详议。此数日之内，成谳具在，可逐件与你详看。难道曾静未到之先，皇上预知你来，特为此祥刑之事，以示宽大之恩么！这传说纷纷，“极好杀人”之说，确有何人枉杀？确于何年何月日滥杀一人？并传说何人？你须一一据实说来。

曾静供：弥天重犯始以不知人情世事，误听谣言，发狂作悖，而身陷极恶大罪。自事发到长沙，及今大半年，旁听市井传颂，历睹当世休嘉，乃知圣德渊深，光被四表，原无丝毫瑕类，久为普天所共仰。到京以来，无一时一刻不痛悔感泣，惶愧悚栗，不唯无面见人，抑且无地自容，加以皇恩屡颁，更觉受恩愈重，罪过愈深。古今来有这样圣天子抚绥万方，直及于禽兽不如之重罪者乎！复蒙谕旨下问，于本月十一日，大人仰承旨意，恭捧皇上御批九卿所奏民间重案，国典条例，弥天重犯跪伏阶前，敬读感服，不觉惶恐汗背。虽圣虑高深，不能仰测毫末，而一种体天好生之德，焦劳爱养之念，盎然见于御批之下，实足令人感泣无穷。

如云南所奏之黑夜杀人，以主谋造意，归于八十二岁之老妇，拟斩。复将其子何汪、何世逵、何永杰为同谋加功拟绞。盖妇人夫死，义当从子，何汪何故不谏止其母，而轻从八十余岁之老母以杀人，且开场下手打伤，何汪已有明供，似难更扯别人拟抵罪，而黑夜抱草烧尸，尤非八十余岁之妇人所能，今以何氏拟斩，复以三子拟绞，似伤民命太多。又广东之殴伤服叔，此因争祭田，县断银田，两未交清，谢日刁亦不合持棍至谢伯逵门首詈骂，与平昔越分无礼，强悍而殴尊属致死者，毕竟不同。

又江西之不知情奸妇，此通奸在前，谋杀在后，两事不相涉。况离居又已多年，刘氏夫妻之义未绝，且有子八岁，岂肯弃夫以从奸！律之所谓“奸夫自杀其夫，奸妇虽不知情，绞而监候”者，此正就通奸时看，非若刘氏之别居有年，此时并无奸意萌发也。此三条圣虑通微，照及民隐，所以不肯依拟，而敕九卿议奏也。

又江西之误伤兄命，此郭国正、郭国宾兄弟相好，素无嫌隙，因催丁钱小事，拂意生怨，且先是郭国宾以酒壶掷国正不中，而郭国正拾原壶反击郭国宾，以致殒命。初非立意杀兄，执凶向前殴击致死，是以改应斩监候。又曹道生之妻汪氏不循妇道，夫索茶不与，嗔责不受，反拾石还击，以头撞夫。道生气忿，乃用柴片连殴，以致殒命。此是汪氏自失三纲大义，非本无犯而道生有意欲杀，律当拟绞也。皇上从宽枷责完结，不唯使夫妇之义正，而钦恤之恩，益觉有加而无已矣。又查声闻虽盗首，实非本意行劫，乃误听李瞎子之言，志在焚毁契券，以图复占。此愚民无知，情有可原，所以一经伊父代首，圣心痌瘝之念切，竟许原例从宽免死，此皆一线可生，我皇上不忍置之死地也。

又如赵玉、田群、刘五以犯盗监禁逃纵，例当加倍治罪。圣虑谓此本系行窃愚人，未必知有逃纵加倍治罪之例，其所犯罪，仍照旧拟。且敕部颁饬天下衙门，将新例张示禁门，使犯罪囚人入监即知。又私铸钱文，律斩立决。张仙等私铸，睿照分出张仙以造卖铜器为业，因禁止黄铜器皿，遂将所存之铜私铸钱文，其罪与公行私铸者有间，著改为应斩监候，秋后处决。是不唯钦恤民命到至处尽处，并分出小民犯科到公私之极处，所谓茧丝牛毛辨晰精微，竟至如此。

又如曹霦同殴庶母，照律拟凌迟，似亦当罪。御批乃谓当孙氏挑唆曹霍柽，共殴狄氏之时，曹霦先不在旁，孙氏差使女小春唤至。曹霦听从父母之命，助殴狄氏，而狄氏至九日殒命，是曹霦虽行殴击，原无致死之心。曹霦著改应斩监候，秋后处决。盖因案呈有“孙氏差使女小春往唤曹霦”句，从此一句，遂推原曲谅，恰当其情，恰合其事。我皇上神明照烛，无微不到，又至如此。又如周元伯与周见南比屋而居，因舂米争碓，彼此詈骂，而周见南遂为周元伯殴伤。部议应斩立决，而旨下九卿议奏，不忍遽尔依议。

看来皇上抚育天下苍生，纯是以道，并无一点用法之迹。盖道无定体，随时随地，变易无常，非大圣人之智虑精微，明聪天纵者不能用。法虽从道出，然一落乎法，就拘泥执滞，不能活变了。所以先儒谓三代以道治世，后世以法把持天下。如后世贤君算汉文、景，然文、景得黄老之术，全是以法，故谓黄老清静，流于惨刻。如犯死者，依法即以死抵，并不肯留心于其中推原曲谅其致死犯罪之由，任天下事来，皆以成法成例断之，所以得以清静无为。岂若皇上仁心恳至，全副精神尽用在民身上，宵衣旰食，至劳至勤，有几多斟酌裁制，权度时中，大用在其中，卓然与尧、舜、禹、汤同归一致。

又如御批捕役治罪之例，符咒作奸之例，必须通行晓喻与以遵奉之期。凡有改定科条，俱宽其期限，悉令家喻户晓，如此而犹有不率教者，加以严惩，始为不枉。今法司更定律例，而不示以遵行之期，则彼无知之人，冒昧而犯重辟，是谓不教而杀，于心忍乎！看到此处，觉得一种念切生民之隐，此文王之视民如伤，更切更笃，唯恐民之无知，而自陷于法，这就是个天了。盖皇上宸宫，浑同天体，天之元气流行，直贯四时，故当秋肃，未尝不寓春生之机于其间，所以皇上用刑，亦有几多宽仁慈惠的苦心流贯于其中。故未事之先，既有许多善政善教，以移民恶而迁于善；万一偶入于刑，所以体恤而原谅之者，又无所不极其至。即今四月十一以后，数日之内，略举数端，莫非"肫肫其仁"之发。况前乎此者，不知几万千；所经纶裁制，神运无方，常情不可得知者，又不知几万千。

由是看来，皇上之好生德洽，施及薄海，固难以数计矣。况皇上勤民之下，敬天之念，尤无一时少懈，一事放过。如御批衍圣公孔传铎之奏贺卿云本章，江南学院李凤翥之奏贺瑞芝本章，一字未安，一义未当，亦所不受，皆不肯以臣工颂扬之词略过。而圣谕所颁，谓："朕之事天，亦犹臣之事君也。臣之视君也，以为九重之尊；而以人君视天，其相越之分，又不啻九重而已也。设以属员颂其上官，而称为'上所崇奉'，或称为'福与君齐'，彼为上官者，能安受而不战栗乎！今以‘效灵齐天’等语见诸奏章，其背理慢神，何以异是？”细玩此段，虽皇上德隆心下，谦光自责，其实理正义大，至精至当，至实至透，为自古圣君哲后所少到，自当永为万世之法程。况皇上敬德之至，心细之极，一字之讹落，皆为睿鉴所洞照。如李凤翥贺本内，讹“赉”字的“贲”字，总督高其倬题参蔡国骏本，案呈内有“勒索官兵饷银二三两”句，落“两”字，经历多少衙门对过，多少大臣用心看过而不及，到今皆为皇上摘出、指出。自古帝王一日万机，多听内阁分理，即所阅览臣工本章，亦只看贴黄，贴黄尚虑不能周，何暇及于案呈！况案呈已经许多官员查照不出，而能知之乎！即此不唯见皇上留心国政，至周至密，抚育苍生，至劳至苦，而且见圣学主敬之纯。盖所谓敬者，无一毫苟且，无一事轻忽，神聚到极处，心细到至处，无一不极其精，无一不尽其详而已矣。故帝尧称圣以钦德为先，孔圣修己以持敬为本，而《中庸》归宿学问到尽头处，亦曰“笃恭而天下平”。今我皇上细密如此，正所谓“先圣后圣，同揆合符”者也。

弥天重犯山野庸鄙，毫无知识，岂能仰测天地之大？但今日蒙旨下问，直据所见而心悦诚服如此，其实皇上经纬大用，参赞弘谟，弥天重犯何人何物，从何得知？况从前僻处深山，全未识睹天日，即有意见，亦属蝼蚁度天，何处测其高深？所以谣言一入于耳，即信以为实。今承大人捧出本章，有说马廷锡讹传说：皇上因钦天监启奏，紫微星落在福建地方，为此特差大人赴闽，凡三岁以上，九岁以下男子，尽行诛灭。现有巴兰泰一同听见可据。若使弥天重犯当日听闻，一定以为实事而笔之于书矣，小民无知，大率多同，况弥天重犯尤处深山穷谷中，为小民无知中之无知者乎！必到今日，一路所听闻如此，所目见如此，身亲被皇恩如此，今日又亲目看见皇上用意于民如此，焦劳于治政如此，方实实信得皇上德同天地，明并日月。从前在长沙，蒙三位大人屡将圣德宣传，心下虽亦信服，而犹未脱夫旧惑之深也，到今方拨云雾而睹青天，朗然日月之当心，自是知之明、见之切矣。但憾身陷法网，不能旋归故里，宣传皇上大德遍覆，如天如地；圣哲精明，如日如月；洪慈爱养，如父如母。使亲戚故旧，邻里乡党以及沿途所过市井都邑，共传圣神文武，共庆有道天子，共歌太平盛世。且使山陬海澨，共愤共恶造言流谤者之奸，而憾不共食其肉而共寝处其皮，未免死难瞑目，深痛无以报皇上之万一耳。

问曾静：你在湖南供内，有“将二爷的妃嫔收了”等语。当日密亲王之妃，于康熙五十七年内已经病故。其余宫人等，密亲王病故之后，皇上念理郡王难以养赡多人，或至少有失所，于密亲王甚有关系。是以特降谕旨，令理郡王之生母分别区处，并传旨询问诸人，若有仍愿居宫中者，悉如圣祖皇帝之老妃居宁寿宫之例。于时宫人有愿居宫中者，皇上令其另居别宫，厚加廪给以赡养之。此是皇上加恩密亲王宫人之盛德，凡宫中之人及廷臣所共知者。今你这话从何处来？又你以密亲王为三爷，语虽讹传，必有乱说的人，你可据实供出。

曾静供：收妃嫔的话，是雍正五年五六月内，往来路上人传说，衡州路上押解一个犯官过，他如此说。弥天重犯听得此话不察，妄以为此话自犯官说出，毕竟是实事。其实到今日，万万记想个传说的人不出，亦不知是个什么犯官，查朝中那年那时月，有什么犯官往衡州过就晓得。直至旧年到长沙，所得舆论，方知皇上清心寡欲，励精图治，至勤至劳，非纯乎天理而无一毫人欲者，那得如此精明为国，如此焦劳为民！后复闻钦差大人宣传圣德无瑕，又伏读圣谕，表里无憾，恰与在长沙舆论符合。弥天重犯到此，益信得从前传闻，全无影响，况加恩宫人，厚赐赡养，乃圣主仁民爱物，发政施仁，必自亲亲托始之意，而谣言竟传以为收宫妃，岂不深可痛憾！

凡此十余供，非弥天重犯畏死幸生，故为此语，实因奉拿出谷,见闻渐广,实见得皇上道德政教,从来未有,感戴奋兴,自愧不得为圣世之良民,故痛憾至此。其实自供自吐处,内多理屈词穷,义失气馁,所以语言无序,不成说话,且山野愚夫,从未知拜奏陈词,体式不免乖讹错谬之失。而自到京以来,又愧悔切心,感泣耗神,四肢整顿不起,惶恐战栗,手指颤震,点画并不成字,千万叩首,仰请圣照!

曾静、张熙供词二条

雍正七年六月初二日，内阁奉上谕：朕从前所批岳钟琪奏折，偶检几件，发与曾静看。朕与岳钟琪，君臣之际，一德一心。在岳钟琪之忠诚报国，公正无私，实自古大臣中所罕见；而朕以至诚御下，恩眷大臣，亦极倚任之优崇。洵为上下交孚，明良盛事。且朕所批岳钟琪奏折甚多，此不过数十分中之一分，而折内加恩岳钟琪之处，亦不过百分中之一分，而曾静乃欲上书劝之谋反，岂非醉生梦死，冥顽无知之人乎！此乃天道不容，令其自行败露也。

查曾静逆书内，有传闻岳钟琪两次进京陛见，俱不允行，岳钟琪深自危疑，因而上书等语。曾静平昔夷狄之见，横介于胸中，又闻此无根之语，不觉其逆心之愈炽，遂为此孟浪之举。但此传闻之说，必有所自来，著曾静确实供出。以曾静之所犯如此大罪，今尚蒙朕之宽宥，则传说浮言者，若能悔改，亦必从宽贷，况传说者未必即为造言之人，若由曾静供出之人，转究造言之缘起，则此事可得归结。著杭奕禄、海兰详悉宣示曾静。钦此！

杭奕禄等恭捧朱批岳钟琪奏折、谕旨数十件发曾静、张熙看。曾静、张熙供词二条。

曾静供：弥天重犯幼承父训读书，粗知仰体朝廷作养人材之意，不肯虚度岁月，自了其生。平常有志于圣贤大学之道，期勉强躬行实践，以副朝廷之望。无奈身处幽僻山谷，名人文士足迹不到，而慈父弃世又早，且家贫力单，势不能出外远游，就正有道。直到中年，得知吕留良为文人所宗，而其议论，亦间有几处与本心相合者，遂不觉好之，妄引为修身之助。其中有论《论语》上“问管仲”两章，以为此乃论圣贤出处节义之大，且有说华夷之分，大过于君臣之义等语，遂妄听其说，以为士子立身，必先从出处起脚。

初不知本朝列圣相承，备极礼乐文明之盛，亘千古所未有，与《论语》当时所指，何啻天悬地隔？因先错看此文在胸，适值雍正四、五两年，湖广、广东等处百姓搬家到四川，往还间有从弥天重犯门首过者，传说西边有个岳公，甚爱百姓，得民心，西边人最肯服他。那传说的百姓也不知道岳公是什么名字，是甚官职。后到雍正五年冬，弥天重犯前次所供何立忠，传说陕西有个总督，甚肯尽忠爱民，当今皇帝每每过疑他，防他权重，屡次召他进京，要削夺他的兵权，杀戮他。那总督畏惧，连召几次不敢进京，皇上见得他守死不肯进京，转疑得深了。继而因这总督原是朝中大臣朱轼保举的人，皇上随遣大臣朱轼亲到陕西召那总督，那总督不得已，同朱轼一齐进京陛见，奏说皇上“用人莫疑，疑人莫用”等语。皇上听说如此，也就如此轻带过，又见他亲身来了，前疑稍释，乃复遣他回陕西去。那总督不肯去，要人保他方肯去。皇上问朱轼，朱轼不肯保，又问九卿大臣，九卿大臣亦不敢保，皇上乃亲自保他去了。出京门方四日，又有个大臣奏本，说那总督与大臣朱轼，内外阴结党援，观皇上屡次召那总督进京，那总督不肯进京，则他目中无君命可知。及朱轼到他任上，他又不疑，而欣然进京，则他与朱轼为心腹又可知。今日回归陕西，朱轼是原保举的人，理应保他，乃又不保，此是朱轼脱身之法，明晓得那总督将来必有变志，所以不保他，期后日皇上责备他不得。于是皇上翻悔无及，前疑愈坚，乃差姓吴名荆山的朝官去赶追那总督，那总督不肯转身，这朝官吴荆山就在路上自刎了。于是这总督到任，随上本章，说皇上有如许不是处。

此是何立忠在永兴县十九都石枧村，低声独自告诉弥天重犯的话。在何立忠当日，竟记不得那总督的姓名，他亦只听说有此事。弥天重犯闻得此话，以为那上本的总督，毕竟晓得宫中事情的确，方敢如此直言。后又闻得弥天重犯前次所供陈象侯说，茶陵州有个陈帝锡，传说有个本章，其上本的臣子，姓岳名钟琪。弥天重犯到此方知前所传甚爱百姓之岳公者，即岳钟琪也，岳钟琪即何立忠所传之陕西总督也。其实当时发狂作悖，因先吃紧吕留良华夷之谬论在胸，复闻得何立忠、陈象侯传说陈帝锡所说有个本章如此，又适值四、五两年收成不好，遂孟浪有是举。谁知事事与所闻如寒暑昼夜之相反，而身徒犯一个极恶莫大的罪过。到今日弥天重犯伏读皇上朱批岳钟琪奏折，方知皇上之至诚御下，并无一点疑贰之心，而大德感人，恩礼又复两极其至。而岳钟琪之仰体圣心，委身报国，亦无一点避嫌之迹，而其赤忠血诚，一片敬事之念，到此也无以复加。

即此处张熙一事而论，夫论道义到至精至当，不可毫发移易，而其谨慎周密，小心精详，不动声色，不露形迹，而自然使人献诚抒悃于其前。此非临事而惧，好谋而成者不能到，况其聪明睿智，更多神武而不杀者乎！此所谓君圣臣贤，元首股肱，同称一体；而上下交孚，一德一心，不啻如父之视子，子之事父之切。且于此有以见得我皇上知人之明，用人之当，委人之专，任人之诚，渊衷至虚至明，处事至中至正，亘千古而罕觏。此天下之贤良才俊，抱道蓄德之儒，焉得不共聚一朝而乐为之用，各效其力，各致其身哉！

弥天重犯到此，翻思从前以狂悖之举，献议于岳钟琪，实为醉生梦死，冥顽无知，更有何说！但当时虽是弥天重犯罪大恶极，天道不容，所以自行败露至此，其实弥天重犯此举，莫之为而为，觉得有个人在身后催促之使动一样，此不是今日方敢如此说，当时《知几录》上亦略言及此意，难逃圣明洞鉴。所不解者，弥天重犯自反，当身虽为禽兽，其实平日并无半点过恶得罪于天，而祖父以来，历世积善，常言三代行善人家，在弥天重犯的祖父，可称得一句十代积善人家，不知如何流到弥天重犯的身上，竟犯一个赤族磔尸的大罪。且事发奉拿之会，弥天重犯闻得此信，自料当身固不免于寸磔万剐，而且遗祸于家门，忧愤填心，决计自尽。此时思欲望火投火，望水投水，以求速死，以免株连，然竟不能得死，彼时解此缘故不得。到今日想来，若使弥天重犯当时即死，不唯皇上不得洞鉴弥天重犯致罪之由，且皇上深居九重，又何由知得外面许多奸回造谤，有许多悖义兴讥？

且事到今日，以弥天重犯如是之罪，蒙皇恩如是之宽宥，今又传旨释放弥天重犯之老母、幼子，并悯念弥天重犯等炎暑过伤，命医调和，唯恐不得其所。然若弥天重犯生民未有之大罪，亦无以显皇上生民未有之大德。由是看来，弥天重犯无为而为，当年有此狂悖之举，求死不死，今日得蒙宽宥之典。皆因皇上道隆德盛，以天理言之，不当妄诋；本朝名正言顺，以天道方之，不可轻议。所以皇天笃佑，故默使弥天重犯之山鄙无知，冒昧上书于皇上一德同心之大臣，以显皇上之大德如天于山陬海澨，表本朝得统之正于地久天长。不然，湖山万里之外，奸党之流谤，何由得知？穷乡陋儒之胸，吕留良之逆说，何由得解？岂不全是个天在此主持默使！至若谓传言之人，弥天重犯以如是之罪，尚蒙皇上宽赦之典，则传说浮言者，若能悔改，亦必从宽贷。况传说者未必即是造言之人，谕旨煌煌，早已体恤及隐，弥天重犯何所顾虑？而敢于隐匿，忍于隐匿，以负我皇上天高地厚之恩乎！除前此所供外，实实别未有人传说。

张熙供：重犯愚暗浅陋，生长山隈，如蛙囿井。但身处光天化日之下，少小颇知以读书从学为大，然竟不知读书之错，从学之误，其害一至于此也。盖因重犯家世寒微，人文科第，寂寞无闻；僻外穷乡，无缘得见当时贤士大夫，以正其趣而发其蒙。迨后年二十五，始见有郴州永兴县曾静入学文字，原评为湖南第一卷，心窃慕之，遂欲负笈从游几席之下。在重犯只知学问是务，并不知有所谓人间事;彼时犯师曾静亦闭门扫轨,甘穷守寂,唯日以前言往行及近世文章道德指授。

后因乡穷无书可读,于前岁承犯师曾静命,以四子、五经之大全,以及《朱子语类》《文集》,隔于河山之险阻,要重犯往各省购求。因至浙江吕留良家买书,偶见其家有诗稿一本,重犯素闻犯师曾静说,吕留良评选时文论头批语,说理据《章句》《集注》,为近世名儒。因此即以其诗为必高,遂求取以归。犯师曾静看见其中有《钱墓松歌》及《题如此江山图》,始而怪,即而疑,继而信。以为吕留良生长江浙大地,其议论文章为天下人宗,夫岂有差?又限于素来不识本朝得统之正远迈商、周之盛,因此华夷之见横介于中心,加之当今皇帝之龙德贤于尧舜者,无由得知于云山万里之僻壤。而犯师曾静,初以错会华夷之分,而误听谣言蛊惑,既以误听谣言蛊惑,而大昧夫君臣之大伦。

是以于去岁戊申之秋,忽有犯师书,命上陕西总督岳钟琪。重犯无知,属在弟子,遂误听师命,冒然前往。及到投递后,岳公始而严审。重犯以受犯师曾静"只去献议,不必告以姓名里居"之命,且彼时无知之见,误信师说,尚固执为事关天经地义之所在,舍生可以取义,所以宁受三木之重刑,至晕绝不变。岳钟琪知重犯死不肯供,不能改移,旋即放夹,许重犯为好汉子,且慰之谢之,以宾客礼待之。于逆书所言事理,无不盛称以为实。复告以其家亦有《屈温山集》,议论无不与逆书相合。既见重犯坚不告犯师姓名,乃呼天以示之信,乃言当身所处之危险,甚至垂泪以示其诚;且具书具仪时,告以必欲聘请曾静以辅己。命侄整装,即欲与重犯同行。更以长安县李知县扮作亲信之家人王大爷时刻相陪伴,无一不极其机密而浑然无迹。以重犯当时之固执师说,虽死不肯摇夺者,卒乃使重犯实情毕露,然后具折奏闻。

由今看来,事固属上天笃爱皇上,故冥漠中默使此逆举败露于重犯之手,然使岳钟琪不备极其智虑之周密,则重犯之冥顽,只知拼一死以全无义信于犯师曾静，则逆情亦未轻易得显著。凡此，皆岳钟琪之忠赤贯日，精诚动天，出其素蕴经济弘猷，为国家攘除奸凶，是以顽钝者莫逃其鉴，奸宄者自献其诚。然岳钟琪之尽心为国，而能至于此极者，实由我皇上知人之明，用人之当，虚公下应，至诚感孚之所致也。重犯从前毫不解其故，直至今日得蒙皇上之高厚洪恩，深被德化，又见旨意发出所批岳钟琪奏折数十通，重犯跪读越日，仰见皇上唯以至诚恩眷大臣，备极礼际之隆盛，恩意之周密，不啻如父之视子，诚为亘古之所未有；而岳钟琪赤忠图报，不避嫌怨，只知有国，不知有身，不啻如子之事父，亦为自古名臣所罕见。

以此回想，重犯前此之妄承犯师使令，冒昧上书者，实实醉生梦死，冥顽无知之极也。当此益觉愧死无地，痛恨追悔之莫及，敢不剖析隐曲，输情服罪，哀恳皇上之矜恤于万一乎！重犯之背逆心肝，实尽于此。至于传说浮言之人，俱在犯师曾静所供内，重犯实另无见闻。若稍有传闻，重犯当此时深沐皇上千古未有之殊恩，虽粉身碎骨，亦不足以仰报，何敢忍心昧理，为他人讳罪，以负我皇上天高地厚之恩哉？

遵旨恭捧《大礼记注》宣示曾静*

杭奕禄等遵旨恭捧《大礼记注》宣示曾静，曾静跪读，供词一条。

曾静供：经曰："先王有至德要道，以顺天下。"又曰："慎终追远，民德归厚矣。"是古之帝王治天下，其大本大根，必在于孝。诚以孝为百行之源，万化所从出之地，所谓"亲亲而仁民，仁民而爱物"。如木之有根，水之有源。必根盛而后望得叶茂，源深而后可得流长；必亲亲无亏，而后德足以仁民，仁民量满，而后功足以覆物。是德教加于百姓，乐利普遍寰区者，皆由一孝所致，即《论语》所谓"孝悌也者，其为仁之本与"是也。然理虽一定而不易，其实躬行实践者少。

至于三年之丧，虽曰"自天子达于庶人，父母之丧，无贵贱一也"，然新主当万机综理之下，苟非仁孝诚敬之至，实有难行。此不唯三代以下罕见，即三代以上之圣君哲后，从头算来，亦未闻历历有几。古称大孝，首推虞帝。然当上世浑噩，风气未开，礼制未备，三年之丧，未经记载，其详不可得知。继算武王为达孝，礼制略述于《中庸》。其中丧葬之制，春秋祖庙之修，继志述事之绩，与夫追王之礼，享帝之仪，可谓千古郁郁之盛。然在当时，武王亦不能独成其美备，大事多资周公之力，定于周公之手。其余只有高宗，《书》载谅阴三年，所以卒推商朝中兴贤圣之首君。然在当时，孔门高弟亦疑其势有难行，后儒注疏亦多疑谅阴之制为心丧，未必能实居庐被素也。后世以日易月，虽自汉文帝，然战国时，滕文公欲行三年之丧，访于孟子，父兄百官，皆不欲，谓吾宗国鲁先君莫之行，吾先君亦莫之行。则是短丧之制，自春秋战国时，已视为泛常矣，岂独自汉始乎！即在诸侯素称秉礼之国，亦不能行，况天子乎！自是以来，历代帝王固无有能行者，即间有一二好礼之君，仁孝之主，则有欲行而势不能行中阻者，有勉强行之而不终者，有徒循其名而不能尽其实者，求其实能尽礼尽制，出于至情，发于本心，表里无间，始终如一日者，则绝无焉。

我皇上至孝至仁，至诚至敬，超越万古帝王。自圣祖仁皇帝升遐之后，继以孝恭仁皇后宾天，共历三十五个月，悲哀极至，感慕之诚，久而弥笃。抚时生悲，触绪增伤，僾见忾闻，追思永慕，无时或释于怀。每朝夕供奠，朔望殷祭，哀痛迫切。至扶送梓宫，瞻拜山陵，惨怛号呼，一时万众感泣，不能仰视。即听政临朝，总理万机之下，偶有感触，辄欷歔流涕，至情所发，哀不自胜。群臣日侍左右，仰瞻天颜，无不吞声哽咽。因诸王大臣援引古典，再三奏请，于天地宗庙之大祀，恭行典礼。皇上虽勉从所请，仍于养心殿斋居素服，以尽思哀思慕之诚，三年谅阴，恪遵古制。乃圣德谦让，却而不居，屡下谕旨，谓情不容以自禁，心不能自觉，遑论其合于古制否乎？细思旨意，正得制礼之意，适合礼制之至，非精通性命之微者不能到。且当圣祖仁皇帝服阕之时，将近孝恭仁皇后大祥之候，群臣奏请释哀即吉，我皇上谕以“臣民固有不同，朕于所生，何忍二视？朕非有意遵循古制，但行其心之所安而已”。逮后诸王大臣屡疏恳慰，而明旨屡颁，反复晓谕，不允所请，仍素服斋居，触物生悲，感念孝恭仁皇后，即复追思圣祖仁皇帝，怙恃交慕，历久弥深。

夫丧服本以期断，三年为加隆，所以古人制礼仪节以渐而减，诚以历时既久，人子之孝思有所易匮故也。至若前丧未除而遭后丧，三年有加，为日益长，非仁孝诚敬之至，安能持久而不懈！况兼服行之母后，历三年始终如一日者，尤为仅见之事。此无论自古帝王所未有，即史册所载，士大夫中秉礼之家，笃行之士，亦未闻有尽哀尽礼，初终不渝如是者也。况自古帝王，当丧则多废政之累，而临政又不免忘哀之咎。而我皇上于斋居永慕之中，孝思所及，无一事不体圣祖之心以为心。是以敬天法祖，大孝至诚，旰食宵衣，勤求民隐，扬清激浊，整饬官方，蠲数百万唯正之输将，开亿万年无疆之乐利；推继志述事之孝思，行存亡兴废之盛典；事事默契天心，念念感通圣祖，岂但徽号之议，协万世之人心；配天之典，冠百王之隆会。与夫晨昏之瞻拜，朔望之祭享，山陵之致敬，庙寝之告虔，无一时不思哀思敬，无一事不尽礼尽诚而已。此所以至诚至孝，感通天地。当圣祖仁皇帝祫祭之时，合璧联珠，即悬象于苍昊；追孝恭仁皇后祥禫之候，一茎九穗，复呈瑞于郊圻。域中河清四省，孝陵蓍草丛生，非仁孝诚敬之至，与天无间，曷克臻此？此岂三代以下之贤君，所得仿佛其万一？进而上之，虽极虞帝之大孝，武王之达孝，其精详亦未闻是过也。

弥天重犯从前僻居山谷，以谣言惑乱，何知圣德万分之一？今伏读《大礼记注》，不唯信从前之听闻出于诽谤，如坠深谷，而且信得我皇上之至孝纯仁，亘万古之圣帝明天子所不到。是以数日以来，不觉痛心割肝，刻刻泣流湿襟。一面感圣德之纯诚，思得法以宣传于穷乡海隅，并及故乡闾里；一面痛老母之衰独远离，期遂志复亲音容，得详告圣天子如是之大恩大德，俾临年得以欢喜瞑目。夫以弥天重犯冥顽无知之极，今闻见圣主之至仁圣孝，至诚至敬，如此极至弗加，尚有以感动其天良，触发其至性，泣流湿襟，不觉欣欣戚戚，有归厚之思。况天下闻之，焉有不大昭于变之休，咸登比户可封之域乎！

恭捧皇上朱批宣示曾静*

杭奕禄等奉旨恭捧皇上朱批发与各省督抚大吏奏折，谕旨数百件宣示曾静。曾静跪读，供词一条。

曾静供：弥天重犯读书浅少，如何晓得天地的高厚？况属山鄙狭陋，负罪弥天，一旦身近圣天子之光，忽睹广大精深，胆寒心裂，愈觉穷口难开。只为圣德神化，感通于变，其效甚速。是以弥天重犯昔虽冥顽，同于禽兽，今得被化，幸转人胎，以此心下犹具蚁知蚊见，稍得窥高深于万一。

窃闻天以好生为德，而好生中有无限因时制宜，至当不易之法。在天不能运量裁制以成其能，尽举而畀之于聪明睿智，能尽其性，合其德者为之。是君之心即天之心，君之德即天之德。凡天所欲为者，君体天之心为之；天所欲行者，君体天之德行之，君未尝参一毫己意于其中，事事仰承天命而已。所以大君之号曰"天子"，言善继善述，与天不分两体，实一气贯注，如子之承父也。但天隐而难见，其本体之流露者，唯理而已。故先儒曰："天即理也。"人君政刑德礼，浑然从一，理运量发，露于两间，斯方称得是天践形合德的肖子，而为大君当身之职分。以是粤稽历代帝王，虽代不乏英伟贤智，而求其运量裁制，浑乎天理之公，而无一毫人欲之私，得为天之肖子者，历数千载而罕见。

今伏读圣谕，而知我皇上浑然一理，泛应曲当，其施之于政刑，见之于德礼者，无一处不知之极其精，无一事不处之极其当。神明尽化，化裁尽变，推行尽通，圣德神功，蟠际天地。而究其归，皆因物付物，初未尝稍存一毫成见，介于虚明应物之天也。只见得念念从民设想，处处体天定趋，所以无事无时不以圣祖皇帝为怀。盖圣祖皇帝乃天笃爱之肖子，圣祖皇帝之心即天心，圣祖皇帝之德即天德，一而二，二而一，怀想圣祖皇帝即是体天地。况敬天之至，至诚肫恳，本于性生，而儆戒乾惕之切，尤无一时或释于怀。所以天人交孚，呼吸相通，而感应之理，不唯见之最深最切，抑且屡试屡验，捷如影响。自是以敬天之念勤民，深宫几多经纬天地的筹画，神运无方的猷谋，无一时一刻，不以爱养天下苍生为念，必期万物各得其所而后即安。是以忧勤惕厉不遑宁处，凡可以利生民之安，除生民之苦者，思无不到，到无不行，行无不实。知民之艰难在食，蠲租减赋之典，无年不颁；赈灾救患之泽，无处不遍。偶闻一处旱涝，即悯念忧形，不唯减膳，甚或饮膳不御，殚竭精诚，为民祈祷，务修人事，以格天心，卒至祷雨雨通，祈晴晴应。复以食乃民天，农为食本，每岁躬耕藉田，以重农事。而老农之勤劳俭朴者，亦岁举给以品秩荣其身。思明刑原以弼教，而君德期于好生。

法虽一定，心本宽仁，稍有一线可生，则因事原情，时生恻隐之念。诚以民命至重，宁过乎仁，毋过乎义也。知察吏所以安民，而惩贪兼得以养廉，宵旰忧勤，无非为国计民生，思久安长治之策，所以隐微之中，疑似之间，辨晰精详，秋毫不爽。如谕公私二字，关系甚重，不可不辨，而公中有私，私中有公者，尤不可不时时警戒。与夫论因循苟且，一味求悦于人，称赞之者甚多，即如阿大夫之誉言日至也；杜绝私情，不肯取悦于众，谤议之者甚多，即如即墨大夫之毁言日至也。又如辨武断乡曲者非是武断，揽权者实非揽权，此毫厘千里之间，帝尧亦以为难，今皆剖决明晰，如丝过扣，毫发不混。此所以用赏用罚，忽用忽舍，无往而不得其公正之至者，为渊衷虚而权度精明也。

盖皇上渊衷如止水，如明鉴，万物之过其前者，妍媸自然毕露而不容掩。原非鉴与水留恋于当前之物，而后得照见，若稍留一毫意见去照物，则鉴与水虚明之本体，反为此意见所掩蔽，而照物不见了。必浑乎天理之公，而不杂一毫人欲之私，方有此种境界。

故举凡用人理财，养老恤幼，崇师训士，以及揆文奋武，皆开千古所未开之盛典，而实极千古所未到之至善。且诏诫所颁，反复丁宁，区画详密。内自大臣群僚，外极军民童叟，务期天下群登乐利之域，共享升平之福。其中旨意周切，理熟义精，一言一字，皆可与《二典》《三谟》并垂天地而不朽。是不唯仁天下之心，安天下之学，超越天下之才识，亘万古之圣君哲后莫与媲。而即此自朝至暮，一日万机，件件御览，字字御批。一应上任官员，无论内外大小，每日必逐一引见，谆谆告诫以爱民抚绥之至意，事至物来，随到随应，不留一毫不周不密、不精不当之憾。直至二三更，方得览批各省督抚奏折，竟不用一人代笔，其焦劳如此。此种历练天下之精神，亦亘古励精图治的圣君哲后所不能到。尚犹圣不自圣，每以为君难为虑，并以不及圣祖之圣德神功为忧。是以德合天地，至诚感孚，数年以来，诸瑞齐见，万福骈臻，而且道不拾遗，蔼然成周太和之盛，唐虞熙皞之隆，亘千古而再觏者。

弥天重犯身犯寸磔之典，自痛生圣人之世，竟生不得为圣人之氓，庶几死为圣世之鬼。岂料圣德同天，沛生民未有之殊恩，既超禁处厦，复给食赐衣，今蒙恩旨，又复开锁，皇德皇恩已极荡荡难名。弥天重犯抢地呼号，痛心挖髓，此时即置之极刑，亦王法人情所当然，死亦知恩感德，甘心瞑目。况蝼蚁百姓，当此皇恩无涯，何敢言报？只愿插翅遍飞宇内，凡人力所能到、足迹所可及，逢人逢地，宣扬圣德同天之大，无间内外，申明本朝得统之正，直迈商周，一洗从前谣言之谤，共知吕留良为圣世之逆贼。使山陬海澨到处讴吟，永永传颂圣人之德。共喜为圣世之氓，共歌太平之世，共祝有道天子，万寿无疆，以赎补当身万死蒙赦之罪，斯幸耳。深情结胸，重义透髓，一字一泣，谨供。

遵旨复讯曾静并请正法*

内阁九卿等遵旨复讯曾静并请正法奏本。刑部等衙门奏为遵旨复加讯问事。上谕："曾静一案，前命侍郎杭奕禄、副都统海兰详加审讯。据曾静逐款回供，俱是悔过感恩之语，此等奸险之徒，语言诈伪，或伊畏惧诛戮，故勉强作此认罪之词；抑伊自知罪大恶极，愧耻悔恨，出于本心。著大学士、九卿詹事、翰林、科道，将从前诘问各款，逐一再加讯问，确取口供具奏。钦此！"

臣等将杭奕禄等遵旨审讯曾静口供，逐款复讯，据曾静供出，与从前口供俱各相符，俯首认罪，甘服上刑。

又据供："弥天重犯罪案，今日蒙众大人逐款勘讯，自知万死万剐，更有何说可解！所痛恨者，实因住在深山穷谷，愚昧无知，是以吕留良之逆说悖论，得以迷心。唯其有吕留良之悖论在心，所以阿其那、塞思黑、允禵之党羽匪类，并发遣广西人等之奸谋流谤，得以惑听。抑唯其有阿其那等之流谤在心惑听，而吕留良之邪说悖论，愈得以固志。二者交乘，相因为害，遂致酿成亘古未有之极恶而不自知。直到后来，实见得我皇上之至德同天，与我朝得统之正，直迈商周，方知从前之错谬，自悔自愧，自咎莫及。

"盖我皇上之大德，弥天重犯自旧岁到今，饱饫已周年矣。不唯目睹耳闻，深仁厚泽之在天下，为自古所未有，即弥天重犯以蝼蚁之微，冒犯九五之尊，万死不足蔽辜，而当身亲沐皇恩，尚容留苟延残生以到今日，虽尧舜之圣，亦未见有此出格殊恩至于如此，又岂汉高之宽，唐太之明，所能拟似于万一！况我朝得统之正，治化之隆，并非泛说'远迈商周'一语所能尽。盖我朝龙兴，不由中土而起于满州，由满州而至中国，地之相去数千余里，而德化之盛及于中土，薄海内外无不倾心爱戴。由是天与人归，使大统一朝而成，不劳而得，并非汤武之居中渐化，而后民心乐从，始有天下者可比。其规模更大更远，所以为亘古莫及。

"凡此皆是弥天重犯旧岁一路来，亲被我皇上的德化，亲见熙嗥景象，颂德歌功，欢声载道，不觉倾心悦服至此。则前之狂悖，由于无知；后之爱戴，出于有见。前后虽异，其实皆发于本心。此固不是巧说以偷生，亦非旁人所能代为指拨开导而有是说话，实字字句句皆从一片良心发出。且弥天重犯从头一路细思，实由列祖列圣之功德，在天地间极其大，我皇上之圣仁，迈古今而极其至。故皇天默使弥天重犯传其害道悖义之论，露其奸党谤毁之行，以显圣德于深山穷谷，申名义于千秋万世，使天下之大，万世之远，人人悦服，处处倾心耳。

"所以弥天重犯到今日感德被化之余，愿置身极典，以求其心之所安。且使天下万世，共知我皇上至德深仁，透民骨髓，即在无知悖逆之民，犹切被化改过，自愿伏罪以至如此。所以弥天重犯到今日，唯有仰恳众大人转奏，将弥天重犯速正刑典而已，更有何说"等语。

该臣等看得曾静狂逆凶狡，罪大恶极，妄信逆贼之悖论及奸党之流言，胆肆凶逆，辄敢诋毁本朝，诬蔑君上，编造逆书。从湖南至陕西，劝封疆大臣以反叛，欲构乱于升平之世。核其情罪，法无可宽。且曾静以一山野细民，戴高履厚五十余年，忽谋为叛逆之事，从古以来，乱臣贼子中无有其比。臣等审讯之下，无不切齿恨愤，咸愿食肉寝皮，虽寸磔族诛，不足以蔽其辜。

查律内谋反大逆，但共谋者，不分首从，皆凌迟处死；正犯之祖父、父、子、孙、兄弟及伯叔父、兄弟之子，男十六以上，不论笃疾、废疾皆斩；男十五以下，及正犯之母、女、妻、妾、姊妹、子之妻妾，给付功臣之家为奴；正犯财产入官；若女许嫁已定，归其夫；正犯子孙过房与人，及正犯聘娶未成者，俱不追坐等语，曾静应照此律，即凌迟处死。

行文湖南巡抚，查明曾静之祖父、父、子、孙、兄弟及伯叔父、兄弟之子，男十六以上，照律皆斩立决；男十五以下，及母、女、妻、妾、姊妹、子之妻妾解部，照律给付功臣之家为奴。所有财产，查明入官，伏乞皇上允臣等所请，将曾静立正典刑，以彰国法，以快人心。至张熙与曾静共谋不轨，听从曾静指使，赴陕投送逆书，思欲构乱，亦应照“共谋者皆凌迟处死”律，即凌迟处死。为此，合词谨奏请旨。

奉上谕：自古凶顽之徒，心怀悖逆，语涉诋诬者，史册所载，不可枚举。然如今日曾静此事之怪诞离奇，诪张为幻，实从古所未见，为人心之所共忿，国法之所断不可宽者。然朕往复思之，若伊讪谤之语，有一事之实，在朕有几微不可问心之处，则不但曾静当蓄不臣之心，即天下臣民，也应共怀离异之志；若所言字字皆虚，与朕躬毫不干涉，此不过如荒山穷谷之中，偶闻犬吠鸮鸣而已，又安得谓之讪谤乎？

上年此事初发之时，朕即坦然于怀，实无丝毫忿怒之意，笑而览之。此左右大臣皆深知之。嗣令侍郎杭奕禄、副都统海兰，前往湖南拘曾静到案，明白晓谕，逐事开导，动以天良，祛其迷惑。而伊始豁然醒悟，悔过感恩。其亲笔口供，不下数万言，皆本于良心之发见，而深恨从前之误听浮言，遂妄萌悖逆之念，甘蹈赤族之诛也。盖其分别华夷中外之见，则蔽锢陷溺于吕留良不臣之邪说；而其谤及朕躬者，则阿其那、塞思黑、允䄉、允禵等之逆党奸徒，造作蜚语，布散传播，而伊误信以为实之所致。自上年至今，已将一载。朕留心体察，并令内外大臣各处根究，今日案内著邪书、造谤言之首恶俱已败露，确有证据，并不始于曾静者，尽明白矣，与朕初意毫无差谬。则曾静之误听，尚有可原之情，而无必不可宽之罪也。

据曾静供称,伊在湖南,有人传说:先帝欲将大统传于允禵,圣躬不豫时,降旨召允禵来京,其旨为隆科多所隐。先帝宾天之日,允禵不到,隆科多传旨遂立当今。其他诬谤之语,得之于从京发遣广西人犯之口者居多等语。又据曾静供出,传言之陈帝锡、陈象侯、何立忠三人,昨从湖南解送来京。朕令杭奕禄等讯问,此等诬谤之语,得自何人?陈帝锡等供称:路遇四人,似旗员举动,憩息邮亭,实为此语。其行装衣履是远行之客,有跟随担负行李之人,言从京师王府中来,往广东公干等语。查数年以来,从京发遣广西人犯,多系阿其那、塞思黑、允䄉、允禵门下之太监等匪类,此辈听伊主之指使,到处捏造,肆行流布。

现据广西巡抚金鉷奏报,有造作逆语之凶犯数人,陆续解到。讯据逆贼耿精忠之孙耿六格供称,伊先充发在三姓地方时,于八宝家中,有太监于义、何玉柱向八宝女人谈论"圣祖皇帝原传十四阿哥允禵天下,皇上将'十'字改为'于'字。又云,圣祖皇帝在畅春园病重,皇上就进一碗人参汤,不知何如,圣祖皇帝就崩了驾,皇上就登了位。随将允禵调回囚禁,太后要见允禵,皇上大怒,太后于铁柱上撞死。皇上又把和妃及其他妃嫔,都留于宫中"等语。

又据达色供,有阿其那之太监马起云向伊说,皇上令塞思黑去见活佛,太后说:"何苦如此用心?"皇上不理,跑出来。太后甚怒,就撞死了。塞思黑之母亲,亦即自缢而亡等语。又据佐领华赉供称,伊在三姓地方为协领时,曾听见太监关格说,皇上气愤母亲,陷害兄弟等语。八宝乃允䄉管都统时用事之鹰犬,因抄抢苏克济家私一案,圣祖皇帝特行发遣之恶犯;何玉柱乃塞思黑之心腹;太监关格系允䄉亲信之太监;马起云系阿其那之太监;其他如允禵之太监马守柱、允䄉之太监王进朝、吴守义等,皆平日听受阿其那等之逆论,悉从伊等之指使。是以肆行诬捏,到处传播流言,欲摇惑人心,泄其私忿。

昨据湖南巡抚赵弘恩等一一查出，奏称：查得逆犯耿六格、吴守义、达色、霍成等，经过各处，沿途称冤，逢人讪谤。解送之兵役，住宿之店家等，皆共闻之。凡遇村店城市，高声呼招："你们都来听新皇帝的新闻，我们已受冤屈，要向你们告诉，好等你们向人传说。"又云"只好问我们的罪，岂能封我们的口"等语。是此等鬼蜮之伎俩，一无所施，蓄心设谋，唯以布散恶言为煽动之计，冀侥幸于万一而已。

夫允禵平日，素为圣祖皇考所轻贱，从未有一嘉予之语。曾有向太后闲论之旨："汝之小儿子，即与汝之大儿子当护卫使令，彼也不要。"此太后宫内人所共知者，圣祖皇考之鄙贱允禵也如此。而逆党乃云，圣意欲传大位于允禵，独不思皇考春秋已高，岂有将欲传大位之人令其在边远数千里外之理！虽天下至愚之人，亦知必无是事矣。只因西陲用兵，圣祖皇考之意，欲以皇子虚名坐镇，知允禵在京毫无用处，况秉性愚悍，素不安静，实借此驱远之意也。

朕自幼蒙皇考钟爱器重，在诸兄弟之上，宫中何人不知？及至传位于朕之遗诏，乃诸兄弟面承于御榻之前者，是以诸兄弟皆俯首臣伏于朕前，而不敢有异议。今乃云皇考欲传位于允禵，隆科多更改遗诏传位于朕，是尊允禵而辱朕躬，并辱皇考之旨，焉有不遭上帝、皇考之诛殛者乎！

朕即位之初，召允禵来京者，彼时朕垂涕向近侍大臣云：痛值皇考升遐大故，允禵不得在京，何以无福至此？应降旨宣召，俾得来京以尽子臣之心。此实朕之本意，并非防范疑忌而召之来也。以允禵之庸劣狂愚，无才无识，威不足以服众，德不足以感人，而陕西地方，复有总督年羹尧等在彼弹压，允禵所统者，不过兵丁数千人耳，又悉皆满州世受国恩之辈，而父母妻子俱在京师，岂肯听允禵之指使，而从为背逆之举乎！其以朕防范允禵，召之来京者，皆奸党高增允禵声价之论也。及允禵将到京之时，先行文礼部，询问见朕仪注，举朝无不骇异。及到京见朕，其举动乖张，词气傲慢，狂悖之状不可殚述，朕皆隐忍宽容之。

朕曾奏请皇太后召见允禵，太后谕云："我只知皇帝是我亲子，允禵不过与众阿哥一般耳，未有与我分外更亲处也。"不允。朕又请："可令允禵同诸兄弟入见否？"太后方谕允。诸兄弟同允禵进见时，皇太后并未向允禵分外一语也，此现在诸王阿哥所共知者。后允禵于朕前肆其咆哮，种种不法，太后闻知，特降慈旨，命朕切责允禵，严加训诲之，此亦宫中人所共知者。允禵之至陵上，相去太后晏驾之前三四月，而云太后欲见允禵而不得，是何论也？且何玉柱等云，太后因闻囚禁允禵而崩；马起云向伊妹夫达色又云，太后因闻塞思黑之去见活佛而崩。同一诬捏之语，彼此参差不一者如此。且塞思黑去西大同，在雍正元年二月，朕将不得已之情，曾备悉奏闻太后，太后是而遣之者，并非未请慈旨，太后不知不允之事也。即允禵之命往守陵，亦奏闻太后，欣喜嘉许而遣之者，亦非太后不知不允之事也。

雍正元年五月，太后升遐之时，允禵来京，朕降旨封伊为郡王，切加教导，望其省改前愆，受朕恩眷。后伊仍回陵寝地方居住。其间阿其那在京，塞思黑在陕，悖乱之迹日益显著。是其逆心必不可折，邪党必不肯散。而雍正四年，又有奸民蔡怀玺投书允禵院中，劝其谋逆之事，朕始将允禵召回京师拘禁之。是允禵之拘禁，乃太后升遐三年以后之事，今乃云太后因允禵囚禁而崩，何其造作之舛错至此极耶！

又马起云云，塞思黑之母亲自缢而亡。现今宜妃母妃，朕遵皇考遗旨，著恒亲王奉养于伊府中，而逆贼等以为昔年自缢，真鬼魅罔谈也。前康熙四十七年，圣祖皇考圣躬违豫，朕与诸医同诚亲王等，昼夜检点医药，而阿其那置若罔闻。至圣体大安，朕与之互相庆幸，而阿其那攒眉向朕言："目前何尝不好，虽然如此，但将来之事奈何？"是阿其那残忍不孝之心，不觉其出诸口矣。朕曾将伊不是处，对众宣扬羞辱之，而伊深为愧恨。今乃以六十一年之进奉汤药，加恶名于朕，可谓丧尽天理之报复，无怪乎遭神明之诛殛也。至于和妃母妃之言，尤为怪异莫测。朕于皇考之宫人，俱未曾有一见面者，况诸母妃辈乎！七年来，如当年皇考宫中之人，即使令女子辈，若曾有一人在朕左右，朕实不对天日以君临兆庶也。

又曾静供称，伊在湖南时，传闻皇上令浙江开捐纳之例，欲将银六百万两修造西湖为游幸之地。彼时为其所惑，今乃知皆奸党造作，毫无影响之语，无所不至。夫西湖所有昔年地方官盖造之行宫，朕尚皆令改作佛宇矣。而奸党云，欲捐纳银两修造西湖为游幸之地，不知出自何论。

又三姓地方，有人造播流言：皇上在芦沟桥盖造官房，收往来客商之饭钱等语。朕因应试士子来京者，桥上查检行李，不免风雨露处之苦，是以特发帑金，盖造房舍，俾其住歇。令管理税务之人，到店验看应试文凭，即令放行。在士子辈既有投足之地，又可免奸商冒充应试之人，致干漏税之咎。此朕之仁政，直省举子感恩颂德之事，而奸党以朕为欲收容商饭钱，作此等诬谤之语，实为可笑，亦可怪也。

阿其那、允禵纵酒无忌，而加朕以酗酒之名。阿其那等蓄心阴险，存倾陷国家之念，怀与皇考为仇之心，而反一一加之于朕。总因阿其那等平日之逆谋不遂，畜养匪类者久矣。播散讹言，分门立户，各各收买党羽，欲以蛊惑人之耳目，俾素蓄逆念之蠢动而起，然后快心，祖宗之社稷所不顾也。夫加朕以凶暴恶名，其罪犹轻，独不念圣祖皇考六十余年之丰功懋烈，而作如此归结，岂为人子者所忍为乎！阿其那、塞思黑等之罪，实万死不足以赎矣。伊等之奸谋若此，目今败露者，即不胜其数，其他匪类邪党之听其驱使者，奚止数千百人！造作种种诬谤之语，已流散于极边远塞，则宇宙之内，乡曲愚人，为其所惑者，岂止曾静数人而已哉？即如三姓之协领华赉，身在地方，有稽查之责，乃伊将所见所闻，俱行隐瞒，不以入告。朕在九重大内，何由而知之？何从而究之？又何自而剖晰开示，使天下臣民共晓之？

今蒙上天、皇考俯垂默佑，令神明驱使曾静自行投首于总督岳钟琪之前，俾造书造谤之奸人一一呈露，朕方得知若辈残忍之情形，明目张胆将平日之居心行事，遍谕荒陬僻壤之黎民，而不为浮言所惑于万一。亦可知阿其那、塞思黑等蓄心之惨毒，不忠不孝，为天、祖之所不容，国法之所难宥处。天下后世，亦得谅朕不得已之苦衷矣。此朕不幸中之大幸，非人力之所能为者，即此则曾静不为无功，即此可宽其诛矣。

从来奸宄凶丑，造作妖言，欲以诬民惑众者，无时无之。即如从前妖言云“帝出三江口，嘉湖作战场”，此语已流传三十余年矣。又如广西张淑荣等言：钦天监奏紫微星落于福建，今朝廷降旨，遣人至闽，将三岁以上、九岁以下之男子，悉行诛戮。又有山东人张玉，假称朱姓，系前明后裔，遇星士推算伊有帝王之命，似此诞幻荒唐，有关世道人心之语，往往地方大臣官员希图省事，目为疯癫，苟且掩护于一时，而未念及其迷惑之害，日月渐远，传播渐多，遂不能究问其所自来，转令无辜之人，受其牵累。此皆庸碌无能，视国家利害于膜外之大臣等养痈之害也。

又如村塾训蒙之人，本无知识，而又穷困无聊，心怀抑郁，往往造为俚鄙怪妄之歌词，授于村童传唱。而不知者遂误认以为童谣，转相流布。此皆奸民之欲煽惑人心，紊乱国法者。地方大吏有司，视为泛常，不加稽察惩创，以防其渐，可乎？前年，有人捏称侍郎舒楞额密奏八旗领米一事，欲以摇惑旗人之心。舒楞额闻之，据实入奏。此时朕随降旨根究，即得其造言之人，加以惩戒。凡属流言初起之时，若地方大臣能肯悉心穷究，必能得其根由，使奸宄不至漏网，庸愚无知亦不至拖累，其有裨于人心世道者，良非浅鲜。

今因曾静之事，而查出首先造谤之渠魁，盖以此案发觉尚早，易于追寻，故可递推而得其根源也。且朕之宽宥曾静，非矫情好名而为此举也。《虞书》曰：“宥过无大，刑故无小。”曾静之过虽大，实有可原之情。若我皇考时时训诲子臣曰：“凡人孰能无过？若过而能改，即自新迁善之机，故人以改过为贵。但实能改过者，无论所犯之大小，皆不当罪之也。”朕祇承圣训，日以改过，望天下之人，盖过大而能改，胜于过小而不改者；若曾静可谓知改过者矣。朕赦曾静，正欲使天下臣民，知朕于改过之人，无不可赦之罪，相率而趋于自新之路也。

且朕治天下，不以私喜而赏一人，不以私怒而罚一人。曾静狂悖之言，止于谤及朕躬，并无反叛之实事，亦无同谋之众党。彼跳梁逆命之人，果能束身归命，畏罪投诚，尚且邀赦宥之典，岂曾静独不可贷其一死乎！且曾静之前后各供，俱系伊亲笔书写，并非有所勉强逼勒，亦并非有人隐授意指，实由于天良感动，是以其悛悔之心迫切诚恳，形于纸笔。此乃可原之情，并非以其为谄媚颂扬之词，而欲宽其罪也。若今日喜其谄媚而曲宥之，则从前即当怒其诬谤而速诛之矣。况曾静今日颂扬之词，较之从前诬谤之语，其轻重悬殊，何止什伯？论其情罪，岂足相抵！若有人议朕喜曾静之谄媚而免其罪者，则与曾静从前之犬吠鸮鸣无以异矣。然朕亦不论，除造作布散流言之逆党，另行审明正法外，著将曾静、张熙免罪释放，并将伊之逆书及前后审讯诘问之语，与伊口供，一一刊刻颁布，使天下人共知之。

楚省地方大小官员等，平日既不能宣布国恩，敷扬朕训，化诲百姓，尽去邪心，致有此等愚昧狂乱之人，实有忝于父母斯民之责，此则深当愧耻者。今若以羞忿怨恨之心，或将曾静、张熙有暗中贼害情形，朕必问以抵偿之罪。曾静等系朕持旨赦宥之人，彼本地之人，若以其贻羞桑梓，有嫉恶暗伤者，其治罪亦然。即朕之子孙，将来亦不得以其诋毁朕躬，而追究诛戮之。盖曾静之事，不与吕留良等。吕留良之罪，乃皇考当日所未知而未赦者，是以朕今日可以明正其罪。若曾蒙皇考赦免之旨，则朕亦自遵旨而曲宥其辜矣。特谕！

又奉上谕：从来善恶之报，纤毫不爽。凡罪大恶极之人，虽一时宽宥，免于诛戮，而伊展转纡回，仍复自投法网，若有驱逐之使然者。即如阿其那、塞思黑、允禵、允禵门下同恶共济之徒，潜蓄邪谋，阴怀逆志，实国家之巨贼，贻宗社之隐忧。朕既洞烛其奸，本应将伊等置之于法，以绝根株。只以一时不忍，思古人"歼厥渠魁，胁从罔治"之意，予以宽典，发遣边方，保其性命，以为此辈稍有人心，或能感发天良，悛改夙恶。岂料逆天造孽之人，不可化诲，毒忍之性，愈益猖狂，上干天地、皇考之怒。委曲宛转，假手于曾静辈，使奸党匪类之罪状一一呈露，不容漏网。天道昭显若此，能不令人毛骨悚然，倍加警惕乎？

朕即位之初，召诸兄弟于养心殿，朕以肝膈肺腑之言，痛哭向诸兄弟劝谕之曰：朕蒙皇考付托之重，于诸子之中，传朕以大位。不比代继统之君，先后序立，父子之间，各成其是；非如禹汤之后而有桀纣，天下不得因其子孙之不善，而掩禹汤之功德。若朕之于皇考，则是非得失，实为一体。朕躬若是，则皇考之付托为是；朕躬若非，则皇考之付托为非。以皇考六十余年之圣德神功，超越千古，朕断不敢苟且怠荒，甘于自弃，使天下后世，共论皇考付托之误，致掩六十余年功德之崇隆。朕之此心，上天、皇考实鉴临之。凡我兄弟，均受皇考生成顾复，数十年天高地厚之深恩，当仰体皇考之心，并思天无二日，民无二王之义，各抒忠荩，协赞朕躬。于朕所不能者，辅之助之；于朕所错误者，规之谏之；朕便有过失，亦当谅之隐之。同心匡弼，让朕一个是字，使朕为一代之令主，以成皇考之是，即诸兄弟所以报皇考罔极之鸿慈也。

似此谆谆劝告，乃阿其那、塞思黑等置若罔闻，而悖逆妄乱之念，百折不回。不可以德化，不可以理喻，不可以情感，不可以恩结。即如阿其那方封亲王时，伊即向人出怨望愤激之语，且向在廷大臣云："皇上今日加恩，焉知未伏明日诛戮之意？其目下施恩，皆不可信。"又当大庭广众，咒诅朕躬，则其他可知矣。朕初即位时，塞思黑谓其左右人等曰："不料事情竟至如此，我辈生不如死。"此伊太监王应隆亲口供出者。及令伊居住西宁时，伊则以多金邀买人心，以致奸民令狐士仪等人密投书札，劝其构逆。

又如允禵依傍景陵居住，尚有奸民蔡怀玺投书院中，称伊为帝，而伊藏匿之。是伊等之逆心，断不改除；伊等之逆党，断不解散。朕早夜筹思，总无可以料理措置，以全顽梗，以安宗社之良法。万不得已，将阿其那、塞思黑、允禩、允禵分别拘禁，而不料阿其那、塞思黑相继皆伏冥诛。朕之办理此事，皆默告天地，虔对皇考，熟思审慎，量其轻重为宗社国家之大计，置此身于度外之举，此心可以对上天、皇考。至于众口之褒贬，后世之是非，朕不问也。

从前储位未定时，朕之兄弟六七人，各怀觊觎之心，彼此戕害，各树私人，以图侥幸。而大奸大恶之人，遂乘机结党，要结朝臣，收罗群小，内外连属，以成牢不可破之局。公然以建储一事，为操权于己，唾手可成，不能出其范围。此等关系宗社国家之大患，朕既亲见而深知之，若苟且姑容，不加以惩创儆戒，则凶恶之徒，竟以悖逆为寻常之事，其贻害于后世子孙者，将不可言矣。况古人云："抚我则后，虐我则仇。"是君民、上下之间，有天冠地履之义，尚言施报之情，岂有臣下之分，作乱犯上，显然昭著，只因系出宗亲，遂可纵恶长奸，置宗社大计于不问乎？故以在下言之，则曰：抚我则后，虐我则仇。而以在上言之，则曰：忠我则臣，背我则敌。此一定之情理，千古之通义也。且孟子曰："民为贵，社稷次之，君为轻。"夫以君与社稷相较，君尚轻于社稷，则兄弟宗亲，更不待言矣。若但务敦睦九族之虚名，而不计宗社苍生之大患，岂不本末混淆，轻重倒置耶！

今不必远引古昔之事，即以我朝与明代之近事言之，我太祖、太宗刚毅明决，预烛机先，不以私情而存姑息之见，是以成大一统之规，贻世世子孙太平之福。明之建文优柔寡断，不知大义，不识权变，意欲保全骨肉而酿成永乐之祸，卒至国危身丧，为祖宗之罪人。永乐虽幸而事成，祖宗天下不至落他人之手，然俯对臣庶，能不赧颜乎？传之后世，能免讥议乎？且扰乱海内，荼毒生灵，宗社之危，臣民之厄，未有甚于此时者。又如明宸濠之乱，亦由于姑息酿成，可为天下后世之鉴戒也。总之，人君不幸遇此等之事，若见之既真，知之既确，则当权其利害之轻重而毅然决断，勿存小不忍之见，顾己身之毁誉，以贻祸患于无穷。倘见之不真，知之不确，而冒昧行之，或更有所怨参乎其间，则为天地、祖宗之罪人，亦不能逃于谴责也。

朕于阿其那等结党构逆之情，知之真确，而其显然背叛之迹，又大庭广众之所共见共闻者。彼时诸王大臣等屡次合词陈奏，请将阿其那、塞思黑等即正典刑，朕召入面见堕泪，复切谕之曰："阿其那、塞思黑、允禩、允禵乃圣祖皇帝之子，朕之亲弟，骨肉手足。尔等皆受圣祖皇帝及朕深恩之人，今所奏如此，若稍有情罪不符之处，陷朕于不义，或稍有心口相违之处，抱歉于隐微，则得罪于上天、皇考者，莫大乎是。其能逃于天谴乎！"此时诸王大臣异口同声，无不以为阿其那、塞思黑等悖逆之情罪，断断不容宽宥。朕复逐一询问，人人皆言陈奏之处，实实出于公心。朕犹降旨询问各省督抚、提镇等，其所奏亦复佥同。只因尚有数处未曾奏到，朕未降旨，各令拘禁，仍欲详加斟酌而定之意。而二人乃相继而死，朕尚未将伊等明正典刑也。此京师亿万臣民所共知之事，不待朕之晓谕者。

若天下之人，必欲以朕诛戮二人为言，据伊等罪情，朝廷法律而论，朕亦不以诛戮二人为讳。盖有此一番惩创，使天下后世宗亲不肖之辈，知大义之不可违越，国法之不可幸逃，循理安分，以受国家宠荣，则所以保全骨肉宗亲者大矣、多矣！此遵古帝王“刑以弼教”之意，实尽敦睦九族，端本之道者。观今日阿其那、塞思黑已死，而其逆党匪类等仍不肯歇心，更加摇唇鼓舌，到处诬捏播传，冀惑天下民人之听，为构衅报复之端。若非上天、皇考俯垂默佑，使之败露，则传之天下后世，倘贻疑似之端，不但朕抱不白之讥，可惜皇考六十余年际天蟠地之功勋，上天六十余年锡福凝禧之恩眷，俱付之流水矣。

朕又自幸抚躬内省，实毫无几微瑕疵之可指摘，理直气壮。因曾静此案，得以明目张胆，向薄海内外亿万臣民剖析而畅言之。不然则口将言而嗫嚅，岂能免于瞻顾回护，又何颜以对廷臣左右近侍之人乎！朕蒙皇考俯鉴悃忱，于众弟兄中，唯许朕以“诚孝”二字。朕时时自问，不但用人行政，起居出入之间，事事效法君父，即隐微之间，偶举一念，必思此一念果合于我君父，始敢存于胸臆，否则必屏去之。朕虽不敢自谓尽孝，然生平一片爱慕诚敬之心，实可对天地神明。是以仰蒙上天、皇考照察，保护提携，每显彰景象，而发奸摘伏之处，实非人力所能为者。朕唯有以手加额，感激项戴，刻骨铭心，益加黾勉而已。朕因匪类诬捏浮言，故明白剖析前后，降旨十数道，以示臣民。倘朕言有一字虚捏，是亦如若辈之居心，必遭上天之责罚也。特谕！

又奉上谕：前曾静逆书，诬谤朕躬诸条，离奇荒唐，即梦寐中亦无此诞幻怪异之境，唯有加朕屠弟之名一节，朕不辩亦不受，已于前谕中述其梗概。但朕之苦衷，尚有未曾详晰宣示者。当日阿其那阴险狡狯，实逆党之渠魁；塞思黑、允禵、允禟皆听其指挥，愿出死力，而不顾伦常之大义，其举动甚不可测。若阿其那果肯省愆悔过，革面革心，则其他断无有不效法悛改者。朕是以令塞思黑等分别居住，而留阿其那在京，所以加恩厚待，冀其感激醒悟者，无所不极其至。且披肝露胆，诚切劝告，至于泣下，所少者唯下跪恳求耳。岂知伊悖逆不臣之念，百折不回。前诸王大臣等所参恶迹数十条，皆举朝共见共闻之实事。及至拘禁之后，不但不知畏惧，转欢跃加餐，横肆之态，不堪枚举。是岂尚有悛改之日耶？塞思黑居住西宁，逆状种种，无丝毫畏惧之心。及令其来保定时，岂但无儆惕之意，一路谈笑自如。其解送人员，向伊称述朕即位以来所办政务，伊笑曰“他从来原伶俐”，全无臣弟之道，而其悖逆之念更炽，又何可望其悛改耶？

允禵拘禁已四年有余，至今悍傲如昔。允禩在拘禁之地，尚为镇魇之术，被伊太监出首。朕遣大臣询问情由，并从前结党等事，伊云：“我若说出，只恐杀我；如果皇上免我从前重罪，则便一一实供。”所遣之大臣云：“皇上原有旨意，汝若据实供出，丝毫不隐，必宽宥汝罪。”于是伊将从前阿其那、塞思黑、允禵等朋比作奸，阴谋秘计，暨朕即位后所怀逆议，一一供吐，且自认镇魇不讳。是以诸王大臣立请正法，朕仍将伊宽宥。看伊近来似稍有感愧之意。

至于阿其那、塞思黑从来之恶迹，其彰明较著，为朕所知者，不可胜数；而其处心积虑，鬼蜮之行踪，为朕所不知者，不知凡几。伊等自意为朕必皆悉知，料无可幸免之理，是以残毒之念，日益加深，妄乱之行，愈无忌惮，拼一死以累朕，逆志坚定，不可拔矣。似此万无可姑容之罪情，而朕尚未忍即置之于法，仍令拘禁，以待天下督抚大臣公奏到日再行酌定。不料旬日之间，二人相继俱伏冥诛，实奇事也。此时朕垂涕谕全朝大臣曰：“朕原欲为十全之令主，以报答我君父之恩。今有二人之事，便黾勉十分之善，亦减去其半矣。此朕所遭之不幸，岂非朕父子前因夙劫之冤孽耶！”

总之，此等立心与国家君父为仇之人，暗结死党，潜蓄奸谋，不将国家至于扰乱倾危，其心不肯止息。朕既洞烛其逆情，若不先期防范，及彼谋成事就而后应之，则朕之力不能胜，彼时身死无名，为天下后世笑，不但负皇考付托之重，而宗社之安危，正不可必,天下生灵皆遭涂炭之厄矣。幸朕每事洞烛几先,伊等之伎俩,全无所施,唯力造作恶言,以为煽惑报复之计。由今日之事观之,虽渠魁数人被诛,而其同党胁从,至微至贱之人,仍复怀藏逆志,传布大逆之语。以此情形观之,然则朕之留心防范,早为经理者,岂非上天、皇考默启其心,使宗社苍生享太平之福耶!

从来仇敌之人,造为谤议以泄其忿者,往往有之。朕从前未忍将逆党悉行正法,而充发边远时,亦料此辈奸邪匪类,必有怨望之词,想亦无人听信。但不料其诬蔑诋毁,怪诞奇特至于此极,亦并不料有曾静、张熙辈遂信以为实,而便生背叛之心也。所幸薄海内外,亿人兆人,受皇考圣祖六十余年深仁厚泽,浃髓沦肌,不为匪类流言摇惑于万一者,岂人力之所能哉?则皇考之留遗于朕者,岂止天高地厚而已哉?今日不但雪朕不白之冤,而皇考又安宗社苍生之功德愈加彰著矣。挥泪书此,再示臣民,天下亦可以知朕之心矣。

诸王大臣等再疏请诛曾静*

诸王大臣等再疏请诛曾静题本。和硕怡亲王等题为滔天之罪恶难宽，率土之同仇甚切，恳祈乾断，明正典刑，以昭国宪，以快人心事：

臣等伏读上谕，宽宥曾静，仰见我皇上大度包涵，如天之无不覆，如地之无不载。虽恶兽毒蛇，魑魅魍魉，不忍以雷霆歼灭，欲使之革面回心。自尧、舜、禹、汤以至于今，未闻此宽大之典也。但臣等伏思我朝创业垂统，列祖圣圣相承，圣祖仁皇帝御极六十余年，丰功骏烈，炳耀日星；厚泽深仁，浃洽宇宙。皇上嗣统建极，大孝大德，至圣至诚，宵旰勤民，仁育义正，躬行节俭，俾藏富闾阎；广沛恩膏，以普宁黎庶。蠲赈动盈亿万，教养溥遍遐荒。数年以来，年岁丰登，民气和乐，嘉祥骈集，风俗阜成。举凡含齿戴发之俦，靡不沐浴皇风，歌咏帝德，山陬海澨，僻壤穷乡，咸顺则怀恩，心悦诚服。

乃有曾静者，性与人殊，诪张为幻，蛊惑于逆贼吕留良之反书悖论，复道听阿其那、塞思黑门下之奸徒匪类散布诬捏毫无影响之流言。辄敢编集蜚语，缮写谤书，令其徒张熙从湖南远至陕西，赴总督岳钟琪衙门投递。虽不能为反叛之事，实素蓄反叛之心。是以恶贯满盈，神明驱遣，令其自行败露，身服典刑，以消异类之邪说，以正天下之人心也。经年以来，中外臣民闻其嗥吠，皆切不共戴天之忿，思食其肉而寝其皮。今皇上沛如天之仁，悯其始由误听，今已悔悟，情有可原，特加宽宥。

臣等伏读圣谕，以改过望天下之人，过大而能改，胜于过小而不改，若实能改过，则无不可赦之罪。又念跳梁逆命者，畏罪投诚，尚邀赦宽之典。大哉，皇言！宽仁好生之德，度越千古。但曾静枭獍性成，阴谋不轨，诬谤悖逆，罪恶弥天。查律例开载十恶，凡谋反叛逆及大不敬，皆常赦之所不原。是曾静之罪在十恶，乃三宥之所不及。而张熙与曾静共谋不轨，赴陕投递逆书，思欲构乱，亦所难宽。仰祈皇上俯允臣等所请，敕下法司，将曾静、张熙按律处决，碎尸悬首，查其亲属逆党，尽与歼除，以明朝廷之宪章，慰臣民之公愤。臣等无任恳笃激切之至！为此，谨题请旨。

奉旨：宽宥曾静等一案，乃诸王大臣官员等所不可赞一词者，天下后世或以为是，或以为非，皆朕身任之，于臣工无与也。但朕亦再四详慎，所降谕旨，俱已明晰，诸王大臣官员等不必再奏。倘各省督抚、提镇有因朕宽宥曾静等复行奏请者，著通政司将本发还。

卷四

上　谕*

上谕:我朝肇造区夏,天锡人归,列圣相承,中外从乂。逮我圣祖仁皇帝继天立极,福庇兆民,文治武功,恩施德教,超越百王,亘古罕有。此普天率土,心悦诚服。虽深山穷谷,庸夫孺子,以及凡有血气之伦,亦莫不尊亲者。讵意逆贼吕留良者,悍戾凶顽,好乱乐祸,自附明代王府仪宾之孙,追思旧国,愤懑诋讥。夫仪宾之后裔,于戚属至为疏贱,何足比数?且生于明之末季,当流寇陷北京时,吕留良年方孩童。本朝定鼎之后,伊亲被教泽,始获读书成立,于顺治年间,应试得为诸生。嗣经岁科屡试,以其浮薄之才,每居高等,盗窃虚名,夸荣乡里。是吕留良于明毫无痛痒之关,其本心何曾有高尚之节也?乃于康熙六年,因考校失利,妄为大言,弃去青衿,忽追思明代,深怨本朝,后以博学宏词荐,则诡云必死;以山林隐逸为荐,则剃发为僧。按其岁月,吕留良身为本朝诸生十余年之久矣,乃始幡然易虑,忽号为明之遗民,千古悖逆反复之人,有如是之怪诞无耻,可嗤可鄙者乎?

自是著邪书,立逆说,丧心病狂,肆无忌惮。其实不过卖文鬻书,营求声利,而遂敢于圣祖仁皇帝任意指斥,公然骂诅,以毫无影响之事,凭空撰造。所著诗文以及日记等类,或镌板流传,或珍藏秘密,皆人世耳目所未经,意想所未到者。朕翻阅之余,不胜惶骇震悼。盖其悖逆狂噬之词,非唯不可枚举,抑且凡为臣子者,所不忍寓之于目,不忍出之于口,不忍述之于纸笔者也。今姑就其中数条,略为宣示内外诸臣,庶天下后世共知其诪张,感愤之荒唐,犬吠狼嗥之忿戾。自生民以来乱臣贼子,罪恶滔天,奸诈凶顽,匪类盗名理学大儒者,未有如吕留良之可恨人也。

其文集有云:“德佑以后,天地一变,亘古所未经。”又其行状云:“有故人死于西湖,为位以哭,坏墙裂竹,拟于西台之恸。”又云:“将以小庄为桃花源,为不知有汉,无论魏晋之人。”又云:“遂削发为僧,苟延性命。”又辞山林隐逸之荐,答友人书云:“有人行于途,卖饧者唱曰:‘破帽换糖。’其人急除匿,已而唱曰:‘破网子换糖。’复匿之。又唱曰:‘乱头发换糖。’乃惶遽无措曰:‘何太相逼!’留良之剃顶,亦正怕换糖者相逼耳。”又示诸子戒庆生辰云:“如其有重于生也,则偷息一日,一日之耻也。世有君子曰:夫,夫也,何为至今不死也?则其僇严于斧钺,又何庆之有?使以辱身苟活者为庆,将置夫年不满三十,义不顾门户,断脰飞首,以遂其志义者于何地也?”

又日记内诗句云:“若论五百年间事,紫色鼃声总正传。”又云:“麻剌吉出城,送者填塞饥渴,易为饮食,如此观我民狼狈不知所归,可怜可痛也。”又云:“李雯,华亭人,甲申后入北幕,《与史道邻书》及《下江南诏》皆其笔也。中有‘六合一而泰阶平,礼乐兴而干戈息’之句,人传嗤之。”又云:“沈天彝为其妹求旌贞节,且云其尊公弃车先生遗命,不请有司之旌。予曰:‘尊公之识高,其命正当尊也。’弃车先生遭变后十余年,闭门不见宾客,颠毛全好,天彝忽以酒灌醉,尽髡之,醒为号痛而已。所著述将及栋,天彝尽取焚之,恐其有刺触累己也。嘻,亦异矣!”

又祭友人云“斯文将丧,逆天者亡,顾我逆天,死反得后”等语。此即其梗化不臣,明目张胆,指我朝为闰统,托吠尧以自文者,皆此类也。夫吕留良食本朝之粟,履本朝之土,且身列胶庠,深被本朝之恩,何得视如仇敌,而毫无顾忌,普蜂虿之不若乎?

又文集有云:“人心恶薄日甚,即杀运所开,聊避睹闻,窃恐不免。”又日记云:“吴三桂乞撤之语,甚有愤懑不平之气。三桂老不足虑,其下恐未必安。”又云:“滇中于甲寅元日寅时即王位,取四寅也。今按其时正彼中日食云。”又云:“董允瑶出其新作,乃《平平凉颂》也,予不看,曰:先须改题目,去首字改颂作叹。”又云:“闻吴三桂死,有吴国贵者立,清遣人往讲,割云贵罢兵。”又云:“闻闽乱为范承谟激成,承谟亦死于闽。”

又其行状内云“夙兴夜寐,终日乾乾”等语。夫普天之下,莫非王土;率土之滨,莫非王臣。吕留良于我朝食德服畴,以有其身家,育其子孙者数十年,乃不知大一统之义,平日之谓我朝皆任意指名,或曰“清”,或曰“北”,或曰“燕”,或曰“彼中”。至于与逆藩吴三桂连书之处,亦曰“清”,曰“往讲”,若本朝于逆藩为邻敌者然,何其悖乱之甚乎!且吴三桂、耿精忠乃叛逆之贼奴,人人得而诛之;吕留良于其称兵犯顺,则欣然有喜,惟恐其不成。于本朝疆宇之恢复,则怅然若失,转形于嗟叹。于忠臣之殉难,则污其过失,且闻其死而快意;不顾纲常之倒置,唯以助虐迎寇为心;不顾生民之涂炭,唯以兵连祸结为幸。何吕留良处心积虑,残忍凶暴之至此极也。且“乾乾夕惕”,《易经》传注皆以为人君之事,而其子孙公然以加吕留良之身,不更肆且妄乎?

又云“永历帝被执时,满汉皆倾心,东宫勒马前行,以鞭梢东指,则东边满汉兵皆跪,西指则西跪。弑之日,天地晦霾,日月失光,百里之内,凡关壮缪庙皆被雷击”等语。查伪永历朱由榔,本窃立于流寇之中,在云、贵、广西等处,其众自相攻剽劫夺,贻害民生,后兵败逃窜缅甸。顺治十八年,定西将军爱星阿领兵追至缅城,先遣人传谕缅酋,令执送朱由榔,否则军临城下,后悔无及。大军随至城下,缅人震惧,遂执朱由榔献军前,杀伪侯王维恭等一百余人,于是全获朱由榔眷属以归。此永历之实迹,乃中外人所共知者。朱由榔穷蹙无归,为我朝满汉大兵所共擒获,岂有擒获寇贼之人,转于伊马前行跪之理乎?其时之汉人兵丁,亦耻而不为之事,况于满人乎!此等瞽说,荒唐鄙谬,无中生有,不知何自而来也。

至云关壮缪庙皆被雷击，尤为荒诞之甚。朱由榔之死，实系上天诛殛，而人力岂能强为耶？关圣帝君与雷神皆为奉天司令之正神，何以有凡关庙皆被雷击之事？于理亦甚为不顺。且本朝用兵以来，事事皆仰荷上天眷佑之恩，百神呵护之德。即如我兵之守永兴也，士卒不过千人，贼以重兵相攻，势甚危急，蒙真武之神，显化神兵，布满岩谷，狂寇寒心褫魄，众遂溃逃而散。此有御制碑文，详纪其事者。其克复云南城也，则有金马飞腾之兆，而逆寇即日荡平。此皆见之志乘，万目共睹之事，天下所共知者。然此不过举一二事而言，其他不可枚举，吕留良独不闻之乎？总之，逆贼吕留良，于本朝应有征应之事迹，则概为隐匿而不书，而专以造作妖诬，欲快其私愤。伊之妄诞伎俩，能逆天乎？

又文集内云"今日之穷，为羲皇以来所仅见"等语。夫明末之时，朝廷失败，贪虐公行，横征暴敛，民不聊生，至于流寇肆毒，疆场日蹙，每发糜饷数百万，悉皆出于民力，乃斯民极穷之时也。我朝扫靖寇氛，与民休养，于是明代之穷民，咸有更生之庆。吕留良岂毫无耳目，乃丧心昧理，颠倒其说，转言今日之民穷乎？况逮我圣祖皇帝爱育黎元，海内殷庶，黄童白叟不见兵革，蠲租减赋之政，史不胜书。民何由而穷，至为羲皇以来仅见之穷乎？试问之吕留良，如我圣祖皇帝六十余年，久道化成，休养生息，物阜民安，内外升平，兆民乐业，即自羲皇以来，史册所纪屈指而数。蒙上天之眷佑，可以比并我朝之盛者，果可多得乎？而乃云"羲皇以来未有之穷"，不太甚乎？即如吕留良怀不逞之心，动云万金结客，而其刊刻我朝时文，货卖牟利，富仍不赀。观其日记所载米盐琐碎，算及粪壤，营营求财之心，唯日不足，尚得谓之穷乎？

又日记内云："四月末京中起怪风三日，其色大红，著人面皆红。"又云："石门镇堰桥水忽立二丈许，舟中芦席，有飞至南高桥，复还原舟者。"又云："有大星如碗，后有细星随之，如彗。"又云:“十二月二十九日夜雨甚大,爔然大电,随发震雷,甚响而长,不知明年作何运数耳。”又云:“初五日午后,日光磨荡,有黑日如斗状。”又云:“日有三枚,日旁有一差小者,色白不甚动;白日旁又一小者,色赤而动甚。”又云“河南郏县有凤至,百鸟朝会数日。有二赤鸟,长丈许,以身蔽凤,凤身五色陆离,鸣如箫韶。邑人怪之,驱牛厌胜,牛俱,股栗不前。路上死鸟甚众。又有死金色鲤,狼藉地上。时予作《凤砚铭》云:‘德未尝衰,尔或不来,善以道鸣,必圣人生。’而忽闻此,又一异也”等语。

凡此毫无影响,妄捏怪诞之记载甚多。总由其逆意中幸灾乐祸,但以捏造妄幻,惑人观听为事。其荒诞不经,皆不顾也。夫灾异亦古所时有,上天垂象,原以儆戒人君,令其修省进德,未有事不实而可以为鉴者也。若如吕留良之记载,一一皆虚,天地间未有之事,何以示儆于将来?假使传诸后世,以捏影捕风之语,或信为实有之事,必以从前太平盛世,尚有如此非常奇怪灾异,倘遇日月星辰水旱之变,必轻忽为无关于治乱,而漫不经心,其所以启后世人君之怠玩者,其罪不可胜数矣。

又日记云“康熙甚吝,吴中顾云程者,写真甚精,供奉内廷,不许其遍游公侯之门。一日入朝,仓遽用旧服。康熙曰:‘此要银子也。’荐之一王子,王子送元宝二百两及缎,康熙收之。临行辞,康熙止予二十四两而已”等语。不但岂有此事,而怪诞悖乱,何至于此极也?吕留良以此诬诋圣德。夫韩昭侯藏蔽袴曰:“欲待有功者。”史册相传,以为美谈。今一写真之人,即圣祖仁皇帝不轻加厚赐,亦圣主慎重赏赉之盛德耳。而吕留良捏此浮言,讥为吝惜财物乎?圣祖仁皇帝在位六十一年,除水旱赈恤外,特恩蠲免钱粮不下数百万万,此天下臣民所共知,岂吝主所能为者?吕留良独无耳目乎!忍心害理,可谓极矣。且吕留良谊属臣民,而慢称康熙,其悖逆无状,何太甚矣。即此数条,猖狂悖乱,已极放言横逆之罪,况其他太甚之词,尤足令人痛心疾首,不共戴天。

夫吕留良生于浙省人文之乡，读书学问，初非曾静山野穷僻、冥顽无知者比。且曾静只讥及于朕躬，而吕留良则上诬圣祖皇考之盛德；曾静之谤讪，由于误听流言，而吕留良则自出胸臆，造作妖妄。况曾静谬执中国夷狄之见，胸中妄起疑团，若不读吕留良之书，不见吕留良之议论蜂起，快心满意，亦必有所顾忌，而不敢见之文辞。是吕留良之罪大恶极，诚有较曾静更为倍甚者也。朕向来谓浙省风俗浇漓，人怀不逞，如汪景祺、查嗣庭之流，皆以谤讪悖逆，自伏其辜，皆吕留良之遗害也。甚至民间氓庶，亦喜造言生事。如雍正四年内，有海宁、平湖阖城屠戮之谣。比时惊疑相煽，逃避流离者有之。此皆吕留良一人为之倡导于前，是以举乡从风而靡也。

盖浙江士人等，习见吕留良之恣为狂吠，坐致盛名，兼拥厚赀，曾无纤芥之患得婴其身。是以转相推服，转相慕效，多被愚迷而不知也。甚至地方官吏，怵其声热之嚣凌，党徒之众盛，皆须加意周旋，优礼矜式，以沽重儒之誉。如近日总督李卫，为大臣中公正刚直之人，亦于到任之时，循沿往例，不得不为之赠送祠堂匾额，况他人乎？此其陷溺人心，浊乱世俗，害已不可胜言矣。

数年以来，朕因浙省人心风俗之害，可忧者甚大，早夜筹画，仁育义正，备极化导整顿之苦心，近始渐为转移，日归于正。若使少为悠忽，不亟加整顿，则吕留良之邪说诬民者，必致充塞胶固于人心而不可解，而天经地义之大闲，泯灭沦弃，几使人人为无父无君之人矣。吕留良之为祸浙省者，不知何所底止耶！今日天道昭然，逆贼恶贯时至，令其奸诈阴险尽情败露，则不容不明正其罪，以维持世教，彰明国法者也。且吕留良动以理学自居，谓己身上续周、程、张、朱之道统。夫周、程、张、朱，世之大儒，岂有以无父无君为其道，以乱臣贼子为其学者乎？此其狎侮圣儒之教，败坏士人之心，真名教中大罪魁也。而庸流下愚，不能灼知其心迹行藏，乃以一不解天经地义之匪类，犹且群然以道学推之，则斯文扫地矣。即吕留良自撰之文亦云:“逆天者亡。”又曰:“顾我逆天,死反得后。”明知逆天之罪大,而必欲悍然蹈之,死而不悔,不知古今以来,天地间乖戾悍暴之气,何独钟于吕留良也!

朕即位以来,实不知吕留良有何著述之事,而其恶贯满盈,人神共愤,天地不容,致有曾静上书总督岳钟琪之举,曲折发露,以著吕留良之凶顽。而吕留良之子如吕葆中者,曾应举成名,蒙恩拔置鼎甲,仕列清华。其余子孙多游庠序,乃不即毁板焚书,以灭其迹。且吕葆中既已身叨仕籍,而犹世恶相承,并未洗心涤虑,前此一念和尚谋叛之案,党羽连及吕葆中,其时逆迹早已彰著,蒙圣祖皇帝如天之仁,免其究问,而吕葆中遂忧惧以死。就常情而论,吕葆中之兄弟子孙,遇如此之惊危险祸,且荷蒙圣祖皇帝如此之高厚洪恩,自当感激悔悟,共思掩覆前非,以为幸逃诛殛之计,岂料冥顽悍鸷,习与性成,仍复抱守遗编,深藏笥箧。此固吕留良以逆乱为其家传,故吕葆中等逆竖昏愚,罔知警惕;而实乃天道昭然,不容少昧,如有鬼神驱遣,使逆贼之阴谋彻底呈现于今日。逆贼之遗毒,不致漏网于天诛也。

前此曾静逆书,朕所以一一剖白者,缘朕即位以来,深知外间逆党甚众,自然散布讹言,惑乱人之心志。其所以诋唯朕之一身者,朕可以己意自为判定归结。若如吕留良之罪大恶极,获罪于圣祖在天之灵者,至深至重,即凡天下庸夫孺子,少有一线良心之人知此,亦无不切齿而竖发,不欲与之戴履天地,此亦朕为臣子者情理之所必然。兹特降谕旨,将诸条略为宣示,其逆贼吕留良及其子孙嫡亲弟兄子侄,应照何定律治罪之处,著九卿、翰詹、科道会议,直省督抚、提督、两司,秉公各抒己见,详核定议具奏。

杭奕禄等将吕留良一案上谕发与曾静、张熙、刘之珩等看,曾静等供词二条。

曾静供:弥天重犯生于楚边,身未到过大都,目未接见文人,见闻固陋,胸次尤狭,只有一点迂腐好古好义之心,时存于中而不可泯。加以吕留良之文评,盛行于世,文章举子家,多以伊所论之文为程法。所说之义为定义,而其所讥诋本朝处,又假托《春秋》之义,以寄其说于孔子口中,所以不得不令愚人信其实。弥天重犯心下虽不知本朝得统来历,与列圣相承功德,然生圣祖皇帝之朝,赖圣祖皇帝之恩,自祖父以来,无干戈之扰,无苛政之苦,休养生息,以乐以利,大是安业顺化,胸中原无此说。无奈吕留良将此义发得惊异,且以为说出于孔子。弥天重犯虽不识吕留良如何人,焉有不信孔子?且浅陋无知,胸中实别寻个义理解脱不出,因妄自揣量,以为士人读书,无事不当以孔子为法,岂有当前一个这样大的名义全不照管,竟将孔子一部《春秋》囫囵吞下去,如何使得。所以抱此疑团,陷身大逆而莫救。直到今日想来,当时之所以别寻个义理解脱不出者,只为心中不知本朝龙兴之原,与列圣递承之绩,所以为一部《春秋》缚束。若晓得这两个缘故,本朝名正言顺,大义亭亭,关《春秋》所摈甚事,与管仲所攘何涉,又何至为彼说所拘局?

弥天重犯今日之所以切齿痛恨于吕留良者,为伊生于明末之季,身处江浙人文之区,于本朝功绩岂有不知,以伊之聪明才性,本朝如此亭亭大义,岂看不出,即托身于儒林,合该早将斯义表白于天下,使天下读书士子,晓然知本朝大功大德,名正言顺,尊之亲之,而勿致疑于孔子《春秋》之说。此方是吕留良当身之正义,如何反将此正大义理隐蔽,不见宣发,竟支吾旁引《春秋》之义,以抵当本朝。既背经文之旨,复乖当身之义,且流说于士林,遗累于国家。今日士子之从事举业文字,晓得他的说话者,胸中未尝不染其恶。但所知有浅深,是以受病有轻重,求其能卓然自信,知吕留良之说为非,而复解脱得一部《春秋》之义,与本朝丝毫无碍者实少。盖人纵晓得本朝功德之隆,治业之盛,远驾汉唐,而直接三代,与圣人之生,原无分于东西,然终不能去吕留良之说。而紧抱一部《春秋》义旨，在言下不是说坏本朝不是圣人，定会诽谤孔子错作《春秋》，此弥天重犯前在长沙两次亲供，解说此义。

到今日思来，实是皇天眷佑我朝，知得我朝正义正名，久为逆说掩蔽于士庶人之胸，所以假弥天重犯之口，曲折阐发此义，使天下万世共尊共亲，无毫发遗玷于我朝之圣德神功，故必如弥天重犯之身亲经历，方晓得此义。从前错误，实由于无知，而过信吕留良之说所致，今得圣谕开示，复就伊荒唐鄙谬，无中生有的说话思之，并考吕留良的时地与其学问心术，知得彼非不知而看错，实出于有意以诋诬也。所以于本朝一切实有征应之事迹，则概为隐匿而不书，而专以捏造妄幻惑人观听为事，全不知食本朝之粟，履本朝之土，食德服畴，以有其身家，育其子孙者数十年，皇恩之当报，而竟无顾忌，相视如仇敌。今观其说话，全是以诗张佞利之口，逞其忿戾凶顽之习，而复巧为藏奸隐诈，假托圣贤之说，盗名理学大儒，以欺世而惑人。自古以来乱臣贼子，包藏祸心，诱变士子，陷害良民者，未有如吕留良可痛可恨之甚也。

然在重犯因过信吕留良逆说，与误听谣言，而身陷极恶大罪以来，每清夜自思，心虽无恶，罪实难解。即令自家判断，亦寻出路不著，况圣天子一日万机焉，能烛照心肝，洞悉民隐，知得无知误听，本心无恶而钦恤之？是以屡蒙皇上如天之仁，颁旨宽宥，自家心下觉得皇恩虽然好生，当身罪过重大，恐难得其生路解脱也。今蒙圣谕剖判吕留良罪案，复取弥天重犯罪案比较，此时在弥天重犯只有惶恐战栗，死生待命之下而已，又焉敢摇唇张口，指他人所犯之大小，诉自己罪恶之轻重！特以尧舜在上，无不达之民隐，圣谕所颁，原得许直供陈奏，而今日所供者，又皆在谕旨包涵遍覆之内，是以敢于冒死直供。且以弥天重犯如此极恶重罪，尚得容许自供自解，可以知我皇上宸衷虚明广大，直同天体，不唯为亘古首出之圣君，然即此一事，亦属亘古未有之奇典。弥天重犯当此盛会，又何敢隐忍回曲，而不直供其所以然。因是思得吕留良之著说纪载，是有心为恶，而假托于善，以掩其恶。

弥天重犯之狂举上书，本不知是恶，乃用意为善，而自陷于恶。盖吕留良生明末之季，处江浙之省，读书学问，何事不晓，何义不讲？本朝功德，宜耳闻目见而身被熟矣。岂若弥天重犯之生晚而居处穷僻，心暗质鲁，不唯别事不知，即流贼李自成名姓亦不晓。若使早似吕留良之有知，不但不肯为此狂悖之举，且久已将我朝功德阐发，见之于言，论传之于士林，使天下共晓君亲之义矣，又何至有弥天重犯狂悖之举？盖生本朝而搜纪本朝之功绩，阐明本朝之道德仁义，正学士分内事，自古儒者所必先之举。吕留良何计不出此，而反以讥诋为事？今蒙圣谕开示："吕留良生于浙省人文之乡，读书学问初非曾静山野穷僻冥顽无知者比。"此诚德同天地，明并日月，至公至明之至论也。

且吕留良本心，不欲圣祖之圣，而伪捏不圣之说，以诬其圣。弥天重犯本心不知皇上之圣，忽听不圣之说，遂误信以为果是不圣。其实谤诬圣祖，罪固不容于死，而讥诋皇上，法又岂容独生乎？所不同者，只为山野愚民，不知圣德高厚，遂为奸党布散流言，惑乱民间听闻，岂若圣祖皇帝在位六十余年，深仁厚泽，沦肌浃髓，虽黄童白叟皆所深知，况身列胶庠十余年之吕留良乎？皇上天视圣祖，浑忘己德。今蒙圣谕开示："曾静只讥及于朕躬，而吕留良则上诬圣祖皇考之盛德。"此又不唯德同天地，明并日月，至公至明，而并且流露我皇上平昔至仁至孝之渊衷矣。又弥天重犯之狂举，心中本无成见，因闻吕留良逆说，复闻谣言，而弥天重犯附近之地，又偶尔歉收，且平昔并未晓得我皇上圣德万分之一。此时觉得当身道义既催，目前时势又迫，俨若有个鬼神在此驱逐之使动，容人安息不得，所以不计利害，不审成败，妄萌此狂悖逆乱之举。若吕留良，则明知有道，而若不知其道；明闻有德，而若不闻其德。观其立说，多幸灾乐祸之心，毫无忧民爱国之念。是吕留良之诋诬，独出己意，而弥天重犯之狂悖，全凭人使。今蒙圣谕开示:“曾静之讪谤,由于误听流言;而吕留良则自出胸臆,造作妖妄。”此诚德同天地,明并日月,至公至明之至论也。

至若中外之分,弥天重犯虽曾闻其说,其实亦心知其不然,苦奈学浅无知,见闻未广,思想义理不出,分解不来,无可如何。且一面反覆细观吕留良议论,直指此为今日第一大义,读书人所必守。岂知本朝得统之正,列圣救济之功,皆千古所罕见,与《春秋》之所摈、管仲之所攘义例,不唯不同,且以今较古,脱然如寒暑昼夜之相反。今蒙圣谕开示:“曾静胶执中国夷狄之见,胸中妄起疑团,若不读吕留良之书,不见吕留良之议论蜂起,快心满意,亦必有所顾忌,而不敢见之文辞。”此诚洞见肺肝,民情丝毫不能隐处。

凡此乾断,固非具大舜之智,不能明察到此;抑非裕帝尧之仁,不能钦恤如是。仁智交融,圣神并至,焉得不令闻者拍案惊倒,以为千古圣明之君所不到。弥天重犯到此生固有荣,死亦何恨?况昨又蒙恩降旨,九分不杀,是既感明睿之德,照烛隐情;复荷高厚之恩,宽宥重典,恭逢这样神圣天子在上,竟无说可以颂扬比拟得,只有尊之敬之如天地,亲之爱之如父母而已,更有甚话说得?

刘之珩、车鼎丰、车鼎贲、谯中翼、孙用克即孙学颜、陈立安、曹珏、廖易即景叔、张孝先、张勘即实安、张新华、张照、张熙同供:

伏唯本朝圣圣相承,积厚流光,太祖高皇帝神武奋兴,肇基东北。太宗文皇帝举义师以除寇乱,为亡明雪耻,救生灵于水火,天下筐篚争迎,同登衽席。世祖章皇帝应天顺人,入登大宝,大一统之盛,虽殷周有未及者。迨我圣祖仁皇帝继统承乾,化神德盛。凡有血气,莫不尊亲。乃不意浙省有吕留良者,恃彼小才,欺世盗名,假评选以驰声,藉刊刻而射利。适值昭代右文之隆会,得以风行宇内,一时传习举业者,悉为其所惑,遂多奉为八股之金科,讲章之宗匠。

之珩等庸陋迂愚，素未谙其为人底里，但见其现行选刻本头，论文说书，笔尖舌快，因随众而推服者有之。今得见留良抄藏残稿，种种悖谬，率皆大逆不道之语，甚至轻肆诋讥上及圣祖，诚有臣子所不敢入于目，不忍述诸口者。乃始惊其平日凶悍性成，乖戾无比，逞臆妄言，私心梗化，正是乱臣贼子之尤，罪大恶极，为王法所断不容。夫以留良身为圣代之诸生，谬附前朝之余烬，践土食毛者业经数十年，直视如蔑有，顾以绝我影响之事，毫无顾忌之谈，公然形诸笔墨。观其言殆桀犬以自居，究其实曾蜂蚁之不若，一何其悖逆之至于斯极也。

且其身后，长子葆中即成进士，缀清班，其余子孙亦复多列胶序，则由今日而论，国家之恩泽，涵濡煦育于吕氏者甚深且厚，而回思留良之狂肆背负，愈觉可恨，而其罪益彰明较著，历劫难逃矣。此在忠臣义士固欲请上方以正显戮；而庸夫孺子稍一线之良者，亦莫不痛恨而发指。即彼诗文中，亦尝自谓逆天，宜乎其享年不永，而旋已早伏冥诛也。

窃思留良既死，凡秘笥所留，其子若孙即当速为毁弃，而乃应毁不毁，片纸只字，卒致莫能遁匿者，岂非上天之笃爱圣祖，而又欲有以显佑我皇上之纯孝，所以默使之败露，而表暴其罪状哉！从此宇内士民，幸得悟其背伦逆天，以共晓然于邪正之判，如大寐之忽醒焉。昭昭天理，盖非狂悖者之所能久诬；恢恢天网，亦非叛逆者之所能终漏也。之珩等共沐皇仁，粗知大义，睹此奸回，不胜不共戴天之愤。谨供！

上　谕*

上谕：浙江逆贼吕留良，凶顽梗化，肆为诬谤，极尽悖逆。乃其逆徒严鸿逵者，狂暴狠戾，气类相同，意见吻合，实为吕留良之羽翼。推尊诵法，备述其遗言绪论，又从而恢张扬厉，以附益之，其词有较吕留良为尤甚者。夫吕留良以本朝之诸生，追附前明仪宾之末裔，无端反噬，愤懑猖狂，已属从古乱臣贼子中所罕见；至若严鸿逵，则生今之世，为今之人，自其祖父，已为本朝之编氓，践土食毛，戴高履厚。严鸿逵之于明代，岂有故君旧国之思？而于我朝实被遂生乐育之泽，何所庸其感忿，何所庸其追忆，而亦敢效狺狂吠乎？兹择其悖逆之语、彰明较著者，一并宣示，庶使中外臣民知严鸿逵背理逆天，无父无君之罪，无所逃于天地之间。

其日记有云："索伦地方，正月初三地裂，横五里，纵三里，初飞起石块，后出火，近三十里内，居人悉迁避。"旨云：此等异事，古来甚多，况在口外，何足为奇。又云："徐姓在燕，有仆妇发狂，一夕见贵者三人坐堂上，忽报朱三太子来，三人下阶迎之。见一人浑身血痕，怒向三人索黑水三道，三人初不允，固索，乃允。约以某日发水始去。醒而言之。后几日，热河水大发，淹死满洲人二万余。计其日，则此妇所梦之日也。"又云："江都邵穆布将死，如有所见，口呼'惕斋先生，与我无预'者，月余而死。盖当时此事发于此人，有人在彼署中，见其死时如此。"又云："十六夜月食，其时见众星摇动，星星如欲坠状，又或飞或走，群向东行。"又云："旧年七月初四日星变，一钦天监云：此星出天沛垣，入天市垣，分野属吴越，应在数年内吴越有兵起于市井之中。其色白，应主国丧，在本年内其后说已验。"又云："予所戴六合一统帽，以拟四方平定巾，今士人仿效渐多，因阅《日知录》，乃知先朝已有是名，亦太祖所制，若曰‘六合一统’云尔。”又云：“燕中人家门首悉土朱画圈，方圆点叉不一，或圈中有字。”又云：“徐孝先终身衣直领，戴孝头巾，言与先皇帝戴孝。”又云：“近日有雄鸡生卵，雌化为雄；又有犬产蛇鳖，胎生。”又云：“练市有沈开生名伦，不去发，白衣冠终其身。”又云：“河南有虾蟆食人之异。奇哉！”

凡此荒唐叛逆之语，自康熙五十五年至雍正六年内所记载者，已不胜枚举，其中唯索伦地方，拥石出火，实有之事，此盖彼地气脉使然，前此已经屡见，现今有相同九山为证。本地相传，皆言自土中拥出者，历年已久，无从考索。是以其地名九墩，与新出之石，凡十矣。其傍远追山顶，亦有烈焰者，此圣祖皇帝深知之事，是以有“从前甚多”之谕旨，而严鸿逵以此为讥讪乎？

至热河水发一事，口外重山叠嶂，五六月间大雨时行，凡涧溪悉成巨浸，行旅时为阻滞，然雨止，则一二时即退。热河山回峦抱，中唯一道河流，每雨水稍大，众山之水皆从此出，是以往往有冲决堤岸之事。康熙四十八年六月，大雨连昼夜，其时附近行宫一带，地处高阜，唯隔岸山根之下为水所漫溢。本地久居之民，实所习见，不以为异。而扈从之官兵，亦皆知雨止水即减退，皆安重不迁。唯寄居之匠人等，以生平所未见，惊惶迷惑。或有愚人编木为筏，谓可以乘流而渡，遂有木筏触石而解，以至沉溺者数人。又圣祖仁皇帝御用水井，在隔河山麓，有守水官兵，凛遵法度，水至不敢移徙跬步，亦至沉溺二三人。是时，朕以轮班，恭请圣安，随从官兵二三百人驻扎即在水发之地，因约束严整，无一妄动之人。及至水退，皆安然无恙，无一人被水者。乃严鸿逵谓淹死满人二万余，何其妄诞至于此极！江浙等处时有山水骤发，及起蛟之事，动辄冲没村落数百家，严鸿逵岂不闻之乎，何独以热河水发为异也？且热河之地，五方贸易之人毕集，而佣工力作者，多系山东、山西之民。而严鸿逵谓独淹死满洲，有此理乎？乃托之梦幻，造为朱三太子索黑水等语,不知严鸿逵是何肺肠也!

夫从来讪骂诽怨之词,多言桀犬吠尧,吠非其主,以自卸其罪。然以严鸿逵生今之世,为今之民,明代沦亡已久,而我朝定鼎,经百年有余,按之天时,稽之人事,则明之太祖与崇祯帝,以及伪朱三太子,非严鸿逵之主也,明矣。若之何托心于遥遥不相关涉之非其主,而转吠及于神尧之主乎?且臆造讹言,好乱乐祸,于升平宁谧之时,作干戈扰攘之望;以圣祖之德盛化神,而公然诬蔑;以今日之民安物阜,而朝夕咒诅。种种丧心病狂,皆拾吕留良之唾余,而尤加幻妄,岂非凶虐性成,万死有余之逆贼乎!

且伊既私自著述,造为妖罔,而又貌作迂腐曲谨之态,以掩其奸顽。浙俗浮薄之士,簧鼓其虚誉,致有廷臣以纂修《明史》荐举及伊者,伊乃自鸣得意,抗慢诡激,其日记有云:"传之得炳仪字,仍嘱劝驾。有'尧舜在上,不可徒事高隐'之语。予笑谓尧舜在上,独不可下放巢由耶。"又云:"总宪又有面奏,语嘱易斋令唯怀驰信劝驾,势不得辞云云,然予意自定,当以死拒之耳。"其大言藐抗,既已若此。乃日记又云:"有衡州人张熙,字敬卿来见,言其师曾静,永兴县人,在彼中讲学,学者称蒲潭先生。从前因读讲义,始弃诸生。"又云:"敬卿欲往江宁,作致双亭字,又寄冬之字。"

夫以朕特旨诏修《明史》,旁求山林隐逸之士,而廷臣荐举及伊,则妄附巢由之洗耳,至欲以死力拒,视朝廷如儿戏,待征召于弁髦。而于逆贼曾静等叛乱悖恶之徒,尺书驰问,一介相通,则数千里之外,呼吸相应,亲如同气,辗转游扬,招纳党类,天地间显图不轨,恣意横行,扰乱纲常,震世骇俗,未有凶狡至于此极者也。似此悖逆叛乱之人,煽惑民心,贻祸后世,王法所不容,神人所共嫉,且获罪于圣祖皇帝,与吕留良党恶共济,其罪不容于死。严鸿逵应作何治罪之处?著九卿、翰詹、科道会同速议,具奏。

上谕：曾静悖乱凶顽，诪张为幻，从来狡恶狂肆之徒，未有其比。宜若性与人殊，不可化诲。乃今悔悟，从前为邪说流言所蛊惑，痛心稽首，历历吐供，自称“向为禽兽，今转人胎”等语。可见天地之大，无所不有，亦无物不可化诲。圣人有言，“信及豚鱼”。今以曾静豚鱼不如之物，亦能悔罪悛改如此。伊著《归仁说》一篇，奏云：“此身若在，愿现身说法，化导愚顽。倘不能生，则留此一篇，或使凶恶之徒，亦可消其悖逆之念。”可见人无智愚贤不肖，无不可感格之人。是以将曾静《归仁说》附于各供词之后，非以其称功颂德、谄谀而存之也。

曾静《归仁说》

圣人之出也非常，故其生也无常地，亦无常格，而其德业光辉之周于上下四方，心思运量之通于四海万世也。乃一皆超于前古，而并非数百年数千年之所尝有。昔人云："非常者，常人之所异。"窃以为非独常人，即世俗所震聪明绝世，才智出群，竭其私智，足以压服众论；逞其著述，且可流及远境，而不足以知圣人之生，与圣人之德业光辉，心思运量之迥出前古，则亦至愚之常人，不安分之常人而已矣。

盖天之生圣人也，其积气也极厚，故其备德也极盛。以宇宙而言，必天地中和，积之之久，蕴蓄至数百年，而始生一圣人。又数千年，而始生一大圣人，不常有也。以一家而言，必祖宗功德积之之久，至数十年，又至数百年，而始生圣子圣孙，并为大圣之子、大圣之孙。此则又圣祖、圣宗分所宜有。而自下而仰观，亦世所不常有者也。譬之未耕种之土，生气郁积既久，而一加耕种，收必数倍，嘉谷岂择地而生，天地于嘉谷亦岂择地而使之生者，而迥异他植夫？麒麟、凤凰不必尽出中土，奇珍大贝何尝不产海滨？同在此天地之中，一大胚胎，或左或右，孰分疆界，安得岐而二之？然则中国之生圣人，固已气竭力倦，而循环以出于远地也，抑何疑哉？况道之在天下无穷尽、无方体，今日与明日不同，此地与彼地各别，本极活脱变易，不容人以成格定式执持捉摸。

所贵乎读书知道者，因时制宜，随地取中，即其活变之妙，以竭吾权度裁制之精，取吾与古人之同处勘出异，复使吾所处之异者归乎同，而后与古人立经垂训之旨合，而后人穷经明理，以定义之大用，斯无穷矣。然而斯义也，昔日扣盘扪籥，以瞽语瞽；桃源醉乡，由妄踵妄。若不经风霆鼓动，大冶熔铸，亦无由转头开盲，拨云雾而观天瞻日。盖生人之大迷，而至今乃得大觉也，抑厚幸矣。

恭唯我朝，当明末之乱，明位之移，由东土而来，扫除寇乱，抚临诸夏，一统无外。至德深仁，沦洽四海；鸿功骏烈，焜耀两仪。自有生民以来，未有如此之盛者也。自夫世人智不足以知圣人之生，与天地之生圣人，往往非常。误以东土为非中华文明之会，并不知列祖相承之德，皆为圣人。于是妄引《春秋》之义，与孔子所许管仲之仁诸说，以比例自矢，甚有惑于近世吕留良之逆说悖论，忘其当前衣被仁育之深恩，敢肆然讥诋诬谤，私形于论说文词者，亦或有之。其名欲正大义，而不知实反拂乎生人之大义；谓以明道，而不知竟大昧乎当然之常道。既昏迷错乱，枉误乎当身，复陷身悖逆，以取罪于当时，而贻讥于后世。此曾经身历者，不得不为天下之有志于学，而不知变易之道，徒为吕说所陷溺者，变色告之也。

夫天地间二气，五行之精英，由聚而散，日流日广，且变动不拘，循环无常。唐、虞、三代之世，中土本狭；五服之地，荆、楚、吴、越已算要荒蛮服，其余粤、闽、古滇、巴蜀，封疆所建，贡赋所通，尚未属于中国。然计世运之升降，必以治统为转移；而稽治统之转移，又必以道统为依归。唐、虞、三代之盛，承帝治者首推大舜，颂至德者终唯文王。孟子曰："舜生于诸冯，东夷之人也。文王生于歧周，西夷之人也。"是唐、虞、三代时之圣人，已有不尽生于中土者矣。

自秦以及五季，千五百余年，二帝三王，周、孔之道，晦盲否塞，不明不行。至宋而天运始旋，其道虽仍不行于上，而实明于下。然开其统者，始于濂溪周子，集其成者盛于紫阳朱子。周子生于湖南永州，而迁于江西；朱子生于江南徽州，而学于福建。今考湖南乃楚地，而永州竟居两广之界，江南即吴江，而徽州实于东闽相接。江西则古三苗之地，福建原属八闽之区。由是观之，则知圣人之生，其不以地限也，昭昭矣。且《春秋》之摈吴楚为夷狄者，因时审地。按其事迹，与今日不唯如方圆体度之不相合，竟脱然如寒暑昼夜之相反。盖风气之开，由渐而著，自有天地以来，文运到周为极盛，而文、武、周公以世德笃生之圣，制作礼乐，又鉴古为极精。故一时明备灿然，声名文物之隆，不唯非后代汉、唐所能及，实非前代唐、虞所得并。所以圣人赞曰："郁郁乎，文哉！吾从周。"

《春秋》之书，虽因平王东迁以后，政教不行，王者之迹熄而作，然当时鲁、卫、齐、晋诸国，去文武之世未远，其故家遗俗，流风善政，犹蔼然是成周之旧。而吴、楚、山戎以侏儒不通《诗》《书》，不知礼义之习，逞其僭王猾夏之恶，冒于中华文明之治，此圣人所以深恶而摈斥之。其实圣人之心，即天心，因其当绝者而绝之，初未尝有意以吴、楚为处地，亦未尝立念以高置诸夏，而重内轻外也。使诸夏而不谨其常度，则其贬而抑之，也又甚于吴、楚矣。故先儒撮其旨曰："夷狄而进于中国，则中国之；中国而夷狄，则夷狄之。"是《春秋》之书，分华夷者，在礼义之有无，不在地之远近。其心实至公至平，原视乎人之自处何如耳。

况今日则更有事不同，而大相反者，何也？古来治统道统之合一，而从天定者，自暴秦变乱以后，虽历汉、唐、宋之盛，犹不免架阁漏空，无当于圣人之万一。而明末之世，尤君怠臣侈，百度废弛。内则宦官专权，把持国政；外则藩封放恣，暴殄天物。官吏贪污，横征暴敛，所在皆然。荒淫骄奢，世家大族，习为高致。加以文德尽废，远人不服，各处蒙古外藩，皆为劲敌，边警时闻，应接不暇，元气尽丧。即极之前后五代之衰，亦不过是。卒之流贼四起，惨杀屠掠，毒逾汤火。凡贼所经过府郡州县，以及市井村落，类皆片瓦不保，目惨心伤，自有生以来，其离乱未有如是之甚者也。论者不思此境，妄引三代、春秋之盛以比例，何其悖谬甚乎？

况本朝太祖创业东海，以德行仁，本无取明天下之心。至太宗皇帝，政举教修，仁声仁闻，四讫海内。当是时，曾勒兵入关，徇地直至山东临清，周视京城，纵猎南苑，以期为明解仇释怨，熄兵安民。而明之君臣，竟置之不问，由是振旅东归，明不能以一矢加遗。当时若有一毫利天下之心，取明直如反掌之易，又何待贼陷京城，愍帝身殉国难，明祚已绝，明位已移，请除寇乱而后兴师命将乎？即此一举，较之武王大会孟津，观政于商，以冀纣恶之悛悔，心事更光明正大，表里无憾。况入关一战而胜李自成二十万之众，如摧枯拉朽，望风逃窜，席卷长驱，廓清海宇，救亿万生灵于水火之中。当时天下之众之依我朝也，如出深渊，如睹父母。由是世祖章皇帝发政施仁，抚临天下。而天下之感戴者，不唯明之君臣雪耻复仇，衔结莫报；且大者为我亿万生灵拔死育生，大德深恩，直与天地同流。

由此观之，在昔汤、武为夏、商诸侯，虽以仁兴，而君臣一伦犹不能脱然无憾。所以当时成汤不免有惭德，武庚不免以殷畔。岂若我朝之有天下也，得于流贼李自成之手，视商、周之得统更名正而言顺，明臣、汉人当时皆乐为效力致死乎！是春秋之吴、楚以夷狄之心，肆夷狄之行，蔑视诸夏礼乐文明之治，而来僭乱之。我朝以仁义之心，行仁义之政，不忍中国之生灵涂炭，而来抚绥之。一是为乱于至治之世，一是敷治于极乱之时，所谓不唯如方圆体度之不相合，竟脱然如寒暑昼夜之相反者此也。使圣人而在今日，其作《春秋》也所以大褒予于我朝者，当如何深切著明可知矣。

盖圣人与天合德，天大无外，圣人之心亦无外，稍有一毫有外之心，即不能合天心，又何以为圣人！所以圣人判事，至虚至平，胸无一毫成见定义，原视天视民以定义。而天之于民，实无常亲，唯德是亲。今我朝不折一矢，不伤一众，不待年而成帝业。到今幅员之广，与天同大，享年之永，与天同久。承承继继，笃生圣人，愈远愈大，弥久弥光；四海升平，万国咸宁，此岂人力之所能与？

乃民之食德者厚，以至皇天亡眷顾者深，所以至是。圣人又何事违天拂民，而有彼此之间哉！故谓《春秋》大旨在谨华夷之辨则可，若概引《春秋》之例，以抵当我朝之盛，则罔诬圣人作经之旨，为大不可。谓圣人许管仲之仁，其功在于摈吴、楚则可，若妄以吴、楚例今日，则是非颠倒，害道害义，为大不可。是《春秋》不唯无碍于我朝，而我朝竟深有契于圣人之心，大有光于《春秋》之义旨也，审矣！

盖我朝自太祖高皇帝神武盖世，开创帝基；太宗文皇帝弘继体之业，统一诸国；世祖章皇帝建极绥猷，抚临中外；圣祖仁皇帝圣德神功，遍及薄海内外，久道化成，沦肌浃髓，更为超越前古，业隆万世。可见皇天笃爱之至，非三代以下所及，即极之虞、夏、商、周，天运初开，太和极隆之会，亦罕有此圣圣相承，绵绵无间之盛。况我当今皇帝，尤圣神文武，时中变化，范围天地之化而不过，曲成万物而不遗，恢弘前烈，更有光于圣祖仁皇帝者哉！故其治效化功之显烁于两间者，已极礼明乐备之盛，而其验亦已至于海晏而河清，特以至德渊微，圣学高深，山陬海澨之间。间有不能与闻其大者，实因初潜藩邸，韬光养晦，无求无欲，研经味道，以尽己性分之固有、职分之当，为未尝稍露一声光于人间，所以龙德中正，不唯非天下所得知，并非在廷诸臣所能识。

唯我圣祖仁皇帝，聪明天纵，本父子之亲，以圣知圣，早知人品贵重，蕴蓄美富，为能聪明睿智足以有临，然亦以是存亡于心，而不肯扬之于众。直至圣躬不豫而大渐，委以南郊大礼，众方知我皇上至德天全，圣学性安，久为圣祖皇帝所深契。而于此尤可以见圣祖皇帝之揆道精义，传子即以传贤，并二帝，兼三王，而适于中者，迈百王而首出矣。

所以当我皇上御极之初，一切政治，天下皆莫能仰测高厚之所由出。加以阿其那、塞思黑等，久蓄奸谋，散布流言于外，以致盛德至善，不能骤得遍闻于穷乡远鄙者，斯亦事理之所必有。岂知我皇上渊衷至仁,天性至孝,发虑至诚,修己至敬,而造德之纯熟,学问之渊深,历练之缜密,处事之精详,则又一理浑然,泛应由当。举凡之于政刑,见之于德礼者,既无一处不知之极其精,复无一事不处之极其当。神明尽智,化裁尽变,推行尽通,深仁大德,际天蟠地。究其归,皆因物付物,初未尝稍存一毫成见于未事之先。是以身虽至劳至苦,无一时一刻不以爱养天下苍生为事。凡可以利济斯民者,思无不到,到无不行,行无不实。自朝至暮,一日万机,目不停视,手不停批,不遑宁处,而心实至安至逸。常如明鉴、如止水,万物之过其前者,妍媸自然必露,而不容掩。今试于荡荡难名中,而以管窥所及者略举其万一。如明王奉若天道,大义本于天经,自二帝三王唱和而后,后世人主皆以国家行政出治,生杀予夺,权由己制,竟不知大君之上,更有天焉不可违也。

我皇上念念从民设想,处处体天定趋。凡天所好者,体天之心好之;天所恶者,体天之心恶之;天所欲行欲止者,体天之心行之止之。由是体天之心以养民,知食为民天,农乃食本,务使各务本业,尽力南亩,不得贪利而废农功之大,不得逐末而忘稼穑之艰。每岁躬耕耤田,以重农事。而老农之勤朴无过者,令各州县岁举一人,荣给品秩,以示鼓励。而先啬神农,亦开千古未开之典,设坛崇祀,以报其功。偶闻一处旱涝,即悯念忧形,减膳之下,殚精竭诚,为民祈祷,专务修省人事,以格无心。卒至祷雨雨通,祈晴晴应,犹不以此为足,蠲租减赋之典,无年不颁;赈灾救患之泽,无地不遍。甚者如江南、江西、浙江,正供六十余万两,皆沛恩永免,深仁厚泽,与天罔极不朽。采运积贮,禁屠崇俭,以预防其不足。与夫疏浚河流,开导积淤,相地开垦,以奠民居。通民行而济民食者,可谓无处不到,无法不备矣。推其极抚绥尽六合之广,虽穷幽极僻之区,亦不至一夫失所,如西陲安插之众,不惜厚赐,使之衣食有赖。云、贵等省,边塞土民,素受土司之害者,禁其鱼肉,革其科派,老有沿乡给发之养,孤贫有动用钱粮,务令得沾实惠之谕。谕存恤悯念，痌瘝恻怛，恩膏直下及于行人、乞人之微贱，以期尽天子惠元元，包涵并育，大小高低遐迩，一体之本，量而后快也。

体天之心以爱民，则察吏不得不极其明，惩贪不得不用其法。谓贪赃犯法之官，蠹国殃民，罪大恶极，即立置重典，亦不足以蔽其辜。但不教而杀，有所不忍，故曲宥其死，偶行抄没其家资，以备公事赏赉之用，盖所以昭国法而惩贪污，并使后来居官者，知婪赃之物不能入己，无益有害，自不肯复蹈故辙，以罹法耳。更或即其所有之资，填补亏空之数，其得豁免其罪，此皆以罚恶之内，隐寓宽仁之意，原非过刻也。至于人之心术，隐微之中，疑似之间，最为难测。睿照则辨析精微，而公中有私，私中有公，尤如丝过扣，毫发清楚。然犹不以此自用，必广行采访，以收好问好察之益，而为执两用中之资，抑兼欲得人擢用，为生民思久安长治之计，故一切政令所敷，治益求治，安愈图安，务求适中得当，立千百年不坏之良谟，以期移风易俗，潜移默化，使民日迁善，而不知其所以爱民者，又何无已也。

体天之心以钦恤民命，谓明刑原以弼教，君德期于好生，法虽一定，心本宽仁。《书》云："宥过无大，刑故无小。"所以斟酌权衡，广好生之德也。有不得已用刑者，不过欲国法申行，刑期无刑耳。故每有改定条例，必期三令五申，唯恐小民无知陷罪，不教而杀。时深恻隐之念，承审官司，滥刑有夹讯之戒；秋审应决，具奏有三复之谕。稍有一线可生，因事原情，宁过乎仁，毋过乎义。不惜反复批阅，至再至三。每年沛岁多格外生全之恩，其实皆准乎天理之至公，即乎人情之至安，宽而得中，非废法也。然亦间有应严者，则又用严，以顺适夫至正至平之则。如阿其那、塞思黑蓄奸树党，贪图不轨，已经圣祖皇帝贬而绝之，乃不知仰体君父之心，痛自改悔，竟怙终不悛，按其罪过实同周之管蔡。我皇上本大公无我之心，揆道执中，以事关国社生民之重，不惜敛其罪，以大义灭之。此亦如四凶之在尧世，必有可容者，而后尧容之；其在舜世，必有不可留者，而后舜去之。尧舜何容心哉？皆因其人之自取何如耳。

故皇上今日之义，即圣祖皇帝当年之仁；皇上今日之仁，即圣皇帝当年之义。道无二致，同归一中，因时制宜使得其平而已。天语煌煌，反复剖析此理，已到至处尽处，而心事亦直与日月并明于千古矣。盖虚明应物之天，本无一毫成见、己意稍杂于其中，所以用宽用严，无往而非道之至当，不易有如此也。体天之心以为民，取士则于三年科举之外，有举贤良方正之恩诏，有令各省州县延访孝友端方，才可办事，而文亦可观者，每岁各举一人之谕。有选拔贡生，不拘考试名次，务取经明行修者之谕。有令满汉、内外文武诸臣，将有猷、有为、有守者，各举一人之谕。有令中外诸臣，在京主事以上，在外知县以上，各举所知，或举贡生员，或山林隐逸，送部引见之谕。而于各省州县，文明极盛之学，又有升改增额，录取之谕。乡试中式名数，亦随着加增。广求博访，唯日孜孜，冀获贤才以为莅政临民之选。而犹忧人才难得，务在矜全器使，幽隐必录，所以于湖南等省，又特降分闱之旨，悯念士子之贫寒有志者，嗣后不为远险所隔，皆得以遂其观光之愿焉。

体天之心以为民，尊师重道，则至圣先师追封五代。敬圣人如君亲，易讳为“邱”；重临雍之大典，改“幸”为“诣”，而诞降之期，斋戒禁屠，著为定例。且旌有节义，崇建祠宇，奖劝善行，虚公核实，军民一体，直及于匹夫匹妇之贫且贱焉，风声之树更远也。

体天之心以为民，优礼大臣，则赐坐赐茶；体恤群臣，有赏有赉。上下虽分，君臣一体，极至饮食之轻微，情至亦所必赐；器用、服物之小者，虽远亦所常颁。君臣之际，相期以诚，臣下隐微，无不洞烛，训诫开导。隆恩同于天地之钧陶万物，胜于父母之教育婴孺。至中至正，总以吏治戎政，物情民隐，各得其所为念。

体天之心以为民，存亡修废，则合天下为一家，视异代而无外,大廓成例,封明祖之后以侯爵。考古仁恕之君,隆名之主,从未有如此之洪施公普者也。

体天之心以为民,励精图治,则天德之刚,纯乎一敬,乾乾终日。法天行健,无时不极其精,无处不尽其详,广览博访,随机应变,无一不中节合宜,神聚到至处,心细到极处,即至群臣奏章,偶有一义未安,一字错落,几经廷臣历阅不到者,一经睿照,必为摘出。反复诰诫,不以为倦。自朝至暮,凝坐殿室,扩然大公,物来顺应,非帝尧之钦明,大舜之恭己,殆未易臻此笃恭之境矣。

体天之心以为民,垂训立教,则皇极之敷言,尤长江大河,浑浑灏灏,盘折自如,愈析愈精,实无一不行所无事,与天理之大中至正者相准。诚以宸衷虚明广大,昭融洞彻,海涵天覆,内外无间,浑乎天理之公,无一毫人欲之私,故发于文辞,理实气足,巍然经天纬地之作,与《二典》《三谟》并垂不朽。自古圣明之君见之典谟,载之史册,所传诏诰,其精思神力,未有天纵之深厚且极如是也。极而至于体天之心,为民之深,直至作述之间,心融神契,道统、治统、心法、圣学,一气相承。诚以圣祖皇帝德合乾坤,功弘位育,开生民未开之大业,深仁厚泽,迈百王而独隆,为皇天笃爱之肖子。是圣祖皇帝之心即天心,圣祖皇帝之德即天德,故一切政治,祖述宪章,多以圣祖皇帝为准。然亦只学其道,而不拘泥其法,其中有时地异宜,损益殊方,所当更定者,则又未尝不推圣祖之心,以承天之心,为民而更定之。其实继志述事,适与圣祖无违也,所以大孝纯笃,无处不到。

当圣祖皇帝宾天,哀号恸慕,尽礼尽制,历三年如一日;继以孝恭仁皇后升遐,兼服不懈,悲思历久弥深。当斋居永慕之中,孝思所及,孝治所颁,徽号之议,协万世之人心;配天之典冠,百王之隆会。晨昏瞻拜,朔望祭享,望山陵而致敬,瞻庙寝以告虔。无一时不思哀思敬,无一事不尽制尽心。此虽一时发于至情,由于至性,为所当为,不知其然而然。本无意于民,不求鉴于天,然天人一理，家国相通。此感而彼自应，上行而下自效，实无往而非继天立极，为民作则之大者。岂但区区致我仁孝诚敬之至于圣祖而已哉！

凡此皆亲被德化之后，身近天日之光，管见所及百千万分中之一耳。至于广大精神，浩浩肫肫，可以意想而不可以言尽者，不唯今日浅陋不得而知，抑人所不得而传。盖圣本不可知，而至德尤未易名言故也。此所以天人交孚，数年以来，休征并著，嘉瑞屡见，太和翔洽，民康物阜，四海同登乐利之域，万姓共享升平之福者，诚以我皇上道德既早与二帝三王合辙，而治效自当与虞、夏、商、周并隆无疑也。

静生长楚边，山野穷僻，足迹未到通都大邑，生平未接见一名人达士；加以稍长失怙，身处露孤，形单影只，胸次极狭，见闻极陋。不唯列祖相承之圣德神功，有所不知，并我朝得统之大者，亦所未闻，徒以迂固执方之见，而痼其好古不化之癖。早年从事举业，翻阅八股时文，读吕留良文评，妄喜其议论之爽快，而不察其气象之粗暴；贪其意见之间与己合，而不知其发言立论之甚者，实多与道义大相悖也。且平昔徒知其刊刻之多为有功，而不知其实欲多刻以为阴图射利之计；知其立言之高为有德，而不知其故为高论，以逞其欺世盗名之术。由不知而错好，由错好而误信，日甚一日，不觉为其说所浸淫者实深。至近年以来，兼读其杂文残诗，甚有谓《春秋》华夷之分，大过于君臣之义，而今日有人实若无人，有世实若无世，以此为纲目凡例未发之蕴。始闻未尝不疑，迨久而不得不信。盖以其意借口于孔子之《春秋》，而例又窃附于朱子之《纲目》故也。因妄思君臣为人伦之首，本于天降，由于性生。人之思君如子之思父，天下未闻有父既失处，而子能晏然独安者。读书以明理为大，身忝士林，所干何事？又焉敢重计一己之死生利害，而委弃当身大义于不顾乎！加以我皇上圣德高远，初年洋溢未遍海内，即早为奸党布散流言，传闻满耳，此时不觉狂悖蛊心，顿忘天地之大，恍若当身道义之迫，甚于水火。乃敢定志，遍导域中，冀得聪明睿智能尽其性者，以为生民之依。遂即其谣传诋谤之词，大肆悖妄，冒昧上书于陕西总督岳公。直至事发之会，执讯庭阶，犹坚持吕留良悖论在心，以为道理当然，死何足惜。且妄谓纲常名教，而得其正，尤读书为士者之所乐，就而不避者也。

殊意承问大人仰遵谕旨，早知穷陋无知，为谣言邪说所蛊惑，乃将逐条所诬一一剖示，及我朝得统事迹，反复详告，并宣皇上文德之大，励精图治，孜孜为民，忧勤不倦之苦心。伏听之下，恍然自失，如梦初醒。本若可信而无疑，然反覆细玩，所宣扬处实无往而非三王之极诣、二帝之盛德，数千年梦想不到之境，岂意今日而恭逢有此盛会，似又可疑而难信。未几，蒙恩特发圣谕一章，颁到长沙，剖析宣示，极尽详明，觉大德粹行，如日月经天，江河行地，而不容掩。较前所闻于大人者，蓄德蕴道，深弘广备，玩味更无穷尽焉。复自湖南以抵京城，一路所见，风清景和，文明灿烂，民康物阜，雍睦熙皞，不觉心醉神移，穆然远思三代，而旷怀唐虞矣。直至抵京，更伏读近年以来所颁示内外臣工圣谕若干卷，广大深渊，纯粹至精，盖自殷盘、周诰以后，久矣未闻有此盛德至善，发挥透辟到此极处也。由是回思我皇上德量同天，以蝼蚁之微，冒犯九五之尊，自料万死不足以蔽辜，而我皇上竟坦然于衷，丝毫不怒。到京即超禁释囚，被以广厦，给以丰食，叠赐厚衣，暑悯其热，寒恤其冻。沛几多殊恩厚泽于千古仁惠之主，常法所不到之处。及至谳狱讯供，则又刑措不用，纯以至诚至德，感孚默化，使民不期格而格，竟不知其所以然而然也。

于是实信圣德光明浑全，毫无瑕累遗漏，前谣传所闻，不唯无其事、无其影，且不啻如天渊之悬隔，南北之反向也。加以一面翻阅吕留良家藏日记诸篇，其所以讥诋我朝者，皆是无端妄捏，立意毁诋，实非虚心讲论道理；见之言词也，乃知其立心既险，为术复巧，平日所说《春秋》诸义，关通于我朝者，不过借圣贤言语，以为题目，肆逞其无忌惮之私见耳。况《春秋》正义与今日不相干涉者，有寒暑昼夜之反哉！

静思量到此，如坠渊深，觉天壤虽大，无处可容，抢地号呼，痛悔何及？自咎数十年读书辛苦，修身砥行，无非欲敦伦笃义，俾或出或处，随在有以尽己性分之常，期无忝于名教，以仰副朝廷作养之意，并得有以报我父母鞠育之恩耳。今一旦身陷巨恶，罪犯弥天，生圣人之世，竟不得为圣人顺则之民，何颜立于世，何面见乎人？此种罪孽，从何处造作，从何处收广填补？以是不得不切齿忍恨于奸党之造谤，与逆说悖论之陷害生民者，非小小事也。

于是回审当身之义，前之所以孟浪上书者，为心中无知，惑于流言悖论，为当世求君起见。今我朝既如此得统之正，溯其功德，揆之道义，驾过商、周、汉、唐有不屑道。而我皇上又如此道全德备，超越千古。虽以孔孟之圣，处春秋战国之时，其所以汲汲皇皇，奔走不暇，欲引君当道，致之尧舜者，亦只为不忍生民之苦，求明圣之君以主治耳。而今日现有尧舜之主在上，实亘古未有之隆会，生民无疆之福庆。当其时者，即草木无知，犹被荣而向化，况身带血气者乎！所虑在静者，罪大恶极，虽有自悔自咎之诚，自怨自艾之行，剖心沥肝，亦唯恐后时不足补既往之阙，而仰希圣鉴于万一。斯为可痛可悲耳，岂尚有旁说剩义，可以假借乎？是今日之心悦诚服者，正如赤子无知，被人欺隐其父而寻父，寻父未几，而适遇父，遇父而相喜以从父。虽缘幸出于意外，梦想所不到，实乃当身之正义。与从前误听误信，冒昧遍寻域中，冀德聪明睿智，能尽其性之圣人，以为生民主之心，名违而实相合，原出一辙。特先迷而后得，昨非而今是耳，天经地义，本不容泯。而德盛物化，尤不期然而然，至性至情所发，夫岂有所为而为之哉？

盖以我皇上道如此之全，德如此之备，不唯居中定治，处一统无外之下者所当服，即龙潜东海，未飞未跃，闻其声教，亦所当归当服。不唯今日宽仁不杀所当服;即按律治罪,置身于极刑重典,亦所当悦当服。盖生死事轻,道义事重,若审之于义有所不可,静虽极愚不肖,又岂敢前既无知而犯莫大之罪,后复隐忍苟活以坏生民之大义,罪上加罪乎!故今日之倾心顺服,非是贪生,当身本无可据之义。皇上之宽仁不杀,实非废法,按罪实有可原之情。特以德非尧舜,则不能明照得情及此,即能明照得情及此,亦必不能大公无我至是。明照得情,圣也;大公无我,仁也。一举而仁圣并尽,此汉唐以后之贤君英主所万不能到,而必独让于唐、虞、三代之圣君哲后者也。况尚有几多盛世未开之令典,生民未有之殊恩,令民感戴无穷者乎!此静今日所以不徒于语言传闻间,信我皇上之大德同天,乃于当身经历中,亲见我皇上之圣,与尧与舜并参也。

夫为国以正名为先,名不正其弊至于礼乐不兴;为学以定义为大,义不定其弊至于进退无据。今我朝得统如此堂堂正正,历三千余年而莫有能媲,而列祖列圣之功德,并非汉唐以来之贤君所能拟。而读书向道之士,未闻有能出分毫气力,阐发其正大之名义,申明其广远之功德,使天下后世共见共闻,以报食德被功之大,而尽己当身之职分,斯已不能无愧于衷矣。而反含愤嫉忌,诋德若仇,造为悖论,诪张妄说,呶号以掩盖其实,而又甚焉。徒使穷乡晚进之士,胸无定见,但喜其议论之高险,而不审夫神圣之生,总无常域,遂将身为其说所眩迷而不知返。而山林清谨之士,无从考其底里,尤见道不真,择义不精,不知道之变易无方,义例所值各有不同,一闻当前有此名义,则恐得罪于当时,进又虑见恶于圣贤,徘徊歧路,进退两碍;久之不得不托为高蹈远引之行,以自放其轻世肆志之习,其害理悖义而得罪于天也,可胜道乎?

夫人同此耳目心思,非甚无良,断无有食德而不见为德,被功而竟忘其功,生于圣世而不愿为圣人之氓者。今种种悖谬若此,盖为名义莫明于心,趋向莫知所定之所致,推其极皆由吕留良之悖论在前,错认题目,有以起之也。静至愚不肖,信其说最深,受其祸极大,以是犯罪弥天。幸蒙天子仁圣,体恤民隐,曲谅无知,得留残喘,以苟延岁月。然唯其信之深,是以于此中曲折知之甚悉;抑唯其受祸大,故于此中利害,言之稍切。乃敢忘其固陋,详述夫本朝得统之正,直迈商、周;当今皇帝之德,上参尧、舜者,以遍告焉。

伏望沉潜向学之士,去井蛙习见,相观于昭旷之途。知覆载之大,原无畛域,神圣之钟,气流愈远。天亲民怀,亦只以其德其仁,而初无额定九州之例,则中外之说释然矣。放勋重华,绍庥尚分二代;文谟武烈,盛德仅推二君。而我朝极帝王之隆,兼积累作述之全,则治统道统之归,晓然矣。尧舜生安而在上,孔子以生安而益加好古敏求于下,功在一世,万世不相兼也。而皇上以尧舜之君道,复备孔子之师道,而天纵神奇,丝纶直匹二典,则心悦诚服之戴,沛然矣。猗欤盛哉!麒麟凤凰,犹欲先观为快;奇珍大贝,尚冀一见为荣。今圣仁天子在上,应非常之运,具非常之才德,成非常之勋华。日月所照,霜露所坠,凡有血气者,莫不尊亲,而犹以中外为疑,是天地本至大无外,而人自以为有外。正如尧舜之治,不过九州,则人遂以为九州之外,不复有九州,而并疑邹衍所论为荒唐也,岂不悖哉?昔益之赞尧也,曰:“乃圣乃神,乃武乃文。”说者以为唯其广运,是以变化莫测,而形容之不尽。窃尝谓皇上之圣神文武,由于仁孝诚敬之至,而仁与孝敬之至,又本于一诚之至,是以克合天地之量,克符天地之运,而无有远迩内外之间,为一元以内圣神文武之极谊也。孟子曰:“至诚不动者,未之有。”《书》曰:“百兽率舞。”《易》曰“信及豚鱼”。今上有至诚,而下不以诚应,是殆鸟兽昆虫之不若也。乌乎忍,乌乎敢!

今而后凡为臣民者,益悟覆载之无有限隔,圣人之诞生无有中外。君臣之大伦,必不可逃,毛土之深恩,决不可背。《春秋》义例,因时审地,天悬地隔。而吕留良之逆说,必当芟除;今日之正义，永有攸归矣。人人惇悦服爱戴之忱，在在守孝子忠臣之分，各有重夫人伦，以全其天理之大公，复我所性之固有。常以静之至愚不肖，误听误惑为戒。四海同化，九州一德，各安有道之天，长享无疆之福，斯不枉为圣世之民，而为生人之大幸耳，是为说。

附　录

陕西总督岳钟琪奏折(一)

陕西总督臣岳钟琪谨奏为冒昧密陈,恳祈恩鉴事:

窃臣于九月二十六日已刻拜客回署,署前西街有人持书趋向臣舆,被从人呵止,臣见其形貌不似投书官役,令接书入舆,阅封面题签称臣系天吏元帅,臣甚为惊讶,当将其人交巡捕看守,随入署密拆。

内写南海无主游民夏靓遣徒张倬上书,其中皆诋毁天朝,言极悖乱,且谓臣系宋武穆王岳飞后裔,今握重兵,居要地,当乘时反叛,为宋明复仇等语。臣不敢卒读,亦不忍详阅,惟有心摧目裂,发上冲冠,恨不立取逆兽夏靓,烹食其肉。即刻遣人密邀抚臣西琳,以便会讯张倬。无奈抚臣西琳因署将军印务,在教场考验满洲官兵,未能即臣署,臣逡巡数刻,忖度逆情,既敢明目张胆致书及臣,必非无所凭依,空言相耸,若遽加鞫讯,恕难得实情;又思彼书以叛逆劝臣,臣若一人独问张倬,旁无见闻确证,将来重刑拷讯,彼反得恣意造言。而臣遣人邀抚臣时,又不便明言,所以固未能促其速至。

因传按察司硕色坐于密室,然后唤张倬入署,命坐待茶,蔼言相接,问其里居。则云:昔年曾在江夏住过。至现在居址,并师夏靓里居,皆立誓不说。臣云:“然则欲见尔师,当于何处接取?”彼答云:“但实用来书所言,我自往邀师来见。”问:“汝师今在何处?”则云:“今在广东。”问:“汝自何处来?”则云:“自广东来。”

问："何时起身？"则云："五月起身，由贵州到四川打听，皆言：总督去年便往西安，故我又自川来陕，昨九月十三日方到。"问："尔师有何所见，突敢远致此书？"答云："在广东，闻得朝廷三次召你不去，我师因此致书，及我到陕，方知并无三召不应之说，此书已不愿投；后思万里远来，不可虚返，故决意投递。"

臣云："方今圣明在上，如此盛时，尔师何故谋反？"彼云："百姓贫穷，只为救民起见。"臣云："陕西百姓不穷，你不知道么？"彼云："你陕西虽好，我湖广连年大水，积尸载路。"臣云："此乃天灾，何与人事？且闻湖广不过几县被荒，朝廷已屡加赈贷，况各省比陕西更好的去处甚多，你却不尽知道。"彼云："官吏又性急，又刻薄，不知百姓苦楚。"等语。臣复云："尔若不将尔师并实在住处开心见诚说出，则安知非我仇家，遣尔持书设局诱我，我岂肯轻信，误坠仇人术中。"彼坚称实在住处，死也不说。

时届未末申初，抚臣西琳亦至臣署，随公同细讯。奈张倬依旧含糊不肯实供。臣等方行夹讯，张倬仍坚供宁死不说。臣等再三诘讯，但混供在南海之滨，广南交趾交界之处。臣等恐遽加叠夹，重刑致毙，则此案愈无根据，随商之抚臣西琳，约次早密至臣署，再以甘言曲诱，或可得其实情。

至二十七日，抚臣西琳复来，于密室坐听。臣复唤张倬入署，殷勤慰劳，设法问之。臣先绐之云："即如你们湖广有个邹鲁，始与年羹尧同谋，后来便去首；你们这些游说之士，如何可以轻信，且安知不是有人打发你来特地试我。我昨晚所以不得不刑讯一番，看你诚伪。"张倬云："你昨日如彼举动，我今日万不肯信了。"臣云："尔以利害说人，人亦以利害试尔。尔昨日既不该当街递书，昭张耳目；又不该于初见时含糊其说，无一着实语，使我怀疑，至于刑讯，自古设鼎镬以待说客，实有深意。昨见你视死如归，知你大有气节，非利害所能摇夺。我今日所以推诚奉问，尔须切实指陈，使我心里了然，方不是捕风捉影之论。"彼云："总之，有昨晚举动，知你断不肯行，知我断不得活，你这些话我万不肯信。”等语。因复再三婉讯，终一日不吐。

臣复云：“自古以来总因天下多故，方有人从中取事；今天下承平，并无一省响动，尔师夏靓突令陕西冒昧举事，则接迎者是何地方，何等人物，何处传檄可定，何处必须用兵，今询尔茫然，一言不吐，终是胸无成见耳。”张倬云：“此固不难，但要尔确实凭据，则湖广、江西、广西、广东、云南、贵州六省，在我一呼可定。”臣问其何所见而云然，则云：“此六省百姓愁苦颠连，流离逃窜入川，而僵仆道路者，皆何处人民，此显而易见者也。臣云：“我在四川，深知云贵官民相安，你如何也说易动？”彼云：“吴三桂一麾即起，乃云贵之明征。”臣云：“江浙如何？”亦云：“不知。”问晋豫如何，亦云：“不知。”问：“四川如何？”亦云：“不知。”且云：“我惟知此六省耳。六省之外，若再有川、陕，他省不足忧也。”臣云：“尔求确凭据，莫如我处遣人随尔往聘尔师，并尔意中人物。”彼方唯唯，忽又云：“无是理也，我意中人物虽不多，亦断无使尔知悉之理。”臣云：“尔始终疑惑，不如竟放尔去，任尔自为，我亦不问，何如？”彼云：“你放我，不得了，昨晚刻讯之后，外间必有人知，将来朝廷责问，你岂不自贻祸患乎？”臣云：“我若不放你去，势必据实奏闻，从此朝廷知谋反的人都来约我，势必疑我、虑我，我何能一日自安？今日骑虎之势，不得不放你去。倘因外人传言，朝廷觉察，我只说是迂腐儒生，条陈时事，语言狂妄，当经刑讯逐释，便无形迹了。”彼云：“言亦至理，但我断不信。且我此来，死得其所，你即实意放我，我亦实意不去”等语。

臣伏念受恩深重，今遇此等奇幻之事，但臣知有国不知有身，故为各种诡言，意在得具实状，方可奏闻。乃臣等细勘张倬狡黠奸深，加以严刑，既无惧色，即百计诱之，而仍坚不可破。不但一时不能确讯；即讯明请旨，奏折往返，未免时日耽延，为此密恳圣恩，准将张倬解送到京，请敕亲信大臣，设法细讯，务得其实，以便就近请旨，缉拿同党，庶事机可密，完结亦速，不致久羁时日矣。至夏靓逆书，理应随近进呈，但具言绝灭彝良，悖乱罔极，臣不敢冒昧呈览，上亵天聪。（朱批：犬吠兽号之声耳，有何可介意，送来闲观之。）谨同抚臣西琳，密封候旨。

又搜出张倬随身携带书二本，一系抄录《坐拟生员应诏书》，一系刻本《握机图注》，俱经密封一处，除将张倬严加收禁外，谨会同抚臣西琳，冒昧据实缮折密奏，伏乞皇上睿鉴施行，为此谨奏请旨。雍正六年九月二十八日。

朱批：竟有如此可笑之事，如此可恨之人。朕观此人，不似内地匪类；就其言论天下时势光景、朕之用人行政，一些不知未闻之人，非是苗疆内多年汉奸，即系外洋逆党。其语言口声果似湖广人否？人品、相貌、学问何如人也？近文近武？不过市井俗人也。可将内闲言语试问，便可知矣。

此事在卿利害所关，朕量卿不得已而然，但料理急些了，当缓缓设法诱之，何必当日追问即加刑讯。伊既有是胆为此事，必是一亡命闵不畏死之徒，便解京亦不过如此审问。伊必料无生理，何能得其实情！可从容暂缓，徐徐设法诱问，或此间有人探问消息之同来人，亦未可知。未必止此一人来也。密密访拿，或问他言："将你情节书字未曾尽奏，将大概情节奏闻，有旨言：你必系疯痴之人，不然此人岂无耳目，着我随便发放你，并未动大怒。"如此言毕，作卿意将圣祖六十年深仁厚泽，百姓沦肌浃髓；朕继统六年，勤政爱民，将各省朕加恩于百姓之善政，整饬官防，大法小廉，用人行政处；将朕待卿之恩，卿便负恩而势亦不能处，详细开示，宣朕之仁爱公明，"汝等亦系人类，何不思中光天化日之下，共享太平之福，而造此无故涂毒生灵之念。便就你这一人聪明胆量，不论文武，足可以取功名干世业，只就你今日不审本宪之心迹，不料本宪之能否，如此孟浪轻生，取笑天下，后世实为汝惜之，耻之。据汝所方，似非汝一、二无知之人，必有有识见人，将你性命为伊乘侥幸之谋也！何不将你送之死地之人举出。”

或如此，再不然，“看你如此豪杰，则伊师又不知如何超越之人物，汝既言六省一呼即应，汝同事人各省必多，何不回去将伊等劝化归正，为国家臣子，不但不徒老死于匪类，抑且垂名竹帛矣！”将此等言语诱问看，再将本朝得天下之正，待前朝之体，实前明之恩代也。

再将明时百姓不聊生之处，本朝百姓蒙福处，备悉言之，将伊所闻对答、辞色，不必隐讳一二，据实奏闻，再另有旨谕。

陕西总督岳钟琪奏折(二)

陕西总督臣岳钟琪谨奏，为逆犯已吐造谋之人，谨缮密折恭呈御览事。

窃查逆犯张倬持其师夏靓逆书到臣，臣会同抚臣西琳设法讯诱，未得实状。缘由于九月二十八日具折密奏。臣因见张倬坚忍练刑，复难计诱，故请辞赴京师审讯，但因此等重情不求速得实状，以慰君父之心，则臣子所司更有何事大于此者，故拜发密折以后，未即令其赴狱。遣署长安县事咸宁丞李元，假称臣仆，就近署闲房与之共寝。又遣人送裘，致酒，缓言相询，被乃一味支吾。

至二十九日酉刻，臣复传按察司硕色于密室坐听，然后令张倬入署与之盟誓。（朱批：览虚实不禁泪流满面，卿此一心，天祖鉴之，此等誓盟，再无不消灾灭罪、赐福延生之理。朕嘉悦处实难笔谕。朕与卿君臣之情，乃无量劫之善缘同会，自乘愿力而来协朕，为国家养生者，岂泛泛之可比拟，朕实嘉悦之至。）伪为激切之言，彼方将其师实在姓名、居址，并平素与伊师往来交好，诋毁天朝之人，各姓名、居址，一一吐出。臣谨亲缮密折，恭呈御览。伏乞皇上遴选忠实干员，潜行密捕，自当悉获以正典刑。

至张倬未吐各情,臣现在设法陆续相绐,务以悉吐,以便次第芟除,使逆党尽绝。庶稍尽臣子之职分,为此缮折密奏,伏乞睿鉴施行,谨奏。雍正六年九月三十日。

朱批:开单留中。朕自命妥协之人前往捕拿料理,将张熙仍好好设法宽其心,而羁留之。

陕西总督岳钟琪奏折(三)

陕西总督臣岳钟琪谨奏:为逆犯续吐情由,谨再密奏,兼封诗册进呈事。

窃查逆犯张倬持其师夏靓即曾静逆书到臣,臣随将设法讯诱缘由于九月二十八日、三十日两次缮折奏闻。

其时因刑讯之际,搜出张倬贴身随带之书,故于前折内逐一声明,而其行李中所有抄写《易经》、诗册、医方各一本,臣未暇细阅,惟同行李封贮,恭候谕旨到日,连逆犯一并解赴京师。但臣因其有湖广等省一呼可定之言,虑党已有成谋,必须速得实情,早图殄灭。故三十日酉刻,复传按察司硕色于密室坐听,然后令张倬入署,臣伪为恳切之言以相试探,力问湖广等处,何以一呼可定。彼言:“但据民情,乃不易之理。”臣云:“皇上御极以来,察吏安民,民情悦服,尔以民情为据,万不可信矣。尔等自必有兵、粮,将于何处举动,方自信一呼可定耳!”彼云:“我等但有同志数人讲此义理,其他悉非所知。”臣伪诘之云:“汝昨所言,大抵迂腐儒生,必更有智勇兼备之人,方可济事。”彼云:“我师曾静并刘之珩、严赓臣等俱有本领韬略,大不可量,但能聘用吾师,何愁不济,即何以使湖广等六省一呼可定之法,亦惟吾师有此智略,我后生小子岂能见及?不过奉命致书,传达吾师面嘱之言,有六省传檄可定之语耳。”

臣细听其言，详审其状，但问及兵粮等语，彼即支吾。而极力崇奖其师，劝臣聘用。方此辈到处惑乱人心，潜谋不道。其谋逆确据，俟拿获伊师曾静，严讯必得实情。因又细问其平日往来相与之人，并其所祖述师承之据。

彼云："我辈同志之人素所宗者，系吕晚村，号东海夫子，我曾亲自到其家，见其所著备忘录，并《吕子文集》，惜其子孙不肖，忽背先志，贪慕荣利，已作仕宦，可为痛恨！今行李中所有抄录诗册，即晚村作也。"臣云："诗无关系本朝语。"彼云："其诗内如《钱墓松歌》《如此江山图歌》及凡空字处皆是也。"臣又坚问其父兄名字，并同谋诋毁者，更有何人。彼一一吐出，臣谨详开密折，并诗册一本，密封进呈御览。

但密伏查：吕晚村，名曰吕留良，本前朝遗儒，我朝定鼎之后，彼惟以著书论文为事。与绅士讲艺往来，未闻有不法形迹。是以伊孙前于一念和尚案内，犯赤族之诛，蒙圣祖仁皇帝念其为读书明理之人，必无知情怙恶之事，不特宥其子姓，抑且原其本身。此诚天高地厚之仁，而吕留良自有当洗心感戴，凡从前所作悖逆诗谣，即应销毁，乃竟敢留存如故，以致传抄匪人，由此推之，罪大恶极，实神人之所共愤，国法之所不容者也。虽吕留良久已身故，而其子孙尚存，保无踵继前恶，伏慝衔奸。况据张熙现供，吕留良著有《备忘录》，藏匿在家，则其奸罔之辞，窃恐不至于此。

抑恳圣主密饬浙江督臣李卫遴委亲信，文武干员，密至吕留良家内，仔细搜查《备忘录》等书，并拘拿吕留良子孙嫡属，讯有实据，上请天威，严戮尸之典，行族灭之诛，庶可靖逆孽以灭妖邪，正人心而彰国法。即臣于痛恨之中，亦惟有额手上庆矣！

除张熙发交按察司硕色牢固监禁外，臣谨缮折密奏，伏乞皇上睿鉴，为此谨奏。雍正六年十月初二日。

朱批：卿此忠诚之心，天祖自然鉴之，朕之嘉悦之怀，笔难宜谕。湖南已差钦差前往，江浙已谕该督密审矣。此等匪类自寻败露者，实皆上天神明之大德，非人力之所能者。朕实庆幸，而感畏之情愈加数倍矣，期共勉之。

雍正上谕：和硕怡亲王、大学士张、蒋，字寄浙江总督李。雍正六年十月初九日上谕：岳钟琪处有投书之奸民，始初不肯供出伙党之姓名，后被岳钟琪设计发誓引诱，始陆续供出十余人，其在楚省者已差人前往查拿；可将供出浙江之人开出，令李卫密行缉捕，明白究问，并将所供别省之人，亦开单内，令李卫知之。

总之，查拿匪类以速慎为要，正犯勿使漏网，无辜不可拖累。又奸民口中供出浙江吕留良等，可将岳钟琪奏折抄寄李卫一一研究，并查其书籍，倘伙贼即获之后，再当诘问党羽，其应行拘缉者，即著李卫一面办理，一面奏闻。钦此。遵旨寄信前来，并将岳钟琪总督奏折及名单抄录，驰寄总督，可遵旨慎寄，速行办理。切。十月初十日。

陕西总督岳钟琪奏折（一）

陕西总督臣岳钟琪谨奏，圣恩超越古今，特再沥陈谢悃事。

窃臣因欲速得逆犯张熙谋逆实情，故伪与盟誓。在臣鄙念，惟知有国，不知有身。然方自愧识见迟钝，不能于初接逆书之时，即以甘言试诱，早得底里。至次日虽与盟誓，已觉无及。而逆犯张熙，竟肯吐露实情者，实由上天圣祖默夺其魄，非臣盟誓所能诱致。

乃荷朱批谕旨：此等盟誓，消灾灭罪，赐福延生。又重之以天祖之鉴临，臣感泣悚惶，惊喜交迫。时伏念微臣自顾鄙野，逢旷代难遇之圣君，承古今未有之隆眷，正不知从前历劫何修得此，乃荷朱批。谓臣亦自乘愿力而来辅佐圣主。

臣戴此恩纶，如蚊负天，不识措身何地，惟是君父期待之厚，注念之切，远迈隆古，至于此极。臣虽木石，能勿世世生生，矢忠诚于万祀也。为此沥陈感激之私，百叩恭谢，伏乞皇上睿鉴。谨奏。雍正六年十月十七日。

朱批：朕生平居心行事，惟一诚实二字。凡谕卿之旨，少有心口相异处，天祖必佑之。朕之诚实，卿必尽知。而卿之忠赤，朕实洞晓。朕惟朝天焚香，对天祖叩头，祝愿祈我良佐多福多寿多男子耳。五内欣悦，览之。

陕西总督岳钟琪奏折(二)

陕西总督臣岳钟琪谨奏，为遵旨密封呈览事。

窃查逆犯夏靓，即曾静，遣徒张倬，即张熙，持逆书到臣。随即会同抚臣西琳，将讯供情由，缮折密奏。续将设法诱讯各姓名、情事，节次奏闻。

兹于本月十六日恭接朱批臣密折二件，臣跪读之下，仰见圣主天地之量，无所不容，日月之明，无微不照。伏念圣祖六十余年，深恩厚泽，天下臣民沦肤浃髓。我皇上仁孝恭俭，兢业忧勤，御极数年以来，凡所以厚民生而肃吏治者，史册不能尽书，朝野皆能共晓。乃夏靓逆书张倬供吐，不似生长盛世之人。于圣朝隆治，略无闻见。臣初亦疑其来自土司外彝等外处，亦总以土司外彝之事探之，彼悉懵然不知，故前折未敢附及。臣细探其语言居址，实系湖广人民。细看其形貌瘦弱，似通文墨，不谙武艺。至一切谋逆实状，臣屡为诱讯，俱言惟师曾静知之，必俟捕得其师，方可究诘实情。(朱批：朕览逆书，惊讶堕泪览之，梦中亦未料天下有人如此论朕也。亦未料其逆情如此之大也。此等逆物，如此自首，非天而何？朕实感沃祖之恩，昊天罔极矣。此书一无可隐讳处,事情明白后,朕另有谕。卿可将朕究抑处,伊从何处所闻?随便再与言之,看伊如何论议。若恐其畏惧自了,则可不必。寻常诬陷一平人,尚遭恶报,似此以毫无影响之事,诬捏君上,谅无人心者矣。可笑可恨之极。)

兹惟遵旨,将逆犯张熙加谨防守,以待首逆曾静质对处,合将逆书并搜出张熙所带曾静坐拟《生员应诏书》一本,刘之珩所刻《握机图》一本,并遵旨密封,恭呈御览。为此,谨会同抚臣西琳,缮折密奏,伏乞皇上睿鉴施行。雍正六年十月十七日。

朱批:西琳闻又不妥协,其才情居心人品办事如何?据实奏朕知之。

回奏王廷瑞一折留中,有旨谕部矣。

陕西总督岳钟琪奏折(三)

陕西总督臣岳钟琪谨奏,为遵旨密讯,根据实复奏事。

窃查逆犯夏靓,即曾静。遣徒张倬,即张熙。所投逆书,臣遵旨密封进呈。兹于本月初九日,跪接朱批谕旨,命臣将伊从何处所闻,随便再与言之,看伊如何论议,钦此。

伏念臣前于乍接逆书之始,粗阅数行,发竖目裂,未暇询其言所从来。即随后屡次诱讯,亦未忍再举共污藏之词究诘所自,实为疏忽。但彼时诱吐逆党实情,曾伪许其即行释放。及张熙吐露实情之后,数日不见释放,自觉被诱,遂忧惧仓惶,痛苦流涕。臣恐有他虞,随令署长安县事、咸宁县丞李元,持张熙携住长安县衙署中,仍派标员兵丁看守伴宿。近因李元禀称,张熙偶以感冒有疾,是以未即传讯。一二日后,闻已稍愈,随密唤入臣署,设法讯诱。臣思逆犯张熙,狡黠最甚,见兵弁看守月余,彼必料臣已经入告。臣是以先向张熙言,尔师书于我自断断不敢进呈。但尔既来,我亦不敢不奏,所以将尔暂留。不料圣天子浩荡仁恩,转怜尔等或系大有才猷,越在草莽,不但不加罪责,且欲收而用之,故今密唤尔来,告知此意,但如此圣主,尔等何以全然不知,甚至尔师书中,还有那些奇骇之说。当初是何处听来,便认以为实呢?

据张熙供称,前自湖南往江浙时,乃由水路,有搭船之人所言如此。臣问同舟者何等之人,住居何处,是何姓名?据供偶然搭船,不过行路客商,实未问其里居姓字。臣问其人是何等形貌,据供匆匆回答,但记其言,至其人实不能记忆。臣问云贵等省有作此言否?据供并未走过云贵。臣问你由川到陕,亦闻有作此言者否?据供这是今年从旱路来,不但未闻此等语言,路上且有人说是好皇帝。我心里正也疑惑,要问是如何好处,他们走路的人就说,也说不明白。

臣云:"此惟我辈大臣方知天德圣治之万一,其道路愚民,但知感颂,如何说得详细?皇上至性诚孝,谅阴三年,斋居素服,更行兼服之典,此其尽礼尽制,虽三代以上,亦所未闻。至今一动一言,无不慕效圣主,每逢称述,恻怆涕零。至于友爱弟昆,敦笃宗室,不以严胜慈,不以恩废法。尔等即通文墨,当知周旦何以作相,管蔡何以得辜。即知圣天子用法用恩,悉由天理,自然之极则矣。若乃治功高深广远,如尊心崇文,减豁丁条,治水营田,蠲租发帑,频施赈贷,视民如伤,立贤无方,求才若渴,体察群吏,信任大臣,无利不兴,无弊不革。凡此史不胜书,口难尽述者,尔等或不能遍晓,即如尔等如此大逆不道,虽遇尧舜,亦无不震怒,立置极刑,乃圣主父母之心天地之量,尚且殷殷拳拳,询及尔等学术才技,欲宥海山之罪案,曲收蚁介之微长。此其广大宽仁,自古帝王莫可比。似今但将舟中之人,据实说出,尔等即有生机,若仍执迷是自误也。"逆犯张熙闻臣此语,亦惶恐云:"果如此,是我等悖谬自作之孽,何可复活,舟中人实不能记忆"等语。

臣因此伏思,从前于邸抄内,见提臣路振扬奏对,以圣主天性即恶旨酒，乃出于生安，并非有意，而外人竟有称圣天子惟酒无量等语。是虽股肱大臣，非亲侍燕饮，不能深悉。传言相反至于此极。此皆系从前不轨之徒，捏造流布。今曾静等既敢谋大逆，则其污天蔑日之言，何所不至。臣细讯张熙，既毫无指实，即所供舟中传说者，若果有其人，亦未必非前此造言之余党。统俟捕获曾静之日，再加研讯，自无遁情。臣谨将现今密讯事由，据实覆奏。伏乞皇上俯赐睿鉴施行。谨奏。雍正六年十一月十四日。

朱批：欣悦览之。此事朕实庆幸，感天祖之慈见也，毫无愤怒处。朕从来秉性卒然临之不惊，无故加之不怒。二句实能之，何况此有益无损之妄言。此案审明，诸逆尽获时，自另有旨谕。

副都统海兰等奏折

副都统臣海兰，湖南巡抚臣王国栋谨奏，为奏明事。

窃臣海兰于十月十一日奉命驰驿出京，于十月二十七日酉刻抵湖南长沙府抚臣驻扎公署。谨将谕旨交办事宜，密下与抚臣王国栋钦遵，会同办理。

臣等随于本日戌刻，密委长沙协副将周宝，会同永州府知府姜邵湘，前往宁远县查拿刘之珩，并着要门人陈立安。又密委臣海兰带来守备韩祥，同抚标中军游击邬锦，署郴州知州张明叙，前往永兴县，查拿曾静。又密委长沙府知府孙元，前往安仁县，查章张熙之父张新华，及张照、张勘二犯，又密委岳州府知府尹土份，前往华容县，查拿谯中翼。均令多带兵役，谨密搜拿。臣王国栋又经密檄该管地方文武员弁，遣拨兵役，严行防范。

臣等并面谕各委员，如各犯内或有结连党羽，不服擒拿等情，该员等一面移会该地本管，邻近文武，带领兵役，设法擒获，一面飞报臣等，添兵会擒，务获匪类，毋致疏脱。

因各该县离长沙数百里或千余里不等,尚未据各官回覆,获俟陆续获到,追究党伙,讯取确供,另行具奏外,所有臣海兰到长日期,与会同臣王国栋,分委员弁密捕。缘由合先会折奏明,伏乞睿鉴。缘系奉旨交办紧要事件,谨遣抚标把总李松驰驿,齐捧奏闻。

朱批:览。

湖南省巡抚王国栋奏折(一)

臣王国栋谨奏,为陈明地方安静情形,及微臣感激私忱,仰祈睿鉴事。

窃臣谬荷封疆,惭无报称,惟有督度属吏,整饬地方,以期稍尽职守。不谓永兴安仁县属,忽有逆贼曾静、张熙,敢为逆书,公行不道。臣疏忽之咎,自问莫逭。乃蒙我皇上不加谴责,仍命副都统臣海兰至长,同臣密行办理。此盖圣主鉴臣才本不及,而曲赐矜原,悯臣过获无心,而勉其后效。天恩高厚,感激涕零。

臣随公同海兰,密委长沙府知府孙元等,将主谋逆贼曾静,逆贼张之熙之父张新华,兄张照,堂叔张勘,并供犯谯中翼等,先后拿获到案。除讯过口供,另折会奏外,臣窃以逆贼曾静,虽坚供并无同谋党类,但该犯住居处所,逼近苗疆,倘有伙党潜藏,关系匪细。臣又分饬干员,细加遴访,并密机该管文武严行稽察。据称"各属苗土人等,俱极安静,实无匪类藏匿,不敢矜张滋扰"等语。

臣伏查现获伏逆贼曾静及张熙之父张新华等,均系猥琐下流,既无白莲、无为等教可以哄诱愚民,复无寸枝片长,以及家产巢穴,可以号召匪类,徒以略识点画,遂尔丧心病狂,深山穷径之中,闭户潜谋大逆不道,诚为禽兽之不若,覆载所不容,宜置极刑以彰国法。

至地方有此匪类，臣平时不能觉察，虽邀圣恩格外宽厚宥，臣罪实无可辞。伏祈皇上即赐严加处分，以为疏忽之戒。

除现在会同臣海兰，严追同谋知情伙党，质讯确实，另行会奏请旨外，所有地方，现在安静情形，及微臣感激私忱，合先具折奏闻。伏祈睿鉴。

朱批：览。

湖南省巡抚王国栋奏折(二)

臣王国栋谨奏，为敬复训旨事。

本年十一月二十六日，刑部左侍郎署吏部尚书事臣杭奕禄，奉命至长。臣谨跪请圣安，随蒙臣杭奕禄口宣皇上训旨："尔到去问王田栋，他在湖南一二年，如果时常宣扬德化，晓谕愚民，如何会有这样百姓，想河南必无此事。叫他从此以后，勉力改过自新，留心地方事务，不时晓谕愚蒙，稽查匪类等因，钦此。"

臣跪聆之下，悚惭无地。伏念臣本愚贱，谬任封疆，楚南刁悍习俗，久属圣明洞鉴，今乃有大逆不道之曾静、张熙出臣属下。臣莅任一载有余，不能革易心志，化导于先，又不能抉摘隐微，觉察于后。负职之罪，百喙难辞。乃蒙我后上不加谴责，格外优容。复谕旨部臣，勉臣改过。天恩如此其高厚，训诲如此其谆切，臣虽短于才识，亦略具人心，若不知加意奋勉，则属下愚不移，何以对扬圣主，何以督率官民，更何以与田文镜、李卫诸臣比肩而共事？

自今以往，臣惟有时刻凛遵天语，一念不敢懈弛，一事不敢姑息，殚心竭力，化导整顿，以期仰报殊恩万一耳。

除会讯逆贼供情，及分咨各省提犯，缘由另行公同陈奏外，所有微臣恭领训旨，私心感激下清，理合具折附奏。臣谨奏。

朱批:既为大臣,凡事只务远大二字。人多以因小而误大者,勉为之。

副都统海兰等奏折

副都统臣海兰、湖南巡抚臣王国栋谨奏,为报明拿获首恶日期,及讯过口供,仰乞睿鉴事。

窃臣海兰于十月二十七日到长沙府城,同臣王国栋,遵旨密委长沙府知府孙元等,分路查拿逆犯曾静等。于十一月初八日,据岳州府知府尹士份、华容县知县赵念曾,解到谯中翼。该臣海兰、臣王国栋,即公同密讯。

据谯中翼供,我年七十二岁,系华容县学文生。今岁因贫苦患病,考试不到除名。我入学二十八年,不入公门,不管闲事,平日只晓得读书教学,并不曾出外行走,不认得什么曾静、张熙。昨日忽然拿到这里,连一生积聚得几本书,都抄了来,不知什么缘故。那刘之珩,是安乡人,平日文字相知,曾替他做过一篇时文序是实,若不信,只求拿这些人来与我对质,再着两个人扮作我,叫曾静等认指,谁是谯中翼,我这冤就伸了等供。因取所搜书籍等项查,看并无与张熙等往来字迹,诗内止有题明太祖像一首。据供系前明华容县人黎禧永,号天山所作,并不是我做的等语。当查诗题,下确有天山二字,随将该犯发禁候质。

于本月十二日,据长沙府知府孙元,拿解逆贼张熙之父张新华,兄张照,并与张熙同行上书之张勘到案,即公同密讯。

据张新华供,我今年六十岁,原名张仕璜,是乙亥年进学,因考试不到除名。那张熙是第二个儿子,从永兴曾静读书,近年来见他大言不惭,我赶他出去,他就住在曾家。今年回来当田做盘费,说要往川陕上书去。我被曾静所愚,儿子做这样不法事,我不能管束,就该死了。

据张照供，张熙是我兄弟，这两年通在永兴曾静家住，我只晓得种田，他们做的什么事，我不晓得。

据张勘供，曾静是我师父，张熙是他族侄。他会行医，今年五月，曾静打发他大儿子同张熙到我家，把数两银子与我，叫我替他们背包袱，同到四川去。说前头有好处，并不晓得什么事情。我跟着他走，九月十四日到了陕西，张熙叫我到文王陵上拔蓍草。到二十四日回来，听见他说要往总督衙门上逆书的情由。我想这样不法的事，我若同做就该死了。心里害怕，即时卷起铺盖走回。不知张熙后来怎样了，我是十一月初二日回家，初三日就被捉住。这些事，总是曾静、张熙做的，我实不知情，求超豁。夹讯该犯，矢口不易。

至本月十五日，据抚标中军游击邬锦，署郴州知州张明叙，同随带守备韩祥，拿解张熙之师曾静到案。臣海兰、臣王国栋，即公同密讯。

据曾静供："我年五十岁，是永兴县人。系生员，考了五等革除。这上书的事，是我数年前的想头，立志定向，今年同学生张熙商量做的。张熙当了屋和塘，设措盘缠，是今年五月初七日起身。那张勘是我叫他同张熙去的，那书中讲的话，必要有学问的方好与他商议，张勘是个没学问的，我如何肯替他讲，他不知道的。就是张熙父亲张新华，止晓得他儿子往川陕去上书，那书里事情他也做不得主。永兴有学问的人少，我在山里住，离县城远，并不相与人，刘之珩先做永兴教官，我从过他，知道他晓得性理、天文，学问尽好。那陈立安是他的学生，在他家认得的。刘之珩有六十多岁，极有涵养。听见我讲及这些道理，还大怒痛骂。今年上书的事，他隔的路远，并不曾与他商量。谯中翼平素不认得，曾见过他的文章，知道他的学问好，有志向。我生平讲究程朱性理，见吕晚村拒陆尊朱，直接濂洛之传，心里慕他。去年张熙曾到浙江访他书籍回来，知道湖州严赓臣、沈在宽们，都是吕晚村渊源一脉，必定有学问的了。就同张熙讲究这事，若做得成，我们举尔所知这些人，都可荐得的。其实不曾会过面，并无同谋的事，也没有什么党羽。永兴有个学生廖易，我平时讲论道理，他知道的，上书的事，他并不曾同谋，总是我一个做事一人当，我不肯赖，也不好诬扳别人的等供。

臣海兰又追问张熙所说："六省一呼可定之处"，据供这是我同张熙商量，看见时疫流行，像个天心不顺，想来天心是一样的，故如此说，并没有成见等语。

臣等又细检各犯家中搜到书籍字札，于张新华家搜出逆书二册，并上总督岳钟琪书稿，及临行祭神祭祖等文。系张勘带回之物。讯据张勘，供这书是张熙带去的，他藏在被盖里，我不知道拿回来，被长沙府搜出的。书上的话，我不晓得，求问曾静便见明白。

讯据曾静供："这书上的话，俱是我做，就把与张熙的，我岂肯赖"等语。

又查书内所开严赓臣、沈在宽、车遇上，俱系各省已经奉旨查拿之犯，又有施虹玉、毛仪、孙学颜名字。讯据曾静供："施虹玉系江南徽州人，年九十六岁，其人已故。孙学颜系山西人，我在古文刻本上见他学问好，没有会过面，不晓得他年貌住处。毛仪系陕西凤翔府宝鸡县人，曾在晚村家里买过八十两银子的书，知道他学问好的"等语。

臣海兰臣王国栋查书内辞义，类多借道学，以济其悖逆之说。满纸乱言，狂吠不道。翻阅一过，心胆欲裂，断不敢进呈御览。现在公同封固，俟追讯确实，即行请旨焚毁。似此丧心病狂逆贼，虽寸磔不足蔽辜，断难姑容时刻。第刘之珩虽经拿获，因途远尚未到案对质。但他省所拿各犯，不知口供果否相等，不便即请正法，或致同恶漏网。再查曾静状同禽兽，语属猖狂，昨游击邬锦等拿获之时，于该犯衣衫上写对句数联，并云："蒲潭先生卒于此"。

自知罪大恶极，欲寻自尽。幸赖皇上威德，天夺其魄，是以擒获。

臣等因该犯自获到案，即经直认，未经查拿之犯，俱一一供明，且查逆书所载，亦无多余党伙。张新华又现在患病，窃虑夹讯致毙，或该犯自行绝食，不得明正极刑，无以快人心而彰国法，是以未加夹讯，现饬按察司加谨看守。似刘之珩、陈立安、廖易等到案质讯确实，即行会奏请旨定夺外。所有首恶曾静拿获日期，及讯过口供，理合会折。谨遣抚标把总李吉驰驿，赍捧奏报。

又查曾静所供孙学颜，系山西人。臣等于搜到书籍内，检出《吕晚村古文》二本，系桐城孙学颜编次、作序。篇首又有"桐城孙用克编次"一条，似乎孙学颜即属孙克用。再臣海兰，前赍到供犯单内，开有孙克用一人，系江南淮安府人，与集内桐城孙用克，姓名略同，合并陈明，伏乞睿鉴。

朱批：知道了。

刑部侍郎杭奕禄等奏折

刑部左侍郎臣杭奕禄，副都统臣海兰、湖南巡抚臣王国栋谨奏，为恭报会讯逆贼供情，并呈逆书底稿，仰乞睿鉴事。

窃臣杭奕禄于十一月初三日，奉命出京，至二十六日抵长沙市城，恭述我皇上天地之量，尧舜之仁，不以逆贼狂言少介圣意。并命臣等平心静气，穷究邪说所由来，开导痴愚所未喻，务使折服认罪。臣海兰、臣王国栋恭聆之下，仰颂圣德之渊涵，益愤逆徒之妄诞。

臣等随于长沙抚臣内署密室，提出曾静，将本朝得统之正，列圣功德之隆，圣祖仁皇帝六十余年，恩泽入人之深，当今皇天子孝敬慈惠，恭俭文明，与夫励精求治之实心，爱养斯民之实政，逐一开示宣扬。

该犯谛听良久，乃俯首认罪云："静生居天末，日坐井中，妄想成魔，造言诽谤，是诚罪大恶极，若非三位大人传示，几于至死不悟"等语，痛哭流涕，叩头不已。

臣等见其醉醒梦觉，然后将逆书所载，逐条追究。该犯茫无所指，非云齐东之语，即云臆度之私。诘问再四，毫无风影。当给纸笔，令该犯详细写供。谨将亲笔供单进呈御览。

臣杭奕禄，又会同追究其同谋党羽。据该犯坚供，当日遣张熙前去，实系独得之秘，毅然而行，既非他人所能参赞，亦不屑与闻于人。且自以为成，固有利，止也无害。故《知几录》内谆嘱张熙，一路访问。如所闻与在家所传不合，即便回来，另作主意，不可轻举。原非预有邀约，谋定后行。实无同党，有书可证"等语。

臣等会讯续获之宁远县教谕刘之珩、陈立安，并书内查出之曹珏、廖易即景叔等，皆供不知投书情事。即质之曾静，亦云伊等实不知情。臣等又询刘之珩、果否通晓天文、兵法？据刘之珩共称："因幼习《尚书》略晓得些星象图说。那里知道天文，至八阵握机图，俱是先贤朱熹成语。之珩纂刻起来，教武秀才的。何尝知道什么兵法。曾静看见了《握机图》《格物集》他就混说之珩知道天文、兵法了。如今这两种刻本底稿现在，求查便明"等语。

臣等细阅刘之珩《格物集》抄本，及《握机图注》刻本，实无妖妄悖乱之语。除将检得刘之珩《格物集》并封呈外，伏查逆贼曾静，即夏靓，生于山野，不明大义，因考试五等，遂丧心病狂，借前人道学之皮毛，以行无父无君之邪说。复敢诬谤圣主，捏造逆书，遣徒张熙即张倬，又字敬卿，带同张勘，即实安，赍往陕西，希图诱惑大臣，济其大逆。诚为罪恶滔天，神人共愤。臣等恪遵训旨，平心细讯。该犯自知诬妄，不待刑加，叩头伏辜。虽悔罪出于至诚，似类有苗之格，而下民敢于罔上，难逃大逆之诛。宜置极刑，以彰大法。同谋之张熙，知情之张勘、张新华，以及缘坐人等，律有明条，均难轻纵。

至于曾静，行止乖张，久为乡党所不齿，其所谋情事，亦非邻里所得闻。昨事露被获，当地士民以为向年假称道学，今竟弄出事来，莫不称快。被其蛊惑信从者，不过张熙等一二门人。臣等细行查访，此外实无同伙党羽。

其逆书所载，谯中翼、严赓臣、沈在宽、车鼎丰、车鼎贲、孙克用，并书内查出毛仪、施虹玉等，据该犯坚供，皆系背地推崇，并未谋面之人”等语。臣等查阅《知新录》《知几录》内所载各条，原无与众人商谋字样，似非全出狡饰。

再从前曾静遣张熙往浙访求吕晚村书时，曾见吕晚村第九子吕无尽，得伊《纲目凡例未发之蕴》，或彼此有所商谋，亦未可定。臣等现在行提并要《备忘录》《吕子文集》及《纲目凡例未发之蕴》，以便查阅质审定拟。

曾静系大逆重犯，理应刑讯。但各犯尚未到齐，若一加刑，该犯自知必死，势必绝食，则将来难于定案，统俟各犯到后，严行质取确供，斟酌律拟。臣等自当仰体皇仁，细心区别，有罪者断不敢纵漏一人，无罪者亦不敢诛连扰累也。

所有曾静逆书底稿，及祭祖等文稿，前臣海兰、臣王国栋以臣子忠爱私心，不忍将犯上呓语，转呈君父。谨公同阅明封固，具折请旨。今臣杭奕禄面聆天语，知圣主如天之度，未尝以妄诞之语少介圣怀。既有逆书，理当进呈，臣等谨公同封进，仍望皇上即赐发回，容臣等细按追问，以免遗漏。

除现在会咨陕西、江南、浙江三省督臣、提拿逆贼张熙，并逆书内一应有名人等，到案质明，另行分别律拟奏请外，所有臣杭奕禄、到长会讯缘由，及逆贼曾静供单，并搜获曾静大逆书三册，又所著《小学开蒙》一册，扇一柄，对联一纸；刘之珩书二册，谯中翼诗稿一纸。理合另匣一并奏呈，伏乞睿鉴。谨差抚标千总吴杰赍捧奏闻。

朱批：览。逆犯之供单更属可笑人也。有旨部颁，遵谕将一起逆犯押解来京，一路着实宽慰带来。江浙逆党数人已解到部矣。俟到京对质。

湖广总督迈柱奏折

湖广总督迈柱谨奏，为奏闻事。

窃照臣驻扎湖北武昌，凡湖南事件，耳目稍远，闻见甚迟。先于四月内，臣经奏明在案。当蒙朱批，此自然之势，岂有不量之理等因，钦此。但臣身受总督重任，凡有关地方紧要事务，向经饬谕湖南文武属员，不时报闻，以便办理，不敢一事怠忽，更不敢一刻苟安。

兹于本月初三日，据署衡州副将印务谢珑密禀，内称长沙知府孙元到衡，约同文武，密拿要犯。随令外委带兵，同至安仁，于十一月初二日，已拿获张新华、张照、张勘三名，各犯家产封固，理合禀明等因。

又于本月初四日，据谢珑禀称，今有钦差同抚标游击、桂阳知州，在于永兴县渤潭地方，拿获匪犯曾静一名，衣内写有渤潭得道先生字样。当查明该犯家口，收永兴县禁等因。

同日又据永州知府姜邵湘密禀，内称长沙协周宝，持巡抚公文，同至永城，折阅公文，系密拿宁远县教谕刘之珩，并追要门人陈立安及同志录。即同副将、县令，督同拿获。搜查寓所，据供同志录并未看见，又搜查册籍，往来书札，并家口财物，封贮看守。并拿获陈立安之子陈达，同刘之珩俱解赴长沙等因。

同日又据长沙副将周宝密禀，与前禀同。又于初五日据岳州参将李佐喜密禀，十月二十九日夜，有岳州知府奉巡抚钉封公文一角，酌派武弁一员，带兵同往华容县，有县令奉巡抚飞檄，内开奉旨严拿要犯谯中翼。当令把总同往，至歇凉地方，于十一月初二日未时，拿获谯中翼并子谯大谷，押解到岳，拨兵转解长沙去讫等因。

又据岳州知府尹士份禀，同前由。同日又据华容县禀，亦同前由。随又据岳州知府尹士份密禀，内称奉巡抚檄文，拿获谯中翼父子，解赴长沙。巡抚当同钦差大人在内堂会审。即将书籍四个取进，又蒙巡抚传谕，驰驿往安乡，密拿陈立安，已获起解，至该犯家产，有水田，时文一小书箱等因。

据此臣查此等密拿情节，三日之内，据文武各报，事同一类，揆其行径，显系地方奸匪，有谋为不轨情由，或系抚臣察觉奏闻事件，或有别经发觉之处，臣实未准抚臣知会，又恐系另奉密旨，令抚臣办理事体，不便违例询问。臣是以虽据报闻，仍应静候抚臣审明，知会到臣，再容具奏。

但臣身任总督，地方有此等奸匪之徒，不能查察于先，直待拿获之后，据文武属员禀报，始有知觉，臣实惭悚无地，总惟仰恳皇上，俯念北南两省，远隔耳目，原有未周之处，恩赐曲原，庶臣得以稍免过愆。

再臣原经访闻，有旗人金姓者，在衡州府城，与原任衡州革职知府金依尧往来情厚，并口称系奉诚郡王差遣等语，招摇滋事。臣已密谕衡州知府密拿，即就近解赴南省究审。今据按察使赵弘恩，亦通报前来此案。俟拿获审实，容臣另奏，合并陈明。臣谨缮折奏闻，伏乞皇上睿鉴批示。谨奏。雍正六年十二月初六日。

朱批：览。

陕西总督岳钟琪奏折(一)

陕西总督臣岳钟琪谨奏，为据实复奏事。

窃查逆犯张熙，供称伊弟张勘，由商州一路先回湖南等语。

彼时臣一面奏闻，一面即飞遣确人追缉。先令由商州一路，挨门逐户盘察查拿，仍另遣人星夜兼程，预抵襄阳，在各饭店马头守候踪迹，密伺查捕。以凡自西安往湖南者，不拘水陆分途，冲偏各径，悉由襄阳径过也。

兹奉朱批谕旨下，询张勘曾否拿获，仰见睿虑周详，恐其逃回，预漏消息，则逆犯曾静等，不无潜匿远飏之患。但臣曾细询张熙，自西安至湖南住家处，水陆必行，四十余日。今虽据商州一路蹑缉之人役回称，挨户盘查，并无张勘踪迹。而襄阳守候之人，至今尚未回陕。窃计钦差兼程南下，到彼必速，料张勘纵能脱漏，亦难迅速抵家，不至预透风声，令逆党潜遁也。兹奉朱批垂询，拟合缮折据实复奏，伏乞皇上睿鉴。谨奏。雍正六年十二月初七日。

朱批：大奇事。张勘到家，次日已被钦差差役拿获，凡张熙开列名单所有之人，一人未曾免脱，皆就擒矣。谕卿喜之。

陕西总督岳钟琪奏折（二）

陕西总督臣岳钟琪谨奏，为奏明事。

窃查逆犯曾静遣徒张熙投递逆书一案，于十二月十四日，准钦差侍郎臣杭奕禄等，会同湖南巡抚臣王国栋，咨提逆犯张熙质审，并提案犯毛仪，乃曾向浙江吕晚村家买过书籍者，系陕西凤翔府宝鸡县人等因。

移咨到臣。随即密令署长安县事，县丞李元，将毛仪实在住址下落，仍用好言探问张熙去后，续据李元回称，据张熙供，毛仪系宝鸡县贡生，住在磻溪地方。前路过曾到他家，他已故五、六年了。他有两个儿子，都是务农的庄家汉等语。

臣即遣把总王大谟，星夜前往，会同宝鸡县知县杜赉生，赴磻溪地方密访查拿。如毛仪现在，即行密拿到者，连张熙一并解楚；

倘毛仪如果已故，即将张熙先行解楚。仍一面密拿毛仪之子，并搜其书籍。到日容臣审明，另奏外。合先缮折奏明，伏乞皇上睿鉴。谨奏。雍正六年十二月十五日。

朱批：杭奕禄等已将逆情审明奏闻，有旨着将逆类解京完案。张熙若已解楚，则不必矣。若尚未动身，亦解送京交部，不必解往也。沿途着实宽慰，不可令受苦，差来押解之人，着实吩咐，好生送到。

刑部左侍郎杭奕禄等奏折（一）

臣杭奕禄、臣海兰、臣王国栋谨奏，为请旨事。

雍正六年十二月初八，臣等将会审逆贼曾静亲笔供单，及逆书稿本，业经会折进呈御览。其逆贼张熙，并供犯严赓臣、车鼎丰等、亦经飞咨陕西、江南、浙江督臣分提去后。

雍正六年十二月二十八日，准陕西督臣岳钟琪咨，称讯据张熙供毛仪，系宝鸡县贡生，前曾路过他家，他已故五六年了等语。现在差查如毛仪尚在，即一并移解，如毛仪果故，即当移解张熙听审，合先咨复等因。

本年正月初七日，准浙江督臣李卫咨，称此案先奉密旨，随将严赓臣、沈在宽、已故吕晚村之第九子吕毅中，第四子吕黄中，长孙吕懿历，密提到案，研讯确供。委官李国正等，于十一月初六日管押起程，解赴刑部投收讫。其《备忘录》《吕子文集》并别项书籍，俱经两次固封，具折进呈。并将吕留良家现存书目抄册，同送在案。相应粘抄供单咨复等因。

该臣等查核单内，严赓臣等各供，与臣等前审曾静口供相同，其张熙赴陕上书之处，虽据曾静坚称严赓臣等并不知情，但必得对质严讯，始可完结。相应会折奏请，伏乞皇上敕部将严赓臣等，押发来楚，与曾静、张熙等三面质明，另容臣等按供律拟，请旨定夺。

至供犯车鼎丰等，正月十二日据臣等差役王宗周回称，江南督臣范时绎，已经遣员解来。于正月二十外可到，理合一并奏明，谨遣抚标把总李吉赍捧奏闻。

朱批：已有旨著汝等带各逆犯来京矣。

刑部左侍郎杭奕禄等奏折(二)

臣杭奕禄、臣海兰、臣王国栋谨奏，为奏闻事。

雍正七年正月二十一日，湖南抚标千总吴杰，赍捧朱批奏折。恭捧上谕："览逆畜之供单，更属可笑人也。有旨部颁，遵谕将一起逆犯押解来京一路着实宽慰带来。浙江逆党数人，已解到部矣。俟到京对质，等因，钦此。"

本月二十二日兵部火牌递到，怡亲王等公字，内开雍正六年十二月二十五日，奉上谕："前岳钟琪奏呈曾静、张熙逆书，朕览之不觉失笑，不知从何处得此奇幻荒诞之语。但曾静等，既为此书，必有奸逆之人造作流言，希图煽惑者。朕不得不一一剖析，宣示于众。今将谕旨发出，着交与杭奕禄等，将朕此谕逐一询问曾静等，取具口供奏闻。至杭奕禄等前次所取曾静口供，今日方到，朕尚未细阅。大概看过，若果朕之居心行事有丝毫如伊逆书之所言，则人人当如曾静怀叛逆之心矣。并以此谕之。据曾静供称，此语得之传闻，是他人造作此语，而陷伊于重罪，则造作此语者，乃伊之深仇，伊更不当为之隐讳。即曾静等不能确指其人姓名，亦必略知其来由踪迹。着杭奕禄等委曲开导，推问根究，务得其造言之首犯，不必刑询。若供出之人审究确实，着同曾静等一并解京，如不得其人，即将曾静等解送。着杭奕禄、海兰带领前来，途中加意照看，勿令受苦。至各省提解人犯，其在浙江者，已经解京。其余人犯者已解楚，一并解送等因。并抄颁上谕一折，到臣等。钦此。”

同日准陕西督臣岳钟琪差委盩厔县县丞管道沛等，将逆贼张熙押解到长，并查明逆书内有名之毛仪已经身故，其子毛仍世、毛延世现禁在陕等因。本月二十九日又准江南督臣范时绎，将逆贼供犯车鼎丰、车鼎赍、孙克用，委员押解到长沙府，并声明孙克用现在患病等因。均经分别严加收禁。

该臣等随提曾静至抚臣内署，钦遵圣谕，详悉宣示，并将上谕，令伊捧阅，又委曲开导，反复追讯造言首犯，曾静惟有痛哭流涕，深悔前非，叩头服罪。

据供："小的书馆在安仁县路傍鹏塘地方，偶听来往路人传言，实未询确姓名住址，不敢信口妄报。惟雍正元年四月二十七日，有一人至小的书馆，据云向名王澍，号燕山，系丙戌进士，曾与十四爷同窗读过书来。小的恐系职官，不敢深问，因伊称有子现在川陕统兵，疑即系岳钟琪父亲，故《知几录》内亦载有此段，令张熙访问"等语。此外实不能指出造言之人，臣等诘问王澍居址，据供止知是江浙人，不知府县，又诘问年貌，据供"彼时有四十多岁，如今有五十余岁了，五短身材，胖肿的，微须"等语。

提讯张熙，据供"赴陕投递逆书，系曾静主使，案内谯中翼，小的并不认识，至于刘之珩，陈立安等，虽有一面，并无往来，俱不知情。小的先于雍正五年，至浙江吕晚村家买书，会见吕无尽，因说起吕晚村有个门人严赓臣，遂复至湖州严赓臣家，又因严赓臣有门人沈在宽，在江南车鼎丰、车鼎赍家教书，遂写书交与小的，于八月间到车家，住两三日，临行车家送银一两。至孙克用，系小的在车家时听得说学问好，其实并未会面。在陕西时，亦无见过之供。总之，这事原是曾叫我前去，他平日师道最严，我怕他，不敢不去，其余诸人，均不知上书缘由"等语。

臣等复提车鼎丰、车鼎贲密询，据供“原籍湖广，久住江南，与曾静、张熙毫无交往。雍正五年八月间，有浙江湖州严鸿逵，即严赓臣，字附张熙带投犯生处，犯生等念系原籍同乡，穷途告助，随留住两三天，送银一两而去。实不知何故牵及。且犯生等世受国恩，侄子车敏来，现任山西安邑县知县，犯生车鼎丰，系戊子科副榜，犯生车鼎贲，系监生，何敢结交匪类”等语。

复提问孙克用，据供“实名孙用克，并不曾与张熙会面”等语。据此，除案内缘坐各犯逐一查拿监禁楚省，俟本案各犯解京审明，知照发落外，其逆贼曾静、张熙及照单拿获之张勘、张新华、张照、刘之珩、陈立安、谯中翼，逆书有名之廖易、曹珏，案外查出之张孝先，江南解到之车鼎丰、车鼎贲、孙克用等，臣王国栋捐给路费，遴委乾州同知沈元曾，长沙协守备仇之苞，抚千总吴杰，督率押解，臣杭奕禄、臣海兰带领，于雍正七年三月初十日，自长沙府起程进京。所有曾静亲笔供单，及臣等带押逆犯起程日期，理合奏呈，伏乞睿鉴。谨遣抚标把总刘起凤恭捧赍奏。

朱批：览。不数日汝等即可至京也。

雍正上谕：雍正七年六月十五日谕内阁：我朝建极绥猷，遐迩率育，海隅日出，莫不尊亲。乃逆贼吕留良、严鸿逵凶悖严乱，无父无君，著书显为谤讪。于本朝之大统，肆为诋斥之词，于我圣祖仁皇帝之深仁厚泽，伟烈丰功，任意为诬蔑慢诅之语。其猖狂妄幻，肆无顾忌。人人痛心疾首，不共戴天。朕已降谕旨，将伊等极恶大罪之处，宣示中外诸臣，公议治罪。

至于严鸿逵之徒沈在宽，生于本朝定鼎数十年之后，自其祖父，已在覆帱化育之中，非只身被德教育可比，纲常伦理之大义，尤当知凛。乃堕惑逆党之邪说，习染凶徒之余风，亦怀不逞，附会诋讥，慕效梗化之民。称本朝为清时，竟不知其身为何代之人，狂悖已极。此沈在宽与吕留良、严鸿逵党同,悫逆之彰明较著者也。

至其所著诗集,有云:"更无地著避秦人。"又云:"陆沉不必由洪水,谁为神州理旧疆。"此以本朝之宅中立极,化理郅隆,目为神州陆沉,有同洪水之患,其谬戾尤为狂肆。且即以洪水言之,明代二百余年,黄运二河,时时溃决,生民日有沦为波臣之惧。我圣祖仁皇帝时廑忧勤,详示方略,躬亲相度,至再于三,凡所以修筑捍御之策,疏浚导刷之宜,悉经睿虑精详,尽美尽善,以致川流循轨,黄河安澜。数十年来,堤工巩固,亿姓永无昏垫之虞,共享平成之庆。

迨朕绍膺丕绪,恪遵谟烈,加意修防。仰荷上天眷佑,七年以来,河流咸归故道,海口深通,清、淮迅畅,三省运道,遄行无阻。至于北直畿辅之地,南省浙江等处,凡有海塘河渠,以及应行经理水利之处,皆渐次兴修,蓄泄为时,旱涝有备,府事修和,桑麻遍野,此时之神州,何处可指为陆沉,又何地可指为洪水乎?且沈在宽云:"谁为神州理旧疆。"其意欲将神州付之何人经理也。沈在宽年未满四十,而亦效其师之狂悖,肆诋本朝,乃于逆贼曾静之徒张熙千里论交,一见如故,赋诗赠答,意同水乳。此其处心积虑,以叛逆为事,其罪实无可逭。著交与刑部,将沈在宽讯取口供具奏。

广西巡抚金鉷奏折(一)

广西巡抚臣金鉷谨奏,为奏闻事。

窃本年六月十八日辰刻,奉怡亲王暨大学士等,寄到雍正五年五六月以前发往广西烟瘴人犯密单。据逆贼曾静供吐,五年充发人犯五六月间路经衡州,造作逆语,令臣查此犯所到充发去处,散播悖乱之词。

臣看得此等充发烟瘴之犯,皆罪大恶极之人,蒙皇上天恩,宽其死罪，故每于该犯发到之时，该地方官俱派拨人役看守，不许擅自行走，原惟恐其害地方。

今此中竟有如此大逆之犯，造为逆语，摇惑人听，臣益仰见皇上圣谕所照，如日丽中天，无微不悉。

臣接到密字，当即密谕该管官，令其细心设法查访，务得实情。不但五年六月以前充发人犯，并来单所不及者，亦令其一体访察。俟查得其人，即星速押解赴部，断不使稔奸积恶得幸脱于恢恢之天网也。

再本年七月初二日，准刑部咨，据福督高其倬奏，送马廷锡妄传讹言一案。行拿原任山东巡察御史蒋洽秀家人俞成一犯。当即飞檄该全州知州，密拿的犯俞成，五月到案。随于本月十二日给咨，委全州山角司巡检刘朝佐，押解赴部矣。理合一并奏闻。谨奏。雍正七年七月二十一日。

朱批：览。

广西巡抚金鉷奏折（二）

广西巡抚臣金鉷谨奏，为奏闻事。

窃本年六月十八日辰刻，怡亲王暨大学士等，寄到雍正五年五六月以前发往广西烟瘴人犯密单，令臣察访该犯所到去处散播悖乱之词；其来单所不及开者，并令臣留心细察。

臣查来单，开列过衡人犯共五案，马守柱、蔡登科、耿桑格、六格、吴守义、霍成、达哈琏并子成德，共八名。除蔡登科、耿桑格二名已经病故，报明在案外，其现存在配人犯六名。

有永康州知州高潢在省，臣见其人明白精细，即密令该员访查前去，今据查明密禀。惟原茶叶库大使达哈琏甚为安静守法，其子成德，年仅六岁，并据该管官上思州知州崔杰禀称，亦与高潢禀称无异。又太监吴守义，亦未闻其有何言语。查得太监霍成、马守柱二名，或为悖逆之语，或为怨望之语，俱一一具禀前来。又据河池州知州陈舜明查得六格一犯，实有悖逆之语。其来单所未及开者，再据高潢查访，得雍正四年十二月间准咨太监一名刘应试，又五年十月间准咨太监一名米儿，或为悖逆之语，或为怨望之语。臣正将各犯姓名语言缮具清单，并一面飞檄各地方官速行解省，以便请旨。

兹于闰七月二十八日，又接得怡亲王、大学士等于七月二十六日，并闰七月初二日两字，宣传上谕，令臣将五年内充发广西人犯达色、蔡登科、马守柱、耿桑格、六格、吴守义、霍成共七名，遴选的当人员，押解赴京。

臣查字内所开人犯，除已病故之蔡登科、耿桑格二名，现在五名。其达色一名，据该地方官称，该犯亦有逆语，但未得其确实，正在密查。吴守义一名，未闻有何言语，余犯六格、霍成、马守柱三名，俱已察出实情，臣接得来字，当又飞檄各地方官星速解省。一经解到，臣即遵奉谕旨，将字中所开存人犯五名，并未开之刘应试、米儿二名，陆续选员押解，不令一处行走，不令各犯相见，并令细察其动静言语，务使完全解部。

再来字宣传上谕，令将从前押解各犯之人员查出，确加询问，令将所闻各犯悖逆之语，据实说出。臣伏绎谕旨，惟务在察出各犯实情，今各犯语言，除达色正在密查外，其余各犯俱已分别访实。从前原经押解人员，似可无庸询问。理合奏明。所有前后奏到谕旨查访得充发烟瘴人犯，容臣陆续起解。缘由合并先行奏闻。谨奏。雍正七年八月初一日。

朱批：览。

广西巡抚金铁奏折(三)

广西巡抚臣金铁谨奏,为奏闻事。

窃本年闰七月二十八日,接到怡亲王、大学士等寄字,宣传上谕,令臣将雍正五年充发广西人犯达色、蔡登科、马守柱、耿桑格、六格、吴守义、霍成共七名,遴选的当人员,押解赴京。

臣当查明所开人犯,除蔡登科、耿桑格二名已经病故,又查出单内未及开出之刘应试、米儿二名,合共七名。业将访出各犯实情于八月初一日缮折具奏,并开列清单,恭呈御览。

臣以监临乡试入闱,预将咨牌给发按察司衙门,随后各属押解刘应试、霍成、马守柱、米儿、达色、六格等六名先后到省。经该司于八月初八、初九、初十、十一、十四、二十二等日,陆续委员押解去后,其达色一名前来,得其确定逆语。兹据天河县知县吴正一具禀,现已备细察出。

再六格一名,前据河池州知州陈舜明访闻,已将逆语缮奏。今又据该州禀称,密唤六格至署,予以酒食,设词探诱。而该犯逆语愈多,乃既以妄言之后,随复自吐其舌云:"我错了,老爷是个官,我如何向老爷说出这些话来!"此诚罪恶贯盈,天夺其魄,故不觉呈露如此。

伏思我皇上至德光昭薄海,臣民无不共仰高厚,该犯等捏造谤侮,曾何伤于日月。而逆贼曾静之敢于见之笔墨,肆行狂吠,其为此辈之所煽惑确然无疑。谨将续查达色、六格二犯逆语,于出闱后再行详缮清单上呈。伏乞睿鉴。谨奏。雍正七年八月二十八日。

朱批:料理可嘉之至。犯口供单留中。地方中既被此辈流言,已蛊惑数年矣。但乡愚无知者,信疑之间不可言无常。竭力留心开示,凡有发往人犯处,皆不可疏忽。务将阿其那等不忠不孝不法不臣处，一一详细委曲宣谕，务人人知悉方是，不可草率疏忽从事。况汝先在允禵属下，虽任外吏，朕弟兄辈从来情形，汝不可言全不知也。勉为之。

湖南巡抚王国栋奏折(一)

臣王国栋谨奏，为奏闻事。

雍正七年六月初十日，准兵部火票递到和硕怡亲王等寄字。内开据逆贼曾静供称，记出有两个偶尔传言的人，一是安仁县生员，姓何名忠立。曾说他听闻有个茶陵州人，姓陈字帝锡，传说朝中有人上议皇上多条；又永兴县十八都有个医生，姓陈字象侯，也说他在一处人家行医，听得人说茶陵州有个堪舆，姓陈字帝锡，口传有个本章谏议皇上如此不好，那上本的臣子姓岳名钟琪等语。

巡抚可密将安仁县生员何忠立、永兴县医生陈象侯、茶陵堪舆陈帝锡行提到省，细讯何忠立、陈象侯伊等向曾静如何说，并问陈帝锡所传之语，本于何处？伊若承认直供，则将伊供出之人，一面奏闻，一面提问；如伊等不肯承认，巡抚可委曲开导，晓以曾静乃首逆巨恶，面我皇上好生之德，尚以其听信流言，不忍即加诛戮。况尔等不过传说之人，但将传自何处，得自何人说出，尔等则皆系无罪之人，何苦为人隐讳，以身试法。如此劝谕，伊等犹不实供，则用刑讯，刑讯若仍不能得实，着将何忠立等解京与曾静对质。

又：曾静供所传收密亲王妃嫔等语，是雍正五年五六月内，往来路上人传说衡州路上押解一个犯官过，他如此说等语。巡抚可密行查访，五年五六月间何犯过衡，查明一并具奏。且将五、六月间过衡人犯姓名密行知会广西巡抚等因到臣。随分差标员，密檄各州县，逐一查提。

先据永兴县知县戴文谟获解医生陈象侯到。臣讯据该犯供称："五、六年前，因曾静的妻子患病，他来接小的医治，所以认得他。那陈帝锡小的并不认得，前年在安仁行医，曾听得武生何献图说起，京中有一个臣子上了谏本，皇上说他是个忠臣，要加封他的官。后来会着曾静，讲闲话时，也曾说及过的。"臣即密拘何献图。

去后。又据安仁县知县袁紫垣获解生员何立忠即何忠立到。臣审据该犯供称："我是文生，叫何立忠，平日与曾静并无往来，旧年因犯生女婿死了，曾静到女婿家来吊孝，犯生会着他，说起犯生女婿为人度量偏浅。犯生随口回他说，目今只有皇上的度量大，听见朝中有人不知避讳，上了谏本，皇上置之度外。这也是因话答话，并不是犯生造的，是族间何献图对犯生说，是一个堪舆陈帝西讲的。"

续据署茶陵州知州李凤生获解陈帝西即陈帝锡到。臣审据该犯供称："小的叫陈帝西，是做堪舆的，平日并不认得陈象侯，也没有在何献图面前讲过什么话。"随提何立忠质供："那上本的话，是何献图亲口对我讲是你说的，并不是我赖你。"复据陈帝西供："前年十月里，小的在何献图家看风水，他的妹夫叫张继尧，曾说有人去四川回来，闻得岳老爷上了一谏本，说些不知忌讳的话，劝皇上修德行仁。又说四川坍出一个孔明碑，那碑文上有几句诗，说'孔汝仅留二八帮，花木流落在四方。秦楚士卒千万丈，郊外东方荒又荒。秦晋兵来燕赵地，秋后鸦鸟尽无粮。四民遍地遭淹没，天下从此动刀枪。若问人民太平日，除非山山口口藏。'这都是张继尧说的。"

又据安仁县知县袁紫垣获解何献图到。臣讯据该犯供称："犯生曾请一个堪舆陈帝西看风水，他曾说过有个臣子上了一谏本，皇上置之度外，还加封他的官职。犯生道听途说，原向族间何立忠并在犯生地方行医的陈象侯讲过，并不曾听见有什么孔明碑的话。"随提陈帝西质讯。

据供:“那上本的话,是你妹夫张继尧对我讲的,就是他讲的孔明碑。我解说不出来,还要你写出来,你怎么赖呢?”据何献图又供:“那孔明碑的话,犯生实没有听见,若说犯生写的,有什么凭据?至上本的话,实在是陈帝西说的,并不是犯生妹夫张继尧讲的。随刑讯陈帝西,据供:“若提到张继尧不认,小的情愿与他对夹”等语。

臣查逆贼曾静在京所供,陈象侯、何立忠传闻之言,均出堪舆陈帝西之口,及讯现犯何立忠,及供出之何献图,亦称陈帝西告知。是陈帝西实系传言要犯,经臣反复开导,诘其传自何处?得自何人?据供实系张继尧传说。臣恐狡饰仇诬,当经刑讯,该犯坚供必俟张继尧到案对质着落。除现在密提张继尧,并追取抄录孔明碑文到日,质审明确,再行具奏外,所有讯取犯供情,合先缮折奏闻。

至奉查雍正五年五六月内,经过衡州官犯,臣即密查。是年五月二十二日,兵部递过人犯一名达色;六月初四日,兵部递过人犯一名蔡登科。臣恐五六月前后尚有遗漏,遵又细查,是年四月初七日,兵部递过人犯一名马守柱;七月初十日,兵部递过人犯二名耿桑格、六格,太监一名吴守义;七月二十四日,兵部递过太监一名霍成。俱系发往广西之犯。其原文内止有人犯、太监名色,并无官犯字样。臣复密行署衡州府知府杨浚、副将崔起潜查复无异。当即密行知会广西抚臣金铁在案,理合一并奏闻。伏乞皇上睿鉴。

朱批:你地方上百姓如此风习,而不能觉知,而不肯奏闻。他处发觉,特命钦差来究审,而又不能将此等一类匪物究出。今从京指名交与你数人审究,原为恐奸民闻风远扬,方着你就近作速设法诱问。今但将此已经问出口供而令彼此推卸,耽延时日,总不能体察其出之谁口,亦可谓才德兼全,忠诚任事之巡抚矣。此干人犯自然亦解京审问者，再究问出他犯，自然亦在你地方上，但必将有名人犯一一交出方可。

湖南巡抚王国栋奏折（二）

臣王国栋谨奏，为恭谢天恩，敬复朱批谕旨事。

闰七月十八日，臣标把总刘万志恭捧皇上批回奏折到长沙，并赍软赐鲜荔枝一瓶。圣恩高厚，感刻难名。臣谨恭设香案，望阙叩头祇领讫，随捧读朱批。臣奏湖南雨水，及恭请陛见两折，均恭皇上详悉训诲，一一指示。

臣庸愚下质，谬任封疆，仰荷圣恩深重，虽于甄别吏治，体恤民瘼，清厘钱粮，慎重刑罚之处，夙夜兢兢，稽察办理，而上之不能感召天和，下之不能潜消匪类，即自顾亦觉怀惭。因思才庸任重，或得面承圣训，庶几有所遵循。兹蒙我皇上训旨详明，不惜千万言，勉臣振作鼓舞。臣跪读之下，醉醒梦觉，昭若发蒙。惟有整励精神，倍加奋迅，以求天人感召之本源，以副圣主委用之至意。皇上圣明，自有远鉴。

至陈帝西传播流言一案，臣将得自何人之处，设法诱问。委曲开导，刑讯数次，总不能实供得自何人。复发按察司郭朝祚，护岳常道孙元，署长沙府知府杨辅臣分别研讯（朱批：胡说，溺职之极！）亦不能别指造言之人。业经录供，于闰七月初四日具折请旨在案，现候皇上批示遵行。

按察司郭朝祚，臣即将所奉圣旨，详悉宣谕，伊甚恐惧战栗（朱批：此等负恩无知之人，恐惧战栗即可赦宥乎？），已遵旨遣人至大学士臣张廷玉处转奏。

再，臣前奏丈勘复测田亩一折，蒙皇上朱批：似此实心任事之员，当引朕旨，察其等次，题请议叙，以示鼓励，钦此。

臣查湖南清查欺隐田亩，如系额内者，向例不清议叙；额外者，照例附请。今沅陵、辰溪、黔阳、攸县、安仁五县，俱系额内，惟鄙县田亩除足额外，又查出额外垦熟田地六十六顷零。经臣于原题案内，将鄙县知县刘朝佑，委勘之原任澧州知州黄炎附请议叙，已准。部复照例各准其纪录二次，奏旨俞允钦遵在案。合并附折奏闻，臣不胜感激悚惶之至。谨奏。

朱批：览。

湖南巡抚王国栋奏折(三)

臣王国栋谨奏，为遵旨复讯事。

雍正七年九月初六日，准兵部火牌，递到怡亲王等奉上谕："湖南巡抚王国栋奏称，曾静在京供出陈象侯、何立忠转述陈帝西传说流言一案。审讯陈象侯、何立忠，供出何献图。据何献图供，得之陈帝西。及究问陈帝西，陈帝西又供出得之张继尧，以何献图为证。刑讯张继尧、何献图，皆呼冤不认。又陈帝西供出抄录孔明碑文，曾与何知来、何纯忠看过。提审茫无确据，显系陈帝西捏造。既经众证明白，难容狡赖。应否将陈帝西解京，一并拟结等语。

"从前令尔等寄信与王国栋，令其将何立忠、陈象侯、陈帝西等，细讯所传之语本于何处。如伊等不肯承认，可委曲开导。尔等不过传说之人，但将传自何处，得自何人说出，则尔等皆系无罪之人，何苦为人隐讳，以身试法？如此劝谕，犹不实供，则用刑讯，刑讯犹不承认，则解京与曾静对质。今该抚讯问陈象侯、何立忠二人，俱称闻自何献图，得之陈帝西。何献图供亦相等。又究陈帝西，则供谏议碑文，系张继尧说的。是陈帝西已经自认传说流言，与曾静所供无异。更无再与曾静对质之处，何必又请将陈帝西解京？至陈帝西所供之张继尧及何知来、何纯忠等，该抚既称刑讯，张继尧呼冤不认，何知来等家中并无抄录碑文，显属陈帝西捏造。

“则该抚应将陈帝西委曲开导，令其悔悟感激，则自必将传言之实，由何处何人招出。乃王国栋既不将陈帝西详悉晓谕，使之感悟，吐露实情，而但将扳出之张继尧加以刑鞫，不知王国栋出自何心？况陈帝西将孔明碑文烂熟胸中，随口背出，此决非陈帝西临时造作之语，其言必有所本。即此，可以推求其他流言之所自来。而王国栋先用严刑，讯究诬扳之人，刑讯不得，遂请将陈帝西解京，以卸彼地方之责。”

“从前杭奕禄在湖广时，既不能详悉推求，是以特降旨令王国栋查讫。而王国栋又复草率，希图完结如此。有凭有据之事，尚不肯细心推究，以尽根株，设地方有疑难之事，则将作何办理？王国栋殊为溺职。着王国栋再行详讯，务必追出传言之人，则此事方可归着。

“又前令王国栋将雍正五年五六月间，衡州路上解过犯官留心察访，王国栋亦未复奏。令其一并确查，具奏等因到臣，钦此。”

臣于文闱竣后，复传陈帝西，几经询问，供吐游移。臣恐该犯乡愚畏罪，适刘之珩等奉旨释放回籍，臣即令刘之珩等将皇上宽大弘仁，当面逐为宣布，并又多方委曲开导。

据陈帝西供：“前年八月初间，小的奉母亲的命，往衡州买绸子，走到地名唐堡司，是条大路，有个凉亭，小的走得吃力。在那里息息足，买茶吃。只见有四个长大汉子，还有一个挑担的，是走道儿的光景，身上都穿着马褂子，口里说的是官话，像京里内旗人模样。他们自己伙里，在那边讲什么岳老爷上了谏本，不知避讳，恐怕不便，内中一个人说，皇上竟不定他的罪，反加了他的官。因那挑担的来问小人要茶吃，小的随问他，你们是到那里去的？他说往城里去。那时路上偶然撞见，不知他是什么人，又不曾问他姓名，恐其着在小的身上要人，所以从前不敢供出。其实这句话，实在是道听途说的，就是小的告诉何献图，也讲是听见人说，若果向小人说的人，如今可以指得出姓名，其时小的又不晓得有今日的事，怎么不在何献图面前就讲是某个说的呢？

至于那碑文，是前年九月初一，小的在衡州，去买鼎锅，在同年桥地方，见有许多人攒着一个背胡芦的道人，白发长须，约有九十多岁，据他讲有一百岁了。他招牌上写着云水道人，善观气色；又有一张诗句贴在桥上，说是什么孔明碑文。那时看相的人也多，要八文钱一相，小的也出了八文钱，相了一相。已往的事，有些对证。他自己说是四川来的，小的因识得几个字，就把那碑文看了几遍，记在肚里，也不知那诗句讲的是什么话。因小的从前病在何献图家，他郎舅说要缠绕，将小的用草荐裹了，逐出门外；又因何献图将小的对他说的话告诉别人，以致今日有这样事，所以怀恨，扯着他郎舅两人是正。如今小的供的都是实情，并没有半句假话”等语。

正在具折奏复间，又准大学士公马尔赛等札，开前巡抚奏请，将陈帝西解京拟结。奉旨以陈帝西并未供出传言之人，王国栋不能详悉推求，但请解京，希图草率完结，务令再行详讯，追出传言之人，则此事方可归着，钦此。写字寄与巡抚在案。今在京有与陈帝西质问之处，我等遵旨再寄前来，巡抚可将陈帝西确讯取供，即将陈帝西并陈象侯、何立忠三人，遴员解送来京。

臣复钦遵，详加讯问，坚称此番所说实系正情，并无捏造饰除。经遵旨将陈帝西、陈象侯、何立忠三人，遴委醴陵县典史陈继祖，于雍正七年九月二十八日，自长沙起程，管押解送刑部查收外，合将复讯供情再行缮折奏闻。

至过衡犯官，随即密查，雍正五年五六月内，递过军犯达色、蔡登科，臣恐前后尚有遗漏，又细查四、七两月，递过军犯马守柱、耿桑格、六格，太监吴守义、霍成等，姓名于六月二十九日备叙奏明在案，合并陈明，谨遣臣标千总宋启相恭赍奏闻。

湖南巡抚王国栋奏折(四)

臣王国栋、臣李徽谨奏,为奏复事。

本年九月二十五日,臣抚标下把总刘万志,恭捧批回奏折到省,臣等跪接开读。会奏周楠呈首袁炽与曾静交往一折,蒙皇上朱批:"讯问曾静,并不识此人,况陈学松等姓名,亦皆一人不知,可将周楠诬捏情节究审为何起见,亦不可严用刑具。袁炽可释放,此案无可究处。钦此。"臣等随将袁炽当堂释放,并提周楠复讯。

据供:"小的原不认得袁炽,前因听见这话,一点忠心,就出首了,并没有心要害,并只想出首了,皇上自然说我好,并有加恩之处,并不为别的起见"等语。反覆研讯,别无异辞。

臣等备查,周楠原供往滇之杨天佩等三犯,先经行据郴州永兴县细加察访,挨查烟户册内,并无其人,出有印结在案。惟传言之张凤一犯,现在移查广东未复,而既经部臣讯明,曾静未与袁炽认识,其余各犯,亦皆一人不知,自应遵旨,概予免究。

其周楠诬捏之处,据供妄想皇恩,并无别故。可否俯念该犯异乡愚民,无知犯法,一并从宽,递回原籍安插,毋许出外滋事,以结斯案。臣等未敢擅便,理合缮折奏复,仰乞皇上睿裁批示遵行。

雍正上谕:雍正七年十月初六日,怡亲王、大学士、九卿、翰詹科道等,遵旨讯问曾静,合词公奏,将曾静、张熙照大逆不道律,即行正法。上谕乾清宫,召入诸臣等,并令李绂随入。谕曰:"今日诸臣合词请诛曾静、张熙。伊等大逆不道,实从古史册所未有,以情罪论之,万无可赦。但朕之不行诛戮者,实有隐衷,上年曾静之徒张熙,诡名投书与岳钟琪。岳钟琪仓猝之间,忿怒惊惶,不及筹算,即邀巡抚西琳、臬司硕色,坐于密室,将张熙严加根究,问其指使之人,张熙不肯供出真实姓名,旋即加以刑讯,而张熙甘死不吐,岳钟琪无可如何,越二三日,百计曲诱,许以同谋,迎聘伊师,与之盟神设誓,张熙始将姓名一一供出。

彼时岳钟琪具奏前来,朕披览之下,为之动容。岳钟琪诚心为国家发奸摘伏。假若朕身曾与人盟神设誓,则今日亦不得不委曲,以期无负前言。朕洞鉴岳钟琪之心,若不视为一体,实所不忍。况曾静等僻处乡村,为流言所惑,其捏造谤言之人,实系阿其那、塞思黑门下之凶徒、太监等。因犯罪发遣广西,心怀怨忿,造作恶语,一路流传,今已得其实据。若非因曾静之事,则谣言流布,朕何由闻之,为之明白剖晰,俾家喻而户晓耶?且从来国家之法,原以惩一儆百,如曾静等之悖逆,谅宇宙内断无第二人,即后世亦可断其必无有与之比者。何必存惩一儆百之见,可以宽宥其罪,并非博宽大之名而废法也。一切朕另有谕旨。

江苏巡抚尹继善奏折

臣尹继善谨奏:臣于淮安,路遇刑部侍郎臣杭奕禄恭传谕旨,命臣等访拿曾静供出诡名王澍播散流言之人,并将图像交臣。窃思逆贼曾静,僻处乡野,敢于逆天悖理,皆由奸邪党羽造言四布,凡在人类者,闻之无不切齿痛心。臣现在多方设法密访查拿。

再杭奕禄途中盘问曾静,伊又记诡名王澍之人曾言,在潘宗洛湖南学差任内,看过文字。臣查潘宗洛,原籍常州府宜兴县,访有伊孙潘文熙在家。臣着人将潘文熙并当日历任跟随潘宗洛之家人,唤至署中,称访延幕友,令将伊祖学院、巡抚并历任内所清幕友及教书看文字之人,姓名、年岁、相貌、住址一一列出,现在逐名密访。

再,臣与杭奕禄淮安相见是夜,曾静梦回伊家,族人曾天祥向其说那人姓邓,在王澍家中教过书,是湖北人,兄弟曾又思在兴谷洞地方，知他跟底等语。杭奕禄到苏将此语向臣说知，臣思梦中之语虽难凭信，但如此罪大恶极之人，天理昭彰，无不败露，或者由此跟寻而得亦未可定。

臣因遣人至无锡，寻见原任给事中王澍细问，曾在伊家教书往来者并无姓邓，亦无湖广之人。开出处馆数人，其年纪相貌俱不相同。但曾静既称梦中见曾天祥，告以其人姓邓，系湖北人声口，曾又思在兴谷洞知其底里，恐非无因。臣现在照图书像密札知会湖南巡抚赵弘恩，湖北巡抚费金吾，令其就近查询密访，并探兴谷洞地方踪迹。

臣日夜筹度，展转于心，恨不能一时就获，以抒愤懑，不敢以为梦语而忽之也。谨将奉到密旨，遵行缘由，先行奏闻，谨奏。雍正八年二月初三日。

朱批：览。但梦寐之语，何必如此认真也。

浙江总督李卫奏折

浙江总督管巡抚事，驻扎杭州在任守制，臣李卫谨奏：

为钦奉上谕事。雍正八年正月二十三日，钦差刑部左侍郎杭奕禄，密带曾静并悖逆妄人图像到杭，向臣宣示密谕，跪领钦遵。伏查此辈棍徒，造作讹言，往来煽惑，实可痛恨，断难容其漏网。

臣细思江浙好事悖谬之人，莫过于现在拿获之甘凤池等各犯，诚恐其中或有在内因，将依稀仿佛年貌相近者，密令认识，逗问语音，皆不相像。

据称江南稍有影响。杭奕禄回江之日，会同江南督抚二臣，再为推求。臣仍当加意留心，设法访察，不敢略有懈怠宣露。

至臣前见曾静逆恶妄言，实深忿激，恨不能食肉寝皮，以抒公义。及观其补貌语言，乃系鄙陋不堪，甚属平常者，较浙省现获之陆同庵，行径执谬，大概相似。与其从前作为，迥不相同。乃知实属天地祖宗之灵，借此妄人以昭显千古是非邪正之别，而使天下无不咸知造言生事之徒，共相儆戒，诚非偶然也。

今笔帖式杭嵩安，已密押该犯于正月二十九日起行，前往湖南。臣专派外委把总吴居功，带兵四名，宽裕发给盘费，随同护解至彼。并沿途拨兵六名，交替接送去讫。

至极恶吕留良家口子孙，于臣旋浙之时，即已密令府县查点清楚，分别大小，监禁看守。迨此番回任后，又将其父子坟冢，严饬文武，派拨人役，加谨巡查，不敢疏忽。理合一并奏明，伏乞皇上睿鉴。为此顺交臣权外委把总黄文达，自备脚力赍进，谨奏。雍正八年二月初八日。

朱批：览。曾静之感服情形如何？

陕西总督岳钟琪奏折

宁远大将军，臣岳钟琪谨奏：为圣德光昭，群迷觉悟，臣庆切于中，敬抒虔悃，仰祈睿鉴事。

雍正八年三月十九日，准兵部咨送内阁，交出奉旨刊刻《大义觉迷录》二部到臣，臣恭设香案，望阙叩头。跪读圣谕，敬谨详绎，仰见睿照所临，无微不至，圣泽所被，万类咸沾，大义聿昭，愚蒙共启。此诚为觉世道之宏模，指迷途之宝训。析理义于至精至微；开聋聩于极顽极冥。稽之典、谟、训、诰实未有若此之深切著明者也。

逆兽曾静，蠢顽不灵，恣肆狂悖，雍正六年遣其徒张熙持书至臣，其中词语丧心病狂，狼嗥犬吠，臣阅未竟，竖发裂眦，痛心切齿，畏欲食其肉而寝其皮，以消忿恨。遂将张熙严加刑讯，期于逆党全获，寸磔族诛，早申国宪，以蔽厥辜，讵逆恶张熙任刑不吐。

臣是时忽怦然心动,以为若不设法引诱,则逆踪党恶究难必得。然此际臣心忽动之机,若有不自知其然而然者。至逆恶张熙于严刑夹讯之后,不辨臣设誓之诚伪,欣然将逆谋奸党,历历指供,悉诉其情,无稍遗遁。由今思之,诡谲如逆恶张熙,既能坚忍重刑,而不能不为假词所诱者,冥冥之中,如有鬼神若或使之而然也。随得将逆恶张熙所供逆谋,并逆兽曾静住址及所投逆书,密陈圣鉴。

夫以逆兽曾静等,生逢盛世,戴高履厚,始而心服大奸大逆禽兽不若之吕留良讲义横蓄于心,继而又听信悖逆之阿其那、塞思黑等逆党,捏造全无影响之流言,肆加毁谤,声载成书。若非逆兽自为败露,不几以讹传讹,妄为扬播,迷惑人心,流毒无已。在逆兽曾静之罪恶,已通于天。而臣当时之假词谓诱,并逆恶张熙受刑之后,旋即信而不疑,悉吐实情,实乃神人共愤,不使奸谋逆恶暂容于天地之间。

此种情事,有非思虑之所得,而预定蓄念之所得预防。良由我皇上深仁厚德,感格天祖,是以阴夺其魄,遣使投书,奸谋毕露,此即逆静今日所谓从前投书,自速天诛,乃今痛自悔恨,实有若或使之莫之为而为也。

我皇上如天好生,以逆兽曾静僻处穷乡,罔知大义,先由误信逆恶吕留良邪说,继又妄信逆党道路诬谤之言,遂使迷而不语。乃远引"宥过无大"之蕴义,赦其狂背,予以自新。似此诪张为幻,悖恶凶头,实属千古未有之大憝;而我皇上宏仁大度,特宥无知,更属千古所未见之旷典。即蠢顽如逆静等醉生梦死之禽兽,尚有一线之明,感恩戴德,痛首痛心,自怨自艾,深知从前轻信邪说谣言之误。臣细阅逆兽曾静等全供,益信道盛德至,化及豚鱼,所感甚深,为效甚速;且我朝列圣相承,积功累仁,天与人归,抚有中夏,光明正大,远迈商周。自生民以来,得天下之正,未有如我朝之盛者也。

我皇上乘乾首出，仁覆寰区，复念四海苍生，万一尚有为邪说所惑，是以万几之余，剖析圣贤之经义，以开万古群蒙，疏解至三，精详明切，特命刊刻，布告中外。俾茅檐蔀屋，均知尊君亲上之常经；僻壤遐陬，共识践土食毛之大义。今现在之冥顽，既以趋义而归仁。被惑自愚蒙，自必格心而向化。

臣谨遍谕阖营，敬宣圣德，官兵人等，莫不叩首欢呼，忭舞称庆。而臣之微悃愚忠，睹兹宝录，亦得稍为表白，永矢赤忱，以仰报皇上高厚洪恩于万一而已。臣感切于中，未由自已，敬抒愚悃，缮摺恭奏。

再臣细阅逆恶张熙所供，臣言屈温山一段情节，缘比时逆恶张熙曾言，闻得广东有屈温山者，诗文甚佳，亦未出仕，并云惜未见其文集。其时臣正在诱之使言，随亦云其著作大意，仿佛与吕留良及而师曾静之意略同。其实屈温山之为人如何？并伊之诗篇文集，不唯臣从前并未寓目，抑且并未闻人说及，其书之有无邪说（朱批：此一语非卿提起，朕实未留意，而廷臣亦未有言及者。）无由而知。是时臣之所以信口称道者，盖欲探逆恶之实情，使之深信不疑，直言无隐也，理合一并奏明，伏乞皇上睿鉴。为此谨奏。雍正八年三月二十六日。

朱批：览。

浙江总督李卫奏折

浙江总督管巡抚事，驻扎杭州在任守制，臣李卫谨奏：为奏闻事。

窃臣于上年冬月，访有杭城仁和县监生陈铨，少年狂诞，在外扬言曾与湖广逆犯张熙来浙时认识，并同党恶严赓臣，投拜门生，讲论诗文、自幸不曾扳入案内等语，当即拿究审问。又据供出，曾与江西人看风水之吕东阳，于杭州书坊相遇，因起大六壬数，彼此接谈，许以跟随同行，每月可得帮给银三两，尚有札付等语，随查吕东阳踪迹，已于雍正三年回归原籍。因陈铨供内有札付狂妄之语，不可不为究讯明白。一面移咨江西巡抚查缉解浙质对，一面再将陈铨细加研鞫。旋又改供吕东阳系浙江台州人方贤济冒名假称，亦在省城堪舆生理，错认为东阳。又复行提方贤济，于今年三月下旬到案，三面质讯，曾与陈铨会面起过六壬，彼此较量深浅争论是实，并无许银及札付之事，讯之陈铨，自认谎供。

其熟识张熙等之处，反复推鞫，均属支离，并称曾静亦经到杭州拜望见过等语，更为荒唐，乃系好作不根之谈，造言生事，哄骗愚民，假做体面狂徒，随将陈铨咨革监生，从重枷责，仅留余生，交与伊父亲邻取保管束，永不许出门。

正在备文移咨江西间，即于四月二十二日，准江西署抚臣谢旻，咨解吕学一即吕东阳到浙。臣查其在江西所供陈铨，年貌籍贯，及京师相遇情节，俱不符合。随将解到之吕东阳更换衣服，同别案犯及衙役等十余人间杂并跪。吊同陈铨及吕东阳当在杭寓主逐一识认，并非其人。

讯据吕学一供称，实系打造银匠生理，招牌上有东阳吕记，并非名号。向在保定府涞水县开店，从没有到过浙江，且目未识丁，不会风水。其江西所在京与陈铨结盟，吃血酒，约会船只下海及供出各省田开玉等姓名，俱系畏刑信口妄指，毫无影响。

诘其因何认供凿凿之故。据称彼地要严审，若不妄供，难逃夹讯。我族人说："你到浙江，自然明白，何必先自受苦"等语。隔别研讯，实属误拿。查臣前咨，止于将吕东阳获解送浙质对，并未令其就近讯供，彼处既无活口来历，何从究审，自有错误。但因江南匪类正在浙省发觉，江西州县官疑为此件，奉公过甚所致。幸到杭不曾动刑，即与剖明省释。臣捐给盘费，交原解官带回江西，并咨明署抚臣谢旻，飞速行文直隶、山东、山西、江南、广东各省，将吕学一妄供之姓名，毋庸查拿，以免张皇滋扰。去后今已准有谢旻回咨，合将情由奏明。

再，浙江各处地方安静，惟海盐县近日后有愚民，以“糍粑教”名目，聚会拜忏。恐其蛊惑人心，经臣访拿，为首及附和党羽等十余名，交杭嘉湖道细加严审，尚系乡愚初起，无别项为匪情，故现在分别重惩枷责，仅留余生，交保管束，朔望点卯不时稽察，以杜颓风。

又，钱塘县知县李惺，缉得游方匪僧裕安、上乘等，讯出同伙甚多，皆系马流和尚，结党为匪，各处云游挂单，遇孤村静室，庵庙人少者，即用强行劫，或以蒙汗药投入饮食之中迷人，取其衣资，更有损害性命者。臣随拣造弁员，为发给路费，押带匪僧作眼，分头认缉，先后又获同党静参等二十余犯。所供江浙两省窃劫，历年为害，踪迹莫定。按址行查，皆属不虚。而乡僻僧尼弱门，止于失物未致伤命者，从前竟不赴官呈报，今现在逐案究明，定拟具题。此外，多党仍再上紧侦拿，断不使其漏网贻患。

又，本年五月三十日，据臣差往江南巡缉私盐盗匪弁员禀称，崇明县花沙海稍等处民人，忽率众鸣锣到新开河市镇强勒各铺户，关闭店面，喧闹地方等情。随据苏松镇兵官施廷专呈，同前。由臣一面严批查拿首犯，解散余党，一面密加察访。因崇明佃户向夏冬二季交纳业主田租之外，尚有轿钱、折饭、家人杂费等项。经知县祖秉震于上年具详禁革，立碑文内分晰未明，刁民藉以为题，欲将夏季麦租不还。先写匿名谤纸粘贴。指称取租富户施大受与新任镇臣施廷专联宗，倚势收等语，聚众多人逼迫店户罢市，甚至殴辱巡检。虽有营县拿有朱锁等四、五人到案，尚有写匿名帖之夏君钦等棍脱逃未获。该县欲为掩饰，详文含糊，未将实情叙明，臣查崇明地居海外，各沙孤悬错杂，民情向称刁悍，今欲借端图赖额内一季正租，辄敢粘贴匿名，聚众妄行，恶风断不可长。现在批行江苏按察司，苏松太道严查确情，会同营员勒获为首鼓众要犯。咨会江省督抚二臣听其究审定拟,分别严处示儆外,事关海疆要地,棍徒聚众,合并附摺奏明,伏乞圣鉴。谨奏。雍正八年六月初六日。

朱批:是施廷专已有旨着汝调补矣。朕意李灿似宜此任,若浙省镇臣调用有难行处,只管暂委员署理崇明。据实折奏以闻。

湖南巡抚赵弘恩等奏折

湖南巡抚臣赵弘恩,观风整俗使臣李徽谨奏:为奏请圣训事。

八月十一日布政使杨永斌、按察使张灿面禀:省城贴有传单,约于十九日共执曾静沉潭。随据长沙县知县单含,揭送传单到臣。臣即出示晓谕,严行禁止。

讫十四日,荷蒙圣恩特赦,将曾静切加训束。臣等当将曾静传赴公所,宣扬圣旨,明切教导,曾静惟俯首称谢。臣等窃思,曾静来楚,本欲令其宣扬圣德,化导愚民,今据该司等公禀前来,诚恐草野愚民共生义愤,无益人心,反滋事端。臣等未敢擅便,臣谨会同观风整俗使臣李徽,据实奏闻,并抄录传单呈览。伏讫圣主训示遵行。臣赵弘恩、李徽谨奏。雍正八年九月十三日。

朱批:览。另有旨谕。

雍正上谕:雍正八年十二月十九日,刑部等衙门会议:吕留良身列本朝子衿,妄附前代仪宾之裔,追思旧国,诋毁朝章,造作恶言,妄行记撰,猖狂悖乱,罪恶滔天。甚至敢将圣祖仁皇帝诬蔑指斥,悖犯已极,臣等莫不切齿痛心,允宜按律定罪,显加诛灭,以扶人纪,以绝乱源。

吕留良应剉尸枭示,财产入官。伊子吕葆中,曾叨仕籍,世恶相济，前此一念和尚谋叛案内连及，吕葆中逆迹彰著，亦应剉尸枭示。吕毅中应斩立决，伊子孙并兄弟伯叔，兄弟之子及女，妻妾姊妹、子之妻妾，应行文该督查明，按律完结。并行知各省、府、州、县，将大逆吕留良所著文集、诗集、日记及他书已经刊刷及抄录者，于文到日出示遍谕，勒限一年，尽行焚毁。

得旨：吕留良怀悖逆不臣之心，假托先儒糟粕余论，欺世盗名。以致人心陷溺，为其迷惑已久，愚昧之徒，称为夫子，几谓其驾乎程朱之上，甚至奉祀书院以尊崇之。今其谋逆秽行无不败露，天下焉有丧灭伦常，犹得托名于理学之林，而著作尚有可取者乎？

今内外臣工等合词陈奏，朕思吕留良之罪，从前谕旨甚明，在天理国法万无可宽。然天下至广，读书之人至多，或者千万人中，尚有其人谓吕留良之罪，不至于极典者。朕慎重刑罚，诛奸锄叛，必合乎人心之大公，以昭“与众弃之”之义。

至其所著书籍，臣工等奏请焚毁，复思吕留良不过盗袭古人之绪余，以肆其狂诞空浮之论。有识见者，固不待言，即当日被其愚惑者，今亦自然窥其底里，而嗤笑之也。况其人品心术若此，其言更何可取，今若焚灭其迹，假使毁弃不尽，则事属空文，倘毁其尽绝，则将来未见其书者，转疑伊之著述，实能阐发圣贤精蕴，而惜其不可复得也。即吕留良书籍中有大逆不道之语，伏思我圣祖仁皇帝圣德神功，际天蟠地，如日月之照临宇宙，万古为昭，岂吕留良所能亏蔽于万一乎？

著将廷臣所议，行文直省学政，遍行询问各学生监等，应否照议，将吕留良、吕葆中剉尸枭示，伊子吕毅中斩决，甚所著文集、诗集、日记及他书，已经刊刻刷印暨抄录者，尽行燔毁之处，著秉公据实，作速取具该生监等结状具奏。其有独抒己见者，令其自行具呈该学政，一并具奏，不可阻挠隐匿，俟具奏到日，再降谕旨。

安徽巡抚程元章奏张秀公等供词

安徽巡抚,臣程元章谨奏:今将审问张秀公等供词缘由开陈于后。

问:“张秀公,你今年多少年纪,弟兄几个,有几个伯叔,你父亲张应星是哪一年到耒阳的任,哪一年病故,你必定常在任所的,据实供来。”

供:“犯今年三十七岁了,弟兄原有四个。大哥早死了。弟兆鹏自雍正三年往广东谋生,至今杳无音信,不知存亡。还有幼弟兆凤,今年十五岁现在家里。父亲是康熙四十八年内到任,雍正元年病故,在任共十五年。犯生跟随到任时年纪只有十四岁,后来也常回家,也进过京,也到过广东,约算在耒阳不过五六年。前在臬司讯供已经供明。惟雍正元年犯生在家,到六月闻讣,继赶到耒阳的,现在孙仪周等可问。”

又问:“你父亲是何年入学、怎么得官,死时有多少年纪呢?”

供:“父亲进学时候,犯生还不曾出世,只听说是康熙三十二三年间,挈眷到浙江糊口,在颜学院任内商籍进学的。后于康熙四十年四月内,由杭州搬家回籍,不及一月就进京去,四十一年考取景山教习,四十七年报满,就选授耒阳县,冬底出京,四十八年四月到任,后来病故,时年五十四岁了。”

又问:“你父亲在任十五年,你又常随任所,衙门中宾朋往来,你自然知道,曾有一个王澍,当日到过耒阳,与你父亲交好,因何县府司审你,你狡供怎么没有个王澍的影子呢?”

供:“父亲衙内往来亲朋,犯生都是晓得的,若说王澍这个人,实在一点影子也没有,教犯生怎么供得出?”

又问:“雍正元年四月里,王澍曾写书札寄你父亲,教祝融庵的僧人弥增,到你父亲衙门里去取五十两银子,你怎说不知王澍的影子呢?”

供:“雍正元年四月间,犯生不在耒阳,但父亲衙门从没有个和尚弥增出入。犯生又细查过父亲日用银帐,元年上并没有这和尚弥增,拿着王澍的书札来取五十两银子的帐况。我父亲商籍进学,教习选官,是赤手空拳挣出来的,也没有亲朋帮衬,后来做官俭朴自守,死的时候尚且亏空了钱粮,那打抽丰的人来都没想头,若送五十两银子必是平素受过重恩的人,难道犯生还不知道。就是元年四月犯生不在耒阳衙门的,果有弥增取银子的事,他们犯不着隐瞒,况且取了五十两银子去。王澍既有字来,父亲必有字回答,只求咨查叫他们拿出回书来验就明白了。”

又问:“现据僧人弥增在湖南供称,王澍曾说与你父亲同学,岂有你父亲同学的人,你倒不知道吗?”

供:“如果与父亲同学,必是相好朋友,犯生是亲儿子,岂有不晓得的理。父亲实没有这个同学的人,只求咨查问弥增,是哪年上王澍与父亲同学,是在哪里同学。况前日在安庆府讯供,吩示王澍的年貌,说王澍于雍正二年死在桂东,时年纪有三十多岁。我父亲元年死的时候有五十四岁了,在杭州进学,年纪就有二十四五岁,计算起来,那时王澍不过几岁的小孩子,怎说与父亲同学?求详情。”

又问:“同学之称不必定是同窗读书,才算同学,也有平日斯文相与,意气相投称同学的。你想你父亲平日文字相交,定有王澍这个人,及早供出,免得拖累。”

供:“父亲平日文字相交,意气相投的人,犯生都知道,并没有王澍这个人,如今叫犯生如何凭空捏出个王澍来?”

又问:“你父亲在杭州住了几年?又在京教习几年?他在外相与同学的人,必多来任所打抽丰,叙旧好,也是常事,就有王澍到耒阳衙门走动,你也无罪,快从头细想,据实供来。”

供:“父亲到杭州才生了犯生,那几年犯生年少不记事,后在京教习,犯生跟在京读书。父亲相与的人从没有这个人。至于到任以后，非至亲没有到耒阳来的，哪里有个王澎到衙门走动？犯生巴不得有个王澍，供出来就免拖累，只是千思万想没有这一个人，犯生也无可奈何了。”

又问：“你这样狡供大错了，那湖广移来的口供，不但僧人弥增供你父亲与王澍同学，就是你父亲长随唐思，现在湖南把你父亲与王澍相与的实情都供出来了。还有王澍湖南相与的许多人，所供俱是一样，你还敢隐瞒么？”

供：“这是死冤家对头了，和尚弥增，犯生不认得，唐思原叫唐诗，父亲衙里做裱褙，是有的，他若供出父亲与王澍同学，王澍在耒阳衙门行走，这是他诬扳了。湖南还有王澍相与的人，这样供的，只求同唐诗一起，咨提来与犯生对质，或把犯生解到湖南与他们对质，就见明白。”

又问：“湖南的许多人，都供王澍是好夸才学，张狂古怪的人，或者王澍是他改换的姓名，你如今一时想不起来。现在王澍的图像在这里与你看，你要细细地想，你同乡亲友中可有这样像貌，这样性情的人？据实指出来，你就不受拖累了。”

供：“犯生父亲的亲友并同乡认识的人，犯生照图像细想，实在没有这样形象，这样狂妄古怪的人，不敢捏供。”

又问：“你今年三十多岁，也该晓得事体，这不过是要查问王澍的家属下落，只得问他相与的朋友。你看那湖南与王澍相与的人，供明实情就把他们放了。就是曾静那样弥天大罪的人，自知悔罪，供吐不讳，皇恩如天广大，尚且赦他，你若供出王澍实在下落，纵是你父亲在日与他相与，他的奸恶没有败露，你父亲也是不知情，无罪的人。你还怕甚么不说？你若到底含糊支饰，就要刑审，还要解到湖南，与王澍相与的人，并当日与王澍传帖的柬房门子，现在都要与你对质了。那时即说出实情来，你从前替奸人隐瞒，就是奸人党羽，就要问罪了。”

供：“蒙这样谆切开导，皇恩如天广大。犯生若知有王澍，不将他实在下落供出来，就是鬼神也不容犯生的。况且供出来，犯生就有活命，不供出来，反要解往湖广对质，还要受刑拖累至死，犯生岂不知道？反情愿向死路上走？只是犯生晓得一点影子也好着想，如今一点影子也没有，叫犯生如何想起？况犯生供出表兄孙仪周来，我姑夫阖家人到犯生家吵闹，说犯生坏良心扳害他，恨入骨髓，如果有个王澍与父亲相与，孙仪周还不供出来，倒替犯生隐瞒，不受拖累么？况耒阳县有柬房有门子，有许多衙役。若王澍与父亲往来，又有个异言异服的和尚弥增，到衙门取银子，瞒得哪一个的眼，难道还查问不出来。况且弥增既代王澍取银子，必定与王澍相好，王澍方肯叫他到耒阳。他日亲日近的人，岂有不晓得这王澍的下落？湖南又有王澍相与的许多人，难道他们不知道王澍是何府何县的人？如何信口混供，捏出这些没着落的话来。犯生情愿与他质对。"

又问："唐思在湖南供他是徽州人，同你父亲读过书，府司审你，你如何说他是衡州人，并不识字呢？将来还要对质，你如何混说得。"

供："唐诗实在住在衡州，他兄弟唐俊，妹夫关弘道，外甥郁成，俱在衡州、湘潭等处住家。他是从康熙五十二年就在衙门裱褙字画，六十一年，他跟犯生回家走了一次。若是徽州人，只求行文到休宁县三十一都一图六甲十排之中，通县烟民册细查。如果他系徽州人，犯生的话都是假的，他连天地人三个字都写不出来。衙门记帐，都是打苏州马子，他怎说同父亲读过书的鬼话。"

又问："你父亲当日衙门，还有什么人帮同办事道，止你同你侄子张振蕃，和孙仪周、唐思么？"

供："我父亲在任十五年，同办事亲友长随也会死的，也有去的。后头父亲死了，又亏空了钱粮，他们也有逃走，欺瞒不得。"

问："张振蕃，你今年多少年纪，你随祖父在耒阳任中时，可知道与你祖父相与的都是什么人，可有个王澎，时常往返。他曾叫和尚弥增,持字在衙门取过五十两银子,你可知道么?实供来。”

供:“小的今年二十二岁,原在耒阳生的,到五岁上跟父母回家,第二年六岁,父亲死了,小的母亲在家里住。直到雍正元年,小的才十三岁,祖父差人叫小的到任上读书。二月里到了耒阳,祖父家训极严,终日关在学里读书,非初一十五,不许出来。就是家里事,一些不晓得,如何还晓得祖父相与的人?小的委实不知道甚么王澍,也不知道弥增和尚持书取银子的事。小的寡母在家,一贫如洗,一路来饭都没的吃,若知些影子,巴不得就说出来,好免拖累。只是不知道的人,就想一百年也想不出来了。”

问:“你祖父任所用的人,除孙仪周和唐思外,还有几个,都是甚么姓名,实实供来。”

供:“孙仪周是小的表叔,原在家里相熟的,唐思就不知道,只晓得有个唐诗,会裱画。问他讨些碎纸是有的。其余用的人,小的那时人事不知,又不管事,又不使用人,如何晓得。”

问:“孙仪周,你在耒阳住过几年,王澍与你母舅往来相与,雍正元年四月内,王澍叫弥增和尚持字到衙门取五十两银子,你自然知情的,据实供来。”

供:“小的是康熙六十一年六月内到耒阳,至雍正元年六月,母舅死了就回家来,并不曾见有个王澍。与母舅往来,哪里有什么和尚取银子的事。”

又问:“你愚了,你不过是张应星的外甥,帮他办事,他与王澍相与不相与,于你本不相干。你果知王澍踪迹,实说何妨,况这件事,是他张家的事,张秀公反把你扳出来受累,你何苦替他隐瞒,岂不枉受刑法,枉受拖累么?”

供:“他家姓张,小的姓孙,今日张秀公丧良心扳害小的,家中父母吓病在床,存亡未知,小的与他成了切骨的仇恨,这事若有些影响,不等到今日,早直说了。为甚么受他的害,反替他隐瞒,求详情。”

又问：“你不肯说出实情，自然是为亲戚的意思，要知道这件事，不过查问王澍的籍贯，你果知王澍的踪迹，供出来，根究出他的住址，连你母舅家也就脱然无累了。如执迷不吐实情，不但要受严刑，还要解往湖南质对，都要受累。反不是你为亲戚了，你想想，把实话说来。”

供：“小的若知道王澍的住址踪迹，实说了就脱然无累，小的岂不知道？实在不晓得这个人，小的无从想起，今日被亲戚扳害，也是小的与张家前世冤业。”

又问：“你母舅衙门还有甚么帮同办事的，把姓名一一供来。”

供：“自六十一年至元年，小的在耒阳不过一年，母舅是个穷官，办事的人原少，自少的到了衙门，母舅就有亏空，从前的亲友长随，都散去了。”等情。各供在案。

江苏巡抚尹继善奏折

臣尹继善谨奏，为奏明事。

臣先接大学士公马尔赛等，寄到奏复湖南抚臣赵弘恩查审奸人王澍一案，因跟随王澍之罗一奎供，王澍系江南人，行令臣等留心访察家属等因。臣在随处留心，密行查访外，查湖南抚臣原审供内，有僧人弥增供称：“王澍说与耒阳县知县张应星，曾在江南徽州同学，雍正元年王澍叫耒阳县人曾盛任代写一帖，要向张应星取银五十两”等语。

据安庆按察司密提张应星之子张秀公、之孙张振蕃，并在耒阳任内管事之张应星外甥孙仪周，解赴安庆。抚臣程元章讯供，并未有王澍与应星同学借银情事，已将讯供情由具奏。钦奉谕旨：“仍遵前谕行，其中如实确无干，或令讨保，或在外闲散看守，不可令无辜久系于囹圄。总之冤抑平人与疏纵匪类相等,秉公为之。钦此。”

接安徽抚臣密札知会到臣,此等紧要之案,臣未经亲讯,不敢放心,复亲提细问,据张秀公等供吐如前,再三开导,始据供有应星在任日记簿一本,复供出康熙六十一年雍正元年管宅门系秀公之侄张庆远,臣思王澍行踪诡秘,在湖南一带传说悖逆之言,自必改易姓名,既有应星会客日记,可从此根究。臣已密差妥人前往将日记簿提到,其所登记自康熙五十六年正月至雍正元年五月日行之事,所会之客,俱在其内。现在逐加细问,一一根究下落,密查踪迹。并提管宅门之张庆远,详加究讯外,合先奏明。谨奏。雍正九年十月初七日。

朱批:览。

雍正上谕:雍正九年十二月十六日谕,内阁逆贼吕留良,以批评时艺,托名讲义,今罪迹昭彰,普天共愤。内外臣工咸以罪犯私著之书急宜焚毁为请。朕以为,从来无悖逆之大儒,若因其人可诛而谓其书宜毁无论,毁之未必能尽。即毁之而绝无留遗天下,后世更何所据以辨其道学之真伪乎?以故毁书之议概未允行。

顷者翰林顾成天奏称,吕留良所刊四书讲议,语录等书,浮浅鄙,毫无发明,宜敕学臣晓谕多士,勿惑于邪说,爰命在廷儒臣,详加检阅。兹据大学士朱轼等,于其讲义、语录逐条摘驳,纂辑成帙,呈请刊刻,遍颁学宫。

朕以逆贼所犯者,朝廷之大法也。诸臣所驳者,章句之末学也。朕惟秉至公以执法,而于著书者之为醇为疵,与驳书者之或是,或非,悉听之天下之公论。后世之公评,朕皆置之不问也。大学士朱轼等既请刊刻,分布学宫,俾远近寡识之士子,不至溺于邪说。朕思此请亦属可行,姑从之,以俟天下后世之读书者。

湖南巡抚赵弘恩等奏折

湖南巡抚臣赵弘恩、观风整俗使臣李徽谨奏，为奏闻事。

查曾静系奉旨发到臣李徽衙门听用之人。曾静请假归家置产，臣等于去夏奏请圣裁。七月二十日接到朱批："赏他一年假，期满仍着来汝处使用，奏闻候旨，钦此。"今曾静于八月二十二日期满到长，仍留臣李徽衙门使用。理合奏闻候旨。臣等谨奏。雍正十年九月初七日。

雍正朱笔批示：览。

雍正上谕：雍正十年十二月十二日谕内阁：吕留良治罪之案，前经法司、廷臣、翰詹科道及督抚、学政、藩臬、提镇等合词陈奏，请照大逆之例，以昭国宪。

朕思天下读书之人甚多，或者千万人中，尚有其人谓吕留良之罪不至于极典者。又降旨令各省学臣遍行询问各学生监等，将应否照大逆治罪之处，取具该生结状具奏。其有独抒己见者，令自行具呈学臣为之转奏，不得阻挠隐匿。

今据各省学臣奏称，所属读书生监，各具结状，咸谓吕留良父子之罪，罄竹难书，律以大逆不道，实为至当，并无一个有异词者。

普天率士之公论如此，则国法岂容宽贷。吕留良、吕葆中俱著戮尸枭示，吕毅中著改斩立决。

其孙辈俱应即正典刑，朕以人数众多，心有不忍，著从宽免死，发遣宁古塔给与披甲人为奴。

倘有顶替隐匿等弊，一经发觉，将浙省办理此案之官员与该犯一体治罪。

吕留良之诗文书籍，不必销毁；其财产令浙江地方官变价充本省工程之用。

雍正上谕:雍正十年十二月十七日,刑部等衙门议奏:逆贼严鸿逵枭獍性成,心怀叛逆,与吕留良党恶共济,诬捏妖言实,覆载所难容,为王法所不贷。

严鸿逵应凌迟处死,已伏冥诛,应戮尸枭示。其祖父、父、子孙、兄弟及伯叔父兄弟之子,男十六岁以上,皆斩立决,男十五以下,及严鸿逵之母、女、妻、妾,子之妻妾,俱解部,给功臣之家为奴,财产入官。

沈在宽传习吕留良、严鸿逵之邪说,猖狂悖乱,附会诋讥,允宜速正典刑凌迟处死。其嫡属等均照律治罪。

又吕留良案内黄补庵,自称私淑门人,所作诗词,荒唐狂悖;车鼎丰、车鼎贲,刊刻逆书,往来契厚;孙用克阴相援结,周敬舆甘心附逆,私藏禁书。黄补庵应拟斩立决,妻妾子女给功臣之家为奴,父母、祖孙、兄弟流二千里。车鼎丰等俱拟斩监候。

又吕留良案内被惑门徒房明畴、金子尚,应革去生员,杖一百,佥妻流三千里。陈祖陶、沈允怀、沈成之、董吕音、李天维、费定原、王立夫、施子由、沈斗山、沈惠候、沈林友,应革去教谕、举人、监生、生员,杖一百,徒三年。朱霞山、朱芷年,从学严鸿逵时,年尚幼小;张圣范、朱羽采令伊等幼子从沈在宽附学训蒙,审无与沈在宽交好之处,应无庸议。得旨,严鸿逵著戮尸枭示,其孙著发宁古塔,给与披甲人为奴。沈在宽著改斩立决,黄补庵已伏冥诛,其嫡属照议治罪。车鼎丰、车鼎贲、孙用克、周敬舆,俱依拟应斩著监候,秋后处决。房明畴、金子尚俱著佥妻流三千。陈祖陶等十一人,著以杖责完结。张圣范、朱羽采、朱霞山、朱芷年著释放。

乾隆上谕:雍正十三年十月初八日,上谕。曾静大逆不道,虽置之极典,不足蔽其辜,乃我皇考圣度如天,曲加宽宥。

夫曾静之罪不减于吕留良，而我皇考于吕留良则明正典刑，于曾静则屏弃法外者，以留良谤议及于皇祖，而曾静止及于圣躬也。今朕绍承大统，当遵皇考办理吕留良案之例，明正曾静之罪，诛叛逆之渠魁，泄臣民之公愤。著湖广督抚，将曾静、张熙即行锁拿，遴选干员，解京候审，毋得疏纵泄漏。其嫡属交与地方官严行看守，候旨。

乾隆上谕：雍正十三年十二月十九日，谕刑部。曾静、张熙，悖乱凶顽，大逆不道。我皇考世宗宪皇帝，圣度如天，以其谤议，止及圣躬，贷其殊死。并有“将来子孙，不得追究诛戮”的谕旨。

然在皇考当日，或可姑容；而在朕今日，断难曲宥。前后办理虽有不同，而衷诸天理人情之至当，则未尝不一；况亿万臣民所切骨愤恨，欲速正典刑。于今日者，朕又何能拂人心之公恶乎？曾静、张熙著照法司所拟，凌迟处死。

世宗上谕儒释道三教

雍正 编著

世宗上谕儒释道三教①

按：清世宗好佛学，自号破尘居士，又称圆明居士。尝刻《御选语录》《宗镜大纲》《经海一滴》《拣魔辨异录》，及重刊《宗镜录》诸书行世。其在藩（原作潜）邸时，即喜与禅衲往来。曾著《集云百问》，令京外名僧赞偈。又著《破尘居士语录》，稿凡数易，皆亲笔修改。又有与圆寿、允禄、福彭、鄂尔泰、张廷玉、天申问答诸稿，具存故宫档案箱中。凡当时有关于佛学之谕旨，《实录》《圣训》多不载，兹从懋勤殿旧档检得，采著于篇。②

一

昔我世祖章皇帝聪明睿智，临御寰区，万几余暇，留心内典。相传国师玉琳琇禅师、木陈忞并蒙宣召，均荷眷注，而其实玉琳之受知在先，恩礼优渥。及力辞告退还山时，皇祖留其徒茆溪森在京，欲令主席。玉琳琇以森年齿尚少，遂转荐木陈忞，如是始蒙召见。两人之知遇，本自不同。厥后皇祖纶音再召，止及玉琳琇，而不及木陈忞，是则玉琳琇、木陈忞之优劣，早已在圣心洞鉴中矣。

朕前在藩邸，究心经史之余，偶拈性宗，实有所见。自御极以来，旰食宵衣，勤求治理，无暇论及，且恐天下臣民不知朕心者，或

① 该标题为清雍正时期内府刻本的名称，在台湾影印本《文献丛刊》里为《清世宗关于佛学之谕旨》。该《清世宗关于佛学之谕旨》只收本篇一至七节内容。本篇八至十四节内容，均依据中国第一历史档案馆编，广西师范大学出版社出版的《雍正朝汉文谕旨汇编》有关资料整理。

② 该按语出自台湾影印本《文献丛刊》里《清世宗关于佛学之谕旨》，清雍正时期内府刻本《世宗上谕儒释道三教》无此段文字。

起崇尚佛教、轻视政事之疑。原欲俟十年后庶政渐理,然后谈及佛法。今御极已十年矣,向检阅玉琳琇、木陈忞语录,见玉琳琇所著,性地超脱,乃直踏三关者,实能丕振宗风,阐扬法旨。至于木陈忞语录,文采华丽,其中虽不无可取而有支离牵强处,然亦具正知正见,于法门尚无大过,但所著《北游集》六卷,则乖谬之语,不堪观阅,今试举其一二。

如纪载云:"上一日语及近来经生只做得几篇腐烂时文,于己身性命二字全不留心。师对曰:皇上但悬一格'有人悟得祖师禅定,即与他今科状元',自然个个留心矣。"据木陈忞此言,是以祖师禅定为博取状元之具。且国家以状元之名诱人参学,尚得谓之禅定乎?何议论卑鄙至此!

又如纪载云:"上曰:朕观老和尚上堂,与报恩和尚不同,何也?师曰:道忞举行出自清规,玉兄犹仍时套,盖一向沿习教家故耳。"朕观玉琳琇之举动,高于木陈忞远甚。乃木陈忞以清规自居,而讥玉琳琇为时套,可谓不自知分量矣。

又如纪述世祖谕旨云:"愿老和尚勿以天子视朕,当如门弟子旅庵相待。"此等尤为诞妄之至。又如纪载云:"上龙性难撄,不时鞭朴左右,偶因问答间,师启曰:'参禅学道人,不可任情喜怒,故曰:一念瞋心起,百万障门开者,此也。'上点首曰:'知道了。'后近侍国柱语师云:'如今万岁爷不但不打人,即骂亦希逢矣。'又万岁爷极赞老和尚胸怀平坦,亦最慈和乐易云云。"思此乃必无之事,明系凭空结撰者。盖因木陈忞当日结交内侍间中,探问皇上喜怒,而李国柱寺宦小人,本无知识,但见上意优待木陈忞,如此遂附会以答之。而木陈忞竟公然写此一段以自为功能,欲以盗窃名誉。似此世谛流布庸鄙之行,岂真抱道之人所为耶?其他夸耀恩遇,时俗卑陋之词,屡见于篇中,不胜缕述。

当日玉琳琇之叨蒙恩遇,过于木陈忞,而玉琳琇语录中,除佛法之外,曾无一字纪载。闻其两次还山时,有人问及内廷召对因缘,但答以"皇帝恩重"一语而已。其法嗣茆溪森奉旨留住京师数年,亦时蒙宣召,恩遇极隆。皇祖曾降旨欲封为禅师,茆溪森以父子不敢并受封号,奏辞甚力。及阅其语录,止言佛法,并无纪载夸张之一语,是茆溪森之卓识高见亦如其师,较之木陈忞,则相去霄壤矣!

玉琳琇著赐祭一次,茆溪森著追封明道正觉禅师,赐祭一次,以示朕礼重纯修,表扬正梵之至意。惟有骨岩行峰者,玉琳琇之弟子也,曾随本师入京。因作《侍香纪略》一册,以纪恩遇,其中荒唐诞妄之处不可枚举。如云"端敬皇后崩,茆溪森于宫中奉旨开堂,且劝朝廷免殉葬多人之死"等语。我朝并无以人殉葬之事,不知此语从何而来?又云:"上郊祀天坛,皇太后、皇后皆同往。"此等皆如梦中呓语,不知为何人所欺诳而冒昧笔之于书也。其他错悟鄙俚处,览之令人喷饭。且《侍香纪略》前,有吴世瑞序文云"昔老和尚自京师回,见人录写万善殿中召见问对因缘,便加诃斥",则此《纪略》,老和尚在日若见,亦诃斥否?据吴世瑞序文之言,是行峰之纪载。人人共知其非,当时必早有指摘之者,乃行峰下愚执著不移,况玉琳琇之清风定识、超越尘凡,此等纪载既其所深恶,而行峰忍于背其师而为之,在国家则为不忠,在师门则为不孝,其罪讵可逭乎?盖法门广大,缁流云集,狂悖无知之人假名栖托者不少。如我皇考,昔年巡幸所至,或有远近僧众前来迎驾,皇考视之如田夫、野老,亦不可拒绝,或问话一二语,或遇古刹丛林暂时驻跸,偶赐御书以彰胜迹。其名利禅徒匍匐泥首之情态人所共知,此朕所目睹者。而僧衲中竟有无知妄人,于瞻仰天颜后即私乱纪载,以无为有,恣意矜夸,刊刻流行以煽惑听闻者,此即行峰无耻之流也。

朕前在藩邸常与禅衲往来,讲论性宗之学,不无一番狼藉。迦陵性音,频相接见,当日听其言论,于正知正见不可言无,而情性好干世法,其行履未能贴实,是以朕御极时,谕令归隐,盖恐其与法门无益也。越数年,闻性音圆寂,朕以时下宗徒,类多谬参法席,不达佛旨,较之性音更为远逊,如是将伊敕部赐议追封禅师。又因伊昔开堂说法,为禅众所称,想其语录自能裨益佛教,因亦谕令入藏。朕即位后十年来,办理政事,于释典一函一轴实未曾披阅。近日方经详悉,观览性音之所著述,较之从言诠知解边荐取者不无稍优，而含糊处不少，惟露一己之爪牙，甚失指接人之婆心。似此究未彻底利生之作，何可以为人天师范？朕从前失于检点，亦性音辜负朕恩处。著削去所赐封号，其语录入藏者，亦著撤出。况伊之法嗣数人俱属庸庸之辈，其中或有如行峰之狂悖无知，将朕向日加恩性音之处，妆点夸张，妄行纪载以欺天下后世者，亦未可定。著该部行文各该省督抚，留心访察，不得容伊等将朕当年藩邸之旧迹私记存留。违者重治其罪！

夫佛教以明心见性、兴善能仁为本，与儒教亦相表里。然必其人可传，其书则觉世牖民，可获利济之益。若如木陈忞之《北游集》，行峰之《侍香纪略》，则市井浮嚣、虚伪之谈，并无关于佛法，且有害于人心。若听其流传，不行销毁，后世之帝王见之，必以延接缁流为戒，则佛教沦落，信心者惮于护持，乃一二妄说贻之咎也。著该部行文各省，将《北游集》《侍香纪略》及圣祖皇帝巡幸时僧衲纪载之书，其中除讲论佛法外，凡有书写时事、虚妄捏成、夸耀恩遇者，概行查毁，并晓谕众僧不许私自收藏。有违旨隐匿者，他日查出，以不敬律治之。

行峰有玷伊师玉琳琇之教，自行峰以下及其徒众，著直省巡抚详细查明，尽令削去支派，向后永远不许复入祖庭。现在开堂说法者，即摘钟板，另选玉琳琇下别支承接方丈。此与常住道场、十方参学人无涉，地方官不得多事扰害。木陈忞亦应照此惩治，但念伊当日曾受皇祖之恩眷，且伊师密云悟契宗门之妙谛，得教外之灵机，所著语录诸书，实有裨于禅教。著从宽免其处分，但表襮其过以明告天下，如此则天下后世之盗窃佛法以逞其狂诞之言、肆其诈伪之行者，知所儆戒，庶几不负我皇祖当年护持佛法之盛心焉。特谕！

二

朕惟三教之觉民于海内也，理同出于一原，道并行而不悖。人惟不能豁然贯通，于是人各异心，心各异见。慕道者谓佛不如道之尊，向佛者谓道不如佛之大，而儒者又兼辟二氏以为异端，怀挟私心,纷争角胜而不相下。

朕以持三教之论,亦惟得其平而已矣。能得其平,则外略形迹之异,内证性理之同,而知三教初无异旨,无非欲人同归于善。夫佛氏之五戒、十善,导人于善也。吾儒之五常、百行,诱掖奖劝,有一不引人为善者哉!

昔宋文帝问侍中何尚之曰:“六经本是济俗,若性灵真要,则以佛经为指南。如率土之民,皆淳此化,则吾坐致太平矣。”何尚之对曰:“百家之乡,十人持五戒,则十人淳谨;千室之邑,百人持十善,则百人和睦。持此风教,以周寰区,则编户亿千,仁人百万。而能行一善则去一恶,去一恶则息一刑;一刑息于家,万刑息于国,洵乎可以垂拱坐致太平矣!”斯言也,盖以劝善者治天下之要道也。而佛教之戒贪吝、诱贤良,其旨亦本于此。苟信而从之,洵可以型方训俗,而为致君泽民之大助。其任意诋毁,妄捏为杨墨之道之论者,皆未见颜色,失平之瞽说也。

朕居藩邸,留心内典,于性宗之学,实深领悟。御极以后,宵旰靡遑,且恐启天下以崇尚释教之疑,是以未尝形之谈论。欲俟庶政渐理,始举三教合一之旨,提撕警觉,以明互相诋毁者之非。今逾十年矣,听政余暇,偶将朕之所见,并昔人论说数条,举以示天下之学道者。

古人有曰:“周孔六经之训,忠孝履其端;李老二篇之言,道德创其首;瞿昙三藏之大,慈悲为其本。事迹虽异,理数不殊,皆可崇可慕者。”

又有曰:“儒以正设教,道以尊设教,佛以大设教。观其好生恶杀,则同一仁也。视人犹己,则同一公也。惩忿塞欲,禁过防非,则同一操修也。”

又有曰:“以佛治心,以道治身,以儒治世。”

又有曰:“佛之言性,与诸书同。圣人同其性,则广为道德。人能同诚其心,同斋戒其身,同推德于人,则可以福吾亲,可以资吾君之安天下。”

又有曰:“佛之道与王道合。王道者,皇极也;皇极者,中道之谓也。佛之道亦曰中道，不偏不邪，其旨相同。”

又有曰：“佛教之设，使人弃华而就实，背偏而归善。由力行而造于安行，由自利而至于利彼。其为生民之所依归者，无以加矣。”

又有曰：“人谓释氏惟务上达而无下学，不思释氏之六波罗蜜，由禅定而到彼岸，岂非下学上达之旨乎？”

又有曰：“天下无二道，圣人无两心。盖道者，先天地而生，亘古今而常存。圣人得道之真以治身，以其绪余土苴治天下国家，岂不大哉！故圣人，或生于中国，或生于西方，或生于东夷、西夷。生虽殊方，而其得道之真，若合符（原作付）契，未始殊也。”

以上数条，皆于圣贤之理，同流共贯，未见其为谬异也。

三教虽各具治心、治身、治世之道，然各有所专，其各有所长。各有不及处，亦显而易见，实缺一不可者。

夫习释道之学，虽有偏有正；而习儒者之学，亦有真有伪。即如释中以狂空欺世，道中以邪术愚人，是固释道之罪人也；亦如儒中博览诗书，高谈仁义，而躬蹈乱臣贼子之行者，谓非名教之罪人乎？

若掩人之长，而斥其短，隐己之短，而夸其长，互相肆口诋排者，皆私诈小人形态，非仁人君子怀德抱道之所为，亦徒见其不自量耳。

数年来，有请严禁私自剃度者，有请将寺、观改为书院者，有县令无故毁庙逐僧者，甚至有请僧尼悉行配合夫妇，可广增人丁者，悖理妄言，惑乱国是。不思鳏寡孤独，为国家之所矜恤。彼既立愿出家，其意亦为国家、苍生修福田耳，乃无故强令配合以拂其性，岂仁君治天下者之所忍为乎？因皆下愚小辈，朕亦未穷治其妄诞之罪。至于品类不齐，其中违理犯科者，朝廷原有惩创之条。而其清修苦行、精戒明宗者，则为之护持。其邪说外道，则严加惩治。如道忞、行峰之纪载谬妄，法藏、弘忍之魔说猖狂，朕悉降旨指摘，决不令混冒正法，以致真伪罔辨也。

朕于三教同原之理，探溯渊源，公其心而平其论。令天下臣庶、佛仙弟子，有各挟私心，各执己见，意存偏向，理失平衡者，梦觉醉醒焉，故委曲宣示，以开愚昧。凡有地方责任之文武大臣官员，当诚是朕旨，加意护持出家修行人，以成大公同善之治。特谕！

三

上谕:世言儒释道三教,各有所宗。究之三教之用虽殊,而其体则一。盖古近只此一理,其立教者,大抵皆生知上哲、超越等伦之人,如吾儒之五帝、三王、先圣先师;如释、道之佛、老,皆性地通明、全体莹澈,皆洞瞩至理之精微玄(原作元)妙者。是以言性言心,曰中曰一,无不吻合。但各就所见为之阐发流传,以牖民觉世。故《周易》曰:“仁者见之谓之仁,智者见之谓之智。”其实皆不出一贯之道。惟浅尝涉猎之人,窃其糟粕,遂各立门户,互相诋毁,如冰炭之不相入。若造诣精妙、深入理域,能究明宗旨者,自然水乳交融,心心相印,初无彼此之分。

如释氏辟玄(原作元)门为外道,及朕观紫阳真人《悟真篇》后所著《外集》,不杂玄(原作元)门一语,一一从性地演出禅宗,即宗门禅师似此圆通无碍者,亦不多见。紫阳真人若非真契禅宗,便欲托言欺世亦不能也。假使玄(原作元)门之理,果超于释宗,则真人只应专事元门,又何必旁及于宗门耶?如谓禅宗之理妙于玄(原作元)门,真人若怀人我之见,窃其说以附合其教,何难之有?但非仁人君子之所忍为。盖元教若果逊于禅宗,则真人又何难舍道而从释,岂肯为此两岐之学耶?今观其所著《悟真篇》,则不杂宗门一语,而所著《外集》则不杂玄(原作元)门一语。可知道本一原,理无二致,所谓并行而不悖者,此也。

或谓宗门言性不言命,玄(原作元)门修命不修性,是皆于至理未能贯通,支离谬说耳。紫阳真人所著《悟真篇》不特为道教真诠,即此《外集》亦释门中最上一乘宗旨。况历代在家人有通晓禅理者,皆呼之为居士,将其著作收入佛藏之中者有之。紫阳真人乃洞彻禅宗之渊微,提挈性天之纲领,朕心深为悦服,著加封大慈圆通禅仙紫阳真人,用昭朕敬礼之意。其所著《外集》,著编入佛藏,以明至道同归、真修不二之秘要。其与吾儒并行不悖之处，亦即此可见，而末学拘迂，妄生区别者，亦可以祛其迷惑矣。特谕！

四

上谕：朕惟佛道弘深，普济万品。宗师阐扬妙旨，救拔群迷，使众生利益、福田不坠。慧命在沙门，则当遵其觉范；在护法，自当崇其真修。朕阅古德语录，选辑僧肇以下诸大善知识之作，刊示来今。因念诸家成褫后学，实得佛祖妙心，宜示褒扬，特加封号。除紫阳真人、永明寿禅师、茆溪森禅师，俱已另降谕旨；玉琳琇禅师，已蒙世祖章皇帝授封外，其余未封者，俱加封号。其经前代已封者，俱增字加封。

僧肇，敕封大智圆正圣僧禅师；永嘉觉，敕封洞明妙智禅师；寒山，敕封妙觉普度和圣大士；拾得，敕封圆觉慈度合圣大士；赵州谂，加封圆证直指真际禅师；雪窦显，加封正智明觉禅师；沩山祐，加封灵觉大圆禅师；仰山寂，加封真证智通禅师；圆悟勤，加封明宗真觉禅师。并令该地方官致祭一次，俾天下后世参学大乘者，知果能实修实证、利己利人，则千百年后，帝王犹为之表彰，是亦劝励之道也。特谕！

五

雍正十二年十一月二十二日，内阁奉上谕：僧超盛，生长宦族，幼读儒书，秉性朴淳，赋资颖慧，偶因堕车危殆，遇救获苏，顿悟生死梦幻之理，皈依梵教，其夙根有自来矣。经朕召见，略加提持，遂能直踏三关，洞明妙义，近代禅师中之所罕遇。目今宗徒内无有出其右者，朕心嘉悦，特封为无阂永觉禅师，以表真僧，宣扬法器。其应行事宜，该部察例具奏。钦此！

六

谕礼部：朕阅历代禅师语录，择其阐扬宗风、圆通廓彻、实能提撕后学、弘济无尽者，将肇法师等十三人，既分编卷帙、刊刻流通，又加封赐祭，以昭崇奖之典矣。

夫宿德开士，代有其人，果其亲到真实究竟之地，一言一字垂于后世，皆足拯拔迷涂、续绍慧命。复将从上名僧，细加评量，如宝志等二十人，实皆为出类拔萃之善知识。宝志，著封一际真密禅师；马祖一，著封普照大寂禅师；南岳思，著封圆慧妙胜禅师；石头迁，著封智海无际禅师；南阳忠，著封真实大证禅师；长沙岑，著封洞妙朗净禅师；清凉观，著封妙正真乘禅师；黄檗运，著封正觉断际禅师；临济玄（原作元），著封真常慧照禅师；投子同，著封智照慈济禅师；洞山价，著封净觉悟本禅师；曹山寂，著封宝藏元灯禅师；玄（原作元）沙备，著封超圆真鉴宗一禅师；天台诏，著封妙慈圆彻禅师；药山俨，著封达宗弘道禅师；罗汉琛，著封本觉应真禅师；法眼益，著封妙光法眼智藏禅师；天衣怀，著封圆湛振宗禅师；莲池袾，著封净妙真修禅师。并著该地方官致祭一次。其云门偃，旧封慈云匡真弘明禅师，字数已多，无庸加封，仍著该地方官致祭一次。

光必发，有实必彰，因地果生。自虽真证实修之士，宁期外护之崇显！而初发心参学者，知果能自利利他，则千百年后，犹膺帝王之崇隆，庶几益加信重劝勉，因而禅宗正法得真僧以宣传，乃朕之所期望焉。特谕！

七

上谕：曩昔黄梅告曹溪云：诸佛出世，为一大事，随机大小，而引导之，遂有十地、三乘、顿渐等旨。夫所谓随机引导者，必其人真参实悟，法缘已至，不先不后，如洪炉之融雪，如是方便接引，仍只自性自度，非假导师纤毫之力，不移自己丝发之步，而眉毛拖地之深恩，枯木吟龙之境界，自有两不可诬者。若其勉强告语，则金錍误用，刮目多伤，未得本明，先成狂翳矣！

三关妙旨，累进而上，言思俱绝。历来古德宗匠，多止提唱初步，至于重关，不过密隐于语句之中，令至者自会，未尝轻以一字一句系缀学人，累他堕入情推识解也。即观向来宗师透重关者，亦不多见。近年以来，几至埋没不续矣。朕因加意提撕，而诸人感朕开示之恩，努力精进，于是因真参而得实悟透重关者颇有其人，此实从来罕遇者，固然可为庆快。但尔诸人自知自利利他，如月印月，则从此为人提持，途中须当善为。倘自图直截，不顾他人迷误，将就徇情，如经云“唯知多与儿酥吃，消与不消总不知”者，其障人正知正见，起人颠倒狂乱则且置，而以虚传虚，如今日宗徒之初步假相，为害奚可胜言？古德提唱初步语句，不知何时被始作俑者入地狱种子道破所以。

莲池大士有云：今人心未妙悟而资性聪利、辞辨捷给者，窥语录中问答机缘，便能摸仿，信口乱发，诸无识者莫能佼勘，同声赞扬。彼人久假不归，亦自谓真得，似此妄谈般若，罪在不原。斯语切中妄参妄付痼疾。况乃重关一著，岂可耳受口传，令人堕有著空、迷封滞壳、逃坑落堑、认影迷头，徒添种种邪见？古德云：任从沧海变，终不为君通。又云：父母所生口，终不为人说。又云：我若与汝说破，汝向后骂我在。盖为此步说也。此乃拈花正宗，皆古佛大慈大悲，为此实语如语，真是后学之模范。

透重关者，若不念毒药醍醐本同一味，或图捷近得人，或溺爱门徒，或逢迎士大夫，信口说破，不将真参实悟期望后学，而乃牵引初参，放出无明，横生知解，群起狂华，轻慢不乘，不特自误误人，必堕地狱。此乃有意断绝慧命之重罪，非寻常小过之可比。

朕实深惧，为此谆谆训诫，已详细申明利害。尔诸人切宜志之！倘不知尊重，泥犁之罪乃汝自取，与朕无涉。若实得汝等真参实悟之人，又不可吝法而不授也。特谕！

雍正十三年三月朔日谕

八

上谕：近闻禅宗中不肖之侣，有信尚长生不死之道、存神练气、学黄冶变化之术、向羽客礼拜参问奉以为师者。呜呼！良为失却自心，违佛本教！

夫儒释道，性理虽曰同源，而治世自必以儒理为极则。若了死生超三界，无有更上于如来世尊之垂范者，实为无上上第一义谛，“唯此一事实，余二即非真”之圣教。至于玄（原作元）门最上清静之说，与释典二乘辟支所证似相匹，其尊祀天地神明，乃玄（原作元）教之所长。下劣羽士之论，善夫固弄精气，黄冶变化之术，与幻身邪命，不得言其全无效益，此乃玄（原作元）教中之焦芽，即如邪宗之徒之数种。设使修此，便得长生。《楞严经》中十种仙人，佛已分明指示，亦不过为延岁月，岂免终归变灭。所以六祖云“莫于大乘门，却执生死智”。何也？参生死故！唯是大乘了义，不取一法，亦复不舍一法，不剩一法，亦复不欠一法。是故彼法入大乘中，如大海一沤，须弥一微，固曰一沤亦海，一微亦山。然岂得弃海求沤，弃山求微，迷己逐物，作众生颠倒相耶！

《大般涅槃经》云：外道五通神仙，得自在者，若住一劫，若减一劫，经行空中，坐卧自在，若欲住寿，能得如意，于寿命中，修短自任（原作住）。如是五通，尚得如是随意神力，岂况如来，于一切法得自在力，而当不能住寿半劫，若一劫，若百千无量劫！以是义故，当知如来是常住法，如来此身，是变化身，非杂食身，为度众生，示同毒树，是故现舍，入于涅槃。《楞严经》云：若于圆常，固身常住，同于精圆，长不倾逝，生胜解者，是人则堕贪非贪执。诸阿斯陀，求长命者，成其伴侣，迷佛菩提，亡失知见，是名执著命元，立固妄因，趣常劳果，违远圆通，背涅槃城，生妄延种。是知世间虽有神仙之术，非是正寿正命，究竟涅槃。佛口亲宣，分明指示，岂得为佛弟子，全不信心！妄以业识，认为自性，谓即此是无上菩提，譬如刻粪以为栴檀，蒸沙欲成香饭，不但绕经八万劫，终竟落空亡。即此八万劫中，延生久视，正是一迷头认影、长睡不醒之人耳，有何可羡可慕。

夫此幻躯，本从缘起，起灭回环，互相为因，互相为果。起惟缘起，灭惟缘灭，本无自性，惟是随缘，欲将何者，以受生死。生死强名，名本非有，能名所名，皆归寂灭。龟上觅毛，兔边求角，欲将何者，定为生死？缘生即生，缘死即死，刹那刹那，万生万死，前刹甫死，后刹随生，后刹才生，前刹已死，于二中间，如水赴下，无停足处，谓之为死，则生如斯，谓之为生，则死如彼，又将何者为长生，为不死？地水火风，结此幻躯。如来亲说性色真空，性空真色，地水火风，各各如是，既为宗徒，纵尚未了佛说有常有乐有我有净，岂得尚不解佛说无常无乐无我无净，而乃执此地水火风为是实有？既已执为实有，又自然复执为我有，而欲我地常坚，我水常湿，我火常热，我风常动耶！即使此地常坚，此水常湿，此火常热，此风常动，如何又可说是我得长生不死！是则长生不死之法，于佛法中，曾未少悟。如何宗徒，颠倒迷乱，弃所当学，而学他法！

如来为一大事因缘，出现于世，一大事者，救拔众生出于烦恼大海，俾得了生死耳。了生死，则无生死。无生死，则悉到一切众生无边界分而无所住，无所住则得不住住，不住住则得常住金刚不坏身，是故如来长寿，于诸寿中最上最胜。所得常法，于诸常中最为第一。譬如大河，悉入大海，一切人中天上，地及虚空，寿命大河，悉入如来寿命大海中，是故如来寿命无量。若不得是常住金刚不坏之身，而为生死之所流转，妄认四大和合谓之为生，四大解散谓之为死，于有生处心生贪爱，如以瓦甑而贮勺水，殷勤爱护，常不动摇，不使风吹日炙，土坌尘封，是水虽必多经岁月，不至即干，然而智者早知定有干日，益生因既起，灭因已随，灭在生边，生即灭兆，岂若举此勺水入于清净大海之中，无灭无生，则更有何期为其干日乎！况夫生死即是烦恼，烦恼即是大苦。《涅槃经》言：譬如粪秽，多少俱臭。生亦如是，设寿八万，下至十岁，俱为受苦。然则长生即是长苦，无论一切诸世间，生者皆归死，寿命虽无量，要当必有尽，且才举一个生字，便已是不了义教，宗徒何得违佛诚言，而学不了义教！人身难得，正法难逢。既为宗徒，遇是正法，如彼盲龟，适值木孔，乃不自证大乘解脱，转乐此等小法，譬如弃飞龙之驾而入蛇鳝之穴，舍长者之富而争贫子之食。不特愚痴已甚，岂不深负佛恩！纵能发白更黑，齿落复出，童颜不凋，住世千百，不过谓之能生。复如夺弄精魂，自刻灭期，立亡坐脱，倒卓化去，不过谓之能死。能生能死，总在生死海中，头出头没，与了办生死无生法忍，有何交涉！

夫实际理地，不受一尘，万行门头，不舍一法。八万四千尘劳门，即是八万四千功德海。一虫一豸，一草一木，一器一物，一名一相，一影一梦，皆住普贤愿海之中。愿彼完善，离诸破坏，岂独于现在所有地水火风结成之幻躯，而起歧视。如果能了大生死，正不妨于其抱一守中等术，亦时一游戏随喜。譬如六时，以诸杂食，养此幻命，要自不妨尝一名品果子。譬如无常之身，护诸病苦，要自不妨服一胜妙药剂。况乃如来有言，菩萨常当护身。何以故？若不护身命，则不全命。若不全命，则不能得书写受持读诵经典，为他广说，思惟其义，是故菩萨应善护身。然则遵如来护身之训，不起贪爱而学养生，亦为无悖佛意。若乃执著此躯，以为是我，而求长生不死，则与贪名贪利之徒，其高下差别，能有几许耶！宗徒于无生真实第一义谛，了不一悟，横发痴想，保此幻命。如彼大海，清净广大，无量无边，弃而不有，宝一浮沤，乐著不舍，岂非痴人！无生真实第一义谛，尚不得执著，生于法爱，清净广大普光明海，尚当与一沤平等心无二，杳若梦存！何况此等小法，能使浮沤，暂时不破，有何可欣可爱！既曰“惟此一事实，余二即非真”，乃不特究心余二，转以余二，当此一事，妄谓真实，贻误后学，断佛（原作催）慧命，尚安得称佛祖儿孙，□不畏妄谈般若之诫乎！

今之邪□宗徒，至于将结制为儿戏，不坐香力参，唯将拈颂诗赋为务，以媚悦外护士大夫。其少知恬静自好者，又因正法眼藏，涅槃妙心，无师无传，茫无所得，自觉宗门澹薄无味，弃而之他，从事于养生之术，以为即此是佛性正命，岂不使正法眼藏，如谛晖慧辂，乃禅宗拈捶竖拂之宗师，一生并未破本参，鲜知佛法为何物，不知何处盗窃得玄（原作元）门痴定养生小术，以年至九十余岁，诳惑庸愚，丛林诧为希有，群加礼敬。因其能寿，东南诸刹，无知哑羊，遂翕然从风，妄认以为宗旨即在于此，以盲引盲，群守寒灰枯木，坐井观天。此正佛说“有诸邪魔入我法中”者。安得贪己微生，玷辱佛子，拜礼仙道，中庸愚，且既已出家，为僧为道，并得自由，如果不愿为僧，敬羡玄（原作元）理，何妨即戴黄冠，祝为羽士，何得身著三衣，顶礼外教之人耶？

佛之弟子已分三门，经师律门安于二乘，竟不言究向上第一义。佛之正法慧命，惟宗门者是赖。及近代宗门禅和中□秀者多务名利，又唯以拈颂等语言文字，寄诗赋家之庑下，甘作不通秀才，不肯照顾本分。若有稍为生死之人，又向玄（原作元）门铿吝生死，愿为云云，不能了彻根原究竟。今日之宗门，至于如此，更请（原作倩）何人担荷大慈悲父大医王之甘露法药！噫，正法藏拈花宗，不振极矣！世尊有言，如来正法，将欲灭时，尔时多有行恶比丘，不解如来微密之藏，懒惰懈怠，不能读诵宣扬，分别如来正法，譬如痴贼，弃舍真宝，担负草数，哀哉大险！当来之世，甚可怖畏，令见宗风扫地至此，朕实叹息，为众生□孽而战慄！若果得其真仙至道妙义，则又与佛祖之说，何二何别！宗徒便向其至真处驰求，亦可直下取证。

如吕纯阳真人云：要知大道妙通神，不是凡砂及水银。世间

（原作用）药材俱是假，人烧水火总非真。有形有质何须炼，无象无名自可亲。一得便超三界外，乘龙跨鹤谒枫宸。又云：道本无言法本空，强名指出虎和龙。天然一物（原作出）真元始，隐在阎浮同类中。又如张紫阳真人云：佛即心兮心即佛，心佛从来皆妄物。若知无佛复无心，始是真如法身佛。法身佛，没模样，一颗圆光含万象。无体之体即真体，无相之相即实相。非色非空非不空，不动不静不来往。无异无同无有无，难取难舍难听望。内外圆通到处通，一佛国在一沙中。一粒沙含大千界，一个身心万个同。知之预会无心法，不染不滞为净业。善恶千端无所为，便是如来及迦叶。纯阳、紫阳二真人，实可谓大罗天仙，现梵天身而说法之佛祖，亦世人所为烜赫在耳目间者，必会深解黄帝、老子之秘旨，乃其言并与如来世尊，异口同声，一音一义。然则小浅宗徒，即欲学道家之学，何不祇遵真仙之明训，便于本师金口圣典中，奋起根本无明，勤求自证，岂不直达宝所，即为真到蓬莱！又何用向白雪、黄芽、婴儿、姹女，打之远耶！

朕身居九五，非僧非道，惟以周孔之训，治平天下，岂于释道有所轩轾！但此正法眼藏，涅槃妙心，朕已真到不疑之地。既得自在，不能不感荷佛恩，显扬正法，深知佛法，的的确确，能了生死。不然，朕（原作联）何因作此妄言，但若不究达彻底，则似□所据。宗之一字，实乃人天慧命，诸佛种子之所系，今日宗徒，意于精进，而兼不学寡闻，弃本逐末，日趋于下，以致教外别传，无人负荷，不绝如线。为此深切著明，训示天下禅侣，改往修来，毋堕旁蹊仄径。所冀禅宗得人，绍隆佛种，利脱赤子群生，实朕之至愿。朕和南圣众菩萨，咸共勉旃，无负朕谆谆劝望之至意。特谕。

九

谕内阁九卿等：今日为佛诞之期，恰遇西洋国使臣上表称贺。

两事适然相值，故于在廷诸臣奏事之暇，偶将朕意宣谕尔等知之。向来僧道家极口诋毁西洋教，而西洋人又极诋佛老之非。彼此互相讪谤，指为异端。此等识见，皆以同乎己者为正道，而以异乎己者为异端，非圣人之所谓异端也。孔子曰：攻乎异端，斯害也已。孔子岂以异乎己者，概斥之为异端乎？凡中国、外国所设之教，用之不以其正，而为世道人心之害者，皆异端也。如西洋人崇尚天主，夫天以阴阳五行化生万物，故曰万物本乎天，此即主宰也。自古以来，有不知敬天之人乎？有不敬天之教乎？如西洋教之敬天，有何异乎？若云天转世化人身以救度世人，似此荒诞之词，乃借天之名，蛊惑狂愚率从其教耳，此则西洋之异端也。朕意西洋立教之初，其人为本国所敬信，或者尊之如天。倘谓立教之人，居然自称为天主，此理之所无者也。释氏原以清净无为为本，以明心见性为功，所以自修自全之道莫善于此。若云必昧君臣之义，忘父子之亲，弃置伦常，同归寂灭，更有妄谈祸福，煽惑凡庸，借口空门，潜藏奸宄，此则佛教中之异端也。儒者守先王之道，读圣贤之书，凡厥庶民，奉为坊表，倘或以《诗》《书》为弋取功名之具，视科目为广通声气之途，又或逞其流言邪说，以动人之听闻，工为艳词淫曲，以荡人之心志，此则儒中之异端也。即如巫、医二者，虽圣人之所不弃，然亦近于异端。而巫以祀神祇，医以疗疾病，皆不得不用者。至村巫诱人为非，庸医伤人之命，此即巫、医中之异端也，安可因其异端有害于人而不用药乎？不独此也，即一器一物皆以备用，乃位置不得其宜，或破损失其本体，便成异端矣。子疾病，子路请祷，子曰：某之祷久矣。盖子路之祷，异端也；夫子之祷，正道也。同一事，而其中之是非邪正分焉。是者、正者即为正道，非者、邪者即为异端。故所论只在是非邪正之间，而不在人己异同之迹也。凡天下中外设教之意，未有不以忠君孝亲、奖善惩恶、戒淫戒杀、明己性端人品为本务者。其初创设之人，自然非寻常凡夫俗子，必有可取，方能令人久久奉行也。至末学后人,敷衍支离,而生种种无理悖谬之说,遂成异端矣,与其教有何涉乎!

中国有中国之教,西洋有西洋之教,彼西洋之教不必行于中国,亦如中国之教岂能行于西洋!如苏努之子乌尔陈等愚昧不法之辈,背祖宗,违朝廷,甘蹈刑戮而不恤,岂不怪乎!西洋天主化身之说尤为诞幻,天主既司令于冥冥之中,又何必托体于人世!若云奉天主之教者即为天主后身,则服尧之服、诵尧之言者,皆尧之后身乎!此则悖理谬妄之甚者也。西洋人精于历法,国家用之。且其国王慕义抒诚,虔修职贡,数十年来海洋宁谧,其善亦不可泯。蒙古之人尊信佛教,惟言是从,故欲约束蒙古,则喇嘛之教亦不轻弃。而不知者辄妄生疑议,乃浅近狭小之见也。总之,天下之人存心不公,见理不明,每以同乎己者为是,以异乎己者为非,遂致互相讥诽,几同仇敌。不知人之品类不齐,习尚亦不一,不能强之使异,亦不能强之使同。且各有所长,各有所短,惟存其长而弃其短,知其短而不昧其所长,则彼此可以相安,人人得遂其用,方得圣帝贤王明通公溥之道,而成太和之宇宙矣。

十

上谕:朕于永明寿禅师《宗镜录》,欣服敬礼,得未曾有,特为天下后世禅侣拈出,重刊广布,亲制序文。有曰:既悟必读,方踏末后之一关。未了先观,亦识正宗之的旨。又恐学人寻章摘句,不求了证自心,辜负古佛妙典,为是重制后序以申明之。朕之勤惓训谕,指示后学之意,实为无已。尝闻涌泉欣有言:见解人多,行解人万中无一。盖人果到得行解地位,自必宗亦通,说亦通,但说通而未宗通,其说必非真通,所不必道。若宗通,而于说通未到至圆至明处,究为见解到,而行解未到。盖行解一分,则说通一分,行解十分,则说通十分,说通之真际,即宗通之真际也。歧宗教而为二者,皆未入圆宗之门外汉耳。释迦牟尼世尊所说法,多至于三藏十二分,末后拈花授记摩诃迦叶,以逮西天四七,流入震旦,俾众生一超直入如来地,灯传无尽,慧命不绝。释迦牟尼佛,诚为恒河沙数众生大慈悲父矣。

其自达摩西来,曹溪南迈,历唐宋元明,以迄于今。古德上贤,乘时辈出,莫不阐佛元音,自他兼利。然而圆通方广,放大光明,一如世尊佛在世转轮,不动一心而演诸义,不坏诸义而显一心,震诸经大海之潮音,了一心离微之密旨,囊括无遗,纤毫不立,如开圆满宝藏,听贫子之归携,如决甘露天池,恣渴人之斟掬,法施无穷无尽,慈恩无量无边,挺生震旦,为释迦牟尼世尊佛后一人,作众生慈父,其书与三藏十二分媲美者,唯有此古佛妙典耳。非其行解与佛相亚,奚能宗通说通如是乎!夫达摩之时,震旦缁侣多执滞教相,将三藏十二分,作此土经史子集一例观之,寻文索义,背觉合尘,埋没却世尊不说说、迦叶不闻闻之妙旨。既迷失家宝,如同衣内之珠,而世尊所示觅珠之方,又成盲人之疑象。达摩为救其弊,是以直指一心,单提向上,期夫震旦学佛人,如是了达,如是顿圆,然后于不二法中,现妙神通,无心性内,成大佛事,将六度万行齐圆,而三藏十二分具举,岂曰有拈花一宗,便可不必有三藏十二分也!

世谓教外别传,由达摩而入震旦,不知达摩未来之先,及虽同时而未见达摩者,如志公,如僧肇,如南岳思辈,皆从三藏十二分,了彻心宗,洞明此事,其以达摩为东土初祖者,乃宗门叙其源流如是耳,岂可云震旦宗旨自达摩始,而三藏十二分非此元音!此宗虽称教外别传,究而论之,无内无外,故曰宗,教固不得而外宗,宗又安得而外教也。非同非异,故曰宗,教固岂得异于宗,宗并不得云同于教也。如使教典果有外于宗,异于宗者,则世尊灭度后,迦叶何以集诸弟子,于宝钵罗窟,令阿难述佛种种经教,其后马鸣何为以博通诸经见称,而龙树又何以造诸论偈垂世乎!

且释迦牟尼佛说法四十九年,俱是说此拈花妙旨,若谓所说在拈花之外,而拈花在所说之外,不特所说皆与本分间隔,而拈花又何以能该恒河沙数法门乎!将见一轮有阻,千车尽滞修途,安在一法才通,万象悉归心地也!曹溪以降,每以片语单词,擎拳竖拂,勘验学人果否自性自度。至于一举数百万言,大小三乘,全该并显,不恤眉毛拖地,掉广长舌,出和雅音,于一芥子中,剖出八万四千须弥山王,举八万四千须弥山王,纳归一芥子,于言语道断处,演出无边诸佛音声,于心行处灭处,应现无方真实慈化,上下千百年内,实罕其人,唯一永明,出兴震旦。而宗徒转谓曹溪门庭,无此法式,实乃罪同谤佛,吾宗无语句,亦无一法与人者,岂可以哑羊为无语句,以顿空为无一法与人耶!既为宗徒,而轻蔑教典,业已堕空入狂参知见,奚得藉口圆宗耶!十方禅侣,草鞋行脚,得古人片语单词,闻诸方擎拳竖拂,一般于謦欬边推求,意根下卜度,然则何不向此书寻讨真实究竟!如曰"此是语言文字",岂多许则为语言文字,少许即非语言文字乎!夫心解则一切解,心缚则一切缚。若心解者,无关语言文字之多少,若心缚者,与其缚向古人片语单词、诸方擎拳竖拂边,何如缚向如来教典中,姑且随喜华光妙云之为愈乎。

朕虽曰:悟后读之,更得进步,而未证自心者,不得于此寻思觅解。然朕固曰:未了先观,亦识正宗之的旨也。且宗徒既已扫弃教典,谓是语言文字,而复好工偈颂,真光武所为悬羊头卖马肉者,堪发一笑。宗徒中由文学诸生出家,自幼读书,循其故业,而作偈颂,尚不足怪。至于本不识字之人,因欲悟宗旨,乃从事于偈颂,岂非首越而之燕耶!若乃欲以偈颂取悦于学士大夫,使为外护,具是污浊心行。而又指斥教典,谓之语言文字,岂免堕无间之狱!且出家儿,欲工偈颂,入于诗赋之流,舍本分之当学,而学门外之别学,况学必不到家,徒供文儒嗤笑。夫欲所作偈颂,不至见笑大方,亦非积数十年学力不能,则此数十年,业已不依本分。若将此数十年心力,用于宗教,即曰解路推求,要必近朱者赤,近墨者黑，所解既在正路中，亦可有因解得悟之一日。即使不悟，薰习而成异熟果，不与作偈颂者之雕琢浮辞，拾狐唾者之瞒心乱统，相去霄壤乎！教典浩瀚，毕生莫竟，观禅师此书，则释迦牟尼佛三藏十二分，具在是矣。朕向实未阅教典，因洞明此事后，爰取从上宗师为人机缘，于几暇时，披寻翻阅，因而识得永明古佛，实为震旦第一导师。及观师著述，又识得《宗镜录》一书，为震旦宗师著述中第一妙典。朕生平遇一佳味，必思人人共尝，契一妙理，必思人人共晓。今既阅此第一妙典，何忍不以开示后学，是以剀切恳到言之，不惮再四。

夫朕岂执著教相者，朕于何文何字，何经何典，有所滞惑耶！知朕者自知之，惟愿天下后世学侣，决定无疑，勇猛坚固，永不退转，诵读受持，先以闻解信入，后以无思契同，齐达此宗，交光此镜，不虚古佛当年，将大觉不思议绝妙法施，普度一切无量含生之大慈悲心。如实至语，是朕所厚望也。特谕。

十一

上谕：从来左道妖言，如谶纬图记禨祥祸福之属，皆足以惑世诬民，为人心风俗之大患。自古帝王皆深恶而严禁之，苟有犯者必置之重典，虽赦不宥，所以为世道民风计者至深远也。朕观陕西之人秉性直鲁，凡好为诞妄之说者，多至此省摇惑人心，年来屡有其事，已降旨切加训诫矣。观满洲汉军人等，亦每易为此等邪说所惑。如延信之听信道姑王氏，年羹尧之听信邹鲁与净一道人，允禵之听信星士张恺，皆借怪异荒唐之说以助其妄乱悖逆之心！又如伊礼布为江宁将军时信一风鉴，令伊子易衣潜往相面，从此江宁之弁兵等皆惊为灵验，其门如市，今此人已牵连入于大逆案中矣，可知僧道医卜星相之类，往往为奸宄之所潜藏，不可不慎也。又如奸民郭允进、蔡怀玺及邹鲁等，或言雍正三年，或言雍正四年京师大乱，由今观之，岂不可发一大笑耶。昨总督范时绎又于江南人家查出违禁图谶之书，是草野之间妖言惑众之风未尝止息，所赖地方官员等悉心化导，严加禁约，去其迷惑，挽其颓靡，斯于人心风俗有所裨益。乃不能化导禁约，转从而崇信之，是以身为庶民之倡，又何怪闾阎无知之人沉溺其中而不知觉悟耶。凡造为灾异祸福之说者，幸而其言不验则为害尚小，傥天时气数偶与其言相合一二，则信者愈众，而为害愈大。甚至心怀不轨之徒，借此妖言，妄兴兵革，荼毒生灵，不可不防其渐也。

满洲八旗，大臣弁兵等，皆国家干城腹心之寄，况我满洲忠义之气、技勇之才，实为人所莫能，及果能安分循理，尽忠孝之道，无邪僻之行，自然上邀天地之恩，永受国家之泽。《书》曰：惠迪，吉从逆凶，又曰：作善降之百祥，作不善降之百殃。尔等但当于己身求之，为善必获善报，为恶必获恶报，所谓如影随形也。奈何舍可以获福之正理，而信从奸民无稽之言，被其牵累，轻则罹于刑罚，重则丧及身家，不亦可悯之甚乎！大凡为欺人惑众之说者，皆市井凶顽无赖之辈，或胸怀不轨，冀以摇动人心，或贫困无依，欲以骗取财物。尔等试思之，天下焉有修道前知之人不遁跡于清净寥廓之乡，而奔走红尘与世俗相征逐者乎。历来传播之妖言，曾无一事之验，而轻信其说者，无一人不受其大累，亦可为前车之鉴矣。

又如八旗人等，本身俱有职掌，不能于旗人内延师训课子弟，只得延请汉人为师，而汉人中才学优长与素有家业者，皆思自奋于功名，岂肯因些微束修，俯就寒毡，而误上进之路。其苟且依人训蒙授徒者，大抵多粗通文理，穷困淹蹇之辈。其人既抑郁无聊时、怀愤时，嫉俗之意，每多幸灾乐祸之言，而又伪为刚方正直之慨，言忠言义以欺庸人之耳目，不知者遂误以为端人正士而尊信之，而暗中受其迷惑者不少矣。即如吕留良私造悖逆妖妄之说蛊惑人心，而其子尚忝窃科名，居翰林之选。又如陆生楠、查嗣庭名登仕籍，身列卿班，尚妄肆讥评，冀生祸乱。况于草野贫寒之士，未受朝廷录用之恩,安知其心,不欲扰乱国家,离异众志,以抒其不平之气,快其怨望之情。此则八旗人等,所当共知,而留心体察者也。即以旗人子弟入场一事言之,每多夹带文字之弊,试问此等夹带之物,非汉人西席代为写作者乎!天下有以此等犯法无耻之事教授生徒,而尚可谓之端人正士乎!

嗣后旗人延师,只当付托以教书之事,其放言高论切不可听。诚于训课之外,不与闻一事,不妄发一言者,即良师矣。凡我满洲汉军官弁兵丁等,世受国恩,共矢尊君亲上之素志,岂肯听奸人妖妄之言,庸师忿激之语,而遂为其所摇动,但恐渐染日久,有邪说在其意中,而遇有委用使令之时,或稍存疑贰之念,则所关非细,故不得不训诲开导之于平时,使之恍然醒悟也。著将此旨通行晓谕八旗,及各处驻防弁兵等,共知之。

十二

上谕:朕在藩邸时,披阅经史之余,每观释氏内典,实契性宗之旨,因时与禅僧相接,惟性音深悟圆通,能阐微妙,其人品见地,超越诸僧之上。朕于西山建大觉寺,为其静修之所。及朕嗣登宝位,凡体国经邦,一应庶务,自有古帝王治世大法。佛氏见性明心之学,与治道无涉,且若以旧邸熟识僧人,仍令主席京师,天下或以朕有好佛之心,深有未可,且有累于性音之清行。而性音亦力辞归隐,遂安禅于庐山,隐居寺四年。于兹谨守律规,谢绝尘境,即本省大吏尽不知不闻也。今闻其圆寂,朕心深为轸恤,著照玉林加恩之例,追赠国师,并赐与谥号,交内阁撰拟。其语录乃近代僧人所罕能者,著入经藏,以彰其真修翼善之功。

十三

谕刑部:朕每览所奏罪犯案内,多有僧人不法,致于宪典者。为僧无清净行,行凶顽事,则其非僧也必矣。朕尝览释教,无不足为治世理民之用，而幻其身世，遗其荣利，有戒定慧之学，有贪嗔痴之戒，为说虽多，总不出乎寡欲、摄心、戒恶、行善四端为大要也。为其徒者，虽有为禅、为律、为讲、为持诵，四种之不同，然莫不以四端为之本。尚有数种名僧非僧者，饮酒食肉，专为不法，谓应赴、谓马流、谓鏖头、谓挂搭、谓闯棍、谓江湖、谓捏怪、谓炼魔、谓泼皮等僧名色，皆败坏僧教，凡甘为非法者，皆属此等辈也。若是真僧必不犯法，犯法必非真僧。如前项诸名色之人，若概以僧目之，则苗莠弗辨，而泾渭莫分矣。朕非区区专为僧人正其名色，盖核名实辨是非，国家劝惩之法不可忽也。尔部行文直省，嗣后凡遇僧人犯法，须按是何名色之僧人入案呈奏，不得概称僧人字样。若是戒僧，为干犯法纪之事，朕已有旨，必严加治罪。

十四

谕理藩院：世间尊重喇嘛者，特因其为佛门弟子耳。宗风渐泯，喇嘛猖狂犯法，不守本戒。今乃至于举兵犯顺，抗敌官军，肆行充逆，实为大悖佛教！诚如佛言“坏我法门即我后来徒众也”。西海逆贼罗卜藏丹津一事，喇嘛等理宜将作乱之人善言开导，令其和辑，不致起事戕害生命，是为维持佛教。如其不能，亦应呈明该将军等，各自闭户安居，岂意反助西海悖逆之人，竟纠合数千喇嘛，手持兵刃，公然抗拒官兵，及至溃败犹不降顺，入庙固守，以致追杀覆灭，有玷佛教至矣极矣。钦惟太宗文皇帝时，第五辈达赖喇嘛遣使入觐，极为恭顺。及世祖章皇帝时，将第五辈达赖喇嘛延至京师，封为瓦齐拉达喇达赖喇嘛，蒙被殊礼，百年以来法教得以兴隆者，皆我朝之恩也。前者准噶尔寇取昭地，杀戮僧徒，拆毁寺庙。圣祖仁皇帝遣发大兵，恢复昭地，俾达赖喇嘛重安法座，佛教复兴。如此隆恩，喇嘛并不感激，反党助悖逆之人，凶恶已极。朕素阅内典，优待喇嘛，不但喇嘛等无不尽知，即众蒙古王台吉等想亦共闻。诸蒙古等，只知尊崇佛教，不分泾渭，但服袈裟之人即便礼拜，以致喇嘛等毫无忌惮，任意妄为，败坏佛门，无所不至。现今吴喇忒公达尔马悉利夺人妇女，给伊供奉之喇嘛温克格隆，被人告发。如此尚得为尊崇佛教者乎！因此等不堪之喇嘛，不但牵累大德高僧，抑且毁辱世尊法教。敬佛重僧，岂应如此！朕于喇嘛中，有高行者敬重之，其庸劣者切责令其悛改，务使僧众勤修戒律，各遵经典，依波谛母尔义信受奉行，俾佛日永辉，法流弥远，始为无愧佛教耳。

喇嘛皆系蒙古，虽知诵经，至于三藏大义本性圆通，未必如朕。倘有精通经典，别有所见，谓喇嘛之善恶不必分别，理合一概恭敬，听其任意妄行，乃有益于佛教者，可令伊与朕面相辨认。伊说果长，朕即准行，如伊之所见，不能高出于朕，自应与朕一心，令喇嘛等精进修行，以图永远兴隆佛教矣。佛经云：欲听人为弟子者，必令从师三年，观师所为，然后礼拜为师。为师者，亦必三年内，知其果可以为弟子，然后传经。不然苟且拜为师弟，以致毁灭戒律，共罪更甚于十大恶。据此，则供奉败检逾闲之喇嘛者，其受破戒之罪业必矣，于佛教有何益乎！

将朕此旨，遍谕各处寺庙喇嘛，并住居蒙古扎萨克处之大小喇嘛等知之。嗣后人人谨持经典，清净六根，各守本愿，誓戒屏绝嗜欲，将宗喀巴所说之《波谛母尔经》，竭力遵行。不知者，从德行兼全之喇嘛求其传授，为决趋向。遵依菩萨经典，读诵受持于六波罗蜜，功夫一心力行，使念念常归平等，方能合于佛教。再佛说十大恶罪，常人亦毫不可犯，惟应积福德行。况喇嘛者乃佛弟子，何可不遵佛说，不积福德行而犯十大恶罪乎！尚其竭力，勉遵毋忽。倘阳奉阴违，不守本愿誓戒，毁灭法乘，妄作恶业，甚至饮酒赌博、经营买卖、争竞斗殴、兴构词讼，种种肆无忌惮，是于佛法国法，俱为有罪，罪之大者，必照律定。拟其未至干犯国法之处，照京城喇嘛清规，分别轻重，定为三等。至轻者，于众喇嘛齐集念经之所，令其虔礼百拜毕，再令供扫地之役。中等者，令其斋僧布施，礼拜忏悔。重者杖责，驱逐出庙，还俗为民。倘该管大喇嘛得木齐格斯奎等，不严行约束教训，怠玩瞻狗，以致生事，一经告发，将该札萨克并该管大喇嘛得木齐格斯奎等，从重治罪。如此，伊等自必一心勉力，将众人渐渐化诲，俱各遵奉经典，依波谛母尔义，信受奉行，是为维持佛法，于宗喀巴之教，大有裨益。

御录经海一滴

雍正 编著

御制序

释迦牟尼文佛大智慧海中缘起沤生，度诸众生，令入无余涅槃，普说三藏十二分，文字至为浩瀚。然佛所觉了一切诸法，未说者无论，其已说者，自西天来至震旦仅百分之一耳。然即此已来震旦者，虽一经中一品，一品中一门，一门中一法，一法中一义，一义中一句，如欲诠量演布，纵以大海量墨，须弥聚笔，写之而不能尽。虽然，此三藏十二分不作字相，不作句相，不作有言相，不作无言相。即世尊更历恒河沙数劫住世转轮，更说是千万亿倍三藏十二分，终不得云"我佛如来曾转法轮"也。如是两边，俱不得丝毫滞着回互。

然则大藏经卷，如何可有所拣择耶？乃朕今者万几余暇，随喜教海于《般若》《华严》《宝积》《大集》等经，卷帙浩繁者未及遍阅。但于《圆觉》《金刚》《楞严》《净名》等经，展诵易周者若干部，每部各亲录数十则。其义何居？曰无量无边差别佛事，皆不离无相真心而有。即卷常舒，如来于一言语中，演出无边契经海；即舒常卷，一切法门，无尽海同会一法道场中。是以如网，有纲提之，则孔孔皆正；如衣，有领牵之，则缕缕俱来。夫《金刚经》，有演四句偈之说，佛口亲宣也。《大般若经》六百卷，而以《般若波罗蜜多心经》二百六十字，摄其指要。举彼例此，何妨向众宝内探如意珠，于群药中取阿陀妙？固从本得柯，从柯得条，从条得枝，从枝得叶矣。

唯夫三藏十二分，并入无相三昧。演广非多，此是一中之多；标略非一，此是多中之一。有说亦得，此是默中说；无说亦得,此是说中默。昔如来以不说说,故四十九年未尝转法轮;迦叶以不闻闻,故毕钵岩中无人聚会,而三藏十二分不曾着一字。朕今以不拣择拣择,故所采所录不独震旦经藏,未尝缺遗一言一句,即西天未来古佛未说者,亦复不增不减,无欠无余焉。

夫五千教典屡说降魔,而不二心宗本自无诤。佛魔对待,我人之见刺横生;邪正分疆,法执之情尘宛立。如来的旨,夫岂其然?观夫经中所载,群魔外道,当其一承佛语,率多立时皈依,愿为弟子。然则佛之降,只与古德为人无异,不过教化群迷,同证无生,岂其执己为正,简他为邪,种种我相人相,如此为佛,如彼为魔,而存佛见法见哉?盖佛界无量,而魔界一如佛界以无量;智海无边,而迷云一如智海以无边。我佛如来具正遍知,正知知日照中天,遍知如泽润大地。如是无量无边,魔界迷云,如来悉知悉见,为诸众生一一破除,咸归无上正觉,永不入于魔鏁。凡诸问答,皆属一期方便之门。不特所问之答,为佛所开示众生,即所答之问,亦乃佛所幻化敷宣。无非析理分条,穷业识之万变;发蒙振聩,烛深覆之群幽。万派千支,滔天浊浪,入觉海而无波不息;千回百折,长夜昏衢,升慧日而有暗皆消。唯其众生多病,是以医王多药。其问也,列千千之病状;其答也,示一一之良方。迨其药病双消,法尔问答俱寂。所为化人问幻士,谷响答泉声。以八万四千尘劳门,作八万四千功德藏。以无自性真实法自证,即以无自性真实法为人。四十九年因此一大事出世,故曰"唯此一事实,余二即非真"。

若谓释迦牟尼佛,能令西天九十六种外道,悉皆摧伏,由于辨才无碍者,不特是非未泯,犹然背觉合尘者所不必论,即丝毫许佛魔之见未消,而以辨才无碍赞叹三藏十二分,是人即为不能解佛所说义。此经云何受汝赞叹?经不云乎:"不着世间如莲华，常善入于空寂行，达诸法相无挂碍，稽首如空无所依。”夫此性经真实，性实真经，清净本然，周遍法界，学人安得妄以识心分别，作实事实境会哉？况实事实境即非实事实境，而非实事实境即是实事实境。历历交加，重重无尽。斯皆实语如语，述佛真文，非学者言思之所可明，唯达人亲证，方自了耳。

永明云：“以圣言为定量，邪伪难移；用至教为指南，依凭有据。”故师所作《宗镜录》广引群经，备彰佛意。乃尚有魔民弘忍辈，斥师为义解沙门，谓法眼宗由此而衰。其罪，与谤三藏经文无异，定堕无间地狱。夫船筏以渡迷津之者，导师为引失路之人。若其生而知之，本未尝迷，则无文无字与恒沙文字一道齐平，并不得有同异、总别、成坏之相，又有何义解非义解之别？若有一丝未尽，则所以净此一丝者，岂得不藉如来，善能分别诸相于第一义而不动之大智慧光、大威神力乎？又况踯躅于情尘识浪之中，彷徨于圣果凡因之际，不以佛祖如语、实语导入此宗，转用何等法门为人乃可？

《宗镜录》者，全引佛经，录其纲录，不特是三藏十二分之旨，并且是三藏十二分之语。若谓《宗镜录》是义解者，则佛之三藏十二分，尽是义解矣！且世间凡有一文一字，一点一画，皆是义解，又何者为非义解耶？必擎拳竖拂，扬眉瞬目，胡喝乱棒，方非义解乎？若作如是会，早是义解之尤！更且无义可解，同于狂痴耳。况从上宗师为人语句，亦不过是经典中片语单词，取以为人逗机应节，何尝离经一字？乃片语单词，则谓非义解，整章全偈，即斥为义解，可乎？既此是义解，则古今宗徒，又何得上堂说法？岂此等野狐乱统，即非义解，而我佛如来所说之策妙义趣，广大法门，转皆义解耶！

永明之意谓上上根人，目宗之一字，即入如来大智慧海，何必更问诸余？若因法利无边广，欲为人普说，则龙宫宝藏，鹫岭金文皆同一际，总无异旨，非略非详，不多不一。是以录兹百卷，凡欲学人从此入于五千教典也。末世僧徒，多愚少慧，于此百卷，犹复意怠情烦。千有余年，无人知其最尊最上。乃者朕为刊十存二，录其大纲，所以俯徇机宜，引人入胜。盖永明以《宗镜》为大藏之向导，朕又以《宗镜大纲》之书，为《宗镜录》之向导耳。

节录《宗镜》之后，因而泛览经文。下与未来众生同一倾心悲仰，上与过去诸佛同一化建无门。爰思五千教典，广博无涯，目览心周，实为不易，乃推广永明纂集《宗镜》之心，即用朕前此节录《大纲》之例，亲御丹憍，随披随录。既以受持读诵，即以刊刻颁行，导引群生入于如来普光明藏、大智度海。凡以人之根利根钝不同，乐简乐繁各别，欲探堂奥，往往之绕于门庭，未睹本原，势必难寻其枝叶。今者标兹甚深妙义，听其文势不全，则务多之者，既饮上药而化凝酥；执总之人，复探宏纲而思细目。庶几学人，由此知阅三藏十二分，而非朕于三藏十二分有取有舍也。

朕于宗乘实有所见而无疑，至于教典，向来从未研究。然了知既悟之人，根本教乘一贯，若不与佛口相应，设使妙证，亦非究竟。不见达摩直指人心，传此教外别传，而令以《楞伽》为印证乎？且迦叶、阿难、马鸣、龙树，并是西天四七中教外别传之祖，乃种种诸经，皆迦叶令阿难述其所闻于我佛如来者，如是迨后，马鸣、龙树如佛之心，复造种种诸论。何有一经一论，不出宗门祖师之所绍述？若执宗徒水母借虾为眼之诮，则皆属自相矛盾乎？只缘未了，自心随文起执，恐违教意。是以为人简文字令其自证，简文字非是简教，亦即是明教。简亦是教，如何因简议教？若既分明自证法尔，须明佛语印可自心。何得偏生局见，唯惧多闻？若于未证之时，因诠得旨，不作心境对治，直了佛心，则有何过？学者如欲广览灵文,既可于是先窥其奥阃;如欲直控骊颔,更可从兹,即届于宝城。但莫执义上之文,随语生解;要须探诠下之旨,契会本宗。言言冥合真心,一一消归自己。将积此众微,定到须弥之高广;且举斯一滴,已同渤澥之清凉矣!是为序。

雍正十三年乙卯二月十五日

卷一

大方广圆觉修多罗了义经

如是我闻。一时婆伽婆入于神通大光明藏三昧正受，一切如来光严住持，是诸众生清净觉地，身心寂灭平等本际，圆满十方不二随顺，于不二境现诸净土。

尔时世尊告文殊师利菩萨言："善男子！无上法王有大陀罗尼门，名为圆觉。流出一切清净、真如、菩提、涅槃及波罗蜜，教授菩萨。一切如来本起因地，皆依圆照清净觉相，永断无明方成佛道。云何无明？善男子！一切众生，从无始来，种种颠倒，犹如迷人，四方易处，妄认四大为自身相，六尘缘影为自心相。譬彼病目见空中花，及第二月。善男子！空实无花，病者妄执。由妄执故，非唯惑此虚空自性，亦复迷彼实花生处。由此妄有轮转生死，故名无明。善男子！此无明者，非实有体，如梦中人，梦时非无，及至于醒，了无所得。如众空花，灭于虚空，不可说言'有定灭处'。何以故？无生处故。一切众生，于无生中，妄见生灭，是故说名轮转生死。

"善男子！如来因地，修圆觉者，知是空花，即无轮转，亦无身心受彼生死。非作故无，本性无故。彼知觉者，犹如虚空，知虚空者，即空花相，亦不可说，无知觉性。有无俱遣，是则名为净觉随顺。何以故？虚空性故。常不动故。如来藏中，无起灭故。无知见故。如法界性，究竟圆满，遍十方故。是则名为因地法行。菩萨因此于大乘中，发清净心。末世众生，依此修行，不堕邪见。"

尔时世尊告普贤菩萨言："善男子！一切众生，种种幻化，皆生如来圆觉妙心。犹如空花,从空而有,幻花虽灭,空性不坏。众生幻心,还依幻灭,诸幻尽灭,觉心不动。依幻说觉,亦名为幻。若说有觉,犹未离幻。说无觉者,亦复如是。是故,幻灭名为不动。善男子！一切菩萨及末世众生,应当远离一切幻化虚妄境界也。知幻即离,不作方便,离幻即觉,亦无渐次。"

尔时世尊告普眼菩萨言:"善男子！此虚妄心若无六尘则不能有。四大分解,无尘可得,于中缘尘,各归散灭,毕竟无有缘心可见。善男子！彼之众生,幻身灭故,幻心亦灭。幻心灭故,幻尘亦灭。幻尘灭故,幻灭亦灭。幻灭灭故,非幻不灭。譬如磨镜,垢尽明现。善男子！当知身心皆为幻垢。垢相永灭,十方清净。善男子！譬如清净摩尼宝珠,映于五色,随方各现。诸愚痴者,见彼摩尼,实有五色。

"善男子！圆觉净性,现于身心,随类各应。彼愚痴者,说净圆觉,实有如是。身心自相,亦复如是。由此不能远于幻化,是故我说,身心幻垢。对离幻垢,说名菩萨。垢尽对除,即无对垢,及说名者。证得诸幻,灭影像故,尔时便得无方清净。无边虚空,觉所显发。觉圆明故,显心清净。心清净故,见尘清净。见清净故,眼根清净。根清净故,眼识清净。识清净故,闻尘清净。闻清净故,耳根清净。根清净故,耳识清净。识清净故,觉尘清净。如是乃至鼻、舌、身、意,亦复如是。

"善男子！根清净故,色尘清净。色清净故,声尘清净。香、味、触、法亦复如是。善男子！六尘清净故,地大清净。地清净故,水大清净。火大、风大亦复如是。善男子！四大清净故,十二处、十八界、二十五有清净。彼清净故,十力、四无所畏、四无碍智、佛十八不共法、三十七助道品清净。如是乃至八万四千陀罗尼门一切清净。善男子！一切实相性清净故,一身清净。一身清净故,多身清净。多身清净故,如是乃至十方众生圆觉清净。善男子,一世界清净故,多世界清净。多世界清净故,如是乃至尽于虚空,圆裹三世,一切平等,清净不动。

“善男子! 虚空如是平等不动,当知觉性平等不动。四大不动故,当知觉性平等不动。如是乃至八万四千陀罗尼门平等不动,当知觉性平等不动。善男子! 觉性遍满,清净不动。圆无际故,当知六根遍满法界。根遍满故,当知六尘遍满法界。尘遍满故,当知四大遍满法界。如是乃至陀罗尼门遍满法界。

“善男子! 由彼妙觉性遍满故,根性尘性,无坏无杂。根尘无坏故,如是乃至陀罗尼门无坏无杂,如百千灯光照一室,其光遍满,无坏无杂。善男子! 觉成就故,当知菩萨,不与法缚,不求法脱,不厌生死,不受涅槃。修习此心,得成就者,于此无修,亦无成就。圆觉普照,寂灭无二。于中百千万亿阿僧祇不可说恒河沙诸佛世界,犹如空花,乱起乱灭,不即不离,无缚无脱。始知众生,本来成佛,生死涅槃,犹如昨梦。

“善男子! 如昨梦故,当知生死及与涅槃,无起无灭,无来无去。其所证者,无得无失,无取无舍。其能证者,无作无止,无任无灭。于此证中,无能无所,毕竟无证,亦无证者。一切法性平等不坏。善男子! 彼诸菩萨,如是修行,如是渐次,如是思惟,如是住持,如是方便,如是开悟,求如是法,亦不迷闷。”

尔时世尊告金刚藏菩萨言:“善男子! 一切世界,始终生灭,前后有无,聚散起止,念念相续,循环往复,种种取舍,皆是轮回。未出轮回,而辨圆觉,彼圆觉性,即同流转。若免轮回,无有是处。譬如动目,能摇湛水。又如定眼,由回转火。云驶月运,舟行岸移,亦复如是。

“善男子! 诸旋未息,彼物先住,尚不可得,何况轮转,生死垢心,曾未清净,观佛圆觉,而不旋复? 是故汝等便生三惑。善男子! 譬如幻翳,妄见空花,幻翳若除,不可说言‘此翳已灭,何时更起一切诸翳’。何以故? 翳花二法,非相待故。亦如空花灭于空时,不可说言‘虚空何时,更起空花’。何以故? 空本无花,非起灭故。生死涅槃,同于起灭。妙觉圆照,离于花翳。善男子!当知虚空非是暂有,亦非暂无。况复如来,圆觉随顺,而为虚空,平等本性!

“善男子!如销金矿,金非销有。既已成金,不重为矿。经无穷时,金性不坏。不应说言‘本非成就’。如来圆觉亦复如是。善男子!一切如来妙圆觉心,本无菩提及与涅槃,亦无成佛及不成佛,无妄轮回及非轮回。善男子!但诸声闻所圆境界,身心语言皆悉断灭。终不能至彼之亲证所现涅槃,何况能以有思惟心,测度如来圆觉境界?如取萤火,烧须弥山,终不能着。以轮回心,生轮回见,入于如来,大寂灭海,终不能至。是故我说一切菩萨,及末世众生,先断无始轮回根本。善男子!有作思惟,从有心起,皆是六尘,妄想缘气,非实心体,已如空花。用此思惟,辨于佛境,犹如空花,复结空果,辗转妄想,无有是处。善男子,虚妄浮心,多诸巧见,不能成就,圆觉方便。”

尔时世尊告弥勒菩萨言:“善男子!一切众生,从无始际,由有种种恩爱贪欲,故有轮回。爱欲为因,爱命为果。由于欲境,起诸违顺,境背爱心,而生憎嫉,造种种业。是故复生,地狱饿鬼。知欲可厌,爱厌业道,舍恶乐善,复现天人。又知诸爱可厌恶故,弃爱乐舍,还滋爱本,便现有为增上善果。皆轮回故,不成圣道。是故众生欲脱生死,免诸轮回,先断贪欲,及除爱渴。若诸末世一切众生,欲泛如来大圆觉海,先当发愿勤断二障。二障已伏,即能悟入菩萨境界。若事理障已永断灭,即入如来微妙圆觉,满足菩提及大涅槃。”

尔时世尊告清净慧菩萨言:“善男子!圆觉自性,非性性有,循诸性起,无取无证。于实相中,实无菩萨及诸众生。何以故?菩萨众生皆是幻化。幻化灭故,无取证者,譬如眼根,不自见眼。性自平等,无平等者。众生迷倒,未能除灭一切幻化,于灭未灭,妄功用中,便显差别。若得如来,寂灭随顺,实无寂灭及寂灭者。

“善男子！一切障碍，即究竟觉。得念失念，无非解脱。成法破法，皆名涅槃。智慧愚痴，通为般若。菩萨外道所成就法，同是菩提。无明真如，无异境界。诸戒定慧及淫怒痴，俱是梵行。众生国土，同一法性。地狱天宫，皆为净土。有性无性，齐成佛道。一切烦恼，毕竟解脱。法界海慧，照了诸相，犹如虚空。此名如来，随顺觉性。

“善男子！但诸菩萨及末世众生，居一切时，不起妄念；于诸妄心，亦不息灭；住妄想境，不加了知；于无了知，不辨真实。彼诸众生，闻是法门，信解受持，不生惊畏，是则名为随顺觉性。善男子！汝等当知，如是众生，已曾供养百千万亿恒河沙诸佛及大菩萨，植众德本。佛说是人名为成就一切种智。”

尔时世尊告威德自在菩萨言：“善男子！无上妙觉，遍诸十方出生如来。与一切法，同体平等。于诸修行，实无有二。方便随顺，其数无量。圆摄所归，循性差别，当有三种。

“善男子！若诸菩萨，悟净圆觉，以净觉心，取静为行。由澄诸念，觉识烦动，静慧发生，身心客尘，从此永灭。便能内发寂静轻安。由寂静故，十方世界，诸如来心，于中显现，如镜中像。此方便者名奢摩他。

“善男子！若诸菩萨，悟净圆觉，以净觉心，知觉心性及与根尘，皆因幻化；即起诸幻，以除幻者，变化诸幻，而开幻众。由起幻故，便能内发大悲轻安。一切菩萨，从此起行，渐次增进。彼观幻者，非同幻故，非同幻观，皆是幻故。幻相永离，是诸菩萨，所圆妙行，如土长苗。此方便者，名三摩钵提。

“善男子！若诸菩萨，悟净圆觉，以净觉心，不取幻化及诸净相，了知身心皆为罣碍，无知觉明不依诸碍，永得超过碍无碍境。受用世界及与身心，相在尘域，如器中锽，声出于外。烦恼涅槃不相留碍。便能内发寂灭轻安，妙觉随顺寂灭境界，自他身心所不能及，众生寿命皆为浮想。此方便者，名为禅那。

“善男子！此三法门皆是圆觉，亲近随顺，十方如来，因此成佛。十方菩萨，种种方便，一切同异，皆依如是三种事业。若得圆证，即成圆觉。

“若诸菩萨以圆觉慧，圆合一切，于诸性相，无离觉性，此菩萨者，名为圆修三种自性清净随顺。”

尔时世尊告净诸业障菩萨言：“善男子！一切众生从无始来，妄想执有我、人、众生及寿命，认四颠倒为实我体。由此便生憎爱二境，于虚妄体重执虚妄。二妄相依，生妄业道。有妄业故，妄见流转。厌流转者，妄见涅槃。由此不能入清净觉。非觉违拒诸能入者，有诸能人非觉入故。是故动念及与息念，皆归迷闷。

“善男子！云何我相？谓诸众生心所证者。譬如有人百骸调适，忽忘我身，摄养乖方，微加针艾，则知有我，是故证取，方现我体。善男子！其心乃至证于如来，毕竟了知清净涅槃，皆是我相。善男子！云何人相？谓诸众生心悟证者。善男子！悟有我者，不复认我，所悟非我，悟亦如是。悟已超过一切证者，悉为人相。其心乃至圆悟涅槃，俱是我者，心存少悟，备殚证理，皆名人相。

“善男子！云何众生相？谓诸众生心自证悟所不及者。善男子！譬如有人作如是言‘我是众生’，则知彼人说众生者，非我非彼。云何非我？我是众生，则非是我。云何非彼？我是众生，非彼我故。善男子！但诸众生了证了悟，皆为我人，而我人相所不及者，存有所了，名众生相。善男子！云何寿命相？谓诸众生，心照清净，觉所了者，一切业智所不自见，犹如命根。善男子！若心照见一切觉者，皆为尘垢，觉所觉者，不离尘故。如汤消冰，无别有冰，知冰消者。存我觉我，亦复如是。善男子！末世众生不了四相，虽经多劫勤苦修道，但名有为，终不能成一切圣果。

“何以故？认一切我为涅槃故，有证有悟名成就故，譬如有人认贼为子，其家财宝，终不成就。有我爱者，亦爱涅槃，伏我爱根为涅槃相，名不解脱。云何当知法不解脱？善男子！彼末世众生习菩提者，以己微证为自清净，犹未能尽我相根本。若复有人赞叹彼法，即生欢喜，便欲济度。若复诽谤彼所得者，便生瞋恨。则知我相坚固执持，潜伏藏识，游戏诸根，曾不间断。善男子！彼修道者，不除我相，是故不能入清净觉。

“善男子！末世众生说病为法，是故名为可怜悯者。虽勤精进，增益诸病。末世众生不了四相，以如来解及所行处，为自修行，终不成就。或有众生未得谓得，未证谓证，见胜进者，心生嫉妒，由彼众生未断我爱，是故不能入清净觉。善男子！末世众生希望成道，无令求悟，唯益多闻，增长我见。但当精勤，降伏烦恼，起大勇猛，未得令得，未断令断。贪瞋爱慢，谄曲嫉妒，对境不生，彼我恩爱，一切寂灭。佛说是人，渐次成就。求善知识，不堕邪见。若于所求别生憎爱，则不能入清净觉海。”

尔时世尊告普觉菩萨言：“善男子！末世众生将发大心，求善知识，欲修行者，当求一切正知见人：心不住相，不着声闻缘觉境界，虽现尘劳，心恒清净，示有诸过，赞叹梵行，不令众生入不律仪。求如是人，即得成就三藐三菩提。末世众生见如是人，应当供养，不惜身命。彼善知识四威仪中，常现清净，乃至示现种种过患，心无憍慢，于彼善友不起恶念，即能究竟成就正觉，心花发明，照十方刹。

“善男子！彼善知识所证妙法，应离四病。云何四病？一者，作病：若复有人作如是言‘我于本心作种种行，欲求圆觉’，彼圆觉性非作得故，说名为病；二者，任病：若复有人作如是言‘我等今者不断生死，不求涅槃，涅槃生死，无起灭念，任彼一切，随诸法性，欲求圆觉’，彼圆觉性非任有故，说名为病；三者，止病：若复有人作如是言‘我今自心，永息诸念，得一切性，寂然平等，欲求圆觉’，彼圆觉性非止合故，说名为病；四者，灭病：若复有人作如是言‘我今永断一切烦恼，身心毕竟，空无所有，何况根尘，虚妄境界？一切永寂，欲求圆觉’，彼圆觉性非寂相故，说名为病。离四病者，则知清净。作是观者，名为正观。若他观者，名为邪观。

“善男子！末世众生欲求圆觉，应当发心，作如是言‘尽于虚空一切众生，我皆令入究竟圆觉。于圆觉中，无取觉者，除彼我人一切诸相’，如是发心，不堕邪见。”

尔时世尊告贤善首菩萨言：“善男子！是经百千万亿恒河沙诸佛所说，三世如来之所守护，十方菩萨之所归依，十二部经清净眼目。

“是经唯显如来境界，唯佛如来能尽宣说。若诸菩萨及末世众生，依此修行，渐次增进，至于佛地。善男子！是经名为顿教大乘。顿机众生，从此开悟。亦摄渐修，一切群品。若复有人闻此经名，信心不惑，当知是人非于一佛二佛种诸福慧，如是乃至尽恒河沙一切佛所，种诸善根，闻此经教。汝善男子，当护末世是修行者，无令恶魔及诸外道，恼其身心，令生退屈。”

金刚般若波罗蜜经

佛言:“善男子、善女人！发阿耨多罗三藐三菩提心,应如是住,如是降伏其心。

“所有一切众生之类,若卵生,若胎生,若湿生,若化生,若有色,若无色,若有想,若无想,若非有想非无想,我皆令入无余涅槃而灭度之。如是灭度无量无数无边众生,实无众生得灭度者。何以故?须菩提！若菩萨有我相、人相、众生相、寿者相,即非菩萨。复次,须菩提,菩萨于法应无所住行于布施。所谓不住色布施,不住声、香、味、触、法布施。须菩提！菩萨应如是布施,不住于相。何以故?若菩萨不住相布施,其福德不可思量。

“凡所有相,皆是虚妄,若见诸相非相,则见如来。如来灭后,后五百岁,有持戒修福者,于此章句能生信心,以此为实,当知是人不于一佛二佛三四五佛而种善根,已于无量千万佛所种诸善根。闻是章句乃至一念生净信者,如来悉知悉见。

“是故不应取法,不应取非法。以是义故,如来常说汝等比丘,知我说法如筏喻者。法尚应舍,何况非法?须菩提！于意云何?如来得阿耨多罗三藐三菩提耶?如来有所说法耶?”

须菩提言:“如我解佛所说义,无有定法名阿耨多罗三藐三菩提,亦无有定法如来可说。何以故?如来所说法皆不可取不可说,非法非非法。所以者何?一切贤圣皆以无为法而有差别。”

佛告须菩提:“于意云何?如来昔在然灯佛所,于法有所得否?”

“不也,世尊。如来在然灯佛所,于法实无所得。”

“须菩提！于意云何?菩萨庄严佛土否?”

“不也,世尊。何以故?庄严佛土者,即非庄严,是名庄严。”

“是故,须菩提,诸菩萨摩诃萨应如是生清净心,不应住色生心,不应住声、香、味、触、法生心,应无所住而生其心。”

“若是经典所在之处,即为有佛,若尊重弟子。”

“须菩提!于意云何?可以三十二相见如来否?”

“不也,世尊!不可以三十二相得见如来。何以故?如来说三十二相即是非相,是名三十二相。

“世尊!若复有人得闻是经,信心清净,则生实相,当知是人成就第一希有功德。世尊!是实相者则是非相,是故如来说名实相。”

佛告须菩提:“菩萨应离一切相,发阿耨多罗三藐三菩提心,不应住色生心,不应住声、香、味、触、法生心,应生无所住心。若心有住,则为非住。

“如来说一切诸相即是非相,又说一切众生即非众生。须菩提!如来是真语者、实语者、如语者、不诳语者、不异语者。须菩提!如来所得法,此法无实无虚。须菩提!若菩萨心住于法而行布施,如人入暗,则无所见。若菩萨心不住法而行布施,如人有目,日光明照,见种种色。

“须菩提!以要言之,是经有不可思议、不可称量无边功德,如来为发大乘者说,为发最上乘者说。

“若乐小法者,着我见、人见、众生见、寿者见,则于此经不能听受读诵,为人解说。

“当知是经义不可思议,果报亦不可思议。

“如来者即诸法如义。若有人言如来得阿耨多罗三藐三菩提,须菩提!实无有法,佛得阿耨多罗三藐三菩提。须菩提!如来所得阿耨多罗三藐三菩提,于是中无实无虚,是故如来说一切法皆是佛法。须菩提!所言一切法者,即非一切法,是故名一切法。

“须菩提!若菩萨通达无我法者,如来说名真是菩萨。

“须菩提！于意云何？如一恒河中所有沙，有如是沙等恒河，是诸恒河所有沙数佛世界，如是宁为多否？”

“甚多，世尊。”

佛告须菩提：“尔所国土中所有众生若干种心，如来悉知。何以故？如来说诸心，皆为非心，是名为心。所以者何？须菩提！过去心不可得，现在心不可得，未来心不可得。

“须菩提！汝勿谓如来作是念‘我当有所说法’，莫作是念。何以故？若人言如来有所说法，即为谤佛，不能解我所说故。须菩提！说法者无法可说，是名说法。

“须菩提！我于阿耨多罗三藐三菩提，乃至无有少法可得，是名阿耨多罗三藐三菩提。

“复次，须菩提！是法平等，无有高下，是名阿耨多罗三藐三菩提。以无我、无人、无众生、无寿者，修一切善法，则得阿耨多罗三藐三菩提。须菩提！所言善法者，如来说即非善法，是名善法。

“汝等勿谓如来作是念‘我当度众生’。须菩提！莫作是念。何以故？实无有众生如来度者。若有众生如来度者，如来则有我、人、众生、寿者。须菩提！如来说有我者，则非有我，而凡夫之人以为有我。须菩提！凡夫者，如来说则非凡夫。

“须菩提！于意云何？可以三十二相观如来否？”

须菩提言：“如是如是，以三十二相观如来。”

佛言：“须菩提！若以三十二相观如来者，转轮圣王则是如来。”

须菩提白佛言：“世尊！如我解佛所说义，不应以三十二相观如来。”尔时世尊而说偈言：

若以色见我，以音声求我，
是人行邪道，不能见如来。

“须菩提！汝若作是念‘如来不以具足相故，得阿耨多罗三藐三菩提’，须菩提！莫作是念‘如来不以具足相故，得阿耨多罗三藐三菩提’。须菩提！汝若作是念，发阿耨多罗三藐三菩提心者，说诸法断灭。莫作是念。何以故？发阿耨多罗三藐三菩提心者，于法不说断灭相。须菩提！若菩萨以满恒河沙等世界七宝持用布施，若复有人知一切法无我，得成于忍，此菩萨胜前菩萨所得功德。

“若有人言如来若来、若去、若坐、若卧，是人不解我所说义。何以故？如来者，无所从来，亦无所去，故名如来。

“如来所说三千大千世界，则非世界，是名世界。何以故？若世界实有者，则是一合相，如来说一合相，则非一合相，是名一合相。须菩提！一合相者则是不可说，但凡夫之人贪着其事。

“须菩提！发阿耨多罗三藐三菩提心者，于一切法，应如是知，如是见，如是信解，不生法相。须菩提！所言法相者，如来说即非法相，是名法相。云何为人演说？不取于相，如如不动。何以故？

一切有为法，如梦幻泡影，
如露亦如电，应作如是观。

卷二

大佛顶如来密因修证
了义万行首楞严经

尔时,阿难殷勤启请十方如来得成菩提,妙奢摩他、三摩、禅那最初方便。

世尊在大众中,舒金色臂摩阿难顶,告示阿难及诸大众:“有三摩提,名大佛顶首楞严王具足万行十方如来一门超出妙庄严路。汝今谛听。

“阿难!汝等当知,一切众生从无始来,生死相续,皆由不知常住真心,性净明体,用诸妄想。此想不真,故有轮转。

“汝今欲研无上菩提真发明性,应当直心酬我所问。十方如来同一道故,出离生死皆以直心。心言直故,如是乃至终始地位,中间永无诸委曲相。阿难!当汝发心,由目观见如来胜相,心生爱乐,吾今问汝,唯心与目,今何所在?”

阿难白佛言:“世尊!我今观此浮根四尘,只在我面,如是识心,实居身内。”

佛告阿难:“汝之心灵,一切明了。若汝现前所明了心,实在身内,尔时先合了知内身。纵不能见心肝脾胃,爪生发长,筋转脉摇,诚合明了。如何不知?是故应知,心在身内,无有是处。”

阿难言:“我闻如来如是法音,悟知我心实居身外。”

佛告阿难:“若汝觉了知见之心,实在身外,身心相外自不相干,则心所知,身不能觉,觉在身际,心不能知。我今示汝兜罗绵手,汝眼见时,心分别不?”

阿难答言:“如是,世尊。”

佛言:“若相知者,云何在外?是故应知心在身外,无有是处。”

阿难言:“如佛所言,不见内故,不居身内;身心相知,不相离故,不在身外。我今思惟,潜伏根里,犹如有人取琉璃碗合其两眼,虽有物合而不留碍,彼根随见,随即分别。”

佛告阿难:“如汝所言,潜根内者犹如琉璃,彼人当以琉璃笼眼,当见山河见琉璃不?”

“世尊!是人当以琉璃笼眼实见琉璃。”

佛言:“汝心若同琉璃合者,当见山河,何不见眼?若见眼者,眼即同境,不得成随。若不能见,云何说言此了知心,潜在根内如琉璃合?是故应知汝言觉了能知之心,潜伏根里,无有是处。”

阿难言:“世尊!我今又作如是思惟,是众生身,腑脏在中,窍穴居外,有藏则暗,有窍则明。今我对佛开眼见明,名为见外,闭眼见暗,名为见内,是义云何?”

佛告阿难:“汝当闭眼见暗之时,此暗境界为与眼对?为不对眼?若与眼对,暗在眼前,云何成内?若不对者,云何成见?是故应知,汝言见暗名见内者,无有是处。”

阿难言:“我常闻佛开示四众,由心生故,种种法生,由法生故,种种心生。我今思惟,随所合处心则随有,亦非内、外、中间三处。”

佛告阿难:“汝今说言‘由法生故种种心生,随所合处心随有’者,是心无体则无所合。若有体者,为复一体?为有多体?若一体者,则汝以手挃一肢时,四肢应觉。若咸觉者,挃应无在。若挃有所,一体不成。若多体者,则成多人,何体为汝?是故应知,随所合处心则随有,无有是处。”

阿难言:“如世尊言,眼色为缘,生于眼识,眼有分别,色尘无知，识生其中，则为心在。”

佛言：“汝心若在根尘之中，此之心体为复兼二为不兼二？若兼二者，物体杂乱，物非体知，成敌两立，云何为中？兼二不成，非知不知，即无体性，中何为相？是故应知，当在中间无有是处。”

阿难言：“我昔见佛与四大弟子共转法轮，常言觉知分别心性，既不在内，亦不在外，不在中间，则我无着名为心不？”

佛告阿难：“汝言觉知分别心性俱无在者，诸所物象名为一切，汝不着者，为在为无？无则同于龟毛兔角，云何不着？有不着者，不可名无，无相则无，非无即相，相有则在，云何无着？是故应知一切无着名觉知心，无有是处。”

尔时，阿难即从座起，右膝着地，合掌恭敬而白佛言：“我是如来最小之弟，蒙佛慈爱。虽今出家犹恃憍怜，所以多闻未得无漏，当由不知真际所诣。唯愿世尊，大慈哀愍，开示我等奢摩他路。”

佛告阿难：“一切众生，从无始来种种颠倒，业种自然，如恶叉聚，诸修行人不能得成无上菩提，乃至别成声闻缘觉，及成外道、诸天魔王及魔眷属，皆由不知二种根本，错乱修习，犹如煮沙，欲成嘉馔，纵经尘劫，终不能得。云何二种？阿难！一者，无始生死根本，则汝今者与诸众生，用攀缘心为自性者；二者，无始菩提涅槃元清净体，则汝今者识精元明，能生诸缘，缘所遗者。由诸众生遗此本明，虽终日行而不自觉枉入诸趣。”

尔时，世尊开示阿难及诸大众，欲令心入无生法忍，于狮子座摩阿难顶而告之言：“如来常说诸法所生，唯心所现，一切因果世界微尘因心成体。阿难！若诸世界一切所有，其中乃至草叶缕结，诘其根元，咸有体性，纵令虚空亦有名貌，何况清净妙净明心？性一切心而自无体，若汝执吝分别觉观，所了知性必为心者，此心即应离诸一切色、香、味、触，诸尘事业别有全性。如汝今者，承听我法，此则因声而有分别，纵灭一切见闻觉知，内守幽闲，犹为法尘分别影事。我非敕汝执为非心,但汝于心,微细揣摩,若离前尘有分别性,即真汝心。若分别性离尘无体,斯则前尘分别影事。尘非常住,若变灭时,此心则同龟毛兔角,则汝法身同于断灭,其谁修证无生法忍?”

于是如来普告大众:“若复众生以摇动者名之为尘,以不住者名之为客,汝观阿难,头自动摇,神无所动,又汝观我,手自开合,见无舒卷,云何汝今以动为身,以动为境?从始洎终,念念生灭,遗失真性,颠倒行事,性心失真,认物为己,轮回是中,自取流转。”

佛兴慈悲,哀愍阿难及诸大众,发海潮音遍告同会:“诸善男子!我常说言,色心诸缘及心所使,诸所缘法唯心所现,汝身汝心皆是妙明真精妙心中所现物。云何汝等遗失本妙圆妙明心宝明妙性?认悟中迷,晦昧为空,空晦暗中,结暗为色,色杂妄想,想相为身,聚缘内摇,趣外奔逸,昏扰扰相以为心性。一迷为心,决定惑为色身之内,不知色身外洎山河虚空大地,咸是妙明真心中物。譬如澄清百千大海,弃之唯认一浮沤体,目为全潮,穷尽瀛渤,汝等即是迷中倍人,如来说为可怜愍者。”佛告阿难:“且汝见我见精明元,此见虽非妙精明心,如第二月非是月影。汝应谛听,今当示汝无所还地。阿难!此大讲堂洞开东方,日轮升天则有明耀,中夜黑月云雾晦暝则复昏暗,户牖之隙则复见通,墙宇之间则复观壅,分别之处则复见缘,顽虚之中遍是空性,郁𡋯之象则纡昏尘,澄霁敛氛又观清净。阿难!汝咸看此诸变化相,吾今各还本所因处。阿难!此诸变化明还日轮。何以故?无日不明,明因属日,是故还日。暗还黑月,通还户牖,壅还墙宇,缘还分别,顽虚还空,郁𡋯还尘,清明还霁,则诸世间一切所有不出斯类。汝见八种见精明性当欲谁还,何以故?若还于明,则不明时无复见暗,虽明暗等种种差别,见无差别。诸可还者,自然非汝,不汝还者,非汝而谁?则知汝心本妙明净,汝自迷闷,丧本受轮,于生死中常被漂溺，是故如来名可怜愍。

“一切众生从无始来，迷己为物。失于本心为物所转，故于是中观大观小。若能转物则同如来，身心圆明，不动道场，于一毛端遍能含受十方国土。”

佛告文殊及诸大众：“十方如来及大菩萨于其自住三摩地中见与见缘并所想相，如虚空花本无所有。此见及缘，元是菩提妙净明体，云何于中有是非是？文殊！吾今问汝，如汝文殊，更有文殊是文殊者，为无文殊？”

文殊言：“如是，世尊。我真文殊，无是文殊。何以故？若有是者，则二文殊。然我今日非无文殊，于中实无是非二相。”

佛言：“此见妙明与诸空尘亦复如是，本是妙明无上菩提净圆真心，妄为色空及与闻见，如第二月，谁为是月？又谁非月？文殊，但一月真，中间自无是月非月。”

阿难白佛言：“世尊亦曾于楞伽山，为大慧等敷演斯义，彼外道等常说自然，我说因缘非彼境界。我今观此觉性自然非生非灭，似非因缘，云何开示不入群邪？”

佛告阿难：“我今如是开示方便，真实告汝。汝犹未悟，惑为自然。阿难！若必自然，自须甄明有自然体，汝且观此妙明见中以何为自？此见为复以明为自，以暗为自？以空为自，以塞为自？阿难！若明为自，应不见暗；若复以空为自体者，应不见塞。如是乃至诸暗等相，以为自者，则于明时见性断灭，云何见明？

“阿难！汝言因缘。吾复问汝，汝今因见见性现前，此见为复因明有见，因暗有见？因空有见，因塞有见？阿难！若因明有，应不见暗，如因暗有，应不见明。如是乃至因空因塞，同于明暗。复次阿难，此见又复缘明有见，缘暗有见？缘空有见，缘塞有见？阿难！若缘空有应不见塞，若缘塞有应不见空，如是乃至缘明缘暗同于空塞。当知如是精觉妙明，非因非缘，亦非自然非不自然，无非不非，无是非是，离一切相，即一切法。汝今云何于中措心，以诸世间戏论名相而得分别？如以手掌撮摩虚空，只益自劳，虚空云何，随汝执捉？

“是故阿难，汝今当知，见明之时见非是明，见暗之时见非是暗，见空之时见非是空，见塞之时见非是塞，四义成就。汝复应知，见见之时见非是见，见犹离见见不能及，云何复说因缘自然及和合相？

“若能远离诸和合缘及不和合，则复灭除诸生死因，圆满菩提不生灭性，清净本心，本觉常住。

“阿难！汝犹未明一切浮尘诸幻化相，当处出生随处灭尽，幻妄称相，其性真为妙觉明体，如是乃至五阴、六入、从十二处至十八界因缘和合，虚妄有生，因缘别离，虚妄名灭。殊不能知生灭去来，本如来藏常住妙明不动周圆妙真如性，性真常中求于去来、迷悟、生死了无所得。

“阿难！譬如有人，以清净目观晴明空，唯一晴虚，迥无所有，其人无故不动目睛，瞪以发劳，则于虚空别见狂花，复有一切狂乱非相，色阴当知，亦复如是。

“阿难！譬如有人，手足宴安百骸调适，忽如忘生性无违顺，其人无故以二手掌于空相摩，于二手中妄生涩滑冷热诸相，受阴当知，亦复如是。

“阿难！譬如有人，谈说酢梅口中水出，思踏悬崖足心酸涩，想阴当知，亦复如是。

“阿难！譬如瀑流波浪相续，前际后际不相逾越，行阴当知，亦复如是。

“阿难！譬如有人取频伽瓶，塞其两孔满中擎空，千里远行用饷他国，识阴当知，亦复如是。”

阿难白佛言：“世尊！如来常说和合因缘，一切世间种种变化，皆因四大和合发明，云何如来因缘自然二俱排摈？我今不知斯义所属，唯垂哀愍，开示众生，中道了义无戏论法。”

尔时，世尊告阿难言："汝先厌离声闻缘觉诸小乘法，发心勤求无上菩提，故我今时为汝开示第一义谛。如何复将世间戏论，妄想因缘，而自缠绕？汝虽多闻，如说药人，真药现前不能分别，如来说为真可怜愍。汝今谛听，吾当为汝分别开示，亦令当来修大乘者，通达实相。"阿难默然承佛圣旨。

"阿难！如汝所言，四大和合，发明世间种种变化。阿难！若彼大性，体非和合，则不能与诸大杂和，犹如虚空不和诸色。若和合者同于变化，始终相成，生灭相续，生死死生，生生死死，如旋火轮，未有休息。阿难如水成冰，冰还成水。汝观地性，粗为大地，细为微尘。至邻虚尘，析彼极微，色边际相，七分所成。更析邻虚，即实空性。阿难，若此邻虚析成虚空，当知虚空出生色相。汝今问言'由和合故，出生世间诸变化相'，汝且观此一邻虚尘，用几虚空和合而有？不应邻虚合成邻虚。又邻虚尘析入空者，用几色相合成虚空？若色合时，合色非空。若空合时，合空非色。色犹可析，空云何合？汝元不知，如来藏中，性色真空，性空真色，清净本然，周遍法界，随众生心，应所知量，循业发现。世间无知，惑为因缘及自然性，皆是识心分别计度。但有言说，都无实义。"

佛言富楼那："如汝所言'清净本然，云何忽生山河大地'，汝常不闻如来宣说性觉妙明本觉明妙？"

富楼那言："唯然，世尊。我常闻佛宣说斯义。"

佛言："汝称觉明，为复性明，称名为觉？为觉不明，称为明觉？"

富楼那言："若此不明，名为觉者，则无所明。"

佛言："若无所明则无明觉。有所非觉，无所非明。无明又非觉湛明性。性觉必明，妄为明觉。觉非所明，因明立所。所既妄立，生汝妄能。

"无同异中，炽然成异。异彼所异，因异立同。同异发明，因此复立无同无异。如是扰乱，相待生劳。劳久发尘，自相浑浊。

由是引起尘劳烦恼。”

富楼那言:“若此妙觉,本妙觉明,与如来心不增不减,无状忽生山河大地诸有为相,如来今得妙空明觉,山河大地有为习漏,何当复生?”

佛告富楼那:“譬如迷人,于一聚落,惑南为北,此迷为复因迷而有,因悟所出?”

富楼那言:“如是迷人,亦不因迷又不因悟。何以故?迷本无根,云何因迷?悟非生迷,云何因悟?”

佛言:“彼之迷人,正在迷时,倏有悟人,指示令悟。富楼那!于意云何?此人纵迷,于此聚落更生迷不?”

“不也,世尊。”

“富楼那!十方如来亦复如是,此迷无本,性毕竟空。昔本无迷,似有迷觉。觉迷迷灭,觉不生迷。亦如翳人见空中花,翳病若除,花于空灭。忽有愚人,于彼空花所灭空地,待花更生。汝观是人,为愚为慧?”

富楼那言:“空元无花,妄见生灭。见花灭空,已是颠倒。敕令更出,斯实狂痴。云何更名如是狂人为愚为慧?”

佛言:“如汝所解,云何问言,诸佛如来,妙觉明空,何当更出,山河大地?又如金矿杂于精金,其金一纯,更不成杂。如木成灰,不重为木。诸佛如来,菩提涅槃,亦复如是。

“富楼那!又汝问言,地水火风,本性圆融,周遍法界,疑水火性不相凌灭,又征虚空及诸大地,俱遍法界不合相容。富楼那!譬如虚空,体非群相,而不拒彼,诸相发挥。”

“富楼那!汝以色空,相倾相夺于如来藏,而如来藏随为色空,周遍法界。是故于中风动空澄,日明云暗,众生迷闷,背觉合尘。故发尘劳,有世间相。我以妙明,不灭不生,合如来藏,而如来藏,唯妙觉明,圆照法界。是故于中,一为无量,无量为一,小中现大,大中现小,不动道场遍十方界,身含十方无尽虚空,于一毛端现宝王刹，坐微尘里转大法轮。灭尘合觉，故发真如妙觉明性。而如来藏本妙圆心，非心非空，非地非水，非风非火，非眼非耳、鼻、舌、身、意，非色非声、香、味、触、法，如是乃至非大涅槃，非常非乐，非我非净。以是俱非，世出世故，即如来藏，元明心妙。即心即空，即地即水，即风即火，即眼即耳、鼻、舌、身、意，即色即声、香、味、触、法，如是乃至即大涅槃，即常即乐，即我即净。以是俱即世出世故，即如来藏，妙明心元。离即离非，是即非即。”

“譬如琴瑟、箜篌、琵琶，虽有妙音，若无妙指，终不能发。汝与众生，亦复如是。宝觉真心，各各圆满。如我按指，海印发光。汝暂举心，尘劳先起。由不勤求，无上觉道，爱念小乘，得少为足。”

富楼那言：“我与如来，宝觉圆明，真妙净心，无二圆满。而我昔遭无始妄想，久在轮回，今得圣乘，犹未究竟。世尊！诸妄一切圆灭，独妙真常。敢问如来，一切众生，何因有妄，自蔽妙明，受此沦溺？”

佛告富楼那：“汝虽除疑，余惑未尽。吾以世间，现前诸事，今复问汝。汝岂不闻？室罗城中，演若达多，忽于晨朝，以镜照面，爱镜中头，眉目可见，瞋责己头，不见面目，以为魑魅，无状狂走。于意云何？此人何因，无故狂走？”

富楼那言：“是人心狂，更无他故。”

佛言：“妙觉明圆，本圆明妙。既称为妄，云何有因？若有所因，云何名妄？自诸妄想，辗转相因，从迷积迷，以历尘劫，虽佛发明，犹不能返。如是迷因，因迷自有。识迷无因，妄无所依。尚无有生，欲何为灭？得菩提者，如寤时人，说梦中事，心纵精明，欲何因缘，取梦中物？况复无因，本无所有。如彼城中，演若达多，岂有因缘，自怖头走？忽然狂歇，头非外得。纵未歇狂，亦何遗失？富楼那！妄性如是，因何为在？汝但不随，三种相续。三缘断故，三因不生。则汝心中，狂性自歇，歇即菩提，不从人得。

“譬如有人，于自衣中，系如意珠，不自觉知，穷露他方，乞食驰走，虽实贫穷，珠不曾失。忽有智者，指示其珠，所愿从心，致大饶富，方悟神珠，非从外得。”

佛告阿难：“即如城中，演若达多，狂性因缘，若得灭除，则不狂性，自然而出。因缘自然，理穷于是。

“若悟本头，识知狂走，因缘自然，俱为戏论。是故我言：‘三缘断故即菩提心。’菩提心生，生灭心灭，此但生灭。灭生俱尽，无功用道。若有自然，如是则明自然心生，生灭心灭，此亦生灭。无生灭者名为自然，犹如世间，诸相杂和，成一体者，名和合性。非和合者，称本然性。本然非然，和合非合。合然俱离，离合俱非。此句方名，无戏论法。菩提涅槃，尚在遥远。非汝历劫，辛勤修证，虽复忆持十方如来，十二部经，清净妙理，如恒河沙，只益戏论。”

“今汝且观，现前六根，为一为六？阿难！若言一者，耳何不见？目何不闻？头奚不履？足奚无语？若此六根，决定成六，如我今会，与汝宣扬微妙法门，汝之六根，谁来领受？”

阿难言：“我用耳闻。”

佛言：“汝耳自闻，何关身口？口来问义，身起钦承？是故应知，非一终六，非六终一，终不汝根，元一元六。阿难当知，是根非一非六。由无始来颠倒沦替，故于圆湛，一六义生。汝须陀洹，虽得六销，犹未亡一。如太虚空参合群器，由器形异，名之异空，除器观空，说空为一。彼太虚空，云何为汝，成同不同？何况更名，是一非一？则汝了知，六受用根，亦复如是。

“汝但不循，动静合离，恬变通塞，生灭明暗，如是十二诸有为相，随拔一根，脱粘内伏。伏归元真，发本明耀。耀性发明，诸余五粘，应拔圆脱。不由前尘，所起知见，明不循根，寄根明发。由是六根，互相为用。

“阿难！今汝诸根，若圆拔已，内莹发光。如是浮尘及器世间，诸变化相，如汤销冰，应念化成，无上知觉。阿难！如彼世人，聚见于眼，若令急合，暗相现前，六根黯然，头足相类。彼人以手循体外绕，彼虽不见，头足一辨。知觉是同。缘见因明，暗成无见，不明自发，则诸暗相，永不能昏。根尘既销，云何觉明，不成圆妙？”

“以诸众生，从无始来，循诸色声，逐念流转，曾不开悟，性净妙常。不循所常，逐诸生灭，由是生生，杂染流转。若弃生灭，守于真常，常光现前，根尘识心，应时销落。想相为尘，识情为垢，二俱远离，则汝法眼，应时清明。云何不成，无上知觉？”

尔时世尊告阿难：“汝欲识知，俱生无明，使汝轮转，生死结根，唯汝六根，更无他物。汝复欲知，无上菩提，令汝速证，安乐解脱，寂静妙常，亦汝六根，更非他物。根尘同源，缚脱无二。识性虚妄，犹如空花。阿难！由尘发知，因根有相，相见无性，同于交芦。是故汝今，知见立知，即无明本；知见无见，斯即涅槃。无漏真净，云何是中更容他物？”尔时世尊欲重宣此义，而说偈言：

真性有为空，缘生故如幻，
无为无起灭，不实如空花。
言妄显诸真，妄真同二妄，
犹非真非真，云何见所见？
中间无实性，是故若交芦，
结解同所因，圣凡无二路。
汝观交中性，空有二俱非，
迷晦即无明，发明便解脱。
解结因次第，六解一亦亡，
根选择圆通，入流成正觉。
陀那微细识，习气成暴流，
真非真恐迷，我常不开演。
自心取自心，非幻成幻法，

不取无非幻，非幻尚不生，
幻法云何立，是名妙莲花。
金刚王宝觉，如幻三摩提，
弹指超无学，此阿毗达磨，
十方薄伽梵，一路涅槃门。

尔时观世音菩萨即从座起，顶礼佛足而白佛言：“世尊！忆念我昔，无数恒河沙劫，于时有佛，出现于世，名观世音。我于彼佛，发菩提心，彼佛教我，从闻思修入三摩地。初于闻中入流亡所，所入既寂，动静二相，了然不生。如是渐增，闻所闻尽。尽闻不住，觉所觉空。空觉极圆，空所空灭。生灭既灭，寂灭现前。忽然超越，世出世间，十方圆明，获二殊胜。一者，上合十方诸佛本妙觉心，与佛如来同一慈力；二者，下合十方一切六道众生，与诸众生同一悲仰。

“世尊！由我供养观音如来，蒙彼如来授我如幻闻熏闻修金刚三昧。与佛如来，同慈力故，令我身成，三十二应入诸国土。与诸众生，同悲仰故，令诸众生，于我身心，获十四种无畏功德。”

尔时世尊告文殊师利：“我今欲令阿难开悟，何方便门得易成就？”文殊师利法王子奉佛慈旨，即从座起，顶礼佛足，承佛威神，说偈对佛：

觉海性澄圆，圆澄觉元妙，
元明照生所，所立照性亡。
迷妄有虚空，依空立世界，
想澄成国土，知觉乃众生。
空生大觉中，如海一沤发，
有漏微尘国，皆从空所生。
沤灭空本无，况复诸三有？
归元性无二，方便有多门。
圣性无不通，顺逆皆方便，

初心入三昧，迟速不同伦。
我今白世尊，佛出娑婆界，
此方真教体，清净在音闻。
欲取三摩提，实以闻中入，
离苦得解脱，良哉观世音！
于恒沙劫中，入微尘佛国，
得大自在力，无畏施众生。
妙音观世音，梵音海潮音，
救世悉安宁，出世获常住。
我今启如来，如观音所说，
譬如人静居，十方俱击鼓，
十处一时闻，此则圆真实。
目非观障外，口鼻亦复然，
身以合方知，心念纷无绪。
隔垣听音响，遐迩俱可闻，
五根所不齐，是则通真实。
音声性动静，闻中为有无，
无声号无闻，非实闻无性。
声无既无灭，声有亦非生，
生灭二圆离，是则常真实。
纵令在梦想，不为不思无，
觉观出思惟，身心不能及。
今此娑婆国，声论得宣明。
众生迷本闻，循声故流转，
阿难纵强记，不免落邪思，
岂非随所沦，旋流获无妄？
阿难汝谛听，我承佛威力，
宣说金刚王，如幻不思议。

佛母真三昧，汝闻微尘佛，
一切秘密门，欲漏不先除。
畜闻成过误，将闻持佛佛，
何不自闻闻？闻非自然生。
因声有名字，旋闻与声脱，
能脱欲谁名，一根既返源。
六根成解脱，见闻如幻翳，
三界若空花，闻复翳根除。
尘销觉圆净，净极光通达，
寂照含虚空，却来观世间。
犹如梦中事，摩登伽在梦，
谁能留汝形，如世巧幻师。
幻作诸男女，虽见诸根动，
要以一机抽，息机归寂然。
诸幻成无性，六根亦如是。
元依一精明，分成六和合。
一处成休复，六用皆不成，
尘垢应念销，成圆明净妙。
余尘尚诸学，明极即如来。
大众及阿难，旋汝倒闻机，
反闻闻自性，性成无上道。
圆通实如是。
此是微尘佛，一路涅槃门。
过去诸如来，斯门已成就，
现在诸菩萨，今各入圆明。
未来修学人，当依如是法，
我亦从中证，非唯观世音。

即时阿难及诸大众，得蒙开示，心虑虚凝，断除三界修心六品微细烦恼，而白佛言："大威德世尊，善开众生，微细沉惑，令我身心得大饶益。世尊！若此妙明，真净妙心，本来遍圆，即是如来，成佛真体。佛体真实，云何复有地狱、饿鬼、畜生、修罗、人、天等道？"

佛告阿难："如是地狱、饿鬼、畜生、人及神仙、天洎修罗，精研七趣，皆是昏沉，诸有为相，妄想受生，妄想随业。于妙圆明，无作本心，皆如空花，元无所着，但一虚妄，更无根绪。阿难！此等众生，不识本心，受此轮回，经无量劫，不得真净。皆由随顺，杀盗淫故。反此三种，又则出生无杀盗淫。有名鬼伦，无名天趣。有无相倾，起轮回性。若得妙发三摩提者，则妙常寂，有无二无，无二亦灭。尚无不杀不偷不淫，云何更随杀盗淫事？阿难！不断三业，各各有私。因各各私，众私同分，非无定处，自妄发生，生妄无因，无可寻究。汝勖修行，欲得菩提，要除三惑。不尽三惑，纵得神通，皆是世间有为功用，习气不灭，落于魔道。虽欲除妄，倍加虚伪，如来说为可哀怜者。汝妄自造，非菩提咎。作是说者，名为正说。若他说者，即魔王说。"

尔时如来将罢法座，普告大众及阿难言："汝等当知，有漏世界，十二类生，本觉妙明，觉圆心体，与十方佛，无二无别。由汝妄想，迷理为咎，痴爱发生。生发遍迷，故有空性。化迷不息，有世界生。则此十方，微尘国土，非无漏者，皆是迷顽妄想安立。当知虚空，生汝心内，犹如片云，点太清里。况诸世界，在虚空耶？汝等一人，发真归元，此十方空皆悉销殒。云何空中，所有国土，而不震裂？汝辈修禅，饰三摩地，十方菩萨及诸无漏大阿罗汉，心精通溜，当处湛然。一切魔王，及与鬼神，诸凡夫天，见其宫殿，无故崩裂，大地震坼，水陆飞腾，无不惊慑。凡夫昏暗，不觉迁讹。彼等咸得，五种神通，唯除漏尽。恋此尘劳，如何令汝，摧裂其处？是故神鬼，及诸天魔，魍魉妖精，于三昧时，佥来恼汝。然彼诸魔，虽有大怒，彼尘劳内，汝妙觉中，如风吹光，如刀断水，了不相触。

汝如沸汤，彼如坚冰，暖气渐邻，不日消殒，徒恃神力，但为其客。成就破乱，由汝心中，五阴主人。主人若迷，客得其便。当处禅那，觉悟无惑，则彼魔事，无奈汝何。阴消入明，则彼群邪，咸受幽气，明能破暗，近自消殒，如何敢留，扰乱禅定？若不明悟，被阴所迷，则汝阿难，必为魔子，成就魔人。如摩登伽，殊为眇劣，彼唯咒汝，破佛律仪，八万行中，只毁一戒，心清净故，尚未沦溺。此乃隳汝，宝觉全身，如宰臣家，忽逢籍没，宛转零落，无可哀救。

“阿难当知，汝坐道场，销落诸念，其念若尽，则诸离念，一切精明，动静不移，忆忘如一。当住此处，入三摩地。如明目人，处大幽暗。精性妙净，心未发光，此则名为色阴区宇。若目明朗，十方洞开，无复幽黯，名色阴尽，是人则能超越劫浊。观其所由，坚固妄想以为其本。

“阿难！彼善男子，修三摩提，奢摩他中，色阴尽者，见诸佛心，如明镜中，显现其像。若有所得，而未能用，犹如魇人，手足宛然，见闻不惑，心触客邪，而不能动，此则名为受阴区宇。若魇咎歇，其心离身，反观其面，去住自由，无复留碍，名受阴尽，是人则能超越见浊。观其所由，虚明妄想以为其本。

“阿难！彼善男子，修三摩地，受阴尽者，虽未漏尽，心离其形。如鸟出笼，已能成就。从是凡身，上历菩萨，六十圣位，得意生身，随往无碍。譬如有人，熟寐呓言，是人虽则无别所知，其言已成音韵伦次，令不寐者咸悟其语。此则名为想阴区宇。若动念尽，浮想消除，于觉明心，如去尘垢，一伦生死，首尾圆照，名想阴尽，是人则能超烦恼浊。观其所由，融通妄想以为其本。

“阿难！彼善男子，修三摩地，想阴尽者，是人平常，梦想消灭，寤寐恒一。觉明虚静，犹如晴空。无复粗重，前尘影事。观诸世间，大地山河，如镜鉴明，来无所粘，过无踪迹，虚受照应，了罔陈习，唯一精真。生灭根元，从此披露，见诸十方，十二众生，毕殚其类。虽未通其各命由绪，见同生基，犹如野马，熠熠清扰，为浮根尘,究竟枢穴,此则名为行阴区宇。若此清扰,熠熠元性,性入元澄,一澄元习,如波澜灭,化为澄水,名行阴尽,是人则能超众生浊。观其所由,幽隐妄想以为其本。

"阿难!彼善男子,修三摩地,行阴尽者,诸世间性,幽清扰动,同分生机,倏然堕裂,沉细纲纽,补特伽罗,酬业深脉,感应悬绝。于涅槃天,将大明悟,如鸡后鸣,瞻顾东方,已有精色。六根虚静,无复驰逸,内外湛明,入无所入。深达十方,十二种类,受命元由。观由执元,诸类不召,于十方界,已获其同。精色不沉,发现幽秘。此则名为,识阴区宇。若于群召,已获同中,消磨六门,合开成就,见闻通邻,互用清净。十方世界,及与身心,如吠琉璃,内外明彻,名识阴尽。是人则能超越命浊。观其所由,罔象虚无,颠倒妄想以为其本。

"阿难!汝等存心秉如来道,将此法门,于我灭后,传示末世,普令众生,觉了斯义,无令见魔,自作沉孽。保绥哀救,消息邪缘。令其身心,入佛知见,从始成就,不遭歧路。如是法门,先过去世,恒沙劫中,微尘如来,乘此心开,得无上道。识阴若尽,则汝现前,诸根互用。从互用中,能入菩萨金刚乾慧。圆明精心,于中发化,如净琉璃,内含宝月。如是乃超十信、十住、十行、十回向、四加行心,菩萨所行,金刚十地,等觉圆明,入于如来妙庄严海,圆满菩提,归无所得。

"阿难!精真妙明,本觉圆净,非留死生及诸尘垢,乃至虚空,皆因妄想之所生起。斯元本觉,妙明精真,妄以发生,诸器世间。如演若多,迷头认影。妄元无因,于妄想中立因缘性。迷因缘者,称为自然。彼虚空性,犹实幻生。因缘自然,皆是众生妄心计度。阿难!知妄所起,说妄因缘。若妄元无,说妄因缘,元无所有。何况不知推自然者?是故如来,与汝发明,五阴本因,同是妄想。汝体先因,父母想生,汝心非想,则不能来,想中传命。如我先言,心想酢味,口中涎出,心想登高,足心酸起。悬崖不有,酢物未来，汝体必非，虚妄通伦，口水如何因谈酢出？是故当知汝现色身，名为坚固，第一妄想。

"即此所说，临高想心，能令汝形，真受酸涩。由因受生，能动色体，汝今现前，顺益违损，二现驱驰，名为虚明，第二妄想。

"由汝念虑，使汝色身，身非念伦，汝身何因，随念所使，种种取像，心生形取，与念相应。寤即想心，寐为诸梦，则汝想念，摇动妄情，名为融通，第三妄想。

"化理不住，运运密移，甲长发生，气消容皱，日夜相代，曾无觉悟。阿难！此若非汝，云何体迁？如必是真，汝何无觉？则汝诸行，念念不停，名为幽隐，第四妄想。

"又汝精明，湛不摇处，名恒常者，于身不出见闻觉知，若实精真，不容习妄。何因汝等，曾于昔年，睹一奇物，经历年岁，忆忘俱无？于后忽然，复睹前异，记忆宛然，曾不遗失。则于精了，湛不摇中，念念受熏，有何筹算？

"阿难当知，此湛非真，如急流水，望如恬静，流急不见，非是无流。若非想元，宁受妄习？非汝六根，互用合开，此之妄想，无时得灭。故汝现在，见闻觉知，中串习机，则湛了内，罔象虚无，第五颠倒，细微精想。

"阿难！是五受阴，五妄想成。汝今欲知，因界浅深。唯色与空，是色边际。唯触及离，是受边际。唯记与忘，是想边际。唯灭与生，是行边际。湛入合湛，归识边际。此五阴元，重叠生起。生因识有，灭从色除。理则顿悟，乘悟并消；事非顿除，因次第尽。我已示汝，劫波巾结。

"汝应将此，妄想根元，心得开通，传示将来，末法之中诸修行者，令识虚妄，深厌自生，知有涅槃，不恋三界。

"阿难！此佛顶光聚，悉怛多般怛啰秘密伽陀，出生十方一切诸佛。十方如来因此咒心，得成无上正遍知觉。十方如来，执此咒心，降伏诸魔，制诸外道。十方如来乘此咒心，坐宝莲花应微尘国。十方如来含此咒心，于微尘国转大法轮。

“阿难！若复有人遍满十方，所有虚空，盈满七宝，持以奉上微尘诸佛，承事供养，心无虚度。若复有人，身具四重十波罗夷，瞬息即经，此方他方，阿鼻地狱，能以一念，将此法门，于末劫中，开示未学，是人罪障，应念消灭，变其所受地狱苦因，成安乐国；得福超越前之施人，百倍千倍，千万亿倍，如是乃至算数譬喻所不能及。阿难！若有众生，能诵此经，能持此咒，如我广说穷劫不尽。依我教言，如教行道，直成菩提，无复魔业。”

卷三

维摩诘所说经

佛国品第一

一时佛在毗耶离庵罗树园，与无量百千之众恭敬围绕而为说法。

尔时，毗耶离城有长者子，名曰宝积，与五百长者子俱，持七宝盖来诣佛所。头面礼足，各以其盖，共供养佛。佛之威神，令诸宝盖，合成一盖，遍覆三千大千世界。而此世界广长之相，悉于中现。

尔时一切大众，合掌礼佛，瞻仰尊颜，目不暂舍。长者子宝积，即于佛前，以偈颂曰：

法王法力超群生，常以法财施一切，
能善分别诸法相，于第一义而不动。
已于诸法得自在，是故稽首此法王，
说法不有亦不无，以因缘故诸法生。
三转法轮于大千，其轮本来常清净，
天人得道此为证，三宝于是现世间。
以斯妙法济群生，一受不退常寂然，
佛以一音演说法，众生随类各得解。
稽首能断众结缚，稽首已到于彼岸，
悉知众生来去相，善于诸法得解脱。
不着世间如莲华，常善入于空寂行，
达诸法相无挂碍，稽首如空无所依。

尔时，长者子宝积说此偈已，白佛言："世尊！唯愿世尊，说诸菩萨净土之行。"

佛言："宝积！众生之类，是菩萨佛土。所以者何？菩萨取于净国，皆为饶益诸众生故。譬如有人，欲于空地，造立宫室，随意无碍，若于虚空，终不能成。菩萨如是，为成就众生故，愿取佛国。愿取佛国者，非于空也。是故，宝积！若菩萨欲得净土，当净其心。随其心净，则佛土净。"

尔时，舍利弗承佛威神，作是念："若菩萨心净，则佛土净者，我世尊本为菩萨时，意岂不净？而是佛土，不净若此。"

佛知其念，即告之言："于意云何？日月岂不净耶？而盲者不见。"对曰："不也，世尊。是盲者过，非日月咎。""舍利弗！众生罪故，不见如来佛土严净，非如来咎。舍利弗！我此土净，而汝不见。"

方便品第二

尔时，毗耶离大城中，有长者，名维摩诘。已曾供养无量诸佛，深植善本，得无生忍，辩才无碍，游戏神通，逮诸总持，获无所畏，善于智度，通达方便，大愿成就，明了众生心之所趣。欲度人故，以善方便，居毗耶离。无量方便，饶益众生。其以方便，现身有疾。以其疾故，国王、大臣、长者、居士皆往问疾。其往者，维摩诘因以身疾，广为说法：

"诸仁者，是身无常，此可患厌，当乐佛身。所以者何？佛身者即法身也，从无量功德智慧生，从戒、定、慧、解脱、解脱知见生，从慈、悲、喜、舍生，从布施、持戒、忍辱、柔和、勤行精进、禅定解脱三昧、多闻智慧诸波罗蜜生，从方便生，从六通生，从三明生，从三十七道品生，从止观生，从十力、四无所畏、十八不共法生，从断一切不善法，集一切善法生，从真实生，从不放逸生，从如是无量清净法生如来身。诸仁者,欲得佛身断一切众生病者,当发阿耨多罗三藐三菩提心。”

弟子品第三

尔时长者维摩诘自念:“寝疾于床,世尊大慈,宁不垂愍?”

佛知其意,即告舍利弗:“汝行诣维摩诘问疾。”

舍利弗白佛言:“世尊!我不堪任,诣彼问疾。所以者何?忆念我昔,曾于林中,宴坐树下。时维摩诘来谓我言:‘唯,舍利弗!不必是坐为宴坐也。夫宴坐者,不于三界现身意,是为宴坐。不起灭定而现诸威仪,是为宴坐。不舍道法而现凡夫事,是为宴坐。心不住内亦不在外,是为宴坐。于诸见不动而修行三十七品,是为宴坐。不断烦恼而入涅槃,是为宴坐。若能如是坐者,佛所印可。’”

目犍连白佛言:“世尊!忆念我昔,入毗耶离大城,于里巷中为诸居士说法。时维摩诘来谓我言:‘唯,大目连!夫说法者,当如法说。法无众生,离众生垢故。法无有我,离我垢故。法无寿命,离生死故。法无名字,言语断故。法无形相,如虚空故。法无分别,离诸识故。法无有比,无相待故。法同法性,入诸法故。法随于如,无所随故。法住实际,诸边不动故。法无动摇,不依六尘故。法无去来,常不住故。法无高下,法常住不动。法离一切观行。法相如是,岂可说乎?夫说法者,无说无示;其听法者,无闻无得。譬如幻士为幻人说法,当建是意而为说法。当了众生,根有利钝,善于知见,无所挂碍,以大悲心赞于大乘,念报佛恩不断三宝,然后说法。’”

迦叶白佛言:“世尊!忆念我昔,于贫里而行乞,时维摩诘来谓我言:‘唯,大迦叶!有慈悲心而不能普,舍豪富从贫乞。迦叶!住平等法,应次行乞食。为不食故,应行乞食。为坏和合相故，应取抟食。为不受故，应受彼食。若能不舍八邪入八解脱，以邪相入正法，以一食施一切，供养诸佛及众贤圣，然后可食。如是食者，非有烦恼，非离烦恼，非入定意，非起定意，非住世间，非住涅槃。其有施者无大福、无小福、不为益、不为损。是为正入佛道，不依声闻。若如是食，为不空食人之施也。'"

须菩提白佛言："世尊！忆念我昔，入其舍从乞食。时维摩诘取我钵，盛满饭，谓我言：'唯，须菩提！若能于食等者，诸法亦等，诸法等者，于食亦等，如是行乞，乃可取食。非凡夫，非离凡夫法。非圣人，非不圣人。虽成就一切法，而离诸法相，乃可取食。不见佛，不闻法，彼外道六师，是汝之师，因其出家，彼师所堕，汝亦随堕，乃可取食。若须菩提，入诸邪见，不到彼岸。住于八难，不得无难。同于烦恼，离清净法。汝得无诤三昧，一切众生亦得是定。其施汝者不名福田，供养汝者堕三恶道。汝与众魔及诸尘劳等无有异，于一切众生而有怨心，谤诸佛毁于法不入众数，终不得灭度。汝若如是乃可取食。'时我，世尊！闻此茫然，不识是何言，不知以何答，便置钵，欲出其舍。维摩诘言：'唯，准须菩提，取钵勿惧。于意云何？如来所作化人，若以是事诘，宁有惧不？'我言：'不也。'维摩诘言：'一切诸法如幻化相，汝今不应有所惧也。所以者何？一切言说不离是相。至于智者不着文字，故无所惧。何以故？文字性离，无有文字，是则解脱。解脱相者，则诸法也。'"

富楼那白佛言："世尊！忆念我昔于大林中在一树下，为诸新学比丘说法。时维摩诘来谓我言：'唯，富楼那！先当入定，观此人心，然后说法。无以秽食，置于宝器。当知是比丘心之所念，无以琉璃同彼水晶。汝不能知众生根源，无得发起以小乘法。彼自无疮勿伤之也。欲行大道莫示小径，无以大海内于牛迹，无以日光等彼萤火。此比丘久发大乘心，中忘此意，如何以小乘法而教导之？我观小乘智慧微浅，犹如盲人，不能分别一切众生根之利钝。’”

迦旃延白佛言：“世尊！忆念昔者，佛为诸比丘略说法要，我即于后敷演其义，谓无常义、苦义、空义、无我义、寂灭义。时维摩诘来谓我言：‘唯，迦旃延！无以生灭心行说实相法。诸法毕竟不生不灭，是无常义。五受阴洞达空无所起，是苦义。诸法究竟无所有，是空义。于我无我而不二，是无我义。法本不然，今则无灭，是绝灭义。’”

阿那律白佛言：“世尊！忆念我昔，于一处经行。时有梵王名曰严净，稽首作礼问我言：‘几何阿那律天眼所见？’我即答言：‘仁者，吾见此释迦牟尼佛土三千大千世界，如观掌中庵摩勒果。’时维摩诘来谓我言：‘唯，阿那律！天眼所见为作相耶？无作相耶？假使作相，则与外道五通等；若无作相，即是无为，不应有见。有佛世尊，得真天眼，常在三昧，悉见诸佛国，不以二相。’”

优波离白佛言：“世尊！忆念昔者，有二比丘，犯律行以为耻，不敢问佛，来问我言：‘愿解疑悔，得免斯咎。’我即为其如法解说。时维摩诘来谓我言：‘唯，优波离！无重增此二比丘罪，当直除灭，勿扰其心。所以者何？彼罪性不在内、不在外、不在中间。如佛所说，心垢故众生垢，心净故众生净。心亦不在内、不在外、不在中间。如其心然，罪垢亦然，诸法亦然，不出于如。妄想是垢，无妄想是净。颠倒是垢，无颠倒是净。取我是垢，不取我是净。一切法生灭不住，如幻如电。诸法不相待，乃至一念不住。诸法皆妄见，如焰，如水中月，如镜中像，以妄想生。其知此者，是名奉律，其知此者，是名善解。’”

罗睺罗白佛言：“世尊！忆念昔时毗耶离诸长者子，稽首作礼，问我言：‘其出家者，有何等利？’我即如法为说出家功德之利。时维摩诘来谓我言：‘唯，罗睺罗！不应说出家功德之利。所以者何？无利无功德是为出家。有为法者，可说有利有功德。

夫出家者为无为法,无为法中无功德。夫出家者,无彼无此,亦无中间,离六十二见,处于涅槃,摧诸外道,超越假名。出淤泥,无系着,无我所,无所受,随禅定,离众过。若能如是,是真出家。'于是维摩诘语诸长者子:'汝等于正法中,宜共出家。所以者何?佛世难值。'诸长者子言:'居士,我闻佛言,父母不听不得出家。'维摩诘言:'然汝等便发阿耨多罗三藐三菩提心,是即出家,是即具足。'"

阿难白佛言:"世尊!忆念昔时世尊身小有疾,当用牛乳,我即持钵,诣大婆罗门家。时维摩诘来谓我言:'唯,阿难!何为晨朝持钵住此?'我言:'居士,世尊身有小疾,当用牛乳,故来至此。'维摩诘言:'止止,阿难!莫作是语。诸如来身,即是法身,非思欲身。为世尊,过于三界,佛身无漏,诸漏已尽,佛身无为,不堕诸数。如此之身,当有何疾?'时我,世尊!实怀惭愧,即闻空中声曰:'阿难!如居士言。但为佛出五浊恶世,现行斯法,度脱众生。行矣阿难,取乳勿惭。'世尊!维摩诘智慧辩才,为若此也。"

如是五百大弟子,各各向佛说其本缘,称述维摩诘所言,皆曰不任诣彼问疾。

菩萨品第四

弥勒白佛言:"世尊!忆念我昔为兜率天王及其眷属,说不退转地之行。时维摩诘来谓我言:'弥勒!世尊授仁者记,一生当得阿耨多罗三藐三菩提,为用何生,得受记乎?过去耶?未来耶?现在耶?若过去生,过去生已灭;若未来生,未来生未至;若现在生,现在生无住。如佛所说'比丘,汝今即时,亦生亦老亦灭'。若以无生得受记者,无生即是正位,于正位中亦无受记,亦无得阿耨多罗三藐三菩提。云何弥勒受一生记乎?为从如生得受记耶？为从如灭得受记耶？若以如生得受记者，如无有生；若以如灭得受记者，如无有灭。一切众生皆如也，一切法亦如也，众圣贤亦如也，至于弥勒亦如也。若弥勒得受记者，一切众生亦应受记。所以者何？夫如者不二不异。若弥勒得阿耨多罗三藐三菩提者，一切众生皆亦应得。所以者何？一切众生即菩提相。若弥勒得灭度者，一切众生亦应灭度。所以者何？毕竟寂灭即涅槃相，不复更灭。当令此诸天子舍于分别菩提之见。所以者何？菩提者，不可以身得，不可以心得。'"

光严白佛言："世尊！忆念我昔出毗耶离大城，时维摩诘方入城。我即为作礼而问言：'居士从何所来？'答我言：'吾从道场来。'我问：'道场者何所是？'答曰：'直心、深心、发行、菩提心、布施、持戒、忍辱、精进、禅定、智慧、慈、悲、喜、舍、神通、解脱、方便、多闻、三十七品、四谛、缘起、力无畏、不共法，如上尽是道场，成就一切智故。如是，善男子！菩萨若应诸波罗蜜教化众生，诸有所作，举足下足，当知皆从道场来，住于佛法矣。'"

持世白佛言："世尊！忆念我昔住于静室。时魔波旬从万二千天女，来诣我所，即语我言：'正士，受是万二千天女，可备扫洒。'我言：'无以此非法之物要我沙门释子，此非我宜。'所言未讫，时维摩诘来谓我言：'是为魔来娆固汝耳。'尔时维摩诘语诸女言：'有法乐可以自娱，不应复乐五欲乐也。'天女即问：'何为法乐？'答言：'乐常信佛，乐欲听法，乐供养众，乐离五欲，乐观五阴如怨贼，乐观四大如毒蛇，乐观内入如空聚，乐随护道意，乐饶益众生，乐敬养师，乐广行施，乐坚持戒，乐忍辱柔和，乐勤集善根，乐禅定不乱，乐离垢明慧，乐广菩提心，乐降伏众魔，乐断诸烦恼，乐净佛国土，乐修无量道品之法，是为菩萨法乐。'于是诸女问维摩诘：'我等云何止于魔宫？'维摩诘言：'诸姊，有法门名无尽灯，汝等当学。无尽灯者，譬如一灯燃百千灯，冥者皆明，明终不尽。如是诸姊，夫一菩萨开导百千众生，令发阿耨多罗三藐三菩提心，于其道意亦不灭尽，随所说法而自增益一切善法，是名无尽灯也。’”

善德白佛言：“世尊！忆念我昔，自于父舍，设大施会。时维摩诘来入会中，谓我言：‘长者子，夫大施会不当如汝所设，当为法施之会，何用是财施会为？’我言：‘居士！何谓法施之会？’答曰：‘法施会者，无前无后，一时供养，一切众生，是名法施之会。’我言：‘何谓也？’曰：‘谓以菩提，起于慈心；以救众生，起大悲心；以持正法，起于喜心；以摄智慧，行于舍心；以摄悭贪，起檀波罗蜜；以化犯戒，起尸罗波罗蜜；以无我法，起羼提波罗蜜；以离身心相，起毗梨耶波罗蜜；以菩提相，起禅波罗蜜；以一切智，起般若波罗蜜；教化众生而起于空；不舍有为法而起无相；示现受生而起无作；护持正法起方便力；以具相好及净佛土，起福德业；知一切众生心念如应说法，起于智业；知一切法不取不舍，入一相门起于慧业；断一切烦恼、一切障碍、一切不善法，起一切善业；以得一切智慧、一切善法，起于一切助佛道法。如是善男子，是为法施之会。若菩萨住是法施会者，为大施主，亦为一切世间福田。世尊！故我不任诣彼问疾。’”

如是诸菩萨各各向佛说其本缘，称述维摩诘所言，皆曰不任诣彼问疾。

文殊师利问疾品第五

尔时佛告文殊师利：“汝行诣维摩诘问疾。”

文殊师利白佛言：“世尊！彼上人者，难为酬对，深达实相，善说法要，辩才无滞，智慧无碍。虽然，当承佛圣旨，诣彼问疾。”

于是众中诸菩萨大弟子、释梵四天王咸作是念：“今二大士，文殊师利、维摩诘共谈，必说妙法。”即时八千菩萨，五百声闻，百千天人，皆欲随从。恭敬围绕，入毗耶离大城。

文殊师利既入其舍，见其室空，无诸所有，独寝一床。时维摩诘言："善来文殊师利，不来相而来，不见相而见。"

文殊师利言："如是居士，若来已更不来，若去已更不去。所以者何？来者无所从来，去者无所至。所可见者，更不可见。且置是事。居士是疾，何所因起？其生久如，当云何灭？"

维摩诘言："从痴有爱，则我病生。以一切众生病，是故我病。若一切众生得不病者，则我病灭。所以者何？菩萨为众生故入生死，有生死则有病。若众生得离病者，则菩萨无复病。众生病愈，菩萨亦愈。又言是疾，何所因起？菩萨疾者，以大悲起。"

文殊师利言："居士！此室何以空无侍者？"

维摩诘言："诸佛国土，亦复皆空。"

又问："以何为空？"

答曰："以空空。"

又问："空何用空？"

答曰："以无分别空故空。"

又问："空可分别耶？"

答曰："分别亦空。"

又问："空当于何求？"

答曰："当于六十二见中求。"

又问："六十二见当于何求？"

答曰："当于诸佛解脱中求。"

又问："诸佛解脱当于何求？"

答曰："当于一切众生心行中求。又仁所问'何无侍者'，一切众魔及诸外道皆吾侍也。所以者何？众魔者乐生死，菩萨于生死而不舍；外道者乐诸见，菩萨于诸见而不动。"

文殊师利言："居士所疾，为何等相？"

维摩诘言："我病无形不可见。"

又问："地大、水大、火大、风大，于此四大何大之病？"

答曰:“是病非地大亦不离地大,水、火、风大亦复如是。而众生病,从四大起,以其有病是故我病。”

又问:“菩萨应云何慰喻有疾菩萨?”

答:“说身无常,不说厌离于身;说身有苦,不说乐于涅槃;说身无我,而说教导众生;说身空寂,不说毕竟寂灭;说悔先罪,而不说入于过去;以己之疾愍于彼疾,当作医王疗治众病。菩萨应如是慰喻有疾菩萨,令其欢喜。”

又问:“有疾菩萨云何调伏其心?”

答:“有疾菩萨应作是念‘离我我所’。云何离我我所?谓离二法。云何离二法?谓不念内外诸法,行于平等。云何平等?谓我等涅槃等。所以者何?我及涅槃,此二皆空。如此二法,无决定性。得是平等,无有余病,唯有空病,空病亦空,是有疾菩萨以无所受而受诸受。我既调伏,亦当调伏一切众生。但除其病而不除法,为断病本而教导之。何谓病本?谓有攀缘,从有攀缘则为病本。何所攀缘?谓之三界。云何断攀缘?以无所得。若无所得,则无攀缘。何谓无所得?谓离二见。何谓二见?谓内见外见。是为有疾菩萨调伏其心。彼有疾菩萨应复作是念:‘如我此病非真非有,众生病亦非真非有。’作是观时,于诸众生,若起爱见大悲,即应舍离。所以者何?菩萨断除客尘烦恼,而起大悲。爱见悲者,则于生死有疲厌心。若能离此,无有疲厌,在在所生不为爱见之所覆也。所生无缚,能为众生说法解缚。如佛所说‘若自有缚,能解彼缚,无有是处。若自无缚,能解彼缚,斯有是处’。是故菩萨不应起缚。何谓缚?何谓解?贪着禅味是菩萨缚,以方便生是菩萨解。又无方便慧缚,有方便慧解;无慧方便缚,有慧方便解。有疾菩萨应如是调伏其心。不住其中,亦复不住不调伏心。所以者何?若住不调伏心是愚人法,若住调伏心是声闻法。是故菩萨不当住于调伏不调伏心,离此二法是菩萨行。在于生死不为污行,住于涅槃不永灭度是菩萨行。非凡夫行非贤圣行,是菩萨行。非垢行非净行,是菩萨行。虽过魔行,而现降伏众魔,是菩萨行。求一切智无非时求,是菩萨行。虽观诸法不生而不入正位,是菩萨行。虽观十二缘起而入诸邪见,是菩萨行。虽摄一切众生而不爱着,是菩萨行。虽乐远离而不依身心尽,是菩萨行。虽行三界而不坏法性,是菩萨行。虽行于空而植众德本,是菩萨行。虽行无相而度众生,是菩萨行。虽行无作而现受身,是菩萨行。虽行止观助道之法,而不毕竟堕于寂灭,是菩萨行。虽行诸法不生不灭,而以相好庄严其身,是菩萨行。虽现声闻辟支佛威仪,而不舍佛法,是菩萨行。虽随诸法究竟净相,而随所应为现其身,是菩萨行。虽观诸佛国土永寂如空,而现种种清净佛土,是菩萨行。虽得佛道转于法轮入于涅槃,而不舍于菩萨之道,是菩萨行。"

不思议品第六

尔时舍利弗,见此室中无有床座,作是念:"斯诸菩萨大弟子众,当于何坐?"

长者维摩诘知其意,语舍利弗言:"仁者!为法来耶?为床座耶?"

舍利弗言:"我为法来,非为床座。"维摩诘言:"唯,舍利弗!夫求法者,不贪躯命,何况床座?夫求法者,非有色、受、想、行、识之求,非有界、入之求,非有欲、色、无色之求。唯,舍利弗!夫求法者,不着佛求,不着法求,不着众求。所以者何?法无戏论。若言我当见苦、断集、证灭、修道,是则戏论,非求法也。唯,舍利弗!法名寂灭,若行生灭,是求生灭,非求法也。法名无染,若染于法,乃至涅槃,是则染着,非求法也。法无行处,若行于法,是则行处,非求法也。法无取舍,若取舍法,是则取舍,非求法也。法无处所,若着处所,是则着处,非求法也。法名无相,若随相识,是则求相，非求法也。法不可住，若住于法，是则住法，非求法也。法不可见闻觉知，若行见闻觉知，是则见闻觉知，非求法也。法名无为，若行有为，是求有为，非求法也。是故舍利弗，若求法者，于一切法应无所求。”

尔时，长者维摩诘问文殊师利：“仁者！游于无量千万亿阿僧祇国，何等佛土，有好上妙功德成就狮子之座？”

文殊师利言：“居士！东方度三十六恒河沙国，有世界名须弥相，其佛号须弥灯王，今现在。彼佛身长八万四千由旬，其狮子座高八万四千由旬，严饰第一。”于是长者维摩诘，现神通力。即时彼佛，遣三万二千狮子座，高广严净，来入维摩诘室。其室广博，悉皆包容，三万二千狮子座，无所妨碍。于毗耶离城及阎浮提四天下，亦不迫迮，悉见如故。

舍利弗言：“居士！未曾有也。如是小室，乃容受此高广之座。”

维摩诘言：“唯，舍利弗！诸佛菩萨有解脱，名不可思议。若菩萨住是解脱者，以须弥之高广内芥子中，无所增减。须弥山王本相如故。而四天王、忉利诸天，不觉不知己之所入。唯应度者乃见须弥入芥子中，是名不可思议解脱法门。又舍利弗，住不可思议解脱菩萨，断取三千大千世界，如陶家轮着右掌中，掷过恒沙世界之外，其中众生不觉不知己之所往。又复还置本处，都不使人有往来想。而此世界本相如故。又舍利弗，或有众生，乐久住世，而可度者，菩萨即演七日以为一劫，令彼众生谓之一劫。或有众生不乐久住而可度者，菩萨即促一劫以为七日，令彼众生谓之七日。又舍利弗，住不可思议解脱菩萨，能以神通现作佛身。或现辟支佛身，或现声闻身，或现帝释身，或现梵王身，或现世主身，或现转轮圣王身。又十方世界所有众声，上中下音，皆能变之，令作佛声，演出无常、苦、空、无我之音，及十方诸佛所说种种之法，皆于其中，普令得闻。舍利弗！我今略说菩萨不可思议解脱之力，若广说者，穷劫不尽。”

是时大迦叶，闻说菩萨不可思议解脱法门，叹未曾有，谓舍利弗：“譬如有人于盲者前现众色像，非彼所见，一切声闻闻是不可思议解脱法门，不能解了，为若此也。智者闻是，其谁不发阿耨多罗三藐三菩提心？我等何为永绝其根，于此大乘已如败种？一切声闻闻是不可思议解脱法门，皆应号泣，声震三千大千世界。一切菩萨应大欣庆，顶受此法。若有菩萨信解不可思议解脱法门者，一切魔众无如之何。”

尔时维摩诘语大迦叶：“仁者！十方无量阿僧祇世界中作魔王者，多是住不可思议解脱菩萨。以方便力故，教化众生，现作魔王，譬如龙象蹴踏，非驴所堪。是名住不可思议解脱菩萨，智慧方便之门。”

观众生品第七

尔时文殊师利问维摩诘言：“菩萨云何观于众生？”

维摩诘言：“譬如幻师见所幻人，菩萨观众生为若此。如智者见水中月，如镜中见其面像，如热时焰，如呼声响，如空中云，如水聚沫，如水上泡，如芭蕉坚，如电久住，如第五大，如第六阴，如第七情，如十三入，如十九界，菩萨观众生为若此。如无色界色，如焦谷芽，如须陀洹身见，如阿那含入胎，如阿罗汉三毒，如得忍菩萨贪恚毁禁，如佛烦恼习，如盲者见色，如入灭尽定出入息，如空中鸟迹，如石女儿，如化人烦恼，如梦所见已寤，如灭度者受身，如无烟之火，菩萨观众生为若此。”

文殊师利言：“若菩萨作是观者，云何行慈？”

维摩诘言：“菩萨作是观已，自念‘我当为众生说如斯法’，是即真实慈也。”

又问：“何谓为悲？”

答曰:“菩萨所作功德,皆与一切众生共之。”

“何谓为喜?”

答曰:“有所饶益,欢喜无悔。”

“何谓为舍?”

答曰:“所作福佑,无所希望。”

文殊师利又问:“生死有畏,菩萨当何所依?”

维摩诘言:“菩萨于生死畏中,当依如来功德之力。”

又问:“菩萨欲依如来功德之力,当于何住?”

答曰:“菩萨欲依如来功德力者,当住度脱一切众生。”

又问:“欲度众生,当何所除?”

答曰:“欲度众生,除其烦恼。”

又问:“欲除烦恼,当何所行?”

答曰:“当行正念。”

又问:“云何行于正念?”

答曰:“当行不生不灭。”

又问:“何法不生?何法不灭?”

答曰:“不善不生,善法不灭。”

又问:“善不善,孰为本?”

答曰:“身为本。”

又问:“身孰为本?”

答曰:“欲贪为本。”

又问:“欲贪孰为本?”

答曰:“虚妄分别为本。”

又问:“虚妄分别孰为本?”

答曰:“颠倒想为本。”

又问:“颠倒想孰为本?”

答曰:“无住为本。”

又问:“无住孰为本?”

答曰:“无住则无本。文殊师利！从无住本立一切法。”

时维摩诘室有一天女,见诸天人,闻所说法,便现其身,即以天花散诸菩萨大弟子上。花至诸菩萨,即皆堕落,至大弟子,便着不堕。一切弟子神力去花,不能令去。

尔时天女问舍利弗:“何故去花?”

答曰:“此花不如法,是以去之。”

天曰:“勿谓此花为不如法。所以者何?是花无所分别,仁者自生分别想耳。若于佛法出家有所分别,为不如法。若无所分别,是则如法。观诸菩萨花不着者,已断一切分别想故。譬如人畏时,非人得其便,如是弟子畏生死故,色、声、香、味、触得其便也。已离畏者,一切五欲无能为也。结习未尽,花着身耳;结习尽者,花不着也。”

舍利弗言:“天止此室,其已久如?”

答曰:“我止此室,如耆年解脱。”

舍利弗言:“止此久耶?”

天曰:“耆年解脱亦何如久?”舍利弗默然不答。

天曰:“如何耆旧大智而默?”

答曰:“解脱者无所言说,故吾于是不知所云。”

天曰:“言说文字,皆解脱相。所以者何?解脱者,不内不外,不在两间。文字亦不内不外,不在两间,是故舍利弗,无离文字说解脱也。所以者何?一切诸法是解脱相。”

舍利弗言:“不复以离淫怒痴为解脱乎?”

天曰:“佛为增上慢人,说离淫怒痴为解脱耳。若无增上慢者,佛说淫怒痴性,即是解脱。”

舍利弗言:“善哉善哉！天女！汝何所得,以何为证,辩乃如是?”

天曰:“我无得无证,故辩如是。所以者何?若有得有证者,则于佛法为增上慢。”

舍利弗问天："汝于三乘为何志求？"

天曰："以声闻法化众生故，我为声闻。以因缘法化众生故，我为辟支佛。以大悲法化众生故，我为大乘。舍利弗！如人入苍蔔林，唯嗅苍蔔，不嗅余香。如是若入此室，但闻佛功德之香，不乐闻声闻、辟支佛功德香也。舍利弗！其有释梵四天王，诸天、龙、鬼、神等，入此室者，闻斯上人讲说正法，皆乐佛功德之香，发心而出。舍利弗！吾止此室十有二年。初不闻说声闻辟支佛法，但闻菩萨大慈大悲不可思议诸佛之法。

"舍利弗！此室常现八未曾有难得之法。何等为八？此室常以金色光照昼夜无异，不以日月所照为明，是为一法。此室入者不为诸垢之所恼也，是为二法。此室常有释梵四天王，他方菩萨来会不绝，是为三法。此室常说六波罗蜜不退转法，是为四法。此室常作天人第一之乐弦，出无量法化之声，是为五法。此室有四大藏众宝积满，周穷济乏，求得无尽，是为六法。此室十方无量诸佛，是上人念时，即皆为来广说诸佛秘要法藏，说已还去，是为七法。此室一切诸天严饰宫殿，诸佛净土，皆于中现，是为八未曾有难得之法。舍利弗！此室常现八未曾有难得之法。谁有见斯不思议事，而复乐于声闻法乎？"

舍利弗言："汝何以不转女身？"

天曰："我从十二年来，求女人相了不可得，当何所转？譬如幻师化作幻女，若有人问'何以不转女身'，是人为正问不？"

舍利弗言："不也。幻无定相，当何所转？"

天曰："一切诸法，亦复如是，无有定相。云何乃问'不转女身'？"

即时天女以神通力，变舍利弗令如天女，天自化身如舍利弗，而问言："何以不转女身？"

舍利弗以天女像而答言："我今不知何转而变为女身。"

天曰："舍利弗！若能转此女身，则一切女人亦当能转。如舍利弗非女而现女身,一切女人亦复如是,虽现女身而非女也。”

即时天女还摄神力,舍利弗身还复如故。天问舍利弗:“女身色相今何所在?”

舍利弗言:“女身色相无在无不在。”

天曰:“一切诸法亦复如是,无在无不在。夫无在无不在者,佛所说也。”

舍利弗问天:“汝于此没,当生何所?”

天曰:“佛化所生,吾如彼生。”

曰:“佛化所生,非没生也。”

天曰:“众生犹然,无没生也。”

舍利弗问天:“汝久如当得阿耨多罗三藐三菩提?”

天曰:“如舍利弗还为凡夫,我乃当成阿耨多罗三藐三菩提。”

舍利弗言:“我作凡夫无有是处。”

天曰:“我得阿耨多罗三藐三菩提亦无是处。所以者何?菩提无住处,是故无有得者。”

舍利弗言:“今诸佛得阿耨多罗三藐三菩提,已得当得,如恒河沙,皆谓何乎?”

天曰:“皆以世俗文字数故,说有三世,非谓菩提,有去来今。”

天曰:“舍利弗!汝得阿罗汉道耶?”

曰:“无所得故而得。”

天曰:“诸佛菩萨亦复如是,无所得故而得。”

尔时,维摩诘语舍利弗:“是天女已曾供养九十二亿诸佛已,能游戏菩萨神通,所愿具足,得无生忍,住不退转,以本愿故,随意能现,教化众生。”

佛道品第八

尔时文殊师利问维摩诘言："菩萨云何通达佛道？"

维摩诘言："若菩萨行于非道，是为通达佛道。"

又问："云何菩萨行于非道？"

答曰："若菩萨行五无间而无恼恚，至于地狱无诸罪垢，至于畜生无有无明、憍慢等过，至于饿鬼而具足功德，行色无色界道不以为胜，示行贪欲离诸染着，示行瞋恚于诸众生无有恚碍，示行愚痴而以智慧调伏其心，示行悭贪而舍内外所有不惜身命，示行毁禁而安住净戒，乃至小罪犹怀大惧，示行瞋恚而常慈忍，示行懈怠而勤修功德，示行乱意而常念定，示行愚痴诸烦恼而心常清净，示入形残而具诸相好以自庄严，示入下贱而生佛种性中具诸功德，示入老病而永断病根超越死畏，示有资生而恒观无常实无所贪，示有妻妾婇女而常远离五欲淤泥，现遍入诸道而断其因缘，现于涅槃而不断生死。文殊师利！菩萨能如是行于非道，是为通达佛道。"

于是维摩诘问文殊师利："何等为如来种？"

文殊师利言："有身为种，无明有爱为种，贪恚痴为种，四颠倒为种，五盖为种，六入为种，七识处为种，八邪法为种，九恼处为种，十不善道为种。以要言之，六十二见及一切烦恼皆是佛种。"

曰："何谓也？"

答曰："若见无为入正位者，不能复发阿耨多罗三藐三菩提心。譬如高原陆地不生莲花，卑湿淤泥乃生此花。如是见无为法入正位者，终不复能生于佛法。烦恼泥中乃有众生起佛法耳。又如植种于空终不得生，粪壤之地乃能滋茂。如是入无为正位者不生佛法。起于我见如须弥山，犹能发于阿耨多罗三藐三菩提心，生佛法矣。是故当知一切烦恼为如来种，譬如不下巨海不能得无价宝珠，如是不入烦恼大海，不能得一切智宝。”

尔时大迦叶叹言：“善哉善哉！文殊师利！快说此语。诚如所言，尘劳之俦，为如来种。凡夫于佛法有反复，而声闻无也。所以者何？凡夫闻佛法能起无上道心不断三宝，正使声闻终身闻佛法力无畏等，永不能发无上道意。”

入不二法门品第九

尔时，维摩诘谓众菩萨言：“诸仁者，云何菩萨入不二法门？各随所乐说之。”

会中有菩萨名法自在，说言：“诸仁者，生灭为二。法本不生，今则无灭，得此无生法忍，是为入不二法门。”

德守菩萨曰：“我我所为二。因有我故，便有我所，若无有我，则无我所，是为入不二法门。”

不眴菩萨曰：“受不受为二。若法不受则不可得，以不可得故，无取无舍，无作无行，是为入不二法门。”

德顶菩萨曰：“垢净为二。见垢实性，则无净相，顺于灭相，是为入不二法门。”

善眼菩萨曰：“一相无相为二。若知一相即是无相，亦不取无相，入于平等，是为入不二法门。”

弗沙菩萨曰：“善不善为二。若不起善不善，入无相际而通达者，是为入不二法门。”

师子菩萨曰：“罪福为二。若达罪性则与福无异，以金刚慧决了此相无缚无解者，是为入不二法门。”

师子意菩萨曰：“有漏无漏为二。若得诸法等，则不起漏不漏想，不着于相，亦不住无相，是为入不二法门。”

净解菩萨曰：“有为无为为二。若离一切数，则心如虚空，以清净慧无所碍者，是为入不二法门。”

那罗延菩萨曰："世间出世间为二。世间性空，即是出世间，于其中不入不出、不溢不散，是为入不二法门。"

善意菩萨曰："生死涅槃为二。若见生死性，则无生死，无缚无解，不燃不灭，如是解者，是为入不二法门。"

普守菩萨曰："我无我为二。我尚不可得，非我何可得？见我实性者，不复起二，是为入不二法门。"

电天菩萨曰："明无明为二。无明实性即是明，明亦不可取，离一切数，于其中平等无二者，是为入不二法门。"

喜见菩萨曰："色色空为二。色即是空，非色灭空，色性自空，于其中而通达者，是为入不二法门。"

珠顶王菩萨曰："正道邪道为二。住正道者，则不分别是邪、是正；离此二者，是为入不二法门。"

乐实菩萨曰："实不实为二。实见者，尚不见实，何况非实？是为入不二法门。"

是诸菩萨各各说已，问文殊师利："何等是菩萨入不二法门？"

文殊师利曰："于一切法无言无说、无示无识、离诸问答，是为入不二法门。"

于是文殊师利问维摩诘："仁者当说，何等是菩萨入不二法门？"

时，维摩诘默然无言，文殊师利叹曰："善哉！善哉！乃至无有文字语言，是真入不二法门。"

香积佛品第十

于是，舍利弗心念曰："时欲至，此诸菩萨当于何食？"时，维摩诘知其意，即入三昧，以神通力，示诸大众上方界分过四十二恒河沙佛土，有国名众香，佛号香积，今现在。其国香气，比于十方诸佛世界人天之香,最为第一。彼土无有声闻、辟支佛名,唯有清净大菩萨众,佛为说法。其界一切皆以香作楼阁。经行香地,苑园皆香。其食香气,周流十方无量世界。时彼佛与诸菩萨方共坐食。有诸天子皆号香严,悉发阿耨多罗三藐三菩提心,供养彼佛及诸菩萨。此诸大众莫不目见。

于是维摩诘,不起于座,居众会前,化作菩萨,相好光明,威德殊胜,蔽于众会,而告之曰:"汝往到彼,如我词曰:'维摩诘稽首世尊足下,愿得世尊所食之余,当于娑婆世界施作佛事,令此乐小法者得弘大道。'"

时化菩萨即于会前升于上方。举众皆见其去到众香界礼彼佛足,又闻其言。彼诸大士见化菩萨叹未曾有,今此上人从何所来?娑婆世界为在何许?云何名为乐小法者",即以问佛。

佛告之曰:"下方度如四十二恒河沙佛土,有世界名娑婆,佛号释迦牟尼,今现在于五浊恶世,为乐小法众生敷演道教。彼有菩萨名维摩诘,住不可思议解脱,为诸菩萨说法,故遣化来称扬我名,并赞此土,令彼菩萨增益功德。"

于是,香积如来以众香钵,盛满香饭与化菩萨。时彼九百万菩萨俱发声言:"我欲诣娑婆世界供养释迦牟尼佛,并欲见维摩诘等诸菩萨众。"

佛言:"可往。摄汝身香,无令彼诸众生起惑着心。又当舍汝本形,勿使彼国求菩萨者而自鄙耻;又汝于彼莫怀轻贱而作碍想。所以者何?十方国土皆如虚空。又诸佛为欲化诸乐小法者,不尽现其清净土耳。"

时化菩萨既受钵饭,与彼九百万菩萨俱,承佛威神及维摩诘力,于彼世界忽然不现,须臾之间至维摩诘舍。时维摩诘,即化作九百万狮子之座严好如前,诸菩萨皆坐其上。时化菩萨以满钵香饭与维摩诘。饭香普熏毗耶离城及三千大千世界。

时维摩诘语舍利弗等诸大声闻:"仁者可食如来甘露味饭,

大悲所熏，无以限意食之，使不消也。”

有异声闻，念是饭少。化菩萨曰：“勿以声闻小德小智，称量如来无量福慧。四海有竭，此饭无尽。使一切人食，抟若须弥，乃至一劫，犹不能尽。所以者何？无尽戒、定、智慧、解脱、解脱知见功德具足者，所食之余，终不可尽。”于是钵饭，悉饱众会，犹故不儩。其诸菩萨、声闻、天人，食此饭者，身安快乐。又诸毛孔皆出妙香，亦如众香国土，诸树之香。

尔时维摩诘问众香菩萨：“香积如来以何说法？”

彼菩萨曰：“我土如来，无文字说，但以众香，令诸天人得入律行。菩萨各各坐香树下闻斯妙香，即获一切德藏三昧。得是三昧者，菩萨所有功德皆悉具足。”

彼诸菩萨问维摩诘：“今世尊释迦牟尼以何说法？”

维摩诘言：“此土众生刚强难化故，佛为说刚强之语以调伏之。言是地狱，是畜生，是饿鬼，是诸难处，是愚人生处。是身邪行，是身邪行报；是口邪行，是口邪行报；是意邪行，是意邪行报；是杀生，是杀生报；是不与取，是不与取报；是邪淫，是邪淫报；是妄语，是妄语报；是两舌，是两舌报；是恶口，是恶口报；是无义语，是无义语报；是贪嫉，是贪嫉报；是瞋恼，是瞋恼报；是邪见，是邪见报；是悭吝，是悭吝报；是毁戒，是毁戒报；是瞋恚，是瞋恚报；是懈怠，是懈怠报；是乱意，是乱意报；是愚痴，是愚痴报；是结戒，是持戒，是犯戒；是应作，是不应作；是障碍，是不障碍；是得罪，是离罪；是净，是垢；是有漏，是无漏；是邪道，是正道；是有为，是无为；是世间，是涅槃。以难化之人心如猿猴故，以若干种法制御其心乃可调伏。譬如象马㤺悷不调，加诸楚毒，乃至彻骨，然后调伏。如是刚强难化众生故，以一切苦切之言，乃可入律。”

彼诸菩萨闻说是已，皆曰：“未曾有也。如世尊释迦牟尼佛，隐其无量自在之力，乃以贫所乐法度脱众生。斯诸菩萨亦能劳谦，以无量大悲生是佛土。”

维摩诘言:“此土菩萨于诸众生大悲坚固,诚如所言。然其一世饶益众生,多于彼国百千劫行。”

菩萨行品第十一

于是维摩诘语文殊师利:“可共见佛,与诸菩萨礼事供养。”

文殊师利言:“善哉!行矣。今正是时。”

维摩诘即以神力,持诸大众并狮子座置于右掌,往诣佛所。到已着地,稽首佛足,右绕七匝,一心合掌,在一面立。于是世尊如法慰问诸菩萨已,各令复坐。即皆受教,众坐已定。

佛语舍利弗:“汝见菩萨大士,自在神力之所为乎?”

“唯然已见。”

“汝意云何?”

“世尊!我睹其为不可思议,非意所图,非度所测。”

尔时阿难白佛言:“世尊!今所闻香,自昔未有,是为何香?”

佛告阿难:“是彼菩萨毛孔之香。是长者维摩诘,从众香国取佛余饭于舍食者,一切毛孔皆香若此。”

阿难问维摩诘:“是香气住当久如?”

维摩诘言:“至此饭消。”

曰:“此饭久如当消?”

曰:“此饭势力,至于七日,然后乃消。又阿难,若声闻人,未入正位,食此饭者,得入正位,然后乃消。已入正位,食此饭者,得心解脱,然后乃消。若未发大乘意,食此饭者,至发意乃消。已发意食此饭者,得无生忍,然后乃消。已得无生忍,食此饭者,至一生补处,然后乃消。譬如有药,名曰上味,其有服者,身诸毒灭,然后乃消。此饭如是灭除一切诸烦恼毒,然后乃消。”

阿难白佛言:“未曾有也,世尊!如此香饭能作佛事。”

佛言:“如是如是。阿难!或有佛土以佛光明而作佛事,有以诸菩萨而作佛事，有以佛所化人而作佛事，有以菩提树而作佛事，有以佛衣服卧具而作佛事，有以饭食而作佛事，有以园林台观而作佛事，有以三十二相、八十随形好而作佛事，有以佛身而作佛事，有以虚空而作佛事，众生应以此缘得入律行。有以梦幻、影响、镜中像、水中月、热时焰，如是等喻而作佛事。有以音声、语言、文字而作佛事。或有清净佛土，寂寞无言、无说、无示、无识、无作、无为而作佛事。如是阿难，诸佛威仪进止，诸所施为，无非佛事。

“阿难！有此四魔八万四千诸烦恼门，而诸众生为之疲劳，诸佛即以此法而作佛事，是名入一切诸佛法门。菩萨入此门者，若见一切净好佛土，不以为喜，不贪不高。若见一切不净佛土，不以为忧，不碍不没。但于诸佛，生清净心，欢喜恭敬，未曾有也。诸佛如来功德平等，为教化众生故，而现佛土不同。阿难！汝见诸佛国土，地有若干而虚空无若干也。如是见诸佛色身有若干耳，其无碍慧无若干也。其有智者不应限度诸菩萨也。一切海渊尚可测量，菩萨禅定智慧总持辩才，一切功德，不可量也。是维摩诘一时所现神通之力，一切声闻辟支佛，于百千劫尽力变化所不能作。”

尔时众香世界菩萨来者，合掌白佛言：“世尊！我等初见此土生下劣想，今自悔责，舍离是心。所以者何？诸佛方便不可思议，为度众生故，随其所应现佛国异。唯然世尊，愿赐少法，还于彼土，当念如来。”

佛告诸菩萨：“有尽无尽解脱法门，汝等当学。何谓为尽？谓有为法。何谓无尽？谓无为法。如菩萨者，不尽有为，不住无为。何谓不尽有为？谓不离大慈，不舍大悲，深发一切智心而不忽忘，教化众生终不厌倦，于四摄法常念顺行，护持正法不惜身命，种诸善根无有疲厌，志常安住方便回向，求法不懈，说法无吝，勤供诸佛故，入生死而无所畏，于诸荣辱心无忧喜，行少欲知足，而不舍世法，不坏威仪而能随俗，起神通慧引导众生，得念总持所闻不忘，善别诸根断众生疑，以乐说辩演法无碍，净十善道受天人福，修四无量开梵天道，以大乘教成菩萨僧，心无放逸不失众善。行如此法，是名菩萨不尽有为。

“何谓菩萨不住无为？谓修学空不以空为证，修学无相无作不以无相无作为证，修学无起不以无起为证，观于无常而不厌善本，观世间苦而不恶生死，观于无我而诲人不倦，观无所归而归趣善法，观于无生而以生法荷负一切，观于无漏而不断诸漏，观无所行而以行法教化众生，观于空无而不舍大悲，观正法位而不随小乘。修如此法，是名菩萨不住无为。又具福德故不住无为，具智慧故不尽有为，大慈悲故不住无为，满本愿故不尽有为。是名尽无尽解脱法门，汝等当学。”

尔时彼诸菩萨闻说是法，皆大欢喜，稽首佛足，叹未曾有，言：“释迦牟尼佛，乃能于此善行方便。”言已，忽然不现，还到彼国。

见阿閦佛品第十二

尔时世尊问维摩诘：“汝欲见如来，为以何等观如来乎？”维摩诘言：“如自观身实相，观佛亦然。我观如来，前际不来，后际不去，今则不住，不一相不异相，不自相不他相，非无相非取相，不此岸不彼岸不中流，而化众生，观于寂灭亦不永灭，不此不彼，不以此不以彼，不可以智知，不可以识识，不在方不离方，非有为非无为，无示无说，不施不悭，不戒不犯，不忍不恚，不进不怠，不定不乱，不智不愚，不诚不欺，不来不去，不出不入，一切言语道断，非福田非不福田，非应供养非不应供养，非取非舍，非有相非无相，同真际等法性，不可称不可量，不可以一切言说分别显示。世尊！如来身为若此，作如是观。以斯观者，名为正观。若他观者，名为邪观。”

尔时舍利弗问维摩诘：“汝于何没而来生此？”

维摩诘言:“汝所得法有没生乎?”

舍利弗言:“无没生也。”

曰:“若诸法无没生相,云何问言‘汝于何没而来生此’? 于意云何? 譬如幻师幻作男女,宁没生耶?”

舍利弗言:“无没生也。”

“汝岂不闻佛说诸法如幻相乎?”

答曰:“如是。”

“若一切法如幻相者,云何问言‘汝于何没而来生此’? 舍利弗! 没者为虚诳法坏败之相,生者为虚诳法相续之相。菩萨虽没不尽善本,虽生不长诸恶。”

是时,佛告舍利弗:“有国名妙喜,佛号无动,是维摩诘于彼国没而来生此。”

舍利弗言:“未曾有也。世尊! 是人乃能舍清净土,而来乐此多怒害处。”

维摩诘语舍利弗:“于意云何? 日光出时与冥合乎?”

答曰:“不也。日光出时则无众冥。”

维摩诘言;“夫日何故行阎浮提?”

答曰:“欲以明照为之除冥。”

维摩诘言:“菩萨如是,虽生不净佛土,为化众生,不与愚暗而共合也,但灭众生烦恼暗耳。”

于是维摩诘入于三昧,现神通力,取妙喜世界,置于此土。虽入此土,如本无异。

佛告舍利弗:“汝见此妙喜世界及无动佛不?”

舍利弗言:“唯然已见。世尊! 愿使一切众生得清净土如无动佛,获神通力如维摩诘。世尊! 我等快得善利,得见是人,亲近供养。其诸众生,若今现在,若佛灭后,闻此经者,亦得善利。况复闻已,信解受持,读诵解说,如法修行!”

“若有手得是经典者,便为已得法宝之藏。若有读诵解释其义,如说修行,则为诸佛之所护念。若能信解此经,乃至一四句偈为他说者,当知此人即是受阿耨多罗三藐三菩提记。”

法供养品第十三

尔时释提桓因白佛言:“世尊!我虽从佛及文殊师利闻百千经,未曾闻此,不可思议自在神通决定实相经典。如我解佛所说义趣,若有众生闻此经法,信解受持读诵之者,必得是法不疑。何况如说修行?斯人则为闭众恶趣,开诸善门,常为诸佛之所护念。世尊!若有受持读诵如说修行者,我当与诸眷属共到其所,其未信者当令生信,其已信者当为作护。”

佛言:“善哉善哉!如汝所说,吾助尔喜。天帝!过去无量阿僧祇劫时,有如来号曰药王,世界名大庄严。是时有转轮圣王,名曰宝盖,七宝具足,主四大天下。王有千子,端正勇健。尔时轮王供养药王如来,施诸所安。告其千子:‘汝等亦当如我以深心供养于佛。’于是千子受父王命,供养药王如来。其王一子名曰月盖,独坐思惟:‘宁有供养殊过此者?’以佛神力,空中有天曰:‘善男子!法之供养胜诸供养。’即问:‘何谓法之供养?’天曰:‘汝可往问药王如来,当广为汝说。’即时月盖王子行诣药王如来,稽首佛足,却住一面,白佛言:‘世尊!诸供养中,法供养胜。云何名为法之供养?’佛言:‘善男子!法供养者,诸佛所说深经,一切世间难信难受,微妙难见清净无染,非但分别思惟之所能得,菩萨法藏所摄,陀罗尼印印之,至不退转成就六度,善分别义顺菩提法。若闻如是等经,信解受持读诵,以方便力为诸众生分别解说,显示分明,守护法故,是名法之供养。又于诸法如说修行,随顺十二因缘,离诸邪见得无生忍,无我无众生,而于因缘果报,无违无诤,离诸我所,依于义不依语,依于智不依识,依了义经不依不了义经,依于法不依人,随顺法相无所入无所归,无明毕竟灭故，诸行亦毕竟灭，乃至生毕竟灭故，老死亦毕竟灭，作如是观，十二因缘无有尽相，不复起相，是名最上法之供养。’”

佛告天帝：“王子月盖从药王佛，闻如是法得柔顺忍，即解宝衣严身之具，以供养佛。白佛言：‘世尊！如来灭后，我当行法供养守护正法。愿以威神，加哀建立，令我得降伏魔怨，修菩萨行。’佛知其深心所念，而记之曰：‘汝于末后守护法城。’天帝！时王子月盖见法清净，闻佛授记，以信出家，修习善法，具菩萨道，以其所得神通总持辩才之力，满十小劫，药王如来所转法轮，随而分布，即于此身化度百万亿人，于阿耨多罗三藐三菩提立不退转，十四那由他人深发声闻辟支佛心，无量众生得生天上。天帝！月盖比丘则我身是。如是天帝，当知此要，以法供养于诸供养为上，为最第一无比。是故天帝，当以法之供养，供养于佛。”

嘱累品第十四

于是佛告弥勒菩萨言：“弥勒！我今以是无量亿阿僧祇劫所集阿耨多罗三藐三菩提法，付嘱于汝。如是辈经，于佛灭后，末世之中，汝等当以神力，广宣流布，于阎浮提，无令断绝。所以者何？未来世中当有善男子、善女人，发阿耨多罗三藐三菩提心，乐于大法。若使不闻如是等经，则失善利。弥勒当知，若于如是甚深经典，无有恐畏，如说修行，当知是为久修道行。复有二法，名新学者，不能决定于甚深法：一者，所未闻深经，闻之惊怖生疑不能随顺，毁谤不信；二者，若有护持解说如是深经者，不肯亲近供养恭敬。有此二法，当知是为新学菩萨，为自毁伤，不能于深法中调伏其心。弥勒！复有二法，菩萨虽信解深法，犹自毁伤而不能得无生法忍。何等为二？一者，轻慢新学菩萨而不教诲；二者，虽信解深法而取相分别，是为二法。”

弥勒菩萨闻说是已，白佛言：“世尊！未曾有也。如佛所说，我当远离如斯之恶。若未来世善男子、善女人求大乘者，当令手得如是等经，与其念力，使受持读诵，为他广说。世尊！若后末世有能受持读诵为他说者，当知是弥勒神力之所建立。”

佛言：“善哉善哉！弥勒！如汝所说，佛助尔喜。”

卷四

文殊师利所说摩诃般若波罗蜜经

如是我闻。一时佛在舍卫国，衹树给孤独园，与大比丘僧满足千人，菩萨摩诃萨十千人俱。

尔时世尊问文殊师利："汝实先来到此住处，欲见如来耶？"文殊师利即白佛言："如是，世尊！我实来此欲见如来。何以故？我乐正观，利益众生。我观如来如如相、不异相、不动相、不作相、无生相、无灭相、不有相、不无相、不在方、不离方、非三世、非不三世、非二相、非不二相、非垢相、非净相。以如是等，正观如来，利益众生。"

佛告文殊师利："若能如是见于如来，心无所取亦无不取。"

尔时舍利弗语文殊师利言："若能如汝所说，见如来者甚为稀有。"

尔时文殊师利语舍利弗言："虽为一切众生发大庄严心，恒不见有众生相。为一切众生发大庄严，而众生界亦不增不减。假使一佛住世，若一劫若过一劫，如此一佛世界，复有无量无边恒河沙诸佛，如是一一佛，若一劫若过一劫，昼夜说法心不暂息，各各度于无量恒河沙众生，皆入涅槃，而众生界亦不增不减，乃至十方诸佛世界，亦复如是。何以故？众生定相不可得故。是故众生界不增不减。亦无菩萨求阿耨多罗三藐三菩提，亦无众生而为说法。何以故？我说法中，无有一法当可得故。"

尔时佛告文殊师利："若无众生，云何说有众生及众生界？"

文殊师利言："众生界相，如诸佛界。"

又问："众生界者是有量耶？"

答曰："众生界量，如佛界量。"

又问："众生界量有处所不？"

答曰："众生界量，不可思议。"

又问："众生界相为有住不？"

答曰："众生无住，犹如空住。"

佛告文殊师利："如是修般若波罗蜜时，当云何住般若波罗蜜？"

文殊师利言："以不住法，为住般若波罗蜜。"

又问："云何不住法，名住般若波罗蜜？"

答曰："以无住相，即住般若波罗蜜。"

又问："如是住般若波罗蜜时，是诸善根，云何增减？"

答曰："若能如是住般若波罗蜜，于诸善根无增无减，于一切法亦无增无减，是般若波罗蜜性相亦无增无减。世尊！如是修般若波罗蜜，则不舍凡夫法，亦不取贤圣法。何以故？般若波罗蜜不见有法可取可舍，亦不见涅槃可乐、生死可厌。何以故？不见生死。况复厌离？不见涅槃，何况乐着？如是修般若波罗蜜，不见垢恼可舍，亦不见功德可取。世尊！不见诸法有增有减，是修般若波罗蜜。何以故？法无好丑离诸相故，法无高下等法性故，法无取舍住实际故。如来自觉一切法空，是可证知。"

佛告文殊师利："如是如是。如来正觉自证空法。"

文殊师利白佛言："世尊！是空法中，当有胜如而可得耶？"

佛言："善哉善哉！文殊师利，如汝所说是真法乎？"

文殊师利言："修般若波罗蜜时，不见凡夫相，不见佛法相，不见诸法有决定相，是为修般若波罗蜜。复次，修般若波罗蜜时，不见欲界，不见色界，不见无色界，不见寂灭界。何以故？不见有法是灭尽相，是修般若波罗蜜。"

佛告文殊师利："善哉善哉！汝能如是善说甚深般若波罗蜜

相,是诸菩萨摩诃萨所学法印,乃至声闻、缘觉、学、无学人亦当不离是印,而修道果。”

佛告文殊师利:“若人得闻是法,不惊不畏者,不从千佛所种诸善根,乃至百千万亿佛所久植德本,乃能于是甚深般若波罗蜜,不惊不怖。”

文殊师利白佛言:“世尊!修般若波罗蜜时,不见缚不见解,而于凡夫乃至三乘不见差别相。”

佛言:“文殊师利!汝得无碍智乎?”

文殊师利言:“我即无碍,云何以无碍而得无碍?”

佛言:“汝坐道场乎?”

文殊师利言:“一切如来不坐道场,我今云何独坐道场?何以故?现见诸法住实际故。”

佛言:“云何名实际?”

文殊师利言:“身见等是实际。”

佛言:“云何身见是实际?”

文殊师利言:“身见如相,非实非不实,不来不去,亦身非身,是名实际。”

佛告舍利弗:“善男子、善女人!若闻如是甚深般若波罗蜜,心得决定、不惊不怖、不没不悔,当知是人,即住不退转地,是即具足檀波罗蜜、尸罗波罗蜜、羼提波罗蜜、毗梨耶波罗蜜、禅波罗蜜、般若波罗蜜,亦能为他显示分别,如说修行。”

佛告文殊师利:“汝于先佛久种善根,以无相法净修梵行。”

文殊师利言:“若见有相,则言无相。我今不见有相,亦不见无相,云何而言以无相法净修梵行?”

佛告文殊师利:“汝见声闻戒耶?”

答曰:“见。”

佛言:“汝云何见?”

文殊师利言:“我不作凡夫见,不作圣人见,不作学见,不作无学见,不作大见,不作小见,不作调伏见,不作不调伏见,非见非不见。”

舍利弗语文殊师利言:“云何名佛? 云何观佛?”

文殊师利言:“云何为我?”

舍利弗言:“我者但有名字,名字相空。”

文殊师利言:“如是如是。如我但有名字,佛亦但有名字。名字相空,即是菩提。不以名字而求菩提,菩提之相,无言无说。不生不灭,不来不去,非名非相,是名为佛。如自观身实相,观佛亦然。唯有智者乃能知耳。是名观佛。”

舍利弗语文殊师利言:“佛于法界,不证阿耨多罗三藐三菩提耶?”

文殊师利言:“不也。何以故? 世尊即是法界。若以法界证法界者,即是诤论。舍利弗! 法界之相即是菩提。何以故? 是法界中无众生相,一切法空故;一切法空即是菩提,无二无分别故。舍利弗! 无分别中则无知者,若无知者即无言说。无言说相,即非有非无、非知非不知。一切诸法亦复如是。何以故? 一切诸法不见处所决定性故。是故舍利弗,若见犯重比丘不堕地狱,清净行者不入涅槃,如是比丘非应供非不应供,非尽漏非不尽漏。何以故? 于诸法中住平等故。”

舍利弗言:“云何名不退法忍?”

文殊师利言:“不见少法有生灭相,名不退法忍。”

舍利弗言:“云何复名不调比丘?”

文殊师利言:“漏尽阿罗汉,是名不调。何以故? 诸结已尽,更无所调,故名不调。若过心行,名为凡夫。何以故? 凡夫众生不顺法界,是故名过。”

舍利弗言:“善哉善哉! 汝今为我善解漏尽阿罗汉义。”

佛告文殊师利:“诸菩萨等坐道场时,觉悟阿耨多罗三藐三菩提不?”

文殊师利言："菩萨坐于道场，无有觉悟阿耨多罗三藐三菩提。何以故？如菩提相，无有少法而可得者。菩提即五逆，五逆即菩提。何以故？菩提、五逆无二相故。无觉无觉者，无见无见者，无知无知者，无分别无分别者，如是之相名为菩提。若言见有菩提而取证者，当知此辈即是增上慢人。"

佛告文殊师利："汝今不谓如来出现于世耶？"

文殊师利言："若有如来出现世者，一切法界亦应出现。"

佛告文殊师利："汝谓恒沙诸佛入涅槃耶？"

文殊师利言："诸佛一相不可思议。"

佛语文殊师利："如是如是。佛是一相不思议相，无过去、未来、现在相。但众生取着，谓有出世，谓佛灭度。"

佛告文殊师利："汝谓如来为无上福田耶？"

文殊师利言："如来是无尽福田，是无尽相。无尽相即无上福田，非福田、非不福田，是名福田。无有明暗生灭等相，是名福田。若能如是解福田相，深植善种亦无增无减。"

佛告文殊师利："云何植种不增不减？"

文殊师利言："福田之相，不可思议。若人于中如法修善，亦不可思议。如是植种名无增无减，亦是无上最胜福田。"

佛言："汝入不思议三昧耶？"

文殊师利言："不也，世尊！我即不思议，不见有心能思议者，云何而言入不思议三昧？我初发心欲入是定，而今思惟，实无心相而入三昧。如人学射久习则巧，后虽无心，以久习故，箭发皆中。我亦如是。初学不思议三昧系心一缘，若久习成就，更无心想，恒与定俱。"

舍利弗语文殊师利言："更有胜妙寂灭定不？"

文殊师利言："若有不思议定者，汝可问言'更有寂灭定不'。不可思议定尚不可得，云何问有寂灭定乎？"

舍利弗言："不思议定不可得耶？"

文殊师利言:“思议定者,是可得相,不可思议定者,不可得相。一切众生实成就不思议定。何以故?一切心相即非心故,是名不思议定。是故一切众生相及不思议三昧相,等无分别。”

佛赞文殊师利言:“善哉善哉!汝于诸佛久植善根净修梵行,乃能演说甚深三昧。汝今安住如是般若波罗蜜中。”

文殊师利言:“若我住般若波罗蜜中,能作是说,即是有想,便住我想。若住我想有想中者,般若波罗蜜便有处所。般若波罗蜜若住于无,亦是我想,亦名处所。离此二处,住无所住,如诸佛住,安处寂灭非思议境界,如是不思议,名般若波罗蜜住处。”

尔时佛言:“菩萨摩诃萨若欲学菩提自在三昧,得是三昧已,照明一切甚深佛法及知一切诸佛名字,亦悉了达诸佛世界无有障碍,当如文殊师利所说般若波罗蜜中学。”

文殊师利白佛言:“世尊!当云何行,能速得阿耨多罗三藐三菩提?”

佛言:“文殊师利!如般若波罗蜜所说行,能速得阿耨多罗三藐三菩提。复有一行三昧,若善男子、善女人,修是三昧者,亦速得阿耨多罗三藐三菩提。”

文殊师利言:“世尊!云何名一行三昧?”

佛言:“法界一相,系缘法界,是名一行三昧。若善男子、善女人,欲入一行三昧,当先闻般若波罗蜜,如说修学,然后能入一行三昧。如法界缘不退不坏,不思议无碍无相。善男子、善女人欲入一行三昧,应处空闲,舍诸乱意,不取相貌,系心一佛,专称名字。念一佛功德无量无边,亦与无量诸佛功德无二。如是入一行三昧者,尽知恒沙诸佛法界无差别相。

“复次,文殊师利!譬如有人得摩尼珠,示其珠师,珠师答言:‘此是无价真摩尼宝。’即求师言:‘为我治磨。’珠师治已,珠色光明,映彻表里。修学一行三昧,不可思议功德无量名称,随修学时,知诸法相,明达无碍,功德增长,亦复如是。文殊师利!譬如日轮，光明遍满，无有减相，若得一行三昧，悉能具足一切功德，无有缺少，亦复如是，照明佛法如日轮光。文殊师利！我所说法皆是一味、离味、解脱味、寂灭味。若善男子、善女人得是一行三昧者，其所演说，随顺正法，无错谬相。”

文殊师利白佛言：“世尊！以如是因，速得阿耨多罗三藐三菩提耶？”

佛言：“得阿耨多罗三藐三菩提，不以因得，不以非因得。何以故？不思议界，不以因得，不以非因得。若善男子、善女人闻如是说，不生懈怠，当知是人，以于先佛种诸善根，即是从佛出家，即是成就真归依处。”

尔时以佛神力，一切大地六反震动。佛时微笑，放大光明，遍照三千大千世界。文殊师利白佛言：“世尊！即是如来印般若波罗蜜相。”

佛言文殊师利：“如是如是。”佛说是已，尔时，诸大菩萨及四部众，闻说般若波罗蜜，皆大欢喜，顶戴奉行。

佛说仁王般若波罗蜜经

佛一时住耆阇崛山中，有无量四众、菩萨、天、人，复有十六大国王，皆来集会。尔时，十号三明大灭谛、金刚智释迦牟尼佛，初年月八日方坐十地，入大寂室三昧，思缘放大光明，照三界中。复于顶上出千宝莲花，上至非想非非想天，光亦复尔，乃至他方恒河沙诸佛国土。时十六大国王中，舍卫国主波斯匿王名曰月光，即散百亿种色花，变成百亿宝帐，盖诸大众，而白佛言："世尊！一切菩萨云何护佛果？云何护十地行因缘？"

佛言："菩萨化四生不观色如，受想行识如，众生我人常乐我净如，知见寿者如，菩萨如，六度四摄一切行如，二谛如。是故一切法性真实空，不来不去，无生无灭，同真际，等法性，无二无别，如虚空。是故阴入界无我、无所有相。是为菩萨行化十地般若波罗蜜。"

大王白佛言："世尊！若诸法尔者，菩萨护化众生，为化众生耶？"

佛言："大王！法性色受想行识常乐我净，不住色，不住非色，不住非非色，乃至受想行识亦不住、非非住。何以故？非色如，非非色如。世谛故，三假故，名见众生，一切法性实故。乃至诸佛三乘七贤八圣亦名见，六十二见亦名见。大王！若以名名见一切法，乃至诸佛三乘四生者，非非见一切法也。"

"世尊！般若波罗蜜有法非非法，摩诃衍云何照？"

"大王！摩诃衍见非非法。法若非非法，是名非非法空。法性空，色受想行识空，十二入十八界空，六大法空，四谛十二缘空。是法即生、即住、即灭、即有、即空，刹那刹那亦如是，法生、法住、法灭。何以故？九十刹那为一念，一念中一刹那经九百生灭，乃至色一切法亦如是。以般若波罗蜜空故，不见缘不见谛，乃至一切法空。内空，外空，内外空，有为空，无为空，无始空，性空，第一义空，般若波罗蜜空，因空，佛果空，空空故空。但法集故有，受集故有，名集故有，因集故有，果集故有，十行故有，佛果故有，乃至六道一切有。善男子！若菩萨见法众生我人知见者，斯人行世间不异于世间。于诸法而不动，不到，不灭，无相，无无相，一切法亦如也。诸佛法僧亦如也，是即初地一念心，具足八万四千般若波罗蜜，即载名摩诃衍，即灭为金刚，亦名定，亦名一切行。

"大王！若菩萨见境、见智、见说、见受者，非圣见也，倒想见法，凡夫人也。见三界者，众生果报之名也。六识起无量欲无穷，名为欲界藏空；或色所起业果，名为色界藏空；或心所起业果，名无色界藏空。三界空，三界根本无明藏亦空。三地九生灭，前三界中余无明习果报空。金刚菩萨藏得理尽三昧故，或果生灭空有，果空因空故空，萨婆若亦空，灭果空。或前已空故，佛得三无为果，智缘灭，非智缘灭，虚空萨婆若果空也。善男子！若有修习听说，无听无说，如虚空，法同法性，听同说同，一切法皆如也。大王！菩萨修护佛果为若此。护般若波罗蜜者为护萨婆若，十力、十八不共法，五眼五分法身，四无量心一切功德果为若此。"

"世尊！护十地行菩萨，云何行可行？云何行化众生？以何相众生可化？"佛言："大王！五忍是菩萨法。伏忍、信忍、顺忍、无生忍、寂灭忍，名为诸佛菩萨修般若波罗蜜。善男子初发相信，众生修行伏忍，于三宝中生习种性十心：信心、精进心、念心、慧心、定心、施心、戒心、护心、愿心、回向心，是为菩萨能少分化众生，已超过二乘一切善地。一切诸佛菩萨长养十心为圣胎也。"

波斯匿王以偈叹曰：

世尊导师金刚体，心行寂灭转法轮，
八辩洪音为众说，五忍功德妙法门。

三贤十圣忍中行，唯佛一人能尽源，
佛众法海三宝藏，无量功德摄在中。
三世诸佛于中行，无不由此伏忍生。
一切菩萨行本源，是故发心信心难。
若得信心必不退，进入无生初地道。
教化众生觉中行，是名菩萨初发心。
入理般若名为住，住生德行名为地，
初住一心足德行，于第一义而不动。
大寂无为金刚藏，一切报尽无极悲，
第一义谛常安隐，穷源尽性妙智存。
三贤十圣住果报，唯佛一人居净土，
一切众生暂住报，登金刚原居净土。
如来三业德无极，我今月光礼三宝。
法王无上人中树，覆盖大众无量光。
口常说法非无义，心智寂灭无缘照，
人中狮子为众说，含生之类受妙报。

佛告诸得道果实大众："善男子！是月光王已于过去十千劫中龙光王佛法中，为四住开士，我为八住菩萨。今于我前大师子吼，如是如是，唯佛与佛乃知斯事。"

尔时波斯匿王言："世尊！第一义谛中有世谛不？若言无者，智不应二；若言有者，智不应一。一二之义，其事云何？"佛告大王："汝于过去七佛，已问一义二义。汝今无听，我今无说，无听无说，即为一义二义故。谛听谛听，善思念之，如法修行。七佛偈如是：

无相第一义，无自无他作，
因缘本自有，无自无他作。
法性本无性，第一义空如，
诸有本有法，三假集假有。

无无谛实无，寂灭第一空，
诸法因缘有，有无义如是。
有无本自二，譬若牛二角，
照解见无二，二谛常不即。
解心见不二，求二不可得，
非谓二谛一，非二何可得？
于解常自一，于谛常自二，
通达此无二，真入第一义。
世谛幻化起，譬如虚空花，
如影三手无，因缘故诳有。
幻化见幻化，众生名幻谛，
幻师见幻法，谛实则皆无。
名为诸佛观，菩萨观亦然。

"复次，大王！菩萨摩诃萨于第一义中，常照二谛化众生。佛及众生一而无二。何以故？以众生空故，得置菩提空，以菩提空故，得置众生空，以一切法空故空空。何以故？般若无相，二谛虚空。般若空，于无明乃至萨婆若，无自相无他相故。五眼成就时见无所见，行亦不受，不行亦不受，非行、非不行亦不受，乃至一切法亦不受。菩萨未成佛时，以菩提为烦恼；菩萨成佛时，以烦恼为菩提。何以故？于第一义而不二故，诸佛如来乃至一切法如故。"

王言："世尊！无量品众生根亦无量，行亦无量。法门为一为二，为无量耶？"

"大王！一切法观门，非一非二，乃有无量。一切法，亦非有相，非非无相。若菩萨见众生，见一见二，即不见一不见二。一二者，第一义谛也。大王！若有若无者，即世谛也。以三谛摄一切法，空谛、色谛、心谛故，我说一切法不出三谛。我人知见五受阴空，乃至一切法空。众生品品根行不同故，非一非二法门。大王！

七佛说摩诃般若波罗蜜,我今说般若波罗蜜,无二无别。汝等大众,受持、读诵、解说是经,功德有无量不可说不可说。于此经中起一念信,是诸众生超百劫、千劫、十地等功德。当知是人即是如来得佛不久。”

时诸大众闻说是经,十亿人得三空忍,百万亿人得大空忍十地性。

佛言:“此经名为仁王问般若波罗蜜经。即此般若波罗蜜,是护国土,如城堑、墙壁、刀剑、矛盾,汝应受持。”

卷五

思益梵天所问经

佛在王舍城迦兰陀竹林，大众恭敬围绕，而为说法。

于是网明菩萨白佛言："世尊！如来身相，超百千万日月光明。我自唯念，若有众生能见佛身，甚为稀有。我复唯念，若有众生能见佛身，皆是如来威神之力。"

佛告网明："如是如是。如汝所言，若佛不加威神，众生无有能见佛身，亦无能问。网明当知，如来有光名寂庄严，若有众生遇斯光者，能见佛身。

"又如来光名示一切色。佛以此光，能令众生皆见佛身无量种色。网明当知，如来若以一劫、若减一劫，说此光明力用名号，不可穷尽。"

尔时网明菩萨白佛言："未曾有也。世尊！如来身者，即是无量光明之藏，说法方便亦不可思议。"

尔时，世尊即放光明，照此三千大千世界。时东方过七十二恒河沙佛土，有国名清洁，佛号日月光如来。有菩萨梵天，名曰思益，住不退转，见此光已，到日月光佛所，白佛言："世尊！我欲诣娑婆世界释迦牟尼佛所，亲近咨受。"

其佛告梵天思益菩萨言："彼娑婆国有若干千亿诸菩萨集，汝应以十法游于彼土。何等为十？于毁于誉心无增减，闻善闻恶心无分别，于诸愚智等以悲心，于上中下众生之类意常平等，于轻毁供养心无有二，于他阙失莫见其过，见种种乘皆是一乘，闻三恶道亦勿惊畏，于诸菩萨生如来想，佛出五浊世生希有想。梵天！

汝当以此十法游彼世界。”

尔时,日月光佛国有诸菩萨白佛言:“世尊!我得大利,不生如是恶众生中。”

其佛告言:“善男子!勿作是语。所以者何?若菩萨于此国中,百千万劫净修梵行,不如彼土从旦至食无瞋碍心,其福为胜。”

于是,思益梵天与万二千菩萨俱于彼佛土,忽然不现。譬如壮士屈伸臂顷,到娑婆世界释迦牟尼佛所,头面礼佛足,右绕三匝,却住一面。

尔时,佛告网明菩萨:“汝见是思益梵天不?”

“唯然已见。”

“网明!当知思益梵天于诸正问菩萨中,为最第一;于诸善分别诸法菩萨中,为最第一;于诸抉疑菩萨中,为最第一。”

尔时,网明菩萨问思益梵天言:“佛说汝于正问菩萨中为最第一。何谓菩萨所问为正问耶?”

梵天言:“网明!若菩萨以彼我问名为邪问,分别法问名为邪问。若无彼我问名为正问,不分别法问名为正问。又网明,以生故问名为邪问,以灭故问名为邪问,以住故问名为邪问。若不以生故问,不以灭故问,不以住故问,名为正问。又网明,若菩萨为垢故问名为邪问,为净故问名为邪问,为生死故问名为邪问,为出生死故问名为邪问,为涅槃故问名为邪问。若不为垢净故问,不为生死出生死故问,不为涅槃故问,名为正问。所以者何?法位中无垢、无净、无生死、无涅槃。

“又网明,若菩萨为见故问,为断故问,为证故问,为修故问,为得故问,为果故问,名为邪问。若无见、无断、无证、无修、无得、无果故问,名为正问。又网明,是善是不善故问,名为邪问。是世间法是出世间法,是罪法是无罪法,是有漏法是无漏法,是有为法是无为法,如是等二法,随有所依而问者,名为邪问。若不见二,不见不二问，名为正问。又网明，若菩萨分别佛问名为邪问。分别法，分别僧，分别众生，分别佛国，分别诸乘问，名为邪问。若于法不作一异问者，名为正问。又网明，一切法正，一切法邪。”

网明言：“梵天！何谓一切法正，一切法邪？”

梵天言：“于诸法性无心故，一切法名为正。若于无心法中，以心分别观者，一切法名为邪。一切法离相，名为正。若不信解是离相，是即分别诸法；若分别诸法则入增上慢，随所分别皆名为邪。”

网明言：“何谓为诸法正性？”

梵天言：“诸法离自性，离欲际，是名正性。”

网明言：“少有能解如是正性者。”

梵天言：“是正性不一不多。网明！若善男子、善女人，能如是知诸法正性，若已知，若今知，若当知，是人无有法已得，无有法今得，无有法当得。所以者何？佛说无得无分别，名为所作已办相。若人闻是诸法正性，勤行精进，是名如说修行。”

思益梵天白佛言：“世尊！谁应受供养？”

佛告梵天：“不为世法之所牵者。”

“世尊！谁能消供养？”

佛言：“于法无所取者。”

“世尊！谁为世间福田？”

佛言：“不坏菩提性者。”

“世尊！谁为众生善知识？”

佛言：“于一切众生不舍慈心者。”

“世尊！谁知报佛恩？”

佛言：“不断佛种者。”

“世尊！谁能供养佛？”

佛言：“能通达无生际者。”

“世尊！谁能亲近于佛？”

佛言："乃至失命因缘不毁禁者。"

"世尊！何谓菩萨能为施主？"

佛言："菩萨能教众生一切智心。"

"世尊！何谓菩萨能奉禁戒？"

佛言："常能不舍菩提之心。"

"世尊！何谓菩萨能行忍辱？"

佛言："见心相念念灭。"

"世尊！何谓菩萨能行精进？"

佛言："求心不得。"

"世尊！何谓菩萨能行禅定？"

佛言："除身心粗相。"

"世尊！何谓菩萨能行智慧？"

佛言："于一切法无有戏论。"

"世尊！何谓菩萨能行慈心？"

佛言："不生众生想。"

"世尊！何谓菩萨能行悲心？"

佛言："不生法想。"

"世尊！何谓菩萨能行喜心？"

佛言："不生我想。"

"世尊！何谓菩萨能行舍心？"

佛言："不生彼我想。"

"世尊！何谓菩萨遍行？"

佛言："能净身口意业。"

尔时世尊而说偈言：

若身净无恶，口净常实语，
心净常行慈，是菩萨遍行。
知法名为佛，知离名为法，
知无名为僧，是菩萨遍行。

不依止欲界，不住色无色，
行如是禅定，是菩萨遍行。
信解诸法空，及无相无作，
而不尽诸漏，是菩萨遍行。

思益梵天复白佛言："世尊！所说四圣谛，何等是真圣谛？"

"梵天！苦不名为圣谛，苦集不名为圣谛，苦灭不名为圣谛，苦灭道不名为圣谛。所以者何？若苦是圣谛者，一切牛驴畜生等，皆应有苦圣谛。若集是圣谛者，一切在所生处众生，皆应有集圣谛。所以者何？以集故生诸趣中。若苦灭是圣谛者，观灭者说断灭者，皆应有灭圣谛。若道是圣谛者，缘一切有为道者，皆应有道圣谛。梵天！以是因缘故，当知圣谛，非苦非集非灭非道。圣谛者，知苦无生，是名苦圣谛；知集无和合，是名集圣谛；于毕竟灭法中，知无生无灭，是名灭圣谛；于一切法平等，以不二法得道，是名道圣谛。梵天！真圣谛者，无有虚妄。

"梵天！若行者言'我知见苦是虚妄，我断集是虚妄，我证灭是虚妄，我修道是虚妄'，所以者何？是人遗失佛所护念，是故说为虚妄。何等是佛所护念？谓不忆念一切诸法，是名佛所护念。若行者住是念中，则不住一切相；若不住一切相，则住实际；若住实际，是名不住心；若不住心，是人名为非实语、非妄语者。梵天！是故当知，若非实、非虚妄者，是名圣谛。

"非离生死得涅槃，名为圣谛。若人证如是四谛，是名世间实语者。梵天！当来有比丘不修身，不修戒，不修心，不修慧，是人说生相是苦谛，众缘和合是集谛，灭法是灭谛，以二法求相是道谛。佛言：'我说此愚人是外道徒党，我非彼人师，彼非我弟子。'是人堕于邪道，破失法故，说言有谛。梵天！且观我坐道场时，不得一法是实，是虚妄。若我不得法，是法宁可于众中有言说，有论议，有教化耶？

"梵天！如来坐道场时，唯得虚妄颠倒所起烦恼毕竟空性，以无所得故得，以无所知故知。所以者何？我所得法，不可见不可闻，不可觉不可识，不可取不可着，不可说不可难，出过一切法相，无语无说无有文字，无言说道。梵天！此法如是，犹如虚空。汝欲于如是法中得利益耶？”

梵天言：“不也，世尊！诸佛如来甚为稀有，成就未曾有法，深入大慈大悲，得如是寂灭相法，而以文字言说教人令得。世尊！其有闻是能信解者，当知是人不从小功德来。世尊！是法一切世间之所难信。所以者何？世间贪着实，而是法无实，无虚妄；世间贪着法，而是法无法，无非法；世间贪着涅槃，而是法无生死，无涅槃；世间贪着善法，而是法无善，无非善；世间贪着乐，而是法无苦无乐；世间贪着佛出世，而是法无佛出世，亦无涅槃。虽有说法，而是法非可说相；虽赞说僧，而僧即是无为。是故此法一切世间之所难信，譬如水中出火，火中出水，难可得信。如是烦恼中有菩提，菩提中有烦恼，是亦难信。所以者何？如来得是虚妄烦恼之性，亦无法可得；有所说法亦无有形；虽有所知亦无分别；证涅槃亦无灭者。世尊！若有善男子、善女人，能信解如是法义者，当知是人安住道场，当知是人破坏魔军，当知是人得一切种智，当知是人转于法轮，当知是人作无量佛事。”

佛告梵天：“若人能于如来所说文字、语言、章句，通达随顺不违不逆，和合为一，随其义理，不随章句言辞，而善知言辞所应之相，知如来以何言说法，以何随宜说法，以何方便说法，以何法门说法，以何大悲说法，梵天！若菩萨能知如来以是五力说法，是菩萨能作佛事。”

尔时网明菩萨白佛言：“世尊！是思益梵天，云何闻大悲法而不喜悦？”

思益言：“善男子！若识在二法则有喜悦；若识在无二实际法中，则无喜悦，譬如幻人见幻戏事，无所喜悦。菩萨知诸法相如是，则于如来若说法若神通，亦无喜悦。又善男子，如佛所化人闻佛说法不喜不悦，菩萨知诸法相与化无异，于如来所不加喜悦，于余众生无下劣想。”

网明言：“梵天！汝今见诸法如幻相耶？”

梵天言：“若人分别诸法者，汝当问之。”

网明言：“汝今于何处行？”

梵天言：“一切凡夫行处吾于彼行。善男子！凡夫行贤圣行，皆无二无差别。善男子！一切行非行，一切说非说，一切道非道。”

网明言：“汝说一切凡夫行处，吾于彼行者则有行相。”

梵天言：“若我有所生处应有行相。”

网明言：“汝若不生，云何教化众生？”

梵天言：“佛所化生吾如彼生。”

网明言：“佛化所生则无生处。”

梵天言：“宁可见不？”

网明言：“以佛力故见。”

梵天言：“我生亦如是，以业力故。”

网明言：“汝于起业中行耶？”

梵天言：“我不于起业中行。”

网明言：“云何言以业力故？”

梵天言：“如业性力亦如是，是二不出于如。”

尔时舍利弗白佛言：“世尊！若有能入是菩萨随宜所说法中者，得大功德。所以者何？世尊！乃至闻是上人名字尚得大利，何况闻其所说？譬如有树不依于地在虚空中，而现根茎枝叶花果，甚为希有。此人行相亦复如是。不住一切法，而于十方现有行有生死，亦有如是智慧辩才。世尊！若有善男子、善女人，闻是智慧自在力者，其谁不发阿耨多罗三藐三菩提心？”

于是迦叶问网明菩萨言：“善男子！仁者几时当得阿耨多罗三藐三菩提？”

网明言:“大迦叶！若有问幻所化人‘汝几时当得阿耨多罗三藐三菩提’,是幻人当云何答?”

大迦叶言:“善男子！幻所化人无决定相,当何所答?”

网明言:“大迦叶！一切诸法亦如幻所化人,无决定相,谁可问言‘汝几时当成阿耨多罗三藐三菩提’?”

大迦叶言:“善男子！幻所化人离于自相,无异无别无所志愿。汝亦如是耶?若如是者,汝云何能利益无量众生?”

网明言:“阿耨多罗三藐三菩提,即是一切众生性,一切众生性即是幻性,幻性即是一切法性。于是法中,我不见有利,不见无利。”

大迦叶言:“善男子！汝今不令众生住菩提耶?”

网明言:“诸佛菩提有住相耶?”

大迦叶言:“无也。”

网明言:“是故我不令众生住于菩提,亦不令住声闻辟支佛道。”

大迦叶言:“善男子！汝今欲趣何所?”

网明言:“我所趣,如如趣。”

大迦叶言:“如无所趣,亦无有转。”

网明言:“如如无趣无转,一切法住如相故,我无趣无转。”

大迦叶言:“若无趣无转,汝云何教化众生?”

网明言:“若人发愿,则是不能教化众生。若人于法有转,是亦不能教化众生。”

大迦叶言:“善男子！汝不转众生生死耶?”

网明言:“我尚不得生死,何况于生死中而转众生?”

大迦叶言:“汝不令众生得涅槃耶?”

网明言:“我尚不见涅槃,何况教化众生令住涅槃?”

大迦叶言:“善男子！若汝不得生死,不见涅槃,何故今为无量众生行于菩提?此岂不为灭度众生耶?”

网明言:“若菩萨得生死分别涅槃,因众生行菩提,此则不应说为菩萨。”

大迦叶言:“善男子！汝今于何处行?”

网明言:“我非生死中行,非涅槃中行,亦不以众生相行。大迦叶！如汝所问‘汝何处行’者,如佛所化人行处,吾于彼行。”

大迦叶言:“佛所化人无有行处。”

网明言:“当知一切众生所行亦如是相。”

大迦叶言:“佛所化人无贪,无恚,无痴,若一切众生所行如是相者,众生贪恚痴从何所起?”

网明言:“我今问汝,随意答我。大迦叶！汝今宁有贪恚痴不?”

答言:“无也。”

网明言:“是贪恚痴尽灭耶?”

答言:“不也。”

网明言:“若大迦叶,今无贪恚痴,亦不尽灭者,汝置贪瞋痴于何所耶?”

答言:“善男子！凡夫从颠倒起妄想分别,生贪恚痴耳。贤圣法中善知颠倒实性故,无妄想分别,是以无贪恚痴。”

“大迦叶！于汝意云何?若法从颠倒起,是法为实为虚妄耶?”

答言:“是法虚妄非是实也。”

网明言:“若法非实,可令实耶?”

答言:“不也。”

网明言:“若法非实,仁者欲于是中得贪恚痴耶?”

答言:“不也。”

网明言:“若然何者是贪恚痴能恼众生者?”

答言:“善男子,若尔者,一切从本以来离贪恚痴相。”

网明言:“以是故,我说一切法相,如佛所化。”

佛告迦叶:“是网明菩萨当得作佛,号普光自在王如来,不以文字说法,但放光明照诸菩萨,即得无生法忍。其佛光明,复照十方通达无碍,令诸众生得离烦恼。又其光明,常出三十二种清净法音。何等三十二?所谓诸法空无众生见故,诸法无相离分别故,诸法无作出三界故,诸法离欲性寂灭故,诸法离瞋无有碍故,诸法离痴无暗冥故,诸法无所从来本无生故,诸法无所去无所至故,诸法不住无所依故,诸法过三世去来现在无所有故,诸法无异其性一故,诸法不生离于报故,诸法无业业报作者不可得故,诸法不作无所起故,诸法无起无为性故,诸法无为离生灭故,诸法真不从和合生故,诸法实一道门故,诸法无众生众生不可得故,诸法无我第一义故,诸法钝无所知故,诸法舍离憎爱故,诸法离烦恼无有热故,诸法无垢性不污故,诸法一相离欲际故,诸法离相常定故,诸法住实际性不坏故,诸法如相不分别故,诸法入法性遍入故,诸法无缘诸缘不合故,诸法是菩提如实见故,诸法是涅槃无因缘故。迦叶!普光自在王如来,光明常出如是净法音,亦能令诸菩萨施作佛事。其佛国土无有魔事,佛寿无量阿僧祇劫。”

尔时思益梵天白佛言:“世尊!菩萨以何行,诸佛授阿耨多罗三藐三菩提记?”

佛言:“若菩萨不行生法,不行灭法,不行善,不行不善,不行世间,不行出世间,不行有罪法,不行无罪法,不行有漏法,不行无漏法,不行有为法,不行无为法,不行修道,不行除断,不行生死,不行涅槃,不行见法,不行闻法,不行觉法,不行知法,不行施,不行舍,不行戒,不行覆,不行忍,不行善,不行发,不行精进,不行禅,不行三昧,不行慧,不行行,不行知,不行得。梵天!若菩萨如是行者,诸佛则授阿耨多罗三藐三菩提记。所以者何?诸所有行皆有所是,无所是是菩提;诸所有行皆是分别,无分别是菩提;诸所有行皆是起作,无起作是菩提;诸所有行皆是戏论,无戏论是菩提。是故当知,若菩萨过诸所行则得授记。离诸法二相故,是授记义。”

“梵天！我于往昔供养诸佛，恭敬尊重赞叹，净修梵行，一切布施，一切持戒，及行头陀，离于瞋恚、忍辱、慈心，如所说行勤修精进，一切所闻皆能受持，独处远离入诸禅定，随所闻慧读诵思问，是诸如来，亦不见授记。何以故？依止所行故。以是当知，若诸菩萨出过一切诸行则得受记。”

“梵天！我于是后见然灯佛，即得无生法忍。佛时授我记言‘汝于来世当得作佛，号释迦牟尼如来、应供、正遍知’。我尔时出过一切诸行，具足六波罗蜜。所以者何？若菩萨能舍诸相，名为檀波罗蜜；能灭诸受持，名为尸罗波罗蜜；不为六尘所伤，名为羼提波罗蜜；离诸所行，名为毗梨耶波罗蜜；不忆念一切法，名为禅波罗蜜；能忍诸法无生性，名为般若波罗蜜。我于然灯佛所，具足如是六波罗蜜。”

“世尊！云何名具足六波罗蜜？”

“梵天！若不念施，不依止戒，不分别忍，不取精进，不住禅定，不二于慧，是名具足六波罗蜜。”

于是网明菩萨白佛言：“世尊！何谓菩萨家清净？”

佛言：“善男子！菩萨若生转轮圣王家，不名家清净。若生帝释中，若生梵王中，亦不名家清净。在所生处乃至畜生，自不退失善根，亦令众生生诸善根，是名菩萨家清净。又网明，慈是菩萨家，心平等故；悲是菩萨家，深心念故；喜是菩萨家，生法喜故；舍是菩萨家，离贪着故；不舍菩提是菩萨家，不贪声闻辟支佛地故。”

尔时思益梵天谓文殊师利言：“如来不说法耶？”

文殊师利言：“佛虽说法，不以二相。何以故？如来性无二故，虽有所说而无二也。”

梵天言：“若一切法无二，其谁为二？”

文殊师利言：“凡夫贪着我故，分别二耳。不二者终不为二，虽种种分别为二,然其实际无有二相。”

梵天言:“云何识无二法?”

文殊师利言:“若无二可识,则非无二。所以者何?无二相者,不可识也。”

梵天言:“谁能听如来如是法?”

答言:“不漏六尘者。”

梵天言:“谁能知是法?”

答言:“无识、无分别、无诤讼者。”

“梵天!若于法中有高下心,贪着所爱,皆是诤讼。佛所说法无有诤讼。梵天!乐戏论者无不诤讼。乐诤讼者无沙门法。乐沙门法者,无有妄想贪着。”

梵天言:“云何比丘随佛语随佛教?”

答言:“若比丘称赞毁辱,其心不动,是名随佛教。若比丘不随文字语言,是名随佛语。”

梵天言:“云何比丘能守护法?”

答言:“若比丘不逆平等,不坏法性,是名能守护法。”

梵天言:“云何比丘亲近于佛?”答言:“若比丘于诸法中,不见有法,若近若远,是名亲近于佛。”

梵天言:“谁能见佛?”

答言:“若不着肉眼,不着天眼,不着慧眼,是名能见佛。”

梵天言:“谁能见法?”

答言:“不逆诸因缘法者。”

梵天言:“谁能顺见诸因缘法?”

答言:“不起平等,不见平等所生相者。”

梵天言:“谁得真智?”

答言:“不生不灭诸漏者。”

梵天言:“谁为得解脱者?”

答言:“不坏缚者。”

梵天言:"谁为得度?"

答言:"不住生死、不住涅槃者。"

梵天言:"漏尽比丘尽何事耶?"

答言:"若有所尽不名漏尽。知诸漏空相,随如是知,名为漏尽。"

梵天言:"谁能见圣谛?"

答言:"无有见圣谛者。所以者何?随所有见皆为虚妄,无所见者乃名见谛。"

梵天言:"是谛当于何求?"

答言:"当于四颠倒中求。"

梵天言:"何故作如是说?"

答言:"求四颠倒,不得净,不得常,不得乐,不得我。若不得净是即不净,若不得常是即无常,若不得乐是即为苦,若不得我是即无我。梵天!一切法空无我,是为圣谛。若能如是求谛,是人不见苦,不断集,不证灭,不修道。"

梵天言:"云何名修道?"

答言:"若不分别是法是非法,离于二相,名为修道。以是道求一切法不得,是名为道。是道不令人离生死至涅槃。所以者何?不离不至乃名圣道。"

尔时等行菩萨白佛言:"世尊!所言菩萨,菩萨者,为何谓耶?"

佛言:"善男子!若菩萨于邪定众生发大悲心,于正定众生不见殊异,故言菩萨。所以者何?菩萨不为正定众生,不为不定众生故发心,但为度邪定众生故,而起大悲发阿耨多罗三藐三菩提心,故名菩萨。

"若菩萨能代一切众生受诸苦恼,亦复能舍一切福事与诸众生,是名菩萨。"

尔时等行菩萨谓文殊师利:"如汝所说皆为真实?"

答言:“一切言说皆为真实。”

又问:“虚妄言说亦真实耶?”

答言:“如是。所以者何?是诸言说皆为虚妄,无处无方。若法皆虚妄,无处无方。是故一切言说皆是真实。善男子!提婆达语,如来语,无异无别。所以者何?一切言说,皆是如来言说,不出如故。一切言说有所说事,皆以无所说故,得有所说。是以一切言说皆平等,文字同故,文字无念故,文字空故。”

等行言:“如来不说凡夫语言、贤圣语言耶?”

文殊师利言:“然。以文字说凡夫语言,亦以文字说贤圣语言。如是,善男子!诸文字有分别是凡夫语言、是贤圣语言耶?”

等行言:“不也。”

文殊师利言:“如诸文字无分别,一切贤圣亦无分别,是故贤圣无有言说。所以者何?贤圣不以文字相,不以众生相,不以法相,有所说也,譬诸钟鼓众缘和合而有音声,是诸钟鼓亦无分别。如是诸贤圣善知众因缘故,于诸言说无贪无碍。”

等行言:“如佛所说‘汝等集会当行二事,若说法,若圣默然’,何谓说法?何谓圣默然?”

答言:“若说法不违佛、不违法、不违僧,是名说法。若知法即是佛,离相即是法,无为即是僧,是名圣默然。

“又善男子,若知一切众生诸根利钝,而教诲之,名为说法。常入于定心不散乱,名圣默然。”

等行言:“如我解文殊师利所说义,一切声闻辟支佛无有说法,亦无圣默然。所以者何?是人不能知一切众生诸根利钝,亦复不能常在于定。文殊师利!若有真实问,何等是世间说法者?何等是世间圣默然者?则当为说诸佛是也。所以者何?诸佛善能分别一切众生诸根利钝,亦常在定。”

佛告文殊师利:“如是如是。如等行所说,唯诸如来有此二法。”

尔时须菩提白佛言："世尊！我亲从佛闻'汝等集会当行二事，若说法，若圣默然'。世尊！若声闻不能行者，云何如来敕诸比丘行此二事？"

佛告须菩提："于汝意云何？若声闻不从他闻，能说法，能圣默然不？"

须菩提言："不也。"

"须菩提！是故当知一切声闻辟支佛，无有说法，无圣默然。"

尔时须菩提问文殊师利："若声闻辟支佛不能如是说法，不能如是圣默然者，诸菩萨有成就如是功德，能说法，能圣默然不？"

答言："唯佛当知。"

于是佛告须菩提："有三昧名入一切语言心不散乱，若菩萨成就是三昧，皆得是功德。"

尔时文殊师利谓等行菩萨："善男子！为众生八万四千行故，说八万四千法藏，名为说法。常在一切灭受想定中，名圣默然。善男子！我若一劫，若减一劫，演说是义，是名说法相，是圣默然相，犹不能尽。"

于是佛告等行菩萨："善男子！乃往过去无量无边不可思议阿僧祇劫，时世有佛，号曰普光。其普光佛，以三乘法为弟子说，亦多乐说如是法言'汝等比丘当行二事，若说法，若圣默然'。

"复广说净明三昧。所以名曰净明三昧者，若菩萨入是三昧即得解脱，一切诸相及烦恼着，亦于一切佛法，得净光明，是故名为净明三昧。又前际一切法净，后际一切法净，现在一切法净，是三世毕竟净，无能令不净，性常净故，是以说一切诸法性常清净。何谓诸法性净？谓一切法空相，离有所得故；一切法无相相，离忆想分别故；一切法无作相，不取不舍，无求无愿，毕竟离自性故，是名性常清净。以是常净相，知生死性即是涅槃性，涅槃性即是一切法性,是故说心性常清净。善男子！譬如虚空,若受垢污无有是处。心性亦如是,若有垢污无有是处。又如虚空,虽为烟尘云雾覆翳,不明不净,而不能染污虚空之性,设染污者不可复净,以虚空实不染污故,还见清净。凡夫心亦如是。虽邪忆念起诸烦恼,然其心性不可垢污,设垢污者不可复净,以心相实不可垢污,性常明净,是故心得解脱。善男子！是名入净明三昧门。"

尔时等行菩萨白佛言:"未曾有也,世尊！诸佛菩萨为大饶益,如所说行精进众生。世尊！其懈怠不能如所说行者,虽值百千万佛,无能为也。当知从勤精进得出菩提。"

思益梵天谓文殊师利:"若行者于平等中不见诸法,是名得圣道已。"

文殊师利言:"何故不见?"

思益言:"离二相故不见,不见即是正见。"

又问:"谁能正见世间?"

答言:"不坏世间相者。"

又问:"云何为不坏世间相?"

答言:"色如无别无异,受想行识如无别无异。若行者见五阴平等如相,是名正见世间。"

又问:"何等是世间相?"

答言:"灭尽是世间相。"

又问:"灭尽相复可尽耶?"

答言:"灭尽相者不可尽也。"

又问:"何故说言世间,是灭尽相?"

答言:"世间毕竟尽相,是相不可尽。所以者何?已尽者不复尽也。"

又问:"佛不说一切有为法是尽相耶?"

答言:"世间是尽相终不可尽。是故,佛说一切有为法是尽相。"

又问："何等数名有为法？"

答言："以尽相故名有为法。"

又问："有为法者为住何所？"

答言："无为性中住。"

又问："有为法、无为法有何差别？"

答言："有为法、无为法，文字言说有差别耳。所以者何？以文字言说，言是有为，是无为，若求有为、无为实相，则无差别。以实相无差别故。"

又问："何等是诸法实相义？"

答言："一切法平等无有差别，是诸法实相义。"

又问："何等为义？"

答言："以文字说令人得解，故名为义。所以者何？实相义者，不如文字所说，诸佛虽以文字有所言说，而于实相无所增减。文殊师利！一切言说皆非言说。是故佛语名不可说，诸佛不可以言相说故。"

又问："云何得说佛相？"

答言："诸佛如来不可以色身说相，不可以三十二相说相，不可以诸功德法说相。"

又问："诸佛可离色身三十二相诸功德法，而说相耶？"

答言："不也。所以者何？色身如，三十二相如，诸功德法如，诸佛不即是如，亦非离如。如是可说佛相，不失如故。"

又问："诸佛世尊得何等故，号名为佛？"

答言："诸佛世尊通达诸法性相如故，说名为佛正遍知者。"

于是等行菩萨白佛言："世尊！何谓菩萨发行大乘？"

尔时世尊以偈答言：

菩萨不坏色，发行菩提心，
知色即菩提，是名行菩提。
如色菩提然，等入于如相，

不坏诸法性,是名行菩提。
不坏诸法性,则为菩提义,
是菩提义中,亦无有菩提,
正行第一义,是名行菩提。
若法及非法,不分别为二,
亦不得不二,是名行菩提。
若二则有为,非二则无为,
离是二边者,是名行菩提。
行于世间法,处中若莲花,
遵修最上道,是名行菩提。
世间所行处,悉于是中行,
世间所贪着,于中得解脱。
菩萨无所畏,不没生死渊,
无忧无疲倦,而行菩提道。
斯人能善知,法性真实相,
是故不分别,是法是非法。
常住于平等,护持佛正法,
一切无所念,则是如来法。
若有佛无佛,是法常住世,
能通达是相,是名护持法。
诸法之实相,了达知其义,
安住于此中,而为人演说。
行于甚深法,魔所不能测,
是人于诸法,无所贪着故。
愿求诸佛慧,亦不着愿求,
诸佛慧无碍,不着法非法,
若能不着此,究竟得佛道。
法性不可议,常住于世间,

若能知如是，不生亦不灭。
菩萨念众生，不解是法相，
为之勤精进，令得离颠倒。
信解常定法，及寂灭无漏，
其心得解脱，故说常定者。
自住平等法，以此导众生，
不违平等行，故说常定者。
志念常坚固，不忘菩提心，
亦能化众生，故说常定者。
常念于诸佛，真实法性身，
远离色身相，故说常定者。
常修念于法，如诸法实相，
亦无有忆念，故说常定者。
常修念于僧，僧即是无为，
离数及非数，常入如是定。
我见与佛见，空见生死见，
涅槃之见等，皆无是诸见。
无量智慧光，知诸法实相，
无暗无障碍，是行菩提道。
是乘名大乘，不可思议乘，
悉容诸众生，犹不尽其量。
虚空无有量，亦无有形色，
大乘亦如是，无量无障碍。
若人闻此经，乃至持一偈，
永脱于诸难，得到安隐处。
敬念此经者，舍是身以后，
终不堕恶道，常生人天中。
于后恶世时，若得闻是经，

我皆与授记，究竟成佛道。
若持此经者，佛法在是人，
是人在佛法，亦能转法轮。
若人持是经，能转无量劫，
生死诸往来，得近于佛道。
若能持是经，精进大智慧，
是名极勇猛，能破魔军众。
我于然灯佛，住忍得授记，
若有乐是经，我授记亦然。
若人于佛后，能解说是经，
佛虽不在世，为能作佛事。

尔时思益梵天谓文殊师利："如来是实语者，能说如是法。"

文殊师利言："如来于法无所说。何以故？如来尚不得诸法，何况说法？"

思益言："如来岂不分别诸法是世间，是出世间，是有为，是无为耶？"

文殊师利言："于汝意云何？是虚空可说，可分别不？"

思益言："不也。"

文殊师利言："今说虚空名字，以所说故，有生有灭耶？"

思益言："不也。"

文殊师利言："如来说法亦复如是。不以说故诸法有生有灭，如此说法是不可说相。亦以此法有所教诲，是无所教诲。所以者何？如说法性，不说法性亦如是。是故说一切法住于如中，如亦无所住。"

尔时释梵四天王俱在会中，即以天花散于佛上而作是言："世尊！若善男子、善女人，闻文殊师利说法，有信解者，当知是人能破魔军，及余怨敌。所以者何？文殊师利今所说法，能破一切邪见妄想。世尊！若善男子、善女人，闻于是法不惊不怖，当知是人不从小功德来。

“世尊！我等于此经中得智慧光明，而不能得报佛及文殊师利、思益、梵天之恩。”

尔时世尊语释梵四天王等大众言：“善哉善哉！善男子！若人所从闻是经处，若和尚，若阿阇黎，我不见世间供养之具，能报其恩。是法出于世间，世间供养所不能报。是法度于世间，世间财物所不能报。是法无染，染污之物所不能报。诸善男子，是法余无能报，唯有一事，如说修行。若人于此法中，能如说修行者，是名能报师恩。是则名为顺如来语、顺如来教。”

尔时会中有天子，名不退转，白佛言：“世尊！所说随法行，随法行者为何谓耶？”

佛告天子：“随法行者，不行一切法，是名随法行。所以者何？若不行诸法，则不分别是正是邪。如是行者不行善，不行不善，不行有漏，不行无漏，不行世间，不行出世间，不行有为，不行无为，不行生死，不行涅槃，是名随法行。若起法相者，是则不名随法行也。若念言‘我行是法’，是则戏论，不随法行。若不受一切法，则随法行。于一切法无忆念、无分别、无所行，是名随法行。”

尔时大迦叶白佛言：“世尊！譬如大龙若欲雨时，雨于大海，此诸菩萨亦复如是，以大法雨，雨菩萨心。”

佛言：“迦叶！如汝所说。是故此诸菩萨，但于甚深智慧无量大海菩萨心中，雨如是等不可思议无上法雨。

“迦叶！又如大海甚深无底，此诸菩萨亦复如是。能思惟无量法故，名为甚深；一切声闻辟支佛不能测故，名为无底。迦叶！又如大海集无量水，此诸菩萨亦复如是，集无量法、无量智慧。是故说诸菩萨心如大海。

“迦叶！又如大海有三种宝：一者，少价；二者，有价；三者，无价。此诸菩萨所可说法，亦复如是。随诸众生根之利钝，令得解脱。有以小乘而得解脱，有以中乘而得解脱，有以大乘而得解脱。迦叶！又如大海渐渐转深，此诸菩萨亦复如是。

"迦叶！又如劫尽烧时诸小陂池，江河泉源，在前枯竭，然后大海乃当消尽。正法灭时亦复如是。诸行小道正法先尽，然后菩萨大海之心正法乃灭。迦叶！此诸菩萨宁失身命，不舍正法。汝谓菩萨失正法耶？勿造斯观。迦叶！如彼大海有金刚珠名集诸宝，乃至七日出时火至梵世，而此宝珠不烧不失，转至他方大海之中。若是宝珠在此世界，世界烧者无有是处。此诸菩萨亦复如是。正法灭时七邪法出，尔乃至于他方世界。何等七？一者，外道论；二者，恶知识；三者，邪用道法；四者，互相恼乱；五者，入邪见棘林；六者，不修福德；七者，无有得道。此七恶出时，是诸菩萨知诸众生不可得度尔，乃至于他方佛国，不离见佛闻法，教化众生，增长善根。

"迦叶，又如大海为无量众生之所依止，此诸菩萨亦复如是。众生依止得三种乐：人乐、天乐、涅槃之乐。迦叶，又如大海咸不可饮，此诸菩萨亦复如是，诸魔外道不能吞灭。"

于是大迦叶白佛言："世尊！大海虽深尚可测量，此诸菩萨不可测也。"

佛告迦叶："三千大千世界微尘犹可知数，此诸菩萨功德无量不可数也。"

尔时世尊现神通力，令魔波旬及其军众来诣佛所，作是言："世尊！我与眷属今于佛前立此誓愿，是经所流布处，若说法者及听法者并彼国土，不起魔事，亦当拥护是经。"

尔时世尊放金色光，照此世界，告文殊师利言："如来今护念是经，利益诸法师故。是经在阎浮提，随其岁数，佛法不灭。"

佛说是经时，七十二那由他众生得无生法忍，无量众生发阿耨多罗三藐三菩提心。

卷六

佛说长者女庵提遮师子吼了义经

舍卫国城西，有一村名曰长提。有一婆罗门，名婆私腻迦，在其中住。其人学问广博，深信内典，敬承佛教。欲设大会，至祇洹所，请佛及僧。佛受其请，与大众往诣彼村。尔时，长者见佛欢喜，即率诸眷属，来至佛所，各各礼佛，恭敬而住。其婆罗门有女，名庵提遮，先适与人。其女容貌端正，器度高远，事夫如禁，其仪无比。自以生来，父母莫测其所由，故名之庵提遮。尔时婆罗门长跪佛前，敬设供养。圣众食讫。

文殊师利问庵提遮曰："汝今知生死义耶？"

答曰："以佛力故知。"

又问曰："若知者，生以何为生义？"

答曰："生以不生生为生义。"

又问曰："云何不生生为义耶？"

答曰："若能明知地水火风四缘，毕竟未曾自得有所和合，而能随其所宜，有所说者，以为生义。"

又问曰："若知地水火风，毕竟不自得有所和合为生义者，即应无有生相，将何为生义？"

答曰："虽在生处而无生者，是为正生，故说有义。"

文殊又问曰："死以何为义耶？"

答曰："死以不死死为死义。"

又问曰："云何以不死死为死义耶？"

答曰："若能明知地水火风，毕竟不自得，有所散而能随其所宜,有所说者,是为死义。”

又问曰:“若知地水火风,毕竟不自得,有所散者,即无死相,将何为死义?”

答曰:“虽在死处,其心不亡者,是为正死,故说有义。”

文殊师利又问曰:“常以何为义?”

答曰:“若能明知诸法毕竟生灭变易无定如幻相,而能随其所宜,有所说者,是为常义。”

又问曰:“若知诸法毕竟生灭无定如幻相者,即是无常义,云何将为常义耶?”

答曰:“诸法生而不自得生,灭而不自得灭,乃至变易亦复如是。以不自得故,说为常义也。”

又问曰:“无常以何为义?”

答曰:“若知诸法毕竟不生不灭,随如是相,而能随其所宜,有所说者,是为无常义。”

又问曰:“若知诸法毕竟不生不灭者,即是常义,云何说为无常义耶?”

答曰:“但以诸法自在变易无定相,不自得随,如是知者,故说有无常义。”

又问曰:“空以何为义?”

答曰:“若能知诸法相,未曾自空,不坏今有,而能不空空,不有有者,故说有空义。”

又问曰:“若不空空,不有有者,即无有事,将何为空义耶?”

庵提遮以偈答曰:

呜呼真大德,不知真空义,
色无有自性,岂非如空也?
空若自有空,则不能容色。
空不自空故,众色从是生。

尔时文殊师利又问曰:“颇有明知生而不生相,为生所留者不?”

答曰:“有。虽自明见,其力未充,而为生所留者是也。”

又问曰:“颇有无知不识生性,而毕竟不为生所留者不?”

答曰:“无。所以者何?若不见生性,虽因调伏少得安处,其不安之相常为对治。若能见生性者,虽在不安之处,而安相常现前。若不如是知者,虽有种种胜辩谈说、甚深典籍,而即是生灭心,说彼实相密要之言。如盲辨色,因他语故,说得青黄赤白黑,而不能自见色之正相。今不能见诸法者,亦复如是。但今为生,所生为死,所死者而有所说者,乃于其人,即无生死之义耶?若为常无常所系者,亦复如是。当知大德,空者亦不自得空,故说有空义耶。”

尔时佛告文殊师利:“如是如是。如庵提遮所说,真实无异。日可令冷,月可令热,是庵提遮所说,不可移易。”

时舍利弗问其女曰:“汝之智慧辩才若此,佛所称叹,我等声闻之所不及。云何不能离是女身色相也?”

其女答曰:“我欲问大德,即随意答我。大德!今现是男不?”

舍利弗言:“我虽色是男,而心非男也。”

其女言:“大德!我亦如是。如大德所言:‘虽在女相,其心即非女也。’”

舍利弗言:“汝今现为夫所拘执,何能如此?”

其女答曰:“大德!能自信己之所言不?”

舍利弗言:“我之自言,云何不自信?”

其女答曰:“若自信者,大德!前说‘我色是男而心非男’者,即心与色有所二用也。若大德自信此言者,即于我所不生有夫之恶见。大德自男,故生我女相。以我女色故,坏大德心也。而以自男见彼女者,则不能于法生实信也。”

舍利弗言:“我于汝所,不敢生于恶见。”

其女答曰：“但以对世尊故，不敢非是实言也。若实不生恶见者，云何说我言‘汝今现为夫所拘执’耶？是言从何而来？”

舍利弗言：“我已久离习故，有此之言非实心也。”

其女问曰：“大德！我今问者，随意答我。大德既言久离男女相者，大德！色久离耶？心久离耶？”时舍利弗默然不答。

尔时庵提遮以偈颂曰：

若心得久离，毕竟不生见，
谁为作女人，于色起不净？
若论色久离，法本不自有，
毕竟不曾污，将何为作恶？
呜呼今大德，徒学不能知，
自男生我女，岂非妄想非？
悔过于大众，于法勿生疑，
我上所言说，是佛神力持。

时庵提遮说是偈已，其比丘、比丘尼、优婆塞、优婆夷，诸天及人，于中有得阿耨多罗三藐三菩提心者，有得无生法忍者，得法眼净者，又得心解脱者，其无量声闻众，而于佛法自生惭耻者无量。

尔时佛告舍利弗：“是女非凡，已值无量诸佛，常能说如是师子吼了义经，利益无量诸众生。我亦自与是女人同事无量诸佛已。是女人不久当成正觉。是诸众中，于是女人所说法要，即能生实信者，皆已久闻是女人所说法故，今则能生正信。是故应当谛受是师子吼了义经勿疑之也。”

佛告阿难：“此长者女庵提遮所说了义问答经付嘱于汝，汝当谛受。”

楞伽阿跋多罗宝经

一切佛语心品之一

一时佛住南海滨楞伽山顶,种种宝花以为庄严,与大比丘僧及大菩萨众俱。从彼种种异佛刹来,是诸菩萨摩诃萨,无量三昧自在之力神通游戏,大慧菩萨摩诃萨而为上首。

尔时大慧菩萨摩诃萨白佛言:“世尊!诸识有几种生住灭?”

佛告大慧:“诸识有二种生住灭,非思量所知。诸识有二种生:谓流注生及相生。有二种住:谓流注住及相住。有二种灭:谓流注灭及相灭,大慧!诸识有三种相:谓转相、业相、真相。大慧!略说有三种识,广说有八相。何等为三?谓真识、现识及分别事识。大慧!譬如明镜持诸色像,现识处现亦复如是。大慧!现识及分别事识,此二坏不坏,相辗转因。大慧!不思议熏及不思议变,是现识因。大慧!取种种尘,及无始妄想熏,是分别事识因。大慧!若覆彼真识,种种不实诸虚妄灭,则一切根识灭,是名相灭。大慧!相续灭者,相续所因灭则相续灭,所从灭及所缘灭则相续灭。大慧!所以者何?是其所依故。依者谓无始妄想熏,缘者谓自心见等识境妄想。大慧!譬如泥团微尘,非异非不异,金庄严具亦复如是。

“大慧!若泥团微尘异者,非彼所成而实彼成,是故不异;若不异者,则泥团微尘应无分别。如是大慧,转识、藏识真相若异者,藏识非因;若不异者,转识灭藏识亦应灭,而自真相实不灭。是故大慧,非自真相识灭,但业相灭。若自真相识灭者,藏识则灭。大慧!藏识灭者,不异外道断见论议。大慧!彼诸外道作如是论,谓摄受境界灭,识流注亦灭。若识流注灭者,无始流注应断。大慧！外道说流注生因，非眼识色明集会而生，更有异因。

“复次大慧，有七种第一义。所谓心境界、慧境界、智境界、见境界、超二见境界、超子地境界、如来自到境界。大慧！此是过去、未来、现在诸如来应供等正觉性自性第一义心。以性自性第一义心，成就如来世间、出世间上上法，圣慧眼入自共相建立。如所建立，不与外道论恶见共。大慧！云何外道论恶见共？所谓自境界妄想见，不觉识自心所现，分齐不通。大慧！愚痴凡夫，性无性自性第一义作二见论。大慧！若复诸余沙门婆罗门，见离自性，浮云火轮，水月及梦，内外心现妄想，无始虚伪，不离自心。妄想因缘灭尽，离妄想，说所说，观所观，受用建立身之藏识。无所有境界，离生住灭。大慧！彼菩萨不久次第随入无相处，次第随入从地至地三昧境界，解三界如幻，分别观察，当得如幻三昧，度自心现无所有，得住般若波罗蜜，舍离彼生所作方便。随入如来身，随入如如化，神通自在，慈悲方便，具足庄严，等入一切佛刹，外道入处，离心、意、意识，是菩萨渐次转身得如来身。是故欲得如来身者，当离所作方便生住灭。观察无始虚伪过妄想习气，因三有思惟无所有，佛地无生到自觉圣趣，自心自在到无开发行。如随众色摩尼，随入众生微细之心，而以化身随心量度，诸地渐次相续建立。是故大慧，自悉檀善，应当修学。”

尔时大慧菩萨复白佛言：“世尊，请为楞伽国摩罗耶山海中住处诸大菩萨，宣说海浪藏识境界法身。”时世尊以偈告言：

譬如巨海浪，斯由猛风起，
洪波鼓冥壑，无有断绝时。
藏识海常住，境界风所动，
种种诸识浪，腾跃而转生。
日月与光华，非异非不异，
七识亦如是，心俱和合生。
譬如海水变，种种波浪转。

谓以彼意识，思惟诸相义。
譬如海波浪，是则无差别，
诸识心如是，异亦不可得。
心名采集业，意名广采集，
诸识识所识，现等境说五。

“复次大慧，若菩萨摩诃萨欲知自心现量，摄受及摄受者妄想境界，当离群聚习俗睡眠，初中后夜常自觉悟，修行方便；当离恶见经论言说及诸声闻缘觉乘相；当通达自心现妄想之相。复次大慧，菩萨摩诃萨建立智慧相住已，于上圣智三相，当勤修学。何等为圣智三相？所谓无所有相，一切诸佛自愿处相，自觉圣智究竟之相。大慧！是名圣智三相。若成就此圣智三相者，能到自觉圣智究竟境界。”

佛告大慧：“有一种外道，作无所有妄想计着，觉知因尽，兔无角想。如兔无角，一切法亦复如是。大慧！复有余外道，见种、求那、极微、陀罗骠、形处、横法，各各差别，见已计着，无兔角横法，作牛有角想。大慧！彼堕二见，不解心量，自心境界，妄想增长，身受用建立妄想根量。大慧！一切法性，亦复如是，离有无不应作想。大慧！若复离有无而作兔无角想，是名邪想。兔无角不应作想。大慧！圣境界离，不应作牛有角想。”

尔时大慧菩萨白佛言：“世尊！得无妄想者，见不生相已，随比思量观察不生，妄想言无耶？”佛告大慧：“非观察不生妄想言无。所以者何？妄想者，因彼生故。依彼角生妄想，以依角生妄想，是故言依因故，离异不异故，非观察不生妄想言无角。大慧！若复妄想异角者，则不因角生；若不异者，则因彼故。乃至微尘分析推求悉不可得，不异角故。彼亦非性，二俱无性者，何法何故而言无耶？大慧！若无故无角，观有故言兔无角者，不应作想。大慧！不正因故，而说有无，二俱不成。大慧！复有余外道见，计着色空事、形处、横法，不能善知虚空分齐，言色离虚空，起分齐见妄想。大慧！虚空是色，随入色种。大慧！色是虚空，持所持处所建立性，色空事分别当知。大慧！四大种生时，自相各别，亦不住虚空，非彼无虚空。如是大慧，观牛有角，故兔无角。大慧！又牛角者，析为微尘，又分别微尘刹那不住，彼何所观故而言无耶？若言观余物者，彼法亦然。”

尔时世尊告大慧菩萨言：“当离兔角牛角、虚空形色异见妄想。汝等诸菩萨摩诃萨，当思惟自心现妄想，随入为一切刹土。最胜子以自心现方便而教授之。”尔时世尊欲重宣此义，而说偈言：

色等及心无，色等长养心，
身受用安立，识藏现众生。
以无故成有，以有故成无。
微尘分别事，不起色妄想，
心量安立处，恶见所不乐，
救世之所说，自觉之境界。

大慧菩萨白佛言：“世尊！云何净除一切众生自心现流？为顿为渐耶？”

佛告大慧：“渐净非顿，如庵罗果渐熟非顿。又如大地渐生万物非顿生也，如来净除一切众生自心现流，亦复如是，渐净非顿。大慧！顿悟非渐，譬如明镜顿现一切无相色像。如来净除一切众生自心现流，亦复如是，顿现无相无所有清净境界。如日月轮顿照，显示一切色像，如来为离自心现习气过患众生，亦复如是，顿为显示不思议智最胜境界。

“大慧！法依佛说一切法，不实如幻，种种计着不可得。大慧！法佛者，离心自性相，自觉圣所缘境界，建立施作。大慧！化佛者，说施、戒、忍、精进、禅定及心智慧，离阴界入解脱识相分别，观察建立，超外道见、无色见。大慧！又法佛者，离攀缘，攀缘离，一切所作根量相灭，非诸凡夫、声闻、缘觉、外道计着我相所着境界，自觉圣究竟差别相建立。是故大慧，自觉圣究竟差别相，当勤修学，自心现见应当除灭。”

大慧菩萨白佛言：“世尊所说常不思议自觉圣趣境界，及第一义境界，非诸外道所说常不思议因缘耶？”

佛告大慧：“非诸外道因缘得常不思议。所以者何？诸外道常不思议，不因自相成。若常不思议，不因自相成者，何因显现常不思议？

“复次大慧，不思议若因自相成者，彼则应常。由作者因相故，常不思议不成。大慧！我第一义常不思议，第一义因相成。离性非性得自觉相故有相，第一义智因故有因，离性非性故。不同外道常不思议论。如是，常不思议自觉圣智所得，应当修学。

“复次大慧，诸外道常不思议，于所作性非性无常，见已思量计常。大慧！我亦以如是因缘，所作者性非性无常，见已自觉圣境界，说彼常无因。大慧！若复诸外道因相成常不思议，因自相性非性，同于兔角，此常不思议，但言说妄想。诸外道辈有如是过。所以者何？谓但言说妄想，同于兔角，自因相非分。大慧！我常不思议，因自觉得相故，离所作性非性故，常非外性非性无常，思量计常。

“复次大慧，诸声闻畏生死妄想苦，而求涅槃，不知生死涅槃差别一切性妄想非性，未来诸根境界，休息作涅槃想，非自觉圣智趣藏识转。是故凡愚说有三乘，说心量趣无所有。是故大慧！彼不知过去、未来、现在诸如来自心现境界，计着外心现境界，生死轮常转。

“复次大慧，一切法不生，是过去、未来、现在诸如来所说。所以者何？谓自心现性非性，离有非有生故。大慧！一切性不生，一切法如兔马等角，是愚痴凡夫不觉妄想自性妄想故。大慧！一切法不生，自觉圣智趣境界者，一切性自性相不生，非彼愚夫妄想二境界。大慧！藏识摄所摄相转，愚夫堕生住灭二见，希望一切性生，有非有妄想生，非圣贤也。大慧！于彼应当修学。

“复次大慧，菩萨摩诃萨当善三自性。云何三自性？谓妄想自性、缘起自性、成自性。大慧！妄想自性从相生。若依若缘生，是名缘起，云何成自性？谓离名相事相妄想，圣智所得及自觉圣智趣所行境界，是名成自性如来藏心。”尔时世尊而说偈言：

名相觉想，自性二相，

正智如如，是则成相。

“复次大慧，菩萨摩诃萨善观两种无我相。谓人无我，及法无我。云何人无我？谓离我我所，阴界入聚。云何法无我？离自共相不实妄想相。菩萨摩诃萨，当善分别一切法无我。善法无我菩萨摩诃萨，不久当得初地菩萨无所有观地相，观察开觉欢喜，次第渐进超九地相，得法云地。于彼建立无量宝庄严，幻自性境界修习生，到自觉圣智法趣，当得如来自在法身，见法无我故。是名法无我相。汝等诸菩萨摩诃萨，应当修学。”

尔时大慧菩萨白佛言：“世尊！建立诽谤相，唯愿说之。令我及菩萨，离二边恶见。”

世尊告大慧言：“有四种非有有建立。云何为四？谓非有相建立，非有见建立，非有因建立，非有性建立。于彼所立无所得，观察非分而起诽谤，是名诽谤相。愚夫妄想，不善观察自心现量，非圣贤也。是故离建立诽谤恶见，应当修学。

“复次大慧，菩萨摩诃萨为安众生故，作种种类像，如妄想自性处依于缘起。譬如众色如意宝珠，普现一切诸佛刹土，一切如来大众集会，悉于其中听受佛法。所谓一切法如光影水月，于一切法离生灭断常，及离声闻缘觉之法，得百千三昧，游诸佛刹供养诸佛，生诸天宫，宣扬三宝，示现佛身，声闻菩萨大众围绕，以自心现量度脱众生，分别演说外性无性，悉令远离有无等见。”乃宣偈言：

心量世间,佛子观察,
种类之身,离所作行,
得力神通,自在成就。

大慧菩萨复请佛言:"唯愿世尊,为我等说一切法空,无生无二,离自性相。"

佛告大慧:"空空者,即是妄想自性处。大慧!为妄想自性计着者,故说空,无生无二,离自性相。略说七种空。谓相空、性自性空、行空、无行空、一切法离言说空、第一义圣智大空、彼彼空,是名七种空。彼彼空者,是空最粗,汝当远离。大慧!不自生,非不生,除住三昧,是名无生。离自性即是无生。大慧!一切法无二,非于涅槃彼生死,非于生死彼涅槃,异相因有性故,是名无二。如涅槃生死,一切法亦如是。是故空无生无二离自性相,应当修学。"尔时世尊而说偈言:

我常说空法,远离于断常,
生死如幻梦,而彼业不坏。
虚空及涅槃,灭二亦如是,
愚夫作妄想,诸圣离有无。

尔时,世尊复告大慧菩萨言:"大慧!空无生无二离自性相,凡所有经悉说此义。诸修多罗悉随众生希望心故,为分别说显示其义。如鹿渴想,诳惑群鹿,如是一切修多罗所说诸法,为令愚夫发欢喜故,非实圣智在于言说。是故当依于义,莫着言说。"

一切佛语心品之二

大慧菩萨白佛言:"世尊!修多罗说如来藏自性清净,转入众生身中,如大价宝,垢衣所缠。而如来藏常住不变。云何世尊,同外道说我,言有如来藏耶?"

佛告大慧:"我说如来藏,不同外道所说之我。大慧!未来、现在菩萨摩诃萨，不应作我见计着。如来于法无我，离一切妄想相。以种种智慧，善巧方便，或说如来藏，或说无我，开引计我诸外道故，说如来藏，令离不实我见妄想，入三解脱门境界。是故大慧，为离外道见故，当依无我如来之藏。”

尔时大慧菩萨复请世尊：“唯愿说修行大方便。”

佛告大慧：“菩萨摩诃萨成就四法，得修行者大方便。谓善分别自心现，观外性非性，离生住灭见，得自觉圣智善乐，是名成就四法，得修行者大方便。菩萨得自觉圣智，无生法忍，住第八地。得离心、意、意识、五法、自性、二无我相，得意生身。意生身者，譬如意去迅疾无碍，故名意生。譬如意去石壁无碍，于彼异方无量由延，因先所见忆念不忘，自心流注不绝，于身无障碍生。大慧！如是意生身，得一时俱。菩萨摩诃萨意生身，如幻三昧力，自在神通，妙相庄严、圣种类身一时俱生，犹如意生，无有障碍。随所忆念本愿境界，为成就众生，得自觉圣智善乐。如是，菩萨得无生法忍，当如是学。”

尔时大慧菩萨，复请世尊：“唯愿为说一切诸法缘因之相。以觉缘因相故，我及诸菩萨离一切性有无妄见。”世尊宣示此义而说偈言：

一切都无生，亦非因缘灭，
于彼生灭中，而起因缘想。
非遮灭复生，相续因缘起，
唯为断凡愚，痴惑妄想缘。
有无缘起法，是悉无有生，
习气所迷转，从是三有现。
真实无生缘，亦复无有灭，
观一切有为，犹如虚空花。
摄受及所摄，舍离惑乱见。
非已生当生，亦复无因缘。
一切无所有，斯皆是言说。

“复次大慧，有四种言说妄想相。谓相言说、梦言说、过妄想计着言说、无始妄想言说。相言说者，从自妄想色相计着生。梦言说者，先所经境界随忆念生，从觉已境界无性生。过妄想计着言说者，先怨所作业随忆念生。无始妄想言说者，无始虚伪计着过自种习气生。”

大慧白佛言：“世尊！言说妄想为异为不异？”

佛告大慧：“言说妄想非异非不异。所以者何？谓彼因生相故。大慧！若言说妄想异者，妄想不应是因。若不异者，语不显义，而有显示。是故非异非不异。”

大慧复白佛言：“世尊！为言说即是第一义，为所说者是第一义？”

佛告大慧：“非言说是第一义，亦非所说是第一义。所以者何？谓第一义圣乐言说所入是第一义，非言说是第一义。第一义者，圣智自觉所得，非言说妄想觉境界，是故言说妄想，不显示第一义。言说者，生灭动摇辗转因缘起，自他相无性故，彼不显示第一义。是故大慧，当离言说诸妄想相。”尔时世尊欲重宣此义而说偈言：

诸性无自性，亦复无言说，
甚深空空义，愚夫不能了。
一切性自性，言说法如影，
自觉圣智子，实际我所说。

“复次大慧，有四种禅。云何为四？谓愚夫所行禅、观察义禅、攀缘如禅、如来禅。云何愚夫所行禅？谓声闻缘觉外道修行者，观人无我性自相共相骨锁，无常苦不净相，相不除灭，是名愚夫所行禅。云何观察义禅？谓人无我自相共相，外道自他俱无性已，观法无我，渐次增进，是名观察义禅。云何攀缘如禅？谓妄想二无我妄，如实处不生妄想，是名攀缘如禅。云何如来禅？谓入如来地行自觉圣智相三种乐住，成办众生不思议事，是名如来禅。”

大慧菩萨复白佛言:“世尊! 佛说缘起,即是说因缘,外道亦说因缘。世尊! 外道说因,不从缘生而有所生。世尊! 说观因有事,观事有因,如是因缘杂乱。”

佛告大慧:“我非无因说,及因缘杂乱说。此有故彼有者,摄所摄非性,觉自心现量。大慧! 若摄所摄计着,不觉自心现量,外境界性非性,彼有如是过,非我说缘起。我常说言‘因缘和合而生诸法’,非无因生。”

大慧复白佛言:“世尊! 非言说有性,有一切性耶? 世尊! 若无性者,言说不生,是故言说应有性,有一切性。”

佛告大慧:“本无性而作言说,如兔角龟毛等,但世间现此言说耳。大慧! 如汝所说,言说有性,有一切性者,汝论则坏。大慧! 非一切刹土有言说。言说者,是作耳,如瞻视及香积世界,普贤如来国土,但以瞻视,令诸菩萨得无生法忍,及诸胜三昧。是故非言说有性有一切性。大慧! 见此世界蚊蚋虫蚁,是等众生无有言说而各办事。”尔时,世尊欲重宣此义,而说偈言:

如虚空兔角,及与槃大子,
无而有言说,如是性妄想。
因缘和合法,凡愚起妄想,
不能如实知,轮回三有宅。

大慧复白佛言:“如世尊所说,一切性无生及如幻,将无世尊前后所说,自相违耶?”

佛告大慧:“谓生无生,觉自心现量,有非有,外性非性,无生现。大慧! 非我前后说相违过,然坏外道因生故,我说一切性无生。大慧! 说性者,为摄受生死故,坏无见断见故。

“复次大慧,一切法离所作因缘不生,无作者故,一切法不生。大慧! 何故一切性离自性? 以自觉观时,自共性相不可得故,说一切法不生。何故一切法不可持来、不可持去? 以自共相欲持来无所来,欲持去无所去,是故一切法离持来去。大慧！何故一切诸法不灭,谓性自性相无故,一切法不可得故,一切法不灭。大慧！何故一切法无常？谓相起无常性,是故说一切法无常。大慧！何故一切法常？谓相起无生,性无常常,故说一切法常。

“复次大慧,有二种觉:谓观察觉及妄想相摄受计着建立觉。大慧！观察觉者,谓若觉性自性相,选择离四句不可得,是名观察觉。大慧！彼四句者,谓离一异、俱不俱、有无非有非无、常无常,是名四句。大慧！此四句离,是名一切法。大慧！此四句观察一切法,应当修学。云何妄想相摄受计着建立觉？谓妄想相摄受计着四大种,宗、因、喻不实建立而建立,是名妄想相摄受计着建立觉。

“复次大慧,诸外道有四种涅槃。云何为四？谓性自性非性涅槃、种种相性非性涅槃、自相自性非性觉涅槃、诸阴自共相相续流注断涅槃,是名诸外道四种涅槃,非我所说法。大慧！我所说者,妄想识灭名为涅槃。”

大慧菩萨复白佛言:“世尊！唯愿为说自觉圣智相及一乘。”佛告大慧:“前圣所知,转相传授,妄想无性。菩萨摩诃萨,独一静处,自觉观察,不由于他,离见妄想,上上升进,入如来地,是名自觉圣智相。大慧！云何一乘相？谓得一乘道觉,谓摄所摄妄想,如实处不生妄想,是名一乘觉。大慧！一乘觉者,非余外道声闻缘觉梵天王等之所能得,唯除如来,以是故说名一乘。”世尊重宣偈言:

诸天及梵乘,声闻缘觉乘,
诸佛如来乘,我说此诸乘。
乃至有心转,诸乘非究竟,
若彼心灭尽,无乘及乘者。
无有乘建立,我说为一乘,
引导众生故,分别说诸乘。
解脱有三种,及与法无我,
烦恼智慧等,解脱则远离。

一切佛语心品之三

尔时，世尊复告大慧菩萨言："有三种意生身。云何为三？所谓三昧乐正受意生身、觉法自性性意生身、种类俱生无行作意生身。修行者了知初地上上增进相，得三种身。大慧！云何三昧乐正受意生身？谓第三、第四、第五地三昧乐正受故，种种自心寂静，安住心海，起浪识相不生，知自心现境界性非性。大慧！云何觉法自性性意生身？谓第八地观察觉了如幻等法悉无所有，身心转变，得如幻三昧及余三昧门，无量相力自在明，如妙花庄严，迅疾如意，犹如幻梦水月镜像，非造非所造，如造所造，一切色种种支分具足庄严，随入一切佛刹大众，通达自性法故。大慧！云何种类俱生无行作意生身？所谓觉一切佛法缘自得乐相。大慧！于彼三种身相，观察觉了应当修学。"因说偈言：

非我乘大乘，非说亦非字，
非谛非解脱，非无有境界。
然乘摩诃衍，三摩提自在，
种种意生身，自在华庄严。

大慧菩萨白佛言："世尊！何等是佛之知觉？"佛告大慧："觉人法无我，了知二障，离二种死，断二烦恼，是名佛之知觉。以是因缘故我说一乘。"世尊偈言：

善知二无我，二障烦恼断，
永离二种死，是名佛知觉。

大慧菩萨复请世尊："唯愿为说一切法有无有相。"

佛告大慧："此世间依有二种：谓依有及无，堕性非性欲见，不离离相。大慧！因是故，我说宁取人见如须弥山，不起无所有增上慢空见。大慧！无所有增上慢者，堕自共相见希望，不知自心现量，见外性无常刹那辗转坏，阴界入相续流注变灭，离文字相妄想，是名为坏者。”尔时世尊欲重宣此义而说偈言：

有无是二边，乃至心境界，
净除彼境界，平等心寂灭。
无取境界性，灭非无所有，
有事悉如如，如贤圣境界。
谁集因缘有，而复说言无？
邪见论生法，妄想计有无。
若知无所生，亦复无所灭，
观此悉空寂，有无二俱离。

“大慧！一切声闻缘觉菩萨有二种通相：谓宗通及说通。大慧！宗通者，谓缘自得胜进相，远离言说文字妄想，趣无漏界自觉地自相，远离一切虚妄觉想，降伏一切外道众魔，缘自觉趣光明辉发，是名宗通相。云何说通相？谓说九部种种教法，离异不异有无等相，以巧方便随顺众生，如应说法，令得度脱，是名说通相。大慧！汝及余菩萨应当修学。”

大慧菩萨白佛言：“世尊！唯愿为说不实妄想相，不实妄想云何而生？”尔时世尊宣说偈言：

诸因及与缘，从此生世间，
妄想着四句，不知我所通。
世间非有生，亦复非无生，
不从有无生，亦非非有无。
如是观世间，心转得无我，
一切性不生，以从缘生故。
一切缘所作，所作非自有。
事不自生事，有二事过故。
无心之心量，我说为心量。
量者自性处，缘性二俱离，
性究竟妙净，我说名心量。

施设世谛我，彼则无实事，
诸阴阴施设，无事亦复然。
妄想习气转，有种种心生，
境界于外现，是世俗心量。
离一切诸见，及离想所想，
无得亦无生，我说为心量。
非性非非性，性非性悉离，
谓彼心解脱，我说为心量。
如如与空际，涅槃及法界。
种种意生身，我说为心量。

大慧菩萨白佛言："世尊！如世尊所说'菩萨摩诃萨当善语义'，云何为语？云何为义？"

佛告大慧："云何为语？谓言字妄想和合，依咽喉、唇舌、齿龂、颊辅，因彼我言说妄想习气计着生，是名为语。大慧！云何为义？谓离一切妄想相言说相，是名为义。

"善语义菩萨摩诃萨，观语与义非异非不异。若语异义者，则不因语辩义，而以语入义，如灯照色。复次大慧，如缘言说义计着，堕建立及诽谤见，凡愚众生作异妄想，非圣贤也。

"复次大慧，智识相今当说。若善分别智识相者，汝及诸菩萨则能通达智识之相，疾得阿耨多罗三藐三菩提。大慧！彼智有三种：谓世间、出世间、出世间上上。云何世间智？谓一切外道凡夫计着有无。云何出世间智？谓一切声闻缘觉，堕自共相希望计着，云何出世间上上智？谓诸佛菩萨观无所有法，见不生不灭，离有无品如来地，人法无我，缘自得生。大慧！彼生灭者是识，不生不灭者是智。

"复次，堕相无相，及堕有无种种相因是识，超有无相是智。复次长养相是识，非长养相是智。复次无碍相是智，境界种种碍相是识。复次三事和合生方便相是识，无事方便自性相是智。复次得相是识，不得相是智。自得圣智境界，不出不入故，如水中月。

"大慧！外道有九种转变，彼亦无有转变，无有法若生若灭，如见幻梦色生。"尔时世尊偈言：

形处时转变，四大种诸根，
中阴渐次生，妄想非明智。
最胜于缘起，非如彼妄想，
然世间缘起，如乾闼婆城。

大慧菩萨白佛言："世尊！唯愿为说一切法相续义解脱义。"尔时世尊宣说偈言：

不真实妄想，是说相续相，
若知彼真实，相续网则断。
于诸性无知，随言说摄受，
譬如彼蚕虫，结网而自缠。
愚夫妄想缚，相续不观察。

尔时大慧菩萨白佛言："世尊！所言涅槃者，说何等法名为涅槃，而诸外道各起妄想？"

佛告大慧："如诸外道妄想涅槃，或有外道，阴界入灭，境界离欲，见法无常，心心法品不生，不念去来现在境界，诸受阴尽，如灯火灭，如种子坏，妄想不生，斯等于此，作涅槃想。大慧！非以见坏名为涅槃。大慧！或以从方至方名为解脱。境界想灭，犹如风止。或复以觉所觉见坏名为解脱，或见常无常作解脱想，或见种种相想招致苦生因，思惟是已，不善觉知自心现量，怖畏于相而见无相，深生爱乐作涅槃想。或有觉知内外诸法自相共相，去来现在，有性不坏，作涅槃想。或谓我、人、众生、寿命，一切法坏，作涅槃想。或谓诸烦恼尽，或谓智慧，或见自在是真实作生死者，作涅槃想。有如是比种种妄想，外道所说，不成所成，智者所弃。大慧！如是一切悉堕二边，作涅槃想。智慧观察，都无所立。如彼妄想,心意来去,漂驰流动,一切无有得涅槃者。大慧！如我所说涅槃者,谓善觉知自心现量,不着外性,离于四句,见如实处,不堕自心现妄想二边,摄所摄不可得,一切度量不见所成,弃舍彼已,得自觉圣法,知二无我,离二烦恼,净除二障,永离二死,上上地,如来地,如影幻等诸深三昧,离心、意、意识,说名涅槃。大慧！汝等及余菩萨摩诃萨,应当修学,当疾远离一切外道诸涅槃见。”

大慧白佛言:“世尊！如来、应供、等正觉,为作耶？为不作耶？为事耶？为因耶？为相耶？为所相耶？为说耶？为所说耶？为觉耶？为所觉耶？如是等辞句,为异？为不异？”尔时世尊欲宣此义而说偈言:

悉离诸根量,无事亦无因,
已离觉所觉,亦离相所相。
阴缘等正觉,一异莫能见,
若无有见者,云何而分别？
非作非不作,非事亦非因,
非阴非在阴,亦非有余杂,
亦非有诸性,如彼妄想见,
当知亦非无,此法法亦尔。
以有故有无,以无故有有,
若无不应受,若有不应想。
或于我非我,言说量留连,
沉溺于二边,自坏坏世间。
解脱一切过,正观察我通,
是名为正观,不毁大导师。

大慧菩萨复白佛言:“世尊！云何世尊为无性故说不生不灭？为是如来异名？”

佛告大慧:“我说一切法不生不灭,有无品不现。”

大慧白佛言:“世尊！若一切法不生者,则摄受法不可得,一切法不生故。若名字中有法者，唯愿为说。”

佛告大慧：“我说如来非无性，亦非不生不灭，摄一切法，亦不待缘故，不生不灭，亦非无义。大慧！我说意生法身，如来名号，彼不生者，一切外道声闻缘觉，七住菩萨，非其境界。大慧！彼不生，即如来异名。

“大慧！譬如因陀罗释迦、不兰陀罗，如是等诸物，一一各有多名，亦非多名而有多性，亦非无自性。如是大慧，我于此娑呵世界，有三阿僧祇百千名号。愚夫悉闻各说我名，而不解我如来异名。大慧！或有众生知我如来者，有知一切智者，有知佛者，有知导师者，有知仙人者，有知梵者，有知自在者，有知真实边者，有知月者，有知日者，有知主者，有知无生者，有知无灭者，有知空者，有知如如者，有知谛者，有知实际者，有知法性者，有知涅槃者，有知常者，有知平等者，有知不二者，有知无相者，有知解脱者，有知道者，有知意生者。大慧！如是等百千名号不增不减。此及余世界皆悉知我，如水中月，不出不入。彼诸愚夫不能知我，堕二边故。然悉恭敬供养于我，而不善解知辞句义趣，不分别名，不解自通，计着种种言说章句，于不生不灭作无性想，不知如来名号差别，如因陀罗释迦、不兰陀罗。不解自通，会归终极，于一切法，随说计着。

“大慧！彼诸痴人作如是言：‘言说之外更无余义，唯止言说。’大慧！彼恶烧智，不知言说自性，不知言说生灭，义不生灭。大慧！一切言说堕于文字，义则不堕，离性非性故，无受生亦无身。大慧！如来不说堕文字法，文字有无不可得故，除不堕文字。大慧！若有说言‘如来说堕文字法’者，此则妄说，法离文字故。是故大慧，我等诸佛及诸菩萨，不说一字，不答一字。所以者何？法离文字故。非不饶益义说。言说者，众生妄想故。

“大慧！若不说一切法者，教法则坏。教法坏者，则无诸佛菩萨、缘觉声闻。若无者，谁说为谁？是故大慧，菩萨摩诃萨莫着言说，随宜方便，广说经法，以众生希望烦恼不一故。我及诸佛为彼种种异解众生，而说诸法，令离心、意、意识故，不为得自觉圣智处。大慧！于一切法无所有，觉自心现量，离二妄想。诸菩萨摩诃萨，依于义，不依文字。若善男子、善女人依文字者，自坏第一义，亦不能觉他。若善一切法、一切地、一切相，通达章句，具足性义，则摄受正法。摄受正法者，则佛种不断。佛种不断者，则能了知得殊胜入处。知得殊胜入处，菩萨摩诃萨，常得化生，建立大乘，十自在力，现众色像，如实说法。如实者，不异如实者，不来不去相，一切虚伪息，是名如实。

"大慧！善男子、善女人，不应摄受随说计着，真实者离文字故。大慧！真实义者，从多闻者得。大慧！多闻者，谓善于义，非善言说。善义者，不随一切外道经论，身自不随，亦不令他随，是则名曰大德多闻。是故欲求义者，当亲近多闻。计着言说，应当远离。"

尔时，大慧菩萨复承佛威神而白佛言："世尊！世尊显示不生不灭，一切外道因，亦不生不灭，唯愿世尊，为说差别。"

佛告大慧："我说不生不灭，不同外道不生不灭。所以者何？彼诸外道，有性自性，得不生不变相。我不如是堕有无品。大慧！我者离有无品，离生灭，非性非无性。如种种幻梦现，故非无性。云何无性？谓色无自性相摄受，现不现故，摄不摄故。以是故，一切性无性非无性，但觉自心现量，妄想不生，安隐快乐，世事永息。愚痴凡夫，不实妄想，如乾闼婆城，及幻化人，其实无有若生若灭，性无性无所有故。一切法亦如是，离于生灭。愚痴凡夫堕不如实，起生灭妄想。如性自性，妄想亦不异。若异妄想者，计着一切性自性，不见寂静，不见寂静者，终不离妄想。是故大慧，无相见胜，非相见。相见者，受生因，故不胜。大慧！无相者，妄想不生，不起不灭，我说涅槃。"

尔时世尊欲重宣此义，而说偈言：

灭除彼生论，建立不生义，
我说如是法，愚夫不能知。
一切法不生，无性无所有，
乾闼婆幻梦，有性者无因。
世间种种事，无因而相现。
折伏有因论，申畅无生义，
申畅无生者，法流永不断。
炽然无因论，恐怖诸外道。

大慧以偈问曰：

云何何所因，彼以何故生？
于何处和合，而作无因论？

尔时世尊偈答：

观察有为法，非无因有因，
彼生灭论者，所见从是灭。

大慧复以偈问：

云何为无生，为是无性耶？
为顾视诸缘，有法名无生？
名不应无义，唯为分别说。

尔时世尊复以偈答：

非无性无生，亦非顾诸缘，
非有性而名，名亦非无义。
一切诸外道，声闻及缘觉，
七住非境界，是名无生相。
远离诸因缘，亦离一切事，
唯有微心住，想所想俱离。
其身随转变，我说是无生。
无外性无性，亦无心摄受，
断除一切见，我说是无生。

如是无自性，空等应分别，
非空故说空，无生故说空。
因缘数和合，则有生有灭，
离诸因缘数，无别有生灭。
舍离因缘数，更无有异性，
若言一异者，是外道妄想。
有无性不生，非有亦非无，
除其数转变，是悉不可得。
但有诸俗数，辗转为钩锁，
离彼因缘锁，生义不可得。
生无性不起，离诸外道过。
如灯显众像，钩锁现若然。
彼生无生者，是则无生忍。
如医疗众病，为设种种治。
我为彼众生，破坏诸烦恼，
知其根优劣，而有种种法。
唯说一乘法，是则为大乘。

大慧菩萨白佛言："世尊！一切外道皆起无常妄想，世尊亦说一切行无常，是生灭法，此义云何？"

佛告大慧："一切外道有七种无常，非我法也。何等为七？彼有说言'作已而舍，是名无常'。有说'形处坏，是名无常'。有说'即色是无常'。有说'色转变中间是名无常。无间自之散坏，如乳酪等转变，中间不可见，无常毁坏一切性转'。有说'性无常'。有说'性无性无常'。有说'一切法不生无常，入一切法'。大慧！我法起非常非无常。所以者何？谓外性不决定故，唯说三有微心，不说种种相有生有灭。四大合会差别，四大及造色故，妄想二种事摄所摄，知二种妄想，离外性无性二种见。非凡愚所觉。"

大慧菩萨复白佛言："世尊！如来、应供、等正觉为常为无常？"

佛告大慧："如来、应供、等正觉非常非无常，谓二俱有过。若常者，有作主过；若无常者，有作无常过。大慧！一切所作皆无常，如瓶衣等，一切皆无常过。一切智众具方便，应无义，以所作故。一切所作皆应是如来，无差别因性故。是故大慧，如来非常非无常。大慧！如来所得智，是般若所熏。非心、意、意识，彼诸阴界入处所熏。大慧！一切三有，皆是不实妄想所生。如来不从不实虚妄想生。大慧！以二法故有常无常，非不二。不二者，寂静，一切法无二生相故。是故如来、应供、等正觉，非常非无常。大慧！乃至言说分别生，则有常无常过。分别觉灭者，则离愚夫常无常见。"尔时世尊欲重宣此义，而说偈言：

众具无义者，生常无常过，
若无分别觉，永离常无常。
从其所立宗，则有众杂义，
等观自心量，言说不可得。

大慧菩萨复白佛言："世尊！唯愿世尊，更为我说阴界入生灭，彼无有我，谁生谁灭？"

佛告大慧："如来之藏是善不善因，能遍兴造一切趣生，譬如伎儿变现诸趣，离我我所。为无始虚伪恶习所熏，名为识藏。生无明住地，与七识俱，如海浪身常生不断。离无常过，离于我论，自性无垢，毕竟清净。其余诸识，有生有灭。意、意识等，念念有七，因不实妄想，取诸境界，种种形处，计着名相，不觉自心所现色相。大慧！此如来藏识藏，一切声闻缘觉心想所见，虽自性清净，客尘所覆故，犹见不净，非诸如来。大慧！如来者，现前境界，犹如掌中视阿摩勒果。是故汝及余菩萨，于如来藏识藏，当勤修学。莫但闻觉作知足想。"尔时世尊重宣偈言：

甚深如来藏，而与七识俱，

二种摄受生，智者则远离。
如镜像现心，无始习所熏，
如实观察者，诸事悉无事。
如愚见指月，观指不观月，
计着名字者，不见我真实。
心为工伎儿，意如和伎者，
五识为伴侣，妄想观伎众。

大慧菩萨白佛言："世尊！唯愿为说五法自性识，二种无我究竟分别相。"佛告大慧："五法自性识，二种无我分别趣相者，谓名相、妄想、正智、如如。若修行者修行，入如来自觉圣趣，离于断常、有无等见，现法乐正受住现在前。大慧！愚夫计着俗数名相，随心流散。流散已，种种相像貌，堕我我所见，希望计着妙色。计着已，无知覆障，故生染着。染着已，贪恚痴所生业积集。积集已，妄想自缠，如蚕作茧，堕生死海，诸趣旷野，如汲井轮。以愚痴故，不能知如幻，野马、水月，自性离我，我所起于一切不实妄想。离相所相及生住灭，从自心妄想生，非自在、时节、微尘、胜妙生，愚痴凡夫随名相流。

"大慧！彼相者眼识所照名为色，耳、鼻、舌、身、意、意识所照，名为声、香、味、触、法，是名为相。施设众名，显示诸相，是名妄想。正智者，彼名相不可得，犹如过客，诸识不生、不断、不常，不堕一切外道声闻缘觉之地。菩萨摩诃萨以此正智，不立名相，非不立名相，舍离二见，建立及诽谤，知名相不生，是名如如。大慧！菩萨摩诃萨住如如者，得无所有境界故，得菩萨欢喜地。正住出世间趣，法相成熟，分别幻等一切法，自觉法趣相，离诸妄想，见性异相。次第乃至法云地，于其中间，三昧、力、自在，神通开敷。得如来地已，种种变化圆照示现，成熟众生，如水中月，善究竟满足十无尽句，为种种意解众生分别说法。法身离意所作，是名菩萨入如如所得。"

佛告大慧:“三种自性及八识二种无我,悉入五法。大慧!彼名及相,是妄想自性。若依彼妄想生心心法,名俱时生,如日光俱,种种相各别分别持,是名缘起自性。正智如如者,不可坏故,名成自性。自心现妄想八种分别,谓识藏、意、意识,及五识身相者,不实相妄想故。我我所二摄受灭,二无我生。是故大慧,此五法者,声闻、缘觉、菩萨、如来、自觉圣智,诸地相续次第,一切佛法悉入其中。我及诸佛,随顺入处,普为众生如实演说,施设显示于彼。随入正觉,不断不常,妄想不起,随顺自觉圣趣,一切外道、声闻、缘觉所不得相,是名正智。大慧!当自方便学,亦教他人,勿随于他。”尔时世尊欲重宣此义,而说偈言:

五法三自性,及与八种识,
两种无有我,悉摄摩诃衍。

大慧菩萨白佛言:“世尊!如世尊所说句‘过去诸佛如恒河沙,未来现在亦复如是’,云何世尊,为如说而受?为更有余义?唯愿如来,哀悯解说。”

佛告大慧:“莫如说受!三世诸佛量,非如恒河沙。所以者何?过世间望,非譬所譬。诸佛易见,非如优昙钵花难得见故。如来者,世间悉见,不以建立自通故,说言如来出世如优昙钵花,自觉圣智境界,无以为譬,真实如来,过心、意、意识所见之相。大慧!然我说譬佛如恒河沙,无有过咎。大慧!譬如恒沙,一切鱼、鳖、人、兽践踏,沙不念言‘彼恼乱我’而生妄想,如来、应供、等正觉自觉圣智恒河,大力神通自在等沙,一切外道诸人兽等,一切恼乱,如来不念而生妄想,如来寂然无有念想,如来本愿以三昧乐安众生故,无有恼乱,犹如恒沙等无有异。又断贪恚故,譬如恒沙,是地自性,劫尽烧时烧一切地,而彼地大不舍自性,与火大俱生故。其余愚夫作地烧想,而地不烧,以火因故。如是大慧,如来法身如恒沙不坏。

“大慧!譬如恒沙无有限量,如来光明亦复如是,无有限量。

为成熟众生故，普照一切诸佛大众。大慧！譬如恒沙增减不可得知，如是大慧，如来智慧成熟众生，不增不减，非身法故。身法者有坏，如来法身非是身法。如压恒沙，油不可得，如是一切极苦众生，逼迫如来，乃至众生未得涅槃，不舍法界自三昧愿乐，以大悲故。大慧！譬如恒沙，随水而流，非无水也。如是大慧，如来所说一切诸法随涅槃流，是故说言如恒河沙。如来不随诸去流转。大慧！生死本际不可知。不知故，云何说去？大慧！去者断义，而愚夫不知。一切诸法悉皆寂静，不识自心所现，故妄想生。”尔时世尊欲重宣此义，而说偈言：

观察诸导师，犹如恒河沙，
不坏亦不去，亦复不究竟，
是则为平等，观察诸如来。
犹如恒沙等，悉离一切过，
随流而性常，是则佛正觉。

卷七

入法界体性经

婆伽婆在耆阇崛山中，从三昧起，见文殊师利童子住别门外。见已，告言："文殊师利！汝来汝来，入内莫住于外。"

尔时文殊师利童子言："善哉，世尊！"即诣佛所，到已，顶礼佛足，却住一面。

佛告文殊师利："汝可就坐。"

时文殊师利言："善哉，世尊！唯然受教。"向佛合掌，却坐一面。

于时文殊师利白佛言："世尊！今者世尊住何三昧而从起耶？"

佛告文殊师利："有三昧名曰宝积。然我于时，行此三昧，而从彼起。"

文殊复言："以何因缘，名此三昧为宝积耶？"

佛告文殊师利："譬如大摩尼宝，善磨莹已，安置净处，随彼地方，出诸珍宝，不可穷尽。如是，文殊师利！我住此三昧，观于东方，见无量阿僧祇世界现在诸佛如来阿罗呵三藐三佛陀，如是南西北方，四维上下，如是十方无量阿僧祇世界，我皆现见，是诸如来住此三昧，为众说法。文殊师利！我住此三昧，不见一法然非法界。文殊师利！又此三昧，名实际印。若有纯直男子女人，行此印者，辩才不断。"

文殊师利言："世尊！我知辩才。"

佛言："汝云何知辩才？"

文殊言:“世尊！譬如彼摩尼宝不依余处,还依实际而住。如是,世尊！一切诸法更无所住,唯依实际而住。”

佛言:“汝知实际乎?”

文殊言:“如是,世尊！我知实际。”

佛言:“何谓实际?”

文殊言:“世尊！有我所际,彼即实际。所有凡夫际,彼即实际。若业若果报,一切诸法,悉是实际。”

佛言:“文殊师利！汝云何为初行人说法?”

文殊言:“世尊！我不灭贪欲诸患而为说法。所以者何? 此等诸法,本性无生无灭故。世尊！若能灭实际,即能灭我见所生际。如是说法,不受佛法,不着凡夫法,于诸法不举不舍。”

文殊师利言:“世尊！教化众生时,云何说法?”

佛言:“文殊师利！我不坏色生,亦不坏色不生,故说法。如是受想行识亦不坏不生,故说法。文殊师利！我不坏欲、瞋、痴等而为说法。我为诸教化者,当令知不思议法,我为说法。如是种种名字诸法,入于法界中,无有名字差别,譬如种种诸谷聚中不可说别,是法界中亦无别名。有此有彼,是染是净,凡夫圣人及诸佛法,如是名字不可示现,如是法界无违无逆。何以故? 其逆顺界法界无二相故,无来无去,不可见故。”

尔时世尊问文殊师利言:“汝知法界耶?”

“如是,世尊！我知法界即是我界。”

佛复问:“汝知世间耶?”

文殊言:“世尊！如幻化人所作处,是世间处。世尊！世间者但有名字,无实物可见,说名世间行。然我不离法界见于世间。何以故? 无世间故。如世尊问言‘世间何处行’者,所谓色性不生不灭,彼行亦不生不灭;如是受想行识,此识性不生不灭,如是行亦无生无灭。世尊！如是一相,所谓无相。”

佛问:“汝岂不作是念‘若现在如来佛陀,当灭度’耶?”

文殊答言："世尊！岂可法界有已修习未修习也？法界既无修习，云何得有灭不现耶？"

佛问："过去诸佛，如恒伽沙等已灭度，汝岂不信耶？"

文殊答言："世尊！我信诸如来皆已涅槃，见彼出处故。"

佛问："欲使诸凡夫死已更生也？"

文殊答言："世尊！我尚不见有凡夫，何有更生耶？"

佛问："汝岂不乐法界耶？"

文殊答言："世尊！我不见有一法非法界者，更何所乐？"

佛言文殊师利："若慢者闻汝说，生大恐怖。"

文殊师利言："世尊！若慢者生怖，实际亦生恐怖。其实际不恐怖故，即一切诸法皆无恐怖，以无修作故，此是金刚句。"

佛问："何故名此为金刚句？"

文殊言："世尊！诸法性不坏，是故名金刚句。世尊！如来不思议句，是诸法不思议，是金刚句。"

佛言："善哉善哉！文殊师利！汝善说此语。文殊师利！我见无量世界中，如来亦说此法本。"

时长老舍利弗，在门外边而住。

世尊告文殊师利童子言："文殊师利！是舍利弗比丘，今在门外，为欲听法，汝令使入。"

文殊师利言："世尊！若彼舍利弗际，若法界际，此二际，岂有在内在外？长老舍利弗际，即是实际。舍利弗界，即是法界。然此法界，无出无入，不来不去，其长老舍利弗，从何处来？当入何所？"

佛言："文殊师利！若我在内，共诸声闻语论，汝在于外而不听入，汝意岂不生苦恼想耶？"

文殊师利言："不也，世尊！何以故？凡所说法不离法界，如来说法即是法界，法界即是如来界。世尊！若我恒河沙劫等，不来至世尊说法所，我时不生爱乐，亦无忧恼。何以故？若有二者即生忧恼,法界无二故无恼耶。”

尔时世尊告长老舍利弗言:“舍利弗!汝来听文殊师利辩才耶?”

舍利弗言:“唯然世尊,我甚乐闻。”

尔时文殊师利白佛言:“世尊!令长老舍利弗得入听法。”

尔时世尊言:“舍利弗!汝来前入。”

舍利弗言:“善哉!世尊!”即前入室,顶礼佛足,退坐一面。

文殊师利言:“长老舍利弗!汝见何义故而来此耶?”

舍利弗言:“文殊师利!我欲听法故来此耳。说法以何义为甚深最胜?”

文殊师利言:“舍利弗!此法难知,以无器故。说法,以无所依无能依故,发此说法,是故说法平等平等。无有住处,毕竟寂静,说诸法故。此无所住故称最胜。”

舍利弗言:“文殊师利!我听世尊及汝说法,无有厌足时。”

文殊言:“大德舍利弗!汝信涅槃法,是舍利弗耶?”

舍利弗言:“文殊师利!我有信。诸法本性成就故,我无涅槃。”

文殊又问:“汝信无死法耶?”

舍利弗言:“文殊师利!我有信。夫法界者,不死不生,我信如是。”

文殊问:“大德!汝信漏尽阿罗汉解脱法耶?”

舍利弗答:“我实有信。彼诸法离诸法,然不取诸法,我如是信。”

问:“大德!汝信诸佛是一佛耶?”

答:“我信。法界不可分别,我如是信。”

问:“大德!汝信诸佛刹即是一佛刹耶?”

答:“我有信。是诸佛刹依如无尽刹,亦无尽,我如是信。”

问:“大德!汝信诸法无可证、无可灭、无可思念、不可修作耶?”

答:“我有信。自体不自知自体,本性不舍本性,自体亦不证,亦无思念,不相违背,不生不灭,不取不舍,善住彼际,我如是信。”

问:“大德!汝信有为界,于法界中无有法生,亦无有灭,亦无积聚耶?”

答:“我有信。彼诸法性不可得知,若生若灭,若积聚住者,我如是信。”

问:“大德!汝信有般若法界,于中亦有阿罗汉名字耶?”

答:“我有信。厌行般若法界,是阿罗汉界。然法界体离非欲瞋痴体,其阿罗汉岂能离法界也?我如是信。”

文殊师利言:“大德舍利弗!汝信诸法皆是佛境界忍耶?”

舍利弗言:“我实有信。世尊本性觉自性离故,我如是信。”

文殊师利言:“善哉善哉!大德舍利弗!我如是问,汝如是答。”

尔时世尊告长老舍利弗言:“舍利弗!若有善男子、善女人,受持此法本句,若为他解释,若读若诵,然彼人等,当得无生法忍。”尔时无量大众,闻佛所说,皆大欢喜。

佛说如来智印经

佛在王舍城迦兰陀竹园。尔时世尊入佛境界三昧，无色无执，无示无形，无得无我，无主作无不作，无来无去，无住无攀缘，无心非心行，非实非不实。入是三昧时，不见如来身及身相，不见心及心相，不见衣不见坐。如是三昧生诸功德是佛境界。即于此定放大光明，遍照三千大千世界。于此世界，日月星辰，光悉不现。三千世界闻众妙香。一切世界中间幽冥之处，佛光普照莫不大明。一切世界生奇妙花。迦兰陀竹园，及耆阇崛山，通为一会，坦然平正。时此三千大千世界，大威德众皆悉云集。

尔时舍利弗等问文殊师利："如来今在何处？以何色像见如来乎？"

文殊答曰："且待须臾，自当见佛。"尔时世尊从三昧起，佛身殊特威光显曜。

尔时舍利弗白佛言："世尊！如来所入三昧，以何为相？"

尔时佛告舍利弗："此三昧者无缘无处是佛境界，非一切声闻缘觉所知。如是，舍利弗！如来境界不可思议。舍利弗！佛身真实，非身非作，非起非灭，无迹无行，无此无彼，本性清净无有一法，非受非愿，非生非报，非见非闻，非觉非施设，非思非非思，非入非来非去，去来道断，非现非依，非暗非明，寂静非寂静，常住静定，非爱寂住，非处非动，非法非非法，非福田非不福田，非尽非非尽，舍诸着名为空，非违诤无音声，离名字舍忆想，非二非不二，非此岸非彼岸非中流，非着乐行诸法，法法同相，如真实为度众生，实无所度，解未解者，调未调者，救未救者，示无二法，非等非非等，非相似非不相似，转不退轮，决定无疑，非杂异非二法，所习清净本行，威仪解脱具足，非身相非阴相，非入相非界相，非有为起非无为起，非作非不作，非定非非定。”

佛告舍利弗：“是名如来身相。一切众生皆依于相。有能知此三昧者不？”

“唯然，世尊！一切相中不得佛身。”

尔时世尊告舍利弗：“是为如来智印三昧，悉能满足十方一切世界菩萨无碍智慧。舍利弗！若欲速见十方诸佛及诸菩萨，昼夜精勤修此三昧，悉皆得见。舍利弗！此三昧是菩萨无量门，遍行诸行陀罗尼，能持法界，令不断绝。此陀罗尼执诸法门，若成就此相名为菩萨，能成三十二相、八十种好，具相应行，业行清净，出魔境界，不动不出，等行佛行，身口意业皆悉清净。欲解如来密法，应当修学如是三昧。何以故？舍利弗！犹如意珠，随众所欲，皆得满愿。此三昧者，是诸菩萨一切妙事，悉能满足一切愿行。”

尔时世尊说是法时，无量菩萨得此三昧，净修诸行，于无上道得不退转。

善住意天子所问经

如是我闻。一时婆伽婆,住王舍城耆阇崛山中,与大比丘众六万二千人,诸菩萨摩诃萨四万二千人俱。复有四大神王、天帝释王、娑婆世界主、大梵天王,如是等上首。六万天子俱。复有七万三千天子,善住意天子、善寂天子、摩醯首罗天子,而为上首。复有二万阿修罗王,罗睺阿修罗王、弥楼阿修罗王,而为上首。复有六万龙王,不苦恼龙王、月龙王、得叉迦龙王,而为上首。皆乐修行菩萨之道。如是复有无量百千天、龙、夜叉、乾闼婆、阿修罗、迦楼罗、紧那罗、摩睺罗伽、人与非人诸大众俱。比丘、比丘尼、优婆塞、优婆夷皆悉来集。

尔时世尊无量百千眷属围绕,恭敬尊重而为说法。尔时文殊师利童子,于自寺住,独坐思惟,心静三昧,正念观察。起彼三昧,生如是心:佛出世难,人身难得。如是如来应正遍知,若无说法,则不可得尽生死苦。诸佛正法,甚深难知,若无佛者,云何闻法?若不闻法,则不能令众生苦尽。若我往至如来座所,如法难问,毕竟得发众生善根,毕竟能令菩萨乘人不可思议佛法满足。我召十方无量百千诸菩萨众,令集此处闻如来法,以身证知甚深法忍。

尔时文殊师利童子念已,即入普光离垢庄严三昧,放大光明,遍照十方无量无边恒河沙等诸佛世界。尔时十方诸佛世界,诸佛世尊,皆悉现在、现命、现住。以佛力故一切声音,皆悉寂然止息。

尔时十方恒河沙等诸佛世尊,同一声音,同一口业,皆同一法,为大众说此法光明所有功德:“能令众生乃至无量不可思议善根成就,能令一切菩萨乘人乃至无量不可思议布施助道、戒忍精进禅慧助道,皆悉满足。善男子!汝今当知,若以一劫,若余残劫,说此光明所有功德不可穷尽。诸佛菩萨,于诸众生,起慈悲心,放此光明。善男子!彼娑婆世界,释迦牟尼佛所,文殊师利童子菩萨,为集十方不可计数诸菩萨故,放此光明。”一一世界诸菩萨等,既睹光明,各到佛所,头面礼足各请其佛,白言:“世尊!我今欲诣娑婆世界,奉见世尊释迦牟尼如来,并见童子文殊师利。”

佛言:“便往,今正是时。”

时彼十方不可计数百千菩萨摩诃萨等,于其国土忽然不现,一刹那顷,到此娑婆世界,皆至世尊释迦牟尼如来住处,各各雨上妙花香,同声赞叹如来功德,头面礼足,右绕三匝,上虚空中。去地不远,一多罗树,忽然不现,一切皆入隐一切身菩萨三昧。

尔时长老摩诃迦叶白言:“世尊!以何因缘,有大光明遍照世界?”

佛告尊者大迦叶言:“止止,迦叶!如此之事,非是一切声闻缘觉所能测量,一切天人所迷没处,唯是诸佛如来所知。迦叶!文殊师利童子今入普光离垢庄严三昧,以三昧力放此光明,遍照十方,普召十方不可计数百千菩萨,皆悉集此娑婆世界。彼诸菩萨今现住虚空中。”

迦叶言:“不尔,世尊!何处有此菩萨可见?”

佛言迦叶:“彼乃非是声闻缘觉之所能见。何以故?迦叶!何处大悲菩萨境界?何处大慈?何处利益?何处修行布施、持戒、忍辱、精进、禅定、智慧?菩萨境界,非彼声闻缘觉信行。迦叶当知,此诸菩萨一切皆入隐一切身菩萨三昧,住地菩萨尚不能见此。善男子!唯依信行,何况声闻缘觉能见?若能见者,无有是处。”

迦叶白佛言:“世尊!菩萨修行成就几法,行何善根,成何功德,而能得入隐一切身菩萨三昧?”

佛言:“迦叶!诸菩萨摩诃萨,毕竟成就十种法故,则能得入隐一切身菩萨三昧。何等为十?一者,信行坚固;二者,为满大悲,心常不舍一切众生;三者,舍一切物;四者,受持佛法而不取着；五者，不受声闻缘觉智慧；六者，一切所有皆悉能舍，乃至身命，何况余物；七者，行不可数有为诸行，而心不取彼有为行；八者，不可数量施、戒、忍、进、禅、慧满足波罗蜜行，而不分别；九者，起如是心'一切众生我悉安置于佛法中，令趣菩提'；十者，不取众生，不取菩提。诸菩萨摩诃萨，毕竟成就如是十法，则便得入隐一切身菩萨三昧。"

尔时长老舍利弗，作如是念："佛说我于声闻弟子，智慧人中，最为第一。若我觅彼菩萨摩诃萨在于何法专心修行，应能见知。"作是念已，以佛神力自神力故，即入三万诸三昧门。入已复起，欲望得见彼诸菩萨在于何法专心修行，而不能见。非彼菩萨若来若去，是故不知。

尔时长老须菩提，礼二足尊，而作是言："世尊！如来说我阿兰若行最为第一。如是寂静三昧法门，我已得之。我如是法，智慧具足，四万三昧入已复起，欲望得见彼诸菩萨乃至一人而不能见，亦复不能知其住处。彼如是法，不可思议甚深智慧。如是，世尊！若我漏心未解脱者，于未来际常在生死，更不舍离如是大乘。"

尔时世尊赞叹尊者须菩提言："善哉善哉！汝须菩提，以心信故，作如是说。汝之善根，必得阿耨多罗三藐三菩提觉。何以故？彼诸菩萨摩诃萨行，一切声闻缘觉不行。"

尔时文殊师利童子复现神通，化作八万四千莲花，彼莲花中一一有化菩萨，于花台上结跏趺坐，金色之身，具三十二大人之相，具足妙色，具足光明。时彼莲花至四天王、三十三天、夜摩、兜率、化乐、他化自在，如是遍到一切处去，召此三千大千世界，百亿须弥，四天王天，乃至遍召色究竟天。彼化莲花遍至一切欲界天子、色界天子、若干宫殿。时化菩萨，说偈召曰：

慧日大世尊，时乃出世间，
佛如优昙华，如是甚难值。
雄猛释师子，出现此世间，

依正法正说，尽一切苦恼。
有为行众生，三界悉无乐，
汝等宜速去，见佛闻胜法。
唯有闻正法，能生众生福，
速到三十二，大人相佛所。
佛能救众生，余不可归依，
佛是世间主，大慈不思议。
修行不可数，不可思议劫，
集无上智慧，成佛释师子。
开示第一法，深寂难可见，
除舍一切相，为众生说法。
无少物可忆，无思忆念说，
说法如响声，无响声可取。
色受想行识，如是等皆空，
虽说五阴法，无物可积聚。
眼耳鼻舌身，如意自相空，
虽复说彼空，而空不可得。
色声香味触，皆是意所乐，
虚妄起此法，无自根本空。
如是诸众生，解佛所说法，
欲得脱苦处，应到医师所。

彼化菩萨，周遍三千大千世界，说此偈时，九十六亿欲界诸天、色界天子，远尘离垢得法眼净；十千天子是菩萨乘修行之人，一切皆得无生法忍。时彼菩萨所召天子，不可数量阿僧祇耶百千之众。

尔时文殊师利童子，从自寺出。善住意天子等头面敬礼文殊师利童子足已。文殊师利童子如是思惟："何等人能与我相随，于世尊前问答论义？或说何等不思议句、难解句、无处所句、不戏论句、不可说句、甚深句、实句、无障碍句、不破坏句、空句、无相句、无愿句、真如说句、实际句、法界句、无相似句、不取句、不舍句、佛句、法句、僧句、得智慧满足句、三界平等句、一切法无所得句、一切法不生说句、狮子句、健句、无句句?"

如是思惟:善住意天子,已曾供养过去诸佛,辩才无碍,彼则堪能与我相随于世尊前问答论义。如是念已,语善住意天子言:"天子!汝得深忍无碍辩才,于世尊前与我相随问答论议。"

于是善住意天子语文殊师利童子言:"今此地处所说法语,此诸天子,于仁者边作意欲听。仁为说不?"

文殊师利答言:"天子!若有念言'我听法'者,我不为说。彼说我听,如是取着而说法者,有三障碍。何者为三?一者得我,二者得众生,三者得法。天子当知,若非我慢非我我所,如是听法有三圆净:心不分别,无所希望,无所忆念。若如是听,彼平等听。"

时善住意天子赞言:"善哉善哉!文殊师利!云何名为不退转耶?唯愿说之。"

文殊师利言:"止止,天子!汝莫分别。若使菩萨有退转者,菩提正觉非得菩提。"

天子问言:"文殊师利!何处退转?"

文殊师利答言:"天子!贪欲退转,瞋恚退转,愚痴退转,有爱退转,无明退转,乃至十二有支退转,欲界退转,色界退转,无色界退转,声闻行退转,缘觉行退转,断退转,常退转,取退转,舍退转,自身退转,自身见退转,自身根本六十二见退转,五盖退转,五取阴退转,一切内外入退转,界退转,佛想退转,法想退转,僧想退转,'我成佛,我说法,我度众生,我破魔王,我得智慧'有彼想退转。如是天子,若菩萨此处退转,彼不退转。"

时善住意天子问言:"何处不退转?"文殊师利答言:"天子!佛智慧不退转,空不退转,无相不退转,无愿不退转,真如不退转,法界不退转,实际不退转。"说此法时,十千天子,得无生法忍。

尔时善住意天子言:"今其仁者,到如来所,见于如来,礼拜、供养,如法问难。"

文殊师利答言:"天子！汝莫分别取如来行。"

天子问言:"如来何处?"

文殊师利答言:"天子！即此前头有如来住。"

天子问言:"若有如来,我何不见?"

文殊师利问言:"天子！今于汝前有何物耶?"

天子答言:"有虚空界。"

文殊师利言:"如是,如来者即是虚空界。何以故?以虚空界于一切法悉平等故。如是如来即是虚空,虚空如来不二不异。当如是观,如实际知,非有少物可分别取。"

尔时,文殊师利童子入坏魔军三昧法门。其时,若干三千大千世界,百亿魔宫毁变欲坏,一切魔身皆悉衰变。尔时众魔皆生怖畏,惊恐毛竖,心生疑虑。未久之间,文殊师利童子复化作百亿天子。语魔波旬,作如是言:

"汝莫怖畏,今有童子菩萨摩诃萨,名文殊师利,得不退转,彼今住在破坏魔军三昧法门,是彼菩萨威力所作。汝今往诣释迦牟尼如来佛所。如来大悲于怖畏者,能施无畏。"彼化天子如是说已,即于其处忽然不现。时魔波旬一切眷属于一念顷,往到佛所,一切同声而白佛言:

"救我世尊！救我世尊！我本妙色,今者如是衰变不好。我甚耻愧如是身老,我甚怖畏。世尊！我忆本身,我忆本色,愿还如本少身少色。"

佛言:"波旬！且住且住,且待须臾。文殊师利童子菩萨当来至此。汝此色者,非是真色,宜可除舍。"

尔时文殊师利童子起彼三昧,无量百千诸天,导从百千音乐皆出妙声,种种香花如雨而下,极大庄严娱乐戏乐,来至佛所,头面礼足,右绕三匝却住一面。

尔时世尊作如是言:“文殊师利!汝入破坏一切魔军三昧门耶?”

文殊师利答如来言:“入已,世尊!”

世尊问言:“文殊师利!于何佛所得是三昧?闻此三昧其已久如?”

答言:“世尊!我于过去无量不可思议劫,未发菩提心时,得闻如是三昧法门。”

世尊问言:“此三昧门云何而得?”

答言:“世尊有二十法,若菩萨摩诃萨毕竟成就,得此三昧,能坏魔军。何等二十?世尊!所谓菩萨,破坏贪欲,破坏贪心,破坏瞋恚,破坏瞋心,破坏愚痴,破坏痴心,破坏嫉妒,破坏嫉心,破坏憍慢,破坏慢心,破坏垢恶,破坏垢心,破坏热恼,破坏热心,破坏想念,破坏想心,破坏见着,破坏见心,破坏分别,破坏分别心,破坏取着,破坏取心,破坏执着,破坏执心,破坏取相,破坏相心,破坏有法,破坏有心,破坏常法,破坏常心,破坏断法,破坏断心,破坏阴法,破坏阴心,破坏界法,破坏界心,破坏入法,破坏入心,破坏三界,破坏三界心。成就此二十法,得此三昧。”

尔时世尊作如是言:“文殊师利!止汝神力所入三昧,令魔波旬还复前色。”尔时文殊师利童子即止神力。时魔波旬一切前色,皆悉还复。

尔时文殊师利童子问魔波旬作如是言:“魔波旬辈,何处波旬眼?何处眼想?何处眼着?何处眼相?何处眼攀缘?何处眼障碍?何处眼忆念?何处眼我?何处眼依止?何处眼喜乐?何处眼戏论?何处眼我所?何处眼护?何处眼修?何处眼取?何处眼舍?何处眼分别?何处眼思量?何处眼决定?何处眼灭?何处眼生?何处眼执?何处眼来?如是等法,是汝境界,魔业妨碍。如是至意应如是知,色乃至法应如是知。何处波旬非眼?非眼想？非眼着？非眼相？非眼攀缘？非眼障碍？非眼忆念？非眼我？非眼依止？非眼喜乐？非眼戏论？非眼我所？非眼护？非眼修？非眼取？非眼舍？非眼分别？非眼思量？非眼决定？非眼灭？非眼生？非眼执？非眼来？如是等法，非汝境界。汝于其中无主无力，无自在非自在取。如是至意应如是知，色乃至法应如是知。”尔时文殊师利童子，如如法说，彼魔众中十千魔众，发阿耨多罗三藐三菩提心，魔之眷属八万四千，远尘离垢得法眼净。

尔时文殊师利童子从座而起，整服左肩，右膝着地，向佛合掌，白言："世尊！我于今者欲少问难，愿为解说。"

佛言："文殊师利！随意问难，我能解说，令汝心喜。"

文殊师利言："世尊！以何义故得言菩萨摩诃萨？"

佛告文殊师利："所言菩萨摩诃萨者，一切法觉。一切法者，言语所说彼菩萨觉。文殊师利！如此菩萨眼觉、耳觉、鼻觉、舌觉、身觉、意觉。如此菩萨，眼本性空觉，非有我觉；分别耳、鼻、舌、身、意等本性空觉，非有我觉；分别色、声、香、味、触、法本性空觉，非有我觉。

"复次菩萨摩诃萨者，五取阴觉。何等法觉？所谓空觉、无相觉、无染觉、寂静觉、不动觉、不生觉、不来觉、不去觉、无主觉、无记觉、无知觉、无见觉、如幻觉、如梦觉。

"复次菩萨摩诃萨者，贪瞋痴觉。云何而觉？从分别起，贪瞋痴觉。彼分别空，非有无体，非戏论，非记觉。

"复次菩萨摩诃萨者，谓欲界觉、色界觉、无色界觉。云何而觉？无我行名空远离觉。

"复次菩萨摩诃萨者，众生行觉。云何而觉？谓此众生欲行、瞋行、痴行平等，平等行故，善知行觉。彼觉觉已，如如法说，令彼众生如如解脱。

"复次菩萨摩诃萨者，一切众生觉。云何而觉？一切众生，唯空有名，不离彼名更有众生。一切众生即一众生，彼众生者非是众生。若如是知不分别者，得言菩萨摩诃萨也。”

文殊师利白佛言：“世尊！菩萨初发菩提心者，云何说言初发心耶？”

佛言：“文殊师利！菩萨正观三界一切想生，如是得言初发心者。”

文殊师利言：“世尊！如我解佛所说义者，贪生、瞋生、愚痴心生，得言菩萨初发心者。”

善住意天子语文殊师利言：“若使菩萨初发心时，有贪欲恚愚痴生者，毛道凡夫皆有初心，应名菩萨。”

文殊师利言：“不尔，天子！毛道凡夫贪欲恚痴无力能生。何以故？天子！诸佛如来、缘觉、声闻、不退菩萨，贪恚痴生。”

天子问言：“以何意故，如是说耶？如是众会，不解仁者如是言语，皆生疑心。云何？云何？”

文殊师利问言：“天子！于意云何？于虚空中鸟行动去，彼鸟迹相，得言有行？得言不行？”

天子言：“行。”

文殊师利言：“如是，天子！如说彼相，如是言语我如是说‘诸佛如来、缘觉、声闻、不退菩萨贪恚痴生’。天子当知，随于何处，无依止生，无处可取。彼如是生。于何处所无差别生？无迹无句，不得言迹，不得言句，如是言生；无物体句，如是言生；无物说句，如是言生；以不来句，如是言生；以不去句，如是言生；以不生句，如是言生；无受持句，如是言生；以无记句，如是言生；不破坏句，如是言生；以不执句，如是言生。天子当知，初心菩萨发菩提心，于如是法不忆念，不观察不思量，不起不见，不闻不知，不取不舍，不生不灭。如是天子，菩萨摩诃萨依止何等？此法界，此平等，此实际，此方便，贪生瞋生愚痴心生，眼依止生，如是乃至意依止生，色无处取生，如是至识无处取生，名生、色生、因生、一切见行生，无明生，有爱生，乃至十二分因缘流转生，五欲功德生，三界处生，我我所生，自身生、自身见生，自身根本六十二见生，佛想、法想、僧想生，我想他想生，地想生，水想生，火想、风想、空想、识想生，四颠倒生，五盖生，八邪九恼十不善业道生，如是乃至一切分别，一切不分别，一切取着，一切喜乐，一切忆念，一切障碍，菩萨皆生。天子，如是法门如是应知。”

尔时世尊赞叹文殊师利言：“善哉善哉！文殊师利！如是菩萨何处初发菩提之心，汝已供养恒河沙等诸佛世尊，能如是说。”

尔时文殊师利童子白佛言：“世尊！如我解佛所说义者，一切心生皆是不生，若不生者，则彼菩萨初发心生。如是言生。”说此法时，二万三千菩萨，得无生法忍。

尔时长老摩诃迦叶白佛言：“世尊！文殊师利童子能作难作，说法如是，能作众生利益。”

文殊师利言：“长老大迦叶！此乃非我能作难作。一切诸法皆悉不作，无有已作，无有今作，无有当作。我亦如是，非有法作，亦非有作，亦非不作，非有众生，非缚非解。何以故？无物可取乃是正法。长老大迦叶！若一切佛，皆不已得、今得、当得，毛道凡夫一切皆得。”

大迦叶言：“一切诸佛不得何法？”

文殊师利言：“一切诸佛，皆不得我，不得众生，不得寿命，不得士夫，亦不得断，亦不得常，亦不得阴，亦不得界，亦不得入，亦不得心，亦不得色，不得欲界，不得色界，不得无色界，不得分别，不得无分别，乃至不得一切诸法。毛道凡夫一切皆得。如是难作，凡夫人作。”

文殊师利童子白佛言：“世尊！言无生忍者，云何而说无生忍耶？”

佛言：“文殊师利！实无有人得无生忍。言得忍者，唯有言语。何以故？实无所得彼忍法故。不得法忍，得无所得，不得不失,如是得言得无生忍。文殊师利!无生法忍者,不生一切法忍,不来一切法忍,不去一切法忍,不取一切法忍,不舍一切法忍,尘虚空相似一切法忍,不坏一切法忍,无烦恼染一切法忍,无净一切法忍,真如法界实际安置一切法忍,如幻如化如响如影一切法忍。此法忍者,非法非非法,唯有名说。如是名者,无处无取。如是得言菩萨无生法忍。”

尔时善住意天子问文殊师利童子言:“云何菩萨地地转行?”

文殊师利问言:“天子!佛说诸法皆如幻化,汝为信不?”

天子答言:“我信是说。”

文殊师利问言:“天子!何等幻人地地转行,如是乃至十地转行?”

天子答言:“化人不有转行。”

文殊师利言:“如是,天子!如佛所说,一切诸法皆如幻故,如是我说地转行者,非是转行。譬如幻师以幻力作十重宫殿,彼自作已,即自坐上。于意云何?如是彼人有坐处不?”天子答言:“无处坐也。”

文殊师利言:“如是,天子!菩萨十地见有转行,亦复如是。”

尔时善住意天子问文殊师利童子言:“若有人来依投仁者,欲求出家,云何教诫?”

文殊师利答言:“天子!若至我所求出家者,我为说言:‘善男子!汝今莫生出家之心。何以故?彼心不可为他所生,勿保此心。善男子,汝莫除发是善出家。若如是者得言出家。’”

天子问言:“以何意故,如是说耶?”

答言:“天子!如来说法不断不坏。”

天子问言:“何法不断不坏?”

文殊师利答言:“天子!色不断不坏,受想行识不断不坏。无心忆念,不说不答,彼实安住。”

天子问言:“所言实者,是何言语?”

文殊师利答言："天子！实者，虚空得言其实，非是空尽，不尽不长，或有或无，是故得言虚空为实。性空是实，真如是实，法界是实，实际是实。若是实者，得言不实。何以故？非今实有，非后时有，是故彼实。

"复次，天子！若至我所求出家者，我为说言：'汝善男子，不取袈裟，不着袈裟，若如是者，得言出家。'何以故？如来说法皆悉不取。"

天子问言："文殊师利！不取何法？"

答言："天子！谓不取色若常无常，如是不取受想行识若常无常，亦不取眼若常无常，不取色，不取耳，不取声，不取鼻，不取香，不取舌，不取味，不取身，不取触，不取意，不取法，不取贪，不取瞋，不取痴，不取颠倒，如是乃至一切诸法皆悉不取。天子！一切诸法，不取不舍，不离不散。天子！若取袈裟，是愚痴念。是故我说非取袈裟是净解脱。"

文殊师利复语善住意天子言："天子！若至我所求出家者，我为说言：'汝善男子，若不受戒是汝出家。'"

天子问言："以何意故如是说耶？"

文殊师利答言："天子！如佛所说二种受戒，何者是二？谓等受戒，不等受戒。何者名为不等受戒？谓不等堕。何者不等堕？谓着我堕，着众生堕，着寿命堕，着士夫堕，着断常堕，着邪见堕，着贪瞋痴堕，着欲界堕，色无色界忆念取堕，不知出法，取一切法。天子！当知如是，名为不等受戒。何者名为平等受戒？谓空平等，无相平等，无愿平等。天子！若如是证三解脱门，如实而入则不分别，无所分别则不退转。天子！如是名为平等受戒。

"复次，天子！若修贪欲、瞋恚、愚痴，若修自身，自身根本六十二见，若修颠倒，若修三恶身口意行、八邪、九恼、十不善业道，如是得言正受戒也。天子！譬如一切种子皆依地生，药草、树林依地生长，平等具足，若正受戒，正戒具足。何以故？以住戒故，法和合有，如彼种子、药草、树林具足生长，如是得言平等具足。天子！戒依信住，如是一切菩提分法，以依戒故，生长具足。天子！如是过去未来现在诸佛世尊一切声闻，以正受戒，是故证得三解脱门，一切戏论皆悉断灭。如是受戒，是正受戒，非不平等。

“天子！我与彼人，如是出家，如是受戒。汝善男子，当如是学，莫忆念取‘我如是学’。一切诸法皆悉不取。汝若取戒，三界亦取，应知戒无所得。天子！若心无所得则戒不忆念，若戒不忆念则三昧无所得，若三昧无所得则慧无所得，若慧无所得则一切疑不有，彼则清净。若清净者彼不和合，若不和合彼则不漏，若不漏者彼则正行，若如是行无色相似，若无色相似彼是虚空。何以故？以彼虚空无形色故。”

天子问文殊师利言：“禅师者，何等比丘得言禅师？”

文殊师利答言：“天子！此禅师者，于一切法一行思量，所谓不生，若如是知，得言禅师；乃至无有少法可取，得言禅师。不取何法？所谓不取此世彼世，不取三界，至一切法悉皆不取，无少法取，非取不取。以是义故，得言禅师。”

尔时善住意天子赞言：“善哉善哉！文殊师利！利智慧人，善说如是甚深空忍！”

文殊师利言：“天子！我非利智，一切毛道凡夫利智。何以故？毛道凡夫如利智知。何者？世间利智，三界利智，贪欲利智，瞋恚利智，愚痴利智，如是而知。”

天子问言：“仁戏论不？”

文殊师利答言：“不也。”

天子问言：“唯言语耶？”

文殊师利答言：“如是如是。天子！我取言语。若菩萨一字一句，不动彼字，不动句义，次第问道如实而知，不知空不知离，知无体知不生，如是知，若不知，非知非解，非受非作，是故得言唯言语句。”

尔时世尊赞言:“善哉善哉!文殊师利!汝今已得陀罗尼故,能如是说。”

文殊师利言:“世尊!非我得陀罗尼。何以故?世尊!若愚痴人得陀罗尼,得何等法?所谓得我,得众生,得寿命,得士夫,得断得常,得贪瞋痴,得无明、有、爱、五阴、自身、十八界,六内入、六外入,见分别、不分别。如是,世尊!愚痴凡夫得陀罗尼。以取相故,则非佛得,非菩萨得。”

善住意天子言:“仁者!若非得陀罗尼,何故蒙钝?”

文殊师利言:“如是,天子!我实蒙钝。何以故?彼蒙钝行无人能知。若非蒙钝,彼人则是愚痴凡夫。何以故?以障碍故。愚痴凡夫,贪着心行蒙钝黠慧。须陀洹人障碍行说尚贪心行,何况愚痴凡夫之人?如是,天子!我是蒙钝,非得陀罗尼,乃至少物我不得故。”

尔时,会中五百比丘闻此法门不能信受,生大怖畏弃舍而去,自身将堕大地狱中。

尔时尊者舍利弗语文殊师利童子言:“文殊师利!应当观察此会大众,然后说法。”

文殊师利言:“大德舍利弗!汝莫分别,乃至无有少物可得堕于地狱。何以故?以一切法悉不生故。”

尔时世尊即告尊者舍利弗言:“舍利弗!此诸比丘速出地狱得证涅槃。何以故?善男子、善女人,若得闻此甚深法门,一经于耳,虽不信受堕于地狱,而速解脱。”

善住意天子语文殊师利言:“仁欲与我同梵行耶?”

文殊师利答言:“如是,天子!我欲与汝同于梵行。以汝梵行,不取梵行,不行梵行。”

天子问言:“以何意故如是说耶?”

答言:“天子!若其取者,彼得言行;若其不取,彼何所作?何以故?以此梵行则非梵行,非梵行故,如是得言我行梵行。”

文殊师利复语善住意天子言："若汝天子，于佛不染，法、僧不染，如是我汝同于梵行。"

天子问言："以何意故如是说耶？"

文殊师利问言："天子！所言佛者，汝云何解？"

天子答言："如真如法界，如是言佛。"

文殊师利问言："天子！真如法界汝能染不？"

答言："不也。"

文殊师利言："于佛不染，如是我汝同于梵行。复次天子，所言法者，汝云何解？"

天子答言："是离欲法，如是言法。"

文殊师利问言："天子！彼离欲法汝能染不？"

答言："不也。"

文殊师利言："于法不染，如是我汝同于梵行。复次天子，所言僧者，汝云何解？"

天子答言："以无为故，如是言僧。"

文殊师利问言："天子！彼无为僧，汝能染不？"

答言："不也。"

文殊师利言："于僧不染，如是我汝同于梵行。天子！若人得佛，彼则染佛；若人得法，彼则染法；若人得僧，彼则染僧。何以故？以佛法僧非彼人得。天子！若人爱佛爱法爱僧，彼人染佛染法染僧。若不得佛，彼不爱佛，则不染佛；若不得法，彼不爱法，则不染法；若不得僧，彼不爱僧，则不染僧。于佛不染，法、僧不染，如是我汝同于梵行。"

尔时善住意天子言："甚为希有，文殊师利！乃能如是施甚深法。我当报恩。"

文殊师利答言："天子！汝莫报恩。愚痴之人作异异法，作异异见，作异异行。以作异异法、行、见故，得言报恩。天子！当知此非正行善男子也。如佛世尊平等说法，谓一切法皆悉不作，亦不可作，心平等，不异取不异作，是故得言不报恩者。”

天子问言：“仁住何法如是说也？为住忍说？为住法说？”

文殊师利答言：“天子！非忍非法。”

天子问言：“于何处住如是说耶？”

文殊师利：“天子！幻化人身于何处住？”

天子问言：“何处复有幻化人住？”

文殊师利答言：“天子！如真如住，彼幻化人如是而住。云何问言何忍何法？天子！当知忍唯有名，名无住处。法不移动，亦无分别、处所。天子！一切众生于何处住？于彼处住，如佛所说如真如住，一切众生亦如是住，真如不动如，一切众生真如，如来真如，不二真如，不异真如。”

尔时十方世界诸来菩萨摩诃萨等白佛言：“世尊！唯愿世尊，以威神力加被文殊师利童子，令至十方诸佛世界如是说法。”

尔时文殊师利童子语彼菩萨摩诃萨言：“汝善男子，各各观察自佛世界。”

时彼菩萨摩诃萨等，普往十方，各各观察自佛世界，各各自闻自佛世界文殊师利童子音声，各见文殊师利童子住其佛前为诸大众说此法门，各各皆有善住意天子问此法门。如是见已，得未曾有，皆悉叹言：“希有希有！今此文殊师利童子，此佛世界安住不动，而一切处皆悉普现，一切皆见。”

尔时文殊师利童子为彼菩萨说如是言：“善男子！譬如幻师善学幻术，不动坐处示种种色，如是菩萨善学般若波罗蜜幻如幻法中，乃至一切诸佛世界，随心忆念，皆悉普现。何以故？一切诸法皆如幻故。”

尔时文殊师利童子白佛言：“世尊！唯愿世尊，护此法门，后世末世五十年时，于阎浮提广行流布，令善男子，若善女人咸得闻之。”

佛言：“如是如是。此经法门住持不灭。”

尔时三千大千世界，一切花树皆悉敷荣，出种种花放光明遍满世界，蔽日月光。六十四亿百千诸天欢喜踊跃，雨天花香，鼓天伎乐，一切合掌，同声唱言："善说如是最胜妙法、奇妙胜法。若有众生，闻此法门，有能信解不惊怖畏，当知是人必定不从小功德来，已曾供养过去诸佛，乃得闻此甚深法门。"说此经已，一切大众，皆大欢喜。

卷八

佛说如来不思议金刚手经

世尊在王舍城鹫峰山中，有无数百千天人大众恭敬围绕，听受说法。佛告大众："我有正法名普摄诸菩萨摩诃萨最上胜行清净妙门，此能圆满一切行故。谓若菩萨修布施行，即能成熟一切有情。若诸菩萨修持戒行，即得一切胜愿圆满。若诸菩萨修忍辱行，即得一切相好具足。若诸菩萨修精进行，即得圆满一切佛法。若诸菩萨修禅定行，能令一切调伏其心。若诸菩萨修智慧行，即能断除一切烦恼。若诸菩萨修胜福行，即能长养一切有情。若诸菩萨修妙智行，即能成就无碍之智。"

当佛世尊说是法时，金刚手大秘密主菩萨摩诃萨现威神力，侍佛之右，前白佛言："希有世尊！如来善摄诸菩萨摩诃萨最上胜行清净妙门广大正法。如我解佛所说义，趣一切胜行皆从福智二行中出，当知随入福智二行。何以故？诸菩萨修福行故，能令一切有情离诸障碍。若修智行，能为一切有情善说法要，令生喜悦。世尊！是故诸菩萨摩诃萨福行、智行二应和合。此二行即是菩萨二种圣道，普摄一切道行。菩萨住是道者，即能降伏难降伏者。"

尔时会中寂慧菩萨摩诃萨，前白金刚手大秘密主菩萨摩诃萨言："大秘密主！汝常近侍诸佛如来，汝能乐说如来所有秘密之法，愿为发起。"如是言已，时金刚手大秘密主菩萨默然而住。

尔时寂慧菩萨前白佛言："唯愿世尊，敕金刚手大秘密主为此众会发明如来秘密之法。"

尔时,世尊告金刚手菩萨言:“我今劝请于汝,应善为此会大众宣说菩萨秘密、如来秘密真实之法。”

时金刚手大秘密主菩萨承佛圣旨,前白佛言:“世尊!如佛教敕,我今宣说菩萨秘密、如来秘密真实之法,然此会中若有少能悟入之者,皆是世尊威神建立。”

尔时,金刚手菩萨告寂慧菩萨言:“寂慧!当知今我世尊昔于然灯如来法中居菩萨位,从彼佛所得授阿耨多罗三藐三菩提记,从是以来,我常随逐释迦菩萨。而是菩萨所有身业曾无异作,亦不见有邪曲之相;语无异作,亦不曾闻虚妄之言;心无异作,亦不曾闻爱着之失。随其身业现威仪相,但为成熟一切有情不可称誉。由彼菩萨身威仪相,无其边际乃至一切有情诸威仪事,悉入菩萨威仪相中,而菩萨不假勤力亦无发悟,安然而住。

“所谓应以禅定可度者,诸有情类即现禅定而为化度。应以鼓乐、弦歌可度者,即现鼓乐、弦歌而为化度。应以男子身可度者,即现其身而为化度。应以女人身可度者,即现其身而为化度。应以卑劣身可度者,即现其身而为化度。应以屠脍身可度者,即现其身而为化度。应以三恶趣相及人趣身可度者,即皆现之而为化度。应以天身可度者,即现其身而为化度。应以梵王身可度者,即现其身而为化度。应以转轮王身可度者,即现其身而为化度。应以比丘、比丘尼、优婆塞、优婆夷身可度者,即皆现之而为化度。应以声闻、缘觉身可度者,即现其身而为化度。应以菩萨身可度者,即现其身而为化度。应以如来身可度者,即现其身而为化度。非可现者,谓除无色。

“以彼菩萨无所分别平等舍心,即随其身现身威仪。然菩萨身,法尔不动。以不动故,现起身业。虽身离相,而亦不坏。菩萨身清净已,发现光明,普照地狱一切有情,令得安乐。又复菩萨普为一切有情不惜身命。复次寂慧,菩萨于此三千大千世界现广大身,或宝盖中,或现指端,乃至劫火洞然炎炽,能以手指而悉覆之,而菩萨身都无所坏。又复能现身相，普为诸佛世尊做供养事，所有憍慢贡高诸有情类，菩萨即现大力那罗延身或金刚手菩萨可畏之相，彼等有情见已惊怖，即向菩萨折伏其心，归命顶礼。

“寂慧！当知菩萨身者，是不破坏坚固真实不生灭身。若诸有情应以有坏之身可化度者，即现其身而为化度。若诸有情应以无坏之身可化度者，即现其身而为化度。于一切种类悉不破坏，火不能烧，刀不能断，是身坚固真实不坏金刚所成，而是菩萨无所思惟，亦无分别是身是相。知身离相故，即得法离相，亦非身离相与一切法离相，有二差别。若相即身离相，彼相即法离相，如是离相，能随入故。即自身离相，与一切有情身离相，二俱平等。何以故？由自身离相，一切有情身离相故，即入一切法界离相。以法界离相故，即入法离相。然于其中而实无有少法可得。谓以自身真如，即入一切有情身真如；一切有情身真如，即入自身真如。又复自身真如，即入一切法真如；以入一切法真如故，即入一切佛真如。又以自身真如故，即入过去、未来、现在真如，亦非过去真如，与彼未来、现在真如有所违背。所有过去、未来、现在真如，即是蕴处界真如，即是染净真如。染净真如即是生死涅槃真如，生死涅槃真如即是无造作真如，无造作真如即是一切造作真如。

“善男子！所说真如即是实性，实性即是如性，是无异性、无种类性、无生性、无诤论性、无执取性。谓以真如无法可取，故说真如是无取法。由彼真如无所取故，即如是取。于诸取中，菩萨示现有所取法，亦非真如有取有作。以无取故，即无诤论。无诤论故，于诸色中现有所取。然彼真如亦无所动，是故以其如实之智伺察如来真实之身，以观如来身平等故，即当伺察自身真如。

“取要言之，审观一切身非身性，毕竟不生，知一切身皆是缘生法所成故，如是知已，乃能悟入彼法身门。入是法身门故，即成法身非蕴处界身，即彼法身广大增胜。如实观想，从是现身为诸有情作利乐事，乃至一切见闻觉知，悉为有情成利乐事故。是故当知菩萨法身不生不灭，亦无所起，于中示现生灭起作，但为成熟诸有情故。灭即无灭，亦无造作。于一切法，应如是知。诸有生者即和合义，于一切法，应如是知。

“又复应知彼一切法生即无生。如来身者，即是法身，即是法食，即是法力，是法归趣。如来身者，即虚空身，无等等身，三界一切最胜上身，一切如来通达身，无喻、无比清净、无垢、无染污身，自性明亮身，自性不生身，自性无起身，离心意识身，幻焰水月自性身，无边无际身，无种类无分别身，非地界所成身，非水火风界所成身，一切世间无比身。

“善男子！由如是故，应当如实观如来身。而是菩萨于如来身住平等性，得清净已，行菩萨行。菩萨于一切处，普为现身，然于是中，亦无所现，亦无对碍。又复菩萨能于十方现诸魔身，于有现中现无对碍，于无现中现无对碍。由如是故，无见无闻，无觉无知诸有所见，但为成熟一切有情，菩萨于其身念处中亦无增减。菩萨虽复知身无常，知身是苦，知身无我，然为有情示现其身，作利乐事。菩萨知身法尔寂静，为有情故，起分别身，作诸利乐。菩萨又复了知，因缘能成其身，然于彼彼因缘法中，如实而观，亦无作者，亦无受者。又复能观是身无知，如草木瓦砾，菩萨身业虽已清净，然为有情示现其身。寂慧！当知释迦菩萨始从然灯佛所，发菩提心，身语心业皆悉清净。其身业者具有无量无边功德，假使过于殑伽沙数等劫，说彼菩萨所有身密身业广大清净不可穷尽。

“寂慧！云何名为菩萨语密语业清净？寂慧当知，随诸菩萨所起之处，即彼菩萨本生。随其菩萨本生，即入菩萨音声。所有一切有情音声语言悉入菩萨音声中住，都无障碍，令诸有情得闻菩萨音声之者身心轻安。乃至一切有情种类音声，菩萨悉以音声随入。复次寂慧，当知菩萨摩诃萨语言音声之中，无爱着语，无猛恶语，无痴乱语，无染污语，无缚解语，无高下语，无违顺语，无忿恚语，无非时语，无邪曲语，无劣弱语，无隐覆语，无出入语，无执取语，无不清净语，无不如理语，无不可爱语，无不防护语，无轻慢智者语，无毁谤圣贤语，无不救拔语，无不饶益语。

"寂慧！当知菩萨所出语言音声，皆是神通智力福行果报之所成立，善种随转，相缚不断，凡所言说，皆悉成就。菩萨所言如实、无妄、不假。我念过去久远世中，有一仙人名曰妙爱，有婆罗门名曰黑相。彼时有一尼拘陀大树，其名贤善，有多枝叶，周匝垂荫纵广可及一俱卢舍。时妙爱仙人居其树侧，以神通力经七日中，审细观瞩，数其树叶。于后一时，彼黑相婆罗门，入城乞食，经游至彼树下，饭食已讫，即诣妙爱仙人居所。到已欢喜，互以美言而相慰问，多种谈论，咸生适悦。时仙人言大婆罗门：'汝必应知于人世中，可能有人于此尼拘陀大树审细观知枝叶数不？'婆罗门言：'尊者！世亦有人。'仙人复言：'为何人耶？'婆罗门言：'即汝尊者，应为我说。'仙人答言：'大婆罗门！汝为我说时，婆罗门不观其树，不数其叶，应声即为说伽陀曰：

八千那庾多数量，俱胝复有九十二，
六十阿閦婆应知，十六齐等其枝数。
又复三十那庾多，九十六数兢羯罗，
尾播含量有十三，此等皆为彼叶数。
其树所有枝及叶，如前数量无增减，
我随智力如实言，疑者自数应无失。

"是时妙爱仙人闻是说已，深生惊异说伽陀曰：

汝婆罗门神通智，以真实语而善说，
贤善尼拘陀树王，所有枝叶如实知。
汝亦不曾观其树，而复不曾算其数，
即彼枝叶数无量，能以智心而解入。

"仙人说伽陀已，又复问言：'大婆罗门！如汝所说，为自智力而能知耶？为诸贤圣助汝说耶？'婆罗门答言：'尊者！汝今善听,我以人中之智如实而说,虚空可破,斯言无妄。'寂慧!汝今当知,彼时妙爱仙人者,即今大智舍利子是;黑相婆罗门者,即今世尊释迦师子是。由如是故,菩萨所有语功德海,即能安住真实功德如理法义。寂慧!菩萨语密语业清净其中。若有少解入者,我说彼为最上慧人。

"寂慧!云何名为菩萨心密心业清净?寂慧!当知菩萨诸所作业皆智所作,非慢所作,悉是不灭神通妙智,以神通智游戏示现一切事业,神通建立广大势力之所成办,而彼神通智相,即能成立一切行相。又彼神通妙慧,即能观见一切诸法。又神通智即无尽相,于一切处,悉能随顺。又神通智,即能随现一切色相,于彼彼色而悉遍故。又神通智即能随入彼一切声,于前后际音声平等故。又神通智普能观察诸有情心,以心自性伺察可见故。又神通智善能思念无边劫事,以前后际无所断故。又神通智善作调伏诸有情事。又神通智得大灌顶于一切法,而能自在。

"寂慧!菩萨心密心业清净,心清净故,彼即无染,洁白明亮,离诸烦恼,能善调伏,善作诸业,善入禅定解脱,虽复有生而无所生,如是即能圆具大乘一切佛法。然彼佛法若于十方审谛伺求,悉无所得亦非无得,以一切佛法无得非无得故,即能随得彼一切法、一切佛法。是故于一切法、一切佛法中,无法非无法。若或有慧可了知者,即为障碍,彼无碍慧,是即无着。若无着即无住,若无住即无尽,若无尽即无非我,若无非我即亦无我,若无我即无取,若无取即无诤,若无诤即无论,即彼无论。此说是为沙门之法,即沙门法。譬若虚空本来平等,以虚空平等故,非欲界系,非色界系,非无色界系。由如是故,于一切处悉无所系。以无系故,无形显色及诸相状。无色相故,即能随顺觉了。若能如是,随觉了故,即能一切,差别分别。"

寂慧菩萨言:"云何名为随顺觉了?复何名为差别分别?"

金刚手菩萨言:"无有少法而可得者,此名随顺觉了;以觉了故即能差别分别，是故法中作此二说。寂慧！当知此等名为菩萨心密心业清净。菩萨如是清净已，即得一切有情心亦清净。而是菩萨乃能随入诸有情心，即彼一切有情之心皆从大菩提心光明中出。譬如虚空于一切处住，随入一切处。菩萨心者，亦复如是。于一切处住，随入于一切处。当知诸法从缘所生，中无主宰，亦无作者。知内是空，外无所行。诸法皆空，虚假无实，于见于作应悉清净。犹如虚空而无所取。若诸菩萨摩诃萨，欲证阿耨多罗三藐三菩提果者，当学菩萨大士所行，非以语言得最胜道要，当真实修行乃得菩提正道。"

尔时尊者舍利子前白佛言："世尊！所有十方世界贤劫诸菩萨众，彼金刚手菩萨大秘密主于是诸菩萨众中常随何等菩萨之后？"佛言："舍利子！金刚手菩萨大秘密主常随我后，汝能见不？"

舍利子白佛言："我以世尊威神力故，今方得见。"

佛言舍利子："如是如是！汝今当知彼贤劫中诸菩萨众，而金刚手菩萨常随其后，于一切处现金刚手菩萨形相，以宿愿力及神通力故能如是。又舍利子，彼金刚手菩萨，常随慈氏菩萨之后，汝能见不？"

舍利子白佛言："世尊！我今初见，非昔所见。"

佛言："舍利子！彼常随后，汝自不见。他方世界，若诸菩萨，若梵王帝释护世天等，常来见彼金刚手菩萨，执金刚杵随慈氏菩萨之后。又舍利子，或于一时彼贤劫中，诸菩萨众为慈氏菩萨，现俱胝那庾多百千种诸变化事，而是菩萨亦随彼诸菩萨之后助加持故。又舍利子，乃至如来作变化事时，彼菩萨亦随佛后，以愿力故，助扬圣化。舍利子！当知此等，皆是金刚手菩萨大秘密主不思议神通加持智力，悉具足故。"

尔时金刚手菩萨白佛言："世尊！诸如来心真实决定，我于如来所说深法或有知解，皆是如来胜智在我身中，此非我有士夫力用。”

佛言:“秘密主！如是如是,如汝所说。所以者何？一切众生,皆有如来胜智在于身中。何以故？以诸众生遍一切处,随其如来所说秘密,若不容受如来加持之力,而能随顺如来法性者,无有是处。又复于彼如来所说秘密深法,若闻若说,若有知解,皆是如来加持力故。复次秘密主,如来正语有所说时,应知如来法性如实,法性真常。又复如来所行如实,所行真常,是故如来以正语言说是正法。又秘密主,所有过去未来现在诸佛世尊,以一切世间难信难解阿耨多罗三藐三菩提如是正法,宣说引导,广为开示,而彼众生,若于如是难信难解甚深正法闻已,即能生信解者,当知彼等众生,非于一佛、十佛亲近承事,当知已于广多俱胝那庾多百千佛所亲近承事,应知彼人是为正士,精修福行。又秘密主,假使须弥山王,或摧坠时,尚能有人或以顶肩而为荷负,若彼不种善根,众生能于如是甚深正法,一念生起净信解者,无有是处。何况受持读诵,如说修行！”

尔时寂慧菩萨前白佛言:“世尊！如佛世尊说近止法,此以何义而名近止,此近止者何所从来？”

佛言:“善男子！所说近止者,即是近止烦恼增语。此近止烦恼,即是近止思惟分别遍计增语。此近止思惟分别遍计,即是近止颠倒增语。此近止颠倒,即是近止因所缘增语。此近止因所缘,即是近止无明有爱增语。此近止无明有爱,即是近止我我所增语。此近止我我所即是近止名色增语。此近止名色,即是近止断常见增语。此近止断常见,即是近止有身见增语。

“寂慧当知,若与所缘因见相应,即诸烦恼而亦随转,一切皆从有身见起。若能近止有身见者,即诸见止息。若有身见近止,即一切愿求亦止。若有身见近止,即诸烦恼亦止。寂慧！譬如大树,若断其根,即枝叶茎干而悉枯悴。此有身见,亦复如是。若近止已,诸烦恼亦止。寂慧当知,一切众生始以不能觉了有身见故,即诸取烦恼随逐而生。若能觉了有身见者,即诸取烦恼不复随生,亦无所害。

“又复寂慧,当知有身见者,即是空增语。若能随顺空智忍者,即见无所取,此即是为如实觉了彼有身见。复次寂慧,当知有身见者,即是无身,非开非合,一切皆是不实分别。以其不实,所分别故,彼即无分别,亦不离分别。由无分别不离分别故,即无所作,无障无起。以无起故,即无所行。由无所行故,如是此说乃名近止。”

寂慧菩萨言:“何名近寂?”

佛言:“寂慧!有所缘心,如火炽然。若无所缘及无所作,即不炽然。不炽然法,此名近寂。又如大火有薪即燃,无薪即灭。所缘心火,炎炽亦然。若无所缘,心火自灭。寂慧当知,具善巧方便菩萨于般若波罗蜜多清净所缘法中,平等了知,善根所缘胜法而不息灭,烦恼所缘染法制令不起,波罗蜜多胜法常令增进。魔业烦恼所缘染法永令断灭,菩提分法清净所缘不应弃舍,声闻缘觉意乐所缘而不取着,一切智心最上所缘不应舍离。于空所缘审谛伺察,一切众生大悲所缘深生愿乐。寂慧当知,具善巧方便菩萨于般若波罗蜜多清净所缘法中,而得自在。无生所缘思惟决定和合,生起所缘亦不厌舍。菩萨以慧方便于其无生,一切所缘法中自在而转。

“寂慧!譬如所有三千大千世界,一切大地随诸所生,无有不是一切众生受用之所。彼诸菩萨,亦复如是。所有一切所缘境界无有不是善巧方便,菩萨共所受用菩提道分无不成熟菩提道法。又如色法,一切皆是四大所造,善巧方便。菩萨亦复如是,或有所缘一切,皆以菩提胜相和合相应。

“复次寂慧,若有众生悭吝恶作者,菩萨即为圆满布施波罗蜜多、持戒波罗蜜多。若诸众生起瞋恚行及懈怠者,菩萨即为圆满忍辱波罗蜜多、精进波罗蜜多。若诸众生起散乱心及愚痴行者,菩萨即为圆满禅定波罗蜜多、胜慧波罗蜜多。若诸众生常称赞者,菩萨于彼而无高心。若诸众生不称赞者,菩萨于彼亦无下心。若见一切苦恼众生,菩萨即起大悲之心。若见一切快乐众生,菩萨即起欢喜之心。若见一切粗犷众生,菩萨即起调伏之心。若见一切调顺众生,菩萨即起慈爱之心。若见智慧开明众生,菩萨即为宣说甚深之法。若见众生乐着文句者,菩萨即以少略文句而为说法。若见众生乐旷野住者,即为宣说心寂净法。若见众生乐修头陀行者,即为宣说圣慧根法。若见钝根众生,即为宣说闻随顺法。若见众生乐巧说法所应度者,即以缘起譬喻解释说法。若见众生乐甚深法所应度者,即为宣说缘生无我、无人、无众生法。若有众生着诸见者,为说空法。若见众生起寻求行者,即为宣说无相之法。若见众生着诸蕴者,即为宣说如幻之法。若见众生着诸界者,即为宣说善抉择法。若见众生着诸处者,即为宣说如梦之法。若见众生着欲界者,即为宣说逼恼之法。若见众生着色界者,即为宣说诸行苦法。若见众生着无色界者,即为宣说彼一切行无常之法。若见众生乐以苦法所应度者,即为宣说令于圣种生欢喜法。若见众生乐以乐法所应度者,为说无量禅定之法。若见众生乐以久修道行菩萨之法所应度者,即为宣说于轮回中,无懈怠法。若见众生乐以不退转菩萨之法所应度者,即为宣说严净佛土之法。若见众生乐以一生补处菩萨之法所应度者,即为宣说大菩提场庄严之法。若见众生乐以佛身所应度者,为说菩萨胜行相续不空之法。

"寂慧当知,如是等法,皆是具足智慧方便。诸大菩萨于彼清净所缘法中而得自在,是故广说不空之法,其所说法为令一切众生欢喜故。"

说是法时,会中有十千人,发阿耨多罗三藐三菩提心,五千菩萨得无生法忍。

尔时世尊告寂慧菩萨言:"今此金刚手菩萨大秘密主,于此贤劫诸佛如来、应供、正等正觉，所持金刚杵作供养事，以利益心守护正法。今于我此秘密法中，广大施作，普为无量一切众生成熟最上菩提善根，于此贤劫，乃至最后楼至如来法中隐没，即于欢喜世界阿閦如来佛刹中生圆满菩提分法，而乃得成阿耨多罗三藐三菩提果，号金刚步如来、应供、正等正觉出现于世，明行足、善逝、世间解、无上士、调御丈夫、天人师、佛、世尊，世界名普净，劫名清净。”

尔时寂慧菩萨前白金刚手菩萨言：“秘密主！世尊如来授仁者记耶？”

金刚手言：“善男子！佛授我记，如梦自性。”

寂慧言：“今汝授记，有何所得？”

金刚手言：“无所得故，而我得记。”

寂慧言：“何法无所得？”

金刚手言：“我、人、众生、寿者悉无所得。彼蕴处界，亦无所得。乃至若善、不善，有罪、无罪，有漏、无漏，世间、出世间，有为、无为，若染、若净，生死、涅槃，皆无所得。”

寂慧言：“若法无所得，云何是中有授记乎？”

金刚手言：“由无所得故，即于是中以通达智，而乃授记。”

寂慧言：“智何有二而可观耶？”

金刚手言：“若有二可观即无授记可得，然以彼智无二可观，是故诸菩萨于无二智中如是授记，此中无有少法可求。何以故？以无法可求故，法即无法。善男子！如是应知，若言法者，谓于文字，不着不行，是故说言一切诸法无言无说。”

寂慧言秘密主：“若尔者，岂非如来诸所说法亦非说耶？”

金刚手言：“寂慧！我先曾为汝说，世尊如来不说一字。以无说故，如来即以神通愿力，随众生意，示有所说。”

寂慧言：“设有说者，何过失耶？”

金刚手言：“有所说者，语业过失。”

寂慧言:“彼语业者,复何过失?”

金刚手言:“文字思惟取着过失。”

寂慧言:“此复何能离过失耶?”

金刚手言:“一切法中,若有所说,若无所说,悉无少法而可表了。无表了故,即离过失。”

寂慧言:“其过失者,何为根本?”

金刚手言:“彼过失者,取为根本。”

寂慧言:“取孰为本?”

金刚手言:“执着为本。”

寂慧言:“执着孰为本?”

金刚手言:“虚妄分别为本。”

寂慧言:“虚妄分别孰为本?”

金刚手言:“增上所缘见为本。”

寂慧言:“增上所缘见孰为本?”

金刚手言:“色、声、香、味、触、法即是增上所缘根本。”

寂慧言:“云何无所缘?”

金刚手言:“爱不相续即无所缘。寂慧当知,如佛所说,一切法中若断于爱即无所缘。”

尔时,金刚手菩萨大秘密主满所思念,得授记已,安慰其心,生大欢喜,踊跃庆快,前白佛言:“世尊!我今勤请世尊,降赴我所居止秘密宫中微伸供养。”佛即默然而受其请。

尔时,金刚手菩萨大秘密主顶礼佛足,右绕七匝,速离佛会,还复所止旷野大城。至自宫已,乃起思念:我今如何施设供养,复依何等境界庄严而为严饰,令欲色界诸天子众起希有心,复令十方世界所来集会大菩萨众咸生欢喜,我亦于佛广大施作妙供养事。作是念已,即运神力于此旷野大城中施设无边功德,妙宝庄严。又复安布百千庄严妙狮子座,严办最上清净珍食,深心清净,将欲供养世尊如来、菩萨大众。

尔时世尊告比丘众言："汝等宜应着衣持钵往赴金刚手请。今此众中诸已得神通之菩萨、声闻各各随应，以自神力游空而往。若复未具神力之者，应当随入如来清净大圆光中游空而往。"

尔时，世尊即于王舍大城鹫峰山中隐身不现，菩萨声闻恭敬围绕，放大光明普遍照耀，天人天女导前从后，歌咏称赞，奏百千种俱胝那庾多鼓，吹音乐震动大地，天雨种种殊妙宝花，于佛刹中广现种种佛大威力、佛大神通、佛大施作、佛大变化、佛大吉祥、佛大胜光、佛大威仪、佛大游戏等相，游空自在，往诣于彼旷野大城。彼欲色界诸天子众，遥见世尊高处空中，犹如鹅王宛转自在，咸生欢喜，适悦庆快。又如日轮初出清净可爱，如圆满月莹洁光明，众星围绕，如帝释天主天众围绕，如大梵王梵众围绕。天众见已，即起清净希有之心，各持种种天妙香花，供养于佛。佛及菩萨声闻大众从空而下，至彼宫中。

尔时，世尊处彼殊妙种种庄严狮子之座，并诸菩萨声闻众亦各就座。

尔时金刚手菩萨大秘密主，即告四天王并余一切诸众会言："汝等宜应咸来助我同发至诚，严以清净殊妙饮食奉上世尊，使令汝等获大利益。"菩萨即与眷属众会自手清洁，严办最上百味精珍，发最胜心奉上世尊并诸菩萨声闻大众，悉令充足。

饭食事讫，而复奉上清净香水盥手涤器，乃于佛前退坐听法。是时旷野大城，所居一切夜叉、罗刹、必舍左等，各各谛诚瞻仰世尊，合掌虔恭，归命顶礼。

金刚手菩萨大秘密主劝请世尊，宣说正法。尔时，世尊普告金刚手菩萨等诸众会言："诸仁者，汝等谛听，极善作意。若善男子、善女人，深发阿耨多罗三藐三菩提心已，即能具信广多清净，欲见诸圣，乐闻正法，善舍无吝，手出无尽，善乐积集，施作福行，乐行平等，无障碍心，无浊染心，信有业报，离诸分别疑惑犹豫。如是知已，于命缘等不应作者而悉不作，不杀生，不偷盗，不邪染，不妄言,不绮语,不两舌,不恶口,不贪,不瞋,不邪见。于此十善业道,坚持积集。于其十种不善业道,舍而不作,普行净信。与沙门婆罗门及有戒有德者,正道法中同修净行。于诸善法多闻勤行,深固作意,善行相应,闭三有门,息灭诸病,超越疑惑,出离诸有。即于善知识所,随其所应,亲近恭敬,承事尊奉,闻其所说甚深之法,谓空、无相、无愿加行等法。

“复闻无生、无起、无我、无人、无众生、无寿者,甚深缘起之法。此法是有此,即有得;此法是无此,即无得;此法若有此,即是生;此法若无此,即是灭。此是无明缘行,行缘识,识缘名色,名色缘六处,六处缘触,触缘受,受缘爱,爱缘取,取缘有,有缘生,生缘老死忧悲苦恼。如是,即一大苦蕴生。若法不有此,即无得,即是灭法,谓无明灭即行灭,行灭即识灭,识灭即名色灭,名色灭即六处灭,六处灭即触灭,触灭即受灭,受灭即爱灭,爱灭即取灭,取灭即有灭,有灭即生灭,生灭即老死忧悲苦恼灭。如是,即一大苦蕴灭。

“此等诸法,若生若灭,于胜义谛中,无有少法可得。何以故?一切法缘生故,无主宰,无作者,无受者,因缘故转。然于是中,无法可转,亦非无转,亦无异法,随转和合,施设三界,但以烦恼业转故有施设。愚迷之者,于不实法中观以为实。智者应知,无有少法,作者可得。以作者不可得故,无法可转,亦非无转。如是所说甚深之法,若能闻已,不生疑惑,是人即入一切法无障碍性,不着色受想行识,不着眼色、耳声、鼻香、舌味、身触、意法、眼识乃至意识,信一切法自性本空,信一切法自性本离。

“诸仁者,彼信不退。菩萨信是法故,即不减失,见佛闻法,承事净众,在在所生,常得见佛,听受正法,承事净众,常生佛世,发起精进,勤求善法。于诸佛世尊清净教中,正信出家。得出家已,近善知识,而能获得诸善意乐,听闻善法。随所闻已,真实修行,不以语饰,胜慧具足,发起精进,勤求多闻。随所闻法,为他广说，无所希求，使听法者获得大慈，于一切众生起大悲心。于身命缘，少欲喜足，寂静圆满，增长善行。非但为己勤修胜行，广为众生勤求无上最胜之智，令他众生于佛智中得不放逸。此复云何名不放逸？以要言之，一切罪、不善法皆悉断除，此名不放逸。

"诸仁者，此如是等不放逸法，菩萨勤行，即得净信而不放逸。大秘密主！汝等当知信之一法，广多清净，即能当时专求善法。若具信补特伽罗，于他世中离恶趣怖，亦复不随诸恶作心，而常获得众圣称赞。复次大秘密主，住法行人，即能获得正法善趣，常乐见佛，安住圣道，得大自在。得自在已，复令他人普皆圆满自在之法，住菩提心，得如来智。大秘密主！若人欲得最胜妙乐，应当毕竟善修正行，修涅槃法。

"大秘密主！今此众会皆承宿善根力故，来集此善修正行，于诸善根而不减失。云何善根得不减失？谓修不放逸行。彼不放逸心，善护诸境故，能离一切贪爱欲染。近习法爱，即能制止欲瞋害寻，复能息除不深固作意诸不善法。若人信解不放逸法，即能随顺诸精进事。以精进不放逸故，是人乃能积集修作净信功德。由修净信及不放逸精进法故，即能修作正念正知。以正念正知故，即于一切菩提分法而不坏失，即能勤修深固之法。大秘密主！菩萨若于深固法中得解脱者，即于有于无如实能知。此中云何是有？云何是无？如实知已，虽行于有而不取着，虽行于无亦不取着，即能通达诸佛世尊所说实义。

"复次大秘密主，如来于一切法中总略而说有四法印。何等为四？一者，诸行无常，为诸沙门、婆罗门及常寿天执常语者破常想故；二者，诸行是苦，为诸天人计乐想者破乐想故；三者，诸法无我，为彼执我诸外道等破其我想；四者，涅槃寂静，为诸增上慢者，起寻求行，破彼增上慢故。此言无常者，即是毕竟无有常法增语。此言苦者，即是远离愿求增语。此言无我者，即是空相增语。涅槃寂静者，即是无相作证增语。大秘密主！此如是法，若诸菩萨深固信解，勤行修习，即于善法而不减失，速能圆满菩提分法。”

尔时护世四大天王前白佛言：“世尊！我等四王皆名护世，当以何法而能护世？”

佛告四大天王言：“汝诸仁者，当修正法行，即能护世。其正法行者，所谓十善。何等为十？一者，不杀；二者，于自富乐而生喜足；三者，他妻室不起染污；四者，不破他众；五者，不出恶言；六者，所言如实；七者，言无绮饰；八者，于他富乐无所希望；九者，止息瞋恚；十者，正见清净。诸仁者，此十善法能护世。复有八法而能护世。何等为八？一者，如说能行；二者，于一切处尊重师长；三者，顺行正道；四者，心意质直；五者，心常柔软；六者，于一切众生常起慈心；七者，不作诸罪；八者，集诸善根。如是八法乃能护世。复有一法而能护世，何等为一？谓真实行。以真实故，即能护世。如是等法，汝等勤行，自能护已，复令他人亦能护世。”

尔时金刚手菩萨大秘密主长子金刚军前白佛言：“世尊！菩萨云何能于阿耨多罗三藐三菩提得不退转？”

佛言：“善男子！菩萨若能具修十法，即于阿耨多罗三藐三菩提得不退转。何等为十？一者，常行无碍大慈；二者，常起无倦大悲；三者，精进办诸事业；四者，善修空三摩地；五者，现前通达胜慧；六者，于一切处皆善通达；七者，能以妙智清净三世；八者，以无碍方便观实业报；九者，虽了知空而植众德本；十者，如其所说，自性清净而善入圣道。菩萨若具如是十法，即于阿耨多罗三藐三菩提得不退转。”

金刚军复白佛言：“世尊！菩萨当修何法于佛不思议门闻已安然，不生惊怖？”

佛言：“善男子！菩萨当修八法，即能于佛不思议门闻已安然，不生惊怖。何等为八？一者，增长胜慧；二者，增长妙智；三者，常为善友之所摄受；四者，具大信解；五者，善达如幻无生之法；六者，信解无常之法；七者，心行平等，犹如虚空；八者，于诸法中善知障碍所起之相。菩萨若具如是八法，即能于佛不思议门闻已安然，不生惊怖。”

金刚军复白佛言：“菩萨当修何法，即能于诸所作而得自在？”

佛言：“善男子！菩萨当修四法，即能于诸所作而得自在。何等为四？一者，善修现前无灭之法，具五神通；二者，善观胜解脱门，具四禅定；三者，超胜梵世具四梵行；四者，以方便慧，于一切处善修无生。菩萨若具如是四法，即能于诸佛所作而得自在。”

金刚军复白佛言：“菩萨有几种力？”

佛言：“善男子！菩萨有九种力。何等为九？一者，定力，大悲起故；二者，精进力，不退转故；三者，多闻力，胜慧生故；四者，信解力，圆满解脱故；五者，修习力，离散乱故；六者，忍力，善护众生故；七者，菩提心力，降伏诸魔故；八者，大悲力，成熟众生故；九者，无生忍力，圆满十力故。如是名为菩萨九力。”当佛世尊说是法时，彼长子金刚军得无生法忍。

尔时，世尊于金刚手菩萨宫中住经七日，广为无量一切众生作利益已，还住鹫峰山中。

时阿阇世王知佛世尊已复山中，持种种上妙香花等诸供养，出王舍大城，诣鹫峰山佛世尊所。到已，头面顶礼佛足，前白佛言：“世尊！彼金刚手菩萨大秘密主，甚为希有，具大威力，能善宣说如来法律。而金刚手者往昔曾于何佛如来所植种德本，乃能成办如是？”

佛告阿阇世王言：“大王！当知彼不种善根，众生于如是事极难信解。昔因缘者，我念过去阿僧祇劫复过于前，时有如来号曰多闻，世界名极严，劫名无毁。彼佛告言：‘诸善男子，汝等当知，若有菩萨能发大精进者，即于身命而悉弃舍。’时彼会中有一菩萨，名曰勇力，前白佛言：‘如是世尊，若有菩萨发精进者，即于身命而悉弃舍。菩萨若生懈怠，岂能速证阿耨多罗三藐三菩提果？何以故？能发精进诸菩萨者，于生死中不起厌倦之意。而彼菩萨于生死中常当称赞，不乐涅槃，但为成熟诸众生故，随其所应诸有施作，亦随所应皆获其乐。若住涅槃而何能作？是故诸菩萨于生死境界中，自得其乐而即不取涅槃境界。菩萨以住生死境界故，即能随入众生境界，而于涅槃境界之中，不着舍行菩萨住生死境界者，以怖堕于非境界中。何以故？非境界中，不复能作利众生事，不能安住如来境界。以不能住如来境界故，不能长养一切众生。此中何名非境界耶？所谓声闻缘觉之地，若乐住者，即弃舍众生。以声闻缘觉怖畏生死，若能摄受无量生死者，唯除清净大菩萨耳。'时彼多闻如来赞勇力菩萨言：'善哉，正士！善说此语。'大王当知，彼时多闻如来法中勇力菩萨者，岂异人乎？即此会中金刚手菩萨大秘密主是。此大士者，被坚固精进之铠，于多佛所亲近恭敬深种善根。"

尔时，阿阇世王问金刚手菩萨大秘密主："大士所持此金刚杵几何轻重？"

金刚手菩萨告阿阇世王言："大王当知，此金刚杵亦轻亦重。为欲调伏憍慢贡高诸众生故，此杵即重；为示无慢正直诸众生故，此杵即轻。"

金刚手菩萨即以金刚杵置之于地。时阿阇世王欲举其杵，竭其力势不能动摇一毛端量，即白尊者大目犍连言："佛说尊者于声闻众中神通第一，愿今尊者，举此地中大金刚杵。"

尊者大目犍连运自神力，方欲前举彼金刚杵。即时三千大千世界六种振动，海水腾涌，唯金刚杵不动不摇。

是时尊者大目犍连前诣佛所，白言："佛说我于声闻众中神通第一，具大威神名称力势，能以四大海水置于掌中，亦能转此三千大千世界，犹如有人以一金钱转于指端，又能空中止其日月，制彼威光不令转动，又能取彼须弥山王掷过梵世。此金刚杵其量微小，然我亦复不能动摇。世尊！岂非我今神力减耶？"

佛言："大目犍连！非汝神力有所减少，但为菩萨威力加持，一切声闻、缘觉，悉不能动，况余众生。”尔时尊者大目犍连生希有心：此大秘密主为即父母所生力耶？为神力耶？

佛言：“大目犍连！菩萨神通力者无尽无限，我若开示，使天人世间咸生迷惑。”

尔时世尊告金刚手菩萨言：“汝今应自举其地中所置大金刚杵。”时金刚手菩萨即以左手举取其杵，戏掷空中，旋绕七匝，杵旋空已，即时接置安右手中。

一切众会生希有心，合掌顶礼大秘密主，咸作是言：“希有秘密主！能具如是广大力势。”

时阿阇世王复白佛言：“世尊！菩萨具修几法，即能获得如是胜力？”

佛言：“大王！菩萨若修十法，获得胜力。何等为十？一者，菩萨宁舍身命终不弃舍无上正法；二者，于一切众生作谦下想，不增慢心；三者，于彼劣弱众生起愍念心，不生损害；四者，见饥渴众生施妙饮食；五者，见怖畏众生施其无畏；六者，见疾病众生施药救疗；七者，见贫乏众生惠令满足；八者，见佛塔庙形像涂饰圆净；九者，出欢喜言，安慰众生；十者，见彼负重疲困苦恼众生，为除重担。菩萨若具足如是十法，即能获得如是最胜之力。”

王复问言：“世尊！如何是佛出世？”

佛言：“大王！随发菩提心，即是佛出世。”

王言：“云何发菩提心？”

佛言：“所谓大悲出生。”

王言：“云何大悲出生？”

佛言：“谓即发起净信。”

王言：“云何发起净信？”

佛言：“若发菩提心，即是发净信。”

王言：“当云何发彼菩提心？”

佛言：“深心不退转，即是发菩提心。”

“云何能发大悲？”

“于一切众生，不生厌舍之心，即是大悲。”

“云何于三宝常不舍离？”

“若能除去一切烦恼，即于三宝而不舍离。”

尔时，寂慧菩萨前白金刚手菩萨大秘密主言：“我今劝请大秘密主，愿以神力加持护念，令此正法于后时、后分、后五百岁广宣流布，使彼正法所摄诸大士等，得此正法堕于手中。”

金刚手菩萨言：“善男子！诸佛如来于此正法已共加持。何以故？今此正法即是文字所成，而彼文字无生无尽，亦不隐没。以其文字及所说义不能隐故，如来此说甚深正法亦不能隐。所以者何？无法可生。若法无生，即法无灭。如是当知如佛所言，若佛出生若不出世，诸法常住。所谓法性法界，法住实际，清净法如是故，如其所说诸法缘生亦不相违。若法缘生不相违故，即是正法。以正法故，即不隐没。如是所说，乃名正法。”

寂慧菩萨言秘密主：“云何能被精进铠摄护正法？”

金刚手言：“若于一切法不相违，即能被精进铠摄护正法。何以故？而此正法与一切法不相违故。”

寂慧言：“何法是相违？”

金刚手言：“文字相违故，即法相违，而不复与生法相违。若彼不相违，是为摄护正法者。”

寂慧言：“大秘密主！汝当云何摄护正法？”

金刚手言：“如我摄护者，谓无我、无众生、无法而乃摄护。”

寂慧言：“此复云何？”

金刚手言：“谓三世离故，三世不离故，诸佛离故，诸佛不离故，刹土离故，刹土不离故，法离故，法不离故。若能通达如是法者，即能摄护正法。”

尔时世尊赞金刚手菩萨大秘密主言：“善哉善哉！大士！汝善摄护正法。若于一切法无执无取即能摄护正法。当知菩萨有三无着之法。何等为三？一者，我无着；二者，众生无着；三者，法无着。有三种通达清净，何等为三？一者，法界清净；二者，真如清净；三者，实际清净。又有三种通达无尽，何等为三？一者，法无尽；二者，文字无尽；三者，演说无尽。”

佛说是已，普告众言：“谁堪以我阿僧祇劫积集菩提胜行，最上正法受持卫护，令不隐没？”尔时，帝释天主、尸弃梵王、毗沙门天王为护法，故说伽陀曰：

今此正法如妙药，能治一切众生病，

我等当来悉护持，愿佛知我众心意。

尔时金刚手菩萨大秘密主前白佛言：“世尊！我当受持如来于阿僧祇劫积集无上正等正觉菩提圣法。”即说伽陀曰：

诸法本来无文字，无中假以文字说，

圣尊悲愍故敷宣，我当受持而流演。

卷九

解深密经

尔时如理请问菩萨，即于佛前问解甚深义密意菩萨言："最胜子！一切法无二者，何等一切法？云何为无二？"

答曰："善男子！一切法者略有二种：所谓有为、无为。是中有为非有为非无为，无为亦非无为非有为。"乃说颂曰：

佛说离言无二义，甚深非愚之所行，
愚夫于此痴所惑，乐着二依言戏论。

尔时，法涌菩萨白佛言："世尊！我于先日曾见众多外道，同一会坐，为思诸法胜义谛相。彼共思议称量观察遍寻求时，于一切法胜义谛相竟不能得，唯各种种意解，别异意解，变异意解，互相违背，共兴诤论，口出矛矟，更相矟刺，恼坏既已，各各离散。世尊！我于尔时窃作是念：如来出世甚奇希有，由出世故乃于如是超过一切寻思所行，胜义谛相亦有通达作证可得。"

尔时，世尊告法涌菩萨曰："善男子！如汝所说，我于超过一切寻思、胜义谛相现正等觉，为他宣说，显现开解。我说胜义是诸圣者内自所证。寻思所行，是诸异生辗转所证。法涌！我说胜义无相所行，寻思但行有相境界。我说胜义不可言说，寻思但行言说境界。我说胜义绝诸诤论，寻思但行诤论境界。是故法涌，由此道理，当知胜义超过一切寻思境相。法涌当知，譬如有人尽其寿量习辛苦味，于蜜石蜜上妙美味不能寻思，不能比度，不能信解。或于长夜由欲贪胜解，诸欲炽火所烧然故，于内除灭一切色声香味触相，妙远离乐，不能寻思，不能比度，不能信解。由言说胜解，乐着世间绮言说故，于内寂静圣默然乐，不能寻思，不能比度，不能信解。如是法涌，诸寻思者，于超一切寻思所行胜义谛相，不能寻思，不能比度，不能信解。”尔时，世尊欲重宣此义，而说颂曰：

内证无相之所行，不可言说绝表示，
息诸诤论胜义谛，超过一切寻思相。

尔时善清净慧菩萨白佛言：“世尊！胜义谛相微细甚深，超过诸法一异性相，难可通达。世尊！我即于此曾见一处，有众菩萨等正修行胜解行地同一会坐，皆共思议胜义谛相，与诸行相一异性相。或唱是言，胜义谛相与诸行相都无有异。或唱是言，胜义谛相异诸行相。世尊！我见彼已，窃作是念：此诸善男子，愚痴顽钝，不明不善，不如理行，于胜义谛微细甚深，超过诸行一异性相，不能解了。”

尔时，世尊告善清净慧菩萨曰：“善男子！如是如是。”即说颂曰：

行界胜义相，离一异性相，
若分别一异，彼非如理行。
众生为相缚，及为粗重缚，
要勤修止观，尔乃得解脱。

尔时世尊告尊者善现曰：“善现！真如胜义法无我性，不名有因，非因所生，亦非有为，是胜义谛，得此胜义更不寻求余胜义谛。唯有常常时恒恒时如来出世。若不出世，诸法法性安立？法界安住？是故善现，由此道理当知胜义谛是遍一切一味相，譬如种种非一品类异相色中，虚空无相、无分别、无变异，遍一切一味相。如是异性异相一切法中，胜义谛遍一切一味相，当知亦尔。”

尔时世尊欲重宣此义，而说颂曰：

此遍一切一味相，胜义诸佛说无异，
若有于中异分别，彼定愚痴依上慢。

尔时广慧菩萨白佛言:“世尊!于心、意、识秘密善巧菩萨者,齐何名为于心、意、识秘密善巧菩萨?”

尔时世尊告广慧菩萨曰:“善哉善哉!广慧,汝今乃能请问如来如是深义,汝应谛听。广慧当知,于六趣生死,彼彼有情堕四类有情众中,身分生起,于中最初一切种子,心识成熟,辗转和合,增长广大。依二执受:一者,有色诸根及所依执受;二者,相名分别言说戏论习气执受。有色界中具二执受,无色界中不具二种。广慧!此识亦名阿陀那识,亦名阿赖耶识,亦名为心。广慧!阿陀那识为依止,为建立故,六识身转,谓眼识,耳、鼻、舌、身、意识,此中有识,眼及色为缘生眼识,与眼识俱随行,同时同境有分别意识转,耳、鼻、舌、身及声、香、味、触为缘亦然。若五识身转亦一分别意识,与五识身同所行转。

“广慧!譬如大瀑水流,若有一浪生缘现前,唯一浪转。若二若多浪,生缘现前有多浪转。然此瀑水自类恒流,无断无尽。又如善净镜面,若有一影生缘现前,唯一影起。若二若多影,生缘现前有多影起。非此镜面转变为影,亦无受用灭尽可得。如是广慧,由似瀑流阿陀那识,为依止为建立故,若于尔时有一眼识生缘现前,一眼识转,乃至有五识身生缘现前,五识身转。广慧!若诸菩萨于内各别,如实不见阿陀那,不见阿赖耶识,不见心,不见六识、六尘,齐此名为于心、意、识一切秘密善巧菩萨。”乃说颂曰:

阿陀那识甚深细,一切种子如瀑流,

我于凡愚不开演,恐彼分别执为我。

尔时德本菩萨白佛言:“世尊!于诸法相善巧菩萨者,齐何名为于诸法相善巧菩萨?”

尔时世尊告德本菩萨曰:“诸法相略有三种:一者,遍计所执相;二者,依他起相;三者,圆成实相。云何诸法遍计所执相?谓一切法名假安立自性差别,乃至为令随起言说。云何诸法依他起相?谓一切法缘生自性,则此有故彼有,此生故彼生,谓无明缘行，乃至招集纯大苦蕴。云何诸法圆成实相？谓一切法平等真如，于此真如，诸菩萨众勇猛精进，为因缘故如理作意无倒思惟，为因缘故乃能通达，于此通达渐渐修习，乃至无上正等菩提，方说圆满。

“如是德本，由诸菩萨如实了知遍计所执相、依他起相、圆成实相故，如实了知诸无相法、杂染相法、清净相法。如实了知无相法故，断灭一切杂染相法。断灭一切染相法故，证得一切清净相法，齐此名为于诸法相善巧菩萨。”尔时世尊欲重宣此义，而说颂曰：

若不了知无相法，杂染相法不能断，
不断杂染相法故，坏证微妙净相法。
不观诸行众过失，放逸过失害众生，
懈怠住法动法中，无有失坏可怜愍。

尔时胜义生菩萨白佛言：“世尊！如佛所说，一切诸法皆无自性，无生无灭，本来寂静，自性涅槃。未审世尊依何密意作如是说？我今请问如来斯义。”

尔时世尊告胜义生菩萨曰：“善哉善哉！胜义生当知，我依三种无自性性密意，说言一切诸法皆无自性。所谓相无自性性、生无自性性、胜义无自性性。善男子！云何诸法相无自性性？谓诸法遍计所执相。何以故？此由假名安立为相，非由自相安立为相，是故说名相无自性性。云何诸法生无自性性？谓诸法依他起相。何以故？此由依他缘力故有，非自然有，是故说名生无自性性。云何诸法胜义无自性性？谓诸法圆成实相。何以故？一切诸法，法无我性名为胜义，亦得名为无自性性。是一切法胜义谛故，无自性性之所显故，由此因缘，名为胜义无自性性。譬如空花，相无自性性当知亦尔。譬如幻像，生无自性性当知亦尔。譬如虚空，唯是众色无性所显遍一切处，胜义无自性性当知亦尔，法无我性之所显故，遍一切故。善男子！我依如是三种无自性性密意，说言一切诸法，皆无自性。”尔时，世尊而说颂曰：

一切诸法皆无性，无生无灭本来寂，
诸法自性恒涅槃，谁有智言无密意？
大悲勇猛证涅槃，不舍众生甚难得，
微妙难思无漏界，于中解脱等无差。

尔时胜义生菩萨复白佛言：“世尊！诸佛如来密意语言，甚奇希有，最微妙，最甚深，最难通达。如是我今领解，世尊所说义者，譬如虚空遍一切处皆同一味，不障一切所作事业。如是世尊，依此诸法皆无自性，广说乃至自性涅槃无自性性，了义言教，遍于一切不了义经，皆同一味，不障一切声闻独觉及诸大乘所修事业。”

尔时世尊叹胜义生菩萨曰：“善哉善哉！善男子！汝今乃能善解如来所说甚深密意言义。”

尔时慈氏菩萨白佛言：“世尊！菩萨何依何住于大乘中修奢摩他、毗钵舍那？”

佛告慈氏菩萨曰：“善男子！当知菩萨法假安立，及不舍阿耨多罗三藐三菩提愿，为依为住于大乘中修奢摩他、毗钵舍那。”

慈氏菩萨复白佛言：“如世尊说四种所缘境事：一者，有分别影像所缘境事；二者，无分别影像所缘境事；三者，事边际所缘境事；四者，所作成办所缘境事。于此四中几是奢摩他所缘境事？几是毗钵舍那所缘境事？几是俱所缘境事？”

佛曰：“善男子！一是奢摩他所缘境事，谓无分别影像；一是毗钵舍那所缘境事，谓有分别影像；二是俱所缘境事，谓事边际所作成办。”

慈氏菩萨复白佛言：“世尊！奢摩他道与毗钵舍那道当言有异？当言无异？”

佛曰：“善男子！当言非有异非无异。何故非有异？以毗钵舍那所缘境心为所缘故。何故非无异？有分别影像非所缘故。”

"世尊！诸毗钵舍那三摩地所行影像彼与此心当言有异？当言无异？"

佛曰："善男子！当言无异。何以故？由彼影像，唯是识故。善男子！我说识所缘唯识所现故。"

"世尊！若彼所行影像即与此心无有异者，云何此心还见此心？"

"善男子！此中无有少法能见少法，然即此心如是生时，即有如是影像显现。善男子！如依善莹清净镜面，以质为缘还见本质，而谓我今见于影像及谓离质别有所行影像显现，如是此心生时，相似有异三摩地所行影像显现。"

"世尊！若诸有情自性而住缘色等心所行影像，彼与此心亦无异耶？"

"善男子！亦无有异。而诸愚夫由颠倒觉，于诸影像不能如实知，唯是识作颠倒解。"

"世尊！齐何当言菩萨一向修毗钵舍那？"

佛曰："善男子！若相续作意，唯思惟心相。"

"世尊！齐何当言菩萨一向修奢摩他？"

"善男子！若相续作意唯思惟无间心。"

"世尊！齐何当言菩萨奢摩他、毗钵舍那和合俱转？"

"善男子！若正思惟心一境性。"

"世尊！云何心相？"

"善男子！谓三摩地所行，有分别影像毗钵舍那所缘。"

"世尊！云何无间心？"

"善男子！谓缘彼影像心奢摩他所缘。"

"世尊！云何心一境性？"

"善男子！谓通达三摩地所行影像，唯是其识或通达此已，复思惟如性。"

慈氏菩萨复白佛言："世尊！菩萨齐何名得缘总法奢摩他、

毗钵舍那？”

佛曰：“善男子！由五缘故当知名得：一者，于思惟时，刹那刹那，融销一切粗重所依；二者，离种种想，得乐法乐；三者，解了十方无差别相，无量法光；四者，所作成满相应净分别无分别相，恒现在前；五者，为令法身得成满故，摄受后后转胜妙因。”

“世尊！此缘总法奢摩他、毗钵舍那，当知从何名为通达？从何名得？”

佛曰：“善男子！从初极喜地名为通达，从第三发光地乃名为得。”

慈氏菩萨复白佛言：“世尊！修奢摩他、毗钵舍那，诸菩萨众知法知义，云何为智？云何为见？”

佛曰：“善男子！我无量门宣说智见二种差别，今当为汝略说。其相若缘总法，修奢摩他、毗钵舍那所有妙慧，是名为智。若缘别法修奢摩他、毗钵舍那所有妙慧是名为见。”

“世尊！修奢摩他、毗钵舍那，诸菩萨众由何作意？云何除遣诸相？”

佛曰：“善男子！由真如作意除遣法相及与义相，若于其名及名自性无所得时，亦不观彼所依之相。如是除遣如于其名，于句于文于一切义，当知亦尔。乃至于界及界自性，无所得时亦不观彼所依之相，如是除遣。”

“世尊！诸所了知真如义相，此真如相亦可遣不？”

“善男子！于所了知真如义中，都无有相，亦无所得，当何所遣？善男子！我说了知真如义时，能伏一切法义之相，非此了达余所能伏。”

“世尊！如是了知法义，菩萨为遣诸相，勤修如行，有难可除相，谁能除遣？”

“善男子！空能除遣。”

尔时慈氏菩萨复白佛言：“世尊！何等空是总空性相？若诸

菩萨了知是已，无有失坏，于空性相离增上慢。”

尔时世尊叹慈氏菩萨曰：“善哉善哉！善男子，汝今乃能请问如来如是深义，令诸菩萨于空性相无有失坏。善男子！若诸菩萨于空性相有失坏者，便为失坏一切大乘。是故汝应谛听谛听，当为汝说总空性相。善男子！若于依他起相及圆成实相中，一切品类杂染清净，遍计所执相毕竟远离性，及于此中都无所得，如是名为于大乘中总空性相。”

“善男子！如是菩萨于内止观正修行故，证得阿耨多罗三藐三菩提心。”

慈氏菩萨复白佛言：“世尊！云何修行引发菩萨广大威德？”

“善男子！若诸菩萨善知六处，便能引发菩萨所有广大威德。一者，善知心生；二者，善知心住；三者，善知心出；四者，善知心增；五者，善知心减；六者，善知方便。”尔时，世尊即说颂曰：

于法假立瑜伽中，若行放逸失大义，

依止此法及瑜伽，若正修行得大觉。

尔时观自在菩萨白佛言：“世尊！如佛所说菩萨十地，所谓极喜地、离垢地、发光地、焰慧地、极难胜地、现前地、远行地、不动地、善慧地、法云地，复说佛地为第十一，如是诸地几种清净？几分所摄？”

尔时世尊告观自在菩萨曰：“善男子！当知诸地四种清净，十一分摄。云何名为四种清净能摄诸地？谓增上意乐清净摄于初地，增上戒清净摄第二地，增上心清净摄第三地，增上慧清净于后后地转胜妙故，当知能摄从第四地乃至佛地。善男子！当知如是四种清净普摄诸地。”

观自在菩萨复白佛言：“世尊！何缘最初名极喜地，乃至何缘说名佛地？”

佛曰：“善男子！成就大义得未曾得，出世间心生大欢喜，是故最初名极喜地。远离一切微细犯戒，是故第二名离垢地。由彼所得三摩地及闻持陀罗尼,能为无量智光依止,是故第三名发光地。由彼所得菩提分法,烧诸烦恼智如火焰,是故第四名焰慧地。由即于彼菩提分法方便修习,最极艰难方得自在,是故第五名极难胜地。现前观察诸行流转,又于无相多修作意方现在前,是故第六名现前地。能远证入无缺无间无相作意,与清净地共相邻接,是故第七名远行地。由于无相得无功用,于诸相中不为现行烦恼所动,是故第八名不动地。于一切种说法自在,获得无碍广大智慧,是故第九名善慧地。粗重之身广如虚空,法身圆满,譬如大云皆能遍覆,是故第十名法云地。永断最极微细烦恼及所知障,无着无碍,于一切种所知境界现正等觉,故第十一说名佛地。"

"世尊!是诸菩萨凡有几种所应学事?"

佛曰:"善男子!菩萨学事略有六种:所谓布施、持戒、忍辱、精进、静虑、智慧到彼岸。"

"世尊!如是六种所应学事,几是福德资粮所摄?几是智慧资粮所摄?"

佛曰:"善男子!当知初三是福德资粮所摄,慧学一种是智慧资粮所摄,我说精进静虑二种遍于一切。"

"世尊!何因缘故,施设如是所应学事?"

佛曰:"善男子!二因缘故:一者,饶益诸有情故;二者,对治诸烦恼故。当知前三饶益有情,后三对治一切烦恼。"

观自在菩萨复白佛言:"世尊!经几不可数劫能断如是烦恼?"

佛曰:"善男子!经于三大不可数劫或无量劫,所谓年、月、半月、昼夜、一时、半时、须臾、瞬息、刹那量劫不可数故。"

"世尊!是诸菩萨于诸地中所生烦恼,当知何相、何失、何德?"

佛曰:"善男子!无染污相。何以故?是诸菩萨于初地中定，于一切诸法法界已善通达。由此因缘，菩萨要知，方起烦恼，非为不知，是故说名无染污相。于自身中不能生苦故无过失。菩萨生起如是烦恼，于有情界能断苦因，是故彼有无量功德。”

观自在菩萨白佛言：“甚奇，世尊！无上菩提乃有如是大功德利，令诸菩萨生起烦恼，尚胜一切有情、声闻、独觉善根，何况其余无量功德！”

尔时曼殊室利菩萨白佛言：“世尊！云何应知诸如来心生起之相？”

佛告曼殊室利菩萨曰：“善男子！夫如来者，非心、意、识生起所显，然诸如来有无加行心法生起？当知此事犹如变化。”

曼殊室利复白佛言：“世尊！若诸如来法身远离一切加行，既无加行，云何而有心法生起？”

佛曰：“善男子！先所修习方便般若，加行力故，有心生起。善男子！譬如正入无心睡眠，非于觉悟而作加行，由先所作加行势力而复觉悟。又如正在灭尽定中，非于起定而作加行，由先所作加行势力还从定起。如是如来由先修习方便般若加行力故，当知复有心法生起。”

“世尊！如来化身，当言有心，为无心耶？”

佛曰：“善男子！非是有心亦非无心。何以故？无自依心故，有依他心故。”

“世尊！如来所行，如来境界，此之二种有何差别？”

佛曰：“善男子！如来所行，谓一切种如来共有不可思议无量功德，众所庄严清净佛土。如来境界，谓一切种五界差别。何等为五？一者，有情界；二者，世界；三者，法界；四者，调伏界；五者，调伏方便界。如是名为二种差别。”

曼殊室利复白佛言：“世尊！如来成等正觉，转正法轮，入大涅槃，如是三种当知何相？”

佛曰：“善男子！当知此三皆无二相，谓非成等正觉，非不成等正觉，非转正法轮，非不转正法轮，非入大涅槃，非不入大涅槃。何以故？如来法身究竟净故，如来化身常示现故。”

“世尊！诸有情类但于化身，见闻奉事生诸功德，如来于彼有何因缘？”

佛曰：“善男子！如来是彼增上所缘之因缘故，又彼化身是如来力所住持故。”

“世尊！等无加行，何因缘故，如来法身为诸有情放大智光，及出无量化身影像？声闻独觉解脱之身无如是事。”

佛曰：“善男子！等无加行，譬如从日月轮水火二种颇胝迦宝放大光明，非余水火颇胝迦宝，谓大威德有情所住持故，诸有情业增上力故。又如从彼善工业者之所雕饰，摩尼宝珠出印文像，不从所余不雕饰者。如是缘于无量法界，方便般若极善修习，磨莹集成如来法身，从是能放大智光明。又出种种化身影像，非唯从彼解脱之身有如斯事。”世尊说是经时，于大会中有七十五千菩萨摩诃萨，皆得圆满法身证觉。

大乘瑜伽性海曼殊室利
千臂千钵大教王经

一时，释迦牟尼如来在摩醯首罗天王宫毗楞伽宝摩尼殿中，百宝座上，与毗卢遮那如来，在金刚性海莲花藏会，同说此经。时，毗卢遮那如来法界性海中，有大圣曼殊室利菩萨，现金色身，身上出千臂千手千钵，钵中现出千释迦，千释迦复现出千百亿化释迦。

尔时，释迦牟尼世尊在大会众中，告普贤等十六大士，及一切诸大菩萨摩诃萨："谛听谛听！今说毗卢遮那如来往昔修证曼殊室利秘密金刚心三摩地，所有菩萨及一切众生，令得自智入佛知见。"

是时，毗卢遮那如来告牟尼世尊及千释迦、千百亿化释迦言："吾从往昔修持金刚秘密菩提法教，是大圣曼殊室利菩萨是吾本师。吾今以本源自性性、金刚圣智种子、清净心，出现大圣曼殊室利千臂金色之身，显示修行加持秘密性海法藏，令传授与一切菩萨摩诃萨，观照旨趣，迅疾证入玄通智观，入一切佛心，证毗卢遮那法身、智身、清净圣智法界海性。如是玄通胜义秘密法教，次第观照，总有五门：

"一者，阿字观本寂无生义，是吾毗卢如来说，根本清净无生门；

"二者，啰字观本空离尘义，是阿閦如来说，圆成实相无动门；

"三者，跛字观本真无染着离垢义，是宝生如来说，法界真如平等门；

“四者，左字观本净妙行义，是观自在如来说，妙观理趣净土门；

“五者，曩字观本空无自性义，是不空成就如来说，金刚菩提解脱门。”

尔时释迦牟尼如来，闻是五如来教观已，告诸菩萨摩诃萨言：“若有善男子、善女人，发菩提心者，曼殊室利菩萨有甚深大愿，为作师、僧、弟子、和尚、阇黎、同学、伴侣，令受法教，同愿同行，广度有情，速登正觉。是曼殊室利，以圣性愿力，不入三界亦不出三界，心如虚空，常在如来清净性海真如藏中，安住法界，遍在众生心识体性，加持有情令罪垢消灭，得入菩提诸佛圣果，是名菩萨大愿如是。”时大会诸众同时赞叹曼殊大士圣力自在，不可思议不可言说，咸皆欢喜信受奉行。

是时，释迦牟尼世尊从摩醯首罗天下降阎浮世界，在舍卫国中祇园精舍大会道场内，告狮子勇猛雷音菩萨摩诃萨：“吾对大众会中所说过去三世一切诸佛金刚菩提三摩地教法，汝今当与曼殊室利菩萨，共十六大士传授与一切菩萨摩诃萨，及一切众生，令证如来金刚三密菩提实相法性三摩地经教，及修如来圣性观。”

狮子勇猛言：“云何名为实相法性三摩地经教？云何名为如来圣性观？”

佛告狮子勇猛：“此经宗及体，都有二门：一者，清净实相为宗；二者，真如法界为体。宗复有三：一者，毗卢遮那法身本性清净，出一切法金刚三摩地为宗；二者，卢舍那报身，出圣性普贤愿行力为宗；三者，千释迦化现，千百亿释迦显现圣慧身，流出曼殊室利身作般若母为宗。体复有五：一者，本源自性清净圣智金刚圣性为体；二者，无动大圆性镜金刚菩提为体；三者，平等性金刚法界为体；四者，如性观察理趣金刚圣力智用为体；五者，成就菩提圣性金刚慧剑为体。如上所说，一切菩萨应当志诚修学，速证佛地。

"如来圣性观者,谓一切菩萨及一切众生,有十种缠缚难障。若欲修持圣性观者,先须识自心地体性无明缠缚。若其不识即被蔽覆心性,圣慧道眼则不能开故。其缠缚性者,甚为微细,障于菩提。先当识心十种缠缚。云何名为十种缠缚?一者,由性悭嫉,常网其心,令心邪见不得正悟;二者,无明影蔽之所障碍,慧眼难开;三者,烦恼迷闷贪瞋邪见,处处计着不能信正;四者,贪爱五欲,惑障迷心,无明漂没,无有歇期;五者,味魔死节相续无休;六者,忿恨密烟之所熏焞,于心眼中被所翳障;七者,贪欲炽火恒所烧然,虎狼之心四向叉撮;八者,饮恶魔酒闷醉盖心,吃过失毒药惑乱狂走;九者,五盖恼害常被遮碍,覆正智心难可解脱;十者,苦海大河驶水常流,轮回六趣,无能间断。如是一切菩萨摩诃萨及诸众生,应修如来菩提圣性观。

"此圣性观开通心地,总有三义,谓三性三无性。遍计无性者,谓净识性中微觉智起则是慧用,遍计所执于慧用照寂,则智用寂照证慧用寂灭。如何得灭遍计所执?若觉智无起相名了证,慧用寂静则灭,遍计所执其性清净。依他起性者,心皆依色而起。圆成无性者,无有所依,心性无托,谛观无用心性莹彻,寂静无动犹如琉璃,内外明净,则是名为见性无动,心证寂静,是名三性三无性。菩萨证得如是观者,则能除去十种缠缚,适然解脱,以速达本源自性清净、菩提涅槃故。"

是时,释迦牟尼如来告曼殊室利菩萨言:"吾今启请诸佛如来,令圣力加持一切菩萨摩诃萨,进修一切如来金刚三密三菩提法三摩地观,令诸菩萨心等虚空、性如法界,广度一切无尽众生。"又令曼殊室利菩萨摩诃萨,与一切菩萨一切众生,作为导首。

是时,曼殊室利菩萨对世尊大众菩萨前告言:"若有一切菩萨及一切众生,志求无上菩提,修持真实佛金刚圣性三摩地一切法者,一切法即一切有情心也。为有情心地法藏,有烦恼种性。

烦恼种性即是菩提性，则有情心处本性真净，空无所得，是故有情心是大圆镜智心处。菩萨于圆镜智心作志求，用功观照大圆镜智，心性觉证寂灭，即得了悟心镜莹净，莹净达空，即心证平等性智。证平等性智者，通悟达性本性实空，证入空中，心心心性如如性体地，名入如如智，则证妙观察智也。得入如如性清净圣智者，获得金刚成所作智，证菩提性成就圣智，是则名为四智菩提玄通观智，入一切佛心金刚三摩地。圣智相应则名瑜伽三密门，加持身口意如性真净，证性印三昧不空圣智金刚喻定三摩地。如来成就如是秘密故，令一切诸大菩萨摩诃萨及一切众生修学。"

其时大会诸菩萨众中，唯有十六大菩萨共曼殊室利，同愿同行修证大乘瑜伽金刚三密菩提三摩地，余诸一切十信菩萨如飏陀婆罗，声闻人如舍利弗等，不同曼殊，心等虚空，性如法界，广度有情。自诸菩萨、声闻人等，心量不广，小智有限，志愿下劣，过八十亿俱胝那庾多百千劫，修行菩萨道始满五波罗蜜。

是时，曼殊室利共十六菩萨摩诃萨，对于如来大众前，重发广大弘愿：愿我等心同虚空，广度有情；复愿一切众生，同我无尽大愿，我当救之无有休息；复愿我等，智身报身常现于六道四生众类有情之前，凡见我形，适然障灭，发菩提心，归向大乘，修习菩提，速超佛地。是时，狮子勇猛菩萨稽首白世尊言："是十六菩萨，如何修行秘密菩提，加被后学？"

佛言："一者，东方第一普贤菩萨，号金刚手，证入一切如来清净法身，转金刚法轮，令一切菩萨摩诃萨修佛心观；

"二者，不空王菩萨，号金刚钩召，自入三昧，召请一切如来作神通力，令一切菩萨修入菩提真如观；

"三者，摩罗菩萨，号金刚弓，成就金刚菩提入如来圣性圣力，加持一切菩萨身心性智，除去诸障，入迅疾金刚菩提实性观；

"四者，极喜王菩萨，号金刚喜波罗，证入毗卢佛心，出欢喜波罗形状，加持一切菩萨，入金刚菩提萨埵无我体性智空观；

“五者，南方第一虚空藏菩萨，号金刚藏王，自入三昧，出一切如来三昧光明照耀，加持一切菩萨摩诃萨，修入金刚菩提轮三摩地法空观；

“六者，大威德光菩萨，号金刚光明，证入毗卢佛心，出金刚日轮三昧，加持一切菩萨摩诃萨，令修入金刚三密佛三摩地，得证日轮菩提一性观；

“七者，宝幢摩尼菩萨，号金刚幢，自入三昧，出金刚秘密法藏圣力，加持令一切菩萨，证入无动地涅槃佛性无心观；

“八者，常喜悦菩萨，号金刚喜智，自入金刚欢悦实性三摩地，令一切菩萨摩诃萨，证悦意性清净金刚实际观；

“九者，西方第一观自在王菩萨，号金刚眼，自入三昧已，令一切众生，住三摩地性同为一体，量等法界圣力，加持一切微尘数佛刹中一切菩萨摩诃萨，令入圣性自在神用诸佛慈心净土观；

“十者，曼殊室利菩萨摩诃萨，号灌顶王金刚慧，自入首楞严三昧，加持微尘数佛刹世界诸大菩萨摩诃萨，修入一切如来金刚三摩地，证金刚慧剑，挥灭一切众生烦恼罪障，成就一切众生，修证无上正等菩提观；

“十一者，妙慧法轮菩萨，号金刚场，自入法性轮三昧，加持一切菩萨摩诃萨，证得瑜伽三密三摩地圣性相应，同等神通自在圣力，修证法性法轮三摩地观；

“十二者，圣意无言菩萨，号金刚圣语，自入文字般若无相三昧，加持一切诸大菩萨摩诃萨，令自勤修证三密三摩地，入法界佛性法身圣性观；

“十三者，北方第一毗首羯磨菩萨，号金刚毗首羯磨转法轮王，自证毗卢遮那佛心，出生一切金刚萨埵毗首羯磨，令诸菩萨观照自性心地，证得诸佛智镜金刚瑜伽三密三菩提，圆通一切金刚三摩地观；

“十四者，难敌精进力菩萨，号金刚慈力迅疾灌顶，自入金刚智地三昧，圣力加持一切菩萨摩诃萨，得难敌圣力精进道行，疾入如来金刚甲胄体性三菩提观；

“十五者，摧一切魔怨菩萨，号金刚暴怒神通，自入三昧，出金刚牙器杖，作降伏暴怒，神通加持一切菩萨摩诃萨，成就金刚牙安立世界中，暴怒恐怖摧伏一切天魔，及一切自性烦恼魔，令入圣智自性三密迅疾金刚观；

“十六者，金刚拳法界王菩萨摩诃萨，号坚迹金刚界，自入月轮心莹净自性智镜三昧，入一切佛心金刚萨埵菩提地，出一切佛世界微尘数如来，加持一切菩萨摩诃萨，令修证入一切平等性智三摩地，证金刚甚深一切法义，成就菩提，速超入一切如来毗卢遮那法身智镜性，则见自身同如来形，证入金刚界性，成就一切如来法智身佛五眼观。是为十六菩萨自证观门，令一切菩萨修学。”

尔时则是一切如来出现为作证明，同声赞言：“善哉善哉！曼殊、普贤十六大士，能从往昔无量劫来，发弘大愿而度有情，心等虚空无有休歇，殊胜之愿不可说不可说，不可思议。”其时复有六大金刚出现，亦同赞叹十六大士深德之行而作证明，复同声发大誓愿：“我等亦同曼殊、普贤等往昔行愿，奉如来教守护佛法，不令天魔诸恶外道恼乱搅扰；复愿尽于未来之际心等法界，荷护一切众生同到菩提成无上道。”

尔时，释迦牟尼如来告狮子勇猛菩萨等：“于往昔久远世时，有狮子臆世界，其中有佛号离垢幢如来，坐满月光明道场。彼菩萨众会之中，有所谓上方妙乐欢喜世界上意菩萨、下方金刚界地天世界持世菩萨、东方无极日曜世界普明菩萨，次则东南方最胜表色琉璃世界不思议菩萨、南方无垢世界广意菩萨、西南方白色玻璃世界无边智菩萨、西方无量寿世界无边音声吼手菩萨、西北方殊妙红色世界益音菩萨，又有北方不空宝月世界无尽慧眼菩萨、东北方金色世界贤护菩萨，此十大士菩萨与毗卢遮那，入十方世界，作十方菩萨主。教化修持，皆经无量微尘数劫，承事诸佛世尊，为度有情修持如来秘密三摩地观，发大誓愿：于后末世有佛出世，我等皆为出现而作证明！”

是时十方大菩萨俱在会坐。世尊告言：“汝等本自修行观门如来瑜伽秘密法教，当自说之。”

时上方妙乐欢喜世界上意菩萨，尊佛教旨，顶礼合掌而自陈说：“当来一切诸菩萨，修入菩提性圣智，证如来金刚三密三摩地，照见自性，入无动涅槃无性观者，识心妄想如来圣性，二义和合成熟金刚圣智，菩提大法，则能证得自体法界菩提。云何方便而证入无性观？菩萨先须当心观照本性寂静，悟入灭尽定，得心识性证见清净。唯清唯净，证见圣性，自性如如，一道寂净，悟达本源，反照见静，唯照唯莹，唯莹唯净，唯寂唯圣，是则名为菩萨得入无动涅槃无性观。”

其次，下方金刚界地天世界持世菩萨，自对如来前陈说秘密法：“当来一切菩萨修学金刚菩提甚深法忍实性观者，得入金刚，持世海性置金刚界地建立，所依世界无有障碍，等如虚空无差别相，皆是本源毗卢遮那如来，金刚体性坚固秘法性海中安立。是一切菩萨修习菩提解脱圣道，成就如此世界一切众生令同一性，达一切如来三摩地，圣智相应，同入菩提，入于如来功德性海，得成诸佛菩萨解脱之门，游戏神通合同本愿力故。起大悲心，誓度有情，悉归诸佛金刚菩提性海。云何疾得入此方便而证此观？即自心眼应当观照，入自心性性体法界，得见自性心体，证于如来金刚圣性，洞达法空无边觉智，大寂慧空观其大智，入心心空，证空复空，心如虚空同于法界，了了见性，名证自性圣智法体，是本心生，神通自在，清虚一静，法同法性真如实际。若达此性，则名金刚菩提甚深法忍实性观。”

其次，东方无极日耀世界普明菩萨，稽首如来言：“诸大菩萨住清净真如法藏真际观，则得入于毗卢遮那如来三昧性海法藏法身之中，亦见自身中平等体性法界虚空，示现于我自性法界平等体性中，廓周法界，自在无碍，出入神用无边性海，普皆包纳十方三世，一切众生悉皆显现。复现诸佛三昧大智光明无相性海，成就一切诸佛功德法藏，显示如来诸大愿海及诸菩萨摩诃萨行愿一切，诸佛法轮，流出无尽般若波罗蜜，令诸菩萨演说护持使不断绝。入诸佛法界身，现一切诸佛国土，于此国土复显出微尘佛刹。所有微尘佛刹一一微尘中，复有诸佛净土，于佛净土中有微尘数诸佛，令一切菩萨及一切有情众生同愿修持，入此性净真际观门。云何应得修入此观？菩萨则当观照心地觉用心智，唯照心性，细细观觉，觉照心体，见性无动，证觉不动，即能常用，用观体智，见性清净，性自离念，离念无物，心等虚空，即证圣智，如如圣性，二俱澄寂，空同无体，性体虚静，是则名为证入真如法界性印法藏真际观门。”

其次则东南方青色琉璃世界，不思议菩萨摩诃萨当如来前陈说观门：“若有一切诸大菩萨摩诃萨及一切有情众生，欲得速入无上菩提者，先当修习金刚三摩地五眼无障观。菩萨摩诃萨住此金刚三摩地者，善能晓知一切诸法如来深密明智，知诸佛法性自在圣智，法界空性无动无转，疾入如来十种性海三摩地。一者，证入性海三摩地意三业行，一切诸罪尽皆消灭；二者，身三业中杀盗淫罪，亦皆消灭；三者，消灭四种口过诸罪不善，能以慧眼照见五阴空故；四者，消灭一切众罪，入无生心，无动慧智，神用自在；五者，了别法相，入第一义，观照谛察修入菩提，圣性佛智悉皆圆满；六者，广行菩萨行，示现圣智，开示悟入诸佛菩提性地；七者，得见种种因缘差别不同，能令善知如来诸法一切义故；八者，广通诸佛智慧，入法圣地般若性海；九者，行诸佛甚深菩提行，能令自心他心悟入百法明门，速令具足一切诸佛智故；十者，修证入此诸佛本愿无边性海三摩地者，令自身他身得入无上正等地，悉使成就诸佛圣行如来法身菩提法藏。

“云何修习得入此观？菩萨用自心智眼内观澄寂，智眼照见五蕴性空,智眼寂静,寂智同体,观见意净,静照无见,名见肉眼。观用心眼,智见相应,用照寂体,心眼无碍,智眼明净,名见天眼。谛观识用了别体静,识用智明慧观照性,了见法性,名见慧眼。谛观法智所知,了见法义无边圣性,能见自性慧体,名见法眼。观照寂灭,觉了寂静,性同法界法性无体,觉即真净,无觉实际,了了见性,名见佛眼。是名金刚三摩地五眼圣性无障观。"

其次,南方无垢世界广意菩萨言:"我今欲令一切菩萨修持金刚秘密首楞严三昧性海。其首楞严三昧者,譬如虚空,无有内外,一切无碍,亦无动摇。诸佛一切神通自在法性圣智慧海,总是首楞严金刚三昧王摄。所以者何?一切众生根本赖耶含藏之识尘劳种子,犹如微尘,甚深密细,难可得见,如何相舍而得出离?若修金刚首楞严三昧者,则得出离。不假功力,谛观本心,玄入心地,到于法藏真如性海当自消灭。云何修此楞严三昧?当心照看细细观性,用慧方便智灯照入,即见心定,如如不动,智性寂静,空无有性,用慧细观,澄心见性,本源体净,证性清净,唯静唯正,唯寂唯静,了了见性,是名正定楞严本静。如此用功,不入邪定,证法身如如,得名究竟。"

其次,西南方白色玻璃世界无边智菩萨而白佛言:"我为现在一切菩萨陈说秘密,令觉平等性智现证菩提心观。菩提心者,不属因亦不属缘,不可名言,似有为法而可立相,非是造作,亦非不造作。如是菩提无量功德,微妙事业无有形相。菩提心者,不可名心,亦不可说名为无心,不可说名为色,亦不可说名为无色。如是菩提无量功德,微妙清净永不可得,同法界故。是故一切菩萨当发如来四无量心。如来心者,同于法界圣性金刚,等若虚空。云何修入菩提心观?当用其心,观心见心,心眼见性,了了分明,见性无见,心净意寂,识用性静,寂照静无,见尘灭定,俱等身中,澄寂证静,不见身根与触同性,修是观门得阿耨多罗三藐三菩提。"

其次,西方无量寿世界无边音声吼手菩萨启白世尊:"若有菩萨如实知见，令受心法，入心意念，则名受法，已受得法，则是受者，心即无念，意即无思，名心无动，于心无动，是真念佛，得入净土。云何修入观门？证得法性诸佛净土，先当自心观本觉体，照见心性内心外缘，内觉心起即觉外缘，但观内心，心寂无始，圆照寂灭，觉悟无物，细观心性，六识俱泯，五蕴自空，觉证寂静，得心心空，灭尽痴定，三毒一体，觉了同性，唯真唯正，法身寂定，入佛净土观，得阿耨多罗三藐三菩提。”

其次，西北方红色摩尼世界殊胜益意菩萨启白世尊："若有菩萨求菩提时，修持无碍法性观者，先当发愿起大悲心，谛观心性清净无物，用觉证定，见性寂静，唯照唯寂，唯用唯静，照见心灵虚朗莹净，廓然明达无有边际，如月在空清彻法界，神用圣性等空无碍。法性无碍者，法本不生，今则无灭，菩提不增，波罗蜜多不减。若菩萨住此法性观门，修学无上正等菩提者，速超法界，疾得阿耨多罗三藐三菩提。”

其次，北方不空宝月世界无尽慧眼菩萨而白佛言："菩提之性体无染污，亦无色象，菩提之性与空俱等，菩提之性同于法界，法界性者，等同平等，平等性者，则同究竟，心性寂静同为一体。是故菩提圣性无一无二，亦无别异。如此证者真同法性，不执于入，不执于出，如来圣性，无出入处，法智圣慧，明达无障，神用寂灭，无相无境。云何名为无相无境？不取眼识，名为无相；不观色尘，名为无境；乃至不随意识了别，名为无相；不观外缘心无妄想，名为无境。法性本如，相境亦静，二相无别，同体一性。何以故？入佛三昧性，同等至菩提性境，等无有异。是故证入无二法性观者，无上菩提速得圆满。”

最后，东北方金色世界贤护菩萨启白世尊："一切如来，无尽不坏金刚福田圣性圣慧，自在神通如幻三昧，若欲修持，先当修入十种殊特甚深难胜诸佛圣行：一者，修行达悟菩提心，证虚空无意识想，自性清净如如真静，自性本空，体性寂静如幻三昧；二者，修持得入法位圣性圣慧，超越二谛，一体真如同于如来智海佛性如幻三昧；三者，如说修行入于圣性金刚三摩地，不住佛法亦不住菩提，不证道果亦不见于罪，行八邪道入佛圣行，性同一体法身圣性如幻三昧；四者，修习不舍三业证三脱门，入于世谛，行菩萨道，从是三昧，起声闻心，入声香界，不着三世；性同真如如幻三昧；五者，修持而行空法，示现住于声闻形相威仪，盛行非道，见行非行，于非行中持净梵行，接引众生，能行非相，得达菩提，入于佛道，是名圣行如幻三昧；六者，修行无相入十二缘，证圣心量，不习二谛，缘觉断妄，住烦恼性，不入有障，盛行有为，不着法相，现辟支身，作世尊像，引归大乘，成就无上阿耨菩提，一切回向，是名回向菩提如幻三昧；七者，修学常观无碍智慧，辩才说法，导引有情众生入佛法性，遍于一切，不染世间，入涅槃静，恒住苦海，常在禅定，不入于定，住于三昧，不在三摩地，名为如幻三昧；八者，修行能现有相住于非相，而入诸欲不染于行，离众生见执着结缚，向世间心住净常乐出三界心，名为幻乐如幻三昧；九者，修行现凡夫事不著三界，入于邪道不染贪爱，住世谛中离痴五盖，入三毒根不住五欲，证于空性法满具足，在阴界心智慧如烛，证解脱门出离五欲，名为无着如幻三昧；十者，修学不坏世法而住涅槃，于生死海不犯八难，住于三界不为系缚，如是住者当证无见，于五欲法实无所犯，不着世谛，是则名为如幻三昧，殊特难胜真实圣行无尽福田。

"若有一切菩萨次第修行如幻三昧者，先当证悟诸佛三密圣行无量圣性金刚圣力三摩地，然后得证如幻三昧，迅疾玄悟入一切诸佛金刚圣性实际三摩地观。云何习学？当了一切三昧实无可得，如幻无定，自性真如，诸法寂静，证寂体性，空无所有，是故如来一切诸法皆悉如幻，三世众生悉亦如幻，有情无情及诸贤圣皆当如幻。何以故？为由于业随业流转之所化故。若欲修者，又应先发大慈、大悲、大愿、大行如幻圣性，然后修习无上正等菩提观门，用慧照性，见圆镜智，心眼处观，见心体性，唯观唯定，唯定唯正,圣智圆明,唯寂唯静,入自真如,同佛体性,达金刚际,神用自圣,作如是用功,证金刚喻定,速得成佛同如来圣。”

是时释迦牟尼世尊共一切贤圣同声赞叹:“善哉善哉!能以真实无漏慧智,演诸如来金刚妙性秘密圣教。”是时舍卫国大会诸众叹未曾有,咸皆悟解,欢喜无尽,信受奉行。

其时菩萨众会之中,有一菩萨名曰普眼,稽首顶礼而白佛言:“普贤菩萨今何所在?”

世尊报言普眼:“普贤菩萨今现在此道场众会,初无动移。”是时普眼周遍求觅不可得见。

世尊语普眼曰:“普贤菩萨住于法性之身,甚深微妙不可说见,获无边智慧金刚性身,同于如来法身清净,证得无碍实际,是故汝等不能见尔。”

是时普眼菩萨白佛言:“世尊!我已入十千阿僧祇三昧,求见普贤菩萨,而复毕竟不可得见其身相好,普贤之行及彼身业语业意业、坐立行住悉皆求觅都无所见。”

佛言:“如是如是。譬如幻中种种幻相,所幻住处尚不可得见,何况普贤菩萨秘密身相体同虚空,身亦秘密?语亦秘密,意亦秘密。当知普贤圣力自在不可思议,而于法界能入能出,能见能现,能隐能没。何以故?普贤菩萨境界甚深,不可比度,难思难测,唯佛能知,无有量,已过量。举要言之,普贤菩萨以金刚慧三昧,普入圣性同一切法性法界,于一切世界无所依止。普贤知一切众生身心皆空,无去无来,性同普贤无有差别,无依无作,性无动转,至于法界到究竟处。譬如虚空,虚空之性不可得见,普贤身心亦复如是。”

尔时世尊告普贤菩萨摩诃萨:“汝乃于过去世来久远值遇诸佛如来,汝曾见闻毗卢遮那如来出世之时遇佛闻法,是谁为首,是谁为师,令发菩提之心引化成佛?”

普贤菩萨向佛作礼,合掌恭敬而白佛言:“世尊!我念往昔久远以前，有曼殊室利大士菩萨，出世教化无量微尘数一切众生，令发菩提之心，修金刚三密三摩地，尽当成佛。又更尔时曼殊室利，广弘大愿：愿我心等虚空，遍同法界，如太空中法界无尽，我则当自尽其志力，广度苍生无有休歇。复向大众之中告言：'诸仁者，谁能与我同愿同行，与我为子，绍继我法，我则为说大乘瑜伽金刚秘密圣性三摩地成等正觉无上菩提广大因缘。'时彼此众中，有五仁者大丈夫，发大声言：'我能依此大愿，大行广度众生，心同虚空亦无休歇。'曼殊室利菩萨告言：'善男子！汝等五仁大丈夫，能同吾发行立愿，汝即真是吾子，吾即与汝五仁同其心故，广度苍生尽未来际。'其时五仁者，一名毗卢遮那，二名阿閦，三名宝生，四名观自在王，五名不空成就。

"是五仁者便配五方，各住一处金刚性海三摩地世界，导引有情，教化苍生。是时，五仁启曼殊室利菩萨：'唯愿仁者与我说一切诸法为有为无？'曼殊室利答言：'亦有亦无。复有二种之义：一者，有我法、无我法二义。执我执法者，即于我法之中，有障有碍，有遍计所执性，则是慧性不能明彻自在用故。无我执无法执者，即于我法之中通达无碍，无遍计所执性，则得慧性明彻自在用故。二者，心真如、心根本自性清净。二义心真如者，为执真如作有为相，即自执着我性根本，自性垢故，不得清净，于一切处有障有碍，则生烦恼贪、瞋、痴故，任运系缚，处处生灭我性苦故。心根本自性清净者，为自性本来寂静无障无碍，则真如无为遍一切处，与根本自性清净性同空故。是以性等真如根本清净，自性同体圣性空故，无缚无解毕竟清净，性体寂静故。'

"是五仁者大丈夫，闻说无上菩提正真妙法，心大欢喜，即起作礼，重启曼殊室利菩萨言：'仁者！今我身中心性，与大士菩萨，并一切众生，心性妙智同一性不？'曼殊室利答言：'吾与汝五仁及一切众生心性，等同一体，无有别异，净如琉璃，内外明彻，无有增减，悉同清净。是故善男子，汝当谛信，佛说我心无主，身亦无我，名曰摩诃金刚般若波罗蜜多，为身心性具足一切法，亦同如来智身法身。何以故？身如性相，同体无别，常住首楞严三昧性三摩地，性净清彻，则得随名解脱。如名毗卢遮那者，身心清净性智菩提得圆满是。如名阿閦者，身心无动，性亦无相，大圆镜智菩提圆通是。如名宝生者，身心平等性智菩提一静一性是。如名观自在王者，身心清净妙观察智，圣慧通达金刚菩提是。如名不空成就者，身心智量性等虚空形同法界，圣性圣慧成所作智，自在神通悉地成就一切菩提解脱是。'"

尔时普贤菩萨陈往事已。如来说言："如五仁大丈夫智性，须假大士曼殊室利金刚般若慧为身心主，成就一切法圣智性，身心成熟，慧性圆明，法满成就，乃能证得阿耨多罗三藐三菩提。"

尔时，释迦牟尼如来说一切菩萨修学大乘，求无上正等菩提者，入四十二位修证，所谓三贤、十圣地、等觉、妙觉佛地。菩萨于大乘法中，广发大愿，行菩萨道地前次第，凡有二义。云何有二？一者外凡，二者内凡。云何名为外凡？所谓菩萨持五戒十善，修诸业行，学习六波罗蜜，散心修持得生天上，亦生人间成有为福受，有漏快乐故。云何内凡？所谓菩萨学习菩提无为无漏福，即三贤位：一者下贤，二者中贤，三者上贤。下贤菩萨者，修学十信行得十住行，相扶接引为信成就故。中贤菩萨者，修学十住行得十回向，相扶接引名为解行成就故。上贤菩萨者，修持十回向进学暖、顶、忍、世第一法，成就圣胎渐登圣位故。此三贤位，纯在有漏修学。

次第说十圣位、等、妙二地，漏无漏有四等：一者，下等，六地以下位菩萨，修学三密三摩地者，名为随相行用，修行入定半有漏半无漏，入定即无漏，出定即有漏故。二者，中等，七地位菩萨，修学三密三摩地者，名为无相用，修持入定者，住于三昧，则得分证无漏圣道，渐证修行入菩提道次第成就故。三者，上等，八地位菩萨乃至法云地菩萨，修学三密三摩地者，是名无功用定，住是三昧得名纯无漏道，证入金刚性运通，无为自在神力无相，无功用任运成就，得登佛地进成菩提故。四者，最上殊胜等觉、妙觉二位菩萨，修入佛地，住如来三摩地故，得三种意生身，证金刚法界圣性三昧，与真如同无相无念念，一念慧得金刚喻定，同佛不坏金刚性，入无为圣智道圣性相应，则成无上正等菩提智身法身满足故，名为如来。

是故如来说一切菩萨及一切众生，修学如来无上菩提者，依一切诸佛金刚圣觉智修行得入佛地。云何入圣觉智得入佛地？菩萨修入圣智者，则是觉也。觉者佛也，觉诸有情圣智相应，是名众生本自觉也。觉本心源即名了见烦恼性者，是名菩提性也。菩提性者，则是法身佛也。是故诸菩萨及一切众生求于无上菩提者，常当修持如来一切觉。一切觉者是名一觉，觉诸情识空寂无生。何以故？决定本性本无动摇，一切境界本自是空，一切识识本来空性，一切境识本即是空。

如何言见？见即为妄。何以故？一切万有本自于空，无生无相本来不有，本不自名悉皆空寂，一切法相亦复如是，一切众生身亦如是。云何有见？本来清净故，是名本觉，觉本净性，清彻无处，名为法身智身满足。觉本心性体静无生，离众生垢故，觉本无寂，离涅槃性故，觉应诸法于一切法无住动故，无动无住如菩提故。譬如毗楞伽宝随色而应，同为一体无有分别，如来佛性随情皆有，悉应清净，众生德感亦复如是。菩萨若证心无所住，无有出入，得同庵摩罗清净佛识故。是故一切大众菩萨摩诃萨，应当修学。

尔时，世尊向大道场众会之中，告诸菩萨摩诃萨众，及诸声闻、大梵天王，并诸天梵众、龙神八部，四众弟子诸善男子、善女人等："吾从往昔于毗卢遮那世尊，听受瑜伽秘密金刚菩提三密三摩地法圣性之教，曼殊室利导引于吾，今得成佛，号为释迦牟尼如来。如是大会诸大菩萨众应共启请曼殊室利菩萨，与汝大众为师上首，当引大众总皆成佛，吾于当来末世之时，亦助曼殊广化群品。”

尔时大会诸菩萨等，即依如来教命礼敬曼殊称为师首。是时，曼殊室利菩萨从坐而起，稽首如来，长跪合掌，叉手向佛而白世尊：“我依如来指示，不敢违越，唯愿世尊加被于我。”大会诸众咸皆欢喜，顶礼世尊，信受奉行。

卷十

持世经

初　品

持世菩萨摩诃萨合掌向佛白言:"世尊！云何菩萨摩诃萨能善知诸法实相,亦善分别诸法之相,亦能得念力,亦善分别一切法章句慧,亦转身成就不断念,乃至得阿耨多罗三藐三菩提?"

尔时,世尊告持世菩萨言:"善哉善哉！持世！汝能为诸菩萨摩诃萨故问如来是事,利益安乐诸天世人,亦为今世后世诸菩萨等作大光明,汝之功德不可限量。汝欲于后世守护正法,于后恐怖恶世欲度众生。汝今谛听,吾当为汝解说。持世！诸菩萨摩诃萨见四利故,勤修习诸法实相,亦善分别诸法之相。何等四?当得具足念,当得不断念,当以安慧而自增长念常在心。

"持世！复见四利。何等四?当善知决定诸法义,当善知诸法义,当善知诸法种种因缘,当善入诸法如实门。持世！复见四利。何等四?当善知无量法相,当修习善知决定无量法,当行无量功德而自增长,当知见诸法生灭相。持世！是为诸菩萨摩诃萨见四利故,勤修诸法实相,亦善分别诸法之相。

"持世！诸菩萨摩诃萨见四利能求念力。何等四?当修习具足念根,当行安慧,当具足不断念,当修习具足四念处。

"持世！诸菩萨摩诃萨有四法名得念力。何等四?念安慧故常勤精进不休不息,常一其心得诸法实相故,常不放逸,正忆念诸法故,常护诸根正思惟故。

"持世！诸菩萨摩诃萨见四利,能修习一切法分别章句慧。

何等四？当善知一切诸法实相，当分别一切法所因，当知诸法决定义，当善知一切法语言章句，分别知了义未了义经。

“持世！诸菩萨摩诃萨有四法，转身常得不断念乃至得阿耨多罗三藐三菩提。何等四？明了善不善法，成就第一念安慧，能离五盖心，终不忘念阿耨多罗三藐三菩提心。持世！复有四法。何等四？得诸陀罗尼门，亦修习无生智，入于尽智，亦观于灭智。

“持世！复有四法。何等四？断于爱恚，不贪着一切有为无为法，心通达无为智慧，至如来所行处。持世！是为诸菩萨有四法，转身常得不断念乃至得阿耨多罗三藐三菩提。持世！诸菩萨摩诃萨有五净智力，皆具足能得如上功德。何等五？深心净智力，愿净智力，善根净智力，回向净智力，障业净智力。

“持世！复有五净智力，何等五？舍心净智力，利益众生净智力，生大慈净智力，生大悲净智力，生大喜大舍净智力。持世！复有五净智力。何等五？持戒净智力，不着持戒净智力，忍辱净智力，不着忍辱净智力，多闻净智力。持世！复有五净智力。何等五？慧净智力，多闻决定方便净智力，世间出世间净智力，慧方便净智力，有为无为净智力。持世！是为诸菩萨摩诃萨有是五净智力，疾得具足如是一切功德。持世！以是利故，诸菩萨摩诃萨于是净智力中应勤修习。

“持世！诸菩萨摩诃萨成就三法，于是净智力中能勤修习。何等三？一者欲，二者精进，三者不放逸。何以故？持世！欲精进不放逸，皆是一切法根本，亦名为精进不退者，亦名不退法者。以此功德自得增长，于一切法中疾得净智力。持世！若有人如是一切法中得清净智力者，是为世间福田，是人次我能消供养，是人能至如来行处，是人能观如来法，是人不久能证如来智慧，是人亦转法轮，如我今转，是人亦师子吼，如我今师子吼，自然于一切法中得自在力，如我今也。持世！汝等于此净智力中当勤精进，不久自然具足一切智慧。

“持世！诸佛阿耨多罗三藐三菩提，皆以欲精进不放逸为根本，及余助道法，能具足佛法者。持世！我以如是精进得值二十亿佛，于诸法中世世成就念力，世世得识宿命，修习是法不休不息，我终不失是欲精进不放逸，我常成就欲精进不放逸。诸善男子！今世众生少有于是法中能行欲，能行精进，能行不放逸。若信受如是甚深清净法，能至佛慧，是为希有，何况能信解如来所行？诸善男子！我常长夜庄严如是愿，如是精进忍辱行，利益无量阿僧祇众生。诸善男子！当知如来恩力本清净愿精进故。

“诸善男子！是贤劫中诸佛出世，无不赞我作如是言：‘释迦牟尼佛深行精进，具足精进，具足精进波罗蜜，出于五浊，利益无量阿僧祇众生。’诸善男子！我今虽得阿耨多罗三藐三菩提，精进犹不休息，至涅槃时犹发精进，碎身骨如芥子解散支节。何以故？怜愍未来世众生故。我先世行菩萨道时，所化众生或行有错谬堕诸难处，欲免济之起大悲心，分布舍利乃至如芥子皆与神力。我灭度后若有众生，应以舍利度者，心得清净心，得清净已，处处地中随愿成就。我以如是无量福德因缘大悲心故，于后恶世普覆众生。

“诸善男子！若诸菩萨于此法中能生欲精进不放逸，必发是愿：于后末世受持读诵为人广说如是等经。我当以神力加护诸善男子。随是经所住，当知其土有佛不灭。是故如来以是经嘱累诸菩萨。诸善男子！当知我宿世以如是因缘摄取众生，今世亦复摄取众生，后世亦复摄取众生。所谓护念如是经法，于后五百岁普流布故，以是因缘，我说诸佛即是法身，以见法故则为见佛。佛不应以色身见。若人信法听法，于此法中，能如是修行，是人则为见佛，是人名为实语者、法语者、随法行者。

“诸善男子！我身非法非非法，是名随法行，是名第一法施。所谓不贪着法，不贪着非法。何以故？若贪着法者不名见佛。若于一切法中无所见者，是名见佛。何以故？如来不可以法说，不可以非法说,亦不可以法见。若知我法如筏喻者,法尚应舍,何况非法?如来名为舍一切法者,不贪不受诸法名字,不堕法名字中,何况堕非法名字中?诸善男子!若一切法不可得,舍离一切法,是中即无戏论,是法是非法名字,无行无示,是名见如来。若能如是见如来者,是名正见。若异见者名为邪见,若邪见者则为妄见,是人不名为真见。

“诸善男子!真见者断一切语言道,非真非妄,非有非无,离一切法,不取一切法,不得一切法。诸善男子!汝等应如是见如来。如是观者,当知一切法皆是如来,当得一切法如,当得一切法实相,当得一切法非虚妄相,当知一切法是如来法,当知一切法是如来所行处,当知一切法是不可思议行处。诸善男子!是故我说一切法是如来行处,如来行处是无行处。何以故?一切法行处,是中无法可行,是故说无行处是如来行处,如来通达证是法故,是名无行处是如来行处。

“诸善男子!能知一切法无行处,是人能入如来行处,是人能观如来行处,是人能求如来行处,是人亦不贪着如来行处。何以故?是人知无行处是如来行处,是名入智行处,不入一切法故。何以故?一切法无门故,以是门入。诸善男子!一切法无入,无出,无形。所以者何?如来于法无所得,何法若出,若入,若见?若说一切法无合无散,无缚无解,是一切法门以无门故,说是门名为不可出门、不可入门,不可归门、不可说门,毕竟无生门。以是法门,于法无所知无所见。以是法门,于法无所证无所入。若有善男子、善女人,能入是法门者,则入一切法门,则知一切法门,则说一切法门。”

五阴品

尔时,佛告持世菩萨:“诸菩萨摩诃萨勤修习如是法门,入是法方便门，能得分别阴方便、界方便、入方便、因缘生法方便、八圣道分方便、世间出世间法方便、分别有为无为法方便。”

“持世！何谓菩萨分别五阴方便，诸菩萨摩诃萨正观五取阴？诸菩萨云何分别观择色取阴？是色取阴无有自性，但以四大和合，假名为色阴。色阴无有作者，非阴是色阴，凡夫于此无阴阴想，以颠倒心，贪着色已，于色中依止我我所，行种种恶不善业。我等不应随凡夫学。应正观色阴，知同水沫聚，但从众缘生，不可执捉无有坚牢，水沫聚中无有聚相，无聚是水沫聚，色阴亦如是。色阴中无有阴相，我等应当善知修习色无相方便，不贪着色相。若人贪着色相，即贪着色。我等应善知入色相，是色阴皆从凡夫忆想分别起。

“若法从忆想分别起，即是不生，一切忆想分别皆非真实，见色性如梦，譬如梦中色，皆从忆想分别觉观起，色相无有决定，色阴相亦如是。从先世业因缘出，无有决定性，诸菩萨如是思惟不取色。若我若我所于色中，爱念贪着皆悉除断，善知色正相，善知色平等相，善知色灭相，善知色灭道相。如是内色不贪不受，外色不贪不受，即知一切色阴是无生相，是菩萨尔时不灭色亦不求灭色法。

“持世！何谓菩萨观择受取阴？菩萨作是思惟，是苦受、乐受、不苦不乐受，皆从因缘生，属诸因缘入受相中。此中无有受者，但以贪着故，贪着即是不真虚妄，从忆想分别起，是凡夫为虚妄受所缚，为三受所害。若受乐，为爱结所使，能起恶业。若受苦，为恚结所使，起诸恶业。若受不苦不乐受，为无明结所使，不脱忧悲苦恼。我等今不应随凡夫学。应作是念，非阴是受阴，从忆想分别起，颠倒相应无有受者。但从先世业因，今世缘故。受自性空，受中无有受相，譬如雨滴水泡，有生有灭无有决定。

“凡夫可愍，为诸受所制，为诸受所缚，驰走往来从身至身，轮转五道无有休息。不知受阴如实相，我等今不应随凡夫学。应知受阴无所从来，无有所属，无法能生受者。但从颠倒相应，虚妄因缘相续。今于乐受中除却爱结，苦受中除却恚结，不苦不乐受中知见无明结故，勤行精进，如实知三受相。尔时有所受若苦、若乐、若不苦不乐，皆离不着。知受阴如实无常，不为诸受所污。知受阴集，受阴灭，受阴灭道，然后如实知受阴是无生相。以无生相，通达受阴无相。

“持世！何谓诸菩萨观择想阴？菩萨正观想阴，皆从颠倒起，虚妄不坚不实。从本以来不生相，以因缘和合起。非阴是想阴，想阴中无想阴相，譬如春后日焰，以名字故说名为焰，随想阴亦如是。此中若内若外，无有想者。凡夫虚妄想所系故，或识贪欲，或识瞋恚，或识愚痴，依止是想阴贪着虚妄，以是想阴驰走往来。以我相、彼相、男女相，系于想阴不能得脱。我等不应随凡夫学。正观想阴，中想阴相不可得。如焰阴中焰，不分别若我若彼，即行灭想受阴道。通达想阴是无生，不见想阴若来处若去处，如实知想阴集灭尽，则离想阴欲染，亦能行断想阴欲染道。

“持世！何谓菩萨观择行阴？观行阴从颠倒起，虚妄忆想分别假借，无有根本，羸劣无力，以众缘和合，名说行阴，是中无有真实行阴。无阴是行阴，从本以来不生是行阴。无性是行阴，诸行前际不可得，后际不可得，中际不可得，无有住时。诸行念念生灭，是诸凡夫为行阴所系，贪着所缚。不知行阴性，入无明痴冥，于诸行中生真实想，以颠倒故，贪着受取行阴，起乐行已得乐身，起苦行已得苦身，起不苦不乐行已，得不苦不乐身。是人得乐身已生爱，得苦身已生恚，得不苦不乐身已生痴。是人以爱恚痴故，不见诸行过恶，不能清净身口意行。不清净故，堕不清净道。诸菩萨摩诃萨应如是正观，今我等不应随凡夫学。应观行阴过恶，应求出行阴道，即观诸行空，见行阴无所从来，去无所至，不得诸行决定生相，亦不得决定灭相，譬如芭蕉坚牢相不可得，无坚牢相亦不可得。即观诸行无生灭相，生厌离心，亦不生离证诸行无生相，而善通达诸行相。

“持世！何谓诸菩萨正观择识阴？诸菩萨摩诃萨观非阴是识阴，颠倒阴是识阴，虚妄阴是识阴。

“何以故？是识阴从颠倒起，虚妄缘所系，从识而生。有所识故名之为识，从忆想分别觉观生，假借而有，有所识故数名为识。以识诸物故，以起心业故，以思惟故，众缘生相故，起种种思惟故，数名识阴，或名为心，或名为意，或名为识，皆是意业分别故，如是非阴是识阴。何以故？是识阴从众因缘生无自性，次第相续生，念念生灭，是识终不生阴相。何以故？是识阴生相不可得决定相，根本无所有故。凡夫于非识阴生识阴想，以觉观分别忆想颠倒相应虚妄所缚故，贪着内识，贪着外识，贪着内外识。以识相故，分别起识阴，以忆想分别，假借强名是心，是意，是识，凡夫贪着识阴，为识阴所缚，心意识合故。贪着见闻觉知法，驰走往来，所谓从此世至彼世，从彼世至此世。或起善识，或起不善识，或起善不善识。是人常随识行，不知识所生处，不知识如实相。

“诸菩萨摩诃萨于此中如是正观，知识阴从虚妄识起。所谓见闻觉知法中众因缘生，无法生法想，我等不应随凡夫学，知识阴虚妄不实，从本以来常不生相，知非阴是识阴，幻阴是识阴，譬如幻所化人识，不在内，亦不在外，不在中间，识性亦如是。知识皆无常、苦、不净、无我。凡夫为虚妄相应所缚故，于识阴中贪着若我若我所。若起下思得下身，若起上思得上身，若起中思得中身。是人随心意识力故，生依止诸入，贪着识阴故，不脱生老病死忧悲苦恼。菩萨于此中如实观识阴无常相，所谓如实知识，如实知识集，如实知识灭，如实知识灭道，能坏识阴，能断一切相，知识阴集灭相，亦通达识阴集灭相。菩萨尔时亦不生识阴，亦不灭识阴，不分别识灭相，通达识阴无生相，从本以来常毕竟空。如是观识阴时，即知识阴是无作无起相，不贪不着。

“持世！若菩萨能如是方便入五阴，能如是方便正观五阴，是名通达入五阴，集灭道皆能断诸阴相，真知五阴方便。以是方便，故于五取阴中不贪、不着、不缚、不系。如是观时，能知五取阴微细生灭相。持世！菩萨观众生初入胎歌罗逻时，先五阴灭即更有五阴生，虽先识灭亦知五阴非断灭相，识虽依止歌罗逻，亦知五阴不至不常。

“持世！是五取阴微细生灭相者，所谓先五取阴灭，次第无物至胎识初合时五阴即有生灭，因歌罗逻五取阴假名为人。所以者何？识无所依则不能住，识所依者五取阴是。持世！又无色界诸天，五取阴细微生灭相亦应如是知。持世！如是细微五取阴生灭相，辟支佛智慧所不能及，何况声闻智慧，唯诸佛如来善知五取阴，从初入胎细微生灭相。

“持世！诸佛如来无有随他智慧，自然得一切智慧方便，无所不达，诸佛无碍智慧，于一切法中得自在力。何以故？于无量无边劫行于深法故。持世！一切凡夫不能如是方便观五取阴，何况观五取阴细微生灭相？若无诸佛，众生则无所知，无所见，不能正观五取阴。诸佛出于世间，坏众生依止色，坏依止受想行识，坏和合一相故，作如是分别说：‘汝等所依所归，是名为色。是色但以四大和合，受想行识，但有名字名色相成就故说五取阴。汝等众生莫贪归此不坚牢五取阴。’

“持世！是凡夫人从颠倒生入无明网，驰走往来不知五阴为是何等，不知五阴从何所来，不知五阴如实故，贪受五阴，是故说名取阴于此中谁有取者，此中取者不可得。但以颠倒贪着分别虚妄自缚无明痴暗故，取我取我所，取此取彼。是故说取阴是五阴无有取者，亦无决定相。是诸凡夫为爱缚所缚，贪爱五取阴，为诸盖所覆，入无明暗冥，不知不觉，往来六道中生死所缚，贪归生死，不放不舍，不断五阴，亦不能知五阴如实相。不如实知故，为种种苦恼所害，堕虚空狱，不知出处故，不得度无量生死险道。

“持世！我以是因缘，故为弟子说法。汝等比丘，当正观五阴,亦当知实,知色无常相,如实知受想行识无常相。若于色受想行识中有欲染者,当疾除断。持世!若有人能如说修行,当得脱生老病死忧悲苦恼。若人不能如说修行,为色缚所缚,为爱系所系,入无明暗冥,贪取五阴,是人贪取五阴故,不能得脱生死险道。不知五阴性,不知五阴空相而与我诤。是人违逆佛语,堕大衰恼。持世!诸佛不与人诤,但为众生演说实法,作是言一切众生颠倒力故,贪归五阴,往来世间,为种种邪见烦恼,种种忧悲苦恼之所残害,其有见五阴者,见五阴相者,贪五阴者,我则不与是人为师。如是之人非我弟子,入于邪道取不实者,不知佛第一义,是外道徒党。

"持世!当来之世法欲灭时,于我法中出家决定说五阴者,贪着五阴者,不听受人一杯之水。所以者何?是人于我法中违逆我法,背舍圣行。持世!是故诸菩萨摩诃萨于后恶世应如是发大誓愿,于我如是甚深经典当共护持,亦断众生五阴见故,而为说法。持世!我是经中说破一切阴相离贪着阴相。尔时多有在家出家闻如是等经,起于诤讼不生实想,菩萨摩诃萨于此中应发大慈忍力,于后恶世度脱贪着五阴邪见,众生随宜方便以法利益。是故诸菩萨摩诃萨,善男子、善女人,若欲疾得阿耨多罗三藐三菩提,当于是清净无染法中,勤行修习此阴入性及余有为法中说实知见相。"

十八性品

"持世!何谓菩萨摩诃萨善知十八性?诸菩萨摩诃萨方便正观十八性,作是念眼性,眼性中不可得,是眼性无我无我所,无常无坚牢,自性空故。眼性虚妄无所有,从忆想分别起,眼性无有决定相,譬如虚空无决定相,无根本故,眼性中实事不可得故,眼性无处无方,眼性不过去,不未来,不现在,眼性眼相不可得,识行处故,数名眼性。

“若眼根清净，色在可见处，意根相应，以三事因缘合，故说名为眼性，智者通达无眼性是眼性。

“持世！诸菩萨摩诃萨若能如是观择眼性，即通达无性是色性。何以故？色性中色性不可得，但以忆想分别，色在可见处，眼根清净，以意识相应，见现在色故，数名色性。譬如镜中面像，若镜明净则生色相，镜中色无决定相，因如色无性，相无形，性无决定性，是名色性。菩萨知是色性，即知无性是色性，无生性是色性，无作性是色性，亦假名性，名为色性，如是观择色性。

“持世！是菩萨正观择眼识性，所谓眼识中无眼识，无眼识性无有常性，是眼识性非合非散无有根本。但以先业因缘起，属现在缘系色缘故，随凡夫颠倒心故，数名眼识性。贤圣通达眼识性即是非性，如来方便分别，破坏和合一相，故说十八性，示识无决定相，故说眼识性。示眼识实相，故说眼识性。眼识性者，示眼所行处，能识色是眼识性，即是说无性。又眼性色性眼识性说三事和合，以知诸缘相故，即是离诸性义。所谓是眼性，是色性，是眼识性，有如是数，得令众生入于实道。此中实无眼性色性眼识性，诸如来方便，分别说是诸性。若人通达是诸性方便者，则知三性无性。何以故？诸性中无性相故，诸性中相不可得故。耳性声性耳识性，鼻性香性鼻识性，舌性味性舌识性，身性触性身识性，皆亦如是。

“持世！何谓菩萨摩诃萨观择意性？菩萨作是念，意性无决定，根本无所有故。意性中无意性，譬如诸种子种于大地，因于水润，得日得风，渐渐芽出，芽不从种子出，种子亦不与芽和合，芽生则种子坏，种子不离芽，芽中无种子，意性亦如是。能起意业故，示意识故，如种示芽，得名意性。离意性则无意，意性不能知意，假名字故说为意性。是意性不在意内、不在意外、不在两中间，但以先业因缘故起。识是意业故，知所缘故，数名意性，即是不决定意业相，即是众缘和合相。意性即是世俗语，第一义中决定无意性，过去、未来、现在不可得，智者通达无性是意性。

“持世！诸菩萨观择法性，无性是法性，法性无自性，自性不可得。但为起颠倒众生虚妄结缚，有所知故，说言法性。欲令众生入无性故，说是法性。何以故？法性中无法性相，是法性从众缘生，无有自性。如来于此欲教化众生说是法性，以世俗语言，示无性法。是法性不在内、不在外、不在两中间，无所有是法性，法性中无决定有相。譬如虚空，智者证知无性是法性，智者通达无相是法相。法性中无分别相，法性中无有住处，无处，无起，无住，无依止，是法性从本以来不生故，诸菩萨摩诃萨观择法性如是，所谓无性是法性。

“持世！何谓菩萨摩诃萨观择意识性？菩萨作是念，不生性是意识性，不决定性是意识性。意识性无根本，无有定法，以意识性示无性相。何以故？意识性中，意识性不可得，颠倒相应以意为首，识诸法故，名为意识，随凡夫所行故，说意识性。贤圣观知非性是意识性，从众因缘生，忆想分别起，无有性相，即是第一义中无性相义。

“世俗法中为引导众生故，说是意识性。欲令众生知无性是意识性，是意识性不在一切法中，无处无方，不与法若合若散，第一义中意识性无缘，不可得不可示故。智者通达意识性，不作是意识性，作者不可得故，无生是意识性，生相无所有故。

“持世！菩萨摩诃萨如是观择意识性。诸菩萨作是观时，观择欲界、色界、无色界皆是无生性、无所有性。云何为观？所谓欲界中无欲界，色界中无色界，无色界中无无色界。以界示无界法，为取欲界相者示是欲界，为取色界相者示是色界，为取无色界相者示是无色界。是三界皆无根本，无有定法，智者不得是三界，不说是三界通达，是三界虚妄无所有，无自性离诸法，但从颠倒起，为断众生颠倒故，知见三界故。如来分别说是三界相，欲令众生知无界义故，说三界非以性相有。

“持世！菩萨摩诃萨如是观时，观众生性、我性，即是虚空性、无所有性、无生性。何以故？众生性、我性、虚空性无别无异，如是诸性皆从虚空出，但从众缘生故名之为性，此中决定无性相。何以故？虚空中无一定性，是诸性相皆入虚空，是无所有义，譬如虚空无性，是法毕竟离相无所有相，一切诸法亦如是离性相。诸性中无性相，性相不在内、不在外、不在两中间。性中无有性，性中不摄性，性不依止性，一切性无所依止，一切性不生。智者于诸法性中，不得生性，不得灭性，不得住性，一切诸性不生、不起、不住，从本以来不可得故。智者通达知见一切诸性皆是无生相，若是无生相即无有灭，第一义中不说诸性，智者知见通达一切诸性如第一义。

“持世！诸菩萨摩诃萨如是观择通达十八性及三界众生性、我性、虚空性。诸菩萨如是观择通达时，不得性，不见性，亦通达一切诸性假名字，亦信解入一切诸性是无性，亦知分别诸性。以世俗分别说诸性，令一切诸性入第一义中，亦善通达无性方便，亦为众生分别说诸性，亦令众生善住诸性方便，亦不以二相示诸性。虽知一切诸性无二，亦以方便说诸性从因缘起。虽以世俗言说引导众生，而示众生第一义。虽善知分别诸性，而信解通达一切诸性无所有。何以故？如来以第一义故，于性无所得，亦不得诸法性相。以第一义中，一切性同虚空，一切性入虚空，一切性无生相，如来通达一切性如是。

“持世！如来不说诸性相，亦不说诸法力势。何以故？若法无所有，不应更说无所有性相。持世！如来亦说无所有性相，此中实无所说性相，是明善分别诸性。菩萨摩诃萨得是善分别，能知一切诸性假名，能知世俗相，能知第一义相，能知世谛，能知诸相旨趣，能知诸相所入，能分别诸相，能知诸法相无性，能令一切诸性同虚空性，亦于诸性不作差别。持世！是故诸菩萨摩诃萨若欲入如是诸性方便，于如是甚深经中，应勤精进。”

十二入品

佛告持世:"何谓菩萨摩诃萨善知十二入?菩萨摩诃萨正观择十二入时,作是念:眼中眼入不可得,眼中眼入无决定,又眼入根本不可得。何以故?眼入从众缘生颠倒起,以缘色故系在于色,二法合故有,因色有眼入,因色说眼入,二法相依故说名眼色。色是眼入门与缘故,眼是色入门与见故,是故说入。以缘色入门故说眼入,以眼见故说色入。但以世谛故说,其实眼不依色,色不依眼,眼不依眼,色不依色。但从众缘起,色作缘故说名眼入。又从众因缘起,眼所知见故,说名色入,随世俗颠倒法故说。

"第一义中眼入不可得,色入不可得。智者求诸入,不见有实,但以凡夫颠倒相应,以二相说是眼入是色入。欲令众生如实知诸法实相故,说是诸入皆从众因缘生颠倒相应行,此中诸入相实不可得。贤圣通达是眼入色入无生无灭、不来不去相,眼不知眼,眼不分别眼,色不知色,色不分别色。何以故?二俱空故,二皆离故,眼色皆无性无法,眼不自作,眼亦不自知,色不自作,色亦不自知,二俱无所有故。眼不作是念我是眼,色亦不作是念我是色,眼色性如幻性,以虚妄假名故,说是眼是色。诸菩萨观择眼入色入如是,耳声、鼻香、舌味、身触亦如是。

"持世!何谓菩萨摩诃萨观择意入?作是念,意入中意入不可得,意无决定入相,意入无根本。何以故?意入即是众因缘生,从颠倒起,系法入缘,二法和合能有所作,是意入因法入起,意是法入处。是故说名意入法入是意入门,是故说名法入。缘法入门故说是意入,示知意相门故说是法入,以世谛故说。其实意不依法,法不依意,因缘生故,以诸法为缘故说意入,因缘生故示意相故说法入,随世谛颠倒故说。

"第一义中意入不可得,法入亦不可得。智者求诸入不见有实，但凡夫颠倒相应，以二相说是意入是法入。是意入法入虚妄无所有，如来如实通达故示是诸入。贤圣通达意入法入，不生不灭，不来不去。意不知意，不分别意。法不知法，不分别法。二俱空故，二俱离故。意不知意性，法不知法性，是二性无所有，此中无一决定法。意不能成就意，不能坏意。法不能成就法，不能坏法。是二俱空皆如幻相，但假名字故分别说。菩萨摩诃萨观择意入法入如是。

"持世！何谓诸菩萨摩诃萨正观择内六入、外六入？所谓是十二入皆虚妄，从众缘生颠倒相应，以二相故有内外用。凡夫不闻真法，不知十二入如实相故。贪着眼入，我是眼入，我所是眼入；贪着色入，我是色入，我所是色入；耳声、鼻香、舌味、身触、意法亦如是。我是意入，我所是意入；我是法入，我所是法入。以贪着故为十二入所缚，驰走往来、五道生死，不知出道。菩萨摩诃萨于此中正观，见是十二入空如幻相，不贪着诸入若我若我所，以不贪着故，不忆念分别。持世！菩萨摩诃萨得如是诸入方便，于一切十二入中，不系不缚，亦证诸入知见而能分别诸入，亦知诸入性则是无性，亦知诸入方便究竟，是为菩萨善知诸入如是。"

十二因缘品

"持世！何谓诸菩萨摩诃萨善观择十二因缘？菩萨摩诃萨观择十二因缘，所谓无有故说名无明，不知明故说名无明。云何不知明？不知无明中决定法不可得，是名无明。何故说无明因缘诸行？诸行无所有，而凡夫起作，是故说无明因缘诸行。从行起故有识生，是故说诸行因缘识。从识生名色二相，是故说识因缘名色。从名色生六入，是故说名色因缘六入。从六入生触，是故说六入因缘触。从触生受，是故说触因缘受。从受生爱，是故说受因缘爱。从爱生取，是故说爱因缘取。从取生有，是故说取因缘有。从有生生,是故说有因缘生。从生有老死忧悲苦恼聚集,是故说生因缘老死忧悲苦恼聚集。

“持世!世间如是为十二因缘所系缚,盲无眼故,入无明网,堕黑暗中。无明为首故,具足起十二因缘。诸菩萨如是思惟观无明实相,知无明空故,本际不可得,不贪着无明,知一切法无所有,是为即得明,于此中更无余明,但知见无明是名为明。何以故?明无所有故。

“无明因缘诸行者,诸法无所有。凡夫入无明暗冥中,诳惑作诸行业,是行业无形无处。行业不依无明,无明不依行业。无明不知无明,行业不知行业。如是无明行业,以颠倒故不得无明性,不得诸行业性。但以无明暗冥故,分别说行业。从无所有法起作故,无明行业皆是无所有。

“诸行业因缘识者,是识不依行业,亦不离行业,行业亦不生识,但颠倒众生从行业生识。是识无有生者,但缘行业相续不断,故有识生。智者求识相不可得,亦不得识生。

“识因缘名色者,名色不依识,亦不离识生名色,是名色亦不从识中来,但缘识故。凡夫暗冥贪着名色。智者于此求名色,不可得不可见。从忆想分别起,是名色相识因缘故有。识性尚不可得,何况从识缘生名色?若决定得名色性者,无有是处。

“名色因缘六入者,是六入因名色起。名色在身中故有出入息,利益身及心心数法,是六入皆虚诳无所有,从分别起,有颠倒用。

“六入因缘触者,是触依色而有触不触色。何以故?色无所知,与草木瓦石无异,但从六入起故分别说是触。六入尚虚妄无所有,何况从六入生触?触空无所有,以无触性故。

“触因缘受者,是诸受不在触内,不在触外,不在两中间,是触亦不余处持受来,而从触起受。是触尚虚妄无所有,何况从触生受?受无一决定相,受皆无所有,从颠倒起有颠倒用。

“受因缘爱者，是受不于余处持爱来，受亦不与爱合，受亦不知爱，爱亦不知受，是爱亦不依受，亦不离受有爱。受中尚无受相，何况受因缘生爱？是爱但从虚妄忆想颠倒相应，故名为爱。智者知是爱无处无方，虚妄无所有。

“爱因缘取者，爱不于余处持取来，爱亦不能生取，有爱故说名取，随因缘和合故说。取不与爱合亦不散，爱不与取合亦不散。爱尚无有，何况爱因缘生取？诸取决定相不可得。智者知见是取，虚妄无所有，但从颠倒起，无有根本，无一定法可得。

“取因缘有者，取不能生有，而说取因缘有，是有不在取内，不在取外，不在两中间。有不依止取，取不与有合亦不散，但以众缘和合故，说取因缘有。取尚虚妄无所有，何况从取因缘生有？智者通达是有虚妄，颠倒相应，无合无散，无所分别。

“有因缘生者，有不能生生，亦不离有生生，有与生非缘非不缘。有尚不可得，何况从有生生？智者通达生中无生相，生中无自性，生中无根本，无一定法可得，是生前际、后际、中际不可得。从众因缘生，颠倒相应虚妄无所有，如幻化相。

“生因缘老死忧悲苦恼者，是生不持老死忧悲苦恼来，生亦不能生老死忧悲苦恼，老死忧悲苦恼，不在生内，不在生外，不在两中间，亦不依止生。以生故老死忧悲苦恼可说，但示众因缘生法故。生不与老死忧悲苦恼合，亦不散。生中生尚不可得，何况生因缘老死苦恼？但颠倒相应众缘和合，具足十二因缘，故说生因缘老死苦恼。智者通达老死苦恼虚妄无所有，颠倒相应无有根本，不作不起不生。

“如是观十二因缘法，不见因缘法，若过去、若未来、若现在。亦不见十二因缘法相。但知因缘是无缘、无生、无相、无作、无起、无根本。从本以来，一切法无所有故。通达是十二因缘，亦不见有作者受者。若法从因生，是因无故，是法亦无。菩萨随无明义故，一切法不可得。入如是观中，无缘即是十二因缘。此中无所生，是虚妄生。菩萨尔时不分别是明是无明，无明实相即是明。因无明故一切法无所有，一切法无缘无忆想分别。是故随顺无明义，通达十二因缘。

“持世！若菩萨能如是通达，善得无生智慧。何以故？以生灭观则不能善知十二因缘。若观众缘集散，是名得无生智慧。若得无生智慧，是名通达十二因缘。持世！若菩萨摩诃萨知无生即是十二因缘者，则能得如是十二因缘方便。是人以无生相知见三界，疾得无生法忍。当知是菩萨，不久当得受记，于一切法，得智慧光明，于诸恶魔无所怖畏，度生死流到安隐处。持世！若于今世，若我灭后，若闻、若信、若读诵、若修习是十二因缘方便者，我与是人授记当得无生法忍，不久成阿耨多罗三藐三菩提。”

八圣道分品

“持世！何谓菩萨摩诃萨善能知道？菩萨摩诃萨安住道中，何等为道？所谓八圣道分：正见、正思惟、正语、正业、正命、正精进、正念、正定。菩萨摩诃萨得正见，安住正见，为断一切见故行道，安住于道，乃至断涅槃见、佛见。何以故？一切诸见皆名邪见，破坏一切贪着诸见故，名为正见。见一切法寂灭，知相不生不灭同于涅槃，如是亦不念不分别，是一切法不取不舍，是名出世间正见，如实知见。不见邪，不见正，断一切心所念，一切平等，是名菩萨安住正见。

“持世！菩萨住正见中，如实知正思惟，作是念：一切思惟皆为是邪，断诸分别名为正思惟，无所分别名为正分别。住如是正分别中，不得分别若正若邪。如是之人离诸分别故，见一切分别皆虚诳不实，从颠倒起，诸分别中无分别。断诸分别故，无所系缚，性皆平等，是名安住正思惟。

“持世！何谓菩萨勤集正语？是人见一切语言虚妄不实，从颠倒起，从众因缘有，是语言无所从来，去无所至，安住实相中，得第一清净口业。知见诸口业相，通达一切语言，是人所语终不有邪，是故说名住于正语。

“持世！何谓菩萨善知正业？知一切诸业虚妄无所有，不作不起，灭一切业，名为正业。正业者，于业不分别，入诸业平等故，说名正业。又正业者，则是不系三界义，如实知见义。更无分别是正是邪，于法无取无舍，是故说名住正业。

“持世！何谓菩萨善知正命？若所有命相、法相、取相，乃至涅槃相、佛相、清净佛法相，住于是中作命皆名邪命。正命者，舍诸资生所着，不分别是邪命是正命，即得一切清净命。离于命相无动无作，不念命不念非命，名为如实知者，是故说名住正命。

“持世！何谓菩萨善知正精进，为断一切精进道故，名为住正精进。何以故？一切精进皆为是邪，诸有所发，有作有行，皆名为邪，皆是虚妄。正精进者，无发、无作、无行、无愿，一切法中断有所作，乃至涅槃相、佛相中不生有所作相。为无所作故行道，善知精进，不取不舍，故说名住正精进。正精进者，即是诸精进不可得义。

“持世！何谓菩萨善知正念？知见一切念皆是邪念。何以故？一切念从虚妄因缘起，是故所有生念处皆为邪念。若于处所无生无灭是名正念。安住清净念中，更无处生邪念，是正法中无念。通达一切念皆无念相，无所贪乐，亦不分别是无念，以诸法平等通达一切念。是人如实知见一切念故，若念若非念无取无舍。安住正念故，不可示不可说，离一切语言，如实知一切语言，不分别此彼，故说名安住正念。

“持世！何谓菩萨安住正定？凡诸法中，所取缘定相，所取知定相，所取三昧戏论定相皆名是邪。邪者即是贪着义。不取相，无法，无戏论，无忆念，不贪着，不取定相，心无所住，是名正定。又正定者，不依止一切定相，如实通达法之本体。正定者，即是诸法平等义。正定者,能出诸禅定,诸三界一切有为法,能如实知见一切五道生死义。持世! 是名诸菩萨摩诃萨,得正定方便,名为善知道,善知道方便。所谓如实知见,能至涅槃道。”

世间出世间品

“持世! 何谓菩萨摩诃萨善知世间出世间法? 何谓得世间出世间法方便? 诸菩萨摩诃萨正观世间出世间法,凡所有法,皆非是实,从虚妄缘起无作无起相,但因阴、界、入、色、声、香、味、触、法故说,因名色故说。随凡夫人心所贪着,如乱丝无绪,如茅根蔓草互相连着,随颠倒相应故说名世间法。何等为出世间法? 如是世间法,从本以来如实性离,是名出世间。智者求世间法不可得,求出世间法不可得,无世间出世间处,是中无分别是世间是出世间。但为世间故说出世间,世间实相即是出世间。何以故? 世间无定相可得,从本以来,是寂灭相,不念不着出世间世间故,不与世间诤讼。何以故? 通达世间是虚妄相,见世间实相故,更不分别是世间是出世间。持世! 世间者即是五受阴义,一切世间法皆摄在中,智者求觅阴不得阴,不得阴性,不得阴来处,不得住处,不得去处,无分别,无名字,无性,无相,无行,即名出世间。

“持世! 诸菩萨观世间出世间法时,不见世间法与出世间合,不见出世间离世间,不离世间见出世间,亦不离出世间见世间,不复缘于二行。所谓是世间是出世间,以无所有,通达是法。持世! 若世间与出世间异者,诸佛不出于世,诸佛亦不说一切世间不可得,一切世间不生,是故诸佛出于世间。一切诸法若世间、若出世间,以不二不分别证如实知见故,即是说出世间法。持世! 如是世间甚深难可得测,其依世间法者,得世间法者,希望出世间法者,于世俗语生第一义者,住在二法皆不能得入如是法中。何以故？是人不知世间，不知出世间。持世！行二法者，不能通达世间出世间。诸菩萨摩诃萨如是善知世间出世间法，则得世间出世间法方便。”

有为无为法品

“持世！何谓菩萨摩诃萨善知有为无为法，得有为无为法方便？菩萨正观择是有为法，无有作者，无有受者，自生自堕，是名有为法。从虚妄根本分别起，无明因缘和合生皆无所有，但以诸行力故有用，有为者即是系相义。智者通达是中不得有为法，不得有为所摄法。何以故？贤圣不堕一切诸法名数，是故说得无为者，名为贤圣。智者通达一切有为皆是无为，是故不复起作诸业。

“持世！无有行有为缘而能通达无为。通达无为者，更不复缘有为，非离有为得无为，非离无为得有为，有为如实相，即名无为。但为颠倒相应众生，令知见有为性故，分别说是有为法是无为法，是有为相是无为相。何等为有为相？谓生灭住异。何等为无为相？谓无生、无灭、无住异。是有为相无为相，但为引导凡夫故说。持世！有为法无生相，无灭相，无住异相，无相，是故说生灭住异相。若是有为法定有三相，佛当决定说，如是相是生，如是相是灭，如是相是住异。

“持世！如来说一切法皆是无相。持世！无生若当有相，无灭若当有相，无住异若当有相，佛应决定说是无为相。持世！若无为有相有说即非无为，菩萨如是思惟，亦不见无为法与有为法合。但作是念：有为法如实相，若不分别有为无为法，即是无为法，若分别是有为是无为，则不能通达无为。是名通达无为如实，诸菩萨摩诃萨有为无为法方便。所谓于诸法无所住，无所系，亦不贪着若有为法若无为法。”

本事品

“持世！若诸菩萨摩诃萨能如是善知五阴，善知十八性，善知十二入，善知十二因缘，善知八圣道分，善知世间出世间法，善知有为无为法，当得善知诸法实相，亦善分别诸法之相，亦得念力，亦得善分别一切法章句慧，亦得转身成就不断念，乃至得阿耨多罗三藐三菩提。”

嘱累品

尔时持世菩萨摩诃萨白佛言：“世尊！唯愿利益诸菩萨摩诃萨故，护念是经，令于后世得闻是法，心净喜乐，勤行精进。”

尔时，世尊即以神力令此三千大千世界香气遍满，告持世菩萨言：“若有能受持，读诵，思惟是经者，是人不久当得五阴方便，乃至世间出世间法、有为无为法方便，亦得诸法实相，亦得分别诸法之相，成就不断念，乃至得阿耨多罗三藐三菩提。诸善男子！我于无量阿僧祇劫所集大法宝藏甚为难集，受诸无量无边忧悲苦恼，亦舍无量无边欢喜快乐。今以嘱累汝等，于后末世，广为四众分别解说此正法种，令不败坏，汝等还当燃大法炬。诸善男子！如来今者，请汝等佛子住佛所住。”

即时无量菩萨摩诃萨，顶礼佛足作是言：“我等承佛威神，当于后世广宣流布是法宝藏。”

卷十一

大乘本生心地观经

尔时，世尊告弥勒菩萨摩诃萨言：“汝等大士，诸善男子，为欲听闻出世之法，为欲思惟如如之理，为欲修习如如之智，来诣佛所供养恭敬。我今演说心地妙法，引导众生令入佛智。如来世尊出兴于世，甚难值遇如优昙花。所以者何？一切众生远离大乘菩萨行愿，趣向声闻缘觉菩提，厌离生死，永入涅槃，不乐大乘，常乐妙果。

“然诸如来转于法轮，远离四失，说相应法：一无非处，二无非时，三无非器，四无非法。应病与药，令得复除，即是如来不共之德，声闻缘觉未得自在，诸菩萨众不共之境。以是因缘，难见难闻菩提正道心地法门。若有善男子、善女人，闻是妙法一经于耳，须臾之顷摄念观心，熏成无上大菩提种，不久当坐菩提树王金刚宝座，得成阿耨多罗三藐三菩提。”

尔时佛告五百长者：“汝等谛听，我今为汝分别演说世出世间有恩之处。善男子！世间之恩有其四种：一、父母恩；二、众生恩；三、国王恩；四、三宝恩。如是四恩，一切众生平等荷负。善男子！父母恩者，父有慈恩，母有悲恩。母悲恩者，若我住世于一劫中说不能尽，我今为汝宣说少分。假使有人为福德故，恭敬供养一百净行大婆罗门，一百五通诸大神仙，满百千劫，不如一念住孝顺心，色养悲母，随所供侍，比前功德，百千万分不可校量。

“世间悲母，念子无比，恩及未形，始自受胎，经于十月，行住坐卧，受诸苦恼，忧念之心，恒无休息。若产难时，如百千刃竞来屠割，或致无常。若无苦恼，诸亲眷属喜乐无尽，犹如贫女得如意珠。其子发声，如闻音乐。以母胸臆而为寝处，左右膝上常为游履，于胸臆中出甘露泉，长养之恩弥于普天，怜愍之德广大无比。世间所高莫过山岳，悲母之恩逾于须弥。世间之重大地为先，悲母之恩亦过于彼。若有男女，背恩不顺，即堕地狱、饿鬼、畜生，一切如来金刚天等，及五通仙不能救护。若善男子、善女人，依悲母教，承顺无违，诸天护念，福乐无尽。如是男女即名尊贵天人种类，或是菩萨为度众生，现为男女饶益父母。若善男子、善女人，为报母恩经于一劫，每日三时割自身肉以养父母，而未能报一日之恩。所以者何？一切男女处于胎中，口吮乳根，饮啖母血，及出胎已幼稚之前，所饮母乳百八十斛，母得上味皆与其子，愚痴鄙陋，情爱无二。

“以是因缘，父母有十高厚恩德：一名大地，于母胎中为所依故；二名能生，经历众苦而能生故；三名能正，恒以母手理五根故；四名养育，随四时宜能长养故；五名智者，能以方便生智慧故；六名庄严，以妙璎珞而严饰故；七名安隐，以母怀抱为止息故；八名教授，善巧方便导引子故；九名教诫，以善言辞离众恶故；十名与业，能以家业付嘱子故。

“善男子！于诸世间何者最富，何者最贫？父母在堂名之为富，父母不在名之为贫；父母在时名为日中，父母去时名为日没；父母在时名为月明，父母去时名为暗夜。是故汝等，勤加修习孝养父母，若人供佛福等无异，应当如是报父母恩。善男子！众生恩者，即无始来，一切众生，轮转五道，经百千劫，于多生中互为父母。以互为父母故，一切男子即是慈父，一切女人即是悲母。昔生生中有大恩故。犹如现在父母之恩，等无差别。如是昔恩犹未能报，或因妄业生诸违顺，以执着故反为其怨。何以故？无明覆障宿住智明，不了前生曾为父母，所可报恩，互为饶益。无饶益者，名为不孝。以是因缘，诸众生类，于一切时亦有大恩，实为应报。

“国王恩者，福德最胜。虽生人间得自在故；三十三天诸天子等，恒与其力常护持故；山河大地，属于国王，一人福德胜过一切众生福故；是大圣王以正法化，能使众生悉皆安乐，亦如梵王能生万物，圣王能生治国之法利众生故；如日天子能照世间，圣王亦能观察天下人安乐故。譬如长者，唯有一子，爱念无比，怜愍饶益，常与安乐，昼夜不舍。国大圣王亦复如是，等示群生如同一子，拥护之心，昼夜无舍。如是人王，令修十善，名福德王，若不令修，名非福主。所以者何？若王国内一人修善，其所作福皆为七分，造善之人得其五分，于彼国王常获二分，善因王修同福利故。造十恶业亦复如是，同其事故。若有人王成就正见，如法化世，名为天主，以天善法化世间故。

“诸天善神及护世王，常来加护，虽处人间，修行天业，赏罚之心无偏党故，一切圣王法皆如是。王见人民造诸不善，不能制止，诸天神等悉皆远离；若见修善，欢喜赞叹，尽皆唱言‘我之圣王’，龙天喜悦，澍甘露雨，五谷成熟，人民丰乐，如意宝珠，必现王国，于王邻国，咸来归服，人与非人，无不称叹。若有恶人于王国内，而生逆心于须臾顷，如是之人，福自衰灭，命终当堕地狱之中，经历畜生，备受诸苦。所以者何？由于不知圣王恩故，起诸恶逆，得如是报。若有人民能行善心，敬辅仁王，尊重如佛，是人现世安隐丰乐，有所愿求无不称心。所以者何？一切国王于过去时，曾受如来清净禁戒，常为人王，安隐快乐，以是因缘，违顺果报，皆如响应。圣王恩德，广大如是。

“善男子！三宝恩者，名不思议利乐众生无有休息，是诸佛身真善无漏，无数大劫修因所证，三有业果永尽无余，功德宝山巍巍无比，一切有情所不能知，福德甚深，犹如大海，智慧无碍，等于虚空，神通变化充满世间，光明遍照十方三世。一切众生，烦恼业障都不觉知，沉沦苦海，生死无穷。三宝出世，作大船师，能截爱流,超升彼岸,诸有智者悉皆瞻仰。佛法僧宝具足无量神通变化,利乐有情暂无休息。以是义故,诸佛法僧说名为宝。善男子!我为汝等略说四种世出世间有恩之处,汝等当知,修菩萨行,应报如是四种之恩。”

尔时五百长者白佛言:“世尊!如是四恩甚为难报,当修何行而报是恩?”

佛告诸长者言:“善男子!为求菩提,有其三种十波罗蜜。如布施中,一者布施波罗蜜多,二者亲近波罗蜜多,三者真实波罗蜜多。若有善男子、善女人,发阿耨多罗三藐三菩提心,能以七宝满于三千大千世界,布施无量贫穷众生,如是布施,但名布施波罗蜜多,不名真实波罗蜜多。

“若有善男子、善女人,发大悲心,为求无上正等菩提,以自妻子施与他人,心无吝惜,身肉、手足、头目、髓脑,乃至身命施来求者,如是布施但名亲近波罗蜜多,未名真实波罗蜜多。

“若善男子、善女人,发起无上大菩提心,住无所得,劝诸众生同发此心,以真实法一四句偈,施一众生,使向无上正等菩提,是名真实波罗密多。

“前二布施未名报恩,若善男子、善女人,能修如是第三真实波罗蜜多,乃名真实能报四恩。所以者何?前二布施有所得心,第三施者无所得心,以真法施一切有情,令发无上大菩提心,是人当得证菩提时,广度众生,无有穷尽,绍三宝种,使不断绝,以是因缘,名为报恩。”

尔时,文殊师利菩萨摩诃萨即从座起,整衣服,偏袒右肩,右膝着地,曲躬合掌白佛言:“世尊!如佛所说‘我为汝等敷演心地微妙法门’,而此道场无量无边人天大众皆生渴仰。我今为是启问如来,云何为心?云何为地?唯愿世尊,无缘大慈,无碍大悲,为诸众生分别演说。未离苦者令得离苦,未安乐者令得安乐,未发心者令得发心,未证果者令得证果,同于一道而得涅槃。”

尔时,薄伽梵以无量劫中修诸福智,所获清净决定胜法大妙智印,印文殊师利言:“善哉善哉!汝今真是三世佛母。一切如来在修行地,皆曾引导,初发信心。以是因缘,十方国土成正觉者,皆以文殊而为其母。然今汝身以本愿力现菩萨相,请问如来不思议法。谛听谛听!善思念之,吾当普为分别解说。”

“唯然世尊,我等乐闻。”

尔时,薄伽梵妙善成就一切如来最胜住持平等性智、种种希有微妙功德,已能善获一切诸佛决定胜法大乘智印,已善圆证一切如来金刚秘密殊胜妙智,已能安住无碍大悲,自然救摄十方有情,已善圆满妙观察智,不观而观,不说而说。

是薄伽梵,告诸佛母无垢大圣文殊师利菩萨摩诃萨言:“大善男子!此法名为十方如来最胜秘密心地法门,此法名为一切凡夫入如来地顿悟法门,此法名为一切菩萨趣大菩提真实正路,此法名为三世诸佛自受法乐微妙宝宫,此法名为一切饶益有情无尽宝藏。此法能引诸菩萨众到色究竟自在智处,此法能引诣菩提树后身菩萨真实导师,此法能雨世出世财,如摩尼宝满众生愿,此法能生十方三世一切诸佛功德本源,此法能销一切众生诸恶业果,此法能与一切众生所求愿印,此法能度一切众生生死险难,此法能息一切众生苦海波浪,此法能救苦恼众生而免急难,此法能竭一切众生老病死海,此法善能出生诸佛因缘种子,此法能与生死长夜为大智炬,此法能破四魔兵众而作甲胄。此法即是正勇猛军战胜旌旗,此法即是一切诸佛无上法轮,此法即是最胜法幢,此法即是击大法鼓,此法即是吹大法螺,此法即是大狮子王,此法即是大师子吼。此法犹如国大圣王善能正治,若顺王化获大安乐,若违王化寻被诛灭。

“善男子!三界之中以心为主,能观心者究竟解脱,不能观者永处缠缚。譬如万物皆从地生,如是心法,生世出世善恶五趣、有学无学独觉菩萨及于如来。以是因缘,三界唯心,心名为地。

一切凡夫，亲近善友，闻心地法，如理观察，如说修行，自作教他，赞励庆慰。如是之人，能断二障，速圆众行，疾得阿耨多罗三藐三菩提。”

尔时大圣文殊师利菩萨白佛言：“世尊！如佛所说唯将心法为三界主，心法本元不染尘秽，云何心法染贪瞋痴？于三世法谁说为心？过去心已灭，未来心未至，现在心不住，诸法之内性不可得，诸法之外相不可得，诸法中间都不可得。心法本来无有形相，心法本来无有住处，一切如来尚不见心，何况余人得见心法？一切诸法，从妄想生，以何因缘，今者世尊，为大众说三界唯心？愿佛哀愍如实解说。”

尔时佛告文殊师利菩萨言：“如是如是！如汝所问。心心所法，本性空寂，我说众喻以明其义。善男子！心如幻法，由遍计生，种种心想，受苦乐故；心如水流，念念生灭，于前后世，不暂住故。心如大风，一刹那间历方所故；心如灯焰，众缘和合而得生故；心如电光，须臾之顷不久住故；心如虚空，客尘烦恼所覆障故；心如猿猴，游五欲树不暂住故；心如画师，能画世间种种色故；心如僮仆，为诸烦恼所策役故；心如独行，无第二故；心如国王，起种种事得自在故；心如怨家，能令自身受大苦故；心如埃尘，坌污自身生杂秽故；心如幻梦，于我法相执为我故；心如夜叉，能啖种种功德法故；心如青蝇，好秽恶故；心如杀者，能害身故；心如盗贼，窃功德故；心如大鼓起斗战故；心如飞蛾，爱灯色故；心如野鹿，逐假声故；心如众蜂，集蜜味故。

“善男子！如是所说心心所法，无内无外，亦无中间。于诸法中，求不可得，去来现在，亦不可得，超越三世，非有非无，常怀染着，从妄缘现，缘无自性，心性空故。如是空性，不生不灭，无来无去，不一不异，非断非常，本无生处，亦无灭处，亦非远离，非不远离。如是心等不异无为，无为之体不异心等，心法之体本不可说，非心法者亦不可说。何以故？若无为是心，即名断见；若离心法，即名常见。永离二相，不着二边，如是悟者，名见真谛。

“悟真谛者，名为贤圣。一切贤圣性本空寂，无为法中，戒无持犯，亦无大小，无有心王及心所法，无苦无乐。如是法界自性无垢，无上中下差别之相。何以故？是无为法性平等故，如众河水流入海中，尽同一味，无别相故。此无垢性，非实非虚；此无垢性，是第一义，无尽灭相，体本不生；此无垢性，常住不变，最胜涅槃，我所净故；此无垢性，远离一切平等不平等，体无异故。若有善男子、善女人，欲求阿耨多罗三藐三菩提者，应当一心修习如是心地观法。”

尔时如来于诸众生起大悲心，犹如父母爱念一子，为灭世间大力邪见，利益安乐一切有情，宣说观心陀罗尼曰：

唵　室佗　波罗底　吠惮　迦卢弭

尔时如来说真言已，告文殊师利菩萨摩诃萨：“如是神咒具大威力。若有善男子、善女人，持此咒时举清净手，左右十指更互相叉，以左压右，更相竪握，如缚着形，名金刚缚印。成此印已习前真言，所获功德无有限量，乃至菩提不复退转。”

尔时，薄伽梵为诸众生宣说观心妙门已，告文殊师利菩萨摩诃萨言：“大善男子！我为众生已说心地，亦复当说发菩提心，令诸有情发阿耨多罗三藐三菩提心，速圆妙果。”

尔时文殊师利菩萨白佛言：“世尊！如佛所说，过去已灭，未来未至，现在不住，三世所有一切心法，本性皆空，彼菩提心，说何名发？善哉！世尊！愿为解说。”

佛告文殊师利：“诸心法中起众邪见，为欲除断六十二见种种见故，心心所法我说为空，如是诸见无依止故。善男子！以何因缘立空义耶？为灭烦恼从妄心生，而说是空。若执空理为究竟有，空性亦空，执空作病亦应除遣。何以故？若执空义为究竟者，诸法皆无因无果，路伽耶陀有何差别？如阿伽陀药，能疗诸病，若有病者，服之必差。其病既愈，药随病除。无病服药，药还成病。

本设空药，为除有病。执有成病，执空亦然。谁有智者，服药取病？

“善男子！若起有见，胜起空见。空治有病，无药治空。以是因缘，服于空药除邪见已，自觉悟心能发菩提，此觉悟心即菩提心，无有二相。善男子！自觉悟心有四种义。云何为四？谓诸凡夫有二种心，诸佛菩萨有二种心。凡夫二心其相云何？一者，眼识乃至意识，因缘自境名自悟心；二者，离于五根心心所法，和合缘境名自悟心。如是二心能发菩提。善男子！贤圣二心其相云何？一者，观真实理智；二者，观一切境智。如是四种名自悟心。”

尔时文殊师利菩萨白佛言：“世尊！心无形相亦无住处，凡夫行者最初发心，依何等处，观何等相？”

佛言：“善男子！凡夫所观菩提心相，犹如清净圆满月轮，于胸臆上明朗而住。若欲速得不退转者，在阿兰若及空寂室，端身正念，结前如来金刚缚印，瞑目观察臆中明月，作是思惟：是满月轮五十由旬无垢明净，内外澄澈最极清凉，月即是心，心即是月，尘翳无染，妄想不生，能令众生身心清净，大菩提心坚固不退。”

无量义经

一时佛住王舍城耆阇崛山中，与大比丘众万二千人俱，文殊师利法王子、大庄严菩萨等八万人俱。是诸菩萨，皆是法身大士，戒、定、慧、解脱、解脱知见之所成就，其心禅寂，常在三昧，恬安淡泊，无为无欲，守志不动亿百千劫，无量法门悉现在前，得大智慧，通达诸法，晓了分别性相真实；又善能知诸根性欲，以陀罗尼无碍辩才，诸佛法轮随顺能转，开涅槃门，扇解脱风，除世恼热，致法清凉，布善种子遍功德田，普令一切发菩提萌，成阿耨多罗三藐三菩提，无量大悲救苦众生；是诸众生真善知识，是诸众生大良福田，是诸众生不请之师，是诸众生安隐乐处；于如来地坚固不动，安住愿力广净佛国。是诸菩萨摩诃萨，皆有如斯不思议德。

尔时，大庄严菩萨摩诃萨与八万菩萨摩诃萨俱白佛言："世尊！菩萨摩诃萨欲得疾成阿耨多罗三藐三菩提，应当修行何等法门？"

佛言："善男子！有一法门，能令菩萨疾得阿耨多罗三藐三菩提。"

"善男子！是一法门，名为无量义。菩萨欲得修学无量义者，应当观察一切诸法，自本来今，性相空寂，无大无小，无生无灭，非住非动，不进不退，犹如虚空无有二法。而诸众生虚妄横计，是此是彼，是得是失，起不善念造众恶业，轮回六趣备受苦毒，无量亿劫不能自出。菩萨摩诃萨如是谛观，生怜愍心，发大慈悲，将欲救拔。又复深入一切诸法，法相如是生如是法，法相如是住如是法，法相如是异如是法，法相如是灭如是法；法相如是能生恶法，法相如是能生善法，住异灭者亦复如是。菩萨如是观察四相始末，悉遍知已。

“次复谛观一切诸法，念念不住，新新生灭。复观即时生住异灭。如是观已，而入众生诸根性欲。性欲无量故，说法无量。说法无量故，义亦无量。无量义者，从一法生。其一法者，即无相也。如是无相，无相不相，不相无相，名为实相。菩萨摩诃萨安住如是真实相已，所发慈悲明谛不虚，于众生所，真能拔苦，复为说法，令受快乐。

“善男子！菩萨摩诃萨如是修一法门无量义者，必得疾成阿耨多罗三藐三菩提。善男子！自我道场菩提树下端坐六年，得成阿耨多罗三藐三菩提，以佛眼观一切诸法不可宣说。所以者何？诸众生等性欲不同。性欲不同，种种说法，以方便力，四十余年未显真实。是故众生得道差别，不得疾成无上菩提。

“善男子！法譬如水，能洗垢秽。若井、若池、若江、若河、溪、渠、大海，皆悉能洗诸有垢秽。其法水者亦复如是，能洗众生诸烦恼垢。善男子！水性是一，江、河、井、池、溪、渠、大海，各各别异。其法性者亦复如是，洗除尘劳等无差别，三法、四果、二道不一。善男子！水虽俱洗，而井非池，池非江河，溪渠非海。如来世雄于法自在，所说诸法亦复如是。初、中、后说，皆能洗除众生烦恼，而初非中，而中非后。初中后说，文词虽一，而义各异。义异故，众生解异；解异故，得法、得果、得道亦异。

“是故善男子，自我得道初起说法至于今日，演说大乘无量义经，未曾不说苦、空、无常、无我，非真非假，非大非小，本来不生，今亦不灭，一相无相，法相法性不来不去，而众生四相所迁。善男子！以是义故，诸佛无有二言，能以一音普应众声，能以一身，示百千万亿那由他无量无数恒河沙身，一一身中，又示若干百千万亿那由他阿僧祇恒河沙种种类形。

“善男子！是则诸佛不可思议甚深境界，非二乘所知，亦非十住菩萨所及，唯佛与佛乃能究了。

“善男子！是故我说微妙甚深无上大乘无量义经，文理真正尊无过上，三世诸佛所共守护，无有众魔外道得入，不为一切邪见生死之所坏败。菩萨摩诃萨若欲疾成无上菩提，应当修学如是甚深无上大乘无量义经。”

佛说是已，于是众中三万二千菩萨摩诃萨得无量义三昧，无量众生发阿耨多罗三藐三菩提心。

尔时世尊告大庄严菩萨言：“善男子，是经有十不思议功德力：

“第一，是经能令菩萨未发心者发菩提心，无慈仁者起慈仁心，好杀戮者起大悲心，生嫉妒者起随喜心，有爱着者起能舍心，诸悭贪者起布施心，多憍慢者起持戒心，瞋恚盛者起忍辱心，生懈怠者起精进心，诸散乱者起禅定心，于愚痴者起智慧心，未能度彼者起度彼心，行十恶者起十善心，乐有为者志无为心，有退心者作不退心，为有漏者起无漏心，多烦恼者起除灭心。

“第二，若有众生得是经者，若一转若一偈，乃至一句，则能通达百千亿义，无量数劫不能演说所受持法。所以者何？以是法义无量故，譬如从一种子生百千万、百千万中一一复生百千万数，如是辗转乃至无量。是故此经，名无量义。

“第三，若有众生得闻是经，虽有烦恼如无烦恼，出生入死无怖畏想，于诸众生生怜愍想，于一切法得勇健想，能荷无上菩提重任，担负众生出生死道，未能自度已能度他，犹如船师，能度众生，众生如说行者，得度生死。

“第四，若有众生得闻是经，得勇健想，虽未自度而能度他。诸佛如来，常向是人而演说法。是人闻已，悉能受持随顺不逆，转复为人随宜广说。善男子！是人譬如国王夫人新生王子，若一日，若一月若至七岁，虽复不能领理国事，已为臣民之所崇敬，是持经者亦复如是，常为诸佛之所护念，慈爱遍覆。

“第五，若善男子、善女人，受持，读诵，书写如是甚深无上大乘无量义经，是人虽复具缚烦恼，未能远离诸凡夫事，而能示现大菩提道，延于一日以为百劫，百劫亦能促为一日，令彼众生欢喜信伏，譬如龙子始生七日，即能兴云，亦能降雨。

“第六，若善男子、善女人，若佛在世、若灭度后，受持读诵是经典者，虽具烦恼而为众生说法，令远离烦恼生死，断一切苦。众生闻已，修行得法，得果得道，与佛如来等无差别。譬如王子，虽复稚小，若王巡游及以疾病，委是王子领理国事，王子是时依大王命，如法教令群僚百官，宣流正化国土人民，各随其安，如大王治，等无有异。持经善男子、善女人亦复如是，虽未得住初不动地，依佛如是所用说教而敷演之，众生闻已，断除烦恼，得法得果，乃至得道。

“第七，若善男子、善女人，如法修行发菩提心，起诸善根，兴大悲意，欲度一切苦恼众生，未得修行六波罗蜜，六波罗蜜自然在前，即于是身得无生法忍，生死烦恼一时断坏，升于菩萨第七之地。譬如健人为王除怨，怨既灭已，王大欢喜，赐与半国之封。持经善男子、善女人亦复如是，六度法宝不求自至，生死怨敌自然散坏，证无生忍，半佛国宝封赏安乐。

“第八，若善男子、善女人，能得是经典者，受持，读诵，书写，顶戴，如法奉行，坚固戒忍，兼行檀度，深发慈悲，广为人说。若人先来都不信有罪福者，以是经示之，设种种方便强化令信，以经威力故，令其人心欻然得回。信心既发，勇猛精进，即证无生法忍，得至上地，与诸菩萨以为眷属，速能成就众生净佛国土，不久得成无上菩提。

“第九，若善男子、善女人，为人分别解说是经义者，即得宿业、余罪、重障一时灭尽，便得清净，逮得大辩，次第庄严诸波罗蜜，获诸三昧，入大总持门，得勤精进力，速得越上地，善能分身散体遍十方国土，拔济一切二十五有极苦众生悉令解脱。

“第十，若善男子、善女人，如说修行，复能广劝在家出家人，受持读诵，如法修行，以慈心劝化力故。是善男子、善女人，即于是身便逮无量诸陀罗尼门；于凡夫地，自然能发弘誓大愿，深能拔救一切众生，成就大悲，饶益一切，而演法泽，洪润枯涸，以此法药施诸众生，渐见超登住法云地，恩泽普润慈被无外，是故此人不久得成阿耨多罗三藐三菩提。

“善男子！是名是经十种功德不思议力。能令一切众生于凡夫地生起诸菩萨无量道芽，令功德树郁盛扶疏增长，是故号不可思议功德无量义经。”

大庄严菩萨及八万菩萨摩诃萨同声白佛言：“世尊慈愍，快为我等说如是法，令我大获法利，世尊慈恩实难可报。”

尔时，佛告大庄严菩萨及八万菩萨摩诃萨言：“汝等当于此经，广化一切，勤心流布，于当来世必令广行阎浮提，令一切众生使得见、闻、读诵、书写、供养。以是之故，亦疾令汝等速得阿耨多罗三藐三菩提。”

尔时大会，皆大欢喜，顶礼世尊，信受奉行。

卷十二

妙法莲华经

尔时世尊，四众围绕，供养恭敬，尊重赞叹，为诸菩萨说大乘经，名无量义，教菩萨法佛所护念。说此经已，结跏趺坐，入于无量义处三昧，身心不动。是诸大众得未曾有，欢喜合掌一心观佛。尔时佛放眉间白毫相光，照东方万八千世界，靡不周遍，下至阿鼻地狱，上至阿迦尼吒天。于此世界，尽见彼土六趣众生，又见彼土现在诸佛，及闻诸佛所说经法。

尔时弥勒菩萨欲自决疑，而问文殊师利言："以何因缘而有此瑞神通之相？"

文殊师利语弥勒菩萨摩诃萨及诸大士、善男子等："如我唯忖，今佛世尊，欲说大法，雨大法雨，吹大法螺，击大法鼓，演大法义。"

尔时世尊从三昧安详而起，告舍利弗："诸佛智慧甚深无量，其智慧门难解难入，一切声闻辟支佛所不能知。所以者何？如来知见广大深远，无量无碍，力、无所畏、禅定、解脱三昧，深入无际，成就一切未曾有法。舍利弗！取要言之，无量无边未曾有法，佛悉成就。止！舍利弗！不须复说！所以者何？佛所成就第一希有难解之法，唯佛与佛乃能究尽诸法实相。所谓诸法如是相，如是性，如是体，如是力，如是作，如是因，如是缘，如是果，如是报，如是本末究竟等。"

尔时世尊，欲重宣此义，而说偈言：

如是大果报，种种性相义，
我及十方佛，乃能知是事。
是法不可示，言辞相寂灭，
诸余众生类，无有能得解。
假使满世间，皆如舍利弗，
尽思共度量，不能测佛智。
舍利弗当知，诸佛语无异，
于佛所说法，当生大信力。
佛以方便力，示以三乘教，
众生处处着，引之令得出。

尔时舍利弗白佛言："世尊！何因何缘，殷勤称叹甚深微妙难解之法？今者四众咸皆有疑，唯愿世尊，敷演斯事。"

尔时佛告舍利弗："止！止！不须复说！若说是事，一切世间诸天及人皆当惊疑。"即说偈言：

止止不须说，我法妙难思，
诸增上慢者，闻必不敬信。

尔时舍利弗重白佛言："世尊！唯愿说之！唯愿说之！如我等辈必能敬信。"

佛告舍利弗："汝已殷勤三请，岂得不说？汝今谛听！善思念之，吾当为汝分别解说。"说此语时，会中有比丘、比丘尼、优婆塞、优婆夷五千人等，即从座起，礼佛而退。世尊默然而不制止，告舍利弗："我今此众无复枝叶，纯有贞实。如是增上慢人，退亦佳矣！汝今善听，当为汝说。

"舍利弗！诸佛随宜说法，意趣难解，所以者何？我以无数方便种种因缘譬喻言辞演说诸法，是法非思量分别之所能解，唯有诸佛乃能知之。所以者何？诸佛世尊，唯以一大事因缘故出现于世，欲令众生开佛知见，使得清净故，欲示众生佛之知见故，欲令众生悟佛知见故，欲令众生入佛知见道故，出现于世。舍利弗！

诸佛如来，但教化菩萨，诸有所作常为一事，唯以佛之知见示悟众生。如来但以一佛乘故为众生说法，无有余乘，若二若三。

“舍利弗！一切十方诸佛法亦如是，皆为一佛乘故。是诸众生从诸佛闻法，究竟皆得一切种智。舍利弗！我今亦复如是，知诸众生有种种欲深心所着，随其本性，以种种因缘譬喻言辞方便力而为说法，如此皆为得一佛乘一切种智故。

“舍利弗！十方世界中尚无二乘，何况有三？舍利弗！诸佛出于五浊恶世，众生垢重，悭贪嫉妒成就诸不善根故，诸佛以方便力，于一佛乘分别说三。舍利弗！有诸比丘、比丘尼，自谓已得阿罗汉是最后身，究竟涅槃，便不复志求阿耨多罗三藐三菩提，当知此辈皆是增上慢人。所以者何？若有比丘实得阿罗汉，若不信此法，无有是处。除佛灭度后，现前无佛。所以者何？佛灭度后，如是等经，受持、读诵、解义者，是人难得。若遇余佛，于此法中便得决了。舍利弗！汝等当一心信解、受持佛语，诸佛如来言无虚妄，无有余乘，唯一佛乘。”

尔时世尊，欲重宣此义，而说偈言：

十方佛土中，唯有一乘法，
无二亦无三，除佛方便说。
但以假名字，引导于众生，
说佛智慧故，诸佛出于世。
唯此一事实，余二则非真，
佛自住大乘，如其所得法。
定慧力庄严，以此度众生，
我以相严身，光明照世间。
无量众所尊，为说实相印，
舍利弗当知，我本立誓愿。
欲令一切众，如我等无异，
若我遇众生，尽教以佛道。

无智者错乱，迷惑不受教，
我知此众生，未曾修善本。
坚着于五欲，痴爱故生恼，
以诸欲因缘，轮回六趣中。
世世常增长，入邪见稠林，
若有若无等，依止此诸见。
深着虚妄法，坚受不可舍，
如是人难度，我为设方便。
说诸尽苦道，示之以涅槃，
我虽说涅槃，是亦非真灭。
诸法从本来，常自寂灭相，
佛子行道已，来世得作佛。
一切诸世尊，皆说一乘道，
今此诸大众，皆应除疑惑。
诸佛语无异，唯一无二乘，
更以异方便，助显第一义。
若有众生类，值诸过去佛，
若闻法布施，或持戒忍辱。
精进禅智等，种种修福慧，
如是诸人等，皆已成佛道。
若有闻法者，无一不成佛，
诸佛本誓愿，我所行佛道。
普欲令众生，亦同得此道，
诸佛两足尊，知法常无性。
佛种从缘起，是故说一乘，
是法住法位，世间相常住。
诸法寂灭相，不可以言宣，
以方便力故，如来如是说。

尔时舍利弗踊跃欢喜，即起合掌，而白佛言："我今从佛闻所未闻、未曾有法，断诸疑悔，身意泰然，快得安隐。今日乃知真是佛子，从佛口生，从法化生。"

尔时佛告舍利弗："我昔曾于二万亿佛所，为无上道故常教化汝，汝亦长夜随我受学，我以方便引导汝故生我法中。舍利弗！我昔教汝志愿佛道，汝今悉忘，而便自谓已得灭度。我今还欲令汝忆念本愿所行道故，为诸声闻说是大乘经，名妙法莲华，教菩萨法，佛所护念。舍利弗！汝于未来世，奉持正法，具足菩萨所行之道，当得作佛，号曰华光如来，国名离垢，劫名大宝庄严，其国中以菩萨为大宝故。"

尔时四部大众见舍利弗于佛前受阿耨多罗三藐三菩提记，心大欢喜，踊跃无量。释提桓因、梵天王等与无数天子，各以天衣、天香、天花、天乐供养于佛，而说偈言：

大智舍利弗，今得受尊记，
我等亦如是，必当得作佛。
我所有福业，今世若过世，
及见佛功德，尽回向佛道。

尔时舍利弗白佛言："世尊！我今亲于佛前得受阿耨多罗三藐三菩提记。是诸千二百心自在者，昔住学地，佛常教化，言我法能离生、老、病、死，究竟涅槃。是学无学人，亦各自以离我见及有无见等，谓得涅槃，而今于世尊前闻所未闻，皆堕疑惑。善哉，世尊！愿为四众说其因缘，令离疑悔。"

尔时佛告舍利弗："我先不言诸佛世尊，以种种因缘譬喻言辞方便说法，皆为阿耨多罗三藐三菩提耶？今当复以譬喻更明此义。舍利弗！若国邑聚落有大长者，财富无量，其家广大，唯有一门，多诸人众，止住其中。堂阁朽故，墙壁隤落，柱根腐败，梁栋倾危，周匝俱时。欻然火起，焚烧舍宅。长者诸子，若十、二十或至三十，在此宅中。长者见是大火从四面起，即大惊怖，而作是念：

‘我虽能于此所烧之门安隐得出，而诸子等于火宅内乐着嬉戏，不觉、不知、不惊、不怖，火来逼身苦痛切己，心不厌患无求出意。’

“是长者作是思惟：‘是舍唯有一门，而复狭小，诸子幼稚未有所识，恋着戏处，或当堕落为火所烧，我当为说怖畏之事，此舍已烧，宜时疾出，无令为火之所烧害。’父虽怜愍善言诱喻，而诸子等乐着嬉戏，不肯信受，不惊不畏，了无出心。尔时长者即作是念：‘此舍已为大火所烧，我今当设方便，令诸子等得免斯害。’父知诸子先心各有所好，而告之言：‘汝等所可玩好，希有难得，汝若不取后必忧悔。如此种种羊车、鹿车、牛车今在门外，可以游戏，汝等于此火宅宜速出来，随汝所欲皆当与汝！’尔时诸子闻父所说，珍玩之物适其愿故，心各勇锐，互相推排，竞共驰走，争出火宅。

“尔时长者，各赐诸子等一大车，其车高广，众宝庄校，驾以白牛，肤色充洁，形体姝好，有大筋力，行步平正，其疾如风，又多仆从而侍卫之。是时，诸子各乘大车，得未曾有。舍利弗！于汝意云何，是长者等与诸子珍宝大车，宁有虚妄不？”

舍利弗言：“不也，世尊！是长者但令诸子得免火难，全其躯命，非为虚妄。何况长者，自知财富无量，欲饶益诸子等与大车！”

佛告舍利弗：“善哉善哉！如汝所言，如来亦复如是，以智慧方便，于三界火宅拔济众生，为说三乘，而作是言：‘汝等莫得乐住三界火宅，勿贪粗弊色、声、香、味、触也！若贪着生爱则为所烧，汝速出三界，当得声闻、辟支佛、佛乘。我今为汝保任此事，终不虚也，汝等但当勤修精进！

“舍利弗！若有众生，闻法信受，欲速出三界，自求涅槃，名声闻乘，如求羊车出于火宅；求自然慧，乐独善寂，深知诸法因缘，名辟支佛乘，如求鹿车出于火宅；求一切智、佛智、自然智、无师智、如来知见、力、无所畏，利益天人度脱一切，是名大乘，如彼诸子为求牛车出于火宅。舍利弗！是诸众生脱三界者，悉与诸佛禅定解脱等娱乐之具，皆是一相一种圣所称叹，能生净妙第一之乐，以是因缘，当知诸佛方便力故，于一佛乘分别说三。”

尔时慧命须菩提、摩诃迦旃延、摩诃迦叶、摩诃目犍连从佛所闻未曾有法，欢喜踊跃，即从座起，而白佛言：“我等居僧之首，年并朽迈，自谓已得涅槃，无所堪任，但念空、无相、无作，于菩萨法游戏神通净佛国土成就众生，心不喜乐。今于佛前得闻希有之法，深自庆幸获大善利，无量珍宝不求自得。”尔时摩诃迦叶，而说偈言：

我等今日，闻佛音教，
欢喜踊跃，得未曾有。
譬如童子，幼稚无识，
舍父逃逝，远到他土。
其父忧念，四方推求，
顿止一城，其家巨富。
而年朽迈，益忧念子，
痴子舍我，五十余年，
库藏诸物，当如之何？
尔时穷子，求索衣食，
从邑至邑，从国至国。
或有所得，或无所得，
饥饿羸瘦，体生疮癣。
渐次经历，到父住城，
佣赁辗转，遂至父舍。
尔时长者，于其门内，
施大宝帐，处师子座，
眷属围绕，诸人侍卫。
穷子见父，豪贵尊严，
惊怖自怪，驰走而去，
借问贫里，欲往佣作。

长者是时，在狮子座，
遥见其子，默而识之，
知子愚劣，不信是父，
方便遣人，云当相雇，
除诸粪秽，倍与汝价。
穷子闻之，欢喜随来。
于是长者，着弊垢衣，
执除粪器，往到子所，
方便附近，语令勤作，
当益汝价，饮食充足。
又以软语，若如我子，
渐令入出，执作家事，
示其金银，皆使令知。
父知子心，渐已旷大，
即聚亲族，刹利居士，
说是我子，舍我他行，
凡我所有，悉以付之。
子念昔贫，志意下劣，
今于父所，大获珍宝，
甚大欢喜，得未曾有。
佛亦如是，知我乐小，
未曾说言，汝等作佛，
一切诸佛，秘藏之法。
但为菩萨，演其实事，
而不为我，说斯真要。
如彼穷子，得近其父，
虽知诸物，心不希取。
我等虽说，佛法宝藏，

自无志愿，亦复如是，
自谓为足，更无余事。
所以者何？一切诸法，
皆悉空寂，无生无灭。
无大无小，无漏无为，
无贪无着。修习空法，
得脱三界，苦恼之患。
则为已得，报佛之恩。
导师见舍，观我心故，
初不劝进，说有实利。
我等今日，得未曾有，
如彼穷子，得无量宝。
世尊诸今，得道得果，
于无漏法，得清净眼。
我等长夜，持佛净戒，
始于今日，得其果报。
法王法中，久修梵行，
今得无漏，无上大果，
于诸世间，应受供养。
世尊大恩，以希有事，
怜愍教化，利益我等，
无量亿劫，谁能报者？
头顶礼敬，两肩荷负，
尽心恭敬，四事供养，
于恒沙劫，亦不能报。

尔时世尊告摩诃迦叶及诸大弟子："善哉善哉！迦叶当知，如来是诸法之王，若有所说皆不虚也，于一切法以智方便而演说之。其所说法，皆悉到于一切智地。如来观知一切诸法之所归趣,亦知一切众生深心所行,通达无碍;又于诸法究尽明了,示诸众生一切智慧。迦叶!譬如三千大千世界,山川、溪谷、土地所生卉木丛林及诸药草种类若干,名色各异,密云弥布,澍泽普洽,其小根茎枝叶,中根茎枝叶,大根茎枝叶,随上中下各有所受,一云所雨,称其种性而得生长,花果敷实,虽一地所生、一雨所润,而诸草木各有差别。

"迦叶当知,如来亦复如是。未度者令度,未解者令解,未安者令安,未涅槃者令得涅槃,观是众生诸根利钝精进懈怠,随其所堪而为说法。种种无量,皆令欢喜,快得善利。是诸众生闻是法已,现世安隐,后生善处,以道受乐,离诸障碍。如来说法一相一味,所谓解脱相、离相、灭相,究竟至于一切种智。其有众生闻如来法,若持读诵如说修行,所有功德不自觉知。所以者何?唯有如来,知此众生种相体性,如实知之明了无碍,观众生心欲而将护之,是故不即为说一切种智。迦叶!诸佛世尊随宜说法,难解难知。"

佛告诸比丘:"乃往过去无量无边不可思议阿僧祇劫,尔时有佛,名大通智胜。彼佛灭度以来,甚大久远。譬如三千大千世界所有地种,假使有人磨以为墨,过于东方千国土乃下一点,大如微尘,又过千国土复下一点,如是辗转尽地种墨,于汝等意云何?是诸国土,能得边际知其数不?"

"不也,世尊!"

"诸比丘,是人所经国土,若点不点,尽抹为尘一尘一劫,彼佛灭度以来,复过是数。我以如来知见力故,观彼久远犹若今日,乃述往事,而说偈言:

大通智胜佛,十劫坐道场,
佛法不现前,不得成佛道,
过十小劫已,乃得成佛道。
诸天及世人,心皆怀踊跃,

头面礼佛足，而请转法轮。
无量慧世尊，受彼众人请，
为宣种种法，四谛十二缘，
千万恒沙众，皆成阿罗汉。
时王十六子，出家作沙弥，
皆共请彼佛，演说大乘法。
佛知童子心，宿世之所行，
以无量因缘，种种诸譬喻，
说六波罗蜜，及诸神通事，
分别真实法，菩萨所行道，
说是法华经，如恒河沙偈。
彼佛说经已，静室入禅定，
是诸沙弥等，各各坐法座，
宣扬助法化，广度诸众生。
是诸闻法者，常与师俱生，
其有住声闻，渐教以佛道。
我在十六数，曾亦为汝说，
以是本因缘，今说法华经。
譬如险恶道，回绝多毒兽，
又复无水草，人所怖畏处，
无数千万众，欲过此险道，
其路甚旷远，经五百由旬。
时有一导师，强识有智慧，
明了心决定，在险济众难。
众人皆疲倦，而白导师言：
我等今顿乏，于此欲退还。
导师作是念：此辈甚可愍，
如何欲退还，而失大珍宝？

寻时思方便，当设神通力，
化作大城郭，庄严诸舍宅，
周匝有园林。慰众言勿惧，
汝等入此城，各可随所乐。
诸人既入城，心皆大欢喜，
皆生安隐想，自谓已得度。
导师知息已，集众而告言：
汝等当前进，此是化城耳。
汝今勤精进，当共至宝所。
我亦复如是，为一切导师，
见诸求道者，中路而懈废，
不能度生死，烦恼诸险道，
故以方便力，为息说涅槃，
言汝等苦灭，所作皆已办。
既知到涅槃，皆得阿罗汉，
尔乃集大众，为说真实法。
诸佛方便力，分别说三乘，
唯有一佛乘，息处故说二。
今为汝说实，汝所得非灭，
为佛一切智，当发大精进。
汝证一切智，十力等佛法，
具三十二相，乃是真实灭。
诸佛之导师，为息说涅槃，
既知是息已，引入于佛慧。

尔时，千二百阿罗汉心自在者作是念："我等欢喜得未曾有，若世尊各见授记如余大弟子者，不亦快乎？'

佛知此等心之所念，而说偈言：

憍陈如比丘，当见无量佛，

过阿僧祇劫，乃成等正觉。
其五百比丘，次第当作佛，
同号曰普明，转次而授记。
余诸声闻众，亦当复如是，
其不在此会，汝当为宣说。

尔时五百阿罗汉于佛前得授记已，欢喜踊跃，即从座起，到于佛前，头面礼足，悔过自责："世尊！譬如有人至亲友家醉酒而卧，是时亲友官事当行，以无价宝珠系其衣里与之而去。其人醉卧都不觉知，起已，游行到于他国，为衣食故，勤力求索，甚大艰难，若少有所得便以为足。于后亲友会遇见之，而作是言：'咄哉！丈夫！何为衣食乃至如是?！我昔欲令汝得安乐，五欲自恣，于某年日月，以无价宝珠系汝衣里，今故现在，而汝不知，勤苦忧恼以求自活，甚为痴也！汝今可以此宝贸易所须，常可如意无所乏短。'佛亦如是，为菩萨时教化我等，令发一切智心，而寻废忘，不知不觉。今者世尊觉悟我等，我今乃知实是菩萨，得受阿耨多罗三藐三菩提记，以是因缘甚大欢喜，得未曾有。"

尔时佛告药王菩萨摩诃萨："我所说经典无造千万亿，已说今说当说，而于其中，此法华经最为难信难解。药王！此经是诸佛秘要之藏，不可分布妄授与人。而此经者，如来现在，犹多怨嫉，况灭度后？药王当知，如来灭后，其能书持、读诵、供养，为他人说者，如来则为以衣覆之，又为他方现在诸佛之所护念。

"药王！譬如有人渴乏须水，于彼高原穿凿求之，犹见干土知水尚远，施功不已，转见湿土，遂渐至泥，其心决定知水必近，菩萨亦复如是。若未闻、未解、未能修习是法华经，当知是人去阿耨多罗三藐三菩提尚远；若得闻解思惟修习，必知得近阿耨多罗三藐三菩提。所以者何？一切菩萨阿耨多罗三藐三菩提皆属此经。此经开方便门、示真实相。是法华经藏，深固幽远，无人能到。今佛教化成就菩萨，而为开示。若声闻人，闻是经惊疑怖畏，当知是为增上慢者。

“药王！若有善男子、善女人，如来灭后，欲为四众说是法华经者，云何应说？是善男子、善女人，入如来室，着如来衣，坐如来座，尔乃应为四众广说斯经。如来室者，一切众生中大慈悲心是；如来衣者，柔和忍辱心是；如来座者，一切法空是。安住是中，然后以不懈怠心，为诸菩萨及四众广说是法华经。”

尔时世尊，欲重宣此义，而说偈言：

欲舍诸懈怠，应当听此经，
不闻法华经，去佛智甚远。
若人说此经，应入如来室，
着于如来衣，而坐如来座。
处众无所畏，广为分别说，
大慈悲为室，柔和忍辱衣，
诸法空为座，处此为说法。
若人具是德，或为四众说，
空处读诵经，皆得见我身，
诸佛护念故，速得菩萨道。

尔时佛前有七宝塔，高五百由旬，从地涌出住在空中，种种宝物而庄校之，四面皆出多摩罗跋栴檀之香，充遍世界。

尔时宝塔中出大音声叹言：“善哉善哉！释迦牟尼世尊！能以平等大慧，教菩萨法佛所护念妙法华经为大众说。如是如是！释迦牟尼世尊！如所说者，皆是真实。”

尔时有菩萨摩诃萨，名大乐说，知一切世间天人阿修罗等心之所疑，而白佛言：“世尊！以何因缘，有此宝塔从地涌出？又于其中发是音声？”

佛告大乐说菩萨：“此宝塔中有如来全身，乃往过去东方无量千万亿阿僧祇世界，国名宝净，彼中有佛，号曰多宝。其佛行菩萨道时，作大誓愿：‘若我成佛，灭度之后，于十方国土，有说法华经处，我之塔庙，为听是经故，涌现其前为作证明。’”

尔时释迦牟尼佛即从座起，住虚空中，一切四众起立合掌，一心观佛。于是，释迦牟尼佛以右指开七宝塔户，出大音声，如却关钥开大城门。即时一切众会，皆见多宝如来于宝塔中，坐狮子座，全身不散，如入禅定。

时多宝佛于宝塔中，分半座，与释迦牟尼佛，而作是言："释迦牟尼佛，可就此座。"即时释迦牟尼佛，入其塔中坐其半座，结跏趺坐。

尔时大众见二如来在七宝塔中狮子座上结跏趺坐，各作是念："佛座高远，唯愿如来以神通力，令我等辈俱处虚空。"

即时释迦牟尼佛以神通力，接诸大众皆在虚空，以大音声普告四众："谁能于此娑婆国土广说妙法华经，佛欲以此妙法华经付嘱有在。"而说偈言：

圣主世尊，虽久灭度，
在宝塔中，尚为法来，
诸人云何，不勤为法？
彼佛本愿，我灭度后，
在在所往，常为听法，
令法久住，故来至此。
其有能护，此经法者，
则为供养，我及多宝。
诸善男子，各谛思惟。
此为难事，宜发大愿。
诸余经典，数如恒沙，
虽说此等，未足为难。
于我灭后，若能奉持，
如斯经典，是则为难。
我为佛道，于无量土，

从始至今，广说诸经，
而于其中，此经第一。
若有能持，则持佛身，
如是之人，诸佛所叹。
是则勇猛，是则精进，
是名持戒，行头陀者，
则为疾得，无上佛道。

于时下方多宝世尊所从菩萨，名曰智积，白多宝佛："当还本土。"

释迦牟尼佛告智积曰："善男子！且待须臾，此有菩萨，名文殊师利，可与相见论说妙法。"

尔时文殊师利坐千叶莲花，从于大海娑竭罗龙宫自然涌出，至于佛所，头面敬礼二世尊足。

修敬已毕，智积问言："仁往龙宫，所化众生，其数几何？"

文殊师利言："其数无量，非口所宣，且待须臾，自当证知。"所言未竟，无数菩萨坐宝莲花从海涌出，诣灵鹫山住在虚空，此诸菩萨皆是文殊师利之所化度。

文殊师利谓智积曰："于海教化其事如是。我于海中唯常宣说妙法华经。"

智积问言："此经甚深微妙，诸经中宝。颇有众生，勤加精进修行此经，速得佛不？"

文殊师利言："有娑竭罗龙王女，年始八岁，智慧利根，得陀罗尼，诸佛所说甚深秘藏悉能受持。深入禅定，了达诸法，于刹那顷发菩提心，得不退转。"言论未讫，时龙王女忽现于前，头面礼敬，以偈赞曰：

深达罪福相，遍照于十方。
微妙净法身，具相三十二，
以八十种好，用庄严法身。

天人所戴仰，龙神咸恭敬，
一切众生类，无不宗奉者。
又闻成菩提，唯佛当证知，
我阐大乘教，度脱苦众生。

时舍利弗语龙女言：“汝谓不久得无上道，是事难信。”尔时龙女有一宝珠，价值三千大千世界，持以上佛，佛即受之。

龙女谓智积菩萨、尊者舍利弗言：“我献宝珠世尊纳受，是事疾不？”

答言：“甚疾。”

女言：“以汝神力观我成佛，复速于此。”

当时众会皆见龙女，忽然之间变成男子，具菩萨行，即往南方无垢世界，坐宝莲花成等正觉，三十二相、八十种好，普为十方一切众生演说妙法。尔时娑婆世界三千众生住不退地，三千众生发菩提心而得受记，智积菩萨及舍利弗，一切众会默然信受。

尔时，世尊视八十万亿那由他诸菩萨摩诃萨，是诸菩萨皆是阿惟越致，转不退法轮，得诸陀罗尼，即从座起至于佛前，一心合掌，敬顺佛意，并欲自满本愿，而发誓言：“世尊！我等于如来灭后，周旋往反十方世界，能令众生书写此经，受持、读诵、解说其义，如法修行，唯愿世尊，在于他方遥见守护。”即时诸菩萨俱同发声，而说偈言：

唯愿不为虑，于佛灭度后，
恐怖恶世中，我等当广说。
有诸无智人，恶口骂詈等，
及加刀杖者，我等皆当忍。
恶世中比丘，邪智心谄曲，
未得谓为得，我慢心充满。
或有阿练若，纳衣在空闲，
自谓行真道，轻贱人间者，

贪着利养故，常念世俗事，
假名阿练若，诽谤说我恶，
我等敬佛故，皆当忍受之。
浊劫恶世中，多有诸恐怖，
我不爱身命，但惜无上道，
当着忍辱铠，护持佛所嘱。
诸聚落城邑，其有求法者，
我皆到其所，说佛所嘱法。
我是世尊使，处众无所畏，
我当善说法，愿佛安隐住。
我于世尊前，诸来十方佛，
发如是誓言，佛自知我心。

尔时文殊师利白佛言："世尊！是诸菩萨甚为难有，敬顺佛故发大誓愿。世尊！于后恶世云何能说是经？"

佛言文殊师利："菩萨摩诃萨，于后末世法欲灭时，有持是法华经者，于在家出家人中生大慈心，于非菩萨人中生大悲心，随在何地，以神通力、智慧力，引之令得住是法中。是法华经，于无量国中，乃至名字不可得闻，何况得见受持、读诵？

"文殊师利，譬如强力转轮圣王，欲以威势降伏诸国，王见兵众战有功者，即大欢喜随功赏赐，或与田宅聚落城邑，或与衣服严身之具，或与种种珍宝金银，唯髻中明珠不以与之。所以者何？独王顶上有此一珠，如见兵众有大功者，心甚欢喜，而乃与之。如来亦复如是。以禅定智慧力得法，国土王于三界而诸魔王，不肯顺伏如来，贤圣诸将与之共战，其有功者，心亦欢喜，于四众中，为说诸经，赐以禅定、解说、无漏根力，诸法之财；又复赐与涅槃之城，言得灭度，引导其心，令皆欢喜，而不为说是法华经。文殊师利！此法华经，诸佛如来秘密之藏，诸经最上，长夜守护不妄宣说。始于今日，乃与汝等而敷演之。"

尔时，他方国土诸来菩萨摩诃萨同白佛言："世尊！若听我等于佛灭后，在此娑婆世界勤加精进护持读诵是经，愿于此土而广说之。"

尔时佛告诸菩萨摩诃萨众："止！善男子！不须汝等护持此经。所以者何？我娑婆世界，自有六万恒河沙等菩萨摩诃萨，一一菩萨各有六万恒河沙眷属，是诸人等能于我灭后，护持、读诵、广说此经。"

佛说是时，娑婆世界三千大千国土地皆震裂，而于其中有无量千万亿菩萨摩诃萨同时涌出。是诸菩萨皆是大众唱导之首，各将六万恒河沙眷属，共诣虚空七宝妙塔，向二世尊头面礼足，以种种赞法而赞于佛，如是时间经五十小劫。是时释迦牟尼佛默然而坐，及诸四众亦皆默然，五十小劫，佛神力故，令诸大众谓如半日。

尔时弥勒菩萨，及诸菩萨众，皆作是念："我等从昔以来，未见未闻如是大菩萨摩诃萨众，从地涌出，住世尊前。"时，弥勒菩萨摩诃萨合掌向佛，以偈问曰：

无量千万亿，大众诸菩萨，
是从何所来？以何因缘集？
巨身大神通，智慧叵思议，
所将诸眷属，如恒河沙等。
此大菩萨众，谁为其说法？
教化而成就，修习何佛道？
我于此众中，乃不识一人，
无量德世尊，唯愿抉众疑。

尔时释迦牟尼佛告弥勒菩萨："善哉善哉！阿逸多！汝等当共一心，被精进铠，发坚固意。如来今欲显发宣示诸佛智慧，诸佛自在神通之力，诸佛狮子奋迅之力，诸佛威猛大势之力。阿逸多！是诸大菩萨摩诃萨，无量无数阿僧祇从地涌出，汝等昔所未见者，是我于娑婆世界，得阿耨多罗三藐三菩提已，教化示导此诸菩萨，调伏其心令发道意。

"是诸善男子等，皆于是娑婆世界之下，虚空中住，不乐在众多有所说，常乐静处，勤行精进，未曾休息。亦不依止人天而住，常乐深智，无有障碍，亦常乐于诸佛之法，一心精进求无上慧。"

尔时弥勒菩萨，及无数诸菩萨等，心生疑惑，怪未曾有，而作是念："云何世尊于少时间，教化如是无量无边阿僧祇诸大菩萨，令住阿耨多罗三藐三菩提？"即白佛言："世尊！佛转法轮以来始过四十余年。云何于此少时，教化如是无量大菩萨众？此大菩萨众，久远以来，于无量无边诸佛所植诸善根，成就菩萨道。譬如有人，年当少壮，指百岁人言是我子，其百岁人，亦指年少言是我父，生育我等，世所难信。佛亦如是。世尊得佛未久，乃能作此大功德事。我等虽信，佛所出言未曾虚妄，佛所知者皆悉通达，然诸新发意菩萨，于佛灭后，若闻是语或不信受，而起破法罪业因缘。唯愿世尊，宜示解说。"

尔时佛告诸菩萨及一切大众："诸善男子！汝等当信解如来诚谛之语。譬如三千大千世界，假使有人抹为微尘，过于东方五百千万亿那由他阿僧祇国，乃下一尘，如是东行尽是微尘。诸善男子！于意云何，是诸世界，可得思惟校计知其数不？"

弥勒菩萨等俱白佛言："世尊！是诸世界无量无边，非算数所知，亦非心力所及。一切声闻辟支佛，以无漏智，不能思惟知其限数。"

尔时佛告大菩萨众："诸善男子！今当分明宣语汝等，我成佛以来，复过于此百千万亿那由他阿僧祇劫。自从是来，我常在此娑婆世界说法教化，亦于余处百千万亿那由他阿僧祇国导利众生，处处自说名字不同，年纪大小，亦复现言当入涅槃。然我实成佛以来，久远若斯，但以方便教化众生，令入佛道作如是说。

"诸善男子！如来所演经典，皆为度脱众生，或说己身或说他身，或示己身或示他身，或示己事或示他事，诸所言说皆实不虚。所以者何？如来，如实知见三界之相，无有生死，若退若出，亦无在世及灭度者，非实非虚非如非异，不如三界见于三界。如斯之事，如来明见无有错谬，以诸众生有种种性、种种欲、种种行、种种忆想分别故，欲令生诸善根，以若干因缘、譬喻、言辞种种说法，所作佛事未曾暂废。如是我成佛以来，甚大久远，寿命无量阿僧祇劫常住不灭。

“诸善男子！我本行菩萨道所成寿命，今犹未尽复倍上数，然今非实灭度，而便唱言当取灭度，如来以是方便教化众生。所以者何？若诸佛久住于世间，薄德之人不种善根，贪着五欲，入于忆想妄见网中。若见如来常在不灭，便起憍恣而怀厌怠，不生难遭之想、恭敬之心，愈起色见声求之妄念，益执缘聚假合之幻身。是故如来大慈方便说言，当知诸佛出世难可值遇，百千万亿劫，或有见佛或不见者，令诸众生闻如是语，生难遭想，心怀恋慕渴仰于佛，便种善根，是故如来，虽不实灭而言灭度。

“譬如良医智慧聪达，明练方药善治众病。其人多诸子息，以有事缘远至余国，诸子于后饮他毒药，药发闷乱宛转于地。是时其父还来归家，诸子饮毒，或失本心或不失者，遥见其父皆大欢喜，拜跪问讯：‘善安隐归！我等愚痴误服毒药，愿见救疗更赐寿命。’父见子等苦恼如是，依诸经方，求好药草色香美味，皆悉具足，捣筛和合与子令服，而作是言：‘此大良药，色香美味皆悉具足，汝等可服，速除苦恼，无复众患。’其诸子中不失心者，见此良药色香俱好，即便服之病尽除愈。

“余失心者，见其父来，虽亦欢喜问讯求索治病，然与其药而不肯服。所以者何？毒气深入失本心故。父作是念：‘此子可愍，为毒所中，心皆颠倒，我今当设方便，令服此药。’即作是言：‘汝等当知，我今衰老死时已至，是好良药，今留在此，汝可取服，勿忧不差。’作是教已，复至他国，遣使还告，汝父已死。是时诸子闻父背丧，自唯孤露，无复恃怙，常怀悲感，心遂醒悟，乃知此药色香美味，即取服之，毒病皆愈。

“诸善男子！于意云何？颇有人能说此良医虚妄过不？”

“不也，世尊！”

佛言：“我亦如是。”尔时世尊欲重宣此义，而说偈言：

自我得佛来，所经诸劫数，
无量百千万，亿载阿僧祇。
为度众生故，方便现涅槃，
而实不灭度，常住此说法。
以方便力故，现有灭不灭，
余国有众生，恭敬信乐者。
我复于彼中，为说无上法，
汝等不闻此，但谓我灭度。
于阿僧祇劫，常在灵鹫山，
众生见劫尽，大火所烧时，
我此土安隐，天人常充满。
园林诸堂阁，种种宝庄严，
宝树多花果，众生所游乐。
我智力如是，慧光照无量，
寿命无数劫，久修业所得。
汝等有智者，勿于此生疑。

尔时佛告弥勒菩萨摩诃萨：“阿逸多！其有众生，闻佛寿命长远如是，乃至能生一念信解，所得功德无有限量。若有善男子、善女人，为阿耨多罗三藐三菩提故，于八十万亿那由他劫行五波罗蜜，以是功德，比前功德百分、千分、百千万亿分不及其一。若有闻佛寿命长远，解其言趣，是人所得功德无有限量，能起如来无上之慧。若闻是经，若教人闻，若自持，若教人持，若自书，若教人书，是人功德无量，无边能生一切种智。”尔时世尊欲重宣此义，而说偈言：

若我灭度后，能奉持此经，
斯人福无量，如上之所说。
况复持此经，兼布施持戒，
忍辱乐禅定，不瞋不恶口。
恭敬于塔庙，谦下诸比丘，
远离自高心，常思惟智慧。
有问难不瞋，随顺为解说，
若能行是行，功德不可量。
若见此法师，成就如是德，
头面接足礼，生心如佛想。
不久诣道树，得无漏无为，
广利诸人天，应种种供养。
其所住止处，乃至说一偈，
是中应起塔，庄严令妙好。
佛子住此地，则是佛受用，
常在于其中，经行及坐卧。

尔时佛告常精进菩萨摩诃萨：“若善男子、善女人，受持是法华经，若读，若诵，若解说，若书写，是人当得六根清净。”即说偈言：

若于大众中，以无所畏心，
说是法华经，汝听其功德：
是人得八百，功德殊胜眼，
以是庄严故，其目甚清净。
父母所生眼，悉见三千界，
其中诸众生，一切皆悉见，
虽未得天眼，肉眼力如是。
父母所生耳，清净无浊秽，

以此常耳闻，三千世界声，
遥闻是众声，而不坏耳根。
持是法华者，虽未得天耳，
但用所生耳，功德已如是。
是人鼻清净，于此世界中，
若香若臭物，种种悉闻知。
在在方世尊，愍众而说法，
众生在佛前，闻经皆欢喜。
如法而修行，闻香悉能知，
虽未得菩萨，无漏法生鼻，
而是持经者，先得此鼻相。
是人舌根净，终不受恶味，
以深净妙声，于大众说法，
以诸因缘喻，引导众生心。
诸佛及弟子，闻其说法音，
常念而守护，或时为现身。
若持法华者，其身甚清净，
如彼净琉璃，众生皆喜见，
又如净明镜，悉见诸色像。
菩萨于净身，皆见世所有，
唯独自明了，余人所不见。
虽未得无漏，法性之妙身，
以清净常体，一切于中现。
是人意清净，明利无浊秽，
以此妙意根，知上中下法。
乃至闻一偈，通达无量义，
以持法华故，悉知诸法相。
随义识次第，达名字语言，

此人有所说，皆是先佛法。
以演此法故，于众无所畏，
持法华经者，意根净若斯。

尔时佛告得大势菩萨摩诃萨："乃往古昔，过无量劫，有佛名威音王如来。尔时有一菩萨比丘，名常不轻。得大势！以何因缘，名常不轻？是比丘凡见四众，皆悉礼拜赞叹，而作是言：'我深敬汝等，不敢轻慢。所以者何？汝等皆行菩萨道，当得作佛。'而是比丘不专读诵经典，但行礼拜。乃至远见四众亦复故往，礼拜赞叹，而作是言：'我不敢轻于汝等，汝等皆当作佛。'是比丘闻威音王佛先所说法华经，悉能受持，即得如上眼根清净，耳、鼻、舌、身、意根清净。得是六根清净已，更增寿命二百万亿那由他岁，广为人说是法华经。于四众中说法，心无所畏。得大势！是常不轻菩萨摩诃萨，于后复值千万亿佛，亦于诸佛法中说是经典，功德成就当得作佛。"

尔时，世尊于文殊师利等一切众前，现大神力，出广长舌，上至梵世，一切毛孔放于无量无数色光，皆悉遍照十方世界。于时十方世界通达无碍，如一佛土。

尔时佛告上行等菩萨大众："诸佛神力如是无量无边，不可思议。若我以是神力，于无量无边百千万亿阿僧祇劫，为嘱累故说此经功德，犹不能尽。以要言之，如来一切所有之法，如来一切自在神力，如来一切秘要之藏，如来一切甚深之事，皆于此经宣示显说。若有受持，读诵，解说，书写，如说修行，若经卷所住之处，即是道场。诸佛于此得阿耨多罗三藐三菩提，诸佛于此转于法轮，诸佛于此而般涅槃。"

尔时释迦牟尼佛从法座起，现大神力，以右手摩无量菩萨摩诃萨顶，而作是言："我于无量百千万亿阿僧祇劫，修习是难得阿耨多罗三藐三菩提法，今以付嘱汝等。汝等应当一心流布此法，广令增益，令一切众生普得闻知。所以者何？如来有大慈悲，无诸悭吝,亦无所畏,能与众生佛之智慧、如来智慧、自然智慧。如来是一切众生之大施主,汝等亦应随学如来之法,勿生悭吝。汝等若能如是,则为已报诸佛之恩。”

时诸菩萨摩诃萨,闻佛作是说已,皆大欢喜,益加恭敬,合掌向佛俱发声言:“如世尊敕,当具奉行。唯然世尊,愿不有虑。”

尔时释迦牟尼佛放大人相肉髻光明,及放眉间白毫相光,遍照东方八百万亿那由他恒河沙等诸佛世界。过是数已,有世界名净光庄严,其国有佛,号净华宿王智如来。国中有一菩萨,名曰妙音,久已植众德本,供养亲近无量百千万亿诸佛,而悉成就甚深智慧,得妙幢相三昧、法华三昧、净德三昧、智印三昧、集一切功德三昧、清净三昧、神通游戏三昧、慧炬三昧、庄严王三昧、净光明三昧,得如是等百千万亿恒河沙等诸大三昧。

释迦牟尼佛光照其身,即白净华宿王智佛言:“世尊！我当往诣娑婆世界,礼拜亲近供养释迦牟尼佛。”

于是妙音菩萨不起于座,身不动摇,而入三昧。以三昧力,即来诣此娑婆世界耆阇崛山。到已,下七宝台,以宝璎珞,持至释迦牟尼佛所,头面礼足,奉上璎珞,而白佛言:“世尊！净华宿王智佛,问讯世尊:少病少恼,起居轻利,安乐行不？四大调和不？世事可忍不？众生易度不？所化众生,无多贪欲、瞋恚、愚痴、嫉妒、悭慢者不？无不孝父母、不敬沙门、邪见不善、心不摄五情者不？众生能降伏诸魔怨不？世尊！我今欲见多宝佛身,唯愿世尊,示我令见。”

尔时释迦牟尼佛语多宝佛:“是妙音菩萨欲得相见。”

时多宝佛告妙音言:“善哉善哉！汝能为供养释迦牟尼佛,及听法华经,并见文殊师利等,故来至此。”

尔时华德菩萨白佛言:“世尊！是妙音菩萨,种何善根,修何功德,有是神力？”

佛告华德:“汝但见妙音菩萨其身在此,而是菩萨现种种身,处处为诸众生说是经典。是菩萨以若干智慧，明照娑婆世界，令一切众生各得所知，于十方恒河沙世界中亦复如是。若应以声闻形得度者，现声闻形而为说法；应以辟支佛形得度者，现辟支佛形而为说法；应以菩萨形得度者，现菩萨形而为说法；应以佛形得度者，即现佛形而为说法。如是种种随所应度，而为现形，乃至应以灭度而得度者，示现灭度。华德！妙音菩萨摩诃萨，成就大神通智慧之力，其事如是。"

尔时无尽意菩萨即从座起，偏袒右肩，合掌向佛，而作是言："世尊！观世音菩萨以何因缘，名观世音？"

佛告无尽意菩萨："善男子！若有无量百千万亿众生，受诸苦恼，闻是观世音菩萨，一心称名，观世音菩萨即时观其音声，皆得解脱。无尽意！是观世音菩萨成就如是功德，以种种形游诸国土，度脱众生，是故汝等，应当一心供养观世音菩萨。是观世音菩萨摩诃萨，于怖畏急难之中能施无畏，是故此娑婆世界，皆号之为施无畏者。"

尔时无尽意菩萨，以偈问曰：

世尊妙相具，我今重问彼，
佛子何因缘，名为观世音？
具足妙相尊，偈答无尽意：
汝听观音行，善应诸方所，
弘誓深如海，历劫不思议，
侍多千亿佛，发大清净愿。
我为汝略说，闻名及见身，
心念不空过，能灭诸有苦。
假使兴害意，推落大火坑，
念彼观音力，火坑变成池。
或漂流巨海，龙鱼诸鬼难，
念彼观音力，波浪不能没。

或在须弥峰，为人所推堕，
念彼观音力，如日虚空住。
或被恶人逐，堕落金刚山，
念彼观音力，不能损一毛。
或值冤贼绕，各执刀加害，
念彼观音力，咸即起慈心。
或遭王难苦，临刑欲寿终，
念彼观音力，刀寻段段坏。
或囚禁枷锁，手足被杻械，
念彼观音力，释然得解脱。
咒诅诸毒药，所欲害身者，
念彼观音力，还着于本人。
或遇恶罗刹，毒龙诸鬼等，
念彼观音力，时悉不敢害。
若恶兽围绕，利牙爪可怖，
念彼观音力，疾走无边方。
蚖蛇及蝮蝎，气毒烟火燃，
念彼观音力，寻声自回去。
云雷鼓掣电，降雹澍大雨，
念彼观音力，应时得消散。
众生被困厄，无量苦逼身，
观音妙智力，能救世间苦。
具足神通力，广修智方便。
十方诸国土，无刹不现身。
种种诸恶趣，地狱鬼畜生，
生老病死苦，以渐悉令灭。
真观清净观，广大智慧观，
悲观及慈观，常愿常瞻仰。

无垢清净光，慧日破诸暗。
能伏灾风火，普明照世间。
悲体戒雷震，慈意妙大云，
澍甘露法雨，灭除烦恼焰。
诤讼经官处，怖畏军阵中，
念彼观音力，众冤悉退散。
妙音观世音，梵音海潮音，
胜彼世间音，是故须常念。
念念勿生疑，观世音净圣，
于苦恼死厄，能为作依怙。
具一切功德，慈眼视众生，
福聚海无量，是故应顶礼。

尔时药王菩萨即从座起，偏袒右肩，合掌向佛，而白佛言："世尊！若善男子、善女人，有能受持法华经者，若读诵通利，若书写经卷，得几所福？"

佛告药王："若有善男子、善女人，供养八百万亿那由他恒河沙等诸佛，于汝意云何，其所得福宁为多不？"

"甚多，世尊！"

佛言："若善男子、善女人，能于是经，乃至受持一四句偈，读诵解义，如说修行，功德倍多。"

尔时普贤菩萨白佛言："世尊！我于宝威德上王佛国，遥闻此娑婆世界说法华经，与无量无边百千万亿诸菩萨众，共来听受，唯愿世尊，当为说之。若善男子、善女人，于如来灭后，云何能得是法华经？"

佛告普贤菩萨："若善男子、善女人，成就四法，于如来灭后，当得是法华经：一者，为诸佛护念；二者，植众德本；三者，入正定聚；四者，发救一切众生之心。善男子、善女人，如是成就四法，于如来灭后必得是经。如是之人不复贪者世乐，不好外道经书，手笔具正忆念有福德力，是人不为三毒所恼，亦不为嫉妒、我慢、邪慢、增上慢所恼，是人少欲知足，能修普贤之行。

“普贤！若有人见受持、读诵法华经者，应作是念，此人不久当诣道场，破诸魔众，得阿耨多罗三藐三菩提，转法轮，击法鼓，吹法螺，雨法雨，当坐天人大众中狮子法座上。是人不须贪着衣服、卧具、饮食资生之物，所愿不虚，亦于现世得其福报。”

说是经时，恒河沙等无量无边菩萨，得百千万亿旋陀罗尼，大会大众皆大欢喜，受持佛语，作礼而去。

卷十三

大般涅槃经

之一

如是我闻，一时佛在拘施那城，力士生地，阿利罗跋提河边，娑罗双树间。尔时，世尊与大比丘八十亿百千人俱，前后围绕。二月十五日，大觉世尊将欲涅槃，一切众生见闻是已，心大忧愁，同时举声悲啼号哭："呜呼慈父！痛哉！苦哉！"举手拍头椎胸叫唤：

"圣慧日明从今永灭，无上法船于斯沉没。呜呼！痛哉！世间大苦！"

尔时会中有优婆塞，名曰纯陀，偏袒右肩，右膝着地，合掌向佛，悲泣堕泪，顶礼佛足，而白佛言："唯愿世尊及比丘僧，哀受我等最后供养。"复起礼佛，而说偈言：

佛如优昙花，值遇生信难，
遇已种善根，永灭恶道苦。
芥子投针锋，佛出难于是。
佛不染世法，如莲花处水，
善断有顶种，永度生死流。
生世为人难，值佛世亦难。
以知佛世尊，欲入于涅槃，
高声唱是言，世间无调御。
不应舍众生，应视如一子。
如来在僧中，演说无上法，
如须弥宝山，安处于大海。

佛智能善断，我等无明暗，
犹如日出时，除云光普照。
是诸众生等，悉为生死转，
以是故世尊，应长众生信，
为断生死苦，久住于世间。

佛告纯陀："如汝所说，佛出世难，如优昙花，值佛生信亦复甚难，佛临涅槃最后施食，能具足檀，倍复甚难。汝今纯陀，莫大愁苦，应生踊跃，喜自庆幸，得值最后供养如来，成就具足檀波罗蜜，不应请佛久住于世。汝今当观诸佛境界，悉皆无常，诸行性相亦复如是。"即为纯陀而说偈言：

一切诸世间，生者皆归死，
寿命虽无量，要必当有尽。
夫盛必有衰，合会有别离，
无有法常者，一切皆迁动。
流转无休息，三界皆无常，
诸有无有乐，故我不贪着。
离欲善思惟，而证于真实，
究竟断有者，今日当涅槃。
我度有彼岸，已得过诸苦，
是故于今日，纯受上妙乐。
以是因缘故，证无戏论边，
永断诸缠缚，今日入涅槃。
我无老病死，寿命不可尽，
我今入涅槃，犹如大火灭。
纯陀汝不应，思量如来义。
当观如来性，犹如须弥山。
我今正涅槃，受持第一乐，
诸佛法如是，不应复啼哭。

于是纯陀复白佛言:"如来不欲久住于世,我当云何而不啼泣? 苦哉! 苦哉! 世间空虚。唯愿世尊,怜愍我等及诸众生,久住于世,勿般涅槃。"

佛告纯陀:"汝今不应发如是言'怜愍我故,久住于世'。我以怜愍汝及一切,是故今欲入于涅槃。何以故? 诸佛法尔,有为亦然。是故诸佛,所说偈曰:

有为之法,其性无常,

生已不住,寂灭为乐。

尔时世尊告诸比丘:"汝等莫如凡夫忧愁啼哭,当勤精进,系心正念。"复说偈言:

汝等当开意,不应大愁苦,

诸佛法皆尔,是故当默然。

乐不放逸行,守心正忆念,

远离诸非法,慰意受欢乐。

"复次比丘,若有疑惑,今皆当问。若空不空,若常无常,若苦非苦,若依非依,若去不去,若归非归,若恒非恒,若断非断,若众生非众生,若有若无,若实不实,若真不真,若灭不灭,若密不密,若二不二,如是等种种法中有所疑者,今应咨问,我当随愿为汝断之。亦当为汝先说甘露,然后乃当入于涅槃。

"诸比丘! 佛出世难,人身难得,值佛生信,是事亦难,能忍难忍,是亦复难,成就禁戒,具足无缺,得阿罗汉果,是事亦难,如求金沙优昙钵花。汝诸比丘,离于八难,得人身难,汝等遇我不应空过。我于往昔种种苦行,今得如是无上方便。为汝等故无量劫中舍身、手足、头目、髓脑,是故汝等不应放逸。汝等比丘,云何庄严正法宝城? 具足种种功德珍宝,戒、定、智慧为墙堑埤堄。汝今遇是佛法宝城,不应取此虚伪之物。譬如商主遇珍宝城,取诸瓦砾而便还家。汝亦如是,值遇宝城取虚伪物。

"汝诸比丘,勿以下心而生知足。汝等今者,虽得出家,于此大乘不生贪慕。汝诸比丘，身虽得服袈裟染衣，其心犹未得染大乘清净之法。汝诸比丘，虽行乞食，经历多处，初未曾乞大乘法食。汝诸比丘，虽除须发，未为正法除诸结使。汝诸比丘，今当真实教敕汝等。我今现在大众和合，如来法性真实不倒，是故汝等应当精进摄心，勇猛摧诸结使。十力慧日既灭没已，汝等当为无明所覆。

"诸比丘，譬如大地诸山药草为众生用，我法亦尔，出生妙善甘露法味，而为众生种种烦恼病之良药。我今当令一切众生及以我子四部之众，悉皆安住秘密藏中，我亦复当安住是中入于涅槃。何等名为秘密之藏？犹如∴字三点，若并则不成伊，纵亦不成，如摩醯首罗面上三目，乃得成伊三点，若别亦不得成。我亦如是。解脱之法亦非涅槃，如来之身亦非涅槃，摩诃般若亦非涅槃。三法各异，亦非涅槃。我今安住如是三法，为众生故名入涅槃，如世伊字。"

尔时诸比丘闻佛世尊定当涅槃，涕泪盈目，稽首佛足白佛言："世尊！我等常修习无我之想，如佛所说一切诸法无我、我所。世尊！我等不但修无我想，亦更修习其余诸想。所谓苦想、无常等想。世尊！譬如人醉其心瞑眩，见诸山河日月皆悉回转。世尊！若有不修苦、无常想、无我等想，如是之人不名为圣，多诸放逸，流转生死。"

尔时佛告诸比丘言："谛听谛听！汝向所引醉人喻者，但知文字，未达其义。何等为义？如彼醉人见上日月，实非回转，生回转想。众生亦尔，为诸烦恼无明所覆，生颠倒心，我计无我，常计无常，净计不净，乐计为苦。以为烦恼之所覆故，虽生此想不达其义，如彼醉人于非转处而生转想。我者即是佛义，常者是法身义，乐者是涅槃义，净者是法义。

"汝等比丘，云何而言'有我想者，憍慢贡高流转生死'？汝等若言'我亦修习无常、苦想、无我想'，是三种修无有实义。我今当说胜三修法：苦者计乐，乐者计苦，是颠倒法。无常计常，常计无常，是颠倒法；无我计我，我计无我，是颠倒法；不净计净，净计不净，是颠倒法。有如是等四颠倒法，是人不知正修诸法。汝诸比丘，于苦法中生于乐想，于无常中生于常想，于无我中生于我想，于不净中生于净想。世间亦有常乐我净，出世亦有常乐我净。

“世间法者，有字无义；出世间者，有字有义。何以故？世间之法，有四颠倒，故不知义。所以者何？有想颠倒、心倒、见倒。以三倒故，世间之人乐中见苦，常见无常，我见无我，净见不净，是名颠倒。以颠倒故，世间知字而不知义。何等为义？无我者，名为生死；我者，名为如来；无常者，声闻缘觉；常者，如来法身；苦者，一切外道；乐者，即是涅槃；不净者，即有为法；净者，诸佛菩萨所有正法。是名不颠倒。以不倒故，知字知义。若欲远离四颠倒者，应知如是常乐我净。

“汝等比丘，当知如来，为大医王出现于世，降伏一切外道邪医，故唱是言：‘无我，无人、众生、寿命、养育、知见、作者、受者。’比丘当知，是诸外道，所言我者，如虫食木偶成字耳。是故如来于佛法中唱言无我，为调众生故，为知时故，说是无我。有因缘故，亦说有我。犹如良医，善知于乳是药非药，非如凡夫所计吾我。凡夫愚人所计我者，或有说言大如拇指，或如芥子，或如微尘。如来说我悉不如是。是故说言，诸法无我，实非无我。何者是实？若法是实，是真，是常，是主，是依性不变易，是名为我。如彼大医善解乳药，如来亦尔，为众生故，说诸法中真实有我，汝等四众应当如是修习是法。”

佛告迦叶：“如来长寿，于诸寿中最上最胜。所得常法，于诸常中最为第一，如八大河及诸小河悉入大海。迦叶！如是一切人中天上、地及虚空寿命大河，悉入如来寿命海中，是故如来寿命无量。复次迦叶，譬如阿耨达池出四大河，如来亦尔，出一切命。迦叶！譬如一切诸常法中虚空第一，如来亦尔，于诸常中最为第一。

迦叶！如诸药中醍醐第一，如来亦尔，于众生中寿命第一。”

迦叶菩萨白佛言：“世尊！如来寿命若如是者，应住一劫若减一劫，常宣妙法如澍大雨。”

佛言迦叶：“汝今不应于如来所生灭尽想。迦叶！若有比丘、比丘尼、优婆塞、优婆夷，乃至外道五通神仙得自在者，若住一劫若减一劫，经行空中坐卧自在，若欲住寿能得如意，于寿命中修短自住。如是五通尚得如是随意神力，岂况如来于一切法得自在力，而当不能住寿半劫、若一劫、若百劫、若百千劫、若无量劫？以是义故，当知如来是常住法、不变易法。如来此身是变化身，非杂食身，为度众生示同毒树，是故现舍入于涅槃。迦叶！当知佛是常法不变易法，汝等于是第一义中应勤精进一心修习，既修习已广为人说。”

迦叶菩萨白佛言：“世尊！出世之法与世间法有何差别？如佛言曰‘佛是常法、不变易法’，世间亦说梵天是常，自在天常，无有变易，我常、性常、微尘亦常。若言如来是常法者，如来何故不常现耶？若不常现有何差别？何以故？梵天乃至微尘世性亦不现故。”

佛告迦叶：“譬如长者，多有诸牛，色虽种种，同共一群，付放牧人令逐水草，但为醍醐不求乳酪，彼牧牛者构已而食。长者命终，所有诸牛悉为群贼之所抄掠。贼得牛已，无有妇女，即自构捋得而食之。尔时群贼各相谓言：‘彼大长者畜养此牛，不期乳酪但为醍醐，我等今者当设何方而得之耶？夫醍醐者，名为世间第一上味，我等无器，设使得乳无安置处。’复共相谓：‘唯有皮囊可以盛之。’虽有盛处不知钻摇，浆犹难得，况复生酥？尔时诸贼以醍醐故加之以水，以水多故乳酪醍醐一切俱失。

“凡夫亦尔，虽有善法，皆是如来正法之余。何以故？如来世尊入涅槃后，盗窃如来遗余善法，若戒定慧，如彼诸贼劫掠群牛。诸凡夫人虽复得是戒定智慧，无有方便不能解说。以是义故，不能获得常戒、常定、常慧解脱，如彼群贼不知方便，丧失醍醐，亦如彼群贼为醍醐故加之以水。凡夫亦尔，为解脱故，说我、众生、寿命、士夫、梵天、自在天、微尘、世性、戒、定、智慧及与解脱，非想非非想天即是涅槃，实亦不得解脱涅槃，如彼群贼不得醍醐。

"是诸凡夫有少梵行，供养父母，以是因缘得生天上，受少安乐，如彼群贼加水之乳。而是凡夫，实不知因，修少梵行，供养父母，得生天上，又不能知戒、定、智慧，归依三宝。以不知故，但说常乐我净。虽复说之而实不知。是故如来出世之后，乃为演说常乐我净。

"迦叶！诸善男子、善女人，常当系心，修此二字，佛是常住。迦叶！若有善男子、善女人修此二字，当知是人随我所行，至我至处。善男子！若有修习如是二字为灭相者，当知如来则于其人为般涅槃。善男子！涅槃义者，即是诸佛之法性也。"

迦叶菩萨白佛言："世尊！佛法性者，其义云何？夫法性者即是舍身，舍身者名无所有。若无所有身云何存？身若存者，云何而言身有法性？身有法性云何得存？我今云何当知是义？"

佛告："善男子！汝今不应作如是说：灭是法性。夫法性者，无有灭也。善男子！譬如无想天成就色阴而无色想。不应问言：是诸天等云何而住欢娱受乐？云何行想？云何见闻？善男子！如来境界非诸声闻缘觉所知。善男子！不应说言，如来身者是灭法也。善男子！如是灭法是佛境界，非诸声闻缘觉所及。汝今不应思量如来何处住、何处行、何处见、何处乐。如是之义，亦非汝等之所知及，诸佛法身种种方便不可思议。

"复次善男子，应当修习佛、法及僧而作常想。是三法者，无有异想，无无常想，无变异想。若于三法修异想者，当知是辈清净三归则无依处，所有禁戒皆不具足，终不能证声闻缘觉菩提之果。若能于是不可思议，修常想者则有归处。善男子！譬如因树则有树影，如来亦尔，有常法故则有归处，非是无常。若言如来是无常者，如来则非诸天世人所归依处。”

迦叶菩萨白佛言：“世尊！譬如暗中有树无影。”佛言：“迦叶！汝不应言有树无影，但非肉眼之所见耳。如来亦尔，其性常住，是不变异。无智慧眼，不能得见，如彼暗中不见树影。凡夫之人于佛灭后，说言如来是无常法，亦复如是。若言如来异法、僧者，则不能成三归依处。”

迦叶菩萨复白佛言：“世尊！我今当学如来、法、僧不可思议，既自学已，亦当为人广说是义。若有诸人不能信受，当知是辈久修无常，如是之人，我当为其而作霜雹。”

尔时佛赞迦叶菩萨：“善哉善哉！汝今善能护持正法，如是护法不欺于人，以不欺人善业缘故，而得长寿，善知宿命。”

世尊复告迦叶：“善男子！如来身者是常住身、不可坏身、金刚之身、非杂食身，即是法身。”

迦叶菩萨白佛言：“世尊！如佛所说，如是等身我悉不见，唯见无常、破坏、微尘、杂食等身。何以故？如来欲入于涅槃故。”

佛言：“迦叶！汝今莫谓如来之身不坚可坏，如凡夫身。善男子！汝今当知，如来之身无量亿劫坚牢难坏，非人天身、非恐怖身、非杂食身。如来之身非身是身，不生不灭，不习不修，无量无边，无有足迹，无知无形，毕竟清净，无有动摇，无受无行，不住不作，无味无杂，非是有为，非业非果，非行非灭，非心非数，不可思议，常不可议，无识离心，亦不离心，其心平等，无有亦有，无有去来，而亦去来，不破不坏，不断不绝，不出不灭，非主亦主，非有非无，非觉非观，非字非不字，非定非不定，不可见了了见，无处亦处，无宅亦宅，无暗无明，无有寂静，而亦寂静，是无所有，不受不施，清净无垢，无诤断诤，住无住处，不取不堕，非法非非法，非福田非不福田，无尽不尽，离一切尽，是空离空，虽不常住，而亦常住，非念念灭，无有垢浊，无字离字，非声非说，亦非修习，非称非量,非一非异,非像非相,诸相庄严,非勇非畏,无寂不寂,无热不热,不可睹见,无有相貌。

“如来度脱一切众生,无度脱故能解众生,无有解故觉了众生,无觉了故如实说法,无有二故不可思量,无等等故平如虚空。无有形貌,同有生性,不断不常,非合非散,非长非短,非阴入界,亦阴入界。如来之身成就如是无量功德,无有知者无不知者,无有见者无不见者,非有为非无为,非世非不世,非作非不作,非依非不依,非身非不身,不可宣说,除一法相不可算数,般涅槃时不般涅槃。如来法身皆悉成就如是无量微妙功德。

“迦叶！唯有如来乃知是相,非诸声闻缘觉所知。迦叶！如来真身功德如是,云何复得诸疾患苦,危脆不坚如坏器乎？如来所以示病苦者,为欲调伏诸众生故。

“善男子！汝今当知,如来之身即金刚身,汝从今日常当专心思惟此义,莫念食身,亦当为人说如来身即是法身。”

迦叶菩萨白佛言:“世尊！如是如是！诚如圣教,如来常住不坏,无有变异。我今善学,亦当为人广宣是义。”

佛赞:“善哉善哉！如来身者,即是金刚不可坏身,菩萨应当如是善学正见正知。若能如是了了知见,即是见佛金刚之身、不可坏身,如于镜中见诸色像。”

佛告迦叶:“是经名为大般涅槃。如诸药中醍醐第一,善治众生热恼乱心,是大涅槃为最第一。譬如甜酥八味具足,大般涅槃亦复如是,八味具足。云何为八？一者,常;二者,遍;三者,安;四者,清凉;五者,不老;六者,不死;七者,无垢;八者,快乐。是为八味。具足八味是故名为大般涅槃。若诸菩萨摩诃萨等安住是中,复能处处示现涅槃,是故名为大般涅槃。

“迦叶！善男子、善女人,若欲于此大般涅槃而涅槃者,当如是学如来常住,法、僧亦然。”

尔时迦叶菩萨白佛言:“世尊！如佛所说诸佛世尊有秘密

藏，是义不然。何以故？诸佛世尊唯有密语，无有密藏。”

佛赞迦叶：“善哉善哉！善男子！如汝所言，如来实无秘密之藏。何以故？如秋满月，处空显露，清净无翳，人皆睹见。如来之言，亦复如是。开发显露，清净无翳，愚人不解，谓之秘藏；智者了达，则不名藏。譬如有人多积金银至无量亿，其心悭吝不肯惠施拯济贫穷，如是积聚乃名秘藏。如来不尔，于无边劫积聚无量妙法珍宝，心无悭吝，常以惠施一切众生，云何当言如来秘藏？

“善男子！譬如长者唯有一子，以爱念故，昼夜殷勤教其半字，而不教诲毗伽罗论。何以故？以其幼稚，力未堪故。如是长者于是子所有秘藏不？若有瞋心、嫉妒、悭吝，乃名为藏。如来无有瞋心、嫉妒，云何名藏？

“善男子！彼大长者谓如来也，所言一子者，谓一切众生。如来视于一切众生犹如一子。教一子者谓声闻弟子，半字者谓九部经，毗伽罗论者所谓方等大乘经典。以诸声闻无有慧力，是故如来为说半字九部经典，而不为说毗伽罗论方等大乘。如彼长者子既长大，堪任读学，若不为说毗伽罗论可名为藏。若诸声闻有堪任力，能受大乘毗伽罗论，如来秘惜不为说者，可言如来有秘密藏。如来不尔，今为演说毗伽罗论，所谓如来常存不变。

“复次善男子，譬如夏月，兴大云雷，降注大雨，令诸农夫下种之者多获果实，不下种者无所克获。无所获者非龙王咎，而此龙王亦无所藏。我今如来亦复如是。降大法雨大涅槃经，若诸众生种善子者得慧芽果，无善子者则无所获，无所获者非如来咎。”

迦叶菩萨白佛言：“世尊！若涅槃佛性决定如来是一义者，云何说言有三归依？”

佛告迦叶：“一切众生怖畏生死故求三归，以三归故则知佛性决定涅槃。善男子！有法名一义异，有法名义俱异。名一义异者，佛常、法常、比丘僧常，涅槃虚空皆亦是常，是为名一义异；名义俱异者，佛名为觉，法名不觉，僧名和合，涅槃名解脱虚空，名非善亦名无碍，是为名义俱异。

“善男子！三归依者亦复如是。名义俱异云何为一？是故我告摩诃波阇波提憍昙弥：‘莫供养我，当供养僧。若供养僧，则得具足供养三归。’摩诃波阇波提即答我言：‘众僧之中无佛无法，云何说言供养众僧，则得具足供养三归？’我复告言：‘汝随我语则供养佛，为解脱故即供养法，众僧受者则供养僧。’善男子！是故三归不得为一。善男子！如来或时说一为三、说三为一，如是之义诸佛境界，非是声闻缘觉所知。”

迦叶复言：“如佛所说，毕竟安乐，名涅槃者。是义云何？夫涅槃者，舍身舍智。若舍身智，谁当受乐？”

佛言：“善男子！如来毕竟远离二十五有，永得涅槃安乐之处，不可动转，无有尽灭，断一切受名无受乐，如是无受名为常乐。若言如来有受乐者，无有是处。是故毕竟乐者，即是涅槃，涅槃者即真解脱，真解脱者即是如来。”

迦叶复言：“不生不灭是解脱耶？”

佛言：“如是如是！善男子！不生不灭即是解脱，如是解脱即是如来。”

迦叶复言：“若不生不灭是解脱者，虚空之性亦无生灭，亦是如来，如如来性，即是解脱。”

佛告迦叶：“善男子！是事不然。如迦兰伽鸟及命命鸟，其声清妙，宁可同于乌鹊音不？”

“不也，世尊！乌鹊之声比命命鸟百千万倍不可为比。”

迦叶复言：“迦兰伽等，其声微妙，身亦不同。如来云何比之乌鹊？无异葶苈比须弥山。佛与虚空亦复如是。迦兰伽声可喻佛声，不可以喻乌鹊之音。”

尔时佛赞迦叶菩萨：“善哉善哉！汝今善解甚深难解。如来有时以因缘故，引彼虚空，以喻解脱，如是解脱，即是如来。真解脱者，一切人天无能为匹，而此虚空，实非其喻，为化众生故，以虚空非喻为喻。当知解脱即是如来,如来之性即是解脱,解脱如来无二无别。善男子！非喻者,如无比之物不可引喻,有因缘故可得引喻。如经中说面貌端正犹月盛满,白象鲜洁犹如雪山,满月不得即同于面,雪山不得即是白象。善男子！不可以喻喻真解脱,为化众生故作喻耳。以诸譬喻知诸法性,皆亦如是。

"善男子！以是因缘,我说种种方便、譬喻以喻解脱。虽以无量阿僧祇喻,而实不可以喻为比。或有因缘亦可喻说,或有因缘不可喻说。是故解脱成就如是无量功德,以如是等无量功德成就满故,名大涅槃。"

迦叶菩萨白佛言:"世尊！我今始知如来至处为无有尽处,若无尽当知寿命亦应无尽。"

佛言:"善哉善哉！善男子！汝今善能护持正法。若有善男子、善女人欲断烦恼诸结缚者,当作如是护持正法。

"复次善男子,声闻、缘觉于诸烦恼而生怖畏,学大乘者都无恐惧,修学大乘有如是力。以是因缘,先所方便说者,为欲令彼声闻、缘觉调伏诸魔,非为大乘。是大涅槃微妙经典不可消伏,甚奇甚特,若有闻者,闻已信受,能信如来是常住法,如是之人甚为希有,如优昙花。我涅槃后,若有得闻如是大乘微妙经典,生信敬心,当知是等于未来世百千亿劫不堕恶道！

"若复有人能信如是大乘经典,本所受形虽复粗陋,以经功德即便端正威颜色力,日更增多,常为人天之所乐见,恭敬爱恋,情无舍离。国王大臣及家亲属,闻其所说,悉皆敬信。若我声闻弟子之中欲行第一希有事者,当为世间广宣如是大乘经典。

"善男子！譬如雾露,势虽欲住,不过日出。日既出已,消灭无余。是诸众生所有恶业亦复如是,住世势力不过得见大涅槃日。是日既出,悉能除灭一切恶业。"

迦叶菩萨白佛言:"世尊！善哉善哉！如来所说真实不虚,我当顶受。譬如金刚珍宝异物,如佛所说是诸比丘当依四法。何等为四?

依法不依人,依义不依语,依智不依识,依了义经不依不了义经。”

之二

佛告迦叶:“我般涅槃七百岁后,诸魔波旬渐当沮坏我之正法。譬如猎师身服法衣,魔王波旬亦复如是,作比丘像、比丘尼像、优婆塞像、优婆夷像,亦复化作须陀洹身,乃至化作阿罗汉身及佛色身。魔王以此有漏之形作无漏身坏我正法。

“我于往昔八十亿劫,常离一切不净之物,少欲知足威仪成就,善修如来无上法藏,亦自定知身有佛性,是故我今得成阿耨多罗三藐三菩提,得名为佛,有大慈悲。如是经律是佛所说,若有不能随顺是者是魔眷属,若能随顺是大菩萨。

“复有说言:‘无四波罗夷、十三僧残、二不定法、三十舍堕、九十一堕、四忏悔法、众多学法、七灭诤等,无偷兰遮、五逆等罪及一阐提。若有比丘犯如是等堕地狱者,外道之人悉应生天。何以故?诸外道等无戒可犯。是故如来示现怖人故说斯戒。’若言:‘佛说:我诸比丘若欲行淫,应舍法服着俗衣裳然后行淫。复应生念,淫欲因缘非我过咎,如来在世亦有比丘习行淫欲得正解脱,或命终后生于天上。古今有之,非独我作。或犯四重,或犯五戒,或行一切不净律仪,犹故而得真正解脱。如来虽说犯突吉罗如忉利天日月岁数八百万岁堕在地狱,亦是如来示现怖人。’言:‘波罗夷至突吉罗轻重无差。是诸律师妄作此言,言是佛制,必定当知非佛所说。’如是言说是魔经律。若复说言:‘于诸戒中若犯小戒,乃至微细,当受苦报,无有齐限。如是知已,防护自身如龟藏六。’如是之人,真我弟子。若有律师复作是言:‘凡所犯戒都无罪报。’如是之人不应亲近,如佛所说:

若过一法,是名妄语,
不见后世,无恶不造。

“是故不应亲近是人。我佛法中清净如是,况复有犯偷兰遮罪或犯僧残及波罗夷而非罪耶?是故应当深自防护如是等法,若不守护,更以何法名为精修?我于经中亦说,有犯四波罗夷乃至微细突吉罗等,应当苦治众生。若不护持禁戒,云何当得见于佛性?一切众生虽有佛性,要因持戒然后乃见。因见佛性,得成阿耨多罗三藐三菩提。九部经中无方等经,是故不说有佛性也。经虽不说,当知实有。若作是说,当知是人真我弟子。”

迦叶菩萨白佛言:“世尊!如上所说,一切众生有佛性者,九部经中所未曾闻。如其说有,云何不犯波罗夷耶?”

佛言:“善男子!如汝所说,实不毁犯波罗夷也。善男子!譬如有人说言大海唯有七宝无八种者,是人无罪,若有说言九部经中无佛性者,亦复无罪。何以故?我于大乘大智海中说有佛性,二乘之人所不知见,是故说无不得罪也。如是境界诸佛所知,非是声闻缘觉所及。

“善男子!若人不闻如来甚深秘密藏者,云何当知有佛性耶?何等名为秘密之藏?所谓方等大乘经典。有诸外道,或说我常,或说我断。如来不尔,亦说有我,亦说无我,是名中道。若有说言:‘佛说中道,一切众生悉有佛性,烦恼覆故不知不见,是故应当勤修方便,断坏烦恼。’若有能作如是说者,当知是人不犯四重。若不能作如是说者,是则名为犯波罗夷。若有说言:‘我已成就阿耨多罗三藐三菩提。何以故?以有佛性故。有佛性者,必定当成阿耨多罗三藐三菩提,以是因缘,我今已得成就菩提。’当知是人则名为犯波罗夷罪。何以故?虽有佛性,以未修习诸善方便,是故未见。以未见故,不能得成阿耨多罗三藐三菩提。善男子!以是义故佛法甚深不可思议。

“善男子!所言苦者不名圣谛。若有不知如来甚深境界常住不变微密法身,谓是食身非是法身,不知如来道德威力,是名为苦。何以故?以不知故,法见非法,非法见法,轮转生死,多受苦恼。若有能知如来常住无有变异，真是修苦，多所利益。若不知者，虽复勤修，无所利益。是名知苦，名苦圣谛。若人不能如是修习，是名为苦，非苦圣谛。

“苦集谛者，于真法中不生真知，受不净物，能以非法言是正法。若有深知不坏正法，以是因缘得生天上及正解脱。若有不知苦集谛处，而言正法无有常住，悉是灭法，以是因缘，于无量劫流转生死受诸苦恼。若能知法常住不异，是名知集，名集圣谛。若人不能如是修习，是名为集，非集圣谛。

“苦灭谛者，若有多修习学空法，是为不善。何以故？灭一切法故，坏于如来真法藏故。作是修学，是名修空。若言修空是灭谛者，一切外道亦修空法应有灭谛。若有说言有如来藏虽不可见，若能灭除一切烦恼尔乃得入，若发此心一念因缘，于诸法中而得自在。若有修习如来密藏无我空寂，如是之人于无量世，在生死中流转受苦。若有不作如是修者，虽有烦恼疾能灭除。何以故？因知如来秘密藏故，是名苦灭圣谛。若能如是修习灭者，是我弟子。若有不能作如是修，是名空修，非灭圣谛。

“道圣谛者，所谓佛、法、僧宝及正解脱。有诸众生颠倒心言无佛、法、僧及正解脱，生死流转犹如幻化。修习是见，以此因缘，轮转三有久受大苦。若能发心见于如来常住无变，法、僧、解脱亦复如是，乘此一念，于无量世自在果报随意而得。何以故？我于往昔以四倒故，非法计法受于无量恶业果报，我今已灭如是见故成佛正觉，是名道圣谛。若有人言三宝无常，修习是见，是虚妄修，非道圣谛。若修是法为常住者，是我弟子，真见修习四圣谛法。

“善男子！谓四倒者，于非苦中生于苦想，非乐中生于乐想，名曰颠倒；无常常想，常无常想，是名颠倒；无我我想，我无我想，是名颠倒；净不净想，不净净想，是名颠倒。是则名为四种颠倒。”

迦叶菩萨白佛言：“世尊！我从今日始得正见。世尊！自是之前我等悉名邪见之人。世尊！二十五有，有我不也？”

佛言：“善男子！我者即是如来藏义。一切众生悉有佛性，即是我义。如是我义从本以来常为无量烦恼所覆，是故众生不能得见。如贫女人舍内多有真金之藏，家人大小无有知者，时有异人善知方便，即于其家掘出真金之藏，女人见已心生欢喜。善男子！众生佛性亦复如是，为诸烦恼之所覆蔽，不能得见。如来今日普示众生诸觉宝藏。所谓佛性，真金藏者，即是佛性也。

“善男子！如来为度一切，教诸众生修无我法。如是修已，永断我心，入于涅槃。为除世间诸妄见故，示现出过世间法故，复示世间计我虚妄非真实故，修无我法清净身故，为修空故，说言诸法悉无有我。我今说如来藏，比丘不应生怖，应自分别如来秘藏不得不有。我诸弟子，不知亲近善知识故，修学无我亦复不如无我之处；尚自不知无我真性，况复能知有我真性？善男子！如来如是说‘诸众生皆有佛性’，喻如‘良医示彼力士额中金刚宝珠’，是诸众生为诸无量亿烦恼等之所覆蔽，不识佛性；若尽烦恼，尔时乃得证知了了，如彼力士于明镜中见其宝珠。如来秘藏如是，无量不可思议。”

“复次，善男子！譬如雪山有一味药，名曰乐味。其味极甜，在深丛下，人无能见。有人闻香，即知其地当有是药。过去往世有转轮王，于此雪山为此药故，在在处处造作木筒以接是药。是药离时，从地流出，集木筒中，其味真正。王即殁已，其后是药或酢或鹹，或甜或苦，或辛或淡，如是一味随其流处有种种异。是药真味，停留在山，犹如满月；凡人薄福，虽以钁斫加功困苦，而不能得。复有圣王出现于世，以福因缘即得是药真正之味。善男子！如来秘藏，其味亦尔。‘为诸烦恼丛林所覆，无明众生不能得见一味药’者，喻如佛性以烦恼故出种种味。如是佛性终不可断，性若可断无有是处。如我性者，即是如来秘密之藏，如是秘藏一切无能沮坏烧灭。虽不可坏，然不可见，若得成就阿耨多罗三藐三菩提，尔乃证知。善男子！方等经者，犹如甘露，亦如毒药。”即说偈言：

如是大乘典，亦名杂毒药，
如酥醍醐等，及以诸石蜜，
服消则为药，不消则为毒。
方等亦如是，智者为甘露，
愚不知佛性，服之则成毒。
迦叶汝今当，善分别三归，
如是三归性，则是我之性。
若能谛观察，我性有佛性，
当知如是人，得入秘密藏。
知我及我所，是人已出世。
佛法三宝性，无上第一尊，
如我所说偈，其性义如是。

迦叶菩萨白佛言：“佛性如是不可思议，三十二相、八十种好亦不可思议。”

尔时佛赞迦叶：“善哉善哉！善男子！汝已成就深利智慧，我今当更善为汝说入如来藏。若我住者，即是常法，不离于苦；若无我者，修行净行，无所利益。若言诸法皆无有我，是即断见；若言我住，即是常见。若言一切行无常者，即是断见；诸行常者，复是常见。若言苦者，即是断见；若言乐者，复是常见。修一切法常者，堕于断见；修一切法断者，堕于常见。修常断者，要因断常。以是义故，修余法苦者，皆名不善；修余法乐者，则名为善；修余法无我者是诸烦恼分；修余法常者是则名曰如来秘藏。所谓涅槃无有窟宅，修余法无常者即是财物，修余法常者谓佛法僧及正解脱。当知如是佛法中道，远离二边而说真法。

“若言有者智不应染，若言无者即是妄语。若言有者不应默然，亦复不应戏论诤讼，但求了知诸法真性。凡夫之人戏论诤讼，不解如来微密藏故。若说于苦,愚人便谓身是无常,说一切苦,复不能知身有乐性。

“有智之人应当分别,不应尽言一切无常。何以故?我身即有佛性种子。若说无我,凡夫当谓一切佛法悉无有我;智者应当分别无我,假名不实,如是知已,不应生疑。若言如来秘藏空寂,凡夫闻之生断灭见;有智之人应当分别如来是常,无有变易。若言解脱喻如幻化,凡夫当谓得解脱者即是磨灭;有智之人应当分别,人中狮子虽有去来,常住不变。若言无明因缘诸行,凡夫之人闻已分别,生二法想,明与无明;智者了达其性无二,无二之性即是实性。若言诸行因缘识者,凡夫谓二行之与识;智者了达其性无二,无二之性即是实性。若言十善十恶可作不可作,善道恶道、白法黑法,凡夫谓二;智者了达其性无二,无二之性即是实性。若言应修一切法苦,凡夫谓二;智者了达其性无二,无二之性即是实性。若言一切行无常,如来秘藏亦是无常,凡夫谓二;智者了达其性无二,无二之性即是实性。若言一切法无我,如来秘藏亦无有我,凡夫谓二;智者了达其性无二,无二之性即是实性。我与无我,性无有二,如来秘藏其义如是,不可称计无量无边诸佛所赞。我今于是一切功德成就经中,皆悉说已。

“善男子!我与无我,性相无二,汝应如是受持顶戴。善男子!汝亦应当坚持忆念如是经典,如我先于《摩诃般若波罗蜜经》中说我无我,无有二相。如因乳生酪,因酪得生酥,因生酥得熟酥,因熟酥得醍醐。如是酪性为从乳生,为从自生,从他生耶?乃至醍醐亦复如是。

“当知酪性,从因缘有。不得定言乳中无有酪相。离乳而有,无有是处。善男子!明与无明亦复如是。若与烦恼诸结俱者,名为无明;若与一切善法俱者,名之为明。是故我言无有二相,以是因缘我先说言,雪山有草名曰肥腻,牛若食者即成醍醐。众生薄福不见是草。佛性亦尔,烦恼覆故,众生不见。譬如大海虽同一咸，其中亦有上妙之水味同于乳，喻如雪山虽复成就种种功德，多生诸药，亦有毒草。诸众生身亦复如是，虽有四大毒蛇之种，其中亦有妙药天王，所谓佛性，非是作法，但为烦恼客尘所覆。若刹利、婆罗门、毗舍、首陀能断除者，即见佛性成无上道。譬如虚空，震雷起云，一切象牙上皆生花，若无雷震花则不生。众生佛性亦复如是，常为一切烦恼所覆不可得见。是故我说众生无我。若得闻是大般涅槃微妙经典，则见佛性，如象牙花。虽闻契经一切三昧，不闻是经不知如来微妙之相，如无雷时象牙上花不可得见。闻是经已，即知一切无量众生皆有佛性，以是义故说大涅槃，名为如来秘密之藏。若有善男子、善女人，有能习学是大涅槃微妙经典，当知是人能报佛恩、真佛弟子。”

迦叶菩萨白佛言：“世尊！是佛性者，云何甚深难见难入？”

佛言：“善男子！如百盲人为治目故造诣良医，是时良医即以金錍抉其眼膜，以一指示问言：‘见不？’盲人答言：‘我犹未见。’复以二指三指示之，乃言少见。善男子！是大涅槃微妙经典如来未说亦复如是。无量菩萨虽具足行诸波罗蜜乃至十住，犹未能见所有佛性。如来既说，即便少见。是菩萨摩诃萨既得见已，咸作是言：‘甚奇！世尊！我等流转无量生死，常为无我之所惑乱。’善男子！如是菩萨位阶十地尚不了了知见佛性，何况声闻缘觉之人能得见耶？

“善男子！今日如来所说真我，名曰佛性。若有凡夫能善说者，即是随顺无上佛法。若有善能分别随顺宣说是者，当知即是菩萨相貌，所有种种异论、咒术、言语文字，皆是佛说，非外道说。”

尔时佛告迦叶菩萨：“善男子！鸟有二种：一名迦邻提，二名鸳鸯。游止共俱不相舍离。是苦、无常、无我等法，亦复如是，不得相离。”

迦叶菩萨白佛言：“世尊！云何是苦、无常、无我，如彼鸳鸯、迦邻提鸟？”

佛言："善男子！异法是苦，异法是乐；异法是常，异法无常；异法是我，异法无我。譬如稻米异于麻麦，麻麦复异豆、粟、甘蔗，如是诸种从其萌芽乃至叶花皆是无常，果实成熟人受用时乃名为常。何以故？性真实故。"

"世尊！如是等物若是常者，同如来耶？"

佛言："善男子！汝今不应作如是说。何以故？若言如来如须弥山，劫坏之时须弥崩倒，如来尔时岂同坏耶？善男子！一切诸法唯除佛性涅槃，更无一法而是常者，直以世谛言果实常。

"复次善男子，譬如庵罗树，其花始敷名无常相，若成果实多所利益，乃名为常。如是善男子，虽修一切契经诸定，未闻如是大涅槃经时，咸言一切悉是无常；闻是经已，虽有烦恼如无烦恼，即能利益一切人天。何以故？晓了自身有佛性故，是名为常。

"复次善男子，譬如众流皆归大海，一切契经诸定三昧皆归大乘大涅槃经。何以故？究竟善说有佛性故。是故我言异法是常、异法无常，乃至无我亦复如是。"

迦叶菩萨白佛言："世尊！如来已离忧悲毒箭，何故称言如来忧悲？"

佛言："善男子！无想天者名为无想，若无想者则无寿命，若无寿命云何而有阴、界、诸入？以是义故，无想天寿不可说言有所住处，譬如树神依树而住，不得定言依枝依节依茎依叶，虽无定所，不得言无，无想天寿亦复如是。善男子！佛法亦尔，甚深难解。如来实无忧悲苦恼，而于众生起大慈悲，现有忧悲，视诸众生如罗睺罗。

"复次善男子，无想天中所有寿命，唯佛能知，非余所及，乃至非想非非想处亦复如是。迦叶！如来之性清净无染，犹如化身，何处当有忧悲苦恼？若言如来无忧悲者，云何能利一切众生，弘广佛法？若言无者，云何而言等视众生如罗睺罗？若不等视如罗睺罗，如是之言则为虚妄。以是义故，佛不可思议，法不可思议，众生佛性不可思议，无想天寿不可思议。如来有忧及以无忧，是佛境界，非诸声闻缘觉所知。

"善男子！譬如空中舍宅，微尘不可住立，若言舍宅不因空住，无有是处。以是义故，不可说舍住于虚空、不住虚空。凡夫之人虽复说言舍住虚空，而是虚空实无所住。何以故？性无住故。心亦如是，不可说言住阴、界、入及以不住。无想天寿亦复如是。如来忧悲，亦复如是。若无忧悲，云何说言等视众生如罗睺罗？若言有者，复云何言性同虚空？

"是故如来名无碍智，示现幻化随顺世间，凡夫肉眼谓是真实。而欲尽知如来无碍无上智者，无有是处。有忧无忧，唯佛能知。以是因缘，异法有我，异法无我，是名鸳鸯、迦邻提鸟性。"

迦叶菩萨白佛言："世尊！云何众生得涅槃者名第一乐？"

佛言："善男子！如我所说诸行和合名为老死：

谨慎不放逸，是处名甘露，
放逸不谨慎，是名为死句。
若不放逸者，则得不死处，
如其放逸者，常趣于死路。

"若放逸者名有为法，是有为法为第一苦；若不放逸者则名涅槃，彼涅槃者名为甘露第一最乐。

"复次善男子，譬如有人见月不现，皆言月没而作没想，而此月性实无没也。转现他方，彼处众生复谓月出，而此月性实无出也。其月常生，性无出没。如来应正遍知亦复如是，出于三千大千世界。或阎浮提示有父母，众生皆谓如来生于阎浮提内；或阎浮提示现涅槃，而如来性实无涅槃，而诸众生皆谓如来实般涅槃，喻如月没。善男子！如来之性实无生灭，为化众生故示生灭。

"复次善男子，譬如阴暗日月不现，愚夫谓言日月失没，而是日月实不失没。如来正法灭尽之时，三宝现没，亦复如是，非为永灭。是故当知如来常住无有变易。何以故？三宝真性不为诸垢之所染故。

“出无佛世，众生皆谓如来真实灭度，生忧悲想，而如来身实不灭没，如彼日月无有灭没。

“复次善男子，譬如日出，众雾悉除，此大涅槃微妙经典亦复如是，出兴于世。若有众生一经耳者，悉能灭除一切诸恶无间罪业。是大涅槃甚深境界不可思议，善说如来微密之性。以是义故，诸善男子、善女人等，应于如来生常住心，无有变易，正法不断，僧宝不灭。是故应当多修方便，勤学是典，是人不久当得成于阿耨多罗三藐三菩提。是故此经名为无量功德所成，亦名菩提不可穷尽。

“复次善男子，譬如暗夜，诸所营作一切皆息，若未讫者要待日明。学大乘者，虽修契经一切诸定，要待大乘大涅槃日，闻于如来微密之教，然后乃能造菩提业，安住正法。犹如天雨润益增长一切诸种，成就果实，悉除饥馑，多受丰乐，如来秘藏无量法雨亦复如是。是经出世，如彼果实，多所利益，安乐一切，能令众生见于佛性，如法华中八千声闻得受记莂成大果实，如秋收冬藏更无所作。

“如是善男子！是大乘典大涅槃经无量无数不可思议未曾有也，当知即是无上良医，最尊最胜众经中王。

“譬如大船，从海此岸至于彼岸，复从彼岸还至此岸。如来应正遍知亦复如是。乘大涅槃大乘宝船，周旋往返济度众生，在在处处有应度者，悉令得见如来之身。以是义故，如来名曰无上船师。譬如有船则有船师，以有船师则有众生渡于大海，如来常住化度众生亦复如是。

“复次善男子，譬如金师得好真金，随意造作种种诸器。如来亦尔，于二十五有悉能示现种种色身，为化众生拔生死故。是故如来名无边身。虽复示现种种诸身，亦名常住无有变易。

“善男子！是大乘典大涅槃经，于我灭后有诸众生不能恭敬，无有威德。何以故？是诸众生不知如来微密藏故。所以者何？以是众生薄福德故。复次善男子，如来正法将欲灭尽，尔时多有行恶比丘，不知如来微密之藏，懒惰懈怠，不能读诵宣扬分别如来正法，譬如痴贼弃舍真宝担负草𪗾，不解如来微密藏故，于是经中懈怠不勤。哀哉！大险！当来之世甚可怖畏。苦哉！众生！不勤听受是大乘典大涅槃经。唯诸菩萨摩诃萨等能于是经取真实义，不着文字，随顺不逆，为众生说。

“复次善男子，如牧牛女为欲卖乳，贪多利故加二分水，转卖与余牧牛女人，彼女得已复加二分，转复卖与近城女人，彼女得已复加二分，转复卖与城中女人，彼女得已复加二分诣市卖之，虽复无味，于苦味中千倍为胜。何以故？乳之为味，诸味中最胜。善男子！我涅槃后正法未灭余八十年，尔时是经于阎浮提当广流布。是时当有诸恶比丘，抄略是经，分作多分，能灭正法色香美味。是诸恶人虽复诵读如是经典，灭除如来深密要义，安置世间庄严文饰无义之语，抄前着后，抄后着前，前后着中，中着前后。当知如是诸恶比丘是魔伴党，受畜一切不净之物，而言如来悉听我畜。如牧牛女多加水乳，诸恶比丘亦复如是，杂以世语错定是经，令多众生不得正说、正写、正取、尊重、赞叹、供养、恭敬。是恶比丘为利养故，不能广宣流布是经，所可分流少不足言，如彼牧牛贫穷女人辗转卖乳，乃至成糜而无乳味。是大乘典大涅槃经亦复如是，辗转薄淡无有气味。虽无气味，犹胜余经足一千倍。何以故？是大乘典大涅槃经于声闻经最为上首，喻如牛乳味中最胜，以是义故名大涅槃。

“复次善男子，如来常为一切众生而作父母。所以者何？一切众生种种形类二足、四足、多足、无足，佛以一音而为说法，彼彼异类各自得解，各各叹言：‘如来今日为我说法。’以是义故名为父母。

“复次善男子，如人生子，始十六月，虽复语言，未可解了，而彼父母欲教其语先同其音，渐渐教之，是父母语可不正耶？善男子！诸佛如来亦复如是，随诸众生种种音声而为说法。为令安住于正法故，随所应见而为示现种种形像。如来如是，同彼语言可不正耶？如来所说如师子吼，随顺世间种种音声而为众生演说妙法。”

尔时，世尊从面门放种种色光明，照纯陀身。纯陀遇已，与诸大众各持供养至于佛前。尔时三千大千世界庄严微妙，犹如西方安乐国土。纯陀忧悲怅怏，重白佛言：“唯愿如来，犹见哀愍住寿一劫若减一劫。”

佛告纯陀：“汝欲令我久住世者，宜当速奉最后具足檀波罗蜜。”

是时天人、阿修罗等啼泣悲叹而作是言：“如来今日已受我等最后供养，受供养已，当般涅槃。我等当复更供养谁？我今永离无上调御，盲无眼目。”尔时世尊为欲慰喻一切大众，而说偈言：

汝等莫悲叹，诸佛法应尔，
我入于涅槃，已经无量劫。
常受最胜乐，永处安隐处，
汝今至心听，我当说涅槃。
令诸一切众，咸得安隐乐，
汝闻应修行，诸佛法常住。
如来视一切，犹如罗睺罗，
常为众生尊，云何永涅槃？
假使一切众，一时成佛道，
远离诸过患，尔乃入涅槃。
以是故汝等，应深乐正法。
不应生忧恼，号泣而啼哭。
若欲自正行，应修如来常。

常观如是法，长存不变易。
三宝皆常住，四众应善听，
闻已应欢喜，即发菩提心。
若能计三宝，常住同真谛，
此则是诸佛，最上之誓愿。

尔时大众以种种物供养佛已，世尊与文殊师利、迦叶菩萨及以纯陀，而授记别。授记别已，说如是言："诸善男子，自修其心，慎莫放逸，我今欲卧。汝等文殊，当为四部广说大法。今以此法付嘱于汝，乃至迦叶、阿难等来，复当付嘱如是正法。"尔时如来说是语已，为欲调伏诸众生故，现身有疾，右胁而卧，如彼病人。

尔时迦叶菩萨白佛言："世尊！如来已免一切疾病，患苦悉除，无复怖畏，如是种种身心诸病，诸佛世尊悉无复有。今日如来何缘顾命文殊师利而作是言'我今背痛，汝等当为大众说法'？世尊！实无有病，云何默然右胁而卧？复次世尊，菩萨摩诃萨常作是愿，愿令众生永断诸病得成如来金刚之身，又愿一切无量众生作妙药王，断除一切诸恶重病，又愿众生于阿耨多罗三藐三菩提无有退转，速得成就无上佛药，消除一切烦恼毒箭，又愿众生勤修精进成就如来金刚之身，作微妙药疗治众病，又愿众生得入如来智慧大药微密法藏。世尊！菩萨如是已于无量百千万亿那由他劫，发是誓愿令诸众生悉无复病，何缘如来乃于今日唱言有病？

"此阎浮提有诸愚人当作是念'如来正觉必当涅槃'，生灭尽想。复为外道九十五种之所轻慢，生无常想。彼诸外道当作是言：'不如我等以我性常自在，时节、微尘等法而为常住，无有变易，沙门瞿昙无常所迁，是变易法。'以是义故，世尊！今日不应默然右胁而卧。

"如来世尊有大智慧照明一切，人中之龙，具大威德，成就神通无上仙人，永断疑网，已拔毒箭，进止安详，威仪具足，得无所畏，今者何故右胁而卧，令诸人天忧愁苦恼？"

尔时,世尊大悲熏心,知诸众生各各所念,将欲随顺毕竟利益,即从卧起,结跏趺坐,颜貌熙怡,如融金聚,面目端严,犹月盛满,形容清净,无诸垢秽,放大光明充遍虚空,其光大盛过百千日,照于东方南西北方、四维上下诸佛世界,惠施众生大智之炬,悉令得灭无明黑暗,令百千亿那由他众生安止不退菩提之心。

尔时佛告迦叶菩萨:"善哉善哉!善男子!汝已具足如是甚深微妙智慧,不为一切诸魔外道之所破坏。汝已安住不为一切诸邪恶风之所倾动。汝今成就乐说辩才,已曾供养过去无量恒河沙等诸佛世尊,是故能问如来正觉如是之义。善男子!我于往昔无量无边亿那由他百千万劫,已除病根永离倚卧。

"迦叶!我今实无一切疾病。所以者何?诸佛世尊久已远离一切病故。迦叶!是诸众生不知大乘方等密教,便谓如来真实有疾。

"迦叶!我今言病,亦是如来秘密之教。是故顾命文殊师利:'吾今背痛,汝等当为四众说法。'迦叶!如来正觉实无有病,右胁而卧,亦不毕竟入于涅槃。迦叶!是大涅槃即是诸佛甚深禅定,如是禅定非是声闻缘觉行处。"

之三

尔时佛告迦叶菩萨:"善男子!菩萨摩诃萨应于是大般涅槃经,专心思惟,圣行梵行,常当修习,复有如来行,所谓大乘大涅槃经。迦叶!云何菩萨摩诃萨所修圣行?菩萨摩诃萨若从声闻,若从如来,得闻如是大涅槃经,闻已生信,信已应作如是思惟:'诸佛世尊有无上道,有大正法大众正行,复有方等大乘经典。我今当为爱乐贪求大乘经故,舍离所爱妻子眷属,剃除须发,服三法衣。既出家已,奉持禁戒,威仪不缺,进止安详,无所触犯,乃至小罪心生怖畏,护戒之心犹如金刚。'

“善男子！譬如有人带持浮囊欲渡大海，尔时海中有一罗刹，即从其人乞索浮囊，其人闻已即作是念：‘我今若与，必定没死。’答言：‘罗刹！汝宁杀我，浮囊叵得。’罗刹复言：‘汝若不能全与我者，见惠其半。’是人犹故不肯与之。罗刹复言：‘汝若不能惠我半者，幸愿与我三分之一。’是人不肯。罗刹复言：‘若不能者当施手许。’是人不肯。罗刹复言：‘汝今若复不能与我如手许者，我今饥穷，众苦所逼，愿当济我如微尘许。’是人复言：‘汝今所索诚复不多，然我今日方当渡海，不知前途近远如何。若与汝者，气当渐出，大海之难，何由得过？’

“善男子！菩萨摩诃萨护持禁戒亦复如是，如彼渡人护惜浮囊。菩萨如是护戒之时，常有烦恼诸恶罗刹语菩萨言：‘汝当信我终不相欺，但破禁戒，令汝安隐得入涅槃。’菩萨尔时应作是言：‘我今宁持如是禁戒堕阿鼻狱，终不毁犯而生天上。’菩萨摩诃萨于是诸戒律中，护持坚固心如金刚。受持如是诸禁戒已，作是愿言：‘宁以此身投于炽然猛火深坑，终不毁犯过去、未来、现在诸佛所制禁戒。’

“复次善男子，菩萨摩诃萨复作是愿：‘宁以热铁周匝缠身，终不敢以破戒之身受于信心檀越衣服。’复作是愿：‘宁以此口吞热铁丸，终不敢以毁戒之口食于信心檀越饮食。’复作是愿：‘宁卧此身大热铁上，终不敢以破戒之身受于信心檀越床卧敷具。’复作是愿：‘我宁以身受三百矛，终不敢以毁戒之身受于信心檀越医药。’复作是愿：‘宁以此身投热铁镬，不以破戒之身受于信心檀越房舍屋宅。’复作是愿：‘宁以铁锤打碎此身从头至足令如微尘，不以破戒受诸刹利婆罗门居士恭敬礼拜。’复次善男子，菩萨摩诃萨复作是愿：‘宁以热铁挑其两目，不以染心视他好色。’复作是愿：‘宁以铁锥遍耳搀刺，不以染心听好音声。’复作是愿：‘宁以利刀割去其鼻，不以染心贪嗅诸香。’复作是愿：‘宁以利刀割裂其舌，不以染心贪着美味。’复作是愿：‘宁以利斧斩斫其身，不以染心贪着诸触。'何以故？以是因缘能令行者堕于地狱、畜生、饿鬼，是名菩萨护持禁戒。

"菩萨摩诃萨护持如是诸禁戒已，悉以施于一切众生。以是因缘愿令众生护持禁戒，得清净戒、善戒、不缺戒、不拆戒、大乘戒、不退戒、随顺戒、毕竟戒，具足成就波罗蜜戒。善男子！菩萨摩诃萨修持如是清净戒时，即得住于初不动地。云何名不动地？菩萨住是不动地中，不动不堕，不退不散，譬如须弥山，旋岚猛风不能令动堕落退散。菩萨摩诃萨住是地中亦复如是。不为色、声、香、味、触所动，不堕地狱、畜生、饿鬼，不退声闻辟支佛地，不为异见邪风所散而作邪命。

"善男子！又不动者不为贪欲、恚、痴所动，又不堕者不堕四重，又不退者不退戒还俗，又不散者不为违逆大乘经者之所散坏，亦复不为诸烦恼魔之所倾动，不为阴魔所堕，乃至坐于道场菩提树下，虽有天魔不能令其退于阿耨多罗三藐三菩提，亦复不为死魔所散。

"善男子！是名菩萨摩诃萨修习圣行。善男子！云何名为圣行？圣行者，佛及菩萨之所行故，故名圣行。以何等故名佛菩萨为圣人也？如是等人有圣法故，常观诸法性空寂故，以是义故，故名圣人；有圣戒故，复名圣人；有圣定慧故，故名圣人；有七圣财，所谓信、戒、惭、愧、多闻、智慧、舍离故，故名圣人；有七圣觉故，故名圣人。以是义故，复名圣行。

"复次迦叶，又有圣行所谓四圣谛，苦、集、灭、道是名四圣谛。迦叶！苦者，逼迫相；集者，能生长相；灭者，寂灭相；道者，大乘相。复次善男子，苦者现相，集者转相，灭者除相，道者能除相。复次善男子，苦者有三相：苦苦相、行苦相、坏苦相；集者二十五有；灭者灭二十五有；道者修戒、定、慧。复次善男子，有漏法者有二种，有因有果；无漏法者亦有二种，有因有果。有漏果者是则名苦，有漏因者则名为集，无漏果者则名为灭，无漏因者则名为道。

复次善男子，八相名苦，所谓生苦、老苦、病苦、死苦、爱别离苦、怨憎会苦、求不得苦、五盛阴苦。能生如是八苦法者，是名为集，无有如是八法之处，是名为灭，十力、四无所畏、三念处、大悲，是名为道。

"迦叶！三界受身无不有生，老不必定，是故一切，生为根本。迦叶！世间众生颠倒覆心，贪着生相，厌患老死。迦叶！菩萨不尔，观其初生，已见过患。迦叶！如有女人，相好庄严，入一人舍，主人问曰：'汝是何人？'答曰：'我乃功德大天，我所至处能令其家财实丰盈。'主人欢喜恭敬礼拜。更见门外一女，衣貌陋垢，主人问曰：'汝是何人？'答曰：'我名黑暗，我所行处能令其人财宝耗散。'主人闻已持刀驱逐。女人答言：'汝甚愚痴无有智慧，汝舍内者即是我姊。我常与姊进止共俱，汝若驱我亦当驱彼。'主人入问，功德天言：'实是我妹。我与此妹行住不离。随所住处，我常作好，彼为衰损，我为利益，彼常作衰，若爱我者，亦应爱彼，若见恭敬，亦应敬彼。'主人即言：'若此好恶，我俱不用，各随意去。'是时二女相将还其所止。迦叶！菩萨摩诃萨亦复如是。不愿生天，以生当有老病死故。是以俱弃，曾无爱心。凡夫愚人，不知老病死等过患，是故爱憎生死二法。譬如毒树，根亦能杀，茎亦能杀，皮花果实，悉亦能杀。善男子！二十五有受生之处，所受五阴亦复如是，一切能杀。"

迦叶菩萨白佛言："世尊！如佛所说五盛阴苦，是义不然。何以故？如佛往昔告释摩男：'若色苦者，一切众生不应求色，若有求者则不名苦。'如佛告诸比丘：'有三种受，苦受、乐受、不苦不乐受。'如佛先为诸比丘说，若有人能修行善法则得受乐。又如佛说于善道中六触受乐，眼见好色是则为乐，耳、鼻、舌、身、意思好法，亦复如是。世尊！如诸经中所说乐相其义如是，如佛今说，云何当与此义相应？"

佛告迦叶："善哉善哉！善能咨问如来是义。善男子！一切众生于下苦中横生乐想,是故我今所说苦相与本不异。犹如有人当受千罚,受一下已即得脱者,是人尔时便生乐想。是故当知于无乐中妄生乐想。”

迦叶言:“世尊!彼人不以一下生于乐想,以得脱故而生乐想。”

“迦叶!是故我昔为释摩男说‘五阴中乐’实不虚也。迦叶!有三受三苦。三受者,所谓乐受、苦受、不苦不乐受。三苦者,所谓苦苦、行苦、坏苦。善男子!苦受者名为三苦,所谓苦苦、行苦、坏苦。余二受者,所谓行苦、坏苦。善男子!以是因缘,生死之中实有乐受。菩萨摩诃萨以苦乐性不相舍离,是故说言一切皆苦。善男子!生死之中实无有乐,但诸佛菩萨随顺世间说言有乐。”

“世尊!诸佛菩萨若随俗说是虚妄不?如佛所说修行善者则受乐报,持戒安乐身不受苦,乃至众事以办是为最乐,如是等经所说乐受是虚妄不?”

佛言:“善男子!如上所说诸受乐者,即是菩提道之根本,亦能长养阿耨多罗三藐三菩提,以是义故,先于经中说是乐相。

“善男子!诸凡夫人有苦无谛,声闻缘觉有苦有苦谛而无真实,诸菩萨等解苦无苦,是故无苦而有真实。诸凡夫人有集无谛,声闻缘觉有集有集谛,诸菩萨等解集无集,是故无集而有真谛。声闻缘觉有灭非真,菩萨摩诃萨有灭有真谛。声闻缘觉有道非真,菩萨摩诃萨有道有真谛。

“善男子!云何菩萨摩诃萨住于大乘大般涅槃,见灭见灭谛?所谓断除一切烦恼。若烦恼断,则名为常;灭烦恼火,则名寂灭;烦恼灭故,则得受乐;诸佛菩萨求因缘故,故名为净;更不复受二十五有故名出世;以出世故名为我。常于色、声、香、味、触、男女、生、住、灭、苦、乐、不苦不乐不取相貌,故名毕竟寂灭真谛。善男子!是四圣谛诸佛世尊次第说之,以是因缘无量众生得度生死。”

尔时文殊师利菩萨白佛言:“世尊!所说世谛,第一义谛其义云何?世尊!第一义中有世谛不?世谛之中有第一义不?如其有者,即是一谛,如其无者,将非如来虚妄说耶?”

佛言:“善男子!世谛者即第一义谛。”

“世尊!若尔者则无二谛。”

佛言:“善男子!有善方便随顺众生说有二谛。善男子!若随言说则有二种:一者世法,二者出世法。如出世人之所知者名第一义谛,世人知者名为世谛。善男子!五阴和合称言某甲,凡夫众生随其所称是名世谛;解阴无有某甲名字,离阴亦无某甲名字,出世之人如其性相,而能知之名第一义谛。复次善男子,或复有法有名有实,或复有法有名无实。有名无实者即是世谛,有名有实者是第一义谛。

“复次善男子,若烧若割、若死若坏,是名世谛;无烧无割、无死无坏,是名第一义谛。复次善男子,有八苦相名为世谛;无生、无老、无病、无死、无爱别离、无怨憎会、无求不得、无五盛阴,是名第一义谛。言实谛者名曰真法。善男子!若法非真不名实谛。实谛者无有颠倒,无颠倒者乃名实谛。善男子!实谛者无有虚妄,若有虚妄不名实谛。实谛者名曰大乘,非大乘者不名实谛。善男子!实谛者是佛所说,非魔所说。善男子!实谛者一道清净,无有二也。善男子!有常、有乐、有我、有净,是则名为实谛之义。”

文殊师利白佛言:“世尊!若以真实为实谛者,真实之法即是如来虚空佛性。若如是者,如来虚空及与佛性无有差别。”

佛告文殊师利:“有苦有谛有实,有集有谛有实,有灭有谛有实,有道有谛有实。善男子!如来非苦非谛是实,虚空非苦非谛是实,佛性非苦非谛是实。文殊师利!所言苦者,为无常相,是可断相,是为实谛。如来之性非苦、非无常、非可断相,是故为实虚空,佛性亦复如是。复次善男子,所言集者,能令五阴和合而生,亦名为苦，亦名无常，是可断相，是为实谛。

“善男子！如来非是集性，非是阴因，非可断相，是故为实虚空，佛性亦复如是。善男子！所言灭者，名烦恼灭，亦常无常。二乘所得名曰无常，诸佛所得是则名常。亦名证法，是为实谛。善男子！如来之性不名为灭，能灭烦恼，非常无常，不名证知，常住无变，是故为实虚空，佛性亦复如是。善男子！道者能断烦恼，亦常无常，是可修法，是名实谛。如来非道能断烦恼，非常无常，非可修法，常住不变，是故为实虚空，佛性亦复如是。复次善男子，言真实者即是如来，如来者即是真实；真实者即是虚空；虚空者即是真实；真实者即是佛性，佛性者即是真实。文殊师利！有苦，有苦因，有苦尽，有苦对。如来非苦乃至非对，是故为实不名为谛，虚空佛性亦复如是。苦者有为，有漏，无乐；如来非有为，非有漏，湛然安乐，是实非谛。”

文殊师利言：“若佛所说名为实谛，当知魔说则为不实。世尊！如魔所说圣谛摄不？”

佛言：“文殊师利！魔所说者二谛所摄，所谓苦集，凡是一切非法非律，不能令人而得利益。终日宣说，亦无有人，见苦，断集，证灭，修道，是名虚妄。如是虚妄，名为魔说。”

文殊师利言：“如佛所说，一道清净无有二者，诸外道等亦复说言‘我有一道清净无二’，若言一道是实谛者，与彼外道有何差别？若无差别，不应说言一道清净。”

佛言：“善男子！诸外道等有苦集谛，无灭道谛。于非灭中而生灭想，于非道中而生道想，于非果中生于果想，于非因中生于因想。以是义故，彼无一道清净无二。”

文殊师利言：“世尊！诸外道等种种说有常乐我净，当知定有常乐我净。世尊！以是义故，诸外道等亦得说言‘我有真谛’。”

佛言：“善男子！若有沙门婆罗门有常有乐、有净有我者，是非沙门非婆罗门。何以故？迷于生死，离一切智大导师故。如是沙门婆罗门等沉没诸欲，善法羸损故。是诸外道系在贪欲瞋恚痴狱，堪忍受乐故。是诸外道虽知业果自作自受，而犹不能远离恶法，是诸外道非是正法正命自活。何以故？无智慧火不能消故。是诸外道迷惑颠倒，言诸行常，诸行若常，无有是处。

“善男子！我观诸行悉皆无常，云何知也？以因缘故。若有诸法从缘生者则知无常。是诸外道无有一法不从缘生。善男子！佛性无生、无灭、无去、无来，非过去、非未来、非现在，非因所作、非无因作，非作、非作者，非相、非无相，非有名、非无名，非名、非色、非长、非短，非阴界入之所摄持，是故名常。善男子！佛性即是如来，如来即是法，法即是常。善男子！常者即是如来，如来即是僧，僧即是常。以是义故，从因生法，不名为常。是诸外道无有一法不从因生，是诸外道不见佛性如来及法，是故外道所可言说悉是妄语，无有真谛。

“善男子！一切有为皆是无常。虚空无为是故为常，佛性无为是故为常。虚空者即是佛性，佛性者即是如来，如来者即是无为，无为者即是常，常者即是法，法者即是僧，僧即无为，无为者即是常。善男子！有为之法凡有两种：色法、非色法。非色法者，心心数法。色法者，地水火风。善男子！心名无常。何以故？性是攀缘，相应分别故。眼识性异，乃至意识性异，是故无常。色境界异，乃至法境界异，是故无常。眼识相应异，乃至意识相应异，是故无常。善男子！心若常者，眼识应独缘一切法。若眼识异，乃至意识异，则知无常。以法相似，念念生灭，凡夫见已，计之为常。善男子！诸因缘相可破坏故，亦名无常。所谓因眼、因色、因明、因思惟，生于眼识。耳识生时所因各异，非眼识因缘，乃至意识异亦复如是。

“复次善男子，坏诸行因缘异故，心名无常。所谓修无常心异，修苦、空、无我心异。心若常者，应常修无常，尚不得观苦、空、无我,况复得观常乐我净?以是义故,外道法中不能摄取常乐我净。善男子!当知心法必定无常。复次善男子,心性异故名为无常。所谓声闻心性异,缘觉心性异,诸佛心性异。一切外道心有三种:一者,出家心;二者,在家心;三者,在家远离心。乐相应心异,苦相应心异,不苦不乐相应心异,贪欲相应心异,瞋恚相应心异,愚痴相应心异,一切外道心相亦异,所谓疑惑相应心异,邪见相应心异,进止威仪其心亦异。

"善男子!心若常者,亦复不能分别诸色,所谓青黄赤白紫色。心若常者,诸忆念法不应忘失。心若常者,凡所读诵不应增长。复次善男子,心若常者不应说言已作、今作、当作。若有已作、今作、当作,当知是心必定无常。心若常者,则无怨亲、非怨非亲。心若常者,则不应言我物他物,若死若生。心若常者,虽有所作不应增长。以是义故,当知心性各各别异。有别异故当知无常。

"善男子!我今于此非色法中演说无常,其义已显,复当为汝说色无常。是色无常,本无有生,生已灭故。内心处胎歌罗逻时,本无有生,生已变故。外诸芽茎本无有生,生已变故,是故当知一切色法悉皆无常。善男子!所有内色随时而变,歌罗逻时异,初生时异,婴孩时异,童子时异,乃至老时各各变异。所有外色亦复如是,芽异茎异、枝异叶异、花异果异。

"复次善男子,歌罗逻时,状貌异,乃至老时状貌亦异;歌罗逻时果报异,乃至老时果报亦异;歌罗逻时名字异,乃至老时名字亦异。故知无常。凡夫无知,见相似生,计以为常。以是义故,名曰无常。

"复次善男子,诸行无我。总一切法谓色非色色非我者,可破可坏,我者不尔,以是义故,知色非我,非色之法亦复非我。何以故?因缘生故。若诸外道以专念故,知有我者,专念之性实非我也。若以专念为我性者,过去之事则有忘失,有忘失故定知无我。若诸外道以忆想故知有我者,无忆想故定知无我。若诸外道以有遮故知有我者,善男子!以有遮故定知无我。如言调达终不发言非调达也,我亦如是。若定是我,终不遮我,以遮我故,定知无我。若以遮故知有我者,汝今不遮定应无我。

"复次善男子,若诸外道以相貌故知有我者,善男子!相故无我,无相故亦无我。若人睡时不能进止,俯仰视眴,不觉苦乐,不应有我;若以进止俯仰视眴知有我者,机关木人亦应有我。善男子!如来亦尔,不进不止、不俯不仰、不视不眴,不苦不乐、不贪不恚、不痴不行,如来如是真实有我。善男子!是诸外道痴如小儿,无慧方便,不能了达常与无常、苦乐、净不净、我无我、寿命非寿命、众生非众生、实非实、有非有,于佛法中取少许分,虚妄计有常乐我净,而实不知常乐我净。如生盲人不识乳色,便问他言乳色何似。以是义故,我佛法中有真实谛,非诸外道。"

文殊师利白佛言:"希有世尊!如来于今临般涅槃方便转于无上法轮,乃作如是分别真谛。"

佛告文殊师利:"汝今云何故于如来生涅槃想?善男子!如来实是常住不变,不般涅槃。善男子!若有计我是佛,我成阿耨多罗三藐三菩提,我即是法,法是我所,我即是道,道是我所,我即世尊,世尊即是我所,我即是声闻,声闻即是我所,我能说法令他听受,我转法轮余人不能。如来终不作如是计,是故如来不转法轮。

"善男子!若言常住无有变易,云何说言佛转法轮?是故汝今不应说言如来方便转于法轮。譬如因眼缘色,缘明,缘思惟,因缘和合得生眼识。眼不念言我能生识,色乃至思惟终不念言我生眼识,眼识亦复不作念言我能自生。

"善男子!如是等法因缘和合得名为见,如来亦尔。因六波罗蜜、三十七助菩提之法觉了诸法,复因咽喉、舌齿、唇口、言语、音声,为憍陈如初始说法,名转法轮,以是义故,如来不名转法轮也。譬如因鼓、因空、因桴，和合出声，鼓不念言我能出声，乃至桴亦如是，声亦不言我能自生。如来亦尔，终不念言我转法轮。转法轮者名为不作，不作者即转法轮，转法轮者即是如来。

“善男子！转法轮者乃是诸佛世尊境界，非诸声闻缘觉所知。善男子！虚空非生非出，非作非造，非有为法，如来亦尔，非生非出，非作非造，非有为法。如如来性，佛性亦尔，非生非出，非作非造，非有为法。诸佛世尊语有二种：一者，世语；二者，出世语。如来为诸声闻缘觉说于世语，为诸菩萨说出世语。

“善男子！是诸大众复有二种：一者，求小乘；二者，求大乘。我于昔日波罗奈城，为诸声闻转于法轮，今始于此拘施那城为诸菩萨转大法轮。复次善男子，我昔于彼波罗奈城初转法轮，八万天人得须陀洹果，今于此间拘施那城，八十万亿人不退转于阿耨多罗三藐三菩提。

“复次善男子，波罗奈城大梵天王，稽首请我转于法轮，今于此间拘施那城，迦叶菩萨稽首请我转大法轮。复次善男子，我昔于彼波罗奈城转法轮时，说无常、苦、空、无我，今于此间拘施那城转法轮时，说常乐我净。

“复次善男子，我昔于彼波罗奈城转法轮时，所出音声闻于梵天，如来今于拘施那城转法轮时，所出音声遍于东方二十恒河沙等诸佛世界，南、西、北方，四维上下，亦复如是。善男子！诸佛世尊凡有所说，皆悉名为转法轮也。譬如圣王所有轮宝，未降伏者能令降伏，已降伏者能令安隐。诸佛世尊凡所说法亦复如是。无量烦恼未调伏者，能令调伏，已调伏者，令生善根。譬如圣王所有轮宝则能消灭一切怨贼，如来演法亦复如是，能令一切诸烦恼贼皆悉寂静。”

尔时世尊告迦叶菩萨：“善男子！是名菩萨住于大乘大涅槃经所行圣行。

“是诸世尊安住于此大般涅槃，而作如是开示，分别演说其义,以是义故,名曰圣行。声闻缘觉及诸菩萨如是闻已,则能奉行,故名圣行。善男子!是菩萨摩诃萨得是行已,则得住于无所畏地。若有菩萨得住如是无所畏地,则不复畏贪恚愚痴、生老病死,亦复不畏恶道地狱、畜生、饿鬼。善男子!恶有二种:一者阿修罗,二者人中。人中有三种恶:一者,一阐提;二者,诽谤方等经典;三者,犯四重禁。住是地中诸菩萨等,终不畏堕如是恶中,亦复不畏沙门、婆罗门、外道邪见、天魔波旬,亦复不畏受二十五有,是故此地名无所畏。菩萨摩诃萨住无畏地,得二十五三昧,坏二十五有。

"善男子!得无垢三昧能坏地狱有,得无退三昧能坏畜生有,得心乐三昧能坏饿鬼有,得欢喜三昧能坏阿修罗有,得日光三昧能断弗婆提有,得月光三昧能断瞿耶尼有,得热焰三昧能断郁单越有,得如幻三昧能断阎浮提有,得一切法不动三昧能断四天王处有,得摧伏三昧能断三十三天处有,得悦意三昧能断焰摩天有,得青色三昧能断兜率天有,得黄色三昧能断化乐天有,得赤色三昧能断他化自在天有,得白色三昧能断初禅有,得种种三昧能断大梵王有,得双三昧能断二禅有,得雷音三昧能断三禅有,得霔雨三昧能断四禅有,得如虚空三昧能断无想有,得照镜三昧能断净居阿那含有,得无碍三昧能断空处有,得常三昧能断识处有,得乐三昧能断不用处有,得我三昧能断非想非非想处有。

"善男子!是名菩萨得二十五三昧,断二十五有。如是二十五三昧名诸三昧王。诸菩萨摩诃萨入如是等诸三昧王,若欲吹坏须弥山王,随意即能;欲知三千大千世界,所有众生心之所念,亦悉能知;欲以三千大千世界所有众生,内于己身一毛孔中,随意即能,亦令众生无迫迮想;若欲化作无量众生,悉令充满三千大千世界中者,亦能随意;欲分一身以为多身,复合多身以为一身,虽作如是心无所着,犹如莲花。

"善男子!菩萨摩诃萨得入如是三昧王已,即得住于自在之地。菩萨得住是自在地，得自在力，随欲生处即得往生。譬如圣王领四天下，随意所行，无能障碍，菩萨摩诃萨亦复如是，一切生处若欲生者随意往生。善男子！菩萨摩诃萨之所成就如是功德，无量无边百千万亿尚不可说，何况诸佛所有功德而当可说？”

迦叶菩萨白佛言：“世尊！如佛所赞大涅槃经，犹如醍醐，最上最妙，若有能服，众病悉除，一切诸药，悉入其中。我闻是已，窃复思念：‘若有不能听受是经，当知是人为大愚痴。’世尊！我于今者实能堪忍，剥皮为纸，刺血为墨，以髓为水，析骨为笔，书写如是大涅槃经，书已读诵，令其通利，然后为人广说其义。”

尔时佛赞迦叶菩萨：“善哉善哉！善男子！汝今以此善心因缘，当得超越无量无边恒河沙等诸大菩萨，在前得成阿耨多罗三藐三菩提。汝亦不久复当如我，广为大众演说，如是大般涅槃如来佛性诸佛所说秘密之藏。

“善男子！过去之世佛日未出，我于尔时作婆罗门修菩萨行，悉能通达一切外道所有经论，修寂灭行，具足威仪，其心清净，不为外来能生欲想之所破坏，灭瞋恚火，受持常乐我净之法，周遍求索大乘经典，乃至不闻方等名字。我于尔时住于雪山，其山清净，流泉、浴池、树林、药木充满其地，处处石间有清流水，多诸香花周遍严饰，众鸟禽兽不可称计，甘果滋繁种别难计，复有无量藕根、甘根、青木香根。我于尔时独处其中，唯食诸果，食已系心思惟坐禅，经无量岁。善男子！我修如是难行苦行时，释提桓因及诸天人等心大惊怪，即共集会各各相谓，而说偈言：

各各相指示，清净雪山中，
寂静离欲主，功德庄严王。
已离贪瞋慢，永断谄愚痴，
口初未曾说，粗恶等语言。

“尔时众中有一天子，名曰欢喜，复说偈言：

如是离欲人，清净勤精进。

将不求帝释,及以诸天耶?
若是外道者,修行诸苦行,
是人多欲求,帝释所坐处。

“尔时复有一仙天子,即为帝释言:‘憍师迦!世有大士,为众生故不贪己身,亦不愿求生于天上,唯求欲令一切众生得受快乐。如我所解,如是大士清净无染,众结永尽,唯欲求于阿耨多罗三藐三菩提。’

“释提桓因复作是言:‘如汝言者,是人则为摄取一切世间众生。大仙!若此世间有佛树者,我等悉当得灭无量炽然烦恼。如是之事实为难信。何以故?无量百千诸众生等发于阿耨多罗三藐三菩提心,见少微缘于阿耨多罗三藐三菩提,即便动转。如水中月,水动则动,犹如画像,难成易坏,菩提之心亦复如是,难发易坏。是故我今虽见世人修于苦行,无恼无热,住于险道,其行清净未能信也。我今要当自往试之。大仙!犹如车有二轮则有载用,鸟有二翼堪任飞行,是苦行者亦复如是。我虽见其坚持禁戒,未知其人有深智不。若有深智当知则能堪任荷负阿耨多罗三藐三菩提之重担也。大仙!如庵罗树花多果少,众生发心乃有无量,及其成就少不足言。’

“尔时释提桓因,自变其身作罗刹像,形甚可畏,下至雪山,宣过去佛所说半偈:

诸行无常,是生灭法。

“是苦行者,闻是半偈心生欢喜,譬如估客于险难处失伴遇同侣,亦如久病遇良医妙药,如人没海,卒遇船舫,如渴乏人遇清冷水,亦如农夫炎旱值雨,亦如行人还得归家。善男子!我于尔时闻是半偈,心中欢喜亦复如是,即从座起,以手举发,四向顾视而说是言:‘向所闻偈,谁之所说?谁开如是解脱之门?谁能雷震诸佛音声?谁于生死睡眠之中而独觉寤唱如是言?谁能于此示导生死饥馑众生无上道味?无量众生沉生死海,谁能于中作大

船师？是诸众生常为烦恼重病所缠，谁能于中为作良医？说是半偈启悟我心，犹如半月渐开莲花。'

"善男子！我于尔时更无所见，唯见罗刹，复作是念：'而此罗刹或能得见过去诸佛，从诸佛所闻是半偈，我今当问。'即便前至罗刹所言：'善哉！大士！汝于何处得是过去离怖畏者所说半偈？复于何处而得如是半如意珠？'善男子！我问是已，即答我言：'大婆罗门！汝今不应问我是义。何以故？我不食来已经多日，处处求索了不能得，饥渴苦恼心乱呓语，非我本心之所知也。'我即问言：'汝所食者，为是何物？'罗刹答言：'我所食者唯人暖肉，其所饮者唯人热血，自我薄福唯食此食，周遍求索困不能得。'善男子！我复语言：'汝但具足说是半偈。我闻偈已，当以此身奉施供养大士。我设命终，如此之身无所复用；我今为求阿耨多罗三藐三菩提，舍不坚身以易坚身。'罗刹答言：'谁当信汝如是之言，为八字故弃所爱身？'善男子！我即答言：'汝真无智。譬如有人施他凡器得七宝器，我亦如是，舍不坚身得金刚身。汝言谁当信者，我今有证，大梵天王释提桓因及四天王能证是事；复有天眼诸菩萨等，为欲利益无量众生，修行大乘具六度者，亦能证知；复有十方诸佛世尊利众生者，亦能证我为八字故舍于身命。'罗刹复言：'汝若如是能舍身者，谛听谛听，当为汝说其余半偈。'善男子！我于尔时闻是事已，心中欢喜，即解己身所着鹿皮，为此罗刹敷置法座，白言：'和尚，愿坐此座。'我即于前叉手长跪，而作是言：'唯愿和尚，善为我说其余半偈，令得具足。'罗刹即说：

生灭灭已，寂灭为乐。

"尔时罗刹说是偈已，复作是言：'菩萨摩诃萨，汝今已闻具足偈义，汝之所愿为悉满足，若必欲利诸众生者，时施我身。'善男子！我于尔时深思此义，然后处处若石若壁、若树若道，书写此偈，即便更系所着衣裳，恐其死后身体露现，即上高树。尔时树神复问我言：'善哉！仁者！欲作何事？'善男子！我时答言：

‘我欲舍身以报偈价。’树神问言：‘如是偈者何所利益？’我时答言：‘如是偈句乃是过去、未来、现在诸佛所说开空法道，我为此法弃舍身命，不为利养、名闻、财宝，转轮圣王、四大天王、释提桓因、大梵天王人天中乐，为欲利益一切众生故舍此身。’善男子！我舍身时复作是言：‘愿令一切悭惜之人，悉来见我舍离此身，若有少施起贡高者，亦令得见我为一偈舍此身命如弃草木。’菩萨尔时说是语已，寻即放身自投树下。未至地时，虚空之中出种种声，其声乃至阿迦尼吒天。尔时罗刹还复释身，即于空中接取菩萨安置平地。尔时释提桓因及诸天人大梵天王，稽首顶礼菩萨足下，赞言：‘善哉善哉！真是菩萨，能大利益无量众生，欲于无明黑暗之中然大法炬。由我爱惜如来大法故相娆恼，唯愿听我忏悔罪咎。汝于未来必定成就阿耨多罗三藐三菩提，愿见济度。’尔时释提桓因及诸天众，礼菩萨足，于是辞去，忽然不现。

“善男子！如我往昔为半偈故舍弃此身，以是因缘便得超越足十二劫，在弥勒前成阿耨多罗三藐三菩提。善男子！我得如是无量功德，皆由供养如来正法。善男子！汝今亦尔，发于阿耨多罗三藐三菩提心，则已超过无量无边恒河沙等诸菩萨上。善男子！是名菩萨住于大乘大般涅槃，修于圣行。

“善男子！云何菩萨摩诃萨梵行？善男子！菩萨摩诃萨住于大乘大般涅槃，住七善法得具梵行。何等为七？一者知法，二者知义，三者知时，四者知足，五者知自，六者知众，七者知尊卑。善男子！云何知法？菩萨摩诃萨知十二部经，能作论义，分别广说，是名知法。善男子！云何知义？菩萨摩诃萨若于一切文字语言广知其义，是名知义。云何知时？菩萨善知如是时中任修寂静，如是时中任修精进，如是时中任修舍定，如是时中任供养佛，如是时中任供养师，如是时中任修布施、持戒、忍辱、精进、禅定，具足般若波罗蜜，是名知时。云何知足？菩萨摩诃萨知足者，所谓饮食、衣药、行、住、坐、卧、睡、寤、语、默，是名知足。云何自知？是菩萨自知，我有如是信、如是戒、如是多闻、如是舍、如是慧、如是去来、如是正念、如是善行、如是问、如是答，是名自知。云何知众？是菩萨知如是等是刹利众、婆罗门众、居士众、沙门众，应于是众，如是行来，如是坐起，如是说法，如是问答，是名知众。云何知人尊卑？人有二种：一者信，二者不信。菩萨当知信者是善，其不信者不名为善。善男子！是名菩萨摩诃萨住于大乘大涅槃经，住七善法，菩萨住是七善法已得具梵行。

“复次善男子，复有梵行，谓慈悲喜舍。夫修慈者能断贪欲，修悲心者能断瞋恚，修喜心者能断不乐，修舍心者能断贪欲瞋恚。善男子！四无量心成就甚难。何以故？久于过去无量劫中，多习烦恼未修善法，是故不能于一日中调伏其心。又如家犬不畏于人，山林野鹿见人怖走。瞋恚难去如守家狗，慈心易失如彼野鹿，是故此心难可调伏。

“初住菩萨修大慈时，于一阐提心无差别，不见其过故不生瞋，以是义故得名大慈。善男子！为诸众生除无利益是名大慈，欲与众生无量利乐是名大悲，于诸众生心生欢喜是名大喜，无所拥护名为大舍。若不见我，法相己身，见一切法平等无二，是名大舍；自舍己乐，施与他人，是名大舍。善男子！唯四无量能令菩萨增长具足六波罗蜜，其余诸行不必能尔。菩萨摩诃萨先得世间四无量心，然后乃发阿耨多罗三藐三菩提心，次第方得出世间者。善男子！因世无量得出世无量，以是义故名大无量。”

迦叶菩萨白佛言：“世尊！除无利益，与利乐者，实无所为。如是思惟即是虚观，无有实利。”

“善男子！夫修慈者，实非妄想，谛是真实。若是声闻缘觉之慈是名虚妄，诸佛菩萨真实不虚。云何知耶？善男子！菩萨摩诃萨修行如是大涅槃者，观土为金，观金为土，地作水相，水作地相，水作火相，火作水相，地作风相，风作地相，随意成就无有虚妄。观实众生为非众生，观非众生为实众生，悉随意成就无有虚妄。善男子！当知菩萨四无量心，是实思惟，非不真实。

“善男子！能为善者名实思惟，实思惟者即名为慈，慈即如来。慈即大乘，大乘即慈，慈即如来。善男子！慈即菩提道，菩提道即如来，如来即慈。善男子！慈即大梵，大梵即慈，慈即如来。善男子！慈者即是众生佛性，如是佛性久为烦恼之所覆蔽故，令众生不得睹见，佛性即慈，慈即如来。善男子！慈即大空，大空即慈，慈即是常，常即是法，法即是僧，僧即是慈，慈即如来。

“善男子！菩萨摩诃萨住于大乘大般涅槃，修如是慈，虽复安住眠睡之中而不睡眠，勤精进故；虽常觉悟亦无觉悟，以无眠故；于睡眠中诸天虽护亦无护者，不行恶故；眠不恶梦，无有不善，离睡眠故；命终之后虽生梵天，亦无所生，得自在故。善男子！夫修慈者，能得成就如是无量无边功德。

“我说是慈有无量门，所谓神通。善男子！如提婆达教阿阇世欲害如来，阿阇世王即放护财狂醉之象，欲令害我及诸弟子。尔时王舍大城之中一切人民，同时举声啼哭号泣，作如是言：“怪哉！如来今日灭没，如何正觉一旦散坏？’善男子！我于尔时为欲降伏护财象故，即入慈定舒手示之，即于五指出五狮子。是象见已，其心怖畏，举身投地敬礼我足。善男子！我于尔时手五指头实无狮子，乃是修慈善根力故，令彼调伏。

“复次善男子，此南天竺有一大城名首波罗，于是城中有一长者名日卢至。我时欲度彼长者故，从王舍城至彼城邑。彼众尼犍闻我欲至首波罗城，即作是念：‘沙门瞿昙若至此者，此诸人民便舍我等更不供给。’诸尼犍辈各各分散告彼城人，沙门瞿昙今欲来此，于此人民大不利益。彼人闻已即怀怖畏，白言：‘大师，我等今者当作何计？’尼犍答言：‘沙门瞿昙性好丛林、流泉、清水，汝等便可相与出城，诸有之处斫伐令尽，莫使有遗，流泉、井池悉置粪秽，坚闭城门各严器杖。我等亦当作种种术，令彼瞿昙复道还去。'彼诸人民,一一施行。

"善男子!我于尔时至彼城邑,见是事已,寻生怜愍,慈心向之。所有树木还生如本,河池、井泉清净盈满,变其城壁为绀琉璃,门自开辟无能制者,所严器杖变成杂花。卢至长者而为上首,与其人民俱共相随,往至佛所。我即为说种种法要,令彼诸人一切皆发阿耨多罗三藐三菩提心。善男子!我于尔时,实不化作种种树木,清净流水盈满河池,变其本城为绀琉璃,开其城门,器杖为花。善男子!当知皆是慈善根力,能令彼人见如是事。

"复次善男子,琉璃太子以愚痴故,多害释种,刵劓耳鼻,断截手足,推之坑堑。彼时诸人身受苦恼,作如是言:'南无佛陀!南无佛陀!'我于尔时在竹林中,闻其音声即起慈心。诸人尔时见我来至迦毗罗城,以水洗疮,以药敷之,苦痛寻除,耳鼻手足还复如本。我时即为略说法要,悉令俱发阿耨多罗三藐三菩提心。善男子!如来尔时实不往至迦毗罗城,以水洗疮,敷药止苦,当知皆是慈善根力,令彼诸人见如是事,悲喜之心亦复如是。善男子!以是义故,菩萨摩诃萨修慈思惟,即是真实非虚妄也。夫无量者不可思议,菩萨所行不可思议。

"复次善男子,菩萨摩诃萨修慈悲喜已,得住极爱一子之地。云何是地名曰极爱,复名一子?善男子!譬如父母见子安隐心大欢喜,菩萨摩诃萨住是地中,视诸众生同于一子,见修善者,生大欢喜,是故此地名曰极爱。"

之四

迦叶菩萨白佛言:"世尊!若诸菩萨修慈悲喜,得一子地者,修舍心时复得何地?"

佛言:"善哉善哉!善男子!汝善知时,知我欲说,汝则咨问。菩萨摩诃萨修舍心时,则得住于空平等地,如须菩提。善男子！菩萨摩诃萨住空平等地，则不见有父、母、兄、弟、姊、妹、儿、媳、亲族、知识、怨憎中人，乃至不见阴、界、诸入、众生寿命。譬如虚空无有父母、兄弟、妻子，乃至无有众生寿命，菩萨见一切诸法亦复如是。其心平等如彼虚空，善能修习诸法空故。善男子！空者，所谓内空、外空、内外空、有为空、无为空、无始空、性空、无所有空、第一义空、空空、大空。

"善男子！云何菩萨摩诃萨观于大空？言大空者，谓般若波罗蜜是名大空。菩萨摩诃萨得如是空门，则得住于虚空等地。善男子！菩萨摩诃萨住是地已，于一切法中无有滞碍、系缚、拘执，心无迷闷，以是义故，名虚空等地。譬如虚空于可爱色不生贪着，不爱色中不生瞋恚，菩萨摩诃萨住是地中亦复如是，于好恶色心无贪恚。譬如虚空广大无对，悉能容受一切诸物，菩萨摩诃萨住是地中亦复如是，广大无对，悉能容受一切诸法，以是义故，复得名为虚空等地。

"善男子！菩萨摩诃萨能如是知，得四无碍：法无碍、义无碍、辞无碍、乐说无碍。法无碍者，菩萨摩诃萨虽知诸法而不取着；义无碍者，虽知诸义而亦不着；辞无碍者，虽知名字亦不取着；乐说无碍者，虽知乐说，如是最上而亦不着。若取着者不名菩萨。"

迦叶菩萨复白佛言："世尊！若不取着则不知法，若知法者则是取着，若知不着则无所知，云何如来说言知法而不取着？"

佛言："善男子！夫取着者不名无碍，无所取着乃名无碍。若无无碍不名菩萨，当知是人名为凡夫，一切凡夫取着于色乃至着识。以着色故则生贪心，生贪心故为色系缚，乃至为识之所系缚。以系缚故则不得免生、老、病、死、忧、悲、大苦一切烦恼，是故取着名为凡夫。善男子！菩萨摩诃萨已于无量阿僧祇劫知见法相。以知见故，则知其义，而于色中不生系着，乃至识中亦复如是。说系着者名为魔缚，若不着者则脱魔缚，有系着者为魔所缚，无系着者魔不能缚。以是义故菩萨摩诃萨而无所着。

“善男子！菩萨摩诃萨于无量无边阿僧祇劫修行世谛，以修行故，知法无碍；复于无量阿僧祇劫修第一义谛故，得义无碍；亦于无量阿僧祇劫，修习毗伽罗论故，得辞无碍；亦于无量阿僧祇劫，修习说世论故，得乐说无碍。善男子！声闻缘觉若有得是四无碍者，无有是处。

“善男子！譬如恒河有无量水，辛头大河水亦无量，博叉大河水亦无量，悉陀大河水亦无量，阿耨达池水亦无量，大海之中水亦无量，如是诸水虽同无量，然其多少其实不等。声闻、缘觉及诸菩萨四无碍智亦复如是，若说等者无有是处。善男子！声闻之人或有得一，或有得二，若具足四，无有是处。”

迦叶菩萨白佛言：“世尊！菩萨知见得四无碍者，菩萨知见则无所得。若使菩萨心有得者，则非菩萨，名为凡夫。云何如来说言菩萨而有所得？”

佛言：“善男子！善哉善哉！我将欲说，而汝复问。善男子！菩萨摩诃萨实无所得，无所得者名四无碍，若有得者则名为碍。有障碍者名四颠倒，菩萨摩诃萨无四倒故，故得无碍。是故菩萨名无所得。

“善男子！如来普为诸众生故，虽知诸法说言不知，虽见诸法说言不见，有相之法说言无相，无相之法说言有相，实有无常说言有常，实有有常说言无常，乐我净等亦复如是。三乘之法说言一乘，一乘之法随宜说三，略相说广，广相说略。善男子！如来虽作是说，终无虚妄，随宜方便，则为说之。

“善男子！一切世谛若于如来即是第一义谛。何以故？诸佛世尊为第一义故说于世谛，亦令众生得第一义谛。若使众生不得如是第一义者，诸佛终不宣说世谛。善男子！如来有时演说世谛，众生谓佛说第一义谛；有时演说第一义谛，众生谓佛说于世谛。是则诸佛甚深境界，非是声闻缘觉所知。善男子！菩萨常得第一义谛，云何难言无所得也？”

迦叶复言：“世尊！第一义谛亦名为道，亦名菩提，亦名涅槃。若有菩萨言：‘有得道菩提涅槃即是无常。何以故？法若常者则不可得，犹如虚空谁有得者？’世尊！如世间物，本无今有，名为无常，道亦如是。道若可得，则名无常；法若常者，无得无生，犹如佛性无得无生。世尊！夫道者，非色非不色，不长不短，非高非下，非生非灭，非赤非白，非青非黄，非有非无，云何如来说言可得？菩提涅槃亦复如是。”

佛言：“如是如是！善男子！道有二种：一者常，二者无常。菩提涅槃亦尔。外道道者名为无常，内道道者名之为常。声闻缘觉所有菩提名为无常，菩萨诸佛所有菩提名之为常。外解脱者名为无常，内解脱者名之为常。

“善男子！道与菩提及以涅槃悉名为常。一切众生常为无量烦恼所覆，无慧眼故不能得见。而诸众生为欲见故修戒定慧，以修行故见道菩提及以涅槃。是名菩萨得道菩提及涅槃也。道之性相，实不生灭，以是义故不可捉持。善男子！道者虽无色像可见，称量可知，而实有用，如众生心虽是非色、非长、非短、非粗、非细、非缚、非解，非是见法而亦是有。以是义故，我为须达说言：‘长者！心为城主。若不护心则不护身口。若护心者则护身口。’以不善护是身口故，令诸众生到三恶趣。护身口者，则令众生得人天涅槃，得名真实。其不得者名不真实。

“善男子！道与菩提及以涅槃亦复如是，亦有亦常。如其无者，云何能断一切烦恼？以其有故，一切菩萨了了知见。善男子！见有二种：一、相貌见，二、了了见。云何相貌见？如远见烟，名为见火，实不见火，虽不见火亦非虚妄；如见花叶便言见根，虽不见根亦非虚妄；如人遥见篱间牛角便言见牛，虽不见牛亦非虚妄；如见女人怀妊便言见欲，虽不见欲亦非虚妄；如见树生花便言见水，虽不见水亦非虚妄；如见身业及以口业便言见心，虽不见心亦非虚妄。是名相貌见。

“云何了了见？如眼见色。善男子！如人眼根清净不坏，自观掌中阿摩勒果，菩萨摩诃萨了了见道，菩提涅槃亦复如是。虽如是见，初无见相。善男子！以是因缘，我于往昔告舍利弗：‘一切世间若有沙门、若婆罗门、若天、若魔、若梵、若人之所不知不见不觉，唯有如来悉知见觉，及诸菩萨亦复如是。舍利弗！若诸世间所知见觉，我与菩萨亦知见觉。世间众生之所不知不见不觉。亦不自知不知见觉，世间众生所知见觉，便自说言我知见觉。舍利弗！如来一切悉知见觉，亦不自言我知见觉，一切菩萨亦复如是。何以故？若使如来作知见觉相，当知是则非佛世尊，名为凡夫。菩萨亦尔。’

“世间所知见觉，菩萨摩诃萨于如是事亦知见觉。菩萨如是知见觉已，若言不知不见不觉是为虚妄。虚妄之法则为是罪，以是罪故堕于地狱。善男子！若男若女、若沙门、若婆罗门，说言无道菩提涅槃，当知是辈名一阐提、魔之眷属，名为谤法，名谤诸佛。

“善男子！如来终不起诸法相，如来不着一切诸法，如来身行无有动摇，如来已到大般涅槃，如来虽为一切众生演说诸法，实无所说。犹如婴儿，言语未了，虽复有语，实亦无语，如来亦尔。语未了者即是诸佛秘密之言。如彼婴儿啼哭之时，父母即以杨树黄叶而语之言：‘莫啼！莫啼！我与汝金。’婴儿见已，生真金想，便止不啼。然此杨叶实非金也。若有众生厌生死时，如来则为说于二乘。然实无有二乘之实。以二乘故知生死过，见涅槃乐，以是见故则能自知，有断不断、有真不真、有修不修、有得不得。善男子！如彼婴儿于非金中而生金想，如来亦尔，于不净中而为说净。如来以得第一义故，则无虚妄。”

时大众中忽然之顷有大光明，非青见青、非黄见黄、非赤见赤、非白见白、非色见色、非明见明、非见而见，大众遇斯光已，身心快乐。

尔时世尊问文殊师利言:“文殊师利!何因缘故,是大众中有此光明?”

文殊师利言:“世尊!如是光明名为智慧。智慧者即是常住,常住之法无有因缘。云何佛问何因缘故有是光明?是光明者名大涅槃,大涅槃者则名常住,常住之法不从因缘。云何佛问何因缘故有是光明?是光明者即是如来,如来者即是常住,常住之法不从因缘。云何如来问于因缘?光明者名大慈大悲,大慈大悲者名为常住,常住之法不从因缘,云何如来问于因缘?光明者即是念佛,念佛者是名常住,常住之法不从因缘。云何如来问于因缘?世尊!亦有因缘,因灭无明,则得炽然阿耨多罗三藐三菩提灯。”

佛言:“文殊师利!汝今莫入诸法甚深第一义谛,应以世谛而解说之。”

文殊师利言:“世尊!于此东方过二十恒河沙等世界,有佛世界,名曰不动,其佛号曰满月光明如来,告琉璃光菩萨言:‘善男子!西方去此二十恒河沙佛土,彼有世界名曰娑婆,彼中有佛号释迦牟尼如来。大悲纯厚愍众生故,于拘施那城娑罗双树间,为诸大众敷演大涅槃经,汝可速往自当得闻。’世尊!彼琉璃光菩萨闻是事已,与八万四千菩萨摩诃萨欲来至此,故先现瑞。以此因缘有此光明,是名因缘亦非因缘。”

尔时琉璃光菩萨与八万四千诸大菩萨俱,来至此娑罗双树间,头面礼足合掌恭敬,白佛言:“世尊!云何菩萨摩诃萨有能修行大涅槃经,闻所不闻?”

尔时如来赞言:“善哉善哉!善男子!汝今所有疑网毒箭,我为大医能善拔出;汝于佛性若未明了,我有慧炬能为照明;汝今欲渡生死大河,我能为汝作大船师。汝于我所生父母想,我亦于汝生赤子心。汝心今者贪正法宝,值我多有能相惠施。谛听谛听!善思念之!善男子!有不闻闻,有不闻不闻,有闻不闻,有闻闻。善男子！如不生生、不生不生、生不生、生生，如不到到、不到不到、到不到、到到。”

“世尊！云何不生生？”

“善男子！安住世谛，初出胎时，是名不生生。”

“云何不生不生？”

“善男子！是大涅槃无有生相，是名不生不生。”

“云何名生不生？”

“善男子！世谛死时，是名生不生。”

“云何生生？”

“善男子！一切凡夫是名生生。何以故？生生不断故，一切有漏念念生故，是名生生。四住菩萨名生不生。何以故？生自在故，是名生不生。善男子！是名内法。云何外法？未生生、未生未生、生未生、生生。善男子！譬如种子未生芽时，得四大和合，人功作业，然后乃生，是名未生生。云何未生未生？譬如败种及未遇缘，如是等辈名未生未生。云何生未生？如芽生已则不增长，是名生未生。云何生生？如芽增长，若生不生则无增长，如是一切有漏是名外法生生。”

琉璃光菩萨白佛言：“世尊！有漏之法若有生者，为是常耶，是无常乎？生若是常，有漏之法则无有生；生若无常，则有漏是常。世尊！若生能自生，生无自性；若能生他，以何因缘不生无漏？世尊！若未生时有生者，云何于今乃名为生？若未生时无生者，何故不说虚空为生？”

佛言：“善哉善哉！善男子！不生生不可说，生生亦不可说。生不生亦不可说，不生不生亦不可说，生亦不可说，不生亦不可说。有因缘故亦可得说。云何不生生不可说？不生名为生，云何可说？何以故？以其生故。云何生生不可说？生生故生，生生故不生，亦不可说。云何生不生不可说？生即名为生，生不自生故不可说。云何不生不生不可说？不生者名为涅槃，涅槃不生故不可说。何以故？以修道得故。云何生亦不可说？以生无故。云何不生不可说？以有得故。云何有因缘故亦可得说？十因缘法为生作因，以是义故亦可得说。

“善男子！汝今莫入甚深空定。何以故？大众钝故。善男子！有为之法，生亦是常，以住无常，生亦无常；住亦是常，以生生故，住亦无常；异亦是常，以法无常，异亦无常；坏亦是常，以本无今有故，坏亦无常。善男子！以性故，生、住、异、坏皆悉是常，念念灭故不可说常。是大涅槃能断灭故，故名无常。善男子！有漏之法未生之时已有生性，故生能生。无漏之法本无生性，是故生不能生。如火有本性，遇缘则发；眼有见性，因色、因明、因心故见。众生生法亦复如是，由本有性，遇业因缘，父母和合则便有生。”

尔时琉璃光菩萨及八万四千菩萨摩诃萨，闻是法已，恭敬合掌而白佛言：“世尊！我蒙如来殷勤教诲，因大涅槃始得悟解闻所不闻，亦令八万四千菩萨深解诸法不生生等。”

尔时，世尊告光明遍照高贵德王菩萨摩诃萨：“涅槃之体，非本无今有。若涅槃体本无今有者，则非无漏常住之法。有佛无佛，性相常住。以诸众生烦恼覆故，不见涅槃，便谓为无。菩萨摩诃萨以戒、定、慧勤修其心，断烦恼已，便得见之。当知涅槃是常住法，非本无今有，是故为常。善男子！如暗室中井，种种七宝，人亦知有，暗故不见，有智之人善知方便，然大明灯持往照了，悉得见之。是人于此终不生念，水及七宝，本无今有。涅槃亦尔，本自有之，非适今也。烦恼暗故，众生不见。大智如来以善方便燃智慧灯，令诸菩萨得见涅槃常乐我净，是故智者于此涅槃不应说言本无今有。以是义故，涅槃是常恒不变易，是以无量阿僧祇劫修习善法，以自庄严然后乃见。

“善男子！譬如地下有八味水，一切众生而不能得，有智之人施功穿掘则便得之，涅槃亦尔。譬如盲人不见日月，良医疗之则便得见，而是日月非是本无今有，涅槃亦尔。先自有之，非适今也。如人有罪,系之囹圄,久乃得出,还家得见父母、兄弟、妻子、眷属,涅槃亦尔。若言因缘故,涅槃之法应无常者,是亦不然。何以故?因有五种:一者,生因;二者,和合因;三者,住因;四者,增长因;五者,远因。涅槃之体非是如是五因所成,云何当言是无常耶?复次善男子,复有二因:一者,作因;二者,了因。如陶师轮绳,是名作因;如灯烛等照暗中物,是名了因。

"善男子!大涅槃者,不从作因而有,唯从了因。了因者,所谓三十七助道法、六波罗蜜,是名了因。善男子!布施者是涅槃因,非大涅槃因,檀波罗蜜乃得名为大涅槃因。三十七品是涅槃因,非大涅槃因,无量阿僧祇助菩提法,乃得名为大涅槃因。

"如来于此拘施那城娑罗双树间,示现入于般涅槃,常乐我净故,断三漏故。三漏者,欲界一切烦恼除无明是名欲漏,色、无色界一切烦恼除无明是名有漏,三界无明名无明漏。如来永断,是故非漏。复次一切凡夫不见有漏。云何凡夫不见有漏?一切凡夫于未来世悉有疑心:'未来世中当得身耶,不得身耶?过去世中身本有耶,为本无耶?现在世中是身有耶,是身无耶?若有我者,是色耶、非色耶?色非色耶、非色非非色耶?想耶非想耶?想非想耶、非想非非想耶?是身属他耶不属他耶?属不属耶、非属非不属耶?有命无身耶、有身无命耶?有身有命耶、无身无命耶?身之与命有常耶、无常耶?常无常耶、非常非无常耶?身之与命自在作耶、时节作耶?无因作耶、世性作耶?微尘作耶、法非法作耶?士夫作耶、烦恼作耶、父母作耶?我住心耶?住眼中耶、遍满身中耶?从何来耶、去何至耶?谁生耶、谁死耶?我于过去是婆罗门姓耶?是刹利姓耶?是毗舍姓耶?是首陀姓耶?当于未来得何姓耶?我此身者,过去之时是男身耶?是女身耶?畜生身耶?若我杀生当有罪耶、当无罪耶?乃至饮酒当有罪耶、当无罪耶?我自作耶、为他作耶?我受报耶、身受报耶?'如是疑见,无量烦恼覆众生心。因是疑见生六种心:决定有我,决定无我,我见我,我见无我,无我见我,我作我受我知,是名邪见。如来永拔如是无量见漏根本,是故非漏。

“善男子!菩萨摩诃萨于大涅槃修圣行者,亦得永断如是诸漏。善男子!凡夫不能善摄五根,则有三漏,为恶所牵至不善处,譬如恶马其性狠悷,能令乘者至险恶处。善男子!凡夫之人不摄五根,驰骋五尘,譬如牧牛不善守护,犯人苗稼。善男子!若能善守此五根者,则能摄心,若能摄心则摄五根。若得闻是大涅槃经,则得智慧,得智慧故,则得专念。五根若散,念则能止。何以故?是念慧故。菩萨摩诃萨有念慧者,不见我相,不见我所相,不见众生,及所受用,见一切法同法性相。一切凡夫见有众生故起烦恼,菩萨摩诃萨修大涅槃,有念慧故,于诸众生不生贪着。

“善男子!譬如画师以众杂彩画作众像,若男、若女、若牛、若马,凡夫无智见之则生男女等相,画师了知无有男女。菩萨摩诃萨亦复如是,于法异相观于一相,终不生于众生之相。何以故?有念慧故。复次,菩萨摩诃萨观诸众生,为色、香、味、触因缘故,从昔无数无量劫来常受苦恼。一一众生一劫之中所积身骨,如王舍城毗富罗山,所饮乳汁如四海水,抟此大地犹如枣等易可穷极,生死难尽。一切众生欲因缘故受苦无量,菩萨以是生死行苦故不失念慧。

“善男子!譬如世间有诸大众满二十五里,王敕一臣持一油钵,经由中过,莫令倾覆,若弃一滴当断汝命,复遣一人拔刀在后随而怖之。臣受王教尽心坚持,经历尔所大众之中,虽见可意五邪欲等,心常念言:‘我若放逸,着彼邪欲,当弃所持,命不全济。’是人以是怖因缘故,乃至不弃一滴之油。菩萨摩诃萨亦复如是,于生死中不失念慧。以不失故,虽见五欲心不贪着。

“善男子!是大涅槃经,若有众生一经耳者,却后七劫不堕恶道。若有书写、读诵、解说、思惟其义,必得阿耨多罗三藐三菩提,当知是人真我弟子,善受我教,是我所见,我之所念。是人谛知我不涅槃,随如是人所住之处,若城邑、聚落、山林、旷野、房舍、田宅、楼阁、殿堂，我亦在中常住不移。我于是人常作受施，或作比丘、比丘尼、优婆塞、优婆夷、婆罗门、梵志、贫穷乞人。云何当令是人得知如来受其所施之物？善男子！是人或于夜卧梦中，梦见佛像，或见天像、沙门之像、国王、圣王、狮子王像、莲花形像、优昙花像，或见大山，或见大海水，或见日月，或见白象及白马像，或见父母，得花得果，尔时当知，即是如来受其所施。寤已喜乐，寻得种种所须之物，心不念恶，乐修善法。善男子！是大涅槃悉能成就如是无量阿僧祇等不可思议无边功德。

"善男子！菩萨摩诃萨自观其身，如病、如疮、如痈、如怨，如箭入体，是大苦聚，悉是一切善恶根本。是身虽复不净如是，菩萨犹故瞻视将养。何以故？非为贪身，为善法故；为于涅槃，不为生死；为菩提道，不为有道；为于一乘，不为二乘；为法轮王，不为转轮王。善男子！菩萨摩诃萨常当护身。何以故？若不护身，命则不全；命若不全，则不能得书写是经，受持读诵，为他广说，思惟其义。是故菩萨应善护身。以是义故，菩萨得离一切恶漏。

"善男子！如欲渡者应善护筏，临路之人善护良马，田夫种植善护粪秽，如为瘥毒善护毒蛇，如人为财护旃陀罗，为坏贼故将护健儿，亦如寒人爱护于火，如癞病者求于毒药，菩萨摩诃萨亦复如是，虽见是身无量不净具足充满，为欲受持大涅槃经故，犹好将护不令乏少。菩萨摩诃萨观于恶象及恶知识等无有二。何以故？俱坏身故。菩萨摩诃萨于恶象等心无怖惧，于恶知识生畏惧心。何以故？是恶象等唯能坏身不能坏心，恶知识者二俱坏故；是恶象等唯坏一身，恶知识者坏无量善身、无量善心；是恶象等唯能破坏不净臭身，恶知识者能坏净身及以净心；是恶象等能坏肉身，恶知识者坏于法身；为恶象杀不至三恶，为恶友杀必至三恶；是恶象等但为身怨，恶知识者为善法怨。是故菩萨常当远离诸恶知识。如是等漏凡夫不离，是故生漏，菩萨离之则不生漏，况于如来，是故非漏。

“复次善男子，菩萨摩诃萨修大涅槃微妙经典得他心智，异于声闻缘觉所得。云何为异？声闻缘觉以一念智知人心时，则不能知地狱、畜生、饿鬼、天心。菩萨不尔，于一念中遍知六趣众生之心。

“善男子！菩萨摩诃萨修大涅槃成就具足功德，有十事。何等为十？一者，根深难可倾拔；二者，于自身生决定想；三者，不观福田及非福田；四者，修净佛土；五者，灭除有余；六者，断除业缘；七者，修清净身；八者，了知诸缘；九者，离诸怨敌；十者，断除二边。

“云何根深难可倾拔？所言根者名不放逸，所谓阿耨多罗三藐三菩提根，一切诸佛诸善根本皆由不放逸，不放逸故诸余善根转转增长。

“云何于身作决定想？于自身所生决定心：我今此身于未来世定当为阿耨多罗三藐三菩提器。

“云何菩萨不观福田及非福田？菩萨摩诃萨悉观一切无量众生无非福田。以修集故，不见众生持戒破戒，施者受者及施果报，是故得名持戒正见。

“云何名为净佛国土？菩萨摩诃萨修大涅槃微妙经典，以此善根愿与一切众生共之，于未来世成佛之时，世界众生悉得受持摩诃般若波罗蜜。

“云何菩萨摩诃萨灭除有余？有余有三：一者，烦恼余报；二者，余业；三者，余有。云何余报？谓习近烦恼堕于恶道，从恶道出或生人中贫穷乞丐为人轻贱，菩萨摩诃萨以能修集大涅槃故悉得断除。云何余业？谓一切凡夫业，一切声闻业，须陀洹人受七有业，斯陀含人受二有业，阿那含人受色有业，是名余业。如是余业，菩萨摩诃萨悉得断除。云何余有？阿罗汉得阿罗汉果，辟支佛得辟支佛果，无业无结而转二果，是名余有。菩萨摩诃萨修集大乘大涅槃经故得灭除。

“云何菩萨修清净身？善男子！譬如妙好金银盂器盛之净

水，中表俱净，菩萨摩诃萨其身清净亦复如是，以身净故疾得阿耨多罗三藐三菩提。以是义故，菩萨摩诃萨修于净身。云何菩萨善知诸缘？菩萨摩诃萨不见色相，不见色缘，不见色体，不见色生，不见色灭，不见一相，不见异相，不见见者，不见相貌，不见受者。何以故？了因缘故。如色一切法亦如是。是名菩萨了知诸缘。

“云何菩萨离诸怨敌？一切烦恼是菩萨怨敌，菩萨摩诃萨常远离故，是名菩萨坏诸怨敌。五住菩萨视诸烦恼不名为怨。所以者何？因烦恼故菩萨有生，以有生故，故能辗转教化众生，以是义故不名为怨。

“云何菩萨远离二边？菩萨常离二十五有及爱烦恼，是名远离二边。”

尔时光明遍照菩萨言：“如佛所说若有菩萨修大涅槃，悉作如是十事功德，如来何故唯修九事不修净土？”

佛言：“善男子！我于往昔亦常具修如是十事，一切菩萨及诸如来无有不修是十事者。若使世界不净充满，诸佛世尊于中出者，无有是处。善男子！汝今莫谓诸佛出于不净世界，当知是心不善狭劣。汝今当知我实不出阎浮提界。譬如有人说言此界独有日月，他方世界无有日月，如是之言无有义理。若有菩萨发如是言‘此佛世界秽恶不净，他方佛土清净严丽’，亦复如是。善男子！西方去此娑婆世界度四十二恒河沙等诸佛国土，彼有世界名曰无胜。彼土何故名曰无胜？其土所有严丽之事，悉皆平等无有差别，犹如西方安乐世界，亦如东方满月世界。我于彼土出现于世，为化众生故，于此土阎浮提中现转法轮。非但我身独于此中现转法轮，一切诸佛亦于此中而转法轮。以是义故，诸佛世尊非不修行如是十事。善男子！慈氏菩萨以誓愿故，当来之世令此世界清净庄严。以是义故，一切诸佛所有世界无不严净。

“复次善男子，一切善法无不因于思惟而得。何以故？有人虽于无量无边阿僧祇劫专心听法，若不思惟，终不能得阿耨多罗三藐三菩提。以是义故，思惟因缘，则得近于大般涅槃。若有众生信佛、法、僧，无有变易而生恭敬，当知皆是系念思惟因缘力故，因得断除一切烦恼，如法修行。

“善男子！云何如法修行？见一切法空无所有，无常、无乐、无我、无净，以是见故宁舍身命不犯禁戒，是名菩萨如法修行。复次，云何如法修行？修有两种：一者，真实；二者，不实。不实者，不知涅槃佛性，如来法僧实相虚空等相，是名不实。云何真实？能知涅槃佛性，如来法僧实相虚空等相，是名真实。

“菩萨摩诃萨修大涅槃微妙经典，不见虚空。何以故？佛及菩萨虽有五眼所不见故，唯有慧眼乃能见之。慧眼所见无法可见，故名为见。若是无物名虚空者，如是虚空乃名为实，以是实故则名常无，以常无故无乐我净。善男子！空名无法，无法名空，譬如世间无物名空，虚空之性亦复如是。无所有故名为虚空，众生之性与虚空性俱无实性。何以故？如人说言，除灭有物然后作空，而是虚空实不可作。何以故？无所有故。以无有故当知无空。是虚空性若可作者则名无常，若无常者不名虚空。

“善男子！如世间人说言虚空，无色无碍常不变易，是故世称虚空之性为第五大。而是虚空实无有性，以光明故，故名虚空，实无虚空。犹如世谛实无其性，为众生故说有世谛。涅槃之体亦复如是，无有住处，直是诸佛断烦恼处，故名涅槃。涅槃即是常乐我净，涅槃虽乐非是受乐，乃是上妙寂灭之乐。诸佛如来有二种乐：一寂灭乐，二觉知乐。实相之体有三种乐：一者受乐，二者寂灭乐，三觉知乐。佛性一乐以当见故，得阿耨多罗三藐三菩提时名菩提乐。

“善男子！断烦恼者不名涅槃，不生烦恼乃名涅槃。所有智慧于法无碍，是为如来。如来身心智慧遍满无量无边阿僧祇土无所障碍，是名虚空。如来常住无有变易，名曰实相。以是义故如来实不毕竟涅槃，是名菩萨修大涅槃微妙经典。善男子！菩萨摩诃萨修大涅槃,心善解脱,慧善解脱。

“云何菩萨心善解脱?贪恚痴心永断灭故,是名菩萨心善解脱。

“云何菩萨慧善解脱?菩萨摩诃萨于一切法知无障碍,是名菩萨慧善解脱。”

之五

尔时,光明遍照高贵德王菩萨言:“世尊!如佛所说心解脱者,是义不然。何以故?心本无系。所以者何?是心本性不为贪欲、瞋恚、愚痴诸结所系,若本无系,云何而言心善解脱?世尊!若心本性不为贪结之所系者,何等因缘而能得系?如人构角本无乳相,虽加功力,乳无由出,构乳之者不得如是加功,虽少乳则多出,心亦如是。本无贪者,今云何有?若本无贪,后方有者,诸佛菩萨本无贪相,今悉应有。

“世尊!譬如石女,本无子相,虽加功力无量因缘,子不可得,心亦如是。本无贪相,虽造众缘,贪无由生。云何贪结能系于心?当知贪心二理各异,设复有之,何能污心?世尊!譬如有人安橛于空,终不得住,安贪于心,亦复如是。世尊!若心无贪名解脱者,诸佛菩萨何故不拔虚空中刺?世尊!如过去灯不能灭暗,未来世灯亦不灭暗,现在世灯复不灭暗。何以故?明之与暗二不并故,心亦如是。云何而言心得解脱?

“世尊!贪亦是有。若贪无者,见女相时不应生贪。若因女相而得生者,当知是贪真实而有,以有贪故堕三恶道。

“世尊!譬如有人见画女像亦复生贪,以生贪故得种种罪。若本无贪,云何见画而生于贪?若心无贪,云何如来说言菩萨心得解脱?若心有贪,云何见相然后方生,不见相者则不生也?我今现见有恶果报,当知有贪,瞋恚、愚痴亦复如是。世尊!譬如众生有身无我，而诸凡夫横计我想，虽有我想不堕三恶，云何贪者于无女相而起女想堕三恶道？世尊！譬如钻木而生于火，然是火性众缘中无，以何因缘而得生耶？世尊！贪亦如是，色中无贪，香、味、触、法亦复无贪，云何于色、香、味、触、法生于贪耶？若众缘中悉无贪者，云何众生独生于贪，诸佛菩萨而不生耶？世尊！心亦不定，若心定者，无有贪欲、瞋恚、愚痴；若不定者，云何而言心得解脱？贪亦不定，若不定者，云何因之生三恶趣？贪者境界二俱不定。何以故？俱缘一色，或生于贪，或生于瞋，或生愚痴，是故贪者及与境界二俱不定。若俱不定，何故如来说言菩萨修大涅槃，心得解脱？"

尔时，世尊告光明遍照高贵德王菩萨言："善哉善哉！善男子！心亦不为贪结所系，亦非不系，非是解脱非不解脱，非有非无，非现在、非过去、非未来。何以故？善男子！一切诸法无有自性故。善男子！有诸外道作如是言'因缘和合则有果生'。若众缘中本无生性而能生者，虚空不生亦应生果。虚空不生非是因故，以众缘中本有果性，是故合集而得生果。所以者何？如提婆达欲造墙壁，则取泥土不取彩色；欲造画像，则集彩色不取草木。作衣取缕不取泥木，作舍取泥不取缕线。以人取故，当知是中各能生果。以生果故，当知因中必先有性。若无性者，一物之中应当出生一切诸物。若是可取可作可出，当知是中必先有果。若无果者，人则不取不作不出。唯有虚空无取无作故，能出生一切万物，以有因故。如尼拘陀子作尼拘陀树，乳有醍醐，缕中有布，泥中有瓶。

"善男子！一切凡夫无明所盲作是定说，色有着义心有贪性，复言凡夫心有贪性亦解脱性，遇贪因缘心则生贪，若遇解脱心则解脱。虽作此说是义不然。有诸凡夫复作是言，一切因中悉无有果。因有二种：一者，微细；二者，粗大。细即是常，粗则无常，从微细因转成粗因，从此粗因转复成果。粗无常故，果亦无常。

“善男子！有诸凡夫复作是言，心亦无因，贪亦无因，以时节故，则生贪心。如是等辈，以不能知心因缘故，轮回六趣具受生死。譬如枷犬系之于柱，终日绕柱不能得离，一切凡夫亦复如是。被无明枷系生死柱，绕二十五有不能得离。何以故？一切凡夫唯观于果不观因缘，如犬逐块不逐于人。以不观故，从非想退还三恶趣。

“善男子！诸佛菩萨终不定说因中有果、因中无果，及有无果、非有非无果。若言因中先定有果及定无果、定有无果、定非有非无果，当知是等皆魔伴党，系属于魔，即是爱人。如是爱人不能永断生死系缚，不知心相及以贪相。善男子！诸佛菩萨显示中道。何以故？虽说诸法非有非无而不决定。所以者何？因眼、因色、因明、因心、因念，识则得生。是识决定不在眼中、色中、明中、心中、念中，亦非中间，非有非无，从缘生故名之为有，无自性故名之为无。是故如来说言诸法非有非无。善男子！诸佛菩萨终不定说心有净性及不净性，净不净性，心无住处故。从缘生贪故说非无，本无贪性故说非有。善男子！从因缘故心则生贪，从因缘故心则解脱。

“善男子！是心不与贪结和合，亦复不与瞋痴和合。譬如日月虽为烟尘云雾之所覆蔽，令诸众生不能得见，而日月之性终不与彼群翳和合，心亦如是。以因缘故，生于贪结。众生虽说心与贪合，而是心性实不与合。若是贪心即是贪性，若是不贪即不贪性，不贪之心不能为贪，贪结之心不能不贪。善男子！以是义故，贪欲之结不能污心，诸佛菩萨永破贪结，是故说言心得解脱。一切众生从因缘故生于贪结，从因缘故心得解脱。

“善男子！譬如雪山悬峻之处，人与猕猴俱不能行，或复有处猕猴能行人不能行，或复有处人与猕猴二俱能行。善男子！人与猕猴能行处者，如诸猎师纯以黏胶置之案上用捕猕猴，猕猴痴故往手触之，触已粘手，欲脱手故以脚踏之，脚复随着，欲脱脚故以口啮之，口复粘着，于是五处悉无得脱，于是猎师以杖贯之负还归家。雪山险处喻佛菩萨所得正道，猕猴者喻诸凡夫，猎师者喻魔波旬，黏胶者喻贪欲结。人与猕猴俱不能行者，喻诸凡夫、魔王波旬俱不能行；猕猴能行人不能者，喻诸外道有智慧者，诸恶魔等虽以五欲不能系缚；人与猕猴俱能行者，一切凡夫及魔波旬常处生死，不能修行，凡夫之人五欲所缚，令魔波旬自在将去，如彼猎师黏捕猕猴担负归家。

"善男子！一切众生，若能自住于己境界则得安乐，若至他界则遇恶魔受诸苦恼。自境界者谓四念处，他境界者谓五欲也。云何名为系属于魔？有诸众生无常见常，常见无常，苦见于乐，乐见于苦，不净见净，净见不净，无我见我，我见无我，非实解脱横见解脱，真实解脱见非解脱，如是之人名系属魔，系属魔者心不清净。

"复次善男子，若见诸法真实是有总别定相，当知是人若见色时便作色相，乃至见识亦作识相，见男男相、见女女相，见日日相、见月月相，见岁岁相、见阴阴相，见入入相、见界界相，如是见者名系属魔，系属魔者心不清净。复次善男子，若见我是色，色中有我，我中有色，色属于我，乃至见我是识，识中有我，我中有识，识属于我，如是见者系属于魔，非我弟子。"

高贵德王菩萨白佛言："世尊！佛说一阐提，谓断善根，是义不然。何以故？不断佛性故。如是佛性理不可断，云何佛说断诸善根？"

佛言："善男子！如汝所言若一阐提有佛性者，云何不遮地狱之罪？善男子！一阐提中无有佛性。譬如有王闻箜篌音，其声清妙，心即耽着。即告大臣：'如是妙音从何处出？'大臣答言：'从箜篌出。'王言：'持是声来。'尔时大臣即持箜篌置于王前，王语箜篌：'出声出声'，不闻箜篌声出。尔时大王即断其弦，取其皮木，悉皆析裂，推求其声，了不能得。即瞋大臣：'云何如是妄言?’大臣白王:‘夫取声者法不如是,应以众缘善巧方便,声乃出耳。’众生佛性亦复如是。无有住处,以善方便故得可见。以可见故得阿耨多罗三藐三菩提。一阐提辈不见佛性,云何能遮三恶道罪?善男子!若一阐提信有佛性,当知是人不至三恶,是亦不名一阐提也。”

“善男子!若有沙门及婆罗门,见一切法性不空者,当知是人非是沙门非婆罗门,不得修集般若波罗蜜,不得入于大般涅槃,不得现见诸佛菩萨,是魔眷属。善男子!一切诸法性本自空,亦因菩萨修集空故,见诸法空。如一切法性无常故,灭能灭之;若非无常,灭不能灭。有为之法有生相故,生能生之,有灭相故,灭能灭之。以修空故,见一切法性皆空寂。”

高贵德王菩萨复作是言:“世尊!若空三昧唯见空者,空是无法,为何所见?”

佛言:“善男子!是空三昧见不空法能令空寂,然非颠倒。贪是有性非是空性。贪若是空,众生不应以是因缘堕于地狱,若堕地狱,云何贪性当是空耶?善男子!色性是有,何等色性所谓颠倒?以颠倒故众生生贪。若是色性非颠倒者,云何能令众生生贪?以生贪故,当知色性非不是有,以是义故,修空三昧非颠倒也。善男子!一切菩萨住九地者见法有性,以是见故不见佛性。若见佛性,则不复见一切法性。以修如是空三昧故不见法性,以不见故则见佛性。诸佛菩萨有两种说:一者,有性;二者,无性。为众生故说有法性,为诸贤圣说无法性,为不空者见法空故,修空三昧令得见空,无法性者亦修空故空。

“善男子!汝言‘见空,空是无法,为何所见者’,菩萨摩诃萨实无所见。无所见者即无所有,无所有者即一切法。菩萨摩诃萨修大涅槃,于一切法悉无所见。若有见者不见佛性,不能修集般若波罗蜜,不得入于大般涅槃。是故菩萨见一切法性无所有。善男子!菩萨不但因见三昧而见空也,般若波罗蜜亦空,禅波罗蜜亦空，毗梨耶波罗蜜亦空，羼提波罗蜜亦空，尸波罗蜜亦空，檀波罗蜜亦空，色亦空，眼亦空，识亦空，如来亦空，大般涅槃亦空。是故菩萨见一切法，皆悉是空。”

“世尊！何等众生于是经中不生恭敬？”

佛言：“善男子！我涅槃后有声闻弟子，愚痴破戒，喜生斗诤；舍十二部经，读诵种种外道典籍，文颂手笔；受蓄一切不净之物，言是佛听；如是之人以好栴檀贸易凡木，以金易鍮石，以甘露味易于恶毒；放舍十善，行十恶法；向诸白衣苦自誉赞，言得无漏，共坐谈论言‘涅槃经者，非佛所说，邪见所造。诸佛毕竟入于涅槃。是经言佛常乐我净不入涅槃，是经不在十二部数，即是魔说非是佛说’。善男子！如是之人虽我弟子，不能信顺是涅槃经。善男子！当尔之时，若有众生信此经典乃至半句，当知是人真我弟子。因如是信即见佛性，入于涅槃。”

尔时光明遍照高贵德王菩萨白佛言：“世尊！善哉善哉！如来今日善能开示大涅槃经。”

尔时会中有一菩萨名师子吼，前礼佛足，长跪合掌而白佛言：“世尊！我欲请问，唯愿如来大慈听许。”

尔时佛告诸大众言：“诸善男子！汝等今当于是菩萨深生恭敬尊重赞叹，是人已于过去诸佛深种善根，福德成就，故于我前欲师子吼。

“如狮子王自知身力，牙齿锋芒四足踞地，安住岩穴振尾出声。若有能具如是诸相，当知是则能师子吼。真狮子王晨朝出穴频申欠呿，四向顾望发声震吼，一切禽兽闻师子吼，水性之属潜没深渊，陆行之类藏伏窟穴，飞者堕落，香象怖走。如彼野干虽逐狮子至于百年，终不能作师子吼也。若狮子子始满三年，则能哮吼如狮子王。”

尔时世尊告师子吼菩萨言：“善男子！汝若欲问今可随意。”

师子吼菩萨白佛言：“世尊！云何为佛性？以何义故，名为佛性？何故复名常乐我净？若一切众生有佛性者，何故不见一切众生所有佛性？十住菩萨住何等法不了了见？佛住何等法而了了见？十住菩萨以何等眼不了了见？佛以何眼而了了见？"

佛言："善男子！善哉善哉！若有人能为法咨启，则为具足二种庄严：一者，智慧；二者，福德。若有菩萨具足如是二庄严者，则知佛性，及名为佛性，乃至能知十住菩萨以何眼见，诸佛世尊以何眼见。

"福德庄严者，有为有漏，有有果报，有碍非常。慧庄严者无为无漏，无有果报，无碍常住。"

师子吼菩萨言："世尊！若有菩萨具足如是二庄严者，则不应问一种二种。所以者何？一切诸法无一二种，一种二种者是凡夫相。"

佛言："善男子！若有菩萨无二种庄严，则不能知一种二种。若有菩萨具二庄严，则能解知一种二种。若言诸法无一二者，是义不然，何以故？若无一二，云何得说一切诸法无一无二？善男子！若言一二是凡夫相，是乃名为十住菩萨，非凡夫也。

"善男子！汝问云何为佛性者，佛性者名第一义空。第一义空名为智慧。所言空者不见空与不空。智者见空及与不空，常与无常，苦之与乐，我与无我。见一切空，不见不空，不名中道。乃至见一切无我，不见我者不名中道。中道者名为佛性。以是义故，佛性常恒无有变易，无明覆故，令诸众生不能得见。声闻缘觉见一切空，不见不空，乃至见一切无我，不见于我。以是义故，不得第一义空。不得第一义空故，不行中道。无中道故，不见佛性。汝问'以何义故，名为佛性者'，佛性，即是菩提中道种子。

"善男子！众生起见凡有二种：一者常见，二者断见。如是二见不名中道，无常无断乃名中道。无常无断即是观照十二因缘智，如是观智是名佛性。二乘之人虽观因缘，未能渡十二因缘河，犹如兔马。何以故？不见佛性故。善男子！是观十二因缘智慧，即是阿耨多罗三藐三菩提种子。以是义故，十二因缘名为佛性。佛性者，有因有因因，有果有果果。有因者即十二因缘，因因者即是智慧；有果者即是阿耨多罗三藐三菩提，果果者即是无上大般涅槃。

"善男子！譬如无明为因，诸行为果，行因识果，以是义故，彼无明体亦因亦因因，识亦果亦果果，佛性亦尔。以是义故，十二因缘不出不灭、不常不断、非一非二、不来不去、非因非果。善男子！是因非果如佛性，是果非因如大涅槃，是因是果如十二因缘所生之法，非因非果名为佛性，非因果故常恒无变。以是义故，我经中说十二因缘其义甚深，无知无见不可思惟，乃是诸佛菩萨境界，非诸声闻缘觉所及。

"以何义故甚深甚深？众生业行不常不断而得果报，虽念念灭而无所失，虽无作者而有作业，虽无受者而有果报，受者虽灭果不败亡，无有虑知和合而有一切众生虽与十二因缘共行而不见知，不见知故无有始终。十住菩萨唯见其终不见其始，诸佛世尊见始见终，以是义故，诸佛了了得见佛性。

"善男子！一切众生不能见于十二因缘，是故轮转。如蚕作茧自生自死，一切众生亦复如是。不见佛性故自造结业，流转生死犹如拍毱。善男子！是故我于诸经中说，若有人见十二缘者即是见法，见法者即是见佛，佛者即是佛性。何以故？一切诸佛以此为性。"

师子吼菩萨白佛言："世尊！若佛与佛性无差别者，一切众生何用修道？"

佛言："善男子！如汝所问，是义不然。佛与佛性虽无差别，然诸众生悉未具足，以是义故，我于此经而说是偈：

本有今无，本无今有，

三世有法，无有是处。

"善男子！有者凡有三种：一、未来有，二、现在有，三、过去有。一切众生未来之世,当有阿耨多罗三藐三菩提,是名佛性。一切众生现在悉有烦恼诸结,是故现在无有三十二相、八十种好。一切众生过去之世有断烦恼,是故现在得见佛性。以是义故,我常宣说一切众生悉有佛性,乃至一阐提等亦有佛性。

"善男子!譬如有人,家有乳酪,有人问言:'汝有酥耶?'答言:'我有。'酪实非酥,以巧方便定当得故,故言有酥。众生亦尔,悉皆有心,凡有心者定当得成阿耨多罗三藐三菩提。一切众生,烦恼覆故不能得见。十住菩萨虽见一乘,不知如来是常住法,以是故言十地菩萨虽见佛性而不明了。善男子!是佛性者实非我也,为众生故说名为我。

"善男子!如来有因缘故,说无我为我,真实无我。虽作是说无有虚妄。善男子!有因缘故,说我为无我,而实有我。为世界故,虽说无我而无虚妄。佛性无我,如来说我,以是常故。如来是我而说无我,得自在故。

"善男子!若有人见一切诸法无常、无我、无乐、无净,见非一切法亦无常、无我、无乐、无净,如是之人不见佛性。一切者名为生死,非一切者名为三宝。声闻缘觉见一切法无常、无我、无乐、无净,非一切法亦见无常、无我、无乐、无净,以是义故,不见佛性。十住菩萨见一切法无常、无我、无乐、无净,非一切法分见常乐我净,以是义故,十分之中得见一分。诸佛世尊无常、无我、无乐、无净,非一切法见常乐我净,以是义故,见于佛性如观掌中阿摩勒果。

"善男子!如汝所问十住菩萨以何眼故,虽见佛性而不了了;诸佛世尊以何眼故,见于佛性而得了了。善男子!慧眼见故,不得明了,佛眼见故,故得明了。为菩提行故则不了了,若无行故则得了了。住十住故虽见不了,不住不去故得了了。菩萨摩诃萨智慧因故见不了了,诸佛世尊断因果故见则了了。一切觉者名为佛性,十住菩萨不得名为一切觉故,是故虽见而不明了。善男子!

见有二种：一者，眼见；二者，闻见。诸佛世尊眼见佛性，如于掌中观阿摩勒果，十住菩萨闻见佛性，故不了了。十住菩萨唯能自知定得阿耨多罗三藐三菩提，而不能知一切众生悉有佛性。”

师子吼菩萨言：“世尊！如佛所说一切众生悉有佛性，如乳中有酪，金刚力士诸佛佛性如净醍醐，云何如来说言佛性非内非外？”

佛言：“善男子！我亦不说乳中有酪，酪从乳生，故言有酪。”

“世尊！一切生法各有时节。”

“善男子！乳时无酪亦无生酥、熟酥、醍醐，一切众生亦谓是乳，是故我言乳中无酪。如其有者，何故不得二种名字？如人二能言金铁狮。善男子！因有二种：一者，正因；二者，缘因。正因者如乳生酪，缘因者如暖酵等，从乳生故，故言乳中而有酪性。”

“世尊！如佛所说，有二因者、正因、缘因，众生佛性为是何因？”

“善男子！众生佛性亦二种因：正因者谓诸众生，缘因者谓六波罗蜜。”

“世尊！如佛所说，我今定知乳有酪性。何以故？我见世间求酪之人，唯取于乳终不取水，是故当知乳有酪性。”

“善男子！是义不然。何以故？善男子！譬如有人有笔纸墨和合成字，而是纸中本无有字，以本无故假缘而成。若本有者，何须众缘？譬如青黄合成绿色，当知是二本无绿性。若本有者，何须合成？譬如众生因食得命，而此食中实无有命，若本有命，未食之时，食应是命。善男子！一切诸法本无有性，因缘故生，因缘故灭。若诸众生内有佛性者，一切众生应有佛身如我今也。众生佛性不破、不坏、不牵、不捉、不系、不缚，如众生中所有虚空。一切众生悉有虚空无罣碍故，各不自见有此虚空。若使众生无虚空者，则无去来、行住坐卧、不生不长。以是义故，我经中说一切众生有虚空界，虚空界者是名虚空,众生佛性亦复如是。十住菩萨少能见之如金刚珠。善男子!众生佛性、诸佛境界,非是声闻缘觉所知。一切众生不见佛性,是故常为烦恼系缚,流转生死。见佛性故,诸结烦恼所不能系,解脱生死得大涅槃。”

师子吼言:“世尊!一切众生有佛性,性如乳中酪。若乳无酪性,云何佛说有二种因:一者,正因;二者,缘因?”

佛言:“善男子!若使乳中定有酪性者,何须缘因?”

“世尊!以有性故,故须缘因。何以故?欲明见故,缘因者即是了因。世尊!譬如暗中先有诸物,为欲见故以灯照了,若本无者灯何所照。是故虽先有性,要假了因然后得见,以是义故,定知乳中先有酪性。”

“善男子!一切众生有佛性者,何故修集无量功德?我见世人本无禁戒禅定智慧者,从师受已,渐渐增益。若言师教是了因者,当师教时,受者未有戒定智慧。若是了者应了未有,云何乃了戒定智慧,令得增益?”

“世尊!若了因无者,云何得名有乳有酪?”

“善男子!如世人言有乳酪者,以定得故,是故得名有乳有酪,佛性亦尔。有众生有佛性,以当见故。”

师子吼言:“世尊!过去已灭,未来未到,云何名有?若言当有名为有者,是义不然,云何说言一切众生悉有佛性?”

佛言:“善男子!过去名有,譬如种橘,芽生子灭,芽亦甘甜,乃至生果味亦如是,熟已乃酢。善男子!而是酢味子芽乃至生果悉无,随本熟时形色相貌则生酢味,而是酢味本无今有,虽本无今有,非不因本。如是本子虽复过去故得名有,以是义故过去名有。云何复名未来为有?譬如有人种植胡麻,有人问言何故种此。答言有油。实未有油,胡麻熟已收子熬蒸捣压,然后乃得出油。当知是人非虚妄也,以是义故名未来有。

“云何复名过去有耶?善男子!譬如有人私屏骂王,经历年岁王乃闻之，闻已即问：‘何故见骂？’答言：“大王，我不骂也。何以故？骂者已灭。’王言：‘骂者、我身，二俱存在，云何言灭？’以是因缘丧失身命。善男子！是二实无而果不灭，是名过去有。云何复名未来有耶？譬如有人往陶师所，问：‘有瓶不？’答言：‘有瓶。’而是陶师实未有瓶，以有泥故，故言有瓶，当知是人非妄语也。乳中有酪，众生佛性亦复如是。欲见佛性应当观察时节形色。是故我说一切众生悉有佛性，实不虚妄。”

师子吼言：“世尊！菩萨摩诃萨一心趣向阿耨多罗三藐三菩提，大慈大悲，见生老病死烦恼过患，观大涅槃无生老死烦恼诸过，信于三宝及业果报，受持禁戒，如是等法名为佛性。若离是法有佛性者，何须是法而作因缘？世尊！若使众生从本以来无菩提心，亦无阿耨多罗三藐三菩提心，后方有者，众生佛性亦应如是，本无后有。以是义故，一切众生应无佛性。”

佛言：“善哉善哉！善男子！汝已久知佛性之义，为众生故作如是问。一切众生实有佛性，汝言众生若有佛性，不应而有初发心者。善男子！心非佛性，何以故？心是无常，佛性常故。此菩提心实非佛性。何以故？一阐提等断于善根堕地狱故。若菩提心是佛性者，一阐提辈则不得名一阐提也，菩提之心亦不得名为无常也，是故定知菩提之心实非佛性。

“善男子！众生佛性不名为佛，以诸功德因缘和合得见佛性，然后成佛。汝言‘众生悉有佛性，何故不见’者，是义不然。何以故？以诸因缘未和合故。善男子！以是义故，我说二因，正因、缘因。正因者名为佛性，缘因者发菩提心。以二因缘得阿耨多罗三藐三菩提。

“善男子！当知有六法坏菩提心。何等为六？一者，吝法；二者，于诸众生起不善心；三者，亲近恶友；四者，不勤精进；五者，自大憍慢；六者，营务世业。如是六法则能破坏菩提之心。善男子！复有五法退菩提心。何等为五？一者，乐在外道出家；二者，不修大慈之心；三者，好求法师过罪；四者，常乐处在生死；五者，不善受持、读诵、书写、解说十二部经，是名五法退菩提心。复有二法退菩提心，何者为二？一者，贪乐五欲；二者，不能恭敬尊重三宝。以如是等众因缘故退菩提心。

“云何复名不退之心？有人闻佛能度众生生老病死，不从师咨，自然修集，以是因缘发菩提心，作是誓愿：愿我常得亲近诸佛及佛弟子，具五善根，不生憍慢。复愿常闻十二部经，受持、读诵、书写、解说，宁当少闻多解义味，不愿多闻于义不了。愿作心师，不师于心，身口意业不与恶交，能施一切众生安乐，身戒心慧不动如山，为欲受持无上正法，于身命财不生悭吝，不净之物不为福业，正命自活心无邪谄，受恩常念小恩大报，善知世中所有事艺，善解众生方俗之言，读诵书写十二部经，不生懈怠懒惰之心。

“若诸众生不乐听闻，方便引接令彼乐闻，父母师长深生恭敬，怨憎之中生大慈心，常修六念空三昧门，十二因缘生灭等观，佛说禁戒坚固护持，终不生于毁犯之想，修习菩萨难行苦行，其心欢喜不生悔恨，不为果报而集因缘，于现在乐不生贪着。善男子！若有能发如是愿者，是名菩萨终不退失菩提之心，能见如来明了佛性，能调众生度脱生死，善能护持无上正法，能得具足六波罗蜜。”

之六

师子吼菩萨白佛言：“世尊！无相定者，名大涅槃，是故般涅槃名为无相。以何因缘名为无相？”

佛言：“善男子！若有比丘，时时修习三种相者，则断诸相。时时修习三昧定相，时时修习智慧之相，时时修习舍相，是名三相。”

师子吼言：“世尊！云何名为定慧舍相？”

佛言："善男子！若取色相不能观色常无常相，是名三昧。若能观色常无常相，是名慧相。三昧、慧等观一切法，是名舍相。如善御驾驷，迟疾得所，迟疾得所故名舍相。菩萨亦尔，若三昧多者，则修习慧，若慧多者，则修习三昧。三昧、慧等则名为舍。善男子！十住菩萨智慧力多，三昧力少，是故不得明见佛性。声闻缘觉，三昧力多，智慧力少，以是因缘不见佛性。诸佛世尊定慧等故，明见佛性，了了无碍，如观掌中庵摩勒果。见佛性者名为舍相。奢摩他者，名为能灭，能灭一切烦恼结故。又奢摩他者名曰能调，名曰寂静，名曰远离，名曰能清，以是义故，故名定相。毗婆舍那名为正见，亦名了见，名为能见，名曰遍见，名次第见，名别相见，是名为慧。尤毕叉者名曰平等，亦名不诤，又名不观，亦名不行，是名为舍。善男子！为三事故修奢摩他。何等为三？一、不放逸故；二、庄严大智故；三、得自在故。复为三事故修毗婆舍那。何等为三？一为观生死恶果报故；二为欲增长诸善根故；三为破一切诸烦恼故。"

"世尊！如经中说，若毗婆舍那能破烦恼，何故复修奢摩他耶？"

佛言："善男子！汝言毗婆舍那破烦恼者，是义不然。何以故？有智慧时，则无烦恼；有烦恼时，则无智慧。云何而言毗婆舍那能破烦恼？善男子！譬如明时无暗，暗时无明，若有说言明能破暗，无有是处。善男子！谁有智慧，谁有烦恼，而言智慧能破烦恼，如其无者，则无所破。

"善男子！若言智慧能破烦恼，为到故破？不到故破？若不到破者，凡夫众生，则应能破；若到故破者，初念应破。若初念不破，后亦不破；若初到便破，是则不到。云何说言智慧能破？若言到与不到而能破者，是义不然，如地坚性、火热性、水湿性、风动性。而地坚性，乃至风动性，非因缘作，其性自尔。如四大性，烦恼亦尔，性自是断。若是断者，云何而言智慧能断？以是义故，毗婆舍那决定不能破诸烦恼。善男子！如盐性咸，令异物咸；蜜本性甘，令异物甘；水本性湿，令异物湿；智慧性灭，令法灭者，是义不然。何以故？若法无灭，云何智慧强能令灭？若言盐咸令异物咸，慧灭亦尔，令异法灭者，是亦不然。何以故？智慧之性，念念灭故。若念念灭，云何而言能灭他法？以是义故，智慧之性不破烦恼。

“善男子！一切诸法有两种灭：一性灭，二毕竟灭。若性灭者，云何而言智慧能灭？善男子！一切诸法，性若自空，谁能令生，谁能令灭？异生异灭，无造作者。善男子！若修习定，则得如是正知正见。以是义故，我经中说，若有比丘修习定者，能见五阴出灭之相。若不修定，世间之事，尚不能了，况于出世？若无定者，平处颠坠。若有修习三昧定者，则大利益，乃至阿耨多罗三藐三菩提。菩萨摩诃萨具足二法，能大利益。如拔坚木，先以手动，后则易出。菩萨定慧，亦复如是。先以定动，后以智拔。如浣垢衣先以灰汁，后以清水，衣则鲜洁。如先读诵，后则解义。如先平地，然后下种。先从师受，后思惟义。菩萨摩诃萨，修是二法，常摄其心，不令放逸，不为利养，行于非法，客尘烦恼所不能污，不为诸邪异见所惑，常能远离诸恶觉观，不久成就阿耨多罗三藐三菩提。

“善男子！定相者，名空三昧；慧相者，名无愿三昧；舍相者，名无相三昧。若有菩萨摩诃萨善知定时、慧时、舍时，及知非时，是名菩萨摩诃萨行菩提道。善男子！菩萨摩诃萨因于受乐生大憍慢，或因说法而生憍慢，或因精勤而生憍慢，或因世间善法功德而生憍慢，或因豪贵恭敬而生憍慢，当知尔时不宜修智，宜应修定。是名菩萨，知时非时。若有菩萨勤修精进，未得利益，涅槃之乐，以不得故，生于悔心，以钝根故，不能调伏五情，诸根诸垢烦恼势力盛故，自疑戒律，有羸损故，当知尔时不宜修定，宜应修智。是名菩萨，知时非时。善男子！若有菩萨定慧二法不平等者，当知尔时，不宜修舍；二法若等，则宜修之。是名菩萨，知时非时。善男子！若有菩萨修习定慧起烦恼者，当知尔时不宜修舍，宜应读诵、书写、解说十二部经，念佛、念法、念僧、念戒、念天、念舍，是名修舍。善男子！若有菩萨修习如是三法相者，以是因缘得无相涅槃。

“善男子！应观戒是一切善法梯磴，亦是一切善法根本，如地一切树木所生之本，如天帝释所立胜幢。戒能永断一切恶业及三恶道，能疗恶病，犹如药树。戒是生死险道资粮，戒是摧结恶贼铠杖，戒是灭结毒蛇良咒，戒是度恶业行桥梁。若有不能如是观者，名不修戒。善男子！又应观心，轻躁动转，难捉难调，驰骋奔逸，如大恶象，念念迅速，如彼电光，躁扰不住，犹如猕猴，如幻如炎，乃是一切诸恶根本。若有不能如是观者，名不修心。菩萨摩诃萨修心、修戒因缘，得定慧均等无相三昧。”

师子吼菩萨言：“世尊！若一切众生有佛性者，即当定得阿耨多罗三藐三菩提，何须修习三昧道耶？”

佛言：“有佛无佛，法界常住。若言佛性住众生中者，善男子！常法无住，若有住处，即是无常，如十二因缘，无定住处，若有住处，十二因缘不得名常。如来法身，亦无住处，法界法入，法阴虚空，悉无住处。佛性亦尔，都无住处。譬如四大，力虽均等，有坚有热，有湿有动，有重有轻，有赤有白，有黄有黑，而是四大，亦无有业，异法界故，各不相似。佛性亦尔，异法界故，时至则现。

“善男子！一切众生，不退佛性，故名之为有，阿毗跋致故，以当有故，决定得故，定当见故，是故名为一切众生悉有佛性。譬如有王告一大臣：‘汝牵一象，以示盲者。’时彼众盲各以手触。即唤众盲，各各问言：‘汝见象耶？’众盲各言：‘我已得见。’其触牙者即言象形如芦菔根，其触耳者言象如箕，其触头者言象如石，其触鼻者言象如杵，其触脚者言象如木臼，其触脊者言象如床，其触腹者言象如瓮，其触尾者言象如绳。善男子！如彼众盲，不说象体，亦非不说。若是众相，悉非象者，离是之外，更无别象。

“善男子！王喻如来正遍知，臣喻方等大涅槃经，象喻佛性，盲喻一切无明众生。是诸众生闻佛说已，或作是言‘色是佛性’。何以故？是色虽灭，次第相续，是故获得无上如来三十二相。如来色常，如来色者常不断故。譬如真金，质虽迁变，色常不异，或时作钏作钗作盘，然其黄色初无改易。众生佛性亦复如是。质虽无常而色是常，以是故说色为佛性。或有说言‘受是佛性’。何以故？受因缘故，获得如来真实之乐。如来受者，谓毕竟受，第一义受。众生受性，虽复无常，然其次第相续不断，是故获得如来常受，譬如有人姓憍师迦，人虽无常，而姓是常，经千万世，无有改易。众生佛性，亦复如是。以是故说受为佛性。

“又有说言‘想是佛性’。何以故？想因缘故，获得如来真实之想。如来想者名无想想。无想想者非众生想，非男女想，亦非色受想行识想，非想断想。众生之想，虽复无常，以想次第相续不断故，得如来常恒之想，譬如众生十二因缘，众生虽灭，而因缘常。众生佛性，亦复如是。以是故说想为佛性。又有说言‘行为佛性’。何以故？行名寿命，寿因缘故获得如来常住寿命。众生寿命，虽复无常，而寿次第相续不断，故得如来真实常寿。譬如十二部经，听者说者虽复无常，而是经典常存不变。众生佛性亦复如是。以是故说行为佛性。又有说言‘识为佛性’。何以故？识因缘故，获得如来平等之心。众生意识，虽复无常，而识次第相续不断，故得如来真实常心。如火热性，火虽无常，热非无常。众生佛性，亦复如是。以是故说识为佛性。

“又有说言‘离阴有我，我是佛性’。何以故？我因缘故，获得如来八自在我。有诸外道说言去来、见闻、悲喜、语说为我，如是我相，虽复无常，而如来我，真实是常。善男子！如阴、入、界，虽复无常，而名是常，众生佛性，亦复如是。善男子！如彼盲人，各各说象，虽不得实，非不说象，说佛性者，亦复如是，非即六法，不离六法。是故我说众生佛性，非色不离色，乃至非我不离我。有诸外道虽说有我，而实无我。众生我者，即是五阴，离阴之外，更无别我。譬如茎叶须台，合为莲花，离是之外，更无别花。譬如墙壁草木和合名之为舍，离是之外，更无别舍。如佉陀罗树、波罗奢树、尼拘陀树、郁昙钵树和合为林，离是之外，更无别林。譬如车象马步和合为军，离是之外，更无别军。譬如五色杂线和合为绮，离是之外，更无别绮。如四姓和合名为大众，离是之外，更无别众。众生我者，亦复如是，离五阴外，更无别我。

"善男子！如来常住，则名为我。如来法身，无边无碍，不生不灭，得八自在，是名为我。众生真实，无如是我，及以我所，但以必定当得，毕竟第一义空，故名佛性。善男子！我若说色是佛性者，众生闻已，则生邪倒，以邪倒故，命终则生阿鼻地狱。如来说法为断地狱，是故不说色是佛性。乃至说识，亦复如是。

"善男子！若诸众生，了佛性者，则不须修道。十住菩萨修八圣道，少见佛性，况不修者，而得见耶？如文殊师利诸菩萨等，已无量世修习圣道，了知佛性。云何声闻辟支佛等能知佛性？若诸众生欲得了了知佛性者，应当一心受持、读诵、书写、解说、供养、恭敬、尊重、赞叹是涅槃经，见有受持，乃至赞叹如是经者，应当以好房舍、衣服、饮食、卧具、医药，而供给之，兼复赞叹礼拜问讯。善男子！若有已于过去无量无边世中，亲近供养无量诸佛，深种善根，然后乃得闻是经名。善男子！佛性不可思议，佛法僧宝亦不可思议，一切众生悉有佛性，而不能知，是亦不可思议，如来常乐我净之法亦不可思议，一切众生能信如是大涅槃经，亦不可思议。"

师子吼言："世尊！如来得八自在，何因缘故，不化生耶？"

佛言："善男子！劫初众生，皆悉化生，当尔之时，佛不出世。善男子！若有众生遇病苦时，须医须药，劫初之时众生化生，虽有烦恼，其病未发，是故如来不出其世。善男子！一切众生，父作子业，子作父业。如来世尊若受化身，则无父母。若无父母，云何能令一切众生作诸善业？是故如来不受化身。

“善男子！佛正法中有二种护：一者内，二者外。内护者所谓禁戒，外护者族亲眷属。若佛如来受化身者，则无外护，是故如来不受化身。善男子！有人恃姓，而生憍慢，如来为破如是慢故，生在贵姓，不受化身。善男子！如来世尊，有真父母。父名净饭，母名摩耶。而诸众生犹言是幻。云何当受化生之身？若受化身，云何得有碎身舍利？如来为益众生福德故，碎其身而令供养，是故如来不受化身。一切诸佛悉无化生，云何独令我受化身？”

尔时师子吼菩萨合掌长跪，右膝着地，以偈赞佛：

如来无量功德聚，我今不能广宣说，
今为众生演一分，唯愿哀愍听我说。
众生无明暗中行，具受无边百种苦，
世尊能令远离之，是故世称为大悲。
众生往返生死绳，放逸迷荒无安乐，
如来能施众安乐，是故永断生死绳。
如来为众修苦行，成就具足满六度，
心处邪风不倾动，是故能胜世大士。
众生常欲得安乐，而不知修安乐因，
如来能教令修习，犹如慈父爱一子。
佛见众生烦恼患，心苦如母念病子，
常思离病诸方便，是故引身系属他。
不为三世所摄持，无有名字及假号，
觉知涅槃甚深义，是故称佛为大觉。
有河洄澓没众生，无明所盲不知出，
如来自度能度彼，是故称佛大船师。
能知一切诸因果，亦复通达尽灭道，
常施众生病苦药，是故世称大医王。
如来世尊破邪道，开示众生正真路，

行是道者得安乐，是故称佛为导师。
成就具足戒定慧，亦以此法教众生，
以法施时无妒吝，是故称佛无缘悲。
如来世尊无怨亲，是故其心常平等，
我师子吼赞大悲，能吼无量师子吼。

迦叶菩萨白佛言："世尊！一阐提辈以何因缘，无有善法？"

佛言："善男子！一阐提辈断善根故。众生悉有信等五根，而一阐提辈永断灭故。以是义故，杀害蚁子，犹得杀罪，杀一阐提，无有杀罪。"

"世尊！一阐提者终无善法，是故名为一阐提耶？"

佛言："如是，如是！"

"世尊！一切众生有三种善，所谓过去、未来、现在。一阐提辈亦不能断未来善法，云何说言断诸善法，名一阐提耶？"

"善男子！断有二种：一者，现在灭；二者，现在障于未来。一阐提辈，具是二断，是故我言断诸善根。譬如有人没圊厕中，唯有一发毛头未没，虽复一发毛头未没，而一毛头不能胜身。一阐提辈，亦复如是，虽未来世当有善根而不能救地狱之苦。未来之世虽可救拔，现在之世无如之何，是故名为不可救济。以佛性因缘则可得救。佛性者，非过去，非未来，非现在，是故佛性不可得断。如朽败子不能生芽，一阐提辈亦复如是。"

"世尊！一阐提辈不断佛性亦善，云何说言断一切善？"

"善男子！若诸众生现在世中有佛性者，则不得名一阐提也。如世间中众生我性佛性是常，三世不摄。三世若摄，名为无常。佛性未来以当见故，故言众生悉有佛性。以是义故，十住菩萨，具足庄严，乃得少见。"

"世尊！佛性者常，犹如虚空，何故如来说言未来？如来若言一阐提辈无善法者，一阐提辈于其同学、同师、父母、亲族、妻子，岂当不生爱念心耶？如其生者，非是善乎？"

佛言:“善哉善哉!善男子!快发斯问。佛性者,犹如虚空。非过去,非未来,非现在。一切众生有三种身,所谓过去、未来、现在。众生未来具足庄严清净之身,得见佛性,是故我言佛性未来。善男子!我为众生,或时说因为果,或时说果为因,是故经中说命为食,见色为触,未来身净,故说佛性。”

“世尊!如佛所说义,如是者何故说言一切众生悉有佛性?”

“善男子!众生佛性,虽现在无,不可言无,如虚空性虽无现在,不得言无。一切众生,虽复无常,而是佛性,常住无变。是故我于此经中说,众生佛性,非内非外,犹如虚空,非内非外。如其虚空有内外者,虚空不名为一为常,亦不得言一切处有虚空。虽复非内非外,而诸众生悉皆有之。众生佛性,亦复如是。如汝所言一阐提辈有善法者,是义不然。何以故?一阐提辈,若有身业、口业、意业、取业、求业、施业、解业如是等业,悉是邪业。何以故?不求因果故。如诃梨勒果,根茎枝叶花实悉苦,一阐提业亦复如是。善男子!如来具足知诸根力,是故善能分别众生上中下根,能知是人转下作中,能知是人转中作上,能知是人转上作中,能知是人转中作下。是故当知众生根性无有决定,以无定故,或断善根,断已还生。若诸众生根性定者,终不先断,断已复生,亦不应说。一阐提辈堕于地狱,寿命一劫。善男子!是故如来说,一切法无有定相。”

迦叶菩萨白佛言:“世尊!如来具足是知根力,是故能知一切众生上中下根,利钝差别,知现在世众生诸根,亦知未来众生诸根。如是众生,于佛灭后作如是说:如来毕竟入于涅槃,或不毕竟入于涅槃,或说有我,或说无我,或有中阴,或无中阴,或说有退,或说无退,或言如来身是有为,或言如来身是无为,或有说言十二因缘是有为法,或说因缘是无为法,或说心是有常,或说心是无常,或有说言受五欲乐,能障圣道,或说不遮,或说是第一法,唯是欲界,或说三界,或说布施,唯是意业,或有说言即是五阴,或有说言有三无为，或有说言无三无为，或说佛性即众生有，或说佛性离众生有，或有说言犯四重禁作五逆罪，一阐提等皆有佛性，或说言无，或有说言有十方佛，或有说言无十方佛。如其如来具足成就知根力者，何故今日不决定说？”

佛告迦叶菩萨：“善男子！如是之义，非眼识知，乃至非意识知，乃是智慧之所能知。若有智者，我于是人终不作二，是亦谓我不作二说；于无智者作不定说，而是无智亦复谓我作不定说。善男子！如来所有一切善行，悉为调伏诸众生故，譬如医王所有医方，悉为疗治一切病苦。如来世尊为国土故，为时节故，为他语故，为度人故，为众根故，于一法中作二种说，于一名法说无量名，于一义中说无量名，于无量义说无量名。

“善男子！若如是义作定说者，则不得称我为如来具知根力，有智之人当知香象所负非驴所胜。一切众生所行无量，是故如来种种为说无量之法。何以故？众生多有诸烦恼故。若使如来说于一行，不名如来具足成就知诸根力。是故我于余经中说，五种众生不应还为说五种法。为不信者，不赞正信；为毁禁者，不赞持戒；为悭贪者，不赞布施；为懈怠者，不赞多闻；为愚痴者，不赞智慧。何以故？智者若为是五种人说此五事，当知说者不得具足知诸根力，亦不得名怜愍众生。何以故？是五种人闻是事已，生不信心，恶心瞋心，以是因缘于无量世受苦果报。是故不名怜愍众生，具知根力。是故我先于余经中告舍利弗：‘汝慎勿为利根之人广说法语，钝根之人略说法也。’”

舍利弗言：“世尊！我但为怜愍故说，非是具足根力故说。”

“善男子！广略说法是佛境界，非诸声闻缘觉所知。善男子！佛涅槃后，诸弟子等各异说者，是人皆以颠倒因缘不得正见，是故不能自利利他。善男子！是诸众生，非唯一性、一行、一根、一种国土、一善知识，是故如来为彼种种宣说法要。以是因缘，十方三世诸佛如来为众生故，开示演说十二部经。善男子！如来说是十二部经，非为自利，但为利他。是故如来第五力者，名为解力。是故如来深知是人现在能断善根，是人后世当断善根，是人现在能得解脱，是人后世能得解脱。是故如来名无上力士。若言如来毕竟涅槃，不毕竟涅槃，是人不解如来意故，作如是说。

“善男子！菩萨二种：一者实义，二者假名。假名菩萨闻我当入涅槃，皆生退心而作是言：‘如其如来无常不住，我等何为为是事故，无量世中受大苦恼？如来世尊成就具足无量功德，尚不能坏如是死魔，况我等辈，当能坏耶？’善男子！是故我为如是菩萨，而作是言：‘如来常住，无有变易。’我诸弟子闻是说已，不解我意，定言如来终不毕竟入于涅槃。

“善男子！有诸众生，生于断见，作如是言：‘一切众生身灭之后，善恶之业无有受者。我为是人作如是言：‘善恶果报实有受者。’云何知有过去之世？拘施那竭有王，名曰善见，作童子时经八万四千岁，作太子时八万四千岁，及登王位亦八万四千岁。于独处坐，作是思惟：‘众生薄福，寿命短促，常有四怨，而随逐之，不自觉知，犹故放逸。是故我当出家修道，断绝四怨，生老病死。’即敕有司于其城外作七宝堂。时善见王将一使人独往堂上，复经八万四千年中修习慈心。是慈因缘于后八万四千世中次第得作转轮圣王，三十世中作释提桓因，无量世中作诸小王。

“善男子！尔时善见岂异人乎？即我身是。善男子！我诸弟子闻是说已，不解我意，唱言如来定说有我，及有我所。又我一时为诸众生说言我者，即是性也。所谓内外因缘、十二因缘、众生五阴、心界、世间、功德业行、自在天世，即名为我。我诸弟子闻是说已，不解我意，唱言如来定说有我。善男子！复有异时，有一比丘来至我所，作如是言：‘世尊！云何名我？谁是我耶？何缘故我？’我时即为比丘说言：‘比丘！无我我所，眼者即是，本无今有，已有还无。其生之时，无所从来，及其灭时，亦无所至。虽有业果，无有作者，无有舍阴及受阴者。如汝所问，云何我者，我即期也。谁是我者，即是业也。何缘我者，即是爱也。比丘！譬如二手相拍，声出其中，我亦如是，众生业爱三因缘故，名之为我。比丘！一切众生色不是我，我中无色，色中无我，乃至识亦如是。比丘！诸外道辈虽说有我，终不离阴。若说离阴别有我者，无有是处。一切众生，行如幻化热时之焰。比丘！五阴皆是无常、无乐、无我、无净。'

"善男子！尔时多有无量比丘观此五阴无我我所，得阿罗汉果。善男子！我诸弟子闻是说已，不解我意，唱言如来定说无我。善男子！我于经中，复作是言，三事和合得受是身。一父二母三者中阴，是三和合得受是身。或时复说阿那含人现般涅槃，或于中阴入般涅槃。或复说言中阴身根具足明了，皆因往业如净醍醐。我或时说，弊恶众生所受中阴，如世间中粗涩氀毼，纯善众生所受中阴，如波罗奈所出白氎。我诸弟子闻是说已，不解我意，唱言如来说有中阴。我复说言，无色众生无有中阴。

"善男子！我诸弟子闻是说已，不解我意，唱言佛说定无中阴。善男子！我于经中复说有退。何以故？因于无量懈怠懒惰诸比丘等不修道故，说退五种：一者，乐于多事；二者，乐说世事；三者，乐于睡眠；四者，乐近在家；五者，乐多游行。以是因缘令比丘退。说退因缘，复有二种：一内，二外。阿罗汉人，虽离内因，不离外因。以外因缘故，则生烦恼，生烦恼故，则便退失。我诸弟子闻是说已，不解我意，唱言如来定说有退。善男子！经中复说，譬如焦炭不还为木，亦如瓶坏，更无瓶用。烦恼亦尔，阿罗汉断，终不还生。

"善男子！我诸弟子闻是说已，不解我意，唱言如来定说无退。善男子！我经中说一切众生作善恶业舍身之时，四大于此即时散坏。纯善业者心即上行，纯恶业者心即下行。善男子！我诸弟子闻是说已，不解我意，唱言如来说心定常。善男子！我于一时为频婆娑罗王而作是言：'大王，当知色是无常。何以故？从无常因而得生故。是色若从无常因生，智者云何说言是常？若色

是常，不应坏灭，生诸苦恼。今见是色散灭破坏，是故当知色是无常。乃至识亦如是。’

“善男子！我诸弟子闻是说已，不解我意，唱言如来说心定断。善男子！我经中说，我诸弟子受诸香花、金银、宝物、妻子、奴婢，八不净物，获得正道，得正道已，亦不舍离。我诸弟子闻是说已，不解我意，定言如来说受五欲不妨圣道。又我一时复作是说‘在家之人得正道者，无有是处’。善男子！我诸弟子闻是说已，不解我意，唱言如来说受五欲定遮正道。

“善男子！我经中说佛性具有六事：一常，二实，三真，四善，五净，六可见。我诸弟子闻是说已，不解我意，唱言佛说众生佛性离众生有。善男子！我又说言，众生佛性犹如虚空。虚空者，非过去，非未来，非现在，非内非外，非是色、声、香、味、触摄。佛性亦尔。我诸弟子闻是说已，不解我意，唱言佛说众生佛性离众生有。善男子！我又复说众生佛性，犹如贫女宅中藏宝，力士额上金刚宝珠，转轮圣王甘露之泉。我诸弟子闻是说已，不解我意，唱言佛说众生佛性离众生有。

“善男子！我又复说犯四重禁，一阐提人，谤方等经，作五逆罪，皆有佛性。如是众生，都无善法。佛性是善，我诸弟子闻是说已，不解我意，唱言佛说众生佛性离众生有。善男子！我于处处经中说言一人出世，多人利益。一国土中，二转轮王，一世界中，二佛出世，无有是处。我诸弟子闻是说已，不解我意，唱言佛说五十方佛。我亦于诸大乘经中说有十方佛。善男子！如是诤讼是佛境界，非诸声闻缘觉所知。若人于是生疑心者，犹能摧坏无量烦恼如须弥山。若于是中生决定者，是名执着。”

迦叶菩萨白佛言：“世尊！云何执着？”

佛言：“善男子！如是之人，若从他闻，若自寻经，若他故教，于所着事不能放舍，是名执着。”

“世尊！如是执着，为是善耶？是不善耶？”

“善男子！如是执着，不名为善。何以故？不能摧坏诸疑网故。”

“世尊！如是人者本是不疑，云何说言不坏疑网？”

“善男子！夫不疑者，即是疑也。”

“世尊！若有人谓须陀洹人，不堕三恶，是人亦当名着名疑？”

“善男子！是可名定，不得名疑，如人先见牛与水牛，后遥见牛，便生疑想：彼是牛耶？是水牛耶？一切众生先见二物，后便生疑。何以故？心不了故。我亦不说须陀洹人有堕三恶、不堕三恶。是人何故生于疑心？”

迦叶言：“世尊！如佛所说，要先见已，然后疑者，有人未见二种物时，亦复生疑，何等是耶？”

“善男子！所谓涅槃。”

“世尊！譬如有人路遇浊水，然未曾见而亦生疑：如是水者深耶？浅耶？是人未见，云何生疑？”

“善男子！夫涅槃者即是断苦，非涅槃者即是苦也。一切众生见有二种见，苦、非苦。苦非苦者，即是饥渴寒热，瞋喜病瘦，安隐老壮，生死系缚解脱，恩爱别离，怨憎聚会。众生见已，即便生疑：当有毕竟远离如是苦恼事不？是故众生于涅槃中而生疑也。汝意若谓是人先来未见浊水，云何疑者，是义不然。何以故？是人先于余处见已。是故于此未曾到处而复生疑。”

“世尊！是人先见深浅处时，已不生疑，于今何故，而复生疑？”

佛言：“善男子！本未行故，所以生疑。是故我言不了故疑。”

迦叶菩萨复白佛言：“世尊！如佛所说，疑即是着，着即是疑，为是谁耶？”

“善男子！断善根者。”

“世尊！何等人辈云断善根？”

“善男子！若有聪明黠慧利根，能善分别，远离善友，不听正法，不善思惟，不如法住，如是之人，能断善根。善男子！断善根者，非是下劣愚钝之人。”

“世尊！如是之人，何时当能还生善根？”

佛言：“善男子！是人二时还生善根：初入地狱，出地狱时。”

迦叶菩萨白佛言：“世尊！如佛所说，云何名因亦是过去现在未来，果亦过去现在未来，非是过去现在未来？”

佛言：“善男子！五阴二种：一者因，二者果。是因五阴，是过去现在未来；是果五阴，亦是过去现在未来，亦非过去现在未来。善男子！一切无明烦恼等结，悉是佛性。何以故？佛性因故。从无明行及诸烦恼，得善五阴，是名佛性。从善五阴乃至获得阿耨多罗三藐三菩提。是故我于经中先说众生佛性如杂血乳。血者，即是无明、行等一切烦恼；乳者，即是善五阴也。是故我说从诸烦恼及善五阴得阿耨多罗三藐三菩提。如众生身，皆从精血而得成就，佛性亦尔。须陀洹人，斯陀含人，断少烦恼，佛性如乳。阿那含人，佛性如酪。阿罗汉人，犹如生酥。从辟支佛至十住菩萨，犹如熟酥。如来佛性，犹如醍醐。善男子！现在烦恼为作障故，令诸众生不得睹见。”

“世尊！若言五阴是佛性者，云何说言众生，佛性非内非外？”

“善男子！众生不解，即是中道。我为众生得开解故，说言佛性非内非外。众生佛性非内六入，非外六入。内外合故，名为中道。是故如来宣说佛性即是中道。非内非外，故名中道。云何名为非内非外？善男子！或言佛性即是外道。何以故？菩萨摩诃萨于无量劫在外道中断诸烦恼，调伏其心，教化众生，然后乃得阿耨多罗三藐三菩提，是以佛性即是外道。或言佛性即是内道。

何以故？菩萨虽于无量劫中修习外道，若离内道，则不能得阿耨多罗三藐三菩提，是以佛性即是内道。是故如来遮此二边，说言佛性非内非外，亦名内外，是名中道。

"复次善男子，或言佛性即是如来金刚之身三十二相、八十种好。何以故？不虚诳故。或言佛性即是十力、四无所畏，大慈大悲，及三念处，首楞严等一切三昧。何以故？因是三昧生金刚身，三十二相八十种好故。是故如来遮此二边，说言佛性非内非外，亦名内外，是名中道。复次善男子，或有说言佛性即是内善思惟。何以故？离善思惟，则不能得阿耨多罗三藐三菩提故。是故佛性即是内善思惟。

"复有说言佛性是外，谓檀波罗蜜。从檀波罗蜜得阿耨多罗三藐三菩提，是以说言檀波罗蜜即是佛性。或有说言佛性是内，谓五波罗蜜。离是五事，当知则无佛性因果，是以说言五波罗蜜即是佛性。是故如来遮此二边，说言佛性，非内非外，亦内亦外，是名中道。复次善男子，或有说言佛性在内，譬如力士额上宝珠。何以故？常乐我净如宝珠故，是以说言佛性在内。或有说言佛性在外，如贫女宝藏。何以故？方便见故。佛性亦尔，在众生外，以方便故，而得见之。是故如来遮此二边，说言佛性，非内非外，亦内亦外，是名中道。

"善男子！众生佛性非有非无。所以者何？佛性虽有，非如虚空。何以故？世间虚空，虽以无量善巧方便不可得见，佛性可见，是故虽有，非如虚空。佛性虽无，不同兔角。何以故？龟毛兔角，虽以无量善巧方便不可得生，佛性可生，是故虽无，不同兔角。是故佛性非有非无，亦有亦无。云何名有？一切悉有，是诸众生，不断不灭，犹如灯焰，乃至得阿耨多罗三藐三菩提，是故名有。云何名无一切众生，现在未有一切佛法，常乐我净，是故名无。有无合故，即是中道。是故佛说众生佛性，非有非无。

"善男子！如有人问，是种子中，有果无耶？应定答言，亦有亦无。何以故？离子之外，不能生果，是故名有。子未出芽，是故名无。以是义故，亦有亦无。所以者何？时节有异，其体是一。众生佛性亦复如是。若言众生中别有佛性者，是义不然。何以故？众生即佛性，佛性即众生。直以时异，有净不净。若有说言，乳中有酪，是名执着；若言无酪，是名虚妄。离是二事，应定说言，亦有亦无。何故名有？从乳生酪，因即是乳，果即是酪，是名为有。云何名无？色味各异，服用不同。善男子！若言乳中有酪性者乳即是酪，酪即是乳，其性是一。何因缘故，乳在先出，酪不先生？若有因缘，一切世人，何故不说？若无因缘，何故酪不先出？若酪不先出，谁作次第：乳、酪、生酥、熟酥、醍醐？是故知酪，先无今有。若先无今有，是无常法。

"善男子！若有说言，乳有酪性，能生于酪，水无酪性，故不生酪，是义不然。何以故？水草亦有乳酪之性。所以者何？因于水草，则生乳酪。若乳中定有酪性，水草无者，是名虚妄。何以故？心不等故，故名虚妄。若言乳中定有酪者，酪中亦应定有乳性。何因缘故，乳中出酪，酪不出乳？若无因缘，当知是酪本无今有。是故智者，应言乳中非有酪性，非无酪性。善男子！是故如来于是经中说如是言，一切众生定有佛性，是名为着，若无佛性，是名虚妄。智者应说，众生佛性亦有亦无。善男子！四事和合，生于眼识。何等为四？眼、色、明、欲。是眼识性，非眼，非色，非明，非欲，从和合故，便得出生。如是眼识，本无今有，已有还无。是故当知，无有本性。乳中酪性，亦复如是。若有说言，水无酪性，故不出酪，是故乳中定有酪性，是义不然。何以故？一切诸法，异因异果，亦非一因生一切果，非一切果从一因生。

"善男子！如从四事生于眼识，不可复说，从此四事应生耳识。是故我于是经中说，因生故法有，因灭故法无。善男子！如我所说十二部经，或随自意说，或随他意说，或随自他意说。我常宣说，一切众生悉有佛性，是名随自意说。一切众生不断不灭，乃至得阿耨多罗三藐三菩提，亦名随自意说。如我所说，十住菩萨少见佛性，是名随他意说。一切众生悉有佛性，烦恼覆故，不能得见，我说如是，汝说亦尔，是名随自他意说。

“善男子！如来或时为一法故，说无量法，如经中说一切梵行因。善知识！一切梵行因虽无量，说善知识，则已摄尽。如我所说一切恶行，邪见为因。一切恶行，因虽无量，若说邪见，则已摄尽。或说阿耨多罗三藐三菩提，信心为因，是菩提因，虽复无量，若说信心，则已摄尽。如来虽说无量诸法，以为佛性，然不离于阴、入、界也。善男子！如来说法为众生故，有七种语：一者，因语；二者，果语；三者，因果语；四者，喻语；五者，不应说语；六者，世流布语；七者，如意语。

“善男子！信有二种：一者，信正；二者，信邪。言有因有果有佛法僧，是名信正。言无因果，三宝性异，是名信邪。若人虽信佛法僧宝，不信三宝同一性相，虽信因果，不信得者，是人名为信不具足。信不具足故，所受禁戒亦不具足。戒有二种：一者，作戒；二者，无作戒。是人虽具作戒，不具无作戒，是故名为戒不具足。信戒不具故，所修多闻亦不具足。如来所说十二部经，唯信六部，不信六部，是故名为闻不具足。是人不具如是三事，所修智慧亦不具足。如经说言，如来即是解脱，解脱即是如来，如来即是涅槃，涅槃即是解脱。于是义中，不能分别，是故名为智不具足。若自知见不具足故，求近善友，乐咨未闻，闻已乐受，受已乐善思惟，善思惟已能如法住。云何为住？常乐睹见善光明故，若佛出世，若不出世，终不造恶，是名为住。”世尊复说偈曰：

若人善能分别义，至心求于沙门果，

若能诃责一切有，是人名为如法住。

若能供养无量佛，则能无量世修道。

若受世乐不放逸，是人名为如法住。
亲近善友听正法，内善思惟如法住。
乐见光明修习道，获得解脱安隐住。

之七

迦叶菩萨复白佛言："世尊！如佛所说，众生佛性犹如虚空。云何名为如虚空耶？"

佛言："善男子！虚空之性，非过去，非未来，非现在，佛性亦尔。善男子！虚空非过去。何以故？无现在故。法若现在，可说过去，以无现在，故无过去。亦无现在。何以故？无未来故。法若未来，可说现在，以无未来，故无现在。亦无未来。何以故？无现在过去故，若有现在过去，则有未来。以无过去现在故，则无未来。以是义故，虚空之性，非三世摄。

"善男子！以虚空无故，无有三世，不以有故，无三世也。如虚空花非是有故，无有三世。虚空亦尔，非是有故，无有三世。善男子！无物者，即是虚空，佛性亦尔。善男子！虚空无故，非三世摄，佛性常故，非三世摄。善男子！如来已得阿耨多罗三藐三菩提，所有佛性，一切佛法，常无变易。以是义故，无有三世，犹如虚空。善男子！如世间中，无罣碍处，名为虚空，如来得阿耨多罗三藐三菩提已，于一切佛法无有罣碍，故言佛性犹如虚空。"

"世尊！如来佛性涅槃非三世摄而名为有，虚空亦非三世所摄，何故不得名为有耶？"

佛言："善男子！为非涅槃，名为涅槃，为非如来，名为如来，为非佛性，名为佛性。云何名为非涅槃耶？所谓一切烦恼，有为之法。为破如是有为烦恼，是名涅槃。非如来者，谓一阐提至辟支佛。为破如是一阐提等至辟支佛，是名如来。非佛性者，所谓一切墙壁、瓦石无情之物。离如是等无情之物，是名佛性。善男子！一切世间，无非虚空，对于虚空。”

“世尊！世间亦无非四大对，而犹得名四大是有。虚空无对，何故不得名之为有？”

佛言：“善男子！若言涅槃非三世摄，虚空亦尔者，是义不然。何以故？涅槃是有，可见可证，是色足迹章句，是有，是相，是缘，是归依处，寂静光明安隐彼岸，是故得名非三世摄。虚空之性，无如是法，是故名无。若有离于如是等法更有法者，应三世摄。虚空若同是有法者，不得非是三世所摄。善男子！如世人说虚空名为无色无对，不可睹见。若无色无对不可见者，即心数法。虚空若同心数法者，不得不是三世所摄。若三世摄即是四阴，是故离四阴已无有虚空。

“复次善男子，诸外道言，夫虚空者即是光明。若是光明，即是色法。虚空若尔是色法者，即是无常，是无常故三世所摄。云何外道说非三世？若三世摄，则非虚空。若三世摄，云何言常？善男子！若复说言，夫虚空者不离三法：一者，空；二者，实；三者，空实。若言空是，当知虚空是无常法。何以故？实处无故。若言实是，当知虚空亦是无常。何以故？空处无故。若空实是，当知虚空亦是无常。何以故？二处无故。是故虚空名之为无。

“善男子！如说虚空是可作法，如说去树去舍，而作虚空，平作虚空，覆于虚空，上于虚空，画虚空色如大海水，是故虚空是可作法。一切作法皆是无常，犹如瓦瓶。虚空若尔，应是无常。

“善男子！世间人说一切法中无罣碍处名虚空者，是无碍处于一切法，为具足有，为分有耶？若具足有，当知余处则无虚空。若分有者，则是彼此可数之法。若是可数，当知无常。善男子！若有人说虚空无碍，与有并合，又复说言虚空在物，如器中果，二俱不然。何以故？若言并合则有三种，一、异业共合，如飞鸟集树；二、共业合，如两羊相触；三、已合共合，如二双指合在一处。若言异业共合，异则有二：一是物业，二虚空业。若空业合物，空则无常;若物业合空,物则不遍,如其不遍,是亦无常。若言虚空是常,其性不动,与动物合者,是义不然。何以故?虚空若常,物不应常,物若无常,空亦无常。若言虚空亦常无常,无有是处。若共业合是义不然。何以故?虚空名遍,若与业合,业亦应遍;若有遍者,应一切遍;若一切遍,应一切合,不应说有合与不合。若言已合共合,如二双指合,是义不然。何以故?先无有合后方合故。先无后有,是无常法,是故不得说言,虚空已合共合。如世间法,先无后有,是物无常,虚空若尔,亦应无常。若言虚空在物如器中果,是义不然。何以故?如是虚空先无器时,在何处住?若有住处,虚空则多。如其多者,云何言常,言一,言遍?若使虚空,离空有住,有物亦应,离虚空住。是故当知无有虚空。

“善男子!若有说言,指住之处名为虚空,当知虚空是无常法。何以故?指有四方,若有四方,当知虚空亦有四方。一切常法都无方所,以有方故,虚空无常。若是无常,不离五阴,要离五阴,是无所有。善男子!有法若从因缘住者,当知是法名为无常。善男子!譬如一切众生树木,因地而住,地无常故,因地之物,次第无常。

“善男子!如地因水,水无常故,地亦无常。如水因风,风无常故,水亦无常。风依虚空,空无常故,风亦无常。若无常者,云何说言虚空是常,遍一切处?虚空无故,非是过去未来现在,亦如兔角,是无物故,非是过去未来现在。是故我说,佛性常故,非三世摄,虚空无故,非三世摄。善男子!我终不与世间共诤。何以故?智者说有,我亦说有,智者说无,我亦说无。”

“世尊!菩萨摩诃萨具足几法不与世诤,不为世法之所沾污?”

“善男子!菩萨摩诃萨具足十法不与世诤,不为世法之所沾污。何等为十?一者,信心;二者,有戒;三者,亲近善友;四者,内善思惟;五者,具足精进;六者,具足正念;七者,具足智慧;八者,具足正语；九者，乐于正法；十者，怜愍众生。善男子！菩萨具足如是十法，不与世诤，不为世法之所沾污，如优钵罗花。”

“善男子！凡夫之色，从烦恼生，是故智说色是无常、苦、空、无我。如来色者，远离烦恼，是故说是常恒无变。

“善男子！烦恼三种，所谓欲漏、有漏、无明漏。智者应当观是三漏所有罪过。所以者何？知罪过已，则能远离。善男子！有智之人，又复当观一切漏因。何以故？若但观漏，不观漏因，则不能断诸烦恼。何以故？智者观漏，从是因生，我今断因，漏则不生，如彼医师，先断病因，病则不生，智者先断烦恼因者，亦复如是。有智之人，次观果报，知从善因生于善果，知从恶因生于恶果。观果报已，远离恶因。次复应观，烦恼轻重，先离重者，轻者自去。

“善男子！知烦恼、烦恼因、烦恼果报、烦恼轻重，为断烦恼修行道者，即是如来。以是因缘，如来色常，乃至识常。善男子！不知烦恼、烦恼因、烦恼果报、烦恼轻重，不能修道，即是凡夫。是故凡夫色是无常，受想行识悉是无常。善男子！世间智者，一切圣人，菩萨诸佛，说是二义，我亦如是说是二义。是故我说，不与世间智者共诤，不为世法之所沾污。”

迦叶菩萨复白佛言：“世尊！众生一身，云何能起种种烦恼？”

佛言：“善男子！如一器中有种种子，得水雨已，各各自生。众生亦尔，身虽是一，爱因缘故，而能生长种种烦恼。”

“世尊！智者云何观于果报？”

“善男子！智者当观，诸漏因缘，能生地狱、饿鬼、畜生，是漏因缘亦得人天身，皆是无常，苦空无我。是身器中得三种苦，三种无常。是漏因缘，智者当观：我既受得如是之身，不应生起如是烦恼，受诸恶果。”

迦叶菩萨言：“世尊！有无漏果，若言智者断诸果报，无漏果报在断中不？诸得道人有无漏果，如其智者求无漏果，云何佛说一切智者应断果报？如其断者，今诸圣人云何得有？”

“善男子！如来或时因中说果，果中说因。如世间人，说泥即是瓶，缕即是衣，是名因中说果。果中说因者，牛即是水草，人即是食。我亦如是，因中说果，先于经中作是说言，我从心身至梵天边，是名因中说果。果中说因，此六入者名过去业，是名果中说因。

“善男子！一切圣人，真实无有无漏果报。一切圣人修道果报更不生漏，是故名为无漏果报。善男子！有智之人如是观时，即得永灭烦恼果报。善男子！智者观已，为断如是烦恼果报，修习圣道。圣道者，即空、无相、愿，修是道已，能灭一切烦恼果报。善男子！犹如世间，从子生果，是果有能与子作因，有不能者。有能作者，是名果子，若不能作，唯得名果，不得名子。一切众生，亦复如是，皆有二种：一者，有烦恼果，是烦恼因；二者，有烦恼果，非烦恼因。是烦恼果，非烦恼因，是则名为清净梵行。

“善男子！众生观受，知是一切漏之近因。所谓内外漏，受因缘故，不能断绝一切诸漏，亦不能出三界牢狱。众生因受，着我我所，生于心倒、想倒、见倒。是故众生先当观受。如是受者，为一切爱而作近因。是故智者，欲断爱者，当先观受。既观受已，复当更观：如是受者，何因缘生；若因缘生，如是因缘，复从何生；若无因生，无因何故，不生无受。复观是受皆从缘合而生。因缘者即是爱也。分别何等受能作爱因，何等爱能作受因。

“善男子！众生若能如是深观爱因、受因，则便能断我及我所。善男子！若人能作如是等观，则应分别，爱之与受，在何处灭。即见爱受，有少灭处，当知亦应有毕竟灭，尔时即于解脱生信心。生信心已，是解脱处，何由而得？知从八正道，即便修习。善男子！若有众生能如是观，虽从烦恼而得果报，而是果报更不复为烦恼作因，是则名为清净梵行。”

“世尊！若以因此烦恼之想生于倒想，一切圣人实有倒想而无烦恼，是义云何？”

佛言：“善男子！云何圣人而有倒想？”

“世尊！一切圣人牛作牛想，亦说是牛，马作马想，亦说是马，男女、大小、舍宅、车乘、去来亦尔，是名倒想。”

“善男子！一切凡夫有二种想：一者，世流布想；二者，着想。一切圣人唯有世流布想，无有着想。一切凡夫恶觉观故，于世流布生于着想。一切圣人善觉观故，于世流布不生着想。是故凡夫名为倒想，圣人虽知不名倒想。”

迦叶菩萨白佛言：“世尊！云何名为清净梵行？”

佛言：“善男子！一切法是。”

“世尊！如来说一切法为清净梵行，悉是何等一切法耶？”

佛言：“善哉善哉！善男子！如是微妙大涅槃经，乃是一切善法宝藏，譬如大海是众宝藏，是涅槃经亦复如是，即是一切字义秘藏。善男子！如须弥山众药根本，是经亦尔，即是菩萨戒之根本。善男子！譬如虚空是一切物之所住处，是经亦尔，即是一切善法住处。善男子！譬如猛风无能系缚一切菩萨行，是经者亦复如是，不为一切烦恼恶法之所系缚。善男子！譬如金刚无能坏者，是经亦尔，虽有外道恶邪之人不能破坏。善男子！是经能为诸菩萨等作法光明，如世日月能破诸暗。

“善男子！是经能为病苦众生作大良药，如雪山药王能治众病。善男子！是经即是大无畏王，能坏一切烦恼恶魔，如狮子王降伏众兽。善男子！是经能住一切善法，如世间地能住众物。善男子！是经即是刚利智斧，能伐一切烦恼大树，即是一切诸天之眼，即是一切人之正道。善男子！是故此经摄一切法。此经虽摄一切诸法，我说梵行即是三十七助道之法。善男子！若离如是三十七品，终不能得声闻正果，乃至阿耨多罗三藐三菩提果，不见佛性及佛性果。以是因缘，梵行即是三十七品。善男子！三十七品根本是欲,善欲即是初发道心,乃至阿耨多罗三藐三菩提之根本也,是故我说欲为根本。”

“世尊!如来先于此经中说‘一切善法不放逸为本’,今乃说欲,是义云何?”

佛言:“善男子!若言生因,善欲是也,若言了因,不放逸是。如世间说,一切果者,子为其因;或复有说,子为生因,地为了因。是义亦尔。”

“世尊!如来先于余经中说‘三十七品佛是根本’,是义云何?”

“善男子!如来先说众生初知三十七品佛是根本,若自证得,欲为根本。善男子!虽因修习三十七品,获得四禅,神通安乐,不名为实。若坏烦恼,证解脱时,乃名为实。是三十七品,发心修道,虽得世乐,及出世乐,四沙门果,及以解脱,不名毕竟。若能断除三十七品所行之事,是名毕竟。毕竟者,即大涅槃。

“复次善男子,善爱念心,即是欲也。因善爱念,亲近善友。因近善友,能善思惟,因善思惟,能生长道,因生长道,得二解脱:除断爱故,心得解脱;断无明故,慧得解脱。是名为实。毕竟者,即是阿耨多罗三藐三菩提果。”

尔时世尊告憍陈如:“色是无常,因灭是色,获得解脱常住之色。受想行识亦是无常,因灭是识,获得解脱常住之识。憍陈如!色即是苦,因灭是色,获得解脱安乐之色。受想行识,亦复如是。憍陈如!色即是空,因灭空色,获得解脱非空之色。受想行识,亦复如是。憍陈如!色是无我,因灭是色,获得解脱真我之色。受想行识,亦复如是。憍陈如!色非寂静,因灭是色,获得涅槃寂静之色。受想行识,亦复如是。若有人能如是知者,是名沙门,名婆罗门。具足沙门婆罗门法。若离佛法,无有沙门及婆罗门,亦无沙门婆罗门法。一切外道,虚假诈称,都无实行,虽复作想,言有是二,实无是处。何以故?若无沙门婆罗门法,云何而言有沙门婆罗门？我常于此大众之中作师子吼，汝等亦当在大众中作师子吼。”尔时，外道有无量人，闻是语已，心生瞋恚。

外道众中有婆罗门名阇提首那，作如是言：“瞿昙！汝说涅槃是常法耶？”

“如是如是！大婆罗门。”

婆罗门言：“瞿昙！若说涅槃常者，是义不然。何以故？世间之法，从子生果，相续不断，如从泥出瓶，从缕得衣。瞿昙！常说修无常想，获得涅槃，因是无常，果云何常？瞿昙！又说解脱欲贪，即是涅槃，解脱色贪及无色贪，即是涅槃，灭无明等一切烦恼，即是涅槃，从欲乃至无明烦恼皆是无常，因是无常，所得涅槃亦应无常。瞿昙！又说从因故生天，从因故地狱，从因得解脱，是故诸法皆从因生。若从因生故得解脱者，云何言常？瞿昙！亦说色从缘生，故名无常，受想行识亦复如是。如是解脱若是色者，当知无常，受想行识亦复如是。若离五阴有解脱者，当知解脱即是虚空。若是虚空，不得说言从因缘生。何以故？是常是一，遍一切处。瞿昙！亦说从因生者即是苦也。若是苦者，云何复说解脱是乐？瞿昙！又说无常即苦，苦即无我。若是无常、苦、无我者，即是不净，一切从因所生诸法，皆无常、苦、无我、不净，云何复说涅槃即是常乐我净？若瞿昙说亦常无常，亦苦亦乐，亦我无我，亦净不净，如是岂非是二语耶？我亦曾从先旧智人闻说是语‘佛若出世，言则无二’，瞿昙今者说于二语，复言‘佛即我身是也’，是义云何？”

佛言：“婆罗门！如汝所说，我今问汝，随汝意答。”

婆罗门言：“善哉！瞿昙！”

佛言：“婆罗门！汝性常耶？是无常乎？”

婆罗门言：“我性是常。”

“婆罗门！是性能作一切内外法之因也。”

“如是，瞿昙！”

佛言:“婆罗门！云何作因?”

“瞿昙！从性生大,从大生慢,从慢生十六法。所谓地、水、火、风、空,五知根眼、耳、鼻、舌、身,五业根手、脚、口、声,男、女二根,心平等根,是十六法。从五法生色、声、香、味、触,是二十一法。根本有三:一者染,二者粗,三者黑。染者名爱,粗者名瞋,黑名无明。瞿昙！是二十五法皆因性生。”

“婆罗门！是大等法,常无常耶?”

“瞿昙！我法性常,大等诸法,悉是无常。”

“婆罗门！如汝法中,因常果无常,然我法中因虽无常,果是常者,有何等过?婆罗门！汝等法中,有二因不?”

答言:“有。”

佛言:“云何有二?”

婆罗门言:“一者,生因;二者,了因。”

佛言:“云何生因?云何了因?”

婆罗门言:“生因者,如泥出瓶;了因者,如灯照物。”

佛言:“是二种因,因性是一。若是一者,可令生因作于了因,可令了因作生因不?”

“不也,瞿昙!”

佛言:“若使生因不作了因,了因不作生因,可得说言是因相不?”

婆罗门言:“虽有相作故不因相。”

“婆罗门！了因所了,即同了不?”

“不也,瞿昙!”

佛言:“我法虽从无常获得涅槃,而非无常。婆罗门！从了因得故,常乐我净;从生因得故,无常、无乐、无我、无净。是故如来所说有二,如是二语,无有二也。是故如来名无二语。如汝所说,曾从先旧智人边闻‘佛出于世无有二语’,是言善哉。一切十方三世诸佛,所说无差,是故说言,佛无二语。云何无差?有同说有,无同说无,故名一义。婆罗门!如来世尊,虽名二语,为了一语故。云何二语了于一语?如眼色二语,生识一语,乃至意法,亦复如是。"

婆罗门言:"瞿昙!善能分别如是语义。我今未解所出二语了于一语。"

尔时世尊即为宣说四真谛法:"婆罗门!言苦谛者,亦二亦一,乃至道谛,亦二亦一。"

婆罗门言:"世尊!我已知已。"

佛言:"善男子!云何知已?"

婆罗门言:"世尊!苦谛,一切凡夫二,是圣人一。乃至道谛,亦复如是。"

佛言:"善哉,已解。"

婆罗门言:"世尊!我今闻法,已得正见。今当归依佛法僧宝,唯愿大慈,听我出家。"时憍陈如受佛敕旨,为其剃发。阇提首那有二种落:一者须发,二者烦恼。即于坐处,得阿罗汉果。

复有梵志姓婆私吒,复作是言:"瞿昙!所说涅槃常耶?"

"如是,梵志!"

婆私吒言:"瞿昙!将不说无烦恼为涅槃耶?"

"如是,梵志!"

婆私吒言:"瞿昙!世间四种名之为无:一者未出之法名之为无,如瓶未出泥时名为无瓶;二者已灭之法名之为无,如瓶坏已名为无瓶;三者异相互无,名之为无,如牛中无马,马中无牛;四者毕竟无故名之为无,如龟毛、兔角。瞿昙!若以除烦恼已名涅槃者,涅槃即无。若是无者,云何言有常乐我净?"

佛言:"善男子!如是涅槃,非是先无,同泥时瓶,亦非灭无,同瓶坏已,亦非毕竟无,如龟毛、兔角,同于异无。善男子!如汝所言,虽牛中无马,不可说言牛亦是无;虽马中无牛,亦不可说马亦是无。涅槃亦尔,烦恼中无涅槃,涅槃中无烦恼。是故名为异相互无。”

婆私吒言:“瞿昙!若以异无为涅槃者,夫异无者,无常乐我净。瞿昙!云何说言涅槃常乐我净?”

佛言:“善男子!如汝所说,是异无者,有三种无:牛马悉是先无后有,是名先无;已有还无,是名坏无;异相无者,如汝所说。善男子!是三种无,涅槃中无,是故涅槃常乐我净。如世病人,一者,热病;二者,风病;三者,冷病。是三种病,三药能治:酥能治热,油能治风,蜜能治冷。是三种药能治如是三种恶病。善男子!风中无油,油中无风,酥蜜亦然,是故能治。一切众生亦复如是,有三种病:一者,贪;二者,瞋;三者,痴。如是三病有三种药:不净观者能为贪药,慈心观者能为瞋药,观因缘智能为痴药。善男子!为除贪故作非贪观,为除瞋故作非瞋观,为除痴故作非痴观。三种病中无三种药,三种药中无三种病。善男子!三种病中无三药故,无常、无我、无乐、无净;三种药中无三种病,是故得称常乐我净。”

婆私吒言:“世尊!如来为我说常无常,云何为常?云何无常?”

佛言:“善男子!色是无常,解脱色常,乃至识是无常,解脱识常。善男子!若有善男子、善女人,能观色乃至识是无常者,当知是人获得常法。”

婆私吒言:“世尊!我今已知常无常法。”

佛言:“善男子!汝云何知常无常法?”

婆私吒言:“世尊!我今知我色是无常,得解脱常,乃至识亦如是。”

佛言:“善男子!汝今善哉,已报是身。”

告憍陈如:“是婆私吒,已证阿罗汉果。汝可施其三衣钵器。”时憍陈如如佛所敕,施其衣钵。时婆私吒受衣钵已,作如是言:“大德憍陈如!我今因是弊恶之身,得善果报。唯愿大德,为我屈意，至世尊所，具宣我心。我既恶人，触犯如来，称瞿昙姓，唯愿为我忏悔此罪。我亦不能久住毒身，今入涅槃。”时憍陈如即往佛所，白婆私吒说。佛言：“憍陈如！婆私吒比丘已于过去无量佛所成就善根，今受我语，如法而住。如法住故，获得正果。汝等应当供养其身。”尔时憍陈如从佛闻已，还其身所，而设供养。时婆私吒于焚身时，作种种神足。

诸外道辈见是事已，高声唱言：“是婆私吒已得瞿昙沙门咒术，是人不久复当胜彼瞿昙沙门。”

尔时众中复有梵志名曰先尼，复作是言：“瞿昙有我耶？”如来默然。“瞿昙无我耶？”如来默然。第二第三亦如是问，佛皆默然。

先尼言：“瞿昙！若一切众生有我，遍一切处是一作者。瞿昙何故，默然不答？”

佛言：“先尼！汝说是我遍一切处耶？”

先尼答言：“瞿昙！不但我说，一切智人亦如是说。”

佛言：“善男子！若我周遍一切处者，应当五道一时受报。若有五道一时受报，汝等梵志，何因缘故，不造众恶为遮地狱，修诸善法为受天身？”

先尼言：“瞿昙！我法中我则有二种：一者，作身我；二者，常身我。为作身我修离恶法不入地狱，修诸善法生于天上。”

佛言：“善男子！如汝所说我遍一切处，如是我者，若作身中，当知无常；若作身无，云何言遍？”

“瞿昙！我所立我，亦在作中，亦是常法。瞿昙！如人失火烧舍宅时，其主出去，不可说言舍宅被烧，主亦被烧。我法亦尔，而此作身虽是无常，当无常时我则出去，是故我我，亦遍亦常。”

佛言：“善男子！如汝说我，亦遍亦常，是义不然。何以故？遍有二种：一者常，二者无常。复有二种：一色，二无色。是故若言一切有者，亦常亦无常，亦色亦无色。若言舍主得出不名无常，是义不然。何以故？舍不名主，主不名舍，异烧异出，故得如是。我则不尔，何以故？我即是色，色即是我，无色即我，我即无色。云何而言色无常时，我则得出？善男子！汝意若谓一切众生同一我者，如是则违世出世法。何以故？世间法名，父子母女，若我是一，父即是子，子即是父，母即是女，女即是母，怨即是亲，亲即是怨，此即是彼，彼即是此。是故若说一切众生同一我者，是即违背世出世法。”

先尼言：“我亦不说一切众生同于一我，乃说一人各有一我。”

佛言：“善男子！若言一人各有一我，是为多我，是义不然。何以故？如汝先说我遍一切，若遍一切，一切众生业根应同。天得见时，佛亦得见，若天得见非佛得见者，不应说我遍一切处。若不遍者是则无常。”

先尼言：“瞿昙！譬如一室有百千灯，炷虽有异，明则无差，灯炷别异，喻法非法，其明无差，喻众生我。”

佛言：“善男子！汝说灯明，以喻我者，是义不然。何以故？室异灯异，是灯光明，亦在炷边，亦遍室中。汝所言我，若如是者，法非法边，俱应有我。若法非法，无有我者，不得说言遍一切处。若俱有者，何得复以炷明为喻？善男子！汝意若谓炷之与明，真实别异，何因缘故，炷增明盛，炷枯明灭？是故不应以法非法喻于灯炷，光明无差喻于我也。何以故？法非法我，三事即一。

“善男子！汝意若谓我是作者，是义不然。何以故？若我作者，何因缘故，自作苦事？然今众生，实有受苦。是故当知，我非作者。若言是苦，非我所作，不从因生，一切诸法亦当如是，不从因生。何因缘故，说我作耶？善男子！众生苦乐，实从因缘。如是苦乐能作忧喜。忧时无喜，喜时无忧，或喜或忧，智人云何，说是常耶？善男子！汝说我常，若是常者，云何说有十时别异？善男子！若我作者，是我亦有盛时衰时，众生亦有盛时衰时。若我尔者,云何是常?善男子!汝意若谓,离眼有见,是义不然。何以故?若离眼已,别有见者,何须此眼?乃至身根亦复如是。汝意若谓我虽能见,要因眼见,是亦不然。何以故?如有人言须曼那花能烧大村。云何能烧?因火能烧。汝立我见,亦复如是。"

先尼言:"瞿昙!如人执镰,则能刈草,我因五根,见闻至触,亦复如是。"

"善男子!镰人各异,是故执镰,能有所作。离根之外,更无别我,云何说言,我因诸根能有所作?善男子!汝意若谓执镰能刈,我亦如是,我有手耶?为无手乎?若有手者,何不自执?若无手者,云何说言我是作者?善男子!能刈草者,即是镰也,非我非人。若我人能,何故因镰?善男子!人有二业:一则执草,二则执镰。是镰唯有能断之功。众生见法,亦复如是,眼能见色,从和合生。若从因缘和合见者,智人云何,说言有我?

"善男子!汝意若谓,身作我受,是义不然。何以故?世间不见天得作业、佛得受果。若言不是身作,我非因受,汝等何故,从于因缘求解脱耶?汝先是身非因缘生,得解脱已,亦应非因而更生身。如身一切烦恼,亦应如是。"

先尼言:"瞿昙!我有二种:一者,有知;二者,无知。无知之我能得于身,有知之我能舍离身。犹如坏瓶,既被烧已,失于本色,更不复生。智者烦恼亦复如是。既灭坏已,终不更生。"

佛言:"善男子!所言知者,智能知耶?我能知乎?若智能知,何故说言,我是知耶?若我知者,何故方便,更求于智?汝意若谓我因智知,同花喻坏。善男子!譬如刺树,性自能刺,不得说言,树执刺刺。智亦如是。智自能知,云何说言我执智知?善男子!如汝法中,我得解脱,无知我得?知我得耶?若无知得,当知犹故具足烦恼。若知得者,当知已有五情诸根。何以故?离根之外,别更无知。若具诸根,云何复名得解脱耶?若言是我其性清净，离于五根，云何说言，遍五道有？以何因缘，为解脱故，修诸善法？譬如有人拔虚空刺，汝亦如是。我若清净，云何复言，断诸烦恼？汝意若谓不从因缘获得解脱，一切畜生，何故不得？"

先尼言："瞿昙！若无我者，谁能忆念？"

佛告先尼："若有我者，何缘复忘？善男子！若念是我者，何因缘故，念于恶念，念所不念，不念所念？"

先尼复言："瞿昙！若无我者，谁见谁闻？"

佛言："善男子！内有六入，外有六尘，内外和合，生六种识。是六种识，因缘得名，譬如一火因木得故，名为木火，因草得故，名为草火。众生意识亦复如是。因眼、因色、因明、因欲，名为眼识。若是因缘和合故生，智不应说见即是我，乃至触即是我。善男子！是故我说眼识，乃至意识，一切诸法即是幻也。云何如幻？本无今有，已有还无。凡夫不能思惟分别如是事故，说言有我，及有我所，我作我受。"

先尼言："如瞿昙说无我我所，何缘复说常乐我净？"

佛言："善男子！我亦不说内外六入，及六意识，常乐我净，我乃宣说灭内外入所生六识，名之为常。以是常故，名之为我。有常我故，名之为乐。常我乐故，名之为净。"

先尼言："世尊！唯愿大慈为我宣说，我当云何，获得如是常乐我净？"

佛言："善男子！一切世间从本以来，具足大慢，能增长慢，亦复造作，慢因慢业，是故今者受慢果报，不能远离一切烦恼，得常乐我净。若诸众生欲得远离一切烦恼，先当离慢。"

先尼言："世尊！如是如是！诚如圣教。我今已离如是大慢，是故诚心启请求法。云何当得常乐我净？"

佛言："善男子！谛听谛听！吾当为汝分别解说。善男子！若能非自、非他、非众生者，远离慢法。"

先尼言:“世尊!我已知解得正法眼。”

佛言:“善男子!汝云何言,知已解已,得正法眼?”

“世尊!所言色者,非自、非他、非诸众生,乃至识亦复如是。我如是观得正法眼。世尊!我今甚乐出家修道,愿见听许。”

佛言:“善来,比丘。”即时具足清净梵行,证阿罗汉果。

外道众中复有梵志姓迦叶氏,复作是言:“瞿昙!身即是命,身异命异。”如来默然。第二第三亦复如是。梵志复言:“瞿昙!若人舍身,未得后身,于其中间,岂可不名?身异命异,若是异者,瞿昙!何故默然不答?”

佛言:“善男子!我说身命皆从因缘,非不因缘,如身命一切法亦如是。”

“瞿昙!我见世间有法不从因缘,如大火焚烧榛木,风吹绝焰堕在余处,是岂不名无因缘耶?”

佛言:“善男子!我说是火,亦从因生,非不从因。”

“瞿昙!绝焰去时,不因薪炭,云何而言,因于因缘?”

佛言:“善男子!虽无薪炭,因风而去,风因缘故,其焰不灭。”

“瞿昙!若人舍身,未得后身,中间寿命,谁为因缘?”

佛言:“梵志!无明与爱而为因缘。是无明、爱二因缘故,寿命得住。善男子!有因缘故,身即是命,命即是身。有因缘故,身异命异。智者不应一向而说身异命异。”

梵志言:“世尊!唯愿为我分别解说,令我了了得知因果。”

佛言:“梵志!因即五阴,果亦五阴。善男子!若有众生不燃火者,是则无烟。”

梵志言:“世尊!我已知已,我已解已。”

佛言:“善男子!汝云何知?汝云何解?”

“世尊!火即烦恼。若有众生不作烦恼,是人则无烦恼果报。世尊!我已正见,唯愿慈矜,听我出家。”

尔时世尊告憍陈如:“听是梵志出家受戒。”经五日已得阿罗汉果。

外道众中复有梵志名曰富那,复作是言:“瞿昙!汝见世间是常法已,说言常耶?如是义者,实耶虚耶?常无常,亦常无常,非常非无常?有边无边,亦有边无边,非有边非无边?是身是命,身异命异?如来灭后,如去不如去,非如去非不如去?”

佛言:“富那!我不说世间常、虚、实、无常,亦常无常,非常非无常,有边无边,亦有边无边,非有边非无边,是身是命,身异命异,如来灭后,如去不如去,非如去非不如去。”

富那复言:“瞿昙!今者见何罪过,不作是说?”

佛言:“富那!若有人说世间是常,唯此为实,余妄语者,是名为见,见所见处,是名见行,是名见业,是名见着,是名见缚,是名见苦,是名见取,是名见怖,是名见热,是名见缠。富那!凡夫之人为见所缠,不能远离生老病死,回流六趣受无量苦,乃至非如去非不如去,亦复如是。富那!我见是见,有如是过,是故不着,不为人说。”

“瞿昙!若见如是罪过,不着不说,瞿昙!今者何见何着何所宣说?”

佛言:“善男子!夫见着者,名生死法。如来已离生死法故,是故不着。善男子!如来名为能见能说,不名为着。”

“瞿昙!云何能见?云何能说?”

佛言:“善男子!我能明见苦集灭道,分别宣说如是四谛。我见如是故,能远离一切见,一切爱,一切流,一切慢,是故我具清净梵行,无上寂静,获得常身。是身亦非东西南北。”

富那言:“瞿昙!何因缘故,常身非是东西南北?”

佛言:“善男子!我今问汝,随汝意答。善男子!如于汝前燃大火聚,当其燃时,汝知燃不?”

“如是,瞿昙!”

“是火灭时,汝知灭不?”

“如是,瞿昙!”

“富那!若有人问,汝前火聚,燃从何来,灭何所至,当云何答?”

“瞿昙!若有问者,我当答言,是火生时,赖于众缘,本缘已尽,新缘未至,是火则灭。”

“若复有问,是火灭已,至何方面,复云何答?”

“瞿昙!我当答言:‘缘尽故灭,不至方所。”

“善男子!如来亦尔。若有无常色,乃至无常识,因爱故燃,燃者即受二十五有,是故燃时可说是火东西南北。现在爱灭,二十五有果报不燃,以不燃故,不可说有东西南北。善男子!如来已灭无常之色,至无常识,是故身常。身若是常,不得说有东西南北。”

富那言:“请说一喻,唯愿听采。”

佛言:“善哉善哉!随意说之。”

“世尊!如大村外有娑罗林,中有一树,先林而生,足一百年。是时林主灌之以水,随时修治,其树陈朽,皮肤枝叶,悉皆脱落,唯真实在。如来亦尔,所有陈故悉已除尽,唯有一切真实法在。世尊!我今甚乐出家修道。”佛言:“善来,比丘。”说是语已,即时出家,漏尽证得阿罗汉果。

之八

尔时世尊告憍陈如言:“阿难比丘今为所在?”

憍陈如言:“世尊!阿难比丘在娑罗林外,去此大会十二由旬,而为六万四千亿魔之所娆乱。是诸魔众悉自变身为如来像,或有宣说一切诸法。阿难比丘入魔罥故,而作是念:‘此诸佛所说各各不同,我于今者当受谁语?’世尊!阿难今者极受大苦,虽念如来，无能救者，以是因缘不来至此。”

尔时文殊师利菩萨白佛言：“世尊！此大众中有诸菩萨，亦能受持无量诸佛十二部经，何忧不能受持如是大涅槃典？何因缘故，问憍陈如阿难所在？”

尔时世尊告文殊师利：“谛听谛听！文殊师利！阿难事我二十余年，具足八种不可思议。何等为八？一者，事我以来二十余年，初不随我受别请食；二者，事我以来，初不受我陈故衣服；三者，自事我来，至我所时，终不非时；四者，自事我来，随我入出诸王刹利豪贵大姓，见诸女人及天龙女不生欲心；五者，自事我来，持我所说十二部经，一经于耳，曾不再问，如写瓶水置之一瓶；六者，自事我来，虽未获得知他心智，常知如来所入诸定；七者，自事我来，而能了知如是众生到如来所，现在能得四沙门果，有得人身，有得天身；八者，自事我来，如来所有秘密之教悉能了知。

“善男子！阿难比丘具足如是八不思议，是故我称阿难比丘为多闻藏。善男子！阿难比丘具足八法，能具足持十二部经。何等为八？一者，信根坚固；二者，其心质直；三者，身无病苦；四者，常勤精进；五者，具足念心；六者，心无憍慢；七者，成就定意；八者，具足从闻生智。善男子！如汝所说，此大众中虽有无量无边菩萨，是诸菩萨皆有重任，所谓大慈大悲。如是慈悲之因缘故，各各匆务，调伏眷属，庄严自身。以是因缘，我涅槃后，不能宣通十二部经。是故我今顾问阿难为何所在，欲令受持是涅槃经。

“文殊师利！阿难比丘今在他处，去此会外十二由旬，而为多魔之所恼乱。汝可往彼发大声言：‘一切诸魔，谛听谛听！如来今说大陀罗尼，一切天、龙、乾闼婆、阿修罗、迦楼罗、紧那罗、摩睺罗伽、人与非人、山神、树神、河神、海神、舍宅神等，闻是持名，无不恭敬受持之者。是陀罗尼十恒河沙诸佛世尊所共宣说。若欲受持应受五事：一者，梵行；二者，断肉；三者，断酒；四者，断辛；五者，乐在寂静。受五事已，至心信受，读诵书写是陀罗尼，当知是人则得超越七十七亿弊恶之身。”尔时世尊即便说之：

阿摩隶　毗磨隶　涅磨隶　瞢伽隶　醯磨罗若竭捭　三曼那跋提　娑婆陀　娑檀尼　波罗磨他　娑檀尼　摩那斯　阿拙啼　毗罗衹　庵摩赖坛　婆岚弥　婆岚摩　莎隶富泥富那　摩奴赖绨

尔时文殊师利从佛受是陀罗尼已，至阿难所，在魔众中作如是言：“诸魔眷属谛听，我说所从佛受陀罗尼咒。”魔王闻是陀罗尼已，悉发阿耨多罗三藐三菩提心，舍于魔业，即放阿难。文殊师利与阿难俱来至佛所。阿难见佛，至心礼敬，却住一面。

佛告阿难：“是娑罗林外，有一梵志名须跋陀，其年极老，已百二十，虽得五通，未舍憍慢，获得非想非非想定，生一切智起涅槃想。汝可往彼语须跋陀言：‘如来出世，如优昙花，于今中夜，当般涅槃，若有所作当及时作，莫于后日而生悔心。’阿难！汝之所说，彼定信受。何以故？汝曾往昔五百世中作须跋陀子。其人爱心习犹未尽。以是因缘，信受汝语。”尔时阿难敬受佛敕，往须跋陀所作是言。

须跋陀言：“善哉，阿难！我今当往至如来所。”时须跋陀到已问讯，作如是言：“一切众生受苦乐报，皆随往日本业因缘。是故若有持戒精进，受身心苦，能坏本业。本业既尽，众苦尽灭。众苦尽灭，即得涅槃。我已先调伏心。”

佛言：“善男子！汝今云何，能先调心？”

须跋陀言：“世尊！我先思惟，欲是无常、无乐、无净，观色即是常乐我净。作是观已，欲界结断，获得色处。是故名为先调伏心。次复观色，色是无常，如痈如疮、如毒如箭，见无色常清净寂静。如是观已，色界结尽，得无色处。是故名为先调伏心。次复观想即是无常，痈疮毒箭，如是观已，获得非想非非想处。是非想非非想处即一切智寂静清净，无有堕坠，常恒不变，是故我能调伏其心。”

佛言："善男子！汝云何能调伏心耶？汝今所得非想非非想定，犹名为想。涅槃无想，汝云何言获得涅槃？善男子！汝已先能呵责粗想，今者云何爱着细想，不知呵责如是非想非非想处，故名为想，如痈如疮、如毒如箭。善男子！汝师郁头蓝弗利根聪明，尚不能断如是非想非非想处，受于恶身，况其余者？"

"世尊！云何能断一切诸有？"

佛言："善男子！若观实相，是人能断一切诸有。"

须跋陀言："世尊！云何名为实相？"

"善男子！无相之相名为实相。"

"世尊！云何名为无相之相？"

"善男子！一切法无自相、他相及自他相，无无因相，无作相，无受相，无作者相，无受者相，无法非法相，无男女相，无士夫相，无微尘相，无时节相，无为自相，无为他相，无为自他相，无有相，无无相，无生相，无生者相，无因相，无因因相，无果相，无果果相，无昼夜相，无明暗相，无见相，无见者相，无闻相，无闻者相，无觉知相，无觉知者相，无菩提相，无得菩提者相，无业相，无业主相，无烦恼相，无烦恼主相。善男子！如是等相，随所灭处，名真实相。

"善男子！一切诸法，皆是虚假，随其灭处，是名为实，是名实相，是名法界，名毕竟智，名第一义谛，名第一义空。善男子！是相法界毕竟智，第一义谛，第一义空，下智观故，得声闻菩提，中智观故，得缘觉菩提，上智观故，得无上菩提。"

尔时，须跋陀罗从佛闻说大般涅槃甚深妙法，而得法眼，见法清净。于是须跋陀罗，欢喜踊跃，欣庆无量，即时须发自落，而作沙门，法性智水，灌注心源，无复缚着，漏尽意解，得罗汉果。即前佛所，瞻仰尊颜，头面礼足，悲喜交流，深自悔责：

"恨我毒身久劫以来常相欺惑，令我长没无明邪见，沦溺三界外道法中。今大喜庆，蒙如来恩，得入正法，累劫碎躯，未能报此，须臾之恩。”说是语已，悲泣流泪。

复白佛言：“世尊！我年老迈，余命无几，未脱众苦，行苦迁逼。唯愿世尊！少住教诫，哀愍救护，莫般涅槃。”尔时世尊默然不许。

须跋陀罗不果所请，愁忧热恼，高声唱曰：“苦哉苦哉！世间空虚！世间空虚！哀哉哀哉！众生福尽，正慧眼灭。”于如来前，举身投地，忙乱浊心，昏迷闷绝。

久乃苏醒，涕泪哽咽，而白佛言：“世尊！我今不忍见于如来入般涅槃，心中痛切，难任裁抑，我自何能与此坏器毒身共住？唯愿世尊，后当涅槃。”于是时顷，即入涅槃。

尔时，不可说不可说无数亿恒河沙诸大菩萨、比丘、比丘尼，一切世间天、人、阿修罗等，知佛心欲涅槃，同声唱言：“苦哉苦哉！如何正觉一旦舍离，无主无归、无依无趣。”思慕恋爱，悲感号泣，互相执手，捶胸闷绝，迷失诸方，哀恸三千大千世界。

尔时世尊，出八种声普告大众：“莫大号哭，犹如婴儿，各相裁抑，勿自乱心。汝等于此行苦生死大海，勤修净心，莫失念慧，疾求正智，速出诸有。三界受身，苦轮无际，无明郎主，恩爱魔王，役使身心，策为僮仆，遍缘境界，造生死业，贪恚狂痴，念念伤害，无量劫来常受苦恼。何有智者不反斯源？汝等当知，我旷劫来，已入大寂，无阴、界、入，永断诸有金刚宝藏，常乐我净。我今于此，显难思议现方便力，入大涅槃，示同世法，欲令众生，知身如电，生恋慕心。生死暴河，漂流速疾，诸行轮转，法应如是。如来涅槃，甚深甚深，不可思议，乃是诸佛菩萨境界，非诸声闻缘觉所知。”

佛复告诸大众：“是须跋陀罗，已曾供养恒河沙佛，于诸佛所深种善根，以大愿力常在尼乾外道法中，出家修行，以方便慧诱进邪见失道众生，令入正智。须跋陀罗乘本愿力，今得遇我最后涅槃，得闻正法。既得果已，复入涅槃。自我得道，度阿若憍陈如，最后涅槃，度须跋陀罗。吾事究竟，无复施为，设我久住，无异今也。”

尔时世尊说是语已，即歔长叹唱言：“善哉善哉！须跋陀罗，为报佛恩。汝等大众，应当供养其尸安立塔庙。”须跋陀罗当焚尸时，即于火中放大光明，现十八变。

尔时无量大众，及诸外道邪见众生，发菩提心得入正见。是时大众悲感伤悼，收取舍利起塔供养。

尔时佛告阿难，普及大众：“吾灭度后，汝等四众，当勤护持我大涅槃。我于无量万亿阿僧祇劫，修此难得大涅槃法，今已显说。汝等当知，此大涅槃，乃是十方三世一切诸佛金刚宝藏，常乐我净，周圆无缺，一切诸佛于此涅槃而般涅槃，最后究竟，理极无遗。诸佛于此放舍身命，故名涅槃。汝等欲得决定真报佛恩，疾得菩提，诸佛摩顶，世世所生不失正念，十方诸佛常现其前，昼夜守护令一切众得出世法，当勤修习此涅槃典。”

佛复告阿难：“吾未成佛，示入郁头蓝弗外道法中，修学四禅八定，受行其教。吾成佛来，毁呰其法，渐渐诱进，最后须跋陀罗皆入佛道。如来以大智炬烧邪见幢，如干草叶投大火焰。阿难！今我亲戚，诸释种子，吾甚忧念，我涅槃后，汝当精勤，以善教诫我诸眷属，授与妙法，深心诲诱，勿得调戏，放逸散心，入诸境界，受行邪法，未脱三界世间痛苦，早求出离。于此五浊爱欲之中，应生忧畏，无救护想。一失人身难可追复，毕此一形，常须警察。无常大鬼，情求难脱。怜愍众生，莫相杀害，乃至蠢动，应施无畏。身业清净，常生妙土，口业清净离诸过恶，莫食肉，莫饮酒。调伏心蛇，令入道果。深思行业，善恶之报，如影随形，三世因果，循环不失。此生空过，后悔无追，涅槃时至，示教如是。”

尔时阿难闻佛语已，身心颤动情识茫然，悲哽呜咽，哀不自胜。

尔时天人一切大众，悲哀流泪，不能自裁。尔时世尊普告四众:“佛般涅槃,汝等天人莫大愁恼。何以故?佛虽涅槃,而有舍利常存供养。复有无上法宝:修多罗藏、毗那耶藏、摩达摩藏。以是因缘,三宝四谛常住于世,能令众生深心归依。何以故?供养舍利,即是佛宝,见佛即见法身,见法身即见贤圣,见贤圣故即见四谛,见四谛故即见涅槃。是故当知三宝常住,无有变易,能为世间,作归依故。”

佛复告诸大众:“汝等莫大愁苦。我今于此,垂欲涅槃,若戒若归,若常无常,三宝四谛,六波罗蜜,十二因缘,有所疑者,当速发问,为究竟问。佛涅槃后,无复疑悔。”三回告众。尔时四众,无发问者。何以故?一切四众,已于戒归三宝四谛,通达晓了,无有疑故。

尔时世尊知诸四众无复余疑,叹言:“善哉善哉!汝等四众,已能通达三宝四谛无有疑也。犹如净水洗荡身垢。汝等当勤精进,早得出离,莫生愁恼,迷闷乱心。”

尔时世尊于狮子座,以真金手却身所着僧伽梨衣,显出紫磨黄金狮子胸臆,普示大众告言:“汝等一切天人大众,应当深心看我紫磨黄金色身。”尔时四众一切瞻仰。世尊以黄金身示大众已,即放无量无边百千万亿大涅槃光,普照十方一切世界。日月所照无复光明。放是光已,复告大众:“当知如来为汝等故,累劫勤苦,截身手足,尽修一切难行苦行,大悲本愿于此五浊成阿耨多罗三藐三菩提,得此金刚不坏紫磨色身,具足三十二相、八十种好,无量光明普照一切,见形遇光无不解脱。”

佛复告诸大众:“佛出世难,如优昙花,希有难见。汝等大众,最后遇我,为于此身,不生空过。我以本誓愿力,生此秽土,化缘周毕,今欲涅槃。汝等以至诚心,看我紫磨黄金色身,汝当修习如是清净之业,于未来世得此果报。”

尔时世尊如是三反,殷勤三告,以真金身示诸大众,即从七宝狮子大床,上升虚空高一多罗树,一反告言:“我欲涅槃,汝等大众看我紫磨黄金色身。”如是辗转高七多罗树,七反告言:“我欲涅槃。”如是三反上升虚空高七多罗树,三反从空中下坐狮子床。

如是殷勤二十四反告诸大众:“我欲涅槃。汝等深心,看我金刚坚固不坏紫磨黄金无畏色身,如优昙花难可值遇。汝等大众,应当深心瞻仰,为是最后见于如来。自此见已,无复再睹。汝等大众,瞻仰令足,无复后悔。”

佛复告诸大众:“我涅槃后,汝等大众,应广修行,早出三有,勿复懈怠,散心放逸。”尔时一切世界天人四众,遇涅槃光瞻仰佛者,一切三途八难世间人天所有烦恼,四重五逆极恶罪咎,永灭无余,皆得解脱。

尔时世尊显出紫磨黄金色身,殷勤相告示大众已,还举僧伽梨衣如常所披。

佛复告诸大众:“我今时至。”说是语已,即入诸禅。

尔时,世尊如是逆顺入诸禅已,普告大众:“我以甚深般若,遍观三界一切六道,诸山大海大地含生,如是三界根本性离,毕竟寂灭同虚空相,无名无识永断诸有,本来平等无高下想,无见无闻,无觉无知,不可系缚不可解脱,无众生无寿命,不生不起,不尽不灭,非世间非非世间,涅槃生死皆不可得,二际平等,等诸法故,闲居静住无所施为,究竟安置必不可得,从无住法法性施为,断一切相一无所有,法相如是。其知是者名出世人,是事不知名生死始。汝等大众,应断无明,灭生死始。”

复告大众:“我以摩诃般若,遍观三界有情无情,一切人法悉皆究竟,无系缚者,无解脱者,无主无依,不可摄持,不出三界,不入诸有,本来清净,无垢无烦恼,与虚空等,不平等非不平等,尽诸动念思想心息,如是法相名大涅槃。真见此法名为解脱。凡夫不知名曰无明。”作是语已,复入超禅,从初禅出乃至入灭尽定,从灭尽定出乃至入初禅。

如是逆顺入超禅已,复告大众:“我以佛眼遍观三界一切诸法,无明本际,性本解脱,于十方求了不能得,根本无故,所因枝叶皆悉解脱。无明解脱故,乃至老死皆得解脱,以是因缘,我今安住常寂灭光名大涅槃。”

尔时世尊娑罗林下寝卧宝床,于其中夜入第四禅寂然无声。于是时顷,便般涅槃。其娑罗双树,即时惨然变白,犹如白鹤。

尔时阿难,心苦迷闷,都不觉知。不识如来已入涅槃,未入涅槃。

尔时楼豆,以清冷水洒阿难面,扶之令起,以善方便而慰喻之。语阿难言:“哀哉哀哉！痛苦！奈何奈何！莫大愁毒,热恼乱心。如来化缘周毕,一切人天无能留者。苦哉苦哉！奈何奈何！阿难！佛虽涅槃,而有舍利无上法宝常住于世,能为众生而作归依。我与汝等,当勤精进,以佛法宝,授与众生,令脱众苦,报如来恩。”尔时,阿难闻慰喻已,渐得醒悟,哽咽流泪,悲不自胜。其拘尸那城娑罗林间,纵广十二由旬,天人大众皆悉遍满,尖头针锋受无量众,间无空缺,不相障蔽。尔时无数亿菩萨一切大众,一时昏迷闷绝躄地,苦毒入心,隘声不出。如是异类殊音,一切大众,哀声普震,一切世界。

尔时阿难闷绝渐醒,举手拍头,捶胸哽咽,悲泣流泪,哀不自胜,长跪佛前,以偈悲叹:

我昔与佛誓愿力,幸共同生释种中,
如来得成正觉道,我为侍者二十载。
深心敬养情不足,一旦见弃入涅槃,
痛哉哀哉荼毒苦,无极长夜痛切心。
我身未脱诸有网,无明之壳未出离,
世尊慧觜未啄破,如何见舍疾涅槃?
我如初生之婴儿,失母不久必当死,
世尊如何见放舍,独出三界受安乐?
我今忏悔于世尊,侍佛以来二十年,
四威仪中多懈堕,不能悦可大圣心。

愿正觉尊大慈悲，施我甘露令安乐，
我愿穷尽未来际，常觐世尊为侍者。
唯愿世尊大慈光，一切世界摄受我，
痛哉痛哉不可说，呜咽何能陈圣恩！

尔时无数亿恒河沙菩萨，一切世间天人大众，互相执手，悲泣流泪，哀不自胜，各相裁抑，即皆自办，无数微妙香花，宝盖宝幢，宝幡璎珞，遍满虚空，投如来前，悲哀供养。

尔时欲界六天，色界无色界诸天，一切供养，倍胜于前。

敬请如来入金棺已，尔时拘施城内一切士女，期请如来圣棺入城自伸供养。尔时，世尊大悲普覆，令诸世间得平等心，得福无异，于娑罗林，即自举棺升虚空中，高一多罗树。尔时，帝释及诸天众即持七宝大盖四柱宝台，四面庄严，七宝璎珞，垂虚空中，覆佛圣棺，无数香花、幢幡、璎珞、音乐、微妙杂采，空中供养。

尔时，世尊大圣金棺于娑罗林虚空之中，徐徐乘空，从拘施城西门而入，东门而出，入城南门，从北门出，乘空左绕，还从拘施西门而入。尔时七宝圣棺当入城时，一切大众悲号哽咽，各持无数宝幢、幡盖、香花、璎珞至荼毗所悲哀供养。

佛初成道恒河北岸，一树栴檀，随佛而生，大如车轮，高七多罗树，香气普熏，供养如来。其香树神与树俱生，常取此香，供养于佛。佛入涅槃，此一檀树即随佛灭，枝叶俱落，神亦随死。有诸异神，取此香树送荼毗所，悲哀供养。

其地乃是三世诸佛荼毗之处，大觉世尊乘本愿力亦于是处荼毗。尔时一切大众哀泣盈目，各持七宝香炬，一时大哭，荼毗香楼，哀震大千，一切世界。复以香花遍满供养。是时宝炬至香楼所自然殄灭。

尔时世尊大悲普润，待迦叶众来至乃然。时大迦叶与五百弟子在耆阇崛山去拘施城五十由旬，身心寂然入于三昧于正受中。倏尔心惊，举身颤栗，从定中出，见诸山地皆大震动，即知如来已入涅槃。告诸弟子，我佛大师入般涅槃，时经七日，已入棺中。苦哉苦哉！

迦叶以敬佛故，不敢飞空往如来所，即将弟子寻路疾行，至拘施城北门而入。迦叶前进，遥见佛棺，将诸弟子一时礼拜，号哭哽咽，闷绝躄地，昏浊乱心，良久乃醒。

尔时，如来大悲平等，为迦叶故，棺自然开，显出三十二相、八十种好，真金紫磨坚固色身。迦叶与诸弟子见已，闷绝躄地，喑咽悲哽，良久乃苏。烧香散花，哀泣供养。供养已讫，棺门即闭。

世尊大悲，即现二足千辐轮相，出于棺外，回示迦叶。从千辐轮，放千光明，遍照十方一切世界。尔时迦叶与诸弟子见佛足已，哀号哽咽，右绕七匝，复礼佛足，悲哀哭泣，声震世界，说偈哀叹：

如来究竟大悲心，平等慈光无二照。
众生有感无不应，示我二足千辐轮。
我今深心归命礼，千辐轮相二足尊，
千辐轮中放千光，遍照十方普佛刹。
我今归依头面礼，千辐轮相长光照。
众生遇光皆解脱，三途八难皆离苦。
我复归依头面礼，轮光普救诸恶趣。
世尊往昔无数劫，为我等故修苦行，
今证得此金刚体，足下由放千光明。
悲哀稽首归命礼，安于众生千辐轮。
佛修众德为一切，修道树日降四魔，
四魔降已伏外道，众生因此得正见。
稽首归依头面礼，众生正见光明足，
佛为一切真慈父，足光平等度众生。
我复归依头面礼，平等离苦轮足光，
我遇千辐光明足，悲喜交流哀切心。
我复悲哀头面礼，有感千辐轮光明，

稽首归依轮足光，乘究竟乘出三界。
敬礼天人归依足，轮光普照三有苦，
众生未得脱苦门，皆悉归命轮光足。
我等轮回未出离，如何轮足见放舍？
哀哉哀哉诸众生，长夜莫睹轮足光。
悔过世尊大慈悲，示我千辐轮光足，
哀哉今遇轮光相，自此当何复再睹？

尔时迦叶与诸弟子说是偈已，大觉世尊千辐轮相金刚双足，还自入棺，封闭如故。尔时如来以大悲力，从心胸中火踊棺外，渐渐荼毗。经于七日，焚妙香楼，尔乃方尽。尔时城内士女天人大众，于七日间悲号哭泣，哀声不断，各以所持，供养不歇，分布起塔供养。

御制《大般涅槃经》跋

《大般涅槃经》四十卷，释迦牟尼佛如来世尊在拘尸那城娑罗双树间，将入涅槃时，酬诸菩萨所问。是为四十九年转大法轮，最后垂示究竟指归。唯谈不思议真性解脱法门，直指无上上决定第一义谛，乃诸经中之转轮圣王，法宝中之金刚摩尼。一入全真，真外无法。虽三藏十二分，并是本师金口圣典，其中皆有了义真诠，然如来世尊为众生故，随顺世间种种音声，应时及节，方便开示，虽一音演出七语，成无量法门，而以九部经等，喻为半字，唯大乘经典，乃为满字。若然，则满字经典中，亦尚隐有半字。

此《涅槃经》，唯一绝待如来法界，犹彼醍醐，尚不杂于酥酪，何况于乳？譬如虚空为一切物之所住处，是经亦尔，为一切妙义之所住处。譬如四大和合而成万物，其中若无空大，则四大亦不能成。是经亦尔，为一切善法之空大，诚为无相无名之宝海，非文非字之义天，最尊最胜之法幢，难议难思之圣药也。夫五通仙人，声闻辟支佛等，并能于寿命中修短自在，如来于一切法得大自在力，岂不能住寿亿劫万劫？而乃同于凡夫八旬之寿，入般涅槃。何欤？盖业识幻躯，出生我我所想，才有此岸，即无彼岸。虽得圣果，而于此有丝毫许未能净尽解脱，便为生死之所流转。既未达彼岸，尚沿此岸饶经八万劫，终尽落空亡，不能常住于无所住清净觉海。如来为众生故，不肯示现辟支佛五通仙等于寿命中随意自住，以致后学弟子起于法爱，落我、我所。故现舍头目脑髓，入般涅槃，欲俾百亿万人天众生,悟此业识幻躯,犹同毒树,虽以如来紫磨黄金色身、三十二相八十种好、慈善根力具足神通,尚非常住人身。所以如来弃之犹弃敝屣,随顺化缘,毫无执吝。

此如来亲身示现,一切世界无常无乐无我无净。此岸本无,唯此大海之中,缘起沤生,缘灭沤散。如来化身,有老病死,同于凡夫之寿,明示诸行无常,是生灭法也。虽然如来真身,非人天身,非恐怖身,非杂食身,是身非身,非身大身,无量亿劫坚牢不坏,等如虚空,无有形貌,同无生性,非断非常。一切人中天上地及虚空诸有寿命,悉入如来寿命海中,于诸寿中最为第一。

人若了证,定不于如来世尊生灭尽想。是故如来于般涅槃时,佛口亲宣"佛是常法,不变易法,有常有乐,有我有净"。令诸弟子离四颠倒,一心精进。如来法身,无老病死,寿不可尽。入般涅槃而非般涅槃,明示生灭灭已,寂灭为乐也。入涅槃时,又为天人众生增广福田,为菩萨圣众垂示法要。分身千百,起舍利塔,布列阎浮提界。分明提持,千万亿劫,如佛住世。举光明拳,耀人心目,为众生故,粉碎虚空。此我佛最后檀波罗蜜。于戏!我佛如来世尊,诚为恩覃无尽,上至十地菩萨、下至六道众生之大医王,大慈悲父矣!

朕阅斯经,尊重顶礼,悲欣交集。如是涅槃秘藏,本应具录全文,缘从他经之例,录其四分之一。盖因卷帙繁多,难以备录,非有别义也。经云:"遇是佛法宝城,不应取于虚伪之物,如彼商主遇真宝城,取诸瓦砾而便还家。"又永明云:"此非诵文法师,凑其智海,暗证禅伯,了此慧灯。惟除真见性人。一乘道种,方能悟入,了彻无疑。"此经有超劫之功,获顿成之力。虽在生死,常入涅槃;恒处尘劳,长居净刹。现具肉眼,而开慧眼之光明;非易凡心,便同佛心之知见。烦恼客尘不待断而自灭,菩提妙果弗假修而自成。乃至等冤亲,和诤论，齐凡圣，泯自他，一去来，印同异，融延促，混中边。世出世间，不可称，不可量，不可说。不可说之力，莫过大慈悲父，末后之垂范者。当来佛子，咸其勉旃。朕愿与同此无上上甘露妙味焉！

致力于中国人的教育改革与文化重建

立品图书·自觉·觉他
www.tobebooks.net
出品

雍正御製文集

贰

（清）雍正 编著

人民东方出版传媒
東方出版社

目　录

世宗宪皇帝御制文集

卷十六

卷十七

卷十八

卷十九

卷二十

卷二十一

卷二十二

卷二十三

卷二十四

卷二十五

卷二十六

卷二十七

卷二十八

卷二十九

卷三十

御纂孝经集注

钦定执中成宪

悦 心 集

卷三

卷五

世宗宪皇帝御制文集

世宗胤禛　撰

卷一

敕谕

谕总督

自古帝王疆理天下，必有岳牧之臣，以分猷佐治，而后四方宁谧，共臻上理。此封疆大臣，以总督为最重也。总督地控两省，权兼文武，必使将吏协和，军民绥辑，乃为称职。但统辖辽远，职务殷繁，较巡抚之所属更大，是在遴选属僚之贤能者，委任得宜，则振纲饬纪，可无废弛之虞，而以人报国，亦得大臣之体。特是澄清吏治，必本大公之心虚怀察访，果系清节素著、才具练达者，任以要剧，即行保荐，则举一可以风百。今或以逢迎意指为能，以沽名市誉为贤，甚至暗通贿赂，私受请托，不肖官吏滥列荐章，而朴素无华、敦尚实治者，反抑而不伸，是岂风厉属员之道乎？

朕视天下如一家，视臣邻如一体。尔等亦宜深体此意，以一家之心视两省，以一体之心视属吏。本之至公，用之至当，则上司之任使下僚，如身之使臂，臂之使指。凡有才有守之人，皆乐为效用矣。至于所在管辖地方，有作奸犯科之豪猾、倚势剥民之搢绅，理应重加惩治，因巧于结纳，反得侥幸自全。而家居之大臣官员，皆经皇考任用之人，致政投闲，安静自好，为大吏者并不加以礼貌，或反被土豪侵欺者有之，亦非所以表率属僚、彰善瘅恶之道也。总督与巡抚、将军、提督，谊属同寅，凡地方军民事务，宜互相商榷，各本虚公，勿苟且雷同，勿偏执臆见，方于国计民生有所裨益。总督参劾知府，例由司道揭报；参劾州县，例由两司道府揭报。众论佥同，所以示公也。近有参劾之后，始行补揭。夫果其当劾，司道府不能揭报于前，既有徇庇之愆，而令其补揭于后，又欲宽其失察之罪，彼此巧饰以欺朝廷，尚得谓之至公乎？

朕观古之纯臣载在史册者，兴利除弊，以实心行实政，实至而名亦归之，故曰“名者，实之华也”。今之居官者，钓誉以为名，肥家以为实，而云名实兼收。不知所谓名实者，果何谓也？尔督臣膺兹简畀，固宜笃矢忠诚，尤当戒谕属员，痛改陋习。更有仕宦之初，颇著廉名，及身跻大位，则顿易其操者，古人谓之巧宦。其心事岂可问乎？且职居制阃，亦非徒以清操自善也。若但谨身节用，而遇地方大事，一筹莫展，虽免贪冒之名，究鲜屏翰之实，国家又何所倚毗耶？

尔督臣皆皇考擢任之大臣，朕嗣绍丕基，一切遵循成法。惟冀尔等察吏安民，练兵核饷，崇实行而不事虚名，秉公衷而不持偏见。故谆谆告诫，并两司、道、府、州、县，各有谕旨。尔等亦宜细心体察，与尔属吏共励官箴，交相儆惕，朕自优加恩礼，始终保全。若尔等恣意徇私，不能竭忠尽职，则深负皇考简用之恩，其罪甚大。国法森严，朕虽欲宽贷尔等，不可得矣！特谕！

雍正元年正月初一日

谕巡抚

国家任官守土，绥辑兆民，封疆之责，惟抚臣为重。今之巡抚，即古者保厘夹辅之臣也。一省之事，凡察吏安民、转漕裕饷，皆统摄于巡抚。苟非正己率属、振饬励精，则一切政刑钱谷，必致隳堕，拊循保障之功何赖乎？夫吏治不清，民何由安？从来大法则小廉，自两司以至郡县，平时参见按谈，即可略知其才品优劣；迨试以委任、访之舆情，贤否清浊，自难淆混。惟上官偏私好谀，属僚善于逢迎者，即推为才能，其朴直自好、洁己爱民之员，反无见知之地。及至计典黜陟，并遇选择保题之缺，或先纳贿赂，或责报异时，始为之荐引。亦有寄耳目于监司等官，听毁誉于幕宾僚友之口，以致举劾不公，潜滋奔竞。劝赏黜陟既失其当，地方安得良有司乎？藩库钱粮亏空，近来或多至数十万，盖因巡抚之赀用，皆取给于藩司。或以柔和交好，互相侵挪。或先钩致藩司短长，继以威制勒索，分肥入己，徒供一身夤缘自奉之费，罔顾朝廷帑藏财用之虚。及事发难掩，惟思加派补库，展转累民，负国营私，莫此为甚。

州县积谷，本为备荒之计。水旱歉收之岁，待此拯济，于民生最有关系。今皆视为正供之余项，借出陈易新之名，半为胥吏中饱，半为州县补空。一遇灾荒，茫无赈贷，皆由巡抚平时疏略，包容玩愒所致也。属员缺出、委署，虽由两司详请，其实巡抚操其权，下属钻营嘱托，以缺之美恶，定酬赂之轻重，摄篆之人，久则年余，近亦数月，往往视为传舍，情同行劫，不恤小民之脂膏，但饱溪壑于无厌，务偿得署之馈遗而止。试思此一年数月之间，穷黎何罪，而可纵贪暴以剥削之乎？此等积弊尤为国法所不容者。巡抚参劾知府，应由司道揭报；参劾州县，应由司道府揭报，所以示公慎无私之义也。近有先行参劾而令其补揭，若所劾不公，则其补揭未免以势凌之，使不得不从；果其当劾，则司道府既不能公揭于前，而复巧饰于后，以宽其徇庇失察之咎，上下容隐，视功令为具文，公慎无私之谓何？

抚标兵丁，多者二千余名，少亦千余名。境内设有匪类窃发，藉以捍御搜捕。今抚臣自谓无行军进剿之职，置标兵强弱于度外，不加训练，器械朽钝，营伍废弛，裁汰老弱之兵，空粮悉归私橐，大非国家设兵卫民之意矣。云、贵、川、广，猺獞杂处，其奉公输赋之土司，皆当与内地人民一体休养，俾得遂生乐业，乃不虚朕怀保柔远之心。嗣后毋得生事扰累，致令峒氓失所。至于土豪巨猾，结交官吏，武断乡曲，逞奸干纪之徒，每或弥缝漏网，而告休归田之大臣官员，安分杜门，反徇私吹索，借端凌践。此皆大失好恶之公，尤损保全耆旧之义，非镇抚者所当留意乎？

尔诸抚臣，皆荷皇考任用之恩，受全省抚绥之寄。朕缵承大统，祇遵成宪，优礼大臣，保全终始。惟冀尔等，各抒忠悃，安靖封疆。朕所谕者，有则悔悟速改，无则省躬加勉。两司、道、府、州、县，各有谕旨，尔亦宜详细体察，与诸属吏共相勉勖，同心协力，以尽职守。若不念皇考简畀之隆，致贻地方黎庶之害，负恩旷职，自取罪戾，朕又安能废法以宥尔乎？特谕！

雍正元年正月初一日

谕布政司

朕惟国家官制，分省开藩。尔职居方伯，任寄旬宣，所以绥辑群黎，布昭德意，实庶邦之喉舌，列服之纲维，任既重矣，责亦大矣。府州县官之贤不肖，最关民生休戚。当不时察核治行，务知其实，分别臧否，以告督抚。尔以无私自信，督抚自不以私心致疑，协和尽力，以劝贤、惩不肖，则除害兴利，一方安矣。

今计典之黜陟，特疏之荐弹，朝廷凭督抚之奏章，督抚凭布按之详揭。尔布政为官吏表式，自当益矢公忠。若爱憎任情，是非倒置，以諂事上官、通行请托为贤，以不善逢迎、耻投幕夜为不肖，其何以称“之屏之翰，百辟为宪”者哉？夫官至监司，扬历有年，当服官之初，廉洁自守，渐登高位，顿改初心。更有矫饰虚声，潜纳贿赂，陋俗相沿，谓之名实兼收，其罔上行私为尤甚！孔子谓“事君勿欺”，宁不闻乎？赋役会计，皆尔专司，调剂均平，乃为称职。今钱粮火耗，日渐加增，重者每两加至四五钱。民脂民膏，朘剥何堪？至州县差徭，巧立名色，恣其苛派，竭小民衣食之资，供官司奴隶之用。尔试思户版税籍，谁为职掌；私派横征，谁任其咎，顾可失于觉察乎？各省库项亏空，动盈千万，是侵是挪，总无完补。耗蠹公帑，视为泛常，尤为不法，宜严革前弊，永杜侵挪。如司库盘查之责在巡抚，亏空之根亦由巡抚，巡抚借支而布政不应者少矣。然职在监守，果能廉正自持，则巡抚挟势借支，断不能行尔。但谨身节用，量入为出，司库必无亏空矣。州县库盘查之责在知府，觉察虚实之责独在布政。尔但洁己率属，不容徇庇，州县库必不亏空矣。

朕深悉弊原，所以反覆谆切言之，冀尔等悔且改也。皇考德洽区宇六十余年，朕嗣守丕基，惟成法是式。尔等皆蒙皇考简拔，职任藩宣，果能各效忠诚，凛遵功令，朕自始终保全，加以擢用。若营私黩货，旷职累民，尔既负皇考之深恩，朕又安能弛国家之令典？三尺莫逭，尔其慎之！特谕！

雍正元年正月初一日

谕按察司

朕惟直省大小狱讼，民命所关，国家各设按察司以专掌之，一切州县申详，至尔司而狱成。凡督抚达部题奏事件，皆由尔司定案，任岂不重欤？

皇考仁覆如天，每览西曹奏牍，反覆推详，惟宽惟慎，逮情真罪当，犹施缓决之恩，好生之德，洽于民心，六十余年于兹。朕嗣守大训，思四海之内，有匹夫匹妇，罚非其辜者，即非所以继皇考之志，夙夜凛凛焉。何道而能不滥不冤，实尔司是赖。朕惟国家考定律例，所以弼教，非以厉民。是故严立刑书，防其或丽于法，及至断狱，又条分缕析，思以曲全其生。《书》曰："钦哉，钦哉！惟刑之恤哉！"又曰："与其杀不辜，宁失不经。"此律例之本意也。今或情例相违，牵合文法以纳民于网，或有两例并见，辄上下其手以自遂其私，安得无冤狱哉？

太祖高皇帝之训曰："生杀之际，不可不慎。听断之官，必期得情。"大哉圣言！包举《虞书》《周礼》之义。夫折狱凭口供，而平反凭案卷。今法吏不求得情，惟求完结州县案卷之申详。尔司者多锻鍊口供，附于律例。冀免尔司之驳查，尔司之详督抚、督抚之揭部院者，又加文致焉，冀免三法司之驳查。汉路温舒所云："奏当既成，虽皋陶视之，犹以为死有余辜者也。"口供案卷如是，冤抑何从平反？咎在听断之初心，原非欲必得其情也。今宜厘剔宿弊，归于明允。毋得因循故事，自堕奸欺也。大计黜陟，由尔司详报督抚，宜以用刑明慎，执法不阿者为贤能，毋以善事督抚、弗逆尔意者为贤能也。地方豪猾，若苗有莠，不除不剪，害我嘉生。至于良善巨室、致政大臣，猾吏或借端侵抑之，非所以称朕意也。

迩来士大夫好云名实兼收。所谓名者，官爵也。所谓实者，货财也。习俗媮薄，朕甚悯焉。夫六廉之义，百司攸同。至纳贿出入，人罪于法，尤重戕人之命，破人之家，以润屋奉身。历观古来逃于国法者，十无一二；免于天罚者，更百无一二。《书》之《吕刑》曰"狱货非宝"，非听讼者之明训欤？尔司其正己率下，使法无枉挠，庶几刑措之风，尚其勖诸！特谕！

雍正元年正月初一日

谕道员

尔等官历佥司，所以赞襄藩臬，承流宣化者也。分守分巡，职居协理。粮、河、盐、驿，各有专司。身居是官，必顾名思义。名者，实之华也，克副其实而后名归焉。如守巡两道，首当洁己惠民。凡府州县之廉洁贪污，俱宜细加察访，不时密详督抚，以凭举劾。地方有土豪武断，尤宜禁戢剪除，卫良锄莠，乃称其实。若但知趋承大吏，或只图下属陋规，一切吏治民生既置不问，贪庸陋劣，殊负朝廷设官之意矣。

粮道专理漕运，职任匪轻。使徒知起运规例，扣克运费，苦累运丁，营私烦扰，有玷官箴，贻害百姓，何所底止？河道有董率工程之责，凡分修河员，孰贤孰否，俱应洞晰，并宜亲身经历查勘，估计某口险峻，某口平易，某处堤工坚固，某处冒支帑金。倘不计虚实，不辨勤惰，仅以纳贿多者为能员，馈遗少者为拙吏，而于工程漠不经意，一遇坍溃，谁之咎耶？盐道一官，尤关国课。迩年盐法弊窦丛生，正项钱粮，每多亏欠。一由上下各官，需索商人，巧立名色，诛求无已。穷商力竭，不得不挪新补旧，上亏国课，高抬盐价，下累小民。至于官盐腾贵，贫民贩卖私盐，捕役斗殴，株连人命，流弊无穷。一由商人用度奢靡，相仍陋俗，不知节俭，致欠额征。尔等运筹盐法，宜将陋例积习尽情禁革，必思何以苏商，何以裕课，上供军国，下利闾阎，方为称职。驿道为驿站钱粮所系，必廉洁自守，乃克剔弊厘奸。凡驿递马匹数目多寡，每有假冒开销，岁修船只，亦有虚浮不实。该员一贪赀货，势必昏庸，或过于苛核，勒索多方，经管属吏，疲不能支。

总之，病官病民，悉缘贪黩。"敬尔有官"，垂诸古训，"靖共尔位"，载在《风》诗。尔等各有常职，各守官方，名实二字，极宜体认。今以献赂为实，虚誉为名，动云名实兼收，内以欺己，外以负国。有腼面目，其何以立身而抒忠尽乎？皇考御极六十余年，以轸恤民生为首务，各省道员，必亲加遴擢，谆谆戒勉，极其详慎。朕缵承大统，翼翼小心，惟仰体皇考爱养元元至意，亦期尔等争自濯磨，振饬风宪，以副朕望。果能肃清纲纪，无致废弛，朕当破格奖励，其或因循不改，朕必置之重法。特谕！

雍正元年正月初一日

谕知府

国家亲民之官，莫先于守令。盖州县官与民最亲，而知府又与州县官最亲。凡州县兴利除弊之事，皆于知府有专责焉。是知府一官，分寄督抚监司之耳目，而为州牧县令之表率。承流于上，宣化于下，所系綦重矣。

汉宣帝有曰："太守，吏民之本也。"又曰："庶民所以安其田里而无叹息愁恨之心者，政平讼理也。与我共此者，其惟良二千石乎！"故两汉循良称盛而贤守尤多。龚黄召杜诸人，大都皆廉洁和平，正身率属，以与民休养生息。史称其所居民富，所去民思，此皆彰明较著者也。

皇考澄肃官方，慎简僚吏，知府中有政绩茂异，声名著闻者，必加优眷。数年之间，即膺殊擢，所以鼓励循良，务令群黎受福。尔等蒙皇考简用之恩，受国家民社之寄。地方不甚辽远，则于民间之疾苦可以周知；势分不甚悬殊，则于属下之贤否，可以洞悉。尔果廉正自持，屏绝贿赂，则督抚监司必不致肆行需索，而州牧县令亦不敢肆意贪婪。

近闻州县火耗，任意加增，罔知顾忌，以小民之脂膏饱贪吏之溪壑，由尔不能却遗金于暮夜，又安能禁属吏之滥征乎？盘查仓库，必须核实，不可视为故事。乃或借盘查之名，勒索馈遗，是因盘查而亏空愈甚矣。尔能时勤劝诫，加以体恤，则州县可无亏空之虞，能制节谨度，淡泊是安，则尔亦可免亏空之累。劝农课桑，以厚风俗，禁戢强暴，以安善良。平情听断，以清狱讼，皆尔职守之所当尽者。至于督抚举劾州县，必由尔之详揭，务须秉公持正，勿涉偏私。若善于逢迎者，从而庇护荐拔之，而端方恬静之人，反故为摧抑。下吏皆苟且营私，以求容悦，地方之事，尚可问乎？居官者每有初入仕途，清操自矢；渐登华要，顿改初心。既知砥砺廉隅，即当始终一节。更有巧于仕宦者，人每谓其名实兼收，朕最不解此语。夫名者，实之华，果能洁己爱民，奉公尽职，此所谓实也。治行称首，民歌舆颂，此所谓名也。实至而名随之，如本立而华茂焉。若以弋取虚誉为名，而以封殖多藏为实，此则小人之尤，更甚于贪黩彰闻之辈矣。

朕缵承大统,夙夜祗惧,惟恐有负皇考付托之重,深冀尔等各体此意,精白乃心。以古循良自勉,若徇私纳贿,不能率属爱民,贻害地方,蔑视宪典,三尺具在,朕不能为尔等宽也。特谕!

雍正元年正月初一日

谕知州、知县

朕惟国家首重吏治,尔州牧县令,乃亲民之官,吏治之始基也。贡赋狱讼,尔实司之。品秩虽卑,职任綦重。州县官贤则民先受其利,州县官不肖则民先受其害。膺兹任者,当体朝廷惠养元元之意。以爱民为先务,周察蔀屋,绥辑乡里。治行果有其实,循卓自有其名。非内聚贿而外干誉,谓之名实兼收也。全省吏治,如作室然,督抚其栋梁也,司道其垣墉也,州县其基址也。《书》云:"民惟邦本,本固邦宁。"夫所以固邦本者在吏治,而吏治之本在州县。苟州县之品行不端,犹基不立则室不固,庸有济乎?

皇考临御六十一年,灼知州县之重,特行引见,咨询明试,至详至慎。其有廉能之员,每不次超擢以示鼓励。今海内群黎,皆皇考所怀保也。朕膺宗社重寄,思缵皇考之治功。惟尔州县诸臣,具有父母斯民之责,其为朕立之基址,以固邦本焉。诚能洁己奉公,实心尽职,一州一县之中,兴仁兴让,教孝教忠,物阜民安,刑清讼简,朕将升之朝宁,用作股肱;如或罔念民瘼,恣意贪婪,或朘削肥家,或滥刑逞虐,或借刻以为清,或恃才而多事,或谄媚上司以贪位,或任纵胥吏以扰民,或徇私逞欲以上亏国帑,王章具在,岂尔贷欤?更有任州县时,私肥己橐而漫云"且俟显要,方立名节"者,其与初市清名,晚而改操之人,何以异哉?

至于钱粮,关系尤重,丝毫颗粒皆百姓之脂膏,增一分则民受一分之累,减一分则民沾一分之泽。前有请暂加火耗,抵补亏空帑项者,皇考示谕在廷不允其请,尔诸臣共闻之矣。今州县火耗任意加增，视为成例，民何以堪乎？嗣后断宜禁止。或被上司察核，或被科道纠参，必从重治罪，决不宽贷。夫欲清亏空之源，莫如节俭正直。节俭则用无不足，正直则上官不可干以私。若朘小民之生以饱上官之贪欲，冒不测之罪以快一时之奢侈，岂砥砺廉隅，为民父母之道乎？尔州县等官，其恪共乃职，勿贻罪戾。毋谓地远官卑，朕不及察其贤否也。特谕！

雍正元年正月初一日

卷二

敕谕

谕提督

国家武功赫濯，绥靖区夏，用资专阃，统率全省将士，俾黎庶諴和，疆圉宁谧，提督之任，綦重矣。当兹海宇承平，士卒狃于晏安，不以兵革为事，相沿日久，营伍渐弛，非所以肃军政，饬戎行也。

尔等皆系皇考简用节钺之大臣，尤宜恪遵令典，倡率所属将弁，简阅卒伍，整理器械，操演技勇，平时讨论军寔，训练精勤，乃称节制之师，折冲御侮，庶几有备无患矣。夫储粮裕饷，所以足兵食壮干城，非为饱一人之私橐也。乃虚兵冒饷，侵渔扣克，视为故常，以致朝廷恤兵养士之典，止供将吏肥家之计。居心多欲，自难弹压下僚，驭众寡恩，何以振兴士气？提臣职任拊循，果能廉正自持，无虚给饷，俾士饱马腾，有不感激思奋者乎？至山海要区，得人最重，尔身为大帅，凡将佐偏裨，果其智勇素著、才技优长、肃纪律而辑兵民，历有成绩之员，或军政荐举，或破格题请，皆当予以优擢。如本系庸劣之弁，徇情面，受贿赂，始则权宜委任，旋复列名保奏，不特冒干名器，必致贻误地方，滥用匪人之咎，其能逃于功令乎？且设兵所以卫民，文武官属殊途，而辖兵爱民，均有责焉。如各执己见，不相和协，势必有纵兵虐民，挟制长吏以逞威作奸者在，文臣岂容辞咎？而提臣统领水陆重师，管辖不严，调剂不力，致文武抗衡，兵民异视，责更难逭。《书》曰：“同寅协恭，和衷哉!”尔当一秉虚公,和衷办事,严饬将弁于所属汛地,实心捍卫,勤缉奸宄,俾居民安堵无虞,地方咸受其利益。尔等皆勤劳素著、效力年久之人,皇考屡加拔擢,洊膺斯任。朕祇遵成宪,优遇大臣,保全终始。尔等其各抒忠悃,以无负朕爱养兵民之至意。其总兵、副将、参游等官,各有谕旨,尔亦应详细体察,同心协力,共相策励,靖共尔位,永奠封疆!特谕!

雍正元年正月初一日

谕总兵官

国家幅员广大,凡岩疆重镇,关塞要害之地,设立总兵,俾之镇守,上承督臣之节制,下树将弁之表率,辑兵安民,厥任綦重。居是官者,当以宁谧地方为念,严饬官兵,巡缉奸宄。倘有匪类,务必穷尽根株,使宵小无从潜匿,良民得以宁居。若平时漫无觉察,日久必致蔓延,绸缪未雨之谓何?武臣虽不干民事,然保障捍卫,责有攸归,守此方即当轸念此方之民,毋得视之膜外,纵兵肆扰。至文武职任虽分,尽心王事则一。彼此和衷,同心共济,自不致贻误公事。况揆文振武,经术同源,善于恤兵,必善于爱民,尚何至纵兵虐民,失国家设兵卫民之意乎?

总兵统辖营汛甚多,当以训练为先,娴骑射,整队伍,备器械,限期校阅,勤惰严分,赏罚明而军政肃,隐然一长城矣。所属将弁兵丁,智勇超群则立登荐剡,武艺精熟则特拔戎行,以之鼓励军士,犹有古良将风焉。兵之所需粮饷最重,给粮而扣克,则师旅有枵腹之忧;缺兵而不补,则营伍有空虚之患。总兵率先洁己,严饬偏裨,毋得久悬兵缺,以恣侵渔,毋得克减额粮,以肥囊橐,则兵籍无虚,士气益奋,有不收臂指之效者乎?

至于驭兵之道,务在宽严得中。过宽则兵以怠玩而生骄,过严则兵以拘迫而滋怨。能于严明之中,隐寓爱恤之意,庶几上下一心,忠义自奋,此又在尔镇臣之善为运用者也。仰惟皇考垂诫提镇诸臣,有曰:"韬钤宜裕,纪律宜明。拊循宜至,训练宜精。"又曰:"文武辑睦,毋相抗衡。军民调剂,各得其平。"煌煌天语,勒于箴规久矣。尔等皆系皇考简畀之人,果能实心力行,不致始勤终怠,上负圣训。朕心嘉乃成绩,必懋锡殊典,如其徒拥厚禄,虚縻尔位,既无益于兵民,致有乖于令典,国法森严,朕不尔贷也。特谕!

雍正元年正月初一日

谕副将、参将、游击等官

朕惟国家兵制,凡疆宇要地,既设提督、总兵统率镇守,又设副将、参、游分列营伍,递相钤辖。盖从古治兵,有大帅必有偏裨,所以宣扬威武,协赞军机,收指臂之效,奠磐石之安也。尔等所属地形有险易,兵数有多寡,各宜预定练兵之法,亲校骑射,严试技勇,简拔骁锐,更换老羸,务令一营士卒,人材雄健,武艺精娴。又时教以行阵,使之步伐进退,井然有法。日演月习,气壮心齐,自成有制之师,而无难折冲御侮矣。乃有不肖将弁,不勤训练,按籍徒有虚名,责效毫无实济。营伍废弛,为害最大。究其弊,由于将弁之贪利而废法,一在冒虚粮而兵无实数,一在克月粮而兵有怨心。上亏天家之粮饷,下朘穷卒之脂膏。身司戎务而不能廉正以服众,虽日示训练之法,谁为之踊跃用命乎?尔等遇有兵丁空缺,即选力勇技精者补足队伍,至于马步各粮,按期领给,不得克减分毫。古之良将,多以爱恤士卒,克建肤功,投醪挟纩之风,尔等宜知向慕焉。

官军之协守一方,所以捍卫一方之百姓,故曰设兵以卫民也,防乱于未萌,缉奸于已发,俾居民安家乐业,共享升平,自然受兵之利而不受兵之害。倘或约束不严,纵兵肆虐,诱赌放债,恃强夺利,甚至地方小警,漫不防御缉捕,以致奸宄滋蔓,徒卸责于有司,文武失和,秦越相视,殊背国家设兵镇守之意,律法具在,罪有攸归。至于尔等简用督抚中军，责任匪轻，尤宜洁己奉公，恪遵法纪。至都司、守备、千总、把总等员，各有城守汛防之责，亦宜努力称职，自奋功名。朕念尔等曾受皇考选擢之恩，自应保守前劳，力图后效，果能整饬戎伍，允著干城之望，朕自不惜宠以崇阶。倘若废隳武备，侵渔糗刍，甚且妄执武官不惜死之言，恣意逞威，虐民生事，为害地方，王法森严，决难轻贷。特谕！

雍正元年正月初一日

谕督学

朕惟自古帝王皆以兴贤育才为务，我国家自太祖、太宗肇造鸿图，世祖定鼎中夏，首隆学校，加意人才，开国规模超越前古。至我皇考圣祖仁皇帝，御极六十一年，培养教育，怙冒涵濡，深仁厚泽，有加无已。《御制训饬士子文》颁布学宫，东西南朔，海澨山陬，户习诗书，家敦礼乐，遐迩无不向风，文教之隆，无过于此矣。

朕缵承大统，遵守旧章，寤寐求贤，惟恐或失。念学校为士子进身之阶，督学一官，尤人伦风化所系，遴选各省学臣，倍加郑重。尔等须廉洁持身，精勤集事，实行、文风两者所当并重。若徒事文华而不敦崇实行，犹未为尽职也。表扬忠孝节义，崇祀先圣先贤，访求山林隐逸，搜罗名迹藏书，而衡文一道，专以理明学正、典雅醇洁为主。古人云："言乃心声，气由夙养。"必士品端而后文风正，他日为国家柱石，为朝庙羽仪，不綦重欤？勿私纳苞苴，勿瞻徇情面，勿轻视武途，勿滥取祠荫，勿矫激沽名，勿昏庸废事，勿卑污贬节，勿骄暴凌人，胥吏必谨关防，幕客尤宜选择。如此则内外交毖，本末兼修，上不负朝廷，下不愧多士。朕耳目所及，必有见闻。若罔顾声名，廉隅不饬，国有常宪，罚必随之，尚其勉旃毋忽！特谕！

雍正元年正月初一日

谕各省关差、盐差

从来关榷盐税之设,所以通商裕国,或用钦差专辖,或令督抚兼理,无非因地制宜,利商便民之至意也。朕前于关、盐两差各下谕旨,诰诫谆切。但旗员向来相沿成习,阳奉阴违,任意侈靡,不知撙节,额外加派,苦累商民。差满之日,惟恐回京有当差效力之事,每以缺额恳求宽限,希图掩饰,是以不惮叮咛,再加申饬。大抵关差之弊,皆未讲"日计不足,月计有余"之长策,惟知目前小利,恣意侵渔,听信家丁,纵容胥吏,开关分别迟早,肆无厌之诛求,报单任意重轻,为纳课之多寡。饱溪壑者,则任其漏税,代为朦胧。不遂欲者,则倒箧倾箱,一物不免。致商贾畏惧,裹足不前,行旅彷徨,越关迂道,则困商实所以自困也,盐差之弊,尤合重惩。飞渡、重照、贵卖、夹带,弊之在商者犹小,加派陋规弊之在官者更大。若不彻底澄清,势必致商人失业,国帑常亏。夫以一引之课,渐添至数倍有余,官无论大小,职无论文武,皆视为利薮,照引分肥,商家安得而不重困?赔累日深则配引日少,配引日少则官盐不得不贵,而私盐得以横行,故逐年之课,难以奏销。连岁之引,尽皆壅滞,非加派之所致与?故关差惟在严禁苛求,使舟车络绎,货物流通,则税自足额。盐差惟在力除加派,使商困少苏,尽复旧业,则课自赢余。

至于督抚,系封疆大吏,更当仰体朝廷归并之意。关政不得视为带理,漫不经心,误任属员,听其剥削。盐政不得罔恤穷商,独专厚利,硬派州县计口征钱。夫榷关部属,尚有顾忌,恐督抚持其短长。今归督抚,则何所瞻顾?巡盐御史,地方官或不奉约束,今归督抚,则孰敢抗违?况钦差犹每年更换,而督抚兼理则无限期,若不实心奉行,使风清弊绝,则大负归并之本意矣。至将耗羡充课,固属急公,但恐以耗羡归正额,而正额之外复加耗羡,商民重输叠出,何以堪此?

朕深悉关盐扰累之害,垂念商民营逐之苦,特谕尔等经理榷税者,务期奉公守法,遴委得人,知商旅之艰辛,绝箕敛财之弊窦。通商即所以理财,足民即所以裕国。如自利自便,罔上行私,责有攸归。其悉遵朕意!特谕!

雍正二年二月初二日

谕八旗文武官员人等

国家念尔等祖父皆属从龙旧臣,著有勋绩,故加恩后裔,量材授官,冀收心膂驱策之效。尔等自当恪守官箴,勤劳王事,建股肱之盛烈,垂清白之家声,庶几上以仰报君恩,下以显扬世美。乃每见旗员居官,贤否杂出,不能悉体朕意。由筮仕之初,辄谓旗人与汉人不同。汉人无累,可以硁硁自守;旗人则本旗官属需索多端,亲族往来责望甚众,万一任满又不免有当差之累,自此念一起,百弊丛生。不以忠君体国为心,不以旷职殃民为惧,潜通贿赂,恣意苞苴,惟期囊橐之充,尽丧廉隅之守。殊不思国家察吏廉者奖、贪者惩,满与汉无二法也。尔等果能洁己奉公,始终一节,休声丕著,惠政日闻,朕自当从优擢用,以示奖励。凡所过虑,皆可不必。如其不然,则法网难宽,纵拥厚赀,安能坐享乎?至于尔等家世武功,业在骑射,近多慕为文职,渐至武备废弛,而由文途进身者,又只侥幸成名,不能苦心向学,玩日愒时,迄无所就。平居积习,尤以奢侈相尚,居室器用,衣服饮馔,无不备极纷华,争夸靡丽。甚且沉湎梨园,遨游博肆,不念从前积累之维艰,不顾向后日用之难继,任意糜费,取快目前,彼此效尤,其害莫甚。

朕特加谆谕,自兹以后,出仕者各宜精白乃心,靖共尔位,人人以廉能自矢,不得藉"汉人无累,旗人有累"之说,以遂其罔上行私之术。八旗子弟各习其业,文则潜心制义,博览诗书,务求用世之实学;武则娴习弓马,讲究韬略,预储阃外之良材。苟谋一业,必思一业之成,则人无废业;将授一官,自获一官之用,而国无旷官矣。且各崇俭戒奢,安分循礼。父以诫其子,兄以诫其弟。与其恣情纵意,博一日之豪华,何如量入为出,谋百年之生计?与其荡检逾闲,作无藉之匪类,何如谨身寡过,勉有用之事功?以报朝廷,以绵世泽,以敦风俗,以保身家,顾不美欤?《大雅》之诗曰:“凡周之士,不显亦世。”盖欲疏附先后之子孙,亦世世修德与周匹休也。尔八旗皆佐命后昆,深愿克绍前修,荣名悠远,国家亦重有赖焉。其各钦承毋忽!特谕!

雍正二年二月初二日

卷三

敕谕

谕直省督抚等官

朕惟抚养元元之道，足用为先。朕自临御以来，无刻不廑念民依，重农务本，业已三令五申矣。但我国家，休养生息数十年来，户口日繁而土地止有此数，非率天下农民竭力耕耘，兼收倍获，欲家室盈宁，必不可得。《周官》所载巡稼之官，不一而足，又有保介田畯，日在田间，皆为课农设也。今课农虽无专官，然自督抚以下，孰不兼此任也？其各督率有司，悉心相劝，并不时谘访疾苦，有丝毫妨于农业者，必为除去，仍于每乡中择一二老农之勤劳作苦者，优其奖赏，以示鼓励。如此则农民知劝，而惰者可化为勤矣。再舍旁田畔以及荒山不可耕种之处，度量土宜，种植树木，桑柘可以饲蚕，枣栗可以佐食，柏桐可以资用，即榛楛杂木，亦足以供炊爨。其令有司，督率指画，课令种植，仍严禁非时之斧斤，牛羊之践踏，奸徒之盗窃，亦为民利不小。至孳养牲畜，如北方之羊、南方之彘，牧养如法，乳字以时，于生计不无裨益。

总之，小民至愚，经营衣食非不迫切，而于目前自然之利反多忽略。所赖亲民之官，委曲周详，多方劝导，庶使踊跃争先，人力无遗而地利始尽，不惟民生可厚，风俗亦可还淳。尔督抚等官各体朕惓惓爱民之意，实心奉行。倘视为具文，苟且涂饰，或反以扰民，则尤其不可也。特谕！

雍正二年二月初九日

谕武臣

我皇考圣祖仁皇帝优待武臣，恩眷之隆，自昔希比。诸武臣感激恩宠，遇事则奋力效命，甚属可嘉。但平日居官，砥励操守，于此方兵民安静抚恤之道不及。夫为将弁者，固贵乎材勇，然使但有冲锋破阵之才，而不能洁己爱人，抚绥士众，或至扣克贪婪，人罹其害，则与弃命图利之盗贼何异？彼盗贼之肆行劫掠，不恤身命，何尝不勇？但因利人财物，遂谓之为贼，而法必诛戮，勇不足称，适为可耻。

凡尔武官，务须廉洁持躬，奉法循令，恤兵爱民，绥辑地方，遵国宪正，所以重身家也。设或婪财奕利，横生事端，致干法网，则地方既滋扰害而法所不容，国家又失一勇力可用之材，岂不可惜？是知心存报国，最在平日之爱恤兵民，安静守分耳。若至生事扰害之后，虽或捐躯，亦何所补？从前纵有微劳，亦不足以赎此日之罪愆矣。尔将弁当各轻目前小利，勉为国家栋梁，垂名竹帛，以图光前裕后之功业可也。勉之！戒之！勿负朕谆谆告诫之意！特谕！

雍正三年五月初五日

谕中外臣民

自古帝王致治誠民，莫不以重农为先务。《书》陈《无逸》，先知稼穑之艰难；《诗》载《豳风》，备叙田家之力作。《论语》云：“百姓足，君孰与不足？”《孟子》云：“民事不可缓也。”盖国以民为本，民以食为天。农事者，所以承天养人，久安长治之本也。

我国家抚绥寰宇，圣祖仁皇帝临御六十余年，深仁厚泽，休养生息。户口日增，生齿益繁，而直省之内，地不加广。近年以来，各处皆有收成，其被水歉收者，不过州县数处耳，而米价遂觉渐贵。闽广之间,颇有不敷之虑,望济于邻省。良由地土之所产如旧,而民间之食指愈多,所入不足以供所出,是以米少而价昂,此亦理势之必然者也。夫米谷为养命之宝,人既赖之以生,则当加意爱惜,而不可萌轻弃之心。且资之者众,尤当随时撙节,而不可纵口腹之欲。每人得省一勺,在我不觉其少,而积少成多,便可多养数人。若人人如此,则所积岂不更多,所养岂不更众乎?养生家以食少为要诀,固所以颐神养和,亦所以节用惜福也。况脾主于信,习惯便成自然。每见食少之人,其精神气体,未尝不壮,此显而可见者。

至于各省地土,其不可以种植五谷之处,则不妨种他物以取利。其可以种植五谷之处,则当视之如宝,勤加垦治,树艺菽粟。安可舍本而逐末,弃膏腴之沃壤,而变为果木之场?废饔飧之恒产,以幸图赢余之利乎?至于烟叶一种,于生人日用毫无裨益,而种植必择肥饶善地,尤为妨农之甚者也。小民较量锱铢,且但顾目前而不为久远之计,故当图利之时,若令其舍多取寡,弃重就轻,必非其情之所愿,而地方官绳之以法,则势有所难行,转滋纷扰。惟在良有司,勤勤恳恳,谆切劝谕,俾小民豁然醒悟,知稼穑为身命之所关,非此不能生活,而其他皆不足恃,则群情踊跃,不待督课而皆尽力于南亩矣。

朕闻江南、江西、湖广、粤东数省,有一岁再熟之稻,风土如此,而仍至于乏食者,是地土之力有余而播植之功不足,岂非小民习于怠惰,而有司之化导者有未至耶?或者曰:“米谷太多,则价贱而难于粜卖。”昔人有谷贱伤农之说,谚语所谓熟荒者,此则不必过虑。假若小民勤于耕作,收获丰盈,致于价贱而难于出粜,朕必多发官价以籴买之,使重农务本之良民,获利而有余赀也。

朕生平爱惜米谷,每食之时,虽颗粒不肯抛弃,以朕玉食万方,岂虑天庾之不给?而所以如此撙节爱惜者,实出于天性自然之敬慎,并不由于勉强。且以米谷乃上天所赐,以生养万民者,朕为天下生民主,惟有敬谨宝重。仰冀天心默佑,雨旸时若,岁获有秋,俾小民家有盖藏,人歌乐土。朕既为亿万生民计,不敢轻忽天贶。尔等绅衿百姓,独不自为一身一家之计乎?朝夕生养之需,既受上天之赐,若果加意爱惜,随时撙节,则天必频加锡赉,长享盈宁之福。若恣情纵欲,暴殄天物,则必上干天怒,不蒙眷赉,而水旱灾祲之事,皆所不免,其理岂或爽哉?又闻江西、广西地方竟有以米谷饲养豚豕者,试思谷食之与肉食,孰重孰轻,孰缓孰急?而乃以上天之所赐,小民终岁勤苦之所获者,为豢养物类之用,岂不干天和而轻民命乎?朕所以惓惓训谕,惟期天下之人专务本业,以杜浮靡,爱惜物力,以图久远。共体朕敬迓天庥,勤恤民隐之意!则尔等家室,必益至于丰饶,尔等子孙,必永绵其福泽。思之,思之,毋忽朕言!特谕!

雍正五年三月初三日

谕科甲出身官员

记载之失,实人多忽而不知觉察。朕侍皇考圣祖仁皇帝数十年,时时祗聆圣训。今观臣工记载者,舛错疏漏之处甚多。朕嗣统以来,元年、二年,内阁面奉之旨,书写时动辄讹舛。自张廷玉为大学士,听朕谕旨,悉能记忆,缮录呈览,与朕言相符。盖记载一事良非易易,毫厘千里之差不可不慎。是以诸臣欲记朕谕者,朕皆令缮写进呈之后,方许存稿,恐其失实以传讹也。

朕因科甲积习,有关世道人心,屡进翰詹科道诸臣而面谕之,旋令翰詹等百余员记录所闻缮折以进,朕一一披览,则人人各殊,有与谕旨全不相符者,有数语偶合而记忆不全者,又有词句鄙俚、意义蒙晦者。以一日同奉之谕旨,而至于百其人者百其说,不亦舛谬之甚乎?其中若有能文之士,私自存录,流传于后,遂以为朕当日之训旨固然也,其贻误不浅矣!

朕观前史所载未可全信,每滋后人之口实。如汉文帝见贾谊问以鬼神至夜半前席一事,李商隐则为诗讥之曰:“可怜夜半虚前席,不问苍生问鬼神。”夫贾谊入见时,文帝方受厘坐,宣室因感鬼神之事而问之,此固非问苍生时也。如欲问苍生之事,随时可以召对,又何必夜半哉?至于坐久前席,亦寻常事耳,且文帝汉之贤主也,恭俭仁厚,移风易俗,阅历世务深矣。视贾谊之疏狂少年,其才识相去何啻什伯,盖知其不足与问苍生,故姑问鬼神耳。贾谊经济,具见《治安策》中。不独论当世之务,迂阔难行,其于尧舜之治道,亦未窥见本原也。贾谊之策仅托诸空言,文帝之功已见诸实事,文帝岂弃才之主哉?而王勃又谓“屈贾谊于长沙,非无圣主;窜梁鸿于海曲,岂乏明时”。朕以为“屈贾谊于长沙”,必须圣主;“窜梁鸿于海曲”,正待明时。鸿之诡激,自弃于肃宗之朝;谊之疏狂,未足以佐文帝之治。安得以是为二君讥议哉?孔子尝言为君难,即此可见。

设有一夫私议,妄自记载,非惟庸主无由剖析,虽明哲之君,亦何从闻见而正?其是非,其流传失实,受诬于后世者,不知凡几矣。孟子曰:“尽信《书》,则不如无《书》。”诚以记载未可尽凭,而欲杜好议论者之口也。人情厌常喜新,稗官野乘好事者流无端撰成一说,娓娓动听,按之皆子虚乌有,此其荒唐诞幻,无足论者。若夫记言记事,国之大典,将以征信后世,乌可或忽?今乃亲承提命而记录多舛,尚足当载笔缵言之任而无忝乎?用是荟萃翰詹诸臣奏折细加拣汰,其与朕之谕旨间有符合者,采摭联缀,融会成篇,付诸剞劂,人赐一帙。俾各朝夕观省,是训是行,以祛科甲之积习,并知记载失实之非。庶乎憬然惕然,历久而勿忘也夫!

谕科甲出身官员等:国家设科取士,原欲得读书明理之人,列于庶位,俾皆公忠体国,实心任事,于国计民生,均有裨益,此科甲之所以可重也。乃科甲出身之人,不思秉公持正以报国恩,相率而趋于植党营私之习,夤缘请托,朋比袒护,以至颠倒是非,排陷报复，无所不为，风俗人心之害，莫过于此。

朕御极以来，多有人论科甲中人不可信，朕于尔等科甲诸臣，推心置腹，期待甚厚，以为用人者，若舍尔等读书之人，则将以何等人为可用？然使尔等积习相沿，惟以党护师生同年为事，夤缘朋比，贻害于人心风俗，将使为君上者，虽欲用科甲之人而有所不可，则科甲诸臣抑何自暴自弃，贻笑于天下以至此也？朕早夜孜孜，欲使万民各得其所，措天下于久安长治，何事不加整顿厘饬？务令秩然就理，岂容尔等科甲中党援积习为世道生民之害，而不望其翕然丕变乎？夫以科甲流品相夸尚，其风自唐宋以来即有之，至前明而流弊已极。不知读圣贤之书，惟以致君泽民为贵，不在科甲之名也。古之皋夔稷契，谁为科目乎？科目中人遇不从科目出身者，即鄙薄而非笑之，不知彼之非笑科目者更甚。此如江浙人讥山陕为粗鲁，山陕人亦诮江浙为懦弱，何关人品之轻重乎？

国家用人行政，惟贵至公，有人因科目而营私党护，即有非科目之人偏受其害。如黜陟之际，不肖者或以科目之党援而升擢，必有贤才因而屈抑矣。赏罚之间，有罪者或以科目之党援而幸免，必有无辜因而冤滥矣。科甲之积习一日不革，则天下之公理一日不著。尔等当豁然醒悟，庶可使历代相沿之弊习廓然频除也。且尔等亦思朕之不惜烦劳，谆谆告诫，必欲尔等觉悟改易者，岂惟上为国而下为民乎？盖以尔等品行之邪正于此分，尔等名节之成败于此判，而尔等切身之利害更即于此而辨。若使请托公行毫无顾忌，则地方官员皆得任意作奸戕虐百姓，罹其害者，非尔之至亲族属，即尔之乡党邻里，尔亦何所利焉？况尔等以党援袒护为利者，不过图一时门庭之烜赫而已，独不思身后子孙能必其世世常为科甲乎？一朝失势，则尔等子孙不即转受科目之欺凌倾陷乎？目前之利甚小，日后之患害甚大。朕为尔等计之熟矣，尔等乃不自猛省乎？

朕非禁绝尔等师生之分谊，欲其不相往来也。诚使师生同年平时互相规劝，勖以道义，励以公忠，各为国家分猷宣力，虽日相亲近，奚害焉？且尔等素以师生之谊，情同父子，则为父兄者，自当教子弟以正，岂可使之夤缘请托而不知耻乎？为子弟者，自当事父兄以礼，岂可与之夤缘请托而不知非乎？从来请托营求，甚属无益，如州县选得地方，有求部院大臣作书嘱托上司者，在公正大臣自必不应设，或应其所请而致书彼督抚大吏，遂肯徇情曲庇乎？徒使其人恃有奥援之请托，遂至放佚怠惰，不自检束，以极于贪污狼藉，难免督抚之参劾，彼请托者能挽救之乎？不如无所请托，其有才有守者，不患无以自见，即中材之人，亦以胸无倚仗，皆警勉砥励，不敢为非而得以自全。然则科目中人，为其子弟亲属钻营请托者亦愚之至矣。

朕之训诲开导至再至三，亦似为从古君臣之际所最罕得之遭逢。尔等皆读书明理之人，果能深体朕怀，服膺朕训，幡然洗心涤虑，尽改其积习，有何不能办理之事？百僚师师，和衷共济，何患政治不臻上理乎？且人无不可改之过，亦无不可化之气质。孔子云："虽愚必明，虽柔必强。"惟在其人自励耳。尔等听朕训旨，不但贵于心悦诚服，要在身体力行，不可一时面从，过后辄忘，须时时警惕，常若在朕前亲受提撕，方不虚朕谆切训诲之至意也。尔等翰林自以文章为职业，但须为经世之文、华国之文，一切风云月露之词，何所用之？若既改官，则各有当尽之政务，人之心思才力难以兼营，不可自负文人荒其职守。盖文章政治，理本相通，事无旁贷，急所当务，方为尽职。至于赋诗饮酒，自附于晋人风流，此种恶习，所当深戒而痛绝者也。翰林科道乃国家所赖以转移风化之人，朕所以属望尔等者，甚为切至。

朕观初次训诲时，尔等领会者数十人中数人而已，二三次觉领会者过半，今则不能领会者大约不过四五人。诚知朕所以再三训谕不惜烦劳者，实为国计民生之休戚，实为人心风俗之安危，实为尔等身家子孙之利害。尔等各有天良，自应人人觉悟感奋，翕然丕变,尽去其党援朋比之积习,为朝廷殚竭忠诚,秉公持正办理庶务,将见君臣上下一德一心,治道自此而日隆,世风自此而日厚。我国家亿万年长享升平,尔等子孙亦世蒙其福。如此而谓科目之取士固足重也,岂不美欤?尔等其共勉之!特谕!

雍正七年十一月初五日

谕内外群臣

自古帝王之治天下,未有不以惩游惰为要务者。考之《制》曰:“无旷土,无游民。”《周礼》曰:“宅不毛者有里布。”“民无职业者,出夫家之征。”所以董戒之者至详且悉矣。但人只知游手游食之人,以及僧道之辈不耕而食,不织而衣,以为此安坐而食,不事生产者也。自朕观之,上自天子,下至百官庶职,何一非游手游食之人哉?名不隶农工商贾之籍,身不习耕桑负贩之劳,以庶民之脂膏供一己之日用,而出者受者皆安为固然。盖以天生民而立之君,承以大夫师长,本欲其率作兴事,兴利除害,以惠养黎元,忧民之忧,乐民之乐,使天下清和咸理,庶绩恬熙,共受升平之福。故下之人力而致之,上之人坐而享之。即不耕而食,不织而衣,亦可以对斯民而不愧。诚以我之职掌无亏,论报施之理,亦当如此也。

至若不能称职之君臣,食人之食,衣人之衣,而于民间疾苦,漠然不一经其心,其咎已与游惰之民等。若再行一不便于民之事,发一不利于民之令,使闾阎愁困,不获宁居,是小民竭其手足胼胝之力以供上,而转受上人之苛虐扰累,不但扪心自问,惭赧实多,即神明昭察,责以报施之常理,其能逃于谴责乎?彼游惰之人,不事生业,不过自败其行检,未尝害人,而人犹恶之。况受人之养,而即以害人,又岂游惰之可比乎?朕为此时刻儆惕,不释于怀,每见天下官吏习而不察者甚多,用是信笔直书，俾览者各自猛省，特谕！

雍正九年正月二十日

谕办理军机大臣

自古用兵之道，首以申明号令为务。《周易》曰："师出以律。"《周书》曰："不愆于六步七步，不愆于四伐五伐，乃止齐焉。"可知进退步骤之间，尺寸不可违越，方为节制之师。而平日必须申明号令，使三军之士无不熟知深晓。倘其中或有不遵者，则按军律置之于法。是其获罪乃本人之自取，无所归咎。虽领兵将帅，不能以己意一毫轻重于其间，此大公之道也。我国家武备精强，超越往古，历来军行之际，纪律严明，信赏必罚，是以天戈所指，迅奏肤功，此中外臣民所共知者。

今承平日久，新进少壮之人，未曾亲历戎行，则于从前规制，未必一一谙练。若不详悉申明宣谕，以致官弁兵丁等，或因陷于不知而遽罹罪谴，朕心实为不忍。今特令大臣等酌议军令条约，经朕亲加览定，凡大端细务，莫不备载其中者。盖以军机关系至重，必使事事合于纪律，人人祗奉章程，勿犯重罚而妄冀从轻，勿因事小而不遵成法。将来荷天眷佑，奏凯言旋。凡我弁兵等数十万人，有大功而无小过，此则朕心所厚望者也。着即刊刻，交与两路大将军通行颁布，咸使凛遵。特谕！

雍正九年八月初十日

卷四

诏

登极诏

惟我国家受天绥佑，圣祖神宗肇造区夏，世祖章皇帝统一疆隅，我皇考大行皇帝临御六十一年，德茂功高，文经武纬，海宇宁谧，历数悠长，不谓谢弃臣民，遽升龙驭，亲授神器属于藐躬。朕皇考大行皇帝德妃之子，昔二皇子弱龄建立，深为圣慈钟爱，寝处时依，恩勤倍笃，不幸中年神志昏愦，病类疯狂。皇考念宗社重任付托为艰，不得已再行废斥。待至十有余年，沉疾如故，痊可无期，是以皇考升遐之日，诏朕缵承大统。朕之昆弟子侄甚多，惟思一体相关，敦睦罔替，共享升平之福，永图磐石之安。

孔子曰："三年无改于父之道。"我皇考临御以来，良法美政，万世昭垂，朕当永遵成宪，不敢少有更张，何止三年无改？至于皇考知人善任，至明至当，内外诸大臣，朕方亟资翊赞，以期终始保全，务宜竭尽公忠，恪守廉节，俾朕得以加恩故旧，克成孝思。倘或不守官箴，自干国纪，既负皇考简拔委任之恩，又负朕笃爱大臣之谊。部院属吏、直省有司，亦宜实心任事，洁己奉公，不得推委上官，自旷厥职。

天下百姓受皇考恩泽日久，蠲赈频施，劝惩备至，间有愚氓干犯律令，皇考每遇谳决，必加详审，爰书累牍，披阅靡遗，少有可生之路，立施法外之仁。凡我百姓，各宜孝亲敬长，畏罪怀刑，以副朕仰法皇考如天好生之意。兹因诸王贝勒大臣文武官员人等，佥谓天位不可久虚，再三陈请，朕勉徇舆情，暂抑悲痛，于是月二十日祗告天地、宗庙、社稷，即皇帝位，以明年为雍正元年。仰惟先志之宜承，深望皇图之永固，诞昭新化，期衍旧恩。於戏！追慕前徽，继述无忘于夙夜，广推圣泽，恩膏愿被于寰区。凡尔亲贤文武，其共矢荩诚，各输心膂，用绍无疆之业，永垂有道之休！布告天下，咸使闻知。

恭上圣祖仁皇帝庙号尊谥诏

古帝王有出世之勋，必有非常之谥。故黄帝表中和之美，颛顼著谦约之文。大行受大名，扬光本因乎法地。有功兼有德，加号必极乎同天。此追尊之巨典，守国之常经也。恭惟我皇考大行皇帝，受箓绵长，膺图悠久，以生知安行之至圣，行存诚主敬之实功。无一事不上合天心，无一念不下周民虑。郊禋飨帝，岁必躬行；祈谷佑民，典恒虔举。慈闱定省，宗系展庸。问夜求衣，卑宫菲食。万几悉归于尽善，庶政一出于大中。式劝官方，广开言路，奖廉课吏，敕法儆邪。器以使人，公能服众。赈恤之诏，屡下十行。放免之租，动成千万。宽刑肆赦，发帑赉兵。巡省恩膏，备详方略。治河经略，具载史书。以自强不息之精神，为久道化成之事业。武功之赫濯，则荡清三孽，平定沙漠，元裔灭除，台湾置郡，收水西而抚红苗，定土蕃而复三藏。文德之光华，则亲临太学，特幸阙里，严饬学臣，敦训士子，增博士之员，跻十哲之享。手定五经，穷研六艺。诗同雅颂，文媲典谟。学贯百家，圣实天纵。深仁厚泽，溯四千余载之史册，莫有等伦；伟烈丰功，纪六十一年之政治，何能悉举？今龙驭上宾，星霜未改，普天之思慕，应与岁月而俱深，率土之攀号，惟望徽称之允合。

朕缵承鸿宝，嗣守丕基，方继述之是图，岂追崇之敢后？谨命诸王、贝勒、大臣、文武群臣稽考礼文，恭荐谥号。卿士百辟，不谋同辞,肇举上仪,恪遵旧典,祗告天地宗庙社稷于雍正元年二月十九日,奉册宝恭上皇考大行皇帝尊谥曰:合天弘运文武睿哲恭俭宽裕孝敬诚信功德大成仁皇帝。庙号曰:圣祖。既表尊亲之大义,当施逮下之洪恩。於戏!帝德难名,固揄扬之莫罄,圣功丕显,期昭示于无穷。庶慰遐迩之心,以协天人之愿。布告天下,咸使闻知。

圣祖仁皇帝配天诏

朕惟《孝经》云:"孝莫大于严父,严父莫大于配天。"《礼记》云:"惟圣人为能飨帝,孝子为能飨亲。"故《周颂》著"思文"之什,大《易》垂"殷荐"之辞。历稽迈古,侑食始于有虞,爰考前章,合祀起于周室,所以报功崇德,尊祖显宗也。朕缵承大业,绥理万方,既用享于祈年,将升中于迎日。恭惟圣祖仁皇帝,动符乾健,静合坤元,广大高明,奉无私以成化;含弘清穆,推至教以乘时。育万物而显诸仁,德周有截;包五行而藏诸用,道运不言。建极敷猷,刚柔并济;体元立制,仁义兼施。礼乐兵农,法四序之春秋冬夏;刑威劝赏,代六气之风雨雷霆。户牖三光,提封八极;东渐西被,北燮南谐。中国有圣人,瀛海仰日星之临照;王者大一统,遐荒沐霜露之沾濡。得一以清,得一以宁。号均三大,无不持载,无不覆帱,声并两仪。论参赞之成功,与地天而俱泰;补化育之不足,见民物之咸亨。荡荡无名,岂梯阶之可及;苍苍在望,非测管之能窥。三五以来,所称裁成辅相,范围曲成,先天而天弗违,后天而奉天时者,惟我圣祖仁皇帝实克尽之允。宜配享南郊,跻坛北畤,用是上稽前典,下慰舆情,昭告天地宗庙社稷,率诸王贝勒,文武群臣,于雍正元年十一月二十五日冬至,恭祀上帝,奉圣祖仁皇帝配享。雍正二年正月初六日,上辛祈谷,恭祀上帝。五月初一日夏至,恭祀皇地祇,并奉圣祖仁皇帝配享。振金声以达气,昊帝来宾;捧玉瓒而献诚,列圣昭格。隆仪备举,浩泽均宣。於戏!贻谋佑启,敢忘覆载之洪慈;对越骏奔,俨睹阴阳之合撰。青门升燎,虔一人报本之心;绀幄居歆,协万国尊亲之愿。布告天下,咸使闻知。

遗 诏

自古帝王统御天下,必以敬天法祖为首务。而敬天法祖,皆本于至诚之心,不容一息有间。是以宵旰焦劳,无日不兢兢业业也。朕蒙皇考圣祖仁皇帝为宗社臣民计,慎选于诸子之中,命朕缵承统绪,绍登大宝。夙夜忧勤,深恐不克负荷。惟仰体圣祖之心以为心,仰法圣祖之政以为政,勤求治理,抚育烝黎,无一事不竭其周详,无一时不深其祗敬。期使宗室天潢之内,人人品端行方;八旗根本之地,各各奉公守法。六卿喉舌之司,纪纲整饬,百度维贞;封疆守土之臣,大法小廉,万民乐业。十三年以来,竭虑殚心,朝乾夕惕,励精政治,不惮辛勤,训诫臣工,不辞谆复。虽未能全如期望,而庶政渐已肃清,人心渐臻良善。臣民遍德,遐迩恬熙,大有频书,嘉祥叠见。朕秉此至诚之心,孜孜罔释,虽至劳至苦,不敢一息自怠。方冀图安保泰,久道化成。今朕躬不豫,奄弃臣民,在朕身生本无生,去来一如,但我皇考圣祖仁皇帝付托之重,至今日虽可自信无负,而志愿未竟,不无微憾。

宝亲王,皇四子御名,秉性仁慈,居心孝友。圣祖皇考于诸孙之中,最为钟爱,抚养宫中,恩逾常格。雍正元年八月间,朕于乾清宫召诸王满汉大臣入见,面谕以建储一事,亲书谕旨,加以密封,收藏于乾清宫最高之处,即立御名为皇太子之旨也。其后仍封亲王者,盖令备位藩封,谙习政事,以增广识见。今既遭大事,著继朕登极,即皇帝位。仰赖上天垂佑,列祖贻谋,当兹寰宇乂安,太平无事,必能与亿兆臣民共享安宁之福。至于国家刑罚禁令之设，所以诘奸除暴，惩贪黜邪，以端风俗，以肃官方者也。然宽严之用，又必因乎其时。从前朕见人情浇薄，官吏营私，相习成风，罔知省改，势不得不惩治整理，以戒将来。今人心共知儆惕矣，凡各衙门条例，有从前本严而朕改易从宽者，此乃从前部臣定议未协，朕与廷臣悉心斟酌而后更定，以垂永久者，应照更定之例行。若从前之例本宽而朕改易从严者，此乃整饬人心风俗之计，原欲暂行于一时，俟诸弊革除之后，仍可酌复旧章，此朕本意也。嗣后遇此等事，则再加斟酌，若有应照例者，仍照旧例行。

自今以后，实愿内外亲贤股肱大臣，念朕朝乾夕惕之苦衷，仰答皇考圣祖仁皇帝利益社稷苍生之诚念，各秉忠良，屏除恩怨，一心一德，仍如朕在位之时，共相辅弼，俾皇太子御名成一代之令主，则朕付托得人，追随列祖皇考在天之灵，亦可不愧不怍矣。御名仰承祖宗积累之厚，受朕训诲之深，与和亲王弘昼同气至亲，实为一体，尤当诚心友爱，休戚相关，亲正人，行正事，闻正言，勿为小人所诱，勿为邪说所惑。祖宗所遗之宗室宜亲，国家所用之贤良宜保，自然和气致祥，绵祖宗社稷万年之庆矣。

庄亲王心地醇良，和平谨慎，但遇事少有担当，然必不至于错误。果亲王至性忠直，才识俱优，实国家有用之材，但平日气体清弱，不耐劳瘁。倘遇大事，诸王大臣当体之，勿使伤损其身。若因此而损贤王精神，不能为国家办理政务，则甚为可惜。大学士张廷玉，器量纯全，抒诚供职，其纂修《圣祖仁皇帝实录》，宣力独多。每年遵旨缮写上谕，悉能详达朕意，训示臣民，其功甚巨。大学士鄂尔泰，志秉忠贞，才优经济，安民察吏，绥靖边疆，洵为不世出之名臣。此二人者朕可保其始终不渝。将来二臣着配享太庙，以昭恩礼。其应行仪制，悉遵成典！持服二十七日，释服。布告天下，咸使闻知。

册 文

追封孔子五世祖木金父公册文

右文稽古,思统绪之相承;重道尊师,溯渊源于自远。举千秋之旷典,苹藻维馨;超五等之崇封,丝纶式焕。缅维先师孔子之五世祖木金父公,系本殷朝,居从鲁国。治惟尚质,传朴素之旧风;贵而弥恭,守谦和之家法。积功累行,聿弘毓圣之基;贻庆钟祥,遂极生民之盛。朕初登大宝,钦想前规,欲伸景仰之诚,用议显扬之制,特追封为肇圣王,锡之册命。於戏!克昌厥后,永立人伦之宗;有开必先,并膺素王之号。服兹嘉命,垂示无穷!

追封孔子高祖祈父公册文

道高圣域,宜推师表之源;恩浃儒宗,用广尊崇之典。拟王封而晋秩,礼轶古今;定鸿号而加称,荣增洙泗。缅惟先师孔子之高祖祈父公,系出商宗,望隆宋国。姓分公族,为孔氏之再传;瑞启圣人,逮宣尼而间出。溯渊源于累叶,知德盛而世昌。钟灵秀于一人,实教尊而功溥。朕羹墙至圣,寤寐前徽,思敬礼之加隆,必恩纶之及远,特追封为裕圣王,锡之册命。於戏!衮衣端冕,视躬桓蒲谷而弥尊;春禴秋尝,与凫绎龟蒙而并久。膺兹宠命,永荷鸿休!

追封孔子曾祖防叔公册文

圣人觉世,道有开而必先;王者尊师,礼必隆于所自。备显扬之典，用焕千秋；申向往之诚，特超五瑞。缅惟先师孔子之曾祖防叔公，殷朝贤裔，鲁国儒宗。潜德弥彰，守高曾之矩矱；诒谋自远，蕴诗礼之渊源。聿开天纵之能，四科立教；爰起时中之圣，一贯传心。朕宝位初膺，前徽是式，溯仪刑而景仰，加名号以褒崇，特追封为诒圣王，锡之册命。於戏！俎豆常新，峻秩与尼山并峙；丝纶诞贲，恩光与泗水长流。永荷宠嘉，昭垂无斁！

追封孔子祖伯夏公册文

化民善俗，道首赖乎师资；累行积功，谊应推夫祖德。阅再传而诞圣，垂裕贻谋；超五等而加封，创兴盛典。缅惟先师孔子之祖伯夏公，东山毓秀，泗水钟灵。生秉礼守义之邦，渐磨既久；奉崇信尊贤之训，牖迪尤深。集庆在躬，早兆四科之教；克昌厥后，遂开万世之蒙。朕宝历初膺，景行弥切，推降祥之有自，念显号之宜加，特追封为昌圣王，锡之册命。於戏！溯尼山之世泽，茂绩丕昭；崇阙里之家声，斯文益振。服兹嘉命，永示光荣！

追封孔子父叔梁公册文

达天尽性，溯道统之攸传；崇德报功，体孝思之不匮。惟诞生夫睿哲，遂永树乎师模。用贲徽章，特升峻秩。缅惟先师孔子之父叔梁公，望重鲁邦，业传郰邑。秉姿勇毅，垂史传之盛名；积庆悠长，衍家庭之令绪。感殊祥于阙里，兆启素王；征灵应于尼山，运钟至圣。粤从前代，显赠上公。兹当缵绪之初，更议推恩之典，特追封为启圣王，锡之册命。於戏！泽惟裕后，聿弘作述之规；善则归亲，宜极尊崇之礼。仪型如在，嘉命是承！

卷五

论

朋党论

朕惟天尊地卑，而君臣之分定。为人臣者，义当惟知有君。惟知有君，则其情固结不可解，而能与君同好恶，夫是之谓一德一心而上下交。乃有心怀二三，不能与君同好恶，以至于上下之情睽，而尊卑之分逆，则皆朋党之习为之害也。

夫人君之好恶，惟求其至公而已矣。凡用舍进退，孰不以其为贤而进之，以其为不贤而退之。惟或恐其所见之未尽当也，故虚其心以博稽众论，然必众论尽归于至正，而人君从之方合于大公。若朋党之徒，挟偏私以惑主听，而人君或误用之，则是以至公之心，反成其为至私之事矣。孟子论国君之进贤退不肖，既合左右诸大夫国人之论，而必加察焉，以亲见其贤否之实。《洪范》稽疑，以谋及乃心者，求卿士庶民之从，而皇极敷言，必戒其好恶偏党，以归于王道之荡平正直。若是乎，人君之不自用，而必欲尽化天下之偏私以成大同也。人臣乃敢溺私心、树朋党，各徇其好恶以为是非，至使人君惩偏听之生奸，谓反不如独见之公也。朋党之罪，可胜诛乎？

我圣祖仁皇帝御极六十年，用人行政，迈越千古帝王。而大小臣僚，未能尽矢公忠，往往要朋结党。圣祖戒饬再三，未能尽改。朕即位以来，屡加申饬而此风尚存。彼不顾好恶之公而徇其私昵，牢不可破。上用一人，则相与议之曰：“是某所汲引者也。”于是乎远之若浼，曰：“吾避嫌也，不附势也。”争怀妬心，交腾谤口，以媒蘖之，必欲去之而后快。上去一人，则相与议之曰：“是某所中伤者也。”亲昵者为之惋惜，疏远者亦慰藉称屈。即素有嫌隙者，至此反致其殷勤，欲借以释憾而修好。求一人责其改过自新者，无有也。于是乎其人亦不复自知其过恶，而愈以滋其怨上之心。是朝廷之赏罚黜陟，不足为重轻，而转以党人之咨嗟叹息为荣，以党人之指摘诋訾为辱。乱天下之公是公非，作好恶以阴挠人主予夺之柄，朋党之为害，一至是哉！且使人主之好恶而果有未公，则何不面折廷诤，而为是阳奉阴违，以遂其植党营私之计也？

《书》曰：“予违汝弼，汝无面从，退有后言。”当时君臣告语，望其匡弼，而以面从后言为戒夫。是故一堂之上，都俞吁咈，用能赓歌飏拜，以成太和之运。朕无日不延见群臣，造膝陈词，何事不可尽达？顾乃默无献替，而狡狯叵测。蓄私见以肆为后言，事君之义当如是乎？古纯臣之事君也，必期致吾君于尧舜，而人君亦当以尧舜自待其身。岂惟当以尧舜待其身，亦当以皋夔稷契待其臣。孟子曰：“责难于君谓之恭，陈善闭邪谓之敬，吾君不能谓之贼。”夫以吾君不能而谓之贼，则为君者以吾臣不能，亦当谓之忍。语云：取法乎上，仅得乎中。苟不以唐虞君臣相期待，而区区效法仅在汉唐以下，是乌能廓然尽去其私心，而悉合乎大公至正之则哉？

宋欧阳修《朋党论》创为邪说，曰：“君子以同道为朋。”夫罔上行私，安得为道？修之所谓道，亦小人之道耳。自有此论，而小人之为朋者，皆得假同道之名，以济其同利之实。朕以为君子无朋，惟小人则有之。且如修之论，将使终其党者，则为君子，解散而不终于党者，反为小人。朋党之风，至于流极，而不可挽，实修阶之厉也。设修在今日而为此论，朕必斥之，以正其惑世之罪。大抵文人掉弄笔舌，但求骋其才辩，每至害理伤道而不恤，惟《六经》《语》《孟》及宋五子传注可奉为典要。《论语》谓“君子不党”,在《易·涣》之六四曰:“涣其群,元吉。”朱子谓:“上承九五,下无应与,为能散其朋党之象,大善而吉。”然则君子之必无朋党,而朋党之必贵解散,以求元吉。圣人之垂训,亦既明且切矣。夫朋友亦五伦之一,朋党不可有,而朋友之道不可无。然惟草茅伏处之时,恒资其讲习以相佽助。今既登朝莅官,则君臣为公义,而朋友为私情。人臣当以公灭私,岂得稍顾私情而违公义?且即以君亲之并重,而出身事主,则以其身致之于君,而尚不能为父母有,况朋友乎?况可藉口于朋以怙其党乎?

朕自四十五年来,一切情伪,无不洞瞩。今临御之后,思移风易俗,跻斯世于熙皞之盛,故兼听并观,周诹博采,以详悉世务,且熟察风俗之变易与否,而无知小人辄议朕为烦苛琐细。有云,人君不当亲庶务者,信若斯言,则皋陶之陈《谟》何以云“一日二日万几”?孔子之赞舜何以云“好问好察”?此皆朋党之锢习未去,畏人君之英察,而欲蒙蔽耳目,以自便其好恶之私焉耳。朕在藩邸时,坦易光明,不树私恩小惠,与满汉臣工,素无交与。有欲往来门下者,严加拒绝。圣祖鉴朕居心行事,公正无私,故令缵承大统。今之好为朋党者,不过冀其攀援扶植,缓急可恃,而不知其无益也。徒自逆天悖义以陷于诛绝之罪,亦甚可悯矣。

朕愿满汉文武大小诸臣合为一心,共竭忠悃,与君同其好恶之公,恪遵大《易》《论语》之明训,而尽去其朋比党援之积习,庶肃然有以凛尊卑之分,欢然有以洽上下之情。虞廷赓歌飏拜,明良喜起之休风,岂不再见于今日哉?

性理论

性之与理,就上而言,即无极太极;就下而言,即太极阴阳。性缘理而立,理从性而生。即生而言,只有理而不知有性;即立而言,只有性而不知有理。理者,事之宜也,天地间万事各具自然之万宜,非人可更加之以理者。一贯之道,性善之论,非至诚不能达也。诚者,诚一无伪之谓。凡有二者,皆属虚伪。诚之为道,且即"君君臣臣父父子子"而言,曰忠曰孝,亦万事本具,万宜之名色耳,岂君臣父子之外别有忠孝乎?广而推之,万事万理可一体照而自明矣。即宜用宜道,心也;悖宜不宜,人心也。此乃圣人从下引后学于上达,由精一而入执中之意。因恐后学不能一旦精一执中,宁令依于道心而不令依于人心之教。

太极中虽具阴阳,然太极内不见阴阳,如阴中求阳不可得也,阳中求阴不可得也。若阴阳中觅太极,更岂得乎?此言本性依于道心而尚不可,何况依于人心之谓。至于阴中具阳,阳中具阴,阴阳包含于太极,太极不离于阴阳之论,其言性固然矣,理何在焉?如昼中有夜,夜中有昼,男中有女,女中有男,水中有火,火中有水之论。若然将人心即为道心可乎?更有胸中勉强立一主见,妄执以为道心,千条万绪中逐件分别取舍,将向日耳目学问边陈腐章句以为规则,若如此寻枝别叶,欲上达阴阳太极一体之道,即性即理本源之学,如入海算沙,不能也。程子曰:"一旦豁然贯通,则众物之表里精粗无不到,而吾心之全体大用无不明矣。"此论实达太极阴阳之性,格物致知之理。后学者当体先圣立言之苦心,屏尽私欲,时存天理,拳拳服膺,日就月将,至一旦豁然贯通时方能会。曾子曰惟之意,若徒求之言表,何可与言性理之道宜乎?至圣三叹:"民鲜能久也!"

记

圆明园记

圆明园在畅春园之北，朕藩邸所居赐园也。在昔皇考圣祖仁皇帝听政余暇，游憩于丹陵畔之涘，饮泉水而甘，爰就明戚废墅，节缩其址，筑畅春园，熙春盛暑时临幸焉。以扈跸，拜赐一区，林皋清淑，陂淀渟泓，因高就深，傍山依水，相度地宜，构结亭榭，取天然之趣，省工役之烦。槛花堤树，不灌溉而滋荣；巢鸟池鱼，乐飞潜而自集。盖以其地形爽垲，土壤丰嘉，百汇易以蕃昌，宅居于兹安吉也。园既成，仰荷慈恩，锡以园额曰"圆明"。

朕尝恭迓銮舆，欣承色笑，庆天伦之乐，申夏日之诚，花木林泉，咸增荣宠。及朕缵承大统，夙夜孜孜，斋居治事，虽炎景郁蒸，不为避暑迎凉之计。时逾三载，佥谓大礼告成，百务具举，宜宁神受福，少屏烦喧，而风土清佳，惟园居为胜。始命所司酌量修葺，亭台丘壑，悉仍旧观，惟建设轩墀，分列朝署。俾侍直诸臣有视事之所，构殿于园之南，御以听政。晨曦初丽，夏晷方长，召对咨询，频移昼漏，与诸臣相接见之时为多。园之中或辟田庐，或营蔬圃。平原膴膴，嘉颖穰穰，偶一眺览，则暇思区夏，普祝有秋。至若凭栏观稼，临陌占云，望好雨之知时，冀良苗之应候，则农夫勤瘁，稼事艰难，其景象又恍然在苑囿间也。若乃林光晴霁，池影澄清，净练不波，遥峰入镜，朝晖夕月，映碧涵虚，道妙自生，天怀顿朗。

乘机务之少暇，研经史之陶情，拈韵挥毫，用资典学。凡兹起居之有节，悉由圣范之昭垂，随地恪遵，罔敢越轶。其采椽栝柱，素甓版扉，不斫不枅，不施丹雘，则法皇考之节俭也。昼接臣僚，宵披章奏，校文于墀，观射于圃，燕闲斋肃，动作有恒，则法皇考之勤劳也。春秋佳日，景物芳鲜，禽奏和声，花凝湛露。偶召诸王大臣从容游赏，济以舟楫，饷以果蔬，一体宣情，抒写畅洽，仰观俯察，游泳适宜，万象毕呈，心神怡旷，此则法皇考之亲贤礼下对时育物也。

至若嘉名之锡以“圆明”，意旨深远，殊未易窥。尝稽古籍之言，体认圆明之德，夫圆而入神，君子之时中也，明而普照，达人之睿智也。若举斯义，以铭户牖，义勖身心，虔体天意，永怀圣诲，含煦品汇，长养元和，不求自安而期万古之宁谧，不图自逸而冀百族之恬熙。庶几世跻春台，人游乐国，廓鸿基于孔固，绥福履于方来，以上答皇考垂佑之深恩，而朕之心至是或可以少慰也夫。爰宣示予怀而为之记。

七曜会聚记

天之垂象，与人事相应。诸经垂训，惟敬与戒，无他说也。后世遇嘉祥之征，多纪年加号。然或不求实应，而徒尚虚文，适为厥德之累。昔人谓应天以实，朕有取焉。雍正三年春，历官奏二月二日庚午七曜会聚，为难逢之天瑞，绘图以进。于是廷臣援高阳汉高宋太祖时事，频请庆贺。朕不之允，且谕以经纬遇合之故，祯祥昭示之由，推皇考至德之感及，今日敬应之。实再三详谕，然后在廷之臣，晓然知朕之意，庆议乃寝。据候验者奏称，亥子之交，日月符会合之度，五星列联缀之形，荣光灿然。《汉志》所谓“如合璧，如连珠”者，昭然在目。及晨，则天朗以清，气和而穆。见者闻者莫不欢忻，传说以为旷世稀观，太平之瑞应。顾朕自继统以来，虽图治不遑，而政皆平欤？吏皆贤欤？民皆康欤？俗皆淳欤？朕实不敢自信，而何以致此？自信且不敢，又何以当此？其惟益凛日跻之敬，庶保天贶于永永也。既谕廷臣谨记，以示夫后云。

卷六

序

《数理精蕴》序

粤稽前古，尧有羲和之咨，舜有后夔之命，周有商高之访。逮及历代史书，莫不志律历备数度，用以敬天授民，格神和人，行于邦国而周于乡闾，典至重也。我皇考圣祖仁皇帝，生知好学，天纵多能，万几之暇，留心律历算法，积数十年，博考繁赜，搜抉奥微，参伍错综，一以贯之。爰指授庄亲王等率同词臣于大内蒙养斋编纂，每日进呈，亲加改正。汇辑成书，总一百卷，名为《律历渊源》。凡为三部，区其编次：一曰《历象考成》，其编有二：上编曰《揆天察纪》，论本体之象以明理也。下编曰《明时正度》，密致用之术，列立成之，表以著法也。一曰《律吕正义》，其编有三：上编曰《正律审音》，所以定尺考度，求律本也。下编曰《和声定乐》，所以因律制器，审八音也。续编曰《协均度曲》，所以穷五声二变相和相应之源也。一曰《数理精蕴》，其编有二：上编曰《立纲明体》，所以解《周髀》、探河洛、阐几何、明比例。下编曰《分条致用》，以线面体括九章，极于借衰割圜求体，变化于比例规、比例数、借根方诸法，盖表数备矣。

洪惟我国家声灵远届，文轨大同，自极西欧罗巴诸国，专精世业，各献其技于阊阖之下，典籍图表，灿然毕具。我皇考兼综而裁定之，故凡古法之岁久失传，择焉而不精，与西洋之侏儒诘屈，语焉而不详者，咸皆条理分明，本末昭晰。其精当详悉，虽专门名家，莫能窥万一，所谓惟圣者能之，岂不信欤？夫理与数合，符而不离，得其数则理不外焉，此《图》《书》所以开《易》《范》之先也。以线体例丝管之别，以弧角求经纬之度，若此类者，皆数法之精，而律历之要斯在。故三书相为表里，齐七政，正五音，而必通乎九章之义所由，试之而不忒，用之而有效也。书成，纂修诸臣请序而传之。恭惟圣学高深，岂易钻仰，顾朕夙承庭训，于此书大指微义，提命殷勤。岁月斯久，尊其所闻，敬效一词之赞。盖是书也，岂惟皇考手泽之存，实稽古准今，集其大成，高出前代，垂千万世不易之法，将欲协时正日，同律度量衡，求之是书，则可以建天地而不悖，俟圣人而不惑矣。

《圣谕广训》序

《书》曰："每岁孟春，遒人以木铎徇于路。"《记》曰："司徒修六礼以节民性，明七教以兴民德。"此皆以敦本崇实之道，为牖民觉世之模，法莫良焉，意莫厚焉！我圣祖仁皇帝久道化成，德洋恩普，仁育万物，义正万民。六十年宵衣旰食，只期薄海内外，兴仁讲让，革薄从忠，共成亲逊之风，永享升平之治。故特颁《上谕十六条》，晓谕八旗及直省兵民人等。自纲常名教之际，以至于耕桑作息之间，本末精粗，公私巨细，凡民情之所习，皆睿虑之所周。视尔编氓，诚如赤子。圣有谟训，明征定保，万世守之莫能易也。

朕缵承大统，临御兆人，以圣祖之心为心，以圣祖之政为政，夙夜黾勉，率由旧章。惟恐小民遵信奉行久而或怠，用申诰诫，以示提撕，谨将《上谕十六条》寻绎其义，推衍其文，共得万言，名曰《圣谕广训》。旁征远引，往复周详；意取显明，语多直朴，无非奉先志以启后人，使群黎百姓家喻而户晓也。愿尔兵民等仰体圣祖正德厚生之至意，勿视为条教号令之虚文，共勉为谨身节用之。庶人尽除夫浮薄嚣凌之陋习，则风俗醇厚，家室和平，在朝廷德化，乐观其成，尔后嗣子孙并受其福。积善之家必有余庆，其理岂或爽哉！

《雍邸诗集》序

朕昔在雍邸，自幸为天下第一闲人。然所谓闲者，非若箕颍遗世、竹木肆志之类也。朕生当国家鼎盛之时，三逆荡平，四方宁谧。仰蒙皇考钟爱，承欢膝下，位列亲藩。寝门定省之余，无他事事，境之所处闲矣。兼之赋性不乐浮华，既无庸皇皇于富贵，更不烦戚戚于贫贱，只期消融机巧，遂觉随处乐天，情之所寄又闲矣。虽然究其所以优游恬适，得四十余年为一闲人者，莫非我皇考教育深恩有以成就之也。朕素不娴声律，每于随从塞北，扈跸江南，偶遇皇考命题属赋，勉强应制，一博天颜欢笑。初不计字句工拙，至于宴赏登临，触物寓感，有会而作，因诗纪事，借以陶写性情而已，岂曰与文人墨客较论短长耶！岁月积久，裒焉成集。

迨壬寅冬，恭承皇考付托之重，临御寰宇，封章重叠，机务殷繁，旰食宵衣，犹虞丛脞，夙兴夜寐，莫敢求安。向之优游恬适，今则易而为惕励忧勤。花朝月夕之吟，皆成祁寒暑雨之思矣。检阅旧作，曷胜惘然。缅想曩日之闲境闲情，奚啻邈若河汉也哉！爰序于《雍邸集》首，以示朕意云。

九日宴群臣拟柏梁体诗序

朕继大统，惟朝乾夕惕，兢兢仰法皇考，期贤哲盈廷，民康物阜，永承至隆之圣治。尝思古之明良赓歌喜起，君臣一德同心，旷代为之欣慕。今在廷臣工，协衷以资赞理，顾瞻济济，皆我皇考数十年教育栽培之所诒也。是以庶政具举，兆民乐业，朕实嘉赖焉。康熙二十一年春，圣祖于乾清宫开升平之宴，振赓飏之歌，盛称一时,美冠千古。今丙午九月,节届重阳,览百谷之斯登,忻三农之有稔。光风溢目,海宇澄清。爰集王公卿尹,用陈几筵,笑言勿禁,威仪不拘。既相悦于一堂,可弗限夫三爵。然《礼》著“享燕”之义,《诗》有“嘉宾”之咏,古君臣于饮食燕会间,即具献纳拜飏之典也。唐虞文武之世,休风如昨,朕与诸卿宜则效之。今用柏梁体,朕为倡始,诸卿递成篇什。今日也,非徒命酒征歌,扬华摛藻,盖欲昭圣祖养育之深恩,朕廷泰交之雅会,垂之奕世,永传斯事云尔。

《大清律集解》序

《周礼》大小司寇之职,以三典诘四方,以五刑听狱讼。正岁帅其属而观刑象,不用法者,国有常刑,月吉始和。布刑于邦国都鄙,乃悬刑象之法于象魏,使万民聚而观之。是知先王立法定制,将以明朝野,俾官习之而能断,民知之而不犯,所由息争化俗而致于刑措也。恭惟我皇考圣祖仁皇帝,大德如天,以至仁涵育群生,法司上奏,率多全宥,停刑肆赦,屡沛恩纶,临御六十一年,厚泽周浃乎宇内,血气心知之伦,熙然安处于仁寿之域。

朕绍守丕图,深怀继述。雍正元年十月,乃命诸臣将律例馆旧所纂修未毕者,遴简西曹,殚心搜辑稿本进呈,朕以是书民命攸关,一句一字,必亲加省览。每与诸臣辨论商搉,折中裁定,或析异以归同,或删繁而就约,务期求造律之意,轻重有权;尽谳狱之情,宽严得体。三年八月,编校告竣,刊布内外,永为遵守。《易》曰:“先王以明罚敕法。”汉郑昌言:“律令一定,愚民知所避,奸吏无所施。”是书也,岂惟百尔有位,宜精思熟习,悉其聪明,以察大小之比。凡士之注名吏部,将膺民社之责者,讲明有素,则临民治事,不假于幕官胥吏而判决有余。若自通都大邑至僻壤穷乡,所在州县仿《周礼》“布宪读法”之制,时为解说,令父老子弟递相告戒,知畏法而重自爱。如此则听断明于上,牒讼息于下,风俗可正,礼让可兴,于以体皇考好生之德,而追虞廷从欲之治不难矣,朕实有厚望焉。

《诗经传说汇纂》序

朕惟《诗》之为教,所以成孝敬,厚人伦,美教化,移风俗,其用远矣。自说《诗》者,各以其学行世,释解纷纭,而经旨渐晦。朱子起而正之,《集传》一书,参考众说,探求古始,独得精意,而先王之诗教藉之以明。国家列在学官,著之功令,家有其书,人人传习,四始六义,晓然知所宗尚。

我皇考圣祖仁皇帝,右文稽古,表章圣经。御纂《周易折中》,既一以《本义》为正。于《春秋》《诗经》,复命儒臣次第纂辑,皆以朱子之说为宗。故是书首列《集传》,而采汉唐以来诸儒讲解训释之与《传》合者存之,其义异而理长者,别为附录,折中同异,间出己见。乙夜披览,亲加正定。书成,凡若干卷,名曰《诗经传说汇纂》。

朕惟《诗》三百篇,先生所以明劝惩而行黜陟,盖治世之大经,而后世文人学士,乃以风云月露之辞自托风雅,学经者又溺于训诂词章之陋习,乌在其能明先生之道也!我皇考指授儒臣,勒为是编,期以阐先王垂教之意与孔子删《诗》之旨。学于是者,有得于兴观群怨之微,而深明于事父事君之道,从政专对,无所不能,则经学之实用著,而所谓用之乡人,用之邦国以化天下者,亦于是乎行焉。刊校既竣,敬述圣意,序之简端。

卷七

序

《骈字类编》序

我皇考德秉生知，学深稽古，万几之暇，披览简编。自六经诸史，以逮诸子百家，莫不探其本源，穷其阃奥。又令词臣纂集群言，广稽博采，丹黄甲乙，荟萃成编。所就者非止一书，所录者动盈万卷，咸秉宸衷之厘定，并为秘府之珍藏。又以自古类书，或以事而相从，或以韵而相次，因循故辙，讹伪相沿，乃命儒臣纂修《骈字类编》一书，字从所统，若律吕之有元声；类以字分，如百川之归大壑。提纲挈领，义例灿然。首天地而时令次之，次山水、居处，而珍宝数目又次之，次方隅、采色、器物，而草木、鸟兽、虫鱼、人事又次之。部分则简而不繁，取材则博而能要。极词坛之玮丽，创类苑之奇观。

朕景仰前徽，钦承丕绪，如《子史精华》《图书集成》等书，悉遵先志，分命臣工，夙夜校雠，并皆竣事，而《骈字类编》亦以今秋告成。《记》曰"比事属辞"，盖骈之义也。《易》曰"方以类聚"，则类之始也。今字则从骈，义虽不同而不妨于并列；编则从类，事虽互见而不至于混淆。于是乎乾坤之蕴，民物之繁，大备于一书之中，而蔚然萃群书之秀矣！洪惟我皇考盛德，际天地大业，照古今述作，上继夫圣明文章，悉归于性道。是书之成，岂徒为艺林之盛事而已哉！形而上者谓之道，形而下者谓之器，引而伸之，触类而长之，无器之非道也。爰书大意，弁之简端，庶几以学务时、敏之思为、绍庭陟降之志云尔。

《音韵阐微》序

声音之道微矣！天地有自然之声，人声有自然之节。古之圣人得其节之自然者，而为之依永和声，至于八音谐而神人和胥。是道也，文字之作，无不讲求音韵，顾南北异其风土，古今殊其转变。喉舌、唇齿、清浊、轻重之分辨在毫厘，动多讹舛，樊然淆混，不可究极。自西域梵僧定字母为三十六，分五音以总天下之声，而翻切之学兴。儒者若司马光、郑樵皆宗之，其法有音和类隔互用借声，类例不一，后人苦其委曲繁重，难以骤晓，往往以类隔互用之切，改从音和，而终莫能得其原也。

我圣祖仁皇帝亶聪首出，天地万物之奥，律历象数之秘，靡弗心解神会，洞彻本原。以国书合声之法，出于自然，足以尽括汉文翻切之要妙也，于是指授大学士李光地拟定条例节目，俾诸生王兰生纂辑之后，复以尚书徐元梦董其成。始自康熙五十四年，迄今十载奏竣，命之曰《音韵阐微》。盖其为法也，缓读则成二字，急读则成一音，在音和中尤极其和，总出于人声之自然而无所勉强，洵为简明易晓，从来翻切家所莫及，而讲求音韵者习之良甚便也。虽然，此特就切韵言之耳。尝观《皇极经世书》："律感吕而声生，吕感律而音生，律吕倡和，相生不穷。"以声音统摄万物之变说者，谓其以声起数、以数合卦，而万物之理备焉。我圣祖仁皇帝独见音韵之本原，即用以审音定律，作乐崇德，其道举无所不贯。盖睿知渊通，更有极乎至微者，夫岂群下所能仰窥万一哉！

《古今图书集成》序

钦惟我皇考圣祖仁皇帝，聪明睿知，亶生知之质而又好古敏求,孜孜不倦。万几之暇,置图书于左右,披寻玩味,虽盛暑隆寒,未尝暂旷。积数十载之久,研综古今,搜讨殆遍,屡命儒臣,弘开书局。若《周易折中》,发四圣之微言,《朱子全书》,会群儒之奥义,皆禀自睿裁,复躬加校定。若律历渊源,推轩皇之神策,叶虞代之元声,皆亲行指授,以天纵之能而准于仪器。凡注经、考史、选诗、论文以及博闻多识之资,所纂辑雕镌,充溢于内府。删述之功,嘉惠无穷,称极盛矣。而又以为未揽其全,乃命广罗群籍,分门别类,统为一书,成册府之巨观,极图书之大备,而卷帙浩富,任事之臣弗克祇承。既多讹谬,每有阙遗,经历岁时,久而未就。

朕绍登大宝,思继先志,特命尚书蒋廷锡等董司其事,督率在馆诸臣重加编校,穷朝夕之力,阅三载之勤,凡厘定三千余卷,增删数十万言。图绘精审,考定详悉。书成,进呈朕览,其大凡列为六编,析为三十二典,其部六千有余,其卷一万。始之以历象观天文也,次之以方舆察地理也,次之以明伦立人极也,又次之以博物、理学、经济,则格物、致知、诚意、正心、治国、平天下之道咸具于是矣。惟我皇考法天行之刚健,协坤德之含弘,察于人伦,明于庶物,尊六经而礼先儒,厘六官以敷大政。故是书之成,贯三才之道而靡所不该,通万方之略而靡所不究也。我皇考金声玉振,集五帝三王孔子之大成。是书亦海涵地负,集经史诸子百家之大成。前乎此者,有所未备;后有作者,又何以加焉?敬藏石室,宝垂久远!用叙其本末,缀于篇首,上以彰皇考好学之圣德,右文之盛治,并纪朕继志述事,兢兢业业,罔敢不钦若于丕训云尔。

《子史精华》序

恭惟皇考圣祖仁皇帝天纵聪明,秉上圣之姿,而垂意典籍,勤于稽古。御极六十余年,万几之暇,披览卷帙,不辍寒暑。巡幸所至,必以缃素自随,逮于耄龄,精研不倦。延阁广内之藏,搜讨无遗。所谓好古敏求多学，而一以贯之也。欲以编辑成书，嘉惠天下后世嗜学之士，特命开书局于武英殿，召集词臣，历岁修纂，每成数卷即上呈御览，亲加指示。前后所成，充溢册府，而《子史精华》之纂为最后。

朕缵绪之初，尚未告竣。敬承先志，俾就厥功。综观大凡，其部三十，其目二百七十有九，自天文地理、帝德王功、礼乐兵刑之大、人伦日用之常，以及九边之殊域、二氏之异教、方术技艺之巧、草木鸟兽之蕃，门分类别，条理具备，而采掇子史，芟芜撷秀，甚有裨于学者。盖士之向学，通经为先，而博及于子史，固不能若穷经之专一，惟揽其精华而识之勿忘。俾考古者于兹寻其绪，则无虑于简牍之繁；绩文者于兹取其材，则有助于翰墨之富，用力甚简而成功已多，是圣祖皇帝垂教无穷之至意也。剞劂既毕，展阅全编，敬为叙引，昭示久远，用缀于篇端。

《书经传说汇纂》序

朕思六经皆治世之书，而帝王之大经大法，昭垂万古者，惟《尚书》为最备。盖自继天立极，精一执中，二帝三王之心法，递相授受，而治法亦因之以传。今观《书》所载，成天平地、经国造邦、建官立教、礼乐兵刑之弘纲大用，与夫赓飏都俞之休风，嘉谟嘉猷之陈告，凡所为永膺天命，而致时雍协和之效者，虽相去数千年，尚可于方策中想见其钦明寅畏之衷，敷布经纶之迹，后之君臣得奉为模楷，以追踪于唐虞三代之隆，讵不于书是赖哉？

我皇考圣祖仁皇帝，圣学渊深，治功弘远。存于中者，二帝三王之心，发于外者，二帝三王之治。而稽古好学，于典谟训诰之篇，沉潜研究，融会贯通。初命讲官分日进讲，著有《解义》一编，颁示海内。复指授儒臣，荟萃汉唐宋元明诸家之说，参考折中，亲加正定，广大悉备，于地理山川援今据古，靡不精核，为《书经传说汇纂》凡二十有四卷，兹值刊校告竣，与《易》《诗》《春秋》诸经次第传布。敬制序文，勒之卷首。夫后世之天下，唐虞三代之天下也，而治法之垂为典章，心法之原于性命者，先后同揆，百世之圣君贤辅未能易也。故为君者，必思比德于尧舜禹汤文武而后无忝乎为君；为臣者，必思媲休于皋夔伊傅周召而后无忝乎为臣。朕夙夜兢兢，冀克守主敬存诚之道，以遂觐光扬烈之怀，尤冀卿尹百执事，共体元首股肱之谊，殚协恭励翼之忱，寅亮天工，諴和民志。俾薄海内外，永底乂安。于以远宗圣哲，而仰承皇考尊崇经学、启牖万世之盛心，顾不美欤？是为序。

《清汉文孝经》序

《孝经》者，圣人所以彰明彝训，觉悟生民。溯天地之性，则知人为万物之灵；叙家国之伦，则知孝为百行之始。人能孝于其亲，处称惇实之士，出成忠顺之臣；下以此为立身之要，上以此为立教之原。故谓之至德要道。自昔圣帝哲王宰世经物，未有不以孝治为先务者也。恭惟圣祖仁皇帝缵述世祖章皇帝遗绪，诏命儒臣编辑《孝经衍义》一百卷，刊行海内，垂示永久。顾以篇帙繁多，虑读者未能周遍，朕乃命专译经文，以便诵习。夫《孝经》一书，词简义畅，可不烦注解而自明。诚使内外臣庶，父以教其子，师以教其徒，口讽其文，心知其理，身践其事。为士大夫者，能资孝作忠、扬名显亲；为庶人者，能谨身节用、竭力致养。家庭务敦于本行，闾里胥向于淳风。如此则亲逊成化，和气薰蒸，跻比户可封之俗，是朕之所厚望也夫！

《清汉文小学》序

古者八岁而入小学，教之以洒扫、应对、进退之节，爱亲、敬长之义，俾童而习之，以养其德性。其说散见经传，朱子采集为《小学》一书，所以示人教学之方，而有以为正心修身之本，其言约其理该，盖六经、四子、性理诸书之阶梯也。皇考圣祖仁皇帝尝特颁谕旨，令有司兼以命题课士，海内士子固已咸知诵法矣。又命尚书顾八代一人翻译清文，日进呈览，钦定三年而后成，嘉惠后学之心至深且厚。当日未经刊刻颁行，朕敬承皇考遗志，特命校对授梓，以资肄习。读者宜知纲常伦纪之当崇，视听言动之当谨，与夫嘉言懿行之当遵，循慕效修，其职自在家庭日用之常经，而充其量可以成圣贤忠孝之大节。子弟之习，于是而淳；教化之原，于是而备。《诗》曰："成人有德，小子有造。"朕盖深有望焉。

卷八

序

《圣祖仁皇帝实录》序

粤稽古载籍以来,圣帝明王,德隆业茂,莫不扬休纪美,照耀简编。若夫上天纯佑下民,聚扶舆积厚之气,笃生至圣,备道德之崇广,集皇王之大成,经纶宇宙,彪炳帝纪。巍巍乎,荡荡乎,自羲、轩至今,未有如我皇考圣祖仁皇帝之盛者也!

洪惟太祖、太宗肇构鸿基,发祥垂裕。世祖开天建极,统一寰区。暨我皇考天亶神灵,丕承先烈,以徇齐敦敏之质,而学有缉熙。以继体守成之时,而事兼开创。以光华格被之勋,而日新盛德。以郅隆熙洽之运,而时敕几康。临御宝阼六十余年,历服绵长,超越千古。仁渐义摩,文经武纬。典章大备,声教覃敷。峻德崇功,蟠天际地。有如敬天凛昭事之诚,尊祖切觐扬之志。郊坛禋祀,岁必躬亲。庙享荐馨,心虔对越。用致苍穹之昭格,聿彰谟烈之显承。奉事两宫,尊养备极;承欢致敬,阅数十年。巡幸则躬扶鸾辂,侍疾则步祷南郊。送龙辅而亲行,瞻寝园而洒泪。自古天子之孝,莫与比隆;友爱裕亲王等,垂老靡间。视疾临丧,恩礼交至。推仁宗室,教育天潢,展亲惇族,谊莫厚焉!宵衣旰食,明目达聪。亲政六十余年,夙夜励精,始终惟一。临轩召对,虚己求言。敷陈有益于民生,必蒙采录;廉能实见诸治效,立荷宠褒。眷耆旧而体貌优崇,简俊乂而程材器使。小廉大法,百僚皆得其人;纲举目张,庶司各修其职。四方之利弊周知,万里之情形洞烛。

爱民如子，轸恤维殷。普乐利于农桑，裕盖藏于积贮。偶遇水旱，立沛恩施，发帑蠲租，动以数百万计。即在属国，运粟赐粮，视同一体，德洋恩溥，故黎庶乐业，中外阜康。慎重刑章，哀矜庶狱。每于奏谳明允之中，施仁法外。严寒停遣，盛夏弛刑。大逆宽族诛，叛人无孥戮。如天好生之德，洽于民心，钦恤之仁，无以加矣。

讲幄弘开，精研道要。考六艺之折中，抉性理之精义。宸翰则鸾回凤翥，天章则玉振金声。御定诸书，包涵万有，融贯百家。缃帙瑶编，充牣册府。生知天纵，莫名圣学之高深。加以重道尊师，表章儒术，亲诣阙里，瞻拜加虔。赐博士于五贤，跻紫阳于十哲。训饬多士，敦崇实学；加科广额，惠浃儒林。寿考作人，于斯极盛。圣武布昭，神谟密运；天戈所指，立奏肤功。平三逆、收台湾，布尔尼应期而授首，鄂罗斯望风而请命。躬率六师，三临朔漠，歼噶尔丹而藩服乂安；命将徂征，长驱绝域，复达赖喇嘛而西陲宁谧。销锋灌燧，俾薄海内外，永庆升平。廑念河防，亲临指授，览全河之形势，运疏瀹之神功。开中河，筑高堰，而淮黄底绩，东南获衽席之安；浚永定，堤子牙，而漳滏顺流，畿甸享膏腴之利。地平天成，万世永赖。

至若躬行节俭，而大官服御，务崇朴素之风；秉德谦冲，而徽号鸿名，屡却廷臣之请。至诚不息，而朝乾夕惕，本行健以法天；圣敬日跻，而肃庙雝宫，俨动容之中礼。凡兹盛美，莫罄名言。是以久道化成，太和翔洽，天庥滋至，岁奏屡丰，户乐盈宁，人登仁寿。自古未宾之国，重译踵至，戴高履厚，莫不尊亲。升遐之日，自僻壤遐陬，远暨蛮夷荒服，含生负气之伦，感恸哀号，如丧考妣。群臣恭拟庙谥，曰“圣”曰“仁”。祗荐祖号，万口一心，允乎公论，猗欤休哉，至矣大矣！

朕缵承鸿绪，念切绍庭。践阼之初，即简命大臣等，董率儒臣，开馆纂修。发金匮之秘藏，稽纶言于政地。表年系日，敬谨编辑。纪言纪事，巨细靡遗。朕斋肃展礼，亲加详阅，历今九载，敬成《圣祖仁皇帝实录》若干卷。又于尊藏皇史宬外，恭缮全帙，庋供几案，时时展读，以遂朕敷时绎思，继志述事之意。

於戏！帝载难名，而岁功昭布，日月之运行，星辰之经纬，可以仰观成象焉；圣德难名，而治法昭垂，条理之精详，规模之宏远，可以仰求成宪焉。我皇考参赞位育之神，钦明精一之蕴，虽非简牒所能殚述，而鸿谟骏业，炳于纪载，与天无极，万世勿谖！后之绍作君作师之任、求治统道统之全者，于是乎在。敬弁言简端，以昭示我子孙，俾永永敬承于亿万世。谨序！

《圣祖仁皇帝圣训》序

朕荷皇考圣祖仁皇帝付托至重，兢兢业业，早作夜思，以期无负继述。仰惟皇考留贻矩矱，朕得监于成宪，是则是效，实天下万世所当钦承观法。爰命大学士等纂修《圣祖仁皇帝实录》，阅时九载，书成千卷。自古帝王功德之隆盛、记载之繁富，未有加于此者。顾《实录》乃编年之书，我皇考顺时布化，若天道之流行，春秋冬夏各协其宜，而其中条分缕析，饬纲振纪，精微所寓，随举一端，皆为法式。于是复令纂修诸臣，分类恭辑《圣训》六十卷，洋洋乎盛德大孝！敬天勤民，文教之诞敷，武功之赫濯，礼乐之明备，政刑之修举，一经睿谟，千古莫易。夫六经诸史之传，皆有经有纬，朕于皇考神功圣德，精心体察，以《实录》为经，以《圣训》为纬。于编年见因时之宜，于分类见随事之要，一敷施而有所循也，一话言而有所守也，一寤寐饮食而有所遵也。

於戏！如天之仁，如日之照，如神之哲，万类虽赜，莫不含弘并包于圣人之度内，而儆惕训谕之辞，尤必凛凛于时几，孜孜于熙绩，勤勤于小民之恬养，亹亹于嘉师之祥刑。盖圣心愈切，而圣德愈崇，是以统乾坤之范围而不过，发圣贤之阃奥而靡遗。以六十余载之鸿规，为千万世后昆之垂裕。其所裨益，曷有涯量哉！此朕命官敬纂皇考《实录》而又恭缮《圣训》之深意，子子孙孙其永宝诸！

《圣祖仁皇帝庭训格言》序

钦惟皇考圣祖仁皇帝，性秉生安，道参化育，临御悠久，宇宙清宁。六十载圣德神功，超越万古。凡为史臣所记注黎献、所睹闻者，固已备编于《实录》《宝训》，珍藏于金匮琅函，裔裔皇皇，盛矣大矣！

朕曩者偕诸昆弟，侍奉宫庭，亲承色笑。每当视膳问安之暇，天颜怡悦，倍切恩勤，提命谆详，巨细悉举。其大者如对越天祖之精诚，侍养两宫之纯孝，主敬存诚之奥义，任人敷政之宏猷，慎刑重谷之深仁，行师治河之上略，图书经史、礼乐文章之渊博，天象地舆、历律步算之精深，以及治内治外、养性养身、射御方药、诸家百氏之论说，莫不随时示训。遇事立言，字字切于身心，语语垂为模范。盖由我皇考质本生知，而加以好学，圣由天纵，而益以多能。举天地间万事万物之理，融会贯通，以其得之于心者，宣为至教。视听言动，悉合经常；饮食起成，咸成矩度。而圣慈笃挚，启迪周详，涵育薰陶，循循善诱。朕四十年来，祗聆默识，夙夜凛遵。仰荷缵承，益图继述。追思畴昔天伦之乐，缅怀叮咛告诫之言，既历历以在心，尚洋洋其盈耳。谨与诚亲王允祉等，记录各条，萃会成编，恭名为《庭训格言》。

於戏！圣谟弘远，包涵无际。以今所纪，揆昔所闻，仅存什一于千百，阙略甚多，实深愧悚。然而是编也，文辞精要，意旨深长。苟能引伸而扩充之，则片语能涵众义，只字可括千言。虽卷帙简约，而格致诚正、修齐治平之道，罔弗兼该；尧舜禹汤、文武周孔之传，一以贯之矣。爰奉秘集寿之琬琰，以昭垂于亿万世。《书》曰：“监于先王成宪，其永无愆！”《诗》曰：“诒厥孙谋，以燕翼子。”

勖哉后嗣！恪循祖训，念兹罔斁，受益靡穷。世世子孙，尚其永久敬承哉！谨序。

《大清会典》序

自昔书契肇兴，百官以治。是知上古之代，虽风气朴略，始制文字，必垂典宪以昭诫有位，用能允厘百工，咸熙庶绩。观《虞书》“舜命九官”，具载训辞，宏纲毕举，则其节目之详于简册者，可想而知也。爰历夏殷，至周大备。孔子言“周监于二代”，又言“殷因夏礼，周因殷礼，所损益可知”。《周礼》一书，盖承唐虞夏殷之绪，而加以文武制作之隆，上绍古先，下开来叶。自是厥后，汉唐宋明膺运享祚者，莫不著之章程，布在方策，设官分职，犹师虞周之成宪焉。

我太祖高皇帝，受天景命，经纶草昧。太宗文皇帝，肇基王迹，创制显庸。世祖章皇帝，混一寰瀛，礼明乐备。至我皇考圣祖仁皇帝，载定泰平，功隆业茂。是则我朝之兴，四圣相承，兼唐虞之勋华，综丰镐之谟烈，巍乎成功、焕乎文章之并盛者也！

康熙二十三年，圣祖仁皇帝敕命阁臣纂修《大清会典》，起于崇德元年，迄于康熙二十五年，大经大猷，咸胪编载。圣祖仁皇帝历数绵长，又阅三纪，敬勤愈至，法制增修，宪古宜今，至精至备，可谓规型之尽善，仪典之大成。而散在卷牍，未及汇缉，以蒇全书。

朕缵承宝位，体皇考之心以为心，法皇考之政以为政，其有因时制宜、更加裁定者，无非继志述事之意，绍闻衣德之思。爰允礼臣蒋廷锡所请，命阁臣开馆纂修。自康熙二十六年至雍正五年，所定各部院衙门礼仪条例，悉行检阅，照衙门分类编辑，凡经九载，篇帙告竣。于是圣祖仁皇帝临御六十余年，立纲陈纪之端，命官敷政之要，首末完具，灿然如日星之炳照，与《虞书》《周礼》并垂不刊。

夫制度之有损益,随时以处中之道也。《书》曰“惟精惟一,允执厥中”。《易》曰“变通者,趋时也”。中无定体,动惟厥时。斯圣祖仁皇帝所以乾健日新,为万世立极也。朕兢兢业业,永怀绍庭陟降之义尔。在廷臣工,能恪遵而时绎之,上之可以程功,次亦不失为寡过。然其所以行之者,必本于至诚,非徒缘饰虚文、奉行故事,以为尽职也。其交相懋勉,忠勤不懈,以赞襄我国家悠久无疆之泰运,追迈二帝三王之盛,朕于兹有厚望焉!

《朱批谕旨》序

朕向在藩邸,未谙政事,不识一人,毫无阅历闻见。及受皇考圣祖仁皇帝付托之重,临御寰区,惟日孜孜勤求治理,以为敷政宁人之本。然耳目不广,见闻未周,何以宣达下情,洞悉庶务;而训导未切,诰诫未详,又何以使臣工共知朕心,相率而遵道遵路,以继治平之政绩?是以内外臣工,皆令其具折奏事以广谘诹,其中确有可采者,即见诸施行,而介在两可者,则或勅交部议,或密谕督抚,酌夺奏闻。其有应行指示开导及戒勉惩儆者,则因彼之敷陈,发朕之训谕。每折或手批数十言,或数百言,且有多至千言者,皆出一己之见,未敢言其必当。然而教人为善,戒人为非,示以安民察吏之方,训以正德厚生之要,晓以福善祸淫之理,勉以存诚去伪之功,往复周详,连篇累牍,其大指不过如是,亦既殚竭苦心矣。至其中有两人奏事,而朕之批示迥乎不同者,此则因人而施,量材而教,严急者导之以宽和,优柔者济之以刚毅,过者裁之,不及者引之,并非逞一时之胸臆,信笔直书,前后矛盾,读者当体朕之苦心也。此等奏折,皆本人对达朕前,朕亲自览阅,亲笔批发。一字一句,皆出朕之心思,无一件假手于人,亦无一人赞襄于侧。非如外廷宣布之谕旨,尚有阁臣等之撰拟也。

雍正六年以前,昼则延接廷臣,引见官弁;傍晚观览本章,灯下批阅奏折,每至二鼓三鼓,不觉稍倦。实六载如一日,此左右近侍及内直大臣所备知者。近年以来,天下庶政渐次就理,下情稍觉洞达。臣工之奏折较前减少,而朕躬精力亦不如前,批答之事,始从简便。此实情实事,可举以告天下者。今检内外诸臣缴回朱批之折,不下万余件,因思自古帝王治天下之道,以励精为先,以怠荒为戒。朕非敢以功德企及古先哲王,而惟此勤勉之心,自信可无忝于古训,实未负我皇考付托之深恩也。又念此等批示之语,实出于朕之苦心,或可为人心风俗之一助。但本人承旨之时不敢宣露于外,他人无由知之。今将外任之大臣官员奏折,经朕手批酌量可以颁发者捡出,付之剞劂,计算实不过十分之二三。俾天下臣民,展读咸知朕图治之念,诲人之诚。庶几将此不敢暇逸之心,报我皇考于万一耳。或人人观此而感动奋发,各自砥砺,共为忠良,上下蒙福,朕心愉快,更当何如!

《钦定训饬州县规条》序

牧令为亲民之官,一人之贤否,关系万姓之休戚。故自古以来,慎重其选,而朕之广揽旁求,训勉告诫,冀其奏循良之绩,以惠我烝黎者,亦备极苦心矣!惟是地方事务,皆发端于州县,头绪纷繁,情伪百出,而膺斯任者,类皆初登仕籍之人,未练习于平时,而欲措施于一旦,无怪乎彷徨瞻顾,心志茫然。即采访咨询而告之者,未必其尽言无隐,此古人所以有学制美锦之叹也。向以大学士朱轼、左都御史沈近思,外任多年,周知地方利弊。雍正二年,曾令二臣商著规则,以为州县之南车。乃书未就绪,而沈近思物故。迩年以来,朱轼复时多病,此事遂至迟延。去年始降旨,委诸总督田文镜、李卫,令二臣各抒所见,缮录诸条以进。朕亲加披览,见其条理详明,言辞剀切,民情吏习,罔不兼该,大纲细目,莫不备举,诚新进之津梁,庶官之模范也。在二臣各就其所阅历者而言，繁简同异之间，不必一致，而慎守官方，勤恤民隐，兴利除害，易俗移风，其大指则一而已矣。爰就本文，付之剞劂，颁赐州县各官一帙。俾置之几案间，朝夕观览，省察提撕，治效未臻，必思所以勉之，弊端未革，必思所以去之。本之以实心，行之以实力，毋始勤而终怠，毋静言而庸违。如此则不但国家得司牧之贤，草野有父母之颂，而尔等身膺显擢，叨被荣光，福贻子孙，名标史册，岂不美欤？

《悦心集》序

朕生平澹泊为怀，恬静自好，乐天知命，随境养和。前居藩邸时，虽身处繁华，而寤寐之中，自觉清远闲旷，超然尘俗之外，然不好放逸身心。披阅经史之余，旁及百家小集，其有寄兴萧闲、寓怀超脱者，佳章好句，散见简编，或如皓月当空，或如凉风解暑，或如时花照眼，或如好鸟鸣林，或如泉响空山，或如钟清午夜，均足以消除结滞，浣涤烦嚣，令人心旷神怡，天机畅适。因随意采录若干则，置诸几案间，以备观览。

自总理万几以来，宵旰不遑，求如曩时之怡情悦目，不可复得。然宁静之宰，不因物动；恬澹之致，岂为境移！此乃可以自信者。爰取向所采录，汇为一书，名之曰《悦心集》。夫心者，人之神明，所以为万化之源，万事之本，而劳之则苦，扰之则烦，蔽之则昏，窒之则滞。故圣贤有存心、洗心之明训，佛祖有明心、寂心之微言。无非涵养一心之冲虚灵妙，使无所累，与天地太和元气浑然流行，无入而不自得也。如孔门之春风沂水，仙家之吸露飧霞，如来之慧雨香花，以及先儒之霁月光风、天根月窟，其理同，其旨趣何弗同耶？是编所录，有庄语，有逸语，有清语，有趣语，有浅近语，不名一体。人有仕有隐，有儒有释，有高名有无名，亦不专一家。总之戒贪祛妄，屏虑释思。寄清净心，游欢喜地。言近指远，辞简味长。俯仰之间,随时可会。然而喧寂在境,而不喧不寂者自在心,往往迹寄清廓之乡,而神思萦扰;身处尘氛之地,而志气安舒,则见道未见道之分也。昔朗禅师以书招永嘉禅师山居,师答曰:"未识道而先居山者,但见其山,不见其道;未居山而先识道者,但见其道,必忘其山。见道忘山者,人间亦寂也;见山忘道者,山中乃喧也。"旨哉斯言!知此义者,始可与读《悦心集》。

卷九

杂　著

执中成宪御论

《家语》:“舜之为君也,其政好生而恶杀,其任授贤而替不肖。德若天地而静虚,化若四时而变物。是以四海承风,畅于异类,凤翔麟至,鸟兽驯德,无他,好生故也。”虞舜宽裕而温良,敦敏而知时,畏天而爱民,恤远而亲近。

虞舜好生而恶杀。盖生者,发育长养之意,是以圣人好之;杀者,闭藏收敛之威,是以圣人恶之。二者皆天地四时自然之功用,故下文曰“德若天地而静虚,化若四时而变物”。盖天地以静虚为德,故其生杀也,以神应而无心。四时以变物为能,故其生杀也,亦化行于不悖。观风霆雨露之兼施,秋肃春温之迭嬗,则知天地四时之有杀,正天地四时之恶杀,正天地四时之好生也。圣人合天地四时以为心,故恶杀而不能不用杀,如“四凶”之诛、“五刑”之作,皆尧舜好生恶杀之实心实政。若务好生之虚名,而以无杀为恶杀,则其流必出于姑息之一途。政宽民慢,如水弱之玩而多死。是非真能恶杀,乃适成其为好杀也。岂天地好生恶杀之心,岂圣人好生恶杀之道乎!帝尧之言曰:“一人有罪,此我陷之也。”惟存此心,然后可以恶杀。盖明罚敕法,正以遏恶扬善,顺天休命,期于人人皆知远杀,其斯为真能恶杀者乎?

《书》曰:“先王克谨天戒,臣人克有常宪,百官修辅,厥后惟明明。”

人君出治，仰承天命，俯临百官，必也上之明于天戒而省愆修德，以承眷佑之恩；下之明于百官修辅之道而选才任能，以收赞襄之益。故曰“厥后惟明明”也。苟不能明于天戒，是不知敬天，固无足论矣。不能明于百官修辅之道，必至贤否混淆，诚伪杂出，失辨才论官之宜，而庶绩皆为丛脞矣。是以百官修辅之当明，与明天戒而并重也。

《史记》：“汤出，见野张网四面，祝曰：‘自天下四方皆入吾网。’汤曰：‘嘻！尽之矣！’乃去其三面，祝曰：‘欲左左，欲右右。不用命，乃入吾网。’诸侯闻之，曰：‘汤德至矣！及禽兽。’”

成汤解网三面，《史记》以为诸侯悦服，称其德及禽兽。由斯而言，则是圣人当日设为解网之事，以笼络人心，耸动观听，类于权术之为，非圣人之心也。且既有解网之仁，则当放桀南巢，何为不解网而释之乎？以此诘问，将不免于后人之疑矣。朕谓圣人之心至公无私，庆赏刑威，皆因物付物而已。所执之法，如网张于一面，而三面皆虚，左右之间，皆人人可生之地。乃人或不肯由三面以自全，而甘心蹈一面之网，则圣人亦无如之何矣。若夏桀者，自蹈于一面之网者也。《书》曰：“天讨有罪。”圣人奉若天道而已，何所容心于其间哉！

商王太甲曰：“天作孽，犹可违；自作孽，不可逭。”

天以仁爱为心，必无作孽于人之理，此皆由人之自取也。其云天作孽者，乃人有过失，天降灾异以示儆，而人能恐惧修省，自可潜为转移，故曰“犹可违也”。若有过愆，而上天垂训仍无忌惮，不知畏惧，故曰“自作孽也”。其能逭乎？

商王《盘庚》曰：“若网在纲，有条而不紊。若农服田力穑，乃亦有秋。”

为政之道，大纲举而后众目张。所谓大纲者，莫有过于农事田功也。是以圣人知“服田力穑”之为纲，而所其无逸，惟念小民之依，则“乃亦有秋”者，即网之有条而不紊也。由是而家给人足，时和年丰。百度之修明，万邦之作乂，莫不于农事统之矣。

又曰："汝分猷念以相从，各设中于乃心。"

分猷分念，人臣之职也。但事有至当之理，不及不可，过亦不可，所谓"中"也。若能得中，则所分之猷、所分之念，皆有益于国计民生。苟不得中，则虽有佐理之才，何能获赞襄之益乎？而此大中之理，又不待外求也。人性皆善返之，此心而自得，故曰："各设中于乃心。"

商王武丁曰："股肱惟人，良臣惟圣。"

股肱之道，左右元首与庶司百职承流宣化者不同，故必得其人乃可以翊赞君上，康济兆民。若居股肱之任，而不能尽股肱之道，则非其人矣。是即伊尹所称"任官惟贤才，左右惟其人"之义也。至于才全德备，尽启沃寅亮之功，而为良臣者，此乃禹、皋、稷、契、伊尹、周公之流，立臣道之极，所谓圣人者也。故曰："良臣惟圣。"若云"良臣辅"，而君圣何以良臣？如箕子、比干，而不能辅导君德于万一乎？此专为臣道而发者，况辞意显然，甚易明晓。后人因"圣"字不敢居，遂勉强诠解，大失其旨矣。

又曰："惟后非贤不乂，惟贤非后不食。其尔克绍乃辟于先王，永绥民！"

"惟贤非后不食"，旧说贤人待食于君，斯亦浅之乎言贤矣！朕谓贤非后不食者，乃圣贤之心，必欲得君以行其道，否则忧国忧民寝食为之不宁。又或如《易》"井渫不食"、《礼记》"穫而弗食"之义，言贤者抱道而不遇主，譬犹清泉、嘉谷，而不得为人所食也。

《孟子》曰："文王视民如伤，望道而未之见。"

常人不能见道，而自妄以为闻道者，无足论矣。若夫文王乃生安之圣，身在道中，动容周旋，自然中道，从心所欲，皆合天理，浑然与道为一。《孟子》曰"望道而未之见也"，此正言文王圣不自圣，惟恐或离于中道，即"无斁亦保"之义也。

《书》:“武王曰:惟天地,万物父母;惟人,万物之灵。亶聪明作元后,元后作民父母。”

皋陶曰:“天聪明自我民聪明。”武王曰:“天视自我民视,天听自我民听。”是天不自聪明,而以百姓之视听为聪明。为人主者,必能明四目达四聪,以天下人之耳目为耳目,方能理无不烛,物无不照,谓之亶聪明而克尽元后父母之道。其自恃为神灵天纵者,非亶聪明之道也。

又曰:“天畏棐忱,民情大可见,小人难保。往尽乃心,无康好逸豫,乃其乂民。我闻曰:‘怨不在大,亦不在小。惠不惠,懋不懋。’”

圣人以仁民爱物为心,自无敛怨之理;以大公至正为道,亦无避怨之方。敛怨者,咈百姓以从己之欲者也。避怨者,违道以干百姓之誉者也。夫己之欲必不可从,而百姓之誉亦不可干,何也?天下之人心不同,则含怨之情亦异。善者之所不怨者,必恶者之所怨;恶者之所不怨者,必善者之所怨。是以为人君者,不在乎辨怨端之大小而为之去就,不在乎统怨端之大小而为之趋避,惟问我之所行,惠与不惠,懋与不懋而已。吾果惠而顺于理,即任怨之意;果懋而勤于事,即任劳之意。则在己者,信无可怨,兆庶之广,即中有怨之之人,而无可怨之实,则虽怨犹不怨也。不能如是,则不怨犹怨也。实心爱民之君,臣常任怨任劳而有所不恤不辞。即如子产,古之贤臣也,为政之初,百姓怨之,迨及三年,百姓颂之。同一子产也,同一民情也,同一子产之政也,而先后之间民情迥异如此!然则为政者,惟准于理而已,何所用其取舍哉?

《孟子》:“《书》曰:天降下民,作之君,作之师。惟曰其助上帝,宠之四方。有罪无罪,惟我在,天下曷敢有越厥志?一人衡行于天下,武王耻之,此武王之勇也。而武王亦一怒而安天下之民。”

君师之道,非有两端。君师之责,亦非分属。为君者,教养并施，正德、利用、厚生，缺一不可，其理自兼为师。是师道即在君道之中，未有为君而不兼师者也。为师者，以先知觉后知，以先觉觉后觉，而君道亦寓。孔子为万世师表，其所垂之道法，人人尊奉率由，实如臣服。且千古帝王，无不奉令而承教，则君道即在师道中矣。君师之任，有不可岐视者。

《书》：成王曰："我闻曰：至治馨香，感于神明。黍稷非馨，明德惟馨。尔尚式时周公之猷训，惟日孜孜，无敢逸豫。"又曰："尔有嘉谋嘉猷则入告，尔后于内，尔乃顺之于外。"曰："斯谋斯猷，惟我后之德。呜呼！臣人咸若时，惟良显哉！"

成王此语，乃向君陈而言，故教以善则归君，一德一心之义，当如此也。若为臣者，果有嘉谋嘉猷，入告于君，可以福苍生而利社稷，则为君者亦自扬播于众，以表彰其善焉。盖君陈臣也，故成王训以为臣之道，而成王之所以为君者，已在不言之表矣。若言成王为一偏之论，则大失古圣王垂训之深意苦心也。

《书》："穆王曰：五刑之疑有赦，五罚之疑有赦。"

刑罚之疑而后有赦。疑者，其事暧昧而难知，游移而莫定。圣人罪疑惟轻，故赦之也。若无可疑，则无可赦矣。帝王之道，赏不僭而刑不滥。夫刑之失入固为滥，而失出亦为滥。后世相沿，于刑罚之情状显然供证历历者，犹屡加平反而减等以示宽，则是于不疑者亦矜恤之矣。若复援肆赦之文，概为宥释，则姑息之害，其滥不亦甚乎？有明刑之责者，极当详慎！

汉世宗书诏：丞相、御史、列侯中二千石，二千石诸侯相举贤良方正、直言极谏之士。丞相卫绾所举贤良，或治申、商、韩非、苏秦、张仪之言，请皆罢，奏可。诏曰：公卿大夫，所使总方略，壹统类，广教化，美风俗也。夫本仁祖义，褒德禄贤，劝善刑暴，五帝三王所由昌也。朕夙兴夜寐，嘉与宇内之士，臻于斯路，故旅耆老、复孝敬、选豪俊、讲文学、稽政事，祈进民心，深诏执事，兴廉举孝，庶几成风，绍休圣绪。夫十室之邑，必有忠信；三人并行，厥有我师。今或至阖郡而不荐一人，是化不下究，而积行之君子壅于上闻也。二千石官长，纪纲人伦，将何以佐朕烛幽隐、劝元元、厉烝庶、崇乡党之训哉？且进贤受上赏，蔽贤蒙显戮，古之道也。其与中二千石、礼官博士议不举者罪！

汉武帝下求贤之诏，而曰议不举者罪。盖其求贤若渴之意迫切于中，故其形于教令者如此。夫知人则哲，古帝其难之！故人不难于举，而难于所举之公且明也。使臣工果贤，则不待罪之而自能举；即或不举，亦必有不举之故。举不举公当，则均有益，即此亦可以观举者之心志，如臣工未必皆贤，则所举何能尽当？又岂可绳之以法，使之借口以不得已滥举塞责乎？古者进贤受上赏，蔽贤蒙显戮，盖谓素所深知之贤而妒嫉遏抑，不与同升耳。非概言不举者，俱加之以重罚也。

卷十

杂　著

经筵讲义

子曰:“参乎！吾道一以贯之。”曾子曰:“唯!”子出门,人问曰:“何谓也?”曾子曰:“夫子之道,忠恕而已矣。”

忠恕二字,朕以为忠者,诚也;恕者,应也。存诸已者,惟一诚。物来顺应,万事自具万理,皆一以贯之。至于《书经》云“时亮天工”,天道运行各因乎时,而时亮即时中,因时制宜,惟忠恕方能时亮,此亦一贯之理也。

其行己也恭,其事上也敬,其养民也惠,其使民也义。

此四者,虽论臣道,而君道亦然。恭已南面,乃人君出治之本。人君之事天,即如人臣之事君也。敬谨之心,岂容一刻稍懈!至于养民之惠,使民之义,君与臣更无二道也。朕谓子产四端,不但人臣当以为法,即人君亦当以为法。

子以四教:文、行、忠、信。

讲章内将文、行、忠、信分为四端,此是常解。朕以为仁义道德之理,见于词章者为文,见于躬行者为行,实有诸已则为忠,诚乎于物则为信。分之固为四端,合之只此一理,圣人四教,即谓之一教亦可。

中也者,天下之大本也。和也者,天下之达道也。

中和一理,不可视为岐二,亦不可言浑一。中之理本具和,但致中之时,而存和之见,则中必不致。和之道本即中,但致和之时而存中之见，则和必亦不致。能各尽专功，方能会归一本，如此则位天地、育万物，参赞之功能备矣！

致中和，天地位焉，万物育焉。

性曰天命，天地万物共之。中为一本，和乃散殊，此致中和，彼各位育，乃自然者。圣人却不自以为功能，故曰天地无心而成化，圣人有心而无为。

君子之中庸也，君子而时中。

时中"中"字，凡属讲章，俱讲成中（去声）字，尚未尽时中之精义。君子之中也，以敬而统庸于中；君子之庸也，以诚而推中于庸，不然即不能时中矣。朕意如此。

惟天下至诚，为能经纶天下之大经，立天下之大本，知天地之化育。

经纶天下之大经，立天下之大本，知天地之化育。向来诠解，皆以为至诚之用，朕以为此即至诚之体。至诚浑然天理，真实无妄，天下之大经大本，天地之化育，皆全备于性分之中。非大经大本化育之外，别有至诚；亦非至诚之外，别有大经大本化育也。至诚全体包含具足，自然而然，若因本文"能"字，遂指为至诚之功用，恐于理解未融。

后稷教民稼穑，树艺五谷，五谷熟而民人育。

上古圣人于洪荒之世，草昧初开，殚心竭力，以开粒食之原，养育万民，传及后世。田畴既辟，成法具详。为君臣者，倘不能实尽其重农务本之道以厚民生，对之古人能无深愧！

立人之道，曰仁与义。

天之阴阳，地之刚柔，人之仁义，各以功能而言，故有分著之名，而其实总是一理。天地之道，亦不外乎仁义；人之道，亦即此阴阳刚柔。圣人以仁义立人极，而阴阳合撰，刚柔交济，遂成参赞位育之功，此三才一贯之道也。

天工，人其代之。

“天工，人其代之”，向来讲章俱言“天工”乃上天付与君臣当行之事也。朕谓此不惟君臣代天之工，即在百姓士农工商，各执一业，即各有当尽之责，皆上天所付与，莫非天工也。君与臣必能勉教养之道，与百姓同能各代天工，方可谓“无旷厥职”。

后克艰厥后，臣克艰厥臣，政乃乂，黎民敏德。

讲章内“君以天之心为心，臣以君之心为心”，朕谓君臣一德一心，人君钦崇天道，人臣寅亮天工，皆当以天之心为心也。总之元首股肱，原属一体，若云人君以天之心为心，人臣以君之心为心，是君臣之间尚有分析矣。朕意如此。

皇建其有极。敛时五福，用敷锡厥庶民。

极者，万事万物之标准，随地而有者也。人君当立天下之极，至于督抚则当立一省之极，州县有司则当立一方之极，在廷臣工则当正心端本，辅翼赞襄，以成人君建极之道，朕与诸臣愿共勉之！

推贤让能，庶官乃和。

《书》言：“推贤让能，庶官乃和。”朕以为和者，政治之本。惟公斯和，非公必不能和。或非和而假于和，如同不和。故推让本无心，因贤能而有推让。其所推所让者，若果因人而施，则于不贤不能者，不但不推不让，且当远之斥之，故曰“乃和”，盖相因而成也。若非一堂尽秉公忠，“推让乃和”四字，岂可轻言哉？

卷十一

题　辞

御书匾额题辞

敦崇孝弟(宗人府)

尧舜之道,不外孝弟。天潢繁衍,尤宜亲逊恭顺。风示臣民,敦崇不可不讲。——赐宗人府

公正持衡(吏部)

能虚中之谓公,能端己之谓正。以才以器,循名责实。铨选之法,莫重于此。——赐吏部

九式经邦(户部)

《周礼》以九式之法,均节国之财用,职綦重焉。尚其平准出纳,阜成兆民,毋旷乃守!——赐户部

慎储九谷(仓场)

三农生九谷,是惟民之天,邦之本。必高廪神仓,储积充裕,斯可以足国而阜民,其慎之!——赐仓场衙门

寅清赞化(礼部)

秩宗为典礼之司,必心存寅畏,志气清明,始无忝厥职。故特取《虞书》“夙夜惟寅,直哉惟清”二语示之。——赐礼部

整肃中枢(兵部)

司马之官,为枢衡重任。国家武备修明,道在整肃,是所望于司其职者!——赐兵部

明刑弼教(刑部)

司寇掌邦禁,明刑所以弼教也。必轻重咸宜,始成协中之化,慎守尔典,钦哉毋忽!——赐刑部

敬饬百工(工部)

五材是饬,六府孔修。繄冬官攸掌,综理核实,审度程功,其悉体此意!——赐工部

公忠勤慎(八旗都统)

八旗为国家之根本,时廑朕怀,教必先而率必谨。尔等司统率者,立心则教,勉以忠敬;行事则教,勉以公勤;居家则教,勉以节俭;技勇则教,勉以精熟。守定满洲从来尊君亲上醇朴之善俗,永邀上天之眷佑,以成至治之风。岂惟我君臣观蒙其福,我国家万亿斯年,子子孙孙长享升平之道,皆本于此,尚其勉诸!——赐八旗都统

宣化遐方(理藩院)

盛代声施赫濯,无远弗届,遐方属国,共效享王。务在弘宣德

化,以尽怀柔之道。——赐理藩院

慎司喉舌(通政司)

夙夜出纳,虞廷所重。银台职在纳言,实膺喉舌之司,可不慎欤?——赐通政司

执法持平(大理寺)

廷尉,天下之平也。持平则法当,一切轻重出入,务存矜慎用能,洽好生之德,致刑措之风。——赐大理寺

职思综理(内务府)

典司内府,庶务繁要。谨度课功,饬法制用,必规画周详,各尽厥职,俾宫府相为一体。——赐内务府

祗肃明禋(太常寺)

禋祀贵明洁,凡钟簴豆笾,洎祼荐兴俯之节,罔敢不祗肃。——赐太常寺

肃清畿甸(顺天府)

畿甸首善之区,必政肃风清,乃可使四方观化。非刚正廉明者,曷克胜任!——赐顺天府

敬慎有节(光禄寺)

礼始诸饮食,古圣人制节谨度,克勤小物。虽盘盂必有箴铭,可弗敬诸?——赐光禄寺

勤字天育（太仆寺）

古之太仆，左驭前驱，车马是供。厥后因沿其制，天育云屯，资牧字焉，尚克勤修乃职！——赐太仆寺

肃赞朝仪（鸿胪寺）

序九宾，赞九仪，俾大小班行，靡不整肃，所以尊朝廷而作万国之观瞻。——赐鸿胪寺

文行忠信（国子监）

学者文行并重，尤以忠信为本，故孔子垂为四教，成均造士之法，无逾于此。——赐国子监

奉时敬授（钦天监）

圣人敬天勤民，奉天时所以重民事也。羲和之职，在观象授时，俾作讹成易，循序不愆，用以厘工而熙绩，其敬之！——赐钦天监

恪恭舆卫（銮仪卫）

舆卫之设，所以尊朝廷、彰物采也，万国观瞻，于是乎在。惟练习典章，恪恭将事，始称厥职。——赐銮仪卫

风清辇毂（提督）

辇毂之间，兵民杂处，必宽严互用，禁暴戢民，然后九陌风清，四民和会。——赐提督衙门

和硕怡贤亲王遗稿题辞

朕弟怡贤亲王，天资高卓，颖悟绝伦。如礼乐射御书数之属，一经肄习，无不精妙入神，为人所莫及。而其心则谦抑逊让，欲然不自足也。平日所作诗篇，抒写性情，和平大雅，无纤毫尘腐之气。而王自谦学力不充，总未存稿，是以王仙逝后，邸中竟无留存者。因忆昔年兄弟聚首时，宴集唱和，王每以所作就正于朕，朕扈从塞垣，王亦间有寄怀之句。片楮寸缣，朕皆爱而藏之，不令弃置。今检点箧笥中，得王诗三十二首。爰汇为一帙，附于朕诗集之后，以存其概。此在王虽为余事，然自古名臣硕彦，偶有吟咏著述，即残篇剩简，而当时后世之人咸宝重爱惜，流传歌诵，想慕其为人，初不在篇什之繁富，所谓诗以人重也。王以不世出之名，贤而有此清新俊逸之词翰，且忠孝慈惠之意，蔼然流露于笔墨间。吉光片羽，岂惟朕心不忍湮没，谅亦天下后世所共珍欤！

赞

赐原任总督杨宗仁像赞

粤稽往代，崇奖勋贤。名藏太室，身尽凌烟。睠余良佐，令德无愆。逮事圣祖，开府旬宣。暨于朕躬，制阃斯迁。廉洁之守，如冰在渊。耿介之性，如石弥坚。嘉乃丕绩，湖湘泽延。未遑三接，昔用拳拳。慈览遗照，仪度凝然。清风亮节，丹青是传。锡以宸翰，焕彼瑶编。勖哉后昆，永绍厥先！

卷十二

题 跋

《望海楼诗》跋

粤惟海以卑而能纳，故成其深广盈，而能持，故成其悠久，有君人之度焉。涵濡万类，咸遂生全，灌注百川，靡不周遍，有政治之象焉。至若修鳞长翮，群游浩荡之天；巨浪洪涛，胥庆朝宗之盛，复何异于贤才际会乎？风云远近，奔趋于都邑，而成众庶和乐，百昌蕃殖之休乎？海之为道大矣哉！圣人上律天时，下袭水土，良有以也！朕在藩邸时，恭逢皇考御极六十年大庆，特遣代祀陵庙。沈阳境邻东海，因登望海之楼，聊抒遐览，写怀绘景，遂赋四韵二章。在昔视膳问安，优游多暇。今承大统，日御万几，宵旰勤劳，殆无宁晷。思承色笑，邈焉莫及。复观旧咏，今昔兴怀。且昔揽东瀛之胜，今抚四海为家，惟深上律下袭之思，永昭海晏河清之象，斯朕之愿也。爰于诗末，复纪斯言。

御书《秦誓》跋

朕昔在藩邸时，读《大学》所引《秦誓》篇语，于公私好恶之间，辨析精切，每流连往复，铭诸座右。以休休有容为法，以妒疾妨贤为戒，斯无愧古大臣之风范焉。今统临寰宇，诲迪臣工，即以当日自勉之辞，用相儆勖，并书笺素，以作官箴。果能深体朕怀，祇遵古训，纯公忠乐善之心，屏妒贤嫉能之习，则中外皆良臣矣。诸臣其共勉之!

跋《淳化阁帖》后

自古帝王临政之暇,往往留意翰墨。其间名臣哲士,多工书法。汉晋以下,代有闻人。后世采集,勒石俾流传永久。银钩铁画,照耀百世。如三代彝鼎,信可宝玩。盖书学为六艺之一,挥毫濡墨,纵笔所如,而波磔意度之间,结构神采,劲健古秀,斯为上品。朱子跋韩琦与欧阳修帖云:“书札细事,而于人之德性相关。”程明道亦云:“某写字时甚敬,只此是学柳公权心正笔正之对。”载诸史策,以临池之学精而论之,足以通心性之渊微,见学问之要旨,则书法顾可轻言哉?宋太宗淳化间,尝集历代君臣书迹,命侍书王著摹勒为法帖十卷,拓以澄心堂纸、李廷珪墨,欧阳修集古录所谓“官法帖”是也。

我圣祖皇帝法书,云辉星灿,集古今之大成。朕朝夕侍左右,瞻仰天章,时蒙圣训,故留心书法最久,所见历代法帖亦最多。此帖乃四十年前,为直隶巡抚崔澄购得,以畀其壻法海,计藏于佟氏者三十八年矣。今以藏本进览,纸墨润洁,神气宛然,真初拓之尤佳者!如张芝草书内“不辨行动潜处耳”。他本“处”字作“不可”二字,王导书内“酸”字,“酉”中一点上挑,他本皆下直。王献之书内“委曲”字画联络,他本“委”字中断。“鸭头丸”,“丸”字无点,他本皆添点。“刘道士鹅群”,“鹅”字一笔书成,清真劲细,他本“鸟”字头微肥而不甚分晓。观此数处,足信其为官本初拓无疑,再拓与别刻皆不能及也。朕披阅再三,心契神会,如接古人于砚席,益悟字学之精微,见古法之严整。书此以识企慕云。

《嘉禾图》跋

朕念切民依，今岁令各省通行耕耤之礼，为百姓祈求年谷。幸邀上天垂鉴，雨旸时若，中外远近，俱获丰登，且各处皆产嘉禾，以昭瑞应。而其尤为罕见者，则京师耤田之谷，自双穗至于十三穗。御苑之稻，自双穗至于四穗。河南之谷，则多至十有五穗。山西之谷，则长至一尺六七寸有余。又畿辅二十七州县，新开稻田，共计四千余顷，约收禾稻二百余万石，畅茂颖栗，且有双穗、三穗之奇。廷臣佥云："嘉禾为自昔所未有，而水田为北地所创见。"屡词陈请，宣付史馆。朕惟古者图画《豳风》于殿壁，所以志重农务本之心，今蒙上天特赐嘉谷，养育万姓，实坚实好，确有明征。朕祗承之下，感激欢庆，著图颁示各省督抚等。朕非夸张以为祥瑞也，朕以诚恪之心，仰蒙帝鉴，诸臣以敬谨之意，感召天和。所愿自兹以往，观览此图，益加儆惕，以修德为事神之本，以勤民为立政之基，将见岁庆丰穰，人歌乐利，则斯图之设，未必无裨益云。

《瑞谷图》跋

朕从来不言祥瑞，是以从前降旨，自雍正五年以后，各省所产嘉禾，俱停其进献。今据贵州巡抚张广泗奏称"黔省各属，新辟苗疆。今年风雨应时，岁登大有，所产稻谷、粟米之属，自一茎两穗至十五六穗不等。稻谷每穗四五百粒至七百粒之多，粟米每穗长至二尺有奇，实从来所未见。特将瑞谷呈览，并绘图附进"等语。朕览各种瑞谷，硕大坚实，迥异寻常，不但目所未见，实亦耳所未闻。若但见图画而未见谷本，则人且疑而不信矣。又据广西巡抚金鉷折奏"今年粤西通省丰收十分者，十之九；九分者，十之一。谷价每石自二钱以至三钱二三分，乃粤西未有之事”等语。朕思古州等处苗蛮界，在黔粤之间，自古未通声教，其种类互相雠杀，草菅人命，又常越境扰害邻近之居民，劫夺往来之商客，以致数省通衢，行旅阻滞迂道，然后得达。而内地犯法之匪类，又往往逃窜藏匿其中，此实地方之患，不得不为经理者。今总督鄂尔泰筹画周至，调度有方。巡抚张广泗敬谨奉行，殚心奋力，俾苗众革面革心，抒诚向化。地方宁谧，和气致祥，感召天和。黔粤二省，岁登大稔，而黔省硗瘠之区，苗彝新辟之地，又蒙天赐瑞谷，显示嘉征。仰见天心以经理苗疆为是，特昭瑞应以表封疆大臣之善绩，朕心实为庆幸。若归美于朕，朕不居也。著将张广泗所进《瑞谷图》，交与武英殿绘画刊刻，颁赐各省督抚，俾观览之，共知勉励。

卷十三

碑　文

景陵圣德神功碑

皇天眷佑我国家，显谟盛烈，世世相承。太祖、太宗肇基东土，缔构鸿图；世祖混一寰瀛，克成骏业。笃生我皇考皇帝亶神圣之姿，立君师之极，大德广运，健行不息，至明如日，至仁如天，集皇王之大成，亘古今而首出，书契以来，罕有伦比，以扬列圣之耿光，以裕我无疆大历。服予小子，缵承基绪，既奉册宝，恭上尊谥，山陵礼毕，宜建穹碑，颂扬功德。钦惟我皇考临御六十余年，厚德崇功，布濩宇宙，盈溢简牒，巍巍乎，荡荡乎，不可殚述。谨掇大概，镌勒贞珉，用昭垂于亿万祀。

叙曰：圣祖合天弘运文武睿哲恭俭宽裕孝敬诚信功德大成仁皇帝讳(疑隐)，世祖体天隆运定统建极英睿钦文大德弘功至仁纯孝章皇帝第三子也。母孝康慈和庄懿恭惠温穆崇天育圣章皇后在妊时，孝庄文皇后见孝康章皇后衣裾若有龙绕，知为毓圣之祥。逮降诞之辰，异香盈室，经日不散，五色光华与日并耀，宫人内侍咸所瞻仰。天表奇伟，耳大声洪，双瞳日悬，隆准岳耸，肤理莹白，皎然玉质，举止严重，性度恢宏，敦敏聪明，出言中理。辛丑正月嗣登大宝，时甫八龄。孝庄文皇后问所欲，对曰：惟愿天下乂安，兆人乐业，共享太平之福。孝庄文皇后动容嘉叹，知能荷神器，为生民主也。

自初读书，十行俱下，略不遗忘。讲幄既开，日与儒臣论难往复，虽烈暑沍寒，未尝暂辍，焚膏继晷，常至中宵。逊志覃思，好古敏求，勤笃甚于儒素。谈经评史，发挥道奥，流览之功，遍于七略，爰及纬象、声律、算数百家之书，莫不触类洞彻，得其精要。故知性知天，察人伦而明庶物，虽一名一物，皆研究精微，而一以贯之。敬天尊祖，禋祀必亲，齐明盛服，率礼无怠。至年逾六十，颇艰拜起，冬至上辛祫祭，群臣恳请遣官恭代，犹必亲诣郊庙，省视陈设，行迎神之礼，退居斋幄，默致精诚，俟礼毕，然后旋辂。

天性纯孝，事孝庄文皇后垂三十年，致爱尽诚，委曲周至。从幸时，乘马不离左右，道路少仄，即下马扶辇，逾岭则扶掖升降，弥加恭谨。康熙二十六年冬，孝庄文皇后圣体不豫，皇考亲尝汤药，席地而坐，目不交睫，衣不解带者，三十五昼夜。逮疾大渐，自撰祝词，步祷南郊，请减己算，以延慈寿，伏地诚恳，涕泗交颐。至居庐时，哀瘠过甚，不盥沐者数十日。释服后，仍处偏殿，衣布素，恭送龙辅，每日必步随数里，朝夕恸戚如初丧。终身思慕，每一言及，声泪俱发。

事孝惠章皇后垂六十年，备极孝养，省方江南，避暑塞外，必奉銮舆以行。康熙四十九年，孝惠章皇后寿跻七旬，皇考亦年近六旬矣。正月元夕，宫中张灯设宴，躬亲起舞，称万寿觞，中外传为天家盛事。友爱裕亲王等，同问安慈宁宫，每叙家人之礼，亲亲之谊，久而弥笃。其疾也，屡亲视之；其薨也，屡亲临之。宗室中用其才俊而礼其高年，无爵位者亦有常廪。

自康熙六年始亲政事，未明求衣，日昃忘食。数御门延见公卿，详论得失，综理万几，日有常程，靡所稽滞。尝于巡幸之次，章奏未至，秉烛以俟。或于四鼓披览达旦，遂忘寝息。孜孜图治，不自暇逸，六十余年，始终惟一。虚己求言，以广视听；片词之善，必蒙采录。或星象示异，水旱为沴，即命群下直陈，休咎所起，无所隐讳。又命督抚诸臣密奏地方利弊，所宜兴罢者，虽在万里之外，周悉情状，视若目前。审官班禄，必惟其当，内自六卿之属，外自县令以上,临轩召见,观其可否,然后命之。其以清修苦节著闻者,立行甄擢,以劝有位。介胄之士无小大,必亲试其能。开霁天颜,从容询问,寸长微绩,并加奖励,人皆感激自奋。圣性天授,一经觐谒,历久不忘。故文武之选,程材使器,官得其人,人称其职。

皇考智勇天锡,庙算如神。三逆未叛之前,即烛其终为悖乱,宜早定大计,遣大臣趣召之。吴三桂果反,耿精忠继之。乃宣睿略简禁兵守荆州、安庆、镇江为声势,命诸王大臣为大将军,分道并进。三桂自出至衡州,湖南皆陷。王师扼之于岳州,用战舰据江湖,断贼饷道。三桂忧怖死,遂拔岳州,尽收湖南地,由陕西取汉兴定四川。明年,定贵州,又明年,定云南。逆孽自焚,余党悉平。精忠兵出仙霞,旁扰温台,大兵遏之衢州,屡摧其锋,逐北入仙霞,顺流而下。精忠自缚军前,温台贼悉破散。尚之信最后反,王师北自韶州、东自潮州蹙之。之信束身乞降,其间孙延龄陆梁于桂林,王辅臣溃乱于宁羌,戈鋋所指,不久就俘。当贼势之炽,大江以西,五岭以南,悉为贼踞,烽火几半海内。皇考默运神谟,不动声色,八载之间,再定寰宇,廓清氛翳,耿精忠之乱,郑经自厦门盗踞下游三府。精忠败,大兵乘胜复三府。经遁归厦门,越二年克厦门。经遁归台湾,以海舟守澎湖为门户。皇考决策,命帅治艨艟,以六月乘北风攻澎湖,再战破之。台湾震慑乞降,遂以其地为郡县。海氛起于明季,自郑成功巢穴兹岛,传子经及其孙,历三世,出没为闽南患,至是悉靖。

察哈尔部布尔尼者,元之遗裔,其先世纳款,献传国玺,故荷特恩,尚主封王。父阿布奈渐为狂恣,皇考不忍置之法羁,诸盛京俾布尔尼袭封,召之不至,遂以所部叛。遣将率禁旅讨之,两月之内,歼厥渠魁,招抚其众,北藩以宁。俄罗斯夙慕德化,奉职贡,及其边人罗刹踞雅克萨城,纳我逋逃,以扰索伦。兴师徂征,拔其城,纵其俘,振旅而还。会俄罗斯之国王遣使上疏谢罪,命大臣往定边界,东北数千里,延及海边,胥隶版图。

厄鲁特者，元之牧牲人也。其头目噶尔丹，枭桀习战斗，劫服诸番残回子数百余城。复与喀尔喀构难，潜劫其众，故喀尔喀七旗数十余万众，皆称臣内附。皇考亲巡塞外，受其朝谒，锡之名爵，颁谕两部落息兵宁人。噶尔丹顾顽梗弗，率以追喀尔喀为名，阑入边界。皇考计安藩服，躬申天讨，以康熙三十五年春，亲统六师，由中路直抵克鲁伦，料贼必逸而西，别遣大将由西路进兵土剌。噶尔丹闻天兵至，弃其辎重，连夜西奔，恰遇西师于昭木多，大破之。噶尔丹收合余众，窜伏穷荒。其冬，车驾再出，至鄂尔多斯，遣使招附。明年春，又出宁夏，循贺兰山、哈密，擒其子以献，其族类丹济拉等潜输诚款师，次狼居胥山。天兵四布，噶尔丹势孤援绝，仰药自尽。丹济拉携其遗骸及子女人口来归，朔漠荡定。其兄子策妄阿喇布坦，素与噶尔丹有隙，乘其南发，潜据其地，诱致逋逃，种类渐滋。因图青海诸部及西域诸番，暗遣人攻拉藏杀之，掠据藏地。皇考以太宗文皇帝时班禅额尔德尼、达赖喇嘛知东土有圣人，遣使归命，追念厥诚，不可以勿救。于是分遣诸将，率西宁诸路之兵自青海入，四川、云南之兵自拉里入，整旅前驱，不遗一矢，遂定藏地。复达赖喇嘛之位，安西域之众。其他西番诸国，无不欣喜感戴，委贽恐后。

轸念东南水患，屡勤翠华，躬视河淮，每步长堤，或驾小舟，周回观览，高下险易，了若指掌。授策河臣，罔不奏效。开中河以避黄河百八十里之险，治下河则疏人字、芒稻河，注之江。浚虾须诸沟，注之海。治清河则培高堰，塞六坝以蓄其势，开张福口、裴家场，以畅其流；治黄河则浚云梯关，以通海口；筑挑水坝，开陶庄引河以导其北向；筑减水坝，修盐河，以泄其旁溢。于是淮不东漫而北敌黄，黄不南灌而东趋海。下河七州县，化浸为沃，农桑遍野；漕艘商舶，上下数千里，安若衽席。其在畿辅之内，则堤子牙而漳滏滹沱无泛滥，开柳岔口而芦沟不横决。皆皇考频年巡省，面授经画，用迄于成绩。勤求民瘼，凡所在旸雨之期，封疆大吏随时奏闻。偶有旱潦,无不周知,赈恤之恩,不稽旬日,筹画详尽,溥遍优渥,故虽有愆伏而民忘其灾。远至蒙古诸藩,并廑睿虑,分遣使臣,教以网罟、耒耜之利,俾知鲜食艰食。每闻积雪荒歉,即赐之牲畜米粮,咸获赡给。

康熙三十六年,朝鲜以大饥告,截河南漕米,由登州泛海,发盛京仓储,合水陆运至数万石,平粜赐赉,凋瘵尽起,举国忭庆。蠲租之诏,无岁不下,所在灾伤见告,即与减除。积年逋负辄免追征,积算无虑亿万计人,用底于殷阜。四十八年,特敕递免天下地丁钱粮,三岁而遍,八埏之内,次第沾被,宽仁之泽,浃于黎烝。隆冬停流遣之期,盛夏鲜囹圄之禁,法司奏谳,多所矜释,和气熏陶,万方康泰。至于三藩之乱,所全宥不可胜纪。明降敕谕:尚之信、耿精忠罪大恶极,法应及族,但念尚可喜、耿仲明航海归诚,著有劳绩,其兄弟俱从宽免罪,属下人有父兄子弟在贼中者,一无所问。又如噶尔丹子女赦弗诛。俾子有室、女有家,仍官其子。自秦、汉以降,叛逆之条,蔓及宗族,横枉无辜,皇考弘旷荡之恩,遂除二千年诛戮惨酷之弊,慎兹祥刑。

复于三代兴行教化,申之以诰诫,御制《训饬士子文》刊于学宫,《圣谕十六条》颁于州县。训词深厚,丁宁周至,士习民风,于焉丕变。崇敬先师,表章前贤,东巡狩至于兖州,亲诣阙里,致祭孔子,拜跪之仪有加于往代。广贤裔博士之封,宋儒周、邵、二程、张、朱,皆称子而不名。升朱子祀于堂,寿考作人。开乡会试者各二十有二科,髦俊蔚典,相继辈出。增江浙入学名数,广直省乡试解额;文思光被,苗猺之秀,隶籍黉宫。岛上君长,遣子弟就业辟雍,穷山越海,靡然向风。右文稽古,命儒臣纂修《周易折中》,图象卦爻之蕴,亲加论定。又修《书》《诗》《春秋传说汇纂》《性理精义》《朱子大全》,经籍之道焕然大明。又亲授词臣,考订律历,历得合天,律谐真度,诚万世不易之法。按北极之高,测地理南北东西差,得《皇舆全图》。其他所编辑,卷帙繁富,充于内府。

听政之暇，喜操翰墨，文成典诰，诗为雅颂，书迹神运天矩，为百代楷模。闿五钧之弓，射大镞之矢，发则必中，中必洞贯。文事武备，并臻其极。所谓天纵之圣，又多能也。致敬前代，礼逾常典。自夏商以及元明，帝王膺历服者，咸入庙而享祀焉。前后南巡，亲祭明孝陵者三，又欲封其后裔，俾承世祀。予小子祗奉遗言，锡之侯爵。公卿大臣，戎行将帅，多服官至四五十年。皇考眷待耆旧，恩礼优渥，凡朝会宴享，庞眉皓首，济济盈廷，三代而下，诚为盛典。

皇考自幼龄奉孝庄文皇后慈训，凡饮食起居，视听言动，皆有矩度。盛德自然周旋中礼，端扆莅政，天颜肃穆。虽宫廷闲宴，一言一笑，不以假人。太和元气，充于四体，冬不炉而自温，夏不扇而手足未尝濡汗。正衣冠、尊瞻视，终日俨乎若思。逮于耄龄，圣敬日跻，敦尚俭素，衣不辞澣濯，食不取珍异。宫掖人数至少，光禄寺一岁所费，较之前代仅十之一。服御器用，历久不易，未尝以故敝弃遗。巡幸所至，不烦民间一物，宫室舟舫，纯用朴斫，无丹青之饰。秉德谦冲，自平定三逆，肃清朔漠，凯旋告功，及五旬、六旬万寿节，五十、六十年宝历国家大庆，诸王公、文武臣僚、太学生徒、京兆耆老屡请恭上尊号，云集阙下，备陈丹悃。皇考频下谕旨，让而弗居。

於戏！惟我皇考，躬备圣德，久道化成，风教翔洽，锡福烝人，胥跻于仁寿，乃至鸟兽草木咸若。守成之业，恢于创造。拓开疆宇，广袤各数万里。在昔未宾之国，重译踵至。戴天履地，含生负气之伦，莫不尊亲。自有生民，盖莫盛于斯日者，然且兢兢业业，缉熙单心，敬上天之明威，察下民之视听，焦劳万务，未尝以天位为乐，忧勤惕厉，以迄于终身。是所以接尧、舜、禹、汤、文、武、孔子之心传，优入圣域，而仁覆天下也。康熙六十一年冬十一月甲午崩，圣寿六十有九。雍正元年九月丁丑葬景陵。谨拜手稽首而作颂曰：

维我皇清，上天眷命。二仪凝祉，三朝笃庆。
皇考绍烈，建中表正。亶聪亶明，乃神乃圣。
翼翼昭事，仰格高穹。化将道赞，祭以诚通。
虔承九庙，孺慕两宫。大孝备矣，至德光融。
爰在冲年，夙成睿智。致泰之基，征乎言志。
日就月将，古训是嗜。理数兼该，穷源抽秘。
万几在御，八表君临。克勤于政，无逸为箴。
求衣忘食，日昃宵深。虑周禹迹，事厪尧心。
广听并视，树旌建鼓。无情不达，有善必取。
四门攸辟，百司式叙。文采珪璋，武罗貔虎。
苞有三蘖，怙势悖恩。默运神机，载奠乾坤。
旆麾烽熄，弩指鲸奔。提封式廓，截海为藩。
元裔速辜，不修厥职。禁旅一临，凶渠伏殛。
罗刹扰边，边师讨贼。拔城纵俘，感恩怀德。
维彼雄枭，构难比邻。比邻内附，稽颡称臣。
敢抗明诏，怙恶不悛。天子三征，扫荡边尘。
蠢兹遗孽，构氛西徼。自恃荒遐，狂跳纵暴。
堂堂天兵，何幽不到。底定三危，恩同再造。
瑶池之水，昆仑之冈。穷域绝漠，越海逾洋。
书传所记，咸我皈章。敷天率土，无不来王。
眷念河淮，频乘四载。既安二渎，亦通百派。
一授成功，万世永赖。胥乐同忧，仁膏遍沛。
周诗时迈，虞典岁巡。省方询俗，辇路生春。
蠲租赐复，岁有恩纶。惠心溥渥，益道平均。
旸雨偶愆，恩泽已布。朔漠朝鲜，同沾膏露。
象魏既悬，鸡竿屡树。贯索其空，桁杨可厝。
德惟善政，道在遗径。纡御东鲁，亲奠两楹。
礼明乐备，桧柏增荣。光华复旦，天下文明。

覃心四府，研精儒术。典籍大兴，英耄踵出。
爰在玑衡，协时正日。玉振金声，审音调律。
海涵地负，大哉王言。鸾骞风翥，焕乎宸翰。
文经武纬，异用同源。道高能博，艺备德尊。
历代帝王，祀典弥厚。备列几筵，光延笾豆。
修敬前朝，亲临钟阜。三恪垂封，烝尝有后。
功勋耆阳，恩礼优容。庞眉皓首，济济雍雍。
㧑谦克让，川受谷冲。穆穆其敬，安安其恭。
六幕启宇，八垓肇域。维我皇考，忧劳靡极。
三灵集佑，五纪膺历。维我皇考，兢勤不息。
贻我臣庶，食德难忘。贻我子孙，卜世无疆。
昌瑞之山，峰峙川长。功德穹碑，天日同光。

卷十四

碑　文

历代帝王庙碑文

历代帝王崇祀之制，肇于唐天宝七载，始置庙京城，止及三代以前而已。明洪武六年始于金陵立庙，嘉靖十年乃建于京师阜成门内。当明初定制时，议礼之臣不能通知大体，崇祀祗创业之君，从祀惟开国之臣，自兹以后阙焉。

我皇考圣祖仁皇帝，秉大公之道，折衷百代，深惟祀典之宜修。康熙六十一年特颁谕旨，命廷臣详悉从容，确议具奏。逮朕绍绪之初，廷议始上。旧崇祀帝王二十一位，今增一百四十三位；旧从祀功臣三十九人，今增四十人。朕遵奉先志，重书牌位，诹吉入庙，行祭告之礼。仰惟圣祖皇帝用意之厚，立论之正，夐乎不可及也！夫三代以上，若夏启之，能敬承殷之太甲、大戊、武丁，周之成王、康王、宣王，颂美《诗》《书》，光耀史牒。三代以下，英君哲后，或继世而生，则德教累洽；或间世而出，则谟烈重光。胥能致海寓之乂安，跻斯民于康阜，嘉言传于信史，善政式为良规。至凡蒙业守成之主，即或运会各殊，屯亨不一，苟无闻于失德，咸帝命所宠绥。爰及历代名臣，亦皆川岳钟灵，为时辅佐，功在社稷，德协股肱，比诸从龙之彦，何多让焉？而尚论未详，明禋久旷，其为缺略也大矣。

夫钦崇往哲，景企前徽，明德可怀，羹墙兴慕，眷流风之所被，洵历世而勿谖。若乃扩追远之鸿规，破拘墟之臆见，自非忠厚立心，宽仁为量，卓识超于千古，盛德冠于百王，未有能论及此者。

典礼修明,有待今日。然则圣祖皇帝之重加厘定,公当周详,诚千万世莫及之仁心,而千万世不易之定论也。庙貌既新,叙述本末,镌于青珉,用昭示久远焉。

黄寺碑文

雍正元年正月,喀尔喀泽卜尊丹巴胡土克图、四十九旗札萨克、七旗喀尔喀厄鲁特众、札萨克汗王、贝勒、贝子、公、额驸、札萨克、台吉他布囊等,合词奏言:臣等荷圣祖仁皇帝教诲养育,如天覆焘之恩,历六十二年,殊域穷荒,薄遍周浃,以子以孙,世世蒙赖,无所申其报效,区区之忱,不能自已。臣等同心一力,合赀凡四万三千,两造三世诸佛像、八座塔、番藏经。京城北郭外有原为达赖喇嘛修盖之黄寺,请以赢财葺而理之。丹青黝垩,焕然以新,供佛像、宝塔、藏经于兹寺。臣等感激攀慕之情,庶尽涓埃。

朕惟皇考圣祖仁皇帝,以天下为一家,以万国为一体,深仁厚泽,所以嘉惠藩服者,沦入肌肤骨髓而不可忘也。诸藩王等,词语恳切,具见诚悃,遂允所请,命亲王大臣,往董厥役。工既告竣,勒文丰碑,以扬皇考功德之隆,以表藩服忠爱之笃,用昭垂于久远。自今以始,尔诸藩王等,其益修乃政事,抚乃臣庶,睦乃邻封,俾民物蕃滋,疆宇宁泰,恭顺述职,永享我朝太平之福。斯则皇考陟降之灵,日鉴在兹。尔诸藩王等,其敬念之无斁焉!是为记。

育婴堂碑文

朕抚御寰瀛,子育兆庶。欲使普天之下,咸跻仁寿之域。粤稽《周礼》,有“慈幼”之文,《戴记》有“养孤”之典。德意深厚,施及襁褓。盖王政之仁,虽鸟兽之胎卵,草木之萌芽,皆为之教令,以爱护之。使至于生植,而况于人乎?国家泰平日久,丁口蕃息,或有不能自鞠养者,朕恻然念之,京师广渠门内,旧有育婴堂一区,以字遗稚。顾其规制未备,所存济者尚少。朕用锡之题额,以重其事。又赐帑金,特谕府尹,重加经理。公卿士庶,多有捐资为善者。凡乳保医疗之人,寒暑衾服之具,施设周详,行之可久。孔子曰:“大道之行也,人不独亲其亲,不独子其子。”言孝慈之道广也。《诗》曰:“商邑翼翼,四方之极。”言京师者,四方之表也。诚使九州之内,自通都大邑至于市镇繁富之所,郡县长吏各殚厥心,仿此而推行之,倡好义之士,弘恤孤之政。岂惟保抱携持幼得所养,而人人兴起其仁心,喜于为善,则老安少怀,风俗益臻醇茂,斯朕之所厚望也夫!

平定青海告成太学碑文

我国家受天眷命,抚临八极,日月所照,罔不臣顺,遐迩乂安,兆人蒙福。乃有罗卜藏丹津者,其先世固始汗,自国初稽首归命。当时使臣建议异以驻牧之地,其居杂番羌,密近甘凉。我皇考圣祖仁皇帝睿虑深远,每廑于怀。既亲御六师,平定朔漠。威灵所加,青海部落札什巴图儿等,震詟承命。圣祖仁皇帝因沛殊恩,封为亲王。兄弟八人,咸赐爵禄。羁縻包容,示以宽大。而狼心枭性不可以德义化,三十年来,包藏异志。朕绍登宝位,优之赐赉,荣其封号,尚冀革心,辑宁部众。而罗卜藏丹津昏谬狂悖,同党吹拉克诺木齐、阿尔布坦温布、藏巴札布等,实为元恶。谓国家方弘浩荡之恩,不设严密之备。诞敢首造逆谋,迫协番羌,侵犯边城,反状彰露,用不可释于天诛,遂命川陕总督太保公年羹尧为抚远大将军,声罪致讨,以雍正元年十月师始出塞,自冬涉春,屡破其众,凡同叛之部落,戈铤所指,应时摧败,招降数十万众,又降其贝勒、贝子、台吉等二十余人。

朕犹悯其蠢愚,若悔祸思愆,束手来归,尚可全宥,而怙恶不悛,负险抗违,乃决翦灭之计,以方略密付大将军羹尧调度军谋,简稽将士,用四川提督岳钟琪为奋威将军,于仲春初旬禡牙徂征分道深入捣其窟穴,电扫风驱,搜剔岩阻。贼徒苍黄糜溃,穷蹙失据,罗卜藏丹津之母及逆谋渠魁悉就俘执。擒获贼众累万,牲畜、军械不可数计。贼首逃遁,我师逾险穷追,获其辎重人口殆尽。罗卜藏丹津孑身易服,窜匿荒山,残喘待毙。自二月八日至二十有二日,仅旬有五日,军士无久役之劳,内地无转输之费,克奏肤功,永清西徼。三月之朔,奏凯旋旅,铙鼓喧轰,士众䜣喜。四月十有二日,以倡逆之吹拉克诺木齐等三人献俘庙社。受俘之日,臣民称庆。伏念圣祖仁皇帝威灵震于遐方,福庆流于奕叶,用克张皇六师,殄灭狂贼。行间将士,亦由感激湛恩厚泽,为朕踊跃用命。斯役也,芟夷凶悖,绥靖番羌,俾烽燧永息,中外人民胥享安阜,实成先志,以懋有丕绩。廷臣上言,稽古典礼,出征而受成于学,所以定兵谋也;献馘而释奠于学,所以告凯捷也。宜刊诸珉石,揭于太学,用昭示于无极,遂为之铭曰:

天有雷霆,圣作弧矢。辅仁而行,威远宁迩。
维此青海,种类实繁。锡之茅土,列在藩垣。
被我宠光,位崇禄富。负其阻遐,祸心潜构。
恭惟圣祖,虑远智周。眷念荒服,绥抚怀柔。
朔野既清,西陲攸震。爵号洊加,示之恩信。
如何凶狡,造谋逆天。鼓动昏憨,寇侵于边。
惟彼有罪,自干天罚。桓桓虎貔,爰张九伐。
王师即路,冬雪初零。日耀组练,雷响鼓钲。
蠢兹不顺,敢逆戎旅。奋张螳臂,以当齐斧。
止如山岳,疾如雨风。我战则克,贼垒其空。
彼昏终迷,曾不悔戾。当翦而灭,斯焉决计。
厉兵简将,往捣其巢。逾历嵚岖,坦若坰郊。
贼弃其家,我禁而获。牛马谷量,器仗山积。
蹇兔失窟,何所逋逃。枯鱼游釜,假息煎熬。

师以顺动，神明所福。旬日凯归，不疾而速。
殪彼逆谋，悬首藁街。献俘成礼，金鼓调谐。
西域所瞻，此维雄特。天讨既申，群酋惕息。
櫜戈偃革，告成辟雍。声教遐暨，万国来同。
惟我圣祖，亲平大漠。巍功焕文，迈桓轶酌。
流光悠久，视此铭辞。继志述事，念兹在兹。

黑龙潭碑文

京师之西，有黑龙潭焉。地灵所钟，实能兴致云雨。我圣祖仁皇帝抚临万邦，治臻上理，轸念群生，每祷于斯，辄有灵应，百谷用成。康熙二十年，乃重建祠庙，御制碑文，勒之珉石，以昭神庥。朕嗣位以来，仰体圣祖之心以为心，夙夜孜孜，惟冀雨旸时若，盈宁康阜，用诚和万民。甲辰春雨泽征愆，爰诣兹潭，特申祈祝，回銮之后，澍雨应时。三月初，甘霖叠沛，远近沾足，二麦丰登。朝野同声，罔不欢庆，盖感应若斯之捷也。

朕惟天人合一之理，莫大于诚，而幽明昭格之几莫先于敬。《传》曰“先成民而后致力于神”，又曰“民和而神降之福”。朕爰养元元，惟恐一物失所，致阴阳之沴而干天地之和。故浃岁之中，屡下蠲租之诏。偶值愆阳见告，不惮躬亲祝帛，以荐馨香，而冥漠之中，亦若有肸蚃答之、灵爽凭之者。朕因民而祈福于神，神惠民而效灵于朕，皆默通于诚敬之中，而不疾而速，不行而至，理有固然，无足疑者。顾岁月滋久，不更加修葺，恐非所以宅明神，答灵贶。乃命官庀材，经始于二年之三月，告成于三年之五月。殿庑门寝，焕然一新。讫工之日，有司磨治丰碑以记请。夫《礼》有“大雩”之文，《诗》载“同云”之什，故祭则受福，而有举必书，且诚敬之念，所以交神明、格上下，用绍我圣祖仁皇帝轸念苍生、怀保万民之至意者。尤朕所时廑于中而不能也。是为记。

隆福寺碑文

京城之内东北隅,有寺曰隆福,肇建于明景泰三年,逾岁而毕工。营构之费,悉出于官,盖以为祝厘之所。自景泰四年距今二百七十余年,风雨侵蚀,日月滋久。朕昔曾经斯寺,有感于怀,兹乃弘施赀财,庀材召匠,再造山门,重起宝坊。前后五殿,东西两庑,咸葺旧为新,饰以采绘。寺宇增辉焕之观,佛像复庄严之相。既告厥成,因勒贞石以纪其事。夫佛之为道,寂而能仁,劝导善行,降集吉祥,故历代崇而奉之。然朕非以自求福利。《洪范》曰:“敛时五福,用敷锡厥庶民。”言王者之福,被及群生为大也。然惟我皇考圣祖仁皇帝,功德隆厚,历数绵长,四海兆人胥登仁寿之域,自古帝王备福之盛,无有比伦。朕缵嗣鸿基,思继先志,使遐迩烝民,向教慕义,俱植善果,各种福田。藉大慈之佑,感召休征,锡以繁祉,井里安阜,耄耆康宁,享泰平之福,永永无极。则朕所以受上天之景福,承皇考之庆泽者,莫大乎是。此朕为苍生勤祈之至愿也夫。

都城隍庙碑文

国家受天眷命,怀柔百神。祀典所陈,罔不虔肃。况畿甸之内,辇毂之间,阴阳之所和,风雨之所会。人民稠集,庶物蕃滋,以熙以游,以长以遂,佐予茂育。厥惟神庥都城,旧有庙祀城隍之神,礼臣以时,享荐其内。朕虑庙貌不肃,展敬无由,雍正四年正月,特发帑金,命官修饬,是年五月告成。土木之工,丹雘之饰,恢宏巨丽,视昔有加焉,足以妥侑神明,壮观都邑。礼臣构亭砻石,请赐文以为记。朕惟《礼》有六祈之祭书,有咸秩之文,皆以报赛神功为民求福也。方今海内乂安,万物得所,丰亨豫大,富寿康宁,酒醴牲牷,丰洁咸备,惟神实歆格焉。而感格之道,惟在一诚,盖诚则通,通则格,陟降上下,锡福在人,以致年谷顺成,闾阎乐业,繁禧日集,罄无不宜。将朕与百姓咸嘉赖之。今庙貌聿新,用志岁月,且令祠官之有事于庭者,读其文皆知设诚于中,致恭于外,斋明蠲洁,克荐馨香,副朕敬事神祇之意云。

天津海神庙碑文

天津直沽口海神,夙著灵应。皇考时以盛京岁偶不登,命泛舟输粟,出直沽口,浮于辽海,达于奉天,惟神效祥三日而至。皇考嘉悦,为神立祠,制文勒石,昭美报也。朕嗣膺大统,辑宁兆庶,凡天神地祇,能为我民御灾捍患者,咸稽旧典,加封秩祀,况海为百谷王,沐日浴月,出云兴雨,品物遂生,其利益于民甚溥,而神之降福兹土,昭明显融,历有年所,又朕心所敬礼者也。既崇封号,以答神休,爰敕有司,载新祠庙,更立丰碑,垂示久远。神其益降嘉祥,舟航以通,风雨时若,永惠我民,则朕有厚望焉!

卷十五

碑　文

黄河澄清碑记

朕闻上天孚佑生民，日监在兹，垂示休征，警觉有位。凡欲使之懋德勤政，无怠无荒，而修省加虔，用答嘉贶，天人感应之理致不爽也。我皇考圣祖仁皇帝，功德隆盛，临御久长，厚泽深仁，洋溢于薄海内外。朕寅绍鸿图，仰承盛烈，蒙被福荫，民物阜安，数年以来，嘉祥叠见。乃雍正四年十有二月，河道总督齐苏勒及副总河嵇曾筠、漕运总督张大有、河南巡抚田文镜、山东巡抚塞楞额、陕西巡抚法敏，先后驰奏，黄河自陕西府谷县历山西、河南、山东，以至江南之桃源，冰开水清，湛然澄澈。其在陕西、山西，始见于雍正四年十有二月八日乙丑，迄于雍正五年正月十三日庚子，凡三十有六日；其在河南、山东，始见于十有二月九日丙寅，迄于次年正月十日丁酉，凡三十有一日。山东之单县，亦清于丙寅至癸酉、甲戌清澈见底，而是月之二十二日己卯，渐复其旧，凡十有四日。其在江南，则始于十有二月十六日癸酉，迄于是月二十三日庚辰，凡七日。盖其清也，自上而下；及其复旧，则自下而上。故时日之先后、远近渐次如是。

维时中外臣民，佥以河清为千年罕见之盛事，稽诸史册，咸称上瑞。况横亘三千一百余里，绵历三旬有余，尤亘古所未睹。合词恳请，御殿受贺，至再至三。朕维上天之锡福降灾，犹人君之用赏行罚，感召之机分于敬肆，一念甫动休咎顿殊。朕祗若昊天，敬慕皇考，翼翼小心，夙夜罔有懈怠，因得仰邀皇考昭察，默吁苍穹，锡兹福庆。朕惟虑前此之受贶无因，且恐将来之承庥不易，朝乾夕惕，益深谨凛。特命虔告景陵，以申忱悃，专遣大臣致祭河神，以彰灵应。至升殿受贺，沿袭颂美之虚文，朕所不取。是以坚却不允，而广推皇考锡嘏弘仁，施恩中外。群臣有专职者，咸晋一阶，谆谕周详，共加敬勉。爰允廷臣所请，勒石以纪。夫天一生水，实为天地之气所流通。而河称四渎之宗，上应云汉，澄洁安流，用昭嘉瑞，天和协应，必有自来。《诗》曰："文王陟降，在帝左右。"盖言文王与天同德，而子孙蒙其福泽也。我皇考配天之灵，于昭在上，眷顾启迪，至深且厚。朕祗承瑞应，恐惧悚惶，嘉与群臣，增修实政。《书》曰："昭受上帝，天其申命用休。"又曰："先王奉若天道，君臣上下之间，无忘戒儆。"朕亦惟是，严恭寅畏，不遑康宁，庶几求无负于上天、皇考锡予嘉祥之至意。濡毫纪实，镌勒贞珉，用抒朕祗敬之诚，永自儆勖云尔。

北镇庙碑文

国家敬共明神，虔修秩望。岳镇海渎之祀，罔不祗肃。医巫闾山，实为北镇，近接兴京，翊卫关辅。曩者皇考御书扁额，以展褒崇，复遣官修饬庙貌，御制碑文，光昭奕代，典至盛矣。康熙五十九年，朕奉皇考命，恭谒祖陵于兴京，道经山麓，躬诣展礼，瞻仰祠庙，蠲洁致祷，因捐赀庀工，载加整葺。嗣是雨旸时若，禾黍有秋，辽左黎元，咸沾嘉贶。洎朕临御之初，复遣专官董司营治，栋宇榱桷，丹雘一新。雍正四年冬，厥工告成。朕惟兹山，表自《虞书》，载在《周礼》，盖自天地开辟以来，灵秀之所萃聚，越数千年，神应彰显。而我祖宗，发祥关左，丰岐重地，王气所钟，惟神实为拥护，永奠鸿基，灵迹频昭。朕怀允惬展敬之念，夙夜加虔。神其宏敷蕃祉，益显丰功，俾方舆之内，四序顺成，百谷឴遂，风雨庆其调和，民物乐其康阜。洪禧默赞，岁事丰穰，慰兆庶依庇之心，以称朕爱育群生、肃奉灵祇之意。式镌琬琰，用昭示于亿万斯年！

善因寺碑文

洪惟我皇考圣祖仁皇帝，恩被九有，威加八纮。曩岁厄鲁特、噶尔丹，跳梁朔漠，扰乱喀尔喀诸部。喀尔喀七旗数十万众，怀德慕义，稽首内附。皇考躬率六军，远行天讨，驻跸多伦诺尔之地，受喀尔喀诸部君长朝谒，锡之封爵，为我屏垣。既剪凶渠，荡定朔漠，抚安藩服，允从诸部所请，爰于斯地，创建汇宗寺，俾大喇嘛章嘉胡图克图居之。章嘉胡图克图道行高超，证最上果，博通经品，克臻其奥，有大名于西域，诸部蒙古咸所尊仰。今其后身，秉质灵异，符验显然，且其教法流行，徒众日广。朕特行遣官发帑金十万两，于汇宗寺之西南里许，复建寺宇，赐额曰"善因"。俾章嘉胡图克图呼毕尔汗主持兹寺，集会喇嘛，讲习经典，广行妙法。蒙古汗王、贝勒、贝子、公、台吉等，俱同为檀越主人，前身后身，敬信无二，自必率其部众，听从诲导，胥登善域。稽古圣王之治天下，因其教不易其俗，使人易知易从，此朕缵承先志，护持黄教之意也。况此地为我皇考驻跸之所，灵迹斯存。惟兹两寺当与漠野山川并垂无极，诸部蒙古台吉属下永远崇奉，欢喜信受，薰烝道化，以享我国家亿万年太平之福。朕深有望焉！

广宁门外石道碑文

《周礼·地官·小司徒》："令野修道，遂师巡其道修。"《秋官》："野庐氏掌达国道路，至于四畿。"《礼·月令》："季春之月，命司空循行国邑，周视原野，修利堤防，道达沟渎，开通道路，毋有障塞。”是知古先圣王经国理民之方，纤悉备具。至于道途之间，咸所加意焉。京师为四方会归、万国朝宗之地。我国家幅员广大，文轨所同，廓于无外。梯山航海者，联镳接轸，络绎而交驰。广宁门，其必由之路，门外通逵，轮蹄所践，岁月滋久，渐至深洼。时雨既降，潦水渟注，则行旅经涉，淹蹇泥淖之中。朕甚悯之，乃命奉宸苑相度修治。自广宁门至小井村，长一千五百丈，皆填洼为高，砌以巨石，其广二丈。凡费户部帑金八万两。工既竣，司役之臣请纪其事。朕宵衣旰食，勤求治理，凡可以济人利物者，惟恐智虑之未周，而施行之不力。念兹国门之外，辐辏之衢，稽于经籍，王政所重，宜以时修治，且期坚固永久，使仕官商旅车马往来，胥由于荡平正直之路。朕心慰焉，爰濡笔而纪之。《诗》曰：“周道如砥，其直如矢。”以是达之天下，庶冀经国理民之方，莫不备举云尔。

朝阳门至通州石道碑文

自朝阳门至通州四十里，为国东门孔道，凡正供输将匪颁诏糈，由通州达京师者，悉遵是路。潞河为万国朝宗之地，四海九州，岁致百货，千樯万艘，辐辏云集，商贾行旅梯山航海而至者，车毂织络，相望于道，盖仓庾之都会，而水陆之冲逵也。虽平治之令以时举行，而轮蹄经涉，岁月滋久，地势渐洼。又时雨既降，积雪初融之后，停注泥淖，有一车之蹶，需数十人之力以资牵挽者矣。朕心轸念，爰命所司，相度鸠工，起洼为高，建修石路，计长五千五百八十八丈有奇，宽二丈。两傍土道各宽一丈五尺，长亦如之。其由通州新城、旧城至各仓门，及东西沿河两道，亦皆建修石路，共计长一千五十余丈，广一丈二尺及一丈五尺不等。费帑金三十四万三千四百八十四两有奇。经始于雍正七年八月，至雍正八年五月告竣。有司请为文，以纪其事，尝稽《周礼·地官》："司徒令野修道，遂师巡其道修。"郑锷《疏》曰："道路以通往来之途，使宾至如归，亦修文德，以来远人之意。"《礼·月令》："季春之月，命司空循行国邑，周视原野，开通道路，毋有障塞。"典籍所垂，凡体国经野之政，至备具也。朕临御以来，详求治理，早夜孜孜，惟恐不逮。近而郊圻，远而郡邑，即遐陬僻壤之区，其有关于利济民物者，莫不因地制宜，以次修举。是役也，远师古圣王之良法美意，而斟酌久远，一劳永逸，良用欣慰。庶使遵是路者，瞻周道之荡平正直，咸庆同轨之盛治焉。爰志其岁月而勒诸石云。

浙江海神庙碑文

国家虔修祀典，以承上下神祇。岳渎海镇之神，秩祀惟谨，视前代为加隆。朕临御以来，夙夜以敬天勤民为念，明神之受职于天，而功德被于生民者，昭格荐歆，敬礼尤至。其为民御大灾、捍大患，合于祭法所载，则尊崇庙貌，以昭德报功。盖所以遂斯民瞻仰之愿，而动其敬畏祗肃之心，使无敢慢易为非，以得永荷明神之嘉贶，意至远也。皇舆东南际大海，而浙江海宁居濒海之冲，龛山赭山列峙其南，飓风怒涛，潮汐震荡。县治去海不数百步，资石塘以为捍蔽。雍正二年，潮涌堤溃，有司以闻，朕立遣大臣察视修筑。且念小民居恒，罔知敬畏，慢神亵天，召灾有自，爰切谕以修省感应之道，令所司家谕户晓，警觉众庶。比年以来，徼明神庥，佑塘工完固，长澜不惊，民乐其生，闾井蕃息。越七年，秋汛盛长，几至泛溢，吏民震恐，已而风息波恬，堤防无恙，远近欢呼，相庆谓惟大海之神昭灵默佑，惠我烝黎以克济。此朕念沧海含纳百川，际天无极，功用盛大，神实司之。海宁为海壖剧邑，障卫吴越，诸大郡海潮内溢，则昏垫斥卤，咸有可虞。神之御患捍灾，莫此为大。特发内帑白金十万两,敕督臣李卫度地鸠工,建立海神之庙,以崇报享。经始于雍正八年春三月,洎雍正九年冬十有一月告成。门庑整秩,殿宇深严,丹雘辉煌,宏壮巨丽。时展明禋,典礼斯称。爰允督臣之请,勒文穹碑,垂示久远。俾斯民欣悚瞻诵,共喻朕钦崇天道、祇迓神庥、怀保兆民之至意。相与向道迁善,服教畏神,则神明之日监在兹,顾答歆飨,其炳灵协顺,保护群生,奠安疆宇,与造物相为终始,有永勿替,朕实嘉赖焉。

关帝庙后殿崇祀三代碑文

自古贤圣名臣,各以功德食于其土。其载在祀典,由京师达于天下郡邑,有司岁时以礼致祭者,社稷山川而外,惟先师孔子及关圣大帝为然。孔子祀天下学宫,而关帝庙食遍薄海内外。其地自通都大邑,下至山陬海澨、村墟穷僻之壤,其人自贞臣贤士、仰德诵义之徒,下至愚夫愚妇、儿童走卒之微贱,所在崇饰庙貌,奔走祈禳,敬畏瞻依,凛然若有所见。盖孔子以圣,关帝以神。神之陟降,上下显赫,鉴观以警动觉悟,保佑扶持,与斯人呼吸相应答者,感而通,微而著,洋洋乎忠义正直之气,充塞乎宇宙之间,与日月星辰同其明,江河山岳同其体,风雷雨露同其功用。宜其英灵之振古常新,而为历代贤豪所莫能并也。

本朝崇奉典礼綦隆,我世祖章皇帝顺治九年,敕封神为忠义神武关圣大帝,较往代封号尤尊且正。京师白马关帝庙为奉神之所,岁遣大臣将事惟谨。朕缵绪膺图,尊隆秩祀。登极之初,既加封先师五代,以展尊师重道至意,更念神福国庇民,御灾捍患,英风冠古,浩气不磨,生有自来,钟灵孔厚,宜追封三代晋爵上公。爰允礼臣之议,加封神曾祖光昭公、祖裕昌公、父成忠公。博稽史册,名讳弗传。特用阙疑,以彰敬慎。虔制木主,于雍正五年六月供奉后殿,春秋崇祀,著为令典。夫礼繇义起,而善则称先。事神事人,理无二致。神威灵赫,濯昭灼于千万世,则神之先人享明禋、崇美报,历千万世而勿替,以称国家昭事明神之盛典。礼制攸宜,至宏远也!是用勒文贞石,纪奉祀所始,以贻示来兹,俾有考焉。

卷十六

碑 文

修建阙里圣庙碑文

朕惟上帝垂佑蒸民，笃生至圣先师孔子，以仁义道德启迪万世之人心，而三纲以正，五伦以明，后之继天御宇，兼君师之任者，有所则效，以敷政立教，企及乎唐虞三代之隆。大矣哉！圣人之道，其为福于群黎也甚溥，而为益于帝王也更宏。宜乎尊崇之典，与天地同其悠久也！曲阜庙庭，为孔子里宅，毓圣钟灵之地，神爽式凭，庙貌崇闳，由周而来，久且加盛。我皇考圣祖仁皇帝，德符元化，悟彻性天，自羲农尧舜禹汤文武周公之道，集成于孔子者，一一体于身心，宣为政治，圣统在上，应运而承。康熙甲子东巡狩，临幸阙里，谒奠庙林，殷礼隆仪，汉唐莫及。朕恭膺丕绪，志切羹墙。即位之初，加封先师五代王爵，诣雍、释菜、题额、歌诗、佩德、报功之愿，夙夜罔释于怀。

雍正二年，阙里圣庙不戒于火。有司奏告，朕悚惕靡宁，诣庙致祭，旋发帑兴修，命大臣专董厥役，殿庑规模，悉准宫阙，制器备物，亦令绘图呈式，裁酌协宜。数年来谆谕执事臣寮，经营周至，纤毫无憾，始惬朕衷。七年冬，有司具奏大成殿上梁前二日，庆云见于曲阜，合词称瑞。朕以天人感应，理固不爽，而诚敬微忱，讵能邀上帝先师之垂鉴？用是祗将祀事，倍增试额。俾普天率土被圣人之德化者，同心感庆，庶足以广教泽而答嘉庥。而抚躬警勉，恒朝夕凛凛焉。朕尝谓帝王之尊圣，尊其道也。尊其道，贵行其道，居行道之位，而能扩充光大达之政令，修齐治平得其要，纪纲法度合其宜，礼乐文章备其盛。举凡圣道之未行于当时者，悉行于后世。虽去圣久远，而心源相接，不啻亲授于一堂之上，默证于千载之前。如是钦崇褒显，悉由于中心之诚服，而治化日盛，圣道斯尊。且夫圣人之道一，天道也。天以牖民之责，属之圣人，删定赞修，代天宣教，彝伦敦叙，礼法彰明。后之帝王，奉其道以治世，师承罔斁，资益良多。然则尊天尊圣，理原合一，今兹之崇礼至圣，正所以钦若昊天，而于修建庙庭之重典，有不至诚至敬者哉？朕勤求上理，宵旰孜孜，冀以仰述皇考之鸿谟，丕扬先师之厚泽。爰敬推上天笃生圣人，与圣人承天立教、垂宪奕世之意，勒文碑石，以昭示臣民于无极，而系以辞曰：

天心觉世，圣治承天。治法道法，圣圣相传。
三五之隆，以道致治。峻德弘昭，丰功远被。
闻知续统，至圣挺生。中天复旦，文教昌明。
经纬三才，陶融万象。体具中和，功侔参两。
表扬六籍，程式五常。如会沧海，若揭秋阳。
惟我皇考，聪明睿智。苞蕴《图》《书》，汇宗洙泗。
德与圣合，礼为道崇。升堂容肃，过里恩隆。
绪缵朕躬，勤图绍述。至训煌煌，箴铭宥密。
维皇建极，惟圣时中。古今虽邈，心理攸同。
作帝王师，与天地配。开辟一人，神灵如在。
奕奕新庙，辉映尼防。金丝在御，车服盈堂。
焕乎天文，五云示庆。锡祜者天，承庥者圣。
敢云瑞应，鉴厥微诚。普祈洪贶，永福编氓！
文治光华，日星晶丽。木铎扬声，垂亿万世。

和硕怡贤亲王碑文

朕惟国家启昌隆之运，则诞降名臣；祖宗钟福庆之贻，则笃生贤胄。粤若师师虞代，稷契为帝室之英，济济周朝，旦奭是姬宗之彦，莫不纪诸谟典，颂以声诗，前绩可稽，遗编具在。如朕弟怡贤亲王，则于古有光者也。王秉乾坤之清淑，萃川岳之精华。爰自幼年，早征至行，禁庭奉诲，循礼度以持躬；内殿承欢，笃孝思于绕膝。实超出于同气，久默识于中怀。是以缵绍之初，慎选亲贤之寄，特加恩命，晋授王封。正在亮阴，俾膺总理，当良奸之杂处，以镇静服群情；遇纲纪之待厘，以精明襄万务。成劳既著，眷倚逾殷。综中外之訏谟，司兵农之大计。而王恪勤匪懈，兢励弥深。体朕心为己心，视国事如家事，详核度支之积窦，府藏充盈；请蠲吴越之浮粮，闾阎康阜。兴田功于畿内，秔稻连畴；筹水利于江南，河渠顺轨。至若边形指掌，了大势于川原；武略在胸，赞成谋于帷幄。壮戎容于雁碛，组练鲜明裕军。实于龙沙，骅骝腾跃。苍黔恬乐，罔闻征发之烦；朝省安闲，莫见运筹之迹。是其潜思默算，备竭精诚，故能应变投机，不形声色者矣。扶持正直公道，于以昭彰；荐达猷为人材，由兹奋起。度惟谦挹，同事务协于和衷；量本宽洪，曹官胥归于涵茹。领周庐之环卫，训练维勤；定宫府之规模，施为悉当。凡关于民生吏治，知无不言；曾经其熟计深图，言皆有效。祗慎而不宣于众，退谦而恐居其名。皆中禁之密陈，岂外廷之能晓？心迹则青天白日，衾影无惭；节操则莹玉清冰，垢尘不染。研几穷理，得圣经贤传之精微；辅世宁民，具帝佐王臣之蕴负。道光竹帛，恢平章调燮之勋；瑞叶星云，树喜起明良之范。

朕实赖王治安寰寓，王实为朕翊赞升平。既历八年，有如一日。斯乃上天降佑，烈祖垂庥，赉良弼于本支，作盛时之梁栋。于皇考为孝子，于朕躬为纯臣，自昔罕伦，在今幸觏。惠慈之性，宜其克享遐年；岂弟之恩，足以迓承繁祉。人情胥愿，天数难齐。讵尽瘁以忘躯，遂抱疴之缠体。祷神祇而靡应，商医药而弗瘳。王忠爱之忱，始终一致。沉绵之候，讦避而弗敢上闻；危笃之期，溘逝而虑伤永诀。朕将临视，王已飘升。望幻影于云中，灵奇示象；蜕色身于尘界，慧觉超凡。生有由来，理当可信。王幽明感德，远近归仁，锡命每申，则日晴紫陌；祖筵方彻，则风蔼青阡。虔叩繐帷，动举朝之痛忆；競随素绋，溢长路之悲号。尝赐标题，略传梗概。忠敬而兼之诚直，勤慎而益以廉明。礼重易名，约一言而该美善；义隆加谥，冠八字以示宠褒。朕亲奠郊坰，频纡车驾，时陈牲醴，每遣臣僚。敦俭素之风，茔兆本由于自择；议推崇之典，经费优给于官供。吉兆既安，丰碑宜勒。於戏！念股肱之谊重，雕刻金镛；怜手足之情深，铺扬玉牒。功高德茂，享亘古之鸿声；生荣死哀，备生人之全福。将使斯文炳焕，偕星曜以流辉；贞石嵯峨，与峰峦而并峙云尔。

惠济庙碑文

永定河，古所称桑乾河。出太原，经马邑，合雁云诸水，奔注畿南。发源既高，汇流甚众。厥性激湍，数徙善溃。康熙三十七年，我皇考圣祖仁皇帝亲临指授疏导之方。新河既潴，遂庆安澜。爰锡嘉名，永昭底定。立庙卢沟桥北，题额建碑，奎文炳燿，河神之封，实自此始。朕缵绍鸿基，加意河务，设官发帑，深筹疏筑之宜。比年以来，永定河安流顺轨，无冲荡之虞，民居乐业，岁获有秋。岂惟人事之克修，实赖神功之赞佑。念石景山据河上游，捍御宜亟，爰命相择善地，作新庙以妥神。朕弟和硕怡贤亲王，躬往营度，得地庞村之西，鼎建斯庙。长河西绕而南萦，峰岭北纡而左骛。控制形胜，负山临流；殿宇崇严，规制宏敞；护以佛阁，界以缭垣。经始于雍正七年冬，逾一年役竣，复以卢沟神庙皇考圣迹所在，载加崇饰，丹雘维新，并增建杰阁，翼如焕如，称朕敬神惠民之意。爰赐庙名曰"惠济"，勒文贞珉，以纪其事。《诗》称"怀柔百神"，及河乔岳河之有神，备载祀典。况永定为畿辅之名川，灵应夙著。田畴庐舍，绣错郊圻。其得安耕凿而乐盈宁者，胥仰荷皇考方略之昭垂，而明神显灵，默相孚佑蒸黎。邀福孔多，宜加崇敬。今兹十里内，庙貌相望，虔修秩祀，尚其妥侑歆飨，俾斯民康阜乂安，以弘我国家无疆之庆。岂惟朕承兹惠贶，我皇考平成之骏烈，实嘉赖焉。

惠远庙碑文

我国家受天眷命，抚御寰瀛，光被四表，莫不尊亲。太宗文皇帝崇德七年，班禅额尔德尼、达赖喇嘛知东土有圣人，遣使通款，路涉万里，时经数载，始达盛京。逮世祖章皇帝时，遂亲至京师朝觐，备蒙恩眷。后以策妄阿喇布坦，肆恶逞奸，残蹂西藏，皇考圣祖仁皇帝特遣大师，计日平定，抚绥人众，各复生业。赐今胡毕尔汉册印封号，安置禅榻，重兴黄教。用以慰番众皈依佛法之诚，并酬班禅、达赖喇嘛累世恭顺之悃也。

朕御极以来，加意护持，俾安净土。因思古今之有佛教，特以劝善惩恶、济人觉世为本。黄教之传，所以推广佛经之旨也。演教之地愈多，则佛法之流布愈广，而番彝之向善者益众。西藏既有班禅额尔德尼，而近边之番彝离藏辽远，皆有皈依佛法之心。惟兹川省打箭炉之外，有地曰"噶达"，昔年达赖喇嘛曾驻锡于此。爰相度川原，创建庙宇，发帑金数十万两，遣官董司工役，依西方白赖本佛庙之图式，凡为殿堂楼房一千余间，又为平房四百间，赐额曰"惠远"。丹雘辉煌，器用充备，置兵以卫之。达赖喇嘛来登禅榻，率诸徒众，咸就新居；诸番耆幼，踊跃忻喜。使臣奏言:“彼土早寒,自造寺以来,气候和暖,深秋未冻。”则知兹寺之建,神人胥庆,山川著灵。朕所以仰体皇考厚酬,达赖喇嘛累世恭顺之忱,且以广布黄教,宣讲经典,使番彝道俗崇法慕义,亿万斯年,永跻仁寿之域,则于佐助王化,实有裨益。是用纪文丰碑,以昭示久远焉。

河源神庙碑文

四渎之中河为大,自星宿发源,经行数千里而入中国。亘络坤维,泽润九宇,方望之祭,三代以来尚矣!我国家敬共明神,钦崇祀事,精禋昭格,灵贶丕彰。南北堤工,安澜底绩。漕艘利济,输挽以时。以至引河自汕,于中泓沮洳,悉淤为沃壤。澄清千里,经历三旬,上瑞光昭,鸿庥屡著。衮豫江淮之境,各建庙宇,春秋展祀,尊崇令典。视前代为加虔,顾河源所自,庙貌阙焉。于礼未称,朕念昆仑远在荒徼,命使不能时至。而《禹贡》有“导河积石”之文,考其地在今西宁河州境内,黄河流入中国自此始,则建庙以祀河源之神,实惟兹地为宜。乃命礼官详议,敕甘肃抚臣于河州相度善地,恭建新庙,高门广殿,肃穆闳深。发帑鸠工,专官董役,雍正九年冬十月告成,朕亲洒宸翰,赐额曰“福佑安澜”。先是谕旨甫颁,经营伊始,雍正八年六月之望,河州有庆云捧日之瑞,自午至申,万众瞻仰。七月五日,临洮道臣相地积石,关外见河流澄澈,上下百有余里,彻底莹洁,凡三昼夜。同时入告,共庆祥符。朕惟河岳山川,均为造化之功用,而润泽广远,利赖溥被,惟河最灵。河神之福国佑民,历有明验。今兹立庙之地,显著休征。益以知天心降鉴,感则必通;神德昭明,诚无不格。爰志建庙岁月,揭诸贞珉;兼纪明神显应之迹,垂示永久。以昭朕夙夜懋勉,恭承天眷、敬迓神庥之至意云。

佑宁寺碑文

西宁郭隆寺，地处通途。喇嘛之自西藏来者，于兹取道，为边陲古刹。自罗卜藏丹津之叛，结连奸顽喇嘛，煽惑番彝，一时蠢动，是以大兵进讨，烧焚寺宇，俾奸宄无所藏匿。凶徒既殄，边境攸宁，梵刹旧基，理宜修复。爰发帑鸠工，遣官往董其事。山门佛殿，规制秩然，僧舍经堂，一准旧式。限令延僧二百人，常住薰修，宣扬妙法；往来梵众，亦得栖息之所。役既告竣，以旧称不雅，敕定嘉名，赐额曰“佑宁寺”，并纪文勒石，以诏久远。夫黄教之传，盛于西域。凡厥部众，尊崇信奉，远迩一心。其为道，盖佛氏之支流，开示迷途，因俗利导，于治化不为无助。《书》曰：“惠迪吉，从逆凶，惟影响。”览兹寺废兴之由，顺逆之理昭然矣。我国家弘敷德泽，以振兴黄教，绥抚番彝，继自今其恪守清规，虔修梵行；诸部落皈依崇奉之愿，久且益坚。将见鸿慈普佑，永载清宁，兹寺与西土山川同其悠久可也。

广惠寺碑文

黄教之兴盛于西土，其道根源天竺。演说因果，觉悟群生，使为善者知劝，作恶者思惩。与“作善降祥，作不善降殃”之理，默相符会。所以易俗移风，裨助于王化，为益弘矣。西宁旧有郭莽寺，地处通途，为边方古刹。从西藏进口之喇嘛，皆于兹托足，即佛家所谓十方院也。自罗卜藏丹津悖义作逆，兹寺奸顽喇嘛相与连结，煽动部落，遂使修行之区，转为藏奸之薮。是以大兵进讨，除其众而毁其寺。所以锄恶止乱，非得已也。迩来氛翳廓清，疆土宁谧，宜振兴黄教以绥抚番彝，爰发帑金，遣官往为重建，佛殿经堂、僧舍山门，规模复旧，丹雘一新。常住之僧以二百人为限，俾其宣扬妙法，且使往来僧众有所栖憩。董役之臣，请易嘉名，赐额曰“广惠寺”。所望重建之后，遐迩番彝，一心信奉，敦崇善行以延庆佑，永享我国家亿万载太平之乐，是朕锡福蒸民、跻诸仁寿之意也。纪文勒石，用昭示于久远焉！

太上清宫碑文

天师张道陵，汉时炼丹成道，得神授秘文，祓除阴慝，通灵变化，享寿百二十有三。子孙世嗣其法，所传经箓、符章、印剑，代以一人典之。弟子法官，转相师授。其教以忠孝正直，感动神明，安善驱邪，佑民护国，君臣父子，伦叙秩然。阅数十传，神应如响，是以历朝重之，世袭真人之封，于今勿替。贵溪龙虎山者，天师炼形修丹之地，元坛丹灶在焉，后即其地建上清宫。唐宋元明以来，代有修建。我朝康熙二十六年，圣祖仁皇帝亲洒宸翰，赐号“碧城”，并颁“太上清宫”扁额，锡帑金以修葺殿宇。历年已久，宜事鼎新。朕特发内帑，专遣廷臣，前往重修，增饰庙貌，又以斗为帝车，群生之所托命，复令相方卜址，创建斗殿，以为祈禳善地。萃工庀材，百堵偕作；宏敞坚固，焕如翼如！经始于雍正九年五月，明年七月工竣。复赐田三千四百余亩，以永为世业。夫天师以忠孝为道法之宗，自东汉迄今，千五百年，法裔相仍，克修绪业，效忠阐教，捍患除灾。盖其精诚所感，实足以通贯幽明，知鬼神之情状，故能常垂宇宙，裨益圣功，福国济人，功验昭著。太上清宫为神祇之所陟降，法箓之所凭依，福地仙都，山灵拥护。增新崇构，典礼攸宜，是用纪事述文，勒诸贞珉，以昭示永久，俾知国家酬庸报功，弘奖忠孝之至意云尔。

卷十七

碑　文

高家堰碑文

黄河为运道民生所关，而治河以导淮刷沙为要。高家堰者，所以束全淮之水，并力北趋以入河。河得清淮，则沙不积而流益畅。故考河道于东南，以高堰为淮黄之关键。淮自中州，挟汝、颍、涡、汴诸水，汇注于洪泽一湖。荡激潆洄，浩渺无际。而淮扬两大郡居其下流，惟恃堰堤以为障御，所系讵不重哉？我皇考圣祖仁皇帝，为亿兆苍生筹万世永赖之计，屡勤清跸，指示臣工，方略昭垂，神谟卓越。全河形势，经画周详，而高堰堤工，尤廑睿虑。迄今数十年来，河臣遵守成规，列郡得安衽席者，皇考圣绩神功之所赐也！朕绍承鸿绪，注念河防，思高家堰堤工绵远，保护维艰，惟不惜多费帑金，全建石工，使高厚坚固，久远可恃。斯于运道民生，实有裨益。朕衷默定，询度佥同，爰特发帑金，庀材鸠役，专命大臣董其事。经始于雍正八年二月，越雍正十年六月大工告竣。仰藉神庥，风涛恬静，薪石云集，工作易施。增卑而高，培薄而厚，易圮而新，孔固孔完。其增广皆有加于旧，凡六千三百四十余丈，延袤四十余里，所费帑金一百一万余两。于是高堰之工屹然，为淮扬巨障。河臣上言："大工之成，不可无纪。"用俞所请，摛文勒石，以示朕宵旰畴咨之至意，冀河流济运，永庆安澜，保障无虞，民生乐业，以无忝皇考底定平成之绩云尔。

拈花寺碑文

昔我世祖章皇帝万几余暇,留神内典。其时法门龙象,受知最深者,曰玉琳琇国师。尝欲令其徒茆溪森主席京师,宣扬道法,眷顾之意至厚。朕阅玉琳茆溪语录,叹其高风卓识,超冠丛林。因为颁谕表章,追封赐祭,以仰承世祖皇帝优崇正梵之至意。既又念直省刹寺棋布,开堂秉拂者日众,而禅宗愈衰,是以再三诰诫,俾各勤求本分,直透向上一关。仍择宗门法侣具正知正见者,为之表率倡导焉。京师内城西北隅,有护国报恩千佛寺者,创自前明,历百有六十载,琳宫颓敝,钟鼓寂寥。爰命重加修整,经始于雍正十一年正月,本年九月告成。梵宫禅宇,焕俨辉煌,堪为大众熏修参学之所。因择琇国师下法嗣名超善者,命主方丈。锡寺额曰"拈花",揭之山门。

粤自世尊以正法眼藏,涅槃妙心,实相无相,微妙法门,嘱咐摩诃迦叶。迨香至来兹震旦,提唱宗乘,为不立文字、教外之别传,迄今数千年,灵山一会,俨然未散。鬘陀优钵,遍满寰区。日月星辰、山河大地、人民六畜、城郭市廛、有情无情、即色非色,处处是拈花道场法会,刻刻是拈花时节因缘,物物是如来手中之花,尘尘刹刹有调御丈夫、人天师,宛尔拈出,但须本分衲僧,瞥然荐取,便续从上以来诸祖心灯。如或未能,则参须真参,悟须实悟,三藏十二分、千七百则公案,不出此二字。字中有大海潮音,噌吰訇訇,震诸人耳根。字中有大摩尼珠,晃朗照耀,夺诸人眼识。盖执指忘月,便是二铁围山;见月忘指,便是曹溪一滴也。居此寺者,尚其证琇国师之所证,入此大圆觉海,步步踏得正修行处,不负世尊当日拈花示众,与世祖皇帝护持佛法深恩,以为直省刹寺倡,朕有厚望焉。

贤良祠碑文

朕惟国家钟昌隆之运，诞降贤臣；宇宙成熙皞之风，端资良弼。故徽声聿播，旂常铭勒于生前；而元祀攸崇，俎豆歆承于身后。用以宠褒已往，劝励方来。所由沛殊恩、举旷典也。尔和硕怡贤亲王，忠孝自天，敬勤成性。嘉猷入告，启乃心以沃朕心；庶绩咸熙，图国事即如己事。勋高燮理，立臣道之仪型；礼极哀荣，备人生之祉福。尔大学士公图海等，际王迹肇基之始，业赞运筹；当皇朝一统之期，绩参佐命。我皇考圣祖仁皇帝，绵膺历祚，简公卿以翊升平；载定寰瀛，选将帅而宣威武。中朝外任，多令名清节之完人；跨海穷边，著破敌开疆之伟略。朕眷怀旧德，询访佥谋，既祠宇之告成，叙官阶而列位。於戏！念鸿功于同气，自古希伦；追盛烈于群贤，于今不泯。纶章丕锡，永垂图牒之辉；珉石深镌，式焕星云之色。凡百有位，其咸观感于兹！

昭忠寺碑文

朕惟疆场用命，因敌忾以效忠；行阵争先，值临危而殉节。追寻壮概，殊切轸怀；载建丰碑，用光崇祀。尔和硕敬谨亲王尼堪等，赋姿雄毅，秉性坚贞，均际会于从龙，各图功于汗马。我国家荡平区寓，命上将以专征；绥靖边陲，张王师而挞伐。戈鋋所向，旋见廓清。貔虎前驱，一惟奋勇。或气凌劲寇，纵横万众之中。或志锐先登，出入重围之内。王公将帅，既赴义以如归。裨校卒徒，亦衔恩而自矢。励致身之素志，蹈刃何辞？耿报国之丹诚，婴锋不顾。芳名常著，摛文宜付于史官。英爽犹生，勤事允符于祀典。乃者构成栋宇，罗设几筵，考厥官资，定其位次。握麾拥节，并肹蠁于一堂，擐甲荷殳；得从班于两庑。悬之臣牓，表厥忠勋；

锡以纶章，昭兹节烈。於戏！华楹敞朗，长回日月之辉；雕琰嵯峨，永壮风云之色。聿传久远，式载宠荣。

普陀山普济寺碑文

普陀洛伽山，为观音大士示现之地，历征灵应。自梁贞明中，始立佛寺。宋元以来，代加修葺。我皇考圣祖仁皇帝，巡幸浙西，遣官兴建殿宇，上为皇太后祝禧，御题赐额，勒文丰碑，以纪其事。山灵拥护，圣绩丕昭。朕缵绍鸿基，于兹十载，念兹山为古圣道场，重以圣祖仁皇帝宸翰留贻，尤宜敬谨崇奉。爰特发帑金，重加修饰，专官往董其役，经始于雍正九年九月，雍正十一年六月告成。朕惟天下名山大川，皆扶舆清淑之气，磅礴而融结。普陀秀峙海壖，迥立于天风紫涛、浩淜无际之中。尤灵秀所萃聚，宜其为仙真之所栖息。况大士以慈悲济物为心，随声赴感，无所往而不在。其示现在一时，实无时而不示现，神通感应不可思议。即示现与不示现，举可不论也。夫佛法广大无边，大海包涵无际，亿万百千里，不足以测海之广，而一勺未尝非海也。亿万百千法，不足以尽佛之相，而一法无适非佛也。今以大海视普陀，一拳石耳，而菩萨现像之场，善众皈依之地，泛慈航于彼岸，结宝筏于迷津；证普度之慈缘，显弘深之愿力。珠宫在望，香界重新，宁不与鹫峰、鹿苑，均为净域之名区也欤？用为斯记，镌诸翠珉，以志灵山之胜概。

普陀山法雨寺碑文

法雨寺者，普陀山大士之别院也。皇考圣祖仁皇帝既修建普济寺，上为慈圣祝禧，复念兹寺为海氛所震荡，发帑重新，俾僧徒得所栖止。赐额立碑，增辉瀛峤，历今已数十载，宜加崇饰。朕特遣专官，赍内帑庀材鸠工，不劳民力。香林梵宇，丹臒焕然，与普济寺大工同时告竣，督臣请摛文勒石以纪。夫大士以慈缘普济，度尽众生为愿。朕尝绎法雨之义，谓济物之普遍者莫如雨。当夫慈云布濩，甘澍滂沱，高下远近，一时沾足。凌霄耸壑之乔柯，勾萌甲坼之微卉，华葩果蓏，无不濡被润泽，发荣滋长，畅茂条达，各遂其性，而不自知。假使物物而雨之，朝朝而溉之，将不胜其勤，而终不足以遍给。惟本大慈悲，现大神力，周遍一切，在在具足，所谓天降时雨，山川出云，肤寸而合，不崇朝而遍乎天下者。济物之功，莫大于是。神山宝刹，缁侣云集，自当有被时雨之化，证心印而传法乳，普利生之实用，以不负大士随缘接引之慈恩，而副朕弘振宗风，护持正觉之至意者。朕深有望焉！

崇恩寺碑文

崇恩寺在江南荆溪之磬山，故明天隐修禅师演法道场也。禅师与密云悟同得法于龙池幻有，传具正知正见，以本分事接人，不堕语言窠臼。其著述单提直指，洞本通微，得从上之正传，于禅宗实有裨益。汉月藏悖负本师，恣其狂臆，用知解心，设穿凿法。一时毒雾纷迷，教外别传之旨几晦。密云悟悯其诳世惑人，大声疾呼，一辟再辟，而禅师同心应和，复为释疑普说，以斥其谬。当时之人，眼目不具，莫辨金鍮。然虽一时未能遽扫雾霾，而辨异辟邪之卓见，护持正印之苦心，洵可称盲俗之金錍，法门之大匠也。禅师一传为玉琳琇国师，再传为茆溪森禅师。并蒙皇祖世祖章皇帝恩遇顾问，提唱宗乘，不坠家风。向非禅师眼目净正，法乳纯真，后代儿孙，能若是杰出乎？朕间披阅琇、森父子语录，益知其渊源所自，有不可诬者。

寺在磬山，去县三十余里，旧制湫隘，不足容参学徒众。爰命扩旧易新，增葺殿宇，经始于雍正十一年，越明年二月告成。有司请勒碑以纪缘起。朕念义兴山水灵秀，古德高人时所栖托，自龙池导源天童，磬山皆生其地，相继建大法幢，震大法雷，以开示正法眼藏，甚勤且力。斯寺之建，岂无绍祖灯，续佛慧，担荷大事，无忝前修者勃兴其间乎？若徒以增辉梵刹、崇饰讲堂为山门标榜，不肯真参实悟，则辜负朕恩，与魔外所见无异，是昔者乃祖磬山之所深诃也。念之哉！

报恩寺碑文

古德有云：行解相应，谓之为祖。又云：明道者多，行道者少。可知心性边事，固贵眼明，必须践履。行不应解，定非真解，明而不行，岂是真明？昔人十二时中，并无杂用心处，又谓数十年始得打成一片，皆为此也。朕于玉琳琇国师，盖不胜仰止之叹焉。国师绍法磬山，年始二十有四，即开堂于吴兴之报恩寺，提唱宗乘，惟以本分事激发学者。其“自励四誓”与“答客问七谛当因”，课诵“示众语”，自为为人，悉皆如实具足，无一虚字舞弄狂机，疑误后学，实参实悟，真修真行。

我世祖章皇帝，慕其名德，延入内廷。对御敷陈，无非道要。朕尝拟于黄帝之访崆峒，成汤之问随光。惟皇祖究竟真宗，故能得此大士。而国师实能无忝恩遇，始终无一言一行世谛流布与本分间隔，洵不谬为佛祖儿孙、人天眼目者矣。朕既选其语录，刊布丛林，复念报恩法席，宜加修整。爰命有司，庀材增葺，以昭我皇祖尊崇有道、相得益彰之盛轨。抑兹寺也，磬山修先尝演法，而玉琳琇继之。所谓白云千顷，老屋数间，一榻高眠，令土木瓦石，为大众转大法轮者，磬山之家风也。合诸檀越，建大禅堂，十方聚会，应时及节，为大众说法者，玉琳之行履也。今磬山玉琳，皆已入大般若涅槃，而白云如故，木石依然。法堂之钟鼓重开，十方之善信不少。大众入此门来，还见种种转大法轮相否？还闻时节说法无量音声否？如果亲见亲闻，则报恩法会俨然未散，只在本人当下领取，以毋负国师常住，切实为人处，是所望于努力修持者！

十方普觉寺碑文

西山寿安，有唐时古刹，以窣堵波为门，泉石清幽，层岩夹峙，乃入山第一胜境。寺在唐名“兜率”，后曰“昭孝”，曰“洪庆”，曰“永安”，实一寺也。中有旃檀香佛像二，其一相传唐贞观中造，其一则后人范铜为之，皆作偃卧相，横安宝床，俗称“卧佛”，见于纪载诗歌者屡矣。岁久颓圮，朕弟和硕怡贤亲王，以无相悉檀，庀工修建，嗣王弘晈、弘晓继之，舍赀葺治，于是琳宫梵宇，丹雘焕然，遂为西山兰若之冠。工既竣，命无阂永觉禅师超盛往主法席。夫象教之设，所以显示真宗，佛身充满于法界，普现一切群生前，随缘赴感靡不周，而恒处此菩提座。是以造像多为五色莲台结跏趺座，而兹独示卧相者，其义何居？《善见毗婆沙律》释“佛游王舍会城”，谓游有四：一者行，二者住，三者坐，四者卧，以是四法名之曰游。然则竖穷三际，横亘十方，惟一真心，泯绝对待，应缘现迹，任物成名。凡此四威仪边，在在三摩钵地，如玉镜之交照，似宝珠之五色，非同非异，非即非离。居斯常寂光中，便是毗庐顶上。今者石泉流于舍下，木叶飘于岩间，非王舍卫城行法游乎？塔铃少选而声销，幡角无风而动息，非王舍卫城住法游乎？行者、住者如是，坐者、卧者同然矣。夫虚空无相，不拒诸相发挥；法性无身，匪碍诸身显见。果能不起有情无情之妄想，不生心内心外之邪思，将一法才通，万像悉归心地；千途并会，光明遍满恒沙。此七宝床上，古佛现前，丈六金身，盖覆大地，占断三际，不往不来，岂非一佛卧游，十方普觉欤？因名之曰十方普觉寺，而勒是语于碑，并记朕弟和硕怡贤亲王修寺缘起，以示来者。

紫阳道院碑文

性命无二途，仙佛无二道。求长生而不知无生，执有身而不知无相法身，如以箭射空，力尽还坠，非无上至真之妙道也。道祖云“外其身而身存”，岂非世尊无我而有我之旨乎？又云“观空亦空，空无所空。所空既无，无无亦无。无无既无，湛然常寂”。夫此湛然常寂，岂非常乐我净之妙谛乎？彼夫滞壳迷封，痴狂外走者，乌能测知万一哉！大慈圆通禅仙紫阳真人张平叔，著《悟真篇》，发明金丹之要。自序以为是乃修生之术，黄老顺其所欲，渐次导之至于无为妙觉，达摩、六祖最上一乘之旨，则至妙至微，卒难了彻。故编为外集，形诸歌颂，俟根性猛利之士，因言自悟。

於戏！若真人者，可谓佛仙一贯者矣。紫阳生于台州，城中有紫阳楼，乃其故居。去郡城六十里，有百步溪，传为紫阳仙化处。又尝焚修于桐柏崇道观，岁久香火岑寂，特命发帑遣官，载加整葺。夫以真人灵源朗彻，决定无生，三界十方，随心转用，何有于蝉蜕之乡，更何有于尘栖之迹？特以朕景仰高踪，表其宅里，俾学道之士，人人知此向上一路，千途同轨，非可强分区别，自生障碍，庶几真人救迷觉世之薪传不泯于后也。自紫阳楼迄百步溪、崇道观三处，各为殿堂，门庑若干楹，并置田若干亩，以资香火有余，则以赡其后裔。雍正十二年二月经理告竣，爰志其缘起而刻诸石。

天竺寺碑文

浙中多名山古寺，天竺乃昭著之大刹也。湖山明秀，胜地钟灵。观音大士，历征显应。奇木妙相，舍利瑞光。普现弘慈，久而弥彰。有感必通，如响斯捷。皇考圣祖仁皇帝巡幸浙西，重新香界,御制碑文,照耀穹宇。为慈圣祝厘,为苍生祈福,意至厚也。祝融不戒,宜事鼎新。爰因总督李卫之请,命发帑金,载加修葺。雍正十二年十一月工竣,璇题朱网,丹雘焕如。远近人民,瞻仰欢悦。用勒文翠珉,以纪其事。

夫佛法广大无边,不可思议,而大士慈悲为念,随声赴感,普济群生。是以善信皈依,有求辄应。然天人感召之理无他,曰"诚敬"而已矣。当其诚心恳至,虽以愚夫愚妇之微贱,而冥漠之际,呼吸相通。如其不然,即有灵明响应、悲悯救护之圣心,亦不能强迷顽者而施之惠泽。故曰"神无常享,享于克诚"。又曰"至诚而不动者,未之有也。不诚未有能动者也"。夫斯人生享太平之福,日用饮食,一丝一粟,在在皆天地覆载之恩,即在在皆明神庇佑之力。使非时存敬信之心,好善远罪,以迓福祥,而独于祈祷迫切之时,奔走膜拜,冀邀鉴格,则诚意微薄,岂能感应?尚安望休祥之敷锡乎?是以大士之慈悲灵圣,振古如兹,而斯人之昭受神庥,必由自致。诚能虔敬居心,实力向善,湔除恶念,广种福缘,则善气和会,感致繁禧,大士慈恩,降祥锡祉,年丰物阜,风雨以时,衍蕃昌而跻仁寿。朕爱养黎元之至意,其深慰矣夫!

卷十八

祭　文

历代帝王庙祭文

於赫上帝，降衷下民；惟后绥猷，继天立极。大统肇开于三古，丕基递嬗于累朝。崇祀帝王庙者，凡二十有一君，厥惟旧矣。我皇考大行皇帝，一中允执，两大兼参。汇治功道量之全，极武烈文谟之盛。俗尽跻于上理，情弥轸乎前光。定诸史之公评，抒千秋之卓识。谓兴王创业，既多戡定鸿勋，即令辟守文，不乏绥和美化。历年多寡，不必同符；致治浅深，原难一辙。履至尊而制六合，联寰宇以为一家。万方共载尊亲，亿兆胥依父母。即当奕世维新之治，追念胜朝式廓之疆。曾经食土践毛，尚有先畴旧德。岂得以拘儒苛论，妄絜短长。更难以稗乘鲜闻，恣凭褒贬。特颁明谕，遍采群言，豆登溥荐于百王，榱桷永光夫万祀。亦有熊罴之士，宣力旂常，不无鼎鼎之臣，劳心辅弼。股肱一体，生前获荷天休；廊庑列筵，身后仍陪庙享。於戏！章隆重仰，惟志事以虔遵；至治馨香，尚冀神灵之默佑！式孚冥漠，庶克居歆！

追封孔子五代告祭文

道尊往圣，宜锡类以推恩；牒溯前徽，乃缘情而制礼。丝纶聿贲，俎豆维新。仰惟先师孔子，撰合乾坤，名高日月。纂修删定，焕六籍之文明；祖述宪章，树百王之仪范。朕夙承庭训，向往实深,诞绍丕基,钦崇弥切。惟德全而业盛,知积厚而流光。爰命廷臣,式稽谱系。诒谋式谷,洵笃庆于一门;毓秀钟灵,宜上追于五代。并跻祀典,特晋王封,体皇考敬师之心,弘先圣显亲之孝。於戏!金声玉振,集今古之大成;木本水源,享烝尝之美报。灵其不昧,尚克来歆!

文庙增定从祀告祭文

道宗前圣,尊万世之师资。绪启后贤,备千秋之祀典。虔将苹藻,聿告几筵。仰惟先师孔子,德配乾坤,心传尧舜。文垂六籍,揭大义以昭明;教设四科,育英才而蔚盛。虽微言渐远,难窥达天尽性之功,而正脉相承,不乏入室升堂之彦。朕绍登宝位,亲诣辟雍,爰因释奠之时,更切崇儒之念,特颁谕旨,博访廷臣。考自有周,逮于昭代,凡在传经之哲,咸跻从祀之班。兹卜良辰,以林放等二十六人,新造牌位,安奉两庑。以张载之父张迪,新造牌位,安奉崇圣祠。於戏!阐扬经术,长歆俎豆之馨;广厉学宫,益笃羹墙之慕。伏惟圣鉴,格享苾芬!

阙里告祭文

仰惟先师孔子,道高千古,业著六经,集圣学之大成,树人伦之标准。朕绍承丕绪,仰止师模,溯谱系以追封,入成均而释奠。不谓杏坛之地,忽生回禄之灾,虽像位幸存,而榱楹俱烬。具闻奏报,实切兢惶。岂成毁有时,竟莫争于定数?恐尊崇未至祗,难释于中怀。即遣所司,协同大吏,饬工材而备豫,占时日以经营。将式焕夫宫墙,期重新于丹雘。辟雍伊迩,已亲诣以昭虔;阙里云遥,用专官而展祭。慰安灵爽,瞻望格歆,谨告!

太学文庙祭文

金声玉振，集神圣之大成。霞蔚云蒸，表天人之上瑞。肃将苹藻，奉告几筵！仰惟先师孔子，德迈皇王，学该河洛。综五百年之传绪，聿峻宫墙；立亿万代之师模，永光俎豆。自庙堂之重建，准宫殿之鸿规。尽诚敬以经营，务尊崇其制度。乃者将升画栋，选卜良辰，忽睹卿云，光辉晴昼。芝英烂熳，映泗水以霏；烟车盖轮，困倚扆冈而结影。当前期之二日，有开必先瞻。垂象者三时，惟形则著。绚于东国，显征丹臒之祥；耀彼南方，弘阐文明之运。上帝之凝庥滋至，先师之降鉴孔昭。实感庆于衷怀，用吉蠲而躬诣。於戏！羹墙如见，弥殷重道之忱。霄汉为章，佑启作人之化。神其如在，歆享苾芬，谨告！

先师孔子诞辰告祭文

金声玉振，开宇宙之文明；月角珠庭，垂圣神之仪范。肃敷筵几，聿荐藻苹。仰惟先师孔子，学综《图》《畴》，统承尧舜。道超万类，喻海河泰岳之崇深；德服群贤，比江汉秋阳之皎洁。温良恭让之度，邦国共钦；齐庄中正之容，简编备载。新营庙貌，虔制俎樽。竭诚敬之心思，极尊严之规制。乃者岁逢庚戌，序属仲秋，上溯周朝，近当今日。推之长历，即尼山降诞之时；卜以良辰，是阙里增辉之会。用稽徽典，适协贞符。於戏！栋宇恢闳，已庆云霞之糺缦；堂楹端俨，重瞻日月之光华。神鉴孔昭，苾芬歆享！

圣庙告成祭文

达天尽性，树万世之师模；重道尊经，焕千秋之庙貌。肃将嘉祀，用告成功。仰惟先师孔子，得圣之时，由天所纵。纂修删定，启宇宙之文明；祖述宪章，综帝王之统绪。升堂入室，洪施乐育之恩；学礼诵诗，永作义方之榘。比高悬之日月，亘古莫逾；喻出类之凤麟，生民未有。朕奉遗编而钦企仪典，务极其推崇；循旧址而鼎新经营，必尽其诚敬。颁于国帑，董以大臣，每绘式以先呈，乃按图而指授。楩楠栝柏，求大木于名山；簠簋樽罍，选良工于内府。晶荧黄瓦，准制度于宸居；璀璨玉圭，俨威容于圣座。悬标题之巨牓，洒翰亲书；建屹峙之丰碑，摛文恭纪。工程累岁，时深严恪之心；栋宇宏规，益备观瞻之美。华榱雕柱，增辉讲道之坛；璆磬金镛，重振大成之殿。数仞之宫墙逾峻，两楹之俎豆虔陈。特遣皇五子弘昼等，亲诣几筵，敬行祭告。於戏！卿云紏缦，已开丹腰之祥；古桧贞坚，伫望青苍之色。惟祈鉴格，式享苾馨！

日月合璧五星联珠告祭

景陵文

圣德流光，贻嘉祥于奕世；天文垂象，焕精采于重霄。纪史籍以扬芬，陈几筵而告庆。钦惟皇考圣祖仁皇帝，道迈羲轩，功参覆载。秉至明以照物，日月齐辉；凝庶绩以宜民，星辰就叙。心通历数，稽密度于浑仪；化协阴阳，验休征于《洪范》。山陬海澨，无非乐利之区；炎峤朔陲，尽是协和之气。延穹苍之眷佑，睹辰次之昭回。乃者候届仲春，日当初吉，二曜同躔而璧合，五星聚舍以珠联。营室应清庙之占，娵訾号乾宫之位。自历元而后，曾闻颛顼之时，由世纪所书，直比陶唐之代。历四千余年之久远，再见星占；追六十一载之皡熙，用彰天锡。仰惟先烈，实为钟庆之余；逮及眇躬，幸值迓庥之始。当累传之宝祚，景命弥隆；合万国之欢心，鸿名益耀。於戏！贞符上瑞，式勤昭事之忱；峻德丰功，长切祗承之念。伏祈慈鉴，俯赐格歆，谨告！

景陵悬匾告祭文

陵园葱郁，森警卫于百神；殿宇深严，肃精禋于亿祀。因标题而展敬，告筵几以申忱。钦惟皇考圣祖仁皇帝，学贯《图》《畴》，道高轩顼。日新盛德，恒惕念于万几；天纵多能，复游情于六艺。趋庭而仰观圣迹，时荷亲传；伸纸而恭仿宸章，特承睿奖。乃者因山启隧，已占灵淑之征；巨牓丰碑，宜极尊崇之制。濡毫洒墨，庶诚敬之潜通；澄虑凝神，俨音容之如对。虔题徽号，冀扬畴昔之耿光；聿颂隆恩，莫写平生之孺慕。手追心企，长怀宝翰之烟云；僾见忾闻，遥感桥山之霜露。谨告！

黄河澄清告祭

景 陵 文

瑞应光昭，荷垂庥之庆泽；嘉征迭告，显默佑之鸿慈。望园寝以抒诚，荐馨香而伸悃。钦惟皇考圣祖仁皇帝，道济群生，恩濡万国。丰功巍焕，庆海宇之清宁；至治恬熙，溥寰区之乐利。播六十一载之深仁厚泽，德化旁流；绵亿千万世之景祚洪禧，太和翔洽。缅神灵之陟降尤福，庇之深长，嘉贶频仍，珍符屡见。乃者黄河效顺，碧浪澄清，由陕州而至桃源，地连五省。自嘉平而逾献岁，时阅三旬。臣民共庆其难逢，史籍曾称其罕觏。俯惭冲眇，实切悚惶。深惟昭事之小心，敢懈祗承之素志！顾此数年之治理，讵能笃迓纯庥？或因一念之恪诚，幸得仰邀慈眷。吁昊天而锡福，致大地之呈祥；鉴已往之勤虔，励将来之兢业。宠绥有自，感激难穷。祗荐牲牢，肃陈筵几。於戏！溯神谟之底定，方略昭垂；扬骏烈于怀柔，苞苻炳耀。伏惟圣鉴，俯赐格歆！

北镇庙祭文

惟神名著礼经，位均方岳。峙兴京之重地，拥卫畿东；炳福国之明灵，庇安辽左。朕昔奉谒陵之命，曾申诣庙之虔。瞻望层楹，遂捐资而营葺。绍承宝位，复发帑以增修。焕丹雘其如新，镌青珉而纪事。溯工程之肇启，阅岁序之屡更。十雨五风，协休征于泰运；万箱亿庾，占瑞应于丰年。神贶昭彰，朕心感庆，遣专官以将事，陈牲醴而荐馨。所冀峦岫郁葱，奠鸿基之巩固；郊原膴厚，赞和气以蕃昌。惟尔明神，尚其歆鉴！

追封关帝三代祭文

秉两间之正气，毓圣有基；冠五等之崇班，恩推及远。丝纶诞贲，谱牒增辉。惟公陇右家声，晋中族望。庆余积善，垂矩矱于高门；祥裕诒谋，溯渊源于奕叶。启后昆之忠义，大节炳于日星；景先世之风规，令范昭于弓冶。宜加锡命，用示褒扬；爰诏礼臣，特隆封典。建上公于三世，崇报祀乎千秋。於戏！缅厚德以流光，克昌厥后；凛英风而佐化，有开必先。表旷代之芳型，肇明禋之盛举。尚其歆格，鉴此殊荣！

关帝告祭文

敦大伦而表范，忠冠古今；追先世之诒谋，礼崇祖考。式颁茂典，用展精禋。缅惟关帝，素志忠诚，天姿勇毅。九霄皎日，长悬翼戴之心；万古英风，不泯劲刚之气。学宗洙泗，生平诵习《春秋》，光动河山，义烈昭垂宇宙。仰灵威之赫濯，无间于走卒儿童；荐俎豆之馨香，且遍于遐陬僻壤。高名完节，既长耀于史编；

福国庇人,久特隆于庙祀。念神奇之所自,信积累之有基。爰命廷臣,聿稽门绪。千秋华胄,美三叶之芳规;五等崇班,锡上公之显号。於戏!义坚事主,躬正直以炳灵;孝重显亲,溯本源而褒赠。神其歆格,鉴此告虔!

清和宣惠风伯之神祭文

惟神象著箕星,德符巽卦。动而致雨,聿彰地上之功;静不扬波,爰表泽中之瑞。考典章于祠部,方展精禋;览奏疏于河臣,宜崇封号。眷惟淮甸,瞻庙宇之旧存;念此洪湖,赖堤防而永固。气调清籁,经时协应律之占;响息商飙,历载奏安澜之庆。喜天和之潜感,荷神贶之昭灵。是用特封为清和宣惠风伯之神,并命河臣虔陈牲醴,所冀导扬元化,顺四序以节宣;佑保蒸民,护百川而奠定。尚其鉴格,歆享苾芬!

卷十九

祭　文

都城隍庙祭文

灵爽丕昭,作皇都之保障;规模增焕,肃庙貌之观瞻。爰告成功,聿修祀典。惟神拱卫金汤,凭依畿甸。锡嘉祥于民物,应感无私;默呵护乎邦家,明威有赫。岁时久崇夫祈报,殿庑方待于缮修。朕敬礼明神,虔新祠宇,发金钱于内府,命董理于大臣。鸟革翚飞,掩映云霞之彩;虹梁虬柱,辉煌金碧之观。妥侑是宜,明禋式举。於戏!聪明正直,固万雉于金瓯;寒燠雨旸,调四时于玉烛。神其昭鉴,来飨苾芬!

运河神祭文

国家挽运,全藉漕渠。河水畅流,最需雨泽。惟神功能佑国,惠足庇民,恺泽所敷,兆人攸赖。乃者春夏之交,愆阳间告。朕深怀悯恻,夙夜省躬,维缘河一带,愆雨泽之施,以致水浅运艰,人劳舟滞。揆厥所由,朕心甚疚。或系去年运阻之日,曾施挑浚之功,畚锸所加,有伤地脉;或系地方官吏,岁时奉祀不诚;或系在运官丁,隐痛不闻,致违戾阴阳之节。凡诸谴告,罪在朕躬!是用斋心省过,遣官致祭。神其鉴此肫诚,苏我黎庶。念七州之飞挽,速溥雷雨之慈;达百万之天庾,大霈油云之泽。俾河水畅流,全漕利济。尚其降格,歆此明禋!

黄河神祭文

惟神源通星汉，派衍昆仑，四渎称宗，九州滋润，惠泽广远，灵应夙彰。顷者决口合龙，民居攸奠。既奏安澜之绩，旋呈清泚之祥。里计二千，时经旬月。锡福固由于天眷，效灵实显夫神功。用遣专官，虔修祀典，惟冀光昭庥佑，永庆阜安，延景福于万年，溥纯禧于兆姓。尚其歆格，鉴此精诚！

河神祭文

朕注心河务，礼敬明神。历岁以来，休征屡著，若兰阳之引河自汕，仪封之深渠忽开，允赖神功，岂关人事？惟今年黄河之伏汛，具睹安恬，而季夏山左之南陬，偶生暴涨。入骆湖而骤溢，望洪泽以奔趋。逾越长堤，散弥广陌。河臣抚臣，虽心力之交励，惧功绩之难施，乃或畚锸未加而沙淤已见，或茭薪甫下而水势遽消。至如宿虹彭家堡者，当湾溜之顶卫，本岁修之险要，加以漫开百丈，汹涌倍常。忽焉水径归于中泓，波自回于北向。延袤而出，堆为遥拥之滩；直畅以流，形类斜挑之坝。不独塞一时之暂决，抑且省每岁之增修。万夫共叹为奇逢，四野争传夫异瑞。三旬之内，早奏安澜。无縻费于金钱，非淹迟于日月。粮艘复循其道，麦陇未失其时。不作而成，岂经营所能就？不期而致，岂谋虑所及知？斯实穹昊垂庥，明神赞佑，式昭符应，深慰朕怀。特遣河臣，虔修祀事，聿申谢悃！惟神鉴歆，弥显光灵，永庇助我国家平成之庆！

河神祭文

惟神功昭四渎，德冠群灵。泽国蒙庥，新祠在望。乃者洪湖积水，沮洳全消。惟兹淮甸奥区，平原相接。长阡广陌，增二万顷之良畴；东作西成，贻亿兆人之恒产。天庥滋至，灵贶孔彰。特命河臣，遣官致祭。冀弘开于乐利，用永奏于升平。惟尔明神，尚其歆鉴！

河源神祭文

惟神象应汉津，源疏昆阆；汇百泉而出地，灿列繁星。经九曲以安流，遥趋大海，绩成底定，瑞现澄清。兹惟湖浣之新淤，喜睹河滨之沃衍，乘天时而收地力，盈二万顷之膏腴。裕国计而富民生，垂千百年之美利。感帝心之仁爱，念神贶之昭彰。特遣专官，虔修祀典。所冀荣光照烛，协世运之贞符；庆泽绵延，成寰区之永赖。神其鉴格，享此苾芬！

河神祭文

惟神灵发昆仑，源通星宿。启《图》《书》之上瑞，四渎称宗；迈蒲谷之崇封，百川咸纳。功弘润物，滋大地以成能；利赖通漕，裕天储以足用。朕自御极以来，肇举明禋，屡蒙神贶。波恬浪静，澄清上彻乎荣光；辟土便民，沮洳悉呈夫沃壤。至于安澜循轨，堤防按候以兴工，不日成功，章奏合词而告竣。永绵亘于三千余里，普美利于亿万斯年。惟兹政务之咸修，实荷神灵之默佑。是用虔将祀事，报答鸿庥。特遣河臣，肃申谢悃。所冀金堤永固，著嘉绩于平成；茂典长膺，庆洪流之底定。尚其歆格，鉴此苾芬！

清口河神祭文

惟神源开星宿，派导龙门。因泽国之蒙庥，建特祠而崇祀。

粤从今岁，闻水势以廑怀，爰命河臣，殚心思而经理。乃者浲流千里，历汛候以恬波；漕运万艘，循长堤而安挽。帆樯载路，既国计之攸充；禾黍连畴，复民生之有庆。喜蒙灵贶，显著休征。聿遣所司，亲行祀事。所冀南趋淮浦，会双渎以俱澄；东注海壖，纳百川而永奠。神其昭鉴，来享苾芬！

武陟县河神祭文

惟神泽滋坤壤，象应天津。恒福国以昭灵，用庇民而垂佑。自豫州而过东土，遍地安澜；从春半以逮秋中，经时顺轨。乃若仪封北岸，浚深渠而迅浪通流；兰邑南堤，汕引河而中泓直泻。表瑞三旬之内，助灵两县之区。畚锸未施，工程已固。荷明神之默相，感嘉贶之叠彰。特命河臣，虔修祭典，所冀奠兹巨渎，永观底定之功；惠我蒸黎，溥被平成之庆。神其鉴格，歆此苾馨！

永定河神庙告成祭文

朕注心河务，礼敬神明。远筹捍御之宜，备举尊崇之典。惟永定河，源从山右，古号桑乾。经马邑以奔趋，湍波易激；历畿南而漫衍，暴涨难驯。显佑于皇考之时，肇祀于卢沟之北。既隆封典，爰锡嘉名。灵贶孔昭，鸿庥协应。朕思石景实处上游，宜建庙以安神，命河臣而度地。冈峦拥卫，控金堤而制洪流；栋宇辉煌，驻云旗而回巨浪。肃将祀事，祗告落成。惟神鉴歆，永垂庇佑！安澜奏绩，俾庐井之恬熙；润下成能，享春秋之祈报。谨告！

奉安石景山永定河神像祭文

惟神源浚天池，派分马邑，汇雁云之众水，为畿甸之洪流。睿谟指授于当年，嘉名肇锡；灵贶昭彰于历岁，祀典虔修。朕缵绍鸿基，留心河务，喜经流之顺轨，允赖神庥；相石景之上游，载营庙貌。辉煌丹臒，庶几灵爽之式凭；蠲洁牲醪，特命耑官而祗荐。洒翰而题巨牓，制文以勒丰碑。备举隆仪，用酬嘉贶。神其体兹忱悃，惠我蒸黎。堤岸无虞，喜澄波之永奠；田庐有赖，乐绣壤之常丰。谨告！

清口河神祭文

朕轸念民生，廑怀河务，虔修祀典，敬礼明神。数载以来，屡蒙嘉佑。惟东南之泽国，当邳宿之要区。湖泊弥连，每戒风涛之险；淮黄交汇，时深涨溢之虞。聿自今秋，时逢汛候，洪波万派，循轨道以安流；巨浪千层，绕长堤而顺下。畚锸先时而增筑，共保坚完；帆樯载路以挽输，允资利涉。岁事有京坻之庆，居民登衽席之安。斯皆仰荷鸿庥，显承灵贶。封章来告，感慰实深。特命河臣，载稽典礼，明禋敬展，用申报享之精诚！神爽式凭，尚冀鉴歆而来格，永孚默相，弘赞平成，尚飨！

浙江海神祭文

明神受职于天，恩覃泽国，御灾捍患，利赖宏深。凡兹东南黎庶，所得保室家而安耕凿者，神之赐也。朕恭膺天命，抚御寰区，夙夜敬共，以承上下神祇之祀，所期海宇苍生，永蒙庇佑。惟兹浙西郡邑，实为濒海要冲。比年以来，仰荷神灵嘉贶，频昭安澜共庆。乃者风潮鼓荡，冲溃堤防，近逼民居，吏人震恐。朕痌瘝在念，轸恻惟殷，遄遣重臣，周行相度。涓日鸠工，为海疆图久远奠安之计。用是洁诚致祷，虔命在工大臣，敬展祀事，昭告悃忱。惟明神俯念海壖亿万生灵，城郭田庐，于兹托命，堤工木石，皆出脂膏，力役所需，民众劳苦。伏冀洪昭福佑，默相大工，绥静百灵，风恬波息。俾功作得施，长堤孔固，克底厥绩，卫护蒸民，保聚生全，安享乐利，则东南列郡，溥被庥祥。朕实拜明神之功德于无疆矣，谨告！

河源神祭文

惟神源从天汉，泽润坤舆。溯禹迹于当年，时营庙貌；显神功于历岁，默佑生灵。惟甘陕之岩疆，实边陲之重地。乃者和风甘雨，协应以时，下隰高原，丰登有庆。闾井乐恬熙之俗，苍黎享仁寿之休。灵贶孔昭，朕心嘉慰。用展馨香之荐，虔申报谢之典。不尽之忱，统祈神鉴。尚飨！

河神祭文

朕心殷河务，敬礼明神，历载以来，屡蒙庥应。惟是睢宁之境，正当河道之冲，向因北岸之淤沙，横激中泓之巨浪，难施疏浚，最属险工。乃至今年，欣瞻上瑞，时惟伏汛自汕，引河顺水势以东趋。畅流无阻，刷遥滩而直下，化险为平。大溜通行，辟延袤之正轨；新沙旋拥，护绵亘之长堤。人力不劳，河防永固。朕怀慰惬，感庆实深！凡斯嘉贶之弘昭，允赖神功之默相。是用虔申谢悃，祇荐苾芬！仰冀明灵，弥征显佑，俾兹南土，永庆安澜！

祈雨祭风神文

朕奉天子民，刻刻以雨旸时若为念。乃今春三月，膏雨愆期，恒风示儆。朕心怀悚惕，瞻仰焦劳，思过省愆，诫勉臣庶。伏念节宣和气，神实专司。夙彰福国之功，宜切勤民之隐。是用洁蠲斋祓，昭告悃忱。仰冀明神默垂孚佑，风威敛息，澍雨均沾。用观百谷之成，大慰三农之望。竭诚吁祷，惟神鉴之。谨告！

太岁坛诸神祈雨祝文

朕承眷命，抚御蒸黎，宵旰孜孜，勤求民瘼。乃者时当仲夏，雨泽愆期，旱暵可虞，焦劳倍切。斋居省过，惶悚靡宁。谆谕臣工，实心修省。方殷吁祷，幸沐甘霖。仰惟天鉴之垂慈，实赖神功之默相。载抒诚悃，虔展精禋。伏冀膏泽覃敷，雨旸时若，溥洽三农之庆，用观百谷之成。谨告！

卷二十

祭文

历代帝王庙碑亭告成祭文

继天立极，勋华光被于寰区；抚世諴民，功德丕昭于宇宙。缅怀前烈，知创业之维艰；历溯芳徽，念守成之不易。我皇考圣祖仁皇帝，综百王之盛德，定万世之公评，特沛纶音，弘修毖祀。朕敬承先志，祗荐明禋。庙貌增崇，既布筵而列位；丰碑式建，爰洒翰以摛文。备举彝章，用垂旷典。於戏！皇猷炳焕，累朝之统绪相承；至治馨香，百代之英灵如在。尚祈昭鉴，来享苾芬！

关帝庙碑亭告成祭文

英风炳著，丽皎日于中天；茂典加隆，溯灵源于先代。增光秩祀，肃展明禋。缅惟关帝，气壮乾坤，灵昭宇宙。仰神威之赫濯，钦世泽之绵长。晋秩上公，耑祠后殿。顷值丰碑之肇建，特陈雕俎以告虔。於戏！宠贲丝纶，荐丞尝于三世；文镌琬琰，昭义烈于千秋。尚冀来歆，鉴兹忱悃！

都城隍庙碑亭告成祭文

明威有赫，资翊卫于金汤；秩祀惟虔，仰凭依于庙貌。肃陈牲醴，用展精禋。惟神聪明正直，弘宣福国之功；化育生全，覃布佑民之泽。朕虔修祀典，敬礼明神。春秋之祈报既隆，栋宇之规模益扩。兹者聿新丹雘，爰勒青珉；用遣专官，载申昭告。仰冀神功默相，灵贶丕彰。绣甸蒙庥，庆百嘉之畅遂；金瓯巩固，乐四气之调和。谨告！

明太祖并十三陵祭文

国家善政覃敷，鸿恩遍浃，而殊礼更施于胜国，优秩特加于后人。废绝之祀复兴，妥侑之灵有托，隆规锡庆，奕祀承休。仰惟圣祖仁皇帝，至德同天，深仁溥地，万几之暇，眷念前猷。谓有明太祖创业维勤，宅心克广，经文纬武，英略盖于九州；酌古准今，制作隆于一代。逮于继世，虽无暴虐之君；爰及末年，每值灾荒之运。因贼徒之蜂起，致国祚之潜移。我朝戡定寰区，屡加恩泽，禁樵苏而设护，诣陵寝以荐馨。然而胄裔寖微，春秋阙祀，皇情感恻，每眷遗徽，宸翰留贻，将行旷典。朕上承先志，命考宗支，以明太祖第十三子代简王之后，恩赐阿思哈尼哈番，朱廷楙之嫡孙朱之琏，授为一等侯，列五等之班，备三恪之典，俾传世爵，以奉烝尝，载焕仪章，用申祭告。於戏！崇阶厚禄，我国家特沛夫殊恩；濡露降霜，帝子孙永承其禋祀。尚其歆格，鉴此荣施！

贤良祠祭文

功铭钟鼎，《尚书》垂"元祀"之文；德冠岩廊，《周礼》著"大烝"之典。盖旗常载绩，本臣子之素怀；而俎豆荐馨，乃朝廷之崇报。几筵斯设，牲醴攸陈。尔和硕怡贤亲王，望重亲贤，萃灵川岳。忠诚体国，树当代之羽仪；精白一心，作群僚之模范。尔大学士公图海等，当烈祖肇基创造，朝多佐命之英；逮皇考膺历绵长，时盛宣猷之彦。驱除暴乱，定疆宇于域中；震耀声灵，收版图于海外。内则台星卿月，奏亮工熙绩之勋；外则锡钺授麾，赞阜物安民之化。或宽弘为度，喻江海之包涵；或清白持躬，比冰霜之皎洁；或纯勤宣力，夙夜靡愆；或慎密居心，始终一节。朕追思前迹，聿考遗徽，特涣纶音，用咨廷议，允谐公论，爰卜良辰。既祠宇之告成，序官阶而列次。将以表扬既往，沛酬庸褒德之恩；激劝将来，励怀古钦风之志。於戏！名传史牒，美茂迹之长昭；祀重明禋，想英灵之如在。奠兹芬苾，尚克歆承！

和硕怡亲王初次祭文

业成诩赞，资藩翰之懿亲；化致升平，赖股肱之良弼。而况劳绩独高于朝宁，德位俱隆；勋庸迥越于简编，亲贤备美。既忘身以尽瘁，深悼往而伤怀。惟王为皇考圣祖仁皇帝之子，朕之亲弟也。天与恪诚，性成忠孝。凛晨昏之圣训，谨奉步趋；尽臣子之良规，仰蒙慈爱。当朕鸿基之初绍，命王总理之是膺，矢白日以勿欺，竭恭勤而非懈。刚方卓立，镇静于纷繁之时；悃愊自将，赞襄于密勿之地。是用益加委任，俾展谟猷，理军务之机宜，管度支之出纳，督领周庐之环卫，兴修畿甸之营田，而王体朕心为己心，视国事如家事。总宫府之巨细，经画咸周；殚夙夜之公忠，施为悉当。至于民生吏治，察利弊而极力敷陈；吉士荩臣，辨贞邪而多方保护，是用周知，旁烛幽隐，得以上闻，决策定谋，肤功于焉迅奏，佐治安之大计，致熙皞之淳风。凡历八年，有如一日。忠敬而兼之诚直，勤慎而加以廉明。

朕尝表之以示褒，王实当兹而不愧。功在社稷，洵中外所共知；名勒鼎钟，亘古今而罕匹。斯乃迓庥列祖，笃生硕辅于皇家；荷庆上天，诞降宗亲于泰运。宽厚仁慈之度，宜其延享遐年；和平正直之怀，足以祗承多福。岂期证候渐致沉绵，尚力疾以入庭。每思觐谒，迨养疴而移地，惟恐闻知。朕萦系弗忘，焦忧莫释，商量医药,恨疗救之无方;默祷神祇,叹精虔之靡感。虽流芬耀烈,非关寿算之短长;而一德同心,宁解肝肠之凄怆。丰功伟绩,合配享于庙廷;懿德鸿声,更光垂于史牒。亲临朱邸,怅望穗帷,方颁优恤之恩纶,特荐芳筵于初祭。於戏!眷腹心之密寄,精爽常存;念手足之至情,音容已隔。濡毫纪行,书百幅以难宣;酾酒抒哀,泪千行而不竭。王其鉴格,尚克歆承!

和硕怡贤亲王祭文

呜呼哀哉!贤弟仙逝,倏已阅三载矣。音容俨然,遂隔幽明,思念缠绵,与时俱积。从前奠醊,悉循国家之典制,而为文祭告,亦多授意摛词。今则葬期已届,挥泪含痛,自制祭章,亲率宫眷及诸弟子侄辈,以家人之礼,致奠攒庐。至情无文,直抒胸臆,惟贤弟听之!

忆昔幼龄,趋侍庭闱,晨夕聚处。比长遵奉皇考之命,授弟算学,日事讨论。每岁塞外扈从,形影相依。贤弟克尽恭兄之道,朕兄深笃友弟之情,天伦至乐,宛如昨日事也。朕兄临御之初,实赖贤弟为腹心股肱之寄,贤弟秉忠诚之至性,展翊赞之嘉谟,凡有关于吏治民生、国政军计者,无不悉心筹画,慎密敷陈,务期海宇乂安,苍生被泽。即宫中府中,事无巨细,亦莫不措置咸宜,经营悉当。自古史册所传良弼懿亲一心一德者,畴能与贤弟比伦乎?贤弟之德备矣,功宏矣,不亟为表扬以传永久,朕兄之心其能安乎?纵极力表扬,而于贤弟之丹诚伟绩,又岂足云报乎!

呜呼!修短之不齐者,数也;生死之难忘者,情也。得贤弟而中道弃捐,朕兄之德凉也;赖朕兄而遗徽表著,贤弟之福厚也。今者朕兄以念弟之深,痛弟之切,大显其勋名,尊崇其典礼,凡经理于身后者,无不殚竭其心思,而贤弟生也荣、死也哀,名既不朽,寿且无疆。贤弟之福,不已全乎?假令克享大年,后朕而逝,即朕之孝子顺孙，善体朕心，亦未必能洞悉贤弟数十年之心迹，如今日朕之经理周详，罔有遗憾！然则贤弟洵有全福，而朕之怀忧抱恫，失所依毗，其福不及贤弟远矣！

朕兄数年以来，追慕皇考皇妣，明发有怀，凄怆曷极！今贤弟又舍我而仙逝矣，既抱终天之恨，更增同气之悲，含酸茹叹，其何能自已耶？贤弟忠爱之悃，朕兄所深知。况万几在御，决不肯过自悲伤，以贻九京之隐痛。惟有敬念皇考付托之重，深体贤弟辅弼之忱，于当日忠谠箴规之言，比时未曾见诸施行者，必追忆而悉践之，力图政治之有成，以不负皇考，不负贤弟。庶几在天之灵，为之欣慰而默相庇佑焉！呜呼！援笔写心，肆筵馈奠，哀衷满纸，泪洒盈觞，贤弟其领受之！呜呼哀哉！

诔

和硕怡亲王诔(并序)

雍正八年五月初四日，和硕怡亲王以疾薨于位，春秋四十有五。

呜呼哀哉！维我弟贤王，夙承皇考圣祖仁皇帝懿训，陶镕德器，谙练谟猷。以忠诚正直之心，沉毅坚刚之力，宽厚和平之量，精明豁达之才，辅翼朕躬，勤劳王事，宫府一体，上下同心，万几之协赞匪轻，八载之恪恭如一，国尊良弼，谊切懿亲，斯固上帝之庇佑邦家，皇考之保安宗社，默佑我贤王以弘宣伟烈，永佐升平，而眉寿蕃禧，自将申锡于无疆者也。讵意谋猷方壮，倚赖殊殷！累月沉疴，一朝薨逝，悼股肱之莫寄，怅肺腑而难言。友爱之情，缠绵曷已？

呜呼！去岁冬闻王有疾，心焉忧之。选医视药，祝祷神祇，日夕彷徨，迫冀痊可。乃王则时觐庭轩，时移远墅，恐病状之宣露，致心绪之牵萦。力疾上言，多方安慰，迨王言旋京邸，朕以祈雨还宫，闻王病笃，命驾临视。王知之，脱然仙逝！盖不欲以永诀伤朕怀焉！呜呼！王于生死存亡之顷，惟知有君，而不知有身！王之心至是安矣，朕将何以为情哉？

王之薨也，王公卿尹僚吏弁卒，钦王之德望，佩王之教泽，感王之恩施者，罔不惊悼，仓皇涕泗相告，谓王为国柱石，为世楷模，失我贤王，我将安仰？及至发引之辰，徒行而送者万计！贵贱老稚，匍匐呼号！呜呼！王之生也，人肃然敬；殁也，人惨然悲。非王之贤，何以致此？然而，王之美德懿行不乐人知，人亦无从而知。即朕知王之深，亦言之而莫能罄也。雍正四年，朕尝书额赐王曰：忠敬诚直，勤慎廉明。八字之褒，无溢词，有遗美焉！

王纯孝之性征于髫龀，凛遵慈诲，谨度饬躬，以故荣遇有加，始终勿替。朕御极之初，命王总理国政。屹然静镇，众莫能挠！盖王识力迥越，仁智兼优，敏决而默运，小心严明而善持大体。其领度支也，赋式维均，出纳有节；其营水利也，心劳树艺，绩底平成；其于吏治，则惠民者兴旷职者，去见闻所及巨细敷陈；其于人才，则不弃微长，弗苛小过，鉴别悉当，培植良多。至于严督禁旅，密运军机，转饷筹边，更征武略。王少称神勇，留意兵戎，帷幄运筹，计周万里，以故年来征讨，重赖其能。

呜呼！王之厚德丰功，昭然天壤。而王之造膝吁请，大有造于国家者，中外臣民无由通晓。及今而不言，美将湮焉，朕心何忍？维王诚心爱国，好善施仁，护端正之贤藩，保忠勇之良佐，蠲浮征而永纾民力，补亏帑而不事追赔；宿逋子裔亦予矜全，细过群僚悉还旧秩。凡此皆王之一片公心！平时谠论，为熙朝植良善，为盛世沛恩膏；而密勿之请命宣忠，其为功于寰宇者不诚大且远哉！稽之《周礼》，司勋有曰：凡有功者，书于太常，祭于大烝。然则太庙之飨，配以有功，固酬德报勋之彝典也！如我怡亲王之纯孝纯忠以光辅鸿业，则为皇考之令子；大猷大策以底定丕基，则为列祖之功臣。几筵分配，永显殊庸！集议于朝，佥云允协。王固建不朽之盛烈，称宇宙之全人矣！

呜呼！仪文俱备，悲悼徒增。加谥崇封，聊申隐痛！朕上念九庙付托之身，下纳百僚劝慰之语，亦复深自节抑，未敢过情。惟是德心之契，昆弟之亲，实有迥异于寻常者！情极而悲，时难自遏！不得已，仿古昔哀诔之体，备述令德。揽泪成篇，俾千万世子孙、臣庶周知遗烈，追慕贤藩。

其词曰：

天昌鸿祚，国仰元臣。兴朝笃庆，睦族敦伦。

友恭之轨，史牒炳麟。缵承大统，倚毗懿亲。
伟矣贤宗，厥惟淑弟。手足相依，腹心攸系。
埙篪克谐，盐梅互剂。爱以亲生，心由天契！
朕怀乾惕，凛若冰渊。树旌振铎，饥渴求贤。
疑丞辅弼，疏附后先。顾兹上爵，孰秉中权。
于维我王，位崇德备。三光丽霄，五岳镇地。
纬武经文，怀仁抱义。总摄之司，惟王弗愧！
王心精白，如日皎然。王性果决，如玉弥坚。
精思独运，巨力能肩。鞠躬尽瘁，于兹八年。
八年星霜，九重宵旰！班集晨墀，牍陈夕案。
一字无欺，片言善断。不惮辛勤，良劳翊赞。
心膂协应，形影追随。时都时俞，时警时咨。
临轩俯听，趋殿书思。雍雍式好，肃肃其仪。
朝宁家庭，千秋万岁。骨肉深恩，永怀勿替。
寸晷未离，何堪长逝！异地犹悲，奚容隔世。
呜呼哀哉！
人生不朽，曰德与功。德臻盛大，功极穹窿。
气充天表，神满寰中。寿民寿国，龄享奚穷。
维王大忠，可贯金石。维王深仁，代宣雨泽。
扶翼天枢，滋培国脉。百炼之金，无瑕之璧！
其忠维何？本乎至诚，心在社稷，屏绝私营。
其仁维何？原于好生，惠施朝野，不市虚名。
胸有钧衡，身为屏翰。邦之九赋，默抒成算。
国之六师，奖勤警玩。调燮咸宜，经纶兼贯。
明农治地，率吏安民。有闻必奏，罄意而陈。
怀抱冰雪，气煦阳春。化被黎庶，德遍臣邻。
赤诚之佐，保以百口。青海之师，纾其掣肘。
卫国者心，回天者手。咎且弗辞，功于何有！

朕沛大泽，实允王言。为王造福，庆衍瑞源。
偶与王语，汗若泉奔。
（稽首辞谢曰：天子恩。）
公忠如彼，仁厚若此。甫申钟灵，旦奭媲美。
元化方调，瑞征旋起。何意亨衢，遽羁修轨。
茂勋赫奕，显秩崚嶒。望垂惇史，飨配大烝。
礼因德备，谥以功增。庙庭礼典，王克歆承。
峨峨赐茔，神筮叶吉。屹屹丰碑，焜耀星日。
赤舄衮衣，永安灵宅。云马风车，出游象阙。
呜呼哀哉！
德动天鉴，庆象昭彰。吉人举事，瑞现云光。
善孚众志，仰戴难忘。万众合恸，奠醊凄怆。
生荣死哀，于斯已极。惟朕深情，辗转胸臆。
恭顺之容，依依若即。忠谠之言，历历堪忆。
繐帷亲奠，莫解幽忧。素服匝月，未释深愁。
鹡鸰声婉，棠棣花稠。交晖园近，云物先秋。
王有良嗣，朕其训诲。王有殊勋，朕其纪载。
仰荷皇图，宁不自爱。抑情纪哀，传流亿代。
呜呼哀哉！

卷二十一

诗（《雍邸集》）

春园读书

一片芳菲上苑东，昼长人坐落花风。
蒙茸细草侵阶绿，浓艳夭桃映阁红。
香惹游蜂窥几席，晴熏舞蝶傍帘栊。
韶光脉脉春如海，讽咏芸编兴不穷。

山池晚步

夕阳斜映绿波清，闲傍长桥步屟行。
山静鹿过衔瑞草，溪平鱼泳趁飞英。
濛濛岚气侵衣润，款款香风扑面轻。
徙倚景光天欲暮，凌虚楼阁带霞明。

咏自鸣钟

巧制符天律，阴阳一弹包。
弦轮旋密运，针表恰相交。
晷刻毫无爽，晨昏定不淆。
应时清响报，疑是有人敲。

春日泛舟

兰舟宛转浪纹平，一棹容与荡晚晴。
上苑深春芳草绿，西山落照远峰明。
长空鸦返千林暝，绝塞鸿归万里情。
缥缈中流凭览胜，始知仙境有蓬瀛。

夜　坐

独坐幽园里，窗开竹影斜。
稀闻更转漏，但听野鸣蛙。
活活泉流玉，溶溶月照沙。
悠然怡静境，把卷待烹茶。

春暮登楼

坐惜芳华晚，登楼独举觞。
眼看春色暮，行踏落花香。
藻密鱼堪隐，林深鸟易藏。
凭栏无限思，新月逗清光。

月夜对落花有感

落花满径月朦胧，夜静闲吟料峭风。
烟外钟声来院落，天边桂影入帘栊。
萋萋芳草春将去，冉冉韶光洒莫空。
新绿成阴红紫减，清和天气正冲融。

月下独酌

春月娟娟映水清，一斟一酌听泉声。
微风暗拂花枝动，几点残红扑酒罂。

春院小饮

春深红紫映楼台，槛外风香花尽开。
东海玉盘看乍涌，恰逢童子抱尊来。

雨　霁

节届清和春未赊，看山不厌半云遮。
微风扇暖蒸新雨，为我催开后院花。

暮　春

春暮饶佳景，闲行踏碧苔。
落花浮水面，戏蝶舞墙隈。
风拂兰丛暖，阴移竹影回。
流光将入夏，更有牡丹开。

立　夏

熏风吹水绿于苔，羲驭徐催朱夏来。
堤畔龙鳞皴古柏，庭前兔目绽新槐。

畅春园芍药花开作

首夏清和殿阁开，园中景物足徘徊。
翩翾紫燕衔泥去，睍睆黄莺过水来。
槐影初圆当永昼，桐阴渐引上层台。
更怜芍药临风好，香袭书帏锦作堆。

花间小饮

长夏初临芍药开，熏风拂席送香来。
仙姿绰约翻红袖，月影婆娑照绿杯。

晓 晴

晓起浮窗日色明，苔痕滋碧露光莹。
绕阶几树看花发，对岸一声听鸟鸣。
泼剌游鱼翻浪急，低徊舞蝶傍帘轻。
春云漠漠寒偏峭，默乞天公十日晴。

宫中直宿作

宝殿烛辉煌，承恩宿未央。
御炉香不烬，宫漏滴初长。
阶砌移花影，罘罳透月光。
太平无一事，常愿奉君王。

夏日读书

夏日书斋静，荷风拂槛来。
芬芳盈几席，翠帙带香开。

早 行

早行晴野树如烟，日出东山映绣鞯。
寂寂荒村临水际，翩翩飞鸟向云边。
空濛朝露侵衣润，艳冶闲花入目妍。
扈从銮舆承色笑，欣随豹尾快扬鞭。

江边书屋

湍响听泷泷，帘开对大江。
园幽人迹少，把卷倚南窗。

晚登海河楼

晚景登楼望，波涵夕照明。
观澜清俗虑，倚槛动诗情。
孤鹜冲霞去，扁舟向海行。
悠然尘境远，惟听棹歌声。

题友人园

茅堂气象幽，墙角绕清流。

雨霁西山近，风来北牖秋。
疏檐看皓月，轻舫逐浮鸥。
即景陈杯斝，心期好自由。

赐观金莲花

异种遥从塞外传，香台曾为捧金仙。
檀心吐艳熏风里，钿朵含芳积翠边。
月殿桂飘难比瑞，秋篱菊绽不同妍。
移来御砌增佳玩，千叶休夸太液莲。

友人书屋

羡君潇洒致如仙，心远何妨地更偏。
雨洗岚光青入牖，风摇竹影绿当筵。

雨　窗

茅檐飞细雨，爽气乍侵人。
移榻临窗坐，诗怀自觉新。

热河园中避暑

别业遥连上苑边，承恩避暑兴怡然。
兰舟晓泛清波里，荷盖擎珠颗颗圆。

夏日泛舟

殿阁风生波面凉，溯洄徐泛芰荷香。
柳阴深处停桡看，无数纤鲦戏碧塘。

园中即景

林亭幽静晚风凉，水气侵衣荇藻香。
好景片时期莫负，开窗披卷意徜徉。

晚　泛

画桡闲泛暮霞明，风细波微暑气轻。
更转碧山寻胜迹，恰逢双鹤似相迎。

月下闲步

闲行曲岸边，西岭暮苍然。
草蔓迷幽径，桥危咽细泉。
溪风吹缓带，夜色逼吟肩。
徙倚看林杪，云开月影迁。

观　雨

密雨如膏洒碧丝，稻花漠漠绕长陂。
虚斋睡起推窗看，私喜甘霖正及时。

前　廊

曲廊斜转接修篁，坐倚层岩意兴长。
细草敷荣侵榻绿，野花争艳袭衣香。
碧梧枝上听蝉噪，翠柳堤边看鹤翔。
此际闲身无一事，怡然啸咏自徜徉。

书斋秋暝

幽斋新雨后，爽气泛池荷。
碧落疏星淡，晴窗皓月多。
隔花闻漏滴，倚枕和渔歌。
更爱流萤好，悠扬拂槛过。

恭侍乾清宫

殿阁参差际碧天，玉阶秋草静芊绵。
云开北阙祥光满，雨过西山霁色鲜。
宝座金炉香霭霭，彤墀仙掌露涓涓。
承欢频荷温颜接，凛惕趋跄绣扆前。

中元侍从

中元令节庆皇州，云散晴空暑气收。
薄海兆民歌大有，钧天广乐奉宸游。
瑶星合彩兰盆映，银蕊分光莲浦浮。
灯光交辉看似昼，圣情怡豫太平秋。

山　翁

山翁避暑在山中，竹籁松涛面面风。
三乐启期何所事，朝阳睡到夕阳红。

渔　翁

渔翁独钓曲江湾，春雨秋风总是闲。
满眼儿孙长绕膝，卖鱼沽酒醉苍颜。

运河舟中（二首）

扈跸乘文舸，沿流阅运河。
晓窗飘白絮，夜岸沐金波。
酒幔篱边飏，渔舟苇畔歌。
长途看美景，偏觉此中多。

其　二

解缆放中流，晨光漾桂舟。
远村烟淡淡，野老意悠悠。
抛粒游鱼聚，依萍乳鸭浮。
水天同一色，疑是泛瀛洲。

登望海楼

观海登楼日未斜，晴空万里净云霞。

才经一阵风过槛，倏起千堆雪卷花。
贝阙鳌峰如可接，鹏津鲛室岂终遐。
诡词未许张融赋，到此方知语不夸。

自鸣钟

八万里殊域，恩威悉感通。
珍奇争贡献，钟表极精工。
应律符天健，闻声得日中。
莲花空制漏，奚必老僧功。

咏玉泉山竹

御园修竹传名久，嫩条抽梢早出墙。
雨涤微尘新浥翠，风穿密叶澹闻香。
低侵幽涧波添绿，静幂虚窗影送凉。
更羡坚贞能耐雪，长竿节节挺琳琅。

秋　夜

新秋秋月照虚檐，寂历山扉夜不关。
默坐焚香遗万虑，萧萧梧竹水潺湲。

晚　晴

雨余林隙漏斜曛，石砌幽花似茜裙。
爽气渐来残暑退，移床岩畔看秋云。

听　禅

幽斋人迹少，蝉翼响疏林。
大火方流序，微凉早托音。
乍听分远近，欲觅隐高深。
旦夕轩亭外，清机伴我吟。

题刘松年画

潇洒松年画，丰神迥不群。
松杉相间秀，风水自成文。
柔橹轻随浪，苍山半入云。
超然三岛境，何处得尘氛！

临　流

脉脉清渠绕舍流，移床就柳坐溪头。
镜涵霁影浮斜日，波映寒光报早秋。
村畔砧声听渐暝，林端蝉翼噪逾幽。
此中偃息容疏懒，底用乘槎海上游。

扈跸途中观获

秋爽猎边城，天高气象清。
登场占物候，观获畅皇情。
岩谷萦车骑，云霞拂旆旌。
豫游叨扈从，薄劣愧恩荣。

塞外中秋

驻跸边庭夜，中秋一镜圆。
遥从沧海畔，飞落碧峰巅。
溢彩浮尧罍，流辉拂舜宴。
坐深光愈迥，景物倍清妍。

大　猎

五校雕弓劲，三秋野兽肥。
乘时讲武事，大狝振兵威。
狡兔宁藏迹，封熊悉入围。
猎归数军实，落日照龙旗。

塞外秋兴(二首)

路出关山外，秋空日渐高。
清霜凝晓旆，寒色透征袍。
风劲飞鹰捷，川长猎骑豪。
皇威扬四远，边徼戢弓刀。

其　二

驻跸依林麓，风多野水鸣。
旌旗飘暮霭，铙吹咽边声。
鸡塞霜逾白，龙沙月更清。
却看行殿外，诸部尽欢迎。

题范蠡载归图

独有艰危时，方见子臣职。
吴越争雌雄，彼此各努力。
夫差好拒谏，只为红颜惑。
所以范大夫，留之恐倾国。
功成载归湖，斯意无人识。
朗然照青史，去住皆可式。

答　友

笔健如锥世共称，开缄但觉雾云兴。
深藏未许悬斋壁，直恐龙蛇带雨腾。

瀛台泛舟(二首)

春深游上苑，鼓枻荡中流。
波涌方壶岛，林开翡翠楼。
落花飘两岸，垂柳拂扁舟。
此日欢无极，君恩被特优。

其　二

暮转西池棹，风微锦浪平。
蜻蜓闲自得，鸂鶒递和鸣。
举网双鳞获，停杯四韵成。
仙山何处访，即此是蓬瀛。

即　事

当昼垂帷静，清和景物佳。
铺笺摹古帖，披卷畅幽怀。
槛外花香度，帘前燕语谐。
日长真似岁，绿竹伴虚斋。

初夏至玉泉山

绿野熏风至，夜来春已过。
扑衣飘落絮，贴水出新荷。
浪暖鱼吹沫，泥香燕作窠。
林泉聊命酒，披拂爱烟萝。

书斋坐雨

长夏书斋静，云低拂讲帷。
竹风扫翠石，荷雨滴清池。
逸兴开新酿，闲情检旧诗。
晚凉生几席，团扇不须披。

午　日

天中节届日逾赊，解愠熏风透薄纱。
处处相酬三角黍，家家笑馈五时花。
蒲觞引满巡筵转，桂楫如飞竞渡哗。
四海纤邪消影迹，佩符何用绘丹砂。

卷二十二

诗(《雍邸集》)

便殿恭侍

承欢便殿接天香,披拂熏风爱日长。
时雨连朝滋稻垄,晴霞一片映湖光。
凛遵圣训闻诗礼,勉竭愚忱效颂扬。
浩荡恩波沦亿兆,衢歌喜听祝无疆。

狼居胥山大阅(十韵)

帝为生民计,狼胥大阅兵。
穷荒金鼓震,朔漠旆旌明。
令出山川动,威扬神鬼惊。
技娴百战勇,恩重一身轻。
预卜妖氛散,悬知海宇清。
彼狂擒子献,蠢尔倒戈迎。
遁去浑无路,争归尽布诚。
鹰抟驱鸟伏,螳臂骇车行。
不惮殊方远,惟期边塞平。
濡毫歌懋烈,吉日愧难赓。

功成回銮恭颂(二首)

指顾靖边烽,怀生尽服从。
遐荒归禹甸,大漠纪尧封。
庙算无遗策,神功迈昔踪。
凯旋旌耀日,光景霁天容。

其　二

翠华旋万里,即日解征袍。
共仰神机邃,深维圣体劳。
凯歌喧后队,巷舞迓前旄。
拓土无中外,皇猷协覆帱。

扈跸山行

紫塞秋山丽,霜枫锦作堆。
草深麇鹿伏,风急雁鸿来。
瀑水穿林响,寒花向日开。
忻随清跸后,揽辔重徘徊。

塞外观稼

边陲环沃壤,树艺遍皋阳。
东作频沾雨,西成未陨霜。
两岐占瑞应,遗秉见丰穰。
比户盈宁日,衢歌感圣皇。

观 鱼

羽卫随行幄，逶迤绿水隈。
棹分寒藻入，波涌锦鳞来。
网罟无空举，鳣鲂自暴腮。
烹鲜供御馔，竟日豫清洄。

冬日圣驾自塞外回銮谒陵恭纪

威德绥荒服，乘舆按部回。
欢声盈朔漠，瑞霭被龙堆。
鞭拂霜花净，旗飘野吹开。
更遵丰沛路，陵殿荐尊罍。

陪 京

新丰传旧里，今睹濯龙池。
天地开神奥，山河启帝基。
金戈劳百战，玉叶衍千枝。
追远皇情切，趋从仰孝思。

侍从兴京谒陵（二首）

承先崇报本，桥道驻龙旗。
万国梯航集，敷天雨露随。
精诚通寝殿，肃穆奉宗彝。
敬仰松楸古，昭森盛烈垂。

其　二

龙兴基景命，王气结瑶岑。
不睹艰难迹，安知启佑心。
山河陵寝壮，弓剑岁时深。
盛典叨陪从，威仪百尔钦。

登望海楼

极目瀹沧海，涵泓无所从。
量包天地外，色染古今容。
浪起思鲲化，云飞羡鹤踪。
坐观渊默里，万派自朝宗。

皇父勘河，省方不获，奉侍瞻恋，惭悚交迫于怀，敬成一律

河漕筹国计，疏导恤民生。
俯允廷臣请，亲劳圣主行。
未能随法驾，何以效愚情。
定省无由达，中宵愧悚并。

圣驾南巡，自春徂夏，瞻依心切，恭赋斯篇

春光荏苒熏风至，圣驾勤民尚未还。
幸有埙篪随越舸，愁无羽翼赴吴关。
晨趋北阙螭头上，夜梦南云豹尾间。
清跸恭迎堪计日，几回翘首潞河湾。

皇父亲祀北郊甘霖大霈恭纪

甫竣宣防略，銮回五月中。
郊原需惠雨，稼穑切皇衷。
方泽期将届，精禋事必躬。
礼成霖澍霈，圣意信天通。

雨后即事

雨足适新晴，翛然天宇清。
殷忧舒北阙，栉比望西成。
殿阁微风度，阶除残暑轻。
濡毫思志喜，禾黍竞滋荣。

立秋日怡情亭

亭引微风暑气蠲，碧空如洗净云烟。
地饶佳景供清赏，节送新凉称午眠。
几处蝉鸣啁积翠，数行鱼队乐漪涟。
谁云秋色多萧瑟，无限青山入目妍。

孟秋扈跸观稼恭纪

殿角微凉起，豳歌大火流。
莲房新坠粉，梧叶早惊秋。
玉露滋芳甸，金风入画楼。
圣心勤稼穑，躬自省西畴。

赋得一轮寒月照书橱

灿烂书千卷，莹然一镜悬。
映签光潋潋，透幌影娟娟。
秘阁搜奇字，芸窗理旧编。
夜深看愈皎，清坐懒成眠。

冬日早朝

星疏紫禁启金扉，银烛辉煌映琐闱。
钟鼓声催仙仗肃，虹霓影逐彩旗飞。
寒风几度轻摇珮，瑞雪初飘乍点衣。
喜睹太平文物盛，天香满袖早朝归。

雪夜即事

永夜漏方中，琼瑶洒半空。
气侵书幌冷，光闪烛花红。
兴洽张琴好，心清得句工。
诘朝恭省候，披拂玉阶风。

元　夕

皓月高悬不夜城，灯辉万井庆升平。
臣民语和嵩山语，喧笑声连爆竹声。
火树拂云飞赤凤，琪花满地落丹英。
金吾弛禁欢游剧，载路笙歌直到明。

咏黄河灯

华灯夜满原，布置列星繁。
缥缈探三岛，离奇演八门。
旌旗随火转，语笑逐风喧。
寓意藏韬略，游观荷圣恩。

早　春

冻解和风至，瑞杓正建寅。
丛梅初绽玉，余雪已销银。
柳眼窥人近，莺声到耳新。
须知迎日处，应早被阳春。

舟　次

扈跸阅长河，微风起碧波。
牙樯连百里，珠旆转层坡。
拂几调琴韵，临窗听棹歌。
时清多乐事，万汇总春和。

晚　泊

傍柳泊湖船，停桡薄暮天。
远村烟树里，归雁水云边。
钓叟垂香饵，樵童曳纸鸢。
江乡民物美，风景更熙然。

顺风放舟

长河风力驶，千里片帆轻。
桨歇村频转，桡停岸自迎。
野凫冲荇起，归雁拂云鸣。
试问邮亭吏，何如驷马行。

天津舟中对月

初月照扁舟，潮声洗客愁。
孤村一树矗，隔岸数帆收。
霄汉闻鸣雁，沙汀玩宿鸥。
渔歌入夜寂，风景似清秋。

水　围

春日猎汀洲，欢声拍浪浮。
云樯排八阵，桂棹竞中流。
鸣镝摧腾羽，飞烟罨彩斿。
昆明夸水舰，岂足拟宸游。

春日潞河

潞河初解冻，桂楫溯潆洄。
霁色明书帙，春涛劝酒杯。
云排群鸟度，风鼓万帆开。
扈从轩游日，惟惭作赋才。

自畅春园入城途次口占

锦堞连云日欲西，暖风弱柳玉河堤。
翩翩紫燕如相识，一路飞鸣逐马蹄。

春日随驾舟次

新柳绿丝柔，依依拂御舟。
悠扬牛背笛，款乃水边讴。
翠羽飞桑扈，娇音啭栗留。
春晴天气好，欢喜奉宸游。

园 居

十分春色属清明，翠积岚光媚晓晴。
帘幙争飞村社燕，池台巧啭上林莺。
青丝摇曳萦烟槛，红雨霏微扑绣楹。
赋罢小诗清昼永，闲随白鹤柳边行。

春 郊

策马向春田，闲游野趣偏。
飞花时点袂，舞蝶故随鞭。
萍密藏溪鹜，风高戾纸鸢。
酒旗遥入望，茅店古松边。

阅永定河应制

帝念切民生，銮舆冒暑行。
绕堤翻麦浪，隔柳度莺声。
万姓资疏浚，群工受准程。
圣心期永定，河伯助功成。

巡子牙河建坝应制

承恩随鹢首，私幸睹皇猷。
躬定安澜策，民无昏垫忧。
秧针抽复陇，梅雨洒良畴。
勉效河平颂，多惭士女讴。

恭睹圣心勤劳颂扬不尽又成长句

叨陪法驾阅新堤，夙夜辛勤悯庶黎。
底定九河功媲美，时巡三辅典堪稽。
烟村黯黯青帘飏，岸柳阴阴白马嘶。
沉璧寘薪诚默契，神人应有绿图携。

秋　日

淅沥金风暑渐收，园林景物足清幽。
青山环列遥如画，云汉斜晖望欲流。
露咽寒蛩声唧唧，月明野鹤意悠悠。
丰年不用农人告，手把香粳验有秋。

作　书

搦管曾闻渴骥奔，鱼笺挥洒墨香痕。
虽惭腕弱无佳致，净几明窗颂圣恩。

荷　花

玉井移根种，亭亭曲沼中。
红衣初坠粉，翠盖晚摇风。
隔浦纤歌隐，回塘丽影同。
彩鸳双泳处，珠露泻香蘩。

对　月

新秋玉露洗长空，冰镜孤悬映绮栊。
一片清光凉似水，万年宫树照青葱。

秋　雨

一雨收残暑，微凉发树端。
风清催早桂，气洁媚幽兰。
曲沼波痕涨，平畴稻颖繁。
诗成晚霁后，秋月逗烟峦。

驾幸新园

警跸临山墅,仙云拂晓来。
池台增景色,旌盖仰昭回。
野鸟迎銮舞,闲花傍辇开。
歌惭鱼藻咏,赋乏上林才。

宫中秋日应制(限晖闱衣归)

九重殿阁卿云绕,鸳瓦参差丽曙晖。
北阙轻阴连琐闼,西山爽气裛彤闱。
疏桐转影遥迎盖,早桂含香乍拂衣。
欲颂高深言莫罄,朝朝惭戴圣恩归。

皇父颁赐御制诗扇恭纪

慈恩莫并与天崇,御制遥颁宠锡隆。
挥洒仙毫凝湛露,捧摇宝扇被仁风。
四诗寻绎宸章里,八体兼收睿笔中。
圣蕴难窥真万仞,于兹力学愿磨砻。

禁苑秋霁应制(有序)

康熙庚辰秋七月十九日,时雨初晴,风日清朗,新凉入座,林沼澄鲜。皇父听政之暇,亲洒宸翰,制《禁苑秋霁》诗一章,命诸昆弟分赋应制。臣未及与,向晚趋庭,荷蒙颁示天籁琳琅,云章绚烂,回环捧诵,莫测高深。又命臣补赋。伏念臣才学弇浅,初研声律,未涉藩篱。恭睹圣藻昭垂,目夺神移,益深愧悚。仰承恩谕,君父之前,讵敢自藏其丑。谨呈芜句,用博天颜一笑云尔。

灵囿逢秋霁,西山晓翠张。
澄波添太液,爽气发长杨。
丛桂含香嫩,疏桐转影凉。
宸襟披拂处,鱼藻有辉光。

卷二十三

诗（《雍邸集》）

望海楼（二首）

凌霄雄杰耸层楼，碧海苍茫远望收。
混一乾坤云水阔，濯磨日月浪花浮。
百川输委盈襟带，万类涵濡任泳游。
闻道此中覃帝泽，几曾汪涉有停流。

其　二

朱栏画栋最高楼，海色天容万象收。
海底鱼龙应变化，天中云雨每蒸浮。
无波不具全潮势，此日真成广汉游。
仙客钓鳌非我意，凭轩惟是羡安流。

瞻仰盛京宫阙，念祖宗创业艰难，恭赋二十韵

奉命趋辽海，猗欤仰旧宫。
逶迤龙脉远，詄荡凤城雄。
念昔开洪造，乘时建武功。
师征方自葛，考卜重迁酆。
一剑风尘际，三陲指顾中。
神威宣率土，皇极协苍穹。

式廓弥增壮，维垣遂克崇。
八门连阛域，双阙竦高空。
曳珮千官列，输琛万国同。
兵农咸定制，礼乐渐移风。
爰及纯熙介，覃敷景历融。
寰区欣奠鼎，故里抱遗弓。
沛邑恩优渥，舂陵望郁葱。
星躔争拱北，王气本从东。
绵瓞钟灵盛，凝庥后裔蒙。
圣慈殷孝享，敕谕遣微躬。
肃睹兴京胜，恭承祀典隆。
丕基劳栉沐，奕叶荷帡幪。
松槚灵祇护，檐楹肸蚃通。
祖宗光烈在，明发惕愚衷。

晓度杏山

曙色催樵牧，山崖径郁盘。
霜凝鸦背白，沙印马蹄干。
海气笼朝旭，林飙送早寒。
凤城清漏隔，遥忆寝门安。

望医巫闾山

翠黛满云封，遥看北镇雄。
壮观侔五岳，峻秩比三公。
葱郁兴王气，扶摇广莫风。
勒铭维祖烈，瞻仰万年同。

渡句骊河

辽水东西岸，寒云接渺茫。
平沙留雁迹，堠火靖龙荒。
木落晴峦出，冰坚雪练长。
经时疏定省，望日陡高冈。

谒福陵恭颂

一峰天柱象昆仑，圣武开基百世尊。
庙貌辉煌藏剑舄，尘氛荡涤辟乾坤。
赤龙遐举云留影，石马宵趋汗渍痕。
赫濯声灵通僾肃，春秋霜露感长存。

谒昭陵恭颂

钟灵毓秀气佳哉，宇宙从兹景运开。
帝统兼因文治广，圣基岂独武功恢。
辽韩海水涵深泽，松杏山高接上台。
虔肃奉觞恭拜毕，五云飞处久徘徊。

避暑口外

爽垲高原古上都，郁蒸节候热全无。
千寻木荫招凉扇，几道泉飞辟暑珠。
时任镂冰为鸟兽，湾从销夏泛菰蒲。
（销夏湾在吴郡洞庭西山）
何如此地随仙跸，披拂清风胜舞雩。

口外山村

鸟外窥烟树，微茫碛路斜。
地寒宜种黍，坡暖好栽瓜。
比户裁驼褐，居人置兔罝。
谁将淳朴意，传写入中华？

田家即事(二首)

沙碛高低禾黍盈，群飞铜雀绕田鸣。
竹弓蒿矢堪驱吓，漫向黄云试射声。

其　二

戍烽罢举息征尘，肆力耕耘属幸民。
榆柳阴疏秋社近，缘边笳鼓赛田神。

中秋从猎塞外

万里清辉度塞寒，一轮飞镜耀云端。
穹庐影静金波蘸，行漏声沉玉露漙。
光射龙沙明远碛，香飘仙桂拂层峦。
普天今夕同忻赏，何似趋承膝下欢。

金莲花

菡萏敷鲜彩，绚烂云锦重。

茜裳杂缟袂，擢艳白复红。
根株遍陂泽，名品将无同。
昔传天竺师，钵咒青芙蓉。
非关造物力，色相自虚空。
独有金莲号，图谱考莫从。
我来古塞北，野卉竞丰茸。
罗生岩谷底，琐屑焉能穷？
灿然睹奇葩，谁施冶铸工！
六丁鼓炉鞴，几费丹阳铜。
镂刻成千瓣，片片黄金熔。
碧茎袅翠叶，挺出薰风中。
俨如九品台，宝络垂玲珑。
金仙此趺坐，演偈降狞龙。
幽芳宜见赏，辇路会当逢。
亭亭黄屋侧，照耀衔壁釭。
宸游每披拂，香气向日融。
愿言植阶砌，净浥清露浓。
惜哉远难致，忍令伍蒿蓬。
缀词续花谱，以冠群芳丛。

塞上晚眺

倒影余霞丽，晴沙入望平。
千峰含暮霭，万幕起秋声。
度垄牛羊下，归鞍雉兔盈。
割鲜将进酒，边月照高旌。

雨　后

凉雨晴偏好，边秋气转清。
虹从林杪断，月傍陇头生。
落叶飘含润，回沙溜有声。
仰看群雁度，寒影贴云明。

扈驾幸檀柘寺恭纪

省耕郊外鸟声欢，敬从祇林拥八銮。
法苑风飘花作雨，香溪水激石鸣湍。
含桃密缀红珠树，嫩箨新抽碧玉竿。
胜地从容驻清跸，慈云镇日护岩峦。

看竹口占

林含虚籁扇清和，翠篠娟娟浥露多。
结实成阴偏得所，幸邀鸾驭数经过。

御赐樱桃恭赋

朱实才春荐，宫莺啄未残。
香堪齐蜜荔，味自夺冰丸。
圆转珠千粒，轻匀露一盘。
天厨欣惠赐，绝胜驻颜丹。

扈驾观麦

雨润郊原奉豫游，勤民御辇向西畴。
摇空翠浪沄沄起，覆垄黄云冉冉浮。
三白降穰占岁稔，两岐擢秀应农讴。
伫看比屋连耞动，击壤声中麦有秋。

旷然尘虑清

性静涵真趣，澄观宇宙中。
未离人境外，顿觉俗情空。
有色穿帘月，无心过竹风。
一声长啸罢，俯仰浩靡穷。

四时咏应制

春

土融波暖遍阳春，睍睆雏莺学语频。
嘉卉满园争献笑，良苗接畛亦怀新。
韶华有意留三殿，惠泽无边及兆民。
畿甸时巡东作始，康衢忭舞颂尧仁。

夏

麦黄节候届朱明，百草蕃滋万汇荣。
槛覆槐阴当午密，阶罗葵萼向阳倾。
濯枝雨过园林润，解愠风来殿阁清。

一榻桃笙临水畔，对时育物豫皇情。

秋

碧天荐爽火西流，序转商飙应蓐收。
警鹤声中清露下，征鸿影外断云浮。
梧楸萧瑟宜新霁，禾黍离披庆有秋。
省敛顺时勤御跸，不耽清兴宴琼楼。

冬

飘风发发迎严节，瑞雪霏霏增暮寒。
纳稼三农休蔀屋，飞葭九陛肃郊坛。
梅疏破腊开温室，竹劲凌霜挺玉栏。
敬惜岁余聆圣训，忻依内殿日承欢。

癸未岁随驾南巡渡扬子江恭纪

敬从泛楼船，春江二月天。
云开孤塔迥，风送远帆联。
津柳迎清跸，沙洲接御烟。
中流回望处，翠岫列晴川。

癸未中秋对月，时以疾假，不获扈从出塞，感赋

十载中秋月，都从北塞看。
祇今临皎镜，远愧隔鸣銮。
暑退身差健，宵良意强欢。
当轩对樽酒，重念圣恩宽。

皓月鉴丹宫

新秋爽气满瑶京，鸳瓦流辉一色明。
耿耿银河低紫禁，溶溶冰镜上丹楹。
素娥珮冷凌风响，金桂香飘合殿清。
但愿千秋轮不缺，团栾光彩对常盈。

小园宴集

小园觞饮罢，闲步碧溪头。
岚秀秋增色，林深晚更幽。
同吟今夜月，回忆旧年游。
风景真堪赏，相携逐鹭鸥。

德州晓渡

襟带燕齐此路分，舟梁晓渡马嘶群。
举鞭南指峰如黛，佳气茏葱结五云。

望　岱

芙蓉万仞插丹梯，海上群峰莫与齐。
九点青烟看野马，五更红日候天鸡。
云封峭壁松多古，藓积残碑字未迷。
冉冉岭头笙鹤下，仙坛曾此降金泥。

过蒙阴

望里东蒙近，微茫草树遮。
面城峰碍日，绕郭水鸣沙。
户尽缫桑茧，人多摘茗芽。
曾闻鲁酒薄，村店一旗斜。

扈跸阅河

圣主民依切，金堤玉辇临。
平成齐禹烈，底定慰尧心。
屡庆禾盈陇，勤栽柳结阴。
翕河今有颂，鼓枻入歌吟。

渡扬子江

临江山势郁岧峣，江面风和絮乱飘。
锦缆解开扬子渡，龙旗飞过广陵潮。
重光丽日悬天镜，几道晴虹驾海桥。
一曲汾歌怀帝德，榜人齐唱拥兰桡。

金山夜泊遇雨(二首)

宿慕金山寺，今方识化城。
雨昏春嶂合，石激晚潮鸣。
不辨江天色，惟闻钟磬声。
因知羁旅境，触景易生情。

其　二

胜地饶佳致，都教一雨收。
风掀高树吼，江叠怒涛流。
坐久云徐敛，宵深象始幽。
暂时烦虑息，我亦欲勾留。

登焦山上方口占

浩浩天边水，苍苍山顶松。
老僧禅定后，隔岸一声钟。

雨中泊舟枫桥遥对虎阜

维舫枫桥晚，悠然见虎邱。
塔标云影直，钟度雨声幽。
僧舍当门竹，渔家隔浦舟。
茫茫吴越事，都付与东流。

扈驾幸西湖

宸章璀璨丽湖轩，映带烟波羽卫屯。
山入御筵青未了，草迎跸道绿方繁。
暮巢鹤敛云间翅，远寺僧归月下门。
花柳六桥争烂熳，齐承睿日似春温。

卷二十四

诗(《雍邸集》)

五伦图歌

天枢位,地维张,人于其间叙伦常。
五者阙一斯不可,上自朝廷下闺房。
岂止含齿并戴发,凡有血气秉彝良。
试看翩幡众羽族,接翼引队朝凤凰。
凤凰高据碧梧俨,临御君臣礼数何煌煌。
鸣鹤在阴其子和,仙音嘹亮松风长。
夫妇唱随谐琴瑟,双飞双宿双鸳鸯。
可怜鹡鸰至翾细,往来在原集复翔。
行摇雅有急难意,同气兄弟期相将。
缅彼新莺向春柳,金梭织翠为底忙。
闻声相悦求其友,临风百啭和笙簧。
感兹群鸟义可取,从明五教敷条章。
丹青之笔此足贵,等闲花草徒芬芳。
非惟满纸绚文采,良禽指点醒顽狂。
若人立志慕忠孝,须悬此图,出入瞻玩无相忘。

山气日夕佳

岭衔斜照澹云收,翠霭参差晚更幽。

心静随缘皆自得，情空何事可关愁。
烟鬟碧染苍茫暮，霜叶红飞烂漫秋。
此际若逢陶隐士，更邀明月续佳游。

百籁坐自吟

飒然一泒起秋林，相和无人竟夕吟。
落叶萧萧声乍隐，悬泉漉漉响堪寻。
悠扬岂似临风笛，断续非关捣练砧。
默坐寂寥听不厌，恍于静里得空心。

秋日随驾郊外驻跸遇雨

村庄驻辇省农田，共庆西成惠泽宣。
雷绕千峰明远电，雨倾四野响飞泉。
博山香爇余烟袅，龙井茶敲活火煎。
几杵钟声云外杳，顿令心地觉超然。

御题松鹤图恭纪（二首）

松

通身鳞鬣作龙文，翠色参天半入云。
天笔普垂新雨露，一株独向殿前分。

鹤

顶染丹砂缟素衣，青城何日复招归。
一时墨妙邀宸赏，千古名传丁令威。

趵突泉应制(限七阳韵)

历下重临羽旆扬,名泉漾漾丽池光。
拂开玉镜涵天影,看涌银涛喷雪香。
睿藻昔曾悬日月,恩辉今又照沧浪。
温然乳液通灵脉,派引阳和浩劫长。

珍珠泉应制(限八庚韵)

珍珠旧有名,官署一泓明(泉在巡抚署内)。
似沸光靡定,无风浪自平。
流长知物润,源洁觉心清。
两度邀宸赏,澄泓荷宠荣。

万寿颂(三章)

玉殿班齐捧御筵,千官歌祝算绵延。
筹添甲子逢初度,椿纪干支庆永年。
远贡越裳重九译,来朝绛节会群仙。
更张内宴帘高卷,叠奏云韶响彻天。

其　二

紫禁春深丽景融,熙然身入庆云中。
瞻天有喜趋承近,祝圣无疆拜舞同。
毫覆尧眉含秀采,神凝舜目炯方瞳。
生成奇表占征应,共指南山比寿崇。

其　三

南极星明耀蔚蓝，寿昌有象瑞光含。
声传中岳闻呼万，弦鼓虞廷度曲三。
日月升恒皇祚远，海河清晏圣恩覃。
捧觞戏彩春长好，岁岁惭无贡旨甘。

溪水碧于草

傍涧寻花去，沿堤步翠行。
谁将芳草色，染得碧溪明。
衫縠风中绉，眉痕镜里生。
红颜云易改，可似水常清。

山居自怡

生平耽静僻，每爱住深山。
百卉从荣谢，双丸任往还。
朝廷容懒慢，天地许清闲。
睡起三竿日，仙踪似可攀。

今月曾经照古人

磨洗无从鉴更真，清光一片自常新。
既然此地临今夕，岂不当年照古人。
冉冉浮生成往迹，茫茫世事总飞尘。
会须直上清虚府，永向蟾宫伴桂轮。

幽 居

小筑幽居爱近郊，夜迟月色隐林梢。
寒侵珠箔灯光淡，风动纱窗竹影交。
野外钟声闻断续，案头诗律费推敲。
翛然兀坐情空尽，识得原无物可淆。

七 夕

万里碧空净，仙桥鹊驾成。
天孙犹有约，人世那无情。
弦月穿针节，花阴滴漏声。
夜凉徙倚处，河汉正盈盈。

即 事

晚行西郭外，策马上层冈。
暑退无多日，疏林已半黄。

一日闲

闭门一日隔尘嚣，深许渊明懒折腰。
观奕偶将傍著悟，横琴只按古音调。
新情都向杯中尽，旧虑皆从枕上销。
信得浮生俱是幻，此身何处不逍遥。

就正斋九日赏菊(得七阳)

重阳高会幔亭张,阶下寒英正吐芳。
为羡霜丛矜晚节,同来香径领秋光。
嘉宾落帽风流在,绮席征歌雅兴长。
却笑当年彭泽叟,东篱寂寞独倾觞。

寒夜有怀

夜寒漏永千门静,破梦钟声渡花影。
梦醒回思记最真,那堪梦短难常亲。
兀坐谁教梦更添,起步修廊风动帘。
可怜两地隔吴越,此情惟付天边月。

山居偶成

山居且喜远纷华,俯仰乾坤野兴赊。
千载勋名身外影,百年荣辱镜中花。
金樽潦倒春将暮,蕙径葳蕤日又斜。
闻道五湖烟景好,何缘蓑笠钓汀沙。

途次暑雨

泱漭夏云屯,滂沱塞雨繁。
绕渠沙路净,注涧石泉浑。
鹳浴依邱垤,驼鸣傍水源。
凉飔起林末,吹入小行轩。

山顶船楼

楼居制仿船居好,山槛风如水槛多。
飘渺千峰翻翠浪,怒号万木吼苍波。
晴霞片片开帆影,禽鸟声声唱棹歌。
闲拄一篙云外泛,青松白石任吟哦。

中元登狮子岭感怀

晚登狮子岭,四望净云烟。
叶落瘦崖树,雨过响涧泉。
人颜移岁月,秋色老山川。
令节须酬赏,天空月正圆。

妙高堂

碧峰顶上结茅庐,可拟巢由物外居。
云变白衣眼底事,风翻贝叶案头书。
性天融会无今古,心月圆明彻太虚。
睡起北窗时一啸,千山答响自如如。

早起寄都中诸弟

晓起轻寒透薄帷,风光节物暗推移。
正当边塞秋临早,况是关山月落迟。
一雁孤鸣惊旅梦,千峰攒立动诗思。
凤城诸弟应相忆,好对黄花泛酒卮。

热河闲咏(七首)

塞北开行殿,窗临万壑松。
云封双塔岭,烟锁磬锤峰。
飘渺层峦接,盘回曲径重。
红尘难到处,何事不从容。

其　二

一人临塞北,万里息边烽。
朽木含生意,闲花逞冶容。
夔魈潜隐迹,虎豹尽藏踪。
群动无纷扰,帷闻响梵钟。

其　三

避冗原无意,搜奇念久灰。
境幽饶野趣,山静绝浮埃。
驯鹿时来去,闲云自往回。
长年颐养得,何畏景光催。

其　四

卜居岂为避三庚,峦壑幽深气象清。
绝顶苍松多古韵,前川皓月倍常明。
薄衾坐拥浑忘我,高枕欹吟别有情。
万籁寂然银汉转,一声破梦曙钟鸣。

其　五

泠泠碧涧胜丝竹，叠叠苍岩列画图。
异卉手拈陈几案，野蔬亲摘付庖厨。
闲中随展经千页，睡起新烹茶半壶。
莫谓超然解遗世，庙堂清福一慵愚。

其　六

山深地僻尘嚣隔，斜荫茅堂百尺松。
石壁有斑凭雨凿，柴门无钥倩云封。
盘岩曲磴留麋迹，绕砌平沙印鹤踪。
梦觉南窗何所事，独吟独酌尽从容。

其　七

闲来忘暑兼忘我，浩气冲融贯太虚。
城市山林君子宅，山林城市帝王居。
不寻仙客谈玄（原作元）旨，懒觅高僧讲梵书。
天地古今惟一啸，悠然自得有谁知。

恭谒五台过龙泉关偶题

隔断红尘另一天，慈云常护此山巅。
雄关不阻骖鸾客，胜地偏多应迹贤。
兵象销时崇佛象，烽烟靖始飏炉烟。
治平功效无生力，赢得村翁自在眠。

将至五台山月下作

深沉院落隔嚣尘，夜静高悬月一轮。
芍药栏边藏祖意，葡萄架里露天真。
契机且共论诗酒，忘我何妨互主宾。
闻说台山蓦直路，明朝不必问前津。

仲秋有怀

翻飞庭院叶初干，怅怏难禁独倚栏。
两地西风人梦隔，一天凉雨雁声寒。
惊秋剪烛吟新句，把酒论文忆旧欢。
辜负此时曾有约，桂花香好不同看。

秋夜直院

碧落沉沉蜡炬寒，清秋直院夜将残。
金吾禁肃千门静，玉漏声稀列宿阑。
宫树半笼蟾影澹，天街欲湿露华溥。
垂帘兀坐心如水，此际凭谁举话端。

卷二十五

诗(《雍邸集》)

长至日

候琯灰初动,曈昽旭日临。
晴光金阙迥,佳气帝城深。
子建三微首,功添一线阴。
静观消长理,不息见天心。

梅　花(二首,步林和靖韵)

冰蕊舒芬腊欲残,香魂脉脉自凌寒。
先春不借东皇力,冒雪惟容隐士看。
素面浓嫌梨粉艳,仙标狂鄙柳绵干。
玲珑铁干珠光映,宛若疏星傍晓阑。

其　二

开迟宁逐雪消残,岁底曾经彻骨寒。
未识芳心何处托,欲将冷眼向谁看。
饮余含笑香微吐,暖入凝酥晕不干。
一种天然清意味,每牵幽赏到更阑。

松

矫矫拂云姿，能教众木卑。
苍鳞疑挟雨，翠鬣静含飔。
花暖飘香粉，膏流结紫芝。
千龄待黄鹤，集此最高枝。

竹

绿染竿竿润，青笼个个阴。
节高寒愈劲，气洁暑难侵。
密雨惊龙起，清风引凤吟。
幸邀君子号，为尔解虚心。

梅

瘦影亭亭立，幽香细细清。
竹希霜后操，松订岁寒盟。
先得东风意，犹含太古情。
超然群卉外，一味澹为生。

元　旦

辉辉灯火曙光连，气淑风条景物鲜。
双阙禁钟鸣朔旦，千门春贴迓芳年。
金花杂组新裁胜，柏叶清樽喜侍筵。
仰戴圣皇康且寿，长期元节沐恩偏。

春日闲行

清旭笼云暖气含，远山如黛水如蓝。
啼鸠到处青桑陇，乳鸭谁家碧柳潭。
公子醉鞭金勒骑，佳人笑摘野花簪。
春光骀荡东风缓，蜂蝶悠扬晚更憨。

园　居(二首)

晴晖荡林翠，芳岫映春漪。
燕怯飞还歇，鸥驯信可期。
异书探古字，真迹辨藏碑。
晚更携兰棹，溯洄月上迟。

其　二

懒问浮沉事，闲娱花柳朝。
吴儿调凤曲，越女按鸾箫。
道许山僧访，棋将野叟招。
漆园非所慕，适志即逍遥。

风

綄影悠扬五两轻，少男应律蛰虫惊。
破萌拆甲全无迹，拂幔开楹若有情。
草偃方将行夏令，条鸣切莫变秋声。
松涛竹籁俱堪赏，雪后飘梅韵更清。

花

深浅秾纤万种姿，爱花自古有情痴。
书窗艳入红牙管，妆镜娇添绿鬓丝。
韦曲千芳初放日，洛阳群卉正当时。
若将解语朱颜比，争似长年锦满枝。

雪

谁把冰绡细剪裁，絮飘轩槛粉铺苔。
千山种遍峰峰玉，九陌开齐树树梅。
鹤氅离披驴背咏，渔蓑冷淡鸭头回。
骖鸾拟赴瑶池宴，飞舞琼花入酒杯。

月

体空质妙禀阳辉，一镜明能遍九围。
冷伴画楼吹玉笛，清临香阁理金徽。
纤纤柳外星光隐，寂寂花间烛影微。
独有沧江烟浪里，扁舟载得满轮归。

池边

斋居读书暇，晚向池边步。
水面落花浮，水底行云度。
山色从西来，泉声日东注。
静观物何闲，超然得妙悟。

花　前

小园目眩揽群芳，红紫成帷锦绣张。
次第迎风争献笑，参差向日各分香。
无名也自矜韶节，入品方堪逞艳阳。
抱蕊攒英蜂与蝶，何曾解得惜春光。

清凉纪游（一十四首）

入　山

清凉境界梵王宫，碧染芙蓉耸昊穹。
万古云封五顶寺，千株松纳四时风。
盘回鸟道珠幡里，缭绕炉烟画障中。
石立俨然如接引，疑逢青髻化身童。

东　台

嵯峨东陟插云峰，壁翠峦苍亘百重。
妙吉祥师常说法，那罗延窟惯藏龙。
远窥沧海初升日，响振空林欲曙钟。
一派明霞光绚烂，天然佛镜豁心胸。

南　台

岿然秀拔峙南台，顶势穹窿若覆杯。
香阁遥瞻烟锁处，宝灯闻说夜飞来。
仙岩铺锦凭谁绣，虎窟屯云为我开。
欲礼真容先在望，频催前骑蹑崔嵬。

西　台

挂月岩前一径探，岧嶢紫翠叠烟岚。
圆机风与溪相答，秘义人同石共谭。
灵异迹多难罄笔，清凉峰好尽如簪。
无边觉海毫端入，八水源头不用参。
（西台有八功德水）

北　台

北台秀矗斗杓傍，楼殿凌虚结上方。
众壑俱从檐下落，万缘都向槛边忘。
洪河如带明分野，恒岳为邻接大荒。
世界三千空色喻，岂离般若一毫光。

中　台

五朵青莲簇翠鬟，峨峨一朵涌中间。
近来若个宗风彻，至此方知佛日闲。
采菊梵仙归洞去，踏花狮子自空还。
法身宝塔门门现，毕竟游人未到山。

真容院

殊像原无二，庄严属画工。
昔闻叱牛叟，今见跨狮翁。
月面光莹玉，珍缨贯慧风。
真容从未隐，谩道现虚空。

清凉石(二首)

光寒如镜卧深云,半是云斑半藓纹。
谁识方方一片里,古今容尽屐交纷。

其　二

体本清凉自解烦,天然秀色蓄云根。
曼殊说法今何在,参客空寻趺坐痕。

过清凉山诸寺

祇林几处隐松关,门带寒溪碧玉湾。
历叩花宫寻白足,遍登香阁看青山。
无尘觉地猿能定,不系禅心云共闲。
一片清凉苍翠色,家家分得满窗间。

出山途中口占(二首)

路转层台树几重,绿阴如幄护金容。
行从琪草瑶花过,衣染生香百和浓。

其　二

日射关门宿雾开,化城咫尺首重回。
仙云片片随行骑,直自清凉山顶来。

射虎川台麓寺

精蓝郁起碧岩幽,此日斋诚驻紫骝。
东指凤城双阙迥,西瞻鹫岭半空浮。

梵钟缥缈香云外，宝翰昭回古殿头。
神表天弧开净域，河沙浩劫颂宸游。

再度龙泉关

遨游从净土，安稳度香城。
鸟亦通禅悦，松如响梵声。
山岚朝夕幻，关柳去来迎。
凤阙慈云近，惟殷问寝情。

热河道中

山色岚光映马鞯，软沙细草缓鸣鞭。
花开遍野时飞蝶，云散晴空好射鸢。
孤店酒帘飘柳外，几家溪水绕门前。
穿林暮返携锄叟，略彴欹斜度晚烟。

湖亭观荷

馆宇清幽晓气凉，更宜澹荡对烟光。
湖平水色涵天色，风过荷香带叶香。
戏泳金鳞依密荇，低飞银练贴芳塘。
兰桡折取怜双蒂，殊胜陈隋巧样妆。

河　灯

月涌湖心白，灯燃湖面红。
琪花开色界，电彩灿虚空。

棹泛明河里，人游列宿中。
兰舠鸣梵呗，飘入藕花风。

田家四时词（六言）

春

陌头杨柳初放，溪上桃花欲燃。
处处青鸠呼雨，家家黄犊耕烟。
牧童群嬉挑菜，饷妇自解撑船。
借问浪游城市，何如乐业村田！

夏

带露叶盈蚕箔，翻云麦熟田家。
白水千塍秧马，绿阴几户缫车。
日午鸣蝉远近，风薰飞燕横斜。
男女适均劳逸，相逢只说桑麻。

秋

风露微凉天气，四乡一派秋光。
荞吐东阡雪白，禾香南亩云黄。
青刈园蔬足雨，红收林实经霜。
举室欣逢乐岁，商量筑圃登场。

冬

霭霭炊烟茅舍，霏霏腊雪柴门。
阑静闲眠羔犊，篱牢安稳鸡豚。
夜织梭鸣哑轧，朝舂杵韵喧繁。
赛社争挝祭鼓，歌呼新酿盈盆。

亭 上

幽亭临玉沼，芳草带金塘。
石叠玲珑巧，花飘荏苒香。
油云翻湿影，丝雨溅虚凉。
倚槛纡流览，天容荡水光。

闰中秋

一年最是中秋好，八月欣逢两度过。
彩耀桂轮前夕满，凉生玉露此时多(是日交节)。
入帘喜若重来客，照席欢宜续旧歌。
自笑闲情谁得似，漏深更恋赏金波。

大觉寺

翠微尘外境，峰壑画图成。
寺向云边出，人从树杪行。
香台喧鸟语，禅室绕泉鸣。
日午松阴转，钟传说偈声。

月夜泛舟

堤柳阴分举画桡，数声呕轧荡轻舠。
芙蓉馆北香浮沼，桑柘村西月满桥。
雪鸟冲烟孤鹭起，金鳞破浪巨鱼跳。
溯洄一片清光里，心会南华秋水谣。

秋　夕

初月明楼角，微风动树条。
夜凉虫语细，秋老雁声骄。
息虑征神爽，忘怀觉境超。
阴阴深竹里，时见一萤飘。

九　日

九日秋容老，山山晴色宜。
紫萸香可佩，黄菊艳当时。
屐为登高著，尊因选胜移。
愿言多载酒，拂石醉题诗。

黑龙潭

平麓蟠崇阜，云潭结涧阿。
镜光涵铁冷，溜响喷珠多。
秘识龙藏穴，深疑蜃蜕窝。
农田望霖雨，于此乞恩波。

拟渔樵耕牧(四首)

渔

舴艋漂摇随处家，一篙绿水度年华。
风罾逐浪苹溪远，雨网冲烟柳渚斜。
在在耽闲盟白鹭，朝朝买醉馔红虾。
团栾儿女欢篷底，岂羡浮名举世夸。

樵

一生踪迹在烟霞，不植条桑不种麻。
翠柏斫来青带叶，古藤担去紫垂花。
歌长时引猿窥穴，归晚常乘月到家。
笑指云山为活计，那须卮酒祝篝车。

耕

茅屋疏篱翠蔓牵，绕篱桑拓翳平田。
村中斑白闲无事，陇上青黄喜有年。
比户机梭鸣月下，一家儿女聚灯前。
那能更羡公侯贵，蟹美鱼肥稻熟天。

牧

平原浅草澹烟和，指点牛羊下绿坡。
逐队饮时泉响细，偷闲卧处柳阴多。
长河曲岸悠扬笛，斜日微风断续歌。
借问道傍骑马客，何如犊背稳披蓑。

四花词

桃　花

玉洞仙葩绛露滋，纤浓早占仲春时。
群芳夺色朝霞艳，向日先开第一枝。

荷　花

绿蒂红衣薄醉妆，凌波舒影覆鸳鸯。
莲房有子心偏苦，藕节含香丝更长。

桂 花

月殿珠英绽嫩黄，婆娑翠叶隐微霜。
为含贞性能长洁，独向秋风压众芳。

梅 花

绰约琼姿澹自真，清标冒雪倍精神。
不同群卉争妖艳，一种寒香最可人。

元夕过僧寺

步入东林月满坛，逶迤曲径绕平栏。
禅心清净尘心远，灯影幽微幡影寒。
香煮玉泉分茗椀，静依宝筏坐蒲团。
庙堂不系偷闲客，得向宗门举话端。

初春郊行

土膏开动草芬芳，缓辔循行十里塘。
细雨斜飘山渐绿，小桃半吐柳初黄。
闲随戏水沙鸥狎，又见营巢海燕忙。
寓目物情忻自得，良辰倍觉惜韶光。

临轩寓目

绮窗罢抚紫琼琴，香烬金炉鹤梦沉。
多事草偏名醒醉，可人花解结同心。

风翻曲沼千层碧，云过重檐一霎阴。
栏外有情双蛱蝶，翩翩飞入海棠深。

三春景物滋

阳春百物向荣时，况复郊原雨露滋。
黍绿禾青麻翳陇，桃红李白杏交枝。
游蜂舞蝶纷纷戏，乳燕鸣鸠处处宜。
幸际圣皇熙皞世，佳辰若负便为痴。

睡　起

小斋岑寂漏声迟，书卷香炉得自怡。
花不识愁工巧笑，柳恒如醉类情痴。
梦回窗隙风翻帙，光动帘钩月映池。
静里陶然清兴剧，苔笺石墨坐题诗。

柳　絮

楝花风过雪霏霏，万点沾衣不湿衣。
轻逐东西香毂转，狂随来去马蹄飞。
河桥漠漠迷渔艇，村店纷纷扑酒旗。
巧入疏帘如有意，拂琴飘卷伴书帏。

春深闲居

长日惬幽栖，轩窗面小溪。
云开徐自敛，鸟歇又重啼。

爱水频垂钓，看花偶一题。
坐怜春已暮，望里绿阴齐。

咏牡丹

酣艳枝枝五色妆，难将兰麝与论量。
欲留春住舒奇彩，独擅娇多领众芳。
天女霞冠簪宝髻，仙姝玉佩曳霓裳。
琼浆饮罢瑶池宴，双颊潮红腻粉光。

新绿

昨树花多叶，今看叶胜花。
翠含新色嫩，绿重午阴斜。
霁景鸣乾鹊，烟光乱乳鸦。
最宜初夏候，掩映碧窗纱。

寓目

漠漠云无际，茸茸草渐齐。
花繁从径窄，溪涨觉桥低。
捎蝶巢梁燕，衔鱼没浪鹈。
偶来松下坐，斜倚看浇畦。

咏榴花

春芳零落绛英佳，独茂薰风正色谐。
翠叶布阴新绿染，蕊珠吐艳密红排。

石家击碎珊瑚树，赵燕攒成玛瑙钗。
好是一花生百子，中含琼液笑当阶。

午　日

绿菖青艾绛纱囊，菰叶堆盘解粽香。
竞渡楚人传故事，卖符道士弄灵章。
葵心向日擎枝丽，榴火烧云并蒂芳。
拂拂薰风初试葛，华轩挥扇引蒲觞。

池上待月

水含夕籁静，余亦澹怀空。
星彩低穿树，花香暗度风。
初看幽径白，渐露小桥红。
行到天心处，清光更不同。

雨后园亭即景

玉溪宛转云流镜，翠巘参差黛扫屏。
堤树风翻深浅叶，径苔雨染淡浓青。
鸣琴遥和岩头瀑，凉箔齐钩水面亭。
最是夜初群籁寂，临轩坐拥一湖星。

卷二十六

诗(《雍邸集》)

荷　花

袅袅摇波碧,亭亭映日红。
芳能消暑气,秀独占薰风。
叶翠遮尘盖,茎香劝酒筒。
仙姿时一挹,清洁与心通。

夏日楼前

柳布浓阴覆钓矶,楼前翠嶂绿成围。
骤过白雨长虹见,点破青天一鸟飞。
闲处方知尘事扰,静中始悟道机微。
不烦驱暑摇团扇,水面风生透葛衣。

七　夕

沉李浮瓜乞巧筵,银河今夜渡仙軿。
鸳鸯楼看霞成锦,翡翠屏开月上弦。
滴露梧桐秋影薄,凌波菡萏晚香鲜。
彩盘针线年年事,一瞬欢期万劫缘。

再过大觉寺

一径烟萝夕照深，山窗幽竹更添阴。
老僧谈法挥松麈，异鸟衔花敛雪襟（山中有白鹊）。
阁响钟声传密义，潭空云影鉴禅心。
频来端爱风泉洁，却向无弦听好音。

喜　晴

阴翳看销尽，晴光喜满扃。
云归天湛碧，雨过树余青。
痴蝶深藏蕊，游鱼戏逐萍。
无尘怜净几，偶一阅金经。

秋夕泛舟

芙蓉吐艳溥清露，杨柳垂条曳晚烟。
几点凫鹭惊画桨，一湖风月载兰船。
枣悬硕果心皆赤，芡劈香包实本圆。
揽得秋光游兴剧，清宵景物倍鲜妍。

中　秋

云敛星疏净碧穹，月圆今夕正秋中。
十分明照三垣彻，一片光含万象同。
樽泛金波凉滟滟，花浮玉露湿濛濛。
恍疑夜半闻仙乐，满院香飘桂子风。

园景十二咏

深柳读书堂

郁郁千株柳，阴阴覆草堂。
飘丝拂砚石，飞絮点琴床。
莺啭春枝暖，蝉鸣秋叶凉。
夜来窗月影，掩映简编香。

竹子院

深院溪流转，回廊竹径通。
珊珊鸣碎玉，袅袅弄清风。
香气侵书帙，凉阴护绮栊。
便娟苍秀色，偏茂岁寒中。

梧桐院

棹泛湾湾水，桥通院院门。
吟风过翠屋，待月坐桐轩。
秋叶催诗落，春花应节繁。
只应金井畔，好借凤凰骞。

葡萄院

纡回深树里，一水暗通舟。
乳汁香兼润，冰丸滑欲流。
阴铺青叶护，架络翠藤稠。
西域传奇种，园丁献早秋。

桃花坞

水南通曲港，水北入回溪。
绛雪侵衣艳，赪霞绕屋低。
影迷栖栋燕，声杳隔林鸡。
槛外风微起，飘零锦堕泥。

耕织轩

轩亭开面面，原隰对畇畇。
禾稼迎窗绿，桑麻窣地新。
檐星窥织火，渠水界田畛。
辛苦农蚕事，歌诗可系豳。

菜圃

凿地新开圃，因川曲引泉。
碧畦一雨过，青壤百蔬妍。
洁爱沾晨露，鲜宜润晚烟。
倚亭闲伫览，生意用忻然。

牡丹台

叠云层石秀，曲水绕台斜。
天下无双品，人间第一花。
艳宜金谷赏，名重洛阳夸。
国色谁堪并，仙裳锦作霞。

金鱼池

甃地成卍字，注水蓄文鱼。
藻映十分翠，栏围四面虚。

泳游溪涨后，泼剌月明初。
物性悠然适，临观意亦舒。

壶中天

峰峻疑无路，云深却有扉。
鹤闲时独唳，花静不轻飞。
洞里春长驻，壶中月更辉。
一潭空似镜，碧色动帘衣。

涧阁

平桥依麓转，一带接垂杨。
阁峻横云影，栏虚漾水光。
度香花外厦，挹翠树西廊。
倚槛看飞鸟，披襟引兴长。

莲花池

云锦漙新露，纷披映柳塘。
浅深分照水，馥郁共飘香。
姿美天然洁，波清分外凉。
折花休采叶，留使荫鸳鸯。

扈从水围观猎

河冰初泮候，凫雁集春湾。
号令明搜猎，威仪肃圣颜。
禽从星箭落，恩自御舟颁。
围罢皇情豫，欢腾鹓鹭班。

秋狝扈驾

玉帐秋风劲，朱旗霜野开。
千屯瞻凤葆，万骑待龙媒。
犬疾追狐窜，弓鸣逐鹿回。
天颜微一笑，欢动震如雷。

侍驾景山观杀虎

山拥黄扉壮，林开碧殿隈。
雄风生虎腋，腥雾袭龙衣。
血溅雕戈劲，弧张利爪摧。
桓桓争奏技，敛手有余威。

汤　泉

凌云兰殿郁崔嵬，绕槛涟漪温液回。
养正为能恒净洁，莹心不止荡氛埃。
宿含炎德珠光润，只觉阳和涧底来。
著绩岂徒堪愈疾，溶溶一脉万年开。

上　元

玉宇沉沉夜，花阴皓魄升。
画栏凝瑞霭，绮席上春灯。
笛引歌声叠，衣翻舞袖层。
任教莲漏促，莫负酒如渑。

清　明

春云蔼蔼罨重城，二月天容逗嫩晴。
雪尽柳条青可折，寒消桃蕊绛初成。
谁家新燕低飞影，何处归鸿晚度声。
窗外好风樽内酒，钻榆取火又清明。

春　日

独有东风擅剪裁，朱朱白白后先开。
鸟因枝密潜身隐，蝶为香多作队来。
紫陌笙歌喧陆海，青郊车马动春雷。
更欹晓枕寻残梦，何事林鸠故故催。

初夏扈跸热河

行苑留仙跸，层峦俨赤城。
烟光浓树色，暑气散泉声。
地僻花偏艳，山深梦亦清。
瞻依忻圣豫，风物慰皇情。

狮子园夏日

石屋荆扉枕翠岗，烟峦朝夕郁丹苍。
棋敲绿树阴中局，酒泛红薇架下觞。
珠箔昼摇新竹影，玉池晚送嫩荷香。
居闲漫谓全无事，一榻临风蝶梦长。

山亭

茑萝满树带烟垂，筛月梳风作幔帏。
流水似琴还似筑，青山宜画又宜诗。
饥鼯窃果缘枝捷，乳雉呼群出草迟。
独倚石栏舒远目，亭前幽谷起云时。

画栏

薰风披拂画栏东，照眼榴花烂熳红。
暑气不侵松阁内，清阴长在竹窗中。
由来邱壑情堪寄，即此蓬瀛路可通。
次第药阶香晚露，纤纤新月上梧桐。

美人把镜图（四首）

手摘寒梅槛畔枝，新香细蕊上簪迟。
翠鬟梳就频临镜，只觉红颜减旧时。

其二

晓妆髻插碧瑶簪，多少情怀倩竹吟。
风调每怜谁解会，分明对面有知心。

其三

竹风飒飒振琅琅，玉骨棱棱耐峭寒。
把镜几回频拂拭，爱他长共月团栾。

其　四

晓寒庭院闭苍苔，妆镜无聊倚玉台。
怪底春山螺浅淡，画眉人尚未归来。

美人展书图(二首)

丹唇皓齿瘦腰肢，斜倚筠笼睡起时。
毕竟痴情消不去，缃编欲展又凝思。

其　二

小院莺花正感人，东风吹软细腰身。
抛书欲起娇无力，半是怜春半恼春。

题墨竹(一十二首)

毫端风雨集，竹石气萧森。
叶叶香含润，枝枝影结阴。
珍同云母赏，俨对越王吟。
(云母，大竹也。严州产越王竹，生大石上。)
展卷题新墨，清飙欲拂襟。

其　二

摹写新篁致不群，临风袅袅墨花芬。
嫩梢已具凌霜节，纤叶初开个字文。
粉绿净含情冷澹，烟苍乍拂翠纷纭。
蓬莱何必浮筠簳，始引仙鸾下矞云。

其　三

为爱清臞订素交，一林寒玉受风敲。
名传嶰谷从今炫，富逊淇园任笑嘲。

其　四

曾闻渭川千亩竹，露梢霜节连云绿。
又闻湘江竹最佳，龙形凤尾凌空矗。
自昔江南好事家，白楼谢馆分苗族。
竿竿碧玉戛吟窗，枝枝湿翠侵书屋。
风晨雨夕韵堪听，月色烟痕清可掬。
萧闲自不染尘氛，净扫浮华媚幽独。
东坡居士曾有言，不可无竹宁无肉。
画师惟数湖州翁，兴来爱写筼筜谷。
对此长茎复短茎，寒碧精神光夺目。
叶不因风长欲动，恍然有声溢纸幅。
顿教爽籁发衣襟，举觞一酌春生腹。

其　五

淡浓十叶五叶，高下一枝两枝，
瘦影娉婷绰约，春烟好为扶持。

其　六

宜傍幽人宅，饶多处士风。
清标与高节，长耐岁寒中。

其 七

众卉争秾艳，修筠晚色苍。
严冬贞耐冷，永夏澹生香。
凤实含霜稔，龙孙带雨长。
祠犹传遁水，斑尚记潇湘。
独抱中虚质，坚持岁暮芳。
松高邻最洽，梅洁配堪当。
时引清风至，频来好鸟藏。
荫阶纷翠黛，敲户响琳琅。
叔夜贪留屐，刘伶对举觞。
爽增诗里兴，影荡石边床。
净植寒泉畔，移从古涧傍。
截竿宜把钓，织簟可招凉。
笔底何奇绝，烟云万斛量。

其 八

我亦爱修竹，手植满万竿。
春丛抽新碧，夏叶生嫩寒。
更宜当素秋，萧萧舞檐端。
乃至入元冬，苍然秀可餐。
带露裛神光，迟月弄夕爽。
烟雨快逸情，风雪听幽响。
能备四时好，永结平生赏。
构屋豁轩墀，面面曳风枝。
开窗张素琴，凿池悬钓丝。
为缘情好笃，寤寐怀清姿。

写真惊墨妙，洒然涵幽芬。
似我园中箨，绿雾凝苍云。
为诗歌此君，聊以述所忻。

其　九

凌云劲节堪延赏，应物虚心更可师。
曲折栏边千万箨，萧疏篱畔两三枝。
偏饶素士清高致，雅具闲僧冷淡姿。
倚槛修容经雨沐，隔帘弄影被风筛。
能令白傅牵诗兴，不使希公笑墨痴。
爱此纵横挥满纸，于今妙手胜王维。

其　十（三五七言）

玉个个，翠重重，
一湾流水北，双板小桥东。
竿短竿长皆入画，枝疏枝密总含风。

其十一（菉竹三章，章三句）

瞻彼菉竹，有节其直，惟君子之式兮。
瞻彼菉竹，有叶其森，惟君子之馨兮。
瞻彼菉竹，有实其繁，惟君子之飧兮。

其十二（四言）

青青翠竹，在淇之澳。
其臭维馨，其洁若沐。
篁篁修篁，载茂潇湘。

慕彼清风，移植我堂。
娟娟绿筠，在渭之滨。
置我轩户，淡交以亲。
亭亭丛玉，可以濯俗。
笔墨灵奇，写以相属。

题画扇

潋滟春波十丈高，水光山色入轻舠。
从来不借推移力，只待东风长翠涛。

赠羽士（二首）

身在蓬瀛东复东，道参天地隐壶中。
还丹诀秘阴阳要，济世心存物己同。
朱篆绿符灵宝箓，黄芽白雪利生功。
一瓢一笠浮云外，鹤驭优游遍泰嵩。

其　二

羽帔翩翩泠御风，醮章长达上清宫。
化龙有技苍云绕，跨鹤无心颢气通。
玉屑驻颜千岁赤，丹砂养鼎一炉红。
真机妙谛因师解，何必罗浮访葛翁。

皇父御极之六十年岁次辛丑元日群臣上寿恭颂

历绵花甲周还始，运衍鸿钧祝祚昌。
虞乐和音跄百兽，尧图应律洽三阳。

寿齐天地占悠远，恩重君亲庆永长。
今日斑衣联剑佩，年年同此奉霞觞。

碧霞祠题宝幡步虚词(二首)

宝阁冰帘紫霭笼，仙风袅袅拂幡红。
扇开日月飞双凤，座绕星辰列九宫。
子视群蒙敷惠泽，母临率土荷帡幪。
敬将玉帛当庭献，愿普慈光遍域中。

其　二

琼宇璇宫日月长，奇花瑶草总飘香。
琉璃作殿苍龙卫，云雾裁帷青鸟翔。
拂露霓旌珠灿烂，御风鸾驾玉铿锵。
常将天福人间锡，奖孝褒忠佑万方。

书扇与僧

绿阴垂永昼，人静鸟啼烟。
脱网游金鲫，翻阶艳石蝉。
无心犹是妄，有说即非元。
偶值朝来暇，留师品茗泉。

秋　兴(四首)

商飙瑟瑟动遥林，万里天长白雁吟。
绿柳叶凋三径翠，黄花蕊绽一丛金。

炎凉相代成时序，日月频迁变古今。
不厌看云楼上坐，秋云解作最高阴。

其二

粼粼碧水画楼东，蓼叶苹丝锦满蘴。
弱苇放花摇雪白，疏林垂实带霜红。
几番凉送梧桐雨，一阵香飘桂子风。
转眼园亭秋色改，明霞烂漫映丹枫。

其三

天高气肃夜凄清，倚遍栏杆花外曲。
光吐银蟾箔卷珠，香浮金鸭筝锵玉。
吟风爽籁自成音，应候鸣蛩谁迫促。
独爱海棠红上阶，漏深似为燃明烛。

其四

丹叶迎晖明远树，碧云被野迷孤鹜。
霜澄潦水宿尘空，木落秋山真面露。
酒泛红螺月槛开，歌翻白纻风帘度。
清幽光景最佳时，游目骋怀谁共赋？

柳月

鸳鸯楼外柳条长，斜挂如钩吐练光。
恰似妆台风鬓乱，青丝闲理玉梳凉。

梅　月

梅花几树玉玲珑，香度黄昏细细风。
新月弯环枝上映，素娥飞入蕊珠宫。

松　月

翠鬣苍鳞千尺松，月光笼树树光浓。
恍疑戏水虬龙出，夭矫擎珠上碧峰。

竹　月

萧萧疏映月昏黄，浥露凝烟晕素光。
阴转粉墙铺翠影，湖州新写墨筼筜。

梧　月

梧舒新翠接檐深，洁润偏宜好月临。
一片清光枝影瘦，绿窗人静拟秋吟。

山　月

林深鸟宿夕烟暝，玉镜扬辉不受扃。
夜籁寂然群动息，一轮飞过万山青。

池　月

半亩池涵天作底，一番风过水流金。
惊看锦鲤如梭掷，织就横纹绿绮衾。

楼　月

百尺楼高逼太清，广寒宫近接檐楹。
夜深玉笛穿云响，应使姮娥梦里惊。

船　月

夜泛轻舟一叶飞，长江圆璧湛流辉。
清光肯令空狼籍，力挽兰桡满载归。

宴　月

花月依依入暮春，坐花醉月绮筵新。
始知蟾魄无私照，瓦缶金樽各一轮。

寒　夜

烧烛消长夜，经霜百草干。
风吹鹤梦警，月射剑光寒。
东磬传清梵，西钟度紫坛。
（邸第有东佛楼、西斗坛）
新诗闲咏罢，古鼎爇沉檀。

冬日潞河视仓

晓发启明东，金鞭促玉骢。
寒郊初喷沫，霜坂乍嘶风。
百雉重城壮，三河万舶通。
仓储关国计，欣验岁时丰。

卷二十七

诗(《雍邸集》)

耕　图(二十三首)

浸　种

百谷遗嘉种,先农著懋功。
春暄二月后,香浸一溪中。
重穋随宜辨,�用力同。
每多贤父老,占节识年丰。

耕

原隰韶光媚,茅茨暖气舒。
青鸠呼雨急,黄犊驾犁初。
畎亩人无逸,耕耘事敢疏!
勤劬课东作,扶策历村墟。

耙　耨

农务时方急,春潮堰欲平。
烟笼高柳暗,风逐去鸥轻。
压笠低云影,鸣蓑乱雨声。
耙头船共稳,斜立叱牛行。

耖

南亩耕初罢，西畴耖复亲。
四蹄听活活，十顷望畇畇。
蝶舞黄萱晚，莺归绿树新。
春光长不负，只有力田人。

碌　碡

如轮转机石，历碌向东皋。
驱犊亦何急，平田敢告劳。
春塍萦似带，沃壤腻于膏。
水族堪供饷，倾樽醉蟹螯。

布　秧

种包忻拆甲，岸畔竞携筐。
活活冲泥布，纷纷落陇香。
追随欢幼稚，祝祷愿丰穰。
气候今年早，行看刺水秧。

初　秧

珍惜占城种，携儿上陇来。
一溪添雨足，盈亩喜秧开。
宿露浓相裛，韶阳暖复催。
忻忻频笑指，转眼可移栽。

淤　荫

鸟鸣村陌静，春涨野桥低。

已爱新秧好，旋看复陇齐。
淤时争早作，课罢岂安栖。
沾体兼涂足，忙忙日又西。

拔　秧

吉辰逢社后，比户趁忙时。
盈把分青壤，和根灌绿漪。
儿童担饷榼，妇子制秧旗。
惯得为农乐，辛劳自不知。

插　秧

令序当芒种，农家插莳天。
倏分行整整，伫看影芊芊。
力合闻歌发，栽齐听鼓前。
一朝千顷遍，长日正如年。

一　耘

饱雨纤纤长，含风叶叶柔。
载芟除宿莠，挹注引新流。
阴借临溪树，声传隔陇讴。
炊烟村畔起，归路缓驱牛。

二　耘

郁郁平畴绿，劳劳一载耘。
理苗疏是法，非种去宜勤。
笠重初收雾，锄轻半带云。

日高忙饷妇，稚子故牵裙。

三　耘

锄莠日当午，骄阳若火燔。
耘耔须尽力，辛苦只今番。
蝉噪风前急，蛙声水底喧。
酿花宜郁暑，翠浪舞翩翻。

溉　灌

艺夺天工巧，人勤地力加。
桔槔声振鼓，戽斗疾翻车。
灌注畦旋满，呕哑日欲斜。
况兼风露美，篟篟吐新华。

收　刈

西成已在望，早作更呼欢。
刈穗香生把，盈筐露未干。
啄遗鸦欲下，拾滞稚争欢。
主伯欣相庆，丰年俯仰宽。

登　场

红粬收十月，白水浸陂塍。
酿熟田家庆，场新岁事登。
云堆香冉冉，露积势层层。
劳瘁三时过，饔飧幸可凭。

持穗

力田欣有岁，晒稻喜晴冬。
响落连耞急，尘浮夕照浓。
鼠衔犹畏懦，鸡啄自从容。
幸值丰亨世，尧民比屋封。

舂碓

野陌霜风早，柴门晚日多。
舂声接邻响，杵韵洽豳歌。
颗颗珠倾篚，莹莹雪满箩。
为怜艰苦得，把握屡摩挲。

筛

治粒频求洁，田家亦苦心。
筛风当户北，避日就檐阴。
一饱功非易，终年力不禁。
君看圆似玉，我爱胜如金。

簸扬

朝来风色好，箕宿应维南。
敢惜翻飞力，宁教糠秕参。
干圆输县吏，狼藉戒童男。
得免催租负，方无俯仰惭。

砻

地结霜痕白，檐虚夜气青。
声殷砻早谷，风动闭寒扃。

玉色鲜堪比，珠光泻不停。
蒸炊谋室妇，农祖荐朝馨。

入　仓

勤劳临岁暮，入囷及良朝。
墉栉宁奢望，储藏幸已饶。
赋完农有暇，门静吏无嚣。
苫廪牢封固，无虞雨雪飘。

祭　神

雨旸征帝德，丰稔慰氓愚。
赛鼓村迎社，神灯夜祷巫。
酒浆泻罂盎，肴核献盘盂。
敢乞长年惠，穰穰遂所需。

织　图(二十三首)

浴　蚕

门多杨柳风，溪涨桃花水。
村酒酝羊羔，春闺浴蚕子。
纤纤弄翠盆，戢戢蠕香纸。
雪茧与冰丝，妇功从此始。

二　眠

百舌鸟初鸣，再眠蚕在箔。
陌桑青已柔，堤草绿犹弱。
正宜旭日和，惟恐春寒作。
妇忙儿不知，枣栗频啼索。

三　眠

春见拂帘栊，春露繁桑柘。
绕箔理三眠，烧灯绕五夜。
大姑席未安，小姑梳弗暇。
喔喔唱邻鸡，提筐邀比舍。

大　起

今春寒暖匀，南陌条桑好。
箔上叶忧稀，枝头采戒早。
不知春几多，但觉蚕欲老。
阿谁红粉妆，寻芳踏堤草。

捉　绩

生熟乃有时，老嫩莫纷糅。
恐烦姑与嫜，服劳夜继昼。
松火发瓦盆，星芒射阶溜。
次第了架头，匆忙顾童幼。

分　箔

新燕掠风轻，新蚕偕日长。
分箔天气暄，食叶雨声响。
少妇采林间，倦归歇陌上。
门前桑骚骚，黄云接青壤。

采　桑

清和天气佳，比户采桑急。
瀼瀼零露繁，冉冉绿阴湿。

高柯学猱升，落葚教儿拾，
昨摘满笼归，姑犹嗔不给。

上　簇

东邻催早耕，西舍呼浸谷。
花残蜀鸟啼，春老吴蚕熟。
蚑蚑鞠雪腰，盈盈皤丝腹。
剪草架初齐，女郎看上簇。

炙　箔

温扇花信风，寒酝麦秋雨。
葭帘张蟹舍，松盆暖蚕户。
香生雪茧明，光吐银丝缕。
门忌少人踪，语燕喧衡宇。

下　簇

前月浴新蚕，今月摘新茧。
浴蚕柳叶纤，摘茧柳绵卷。
膏沐曾未施，风光觉潜转。
邻曲慰劳来，欢情一共展。

择　茧

倾筐香雪明，择茧檐日上。
大半作丝纶，三分充绵纩。
嘱妪理从容，择惯知瘠壮。
所虑梅雨过，插秧趁溪涨。

窖　茧

挽袖解长裙，香汗湿红颊。
农事委良人，蚕功独在妾。
层层下簇完，劳劳窖茧接。
作苦感天公，冰雪满箱箧。

练　丝

烟流矮屋青，水汲前溪洁。
掉车若卷风，映釜如翻雪。
丝头入手长，左右旋转忙。
轧轧听交响，行人闻茧香。

蚕　蛾

邻始通往来，暂时解忙促。
出茧影翩翩，翅光腻粉沃。
秧苗已抽青，桑叶再见绿。
送蛾须水边，流传笑农俗。

祀　神

丰祀报先蚕，洒庭伫来格。
釃酒注樽罍，献丝当圭璧。
堂下趋妻孥，堂上拜主伯。
神惠乞来年，盈箱赐倍获。

纬

盈盈纬车妇，荆布事素朴。
丝丝理到头，的的出新濯。

心忙不遑食，腕倦何曾觉。
忽听归鸦啼，斜阳挂屋角。

织

一梭复一梭，频掷青灯侧。
艳艳机上花，朵朵手中织。
娇女眠齁齁，秋虫语唧唧。
檐头月渐高，纸窗明晓色。

络丝

女红亦颇劳，凄然当户叹。
灯昏络素丝，篗重困柔腕。
纤纤鬓影寒，沉沉夜气半。
妾心不敢忙，心忙丝绪乱。

经

昨为篗上丝，今作轴中经。
均匀细分理，珍重相叮咛。
君看千万缕，始成丈尺绢。
城市纨绔儿，辛苦何尝见。

染色

深浅练縓纁，苍黄运巧智。
把丝晒柴荆，临风含绮思。
焕然五色纷，烂若云霞炽。
好语付机工，金梭织锦字。

攀　花

织绢当织长，挽花要挽双。
绪繁劳玉腕，梭冷烬银缸。
新样胜吴绫，斜文赛蜀锦。
成匹落谁家，讵忍栽衾枕。

剪　帛

千丝复万丝，成帛良非偶。
握尺重含情，欲剪频低首。
红分的的桃，青擘柔柔柳。
但免舅姑寒，妾单亦何丑。

裁　衣

九月届授衣，缝纫难容缓。
戋戋逐剪裁，楚楚称长短。
刀尺迎风寒，元黄委云满。
帝力并天时，农蚕慰饱暖。

群仙册(一十八首)

谭　元

胜境邀仙侣，飞軿访上真。
瑶华拂星珮，沆瀣湿云巾。
饵玉颜含彩，怀丹气自春。
长生探秘诀，守寂炼形神。

桃　熟

移种瑶池畔，今看实压枝。
香含红熟透，露湿碧荣滋。
七颗盛盘日，千年又摘期。
朝来谒金阙，甘美献天墀。

赏　荷

翠盖千重合，冰华万古清。
人寰夸玉井，仙露胜金茎。
质秀香尤异，波凉暑不生。
逍遥蓬岛内，未拟赴瑶京。

鼓　瑟

树树花如雪，层层玉作天。
芝栽成五色，鹤养已千年。
云帔来真侣，霞浆饮上仙。
和歌新制曲，宝瑟奏冰弦。

鹿　輂

白鹿充仙驭，青禽识羽童。
期朝太素帝，约会上清宫。
草拾瑶池畔，笙吹郁岛中。
更倾琼液酒，一醉寿春红。

迎　福

翠凝松万岁，香发桂双柎。
地接三清境，天开五福图。

童颜如冠玉，仙珮总垂珠。
行满虚皇召，骖鸾立可须。

跨角兽

凌霄丹嶂迥，行处彩霞飞。
独角仙家骑，双童鸟羽衣。
遨游三岛遍，俯瞰九河微。
南极寻前约，云边启玉扉。

戏　狮

青猊原瑞物，长养属仙家。
迟日呼童子，春风试爪牙。
食惟衔露草，卧为护丹砂。
好献通明殿，天衢驭帝车。

泛　海

碧海长无浪，红云不作秋。
月槎飘一叶，莲瓣荡扁舟。
竞向银河渡，还从星渚留。
年年赓帝寿，玄（原作元）鹤记添筹。

采　苓

圣人长驭世，仙子启灵踪。
秘结千龄饵，香腴万载松。
雪霜凝珀质，龙虎护云封。
酿酒充尧斝，春光驻鹤容。

烧　丹

铅砂和药物，松柏绕云坛。
炉运阴阳火，功兼内外丹。
光芒冲斗耀，灵异卫龙蟠。
自觉仙胎熟，天符降紫鸾。

巨　桃

根盘红日近，枝耸碧云高。
阆苑邻青李，瑶池映翠涛。
偷须防曼倩，熟拟宴仙曹。
莫讶如瓜大，甘香胜玉膏。

步　雪

绛雪呈奇瑞，琼枝花遍开。
昆仑银烂漫，碧落玉崔嵬。
粉蝶凌风舞，霜禽接翅来。
海天长不夜，真境识蓬莱。

桧下会真

太乙须眉古，虚皇冠佩尊。
元初参得一，天地论归根。
琼液卮卮满，琪花处处繁。
欣看前种桧，老干已龙骞。

抚　鹿

遥指蓬山麓，轩临弱水濆。
鹿驯眠细草，沙暖覆香云。

石亦含灵气,泉皆发异芬。
呦呦鸣未已,林外每呼群。

双　鸾

一派箫璈涌,歌声云外飘。
青童擎羽盖,翠扇执垂髫。
晓籁鸣环玉,天风拂粉绡。
双鸾王母使,传简下层霄。

放　鹤

白羽裁为氅,丹砂结作鬟。
九皋长啸后,华表复飞还。
岩洞烟霞侣,蓬瀛供奉班。
放教随意去,切莫恋尘寰。

授　法

太上乘龙降,群真曳佩参。
灵科宣玉简,秘箓发金函。
传诀开丹鼎,焚香结紫岚。
侍仙通古篆,援笔录玄(原作元)谈。

卷二十八

诗（《四宜堂集》）

苫次述哀（有序）

我皇考深恩慈爱，过于高厚。一旦背弃，再觐无期。遥想音容，弥殷哀慕。苫块之次，言出痛忱，非同寄情于诗文也。於戏！罔极之德，报曷能尽，终天之慕，辞岂可宣！此篇乃中心迫切不能自禁之词。翰林诸臣看毕，各依原韵呈进朕览。

慕思君父泪千行，四十余年顾复长。
高厚深恩悲罔极，瞻依情切托靡方。
天颜咫尺忽成隔，庭训趋承难再望。
提命谆谆犹在耳，樽彝肃肃总摧肠。
衔哀但觉苍旻远，举首惟悲白日凉。
展转心增风木恨，劬劳忍诵蓼莪章。
仙軿已返层霄上，夜梦仍亲御座傍。
海水可枯石可化，终天仰恋讵能忘。

赐庄亲王

一本论瓜瓞，连枝喜最亲。
推恩先迩室，略分讲家人。
尽洗膏粱习，须教学业醇。
股肱兼耳目，属望更谆谆。

赐裕亲王

朱邸连云翼紫宸，屏藩重望属亲臣。
银潢派接恩波近，玉叶枝分湛露新。
善体诒谋惟爱国，远承家法在勤民。
同心夹辅应无忝，常巩瑶图亿万春。

赐怡亲王

天上根盘若木枝，朝阳辉映日纷披。
葵心北拱输丹禁，棣萼春荣护赤墀。
干济有才频入告，职司无缺亦书思。
忠勤佐就升平业，长保勋名奕世垂。

赐果郡王

花萼连枝夹帝京，英才挺秀信维城。
冲和自保穰穰福，恭谨无劳赫赫名。
同气一堂亲燕笑，推恩千祀佐休明。
更期永矢忠勤节，长看盘根应候荣。

赐大学士马齐

黄扉出入领朝簪，宿德耆英眷注深。
才是济川需作楫，功同望岁伫为霖。
常思国事如家事，益励臣心沃主心。
喜起明良传盛烈，薰风千载播瑶琴。

赐大学士松祝

玉陛觇风度，金瓯卜姓名。
常时依紫极，何以福苍生。
化理资调燮，訏谟属老成。
公忠勤体国，力为赞升平。

赐大学士白潢

密勿黄扉重，清时掌国均。
平成需弼亮，光辅贵经纶。
共勉三公职，无惭一个臣。
蓼萧多雨露，应及老成人。

赐大学士徐元梦

位以中台峻，名因主眷高。
六卿推旧德，百职藉薰陶。
报国訏谟切，衔恩翊赞劳。
运筹称自昔，前席礼频叨。

赐大学士张鹏翮

一德登黄阁，三台烛紫霄。
化功兼衮补，和气作羹调。
运轴推元老，持钧序庶僚。
赓歌应可嗣，赖尔协箫韶。

赐大学士王顼龄

纶扉简命出宸衷，元老官仪自古隆。
帝德无私资赞化，臣心匪懈在抒忠。
勤宣天泽敷霖雨，善剂人情布巽风。
一德明良歌喜起，皋夔事业古今同。

赐内大臣马武

禁御宣劳重近臣，貂蝉奕叶载恩纶。
入参帷幄抒丹悃，出典周庐翊紫宸。
镇静实堪心膂寄，老成尤见性情纯。
天家涉泽无私厚，勤恪应沾雨露频。

赐尚书孙柱

卿月光华灿，朝廷任重臣。
分曹资辅国，列位济斯民。
正直先寮属，端严领缙绅。
所期宏伟略，报国不谋身。

赐尚书朱轼

高岳生良佐，兴朝重老成。
南宫持藻鉴，北斗秉权衡。
忠岂惟供职，清能不近名。
眷言思共理，为国福苍生。

赐尚书田从典

百工允敕重朝端，职典枢机未易殚。
出纳望同天北斗，清芬品拟省中兰。
分曹政洽调元气，补衮心悬效寸丹。
日昃共期劳庶绩，履声常听下金銮。

赐尚书张廷玉

峻望三台近，崇班八座尊。
栋梁才不忝，葵藿志常存。
大政资经画，訏谟待讨论。
还期作霖雨，为国沛殊恩。

赐尚书励廷仪

喉舌宣王命，纲维辖众僚。
星辰环紫极，剑履上青霄。
独坐心常凛，西曹法自昭。
昼思频献纳，退食肯逍遥。

赐侍郎蒋廷锡

立政资良佐，宣猷重贰卿。
枢机同出纳，郎署仰澄清。
自合称华选，还期矢朴诚。
在公勤夙夜，懋绩有贤声。

赐侍郎史贻直

率属分曹地望崇，位跻卿贰赖和衷。
彤墀迹蹑中台履，玉珮声含晓殿风。
勿惮贤劳亲吏职，好将兢业亮天工。
公忠不负衣冠选，槐棘均叨雨露同。

癸卯十一月十三日，恭遇圣祖仁皇帝忌辰，缅怀顾复深恩，瞻对无由，不胜凄怆。敬赋六韵，以抒罔极之思

寝门不再省晨安，睽隔伤怀阅暑寒。
思慕情殷劳梦寐，几筵频展痛汍澜。
岁时每怆推迁易，恩德难忘覆载宽。
付托独深羞浅薄，命提莫望益悲酸。
天心此日犹能复，圣范无时更奉欢。
瞻对御容风木惨，何禁哀涕欲摧肝。

耕　耤

农事惟邦本，先民履亩东。
翠华临广陌，彩轭驾春风。
礼备明神格，年期率土丰。
劝耕时廑虑，敢为惜劳躬？

诣太学

礼乐牖民资大化，国家造士在斯文。

临雍观礼崇儒切，视学论经养俊殷。
济济桥门龙旆绕，雍雍璧水凤毛纷。
千宫咸庆文明盛，还伫同风率土忻。

三月三日得雨

三春淑气动萌荄，膏雨知时四野皆。
东作共看沾溉足，西成咸庆岁时谐。
柔桑陌上青含秀，稚麦田间绿正佳。
伫览霏霏飘洒意，眷予兆庶少抒怀。

赐大学士张鹏翮暂假葬亲

孝思忠悃本相成，蜀道迢迢去帝京。
自是白云增恋慕，非关绿野乐幽清。
松楸得展酬亲志，魏阙长悬报国情。
好待泷冈封马鬣，速还黄阁赞升平。

母后周年述哀一首(有序)

母后升遐，倏经周岁。痛色笑之难追，想音容而切慕。潸然泪下，赋此哀辞为念。

慈恩重，难禁涕泪悬。
尊荣心莫罄，恍惚岁云迁。
物候常如此，音容独渺焉。
寝门空在望，一望一凄然。

述　怀

眇躬临亿兆，兢业凛渊深。
先哲羹墙见，前徽手泽寻。
弛张遵祖训，赏罚顺天心。
庶绩勤宵旰，微几慎影衾。
卫诗防湎酒，夏训戒从禽。
每喜亲耕稼，长怀劝织纴。
菽葵村落圃，桑柘水边林。
民乃邦之本，诚为帝所歆。
三冬盈瑞雪，九有遍甘霖。
岁稔田家乐，河清渔父吟。
群英襄治理，列士献规箴。
勉咏南薰曲，多惭继舜琴。

冬至斋宫(二首)

晨曦炯炯洁斋宫，一缕炉烟散绮栊。
暖气潜回葭琯律，早梅先绽玉阶风。
中孚默契天人理，来复明彰造化功。
漫道书云成故事，精禋惟藉寸心通。

其　二

凌寒松柏耐严冬，带月含霜度禁钟。
午夜无眠思戒凛，诘朝崇祀务斋恭。
初阳鼓动开三殿，万象昭回映九重。
嘉节届临生意始，虔祈上帝惠吾农。

甲辰十一月十三日，恭值皇考二周忌辰，感时永慕，哀痛填膺，洒泪述哀，敬成一律

霜露重惊岁月侵，抚时莫解感伤心。
慕思实切终身永，恩德难酬罔极深。
那得寝门重问膳，每怀圣训更沾襟。
朝来回忆前年事，痛抱终天自古今。

是日瞻拜御容，追忆慈颜，不胜悲怆，再成一律

屈指违颜岁再周，飞光逝水两难留。
圣仪秋肃钦渊默，天语春温想噢咻。
荐食哀生松殿里，捧觞泪洒玉阶头。
兢兢继述何堪道，服训常怀负荷忧。

耕耤诗(有序)

《礼》：天子为藉千亩，躬秉耒以耕。所以敬祀典，重农功，示先民也。稽之月令，每岁孟春，古帝王实从事焉。我圣祖冲龄践祚，越十一载，壬子始行耕藉礼。夫藉以敬天重农，而圣祖在位六十余年，宵旰忧勤，靡时或释。凡立心行政，盖无刻而非寅畏昭事之诚，无时而非劳民劝相之实也。是以家给人足，时和年丰，而成长治久安之天下。

朕继统之次年，甲辰春，既率群僚躬藉南郊。今岁乙巳，复举行焉。是日也，灵雨既零，春阳初霁，履我阡陌，秉我耒耜，三推礼成，兆庶欢洽。

《传》曰“先之劳之”，又曰“无倦斯典也”。朕非欲为一

时之盛观，亦非欲博千载之美名，况大典非炫耳目之具，而饰名之事又朕素所弗为，惟是祇承圣祖重农家法，率吾民敦崇本务，而与臣工敬勤无倦，以庶几康阜之成俗也。并纪以诗。

苍驭千官引，乘时事藉田。
从来重稼穑，何敢惜劳先。
履亩迎膏发，群公继耦联。
所祈同亿兆，岁岁介丰年。

雍正三年乙巳，二月十有二日，皇考服制告除，违情从礼，溯时增怆，敬述纪哀

告祫今朝怆益滋，服除从吉礼从宜。
频看冉冉流光转，每虑悠悠报德亏。
承大业惟循夙训，念诒谋祇奉成规。
无如瞻恋终难及，莫罄缠绵结永思。

初夏偶闲

清闲偶得万几余，水殿蓬壶九夏初。
夜听甘霖浇沃野，晓看佳气绕宸居。
绿荷池畔吟新句，翠竹林中披异书。
时领薰风知解愠，松涛缓送度窗虚。

母后二周讳辰

自隔慈颜杳，重临此日悲。
音徽徒有慕，尊养已无时。

恩念劬劳重，心惊岁月驰。
朝来益为怆，抚序泪空垂。

赐庄亲王

金章玉珮冠通侯，班列彤阶最上头。
仪表宗潢高乐善，屏藩王室重宣猷。
桐圭分锡开朱邸，棣萼联辉映凤楼。
捧日丹忱勤翼赞，天家恩泽自长流。

赐果郡王

天潢崇锡爵，宗子重维城。
共荷屏藩寄，知敦翼赞情。
好书传沛献，乐善纪东平。
望古几前哲，相期保令名。

乙巳仲冬，追亿皇考升遐倏周三载，孺慕之忱，与时俱积，恭诣景陵拜谒，以伸哀痛

恭陈服御俨凭依，拜奠菁茅凛不违。
四十年余恩浃髓，一千日里涕沾衣。
寝园翠绕熊罴护，陵树霜寒鸟雀稀。
翘首五云犹在望，忍乘清跸告言归。

暮春野望

户牖凌虚百尺楼，川原霁色坐中收。
绿萝灌水园蔬茂，碧浪翻风垅麦稠。

杨柳坡边眠牧竖，杏花树畔泊渔舟。
升平睹此丰年景，更亿英贤济远猷。

闲　咏

苑柳千条拂地垂，红尘飞不到轩墀。
炷余古鼎晴烟袅，题罢长笺昼漏移。
松影参差摩诘画，禽声上下浩然诗。
遥空喜见浓云合，恰是吾民望雨时。

母后三周讳辰

鞠我恩深重，违颜梦渺茫。
三年成逝水，百感对流光。
黯黯慈云在，迢迢仙路长。
朝来又临讳，含怆仰空苍。

偶　题

舜禹传心十六字，执中一语贯精微。
漫从体用观真妄，不向筌蹄觅是非。
大地春风扬道妙，碧天秋月露清机。
个中密谛何人会，鱼自深潜鸟自飞。

月夜听泉声得句

逶迤洲渚薜萝幽，苑静偏宜秉烛游。
万树林梢看月上，三峰岩畔听泉流。

溅衣珠洒晴疑雨，戛玉湍鸣夏似秋。
风激潺湲声不断，夜深恋赏未回舟。

知鱼亭待月

传呼不用上林丞，傍水登临远郁蒸。
解渴漫调金掌露，清心胜饮玉壶冰。
知鱼亭畔观鱼跃，得月台前望月升。
烟敛碧池星汉皎，玉栏高处尽堪凭。

赐怡亲王

勤政楼头花萼芳，亲贤心膂藉匡襄。
忠诚谨慎谟猷著，公正廉明誉望彰。
经理度支需赞画，畴咨水土奏丰穰。
年年景福由天赐，长秉丹衷达九阊。

赐侍郎沈近思

冢宰官资贵，寅恭属亚卿。
俱邀三命重，并列六曹荣。
操比寒潭洁，心同秋月明。
所期庶政理，海宇日澄清。

赐总督查弼纳

时雍佳气浃寰瀛，绣戟牙幢制阃荣。
两省风霜澄吏治，三春雨露洽舆情。

位高定效公忠实，职巨非循廉谨名。
文武兼资才自裕，伫期嘉绩佐升平。

赐总督杨宗仁

绛节金章制上游，雄藩兼控主恩优。
分疆名帅归钤辖，绣错方州待运筹。
文武和衷群吏宪，军民一体大臣猷。
殷勤早夜遵天语，会见酬庸第一流。

赐总漕张大有

天储关国计，输挽最艰辛。
舰轴来千里，膏脂念万民。
无忧任土贡，已得济川人。
岂靳功高赏，恩光宠锡频。

步月至泉畔试茶

飞阁流云护碧纱，曲栏掩映竹阴斜。
巡檐步月敲奇句，坐石烹泉品贡茶。
乳液清逾花上露，春旗嫩展雨前芽。
水天一色明如昼，照见溪鱼戏浅沙。

闻　雁

万机听览省行游，镜里韶华逐水流。
木叶荣枯纪岁月，雁声南北报春秋。

观瀑布

风过林静片云还，物外逍遥意趣闲。
鸑鸟扣关声剥啄，涧流喷雪响潺湲。
光寒古鉴飞霜练，翠滴晴岚涤雾鬟。
岂必蓬瀛夸胜迹，翛然清境在人间。

湖际闻野寺钟声

长伴予游鹤与松，何烦扈跸得从容。
湖烟淡罨迎人月，山寺遥传定夜钟。
不问清修谈内典，懒将密意叩南宗。
悠然梵响因风送，暗数云林第几峰。

月

宝镜奁开升自东，星疏云净正秋中。
从看圆洁今宵满，即此晶辉万古同。
奕奕荣光蟾吐彩，溶溶澄景水明空。
当筵坐爱团栾好，时得香飘桂子风。

卷二十九

诗（《四宜堂集》）

仲丁祭文庙

扶植纲常百代陈，天将夫子觉斯民。
帝王师法成隆治，兆庶遵由臻至淳。
道统常垂今与古，文明共仰圣而神。
功能溯自生民后，地辟天开第一人。

耕 耤

无逸农功重，豳风穑事先。
方春勤夙驾，乘令为亲田。
夹陇千官肃，扶犁百辟联。
礼成终亩后，父老庆丰年。

夏夜不成寐

疏帘香散御炉烟，万井沉沉翠幔悬。
夜静梵音来水面，月明渔唱到窗边。
虚堂虑息难成寐，冰簟心清即入禅。
惟有团团荷上露，晶莹可拟意珠圆。

雨后湖亭看月

鄙听秦声却楚优，每于山水暂淹留。
翠含宿雨千竿竹，高出层云百尺楼。
湖影远浮随棹月，柳塘斜系钓鱼舟。
坐深暑退凡情爽，一片清光入镜流。

宫中偶成

紫禁遥闻玉漏迟，露华滴遍万年枝。
风帘不动尘喧隔，月满瑶阶意孰知。

赐淳亲王

满树繁花应候荣，蟠根奕叶托瑶京。
试看花萼相承意，更听埙篪迭和声。
带砺永存苗裔业，豆笾有践弟昆情。
天朝屏翰家庭事，莫负皇心眷顾诚。

赐都统拉锡

羽林十二应星文，直宿周庐向夜分。
阵识风云才自裕，身依日月志弥勤。
鹰扬早领熊罴士，虎拜常参鹓鹭群。
办得丹心捧宸极，时清莫漫羡奇勋。

赐提督郝玉麟

元戎拥节镇岩疆，特简殊荣姓氏香。
阃外长城资一面，胸藏武库靖多方。
旌旗整暇军容肃，纪律严明士气扬。
盛世筹边重颇牧，枫宸应为锡龙光。

赐提督高其位

太和累洽庆橐弓，专阃还推赫濯功。
裨益军民资伟略，剂调文武在和衷。
拊循正及从容日，谋勇皆由训练中。
元老旗常书茂绩，雅歌应有穆如风。

桃花坞即景

禁园宜雨复宜晴，别馆春深枕簟清。
数片落花惊午梦，一声渔唱惹闲情。
暂移榻向松间坐，恰听禽来竹里鸣。
惟有东风知我意，满池新绿浪纹生。

诣太学

辟雍亲莅止，典礼重参稽。
管籥仍鱼雅，威仪自整齐。
礼门资至化，义路牖群黎。
永翊文明治，休征共受禔。

其　二

善俗礼为本，仁民域可跻。
崇儒申术教，造士列东西。
共式习如性，咸成璋与珪。
兴贤勤寤寐，振德日提撕。

春夜钓鱼矶闻笛

暮雨一帘初卷，东风万卉齐芳。
隔林渔火明灭，沿溪笛韵悠扬。

会心处试笔

秋霁瑶台晚眺，夜深便殿宵衣。
神会园林妙趣，心勤一日万机。

桃源深处

溪外每闻犬吠，林间日听莺声。
漫问武陵何处，且来此地移情。

响泉山房赏月

薄暮鸣蝉歇，松涛响曲廊。
清阴生殿阁，霁色映林塘。
皎洁银河近，迢遥玉漏长。

波飘菰米滑，风动藕花香。
坐石吟新月，临流纳晚凉。
一钩才吐艳，粲烂隐萤光。

仁明斋咏怀

忆昔园林趋觐回，朱门静掩不轻开。
怡情看竹邀僧话，余事移松傍水栽。
勤政原因涵养到，任劳却自静功来。
万机日日如丝绪，勉竭心思手自裁。

沿湖游览至菜圃作

一行白鹭引舟行，十亩红渠解笑迎。
叠涧湍流清俗念，平湖烟景动闲情。
竹藏茅舍疏篱绕，蝶聚瓜畦晚照明。
最是小园饶野致，菜花香里辘轳声。

帝 京 篇

磐石占幽蓟，金汤固帝京。
幅员宁有外，带砺自堪盟。
形势河山拱，星文气象清。
休征荷地力，瑞应感天成。
济济匡时器，熙熙击壤情。
溪流穿禁籞，霞彩映重城。
日照朱甍丽，尘飞紫陌轻。
烟花织锦绣，莺燕唱升平。

池暖鱼吹絮，兰熏蝶抱英。
新荷初浥露，宿麦晚蒸晴。
极浦渔舟杳，斜阳牧笛横。
所希均雨泽，南亩问春耕。

舟中纳凉

开遍芙蕖水为香，疏槐鸦影乱昏黄。
停舟待月寻佳句，卷幔吟风纳晚凉。
渔笛数声飘远岸，茶烟一缕飏修篁。
畅舒心志逢清夏，寂寂花阴漏正长。

赐怡亲王

皇皇藩服，惟德是荣。
眷言贤王，谟猷光明。
夙夜小心，以忠以诚。
弼予一人，庶绩用成。
喜兹翊赞，朱邸斯营。
上栋下宇，永安且宁。
有筴其基，有壮其楹。
奕世承之，长卫帝京。
庆既令居，式昭颂声。

又

惇族由来重本支，贤声况复叶埙篪。
心悬北阙知忠悃，第赐东华表令仪。

禁院联辉双蒂树，上林移植万年枝。
永惟堂构资寅亮，载咏南山福禄宜。

暮春杂咏(二首)

春云澹荡满平湖，渺渺烟波接绿芜。
芳甸雨过花竞笑，画桥风起柳相扶。
莺歌鸟语天然曲，水秀山清自在图。
胜景已超尘世界，何须驾海访蓬壶。

其　二

炉烟袅袅拂帘栊，太液波澄晓镜融。
卜岁喜看三月雨，惜春深坐百花风。
红尘不到黄金阙，香雾时遮碧玉宫。
对此上林光景好，清平愿与万方同。

夏日勤政殿观新月作

勉思解愠鼓虞琴，殿壁书悬大宝箴。
独揽万机凭溽暑，难抛一寸是光阴。
丝纶日注临轩语，禾黍常期击壤吟。
恰好碧天新吐月，半轮为启戒盈心。

雨后九洲清宴望西山

蒹葭叶上雨声过，乍觉新凉飒飒多。
山色崔嵬千叠翠，湖光潋滟万重波。
游鱼避钓依寒藻，翔鸟惊弦就碧萝。

莫讶金风催改序,秋晖偏好快晴和。

仲秋月夜题于清会亭

深沉院宇桂香浮,寂寂溪园色相幽。
静向庭中持佛偈,闲来月下泛扁舟。
云迷入梦林间鹤,浪逐忘机水面鸥。
对此清光神会处,岸芦汀蓼一天秋。

新霁苑中秋色颇佳临流玩赏率成一律

步辇从容雨后临,湖亭景物可追寻。
幽花戏蝶红芳晚,密藻潜鳞碧涨深。
寥泬天光增远趣,潺湲涧水静尘心。
闲游不用调丝管,自有松篁奏好音。

喜　雪

夙夜期琼屑,三冬日见晴。
省修求直谏,祈祷秉精诚。
瑞雪春时降,彤庭喜气盈。
苍旻仁爱普,亿兆荷生成。

戊申除夕守岁

送腊迎新节,年过半百初。
道心随日进,佳兴逐时舒。
宝鼎宫香蔼,瑶阶瑞雪余。

载欣丰裕兆，大有望频书。

春夜永春亭作

霏微池馆罨春烟，银汉迢迢淑景妍。
鱼跃清波惊犬吠，月穿绿柳觉莺眠。
折蕉戏写题花句，接竹斜通傍槛泉。
良夜寸阴应共惜，岂容虚度艳阳天。

百花亭春咏

涟漪碧水浸苔痕，垂柳丝丝静掩门。
月上海棠惊鸟梦，雨来庭院浴花魂。

几暇偶题

识得几暇趣，丝纶不假言。
孰知宵旰里，却是绝尘喧。

暮春有感

虚窗帘卷曙光新，柳絮榆钱又暮春。
听政每忘花月好，对时惟望雨旸匀。
宵衣旰食非干誉，夕惕朝乾自体仁。
风纪分颁虽七度，民风深愧未能淳。

如意歌赐怡亲王

彩云冉冉鸾鹤翩，鸾鹤背驭双神仙。
南极西池环珮联，双双同庆帝胄贤。
手执如意来当前，篆刻蝌蚪黄金填。
晶荧上下星文缠，瑶台此日喜气偏。
琅琅更听仙语传，唱随偕老如和弦。
既指山海为岁年，复言日月同团圆。
煌煌带砺眷便便，子孙永保福且绵。
予因仙语嘉喜骈，为尔歌双如意篇。

无　题*

朕御极七载，宵旰万几，未遑他出。己酉夏，因命将远讨，誓师于南海子，缅怀曩日侍奉皇考巡幸此地，色笑俨在目前，而龙驭杳然，邈不可攀，俯仰徘徊，曷胜今昔之感！爰成一律，以述追思。

花开野甸不知名，接辔依然辇路平。
细草当时随驻跸，垂杨此日绕行营。
河山满目音容邈，风景关心岁月更。
禁旅多年蒙教养，畀予戡定作干城。

己酉夏南甸大阅

陈师鞠旅卜良朝，万里餱粮备已饶。
习战自能闲纪律，临戎惟在戒矜骄。
剑莹鷫鹅清光闪，旗绕龙蛇赤羽飘。
听彻前锋歌六月，云台合待姓名标。

其 二

风拂榆槐晓角鸣,筑坛选将命专征。
飕飕羽箭穿杨巧,猎猎云旆耀日明。
万里玉关平虏穴,三秋瀚海渡天兵。
裹粮带甲须珍重,扫荡尘氛远塞清。

秋日登四佳楼晚眺

庶务纷纭综理暇,偶将幽兴寄泉林。
楼台况复秋光洁,花木偏宜霁景临。
西岭层峦千叠翠,东湖细浪万重金。
澹烟轻霭疏槐杪,接阵鸿归夕照沉。

月夜平湖放舟

风卷平湖玉簟纹,沙汀落叶正纷纭。
微微隔岸萤光隐,历历横空雁字分。
碧浪载舟舟破浪,白云笼月月穿云。
渺然秋爽超凡界,欲问西山鸾鹤群。

偶 占

碧桃吐艳莺初啭,丹桂含芳燕又归。
日往月来传大道,花香鸟语泄真机。

仲秋月夜感怀

碧天皓魄印长空，嘹呖初闻度塞鸿。
榴子结成崖石畔，桂香飘入渚烟中。
溪环松老重添翠，岩映枫疏半缀红。
追忆昔年秋夜宴，不禁此际感西风。

追忆旧景有感

时名向鄙倩人推，洗竹浇花坐钓台。
画舫新晴看月上，平桥细雨送春回。
行无干誉心恒逸，境不移情量自恢。
萧散当年吟独乐，忧勤今日觅群材。
民风浇薄须陶化，世态参差待品裁。
览疏宵忘泉石美，临朝晓听鼓钟催。
纤毫坐悉千官奏，方寸频劳庶务来。
追忆安闲成梦幻，双眉锁处阿谁开？

偶　成

晴空瞬息片云生，风卷千堆雪浪惊。
石虎泥龙争斗罢，澄潭涌出月轮明。

又

长空万里碧天秋，绝点纯清亦不收。
识得如如妙中妙，尘尘刹刹任悠悠。

赐总督高其倬

崇牙高建秉洪钧，远控岩疆轶等伦。
两省山河司管钥，万民肥瘠视经纶。
还持绛纛开军垒，永矢丹忠答禁宸。
操凛冰霜功带砺，匡时重镇眷良臣。

赐总督李卫

保障鸿才奏绩新，每将重寄委贤臣。
须知令器承殊眷，贵有丹忱答紫宸。
训练多方资辑旅，抚绥无怠在諴民。
龙章用锡昭旌劝，益勖嘉猷辅一人。

平湖秋月

树杪暮烟收，晴光逐水流。
浅沙闲立鹭，轻浪稳眠鸥。
心月双圆镜，湖天一色秋。
恍疑星汉里，缥渺玉京游。

长至日题于至诚不息轩

殿角星疏报曙钟，乾乾无逸每忧农。
葭灰协律云占岁，粉絮翻阶雪应冬。
时对神明持敬念，日临兆庶用中庸。
愿言四海升平共，莫道尊安属九重。

卷三十

诗（《四宜堂集》）

无　题*

朕因去冬未雪，忧怀莫释。夙夜竭诚，祈祷于惊蛰后二日。荷蒙上天鉴佑，春雪下降，朝野同欢，因成一律，用志欣庆。

霡霂愆期忧岁俭，临轩愁咏悯农歌。
三冬望雪心如渴，此日飞英气始和。
苍昊垂慈施恺泽，黔黎有幸沐恩波。
遥思九土应同庆，积素凝华知几多。

圆明园道中寓目

御园西郭外，初夏景堪娱。
金线遮桥柳，浓阴夹道榆。
麦翻千顷浪，鱼跃半池珠。
雨后平芜绿，尘清辇路濡。

多稼轩劝农诗

夜来新雨过，畿甸绿平铺。
克尽农桑力，方无饥冻虞。
蚕筐携织妇，麦饭饱田夫。
坐对春光晚，催耕听鸟呼。

哭怡贤亲王(二首)

宗室屏藩重,朝端柱石崇。
持身惟正直,应物本虚公。
青史经天略,丹心贯日忠。
衔哀为作诔,难与述丰功。

其　二

穗帐陈筵日,云軿载道时。
悲深万民泪,痛失百寮师。
献替犹如昨,仪容俨在斯。
可怜风雨急,花萼损连枝。

怡贤亲王挽诗三十韵

天锡亲贤笃本支,惟王德业赞纯熙。
功存廊庙寰区仰,道冠宗藩百辟仪。
少日温恭承帝眷,髫龄孝谨荷恩慈。
问安每候龙楼启,扈跸常随豹尾驰。
圭璧精神昭粹质,凤麟苞彩擅英姿。
自然才艺该文武,卓尔端凝绝党私。
三纪无惭臣子道,八年攸赖股肱资。
溯从大统祗承日,历想嘉猷翊辅时。
佐理万几安亿兆,综厘庶政挈纲维。
度支式定邦财裕,水利功兴浩泽施。
减赋蠲逋勤布算,栉风沐雨劝镃基。

淤流通处成膏壤，田垅开时养稻粢。
九品抡才分玉石，六韬训士总熊罴。
霜威秋肃明条教，恺泽春温善抚绥。
万里边防襄庙算，两军输挽佐畴咨。
任兼宫府仔艰巨，理析豪厘辨等差。
伟绩固难更仆数，清标更系久长思。
撝谦不恃金枝贵，精白匪求黼座知。
乐善荐贤时亹亹，奉公体国日孜孜。
宽仁恤下孚群望，廉洁居心凛自持。
八字褒崇皆实行，四时赐赉必晴曦。
庆流正喜天人合，善积还期福禄宜。
岂意赓扬方际盛，忽惊寝疾永睽离。
鞠躬遑恤身前计，矢志空余没后悲。
犹忆恳情辞吉地，竟循薄葬守遗规。
公卿徒步随旌仗，老稚扶观泣路歧。
赠谥载光崇德典，加坛还树册勋碑。
明禋配享千秋重，素服衔哀浃月期。
纵极宠荣颁礼数，难酬懿美罄言词。
应知灵爽归仙籍，留得鸿名万古垂。

夜　静

星汉斜临避暑宫，石栏干曲绿阴笼。
风回岩畔泉声咽，夜静人闲月镜空。
绕砌兰薰香馥郁，满壶冰洁玉玲珑。
隔帘漏断天如洗，新句吟成一枕中。

松月吟

香飘桂子月初盈，凉泛松涛溪共鸣。
丛桂影中和月影，万松声里听溪声。

谒西山大觉寺

重开香积奉金仙，松径纡回警跸传。
野鸟静吟僧院竹，梵钟遥度御炉烟。
清幽水树红尘外，寂历云山太古前。
自有庄严超色相，何须慧远论真禅。

秋分前二日月下作

露湿天阶夜景赊，湘帘高卷树栖鸦。
寒蛩唧唧吟深砌，曲沼盈盈涨浅沙。
风度桂丛香馥郁，月穿竹籞影横斜。
襟怀凄爽秋将半，落叶萧萧菊欲华。

暮　秋

散步御园东，清溪跨玉虹。
一亭风冷淡，叠砌石玲珑。
秋老松含翠，霜浓柿缀红。
萧然天气肃，云外度征鸿。

花下偶成

对酒吟诗花劝饮，花前得句自推敲。
九重三殿谁为友，皓月清风作契交。

清　闲

世间何处觅清闲，只在朝堂城市间。
即此是非名利客，何殊野衲闭禅关。

口　占

花谢花开寒暑，雁来雁往春秋。
惟有壶中日月，无今无古无休。

仰瞻星垣

桂香芬馥夜凉生，露咽吟蛩万籁清。
碧汉接楼森斗宿，银河映沼转玑衡。
云开八表情无极，鹤杳三峰梦不成。
此际寸心同朗月，微垣历历湛虚明。

永春亭留春

小池风力软，槛外柳阴交。
花点游鱼藻，泥香乳燕巢。
淡烟浮水面，纤月挂松梢。
恋咏留春句，题笺未忍抛。

无　题*

年华迅速，倏值端阳，箱贡冰纨，案陈角黍，于颁赐诸王大臣之际，念及吾弟怡贤亲王仙游已周一载，不禁凄然涕下，援笔赋此。

韶光荏苒暗中迁，开到榴花又一年。
节届香蒲陈似旧，贡来细葛赐谁先？
检文悲览贤臣颂，搦管慵裁棣萼篇。
伟绩殊勋无可答，为营佳兆表新阡。

无　题*（四首）

国家为准噶尔跳梁，不得已有用兵之举。自己酉以来，将帅士伍枕戈负盾，野宿风餐，三载于兹矣。朕每一廑念，食不甘味，寝不安席，因避居便殿，停御宴会，日与廷臣筹计军需，惟冀上苍默佑师旅早旋，论功颁赏，朕怀始释，爰作截句四首以见意。

天禄崇儒方偃武，长杨罢猎岂佳兵。
无端戍火明西塞，劳我星旗向远征。

其　二

月照天山玉帐高，风吹霜气透征袍。
年来倦听嘉禾颂，一饭宁忘汗马劳。

其　三

玉门关外草连天，一骑飞驰到日边。
报道单于甘就抚，羽林齐唱凯歌旋。

其　四

将军跨马拥戈矛,壮士驱车久未休。
一纸捷书期早至,黄金铸印待封侯。

环秀山房对月

暑退林泉爽,新秋景物佳。
蛩吟依薛砌,鹤迹印溪沙。
搁笔评山色,擎杯对月华。
坐深群籁寂,竹树影横斜。

观释典偶题

浑忘云驶月轮迟,不悟舟行觉岸移。
世界三千皆有量,慧珠一颗净无涯。

秋日登楼有感

尺璧谁言抵寸阴,旷然怀抱豁登临。
放情缅邈云峰古,极目苍茫烟水深。
犹忆童年花下戏,倏经鹤发鬓边侵。
眼前秋色当堪赏,况复新晴月满襟。

除　夕

今年今夕送,明岁明晨迎。
只此忧勤念,乾乾无灭生。

晚晴远眺

垂柳阴阴亭榭，落花点点池塘。
情怡平林暮霭，目极芳草斜阳。
水硙溪边自转，鱼罾篱外谁张？
万里清光皎洁，数声笛韵悠扬。

端阳前一日，为吾弟怡贤亲王二周之辰，每一回思，辄伤怀抱，作五言律志感

诘朝端午节，再命罢称觞。
岁月如流迈，容仪何日忘。
安邦思柱石，觅句梦池塘。
物候频增感，情随彩缕长。

去冬无雪，今春雨未沾足，朕心忧畏，莫可言喻。幸于前五月十八日，甘霖倾注，枯焦顿解，不觉喜而成咏

节过五月半，膏雨尚愆期。
昼夜忧农事，精虔吁帝慈。
风回云气合，泽沛野苗滋。
田畯须勤课，耘耔正及时。

深柳读书堂消夏

麹尘绿染万条丝，窣地浓阴暑暗移。
旋渍霜毫铺玉版，细研荷露写新诗。

一天月色画图古，两部蛙声鼓吹奇。
潇洒楼台临碧水，夜深倒影静垂垂。

秋日寓目成咏

玉露金飙肃昊穹，澄泓秋水映帘栊。
群峰黛染呈寒碧，远浦霞明荡晚红。
风度桂林香满院，月穿雁字影书空。
予怀喜慰西成候，多稼如云处处同。

秋夜印月池作

雨后添新涨，盈盈碧沼深。
临流洗俗耳，对月静尘心。
松引仙禽舞，萍摇锦鲤沉。
飒然风拂面，翠竹助清吟。

无　题*

壬子岁九月七日，吾弟怡贤亲王定窆于水东村，朕念手足至谊，兼以辅弼功勤，献替忠款，抚今忆昔，情不能已，因亲临奠送，稍伸积痛。夫神游于天，魄藏于地，亘古迄今，理之常也。但以吾弟之亲贤，为国家柱石。幽明异路，于兹永别。当深秋草木黄落之际，朕心曷胜凄怆！爰赋此诗以写怀。

西风瑟瑟草离离，惨对灵筵奠酒卮。
荆树凋残惊日晚，雁群零落入云悲。
邈焉不返游仙梦，行矣休歌薤露词。
此际亲临无限痛，九泉英爽料应知。

暮春四宜堂咏怀

花繁如锦草如茵，雨细风轻物候新。
朱邸舞筵成往事，斑衣戏彩久凝尘。
万几宵旰忙中趣，百岁光阴梦里真。
不问春归何处去，惟听燕语报芳辰。

荷池玩月

闲行傍水觉清凉，半刻徘徊百虑忘。
月上园林添秀色，风来池沼送幽香。
红衣露坠莲房粉，素练光凝镜面霜。
夜静暑消多野趣，悠然自得咏沧浪。

立秋前二日游湖亭

放情幽兴付渔蓑，潇洒林亭乐太和。
每踏芳丛寻古句，闲乘小艇泛清波。
烟凝翠黛山疑雾，风蹙斜纹水似罗。
深砌蛩鸣残暑退，高梧蝉噪晚凉多。
炎云渐敛秋将近，霁景才看夏欲过。
静听菱歌音韵好，何须萧鼓济汾河。

初秋咏月影溪声

月挂半空飘素影，溪流一派送秋声。
溪声入耳原无意，月影穿帘似有情。

秋日登朗吟阁寓目

缥缈遥峰带夕曛，晴光历历望中分。
桥移虹影当溪卧，风度蝉声隔岸闻。
数片晚霞三径菊，一潭秋水半床云。
高亭避暑才吟罢，又听金飙送雁群。

秋夜述怀

桂香盈院宇，银汉净无垠。
耿耿难成寐，澄怀虑兆民。

立　春

晴光当户映，淑气逐人来。
冻草苏先觉，枯条暖自催。
荐新红菜甲，应候绿英梅。
为问迎春吏，农畴几处开。

初夏西苑游瞩

前廷午退紫宸班，回辇寻幽竹石间。
一息不停新绿水，四时相对旧青山。
溪烟澹荡平台晚，林影参差夕照闲。
鸟识禁园栖托稳，每看飞去又飞还。

蓬莱洲咏古

唐家空筑望仙楼，秦汉何人到十洲。
尘外啸歌红树晚，壶中坐卧碧天秋。
庙堂待起烟霞侣，泉石还看鹤鹿游。
弱水三千休问渡，皇家自有济川舟。

万方安和轩秋日作

霜飙飒飒度枫林，红叶如花碧水浔。
每感金行成物品，常推道念格人心。
翱翔彼鸟呼群乐，含哺吾民鼓腹吟。
四野喜看农事毕，聿修百职政维今。

中　秋

冰轮圆此夕，华彩耀寰瀛。
云雾长空净，乾坤一色明。
金波帘影动，玉露桂香清。
海内同欢节，家家笑语声。

感　秋

清秋玉宇净纤尘，银汉澄辉物候新。
雁阵排空横紫塞，桂香绽露报霜辰。
涓涓石濑溪流月，瑟瑟金飙风度苹。
抚景不禁兴感慨，啼蛩无那送声频。

雨后郊外泛舟

雾敛西岩暑气消，微风正好泛轻桡。
新晴燕雀低临水，积雨菰蒲密碍桥。
到处湖山惟竹月，数家烟火尽渔樵。
瀛洲宛在京畿右，不羡仙槎去路遥。

夏　夜

画槛临池柳半遮，纤尘不到静无哗。
惠均方物分丹荔，冷浸盘冰剖碧瓜。
风送荷香来枕畔，月移竹影上窗纱。
数声鹤唳清诗思，银汉流辉夜景赊。

新晴遣兴

远水明斜照，残霞有似无。
岚光浮树杪，桥影射池隅。
鹊唱平安曲，荷呈如意珠。
天然诗里画，懒绘辋川图。

偶　题

秋宵嗷嗷云间鹤，古调泠泠松下琴。
皓月清风为契友，高山流水是知音。

秋　夜

瑟瑟西风起白苹，临池曲槛净无尘。
苑供火枣盈盘赤，枝缀葡萄下架新。
雨后晚凉清几案，山空夜气静心神。
悠然一缕炉烟细，虚室忘言契道真。

河　沙

河沙千世界，只此一微尘。
为见禽鱼乐，方知天地春。
无心还是妄，有说却非真。
识得西来意，时时景物新。

自　遣

清昼梵风传磬，中宵禅月满床。
声色是我得会，色声与我两忘。

偶　成

斗柄旋东月建寅，余寒敛尽岁云新。
鸟歌花舞真如相，水绿山青自在人。

自　疑

谁道空门最上乘，谩言白日可飞升。
垂裳宇内一闲客，不衲人间个野僧。

题　画

一派涛声涌渡头，寒江漠漠楚天秋。
可怜两岸萧条柳，似为行人绾去舟。

雨后对月偶成

碧天一轮荡漾，皎洁万里晴辉。
夜漏沉沉院宇，寂然默会圆机。

深柳读书堂避暑

三庚节届祝融临，闲对明窗阅古箴。
树杪莺喉调妙曲，槛边蝶翅舞芳襟。
嫩荷香远风频递，深柳阴重暑不侵。
移榻帘前何所思，要赓解阜入虞琴。

夏夜即景

松荫溪流静，雨余峰影寒。
夜深尘虑涤，河耿漏声残。
清韵风敲竹，幽香露滴兰。
长空神妙合，心月会双丸。

中秋夜

月华当户彩盈盈，九十高秋序正平。
他夕偏宜兹夕好，今年却胜去年明。
辉含珠露凝仙液，光委金波满玉觥。
闻说蟾宫多桂子，天香时觉拂衣清。

提　要

臣等谨案:《世宗宪皇帝御制文集》凡文二十卷、诗十卷。文分十三体,诗则前七卷曰《雍邸集》,皆康熙壬寅以前作。后三卷曰《四宜堂集》,则御极以后作也。钦惟世宗宪皇帝,神资天授,圣孝性成。当圣祖仁皇帝时,景命先归,九龄预与,承眷顾者独深,故问视宫闱,殆无虚日,而晨昏余暇,尚覃精图籍,研悦文章,汲古之勤,为儒生之所不及。迨乎握符合契,应运龙飞,宵旰励精,心营四海,紫宫之所规画,黼座之所咨询者,天下臣庶虽不能一一悉窥。至于《朱批谕旨》至三百六十卷,《上谕内阁》至一百五十九卷,《上谕八旗》及《上谕旗务议覆》《谕行旗务议奏》至四十八卷,则剞劂梨枣,共见共闻。仰计十三年中,亦无日不亲御丹毫,畴咨庶政,而寄情翰墨,尚炳然与《典》《诰》《雅》《颂》辉映前后。盖体协健行,心怀无逸,精明强固之气,举措万化而有余。故旁涉词章,尚足以陶铸百氏,如元化运转,时行物生,而二曜、五纬、三垣列宿,自然成在天之文也。岂非摄提、合雒以来,超轶三、五之至圣哉!

乾隆三十九年二月恭校上

总纂官:臣　纪　昀

臣　陆锡熊

臣　孙士毅

总校官:臣　陆费墀

御纂孝经集注

雍正　集注

序

《孝经》者，圣人所以彰明彝训，觉悟生民。溯天地之性，则知人为万物之灵；叙家国之伦，则知孝为百行之始。人能孝于其亲，处称惇实之士，出成忠顺之臣。下以此为立身之要，上以此为立教之原，故谓之至德要道。自昔圣帝哲王，宰世经物，未有不以孝治为先务者也。

恭惟圣祖仁皇帝缵述世祖章皇帝遗绪，诏命儒臣编辑《孝经衍义》一百卷，刊行海内，垂示永久，顾以篇帙繁多，虑读者未能周遍，朕乃命专译经文，以便诵习。

夫《孝经》一书，词简义畅，可不烦注解而自明，诚使内外臣庶，父以教其子，师以教其徒，口讽其文，心知其理，身践其事。为士大夫者，能资孝作忠，扬名显亲；为庶人者，能谨身节用，竭力致养。家庭务敦于本行，闾里胥向于淳风。如此，则亲逊成化，和气熏蒸，跻比户可封之俗，是朕之所厚望也夫。

雍正五年十二月初三日①

---

① 署名由编者依据相关资料所加。

开宗明义章第一

此章开张一经之宗本，显明五孝之义理，故以“开宗明义”名章。

仲尼居，曾子侍。子曰：先王有至德要道，以顺天下，民用和睦，上下无怨，女知之乎？曾子辟席曰：参不敏，何足以知之？子曰：夫孝，德之本也，教之所由生也。复坐，吾语女。

女，音“汝”，下同。辟，音“避”。夫，音“扶”。语，去声。

仲尼，孔子字，名丘。曾子，孔子弟子，名参，字子舆。居，燕居，闲暇之时。侍，侍坐也。至者，至善之义。要者，简约之名。

道也，德也，一也。自其得于心而言，曰“德”；自其行于身而言，曰“道”。德之至，即所以为道之要。

顺者，谓先王以此至美之德、要约之道顺天下人心而教化之，故天下之人被服其教，自相和协而亲睦，上下尊卑举无所怨也。

辟席者，离坐席而起对也。《礼》：“师有问，则辟席起对。”敏，达也。

孝，即所谓至德要道也。人之百行，如章中所言“忠、顺、敬、让”之类。凡得于心者，无往非德。然一孝立而百善从，是孝为百行之根基，故曰德之本。至于君子尽孝于亲，而所以教家、教国、教天下者，又靡不自此推之。举天下之大，事事皆从吾孝中出，故曰教之所由生也。

命之复坐者，以孝之义甚大，非立谈所能尽，故使复位而坐，详以告之也。

身体肤发，受之父母，不敢毁伤，孝之始也。立身行道，扬名于后世，以显父母，孝之终也。夫孝，始于事亲，中于事君，终于立身。

夫，音“扶”。身，谓一身。体，谓四体。发，毛发。肤，肌肤也。

凡人之身，举其大而言则一身四体，举其细而言则毛发肌肤，此皆受之于父母者。为人子者，爱吾父母，因以爱吾父母所遗之身，常须战兢戒慎，不敢少有毁伤，此行孝之始也。

又须以道修身，卓然自立，大行于天下，流声于万世，使万世而下，贤其子，因推本其所生之自，而以光显其父母，此行孝之终也。

故夫所谓孝者，始于聚百顺以事亲，中于尽一心以事君，而终于敦百行以立身。

盖孝以事亲，犹为人子之常，必其得君而事，能以亲之身，广亲之志，移孝以为忠，乃全事亲之道。然一行未敦，而身有不立，则即为忠孝之亏。故其终尤在能立其身，斯为宇宙之完人，而称孝道之极也。

《大雅》云："无念尔祖，聿修厥德。"

聿，以律切，同遹。

《诗》有《风》《雅》《颂》之三经，《大雅》《小雅》其二也。

"无念"二语见《大雅·文王》篇。无念，念也。聿，述也。

引诗之意，言凡为人子者，当常念尔之先祖，常述修其功德而勉于行孝也。

天子章第二

前章虽通贵贱言之，其迹未著。此章至下庶人章，凡五章，谓之"五孝"，各说行孝奉亲之事而立教焉。天子至尊，故标居其首。

子曰：爱亲者，不敢恶于人；敬亲者，不敢慢于人。爱敬尽于事亲，而德教加于百姓，刑于四海，盖天子之孝也。

恶，去声。亲，谓父母也。恶，憎恶也，为爱之反。慢，敖慢也，为敬之反。德教，谓至德之教。刑，仪刑也。

天子之身，乃德教之所自出。故为天子而爱其亲者，必其于人无所不爱，而不敢有所恶于人；敬其亲者，必其于人无所不敬，而不敢有所慢于人。

夫惟不敢恶人，而以无所不爱之心爱其亲；不敢慢人，而以无所不敬之心敬其亲，然后爱敬为尽于事亲。而天子以此至德要道之教行于一人，加于百姓，则四海之大，皆知有所视效仪刑，趋爱、趋敬，而同归于孝，民用和睦，上下无怨，此乃天子之孝当为如是，而非诸侯卿大夫之可比也。

《甫刑》云："一人有庆，兆民赖之。"

甫，音"辅"。《甫刑》，《尚书》作《吕刑》。一人，谓天子。庆，善也。

言天子一人有善，则兆庶皆倚赖之。善，则爱敬是也。二语所以通结上文之义。

诸侯章第三

次天子之贵者，诸侯也，故次及于诸侯。

在上不骄，高而不危，制节谨度，满而不溢。高而不危，所以常守贵也。满而不溢，所以长守富也。富贵不离其身，然后能保其社稷，而和其民人，盖诸侯之孝也。

离，去声。在上，在一国臣民之上。骄，矜肆也。危，倾危也。制节，制财用之节限。谨度，谨守法度也。溢，奢侈泛溢也。社，土神，稷，谷神，国之主也。

言诸侯在一国臣民之上，其位高矣，若能不敢自为矜肆，则身虽居高而不至于倾危。积一国之赋税，其财充满矣，若能制立节限,谨守法度,则财虽充满而不至于泛溢。

又言居高位而不危,则不失其位之尊显而贵,是所以长守此贵也;处充满而不溢,则不失其财之盈足而富,是所以长守此富也。

夫惟富贵长久,如此乎不离其身,然后方能保有其社稷而和调其民人,谓社稷以此安,而一国之民亦用和睦,上下亦为无怨也。此则诸侯之孝,当如是也。

《诗》云:"战战兢兢,如临深渊,如履薄冰。"

《诗》,《小雅·小旻》之篇,引之重以戒勉诸侯也。盖诸侯如不念先世积累之艰勤,而一或骄溢,以至失其富贵,而不能保其社稷人民,则辱及其亲,而不孝为大矣。

战战,恐惧。兢兢,戒谨。临渊恐坠,履冰恐陷也。

卿大夫章第四

次诸侯之贵者,卿大夫也,故次及于卿大夫。

按:王朝侯国其卿大夫之位分虽不同,然章中乃统论其当行之孝,不必泥引《诗》"以事一人"之词,而谓专示王国之卿大夫也。

非先王之法服不敢服,非先王之法言不敢道,非先王之德行不敢行。是故,非法不言,非道不行;口无择言,身无择行;言满天下无口过,行满天下无怨恶。三者备矣,然后能守其宗庙,盖卿大夫之孝也。

"德行""择行""行满"之"行",并去声。恶,去声。法服,礼法之服。法言,礼法之言。德行,道德之行。

先王,盖古之以孝治天下者,故其服为法服,其言为法言,其行为德行也。无择,谓言行皆与道法相合而无可选择也。

非先王之法服不敢服，惟恐服之不衷，为身之灾也；非先王之法言不敢言，惟恐言轻而招辜也；非先王之德行不敢行，惟恐行轻而招辱也。

以此之故，非法则不言，言则必合于法；非道则不行，行则必中于道。出于口者，无可择之言；行于身者，无可择之行。是以言之多至于遍满天下而无口过，行之多至于遍满天下而无怨恶也。

服法服，道法言，行德行，三者既全备矣，斯能长守其宗庙，以奉其先祖之祭祀。此则卿大夫之孝当如是也。

《诗》云："夙夜匪懈，以事一人。"

《诗》，《大雅·蒸民》篇。夙，早也。匪，犹"不"也。懈，惰也。一人，天子也。

引诗之意，盖言卿大夫当早起夜寐，以事天子，而不得懈惰也。此乃深致其劝勉之意。

士章第五

古有上士、中士、下士之三等，然其位总居卿大夫之下，故以"士"名章。

资于事父以事母而爱同，资于事父以事君而敬同。故母取其爱，而君取其敬，兼之者，父也。故以孝事君则忠，以敬事长则顺。忠顺不失，以事其上，然后能保其禄位而守其祭祀，盖士之孝也。

长，上声。资，取也。长，谓卿大夫。上，则兼"长"与"君"言之也。

"资于事父以事母而爱同"，谓取事父之道以事母，而爱母同于爱父。"资于事父以事君而敬同"，谓取事父之道以事君，而敬君同于敬父也。

"母取其爱""君取其敬"者，盖母主于恩，而君主于义。故事母虽未尝不敬，而专取其爱；事君虽未尝不爱，而专取其敬。合爱与敬而兼之者，则惟父然也。

为士者，移事父之孝以事君，则为忠；移事父之敬以事长，则为顺。守其忠顺而不失，以事其上，然后能长保其禄位，永守其祭祀。此则为士之孝当如是也。

诸侯言社稷，卿大夫言宗庙，士言祭祀，各以其所事为重也。若下文，庶人则荐而不祭，又非士之比矣。

《诗》云："夙兴夜寐，无忝尔所生。"

忝，音腆。《诗》，《小雅 · 宛》之篇。忝，辱也。所生，谓父母也。

引诗以深惕，为士者当早起夜寐以行孝，无致禄位不保而祭祀不守，以辱其父母也。

庶人章第六

庶人，泛指众人；学为士而未受命，与农工商贾之属皆是也。一云兼府史胥徒言之。

用天之道，分地之利，谨身节用，以养父母，此庶人之孝也。

养，去声。天之道，谓春生、夏长、秋敛、冬闭，四时之天运也。地之利，谓土地之高、下、燥、湿，生植农桑之利也。谨身者，谨修其身不妄为也。节用者，省节饮食、衣服、丧祭之财用，不妄费也。

庶人未受命为士，既不得以事君，所事者惟父母而已，故以能养父母为孝。其用天之道而耕耘收获，一顺乎时令；分地之利而禾黍菽麦，一任乎土宜。

又必谨守其身而不敢放纵，省节其用而不敢奢侈。以此为事，奉养其父母，则不徒能养父母之口体，而养志亦无不足矣。此则庶人之孝所当然也。

故自天子至于庶人，孝无终始，而患不及者，未之有也。

上节与前四章分论天子、诸侯、卿大夫、士、庶人当行之孝，此则总言以结之。

上自天子以下至庶人，其尊卑虽殊，而事亲之孝，当无终始之异；若或有始无终，而自患己身不能及于孝者，未有此理也。

盖为决言，以勉人之力于行孝。

三才章第七

天、地、人谓之三才。孔子陈说五等之孝既毕，而曾子叹孝道之大，因言天经、地义、民行之事，可教化于人，故以“三才”名章，次“五孝”之后。

曾子曰：“甚哉，孝之大也！”子曰：“夫孝，天之经也，地之义也，民之行也。”天地之经，而民是则之，则天之明，因地之利，以顺天下。是以其教不肃而成，其政不严而治。

夫，音扶。行，去声。经，常也，天以生覆为常，故曰经。义，宜也，地以承顺利物为宜，故曰义。则，法也。因，凭也、依也。肃，戒肃也。严，威严也。

曾子因夫子陈说“五孝”而深叹其大，故夫子以弥大之义告之。言孝之为道，虽出于人心，然天为乾父，不能外之以为生覆之经；地为坤母，不能外之以为承顺利物之义；民生天地之间，不能外之以为慈爱敬顺之行。是孝乃天之经、地之义、民之行也。

夫以孝为天地经常之理，而民于此取法而为行，则孝本天下人心之所本然固有者。故圣人上法天道之常明，下因地道之义利，惟顺乎天下本然爱敬之孝而导之。是以敷之为教，则不待戒肃而自成；发之为政，则不假威严而自治也。

先王见教之可以化民也，是故先之以博爱，而民莫遗其亲，陈

之以德义，而民兴行；先之以敬让，而民不争，导之以礼乐，而民和睦，示之以好恶，而民知禁。

行，去声。好、恶，并去声。先王，泛指古先帝王。

见教之可以化民，承上因天地之常经，而其教不肃而成，其政不严而治来。

遗，犹弃也。兴，起也。睦，和之至也。

言先王身行博爱之道，以率先斯民，则人知爱亲而无有遗弃其亲者；陈说德义之美，以教诲斯民，则人为兴起而未有不勉于行者。先之以恭敬谦让而为斯民之倡，则人相敬让而不争；导之以五礼六乐，而施陶淑之教，则人皆秩然有礼，雍然顺适而和睦。

又示之以为善者之必好，为不善者之必恶，则人知国禁而不犯，总见先王之顺天下以化民，而民之速化如此，以结上文"其教不肃而成，其政不严而治"之义也。

《诗》云："赫赫师尹，民具尔瞻。"

《诗》，《小雅 · 节 · 南山》之篇。赫赫，明盛貌。师尹，周太师尹氏也。

引诗之意盖言先王之在上者，能教以化民而为民所瞻仰，故民为之速化也，此借师尹以深赞夫先王也。

孝治章第八

前章明先王因天地之常经，顺天下以为教。此章则言明王以孝而治天下也，故即以"孝治"名章，次"三才"之后。

子曰：昔者明王之以孝治天下也，不敢遗小国之臣，而况于公侯伯子男乎？故得万国之欢心，以事其先王。

昔者，谓先代。明王，明哲之君。遗，忽忘也。小国之臣，谓土地褊小，如附庸之君之类。

公、侯之地，方百里。伯，七十里。子、男，五十里，乃国之大者。万国，极言其多。先王，即行孝明王之祖考也。

夫子言昔者明王之以孝道而治理天下也，推其爱敬之心至于附庸小国之臣，尚不敢有所遗忽，而况于公、侯、伯、子、男大国之臣乎？

以此之故，所以合天下大小万国之众，而皆得其欢悦之心。以此事奉其先王，则尊养之至，而明王能以孝道倡其化于上矣。

治国者，不敢侮于鳏寡，而况于士民乎？故得百姓之欢心，以事其先君。

鳏，姑顽切。老而无妻曰鳏，老而无夫曰寡，二者所谓天下之穷民而无告者。侮，慢忽也。

一命以上为“士”。诸侯皆有卿大夫，止言“士”者，举小以见大耳。百姓，谓百官族姓。先君，始受命为国君者也。

夫子言诸侯分治一国者也，当体明王孝治天下之心，而亦以孝治其国，推其爱敬之心以及于国人，即至于鳏寡之微亦不敢侮慢之，而况于士民乎？

以此之故，所以合国中百官族姓之众，无不得其欢悦之心。以此事奉其先君，则可谓能体明王孝治之心以为心，而成其化于国矣。

治家者，不敢失于臣妾，而况于妻子乎？故得人之欢心，以事其亲。

臣妾，婢仆也，贱而疏者。妻子，贵而亲者。亲，谓父母也。

夫子又言卿大夫，各治一家者也，亦当体明王孝治天下之心，而以孝治其家，推其爱敬之心，即下及于臣妾，曾不敢少失其心。彼疏贱者尚如此，而况于妻子之亲贵者乎？

以此之故，所以合一家之众，无贵、无贱、无亲、无疏，而皆得其欢悦之心。以此事其父母，则可谓能体明王孝治之心以为心，而成其化于家矣。

夫然，故生则亲安之，祭则鬼享之，是以天下和平，灾害不生，祸乱不作，故明王之以孝治天下也如此。

夫，音“扶”。生，谓父母存时。祭，谓没后奉祀。安者，其心无忧。享者，其魂来格也。人死曰鬼，气屈而归也。灾害，如水旱疾疫之类生于天者。祸乱，如贼君弑父之类作于人者。

上文既言天子、诸侯、卿大夫皆以孝治天下国家而得人之欢心，以事其先王、先公与亲。此又总承上文而言，夫惟如此，故其生而养，则亲安之；没而祭，则鬼享之。是以普天之下和睦太平。和，则无乖戾之气，而灾害不生。平，则无悖逆之争，而祸乱不作。

总由明王身为率行孝道于上，而诸侯以下化而行之，故明王之以孝治天下也，有如此之美也。

《诗》云：“有觉德行，四国顺之。”

行，去声。《诗》，《大雅 · 抑》之篇。觉，大也。义取天子有大德行，则四方之国顺而行之，以赞美明王之孝治也。

圣治章第九

曾子闻明王孝治以致和平，因问圣人之德更有大于孝否？孔子因问而说圣人之治，故以名章，次孝治之后。

曾子曰：敢问圣人之德，无以加于孝乎？子曰：天地之性，人为贵；人之行，莫大于孝。孝莫大于严父，严父莫大于配天，则周公其人也。

行，去声。圣人，以在位者言之。严，尊敬也。配，合也。周公，名旦，文王之子，武王之弟，成王之叔父，食采于周，位居三公，故称周公。

前章夫子陈说明王之孝治天下，能致灾害不生，祸乱不作，是言德行之大，故曾子有推广之思而为此问。

“天地之性，人为贵”者，谓天地生人与物，皆有一副当然之理，是之谓性。然人得其全，物得其偏，是人为天地之心而万物之灵，故云然也。

人之百行多端，而以孝为本，故曰“人之行，莫大于孝”。承之以“孝莫大于严父，严父莫大于配天”者，言人子之孝其亲者，无所不至，而莫大于尊敬其父；尊敬其父者，亦无所不至，而莫大于配享上天也。

盖上天之尊，尊无与对，而能以己之父与之配享，则所以尊敬其父者至矣，极矣，不可以复加矣！然仁人孝子爱亲之心虽无穷，而立经、陈纪、制礼之节则有限，自古及今，惟周公辅佐成王始行配天之礼，故曰“则周公其人也”。

昔者周公郊祀后稷以配天，宗祀文王于明堂以配上帝，是以四海之内各以其职来祭。夫圣人之德，又何以加于孝乎？

郊祀，祭天也，祭天于南郊，故曰郊。宗祀，谓宗庙之祭也。后稷，名弃，周之始祖，舜尝命为稷正，使教民播种百谷，始封于邰为诸侯，以君其国，故称曰“后稷”也。文王，名昌，武王之父。明堂，王者出政布治之堂也。

天以形体言，上帝以主宰言。天也，帝也，一也。

郊祀后稷以配天，宗祀文王以配上帝，谓郊祀祭天则以后稷配祭，而尊后稷犹乎天；宗祀祭上帝则以文王配祭，而尊文王犹夫上帝也。

周公之所以尊敬其祖父者如此，是以德教刑于四海。而四海之内为诸侯者，各以其职之所当然，皆来助祭敬供郊庙之事。

夫以孝推之至于配天，而又尽得四表之欢心，以事其亲，孝之大也，诚可谓至极矣。则夫圣人之德，又有何者可以加于孝乎？

故亲生之膝下，以养父母日严。圣人因严以教敬，因亲以教爱。圣人之教不肃而成，其政不严而治，其所因者本也。

夫子答曾子之问尽矣。此复申言圣人教人以孝之故也。

亲，亲爱也。膝下，谓孩笑之时也。

言人子亲爱父母之情，已生于膝下孩笑之时，以此至情而养其父母。然随其年之渐长，则日加尊敬，而尊卑之际，又自有一定不可忽之分在焉。此人子良心之发，最为真切，人皆有之，不待学而能者。

圣人之立教亦惟因严以教敬，因亲以教爱，循其人性之固然而不加矫强。故其教不待戒肃而自成，其政不待威严而自治。民之大顺，有不期然而然者。盖孝为德之本，而圣人之因严教敬，因亲教爱，总因之以立教焉，是其所因者本也。

父子之道，天性也，君臣之义也。父母生之，续莫大焉。君亲临之，厚莫重焉。

此承上文“所因者本也”句而发明人子爱敬之情所以当尽之故。

父子之道为天性，谓父子之爱，原于天，率于性，而本于所固有。然子之事父，犹臣之事君，其尊卑之分，又自有截然不可忽者，是父子之间又有君臣之义也。

续者，继先传后之谓也。续莫大者，父母生子，子以生孙，人伦继续于此。微父母则吾何所托生，而人类几乎灭矣。然则人伦之大，孰有大于父母者乎？

厚莫重者，以父之亲等君之尊而临乎人子，则恩义之罔极，与天同高，与地同厚，莫有重焉者矣。此可见人子爱敬之当先，所以莫有甚于父母也。

故不爱其亲而爱他人者，谓之悖德；不敬其亲而敬他人者，谓之悖礼。以顺则逆，民无则焉，不在于善，而皆在于凶德，虽得之，君子不贵也。

此反说为上者爱敬之失而悖德悖礼之事。

“不爱其亲而爱他人”，“不敬其亲而敬他人”，谓君自不爱其亲而令他人爱亲，自不敬其亲而令他人敬亲也。

“悖德”“悖礼”云者，德主于爱，礼主于敬故也。夫人君惟身能爱敬，而后以政教及人，斯顺天下之人心。今则自逆不行，而翻使天下之人法行于逆道，故人无所取法而为准则。斯乃“不在于善，而皆在于凶德”。如此之君，虽曰得志于民上，乃古先哲王、圣人君子之所不贵也。

在，谓心之所在。凶，谓害于德礼也。

君子则不然，言思可道，行思可乐，德义可尊，作事可法，容止可观，进退可度，以临其民。是以其民畏而爱之，则而象之，故能成其德教，而行其政令。

“行”，去声。“乐”，音“洛”。

此承“君子不贵”句而表明君子之不然。

君子，泛指圣帝明王。道，行也。作，为也。容，主动。止，主静。

“言思可道”，谓必其言之可行于民者而后言。

“行思可乐”，谓必其行之为民所欢悦者而后行。

“德义可尊”，谓立德行义不违正道而可为民之尊崇。

“作事可法”，谓制作事业动得物宜而可为民之式法。

“容止可观”，谓威仪容貌合于规矩而可为民之观瞻。

“进退可度”，谓周旋动静不越绳尺而可为民之轨度。

君子之谨其言行，慎其动止，举措如此，由是以其身而临莅斯民，则民畏其威而敬如神明，爱其德而亲如父母。会极归极，如众星之共北辰（原作长），无不法则而象效之，故德教以此而成，政令以此（原作比）而行也。

《诗》云：“淑人君子，其仪不忒。”

忒，音“特”。《诗》，《曹风·鸤鸠》篇。淑，善也。忒，差也。

诗言原美善人君子盛德之威仪，此则借以赞美君子之能顺人心而成其德教。

纪孝行章第十

前数章俱统论乎孝道、孝治，此章则详述乎孝子当行之事也。故以“纪孝行”名章，次于“圣治”之后。

子曰：孝子之事亲也，居则致其敬，养则致其乐，病则致其忧，丧则致其哀，祭则致其严，五者备矣，然后能事亲。

居，谓平居。致者，推之而致其极也。病，谓疾之甚也。

孝子之事亲，当无一时无一事而不念及于亲者，其必平居则礼仪祗肃，尽其恭敬而不敢忽。奉养则承颜顺志，尽其欢乐而不敢违。病则行止语嘿，何所不致其忧。丧则哭泣擗踊，何所不致其哀。祭则洁俎豆肃骏奔，何所不致其严。

持此五者以事亲，而生存死没，咸备其道，庶几尽志于亲，而无愧于子矣。故曰“能事亲”也。

此节乃纪孝子当行之善，以示勉也。

事亲者，居上不骄，为下不乱，在丑不争。居上而骄则亡，为下而乱则刑，在丑而争则兵。三者不除，虽日用三牲之养，犹为不孝也。

丑，等类也。三牲，牛、羊、豕也。

居上，则当庄敬以临下，而不可骄矜。为下，则当恭谨以事上，而不可悖乱。在丑，则当和顺以处众，而不可争竞。此论人子保身以事亲之常。

居上而骄，则失道而取亡。为下而乱，则犯分而致刑。在丑而争，则启衅而召兵。此论人子危身以及亲之祸。

“三者不除，虽日用三牲之养，犹为不孝”者，谓骄、乱、争三者之不能除，则危亡之祸必至，虽日具牛、羊、豕三牲之养以进于亲，亲得安坐而食乎？故曰：“犹为不孝也。”

此节又纪不善之行，以示戒也。

五刑章第十一

圣王之教虽不肃而成，其政虽不严而治，然世有骄乱忿争而自罹于罪恶者，刑辟亦不可不加也。故以“五刑”名章，次于“纪孝行”之后。

子曰：五刑之属三千，而罪莫大于不孝。要君者，无上；非圣人者，无法；非孝者，无亲。此大乱之道也。

要，平声。五刑，墨、劓、剕、宫、大辟也。三千，合五刑条例之总数也。《吕刑》曰：墨罚之属千，劓罚之属千，剕罚之属五百，宫罚之属三百，大辟之罚其属二百。“五刑之属三千”，夫子之言盖本于此。

要，胁也。无上，无君也。非，诋毁也。无法，谓弁髦法度也。无亲，谓蔑视其亲也。

盖君者，臣之所禀令也，而敢于要胁之，是为无上；圣人者，法之所从出也，而敢于非诋之，是为无法；人莫不有父母之当孝也，而敢以孝道为非，是为无亲。

此三者乃大乱之道，而总为不孝，刑辟之加，盖不容缓矣。

广要道章第十二

首章略云至德要道之事，而未为详悉，于此复申而演之，故云“广”也。“要道”先于“至德”者，谓以要道施化，化行而后德彰，亦明道德相成，所以互为先后也。

子曰：教民亲爱，莫善于孝；教民礼顺，莫善于悌；移风易俗，

莫善于乐；安上治民，莫善于礼。礼者，敬而已矣，故敬其父则子悦，敬其兄则弟悦，敬其君则臣悦，敬一人而千万人悦。所敬者寡，而悦者众，此之谓要道也。

此夫子述“广要道”之义。

言孝，所以爱其亲也，然欲教民以相亲相爱，则莫有善于孝。悌，所以敬其长也，然欲教民以有礼而顺，则莫有善于悌。乐斯二者之谓乐，然欲移改民风而变易其俗，则莫有善于乐。

节文斯二者之谓“礼”。然欲上安其君，而下治其民，则莫有善于礼。若礼之为礼，则主于敬而已矣。尝为推广乎敬之功用，以此之敬而敬人之父，则凡为之子者无不悦；以此之敬而敬人之兄，则凡为之弟者无不悦；以此之敬而敬人之君，则凡为之臣者无不悦。夫此之敬，止加于一人而彼则千万人悦，“所敬者寡，而悦者众”，诚所谓守者约而施者博也。此之谓要道之义也。

广至德章第十三

子曰：君子之教以孝也，非家至而日见之也。教以孝，所以敬天下之为人父者也；教以悌，所以敬天下之为人兄者也；教以臣，所以敬天下之为人君者也。

此夫子述“广至德”之义。言君子之教人以孝也，非必家至而为之喻，日见而为之督也。

教之以孝，使凡为人子者，皆知尽事父之道以敬其父，是即我之所以敬天下之为人父者也。推而教之以悌，使凡为人弟者，皆知尽事兄之道以敬其兄，是即我之所以敬天下之为人兄者也。又推而教之以臣，使凡为人臣者，皆知尽事君之道以敬其君，是即我之所以敬天下之为人君者也。夫致吾之敬者虽有限，而能使人各自致其敬者则无穷。此孝之所以为至德也。

《诗》云：“恺悌君子，民之父母。”非至德，其孰能顺民如此其

大者乎？

恺，音“凯”。《诗》，《大雅 · 泂酌》之篇。恺，乐也。悌，易也。

盖言君子有如此恺悌乐易之德，民爱之如父母。盖能以至德为教，顺天下之心，故其效如此其大也。

广扬名章第十四

首章略言“扬名”之义而未审，而于此广之，故以名章，次“广要道”“至德”之后。

子曰：君子之事亲孝，故忠可移于君；事兄悌，故顺可移于长；居家理，故治可移于官。是以行成于内，而名立于后世矣。

长，上声。行，去声。

此夫子述“广扬名”之义。言君子之事亲，苟极其孝矣，以之事君则为忠，故“忠可移于君”。事兄，苟极其悌矣，以之事长则为顺，故“顺可移于长”。居家，苟极其理矣，以之居官则必治，故“治可移于官”。

“孝、悌、忠、顺”，齐治之道，其相通有如此，故士人惟患内之所以事亲、事兄、居家者行未成耳。夫苟孝悌、修齐之行成于内，必其忠顺治理之勋猷著于外，彪炳宇宙，辉映竹帛，而后世之名，曷有极哉！显亲之孝，此焉寓矣。

谏诤章第十五

曾子既闻“扬名”以上之义，而又问“子从父之令”。夫子以令有善恶，不可尽从，乃为述谏诤之事，故以名章，次“广扬名”之后。

曾子曰：若夫慈爱、恭敬、安亲、扬名，则闻命矣！敢问：子从父之令，可谓孝乎？

夫，音“扶”。令，去声。

“慈爱、恭敬、安亲、扬名”是曾子包摄夫子之所已言者言之。又以“子从父之令，可谓孝乎”为问者，盖为子者，原一以顺从为孝，但于父母之命令，若不问可否而悉从之，又恐有违于道，此其所以疑于心而问也。

慈爱，如养致其乐；恭敬，如居致其敬；安亲，如不近兵刑；扬名，如立身行道，扬名于后世之类。

子曰：是何言与！是何言与！昔者天子有争臣七人，虽无道，不失其天下；诸侯有争臣五人，虽无道，不失其国；大夫有争臣三人，虽无道，不失其家；士有争友，则身不离于令名；父有争子，则身不陷于不义。故当不义，则子不可以不争于父，臣不可以不争于君。故当不义，则争之。从父之令，又焉得为孝乎？

与，平声。争、诤，同。离、令，并去声。“争”与“诤”同，盖是非必争，可否必辩，所谓面折廷诤，不欺而犯者也。令，善也。焉，何也。

两言“是何言与”，深明父令之不可一于从也。

“昔者”以下，是推广而言。为臣子者，若见君父之过，皆不可以苟顺而不谏诤。“天子之争臣以七人，诸侯之争臣以五人，大夫之争臣以三人”者，盖位有崇卑，责有轻重，政有烦简，故争臣有多寡也。

然天子有天下者也，故云“不失其天下”；诸侯有国者也，故云“不失其国”；大夫有家者也，故云“不失其家”。总之，以谏诤之得人，故虽无道，不亟至于亡也。士无臣，所有唯友，故云“士有争友”。

不离令名，谓事无谬误而善名以彰。不陷不义，谓所事合宜而行义以得也。

先言“故当不义，则子不可以不争于父，臣不可以不争于君”，是总言为臣子者当谏争其君父。又曰“故当不义则争之，从父之令，又焉得为孝乎”，所以结一章之旨而终“是何言与”之义，见为子者不可一于从父之令也。

感应章第十六

此章明明王孝悌感应之事，虽为天子言之，诸侯以下亦当自知勉勖也。

子曰：昔者明王事父孝，故事天明；事母孝，故事地察；长幼顺，故上下治。天地明察，神明彰矣。

长，上声。《易》曰：“乾，天也，故称乎父；坤，地也，故称乎母。”则天有父道，地有母道，原与父母之道相通者。

古昔明王能事父以孝，则即通于事天之道，故其事天也明。事母以孝，则即通于事地之理，故其事地也察。又推事父事母之孝心，以顺家之长幼，故凡四海之中，上而尊长，下而卑幼，又罔不就吾之均调而上下以治。

夫惟明王极孝之所至，至于“事天明”“事地察”。如此则三光明，寒暑序，而天道以清；川流岳峙奠其常，鸟兽鱼鳖若其性，而地道以宁。其神明功用之彰见，盖有极其盛者哉！

故虽天子，必有尊也，言有父也；必有先也，言有兄也。宗庙致敬，不忘亲也；修身慎行，恐辱先也；宗庙致敬，鬼神著矣。孝悌之至，通于神明，光于四海，无所不通。

行，去声。承上文而言，明王不特以事父母之孝事天地，而致神明之彰已也。

虽以天子之尊，必知有父之当尊与有兄之当先矣。其在宗庙承祭之时，则严威祇肃致其恭敬，而不敢有忘亲之心。及夫平居无事之时，则修身慎行，极其检摄而惟恐招辱先之谴。

明王不过自谓率其孝道之常也，不知以修身慎行之主，兼又致敬于宗庙对越之时，先王在天之灵，洋洋乎有如在其上，如在其左右者，而鬼神精爽之所著，其视神明之彰见，又何如其盛哉？

夫孝悌之道，原始于家庭。然和顺之至，精诚之极，至于“神明彰”“鬼神著”，即幽而神明可以感通。如此则远而四海，必将和气充洽，光辉普被，又何有不通者乎？

《诗》云：“自西自东，自南自北，无思不服。”

《诗》，《大雅 · 文王有声》之篇。自，从也。义取四方皆感其德化，无有思而不服者，以明“光于四海，无所不通”之意也。

事君章第十七

此章论君子事君之道，盖为在朝之卿大夫言也，而士亦在其中矣。

子曰：君子之事上也，进思尽忠，退思补过，将顺其美，匡救其恶，故上下能相亲也。

上，谓君也。进，谓进见于君。退，谓既见而退。匡，正。救，止也。

君子之事君，无一念而不在于君者，进而入告，则思竭尽其忠而不敢有所欺；退而公余，则思补塞主过而不敢有所徇。

至于君有为善之美意，方在将萌未萌之界，则从而将顺之，俾君之美以成；君有匪彝之恶意，方在将发未发之顷，则从而匡救之，俾君之恶以消。是君臣之相悦，犹夫鱼水之相欢，盐梅之相济。吾知其上下交而德业成矣，其所为相亲也，岂其微哉！

《诗》云：“心乎爱矣！遐不谓矣！中心藏之，何日忘之。”

《诗》,《小雅 · 隰桑》篇,引此以明君子忠爱之心,久而不替。盖其天王圣明之念,藏之中者已笃,以故其一进一退,一顺一匡,举不敢忘乎君有如此也。

丧亲章第十八

章中云“生事爱敬,死事哀戚,生民之本尽矣,死生之义备矣,孝子之事亲终矣”。故以“丧亲”名章,终之于末。

子曰:孝子之丧亲也,哭不偯,礼无容,言不文,服美不安,闻乐不乐,食旨不甘,此哀戚之情也。三日而食,教民无以死伤生,毁不灭性,此圣人之政也。丧不过三年,示民有终也。

丧,去声。偯,隐绮切,音倚,又音伊。不乐,乐字音洛。旨,甘也。毁,哀毁也。

孝子丧亲,哀痛之极,其哭也不偯,气竭而尽,不能委曲也。其礼也无容,触地局蹐,不能为容也。其言也不文,内忧无情,不能为文也。服衣之美,有所不安;闻乐之和,有所不乐;食味之旨,有所不甘。凡若此者,乃孝子自然哀戚之情,非有所勉强而为之也。

礼,人子于父母之始死也,水浆不入口者三日,然过三日则伤生矣。教民三日而食粥,使之无以哀死而至于伤生,虽毁瘠而不至于灭性。此圣人之为政,所以为生民立命也。

丧则定为三年而不过者,孝子报亲之心虽无限量,圣人为之中制,以示民有终极之期也。

为之棺椁衣衾而举之,陈其簠簋而哀戚之。擗踊哭泣,哀以送之。卜其宅兆而安厝之,为之宗庙,以鬼享之。春秋祭祀,以时思之。

簠,音府。簋,音鬼。擗,音辟。踊,音勇。厝,音措。

棺,内棺。椁,外椁。衾,被也。簠簋,祭器也,方曰簠,圆曰簋。擗,拊心也。踊,跳跃也。皆哭泣之貌。

宅,墓穴。兆,茔域也。安厝,犹言“安置”也。

当亲之始死也,为之棺以周衣,椁以周棺,衣衾以周身,然后举而敛之。其将葬也,陈其簠簋,奠以素器,则伤痛而哀戚之。其祖饯也,女擗男踊,号哭涕泣,则悲哀而往送之。为墓于郊,则卜其宅兆,必得吉而安厝之。四者,慎终之礼也。

为庙于家,则三年丧毕,迁主于庙,以鬼而礼享之。及其久也,寒暑变迁,益用增感,春秋祭祀,以寓时思。二者,追远之礼也。

此皆圣人之政,因人之情而为之节文者也。

生事爱敬,死事哀戚,生民之本尽矣,死生之义备矣,孝子之事亲终矣。

此又合始终而言之,以结一书之旨,谓孝子之事亲,生则事之以爱敬,死则事之以哀戚。如此生民之道,以孝为本,于此而尽矣。养生送死,其义为大,于此而备矣。孝子事亲之道,于是而终矣。

或问:孝子之事亲终矣,岂自是而后可遂已乎?曰:非也!孝子之心无穷,身在一日,则思在一日,古者大孝所以有终身之慕也。此云终者,毕之谓也,谓生尽其养,死永其思,然后子职毕尽无遗,非谓从今日后遂不必容心也。

提　要

臣等谨案:《孝经集注》一卷,世宗宪皇帝御纂,雍正五年制序,颁行我朝。列圣相承,宏敷孝理,故于是经阐发尤备。世祖章皇帝既为之注,复有衍义之辑,而圣祖仁皇帝缵成之,本末条贯,义无遗蕴。世宗宪皇帝虑其篇帙浩富,或未能家喻户晓,乃命约为此注,专释经文,以便诵习,而词旨显畅,俾读者贤愚共晓。其体例悉仿朱子《四书章句集注》为之,洵万古说经教孝之至极矣。

乾隆四十六年十月恭校上

总纂官:臣　纪　昀

臣　陆锡熊

臣　孙士毅

总校官:臣　陆费墀

钦定执中成宪

雍正　编定

序

惟我皇考法天行健，一日万几，宵旰不遑，犹以其间简命儒臣，采录经史子集所载自古帝王元德显功、讦谟大训，以及名臣奏章、先儒语类深切治道者，次第进呈，皇考亲为删定，命曰《执中成宪》。始于雍正六年仲春，成于十三年中夏。未及刊布，而我皇考遽遐弃臣民。予小子向虽承训示一二节，全编则未之见也。嗣统后每以几暇，始发而读之，既卒业然后知圣心圣学，实与尧舜、孔子同揆，而汲汲于是编，则专以启迪后人、昭垂标准也。间尝殚思《大学》一书，因见仲尼祖述尧舜之实义焉，其所谓“明德”者，即《虞书》所谓“道心”也。所谓“明明德”者，惧其为人心所蔽也。所谓“格物、致知”者，严辨人心、道心之界，以尽万事万物之理，即《书》所谓“惟精”也。所谓“正心、诚意”者，力祛人心之杂，以致道心之纯，即《书》所谓“惟一”也。所谓“修身、齐家、治国、平天下而止于至善”者，即《书》所谓“允执厥中”也。然极乎执中之量，则惟尧舜为无歉，而中之散见于万事万物者，则不惟三代圣王，即秦汉以后仁厚英哲之君，下及中主，亦必有一事二事之合焉；不独皋、夔、益、契、伊、傅、周、召、孔、曾、思、孟，即近代群儒文士，亦必有一话一言之合焉。故《中庸》曰：“舜好问而好察迩言，执其两端，用其中于民。”盖中之理，无事无物而不具，亦无人而不知，是即明德之根于性而不息者，而惟舜能察之，惟舜能执之，惟舜能用之，故善与人同，合德于天地。

我皇考编定是书，自二帝三王之事，古圣贤之言，下逮群儒文士之可节取者，兼收而不遗，用是道也，皇考之治天下无一事不审其则，无一物能匿其情，即《书》所谓“惟精”，《大学》所谓“物格而知至”。无一时之不敬，无一念之不诚，即《书》所谓“惟一”，《大学》所谓“心正而意诚”。故凡施于政教者，或予或夺，或宽或严，或抑扬迟速之稍有不同，而无不立乎大中，可为民极，即《书》所谓“执中”，《大学》所谓“身修、家齐、国治、天下平”，而明德新民，皆止于至善也。而所以立纲陈纪，更化善治，其大者皆断自圣心，而细者亦博采于众议。有其人不能皆入于善，而一言之中必不废焉，即《中庸》所谓“好问好察，执两用中”也。然我皇考聪明睿智，夙具于圣性而养成于圣学者，已数十年。故皇考之惟精，乃不思而得；皇考之惟一，乃不勉而中；皇考之执中而化成天下，乃从容中道无为而成。岂复有资于是书？所以亲为删定者，正恐在后之侗，懵然无见于执中立极之道，爰示之以成宪也。岂惟予小子奉以终身，惟日兢兢，无敢逾越哉？世世子孙苟能服膺勿失而溯其渊源，则于尧、舜、孔子之道一以贯之矣。岂惟君人者舍是无以建其有极，以消天下之偏陂反侧哉？凡百有位，果能是训是行，则上之可辅理成化，以著勋猷，而下亦可以谨身而寡过，于以谟明弼谐，其臻喜起明良之盛无难矣！

乾隆

丙辰三月望日

卷一

唐帝尧

《书》

稽于众,舍已从人,不虐无告,不废困穷,惟帝时克。

《论语》

尧曰:“咨尔舜!天之历数在尔躬,允执其中。”

《六韬》

帝尧王天下之时,吏忠正奉法者,尊其位;廉洁爱人者,厚其禄;民有孝慈者,爱敬之;尽力农桑者,慰勉之。旌别淑慝,表其门闾,平心正节,以法度禁邪伪。所憎者有功必赏,所爱者有罪必罚。存养天下鳏寡孤独,赈赡祸亡之家,其自奉也甚薄,其赋役也甚寡,故万民富乐而无饥寒之色。

《家语》

帝富而不骄,贵而能降。伯夷典礼,夔龙典乐,流四凶而天下服。其言不忒,其德不回。

《新书》

帝尧曰:“吾存心于先古,加意于穷民,痛万姓之罹罪,忧众生之不遂也。故一民或饥,曰此我饥之也;一民或寒,曰此我寒之也;一民有罪,曰此我陷之也。”仁行而义立,德博而化富,故不赏而民劝,不罚而民治,先恕而后行。

虞帝舜

《书》

敷奏以言,明试以功,车服以庸,象以典刑,流宥五刑,鞭作官刑,扑作教刑,金作赎刑,眚灾肆赦,怙终贼刑。钦哉!钦哉!惟刑之恤哉!询于四岳,辟四门,明四目,达四聪,咨十有二牧。曰:“食哉!惟时柔远能迩,惇德允元,而难任人。”(蔡沈《集传》:“元,仁厚之人也。难,拒绝也。任,包藏凶恶之人也。”)

帝曰:“咨!汝二十有二人,钦哉!惟时亮天功,三载考绩。三考,黜陟幽明,庶绩咸熙。”

帝曰:“皋陶!惟兹臣庶,罔或干予正。汝作士,明于五刑,以弼五教,期于予治。刑期于无刑,民协于中,时乃功,懋哉!”皋陶曰:“帝德罔愆,临下以简,御众以宽,罚弗及嗣,赏延于世,宥过无大,刑故无小,罪疑惟轻,功疑惟重。与其杀不辜,宁失不经,好生之德,洽于民心。兹用不犯于有司。”

帝曰:“人心惟危,道心惟微,惟精惟一,允执厥中。无稽之言勿听,弗询之谋勿庸。可爱非君,可畏非民。众非元后何戴?后非众罔与守邦。钦哉!慎乃有位,敬修其可愿!”

帝曰:“吁!臣哉邻哉!邻哉臣哉!”(蔡沈曰:“臣以人言,邻以职言。”)

帝曰:“予违汝弼,汝无面从,退有后言。钦四邻,庶顽谗说,若不在时,侯以明之,挞以记之。书用识哉!欲并生哉!工以纳言,时而飏之,格则承之庸之,否则威之。”(蔡沈曰:“在时,指忠直为言。侯,射侯也。明者,欲明其果顽愚谗说与否也。挞,扑也,盖惩之使记而不忘也。识,志也,录其过恶以志于册也。”)

帝庸作歌曰："敕天之命，惟时惟几。"乃歌曰："股肱喜哉！元首起哉！百工熙哉！"皋陶拜手稽首，飏言曰："念哉！率作兴事，慎乃宪。钦哉！屡省乃成，钦哉！"乃赓载歌曰："元首明哉！股肱良哉！庶事康哉！"又歌曰："元首丛脞哉！股肱惰哉！万事堕哉！"帝拜曰："俞！往钦哉！"

《中庸》

孔子曰："舜好问而好察迩言，隐恶而扬善，执其两端，用其中于民。"

《孟子》

"舜闻一善言，见一善行，若决江河，沛然莫之能御也。"

"舜其至孝矣！五十而慕。"

《礼记》

有虞氏贵德而尚齿，养国老于上庠，养庶老于下庠。

孔子曰："虞帝君天下，子民如父母，有憯怛之爱，有忠利之教，亲而尊，安而敬，威而爱，富而有礼，惠而能散。"

《家语》

舜之为君也，其政好生而恶杀，其任授贤而替不肖。德若天地而静虚，化若四时而变物。是以四海承风，畅于异类，凤翔麟至，鸟兽驯德。无他，好生故也。虞舜宽裕而温良，敦敏而知时，畏天而爱民，恤远而亲近。

《御制论》

虞舜好生而恶杀。盖生者，发育长养之意，是以圣人好之；杀者,闭藏收敛之威,是以圣人恶之。二者皆天地四时自然之功用,故下文曰:“德若天地而静虚,化若四时而变物。”盖天地以静虚为德,故其生杀也以神应而无心。四时以变物为能,故其生杀也亦化行于不悖。观风霆雨露之兼施,秋肃春温之迭嬗,则知天地四时之有杀,正天地四时之恶杀,正天地四时之好生也。圣人合天地四时以为心故恶杀,而不能不用杀,如四凶之诛、五刑之作,皆尧舜好生恶杀之实心实政。若务好生之虚名,而以无杀为恶杀,则其流必出于姑息之一途,政宽民慢,如水弱之玩而多死,是非真能恶杀,乃适成其为好杀也。岂天地好生恶杀之心?岂圣人好生恶杀之道乎?帝尧之言曰:“一人有罪,此我陷之也。”惟存此心,然后可以恶杀。盖明罚敕法,正以遏恶扬善,顺天休命,期于人人皆知远杀,其斯为真能恶杀者乎!

《新书》

舜曰:“吾尽吾敬,以事吾上,故见谓忠焉。吾尽吾敬,以接吾敌,故见谓信焉。吾尽吾敬,以使吾下,故见谓爱焉。”

夏王禹

《书》

禹曰:“后克艰厥后,臣克艰厥臣,政乃乂,黎民敏德。”

又曰:“惠迪吉,从逆凶,惟影响。”

又曰:“德惟善政,政在养民,水、火、金、木、土、谷惟修,正德、利用、厚生惟和,九功惟叙,九叙惟歌,戒之用休,董之用威,劝之以九歌,俾勿坏。”禹克勤于邦,克俭于家,不自满假。又曰:“知人则哲,能官人安民则惠,黎民怀之。”

又曰："民可近不可下，民惟邦本，本固邦宁。"又曰："先王克谨天戒，臣人克有常宪，百官修辅，厥后惟明明。"（蔡沈曰："修辅者，各修其职以辅其君也。"）

《御制论》

人君出治，仰承天命，俯临百官，必也上之明于天戒，而省愆修德以承眷佑之恩；下之明于百官修辅之道，而选才任能以收赞襄之益，故曰"厥后惟明明"也。苟不能明于天戒，是不知敬天，固无足论矣。不能明于百官修辅之道，必至贤否混淆，诚伪杂出，失辨才论官之宜，而庶绩皆为丛脞矣。是以百官修辅之当明，与明天戒而并重也。

《孟子》

禹恶旨酒而好善言。

《史记》

禹为人敏给，克勤其德不违，其仁可亲，其言可信，声为律，身为度，称以出，亹亹穆穆，为纲为纪。

《晋书》

大禹圣者，乃惜寸阴。

商王汤

《书》

王曰："惟皇上帝，降衷于下民，若有恒性，克绥厥猷惟后。"

又曰："尔有善，朕弗敢蔽；罪当朕躬，弗敢自赦，惟简在上帝之心。其尔万方有罪，在予一人；予一人有罪，无以尔万方。"

仲虺曰："惟王不迩声色，不殖货利。德懋懋官，功懋懋赏。用人惟己，改过不吝，克宽克仁，彰信兆民。"

又曰："王懋昭大德，建中于民，以义制事，以礼制心，垂裕后昆。"

伊尹曰："先王肇修人纪，从谏弗咈，先民时若。居上克明，为下克忠，与人不求备，检身若不及。"

又曰："敷求哲人，俾辅于尔后嗣。"（傅说曰："监于先王成宪，其永无愆！"）

《诗》

不竞不絿，不刚不柔，敷政优优，百禄是遒。

《大学》

汤之《盘铭》曰："苟日新，日日新，又日新。"

《孟子》

汤执中，立贤无方。

《史记》

汤出，见野张网四面，祝曰："自天下四方，皆入吾网。"汤曰："嘻！尽之矣。"乃去其三面，祝曰："欲左左，欲右右，不用命，乃入吾网。"诸侯闻之曰："汤德至矣，及禽兽。"

《御制论》

成汤解网三面，《史记》以为诸侯悦服称其"德及禽兽"，由斯而言，则是圣人当日设为解网之事，以笼络人心、耸动观听，类于权术之为，非圣人之心也。且既有解网之仁，则当其放桀南巢，何为不解网而释之乎？以此诘问，将不免于后人之疑矣。朕谓圣人之心至公无私，庆赏刑威，皆因物付物而已。所执之法如网张于一面，而三面皆虚，左右之间皆人人可生之地，乃人或不肯由三面以自全，而甘心蹈一面之网，则圣人亦无如之何矣。若夏桀者，自蹈于一面之网者也。《书》曰："天讨有罪。"圣人奉若天道而已，何所容心于其间哉？

汤曰："人视水见形，视民知治不。"

商王太甲

《书》

王曰："天作孽，犹可违；自作孽，不可逭。"

《御制论》

天以仁爱为心，必无作孽于人之理，此皆由人之自取也。其云"天作孽"者，乃人有过失，天降灾异以示儆，而人能恐惧修省，自可潜为转移，故曰"犹可违"也。若有过愆而上天垂训，仍无忌惮，不知畏惧，故曰"自作孽"也，其能逭乎？

商王盘庚

《书》

王曰："若网在纲，有条而不紊。若农服田力穑，乃亦有秋。"（蔡沈曰："纲举则目张，喻下从上也。力于田亩则有秋成之望，喻勤有功也。"）

《御制论》

为政之道，大纲举而后众目张。所谓大纲者，莫有过于农事田功也。是以圣人知服田力穑之为纲，而所其无逸；惟念小民之依，则乃亦有秋者，即纲之有条而不紊也。由是而家给人足，时和年丰，百度之修明、万邦之作乂，莫不于农事统之矣。

又曰："汝分猷念以相从，各设中于乃心。"（蔡沈曰："分猷者，分君之所图而共图之。分念者，分君之所念而共念之。相从，相与也。中者，极至之理，谓各以极至之理存于心也。"）

《御制论》

分猷，分念人臣之职也。但事有至当之理，不及不可，过亦不可，所谓中也。若能得中，则所分之猷、所分之念，皆有益于国计民生。苟不得中，则虽有佐理之才，何能获赞襄之益乎？而此大中之理，又不待外求也。人性皆善返之，此心而自得，故曰"各设中于乃心"。

商王武丁

《书·说命》曰："朝夕纳诲，以辅台德。若金，用汝作砺；若济巨川，用汝作舟楫；若岁大旱，用汝作霖雨。启乃心，沃朕心。若药弗瞑眩，厥疾弗瘳；若跣弗视地，厥足用伤。"（蔡沈曰："启乃心者，开其心而无隐。沃朕心者，潜我心而厌饫也。弗瞑眩，喻臣之言不苦口也。弗视地，喻我之行无所见也。"）

又曰："股肱惟人，良臣惟圣。"

《御制论》

股肱之道，左右元首与庶司百职，承流宣化者不同，故必得其人乃可以翊赞君上，康济兆民。若居股肱之任而不能尽股肱之道，则非其人矣。是即伊尹所称“任官惟贤才，左右惟其人”之义也。至于才全德备，尽启沃寅亮之功而为良臣者，此乃禹、皋、稷、契、伊尹、周公之流立臣道之极，所谓圣人者也，故曰“良臣惟圣”。若云良臣辅而君圣，何以良臣如箕子、比干，而不能辅导君德于万一乎？此专为臣道而发者，况辞意显然，甚易明晓，后人因“圣”字不敢居，遂勉强诠解，大失本旨矣。

又曰：“惟后非贤不乂（乂，治也），惟贤非后不食（食，食禄也），其尔克绍，乃辟于先王，永绥民。”

《御制论》

惟贤非后不食，旧说贤人待食于君，斯亦浅之乎言贤矣！朕谓贤非后不食者，乃圣贤之心，必欲得君以行其道，否则忧国忧民，寝食为之不宁；又或如《易》“井渫不食”、《礼记》“获而弗食”之义，言贤者抱道而不遇主，譬犹清泉嘉谷而不得为人所食也。

《诗》

天命降监，下民有严。不僭不滥，不敢怠遑。命于下国，封建厥福。（朱子曰：“言‘天命降监’，不在乎他，皆在民之视听，则下民亦有严矣。惟赏不僭、刑不滥，而不敢怠遑，则天命之以天下而大建其国，此商宗所以受命而中兴也。”）

周文王

《书》

武王曰："文王克明德慎罚，不敢侮鳏寡，庸庸，祗祗，威威，显民。"（蔡沈曰："用其所当用，敬其所当敬，威其所当威，一听于理而己无与焉，故德著于民。"）

周公曰："文王卑服，即康功、田功。（蔡沈曰："卑服，即禹所谓恶衣服也。康功，安民之功。田功，养民之功。"）徽柔懿恭，怀保小民，惠鲜鳏寡，自朝至于日中昃，不遑暇食，用咸和万民。"

《诗》

维此文王，小心翼翼。昭事上帝，聿怀多福。厥德不回，以受方国。雝雝在宫，肃肃在庙。（朱子曰："在闺门之中则极其和，在宗庙之中则极其敬。"）不显亦临，无射亦保。（朱子曰："虽幽隐亦若有临之者，虽无厌斁亦若有所守。"）不闻亦式，不谏亦入。"（朱子曰："无所前闻，自合于法。虽无谏诤，亦入于善。"）肆成人有德，小子有造。古之人无斁，誉髦斯士。（朱子曰："言文王之德纯亦不已，故令斯士皆有誉于天下而成其俊乂之美。"）

《大学》

《诗》云："穆穆文王，於缉熙敬止。"为人君止于仁，为人臣止于敬，为人子止于孝，为人父止于慈，与国人交止于信。

《孟子》

《诗》云："王赫斯怒，爰整其旅。以遏徂莒，以笃周祜，以对于天下。"此文王之勇也。文王一怒而安天下之民。

文王视民如伤,望道而未之见。

《御制论》

常人不能见道,而自妄以为闻道者,无足论矣。若夫文王乃生,安之圣身在道中,动容周旋,自然中道;从心所欲,皆合天理,浑然与道为一。《孟子》曰"望道而未之见"者,此正言文王圣不自圣,惟恐或离于中道,即"无斁亦保"之义也。

《礼记》

《诗》曰:"明发不寐,有怀二人。"文王之诗也,明日飨而致之,又从而思之。

《逸周书》

文王召太子发曰:"我所保与所守,传之子孙。吾厚德而广惠,不为骄侈,不为泰靡。童牛不服,童马不驰(童牛,犊也。童马,驹也。不服不驰,所以长养之也)。士不失其宜,万物不失其性,天下不失时,以成万材。万材已成,牧以为人(即《孟子》所谓"斧斤以时入山林,材木不可胜用"之意)。天下利之而勿德,是为大仁。"

周武王

《书》

王曰:"惟天地万物父母,惟人万物之灵,亶聪明,作元后,元后作民父母。"

《御制论》

皋陶曰："天聪明自我民聪明。"武王曰："天视自我民视，天听自我民听。"是天不自聪明而以百性之视听为聪明，聪明而以百姓之视听为聪明（此句疑为衍文）。为人主者，必能明四目、达四聪，以天下人之耳目为耳目，方能理无不烛，物无不照，谓之亶聪明而克尽元后父母之道。其自恃为神灵天纵者，非亶聪明之道也。

又曰："我闻吉人为善，惟日不足。"

又曰："天视自我民视，天听自我民听。百姓有过，在予一人。"

又曰："天畏棐忱（蔡沈曰：天命不常，虽甚可畏，然诚则辅之），民情大可见，小人难保。往尽乃心，无康好逸豫，乃其乂民。我闻曰'怨不在大，亦不在小；惠不惠，懋不懋'。"（蔡沈曰：惠者，顺于理。懋者，勉于行。民之怨，不在事之大小，惟视在上之能顺与不能顺，能勉与不能勉耳。）

《御制论》

圣人以仁民爱物为心，自无敛怨之理；以大公至正为道，亦无避怨之方。敛怨者，咈百姓以从己之欲者也；避怨者，违道以干百姓之誉者也。夫己之欲必不可从，而百姓之誉亦不可干。何也？天下之人心不同，则含怨之情亦异。善者之所不怨者，必恶者之所怨；恶者之所不怨者，必善者之所怨。是以为人君者，不在乎辨怨端之大小而为之去就，不在乎统怨端之大小而为之趋避，惟问我之所行惠与不惠、懋与不懋而已。吾果惠而顺于理，即任怨之意；果懋而勤于事，即任劳之意，则在己者信无可怨。兆庶之广，即中有怨之之人，而无可怨之实，则虽怨犹不怨也；不能如是，则不怨犹怨也。实心爱民之君，臣常任怨任劳而有所不恤不辞。即如子产，古之贤臣也，为政之初百姓怨之，迨及三年百姓颂之。同一子产也，同一民情也，同一子产之政也，而先后之间民情迥异如此！然则为政者惟准于理而已，何所用其取舍哉？

又曰："人有小罪非眚（眚，谓过误），乃惟终自作不典（谓其固为乱常之事）。式尔（谓用意如此），有厥罪小，乃不可不杀。乃有大罪，非终，乃惟眚灾。适尔（谓偶尔如此），既道极厥辜（谓尽输其情），时乃不可杀。"

又曰："人无于水监，当于民监（水监能见人之妍丑，民监则其得失可知）。"

《论语》

谨权量，审法度，修废官，四方之政行焉。兴灭国，继绝世，举逸民，天下之民归心焉。

《中庸》

武王善继人之志，善述人之事。

《孟子》

《书》曰："天降下民，作之君，作之师，惟曰其助上帝宠之。四方有罪无罪，惟我在，天下曷敢有越厥志？"一人衡行于天下，武王耻之，此武王之勇也，而武王亦一怒而安天下之民。

《御制论》

君师之道，非有两端。君师之责，亦非分属。为君者教养并施，正德、利用、厚生，缺一不可，其理自兼为师，是师道即在君道之中，未有为君而不兼师者也。为师者以先知觉后知，以先觉觉后觉，而君道亦寓。孔子为万世师表，其所垂之道法，人人尊奉率由，实如臣服，且千古帝王，无不奉令而承教，则君道即在师道中矣。君师之任，有不可岐视者。

武王不泄迩，不忘远。

《大戴礼》："武王践阼，召师尚父而问焉，曰：'黄帝、颛顼之道存乎？'师尚父曰：'在《丹书》。《书》之言曰：'敬胜怠者吉，怠胜敬者灭。义胜欲者从，欲胜义者凶。'王闻《书》之言，惕若恐惧，退而为戒。书席铭曰：'安乐必敬，无行可悔，一反一侧，亦不可以忘（席所以为安故，因为戒）。'鉴铭曰：'见尔前，虑尔后（鉴所以为明，故因为戒）。'带铭曰：'慎戒必恭，恭则寿（带所以为礼，故因为戒）。'屦履之铭曰：'慎之劳，劳则富（屦履所以为行，故因为戒）。'牖铭曰：'随天之时，以地之财，敬祀皇天，敬以先时（牖所以受天明，故以为戒）。'剑铭曰：'带之以为服，动必行德，行德则兴（剑所以为佩，故因为戒）。'"

周成王

《书》

惟周王抚万邦，巡侯甸。四征弗庭，绥厥兆民。六服群辟，罔不承德，归于宗周，董正治官。王曰："若昔大猷，制治于未乱，保邦于未危。"曰："唐虞稽古，建官惟百。内有百揆四岳，外有州牧侯伯，庶政惟和，万国咸宁。夏商官倍，亦克用乂。明王立政，不惟其官，惟其人。今予小子，祗勤于德，夙夜不逮。仰惟前代时若，训迪厥官，立太师、太傅、太保，兹惟三公论道经邦，燮理阴阳。官不必备，惟其人。少师、少傅、少保，曰三孤，贰公弘化，寅亮天地，弼予一人。冢宰掌邦治，统百官，均四海。司徒掌邦教，敷五典，扰兆民。宗伯掌邦礼，治神人，和上下。司马掌邦政，统六师，平邦国。司寇掌邦禁，诘奸慝，刑暴乱。司空掌邦土，居四民，时地利。六卿分职，各率其属，以倡九牧，阜成兆民。六年，五服一朝，又六年，王乃时巡考制度于四岳，诸侯各朝于方岳，大明黜陟。”

王曰：“呜呼！凡我有官，君子钦乃攸司，慎乃出令。令出惟行，弗惟反以公灭私，民其允怀。学古入官，议事以制，政乃不迷。其尔典常作之师，无以利口乱厥官，蓄疑败谋，怠忽荒政，不学墙面，莅事惟烦。戒尔卿士，功崇惟志，业广惟勤，惟克果断，乃罔后艰。位不期骄，禄不期侈。恭俭惟德，无载尔伪。作德心逸日休，作伪心劳日拙。居宠思危，罔不惟畏，弗畏入畏（不知祇畏，则入于可畏之中），推贤让能，庶官乃和，不和政庞。举能其官，惟尔之能，称匪其人，惟尔不任。”

王曰：“呜呼！三事暨大夫，敬尔有官，乱尔有政，以佑乃辟，永康兆民，万邦惟无斁。”

王曰：“我闻曰：‘至治馨香，感于神明。黍稷非馨，明德惟馨。’尔尚式时周公之猷训，惟日孜孜，无敢逸豫。”

又曰：“尔有嘉谋嘉猷，则入告尔后于内，尔乃顺之于外。曰：‘斯谋斯猷，惟我后之德。’呜呼！臣人咸若时，惟良显哉！”

《御制论》

成王此语，乃向君陈而言，故教以善则归君，一德一心之义，当如此也。若为臣者，果有嘉谋嘉猷入告于君，可以福苍生而利社稷，则为君者亦自扬播于众，以表彰其善焉。盖君陈臣也，故成王训以为臣之道，而成王之所以为君者，已在不言之表矣。若言成王为一偏之论，则大失古圣王垂训之深意苦心也。

又曰：“宽而有制，从容以和。”

又曰：“必有忍，其乃有济。有容，德乃大。”

《越绝书》

成王时,赏赐不加于无功,刑罚不加于无罪,天下家给人足,禾黍茂美,使人以时,说之以礼。

《说苑》

成王曰:"凡处尊位者,必以敬下顺德,撙节安静以藉之。谏者勿振以威,勿格以言,博采其词,乃择可观。夫有文无武,无以威下;有武无文,民畏不亲。文武俱行,威德乃成;既成威德,民服以亲。"

周康王

《书》

王曰:"旌别淑慝,表厥宅里,彰善瘅恶,树之风声。弗率训典,殊厥井疆,俾克畏慕。申画郊圻,慎固封守(蔡沈曰:申,申明。慎,戒严也),以康四海。"

又曰:"资富能训(蔡沈曰:资,犹借也,谓借于富而能率循教训),惟以永年,惟德惟义,时乃大训。不由古训,于何其训?"

又曰:"罔曰弗克,惟既厥心。罔曰民寡,惟慎厥事。钦若先王成烈,以休于前政。"(蔡沈曰:"弗克者,畏其难而不敢为。民寡者,易其事以为不足为。")

周穆王

《书》

王曰:"夏暑雨,小民惟曰怨咨;冬祁寒,小民亦惟曰怨咨。

厥惟艰哉！思其艰以图其易，民乃宁。”（蔡沈曰：“艰者，饥寒之艰；易者，衣食之易。”）

又曰：“昔在文武，聪明齐圣，小大之臣，咸怀忠良。其侍御仆从，罔非正人，以旦夕承弼厥辟，出入起居罔有不钦，发号施令罔有不臧，下民祇若，万邦咸休。”

又曰：“慎简乃僚，无以巧言令色，便辟侧媚，其惟吉士。”

又曰：“虽畏勿畏，虽休勿休。惟敬五刑，以成三德。一人有庆，兆民赖之，其宁惟永。”（孔颖达曰：“汝所行事虽见畏，勿自谓可敬畏；虽见美，勿自谓有德美，欲其谦而勿自恃也。惟当敬慎，用此五刑，以成刚柔正直之三德，以辅我天子。天子有善事，则亿兆赖之，此乃安宁久长之道也。”）

又曰：“两造具备，师听五辞。五辞简孚，正于五刑。五刑不简，正于五罚。五罚不服，正于五过。”（蔡沈曰：“两造，两争者皆至也。具备者，词证皆在也。师，众也。五辞，丽于五刑之辞也。简，核其实也。孚，无可疑也。正，质也。五辞简核而可信，乃质于五刑也。不简者，辞与刑参差不应，刑之疑者也。罚，赎也，疑于刑则质于罚也。不服者，辞与罚又不应，罚之疑者也。过，误也，疑于罚则质于过而宥免之也。”）

又曰：“五刑之疑有赦，五罚之疑有赦。”（孔安国曰：“刑疑赦从罚，罚疑赦从免。”）

《御制论》

刑罚之疑而后有赦疑者，其事暧昧而难知，游移而莫定，圣人罪疑惟轻，故赦之也。若无可疑，则无可赦矣。帝王之道，赏不僭而刑不滥。夫刑之失，入固为滥，而失出亦为滥。后世相沿于刑罚之情状显然。供证历历者，犹屡加平反而减等以示宽，则是于不疑者亦矜恤之矣。若复援肆赦之文，概为宥释，则姑息之害其滥不亦甚乎？有明刑之责者，极当详慎。

又曰："上刑适轻下服，下刑适重上服。轻重诸罚有权，刑罚世轻世重，惟齐非齐，有伦有要。"（蔡沈曰："事在上刑而情适轻，则服下刑，舜之宥过无大也。事在下刑而情适重，则服上刑，舜之刑故无小也。轻重诸罚有权者，权一人之轻重也；刑罚世轻世重者，权一世之轻重也。惟齐非齐者，法之权也；有伦有要者，法之经也。言刑罚虽惟权变是适，而齐之以不齐，至其伦要所在，盖有截然而不可紊者。"）

又曰："非佞折狱，惟良折狱，罔非在中。察辞于差，非从惟从，哀敬折狱，明启刑书胥占，咸庶中正，其刑其罚，其审克之。"（蔡沈曰："非口才辨给之人可以折狱，惟温良长者、视民如伤者能折狱而无不在中，此言听狱者当择其人也。察辞于差者，辞非情实，终必有差，听讼之要，必于其差而察之。非从惟从者，察辞不可偏主。犹曰不然而然，所以审轻重而取中也。哀敬折狱者，恻怛敬畏以求其情也。明启刑书胥占者，详明法律而与众占度也。咸庶中正者，皆庶几其无过忒也。于是刑之罚之，又当审克之，此言听狱者当尽其心也。"）

汉高祖皇帝

《前汉书》

项籍将季布，数窘帝。项籍灭，帝购求布千金。滕公言于上，上乃赦布，召拜郎中。布母弟丁公亦为项籍将，逐窘帝彭城西，短兵接帝，急顾曰："两贤岂相厄哉？"丁公引兵而还。及项籍灭，丁公谒见帝，以徇军中曰："丁公为臣不忠，使项王失天下者也。"遂斩之，曰："使后世为人臣无效丁公也。"

"高祖宽明而仁恕，知人善任，使加之以诚信，好谋达于听受，见善如不及，用人如由己。从谏如顺流，趋时如响赴。英雄陈力，群策毕举。”

汉太宗孝文皇帝

《史记》

上曰：“盖闻天道祸自怨起，而福由德兴。百官之非，宜由朕躬。今秘祝之官，移过于下，以彰吾之不德，朕甚不取，其除之。”

《前汉书》

文帝曰：“法正则民悫（颜师古曰：悫，谨也），罪当则民从。”

诏曰：“方春和时，草木群生之物皆有以自乐，而吾百姓，鳏寡孤独穷困之人或阽于死亡（如淳曰：阽，近边欲堕之意），而莫之省忧，为民父母将何如？其议所以振贷之。”（颜师古曰：“振，起也；为给贷之令其存立也。”）

诏曰：“农，天下之大本也，民所恃以生也，而民或不务本而事末，故生不遂。朕忧其然。故今兹亲率群臣农以劝之，其赐天下民今年田租之半。”

诏曰：“道民之路在于务本，朕亲率天下农十年于今，而野不加辟，岁一不登，民有饥色，是从事焉尚寡而吏未加务也。吾诏书数下，岁劝民种树（颜师古曰：树，谓艺殖也）而功未与，是吏奉吾诏不勤而劝民不明也。且吾农民甚苦而吏莫之省，将何以劝焉？其赐农民今年租税之半。”

制诏御史：“盖闻有虞氏之时，画衣冠异章服以为戮，而民弗犯。何治之至也！今法有肉刑三而奸不止（黥刖、左劓、右趾），其咎安在？非乃朕德之薄而教不明与？吾甚自愧。故夫训道不纯而愚民陷焉，《诗》曰：‘恺悌君子，民之父母。’今人有过，教未施而刑已加焉，或欲改行为善而道无繇至，朕甚怜之。夫刑至断肢体、刻肌肤，终身不息（颜师古曰：息，生也）。何其刑之痛而不德也？岂称为民父母之意哉？其除肉刑，有以易之。”

诏曰：“先王远施，不求其报，望祀不祈其福，右贤左戚（颜师古曰：以贤为上然后及亲也），先民后己，至明之极也。今吾闻祠官祝厘，皆归福于朕躬，不为百姓，朕甚愧之，其令祠官致敬，无有所祈。”

诏诸侯、王公、卿、郡守举贤良能直言极谏者，上亲策诏之曰：“昔者大禹勤求贤士，施及方外，四极之内，舟车所至，人迹所及，靡不闻命以辅其不逮。近者献其明，远者通厥聪，比善戮力以翼天子。是以大禹能亡失德，夏以长楙（颜师古曰：楙，美也）。高皇帝亲除大害，去乱从（颜师古曰：乱，谓作乱者。从，谓合从者），并建豪英以为官师，为谏诤，辅天子之阙而翼戴汉宗也。赖天之灵，宗庙之福，方内以安，泽及四夷。今朕获执天下之正，以承宗庙之祀。朕既不德又不敏，明不能烛，而智不能治，此大夫之所著闻也。故诏有司、诸侯、王、三公、九卿及主郡吏，各帅其志以选贤良，明于国家之大体，通于人事之始终，及能直言极谏者，各有人数，将以匡朕之不逮。二三大夫之行当此三道（张晏曰：三道，国体、人事、直言也），朕甚嘉之，故登大夫于朝，亲谕朕志。大夫其上三道之要及永惟朕之不德，吏之不平，政之不宣，民之不宁，四者之阙，悉陈其志，毋有所隐。上以荐先帝之宗庙，下以同愚民之休利，著之于篇，朕亲览焉。观大夫所以佐朕，至与不至书之，周之密之，重之闭之，兴自朕躬（颜师古曰：言朕自发视之），大夫其正论，毋枉执事（张晏曰：毋为有司枉挠也）。呜呼！戒之！二三大夫其帅志毋怠。”

诏曰：“间者数年比不登，又有水旱、疾疫之灾，朕甚忧之。愚而不明，未达其咎，意者朕之政有所失而行有过与？乃天道有不顺，地利或不得，人事多失和，鬼神废不享与？何以致此？将百官之奉养或费无用之事或多与？何其民食之寡乏也？夫度田非益寡而计民未加益，以口量地，其于古犹有余，而食之甚不足者，其咎安在？无乃百姓之从事于末以害农者蕃，为酒醪以靡谷者多，六畜之食焉者众与？细大之义，吾未能得其中，其与丞相、列侯、吏二千石，博士议之，有可以佐百姓者，率意远思，无有所隐。”

文帝每朝，郎从官上书疏，未尝不止辇受其言。不可用，置之。言可采，未尝不称善。

孝文皇帝时，有献千里马者，诏曰："鸾旗在前，属车在后。吉行日五十里，师行日三十里。朕乘千里之马，独先安之于是？"还马，与道里费，而下诏曰："朕不受献也，其令四方毋求来献。"

卷二

汉孝景皇帝

《前汉书》

诏曰:“法令度量,所以禁暴止邪也。狱人之大命,死者不可复生;吏或不奉法令,以货赂为市,朋党比周,以苛为察,以刻为明,令亡罪者失职(颜师古曰:失其常理也),朕甚怜之。有罪者不伏罪,奸法为暴(李斐曰:奸法,因法作奸也),甚亡谓也。诸狱疑若虽文致于法,而于人心不厌者,辄谳之(颜师古曰:厌,服也。谳,平议也)。”

诏曰:“雕文刻镂,伤农事者也。锦绣纂组,害女红者也。农事伤则饥之本也,女红害则寒之原也。夫饥寒并至而能亡为非者寡矣。朕亲耕,后亲桑,以奉宗庙粢盛,祭服为天下先,不受献,减大官,省繇赋,欲天下务农蚕,素有蓄积,以备灾害。强毋攘弱,众毋暴寡。老耆以寿终,幼孤得遂长。今岁或不登,民食颇寡,其咎安在?或诈伪为吏,吏以货赂为市,渔夺百姓,侵牟万民。县丞,长吏也,奸法与盗盗(颜师古曰:与盗盗者,共盗为盗耳),甚亡谓也。其令二千石各修其职,不事官职耗乱者(颜师古曰:耗,不明也),丞相以闻,请其罪。”

诏曰:“农,天下之本也。黄金珠玉,饥不可食,寒不可衣,以为币用,不识其终始(颜师古曰:币者,所以通有无,易贵贱也)。间岁或不登,意为末者众,农民寡也。其令郡国务劝农桑,益种树,可得衣食物。吏发民若取庸(韦昭曰:发民,用其顾民。取庸,用其资以顾用),采黄金珠玉者,坐臧为盗(谓与盗赃同罪)。二千石听者,与同罪。”

诏曰："高年老长，人所尊敬也；鳏寡不属逮者（罪非己造，为人所累，曰逮；不属逮，不连及也），人所哀怜也。其著令，年八十以上、八岁以下及孕者未乳、师、侏儒（如淳曰：师，乐师，盲瞽者。侏儒，短人，不能走者），当鞠系者，颂系之。"（颜师古曰："颂，宽容之，不桎梏也。"）

汉世宗孝武皇帝

《前汉书》

诏丞相、御史、列侯、中二千石、二千石、诸侯相举贤良方正直言极谏之士。丞相卫绾奏，所举贤良，或治申、商、韩非、苏秦、张仪之言，请皆罢。奏可。诏曰："公卿大夫所使，总方略，壹统类，广教化，美风俗也。夫本仁祖义，褒德禄贤，劝善刑暴，五帝三王所由昌也。朕夙兴夜寐，嘉与宇内之士臻于斯路。故旅耆老（颜师古曰：旅耆老者，加惠于耆老之人若宾旅也），复孝敬，选豪俊，讲文学，稽参政事，祈进民心，深诏执事，兴廉举孝，庶几成风，绍休圣绪。夫十室之邑，必有忠信。三人并行，厥有我师。今或至阖郡而不荐一人，是化不下究而积行之君子壅于上闻也。二千石官长，纪纲人伦，将何以佐朕烛幽隐，劝元元，厉蒸庶，崇乡党之训哉？且进贤受上赏，蔽贤蒙显戮，古之道也，其与中二千石、礼官、博士议不举者罪。"

《御制论》

汉武帝下求贤之诏而曰"议不举者罪"，盖其求贤若渴之意，迫切于中，故其形于教令者如此。夫知人则哲，古帝其难之。故人不难于举而难于所举之公且明也。使臣工果贤，则不待罪之而自能举，即或不举，亦必有不举之故。举不举，公当则均有益。即此亦可以观举者之心志，如臣工未必皆贤，则所举何能尽当？又岂可绳之以法，使之借口以不得已滥举塞责乎？古者进贤受上赏，蔽贤蒙显戮，盖谓素所深知之贤而妒嫉遏抑，不与同升耳，非概言不举者俱加之以重罚也。

诏曰："仁不异远，义不辞难（颜师古曰：远近如一，是为仁也。不惮艰难，是为义也）。"今京师虽未为丰年，山林池泽之饶，与民共之。今水潦移于江南，迫隆冬至，朕惧其饥寒不活，江南之地，火耕水耨（应劭曰：烧草下水种稻，草与稻并生，高七八寸，因悉芟去，复下水灌之，草死独稻长，所谓火耕水耨）。方下巴蜀之粟致之江陵，遣博士等分循行谕告，所抵无令重困（抵，至也。谓分循所至，无令烦扰，使饥寒之民重受其困也）。吏民有振救饥民免其厄者，具举以闻。"

诏曰："农，天下之本也。泉流灌浸，所以育五谷也。左右内史地（京畿所统曰内史，言其在内，以别于诸郡守也，其地即京兆冯翊扶风三辅之地），名山川原甚众，细民未知其利。故为通沟渎，畜陂泽，所以备旱也。今内史稻田租挈重，不与郡同（颜师古曰：租挈收田，租之约令也，郡谓四方诸郡也），其议减，令吏民勉农，尽地利，平繇行水，勿使失时。"（颜师古曰："平繇者，均齐渠堰之力役，谓俱得水利也。"）

汉中宗孝宣皇帝

《前汉书》："令郡臣得奏封事以知，下情五日一听，事自丞相以下，各奉职奏事，以敷奏其言，考试功能。侍中、尚书，功劳当迁及有异善，厚加赏赐。"

诏曰："朕既不逮，导民不明，反侧晨兴，念虑万方，不忘元元，惟恐羞先帝圣德。故并举贤良方正以亲万姓，历载臻兹，然而俗化阙焉。《传》曰：'孝弟也者，其为仁之本与！'其令郡国举孝弟，有行义闻于乡里者，各一人。”

诏曰：“死者不可生，刑者不可息（颜师古曰：息，生长也），此先帝之所重而吏未称。今系者或以掠辜，若饥寒瘐死狱中（苏林曰：囚徒病，律名为瘐），何用心逆人道也？朕甚痛之。其令郡国岁上系囚以掠笞若瘐死者所坐名、县、爵、里，丞相御史课殿最以闻。”

诏曰：“狱者，万民之命，所以禁暴止邪，养育群生也。能使生者不怨，死者不恨，则可谓文吏矣。今则不然，用法或持巧心，析律贰端，深浅不平，增辞饰非，以成其罪。奏不如实，上亦亡繇知此。朕之不明，吏之不称，四方黎民将何仰哉？二千石各察官属，勿用此人，吏务平法，或擅兴繇役，饰厨传，称过使客，越职逾法，以取名誉，譬犹践薄冰以待白日，岂不殆哉？今天下颇被疾疫之灾，朕甚愍之！其令郡国被灾甚者，毋出今年租赋。”

诏曰：“盖闻天子尊事天地，修祀山川，古今通礼也。间者上帝之祠阙而不亲，十有余年，朕甚惧焉。朕亲饬躬斋戒，亲奉祀，为百姓蒙嘉气、获丰年焉。”

诏曰：“盖闻上古之治，君臣同心，举措曲直，各得其所。是以上下和洽，海内康平，其德弗可及已。朕既不明，数申诏公卿、大夫，务行宽大，顺民所疾苦，将欲配三王之隆明，先帝之德也。今吏或以不禁奸邪为宽大，纵释有罪为不苛，或以酷恶为贤，皆失其中。奉诏宣化如此，岂不谬哉？方今天下少事，繇役省减，兵革不动，而民多贫，盗贼不止，其咎安在？上计簿（计簿，谓户口、钱谷之数，及案讯诸囚论课殿最之簿也。每岁终，郡国遣使诣京师上之），具文而已，务为欺谩以避其课。三公不以为意，朕将何任？诸请诏省卒徒自给者皆止。御史察计簿，疑非实者按之，使真伪毋相乱。”

诏曰：“颍川太守黄霸宣布诏令，百姓向化，孝子悌弟，贞妇顺孙，日以众多。田者让畔，道不拾遗。养视鳏寡，赡助贫穷。狱或八年无重罪囚,吏民向于教化,兴于行谊,可谓贤人君子矣。其赐爵关内侯,黄金百斤。"

汉世祖光武皇帝

《后汉书》:"帝封功臣,皆为列侯。下诏曰:人情得足,苦于放纵,快须臾之欲,忘慎罚之义。惟诸将业远功大,诚欲传于无穷,宜如临深渊,如履薄冰,战战栗栗,日慎一日。"

诏曰:"世以厚葬为德,薄终为鄙,至于富者奢侈,贫者单财(李贤曰:单,尽也),法令不能禁,礼义不能止。其布告天下,令知忠臣、孝子、慈兄、悌弟薄葬送终之义。"

异国有献名马者,日行千里,又进宝剑,贾兼百金。诏以马驾鼓车,剑赐骑士,损上林池籞之官,废驰望弋猎之事,其以手迹赐方国者,皆一札十行,细书成文,勤约之风,行于上下。

诏曰:"有德之君,以所乐乐人;无德之君,以所乐乐身。乐人者,其乐长;乐身者,不久而亡。舍近谋远者,劳而无功;舍远谋近者,逸而有终。"

汉显宗孝明皇帝

《后汉书》:"诏曰:方春戒节,人以耕桑。其敕有司务顺时气,使无烦扰。今选举不实,邪佞未去,权门请托,残吏放手(李贤曰:放手,谓贪纵为非)。有司明奏罪名,并正举者(李贤曰:举非其人,并正举主之罪)。又郡国每因征发,轻为奸利,诡责羸弱,先急下贫(诡,犹伪也。下,犹贱也。纵豪强故,诡责羸弱;缓富实故,先急下贫),其务在均平,无令枉刻。"

诏曰:"丧贵致哀,礼存宁俭。今百姓送终之制,竞为奢靡。生者无担石之储,而财力尽于坟土;伏腊无糟糠,而牲牢兼于一奠。縻破积世之业，以供终朝之费。子孙饥寒，岂祖考之意哉？又车服制度，恣极耳目。田荒不耕，游食者众。有司具申明科禁，宜于今者宣下郡国。”

汉肃宗孝章皇帝

《后汉书》

诏曰：“‘三事大夫（李贤曰：三事，三公也），莫肯夙夜’，《小雅》之所伤也；‘予违汝弼，汝无面从’，股肱之正义也。群后百僚，勉思厥职，各贡忠诚，称朕意焉。”

诏曰：“昔仲弓季氏之家臣，子游武城之小宰，孔氏犹诲以贤才，问以得人。明政无大小，以得人为本。夫乡举里选，必累功劳。今刺史守相，不明真伪，茂才孝廉，岁以百数。既非能显而当授之政事（能显，谓才能显著），甚无谓也。每寻前世举人贡士，或起畎亩，不系阀阅。敷奏以言，则文章可采；明试以功，则政有异迹。文质彬彬，朕甚嘉之。其令太傅三公中二千石、郡国守相举贤良方正、能直言极谏之士各一人。”

诏曰：“盖三代导人教学为本。孔子曰：‘学之不讲，是吾忧也。’於戏！其勉之哉！”

汉孝和皇帝

《后汉书》

诏曰：“隄防沟渠，所以顺助地理，通利壅塞。今废慢懈弛，不以为负。刺史二千石，其随宜疏导，勿因缘妄发，以为烦扰，将显行其罚。”

晋世祖武皇帝

《晋书》

诏曰："虽诏有所欲，及奏得可，而于事不便者，皆不可隐情。"

诏以汲郡太守王宏勤恤百姓，督劝开荒五千余顷，遇年普饥而郡界独无匮乏。其赐谷千斛，布告天下。

南齐世祖武皇帝

《南齐书》

有司以天文失度，请禳之。上曰："应天以实，不以文。我克己求治，思隆惠政。若灾眚在我，禳之何益？"

诏曰："婚礼下达，人伦攸始。《周官》设媒氏之职，《国风》兴及时之咏。四爵内陈，义不期侈；三鼎外列，事岂存奢？晚俗浮丽，历兹永久。每思惩革，而民未知禁。乃闻同牢之费，华泰尤甚；膳羞方丈，有过王侯。富者扇其骄风，贫者耻躬不逮，或以供帐未具，动致推迁。年不再来，盛时忽往，宜为节文，颁之士庶。并可拟则公朝，方檏供设，合卺之礼无亏，宁俭之义斯在。如故有违，绳之以法。"

梁高祖武皇帝

《梁书》

诏曰："经国有体，必询诸朝，所以尚书置令、仆、丞郎，旦旦上朝以议时事，前共筹怀，然后奏闻。顷者不尔，每有疑事，倚立求决。古人有云，主非尧舜，何得发言便是？是故放勋之圣，犹咨四岳;重华之睿,亦待多士。岂朕寡德所能独断?自今尚书中有疑事,前于朝堂参议,然后启闻,不得习常。其军机要切,前须谘审,自依旧典。"

魏太宗明元皇帝

《魏书》

敕有司劝课留农者曰:"前志有之,人生在勤,勤则不匮。凡庶民之不畜者,祭无牲;不耕者,祭无盛;不树者,死无椁;不蚕者,衣无帛;不绩者,丧无衰。教行三农,生殖五谷;教行园囿,毓长草木;教行虞衡,山泽作材;教行薮牧,养蕃鸟兽;教行百工,饬成器用;教行商贾,阜通货贿;教行嫔妇,化治丝枲;教行臣妾,事勤力役。自是民皆力勤,故岁数丰穰,畜牧滋息。"

魏高祖孝文皇帝

《魏书》

诏曰:"今牧民者,与朕共治天下也。宜简其徭役,先之劝奖,相其水陆,务尽地利,使农夫外布,桑妇内勤。若轻有征发,致夺民时,以侵擅论。民有不从长教,惰于农桑者,加以罪刑。"

诏曰:"婚聘过礼,则嫁娶有失时之弊;厚葬送终,则生者有糜费之苦。圣王知其如此,故申之以礼数,约之以法禁。乃者民渐奢尚,婚葬越轨,致贫富相高,贵贱无别。朕今宪章旧典,祇案先制,著之律令,永为定准。"

诏曰:"朕承祖宗,夙夜惟惧。然听政之际,犹虑未周。至于案文审狱,思闻己过。自今群官奏事,当献可替否,无或面从,俾朕之过彰于远近。"

诏曰:"文武之道,自古并行;威福之地,必也相藉。故三五至仁,尚有征伐之事;夏殷明睿,未舍兵甲之行。然则天下虽平,忘战者殆不教民战,可谓弃之?是以周立司马之官,汉置将军之职,皆所以辅文强武,威肃四方者矣。国家虽崇文以怀九服,修武以宁八荒,然于习武之方,犹为未尽。今则训文有典,教武阙然,将于马射之前,先行讲武之式,可敕有司豫修场埒,其列阵之仪、五戎之数,别俟后敕。"

诏曰:"三载考绩,自古通经;三考黜陟,以彰能否。今若待三考然后黜陟,可黜者不足为迟,可进者大成赊缓。是以朕今三载一考,考即黜陟,欲令愚滞无妨于贤者,才能不壅于下位。各令当曹考其优劣为三等。六品以下,尚书重问;五品以上,朕将亲与公卿论其善恶。上上者迁之,下下者黜之,中中者守其本任。"

《北史》

诏禁图谶秘纬。诸巫觋假称鬼神,妄说吉凶,及委巷诸非《坟》《典》所载者,严加禁断。

魏世宗宣武皇帝

《魏书》

诏曰:"诸州刺史不亲民事,缓于督察。郡县稽逋,旬月之间才一览决,淹狱久讼,动延时序。百姓怨嗟,方成困弊。尚书可明条制,申下四方,令日亲庶事,严敕守宰,不得因循,宽怠亏政。"

唐高祖皇帝

《旧唐书》

诏皇族子孙及功臣子弟,于秘书外省别立小学。高祖命刘文静与当朝通识之士更刊律令。谓曰:“本设法令,使人共解,而往代相承,多为隐语。执法之官,缘此舞弄,宜更刊定,务使易知。”

西突厥曷萨那可汗献大珠于高祖,高祖劳之曰:“珠信为宝,朕所重者赤心,珠无所用。”竟不受之。

孙伏伽初以三事上谏(三事,谓纳谏诤、戒游戏及择任太子诸王群僚也),高祖览之大悦。下诏曰:“秦以不闻其过而亡,典籍岂无先诫?臣仆谄谀,故弗之觉也。汉高祖反正,从谏如流,洎乎文景继业,宣元承绪,不由斯道,孰隆景祚?周隋之季,忠臣结舌,一言丧邦,良足深诫。永言于此,常深叹息。朕每惟寡薄,恭膺宝命,虽不能性于天道,庶思勉力,常冀弼谐,以匡不逮。而群工卿士罕进直言,将申虚受之怀,物所未谕。万年县法曹孙伏伽,至诚慷慨,词义恳切,指陈得失,无所回避,非有不次之举,曷贻利行之益?伏伽既怀谅直,宜处宪司,可治书侍御史,仍颁示远近,知朕意焉。”

雍州万年人宋兴贵累世同居,躬耕致养,至兴贵已四从矣。高祖闻而嘉之,诏曰:“人禀五常,仁义为重;士有百行,孝敬为先。自古哲王经邦致治,设教垂范,皆尚于斯。叔世浇讹,人多伪薄。修身克己,事资诱劝。朕躬膺灵命,抚临四海。愍兹弊俗,方思迁道。宋兴贵立操雍和,志情友穆。同居合爨,累代积年。务本力农,崇谦履顺。弘长名教,敦立风俗。宜加褒显,以劝将来。可表其门闾,蠲免课役。布告天下,使明知之。”

高祖赐高丽王建武书曰:“朕恭膺宝命,君临率土,祗顺三灵,绥柔万国。普天之下,情均抚字;日月所照,咸使乂安。王既统摄辽左,世居藩服,思禀正朔,远循职贡,故遣使者跋陟山川,申布诚恳,朕甚嘉焉。方今六合宁晏,四海清平,玉帛既通,道路无壅。方申辑睦,永敦聘好。各保疆场,岂非盛美?但隋氏季年连兵构难,攻战之所,各失其民,遂使骨肉乖离,室家分析,多历年岁,怨旷不申。今二国通和,义无阻异。在此所有高丽人等,已令追括，寻即遣送彼处。有此国人者，王可放还，务尽抚育之方，共弘仁恕之道。”于是建武悉搜括华人，以礼宾送，前后至者万数。

唐太宗皇帝

《贞观政要》

中书令房玄龄奏言：“秦府旧左右未得官者，并怨前宫及齐府左右处分之先己。”太宗曰：“古称至公者，盖谓平恕无私。丹朱，商均子也，而尧、舜废之；管叔，蔡叔兄弟也，而周公诛之。故知君人者以天下为公，无私于物。昔诸葛孔明，小国之相，犹曰吾心如称，不能为人作轻重，况我今理大国乎？朕与公等衣食出于百姓，此则人力已奉于上，而上恩未被于下。今所以择贤才者，盖为求安百姓也。用人但问堪否，岂以新故异情？凡一面尚且相亲，况旧人而顿忘也？才若不堪，亦岂以旧人而先用？今不论其能不能，而直言其嗟怨，岂是至公之道耶？”

太宗谓侍臣曰：“为君之道，必须先存百姓。若损百姓以奉其身，犹割股以啖腹，腹饱而身毙。欲安天下，必须先正其身，未有身正而影曲，上理而下乱者。朕每思伤其身者，不在外物，皆由嗜欲以成其祸。若耽嗜滋味，玩悦声色，所愿既多，所损滋大。既妨政事，又扰生人。至于出一非理之言，则万姓为之解体。怨讟既作，离叛亦兴。朕每思此，不敢纵逸。”

又曰：“正主任邪臣，不能致理正；臣事邪主，亦不能致理。惟君臣相遇，有同鱼水，则海内可安。朕虽不明，幸诸公数相匡救，冀凭直言鲠议，致天下太平。”

谓萧瑀曰：“朕少好弓矢，自谓能尽其妙。近得良弓十数，以示弓工，乃曰：‘皆非良材也。’朕问其故，工曰：‘木心不正则脉理皆邪，弓虽刚劲而遣箭不直，非良弓也。’朕始悟焉。朕以弧矢定四方，用弓多矣，而犹不得其理。况朕有天下之日浅，得为理之意，固未及于弓。弓犹失之，而况于理乎？”自是诏京官五品以上，更宿中书内省，每召见，皆赐坐与语，询访外事，务知百姓利害，政教得失焉。

有上书请去佞臣者，太宗谓曰：“朕之所任，皆以为贤，卿知佞者谁耶？”对曰：“臣居草泽，不的知佞者。请陛下佯怒以试群臣。若能不畏雷霆，直言进谏，则是正人，顺情阿旨，则是佞人。”太宗谓封德彝曰：“流水清浊在其源也。君者政源，人庶犹水。君自为诈，欲臣下行直，是犹源浊而望水清，理不可得。朕常以魏武帝多诡诈，深鄙其为人。如此岂可堪为教令？”谓上书人曰：“朕欲使大信行于天下，不欲以诈道训俗。卿言虽善，朕所不取也。”

太宗从容谓侍臣曰：“周武平纣之乱，以有天下。秦皇因周之衰，遂吞六国。其得天下不殊，祚运长短若此之相悬也。”尚书右仆射萧瑀进曰：“纣为无道，天下苦之，故八百诸侯不期而会。周室微，六国无罪，秦氏专任智力，吞食诸侯，平定虽同，人情则异。”太宗曰：“不然。周既克殷，务弘仁义，秦既得志，专行诈力。非但取之有异，抑亦守之不同。祚之修短，意在兹乎？”

又曰：“人有明珠，莫不贵重。若以弹雀，岂非可惜？况人之性命甚于明珠，见金钱财帛，不惧刑网，径即受纳，乃是不惜性命。明珠是身外之物，尚不可弹雀，何况性命之重，乃以博财物耶？群臣若能备尽忠直，益国利人，则官爵立至。皆不能以此道求荣，遂妄受财物。赃贿既露，其身亦殒，实为可笑。帝王亦然，恣情放逸，劳役无度，信任群小，疏远忠正，有一于此，岂不灭亡？隋炀帝奢侈自贤，身死匹夫之手，亦可为笑。”

谓房玄龄曰：“自此倘有乐工杂类，假使术逾侪辈者，只可特赐钱帛以赏其能，必不可超授官爵，与夫朝贤君子比肩而立，同坐而食，遗诸衣冠以为耻累。”

谓侍臣曰：“朕今孜孜求士，欲专心政道。闻有好人则抽擢驱使，而议者多称彼皆宰臣亲故。公等但至公行事，勿避此言，便为形迹古人‘内举不避亲，外举不避仇’，为举得其贤故也。但能举用得才，虽是子弟及有仇嫌，不得不举。”

王珪拜谏议大夫，每推诚尽节，多所献纳。太宗谓曰：“卿所论皆中朕之失。自古人君莫不欲社稷永安，然而不得者，只为不闻己过，或闻而不能改故也。今朕有所失，卿能直言，朕复闻过能改，何虑社稷之不安乎？”

谓朝集使曰：“任土作贡，布在前典。当州所产，则充庭实。比闻都督刺史邀射声名，厥土所赋，或嫌其不善，逾境外求，更相仿效，遂以成俗，极为劳扰。宜改此弊，不得更然。”

谓侍臣曰：“朕谓乱离之后，风俗难移。比观百姓渐知廉耻，官人奉法，盗贼日稀。故知人无常俗，但政有治乱耳。是以为国之道，必须抚之以仁义，示之以威信。因人之心，去其苛刻，不作异端，自然安静。公等宜共行此事也。”

又曰：“明主思短而益善，暗主护短而永愚。朕今志在君臣，上下各尽至公，共相切磋，以成理道。公等各宜务尽忠谠，匡救朕恶，终不以直言忤意辄相责怒。”

又曰：“人言作天子则得自尊崇，无所畏惧。朕则为正合自守谦恭，常怀畏惧。昔舜诫禹曰：‘汝惟不矜，天下莫与汝争能；汝惟不伐，天下莫与汝争功。’又《易》曰：‘人道恶盈而好谦。’凡为天子，若惟自尊崇，不守谦恭者，在身倘有不是之事，谁肯犯颜谏奏？朕每思出一言、行一事，必上畏皇天，下惧群臣。天高听卑，何得不畏？群公卿士，皆见瞻仰，何得不惧？以此思之，但知常谦常惧，犹恐不称天心及百姓意也。”

太常少卿祖孝孙奏所定新乐，太宗曰：“礼乐之作，是圣人缘物设教，以为撙节。治政善恶，岂此之由？”御史大夫杜淹对曰：“前代兴亡，实由于乐。陈将亡也，为《玉树后庭花》；齐将亡也，而为《伴侣曲》。行路闻之，莫不悲泣。所谓亡国之音，以是观之,实由于乐。”太宗曰:“不然。夫音声岂能感人?欢者闻之则悦,哀者听之则悲。悲悦在于人心,非由乐也。将亡之政,其人心苦,然苦心相感,故闻则悲耳。何乐声哀怨能使悦者悲乎?今《玉树》《伴侣》之曲,其声俱存,朕能为公奏之,知公必不悲耳。”

谓侍臣曰:“古人云:‘君犹器也,人犹水也,方圆在于器,不在于水。’故尧舜率天下以仁,而人从之,桀纣率天下以暴,而人从之。下之所行,皆从上之所好。至如梁武帝父子唯好释氏、老氏之教,终日谈论苦空,未尝以军国典章为意。及侯景率兵向阙,尚书郎以下多不解乘马。孝元帝在于江陵,为万纽于谨所围,犹讲《老子》不辍,百寮皆戎衣以听。此事亦足为鉴戒。朕今所好者,惟在尧舜之道,周孔之教,以为如鸟有翼,如鱼依水,失之必死,不可暂无耳。”

又曰:“朕每夜恒思百姓间事,或至夜半不寐,惟恐都督、刺史或不堪养百姓,故于屏风上录其姓名,坐卧恒看,在官如有善事,亦具列于名下。朕居深宫之中,视听不能及远,所委者惟都督、刺史。此辈实理乱所系,尤须得人。”

又曰:“朕尝谓贪人不解爱财也。至如内外官五品以上,禄秩优厚,一年所得,其数自多。若受人财贿,不过数万,一朝彰露,禄秩削夺,此岂是解爱财物?规小得而大失者也。且为主贪,必丧其国;为臣贪,必亡其身。《诗》云:‘大风有隧,贪人败类。’固非谬言也。昔秦惠王欲伐蜀,不知其径,乃刻五石牛,置金其后。蜀人见之,以为牛能便金。蜀王使五丁力士拖牛入蜀,道成,秦师随而伐之,蜀国遂亡。汉大司农田延年赃贿三千万,事觉自死。如此之流,何可胜记?朕今以蜀王为元龟,卿等亦须以延年为覆辙也。”

谓房玄龄等曰:“朕比见隋代遗老,咸称高颎善为相者,遂观其本传,可谓公平正直,尤识治体。又汉微已来,诸葛亮为丞相,亦甚平直。陈寿称亮之为政,‘开诚心,布公道。尽忠益时者,虽仇必赏；犯法怠慢者，虽亲必罚。’卿等岂可不企慕及之？朕今每慕前代帝王之善者，卿等亦可慕宰相之贤者。”

谓公卿曰：“朕终日孜孜，非但忧怜百姓，亦欲使卿等长守富贵。天非不高，地非不厚，朕常兢兢业业，以畏天地。卿等若能小心奉法，常如朕畏天地，非但百姓安宁，自身常得欢乐。古人云：‘贤者多财损其志，愚者多财生其过。’此言可为深诫。若徇私贪浊，非止坏公法、损百姓。纵事未发间，中心岂不常惧？恐惧既多，亦有因而致死。大丈夫岂得苟贪财物以害及身命，使子孙每怀愧耻耶？卿等宜深思此言。”

谓房玄龄等曰：“自古帝王多任情喜怒，喜则滥赏无功，怒则滥杀无罪。是以天下丧乱，莫不由此。朕今夙夜未尝不以此为心，恒欲公等尽情极谏。公等亦须受人谏语，岂得以人言不同己意，便护短不纳？若不能受谏，安能谏人？”

谓侍臣曰：“治国与养病无异也。病人觉愈，弥须将护；若复触犯，必至殒命。治国亦然。天下稍安，尤须兢慎。若便骄逸，必至丧败。今天下安危，系之于朕。故日慎一日，虽休勿休。然耳目股肱寄于卿辈，既义均一体，宜协力同心。事有不安，可极言无隐。倘君臣相疑，不能备尽肝膈，实为国之大害也。”

又曰：“朕比见众议，以祥瑞为美事，频有表贺庆。如朕本心，但使天下太平，家给人足，虽无祥瑞，亦可比德于尧舜。夫为人君，当须至公，理天下以得万姓之欢心。若尧舜在上，百姓敬之如天地，爱之如父母。动作兴事，人皆乐之；发号施令，人皆悦之。此是大祥瑞也。自此后诸州所有祥瑞，并不用申奏。”

又曰：“天下愚人者多，智人者少。智者不肯为恶，愚人好犯宪章。凡赦宥之恩，惟及不轨之辈。古语云：‘小人之幸，君子之不幸。’一岁再赦，善人喑哑。凡养稂莠者，伤禾稼；惠奸宄者，贼良人。昔文王作罚，刑兹无赦。又蜀先主尝谓诸葛亮曰：‘吾周旋陈元方、郑康成之间，每见启告理乱之道备矣，曾不语赦。故诸葛亮理蜀十年,不赦而蜀大化;梁武帝每年数赦,卒至倾败。夫谋小仁者,大仁之贼。故我有天下已来,绝不放赦。今四海安宁,礼义兴行,非常之恩,弥不可数,将恐愚人常冀侥幸,惟欲犯法,不能改过。”

谓左庶子于志宁、杜正伦曰:“卿等辅导太子,常须为说百姓间利害事。朕年十八,犹在民间,百姓艰难,无不谙练。及居帝位,每商量处置,或时有乖疏,得人谏诤方始觉悟。若无忠谏者为说,何由行得好事?况太子生长深宫,百姓艰难都不闻见乎。且人主安危所系,不可辄为骄纵。但出敕云‘有谏者即斩’,必知天下士庶无敢更发直言。故克己励精,容纳谏诤,卿等常须以此意共相谈说。每见有不是事,宜极言切谏,令有所裨益也。”

谓侍中魏征曰:“自古侯王能自保全者甚少,皆由生长富贵,好尚骄逸,多不解亲君子、远小人。故尔朕所有子弟,欲使见前言往行,冀其以为规范。因命征录古来帝王子弟成败事,名为《自古诸侯王善恶录》,以赐诸王。”

谓侍臣曰:“朕每闲居静坐,则自内省。恒恐上不称天心,下为百姓所怨。但思正人匡谏,欲令耳目外通,下无怨滞。又比见人来奏事者,多有怖慴,言语致失次第。寻常奏事,情犹如此,况欲谏诤,必当畏犯逆鳞。所以每有谏者,纵不合朕心,朕亦不以为忤。若即嗔责,深恐人怀战惧,岂肯更言?”

又曰:“往昔初平京师,宫中美女珍玩,无院不满。炀帝意犹不足,征求无已。兼东西征讨,穷兵黩武,百姓不堪,遂致灭亡。此皆朕所目见,故夙夜孜孜,惟欲清净,使天下无事,遂得徭役不兴,年谷丰稔,百姓安乐。夫治国犹如栽树,本根不摇则枝叶茂荣。君能清净,百姓何得不安乐乎?”

又曰:“林深则鸟栖,水广则鱼游,仁义积则物自归之。人皆知畏避灾害,不知行仁义则灾害不生。夫仁义之道,当思之在心,常令相继。若斯须懈怠,去之已远。犹如饮食资身,恒令腹饱,乃可存其性命。”

又曰:“夫以铜为镜,可以正衣冠;以古为镜,可以知兴替;以人为镜,可以明得失。朕尝保此三镜,以防己过。今魏征殂逝,遂亡一镜矣。”

谓谏议大夫褚遂良曰:“朕所为事,若有不当,或有其渐,或已将终,皆宜进谏。比见前史或有人臣谏事,遂答云‘业已为之’,或道‘业已许之’,竟不为停改,此则危亡之祸,可反手而待也。”

诏曰:“比来有司断狱,多据律文。虽情在可矜,而不敢违法。守文定罪,或恐有冤,自今门下省,复有据法合死而情在可矜者,宜录状奏闻。”

卷三

唐太宗皇帝

《旧唐书》

贞观元年，陈君宾转邓州刺史。州邑丧乱之后，百姓流离。君宾至，才期月，皆来复业。二年，天下诸州并遭霜涝，君宾一境独免。当年多有储积，蒲、虞等州户口尽入其境逐食。太宗下诏劳之曰："朕以隋末乱离，毒被海内，率土百姓，零落殆尽。州里萧条，十不存一。寤寐思之，心焉若疚。是以日昃忘食，未明求衣，晓夜孜孜，惟以安养为虑。每见水旱降灾，霜雹失所，抚躬责己，自惭德薄。恐贫乏之黎庶不免饥馁，倾竭仓廪，普加赈恤。其有一人绝食，若朕夺之。分命庶寮，尽心匡救。去年关内六州及蒲、虞、陕、鼎等复遭亢旱，禾稼不登，粮储既少，遂令分房就食。比闻刺史以下及百姓等，并识朕怀，逐粮户到，递相安养。回还之日，各有赢粮，乃别赍布帛，以申赠遗。如此用意，嘉叹良深。一则知水旱无常，彼此递相拯赡，不虑凶年；二则知礼让兴行，轻财重义，四海士庶，皆为兄弟。变浇薄之风，教仁慈之俗，政化如此，朕复何忧？其安置房口，官人支配得所，并令考司录为功最。养户百姓，不吝财帛，已敕下者免今年调物。宜知此意，善相劝勉。"

太宗尝嫌上封者众，不近事实，欲加黜责。魏征奏曰："古者立诽谤之木，欲闻己过。今之封事，谤木之流也。陛下思闻得失，只可恣其陈道。若所言衷，则有益于陛下；若不衷，无损于国家。"太宗曰："此言是也。"并劳而遣之。

《资治通鉴》

上谓侍臣曰:“吾闻西域贾胡得美珠,剖身以藏之,有诸?”侍臣曰:“有之。”上曰:“人皆知彼之爱珠,而不爱其身也。吏受赇抵法,与帝王徇奢欲而亡国者,何以异于彼胡之可笑耶?”

又曰:“朕有二喜一惧:比年丰稔,长安斗粟直三四钱,一喜也;北虏久服,边鄙无虞,二喜也;治安则骄侈易生,骄侈则危亡立至,此一惧也。”

又曰:“人主惟有一心,而攻之者甚众。或以勇力,或以辩口,或以谄谀,或以奸诈,或以嗜欲,辐辏攻之,各求自售,以取宠禄。人主少懈而受其一,则危亡随之,此其所以难也。”

唐德宗皇帝

《旧唐书》

王希全将赴灵州献《体要》八章,多所规谏。德宗深纳之,乃著《君臣箴》以赐之。其词曰:“夫惟德惠人,惟辟奉天,从谏则圣,共理惟贤。皇立有极,骏命不易,总万机以成务,齐六合之殊致。一心不能独鉴,一目不能周视,敷求哲人,式序在位。於戏!君之任臣,必求一德;臣之事君,咸思正直。何启沃之所宜,自古今而未得?且以谠言者逆耳,谗谀者伺侧,故下情未通,而上听已惑;俾夫忠贤,败于凶慝。譬彼轻舟,烝徒楫之;亦有和羹,宰夫膳之。孰云理国,不自得师;覆车之轨,予其惩而。高以下升,和由甘受;惟君无良,亦臣之咎。闻诸辛毗,牵裾魏后,则有禽息,竭忠碎首,勉思献替,以平可否。勿谓无伤,自微而彰;勿谓何害,积小成大。事有隐而必见,令既出而焉悔!鼓钟在宫,声闻于外,浩然涉水,朕未有艾。将负扆以虚心,期尽忠而纳诲。在昔稷、契,实匡舜、禹;近兹魏征,佑我文祖;君臣协德,混一区宇。肆予寡昧,获缵丕绪;臣哉邻哉,尔翼尔辅。高秋始肃,我武惟扬;辍此禁卫,殿于大邦。恋阙方甚,嘉言乃昌;是规是谏,金玉其相。辞高理要,入德知方;总彼千虑,备于八章;宣父有言,起予者商。殷有盘铭,周有欹器,或诫以辞,或警以事。披图演义,发于尔志,与金镜而高悬,将座右而同置。人皆有初,鲜慎厥终;汝其夙夜,期保朕躬。无曰尔身在外,而诚不通,一言之应,千里攸同。导彼遐徐,达予四聪;华夷仰德,时乃之功。既往既来,怀贤忡忡;唱予和汝,式示深衷。"

唐宪宗皇帝

《旧唐书》

宪宗嗣位之初,读列圣实录,见贞观、开元故事,竦慕不能释卷。顾谓丞相曰:"太宗之创业如此,玄宗之致理如此,既览国史,乃知万倍不如先圣。当先圣之代,犹须宰执臣寮同心辅助,岂朕今日能独为理哉?"自是延英议政,书漏率下,五六刻方退。

唐文宗皇帝

《旧唐书》

诏曰:"俭以足用,令出惟行,著在前经,斯为理本。朕自临四海,愍元元之久困,日昃忘食,宵兴疚怀,虽文肃之饰,尚愧茅茨之俭。亦谕卿士,形于诏条,如闻积习流弊,余风未革,车服第室,相高以华靡之制;资用宝货,同启于贪冒之源。有司不禁,侈俗兹扇。盖朕教导之未敷,使兆庶昧于耻尚也。其何以足用行令,臻于至理与?永念惭叹,追兹申敕。自今内外班列职位之士,各务素朴,弘兹国风。有僭侈尤甚者,御史纠上。主者宣示中外,知朕意焉。”

唐宣宗皇帝

《资治通鉴》

上与宰相论元和循吏孰为第一。周墀曰:“臣尝守土江西,闻观察使韦丹功德被于八州,没四十年,老稚歌思,如丹尚存。”诏史馆修撰。杜牧撰《丹遗爱碑》以纪之,仍擢其子河阳观察判官宙为御史。

后周世宗皇帝

《资治通鉴》

诏曰:“朕于卿大夫,才不能尽知,面不能尽识。若不采其言而观其行,审其意而察其忠,则何以见器识之浅深,知任用之得失?若言之不入,罪实在予;苟求之不言,咎将谁执?”

宋太祖皇帝

《宋史》

令自今诸州岁受税租及管榷货利、上供物帛,悉官给舟车,输送京师,毋役民妨农。

帝一日罢朝坐便殿,不乐者久之。左右请其故,曰:“尔谓为天子容易耶?早作乘快,误决一事,故不乐耳。”

诏曰:“民生在勤,所宝惟谷,先王之明训也。朕奄宅中夏,为之司牧,眷乃亿兆,期臻富庶,矧农桑之业为衣食之原。今阳和在辰,土膏脉起,当播种之云始,虑游惰之尚多。苟力作之不勤,则秋敛之何望?诸州长吏等任居牧守,职司劝课,所宜敦率黎庶,勉励农功，俾比屋之人服劳于南亩，三时之务无失于西成。极其穮蓘之勤，用致茨梁之咏。懋功信赏，国典在焉。”

诏曰：“丰年之咏，播于《颂》声；广蓄之训，垂于载籍。今三时不害，百姓小康。田里无愁叹之声，垅亩有遗滞之穗。州县长吏等职司牧养，义当劝率，俾及岁穰，各务储积；或值凶歉，不至匮乏。古者仓廪实、礼节兴，所宜禁民蒱博，勿致游惰；戒其崇俭，免于靡谷。申严条教，称朕意焉。”

太祖召王昭素问治世养身之术，昭素曰：“治世莫若爱民，养身莫若寡欲。”太祖重其言，书于屏风。

《通鉴》

永宁公主因侍坐，与皇后同言曰：“官家作天子日久，岂不能用黄金装肩舆，乘以出入？”帝笑曰：“我以四海为富，宫殿悉以金银为饰，力亦可办。但念我为天下守财耳，岂可妄用？古称以一人治天下，不以天下奉一人。苟以自奉养为意，使天下之人何仰哉？当勿复言！”

宋太宗皇帝

《宋史》

上曰：“凡士未达，见当世之务戾于理者，则怏怏于心；及列于位，得以献可替否，当尽其所蕴。虽言未必尽中，亦当佥议而更之，俾协于道。朕固不以崇高自恃，使人不敢言也。”

又曰：“世之治乱在赏当其功、罚当其罪，即无不治。谓为饰喜怒之具，即无不乱。卿等慎之！”

谓宋琪等曰：“在昔帝王，多以崇高自处，颜色严毅，左右无敢质言者。朕与卿等周旋款曲，商确时事，盖欲通上下之情，无有壅蔽。卿等但直道而行，无得有所顾避。”

论宰臣曰：“每阅大理奏案，节目小未备，移文案覆，动涉数千里外，禁系淹久，甚可怜也。卿等详酌，非人命所系，即量罪区分，勿须再鞫。”

谓宰相曰：“中外臣僚若皆留心政务，天下安有不治者？古人宰一邑、守一郡，使飞蝗避境，猛虎渡河。况能惠养黎庶、申理冤滞，岂不感召和气乎？朕每自勤不怠，此志必无改易。或云有司细故，帝王不当亲决，朕意则异乎是。若以尊极自居，则下情不能上达矣。”

令内外官凡所举荐有变节逾矩者，自首则原其联坐之罪。

诏郡县有治行尤异、吏民畏服、居官廉恪、莅事明敏、斗讼衰息、仓廪盈羡、寇盗剪灭、部内肃清者，本道转运司各以名闻。当驿置赴阙，亲问其状，加旌赏焉。其贪冒无状、淹延斗讼、逾越宪度、盗贼竞起、部内不治者，亦条其状以闻，当行贬斥。”

帝亲选京朝官三十余人，自书戒谕之言于印纸，曰：“勤政爱民，奉法除奸，方可书为劳绩。”且谓钱若水曰：“奉法除奸之言，恐诸臣未喻，因而生事，可语之曰：‘除奸之要，在乎奉法。’”

太宗幸国子监，召孙奭讲《书》，至“事不师古，以克永世，匪说攸闻”，帝曰：“此至言也。商宗乃得贤相如此耶！”因咨嗟久之。

诏曰：“古者振木铎于路，所以来四方之风谣；设兽樽于庭，所以延群臣之谏诤。在朝内外官，自今或知民间利病及时政得失，并得直言无隐。”

诏曰：“昔舜之有天下也，选于众而举善人，则不仁不善者斯远矣。矧今提封至广，设官尤众，铨选既限于常调，英俊或沉于下僚。俾振滞淹，属在伦类。《传》不云乎：‘如有所誉者，其有所试矣。’朕当亲览而进之，其令常参官举升朝官者各二人。”

《通鉴》

帝迁守臣，得杨延庆等十余人，命为知州。因谓宰相曰："刺史之任，最为亲民。苟非其人，民受其祸。昔秦彭守颍川，教化大行，境内多瑞。"宋琪曰："秦彭一郡守，政善而天应之若此，况君天下者乎？"

宋真宗皇帝

《宋史》

诏曰："朕为民司牧，罔敢逸豫，冀闻阙政，屡诏谠言，而群臣奏对罕有极陈得失，岂询求之未至，何循默以自持？其令御史台谕内外官，各上所见，勿为顾避。"

宋仁宗皇帝

帝学经筵，讲《尚书 · 洪范》五事，帝曰："王者之用，五事皆本于五行乎？"王洙对曰："王者治五行，得其性则五事皆善，故五事得则有休征，五事失则有咎征。是以圣人克谨天戒，以修其身。"帝曰："人君奉天在于修德，夙夜兢兢，戒慎于未形，尚恐不至，必俟天有谴告，然后修德，此岂畏天之道也？"

《宋史》

诏曰："学，犹殖也，不学将落。逊志务时，敏厥修乃来。朕虑天下之士，或有遗也，既以临轩较得失，而忧其屡不中科，则衰迈而无所成，退不能返其里闾，而进不得预于禄仕。故常数之外，特为之甄采。而狃于宽恩，遂隳素业，苟简成风，甚可耻也。自今宜笃进厥学，无习侥幸。”

诏：“守令或贪恣耄昏，以弛为宽，以苛为察，以增赋敛为劳，以出入刑罚为能，而部使者莫之举劾。自今其各思率职，勿挠权幸，勿纵有罪，以称朕意。”

诏曰：“国家设制策之科，将博询于鲠议，有能规朕躬之过失，陈宰相之阙遗，纠中外之奸回，斥左右之朋比，述未明之机事，贡无隐之密谋。以至台省之官，阿私而罔上；郡国之吏，专恣以滥刑；或通受货财，潜行请托；或恃凭权势，敢事贪残。并许极言，朕当亲览，其令百官遇起居日转对，在外臣僚亦许其实封以闻。”

诏曰：“夫和平醇一之政行，则民休美之气应；险刻偷薄之路启，则民戚惨之变生。盖风化之感天下，其犹影响之相从也。御史执法，尝为朕言，宜深诏执事，以遏浮竞之风。其令中书门下务采端厚忠实、可以表厉风俗之士，并进于朝，以启迪朕心；其诡激辨巧、敢涉朋比之迹者，必行放弃之罚。庶几朝廷清明，百异消弭，以起治平。咨尔攸司，其服朕命！”

诏曰：“朕惟善治之主，以天下耳目为视听，而不自任其聪明。耳目之官，今台谏之任也。夫以四海之广、万事之众，台官数人不能以周知，固将询及士大夫，而其间倾邪险害之徒，不惟朝廷义理所在，谓职在言责，势必施行，辄徇己之爱憎，倚依形似，扇造语言，以中善良，岂朕所以图治之意哉？其令中书门下开儆百工，务行敦实。”

《通鉴》

辅臣以雨称贺，帝曰：“天久不雨，朕每焚香上祷。昨夕寝殿中忽闻微雷遽起，冠带露立，殿下须臾雨至，衣皆沾湿。移刻雨霁，再拜以谢，方敢升阶。比欲下诏罪己，撤乐减膳，又恐近于崇饰虚名，不若夙夜精心密祷，敢受贺乎？”

宋神宗皇帝

《宋史》

帝曰："灌溉之利，农事大本。但陕西、河东民素不习此，苟享其利，后必乐趋。三白渠为利尤大，有旧迹可极力修治。凡疏积水，须自下流开导，则亩浍易治，《书》所谓'浚亩浍距川'是也。"

诏曰："《传》曰：'近臣尽规，以其荣耻与上同也。'今在此位者，视朕过失与朝廷政事之阙，默而不言，乃或私议，窃叹若以其责不在已。夫岂皆习见成俗，以为当然。其亦有含章怀宝，待倡而发者也。今百度堕弛，风俗偷堕，薄蚀灾异，谴告不一。此诚忠贤助朕忧惕以创制，改法、救弊、除患之时，宜令侍从官自今视朕过失与朝廷政事之阙，无有巨细，各具章，极言无隐。噫！言善而不用，朕有厥咎；道之而不言，尔为不恭。朕将用此考察在位所以事君之实，而明黜陟焉。"

宋高宗皇帝

《言行录》

上曰："人心，国之本也。虽有土地，若失人心，亦不可立国。"

《宋史》

幸秘书监，颁手诏曰："士习为空言，而不为有用之学久矣。尔其勉修术业，益励猷为，一德一心，以共赴亨嘉之会，用丕承我祖宗之大训，顾不美欤？"

吕颐浩等以旱乞罢政，帝赐诏曰："与其去位，曷若同寅协恭，交修不逮，思所以克厌天心者？"

《通鉴》

以黄庭坚所书《戒石铭》颁于州县，令刻石，文曰："尔俸尔禄，民膏民脂。下民易虐，上天难欺。"

宋孝宗皇帝

《宋史》

诏曰："狱，重事也。用法一倾，则民无所措手足。比年以来，治狱之吏，巧持多端，随意轻重之，朕甚患焉。其自今革玩习之弊，明审克之公，使奸不容情，罚必当罪，用迪于刑之中，勉之哉！毋忽！"

诏曰："朕惟旱干水溢之灾，尧汤盛时有不能免。民未告病者，备先具也。豫章诸郡县，但阡陌近水者，苗秀而实；高仰之地，雨不时至，苗辄就槁。意水利不修，失所以为旱备乎？唐韦丹为江西观察使，治陂塘五百九十九所，灌田万二千顷。此特施之一道，其利如此，矧天下至广也！农为生之本也，泉流灌溉，所以毓五谷也。今诸道名山川原甚众，民未知其利。然则通沟渎，潴波泽，监司守令，顾非其职欤？其为朕相丘陵原隰之宜，勉农桑，尽地利，平繇行水，勿使失时。虽有丰凶而力田者，不至措手受弊，亦天人相因之理也。朕将即勤惰而寓赏罚焉。"

《通鉴》

帝作《敬天图》，谓辅臣曰："《无逸》一篇，享国长久，皆本于寅畏。朕近日取《尚书》所载敬天事，编为两图，朝夕观览，以自警省。”虞允文对曰:“惟陛下尽躬行之实,敬畏不已,必有明效大验。”帝然之。

帝谓叶衡等曰:“朝廷用人,止论其贤否如何,不可有党。如唐之牛、李,其党相攻四十年不解,皆缘主听不明,所以至此。文宗乃言:‘去河北贼易,去朝中朋党难。’朕常笑之。为人主者,但公是公非,何缘有党?”

又曰:“近来士大夫好倡为清议,此语一出,切恐相师成风,便以趋事赴功者为猥俗,以矫激沽誉者为清高。骎骎不已,如东汉激成党锢之风,深害治体,岂可不戒?卿等宜书诸绅。”

赵雄奏事,上曰:“今夏蚕麦甚熟,丝米价平,可喜。”雄奏:“孟子语‘王道始于不饥不寒’。”上曰:“近世士大夫好高论,耻言农事,微有西晋风,岂知《周礼》与《易》言理财,周公、孔子曷尝不以理财为务?”

宋理宗皇帝

《通鉴》

诏曰:“朕粤稽盛帝明王,制治保邦,曷尝不以人材为先务?盖虽尧舜之法度,文武之方策,苟非其人,是迪是循,则亦徒法而已。故必赖济济之贤、蔼蔼之士,布列中外,道德一而风俗同,然后可望其举行不悖,相继于长久也。我国家旧设进士一科,得人为盛,三百年间,所以保乂王家,垂休亿载者,厥功茂哉!弊久蠹滋,近年尤甚。非无佳士颖出由此其选,然穷经学古者,或病于词华;植德励行者,难究其蕴奥;高才大器者,往往局于纤悉绳墨之末,是以官甚冗而才愈乏,家殊俗而风益漓。至于冒国法以苟营,假儒官而挟策,俚言乱雅,剿说趋时,使习之者反贼其良,而取之者莫任其咎。人情至此,咸欲变通,盖披阅先朝名臣奏议,其论取士之法非一。惟程颢、颐兄弟深明治道,酌古准今,纲条说明,用意肫切。今三省详议参酌,其可行者,条具以闻,务于科举令甲,无大更张,以妥安士心。而于进士之外,举所以崇尚经术,考察德行,选用材能之道,立为一代之典,陶成四方之风。庶几丰芑之仁,垂之万世,顾不美欤!"

金世宗皇帝

上谕左宣徽使敬嗣晖曰:"凡为人臣,上欲要君之恩,下欲干民之誉,必亏忠节,卿宜戒之。"

谓宰臣曰:"朕观在位之臣,初入仕时,竞求声誉,以取爵位;亦既显达,即徇默苟容,为自安计,朕甚不取。宜宣谕百官,使知朕意。"

又曰:"朕已行之事,卿等以为成命,不可复更,但承顺而已,一无执奏。且卿等凡有奏,何尝不从自今?朕旨虽出,宜审而行,有未便者,即奏改之。或在下位有言尚书省所行未便,亦当从而改之,毋拒而不从。"

上与亲王、宰执、从官从容论古今兴废事,曰:"经籍之兴,其来久矣!垂教后世,无不尽善。今之学者既能诵之,必须行之,然知而不能行者多矣。苟不能行,诵之何益?女直旧风最为纯直,虽不知书,然其祭天地,敬尊戚,尊耆老,接宾客,信朋友,礼意款曲,皆出自然。其善与古书所载无异,汝辈当习学之,旧风不可忘也。"

谕宰臣曰:"凡已经奏断,事有未当,卿等勿谓已行,不为奏闻改正。朕以万几之繁,岂无一失?卿等但言之,朕当更改,必无吝也。"

尚书省奏拟同知永宁军节度使事阿可为刺史,上曰:"阿可年幼,于事未练,授佐贰官可也。"平章政事唐括安礼奏曰:"臣等以阿可宗室,故拟是职。"上曰:"郡守系千里休戚,安可不择人而私其亲耶？若以亲亲之恩赐与，虽厚无害于政。使之治郡而非其才，一境何赖焉？”

谓宰臣曰：“帝王之政，固以宽慈为德。然如梁武帝专务宽慈，以至纪纲大坏。朕尝思之赏罚不滥，即是宽政也，余复何为？”

谓宰执曰：“齐桓，中庸主也，得一管仲，遂成霸业。朕夙夜以思，惟恐失人。朕既不知，卿等又不荐，必俟全才而后举，盖亦难矣。如举某人长于某事，朕亦量才用之。”又言：“人之有干能，固不易得，然不若德行之士最优也。”

谓大臣曰：“国初风俗淳俭，居家惟布衣，非大会宾客，未尝辄烹羊豕。朕常念当时节俭之风，不欲妄费。凡宫中之官，与赐之食者，皆有常数。”

谓宰臣曰：“朕观唐史，惟魏征善谏，所言皆国家大事，甚得谏臣之体。近时台谏，惟指摘一二细碎事，姑以塞责，未尝有及国家大利害者。岂知而不言与，毋乃亦不知也？”

有司奏重修上京御容殿，上谓宰臣曰：“宫殿制度，苟务华饰，必不坚固。今仁政殿辽时所建，全无华饰，但见他处岁岁修完，惟此殿如旧，以此见虚华无实者，不能经久也。今土木之工灭裂尤甚，下则吏与工匠相结为奸，侵克工物；上则户、工部官支钱度材，惟务苟办。至有工役才毕，随即欹漏者，奸弊苟且，劳民费财，莫甚于此，自今体究，重抵以罪。”

金章宗皇帝

《金史》

诏戒谕尚书省曰：“国家之治在乎纪纲，纪纲所先，赏罚必信。今乃上自省部之重，下逮司县之间，律度弗循，私怀自便，迁延旷岁，苟且成风，习此为恒，从何致理？朝廷者，百官之本；京师者，诸夏之仪，其勖自今，各惩已往，遵绳奉法，竭力赴功，无枉挠以徇情，无依违而避势，壹归于正，用范乃民。”

元太祖皇帝

《元史》

太祖有训：“欲治身，先治心。欲责人，先责己。”

元宪宗皇帝

《元史》

帝谕群臣曰：“尔辈若得朕奖谕之言，即志气骄逸；志气骄逸而灾祸有不随至者乎？尔辈其戒之！”

元世祖皇帝

《元史》

祖即位之初，首诏天下：“国以民为本，民以衣食为本，衣食以农桑为本。”于是颁《农桑辑要》之书于民，俾民崇本抑末。命宣抚司官劝农桑，抑游惰，礼高年，问民疾苦，举文学才识可以从政及茂才异等，列名上闻，以听擢用。其职官污滥及民不孝弟者，量轻重议罚。

帝立御史台，以答察儿为御史大夫，张雄飞为侍御史，且戒之曰：“卿等既为台官，职在直言。朕为汝君，苟所行未善，亦当极谏，况百官乎？汝宜如朕意，人虽嫉妒汝，朕能为汝地也。”

帝曰：“朕于廷臣有戆直忠言，未尝不悦而受之，违忤者亦未尝加罪，盖欲养忠直而退谀佞也。”

元仁宗皇帝

《元史》

詹事院臣启金州献瑟瑟洞，请遣使采之。帝曰："所宝惟贤，瑟瑟何用焉？若此者后勿复闻。"先是，近侍言贾人有售美珠者，帝曰："吾服御雅不喜饰，以珠玑生民膏血，不可轻耗。汝等当广进贤才，以恭俭爱人相规，不可以奢靡蠹财相导。言者惭而退。"

诏曰："朕赖天地祖宗之灵，纂承圣绪，永惟治古之隆，群生咸遂，国以乂宁。朕夙兴夜寐，不敢怠遑，任贤使能，兴滞补阙，庶其臻兹敛时五福，用敷锡厥庶民，朕之志也。"

帝曰："夫法者，所以辨上下，定民志。自古及今，未有法不立而天下治者。使人君制法，宰相能守而勿失，则下民知所畏避，纲纪可正，风俗可厚。其或法弛民慢，怨言并兴，欲求治安，岂不难哉？"

顾谓侍臣曰："卿等以朕居帝位为安耶？朕惟太祖创业艰难，世祖混一疆宇，兢业守成，恒惧不能当天心、绳祖武，使万方百姓乐得其所。朕念虑在兹，卿等固不知也。"

诏曰："比岁设立科举以取人材，尚虑高尚士晦迹丘园，无从可致。各处其有隐居行义、才德高迈、深明治道、不求闻达者，所在官司，具姓名牒报本道廉访司，覆奏察闻，以备录用。"又屡诏求言于下，使得进言于上。虽指斥时政，并无谴责。往往采择其言，任用其人，列诸庶位，以图治功。其他著书立言、裨益教化、启迪后人者，亦斟酌录用，著为常式云。

卷四

明太祖高皇帝

《洪武宝训》

右御史大夫邓愈等各言便宜事，太祖览之，谓愈等曰："治天下当先其重且急者，而后及其轻且缓者。今天下初定，所急者衣食，所重者教化。衣食给而民生遂，教化行而习俗美。足衣食者，在于劝农桑；明教化者，在于兴学校。学校兴则君子务德，农桑举则小人务本，如是为治，则不劳而政举矣。今卿辈所言，皆国家之不可阙者，但非所急。卿等国之大臣，于经国之道、庇民之术尚为予尽心焉。"

太祖与侍臣论及创业之难曰："朕赖将帅之力，扫除祸乱，以成大业。今四海渐平，朕岂不欲休息以自娱？然所畏者天，所惧者民。苟所为一有不当，上违天意，下失民心，驯至其极而天怒人怨，未有不危亡者矣。朕每念及之，中心惕然。"

又曰："人主能以天下之好恶为好恶则公，以天下之智识为智识则明。"

又曰："人之常情多矜己能，多言人过。君子则不然，扬人之善，不矜己之善；贷人之过，不贷己之过。"

又曰："万事不可以耳目察，惟虚心以应之；万方不可以智力服，惟诚心以待之。"

太祖退朝，顾谓翰林学士刘三吾曰："朕历年久而益惧者，恐为治之心有懈也。懈心一生，百事皆废。生民休戚系焉，故日慎一日，惟恐弗及，如是而治效犹有未臻。甚矣，为治之难也！自昔先王之治，必本于爱民。然爱民而无实心，则民必不蒙其泽；民不蒙其泽，则众心离于下，积怨聚于上，国欲不危，难矣！朕每思此，为之惕然。”

太祖将告祀南郊，戒饬百官执事曰：“人以一心对越上帝，毫发不诚，怠心必乘其机；瞬息不敬，私欲必投其隙。夫动天地、感鬼神，惟诚与敬耳。人莫不以天之高远、鬼神幽隐而有忽心；然天虽高，所鉴甚迩；鬼神虽幽，所临则显。能知天人之理不二，则吾之诚敬自不容于少忽矣。今当大祀，百官执事之人，各宜慎之。”

洪武四年，命建奉先殿，谓礼部尚书陶凯曰：“朕闻事死如事生，朕祖考陟遐已久，不能致其生，事之诚然。于追远之道，岂敢怠忽？”复感叹曰：“养亲之乐不足于生前，思亲之苦徒切于身后。今岁时致享，则于太庙。至于晨昏谒见，节序告奠，古必有其所，尔其考论以闻。”

谓侍臣宋濂等曰：“自古圣哲之君，知天下之难保也。故远声色，去奢靡，以图天下之安。是以天命眷顾，久而不厌。后世中才之主，当天下无事，侈心纵欲，鲜克有终。至于秦始皇、汉武帝，好尚神仙以求长生，疲精劳神，卒无所得。使移此心以图治天下，安有不理？以朕观之，人君能清心寡欲，勤于政事，不作无益以害有益。使民安田里足衣食，熙熙皞皞而不自知，此即神仙也。功业垂于简册，声名流于后世，此即长生不死也。夫恍惚之事难凭，幽怪之说易惑，在谨其所好尚耳。朕常夙夜兢业，图天下之安，其敢游心于此？”

谓侍臣曰：“人君不能无好尚，要当慎之。盖好功则贪名者进，好财则言利者进，好术则游谈者进，好谀则巧佞者进。夫偏于好者，鲜有不累其心。故好功不如好德，好财不如好廉，好术不如好信，好谀不如好直。夫好得其正，未有不治；好失其正，未有不乱。所以不可不慎也。”

谓群臣曰：“谋国之道，习于旧闻者，当适时宜；狃于近俗者，当计远患。苟泥古而不通今，溺近而忘于远者，皆非也。故凡政事设施，必欲有利于天下，可贻于后世，不可苟且，惟事目前。盖国家之事，所系非小，一令之善，为四海之福；一令不善，有无穷之患，不可不慎也。”

又曰：“人有精金，必求良冶而范之；有美玉，必求良工而琢之。至于子弟有美质，不求明师教之，岂爱子弟不如金玉耶？盖师所以模范学者，使之成器，因其材力各俾造就。朕诸子将有天下国家之责，功臣子弟将有职任之寄。教之之道，当以正心为本，心正则万事皆理矣。苟导之不以正，为众欲所攻，其害不可胜言。卿等宜辅以实学，毋徒效文士记诵章句而已。”

太祖与儒臣论《易》至“天地养万物，圣人养贤以及万民”，曰：“人主职在养民，但能养贤，与之共治，则民皆得所养。然知人最难，若所养果贤，而使之治民，则国无虚禄，民获实惠。苟所养非贤，反厉其民，何补于国哉？故人主养贤非难，知贤为难。”

谓秦府右相文原吉等曰：“蓄药所以防病，积货所以防贫，用贤所以辅德。朕为诸子择贤以为之辅，尔等居左右，宜朝夕规诲，以成其德。人情于大事或能谨之，而常忽于细微。夫细行不谨，大德必亏。姑息小过，大愆必至。故塞水者必于其源，源塞而流绝；伐木者必于其根，根断而木拔矣。设王有所违失，尔若曰‘所失者小，可勿言也’，则是大失将至。俟其大失将至，然后规之，救有所弗及矣。夫善虽小可以成名，恶虽小足以亡身。凡历代贤王著名方册，其臣亦皆贤者，故能济其美。尔等职在辅导，宜尽心所事。”

谕学士朱升等曰：“治天下者，修身为本，正家为先。正家之道，始于谨夫妇。后妃虽母仪天下，然不可使与政事。至于嫔嫱之属，不过备职事、侍巾栉。若宠之太过，则骄恣犯分，上下失序。观历代宫阃，政由内出，鲜有不为祸乱者也。故内嬖惑人甚于鸩毒，惟贤明之主能察之于未然，其他未有不为所惑者。卿等为我纂述《女戒》及古贤妃之事可为法者，使后世子孙知所持守。”

太祖与侍臣论用人之道曰:“人主以明为治而不自用,其明当取众人之见以为明。夫爝火之光岂胜于列炬?众人之见必广于一人。故用天下之贤才以为治,使天下之情幽隐毕达,则明无不照而治道成矣。苟自作聪明而不取众长,欲治道之成不可得也。”

谓廷臣曰:“治国之道,必先通言路。言犹水也,欲其长流;水塞则众流障遏,言塞则上下壅蔽。今予以一人而酬应天下之务,非兼听广询,何以知其得失?《诗》曰:‘先民有言,询于刍荛。’刍荛,至贱者也,古人尚有取于其言。况左右前后之人与共事者,岂无一得之长乎?诸公所建明,当备陈之。”

论侍臣曰:“毁誉之言,不可不辨也。人固有卓然自立,不同于流俗而得毁者,亦有谄媚狎昵同乎污俗而得誉者。夫毁者未必真不贤,而誉之者未必真贤也,第所遇有幸、不幸耳。人主能知其毁者,果然为贤,则诬谤之言可息,而人亦不至于受抑矣。知其誉者果然不肖,则偏陂之私可绝,而人亦不至于幸进矣。问君子于小人,小人未必能知,君子鲜有不为所毁。问小人于小人,其朋党阿私则所誉者必多矣。惟君子则处心公正,然后能得毁誉之正,故取人为难而知言为尤难也。”

论群臣曰:“古之贤君常忧治世,而古之贤臣亦忧治君。然贤臣之忧治君者,君常安;而明主之忧治世者,世常治。今土宇日广,斯民日蕃,而予心未尝一日忘其忧。何也?久困之民未尽苏息,抚绥之方未尽得宜。卿等能同予之忧乎?能同予忧,庶几格天心而和气可致矣。若徒窃位苟禄,于生民之利病,漫不加省,卒之祸败随至,不可得而救矣,可不惧哉?”

太祖与群臣论民间事曰:“四民之业,莫劳于农。观其终岁勤劳,少得休息,时和岁丰,数口之家,犹可足食;不幸水旱,年谷不登,则举家饥困。朕一食一衣,则念稼穑机杼之勤。尔等居有广厦,乘有肥马,衣有文绣,食有膏粱,当念民劳。大抵百姓足而后国富，百姓逸而后国安，未有民困穷而国独富安者。尔等其思佐朕裕民之道，庶几食禄无愧。”

太祖观《汉武帝纪》，顾谓翰林待制吴沈曰：“人君理财之道，视国如家可也。一家之内，父子不异资，其父经营储积，未有不为其子计者。父子而异资，家必隳矣。君民犹父子也，若惟损民以益君，民衣食不给而君独富，岂有是理哉？”

太祖阅内藏，慨然谓臣下曰：“此皆民力所供蓄积，为天下之用，吾何敢私？苟奢侈妄费，取一己之娱，殚耳目之乐，是以天下之积为一己之奉也。今天下已平，国家无事，封赏之外，正宜俭约以省浮费。”

太祖谓侍臣曰：“淡泊可以养志，俭素可以养德。纵欲败度，奢侈移性。故奇技哇淫，皆役心，损德之具。朕观元世祖在位，躬行俭朴，遂成一统之业。至庚申帝骄淫奢侈，饫粱肉于犬豕，致怨怒于神人。故逸豫未终，败亡随至。此近代之事，可为明鉴。朕常以此训诸子，使知所警戒，则可长保国家矣。”

命博士许存仁进讲经史，存仁讲《尚书·洪范》篇，至“休征咎征之应”，太祖曰：“天道微妙难知，人事感通易见。天人一理，必以类应。稽之往昔，君能修德，则七政顺度，雨旸应期，灾害不生；不能修德，则三辰失行，旱潦不时，灾异迭见。其应如响，箕子以是告武王，以为君人者之儆戒。今宜体此，下修人事，上合天道。然岂特为人上者当勉，为人臣者亦当修省以辅其君，上下交修，斯为格天之本。”

谓侍臣曰：“吾自起兵以来，凡有所为，意向始萌，天必垂象示之，其兆先见。故常加儆省，不敢逸豫。”侍臣曰：“天高在上，其监在下，故能修省者蒙福，不能者受祸。”太祖曰：“天垂象所以警乎下，人君能体天之道，谨而无失，亦有变灾而为祥者。故宋公一言，荧惑移次，齐侯暴露，甘雨应期。灾祥之来，虽曰在天，实由人致也。”

又曰:“前代庸君暗主,莫不以垂拱无为借口,纵恣荒宁,不亲政事。孰不知治天下者无逸然后可逸,若以荒宁怠政为垂拱无为,帝舜何为曰‘耄期倦于勤’,大禹何以惜寸阴,文王何以日昃不食!且人君日理万机,怠心一生,则庶务壅滞,贻患不可胜言。朕即位有年,常以勤励自勉,未旦即临朝,晡时而后还宫。夜卧不能安席,披衣而起,或仰观天象,见一星失次,即为忧惕。或量度民事,有当速行者,即次第笔记,待旦发遣。朕非不欲暂安,但祇畏天命,不敢故耳。朕言及此者,但恐群臣以天下无事,便欲逸乐。股肱既惰,元首丛脞,民何所赖?《书》云:‘功崇惟志,业广惟勤。’尔群臣但能以此为勉,朕无忧矣。”

太祖与侍臣论治身之道曰:“人之害莫大于欲,欲非止于男女宫室,饮食服御而已,凡求私便于己者,皆是也。然惟礼可以制之,先王制礼所以防欲也。礼废则欲肆,为君而废礼纵欲,则毒流于民;为臣而废礼纵欲,则祸延于家。故修礼可以寡过,肆欲必至灭身。”

侍臣进讲《尚书·无逸》篇,太祖曰:“自昔有国家者,未有不以勤而兴,以逸而废,勤与逸,理乱盛衰所系也。人君当存惕厉,不可少怠,以图其终。成王之时,天下晏然。周公辅政,乃作是书,反覆开谕。上自天命之精微,下至民生稼穑之艰难,以及闾里小民之怨诅,莫不具载。周公之爱君,先事而虑其意深矣。朕每观是篇,必反覆详味,求古人之用心,常令儒臣书于殿壁,朝夕省阅,以为鉴戒。今日讲此,深惬朕心,闻之愈益警惕!”

太祖颇闻公侯中有好神仙者,悉召至谕之曰:“神仙之术,以长生为说,而又谬为不死之药以欺人。故前代帝王及大臣多好之,然卒无验,且有服药以丧其身者。盖由富贵之极,惟恐一旦身殁,不能久享其乐,是以一心好之。纵使其术信然可以长生,何故四海之内,千百年间,曾无一人得其术,而久住于世者?若谓神仙混物,非凡人所能识,此乃欺世之言,切不可信。人能惩忿窒欲,养以中和，自可延年。有善足称，名垂不朽，虽死犹生，何必枯坐服药，以求不死？况万无此理，当痛绝之。”

太祖阅《汉书》，谓侍臣曰：“汉高以追逐狡兔比武臣，发纵指示比文臣，譬谕虽切而语则偏重。朕谓建立基业，犹构大厦，剪伐斫削必资武臣，藻绘粉饰必资文臣。用文而不用武，是斧斤未施而先加黝垩；用武而不用文，是栋宇已就而不加涂墍，二者均失之。为天下者，文武相资，庶无偏陂。”

谕户部臣曰：“善为政者，赋民而民不困，役民而民不劳。故民力纾，财用足。今天下有司能用心于赋役，使民不至劳困，则民岂有不足，田野岂有不安，争讼岂有不息，官府岂有不清？如此则民岂有不受其福者乎？民既受福，为官长者亦得以享其福矣。近来有司不以民为心，动即殃民，殃民者祸亦随之。苟能忧民之贫而虑民之困，使民得以厚其生，此可谓善为政也，尔等勉之。”

太祖御谨身殿，翰林学士刘三吾侍。因论治民之道，三吾言：“南北风俗不同，有可以德化，有当以威制。”太祖曰：“地有南北，民无两心。帝王一视同仁，岂有彼此之间？汝谓南方风气柔弱，故可以德化；北方风气刚劲，故当以威制。然君子小人何地无之？君子怀德，小人畏威，施之各有攸当，乌可概以一言乎？”三吾悚服，稽首而退。

谓宰臣曰：“朕每燕居，思天下之事，未尝一日自安。盖治天下犹治丝，一丝不理，则众绪棼乱。故凡遇事必精思而后行，惟恐不当，致生奸弊以殃吾民，以此不敢顷刻安逸。至于刑法，尤所关心。然此非一人所能独理，卿等皆须究心，庶几民无冤抑，刑狱清省。汉宣帝言，狱者所以禁暴止奸，养育群生，甚得用法之意。卿等宜体之毋忽也。”

命刑部、都察院断事等官审录囚徒。太祖曰：“录囚务在情得其真，刑当其罪。大抵人之隐曲难明，狱之疑似难辨。故往往有经审录，寻复反异，盖由审刑者之失以至此耳。故善理狱者，在推至公之心,扩至明之见,则巧伪无所隐,疑似无所惑,自然讼平理直,枉者得伸,系者得释。苟存心失公,听断不明,是犹舍衡以求平,掩鉴以索照,狱何由得理?事何由能直?今命尔等审录囚徒,务以公破私,明辨惑,毋使巧伪繁滋而疑谳不决。生者拘幽于囹圄,死者受冤于地下,非惟负朕慎刑之心,实违上天好生之意。凡录囚之际,必预先稽阅前牍,详审再三,具实以闻。"

谓侍臣曰:"赏罚者,国之大权。人君操赏罚之权以御天下,一本于至公,故有功者虽所憎必赏,有罪者虽所爱必罚。赏以当功,上不为德;罚以当罪,下不敢怨。不以小嫌而妨大政,不以私意而害至公,庶有以服天下之心。"

太祖遣人谕大将军徐达、副将军常遇春曰:"闻将军已下齐鲁诸郡,中外皆庆。予独谓胜而能戒者,可以常胜;安而能警者,可以常安。戒者,虽胜若始战,警者,虽安若履危。夫屡胜之兵易骄,久劳之师易溃。能虑于败,乃可以无败;能慎于成,乃可以有成。必须周防谨密,常若临敌,忽生懈怠,为人所乘。慎之!慎之!"

征南将军汤和移师进攻延平,太祖遣使赍敕谕和曰:"军中之事难于执一,惟当以德服人,必其负固弗顺,然后威以震之。凡推德必先迩者,迩者远之所瞻;示威必先大者,大者小之所凭。迩服则远来,大慑则小惧。"又曰:"若欲人不违己,当使之以信;欲人成功,当任之以专。不信则令不一,不专则权有所分矣。凡此皆汝所短,故特谕尔。"

太祖御奉天殿受朝贺,大宴群臣。宴毕,太祖见诸功臣进退有礼,召前谕之曰:"朝廷之间,以礼为主,人之有礼如衣之有章。朕闻元世祖命伯颜、阿术二人平江南,班师之日,世祖遣儒臣许衡斋酒迎之,两人推让,莫肯先饮。伯颜曰:'阿术之功当先酌。'阿术曰:'伯颜之功当先酌。'相让者久之。衡叹曰:'贤矣哉!古有拔剑击柱而争功者,视此何如?'今观卿等虽出身行阵,而进退周旋不失礼度，朕为之喜。卿等能始终如此，何患后世无称道之者？”

命京卫将士练习武艺，是时诸将率师平中原，入关陕，而将士之留京师者多安逸。太祖谕之曰：“凡事必预备然后有济。先时浚流，临旱免忧；已涸而汲，沃焦弗及。汝等当闲暇之日，宜练习武艺，不可谓无事便可宴安也。夫溺于宴安者，必至于危亡；安而虑危者，乃可以常安。”又曰：“成功非易，保禄尤难。今国家之用人，正如用车。苟有龃龉不行，即移载他车矣。汝等其戒之。”诸将皆顿首谢。

谓诸武臣曰：“治定功成，颁爵授禄。尔等享有富贵，正当与贤人君子讲学，以明道理，以广见闻。通达古今之务，以成远大之器。岂可苟且自足，止于武夫而已？夫位隆而不知学，徒长骄傲之心；生今而不知古，岂识成败之迹？古之良将，皆文武相资。尔等不可以为两途。有识者，必然吾言。其次（者），在从违之间。其下者，耳若不闻。吾言谆切，尔等其勉识之。”

太祖亲阅武于教场，既罢，谕诸将臣曰：“畜兵所以卫民，劳民所以养兵。兵民相资，彼此相利。今尔等无耕耨之劳，而充其食；无织纴之苦，而足其衣，是皆出于民也。然无知之徒不知捍御之道，横起凌虐之心，以害其民。民受其害而至于困弊者，是自损其衣食之本也，不仁甚矣。尔等勤劳建功，皆已荣显，宜戒其纵恣之心，体朕恤下之意。且贵能思贱，富能思贫者，善处富贵也；忧能同其忧，乐能同其乐者，善体众情也。不违下民之欲，斯能合上天之心；合乎上天之心，斯可以享有富贵矣。”

永道、桂阳诸州蛮寇窃发，命金吾右卫指挥同知陆龄率兵讨之。谕之曰：“蛮夷梗化，自作不靖，今命卿等讨之。军旅之事以仁为本，以威为用。申明号令，不可姑息；号令明则士有励心，姑息行则人怀怠志。士心励，虽少必济；人志怠，虽众弗克。所谓仁者，非姑息；所谓威者，非杀伐。仁以抚众，威以振旅，则鲜有不克。”龄受命行，皆讨平之。

谕省府臣曰：“尔诸大臣，既受封爵，进职位，可谓尊显矣，当同心辅国以享禄位。朕尝思古之君臣，居安不忘，警戒盈满，常惧骄纵，兢兢业业，日慎一日，故能始终相保，不失富贵。大抵开基创业之主，待功臣非不欲始终尽善，如韩信、彭越自不能保全其功，深可惜也。至承平之后，旧臣多有获罪者，究其所以，盖其事主之心日骄，富贵之志日淫，以致于败。古人置欹器于座侧，正以戒其骄盈耳。汝等宜戒慎之！”

又谓都督府臣康茂才等曰：“汝等今成大功，岂汝一人之能哉？非军士同心效力，曷能致此？切不可挟功骄恣，轻忽下人。若此，则鲜有不败者。朕故拳拳为尔等言之。古之人主待其臣下，往往以权术驾驭，不以至诚相感，故易生猜疑。今吾以直言告汝，常相警戒，非止在于汝身，汝又当以朕意训汝子孙，则可与国同其久长矣。”

谕来朝守令曰：“朕设置百官，各司厥职，以分理庶务。惟都守县令，为牧民之官，凡赋敛、徭役、诉讼，皆先由县，次方至府。若县令贤明，则赋敛平，徭役均，诉讼简。一县之事既治，则府可以无忧矣。苟县官贪虐以毒民，或怠荒以废事，民间利病，尸坐不闻，不惟民受其殃，府亦受其弊矣。为府官者知其弊，能绳其奸贪，去其阘茸，请更贤者而任之，则上下皆安矣。若知而不举，上下蒙蔽，虽苟且一时，终必为其所累。智人君子必能察于此矣。尔等勿谓身居远外，朕不能知，异日政绩有闻，必有嘉赏，顾尔等为政何如耳。”

吏部奏用国子生十四人，皆为六品以下官。太祖谕之曰：“事君之道，惟尽忠不欺；治民之道，惟至公无蔽。凡一郡一邑之民，必有饥寒不得其所者，有狱讼冤抑者，有贤才不举者，有豪猾蠹民者。汝等到任，能不为私欲所蔽，人言所惑，则方寸自明，而诸弊可息。一牵于私欲而惑于人言，则冥然如坐暗室，饥寒者无由获济，冤抑者无由伸理，贤才壅蔽而豪猾纵横，则为废职矣。古人有言：‘人始入官，如入暗室，久而乃明，明乃治。’汝等切记之，毋为人蔽惑也。”

谓将臣曰：“用兵之道，必先固其本，本固而战，多胜少败。何谓本？内是也。内欲其实，实则难破。何谓实？有备之谓也。后世不知务此，至有战胜之余，遂忘武备，往往至于取败。人孰不曰天下平定之时，可以息兵偃武？殊不知治兵然后可以言息兵，讲武而后可言偃武。若晋彻州郡之备，卒召五胡之扰；唐彻中国之备，终致安史之乱，此无备之验也。夫当天下无虞之时，正须常守不虞之戒，然则武备其可一日而忘哉？”

有御史自广西还，进《平蛮六策》，内有曰“立威”。太祖览毕，谕之曰：“汝说甚善，‘立威’之说亦有偏耳。夫中国之于蛮夷，在制驭之何如。盖蛮夷非威不畏，非惠不怀，然一于威则不能感其心，一于惠则不能慑其暴。惟威惠并行，此驭蛮夷之道也。古人有言，以怀德畏威为强，正以此耳。”

谓廷臣曰：“朕常命寺人，发库藏中古镜十余，以鉴容貌，多失真。召冶工数人而问之，莫能答。最后一人言曰：‘锻炼不至，范模不正，故镜体偏邪，照人失真。’朕闻之惕然感悟。夫镜一物耳，略有偏邪，乃不可鉴形。人君主宰天下，辨别邪正，审察是非，皆原于心，心有不正，百度乖矣。正心之功，其可忽乎？”

明成祖文皇帝

《大训记》

各布政司府州官进表者辞归。上谕曰：“治天下者，以天下之心为心，治一方者，以一方之心为心。朕居君位，夙夜念虑，未尝忘民。每思饮食衣服，百物之奉，皆出民力。民或有寒不得衣，饥不得食，劳不得息，朕何忍独安？尔等皆以贤才为国家任牧民之职，夫受人寄者，当尽己之力；为人上者，当推己之心。治民之道，惠养为急。不害播种，则民无饥。不妨蚕桑，则民无寒。盖民之衣食皆出己力，未尝仰给公家。惟赖公家统理，以免强凌众暴之患耳。尔等当明其利害，顺其好恶。去其为恶之人，则为善者自安；惩其趋末之习，则务本者自固。况数年以来，军旅供给，民劳为甚。今略得休息，正如病者初差，宜保养调护。若复劳扰，病将愈深。其归戒之。”

周王棣来朝，且献驺虞，百僚称贺，以为皇上至仁，格天所致。既罢朝，上谓侍臣曰：“适闻群臣言，不觉惕然。天下之大，如一夫有怨，岂得谓仁？一念不诚，岂能格天？朕方夙夜惭惧，何可便谓驺虞是天降祥于朕？”侍臣曰：“此天心，真不偶然者。”上曰：“祥瑞之来，易令人骄，是以古之明主，皆遇祥自警，未尝因祥自怠。警怠者，国之安危系焉。驺虞若果为祥，在朕更当加慎。”

上御右顺门览奏牍时，御案有镇纸金狮，欹侧将坠。给事中耿通趋进移置案中。上顾侍臣曰：“一器之微，置于危处则危，置于安处则安。天下大器也，独可置之于危乎？尤须安之。天下虽安，不可忘危。故小事必谨，小不谨而积之，将至大患；小过必改，小不改而积之，将至大坏，皆致危之道也。”

上顾诸将论用兵之法，曰：“兵法云：‘多算胜，少算不胜。’盖用兵之际，智在勇先，不可忽也。驭众之道，固须步武整肃，进退以律。然必将帅抚士卒，如父兄于子弟，则士卒附将帅亦如手足之捍头目。上下一心，乃克有济。至于同列，尤须和协。一队当敌，则各队策应。左右前后，莫不皆然。譬如舟行遇风，同舟之人齐力以奋，波涛虽险，靡不获济。尔等勉之。”

明仁宗昭皇帝

《大训记》

刑部尚书金纯、左都御史刘观等奏刑名毕，上谕之曰："朕于刑法，未尝敢以喜怒增损。卿等鞫狱之际，亦当虚心听察，量其情实。有罪不可幸免，无罪不可滥刑。持法明信，则人有所畏而不敢犯。若不明其情而任己轻重，或迎合朕意，使人含冤抱恨者，朕之所恶，卿等其以为戒。卿等皆国大臣，非独自己当存矜狱之心，如朕一时过于嫉恶，处法失中，卿等更须执正，毋以乘迕为虑，朕不难于从善也。"

《明史》

通政使请以四方雨泽章奏送给事中收贮。帝曰："祖宗令天下奏雨泽，欲知水旱，以施恤民之政。积之通政司，既失之矣，今又令收贮，是欲上之人终不知也。自今奏至，即以闻。"

明宣宗章皇帝

《大训记》

上谕吏部尚书蹇义等曰："前命御史考察在外等官政，欲任贤退不肖，庶几民受其惠。近闻考察之官少能著实，但信偏言，更不博询。其有勤于职业，因理公务，不免施刑。小人不喜，诬为酷暴，反致罢退。庸滥之官，纲纪不立，人所狎玩，或贪赃贿，低首下气，依阿度日。小人贪其易与，乃更保留，如此不当。孔子曰：'众好恶，必察焉。'宜严戒饬之，务尽至公，毋使正人受诬，小人得志。如或不当，责有所归。"

上御奉天门，谕三法司官曰："朕夜来观《周书 · 立政》篇，有云：'式敬尔徭狱，以长我王国。'此深有意味。盖能敬慎用刑，不致枉滥，则仁恩浃洽，足以培固国本，福祚岂不灵长？今不必论效验，但当以敬为主，有虞钦恤，正是此意，卿等宜夙夜勿忘。"

谓侍臣曰："三代以下人主，唐太宗善纳谏，当时之臣，若魏征、王珪亦善谏，故有贞观之治。宋太祖尝曰：'唐太宗受人谏疏，常自引咎，不以为耻。不若已不为非，使人无可谏。二者孰是？'侍臣对曰：'宋太祖所言为优。'上曰：'宋太祖固是务本之论，然人所行岂能皆是？若禹闻善言则拜，汤从谏弗咈，改过不吝，禹、汤犹取善于人，况其下者乎？朕以为人君者，当以太宗为法。"

明宪宗纯皇帝

《明史》

山西巡抚何乔新劾奏迟延狱词佥事尚敬、刘源，因言："凡二司不决断词讼者，半年之上，悉宜奏请执问。"帝曰："刑狱重事，《周书》曰：'要囚，服念五六日，至于旬时。'特为未得其情者言耳。苟得其情，即宜决断，无罪拘幽，往往瘐死，是刑官杀之也。"故律特著淹禁罪囚之条，其即以乔新所奏通行天下。

明孝宗敬皇帝

《宝训》

上视学行释奠礼，御彝伦堂，赐敕，勉励诸生曰："朕惟自古帝王，本纲常以致治，必以学校为首务焉。学校所以明人伦也，孔子述经垂教，莫先乎此。我祖宗奄有寰宇，建学育材，文教诞敷，治化旁洽。肆朕继统之初，聿遵成宪，择日视学，祗谒先师孔子，退即彝伦堂听讲经书。因以劝励师生，夫治本于道，道载于经，所当讲明而体行者，舍纲常何以哉？朕躬行图治，惟古帝王是期尔。师生其亦以古之贤才是励，于经必究其精微之奥，于纲常伦理必尽其允蹈之功，蕴之为德行，措之为事业，大足以尊主庇民，次足以修政立事。罔俾济济之咏专美有周，则我明治化将与唐虞'于变时雍'匹，休矣！钦哉！故谕。"

敕刑部都察院大理寺曰："朕惟刑以辅治，用之贵得其平。刑平则善有所劝，恶有所惩，而人心服，天道和。不平则不足以劝善惩恶，而人心不服，天道乖，灾变之来，诚有不能免焉。故特戒饬尔等，各加敬慎，仍行南京三法司及天下大小问刑衙门，今后问刑之际，务必存心以仁恕，持法以公平，察辞辨色，详审其情。罪所当重者重之以惩恶，毋务姑息而不顾，纵恶长奸之非。罪所当轻者轻之以宥过，毋事苛刻而致有抑郁称冤之叹。其或证验无凭，情隐难明者，尤当加意推究，毋或傅致于一时而冀不坐罪于他日。如此庶不背古圣人钦恤之训，而于朕刑期无刑之治亦有裨益焉。"

卷五

唐虞

《书》

益曰："吁！戒哉。儆戒无虞，罔失法度。罔游于逸，罔淫于乐。任贤勿贰，去邪勿疑。疑谋勿成，百志惟熙（蔡沈曰：百志，犹百虑也。言方寸之间，光辉明白）。罔违道以干百姓之誉，罔咈百姓以从己之欲。无怠无荒，四夷来王。"

益赞于禹曰："惟德动天，无远弗届；满招损，谦受益，时乃天道。"

皋陶曰："都！慎厥身，修思永，惇叙九族，庶明励翼，迩可远，在兹。"（蔡沈曰："慎者，言不可不致其谨也。身修则无言行之失，思永则非浅近之谋。厚叙九族则亲亲恩笃而家齐矣，庶明励翼则群哲勉辅而国治矣。迩，近也。言近而可推之远者，正此道也，盖身修、家齐、国治而天下平矣。）

又曰："无教逸欲有邦。兢兢业业，一日二日万几。无旷庶官，天工人其代之。"（蔡沈曰："无教逸欲有邦者，言天子当以勤俭率诸侯，不可以逸欲导之也。一日二日者，言其日之至浅；万几者，言其几事之至多也。盖一日二日之间，事几之来且至万焉，是可一日而纵欲乎？"）

又曰："天叙有典，敕我五典五惇哉！天秩有礼，自我五礼有庸哉（蔡沈曰：有庸，当作五庸）！同寅协恭，和衷哉。（蔡沈曰："叙者，君臣、父子、兄弟、夫妇、朋友之伦叙也。秩者，尊卑、贵贱等级隆杀之品秩也。言典礼虽天所叙秩，然正之使叙而益厚，用之使秩而有常，则在我而已。故君臣当同其寅畏，协其恭敬，诚一无间,融会流通,而民彝物则,各得其正,所谓'和衷'也。")天命有德,五服五章哉!天讨有罪,五刑五用哉!政事懋哉!懋哉(懋,勉也)!天聪明自我民聪明,天明畏(蔡沈曰:明者,显其善。畏者,威其恶)自我民明威(蔡沈曰:威,古文作畏),达于上下,敬哉有土。"(蔡沈曰:"言天之聪明非有视听也,因民之视听以为聪明;天之明畏非有好恶也,因民之好恶以为明畏。上下,上天下民也。言天人一理,通达无间,民心所存,即天理之所在;而吾心之敬,是又合天民而一之者也。有天下者,可不知所以敬之哉!")

商

《书》

仲虺曰:"德日新,万邦惟怀;志自满,九族乃离。王懋昭大德,建中于民,以义制事,以礼制心,垂裕后昆。予闻曰:能自得师者王,谓人莫已若者亡。好问则裕,自用则小。"

伊尹曰:"今王嗣厥德,罔不在初。立爱惟亲,立敬惟长,始于家邦,终于四海。"

又曰:"嗣王祗厥身,念哉!圣谟洋洋,嘉言孔彰。惟上帝不常,作善降之百祥,作不善降之百殃。尔惟德罔小,万邦惟庆;尔惟不德罔大,坠厥宗。"(蔡沈曰:"言勿以小善而不为,万邦之庆积于小;勿以小恶而为之,厥宗之坠不在大。盖善必积而后成,恶虽小而可惧。")

又曰:"慎乃俭德,惟怀永图,若虞机张,往省括于度则释。(蔡沈曰:"括,矢括也。释,发也。言若虞人之射弩机,既张必往察其括之合于法度,然后发之,则发无不中矣。")钦厥止,率乃祖攸行,惟朕以怿,万世有辞。"

又曰:"奉先思孝,接下思恭,视远惟明,听德惟聪,朕承王之休无斁。"(蔡沈曰:"思孝则不敢违其祖,思恭则不敢忽其臣。

惟,亦思也。思明则所视者远而不蔽于浅近,思聪则所听者德而不惑于憸邪。")

又曰:"惟天无亲,克敬惟亲。民罔常怀,怀于有仁。鬼神无常享,享于克诚。天位艰哉,德惟治,否德乱。与治同道罔不兴,与乱同事罔不亡。终始慎厥与,惟明明后。"

又曰:"若升高必自下,若陟遐必自迩。无轻民事惟难,无安厥位惟危。慎终于始,有言逆于汝心,必求诸道;有言逊于汝志,必求诸非道。"(真德秀曰:"听言之道,当求义理之当,不当顺意见之偏。苟合乎理,虽逆吾意不可不从;苟拂乎理,虽顺吾意不可不察。")

又曰:"君罔以辩言乱旧政,臣罔以宠利居成功,邦其永孚于休!"

又曰:"天难谌(谌,信也),命靡常。常厥德,保厥位。厥德靡常,九有以亡。"

又曰:"非天私我有商,惟天佑于一德;非商求于下民,惟民归于一德。德惟一,动罔不吉;德二三,动罔不凶。惟吉凶不僭在人,惟天降灾祥在德。"(蔡沈曰:"僭,差也。惟吉凶不差在人者,惟天之降灾祥在德故也。")

又曰:"任官惟贤才,左右惟其人(蔡沈曰:左右者,辅弼大臣。非贤才之称可尽,故曰惟其人);臣为上为德(蔡沈曰:为上为德,左右厥辟也。不曰君而曰德者,兼君道而言也),为下为民;其难其慎,惟和惟一(蔡沈曰:"难者,难于任用;慎者,慎于听察,所以防小人也。和者,可否相济;一者,始终如一,所以任君子也);德无常师,主善为师;善无常主,协于克一。"(蔡沈曰:克一者,能一之谓也。博而求之于不一之善,约而会之于至一之理,此圣学始终条理之序也。)

《说苑》

伊尹曰:“王者得贤材以自辅,然后治也。虽有尧舜之明,而股肱不备,则主恩不流,化泽不行。故明君在上,慎于择士,务于求贤。设四佐以自辅,有英俊以治官。尊其爵,重其禄。贤者进以显荣,罢者退而劳力。是以主无遗忧,下无邪慝。百官能治,臣下乐职。恩流群生,润泽草木。昔者虞舜左禹右皋陶,不下堂而天下治,此使能之效也。”

《书》

傅说曰:“惟木从绳则正,后从谏则圣。后克圣,臣不命其承畴,敢不祗若王之休命。”(蔡沈曰:“言君果从谏臣,虽不命犹且承之,况命之如此,谁敢不敬顺其美命乎?”)

又曰:“明王奉若天道,建邦设都,树后王君公,承以大夫师长,不惟逸豫,惟以乱民(乱,治也)。惟天聪明,惟圣时宪,惟臣钦若,惟民从乂。”(蔡沈曰:“天之聪明,无所不闻,无所不见,无他,公而已矣。人君法天之聪明,一出于公,则臣敬顺而民亦从治矣。”)

又曰:“虑善以动,动惟厥时。”(蔡沈曰:“善,当乎理也。时,措之宜也。”)

又曰:“惟厥攸居,政事惟醇。”(蔡沈曰:“居,止而安之义;安于义理之所止也。义理安于自然则一矣,一故政事醇而不杂也。”)

又曰:“非知之艰,行之惟艰。王忱不艰,允协于先王成德,惟说不言有厥咎。”(蔡沈曰:“王忱不艰,言王忱信之,亦不为难。”)

又曰:“人求多闻,时惟建事,学于古训乃有获。事不师古,以克永世,匪说攸闻(蔡沈曰:人求多闻者,是惟立事;然必学古训,深识义理,然后有得)。惟学逊志,务时敏,厥修乃来。允怀于兹,道积于厥躬。(蔡沈曰:"逊其志,如有所不能;敏于学,如有所不及。虚以受人,勤以励己,则其所修如泉始达,源源乎其来矣。笃信而深念乎此,则道积于身,不可以一二计矣。")惟敩学半,念终始典于学,厥德修罔觉。"(蔡沈曰:"敩,教也。言教人居学之半,始之自学。学也终之,教人亦学也。一念终始,常在于学,无少间断,则德之所修,有不知其然而然者矣。")

周

《书》

箕子曰:"人之有能有为,使羞其行,而邦其昌。"(蔡沈曰:"羞,进也。使进其行,则官使者皆贤才,而邦国昌盛矣。")

又曰:"惟辟作福,惟辟作威,惟辟玉食,臣无有作福作威玉食,臣之有作福作威玉食,其害于而家凶于而国,人用侧颇僻,民用僭忒。"

《三略》

吕望曰:"军井未达,将不言渴;军幕未办,将不言倦;军灶未炊,将不言饥。与之安,与之危,故其众可合而不可离。以其恩素笃,谋素和也。"

《书》

召公奭曰:"不作无益害有益,功乃成;不贵异物贱用物,民乃足。"

又曰:"不宝远物,则远人格;所宝惟贤,则迩人安。"

又曰:“夙夜罔或不勤,不矜细行,终累大德。为山九仞,功亏一篑。”

周公曰:“君子所其无逸,先知稼穑之艰难乃逸,则知小人之依。”(蔡沈曰:“先知稼穑之艰难乃逸者,以勤居逸也。”)

《逸周书》

周公曰:“王者所佩在德,德在利民。昌大在自克,无过在数惩,不困在豫慎,见祸在未形,除害在能断,安民在知过,用兵在知时,胜大患在合人心,施舍在平心,不幸在不闻其过,福在受谏,基在爱民,固在亲贤,祸福在所密,利害在所近,存亡在所用,尊在慎威,安在恭己。”

《国语》

史佚曰:“动莫若敬,居莫若俭,德莫若让,事莫若咨。”

《左传》

周任曰:“为国家者,见恶,如农夫之务去草焉,芟夷蕴崇之(蕴崇,积聚也),绝其根本,勿使能殖,则善者信矣。”

又曰:“为政者不赏私劳,不罚私怨。”

《国语》

虢文公曰:“夫民之大事在农。上帝之粢盛,于是乎出;民之蕃庶,于是乎生;事之共给(共,供也),于是乎在;和协辑睦,于是乎兴;财用蕃殖,于是乎始;敦庞纯固,于是乎成。”

《左传》

季梁曰:“夫民,神之主也,是以圣王先成民而后致力于神。

故务其三时，修其五教，亲其九族，以致其禋祀。于是乎，民和而神降之福，故动则有成。”

《国语》

内史过曰：“国之将兴，其君齐明衷正（齐，斋也），精洁惠和。其德足以昭其馨香，其惠足以同其民人。神飨而民听，民神无怨，故明神降之。观其德政，而均布福焉。”

曹刿曰：“夫惠本而后民归之（志），民和而后神降之福。若布德于民而平均其政事，君子务治而小人务力。动不违时，器不过用，财用不匮，莫不共祀，。是以用民无不听，求福无不丰。”

《管子》

管夷吾曰：“凡牧民者，欲民之可御也；欲民之可御，则法不可不审。法者，将立朝廷者也；将立朝廷者，则爵服不可不贵也；爵服加于不义，则民贱其爵服；民贱其爵服，则人主不尊；人主不尊，则令不行矣。法者，将用民力者也；将用民力者，则禄赏不可不重也。禄赏加于无功，则民轻其禄赏；民轻其禄赏，上无以劝民；上无以劝民，则令不行矣。”

又曰：“规矩者，方圆之正也。虽有巧目利手，不如拙规矩之正方圆也。故巧者能生规矩，不能废规矩而正方圆；虽圣人能生法，不能废法而治国。”

又曰：“天子有善，让德于天；诸侯有善，庆之于天子；大夫有善，纳之于君；民有善，本于父，庆之于长老。此道法之所从来，是治本也。”

又曰：“虽有明君，百步之外，听而不闻；间之堵墙，窥而不见也。而名为明君者，君善用其臣，臣善纳其忠也。信以继信，善以传善（君信而臣继之，君善而臣传之），是以四海之内，可得而治。”

又曰：“天不为一物枉其时（冬不为松柏不凋辍其霜雪，夏不为荠麦枯死止其雨露），明君圣人亦不为一人枉其法。天行其所行，而万物被其利；圣人亦行其所行，而百姓被其利。”

又曰：“昔年七十九代之君，法制不一，号令不同，然俱王天下，何也？必国富而粟多也。夫国富多粟生于农，故先王贵之。凡为国之急者，必先禁末作文巧，末作文巧禁则民无所游食，民无所游食则必农，民事农则田垦，田垦则粟多，粟多则国富。国富者兵强，兵强者战胜，战胜者地广。是以先王知众民、强兵、广地、富国之必生于粟也，故禁末作、止奇巧而利农事。”

又曰：“目贵明，耳贵聪，心贵智。以天下之目视则无不见也，以天下之耳听则无不闻也，以天下之心虑则无不知也。”

又曰：“天生四时，地生万财，以养万物而无取焉。明主配天地者也，教民以时，劝之以耕织，以厚民养而不伐其功，不私其利。故曰：‘能予而无取者，天地之配也。’”

又曰：“天之道，满而不溢，盛而不衰。明主法象天道，故贵而不骄，富而不奢，行理而不惰，故能长守贵富，久有天下而不失也。故曰：‘持满者与天。’”

又曰：“国有四维，一曰礼，二曰义，三曰廉，四曰耻。”

又曰：“一年之计莫如树谷，十年之计莫如树木，终身之计莫如树人。”

又曰：“人君泄则言实之士不进，言实之士不进则国之情伪不竭于上。”

又曰：“夫民别而听之则愚，合而听之则圣。虽有汤武之德，复合于市人之言，是以明君顺人心、安情性，而发于众心之所聚。先王善与民为一体，与民为一体，是以国守国、以民守民也。”

又曰：“天因人，圣人因天。”

又曰：“公之所加，罪虽重，下无怨气；私之所加，赏虽多，士不为欢。”

又曰：“明主之治国也，其当赏者群臣不得辞也，其当罚者群臣不敢避也。夫赏功诛罪，所以为天下致利除害也。草茅弗去则害禾谷，盗贼弗诛则伤良民。夫舍公法而行私惠，则是利奸邪而长暴乱也；行私惠而赏无功，则是使民偷幸而望于上也；行私惠而赦有罪，则是使民轻上而易为非也。夫舍公法用私意，明主不为也。”

又曰：“错国于不倾之地，积于不涸之仓，藏于不竭之府，下令于流水之原，使民于不争之官，明必行之路，开必得之门，不为不可成，不求不可得，不处不可久，不行不可复。错国于不倾之地者，授有德也；积于不涸之仓者，务五谷也；藏于不竭之府者，养桑麻、育六畜也；下令于流水之原者，令顺民心也；使民于不争之官者，使各为其所长也；明必行之路者，严刑罚也；开必得之门者，信庆赏也；不为不可成者，量民力也；不求不可得者，不强民以其所恶也；不处不可久者，不偷取一世也；不行不可复者，不欺其民也。故授有德则国安，务五谷则食足，养桑麻、育六畜则民富，令顺民心则威令行，使民各为其所长则用备，严刑罚则民远邪，信庆赏则民轻难，量民力则事无不成，不强民以其所恶则诈伪不生，不偷取一世则民无怨心，不欺其民则下亲其上。”

又曰：“人主之所以令则行、禁则止者，必令于民之所好而禁于民之所恶也。民之情莫不欲生而恶死，莫不欲利而恶害。故令于生，利人则令行；禁于杀，害人则禁止。”

又曰：“断制五刑，各当其名，罪人不怨，善人不惊。”

又曰：“疑今者，察之古；不知来者，视之往。万事之生也，异趣而同归，古今一也。”

又曰：“时者得天，义者得人；既时且义，故能得天与人。”

又曰：“主不周密，则正言直行之士危。正言直行之士危，则人臣党而成群。”

又曰："凡民之从上也，非从口之所言、从情之所好者也。上之所好，民必甚焉。明君知民之必以上为心也，故置法以自治，立仪以自正也。"

又曰："心治是国治也，治心在于中，治言出于口，治事加于民，故功作而民从。"

又曰："听言之道，勿望而距，勿望而许，许之则失，距之则闭塞。"

又曰："凡人莫不欲利而恶害，是故与天下同利者，天下扶之；擅天下之利者，天下谋之。天下所谋，虽立必隳；天下所扶，虽高不危。"

又曰："明主之道，卑贱不待尊贵而见，大臣不因左右而进，故无壅遏之患。"

《国语》

晋文公问于郭偃曰："'始也，吾以国为易，今也难。'对曰：'君以为易，其难也将至矣；君以为难，其易也将至矣。'"

《左传》

胥臣曰："敬，德之聚也；能敬，必有德。"

熊旅曰："民生在勤，勤则不匮。"

又曰："夫武，禁暴戢兵，保大定功，安民和众，丰财者也。"（丰财，谓绥万邦屡丰年也。）

《国语》

王孙说曰："圣人之施舍也议之，其喜怒取与也亦议之。是以不主宽惠，亦不主猛毅，主德义而已。"

范燮曰："贤者宠至而益戒，不足者为宠骄。"

又曰："德，福之基也。无德而福隆，犹无基而厚墉也，其坏也无日矣。"

《左传》

臧孙纥曰："在上位者，洒濯其心，壹以待人，轨度其信，可明征也，而后可以治人。夫上之所为，民之归也。上所不为而民或为之，是以加刑罚焉，而莫敢不惩。若上之所为而民亦为之，乃其所也，又可禁乎？"（洒，读作洗。）

士弱曰："政不可不慎也，务三而已：一曰择人，二曰因民，三曰从时。"

子太叔问政于子产，子产曰："政如农功，日夜思之，思其始而成其终，朝夕而行之，行无越思（思而后行），如农之有畔（言其次），其过鲜矣。"

郑人游于乡校以论执政（论其得失），然明谓子产曰："毁乡校如何？"子产曰："何为？夫人朝夕退而游焉，以议执政之善否。其所善者，吾则行之；其所恶者，吾则改之。是吾师也，若之何毁之？我闻忠善以损怨（为忠善则怨谤息），不闻作威以防怨（欲毁乡校即作威），岂不遽止？然犹防川，大决所犯，伤人必多，吾不克救也。不如小决使道（道，通也），不如吾闻而药之也。"（以为己药石）

又曰："君子有四：时朝以听政，昼以访问，夕以修令，夜以安身。"

卫侯问北宫文子曰："何为威仪？"对曰："有威而可畏，谓之威；有仪而可象，谓之仪。君有君之威仪，其臣畏而爱之，则而象之，故能有其国家，令闻长世。臣有臣之威仪，其下畏而爱之，故能守其官职，保族宜家。故君子在位可畏，施舍可爱，进退可度，周旋可则，容止可观，作事可法，德行可象，声气可乐，动作有文，言语有章，以临其民，谓之有威仪也。”

晏婴曰：“君令臣忠，父慈子孝，兄爱弟敬，夫和妻柔，姑慈妇听，礼之经也。君令而不违，臣忠而不贰，父慈而教，子孝而箴，兄爱而友，弟敬而顺，夫和而义，妻柔而贞，姑慈而从，妇听而婉，礼之质也。”

又曰：“君人执信，臣人妨恭，忠信笃敬，上下同之，天之道也。”

又曰：“君所为可而有否焉，臣献其否以成其可；君所为否而有可焉，臣献其可而去其否，是以政成而不干。”

《晏子春秋》

晏婴曰：“先王之立爱以劝善也，其立恶以禁暴也。昔者三代之兴也，利于国者爱之，害于国者恶之。故明所爱而贤良众，明所恶而邪僻灭。”

又曰：“古之圣王其行公正而无邪，故谗人不得入；不阿党，不私色，故群徒之卒不得容；薄身厚民，故聚敛之人不得行。”

又曰：“贤君之治国，其政任贤，其行爱民，其取下节，其自养俭。从邪害民者有罪，进善举过者有赏，其政刻上而饶下，赦过而救穷，不因喜以加赏，不因怒以加罚，不从欲以劳民，不修怨而危国。上无骄行，下无谄德；上无私义，下无窃权；上无朽蠹之藏，下无冻馁之民，贤君之治国若此。”

《左传》

闵马父曰：“祸福无门，惟人所召。”

《易》

孔子《彖传》曰：“泰，小往大来，吉亨，则是天地交而万物通也。上下交而其志同也。”(朱子曰:“泰,通也。小谓阴,大谓阳,言坤往居外,乾来居内。”)

谦,亨。天道下济而光明,地道卑而上行,天道亏盈而益谦,地道变盈而流谦,鬼神害盈而福谦,人道恶盈而好谦。谦尊而光,卑而不可逾,君子之终也。(朱子曰:“人能谦,则其居尊者其德愈光,其居卑者人亦莫能过。”)

天地以顺动,故日月不过而四时不忒;圣人以顺动,则刑罚清而民服。

天地养万物,圣人养贤以及万民。

天地感而万物化生,圣人感人心而天下和平。观其所感,而天地万物之情可见矣。

日月得天而能久照,四时变化而能久成,圣人久于其道而天下化成。观其所恒,而天地万物之情可见矣。

家人,女正位乎内,男正位乎外。男女正,天地之大义也。家人有严君焉,父母之谓也。父父子子,兄兄弟弟,夫夫妇妇,而家道正,正家而天下定矣。

兑,说也。刚中而柔外,说以利贞,是以顺乎天而应乎人。说以先民,民忘其劳;说以犯难,民忘其死;说之大,民劝矣哉。(程子曰:“君子之道,其说于民,如天地之施感于心而悦服无斁。故以之先民则民悦,随而忘其劳;率之以犯难,则民心悦服于义而不恤其死。”)

天地节而四时成,节以制度不伤财,不害民。

《象传》曰:“天地交泰,后以财成天地之道,辅相天地之宜,以左右民。”(程子曰:“裁成,谓体天地交泰之道而裁制成其施为之方也。辅相天地之宜,天地通泰,则万物茂遂。人君体之而为法制,使民用天时、因地利,辅助化育之功,成其丰美之利也。如春气发生万物,则为播种之法;秋气成实万物,则为收敛之法,乃辅相天地之宜,以左右辅助于民也。民之生必赖君上为之法制,以教率辅翼之，乃得遂其生养，是左右之也。”）

风雷益，君子以见善则迁，有过则改。

《文言》曰：“元者，善之长也。亨者，嘉之会也。利者，义之和也。贞者，事之干也。君子体仁足以长人，嘉会足以合礼，利物足以和义，贞固足以干事。”（朱子曰：“以仁为体，则无一物不在所爱之中，故足以长人；嘉其所会则无不合礼，使物各得其所利，则义无不和。贞固者，知正之所在而固守之，故足以为事之干。”）君子行此四德者，曰：乾，元亨利贞。

《系辞传》曰：“劳谦，君子有终吉（此谦九三爻辞）。子曰：‘劳而不伐，有功而不德，厚之至也，语以其功下人者也。德言盛，礼言恭，谦也者，致恭以存其位者也。”（朱子曰：“德言盛，礼言恭，言德欲其盛，礼欲其恭也。”）

不出户庭，无咎（此节初九爻辞）。子曰：“乱之所生也，则言语以为阶。君不密则失臣，臣不密则失身，几事不密则害成，是以君子慎密而不出也。”

天地之大德曰生，圣人之大宝曰位。何以守位？曰仁。何以聚人？曰财。理财正辞、禁民为非曰义。（朱子曰：“正辞便只是分别是非。”）

《礼记》

孔子曰：“儒有内称不避亲，外举不避怨。程功积事，不求厚禄。推贤而进达之，不望其报。君得其志，苟利国家，不求富贵。其举贤援能有如此者。”

又曰：“夫礼，先王以承天之道，以治人之情。”

又曰：“张而不弛，文武弗能也；弛而不张，文武弗为也。一张一弛，文武之道也。”

又曰：“立爱自亲始，教民睦也；立敬自长始，教民顺也。教以慈睦而民贵有亲，教以敬长而民贵用命。孝以事亲，顺以听命，错诸天下，无所不行。”

孔子侍坐于哀公，公曰：“敢问何谓为政？”孔子对曰：“政者，正也。君为正，则百姓从政矣。君之所为，百姓之所从也。君所不为，百姓何从？”公曰：“敢问为政如之何？”孔子对曰：“夫妇别、父子亲、君臣严，三者正，则庶物从之矣。”

子夏曰：“三王之德，参于天地，敢问何如斯可谓参天地矣？”孔子曰：“奉三无私以劳天下。”子夏曰：“敢问何谓三无私？”孔子曰：“天无私覆，地无私载，日月无私照，奉斯三者以劳天下，此之谓三无私。”

孔子曰：“下之事上也，不从其所令，从其所行。上好是物，下必有甚者矣。故上之所好恶，不可不慎也，是民之表也。”

又曰：“民以君为心，君以民为体。心庄则体舒，心肃则容敬。心好之，身必安之；君好之，民必欲之。”

《孝经》

孔子曰：“爱亲者不敢恶于人，敬亲者不敢慢于人。爱敬尽于事亲，而德教加于百姓，刑于四海，盖天子之孝也。《甫刑》云：‘一人有庆，兆民赖之。’”

又曰：“在上不骄，高而不危；制节谨度，满而不溢。高而不危，所以长守贵也；满而不溢，所以长守富也。富贵不离其身，然后能保其社稷而和其民人，盖诸侯之孝也。《诗》曰：‘战战兢兢，如临深渊，如履薄冰。’”

又曰：“夫孝，天之经也，地之义也，民之行也。天地之经而民是则之，则天之明，因地之利，以顺天下，是以其教不肃而成，其政不严而治。先王见教之，可以化民也。是故先之以博爱而民莫遗其亲，陈之以德义而民兴行，先之以敬让而民不争，导之以礼乐而民和睦，示之以好恶而民知禁。”

又曰：“昔者明王之以孝治天下也，不敢遗小国之臣，而况于公侯伯子男乎？故得万国之欢心，以事其先王。治国者不敢侮于鳏寡，而况于士民乎？故得百姓之欢心，以事其先君。”

又曰：“君子言思可道，行思可乐，德义可尊，作事可法，容止可观，进退可度。以临其民，是以其民畏而爱之，则而象之。故能成其德教而行其政令。”

又曰：“君子之事上也，进思尽忠，退思补过，将顺其美，匡救其恶，故上下能相亲也。”

《左传》

仲尼曰：“政宽则民慢，慢则纠之以猛（纠，犹摄也）；猛则民残，残则施之以宽。宽以济猛，猛以济宽，政是以和。”

又曰：“君子之行也，度于礼。施，取其厚；事，举其中；敛，从其薄。”

《大戴礼》

孔子曰：“君子之道，譬则（则，《大戴礼记解诂》作“犹”）防与？夫礼之塞，乱之所从生也；犹防之塞，水之所从来也。故以旧防为无用而坏之者，必有水败；以旧礼为无用而去之者，必有乱患。凡人之知能见已然，不能见将然。礼者，禁于将然之前；而法者，禁于已然之后，是故法之用易见，而礼之所为难知也。若夫庆赏以劝善，刑罚以惩恶，先王执此之正，坚如金石；行此之信，顺如四时；处此之公，无私如天地，岂顾不用哉？然曰（然曰，《大戴礼记解诂》作“然如曰”）‘礼云礼云’者，贵绝恶于未萌，而起教于微渺，使民日徙善远罪而不自知也。”

又曰：“福莫长于无咎。”

又曰:“工女必自择丝麻,良工必自择资材。贤君良上,必自择左右。是故佚于取人,劳于治事;劳于取人,佚于治事。”

又曰:“父之于子,天也;君之于臣,天也。有子不事父,有臣不事君,是非反天而倒行耶？故有子不事父,不顺;有臣不事君,必刃。”

《家语》

孔子曰:“御四马者正六辔,御天下者正六官。同是车马,或以致千里,或不及数百里,以其所为进退缓急异也;同是官法,或以致平,或以致乱者,亦以其所为进退缓急异也。”

《晏子春秋》

孔子曰:“古之善为人臣者,声名归之君,祸灾归之身;入则切磋其君之不善,出则高誉其君之德义。”

贾谊《新书》

孔子曰:“少成若天性,习惯成自然。”

《说苑》

孔子曰:“弓调而后求劲焉,马服而后求良焉,士信悫而后求知能焉。”

《韩诗外传》

子路曰:“敢问持满有道乎?”孔子曰:“持满之道,抑而损之。”子路曰:“损之有道乎?”孔子曰:“德行宽裕者,守之以恭;土地广大者,守之以俭;禄位尊盛者,守之以卑;人众兵强者,守之以畏；聪明睿智者，守之以愚；博闻强记者，守之以浅，夫是之谓抑而损之。”

《荀子》

颜渊曰：“鸟穷则啄，兽穷则攫，人穷则诈。自古及今，未有穷其下而无危者也。”

《大戴礼》

曾子曰：“君子成人之美，朝有过夕改，则与之；夕有过朝改，则与之。”

又曰：“目者，心之孚也；言者，行之指也。作于中，则播于外也。故曰：以其见者，占其隐者。”

又曰：“先忧事者后乐事，先乐事者后忧事。”

又曰：“古者天子日旦思其四海之内，战战惟恐不能乂；诸侯日旦思其四封之内，战战惟恐失损之；大夫士日旦思其官，战战惟恐不能胜；庶人日旦思其事，战战惟恐刑罚之至也。是故临事而栗者，鲜不济。”

又曰：“与父言，言畜子；与子言，言事父；与兄言，言友弟；与弟言，言承兄；与君言，言使臣；与臣言，言事君。”

又曰：“孝子善事君。”

又曰：“与君子游，苾乎如入兰芷之室，久而不闻，则与之化矣；与小人游，贷乎如入鲍鱼之次，久而不闻，则与之化矣。是以君子慎其所去就。与君子游，如长日加益而不自知也；与小人游，如履薄冰，每履而下，几何而不陷乎哉？”

《公羊传》

公羊高曰：“君子之善善也长，恶恶也短；恶恶止其身，善善及其子孙。”

《子华子》

程本曰:“上下洞达而无疑,是以天下和平。天下之所以平者,政平也。政之所以平者,人平也。人之所以平者,心平也。”

《荀子》

荀卿曰:“田野县鄙者,财之本也;垣窌仓廪者,财之末也(窌,窖也);百姓时和,事业得叙者,货之源也;等赋府库(等赋,以差等制赋也),货之流也。故明主必谨养其和,节其流,开其源,而时斟酌焉。使天下必有余,而上不忧其不足。如是,则上下俱富,交无所藏之。是知国计之极也。故禹十年水,汤七年旱,而天下无菜色者。十年之后,年谷丰熟而陈积有余,是无他故焉,知本末源流之谓也。”

又曰:“义与利者,人之所两有也,虽尧舜不能去;民之欲利,然而能使其欲利,不克其好义也。上重义则义克利,上重利则利克义,故天子不言多少,诸侯不言利害,大夫不言得丧,士不通财货。从士以上皆羞利,而不与民争利,乐分施而耻积藏。”

又曰:“公生明,偏生暗,端悫生通,诈伪生塞,诚信生神,夸诞生惑。”

又曰:“有治人,无治法。”

陈嚣问孙卿子曰:“先生议兵,常以仁义为本。仁者,爱人;义者,循理。然则又何以兵为?”孙卿子曰:“非汝所知也。彼仁者爱人,(爱人)故恶人之害之也;义者循理,(循理)故恶人之乱之也。彼兵者,所以禁暴除害也,非争夺也。”

又曰:“刑当罪则威,不当罪则侮。爵当贤则贵,不当贤则贱。”

又曰:“天不为人之恶寒也而辍冬,地不为人之恶辽远也而辍广,君子不为小人之匈匈也而辍行。”

又曰:“圣人无欲无恶,无始无终,无近无远,无博无浅,无古无今,兼陈万物而中悬衡焉,是以众异不得相蔽也。”

又曰:“人心譬如盘水,正措而勿动,则湛浊在下而清明在上,则可以见须眉而察理矣。微风过之,湛浊动乎下,清明乱乎上,则不可以得形之正也。心亦如是矣,导之以理,养之以清,物莫之倾,则足以定是非、决嫌疑矣。小物引之,其正外易,其心内倾,则不足以察粗理矣。”

又曰:“以仁心说,以学心听,以公心辨。”(说,教人也。听,听人之言也。辨,辨其是非也)

又曰:“王者尚贤使能而等位不遗,惜愿禁悍而刑罚不过,使百姓晓然皆知为善于家而取赏于朝也,为不善于幽而蒙刑于显也。”

卷六

汉

《新书》

贾谊曰:“操德而固则威立,教顺而必则令行。周听则不蔽,稽验则不惑。明好恶则民心化,密事端则君道神。凡权重者必谨于事,令行者必谨于言,则过鲜矣。”

《史记》

张释之曰:“法者,天子所与天下公共也。法如此而更重之,是法不信于民也。廷尉天下之平也,一倾而天下用法皆为轻重,民安所错其手足?”

《韩诗外传》

韩婴曰:“原天命,治心术,理好恶,适情性,而治道毕矣。原天命则不惑祸福,不惑祸福则动静。治心术则不妄喜怒,不妄喜怒则赏罚不阿。理好恶则不贪无用,不贪无用则不害物性。适情性则不过欲,不过欲则养性知足。四者不求于外,不假于人,反诸己而存矣。”

又曰:“善御者不忘其马,善射者不忘其弓,善为上者不忘其下。诚爱而利之,四海之内,阖若一家。”

又曰:“君子有主善之心,而无胜人之色,德足以君天下,而无骄肆之容。”

又曰:“昔者圣王,不出户而知天下,不窥牖而见天道。非目能视乎千里之前，非耳能闻乎千里之外，以己之情量之也。己恶饥寒，则知天下之欲衣食也；己恶劳苦，则知天下之欲安佚也；己恶衰乏，则知天下之欲富足也。知此三者，圣王之所以不降席而匡天下也。”

又曰：“昔之君子，道其百姓，不使之迷；型其仁义，谨其教道，使民目晰焉而见之，使民耳晰焉而闻之，使民心晰焉而知之，则道不迷而民志不惑矣。《诗》曰：‘示我显德行’，故道义不易，民不由也；礼乐不明，民不见也。”

《诗》曰：“周道如砥，其直如矢”，言易也。“君子所履，小人所视”，言其明也。“睠言顾之，潸焉出涕”，哀其不闻礼义而就刑诛也。

又曰：“夫霜雪雨露，杀生万物者也。天无事焉，犹之贵天也。执法按文、治官治民者，有司也。君无事焉，犹之尊君也。夫辟土殖谷者，后稷也；决江疏河者，禹也；听狱执中者，皋陶也，然而圣后者，尧也。故有道以御之，能者为己用；无道以御之，身虽多能，犹将无益于存亡矣。”

又曰：“顺道而行，顺理而言，公平无私，不为安肆志，不为危激行。”

又曰：“智如泉源、行可以为表仪者，人师也；智可以砥砺、行可以为辅弼者，人友也；据法守职而不敢为非者，人吏也；当前顺意、一呼再诺者，人隶也。故上主以人师为佐，中主以人友为佐，下主以人吏为佐，危亡之主以人隶为佐。”

又曰：“治国者，譬若乎张琴然，大弦急则小弦绝矣。”

又曰：“观布衣者，其友皆孝悌笃谨，畏令如此者，家必日益而身日安，此所谓吉人者也。观事君者，其友皆诚信有行，好善如此者，措事日益，官职日进，此所谓吉臣者也。人主朝臣多贤，左右多忠，主有失败皆交争正谏，如此者，国日安、主日尊、名声日显，此所谓吉主者也。”

又曰:"赏勉罚偷则民不怠,兼听齐明则天下归之。明其分职,孝其事业,较其官能,莫不理法,则公道达而私门塞,公义立而私事息,如是则持厚者进而佞谄者止,贪戾者退而廉节者起。"

又曰:"崇恩博利以怀众,明好恶以正法度,率民力稼、学校庠序以立教,事老养孤以化民,升贤赏功以劝善,惩奸绌失以丑恶,讲御习射以防患,禁奸止邪以除害,接贤连友以广智,宗亲族附以益强。"

又曰:"圣人何以不可欺也?"曰:"圣人以己度人者也,以心度心,以情度情,以类度类。"

《前汉书》

董仲舒曰:"为人君者,正心以正朝廷,正朝廷以正百官,正百官以正万民,正万民以正四方。四方正,远近莫敢不一于正,而无有邪气奸其间者。是以阴阳调而风雨时,群生和而万民殖,五谷熟而草木茂,天地之间被润泽而大丰美。四海之内闻盛德而皆徕臣,诸福之物可致之,祥莫不毕至。"

又曰:"夫万民之从利也,如水之走下,不以教化隄防之,不能止也。是故教化立而奸邪皆止者,其隄防完也;教化废而奸邪并出,刑罚不能胜者,其隄防坏也。古之王者明于此,是故南面而治天下,莫不以教化为大务,立大学以教于国,设庠序以化于邑,渐民以仁,摩民以义,节民以礼,故其刑罚甚轻而禁不犯者,教化行而习俗美也。"

又曰:"天者,群物之祖也,故遍覆包涵而无所殊建,日月风雨以和之,经阴阳寒暑以成之。故圣人法天而立道,亦溥爱而无私,布德施仁以厚之,设谊立礼以导之。春者,天之所以生也;仁者,君之所以爱也;夏者,天之所以长也;德者,君之所以养也;霜者,天之所以杀也;刑者,君之所以罚也。"

又曰："强勉学问则闻见博而知益明，强勉行道则德日起而大有功，此皆可使还至而立有效也。《诗》曰'夙夜匪懈'，《书》曰'懋哉懋哉'，皆强勉之谓也。"

又曰："天子之大夫者，下民之所视效，远方之所四面而内望也。近者视而效之，远者望而效之，岂可居贤人之位而为庶人行哉？夫皇皇求财利，常恐匮乏者，庶人之意也；皇皇求仁义，常恐不能化民者，大夫之意也。《易》曰：'负且乘，致寇至。'乘车者，君子之事也；负担者，小人之事也。此言居君子之位而为庶人之行者，其祸患必至也。"

《春秋繁露》

董仲舒曰："考绩绌陟，计事除废，有益者谓之公，无益者谓之烦，挈名责实，不得虚言。有功者赏，有罪者罚，赏罚用于实，不用于名；贤愚在于质，不在于文，则百官劝职，争进其功。"

又曰："天高其位而下其施，藏其形而见其光。高其位所以为尊也，下其施所以为仁也，藏其形所以为神，见其光所以为明也。为人主者，法天之行，内深藏所以为神，外博观所以为明也。任群贤以受成，不自劳于事，所以为尊也；泛爱群生，不以喜怒赏罚，所以为仁也。"

又曰："圣人之为天下兴利也，其犹春气之生草也，各因其生小大，而量其多少；其为天下除害也，若川渎之泻于海也，各顺其势倾侧，而制于南北。"

又曰："人主以好恶喜怒变俗习，天以暖清寒暑化草木。人主之好恶喜怒必当义乃出，若暖清寒暑必当其时乃发也。使好恶喜怒未尝差也，如春秋冬夏未尝过也，可谓参天矣。"

又曰："天有和有德，有平有威。春者，天之和也；夏者，天之德也；秋者，天之平也；冬者，天之威也。天之序必先和然后发德，必先平然后发威，以此观之，虽有所愉，而喜必先和心以求其当，然后发庆赏以立其德。虽有所忿而怒，必先平心以求其正，然后发刑罚以立其威。若是者，谓之天德。”

《前汉书》

韩安国曰：“圣人以天下为度者也，不以己之私怒伤天下之公义。”

又曰：“闻之利不什，不易业；功不百，不变常。是故古之人君，谋事必就圣，发政必择语（语，古人之善语也），重作事也。”

《史记》

司马迁曰：“观三代损益，乃知缘人情而制礼，依人性而作仪。经纬万端，规矩无所不贯。诱进以仁义，束缚以刑罚，所以总一海内而整齐万民也。”

《前汉书》

东方朔曰：“天有常度，地有常形，君子有常行。君子道其常，小人计其功。”

《盐铁论》

桓宽曰：“治不可以烦，烦则乱；治不可以怠，怠则废。”

又曰：“牧民之道，除其所疾，适其所安。安而不扰，使而不劳，是以百姓劝业而乐公赋。”

又曰：“筑城者，先厚其基而后求其高；育民者，先厚其业而后求其赡。”

又曰：“古者笃教以导民，明辟以正刑。刑之于治，犹策之于御也。良工不能无策而御，有策而勿用；圣人假法以成教，教成而刑不施。”

《前汉书》

王褒曰：“夫贤者，国家之器用也，所任贤则趋舍省而功施普，器用利则用力少而就效众。”

路温舒曰：“狱者，天下之大命也，死者不可复生，绝者不可复续。《书》曰：‘与其杀不辜，宁失不经。’夫人情安则乐生，痛则思死，捶楚之下，何求而不得？故囚人不胜痛，则饰辞以视之；吏治者利其然，则指道以明之；上奏畏却，则锻炼而周内之。盖奏当之成，虽皋陶听之犹以为死有余辜，何则？成练者众，文致之罪明也。”

魏相曰：“诛乱禁暴，谓之义兵，兵义则王；敌加于己不得已而起者，谓之应兵，兵应者胜。”

刘向曰：“舜命九官，济济相让，和之至也。众贤和于朝，则万物和于野。故《箫韶》九成，而凤凰来仪，击石拊石，百兽率舞。四海之内，靡不和宁。及至周文开基西郊，杂遝众贤，罔不肃和，崇推让之风，以销分争之讼。周公歌咏文王之德，其诗曰：‘於穆清庙，肃雍显相。济济多士，秉文之德。’当此之时，武王、周公继政，朝臣和于内，万国欢于外，故尽得其欢心，以事其先祖。其诗曰：‘有来雍雍，至止肃肃。相维辟公，天子穆穆。’言四方皆以和来也。诸侯和于下，天应报于上，故《周颂》曰：‘降福穰穰，以和致和。’获天助也。”

又曰：“执狐疑之心者，来谗贼之口；持不断之意者，开群枉之门。谗邪进则众贤退，群枉盛则正士消，故《易》有‘否’、‘泰’，‘小人道长，君子道消’。君子道消则政日乱，故为‘否’。‘否’者，闭而乱也。‘君子道长，小人道消’。小人道消则政日治，故为‘泰’。‘泰’者，通而治也。”

又曰：“昔孔子与颜渊、子贡更相称誉，不为朋党；禹稷与皋陶转相汲引，不为比周，何则？忠于为国，无邪心也。故贤人在上位，则引而聚之于朝。《易》曰：‘飞龙在天，大人聚也。’（颜师古曰：言圣人正位临驭四方，则贤人君子皆来见也）在下位，则思与其类俱进。《易》曰：‘拔茅茹，以其汇，征吉。’（郑氏曰：茹，牵引也。汇，类也。颜师古曰：征，行也）在上则引其类，在下则推其类。故汤用伊尹，不仁者远而众贤至，类相致也。”

《说苑》

刘向曰：“‘巍巍乎！惟天为大，惟尧则之’，此盖人君之公也。夫以公与天下，其德大矣。推之于此，行之于彼，万姓之所载，后世之所则也。彼人臣之公，治官事则不营私家，当公法则不阿亲戚，奉公举贤，不避仇雠，忠于事君，仁于利下，伊吕是也。故显名存于今，是之谓公。”

又曰：“《易》曰：‘君子以除戎器，戒不虞。’夫兵不可玩，玩则无威；兵不可废，废则召寇。故明王之制国也，上不玩兵，下不废武。”

又曰：“贤臣之事君也，受官之日以主为父，以国为家，以士人为兄弟，故苟有可以安国家、利人民者，不避其难，不惮其劳，以成其义。”

又曰：“圣人布德施惠，非求报于百姓也；郊望禘尝，非求报于鬼神也。山致其高，云雨起焉；水致其洁，蛟龙生焉；君子致其道德而福禄归焉。夫有阴德者必有阳报，有隐行者必有昭名。”

又曰：“人臣之行，有六正六邪。六正者，一曰萌芽未动，形兆未见，昭然独见存亡之机、得失之要，预禁乎未然之前，使主超然立乎显荣之处，天下称焉。如此者，纯臣也。二曰虚心白意，进善通道，勉主以礼谊，喻主以长策，将顺其美，匡救其恶，功成事立，归善于君，不敢自伐其劳。如此者，良臣也。三曰夙兴夜寐，进贤不懈，数称于往古之德行事，以厉主意，庶几有益，以安国家、社稷、宗庙。如此者，忠臣也。四曰察幽隐见成败，早防而救之，引而复之，塞其间，绝其源，转祸以为福，使君终以无忧。如此者，智臣也。五曰守文奉法，任官职事，辞禄让赐，不受馈遗，衣服端齐，饮食节俭。如此者，贞臣也。六曰国家昏乱，所为不道，然而敢犯主之颜面，言主之过失，不辞其诛，身死国安，不悔所行。如此者，直臣也。是为六正也。六邪者，一曰安官贪禄，营于私家，不务公事，怀其智，藏其能，主饥于论，渴于策，犹不肯尽节，容容乎与世沉浮，上下左右观望。如此者，具臣也。二曰主所言皆曰善，主所为皆曰可，隐求主之所好，进之以快主耳目，偷合苟容，与主为乐，不顾其后害。如此者，谀臣也。三曰中实颇险，外容貌小谨，巧言令色，又心嫉贤，所欲进则明其美而隐其恶，所欲退则明其过而匿其美，使主妄行过任，赏罚不当，号令不行。如此者，奸臣也。四曰智足以饰非，辨足以行说，反言易辞而成文章，内离骨肉之亲，外妒乱朝廷。如此者，谗臣也。五曰专权擅势，持操国事以为轻重，于私门成党以富其家，又复增加威势，擅矫主命，以自贵显。如此者，贼臣也。六曰谄言以邪，坠主不义，朋党比周，以蔽明主，入则辩言好辞，出则更复异其言语，使白黑无别、是非无间，使主恶名布于境内，闻于四邻。如此者，亡国之臣也。是谓六邪。”

又曰：“高上尊贤，无以骄人；聪明圣智，无以穷人；资给疾速，无以先人；刚毅勇猛，无以胜人；不知则问，不能则学。虽知必质，然后辨之；虽能必让，然后为之（质，问也）。”

又曰：“存亡祸福，其要在身。圣人重诫，敬慎所忽。谚曰：‘诫无垢，思无辱。’夫不诫不思而以存身全国者，亦难矣。”

又曰：“人皆知以食愈饥，莫知以学愈愚。”

又曰:“施德者贵不德,受恩者尚必报。是故臣劳勤以为君,而不求其赏;君持施以牧下,而无所德。故《易》曰:‘劳而不伐,有功而不德,厚之至也。’”

又曰:“万物得其本者生,百事得其道者成。”

又曰:“圣人以心导耳目,小人以耳目导心。”

《前汉书》

翼奉曰:“治道要务在知下之邪正,人诚向正,虽愚为用;若乃怀邪,知益为害。”

李寻曰:“土之美者善养禾,君之明者善养士,中人皆可使为君子。”

萧望之曰:“民函阴阳之气,有仁义欲利之心,在教化之所助,虽尧在上,不能去民欲利之心,而能令其欲利不胜其好义。”

匡衡曰:“考制度,修外内,近忠正,远巧佞,放郑卫,进雅颂,举异才,开直言,任温良之人,退刻薄之吏,显洁白之士,昭无欲之路,览六艺之意,察上世之务,明自然之道,博和睦之化,以崇至仁,匡失俗,易民视,令海内昭然咸见本朝之所贵。”

又曰:“匹配之际,生民之始,万福之源,婚姻之礼正,然后品物遂而天命全。孔子论《诗》,以《关雎》为始,言太上者,民之父母,后夫人之行不侔乎天地,则无以奉神灵之统而理万物之宜。故《诗》曰‘窈窕淑女,君子好逑’,言能致其贞淑,不贰其操,情欲之感无介乎容仪,宴私之意不形乎动静,夫然后可以配至尊而为宗庙主。此纲纪之首、王教之端,自上世已来,三代兴废,未有不由此者也。”

又曰:“六经者,圣人所以统天地之心,著善恶之归,明吉凶之分,通人道之正,使不悖于其本性者也。故审六艺之指,则天人之理可得而和,草木昆虫可得而育,此永永不易之道也。《论语》

《孝经》,圣人言行之要,宜究其意。”

又曰:“圣王动静周旋,奉天承亲,临朝享臣,物有节文,以彰人伦。盖钦翼祇栗,事天之容也;温恭敬逊,承亲之礼也;正躬俨恪,临众之仪也;嘉惠和说,飨下之颜也。举错动作,物遵其仪,故形为仁义,动为法则。《大雅》曰:‘敬慎威仪,惟民之则。’”

又曰:“天人之际,精祲有以相荡,善恶有以相推。事作乎下者,象动乎上,阴阳之理,各应其感。”

又曰:“治性之道,必审己之所有余而强其所不足。盖聪明疏通者戒于太察,寡闻少见者戒于壅蔽,勇猛刚强者戒于太暴,仁爱温良者戒于无断,湛静安舒者戒于后时,广心浩大者戒于遗忘。必审己之所当戒而齐之以义,然后中和之化应,而巧伪之徒不敢比周而望进。”

杜钦曰:“功同赏,异则劳臣疑;罪均刑,殊则百姓惑。”

《后汉书》

鲁恭曰:“万民者,天之所生;天爱其所生,犹父母爱其子。一物有不得其所者,则天气为之舛错,况于人乎?故爱人者,必有天报。”

桓谭曰:“善为政者,视俗而施教,察失而立防。威德更兴,文武迭用,然后政调于时。”

钟离意曰:“百姓可以德胜,难以力服。先王要道,民用和睦,故能致天下太平,灾害不生,祸乱不作。《鹿鸣》之诗,必言宴乐者,以神人之心洽,然后天气和也。”

班固曰:“天子作民父母,为天下王;圣人取类以正名,而谓君为父母,明仁爱德让,王道之本也。爱待敬而不败,德须威而久立。故制礼以崇敬,作刑以明威也。圣人既躬明哲之性,必通天地之心,制礼作教,立法设刑,动缘民情而则天象地,故曰:先王立礼,则天之明、因地之性也。刑罚威狱,以类天之震曜杀戮也;温慈惠和,以效天之生殖长育也。”

又曰:“古人有言:‘天生五材,民并用之。废一不可,谁能去兵?’鞭扑不可弛于家,刑罚不可废于国,征伐不可废于天下。用之有本末,行之有逆顺耳。孔子曰:‘工欲善其事,必先利其器。’文德者,帝王之利器;威武者,文德之辅助也。夫文之所加者深,则武之所服者大;德之所施者博,则威之所制者广。三代之盛,至于刑措兵寝者,其本末有序,帝王之极功也。”

又曰:“经谓‘君为元首,臣为股肱’,明其一体相待而成也。”

《白虎通》

班固曰:“天虽至神,必因日月之明;地虽至灵,必有山川之化;圣人虽有万人之德,必须俊贤以顺成其道。”

《论衡》

王充曰:“太平以治定为效,百姓以安乐为符。百姓安者,太平之验也。百姓安则阴阳和,阴阳和则万物育,万物育则奇瑞出。圣主治世,期于民安,不期符瑞。“

《后汉书》

王符曰:“富民者以农桑为本,以游业为末。百工者以致用为本,以巧饰为末。商贾者以通货为本,以鬻奇为末。”

又曰:“国以贤兴,以谄衰;君以忠安,以佞危。”

又曰:“养稂莠者伤禾稼,惠奸宄者贼善良。《书》曰‘文王作罚,刑兹无赦’,先王之制刑罚也,非好为伤人肌肤、断人寿命也,贵威奸惩贪,除人害也。”

《潜夫论》

王符曰:“圣王之建百官也,皆以承天治地、物养万民者也。故有号者必称典,名理者必效于实。群僚师尹各列其职,以责其效;百郡千县各辨其治,以考其绩;辞言应对各缘其文,以核其实,则奉职不懈,而陈言者不得诬矣。”

又曰:“谷之所以丰殖者,以有人功也;功之所以能建者,以有日力也。君明察而百官治,下循正而得其所,则民安静而力有余。圣人深知力者乃民之本、国之基,故务省役而为民爱日。”

又曰:“上圣不务治民事而务治民心,导之以德,齐之以礼,务厚其情而明于义。民亲爱则无相害伤之意,动思义则无奸邪之心。”

又曰“国无常治,又无常乱。法令行则国治,法令弛则国乱。法无常行,亦无常弛。君敬法则法行,君慢法则法弛。”

《忠经》

马融曰:“天之所覆,地之所载,人之所履,莫大乎忠。忠者,中也;至公无私。天无私,四时行;地无私,万物生;人无私,大亨贞。中也者,一其心之谓夫!”

又曰:“大臣于君,可谓一体,下行而上信,故能成其忠。在乎沉谋潜运、正国安人,任贤以为理,端委而自治,尊其君有天地之大、日月之明、阴阳之和、四时之信,圣德洋溢,颂声作焉。”

又曰:“君子之事上也,入则献其谋,出则行其政。秉职不回,言事无惮。苟利社稷,不顾其身。上下用成,故昭君德,盖百工之忠也。”

又曰:“在官惟明,莅事惟平,立身惟清,三者备矣,然后可以理人。宣君德以弘其化,明国法以期于无刑,视君之民如视其子,则民爱之如爱其亲，盖守宰之忠也。”

又曰：“祇承君之法度，行孝弟于其家，服勤稼穑，以供王赋，此兆人之忠也。”

又曰：“惟天监人，善恶必应。善莫大于作忠，恶莫大于不忠。君子守道，所以长守其休；小人不常，所以自陷其咎。”

《后汉书》

崔寔曰：“为国之法，有似理身，平则致养，疾则攻焉。夫刑罚者，治乱之药石也。德教者，兴平之粱肉也。夫以德教除残，是以粱肉理疾也；以刑罚理平，是以药石供养也。”

杨赐曰：“王者，心有所惟，意有所想，虽未形颜色，而五星以之推移，阴阳为其变度。以此而观，天之与人，岂不符哉？”

仲长统曰：“制地以分人，立政以分事，明版籍以相数阅，审什伍以相连持，急农桑以丰委积，省末作以一本业，敦教学以移性情，表德行以励风俗，核才艺以叙官宜，简精悍以习师旅，严禁令以防僭差，信赏罚以验惩劝，纠游戏以杜奸邪，察苛刻以绝烦暴。审此以为政务，操之有常，课之有限，安宁勿懈惰，有事不迫遽。”

又曰：“作有利于时、制有便于物者，可为也；事有乘于数、法有玩于时者，可改也。故行于古有其迹，行于今无其功者，不可不变，变而不如前，易而多所败者，亦不可不复也。”

《申鉴》

荀悦曰：“兴农桑以养其生，审好恶以正其俗，宣文教以章其化，立武备以秉其威，明赏罚以统其法，是谓五政。”

又曰：“善禁者，先禁其身而后人；不善禁者，先禁人而后身。若肆情于身而绳欲于众，行诈于官而矜实于民，是舍己之所易而责人之所难也。”

又曰："臣所贵乎顺者三：一曰心顺，二曰职顺，三曰道顺。"

又曰："通于道者其守约，有一言而可常行者，恕也；有一行而可常履者，正也。恕者，仁之术也；正者，义之要也。此谓道根，执之心胸之间，而功被天下也。"

又曰："不求无益之物，不蓄难得之货，节华丽之饰，退利进之路，则民俗清矣。放邪说，去淫智，抑百家，崇圣典，则道义定矣。去浮华，举功实，绝末技，同本务，则事业修矣。"

又曰："君子之所以动天地、应神明、正万物而成王治者，必本乎真实而已，故在上者审则仪类以定好恶。善恶要于功罪，毁誉效于准验。听言责事，举名察实，无或虚伪以荡众心，故善无不显，恶无不彰，俗无奸怪，民无淫风。百姓上下睹利害之存乎己也，故肃恭其心，慎修其行，内不忒惑，外无异望。无罪过，不忧惧，请谒无所听，财赂无所用，则民志平矣，是谓正俗。"

又曰："荣辱者，赏罚之精华也，故礼教荣辱以加君子，化其情也；桎梏鞭扑以加小人，治其形也。君子不犯辱，况于刑乎？小人不忌刑，况于辱乎？若夫中人之伦，则刑礼兼焉。教化之废，推中人而坠于小人之域；教化之行，引中人而纳于君子之途，是谓彰化。"

又曰："人主不妄赏，非徒爱其财也，赏妄行则善不劝矣；不妄罚，非徒矜其人也，罚妄行则恶不惩矣。赏不劝谓之止善，罚不惩谓之纵恶。在上者能不止下为善，不纵下为恶，则国法立矣。"

又曰："天子朝以听政，昼以访问，夕以修令，夜以安身。尊有师傅，卑有近臣；大则讲业，小则咨询；不拒直辞，不耻下问。"

又曰："君臣亲而有礼，百僚和而不同，让而不争，勤而不怨，此治国之风也。"

又曰："违上顺道，谓之忠臣；违道顺上，谓之谀臣。忠所以为上也，谀所以自为也。忠臣安于心，谀臣安于身。故在上者必察于违顺，审乎所为，慎乎所安。"

又曰:"心诚则神明应之,况于万民乎?志正则天地顺之,况于万物乎?"

《前汉纪》

荀悦曰:"德必核其实然后授位,能必核其实然后授事,功必核其实然后授赏,罪必核其实然后授刑,行必核其实然后贵之,言必核其实然后信之,物必核其实然后用之,事必核其实然后修之。一物不称,则荣辱赏罚从而绳之。故众正积于上,万事实于下。"

《中论》

徐干曰:"人君之所务者,其在大道远数乎?大道远数者,仁足以覆帱群生,惠足以抚养百姓,明足以照见四方,知足以统理万物,权足以变应无端,义足以阜生财用,威足以禁遏奸非,武足以平定祸乱。详于听受而审于官人,达于兴废之原,通于安危之分,如此则君道备矣。"

又曰:"大臣者,君之股肱耳目也,所以视听也,所以行事也。先王知其如是,故博求聪明睿哲君子,措诸上位,执邦之政令焉。(执政聪明睿哲),则其事举;其事举,则百僚任其职;百僚任其职,则庶事莫不致其治;庶事致其治,则九牧之民莫不得其所。故《书》曰:'元首明哉,股肱良哉,庶事康哉。'大臣者,治万邦之重器也,不可以众誉著也。人主所宜亲察也,众誉者,可以闻斯人而已。故尧之闻舜也,以众誉;及其任之也,则以心之所自见。"

又曰:"当赏者不赏,则为善者失本望而疑其所行;当罚者不罚,则为恶者轻国法而怙其所守。故《司马法》曰:'赏罚不逾时,欲使民速见善恶之报也。'逾时且犹不可,而况废之者乎?"

三　国

《心书》

诸葛亮曰："知人之性最难，美恶既殊，情貌不一。有温良而为诈者，有外恭而内欺者，有外勇而内怯者，有尽力而不忠者，不可不察。"

又曰："勿以身贵而贱人，勿以独见而违众，勿以巧佞而为忠信。"

又曰："为将之道，军井未汲，将不言渴；军米未炊，将不言饥；军火未燃，将不言寒；军幕未施，将不言困。"

又曰："知人之道，间之以是非而观其志，穷之以辞辩而观其变，咨之以计谋而观其职，告之以艰难而观其勇，临之以利而观其廉，期之以事而观其信。"

又曰："用人之道，尊之以爵，赡之以财，则士无不奋矣；接之以礼，励之以信，则士无不忠矣。恩意不倦，法若画一，则士无不服矣；先之以身，后之以人，则士无不勇矣。小善必录，小功必赏，则士无不劝矣。"

《忠武集》

诸葛亮曰："忠益者莫大于进人，进人者各务其所尚。"

又曰："君子之行，静以修身，俭以养德，非淡泊无以明志，非宁静无以致远。夫学须静也，才须学也；非学无以广才，非静无以成学。"

《蜀书》

诸葛亮曰："宫中府中，俱为一体，赏罚臧否，不宜异同。"

又曰："威之以法，法行则知恩；限之以爵，爵加则知荣。荣恩并济，上下有节，为治之要，于斯而著。"

张裔曰："赏不遗远，罚不阿近，爵不可以无功取，刑不可以贵势免，此贤愚之所以佥忘其身者也。"

《魏文》

曹植曰："天地协气而万物生，君臣合德而庶政成。"

又曰："论德而授官者，成功之君也；量能而受爵者，敬事之臣也。故君不可虚授，臣不可虚受。"

王粲曰："八政之于民也，以食为首。故仰伺星辰以审其时，俯耕籍田以率其力，封祀农稷以神其事，祈谷报年以宠其功。设农师以监之，置田畯以董之，黍稷茂则受赏，田不垦则加罚；农地益辟则吏受大赏，农损地荒则吏受重罚也。"

《魏书》

杜恕曰："帝王之道，莫尚乎安民。安民之术在于丰财，丰财者务本而节用也。"

《魏志》

陈群曰："臣下雷同，是非相蔽，国之大患也。若不和睦，则有仇党，毁誉无端，真伪失实，不可不深防备，有以绝其源流。"

卷七

晋

《晋书》

羊祐曰:“适道之论,皆未应权,故谋之虽多,而决之欲独。”

《晋文》

杜预曰:“圣王之政循乎自然,虚己委诚而信顺之道应,神感心通而天下之理得。”

《蜀志》

陈寿曰:“诸葛亮之为相国也,开诚心,布公道。尽忠益时者,虽仇必赏;犯法怠慢者,虽亲必罚;服罪输情者,虽重必释;游辞巧饰者,虽轻必戮。善无微而不赏,恶无纤而不贬,循名责实,虚伪不容。邦域之内,畏而爱之,刑政虽峻而无怨者,以其用心平而劝戒明也。”

《晋书》

荀勖曰:“事留则政稽,政稽则功废。处位者孜孜不怠,奉职司者夙夜不懈,则虽在挈瓶而守不假器矣(《左传》:虽有挈瓶之智,守不假器。杜预注:挈瓶汲者,喻小智为人守器,尚知不以借人)。简文案,略细苛,令之所施,必使人易视听,愿之如阳春,畏之如雷霆,勿使微文烦扰,为百吏所黩。二三之命,为百姓所餍,则吏竭其诚,下悦上命矣。设官分职,委事责成,君子心竞而不力争(言心能自强于善,而不以力争胜也)。量能受任,思不出位,则官无异业,政典不奸矣。凡此皆省事之本也。"

又曰:"(凡)发号施令,典而当则安。凡职所临履,先精其得失,使忠信之官、明察之长,各裁其中,条上言之,然后斟酌大体,详省所宜,则令下必行,不可摇动。"

傅咸曰:"谷帛难生而用之不节,无缘不匮。故先王之化天下,食肉衣帛皆有其制,奢侈之费甚于天灾。"

又曰:"兴化之要,在于官人。才非一流,职有不同。譬诸林木,洪纤枉直,各有攸司;内外之任,措置随宜。"

温峤曰:"使命愈远,益宜得才,宣扬王化,延誉四方,宜重其选。"

陶侃曰:"大禹圣人,乃惜寸阴,至于众人,当惜分阴。"

郑默曰:"劝稼务农,为国之基;选人得材,济世之道;居官久职,政事之宜;明慎黜陟,劝戒之道;崇尚朴素,化导之本。"

阮种曰:"王道之本、经国之务,必先之以礼义而致人于廉耻。礼义立,则君子轨道而让于善;廉耻立,则小人谨行而不淫于制度。故上有克让之风,则下有不发之俗;朝有矜节之士,则野无贪冒之人。"

又曰:"贤臣之于主,进则忠国爱人,退则砥节洁志。营职不干私义,出心必由公途。明度量以程其能,审经制以效其功。"

纪瞻曰:"政因时以兴,机随物而动。故圣王究穷通之原,审始终之理、适时之宜,期于济世。"

虞预曰:"天道贵信,地道贵诚。诚信者,盖二仪所以生植万物,人君所以保乂黎庶。是以宣威拟于震电,推恩象于云雨,形罚在于必信,庆赏贵于平均。"

潘尼曰:"崇德莫大乎安身,安身莫尚乎存正,存正莫重乎无私,无私莫要于寡欲。"

袁宏曰:"古之明君知视听之属不能不关于物也,知一己之明不能不滞于情也，求忠信之人而置之左右，故好恶是非之情未尝宣于外，而爱憎毁誉之言无由而至矣。”

又曰：“经纶之方，在乎设官分职，因万物之所能；统体之道，在乎至公无私，与天下均其欲。”

《抱朴子》

葛洪曰：“尧舜有为人主之勤，无为人主之欲，故天下各得济其欲。”

又曰：“怒不越法以加虐，喜不逾宪以厚遗。割情于所爱而有犯者无赦，采善于所憎而有劳者不遗。掩细瑕而录大用，忘近过而念远功。”

又曰：“人臣勋不弘，则耻俸禄之日厚也，绩不茂，则羞爵命之妄高也。”

南北朝

《魏书》

甄琛曰：“王者济时拯物，为民父母，乾坤所惠，天子顺之。山川秘利，天子通之。《月令》称‘山林薮泽，有能取蔬食禽兽者，野虞教导之，相侵夺者，罪之’。《周礼》有川泽之禁，正所以防其残尽，必令取之有时。障护虽在官，实为民守之耳。”

韩麒麟曰：“哲王经国立治，积储九稔，谓之太平，故躬藉千亩，以励百姓。入粟者与斩敌同爵，力田者与孝弟均赏，实为治之先务也。”

高允曰：“古人云，方一里则为田，三顷七十亩；百里则为田，三万七千顷。若勤之，则亩益三升；不勤，则亩损三升。方百里损益之率，为粟二百二十万斛，况以天下之广乎？”

李彪曰："尚俭者，开福之源；好奢者，起贫之兆。"

《周书》

黎景熙曰："天地极其高厚，故万物仰容养焉；四时著其寒暑，故庶类资(其)忠信焉；帝王者，宽大象天地，忠信则四时。"

苏绰曰："天地之性，惟人为贵。然性无常守，随化而迁。化于敦朴则质直，化于浇伪则浮薄。凡诸牧守令长，贵能扇之以淳风，浸之以太和，被之以道德，示之以朴素，使百姓亹亹日迁于善，而不知其所以然，此之谓化也。"

又曰："衣食所以足者，由于地利尽。地利所以尽者，由于劝课有方。主此教者，在乎牧守令长而已。每至岁首，戒敕部人，皆令就田，垦发以时，勿失其所。单劣之户及无牛之家，劝令有无相通，使得兼济。三农之隙及阴雨之暇，又令种桑植果，艺其蔬菜，修其园圃，畜育鸡豚，以备生生之资，以供养老之具。夫为政不欲过碎，碎则人烦；劝课不容太简，简则人怠。善为政者，必消息时宜，而适烦简之中。"

又曰："凡所求材艺者，为其可以理人也。有材艺而本于正直，必循分以效绩。若有材艺而习于奸伪，必蠹法以行私。故求材艺必先择志行，志行善则举之，志行不善则去之。然善官人者，必先省其官，官省则善人易充，善人充则事无不理。"

又曰："察狱之官，精心悉意，推究根源，先之以五听(《周官·小司寇》职，一曰辞听，二曰色听，三曰气听，四曰耳听，五曰目听)，参之以证验，慎测情状，穷鉴隐伏，使奸无所容，罪人必得，然后随事加刑。轻重皆当，舍过矜愚，得情勿喜。又能消息情理，斟酌礼律，无不曲尽人心，而远明大教，此善之上也。率至公之心，去阿枉之志，听察以理，必穷所见；考讯以法，不苛不暴，随事断理，狱无停滞，此亦其次也。"

又曰:“征税之法,宜令平均。平均者,不舍豪强而征贫弱,不纵奸巧而困愚拙也。然财货之生,其均不易,必须劝课,使预营理。先时而备,至时而输,故王赋获供,下人无困。”

又曰:“为国之道,当爱人如慈父,训人如慈师。”

隋

《隋书》

房彦谦曰:“赏以劝善,刑以惩恶。故疏贱之人有善必赏,尊贵之戚犯恶必刑,未有罚则避亲,赏则遗远者也。”

《文中子》

王通曰:“无赦之国,其政必平;多敛之国,其财必削。”(民贫则赋少。)

又曰:“推之以诚,则不言而信;镇之以静,则不行而谨,惟有道者能之。”

又曰:“闻谤而怒者,谗之由也;见誉而喜者,佞之媒也。”

又曰:“帝者之制,恢恢乎无所不容。其上湛然,其下恬然。天下之危,与天下安之;天下之失,与天下正之。千变万化,吾常守中焉。其卓然不可动乎!其感而无不通乎!”

唐

《唐文》

张蕴古《大宝箴》曰:“今来古往,俯察仰观,惟辟作福,为君实难。主普天之下,处王公之上,任土贡其所有,具寮和其所倡,是故恐惧之心日弛,邪僻之情转放。岂知事起于所忽,祸生于无妄。固以圣人受命，拯溺亨屯，归罪于己，因心于民，大明无偏照，至公无私亲。故以一人治天下，不以天下奉一人。礼以禁其奢，乐以防其佚。左言而右事，出警而入跸。四时调其惨舒，三光同其得失，故身为之度而声为之律。勿谓无知，居高听卑；勿谓何害，积小成大。乐不可极，极乐生哀；欲不可纵，纵欲成灾。壮九重于内，所居不过容膝；彼昏不知，瑶其台而琼其室。罗八珍于前，所食不过适口；惟狂罔念，丘其糟而池其酒。勿内荒于色，勿外荒于禽；勿贵难得之货，勿听亡国之音。内荒伐人性，外荒荡人心；难得之物侈，亡国之声淫。勿谓我尊而傲贤侮士，勿谓我智而拒谏矜己。闻之夏后，据馈频起；亦有魏帝，牵裾不止。安彼反侧，如春阳秋露；巍巍荡荡，恢汉高大度。抚兹庶事，如履薄临深；战战栗栗，用周文小心。《诗》云'不识不知'，《书》曰'无偏无党'。一彼此于胸臆，捐好恶于心想。众弃而后加刑，众悦而后命赏。弱其强而治其乱，伸其屈而直其枉。故曰：如衡如石，不定物以数，物之悬者，轻重自见；如水如镜，不示物以形，物之鉴者，妍媸自生。勿浑浑而浊，勿皎皎而清；勿汶汶而暗，勿察察而明。虽冕旒蔽目而视于未形，虽黈纩塞耳而听于无声。纵心于湛然之域，游神于至道之精。扣之者，应洪纤而效响；酌之者，随深浅而皆盈。故曰：天之清，地之宁，王之贞。四时不言而代序，万物无为而受成。岂知帝有其力，而天下和平。吾王拨乱，戡以智力；人惧其威，未怀其德。我皇抚运，扇以淳风；民怀其始，未保其终。爰述金镜，穷神尽性。使人以心，应言以行。包括治体，抑扬词令。天下为公，一人有庆。开罗起祝，援琴命诗。一日二日，念兹在兹。惟人所召，自天祐之。诤臣司直，敢告前疑。"

《旧唐书》

魏征曰："臣闻求木之长者，必固其根本；欲流之远者，必浚其源；思国之安者，必积其德义。源不浚而望流之远，根不固而求木之长，德不厚而思国之安，臣虽下愚，知其不可，而况于明哲乎？人君当神器之重，居域中之大，不念居安思危，戒奢以俭，斯亦伐根以求木茂，塞源而欲流长者也。凡昔元首，承天景命，善始者实繁，克终者盖寡。岂取之易，守之难乎？盖在殷忧，必竭诚以待下，既得志则纵情以傲物。竭诚则胡越为一体，傲物则骨肉为行路。虽董之以严刑，振之以威怒，终苟免而不怀仁，貌恭而不心服。怨不在大，可畏惟人；载舟覆舟，所宜深慎。诚能见可欲，则思知足以自戒。将有为，则思知止以安人。念高危，则思谦冲而自牧；惧满盈，则思江海下百川；乐盘游，则思三驱以为度；忧懈怠，则思慎始而敬终；虑壅蔽，则思虚心以纳下；惧谗邪，则思正身以黜恶；恩所加，则思无因喜而谬赏；罚所及，则思无以怒而滥刑。总此十思，弘兹九德，简能而任之，择善而从之，则智者尽其谋，勇者竭其力，仁者播其惠，信者效其忠。文武并用，垂拱而治，何必劳神苦思，代百司之职役哉？”

又曰：“省畋游之娱，息靡丽之作，罢不急之务，慎偏听之怒；近忠厚，远便佞；杜悦耳之邪说，听苦口之忠言。去易进之人，贱难得之货，采尧舜之诽谤，追禹汤之罪己。惜十家之产，顺百姓之心。近取诸身，恕以待物。思劳谦以受益，不自满以招损。有动则庶类以和，出言而千里斯应。超上德于前载，树风声于后昆。此圣哲之宏规，帝王之盛业，能事斯毕，在于慎守而已。”

又曰：“君能尽礼，臣能纳忠，必在于内外无私，上下相信。上不信则无以使下，下不信则无以事上，信之为义大矣哉！故自天佑之，吉无不利。”

岑文本曰：“览古今之事，察安危之机，上以社稷为重，下以亿兆在念。明选举，慎赏罚，进贤才，退不肖，闻过即改，从谏如流，为善在于不疑，出令期于必信。颐神养性，省畋游之娱；去奢崇俭，省工役之费。务静方内而不求辟土，载櫜弓矢而无忘武备。

凡此数者，思之而不倦，行之而不怠，则至道之美，与三五比隆；亿载之祚，随天地长久。”

又曰：“创拨乱之业，其功既难；守已成之基，其道不易。故居安思危，所以定其业也；有始有卒，所以隆其基也。”

刘仁轨曰：“屋漏在上，知之者在下；愚夫之计，择之者圣人。是以周王询于刍荛，殷后谋于版筑，故得享国长久、传祚无疆、功宣清庙、庆流后叶。”

姚班曰：“忠臣事君，有犯而无隐；明主驭下，纳谏以进德。故《书》云：‘有言逆于志，必求诸道；有言顺于志，必求诸非道。’”

卢藏用曰：“刑狱不滥则人寿，赋敛蠲省则人富，法令有常则国静，赏罚得中则兵强。”

马周曰：“临天下者，以人为本。欲令百姓安乐，惟在刺史、县令。县令既众，不必皆贤，若每州得良刺史，则合境苏息。”

《资治通鉴》

陈子昂曰：“尚德行者，必无凶险之类；务公正者，必无邪佞之朋；保廉节者，必憎贪冒之党；有信义者，必訾苟且之徒。此天地之性，物类之情，其理自然，不可改易。”

吴兢曰：“以一人之意综万方之政，明有所难烛，智有所难周。上心未喻于下，下情未达于上。惟以虚受人，博览兼听，使深者不隐，远者不塞，所谓明四目、达四聪也。”

李绛曰：“人臣进言于上岂易哉？君有雷霆之威，彼昼度夜思，始欲存十事，俄而去五六，及将以闻，则又惮而削其半，故上达者止十之二耳。虽开纳奖励，尚恐不至，若谴诃之，使直士杜口，非社稷利也。”

《唐文》

陆贽曰：“君天下者，必以天下之心为心，而不私其心；以天下之耳目为耳目，而不私其耳目，故能通天下之志，尽天下之情。夫以天下之心为心，则我之好恶乃天下之好恶也，是以恶者无谬，好者不邪。以天下之耳目为耳目，则天下之聪明皆我之聪明也，是以明无不鉴，聪无不闻。”

又曰：“君人之道，子育为心。虽深居九重而虑周四表，虽恒处安乐而忧及困穷。近取诸身，如一体于四肢，其疾病无不恤也；远取诸物，如两曜之于万类，其鉴照无不均也。故时有丰凶而人无流亡，恃天听之必闻，知上泽之将至也。”

又曰：“总天下之智，以助聪明；顺天下之心，以施教令，则君臣同志，何有不从？远迩归心，无思不服。”

又曰：“人之所助在乎信，信之所立由乎诚。守诚于中，然后俾众无惑；存信于己，可以教人不欺。”

又曰：“天之视听皆因乎人，天降灾祥皆考其德，非于人事之外别有天命也。人事著于下，而天命降于上；天人之间，影响相准。”

又曰：“圣人制事必度物宜，尊者领其要，卑者任其详。是以人主择辅臣，辅臣择庶长，庶长择佐僚。所任愈崇，故所择愈少，进不失伦，选不失类；以类则详知实行，有伦则杜绝徼求。是故选自卑远，始升于朝者。各委长吏任举之，则下无遗贤矣；置于周行、既任以事者，乃使宰臣序进之，则朝无旷职矣；才德兼茂、历试不渝者，然后人主倚任之，则海内无遗士矣。”

又曰：“核才驭吏有三术焉，一曰拔擢以旌其异能，二曰黜罢以纠其失职，三曰序进以谨其守常。如此则高课者骤升，无庸者亟退。其余绩非出类，守不败官，则循以常资，约以定限。故得殊才不滞，庶品有伦。”

又曰：“君人者，以众智为智，以众心为心，恒恐一夫不尽其情，一事不得其理，孜孜访纳，惟善是求。”

又曰：“仲尼谓人情者，圣王之田，言道理所由生也。万化所系，必因人情，情有通塞，故‘否’、‘泰’生；情有厚薄，故‘损’、‘益’生。通天下之情者，莫智于圣人，尽圣人之心者，莫深于易象。乾下坤上，则曰‘泰’；坤下乾上，则曰‘否’；损上益下则曰‘益’；损下益上则曰‘损’。盖气不交则庶物不育，情不交则万邦不和。天气下降，地气上腾，然后岁功成；君泽下流，臣诚上达，然后理道立。损益之义亦由是焉。”

又曰：“圣人之于爱才，不惟侧席求思而已，乃复引进以崇其术业，历试以发其器能，旌善以重其言，优禄以全其操。岁月积久，声实并丰，列之于朝则王室尊，分之于土则藩镇重。盖人皆含灵，惟所诱致，如玉之在璞，抵掷则瓦石，追琢则圭璋；如水之发源，壅阏则污泥，疏浚则川沼。”

又曰：“求善若不及，用之惧不周，如梓人之任材，曲直当分；如沧海之归水，洪涓必容。不抉瑕，不求备，不以人废举，不以己格人。闻其才必试以事，能其事乃进以班，自无不用之材，亦无不实之举。”

又曰：“接下之道，待之以礼，煦之以和，虚心以尽其言，端意以详其理。不形好恶以招谄，不大声色以示威。如权衡之悬，不作其轻重，故轻重自辨，无从而诈也；如水镜之设，无意于妍媸，而妍媸自彰，莫得而怨也。”

又曰：“求才贵广，考课贵精，求广在于各举所知，贵精在于按名责实。”

又曰：“推诚之道，在彰信，在任人。彰信不在于尽言，贵出言则可复；任人不可以无择，贵已择则不疑。言而必诚，然后可求人之听命；任而勿贰，然后可责人以成功。”

又曰：“以能改其过为善，以得闻其过为明。故谏者多表我之能好谏者，直示我之能贤谏者，狂诬明我之能恕谏者，漏泄彰我之能从。有一于斯，皆为盛德，是则人君之与谏者，交相益之道也。”

又曰:“言或乖宜,可引过以改其言,而不可苟;任或乖当,可求贤以代其任,而不可疑。”

又曰:“王者爵人必于朝,刑人必于市,言与众共之。奖而不言其善,斯谓曲贷;罚而不尽其恶,斯谓中伤。曲贷则授受不明,而私幸之门启,中伤则枉直无辨,而谗间之道行,可不慎哉?”

白居易曰:“圣人之为治,岂尽得贤而用之乎?岂尽知不肖而去之乎?将在乎秉其枢,操其要,划邪为正,变觚为圆,能使善之必迁,不谓善之尽有;能使恶之必改,不谓恶之尽无。成此功者非他,惩劝之所致也。”

刘蕡曰:“刺史之任,治乱之根本系焉,朝廷之法制在焉,权可以御豪强,恩可以惠孤寡,强可以御奸宼,政可以移风俗。苟无治人之术者,不当任此官。”

李德裕曰:“致理之要,在于辨群臣之邪正。夫邪正二者,势不相合,正人指邪人为邪,邪人亦指正人为邪,人主辨之甚难。”

又曰:“人君拒谏有二:一曰生于爱名,二曰不能去欲。唯英主能从谏,何者?自知功德及人远矣,虽有小过不讳人言也。”

宋

王昭素曰:“治世莫若爱民,养身莫若寡欲。”

钱若水曰:“高尚之士不以名位为光宠,忠正之士不以穷达易志操。其以爵禄位遇之故而效忠于上,中人以下者之所为也。”

田锡曰:“谋虑者,断之始;勇敢者,断之用。若谋虑未精、成败未尽见、情伪未洞知,而不忍小忿小耻,卒然奋发,自谓决断,斯乃刚愎而趋败也,安得谓之断哉?盖谋熟而后断则大,功随之而兴;智浅而言断,则大患亦随之而起,故智与断在乎兼备也。”

张咏曰:“事君者廉不言贫,勤不言苦,忠不言已效,功不言己能,可以事君矣。"

王曾曰:"人臣章奏,不可择利近名,须纯意于国事。"

又曰:"用贤,人主之事。荐人而使之知,是徇私市恩也。"

杜衍曰:"岁有丰凶,谷有贵贱,豪商大贾乘时收贱,水旱之岁则闭粜高价以图厚利,故常平之法必量户口众寡,出纳无壅,增损有宜,且严赏罚,课官吏,禁借以规利者,然后民受其益。"

范仲淹曰:"朝廷清要之位,觊觎者众,必审贤以与之;贤杰之材,谗疾者众,必先时以辨之。圣主明王常精意于求贤,不劳虑于临事。精意求贤则聪明自广,劳心临事则业脞自困。精而求之,熟而观之,然后置之要地,使竭力殚心,则政成于下而柄归于上,始可以言无为矣。"

又曰:"岁饥修城郭、仓廒、吏舍、祠寺,兼倡富民,兴筑塘堰,可发有余之财以惠贫民。工技食力之人,食于官府私家者,日数千百人,并以赡其老弱,救荒之政莫大于此。"

又曰:"士当先天下之忧而忧,后天下之乐而乐。"

又曰:"善养身者,在康宁之时,不谓终无疾病,于是有节宣方药之备焉;善安国者,当太平之时,不谓终无危乱,于是有教化经略之备焉。"

又曰:"帝王爵以尚德,禄以报功,未有赏其空言者。"

又曰:"凡密陈得失,未可尽以为实,当深究其宜。"

韩琦曰:"凡进言于君,事不明辨则忽而不听,论或过当则激而不信,当顾体酌宜,主于理胜,而以至诚将之。"

又曰:"处事不可有心,有心则扰。"

富弼曰:"人主好恶不可令人窥测,可窥测则奸人得以傅会。当如天之鉴人,善恶皆所自取,然后诛赏随之,则功罪皆得其实矣。"

包拯曰:"帝王行事,但顾理道如何,固不计其言之先入后陈也。必若主先入者以为是,则奸罔之人逞其敏捷,或巧中人,或阴图事,惟恐居其后矣。”

又曰:“凡臣僚上言利害,如可为经久之制,方许颁行。或小有异同非蠹政害民者,不可数有更易,如此则法存画一,民有定志。”

张方平曰:“古者合兵农而议政,通文武以命官,故苟有制胜之术,何必击刺之利乃为武?苟有经邦之道,何必章句之学乃为文?”

蔡襄曰:“箴阙失、献明谟、擿回邪、击权幸,谏官之职也。邪人恶之,必曰‘好名以彰君过’。夫忠臣务尽其心,事有必需切直者,则极论之;人主从而行之,适以见从谏之美。所谓‘好名以彰君过’,则巧佞者所为耳。于事之难言者喑而不言,择其所无忤者言之,就令不行不复再议,退而曰‘其事我尝言之矣’,此之谓好名也。且事有缺失,谏官最为近密,如不尽言,人主何从知而改之?传之天下后世,终以为过,此正所谓彰君过也。惟明君能察忠臣巧佞之分,则聪明广而利害悉矣。”

苏舜钦曰:“四海至远,民有隐情,不可以遍照,故博采愚贱之言而择用之;万几至烦,事有习弊,不可以独览,故详察众多之议以更张之,然后朝无遗政,物无遁情。”

又曰:“惟诚可以应上天,惟实可以安下民。”

滕甫曰:‘君子无党,辟之草木,绸缪相附者,必蔓草,非松柏也。朝廷无党,虽中主可以济,不然虽上圣亦难之。”

程子曰:“欲当大任,须是笃实。”

又曰:“善言治者,必以成就人材为急务,人材不足,虽有良法,孰与行之?”

又曰:“天下之事,须才与至诚合一方有济。”

司马光曰:“人君之大德有三:曰仁,曰明,曰武。仁非姑息之谓,修政治,养百姓,利万物,此人君之仁也。明非伺察之谓,知道义,识安危,别贤愚,辨是非,此人君之明也。武非强亢之谓,惟道所在，断之不疑，奸不能惑，佞不能移，此人君之武也。”

又曰：“水未至而虚为之防，水虽不至，亦无所害；谓水不足忧而不为之防，一旦水至，则防无所及矣。故君子贵于思患而预防之也。”

又曰：“王者以天下为家，无有远迩，当视之如一，不可使恻隐之心止于目前而已。”

又曰：“人君不行无功之赏，则群下劝人；臣不受非分之赐，则廉耻立。”

又曰：“国家必先实而后文。安国家，利百姓，仁之实也；保基绪，传子孙，孝之实也；辨贵贱，立纲纪，礼之实也；和上下，亲远迩，乐之实也；决是非，明好恶，政之实也；诘奸邪，禁暴乱，刑之实也；察言行，试政事，求贤之实也；量材能，课功状，审官之实也；询安危，访治乱，纳谏之实也；选勇果，习战斗，治兵之实也。实之不存，虽文之盛美，无益也。故必拨去浮文，悉敦本实，选任良吏以子惠庶民，深谋远虑以保安宗庙，张布纲纪使下无觎心，和厚风俗使人无离怨，别白是非使万事得正，诛锄奸恶使威令必行；取有益，罢无用，使野无遗贤；进有功，退不职，使朝无旷官；察谠言，考得失，使谋无不尽；择智将，练勇士，使征无不服；则国家安若泰山，又何贵文采之饰哉？”

又曰：“人之材性各有短长，人君当量能授官，人臣当陈力就列，如此则事无旷废，上下得宜。”

又曰：“古者谏无官，自公卿大夫至于工商，无不得谏者，汉兴以来始置官。夫以天下之大、四海之众，得失利病，萃于一官使言之，其为任亦重矣。居是官者，当志其大，舍其细，先其急，后其缓，专利国家而不为身谋。彼汲汲于名者，犹汲汲于利也，其间相去何远哉？”

又曰：“爵禄者，天下之爵禄，非以厚所喜也；刑罚者，天下之刑罚，非以快所怒也。是故古者爵人必与士共之，刑人必与众弃之，明不敢以己之私心盖天下之公议也。”

又曰：“圣帝明王，闻人之言则能识其是非，故谓之聪；观人之行则能察其邪正，故谓之明；取是而舍非，诛邪而用正，确然无所疑，故谓之断；诛一不善而天下不善者皆惧，故谓之威；赏一有功而天下有功者皆喜，故谓之福。”

又曰：“古人有言曰：‘谋之在多，断之在独。’谋之多，故可以观利害之极致；断之独，故可以定天下之是非。”

又曰：“驭下之道，恩过则骄，骄则不可不戢之以威；威过则怨，怨则不可不施之以恩。恩威之道，圣人所以制世御俗，犹天地之有阴阳，损之益之，不失中和，以生成万物者也。恩虽至厚而人不敢妒者，何也？众人之所与也。罚虽至重而人无所怨者，何也？众人之所恶也。”

又曰：“王者抚有四海，君临亿兆，若事无巨细，皆以身亲之，则所得至寡，所失至多矣。古语有之曰：‘察目睫者不能见百步，察百步者亦不能见目睫。’非不欲兼之，势不可也。是以明王总其大体，执其枢要，精选贤能，任以百职。有功者赏，有罪者诛，故处躬不劳而收功甚大。”

又曰：“人臣之进言者，舍其急而议其缓，则言益繁而用益寡矣。人君之纳听者，忽其大而谨其细，则心益劳而功益浅矣。”

又曰：“采名而不责实，则天下饰名以希功；按法而不求情，则天下巧文以避罪。”

又曰：“为人君者，洒濯其心，至公至正，审察善恶，明辨是非。忠信者虽有怨仇而必用，奸回者虽有私恩而必诛，是以群臣晓然，各知所守，一心同德，以事其上。”

又曰：“为政有体，治事有要，以一人之智力兼天下之众务，欲物物而知之，日亦不给矣。是故尊者治众，卑者治寡。治众者事不得不约，治寡者事不得不详。约则举其大，详则尽其细，此自然之势也。”

又曰："明主之不妄赏赐，非吝之也，诚以赐一无功则天下无功之人皆有邀觊之心，有功之人皆怀怨望，惟无功者不能得，然后有功者劝。"

又曰："夫水之微也，捧土可塞；及其盛也，漂木石，没丘陵。火之微也，勺水可灭；及其盛也，焦都邑，燔山林。故治之于微，则用力寡而功多；治之于盛，则用力多而功寡。圣帝明王，皆销恶于未萌，弭祸于未形，是以天下阴被其泽而莫知所以然也。顾未然之言尝见弃，忽及其已然，又无所及。夫晏安怠惰，肇荒淫之基；奇巧珍玩，发奢侈之端；甘言卑词，启侥幸之途；附耳屏语，开谗贼之门；不惜名器，导僭偪之源；假借威福，授凌夺之柄。凡此六者，其初甚微，朝夕狎玩，未尝甚害，日滋月益，遂至深固，比知而革之，则用力百倍矣。"

又曰："明君之于听纳，无彼无我，无亲无疏，无先无后，惟其是而已矣。若重我所有而轻彼所陈，信其所亲而疑其所贱，主先入之言而拒后来之议，则虽有是者，亦不可得而见矣。"

范镇曰："人臣言事，当论其是非，不当问其难易。"

吕公著曰："人主延见群臣，论及人物之臧否，尤宜谨密。苟有未至，则人臣悼后害之及，念失身之戒，而不敢尽其所言矣。"

苏洵曰："法不足以制天下。以法制天下，法之所不及，天下斯欺之矣。故先王本之以至诚，使天下所以不吾欺者，未必皆吾法之所能禁，亦其中有所不忍而已。"

苏轼曰："事慎重则必成，轻发则多败。慎重者，始若怯，终必勇；轻发者，始若勇，终必怯。"

又曰："救灾恤患，尤当在早。若灾伤之民救之于未饥，则用物约而所及广，不过宽减上供，粜卖常平，官无大失而人人受赐；若救之于已饥，则用物博而所及微，虽大发仓库，亏损课利，官为之困，而已饥之民终多死亡。"

又曰："以宽得爱，爱止于一时；以严得畏，畏止于力之所及。

故宽而见畏,严而见爱,皆圣贤之难事。"

苏辙曰:"薄赋敛,散蓄聚,若以致贫,而民安其生,盗贼不作,县官食租衣税,廪有余粟,帑有余帛,久而不胜其富也。厚赋敛,夺民利,若以致富,而民所入有限,所害无穷,久而不胜其贫也。"

又曰:"帝王之治,必先正风俗。风俗既正,中人以下皆自勉以为善;风俗既败,中人以下皆自弃而为恶。中人自勉于善,则人主耳目众多,易与为治;中人自弃于恶,则臣下朋党比附,易以为非。"

又曰:"天下之患,常伏于其所偏重,故内重则为内忧,外重则为外患。"

卷八

宋

范纯仁曰:“博览群策,通达下情,使四方利病必闻,群下之能否皆见,然后可以布顺民之政,恢太平之风。”

又曰:“道远者理当驯致,事大者不可速成,人才不可以急求,积弊不可以顿革。道不驯致,则有揠苗之患;事欲速成,则有不达之忧;人急求,则才佞进而巧伪生;弊顿革,则人情扰而怨愤作。”

程子曰:“养民者以爱其力为本,民力足则生养遂,然后教化可行,风俗可美。是故善为政者必重民力。”

又曰:“圣人为戒必于方盛之时,方盛虑衰则可以防其满极而图其永久。至于既衰而后,戒则无及矣。”

又曰:“王者奉若天道,动无非天者,命则天命也,讨则天讨也。尽天道者,王道也。”

又曰:“任人之道以慎择为本,择之慎故信之笃,信之笃故任之专。择之慎则必得其贤,信之笃则人致其诚,任之专则得尽其才。”

又曰:“虽公天下事,若用私意为之,便是私。”

又曰:“天地之生,万物之成,合而后遂。天下国家至于事为之末,所以不遂者,由不合也;所以不合者,由有间也。故间隔者天下之大害,圣王之必去也。”

又曰:“以含容之量,施刚果之用,乃圣贤之为也。”

又曰:“朝廷之上,推贤援能者登进之,蔽贤自任者疏远之,自然天下向风,以荐达为急务。搜拔既广,则士益贵,而守益坚,廉耻格而风俗厚矣。”

又曰:“王道如砥,本乎人情,出乎礼义;若履大路而行,无复回曲。”

又曰:“凡避嫌者,皆内有不足处,所为诚公矣,何嫌之足避乎?”

又曰:“事以急而败者,十常七八。”

又曰:“事君者知人主不当自圣,则不为谄谀之言;知人臣义无私交,则不为阿党之计。”

又曰:“人臣之义,位愈高而思所以报国者当愈勤。”

张子曰:“以责人之心责己,则尽道;以爱己之心爱人,则尽仁。”

又曰:“心既虚则公平,公平则是非较然易见,当为不当为之事自知。”

又曰:“当为而为之,虽杀人皆义也。有心为之,虽善皆私也。”

刘挚曰:“小人之才非不足用,特心之所向不在乎义,故希赏之志每在事先,奉公之心每在私后。”

范祖禹曰:“当食则思天下有饥而不得食者,当衣则思天下有寒而不得衣者,于凡事莫不皆然,推至诚以召和气,庶几皇天报应,降丰年之祥,使百姓皆家给人足矣。”

又曰:“古之贤君闻有灾害,惟责人之不言。其救灾惟恐不及于事,不徒专信守臣奏报,恐言者之小其事以缓君心之忧也。”

又曰:“凡事言于未然,则诚为过;及其已然,则又无所及。人君宁受未然之言,勿遗无及之悔。”

彭汝砺曰:“凡国之政教、刑禁之要,宜以时布于州县乡保,使有司读谕而教之,其言如是,则其法如是;其罪如是,则其刑如是。使天下之民知天子所以教爱之如此,而得有所避也,刑可得而省矣。”

王居正曰:“论节损者,当知随时以省事,不在随事以省费。虽一切减半,计其实,未尝不重费也。惟计百事之实而论定之,苟非御寇备敌、赈恤百姓,皆从姑置,则费省而国裕矣。”

吕中曰:“任用大臣,必择德望与才智兼备者,有才智而无德望以镇之,则未足以服天下之心;有德望而无才智以充之,则未足以济天下之事。”

李新曰:“天下之事,莫尚于密;圣人之功,无易于勤。尚密则无败事,贵勤则无弃功。”

李纲曰:“人臣之言不激切,不足以动主听,而激切则有过当之患;人主之听不广大,不足以尽人言,而广大则有纷扰之患。故辞顺理直而匪讦者,言之善也;博询精考而不惑者,听之公也。”

又曰:“孝子之于亲,岂必待其爱而后孝?忠臣之于君,岂必待其信而后忠哉?亦自尽其诚而已。”

又曰:“凡所施为,勿太遽以致骚扰,勿太缓以失机会,则事得其序,不扰而办。天下无不可为之事,亦无不可为之时,惟失其时,则患之小者日益大,事之易者日益难。”

又曰:“兴衰拨乱之主,非英哲不足以当之。英则用心刚,足以莅大事,而不为小故之所摇;哲则见善明,足以任君子,而不为小人之所间。”

杨时曰:“天下重任,非狷忿褊迫者所能胜也。狷忿褊迫,临大事不能无轻动(此句有疑,但查到出处),轻动则失事机,难于成功。”

又曰:“君臣相与之际,当以诚意为主。”

胡安国曰:“圣人心无偏系,如镜之无妍丑也。因事物善恶而施褒贬赏罚焉,不期公而自公尔。”

岳飞曰:“文臣不爱钱,武臣不惜死,天下太平矣。”

范成大曰:“克知灼见,知人之明也。其次莫若公,公非即明而可以生明。盖去胸中之私喜怒,用天下之公是非,以进退天下之才,斯十得八九矣。”

罗从彦曰:“立朝之士,当爱君如爱父,爱国如爱家,爱民如爱子。然三者未尝不相因也,凡人爱君则必爱国,爱国则必爱民,未有以君为心而不以民为心者。”

又曰:“教化者,朝廷之先务;廉耻者,士人之美节;风俗者,天下之大事。朝廷有教化,则士人有廉耻;士人有廉耻,则天下有风俗。”

又曰:“朝廷之法不可不严,有司行法不可不恕。不严则不足以禁天下之恶,不恕则不足以通天下之情。”

王十朋曰:“财有限而用无穷,生财不如节财,省用斯能足用。”

朱子曰:“天生一世人才,自足一世之用。但有圣贤之君在上,熏蒸陶冶,中材以下自能改变。以其平日为己之心为公家办事,自然修举。”

又曰:“今人说轻刑者,只见所犯之人为可悯。如劫盗杀人,人多为之求生,殊不念死者无辜,是知为盗贼计而不为良民计也。”

又曰:“为政必有规矩,使奸胥猾吏不得行其私,然后刑罚可省,赋敛可薄。”

又曰:“天下之事,有缓急之势;朝廷之政,有缓急之宜。当缓而急,则繁细苛察,无以存大体,而朝廷之气为之不舒;当急而缓,则怠慢废弛,无以赴事机,而天下之事日入于坏。”

又曰:“爱人必先节用,盖国家财用皆出于民;如有不节而用度或阙,则横赋暴敛,必将有及于下者。”

又曰:“凡人胸次烦扰,则愈见昏昧,中有定止,则自然光明。”

又曰:“圣人之心涵育发生,真与天地同德,而物或自逆于理,以干天诛,则夫轻重取舍之间,自有决然不易之理。其宥过非私恩,其刑故非私怒。罪疑而轻非姑息,功疑而重非过予。如天地四时之运,寒凉肃杀,常居其半,而涵养发生之心,未始不流行乎其间。”

又曰:“修德之实,在乎去人欲、存天理。人欲不必声色货利之娱、宫室观游之侈也,但存诸心者,小失其正,便是人欲。必也存祇惧之心以畏天,扩宽弘之度以尽下,不敢自是而欲人必己同,不徇偏见而谓众无足取,出入起居,发号施令,念兹在兹,不敢忘怠,而又择端人正士、刚明忠直、能尽言极谏者,与居左右,务使此心虚明广大,平正中和,表里洞然,无一毫私意之累,然后为德之修,而上可以格天,下可以感人。凡所欲为,无不如志。”

又曰:“集众思者易为力,专己智者难为功。”

又曰:“圣人之心虽曰好赏,而不能赏无功之士;虽曰恶刑,而不敢纵有罪之人。苟功罪之实晓然而无疑,则虽欲轻之重之而不可得,是乃所以为平也。”

又曰:“当官勿避事,亦勿侵事。”

又曰:“天下非艰难多事之可忧,而宴安酖毒之可畏。政使功成治定,无一事可为,尚当朝兢夕惕,居安虑危,而不可以少怠。”

又曰:“朝廷设官求贤,故在上者不当以请托而荐人;士人当有礼义廉耻,故在下者不当自炫鬻而求荐。”

又曰:“狱事人命所系,尤当尽心。近世流俗惑于阴德之论,多以纵出有罪为能,而不思善良之无告,此最弊事,不可不戒。然哀矜勿喜之心,则不可无也。”

张栻曰:“人君事天,宜求诸视听言动之间。一念才是,便是上帝鉴观;一念才不是,便是上帝震怒。”

又曰:“胸中着一‘宽’字,宽必有弊;着一‘猛’字,猛必有弊。处事当如持衡,高者抑之,低者扬之,则常平矣。”

又曰:“壅蔽者,天下之大患也。去之之道,莫先于虚己,莫要于任贤。虚己则壅蔽消于内,任贤则壅蔽撤于外。内外无蔽,而下情毕通矣。”

又曰:“治狱所以不得其平者,盖由矜智巧以为聪明,持姑息以惠奸慝。上则视大官之趋向而重轻在手,下则惑胥吏之浮言而二三其心。不尽其情而一以威怵之,不原其初而一以法绳之,如是而能得其平者,寡矣。”

吕祖谦曰:“宴安者,众恶之门也。贤者入之而愚,明者入之而昏,刚者入之而懦,洁者入之而污,岂不甚可畏耶?”

又曰:“百种巧伪不如一实,反复变诈不如慎始,防人猜疑不如自慎,智数周密不如省事。不易之道也。”

胡寅曰:“难强莫如怠心,难制莫如欲心,难降莫如骄心,难平莫如怒心,难解莫如疑心,难正莫如偏心。”

魏了翁曰:“古之人君以天位为至艰至危,如履虎尾,如蹈春冰,如痌瘝乃身。故无一时可纵弛,无一事不戒慎,无一刻可暇逸,无一息敢肆欲也。自朝至昃,兢兢业业;居内之日常少,居外之时常多,不独劳于民事,盖亦所以养寿命之原,保身以保民耳。”

陈傅良曰:“太虚清明,天之体也。将以润物,则为雨露;将以动物,则为风雷;将以成物,则为霜雪。俄而开霁,天体湛然,纤翳不留,三光如故。人主喜则为赏,怒则为刑;刑赏既行,更无凝滞。心宇泰定,即天德也。”

真德秀曰:“公事在官,是非有理,轻重有法,不可任己私而咈公理,亦不可屈公法以徇人情。诸葛亮有言‘我心如秤,不能为人作轻重’,此有位之士所当法也。然人之情每以私胜公者,盖徇货贿则不能公,任喜怒则不能公,党亲昵、畏豪雄、顾祸福、计利害,则皆不能公。殊不思,是非之不可易者,天理也;轻重之不可逾者,国法也。以是为非,以非为是,则逆乎天理矣;以轻为重,以重为轻,则达乎国法矣。”

又曰："为大臣者，必以群下有言为救己之过而不以为形己之短，以为爱己而不以为轻己，以为助己而不以为异己，然后能尽事物之理。"

又曰："委任臣工，君之大体；躬亲听断，君之大权。二义并行，初不相悖。"

赵方曰："催科不扰，是催科中抚字；刑罚不差，是刑罚中教化。"

崔与之曰："天生人才，自足以供一代之用，惟辨其君子小人而已。"

金

高琪曰："圣主以宗庙社稷为心，法上天行健之义，忧勤庶政，夙夜不遑，乃太平之阶也。"

石琚曰："天子之富，藏于天下，正如泉源，欲其流通耳。"

徒单镒曰："为政之要，在正臣下之心。凡行义无取者，抑而下之，则趋向自正。苟群臣不明礼义，难以责小民之从化。"

唐括安礼曰："世无全才，当广取士之路，而区别器使之。"

元好问曰："人习于恶劳，事艰于虑始。惟强也，故能立天下之懦；惟坚也，故能易天下之难。"

元

廉希宪曰："丈夫见义勇为，祸福无预于己，谓皋、夔、稷、契、伊、傅、周、召为不可及，是自弃也。"

康里脱脱曰："敬天莫先勤民，民安其业则灾沴自弭。"

奕赫抵雅尔丁曰："读律不能变通以适事，宜譬之医者，虽善方论，而不能切脉用药于疾痛，奚益？"

许衡曰:“治人者,法也。守法者,人也。人法相维,上安下顺,则不劳而治。”

又曰:“古人举贤不敢自名,欲恩泽出于君也。刑人亦然,不可使人知出于己。如月星皆借日以为光,与日相远则光盛。犹臣远于君则声名大、威权重;及近日,却失其光。臣道、阴道理当如此。”

又曰:“人心犹印板,然板本不差,虽摹千万本皆不差;本既差矣,摹之于纸,无不差者。”

又曰:“地力之生物有数,人力之成物有限。取之有度,用之有节,则常足;取之无度,用之无节,则常不足。生物之丰歉由天,用物之多少由人。”

又曰:“推勘公事,已得其情,适当其法,不旁求深入,是即利人也。俗吏不达此理,专以出罪为心,谓之阴德。夫履正奉公,嫉恶举善,人臣之道也。有违于此,则恶者当害之而反利之,善者当利之而反害之,显不能逃其刑责,幽不能欺于神明,阴德何有焉?”

王鹗曰:“应天者,惟以至诚;拯民者,莫如实惠。”

吴澄曰:“居官以廉为本,然不明则为吏所蔽,虽廉何补?明矣而其心不仁,则深刻严酷,纵其下渔猎蹦跞,略无恻隐之意。或其心虽仁,而短于裁决,徒有仁心而民不被其泽,仁而不能故也。或其才虽能,而意之所向不无少偏,终亦不免于疵,能而未公故也。全此五善,乃可为官。”

又曰:“士大夫治官如治家,则何事不可办?”

又曰:“学以明义理,仁以行政事;所明者本,所行者用也。本之所培者深,则用之所达者优。”

陈佑曰:“大臣贵和不贵同,和于义则公道昭,明同于利则私怨萌生。”

揭徯斯曰:“为政以储才为要,养之于位,望未隆之,先而用之,于经历庶务之后,则无失材废事之患。"

余阙曰:"知祖宗得天下之难,则必能求其所以得之之道矣。知其所以得天下之道,则知所以保天下之道矣。《孟子》曰'三代之得天下也以仁',此祖宗得天下之道也。《易》曰'何以守位,曰仁',此子孙保天下之道也。"

孛术鲁翀曰:"圣人之治天下,其为道也,动与天准;其为法也,灿若列星。使民畏罪迁善,而吏不敢舞智御人。盖鞭笞斧钺与礼乐教化相为表里,及其至,则民协于中,刑措不用,道法本无二故也。"

陈天祥曰:"国家之与百姓,上下如同一身。民乃国之血气,国乃民之肤体。血气完实则肤体康强,未有耗其血气而能使肤体丰荣者。是故民富则国富,民贫则国贫,民安则国安,民困则国困,其理然也。"

明

刘基曰:"夫将以一身统三军者也,三军之耳目齐于一人,故耳齐则聪,目齐则明,心齐则一,万夫一力,天下无敌。"

宋濂曰:"天生烝民,莫不有欲。欲动情胜,诡伪日滋。强暴纵其侵陵,柔懦无以自立。故圣人设刑宪以为之防,欲使恶者知惧而善者获宁。《传》所谓'狱者,万民之命所恃,以禁暴止邪、养育群生者也'。譬诸禾黍,必刈稂莠而后苗始茂。苟梗化败俗之徒不诛,虽尧舜不能以为治。"

王祎曰:"古今之变不同,仪章制度不能久而无弊;及其既弊,则必损益之,以求其当。审其宜而后可行,而其本在乎因天道、顺人情,故礼之本所以合理也,不可不同;礼之用所以适变也,不必尽同。"

又曰:"人君莫先于法天,道莫急于顺人心。法天道,顺人心，则存于心者自然忠厚，施于政者自然广大。祈天永命之道，未有越此者。”

又曰：“法有定论，而兵无常形。出入离合，动有节制；向背取舍，各适事机。非特人莫知吾之所以然，虽吾亦不能先必其所以然。譬之盘之走丸，丸走于盘，纵横圜直系于临时，不可必知。所可必知者，丸之不能出于盘也。”

方孝孺曰：“治天下有道，仁义礼乐之谓也；治天下有法，庆赏刑威之谓也。古之为法者，以仁义礼乐为谷粟，而以庆赏刑威为盐醢，故功成而民不病。弃谷粟而食监醢，此乱之所由生也。”

又曰：“人君之学莫大于治心立政，而治心之术有五：持敬以弭安肆之萌，寡欲以遏侈纵之渐，养慈爱之端以充其仁，伐骄泰之气以固其守，择贤士自辅以闲其邪。五者立，然后可以为政。而为政之方有七：明而不至于苛，宽而不流于纵，严而不近于刻，仁而不溺于无断，智而不入于诈妄，纳谏而能委任，无逸而能不变，此为政之本也。”

于谦曰：“用兵之法，不测如阴阳，难知如鬼神，贵在临期应变，难以一定而求。去来之间，如飘风骤雨。应敌之余，非勇无以挫其锋，非智无以破其诈，必谋勇兼济，而后可以成功。”

又曰：“华夏蛮貊之人，皆系朝廷赤子。兵刑不得已而施，贵在恩威并行，然后人无不服。故防奸御侮之道固难一于招抚，亦难专于诛杀。盖可抚则抚，可捕则捕，贵在相机而行，随宜而处也。”

薛瑄曰：“为政当以公平正大行之，是非毁誉皆所不恤。必欲曲徇人情，使人人誉悦，则失公正之体，非君子之道也。”

又曰：“法立贵乎必行；立而不行，徒为虚文，适足以启下人之玩。”

又曰：“世有卖法以求贿者，此诚何心哉？夫法所以治奸顽也，奸顽有犯，执法以治之，则良善者获伸矣。若纳贿而纵释奸顽，则良善之冤抑何自而伸哉？使良善之冤抑不伸，是不惟不能治奸顽，而又所以长奸顽也。据高位、载显名、秉三尺者，忍为此乎？”

又曰：“治狱有四要：公、慈、明、刚。公则不偏，慈则不刻，明则能照，刚则能断。”

又曰：“不欺君自不欺心始。”

又曰：“正以处心，廉以律己，忠以事君，恭以事长，信以接物，宽以待下，敬以处事，此居官之七要也。”

又曰：“固不可假公法以报私仇，亦不可假公法以报私德。”

又曰：“世之廉者有三：有见理明而不妄取者，有尚名节而不苟取者，有畏法律、保爵禄而不敢取者。见理明而不妄取，无所为而然，上也；尚名节而不苟取，狷介之士，其次也；畏法律、保爵禄而不敢取，则勉强而然，斯又为次也。”

又曰：“《尧典》以钦之辞始，益稷以钦之辞终，则尧舜传心之要可知矣。”

又曰：“法者，天讨也，或重或轻，一付之无心，可也。或治奸顽而务为宽纵，暴其小慈，欲使人感己之惠，其慢天讨也甚矣。”

李时勉曰：“国家所恃长久者，天命与人心也，而天命常视人心为去留。欲得人心，必敦教化，必修礼让，必遂其生，养必足其衣食，使其知父子君臣之义，被道德仁义之化。休养田里，不见贪残之政，将灾沴不作，太平可臻。”

吕坤曰：“庙堂之上，以养正气为先；海宇之内，以养元气为本。能使贤人君子无郁心之言，则正气培矣；能使群黎百姓无腹诽之语，则元气固矣。”

又曰：“人情之所易忽，莫如渐，天下之大可畏，莫如渐。渐之始也，虽君子不以为意；有谓其当防者，虽君子亦以为迂。不知其积重难返之势，天地圣人亦无如何，其所由来者，渐也。”

又曰：“四肢百骸，一痛痒间，心无不知，一脉相通之故也。

守令者，郡县之脉也；监司者，一省一路之脉也。君相者，天下之脉也。故心之所及，四海莫不精神；政令所加，万姓莫不鼓舞。”

又曰：“善用威者不轻怒，善用恩者不妄施。”

又曰：“易偏执而难中正者，己也；易偷惰而难振作者，众也；易坏乱而难整饬者，事也。故为政要鼓舞不倦，纲常张，纪常理。”

又曰：“有以姑息匪人，市宽厚名；有以毛举细故，市精明名，皆偏也。圣人之宽厚，不使物有所恃；圣人之精明，不使人无所容，敦大中自有分晓。”

又曰：“为政者贵因时，事在当因，不为后人开无故之端；事在当革，不为后人长不救之祸。”

又曰：“自委质后，此身原不属我。朝廷名分，为朝廷守之，一毫贬损不得，非抗也；一毫高抗不得，非卑也。朝廷法纪，为朝廷执之，一毫徇人不得，非固也；一毫任己不得，非葸也。”

又曰：“物理人情自然而已，圣人得其自然者以观天下，而天下之人不能逃圣人之洞察。握其自然者以还天下，而天下之人不觉为圣人所斡旋。即其立法以绳物，有近于矫拂；然拂其人欲之私，而顺其天理之公。故虽有倔强锢蔽之人，莫不警悟而驯服。”

又曰：“天地之财，要看从来处，又要看归宿处；从来处要丰、要养，归宿处要约、要节。”

又曰：“天下之患成于怠，忽者居其半；成于激，迫者居其半。惟圣人能消祸于未形，弭患于既著，夫是之谓知微知彰。知微者不动声色，要在能察几；知彰者不激怒涛，要在能审势。”

邱濬曰：“圣人之心，未尝自圣。世虽已治，而犹有愿治之心；言虽毕陈，而恒有渴闻之念。”

又曰：“人以渐而用，而出类之才则不以渐；官以次而除，而切要之职则不以次。”

又曰：“报国孰为大？荐贤为大。盖竭一身之智力其效少，竭众人之智力其效多。”

又曰："天下之大，譬则人之一身焉。一身之中，外有四肢百体，内有五脏六腑，其气息之相通，血脉之周流，无一时之可息，无一处之可滞。故治天下者，恒以其身视天下，无尺寸之肤不爱，则无尺寸之肤不养；身处乎宫廷毡厦之上，而心常存乎郡国闾里之中。"

又曰："财生于地而成于天，所以致其用者，人也。天地岁岁有所生，人生岁岁有所用。岁用之数不可少，而岁生之物或不给。苟非岁岁为之制，先期而计其数，先事而为之备。至于临事而为之措置，则有弗及者矣。"

又曰："圣人之用刑，虽若不得已而实不容已也。于不容已之中，而存不得已之心。不容已者，上天讨罪之义；不得已者，圣人爱物之仁。"

刘大夏曰："居官以正己为先。所谓'正己'，非特当戒利，亦当远名。"

李东阳曰："节用如闸河然，节一分则上有一分之益；广储如蓄源然，积一分则下有一分之利。"

杨一清曰："无事当如有事时隄防，有事当如无事时镇静。"

王守仁曰："古之人能以天地万物为一体，故能通天下之志。凡举事宜必为之，但见其易而成之，不见其难。今居官者多反是，岂见不到此乎？亦由无忠诚恻怛之心以爱其民，不肯身任地方利害，为久远之图。凡所施为，不本于精神心术，而惟事补辏掇拾，支吾粉饰于其外，以苟幸吾身之无事，徒有虚名而无实用，可张皇于暂时，而不可施行永久者，劳逸烦简相去远矣。"

邵宝曰："勿以一方为小，勿以一人为寡，勿以一事为微，勿以一时为近。天下一方之会也，众人一人之聚也，万事一事之集也，万世一世之积也，可不慎哉？"

又曰："听信不惑于亲近，则采纳不患于不核；好尚不徇于同异，则品鉴不患于不当；喜怒不逐于爱憎，则取舍不患于不公。"

杨继盛曰："天下之事每成于忧而败于喜。夫喜则纵，纵则视天下之事皆易也，而忽心生；忧则畏，畏则视天下之事皆难也，而慎心生。慎忽之间，天下之治乱所系。"

屠隆曰："大臣之道，悬鉴持衡适于中；和而不偏，偏则为害，惟虚明之人辨焉。"

又曰："人臣体国，盖以国家为身体也。人之于身体，劳逸欲均，饥饱欲时，起居欲慎，寒暑欲调。养其血脉，惜其精神，何所不到？人臣以调护身体者调护国家，则莫如注念黔首，是故节其劳逸，问其饥寒，教以义理，厚其风俗，去其慆淫，恤其疾苦。有利于民者，兴之如口腹之得美饮食也；有害于民者，去之如面目之去赘疣也。以此体国，乃人臣之道。"

又曰："天地间太和元气盎然流行，造化得之以久长，人物得之以化育。治天下者自当敦大醇厚，然或宽而无节，简事而流于废弛，爱人而伤于姑息。天下玩焉，又当济之以严，肃纪纲，申法度，令天下无敢梗吾之化者，而后慈爱之心得以宣布，人物相生相养，各得其所。盖宽者，仁之用也；严者，义之用也。义所以成其仁也。"

张居正曰："天之生财，在官在民，止有此数。譬之于人，禀赋强弱，自有定分。善养生者，惟撙节爱惜，不以嗜欲戕之，亦皆足以欲病而延寿。"

潘季驯曰："夫避难趋易，争一时之便而略其害，非长策也。袭功于身而遗艰于后人，非纯臣之节也。"

王弘诲曰："一念之逸，万事之隳；一时之逸，终身之疵。法天行健，惟日孜孜。惟圣克念，无不在兹。尧兢舜业，并称巍巍。惟无逸乃能有逸，惟有为是以无为。"

王家屏曰："圣王驭世，爵人而人以为荣者，其命德公也；赏人而人以为劝者，其论功当也。官不择德则名器亵，而得之不足为荣；赏不程劳则恩泽滥，而观者莫知所劝。"

叶向高曰："谷惟虚也而后风入之，泽惟虚也而后水钟之，心惟虚也而后善归之。明主知独闻之易以壅也，故与天下共闻之为聪；知独见之易以蔽也，故与天下共见之为明。收万耳目为一耳目，合万心思为一心思，含其聪而聪益彻，晦其明而明逾光，幽隐烛于燃犀，情伪莹于观火，邪正之路别于黑白，得失之机辨若列眉。"

顾宪成曰："官辇毂，举念不在君父；官封疆，举念不在百姓；即有他美，君子不齿。"

高攀龙曰："夫赈饥不难于饥者必赈，而难于赈者必饥。赈者未必饥，则饥者未必活，何者？以有限之财富无穷之冒，必不继也。惟是随门逐户，什伍相稽，当时给票，据票给米，自无中间辗转弊窦，民受实惠。"

又曰："心本明，又须人自明之。故放于外则不明；复于内则明；著于欲则不明，循乎理则明；动于气则不明，安于止则明；荒于怠则不明，居于敬则明；骛于动则不明，主于静则明。明与不明，在一念转移间也。"

又曰："朝廷膏泽至州县，始致之民；州县不贤，则民不安。贤者视君为天，不敢欺也；视民为子，不忍伤也。则奉法修职，皆出于心之所不容已，非有为也。"

又曰："人心各有阴私，故各成隔碍。凡居位者，必自心先无阴私，而后可潜消人之阴私；自心先无隔碍，而后可潜通人之隔碍。惟君国是念，毋身家苟营，而后可弘济于艰难。"

赵南星曰："人之为善为奸，皆必以才，故爱才者易至于容奸，而击奸者易至于弃才。"

又曰："天下承平久，则居官者习于逸乐；逸乐久，则节行不立；节行不立，则纲纪废弛，而名分陵夷。"

周宗建曰："大臣者，小臣之表也。大臣公，则小臣自不敢以私见；大臣正，则小臣自不敢以私干；大臣刚方自任，则小臣自不敢优游取适；大臣高尚自矢，则小臣自不敢耽恋求容。”

叶伯巨曰：“天下趋于治也，犹坚冰之将泮也。冰之坚，非太阳一日之光能消之也。阳气发生，土脉微动，和气熏蒸，然后融释。圣人之治天下，亦犹是也。刑以威之，礼以导之，渐民以仁，摩民以义，而后其化熙熙也。”

周怡曰：“人臣以尽心体国为忠，协力济事为和，舍己从人为虚，忘仇序贤为公。自古及今，未有不由此而治者也。”

刘廷兰曰：“天下之事，非一家私议，故可否相济，乃谓之和。君臣且然，况于共事之人！所宜协衷一德，以成厥美。圣莫高于周、召，犹有不相说之时，岂可舍社稷安危之计，而顾私家疑忌之嫌哉！”

提　要

臣等谨按:《执中成宪》八卷,世宗宪皇帝钦定。雍正六年春,始命儒臣纂辑,经书所载帝尧以来嘉言良法,下逮名臣奏议、诸儒论说,凡有裨于治道者,以次编录。先标经语,次以御论,折衷其是,后复引前人论断以备参考。迄十三年夏书成,我皇上尊闻善述,于乾隆三年春刊竣颁行,冠以御制序文,阐发是书,所以编定之旨,信乎先后一揆,为万世法程矣。

乾隆四十年十二月恭校上

总纂官臣　纪　昀

臣　陆锡熊

臣　孙士毅

总校官臣　陆费墀

悦心集

雍正　编选

序

朕生平淡泊为怀，恬静自好，乐天知命，随境养和。前居藩邸时，虽身处繁华，而寤寐之中，自觉清远闲旷，超然尘俗之外。然不好放逸身心，披阅经史之余，旁及百家小集。其有寄兴萧闲，寓怀超脱者，佳章好句，散见简编。或如皓月当空，或如凉风解暑，或如时花照眼，或如好鸟鸣林，或如泉响空山，或如钟清午夜，均足以消除结滞，浣涤烦嚣，令人心旷神怡，天机畅通。因随意采录若干则，置诸几案间，以备观览。

自总理万机以来，宵旰不遑，求如曩时之怡情悦目，不可复得。然宁静之宰，不因物动，恬淡之致，岂为境移？此乃可以自信者。爰取向所采录，汇为一书，名之曰《悦心集》。

夫心者，人之神明，所以为万化之源，万事之本。而劳之则苦，扰之则烦，蔽之则昏，窒之则滞。故圣贤有存心、洗心之明训，佛祖有明心、寂心之微言。无非涵养一心之冲虚灵妙，使无所累，与天地太和元气浑然流行，无入而不自得也。如孔门之春风沂水，仙家之吸露餐霞，如来之慧雨香花，以及先儒之霁月光风、天根月窟，其理同，其旨趣何弗同耶？

是编所录，有庄语，有逸语，有清语，有趣语，有浅近语，不名一体。人有仕，有隐，有儒，有释，有高名，有无名，亦不专一家。总之，戒贪祛妄，屏虑释思，寄清净心，游欢喜地，言近指远，辞简味长，俯仰之间，随时可会。然而喧寂在境，而不喧不寂者自在心。往往迹寄清廓之乡，而神思萦扰；身处尘氛之地，而志气安舒，则见道未见道之分也。

昔朗禅师以书招永嘉禅师山居，师答曰："未识道而先居山者，但见其山，不见其道。未居山而先识道者，但见其道，必忘其山。见道忘山者，人间亦寂也。见山忘道者，山中乃喧也。"旨哉斯言！知此义者，始可与读《悦心集》。

雍正四年丙午三月初三日御笔

卷一

乐志论

仲长统

使居有良田广宅，背山临流，沟池环匝，竹木周布，场圃筑前，果园树后。舟车足以代步涉之难，使令足以息四体之役。养亲有兼珍之膳，妻孥无苦身之劳。良朋萃止，则陈酒肴以娱之。嘉时吉日，则烹羔豚以奉之。踌躇畦苑，游戏平林。濯清水，追凉风，钓游鲤、弋高鸿。风于舞雩之下，咏归高堂之上。安神闺房，思老氏之元虚。呼吸精神，求至人之仿佛。与达者数子，论道讲书。俯仰二仪，错综人物。弹南风之雅操，发清商之妙曲。逍遥一世之上，睥睨天地之间。不受当时之责，永保性命之期。如此则可以凌霄汉，出宇宙之外矣！岂羡夫入帝王之门哉！

仲长统，字理公，东汉末山阳高平人。少好学，善(原作赡)文辞。

录汉书疏广传(一则)

广既归乡里，日令家共具设酒食，请族人故旧宾客，与相娱乐。数问其家金余尚有几？趣卖以共具。居岁余，子孙窃谓其昆弟老人广所爱信者，劝说君宜买田宅。广曰："我岂老悖不念子孙哉！顾自有旧田庐，令子孙勤力其中，足以共衣食。今复增益之以为赢余，但教子孙怠惰耳！'贤而多财则损其志，愚而多财则益其过。'且夫富者，众之怨也。吾既亡以教化子孙，不欲益其过而生怨。又此金者，圣主所以惠养老臣也。故乐与乡党宗族共飨其赐,以尽吾余日,不亦可乎!”

按《汉书》:疏广,字仲翁,东海兰陵人也。汉地节中为太子太傅,兄子受为少傅,朝廷以为荣。广谓受曰:“吾闻‘知足不辱,知止不殆,功遂身退,天之道也’。”遂上疏乞归,许之。赐黄金二十斛,既归乡里云云。

归去来辞

陶潜

归去来兮!田园将芜胡不归!既自以心为形役,奚惆怅而独悲!悟已往之不谏,知来者之可追。实迷途其未远,觉今是而昨非。舟摇摇以轻飏,风飘飘而吹衣。问征夫以前路,恨晨光之熹微。乃瞻衡宇,载欣载奔。僮仆欢迎,稚子候门。三径就荒,松菊犹存。携幼入室,有酒盈樽。引壶觞以自酌,眄庭柯以怡颜。倚南窗以寄傲,审容膝之易安。园日涉以成趣,门虽设而常关,策扶老以流憩,时矫首而遐观。云无心以出岫,鸟倦飞而知还。景翳翳以将入,抚孤松而盘桓。

归去来兮!请息交以绝游。世与我而相遗,复驾言兮焉求!悦亲戚之情话,乐琴书以消忧。农人告予以春及,将有事于西畴。或命巾车,或棹孤舟。既窈窕以寻壑,亦崎岖而经邱。木欣欣以向荣,泉涓涓而始流。羡万物之得时,感吾生之行休。已矣乎!寓形宇内复几时,曷不委心任去留。胡为乎遑遑欲何之?富贵非吾愿,帝乡不可期!怀良辰以孤往,或植杖而耘耔,登东皋以舒啸,临清流而赋诗。聊乘化以归尽,乐夫天命复奚疑!

陶潜,字渊明,或云字元亮。晋大司马侃曾孙,浔阳柴桑人也。宅边有五柳树,因以为号。著《五柳先生传》以自况,尝为彭泽令,屈于上官,曰:“吾不能为五斗米折腰。”遂解组归。赋《归去来辞》。

桃花源记

陶潜

晋太元中,武陵人,捕鱼为业。缘溪行,忘路之远近。忽逢桃花林,夹岸数百步,中无杂树,芳草鲜美,落英缤纷。渔人甚异之,复前行,欲穷其林。

林尽水源,便得一山。山有小口,仿佛若有光,便舍船,从口入。初极狭,才通人。复行数十步,豁然开朗。土地平旷,屋舍俨然,有良田美池桑竹之属,阡陌交通,鸡犬相闻。其中往来种作,男女衣著,悉如外人。黄发垂髫,并怡然自乐。

见渔人,乃大惊。问所从来,具答之。便要还家,设酒割鸡作食。村中闻有此人,咸来讯问。自云:“先世避秦时乱,率妻子邑人来此绝境,不复出焉!遂与外人间隔。”问:“今是何世?”乃不知有汉,无论魏晋。此人一一为具言,所闻皆叹惋。余人各复延至其家,皆出酒食,停数日辞去,此中人语云:“不足为外人道也。”

既出,得其船,便扶向路,处处志之。及郡下,诣太守,说如此。太守即遣人随其往,寻向所志。遂迷,不复得路。

南阳刘子骥,高尚士也,闻之,欣然规往,未果,寻病终(以上原本无,依陶渊明集补)。后遂无问津者。

答　人

陶弘景

山中何所有,岭上多白云。
只可自怡悦,不堪持赠君。

陶弘景,字通明,丹阳秣陵人。博学,好养生,仕齐为奉朝请,挂冠隐居茅山。性爱山水,每经涧谷,必吟咏盘桓。梁武帝既早与之游,及即位,以手敕诏之,不出。然国家每有大事，必先谘之，时谓山中宰相。年逾八十，而有壮容。

与顾章书

吴均

仆去月谢病（原作高尚），还觅薜萝。梅溪之西，有石门山者，森壁陵霞，峭峰限日，幽岫含云，深溪蓄翠，蝉吟鹤唳，水响猿鸣，英英相杂，绵绵成韵。既素重幽居，遂葺宇其上，幸富菊花。偏饶竹实。山谷所资，于斯已办。仁智所乐，岂徒语哉！

吴均，字叔庠，吴兴人，梁奉朝请。

言志书

萧大圜

北山之北，南山之南，面修原而带流水，倚郊甸而枕平皋。筑蜗舍于丛林，构环堵于幽薄。近瞻烟雾，远睇风云。藉纤草以荫长松，结幽兰而援芳桂。仰翔禽于百仞，俯泳鳞于千寻。果树在后，开窗以临花草；蔬圃居前，坐檐而看灌畦。二顷以供饘粥，十亩以给丝麻。侍儿五三，可充纴织。家僮数四，足代耕耘。沽酪牧羊，协潘生之志；畜鸡种黍，应庄叟之言。获菽寻汜氏之书，露葵征尹君之录。烹羔豚而介春酒，迎伏腊而俟岁时。披良书，探至赜。可以娱神，可以散虑。有朋自远，扬榷古今。田畯相过，剧谈稼穑，斯亦足矣！

萧大圜，字仁显。兰陵人，隋开府仪同三司。

答冯子华书

王绩

吾河渚间有先世田十五六顷，结构茅屋并厨厩，总十余间，奴婢数人，足以应役。用天之道，分地之利，耕耘蘼蓘黍秫而已！多养凫雁,广牧鸡豚。黄精白术,枸杞薯蓣,朝夕采掇,以供服饵。床头素书数帙,《庄》《老》及《易》而已。每遇天气晴朗,咏谢康乐诗,渺然尽陂泽山林之思,觉瀛洲方丈森然在目前。或时与舟子渔人方潭并钓,俯仰极乐,戴星而归。歌咏以会意为工,不必与悠悠闲人相倡和也。烟霞山水,性之所适。暮春三月,登于北山,松柏群吟,藤萝翳景,意甚乐之。赏洽兴阑,还归河渚。蓬室瓮牖,弹琴诵书,优哉!游哉!聊以永岁,足下谓何如也?

王绩,字无功。文中子之弟。

摄生咏

孙思邈

怒甚偏伤气,思多太损神。
神虚心易役,气弱病相侵。
勿使悲欢极,当令饮食均。
再三防夜醉,第一戒晨嗔。
夜寝鸣雷鼓(谓叩齿),
晨兴漱玉津(谓咽唾)。
妖神难犯己,精气自全身。
若要无百病,常当节五辛。
安神宜悦乐,惜气保和纯。
寿夭休言命,修行本在人。
时时遵此理,平地可朝真。

孙真人思邈,京兆华源人。隐太白山,通百家、阴阳、推步、医药,隋文帝以国子博士召,不就。唐太宗召诣京师,欲官之,不受。高宗上元初还山。

游灉湖山寺诗

张说

空山寂寞道心生，虚谷迢遥野鸟声。
禅室从来云外赏，香台岂是世中情。
云间东岭千重出，树里南湖一片明。
若使巢由同此意，不将萝薜易簪缨。

张说，字道济，一字说之，洛阳人。武后策贤良方正，说对第一，擢凤阁舍人，旋谪钦州。中宗召还，累迁兵部侍郎。睿宗朝为中书侍郎知政事。开元初，进中书令。封燕国公，谥文贞。朝廷大述作多出其手，与许公、苏颋齐名，号燕许大手笔。

冰壶诫

姚崇

玉本无瑕，冰亦至洁。方员相映，表里皆澈。喻彼贞廉，能守其节。吴隐酌泉，庞恭致水。虽清畏人知，而所知远矣！告尔在位，禄厚官尊，固当耸廉勤之节，塞贪竞之门。冰壶是对，炯戒犹存。以此清白，遗其子孙。

姚崇，字元之。陕州人，唐同平章事。

山中与裴迪书

王维

近（腊月下），景气和畅，旧山殊可。过憩感配寺，与山僧饭讫而去。北渡灞川，清月映郭。夜登华子冈，辋水沦涟，与月上下。寒山远火，明灭林外。村墟夜舂，复与疏钟相间。此时独坐，僮仆静默，多思曩昔携手赋诗，步仄径，临清流也。当待草木蔓发，春山可望，轻鯈出水，白鸥矫翼，露湿青皋，麦陇朝雊，斯去不远。倘能从我游乎！非子天机清妙，岂能以此相邀，然是中有深趣矣！

王维，字摩诘。唐天宝间人，官尚书右丞，工画。

春日行

张籍

春日融融池上暖，竹牙出土兰心短。
草堂晨起香薰人，家僮报我园花满。
头上皮冠未曾整，直入花间不循径。
树树殷勤尽绕行，攀枝未遍春月生。
不用积金高至天，不用服药求神仙。
但愿园里花长好，一生无事花前老。

张籍，字文昌。吴人，唐国子司业。

九曲词

高适

万骑争歌杨柳春，千场对舞绣骐驎。
到处尽逢欢洽事，相看俱是太平人。

高适，字达夫。唐刑部侍郎散骑常侍，封渤海县侯。

画 松

景云

画松一似真松树，且待寻思记得无。
曾在天台山一见，石桥南畔第三株。

景云，唐时僧。与岑参同时。

平都观记

段文昌

平都山最高顶，即汉时王、阴二真人修道之所也。峭壁千仞，下临湍波，老柏万株，上插峰岭。琼花彩羽，皆非图志中所载者。昏旦万状，信非人境。贞元十五年，西游岷蜀。停舟江岸，振衣虔洁，诣诸洞所。石岩云窦，苍然相次；苔龛古书，依稀可辨。时与道侣数人坐于下，须臾，天籁不起，万窍风息。山光耀于耳目，烟霞拂于襟袖。相顾神竦，若在紫府县圃矣！

段文昌，字墨卿，唐西川节度使。

池上篇

白居易

十亩之宅，五亩之园。有水一池，有竹千竿。勿谓土狭，勿谓地偏。足以容膝，足以息肩。有堂有庭，有桥有船。有书有酒，有歌有弦。有叟在中，白须飘然。识分知足，外无求焉！如鸟择木，姑务巢安。如鱼居沼，不知海宽。仙鹤怪石，紫菱白莲。皆吾所好，尽在吾前。时饮一杯，或吟一篇。妻孥熙熙，鸡犬闲闲。优哉游哉！吾将终老乎其间。

白居易，字乐天，下邽人。唐贞元中进士。元和初，对制策入等。历事穆宗、文宗，官至刑部尚书。谥曰：文。自号醉吟先生，亦称香山居士。诗与元微之齐名，时号元白体。

冷泉亭记

白居易

东南山水，余杭郡为最。就郡言，灵隐寺为尤。由寺观，冷泉亭为甲。亭在山下水中央，寺西南隅，高不倍寻，广不累丈，而撮奇得要，地搜胜概，物无遁形。春之日，吾爱其草薰薰，木欣欣，可以导和纳粹，畅人血气。夏之夜，吾爱其泉渟渟，风泠泠，可以蠲烦析酲，起人心情。山树为盖，岩石为屏。云从洞生，水与阶平。坐而玩之者，可濯足于床下。卧而狎之者，可垂钓于枕上。矧又潺湲洁澈，粹冷柔滑。若俗士，若道人，眼耳之尘，心舌之垢，不待盥涤，见辄除去。潜利阴益，可胜言哉！斯所以最余杭而甲灵隐也。

杭自郡城抵西封，丛山复湖，易为形胜。先是领郡者，有相里尹造作虚白亭，有韩仆射□皋作候仙亭，有裴庶子棠棣作观风亭，有卢给事元辅作建山亭，及右司郎中河南元藇最后作此亭。于是五亭相望，如指之列，可谓佳境殚矣，能事毕矣！后来者虽有敏心巧目，无所加焉！故吾继之，述而不作。

郡中西园

白居易

闲园多芳草，春夏香靡靡。
深树足佳禽，旦暮鸣不已。
院门闭松竹，庭径穿兰芷。
爱彼池上桥，独来聊徙倚。
鱼依藻长乐，鸥见人暂起。
有时舟随风，尽日莲照水。
谁知郡府内，景物闲如此。
始悟喧静缘，何尝系远迩。

燕诗示刘叟

白居易

叟有爱子，背叟逃去，叟甚悲念之。叟少年时亦尝如此，故作燕诗以谕之。

梁上有双燕，翩翩雄与雌。
衔泥两椽间，一巢生四儿。
四儿日夜长，索食声孜孜。
青虫不易捕，黄口无饱期。
嘴爪虽欲弊，心力不知疲。
须臾千往来，犹恐巢中饥。
辛勤三十日，母瘦雏渐肥。
喃喃教言语，一一刷毛衣。
一日羽翼成，引上庭树枝。
举翅不回顾，随风四散飞。
雌雄空中鸣，声尽呼不归。
却入空巢里，啁啾终夜悲。
燕燕尔勿悲，尔当返自思。
思尔为雏日，高飞背母时。
当时父母念，今日尔应知。

对　酒(二首)

白居易

蜗牛角上争何事，石火光中寄此身。
随富随贫且随喜，不开口笑是痴人。

百岁无多时壮健，一春能有几天晴。
相逢且莫推辞醉，唱彻阳关第四声。

负冬日

白居易

杲杲冬日出，照我屋南隅。
负暄闭目坐，和气生肌肤。

初似饮醇醪，又如蛰者苏。
外融百骸畅，中适一念无。
旷然忘所在，心与虚空俱。

盘铭石

白居易

客从山来，遗我盘石。圆平腻滑，广袤六尺。
质凝白云，文拆烟碧。莓苔有斑，麋鹿无迹。
制之竹下，风扫露滴。坐待禅僧，眠留野客。
清冷可爱，支体甚适。便是白家，夏天床席。

悯农

李绅

锄禾日当午，汗滴禾下土。
谁知盘中餐，粒粒皆辛苦。

李绅，字公垂，无锡人。唐武宗时检校右仆射平章事，封赵郡公。

答白居易

释道林

元和中，白居易出守杭州，入山礼谒，问如何是佛法大意？师曰："诸恶莫作，众善奉行。"白曰："三岁孩儿也解恁么道。"师曰："三岁孩儿道得，八十老人行不得。"

道林，唐时僧，号鸟窠禅师。

陋室铭

刘禹锡

山不在高，有仙则名。水不在深，有龙则灵。斯是陋室，惟吾德馨。苔痕上阶绿,草色入帘青。谈笑有鸿儒,往来无白丁。可以调素琴,阅金经。无丝竹之乱耳,无案牍之劳形。南阳诸葛庐,西蜀子云亭。孔子云:“何陋之有。”

刘禹锡,字梦得,彭城人。贞元九年擢进士第,登博学宏词科。从事淮南幕府,入为监察御史。以王叔文党贬朗州司马。居十年,召还。复出刺播州。裴度以母老为言,改连州。再征复黜,度仍荐为礼部郎中集贤直学士。白居易尝称“其诗在处,有神物护持”,为名流所推重。会昌时,加检校礼部尚书。

郊居即事

司空曙

钓罢归来不系船,江村月落正堪眠。
纵然一夜风吹去,只在芦花浅水边。

司空曙,字文明(一作初),广平人。登进士第,从韦皋于剑南,贞元中为水部郎中,调虞部郎中,诗格清华,为大历十才子之一。

咏走马灯诗

僧无际

团团游了又来游,无个明人指路头。
除却心中三昧火,枪刀人马一齐休。

无际石头希迁禅师,端州高要陈氏子,唐贞元中人。落发于曹溪,得法于青原,住南岳寺。

寻张逸人山居

刘长卿

石磴才通鸟道,空山更有人家。

桃源定在何处，涧水浮来落花。

刘长卿，唐大历间人，工诗，时称五言长城。

垂训诗

元真

行藏虚实自家知，祸福因由更问谁。
善恶到头终有报，只争来早与来迟。
闲中检点平生事，静坐思量日所为。
常把一心行正道，自然天地不相亏。

元真，洪州上蓝令超禅师，唐大顺中人，往瑞州上蓝山。

传心偈

裴休

心不可传，以契为传。心不可见，以无为见。
契亦无契，无亦无无。化城不住，述额有珠。
珠是强名，城岂有形？即心即佛，佛即无生。
直下便是，勿求勿营。使佛觅佛，倍费功程。
随法生解，即落魔界。凡圣不分，乃离见闻。
无心似镜，与物无竞。无念似空，无物不容。
三乘外法，历劫希逢。若能如是，是出世雄。

裴休，字公美，相唐宣宗，得法黄檗禅师。

水中睹影口占

释良价

切忌从他觅，迢迢与我疏。
我今独自往，处处得逢渠。
渠今正是我，我今不是渠。
应须恁么会，方得契如如。

良价，唐咸通时会稽人。姓俞氏，得法云岩，住洞山。

六　言

吕岩

春暖群花半开，逍遥石上徘徊。
逢人莫话他事，笑指白云去来。

吕岩，字洞宾，河中人。唐咸通中遇钟离权得道。

牧　童

吕岩

草铺横野六七里，笛弄晚风三四声。
归来饱饭黄昏后，不脱蓑衣卧月明。

苏幕遮

吕岩

天至高，地至大，惟有真心，物物俱含载。
不用之时全体在，用即拈来，万象周世界。
虚无中，尘色内，尽是还丹，历历堪收采。
这个鼎炉解不解，养就灵乌，飞出光明海。

浪淘沙

吕岩

我有屋三椽，住在灵源，无遮四壁任萧然。
万象森罗为斗拱，瓦盖青天。
无漏得多年，结就因缘，修成功行满三千。
调得火龙伏得虎，陆路神仙。

截　句

吕岩

天涯海角人求我，行到天涯不见人。
忠孝义慈行方便，不须求我自然真。

莫道幽人一事无，闲中尽有静工夫。
闭门清昼读书罢，扫地焚香到日晡。

中秋对月

曹松

无云世界秋三五，共看蟾盘上海涯。
直到天头天尽处，不曾私照一人家。

曹松，字梦征，舒州人，唐秘书省正字。

十五夜望月

王建

中庭地白树栖鸦，冷露无声湿桂花。
今夜月明人尽望，不知秋思在谁家。

王建，字仲初，颍川人。大历十年进士，工乐府，与张籍齐名，宫词百首尤传诵人口。

天台山桐柏观序

崔尚

桐柏山高万八千丈，周旋八百里。其山八重，四面如一。中有洞天，号金庭宫，即王子晋之所处也。景云中作桐柏观，高居群峰之上，俯临千仞之余。连山峨峨，四野皆碧。茂树郁郁，四时恒青。大岩之前，横岭之上，双峰如阙，中天豁开。长涧南泻，诸泉合漱。一道瀑布,百丈洒流。望之雪霏,听之风起。石梁翠屏可倚,琪树珠条可攀。仙花仙草,春秋互发,清鸟清猿,东西合响,信足赏也。

崔尚,唐代人,爵里莫考。

题文川村居

滕白

种茶岩接红霞坞,灌稻泉生白石根。
皤腹老翁眉似雪,海棠花下戏儿孙。

滕白,唐工部郎中,字无考。

答人诗

太上隐者

偶来松树下,高枕石头眠。
山中无历日,寒尽不知年。

按《古今诗话》云:太上隐者,人莫知其本末,好事者从问其姓名,不答,留诗一绝云。

山中僧

陆龟蒙

手关一室翠微里,日暮白云楼半间。
白云朝出天际去,若比老僧犹未闲。

陆龟蒙,字鲁望,苏州人,唐光化中赠右补阙。

题岩诗(录四首)

寒山

二仪既开辟,人乃居其中。
迷汝即吐雾,醒汝即吹风。

惜汝即富贵，夺汝即贫穷。
碌碌群汉子，万事由天公。

吾心似秋月，碧潭清皎洁。
无物堪比伦，教我如何说。

闲游华顶上，天朗月光辉。
四顾晴空里，白云同鹤飞。

众星罗列夜深明，岩点孤烛月未沉。
圆满光华不磨莹，挂在青天是我心。

寒山，唐天台山僧。丰干云："寒山，文殊也。"

题壁诗(录三首)

拾得

从来是拾得，不是偶然称。
别无亲眷属，寒山是我兄。
两人心相似，谁能徇俗情。
若问年多少，黄河几度清。

无去无来本湛然，不居内外及中间。
一颗水精绝瑕翳，光明透满出人天。

若见月光明，照烛四天下。
圆晖挂太虚，莹净能潇洒。
人道有亏盈，我见无衰谢。
状如摩尼珠，光明无昼夜。

拾得与寒山同时。丰干云："拾得，普贤也。"

法　语

释令遵

出家人须会佛意始得。若会佛意，不在僧俗、男女、贵贱，但随家丰俭，安乐便得。

令遵，唐诗僧。

南山曲

冯延己

铜壶久滴宵漏，高阁初鸣曙钟。
催启五门金锁，犹垂三殿帘栊。
阶前御柳摇绿，仗下宫花散红。
鸳瓦千行晓日，鸾旗百尺春风。
侍臣舞蹈重拜，圣寿南山永同。

冯延己，字正中，彭城人，南唐中书侍郎。

小重山

和凝

春满神京万木芳，莺语滑，蝶飞忙，晓花擎露湿霞浆。
红日永，风和百花香。
烟锁柳丝长，御沟澄碧水，转池塘，时时微雨洗风光。
天衢远，到处引笙簧。

和凝，字成绩，郓州人，晋天福中同平章事。

春光好

欧阳炯

天初暖，日初长，好风光，
万类此时皆得意，竞芬芳。

笋迸苔钱嫩绿，花偎雪坞浓香。
谁把金丝裁翦却，挂朝阳。

欧阳炯，华阳人。孟昶时门下侍郎平章事，后从昶归宋。

锦缠道

宋祁

燕子呢喃，景色乍长春昼。睹园林万花如绣，
海棠经雨胭脂透，柳展新条，翠拂行人首。
向郊原踏青，高吟携手。兴方赊，尚寻芳酒，
问牧童遥指孤村，道杏花深处，那里人家有。

宋祁，字子京，安陆人，宋翰林学士。

闲　仙

徐积

先生坐时云满裳，先生卧时云满床。
白云终日自来去，若比先生云尚忙。

答白云之句(二首)

徐积

我是白云云是我，自知云我不须分。
时人若问山翁意，看取山头一片云。

朝共白云行，暮共白云归。
眠时云亦眠，以云为寝衣。
白云白云常在身，有时忽共白云分。
君看天外逍遥物，便是山翁身上云。

徐积，字仲车，宋初处士，性至孝，世号节孝先生。

更漏子

晏殊

雪藏梅，烟著柳，依约上春时候。
初送雁，欲闻莺，绿池波浪生。
探花开，留客醉，忆得去年情味。
金盏酒，玉炉香，任他红日长。
晏殊，字同叔，临川人，宋同平章事。

庭莎记

晏殊

介清思堂中宴亭之间隙地，人迹罕践，有莎生焉。予思唐人赋咏间，多有种莎之说。且兹地宛在崇堞，车马不至，柔木嘉卉，难于丰茂，非是草也，无所宜焉！于是画修径外，悉为莎场。援之以丹槛，溉之以甘井。光风四泛，纤尘不惊。夫万汇之多，万情之广，大含元气，细入无间，罔不禀和，罔不期适。措置有规，生成有术，兹一物也，从可知矣。偃藉吟讽，无施不谐，倘与我同好，庶几不翦也。

门 铭

吕夷简

古者盘盂几杖，规戒存焉！今为门铭，窃类于此。
忠以事君，孝以养亲。宽以容众，谨以修身。
清以轨俗，诚以教民。谦以处贵，乐以安贫。
勤以积学，静以澄神。敏以给用，直以全真。
约以奉己，广以施人。重以临下，恭以待宾。
贯之以道，总之以仁。在家为子，在邦为臣。
斯言必践，盛德聿新。勒铭于门，永代书绅。
吕夷简，字坦夫，宋仁宗时参知政事。

五不欺

黄洽

予有五不欺:居家不欺亲,仕不欺君,仰不欺天,俯不欺人,幽不欺鬼神。

黄洽,字德思,侯官人。宋隆兴中登第,为御史中丞,累官资政殿直学士。素行质直端方,为时名臣,有奏议行于世。

省心录(五则)

林逋

高不可欺者,天也。尊不可欺者,君也。内不可欺者,亲也。外不可欺者,人也。四者既不可欺,心其可欺乎!心不欺人,其欺己乎!

诚无悔,恕无怨,和无仇,忍无辱。

有过知悔者,不失为君子。知过遂非者,其小人欤!

以忠沽名者奸,以信沽名者诈,以廉沽名者贪,以洁沽名者污。忠信廉洁,立身之本,非钓名之具也。有一于此,乡愿之徒,又何足取哉!

心可逸,形不可不劳。道可乐,身不可不忧。形不劳则怠惰易弊,身不忧则荒废不立。故逸生于劳而常休,乐生于忧而无厌。是忧劳也,所以为逸乐欤!

林逋,字君复。宋杭州人,隐居自乐,赐号和靖。

省事吟

邵雍

虑少梦自少，言稀过亦稀。
帘垂知日永，柳静觉风微。
但见花开谢，不闻人是非。
何须寻洞府，度岁也应迟。

邵雍，字尧夫，河南人。嘉祐中诏求遗逸，授将作监簿，复举逸士，补颍川团练推官，不赴。名其居曰“安乐窝”，自号安乐先生。元祐中，赐谥康节，有《击壤集》。

仁

邵雍

自古大圣人，犹以为难事。
而况后世人，岂复便能至。
全之不胜难，得之至容易。
千人万人心，一人之心是。

何处是仙乡

邵雍

何处是仙乡，仙乡不离房。
眼前无冗长，心下有清凉。
静处乾坤大，闲中日月长。
若能安得分，都胜别思量。

冬　至(二首)

邵雍

冬至子之半，天心无改移。

一阳初动处，万物未生时。
玄酒味方淡，太音声正希。
此言如不信，请更问庖牺。

何者谓之几，天根理极微。
今年初尽处，明日未来时。
此际易得意，其间难下辞。
人能知此意，何事不能知。

为善吟

邵雍

人之为善事，善事分当为。
金石犹能动，鬼神何可欺。
事须安义命，言必道肝脾。
莫问身之外，人知与不知。

十分吟

邵雍

所谓十分人，须有十分真。
非谓能写字，非谓能为文。
非谓眉目秀，非谓衣服新。
欲行人世上，直须问己身。

所谓十分人，须有十分事。
事苟不十分，终是未完备。
事父尽其心，事君尽其意。
不须问他人，问己尽义未。

乐 乐

邵雍

吾常好乐乐，所乐无害义。
乐天四时好，乐地百物备。
乐人有善行，乐己能乐事。
此数乐之外，惟乐常如是。

尧夫何所有

邵雍

夫尧何所有，所得是天和。
夏住长河洞，冬居安乐窝。
莺花供静适，风月助吟哦。
窃料人间乐，无如我最多。

思山吟

邵雍

只恐身闲心未闲，心闲何必住云山。
果然得手情性上，更肯埋头利害间。
动止未尝防忌讳，语言何复著机关。
不图为乐至于此，天马无踪自往还。

推诚吟

邵雍

天虽不语人能语，心可欺时天可欺。
天人相去不相远，只在人心人不知。
人心先天天弗违，人身后天奉天时。
身心相去不相远，只在人诚人不推。

观易吟

邵雍

一物具来有一身,一身还有一乾坤。
能知万物备于我,肯把三才别立根。
天向一中分体用,人于心上起经纶。
天人焉有两般义,道不虚行只在人。

安乐窝中自贻

邵雍

物如善得终为美,事到巧图安有公。
不作风波于世上,自无冰炭到胸中。
灾殃秋叶霜前坠,富贵霜华雨后红。
进化分明人莫会,枯荣消得几何功。

仁者吟

邵雍

仁者难逢思有常,平居慎勿恃无伤。
争先径路机关恶,近后语言滋味长。
爽口物多须作疾,快心事过必为殃。
与其病后能求药,不若病前能自防。

年老逢春

邵雍

年老逢春雨乍晴,雨晴况复近清明。
天低当殿初长日,风暖园林未啭莺。
花似锦时高阁望,草如茵处小车行。
东风见赐何多也,又复人间久太平。

天听吟

邵雍

天听寂无音，苍苍何处寻。
非高亦非远，都只在人心。

至诚吟

邵雍

不多求故得，不杂学故明。
欲得心常明，无过用至诚。

清夜吟

邵雍

月到天心处，风来水面时。
一般清意味，料得少人知。

身太平

邵雍

人为万物灵，履地戴天生。
气静形安乐，心闲身太平。

安乐窝中

邵雍

安乐窝中快活人，神香一炷祝高旻。
太平自庆何多也，惟愿君王寿万春。

四喜

邵雍

一喜长年为寿域,二喜丰年为乐国。
三喜清闲为福德,四喜安宁为福力。

太平吟

邵雍

太平时世园亭内,丰稔岁年村落间。
情味一般难状处,风烟草木尽闲闲。

可必吟

邵雍

可必人间唯善事,不由天地只由己。
更勉将来更有功,莫嫌效远因而止。

安乐吟

邵雍

安乐先生,不显姓氏,垂三十年。居乐之涘,风月情怀,湖山气味。居洛之诶,风月情怀,江湖性气。色斯其举,翔而后至。无贱无贫,无富无贵。无将无迎,无贪无忌。窘未尝忧,饮不至醉。收天下春,归之肝肺。盆池资吟,瓮牖荐睡。小车赏心,大笔快志。或戴接篱,或著半臂。或坐林间,或行水际。乐见善人,乐闻善事。乐道善言,乐如善意。闻人之恶,若负芒刺;闻人之善,如佩兰蕙。三军莫凌,万钟莫致。为快活人,居安乐地。

瓮牖吟

邵雍

有客无知，谁知自守。自守无他，惟求寡咎。
有屋数间，有田数亩。用盆为池，以瓮为牖。
墙高于肩，室大于斗。布被暖余，藜羹饱后。
气吐胸中，充塞宇宙。笔落人间，晖映琼玖。
人能知止，以退为茂。我自不出，何退之有。
心无妄思，足无妄走。人无妄交，物无妄受。
炎炎论之，甘处其陋。绰绰言之，无出其右。
羲轩之书，未尝去手。尧舜之谈，未尝虚口。
当中和天，同乐易友。吟自在诗，饮欢喜酒。
百年升平，不为不偶。七十康强，不为不寿。

无妄吟

邵雍

耳无妄听，目无妄顾。
口无妄言，心无妄虑。
四者不妄，圣贤之具。
予何人哉，敢不希慕！

尧夫饮酒吟

邵雍

父慈子孝，兄友弟恭。
家给人足，时和年丰。
筋骸康健，里闬过从。
尧夫饮酒，其乐无穷。

招友为真率会

司马光

真率春来频宴聚，不过东里即西家。
小园容易邀嘉客，馔具虽无亦有花。

司马光，字君实，宋元祐宰相，从祀孔庙。

酬华严真师

司马光

知足随缘处处安，一身温饱不为难。
禅房窄小才容榻，此外从他世界宽。

素发青眸七十余，未尝游学只安居。
旁无几杖身轻健，应为心闲得自如。

乐

司马光

吾心自有乐，世俗岂能知。
颇似老莱子，多于荣启期。
缊袍宽称体，脱粟饱随宜。
乘兴辄独往，携筇任所之。

洛阳耆英会序

司马光

昔白乐天在洛，与高年者八人游，时人慕之，为九老图传于世。宋兴，洛中诸公继而为之者凡再矣！皆图形普明僧舍。普明，乐天之故第也。

元丰中，文潞公留守西都，韩国富公纳政在里第，自余士大夫以老自逸于洛者,于时为多。潞公谓韩公曰:凡所为慕于乐天者,以其志趣高逸也,奚必数舆地之袭焉!一旦,悉集士大夫老而贤者于韩公之第,置酒相乐,宾主凡十有一人。既而图形妙觉僧舍,时人谓之洛阳耆英会。孔子曰:好贤如缁衣,取其敝又改,为乐善无倦也。

二公为国元老,入赞万机,出绥四方,熙百工,和万民,岂乐天所能庶几。然犹慕效乐天所为,汲汲如恐不及,岂非乐善无厌者与!

又洛中旧俗,燕私相聚,尚齿不尚官,自乐天之会已然。是日复行之,斯乃风化之本,可颂也。光未及七十,用狄监卢尹故事,亦预于会。潞公命光序其事,不敢辞。

独乐园记

司马光

熙宁四年,迂叟始如洛。六年买田二十亩于尊贤坊北隅,以为园。其中为堂,聚书五千卷,命之曰:读书堂。堂南有屋一区,引水北流,贯宇下。中央为沼,方深各三尺,疏水为五派,注沼中,状若虎爪。自北旋流出北阶,悬注庭下,状若象鼻。自是分为二渠,绕庭四隅。会西北而出,命之曰:弄水轩。

堂北为沼,中央有岛,岛上植树,围周三丈,状若玉玦揽结,其状如渔人之庐,命之曰:钓鱼庵。

沼北横屋六楹,厚其墉茨,以御烈日。开户东出,南北列轩牖以延凉飔,前后多植美竹,为清暑之所,命之曰:种竹斋。

沼东治地为百有二十畦,杂莳草药,辨其名物而揭之。畦北植竹,方径丈,状若棋局,屈其杪,交相掩以为屋。植竹于其前,夹道如步廊,皆以蔓药覆之,四周植木药为藩,爰命之曰:采药圃。

圃南为六栏,芍药、牡丹、杂花,各居其二,每种止植两本,识其名状而已,不求多也。栏北为亭,命之曰:浇花亭。

洛城距山不远，而林薄茂密，常苦不得见，乃于园中筑台，作屋其上，以望万安轘辕至于太室，命之曰：见山台。

迂叟平昔多处堂中读书，时或投竿取鱼，执衽采药，决渠灌花，操斧剖竹。濯热盥手，临高纵目，逍遥徜徉，惟意所适。明月时至，清风自来，不知天壤间复有何乐可以代此也。因合而命之曰：独乐园。

嵩山寺法堂门壁

司马光

登山有道，徐行则不困，措足于实地则不危。

君子贵慎独

程颐

凡人善恶，形于言，发于行，人始得而知之。但萌于心，起于虑，鬼神已得而知之，故君子贵于慎独。

程颐，字正叔，仕至通直郎，充崇政殿说书。叔子之学要本于诚，动静语默，一以圣人为师，学者称为伊川先生，追谥曰正，封伊阳伯。

卷二

谢判官幽谷种花

欧阳修

浅深红白宜相间，先后仍须次第栽。
我欲四时携客去，莫教一日不花开。

欧阳修，字永叔，庐陵人，宋参知政事。

学书为乐

欧阳修

苏子美尝言："明窗净几，笔砚纸墨，皆极精良，自是人生一乐。然能得此乐者甚稀，其不为外物移其好者又特稀也。"余颇知此趣，恨字体不工，不能到古人佳处。若以为乐，则自是有余。

归田录(一则)

欧阳修

王文正公曾为人方正持重，尝谓人臣不当收恩避怨，语尹师鲁曰："恩欲归己，怨使谁当？"闻者叹服，以为名言。

题临皋亭

苏轼

东坡居士，睡足饭饱，倚于几上，白云左绕，清江右洄。重门洞开，林峦齐入。当是时，若有思而无所思，以受万物之备。

苏轼，字子瞻，一字和仲，自号东坡居士。眉山人，嘉祐二年，试礼部第一，复对制入三等，历官端明殿学士兼翰林侍读学士，礼部尚书。绍圣初,安置惠州,徙昌化,元符初北还。高宗即位,赠资政殿学士,再赠太师,谥文忠。

江　郊(有序)

苏轼

惠州归善县治之北数百步抵江,少西有盘石小潭,可以垂钓,作江郊诗云:

江郊葱茏,云水蒨绚。碕岸斗入,洄潭输转。
先生悦之,布席闲燕。初日下照,潜鳞俯见。
意钓忘鱼,乐此竿线。优哉游哉,玩物之变。

述　怀(调行香子)

苏轼

清夜无尘,月色如银,酒斟时须满十分。浮名浮利,休苦劳神。似隙中驹,石中火,梦中身。

虽抱文章,开口谁亲?且陶陶乐取天真。几时归去,做个闲人。背一张琴,一壶酒,一溪云。

书黄鲁直李氏传后

苏轼

心地不净,如饭中沙与饭皆熟。若不含糊,与饭俱咽,即须吐出,与沙俱弃。善哉!佛子作清净饭,淘米去沙,终不能尽。不如即用本所自种原无沙米,此米无沙,亦不受沙,非不受也,无受处故。

论　诗

苏轼

司空表圣自论其诗,以为得味外味。“绿树连村暗,黄花入麦稀”,此句最善。又云:“棋声花院闭,幡影石坛高。”吾尝独游五老峰,入白鹤观。松阴满地,不见一人,惟闻棋声,然后知此句之工也。然恨其有寒俭态。若杜子美云:“暗飞萤自照,水宿鸟相呼。四更山吐月,残夜水明楼。”则材力富健,去表圣之流远矣。

鉴空阁

苏轼

明月本自明,无心孰为境。挂空如冰鉴,写此山河影。我观大瀛海,巨浸与天永。九州居其间,无异龙盘镜。空水雨无质,相照但耿耿。妄云桂兔蟆,俗语皆可屏。

题西林壁

苏轼

横看成岭侧成峰,远近高低各不同。
不识庐山真面目,只缘身在此山中。

赠东林总长老

苏轼

溪声便是广长舌,山色岂非清净身。
夜来八万四千偈,他日如何举似人。

资福白长老小照赞

苏轼

是是是,是资福,白老子,身如空。我如尔,无一事,长欢喜。

点绛唇(杭州)

苏轼

闲倚交床,庾公楼外峰千朵。与谁同坐?明月清风我。
嘉客同来,有唱终须和。还知么?自从添个,风月平分破。

梅竹石赞

黄庭坚

梅寒而秀,竹清而寿,石古而文,是为三益之友。

黄庭坚,字鲁直,号山谷,宋国史编修。与张耒、晁补之、秦观,号苏门四学士。

书兰芳亭

黄庭坚

士之才德盖一国,则曰国士;兰之香盖一国,则曰国香。兰盖甚似乎君子,生于深山丛薄之中,不为无人而不芳。虽含香体洁,平居萧艾不殊,清风过之,其香蔼然。在室满室,在堂满堂,是所谓含章以时发者也。然兰蕙之才德不同概,林中十蕙而一兰也。兰蕙丛生,初不甚殊,至其发华,一干一华而香有余者兰。一干四五华而香不足者蕙。蕙虽不若兰,以凡卉视之,则无愧国香矣!

书赠韩琼秀才

黄庭坚

读书欲精不欲博,用心欲纯不欲杂。读书务博,常不尽意;用心不纯,讫无全功。治经之法,不独玩其文章,谈说义理而已。一言一句,皆以养心治性。事亲、从政、取友、接物、得失、忧乐,一考之于书,然后尝古人之糟粕而知味矣。

记居钟山

释惠洪

余居钟山最久，超然山水间，梦亦成趣。尝乘佳月登上方，深入定林，夜卧松下石上。四更自宝公塔路还合妙斋，月澄虚幌，净几兀然。童仆熄寝，再鼾。凭前槛，无所见。时有流萤穿户牖，风霜浩然，松声满院。作诗曰：

雨过东南月色清，意行深入碧萝层。

露眠不管牛羊践，我是钟山无事僧。

惠洪，宋代僧，与苏轼同时。

黄州竹楼记

王禹偁

黄冈之地多竹，大者如椽。竹工破之，刳去其节，用代陶瓦，比屋皆然，以其价廉而工省也。予城西北隅，雉堞圮毁，蓁莽荒秽，因作小楼二间，与月波楼通。远吞山光，平挹江濑，幽阒辽敻，不可具状。夏宜急雨，有瀑布声。冬宜密雪，有碎玉声。宜鼓琴，琴调和畅。宜咏诗，诗韵清绝。宜围棋，子声丁丁然。宜投壶，矢声铮铮然。皆竹楼之所助也。

公退之暇，被鹤氅衣，戴华阳巾，手执《周易》一卷，焚香默坐，消遣世虑。江山之外，第见风帆沙鸟，烟云竹树而已。待其酒力醒，茶烟歇，送夕阳，迎素月，亦谪居之胜概也。彼齐云落星，高则高矣！井干丽谯，华则华矣！止于贮伎乐，藏歌舞，非骚人之事，吾所不取。

吾闻竹工云：竹之为瓦，仅十稔。若重覆之，得二十稔。噫！吾以至道乙未岁自翰林出滁上，丙申移广陵，丁酉又入西掖，戊戌岁除日有齐安之命，己亥闰三月到郡。四年之间，奔走不暇，未知明年又在何处？岂惧竹楼之易朽乎！后之人与我同志，嗣而葺之,庶斯楼之不朽也!

王禹偁,字元之,宋翰林学士。

高 斋

赵抃

轩外长溪溪外山,卷帘空旷水云间。
高斋有问如何乐,清夜安眠白昼闲。

赵抃,字阅道,衢州人,宋参知政事。

赏春亭

赵抃

紧葩丛艳满亭隈,当席芳樽坐看来。
始信春恩不私物,深山僻处亦花开。

秦州玩芳亭记

刘攽

诗人比兴,皆以芳草嘉卉为君子美德。海陵郡城西偏多乔木,大者六七寻,杂花、桃李、山樱、丁香、椒棣数十种,萱菊、薜荔、莎芦、芭蕉丛植攒生。负城地尤良,宋氏居之。益种修竹、梅、杏、山茶、橙、梨,异方奇卉,往往而在。清池萦回,多菱莲、苹藻。于是筑室城隅,下临众卉。名曰:玩芳。夫乔木森耸,百岁之积也。众卉行列,十岁所植也。杂英纷揉,一岁之力也。俄而索之,皆不易得也。于是刻石亭右以记岁月云。

刘攽,字贡父,江西临江人。与苏轼同时,友善。

张无尽见雪窦教以惜福之说(二则)

僧显公

事不可做尽,势不可倚尽,言不可道尽,福不可享尽,凡事不尽处，意味偏长。

贪得者，身富而心贫，知足者，身贫而心富。积财可以避患，患亦生于多财。与其患生于积财，不若无财亦无患。

张商英，号无尽居士，宋元祐时人。早悟禅学，仕至江都转运使。与雪窦善，称其机锋颖脱。

喜迁莺

周邦彦

梅雨霁，暑风和，高柳咽蝉多。小园台榭绕池波，鱼戏动新荷。

薄纱幮，轻羽扇，枕冷簟凉深院。此时情绪此时天，无事小神仙。

周邦彦，字美成。钱塘人，宋徽猷阁待制。

南溪自咏

杨万里

江风索我吟，山月唤我饮。
醉倒落花前，天地为衾枕。

杨万里，字廷秀，吉水人。绍兴中进士，历秘书监，出江东转运副使。再召，皆辞。以宝谟阁学士致仕，谥文肃，自号诚斋。

敬恕斋铭

朱熹

出门如宾，承事如祭，以是存之，敢有失坠；己所不欲，勿施于人，以是行之，与物皆春。内顺于家，外同于邦，无小无大，罔时怨恫，为仁之功。曰此其极，敬哉恕哉！永永无斁！

敬斋铭

张栻

天生斯人，良心则存。圣凡曷异，敬肆是分。自昔先民，修己以敬。克持其心，顺保常性。敬匪有加，惟主乎是。履薄临深，不昧厥理。事至理形，其应若响。而实卓然，不与俱往。动静不违，体用无忒。惟敬之功，协乎天德。勖尔君子，敬之敬之。用力之久，其惟自知。毋忽事物，必精吾思。察其所发，以会于微。是则天命，不遏于躬。鱼跃鸢飞，仁在其中。勖尔君子！勉哉敬止。成己成物，匪曰一致。我作铭诗，以证同志。

张栻，字敬夫。一字南轩，绵竹人，宋荊州牧。

与张伯信书

陆九渊

属者伏承使车临贲，侍座陪吟，日饱德义，慰喜可知。至如风露凄清，星河错落，月在林杪，泉鸣石间，薰炉前引，茶鼎后殿，方池为鉴，回溪为佩，冰玉明莹，雪霜腾跃，则喷玉新亭，真蓬壶瀛洲已。

陆九渊，字子静。宋知荆门州军事，称象山先生。

与邵叔谊书

陆九渊

叙述吾言处，尽失其实。此心苟得其正，听言发言皆得其正。听人之言而不得其正，乃其心之不正也。一人言之，众人听之，使众人各述其所听，则必不齐。非言者之异也，听者之异也。

与李信仲书

陆九渊

大抵为学不必追寻旧见。此心此理，昭然宇宙之间。诚能得其端绪，所谓“一日克己复礼，天下归仁焉”。又非畴昔意见所可比拟，此真吾所固有，非由外铄，正不必以旧见为固有也。

论语说

陆九渊

“苟志于仁矣，无恶也。”恶与过不同，恶可以遽免，过不可以遽免。贤如蘧伯玉，欲寡其过而未能。圣如夫子，犹曰“加我数年，五十以学易，可以无大过矣”！况于学者，岂可遽责其无过哉！至于邪恶所在，则君子之所甚疾，是不可毫发存而斯须犯者也。苟一旦而志于仁，斯无是矣！

本仁说

陆九渊

四方上下曰宇，往古来今曰宙。
宇宙便是吾心，吾心即是宇宙。
宇宙内事，是己分内事。
己分内事，是宇宙内事。
人心至灵，此理至明。
人皆有是心，心皆具是理。

论琴

黄榦

丝桐，世所常有也。抚之以指，则其声铿然矣。谓声为在丝桐耶？置丝桐而不抚之以指，则寂然而无声。谓声为在指耶？然非丝桐，指虽屡动而不能以自鸣也。指自指也，丝桐自丝桐也，一搏拊而其声自应。人之此心和平仁厚，真与天地同意，则南风之奏，亦何异于舜之乐哉！

黄榦，字直卿，朱子高弟，称勉斋先生。

寄陆子静先生

朱济道

此理于人无间然，昏明何事异天渊。
自从断却闲牵引，俯仰周旋只事天。

朱济道，陆象山门人，爵里无考。

咏　春

杨简

日日看山不厌山，白云吞吐翠微间。
静明光里无穷乐，只是教人下语难。

杨简，字敬仲。受业陆九渊之门人，称慈湖先生。

纪先训

杨简

以实待人，非惟益人，益己尤大。
实心无所往而不可，盖实心一也。可以应天下之万端。
学者涵养有道，则气味和雅，言语闲静，临事而如无事。

范公泉

王辟之

皇祐中，范文正公镇青，兴龙僧舍，西南洋溪中有醴泉涌出，公构一亭泉上，刻石记之。其后青人思公之德，目之曰：范公泉。环泉古木蒙密，尘迹不到，去市廛才数百步，而如在深山中。日光玲珑，珍禽上下。高人雅士，往往赋诗鸣琴，烹茶其上，信物外之胜游也！

王辟之，宋代人，所著有《渑水燕谈》。

烟艇记

陆游

陆子得屋二楹，隘而深，若小舟然，名之曰烟艇。客曰："异哉！屋之非舟，犹舟之非屋也。得其似而名之，因名以课实则过矣！"予少有江湖之思，烟波洲岛苍茫杳霭之趣，未尝一日忘也。假使衣食粗足，然后得一叶之舟，伐荻钓鱼，入松陵，上严濑，历石门沃洲而还泊于玉笥之下，扣舷吴歌，顾不乐欤！

虽然，万钟之粟与一叶之舟，皆外物也。吾知彼之不可求，而不能不眷眷于此。惟使吾胸中浩然廓然，纳日月之伟观，揽风云之奇态，虽坐容膝之室，而常若顺流放櫂，瞬息千里者，则安知此室非烟艇也哉！

陆游，字务观，山阴人。宋宝章阁待制，封渭南伯。

梅　花

陆游（号放翁）

闻道梅花坼晓风，雪堆遍满四山中，
何方化作身千亿，一树梅花一放翁。

鹊桥仙

陆游

一竿风月，一蓑烟雨，家在钓台西住。
卖鱼从不到城门，况肯向红尘深处。
潮生理櫂，潮平系缆，潮落浩歌归去。
时人错把比严光，我自是无名渔父。

和豫快适

叶梦得

人欲常和豫快适，莫若使胸中秋毫无所歉。孟子言仰不愧天，俯不怍人，为一乐。此非身履之，无以知圣贤之言为不妄也。

叶梦得，字少蕴，吴县人。宋翰林学士。

无　伪

叶梦得

人之操行莫先于无伪。能不为伪，虽小善亦有可观。其积累之，必可成其大。苟出于伪，虽有甚善，不特久之终不能欺人，亦必有自怠而不能自掩者。

记赵抃逸事

叶梦得

赵清献公，每夜尝烧天香，必擎炉默告，若有所秘祝者。客有疑而问公。公曰："无他，吾自少昼日所为，夜必裒敛奏知上帝。"已而复曰："吾一夫区区之诚，安能必达，姑亦自防检，使不可奏者，知有所畏不敢为耳！"

论归田赋

叶梦得

张平子作《归田赋》，意兴虽萧散，然序所怀，乃在仰飞纤缴，俯瞰清流，落云间之逸禽，悬清渊之鲨鰡。吾谓钓弋亦何足为乐？人生天地间，要与万物各得其欲，不但适一己也。必残暴禽鱼以自快，此与驰骋弋猎何异？如陶渊明言："携幼入室，有酒盈樽"，"悦亲戚之情话，乐琴书以消忧"，此真得事外之趣，读之能使人盎然，觉其左右草木无情物，亦皆舒畅和豫。

插　秧

范成大

种密移疏绿毯平，行间清浅縠纹生。
谁知细细青青草，中有丰年击壤声。

范成大，字致能，吴郡人，宋资政殿学士。

梅　品

张镃

梅花为天下奇品，而诗人尤所酷好。予得曹氏荒圃于南湖之滨，有古梅数十株，辍地十亩，移种成列，增取西湖北山别圃红梅，合三百余本，筑堂数间以临之。又夹以两室，东植千叶缃梅，西植红梅各一二十章。前为轩楹，花时居宿其中，环映辉洁，夜如对月，因名曰“玉照”。复开涧环绕，小舟往来。自是客有游者，必求观焉！值春凝寒，又能留花，过孟月始盛，名人才士题咏层委，亦可谓不负此花矣！

张镃，字功甫，宋代人。

丰年谣

王炎

满箔春蚕得茧丝，家家机杼换新衣。
五风十雨天时好，又见西郊稻秫肥。

王炎，婺源人。宋进士中奉大夫，著有《双溪集》。

小楼连苑

周紫芝

黄金双阙横空，望中隐约三山杳。春旂欲降，渚烟收尽，青虹正绕，日到层霄，九枝光满普天照。看海中桃熟，云幡绛节。冉冉度,沧波渺。

遥想建章宫阙,度薰风月寒清晓。红鸾影上,云韶声里,祥辉缥缈。万国朝元,百蛮款塞,太平鸿造。听尧云深处,人人尽祝,后天难老。

周紫芝,字少隐。宣城人,宋右司员外郎。

黄河清

晁端礼

晴景初升风细细,云收天淡如洗。望外凤凰城阙,葱葱佳气,朝罢香烟满袖。侍臣报,天颜有喜。夜来连得封章,奏大河,彻底清泚。

君王寿与山齐,馨香动,上穹频降祥瑞。大乐奏功,六律初调宫徵,合殿薰风乍转。万花覆,千官佩委。中书传诏,恩光遍,九寰瀛里。

晁端礼,字次膺。巨野人,宋大晟府协律郎。

水调歌颂(题舫斋)

李昴英

郭外足幽胜,潮入涨溪流。舫斋小小一叶,老子日遨游。管领白苹红蓼,披戴绿蓑青篛,直钓任沉浮。玉缕鲍鱼鲙,雪阵狎河鸥。

个中眠,个中坐,个中讴,个中收拾,诗料觞客个中留。休羡乘槎博望,且听洞箫赤壁,乐处是瀛洲。来往荡双浆,江上一虚舟。

李昴英,字俊明,番禺人,宋吏部侍郎。

苕溪渔隐

胡仔

贾耘老旧有水阁在苕溪之上,景物晴旷,东坡作守时屡过之,题诗画竹于壁间。沈会宗又为赋小词云:“景物因人成胜概,满目更无尘可碍。等闲帘幕小栏干,衣未解,心先快,明月清风如有待。谁信门前车马隘,别是人间闲世界,坐中无物不清凉。山一带,水一派,流水白云长自在。”

胡仔,宋代人。

湖山记

孙觌

鄱阳山水名天下,而龙亭溪最胜。介于德兴、余干二邑之间,众山面内,环拥林立,层峦叠嶂,烟云相连。苍藤翠木,蒙络摇缀,如坐九叠屏,如行五十里步障。而大溪横其前,众水入焉!旁有涌泉,溢溢四出,高有垂溜瀑泻而下,奔云溅雪,雷辊雹散,跳波急泭,千态万状。既停既平,循山而行,大者潴为湖,小者聚为潭。井如曳练,如卧白虹。

魏公彦成筑第其上,为门为堂,周以两庑,阁以望与旷,宜有高明朗彻之观。室以处与奥,宜极窈窕幽深之趣。左修梧,右丛桂,藏书之府,舍客之馆,供佛奉道,各有攸宜。然后跨两崖为阁道于重门内,以便往来。开云扃,抗水榭,直栏横槛,文榱鳞瓦。高者出林杪,下者附山趾,花竹映带,隐见参差。每遇胜日,或命车,或杖策,披风松下,待月竹间,观澜石上,行吟坐啸,纵意所如,鸟兽虫鱼之游遨,举熙熙然相忘于物之外,虽桃源之胜不过也。

孙觌,字仲益。宋代人,官至太守。

柳枝词

徐鼎臣

百草千花共待春,绿杨颜色最宜人。
天边雨露年年渥,上苑芳华岁岁新。

徐鼎臣,会稽人,宋左散骑常侍。

山居述事

罗大经

唐子西云:“山静似太古,日长如小年。”余家深山之中,每春夏之交,苍苔盈阶,落花满径,门无剥啄,松影参差,禽声上下。午睡初足,旋汲山泉,拾松枝,煮苦茗啜之。随意读《周易》《国风》《左氏传》《离骚》《太史公书》及陶杜诗、韩苏文数篇。

从容步山径,抚松竹,与麛犊共偃息于长林丰草间。坐弄流泉,漱齿濯足。既归竹窗下,则山妻稚子作笋蕨,供麦饭,欣然一饱。弄笔窗门,随大小作数十字。展所藏法帖笔迹画卷纵观之,兴到则吟小诗,或草《玉露》一两段。再烹苦茗一杯。出步溪边,邂逅园翁溪友,问桑麻,说粳稻,量晴校雨,探节数时,相与剧谈一晌。归而倚杖柴门之下,则夕阳在山,紫绿万状,变幻顷刻,恍可人目。牛背笛声,两两来归,而月印前溪矣!

味子西此句,可谓妙绝。然此句妙矣,识其妙者盖少。彼牵黄臂苍,驰猎于声利之场者,但见滚滚马头尘,匆匆驹隙影耳,乌知此句之妙哉!人能真知此妙,则东坡所谓“无事此静坐,一日是两日。若活七十年,便是百四十”。所得不亦(原作已)多乎!

罗大经,字景纶,江西吉水人。宋理宗宝庆二年进士,读书乐道,有别业名鹤林。时啸咏其间,所著《鹤林玉露》八卷,行于世。

方寸地说

罗大经

或问:“方寸地,何地也?亦有治地之法否乎?”余曰:“伟哉问!世之人固有无立锥者,亦有跨都兼邑者。有无贫富相绝也。惟此方寸地,人人有之。敛之,其细无伦。充之,包八荒,备万物,无界限,无方体,甚矣其地之灵也。然此地人人有,而治地之力不人人能施,治地之法不人人能知,故芜秽不治者,有此地而不能治。治而不知其法者，虽治此地亦犹不治。故孔子、孟轲，治地之农师、圃师也。六经、语、孟，治地之齐民要术也。良知、良能、恻隐、羞恶、辞让、是非之端，嘉种之诞降者也。博文、约礼，仰观、俯察，求辅仁切偲之功，资直谅多闻之益，培粪灌溉法也。时时习，日日新，暗室屋漏，守之密，视听言动，察之精，封殖长养法也。忿必惩，欲必窒，惰必警，轻必矫，无稽之言必不听。便佞之友必不亲，芟薙耘锄法也。优游而厌饫之，固宁而静俟之，不躐等，不凌节，不求闻，不计获，乃宋人之不揠苗，郭橐驼之善种树也。诚如是，则信善而大化，笃实而光辉，通神明，赞化育，乃实颖实粟之时，参天溜雨之日也。治地至此，斯可言善治地矣！道家寸田尺宅之说，养生引年者取之。里谚有'留方寸地，与子孙耕'之说，种德食报者取之。其言未为无理，要皆堕于一偏。若从孔孟治地之法，则仁者必寿，善者必福。清明之志气如神，厚德之流光浸远。道家里谚之说在其中矣。"

记王梅溪真西山(二诗)

罗大经

王梅溪守泉，会邑宰，勉以诗云："九重天子爱民深，令尹宜怀恻隐心。今日黄堂一杯酒，使君端为庶民斟。"邑宰皆感动。

真西山帅长沙，宴十二邑宰于湘江亭。作诗曰："从来官吏与斯民，本是同胞一体亲。既以膏脂供尔禄，须知痛痒切吾身。此邦素号唐朝古，我辈当如汉吏循。今日湘亭一杯酒，更烦散作十分春。"盖祖述梅溪而敷衍之。

菜　说

罗大经

真西山论菜云："百姓不可一日有此色，士大夫不可一日不知此味。"余谓百姓之有此色，正以士大夫不知此味。若自一命而上至于公卿，皆能甘此味，则必皆知职分之所在矣！百姓安得少饭吃。

黄棉袄

罗大经

何师举云："雨雪连旬，忽尔开霁。"闾里翁媪相呼贺曰："黄棉袄子出矣！因作歌以纪之，以日为黄棉袄，名甚新。"但所作歌未甚惬人意，更为一截句曰："范叔绨袍暖一身，大裘只盖洛阳人（白居易诗：安得大裘长万丈，与君都盖洛阳人）。九州四海黄棉袄，谁似天公赐与均。"

道不在语言文字

罗大经

绘雪者不能绘其清，绘月者不能绘其明，绘花者不能绘其馨，绘泉者不能绘其声，绘人者不能绘其情，然则言语文字固不足以尽道也。

勤有三益

罗大经

余言论勤有三益，盖民生在勤，勤则不匮。一夫不耕，必受其饥，一妇不蚕，必受其寒，是勤可以免饥寒也。农民昼则力作，夜则颓然甘寝，故非心邪念无从而生。鲁公父文伯之母曰："瘠土之民，莫不向义，劳也。"渊明诗曰："田家岂不苦，弗获辞此难。四体诚乃疲，而无他念干。"是勤可以远邪辟也。户枢不蠹，流水不腐，周公论寿必归之无逸，吕成公释之曰："主静则悠远博厚，自强则坚实精明，操存则血气循轨而不乱，收敛则精神内守而不浮。"是勤可以致寿考也。

水调歌头(喜雪)

傅公谋

草草三间屋,爱竹旋添栽,碧纱窗户眼前,都是翠云堆。一月山翁高卧,踏雪水村清冷,木落远山开。唯有平安竹,留得伴寒梅。

家童开门,看有谁来。客来一笑清话,煮茗更传杯,有酒或时无客,有客又还无酒。酒熟且徘徊,明日人间事,天自有安排。

傅公谋,宋宜春人,与罗大经同时。

西　山

刘克庄

极顶遥知有隐君,餐芝种术鹿为群。
多应午灶茶烟起,山下看来是白云。

刘克庄,字潜夫,莆阳人,宋秘阁修撰。

送陈随隐游庐山

黄鹏飞

曾从图画识庐山,山好谁知画亦难。
画好不如诗好读,就烦诗笔画来看。

黄鹏飞,宋代人,见《随隐漫录》。

渔 父 词(二首)

戴复古

渔父饮,不须钱。柳枝斜贯锦鳞鲜,换酒却归船。
渔父醉,钓笑闲。柳下呼儿稳系船,高眠风月天。

戴复古,字式之,宋天台人。

涧泉自记

宋虎

长松怪石去墟落不下一二十里，缘崖涉水于草树间，左右两三家相望，鸡犬之声相闻。竹篱茆舍，燕处其中，兰菊艺之，临水多种梅花。霜月春风，日有余思。儿童婢仆皆布衣草屦，以给薪水，酿春酒而饮之。案无杂书，庄周、太玄（原作元）、黄庭、楞严、圆觉，数部而已。杖藜蹑履，往来川谷，听流水，看激湍，鉴澄潭，陟危峤，探幽壑，升高峰，可不谓至乐者乎！

宋虎，宋代人，爵里莫考。

鹧鸪天

石孝友

玉烛调元黍律均，迎长嘉节属芳辰。
云如惜雨微牵雪，梅不禁风半漏春。
天意好，物华新，风光宜称赏游身。
太平朝野都无事，且与莺花作主人。

石孝友，字次仲，宋代人，有《金谷遗音集》。

书张道者屋壁

慈觉

张道者，傍沙溪，屋兰若，草作衣裳茅作舍。活计生涯一物无，免被外人来假借。寅斋午睡乐咍咍，檀越供须都不谢。

张道者，貌古神清不可画，鹤性云情本自然，心无罣碍无恐怕。

张道者，不说禅，不答话，不聚徒，不结社。心似秋潭月一轮，何用声名播天下。

慈觉，宋时僧。

记谦禅师法语

晓莹

建州开善谦禅师，平居不倦诲人，而形于尺素，尤为曲括。有曰：时光易过，且紧紧做工夫。别无工夫，但放下便是。只将心识上所有的一时放下，此是真正径截工夫。若别有工夫，尽是痴狂外边走。

山僧寻常道：行住坐卧，决定不是。见闻觉知，决定不是。思量分别，决定不是。语言问答，决定不是。试绝却此四个路头看，若不绝，决定不悟。

晓莹，宋时僧，所著有《湘山野录》。

禅本草

僧慧日

禅味甘性凉，安心脏，祛邪气，辟壅滞，通血脉，清神益志。驻颜色，除热恼，去秽浊，善解诸毒，能调众症。药生人间，但有小大皮肉骨髓精粗之异。获其精者为良，故凡圣尊卑悉能疗之，不假修炼炮制，一服脱其烦恼。其功若神，令人长寿。

慧日，宋代庐山僧。

论仁字

真德秀

凡天下至微之物皆有个心，发生皆从此出。缘是禀受之初，皆得天地发生之心以为心，故其心无不能发生者。一物有一心，自心中发出生意，又成无限物。且如莲实之中，有所谓公荷者，便俨然如一根之荷，他物亦莫不如是。故上蔡谢氏论仁，以桃仁、杏仁比之，谓其中有生意，才种便生故也。惟人受中以来，全其天地之理，今为学之要，须要常存此心。平居省察，觉得胸中盎然有慈祥和厚之意，此即所谓本心，即所谓仁也。便当存之、养之，使之不失，则万善皆从此而生。

真德秀，闽人，宋理宗朝宰相，从祀孔庙。

书《感应篇》后

真德秀

世谓感应之言独出于老佛氏，非也。《书》有作善降祥之训，《易》有积善余庆之言，皆此理也。顾尝思之，所谓善者果何事耶？孟子曰："鸡鸣而起，孳孳为善者，舜之徒也。"又曰："存其心，养其性，所以事天也。"夫鸡鸣而起，未与物接，善乌乎施？存心养性，此人事也，于天何与？知乎此，而后知为善之本矣。盖天命之性，赋之于人，本皆至善。自夫汩之以私，乱之以欲，然后反善而之恶尔。心者，所以主乎性者也。吾能兢畏斋栗，如临君父，如对神明，则本心常存，而性不失矣。循性而行，何性非善，是为不负天之所予者，即所以事天也。鸡鸣而起，孳孳为善者，为此而已。苟存乎此，则天下之善皆自此出。虽功被万物，泽及百世，亦举而措之尔。予故曰："此为善之本也。"

长沙劝耕

真德秀

田家拚取一春忙，男力菑畲女课桑。
陇上黄云机上雪，暂时辛苦乐时长。

陈尚书宗召均赡宗族真迹

魏了翁

范文正公尝谓其子弟曰："吴中宗族，固有亲疏，吾祖先视之，则均是子孙，吾安得不恤其饥寒哉！"又曰："祖先积德百余年而始发于吾，得至大官。若独享富贵而不恤余族，何颜以入家庙?”每味此语,使人孝敬忠爱之心油油翼翼,不能自已。

魏了翁,号鹤山,宋理宗朝宰相。

四留铭

王伯大

留有余不尽之巧,以还造化。留有余不尽之禄,以还朝廷。留有余不尽之财,以还百姓。留有余不尽之福,以还子孙。因自号为留耕道人。

王伯大,字幼学,福州人,宋嘉定七年进士。淳祐中仕至端明殿学士,同佥书枢密院。

山间明月楼记

吴澄

龚舜咨居于新淦之远郊,志气卓越。有楼扁曰:“山间明月。”夫万古常峙者,山也。万古常明者,月也。眉山苏子谓,用不竭之无尽藏是矣! 又谓:“月之盈虚如彼,则不无疑焉?”月之体,其遡日也常明,而人之目有所不见知。在天有常盈之月,则曰盈曰亏,皆就所见而言尔,曾何损于月哉! 若夫春之花月,夏之竹月,秋之桂月,冬之梅月,影淡香清,兴致无极。足以快赏心,供乐事,苏子所谓用不竭者也。龚之主与客试共登楼,对酒浩歌,而以予之所言问诸月。

吴澄,字幼清,崇仁人,宋翰林学士。

垚冈堂记

吴澄

陈德可宅于临川,其地曰:垚冈。平畴中特起高阜,溪水界之,德可以地名名其堂。予谓垚冈者,积土之高以成也。享有垚冈而常守其富,永保其寿者,如之何? 亦曰:不自高而已矣。拟诸易象，三土之垚象坤，山脊之冈象艮，坤上艮下，其卦为谦。谦也者，歉然自卑而不自足也。夫苟歉然自卑而不自足，则惕然戒慎之心生，一毫有违于礼法者不敢肆也。一谦而众理无不该，百事无不善，人所好也，天所福也。尊而光，卑而不可逾者，其在垚冈乎！

雪香亭记

吴澄

洛阳名园名花之盛，自唐以来常为天下最。杨献卿河南旧族，居后有园，植梅其间，筑台构亭，榜曰：雪香。雪，梅之色也。香，梅之气也。"只言花是雪，不悟有香来。"前之咏梅者云尔。"遥知不是雪，为有暗香来。"后之咏梅者云尔。诗人尝以白雪香咏梨花。梨花能如雪之白，不能与雪同时而白也。深冬凝沍，众木多槁，而梅也傲极阴于方隆，回微阳于最先，魁百卉而得春，冠三友而独葩。色之白，气之清，士之素节特异、芳誉远闻者似之。夫洛阳之人竞爱牡丹，而杨氏之亭独因梅而名，于以见其为清白之家云。

仁寿堂说

吴澄

仁者寿，天地生物之心曰仁，惟天地之寿最久。圣人之仁如天地，亦惟圣人之寿最久。夫人之全德固未易全，然礼仪三百，威仪三千，无一而非仁者。得其一，亦可谓仁，亦可得寿矣！予尝执此，观天下之人，凡气之温和者寿。质之慈良者寿，量之宽洪者寿，貌之长厚者寿，言之肫恳者寿。盖温和也、慈良也、宽洪也、长厚也、肫恳也，皆仁之一端也。合杨杜翁，年八十有二，一乡称善人，名所居之堂为仁寿。予虽不识翁之面，其必温和者与！慈良者与！宽洪而长厚且肫恳者与！五者有其一，已宜寿，况有其二三四五者乎！今年秋，识翁之子于京师，获见时贤所赠仁寿堂记，于是推仁者寿之理而为之说。

易原以清名字说

吴澄

天下之清莫如水，先儒以水之清喻性之善，人无有不善之性，则世无有不清之水也。然黄河之水浑浑而流，以至于海，竟莫能清者，何也？请循其初，原者，水之初也。原之初出，曷尝不清哉！出于岩石之地者，莹然湛然，得以全其本然之清。出于泥尘之地者，自其初出而混于其滓，则原虽清而流不能不浊，非水之浊，地则然也。人之性亦犹是，性原于天而赋于人，局于气质之中。人之气质不同，犹地之岩石泥尘有不同也。气质之明粹者，其性自如岩石之水也。气质之昏驳者，性从而变泥尘之水也。泥尘由其地，而原之所自则清，故流虽浊而有清之之道。河之水浊，贮之以器，投之以胶，则泥沉于底，而其水可食。甚浊亦可使之清，况其浊不如河之甚者乎！原之清，天也。流之浊，人也。人者克，则天者复，亦在乎用力以清之尔。庐陵学者易原字以清，为其名与字之说，书以遗之。

明德铭

吴澄

此心此德，如镜如水。物来毕照，明彻底里。云何或蔽，尘集风起。云何复明，尘去风止。静无挠心，动则察理。明斯昭昭，大用全体。

悔过铭

吴澄

古之君子，有过则改。不远而复，乃可无悔。既悔而复，亦犹未害。悔而复悔,岌乎危殆。频复之厉,大易有戒。思昔颜子,有过不贰。有一不善,未尝复行。知得一善,拳拳服膺。才知差失,便不更然。歉于己者,不再作焉。悔心之生,良心之萌。当悔之余,惟新是图。知悔之时,不图改之,是乃自弃,小人之归。

印千江月来轩

吴澄

千江有水无人吸,江里月来何处入。
若浮水外入江来,水浸月轮应解湿。
在天一月在江千,千月还同一月圆。
水中月影元非月,何所从来月在天。

题王氏留春亭(二首)

吴澄

生香不断气和柔,不在千红百紫稠。
只任园林光景好,一春万古镇长留。

先番物旧后番新,来往无停似转轮。
年去年来年更好,此中日日一般春。

题山水图

吴澄

远树疏林映晚霞,江阴雁影度平沙。
谁人写我村居景,付与岩前处士家。

题画山水扇

吴澄

一掬山川掌握中，人间何处不清风。
水边林下千年意，万里扁舟五亩宫。

天谷庵

白玉蟾

半天突出一奇峰，小小茅檐映翠浓。
夹道高松招朗月，满林新竹唤清风。
迎人野鸟间关语，对客岩花烂熳红。
策杖且随流水去，柴门时倩白云封。

白玉蟾，福清人，号武夷散人。

澹　庵

白玉蟾

平生只要乐清虚，占却人间静处居。
古壁空悬三尺剑，幽窗闲置一床书。
远山喜色日初染，高树凉声风自梳。
细嚼清闲滋味别，云霞收拾作粮储。

卷三

渔歌子(二首)

完颜璹

杨柳风前素板扉,荷花雨里绿蓑衣。
红稻美　锦鳞肥,渔笛间拈月下吹。

钓得鱼来卧看书,船头稳置一葫芦。
烟际柳　雨中蒲,好与人间作画图。

完颜璹,字仲宝,金开府仪同三司。

对　镜

完颜璹

镜中色相类吾深,吾面终难镜里寻。
明月印空空受月,是他空月本无心。
明明非浅亦非深,何事人人泥影寻。
照见大千真法体,不关形相不关心。

春　游

赵秉文

烟外丝丝风柳斜,春光已自到天涯。
太平景象村村社,寒食人家处处花。

赵秉文,字周臣,金滏阳人,官历六卿。

雨　后

高汝砺

时雨雨三日，田家家万金。
有年天子庆，爱国老臣心。

高汝砺，字岩甫，应州金城人。金大定中进士，宣宗朝丞相。

题西岩

刘汲

人爱名与利，我爱水与山。人乐纷而竞，我乐静而闲。所以西岩地，从古少人看。虽看亦不爱，虽赏亦不欢。欣然会予心，卜筑于其间。有石极峭屼，有泉极清寒。流觞与祓禊，终日堪盘桓。此乐为我设，信哉居之安。

刘汲，字伯深，金翰林供奉。

园　居

周昂

五亩园连竹，三间屋向阳。
气和春浩荡，心静日舒长。
花鸟成相识，琴书渐两忘。
陶然北窗下，吾乐自羲皇。

周昂，字德卿，正定人，金大定初进士。

即　事

赵孟頫

古墨轻磨满几香，研池新浴粲生光。
北窗时有凉风至，闲写黄庭一两章。

赵孟頫，字子昂，宋宗室。元初，翰林承旨，谥文敏。

幽居自适(调行香子四首)

僧明本

水竹之居，吾爱吾庐，石鄰鄰乱砌阶除。轩窗随意，小巧规模，却也清幽，也潇洒，也宽舒，懒散无拘，此乐何如。俯阑干临水观鱼，风花雪月，赢得工夫，好烧些香，图些画，读些书。

净扫尘埃，护惜苍苔，任门前红绿铺排。景堪图画，趣也奇哉！有数株松，数竿竹，数枝梅，花木栽培，几次教开。明朝事天自安排，知他富贵到几时来？但且优游，且随分，且宽怀。

短短横墙，矮矮疏窗，一方儿小小池塘。高低叠嶂，绿水边旁，也有些风，有时月，有些香，日用家常，竹几藤床。尽眼前水色山光，客来无酒，清话何妨。但细烘茶，净洗盏，滚烧汤。

阆苑瀛洲，人世丹邱，梅花绕屋豁迎眸。夭桃媚柳，丹桂红榴，却也宜春，也宜夏，也宜秋，酒熟堪篘，客至须留。更无荣无辱无忧，退闲一步，著甚来由？但倦时眠，渴时饮，醉时讴。

行香子词(二首)

僧明本

玉殿琼楼，金锁银钩，总不如岩谷清幽。蒲团纸帐，瓦钵磁瓯，却不知春，不知夏，不知秋。万事俱休，名利都勾。罢攀援永绝追求，溪山作伴，云月为俦。但乐清闲，乐自在，乐优游。

松嫩堪餐，竹密须删，息风尘何事相关。心超物外，身处人间。有十分清，十分淡，十分闲。学道非艰，守道多难。结跏趺坐断尘寰，萧条僧舍，寂寞禅关。看几层云，几层水，几层山。

天目山释明本，字中峰，赵文敏与之友，同院学士冯海粟子振甚轻之。一日，松雪偕中峰访海粟。海粟出所制梅花诗百韵示之，一览，走笔立成，海粟犹未之奇；复作九字梅花歌求和，海粟讽咏再四，遂定交焉。

水调歌头

罗庆

雨晴山泼翠，波净水拖蓝。闲来共陪杖屦，邂逅已成三。齿齿清泉白石，步步碧桃翠竹，是处辄幽探。行到钓台下，奇树荫空潭。

踏芳洲，寻别馆，履巉岩，壶中日月长在，云气满东南。倚得一枝竹杖，唤取山花溪鸟，听我出尘谈。异日再过此，端为解征骖。

罗庆，元代人，爵里莫考。

游览有得

张天锡

张天锡喜游览，曰："吾有所得也。观朝荣，则敬才秀之士。玩芝兰，则爱德行之臣。睹松竹，则思贞操之贤。临清流，则贵廉洁之行。"

张天锡，号梅月，元时人，仕至户部尚书。

荡桨歌记

张山翁

张君寿浪游江湖间，八月十五夜，皎月澄空，水天一色，忽见上流一舟如雀，一老翁荡桨而歌曰："郎提密网截江围，妾把长竿守钓矶。满载鲂鱼都换酒，轻烟细雨又空归。"君寿异之，刺舟欲与语。又歌云："蓼香月白醒时稀，潮去潮来自不知。除却醉眠无一事,东西南北任风吹。"歌罢,飘然而去。

张山翁,字君寿,普州人,景定三年进士。为荆湖宣抚司干官,后隐居黄鹄山,著有《南纪缁林》《藏云山相锄》诸篇。

草 木

叶子奇

草木一根荄之微,而色香、臭味、花实、枝叶无不具于一仁之中。及其再生,一一相肖。此造物所以显诸仁而藏诸用也。

叶子奇,明处州人。

一 年 歌

唐寅

一年三百六十日,春夏秋冬各九十。冬寒夏热最难当,寒则如刀热如炙。春三秋九号温和,天气温和风雨多。一年细算良辰少,况且难逢美景何。美景良辰倘遭遇,又有赏心并乐事;不烧高烛照芳樽,也是虚生在人世。古人信有达者哉,劝人秉烛夜游来。春宵一刻千金价,我道千金买不回。

唐寅,字伯虎,一字子畏,吴县人。少有隽才,与京兆祝允明、博士徐桢卿、内翰文征明友善,举乡试第一。会试礼部,有江阴徐姓倩代草文字,事发被黜,归吴中,纵酒落拓。所著有《六如居士集》。

一 世 歌

唐寅

人生七十古来稀,前除幼年后除老。中间光景不多时,又有炎霜与烦恼。过了中秋月不明,过了清明花不好。花前月下且高歌,急须满把金樽倒。世上钱多赚不尽,朝里官多做不了。官大钱多心转忧,落得自家头白早。春夏秋冬撚指间,钟送黄昏鸡报晓。请君细点眼前人,一年一度埋荒草。草里高低多少坟,一年一半无人扫。

花下酌酒歌

唐寅

九十春光一掷梭,花前酌酒且高歌。枝上花开能几日,世上人生能几何。昨朝花胜今朝好,今朝花落成秋草。花前人是去年身,去年人比今年老。今日花开又一枝,明日来看知是谁。明年今日花开否,今日明年谁共知。天时不测多风雨,人事难量多龃龉。天时人事两不齐,莫把春光付流水。好花虽种不常开,少年易老不重来。人生不向花前醉,花笑人生也是呆。

桃 花 歌

唐寅

桃花坞里桃花庵,桃花庵里桃花仙。桃花仙人种桃树,笑折花枝当酒钱。酒醒常在花边坐,酒醉还来花下眠。半醒半醉日复日,花开花落年复年。但愿老死花酒边,不愿鞠躬车马前。车尘马足贵者趣,酒盏花枝贫者缘。若持贵者比贫人,一在平地一在天。若将车马比花酒,他得驰驱我得闲。他人笑我忒风颠,我笑他人看不穿。不见五陵豪杰墓,无酒无花锄作田。

题渔樵问答图

唐寅

钓月樵云共白头,也无荣辱也无忧。
相逢话到投机处,山自青青水自流。

醒世词(调对玉环带清江引九首)

唐寅

乐处酣歌，时光容易过。苦处奔波，早晚偏难度。世界号婆娑，苦乐平分破。佩玉鸣珂，生辰不似他。戴笠披蓑，安闲不羡他。别人骑马我骑骡，更有徒行个。日月疾如梭，天地如旋磨，也非故意相催促。

覆辙翻舟，那个曾回首。大剑长矛，那个曾丢手。无数世间愁，凭著人承受。拜将封侯，是英雄钓钩。按簿持筹，是愚夫枷杻。休题能向死前休，更算千年后。步步使机谋，也要天公凑，行年五十曾参透。

皂帽丝绦，一第犹难料。紫绶绯袍，一品犹嫌小。量尽海波涛，人心难忖著。翠养翎毛，为谁头上好。豕养脂膏，为谁肠内饱。千寻鸟道上云霄，何必多经到。平地好逍遥，高处多颠倒，世人只是回头少。

画栋雕梁，推收纸半张。绿鬓红妆，消除泪几行。此事本寻常，漫说多魔障。百草芬芳，须防秋降霜。万木萎黄，须思春再阳。假如傀儡一登场，多少悲欢状。旁人费忖量，兀自生惆怅，不知刊定传奇上。

南陌东畴，是儿孙马牛；赵舞秦讴，是欢喜冤仇。万事总悠悠，劳生何苦求。一簇眉头，算前又算后。三寸舌头，说强又说丑。饶君一日可千秋，落得多僝僽。青山暗里游，玄(原作元)牝空中守，羲皇一梦君知否。

麋鹿山边,终日防弦箭。鹦鹉檐前,终岁愁猫犬。身在畏途间,顷刻忧机变。恩爱缠绵,多成仇恨缘。涕泪流涟,多因欢喜缘。白驹过隙难留转,何苦又加鞭。灵台一寸间,簇起冰和炭,任教世事如雷闪。

铁锁重关,财宝终须散。玉液金丹,迟速难违限。但放此心宽,万事从天断。不坐蒲团,西方掉臂还。不戴儒冠,南华合眼看。人间苦海黑漫漫,送尽聪明汉。饥来粥与饘,睡要床和簟,此外不须多缱绻。

百瓮黄齑,须了今生事。一缕红丝,须是前生系。人事有推移,总是天安置。智似灵龟,何尝脱死期。巧似蜘蛛,何尝不忍饥。命通若在四更时,夜半犹憔悴。千年荐福碑,九日滕王记,劝君且待时辰至。

尔会使乖,别人也不呆。尔要钱财,前生须带来。我命非我排,自有天公在。时该运该,人来还尔债。时衰运衰,尔被他人卖。尝言作善可消灾,怕没福难担戴。对境且开怀,见怪何须怪,一任桑田变沧海。

又(调对玉环带清江引四首)

春去春来,白头空自挨。花落花开,朱颜容易衰。世事等浮埃,光阴如过客。休慕云台,功名安在哉。休想蓬莱,神仙真浪猜。清闲两字钱难买,苦把身拘碍。人生过百年,便是超三界,此外更无别计策。

极品随朝,谁是倪宫保。百万缠腰,谁似桃三老。富贵不坚牢,达人须自晓。兰蕙蓬蒿,看来都是草。鸾凤鸱鸮,算来都是鸟。北邙路儿人怎逃,及早寻欢乐。痛饮百万觞,大唱三千套,无常到来犹恨少。

礼拜弥陀,也难凭信他。惧怕阎罗,也难回避他。枉自苦奔波,回头才是可。口似悬河,也须牢闭呵。手是挥戈,也须牢袖呵。越不聪明反快活,省了闲灾祸。家私那用多,官爵何须大,我笑别人人笑我。

昏鼓晨钟,听得咱耳聋。春燕秋鸿,看得咱眼蒙。犹记做孩童,俄然成老翁。休逞姿容,难逃青镜中。休使英雄,都归黄土中。算来不如闲打哄,枉自把机关弄。跳出面糊盆,打破酸齑瓮,谁是惺惺谁懵懂。

刘南坦以脱粟讽门生

刘麟

明尚书刘南坦请老家居,有直指使以饮食苛求属吏,有司患之,公曰:“此我门生,当晓谕之。”俟其来,留款之曰:“老夫欲设席,恐妨公务,家常便饭,能对食乎!”使不敢辞,自朝过午,连进苦茗,饥甚!比食至,惟脱粟饭、豆腐一盂而已。各食三碗,使已过饱。少顷,佳肴美酝罗列盈前,不复下箸,公过强之。对曰:“饱甚,不能矣!”公笑曰:“可见饮馔原无精粗,饥则易为食,饱则难为味,时势使然耳!”使喻其讽己,后不复以盘飧责人。

刘麟,字元瑞,安仁人。以武功籍隶南京,弘治丙戌进士,除兵部主事,历云南按察使归。嘉靖初,起太仆寺卿,以副都御史巡抚直隶,引疾。再起大理寺卿,终工部尚书,赠太子少保,谥清惠,有《南坦老人集》。

俭约名言

章懋

贫者入一钱，出不及一钱，虽贫亦富也。富者入千钱，出浮于千钱，虽富必贫也。故强取不如节用。

百日省，一日不省，则一日之失，与百日不省同。百事节，一事不节，则一事之耗，与百事不节同。

章懋，字德懋，兰溪人，成化丙戌进士。入翰林，除编修，历南国子祭酒。嘉靖初，进南礼部尚书，赠太子少保，谥文懿，有《枫山集》。

座右铭

聂大年

短不可护，护则终短。长不可矜，矜则不长。尤人不如尤己，好圆不如好方。用晦则莫与争智，执谦则莫与争强。多言者，老氏所戒。欲讷者，仲尼所臧。妄动有悔，何如静而勿动。太刚则折，曷若柔而勿刚。吾见进而不已者败，未见退而自足者亡。为善斯游君子之域，为恶则入小人之乡。吾侪书绅带以自警，刻盘盂而若伤。惟常存于座右，庶夙夜之不忘。

聂大年，字寿卿，临川人，博学善诗古文。明宣德末以荐授仁和训导，迁教谕。景泰六年，擢翰林，有《冷斋集》。

云局记

杨慎

点苍山之麓，有玉局观焉！四时有云气带其间，于夏尤著。故状其景曰：玉局夏云。张子九言有书舍在其下，予题之曰：云局精舍。一日坐予于堂，曰："请问学？"予曰："子知夫云乎？知云则知学矣！夫云者为雨乎，雨者为云乎？无云则无以为雨矣！犹之地产植物，花者为实乎？实者为花乎？无花则无以为实也。夫学何以异是。博我以文，约我以礼，无文则何以为礼，无博则何以为约。今之语学者，吾惑焉。厌博而取约，屏文而径礼。曰：'六经吾注脚也，诸子皆糟粕也。'是犹问天曰：'何不径为雨，奚为云之扰扰也。'问地曰：'何不径为实，奚为花之纷纷也。'是在天地不能舍博而径约，况于人乎？云，天之文也。花，地之文也。六经诸子，人之文也。见天人而合之，斯可以会博约而一之，此学之极也。"张子避席曰："夫子命贯矣！请终身诵之。"

杨慎，号升庵，明正德间翰林院修撰，四川成都人。

为善最乐

杨慎

书云："民讫自若是多盘。"注云："民之行己尽用善道，是多乐也。"东平王苍曰："为善最乐。"周公曰："心逸日休。"内典云："为善若熟，种种快乐。"亦是此意。

与仲弟书

唐顺之

汝兄在山中，若不能谢遣世缘，澄彻此心，或止游玩山水，笑傲度日，是以有限日期，作无益之费。即与在家何异？汝在家，亦能忍节嗜欲，痛割俗情，振起数十年懒散气习，将精神归并一路，使读书务为心得，则与在山中何异。

唐顺之，字应德，武进人，嘉靖己丑登第，除兵部主事。改吏部，擢翰林编修，右春坊司谏，夺职。以荐起兵部郎中，历佥都御史，巡抚淮扬。天启中，追谥襄文，有《荆川集》。

庆清朝

文征明

天朗气清，惠风和畅，胜游何似山阴。春光自来堪恋，一刻千金。兰舟初泛，画桥春水一篙深。烟霏处，离离浅草，冉冉遥岑。

且此傍花随柳，柳阴系马，花外啭幽禽。扰扰蜂黏柳絮，蝶绕花心。为问往来车马，何如我啸傲园林。新月上，竹枝风动，环佩清音。

文征明，字征仲，长洲人，明翰林院待诏。

本　箴

王锡爵

孝弟为立身之本，忠恕为存心之本，立志为进修之本，读书为起家之本，严肃为正家之本，勤俭为保家之本，寡欲为养身之本，慎言为远害之本，节欲为却病之本，清谨为当官之本，谨厚为待人之本，择友为取益之本，虚心为受教之本，自修为止谤之本，凝重为受福之本，一经为教子之本，积善为裕后之本，方便为处事之本，权宜为应变之本，胆略为任事之本，实胜为得名之本，圣贤以心地为本，君子专力于务本。

王锡爵，字荆石，太仓人。嘉靖壬戌赐进士第二，累官少保兼太子太保、吏部尚书，建极殿大学士，谥文肃。

天仙子

吴子孝

四面山光如泼黛，麦陇连村千万态，海东红日上层霄。

烟叆叆，丛林外，山北高人应我待。

竹绕茅堂长好在，白石清泉仙境界，入门双鹤便相迎。

穿藿艾，寻松桧，阴阴空谷鸣清籁。

吴子孝，字纯叔。长洲人，明湖广参议。

选冠子(春日光禄内直拜敕)

吴子孝

莺语初娇,柳条渐绿,玉殿乍长春画。凤沼云飞,龙楼日暖,风弄御沟波皱;调鼎方和盐梅。欲进高阁,报传清漏,望丹霄万树宫花何处?箫韶正奏。

念谁是供奉多才,挥毫对御。顷刻新诗题就,宝辔玲珑,锦袍灿烂,风月东华领受。运际升平,才非经济,惭愧鸾笺荣绶,但徘徊琼宇瑶阶,稽首君王恩厚。

更斋三壁

张贵胜

事者,闲之反也。人若有事,则此身便不安闲。随尔风雨疾病,不得不奔驰料理。苟能上无公逋,下无私负,和羹淡菜,胜似珍馐,曲肱安寝,赛如高枕。古云:“富则多事。”又云:“无事为福。”深有味乎斯言。以此一譬,则有事可化为无事,而况本无所事,何幸如之。

病者,健之反也。人若有病,则此躯怎能康健,随尔饮食起居,不由不呼号困顿。苟能四体兼强,五官并适,步履优游,可当车马,举止便利,无异神仙。古云:“愁能致病。”又云:“病足伤生。”深有会于斯言。以此一譬,则有病可几于无病,而况实无大病,何乐如之!

死者,生之反也。人若至死,则此心更不由我做主,随尔妻孥田宅,锦花世界,不怕不尽行抛撇。苟能色空空色,水月镜花,尘缘不扰,参破迷关,爱根荡涤,扫除障碍。古云:“随尔宦情浓,归时带不来。由你生趣重,死时装不去。”深有悟乎斯言。以此一譬,则贪嗔渐断,烦恼灭除,冤既可解,恩亦可释。自然忿争遽息,情欲顿消,不求生而转可生,常忆死而反不死,何快如之!

张贵胜，号晋侯，一字更斋，吴门人。筑室曰“尚友山房”。闲居自适，所辑《遣愁集》行于世。

与友人书

张贵胜

余以丙寅夏月，抱疴闲居，曾柬友曰：“溽暑灼人，大地如炉，病躯当此，如燔似炙。全赖青苹之末，一少浣之，忽得熏风和畅，洗却炎威，顿觉神清骨爽。尤可喜者，家无一客，胸无一事。但见清香绕砌，秋色盈庭，清茶可以解渴，浊酒可以消愁。香不佳而有烟可馨，花不丽而有色可娱。短琴高挂而无弦，残编久束而尘满。四壁萧然，八窗洞开，坐倦无聊，则企脚北牖。忽觉好睡，恁尔烈焰烧天，似不减于清凉台飞雪矣！”少焉月上疏帘，又添出一种幽况，因朗吟袁中郎句云：“世情贫自少，岁月病偏多。倚阑看明月，盈盈上石坡。”此实因病得闲之一乐也。

又

甚矣！天不负人也。人可负天哉！假若一年中，食物则按时而生，花卉则应期而发。又他如和风霁月，胜水名山，无不毕备，以供人之玩赏。务须忙里偷闲，苦中寻乐，或小分附宾朋之末，或杖头挈知己之俦，散步遣兴，随寓而安。毋失良辰，有辜佳会。倘居常兀坐，闲极无聊，则听檐前啼鸟数声，亦足当鼓吹四部。抚几上瓶花几种，尤堪寓物外品题。

笔　畴（一则）

陈世宝

“信步行将去，从天分付来。”此古人之名言也。然余尝改之曰：“顺理行将去，从天分付来。”如此则理正而辞顺，为无弊矣！

谓之信步，则有荒唐不检之患，何所不为哉！

陈世宝，明巨鹿人。

三似辨

徐官

谦者，有而不居之意，而卑屈之可羞者，则谓之谄。俭者，止而不过之意，而鄙啬之可耻者，则谓之吝。英气者，道气所发不容掩者也，而客气则气质之偏而难近者也。英气尚或害事，而况客气乎！是数者，理实相悬，而迹若相似焉者。故有屈节以谀人，则曰："吾尚谦也。"惜财以废礼，则曰："吾尚俭也。"矜己而废物，则曰："英气不可无也。"不有以辨之，则藉口圣贤之教，以恣其私者，曷有极哉！

徐官，吴县人。

书屏语

王道焜

人于一日间，或闻一善言，见一善行，行一善事，此日方不虚过。

人一日不知非，则一日安于自是。日日知非，日日改过。则此身为义理再造之身，可以立命。

气象要高旷，不可疏狂。心思要缜密，不可琐屑。趣味要冲淡，不可枯寂。操守要严明，不可激烈。

读书不独能变化气质，且能养人精神，盖义理收摄故也。

收拾身心，渐令向里，处世酬物，自然安稳。

王道焜，明钱塘人。

求志篇

王文禄

有官守者，时时求阜民之利，除民之害，不可须臾放过。盖人心好逸乐而易怠荒，况居官又便于骄纵，必念人之望我者众，而不可不勤。且光景易过，急及时立功，尤恐迟也。

王文禄，明海盐人。

云涛诗评

江盈科

唐伯虎放浪丹青山水间，以此自娱，尝题所画小景云：“不炼金丹不坐禅，不为商贾不耕田。兴来只写溪山卖，不受人间作孽钱。”又题一钓翁画云：“直插渔竿斜系艇，夜深月上当竿顶。老渔酣睡唤不醒，满船霜印荷衣冷。”此等语皆大有天趣。

江盈科，字进之，明进士，官知县。

雪涛闲说

江盈科

蜀中一耆儒，题张果倒跨蹇驴图云：“世间多少人，谁似这老汉。不是倒骑驴，凡事回头看。”语虽浅，然其喻世切矣！人心羶慕，非名即利，趋而不已，累及厥躬，然后悔之。其能为回头之果老者几何人哉！

自乐词(调一剪梅四首)

李廷机

小门深巷巧安排，没有尘埃，却有莓苔，自然潇洒胜蓬莱。
山也幽哉，水也幽哉。
东风昨夜送春来，才见梅开，又见桃开，十分相称主人怀。

诗是生涯,酒是生涯。

一生风月且随缘,穷也悠然,达也悠然,日高三丈我犹眠。

不是神仙,谁是神仙。

绿杨深处昼鸣蝉,卷起湘帘,放出炉烟,荷花池馆晚凉天。

正好谈禅,又好谈玄(原作元)。

扶舆清气属吾曹,莫怪粗豪,莫笑风骚,算来名利也徒劳。

何处为高,闲处为高。

一庭疏竹间芭蕉,风也潇潇,雨也潇潇,木樨香里卧吹箫。

且度今朝,谁管明朝。

于今挥手谢浮生,非不闲争,是不闲争,扁舟湖上放歌行。

渔也知名,牧也知名。

归来风景逼心清,雪满中庭,月满中庭,一炉松火暖腾腾。

看罢医经,又看丹经。

李廷机,字尔张,号九我,晋江人。万历癸未,进士第一。除修撰,累官户部尚书,武英殿大学士,加少傅,赠太傅,谥文恪。

清净斋铭

林洪

半间屋,六尺地,虽不庄严,却也精致。蒲作团,布作被,日间可坐,夜间可睡。灯一盏,香一炷,石磬数声,木鱼几击。龛尝关,门尝闭,好人放参,恶人回避。发不剃,肉不忌,道人心肠,儒家服制。上无师,下无弟,不传衣钵,不立文字。不参禅,不说偈,但无妄想,亦无妄意。不贪荣,不贪利,无挂碍,无拘系,了清净缘,作解脱计。闲便来,忙便去,省闲非,省闲气。也非庵,也非寺,在家出家,在世出世,即此上乘,即此三昧。日复日,岁复岁,毕我这生,任我后裔。

林洪,闽县人,性恬淡,隐居不仕。

千秋岁(西庄)

顾孔昭

浮瓜雪藕,正值凉生后。江浩荡,山明秀。蝉鸣高树荫,燕蹴晴波皱。书画舫,鼓琴垂钓娱清昼。

门巷渊明柳,老稚欢相候。酒酿熟,鱼烹就。醉迎风入户,吟爱云生岫。新月吐,冰轮又为山人寿。

顾孔昭,明代人,爵里莫考。

画舫约

汪汝谦

偶得木兰一本,斲而为舟,四阅月乃成。计长六丈二尺,广五之一,入门数武,堪贮百壶。次进方丈,足布两席,曲藏斗室,洞供卧吟。侧掩壁厨,俾收笔墨。出转为廊,廊升为台。台上张幔,花晨月夕,如乘彩霞而登碧落。若遇惊飙蹴浪,欹树平桥,则卸栏卷幔,犹然一蜻蜓艇耳!中置家童二三,俾司茶酒。客来斯舟,可以御风,可以永夕。远追先辈之风流,近寓太平之清赏。题曰:不系园。佳名胜事,传异日一段佳话,岂必垒石凿沼,围邱壑而私之曰:“我园!我园”也哉!

汪汝谦,明杭州人。

渔歌子

吴克

千顷蒹葭一钓翁,家居南浦小桥东。桃花水,鲤鱼风,短笛横吹细雨中。

吴亮，字鲁于，武进入，明举人。

望江南(夜泊汉江口)

张大烈

吟眺处，江雨正霏霏。九叠云华苍巘秀，
一川烟浪白鸥飞，此景十分奇。
吟眺罢，客思正依依。拄杖寻诗双屐履，
扁舟垂钓一蓑衣，此趣几人知。

张大烈，字言冲，明钱塘人，有《诗余类函》。

四时欢

程羽文

春时晨起，课奚奴酒扫护阶苔。禺中取蔷薇露浣手，薰玉蕤香，读赤文绿字书。晌午采笋蕨，供胡麻，汲泉试新茗。午后乘款段马，携斗酒双柑，往听黄鹂。日晡坐柳风前，裂五色笺，集锦囊佳句。薄暮绕径灌花种鱼。

夏时晨起，傍花枝，吸露润肺。禺中披古图画，展法帖临池。晌午脱巾石壁，据匡床，谈齐谐山海。倦则取左宫枕，畅游华胥国。午后刳椰子杯，浮瓜沉李，捣莲花，饮碧芳酒。日晡浴罢硃砂温泉，棹小舟，垂钓于古藤曲水边。薄暮箨冠蒲扇，立层冈，看火云变现。

秋时晨起，下帷检牙签，挹露研硃点校。禺中操琴调鹤，玩金石鼎彝。晌午用莲房洗砚，理茶具，拭梧竹。午后看红树叶落，得句题其上。日晡持蟹螯，酌海川螺，试新酿，弄洞箫数声。薄暮倚柴扉，听樵歌牧唱，焚伴月香壅菊。

冬时晨起，负暄盥栉。禺中置毡褥，市乌薪，会多士，作黑金社。晌午理旧稿,看晷景,移阶濯足。午后向古松阴厓间,敲冰煮建茗。日晡布衣皮帽,问寒梅消息。薄暮围炉促膝,煨芋魁,说上乘妙偈,谈人间至乐。

程羽文,明练江人。

小蓬莱

程羽文

门内有径径欲曲,径转有屏屏欲小,屏进有阶阶欲平,阶畔有花花欲鲜。花外有墙墙欲低,墙内有松松欲古,松底有石石欲怪,石面有亭亭欲朴。亭后有竹竹欲疏,竹尽有室室欲幽,室旁有路路欲分,路合有桥桥欲平。桥边有树树欲高,树荫有草草欲青,草上有渠渠欲细,渠引有泉泉欲瀑。泉去有山山欲深,山下有屋屋欲方,屋角有圃圃欲宽,圃中有鹤鹤欲舞。

山居幽趣

郑瑄

山深幽境,真趣颇多。当残春初夏之时,步入林峦,松竹交映。遐观远眺,曲径通幽。野花隐隐生香,而气味恬淡,非若檀麝之浓。山禽关关弄舌,而清韵闲雅,非若笙簧之巧。此皆造化机缄,娱目悦心,静赏无厌。时抱焦桐,向松阴石上,抚一二雅调。萧然景会,此身即是画中人物。远听山村茅屋傍午鸡鸣,伐木丁丁,樵歌相答。经邱寻壑,更出世外几层。此景无竞无争,足力所到,何地非我庐哉!

郑瑄,字汉奉,明代人,官知府。

湖山佳胜

郑瑄

湖山之佳,无如清晓。春时常乘月至馆,景生残夜,水映岑楼，而翠黛临阶，吹流衣袂，莺声鸟韵，催起哄然。披衣步林中，则曙光薄户，明霞射几。轻风微散，海旭乍来。见沿堤春草霏霏，明媚如织，远岫朗润出沐。长江浩漭无涯，岚光晴气，舒卷不一，大是奇观。

武夷行

苏钲

忆到名山二十年，重游风景尚依然。三三秀水清如玉，六六奇峰翠插天。幔亭诸峰总奇绝，信哉天造而地设。兰舟穿破水中云，金鸡叫起山头月。扪萝直上天柱峰，碧嶂丹崖深几重。蜿蜒磅礴郁佳气，闻之古昔多仙踪。游一曲，止止庵中绝尘俗。游二曲，玉女峰高倚云绿。游三曲，三杯石上倾醽醁。游四曲，钓鱼台上依林麓。游五曲，中有文公读书屋。游六曲，仙掌天游胜天竺。游七曲，仿佛桃源入仙谷。游八曲，鼓楼岩洞留云宿。游九曲，一带平川清可掬。青鞋布袜喜追游，一线天中景最幽。几年有约不可到，今日素愿方可酬。

苏钲，明代人，爵里莫考。

清课

费元禄

倚岫带流，枕皋筑舍，席丰草以为裀，纫幽兰而作佩。仰睇飞鸿，俯视泳鳞。寻方外之交，赏邱中之彦。扬扢古今，剧谈稼穑。贝叶编经，桐阴得句。陶琴无弦，桓笛三弄。志愿未为不适也。

费元禄，字无学，明铅山人。

清言

屠隆

楼前桐叶，散为一院清阴。枕上鸟声，唤起半窗红日。一泓濠上,便同庄叟之观。片石林间,堪下米颠之拜。

醇醪百斛,不如一味太和汤。良药千包,不如一服清凉散。

天下无难处之事,只要两个如之何?天下无难处之人,只须三个必自反。

无求于人,寡欲于己,可以养德。淡泊明志,清虚毓神,可以养志。刻苦自励,节用少求,可以养廉。忍不足于前,留有余于后,可以养福。

病从口入,能节饮食,病何从入。祸自口出,能寡言语,祸何从出。

时过无心求富贵,身闲不梦见公卿。

屠隆,字长卿,又字纬真,鄞县人,万历丁丑进士。历官礼部仪制司郎中,所著有《由拳白榆南游》诸集。

消闲清史

屠隆

三径竹闲,日落澹澹,固野客之良辰。

一编窗下,风雨潇潇,亦幽人之好景。

鄙吝一消,白云亦可赠客。渣滓尽化,明月自来照人。

坐沉红烛,即迩室若有遐思。看遍青山,虽热肠亦多冷意。

山静昼亦夜,山淡春亦秋,山空暖亦寒,山深晴亦雨。

花关曲折,云来不认湾头。草径幽深,叶落但敲门扇。

只愁名字有人闻,涧边青柳。若问清盟谁可托,沙上闲鸥。

午夜无人知处,明月催诗。三春有客来时,香风散酒。

高客流连,花木添清疏之致。幽人剥啄,莓苔生淡冶之容。

雪后寻梅,霜前访菊,雨际护兰,风外听竹,固野客之闲情,贵文人之深趣。

红润凝脂花上,才过微雨。翠匀浅黛柳边,乍拂轻风。

问妇索酿,瓮有新篘。呼童煮茶,门临好客。

据床嗒尔,听豪士之谈锋。把盏惺然,看酒人之醉态。

阅人世海阔天空,足半生得闲日月。

见吾性鸢飞鱼跃,竟一笑可老乾坤。

脂粉不来梅帐底,清梦恬然。是非不到草庐中,幽居足矣!

口中不设雌黄,眉端不挂烦恼,可称烟火神仙。

随宜而栽花竹,适性以养禽鱼,此是山林经济。

何以消天上之清风明月,酒盏诗筒。

何以谢人世之覆云翻雨,闭门高枕。

窗中隐见江帆,家在半村半郭。

松下时闻清梵,人称非俗非僧。

登华子冈,月下犬声如豹。游赤壁矶,秋江鹤影如人。

天下奇观,看尽不如书卷好。世间滋味,尝来无过菜根长。

世事无穷,总是江湖浮泡。人生有分,不如花鸟怡情。

自乐辞

屠隆

蓬门掩兮井径荒,青苔满兮履綦绝。园种邵平之瓜,门栽先生之柳,晓起呼童子,问:山桃落乎,辛夷开未。手瓮灌花,除去虫丝蛛网。于是不巾不履,坐北窗,披凉风,焚好香,烹苦茗。忽见异鸟,来鸣树间。少倦即竹床藤枕,一觉美睡,萧然无梦,即梦亦不离竹径花坞之旁。醒而起,徐行数十步,则霞光凌乱,月在高梧。妻孥来告,诘朝厨中无米,笑而答之:“明日之事有明日在,且无负梧桐月色也。”妇亦颇领此意,相对怡然。

考槃余事

屠隆

鼓琴偏宜于松风涧响之间,三者皆自然之声,正合类聚。或对轩窗池沼，荷香扑人，或水边林下，清漪芳沚，微风洒然，游鱼出听，此乐何极！

题香祖庵

陈继儒

古人以兰为香祖，余欲结茅亭，四面皆种兰蕙，匾曰：香祖庵。有柱联云：异人常在渔樵里，老鹤多眠兰蕙中。

陈继儒，字仲醇，华亭人。屡征不起，隐居小昆山，自号眉公。与董其昌善，有《眉公集》。

藏异书

陈继儒

余每欲藏万卷异书，袭以异锦，熏以异香，茅屋芦帘，纸窗土壁，而终身布衣，啸咏其中。客笑曰："果尔，此亦天壤间一异人。"

警世通言

陈继儒

一生都是命安排，求什么！今日不知明日事，愁什么！不礼爹娘礼世尊，敬什么！弟兄姊妹皆同气，争什么！

儿孙自有儿孙福，忧什么！奴仆也是父娘生，凌什么！当官若不行方便，做什么！公门里面好修行，凶什么！

刀笔杀人终自杀，刁什么！举头三尺有神明，欺什么！文章自古无凭据，夸什么！荣华富贵眼前花，傲什么！

他家富贵生前定，妒什么！前世不修今受苦，怨什么！岂可人无得运时，急什么！人世难逢开口笑，苦什么！

补破遮寒暖即休，摆什么！才过三寸成何物，馋什么！死后一文装不去，悭什么！前人田地后人收，占什么！

得便宜处失便宜，贪什么！聪明反被聪明误，巧什么！虚言折尽平生福，讲什么！是非到底自分明，辩什么！

暗里催君骨髓枯，淫什么！嫖赌之人没下梢，耍什么！治家勤俭胜求人，奢什么！人争闲气一场空，恼什么！

恶人自有恶人磨，憎什么！冤冤相报几时休，结什么！人生何处不相逢，狠什么！世事真如一局棋，算什么！

谁人保得常无事，诮什么！穴在人心不在山，谋什么！欺人是祸饶人福，卜什么！

岩栖幽事

陈继儒

香令人幽，石令人隽，琴令人寂，茶令人爽，竹令人冷，月令人清，棋令人闲，杖令人轻，水令人澹，雪令人旷，剑令人壮，蒲团令人静，花令人韵，金石鼎彝令人古。

格　言

陈继儒

隐不得谈仕者事，老不可干少者事，穷不宜随富者事，愚不必问慧者事，乃吾人受用不尽处。

格　言

陈继儒

过去事已过去了，未来不必预思量。
只今只说只今话，一枕黄粱午梦长。

不会谋生不读书，数竿修竹是吾庐。
近来学得长生诀，卖尽呆獃又卖痴。

隐居词

陈继儒

背山临水,门在松阴里,茅屋数间而已。
土泥墙,窗糊纸,曲床木几,四壁摊书史。
若问主人谁姓,灌园者陈仲子。
不衫不履,短发垂双耳,携得钓竿筐筥。
九寸鲈,一尺鲤,菱香酒美,醉倒芙蓉底。
旁有儿童大笑,唤先生看月起。

卷四

安命歌(六首)

赵灿英

安命歌,安命歌,人生有命待如何？也有画栋连云汉,也有蓬门施薜萝。石崇昔日繁华谷,邵子当年安乐窝。他的雕甍强似我,我的幽斋胜似他。安命歌,歌也么歌！(上咏居室)

安命歌,安命歌,人生有命待如何？也有贵客飘朱绂,也有田翁披绿蓑。苏秦锦绣千纯有,卜子悬鹑百结多。他的轻裘强似我,我的粗衣胜似他。安命歌,歌也么歌！(上咏衣服)

安命歌,安命歌,人生有命待如何？也有筵开玳瑁列,也有尘封釜甑无。何曾下箸千钱少,范子齑盐一味疏。他的珍肴强似我,我的藜羹胜似他。安命歌,歌也么歌！(上咏饮食)

安命歌,安命歌,人生有命待如何？也有村汉盈千贯,也有才人没一蚨。陶朱致富花添锦,蒙正挨贫灰拨炉。他的朱提强似我,我的青灯胜似他。安命歌,歌也么歌！(上咏钱财)

安命歌,安命歌,人生有命待如何？也有早岁登黄甲,也有晚年钓碧波。终军射策年方富,梁灏成名鬓已皤。他的春华强似我,我的秋荣胜似他。安命歌,歌也么歌！(上咏功名)

安命歌,安命歌,人生有命待如何？也有壮岁生麟趾,也有衰

龄产凤雏。燕山丹桂先秋发，合浦明珠老蚌多。他的龙驹强似我，我的宁馨胜似他。安命歌，歌也么歌！(上咏子息)

赵灿英，字殿飏，一字恬养，江南武进人。岁贡生，居鉴湖，自号鉴湖钓叟。

书斋遣愠(二首)

赵灿英

著书非是为穷愁，豪旷应偕造物游。落笔漫惊风助阵，抛竿一任月盈舟。午餐动并朝餐膳，夏日常披冬日裘。何幸清贫无俗事，饱观经史乐斋头。

愁境时侵总不愁，何妨物外任遨游。世途成败残枰子，人事高低急水舟。箪食幸无陈蔡厄，缊袍宁却子方裘。营名营利终何益，赢得斑斑白上头。

论白乐天诗

赵灿英

白乐天诗云："亲故欢娱僮仆饱，始知官爵为他人。"予谓岂惟官爵，凡多积而不善为我用者，徒为他人造孽，于己惟招怨报耳。按白氏《长庆集》题作自感，全诗附录于下：

宴游寝食渐无味，杯酒管弦徒绕身。
宾客欢娱僮仆饱，始知官爵为他人。

知足歌(六首)

冯其源

知足歌，知足歌，栋垣何必要嵯峨！茆屋数椽蔽风雨，颇堪容膝且由他。君不见世间还有无家者，露处沙眠可奈何？请看破，莫求过，竹篱茅舍心常足，便是神仙安乐窝。(上咏居室)

知足歌，知足歌，田园何必苦谋多！只用平畴十数亩，或禾或菽自耕锄。君不见世间还有无田者，籽粒艰难可奈何？请看破，莫求过。一犁春雨常知足，身伴闲云挂绿蓑。（上咏田产）

知足歌，知足歌，衣裳何必用绫罗！布衣亦足遮身体，破衲胸中寓太和。君不见世间还有无衣者，霜雪侵肌可奈何？请看破，莫求过。鹑衣百结常知足，胜佩朝臣待漏珂。（上咏衣服）

知足歌，知足歌，盘飧何必羡鱼鹅！蔬食菜羹聊适口，欣然一饱便吟哦。君不见世间还有无粮者，爨冷烟消可奈何？请看破，莫求过。粗茶淡饭常知足，鼓腹遨游仿太和。（上咏饮食）

知足歌，知足歌，娶妻何必定娇娥！荆钗裙布知勤俭，黾勉同心乐更多。君不见世间还有无妻者，独宿孤眠可奈何？请看破，莫求过。妻房丑陋常知足，白首谐欢赛翠娥。（上咏妻房）

知足歌，知足歌，养儿何必尽登科！当知有子万事足，虽然顽钝可磋磨。君不见世间还有无子者，只影单形可奈何？请看破，莫求过。有儿绕膝常知足，切莫劳形作马骡。（上咏子息）

冯其源，字公启，善诗歌，自号隐滨散人。

题布袋和尚

冯其源

笑呵呵，呵呵笑，笑世人，笑不了！笑他田地置方圆，笑他房屋嫌低小，笑他饮食羡膏粱，笑他衣服求精好，笑他妻妾恋如花，笑他性命轻如草，笑他名利认真求，笑他贪得生烦恼。不如看破笑呵呵！肚皮藏世界，布袋括山河。日月轮回眼，乾坤自在窝。

开口笑时空色相,安心坐下念弥陀。世间真宝贝,此袋尽包罗。紧捏著,不为过,若还宽放些儿也。贫者无人富者多,呵呵复笑笑,笑笑复呵呵!

布袋和尚呵呵笑

你道我终日里笑呵呵!笑著的是谁?我也不笑那过去的骷髅,我也不笑那眼前的蝼蚁。第一笑那牛头的伏羲,你画什么卦,惹是招非,把一个囫囵囵的太极儿弄得粉花碎。我笑那吃草的神农,你尝什么药,无事寻事,把那千万般病根儿都提起。我笑那尧与舜,你让天子。我笑那汤与武,你夺天子。你道没有个旁人儿觑,觑破了这意儿,也不过十字街头小经纪。还有什么龙逢、比干、伊和吕。也有什么巢父、许由、夷与齐。只这般唧唧哝哝的,我也那里工夫笑著你。我笑那李老聃,五千言的道德,我笑那释迦佛,五千卷的文字,干惹得那些道士们去打云锣,和尚们去敲木鱼,生出无穷活计。又笑那孔子的老头儿,你絮絮叨叨,说什么道学文章,也平白地把好些活人都弄死。

住!住!住!还有一笑,我笑那天上的玉皇,地下的阎王,与那古往今来的万万岁。你戴著平天冠,穿著衮龙袍,这俗套儿生出什么好意思,你自去想一想?苦也么苦,痴也么痴。著什么来由?干碌碌大家喧喧嚷嚷的无休息。

去!去!去!这一笑,笑得那天也愁,地也愁,神也愁,鬼也愁,那管他灯笼儿缺了半边的嘴。呵!呵!呵!这一笑,你道是毕竟的笑著谁?罢!罢!罢!说明了,我也不笑那张三李四,我也不笑那七东八西,呀!笑杀了他的咱,却元来就是我的你。

布袋和尚笑笑歌

和尚不痴又不颠，恁地里这般好笑。莫不是笑太虚氤氲，万古徒纷扰。莫不是笑日月来往，驱驰弄昏晓。莫不是笑人生贤愚贵贱，同是一般老。莫不是笑著书的，将妄言杂语呈啰唣。莫不是笑儒生学者残唇剥舌，费精神千腾万倒。莫不是笑坐禅入定的，那里晓得本来面目这般好。莫不是笑炼药烧丹的，费尽工夫向炉灶。莫不是笑茫茫宇宙总机关，多少英雄磨灭了。真可笑！真可笑！和尚原来识孔窍。且住笑，且住笑，我也借君笑一笑。你朝不歇，夜不歇，笑口笑开三尺阔。世间笑事总然多，何苦劳君笑不竭。越好笑，越好笑，君若笑时我也笑。不须说，不须说，说破机关笑欲歇，万事堪共笑一场，纷纷说话皆饶舌。

布袋和尚，未详氏族，常寓明州奉化县之岳林寺。蹙额皤腹，以杖荷一布囊，凡供具悉贮囊中。常雪中卧，雪不沾身。天将雨，即著湿草履疾走；天晴，即曳高木屐，竖膝而眠，人以此验天时。梁贞明三年丙子三月，说偈曰："弥勒真弥勒，分身千百亿；时时示时人，时人自不识。"坐石而化，后复现于他州，亦负布袋。四众竞图其象，此词或云寓言，或云即布袋和尚所作，皆无可据。

咏白发

朱桂英

白发新添数百茎，几番拔尽白还生。

不如不拔由他白，那得工夫与白争。

朱桂英，仁和人，明陕西按察使陈洪范之妾。

翠微山居吟

冲邈

闲来石土卧长松，百衲袈裟破又缝。
今日不愁明日事，生涯只在水云中。
临溪草草结茅堂，静坐安然一炷香。
不是息心除妄想，都缘无事可商量。
一池荷叶衣无尽，数树松花食有余。
却被世人知住处，更移茅屋作深居。
茅檐静坐千山月，竹户闲栖一片云。
莫送往来名利客，阶前踏破绿苔纹。

冲邈，高僧，隐居翠微山，其年代无可考。

清　言

张一中

宿雨初晴，小溪新涨。泛米家船，载杨子酒。浩歌一声，好风送响。素琴三弄，澹月偏宜。洵为烟水幽人，不作风波险客。

张一中，未知何时人，书传不载。

座右铭

张敬堂

多事为读书第一病，多愁为养生第一病，多言为处世第一病，多智为立心第一病，多费为作家第一病。

张敬堂，时代爵里莫考。

多少箴

无名氏

少饮酒，多饭粥。多茹菜，少食肉。少开口，多闭目。多梳头,少洗浴。少群居,多独宿。多收书,少积玉。少取名,多忍辱。多行善,少干禄。

溶溪杂记(一则)

无名氏

刘文靖教人常以收放心为主,尝语诸子侄曰:“吾荣贵已极,寿跻耆耋,此心犹日兢兢不敢放。尔曹生膏粱中,易流侈肆,少弗知检,将损身坏家,可不慎欤!”

清　言

无名氏

月到梧桐上,风来杨柳边,大丈夫不可无此襟怀。海阔从鱼跃,天空任鸟飞,大丈夫不可无此度量。珠藏川自媚,玉韫山含辉,大丈夫不可无此蕴藉。玄(原作元)酒味方淡,太音声正希,大丈夫不可无此风致。秋月扬明辉,冬岭秀孤松,大丈夫不可无此节操。两仪常在手,万化不关心,大丈夫不可无此作用。

芦居浅语

无名氏

节饮医醉,独宿医淫,衣布医艳,茹蔬医腥,输粮医累,偿逋医羞,训子医老,息讼医仇,慎言医祸,敏事医慵,反求医侮,无辩医谤,安分医贪,卑己医骄,省费医贫,勤学医贱,静坐医烦,清谈医寂,种花医俗,啜茗医睡,弹琴医躁,索句医愁,研理医愚,达观医滞,去非医过,矫性医偏。

雨窗随喜

无名氏

夜者日之余,雨者晴之余,冬者岁之余。当此三余,人事稍与疏阔,吾可一意问学。何也?良宵燕坐,篝灯煮茗;万籁俱寂,疏钟时闻。当此情景,对编简而忘疲,彻衾枕而不御,一乐也。至如风雨蔽途,掩关却扫,绝人往还,图史满前,随兴抽检。潺湲在耳,檐花拂砚。如此幽寂,二乐也。又若空林岁晏,微霰密雪。枯条振风,寒禽号野。一室拥炉,茗香酒熟。陈编讽诵,宛对良友。顾此景象,三乐也。

五言绝句

无名氏

身安茅屋稳,性定菜根香。
世事静方见,人情淡始长。

仿康节先生诗

无名氏

每日清晨一炷香,谢天谢地谢三光。
所求处处田禾熟,惟愿人人寿命长。
国有贤臣安社稷,家无逆子恼爹娘。
四万平静干戈息,我若贫时也不妨。

题严子陵钓台

无名氏

生涯千顷水云宽,舒卷乾坤一钓竿。
梦里偶然伸只脚,渠知天子是何官。

此诗作者姓氏莫考。按《后汉书》,严光,字子陵,余姚人,少与光武同游学。及帝即位,令物色访之。齐国上言,有男子披羊裘钓泽中,帝知为光也。乃备安车玄(原作元)纁,三聘而后至,车驾即日幸馆。帝曰:“咄!咄!子陵,不可相助为理耶?”光曰:“昔唐尧著德,巢父洗耳。士固有志,何至相迫乎?”除谏议大夫,不受去,耕富春山,后人名钓处为严陵濑。

绝　句

无名氏

山斋雨过漫焚香，几净窗明竹树凉。
午睡起来无别事，自磨新墨写潇湘。

几叠云山是我家，一篼明月到天涯。
春风恋酒不归去，老却碧桃无限花。

高人自咏(二首)

无名氏

茅屋蓬门不用关，书斋散步暂偷闲。
客来自有童儿报，只在山间与水间。

懒视门前长者车，有山堪采水堪渔。
是非不入东风耳，花落花开只读书。

清闲安乐词

无名氏

清清，诗韵琴声。金茎露，玉壶冰。清风水面，皓月天心。芝兰为契合，松柏是同盟。幽馆竹床纸帐，小窗黄卷青灯。老菊一枝霜后操，寒梅数点雪中真。

闲闲，性逸情宽。倚竹枕，坐蒲团。无些混扰，有甚摧残。功名非我愿，富贵任渠攀。醉卧绿茵一榻，觉来红日三竿。散诞逍遥忘岁月，是非荣辱不相关。

安安，心广体胖。无妄念，勿迂谈。饮不致醉，食不加餐。步能行稳地，事不用机关。但守百余忍字，全无半点愁烦。瘖痳不惊忘嗜欲，何须采药炼金丹。

乐乐，朝耕暮学。处林邱，胜台阁。翠柳黄鹂，青松白鹤。棋子任纵横，觥筹且交错。访风月于濂溪，散襟怀乎伊洛。诗翁琴友不时来，共歌共舞还共酌。

仿康节先生诗

无名氏

万事由天莫强求，何须苦苦用机谋。
饱三餐饭常知足，得一帆风便可收。
生事事生何日了，害人人害几时休。
冤家宜解不宜结，各自回头看后头。

堪叹人心毒似蛇，谁知天眼转如车。
去年妄取东邻物，今日还归西舍家。
无义钱财汤泼雪，倘来田地水推沙。
若将狡猾为生计，恰像朝开暮落花。

老景诗

无名氏

今日残花昨日开，为思年少坐成呆。
一头白发催将去，万两黄金买不回。
有药驻颜都是妄，无绳系日重堪哀。
此情莫向儿曹说，直待儿曹自老来。

咏怀诗（五首）

无名氏

我身原自空中来，我身终向空中回。纵有黄金百千斗，到底丝毫非我有。与其身后求虚名，不若花前醉村酒。凡物有盈必有亏，便是天地也要朽。十二万年如梦里，况乎百岁能有几？君乎君乎听我歌，慎勿平地生风波。

到处为家到处眠，何分朝市与江烟。行行坐坐春风里，弟弟兄兄樽酒边。玉石异形同大地，莺花无语共长天。愿君此际求经济，倏尔唐虞在目前。

茅堂小构东山麓，一榻萧然万虑忘。幽鸟日来非有约，野花不种自生香。隔溪牧笛元声在，度岁田芹真味长。此景愿同天地老，安车休遣到山阳。

欲将舟楫度迷川，讵意迷川万壑连。姑向酒边存混沌，不从纸上觅言诠。我中求我非真我，天外观天自识天。借曰读书须万卷，唐虞曾读几多篇。

不才何幸生同世，也列冠裳江汉东。不抗不随公亦我，能舒能卷我犹公。千松岭上清风外，双柏阶前玉雪中。此际愿言何所似，虚怀端与太虚同。

山　居(调行香子二首)

无名氏

地僻无喧，十室幽闲。杜门兀坐，俗事休缠。
安贫乐道，志趣萧然，也不分外，不骄谄，不私偏。
听天由命，守此心田，荣辱事于我何干？
盈庭花卉，满案书篇，尽可消闲，可适意，可图安。

竹篱茅舍，只要心宽。布衣得暖，不破不鲜。
日常时蔬饭三餐，不求金玉贵，但愿子孙贤。
我也不聋，也不哑，也不颠。

看穿世事，成败眼前，且模糊消遣流年。

胸中潇洒，有甚腌臜，但喜时歌，畅时饮，倦时眠。

四时乐景

无名氏

春景融和，切莫闲过，遨游芳草地，玩赏富山坡。宝篆还将一撮烬，瑶台漫把七弦和。

夏热难当，推启书窗，昼引清风入，夜招明月光。一握蒲团才寂静，满盘棋局又仓忙。

秋风萧森，触目关情，雨洒蕉窗细，蛩吟草砌深。折莲顿觉尘心净，对菊频将薄酿倾。

冬日严威，寒逼重帏，推窗观积雪，吹管识飞灰。披裘独拥红炉坐，把盏还邀明月来。

春夏秋冬四季

无名氏

春风花草香，游赏过池塘，踏花归去马蹄忙。邀嘉客，醉壶觞，一曲满庭芳。

初夏正清和，鱼戏动新荷，西湖十里好烟波。银浪里，掷金梭，人唱采莲歌。

秋景入郊墟，简编可卷舒，十年读尽五车书。出白屋，步云衢，潭潭府中居。

冬岭秀孤松，六出舞回风，乌鹊争栖飞上桐。梅影瘦，月朦胧，人在广寒宫。

风花雪月吟(黄莺儿四首)

无名氏

无影又无踪,卷杨花,西复东,江湖常把扁舟送。
飘黄叶舞空,推白云出峰,过园林乱摆花枝动。
吼青松,穿帘入户,银烛影摇红。(咏风)

落尽又重开,逞娇姿妆嫩腮,千红万紫人人爱。
娇滴滴满台,翠嵬嵬满阶,佳人笑倚栏杆外。
解愁怀,王孙公子,斜插帽檐歪。(咏花)

遍地撒琼瑶,舞长空,蝶翅飘,白茫茫占断蓝关道。
银铺小桥,玉妆破窑,望江天满目梨花耀。
翦鹅毛,山童来报,压折老梅梢。(咏雪)

疏影落银河,漾清光,映碧波,玉钩斜挂冰轮堕。
到黄昏望他,到中秋赏他,江湖常伴渔翁卧。
问嫦娥,分明似镜,谁下苦工磨。(咏月)

山居自乐(春夏秋冬四首)

无名氏

爱山居,春色佳。有桃花,与杏花。绿杨深处莺儿骂,天晴草色连云暖,夜静花阴带月斜。兴来时,醉倒在荼蘼下。这是俺山中和气,岂恋他金谷繁华。

爱山居,夏日长。抚苍松,坐翠篁。南风不用蒲葵扇,放开短发迎朝爽,洗涤尘襟纳晚凉。竹方床,一枕清无汗。这是俺山中潇洒,岂恋他束带矜庄。

爱山居，秋月清。白苹洲，红蓼汀。芳菲黄菊开三径，风前倚石吹长笛，月下焚香抚玉琴。木兰花，坠露朝堪饮。这是俺山中雅淡，岂恋他人世红尘。

爱山居，冬景余。掩柴门，著道书。红炉榾柮煨山芋，开窗积雪千峰白，绕屋梅花几树疏。兴来时，驴背上寻佳句。这是俺山中冷趣，岂恋他车马驰驱。

结交行

无名氏

古人结交惟结心，此心堪比石与金。金石易消心不易，百年契合共于今。今人结交惟结口，往来欢娱等著酒。只因小事失相酬，从此生嗔便分手。

嗟乎！大丈夫贪财忘义非吾徒，陈雷管鲍莫再得。结交轻薄不如无。水底鱼，天边雁，高可射兮低可钓。万丈深潭终有底，只有人心不可料。虎孰不堪骑，人心隔肚皮。休将心腹事，说与结交知。自后无情日，反成大是非。

村居足歌

无名氏

村居足，村居足，富贵荣华心不欲。
茅檐草舍土墙垣，瓦盂木勺酸齑粥。
不堆金，不积玉，瓶常剩得粮和粟。
乘车骑马便颠狂，扶犁牵犊无拘束。
诗也吟，书也读，言谈举动自不俗。
聪明伶俐惹非灾，蠢汉愚痴享平福。
莫操戈，莫调曲，市井狂人笑我浊。

纯良村叟少更移，虚浮伪士多反覆。
厌华堂，喜茅屋，布衾草席无裀褥。
春来无事约邻翁，幽窗镇日敲棋局。
篱笋透，杨花扑，双双语燕梁间宿。
又添杜宇啭乔林，频听莺声啼晓谷。
子孙勤，农务熟，高种棉花低种谷。
密密桑，森森竹，蓝靛红花齐簇簇。
交加千本树头青，参差数亩秧针绿。
泥腌蛋，火醺肉，虾米干鱼堪过伏。
芒鞋蒲扇葛巾披，清溪柳荫频频浴。
暑气消，金风逐，月下敲砧声断续。
老妻勤俭会持家，无争无竞常和睦。
碧树头，云满目，耳畔丁丁风戛木。
桂花落尽菊花开，豆曲收罢禾苗熟。
命儿孙，遣童仆，整顿牵拢干晒谷。
汝等切莫惮勤劳，早办皇家粮数斛。
避风处，朝阳谷，山松斫来多积蓄。
终朝无可却寒威，热汤暖醖壮心腹。
残岁尽，新年续，岭畔梅花将破玉。
野童过节自追欢，山翁增寿人称福。
布衣安，胜锦服，清平何必沾王禄。
妻贤子孝一身闲，雨顺风调万事足。

田家乐歌

无名氏

田家快乐没嗟吁，数椽茅屋尽安居。春养花蚕供衣服，冬舂白米有赢余。田家快乐真不俗，沉醉高歌自鼓腹。门前鸡犬乱纷纷，地上桑麻花碌碌。虽无柏叶珍珠酒，也有清醪三五斗。虽无猪羊大荤肴，也有鱼虾堪适口。虽无圆眼与荔枝，也有荸荠共菱藕。虽无异供好菜蔬，也有乌菘并嫩韭。虽无歌唱美女娘，也有村姬伴相守。米自舂，酒自做。纺棉花，织大布。不愿小小贫，不愿大大富。没头船，尽可渡。牛自有，不须雇。且吃荤，莫吃素。黄脚鸡，锅里煮。添些盐，用些醋。煨芋艿，煎豆腐，沉沉吃到日将暮。深缸汤，软草铺，且留一宿到明朝，这般快活真千古。

醒世歌

无名氏

南来北往走西东，看得浮生总是空。天也空，地也空，人生杳杳在其中。日也空，月也空，来来往往有何功。田也空，地也空，换了多少主人翁。金也空，银也空，死后何曾在手中。妻也空，子也空，黄泉路上不相逢。大藏经中空是色，般若经中色是空。朝走西来暮走东，人生恰是采花蜂。采得百花成蜜后，到头辛苦一场空。夜深听得三更鼓，翻身不觉五更钟。从头仔细思量看，便是南柯一梦中。

养心歌

无名氏

得岁月，延岁月。得欢悦，且欢悦。万事乘除总在天，何必愁肠千万结。放心宽，莫胆窄，古今兴废如眉列。金谷繁华眼底尘，淮阴事业锋头血。陶潜篱畔菊花黄，范蠡湖边芦絮白。临潼会上胆气雄，丹阳县里箫声绝。时来顽铁有光辉，运退良金无艳色。逍遥且学圣贤心，到此方知滋味别。粗衣淡饭足家常，养得浮生一世拙。

知足箴

无名氏

人生尽受福，人苦不知足。思量事累苦，闲著便是福。思量疾厄苦，无病便是福。思量患难苦，平安便是福。思量死来苦，活著便是福。也不必高官禄厚，也不必堆金积玉。看起来一日三餐，有许多自然之福。我劝世间人，不可不知足。

戒贪花酒歌

无名氏

戒汝休贪酒与花，才贪花酒便亡家。只因酒引花心动，自是花迷酒性斜。酒后看花情不厌，花前酌酒兴无涯。酒残花谢黄金尽，花不留人酒不赊。

不知足诗

无名氏

终日奔波只为饥，才方一饱便思衣。衣食两般皆具足，又想娇容美貌妻。娶得美妻生下子，恨无田地少根基。买得田园多广阔，出入无船少马骑。槽头结了骡和马，叹无官职被人欺。县丞主簿还嫌小，又要朝中挂紫衣。若要世人心里足，除是南柯一梦回。

大梦词（下山虎带峦神合一首）

无名氏

孤衾独拥，睡思转浓，梦见登科第，圣恩优宠。霎时间官居极品，父母褒封。锦衣归故里，拜瞻邱陇。须臾惊醒，依然纸帐枕焦桐，只有窗外残蟾挂古松。世人碌碌，都在梦中，也梦为寒士，也梦做庄农，也梦陶朱富，也梦范丹穷，也梦见文章显达，也梦见商贾经营，也梦见位登台鼎，也梦见职掌元戎。悲欢与离合，寿夭与穷通，到头来都付与喔喔晨鸡，汪汪晓钟。方信道父母与夫妻，儿孙和弟兄，也都是梦里来相共。纵然衣紫与腰金，出拥花骢，也都是南柯一梦成何用。和著二乔八红，鱼水同连理，也都是梦绕巫山十二峰。

急忙忙，西复东。乱丛丛，辱与荣。虚飘飘，一齐化作五更风，百年浑被梦牢笼。梦醒人何在？只落得后来做梦的话遗踪。贤愚大梦古今同，说什么来仪凤，说什么入云龙，说什么三王业，说什么五霸功，说什么苏秦口辩，说什么项羽英雄。醒眼看，都是些醉汉扶筇。我这里却睡魔驱卧虫，灵光炯炯，睁开巨眼运双瞳。看破了本来面，看破了自在容。看破了红尘滚滚，看破了世态匆匆。看破了鬼神机妙，看破了天地始终。只见到五蕴皆空，一性纵横，这其间方免得人笑道咱在梦中说梦。大家都在黄粱梦，难道是我这里惺惺他懵懂。必须凿破乾坤缝，方信区区夺化工。

归隐歌

无名氏

归来未晚，两扇门儿虽设常关。无萦无绊，直睡到晓日三竿。情知广寒无桂攀，倒不如向绿野桥边学种兰。凭人笑，贫似丹，黄金难买此身闲。村庄下，一味懒，清风明月不须钱。

携筇傍水边，叹人生反复一似波澜。不贪不爱，只守著暗中流年。齑盐岁月，一日吃两餐。茅舍疏篱三四间，田园少，心地宽，平生不会皱眉端。居颜巷，人到罕，闭门终日枕书眠。

叹人生，总成虚幻，又何须苦自熬煎。今朝快乐今朝限，明日事自有天管。无心老翁，一任蓬松两鬓斑，直吃到绿酒床头磁瓮干。妻随唱，子戏斑，弟酬兄劝共团栾。兴和废，长和短，梅花窗外冷相看。

叹目前机关汉，声色臭味任他瞒，长笑一声天地宽。

杂录古今名言

自足以当富，不役役以当贵，无辱以当荣，无灾以当福，无事以当仙。只如此以为过分，更如何方谓称心。

人能受一命荣，窃升斗禄，便当谓足于功名。敝裘短褐，粝食菜羹，便当谓足于衣食。竹篱茅舍，圭窦绳枢，便当谓足于居处。藤杖芒鞋，蹇驴短棹，便当谓足于游行。有山可采，有水可渔，便当谓足于田园。笔砚精良，琴书静雅，便当谓足于珍宝。门无剥啄，心有余闲，便当谓足于荣华。布衾六尺，高枕三竿，便当谓足于安享。看花酌酒，对月当歌，便当谓足于欢娱。礼义悦心，诗书充腹，便当谓足于丰赡。

闲居事业与达官无异，观圣贤书如对君父，观史如观公案，观小说如观优伶，观诗如听歌曲。

修竹名香，清福已具。如无福者定生他想，若有福者佐以读书。

焚香、试茶、洗砚、鼓琴、校书、候月、听雨、浇花、高卧、勘方、缓行、负暄、钓鱼、对画、漱泉、支杖、礼佛、尝酒、宴坐、翻经、看山、临帖、倚竹，皆一人独享之乐。

清闲一日，便受用一日。奔忙一日，便虚度一日。

月影穿阶，雪片飞帘，此光景不可不赏。瓶花窈窕，盆石精莹，此品物不可不畜。松径巉岩，竹坞幽爽，此境界不可不游。活火烹茗，淡水炊羹，此风味不可不识。韵士谈诗，名人讲道，此侪侣不可不接。林村鸟唤，野疃鹿奔，此品汇不可不谐。古籍展几，奇书寓笔，此工夫不可不尽。

室中有十客。瓶花，韵客。焦桐，谈客。剑，侠客。石，隽客。砚，方正客。香臭，味客。铁如意，禅客。竹，雅客。枕，直率客。茶，清客。置我于其中作主人。

咏寒暑晦明，可作时令记。咏山川郡国，可作风土谣。咏穷通离合，可作逸史。咏百物变态，可作鸟兽虫鱼疏。

勤俭名言

入其家闻读书声、纺织声，俱是兴隆气象。

富不在他求，惟使天无遗时，地无遗利，人无遗力耳！

按：后一则系诸铁阊语，铁阊爵里，无集可考。

杂录格言

凡亲友有欲言不言之意，此必有不得已事欲求我而难于启齿者，便当揣其意而先问之，力所能为，不可推诿。

见人有得意事，便当生欢喜心。见人有失意事，便当生怜悯心。忌人之成，乐人之败，何损于人，何益于己，徒自坏心术耳！

进一步想，有此则失彼，缺东而补西，时刻过去不得。退一步想，只吃这碗饭，只穿这件衣，俯仰宽然有余。一时劝人以口，百世劝人以书。盖口之劝人有尽，书之劝人无尽，此立言之所以不朽也。

处富贵之地，要知贫贱的痛痒。当少壮之时，须念衰老的辛酸。

知足便足，待足何时足。偷闲便闲，求闲何日闲。

以爱妻子之心事亲则孝，以保富贵之心事君则忠，以责人之心责己则寡过，以恕己之心恕人则全交。

珍惜五谷

五谷天赐，乃养命之源也。人能珍惜五谷，得免饥寒业报。

集　句

东望望春春可怜，江篱漠漠荇田田。
绕篱野菜飞黄蝶，糁径杨花铺白毡。

云近蓬莱长五色，鹤归华表已多年。
梦回明月生南浦，泪血染成红杜鹃。

万紫千红总是春，登临一度渴思君。
舞低杨柳楼心月，香沁梨花梦里云。

风景苍苍多少恨，阴虫切切不堪闻。
思君今夜肠应断，书破羊欣白练裙。

零落残魂倍黯然，一身憔悴对花眠。
南园绿草飞蝴蝶，落日深山哭杜鹃。

天若有情天亦老，月如无恨月常圆。
此声肠断非今日，风景依稀似往年。

旅馆寒窗夜不眠，湘波冷浸一枝莲。
何时最是思君处，月落乌啼霜满天。

按传称：朝云，钱塘人。苏轼纳为侍姬，及贬惠州，携之岭外，数年而逝。窆于西禅寺松林下，后人因建书屋数椽，环植梅茶百株，游人常憩息焉！洪武间，一士人踏月过此，忽睹一倩妆女子，前有侍婢持灯先导。士窃随之，倏不见，惟见月映长廊，字迹淋漓满壁。士谛视得集句十数首，盖仙灵之贻芳也。

林英引年致仕

林英引年致仕，身如壮者。或问何术致此？对曰：“但生平不会烦恼，明日无饭吃亦不忧。事至则遣之，适然不留胸中。”

按：林英，不知何时人，其为仕无功绩表见，故史传未之载。

录占梦书（一则）

宋主有疾，梦河中水干。谓：“君乃龙象，无水则死。恐不能活矣！”卜之，宰辅曰：“河无水是可字，陛下之疾其痊可矣。”主悦，果即愈。

捷　悟

解学士缙侍文皇，尝谓曰：“有一书句甚难其对。曰：色难。”解即应曰：“容易。”文皇不省曰：“即云易矣，何久不对？”解答曰：“臣适已对矣！”上始悟，不觉大笑！

解缙，字大绅，吉水人，洪武戊辰进士，试中书庶吉士。永乐初，擢侍读学士，直文渊阁，预机务，晋翰林学士，出为广西参政。幼博学，动辄万言，名动天下。

尧舜至今尚在

昔有一名僧，被召见驾，叩首呼万岁。上曰："人生百年且不可得，何云万岁？"僧曰："尧舜至今尚在。"上大悦。一日同御便殿，复问曰："京师有多少人？"僧云："只有两个人。"上曰："何谓？"僧曰："一个为名，一个为利。"上点头称善。

卷五

秋潭月藻

圆明居士辑

十方三际，不动道场。穷诸玄辩，若一毫置于太虚。竭世枢机，似一滴投于巨壑。失其旨，甘露乃蒺藜之园。得之心，伊兰作栴檀之料。

六尘皆是真宗，万法无非实相。云雾净时天体现，识情尽处本心明。青青修竹尽佛身，点点苍苔皆般若。春至花开，秋来落叶。千江有水千江月，万里无云万里天。

入本住之道场，证无为之妙智。冲开碧落松千尺，截断红尘水一溪。海阔从鱼跃，天空任鸟飞。得初而即得末，犹圆珠无间隔之方。了一而便了余，似海滴总江湖之味。

寒则普天寒，热则普天热。嫩柳条条绿，桃花树树红。如随色之牟尼，似应声之虚谷。揽草无非妙叶，执砾尽成真金。

似鸟飞空，何东何西而不空。如鱼在水，何顺何逆而非水。惺惺不昧，了了无亏。廓彻虚空，谁分彼此。圆通法界，岂别纤毫。一雨无私，群木自分甘苦。太虚绝量，众器各现方圆。大地无偏，荣枯自异。

犀因玩月纹生角，象被雷惊花入牙。毫毛之端，现出金身。琉璃之内，含纳宝月。柳絮随风，葵花向日。松排山面千重翠，月点波心一颗珠。

心遍一切处，一切处遍心。理因事显，事假理融。无边而不中，无小而不大。一轮明月照，万影碧潭空。

东涧水流西涧水，南山云起北山云。前台花发后台见，上界钟声下界闻。万别千差，靡非清虚之性。尊卑高下，难出平等之津。俱号毗卢遮那，同居常寂光土。

截琼枝寸寸是玉，析栴檀片片皆香。证了惟心，空有双泯。不坏空而常有，染净之法，宛然不碍。有而常空，一真之道如尔。

风为花笑语，云作石衣裳。水底七星十四点，江心孤雁一双飞。竹影扫阶尘不起，月穿潭底水无痕。白鹭下田千点雪，黄鹂上树一枝花。杜鹃枝上杜鹃啼，蝴蝶梦中蝴蝶舞。菡萏花开菩萨面，芭蕉叶现夜叉身。东谷笑言西谷响，上方云雨下方晴。类秋江万影交罗，状寒室千灯互映。自心转变不动，而远近俄分；一念包容无碍，而大小相入。

若了虚空，方达真实。外无可知，内无可守。莫向言中取则，直须句下明宗。若朗月之冠众星，若妙高之趣群岫。心行处灭，言语道泯。悟寂无寂，真知无知。以知寂不二之一心，契空有双融之中道。

一堂风冷淡，千古月分明。太湖三万六千顷，月在波心说向谁。雪覆孤峰峰不白，雨滴石笋笋不生。万古碧潭空界月，再三捞摝始应知。藏身处里没踪迹，没踪迹处莫藏身。来从何处来，去向何方去。来来实无方，来雁过长天。去去实无处，去影沉寒水。始从芳草去，又逐落花回。须将大海来，注取大海去。无情水任方圆器，不系舟随去住风。

梦宅虚无，化源寂灭。太虚作室，夜月为灯。无明树头，觉华顿发。入苦海内，一味恒清。以虚空心，现真实相。住忘忧馆，成快活人。

闲为水竹云山主，静得风花雪月权。一池荷叶衣无尽，满地松花食有余。梧叶落已知秋到，葭灰飞便觉春回。雁字排空，写出一天秋思。莺梭穿柳，织成三月春光。柳窥白日，堤边翠影满娑。梅笑清风，云外暗香浮动。花开碧岫山妆面，月映寒潭水画眉。非异非同，盈刹而坦然平现。不大不小，遍空而法尔圆成。

草木有真香，轩窗无俗韵。高阁清香生静境，夜堂疏磬发禅心。月到上方诸品静，心持半偈万缘空。

引泉通绝涧，放鹤入孤云。晨香常自在，夜磬满山闻。山钟夜渡空江水，汀月寒生古石楼。月明两岸芦花白，古渡无人不系船。

卷帘见天地之心，对水得江湖之性。一纵一横，彻见万家春象。一收一放，悉彰大地风光。眼空海岳尘中小，心与乾坤分外宽。情田锄蔓草，心月印澄江。是非一以遣，动静百无妨。

智慧之果，秋结无漏之林。净妙之花，春发总持之苑。水鸟时时谈妙义，山花处处演真常。听风柯而正念成，饱香饭而三昧显。庭前古柏穿云秀，溪后泉声入海流。分明宣祖意，何处有凡心。

无边刹海，自他不隔于毫端。十世古今，始终不离于当念。常照常现，遍界遍空。无作无为，非石非木。但寻芳草绿，莫问白云深。当下无心，立彻本法。

虚空有相，法性无身。结水为冰，释冰成水。如流依水，如火传薪。续续无知，新新不滞。

乾坤大聚落，今古小朝昏。十方世界，擎在掌中。四海波澜，摄归毛孔。只手接四天之雨，藕丝悬须弥之山。一尘起而翳天，一芥堕而覆地。空中生树，火里栽莲。解则十方一心中，迷则方寸千里外。

故知演广非多，标略非一。口藏空传十二部，心台照耀百千灯。若是将心比心，何异以指喻指。无旨外之文可执，无文外之旨可尊。前灯后灯，谁起谁作。观指非知月，忘筌是得鱼。营求岂了义，执著背真宗。

一片白云横谷口，几多归鸟尽迷巢。若有证有知，则慧日沉沦于有地。若无照无悟，则昏云掩蔽于空门。诸佛不证，涅槃门悟时无得。异生非堕，三涂地迷处全空。不见一法可断，无解脱所出之门。不见一法可成，无菩提能入之地。分外不加毫末事，意中常满十分春。更随流水去，每趁白云飞。云起动兼静，水流忙更闲。野色更无山隔断，天光直与水相通。性智圆融，事理交彻。空华三界，如风卷烟。幻影六尘，犹汤沃雪。须知诸相皆非相，若住无余却有余。

满室清光满几月，一溪流水一溪云。天共白云晓，水和明月流。万绿丛中藏不得，清风影里露全身。示真实珠，倾秘密藏。藏非藏，珠非珠，无云生岭上，有月落波心。念念证真，尘尘合体。一心法界，法界一心。被大乘衣而坐正觉床，饮菩提浆而餐甘露味。但显金色之世界，唯开薝卜之园林。不生心内心外之歧思，不起有情无情之妄解。

今夜一轮满，清光何处无。荫法云于六合，扬慧日于九天。舒卷太清之云，浮沉秋潭之月。了生灭之因缘，破自他之根本。戒珠心地印，云霞体上衣。如上数句非数句，莫道无言与有言。不作野干鸣，岂为师子吼。若然若然，如是如是。

致力于中国人的教育改革与文化重建

立 品 图 书·自觉·觉他
www.tobebooks.net
出 品

雍正御製文集

壹

（清）雍正 编著

東方出版社

人民东方出版传媒

图书在版编目（CIP）数据

雍正御制文集：全6册 /（清）雍正编著；石沅明整理．— 北京：
东方出版社，2019.6
ISBN 978-7-5060-7216-8

Ⅰ. ①雍…　Ⅱ. ①雍…　②石…　Ⅲ. ①古籍—汇编—中国—清代
Ⅳ. ① Z424.9

中国版本图书馆CIP数据核字(2014)第019068号

雍正御制文集
（YONG ZHENG YU ZHI WEN JI）

作　　者：（清）雍正
责任编辑：王梦楠　杨　灿
出　　版：东方出版社
发　　行：人民东方出版传媒有限公司
地　　址：北京市朝阳区西坝河北里51号
邮政编码：100028
印　　刷：北京华创印务有限公司
版　　次：2019年6月第1版
印　　次：2019年6月第1次印刷
开　　本：787毫米 ×1092毫米　1/16
印　　张：227.25
字　　数：2742千字
书　　号：ISBN 978-7-5060-7216-8
定　　价：680.00元
发行电话：（010）85924663　85924644　85924641

版权所有，违者必究
如有印装质量问题，请拨打电话：（010）85924602　85924603

编校说明

一、爱新觉罗·胤禛(1678年—1735年),是清朝康熙皇帝的第四子,曾自号“圆明居士”“破尘居士”。康熙六十一年(1722年)继位成为皇帝,在位十三年,于五十八岁(1735年)去世。年号雍正,庙号世宗。

二、《圣祖仁皇帝庭训格言》是康熙(圣祖仁皇帝)的日常示训、由雍正(世宗宪皇帝)亲自记录编辑而成,共二百四十六则。该书于雍正八年刊印。

三、《圣谕广训》是康熙(圣祖仁皇帝)颁发天下的圣谕十六条、由雍正(世宗宪皇帝)亲自对每一条进行阐发讲解而成。该书于雍正二年刊印。

四、《世宗宪皇帝圣训》,全称为《大清世宗敬天昌运建中表正文武英明宽仁信教大孝至诚宪皇帝圣训》,分类辑录了雍正在位期间的诏谕而成。雍正(世宗宪皇帝)曾敕命大学士编集了一百五十九卷本《世宗宪皇帝实录》,后由乾隆(高宗纯皇帝)将之精选编辑为《世宗宪皇帝圣训》三十六卷。该书于乾隆五年刊印。

五、《世宗宪皇帝御制文集》是雍正的诗文作品集,包括文二十卷,分别为敕谕、诏、册文、论、记、序、杂著、题辞、题跋、碑文、祭文等十二种体裁。另包括诗十卷,其中前七卷《雍邸集》是即位前之作,后三卷《四宜堂集》是即位后之作。该书于乾隆年间刊印。

六、《御纂孝经集注》是雍正主持编纂的《孝经》集注。顺治(世祖章皇帝)曾对《孝经》进行御注衍义、康熙(圣祖仁皇帝)诏命编辑了一百卷本《孝经衍义》,后由雍正主持精选注释编辑为《御纂孝经集注》一卷。该书于雍正五年刊印。

七、《钦定执中成宪》是由雍正将儒臣采录经史子集中历代圣君嘉言良法、名臣奏议、诸儒论说等启迪后人、昭垂标准的内容亲自纂辑而成的一部的文集,自雍正六年开始至雍正十三年完成。该书于乾隆三年刊行。

以上第二至第七共计六种著作,此次整理均以《钦定四库全书荟要》为底本。

八、《悦心集》是雍正居藩邸时,披阅经史之余,“旁及百家小集,因随意采录若干则”,“有庄语,有逸语,有清语,有趣语,有浅近语”,“有仕,有隐,有儒,有释,有高名,有无名”,可以“戒贪祛妄,屏虑释思,寄清净心,游欢喜地”。该书于雍正四年刊行。此次整理以1935—1937年商务印书馆出版的《丛书集成新编》为底本。

九、《大义觉迷录》是由雍正亲自撰写、编集的有关华夷中外之辩的著述,包括雍正审讯曾静的谕旨、曾静的供词、雍正的论述,以及曾静最后的《归仁说》。于雍正七年刊印。此次整理依台湾文海出版社1966年出版的《近代中国史料丛刊》(第三十六辑)的影印本为底本。

十、《清世宗关于佛学之谕旨》,是雍正关于儒释道三教关系的谕旨,他认为三教“理同出于一原,道并行而不悖”,“以佛治心,以道治身,以儒治世”。此次整理以台湾1957年至1972年所辑的《文献丛刊》中的影印本为底本(另,2007年北京紫禁城出版社出版的《天禄珍藏》中,有名为《世宗上谕儒释道三教》一册,与此文基本相同)。

十一、《御选语录》是雍正十一年雍正亲自选编的禅宗祖师大德的法语,共有雍正御制序文十八篇。其中卷十二《圆明居士语录》,是他在未即位前与侍臣讲经说法时的语句,最后一卷《当今法会》选辑了亲王、大臣等谈禅论道的内容。该书于雍正十一年刊印。

十二、《御录宗镜大纲》是雍正将永明禅师《宗镜录》一百卷节录编选为二十卷而成。永明以《宗镜录》为大藏经之向导,而雍正又以《宗镜大纲》为《宗镜录》之向导。该书于雍正十二年刊印。

十三、《御录经海一滴》是雍正借鉴永明编著《宗镜录》与自已节录《宗镜大纲》之例亲自编选的一部佛经精要读本。因为雍正对《般若》《华严》《宝积》《大集》等这类大经未及遍阅,随对《圆觉》《金刚》《楞严》《净名》等这类小经亲自选录了二十部。该书于雍正十三年刊印。

以上第十一至第十三共计三种著作,此次整理以雍正《御制重刊藏经》(现又称《乾隆大藏经》)为底本。

十四、《御制拣魔辨异录》为雍正编选《御选语录》时,对当时已经编入大藏经中圆悟法系中法藏、弘忍师徒两个《五宗原》《五宗救》等的斥责批判。该书于雍正十一年刊印。此次整理以《卍续藏》为底本。

十五、《御制重刊藏经》是清代官刻汉文大藏经,又称为《清藏》,因经页边栏饰以龙纹又名《龙藏》。雍正十一年(1733年),雍正钦定朝廷官员与各地高僧133人成立了藏经馆,召募刻字、刷印、木匠等800余人参与其事。该藏成为中国历史上一部重要的官刻大藏经,共收录经、律、论、杂著等1669部,7168卷。虽然该藏在乾隆三年(1738年)才首次刊印,后又被称为《乾隆大藏经》。实际上它是雍正亲自主持编刻的一个佛教大藏经。本书收录了该《清藏》的御制序言和详细目录。

十六、《古今图书集成》是雍正编定的古代资料文献的重要的百科全书，规模宏大，分类细密，图文并茂。开始由康熙敕令由陈梦雷最初纂集，于康熙四十五年（1706年）完成初稿，初名为《古今图书汇编》。雍正即位后，命蒋延锡等重新编校，至雍正六年（1728年）完成定稿，定名为《古今图书集成》。此书历时两朝二十八年，正文10000卷，目录40卷，内容分为6汇编、32典、6117部。共分为5020册，520函，本书收录了该藏的御制序言、凡例和总录。

十七、"其他御制典籍"雍正在位期间曾经还敕修了《御定子史精华》《钦定书经传说汇纂》《钦定诗经传说汇纂》《御制数理精蕴》《御定骈字类编》《御制小学合解》（满文本）、《钦定吏部则例》（满文本）（包括《吏部铨选满官则例》《吏部铨选汉官则例》）等，其中一些有雍正的御制序言。此次在本书附录一里整理编选了以上图书的御制序言。

十八、雍正是中国历史上公认的勤政皇帝，据清内阁《批本处档》记载，从雍正元年至十三年，雍正批示的六部和各省题本达十九万余件，平均每年批阅一万五千件。

雍正在位期间对于臣工颁发的谕旨，后由大臣辑录成册，有《上谕内阁》一百五十九卷，于雍正七年内府刻印、乾隆六年武英殿续刻。《上谕八旗》十三卷，于雍正九年敕编。另大臣将他批阅过的奏折，编选辑录成为《朱批谕旨》三百六十卷，于雍正十年敕编，乾隆三年刊印。

《上谕八旗》《上谕内阁》《朱批谕旨》是了解与研究雍正的直接文献资料，因为卷帙浩大，此次本书只编选了以上三种的序言。

十九、本书附录收录了南怀瑾为《雍正御选语录》所作的序言，以及南怀瑾在《原本大学微言》第八篇里的《外示儒学内用佛老的清朝》《从雍正说到乾隆》两篇文章，同时收录了史原朋在《宗风》（己丑 · 春之卷）所发表的《雍正及其编著的佛教典籍》文章。

二十、本书在校勘整理中，有若遇个别诗文没有标题时，由编者加上了“无题”两字，并在后加“*”作为标记。

总　目

（伍）

御选语录（下）

御制拣魔辨异录

（陆）

御录宗镜大纲

御制重刊藏经（目录）

古今图书集成（目录）

其他御制典籍

目　录

圣祖仁皇帝庭训格言

圣谕广训

世宗宪皇帝圣训

圣祖仁皇帝庭训格言

康熙　讲述

雍正　记录

序

钦惟皇考圣祖仁皇帝，性秉生安，道参化育，临御悠久，宇宙清宁。六十载圣德神功，超越万古。凡为史臣所记注、黎献所睹闻者，固已备编于《实录》《宝训》，珍藏于金匮琅函，裔裔皇皇，盛矣大矣！朕曩者偕诸昆弟，侍奉宫庭，亲承色笑。每当视膳问安之暇，天颜怡悦，倍切恩勤，提命谆详，巨细悉举。其大者如对越天祖之精诚，侍养两宫之纯孝，主敬存诚之奥义，任人敷政之宏猷，慎刑重谷之深仁，行师治河之上略，图书经史、礼乐文章之渊博，天象地舆、历律步算之精深，以及治内治外、养性养身、射御方药、诸家百氏之论说，莫不随时示训。遇事立言，字字切于身心，语语垂为模范。盖由我皇考质本生知，而加以好学；圣由天纵，而益以多能。举天地间万事万物之理，融会贯通，以其得之于心者，宣为至教。视听言动，悉合经常，饮食起居，咸成矩度，而圣慈笃挚，启迪周详，涵育薰陶，循循善诱。

朕四十年来，祗聆默识，夙夜凛遵，仰荷缵承，益图继述。追思畴昔天伦之乐，缅怀叮咛告诫之言，既历历以在心，尚洋洋其盈耳。谨与诚亲王允祉等，记录各条，萃会成编，恭名为《庭训格言》。

於戏！圣谟弘远，包涵无际。以今所纪，揆昔所闻，仅存什一于千百，阙略甚多，实深愧悚。然而是编也，文辞精要，意旨深长。苟能引伸而扩充之，则片语能含众义，只字可括千言。虽卷帙简约，而格致诚正、修齐治平之道，罔弗兼该；尧舜禹汤、文武周孔之传，一以贯之矣。爰奉秘集寿之琬琰，以昭垂于亿万世。《书》曰："监于先王成宪，其永无愆！"《诗》曰："诒厥孙谋，以燕翼子。"勖哉后嗣！恪循祖训，念兹罔斁，受益靡穷。世世子孙，尚其永久敬承哉！谨序。

雍正八年

圣祖仁皇帝庭训格言

训曰:元旦乃履端令节,生日为载诞昌期,皆系喜庆之辰,宜心平气和,言语吉祥。所以朕于此等日,必欣悦以酬令节。

训曰:吾人凡事惟当以诚,而无务虚名。朕自幼登极,凡祀坛庙、礼神佛,必以诚敬存心,即理事务,对诸大臣,总以实心相待,不务虚名。故朕所行事,一出于真诚,无纤毫虚饰。

训曰:凡人于事务之来,无论大小,必审之又审,方无遗虑。故孔子云:"不曰'如之何,如之何'者,吾末如之何也已矣!"诚至言也。

训曰:人君以天下之耳目为耳目,以天下之心思为心思,何患闻见之不广?舜惟好问、好察,故能"明四目,达四聪",所以称大智也。

训曰:凡天下事不可轻忽,虽至微至易者,皆当以慎重处之。慎重者,敬也。当无事时,敬以自持,而有事时,即敬以应事,务必谨终如始,慎修思永,习而安焉,自无废事。盖敬以存心,则心体湛然居中,即如主人在家,自能整饬家务。此古人所谓"敬以直内"也。《礼记》篇首以"毋不敬"冠之,圣人一言,至理备焉。

训曰:为人上者,用人虽宜信,然亦不可遽信。在下者,常视上意所向而巧以投之,一有偏好,则下必投其所好以诱之。朕于诸艺无所不能,尔等曾见我偏好一艺乎?是故凡艺俱不能溺我。

训曰:凡看书不为书所愚始善。即如董子所云"风不鸣条""雨不破块",谓之升平世界。果使风不鸣条,则万物何以鼓动发生?雨不破块,则田亩如何耕作布种?以此观之,俱系粉饰空文而已。似此者,皆不可信以为真也。

训曰：朕八岁登极，即知黾勉学问。彼时教我句读者，有张、林二内侍，俱系明时多读书人。其教书惟以经书为要，至于诗文，则在所后。及至十七八，更笃于学，逐日未理事前，五更即起诵读；日暮理事稍暇，复讲论琢磨，竟至过劳，痰中带血，亦未少辍。朕少年好学如此，更耽好笔墨，有翰林沈荃，素学明时董其昌字体，曾教我书法。张、林二内侍俱及见明时善于书法之人，亦常指示。故朕之书法，有异于寻常人者，以此。

训曰：节饮食，慎起居，实却病之良方。

训曰：凡人修身治性，皆当谨于素日。朕于六月大暑之时，不用扇，不除冠，此皆平日不自放纵而能者也。

训曰：汝等见朕于夏月盛暑不开窗，不纳风凉者，皆因自幼习惯，亦由心静故身不热，此正古人所谓“但能心静即身凉”也。且夏月不贪风凉，于身亦大有益。盖夏月盛阴在内，倘取一时风凉之适意，反将暑热闭于腠理，彼时不觉其害，后来或致成疾。每见人秋深多有肚腹不调者，皆因外贪风凉而内闭暑热之所致也。

训曰：凡人养生之道，无过于圣人所留之经书。故朕惟训汝等熟习五经、四书，性理诚以其中，凡存心养性立命之道，无所不具故也。看此等书，不胜于习各种杂学乎？

训曰：《书经》者，虞、夏、商、周治天下之大法也。《书传序》云：“二帝三王之治本于道，二帝三王之道本于心，得其心则道与治固可得而言之矣。”盖道心为人心之主，而心法为治法之原。精一执中者，尧、舜、禹相授之心法也；建中建极者，商汤、周武相传之心法也。德也，仁也，敬与诚也，言虽殊而理则一，所以明此心之微妙也。帝王之家所必当讲读，故朕训教汝曹，皆令诵习。然《书》虽以道政事，而上而天道，下而地理，中而人事，无不备于其间，实所谓贯三才而亘万古者也。言乎天道，《虞书》之治历明时可验也；言乎地理，《禹贡》之山川田赋可考也；言乎君道，则《典》《谟》《训》《诰》之微言可详也；言乎臣道，则“都”“俞”“吁”

“咈”告诫敷陈之忠诚可见也；言乎理数，则箕子《洪范》之《九畴》可叙也；言乎修德立功，则六府三事、礼乐兵农，历历可举也。然则帝王之家，固必当讲读；即仕宦人家，有志于事君治民之责者，亦必当讲读。孟子曰：“欲为君，尽君道；欲为臣，尽臣道。二者皆法尧舜而已矣。”在大贤希圣之心，言必称尧舜。朕则兢业自勉，惟思体诸身心，措诸政治，勿负乎“天佑下民，作君作师”之意已耳。

训曰：子曰：“鬼神之为德，其盛矣乎！……使天下之人齐明盛服以承祭祀，洋洋乎如在其上，如在其左右。”盖明则有礼乐，幽则有鬼神。然敬鬼神之心，非为祸福之故，乃所以全吾身之正气也。是故君子修德之功，莫大于主敬。内主于敬则非僻之心无自而动，外主于敬则惰慢之气无自而生。念念敬斯念念正，时时敬斯时时正，事事敬斯事事正。君子无在而不敬，故无在而不正。《诗》曰：“明明在下，赫赫在上。……维此文王，小心翼翼，昭事上帝，聿怀多福。”其斯之谓与？

训曰：凡理大小事务，皆当一体留心。古人所谓防微杜渐者，以事虽小而不防之则必渐大。渐而不杜，必至于不可杜也。

训曰：仁者以万物为一体，恻隐之心，触处发现，故极其量，则民胞物与，无所不周。语其心则慈祥、恺悌，随感而应。凡有利于人者则为之，凡有不利于人者则去之。事无大小，心自无穷。尽我心力，随分各得也。

训曰：仁者无不爱。凡爱人爱物，皆爱也。故其所感甚深，所及甚广。在上则人咸戴焉，在下则人咸亲焉。己逸而必念人之劳，己安则必思人之苦。万物一体，痌瘝切身，斯为德之盛、仁之至。

训曰：凡人孰能无过？但人有过多不自任为过。朕则不然，于闲言中偶有遗忘而误怪他人者，必自任其过，而曰“此朕之误也”。惟其如此，使令人等竟至为所感动而自觉不安者有之。大凡能自任过者,大人居多也。

训曰:《虞书》云:“宥过无大。”孔子云:“过而不改,是谓过矣。”凡人孰能无过?若过而能改,即自新迁善之机,故人以改过为贵。其实能改过者,无论所犯事之大小,皆不当罪之也。

训曰:曩者三逆未叛之先,朕议政诸王大臣议迁藩之事,内中有言当迁者,有言不可迁者。然在当日之势,迁之亦叛,即不迁亦叛,遂定迁藩之议。三逆既叛,大学士索额图奏曰:“前议三藩当迁者皆宜正以国法。”朕曰:“不可。廷议之时,言三藩当迁者,朕实主之,今事至此,岂可归过于他人?”时在廷诸臣,一闻朕旨,莫不感激涕零,心悦诚服。朕从来诸事,不肯委罪于人,矧军国大事,而肯卸过于诸大臣乎?

训曰:尔等凡居家在外,惟宜洁净。人平日洁净,则清气着身;若近污秽,则为浊气所染,而清明之气渐为所蒙蔽矣。

训曰:朕幼年习射,耆旧人教射者断不以朕射为善,诸人皆称曰“善”,彼独以为否,故朕能骑射精熟。尔等甚不可被虚意承顺赞美之言所欺,诸凡学问皆应以此存心可也。

训曰:人多强不知以为知,乃大非善事,是故孔子云“知之为知之,不知为不知”。朕自幼即如此,每见高年人,必问其已往经历之事,而切记于心,决不自以为知而不访于人也。

训曰:人心虚则所学进,盈则所学退。朕生性好问,虽极粗鄙之夫,彼亦有中理之言,朕于此等决不遗弃,必搜其源而切记之,并不以为自知自能而弃人之善也。

训曰:朕自幼读书,间有一字未明,必加寻绎,务至明惬于心而后已。不特读书为然,治天下国家,亦不外是也。

训曰:读古人书当审其大义之所在,所谓“一以贯之”也。若其字句之间,即古人亦互有异同,不必指摘辩驳,以自伸一偏之说。

训曰:读书以明理为要,理既明则中心有主,而是非邪正自判矣。遇有疑难事,但据理直行,得失俱可无愧。《书》云:“学于古训乃有获。”凡圣贤经书,一言一事,俱有至理,读书时便宜留心体会:“此可以为我法”,“此可以为我戒”。久久贯通,则事至物来,随感即应,不待思索矣。

训曰:《易》云:“日新之谓盛德。”学者一日必进一步,方不虚度时日。大凡世间一技一艺,其始学也不胜其难,似万不可成者,因置而不学,则终无成矣。所以初学贵有决定不移之志,又贵有勇猛精进之心,尤贵有贞常永固不退转之念。人苟能有决定不移之志,勇猛精进而又贞常永固毫不退转,则凡技艺焉有不成者哉!

训曰:子曰:“吾十有五而有志于学。”圣人一生,只在“志学”一言,又实能“学而不厌”,此圣人之所以为圣也。千古圣贤,与我同类人,何为甘于自弃而不学?苟志于学,希贤希圣,孰能御之?是故志学乃作圣之第一义也。

训曰:子曰:“志于道。”夫志者,心之用也。性无不善,故心无不正,而其用则有正不正之分,此不可不察也。夫子以天纵之圣,犹必十五而志于学,盖志为进德之基,昔圣昔贤莫不发轫乎此。志之所趋,无远弗届;志之所向,无坚不入。志于道则义理为之主,而物欲不能移,由是而据于德,而依于仁,而游于艺,自不失其先后之序,轻重之伦,本末兼该,内外交养,涵泳从容,不自知其入于圣贤之域矣。

训曰:凡人尽孝道,欲得父母之欢心者,不在衣食之奉养也,惟持善心,行合道理,以慰父母而得其欢心,斯可谓真孝者矣。

训曰:《孝经》一书,曲尽人子事亲之道,为万世人伦之极,诚可谓“天之经,地之义,民之行”也。推原孔子所以作经之意,盖深望夫后之儒者身体力行,以助宣教化而敦厚风俗。其旨甚远,其功甚宏,学者自当留心诵习,服膺弗失可也。

训曰:为臣子者,果能尽心体贴君亲之意,凡事一出于至诚,未有不得君亲之欢心者。昔日太皇太后驾诣五台,因山路难行,乘车不稳,朕命备八人暖轿。太皇太后天性仁慈,念及校尉请轿,步履维艰,因欲易车。朕劝请再三,圣意不允。朕不得已,命轿近随车行。行不数里,朕见圣躬乘车不甚安稳,因请乘轿,圣祖母云:“予已易车矣,未知轿在何处?焉得即至?”朕奏曰:“轿即在后。”随令进前。圣祖母喜极,拊朕之背,称赞不已,曰:“车轿细事,且道途之间,汝诚意无不恳到,实为大孝。”盖深惬圣怀,而降是欢爱之旨也。可见凡为臣子者,诚敬存心,实心体贴,未有不得君亲之欢心者也。

训曰:朕为天下君,何求而不可得?现今朕之衣服有多年者,并无纤毫之玷,里衣亦不至少污,虽经月服之,亦无汗迹。此朕天秉之洁净也。若在下之人能如此,则凡衣服不可以长久服之乎?

训曰:老子曰:“知足者富。”又曰:“知足不辱,知止不殆,可以长久。”奈何世人衣不过被体,而衣千金之裘犹以为不足,不知鹑衣缊袍者,固自若也;食不过充肠,罗万钱之食犹以为不足,不知箪食瓢饮者,固自乐也。朕念及于此,恒自知足。虽贵为天子,而衣服不过适体;富有四海,而每日常膳,除赏赐外,所用肴馔,从不兼味。此非朕勉强为之,实由天性自然。汝等见朕如此俭德,其共勉之。

训曰:尝闻明代宫闱之中,食御浩繁,掖庭宫人,几至数千。小有营建,动费巨万。今以我朝各宫计之,尚不及当日妃嫔一宫之数。我朝外廷军国之需,与明代略相仿佛。至于宫闱中服用,则一年之用,尚不及当日一月之多。盖深念民力惟艰,国储至重。祖宗相传家法,勤俭敦朴为风。古人有言,以一人治天下,不以天下奉一人。以此为训,不敢过也。

训曰:冠帽乃元服,最尊。今或有下贱无知之人,将冠帽置之靴袜一处,最不合礼。满洲从来旧规,亦最忌此。

训曰:如朕为人上者,欲法令之行,惟身先之而人自从。即如吃烟一节,虽不甚关系,然火烛之起,多由于此,故朕时时禁止。

然朕非不会吃烟，幼时在养母家，颇善于吃烟。今禁人而己用之，将何以服人？因而永不用也。

训曰：有子曰："礼之用，和为贵；先王之道，斯为美；小大由之，有所不行。知和不和，不以礼节之，亦不可行也。"盖礼以严分，和以通情分。严则尊卑贵贱不逾，情通则是非利害易达。齐家、治国、平天下，何一不由于斯？

训曰：学问无他，惟在存天理去人欲而已。天理乃本然之善，有生之初，天之所赋畀也。人欲是有生之后因气禀之偏，动于物，纵于情，乃人之所为，非人之固有也。是故闲邪存诚，所以持养天理，提防人欲；省察克治，所以辨明天理，决去人欲。若能操存涵养，愈精愈密，则天理常存，而物欲尽去矣。

训曰：曩者三孽作乱，朕料理军务，日昃不遑，持心坚定，而外则示以暇豫，每日出游景山骑射。彼时满洲兵俱已出征，余者尽系老弱，遂有不法之人投帖于景山路旁，云："今三孽及察哈尔叛乱，诸路征讨，当此危殆之时，何心每日出游景山？"如此造言生事，朕置若罔闻。不久，三孽及察哈尔俱已剿灭。当时朕若稍有疑惧之意，则人心摇动，或致意外，未可知也。此皆上天垂佑，祖宗神明加护，令朕能坚心筹画，成此大功，国已至甚危而获复安也。自古帝王如朕自幼阅历艰难者甚少。今海内承平，回思前者数年之间如何阅历，转觉悚然可惧矣。古人云，居安思危。正此之谓也。

训曰：今天下承平，朕犹时刻不倦，勤修政事。前三孽作乱时，朕主见专诚，以致成功。惟大兵永兴被困之际，至信息不通，朕心忧之，现于词色。一日，议政王大臣入内议军旅事，奏毕，佥出，有都统毕立克图独留，向朕云："臣观陛下，近日天颜稍有忧色。上试思之，我朝满洲兵将若五百人合队，谁能抵敌？不日永兴之师捷音必至。陛下独不观太祖、太宗乎？为军旅之事，臣未见眉颦一次。皇上若如此，则懦怯不及祖宗矣。何必以此为忧也?”朕甚是之。不日,永兴捷音果至。所以朕从不敢轻量人,谓其无知,凡人各有识见。常与诸大臣言,但有所知所见,即以奏闻,言合乎理,朕即嘉纳。都统毕立克图汉仗好,且极其诚实人也。

训曰:大雨雷霆之际,决毋立于大树下。昔老年人时时告诫。朕亲眼常见,汝等记之。

训曰:世人皆好逸而恶劳,朕心则谓人恒劳而知逸。若安于逸则不惟不知逸,而遇劳即不能堪矣。故《易》有云:“天行健,君子以自强不息。”由是观之,圣人以劳为福,以逸为祸矣。

训曰:世人秉性,何等无之?有一等拗性人,人以为好者,彼以为不好;人以为是者,彼反以为非。此等人似乎忠直,如或用之,必然偾事。故古人云“好人之所恶,恶人之所好,是谓拂人之性,菑必逮夫身者”,此等人之谓也。

训曰:古人有言:“反经合理谓之权。”先儒亦有论其非者。盖天下止有一经常不易之理,时有推迁,世有变易,随时斟酌,权衡轻重,而不失其经,此即所谓权也。岂有反经而谓之行权者乎?

训曰:大凡贵人皆能久坐。朕自幼年登极以至于今日,与诸臣议论政事,或与文臣讲论书史,即与尔等家庭闲暇谈笑,率皆俨然端坐,此乃朕躬自幼习成,素日涵养之所致。孔子云:“少成若天性,习惯如自然。”信然乎!

训曰:出外行走,驻营之处最为紧要,若夏秋间雨水可虑,必觅高原,凡近河湾及洼下之地断不可住。冬春则火荒可虑,但觅草稀背风处,若不得已而遇草深之处,必于营外周围将草刈除,然后可住。再有,人先曾止宿之旧基不可住,或我去时立营之处,回途至此亦不可再住。如是之类,我朝旧例,皆为大忌。

训曰:走远路之人,行数十里,马既出汗,断不可饮之水。秋季犹可,春时虽无汗,亦不可令饮;若饮之,其马必得残疾。汝等切记!

训曰：天道好生，人一心行善，则福履自至。观我朝及古行兵之王公大臣，内中颇有建立功业而行军时曾多杀人者，其子孙必不昌盛，渐至衰败。由是观之，仁者诚为人之本与！

训曰：凡人处世，惟当常寻欢喜。欢喜处自有一番吉祥景象。盖喜则动善念，怒则动恶念。是故古语云："人生一善念，善虽未为，而吉神已随之；人生一恶念，恶虽未为，而凶神已随之。"此诚至理也夫！

训曰：人心一念之微，不在天理，便在人欲。是故心存私便是放，不必逐物驰骛然后为放也。心一放便是私，不待纵情肆欲然后为私也。惟心不为耳目口鼻所役，始得泰然。故孟子曰：耳目之官不思而蔽于物，物交物，则引之而已矣。心之官则思，思则得之，不思则不得也。此天之所以与我者。先立乎其大者，则其小者不能夺也。此为大人而已矣。

训曰：《大学》《中庸》俱以慎独为训，是为圣贤第一要节。后人广其说曰"暗室不欺"。所谓暗室有二义焉：一在私居独处之时，一在心曲隐微之地。夫私居独处则人不及见，心曲隐蔽则人不及知，惟君子谓此时指视必严也。战战栗栗，兢兢业业，不动而敬，不言而信，斯诚不愧于屋漏而为正人也夫！

训曰：为人上者，教子必自幼严饬之始善。看来，有一等王公之子，幼失父母，或人惟有一子而爱恤过甚，其家下仆人多方引诱，百计奉承。若如此娇养，长大成人，不至痴呆无知，即多任性狂恶。此非爱之，而反害之。汝等各宜留心！

训曰：人之才行当辨其大小，在大位者，称其清廉可矣。若使役人等，亦可加以清廉之名乎？朕曾于护军骁骑中问其人如何，而侍卫有以端密对者，军卒人等岂堪当此？端密乃居大位之美称，军卒止可言其朴实耳！

训曰：尔等平日当时常拘管下人，莫令妄干外事，留心敬慎为善。断不可听信下贱小人之语。彼小人遇便宜处，但顾利己，不恤恶名归于尔等也。一时不谨,可乎?

训曰:凡人存善念,天必绥之福禄以善报之。今人日持念珠念佛,欲行善之故也。苟恶念不除,即持念珠何益?

训曰:近世之人以不食肉为持斋,岂知古人之斋必与戒并行。《易·系辞》曰:“斋戒以神明其德。”所谓斋者,齐也,齐其心之所不齐也。所谓戒者,戒其非心妄念也。古人无一日不斋,无一日不戒。而今之人,以每月之某日某日持斋,已与古人有间。然持斋固为善事,可以感发人之善念,第不知其戒心何如耳?

训曰:世上人心不一,有一种人,不记人之善,专记人之恶,视人有丑恶事,转以为快乐,如自得奇物者。然此等幸灾乐祸之人,不知其心之何以生而怪异如是也!汝等当以此为戒。

训曰:国初人多畏出痘,至朕得种痘方,诸子女及尔等子女,皆以种痘得无恙。今边外四十九旗及喀尔喀诸藩,俱命种痘,凡所种皆得善愈。尝记初种时,年老人尚以为怪,朕坚意为之,遂全此千万人之生者,岂偶然耶?

训曰:人惟一心,起为念虑。念虑之正与不正,只在顷刻之间。若一念之不正,顷刻而知之,即从而正之,自不至离道之远。《书》曰:“惟圣罔念作狂,惟狂克念作圣。”一念之微,静以存之,动则察之,必使俯仰无愧,方是实在工夫。是故古人治心,防于念之初生、情之未起,所以用力甚微而收功甚巨也。

训曰:人之为圣贤者,非生而然也,盖有积累之功焉。由有恒而至于善人,由善人而至于君子,由君子而至于圣人,阶次之分,视乎学力之浅深。孟子曰:“夫仁亦在乎熟之而已矣。”积德累功者亦当求其熟也。是故有志为善者,始则充长之,继则保全之,终身不敢退,然后有日增月益之效。故至诚无息,不息则久,久则征,征则悠远,悠远则博厚,博厚则高明。其功用岂可量哉!

训曰:朕自幼不喜饮酒,然能饮而不饮,平日膳后或遇年节筵宴之日,止小杯一杯。人有点酒不闻者,是天性不能饮也。如朕之能饮而不饮，始为诚不饮者。大抵嗜酒则心志为其所乱而昏昧，或致疾病，实非有益于人之物。故夏先后以旨酒为戒也。

训曰：原夫酒之为用，所以祀神也，所以养老也，所以献宾也，所以合欢也，其用固不可少。然而沉酣湎溺不时不节，则不可是，故先王因为酒礼宾主交错，揖让升降，温温其恭，威仪反反立。监佐史常以三爵为限，况敢多饮乎！此先王之所以戒酒失也。奈何今之人无故而饮，饮必醉而后已。富家子弟败家破产，身罹疾厄，皆由于此。而贫穷者才得几文，便沽饮尽醉，行凶遭祸，抑何比比！故《周书》以酒为诰而曰：我民用大乱丧德，亦罔非酒惟行。

训曰：礼义之心人皆有之，未有安心为非而逆乎人道者也。若或有之，不过百中一二。然此辈亦有所由起，或有负气而纵者，或有使酒而纵者。夫负气者，犹知顾忌；而使酒者，竟毫无所畏，此非其人为之，而酒为之也。故古之圣王远焉，贤士戒焉。世之好饮者，乐酒无厌，心恒狂乱，遂至形骸颠倒，礼法丧失，其为败德，何可胜言！是故朕谆谆教饬尔等，断不可耽于酒者，正为伤身乱行，莫此为甚也。

训曰：人之养身，饮食为要，故所用之水最切。朕所经历多矣，每将各地之水，称其轻重，因知水最佳者，其分两甚重。若遇不得好水之处，即蒸水以取其露，烹茶饮之。泽布尊旦巴胡突克图，多年以来，所用皆系水蒸之露也。

训曰：朕避暑时，曾于乌城、热河等处捕鱼，见侍卫、执事人中年纪幼小者，怜其未习于水，每怀怵惕。故朕诸子自幼俱令其习水，即习之未精者，较之若辈亦大不同，所以行船涉水，总不为汝等牵挂也。可见，为人凡学一艺，必于自身有益。我朝先辈尝言："一粒之艺，于身有益。"诚谓是欤。

训曰：今外边之无赖小人及太监等，惯詈骂人，且动辄发誓，亦如骂人之语，皆出自口。我等为人上者，断乎不可。或使令之辈有过，小则责之，大则扑之，詈骂之亦奚为？污秽之言轻出自口，所损大矣。尔等切记之！

训曰：凡人不能无好恶，但能胜其私心则善，诚见善而好之，见恶而恶之，则不能牵累吾心矣。人于喜怒亦然，喜时不能不遇可怒之事，怒时不能不遇可喜之事。是故《大学》云，忿懥好乐，皆难得其正者，此之谓也。

训曰：人生于世，无论老少，虽一时一刻不可不存敬畏之心。故孔子曰："君子畏天命，畏大人，畏圣人之言。"我等平日凡事能敬畏于长上，则不得罪于朋侪，则不召过，且于养身亦大有益。尝见高年有寿者，平日俱极敬慎，即于饮食，亦不敢过度。平日居处尚且如是，遇事可知其慎重也。

训曰：古圣人所道之言即经，所行之事即史，开卷即有益于身。尔等平日诵读及教子弟，惟以经史为要。夫吟诗作赋，虽文人之事，然熟读经史，自然次第能之。幼学断不可令看小说，小说之事，皆敷演而成，无实在之处，令人观之，或信为真，而不肖之徒，竟有效法行之者。彼焉知作小说者，譬喻指点之本心哉！是皆训子要道，尔等其切记之。

训曰：诗之为教也，所从来远矣。昔在虞庭，命夔为典乐之官，以教胄子。曰：诗言志，盖人性情之发，不能无所寄托，而诗则触于境，而宣于言者也。自夫子删定而后，三百篇之旨粲然可睹。采之里巷者为"风"，陈之朝廷者为"雅"，荐之郊庙者为"颂"，观其美刺，而善恶之鉴昭矣；观其正变，而隆替之治判矣；观其升歌下管间歌合乐之所咏叹，而祖功宗德之实著矣。千载而下，因言识心，故曰可兴、可观、可群、可怨也。夫子雅言之教，称引诵说，惟《诗》最多，如《大学》《中庸》《孝经》篇末，必引《诗》以咏叹之，亦以见古人之斯须不离乎《诗》也。思夫伯鱼过庭之训，小子何莫学夫诗之教，则凡有志于学者，岂可不以学诗为要乎？

训曰：礼之系于人也大矣，诚为范身之具，而兴行起化之原也。礼仪三百，威仪三千，大而冠婚、丧祭、朝聘、射飨之规，小而揖让、进退、饮食、起居之节。君臣上下，赖之以序；夫妇内外，赖之以辨；父子兄弟、婚媾姻娅，赖之以顺而成。故曰："动容中礼而天德备矣，治定制礼而王道成矣。"《礼记》传之者十三家，而戴德、戴圣为尤著，圣所传四十九篇，即今之《礼记》是也。其余四十七篇，虽杂出于汉儒之说，亦皆传述圣门格言，有切于身心之要旨。尔等所习本经既熟，正当学《礼》。孔子曰："不学《礼》，无以立。"其宜勉之。

训曰：为人上者，使令小人固不可过于严厉，而亦不可过于宽纵。如小过误，可以宽者即宽宥之；罪之不可宽者，彼时则惩责训导之，不可记恨。若当下不惩责，时常琐屑蹂践，则小人恐惧，无益事也。此亦使人之要，汝等留心记之！

训曰：孔子云："惟女子与小人为难养也，近之则不逊，远之则怨。"此言极是！朕恒见宫院内贱辈，因稍有勤劳，些须施恩，伊必狂妄放纵，生一事故，将前所行是处尽弃而后已。及远置之，伊又背地含怨。古圣何以知之而为是言耶！凡使人者，皆宜深省此言也！

训曰：太监原为宫中使令，以备洒扫而已，断不可使其干预外事。朕宫中之太监，总不令在外行走。有告假者，日中出去，晚必进内。即朕御前近侍之太监等，不过左右使令家常闲谈笑语，从不与言国家之政事也。

训曰：兵书云："为将之道，当身先士卒。"前者，噶尔丹以追喀尔喀为名，阑入边界，朕计安藩服，亲统六师，由中路进兵。逐日侵晨起行，日中驻营。又虑大兵远讨，粮米为要，传令诸营将士，每日一餐，朕亦每日进膳一次。未驻营时，必先令人详审水草，或有乏水处，则凿井开泉，蓄积澄流，务使人马给足。竟有原无水处，忽尔清泉流出，导之可致数里，人马资用不竭。一近克鲁伦河，即身率侍卫前锋直捣其巢，大兵随后依次而进。噶尔丹闻朕亲统大兵忽自天临，魂胆俱丧，即行逃窜，恰遇西师于昭木多，一战而大破之。此皆由朕上得天心，出师有名，故尔新泉涌出，山川灵应，以致数十万士卒车马各各安全。三月之间，振旅凯旋而成，兹大功也。

训曰：兵丁不可令习安逸，惟当教之以劳，时常训练，使步伐严明，部伍熟习。管子所谓"昼则目相视而相识，夜则声相闻而不乖"也。如是，则战胜攻取，有勇知方。故劳之适所以爱之，教之以劳真乃爱兵之道也。不但将兵如是，教民亦然。故《国语》曰："夫民劳则思，思则善心生。逸则淫，淫则忘善，忘善则恶心生。沃土之民不材，淫也；瘠土之民，莫不向义，劳也。"

训曰：我等时居塞外，常饮河水。然平时不妨，但夏日山水初发，深当戒慎，此时饮之，易生疾病。必得大雨一二次后，山中诸物尽被涤荡，然后洁清可饮。

训曰：朕每岁巡行临幸处，居人各进本地所产菜蔬，尝喜食之。高年人饮食宜淡薄，每兼菜蔬食之，则少病，于身有益。所以农夫身体强壮，至老犹健者，皆此故也。

训曰：尝观《宋史》，孝宗月四朝太上皇，称为盛事。孝宗于宋固为敦伦之主，然而上皇在御，自当乘暇问视，岂可限定朝见之期？朕事皇太后五十余年，总以家庭常礼出乎天伦至性，遇有事奏启，一日二三次进见者有之，或无事即间数日者有之。至于万寿诞辰、嘉时令节，朕备家宴，恭请临幸。则自晨至暮，左右奉侍，岂止日觐数次！朕之巡狩江南，出猎塞北，也随本报三日一次恭请圣安外，仍使近侍太监乘传请安，并进所获鹿、狍、雉、兔、鲜果、鲜鱼之类。凡有所得，即令驰进，从不拘定日期。且朕侍皇太后家人礼数，惟以顺适为安，自然为乐，并不以朝见日期限定礼法而称孝也。

训曰：尝阅《明宣宗实录》，其奉事母后，和敬有礼，至今览之，犹足令人感慕。朕尝思先王以孝治天下，故夫子称至德要道，莫加于此。自唐宋以来，人君往往疏于定省，有经年不一见者，独不思朝夕承欢，自天子以至于庶人，家庭常礼，出于天伦至性，何尝以上下而有别也！

训曰：诸样可食果品，于正当成熟之时食之，气味甘美，亦且宜人。如我为大君，下人各欲尽其微诚，故争进所得初出鲜果及菜蔬等类，朕只略尝而已，未尝食一次也。必待其成熟之时始食之，此亦养身之要也。

训曰：朕于凡事必存心分别吉凶，如简用大臣、升转职官本章，必置之于案，或置之于床。若夫刑部人命事件暂留中细阅者，必别置一处，决不与吉事相参。朕于此等处如此留心者，吉凶异道，不得相干故也。

训曰：顷因刑部汇题内有一字错误，朕以朱笔改正发出。各部院本章朕皆一一全览，外人谓朕未必通览，每多疏忽。故朕于一应本章，见有错字，必行改正；翻译不堪者，亦改削之。当用兵时，一日三四百本章，朕悉亲览无遗。今一日中仅四五十本而已，览之何难？一切事务，总不可稍有懈慢之心也。

训曰：世间事甚不如意者，莫过于决断秋审一事。夫杀人之人理应偿命，但为人君者于杀人之事，必以哀矜之心处之，故朕每理秋审之事，无一不竭尽心力而详审之也。

训曰：尔等见朕时常所使新满洲数百，勿易视之也。昔者太祖、太宗之时，得东省一二人，即如珍宝爱惜眷养。朕自登极以来，新满洲等各带其佐领或合族来归顺者，太皇太后闻之，向朕曰："此虽尔祖上所遗之福，亦由尔抚柔远人，教化普遍，方能令此辈倾心归顺也。岂可易视之？"圣祖母因喜极，降是旨也。

训曰：王师之平蜀也，大破逆贼王平藩于保宁，获苗人三千，皆释而归之。及进兵滇中，吴世璠穷蹙，遣苗人济师以拒我。苗不肯行，曰："天朝活我恩德至厚，我安忍以兵刃相加遗耶？"夫苗之犷悍，不可以礼义驯束，宜若天性然者。一旦感恩怀德，不忍轻倍主上，有内地士民所未易能者，而苗顾能之，是可取也。子舆氏不云乎:"以力服人者,非心服也,力不赡也;以德服人者,中心悦而诚服也。"宁谓苗异乎人而不可以德服也耶?

训曰:凡人于无事之时,常如有事而防范其未然,则自然事不生。若有事之时,却如无事,以定其虑,则其事亦自然消灭矣。古人云:"心欲小而胆欲大。"遇事当如此处之。

训曰:凡大人度量生成与小人之心志迥异。有等小人,满口恶言,讲论大人,或者背面毁谤,日后必遭罪谴。朕所见最多。可见天道虽隐,而其应实不爽也。

训曰:孟子云:"存乎人者,莫良于眸子。眸子不能掩其恶,胸中正则眸子瞭焉,胸中不正则眸子眊焉。"此诚然也。看来,人之善恶系于目者甚显,非止眸子之明暗有人焉,其视人也常有一种彷徨不定之态,则其人必不正。我朝满洲耆旧,亦甚贱此等人。

训曰:凡人行住坐卧,不可回顾斜视。《论语》曰:"车中不内顾。"《礼》曰:"目容端。"所谓内顾,即回顾也。不端,即斜视也。此等处,不但关于德容,亦且有犯忌讳。我朝先辈老人,亦以行走回顾之人为大忌讳,时常言之,以为戒也。

训曰:道理之载于典籍者,一定而有限,而天下事千变万化,其端无穷。故世之苦读书者,往往遇事有执泥处,而经历事故多者,又每逐事圆融而无定见。此皆一偏之见。朕则谓当读书时,须要体认世务;而应事时,又当据书理而审其事。宜如此,方免二者之弊。

训曰:孔子云:"先行其言,而后从之。"如宋周、程、张、朱诸儒,皆能勉行道学之实,其议论皆发明先圣先贤之奥旨。又若司马光,乃宋朝名相,观其编辑《资治通鉴》,论断古今,尽得其当,可谓言行相符,然自未尝博道学之名也。今人讲道,学者徒尚语言文字,而尤好非议人。非惟言行不符,而言之有实者,盖亦寡矣。朕不尚空言,惟务实行,尤不肯非议人。盖以人各有短长,弃其所短,而取其所长,始能尽人之材。若必求全责备,稍有欠缺,即行指摘,非忠恕之道也。

训曰:人生于世,最要者唯行善。圣人经书所遗如许言语,惟欲人之善。神佛之教,亦唯以善引人。后世之学,每每各向一偏,故尔彼此如雠敌也。有自谓道学,入神佛寺庙而不拜,自以为得真传正道,此皆学未至而心有偏。以正理度之,神佛者皆古之至人,我等礼之敬之,乃理之当然也。即今天下至大,神佛寺庙,不可胜数,何寺庙而无僧道?若以此辈皆为异端,使尽还俗,不但一时不能,而许多人将何以聊其生耶?

训曰:老者尝云,人至高年则不能耐暑。朕于此言,常在疑信之间,厥后年至五旬,即不能耐暑,些须受热,则内烦闷而不能堪。细思其故,盖由人年壮,血气强盛,水火平均,所以不显。年高,血气衰败,水不能胜火,故不能耐暑。尔等此时还不在意,至年渐高自觉之矣。

训曰:有人见朕之须白,言有乌须良方。朕曰:我等自幼凡祭祀时,尝以须鬓至白、牙齿尽黄为祝。今幸而须鬓白矣,不思福履所绥而反怨老之已至,有是理乎?

训曰:我朝先辈有言:"老人牙齿脱落者,于子孙有益。"此语诚然。数年前,朕诣宁寿宫请安,皇太后向朕问治牙痛方,言牙齿动摇,其已脱落者则痛止,其未脱落者痛难忍。朕因奏曰:"太后圣寿已逾七旬,孙及曾孙殆及百余,且太后之孙皆已须发将白而牙齿将落矣,何况祖母享如是之高年?我朝先辈尝言:老人牙齿脱落,于子孙有益。此正太后慈闱福泽绵长之嘉兆也。"皇太后闻朕之言,欢喜倍常,谓朕言极当,称赞不已。且言皇帝此语,凡如我老媪辈,皆当闻之而生欢喜也。

训曰:《记》云,"昏定晨省"者,言为子之所以竭尽孝心耳。人当究其本意,不可徒泥其辞,必循其迹以行之。如朕子孙众多,逐日早起问安,汝子又早起问汝之安,日暮又如此相继问安,不但尔等无饮食之暇,即朕亦将终日不得一饭之暇矣,决非可行之事。

由此观之，凡人读书俱究其本意，而得之于心可也。

训曰：《易》为四圣之书，其立象、设卦、系辞广大悉备，言其理则无所不该，言其用则自昔伏羲、神农、黄帝、尧、舜王天下之道，咸取诸此。然而深探作《易》之旨，大抵不外阴阳而配诸人事，则有吉凶悔吝之别，运数所由盛衰，风俗所由治乱，君子小人所由进退消长，鲜不于奇偶二画屈伸变易之间见之。朕惟经学为治法之要，而《诗》《书》之文，《礼》《乐》之具，《春秋》之行事，罔不于《易》会通。故朕研求易理，玩索精蕴，前命儒臣参考诸儒注疏传义，撰为《日讲易经解义》，又命大学士李光地纂修《周易折中》。乙夜披览，一字一画，斟酌无忽。诚以《易》之为书，有观民设教之方，有通德类情之用，恐惧修省以治身，思患豫防以维世，所以极天人、穷性命、开物前民、通变尽利者，其理莫详于《易》。故孔子尝曰：加我数年，五十以学易。盖言凡为学者，不可以不学，而学又不可易视之也。

训曰：凡事只空谈，若不眼见，终属无用。《诗》云："伯氏吹埙，仲氏吹篪。"然而实见埙篪者有几人？一岁除日，乾清宫正陈设乐器，朕召南书房汉大臣翰林等降旨云：尔等凡作诗赋，多以埙篪比兄弟。问尔埙篪之形如何，皆云不知。因命内监将乐器中埙篪取与伊等观看，伊等看毕，欣然称奇，以为臣等惟于书中见之，即随口空谈，谁人实见埙篪？今日方得明白也。凡事皆如此，必亲见亲历始得确实。若闻之他人，或书中偶见，即据以为言，必贻笑于有识之人矣。

训曰：我朝"清"字，各国语音俱可以叶。太宗皇帝时，曾借蒙古字以代清文，后来奉敕谕学士达海修饰蒙古字，加以圈点，而撰清文。朕虑将来或有授受之讹，故特与高年人等搜辑旧语，制为《清文鉴》颁行之。既有此书，则我朝清字必不至于遗漏矣。

训曰：赖祖父福荫，天下一统，国泰民安。远方外国商贾渐通，各种皮毛较之向日倍增。记朕少时，贵人所尚者惟貂，次则狐膁天马之类,至于银鼠,总未见也。驸马耿聚忠着一银鼠皮褂,众皆环视,以为奇珍。而今银鼠能直几何?即此一节而论,祖父所遗之基,所积之福,岂可易视哉!

训曰:凡人饮食之类,当各择其宜于身者,所好之物不可多食,即如父子兄弟间,我好食之物,尔则不欲;尔不欲食之物,我强与汝以食之,岂可乎?各人所不宜之物,知之即当永戒。由是观之,人自有生以来,肠胃自各有分别处也。

训曰:人果专心于一艺一技,则心不外驰,于身有益。朕所及明季人与我国之耆旧善于书法者,俱寿考而身强健。复有能画汉人或造器物匠役,其巧绝于人者,皆寿至七八十,身体强健,画作如常。由是观之,凡人之心志有所专,即是养身之道。

训曰:朕决不欺人,即如今凡匠役人等,各有密传技艺,决不肯告人。而朕问之,彼若开诚明奏,朕必密之不告一人也。

训曰:凡人能量己之能与不能,然后知人之艰难。朕自幼行走固多,征剿噶尔丹三次行师,虽未对敌交战,自料犹可以立在人前。但念越城勇将,则知朕断不能为。何则?朕自幼未尝登墙一次,每自高崖下视,头犹眩晕。如彼高城,何能上登?自己决不能之事,岂可易视?所以,朕每见越城勇将,心实怜之,且甚服之。

训曰:昔时,大臣久经军旅者,多以人命为轻。朕自出兵以后,每反诸己,或有此心乎?思之,而益加敬谨焉!

训曰:行围打牲,必用鸟枪,而鸟枪火药最宜小心,大概一两火药可以烘动二三间房屋,如或一斤则其力不可言矣。我知之最切,且闻之亦多,是故训尔等用鸟枪时,各宜小心谨慎也。

训曰:吾人燕居之时,惟宜言古人善行善言。朕每对尔等多教以善,尔等回家,各告尔之妻子,尔之妻子亦莫不乐于听也。事之美,岂有逾此者乎!

训曰:凡人持身处世,惟当以恕存心。见人有得意事,便当生欢喜心;见人有失意事,便当生怜悯心。此皆自己实受用处。若夫忌人之成，乐人之败，何与人事？徒自坏心术耳。古语云："见人之得，如己之得；见人之失，如己之失。"如是存心，天必佑之。

训曰：民生本务在勤，勤则不匮。一夫不耕，或受之饥，一妇不蚕，或受之寒，是勤可以免饥寒也。至于人生衣食财禄，皆有定数。若俭约不贪，则可以养福，亦可以致寿。若夫为官者，俭则可以养廉。居官居乡只缘不俭，宅舍欲美，妻妾欲奉，仆隶欲多，交游欲广，不贪何以给之？与其寡廉，孰若寡欲？语云："俭以成廉，侈以成贪。"此乃理之必然者！

训曰：尝谓四肢之安佚也，性也。天下宁有不好逸乐者，但逸乐过节则不可。故君子者勤修不敢惰，制欲不敢纵，节乐不敢极，惜福不敢侈，守分不敢僭，是以身安而泽长也。《书》曰："君子所其无逸。"《诗》曰："好乐无荒，良士瞿瞿。"至哉，斯言乎！

训曰：国家赏罚治理之柄，自上操之。是故转移人心，维持风化，善者知劝，恶者知惩。所以代天宣教，时亮天工也。故爵曰天职，刑曰天罚。明乎赏罚之事，皆奉天而行，非操柄者所得私也。《韩非子》曰："赏有功，罚有罪，而不失其当，乃能生功止过也。"《书》曰："天命有德，五服五章哉！天讨有罪，五刑五用哉！政事懋哉懋哉！"盖言爵赏刑罚，乃人君之政事，当公慎而不可忽者也！

训曰：舜好问而好察。迩言不自用而好问，固美矣。然不可不察其是否也，故又继之以好察。孟子论用人、用刑则曰："询之左右及诸大夫及国人，可谓不自用、不偏听而谋之广矣，然终必继之以察而实见其可否，然后信之。"至若舜又曰："官占惟先蔽志，昆命于元龟。朕志先定，询谋佥同，鬼神其依，龟筮协从。"箕子亦曰："汝则有大疑，谋及乃心，谋及卿士，谋及庶人，谋及卜筮。"此则又先断之以己意，然后参之于人与鬼神。可见古之圣人或先参众论，而后审之以独断；或先定己见，而后稽之于人神。其慎重不苟如此，盖众谋、独断，不容偏废，但先后异用而随事因时可耳。

训曰:天下事物之来不同,而人之识见亦异。有事理当前,是非如睹,出平日学力之所至,不待拟议而后得之,此素定之识也;有事变倏来,一时未能骤断,必待深思而后得之,此徐出之识也;有虽深思而不能得,合众人之心思,其间必有一当者,择其是而用之,此取资之识也。此三者,虽圣人亦然。故周公有继日之思,而尧舜亦曰畴咨稽众。惟能竭其心思,能取于众,所以为圣人耳。

训曰:孟子言,良知良能,盖举此心本然之善端,以明性之善也。又云:"大人者,不失其赤子之心者也。"非谓自孩提以至终身,从吾心,纵吾知,任吾能,自莫非天理之流行也。即如孔子"从心所欲不逾矩",尚言于"志学""而立""不惑""知命""耳顺"之后。故古人童蒙而教,八岁即入小学,十五而入大学,所以正其禀习之偏,防其物欲之诱,开扩其聪明,保全其忠信者,无所不至。即孔子之圣,其求道之心,乾乾不息,有不知老之将至。故凡有志于圣人之学者,其择善固之,克己复礼,循循勉勉,无有一毫忽易于其间,始能日进也。

训曰:朕自幼留心典籍,比年以来所编定书约有数十种,皆已次第告成。至于字学,所关尤切。《字汇》失之简略,《正字通》涉于泛滥。兼之各方风土不同,语音各异,司马光之《类编》,分部或未明;沈约之《声韵》,后人不无訾议;《洪武正韵》多所驳辩,迄不能行,仍依沈《韵》。朕参阅诸家,究心考证,如我朝清文以及蒙古、西域、洋外诸国,多从字母而来,音虽由地而殊,而字莫不寄于点画,两字合作一字,二韵切为一音,因知天地之元音发于人声,人声之形象寄于字体。故朕酌订一书,命曰《康熙字典》,增《字汇》之阙遗,删《正字通》之繁冗,务使详略得中,归于正当,庶可垂示永久云。

训曰:朕自幼所见医书颇多,洞彻其原故,后世托古人之名而作者,必能辨也。今之医生所学既浅而专图利,立心不善,何以医人?如诸药之性,人何由知之?皆古圣人之所指示者也。是故朕凡所试之药与治人病愈之方，必晓谕广众；或各处所得之方，必告尔等共记者，惟冀有益于多人也。

训曰：药品不同，古人有用新苗者，有用曝干者，或以手折口咬摄合一处。如今皆用曝干者，以分量称合，此岂古制耶？如蒙古有损伤骨节者，则以青色草名绰尔海之根，不令人见采取，食之甚有益。朕令人试之，诚然；验之，即内地之续断。由此观之，蒙古犹有古制，药惟与病相投，则有毒之药亦能救人；若不当，即人参人亦受害，是故用药贵与病相宜也。

训曰：养生之道饮食为重，设如身体微有不豫，即当节减饮食，然亦惟比寻常稍减而已。今之医生一见人病即令勿食，但以药物调治。若或内伤，饮食者禁之犹可，至于他症，自当视其病由，从容调理量进饮食，使气血增长。苟于饮食禁之太过，惟任诸凡补药鲜能资补气血而令之充足也。养身者宜知之。

训曰：朕从前曾往王大臣等花园游幸，观其盖造房屋，率皆效法汉人，各样曲折槅断，谓之套房。彼时亦以为巧，曾于一两处效法为之，久居即不如意，厥后不为矣。尔等俱各自有花园，断不可作套房，但以宽广宏敞居之，适意为宜。

训曰：朕虽于谈笑小节，亦必循理。先者大阿哥管养心殿，营造事务时，一日同西洋人徐日升进内，与朕闲谈中间，大阿哥与徐日升戏曰：剃汝之须，可乎？徐日升佯佯不采，云：欲剃则剃之。彼时朕即留意大阿哥原是悖乱之人，设曰：我奏过皇父，剃徐日升之须，欲剃则竟剃矣。外国之人谓朕，因戏而剃其须可乎？其时朕亦笑曰：阿哥若欲剃亦必启奏，然后可剃。徐日升一闻朕言，凄然变色，双目含泪，一言不出。既逾数日后，徐日升独来见朕，涕泣而向朕曰：皇上何如斯之神也！为皇子者，即剃我外国人之须，有何关系？皇上尚虑及未然，降此谕旨，实令臣难禁受也。厥后四十七年，朕不豫时，徐日升听信外边乱语，以为朕疾难愈，到养心殿大哭，自怨其无造化，随回至家身故。夫一言可以得人心，而一言亦可以失人心也。

训曰：我朝先辈老者，虽未深通书史，然所行奇处极多，即如古有结绳之政，我朝先辈奏事，亦尝结带为记；古用木简、竹简书字，我朝今用绿头牌、木牌。由此观之，凡圣人应运而兴者，所行自暗与古合，诚足异也。

训曰：春夏之时，孩童戏耍在院中无妨，毋使坐在廊下，此老年人尝言之也。

训曰：昔者喀尔喀尚未内附之时，惟乌朱穆秦之羊为最美。厥后七旗之喀尔喀尽行归顺，达里岗阿等处立为牧场，其初贡之羊，朕不敢食，特遣典膳官虔供陵寝，朕始食之。即如朕新制法蓝碗，因思先帝时未尝得用，亦特择其嘉者恭奉陵寝，以备供茶。朕之追远致敬，每事不忘，尔等识之。

训曰：朕自幼喜欢稼穑，所得各方五谷菜蔬之种，必种之以观其收获，诚欲广布于民生，或有裨益也。朕丰泽园所种之稻，偶得一穗较他穗先熟，因种之，遂比别稻早收。若南方和暖之地，可望一年两获。即如外国之卉、各省之花，凡所得种，种之即生，而且花开极盛。观此，则花木之各遂其性也，可知矣。今塞外之野茧，大似山东之山茧。朕因织为茧绸制衣衣之，此皆农桑之要务。至于花木，皆天地生意所发，故朕心深惬焉。

训曰：古人尝言，三年耕必有一年之积，九年耕必有三年之积。此先事预防之至计，所当讲求于平日者。近见小民蓄积匮乏，一遇水旱，遂致难支。此皆丰稔之年粒米狼戾，不能储备之故也。国计若是，家计亦然。故凡家有田畴足以赡给者，亦当量入为出，然后用度有准，丰俭得中，安分养福，子孙常守。

训曰：朕生性不喜价值太贵之物，出游之处所得树根或可观之石，围场所获野兽之角或爪牙，以至木叶之类，必随其质而成一应用之器。即此观之，天下之物，虽最不直价者，以作有用之器，即不可弃也。

训曰：尝见有人讲论旧磁器皿，以为古玩。然以理论，旧磁器皿俱系昔人所用，其陈设何处俱不可知，看来未必洁净，非大贵人饮食所宜留用，不过置之案头，或列之书厨，以为一时之清赏可矣。此亦富贵人家所当留心之一节，故语尔等知之。

训曰：诸国必有一所敬之神，即如我朝之敬祀祖神者，如蒙古、回子、番苗、猓猓，以及各国之人，皆自有一所敬之神。由此观之，天之生斯人也，敬之一字，凡事不可须臾离也。

训曰：凡人各有一惧怕之物，有怕蛇而不怕蛤蟆者，亦有怕蛤蟆而不怕蛇者。朕虽不怕诸样之物，然从来不以戏人。在怕虫之人见其所怕之虫，不顾身命，往往竟有拔刀者。如在大君之前，倘出锋刃，俱系重罪。明知此故，而因一戏以入人罪，亦复何味？尔等留心，切记可也。

训曰：敬重神佛，惟在我心而已。自唐宋以来，相传遇神佛祭日，特造神佛纸像供之。祭毕，复焚此。虽无关乎大礼，然于道理甚不合。外边小人随其俗尚可已，我等为人上者知此当各戒之。

训曰：朕南巡数次，看来大江以南水土甚软，人亦单薄。诸凡饮食，视之鲜明奇异，然于人则无补益处。大江以北水土即好，人亦强壮，诸凡饮食亦皆于人有益，此天地间水土一定之理。今或有北方人饮食执意效南方，此断不可也，不惟各处水土不同，而人之肠胃亦异，勉强效之，渐至于软弱，于身有何益哉！

训曰：漆器之中，洋漆最佳，故人皆以洋人为巧，所作为佳，却不知漆之为物，宜潮湿而不宜干燥。中国地燥尘多，所以漆器之色最暗，观之似粗鄙。洋地在海中，潮湿无尘，所以漆器之色极其华美。此皆各处水土使然，并非洋人所作之佳，中国人所作之不及也。

训曰：边外水土肥美，本处人惟种糜、黍、稗、稷等类，总不知种别样之谷。因朕驻跸边外，备知土脉情形，教本处人树艺各种之谷。历年以来，各种之谷皆获丰收，垦田亦多，各方聚集之人甚众，即各山壑中皆成大村落矣。上天爱人，凡水陆之地，无一处不可以养人，惟患人之不勤不勉。尔诚能勤勉，到处皆可耕凿，以给妻子也。

训曰：我朝满洲旧风，凡饮食必甚均平，不拘多寡，必人人遍及，使尝其味。朕用膳时使人有所往，必留以待其回而与之食。青海台吉来时，朕闲话中间问伊等旧风，亦云如是。由是观之，古昔所行之典礼，其规模皆一，殆无内外远近之分也。

训曰：明朝末年，西洋人始至中国，作验时之日晷。初制一二时，明朝皇帝目以为宝而珍重之。顺治十年间，世祖皇帝得一小自鸣钟以验时刻，不离左右。其后又得自鸣钟稍大者，遂效彼为之。虽能仿佛其规模，而成在内之轮环。然而，上劲之法条未得其法，故不得其准也。至朕时，自西洋人得作法条之法，虽作几千百而一一可必其准。爰将向日所珍藏世祖皇帝时自鸣钟尽行修理，使之皆准。今与尔等观之，尔等托赖朕福如斯，少年皆得自鸣钟十数以为玩器，岂可轻视之？其宜永念祖父所积之福可也。

训曰：朕所居殿，现铺毡片等物，殆及三四十年而未更换者有之。朕生性廉洁，不欲奢于用度也。

训曰：旧满洲忌讳之事，皆如古典。即如遇一忌讳之事，有年高者，则子弟为年高者忌讳；子孙众多，年高者亦为子孙忌讳，是皆彼此爱敬之意。汝等知此，必遵而行之。

训曰：大凡残疾之人不可取笑，即如跌蹼之人亦不可哂。盖残疾之人，见之宜生怜悯。或有无知之辈，见残疾者每取笑之，其人非自招斯疾，即招及子孙。即如哂人跌蹼，不旋踵，间或即失足。是故我朝先辈老人常言，勿轻取笑于人，取笑必然自招，正谓此也。

训曰：白素之物最为吉祥，佛经中以白为净，故蒙古、西番僧众供佛见贵人，必进白绫手帕，以为贽见之礼。且我朝一应喜庆筵宴，桌张亦必用素白布疋，以为盖袱，此正古人“绘事后素”之义也。

训曰：朕自幼凡祭祀典礼，必亲行以致其诚敬。今因年老，于诸祭祀典礼，身不能者，宁遣王公大臣恭代，断不苟且行之以塞责也。今遣尔等恭代，亦必如朕之诚敬可矣。

训曰：明朝十三陵，朕往观数次，亦尝祭奠。今未去多年，尔等亦当往观祭奠。遣尔等去一两次，则地方官、看守人等皆知敬谨。世祖章皇帝初进北京，明朝诸陵一毫未动。收崇祯之尸，特修陵园以礼葬之，厥后亲往奠祭尽哀，至于诸陵亦皆拜礼。观此，则我朝得天下之正，待前朝之厚，可谓超出往古矣。

训曰：凡人平日必当涵养此心。朕昔足痛之时，转身艰难，足欲稍动，必赖两傍侍御人挪移，少着手即不胜其痛。虽至于如此，朕但念自罹之灾，与左右近侍谈笑自若，并无一毫躁性生忿，以至于苛责人也。二阿哥在德州病时，朕一日视之，正值其含怒，与近侍之人生忿。朕宽解之，曰："我等为人上者，罹疾却有许多人扶持任使，心犹不足。如彼内监或是穷人，一遇疾病，谁为任使？虽有气忿向谁出耶？"彼时左右侍立之人听朕斯言，无有不流涕者。凡此等处，汝等宜切记于心。

训曰：人于平日养身，以怯懦机警为上。未寒凉即增衣服，所食物稍有不宜即禁忌之。愈谨慎、愈怯懦，则大益于身，但观老大臣辈尽皆如此。朕每见伊等常以机心戏之，然机心第不可用之于他处。若各用之于养身，其有益无比也。

（一日指案上所置贺兰国铁尺）训曰：此铁尺既不曲，且无铁锈气味，尔等其知此乎？乃琢贺兰国刀而为之者。夫改兵器而设于书案，亦偃武修文之意也。曩者西洋人安多见之，曾谓刀者兵器，人人见而畏之，今设于书案，人人见而喜，持焉亦极吉祥之事。斯言最得理也。

训曰：《中华城池地里图样》虽载于直省志书，但取其大概，而地里之远近俱不得其准。朕以治历之法，按天上之度以准地里之远近，故毫无差忒。曾分道遣人尽山川城郭而量其形势。南至沔国，北至俄罗斯，东至海滨，西至冈底斯，俱入度内，名为《皇舆全图》。又命善于丹青者精心绘出，刊刻成图，颁赐尔等。观此图方知我朝地舆之广大。祖宗累积，岂可轻视耶？既知创业之维艰，应虑守成之不易。联惟祝告上天，俾天下苍生永乐此升平之世界耳。

训曰：人生凡事固有定数，然而其中以人力夺天工者有之，如取火镜、指南针，一物之微，能参造化。至于推步七政之运行，寒暑之节候，日月之交蚀，皆时刻不爽。又若春耕夏耘，乃致西成秋获。苟徒恃天工，不尽人力，何以发造化之机，而时亮天工乎？

训曰：汝等皆系皇子王阿哥，富贵之人，当思各自保重身体，诸凡宜忌之处，必当忌之，凡秽恶之处，勿得身临，譬如出外，所经行之地，倘遇不祥不洁之物，即当遮掩躲避。古人云：千金之子，坐不垂堂。况于尔等，身为皇子者乎？

训曰：为人上者，居处宫室虽贵洁净，然亦不可太过成癖。尝见有人过于好洁，其所居之室一日扫除数次，家下人着履者皆不许入，衣服少有玷污即弃而不用，亲属所馈饮食俱不肯尝。此等人谓之犯“洁癖”，久之反为身累。盖其性情识见鄙隘已甚，实非正心修身之大道，特语尔等知之。

训曰：父母之于儿女，谁不怜爱？然亦不可过于娇养。若小儿过于娇养，不但饮食之失节，抑且不耐寒暑之相侵，即长大成人非愚则痴。尝见王公大臣子弟中每有痴呆软弱者，皆其父母过于娇养之所致也。

训曰：我朝旧制，多合经书古典。满洲例，带马必以右手，牵犬必以左手，《礼》记即然，如斯类者尽有。

训曰：古人一年四季出猎，若此则人劳，而禽兽亦不得遂其生。朕一年两季行幸，春日水猎，欲人之习于舟楫也；秋日出哨，欲人之习于弓马也。若此，则人不劳，而禽兽亦得遂其生。是故我朝之兵甚强健，所向无敌者，实朕使之以时，而养之以节之所致也。

训曰：朕初次南巡阅河，各样船俱试坐之，皆不甚妥。厥后，朕亲指示作黄船，尽善尽美，极其坚固，虽遇大风浪，坐此船毫无可虑也。朕于大小事务，必搜其本原，复谘于众，然后行之。

训曰：黄淮两河，关系漕运民生最为重要，故朕不惮勤劳，屡亲巡阅，察其险易之形势，审其疏导之机宜，缓急次第具有成画，大修工程费以数百万计，岁修帑金亦以数十万计。乃康熙三十七年黄淮并涨，总河董安国不坚筑堤堰，疏通海口，因而河身垫高，以致倒灌洪泽湖口，湖水从六坝旁泄，由运河入下河，淹没民田。于是罢董安国而以于成龙代之，授以治河方略。三十八年，亲往阅视驻跸清口河干，面谕于成龙，清口宜筑挑水坝挑黄河使趋北岸，始免倒灌清口之患。而于成龙未获成功，继用张鹏翮为总河，又令大臣官员往高堰筑堤，坚闭六坝，使洪泽湖水畅出清口。仍谕张鹏翮，清口筑挑水坝尤为紧要，此坝不筑，则黄水顶冲断不能使向北岸，湖水必不得畅流。张鹏翮遵奉朕言，坝功筑成，黄流遂直趋陶庄，清水因以畅流，叠经伏秋大涨，并无倒灌之事。又命浚张福口等引河筑归仁堤，疏人字芒稻、泾涧等河，开大通口，皆一一告竣。曩时黄水泛涨，或与岸平，或漫溢四出。今黄河深通，河岸距水面数十余丈，纵遇大涨亦可无虞。此皆由朕深念河工国家大事，夙夜廑怀，未尝少释，且简命河臣倚任甚切，所属官吏俱听选用，凡在河工大小官员并皆勉力赴工，共襄河务之所致也。此系朕治河始末，特语尔等识之。

训曰：言治河者，谓宜顺其入海之性，不宜障塞以与之争，此但言其理耳。今河决在七里沟，去海止四十余里，若听其顺流入海，既可不劳人功，亦且永无河患，岂不甚便？但淮以北二百里之运道，遂成枯渠，国计所关，故不得不使其迂回而入淮河之故道，此由时势与古不同也。

训曰：尔等荷蒙朕恩，作王、贝勒、贝子各自分家异居矣，但当谨遵国法，守尔等本分度日可也。尔等王职，惟朝会大典，除此凡外边诸事，不可干预。朕若命以事务，当视朕之所命，尽心竭意，方不负朕之所用，而贻人讥笑也。

训曰：凡人养身，重在衣食。古人云：慎起居，节饮食。然而衣服之系于人者亦为最要。如朕冬月衣服宁过于厚，却不用火炉。所以然者，盖为近火则衣必薄，出外行走必致感寒。与其感寒而加服，何如未寒而先进衣乎？

训曰：朕出猎在外，虽遇极寒时不下帽檐，面庞、耳轮一次未冻。然而寻常在家，衣必厚实。盖出猎在外，必预防寒冷。若寻常居家，偶尔出行，忽感寒气者有之，宜常防范。

训曰：曩者一时作兴吹筒，吹者甚多。朕亦尝试之，不济于用，且甚伤人气，近来皆不用矣。与其用无益之物，何若暇时熟习弓马，不亦善乎！

训曰：朕用膳后必谈好事，或寓目于所作珍玩器皿。如是则饮食易消，于身有益也。

训曰：子平、六壬、奇门等学，俱系后世人按五行生克互相敷演而成。其取义也，虽极巧极精，然其神煞名号，尽是人之所定，揆之正理，实难信也。世人习某件即偏于某件，以为甚深且奥，以夸耀于人。朕于暇时，亦曾究心此等杂学，以考其根源，一一洞彻，知其不能确准，又焉能及古圣所传之大道耶？

训曰：《河图》顺转而相生，《洛书》逆转而相克，盖生者所以成其体，而克者所以宏其用。《大禹谟》："水火金木土，谷惟修。"以五行相克为次第，可见相克是五行作用处。今术数家或以相克取财官，或以相克取发用，亦此理也。

训曰：人之一生虽云命定，然而命由心造，福自己求。如子平五星推人妻财子禄及流年月建，日后试之多有不验，盖因人事未尽，天道难知。譬如推命者言当显达，则自谓必得功名，而诗书不必诵读乎？言当富饶，则自谓坐致丰亨，而经营不必谋计乎？至谓一生无祸，则竟放心行险，恃以无恐乎？谓终身少病，则遂恣意荒淫，可保无虞乎？是皆徒听禄命，反令人堕志失业，不加修省，愚昧不明莫此为甚。以朕之见，人若日行善事，命运虽凶而可必其转吉；日行恶事，命运纵吉而可必其反凶。是故"命"之一字，孔子罕言之也。

训曰：《易》云："天在山中，大畜。君子以多识前言往行，以畜其德。"夫多识前言往行要在读书。天人之蕴奥在《易》，帝王之政事在《书》，性情之理在《诗》，节文之详在《礼》，圣人之褒贬在《春秋》，至于传记子史皆所以羽翼。圣经记载往迹，展卷诵读，则日闻所未闻，智识精明，涵养深厚，故谓之畜德，非徒博闻强记，夸多斗靡已也。学者各随分量所及，审其先后而致功焉。其芜秽不经之书、浅陋之文，非徒无益，而反有损，勿令入目，以误聪明可也。

训曰：圣贤之书所载皆天地古今万事万物之理，能因书以知理，则理有实用。由一理之微，可以包六合之大。由一日之近，可以尽千古之远。世之读书者生乎百世之后，而欲知百世之前，处乎一室之间，而欲悉天下之理，非书曷以致之！书之在天下，五经而下，若传若史，诸子百家，上而天，下而地，中而人与物，固无一事之不具，亦无一理之不该。学者诚即事而求之，则可以通三才，而兼备乎万事万物之理矣。虽然书不贵多而贵精，学必由博而致约，果能精而约之，以贯其多与博，合其大而极于无余，会其全而备于有用。圣贤之道岂外是哉？

训曰：朕自幼好看书，今虽年高，万几之暇犹手不释卷。诚以天下事繁，日有万几，为君者一身处九重之内，所知岂能尽乎？时常看书知古人事，庶可以寡过。故朕理天下事五十余年无甚差忒者，亦看书之益也。

训曰：凡人最要者，惟力行善道能尽五伦，而一心笃于行善，则天必眷佑，报之以祥。若徒口言善，而心存奸邪，决不为天所佑。是以古圣人惟欲人之止于至善也。

训曰：好疑惑人非好事，我疑彼，彼之疑心益增。前者丹济拉来降之时，众皆谏朕宜防备之。朕心以为丹济拉既已来降，即我之臣，何必疑焉？初至之日，即以朕之衣冠赐之，使进朕帐幄内，近坐赐食，傍无一人，与伊刀切肉食。彼时丹济拉因朕之诚心相待，感激涕零，终身奋勉尽力。又先时台湾贼叛，朕欲遣施琅，举朝大臣以为不可遣，去必叛。彼时朕召施琅至，面谕曰："举国人俱云汝至台湾必叛，朕意汝若不去台湾，断不能定汝之不叛。"朕力保之，卒遣之。不日而台湾果定。此非不疑人之验乎？凡事开诚布公为善，防疑无用也。

训曰：年高之人，理当厚待怜恤之。且其年皆与我先辈年等，怜之敬之，则福寿亦增耳。

训曰：朕自幼登极，生性最忌杀戮。历年以来惟欲人善而又善。即位至今，公卿大臣保全者不记其数。即如幼年间于田猎之时，但以多戮禽兽为能。今渐渐年老，围中所圈乏力之兽尚不忍于射杀。观此则圣人所言"我欲仁，斯仁至矣"之语，诚至言也。

训曰：饮食之制义取诸鼎，圣人颐养之道也。是故古者大烹，为祭祀则用之，为宾客则用之，为养老则用之，岂以恣口腹为哉？《礼·王制》曰："诸侯无故不杀牛，大夫无故不杀羊，士无故不杀犬豕，庶人无故不食珍。"《论语》曰："子钓而不网，弋不射宿。"古之圣贤其于牺牲禽鱼之类，取之也以时，用之也以节。是故朕之万寿与夫年节，有备宴恭进者，即谕令少杀牲。正以天地好生，万物各具性情而乐其天，人不得以口腹之甘而肆情烹脍也。

训曰：字乃天地间之至宝，大而传古圣欲传之心法，小而记人心难记之琐事；能令古今人隔千百年觌面共语，能使天下士隔千万里携手谈心，成人功名，佐人事业，开人识见，为人凭据，不思而得，不言而喻，岂非天地间之至宝？与以天地间之至宝而不惜之，糊窗粘壁，裹物衬衣，甚至委弃沟渠，不知禁戒，岂不可叹！故凡读书者一见字纸必当收而归于箧笥，异日投诸水火，使人不得作践可也。尔等切记！

训曰：孟子云："为政者，每人而悦之，日亦不足矣。"是言也，诚得为政之要道。即如近河居民，地势洼下，阴雨稍多，即觉水涝。近山居民，地势高阜，数日不雨，即觉亢旱。天道尚然，何况人事？故为政者应持大体，府事允治，自然万世永赖，久安长治之道，未有以政徇人者也。孟子此言，深切政体，特语尔等知之。

训曰：兹者一两年间，春夏之交稍旱，外边无知之人，即妄言以为大旱。朕少时曾经正月至于六月不雨，朕于交泰殿前圈席墙在内三昼夜祈祷，虽盐酱小菜一毫不食。步至天坛祈雨，去时天尚晴明，礼毕将回，即降细雨，及出坛门，则大雨倾盆，田亩尽濡泽矣。今年未至若彼之旱，且朕年高，不能如彼时之斋戒步祷，身诚不能，乌用欺众为哉？此亦朕生性不务虚饰之一端也。

训曰：昔日太皇太后圣躬不豫，朕侍汤药三十五昼夜，衣不解带，目不交睫，竭力尽心，惟恐圣祖母有所欲用而不能备。故凡坐卧所须以及饮食肴馔无不备具，如糜粥之类备有三十余品。其时圣祖母病势渐增，实不思食，有时故意索未备之品，不意随所欲用，一呼即至。圣祖母拊朕之背，垂泣赞叹曰："因我老病，汝日夜焦劳，竭尽心思，诸凡服用以及饮食之类，无所不备。我实不思食，适所欲用不过借此支吾，安慰汝心。谁知汝皆先令备在彼，如此竭诚体贴，肫肫恳至，孝之至也。惟愿天下后世，人人法皇帝如此大孝可也。"

训曰：人于凡事，能顺理之自然，则于身有益。朕今年高，齿落殆半，诸凡食物，虽不能嚼，然朕心所欲食者，则必烹烂或作醢酱，以为下饭，并无一念自怨衰老。有自幼随朕近侍，时常以齿落身衰，不得食诸美味，行走之处不能及人为恨，每向人前诉苦，此皆由于见理未明，不能顺其自然之故也。朕鉴夫此，惟宽坦从容，以自颐养而已。

训曰:吾人年岁老而经事多,则自轻易不为人所诱。每见道士自夸修养得法,大言不惭。但多试几年,究竟如常人,齿落须白,渐至老惫。观此,凡世上之术士,但欺诳人而已矣。神仙岂降临尘世哉!又有一等术士,立地数十年,或坐小屋几载,然能久坐者不能久立,能久立者不能久坐,可知其所以能此,乃邪魅之术耳。此皆朕历试之,而知其妄者也。

训曰:凡事暂时易,久则难,故凡人有说奇异事者,朕则曰:"且待日久再看。"朕自八岁登极,理万机五十余年,何事未经?虚诈之徒一时所行之事,日后丑态毕露者甚多。此等纤细之伪,朕亦不即宣出,日久令自败露。一时之诈,实无益也。

训曰:尔等惟知朕算术之精,却不知我学算之故。朕幼时,钦天监汉官与西洋人不睦,互相参劾,几至大辟。杨光先、汤若望于午门外九卿前当面赌测日影,奈九卿中无一知其法者。朕思,己不知焉能断人之是非?因自愤而学焉。今凡入算之法,累辑成书,条分缕析。后之学此者视此甚易,谁知朕当日苦心研究之难也。

训曰:音律之学,朕尝留心,爰知不制器无以审音,不准今无以考古。音由器发,律自数生。是故不得其数,律无自生;不考以律,音不得正。雅俗固分,而声协则一;器虽代革,而音调则同。故曰:以六律正五音,今之乐由古之乐也。朕考核诸音律谱,按性理内《律吕新书》黄钟律分围经长短,准以古尺损益,相生十二律吕,制为管而审其音,复以黄钟之积加分减分,制诸乐器而和其调。实以黍而数合,播诸乐而音谐。因著为书,辨其疑,阐其义,正律审音,和声定乐,条分缕析,一一详明。盖天地之元声亘古今而莫易,联中外以大同。六合之同,四海之外,此音同,此理同也。百世之上,百世之下,此理同,此音同也。是故不知古乐而溺于今,非特不知古,并不知今也。必复古乐而不屑于今,非特不知今,终亦无从复古也。

训曰:声音之道,以和为本,故《书》曰:“八音克谐,无相夺伦,神人以和。”尝见近世之人,事儒学者,空谈理数,拘守旧闻,而于声字之义,鄙而不讲。工师则专肄声音熟谙字谱,而于音律之原茫然无知。殊不知“工、尺”等字,即“宫、商”之省文也。工凡六五乙上,尺七字而五声,二变亦七音。工尺七字有出调,而五声二变亦旋宫,旋宫则转调,而当二变者则出调。古圣立法,原自简易,而后之人反从难处探索奥理,却不知说愈繁而理愈晦。古之雅乐,惟用五正声而间以二变,谓之七音。今之南曲亦止用五字,而出调二字不用北曲,则杂以出调二字名曰北调。然则古乐今曲,何尝不以正变之声而为宫调之准则耶?要之,乐以太和为本,是以古圣王惟得中声以定大乐,故与天地同和,荐之郊庙而神鬼享,奏之朝廷而人心风俗以淳也。

训曰:今者各国海外诸物毕至,珍禽奇兽,耳之所未闻,书传之所记者,皆得见之,且畜养而孳生者亦有之。即此观之,凡物各遂其性,虽禽兽亦如其本地之生育焉。汝等如此少年,甚至于孩提之童,遽能见此各种禽兽,岂可易视也与!

训曰:产狮之西洋国极远,即彼处亦难得之,得则进贡中国。今西洋国进贡之狮,朕心以为无甚奇处,但念彼自极远处进奉,嘉其诚心,不便发回,所以收养耳。朕不好奇物也。

训曰:古史书载出宫女三千,以为大德。明时宫女至数千,脂粉钱至百万。今朕宫中计使女恰才三百,况朕未近使之宫女,年近三十者,即出与其父母,令婚配。汝等皆系朕子,如此等处,宜效法行之。

训曰:满洲人最忌令人扶掖,是故朕至如是之年,尚且不令人扶掖,不持拄杖起坐。时人但少助而已,一立即不用扶矣,闲坐亦不凭倚。今之少年反令人扶掖,两手挽臂,观之甚是可厌。既无病,又无故如此举动,诚为怪异,亦特无福之态耳。又一等人,年纪不相称,即用拄杖,复何心哉?此等处朕实不解,尔等仍当以我朝前辈所忌讳处戒之可也。

训曰:古昔征战,尝用弩箭。至我朝时,弓矢甚利,故弃弩箭而不用。今苗蛮人尚用弩箭者,彼处尽大山深涧,伊等鸟枪少,而弓矢又不能远射,故仍用弩箭。朕近日制弩,试之所至固远,然不得准,贯革力亦微。上弩而又加箭,亦不甚便,但平日作玩具可耳,实在应用之处,则不可恃。如我朝之弓矢,连射不误,贯革力大,迎敌者如何对立。是故自古以来,各种兵器能如我朝之弓矢者,断未之有也。

训曰:古之圣人,平水土,教稼穑,辨其所宜,导民耕种,而五谷成熟。孟子曰:"五谷熟,而民人育。"则人之赖于五谷者甚重。尝思夫天地之生成,农民之力作,风雷雨露之长养,耕耘收获之勤劳,五谷之熟岂易易耶?《礼·月令》曰:"天子以元日祈谷于上帝。"凡为民生粒食计者至切矣,而人何得而轻亵之乎?奈何世之人,惟知贵金玉而不知重五谷,或狼籍于场圃,或委弃于道路,甚至有污秽于粪土者。轻亵如此,岂所以敬天乎?夫歉岁谷少,固当珍重;而稔岁谷多,尤当爱惜。《诗》曰:"粒我蒸民,莫匪尔极。贻我来牟,帝命率育。"噫嘻,重哉!

训曰:每岁自南方漕运米粮,一石费银数两,盖因地远难致之故。不肖兵丁不知运粮之艰,既得粮米,因暂时有余遂卖,银钱以供几次饱餐醉饮。及米不继之时,妻子又皆不免饥饿。此等处朕知之甚悉,故放米之时,屡降严旨于管辖人等,严禁奢费与卖米者,特为兵丁之生计也。无知之人,以兵丁卖米为小事,不知米者,养人之本,为人上者,不留心省察,可乎!

训曰:世之财物天地所生以养人者有限,人若节用自可有余,奢用则顷刻尽耳,何处得增益耶?朕为帝王,何等物不可用,然而朕之衣食毫无过费,所以然者,特为天地所生有限之财而惜之也。

训曰:凡人处世,有政事者,政事为务;有家计者,家计为务;

有经营者，经营为务；有农业者，农业为务；而读书者，读书为务；即无事务者，亦当以一艺一业而消遣岁月。奈何好赌博之人，身家不计，性命不顾，愚痴如是之甚？假赌博之名以攘人财，与盗无异，利人之失，以为己得。始而贪人所有，陷入坑阱；既而吝惜情生，妄想复本，苦恋局内，囊罄产尽，以致无食无居，荡家败业。虽密友至戚，一入赌场，顷刻反颜，一钱得失，怒詈旋兴，雅道俱伤，结怨结仇，莫此为甚。且好赌博者，名利两失，齿虽少，人即料其无成家，正殷人决知其必败。沉溺不返，污下同群，骨肉轻贱，亲朋笑耻，种种败害，相因而起，果何乐何利而为之哉！朕是以严赌博之禁，凡有犯者，必加倍治罪，断不轻恕。

训曰：人承祖父之遗，衣食无缺，此为大幸，便当读书乐志，安分修为。若家贫，亦惟勤学力行，为乡党所重。孔子曰："素富贵，行乎富贵；素贫贱，行乎贫贱。"孟子曰："富贵不能淫，贫贱不能移。"此是圣贤立志之根本，操存之要道也。

训曰：朕因大庆之年，特集勋旧与众老臣，赐以筵宴，使宗室子孙进馔奉觞者，乃朕之所以尊高年，而冀福泽之及于宗族子孙也。观朕之君臣如此，须鬓皆白，数百人坐于一处，饮食筵宴，其吉祥喜庆之气，洋溢于殿庭中矣。且年高之人，多自伤自叹，今荷朕恩礼，归家各以告其子孙，借此快乐，以益寿考，即养生之道也。

训曰：朕自幼所读之书、所办之事至今不忘。今虽年迈，记性仍然，此皆素日心内清明之所致也。人能清心寡欲，不惟少忘，且病亦鲜也。

训曰：凡书生颂扬君上，或吟咏诗赋，欲称其善，必先举人之短，而后方颂言之，每以媲三皇、迈五帝、超越百王为言，此岂非太过乎！诗中有云："欲笑周文歌宴镐，还轻汉武乐横汾。"譬之欲言此人之善，必先指他人之恶。朕意不然，彼亦善而我亦善，岂不美哉！总之，欲言人之善，但言某人之善而已，何必及他人之恶？是皆由度量窄狭而心不能平也，朕深不然之。

训曰:朱子云:“大率古人作诗,与今人作诗一般。其间亦自有感物道情,吟咏情性,几时尽是讥刺他人。只缘序者立例,篇篇要作美刺说,将诗人意思尽穿凿坏矣。”即如唐人,工于诗者,应制赋诗;后人解之,以为讥刺朝廷。其于前人不太冤耶?朱子此言最公,深得诗人之意。

训曰:唐人诗,命意高远,用事清新,吟咏再三,意味不穷。近代人,诗虽工,然英华外露,终乏唐人深厚雄浑之气。

训曰:孔子云:“君子有三戒:少之时,血气未定,戒之在色;及其壮也,血气方刚,戒之在斗;及其老也,血气既衰,戒之在得。”朕今年高,戒色戒斗之时已过,惟或贪得,是所当戒。朕为人君,何所用而不得,何所取而不能,尚有贪得之理乎?万一有此等处,亦当以圣人之言为戒。尔等有血气方刚者,亦有血气未定者,当以圣人所戒之语,各存诸心而深以为戒也。

训曰:孔子云:“民可使由之,不可使知之。”诚为政之至要。朕居位六十余年,何政未行?看来凡有益于人之事,我知之确,即当行之。在彼小人,惟知目前侥幸,而不念久远之计也。凡圣人一言一语,皆至道存焉。

训曰:盛京年例,俱系步围。朕初次至盛京时,行围不远,即连见两三虎,步行人有被爪伤者,虽不致命,实视之不忍。本处将军都统目为寻常,朕遂深责之曰:田猎原为游豫,今目睹伤人若是,何以猎为?今后步围,永行禁止。自是年至今,已四十余年矣,不然被伤者何所底止?此四十余年所生全者岂少哉?

训曰:人有病,请医疗治,必以病之始末详告医者,乃可意会而治之亦易。往往有人不以病原告之,反试医人之能识其病与否以为论难,则是自误其身矣。又病各不同,有一二剂药即瘳者,亦有一二剂药不能即瘳者,若急望效,以一二剂药不见病减,频换医人,乃自损其身也。凡人皆宜记此。

训曰:古人有言:“不药得中医。”非谓病不用药也,恐其误投耳。盖脉理至微，医理至深，古之医圣医贤，无理不阐，无书不备，天良在念，济世存心，不务声名，不计货利，自然审究详明，推寻备细，立方切症，用药通神。今之医生若肯以应酬之工用于诵读之际，推求奥妙，研究深微，审医案，探脉理，治人之病，如己之病，不务名利，不分贵贱，则临症必有一番心思，用药必有一番识见，施而必应，感而遂通，鲜有不能取效者矣。延医者慎之！

训曰：医药之系于人也大矣，古人立方，各有定见，必先洞察病源，方可对症施治。近世之人，多有自称家传妙方可治某病，病家草率，遂求而服之，往往药不对症，以致误事不小。又尝见药微如栗粒，而力等大剂，此等非金石之酷烈，即草木中之大毒，若或药投其症，服之可已，万一不投，不惟不能治病，而反受其害，其误人也可胜言哉！故孔子曰："某未达，不敢尝。"正为此也。

训曰：灸病者非美事，而身亦徒苦。朕年少时尝灸病，厥后受亏，即艾味亦恶闻矣，闻即头疼。徒灸无益，尔等切记，勿轻于灸病也。

训曰：书法为六艺之一，而游艺为圣学之成功，以其为心体所寓也。朕自幼嗜书法，凡见古人墨迹，必临一过。所临之条幅手卷将及万余，赏赐人者不下数千。天下有名庙宇禅林，无一处无朕御书匾额，约计其数亦有千余。大概书法，心正则笔正，书大字如小字。此正古人所谓心正气和、掌虚指实，得之于心而应之于手也。

训曰：善书法者，虽多出天性，大半尤恃勤学。朕自幼好书，今年老，虽极匆忙时，必书几行字，一日亦未间断，是故犹未至于荒废。人勤习一事，则身增一艺；若荒疏，即废弃也。

训曰：凡人彼此取与，在所不免。人之生辰，或遇吉事，与之以物，必择其人所需用，或其平日所好之物赠之，始足以尽我之心。不然，但以人与我何物，而我亦以其物报之，是彼此易物名而已矣，毫无实意。此等处凡人皆宜留心。

训曰：孟子云，或劳心，或劳力；劳心者治人，劳力者治于人。朕即位多年，虽一时一刻，此心不放，为人君者，但能为天下民生忧心，则天自佑之。

训曰：朱子云："圣贤立言，本自平易，而平易之中，其旨无穷。"今必推之使高，凿之使深，是未必真能高深而已，离其本指，丧其平易无穷之味矣，此最要处也。自汉以来儒者世出，将圣人经书多般讲解，愈解而愈难解矣。至宋时，朱子辈注四书五经，发出一定不易之理，故便于后人。朱子辈有功于圣人经书者，可谓大矣！是以朕训尔等，但以经书为要者，亦此故也。

训曰：凡人学艺，即如百工习业，必始于易，而步步循序渐进焉，心志不可急遽也。《中庸》曰："譬如行远，必自迩；譬如登高，必自卑。"人之学艺，亦当以此言为训也。

训曰：《书》云"同律度量衡"，《论语》曰"谨权量"，盖为禁贪风、除欺诈，所以平物价而一人情也。今市廛之上，闾阎之中，日用最切者，无过于丈尺升斗，平法其间，长短大小亦或有不同，而要皆以部颁度量衡法为准，通融合算，均归画一，则不同而实同也。盖以大同者定制度，而随俗者便民情，斯为善政。自上古以迄于今，几千百年度量权衡，改易非一，苟一旦必欲强而同之，非惟无益于民生，抑且有妨于治道，此又不可不留心讲究者也。

训曰：吉、凶、军、宾、嘉五礼之期，必选择日时者，乃古人趋吉避凶之义。《诗》曰："吉日维戊，吉日庚午。"《礼》曰："外事用刚日，内事用柔日。"朱子注《孟子》曰："天时者，时日支干、孤虚、王相之属也。"要以五行之生克为用，干支之刑冲合会为断耳。世俗相沿已久，而吉凶之理推原于《易》。是故我等尊贵之人，凡有出行移徙之类，自宜选择日时。然而既用选择之日，则尤当用其选择之时，甚勿以日之吉而忽于时之吉也。选择家云："选日必当选时，吉日不如吉时。"正谓此也。

训曰：《论语》云："子贡问为仁，子曰：工欲善其事，必先利其器。”此言实为学制事之要也。即如今之读书人欲应试也，必平日所学渊深，所记广博，自然写得出。凡遇一事，经历多者，按则例而理之，则失者少。此即器利而事自善之理也。

训曰：朕今年近七十，尝见一家祖父子孙凡四五世者。大抵家世孝敬，其子孙必获富贵，长享吉庆。彼行恶者，子孙或穷败不堪，或不肖而陷于罪戾，以至凶事牵连。如此等朕所见多矣。由此观之，惟善可遗福于子孙也。

训曰：朕于各处行伍中效力行走之人，时常唤来，与之谈论者，盖因我朝太平已久，今之少年于行兵之道未尝经历，若问此等行军之旧人，则功臣之子孙得闻伊祖父效力行走之处，亦欢喜鼓舞，循其祖父之迹，而黾勉力行之也。

训曰：我朝旧典，断不可失，朕幼时所见老先辈极多，故服食器用皆按我朝古制，毫未变更。今住京师已七十余年，居此汉地，八旗满洲后生，微微染于汉习者，未免有之。惟在我等在上之人，常念及此，时时训戒，在昔金元二代，后世君长，因居汉地年久，渐入汉俗，竟如汉人者有之。朕深鉴此而屡训尔等者，诚为我朝之首务，命尔等人人紧记，着意谨遵故也。

训曰：我朝祖宗开创以来，弧矢之利，以威天下，伐虢安民，平定海内。今朕上荷祖宗庞荫，坐致升平，岂可一日不事讲习？故朕日率尔诸皇子及近御侍卫人等，射侯射鹄，备仪备典，八旗官兵以时试肄。朕常临御教场，历观兵卒，等其优劣，赏赐褒嘉，黜陟劝勉，故尔旗分佐领，各各娴习弓马，武备足观。《礼》曰：男子生，桑弧蓬矢六，以射天地四方。天地四方者，男子所有事也，故必先志于其所有事。又曰：射者进退周旋必中，内志正，外体直。又曰：立德行者莫如射，而射者所以观德也。故孔子射于矍相之圃，盖观者如堵墙。《易》曰：射准，射雉。诗曰：决拾既佽，弓矢既调。角弓其觩，束矢其搜。敦弓既坚，四鍭既钧。舍矢既均，序宾以贤。《书》曰：若射之有志。子曰：射不主皮，为力不同科。

射，有似乎君子，失诸正鹄，反求诸其身。《周礼》以射法治射仪。然则古圣经书，射以垂训，历历可鉴（原作监），习射上功宾兴择士，况我国家立德立功，振兴要务，自当严加训练，多方教谕，不可一刻废懈也。

训曰：射、御居六艺之中，二者相资为用。古人御车，虽见于经史，然其法不可得而详，而我朝满洲骑射，其功用则有不可胜言者。盖骑射之道，必自幼习成方得精熟，未有不善于驭马而能精于骑射者也，抑且乘骑不惮方克善驭。如我朝满洲并外藩诸蒙古，以及索伦达呼里等，俱娴于骑射者，盖因自幼乘马，十余岁即能驰骋，故尔马上纯熟，善于控御也。当狝狩之时，猎骑云屯，风生电发，其中精于骑射者，人马相得，上下如飞，磬控追禽，发矢必获。观之令人心目俱爽，诚所谓"不失其驰，舍矢如破"也。夫善驭马者之逐兽也，驰驱应范，远近合宜，即马之调习者亦知人意之所向，兽远而就之使近，兽合而开之如法，恰当发矢之时，另有一番努力之状，是惟良骥为然也。复有人精于驭马者，不择优劣乘之，惟见其佳，盖人能显马，而马亦能显人也。

训曰：朕自幼登极，迄今六十余年，偶遇地震水旱，必深自儆省，故灾变即时消灭。大凡天变灾异，不必惊惶失措，惟反躬自省，忏悔改过，自然转祸为福。《书》云："惠迪吉，从逆凶，惟影响。"固理之必然也。

训曰：孟子云："大人者，不失其赤子之心者也。"赤子之心者也，乃人生之真性，即上古之淳朴处也，我朝满洲制度亦然。满洲故制，看来虽似鄙陋，其一种真诚处又岂易得者哉！我等读书，宜达书中之理，穷究古人立言之意也。

训曰：凡人有训人治人之职者，必身先之可也。《大学》有云："君子有诸己而后求诸人，无诸己而后非诸人。"特为身先而言也。

训曰：天下事固有一定之理。然有一等事如此，似乎可行，又有不可行之处。有一等事如此,似乎不可行,又有可行之处。若此等事,在以义理揆之,决不可豫定一必如此、必不如此之心。是故孔子云:“君子之于天下也,无适也,无莫也,义之与比。”

训曰:凡人读书或学艺,每自谓不能者,乃自误其身也。《中庸》有云:“有弗学,学之弗能,弗措也。人一能之,己百之;人十能之,己千之。果能此道矣,虽愚必明,虽柔必强。”实为学最有益之言也。

训曰:人于好恶之心,难得其正。我所喜之人,惟见其善,而不见其恶;若所恶之人,惟见其恶,而不见其善。是故《大学》有云:“好而知其恶,恶而知其美者,天下鲜矣。”诚至言也。

训曰:孟子云:“持其志,无暴其气。”人欲养身,亦不出此两言,何也?诚能无暴其气,则气自然平和;能持其志,则心志不为外物所摇,自然安定。养身之道,犹有过于此者乎?

训曰:人之一生,多由习气而成。盖自孩提以至十余岁,此数年间浑然天理,知识未判,一习学业,则有近朱近墨之分。及至成人,士农工商,各随其习,习以成风,虽父兄之于子弟亦不能令其习好同也,故孔子曰:“性相近也,习相远也。”有必然者。

训曰:程子云:“有实则有名,名实一物也。若夫好名者,则徇名为虚矣。如‘君子疾没世而名不称’,谓无善可称耳,非徇名也。看来有一等好名之人,惟名是务,不着一毫诚实之处,只管行去,不惟无分毫之实,究至于名亦不能保。”程子此言,可谓力行之要道也。

训曰:程子云:“所谓利者,不独财利之利,凡有利心便不可。如作一事,但寻自己稳便处,皆利心也。圣人以义为利,义安处便是利。凡人惟弃利己之心,以求义之所安,则为忠臣者亦此道,为孝子者亦此道。”人人皆当以此语为至教而奉行之也。

训曰:荀子云:“身劳而心安者为之,利少而义多者为之。”此二语简而要。人之一世能依此二语行之,过差何由而生?

训曰：朱子云："人作不好的事，心却不安，此是良心。但被私欲蔽锢，虽有端倪，无力争得出。须是着力与他战，不可输与他。知得此事不好，立定脚跟硬地行，从好路去，待得熟时，私欲自住不得。"此一节语乃人立心之最要处。良心能胜私欲，为圣为贤，皆此路也。欲立身心者，当详究斯言。

训曰：朱子云："读书之法，当循序而有常致，一而不懈，从容乎句读文义之间，而体验乎操存践履之实，然后心静理明，渐见意味。不然，则虽广求博取，日诵五车，亦奚益于学哉！"此言乃读书之至要也。人之读书，本欲存诸心，体诸身，而求实得于己也。如不然，将书泛然读之，何用？凡读书人皆宜奉此以为训也。

训曰：朱子云："读书须读到不忍舍处，方是得书真味。若读之数过，略晓其义即厌之，欲别求书者，则是于此一卷书犹未得趣也。"此言极是。朕自幼亦尝发愤读书看书，当其读某一经之时，固讲论而切记之。年来翻阅其中，复有宜详解者。朱子斯言，凡读书者皆宜知之。

训曰：凡人进德修业，事事从读书起。多读书则嗜欲澹，嗜欲澹则费用省，费用省则营求少，营求少则立品高。读书之法，以经为主。苟经术深邃，然后观史。观史则能知人之贤愚，遇事得失亦易明了。故凡事可论贵贱老少，惟读书不问贵贱老少。读书一卷，则有一卷之益；读书一日，则有一日之益。此夫子所以发愤忘食，学如不及也。

训曰：从来有生知、有学知、有困知，及其成功，则一未有。下学既久，而不可以上达者，但功夫不可躐等而进，尤不可半途而废。《书》云："为山九仞，功亏一篑。"正为半途而废者惜也。

训曰：为学之功不在日用之外，检身则谨言慎行，居家则事亲敬长，穷理则读书讲义。至近至易，即今便可用力；至急至切，即今便当用力。用一日之力，便有一日之效。至有所疑，寻人问难，则长进通达，自不可量。若即今全不用力，蹉过少壮时光，即使他日得圣贤而师之，亦未必能有益也。

训曰：人在幼稚，精神专一通利，长成以后，则思虑散逸外驰。是故应须早学，勿失机会。朕七八岁时，所读之经书，至今五六十年，犹不遗忘；至于二十以外所读经书，数月不温，即至荒疏矣。然人或有幼年遭逢坎壈，失于早学，则于盛年尤当励志，盖幼而学者，如日出之光；壮而学者，如炳烛之光，虽学之迟者，亦犹贤乎始终不学者也。

训曰：为学之功有三等焉：汲汲然者，上也；悠悠然者，次也：懵懵然者，又其次也。然而懵懵者，非不向学，心未达也，诱而达之，安知懵懵者之不为汲汲也？惟悠悠者最为害道，因循苟且，一暴十寒，以致皓首没世，亦犹夫人而已。古之圣人，进修贵勇，如汤之《盘铭》曰："苟日新，日日新，又日新。"夫岂有瞬息悠悠之意哉！孔子曰："有能一日用其力于仁矣乎？"盖深悯学者之悠悠，而冀其奋然用力也。学而能日新，则缉熙不已，造次无忘，旧习渐渐而消，至趣循循而入，欲罢不能，莫知所以然而然。故诗人美汤曰，"圣敬日跻"也。

训曰：先儒有言："穷理非一端，所得非一处。或在读书上得之，或在讲论上得之，或在思虑上得之，或在行事上得之。读书得之虽多，讲论得之尤速，思虑得之最深，行事得之最实。"此语最为切当，有志于格物致知之学者，其宜知之。

训曰：春至时和，百花尚铺一段锦绣，好鸟且啭无数佳音。何况为人在世，幸遇升平，安居乐业，自当立一番好言，行一番好事，使无愧于今生，方为从化之良民，而无憾于盛世矣。朕深望之！

训曰：天下未有过不去之事，忍耐一时，便觉无事。即如乡党邻里间每以鸡犬等类些微之事，致起讼端，经官告理；或因一语戏谑，以致角口争斗。此皆由不能忍一时之小忿，而成争讼之大端也。孔子曰："小不忍则乱大谋。"圣人之言，至理存焉。

训曰：古人云："尽人事以听天命。"至哉，是言乎！盖人事尽而天理见，犹治农业者耕垦宜常勤，而丰歉所不可必也。不尽人事者，是舍其田而弗耘也；不安于静听者，是揠苗而助之长者也。孔子进以礼，退以义，所以尽人事也。得之不得曰有命，是听天命也。

训曰：子曰："吾非斯人之徒与而谁与。"人生斯世，自少而壮，自壮而老，孰能一日不与斯世斯人相周旋耶？顾应之得其道，我与世相安；应之不得其道，则世与我相违。庄子曰："人能虚己以游世，其孰能害之？"此言善矣。

训曰：学以养心，亦所以养身。盖杂念不起，则灵府清明，血气和平，疾莫之撄，善端油然而生，是内外交相养也。

训曰：庄子曰："毋劳汝形，毋摇汝精。"又引庚桑子之言曰："毋使汝思虑营营。"盖寡思虑所以养神，寡嗜欲所以养精，寡言语所以养气，知乎此可以养生。是故形者，生之器也；心者，形之主也；神者，心之会也。神静而心和，心和而形全。恬静养神，则自安于内；清虚栖心，则不诱于外；神静心清，则形无所累矣。

训曰：劝戒之词，古今名论、亹亹书记中，无处不有。其殷勤痛切，反复叮咛，要之欲人听信遵行而已。夫千百年以下之人，与千百年以上之人，何所关切而谆谆训戒若此，盖欲一句名言提醒千百年以下之人，使知前车之覆，而为后车之戒也。后学读圣贤书，看古人如此血诚教人念头，岂可草草略过？是故朕常教人看古人书，须念作者苦心，甚勿负前人接引后学之至意也。

提　要

臣等谨案:《圣祖仁皇帝庭训格言》,雍正八年世宗宪皇帝亲编,凡二百四十有六则,皆《实录》《圣训》所未及载者。盖我圣祖仁皇帝临御悠久,世宗宪皇帝至孝承颜,问安视膳之暇,祗聆默识,神会心融。逮嗣服后,著录成编,制序刊布,昭垂奕禩,真以家法为法者。臣等校录之余,仰见圣圣相承,垂谟贻范之盛,夐绝万古云。

乾隆四十三年正月恭校上

总纂官:臣　纪　昀

臣　陆锡熊

臣　孙士毅

总校官:臣　陆费墀

圣谕广训

康熙 讲述

雍正 记录

序

《书》曰:“每岁孟春,遒人以木铎徇于路。”《记》曰:“司徒修六礼以节民性,明七教以兴民德。”此皆以敦本崇实之道,为牖民觉世之模,法莫良焉!意莫厚焉!我圣祖仁皇帝久道化成,德洋恩普,仁育万物,义正万民。六十年来,宵衣旰食,只期薄海内外兴仁讲让,革薄从忠,共成亲逊之风,永享升平之治。故特颁《上谕十六条》,晓谕八旗及直省兵民人等。自纲常名教之际,以至于耕桑作息之间,本末精粗,公私巨细,凡民情之所习,皆睿虑之所周,视尔编氓诚如赤子。圣有谟训,明征定保,万世守之莫能易也。

朕缵承大统,临御兆人,以圣祖之心为心,以圣祖之政为政,夙夜黾勉,率由旧章。惟恐小民遵信奉行久而或怠,用申诰诫,以示提撕。谨将《上谕十六条》寻绎其义,推衍其文,共得万言,名曰《圣谕广训》。旁征远引,往复周详,意取显明,语多直朴,无非奉先志以启后人,使群黎百姓家喻而户晓也。愿尔兵民等仰体圣祖正德厚生之至意,勿视为条教号令之虚文,共勉为谨身节用之。庶人尽除夫浮薄嚣凌之陋习,则风俗醇厚,家室和平,在朝廷德化,乐观其成,尔后嗣子孙并受其福。积善之家必有余庆,其理岂或爽哉!

雍正二年二月初二日

圣谕广训十六条

敦孝弟以重人伦
笃宗族以昭雍睦
和乡党以息争讼
重农桑以足衣食
尚节俭以惜财用
隆学校以端士习
黜异端以崇正学
讲法律以儆愚顽
明礼让以厚风俗
务本业以定民志
训子弟以禁非为
息诬告以全善良
诫匿逃以免株连
完钱粮以省催科
联保甲以弭盗贼
解仇忿以重身命

敦孝弟以重人伦

我圣祖仁皇帝临御六十一年,法祖尊亲,孝思不匮。钦定《〈孝经〉衍义》一书,衍释经文,义理详贯,无非孝治天下之意,故《圣谕十六条》首以孝弟开其端。朕丕承鸿业,追维往训,推广立教之思,先申孝弟之义。用是与尔兵民人等宣示之。

夫孝者,天之经、地之义、民之行也。人不知孝父母,独不思父母爱子之心乎?方其未离怀抱,饥不能自哺,寒不能自衣。为父母者,审音声,察形色,笑则为之喜,啼则为之忧,行动则跬步不离,疾痛则寝食俱废,以养以教,至于成人。复为授家室,谋生理,百计经营,心力俱瘁。父母之德,实同昊天罔极。人子欲报亲恩于万一,自当内尽其心,外竭其力,谨身节用,以勤服劳,以隆孝养。毋博弈饮酒,毋好勇斗狠,毋好货财私妻子。纵使仪文未备,而诚悫有余。推而广之,如曾子所谓:"居处不庄,非孝;事君不忠,非孝;莅官不敬,非孝;朋友不信,非孝;战阵无勇,非孝……"皆孝子分内之事也。

至若父有冢子,称曰"家督",弟有伯兄,尊曰"家长"。凡日用出入,事无大小,众子弟皆当咨禀焉。饮食必让,语言必顺,步趋必徐行,坐立必居下,凡以明弟道也。夫十年以长,则兄事之,五年以长,则肩随之,况同气之人乎?故不孝与不弟相因,事亲与事长并重。能为孝子,然后能为悌弟,能为孝子、悌弟,然后在田野为循良之民,在行间为忠勇之士。尔兵民亦知为子当孝,为弟当悌,所患习焉不察,致自离于人伦之外。若能痛自愧悔,出于心之至诚,竭其力之当尽,由一念孝弟,积而至于念念皆然。勿尚虚文,勿略细行,勿沽名而市誉,勿勤始而怠终,孝弟之道庶克敦矣。

夫不孝不弟,国有常刑。然显然之迹,刑所能防;隐然之地,法所难及。设罔知愧悔,自陷匪僻,朕心深为不忍,故叮咛告诫,庶尔兵民咸体朕意，感发兴起，各尽子弟之职。於戏！圣人之德，本于人伦；尧舜之道，不外孝弟。《孟子》曰："人人亲其亲，长其长，而天下平。"尔兵民其毋视为具文焉！

笃宗族以昭雍睦

《书》曰："以亲九族，九族既睦。"是帝尧首以睦族示教也。《礼》曰："尊祖故敬宗，敬宗故收族。"明人道必以睦族为重也。夫家之有宗族，犹水之有分派，木之有分枝，虽远近异势，疏密异形，要其本源则一。故人之待其宗族也，必如身之有四肢百体，务使血脉相通而疴养相关。《周礼》本此意以教民，著为六行，曰孝、曰友，而继曰睦、诫，古今不易之常道也。

我圣祖仁皇帝既谕尔等"敦孝弟以重人伦"，即继之曰"笃宗族以昭雍睦"。盖宗族由人伦而推，雍睦未昭，即孝弟有所未尽。朕为尔兵民详训之，大抵宗族所以不笃者，或富者多吝而无解推之德，或贫者多求而生觖望之思，或以贵凌贱而势利汩其天亲，或以贱骄人而忿傲施于骨肉，或货财相竞不念袒免之情，或意见偶乖顿失宗亲之义，或偏听妻孥之浅识，或误中谗慝之虚词，因而诟谇倾排无所不至，非惟不知雍睦，抑且忘为宗族矣。尔兵民独不思子姓之众，皆出祖宗一人之身，奈何以一人之身分为子姓，遽相视为途人而不顾哉？

昔张公艺九世同居，江州陈氏七百口共食，凡属一家一姓，当念乃祖乃宗，宁厚毋薄，宁亲勿疏。长幼必以序相洽，尊卑必以分相联。喜则相庆，以结其绸缪；戚则相怜，以通其缓急。立家庙以荐烝尝，设家塾以课子弟，置义田以赡贫乏，修族谱以联疏远。即单姓寒门，或有未逮，亦各随其力所能为，以自笃其亲属。诚使一姓之中，秩然蔼然，父与父言慈，子与子言孝，兄与兄言友，弟与弟言恭，雍睦昭而孝弟之行愈敦，有司表为仁里，君子称为义门，天下推为望族，岂不美哉！若以小故而隳宗支，以微嫌而伤亲爱，以侮慢而违逊让之风，以偷薄而亏敦睦之谊，古道之不存，即为国典所不恕。尔兵民其交相劝励，共体祖宗慈爱之心，常切水木本源之念，将见亲睦之俗成于一乡一邑，雍和之气达于薄海内外，诸福咸臻，太平有象，胥在是矣，可不勖欤！

和乡党以息争讼

古者五族为党，五州为乡，睦姻任恤之教由来尚矣。顾乡党中生齿日繁，比闾相接，睚眦小失，狎昵微嫌，一或不诫，凌竞以起，遂至屈辱公庭，委身法吏，负者自觉无颜，胜者人皆侧目，以里巷之近，而举动相猜，报复相寻，何以为安生业、长子孙之计哉？

圣祖仁皇帝悯人心之好竞，思化理之贵淳，特布训于乡党曰："和，所以息争讼于未萌也。"朕欲諴和万民，用是申告尔等以敦和之道焉。《诗》曰："民之失德，乾糇以愆。"言不和之渐起于细微也。《易·讼》之象曰"君子以作事谋始"，言息讼贵绝其端也。是故人有亲疏，概接之以温厚；事无大小，皆处之以谦冲。毋恃富以侮贫，毋挟贵以凌贱，毋饰智以欺愚，毋倚强以凌弱。谈言可以解纷，施德不必望报。人有不及，当以情恕；非意相干，当以理遣。此既有包容之度，彼必生愧悔之心。一朝能忍，乡里称为善良；小忿不争，间党推其长厚。乡党之和，其益大矣。古云："非宅是卜，惟邻是卜。"缓急可恃者，莫如乡党。务使一乡之中，父老子弟，联为一体；安乐忧患，视同一家。农商相资，工贾相让，则民与民和；训练相习，汛守相助，则兵与兵和。兵出力以卫民，民务养其力；民出财以赡兵，兵务恤其财，则兵与民交相和。由是而箪食豆羹，争端不起；鼠牙雀角，速讼无因。岂至结怨耗财，废时失业，甚且破产流离，以身殉法而不悟哉？若夫巨室耆年，乡党之望；胶庠髦士，乡党之英，宜以和辑之风，为一方表率。而奸顽好事之徒，或诡计挑唆，或横行吓诈；或貌为洽比以煽诱，或假托公言而把持。有一于此，里闬靡宁，乡论不容，国法具在，尔兵民所当谨凛者也。

夫天下者，乡党之积也。尔等诚遵圣祖之懿训，尚亲睦之淳风，孝弟因此而益敦，宗族因此而益笃，里仁为美，比户可封；讼息人安，延及世世；协和遍于万邦，太和烝于宇宙，朕与尔兵民永是赖焉。

重农桑以足衣食

朕闻养民之本，在于衣食。农桑者，衣食所由出也。一夫不耕，或受之饥；一女不织，或受之寒。古者天子亲耕、后亲桑，躬为至尊，不惮勤劳，为天下倡。凡为兆姓，图其本也。夫衣食之道，生于地，长于时，而聚于力。本务所在，稍不自力，坐受其困。故勤则男有余粟，女有余帛；不勤则仰不足事父母，俯不足畜妻子，其理然也。彼南北地土，虽有高下、燥湿之殊，然高燥者宜黍稷，下湿者宜秔稻。食之所出不同，其为农事一也。树桑养蚕，除江浙、四川、湖北外，余省多不相宜。然植麻种棉，或绩或纺，衣之所出不同，其事与树桑一也。愿吾民尽力农桑，勿好逸恶劳，勿始勤终惰；勿因天时偶歉而轻弃田园，勿慕奇赢倍利而辄改故业。苟能重本务，虽一岁所入公私输用而外，羡余无几，而日积月累，以至身家饶裕，子孙世守，则利赖无穷。不然而舍本逐末，岂能若是之绵远乎？

至尔兵隶在戎伍，不事农桑，试思月有分给之饷，仓有支放之米，皆百姓输纳以散给尔等各赡身家，一丝一粒莫不出自农桑。尔等既享其利，当彼此相安，多方捍卫，使农桑俱得尽力，尔辈衣食永远不匮，则亦重有赖焉。若地方文武官僚俱有劝课之责，勿夺民时，勿妨民事，浮惰者惩之，勤苦者劳之，务使野无旷土，邑无游民，农无舍其耒耜，妇无休其蚕织。即至山泽、园圃之利，鸡豚狗彘之畜，亦皆养之有道，取之有时，以佐农桑之不逮，庶几克勤本业，而衣食之源溥矣。所虑年谷丰登，或忽于储蓄；布帛充赡，或侈于费用，不俭之弊与不勤等甚。且贵金玉而忽菽粟，工文绣而废蚕桑，相率为纷华靡丽之习，尤尔兵民所当深戒者也。

自古盛王之世，老者衣帛食肉，黎民不饥不寒，享庶富之盛而致教化之兴，其道胥由乎此。我圣祖仁皇帝念切民依，尝刊《耕织图》颁行中外，所以敦本阜民者甚。至朕仰惟圣谕，念民事之至重，广为诠解，劝尔等力于本务，余一人衣租食税，愿与天下共饱暖也。

尚节俭以惜财用

生人不能一日而无用，即不可一日而无财，然必留有余之财而后可供不时之用，故节俭尚焉。夫财犹水也，节俭犹水之蓄也。水之流不蓄，则一泄无余，而水立涸矣；财之流不节，则用之无度，而财立匮矣。我圣祖仁皇帝躬行节俭，为天下先，休养生息，海内殷富，犹兢兢以惜财用示训。盖自古民风，皆贵乎勤俭；然勤而不俭，则十夫之力不足供一夫之用，积岁所藏不足供一日之需，其害为更甚也。

夫兵丁钱粮有一定之数，乃不知撙节，衣好鲜丽，食求甘美，一月费数月之粮，甚至称贷以遂其欲，子母相权，日复一日，债深累重，饥寒不免。农民当丰收之年，仓箱充实，本可积蓄，乃酬酢往来，率多浮费，遂至空虚。夫丰年尚至空虚，荒歉必至穷困，亦其势然也。似此之人，国家未尝减其一日之粮，天地未尝不与以自然之利。究至啼饥号寒，困苦无告者，皆不节俭所致。更或祖宗勤苦俭约，日积月累以致充裕。子孙承其遗业，不知物力艰难，任意奢侈，夸耀里党，稍不如人，即以为耻。曾不转盼，遗产立尽，无以自存，求如贫者之子孙，并不可得。于是寡廉鲜耻，靡所不至，弱者饿殍沟壑，强者作慝犯刑，不俭之害一至于此。

《易》曰："不节若，则嗟若。"盖言始不节俭，必至嗟悔也。尔兵民当凛遵圣训，绎思不忘。为兵者知月粮有定，与其至不足而冀格外之赏，孰若留有余以待可继之粮。为民者知丰歉无常，与其但顾朝夕致贫窭之可忧，孰若留贮将来为水旱之有备。大抵俭为美德，宁以固陋贻讥；礼贵得中，勿以骄盈致败。衣服不可过华，饮食不可无节，冠婚丧祭，各安本分，房屋器具，务取素朴。即岁时伏腊，斗酒娱宾，从俗从宜，归于约省。为天地惜物力，为朝廷惜恩膏，为祖宗惜往日之勤劳，为子孙惜后来之福泽。自此富者不至于贫，贫者可至于富，安居乐业，含哺鼓腹，以副朕阜俗諴民之至意。《孝经》有曰："谨身节用以养父母，此庶人之孝也。"尔兵民其身体而力行之。

隆学校以端士习

古者家有塾，党有庠，州有序，国有学，固无人不在所教之中。专其督率之地，董以师儒之官，所以成人材而厚风俗，合秀顽强懦，使之归于一致也。我圣祖仁皇帝寿考作人，特隆学校。凡所以养士之恩，教士之法，无不备至。

盖以士为四民之首，人之所以待士者重，则士之所以自待者益不可轻。士习端而后乡党视为仪型，风俗由之表率。务令以孝弟为本，材能为末；器识为先，文艺为后，所读者皆正书，所交者皆正士。确然于礼义之可守，惕然于廉耻之当存。唯恐立身一败，致玷宫墙；惟恐名誉虽成，负惭衾影，如是斯可以为士否？或躁竞功利，干犯名教，习乎异端，曲学而不知大道蛩乎，放言高论而不事躬行；问其名则是，考其实则非矣。昔胡瑗为教授，学者济济有成；文翁治蜀中，子弟由是大化。故广文一官，朕特饬吏部悉以孝廉、明经补用，凡以为兴贤育才、化民成俗计也。然学校之隆，固在司教者，有整齐严肃之规；尤在为士者，有爱惜身名之意。士品果端，而后发为文章，非空虚之论；见之施为，非浮薄之行，在野不愧名儒者，在国即为良臣，所系顾不重哉？

至于尔兵民，恐不知学校之为重，且以为与尔等无与，不思身虽不列于庠序，性岂自外于伦常？《孟子》曰："谨庠序之教，申之以孝弟之义。"又曰："人伦明于上，小民亲于下。"则学校不独所以教士，兼所以教民。若黉宫之中，文武并列，虽经义韬略所习者不同，而入孝出弟，人人所当共由也。士农不异业力田者，悉能敦本务实，则农亦士也；兵民无异学，即戎者皆知敬长爱亲，则兵亦士也。然则庠序者，非尔兵民所当隆重者乎？端人正士者，非尔兵民所当则效者乎？孰不有君臣父子之伦？孰不有仁义礼智之性？勿谓学校之设止以为士，各宜以善相劝，以过相规，向风慕义，勉为良善。则"氓之蚩蚩"亦可以礼义为耕耘，"赳赳武夫"亦可以《诗》《书》为甲胄。一道同风之盛，将复见于今日矣。

黜异端以崇正学

朕惟欲厚风俗，先正人心；欲正人心，先端学术。夫人受天地之中以生，惟此伦常日用之道为智愚之所共由。索隐行怪，圣贤不取。《易》言"蒙以养正"，圣功以之。《书》言"无偏无颇，无反无侧"，王道以之。圣功王道，悉本正学。至于非圣之书，不经之典，惊世骇俗，纷纷藉藉，起而为民物之蠹者，皆为异端，所宜屏绝。凡尔兵民愿谨淳朴者，固多间或迷于他岐，以无知而罹罪戾，朕甚悯之。

自古三教流传，儒宗而外，厥有仙释。朱子曰："释氏之教，都不管天地四方，只是理会一个心。老氏之教，只是要存得一个神气。"此朱子持平之言，可知释道之本指矣。自游食无藉之辈，阴穷其名以坏其术,大率假灾祥祸福之事,以售其诞幻无稽之谈。始则诱取赀财以图肥己,渐至男女混淆,聚处为烧香之会,农工废业,相逢多语怪之人。又其甚者,奸回邪慝,窜伏其中;树党结盟,夜聚晓散;干名犯义,惑世诬民。及一旦发觉,征捕株连,身陷囹圄,累及妻子。教主已为罪魁,福缘且为祸本。如白莲、闻香等教,皆前车之鉴也;又如西洋教宗天主,亦属不经。因其人通晓历数,故国家用之,尔等不可不知也。夫左道惑众,律所不宥;师巫邪术,邦有常刑。朝廷立法之意,无非禁民为非,导民为善,黜邪崇正,去危就安。尔兵民以父母之身,生太平无事之日,衣食有赖,俯仰无忧,而顾昧恒性而即匪彝,犯王章而干国宪,不亦愚之甚哉?

我圣祖仁皇帝渐民以仁,摩民以义,艺极陈常,煌煌大训,所以为世道人心计者,至深远矣。尔兵民等宜仰体圣心,祗遵圣教,摈斥异端直如盗贼水火;且水火盗贼害止及身,异端之害害及人心。心之本体,有正无邪,苟有主持,自然不惑。将见品行端方,诸邪不能胜正;家庭和顺,遇难可以成祥。事亲孝、事君忠、尽人事者,即足以集天休;不求非分、不作非为、敦本业者,即可以迓神庆。尔服尔耕,尔讲尔武,安布帛菽粟之常,遵荡平正直之化,则异端不待驱而自息矣。

讲法律以儆愚顽

法律者,帝王不得已而用之也。法有深意,律本人情。明其意,达其情,则囹圄可空,讼狱可息。故惩创于已然,不若警惕于未然之为得也。《周礼》:州长、党正、族师皆于月吉属其民而读法,大司寇悬象刑之法于象魏,使万民观之知所向。方今国家酌定律例,委曲详明,昭示兵民,俾各凛成宪,远于罪戾,意甚厚也。

圣祖仁皇帝深仁厚泽,洽于兆民,而于刑罚,尤惓惓致意。朕临御以来,体好生之德,施钦恤之恩,屡颁赦款,详审爰书,庶几大化翔洽,刑期无刑。又念尔为民者,生长草野,习于颛蒙;为兵者,身隶戎行,易逞强悍,每至误触王章,重干宪典,因之特申训诫,警醒愚顽。尔等幸际升平,休养生息,均宜循分守礼,以优游于化日舒长之世。平居将颁行法律,条分缕析,讲明意义,见法知惧,观律怀刑。如知不孝不弟之律,自不敢为蔑伦乱纪之行;知斗殴攘夺之律,自不敢逞嚣凌强暴之气;知奸淫盗窃之律,自有以遏其邪僻之心;知越诉诬告之律,自有以革其健讼之习。

盖法律千条万绪,不过准情度理,天理人情心所同具,心存于情理之中,身必不陷于法律之内。且尔兵民性纵愚顽,或不能通晓理义,未必不爱惜身家。试思一蹈法网,百苦备尝,与其宛转呼号,思避罪于棰楚之下,何如洗心涤虑,早悔过于清夜之间;与其倾赀荡产求减毫末,而国法究不能逃,何如改恶迁善不犯科条,而身家可以长保。倘不自警省,偶罹于法,上辱父母,下累妻孥,乡党不我容,宗族不我齿。即或邀恩幸免,而身败行亏已不足比于人数,追悔前非,岂不晚哉?

朕闻居家之道,为善最乐;保身之策,安分为先。勿以恶小可为,有一恶即有一法以相治;勿以罪轻可玩,有一罪即有一律以相惩。惟时时以三尺自凛,人人以五刑相规;惧法自不犯法,畏刑自可免刑;匪僻潜消,争竞不作;愚者尽化为智,顽者悉变为良;民乐田畴,兵安营伍,用臻刑措之治不难矣。

明礼让以厚风俗

汉儒有曰:“凡民函五常之性,而其刚柔、缓急、音声不同,系水土之风气,故谓之风;好恶取舍,动静无恒,随厥情欲,故谓之俗。其间淳漓厚薄,难以强同;奢俭质文,不能一致。是以圣人制为礼以齐之。”孔子曰:“安上治民莫善于礼。”盖礼为天地之经,万物之序，其体至大，其用至广。道德仁义，非礼不成；尊卑贵贱，非礼不定；冠婚丧祭，非礼不备；郊庙燕飨，非礼不行。是知礼也者，风俗之原也。

然礼之用贵于和，而礼之实存乎让。子曰："能以礼让为国乎，何有？"又曰："先之以敬让，而民不争。"使徒习乎繁文缛节，而无实意以将之，则所谓礼者，适足以长其浮伪，滋其文饰矣。夫礼之节文，尔兵民或未尽习礼之实意，尔兵民皆所自具；即如事父母，则当孝养；事长上，则当恭顺；夫妇之有倡随，兄弟之有友爱，朋友之有信义，亲族之有款洽，此即尔心自有之礼让，不待外求而得者也。诚能和以处众，平以自牧，在家庭而父子兄弟底于肃雍，在乡党而长幼老弱归于亲睦；毋犯嚣凌之戒，毋蹈纵恣之愆；毋肆一念之贪遂成攘夺，毋逞一时之忿致启纷争；毋因贫富异形有蔑视之意，毋见强弱异势起迫胁之心。各戒浇漓，共归长厚，则循于礼者，无悖行；敦于让者，无竞心。蔼然有恩，秩然有义，党庠术序相率为俊良，农工商贾不失为醇朴。即韬钤介胄之士，亦被服乎《礼》《乐》《诗》《书》，以潜消其剽悍桀骜，岂非太和之气大顺之征乎？

《书》曰："谦受益，满招损。"古语又曰："终身让路，不枉百步；终身让畔，不失一段。"可知礼让之有得而无失也。如此朕愿尔兵民等聆圣祖之训而返求之于一身。尔能和其心以待人，则不和者自化尔；能平其情以接物，则不平者亦乎。一人倡之，众人从之；一家行之，一里效之；由近以及于远，由勉以至于安；渐仁摩义，俗厚风淳，庶不负谆谆诰诫之意哉！

务本业以定民志

朕惟上天生民，必各付一业，使为立身之本。故人之生，虽智愚不同，强弱异等，莫不择一业以自处。居此业者，皆有本分，当为之事，藉以有利于身，藉以有用于世；幼而习焉，长而安焉，不见异物而迁焉，此孟子之所谓“恒产”，即圣祖仁皇帝之所谓“本业”也。维兹本业，实为先务。凡为士农、为工商以及军伍，业虽不同而务，所当务则同也。夫身之所习为业，心之所向为志，所习既专，则所向自定。

《书》曰：“功崇惟志，业广惟勤。”盖业与志本相须而成也。但恐日久而生厌，舍旧而图新；或为浮言所动，或因际遇未通；一念游移，半途而废，作非分之营求，生意外之妄想。究之朝夕营营，不恒其德，资生寡策，历久无成，而志遂以荒，而业遂以废矣。夫业每荒于嬉而必精于勤，志贵奋于始而尤励于终。朕乐观尔之成，不忍见尔之废也。为士者谨身修行，矻矻穷年，服习《诗》《书》，敦崇礼让；退为有本之学，进为有用之才。为农者，春耕秋敛不失其时，撙节爱养不愆于度，先事以备水旱，如期而输税粮，使地无余利，人无余力；工则审四时、饬六材，日省而月试，居肆而事成。商则通有无，权贵贱，交易而退，各得其所，务体公平，勿蹈欺诈。若夫身列行阵，行阵即其业也。弓马骑射，操练之必精；步伐止齐，演习之必熟；屯田则事垦辟，守汛则严刁斗；备边则险要之宜知，防海则风涛之宜悉，庶几无负本业矣。夫天下无易成之业，而亦无不可成之业。各守乃业，则业无不成；各安其志，则志无旁骛。毋相侵扰，毋敢怠荒；宁习于勤劬，勿贪夫逸乐；宁安于朴守，勿事乎纷华。熙熙然，士食旧德，农服先畴，工利器用，商通货财，兵资捍术，各尽乃职，各世其业，上以继祖宗之传，下以绵子孙之绪，富庶丰亨游于光天化日之下，以仰答圣祖诰诫之殷怀，以克副朕休养之至意，顾不共享其福欤！

训子弟以禁非为

从来教万民、训子弟、党正族、师月吉、读法岁、时校比，师田行役则合卒伍而简兵器,朝夕告诫人知自爱不敢偶蹈于非。休哉!何风之隆欤?我圣祖仁皇帝临御六十一年,宏保赤之仁,广教家之治,深恩厚泽,休养生息,以至于今。朕缵承大统,仰体圣祖子惠元元之心,无日不以尔百姓为念,尤无日不以尔百姓之子弟为念也。

人生十年曰“幼学”;二十曰“弱冠”,血气未定,知识渐开,训导惩戒之方莫切于此。大凡子弟之率不谨,皆由父兄之教不先。所恃为父兄者,启其德性,遏其邪心,广其器识,谨其嗜好。至于爱亲敬长之念,人所固有。尔父兄诚能明示其训,俾知父子有亲、君臣有义、夫妇有别、长幼有序、朋友有信,以端其本,则大伦明,而干纪犯分之咎自鲜矣。夫士农工商,各有传业;军士之家,世习技勇。其人之淑慝邪正,必自为子弟之日始。语云:“少成若天性,习惯成自然。”民间非为之事渐渍成风,或游手好闲,博弈饮酒;或结纳匪类,放辟邪侈,往往陷溺而不悟,甚者罹法网、犯刑章。尔为父兄者,独能晏然而已乎?与其追悔于事后,孰若严训于平时。

百行莫重于孝弟力田,心必存于礼义廉耻,可模可范。以身教之,耳提面命;以言教之,使子弟见闻日熟。循蹈规矩之中,久之心地淳良,行止端重,可以寡过而保家,即可以进德而成材也。且庭训素娴,子弟克肖,则国家宾兴令典自致显扬,既光大尔门闾,又垂裕尔后昆,父兄俱与有荣焉。即使愚鲁不敏而服教安化,刑辱不及于厥躬,乡党咸称为良愿,一家之休祥孰大于是?况今日之子弟,又为将来之父兄,积善相承,诲迪不倦,将见户兴礼让,人敦孝义,自通都大邑以至穷乡僻壤,太平之象与国俱长,庶不虚朕殷殷期勖之至意矣。夫好善则闾阎子弟可致尊荣,苟不善则公卿子弟流为卑贱。义方之教,切磋之功,可不豫严于蒙稚之年乎?尔兵民其敬听之,毋忽!

息诬告以全善良

国家之立法，所以惩不善而儆无良，岂反为奸民开讦告之路，而令善良受倾陷之害哉？夫人必有切肤之冤，非可以理遣情恕者。于是鸣于官以求申理，此告之所由来也。乃有奸宄不法之徒，好事舞文，阴谋肆毒，或捏虚以成实，或借径以生波，或设计以报宿嫌，或移祸以卸己罪。颠倒是非，混淆曲直，往往饰沉冤负痛之词，逞射影捕风之术。更有教唆词讼者，以刀笔为生涯，视狱讼为儿戏，深文以冀其巧中，构衅而图其重酬，乡里畏之，名曰讼师。因而朋比协谋，党恶互证，有司或一时受蔽，致使善良之辈不能自白，桁杨在前，棰楚在后，锻炼之下，何求不得。纵至事明冤雪，而拖累困苦，小则废时失业，大则荡产破家。善良之被诬可悯，而凶顽之诬善良，尤可痛恨也。圣祖仁皇帝矜恤下民，重惩其弊，颁示训谕，有曰"息诬告以全善良"。

夫诬告有反坐之条，令甲煌煌，乃敢作奸犯科而不畏者，利欲熏心，诡薄成性，方且恣其含沙之毒，侥幸于法网之宽，殊不知无情之辞，一经审察，莫可逃避。造衅以倾人，究之布阱以自陷，亦何利之有？尝闻古人或认牛而不辨，或夺禾而不争，卒开愧悔之诚，翻成礼让之美。若斯之风，诚可嘉尚，尔兵民所当景效焉。且寻绎圣谕，不曰"禁"而曰"息"，谓与其治之以法，不如感之使自化也。盖官吏之见闻，或疏疏则犹烦揣测。乡邻之耳目最近，近则素所稔知，为之抉其根株，穷其党类。出于无心者，缓语以晓之；成于有意者，危言以诫之。彼善良之家，素行足于质之，里闬而无愧；而诬告之人，言辞既非情实，迫于公论，则不敢诬，揆诸本心，亦不忍诬。凡前此之阴谋秘计，一旦悚然改悔，如冰消雾释。兵不诬兵，而兵之善良者全；民不诬民，而民之善良者全；兵民不相为诬，而兵民举全。不至赴官终讼，两造俱伤，庶几从风慕义，胥天下而归于无讼，岂不休哉？尚其咸喻而凛遵焉！

诫匿逃以免株连

朕抚临亿兆，合四海为一家，联万姓为一体，中外旗民本无异视。第以国初定制，八旗人员在内则拱卫京师，在外则驻防各省。如有不奉使令，潜往他乡者，即为逃人，例有严禁。逃人所至之地，兵民人等不行觉察，擅自容留者，罪并及之。按匿逃情弊，大约不外两端——凡在逃之人，意气言词必多巧饰，尔等或受其欺罔，不辨为逃人而率意容留者有之；或利其财物，明知为逃人而通同隐匿者有之。

夫主仆之间，乃大义所在，逃人背主蔑义，窝逃者党不义而藐王章。逃者恃匿者以为之薮也，法安得恕？如顺治五年之例，窝逃者问拟大辟，并籍其家邻佑十家等皆徙边远。康熙十五年定例，凡窝逃之正犯流徙尚阳堡，两邻十家长罪止杖徙。此皆我圣祖皇帝矜惜愚民罪疑惟轻，故改从宽典也。又屡年恩诏，将逃人事件概行赦免。国家施法外之仁宽，督捕之罚无非欲尔兵民革薄从忠，迁善改过，使蓬门筚户出入优游，共享太平无事之福。尔兵民等其仰体圣祖诰诫之慈怀与朕谆谕之至意，谨身率教，循理奉公。不交游手无藉之徒，不为行险侥幸之事；毋徇私情而干国宪，毋贪微利而忘身家。如此则井里晏然，四邻安堵，胥吏不扰，鸡犬无惊，而国家刑期无刑之化，亦可以观厥成矣。倘因法网既宽，复蹈故辙，营私受贿，藏恶养奸，则自取其辜，何能曲宥？况夫逃窜之人，性既冥顽，又无生理，所行种种不端，大而盗贼，小而赌博，一经发觉，皆犯科条。容留之家又安能脱然事外，不罹罪谴耶？《周易》曰：“比之匪人，不亦伤乎？”晏子曰：“君子居必择邻，所以避患也。”可知奸猾浮荡之流，皆足为善良之累。朕愿尔等父诫其子，兄诫其弟，队长诫其行伍，乡约诫其比闾。祇奉训词，各远非义，则地方宁谧，俗厚风淳，又何患株连之偶及哉？

完钱粮以省催科

自昔画野分州，任土作贡，而赋税以兴，凡国之五礼百度、输用出入皆赖焉。此君所必需于民，下所宜供于上，古今通义，未之或改。且以制官禄，所以治我民；以给兵饷，所以卫我民；以备荒歉，所以养我民。取诸天下，还为天下用之。人主之仓廪府库，岂厉民而以自养耶？

我朝自定鼎以来，赋额悉准经制，且横征私派一切革除，未尝丝毫多取于民。溯圣祖仁皇帝深仁厚泽，豢养斯民六十余年，时以闾阎丰裕为念，所蠲免钱粮，何止百千万亿？遐迩之沾被，固已沦肌浃髓矣。夫缓征薄敛，加惠元元，君之德也；以下奉上，先公后私，民之职也。属在兵民，宜喻此意，勿惰而嬉荒其本业；勿奢而费，耗其赀财；勿逡巡观望，冀邀赐复之殊恩；勿转委输将，致被豪猾之中饱。依限而纳，毋待追呼，然后以其所余，养父兄，毕婚嫁，给朝夕，供伏腊。县庭有卧治之官，村巷无夜呼之吏，俯仰无累，妻孥晏然，其为安乐莫逾于此。

倘不知国课之当重，国法之难宽，或有意抗违，或任情迟缓，有司迫奏销之限，不得不严追比；胥役受鞭挞之苦，不得不肆诛求，剥啄叩门，多方需索，无名之费或反浮于应纳之数，而究竟所未完者，仍不能为尔宽贷，不知何乐而为此？夫供胥役之侵渔，曷若输朝廷之正供？为抗粮之顽户，曷若为守法之良民？人虽至愚，亦必知之，况乎上好仁而下好义，情属一体尔。试思庙堂之上，所日夜忧劳者，在于民事：水溢则为堤防，旱魃则为虔祷，蝗蝻则为扑灭。幸不成灾则尔享其利，不幸成灾则又为之蠲租，为之赈济。如此而为民者，尚忍逋赋以误国需，问之于心，亦何以自安？譬人子于父母，分产授业以后，必服劳奉养，庶尽厥职，乃父母恩勤，顾复不遗余力。而为子者自私其财，缺甘旨而违色养，尚得谓之人子乎？朕用是谆谆告诫，但愿尔兵民上念军国，下念身家，外有效忠之名，内受安享之实，官不烦而吏不扰，何乐如之！尔兵民清夜自思，其咸体朕意。

联保甲以弭盗贼

从来安民在于弭盗，摘发守御之法，必当先事而为之备。故缉捕有赏，疏纵有罚，讳盗有禁，违限有条。而最善者，莫如保甲：十家为甲，十甲为保；甲有长，保有正。设立簿册，交察互警，此即井田守望之遗制。所以圣祖仁皇帝上谕曰“联保甲以弭盗贼”，诚欲使四海、九州、闾阎安堵，澄本清源，圣虑实为周切矣！第恐遵行既久，遂至因循，吏则徒稽户籍，民则仅置门牌，而于联比纠察之法，未见实心奉行，以至勾引窝藏之弊种种而生。邻舍失事竟有如秦越之相视，富家被劫反指为悖出之当然；甚且假公济私，藉盘诘之虚名，滋无厌之苛求。汛防因而骚扰，胥吏缘以生奸。有保甲之名，无保甲之实；有保甲之累，无保甲之益。此盗贼之所以难弭也。

夫良法之有利于民，在奉行之必求其实，嗣后城市乡村，严行保甲，每处各自分保，每保各统一甲。城以坊分，乡以图别，排邻比户，互相防闲。一甲之中，巨室大户僮佃多至数百，此内良否，本户自有责任。若一厘一舍之散布村落者，有业无业，或良或否，里正保正得以微窥于平素，一出一入得以隐察其行踪。遇有不务恒业，群饮聚博，斗鸡走狗，夜集晓散，以及履历不明、踪迹可疑者，皆立为纠举，不许暂容甲内。其荒原古庙，闹肆丛祠，尤易藏奸，更宜加紧防察。至汛地兵丁，务必昼夜巡逻，一体查诘，毋借端生事，毋挟仇陷害，毋受贿赂而徇纵，毋惜情面而姑容。协力同心，轮流分派，则盗贼无容身之地，军民享安静之乐矣。

查昔人御盗之法，村置一楼，楼设一鼓，一家有失，击鼓为号，群起而守其要害，盗贼将安所逃？所谓寓兵法于保甲中也。若夫江海出没之区，有未可以保甲行者，舟楫往来，络号联踪，彼此互相稽查，匪类亦难藏匿。皆在实心奉行，先事而为之备。若视为具文，怠忽从事，至于被盗者失财，连坐者受累，不惟负朕息盗民之至意，亦甚非尔等保身保家之良策也。

解仇忿以重身命

朕惟人道莫大于守身：民之有身，所以务本力田，养父母而畜妻子；兵之有身，所以娴习伎勇，资捍卫以报朝廷。身为有用之身，则皆当自爱。乃生人气质之偏，不能变化，往往血气用事，至一发而不可遏。激怒祟朝，竟成莫解，互相报复，两败俱伤。其起甚微，而为害甚大。不念爰书抵罪，一定之律，虽国家法网甚宽，亦不能为杀人者施法外之仁。

圣祖仁皇帝训谕十六条，而终之以重身命，诚哀矜悱恻之至意也。夫天地以好生为心，而惘惘之伦，不自顾惜；人君以爱养为政，而蚩蚩之众，每至轻生。非衅起于夙昔之仇，即祸生于一朝之忿。强者恃膂力之刚，杀人亡命；弱者希抵偿之罪，赴水投缳。忿以成仇，仇而益忿，原其致此之由，固非一端。而兵民所易犯者，尤多于纵酒。盖酒之为物，能乱人心志，使失其故常：或宾主酬酢，始以合欢，而俱入醉乡，则一言不合，至操刀而相向；或睚眦之怨，本可冰释，及酒酣耳热，则一发难忍，若不共之深仇。每见刑曹命案，相伤于酒后者十有五六。噫！置身缧绁，家破人亡，甚或累及妻孥，祸延乡党，而后拊心自悼，悔何及矣！

自今以往，皆当敬聆圣谕，时时提醒。思仇与身孰重，毋追既往之仇，而昧将来之患；思忿与命孰轻，毋快目前之忿，而贻事后之悔。纵人或以非礼相加,似难含忍,然一念夫身命攸关,则从父兄训诲,听亲友调和,无不可情恕理遣。至酒之为害,尤宜深戒!古之人既立之监,或佐之史,盖惟恐载号载呶,乱笾豆而起争端也。其可沉湎荒腆,致陷身于刑戮乎?语有之:“忍之斯须,乃全尔躯。”故解去仇忿,则全生保家之道,胥在于此。养其和平,消其亢戾,不待排难解纷,而凌竞之习自然息化。何其风之醇也?孔子曰:“忿思难。”孟子谓:“横逆犹是,此亦妄人也已矣。”圣贤之遗训与圣祖仁皇帝之明谕,固千古同揆也。凡尔兵民凛遵毋忽,则闾阎相保,营伍相安,下以承家,上以报国,优游盛世,共跻仁寿之域,非解仇忿之明效欤!

提　要

臣等谨案:《圣谕十六条》,圣祖仁皇帝所颁,以晓谕薄海臣民,垂教万世。而《广训》万言,则世宗宪皇帝因而阐发之,俾服诵圣训者,咸得晓然于圣祖牖民觉世之旨,勿徒视为条教号令之虚文,而绍闻善述之模,亦亘古为昭矣。是书简帙虽约,义蕴实闳。方今布在学官,著于令甲,凡童子应试,初入学者,并令默写无遗,乃为合格。盖所以陶成民俗,祇服训言者,法良意美,洵无以复加云。

乾隆四十二年十一月　恭校上

总纂官:臣　纪　昀

臣　陆锡熊

臣　孙士毅

总校官:臣　陆费墀

世宗宪皇帝圣训

《大清世宗敬天昌运建中表正文武英明宽仁信教大孝至诚宪皇帝圣训》

雍正 撰述

序

自古人君有盛德大业者，其规画周详而贻谋悠远，则必敷之彝训，以明定保之征；纪之简编，以著经纶之迹。非徒为一时事功计也，亦将以示后嗣，昭法守焉。我皇考世宗宪皇帝，亶聪明睿智之资，建中立极，茂登上理，御极十有三年。体圣祖之心以为心，法圣祖之政以为政；祇承郊庙，惇睦宗亲；整饬官方，修明法度；正人心，厚风俗；文经武纬，礼序乐和。凡宏纲巨目，罔不默运于深宫，乾健之精神，以图其乂安，而计其久远 。圣谟洋洋，有典有则，或因人以立教，或随事以敷言；存之渊然而有条理，发之涣然而无凝滞。其与二帝三王都俞吁咈，咨警诰诫之旨曷以异焉？允矣！彪炳之纶音，治平之模范也。可不谓至盛者欤！既命大学士等详慎纂辑，恭成《世宗宪皇帝实录》一百五十九卷，复于编年系日之中，分类备录，恭成《圣训》三十六卷。仰惟皇考德合天地，明并日月，序参四时，躬荷圣祖仁皇帝积厚之贻，善继善述，故乃保泰持盈，諴民阜物。寓惇大于明作，剂整肃以宽仁。致治规条，炳如星日，岂第予小子朝乾夕惕之衷，期于谨凛率由？嗣守丕绪，继自今亿万斯年，子孙臣庶沾被熙洽之泽者，庶咸有以遵圣训之光昭而颂鸿猷之允塞也，谨序。

乾隆五年十二月初七日

卷一

圣　德（一）

雍正元年癸卯七月丙午

上谕诸王大臣及内外文武官员等：朕惟自古帝王抚御寰区，治化隆盛，中外臣民纪功述德，颂祷情殷，故《天保》之诗，《卷阿》之什，拟升恒于日月，纪纯嘏之弥长，祝厘之词，形诸歌咏者，往往有之。我圣祖仁皇帝御极六十余年，至治神功，参两天地，深仁厚泽，超迈百王。薄海内外，无不食德饮和，沦肌浃髓。臣工黎庶，无以致其感激爱戴之诚，故每于万寿圣节，京师暨直省各建道场，诵经祝寿。总因圣祖仁皇帝恩德及人者至久，感人者至深，诸臣于无可报答之中，勉竭悃忱，以普天同庆之心，效华封称祝之意，在诸臣亦藉以自尽其心耳。

今朕嗣位之初，夙夜祗惧，不敢少懈，所以立政图治者，安能及圣祖之万一！尔诸臣工，于朕诞日，倘仍照从前建立道场，则自此以后将成定例。在京王公以下及部院等官，未免从事靡文，稽迟公事，在外文武大吏，亦恐科派属员，贻累地方。且以有用之财，供无益之费，既非朕以勤俭励有位之心，又非朕以康阜期海内之意。尚虚文而无裨实政，朕甚无取焉。特宣布中外，于朕诞日，毋得建立祝寿道场，但冀内外诸臣，各殚厥心，勉襄化理，勤修职业，利济苍生，以慰朕宵衣旰食之焦劳，即不啻《天保》《卷阿》之祝颂矣。若不遵谕旨，朕必加以处分，不少宽贷。

十一月丁酉

上谕礼部：孔子道冠古今，为万世师表，薄海内外，无不俎豆尊崇，国学乃四方表率，其制尤重。圣祖仁皇帝临雍释奠，典礼优隆。朕缵承大统，景仰先型，羹墙如见。念国学为造士之地，圣教所被，莫先于此，恐历岁既久，有应加修葺之处。尔部会同工部详加阅视，凡文庙、殿宇、廊庑及讲堂、学舍，务须整理周备，俾庙貌聿新，以申景慕，朕将亲诣焉。

雍正二年甲辰二月辛酉

上谕礼部：帝王临雍大典，所以尊师重道，为教化之本。朕览史册所载，多称“幸学”，而近日奏章仪注相沿未改。此臣下尊君之词，朕心有所未安。今释菜伊迩，朕将亲诣行礼，嗣后一应奏章记注，将“幸”字改为“诣”字，以申崇敬。

三月己卯

大学士等以皇上诚敬感协天心，甘雨应时，合辞称贺。

上谕曰：“诚敬”二字，朕之所勉。朕能先天下之忧而忧，诸卿必后天下之乐而乐也。期卿等共勉之。

四月癸亥

总理事务王大臣议奏：青海大捷，应献俘于太庙，恭请皇上御午门受俘。

上谕曰：平定青海，实乃皇考留贻之功，故捷音到日，恭告景陵。今造逆首恶吹拉克诺木齐、阿尔布坦温布、藏巴扎布等三人，槛送来京，朕令议献俘太庙之礼，以慰列祖在天之灵。诸王大臣等,乃议请受俘,归功于朕,非朕本意也。可否只行献俘、不行受俘之礼,诸王大臣等再察典礼具奏。

六月甲午

衍圣公孔传铎奏报阙里圣庙灾:六月初九日申时,大雷电,火自鸱吻中出,先师大成殿及两庑俱毁。圣像、神位移奉新建崇圣祠内,幸得无恙。

上谕内阁:朕惟孔子道高德厚,为万世师表,所以维世教、立人极者,与天地同其悠久。朕临御以来,思极尊崇之典,用申仰止之忱。今阙里圣庙被灾,岂朕尊师重道之诚有未至欤?朕在谅阴之中,素服斋居,无庸更事,减膳撤乐,谨拟亲诣国学文庙,虔申祭奠,宣读告文,以展朕踢蹐不安之诚。先期斋戒二日,于二十七日不设卤簿,朕素服前往。诸王大臣官员陪祀者,亦皆常服从事。仍遣官驰赴阙里告祭,以慰神灵。幸新建崇圣祠无恙,圣像神牌不至露处,朕心稍宁。遣工部堂官一员会同该抚,作速计材料工,择日兴修。务期规制复旧,庙貌重新,告成之日,朕将亲诣行礼。该部遵旨速行。

七月甲辰

大学士等以松江提督高其位折奏"飞鸦食蝗",请将原折发抄并宣付史馆。

上谕曰:若以飞鸦食蝗为瑞,则起蝗之初,得无有由乎?昨发下奏折与诸王大臣阅看者,诚恐尔等体朕忧民之意不释于怀,故将蝗不成灾之处令众知之,非以为瑞也。其发抄及宣付史馆,俱不必行。

雍正三年乙巳正月戊辰

上谕内阁：据钦天监奏称，“雍正三年二月二日庚午，日月合璧以同明，五星连珠而共贯。宿躔营室之次，位当娵訾之宫。为从来未有之瑞应，请敕付史馆”等语。朕惟日月五星运行于天，本有常度，是以从古历元，可坐算而得。然古称高阳时五星会于营室，汉帝时五星聚于东井，宋祖时五星聚于奎，史书皆纪以为祥。盖七政会合，数虽一定，而遭逢其时者，实海宇升平、民安物阜之会也。若以为德化所致，朕方临御二载，有何功德遽能致此嘉祥？皆由我皇考六十余年圣德神功，际天蟠地，为千古不世出之君，为上天第一笃爱之子，所以纯禧骈集，历数绵长，锡祚垂光，至于今日。睹此难逢之嘉瑞，朕嗣统以来，兢兢业业，率由旧章。惟以皇考之心为心，以皇考之政为政，宅衷图事，罔敢稍越尺寸，故邀上天垂鉴，仍如皇考之御宇绥猷，而锡以无疆之福也。朕幸逢嘉会，不但不敢自居，亦且不敢自谦，总由上天申眷皇考，朕与天下臣民同在福佑之中，当与天下臣民共庆之。所奏著付史馆，并颁示中外。

二月己巳

上谕诸王大臣等：据奏“二月二日庚午，日月合璧，五星连珠，为亘古难逢之大瑞，请升殿庆贺”等语。朕惟皇考六十余年，敬天勤民，始终如一，是以上天申眷，至于今日。睹此嘉祥，在皇考为福钟善庆之余，在朕躬为迎迓天庥之始。惟有兢兢业业，竭力尽心，永久如一，以仰答上天之眷佑，以克承皇考之宏猷。期与大小臣工，矢诚心而敦实政。升殿受贺，不必举行，但念天瑞，实因皇考而致，应遣官告祭景陵，以昭祥瑞之自。应行典礼，著该部具奏。

庚午

诸王大臣等复奏：请皇上升殿受贺。

上谕曰：朕生平存心真诚，内外如一。昨颁谕旨，已悉朕意。今诸王大臣等再申恳请，是以有意谦让视朕矣。上天既赐嘉祥，朕与内外臣工，惟有益加敬谨，以仰答上天昭示之恩，承皇考贻谋之远。所奏升殿庆贺，不必行。

四月己巳

吏部议奏：原任检讨董玘，准其终养，俟亲终服满，来京补用。

上谕曰：凡人谁无父母！为人子者，无不欲其父母常存。今于告请终养疏内声明"亲终服满补用"，为人子者闻之，何以为情？况该抚举董玘为孝廉方正，此人虽暂未录用，朕但愿伊克尽子职，常奉伊亲耳。似此不仁之语，朕不惟不忍降旨，亦不忍阅览。将本发回，著删去此段具奏。

癸未

上谕内务府：今年，京城附近地方，虽雨水沾足，然山东、河南两省尚未得雨，进膳肴羞，宜为撤减。著每日只用菜蔬二器、饼饵二器、满菜二器，用榼盛贮进御，余物一概不用。

五月癸丑

上谕内阁：朕轸念民生，蠲租赐复，不过行吾心之所安，使斯民共沾实惠，并无一毫市恩之念，欲以崇尚虚名也。前蠲免江南苏、松两府浮粮，彼处士民感激朕恩，为朕祈福。闻有诵经立碑、盖造龙亭、聚会演戏者，虽或出于爱戴之诚，然实非矢报君亲之理。朕所望于天下者，只欲各安职业，端本务实，以生以养。庶几家给人足，共享升平，仰报我皇考之付托耳。以云祈报，莫大于此。至于诵经、礼忏诸事，皆为粉饰虚文。即谓颂祷、致虔，亦于朕躬毫无所益。且聚众演戏，盖造碑亭，非徒糜费金钱，兼恐有不肖官吏及里胥人等，借名私派，干没肥己，贻累小民，俱未可定。此等陋俗，圣祖仁皇帝久已洞悉，曾屡降谕旨禁止。及朕临御以来，晓谕天下人民，务本重农，力行节俭。而聚众演戏诸事，更属奢靡浪费。苏、松士民习于华侈，今又为此虚文，以祈朕福，甚非朕意。著该督抚严行禁饬，其碑亭建造之处，概行停止。仍遍谕士民，各归本业，以副朕怀。

八月癸酉

上谕内阁九卿等：古有讳名之礼，所以昭诚敬、致尊崇也。朕临御以来，恐臣民过于拘谨，屡降谕旨："凡与御名声音相同字样，不必回避。"近见各省地名，以音同而改易者颇多。朕为天下主，而四海臣民竭诚尽敬如此。况孔子德高千古，道冠百王，正彝伦，端风化，为往圣继绝学，为万世开太平，自天子以至于庶人，皆受师资之益。而直省郡邑之名，有圣讳字在内者，古今相沿未改，朕心深为不安。尔等会议，凡直省地名，有同圣讳者，或改读某音，或另易他字。至于常用之际，于此字作何回避，一并详议具奏。

九月壬寅

顺天府府尹张令璜奏：藉田嘉禾，一茎九穗。阖府士民，公吁撰文立碑，昭示奕祀。

上谕曰：藉田嘉谷，虽有九穗之瑞，但今岁畿辅地方被水，小民乏食，朕方修省之不暇，所请撰文勒石，不必行。

十二月庚寅

礼部等衙门遵旨议覆：先师孔子圣讳理应回避，惟“祭天于圜丘”，“丘”字不用回避外，凡遇姓氏，俱加偏旁为“邱”字。如系地名，则更易他名。至于书写常用之际，则从古体“丠”字。

上谕曰：今文出于古文，若改用“丠”字，是仍未尝回避也。此字本有“期”音，查《毛诗》及古文，作“期”音者甚多。嗣后除《四书》《五经》外，凡遇此字，并用“邱”字。地名亦不必改易，但加偏旁，读作“期”音，庶乎允协，足副朕尊崇先师至圣之意。

雍正四年丙午八月丁卯

上亲祭先师孔子。

谕礼部侍郎三泰等曰：仪注内开献帛进酒皆不跪，朕今跪献，非误也。若立献于先师之前，朕心有所不安，可记档案，以后照此遵行。

十月庚申

诸王文武大臣等以万寿圣节，奏请庆贺。

上谕曰：朕即位以来，事事效法皇考。当日皇考圣诞，未曾每岁行庆贺礼，是以今年朕万寿节，礼部奏请庆贺，朕降旨停止。盖皇考六十年所行之事，朕力能效法者，无不遵奉执行；其力所不能者，则待朕黾勉于他日。即如皇考慎重武备，每岁巡行边塞、校猎讲武一事，朕年来未一举行。而庸劣无知之官员，及怠惰不堪之兵丁，颇有以朕之不往为是者，此皆愚贱之人，偷安自便，不知大体之论。国家武备，关系紧要，不可一日废弛。朕之不往，乃朕不及皇考之处，朕自知之。

盖皇考德盛化神，睿思广运，巡幸所至，日理万几，略无旷缺，与在宫中无异。朕则从朝至夕，殚竭心力，尚恐经理未周，实无暇及于校猎行围之事，此朕不及皇考者也。皇考神武天授，挽强贯札之能，超越千古，众蒙古见之，无不惊服，而朕之技射，又不及皇考矣。皇考圣体康强，如天行之常健，春秋已高，犹不减壮盛之时，而朕之精力，又不及皇考矣。是以临边讲武之事，未曾举行，只于前岁令皇子出口行围，以习训练，而武弁及旗员引见，则皆试以技射而后用之。朕欲俟经理政事悉皆得宜，即当于农隙之时，躬行狝狩之礼耳。朕事事不及皇考，惟有洞悉下情之处，则朕得之于亲身阅历。朕在藩邸四十余年，凡臣下之结党怀奸、夤缘请托、欺罔蒙蔽、阳奉阴违、假公济私之习，皆深知灼见，可以屈指而数者。是以今日宵旰忧勤，为世道人心长久之计，禁之不得不严，训之不得不切，非好为辨论，自取烦劳也。其他宣猷敷政，实不及皇考之万一，惟有事事黾勉效法而行。如万寿节不行庆贺礼，乃事之易行者，著仍遵前旨。

雍正五年丁未二月甲子

上谕内阁：三月十八日，为皇考圣祖仁皇帝万寿圣节，旧例于是日虔诚斋肃，禁止屠宰，今应永远遵行。至圣先师孔子，师表万世，八月二十七日为圣诞之期，亦应虔肃致敬。朕惟君师功德恩被亿载，普天率土尊亲之戴，永永不忘，而于诞日尤当加谨，以展恪恭思慕之忱，非以佛诞为比拟也，著内阁九卿会同确议具奏。

闰三月乙酉

上谕内阁：闻会试举人感朕特恩，以今年为朕五十万寿，特于京城寺庙设立经坛，以申颂祝之意。此举甚为虚妄！朕临御天下，孜孜求治，凡所行之事，惟以循理为本。诚以理之所在，即天意所在，感孚默应，捷于影响。若朕所行，悉合于理，则问心无愧之处，即可以对越神明；而舆情之颂祝与否，皆可置之不问也。朕儆戒乾惕之切，无时或释。举人乃平日读书明理之人，当效法古之圣贤，岂可为此世俗诞妄之举？且朕正念士子贫寒，归途艰于资斧，是以赏给路费。今乃费于无用之地，尤不能体朕之心矣。其所设经坛，即行禁止。

朕又闻，各省督抚因朕今年五十万寿，欲购觅玩好之物，以为进献者，此举尤为不可。夫地方大吏，偶有进献方物土产者，不过借此以达其瞻仰之意。而朕之酌量收纳，又复随便分赐廷臣者，亦所以联君臣上下之情。若今年亦只照每年之例备办，尚准其奏达朕前，倘别有玩赏之物，概不寓目。朕仰赖皇考福庇，在藩邸数十年，所蓄器玩颇有。及即位后，见宫中传留古玩、器皿，皆质朴之物，实无奇异为人所罕见者。言之于人，亦令人难信。视朕藩邸所藏，尚属不逮，朕深用抱愧于怀。

当日二阿哥在东宫时，广蓄奇巧珍贵之物，数倍于皇考宫中之所有。朕仰思皇考恭俭至德，实可垂法万世，钦服之诚切于五内，益觉二阿哥之所为实属无益，当为鉴戒也！朕既深知二阿哥之非，若朕此时复留心玩好，广收进献，则将来子孙之贤而有识者，岂不以此为朕躬之累乎？朕意欲俟暇时，将宫中所有之物，或系皇考传留，或朕藩邸旧蓄，一一分晰标记，以明皇考之俭德，俾世世子孙共知之。又安肯多收玩好以滋朕心之愧乎？朕澄清吏治，令督抚诸臣共励廉隅，即量予公费，不过供其日用之需，安有余资搜求玩器？倘转索之于属员，则又开下吏逢迎奔竞之渐，尚望其秉公督率、整饬官方乎？朕心惟以民安物阜为美，荐贤举能为贵。倘督抚等秉公察吏，实心为国，行一利民之政，胜于献希世之珍也；荐一可用之才，胜于贡连城之宝也。

当年，皇考五十万寿时，朕再三恳请庆贺，不蒙俞允。若以朕所强求，而不能仰得皇考之欢心者，今朕五十寿诞，躬自举行，于心实有未安。至于设立经坛、建立碑亭等事，在皇考当日，甚鄙而厌之。因见诸臣吁恳之切，随便听其举行，乃朕所深悉者。而其中群下隐情，在皇考实不能深知。朕居子臣之位四十年，于臣庶情形皆所亲见，是以不肯复为。内外诸臣，其共体朕心，祇遵朕谕，殚竭诚意，屏绝虚文，勉之勉之！

四月辛丑

上谕内阁：朕今年五十，已有谕旨，不行庆贺礼。昨杨名时、南天祥奏折，俱称今年进京庆祝万寿。朕思圣祖仁皇帝久道化成，圣德神功际天蟠地，当年五十圣寿之时，尚未允行庆贺之礼。朕临御以来，虽时时有励精图治、乂安海宇之心，而实在善政善教，可以造福于社稷苍生者，何事堪以自信？正当君臣交相儆勉，期于有成，又安可为此粉饰之事，以滋烦扰乎？朕之待下，惟有一诚。诸臣果矢诚恳之念，于隐微寤寐之中，尊君亲上，如《诗》《书》所载"元后父母"之谊，岂不胜于拜舞彤墀、效称觞祝嘏之仪节乎？外任诸臣，俱不必具本奏请来京，只照常年之例行。若有因地方事务应来京陛见者，朕自另降谕旨。其各省耆民等，若有欲来京庆祝者，著地方官切止之。再各省地方，若有指称万寿，建立经坛，或聚集梨园，喧哗縻费者，此皆生事不安本分之徒，诱惑愚人，希图财利，尤宜严禁。倘有司不行禁止，经朕访闻，定照欺罔之律治罪。

六月丙申

御制《黄河澄清碑文》曰：朕闻上天孚佑生民，日监在下，垂示休征，警觉有位。凡欲使之懋德勤政，无怠无荒，而修省加虔，用答嘉贶。天人感应之理，致不爽也。

我皇考圣祖仁皇帝，功德隆盛，临御久长，厚泽深仁，洋溢于薄海内外。朕寅绍鸿图，仰承盛烈，蒙被福荫，民安物阜。数年以来，嘉祥叠见。雍正四年十有二月，河道总督齐苏勒、副总河嵇曾筠、漕运总督张大有、河南巡抚田文镜、山东巡抚塞楞额、陕西巡抚法敏，先后驰奏：黄河自陕西府谷县，历山西、河南、山东，以至江南之桃源，冰开水清，湛然澄澈。其在陕西、山西，始见于雍正四年十有二月八日乙丑，迄于雍正五年正月十三日庚子，凡三十有六日。其在河南、山东，始见于十有二月九日丙寅，迄于次年正月十日丁酉，凡三十有一日。山东之单县，亦清于丙寅至癸酉、甲戌，清澈见底，而是月之二十二日己卯，渐复其旧，凡十有四日。其在江南，则始于十有二月十六日癸酉，迄于是月二十三日庚辰，凡七日。盖其清也，自上而下；及其复旧，自下而上。故时日之先后、远近，渐次如是。维时中外臣民，佥以河清为千年罕见之盛事，稽诸史册，咸称上瑞。况横亘三千一百余里，绵历三旬有余，尤亘古所未觐。合辞恳请，御殿受贺，至再至三。

朕维上天之锡福降灾，犹人君之用赏行罚。感召之机，分于敬肆，一念甫动，休咎顿殊。朕祇若昊天，敬慕皇考，翼翼小心，夙夜罔有懈怠，因得仰邀皇考昭察，默吁苍穹，锡兹福庆。朕惟虑前此之受贶无因，且恐将来之承庥不易，朝乾夕惕，益深谨凛，特命虔告景陵，以申忱悃，专遣大臣致祭河神，以昭灵应。至升殿受贺，沿袭颂美之虚文，朕所不取，是以坚却不允。而广推皇考锡嘏弘仁，施恩中外。群臣有专职者，咸晋一阶，谆谕周详，共加敬勉。爰允廷臣所请，勒石以纪。夫天一生水，是为天地之气所流通。而河称四渎之宗，上应云汉，澄洁安流，用昭嘉瑞，天和协应，必有自来。《诗》曰："文王陟降，在帝左右。"盖言文王与天同德，而子孙蒙其福泽也。我皇考配天之灵，于昭在上，眷顾启迪，至深且厚。朕祇承瑞应，恐惧悚惶，嘉与群臣增修实政。《书》曰："昭受上帝，天其申命用休。"又曰："先王奉若天道，君臣上下之间，无忘戒儆。"朕亦惟是，严恭寅畏，不遑康宁，庶几求无负于上天、皇考锡予嘉祥之至意。濡毫纪实,镌勒贞珉,用抒朕祗敬之诚,永自儆勖云尔。

十月己亥

军营效力原任大同总兵官马觌伯奏:鄂尔昆、图拉地方产瑞,麦有一茎十五穗者,实称上瑞。

上谕内阁:今岁,各省俱产嘉禾,顷马觌伯复进瑞麦。朕观自古圣帝贤王,皆务实心实政,不以祥瑞为尚。朕深明此理,摈斥虚文。因今岁为通行藉田典礼之初,即获感召天和,是以特为表著,以明天人感应之理,捷于影响。期中外诸臣益加诚敬,共相儆勉于将来也。但恐地方有司,未必深悉朕心,或竞尚嘉禾之美名,借端粉饰,致有隐匿旱潦而不以上闻者,亦未可定。著将雍正五年以后,各省田禾所产嘉禾,俱停其进献奏闻。

十一月丙子

上谕诸王大臣等:朕每恭读《圣祖仁皇帝实录》,必虔加顶礼,然后展诵;每遇圣祖尊号,必顶礼致敬,不敢平视。此朕居敬存心,不待勉强,非独一事为然也。圣人戒慎恐惧之功,无间须臾,时时收敛此心便是敬;稍或不敬,则此心纵逸而不可追矣。凡人动怒之时,或与人相争之时,心尤易纵,切须以敬自持。果能操存涵养,不但是圣贤修己功夫,亦可得养生之道,不可不加之意也。尔等每聆朕谕旨,听受之下,中心诚服,在尔等断无面从背违之习。然恐存此成见,或中心以为是,未必果然全是也。设尔等陈奏之言,朕或误以未当者为当,其失仅在一事,所系犹小;若朕所发谕旨,尔等漫以未尽善者为尽善,其所系不綦重乎?嗣后切须为朕存心致思,详加体认,不可稍有迁就迎合之意,使朕有失言过举,朕于尔等有厚望焉!

卷二

圣 德（二）

雍正六年戊申二月丙戌

上谕内阁：据广东总督孔毓珣奏称“龙门协副将景慧奉该管总兵官调取考验，渡海遭风漂没。又该协右营把总谢廷彦轮值，冬季游巡，带领兵丁泛海，亦被风漂没”等语，闻之深为悯恻。查康熙五十二年内，福建台湾、广东碣石，有海洋遭风伤损官兵之事。蒙圣祖仁皇帝特颁谕旨，令地方大吏加以恩恤，并令嗣后通行。但向来未曾分别官兵，详著为例。恐地方官奉行不力，或至日久废弛，亦未可定。朕思海洋危险之地，凡官弁兵丁，若因公事差委，遭风受困者，当照军功加恩。倘有不幸至于身故者，当照阵亡之例优恤。再漕运船只，在大江、黄河危险之处遭风漂没者，亦系因公，情实可悯。又如黄河下埽之人办理工程，不惜身命，均当比照军前之例，定以恩恤之条，著九卿分别详细定议具奏。

十一月己酉

上谕内阁：朕御极之初，即降谕旨，令诸臣不必进献仪物。雍正三年冬，诸臣以初行吉礼，有进献器皿、书籍、笔墨者，朕酌收一二，随降旨令在京大臣，嗣后停其进献。至在外督抚进本省方物土宜，盖以土产诸物乃各省所出，该督抚藉此以展其敬爱依恋之心，朕亦因以昭上下一体之谊。其物不嫌于轻微简略者，所重不系乎物也。今各省督抚中,尚有未能深体朕心,于土产之外,复以器玩进献者。朕思督抚职任封疆,用度繁多,特为筹画养廉之项,原以供其日用要务之需,安能尚有余资购求古玩?倘在己不能购求,转向属员索取,尤为不可。人臣事君之道,惟在至诚至敬,岂仅在区区进献之丰美乎?倘能永矢丹诚,为地方安民察吏、荐举廉干,为国家供职分猷,其可宝可贵,岂不远胜于连城之璧乎?兹特再行宣谕。倘或仍有进献古玩者,则并其方物土宜,亦行摈却。

雍正七年己酉三月甲寅

上谕内阁:自古帝王,皆有功德,于民虽世代久远,而敬礼崇奉之心,不当驰懈。其陵寝所在,尤当加意防卫,勿使亵慢。至于往圣先贤,名臣忠烈,其祠宇茔墓,亦当恭敬守护,以伸仰止之忱。著各省督抚转饬各属,将境内所有古昔陵寝祠墓,勤加巡视,防护稽查,务令严肃洁净,以展诚恪。若有应行修葺之处,著动用本省存公银两,委员料理。朕见历代帝王皆有保护古昔陵寝之敕谕,而究无奉行之实。朕于雍正元年恩诏内,即以修葺历代帝王陵寝通行申饬。亦恐有司相沿积习,视为泛常,嗣后著每年于岁底,令该地方官将防护无误之处结报督抚,该督抚造册转报工部,汇齐奏闻。倘所报不实,一经发觉,定将该督抚及地方官分别议处。明太祖陵在江宁,昔我圣祖仁皇帝屡次南巡,皆亲临祭奠,礼数加隆,著江南总督转饬有司,加意防护。其明代十二陵之在昌平州者,自本朝定鼎以来,即设立太监陵户,给以地亩,令其虔修禋祀,禁止樵采。圣祖仁皇帝屡颁谕旨,严行申饬,著该督转饬昌平州知州、昌平营参将,差委人员,时加巡视,务令地境之内,清净整齐。倘陵户或有不敷,即著该督酌量增添。其南北二处陵寝,防护无误之处,亦著该督抚等,于每年岁底册报工部汇奏。

五月戊申

上谕内阁：朕见臣工等奏章，间有用“山川效灵、洪福齐天”及一切颂扬背理之词，谆谆训诫，至于再三，宜乎中外共知朕心矣。乃昨衍圣公孔传铎奏贺庆云本内，竟用“乾坤效灵”之语，朕览之，实为悚惕不宁之甚。朕于事天事神，至诚至敬，惟望天地神祇俯垂默佑，锡福兆庶，共享升平。若云感召天和，或云受天之祜，或云昭示灵应，似此等语作颂扬之文，尚于义不悖，而于心亦安。今乃谓天地神祇效灵于人君，岂不闻“王者父天而母地”，而敢为此亵慢之语乎？且朕之事天，亦犹臣下之事君也。臣之视君也，以为九重之尊，而以人君视天，其相越之分，又不啻九重而已也。设以属员颂其上官，而称为“上所崇奉”，或称为“福与君齐”，彼为上官者能安受而不战栗乎？今以“效灵齐天”等语见诸奏章，何以异是？不惟不知立言之体，亦大失敬谨事君之道矣！昔我圣祖仁皇帝深恶此等陈奏之词，常加训诲。今著再行申谕内外臣工知之，嗣后如有仍用此等字样者，著通政司即行参奏，如送内阁，即著大学士参奏。

八月庚申

上谕内阁：前据浙江署督性桂、署抚蔡仕舢等奏进，湖州居民王文隆家，万蚕同织，瑞茧一幅长五尺八寸，宽二尺三寸，父老皆称为从来未有之事。朕恐小民图利望恩，或用人力造作而成，因令性桂等详细体访，务令确实，勿为所欺。昨性桂、蔡仕舢等，于本地详加验看访察，实系自然成就，并不由于人工，具折覆奏。廷臣等以蚕桑织纴，乃衣被之大原，养民之切务。今浙省有此瑞应，则小民温暖可期，咸为国家称庆。朕素不言祥瑞，数年以来，每遇休征，必倍加乾惕儆戒，所颁谕旨，至再至三。朕爱育元元，务期普天率土之人，同沾实惠。一时希有之物，不足以御饥寒。倘蒙上天俯鉴悃诚，锡福黎庶，蚕桑普盛，衣食充盈，乃朕心之所谓祥瑞也。

雍正八年庚戌正月戊戌

署直隶总督唐执玉奏：正月二十日，凤凰见于房山。

上谕内阁：朕素不言祥瑞，屡降谕旨甚明。上年据散秩大臣尚崇廙奏称、天台山民李万良等呈报"十一月十三日黎明，见山中有一神鸟，高五六尺，毛羽如锦，五色俱备，所立处群鸟环绕，北向飞鸣"等语，朕以边地居民所见，事属渺茫，将所奏发还，未曾宣示廷臣。昨据总理石道事务散秩大臣常明、侍郎宗室普泰奏称、石工监督司官田周呈报："正月二十日，在房山县石梯沟山中，见瑞凤集于峰顶，五色俱备，文采灿然。工匠、樵牧、居民人等，约千有余人，莫不共见。"又据总兵官管承泽及顺天府府尹孙嘉淦等所奏，亦皆相同，朕亦俱，未宣示，廷臣可以知朕心矣。今据署总督唐执玉缮本具奏，朕思古称凤鸟，乃王者之嘉祥。朕抚躬自问，功德凉薄，不足以致凤仪之上瑞，此事犹疑而未信也。

四月己酉

上谕内阁：今年三月，京师一带雨泽愆期，朕衷甚为忧虑，斋心默祷。至三月二十五日，得降时雨，似觉沾足，朕心稍慰。昨据署直隶总督唐执玉奏报各属得雨情形，畿辅雨泽，尚未周遍。朕悉心殚思，推求体察。朕之用人行政，朝乾夕惕之念，实八年如一日，此朕可以自信，仰邀上天垂鉴。即在朝满汉文武大臣等，亦皆勤慎供职，无贪残不法之人忝窃高爵，以致上干天和者。惟是政务中有清查旗地、宽免积欠二件，乃近来降旨施行之事。查国家定制，旗人地亩不许民人典买，例禁甚严。乃无藉之徒，不遵禁约，彼此私相授受，以致诸弊丛生，奸伪百出，争讼告讦，大为人心风俗之害，实有不得不清查厘正者。朕又念此等积弊，沿习多年，按律究治，有所不忍。于是特降谕旨，宽其违禁典买之罪，且命动支内帑，给价归赎。使旗地仍归旗人，不至为民人巧占；民人仍得原价，不至资本子虚。永息争端，革除弊窦，此朕格外之恩也。或者差往清查之人奉行不善，以致民心怨抑，上干天和，靳兹雨泽乎？

又如查免积欠之旨，乃今年二月中旬颁发者。自是以后，京师一带风多雨少，有微旱之象。想此等拖欠钱粮之劣员，上亏国帑，下剥民膏，为天理所不容，国法所难宥。或者上天以朕查免之旨，涉于邀誉市恩，而非瘅恶惩贪之道，是以昭垂此象，以示儆乎？近来举行之事，只此二端。而天象如此，朕心不能无疑，著内阁九卿悉心详议具奏。倘此二事之外，有应行陈奏之处，亦著据实具奏，毋得隐讳。

戊午

户部奏：太平峪建立红桩，拨换田房，迁移寺庙，一切事宜。

上谕曰：风水地内所有民间田亩，按其升粮科则，照应得之价加倍赏给。已经耕种者，俟收成后，再令交官。村庄庐舍，悉照房屋间檩，加倍先给银两，俟其将迁居之处，收拾周备，再令搬移。各村舍所种树木，亦著给与价值。一应寺庙，于风水地红桩之外，照式官为盖造。如该寺庙有香火田地，亦著将新建寺庙附近地亩，加倍拨给。至所有坟墓，悉照地之大小，从厚赏给地价。俟卜有平稳之地，再令迁移。务使民间从容宽裕，各沾实惠。其应需各项价值，悉于内库支领。

己未

上谕内阁：朕澄清吏治，整饬官方，时时训勉大小臣工实心供职，以熙庶绩而惠兆民。又恐职官甚多，优劣不等，或视诰诫为具文，不知儆惕，是以遇有参处之案，率按例处分，不稍宽贷。盖欲其谨小慎微，时时检束，自不至逾闲荡检，干犯重罚也。而外省督抚等，亦皆遵奉法纪，察吏严肃，不肯宽假姑容。内外之考课如此，并非苛刻以待臣下也。近年以来，朕留心体察内外文武大小官员，虽不尽大法小廉，而奉公守法、各勤职业者多，朕心深为嘉悦。但从前参罚之案，累积渐重，拟于今岁秋冬之间，开恩宽免，以示奖励，曾向大臣等言之。今者京师雨泽愆期，朕虔加修省，并推求政事之缺失，而不得其由。因思朕原有宽免各官参罚之心，而未曾降旨，或者内外数百人员之中，固有罚当其罪者，亦有限于成例情属可原者，应即颁谕旨，广沛恩施，咸予以自新迁善之路。除特旨永停俸禄者，不行开复外，著将内外满汉文武大小官员，一应革职降级留任及罚俸停升之案，悉行宽免，准其开复。倘此降革人员开复之后，将来有犯贪赃侵蚀不法重罪者，著于本内声明具奏。

辛酉

大学士张廷玉等遵旨复奏：清查旗地、宽免积欠二事，虑周恩溥，无可拟议，臣等过愆日积，当益加省勉。

上谕曰：人情自以为是者多，而能自省者少，是以古昔圣贤，莫不以箴规匡谏为贵。朕以诚心接待诸大臣，若诸大臣偶有过愆，朕即面加诰诫，冀其速改。若朕躬稍有过失，则当随时匡正，以辅朕之不逮，此乃切望于诸臣者也。近因京师雨泽愆期，朕默加修省，悉心体察，一切政务，皆与内外大臣等商酌而后举行。惟有清查旗地、宽免积欠二事，出于朕心之独断，并不由于臣工之条奏，亦未咨询商度于廷臣。今见天象如此，朕心不能无疑，是以降旨询问。至于诸大臣之供职，尚属勤慎小心，若有应行教导悛改之处，朕自随时指示。

六月甲辰

上谕内阁：《周书·洪范》言人身五事，若有得失，在天之"休征咎征"，即各以其类应之。此即朕每日所谕天人感应之理，捷于影响者也。夫所谓修人事以感召天和者，必须君臣上下各尽其道，各殚其诚，以为昭事上天之本。若人君有朝乾夕惕之心，而大臣官员不能承流宣化；或君臣有移风易俗之念，而民情士习不能革薄从忠，则偏而不全，不克成会极归极之盛。而欲冀上天俯垂默佑、普锡繁禧也，岂不难乎？是以为君存推诿于官民之心者，非贤君也；为臣、为民而存推诿于君上之心者，非良有司、良百姓也。惟当各尽其道，以待天恩。

近见直省各处奏报，雨泽颇觉均调，麦秋亦属丰稔，朕心深慰。但闻江浙雨水稍多，田禾间有涝溢之患。朕悉心推求其故，想因今年春夏之交，京师雨泽愆期，朕为畿辅祈祷，并忧虑及于江浙地方，已而京师得雨，而朕心则专为江浙祈求。至南方多雨情形，朕未曾闻知，但以少雨为惧。所以朕屡谕外省大臣，凡觉有水旱之机，即当速奏朕知之者，正为此也。南方既已多雨，而朕心仍复祈求，或因此一念以致上天赐雨过多，浙省有涝溢之处乎？又考之《洪范》："曰狂，恒雨若。"浙省素称人文极盛之区，今年会试，朕加恩取中至七十名，而一甲三人，悉登浙士。或者士子之心，不免矜骄之气，如《洪范》之所谓狂者，致干恒雨之征。此朕就目前之天象人事而推测之，有不能无疑者。朕每遇雨旸不时，即抚躬自省，不敢玩忽。况古圣人之垂训，千古为昭。惟愿浙之多士,遇登进之荣,即凛盛满之戒,见示儆之象,益深敬畏之心,必能仰邀天眷于方来矣。

丙辰

河东总督田文镜奏:豫省士民感戴皇仁,恭建万寿碑亭。

上谕内阁:朕以实心实政训示天下臣民,如称功颂德、建立万寿碑亭、镂金刻石之举,皆属粉饰虚文,朕所不取。前以豫省官方整肃,民俗醇良,感召天和,屡丰有庆,是以特加恩赐,用示褒嘉。该省官民绅士,感激朕恩,惟有益加黾勉,永为循吏良民,以承上天之眷佑。至于撰文建碑,称扬功德,不过外观之虚文耳。嗣后他省若有仿效而行者,著该督抚先期谕止之。

十一月己巳

上谕内阁:惟至圣先师孔子,道冠百王,功高万世。朕景仰企慕,寤寐弗谖,备举崇奉之仪,用申报享之愿。查世袭官爵,历代俱有成规,而圣庙执事之员,向来未加爵秩,所当广置官僚,以光祀典。今欲特设圣庙执事官三品者二员、四品者四员、五品者六员、七品者八员、八品九品者各十员,各按品级给与章服。每逢圣庙祭祀之时,虔肃冠裳,骏奔趋事。凡此人员,著衍圣公于孔氏子孙内,选择人品端方、威仪娴雅者,报部充补,每年各给俸禄银二十两。其孔氏子孙内,有情愿充补之人,或曾经出仕而退休在籍者,或身有职衔而未曾出仕者,以及贡监生童等,皆可入选。若届乡试之期,有情愿入场者,准以监生入场应试。朕意如此,著大学士等会同该部定议具奏。

十二月壬戌

上谕内阁:皇五子致祭阙里文庙,典礼告成,回京奏称"恭谒孔林，周视规制，见享堂墙垣间，有年久倾圮之处”。朕尊崇先师，夙夜罔斁，今庙貌已经鼎新，林园允宜修葺。著钦天监选员前往，会同衍圣公孔传铎相度方位，宜于何时营治，详慎定议。届期朕命大臣前赴曲阜，与衍圣公孔传铎协同敬谨修理，务令崇闳坚固，光垂永久，以昭朕尊礼先师之至意。

雍正十年壬子七月丁亥

山东巡抚岳浚疏报：巨野县牛产瑞麟。

上谕内阁：山东地方，前岁被水，百姓不获宁居。去夏今春，雨复愆期。朕遣官发粟，赈恤多方，幸未至流离失所。即京师去夏今春，晴雨亦不均调。西北两路不得已用兵征戍，将士露处于外，备极劳苦。朕心戒惧修省，但知感上天垂象示儆之恩，不敢望嘉祥之诞锡。今闻瑞麟产于东省，实增愧悚。该抚奏请诏付史馆，宣示中外，皆属虚文。将朕朝乾夕惕、对越上天之悃忱，晓谕天下臣民共知之。

己酉

上谕内阁：据湖南巡抚赵宏恩奏称，南岳为朕主寿之山，庙宇碑亭，宜加重葺。朕思皇天无亲，惟德是辅。朕受天眷命，为天下主，一行事、一举念，皆上天、皇考之所照临。若身无失德，自蒙垂慈护佑。倘德行有亏，居心行事获罪于天，天下亿万臣民岂能代朕祈祷而宽其谴责乎？朕御极以来，无日不以此训示天下臣民，凡有奏请建坛诵经、为朕祝釐延寿者，悉严谕禁止。至于山岳江河之神，为地方捍患御灾、锡福兆庶者，则虔修祠庙，洁诚展祀，以申报享之忱，并非为朕一身祈福也。上天、皇考实鉴此衷，南岳之神，佑我楚民，庙貌久未修理，应照该抚所请，敬谨举行。惟是赵宏恩陈奏之词，识见鄙陋，不知朕心。用颁此旨，再行宣谕，俾众共知之。

十月癸酉

大学士、九卿等奏：圣祖功德常昭，景陵瑞芝叠见，请宣付史馆，昭示中外。

上谕曰：朕从来不言符瑞，时时训谕天下臣民，屏虚文而务实行。是以数年来，各处奏报庆云、嘉谷等事，朕悉降旨训勉，未尝宣示于外，以为祥瑞也。惟是今岁秋间，准噶尔贼人侵犯北路，深入我境，我师奋击，大获全胜，歼贼万余。行间军士及边外蒙古，无不额手欢呼，以为从来未有之大捷，非荷上天、皇考默佑，何能至此？朕心方深感激，而瑞芝适产于景陵，天人协应，信而有征。仰见上天、皇考福国庇民，特赐嘉祥，以昭示天下之臣庶也。朕与诸大臣等，同此庆幸欢忭之悃忱。著照所请，宣付史馆。

十二月壬申

大学士、九卿等，以广东总督鄂弥达等所进瑞禾，奏请颁示中外，宣付史馆。

上谕曰：朕从来不言祥瑞，数年以来，各省嘉禾瑞谷，悉令停其奏报。今年广东督抚以该省所产之谷长茎多穗，为史册所未载，具折奏闻。朕为粤东农民称庆，偶令廷臣观览，并非夸张瑞应也。所请颁示中外、宣付史馆之处，不必行。

雍正十一年癸丑正月壬子

上谕内阁：朕躬谒陵寝，见沿途地方，安设水缸甚多。或动支钱粮，或派用民力，著查明具奏。地方官职司民牧，当以休养百姓为务，若只以洒道清尘为迎合朕心之举，错谬已甚。銮舆所过，即略有尘土，亦复何碍？伊等于此等处过于用心，转被朕之谴责，何不以此用之于民生吏治，重受朕之嘉奖耶？一并传谕知之。

七月庚子

四川总督黄廷桂奏：潼川州盐亭县牛产瑞麟，绘图进呈。

上谕内阁：朕从来不言祥瑞，屡降谕旨甚明。上年，山东巡抚奏产瑞麟，朕将朝乾夕惕之心宣谕中外，不准臣工奏贺。今川省瑞麟再见，朕心倍加愧悚。惟在吾君臣共修实政，士庶共敦实行，庶几感召天和，潜消灾沴，年谷顺成，万民乐业，此朕心之所谓祥瑞也。

雍正十二年甲寅四月庚午

上谕大学士等：朕于一切器具，但取朴素适用，不尚华丽工巧，屡降谕旨甚明。从前，广东曾进象牙席，朕甚不取，以为不过偶然之进献，未降谕旨切戒。今则献者日多，大非朕意。夫以象牙编织成器，或如团扇之类，其体尚小，今制为座席，则取材甚多，倍费人工，开奢靡之端矣。著传谕广东督抚，若广东工匠为此，则禁其毋得再制；若从海洋而来，从此屏弃勿买，则制造之风自然止息矣。

十月己巳

诸王大臣等奏：景陵宝城山产瑞芝九本，恭请宣付史馆。

上召入谕曰：今岁元旦立春，喜遇四寅。仰蒙上天特赐盈尺之瑞雪，朕心感庆，期与臣民共加儆勉。自春及秋，直省地方，雨旸时若。除北直、江南近水数县，河流有涨溢之处，陕西数县得雨稍迟外其余则甘霖应候，禾稼丰登。虽不敢遽称大有之年，而各省年谷顺成，大率相类，诚为罕覯。此皆上天、圣祖赐佑国家，显然昭著者。今当万宝告成之候，西师报捷之时，欣睹瑞芝九本产于景陵宝城最近之山上。屈指数年以来，三秀之瑞，已经四见，实乃上天恩赐，以表彰我皇考之圣德神功，欲使中外臣民咸知——乐利养恬、共享升平之福者，皆我皇考之所留贻，非偶然也。据此，则诸王大臣等奏请宣付史馆，昭示中外，于理应行。至谓朕纯孝所感，朕实愧不克当，并晓谕天下臣民共知之。

十二月乙卯

上谕内阁：从前，台湾北路、大甲西等社，顽番不法，官兵已经剿灭，余党亦已就擒。叛犯之律，所有眷属，一并缘坐，无可宽贷。朕思此等愚番，冥顽无知，究非汉民可比。从前妄行不法，罪在正犯，其眷属散处各社，未必知情。今当平定之时，若一一搜查，不无牵累惊扰，用是格外加恩，免其根究。该督抚、提镇可仰体朕心，妥协办理，以安番众，并将朕谕明白宣示，咸使闻知。倘朕如此开恩，而愚番等仍不知感激，再有干犯法纪者，则是蠢顽不灵之辈，不可以恩惠化导，朕必加以重惩。

雍正十三年乙卯正月己卯

上谕内阁：今日诸王大臣等，以雍正十二年十月二十九日，庆云见于云南之大理等府，又见于广东之高州府；又山东宁阳县产毓麒麟，嘉瑞骈臻，仰见上天慈恩福佑，具折称贺。朕向来不言祥瑞，非为谦让之虚文。历年以来，各省多有庆云之瑞，兹又值朕生辰，云南、广东两省同见上天昭示嘉祥。但两省庆云，何如处处雨旸时若，俾岁岁五谷丰登，万民乐利？斯真可谓上天慈佑！尔等为朕思之，何由使宗室天潢之中，人人品行端方？何由使八旗根本之地，事事奉公守法？何由使六卿喉舌之司，纪纲整饬，万事咸宜？何由使封疆守土之吏，大法小廉，万民安业？朕之愿望，常多未满，则斯产麟，何足深庆？若以产麟为朕德所感，益属朕所不居。传言诚能格天，朕十二年来，恳切至诚，时时训诫尔诸王大臣，所颁谕旨不下数千万言。而诸王大臣，尚未尽能激发天良，公正无私，实心办理国家政事，则是朕于人心未尽感格，而谓能感格天心，实不敢自信也！朕惟益加黾勉，尔诸王大臣亦当各思，所以答朕谆谆期望之至意。

至于朝廷一丝一粟，皆天下之民脂民膏，如朕今者解衣以赐，此衣虽被于朕躬，实未尝成之朕手。揆厥由来，仍是万民脂膏，岂朕所得而自有哉？凡一丝一粟，用得其当，则是以民力所成者，令教养民生之人，食其美报，朕与斯人两居其是；用不得其当，则是以民力所成者，供剥削民生之人，恣其暴殄，朕与斯人两居其非。如其是也，朕亦何可言功；如其非也，朕岂得不引为己咎？尔诸臣自思之，必如何而后可使君臣之施受常居其是？又何忍受君之恩而转使君为尔等受过乎？夫大小臣工，各有职业，孜孜矻矻，尚恐隳废，安得有寸晷余闲优游逸乐？如果无可办之事，有此一刻清闲，此即上天所赐之福，当及时思其职业，何事当为？思其过愆，何事当改？“主敬”二字，实不可以须臾离者。主敬则昏惰自去，精明自生，有事无事，心常惺惺，断不肯别寻无益之消遣，以致纵欲败度。尔诸王大臣亟须猛省奋勉，厚自期待。果能实心实力，办理国家政事，俱成朝廷公正之大臣，则泽被生民，感召天贶，将使四海九州之大，尽致五风十雨之征。此时再感上天慈佑，贺朕瑞祥，岂不更胜于庆云屡见、麒麟叠生乎？是乃朕所切望者，诸臣尚各勉旃！

六月辛卯

上谕内阁：自古地方官员，有进献方物之礼，盖以地土所产贡之于君，所以将其诚意。而为君者，鉴其意而酌纳，所以笃堂廉之谊、联上下之情也。朕即位以来，亦循照旧例，间有进献珍宝古玩者,朕概降旨停止。向来镇臣中,亦有随督抚进献者,朕皆谕止之。至于所献之物,备随时赏赐内外臣工,以示家人一体之意,并非朕所需用而收贮内府也。虽臣之效忠于上,君之加恩于下,不在乎此,然亦仪文礼节之一端,所以历来未废。凡为督抚者,既以此将其诚敬之悃,则当于采办之时,厚其价值,俾所属官民欢欣从事,方为事君尽礼之实心。乃朕向闻各省大员,采备贡物,有恃上司体势发价减少者,以致民间受累,视为畏途。如榆次不敢种好瓜,肃宁畏植好桃,外间传为话柄。近朕访闻福建采买柑果,有短价累地方官民之处,则与君臣联接之本怀,大相违背。朕岂肯为此无益之仪文,而令承办之微员贸易之,百姓或受扰累哉?以贡物而累及闾阎,万万不可。即或交与属员代办,而价值不敷,令其暗中赔补,是又假公济私、收受贿赂之巧术也。似此食用微物,朕发价市买,何所不得,岂肯丝毫累及地方?可通行晓谕督抚等,自接奉此旨为始,著将从前贡物之数,再减一半。倘仍蹈旧辙,朕必将各省贡献之例全行禁止。

卷三

圣 孝

康熙六十一年壬寅十一月丙申

上孝思哀痛，饘粥不进。诸王大臣等，合词奏请节哀，并劝进饘粥。

上谕曰：仰思皇考深恩，不但诸王大臣哀慕无穷，凡官员兵民均兹依恋，况朕亲承鞠育，尽孝尽哀乃为子之道，奚能自已！且朕既受付托之重，朕自酌量可进饮食，朕自少进，若勉强饮食，反于朕躬无益，嗣后不必劝奏。

丁 酉

上谕总理事务王大臣曰：朕受皇考深恩，如天罔极。忽升仙驭，攀恋无从，惟有朝夕瞻近梓宫，稍尽哀慕之忱。今王大臣等所议安奉之处，或在南海子，或在郑家庄。此二处隔越郊外，离宫禁甚远，朕心不忍。缅惟世祖章皇帝大事时，曾安奉景山寿皇殿，朕意亦欲安奉于景山寿皇殿，庶得朝夕前往，亲行奠献。

辛 丑

上即位，诏谕天下曰：惟我国家，受天绥佑，太祖、太宗肇造区夏，世祖章皇帝统一疆隅。我皇考大行皇帝临御六十一年，德茂功高，文经武纬，海宇宁谧，历数悠长。不谓谢弃臣民，遽升龙驭，亲授神器，属于藐躬；朕，皇考大行皇帝德妃之子。昔皇二子弱龄建立，深为圣慈钟爱，寝处时依，恩勤倍笃。不幸中年神志昏愦，病类疯狂，皇考念宗社重任，付托为艰，不得已再行废斥。待至十有余年，沉疾如故，痊可无期。是以皇考升遐之日，诏朕缵承大统。朕之昆弟子侄甚多，惟思一体相关，敦睦罔替，共享升平之福，永图磐石之安。

孔子曰："三年无改于父之道。"我皇考临御以来，良法美政，万世昭垂。朕当永遵成宪，不敢稍有更张，何止三年无改！至于皇考知人善任，至明至当，内外诸大臣，朕亦亟资诩赞，以期始终保全，务宜竭尽公忠，恪守廉节，俾朕得以加恩故旧，克成孝思。倘或不守官箴，自干国纪，既负皇考简拔委任之恩，又负朕笃爱大臣之谊。部院属吏，直省有司，亦宜实心任事，洁己奉公，不得推诿上官，自旷厥职。天下百姓，受皇考恩泽日久，蠲赈频施，劝惩备至。间有愚氓，甘犯律令，皇考每遇谳决，必加详审，爰书累牍，披阅靡遗，少有可生之路，立施法外之仁。凡我百姓，各宜孝亲敬长，畏罪怀刑，以副朕仰法皇考如天好生之意。兹因诸王、贝勒、大臣、文武官员人等，佥谓天位不可久虚，宗社允宜早主，再三陈请。朕勉徇舆情，暂抑悲痛，于是月二十日祗告天地、宗庙、社稷，即皇帝位。以明年为雍正元年，仰惟先志之宜承，深望皇图之永固。遹昭新化，期慭旧恩。

於戏！追慕前徽，继述无忘于夙夜；广推圣泽，恩膏愿被于寰区。凡尔亲贤文武，其共矢荩诚，各输心膂，用绍无疆之业，永垂有道之庥。布告天下，咸使闻知。

是日

上谕礼部：朕惟自古圣贤之君，必有显号徽称，以昭功德之盛，垂于万世，此国家不易之巨典也。仰惟我皇考大行皇帝，临宇六十一年，早承大统，寅畏小心，旦明凛昭格之忱，郊祀亲升中之典，监于成宪，率由旧章。孝奉两宫，尊养兼至，展敬陵庙，备物尽诚。总揽万几，阜成兆姓，蠲赋动盈千万，赈恤曾不稽时。水旱先筹，雨旸必达，宽刑肆赦，德洽好生。盛暑则释囹圄，严寒则赈饘粥。兵粮预给，优赏频颁。淮甸屡巡，动数百万之帑金，运睿谟而两河底绩。鲁邦特幸，行数千年之殊礼，屈帝尊而九拜崇师。览奏牍而利弊周知，觐臣僚而贤愚立辨。保全勋旧，庇荫宗支，广育人材，敦厚风俗，布昭圣武，申讨不庭。元裔背叛而旋踵就歼，三孽逆命而克期献馘。鄂罗斯占喀尔喀之疆圉，谕以威德，即奉约章。喀尔喀逼厄鲁特之暴残，纳其困穷，胥登衽席。噶尔丹肆毒邻境，三临绝漠，扫靖烽烟。策妄阿喇布坦摧灭与国，出师命将，恢复藏地。台湾置郡，红苗革心，南朔东西，无思不服。至于天纵生知，日新好学，讲筵时御，手定六经，广博士于五贤，配先儒于十哲，文媲二典，书迈百家，贯彻天文，总括地理，旁罗术数，考正元声，研索群编，鉴裁纂辑。凡此难名之美善，洵亘古帝王首出之一人，虽复累牍连章，不能纪述万一。朕方与天下臣民，均切怙戴，不意龙驭上宾，顾予冲人，嗣膺大统，仰承佑启之恩，敢后显扬之礼！谨考彝章，宜升尊谥。尔部详察典礼具奏。

是日

上谕礼部：朕惟君国之道，必崇孝理；化民之本，务重尊亲。钦惟我母后仁承天德，顺协坤仪，恭俭温慈，懋昭淑范，恩勤顾复，诞育藐躬。朕缵荷鸿图，恭承懿训，显扬圣善，仪典宜隆，式考旧章，恭上皇太后尊号。尔部详察典礼具奏。

壬寅

诸王大臣请遵大行皇帝遗诏，二十七日释服。

上谕曰：皇考大行皇帝圣德神功，罕有比伦，实为亘古未有之圣君。朕亦不宜行近代相沿之典礼，释服之制，以日易月，虽始于汉文，而高宗谅阴三年，独非古制乎？朕不能上比高宗，而哀慕之情不能自已。且稽之史册，汉文以来，谁能媲美皇考！则朕又安忍守汉文二十七日之制乎？本朝旧制，释服亦待百日之期，庶可稍尽思君思父之哀衷。揣尔等之意，惟恐过劳朕躬。殊不知朕若持服，尚可少进饘粥，暂眠苫块。如必强朕释服，则朕必至寝食俱废矣。朕言及此，曷胜呜咽！尔诸王大臣其谅之。

甲 辰

诸王大臣等以郊庙祀典不可久阙，考据典礼，合词恳请遵大行皇帝遗诏，以二十七日释服。

上谕曰：览诸王大臣所奏，引据经书，义理明晰，朕惟有呜咽悲恸耳！始知为君之难。只此持服一节，乃天子第一苦衷，曾不如臣庶尚能各尽其心。虽勉从所请，朕之哀思，因兹愈切矣！

乙 巳

总理事务王大臣等奏：大行皇帝尊谥庙号，乃追崇大典，臣等管窥蠡测，未能仰尽高深，恭祈睿思亲定，以昭垂万世。

上谕曰：皇考大行皇帝尊谥庙号，诸王大臣等请朕亲定。朕思子臣尊崇君父之心，何有止极？然必须至允至当，方孚千秋定论。若少有溢美之词，不独失天下之至公，且开后人之僭越。是因臣子之愚忠愚孝，转将君父盛德大业之实行，涉于赞颂之虚文，朕心殊不安也。我皇考大行皇帝缵继大统，旧典本应称宗。但经云“祖有功而宗有德”，我皇考鸿猷骏烈，冠古铄今，拓宇开疆，极于无外。且六十余年，手定太平，德洋恩溥，万国来王。论继统则为守成，论勋业实为开创。朕意宜崇祖号，方副丰功。但追崇大典攸关,理应佥谋共协。尔诸王大臣等,会同九卿、詹事、科道,文六品以上,武四品以上,详考旧章,从公确议。毋得依违,毋得附和,务期纪实,以垂万年。

十二月甲寅

奉安大行皇帝梓宫于寿皇殿,诸王大臣等合词恭恳皇上节哀。

上谕曰:我朝自太祖、太宗、世祖以至皇考,咸贵实行,不尚虚文。朕受皇考教诲鞠育,迄今四十余年,恩勤笃挚,慈爱无穷。今遇皇考大事,五内哀痛,至情迫切,实不能已。朕非于此自谓尽孝,亦非博尽孝之虚名也。况天降缟雪,林木皆白。自安奉梓宫,群鸦环绕殿庭,哀鸣七夜。仰观天意,俯察物情,尚且如此,朕能已于沉痛乎?今梓宫奉移寿皇殿,朕未释服之前,必每日三次亲诣献食;一月内,每日一次亲诣献食;一月后,数日亲诣一次,如此庶可少释悲思。若欲朕衔哀强制,朕心愈无以自解,尔诸大臣不必再奏。

丁巳

上谕内阁、九卿、翰林、詹事、科道等:朕仰荷祖宗眷佑,缵承大统,恭上皇考“圣祖仁皇帝”尊谥。敬念太祖高皇帝、太宗文皇帝、世祖章皇帝,三圣相承,功高德盛。载考典章,加上尊谥。因念孝庄文皇后,肇基翊运,启佑两朝;朕在冲龄,备膺慈爱;孝康章皇后,诞育先皇,懿徽流庆;孝惠章皇后,德隆福厚,笃爱朕躬,朕意亦宜并加尊谥。但追尊固出至情,而推崇必遵定礼。尔等酌古准今,会同确议,俾朕得稍展思慕之诚。又念仁孝皇后,作配皇考,孝敬宽仁,坤仪懋著;孝昭皇后,恪恭温顺,树范宫闱;孝懿皇后,徽音淑德,慈抚朕躬,恩勤备至,均应恭上尊谥,以昭示万年。

内阁、九卿、翰詹、科道会同详察典礼具奏。

雍正元年癸卯正月壬寅

上谕总理事务王大臣等曰：母后诞育朕躬，缵承大统，谨考彝章，请上尊号。母后以皇考梓宫奉移山陵之事未毕，不忍即受尊称。前据王大臣等合词虔请，敬上“仁寿皇太后”尊号，盛德谦光，屡辞不允。诸王大臣援引旧典，恳求再三，始蒙慈允。今恭上册宝典礼，亟应举行。母后圣意，仍欲迟迟。朕复再四陈恳，未蒙许允。现今山陵之期已近，尊崇大典，诹吉何时，总理事务王大臣会同礼部九卿确议具奏。

是日

总理事务王大臣等议奏：前往陵寝之处，历考宋明以来，皆无嗣主亲送梓宫之事，祈皇上念宗庙社稷之重任，以慰臣民之心。

上谕曰：凡事当遵奉祖考已行典礼，方为尽善。前曾祖母太皇太后发引时，皇考亲自恭送；至祖母皇太后发引时，皇考圣躬违和，兼有足疾，尚且亲送梓宫启行。诸王大臣岂能劝止乎？亲送皇考梓宫至山陵，朕意已定，大臣等勿再强奏。

二月己巳

恭上圣祖仁皇帝尊谥礼成，诏谕天下曰：古帝王有出世之勋，必有非常之谥。故黄帝表中和之美，颛顼著谦约之文。大行受大名，扬光本因乎法地；有功兼有德，加号必极于同天。此追尊之巨典，守国之常经也。

恭惟我皇考大行皇帝，受箓绵长，膺图悠久。以生知安行之至圣，行存诚主敬之实功；无一事不上合天心，无一念不下周民虑。禋郊飨帝，岁必躬行；祈谷佑民，典恒虔举。慈闱定省，宗系展庸；问夜求衣，卑宫菲食。万几悉归于尽善，庶政一出于大中。式劝官方，广开言路；奖廉课吏，敕法儆邪。器以使人，公能肥众。赈恤之诏，屡下十行。蠲免之租，动成千万。宽刑肆赦，发帑赉兵。巡省恩膏，备详方策。治河经略，具载史书。以自强不息之精神，为久道化成之事业。武功之赫濯，则荡清三孽，平定沙漠元裔，灭除台湾置郡，收水西而抚红苗，定吐番而复三藏。文德之光华，则亲临太学，特幸阙里，严饬学臣，敦训士子，增博士之员，跻十哲之享。手定五经，穷研六艺，诗同《雅》《颂》，文媲《典》《谟》，学贯百家，圣实天纵。深仁厚泽，溯四千余载之史册，莫有等伦。伟烈丰功，纪六十一年之政治，何能悉举？今龙驭上宾，星霜未改，普天之思慕，应与岁月而俱深；率土之攀号，惟望徽称之允合。

朕缵承鸿宝，嗣守丕基。方继述之是图，岂追崇之敢后？谨命诸王、贝勒、大臣、文武群臣，稽考礼文，恭荐谥号，卿士百辟，不谋同辞。肇举上仪，恪遵旧典，祗告天地、宗庙、社稷，于雍正元年二月十九日，奉册宝恭上皇考大行皇帝尊谥，曰："合天弘运文武睿哲恭俭宽裕孝敬诚信功德大成仁皇帝"，庙号曰"圣祖"。既表尊亲之大义，当施逮下之洪恩。於戏！帝德难名，固揄扬之莫罄；圣功丕显，期昭示于无穷。庶慰遐迩之心，以协天人之愿。布告天下，咸使闻知。

癸酉

诸王大臣等奏请节哀，并恳间日诣寿皇殿拜奠。

上谕曰：朕因皇考付托鸿基之重，故爱惜此身。于臣子哀慕之道，十分未尽二三。朕非强饰以取孝名，但朕受圣祖皇考四十五载顾复教育深恩，今一旦永诀，中心悲痛，何能自已？目今尚可瞻仰梓宫，罔极哀思，乘此犹可稍展。至梓宫睽隔之后，何由再得瞻仰皇考乎？朕躬尚能自持，朕亦尽力强制。诸王大臣所奏，知道了。

三月庚子

上谕礼部：明季帝王，皆不亲送梓宫，故令亲王大臣奉主回京。朕既亲往，若不躬奉神主，于心何安？俟山陵事毕，点主礼成，朕亲奉皇考神主回京。途间如何分站，及先还预备奉迎之处，一并详议具奏。

四月戊午

总理事务王大臣等以圣祖仁皇帝梓宫奉安山陵大礼已成，奏请上御门听政。

上谕曰：诸王大臣所奏虽是，但皇考梓宫尚在享殿安奉。朕今即临御正门理事，心实不忍。念皇考付托重大，节养朕身，一切礼仪，多有未尽。每以天下万民事关紧要，勉强照常办理，亦无迟误。临御正门理事，俟皇考梓宫奉安地宫之后，再为举行。

五月己卯

大学士等奏：孝陵新产蓍草，由皇上孝治之感，请宣付史馆。

上谕曰：孝陵新产蓍草，皆由世祖、圣祖功德隆盛所致，非朕孝思所能感格。诸臣陈奏剀切，著照所请行。

甲辰

上谕礼部：朕惟尊亲之典，首重易名；圣善之修，必崇显号。我皇妣大行皇太后，端庄恭肃，慈惠安和；奉侍先皇，壶仪茂著；诞育冲藐，母道备隆；顾复恩周，命提义尽；宽仁逮下，泽洽宫庭；谦俭持躬，化流禁掖。朕继承大统，嗣服鸿基，方期合万国之欢心，奉慈闱之色养。不意遽遭大故，仙驭上升，抱痛衔哀，感深罔极，惟藉显扬之典，少申孝慕之诚。允宜稽考彝章，荐升尊谥，应行典礼，尔部详议具奏。

是日，恭移皇太后梓宫安奉寿皇殿上，于顺贞门内设倚庐以居，日诣奠献。

乙巳

王大臣等奏请，间两三日亲诣一次。

上谕曰：朕性本质诚，不事掩饰。前云强忍节哀，言实由衷，尔等勿为朕虑。惟是皇妣诞育朕躬，慈恩罔极，今初成服，隔日一诣梓宫亲奠，朕实难安。按之典礼，三次上食，俱宜躬亲。今止一次恭诣，已勉从尔等所请矣。每日清晨，哭奠尽哀，方得少展思慕之心。倘不胜暑热，力不能支，自另降谕旨。诸王大臣当谅朕此意遵行，勿得再奏。

六月丁卯

总理事务王大臣、九卿、翰詹、科道议奏，请四后同祔圣祖庙，尊谥并加“仁”字。

上谕曰：朕惟母后升祔太庙，大典攸关，欲申臣子之孝思，必准前代之成宪，务得情理允协，乃可昭示万年。诸王大臣等奏请四后同祔太庙，引据宋朝太宗、真宗，四后祔庙之礼，朱子及有宋诸儒，皆以为允当。览奏，既得展朕孝敬无穷之心，复合前代斟酌尽善之典，不觉悲慰交集。恭惟孝诚仁皇后，元配宸极；孝昭仁皇后、孝懿仁皇后继位中宫；孝恭仁皇后，诞育朕躬，母仪天下。按先儒祔庙之议，一元后、一继立、一本生，以次并列。今母后升祔位次，当首奉孝诚仁皇后，次奉孝昭仁皇后，次奉孝懿仁皇后，次奉孝恭仁皇后。如此庶于古礼符合,而朕心亦安矣。

八月乙亥

圣祖仁皇帝升祔太庙,届期命大学士等恭奉神主填青。

上谕曰:填青典礼所关最重,古人必取名望素著、德行纯粹、学问渊深者,以充此任。今尔等位既贵显,人品皆优,是以特加简命。尔等当体朕敬恪之诚,洁诚斋戒,屏除尘虑,俨如圣祖在天之灵,陟降上下,诚意所孚,洋洋如在,方副朕一片孝思。尔等不必有意于哀恸,不必有意于仪文,只以一诚感格为是。

九月辛巳

上谕礼部:自古祖功宗德,制在不祧;飨帝飨亲,祀应并举。报本之情罔极,配天之典宜隆。仰惟我皇考圣祖仁皇帝亶聪御宇,至德诚民。早岁而揽弘纲,恩覃无外;小心以勤昭事,诚著升中。寝园备物于春秋,重闱将敬于朝夕。轸万民之疾苦,水旱预筹;励百尔之劝惩,贤愚立辨。赦愆宥罪,仁风广被祥刑;发帑蠲租,丰岁频闻减赋。时迈歌而黄淮底定,清问及而稼穑周知。阙里隆九拜之仪,考亭跻十哲之列。科目以增加而益盛,士子因训饬而交修。圣自多能,心犹好学。总百家之阃奥,垂千古之典谟;经天纬地之文,一贯万殊之理。禹鼎汤盘之句,龙翔凤翥之书,莫不荟萃并包,裔皇典丽。

至于皇威远畅,庙略遐宣,临边塞而万幕倾心,示神谟而三孽授首;察哈尔不敢伏莽,厄鲁特顿尔倾巢;鄂罗斯稽颡以奉共球,乌斯藏望风而销锋镝,以至波澄紫海,箐静红苗,雨露及于天维,疆索通于地纽。清宁合撰,参两大以成能;覆载同流,兼三才而立极。武功文德,前代之所未闻;声教车书,史册之所未睹;建中锡福,久道化成。万物逸而宸衷弗释其劳,四海宁而皇躬弗辞其瘁。

六十一载丰功厚泽，深浃人心；四千余年哲后贤君，难侔历服。紫坛绀幄，知天意之同符；苍璧黄琮，思德馨之并荐。

朕缵承丕绪，永念前徽。我皇考圣祖仁皇帝允宜崇祀郊坛，克配上帝。以后冬至，祈谷祭天，俱奉圣祖仁皇帝，同太祖高皇帝、太宗文皇帝、世祖章皇帝配享；夏至祭地，亦如南郊祈谷礼，祗奉配享。其应行礼仪，尔部详议具奏。

十一月癸巳

礼部奏圣祖仁皇帝配享圜丘，请皇上升殿，行庆贺礼。

上谕曰：朕惟圣祖仁皇帝大礼告成，普天同庆。朕升殿颁布恩诏，盖以贺列祖之鸿禧，慰万方之诚悃也。然朕思念顾复深恩，中心哀慕，今未满三年，不忍升殿受庆贺礼。著内阁、九卿等详察典礼，酌古准今，务期于礼允协，庶朕心得安。可即确议具奏。

壬寅

诏谕天下曰：朕惟《孝经》云："孝莫大于严父，严父莫大于配天。"《礼记》云："惟圣人为能飨帝，孝子为能飨亲。"故《周颂》著"思文"之什，《大易》垂"殷荐"之辞。历稽迈古，侑食始于有虞；爰考前章，合祀起于周室，所以报功崇德、尊祖显宗也。朕缵承大业，绥理万方，既用享于祈年，将升中于迎日。

恭惟圣祖仁皇帝动符乾健，静合坤元；广大高明，奉无私以成化；涵宏清穆，推至教以乘时。育万物而显诸仁，德周有截；包五行而藏诸用，道运不言。建极敷猷，刚柔并济；体元立制，仁义兼施。礼乐兵农，法四序之春秋冬夏；刑威劝赏，代六气之风雨雷霆。户牖三光，提封八极；东渐西被，北燮南谐。中国有圣人，瀛海仰日星之临照；王者大一统，遐荒沐霜露之沾濡。得一以清，得一以宁，号均三大，无不持载，无不覆帱，声并两仪。论参赞之成功，与天地而俱泰；补化育之不足，见民物之咸亨。荡荡无名，岂梯阶之可及；苍苍在望，非测管之能窥。三五以来，所称裁成辅相，范围曲成，先天而天弗违，后天而奉天时者，惟我圣祖仁皇帝实克尽之。允宜配享南郊，跻坛北畤，用是上稽前典，下慰舆情，昭告天地、宗庙、社稷。率诸王、贝勒、文武群臣，于雍正元年十一月二十五日冬至，恭祀上帝，奉圣祖仁皇帝配享。雍正二年正月初六日上辛祈谷，恭祀上帝。五月初一日夏至，恭祀皇地祇，并奉圣祖仁皇帝配享。振金声以达气，昊帝来宾；捧玉瓒而献诚，列圣昭格。隆仪备举，浩泽均宣。於戏！贻谋佑启，敢忘覆载之洪慈；对越骏奔，俨睹阴阳之合撰。青门升燎，虔一人报本之心；绀幄居歆，协万国尊亲之愿。布告天下，咸使闻知。

雍正二年甲辰二月己酉

上谕诸王大臣、九卿等曰：钦惟孝庄文皇后躬备圣德，天锡纯禧。诞育世祖章皇帝，瑞应昌期，君临万国；逮我圣祖仁皇帝，继圣嗣统，久道化成，立万世无疆之业，皆我孝庄文皇后福德兼隆之所启佑也。康熙二十六年十二月，慈驭升遐，先期再三面谕我圣祖仁皇帝曰："我身后之事，特以嘱汝。太宗文皇帝梓宫，安奉已久，卑不动尊，此时未便合葬。若另起茔域，劳民动众，究非合葬之义，我心恋汝父子，不忍远离，只于遵化州陵茔近处安厝，我心无憾矣。"我圣祖仁皇帝涕泣受命，爰谕诸王大臣集议佥同，于康熙二十七年四月，安奉梓宫于孝陵之南，为暂安奉殿，迄今三十余年矣。朕惟《礼经》云："合葬，非古也。"先儒又云："神灵有知，无所不通。"是知合与不合，惟义所在。今昭陵安奉日久，若于左近另起山陵，究非合葬之义。且自孝庄文皇后安奉以来，我圣祖仁皇帝历数绵长，海宇乂安，子孙蕃衍，想孝庄文皇后在天之灵，极为安妥。遗命谆谆，圣祖仁皇帝遵奉三十余年，今朕身任付托之重，山陵典礼，宜斟酌尽善，永垂万世，事莫大焉。著诸王大臣、九卿等，会同确议具奏。

十二月壬申

礼部奏：雍正三年元旦请受朝贺。

上谕曰：朕即位之初，诸王大臣奏请元旦升殿受贺，至再至三，朕无可如何，准于次年举行。今年元旦升殿读表时，朕听之不禁伤感，凄然垂泪。明岁元旦，尚未过三年，著停止行礼。

己卯

吏部尚书朱轼奏称：三年服制已满，恭请祫祭太庙，即吉释哀。

上谕曰：朕览朱轼所奏，当之甚愧。朕受皇考四十余年顾复深恩，罔极莫报。谅阴三年，只以默尽一点私情，非谓历代帝王不能行之事，朕能行之，思欲立法定制以垂令名也。且如祭祀朝会大礼，不容久旷者，朕亦勉徇诸王大臣之请，照常举行。惟有斋居素服，悲哀思慕，尽一己之诚于宫禁之中。

古人云："礼之至者无文，哀之深者无节。"朕自嗣统以迄于今，抚时生感，触物增凄，僾见忾闻，潸然出涕，情不容以自禁，心不能以自觉，遑论其合于古制否乎？昔世祖、圣祖皆以冲龄登极，一时礼制，容有未备。设世祖、圣祖践阼之日已若朕躬之年，则尽礼、尽制必有朕所万不能逮者。今朕抱歉之处尚多，敢云尽礼乎？至所奏"三年以来，深山穷谷，无不哀思恋慕，遏密八音"等语，此乃皇考六十余年深仁厚泽，浃髓沦肌，四海臣民哀痛迫切，感激思慕，愈久不忘，出于人心之自然，非有所禁约而然也。夫以薄海内外，凡有知识之伦，尚且哀慕不忘如此，况躬为子臣，欲报昊天罔极之德，其终身哀慕,复何时能已耶? 朕之衷曲,非欲表暴于人,特因奏章过于称扬,朕心滋愧,故略为宣写,以示中外。

辛巳

诸王大臣奏:明年元旦,伏祈皇上俯顺舆情,升殿行礼进表。

上谕曰:诸王大臣虽请俯顺舆情,亦当思仰体朕意。朕以为,与其行庆贺礼以示万国,不若尽孝道以示天下。二年元旦因行元年之礼,故允所请。去年长至行礼,因圣祖仁皇帝配天大典,朕不得已,勉从众请。至于元旦御殿进表受贺,不比寻常之御殿谢恩行礼也。朕已降谕旨,诸王大臣著即遵行。

雍正三年乙巳二月庚辰

上谕直省督抚等:朕惟古昔帝王以孝治天下,诚以孝者,天之经、地之义、民之则也。故《鲁论》云:"慎终追远,民德归厚矣。"朕以藐躬,缵承大统。永惟皇考圣祖仁皇帝顾复洪慈,恩德罔极。中心哀痛,什伯恒情,以日易月,实所不忍。特以天地、宗庙大祀,朝会重典,不容久旷,时亦勉从诸王大臣之请,遵礼举行。惟于宫廷内素服斋居,默尽此心。每抚时触景,辄增凄怆;僾见忾闻之际,哀发于中,潸然出涕。古人云:"礼之至者无文,哀之至者无节。"实非有所仿而行,亦非欲以立法定制垂誉于天下后世也。终身孺慕,宁有已时? 今诸臣据"二十七月即吉"之文,合辞公请祫祭释服。朕以礼制情,勉允所请,于雍正三年二月十二日祫祭太庙,释服即吉。

伏念皇考圣祖仁皇帝御极六十余年,深仁厚泽,普遍寰区。宾天之日,凡京畿直省,海澨山陬,士农工贾,白叟黄童,莫不呼号哀泣。孺慕之诚,三载以来,有如一日。今举行吉礼,应敷告天下。朕嗣位以来,惟日兢兢,严恭寅畏,不敢怠息,庶几克荷皇考圣祖仁皇帝付托之重。群黎百姓受皇考圣祖仁皇帝教育深恩，当勉励忠诚，勤守职业，言慈言孝，克友克恭；农夫尽力于南亩，工商致精于器用，毋尚奢侈，毋事浮伪，共期归真还朴，比户可封，以无负皇考六十余年培养渐摩之至德，于朕奉先思孝之心，实有赖焉。尔该地方官遍行晓谕，俾薄海黎民咸悉朕意。

癸未

诸王大臣等奏：服制已满，恭请皇上于乾清宫听政。圆明园水土清洁，允宜随时驻跸。

上谕曰：国家大礼，皇考、皇妣虽有轻重之别，而朕之私衷，则皇考、皇妣不容分视。外廷吉礼，已令照国家典制举行。若朕于宫中，务期独尽人子之礼。据奏驻跸圆明园，不但朕心实为不忍，皇考、皇妣之事，朕何可有所分别？况今之二十七月，并非勉强从事，沽取孝名，以为观美，只求朕心之安耳。礼尽则朕心自安。朕意已定，诸王大臣毋得再奏。

庚寅

上谕内阁、礼部：钦惟皇考圣祖仁皇帝德禀生安，功隆参赞，光被四表，协和万邦；集千圣之大成，超百王而首出；鸿猷骏业，史不胜书。今景陵大礼告成，应择吉恭建圣德神功碑，备纪耿光大烈，以昭垂万世，永永无极！著敬谨会议具奏。

七月己酉

上谕礼部：据奏“八月二十三日，皇妣孝恭仁皇后服制期满，请照皇考圣祖仁皇帝释服之礼，袷祭太庙，颁谕中外”等语。朕叠遭皇考、皇妣大事，追念罔极深恩，莫由仰报。三年以来，只于宫禁之中斋居素服，默尽思慕哀戚之忱。非敢自谓遵循古礼，更不欲宣播于众也。父母之丧，人子之心则一；而帝后之礼，国家之制则殊。今八月二十三日，届皇妣孝恭仁皇后释服之期，著择日于奉先殿告祭，自行家礼。至于颁谕中外，可不必行。

八月辛巳

诸王大臣等奏恳皇上御乾清宫，一应吉礼，照例举行。

谕曰：三年之内，叠遭皇考、皇妣大事，朕追思永慕，莫释于怀。今服制期满，大礼告成，诸王大臣等援引典礼，合词陈奏。朕念三年持服，不过默尽其心，非敢自谓尽孝。今虽勉从诸王大臣所请，而孺慕之诚，终身不能忘也。

丙戌

上御乾清宫，召诸王大臣入见，垂泪谕曰：父母之恩，鞠育顾复。为人子者，终身仰报不尽。而朕荷皇考、皇妣教育之恩，尤为至深至厚，诚所谓“欲报之德，昊天罔极”也。三年之中，如祭祀朝会，国家大礼，不可旷缺。朕不得已，勉从诸王大臣之请，照例举行。不过于宫中持服，以默尽其心，而究未能尽此心于万一也。日月易迈，已届三载。礼制有定，而朕心无穷。此一领素服，朕衣之三年，今日更换，不胜凄怆之至。朕之一念，岂但三年，固结于中，即终身之久，亦断不能忘也。

雍正四年丙午八月丙戌

上谕诸王、大臣、内阁、九御等曰：我皇考圣祖仁皇帝三年大礼已满，朕追念罔极深恩，欲于皇考忌辰，每岁遵照三年以内祭祀之礼，永远举行，恭读祝文，用申诚悃。朕受皇考教育慈恩，至深至厚，终身永慕，无有穷期，岂三年礼制之所能限？况天下亿万臣民，感戴皇考深仁厚泽六十余年，自古帝王，罕能比并。一切礼仪，亦非定制所得拘也。朕举行此礼，乃自展其思慕诚切之衷，至与旧制相合与否，朕皆不遑计及。此礼亦惟朕躬特行之，于我皇考，后世子孙不得奉为成例。其应行礼仪，著该部定议具奏。

雍正八年庚戌八月壬戌

上谕诸王、大臣等：数年以来，遵化州陵寝附近之地方，雨旸时若，年谷顺成。今年春月，畿辅微觉亢旱，而遵化等处，则雨泽调匀，民人乐业。六月日食之期，陵寝之地方，则阴雨不见。本月十九日，京师地震，朕系念山陵，忧劳寤寐，星遣侍卫等驰往看视。今据差回人员及守护陵寝之大臣等奏称，十九日地觉微动，较他处更轻，村舍墙垣，悉皆无恙，居民竟有未经知觉者。朕以手加额，五内欢欣。益见我皇考之圣德神功，际天蟠地，受眷佑于上帝，贻福庆于苍生，若此之彰明较著。朕感上帝之慈恩，念皇考之功德，特将近事之显而可见者，晓谕诸大臣、九卿等共知之。

卷四

圣学

雍正三年乙巳七月丁巳

上谕礼部：自古修己治人之道，载在经书；帝王御宇膺图，咸资典学。我圣祖仁皇帝天亶聪明，而好古敏求，六十余年孜孜不倦。朕幼承庭训，时习简编，自即位以来，更欲以研经味道之功，为敷政宁人之本。顾以谅阴之际，未举经筵。今八月二十三日为释服之期，尔部可择日举行经筵典礼，并详查定例以闻。

雍正五年丁未六月壬寅

上谕内阁：近因考试新科进士，以宋儒所云"士人当有礼义廉耻"句为论题。诸进士试卷进呈，朕躬自披览，见其文艺之工拙优劣固有不同，然大概皆词章记诵之常谈，未能真知题中之理蕴而实有发明，盖所言止于仪文末节而已，非礼义廉耻之大者也。

朕则谓古人言"礼义廉耻，国之四维"者，盖以天下之大，四海之众，皆范围其中，而不可须臾离。而"士人贵有礼义廉耻"之说，所指甚远，所包甚宏。上之为人君，下之为人臣，皆当求其大者以为务，而不可局于仪文末节间也。以礼言之，如化民成俗，立教明伦，使天下之人为臣皆知忠，为子皆知孝，此礼之大者也；进退周旋，俯仰揖让，此礼之小者也。以义言之，如开诚布公，荡平正直，使天下之人无党无偏，和衷共济，此义之大者也；然诺不欺，出入必谨，此义之小者也。以廉言之，理财制用，崇俭务本，使天下之人家给人足，路不拾遗，盗贼不生，争讼不作，贪官污吏无以自容，此廉之大者也；箪食豆羹，一介不取，此廉之小者也。至于以耻言之，为人君者宪天出治，诚和万民，则当以一夫不获其所为耻；为人臣者行义达道，兼善天下，则当以其君之不为尧舜为耻。若夫乡党自好，不失言于人，不失色于人，此乃耻之小者耳。欲为君尽君道，欲为臣尽臣道，而其道不外礼义廉耻之四端。

士人者，以天下为己任，其身既为臣之身，而有致君之责者，岂可徒知其小节，而不知其大者乎？夫礼义廉耻，由一端之小者，扩而充之，皆可以保四海。然必知其大者而务之，自可不遗于其小。若或徒窥小节，而不知其大，则迂拘曲谨，只图检束一身，而不敢任天下之重，此皆细民之行，而非士人之道也。孔子曰："人能弘道，非道弘人。"其可不勉自奋立乎？朕引见新科进士时，即欲面加训谕，因天气炎热，恐伊等暂时跪听，不能悉心领会，今特详为宣示。朕愿与大小诸臣交相儆勉，详思礼义廉耻之大者，身体力行，则人心风俗蒸蒸日上，而唐虞三代之治，庶几其可复见也。

七月癸酉

上谕礼部：朕惟孔子以天纵之至德，集群圣之大成。尧舜禹汤文武相传之道，具于经籍者，赖孔子纂述修明之。而《鲁论》一书，尤切于人生日用之实，使万世之伦纪以明，万世之名分以辨，万世之人心以正、风俗以端。若无孔子之教，则人将忽于天秩天叙之经，昧于民彝物则之理，势必以小加大，以少陵长，以贱妨贵，尊卑倒置，上下无等，干名犯分，越礼悖义。所谓"君不君，臣不臣，父不父，子不子，虽有粟，吾得而食诸？"其为世道人心之害，尚可胜言哉？惟有孔子之教，而人道之大经、彝伦之至理，昭然如日月之丽天、江河之行地，历世愈久，其道弥彰。统智愚、贤不肖之俦，无有能越其范围者。纲维既立，而人无逾闲荡检之事，在君上尤受其益。《易》曰："君子以辨上下，定民志。"《礼运》曰："礼达而分定。"使非孔子立教垂训，则上下何以辨？礼制何以达？孔子所以治万世之天下而为生民，以来所未有也。使为君者不知尊崇孔子，亦何以建极于上，而表正万邦乎？人第知孔子之教在明伦纪、辨名分、正人心、端风俗，亦知伦纪既明，名分既辨，人心既正，风俗既端，而受其益者之尤在君上也哉！朕故表而出之，以见孔子之道之大，而孔子之功之隆也。

十一月壬戌

上谕内阁：朕览明太祖所著《洪武宝训》一书，词义周详，诰诫谆切，所以教其子孙臣庶者，亦费苦心。但明太祖起自布衣，奄有天下，虽姿性过人，而其识见尚局于卑隘，其规模未臻于广大。盖缘文过其实，言行多不能相符，而议论自相矛盾者有之。朕观尧舜授受心法，惟有一中；治世之道，必事事合乎时中始为至善。我太祖、太宗、世祖、圣祖相承之神谟圣烈，合于大中至正之道者，已经敬辑《圣训》，垂为世法。而从前史册所载，历代帝王之举动言论，每于中道之权衡，或未能悉协。大抵由于时势之所值不同，故政治训辞亦因之而有偏向，后之论者遂不能无疑议于其间。朕意欲将经史所载历代帝王之嘉言懿行，可以绍执中建极之心传者采录成书，为后世子孙之法鉴。著派翰林官分任纂修，陆续进呈，朕亲加酌定。

十二月甲申

刊刻《孝经》《小学》（清、汉文）告成。

《御制〈孝经〉序文》曰："《孝经》者，圣人所以彰明彝训，觉悟生民，溯天地之性，则知人为万物之灵；叙家国之伦，则知孝为百行之始。人能孝于其亲，处称惇实之士，出成忠顺之臣，下以此为立身之要，上以此为立教之原，故谓之至德要道。自昔圣帝哲王宰世经物，未有不以孝治为先务者也。恭惟圣祖仁皇帝缵述世祖章皇帝遗绪，诏命儒臣编辑《〈孝经〉衍义》一百卷，刊行海内，垂示永久。顾以篇帙繁多，虑读者未能周遍，朕乃命专译经文，以便诵习。夫《孝经》一书，词简义畅，可不烦注解而自明。诚使内外臣庶，父以教其子，师以教其徒，口讽其文，心知其理，身践其事；为士大夫者，能资孝作忠，扬名显亲；为庶人者，能谨身节用，竭力致养。家庭务敦于本行，闾里胥向于淳风，如此则亲逊成化，和气熏蒸，跻比户可封之俗，是朕之所厚望也夫。”

《御制〈小学〉序文》曰：“古者八岁而入小学，教之以洒扫应对进退之节、爱亲敬长之义，俾童而习之，以养其德性。其说散见经传，朱子采集为《小学》一书，所以示人教学之方，而有以为正心修身之本。其言约，其理该，盖六经、四子、性理诸书之阶梯也。皇考圣祖仁皇帝尝特颁谕旨，令有司兼以命题课士，海内士子固已咸知诵法矣。又命尚书顾八代一人翻译清文，日进呈览钦定，三年而后成。嘉惠后学之心，至深且厚！当日未经刊刻颁行，朕敬承皇考遗志，特命校对授梓，以资肄习。读者宜知纲常伦纪之当崇，视听言动之当谨，与夫嘉言懿行之当遵循慕效。修其职，自在家庭日用之常经，而充其量，可以成圣贤忠孝之大节。子弟之习于是而淳，教化之原于是而备。《诗》曰：‘成人有德，小子有造。’朕盖深有望焉。”

雍正七年己酉闰七月癸酉

上谕内阁、九卿等：《易经》云：“立天之道，曰阴与阳；立地之道，曰柔与刚；立人之道，曰仁与义。”仁、义虽分，而其理则一。

天下之人但知仁主于慈，义主于断；仁主于宽，义主于严，以为仁义各有其用，而不知其相资相济，而不可须臾离也。盖有仁而无义，则姑息之爱不合于事理当然之则矣。孔子曰："惟仁者，能好人，能恶人。"盖其所好恶必合于事理之宜，而后天下享仁人之福。所谓杀一人以安千万人，义之至，正所以为仁之至也。即如翦除盗贼，义也；盗贼既除，则良善得宁，岂非仁乎！惩创凶顽，义也；凶顽既惩，善者益勉于善，而不善者且相率而迁于善，岂非仁乎！其余互相为用之处，皆可以此类推。其分仁与义为二，而不能融会贯通者，则见理不透故也。

八月丁巳

上谕大学士、九卿等：朕于用人行政，是非赏罚，总视乎理之至公，而未尝稍存成见。《大学》云："心有所忿懥，则不得其正；有所恐惧，则不得其正；有所好乐，则不得其正；有所忧患，则不得其正。"夫心不正，则是非可否皆不得其当，其弊有不可胜言者矣。《周子通书》云："无欲则静虚动直。静虚则明，明则通；动直则公，公则溥。"可见，人之心必静虚动直，而后应事接物可得其平。若一有所偏向，则静不能虚，动不能直，又安望其明通公溥哉？夫有所者，不过流于一偏而已，足为心之累；至于有我，则全是自私自利之心，萦绕固结于中，但知有己而不知有人，其心之不正更甚矣。古称"溺爱者不明"，凡人溺爱他人，则于是非可否，已不能辨，而不免于惑。况溺爱己身，则但见其是，而不见其非；但见其可，而不见其否，沉惑迷谬，以至过咎日丛，愆尤日积，而全不知醒悟改悔，其为害尚可言哉？又如人臣以忠言规谏其君，则望君之虚怀采纳；而人君以正言训勉其臣，亦望臣之实心听从。君不用臣言，则加以拒谏之名；若臣奉君之训，听之藐藐，清夜自思，能安于心乎？惟是君不听臣言，人人皆得而见之；而臣之不能洗心易虑以从君之训，则在隐微之间，人所难知，是在为臣者之扪心省察而已。

雍正十年壬子五月甲申

《御制重修阙里圣庙碑文》，其文曰：朕惟上天垂佑蒸民，笃生至圣先师孔子，以仁义道德启迪万世之人心，而三纲以正，五伦以明，后之继天御宇、兼君师之任者，有所则效，以敷政立教，企及乎唐虞三代之隆大矣哉！圣人之道，其为福于群黎也甚溥，而为益于帝王也甚宏。宜乎尊崇之典，与天地共悠久也！曲阜庙庭，为孔子里宅，毓圣钟灵之地，神爽式凭，明禋祗肃，庙貌崇闳，由周而来久且加盛。

我皇考圣祖仁皇帝，德符元化，悟彻性天，自羲农尧舜禹汤文武周公之道集成于孔子者，一一体于身心，宣为政治。圣统在上，应运而承，康熙甲子东巡狩，临幸阙里，谒奠庙林，殷礼隆仪，汉唐莫及。朕躬膺丕绪，志切羹墙，即位之初，加封先师五代王爵，诣雍、释菜、题额、歌诗、佩德、报功之愿，夙夜罔释于怀。雍正二年，阙里圣庙不戒于火，有司奏告，朕悚惕靡宁，诣庙致祭；旋发帑兴修，命大臣专董厥役，殿庑规模，悉准宫阙，制器备物，亦令绘图呈式，裁酌协宜。数年内，谆谕执事臣僚经营周至，纤毫无憾，始惬朕衷。七年冬，有司具奏，大成殿上梁前二日，庆云见于曲阜，合词称瑞。朕以天人感应，理固不爽，而诚敬微忱，讵能邀上帝先师之垂鉴？用是祗将祀事，倍增试额，俾普天率土被圣人之德化者，同心感庆，庶足以广教泽而答嘉庥。而抚躬警勉，恒朝夕凛凛焉。

朕尝谓帝王之尊圣，尊其道也。尊其道，贵行其道，居行道之位，而能扩充光大达之政令，修齐治平得其要，纪纲法度合其宜，礼乐文章备其盛。凡圣道之未行于当时者，悉行于后世，虽去圣久远而心源相接，不啻亲授于一堂之上，默证于千载之前。如是而钦崇褒显，悉由于中心诚服，而治化日盛，圣道斯尊。且夫圣人之道一天道也，天以牖民之责属之圣人，删定赞修代天宣教，彝伦敦叙礼法彰明。后之帝王奉其道以治世，师承罔斁，资益良多。然则尊天尊圣，理原合一，今兹崇礼至圣，正所以钦若昊天。而于修建庙庭之重典，有不至诚至敬者哉？朕勤求上理，宵旰孜孜，冀以仰述皇考之鸿谟，丕扬先师之厚泽。爰敬推上天笃生圣人，与圣人承天立教、垂宪奕世之意，勒文碑石，以昭示臣民于无极。而系以辞曰：

天心觉世，圣治承天。治法道法，圣圣相传。
三五之隆，以道致治。峻德宏昭，丰功远被。
闻知续统，至圣挺生。中天复旦，文教昌明。
经纬三才，陶融万象。体具中和，功侔参两。
表扬六籍，程式五常。如会沧海，若揭秋阳。
惟我皇考，聪明睿知。苞蕴《图》《书》，汇宗洙泗。
德与圣合，体为道崇。升堂容肃，过里恩隆。
绪缵朕躬，勤图绍述。至训煌煌，箴铭宥密。
惟皇建极，惟圣时中。古今虽邈，心理攸同。
作帝王师，与天地配。开辟一人，神灵如在。
奕奕新庙，辉映尼防。金丝在御，车服盈堂。
焕乎天文，五云示庆。锡佑者天，承庥者圣。
敢云瑞应，鉴厥微诚。普祈洪贶，永福编氓。
文治光华，日星晶丽。木铎扬声，垂亿万世。

雍正十二年甲寅十月己酉

上谕大学士等：鬼神之道，实是体物不遗。古圣贤云“无愧衾影”，盖实见得随处有神明，所以如此戒谨耳。惟信以为有，而时时诚敬，厥后必然受福；若以为无，而事事欺慢，厥后必然受祸。理有一定，毫发不爽也。

卷五

圣治（一）

雍正元年癸卯正月辛巳

上谕总督：自古帝王疆理天下，必有岳牧之臣以分猷佐治，而后四方宁谧，共臻上理。此封疆大臣以总督为最重也。总督地控两省，权兼文武，必使将吏协和，军民绥辑，乃为称职。但统辖辽远，职务殷繁，较巡抚之所属更大。是在遴选属僚之贤能者委任得宜，则振纲饬纪，可无废弛之虞。而以人报国，亦得大臣之体，特是澄清吏治，必本大公之心，虚怀察访，果系清节素著、才具练达者，任以要剧，即行保荐，则举一可以风百。今或以逢迎意指为能，以沽名市誉为贤，甚至暗通贿赂，私受请托，不肖官吏滥列荐章，而朴素无华、敦尚实治者，反抑而不伸，是岂风励属员之道乎？

朕视天下如一家，视臣邻如一体，尔等亦宜深体此意，以一家之心视两省，以一体之心视属吏。本之至公，用之至当，则上司之任使下僚，如身之使臂，臂之使指，凡有才有守之人，皆乐为效用矣。至于所在管辖地方，有作奸犯科之豪猾，倚势剥民之缙绅，理应重加惩治。因巧于结纳，反得侥幸自全，而家居之大臣官员，皆经皇考任用之人，致政投闲，安静自好，为大吏者并不加以礼貌，或反被土豪侵欺者有之，亦非所以表率属僚、彰善瘅恶之道也。总督与巡抚、将军、提督谊属同寅，凡地方军民事务，宜互相商榷，各本虚公，勿苟且雷同，勿偏执意见，方于国计民生有所裨益。总督参劾知府，例由司道揭报；参劾州县，例由两司道府揭报，众论佥同，所以示公也。近有参劾之后，始行补揭；夫果其当劾，司道府不能揭报于前，既有徇庇之愆，而令其补揭于后，又欲宽其失察之罪，彼此巧饰，以欺朝廷，尚得谓之至公乎？

朕观古之纯臣载在史册者，兴利除弊，以实心行实政，实至而名亦归之。故曰："名者，实之华也。"今之居官者，钓誉以为名，肥家以为实，而云名实兼收。不知所谓名实者，果何谓也？尔督臣膺兹简畀，固宜笃矢忠诚，尤当戒谕属员，痛改陋习。更有仕宦之初，颇著廉名，及身跻大位，则顿易其操者，古人谓之"巧宦"，其心事岂可问乎？且职居制阃，亦非徒以清操自善也。若但谨身节用，而遇地方大事一筹莫展，虽免贪冒之名，究鲜屏翰之实，国家又何所倚毗耶？尔督臣皆皇考擢用之大臣，朕嗣绍丕基，一切遵循成法，惟冀尔等察吏安民，练兵核饷，崇实行而不事虚名，秉公衷而不持偏见，故谆谆告诫，并两司、道、府、州、县各有谕旨。尔等亦宜细心体察，与尔属吏共励官箴，交相儆惕，朕自优加恩礼，始终保全。若尔等恣意徇私，不能竭忠尽职，则深负皇考简用之恩，其罪甚大，国法森严，朕虽欲宽贷尔等，不可得矣。

是日

上谕巡抚：国家任官守土，绥辑兆民，封疆之责惟抚臣为重。今之巡抚，即古者保厘夹辅之臣也。一省之事，凡察吏安民、转漕裕饷，皆统摄于巡抚。苟非正己率属、振饬励精，则一切政刑钱谷必致隳堕，拊循保障之功何赖乎？夫吏治不清，民何由安？

从来大法则小廉，自两司以至郡县，平时参见接谈，即可略知其才品优劣。迨试以委任，访之舆情，贤否清浊，自难淆混。惟上官偏私好谀，属僚善于逢迎者，即推为才能；其朴直自好、洁己爱民之员，反无见知之地。及至计典黜陟，并遇选择保题之缺，或先纳贿赂，或责报异时，始为之荐引。亦有寄耳目于监司等官，听毁誉于幕宾僚友之口，以致举劾不公，潜滋奔竞。劝赏黜陟既失其当，地方安得良有司乎？藩库钱粮亏空，近来或多至数十万，盖因巡抚之赀用，皆取给于藩司。或以柔和交好，互相侵挪；或先钩致藩司短长，继以威制勒索，分肥入己，徒供一身夤缘自奉之费，罔顾朝廷帑藏财用之虚。及事发难掩，惟思加派补库，展转累民，负国营私，莫此为甚。

州县积谷，本为备荒之计，水旱歉收之岁，待此拯济，于民生最有关系。今皆视为正供之余项，借出陈易新之名，半为胥吏中饱，半为州县补空，一遇灾荒，茫无赈贷，皆由巡抚平时疏略、包容、玩愒所致也。属员缺出委署，虽由两司详请，其实巡抚操其权，下属钻营嘱托，以缺之美恶，定酬赂之轻重。摄篆之人久则年余，近亦数月，往往视为传舍，情同行劫，不恤小民之脂膏，但饱溪壑于无厌，务偿得署之馈遗而止。试思此一年数月之间，穷黎何罪，而可纵贪暴以剥削之乎？此等积弊，尤为国法所不容者，巡抚参劾知府，应由司道揭报；参劾州县，应由司道府揭报，所以示公慎无私之义也。近有先行参劾而令其补揭，若所劾不公，则其补揭未免以势凌之，使不得不从；果其当劾，则司道府既不能公揭于前，而复巧饰于后，以宽其徇庇失察之咎，上下容隐，视功令为具文，公慎无私之谓何？

抚标兵丁，多者二千余名，少亦千余名，境内设有匪类窃发，藉以捍御搜捕。今抚臣自谓无行军进剿之职，置标兵强弱于度外，不加训练，器械朽钝，营伍废弛，裁汰老弱之兵，空粮悉归私橐，大非国家设兵卫民之意矣。云贵川广，猺獞杂处，其奉公输赋之土司，皆当与内地人民一体休养，俾得遂生乐业，乃不虚朕怀保柔远之心。嗣后毋得生事扰累，致令峒氓失所。至于土豪巨猾结交官吏、武断乡曲、逞奸干纪之徒，每或弥缝漏网，而告休归田之大臣官员，安分杜门，反徇私吹索，借端凌践。此皆大失好恶之公，尤损保全耆旧之义，非镇抚者所当留意乎？尔诸抚臣，皆荷皇考任用之恩，受全省抚绥之寄。朕缵承大统，祗遵成宪，优礼大臣，保全终始，惟冀尔等各抒忠悃，安靖封疆。朕所谕者，有则悔悟速改，无则省躬加勉。两司道府州县，各有谕旨，尔亦宜详细体察，与诸属吏共相勉勖，同心协力，以尽职守。若不念皇考简畀之隆，致贻地方黎庶之害，负恩旷职，自取罪戾，朕又安能废法以宥尔乎？

是日

上谕布政司：朕惟国家官制，分省开藩。尔职居方伯，任寄旬宣，所以绥辑群黎，布昭德意，实庶邦之喉舌，列服之纲维，任既重矣，责亦大矣。府州县官之贤不肖，最关民生休戚，当不时察核治行，务知其实，分别臧否，以告督抚。尔以无私自信，督抚自不以私心致疑，协和尽力，以劝贤惩不肖，则除害兴利，一方安矣。今计典之黜陟，特疏之荐弹，朝廷凭督抚之奏章，督抚凭布按之详揭。尔布政为官吏表式，自当益矢公忠；若爱憎任情，是非倒置，以諂事上官、通行请托为贤，以不善逢迎、耻投暮夜为不肖，其何以称“之屏之翰，百辟为宪”者哉？

夫官至监司，扬历有年，当服官之初，廉洁自守；渐登高位，顿改初心。更有矫饰虚声，潜纳贿赂，陋习相沿，谓之名实兼收。其罔上行私为尤甚，孔子谓“事君勿欺”，宁不闻乎？赋役会计，皆尔专司，调剂均平，乃为称职。今钱粮火耗，日渐加增，重者每两加至四五钱。民脂民膏，朘剥何堪？至州县差徭，巧立名色，恣其苛派，竭小民衣食之资，供官司奴隶之用。尔试思户版税籍，谁为职掌？私派横征，谁任其咎，顾可失于觉察乎？各省库项亏空，动盈千万，是侵是挪，总无完补；耗蠹公帑，视为泛常，尤为不法，宜严革前弊，永杜侵挪。如司库盘查之责在巡抚，亏空之根亦由巡抚,巡抚借支而布政不应者少矣。然职在监守,果能廉正自持,则巡抚挟势借支,断不能行。但谨身节用,量入为出,司库必无亏空矣。州县库盘查之责在知府,觉察虚实之责独在布政。尔但洁己率属,不容徇庇,州县库必不亏空矣。朕深悉弊源,所以反覆谆切言之,冀尔等悔且改也。皇考德洽区宇六十余年,朕嗣守丕基,惟成法是式。尔等皆蒙皇考简拔,职任藩宣,果能各效忠诚,凛遵功令,朕自始终保全,加以擢用。若营私黩货,旷职累民,尔既负皇考之深恩,朕又安能弛国家之令典! 三尺莫逭,尔其慎之!

是 日

上谕按察司:朕惟直省大小狱讼,民命所关,国家各设按察司以专掌之,一切州县申详至尔司而狱成。凡督抚达部题奏事件,皆由尔司定案,任岂不重欤? 皇考仁覆如天,每览西曹奏牍,反覆推详,惟宽惟慎,逮情实罪当,犹施缓决之恩,好生之德,洽于民心,六十余年于兹。朕嗣守大训,思四海之内有匹夫、匹妇,罚非其辜者,即非所以继皇考之志,夙夜凛凛焉。何道而能不滥不冤,实尔司是赖。

朕惟国家考定律例,所以弼教,非以厉民。是故严立刑书,防其或罹于法;及至断狱,又条分缕析,思以曲全其生。《书》曰:“钦哉! 钦哉! 惟刑之恤哉!”又曰“与其杀不辜,宁失不经”,此律例之本意也。今或情例相违,牵合文法,以纳民于网;或有两例并见,辄上下其手,以自遂其私,安得无冤狱哉? 太祖高皇帝之训曰:“生杀之际,不可不慎。听断之官,必期得情。”大哉圣言! 包举《虞书》《周礼》之义。

夫折狱凭口供,而平反凭案卷。今法吏不求得情,惟求完结州县案卷之申详。尔司者多锻炼口供,附于律例,冀免尔司之驳查。尔司之详督抚,督抚之揭部院者,又加文致焉,冀免三法司之驳查。汉路温舒所云:"奏当既成,虽皋陶视之,犹以为死有余辜者也。"口供案卷,如是冤抑,何从平反?咎在听断之初心,原非欲必得其情也。今宜厘剔宿弊,归于明允,毋得因循故事,自堕奸欺也。大计黜陟,由尔司详报督抚,宜以用刑明慎、执法不阿者为贤能,毋以善事督抚、弗逆尔意者为贤能也。地方豪猾,若苗有莠,不除不剪,害我嘉禾。至于良善巨室,致政大臣,猾吏或借端侵抑之,非所以称朕意也。

迩来士大夫好云名实兼收,所谓名者,官爵也;所谓实者,货财也。习俗偷薄,朕甚悯焉。夫六廉之义,百司攸同。至纳贿出入人罪,于法尤重。戕人之命,破人之家,以润屋奉身,历观古来,逃于国法者十无一二,免于天罚者更百无一二。《书》之《吕刑》曰"狱货非宝",非听讼者之明训欤?尔司其正己率下,使法无枉挠,庶几刑措之风尚其勖诸!

是日

上谕道员:尔等官历监司,所以赞襄藩臬,承流宣化者也。分守分巡,职居协理;粮河盐驿,各有专司。身居是官,必顾名思义。名者,实之华也,克副其实而后名归焉。如守巡两道,首当洁己惠民。凡府州县之廉洁、贪污,俱宜细加察访,不时密详督抚,以凭举劾。地方有土豪武断,尤宜禁戢剪除,卫良锄莠,乃称其实。若但知趋承大吏,或只图下属陋规,一切吏治民生概置不问,贪庸陋劣,殊负朝廷设官之意矣。

粮道专理漕运,职任非轻,使徒知起运规例,扣克运费,苦累运丁,营私烦扰,有玷官箴,贻害百姓,何所底止?河道有董率工程之责,凡分修河员孰贤孰否,俱应洞晰。并宜亲身经历、查勘、估计某口险峻、某口平易,某处堤工坚固,某处冒支帑金。倘不计虚实,不辨勤惰,仅以纳贿多者为能员,馈遗少者为拙吏,而于工程漠不经意，一遇坍溃，谁之咎耶？盐道一员，尤关国课。迩年盐法弊窦丛生，正项钱粮每多亏欠。一由上下各官，需索商人，巧立名色，诛求无已。穷商力竭，不得不挪新补旧，上亏国课；高抬盐价，下累小民。至于官盐腾贵，贫民贩卖私盐，捕役斗殴，株连人命，流弊无穷。一由商人用度奢靡，相仍陋俗，不知节俭，致欠额征。尔等运筹盐法，宜将陋例积习尽情禁革，必思何以苏商，何以裕课，上供军国，下利闾阎，方为称职。驿道为驿站、钱粮所系，必廉洁自守，乃克剔弊厘奸。凡驿递马匹，数目多寡，每有假冒开销；岁修船只，亦有虚浮不实。该员一贪赀货，势必昏庸；或过于苛核，勒索多方。经管属员，疲不能支。总之，病官病民，悉缘贪黩。"敬尔有官"，垂诸古训；"靖共尔位"，载在风《诗》。尔等各有常职，各守官方，名实二字，极宜体认。今以献赂为实，虚誉为名，动云名实兼收，内以欺己，外以负国，有腼面目，其何以立身而抒忠尽乎？

皇考御极六十余年，以轸恤民生为首务，各省道员必亲加遴擢，谆谆戒勉，极其详慎。朕缵承大统，翼翼小心，惟仰体皇考爱养元元至意，亦期尔等争自濯磨，振饬风宪，以副朕望。果能肃清纲纪，无致废弛，朕当破格奖励；其或因循不改，朕必置之重法。

是日

上谕知府：国家亲民之官，莫先于守令。盖州县官与民最亲，而知府又与州县官最亲。凡州县兴利除弊之事，皆于知府有专责焉。是知府一官，分寄督抚监司之耳目，而为州牧县令之表率，承流于上，宣化于下，所系綦重矣。汉宣帝有曰："太守，吏民之本也。"又曰："庶民所以安其田里，而无叹息愁恨之心者，政平讼理也。与我共此者，其惟良二千石乎！"故两汉循良称盛，而贤守尤多。龚、黄、召、杜诸人，大都皆廉洁和平，正身率属，以与民休养生息。史称其所居民富，所去民思，此皆彰明较著者也。

皇考澄肃官方，慎简僚吏，知府中有政绩茂异、声名著闻者，必加优眷。数年之间，即膺殊擢，所以鼓励循良，务令群黎受福。尔等蒙皇考简用之恩，受国家民社之寄。地方不甚辽远，则于民间之疾苦可以周知；势分不甚悬殊，则于属下之贤否可以洞悉。尔果廉洁自持，屏绝贿赂，则督抚监司必不致肆行需索，而州牧县令亦不敢咨意贪婪。

近闻州县火耗，任意加增，罔知顾忌。以小民之脂膏，饱贪吏之溪壑，由尔不能却遗金于暮夜，又安能禁属吏之滥征乎？盘查仓库，必须核实，不可视为故事。乃或借盘查之名，勒索馈遗，是因盘查而亏空愈甚矣。尔能时勤劝诫，加以体恤，则州县可无亏空之虞；能制节谨度，淡泊是安，则尔亦可免亏空之累。劝农课桑，以厚风俗；禁戢强暴，以安善良；平情听断，以清狱讼，皆尔职守之所当尽者。至于督抚举劾州县，必由尔之详揭，务须秉公持正，勿涉偏私。若善于逢迎者，从而护庇荐拔之；而端方恬静之人，反故为摧抑，下吏皆苟且营私，以求容悦，地方之事尚可问乎？

居官者每有初入仕途，清操自矢；渐登华要，顿改初心。既知砥砺廉隅，即当始终一节。更有巧于仕宦者，人每谓其名实兼收，朕最不解此语。夫名者，实之华，果能廉洁爱民，奉公尽职，此所谓实也；治行称首，民歌舆诵，此所谓名也。实至而名随之，如本立而华茂焉。若以弋取虚誉为名，而以封殖多藏为实，此则小人之尤，更甚于贪黩彰闻之辈矣。朕缵承大统，夙夜祗惧，惟恐有负皇考付托之重，深冀尔等各体此意，精白乃心，以古循良自勉。若徇私纳贿，不能率属爱民，贻害地方，蔑视宪典，三尺具在，朕不能为尔等宽也。

是日

上谕知州、知县：朕惟国家首重吏治，尔州牧县令乃亲民之官，吏治之始基也。贡赋狱讼，尔实司之，品秩虽卑，职任綦重。州县官贤，则民先受其利；州县官不肖，则民先受其害。膺兹任者，当体朝廷惠养元元之意，以爱民为先务，周察蔀屋，绥辑乡里。治行果有其实，循卓自有其名；非内聚贿而外干誉，谓之名实兼收也。全省吏治，如作室然，督抚其栋梁也，司道其垣墉也，州县其基址也。《书》云："民惟邦本，本固邦宁。"夫所以固邦本者，在吏治；而吏治之本，在州县。苟州县之品行不端，犹基不立则室不固，庸有济乎？

皇考临御六十一年，灼知州县之重，特行引见，咨询明试，至详至慎。其有廉能之员，每不次超擢以示鼓励。今海内群黎，皆皇考所怀保也。朕膺宗社重寄，思缵皇考之治功。惟尔州县诸臣，具有父母斯民之责，其为朕立之基址，以固邦本焉。诚能洁己奉公，实心尽职一州一县之中，兴仁兴让，教孝教忠，物阜民安，刑清讼简，朕将升之朝宁，用作股肱。如或罔念民瘼，恣意贪婪；或朘削肥家，或滥刑逞虐，或借刻以为清，或恃才而多事；或谄媚上司以贪位，或任纵胥吏以扰民，或徇私逞欲以上亏国帑，王章具在，岂尔贷欤？更有任州县时，私肥己橐而漫云"且俟显要，方立名节"者，其与初市清名、晚而改操之人，何以异哉？

至于钱粮，关系尤重，丝毫颗粒，皆百姓之脂膏，增一分，则民受一分之累；减一分，则民沾一分之泽。前有请暂加火耗，抵补亏空帑项者，皇考示谕在廷，不允其请，尔诸臣共闻之矣。今州县火耗任意加增，视为成例，民何以堪乎？嗣后断宜禁止。或被上司察劾，或被科道纠参，必从重治罪，决不宽贷。夫欲清亏空之源，莫如节俭正直；节俭则用无不足，正直则上官不可干以私。若朘小民之生，以饱上官之贪欲；冒不测之罪，以快一时之奢侈，岂砥砺廉隅，为民父母之道乎？尔州县等官，其恪共乃职，勿贻罪戾，毋谓地远官卑，朕不及察其贤否也。

二月丙寅

上谕直省督抚:尔等抵任,每使家丁管理事务——号为堂官,往往串通中军旗牌,威吓勒索,且使潜往各属探听事件。各属皆有坐省家人,与督抚司阍一气相通。尔谓甚密,而彼已知之,因得预为贿嘱。若误信其言,则是非颠倒,为害滋甚。至走差赍本之人,每至驿递,抑勒多端,骚扰百出,尤属不法。嗣后著永行禁止,堂上办事,则遣佐贰官,轮班值日;奔走出差,则于衙役中择家道殷实、谨厚熟练之人分任,仍严加察访;若招摇生事,即行革退。

六月壬申

上谕直隶巡抚李维钧:畿甸之内,旗民杂处,向日所在旗人暴横,小民受累,地方官虽知之,莫敢谁何,朕所稔悉。尔当奋勉整饬,不必避忌旗汉冰炭之形迹,不可畏惧王公勋戚之评论。即皇庄内,有扰害地方者,毋得姑容,皆密奏以闻。

丙子

上谕内阁:凡旗员为外吏者,每为该旗都统、参领等官所制。自司道以至州县,于将选之时,必勒索重贿,方肯出结咨部。及得缺后,复遣人往其任所,或称平日加恩,勒令酬报;或称家有急需,挪移求助;或以旧日私事要挟。至五旗诸王不体恤门下人等,分外苛求;或纵门下管事人员肆意贪索,种种陋习,不可枚举。以致该员竭蹶馈送,即欲洁己自好,势有不能,于是亏空公帑,被参罹罪,多由于此。嗣后如有仍蹈前辙、恣意需索等弊,许本官据实密详督抚转奏。倘督抚瞻顾容隐,即许本官封章密揭都察院转为密奏,即各御史亦得据揭纠参,务期通达下情,以除积弊。著通行八旗直省督抚,遍谕内外旗员知悉。

是日

上谕领侍卫内大臣等：奉天地方，乃我国家启祥之所，甚属紧要。朕前诣奉天，闻地方人言论，悉知兵丁差役烦多、不能休息之处，曾降谕旨，令将军唐保住，将无用塘哨悉行撤退。而将军、副都统，于定额亲随兵丁之外多带百余人，省城官员又各带其子弟，因而属员效尤，各多带兵丁，以致应差乏人，兵丁仍多劳苦。又于枪手中，以选择熟练之人为名，每城调取二三十人田猎。夫省城相隔遥远，往返人马俱疲，再自山海关以至广宁、皇庄头三百有奇，止交笔帖式、领催等微末人员，驻扎中后所，催征钱粮，办理事务，以致交结匪类，粜卖官粮，渔利入己。且自中前所至锦州、义州、广宁等处，相隔二三百里，词讼案内干连之庄头，地方官调取，抗不赴审；即使到案，亦抗不遵行，以致案内干连之人，每多苦累。再，人命案件呈报地方官之后，虽相距数百里，亦必俟笔帖式、领催检验。炎暑日久，难以凭信，则百方检验，惨不可言。朕之所闻如此。从前，虽每年派卿员前往管辖庄头，因不实心办理，于地方并无裨益。应遣大臣一员驻扎于宁远、锦州、大凌河等处地方，令其料理一应公务，管辖里长猎户；遇有词讼事件，会同地方官审结。此所遣官员，应令驻扎何处，著领侍卫内大臣、兵部、内务府总管等，公同详议具奏。

七月己丑

上谕户部：朕自临御以来，勤求民瘼，事无巨细，必延访体察，务期利民。而于征收钱粮，尤为留意，惟恐闾阎滋扰，此念时切于怀。如江西有漕米，各州县运粮到省，又自省仓搬上军船，故有脚耗、扒夫、修仓、铺垫等项，编载全书，历来支给已久。自康熙二十三年，部中误驳，不准支给，行令追还；嗣后一例驳追，究无完解。

至三十四年，圣祖仁皇帝特颁谕旨，将从前已经支给者，俱免追赔，恩至渥也。至康熙三十八年，部议又以脚耗与扒夫等项分晰未清，仍令扣追。不知脚耗乃贴运之总名，扒夫等项乃支给之细数，实一事，非两项也。自康熙三十八年至今已二十余载，应追银五十一万余两，米六十一万余石，积累增多，究无完解。追比日久，官民均受其累，朕知之甚悉。特谕尔部将从前积欠，尽免追赔，向后准其支给，副朕加惠黎元、体恤有司之意。

八月己酉

上谕各省关差官员：国家之设关税，所以通商，而非以累商；所以便民，而非以病民也。朕抚御寰区，加惠黎庶，惟恐民隐不能上达。近闻榷关者，往往寄耳目于胥役，不实验客货之多寡，而止凭胥役之报单。胥役于中，未免高下其手，任意勒索。饱其欲者，虽货多税重，而蒙蔽不报者有之，或以重报轻者亦有之；不遂其欲，虽货少税轻，而停滞关口，候至数日尚不得过。是以国家之额税，听猾吏之侵渔；以小民之脂膏，饱奸胥之溪壑。司其事者，竟若罔闻知乎？又闻放关，或有一日止一次者；江涛险急，河路窄隘，停舟候关，于商民亦甚不便。嗣后榷关者，务须秉公，实心查验。过关船只，随到随查，应报税者，纳税即放，不得任胥役作弊，勒索阻滞，以副朕通商便民之意。至于崇文门收税及分派各处查税之人，亦有多方勒索、分外苛求之弊。京师为四方辐辏之地，行李络绎，岂宜苛刻滋扰？监收者尤当不时稽查，杜绝弊端。尔等若不遵谕旨，经朕访闻，定行重治其罪。

九月甲申

上谕顺天府府尹：乡饮酒礼，敬老尊贤之古制。近闻年久，视为具文，所备筵宴亦多草率，尔衙门应加谨举行。

丁亥

上谕户部：江西巡抚裴𢤩度疏称，请捐俸工银两，赈恤被水居民。夫官吏俸工，特为赡养伊等家口而设，原不可少。纵将通省官员俸银捐助，为数亦属无几，有何裨益？至若胥役工食，亦尽行捐出，何以令其应差行走？如果民遇灾祲，该督抚即应奏闻，动支正项钱粮；若偶遇水旱微灾，不无赈恤。或修理堤岸、城垣之小费，该地方大小官员有愿出己资、捐助效力者，何必具题？即欲报闻亦止，可另行折奏。著该部行文直省督抚，凡地方遇有公事，奏请捐助俸工之处，永行停止。

十月辛亥

上谕兵部：驿站关系重大，经朕屡加严谕，然其间积弊难以尽诘。有在官之累，有在民之累。如直隶、山西等省，差徭更为浩繁，虽驿马足数，亦供应不敷。乃内而兵部，外而驿道，于给发马匹时，官吏通情受贿，往往所给浮于勘合之数。且行李辎重，皆令驿卒乘马背负，多至八九人不等。所到州县，以见马换马，向有旧例，不敢诘问。至督抚、提镇经过之处，更惟命是从。嗣后照勘合之外，有敢多给一夫一马者，许前途州县即据实揭报都察院，以听纠参。如甲县容情不揭，而被乙县揭报者，并甲县一并治罪。其督抚、提镇骚扰驿递者，皆照此例，庶少苏在官之累。至若河南、山东诸省，离京稍远，谓耳目易欺，每驿额设马匹不过十存三四，其草料工食仍照旧开销，且逐年详报倒毙、侵蚀、补买之价。差使一至，则照里科派，将民间耕种牲口强遣当差，令其自备物料，跟随守候，种种累民，尤属不法。著该地方督抚，将所有驿站彻底清查，缺额者勒限买补。至派借民间牲口，尤当勒石永禁，违者即从重治罪。

壬戌

上谕湖广总督杨宗仁:凡为大臣者,身任封疆重寄,必当和平详慎,曲体人情,虚怀博询,以求适中,庶于国计民生俱有裨益。近闻湖广盐斤涌贵,良由减价太过所致。在尔意,原欲利民,而不期先已病商,乃致商运裹足不前,众口食淡,是欲利民而民转受其困矣。至如楚地,本产米之乡,素为东南之所仰给,因尔禁米出境,以致川米亦不到楚,不但邻省价昂,而本省粮价亦致渐长。是尔之遏籴,原欲封殖本境,而本境之民并未沾毫厘之益也。夫邻省黔黎,莫非朝廷赤子,大臣体国,当以公溥为心。似此偏执褊狭,殊属不谙大体。其速行改图,务令贩运流通,远近民食有赖。

十一月丁酉

上谕内阁:为治之道,在于务实,不尚虚名。朕缵承丕基,时刻以吏治兵民为念,事无大小,周思详虑,求其见诸施行、实可以有济天下者,必下谕旨。谆谆告诫中外,条奏有当理者,无不嘉与采纳,所冀内外臣工实在遵行,庶有成效。一年以来,所降谕旨及内外条奏,颁发于六部、九卿、八旗、直隶各省者,亦已多矣。内外衙门于奉到事件,若不过行一文书、出一告示,徒托空文,竟不见诸实事,则不征不信,岂朕倚毗相助为理之至意欤?倘所降谕旨及条奏准行之事,其中果有一二未尽允协,宜加损益者,自当据实入告,候朕酌定。总于来年十二月,将各条各款实在如何施行,及行之如何成效,条分缕晰,明白奏闻。

雍正二年甲辰三月壬寅

上谕江西巡抚裴𢘅度:今岁,湖口关税赢余,是尔等清厘所致;但数觉过多,倘额外剥削商民,则断然不可。关税多少,系于年岁之丰歉，难可预定。或遇不及之年，不可勉强必求足数；不然，是又增加税额矣。当严饬胥吏，毋致苦累商民。

四月壬子

上谕江南总督查弼纳、漕运总督张大有、署理江苏巡抚何天培等：朕惟漕运所经河道，固以通国廪之挽输，亦以便商民之利涉。旗丁与商民，自应一视同仁，无容偏护而偏累也。去年，因秋冬雨少，河流淤浅，而旗丁人等不顾漕运维艰，任意揽载客货，致船重难行。闻今春丹阳、常州等处地方，及沿途遇浅，概拿商船起剥，且借名需索，贪暴公行。得贿者，虽空船亦行释放；不遂其欲者，勒令当差。有将货物行李抛弃河干，纷纷露积，或为风雨所损伤，或为盗贼所窥伺。该管漕运文武官弁，漫无约束，毫不经心。小民营贩资生，何以堪此扰害？尔等系地方大吏，皆当实心体恤，稽察周详。奉谕之后，或再有起剥之事，当各严饬所属官弁，申明约束，不得仍蹈前辙，并出示遍谕军民人等，使知朕一体轸恤之至意。至张大有身任总漕，粮艘往来乃其专责，尤宜整肃纲纪，厘奸剔弊，严明驭下，毋使玩法犯科。乃往往固执己见，袒护下属，任其沿河盗卖漕粮，兼倚势藐法，贻累地方，甚属不合。今除已往不深究外，嗣后若仍不加意约束属员，有心纵容及失于觉察，再经朕访闻，定行严加议处。

闰四月癸未

上谕顺天府府尹：京师广宁门外，向有普济堂，凡老疾无依之人，每栖息于此。司其事者，乐善不倦，殊为可嘉。圣祖仁皇帝曾赐额立碑，以旌好义。尔等均有地方之责，宜时加奖劝，以鼓舞之。但年力尚壮及游手好闲之人，不得借名混入其中，以长浮惰而生事端。又闻广渠门内，有育婴堂一区，凡孩稚之不能养育者，收留于此，数十年来，成立者颇众。夫养少存孤，载于《月令》，与扶衰恤老同一善举，为世俗之所难。朕心嘉悦，特颁匾额，并赐白金。尔等其宣示朕怀，使之益加鼓励。再行文各省督抚，转饬有司，劝募好善之人，于通都大邑人烟稠集之处，照京师例推而行之，其于字弱恤孤之道似有裨益！而凡人怵惕恻隐之心，亦可感发而兴起也。

乙 酉

上谕户部：朕惟钱粮固属紧要，而民瘼尤宜体恤。闻有州县亏空钱粮，百姓情愿代赔者，此端断不可开。亏空之员，未必爱民；况百姓贫富不等，断无阖县情愿代赔之理。或系棍蠹勾连，借端科敛；或不肖绅衿一向出入衙门，通同作弊，及本官被参，犹冀题留复任，因而号召多事之人，连名具呈，称系阖县愿赔。后官畏惧承追处分，接呈入手，即差役按里追呼。名曰"乐捐"，其实强派，累民不浅。嗣后绅衿富民情愿协助者，听其自行完纳；其有阖县具呈者，即将为首之人治以重罪。如府州县官擅准派赔，著该督抚查参重处。至因公挪移之项，依限全完定例，准其开复。嗣后督抚题报全完，即给咨本官，令其随本引见。朕观其人可用者，即用；如不可用，以原品休致；其年老及不愿补官之人，亦于本内声明，给还原职，不必来京。尔部行文直省督抚，一体遵行。

辛 卯

上谕漕运总督及直隶、山东、河南巡抚等：各省旗丁运粮进京，沿途水次，理应奉公守法。乃数年前浙江、湖广粮船运丁，因怀挟私忿，彼此争斗，逞其凶顽，持戈放箭，致有杀伤。又闻前岁之冬，粮船守冻，在山东地方竟行抢夺，扰害居民。去岁回空，又闻强取百姓衣物。此等妄行，皆大干法纪。嗣后总漕若不严加禁约，仍然宽纵，直隶、山东、河南巡抚即转饬沿河官弁，不时稽察。倘犯法为非，即分别轻重，按律治罪，不得稍有徇纵推诿，以长刁风。若仍前有争斗伤人及抢夺扰民之事，该督抚即行奏闻请旨，于彼地正法，决不宽贷。可预行晓谕各省运丁知之。

五月甲辰

上谕户部：朕惟漕运关系甚大，经费本无不敷，而运丁恣行不法者，皆由官弁剥削所致。如开兑之时，粮道发给钱粮，任意扣克，运丁所得十止八九，而佥丁之都司、监兑之通判又多诛求。及至启行，沿途武弁借催趱为名，百计需索。又过淮盘查私货，徒滋扰累，究属无益。运丁浮费既多，力不能支，因而盗卖漕粮，偷窃为匪，无所不至矣。嗣后各省粮道，给发钱粮，不许扣克分厘；沿途武弁，不许借端需索。运丁除包揽抗违外，所带些须货物，亦无庸苛刻盘查。至江浙船政同知经管修造粮船，侵渔尤甚，此官于漕政毫无裨益，著即裁去。尔部行文各督抚，不时查察，如有仍前需索等弊，立即指参，从重治罪。庶运丁渐有起色，自必保守身家，凛遵约束。禁官弁之侵削，即所以戢旗丁之刁悍也。

六月甲午

上谕五旗王、贝勒、贝子、公等：凡王府等佐领下人，有用于部院者，有用于外省州县者，王等宜为国家得人起见，奖成循吏，俾勤劳官职、竭力自效，王等亦与有光荣。乃反令其酷害地方百姓，侵克钱粮，妄取财物。汝为伊主，颜面置于何地耶？如王成勋，一州县官；伊主星尼，一公爵耳，尚勒取银两数千。若属于王府而为大员者，尚可问乎？今将王成勋一事，遍谕五旗王、贝勒、贝子、公等，嗣后倘仍不悛改，再有发觉，朕必将五旗王府佐领下人，一概裁革，永不叙用。

庚 子

上谕江西巡抚裴𰘖度：朕惟除莠所以安良，黜邪乃以崇正。自古为国家者，绥辑人心，整齐风俗，未有不以诘奸为首务也。闻江西地方颇有邪教，大抵妄立名号，诳诱愚民；或巧作幻术，夜聚晓散。此等之人，党类繁多，踪迹诡秘，苟不绝其根株，必致蔓延日甚。地方各官倘务姑息，不行访拿，是养奸也。澄清风俗之谓何？该督抚亟当严饬各属，密访为首之人，严加惩治。能去邪归正者，则予以从宽；如有出首者，即酌量奖赏。务令萌蘖尽除，奸民屏迹，风俗人心咸归醇正。倘或仍前因循，不能查禁，事发之后，该管官一并从重议处。此等查禁之事，亦不必张大声势，以骇众听，惟当留心密访，设法缉获。只将为首者重惩，其余被诱惑者，概不深究，如此方合朕意。假若不肖有司借此恐吓平民，波及无辜，则不特无益，而反有害矣，须饬谕属员知悉。

八月丙申

上谕贵州提督赵坤：安静近于因循，振作近于多事，迹虽相类，而其实不同。无事时不可多事，有事时不可因循，要在审观时势，相度机宜而为之，方能中其肯綮也。若一味苟且弥缝，置庶务废弛而不问，则尔等职任封疆之谓何？然不熟思审处，谋及始终，而孟浪从事，脱至有损国威，则尤其不可者也。总在尔等文武大员正己率属，勤慎自励，诚以驭下，公以考绩。营伍既皆整饬，有司又复廉明，则兵民和辑，根本固矣。果能若此，遇愚顽苗猓，或以德化，或以威服，胡令不行、曷禁不止耶？可与抚臣同心协力，治理地方，务宜夙夜敬谨，精勤勿懈，以革除习弊，置黔民于衽席之安，方不负朕谆谆告诫企望之殷也。

十月癸巳

上谕直省督抚、提镇等：从前题奏事件，俱有部费，朕屡次降旨严禁，今闻仍蹈前辙。凡事不讲部费，不能结案，各衙门书吏势难枵腹办事，酌量稍给纸笔饭钱，于理犹无违碍。何得费至盈千累万，以遂小人无厌之求？况各省大臣题奏事件，俱朕亲览，交部定议。及议覆时，朕详览独断，在各省大臣何不自信，甘受蠹役欺诳耶？至会考府，系朕新设，特为稽查各部诸弊，以清钱粮之出入。会考府王大臣，朕可保其无受使费之理。今闻有一二省畏懦不明之大臣，另加一倍使用，殊可痛恨，嗣后著永行禁止。若经朕查出，与受一体治罪。

十一月甲辰

上谕各省兼管关税之巡抚等：朕念商贾贸易之人，往来关津，宜加恩恤，故将关差归并巡抚兼管，以巡抚为封疆大吏，必能仰承德意，加惠商旅也。但各关俱有远处口岸，所委看管之家人，贤愚不一，难免额外苛求及勒取饭钱等弊。稍不如意，则缚送有司；有司碍巡抚之面，徇情枉法，则商民无所控诉矣。嗣后，将应上税课之货物遵照则例，逐件开明，刊刻详单，分发各货店，遍行晓示，使众皆知悉。其关前所有刊刻，则例之木榜，务令竖立街市，人人共见，不得藏匿屋内，或用油纸掩盖，以便高下其手，任意苛索。立法如此，自能剔除弊端。但尔等受朕委任之重，尤当仰体朕心，遴选诚实可信之人，以任稽查之责，必期商民有益，方为称职。

卷六

圣治（二）

雍正三年乙巳三月丙寅

上谕总理事务王大臣等：大臣等之家人，互相党比，结为兄弟，钻营请托之处甚多。大臣等彼此和洽，其请托固不待言；如彼此不睦，家人从中或为调停，或为激怒，千态万状，各欺其主，以图己利。伊主为其所惑，不能辨别是非，反为家人所用，而忘己之利害，获罪败名，不可胜数。此朕数年来所深知，亦众人所共知也。此等事大有关系，不可不严行禁止。著交与步军统领、五城官员，凡大臣等之家人，如有嫁娶筵席、延请亲友等事，令各禀明家主，然后举行。倘有私结党与，约为兄弟，彼此会饮，借以请托事件者，即行严拿治罪。将此通行八旗晓谕。

丁卯

上谕云贵总督高其倬等：闻黔省狆苗最为不法，上年三四月间，辄敢蚁聚，抢夺集市。至八月间，抚提会调兵丁二千名，委员进剿。于九月行至定番州，兵丁强买民物，喧闹罢市；暮抵谷蔺地方，夜火不戢，又复焚毁熟苗五寨，以致民苗合围，射伤官兵。夫师出以律，乃沿途骚扰平民，激变熟苗，种种强横，何漫无法纪竟至如此？且狆苗及红黑诸苗之巢穴，附在各州县者，种类不一，出没无常。朕意与其有事而加剿抚，孰若未事而预为计画。

黔省文武各官委靡成风，匪伊朝夕，尔等须大为整顿，身先倡率。文自司道以至府州县卫，惟抚恤是务；武自镇协以至参游备弁，惟操练是勤，务使民无派累之苦，兵无怠玩之习。将见各处向化，熟苗必皆举踵企慕。择其头目中淳良可用者，令该管官宣播恩德，加以优赉，俾各爱养所属，以备驱策。其有干纪犯科者，从而重惩，以示警戒。不一二年间，内地之民，莫不感激奋励；已附之夷人，胥皆畏威怀惠。彼狆苗及红黑诸苗，多与汉奸声气相通，自当俯首帖耳，望风惕息，犹敢纵肆猖獗乎？设有怙恶不悛者，亦必审查，果系族类众多，稔恶渠魁，始遣熟苗头目先行招抚；抚之不从，然后行知所在，将弁塞其奔逸之路，一面命熟苗头目，率伊部落前往剿捕，大兵从而继之，自获全胜。所获牲畜等物，即颁赏熟苗，酬其功绩；将劳绩尤著之辈，或奏请赐一职衔。如是平定一二处，则其余不待招抚，而归诚恐后矣。

至于直省各员，俱有火耗羡余，畀之养廉；黔省钱粮额寡，耗羡无几，或以养廉不足加派民苗。然州县员缺，较他省无多，犹易为设法，莫若将各项陋规通盘查清，即以本省之所出，还济本省之公用，似属允协。闻自巡抚、提镇及司道等官，各有纳粮官庄，每岁收米千百石至数十石不等，府州县亦间有之。此皆国家正赋，岂容私行隐占！又闻贵阳、镇远、安顺、普安四处榷税，每岁抽收一二万金，而报解正项不过数千；思南、威宁、黔西、大定、毕节等处，俱有过往牛马铜盐并落地等税，每岁可收至八九千金，少亦不下二三千金，而报解正项不过数百。此等府州县，养廉太觉有余。至若都匀、思州、石阡、平越、独山、麻哈、广顺、定番、清镇、安平等处养廉，又甚属不足。一省之中，丰啬悬殊，安可不为调剂？

嗣后，尔督抚应将各处税课逐一清查，每年盈余，若干量留该管官养廉，余者贮库。并将文武各员所占官庄交纳之米尽数贮仓，阖省钱粮耗羡一总提解。合此三项，通行会计，自巡抚、司道以下及府州县，分别冲僻繁简，酌定养廉之数而派与之。如此则溥遍均平，缺美者无亏空之虞，缺苦者亦不致科累民苗，上下俱无染指，各员咸得奉公尽职矣。再者，除养廉外，量存数千金贮司库，以备赏犒兵丁苗猓之用，亦未始非裨益地方之一助也。尔等其周思详议，具折陈奏，务令官民两赖，可以永久行之无弊。庶几地方宁辑，民苗乐利，以副朕怀远筹边之至意。

七月己亥

上谕大学士等：朕惟治天下之道，首重用人。朕自临御以来，凡大小文武官员，俱亲加看验，考试补用，至降革罚俸等项处分，必再三详审，务使情罪允当，不令稍有屈抑。今吏、兵二部铨选处分则例，刊刻遵行已久，其中不无前后互异之处。又现行则例，有未经校刻者，部内抄白存查，遇事引用，外官无由得知，奸胥猾吏因而高下其手，亦未可定。今律例馆纂修律例将竣，著吏、兵二部会同将铨选处分则例并抄白条例，逐一细查详议，应删者删，应留者留，务期简明确切，可以永远遵守。仍逐卷缮写，并原书进呈，朕亲加酌量，刊刻颁行。再书肆有刻卖《六部则例》等书，行文五城并各直省督抚，严行禁止。

癸亥

上谕直隶总督李维钧：闻近京各处地方，桥梁、道路多被潦水淹没，行旅维艰，诸物腾贵，朕心甚为轸念。尔可转饬各地方官，悉心筹画。其大路中积水之处，作何疏泄？洼圮之处，作何修垫？通州一路，可交与副将赛都；通永道高矿、古北口一路，可交与总兵何祥书及该管州县官；宣府一路，可交与总兵许国桂及该管州县官；至近京一带，可交与大兴、宛平、良乡、涿州等州县。俱速令其相度地势，设法修理，使行旅之人通行无阻。不可借端差派，以便民之政反致累民。

雍正四年丙午正月癸丑

上谕大学士等:朕今日坐勤政殿,以待诸臣奏事,乃部院、八旗竟无奏事之人。想诸臣以朕驻跸圆明园,欲图安逸,故将所奏之事有意简省耶?朕因郊外水土气味较城内稍清,故驻跸于此,而每日办理政事与宫中无异,未尝一刻肯自暇逸。已曾屡降谕旨,切告廷臣,令其照常奏事。若朕偶欲静息,自当晓谕诸臣知之。倘廷臣不知仰体朕心,将陈奏事件有意简省,是不欲朕驻跸圆明园矣。又见各衙门奏事,有一日拥集繁多者,有一日竟无一事者,似此太觉不均。以后八旗定为八日,各分一日轮奏;部院衙门,各分一日轮奏;六部之外,都察院与理藩院为一日,内务府为一日;其余衙门可酌量事务之多寡,附于部院班次。每日一旗一部同来陈奏,则朕每日皆有办理之事;而不来奏事之大臣,又得在京办理,诚为妥便。至朕听政办事及百官齐集之日,原不在轮班奏事之数,次日仍按班前来。若该部院衙门轮班之日无事可奏,其堂官亦著前来,恐有召问委办之事,亦未可定。其紧要事件,仍不拘班次,即行启奏。

二月辛卯

上谕八旗都统等:朕常饬八旗大臣,八旗为本朝根本,凡系生计、禁令、习俗等事,屡经申降谕旨。从前皇考之时,恩赏稠叠,历经多年,而满洲等生计,并不见其滋殖;转益减损者,皆法令懈弛之故也。今八旗兵丁贫乏,即将仓粮国帑尽行颁赐,朕固不惜,但使随得随尽,曾不浃旬遽即荡然,亦何济之有?并有将原置房产变易无遗者,若于此辈加以顾恤,不但恶者无所惩,即善者亦无由劝矣。凡此不肖人等,各参领、佐领理宜痛加惩治;如终不改,即应革退,以为不肖者戒。大臣等果能视兵如子,惩恶奖善,并责令参领、佐领等不时教导,何事不成？今大臣等但知不通贿赂,不徇情面,以校射为要务,勤加操练而已,不知尔等职任正不止于此也,必教以典礼伦常及治生之计,俾各好善恶恶,崇俭戒奢,方可谓教育有成。嗣后大臣及参领等,宜痛加勉励,竭诚管理,不可仍前粉饰。再,佐领下人等,俱关系一佐领教导之事,较大臣、参领等更为切近。如原管佐领、世管佐领,或系年尚幼稚,或质甚愚昧,或衰老不能办事,应行查明,如系伊祖父原管及因宣力所得之佐领,只给伊佐领之俸,勿令管理事务。另于该旗大臣官员内,择其能管理者,令其兼管。至骁骑校,亦属紧要,若皆得其人,佐领下事务自必整理。倘尔等仍不加意整饬,使兵丁等生计无所资益,俟过三年,朕查阅之时,断不轻释也。

五月壬辰

上谕川陕总督岳钟琪:从来满洲兵丁,性情质朴,奉公守法,不知争论财物,自图便利,亦未闻于该管上司前有控告钱粮等事。昔年,福州汉军驻防兵丁,因争竞马乾钱粮,圣祖仁皇帝将为首之人重惩,附和之人分别治罪,盖恐其渐成恶习,故用法以儆将来也。每见旗人为上司,往往袒护旗人,亦有故意刻待旗人、袒护汉人以示公者;汉人为上司,又往往袒护汉人,亦有故意刻待汉人、袒护旗人以示公者,此皆非大公至正之道也。

朕君临天下,一视同仁,惟期事事公平,不肯稍有偏向。如满洲驻防兵丁,其所得钱粮马乾等项,较绿旗兵丁为多,此非厚待旗人也,盖绿旗兵丁系土著之人,经营度日稍觉容易;满洲兵丁于钱粮之外无所资藉,故特加恩惠以养赡之。旗兵既有多得钱粮之处,则不应复占绿旗之分例。

今据奏,钟保详称,宁夏满兵初到,采买米石草束实难,请将夏朔二县实征草束,并额征一万五千石之米,尽给满兵,以折价给与绿旗兵丁。此奏甚属错谬！若云折价足敷采买之用，则绿旗可以采买，满兵即可以采买，且地方官亦可以采买矣；若云折价不敷，则满兵不敷，绿旗兵亦即不敷矣。兵丁同为朝廷豢养之人，满洲素性尚义轻财，岂肯夺绿旗兵丁之利，以自便其私乎？据云，询问绿旗兵丁，欣然乐从。凡办事只论理之当行与否，若于理当行，岂因绿旗兵丁不愿而遂停止乎？若于理不当行，即绿旗兵丁情愿，固属可嘉，独不计及满洲兵丁之颜面乎？又称"所需白米，每石以一两五钱折价，为数无几"等语，国家有一定之经费，若属应用，则数千数万亦不为多；若不应用，则一丝一粟亦宜察核。岂有因数目不多，而遂可任意增添乎？况为数不过七百余金，即将此分与三千人众，为利几何？而令满兵徒受与国家较量锱铢之名乎？钟保身为藩司，料理军饷乃其专责。满洲兵丁所需米石草束，著交与钟保管理，采买散给，不得稍有亏缺。若借端贻累地方，朕必加重处。俟办理数年，兵丁住久熟习之后，再行奏闻，令兵丁各自采买。

六月庚午

上谕总督仓场侍郎等：旗丁挽运天储，每岁勤劳，朕屡降谕旨，加恩优恤，欲其俯仰充足，不至匮乏。近闻粮船抵通，石坝经纪，勒索斛费，每船至三十金。在从前，旗丁多带货物，射利营私，所过地方不无需索烦扰，故抵通之后，有此陋规。今各帮旗丁遵守法度，押运官弁约束亦严，所带货物有一定额数，不敢多携，除所给行月粮外，安有余赀以为斛费？尔仓场总督可严饬坐粮厅，申饬经纪。嗣后粮船抵通，除应加耗米外，不得借斛费名色索取银两，亦不得淋尖踢斛，以致正粮亏缺，苦累旗丁。倘有违者，必严加治罪。若该管各官失于觉察，经朕访闻，亦必从重议处。

丁丑

上谕管理旗务王大臣等:尔等遇会议事件,缄默不言者甚众,转以言者为专擅,似此何以议事?朕因将尔等分别定为班次,前议大臣一班,后议大臣一班。如会议事件限以二十日者,前议大臣十日,后议大臣亦十日。前议大臣于限内议定立稿,与后议大臣公同阅看,如所议皆符,即定议具奏;或有不符,著另议具奏,仍将另议之处告知前议大臣,有愿另奏者,亦准其另奏。如此则学习之人,亦得谙练事体矣,将此著为定例。

七月戊戌

上谕直省督抚、布按等:居官立身之道,自以操守廉洁为本。但封疆大吏职任甚巨,《洪范》所称"有猷、有为、有守",三者并重,则是操守者,不过居官之一节耳。安民察吏,兴利除弊,其道多端。倘但恃其操守,博取名誉,而悠悠忽忽,于地方事务不能整饬经理,苟且塞责,姑息养奸,贻害甚大。盖此等清官,无所取于民,而善良者感之;不能禁民之为非,而豪强者颂之,故百姓之贤、不肖皆称之。无所取于属员,而亦不能禁属员之不法,故属员之贤、不肖者皆安之。大臣之子弟亲戚犯法,则姑容而不行参革;地方之强绅劣衿生事,则宽待而不加约束,故大臣、绅衿皆言其和平,而望其久留。甚至胥吏作奸而不能惩,盗贼肆行而不能察,故自胥吏至于盗贼,皆乐其安静,而不欲其去任。及至事务废弛,朝廷访闻,加以谴责罢斥,而地方官民人等群然叹息,以为去一清廉上司,为之称屈。此则平日模棱悦众、违道干誉之所致也。

夫操守虽清,而皆顾惜情面,一味迁就,求容悦于人,自使内外之人誉之者多。若操守既更胜于他人,而又能实心任事,整饬官民,不避嫌怨,因而遂不满众人之意,或谤其苛刻,或议其偏执,或讥其骄傲,故意吹索,加以评论。此风若不悛改,必至封疆大吏皆以实心任事、整理地方为嫌,相率而为苟且之计,吏治何所倚赖乎?朕深望尔等为明体达用之全材,而深惜尔等为同流合俗之乡愿,故谆谆诰诫,不惮周详,此《春秋》"责备"之义。勉之!凛之!

八月庚申

上谕吏部、户部:直隶地方,旗民杂处,猾吏舞文,太监戚属散处州县,兼皇庄、王公等庄屯全在其间,地方官往往掣肘。今直隶亏空仓粮四十二州县,特行拣选人员命往,令其清理仓库,整饬地方。但直隶书吏积弊,凡新官到任,一切文卷悉行藏匿,州县官因限期严迫,急而求之,方始取出,由是堕其术中,以后事件皆任其把持,为害甚大。州县官能钩致其隐,而重置之法者,不可多得。锢弊相仍,朕知之甚悉,已谕令总督李绂严查。但流弊既久,命往各官彻底清查,必需时日。一切案件,势难依限完结,恐有迟延之虞。著将直隶各州县,现在钦部案件,一年之内暂行宽限,庶各员得以从容厘剔,积弊可除。再,直隶州县太监之父兄弟侄,在地方不无生事,本人亦未必尽知。可令该州县大事照例详报,总督具题;小事径报内务府,内务府传该太监晓谕,令其自行约束。如仍不悛改,内务府即酌量惩治。内府大粮庄头并诸王大臣庄头,如有生事梗法之处,大者仍申报总督具题,细微事件属内务府者,申报内务府惩治。其余庄头人等申报都察院,转行各该管官员惩治,不必奏闻。

九月壬子

上谕内阁:赌博之事,最坏人之品行,若下等之人习此,必至聚集匪类,作奸犯科,放僻邪侈之事多由此起;若读书居官之人习此,必至废时失事,志气昏浊,何能立品上进?乃向来屡申禁饬,而此风尚未止息,深可痛恨。若不严禁赌具,究不能除赌博之源,著京城内外及各省地方官,将纸牌、骰子悉行严禁,不许货卖,违者重治其罪。尝有窝赌之家,诱人入局以取其利,嗣后准输钱之人自行出首,免其赌博之罪,仍追还所输之银钱。庶使赌博之人有害而无利,则其风可以止息。又见汉军恶习,常以工于马吊,互相夸尚。夫既已居官,则应办之事务甚多,日夕不遑,尚恐迟误,安有余闲为此无益之戏?且闻有上司与属员斗牌为乐者,尤非体统,大玷官箴。嗣后若有司官员斗牌赌博,著该管上司及该督抚指名题参。至禁止赌博,宜如何定例之处,该部议奏。

雍正五年丁未一月庚申

上谕云南、贵州、四川、广西督抚提镇等:狆苗素称凶悍,加以汉奸、贩棍潜藏其中,引诱为恶,以致烧杀劫掠,毒害善良,居民深受其扰。今督臣鄂尔泰等奉旨剿抚,业已擒获凶苗、贩棍,正在抚恤地方筹画久远之计。朕闻滇、黔、蜀、粤四省接壤之区,猺猓杂处,不时统众越境仇杀,扰害邻封地方。文武官员往往以责任不专,彼此推诿,苟且因循,以致尘案莫结者甚多,此天下之共知共闻者。如广西西隆州古障地方,土目王尚义等与贵州普安州捧鲊地方之苗目阿九等互控一案,迁延数年之久,尚未审理。朕已降旨督责,此即其明证也。况各省所设汛防在于腹内,而猺猓则环居腹外,防范难周,遇有杀掠,必待事主禀报,始行追捕,往返耽延,凶徒已远遁矣。四省督抚、提镇宜各委贤员于四省接壤之地,勘明界址。凡猺猓、贩棍往来要路,设立营汛,派拨游守等官,带领弁兵驻防稽察。倘有越境仇杀、劫掠之事,即时擒解,不使漏网。其委防弁兵,以一年为期,即于四省附近营伍内轮流拨换。如一年之内无越境生事之人,及有而能逐名拿获者,四省督抚、提镇会同保题,从优议叙,兵丁量加赏赉。倘有贪功生事,骚扰地方者，立即题参，从重治罪。

甲子

户部议准御史陈学海条奏：直省征收钱粮，例有火耗，请敕下各督抚，查核酌定，画一遵行。

上谕曰：火耗，原非应有之项，乃迫于时势不能全行禁革耳。故加耗重者，必重治其罪；而贤员爱养斯民，将旧有之数，亦可轻减。若一经督抚题定数目，则火耗遂成定额；虽遇清廉之官，亦不能裁减；而遇贪劣之员，又将多取于此数之外，以饱私橐，必致重累民生。该御史请令督抚具题该部，即照所请，议覆均属不合此处，不准行。

闰三月己卯

上谕内阁：三农仰资雨泽，所重尤在春时。今年三月间，直隶地方雨旸不一，朕念切民依，时时体访。昨闰三月十一日，京师及近畿之地俱得雨泽，而蓟州仅有微雨，不能沾足。朕向来屡降谕旨，凡水旱灾祲之故，或因朝廷政事缺失；或因该省大吏及该郡邑有司有乖职守，各致愆尤；或因本地风俗偷薄，人情浇漓。此数者，皆足以上干天和，致使阴阳违序。古人言此，最为详备，而朕研究天人感应之理，确然知其不爽。是以往复谆谆训谕中外，期于共相儆勉，修人事以格天心，此念无一刻或忘也。

今春畿辅远近，雨泽不均，朕再四思维，不得其故。昨见保定府举人苏庭条奏请，将本年带征钱粮缓其征收，而又故为迫切愁苦之词，欲以耸动朕听。即此可知小民之心，无时餍足。当收成偶歉之际，朕多方拯恤，比岁缓征，而小民皆习视为固然。迨及岁已丰熟，全不念租赋乃惟正之供输，将乃分内之事，仍思迁延侥幸，遂其私心，转觉纳科完粮为意外之事，相对辗转，志气不舒，遂致上干天和，甘雨不能应时而降。既忘朝廷抚绥保护之深恩，又忘上天锡福惠民之大德，人情如此，尚得谓之风淳俗厚，而可邀上天之眷佑乎？

夫钱粮出于地亩，凡应完国课者，皆系有产业之家，并非无力穷民可比。岂有上年丰收之时，全不筹及于今年国课之理？假若民力果属艰难，该地方大吏有司自然体朕宵旰勤民之至意，暂缓催科，断不忍过于迫急，竭民力而违朕旨也。朕因小民习染既久，私欲难除，不识君民一体之情，不知天人感召之理，致干上苍谴责，垂慈示儆。朕心深用悯恻，切加训饬，果能遵朕谕旨，安分守法，循理奉公，则俯仰宽舒，心志畅适。古人云"和气致祥"，将见五风十雨，大有频书，断不忧水旱灾祲之为累。若宵小无知，以为朕因催科降此谕旨，则不但不知朕教养之深恩，抑且昧天人感召之理矣。著直隶总督督率有司，体恤民隐，教养兼施，将朕此旨通行出示晓谕，务使远乡僻壤之民详悉知之。

四月癸丑

上谕内阁：朕以移风易俗为心，凡习俗相沿不能振拔者，咸与以自新之路。如山西之乐户、浙江之惰民，皆除其贱籍，使为良民，所以励廉耻而广风化也。近闻江南徽州府则有伴当，宁国府则有世仆（本地呼为细民），几与乐户、惰民相同。又其甚者，如二姓丁户村庄相等，而此姓乃系彼姓伴当世仆，凡彼姓有婚丧之事，此姓即往服役，稍有不合，加以棰楚。及讯其仆役起自何时，则皆茫然无考，非实有上下之分，不过相沿恶习耳。此朕得诸传闻者，若果有之，应予开豁为良，俾得奋兴向上，免至污贱终身，累及后裔。著该抚查明定议具奏。

乙卯

上谕八旗大臣、内务府总管等：直隶州县缉拿逃盗，每每察访至内务府庄头之家，而庄头等护庇，不令缉捕，以致逃人盗案，匪类不绝。再八旗在屯居住人等，多系不思上进、怠惰浮薄之辈，竟有窝藏逃盗、欺凌百姓、好事妄为者，若不严加约束，必至妄生事端。八旗都统、内务府总管等，行文直隶总督及巡察御史，嗣后内府庄头及乡居旗人，有窝藏逃盗在家者，地方官差役搜捕，有抗拒者，即将窝家一并拿究。或有不守本分，酗酒生事妄为者，该地方官即行详报总督；若系旗人，由总督移咨该旗；系内务府庄头，移咨内务府。该旗及内务府将应行审理者，即行审理；应行拿送者，即行拿送。若有迟延违误，将尔等治罪。若地方官徇隐，不行详报总督，或已详报而总督不行移咨各该管处者，被巡察御史题参，该总督及州县官一并严加议处。巡察御史徇隐不行查参，或别案发觉，或经朕访闻，务必重治其罪。如此立法，则内府庄头及居乡旗人，各知警戒，畏法守分，而直隶地方窝藏逃盗之弊可清，于乡居旗人百姓亦大有裨益。

九月丙子

上谕各省督抚、藩臬等：朕宵旰勤劳，时以教养万民为念。所颁谕旨，皆正德厚生之要务，实切于民生日用者。乃闻向来谕旨颁至各省，不过省会之地一出告示，州县并未遍传，至于乡村庄堡偏僻之区，则更无从知之矣。如禁止黄铜、赌博、宰牛等事，朕为百姓筹画者，委曲周详，而地方官员有司不行禁约，上司置若罔闻，无怪乎百姓之迷而不悟也。京师乃五方杂处之地，凡禁约之事较他省为难。今京城内外，市卖铜器及群聚赌博者，俱已禁止，岂外省转不能行乎？他如清查保甲、积贮社仓之类，行之必以其渐，地方始无纷扰。若骤然举行，而迫之以官法，奸胥猾吏将借端为非，转为小民之累。今观地方大吏，于应当从容办理之事，则急切为之；而于一时可以禁止之事，实有益而无害者，则漫不经心，岂非缓急失宜，先后不得其序耶？至于邪教妖言，大有关于人心风俗，该地方官一有所闻，即当留心根究，庶可以消奸宄而安良善，所谓防微杜渐也。若下司隐匿不报，或上司知之，又欲化有事为无事，势必致奸宄漏网，匪党无所忌惮，附和者愈众，则将来株连者愈多。是本欲息事，而转致多事，故不如惩治之于早也。各省督抚、藩臬，皆地方大吏，勉之毋忽！

十一月戊午

江西巡抚布兰泰参奏：蔚州参将裴魁虚冒名粮，请革职究追。

上谕内阁：武弁虚冒粮饷几分，乃历来积弊，较有司之贪赃枉法、累及国计民生者，似有分别。该上司等应预行严饬，令其悛改，为国家爱惜人才。若切加训诲，仍不遵奉，则当参革治罪。今布兰泰到任伊始，尚未教导属员，遽以空粮几分将裴魁参奏，未免过刻。若督抚等皆如此劾参，恐有用之才受微愆之累，而不得改过自新者多矣。朕念裴魁从前效力，从宽免其究问，著降三级留任。朕此番降旨将裴魁宽免，深恐各省武弁等克扣兵粮，而该管上司等徇情宽纵者，由此渐多。若照例将裴魁治罪，则又恐各该上司以此事参处为是，因而刻意搜求，使可用之员遽行黜革，实属可惜。是以明降谕旨，凡此宽严轻重之间，朕实以至公之心，而权衡于至当之理。封疆大臣等祗遵朕训，随事察理，因时制宜，遇属员中之小过，当加训戒，容其改悔自新，方能事事合乎公平至当也。

壬戌

上谕内阁：朕日理万几，勤思上治，凡外省来京之小臣，如州县佐贰等官，常令引见，并许条奏地方事务。数年以来，览所奏甚多，其中指陈近理、言有可采者，或交部议，或即准行，此皆朕留心政治，期有裨益于地方之意也。特恐行之日久，致生弊端；或各省督抚、藩臬等见地方事务有不便自行陈奏之处，因授意于属官，令其写入条陈之内，亦未可定。朕防微杜渐，不得不预行晓谕，倘有此等，则显蹈欺罔之罪，一经发露，断不宽贷。至朕屡颁谕旨，训励臣工，总为国计民生之至要，各省督抚诸臣自当实心遵奉。但恐前任督抚所奉之谕旨，接任者未曾备悉，或致日久废弛。著各省督抚等，将历来所奉谕旨，俱缮录成册，一一详载，以便每日观览，触目警心，并将此册交代，不许失漏藏匿。如此，则前任奉行之谕旨，后任仍得知所遵循。观览之际，悉如亲承朕训，于国计民生庶有裨益。

十二月己亥

上谕兵部：向来云、贵、川、广以及楚省各土司，僻在边隅，肆为不法，扰害地方，剽掠行旅，且彼此互相仇杀，争夺不休，而于所辖苗蛮，尤复任意残害，草菅民命，罪恶多端，不可悉数。是以朕命各省督抚等，悉心筹画，可否令其改土归流，各遵王化？此朕念边地穷民皆吾赤子，欲令永除困苦，咸乐安全，并非以烟瘴荒陋之区，尚有土地人民之可利，因之开拓疆宇，增益版图而为此举也。

今幸承平日久，国家声教远敷，而任事大臣又能宣布朕意，剿抚兼施。所在土司，俱已望风归向，并未重烦兵力，而愿为内属者，数省皆然。自此，土司所属之夷民，即我内地之编氓；土司所辖之头目，即我内地之黎献。民胞物与，一视同仁，所当加意抚绥安辑，使人人得所，共登衽席，而后可副朕怀也。但地方辽阔，文官武弁需员甚多，其间未必尽属贤良之辈，且恐官弁等之意，以为土民昔在水火，今既内附，已脱从前之暴虐，即略有需索，亦属无伤。此等意见，则万万不可。著该督抚、提镇等严切晓谕，不妨至再至三，且须时时留心访察，稍觉其人不宜苗疆之任，即时调换。

并严禁兵丁胥役生事滋扰,务俾政事清明,地方宁谧,安居乐业,共享升平。倘有不遵朕旨,丝毫苛索于土民地方者,著该上司立即参劾,重治其罪。即系平日保举之人,亦不可为之容隐,果能据实纠参,朕必宥其失察之愆,嘉其公忠之谊。该督抚、提镇等可共体朕心,各尽怀保边民之道。

雍正六年戊申三月壬子

上谕内阁:览福建巡抚常赉奏称:"罗源县孝子李盛山割肝救其母病,伤重身故,请加旌表。"部议以割肝乃小民轻生愚孝,向无旌表之例,应不准行。朕思我世祖章皇帝、圣祖仁皇帝临御万方,立教明伦,与人为善,而于此例慎予旌表者,诚天地好生之盛心。圣人觉世之至道,视人命为至重,不可以愚昧而误戕;念孝道为至宏,不可以毁伤为正理。立法垂训,实有深意。但向来地方有司,未尝以圣贤经常之道与国家爱养之心明白晓谕,开导编氓,是以愚夫愚妇救亲而捐躯,殉夫而殒命者,往往有之。既有其事,若不予以旌表,恐无以彰其苦志,而慰其幽魂。所以数十年来,虽定不予旌表之例,而仍许其奏闻,且有邀恩于常格之外者。仰见圣祖仁皇帝哀矜下民之圣心,固如是之周详而委曲也。

《孝经》曰:"身体发肤,受之父母,不敢毁伤,孝之始也。""孟子"曰:"事孰为大?事亲为大。守孰为大?守身为大。"此皆言人子一身,乃父母之遗体,虽一发一指不可偶有亏损,以伤父母之所贻也。孔子曰:"父母惟其疾之忧。"盖父母爱子之心,无所不至,偶有疾病,尚以为忧。设有不肖忤逆之子,父母且恕而矜之;若纯孝之子,则父母之怜爱又当何如也?若以己身患病之故,致其子割肝肉以充饮馔和汤药,纵其子无恙,父母之心断无不惊忧、惨惕、不安之理。况因此而至于伤生,又岂父母所忍闻者乎?

夫父母有疾,固人子所当尽心竭力之时,而孝道多端,实不容效命捐躯于一节。孔子曰："生，事之以礼；死，葬之以礼，祭之以礼。"是人生孺慕之诚，原通百年而无间者也。人子一身，承先启后，负荷甚巨，若舍生殒命于仓猝之间，而忘宗祀继续之重，非所以为孝也。况人子于亲，本乎天性，倘能尽至诚纯孝之实，则亲病虽笃，呼吁请祷，力省一身之过，誓愿为一正人，如此必能感天地、动鬼神，何须割肝刲股以为回生之良剂乎？家庭之行，惟在至诚至敬，善体亲心，不必以惊世骇俗之为，著奇于日用伦常之外也。

至若妇人从一之义，醮而不改，乃天下之正道。而其间节妇、烈妇亦有不同者。烈妇以死殉夫，慷慨相从于地下，固为人所难能。然烈妇难而节妇尤难，盖从死者取决于一时，而守贞者必历夫永久；从死者致命而遂已，守贞者备尝夫艰难。且烈妇之殉节捐躯，其间情事亦有不同者，或迫于贫窭而寡自全之计，或出于愤激而不暇为日后之思。不知夫亡之后，妇节之当尽者更多，上有翁姑，则当奉养，以代为子之道；下有后嗣，则当教育，以代为父之道；他如修治苹蘩，经理家业，其事难以悉数，安得以一死毕其责乎？是以节妇之旌表载在典章，而烈妇不在定例之内者，诚以烈妇捐生与割肝刲股之愚孝，其事相类，假若仿效者多，则戕生者众，为上者之所不忍也。向来未曾通行晓谕，朕今特颁谕旨，著地方有司广为宣布，务期僻壤荒村家喻户晓，俾愚民咸知孝子、节妇自有常经，而保全生命实为正理，则伦常之地皆合中庸，不负国家教养矜全之德矣。倘训谕之后，仍有不爱躯命、蹈于危亡者，朕亦不概加旌表，以成闾阎激烈之风，长愚民轻生之习也。

己未

吏部带领无锡县知县江日容、昆山县知县朱纮引见。

上谕曰：县令乃亲民之官，最为紧要。得其人，则一县之事无有不理；不得其人，则一县之事必多废弛。盖以县令于百里之内，民事可以周知。若果实心办理，则古人所谓“无一夫不获其所”者，乃力所能为，非空文也。

向来州县，往往以民风之朴鲁者，谓为驯良而可愚；以民风之秀颖者，谓为巧诈而难御。如无锡、昆山自来皆苦烦剧，殊不知地方所以难治者，皆由县令未能实心办理之故耳。若果实心实政，惠泽及民，则秀颖之俗其易治尤甚于朴鲁。如无锡、昆山地方，人多禀山川之秀气，读书明理者多，人心之公道易于感动，非如愚朴之人贤否不能一时立辨也。县令果毫无欺伪，其效即旋至而立应，有何烦剧难治之理乎？凡天下小民总不可欺，视之虽若颛蒙，而有司所行之政，毫不能掩其耳目，但可以正感，而不可以术驭。

至于州县征收钱粮，人人皆知寓抚字于催科，然皆逐末不知其本。夫正供之项，小民无不乐输。缘不肖有司，每于额外浮派以求赢余，或朘民脂膏，希图肥己；或上司勒索，借为逢迎，以致吏胥乘间中饱，百弊丛生。小民不胜苦累，遂有奸猾之徒，得持官府之短长，抗粮包揽，任意拖欠，醇良者亦输纳不前矣。若州县洁己爱民，毫无浮派，则民间正供乃义当完纳之项，何惮而不早完乎？惟当于肯完正供者，实意抚恤；于实在抗欠之顽户，严其催比，毫不瞻顾，此乃寓抚字于催科之道也。即如为政之道，不外宽猛两端。《传》云“宽以济猛，猛以济宽”者，非谓行数端宽纵之事，随济以数端之猛；行数端猛烈之事，随济以数端之宽也，惟在斟酌于情理之中，宜宽而宽，宽而不失于慢；宜猛而猛，猛而不失于残，宽猛咸得其宜，乃为相济之道。未有遇事之先，横宽猛之念于胸中之理也，此皆庸迂者错会古人之意耳。

向来地方官多有欲借乡绅之游扬，则交结乡绅而欺凌百姓；或欲百姓之称誉，则袒庇百姓而摧折乡绅。不知百姓为国家之赤子，岂可徇巨室之私交而肆其凌虐？至于乡绅，或祖父为国家宣劳，或己身为国家效力，又岂可使簪缨之族转贱于编氓而故为摧抑乎？是乡绅百姓，皆不可存成见以待之，惟当准之天理人情，论其是非曲直,物来顺应而不为天下先,乃能处之各得其平,而无一偏之私也。每见居官者于莅任之始,多喜沽名钓誉,行一二巧伪之事,以求媚于人。不知巧伪之术决无久久可行之理,始虽粉饰可观,未几而行藏毕露,其可耻实甚。何如秉公特正,后先如一乎？要之操守清廉,乃居官之大本。操守素优,则实心实政皆能力行而有余;否则大本已亏,虽欲竭蹶矫饰而势有不能。故凡居官者,必当端其操守以为根本,乃可以勉为良吏。

夫太上言"忘身而身存",居官者倘能置利害得失于度外,一以公忠报国爱民为心,则不求名而声誉自孚,不求荣而爵禄自至;若不能忘怀得失,则举动瞻徇,行止卑污,究之身败名裂,禄位仍不能保,实为可悯。朕于外省大小臣工之贤否,无不留心体察,是以实心任事之员,由县令而洊历司道以至擢任督抚者,颇不乏人。尔等当仰遵朕谕,实力奉行,不惟百姓受尔等爱养之惠,亦尔等自求多福之道也。

四月壬寅

上谕内阁:钱粮之加耗羡,原非应有之项。朕勤求治理,爱养黎民,本欲将此项悉行禁革,而博采舆论,留心体访,凡为州县地方官,实有万不得已公私两项之用度,若全革耗羡,其势必不可行,为有司者果能减轻收纳,不苛取于民,在民亦所乐从。此耗羡所以未尽裁革之故也。

州县既有耗羡,而上司官员无以养廉,势不得不收州县之馈送,是上司冒贪赃之罪,以为日用之资;在谨慎小心者,则畏惧而不敢行,必至过于窘迫;而贪取滥用者,又因无所限制,借规礼之名恣意横索,弊端种种。州县公私之用既有不敷,必致加派巧取,为害于民。况上司既收属员之规礼,则必有瞻顾回护之处,而下属反得操上司之短长,于察吏之道大有关系。所以雍正二年间,山西巡抚诺岷请以通省耗羡提解存公,将阖省公事之费及上司下属养廉之需,咸取于此,上不误公,下不累民,无偏多偏少之弊,无苛索横征之扰,实通权达变之善策。朕是以降旨允行,此提解火耗之所由来也。

向来山西亏空甚多,国帑久虚,不能弥补。从前抚臣多请将亏空之员革职留任,以为弥补之计。夫以不肖之徒,令其留任还帑,是以亏空为护官之符,不但无益于国计,亦且有害于民生。而德音在任,又借弥补亏空之名,提火耗以肥私橐。及诺岷接任,洁己奉公,实心办理,将亏空劣员悉行参革,州县火耗严行裁减,而酌留羡余,以补无著之亏空,既不累及于闾阎,而有司亦免参罚;又为官员定养廉之资,为公事留办理之费。诺岷此举,于国计民生、上下公私均有裨益。然伊当始行之时,不但晋省属员怨望,而内外臣工皆有异词。朕比时降旨曰:“此事惟如诺岷之督抚,方能行之耳。”盖朕之意,原听各省督抚自为之,而至于不能行之督抚,不便行之地方,则朕并未强之使行也。

诺岷举行之后,随有数省仿效其意,提解十分中二三,以备公用;亦以地方公务繁多,若不预为计画,则一时需费仍至累及小民。然此亦皆督抚自行奏请者,非由朕谕也。伊都立接诺岷之任,曾奏称山西亏空渐次清楚,将来耗羡便可充饷。朕严切训饬曰:“本地之羡余,只应作本地之用度,若归公充饷,断无是理。且恐相沿日久,遂成公项,不肖官员竟有重复征收之事矣。”田文镜亦曾奏称“豫省亏空弥补已清,火耗尚有赢余”等语。朕批示之曰:“此项耗羡,原系豫省官民之物。假使果有赢余,则当增添官员养廉之资,使其用度宽裕。倘再有赢余,则当再减民间火耗之数,使其储蓄充盈。”盖朕之准其提解耗羡者,原是爱养官民之苦心。若以支给地方公用之外,尚有余资,即准收作公项,朕必不为也。

前陈时夏亦具奏,欲行提解耗羡之法,因其有“分别地方,有无多寡”之语,朕谕之曰:“政令之行,必须各属一体,方得均平。

若有所分别，便可高下其手，易滋弊端。”谕旨如此，闻陈时夏向人云“奉旨令全提耗羡”，此乃陈时夏自行奏请之事，而以其名归之于朕，朕不受也。

今魏廷珍又效法之，以上江提解火耗之事具折陈奏。恐外人不知，亦以为出自朕意，故特颁此旨，明白晓谕。盖提解火耗之举，若行之果善，亦督抚分内之事，不得居功。倘行之不善，实足为伊身家性命之患，无所逃罪。总在伊等自行度量，其愿行者，朕不拒阻；其不愿者，朕亦不强也。

五月丙辰

上谕内阁：各省驿站夫役，原以备公事之用。国家岁费帑金，本欲使州县无赔累之苦，民间无差派之扰，官民并受其福也。但闻各省往来人员，有不应用驿夫而擅自动用者，该管之人或畏其威势而不敢不应，或迫于情面而不得不应。积习相沿，骤难禁止，地方夫役并受扰累，重负朕加惠官民之至意。嗣后惟兵部勘合，钦差大臣及督抚入境、学差试差，或知府下县盘查，及他员奉督抚差委盘查者，准动用夫役，其余概不准用。倘有违例妄索者，该管官即行揭报，督抚题参。若该管官违例滥应，发觉之日，照例治罪。著各省管理驿站之道员，不时查察，倘有徇隐，一并处分。

六月丙申

上谕内阁：为政之道，以爱民为本。爱民者，必须厚民之生。雨旸时若，百谷顺成，始可登苍生于衽席。然感召天和，必由于民情之舒畅；而民情舒畅，必由于吏治之克修。从来言吏治者，不外兴利、除弊二大端。夫利之所在，小民自必趋事赴功，不待督率而为者，为上者不过相导之而已。至于除弊，则小民所不能为之事，而专赖为上之人时刻留心体察，破积习以厚民风者也。盖地方之害，莫大于贪官蠹役之朘削，强绅劣衿之欺凌，地棍土豪之暴横，巨盗积贼之劫夺。此等之人，不能化导惩戒，则百姓不获安生。假若为大吏有司者，图宽大之名，沽安静之誉，于贪官蠹役则庇护之，于强绅劣衿则宽假之，于地棍土豪则姑容之，于巨盗积贼则疏纵之，虽在己无残害百姓之实迹，而留此害民之人，令百姓暗中受其荼毒，无可控诉。古人云："养稂莠者害禾稼，惠奸宄者贼良民。"如此则民气何由而舒，天和何由而致乎？天以牧民之任授之君臣，而百姓又复敬谨尊奉，胼手胝足，竭力输将，以事其上。为君臣者，当共思之受天之恩，奉天之命；食民之食，衣民之衣，而乃怠忽优游，不能锄奸禁暴，置民间疾苦于度外，上负穹苍，下负百姓，诚天地间之大罪人矣。岂但天理有所不容，即清夜扪心，当如何愧怍？有牧民之责者，各宜抚躬自问，时加警省。慎之！勉之！

八月乙酉

上谕吏部：州县为亲民之官，地方事务全资料理。凡有委署印务者，必邻近地方，始能兼顾。向来督抚、藩司等委员署印，每凭一己之私心，而不计道里之远近，此习相沿已久。近日秉公之上司已将此等陋习涤除，而其余尚有未能尽改者，如常赉、官达之在广东，则以韶州府乳源县令署广州府之花县，又以广州府花县令署惠州府之海丰县，此皆隔府差委，相去数百里之远者。夫州县一官，钱粮必及时征收，盗贼必立时缉捕，人命必当时相验，承审案件必如限完结，若于数百里之外兼摄印篆，不但顾此失彼，诸务废弛，而吏役奔忙，人犯拖累，种种迟误之处难以悉数。嗣后州县缺出，该上司等必须选委邻近官员署理；倘正印官一时不得其人，即遴选邻近之贤能佐贰官署理。如系地方要缺，邻近难得其人，则将隔府正印官委署另委官员，以署该员本县之事。务期人地相宜,而各县公务又不至于迟误,斯有裨益。倘该上司有市惠徇情、任意委署者,经朕察出,定严加处分。

九月辛酉

上谕内阁:省会之区,民居稠密,人烟凑集。一或弗戒于火,每至比屋延烧,被火之家仓皇搬运,兼有无赖棍徒以救火为名,乘机抢窃。地方官员虽率领衙役赴救,而心力不齐,且救火之具不备,难以扑灭。昨因湖广荆州居民失火蔓延邻舍,行令该地方官,仿照京城置备救火器具,以资防范。今著各省督抚一体遵照,于省会之地多设水桶、水铳、钩镰、麻搭之类,分贮各衙门。令文武各官,派定人役兵丁,倘遇火警,齐集救护,即时扑灭,并将抢火恶棍查拿治罪。向例地方失火,延烧屋宇稍多者,地方官员例有处分;近多视为具文,或曲为掩饰。嗣后著该上司严查参劾,不得徇情隐匿。其或赴救不力,以致延烧多户至数十家以上者,著据实查参,严加议处。至于各府州县,并令该地方官预备防范,以副朕恤民御患之至意。

卷七

圣治（三）

雍正七年己酉正月癸酉

上谕工部：平治道路，王政所先，是以《周礼》有“野庐合方”之职。自四畿达之天下，掌其修治，俾车马所至，咸荡平坦易，行李辐辏，津梁通达，无雨水阻滞之累。迩年以来，广宁门外已修石道，其至通州运粮之路，亦修整高洁，往来行人颇为便利。今直隶至江南大道，车轮马迹，践压岁久，致通衢竟成沟堑，两傍之土高出如岸，一遇雨水之时，众流汇归，积潦难退。行旅每苦泥泞，或至守候时日，朕心深为轸念。但此通行大道，已久成洼下，势难培筑增高，而大道之旁高阜甚多，平治亦殊不易。若于大道相近之处，另开一道，工力似属易施。其间或有地形断续之处，应修建桥梁；或有沟塍淤积之处，应疏浚水道；或所开之径，有借用民间田地者，应补给价值，并除钱粮；或绕行之路，有远隔村庄旅舍者，应引归故道，使有顿宿。是非熟于相度地势、历练道径之人，不能详察妥当，特派工部侍郎法保、副都统韩光基、原任护军统领喀尔吉善、二等侍卫特库四员，于今年夏秋之交，自京师起程，由良乡至宿迁大道，一路踏勘，将如何另开新道之处，详悉议定，估计工费，绘图呈览。

四月辛巳

上谕内阁:直省各处皆有回民居住,由来已久。其人既为国家之编氓,即俱为国家之赤子,原不容以异视也。数年以来,屡有人具折密奏“回民自为一教,异言异服,且强悍刁顽,肆为不法,请严加惩治约束”等语。朕思回民之有教,乃其先代留遗家风土俗,亦犹中国之人籍贯不同,嗜好方言亦遂各异。是以回民有礼拜寺之名,有衣服文字之别,要亦从俗从宜,各安其习,初非作奸犯科、惑世诬民者。比则回民之有教,无庸置议也。

惟是凡人生产虽不同地,而同具此天良;习尚虽不同教,而同归于为善。回民处天地覆载之内,受国家养育之恩,可不孜孜好善,共勉为醇良乎?且朝廷一视同仁,回民中拜官受爵、洊登显秩者,常不乏人。则其勉修善行,守法奉公,以共为良民者,亦回民之本心也。要在地方官吏不以回民异视,而以治众民者治回民;为回民者亦不以回民自异,即以习回教者习善教,则赏善罚恶,上之令自无不行;悔过迁善,下之俗自无不厚也。如陕省之回民,较他省尤多,其贩私聚赌,私藏兵器,种种不法之案屡出,较他省回民为甚。又如奉旨禁宰牛只,乃劝民务农勤稼,所以重惜力耕之物命。闻回民颇有怨言,且有私自屠宰者,此即居心残忍,不务本奉法之一端也。

朕念万物一体之义,岂忍视回民与众民有殊?特此详加训诲。为回民者,当知率由礼义,讲让兴仁,毋恃强而凌弱,毋倚智而欺愚。倘自谓别为一教,怙恶行私,则是冥顽无知,甘为异类,宪典具在,朕岂能宽假乎?自兹以后,父戒兄勉,姻娅族党互相箴规,尽洗前愆,束身向善,以承天地覆载之恩,以受国家教养之泽,岂不美欤!直省各督抚等务宣布朕意,咸使闻知。

丙戌

上谕大学士、九卿等：朕观近日兵部奏事，其中有一二件似仍欲迎合朕意者。夫朕日理万几，初无丝毫成见于胸中，惟期有当于大公至正之理，已曾屡降谕旨。尔等诸臣，自应持正秉公，悉心斟酌，事事以当理为准，庶政治有所裨益。若于正理之外，妄为揣摩，则尔等焉能知朕意之所在，而漫思迎合乎？且部院所办之事，各有关系，如吏部有意迎合，则铨选不公；户部有意迎合，则财赋难理，此皆有妨于政治者，其为害犹小。至若刑部职在明刑，关系最重，倘稍以迎合为心，则生死出入之间，刑罚必不得其平，上干天和，下戕民命，其害尚可言乎？

至于办事之道，凡人精神智力，用之专一，则详明而得理；用之纷杂，则丛脞而多乖。数年以来，朕于办理政务之时，皆聚精会神，专于所用，如阅一本则专阅此本，而不思其他；治一事则专治此事，而不及其余。是以志气清明，条理昭著，一事既毕，自可再办一事。至于政务稍暇、中怀澄澈之时，又不可放逸此心。朕于此时，必将在京部院衙门及在外各省之事，一一思维详察，由一部以及各部，由一省以及各省，静中默识，更觉端绪易寻，所以办事甚多，而不至于遗忘者此也。朕以一人之精神，办理天下之事，而常觉有余。尔等诸臣，以数人之精神，办理一部之事，又何虑不足乎？诸臣其共勉之！

五月己酉

上谕大学士、九卿等：自古为政者，皆言宽严相济。所谓相济者，非方欲宽而杂之以严，方欲严而杂之以宽也，惟观乎其时，审乎其事，当宽则宽，当严则严而已。如十人当赏，则俱赏之，断无以赏者太多，而舍一二人不赏之理；十人当罚，则俱罚之，断无以罚者太多,而宽一二人不罚之理。即如户部也,综核钱谷,惟在公平;直省征解钱粮,其不足者,固当查核。若余于额数之外者,岂遂不当查核乎?即如刑部也,按律定罪,务期明允,直省审谳重案,其间失出者,固当驳诘。若失入而致冤抑者,岂遂不当驳诘乎?总之,宽严适协其宜,乃为相济,非参杂于宽严之间,而为子莫之执中也。譬之饮食,原相需也,然亦当饮而饮,渴者不可以食解;当食而食,饥者不可以饮充。若强饥者以饮,强渴者以食,是相背也,岂相需之道乎?

甲子

上谕户部:朕闻各省粮船过淮抵通之时,该管衙门、官吏胥役人等额外需索陋规,以致繁费甚多,运丁重受其累。特命御史前往稽查,禁革苛索等弊。又查向来之例,每船北上,许带土宜六十石。朕思旗丁运驾辛苦,若就粮艘之便,顺带货物,至京贸易,以获利益,亦情理可行之事。著于旧例六十石之外,加增四十石,准每船携带土宜一百石,永著为例。

惟是运丁人等繁多,素有恶习,如偷盗米石,挂欠官粮,夹带私货,藐视法纪,此向来之通弊也。又如昔年,浙江、湖广二省粮船,因私忿小怨,遂操刃持戈,杀伤多命。又从前偶值回空守冻,遂致纵容水手公然抢夺,扰害居民,此皆众所共知者。是以数年以来,内外臣工条奏旗丁不法者,不下数百纸。前又有奏称"贩卖私盐之弊,在粮船为尤甚。有一种积枭巨棍,名为风客,惯与粮船串通,搭载货物,运至淮扬,托与本地奸徒,令其卖货买盐,预屯水次。待至回空之时,一路装载,其所售之价,彼此朋分。粮船贪风客之余利,风客恃粮船为护符,于是累万盈千,直达江广,私贩日多而官引日滞"等语,观此,则旗丁之作奸犯科,诚难以悉数也。

朕年来屡饬该管官严行禁约，又复念其劳苦，叠沛恩膏。近见伊等之恶习刁风亦渐悛改，是以特颁谕旨，严禁过淮抵通苛索之陋规，复令增添携带土宜，俾得多沾余润，以赡家口。伊等益当感戴朕恩，遵守法度，共为良善，以免罪愆。著总督仓场侍郎、漕运总督将朕此旨通行刊布，每船各给一张，使运丁人等触目警心，以副朕体恤训诲之至意。

壬申

上谕广东督抚等：闻粤东地方四民之外，另有一种，名为蜑户，即猺蛮之类，以船为家，以捕鱼为业。通省河路俱有蜑船，生齿繁多，不可数计。粤民视蜑户为卑贱之流，不容登岸居住；蜑户亦不敢与平民抗衡，畏威隐忍，局蹐舟中，终身不获安居之乐，深可悯恻。蜑户本属良民，无可轻贱摈弃之处，且彼输纳鱼课，与齐民一体，安得因地方积习，强为区别，而使之飘荡靡宁乎？著该督抚等转饬有司，通行晓谕，凡无力之蜑户，听其在船自便，不必强令登岸；如有力能建造房屋及搭棚栖身者，准其在于近水村庄居住，与齐民一同编列甲户，以便稽查。势豪土棍，不得借端欺凌驱逐，并令有司劝谕蜑户开垦荒地，播种力田，共为务本之人，以副朕一视同仁之至意。

六月丙申

上谕刑部等衙门：闻得外间讹传"六月二十四五，将开屠宰耕牛之禁，回子等俱欲齐来谢恩"等语，又闻民间竟有私宰耕牛之事。此必奸人造为讹言，诱人犯法，以挠禁令也。凡朕所降旨禁约者，事事皆欲济民之用，厚民之生，无一事为朕之私心便用而设也。如禁用黄铜，所以裨益鼓铸，流通国宝，朕岂别有需用黄铜之处乎？如禁赌博，所以端人心而厚风俗。赌博之为害于人心风俗，朕已屡降谕旨，甚详且悉，非愚顽不移之辈，无一人不以禁约为当也。至于禁宰耕牛，以耕牛为农田所必需，垦田播谷实藉其力。世间可食之物甚多，何苦宰牛以妨穑事乎？今朝廷所需，除祭祀照例供用，其余亦一概不用牛肉矣。年来自禁用黄铜之后，而钱价渐平，民用颇利矣；自禁赌博之后，而开场聚众者亦略知畏惧敛迹矣；自禁宰耕牛之后，而农家向日数金难得一牛者，今已购买易而畜牧蕃矣，可见利益民生之事，亦既行之有效。为良民者，必皆知朕大公爱民之心；为良有司者，必能实心遵朕爱民之政。

惟百姓中有回子一类，以宰牛为业。试思贸迁有无，百工技艺，何业不可营生？而必欲为此犯禁伤农之事，国家亦岂肯因一二游手回民无理之营生，而令妨天下万民之生计？夫朕所禁之事，必审度再四，灼见其必应禁止，然后见诸施行，岂有旋禁旋开、朝三暮四之理乎？今讹传宰牛开禁之语，必系为匪奸徒造作言语，煽诱愚民，使之犯法而于中取利，甚属可恶。著该部步军统领、顺天府府尹、五城御史等，通行晓谕京城直省，并严行查访，如有违禁私宰耕牛及造为种种讹言希图煽诱者，立即锁拿，按律尽法究治。如该管官不实力严查，致有干犯者，定行从重议处。

七月甲子

上谕内阁：粤东三面距海，各省商民及外洋番贾，携赀置货，往来贸易者甚多。而海风飘发不常，货船或有覆溺，全赖营汛弁兵极力抢救，使被溺之人得全躯命，落水之物不致飘零，此国家设立汛防之本意，不专在于缉捕盗贼已也。乃沿海不肖之弁兵等利欲熏心，贪图财物，每于商船失风之时，利其所有，乘机抢夺，而救人之事姑置不问。似此居心行事，更甚于盗贼，其无耻残恶已极，岂国家兵弁忍为之事乎？广东、福建二省居多，而他省沿江滨海之营汛，亦所不免。此皆该地方督抚、提镇等不能化导于平时，又不能稽查惩究于事后，以致不肖弁兵等，但有图财贪利之心，而无济困扶危之念也。嗣后若有此等，应作何严定从重治罪之条，使弁兵人等有所畏惧儆戒，著沿海督抚各抒己见，议奏到时，九卿再行会同定议。此旨颁到之时，著一面定议，一面即行出示，宣谕弁兵等知之。

闰七月癸巳

上谕内阁：凡州县官新旧交代，如钱粮、仓谷、驿马等项，自应据实查盘，秉公授受。在上司，不得徇庇前官，抑勒交代；在后官，不得留难前任，挟诈行私，斯于理为至当，于法为得平。即以仓谷、驿马二事言之，若果米谷红朽，糠秕不堪，自当据实揭报。但闻有刻薄之人恣意苛索，于搧飏之时高下其手，好米亦有亏折，以致前任之官畏其搧飏，勉强议帮银两，而后得以交代离任。驿马若果疲瘦，不能应差，自应退还前官，著落赔补。又闻有故意勒掯者，将好马退还，强令交银；又托言需马应差，以贱价买其原马，余银入己。此等恶习，各省州县官每尝有之。

朕曾经访闻，即督抚大臣亦有以此入告，请定例通行严禁者。朕思前后交盘，乃国家政治之所关，亦本人考成之所系，如果前任之人事事清楚，岂后任者皆属无良之人而好为刻核之事？今接任之干系既重，而又不令其舒展盘查，情理实未允协。况不肖之员往往于将近离任之时，百计侵蚀扣克，以贻后人之累，则其过又不在接任之员矣。是以前后之间，宽严之际，难以概论，亦难以法律相绳。惟在督抚大吏等于未交代之先，推诚训诫；正交代之际，留心察访；既交代之后，体其情理，即此可知属员之立志为人矣。若过在前任，则参处前任；过在后任，则参处后任，不存成见，不涉偏徇，耳目能周，赏罚悉当，则吏治事事可望肃清矣。至于训诫属员,又当动以天良、晓以利害。倘前官欲贻累于后人,后官欲苛求于前任,是皆损人利己,假公济私,目前之获利有限,暗中之造罪无穷。天道好还,国法具在,恐究不能免于贪刻之报。著通行晓谕各省大小官员知之。

八月癸丑

上谕户部:近畿各府有八旗庄屯杂处其间,有司难于清查。且八旗罢黜之废员,及不能上进之子弟,与多事不法之家人,往往潜住其中。结交游手好闲之辈,妄行生事,或好勇斗狠,或酗酒赌博,或与百姓争讼告讦,辗转不休,以致风俗日渐浇凌,难以整理。虽有理事同知一员,亦相隔甚远,不过词讼到案,一为判断,平时则无稽察约束之功也。朕意欲于旗员及司官内,遴选贤能者八员,派往各府有庄屯之地方,专办旗人之事,时加教诲,申明禁约,导其善念,革其邪心,小则分别惩戒,大则据实纠参。其有旗民互相争讼之事,仍听该管衙门审理。此差往之员,以一年为期,更换一次。果能实心办理,化导有方,一年内所管之处,无旗人犯法之案,将该员与以议叙。倘或怠忽废弛,因循瞻顾,或擅作威福,多生事端,著直隶总督与巡察御史即行参奏,从重议处。其如何分晰管理,及如何定例之处,著该部详议具奏。

丙辰

上谕九卿等:尝见继母于前母之子,其相待之刻有在寻常情理之外者。夫子之于继母,其奉养承顺服制礼节,一切与本生之母无异,此伦常之道也;则为继母者,亦当视如亲生,顾复抚养,方为交尽其道。乃有一等妇人悍恶性成,不明大义,常存分别之心,偏爱其所生之子,而薄待前母之子。若己未有子者,又或怀嫉妒之念,而憎恶前母之子,或显加之以凌虐,或阴中之以计谋,以致其子不得其死，甚至绝其夫之宗祀而不恤。是不但母子之恩已绝，并视其夫如仇雠矣。向以名分所在，故律无拟抵之条，事既出于情理之外，所当酌量立法，以防人伦之变。朕意若继母于前母之子，有凌逼谋害等情至于身死者，将情由审讯确实，以其所生之子，议令抵偿；若继母未生子者，则令归其母家，不得承受夫家产业。如此庶使秉性凶悍、不顾大义之妇人，有所儆戒，消其残忍之心，而保全其母子之恩谊，似属有益。著九卿悉心详议具奏。

乙 丑

上谕户部：京师大兴、宛平二县知县，常以亏空被参。朕体察其故，二县在辇谷之下，每有一时速办之公事不能迟缓者，挪移库银以济用，而支领还项未免迟延时日，其上司察知库帑有亏，不得不行参劾。此等亏空实有可原之情，朕体恤臣工，不忍听其因办公而遭罢黜，为之思一备用之道。著宛、大二县各领户部银一万两，永远存贮。该县遇有速办之公事，即详明府尹，将此银动支应用，俟支领销算之时，仍复归还原项，于每年岁底报部查核。如此，则办公有赖，备用有资，再有亏空国帑，或借名擅动备用之银者，定行重治其罪。

十二月壬子

上谕署山东巡抚岳濬：诸凡修理工作，惟勤查确勘，属员吏胥方不敢舞弊。若少涉疏慢，必致有名无实，潦草塞责。须遴委诚实人员，不时催督看验，务俾修筑坚固，以利便行旅。至于帑项，第不令奸贪侵蚀耳，何可吝惜？果能锱铢皆用于工内，即较原估稍多，亦朕所乐闻也。

己巳

上谕内阁:昨据山西巡抚石麟奏报,本年十一月初二日,保德州庆云呈瑞。今又奏报十二月初一日,临晋县庆云丽日,历午未申酉四时。又据布政使蒋泂折奏“从前汾河形势,惟文水县地势低洼,河身淤浅,是以议开引渠二道,正河一道。今年六月内,汾河水发,河道改流。文水县自青高村至伊家社,各开引渠二道,旧时漫流,已为沃壤。而东城村欲开之河,现今宽阔十余丈,或数十丈,众水会同,河身长二十五里。经年累月,人力不能成之功,天然疏浚”等语。朕思晋省民风由来醇朴,是以感召天和,屡岁皆登丰稔。即如近日预备军需,民情踊跃,争先恐后,悉出至诚。观此尊君亲上之念,则其孝亲敬长、克敦行谊可知。而地方官员平日训导有方,亦即此可见。是以仰蒙上天昭示瑞应,以奖官民之善,朕心深为慰悦。著照河南省之例,通行所属府州县,将人材品行可备任使者,不拘人数资格,秉公举出,该抚再行详加遴选,具题奏闻,送部引见。并令各州县于常例岁举老农外,再各举一人,给以八品顶带,以示朕褒嘉善俗、广沛恩膏之至意。

雍正八年庚戌二月丙辰

上谕内阁:从来察吏之道,莫先于奖廉惩贪。盖贪黩之风不息,则上亏国课,下剥民膏,其为吏治人心之害者甚大,不止关系钱粮而已。我皇考圣祖仁皇帝澄叙官方,深恶贪墨之蠹国病民,所以警戒训饬之者至矣。只以圣心宽大慈祥,未曾将侵蚀国帑、贪取民财之人,置之重典,姑且包涵,望其徐徐感化,此实如天之仁也。乃不肖官员等,不但不知感激悛改,勉为廉吏,且恃有宽大之恩,心无畏惧,将侵盗贪墨视为固然,数十年来,日积月累,亏空婪赃之案,不可胜数。朕若不加惩治,仍容此等贪官污吏拥厚资以长子孙，则将来天下有司，皆以侵课纳贿为得计，其流弊何所底止？是以数年来，加意整顿，若果人心知警，旧习渐除，令朕得施宽大之政，乃朕之至愿也。此意于元年二年间，即屡向左右大臣等密言之者。

近观各省吏治，虽未必能彻底澄清，而公然贪赃犯法及侵盗钱粮者，亦觉甚少，是众人悛改之象，与朕期望之意相符，亦可遂朕宽宥之初心矣。今欲大沛恩膏，酌免远年承追之项，将各直省官员名下应追赃银，及侵欺、挪移、流抵、分赔、代赔银两，凡事在雍正三年以前已经发觉者，该部查明情由具奏，候朕酌其情罪，降旨免追；其自雍正四年正月以后犯罪之案，乃屡经训谕而不悛改者，不准宽免。至于军务钱粮，关系重大，其昔年西宁、肃州、阿尔泰军需等案内应追银两，虽在雍正三年以前，亦不准豁免。此次特恩，乃朕仰体圣祖仁皇帝宽大至意，爰施法外之仁。岂但本人及其子孙免追比之苦，获再生之庆，即承追之地方，在官员则得免于处分，在吏胥亦得免于杖责，案牍减省，事简刑清，莫不受国家宽大之赐。咸当感激警省，互相劝勉，以循良为楷模，以贪墨为鉴戒，则大小官吏永远共沐国恩。倘因逾格宽宥，转启玩法之心，复蹈从前之辙，则旷典岂可再邀？国宪岂能再免？且背天逆理，莫此为甚，亦断不能逃上天之谴责也。

三月己巳

上谕内阁：朕闻有数省督抚、藩臬不能约束书吏者，其胥役人等狐假虎威，无恶不作，而督抚衙门为尤甚。其名有内外班之分，内班总管案件，外班传递信息，朋比作奸，种种吓诈。饱其贪壑，则改重为轻；拂其所欲，则批驳不已。即如广东各案盗犯未获，无论年月远近，不拘盗犯多寡，总督书办，概于冬季写票，差提承缉之。吏目典史巡检，齐至肇庆，示期比责。其陋规则有院房年节礼,每员到彼,各送书办银三四十两,遂准回任。若微员无力馈送,则差押不放,甚至禀请杖责,此粤省之弊端也。至于各省督抚书役,则有承舍、旗牌等名,皆自号为“差官”。该督抚给票差遣,亦用“差官”字样,而通省吏民遂莫不以“差官”目之。平日踞坐班房,包揽词状。每于府州县官谒见督抚之便,私行嘱托,滥准枉断。及差往他处,则肩舆逾分,马挂胸缨,俨然官长。沿途拜会有司,需索夫马馈送。此辈狡猾性成,或以小忠小信,趋奉本官,得其欢心。间或委其访察属员事迹,则假公济私,作威作福,其害更不可言矣。

从来胥吏之为患,有关吏治,在精明廉察之督抚,自能觉照而防范之;而庸懦之督抚为所欺而不知,受其累而不悟者,正不少也。又如藩司掌通省之钱谷,臬司掌通省之刑名,案牍如山,不得不仗熟练之书役为之办理,而其中百病丛生,舞文弄法之处不可悉数。朕素知此辈之情状,已经定例严申禁约,今再行训饬。是在督抚、藩臬等约束于平时,访察于临事,不因熟悉条例而轻听其言,不因善承使令而误堕其术。秉公驾驭,用意防闲,一有见闻,即加惩治,不存姑息之见,不留回护之心。如此则若辈虽欲舞弊而不能,虽欲玩法而不敢矣。倘任封疆岳牧之寄,于一二管辖之书吏,不能使之安分守法,革面洗心,又安能察吏安民,诘奸禁暴,成移风易俗之治乎?朕深为庸懦之督抚、藩臬耻之。

六月丙辰

上谕内阁:凡内外大小事务,必据实办理,始得其是非之正,合乎人心之公。若有挟制之弊及苟且迁就之情,则事不得其正,而违乎人心之公,其为吏治风俗之患不小矣。至于文武,虽属两途,然同为朝廷之官,同办国家之事,实为一体,所当和衷共济,据实秉公,以尽勿欺之道。闻得外省有文官已申文书,而武员恐其干碍,或于中途掣回者,或勉强令其更改者。武既可以施之于文,则文亦可以施之于武,似此挟制成风,苟且迁就,何以得事之实情,除事之弊窦?况目前虽草率结局,而嫌隙自此而生,文武不和,实始于此。著督抚、提镇通行晓谕,严加禁约。倘所属有犯此等情弊者,即据实参奏,毋得姑容。

七月甲戌

上谕内阁:《虞书》曰:"明四目,达四聪。"先儒注曰:"广四方之视听,以决天下之壅蔽也。"盖天下之患,莫大于耳目锢蔽。民情物理不能上闻,则虽有励精图治之心,而措置未必合宜,究难成一道同风之盛。是以各省督抚大臣于本章之外,有具折之例。又以督抚一人之耳目有限,各省之事岂无督抚所不及知、或督抚所不肯言者?于是又有准提镇、藩臬具折奏事之旨,即道员、武弁等亦间有之。此无非公听并观,欲周知外间之情形耳,并非以奏折代本章。凡折中所奏之事,即属可行之事也,是以奏折进呈时,朕见其确然可行者,即批发该部施行;若介在疑似之间,则交与廷臣查议。亦有督抚所奏,而批令具本者;亦有藩臬等所奏,而批令转详督抚者;亦有听其言虽是,而不能必其奉行之无弊,则批令实心勉励,还朕一"是"字者。凡为督抚者奉到朱批之后,若欲见诸施行,自应另行具本,或咨部定夺;为藩臬者则应详明督抚,俟督抚具题,或咨部之后,而后见诸施行。若但以曾经折奏,遂藉口已经得旨而毅然行之,则凡钱粮之开销、官员之举劾,以及苗疆之军务、地方之工程,诸如此类,督抚皆得侵六部之权,藩臬皆得掣督抚之肘矣。行之日久,滋弊必多,为害甚巨,不可不防其渐也。

且各省文武官员之奏折,一日之间尝至二三十件,或多至五六十件,皆朕亲自览阅批发,从无留滞,无一人赞襄于左右。不但宫中无档案可查，亦并无专司其事之人。如部中之有司员、笔帖式、书吏多人，掌管册籍，翻阅规条，稽查原委也。朕不过据一时之见，随到随批，大抵其中教诲之旨居多。今于教诲之处，则未见敬谨遵奉，而于未曾允行之事件，则以"曾奏过"三字含糊藉口，以图自便，有是理乎？况朕曾降旨，凡折中批谕之处，不准引入本章，以开挟制部臣之渐，则奏折之不可据为定案，又何待言乎？著将此晓谕各省奏折诸臣知之，若督抚、提镇等以此愚弄属员，擅作威福，准属员据实揭报，或该部、或都察院即行奏闻。若属员等以此挟制上司，肆志妄行，著该督抚、提镇等即据实参奏。

十一月乙亥

上谕户部：向来各处落地税银，大半为地方官吏侵渔入己。是以定例报出税银四百两者，准其加一级；后因查报渐多，吏部定议报出税银八百两者，准其加一级，多者以此计算。年来地方官员皆知守法奉公，凡有税课皆随收随报，不敢侵隐。其报出之数，每倍于旧额，只恐将来不无冀幸功名之人希图优叙，以致恣意苛索，扰累小民。且落地税银，非正项钱粮有一定之数者可比，侵蚀隐匿者，固当加以处分；而争多斗胜者，不但不当议叙，亦当与以处分。其如何定议，并如何议叙加级、处分之处，著吏部、户部悉心妥议具奏。

雍正九年辛亥二月乙卯

上谕大学士等：陕、甘二省，年来办理军需，虽皆动用正项钱粮，民间无丝毫之费；然输挽粮运，伺候差徭，不无劳苦，朕已降谕旨，加恩奖勉。但必得地方大吏仰体朕心，凡料理军务，固不可任其延缓，而过于迫急，未免扰民；查核钱粮，固不可听其浮销，而过于苛刻，必致剥民。督抚等大员严紧一分，则州县官必于百姓加紧一倍;如能宽容一分,则小民必得一分之惠。武格、马尔泰二人急公之心皆切,但恐诸事过于苛迫,可将朕旨传谕,凡承办州县,或于原额之外迟缓无多,而其人之才有可用者,不妨姑示宽容,其开销物料脚运之费,亦必斟酌时价,不可刻意核减。但此旨不可宣露于人,恐有不肖之州县,借此迁延浮冒,其渐不可长也。

雍正十一年癸丑正月丁亥

上谕内阁:川省为产米之乡,历来听商贾贩运,从长江至楚,以济邻省之用。雍正九年,巡抚宪德以川省米价稍昂,又复碾办军糈,奏请暂禁商贩,此不过一时权宜之计。至雍正十年,川省收成丰稔,米价平减,宪德即当奏请开禁,乃至今照前禁遏,以致米谷不能流通,楚省不得川米之益,甚非大臣公平办事之道。况目今江浙有需米之州县,望济于楚省,而该抚不令川米赴楚,则邻省何所资藉?著即传谕宪德速弛米禁,毋蹈遏籴之戒。

六月丙寅

上谕内阁:从前,云、贵、广西等处不法土司,除首恶惩治外,其余人等则令安插内地,给以房屋地亩,俾得存养,不致失所。闻该省督抚等不即留心经理,迟至一二年后,始拨给房地以为养赡;而地亩又相隔遥远,土司不能亲自耕作,惟赖该县知县代征粮谷,卖银移交,每年非被佃户侵收,即被胥吏中饱,有名无实,以致各土司饥饿困顿,竟有私自逃匿者,重负朕体恤生全之至意。著通行晓谕,有安插土司之地方,令该督抚悉心稽查,若有从前办理不善之处,即行更改,并饬有司等不时体察,务令安全,以受国家豢养之泽。倘仍疏忽从事,必严加议处。

庚午

上谕内阁：京师至江南数千余里，行旅络绎。朕于雍正七年特遣大臣官员前往，督率地方官成梁除道，不惜帑金，功成迅速。又令道旁种树，以为行人憩息之所；复降旨交与该地方官，随时留心保护。近闻官吏怠忽，日渐废弛，低洼之地每多积水，桥梁亦渐坼陷，车辆难行；道旁所种柳树残缺未补，且有附近兵民斫伐为薪者，此皆有司漫不经心，而大吏不稽查、训诫之故也。著传谕该督抚等转饬有司，仍前整理，或遇雨水泥潦，随损随修，不得迟缓；其应行补种柳树之处，按时补种。并令文武官弁禁约兵民，毋许任意戕害；倘有不遵，将官弁题参议处，兵民从重治罪。

七月己丑

上谕户部：在狱囚犯，旧例俱给口粮，只因各省额设之项，有无多寡不同，有司奉行不一，即间有州县官自行捐助，亦不可以为常。著通行各省督抚、藩臬，悉心详查，若府州县额设之项，岁有余粮，则当分给于不足之府州县；若本地原无额设之项，或额数不敷，应即公同酌量，动支存公银两，核实散给，令监犯日食有资，不至饥馁。倘有刑书禁卒克扣等弊，一经发觉，将该管官员一并议处。

八月癸酉

上谕内阁：朕闻直省督抚、藩臬衙门，俱有本房、稿房、掌案、书办，一切官弁升降、刑名钱谷之事，皆伊等查例呈稿，缮写承发。督抚、藩臬不过从中斟酌，照稿签行，以致伊等把持操纵，弊端种种。直省皆然，惟湖南更甚。近来督抚、藩臬衙门书吏，虽经一体关防封锁，然往往巧通关节，复将子弟戚友招揽传递，事未入则已有照应，事未出则已有声闻。属吏藉以钻营，伊等饱其溪壑。在督抚、藩臬等受国家重寄，未有明知故纵之理，但相沿日久，习焉不知，遂易为伊等之所朦蔽。所当留心体察，因地制宜，防范周详，稽查严密，务使弊绝风清，始于地方有益。从来任用书吏，不过藉其谙练成例；若果得老成明白之幕客，诸事娴熟，可资商酌，不使书吏得操其权，自无可作之弊。

至于书吏积弊，朕已深知，但念伊等素习科条，兼晓文义，非冥顽愚蠢者可比。若督抚、藩臬等动之以情理，惕之以利害；指其既往之愆，予以自新之路，在今日之勤慎小心，固可享安宁之福；即异日之役满考用，亦可邀上进之阶。伊等自知舞文作弊必累身家，畏法奉公自收厚报，谅未有不革面革心、改途易辙者。著督抚、藩臬等，将朕谕旨遍行训饬，严切提撕。倘自此以后，仍复怙恶不悛，或遇本官庸愚，为其障蔽，经朕访闻，定行查拿，于各该处即行正法，决不姑贷。

雍正十二年甲寅四月甲子

上谕内阁：各省府厅州县，俱有地方民社刑名钱谷之责，不应无故赴省谒见上司，擅离职守，是以律例定有处分，朕复屡加训饬，通行禁约。闻近年以来，此习尚未尽除，良由庸陋属员以奔竞趋承为务，往往借称公事，逗留省会，冀博上宪之欢心。而无识之督抚，亦或习而不察，不知已蹈旷官之咎矣。地方事务有应调取属员赴省办理者，该督抚自有酌量；若本官任内之事，必应面见督抚口禀者，本不常有；其他或用文书禀帖皆可通达事情，候批指示。何必远离职守，仆仆道途，以致公事废弛、词讼淹滞？至于贺节祝寿，尤属有损无益之虚文，若该督抚以此相尚，俾属员等争先恐后，则其人之识见可知，又何能胜督抚之任耶？著再行晓谕，倘有仍蹈前辙者，经朕访闻，将属官、上司一并严加议处。

癸酉

上谕内阁:五城司坊等官,各有管辖之地,越界拿人,固不免滋扰。然路遇斗殴酗酒、拐骗吓诈之徒,若因地非管辖,遂置而不问,以致逃遁无踪,亦非稽查整饬之道。似应不论何地,皆准其拘执,移送该城司坊官,听详该御史审讯发落。至暧昧隐僻不法等事,虽访问的确,犹非刻不可缓,则准其密详该城御史查拿,并密详本城御史存案。如此庶无推诿,亦不致搀越。应如何定例饬行之处,著九卿议奏。

九月辛丑

上谕内阁:各省盐政关系国计民生,所当加意整理;而两淮盐务之积弊,更在他省之上,此中外所共知者。大约盐法之行,必以缉私为首务,两淮行盐地方,江西、河南有浙私、芦私之侵越,而湖广之川私、粤私为害更甚。现今,虽于各处隘口设立巡官、巡役,而地方文武官弁不肯实力奉行,一任兵役人等避难趋易,罔利营私,以致立法虽严,而邻私之肆行如故。即在江南督臣,亦不过责成所属地方,至咨会邻省,即未必有呼辄应,此私贩之所以难禁也。年来朕留心访闻甚确,用是特颁此旨,晓谕湖广等省督抚等,务矢公心,视邻省之事为己事。严饬文武官弁,同心协力,家喻户晓,使川、粤、浙、芦之私盐,不敢越界横行,则两淮积引易销,于国计民生均有裨益。

十月乙酉

上谕大学士等:朕思欲小民各得其所,亦非必不可得之事。如内外大小各官,果皆知为臣不易之道,实心实力,教养斯民,虽不能风移俗易,亦可使之安居乐业。若以小民犯法,谓伊自作自受，与己毫无干涉，是视斯民之痛痒，漠不关心矣。夫州县不特民之父母，亦民之师长也，须刻刻提撕教诲，不啻训课蒙童，与之讲解，自然渐渐明晓。常见有谆谆与一人言，而旁听者竟能领会，故知教导之法，贵优游渐渍，非偶然宣讲上谕，便可谓教民也。即如招册内案件，俱系为上者不能教养所致。而不肖有司，尚敢营私坏法，纳贿徇情，朕不知伊等实具何等肺肠？天下上智之人，不教而善者，不可多得，下愚不移者亦少，惟中材之人最多，全赖有司善为训迪。见良善者扶持之，凶暴者惩治之，使百姓晓然，于良善之必获福，而凶暴之必取祸，则谁不勉为良善之徒乎？

雍正十三年乙卯三月戊子

上谕江南总督赵宏恩：编立保甲，先应审度地方之可行与否，有司才力之能行与否，毋得一味严急，勉强从事。倘地方或不相宜，才力或有不逮，反滋纷扰，毫无裨益。前代论治术者，动称“社仓、保甲”二事，然必须俯顺舆情，徐徐劝导，相机酌宜而为之，方能奏效；非如赌博、宰牛、私铸、盗匪等项，但当绳之以法者之可比也。且立法之初，严似胜宽，而不知过严之弊，害亦随之。盖宽徐则奸宄暂时潜迹，而善良却不致株连；严急则奸宄固无所容身，而善良亦不免扰累矣。总之，为政以得人为要，用得其人，自能因地制宜，顺时敷教；若不得人，纵奇策神术，徒美听闻耳，于事何济？

四月甲辰

上谕内阁：县令为亲民之官，关系民生休戚，最为切近。是以自古帝王慎重司牧之选，以端化民成俗之原。朕亦屡降谕旨，若果县令皆能得人，各治其邑，各子其民，竟可使闾阎之中无一夫之失所，此非夸大之论也。凡选用知县者，类多举人、进士出身之人,其中才具可观、克称厥职者固多,而年老迂疏、不谙吏治者亦复不少。朕念其攻苦寒窗,幸登科目,不忍遽令放废,于是定以改教之例,俾得邀一命之荣,且居师儒秉铎之席,此朕随材器使、委曲成全之至意也。况改补教职之后,若果课士有方,通晓吏治,仍可膺卓异荐举,以为上进之路。此又在本人之自勉,并未限以教职终其身也。

每见候选各员,有年老才庸不称县令之任,而苦不自量,仍欲勉强谒选。其意盖以县令为荣,希图侥幸。且以到任之后,不能办事,仍可改补教职,无碍于功名,故为苟且姑试之计。殊不思邑宰之职,民社攸关,以不能胜任之人冒昧铨选,及到任之后,试看一年半载,再请改教,其间辗转更换,时日已多,事务废弛之患,有必不能免者,岂非庸碌贪位之人贻之咎耶?嗣后科目出身之员,若系拣选命往者,到任后不胜县令之任,准该督抚以教职题请改补;如系月选之员,或年力衰迈,或才识庸愚,即当于未选之先,或临选之际,呈请改教。若不自度量,仍欲铨选知县,该员到任后,著该督抚留心察看,或以才力不及,或以溺职,分别题参,不得奏请改教,以遂其自便之私。如果有为人谨慎、学问优通者,著该督抚将应否改教之处,具本声明,送部引见请旨。

丁巳

上谕内阁:广东开采一事,十数年来,内外臣工奏请者甚多,朕悉未准行。上年总督鄂弥达、巡抚杨永斌奏称"开采以资鼓铸,于粤民生计大有裨益",言之再三。朕发九卿确议,旋经议覆准行。后复有数人条陈,极言其不应行。今朕再四思维,广东近年以来,年谷顺成,米价平减,盗贼渐少,地方宁谧,与从前风景迥异。今若举行开采之事,聚集多人,其中良顽不一,难以稽察管束,恐为闾阎之扰累。况本地有司,现在劝民开垦,彼谋生务本之良民，正可用力于南亩，何必为此侥幸贪得之计，以长喧嚣争竞之风？此时正在计议之初，停止甚易。著该部即行文该省督抚，令其遵谕停止。

五月癸亥

上谕内阁：据山西巡抚觉罗石麟奏称"阳曲、汾阳两县绅衿士民李杭、卞时盛等，情愿各捐银两，存贮公所，以为周恤比闾之资。臣现在与各该地方官，公同酌议，或置田地，或为营运，因地制宜，以垂永久"等语。夫所为乐善好施、扶危济困者，大抵于水旱饥馑之岁，散财发粟，赈救穷黎；又或于平常无事之时，造义仓以储米谷，修桥路以便行人；或置敦宗赡族之田，或立养老育婴之所。凡此善事多端，必须出自本人之诚心，而又亲身经理，谊同休戚，始可以惠乡闾而收实效。今石麟奏称，阳曲、汾阳两县绅衿士民，愿捐银两存贮公所。其作何措置之道，俟与地方官公同酌议，是该处并无现在应办之事，此乃另开捐纳之条也。若遇无才之有司，经理不善，必致为胥吏之所中饱，土棍之所侵蚀，而不能裨益于贫乏之乡人。此人人能料及者，而石麟如此办理，是何意见？阳曲、汾阳绅衿士民等既已捐助，其乐善好施之念可嘉。著将石麟奏折，及开报名单，交部分别议叙。并令石麟将各姓所捐之银，妥商位置，务令地方得受实益，勿致虚糜。向后若有无故捐银交官者，与朕原旨不符，俱著停止。

卷八

敬天

雍正元年癸卯五月甲申

上谕礼部：近日，天时颇旱，皇考先年屡降谕旨，云："大丧之后，必有旱年。"太皇太后、世祖章皇帝、皇太后、皇后之事，俱曾经过。朕当此之际，尝恐惧于怀而未置也。三月十二日，雨虽沾足，朕曾两三次以儆惕之意，晓谕众人。三月以来，多风不雨，遂觉旱干。再直隶、山东、山西、河南地方，连年雨水不调，田禾歉收，朕虽遣大臣官员赈救，当此旱时，民必皇皇，朕心甚以为虑。朕在宫中，久已尽心虔诚祈祷，尔部亦虔诚祈祷，诸大臣各敬谨斋戒。

十月辛酉

上谕直隶巡抚李维钧：冬令之雪，消蝗润麦，洵称瑞应。我君臣惟互相勖勉，以恭迓天庥，不因瑞雪及时，遂尔逸豫怠忽，则一诚上格，自必永承彼苍之垂佑耳。

雍正二年甲辰八月甲申

上谕江浙督抚等：朕思天地之间，惟此五行之理，人得之以生全，物得之以长养。而主宰五行者，不外夫阴阳。阴阳者，即鬼神之谓也。孔子言："鬼神之德，体物而不可遗。"岂神道设教哉？

盖以鬼神之事，即天地之理，不可以偶忽也。凡小而丘陵，大而川岳，莫不有神焉主之，故皆当敬信而尊事。况海为四渎之归宿乎？使以为不足敬，则尧舜之君，何以望秩于山川；文武之君，何以怀柔百神及河乔岳？今愚民昧于此理，往往信淫祀而不信神明，傲慢亵渎，致干天谴。夫善人多而不善人少，则天降之福，即稍有不善者，亦蒙其庇；不善人多而善人少，则天降之罚，虽善者亦被其殃。

近者江南奏报，上海、崇明诸处，海水泛溢；浙江又奏报，海宁、海盐、平湖、会稽等处，海水冲决堤防，致伤田禾。朕痛切民隐，忧心孔殷。水患虽关乎天数，或亦由近海居民平日享安澜之福，绝不念神明庇护之力，傲慢亵渎者有之。夫敬神固理所当然，而趋福避祸之道即在乎此。能敬则谓之顺天，不敬则谓之亵天。亵天之人，顾可望绥宁之福乎？《诗》曰"敬天之怒，无敢戏豫"；又曰"畏天之威，于时保之"。朕固当朝乾夕惕，不遑宁处，以敬承天意。亦愿百姓共凛此言，内尽其心，外尽其礼，敬神如在，以至诚昭事，而不徒尚乎虚文。人意即神意，一念之感格自足以致休祥，岂独一乡一家之被其泽哉！若百姓果能人人心存敬畏，必获永庆安澜。著该督抚将此谕旨令地方官家喻户晓，俾沿海居民一体知悉。

雍正三年乙巳四月戊寅

上谕大学士等：天人相感之理，至微而实至显，凡人果实尽诚敬，自能上格天心。人君受天眷命，日监在兹，其感通为尤捷。朕自临御以来，敬天之心，夙夜警惕，凡水旱灾祲，皆上天谴责朕躬，特示警戒，内省身心之过愆，外考政治之阙失，务期黾勉，以回天意。用是上承帝鉴，有求辄应。如今年三月十六日，览署山西巡抚伊都立奏折，知平阳地方三春少雨，朕怀甚为忧虑，祗告神明，斋心虔祷。续据伊都立奏报，于十八、十九、二十等日得雨沾足。三月二十九日，览河南巡抚田文镜奏折，知开封一带地方亢旱，朕于四月初一日祷于神明，竭诚致敬，刻不敢懈。昨田文镜奏报，初三日，开封四境果得时雨。可见天人感通之理，捷于影响，益觉可畏可惧，而不敢纤毫疏忽也。

但恐督抚大吏。于地方水旱之事，不速行奏闻，则朕无从省戒，以挽天心，致使旱涝成灾，闾阎受困，此则地方大吏隐蔽之咎也。嗣后督抚等，于地方偶有水旱之事，即据实速奏，庶朕可及时修省。尔督抚等亦宜省咎思过，勤求民隐，勿徒为祝祷之虚文，以饰愚氓之观听。朕此旨并非自谓精诚昭格，欲以夸示于众，盖实有见于天人之际感应不爽、呼吸可通。有善，天既降福；则有过，天亦必降罚。惟有兢兢业业，时存戒惧，尽人事以仰邀天鉴，愿日与诸臣交为勉勖而已。

七月丙午

上谕大学士等：旧岁，直隶总督李维钧奏称“畿辅地方每有蝗蝻之害，土人虔祷于刘猛将军之庙，则蝗不为灾”。朕念切恫瘝，凡事之有益于民生者，皆欲推广行之。且御灾捍患之神，载在祀典，即《大田》之诗亦云：“去其螟螣，及其蟊贼，无害我田稺。田祖有神，秉畀炎火。”是蝗蝻之害，古人亦未尝不藉神力驱除也。今两江总督查弼纳奏称，江南地方有为刘猛将军立庙之处，则无蝗蝻之害，其未曾立庙之处，则不能无蝗，此乃查弼纳偏狭之见，疑朕专恃祝祷为消弭灾祲之方也，其他督抚亦多有奏称设法祈雨祷晴者。

夫天人之理，感应不爽，凡水旱、蝗蝻之灾，或朝廷有失政，则天示此以警之；或一方之大吏不能公正宣猷，或郡县守令不能循良敷化，又或一郡一邑之中风俗浇漓、人心险伪，以致阴阳沴戾、灾祲洊臻……所谓人事失于下，则天道变于上也。故朕一闻各直省雨旸愆期，必深自修省，思改缺失，朝夕乾惕，冀回天意。尔等封疆大吏暨司牧之官，以及居民人等，亦当恐惧修省，交相劝勉。夫人事既尽，自然感召天和，灾祲可消，丰穰可致，此桑林之祷所以捷于影响也。盖惟以恐惧修省、诚敬感格为本，至于祈祷鬼神，不过借以达诚心耳。若专恃祈祷以为消弭灾祲之方，而置恐惧修省于不事，是未免浚流而舍其源、执末而遗其本矣。朕实有见于天人感应之至理，而断不惑于鬼神巫祷之俗习，故不惜反覆明晰言之，内外臣工黎庶，其共体朕意！

雍正五年丁未正月癸巳

诸王大臣等以黄河澄清奏请受贺。

上谕曰：朕思上天之锡福降灾，即如人君之赏罚也。若上天嘉佑，示以休征，而承之者骄矜纵肆，怠惰前修，则将转福为灾矣；若上天谴责，示以咎征，而承之者戒慎恐惧，省改前愆，则将化灾为福矣。天人感应，捷于影响，视其人之自取。而天心仁爱，雷霆雨露，均属成就之恩，一如君臣上下之间，用赏用罚，无非曲成之，使其迁善改过也。朕事皇考四十余年，凡遇圣谕训责，嘉奖恩宠，此心皆以恐惧儆惕处之，一念愚诚，深蒙皇考垂鉴。御极以后，事天之心，即当日事皇考之心也。乃数年之中，休征叠见，难以悉数，稽诸史册，咸称福庆。而朕受宠若惊，不以为喜，实以为惧，盖恐前此之受贶无因，而后此不能仰副也。惟有君臣益加勉励，一德一心，恭承天眷。

昔皇考临御初年，偶有一二灾祲之事，此特兆三逆之变乱，由于气数使然。而皇考朝乾夕惕，诚敬交孚，是以感格上苍，锡以多福，四海宁谧，历数绵长，此天道彰明较著者也。朕即位以来，敷政宣猷，岂足当上天嘉贶？惟有孝敬思慕皇考之心实为诚切，或者仰邀皇考昭察，代吁昊天，默祈福祐，从前叠赐嘉祥，今又有河清之瑞，盖许其已往而勉其将来也。朕祗承之下，益深敬畏，黾勉不遑，若允行庆贺，则沿袭颂美之虚文，大非朕戒儆之素志。既蒙皇考锡以希有之瑞，应告祭景陵，申朕感激惶悚之诚。至于上年朱家口河水溃决，朕敕谕河臣悉心修筑，今于十二月十三日决口合龙，越三日即有河清之应，具见河神福国佑民，功用显著，宜崇祀典，以答神庥。该部察例具奏，至所请升殿受贺不必行。

丁酉

上谕诸王大臣等：朕每逢祭祀，天气必和蔼。去年冬至祭天，蒙降瑞雪；今日祭太庙，又有微雪，可为丰稔之兆，此皆天心默佑朕躬，故于祭祀之日示以休征，朕心不胜忻慰。然天庥滋至，人事益不可怠，朕又不胜兢惕也。尔诸臣其共勉之！

雍正六年戊申十一月癸丑

上谕大学士、九卿等：朕恭阅《太祖高皇帝实录》内，圣训昭垂，惟时以敬天为要务，谆谆诰诫，念兹在兹。迩来又览《明太祖本纪》，所载当时训谕之词，亦皆原本敬天之意。是知天道昭明，鉴观有赫，与人事感孚，捷于影响。自古迄今，神灵首出之君，必皆以钦崇时宪，为盛德大业所由成，承烈显谟所由极。此明太祖之开创规模，与我太祖高皇帝，后先同揆，良有以也。

夫天覆冒万物，至高至远，而其实上际下蟠，惟一理为充周。人心之中，禀赋自天，其大公至正之理，即天之所以为天也。朕临御万几，日深乾惕，只求事事上合天心。至在廷诸大臣，佐朕为理，有赞襄辅翼之责，一言一动皆在上苍降鉴之中，亦当无时无事而不敬畏，岂可蔽于一己之私，不知旦明陟降之理乎！兹朕特以素所躬行实践者，广勖诸臣；诸臣当每日于所欲言欲行之事，一一揆度理义,惕然内省,必可以上对天地、下自对其祖祢而无愧无怍者,然后举而行之,则以自知之明,为自省之功,时刻纠处,庶无衺越。

盖事之纯乎天理者,即以讨罚刑威加之于人,而其实乃所以为善;事之违乎天理者,即以庆赏赐予加之于人,而其实乃所以为不善。故凡违道干誉,煦煦为仁,自谓不愧于天者,乃悖天之尤者也,可不慎乎!又若刑名之官,职司邦宪,为天下生命所关,操生杀出入之大柄,尤不可不知天道之精微,凡议重议轻,皆宜准之国法,推之人情,无枉无滥,协于咸中,乃可以为敬天、畏天之实也。故非特徇私利己之念,毫不可萌,即揣摩朕意,妄为迎合,亦万万不可。夫人命至重,自古帝王所最慎。在朕之权衡成谳、斟酌详审,原无成见于胸中。诸臣有一毫迎合之见,则私意障蔽,天理无自而彰,势必宜宽而或严,宜严而或宽。既不能殚对越之诚,又安能适合朕意之所在乎?尔诸臣果能以循理为矜恤,以执法为常经,宽猛咸宜,至公至当,则天理之所昭垂,即必为朕心之所孚合。是揣摩迎合之私,原可以不事也。朕念一德一心、明良交泰之道,无有大于事天者,是以不惮谆详缕晰而著明之,尔诸臣其敬听无忽!

雍正七年己酉三月戊午

上谕内阁:尝思岁时雨旸之各地不同者,其故或由于朝廷政事有所缺失,或地方官吏乖其职守,或民间习俗浇漓、人心伪薄,皆足上干天和,致成灾祲,此理数之必然,纤毫不爽者。数年以来,朕已谕之详矣。上年直隶通省地方,收成丰稔,惟宣化、怀来、保安三州县独愆雨泽,朕心即疑地方官民,恐有招致之由。秋间,口北道王棠来京,朕令进见,曾经谕及。今据王棠折奏“宣化、怀来、保安等处,去年夏秋亢旱,今春他处皆得瑞雪,而此地独少。

二月间，臣因公出境，勘得鸡鸣驿、新保安之间，有古惠民渠一道，灌田数百余顷，旗民互讼，历三十余年未曾结案。臣详勘渠道，先剖曲直，继将上年所奉上谕再四宣布，劝使回心。一时旗民人等顶颂皇仁，即时感悟，分渠共溉，永息争端。果于三月初一、二等日，连降瑞雪，平地尺余，春耕有赖，万民称庆”等语，王棠此奏不过敷陈其事，而实乃天人感应之至理。

盖人之所以为心，即天之所以为心。倘一方之中彼此猜嫌，构争起讼，人怀不平之气，斯天地之气亦湮塞于一方，不能和畅宽舒，有不雨旸失序者乎！古圣有言：“万方有罪，罪在朕躬；朕躬有罪，无以万方。”今朕此言，非为人君宽解，而推卸其责于臣民也。君民上下，原为一体，尝见直省督抚官员等，每遇年岁丰登，辄曰“此皇上之洪福”，此语朕从不受。朕无自私之福，以天下人之福为福。若吏治澄清，民风醇厚，以致时和年丰，天下人各受其福，即朕之福也；若官吏坏法营私，黎庶嚣凌成习，以致召为灾异，此皆用人不得其当，化导未尽其方，天下不能共受其福，即朕之歉于福也。人君原无可诿之责，而臣民自有各尽之道。朕以实心实政，乾惕于上；天下臣民果能黾勉修省，同归于善，以感召于下，则太和之气流行于宇宙间，灾沴何自而生，雨雪应时而降，人歌乐利，百室盈宁，以同受上天之慈惠，岂不美欤？著各省督抚通行所属，咸使闻知。

七月壬申

诸王大臣等奏贺滇省庆云。

上谕曰：朕思云霞之气，时结时散。今庆云屡见于滇南地方，自因该省大臣、官弁、兵民，有感格上天之处，始蒙锡此嘉征，以示恩奖。但天象之灾祥，由于人心之敬肆，捷于影响，呼吸可通。朕每承天贶，益深虔惕，夙夜靡宁。惟冀滇省官民，愈加黾勉，始终一致，以仰答上天垂象之鸿恩。

九月丙戌

上谕内阁：上年直隶通省收成丰稔，惟宣化府属之宣化、怀来、保安三处交界之地，广约四十里，长约百里，独愆雨泽，颇觉亢旱。今据直隶巡农御史舒喜奏称："京畿一百四十州县，筑场纳稼，百谷咸登，各府州县之收成，册报八分、九分、十分不等。老幼得所，共庆有秋。惟宣化府属宣化、西宁、蔚县三处，今年六七月间，有冰雹之伤，禾稼稍损。"朕思天人感应之理，纤毫不爽。连年以来，直隶通省雨泽应时，西成丰稔，而宣化府属之数州县地方，两年之内，有亢旱、冰雹之灾，此必地方官民政治有缺，风俗不淳，是以上天显示儆戒，欲其警醒悔悟，翻然悛改于将来也。官斯土者，宜敬谨修省，以免过愆。著遍行晓谕劝导，令所属百姓消亢戾浇漓之风，敦和睦忠厚之行，共为良善，以迓天庥。而此数州县之绅衿士庶，尤当深感上天垂象示儆之恩，各扪心自问，若有几微匪僻乖戾之念，即猛加省改，并交相劝勉，俾比闾族党兴仁讲义，共成亲逊良善之俗，则以和召和，雨旸时若之应，天必锡之以福矣。

十一月癸酉

上谕满汉文武大臣等：今日冬至，祀天于圜丘，天气晴明，和蔼迥异平时。朕御极以来，时时默祷，凡遇坛庙祭祀，典礼所关，皆求上天赐以晴和天气；而斋戒之日，朕必虔诚敬谨，以为昭格之本，不敢丝毫怠忽。乃数年之中，蒙上天鉴察朕心，每逢祭祀典礼，或先期风雨，或过后阴寒，而本日行礼之时，必晴霁暄和，此万耳万目所观瞻，历历不爽者。

天道至公，惟佑善人。一念善，天锡之福；一念不善，天降之灾。且天道至近,时刻照临于前后左右。帝王有帝王之天,臣工有臣工之天,即匹夫、匹妇亦有匹夫、匹妇之天,举首即是,动念即是,不以贵贱殊,亦无须臾离也。善恶之报,全视乎其人之自取,即如播种者,种稷生稷,种黍生黍;又如击器者,击金则为金声,击石则为石声,此一定之理,无可疑者。然其善恶之分,又必视乎其心之公私。所谓私者,不但徇情枉法、婪赃受贿,然后谓之私;有沽名邀誉之念,亦是私;有计较利害之念,亦是私;有迎合君上之念,亦是私……必将毁誉得失全不计及,只一念顺理而行,以俟天命,此乃所谓诚也。然必敬而后能诚,古之圣贤以主敬为本。惟其主敬,是以念兹在兹,不愧屋漏,无惭衾影,处处可以对天,则不善之念何自而萌乎?既无不善之念,则是一身之中、方寸之内,有获福之基,无招祸之理,焉有不荷神明之默佑而顺适畅遂者乎?尔诸臣试遵朕言而行,自然觉悟,自有效验也。

总之,为君为臣之道,只有敬天、勤民二端,而用人行政,即在敬天、勤民之内。尔等每当颁禄受赏之际,咸感激朕恩。不知朕之所以自奉,与逮及大小臣工者,皆百姓之脂膏也。君若臣共受百姓之奉养,而于教民养民之道,漠不关心,听其失所,清夜扪心,何以自安?尚云可以对天地而无惭乎?吾君臣当共勉之。

十二月辛酉

上谕内阁:朕御极以来,七年之中,未遇日食之异。今据钦天监奏称:庚戌年六月初一日,日食九分二十二秒。朕心深为畏惧,想由朕之政事有缺,用人敷治之间,未为允当;或内外臣工不能敬谨奉职,民情尚未舒畅,以致上干天和,垂象示儆。朕寤寐之中,时刻修省;内外臣工等,各宜悚惕,恪尽厥职,共相勉勖,以凛天戒。但期各矢诚心,不必以空言回奏。

雍正八年庚戌六月丁卯

上谕内阁:江宁织造郎中隋赫德具折奏称“本年六月初一日,日食之期,江宁地方先期阴雨,至午后则天色晴明,万物共见,日光无亏,地方咸以为瑞,特行奏贺”等语。朕彼时即批谕,切责隋赫德:“此并非尔职掌应奏之事,且以识见庸鄙之人而轻言天象,尤属诞妄。”又山西巡抚觉罗石麟奏称“太原等处浓云密雨,日食不见”,朕亦降旨切加申饬矣。从来天象之灾祥,由于人事之得失。若上天嘉佑而示以休征,盖欲人之知所黾勉,永保令善于勿替也;若上天谴责而示以咎征,盖欲人之知所恐惧,痛加修省于将来也。

凡为人者,受天嘉佑,而或骄矜纵肆,怠惰前修,则将转福为灾矣;受天谴责,而或戒慎悚惕,省改前愆,则将化灾为福矣,此天人感应、呼吸相通之理,朕所日日训示天下臣民者。况天之锡福降灾,即如人君之赏罚也。凡为臣者,受赏一次,则终身当有奋勉感激之心;受罚一次,则终身当有儆惕抱愧之意,安有过后即淡漠置之,俟再有赏罚之时而复知感惧者乎?雍正八年六月初一日之日食,乃上天垂象以示儆,所当永远敬畏,勿忘兢业之心,讵可以偶尔观瞻之不显,而遂夸张以称贺乎?山西地方偶值阴雨,不可以概天下,至隋赫德所称江南日光不见亏缺,朕推求其故,盖日光外向,过午之后,已是渐次复圆之时,所亏止二三分,是以不显亏缺之象。

昔年,遇日食四五分之时,日光照耀,难以仰视,皇考亲率朕同诸兄弟,在乾清宫用千里镜,四周用夹纸遮蔽日光,然后看出考验所亏分数,此朕身经试验者。若果亏蚀不及分数,则系钦天监推算之误,又岂可因此而怠忽天戒,稍存纵肆之心乎?

康熙三十六年二月初一日日食,是时我皇考降旨:“日食虽人可预算，然自古帝王皆因此而戒惧，盖所以敬天变、修人事也，若庸主则诿诸气数矣。去年水潦地震，今又日食，意必阴盛所致，岂可谓无与人事乎？可谕九卿，如有人事应修改者，悉行奏闻。”皇考敬天之心诚切如此，是以上天眷佑，本年即成荡平噶尔丹之大功，边方宁谧，中外欢腾，此即转灾为福之明征也。又康熙五十八年正月初一日日食，皇考在宫敬谨斋肃，特命朕同诸皇子赴礼部衙门虔诚礼拜，是日阴云微雪，未曾显见。皇考谕廷臣曰：“京师虽未曾见，别省无云之处必有见者。况日值三始，人事不可不谨，或有缺失之处，诸臣应商酌确议。”此皆我皇考之垂训子孙、臣民者。今见外省臣工中，有因今年日食不显而生欣喜之心为庆贺之奏者，甚属非理，大违朕心，特谆切宣谕，俾中外臣民共知之。

八月己酉

甘肃巡抚许容疏报：积石关至撒喇城查汉达斯等处，黄河澄清。

上谕内阁：朕从来不言祥瑞，年来各省奏报庆云、醴泉、凤凰、芝草之属，悉皆屏却，惟务君臣士庶，修德行义，以承天眷，屡颁谕旨详矣。今年春，降旨于河州口外地方，恭建庙宇，以答河神福国佑民之赐；而彼地河流，即昭上瑞，显著休征，益见天人感应之理，捷如影响。若求之不以其道，或以己事，或出私心，则不但不能感通，且上干明神之怒。惟以公心为昭事之本，必蒙上天垂鉴而默佑之，其益加勉勖，夙夜敬谨，以受天恩！

甲　寅

诸王、满汉文武大臣等，以河州地方黄河澄清，合词奏贺，并请宣付史馆，垂示永久。

上谕曰：朕从来不言祥瑞，谅王大臣等久已深知朕心。朕之祇事上帝神明，惟以公诚一念为昭格之本，果蒙上天垂鉴，频年显示嘉祥。观公诚之感通，神捷如此，则怀不公不诚之心者，岂能逃于上天之谴责乎？朕心不但不敢矜夸，且因此倍加乾惕，更愿天下臣工、士庶各矢公诚之念，以受上天之恩。著照王大臣等所请，宣付史馆，俾世世子孙、臣民恪遵朕训，以绵福泽。

九月庚寅

上谕内阁：今年八月十九日地动，朕恐惧修省，以凛天戒。并将夏秋以来，朕躬静摄，不能勤敬如前，以致上干天和，引过自责，晓谕天下。今经一月矣，地气尚未全宁，又值两次阴雨，朕轸念露处之民，恫瘝乃身，未尝不愿与之共此苦也。惟是天地之灾祥，皆由于人心之感召。朱子曰："吾之心正，而天地之心亦正；吾之气顺，而万物之气亦顺。"然则，天地之心安有不正者？其或有不正，乃从人心之所感，天地岂有降灾于人之理也？《尚书》曰："作善，降之百祥；作不善，降之百殃。"善恶之报，如影随形，是人人有感格天地锡福、降殃之理。遇灾而惧，上下贵贱当同此心，乃显而易见之理也。

当地动之日，朕偶先登舟，是以并未受惊；即既动之后，城内宫中及圆明园宫眷子孙长幼，内外侍从数百人，悉皆安吉，岂非上天示儆之中仍赐护佑耶？今者地动之象，久而未定，虽当日曾经皇考训谕曰"大动之后，必有微动"，康熙十八年地动，至一月有余；又曾见书籍记载，明成化时地动至二十三日，是地动经月之久，亦向来之所有者。

然虔修人事，以转移天心，必须君臣上下各殚其诚悃。朕身居帐幕之中，寤寐悚惕，寝食靡宁者，已一月有余矣。愿尔大臣官员、士庶兵丁等，人人诚心感激上天示儆之深恩，返衷自问，思过省愆，不但恶事邪念急宜扫除，即怨尤抑郁之心亦当屏绝，则天高听卑，必垂照察，不但地土宁静，共获安居，且可永免上帝之谴责，断无再罹险厄之虞也。朕非以地动之异，诿过于臣工黎庶也，朕之生平，先责己而后责人，先自勉而后共勉，愿天下臣民共知朕心。

雍正九年辛亥六月壬寅

上谕内阁：今年仲夏以来，京师雨泽愆期，目前甚觉亢旱。朕于宫中斋心虔祷，尚未仰蒙天降甘霖，展转思维，从来上天之锡福降灾，悉由于人心之感召。《尚书》曰“作善，降之百祥；作不善，降之百殃”；古人又曰：“福之至也，人自生之；祸之至也，人自成之。”盖上天慈爱为心，断无降灾于人之理，其遭值水旱饥馑者，皆由天下人之自取，所当恐惧修省，以凛天戒。若因此而或生怨尤之心，则其获罪更大，而为无忌惮之小人矣。朕深明此理，时刻自儆，切切冀望天下臣民，共修趋吉避凶之道，以承受上天之恩，数年以来，谕之详矣。

今兹亢旱之象，或由于朝廷政事之有阙，或由于臣工职业之不修，或由于士民心术之不善……有一于此，皆足以干天和，而致祲沴。倘有无知小人，不察人事感召之故，不知上天垂象之意，狂肆冥顽，敢生怨怼，则乖戾之气自外生成，上天虽欲宽宥而不可得矣。朕兢兢戒惧，夙夜靡宁，再四推求，欲得致旱之由，急行改易；凡属臣工，均当抚躬自思，何处不能称职？何事应当获谴？一一省察而悛改之；至为士为民者，虽无治人理事之权，而举念之纯疵，居心之善恶，天高听卑，实垂照鉴，苟无自作之孽，必不遭难逭之条。总在吾君臣士庶，各自扪心，省愆思过，勿推于他人而存自恕之念，勿诿诸气数而忘儆惕之心，则和气致祥，时雨甘霖，必仰邀上天之恩赐。勉之！勉之！著将此旨通行晓谕在京官弁兵民人等，咸使知悉！其近京省分，若有缺雨之处，著一体宣示。

雍正十年壬子正月乙亥

上谕内阁：京师自冬及春，未得雨雪，畿辅地方及近京各省，虽有奏报得雪者，亦未普遍沾足。因思上年十一月十五日月食，据钦天监观候，曾引占书"燕赵旱，禾麦有伤"之语，朕心甚为忧惧，拟于正月祈谷之期，虔祷上帝，以迓天和。后因朕躬偶感风寒，医家奏请避风静摄，是以未曾躬亲祀典，此心愈加乾惕。惟兹数月以来，雨雪未降，显系上天垂象以示儆，甚可畏也。

朕虔诚修省，体察政治之缺失，以期仰格天心。大学士、九卿等各宜恪慎斋戒，至诚祈祷，尤当洗心涤虑，殚职奉公，以为敬天祈福之本。京师为四方辐辏之地，民食浩繁，更宜豫为筹画。至于该督抚等，各自敬谨修省外，所属地方雨泽之有无、播种之迟早，务期悉心访察，先事图维。倘二麦歉收，必思患预防，勿使黎民有乏食之虞，方不负朕之委任。倘有玩忽隐饰等弊，经朕访闻，必加严谴。内外大臣等，领此谕旨，务在实心奉行，不必以空言覆奏。

五月丙子

上谕内阁：《商书》曰："天作孽，犹可违；自作孽，不可逭。"此甚言自作孽之不可也。天心仁爱，必不作孽于人，凡祸福灾祥之来，皆由人事之感召，而天本无心也。即如地方之水旱灾荒，必有所自——或由于朝廷政事之缺失，或由于臣工职业之乖差，或由于有司教令之烦苛，或由于民间风俗之浇薄……有一于此，皆足以干天和而致沴戾。是以数年来，每当晴雨不时，朕必虔心修省，思过省愆，切谕大小臣工戒惧悚惕，以凛天戒。但思天下人民众多，良顽不一，或有愚昧无知，因饥馑困厄而生愁怨之心者。夫平时心术诈伪、习俗乖张，仰蒙上天垂象示儆，而又不自改悔，转相怨怼，竟忘上天降罚之由来，视为己身无辜而获谴者，背天逆理，莫此为甚。朕即修省祈祷，亦未必能代伊等解免而宽其罚也。每见一州一县之中，相隔不远，而雨泽多寡不均，收获丰歉各异，此即显而可见者。朕并非诿其责于天下臣民也，臣职之有亏，民风之不厚，皆朕之过，所望天下臣民遵朕训谕，各尽其道，以为敬天之本。偶逢旱潦，逾加悚惕，寤寐之中不敢有几微怨望不平之意，如此则和气致祥，必能转灾为福。思之！勉之！

八月己巳

上谕山东巡抚岳浚：今岁春月，东省郡邑雨泽愆期，而兖、东二府为尤甚。朕心忧虑，遣官发粟，粜赈兼施。从前嗷嗷待哺之民有所倚恃，心志安贴，豫顺之气，感召天和，遂得连沛甘霖，转荒歉而为丰稔。即目前之事观之，益知朕平日切切以天人相感之理训示天下臣民者，确乎其不爽也。民为邦本，食乃民天。凡为官者，思欲感召天和，必以畅悦民情为本，平时与百姓同其好恶，不使闾阎有抑郁之情；偶值雨旸之不均、旱潦之将兆，即据实奏闻，俾朕得早为百姓经营，以为补救挽回之策；在民则当安分循理，共敦善良，偶遇灾祲，即思招致之有由，恐惧警惕，不敢因困苦而生愁怨之心。如此上下交修，官民胥勉，将见和气致祥，灾沴不作，比户享盈宁之福矣。勉之！勉之！

雍正十二年甲寅八月戊午

上谕内阁：从来天人感应之理，捷于影响。朕自临御以来，每遇水旱灾祲，即恐惧儆畏，思政事之缺失，虔加省改，不肯诿其过于臣民。惟是上天之降灾，往往画地分疆，广狭不一——有邻省俱获丰登，而一省独遭荒歉者；亦有通省皆收，而一府一县或一乡一里独罹灾沴者，此岂上天有所厚薄于其间哉？或由彼地之文武官弁政令乖舛，或由本乡之人庶风俗浇漓，其招致之由，必非无故，不可不敬凛天威，上下各自省畏也。即如雍正六年，直隶通省地方收成丰稔，惟宣化府所属之宣化、怀来、保安三州县交界之处，广约四十里，长约百里，独愆雨泽，甚觉亢旱。是年冬月，他处皆得瑞雪，而此地独少，此必地方文武大员不能妥协，或无知愚民有干和气之所致。今年六月间，又闻宣化地方苦旱。七月杪，又有被冰雹之处，其大有如拳、如鸡子者，田禾多被损伤。朕思冰雹虽北方所时有，而宣化乡村被灾独甚，为近来所罕见，可见上天垂象，屡屡示儆于宣化者显然。若彼地官民，或视为气数之适然，而不知恐惧战栗，思过省愆，是不知敬天畏天，而为无忌惮之小人矣。其何以感召天和，享百室盈宁之庆乎？著该部将朕此旨，通行晓谕，宣属文武官员兵民，著人人各自省疚，共戴上天垂象示儆之意，以迓将来时和年丰之福。

卷九

法 祖

康熙六十一年壬寅十一月丁酉

上谕总理事务王大臣等：先因京师米价腾贵，皇考宵旰焦劳，特命朕查视各仓，彼时见仓粮充溢，露积不少，因请将应行出仓之米迅速办理，蒙旨俞允。朕今仰体皇考轸恤民生至意，务令米价渐平。著交与监督张坦麟、陈守创等，会同仓场总督，带领工部贤能司官，将仓廒确实料估，应修补者，速行修补；应添建者，于明岁春初添建。所需钱粮，动用捐贮驿站银两，其应否补项之处再议。此事并非此时应下之旨，系遵奉皇考原下之要旨，是以特谕。

是 日

上谕总理事务王大臣等：皇考念切天下兵民生计，因京师米贵，焦思极虑，当龙驭上宾之时，犹惓惓未释于怀。向来，口外米谷不准运进口内，而烧锅仍照常开设，可速令口外米谷准其进口，其开设烧锅，著行禁止。

雍正元年癸卯正月戊子

大学士等议奏纂修《圣祖仁皇帝实录》事宜。

上谕曰：皇考御极六十一年，圣谟神烈甚多。卿等督率各官，务期悉心敬纂，速辑告成，俾永垂方册，以副朕继述显扬先德之意。

四月乙丑

上谕翰林院：自古帝王临朝施政，右史记言，左史记动，盖欲使一举动、一出言之微，无不可著为法则、垂范百世也。皇考圣祖仁皇帝英年践阼，即设日讲起居注官，于词臣中择其才品优长者，以原官充补。巨典茂昭，度越前代，诚为圣帝哲王之盛事。御极六十一年，绍精一执中之统，励敬天勤民之心，文谟武烈，经纬万几，盛德日新，大业鸿显。天下臣民，仰瞻至治，不啻日月丽天，江河行地，莫不敬信悦服。记注之臣，美不胜书。皇考圣祖仁皇帝谦德弥光，圣不自圣，惟恐史官或多溢美之词，故康熙五十六年以后，裁省记注，只令翰林五员于理事时轮侍班行，凡有重务要旨，仍令内阁诸臣记而存之，意至周深也。

兹朕缵承大统，夙夜兢业，日昃不遑，思所以上继皇考功德之隆，下致四海晏安之治，顾惟凉德，深惧负荷之难。今御门听政之初，益当寅畏小心，综理庶事，咸期举措允宜，簪笔侍臣何可阙欤？当酌复旧章，于朕视朝临御、祭祀坛庙之时，令满汉讲官各二人侍班，不独记载谕旨政务，或朕有一言之过、一事之失，皆必据实书诸简策，朕用以自警，冀寡悔尤，庶几凛渊冰之怀，以致久安；慎枢机之动，以图长治。其仍复日讲起居注官，如康熙五十六年以前故事，尔衙门即遵旨行。

雍正二年甲辰二月丙午初

圣祖仁皇帝御制《上谕十六条》，颁示八旗及直省兵民人等，自纲常名教之际，以至耕桑作息之间，本末精粗，公私巨细，各举要领，垂训万世。上以各条遵行日久，虑民或怠，宜申诰诫以示提撕，乃复寻绎其义，推衍其文，共得万言，名曰《圣谕广训》，并制序文，刊刻成编，颁行天下。序文曰：

《书》曰“每岁孟春，遒人以木铎徇于路”；《记》曰“司徒修六礼以节民性，明七教以兴民德”。此皆以敦本崇实之道，为牖民觉世之模，法莫良焉，意莫厚焉！我圣祖仁皇帝久道化成，德洋恩溥，仁育万物，义正万民。六十年来，宵衣旰食，只期薄海内外，兴仁讲让，革薄从忠，共成亲逊之风，永享升平之治。故特颁《上谕十六条》，晓谕八旗及直省兵民人等。自纲常名教之际，以至于耕桑作息之间，本末精粗，公私巨细，凡民情之所习，皆睿虑之所周。视尔编氓，诚如赤子，圣有谟训，明征定保，万世守之莫能易也。

朕缵承大统，临御兆人，以圣祖之心为心，以圣祖之政为政，夙夜黾勉，率由旧章。惟恐小民尊信奉行久而或怠，用申诰诫，以示提撕，谨将《上谕十六条》寻绎其义，推衍其文，共得万言，名曰《圣谕广训》。旁征远引，往复周详，意取显明，语多直朴，无非奉先志以启后人，使群黎百姓家喻而户晓也。愿尔兵民等仰体圣祖正德厚生之至意，勿视为条教号令之虚文，共勉为谨身节用之。庶人尽除夫浮薄嚣凌之陋习，则风俗醇厚，家室和平，在朝廷德化，乐观其成。尔后嗣子孙并受其福，积善之家必有余庆，其理岂或爽哉！

雍正四年丙午九月戊戌

上御乾清宫西暖阁，召皇子、诸王、大臣等，赋诗赐宴，亲制序文，宣示诸臣曰：

朕继大统，惟朝乾夕惕，兢兢仰法皇考，期贤哲盈廷，民康物阜，永承至隆之圣治。尝思古之明良，赓歌喜起，君臣一德同心，旷代为之欣慕。今在廷臣工，协衷以资赞理，顾瞻济济，皆我皇考数十年教育栽培之所诒也，是以庶政具举，兆民乐业，朕实嘉赖焉。康熙二十一年春,圣祖于乾清宫开升平之宴,振赓扬之歌,盛称一时,美冠千古。今丙午九月,节届重阳,览百谷之斯登,忻三农之有稔;光风溢目,海宇澄清。爰集王公卿尹,用陈几筵,笑言勿禁,威仪不拘,相悦于一堂,弗限夫三爵。然《礼》著“享燕”之义,《诗》有“嘉宾”之咏,君臣于饮食燕会间,即具献纳拜飏之典也。唐虞文武之世,休风如昨,朕与诸卿宜则效之。今用柏梁体,朕为倡始,诸卿递成篇什。今日也,非徒命酒征歌,扬华摛藻,盖欲昭圣祖养育之深恩,朕廷泰交之雅会,垂之奕世,永传斯事云尔。

十月戊辰

上谕诸王大臣等:我皇考圣祖仁皇帝临御六十余年,富有四海,而躬行俭德,撙节爱养,以为保惠万民之本,此中外臣民所共知者。从来宫中服御之具,惟尚质朴无华;至于古玩器皿,皆寻常平等之属,竟无一物为人所罕见可珍奇者。此等事,朕向来且不深知,则外廷臣工又何从而知之。朕即位后,偶令内监将大内所有玩器稽查检点,并将避暑山庄等处历年陈设之物,其中可观者,皆取回宫中。看来较朕藩邸所藏,尚属不逮,益钦服我皇考之至德,即此一节,已超越前古矣。偶因闲暇忆及,实不忍令皇考盛德异日湮没而不彰,特书此以留示子孙。俾知皇考之节用爱人,戒奢崇约,不独溥鸿恩于万姓,亦且留厚福于子孙,而世世追思圣德,祇遵圣训,敬谨奉行,毋稍逾越,此又人人所当自勉者也。

十一月己亥

上谕内阁:帝王体国经邦,政治所施,惟准乎道理之至当,宽严赏罚,各得其宜,若一涉“利弊”二字,便入于私。是以《孟子》云:“仁义而已矣,何必曰利?”盖仁所以休养安全,义所以裁成化导也。朕嗣承大统,四年于兹,凡政教号令,皆遵法皇考。皇考在位六十一年,圣谟弘远,谕旨周详,纪纲法度,靡不备举。特当时臣下或有阳奉阴违,不能实力遵行者;或有事经历久,渐至废弛者,朕在藩邸时,知之甚悉。

即位以来,仰体皇考仁育义正之心,屡降明旨,谆谆诰诫,无非欲内外大小臣僚,咸恪遵皇考之良法美政,实心奉行,以共成久安长治之盛。是朕所行之政,皆皇考已行之章程;朕所申之令,皆皇考已申之宝训,实未尝有所减省增益也。特以历年既久,新进疏远之臣未能悉知,见朕所施之政令,遂以为从前所未有,而浅陋寡识之人,往往于陈奏内有“众利皆兴、诸弊俱除”之语。

朕经理天下,凡用人行政,悉本大中至正之心,事至而应,惟理所当然,从无计及利弊之私意。如谓兴利除弊,则凡平治道路、疏浚河渠、修葺城垣、开垦田亩,此国家经野之常典,而可谓之兴利乎?年岁丰歉不齐,设有水旱,为之赈饥平粜,蠲赋缓征,此朝廷轸恤之恒政,而可谓之兴利乎?老人应赐以衣食则赐之,孤独应恤以钱物则恤之;劝以孝弟,本小民自有之天良;勖以耕桑,固闾阎各尽之职业,而可谓之兴利乎?至于盗贼奸宄,法所应诛;贪官污吏,法所应黜;豪绅劣衿,法所应锄,而谓诛盗奸、黜贪污、锄豪劣为除弊可乎?情罪重者,予以刑辟;情罪轻者,予以矜释,此又谓之除弊可乎?欲正民风而端士习,不得不戒之用休、董之用威也,将以此为兴利乎?抑除弊乎?念习俗之流于奢靡也,朕躬行节俭,以身示天下;虑农人之惰于南亩也,朕亲为耕耤,以身先天下,将以此为兴利乎?抑除弊乎?夫存兴利之心,即有不利之害;有除弊之意,即为启弊之端,由此类推,治道安得有利弊之名?朕又何尝有兴利除弊之举也?皇考六十余年丰功伟烈,布在方策,皆因事治事,以人治人,从不居兴利除弊之名,而以此颂扬朕之政事,朕实不敢当,朕亦不愿当也。外省督抚诸臣,未能深悉朕意，为此晓谕知之。

雍正六年戊申八月己丑

上谕内阁：世祖皇帝御制《人臣敬心录》，刻板收贮礼部，著交武英殿将满汉文各印千本进呈，其板内字画圈点有应加修整者，著武英殿人员校看办理。

雍正七年己酉八月丁未

上谕内阁：朕自御极以来，时时以牖民觉世为怀，是以告诫臣工、训诲士庶、化导兵弁者，周详往复，不惮烦劳，无非欲其慕义向风，迁善改过，共游于荡平正直之途也。凡此诏谕所颁，皆以皇考之心为心，以皇考之政为政，继志述事，率由旧章。当时，圣谕之所启迪包涵者，朕则阐扬而详发之；其中间有因革损益先后不同者，则因时制宜、化裁变通之道也。惟是历年谕旨，或因一省而发，或因一事而发，有司等照例宣示于该管之处，其别省远地，岂能一一周知？且传写悉经书吏之手，字句之间，往往错讹遗漏。夫欲使薄海之广，臣民之众，遵道遵路，易俗移风，必使天下之人备闻朕训，深知朕心，庶几感发奋兴，以为进德修业之助。今王大臣等合词奏请上谕刊刻，有裨益于人心吏治，著照所请行。朕亦不敢谓朕之谕旨可以有劳来匡直之功，惟冀亿万臣民，共知朕提撕儆戒之苦心耳。

九月乙酉

《圣祖仁皇帝治河方略》编纂告成。

上谕内阁：朕惟圣祖仁皇帝轸念民生，而于黄、运两河，尤廑圣怀。自甲子以迄丁亥，六次亲历河干，指授方略，一切修筑堵塞事宜，无不出自宸衷规画，数十年来，圣谟睿训备载此书。凡有河防水利之任者,皆应悉心详阅,奉为法则。著缮写三部,发给河臣孔毓珣、嵇曾筠、尹继善,令其敬谨阅看,必于河务大有裨益。但河性迁移,或今日情形与昔年有不同之处,著孔毓珣等三人会同商酌具奏。又当年或有奉旨案件,此书未经载入,而该衙门有档可稽者,亦著查明具奏。

雍正八年庚戌二月乙巳

诸王大臣奏:本年正月二十五日,景陵宝城山上产灵芝三本,请宣示史馆,永纪鸿庥。

上谕曰:景陵宝城山上,首春产瑞芝三本,诸王大臣等奏为朕纯孝之所感乎。朕抚躬自问,生平事我皇考,不敢当纯孝之名,但诚敬之心数十年如一日。自御极以来,不但一言一事仰体圣心,而后见诸施行;即梦寐之中一念举发,从无有知其不合圣意而敢存于胸臆者。诸王大臣等称朕以皇考之心为心,此实朕之悃忱;至云朕以皇考之政为政,朕之才力远不逮我皇考,举凡宣猷敷治之间,虽黾勉效法,究不能企及于万一,何能致芝草之嘉祥?诸臣以此归美于朕,朕不居也。实因我皇考之圣德神功,际天蟠地;深仁渥泽,积厚流光,上天特欲显示天下臣民,是以数年之中,三见芝英于陵寝,以今之历霜雪而挺生,当首春而呈瑞,稽诸史册,更属罕闻。朕感上天昭示之洪恩,叨皇考贻谋之景福,庆幸欢欣,不敢不宣布于众庶,使天下后世臣民,知上天之眷佑皇考,与皇考之垂裕万年者,即瑞芝一事明显昭著,信而有征,固如是也。著照所请,宣付史馆。

雍正九年辛亥十二月己酉

恭纂《圣祖仁皇帝实录》《圣训》告成,诸王、贝勒、贝子、公及文武各官等奏贺。

上传制曰:皇考圣祖仁皇帝厚德丰功,弥纶宇宙,光天之下,知识之伦,莫不沾被圣化,歌咏太平。朕缵承统绪,于皇考一言一动,时时奉为法守。爰命大学士等恭辑《实录》《圣训》,兹者纂修告成,朕得朝夕诵述,身体力行;亦俾万世子孙臣民,钦遵弗替,朕心慰悦,与卿等同之。

卷十

文教

雍正元年癸卯正月辛巳

上谕督学：朕惟自古帝王皆以兴贤育才为务，我国朝自太祖、太宗肇造鸿图，世祖定鼎中夏，首隆学校，加意人才，开国规模超越前古。至我皇考圣祖仁皇帝，御极六十一年，培养教育，怙冒涵濡，深仁厚泽，有加无已。《御制训饬士子文》颁布学宫，东西南朔，海澨山陬，户习诗书，家敦礼乐，遐迩无不向风。文教之隆，莫过于此矣。

朕缵承大统，遵守旧章，寤寐求贤，惟恐或失。念学校为士子进身之阶，督学一官，尤人伦风化所系，遴选各省学臣，倍加郑重。尔等须廉洁持身，精勤集事，实行、文风两者所当并重。若徒事文华而不敦崇实行，犹未为尽职也。表扬忠孝节义，崇祀先圣先贤；访求山林隐逸，搜罗名迹藏书，而衡文一道，专以理明学正、典雅醇洁为主。古人云"言乃心声，气由夙养"，必士品端而后文风正，他日为国家柱石，为朝庙羽仪，不綦重欤？勿私纳苞苴，勿瞻徇情面，勿轻视武途，勿滥取祠荫，勿矫激沽名，勿昏庸废事，勿卑污贬节，勿骄暴凌人；胥吏必谨关防，幕客尤宜选择……如此，则内外交毖，本末兼修，上不负朝廷，下不愧多士。朕耳目所及，必有见闻。若罔顾声名，廉隅不饬，国有常宪，罚必随之，尚其勉旃！毋忽！

五月乙未

上谕吏部：国家大典，首重抡才，必主司鉴空衡平，内外帘官协心共事，加意厘剔，放榜后方得士心悦服。京师首善之地，关系尤重。朕于雍正元年，特行开科并广额数，欲振兴文教，俾单寒绩学之士，人人自奋。今顺天主考朱轼、张廷玉公慎自矢，细心搜阅，尽拔佳文；内外帘官亦能各自淬砺，屏除弊端。榜发之日，舆论翕然，朕心甚为嘉悦。其酌加议叙，用示优奖，兼使嗣后考官咸知激劝，以副朕兴贤育才之意。

乙亥

上谕大学士等：《孝经》一书，与五经并重，盖孝为百行之首。我圣祖仁皇帝钦定《孝经衍义》，以阐发至德要道，诚化民成俗之本也。乡、会试二场，向以《孝经》为论题，后改用《太极图说》《通书》《西铭》《正蒙》。夫宋儒之书，虽足羽翼经传，岂若圣言之广大悉备？今自雍正元年会试为始，二场论题宜仍用《孝经》，庶士子咸知诵习，而民间亦敦本励行，即移孝作忠之道，胥由乎此。又闻各省乡试房考，凡州县官由科甲出身者，止许入闱一次。夫考官以秉公精鉴、识拔人才为主，何论曾否入闱？嗣后凡遇乡科，各省督抚临场，调齐科甲出身之员，不论已未分房，监临试以时艺一篇，其文理优长者，为内帘房考；荒疏者，供外场执事，则分校得人，而佳文尽拔矣。朕于雍正元年开科广额，总欲鼓励人才，兴起教化。著该部通行直省督抚，俾副朕崇教育才之意。

七月丙午

上谕礼部：湖南士子赴湖北乡试，必经由洞庭湖，湖水浩瀚无涯，波涛不测，六七月间风浪尤险，间有覆溺之患，朕心甚为恻然。

或至士子畏避险远,裹足不前,又非朕广育人材之意。今欲于湖南地方建立试院,每科另简考官,俾士子就近入场,永无阻隔之虞,共遂观光之愿。明年二月为乡试之期,尔部可即行文湖南巡抚,若能于二月之前预备场屋,则于明春,即分湖北、湖南两闱考试。倘为期已迫,预备不及,则于下科举行。至于湖广通省取中原有定额,今既分两闱,其取中之数应如何分别之处,著湖南、湖北巡抚公议,湖广总督从公酌定具奏。

十一月乙巳

上谕大学士等:向来庶吉士学习清书,散馆之后,每至荒废,殊为可惜。嗣后清书,散馆之翰林,不可令其荒废。今年新科进士选拔庶常,朕意学习清书者少派数人,令其尽心学习,务期通晓,散馆后亦不可荒废,或在翰林,或在部曹,即令与满员一同翻译,如此方实有裨益。新科进士于引见之前,朕欲先行考试,知其学问,再行引见选拔,庶人才不致遗漏。目今天气寒冷,一应仍照殿试预备,考试题目,朕将诗文、四六各体出题,视其所能,或一篇,或二三篇,或各体俱作,悉听其便。

雍正二年甲辰二月丙午

上谕都察院:元年恩科典试诸臣,皆体朕意,矢公矢慎;应试士子,亦皆恪遵功令,未敢苟且钻营,自临场以至发榜,前后俱各帖然。今闻应试士子,不比去年安静,竟有投送诗文、往来干谒者。现今开列之同考官,若少为其所摇动,乃自取罪戾也。朕赏罚悉秉至公,今场前既多奔竞,榜后必生事端。今岁同考官当加意谨慎,毋蹈法网。都察院即颁示晓谕,应试士子宜安分守法,毋得希图侥幸。仍实心察访,如有钻营彰著者,即行拿参,治以重罪。

三月乙亥

上谕礼部等衙门：治天下之要，以崇师重道、广励泽宫为先务。朕亲诣太学，释奠先师孔子，礼毕，进诸生于彝伦堂，讲经论学，凡以明道术、崇化源，非徒饰圜桥之观听也。维孔子道高德厚，万世奉为师表，其祔享庙庭诸贤，皆有羽翼圣经、扶持名教之功。然历朝进退不一，而贤儒代不乏人，或有先罢而今宜复，有旧缺而今宜增，其从祀崇圣祠诸贤周、程、朱、蔡外，孰应升堂祔享者，并先贤先儒之后，孰当增置五经博士，以昭崇报，均关大典。九卿、翰林、国子监、詹事、科道会同详考，定议以闻。

再，迩年文教广被，由我圣祖仁皇帝寿考作人六十年，山陬海澨，莫不读书稽古。直省应试童子，人多额少，有垂老不获一衿者，其令督抚会同学臣查明，实在人文最盛之州县，题请小学改为中学，中学改为大学，大学照府学额数取录。督抚等务宜秉公详查，不得徇私冒滥。至乡试解额，圣祖仁皇帝屡次增广，乙酉、戊子等科，复于额外加中五经三名，至五十六年而罢，以其久而滋弊也。嗣后各学臣及祭酒、司业，于录科时，先加面试。主考阅文果佳，本监加中四名，直隶各省大小不一，某省应加中几名，著分别详议定数具奏。如无佳文，宁缺勿滥。会试临时请旨，本监贡生、监生，本科乡试中式，著加增十八名。朕临雍讲学，虽率由旧章，然必期于世道文教有益，不蹈一切虚文，诸生其各钦遵！

己卯

上谕国子监祭酒、司业等官：朕惟圣人之道，昭揭日月，弥纶天地。万世帝王，下逮公卿士庶，罔不仰遵成宪，率由教言。我国家尊崇至圣，远迈前代。朕缵承大统，古训是学，惟日孜孜。兹雍正二年三月朔日，亲诣辟雍，祗谒先师孔子，行释奠礼，思以鼓励群英，丕隆文治。尔监臣宜严督诸生，善为诱导；诸生亦宜殚心肄业，实践躬行，秉端方以立身，敦忠孝以兴谊；勿营奔竞，勿事浮华；文必贵于明经，学务期乎济世。俾品成诣进，以副朕教育至意。此尔多士之庥，亦惟尔监臣董率之功也。慎勿怠荒职业，以贻尔羞，诸师生其共勉之！

五月甲辰

上谕兵部：陕西地属雍凉，人材壮健，强勇者多，骑射娴熟，胜于他省。每科乡试，取中不过三十名，而入学额数亦与他省不相上下，额少人多，不无屈抑。自雍正四年乡试为始，西安、甘肃，武举各加中十名，其武童入学额数，若通省俱加，恐有冒滥，照文童改学例。令督抚会同学臣查明技勇最优之州县，酌量数目，奏请加额。

八月甲戌

上谕礼部：乡会试为抡才大典，内外帘官子弟理应回避；但跋涉数千里，志切观光，既至京师，不得与试，深为可悯。朕于上科特降谕旨，另行考校，然此只可暂行，不便著为定例。今科凡官员入闱者，其子弟著一体应试，将试卷另封进呈，朕派大臣校阅遴选，庶人才不致屈抑。至于闱中誊录试卷，弊端甚多，其有贿嘱者，则书写精工，否则潦草舛错，致误佳文。著知贡举及监试御史严行申饬，其誊写不工者，必重加责惩，令其重写；并令对读官严饬各生，悉心校对，勿使字画错误。倘外帘官失于查察，日后发觉，将该管官员一并严加议处。

十一月癸卯

上谕礼部：考试翻译举人，不必分作三场，只须一次考试。一日一夜，量其所能，章奏一道，或四书，或五经，酌量出一题，其优劣便已可见。此考试并无汉文，不必派汉大臣。再考试举子，俱系八旗内人，其翻译好者，众所共知，即字迹亦最易识认，伊等试卷应行誊录。著于六部各衙门善书之笔帖式内，酌量足用选取，令其誊写。选中之卷，进呈时再定额数，仍选备卷呈览。其分校及巡察等员，亦俱照文乡试例派用。

十二月癸酉

上谕礼部、工部、国子监：进士题名之典，始于唐时，新进士榜后，于慈恩寺塔下题名立碑。自宋明以至我朝，皆建碑于国学，按其甲第先后，勒载姓名、籍贯于上，所以重科名也。今太学圣庙戟门外，所立本朝历科题名碑，自顺治丙戌科起，至康熙戊戌科而止，稽之《会典》，诸进士释菜后，礼部题请，工部给建碑银一百两，交与国子监立石题名。康熙三年，辅政大臣裁省，自后每科诸进士各自捐赀立石。我国家振兴文教，凡乡试、会试，动用帑金数万。朕即位之始，即开恩科，诚以科目一途，实关用人取士之要，题名之典，岂宜缺焉？著工部动用正项钱粮，令国子监将雍正癸卯、甲辰两科题名碑速行建立，康熙辛丑科亦宜补建。嗣后每科，仍照旧例题请。庶士子观览此碑，知读书登榜之荣，益励其潜修上达之志，尔该衙门即遵谕行。

雍正四年丙午四月丁丑

上谕各省乡试正副考官：朕御极以来，屡次开科取士，凡属考官，皆择人品端方、素行谨恪者为之。而诸臣果慎守法度，洗涤弊端；各省榜发，士林皆无异议。但闻试官之内，偶有学问不及，而所取之文未尽满人意者，是以去年朕将在京科目出身官员，应开列正副主考者，通行考试，分别等第，记名以备简用。今乡试届期,将记名人员掣签命往,使典试事。夫文行原无二理,岂有文艺优通而品行卑劣者?况国家以文章取士,尔等以文章发科,今膺鉴衡之任,若文优而行劣,使天下之人谓文章一道全无足凭,则是读书通籍之人,贻玷于名教,国法尚可容乎?料尔等必无此事,但朕慎重科场大典,不得不谆谆告诫。尔等其共加勉励,勿负朕心。

九月丁巳

上谕内阁:为士者乃四民之首、一方之望,凡属编氓,皆尊之奉之,以为读圣贤之书,列胶庠之选,其所言所行,俱可以为乡人法则也。故必敦品励学,谨言慎行,不愧端人正士,然后以圣贤诗书之道,开示愚民,则民必听从其言,服习其教,相率而归于谨厚。或小民偶有不善之事,即怀愧耻之心相戒,勿令某人知之,如古人之往事,则民风何患不淳,世道何患不复古耶!

朕观今日之士,虽不乏闭户勤修、读书立品之人,而荡检逾闲、不顾名节者亦复不少,或出入官署,包揽词讼;或武断乡曲,欺压平民;或抗违钱粮,藐视国法;或代民纳课,私润身家……种种卑污下贱之事,难以悉数。彼为民者,见士子诵读圣贤之书,而行止尚且如此,则必薄待读书之人,而并且轻视圣贤之书矣。士习不端,民风何由而正?其间关系,极为重大。朕自即位以来,加恩学校,培养人才,所以教育士子者,无所不至,宜乎天下之士,皆鼓舞奋兴,争自濯磨,尽去其佻达之习矣。而内外诸臣条奏中,胪列诸生之劣迹,请行严惩者甚多,朕思转移化导之法,当先端其本原。

教官者,多士之仪型也;学臣者,教官之表率也。教官多属中材,又或年齿衰迈,贪位窃禄,与士子为朋侪,视考课为故套。而学臣又但以衡文为事,任教官之因循怠惰,苟且塞责,漫不加察,所以倡率之本不立,无怪乎士习之不端,风俗之未淳也。朕孜孜图治,欲四海之大,万民之众,皆向风慕义,革薄从忠。故特简督学之臣,慎重教官之职,欲使自上而下,端本澄源,以收实效也。凡为学臣者,务须持正秉公,宣扬风化;于教官之称职者,即加荐拔;溺职者,即行参革。为教官者,训诲士子,悉秉诚心,如父兄之督课子弟,至于分别优劣,必至公至当,不涉偏私。如此各尽其道,则士子人人崇尚品诣,砥砺廉隅,不但自淑其身,而群黎百姓日闻善言,日观善行,必共生感发之念,风俗之丕变,庶几其可望也。

雍正五年丁未三月庚寅

上谕礼部:朕以今年闰月,节气稍迟,二月天寒,故将会试日期改至三月。但目今天气尚觉寒冷,若再改期,又恐举子盘费无多,难以久于旅食,今照旧于初八日入场。著晓谕各举子,俱许携带手炉以温笔砚,皮衣及厚绵衣服俱许穿进,但不得乘机怀挟,以滋弊端。场内茶饭,著供给官加意预备,朕另派大臣照看料理,令早晚给与姜汤,并按名给发木炭,以资其用。

乙未

上谕内阁:士子读书应试,须专心讲习,方可望其成就。八旗举人生员内,在护军执事人行走者,朕念其用度艰难,恐致分心,是以于雍正元年特加殊恩,令其退回,仍赏给钱粮养赡。俾得专心读书,勉励上进,庶国家可收得人之益。今已三年有余,其中或有年力衰迈及不肖之人,徒领钱粮,无志上进,虚糜国帑者,亦未可知;若不加考课,分别勤惰,无以鼓励人才。著于会试后,将八旗满洲、蒙古举人生员、汉军举人,查明人数,请题考试,分别等第,并验其人品优劣具奏。

辛 亥

礼部奏：会试举人叨荷特恩，合词陈谢。

上谕曰：朕视天下万民皆为一体，况读书乡荐之人，异日俱可作朕股肱耳目，是以朕心待之，实有一体联属之意，爱养培护皆出于中心之自然，并非欲邀天下士子之感颂也。今举子等以会试叨荷特恩，合词陈谢，是尚不能深悉朕一体相关之意，而存上下彼此之形迹矣。朕待天下惟有一诚，而崇儒重道之心尤为笃切，但所崇者皆真儒，所重者皆正道；若徒尚虚文，邀取名誉，致贻世道人心之害，朕不忍为也。尔等读书之人，实四民之所观瞻，风俗之所维系，果能诵法圣贤，躬修实践，宅心正直，行己端方，则通籍于朝，必能为国家宣猷树绩，膺栋梁之选；即退处乡间，亦必能教孝劝忠，为众人之坊表。故士习既端，而人心尚有不正、风俗尚有不淳者，无是理也。尔等既感朕恩，即当仰体朕心，恪遵朕训，争自濯磨，或出或处，皆端人正士，为国家所倚赖，如此方为实心报效，不在感恩奏谢之仪文也。

四月己丑

吏部遵旨，将会试下第举人，挑选各省教职引见。

上谕曰：教官有董率士子之责，果能实心训导，使诸生读书循理，无佻达嚣凌之习，则齐民有所观法，风俗可望淳厚，所关非浅鲜也。乃向来教职因循偷惰，全不以教训为事。朕屡颁谕旨，而积习如故，因于尔等下第举人中，择文理明通者，引见命往，论尔等科分名次，尚非应选之人，朕加恩特用，务须勉力供职，加意训诲。六年之内，如果著有成效，督抚题荐，朕格外加恩；如有负职守，经督抚题参，朕不姑容也。

十一月庚申

上谕内阁：朕惟汉史始志地理，盖本《禹贡》职方之遗，而条其郡邑，纪其户口，以宣究其风俗教化也。今各省皆有志书，惟八旗未经纪载。我朝立制，满洲、蒙古、汉军俱隶八旗，每旗自都统、副都统、参领、佐领，下逮领催闲散人，体统则尊卑相承，形势则臂指相使。规模宏远，条理精密，超越前古，岂可无以纪述其盛？况其间伟人辈出，树宏勋而建茂绩，与夫忠臣、孝子、义夫、节妇，潜德幽光，足为人伦之表范者，不可胜数。若不为之采摭荟萃，何以昭示无穷？朕意欲论述编次，汇成《八旗志书》。年来恭修《圣祖仁皇帝实录》，今已渐次告成。即著诸总裁官领其事，选满汉翰林分纂。其满洲、汉军内有通晓汉文，而学问优长、堪备纂修之任者，无论进士、举人、贡监生员，以至闲散人等，俱著该旗都统、副都统保送，但勿徇情滥举，以副朕慎重著述之至意。

十二月乙酉

上谕礼部：直省拔贡，旧例十二年题请举行一次，后因各省学政不能秉公选取，国子监未便照例请行，于雍正元年特行一次。朕思各州县每年岁贡，较其食廪浅深挨次出贡，内多年力衰迈之人，欲得人材，必须选拔。著各省学臣于科考时，照例府学拔取二名，州县学拔取一名，宁缺勿滥，务取学问优通、品行端方、才猷可用之人，令其来京，朕将亲加考验，令入国子监肄业。如有学问荒陋、人品不端、才具庸劣者，将该学政严加议处。嗣后六年选拔一次，国子监届期题请候旨。

雍正六年戊申十一月丙辰

上谕内务府：咸安宫房屋现在空闲，著设立官学，将包衣佐领、内管领之子弟，并景山官学生内，拣选颖秀者，或五六十名，或一百余名，入学肄业。

壬戌

工部等衙门议覆：川陕总督岳钟琪议奏，插汉拖辉地方新设两县，暂停建立学校。

上谕曰：招徕人民，已有四千余户，朕思其中亦多读书之人，若必俟人文蔚起，始行考取，恐远方士子，目前阻其读书上进之阶。应将两县中，现在读书愿就考试者，许其附入邻近州县考试，酌量加额收录入学。俟两县人文渐盛、建学设官之日，仍行拨入本学，庶为妥协。

雍正七年己酉正月癸酉

上谕礼部：士子者，百姓所观瞻，士习不端，民风何由得厚？是以考课士子，设立举优黜劣之典，以为移风易俗之道，所关亦綦重矣。无如教官愚懦无能，学臣因循苟且，往往视为具文，奉行不力。每当学臣按试之时，教官辄以无优无劣，具文申详，草草塞责。如此则善者何由而劝，不善者何由而惩？夫善者之湮没不彰，一时尚难觉察；而不善之人，侥幸苟免于目前，不旋踵而劣迹败露。每见荡检逾闲、犯法乱纪之士子，皆从前学臣教官之未曾开报劣行者，其间情罪，虽难一一追究，然即此可知其中之容隐不少矣。嗣后若教官沽名邀誉，纵容劣生，不行举报者，经学臣察出，立即指参，将教官照溺职例革职。若学臣瞻徇情面，不行纠参者，一经发觉，将学臣照徇庇例降级调用，著将此永著为例。

二月辛巳

上谕内阁：考官专司衡文之任，必须学问明通者，始能鉴别不爽。雍正三年，曾将在京科目出身，应充正副考官之员，通行考试，分别等次记名，于雍正四年，掣签命往各省，使典试事。今已越三年，从前考取人员，其中升迁外任及告假回籍者甚多；即有在京者，其所学或以日久荒疏；而前此之未曾入选者，今用数年之功，文艺未必无所进益，且陆续新到之员，亦复不少。著照雍正三年之例，通行考试，俟朕分别记名，以备持衡之任；有不愿就试者，亦听其意。

闰七月丁酉

上谕内阁：八旗之贡监生员，已经考取小京官、笔帖式者，若愿就乡试，俱准其与举子等一同入场，使片善寸长不致遗弃，以副国家教养人材之典。

十二月癸丑

大学士、九卿等奏：据督修孔庙工程通政使留保等奏报，十一月二十六日午刻，正当孔庙上梁之前二日，庆云见于曲阜县，请宣付史馆。

上谕曰：朕平素尊奉先师，至诚至敬。雍正二年，阙里文庙不戒于火，彼时廷臣援明代弘治前事为言，而朕心悚惧不宁，引过自责，亲诣太学文庙，虔申祭告，特发帑金，命大臣等督工修建。凡殿庑制度规模，以至祭器仪物，皆令绘图呈览，朕亲为指授，遴选良工，庀材兴造。虔恪之心，数年以来，无时稍间。今大成殿上梁前二日，庆云见于曲阜，卿等归美朕躬之词，朕不克当。或者上帝、先师鉴朕悚惕诚敬之心，见兹云物，昭示瑞应，朕不敢矜言祥瑞，但能功过相抵，朕之幸也。应择日躬诣太学文庙祭告，以申感庆之衷。朕躬被先师之福佑，普天士子，诵法服膺，同受圣人之泽。著将明年会试取中额数，广至四百名，壬子科各省乡试，每正额十名,加中一名。其十名之外有零数者,亦加中一名,此朕体奉先师乐育之盛心,特行造就人材之旷典。诸士子其各兴文敦行,益加勉旃!宣付史馆,著照所请行。

雍正十年壬子七月壬子

上谕礼部:制科以四书文取士,所以觇士子实学,且和其声以鸣国家之盛也。语云:“言为心声。”文章之道,与政治通,所关巨矣。韩愈论文云“惟陈言之务去”;柳宗元云“文者,所以明道”,不徒“务采色、夸声音而以为能也”。况四书文号为经义,原以阐明圣贤之义蕴,而体裁格律,先正具在,典型可稽,虽风尚日新,华实并茂,而理法辞气,指归则一。近科以来,文风亦觉丕变,但士子逞其才气辞华,不免有冗长浮靡之习。是以特颁谕旨,晓谕考官,所拔之文,务令雅正清真,理法兼备,虽尺幅不拘一律,而支蔓浮夸之言,所当屏去。秋闱期近,可行文传谕知之。

八月乙亥

衍圣公孔广棨以孔林工程告竣,率其族人来京谢恩。

上召孔广棨入见,谕曰:尔为至圣先师后裔,当存圣贤之心,行圣贤之事,一切秉礼守义,以骄奢为戒,且尔年齿尚少,尤宜勤学读书,敦品励行。凡尔同族之人,亦当共相劝诫,共相砥砺,为端人正士。尔等果能遵朕训谕,学问日进,品行醇谨,不坠家声,即所以报国恩也。

雍正十一年癸丑正月壬辰

上谕内阁:各省学校之外,地方大吏每有设立书院,聚集生徒讲诵肄业者。朕临御以来,时时以教育人材为念,但稔闻书院之设,实有裨益者少,浮慕虚名者多,是以未尝敕令各省通行,盖欲徐徐有待，而后颁降谕旨也。近见各省大吏渐知崇尚实政，不事沽名邀誉之为；而读书应举者，亦颇能屏去浮嚣奔竞之习，则建立书院，择一省文行兼优之士，读书其中，使之朝夕讲诵，整躬励行，有所成就，俾远近士子观感奋发，亦兴贤育材之一道也。督抚驻扎之所，为省会之地，著该督抚商酌举行，各赐帑金一千两，将来士子群聚读书，须豫为筹画，资其膏火，以垂永久；其不足者，在于存公银内支用。封疆大臣等，并有化导士子之职，各宜殚心奉行，黜浮崇实，以广国家菁莪棫朴之化，则书院之设，于士习文风有裨益而无流弊，乃朕之所厚望也。

丙午

上谕内阁：国家以制科取士，原以觇士子所学，而士子所学，关乎世道人心，是文体之所系固甚重也。士子读圣贤书，果能讲求明体达用之学，则以平日蕴蓄发为文章，自然法正理纯，得圣贤语气，可以传世而行远，此则有本之学，有用之文，为国家所重赖者。若不于根柢讲求，而但以华靡相尚，则连篇累牍，皆属浮辞，圣贤精义既全无发明，圣贤语气又毫不相肖，国家亦安用此浮夸浅薄之士哉？至于二三场策论，尤足觇经济实学，乃向来士子多不留心，而衡文者，又每以经义已经入彀，遂将策论滥收恕取，不复加意阅看，殊非设科本意。今会试伊迩，著礼部先期晓谕应试士子，于二三场文艺，均应努力殚心，毋得潦草完卷。试官如以限于时日，不能细心校阅，后场不妨奏请展限，务得真才以收实用。若所取试卷中，有经义可观，而策论疵缪荒疏者，朕惟于主考官是问。

四月己未

上谕内阁：国家声教覃敷，人文蔚起，加恩科目，乐育群才，彬彬乎盛矣。朕惟博学鸿词之科，所以待卓越淹通之士，俾之黼黻皇猷，润色鸿业，膺著作之任，备顾问之选。圣祖仁皇帝康熙十七年，特诏内外大臣荐举博学鸿词，召试授职，一时名儒硕彦，多与其选，得人号为极盛。迄今数十年来，馆阁词林，储才虽广，而宏通博雅、淹贯古今者，未尝广为搜罗，以示鼓励。自古文教修明之日，必有瑰奇大雅之才，况蒙圣祖仁皇帝六十余年寿考作人之盛，涵濡教泽，薄海从风。朕延揽维殷，辟门吁俊，敦崇实学，谕旨屡颁，宜有品行端醇、文才优赡、枕经葄史、殚见洽闻、足称博学鸿词之选者，所当特修旷典，嘉与旁求。除现任翰詹官员，无庸再膺荐举外，其他已仕、未仕之人，在京著满汉三品以上各举所知，汇送内阁；在外著督抚会同该学政，悉心体访，遴选考验，保题送部，转交内阁，务期虚公详慎，搜拔真才。朕将临轩亲试，优加录用，广示兴贤之典，茂昭稽古之荣。应行事宜，著大学士、九卿会议具奏。

五月癸未

上谕翰林院：教习庶吉士，所以造就人材，使之沉潜经籍，涵泳艺林，可以典制诰之文，鸣国家之盛也。从前，庶吉士皆就翰林院读书，教习大臣不时策励，是以身心约束，学殖易增，馆阁之间，蔚然称盛。朕意今科选拔庶常，仍令在衙门读书，俾教习诸臣得以朝夕训课，兼厚给廪饩，资其膏火，庶几枕经葄史，文藻可观，克称词臣珥笔之职。其应查照前例，及如何加与廪给之处，著酌议奏闻。

雍正十二年甲寅十二月癸亥

上谕内阁：乡会两闱，乃国家抡才大典，必须防范周密，令肃风清，始足遴拔真才，屏除弊窦。朕闻各省乡试之年，官字号举子入闱者,监临提调等官,有差人馈送饮食果品之事,虽无关于科场作弊,然当关防严密之时,有人往来号房,难保日久无雇倩传递之弊;且恐民卷中之有力者,亦可借此作奸犯科,不可不防其渐。嗣后著通行禁止,倘有仍蹈前辙者,一经发觉,即照科场作弊例,将与受之人一同治罪。

是 日

上谕礼部:畿辅为天下首善之地,是以各府州县童生入学之数,昔年曾加恩增添,以示鼓励。惟宣化府属之蔚州(从前原隶山西)、广平府属之磁州(从前原隶河南),及改归直隶之后,其入学仍照晋豫原额,未与直隶一体邀恩;又新从山西改归易州管辖之广昌县,入学之数尚不及直隶小县,此两州一县,均当酌议加增。每遇乡试之年,宣化府属另立"旦"字号,与奉天府属"夹"字号额数相同,各取中三名。今宣郡人材较前渐盛,又添蔚州一属,应举人数加多,查"夹"字号前已广额二名,则"旦"字号亦应加增中式之数,著礼部定议具奏。

卷十一

武功（附武备）

雍正元年癸卯正月丙午

策妄阿喇布坦使臣垂纳水喀等朝见。

上命都统拉锡、理藩院尚书特古忒传谕曰：尔国台吉在我圣祖皇考时，虽有微劳，亦多罪戾，乃无故侵我哈密，发兵往招，杀害拉藏，毁坏佛教。惟天子统御万邦，理宜兴师问罪。我圣祖皇考至仁如天，但令陈兵边境，俟其深悔前非，即加恩宽宥，并无意于殄灭尔国也。其后泽卜尊丹巴胡土克图，为策妄阿喇布坦再三求赦，我圣祖皇考追念旧日微劳，又曲鉴胡土克图老人恳款之意，允其所奏，令遣使往谕，待其伏罪自陈，即降恩旨。今圣祖皇考升遐，朕缵承大宝，胡土克图老人远来，再为奏请，是以复遣使于尔。若尔台吉即遣亲信之人诚恳陈辞，朕即宽宥，以宁尔土宇；若冥顽不灵，仍构兵端，亦可明言其意。如欲广我圣祖皇考之仁恩，惟尔台吉；欲振我圣祖皇考之武烈，亦惟尔台吉。朕仰承丕绪，行我军威，尔台吉讵不稔知？今胡土克图大喇嘛又已圆寂，从此亦无有为尔台吉奏请者矣，可作速定夺来奏；若仍前支吾，则兵由尔起，无与于朕也。尔非专使，故不与尔敕书，尔其谨识朕言，一一往谕！

八月甲子

兵部分别议叙陕西、四川、云南官兵平定西藏功。

上谕曰：平定西藏，乃自古未至之绝域，所以皇考曾有从优议叙之旨。况皇考当春秋高迈，备兵于极边，宣扬威略，峻德鸿功，允垂亿万斯年之美政也。此一次议叙军功，前固无例可援，后亦不得为例。将军延信，著封为贝勒；两路率领八旗官员进剿之将军等，著给与世袭三等阿达哈哈番；参赞大臣，给与拜他喇布勒哈番；副都统、营总等，给与拖沙喇哈番；其护军校、骁骑校给与头等功牌二面，仍加一级；绿旗官员，经大将军等咨送册开头等者，照攻取打箭炉功加一倍，二等者功加五等，三等者功加二等。至于满洲、汉军绿旗之外委官，俱系一体效力人员，无论由部委、外委，概行从优议叙，以仰副我皇考恩纶特沛、从优议叙之谕旨。

丙寅

兵部分别议叙福建官兵克复台湾功。

上谕曰：台湾地方，自古未属中国，皇考圣略神威，取入版图。逆贼朱一贵等倡乱，占据台地，皇考筹画周详，指授地方官员遣调官兵，七日之内剿除数万贼众，克复全台。皇考当春秋高迈，威扬海外，功德峻伟。官兵感戴皇考教养之恩，奋勇攻取，甚属可嘉，固不必援引前例，后亦不得为例。兹仰副皇考从优议叙之旷典，官员现行议叙功加外，著概行各加一等。总督满保，虽有失陷地方之罪，但一闻事发，即亲往厦门抚慰众心，遵依皇考指示，调遣官兵，七日之内克复台湾，满保著兼兵部尚书职衔；提督施世骠统领大兵，径度海洋，鼓励将士，屡经大战，击败贼众，七日之内克复台湾，厥功甚大，施世骠著给与世袭头等阿达哈哈番；总兵官蓝廷珍，曾协助施世骠，著给与世袭三等阿达哈哈番；水师营副将许云,失陷台湾,非关伊罪,奋勇前进,多杀贼众,身又阵亡,著给与世袭拜他喇布勒哈番;参将罗万仓、游击游崇功,俱系阵亡,著给与世袭拖沙喇哈番;总兵官欧阳凯,著追赠太子少保。

雍正二年甲辰三月辛丑

礼部议奏:青海平定,应如王大臣所请,行庆贺礼。

上谕曰:此次平定青海,实由我皇考简用将帅之得宜,豢养弁兵之有素。伊等感恩效力,克奏肤功,此皆谟烈贻留,岂可为朕有乎?朕缵承前烈,守而弗违,应行典礼,勉从所请,俟告祭陵寝后,择日具奏。

六月乙酉

御制平定青海碑文,勒石国学。碑文曰:

我国家受天眷命,抚临八极,日月所照,罔不臣顺,遐迩乂安,兆人蒙福。乃有罗卜藏丹津者,其先世顾实汗,自国初稽首归命,当时使臣建议畀以驻牧之地,其居杂番羌,密近甘凉。我皇考圣祖仁皇帝睿虑深远,每廑于怀,既亲御六师,平定朔漠,威灵所加,青海部落,扎什巴图尔等,震詟承命。圣祖仁皇帝因沛殊恩,封为亲王,兄弟八人,咸锡爵禄,羁縻包容,示以宽大。而狼心枭性,不可以德义化,三十年来,包藏异志。

朕绍登宝位,优之锡赉,荣其封号,尚冀革心,辑宁部众。而罗卜藏丹津昏谬狂悖,同党吹拉克诺木齐、阿尔布坦温布、藏巴札布等,实为元恶,谓国家方宏浩荡之恩,不设严密之备,诞敢首造逆谋,迫协番羌,侵犯边城,反状彰露,用不可释于天诛。遂命川陕总督太保公年羹尧为抚远大将军,声罪致讨,以雍正元年十月师出塞,自冬涉春,屡破其众,凡同叛之部落,戈鋋所指,应时摧败,招降数十万众,又降其贝勒、贝子、公、台吉等二十余人。朕犹悯其蠢愚，若悔祸思愆，束手来归，尚可全宥；而怙恶不悛，负险抗违，乃决翦灭之计，以方略密付大将军年羹尧，调度军谋，简稽将士。用四川提督岳钟琪为奋威将军，于仲春初旬，祃牙徂征，分道深入，捣其窟穴，电扫风驱，搜剔岩阻。贼徒仓黄靡溃，穷蹙失据，罗卜藏丹津之母及逆谋渠魁，悉就俘执，擒获贼众累万，牲畜、军械不可数计。贼首逃遁，我师逾险穷追，获其辎重人口殆尽。罗卜藏丹津孑身易服，窜匿荒山，残喘待毙。

自二月八日，至二十有二日，仅旬有五日，军士无久役之劳，内地无转输之费，克奏肤功，永清西徼。三月之朔，奏凯旋旅，铙鼓喧轰，士众䜣喜。四月十有二日，以倡逆之吹拉克诺木齐等三人献俘庙社；受俘之日，臣民称庆。伏念圣祖仁皇帝威灵震于遐方，福庆流于奕叶，用克张皇六师，殄灭狂贼。行间将士，亦由感激湛恩厚泽，为朕踊跃用命。斯役也，芟夷凶悖，绥靖番羌，俾烽燧永息，中外人民，胥享安阜，实成先志，以懋有丕绩。廷臣上言，稽古典礼，出征而受成于学，所以定兵谋也；献馘而释奠于学，所以告凯捷也。宜刊诸珉石，揭于太学，用昭示于无极，遂为之铭曰：

天有雷霆，圣作弧矢，辅仁而行，威远宁迩。
维此青海，种类实繁，锡之茅土，列在藩垣。
被我宠光，位崇禄富，负其阻遐，祸心潜构。
恭惟圣祖，虑远智周，眷念荒服，绥抚怀柔。
朔野既清，西陲攸震，爵号洊加，示之恩信。
如何凶狡，造谋逆天，鼓动昏憝，寇侵于边。
惟彼有罪，自干天罚，桓桓虎貔，爰张九伐。
王师即路，冬雪初零，日耀组练，雷响鼓钲。
蠢兹不顺，敢逆戎旅，奋张螳臂，以当齐斧。
止如山岳，疾如雨风，我战则克，贼垒其空。
彼昏终迷，曾不悔戾，当翦而灭，斯焉决计。

厉兵简将，往捣其巢，逾历嵚岖，坦若垧郊。
贼弃其家，我絷而获，牛马谷量，器仗山积。
蹇兔失窟，何所逋逃？枯鱼游釜，假息煎熬。
师以顺动，神明所福，旬日凯归，不疾而速。
殪彼逆谋，悬首藁街，献俘成礼，金鼓调谐。
西域所瞻，此维雄特，天讨既申，群酋惕息。
櫜戈偃革，告成辟雍，声教遐暨，万国来同。
惟我圣祖，亲平大漠，巍功焕文，迈桓轶酌。
流光悠久，视此铭辞，继志述事，念兹在兹。

十月丁亥

上谕兵部：奋威将军岳钟琪具奏，副都统达鼐、阿尔什，总兵黄喜林、王嵩、孙继宗，营总苏图等，统领大兵，穷追罗卜藏丹津直至花海子，拿获丹津浑台吉及其妻子，并招抚三十三家台吉。当此口外水冻草枯之候，官兵奋勇远行，甚属可嘉，自大将军以下，著从优议叙。官兵劳苦，朕甚悯之，一切驮载辎重，马驼必多损伤，著查明免其赔补。其军营马匹，如有倒毙，亦领帑购买补数。再，马兵每名赏银八两，步兵每名赏银六两。蒙古兵有随军效力者，亦著奋威将军按其行走效力等次，应如何赏给之处，确议奏闻。

雍正五年丁未十月甲申

川陕总督岳钟琪题报：剿抚建昌冕山贼番事竣，苗疆底定。

上谕兵部：冕山贼番，向来逞恶肆奸，敢行不法，久为民害。地方大吏畏难因循，不肯办理。岳钟琪遵旨剿抚，调度有方，俾苗疆永远宁谧，甚属可嘉。岳钟琪，著交部议叙，并将在事官兵加恩议叙赏赉；其兵丁等借支银两，概加恩赏给，不必扣还。

己酉

云贵总督鄂尔泰奏：威远新平猓贼，倚恃深山密箐，专以劫杀为活，比镇沅蠢动，二处猓贼，遂乘机聚众，焚掠乡村。臣随饬征剿镇沅之各路胜兵，一鼓擒剿，现获贼首，余党就抚。

上谕兵部：猓贼倚恃险阻，肆行不法，为害地方。鄂尔泰檄令各路官兵，乘势剿抚，凶犯成擒，地方从此宁谧，甚为可嘉，著交部议叙。总兵孙宏本奉该督调度，实心效力，劳绩懋著，著从优议叙。烟瘴地方，又值炎暑，官弁兵丁等奋勇效力，皆属勤劳，著从优议叙赏赉。其中有染病受伤以致身故者，俱照阵亡例一体恩恤。

十一月戊辰

云贵总督鄂尔泰奏：黔省边界，生苗不受管辖，由来已久，自剿抚长寨后，各思投诚内附。长寨后路克猛等处，及马头山、松把、广顺州、定番州、古羊山外等处，俱闻风向化，并献弓弩盔甲，愿附版图。

上谕兵部：苗民梗化，由来已久，况属生苗，尤难慑服绥靖。鄂尔泰剿抚并用，威惠兼施，俾生苗等向化输诚，咸愿纳赋，归附版籍。又谬冲逆苗等，素称犷猂难驯，今剿抚已靖，悉皆内向。鄂尔泰办理，甚属可嘉，著由拜他喇布勒哈番，加授一等阿达哈哈番世职，以奖劳绩。张广泗遵依鄂尔泰调度，实心出力，著交部从优议叙。在事官兵，应如何议叙赏赉之处，著鄂尔泰分别具奏。

雍正六年戊申七月戊午

云贵总督鄂尔泰奏：米贴猓贼蠢动，臣檄令鹤丽总兵张耀祖等三路进剿，已将首恶擒获，现檄军弁攻取山坉，以绝根株。

上谕兵部：米贴逆夷肆行不法，抗拒官兵，鄂尔泰令总兵张耀祖等领兵深入，直捣贼巢，擒获渠魁，抚定余党。在事弁兵，著从优议叙赏赉。

乙丑

诸王大臣等奏贺西藏平定。

上谕曰：阿尔布巴等，背理妄行，藐视国法。朕为绥靖边陲之计，特命大臣领兵前往，察究情由，就近申讨。今据奏报，颇罗鼐率所部兵马，先抵藏地，其各寺喇嘛将首恶之阿尔布巴等三人献出拘禁，渠魁既已就擒，藏地可以宁谧。在大兵不发一矢，在西藏未伤一人，此等大事而成功之易若此，是皆仰赖上帝之垂慈、皇考之默佑，实非朕凉德之所及也。因诸王大臣等陈奏，将此宣谕知之。

十二月丁酉

上谕兵部：从前西藏用兵之时，颇罗鼐甚为效力，蒙圣祖仁皇帝授为扎萨克台吉。上年西藏噶隆等因嫉妒争权，彼此不睦，阿尔布巴、隆布奈、扎尔鼐暗结匪类，公然肆恶，将朝廷敕封贝子、总理事务之康济鼐擅行杀害，并欲害及颇罗鼐。颇罗鼐受其逼迫，领兵为康济鼐复仇，将逆党罪状奏闻，是以朕特遣大臣等领兵前往，究问情由，以便分别治罪。颇罗鼐闻大兵将至，率众奋勇前驱，直抵藏地，阿尔布巴等力屈势穷，被各寺喇嘛拘执献出。钦差大臣到彼，一一究问，尽得其悖逆妄乱之情，已将阿尔布巴等及逆党正法。西藏歼此渠魁，黄教可兴，番众可辑。颇罗鼐深知大义，讨逆锄奸，俾无辜受害者得雪沉冤，背旨肆行者早正刑辟，甚属可嘉，著封为贝子，以奖义勇，以昭国宪。

雍正七年己酉二月癸巳

上谕王、大臣、内阁、九卿等：准噶尔一部落，原系元朝之臣仆。其始祖曰额森，额森之子托浑，渐至大员，因扰乱元之宗族，离间蒙古，恐获重罪，遂背负元朝之恩，逃匿于西北边远之处。元末，又煽诱匪类，结成党与，遂自称准噶尔，肆行劫掳。迨至我朝，有噶尔丹、策妄阿喇布坦二人，世济其恶，扰害生灵，灭弃释教，造孽多端，不可枚举。

当我朝定鼎之初，各处蒙古倾心归顺，共输诚悃，请安纳贡，求为属国，安享太平乐利之福八十余年。惟准噶尔一部落，遁居西北五千里之外，扰乱离间众蒙古，肆行劫夺。噶尔丹身为喇嘛，不守清规，不遵佛教，破戒还俗，娶青海鄂齐儿图车臣汗之女为妻，后又潜往青海，贼害伊之妻父鄂齐儿图车臣汗，掳其属下人众。续因喀尔喀七旗内，彼此稍有嫌隙，奏恳圣祖仁皇帝为之和解，因遣大臣同达赖喇嘛使者前往。噶尔丹遣人暗探消息，遂以喀尔喀等卑视达赖喇嘛，使人为辞，遣伊族内微末台吉多尔济查布，将喀尔喀汗台吉等肆行凌辱，喀尔喀汗等怒彼狂悖无礼，会众将彼杀害。噶尔丹遂称杀害伊弟多尔济查布，与喀尔喀构隙，掩其不备，发兵猝击，喀尔喀众溃，纷纷来投。

圣祖仁皇帝深为轸念，施恩育养，遣使往噶尔丹处，谕以兵为凶器，令其与喀尔喀和好，多方开导。讵噶尔丹冥顽不灵，借追袭喀尔喀之名，入犯边汛，彼时即行剿灭，复有何难？我圣祖仁皇帝好生为德，遣使责问，噶尔丹惶愧恐惧，设誓撤兵，乃并不归伊住牧之所，仍潜居克尔伦图拉地方，暗行窥伺。圣祖仁皇帝复遣使降旨，谕以应回原住牧地方，噶尔丹佯称遵奉谕旨，仍乘隙潜掠沿边蒙古之畜牧，众蒙古不获安居。我皇考遂上告天地，亲统大兵，声罪致讨，噶尔丹辄敢逆天与我西路大兵接战，伊军大败，妻子被擒，噶尔丹窘迫自杀。彼时大兵即应直捣巢穴，收其部落，我圣祖仁皇帝恐天下后世有穷兵黩武之议，因而中止。

策妄阿喇布坦者，噶尔丹之侄也，与伊叔噶尔丹不相和睦，带领七人潜逃至吐鲁番地方居住。圣祖仁皇帝以策妄阿喇布坦向与伊叔不睦，惧其诛害，遁迹逃生，加以恩泽，伊当感戴归诚。且圣心仁慈，不忍遣兵将噶尔丹余剩部落悉行剿灭，恩加格外，遣使赏给策妄阿喇布坦。彼时，策妄阿喇布坦力弱势微，甚为恭顺。其后，离间伊之妻父图尔古特之阿玉奇汗与其子三济扎布，诱三济扎布携带万余户至伊住牧之处，因而强占入己，从此遂不安分，肆意妄行，窥伺青海，扰害生灵。率领贼兵前进，被哈密驻防轻兵击败遁回。策妄阿喇布坦又假黄教为名，潜兵入藏，无故害伊妻弟拉藏汗，毁坏寺庙，杀害喇嘛，抢掠供器。是以特遣大臣前往询问，乃伊愍不畏死，阻兵抗命。使臣率师甚少，兵力单弱，伊得以愈肆猖狂。圣祖仁皇帝仍赐包容，谕令边外两路大兵缓进，屡次遣使，示以圣意，谓策妄阿喇布坦果能悔过，恳恩具奏，其时另降谕旨；若仍怙恶不悛，然后将此部落人众，悉行剿灭，此我圣祖仁皇帝之本意也。

朕绍登大宝，策妄阿喇布坦虽遣使求和，朕知非伊本怀，谕伊来使云："尔归，告知尔台吉，朕缵承我皇考大统，尔台吉若欲受我皇考天恩，须尽改前非，遵朕谕旨，定界安居；若欲犯我皇考天威，任尔备兵前来，定当加以天讨。"如此降旨，分晰利害，遣使前去。又恐策妄阿喇布坦心怀疑贰，将两路大兵尽行撤回，乃伊因此愈生骄傲，于定界一事，妄欲侵占界地。朕又向伊来使降旨云："尔告知策妄阿喇布坦，定界一事，实于伊身有益，如遵奉谕旨，即遣使具奏；若不遵谕旨，亦必遣使前来。"乃伊并不回奏，此际策妄阿喇布坦身故。

伊之长子噶尔丹策零遣使前来，奏闻伊父身故之事，称伊父已经成佛，又称"欲使众生乐业，黄教振兴"等语。噶尔丹策零不过边远部落一微末台吉耳,“使众生乐业,黄教振兴”,岂伊应出之语耶?况伊果欲求和,应代伊父谢罪恳恩,送回青海叛逆潜逃之罗卜藏丹津,以赎前愆。乃并不输诚向化,敢以如许妄诞之词,见之陈奏,此特欲仿效伊父之故辙耳。闻噶尔丹策零甚属凶暴,且西藏阿尔布巴、隆布奈、扎尔鼐等济恶同谋,将实心为国效力之贝子康济鼐杀害。此等叛逆罪状,皆因准噶尔与伊处相近,而逃去之罗卜藏丹津,原系伊等姻戚,彼此相依,是以敢于悖逆。迨其窘迫仓猝之时,则必投奔准噶尔,亦属显然。因颇罗鼐奋勇直前,截其去路,阿尔布巴等未得前进,即被擒获。准噶尔性好抢掠,若留在众蒙古游牧地方,将来必受其害。

今朕已将来使遣回,若伊诸事俱遵旨陈奏,临时朕另行裁夺降旨;倘仍前推诿,矜张肆恣,负朕屡次遣使开导指示之仁恩,抗玩不恭,将来噶尔丹策零,断非安分守法之人,必至生事妄为。况西北两三路大兵尽已撤回,此际伊等如或生事,则我朝如许安享太平之喀尔喀等,及办理安插妥贴之青海、西藏,必至被其扰害,甚属可虑。且此事乃圣祖皇考注意未完之事,仰赖上天眷佑、圣祖皇考福泽,国帑充裕,官员弁兵同心奋勇,愿为国家效力,实系可以举行之会,若迟疑不决,定贻后悔。

夫用兵者,国家不得已之事也。穷兵黩武,为圣帝明王之所深戒,而以大加小,以强凌弱,又仁人君子之所耻而不为者。况准噶尔弹丸之地,又在极北之区,得其土,不足以耕耘;得其民,不足以驱使;即使灭此朝食,亦不足以夸耀武功,此皆朕所熟思而详审者也。但留此余孽,不行剪除,实为众蒙古之巨害,且恐为国家之隐忧。今天时人事,机缘辐辏,时不可迟,机不可缓,天与不取,古训昭然。且我圣祖皇考为此筹画多年,未竟其事,兹当可为之时,朕不敢推诿,亦不忍推诿,此朕一人之见也。用兵大事,所关甚重,不可轻率,著诸王、议政大臣、九卿、八旗大臣各抒己见,公同详确,密议具奏。

四月壬寅

上以征讨准噶尔噶尔丹策零，躬诣太庙告祭。其文曰：

恭惟我列祖圣德神功，涵盖宇宙，莫不尊亲。独厄鲁特策妄阿喇布坦，世济凶顽，自其叔噶尔丹悖肆猖狂，我皇考圣祖仁皇帝亲率大军，翦除元恶。以策妄阿喇布坦素未同逆，遗余部落，听其收抚，恩泽至渥，乃不思衔感，渐恣鸱张，残破拉藏，荼毒生灵。皇考应时戡定，犹未忍即加剿戮，宣谕再三，冀其知悔。臣绍位以来，复申谕旨，伊虽遣使乞和，乃敢容留逋叛，挟诈怙恶，旋服冥诛。其子噶尔丹策零，虽亦遣使诣阙，而心志诡谲，言辞诞妄，揆其奸状，若不迅行扑灭，将来必为蒙古之巨害，贻中国之隐忧。臣夙夜思维，兹乃我皇考计虑多年，经营未竟之绪，继先志以行师，事非得已；顺天心而致讨，机不容迟。廷议佥谐，戎行齐奋，是用简帅臣而授钺，占良日而祃牙。仰凭列祖功德崇隆，声灵赫濯，旌旗所向，立靖氛尘，铙鼓还归，早闻凯奏。永绥藩圉，万邦戴丕冒之天；惠保边黎，九服遵荡平之路。谨告。

五月乙巳

上谕出征大将军、副将军、参赞大臣、官弁兵丁等：准噶尔狡狯凶顽，父子济恶，为边境蒙古之隐患。朕仰承皇考圣祖仁皇帝先志，特发两路大兵，声罪致讨。当四海升平之时，国用充裕，朕细加筹画，计议再三，凡命将遣官、派兵运饷，以及车马甲胄、兵器耕具之属，无不经理周详，备办丰足，弘纲细目，具有规条。而派出之官弁兵丁等，踊跃欢忻，争先恐后，其急公勇往之意，甚为可嘉。此盖弁兵等素怀忠君报国之心，而又受皇考六十余年教养之泽，感恩慕义，出于悃忱，故奋发之气若斯之壮也。然军气当壮，而军心则不可骄。孔子论行军之道曰："必也临事而惧，好谋而成。”而以“暴虎冯河”为戒。《书经》曰:“今予其恭,行天之罚。”可知古昔圣人于军旅之事,倍加敬谨,从未有以士饱马腾、兵甲坚利而遂生骄矜之意,忘严惕之怀也。

从来举大事者,固在人事之经营;而成大功者,必赖天心之眷佑。若果仰邀上天慈恩,默垂保护,则天地间非常之业、不世之勋,皆计日可以成就。而感格上天之道,惟有一诚一和。圣人曰“至诚感神”,又曰“和气致祥”,古训昭垂,千载不易。今此两路大兵前往,若自大将军以下、兵丁以上,皆存一片诚敬之心、一团和合之气,视国家之事如己事,联千万人之心为一心,以此感格上苍,蒙天心许一“是”字,如此而大功不唾手告成者,无是理也。

大将军总统全师,为三军司命,当开诚布公,虚怀受益,能谋于众,能断于心;勿以私意而泯人之劳,勿以偏见而掩人之善;信赏必罚,惠爱严明。副将军、参赞大臣等和衷协赞,合志同心,共展谋猷,以成韬略。其一应文武官弁等各有攸司,均关重计,祇奉将军之令,善导所辖之人,务殚公心,以襄伟绩。至于兵丁等应思祖孙父子世受国恩,今当执戈荷戟之时,正效力酬恩之会。况朕以至公训谕大小臣工,将军等秉公心以驭士卒,有功必录,有过必惩,正宜乘时黾勉,以图上进。古人以共为一事,比于同舟,言其休戚相通、忧乐与共也。朕谓今日之事,自将军以下,兵丁以上,不但有同舟之谊,实乃一体之亲。朕为元首,以股肱耳目视尔等;尔等众人,彼此联属之情,当如手足臂指之痛痒相关,肫诚固结;不可藏嫉妒之念,不可怀推诿之心;且不但不当存退缩规避之私衷,亦并不应存轻进贪功之浅见。盖一人立功,其功小;众人立功,其功大。果能以诚心和气感格上天锡福垂恩,肤功克奏,则凡行军预事之人,皆有光荣,膺爵赏于朝廷,垂令名于奕世,岂不美欤!朕自运筹军务以来,及师旅起程以后,朕之一心,时刻在于戎阵之间,尔等宜共体此心也。

雍正九年辛亥十月甲寅

振武将军、顺承亲王锡保奏：准噶尔贼人领兵二万六千，侵取喀尔喀游牧。臣令王丹津多尔济、额驸策凌等合兵击贼，列阵力战，自辰至午，斩贼将喀喇巴图鲁，直抵巢穴，奋勇擒杀，贼兵远遁。

上谕办理军机大臣等：喀尔喀副将军亲王丹津多尔济、郡王额驸策凌等，率领喀尔喀弁兵，奋勇争先，战败准噶尔，剿杀擒贼，甚属可嘉。丹津多尔济从前效力，已加恩封为亲王，著赏银一万两；郡王额驸策凌，晋封为和硕亲王，亦赏银一万两。扎萨克图汗亲王策旺扎布，虽未历战阵，在军营同顺承王宣力办事，亦赏银五千两。其余王、贝勒、贝子、公、众台吉、官员、兵丁内，懋著勤劳者，著顺承王查明具奏，加恩优赏。

雍正十年壬子九月乙酉

上谕办理军机大臣等：此次准噶尔逆贼，志欲抢夺泽卜尊丹巴胡土克图，侵掠喀尔喀部落，直越察罕叟尔大营，由杭爱山肆行猖獗。王丹津多尔济、额驸策凌、参赞大臣塔尔岱及诸王大臣、台吉等，共领满洲、蒙古、喀尔喀等兵二万，奋勇尾追千里，到鄂尔昆河厄尔得尼招地方，诸王大臣及台吉官兵等，同心协力，为国输诚，奋勇攻击，将三万逆贼斩杀大半，余贼丧胆奔逃，甚属可嘉。此次军功非寻常劳绩可比，官员兵丁著从优议叙，其随从额驸策凌，在克尔森齐老地方击贼官兵，著加倍议叙。领兵效力之王、贝勒、贝子、公、扎萨克台吉等，应赏巴图鲁名号，升授职衔。

今于议叙军功之先，特沛恩纶。喀尔喀和硕亲王丹津多尔济，著赏给智勇名号；喀尔喀和硕亲王额驸策凌，著赏给超勇名号。喀尔喀多罗贝勒册卜登，从前在阿尔泰军前著有劳绩，去年在苏克阿尔达胡地方,攻击准噶尔,又懋著勤劳,朕已赏给信勇名号。此次在厄尔得尼招,大败准噶尔贼众,又复追击,效力前驱,册卜登著封为多罗郡王。扎赖特固山贝子特古斯,从前在阿尔泰军前,曾效力行走,此次在克尔森齐老击贼甚力,在厄尔得尼招又复大败贼众,建立功勋,特古斯著封为多罗贝勒。敖汉辅国公罗卜藏,随从额驸策凌,在克尔森齐老击贼,又在厄尔得尼招大败贼众,又与贝勒册卜登、塔尔岱等追击贼众,效力前驱,罗卜藏著封为固山贝子。喀尔喀扎萨克一等台吉巴海,从前在阿尔泰军前,曾效力行走,去年亦著有劳绩,此次在厄尔得尼招,大杀贼众,建立功勋;喀尔喀扎萨克一等台吉葛木丕尔,去年懋著劳绩,此次在克尔森齐老额驸策凌队内,力战得伤,回至察罕叟尔军营,调治痊好,复行前往追击贼人,巴海、葛木丕尔俱著封为辅国公。塔尔岱著授为黑龙江将军,统领军营东三省兵丁;卓尔海著授为内大臣,署理黑龙江将军事务。其余扎萨克喀尔喀王、贝勒、贝子、公、台吉内,若有似此劳绩出众之人而遗漏者,著大将军顺承亲王、丹津多尔济、额驸策凌查明具奏。

十月癸亥

上谕办理军机大臣等:喀尔喀副将军王丹津多尔济,自用兵以来,实心效力。去岁奋勇追杀准噶尔贼人,今又在厄尔得尼招统领满洲、蒙古、喀尔喀兵丁,大败贼众,斩馘万余,挫其锋锐。贼人丧胆,望气逃遁,自是军威远震,疆圉宁谧,喀尔喀扎萨克等可共享太平之福。如此建立大功,虽赐伊墨尔根巴图鲁之号,朕心犹为未足。向来外藩蒙古王等之子,并无晋封世子之例,朕念丹津多尔济劳绩昭著,用加特恩,著照宗室王等之例,将伊长子多尔济色布腾封为世子。再,翁牛特贝子罗卜藏、喀尔喀扎萨克台吉齐旺,俱在厄尔得尼招,奋勇杀贼,贝子罗卜藏,著晋封为贝勒;扎萨克台吉齐旺，著晋封为辅国公。

雍正十一年癸丑八月丙辰

上谕办理军机大臣等：据署宁远大将军查郎阿等奏称"库尔墨图山地方，有逆贼五十余人来侵，被我官兵奋力攻击，斩杀二十余人，余俱生擒，未脱一骑"等语，此次经理调拨，甚属可嘉。所有效力人员，俟查郎阿查明等次具奏到日，再降谕旨。数年以来，因西路将军等办理疏忽，是以逆贼敢于玩视。今贼兵经此番伤损，必怀畏惧，或于今秋即整兵侵犯西路，或于冬天侵犯北路，俱未可知。著传谕查郎阿等，令其详悉筹画办理。

雍正十二年甲寅正月甲申

上谕办理军机大臣等：据查郎阿折奏"由准噶尔来投之厄鲁特巴图济尔嘎尔禀称，噶尔丹策零欲前来请和，或遣准噶尔之人为使，或即用内地之人，尚在未定。又据贼营脱出投赴北路之人亦称，噶尔丹策零现在行查被获人等，意欲遣还请和"等语。朕思逆贼欲遣使请和者，特为安辑部人、纷扰我军之计耳，定非实意。若不准其所请，则必传谕所属曰"我为尔等业经引罪求和，无奈所请不准"，用以固结士心，而使我军闻之，亦以贼请和而不允，遂至懈于效力。如此奸谋诡计，不可不加详察。尔等密咨两路大将军，贼若遣使前来，但谕以"朝廷欲偃息甲兵，使众生乐业，屡经遣使，尔台吉并无欲和之意，每藉端推托，今果引罪请和，须派亲信之人如台吉寨桑等，将应行事理，详议前来，方为奏达。乃止令尔等微员及内地微末之人前来，未便收纳"。如此晓谕，方合事理。至我兵进剿之计，断不可因此迟回濡滞，仍照常整备，相机举行。

三月己亥

云、贵、广西总督尹继善奏：进剿普思逆夷大捷。

上谕内阁：普思一带，土贼猖狂，皆前岁漏网之贼首，自号神仙，迫胁夷民，煽惑滋扰。今总督尹继善檄饬各路将弁周仪等，克期进剿，擒斩首恶神仙喃奔等二百余名，招出投诚夷民八千余名，尚有贼首召补达等三名及其余党窜匿未获，攸乐、恩茅一带，悉已荡平。尹继善悉心调度，俱属妥协，自应乘此军威，将首恶尽歼，余党尽扫，以期一劳永逸。至擒获贼首，当即行正法；其眷属即行分赏；投诚之众，急宜抚绥；胁从之徒，量加惩治。凡事每懈于垂成，忽于既定。尹继善甫制滇南，虽心力俱强，而威信未立，此举实关三省筹画，非仅为元新普思计也，可传谕尹继善知之。

附:武 备

雍正二年甲辰闰四月乙未

上谕沿海各省督抚、提镇等:出洋巡哨船只,最为紧要。旧例,地方官承管修造,营员每多方勒索,不顾州县赔累,地方官惟知交结营员,嘱其收受,彼此俱挟私心,修造岂能坚固?以致出洋船只,易至朽坏重修。朕深知其弊,欲改归营员修造,使州县无赔累之苦,而于军政似实有裨益。尔等可会同速行确议具奏,若有不可行处,不可迎合,强以为是。

七月甲子

办理船厂事务给事中赵殿最奏:船厂地方应建造文庙,设立学校,令满汉子弟读书考试。

上谕内阁:文武学业,俱属一体,不得谓孰重孰轻。文武兼通,世鲜其人。我满洲人等,因居汉地,不得已与本习日以相远,惟赖乌喇、宁古塔等处兵丁,不改易满洲本习耳。今若崇尚文艺,则子弟之稍颖悟者,俱专意于读书,不留心于武备矣,即使果能力学,亦岂能及江南汉人?何必舍己之长技,而强习所不能耶!我满洲人等笃于事上,一意竭诚,孝于父母,不好货财,虽极贫困窘迫,不行无耻卑鄙之事,此我满洲人之所长也。读书者,亦欲知此而行之耳,徒读书而不能行,转不如不读书而能行也。

本朝龙兴,混一区宇,惟恃实行与武略耳,并未尝恃虚文以粉饰;而凡厥政务,悉吻合于古来圣帝明王之徽猷,并无稍有不及之处。观此可知,实行之胜于虚文矣。我满洲人等纯一笃实、忠孝廉节之行,岂不胜于汉人之文艺、蒙古之经典欤?今若崇尚文艺,一概令其学习,势必至一二十年始有端绪,恐武事既废,文艺又未能通,徒成两无所用之人耳。理宜遵朕从前所降"毋弃满洲本习"之谕旨,专令兵丁人等各务实行,勤学武略,以敦俭朴之习,何必留意于此等无有实效之处,以贰兵丁之心,强其所不能,而徒事于虚名也。此皆妄听发遣人内,稍能识字之匪类,不顾大体、肆言摇惑之所致耳。果能尽心鼓励,得材勇卓越者数人,以备朕之用,俾保障国家,收股肱之效,较之成就一二驽劣无能之生员为远胜也。

将朕所降谕旨及此奏请之处,晓谕乌喇、宁古塔等处人等知悉,并行知黑龙江将军共相勉励,但务守满洲本习,不可稍有疑贰。再通行京城八旗人员知之,在京之满洲人等,与盛京乌喇等处之满洲不同,文武二艺俱为不得不学之事,如果二者兼优,朕必重用。但人之能精一艺者尚少,二者俱优自必更少矣。倘不能造诣,是徒成一无用之人也。满洲子弟虽教以读书,亦不可弃置本习。果有可学之子弟,务须加意教训,俾其精诣优通;如不能望其精诣者,仍应令其学习满洲之武略骑射。勿但崇尚文艺,以致二者俱无成就,而以满洲之武略为可鄙也。惟我满洲本习,纯一笃实、忠孝廉节之行,所宜敦勉。

雍正三年乙巳八月丙子

上谕内阁:满洲兵丁于技勇武艺,俱已精练,惟向来未习水师。今欲于天津地方设立水师营,分拨八旗满洲,前往驻防操演,似属有益。其应于何处驻扎、设立几营,派兵若干,用船若干,并如何制造船只,如何演习兵丁之处,著怡亲王会同朱轼、张廷玉、蒋廷锡、拉锡详议具奏。

雍正四年丙午九月甲辰

上谕内阁：古者，射御居六艺之中，圣人所重。本朝开国以来，骑射精熟，历代罕有伦比。旗人凡少长贵贱，悉皆专心练习，未有一人不娴熟弓马者。士子应试，必先试其骑射合式，方准入闱，盖恐其专习文艺，或致骑射生疏，故先以此试之。即今部院堂司官，亦每月如期在本旗教场，该管都统、佐领看练弓马，所谓有文事者必有武备，创制立法之意，诚深远也。近来文官外任之人，渐渐不习于骑射，若听其因循怠惰，将来必致骑射生疏，岂国家创制立法之意乎？凡旗人外任文官，六十岁以下者，限二年之内，仍须熟练骑射；倘二年后，有不能骑射者，该督抚即行参劾（原为效）。若督抚徇隐，经朕察知，将督抚一并治罪。

雍正五年丁未二月癸亥

上谕兵部：水师甚属紧要，现今天津设立水师，令满洲官兵操练学习。其江宁驻防满洲官兵，亦应照天津例设立水师，将镇江水师现有船只酌量拨给江宁将军，令其学习操练。

雍正六年戊申十二月己亥

工部议覆：盛京户部侍郎兼理奉天府府尹王朝恩条奏“各省修造战船，旧例督抚转委中军验看，以致需索徇隐，船只不能坚固。嗣后务须各该督抚亲验”，应如所请。

上谕曰：战船关系紧要，若仅委中军验看，或彼此瞻徇情面，不据实详覆，致使物料柔脆，不能经久。嗣后修造战船，当造成之日，其船厂附近省城者，著在城之督抚、提镇及布按两司亲往验看；其船厂离省远者，著附近府城之文武大员公同验看，务令修造坚固。倘有不能坚固及浮冒侵蚀等弊，即行题参治罪。庶承修之文职有所顾忌,不敢草率浮销;而监工之武弁亦可免借端需索之弊,著该部遵谕速行。

雍正七年己酉闰七月乙亥

上谕兵部:训练营伍之道,必技艺精熟,方有济于实用。闻直隶地方营汛中,枪手演习,止放空枪,从未装入铅子打把。似此则信手高低,漫无准则,何由纯熟而成必中之技?直隶几处如此,则通省可知;直隶一省如此,则外省可知。嗣后,著通行直省督抚、提镇等,转饬所属,于练习火器之时,用铅子打把。演熟准头,则火器皆成利用,于营伍实有裨益。

八月甲寅

上谕兵部:盛京旅顺地方,虽设有水师官兵,而俱不能谙练水师事务,若无教习之员,恐其有名无实。著福建水师提督蓝廷珍,于千总内拣选数员,于兵丁内拣选数名熟谙水师者令赴盛京,交与该将军,令其教习旅顺水师官兵。其由福建起身之时,著该督抚照资助送往浙江、湖广弁兵之例,给与盘费。

十月乙酉

上谕庄亲王等:骑射,乃兵丁最紧要技艺,八旗大臣与章京等,皆系率领兵丁出师行围之人,理应亲率各官,操演骑射。嗣后遇平常较射之日,俱著学习骑射;若年逾五十五岁者,听之。将朕此旨,遍行晓谕。

雍正九年辛亥八月癸丑

上谕王大臣等:内务府佐领下,每旗酌量增挑护军,或一百名，或二百名，设立鸟枪营。其作何操演，及应给钱粮米石之处，著庄亲王、内务府总管曾同、大学士等详议具奏。

乙卯

上谕内阁：朕闻各省驻防兵丁，技勇多属生疏，营伍亦觉废弛，所养马匹，多不足额，汉军尤甚，且遇急用之时，竟有将营马私卖者。今特颁谕旨，通行晓谕。著该管大臣官弁，悉心整理，勤加训练，务令军容严肃，武备周全。朕或于明年春月，各差科道等官前往查看，倘仍蹈故辙，一经参奏，定将该管大臣官弁严加议处。

雍正十一年癸丑二月庚申

上谕兵部：古云："兵可百年不用，不可一日不备。"所谓备者，非徒操练技勇、演习行阵而已。如马匹、军装、炮火、器械，军行必需之物，一一预备于平时，及有事调拨，便可刻期起程，不至拮据延缓，此乃设兵之本意也。

我国家承平日久，武备渐弛，年来朕屡降谕旨，谆谆训饬。虽该管大臣等，稍知以训练为务，然马力不足，资装器具不周，每闻派遣之信，勉强周章，迁延时日。所谓预备者，但有虚名而无实际，此则该大臣所当深知痛改、加意整理者。又如营中有必需之匠役，不得不酌量给与兵粮数名，以资养赡。而将弁等每多借此名目，将水火夫役等人多占名粮，又每将精壮兵丁多派为亲随，不令当差，及遇头目把总缺出，即于此内拔补，以致荷戈持戟者差使繁多，而不得上进之路。朕向知此弊，已屡降谕旨，切加申饬。近闻此风仍未全改，亦著该管大臣严行查察，毋得姑容。又闻各营中，间有公中余利；如甘州提标马厂之类，原系存公备用，而该管将弁往往据为己有，收入私橐。遇有过往应酬，及营中杂费，仍摊派兵丁，而不恤其艰苦，此弊尤当禁革。今再行晓谕，倘敢视为具文,仍蹈前辙,勿谓罚不加众,希冀苟免。其情罪轻者,照例处分;情罪重者,必在本地正法。

雍正十三年乙卯二月辛酉

上谕内阁:从来文武两途,国家并重,未尝轩轾于其间。而习其业者,必专心致志,不惑于他岐,然后有所成就,可以备国家之用。每见无识之武臣,沽名邀誉,辄称营伍中设立义学,兴文育材;又或请令驻防兵丁子弟,就近应该省乡试。此皆舍本逐末、糊涂颠倒之见。

夫国家设立营伍,原为折冲捍御之计。营伍中提镇大员,乃弁兵之表率也,意之所向,众共趋之。今乃浮慕读书向学之虚名,而于持戟荷戈之地,以文章翰墨相矜尚,是本业在武而注意于文,必致弁兵等相习成风,人材渐至软弱,武备亦至废弛,岂整饬戎行之道乎?彼弁兵之子弟,其资性聪慧,可以读书者,听其延师自课,循例考试,以图上进,此乃两全之道。为提镇大员者,何必以虚名倡率,使之轻视本业?且与其设义学以课文,何如设义学以课武,尤为轻车熟路,易于有成也。至于各省驻防,乃专为武备而设,其子弟通晓文艺者,原听其来京应试,以为进身之路。若准其在外就近乡试,则伊等各从其便。竞尚习文之名,而渐忘用武之实,将来更有何人可充驻防之选乎?在京师则文武并用,是以文武兼收;在驻防则武备是资,应以武途为重。即如农工商贾,各专其业,然后可以收其效,此古今不易之理,奈何介在两歧?其流弊必至两误。向后如仍有妄行奏请者,朕必加以重处。

卷十二

敦睦

康熙六十一年壬寅十二月壬子

上谕宗室觉罗人等：皇考至仁至厚，恩笃宗支，凡宗室觉罗，大罪薄惩，小罪宽免，历年无一人及于刑辟者，必不得已，乃令圈禁。朕思皇考时问罪圈禁之人，原不应释放，只以现遇恩赦，姑与宽宥。伊等当念身系宗室觉罗，须闭户家居，安分静守，慎毋怙过不悛，再罹重罪。

雍正元年癸卯正月丙申

上以庄靖亲王博果铎薨，欲亲临祭奠，诸王大臣等恳请停止。上谕曰：王大臣等所奏虽是，但朕之长辈，止有庄亲王一人，宗亲谊笃，朕心必欲亲往。著宗人府并有执事之王大臣等随往。

十一月辛丑

上谕王大臣等：怡亲王于皇考时，敬慎持身，廉洁立品，未尝图利干预一事，纠党邀结一人，所属人员略无扰累，其安分自守，家计空乏，举国皆知，朕素崇奖。自朕御极以来，一心戴朕，克尽臣弟之道；所交事务，悉效公忠，亦众所共知也。查从前朕弟兄分封之例，总计各得钱粮二十三万两，朕欲援此例赐之，王奏辞不已，朕勉谕再四，仅受十三万两而已。再照裕亲王例，令支官物六年,王又叩首固辞,极其恳切。朕欲以王之善表扬于众,且为后日子孙模范,故特谕诸王大臣,今不允王之所请,既不可得;允王所请,则超轶寻常。实心为国宣力之弟,转不得以诸弟兄应得之分赐之,朕心实为不忍。著诸王大臣议奏。

乙 巳

上谕王大臣等:前将怡亲王奏折,交王大臣等议奏,王又屡次奏辞,力求允其所请。朕尚难于酌定,想王大臣等自难定议。今俱著照所请,以副王谦抑之怀,朕另行加恩,将现在王所兼管之佐领,俱令为王之属下,赏给一等护卫四员,二等护卫四员,三等护卫十二员,加赐豹尾枪二、长杆刀二,每佐领下添给亲军二名,以此加恩于王,即遵旨行。

雍正二年甲辰正月甲午

上谕总理事务王大臣等:朕御极以来,加恩文武官员,各得升阶,而宗室独无仕进之路,朕欲施恩,予以升阶,思之再三,总不可得。如用伊等为大臣等及侍卫,犹可供朕使令;若用部院,或遇属下人为大臣,难以行走,势必至瞻徇情面;若令其应乡、会试,与民人一体搜检,恐失观瞻。可否补用宗人府官员笔帖式之处?尔等传与宗人府议奏。再,宗室内有学优才美者,作何考选之处,亦著议奏。

闰四月戊寅

上谕宗学正教长辅国将军善福等:朕惟睦族敦宗,务先教化。尝见宗室中习气未善,各怀私心,互相倾轧,并无扶持爱护之意,惟知宠厚妻党姻娅,其于本支骨肉视若仇敌,殊为悖谬。或因祖父昔日微嫌,追念旧恶,必图报复;即如齐正额,行事无状,甘蹈匪僻，以致重干法纪。王贝勒之子孙，妄自尊大、任意奢侈、不顾礼义、陷于罪戾者，往往有之。其将军及闲散宗室不知自重、狎比小人、荡尽先人产业者，尤为不少。

昔我皇考加恩宗室，养育栽培，抚恤备至，苟有片长薄技，靡不收录，如普奇、经希、勒什亨等，皆曾擢用。伊等不思感恩酬德，反要结朋党，专事钻营，大负皇考委任之意；且其居家素行，亦多乖戾，又如赖士不安本分，荡产破家，及其赎罪军前，仍不改过，生事讦告，此皆宗室中之可为炯戒者。

朕尝叹明代宗室年久繁衍，失于训教，末流猥鄙，至不可言。诚恐朕之宗室日流日下，不知前鉴，深用为忧，是以亟筹保全之道。若非立学设教，鼓舞振兴，循循善诱，安能使之改过迁善，望其有成？今特立义学，拣选尔等教习宗室，尔等随其资质劝学兴行，导以礼义。夫教训之方，渐摩陶淑，非可责效旦夕也。但须尽心竭力，善为开导，毋避怨，毋倦怠，教习久而礼义明，自当远恶从善。或有不遵教训、罔顾廉耻、有玷名教者，小则尔等自行惩戒，大则揭报宗人府，会同奏闻。其行止端方、精勤好学者，无论年齿长幼，即行保奏。

从来立教之术，莫要于奖善惩恶，善不奖，不能使之劝；恶不惩，不能使之改。尔等既膺简任，其各平心静气，屏除私意，教训宗室子弟，如己之子弟，恳恳然无毫发不尽其心。所颁谕旨，令其朝夕记诵，如木铎之警众，俾皆觉悟自新，庶几积习可除，翕然向化，以协休风。尔等务期勤慎黾勉，恪供厥职，以副朕笃厚宗亲、殷勤教育之至意。

五月己巳

上谕宗人府：王府佐领分出之人，编设佐领，令其兄弟子侄管理尚可；若以旗分之人凑集编设佐领，令其兄弟子侄管理，朕意以为非宜。虽系兄弟子侄,亦各有定分,宗室等岂可将他人之定分占据乎?凡此等处,应行区别。宗室为镇国将军等职,乃伊等分内之事,一为佐领,竟成诸王之属下矣。其宗室觉罗佐领,惟朕可以役使,若在王等门下以供使令,王等既难自安,且多掣肘之处,理应置之公中,令在上三旗行走。况闲散宗室内,亦有统辖旗分佐领者,王公理宜统辖属下,闲散宗室岂宜统辖属下乎?似此者亦应撤出,置之公中。王等果能为国宣力,著有嘉行,朕自将佐领添增赐给。再,公等之长辈宗室凌侮幼辈,扰累伊等属下之人,视为泛常,公等亦不能相抗,任其所为。其属下人等念系本公宗族之长,亦不便于首告,或千百之中仅有一二发觉耳,其无辜受累者甚多。伊等行辈虽卑,亦系统辖属下之人,若恃其辈长而凌侮之,可乎?扰累其属下之人,又可乎?将此著宗人府一并详议具奏。

十二月壬午

王大臣等奏:二阿哥病势不起。

上谕曰:前看守之王大臣奏闻二阿哥病症,朕即下旨与王大臣,于太医院择良医调治。昨者少愈,二阿哥披诚陈奏,感激朕恩,殊为可悯。今日医云,病复变重,朕欲往看,恐二阿哥执为臣之礼,俟有事后,朕再往奠。前二阿哥福金事,既照亲王福金办理,若二阿哥有事,亦应照亲王之例办理,一切所用之物,交与内务府大臣庄亲王常明、来保等,俱于内府取给。理郡王所属人等,俱著穿孝,即传谕令其预备。二阿哥之子孙,交与总管太监,多派人照看。从前皇考时,大阿哥福金,曾派在内阿哥穿孝,如二阿哥有事,著诚亲王公允祹、长子弘曙、弘晫、弘曦、弘昉、弘春、弘昂穿孝,照亲王例齐集。时值隆冬,福金及大臣之命妇,免其齐集。著择定出殡日期,送至郑家庄,设棚安厝,令伊子弘皙得尽子道。出殡时,每翼派领侍卫内大臣各一员、散秩大臣各二员、侍卫各五十员，送至郑家庄。

甲 申

王大臣等以二阿哥患病溘逝，皇上降旨亲往致祭，合词恳请停止。

上谕曰：王大臣劝朕虽是，但朕心不能自已之处，尔等尚未尽知。二阿哥获重罪于皇考，其身若在，乃系负罪之人，今既薨逝，则罪案已毕，依然朕之兄也。从前裕亲王殁时，皇考自热河回京，躬临致奠，朕之弟兄，俱著穿孝，今封二阿哥为亲王，即与裕亲王无异。朕登大宝以来，于二阿哥处，未降一旨，未遣一人，虽锡赍频加，皆未言及朕所颁赐，惟交与总管太监传送，盖朕心不欲受伊拜谢，并不欲闻伊感恩之言也。前日闻伊病笃，朕遣大臣往视，二阿哥奏曰"臣蒙皇上种种施恩甚厚，臣心实深感激"；又训伊子理郡王曰"尔若能一心竭诚效力，以事君父，方为令子"等语，此皆二阿哥至诚由衷之言。朕今往奠，乃兄弟至情不能自已，并非邀誉也。明日朕必往奠，王大臣不必再奏。

雍正三年乙巳三月辛亥

诸王宗室等以建立宗学，具折谢恩。

上谕曰：《书》云："以亲九族，九族既睦。"尔等宗室之内，自应和协，彼此保护，骨肉之亲岂可相为仇敌乎？朕在藩邸时，虽知宗室恶习，但孔子云"不在其位，不谋其政"；又云："非天子，不议礼，不制度，不考文。"朕今即位，教育爱护宗室，俱系朕躬职分之事。前朕议处苏努、吴尔占之罪，伊等并非与朕旧有隙怨，只以骨肉之内，彼此倾陷，互为仇敌，一有微隙可乘，群起而攻之，则其人何所容身乎？今我宗室内互相仇陷之习，皆由苏努所致。凡仇当解不当结，所谓"九世之仇必报者"，指敌国而言之耳，非言宗族骨肉也。以骨肉而信下人无影响之言，彼此视为仇敌，反与旁人相亲，岂非轻重倒置乎？今朕宗室仅千余人，尚不及十佐领人数，若如此互相倾陷，何所底止？朕甚惜之，惟望尔等习为善人。

尔宗室内，不但同心协力、报效国家之人，为朕所深眷；只安静守分、不干法纪之人，即在朕眷注之中。若妄行犯法，朕必照例处分，岂可望朕之宽宥乎？尔等为立宗学之故谢恩，如以朕设立此学果为有益，尔诸王宗室之子弟，或在家延师读书亦可，或劳其身心，阅历事务，令入宗室学中读书亦可。惟令教习等严加训诲，尔等又时加约束，自可望其成就。若溺爱袒护己子，反怨教训之人，何由望其成立耶？

尔众宗室等，听朕此旨，实心奉行，各自勉励。或学习经书，或娴熟武艺，宗族骨肉内，彼此扶持，各守本分，无贻羞辱。如果学习数年，文武两途，有几人成材，则朕心喜悦，如获奇珍，庶此学之设不为虚矣。再，宗室子弟之成丁者，宜各自黾勉向学，至于鼓舞振作之勤，则在尔宗人府、王、贝勒、公等。如数年中，各自勤学，诚得几人成立，彼时不但尔等谢朕之恩，朕且举行筵宴，以志欢庆。总之，宗族骨肉之间，以和为贵，尔等勉旃！

雍正四年丙午七月辛亥

御书“忠敬诚直，勤慎廉明”扁额，赐怡亲王。

上谕大学士、九卿、翰詹、科道等曰：朕自即位以来，怡亲王事朕，克殚忠诚，至纯至恪，事事为朕实心办理。而朕委任之处甚多，约略举之，职掌之大而且繁者有九：议政关系机密，户部掌领度支，三库总理出纳，兴修畿辅水利以厚民生，管领汉侍卫以育人材，至于诸王子之事务，旧邸之事务，以及督领圆明园八旗守卫禁兵，养心殿监理制造……巨细事件，皆一人经画料理。而怡亲王公尔忘私，视国事如家事，处处妥帖，能代朕劳，不烦朕心。盖其忠君亲上之念，肫恳笃挚，是其忠也；小心兢业，无纤毫怠忽，是其敬也；精白一心，无欺无伪，是其诚也；直言无隐，表里如一，是其直也；黾勉奉公，夙夜匪懈，即如目今，王虽身抱疴疾，而案牍纷纭，披阅不倦，朕闻之实至于不忍，是其勤也；一举未尝放逸，一语未尝宣漏，是其慎也；清洁之操，一尘不染，是其廉也；见理透彻，莅事精详，利弊周知，贤愚立辨，是其明也。是以朕特书“忠敬诚直，勤慎廉明”八字赐之。

惟朕深知王之德，洞悉王之心，觉此八字，实不能尽其美善，亦无一毫过量之词。若有一字不确不切，是朕之颁赐非嘉奖之词，乃讥讽之语矣，朕不为也。且朕赐此八字，乃就怡亲王事朕之大端而言，至于王之当年侍奉皇考，极尽诚孝，深蒙皇考之慈爱。而其居心之方正，秉性之和平，待人之宽厚，遇下之仁惠，种种善行，笔不胜书。朕观尔等在朝诸臣，于“忠勤慎明”四字，尚多有之；若“敬诚直廉”四字，朕则未能轻许。向后咸当奋勉砥砺，以副朕望。

雍正六年戊申二月丙戌

上谕宗人府：果郡王为人直朴谨慎，品行卓然，朕即位以来，命王办理理藩院及三旗事务数年，王矢志忠诚，毫不顾及己私，执持正理，概不瞻徇，赞襄朕躬，允称笃敬。王微有弱疾，虽偶尔在家调养，而一切交办事件，仍然尽心料理。今承我圣祖皇考六十余年至圣至神、化洽宇宙之恩，普天共享升平，固无庸似昔年诸王效力于行间。朕以为若能尽心为国，备极忠诚，恪守臣子恭顺之道，其人为尤胜，其事为尤难。著将王晋封亲王，为朕之子弟及世世子孙之表范。

雍正七年己酉闰七月癸未

上谕王大臣等：向来觉罗佐领，或有或无，俱未画一。今既将下五旗觉罗佐领由各该王属下撤出,作为公中佐领,朕意均派八旗方为妥协。前者宗人府设立宗学,只令教习宗室,未及觉罗。觉罗人众,今若一概归并宗学,教者势难遍及,应每旗各立一衙门管辖觉罗,或王或公派委一员统理,令其于各该旗觉罗内拣选老成练达、品行端方者一二人分管。即于该旗衙门之旁,各设一学,除情愿在家学习者外,择其可教之人,令其读书学射,满汉兼习。所派出之管辖人员,不时训诲稽察,如内有行止不端、不知守法安分者,即回明宗人府、王等,令在该旗衙门居住学习,禁止出门,俟其改行迁善之后,再许出门,年底汇疏具题。如此则于觉罗少年子弟大有裨益,而人人皆可成就。著宗人府、王公等,会同满洲大学士、六部尚书详悉议奏。

雍正八年庚戌五月甲戌

上谕内阁:朕因怡亲王薨逝,中心悲恸,虽强自排遣,而饮食俱觉无味,寝卧皆不能安。盖王之事朕,诚敬忠爱之心,八年有如一日。自古以来,无此公忠体国之贤王,则朕所以待王之礼,亦应在常例之外。今朕素服一月,以稍展思慕不释之情。此一月之内,朕既素服,则在廷诸臣遇朝服之期,亦著仍穿常服,一切宴会俱不必行。凡朕加恩于王之处,皆不足以酬王之硕德丰功,而在朝之诸王大臣官员等,受国家之恩,必念国家失此贤王,同深悲痛。昨日朕亲临奠醊之时,见满汉文武诸臣悲切之状,人有同情,朕心甚慰,益见王之素行感人者深也。

丙子

上谕内阁:怡亲王忠孝性成,端方清直,当年事我圣祖皇考敬谨恪恭,克尽子臣之道,深蒙皇考慈爱,而王慎密有加,小心安分,此中外所共知者。逮朕御极之初,命王总理事务,王夙夜匪懈,公尔忘私，精白一心，无欺无隐。其殚竭忠诚，赞襄于密勿之地者，八年有如一日，至于军务机宜，度支出纳，兴修水利，督领禁军，凡宫中府中事无巨细，皆王一人经画料理，无不精详妥协，符合朕心，无烦朕之指示。其有关于吏治民生之利弊，有闻必奏，每语必详；而为国家保护善类，培养人材，一片笃挚真切之念，形于寤寐。

王之懿德美行，从不欲表著于人，而人亦无从尽知之。朕即知王最深，而亦口不能宣，笔不能述也，是以雍正四年，特书"忠敬诚直，勤慎廉明"八字以赐。彼时降旨，朕深知王之德，洞悉王之心，觉此八字实不能尽王之美善，不过就王事朕之大端而言耳。盖王实能佐朕治安天下，朕实赖王翼赞升平，遍观自古史册所载贤王懿戚，从未有可与王比伦者。且王居心之和平公正，行事之宽厚仁慈，皆足以享遐龄而绵寿算，岂意王遽舍朕而溘然长逝耶！

自去年冬月，王抱病以来，朕萦于怀，无刻稍释，商确医药，默祷神祇，以冀沉疴顿起。乃今医药罔效，祈祷不灵，天何夺我忠诚辅弼之贤王若此之速耶？王抱恙时，居住交晖园，与圆明园相近，朕间欲亲往看视，王再三恳辞，而于一旬半月之间，必力疾入圆明园，与朕相见。及王病势渐加，力不能支，惟恐朕心忧烦，则称交晖园乃起病之所，暂且移避，遂养疾于西山，无非欲与圆明园相远，令朕不深悉其病状，可以安慰朕心也。及王回城中府第，朕以祈雨回宫，前月得雨之后，王屡次奏请朕幸圆明园，是王但恐以病状烦劳朕心，而于己身之生死全不计及也。及闻病势沉笃，朕方欲命驾临视，乃王闻知，即脱尘而去，盖王不欲以永诀伤朕之怀，是以显此刚决之相。其于去留之际，明白超脱若此，在王成一忠孝正直、贤智慧觉之全人，而朕顿失此柱石贤弟，感痛悲哀，何能自已耶！

王之德行功绩，难以枚举。从来丰勋伟烈，必膺国家崇报之典。惟王为圣祖皇考之令子，为我朝列祖之功臣，允宜配享太庙，列于从前建立大功诸王之次，庶与王之功德相副，且可上慰列祖、皇考在天之心，而朕思念悲切之衷，亦可稍解于万一。其余一切恩恤典礼，该部会同大学士、九卿悉心详察，从优定议具奏。

丙戌

上谕内阁：怡亲王为朕办理大小诸务，无不用心周到，而于营度将来吉地一事，甚为竭力殚心。从前在九凤朝阳山，经画有年，后因其地未为全美，复于易州泰宁山太平峪周详相度，得一上吉之地。王往来审视，备极辛勤，又恐随从人等烦扰居民，将饮馔之属俱不令前驱预备，常至昏夜始进一餐。其所择吉壤，实由王亲自相度而得，而臣工之精地理者详加斟酌，询谋佥同。且以为此皆王忠赤之心，感格神明，是以具此慧眼卓识也。其相近山水回环，形势联络之处，又有中吉、次吉之地。朕以王经营吉地，实为首功，欲以中吉者赐之，王惊悚变色，惶惧固辞，朕鉴其诚心，遂寝其事。

已而在六十里外涞水县境内，得一平善之地，曰"此庶几臣下可用者"，奏请赐给。朕彼时迟回，未曾降旨，王于病中令侍郎刘声芳恳切转奏，朕不得已，允其所请。王得旨喜极，至于踊跃忭舞，云："皇上待我隆恩异数，不可枚举，今兹恩赐，则子孙世世俱受皇上之福于绵长矣。"即日遣护卫前往起土，越数日，护卫呈看土色，王取一块，捧而吞之，盖王知朕眷王之深，惟恐茔域未定，将来仍以前所欲赐之地赐之也，其用心之谦谨周密至于如此。

王薨逝后，朕询问王府管事之人，知王病中将身后之事，一一指示。特画亲王坟茔图一幅，与其王妃及诸子曰："我身后茔地之制，悉照《会典》所载亲王之礼行，毋得稍有逾越，如或稍过，则汝等违我之治命矣。"昨王府之人以图进呈朕览，仅有门三间，享堂五间，此国家经常之制，非所以待有大功之贤王者。但思王之生平，谦抑退让，朕每加恩礼，王必再四恳辞，朕鉴其一一实皆出于至诚，往往俞允，今若身后独不从其言，朕心有所不忍。然以丰功硕德不世出之贤王，而寝园仅循常制，则褒德显功之典礼实为缺略，朕心又有所不忍。今如何使朕心之辗转不忍者，得以大慰而揣度，王心亦受之而安，且揆之于礼，适为合宜允协，著大学士、九卿等悉心详酌，定议具奏。

六月丁未

上谕大学士等：从前怡亲王常在朕前奏称，白家疃一带居民忠厚善良，深知感激朝廷教养之恩。今王薨逝，而彼地居民人等感念王之恩德，欲自备资本，建立祠宇，岁时致祭，舆情恳切，足征王之遗爱在人，而民风醇厚亦即此可见。朕心深为嘉悦，将白家疃数村地丁钱粮，永远蠲免，以为将来祭祀香火之资，并使良民均沾恩泽，尔等确议具奏。

辛酉

大学士等议奏怡亲王茔制。

上谕曰：怡亲王有遗言，身后殡殓，只用常服，一切金玉珠宝之属，概不可用。王妃及诸子遵其遗言，只以常服为殓，即平日所束之带亦未曾用。朕亲临其丧，亦只以血泪巾帕及所佩香囊附棺中，示含玉之意，志永诀之哀。盖王天性节俭，一生服食之需，爱惜物力，不肯多费丝粟，故拳拳于身后如此。且识见高明，深凛古人宝玉送死之戒，即此一节，其器量过人远矣，是以附身、附棺之物，皆从其遗言，不忍违其素志。至于园寝之制，则关系国家之典礼，“德懋懋官，功懋懋赏”，乃古之通义，恐非朕所得私，亦非王所可让者。今大学士、九卿等酌古准今，详明定议，悉与典礼符合，甚惬朕怀，著依议行。

卷十三

用人

康熙六十一年壬寅十一月庚戌

上谕大学士等：朕惟敷政之道，用人为先，辟门吁俊之典，由来尚矣。然知人则哲，自古为难，朕在藩邸，不与朝臣往来，所以内外大小官吏，皆不能晰知。今荷皇考大行皇帝命承大统，临御之初，简用人材。尔诸大臣皆久蒙皇考知遇，任以股肱，兹值梓宫在上，灵爽式凭，尔等哀感交迫之时，益当各竭忠荩，仰报高深。内而大臣，以及闲曹；外而督抚，以及州县，或品行端方，或操守清廉，或才具敏练者，尔等各据真知灼见，从公具折密奏。古人云："内举不避亲，外举不避仇。"尔等果矢公忠，以人报国，或素日同僚共事，或同乡同年，或门生亲戚子弟，俱准保奏。勿避嫌疑，勿徇私援党，勿沽名市恩，勿轻听风闻，勿言过其实。有一于此，则上负皇考任用之恩，又负朕咨询之意矣。

皇考遗命，嘱朕笃爱懿亲，保全臣下。数十年来圣明之世，本不容有奸贪昭著之人，朕所需者人材，但当有举无劾，毋得修怨陷害。尔等具折，或满字，或汉字，各须亲写，不可假手于子弟，词但达意，不在文理字画之工拙。其有不能书写者，即行面奏。至于政事中，有应行应革，能裨益国计民生者，果能深知利弊，亦著各行密奏。朕自即位以来，用人行政，若有阙失，亦宜直言无隐。朕之谆切询问者，一则急欲得人以资治理，二则欲知朕行事之当否，三则观尔等所举之人,及所奏之事,便可知尔等之居心制行矣。

雍正元年癸卯二月丙寅

上谕六部尚书、侍郎等:各部属员,既各分司,则各有职守,彼此不得干预。况每司满汉共有六员,不可谓办事无人。若皆阘冗贪庸,何难指名题参,另易其人,安用他司越俎代庖乎?此明系钻营包揽,为渔猎之计。嗣后不论何司,不论满汉,永远不得借才能之名,一人兼摄数司之事。若有紧要事件,暂时派出,指办一二事尚可。

三月乙酉

上谕吏部:各省督抚衙门事繁,非一手一足所能办,势必延请幕宾相助,其来久矣。但幕宾贤否不等,每有不肖之徒,勾通内外,肆行作弊,黜陟属员,则清浊混淆;申理狱讼,则曲直倒置;败督抚之清节,误督抚之功名。彼则置身事外,饱橐而去,殊属可恨。夫今之幕客,即古之参谋记室。凡节度观察等使赴任之时,皆征辟幕僚,功绩果著,即拜表荐引,彼爱惜功名,自不敢任意苟且。嗣后督抚所延幕客,须择历练老成、深信不疑之人,将姓名具题,如效力有年,果称厥职,行文咨部议叙,授之职位,以示砥砺。该部详议具奏。

四月甲子

上谕直隶各省督抚:国家敦励风俗,首重贤良,举髦士以劝秀民,实为政教之大端。凡封疆大吏宜共体此意,广询博访,不可视为具文,漫不加察也。前所颁恩诏内,有"每府州县卫,各举孝廉方正,暂赐以六品顶带荣身,以备召用"一条,距今数月,未有疏闻。岂通都大邑之中,海澨山陬之远,遂无潜修砥操,克称俊乂,可应诏旨者欤？诚恐有司怠于采访，虽有端方之品，无由上达，殊负朕殷殷延揽之至意。特著直省各督抚，速遵前诏，确访所属。果有行谊笃实，素为乡党所推者，即列名具奏，毋得隐蔽及滥引塞责。

十月辛亥

上谕总理事务王大臣等：部院笔帖式食俸仅二十八两，不及一护军领催之钱粮，而伊等乐于供职者，冀有升转之途也。伊等既有升转之途，若概与加俸，恐伊等不知鼓励，转不竭力。嗣后各部院笔帖式，著各堂官及该管之人，将伊等内谨慎无过，又或办事勤敏，或写本精工，或善于翻稿者，于年终分别保奏。此保奏之人，如何照伊等品级增添俸银，或另行加恩之处，朕再降旨。

乙丑

上谕大学士等：国家建官分职，于翰林之选尤为慎重，必人品端方，学问醇粹，始为无忝厥职，所以培馆阁之材、储公辅之器也。从前圣祖加意育才，循循训导，又纂修各种书籍，需员甚多，故翰林院编检几至二百人，庶吉士亦五六十人。朕临御之初，未有编纂诸事，又未能如圣祖之善于训导，诚恐人才置之闲散，特多方录用，内而科道吏部，外而道府州县，俱各随材器使，务令疏通。

今编检尚有百余人，庶吉士尚有数十人，著内阁大学士会同翰林院掌院教习，秉公别择。其学问优长，字画端楷，或精于翻译国书者，留本衙门办事；及派各馆纂修，其或才具练达，可当科道吏部之选；或长于吏治、编检可为道府；庶吉士可为州县者，一一分别具奏。至或老病衰废，愿自解退者，听其以原官休致；其有行止不端，事迹确实者，奏闻革退。今朕特恩开科，人材辈出，将来拣选庶常，朕当亲加考试，引见拣选。至日后散馆，仍照旧例，以三等分用。目今正届殿试之期,朕深知向有拟送策联、钻营甲第等弊,殊可痛恨。朕所点阅卷大臣,俱系平日实心委任之人,各宜虚公谨慎,杜绝诸弊;倘有仍蹈前辙者,必严加处分。务使文治日隆,英材蔚起,以副朕吁俊兴贤之至意。

十二月辛亥

上谕八旗都统等:向者每甲喇止设参领一员,因不敷用,始委署一员协理。昨议政大臣奏称"护军校、骁骑校等官,以之委署参领职卑,不胜其任,应停其委署"等语,朕加以酌量,将委署参领改作副参领,秩为五品。嗣后副参领员缺,仍将护军校、骁骑校等官一并拣选,引见补用。若参领、副参领奉有差遣,其员缺应行委署者,奏闻委署,如此则责任专而管辖得力。由兵丁出身者,其升转之途,亦不致壅滞。旗下既得人材,办理事务,亦大有裨益。至现在委署参领应分别优劣,优者授为副参领,劣者令其各回原职。

雍正二年甲辰三月庚辰

上谕吏部、兵部:朕命各省督抚、提镇将所知官员保题,特以要缺须得人办理耳。若其人著有劳绩,升任别省者,概不肯令赴升任,仍复题留本省,殊未允协。夫天下一体,岂得各分尔我?嗣后如系水师营紧要员缺,仍许题请外,余俱不许题留。

八月己丑

上谕吏部:国家分理庶绩务在得人,道府州县等官尤属要职。其有才干素著、廉洁自持者,倘不得以时上闻,何以示劝?著于各省道、府、同知、通判、州、县等官内,总督保奏三员,巡抚保奏二员,布政使、按察使各保奏一员;将军、提督亦属本省大员,将所知者亦令保奏一员;俱各密封保奏,不得会同商酌。此保奏内,不必将朕特用之员塞责。朕特用人员,才守兼优者,不拘人数,亦另折奏闻。俟朕降旨调取之时,再令来京引见。如保奏不当,日后劣迹败露,将保奏上司一并治罪。

雍正三年乙巳三月甲寅

上谕吏部:月选道府州县等官,于地方民生最为切近,与其甄别于既仕之后,不若详慎于未仕之前。是以我皇考特重其事,每于月官铨选之后,令九卿、詹事、科道验看,凡有出身不正、素行不端之人,各将所知据实陈奏;而九卿等每多瞻徇,莫肯抒诚。及朕临御以来,屡降明谕,务令直陈无隐,乃仍循旧习,瞻顾怀私,系同乡,则畏避嫌怨;系别籍,又谓不能确知,如此殊非慎选官方之道也。嗣后月官掣缺之后,九卿照例验看,但九卿人少,不能周知,并令各部院衙门堂司官将所知汉人内,有出身不正、行止不端者,各具密折于月官考履历之日,至乾清门进呈。其有品行素优者,亦令密奏;若系旗员,则令本佐领、参领、都统、副都统亦照此例,各具密折奏闻。倘有挟仇诬奏者,朕参阅众论,自能洞悉,诸臣亦断不能欺朕也。如此则不肖幸进之徒,皆知儆畏,名器不致滥邀矣。

六月庚寅

上谕吏部:外任官员回避本族例,俱赴京另补。朕思督抚两司,及统辖全省之道员,其族人回避者,自应赴京另补。若分巡数府之道员,及知府、同知、通判、知州等官,所辖之地无几,其属员职分卑微,若必一例赴京另补,未免往返稽延,艰难拮据,深可轸念。嗣后遇此等应行回避之员,著该督抚即于本省内调补,如此则属员既遵本族回避之例,而又无另补守候之苦,于公私均为有益，尔部即遵谕行。

十月己巳

上谕果郡王允礼、顺承郡王锡保：八旗汉军内，有平居孝友、守分读书之人，考试既不获中式而又不能别就者，尔二人查明，分别挑选。其上三旗包衣旗鼓佐领下人，令内务府总管保奏；其王等包衣旗鼓佐领下人，令各该王保举。如此则人不致于壅滞，而亦可得才能之选矣。

雍正四年丙午六月丙寅

上谕吏部：三年举行大计，所以激浊扬清，整饬吏治，必举劾之间，至公至当，方足以昭劝惩之典。查定例，卓异人员俱送京引见；而参劾人员，则听候部院议奏，不行引见。此中或有冤抑，及避重就轻等弊，亦未可定。嗣后大计之年，除贪酷之员，既已指明劣迹参奏，无庸再行引见外，其余参劾等官，该部照例处分出缺。其应作何送京引见之处，九卿详议具奏。

己丑

上谕诸王大臣等：从古帝王之治天下，皆言理财用人。朕思用人之关系，更在理财之上，果任用得人，又何患财之不理，事之不办乎？朕即位以来，推心置腹以待尔等大臣，时时咨访，务得人才，共襄庶政。尔大臣等亦各有所保荐，以备任用，朕深嘉之。但知人自古为难，而保人更非易事。知人者，不过知其才具，岂能知其存心？保人者，亦只能保其目前，岂能保其异日？是以朕曲加体谅，从不苛求。但“公私”二字，所关甚重，不可以不辨；而公中有私，私中有公，尤不可不时时警省也。即如始初见其人善而举之，既举之后，其人改操易辙，即当据实奏闻；倘以为从前既举而自护其短，为之掩饰弥缝，此则公中之私也；或始初因朋友故旧之情而举之，既举之后，时时警戒提撕，相责以善，一闻其声名不好，或即行检举，或密奏以闻，此则私中之公也。尔诸大臣每一人所举，多者不过二三十人，平时访察其行为，劝勉其廉谨，或有居官不善，即行参奏，不稍回护。如此则人人有所忌惮，争自濯磨，国家可收得人之益，尔等亦不愧以人事君之义矣。

又如尔等大臣，各有子弟居官，为父兄者，同列于朝，情关朋友，岂不望其有成？然与其私受嘱托，庇护朋友之子弟，使子弟有所恃而不肯努力上进，何如切加教导，使其儆惕，玉之于成？若大臣子弟，既有父兄之训迪，又有堂官之督率，则成人者必多，国家岂不甚乐有世家大族之子孙而用之哉？总之，朕之优待尔大臣，与其迁官赏赉，不若成就尔之名节，为一不朽之人。尔等之于朋友及荐举之人，与其结以私恩小惠，护其过愆，而丧其人品，何如以大义相规，使之为端人良吏，永保令名？至于家庭之间，训导子弟，又不待言矣。勉之！戒之！

七月丁酉

上谕吏部：道府等官有表率属员之责，必得贤能谙练之员，方于地方事务不致贻误。朕慎重官方，虽州县等官，皆审酌补用，而于道府尤为加意，非审知其人材识足以胜任者，不轻试用。捐例候选人员，初任者多，于地方事务从未经历，一旦畀以道府，骤膺民社，未必遽能称职；及至不称职时，督抚纠参，反受黜革，情亦可悯。嗣后凡系捐例候选道府人员，俱著补授各部郎中，令其学习办事，至应升道府时，令各该堂官保送引见。

己亥

上谕吏部：朕从前曾下谕旨，各省道府州县之居官好者，命总督保举三人，巡抚保举二人，提督、布政、按察二司各保举一人，密封具奏，不得互相商议。原以通省人才不少，保举多者不过二三人，少者仅一人。诸臣于所素知者，各拔其尤，自然精确。督抚、提督、布按二司，皆朝廷大吏，受国家深恩，自应体朕为天下得人之意，不徇私情，秉公荐举。乃其中竟有挟私妄举者，及来京引见，俱极庸陋，殊非人臣以人事君之义。今各员俱已引见，尔部可再行文与各省督抚、布按二司，除从前曾经密举，及朕特旨补授各员外，督抚暨布按二司，各于道府州县中明举一人，不得雷同。督抚自行题奏，布按二司咨呈尔部，文到日，尔部即缮折具奏。被举之州县官员，并令给咨来京引见。保举之道府官员，不必来京。如有挟私任情、草率滥举者，朕必从重治罪，断不姑容。

雍正五年丁未二月乙亥

上谕：河南巡抚田文镜据奏"请将候选州县，分拨各省学习，以裨吏治"。此议朕于践阼之初，业经思及，因难以施行，遂寝而未发。盖自古迄今，大抵中材居多，欲求出类拔萃之贤，世不屡觏，故理国之道，贵储才有素。首先以厚风俗为要务，风俗既端，斯趋向有方，而人材蔚起。不特科甲辈学古入官，即一切旗汉人员，宜无不讲求经济、吏治、民生，岂尽茫然莫喻？但恐其居心不肯恪秉公忠以奉乃职耳。若虑以民社为新进后生所尝试之具，粤稽《舜典》"明试以功，车服以庸"，已启后世科资循格之端。是以地方外吏，全赖守封疆者激扬公正，纠举精明，正所谓"三载考绩，黜陟幽明"也。

至云"新选者少则数月，多则经年，安保其无害于民"，今学习之员，不令摄事，无由核验优劣，委令署理。彼佥邪小人之为害于民，又独不然乎？况督抚诸臣，虽简命自朕，未必一皆公尔忘私，或稍涉夤缘，则大启奔竞，其弊有不可胜言者。不宁惟是，即朕现今用人之法,亦止堪暂行一时,将来自仍归于圣祖畴昔铨衡之成宪。朕缘目击官常懈弛,吏治因循,不得不大示鼓励,以振作群工委靡之气。俟咸知奋勉,治行改观时,朕另有裁处。

又据奏,朕超擢教职为州选举,生员为县杂职,亦准卓异试观,如是甄拔,才堪入彀者能得几人?此亦出于偶尔旁求,非可永远循行之良策。所以吏、兵两部向年旧例,悉仍旧贯,未命更张一二,间遇督抚越例题请补授,亦俱令声明原委,朕降特旨允行,盖有深意存焉。岂俾轻紊成宪,而致一代典章混淆无序哉!

三月丁未

上谕吏部:会试举人,著尔部拣选引见,并问九卿将所知者举出。再举人内,有伊等同乡素日推服之人,亦著举人公举,或数人共举一人,或十数人共举一人,俱将姓名注明,务须有猷、有为、有守之人,方可推荐,不得冒滥。

闰三月乙丑

吏部遵旨,会同九卿,拣选下第举人引见,分发各直省,以州县委署试用。

上谕曰:守令乃亲民之官,关系百姓之休戚,故得其人,则民生被泽,而风俗日淳;不得其人,则民生受累,而风俗日薄。自古安民必先察吏,此不易之经也。朕御极以来,夙夜孜孜,欲使薄海之内,无一夫不获其所,而此愿一时难遂者,则以县令之不能尽得其人也。果能得有猷、有为、有守之人,布散各省,分膺民社之寄,彼一人之精神力量,足以贯注乎一邑。凡督抚大吏耳目心思之所不能遍及者,县令皆能体察经理之,则民生安得不厚?风俗安得不淳?而朕心无一夫不获之愿,于是乎可遂矣。

向来各省县令多循资按次,照例选用之员,故其中庸碌无能者有之，年力衰惫者有之，少不更事者有之，以致苟且因循，贪位窃禄，诸事阘冗，职掌废弛。此等之人，尚不能顾一身之考成，岂能为地方之凭藉乎？今因会试后，天下举子齐集京师，朕思其中必有才品兼优之士，是以特加遴选，畀以县令之任。朕之所望于尔等者，不仅在于办理刑名、征收赋税、了簿书期会之责而已，必须实尽父母斯民之道，视众庶为一体；刚柔相济，教养兼施；化浇薄而为醇良，惩佥邪以安善类。古称爱民如子，此语最宜体会，父母爱子之心，未有不教之以正者。县令果视民如子，岂有优柔贻害，姑息养奸，行妇人之仁，忘圣贤之义，而可谓之恫瘝保赤者乎？

《书经》曰："罔违道以干百姓之誉。"自古圣贤为治，皆尚实政，最恶虚名，若时存沽名市惠之心，必至为同流合污之乡愿，又何能为整纲饬纪之良吏乎？从来父子之间，施者不以为恩，受者并忘其感。守令之于民，果能潜移默化，使闾阎习为固然，而泯其感颂之迹，斯不愧父母之称，而媲美古之循良矣。绅士居乡，倘有违理肆行之处，令有司约束劝导之者，无非欲其同归于善，并非令地方官有意摧折之也。尔等莅任后，于绅士之品行端方者，则当加意敬礼，以树四民之坊表；其小有过愆者，则劝戒之，令其悛改；其不可觉悟、不可宽宥者，则置之于法，以警其余。如此，则赏罚公明，舆情悦服，而观感兴起，比户可封矣。

尔等身叨乡荐，皆以古之孝廉相比拟，何以克副此"孝廉"二字？且现经下第，选期尚远，朕破格遴选，授以官职，即论感恩图报之常情，亦当人人自奋。况朕心实仗尔等为朕教养斯民，移风易俗，以成一道同风之盛。尔等岂可薄待其身，而为陋习所渐染、私欲所牵制乎？尔等果能卓然自立，不负选用，朕自格外加恩。倘拜命之初，一时感激，而莅官以后，顿改初心，则不但国典王章无可宽贷，即清夜静思，亦应无地自容矣。勉之！勉之！

四月癸巳

上谕内阁：从来为政，在乎得人，《书》曰："野无遗贤，万邦咸宁。"盖贤才登进，在位者多，则分猷效职，庶绩自能就理，而民生无不被其泽也。朕即位以来，加意旁求，凡所以延访擢用之道，无不备至。如现任官员及候补、候选科目诸人，每特令荐举，遴选引见，广开录用之途，冀收群策之力。又念各省学校，原以养育人材，命学臣保举贤能，升闻于朝，以备任使。乃直省学臣所举人数不多，又或草率塞责，不能副得人之实。夫"十室之邑，必有忠信"，古者取人之法，惟乡举里选，合于三代之制。今直省府州县学贡生生员，多者数百人，少亦不下百余人，其中岂无行谊醇笃、好修自爱、明达之士乎？著州县官会同该学教官，将贡生生员内居家孝友、行已端方、才可办事，而文亦可观者，秉公确查，一学各举一人，于今年冬底，申报该上司，奏闻请旨。或实无可举者，出具印结，该督抚查实奏闻。朕因广揽人材，举此旷典，所以黜浮华而资实用。州县教职为一方师长，选贤荐能，乃其专责，倘敢虚应故事，滥举非人，照溺职例革职；或徇情受贿，则当重治其罪。八旗之满洲、蒙古、汉军亦照此例，将人品端方、通晓汉文者，著该佐领各举一人。如不得其人，亦具印结，令该都统汇齐奏闻请旨。庶使潜修笃行之士得以表见，而国家亦收得人之效矣。

五月庚辰

上谕直省司道、知府等：朕惟治道之要，莫大于用人。督抚经理地方，必任用司道、知府，犹朕统御天下，必任用在廷诸大臣。如廷臣不能实心任事，则庶务之繁，朕岂能以一人独理？如司道府不能实心任事，则属员之贤否，民生之利弊，督抚岂能遍悉而周知？用人之关于治道，诚至重矣。

第人之才具不同，心术各异，用之有甚难者。彼司道府等官，有一等奸巧之人，督抚有所委托，稍涉繁难，谓非分内所应办，即逡巡退缩。似此怀奸诡避，而反沽不阿谀上司之名，此人之不能为督抚用者也。有一种好事之人，不安本分，惟所欲为，如遇无能之督抚，则事无大小，任其簸弄，督抚为所把持而不能自主；如遇有为之督抚，则巧窥意旨，百计投合，督抚不觉入其彀中，一任逞其私智。此又督抚之用非其人者也。顾为督抚者，势不能不于所属之司道府寄耳目、委腹心，必将遴选其能任事者而委任焉。人见其于稠人之中专任一二人，则指为钻营奔竞，甚至媒孽其短，以为怙势作威、揽权纳贿，必致损败督抚之声名，此等皆非公恕之论也。且其人既为督抚所信任，自当不取悦于同官，不徇庇乎下属，锐意孤行，无所顾惜，其心有何揽权怙势之可言哉？论者不察其心，从而媒孽之，抑何不恕之甚乎？

朕以为人之行事，所辨在公私是非之间而已。向令此一二专任之司道府官，果能秉公持正，实心办理地方之事，不特督抚资其赞助，朕亦且嘉赖焉。要之用人有专任一二人者，亦事势有所不得已焉耳。设使各省司道府等官，皆殚其宣力分猷之实，则督抚何乐而不多用也？亦犹在廷诸大臣，人人公忠体国，则皆朕之股肱心膂，朕求之而不可得者，又何取乎一二人之专任哉？但知人则哲，惟帝其难之。彼为督抚者，因属员中不能尽得其人而用之，乃不得已而以耳目腹心专付之于一二人。或有择之不精，用之不慎，所托非人，稍有所觉，即当警省改悔，不可袒护饰非，则无过矣。

朕实深悉直省督抚用人之委曲，复洞鉴直省司道府各官种种情伪，为此谆切晓谕，俾各警惕猛省。直省督抚务须仰体朕意，将属员时加体察，勿为宵小欺蒙，朕自有远照，断不使若辈少有遁情。夫天下上智下愚之人无几，惟中材可与为善、可与为不善者居多，尚其敬听朕训，共勉为秉公持正、实心办事之人，下不愧州县之表率，上以不负督抚任用者，不负朝廷，则吏治蒸蒸日上，措天下于郅隆，不亦美与！

九月乙丑

上谕吏部：凡县令改授教职者，因其不胜牧民之任，例当罢斥。朕念其读书攻苦，选授一官，不忍遽令废弃，是以俾居师儒之席，以展其所学，此朕格外之恩也。况教官有化导士子之责，较理民之任关系尤重，应当殚心竭力，以尽职守。倘因改授之故，志气隳颓，奉职怠忽，著各省巡抚学政查参议处。

十一月乙卯

上谕吏部：定例凡在京各部院官员，因病告假回籍调理者，病痊之日，仍以原衙门补用；至在外各官，一经告病，即令休致，所以防不肖有司之托病规避也。夫外官有地方之责，患病不能办事，自应呈请离任；但病痊之日，格于成例，虽有才具优长之员，不得起用，殊为可惜。从前有府县官员告病者，朕降旨调来引见，见其才尚可用，即命医调治痊可，仍行补用，诚以人才难得，虽片长薄技，不忍弃置也。嗣后外官告病者，著督抚查明确实具题，令其回籍调治痊可；有情愿起用者，于本籍起文，赴部引见，仍以原缺补用。如此则可以杜规避之端，而人才亦不至于沦弃矣。

十二月丁亥

上谕大学士、九卿等：为治之道，首重得人。朕临御以来，夙夜孜孜，广为咨访，期得人材以理庶政。而内外臣工所保举之员，其中秉公推荐、足备任使者，固不乏人；而徇私滥举及苟且塞责者，亦复不少。朕思荐举人材，关系国家辨才论官之要道，举得其人，则政事无不就理；举非其人，则弊从此而生。孟子曰“立贤无方”，孔子曰“举尔所知”。观圣贤之言，则知得人之道，宜广其途以为搜罗，而各举所知，庶可以收克知灼见之益也。

今特谕内外诸臣等，京官自翰林、科道、郎中以上，外官自知府、道员、学政以上，武官自副将以上，旗员自参领以上，皆令各举一人。满洲官员，则保举满洲；汉军官员，则保举汉军；汉人官员，则保举汉人。文职官员，许保武职；武职官员，许保文职。于满汉文武内，或系现任职官，或系候补、候选之人；或系进士、举人、贡监生员，或系山林隐逸；务期有猷、有为、有守，品行才具足备国家之用者。各人密封奏折，赴奏事人员处转奏；外官则遣家人赍送密折来京，付奏事人呈进。即或亲戚子侄等，亦可据实荐奏，不必以嫌疑引避。但京官如尚书侍郎，外官如督抚、提镇两司，皆系朕已经深知简任者，不必入所荐之列。其奏折内只开列本人官衔姓名，注明所荐之人官衔考语，不必引颂圣繁文。此朕旁求俊乂之苦心，冀贤才辈出，师济盈廷，俾百职得宜，庶务毕举。凡有保举之责者，不得瞻顾私交，不得受人嘱托，不得互相商议，不得轻听风闻。

夫“十室之邑，必有忠信”，凡人生平，岂无一人熟识深知者？况既列朝绅，受国家之爵禄，而朕又推心置腹，畀以举贤荐能之美事，倘犹有怀藏私意、滥举非人者，清夜扪心，尚可以为人乎？且朕之观人，往往洞见隐微，将来观所举之人，即可知举人者心术之公私、识见之明昧，亦不使诸臣得以行其私也。

雍正六年戊申四月丁未

上谕内阁：凡办理府州县事务，若得曾经出仕谙练之人，于地方实有裨益。朕爱惜人才，于罢斥之员，常降旨调来引见，以观其才具之优劣，不忍令其弃置。今思从前因公罣误之员，其中未必无才守可观者，著吏部行文各省，凡知府、同知、通判、知州、知县任内,除大计特疏纠参外,其因公罣误降革者,该员曾经居官五年,而离任之后,交代清楚,无钱粮案件未清之处,准本人亲赴吏部具呈。吏部不拘人数,即行奏闻,考试履历,带领引见,候朕酌量起用。起用之后,若有贪婪不法,再经参出,必严加治罪。倘系平庸无能,或行止不端之人,妄自陈请,希图侥幸者,亦难逃朕之鉴察。

七月庚申

上谕内阁:向来督抚赴任之时,有奏请将平日所知人员带往,以备委用者。朕因督抚事务甚繁,欲得素所熟悉之人,以收臂指之效,事属可行,是以允从所请,令其带往,酌量题补。近闻督抚等带往人员,在地方不甚相宜,或群相趋奉,而指为上司之腹心;或妄生议论,而以为上官之偏袒,其中弊端日生,以致流言不少。如杨文乾请带王士俊、殷邦翰前往广东,杨文乾信用之,广东阖省人心不服;陈时夏请带蔡益仁往苏,而江南之人指为陈时夏之耳目;莽鹄立请带朱亨衍、李敏德、傅树崇往陕西,原为备办军需,乃不令效力一事;藩司孔毓璞即逢迎巡抚,以一人委署二缺,而命往试用之员,不行委署……此皆带往人员不宜于地方者。

朕思所带之二三人,其得力有限,而沮众人效力之心,则为益少而无益多。况属员之微愆小过,上司本应曲体保全,而既为督抚带往亲信之人,理当畏避嫌疑,有不便格外保全之势,亦非所以爱惜人才也。且督抚等果公正精明,善于察吏,则阖属中岂无有廉干之员,可相信以心、相资为理者?何必于带往之一二人是赖,而启众口之疑议乎?文官与武职不同,武职以弓马技勇为主,有操练兵丁、差委巡缉之事。督抚、提镇等将熟悉之人奏请带往,以供使令,可以得其效用之益;至于文员,则不应带往。从前督抚等之奏请甚非,朕亦不当允从其请。除督抚已经到任之后,因本地要缺，奉旨题补，而本地不得其人，将别省旧属题补者不必解任外，如杨文乾、陈时夏、莽鹄立及各省督抚大吏，从前所请带往之人，目今现在属下者，俱著回京，请旨另用。

十月癸未

镶黄旗蒙古副都统宗室满珠锡礼条奏：京营参将以下、千总以上等员，应参用满洲，不宜专用汉人。

上谕曰：从来为治之道，在开诚布公，遐迩一体。若因满汉存分别之见，则是有意猜疑，互相漠视，岂可以为治乎？天之生人，满汉一理，其才质不齐，有善、有不善者，乃人情之常，用人惟当辨其可否，不当论其为满为汉也。自我太祖高皇帝开国之初，即满汉兼用，是以规模宏远，中外归心。盖汉人中固有不可用之人，而可用者亦多，如三藩变乱之际，汉人中能奋勇效力，以及捐躯殉节者，正不乏人，岂可谓汉人不当用乎？满洲中固有可用之人，而不可用者亦多，如贪赃坏法、罔上营私之辈，岂可因其为满洲而用之乎？且满洲人数本少，今只将中外紧要之缺补用，已足办理。若参将以下之员弁，悉将满洲补用，则人数不敷，势必有员缺而无补授之人。

朕屡谕在廷诸臣，当一德一心，和衷共济，勿各存私见而分彼此。在满洲当礼重汉人，勿有意以相远，始为存至公无我之心，去党同伐异之习。盖天下之人，有不必强同者，五方风气不齐，习尚因之有异；如满洲长于骑射，汉人长于文章；西北之人，果决有余；东南之人，颖慧较胜。非惟不必强同，实可以相济为理者也。至若言语嗜好，服食起居，从俗从宜，各得其适，此则天下之大，各省不同，而一省之中，各府州县亦有不同，岂但满汉有异乎？朕临御以来，以四海为一家，万物为一体，于用人之际，必期有裨于国计民生，故凡秉公持正、实心办事者，虽疏远之人而必用；有徇私利己、坏法乱政者，虽亲近之人而必黜，总无分别满汉之见，惟知天下为公。凡中外诸臣，皆宜深体朕怀，同寅协恭，股肱手足，交相为济，则国家深有倚赖，久安长治之道，必由于此也。

庚子

上谕吏部：国家政务，必得其人而后理。朕加意旁求，多方遴选，惟期庶司百职，俊乂在官，以收得人之效；但各职需人之处甚多，该督抚等又屡屡奏请，而现在赴部铨选之员，不敷拣用。因思自古人臣为国，有以人事君之义；孔子论举贤才之道，亦云“举尔所知”。可见凡人平生，必有深知笃信之才，足备朝廷任使者，果其以公忠为心，自无荐举不得其实之理也。兹特降谕旨，著京官大学士以下、主事以上之汉军、汉人，外官督抚以下、知县以上之满洲、汉军、汉人，每员各举一人。除现任知县以上官员不必保举外，或系举贡生监，或系山林隐逸，果有品行，才猷可备任使者，即亲戚子弟亦不必引避嫌疑，据实保举。至外官所辖之现任佐贰杂职等属员，亦准其保荐。朕从政务需人起见，开诚布公，以期集思广益。内外大小臣工等，共受国恩，时怀报效，自应秉公据实，以展臣子之心，必无有徇私冒滥以自蹈欺罔者。倘或举非其人，将来觉察，或试用不称，责有攸归。勉之！勉之！

雍正七年己酉四月壬辰

上谕内阁：外任督抚、藩臬，为全省之表率，关系甚重，每当简用之时，常以一时不得其人，深劳念虑。凡内外大臣受国家厚恩，均当留意于平时，秉公奏荐，尽以人事君之道。京官自学士侍郎以上，外官自藩臬以上，著各人密保一人，将其人可胜督抚之任，或可胜藩臬之任，据实奏明，不必拘定满汉，亦不限定资格，即府县等员，官阶尚远者，果有真知灼见，信其可任封疆大僚，亦准列于荐牍之内。若一时无深知可举之人，准其从容采访，不得草率塞责，有负咨询。

闰七月丙申

上谕吏部：凡远省烟瘴地方，文武官员之缺，例将本省熟悉风土之人调补。朕思烟瘴地方，大半系边远简僻之缺，若概行调补，不令升补，未免强干之员转驻简僻之所，止图挨俸，无所表见；而才具可用、有志上进之人，或生苟且因循之念，亦未可定。嗣后凡遇烟瘴地方，文武官员缺出，向例调补者，著该抚提镇等，于属员内秉公酌量，若有可以题升之员，即具题请旨升授；若系应调之员，仍照旧调补。升调兼行，不拘一格，总期人地相宜，材职相当，以副朕鼓舞裁成之至意。倘有应行调补之人不愿前往，而该管上司听其规避者；或有不应题升之人，而该管上司徇情题升者，经朕察出，定行从重议处。

雍正八年庚戌二月乙巳

上谕吏部：为政之道，务在得人。朕加意旁求，惟期贤才奋庸，布列庶位，百职修举，嘉惠民生，凡所以遴选而登进之者，亦多方矣。雍正六年十月间，以各处需员甚多，而赴部铨选之人不敷拣用，特降谕旨，令京官大学士以下、主事以上，外官督抚以下、知县以上，每人各举一人，送部引见。今行之既已年余，而内外官员未经举报者尚多，则其平日必无深知灼见之人。倘复展转迟延，必致人萌奔竞之心，而滋夤缘请托之弊，所当酌量变通者也。现今会试中额广至四百名，其中必有可供任使之人，而直省选拔贡生陆续来京，亦可教导而成就之，以备庶官之用。著将各保一人之例停止；若有已经到部者，仍准其引见。该部即行文在京各衙门并直省地方知之。

三月己巳

上谕内阁：朕爱惜人材，不忍听其限于考成，遂至放废；而外任各官，案件繁多，往往罹于参罚。是以数年来因公诖误之员，例应降革者，多于覆本之内降旨，令该上司出具考语，送部引见。若其才具稍有可用，必再试以职任而成全之，虽片善寸长，亦不肯轻弃也。今思在京部院司官及旗员等，虽参罚之案不多，然亦有因公诖误者，所当一体加恩，与以赎过自新之路。嗣后在京文武各官，有因公诖误至于降革，而任内无钱粮不清及治罪之案者，准照外员之例，令该堂官、该旗大臣出具考语奏闻，带领引见。或将该员仍留原任，或另行试用，或照例降革，候朕降旨裁夺。

十月己酉

上谕内阁：办理军需，必得熟练之员，方为有益。陕甘二省州县官员备办军需，有经手数年者，有经手一二年者，似此熟练人员，若因细过微瑕，即行参革，则接任之员初办军务，未免生疏，或至迟误。嗣后陕甘地方，办理军需之州县官员，若无大过，其所犯情有可原者，著该督抚揆情度理，量加宽宥；若钱粮微有不清，而事属因公者，统俟大军凯旋之后，查核明白，以定功过。

雍正十二年甲寅七月丁丑

上谕吏部：凡命往各省人员，多系不应即选之人，该督抚等自应先行差委试看，果有劳绩，再令署印，署印果优，然后题补。或该省悬缺需人，一到即行委署，更当留心访察，必实有政绩可考，方行题请实授。嗣后题请实授者，著将实在政绩一一叙入本中题奏；如果系卓越之才，即不满年限，亦可声明题请。

卷十四

恤臣下

康熙六十一年壬寅十二月戊午

上谕吏部、兵部：王大臣等验看革退人员内，其武职官曾在军旅效力，身经受伤，虽年齿衰迈，仍留职衔；文职官除年老庸劣外，若由进士举人正途出身，初选知县，即以才力不及革退，亦属可悯。嗣后将此等人员，或改授教职，或以原品休致，著会同酌议，定例遵行。

雍正元年癸卯五月甲申

上谕直隶巡抚李维钧：据奏，直隶亏空，请计州县官岁入所余，积累填补。州县官令少从容，不虑窘乏，方可责其尽心抚字；少有余赀，亦可自为地方兴利之举，何可勒令为他人补苴亏缺耶？

十一月癸卯

兵部以考选军政具奏。

上谕曰：此系初次考选，尔等秉公考验，内有出兵效力行走、年老俸深者，诸事尚能坐理，仍著留任。再，人虽年老衰颓，不宜留任，而出兵效力之处甚多，将伊即行革退，致令无以度日，深属可悯，应另行分晰具奏，朕自加恩。其虽无效力行间之处，而供职年久者,伊等身逢太平之世,何由经历战阵,尔等亦宜留心验看。

十二月甲子

上谕兵部:国家保障封疆,惟武臣是赖;参将以上,责任尤重,其年老有疾,不能办理以致营务废弛者,自难姑容;但其间或有久历戎行、曾著劳绩者,情亦可悯。嗣后参将以上,有老病之员,该督抚、提镇照例题参,仍将伊从前行间效力之处,查明缮折,夹入本章内,同送内阁奏闻。朕酌加恩典,以示笃念旧劳之意。

雍正三年乙巳九月丁酉

上谕户部:朕体恤臣工,时深轸念,每思经理区画,以赡其俯仰之资。查旧例,在京大小汉官,每年俸米俱支给十二石,盖因向日汉官携带家口者少,食指无多,故给米十二石即可粗足。今见汉官带家口者多,若俸米仍照旧数,则日用或有不敷,难免内顾之虑。嗣后在京大小汉官,著按俸银数目,给与俸米,俾禄糈所颁,足供养赡,以示朕加惠群臣之至意。

雍正四年丙午二月壬午

上谕大学士等:朱轼奏请解任开缺,以终服制,情词迫切,此乃伊名节所关,朕知其出于至性诚恳,允从所请,解任开缺,以全其志。但三年为时甚久,卸事闲居在籍,伊心亦未必自安,况目前现有畿辅水利之事,正资料理,可于八月起身前,来居住京师,以备委任顾问。不居现任之职,则与家居无异,于礼既尽,于心亦可安矣。朱轼素性诚笃,今遭母丧,深恐其哀毁过节,尔等可将朕意谆切谕之。伊年高体弱,不宜过于悲戚,况“六十不毁”,载在《礼经》。若能仰体朕心,时思朕训,护惜此身,为国家出力,伊母有知,亦必深慰,斯为忠孝两全;倘过哀以致毁瘠,则有负朕恩矣。

尔等并传谕膳房侍卫永寿,携茶饭往赐。

雍正五年丁未三月癸巳

上谕八旗都统等:兵丁等喜丧之事,俱已加恩赏给银两。朕思大臣官员内,有家赀饶裕者,亦有家计艰窘者,其于喜事尚可,若遇丧事,仓卒之间,必致窘迫无措。嗣后大臣官员内,若遇丧事,有情愿借银者,著户部借给四个月俸禄,至下季扣除;若于未及扣除之前,有缘事革职者,除世袭官员外,仍令其赔补;如病故者,著即赏给,免令赔补。其行取户部库银,恐一时不能即得,先将旗下恩赏兵丁银两给与,再行取户部库银垫补。

十一月丁卯

上谕兵部:本营兵丁,不得拔补本营千把,前经高其倬奏请,部议准行。数年以来,朕留心体访,始知将此处兵丁用为他处千把,颇多未便。盖兵丁平日所管汛地,其情形险阻,素所深知,及用为千把,诸事有驾轻就熟之益;若用往他处,则初到之时,一切茫然,必待学习而后通晓,此办理公事之当筹及者也。至于微员末弁,安土重迁,盘费居址,措置匪易,若令调换至数百里外,必至拮据艰难,有室家之累,此又私情之当筹及者也。朕思本营兵丁,即为本营千把,诚不能免于牵制瞻徇。若于同城之中,互相更换,如系左营则用为右营,前营则用为后营;又如抚标、镇标之同城者,亦可彼此更换,庶于公私两便;其地方止有一营者,或应于就近调补,或应仍照从前旧例,著该部定议具奏。

雍正六年戊申二月庚戌

上谕内阁:吏、户、兵、刑、工五部堂官,今皆各殚厥职,赞襄政治,共相黾勉,矢勤矢慎,端方自持,剔除情弊,杜绝请托,甚属可嘉，朕深许之。夫大臣果能廉洁自守，其用度必稍不敷，朕因国家政事，资藉大臣之力，而使之分心家计，朕心不忍。五部大臣内，除差往外省署事之人外，俸银俸米著加倍给与，其署理之大臣，亦照此赏给。若遇罚俸案件，将朕分外所给之俸，不必入议。

十一月乙亥

上谕户部：滇省边镇诸臣，用度不敷，朕深为轸念。著将报明公件余剩银一万三千两，全行赏给提镇等官，以为养廉。若有赢余，令该提镇酌为营伍公事之用，以副朕眷念边镇之至意。

雍正七年己酉正月庚戌

上谕吏部：台湾地方，远隔重洋，全在道府厅县各得其人，而该员又须熟悉风土情形，殚心办理，于地方始有裨益。向例，文员俱以三年为满，后经原任总督满保条奏，将三年任满之员，加衔再留三年，所以慎重海疆，俾谙练之人久于其任也。今据总督高其倬折奏“台员以六年为满，而调任之时，渡海而往，即须数月。任满之后，候缺挨升，以及交盘渡海，又或一二年不等。是前后合计，须八九年。且台湾之例，不带家口，其父母妻子隔越海洋，未免有所牵挂，应否请以四年为满”等语。朕思台湾道府厅县等官，自宜选用熟习谙练者，然定期六年为满，又加以候缺交盘渡海之期，实为太久。今再四思维，台湾文员自到任之日为始，将满一年之期，著该督抚于闽省内地官员内，拣选贤能之员，乘冬月北风之时，令其到台，新旧协同办理。半年之内，大约可以熟悉地方情形，则令旧员乘夏月南风之时，回至内地补用。将来接任之员，俱照此更换。该员到台协办之时，俱一体算俸，并给与俸银及养廉之项。如此则该员在台，前后不过二年，为期甚近，而更换之员，先往协办，又可习练地方事宜，似有裨益。其道府大员作何请旨拣选，同知以下等官作何铨选、调补，及量加议叙之处，该部详悉妥议具奏。

三月甲戌

上谕内阁：在京官员历俸六年，准其告假省亲，此乃通行之常例。为伊等父母居家无事，愿归定省者而言；若其父母身患疾病，或年过七十，精力衰惫，为子者迫欲回家侍奉，以伸其孝养之忱，则非可以年例拘也。嗣后在京官员，有闻其父母患病急欲省觐，或父母年逾七十而衰惫者，俱不必俟六年俸满，著取具同乡官印结，于本衙门堂官处具呈，该堂官查明启奏请旨，给假速回本籍，不必由吏部汇题。其历俸六年告假省亲者，仍由吏部题奏，将此永著为例。

九月辛巳

上谕户部：外任大小官员罚俸之例，如罚俸一年者，则将本年应领俸银扣抵；若再有罚俸之案，则勒限一年，追出俸银解部；如一年不完，又罚俸一年，展转增加，常有因一二年罚俸，而积至数年或数十年者，此例不甚妥协。在罚俸多案之州县，与力薄难完之微员，深为可悯。著该部通行各省，凡有此等罚俸之员，倘力不能完，即将伊任内应得之俸，逐年扣抵，不必勒限追缴。又定例，凡有休致革职病故之官员，其应追罚俸银两，俱行豁免。惟江南等省有休革等事，只将虚俸豁免，其在罚俸以前食过之俸，仍行追出，直省例不画一。今著将休致病故官员食过之俸，概行免追。其革职之员，则追其食过之俸，以示惩儆。直省一体遵行。

十二月戊申

上谕内阁：康熙五十九年，陕省解送驼马进藏，文武官五十员,每员借支肃州公库银五百两,为行装路费之资。本系应给之项,因当时该督抚未经题报,不敢作正项开销,是以各员回陕之时,仍于各名下著追补项,至今尚有未完银一万六千八百两。朕念伊等效力戎行,远涉藏地,虽非冲锋破敌者比,而间关行役,亦属可悯。著将未完银两,概行豁免;其已完者,悉给还本员,或交伊之的属;如该员有别项亏欠应追者,即准其抵补,以示优恤劳役之至意。

雍正八年庚戌三月戊寅

上谕内阁:各省驻防官员,嗣后有效力年久、因老辞职者,著该将军等将伊食俸披甲之年,及在行间效力之处,声明咨送兵部奏闻,候朕阅看。其应加恩者,照在京旗员例,加以恩施。

庚寅

上谕吏部:查例载"官员失察,衙役犯赃十两以上者,革职"。朕思胥役众多,一官之耳目,难于周遍,倘知而故纵,自当从重处分;若但失于觉察,即将本官罢黜,则贤员因此诖误者不少矣。情有可原,而处分太重,转易滋隐匿之弊,此应加通变者。该部其悉心详酌,另行定例具奏。

七月癸酉

上谕兵部:旧例"武弁给与亲丁名粮,以为养赡仆从家口之需",前朕闻弁员等离任时,即将随丁名粮,召募补足;而接任之员陆续候缺,每至数载不得养赡之资,甚为艰窘。已特降谕旨,嗣后武弁去任者,将所有名粮不必募补,留与接任之员,俾其得沾余润。此无非体恤贫员,给与养廉,以免扣克虚冒,苦累兵丁之弊也。近闻武弁等,若有升迁事故者,于该员离任之日,即将随丁名粮，按数开除，其住支银米归作截旷项下，汇报充饷，俟新任之员到日，方许申报起支。朕思署事之员，不无往来车马食用之费，且各营署事，多系部发候补试用之人，并无俸薪等项，应为筹画养赡之道。嗣后武弁去任之时，其亲丁名粮，照旧存留，不必归入截旷项下。其署事之员，若系候补试用者，准其全行支给以作养廉；若系现任之员兼理者，准其支给一半，将一半留在本营，以为修葺衙署、添补器用之费，即交该营守备存贮。如有动用之处，每季造册，申报该上司查核。著各直省一体遵行。

九月丁卯

上谕内阁：昨因京师地震，凡兵民等屋宇倾圮者，已降旨详查，赏给银两，以为修理之费，而满汉大小官员等，亦俱有修垣葺屋之事，朕心轸念。著将各部院衙门官员、八旗都统、副都统、统领、参领、佐领、骁骑校、护军校等，以及上衙门之世袭官、上三旗侍卫、内务府官员、步军统领衙门等官、巡捕三营官弁，每人俱赏给半年之俸。

十月壬子

上谕内阁：向因大兴、宛平二县近在辇毂之下，常有速办之公事，不得不挪移库银以济用。而上司察知，每以亏空题参，至于罢黜治罪，实为可悯。用沛特恩，于大、宛二县，各发库银一万两，存贮该县，倘遇有速办之公事，准其详明府尹，动支应用，此朕体恤有司之至意也。近思办理军需之州县，其急切应付之处，不容刻缓，而该州县并无存贮备用之项，若擅动公帑，又干严谴，有司实处两难，不可不为筹及。朕意欲于办理军需及事务繁剧之州县，亦仿大、宛之例，酌留帑银，以备急切公事之用。其如何举行，俾办公有赖而弊窦不生，著大学士会同大将军岳钟琪、总督高其倬，悉心定议具奏。

雍正十年壬子六月戊辰

上谕办理军机大臣等：前派往西北两路出征之满洲、蒙古、汉军大臣官员等，于起程之时，朕令宽裕给与跟随人数，其家中随甲银米，仍留为该员家口养赡之资，并未令其裁革。顷闻，户部于本年三月间，行文各处，以各员在外既有随甲，则家中不应重领银米，将各员随甲银米，停其支领，且自雍正七年大兵起程之日为始，凡家中领过银米，于本人应领俸银俸米之内，照数坐扣还项。该部因慎重钱粮之意，并未请旨，遽尔通行，甚属错谬，殊非朕体恤出征人员之本意。今特颁谕旨，凡军前之大臣官员等，家中已领之随甲银米不必扣还，其应领之项照常给与。并将此旨通行各处军营知之。

雍正十一年癸丑七月戊戌

上谕内阁：据仓场总督兆华疏报"六月二十二三等日，雨水连绵，河流骤涨，天津一带粮船，多有浸湿漂损"等语。今年伏雨稍多，河流骤涨，以致损坏漕船，尚非运官旗丁疏忽之咎。其漂失米石，免其赔补；损坏船只，亦免赔修，运官亦不必议处，此朕体恤宽大之恩。倘将来运官旗丁等，因此番宽典，不知加意堤防，或有捏报巧饰等弊，一经察出，按律治罪。

卷十五

爱民（一）

雍正元年癸卯正月壬午

上谕户部：恩赐老人，原为崇年尚齿，而地方赏老人者，每州县动支数千金，司府牧令上下通同侵扣，吏役复任意需索，老人十不得一，上负旷典，罪不容逭。今饬令督抚严查，务令有司亲自沿乡访察，据实造册给发，不许丝毫侵扣；倘仍蹈前弊，立即参处。如督抚奉行不谨，朕若访出，必加以失察之罪。再老人九十以上者，州县不时存问，其或鳏寡无子及子孙贫不能养赡者，督抚以至州县，公同设法恤养，或奏闻动用钱粮，务令得沾实惠。

壬辰

上谕署直隶巡抚赵之垣、河南巡抚杨宗义：朝廷设官置吏，原以养民，遇有灾荒，即多方抚恤，方不负委任之重。今据山东巡抚黄炳奏称“直隶、河南邻境小民，资生无策，间有携家就近觅食者”，朕览奏恻然。当此春初，农事方兴，若任其流离，则小民何所依归？著即遴选贤员，招辑复业，核实赈济，务令得所，勿失农时，以副朕惠养元元之至意。

乙未

上谕九卿：朕受皇考付托之重，抚育群黎，夙夜孜孜，惟恐闾阎失所。昨山东巡抚黄炳奏称“东、兖二属,上年二麦失收,小民未免困苦,直隶、河南邻境之民,有携家觅食者”。朕即饬谕直隶、河南巡抚加意抚绥,招集复业;但两省巡抚并未奏闻,朕恐其视为泛常,奉行不力。尔等可会同确议,或特遣大臣,或交与该抚,作何赈济安辑之法,务使穷黎得沾实惠。又前岁河南黄水溃决,泛溢于直隶地方,比年以来,两省近水居民耕种无资,衣食匮乏,均应加恩抚恤,尔等一并议奏。

庚 戌

上谕山东巡抚黄炳:运道浅阻,旧例拨派民夫,挑浅济运。朕思东省连年薄收,百姓困苦,未必堪此重役,将来流亡日多,民生日蹙,深为可悯。古人救荒之策,有大兴役以济民食者,不若竟动正项钱粮,雇募民夫,给以工食,挑浚运河,则应雇既多,散者复聚。民资工食,稍延残喘;民心鼓舞,工程易就,运道早通,于兴役之中,即寓赈济之意,莫便于此。已有旨命佟吉图署理按察使,速赴河南,与总河齐苏勒商定,回任料理运道。俟其到日,尔可与公同竭力料理,务使小民得沾实惠。

五月戊戌

上谕户部:山东连年荒旱,百姓艰食,朕夙夜焦劳,已谕巡抚多方赈济。近闻兖州等处,雨未沾足,诚恐小民乏食,无以为生。现今粮艘未入闸河,可乘此时,截留漕米,以备赈恤。尔部酌议截留米石数目,及分贮何府州县,作速具奏。

是 日

上谕大学士等:山西平定州等处,山多田少,粒食恒艰,小民向赖陶冶器具,输运直省易米,以供朝夕。近闻直隶州县因米贵禁粜,此方百姓何以仰给?昔春秋时,诸侯各君其国,尚申遏籴之禁;今天下一家,海内之民,皆吾赤子,自宜缓急共济。现今陕西督臣运米万石,赈救山西,甚惬朕意。岂有坐视邻封乏食,反行遏籴之理?自今,凡邻近郡邑,偶遇荒歉,即相拯恤,毋得各分疆界,漠不相关。其所当禁者,富户规利,贩米动盈千万;又沿海数省,运米出洋,玩法网利,该督抚、提镇当严查禁止。至肩负小民贸易度日,悉从自便可也。著直隶巡抚晓谕,邻近平定州等处州县不得禁粜,以副朕一视同仁之意,并谕直省各督抚知之。

十月壬申

上谕户部:朕御极以来,宵衣旰食,无日不以民依为念。督抚以下、守令以上,凡有地方之责者,均宜公忠体国,仰副朕心。今年夏月,朕以北省二麦歉收,差员到南省,于秋成后采买米石,以备赈贷平粜。朕意切于为民,正欲酌盈剂虚以羡补不足也,又恐有不便于民之处,于差员临行之时,再三申谕:"地方米多,方可采买,不必定要买足。"今闻各省地方官,因钦差买米,禁止商贩,不许出境,大负朕恫瘝一体之意,甚属不合。况浙江及江南苏松等府,地窄人稠,即丰收之年,亦皆仰食于湖广、江西等处,今秋成歉收,若商贩不通,必致米价腾贵。该部速即行文各省总督、巡抚,凡有米商出境,任便放行,使湖广、江西、安庆等处米船直抵苏州,苏州米船直抵浙江,毋得阻挠,庶几有无流通,民皆足食,以副朕爱养元元之意。

十一月丁亥

上谕户部:浙省偶值秋旱,被灾地方已经蠲免钱粮,令有司加意抚绥。旧额杭嘉湖所属十四州县,应征漕米三十二万石,今荒歉之岁,民间纳米为艰,著令征收一半,改折一半,既可以济民之食,又可以抒民之力。其改折之价,著照康熙九年例,每石折银一两完交。其应征漕米十六万,米色或未能纯一,著令红白兼收,以示朕轸恤地方,格外施仁之至意。

雍正二年甲辰五月辛酉

上谕四川、陕西、湖广、广东、广西、云南、贵州督抚提镇等:朕闻各处土司,鲜知法纪,每于所属土民,多端科派,较之有司征收正供,不啻倍蓰。甚至取其马牛,夺其子女,生杀任情;土民受其鱼肉,敢怒而不敢言。孰非朕之赤子?方今天下共享乐利,而土民独使向隅,朕心深为不忍。然土司之敢于恣肆者,大率皆由汉奸指使,或缘事犯法、避罪藏身,或积恶生奸、依势横行。此辈粗知文义,为之主文办事,助虐逞强,无所不至,诚可痛恨!嗣后督抚、提镇宜严饬所属土官,爱恤土民,毋得肆为残暴,毋得滥行科派。倘申饬之后,不改前非,一经发觉,土司参革,从重究拟,汉奸立置重典,切勿姑容宽纵,以副朕子惠元元、遐迩一体之至意。

六月庚子

上谕江西巡抚裴徫度:地丁钱粮,百姓自行投纳,此定例也。闻江西省用里民催收,每里十甲,轮递值年,名曰“里长催头”。小民充者有经催之责,既不免奸胥之需索,而经年奔走,旷农失业,扰民实甚。须即查明,通行裁革,若虑裁革里长,输纳不前,亦当另设催征之法,或止令十里轮催,花户各自完纳,庶为近便。务须斟酌尽善,无滋民累,以广朕惠爱元元之意。

九月辛酉

上谕江南浙江总督、巡抚等:今岁七月中,飓风大作,海潮泛溢,江南浙江沿海州县卫所,堤岸多被冲塌,居民田庐漂没。朕轸念深切，已降谕旨，令江浙地方官亟行赈济抚绥，毋使灾黎失所。今被冲海塘，若不及时修筑，恐咸水灌入内河，有碍耕种。尔督抚等，著即查明各处损坏塘工，料估价值，动正项钱粮，作速兴工。至沿海失业居民，度日艰难，藉此佣役，俾日得工价，以资糊口，是拯救穷民之法，即寓其中矣。将此再行饬谕，务期实心遵旨速行，以副朕忧恤元元至意。

壬戌

上谕湖广、江西、河南、山东、安徽督抚等：今岁，各省秋成大有，惟浙江、江南沿海地方，七月十八九等日，海潮泛溢，近海田禾不无损坏。朕轸念灾黎，惟恐失所，业经严饬各省督抚，发仓赈济。但苏、松、杭、嘉等府，人稠地狭，产米无多，虽丰年亦仰给于湖广、江西及就近邻省，今沿海被灾，恐将来米价腾贵，小民艰食。湖广、江西地居上流，河南、山东二省接壤江南，今岁俱各丰收，安徽宁太等府属，亦俱收成丰稔。著动湖广藩库银买米十万石，江西藩库银买米六万石，运交浙江巡抚平粜；动河南藩库银买米四万石，山东藩库银买米六万石，安庆藩库银买米五万石，运交苏州巡抚平粜。俱著速即办理，委员运送，毋得怠缓迟误。

雍正三年乙巳七月辛酉

上谕直隶总督、山东、河南巡抚：今岁夏秋以来，直隶、山东、河南三省雨水过多，小民谋生无术者有之，朕心其为悯恻。兹秋成将届，忧念弥深。该督抚可速委能员，实心详察，其有生计萧条、升斗无资，以及田地被淹、房庐倒塌者，即一面赈恤，一面具奏，务使穷幽极僻之区，亦不至一夫失所。至所遣官吏，或有草率将事及隐匿不闻，甚至捏报赈给、侵渔朦混，使泽不下究者察出，将该管官一并从重治罪，断不姑恕。尔督抚等尤宜实心诚求，竭力料理，如恤子孙,如办家事,勿视为具文,以副朕宵旰忧劳之至意。

八月癸未

上谕大学士、九卿等:今年夏秋,直隶地方雨水过多,恐秋禾歉收,穷民乏食,已降谕旨,令该地方官详查赈济。朕早夜思维,深切轸念,若于赈济之外,有城工应修理者,即行修理,俾穷民佣工,藉以养赡,更为有益。著于六部中选择司官六员,编检庶常内选择四员,御史内选择二员,中书内选择一员,俱在汉官中,择其为人老实、谨慎可用者,带来引见,候朕指示修理城工地方,令其前往。再,连岁口外收成颇好,朕曾降旨进口粜卖米粮,不得禁止。近闻各口官弁于米粮进口之时,每借稽察为名,多方勒索,以致阻滞。著兵部行文各口,毋得仍蹈前辙,使米粮不得通行。

十二月戊子

上谕内阁:山东历城等四十三州县,德州等五卫所,今岁被水,收成歉薄。巡抚陈世倌奏请,将被灾之州县、卫所应征漕粮,尽行缓征,分作三年,带征起运。经部议覆以"漕粮无本年全缓、分作三年带征之例,应缓征一半,于雍正四年秋成后征收起运"等语。朕思被灾地方,有轻重不等,若被灾既重,即征收漕米一半,闾阎亦觉艰难。著山东巡抚于四十三州县、五卫所之中,悉心详查,其被灾稍轻之处,仍照部议缓征一半;被灾重者,准其全缓。务期分别确当,不得草率偏枯;倘轻重失实,日后发觉,定行重治其罪。

雍正四年丙午二月庚午

上谕大学士等:去年,近京地方雨水稍多,收成歉薄,穷民乏食,朕心轸念,即令蠲免钱粮,发通仓米四五十万石,遍行赈济。

又念失业之民觅食来京者多，故于五城饭厂，两次加添米石，又于五门增设饭厂五处，俾穷民得以养给。但目前虽逐日散赈，究非长策，春气渐暖，正宜播种。此等穷民，不得早还故土，必致有误春耕。应如何设法资送，或由陆路，或由水路？俾得各回原籍，复其本业。

戊寅

上谕户部：去秋，北方多雨，直隶所属七十四州县被水歉收，朕心深为轸恤，叠沛恩泽，加惠穷黎，已将七十四州县被灾田亩之钱粮，照例蠲免，其余应征额赋，又复停征在案。朕思一省之中，既有七十余州县收成歉薄，则必有向邻封隔县谋生觅食之民。当此青黄不接之时，闾阎岂能充裕？若仍照旧征收，民力输将，未免竭蹙，用是特颁谕旨，施恩于常格之外，将雍正四年通省应征额赋一体停征，俾民力宽纾，各得用力于南亩，以副朕勤恤民隐之至意，尔部即遵谕行。

庚寅

上谕户部：朕轸念东省被水穷黎，粒食维艰，特允山东巡抚陈世倌之请，于大清河兴工疏浚，令乏食小民得力役之资，为糊口之计。今天气和暖，土脉松润，正施畚锸之时。去秋该抚奏请设厂煮赈，目下赴工者众，粥厂可以停止。但念此就食小民，其中岂无老弱残疾、不能赴工者，煮赈既停，麦秋之期尚远，此辈穷无所归之民，或仍至失所，朕心深为恻然。应行文山东巡抚陈世倌，将不能赴工之穷民，查明若干，每日仍给与升合之资，俟至麦收后停止。所用银两，俱作正项开销。该抚严饬各州县官，务期实心奉行，以副朕养育百姓之至意，尔部速遵谕行。

是日

上谕户部：山东去年被水州县，其应输漕米，朕于部覆缓半之外，敕令该抚查被灾尤甚之处，将漕项悉行缓征。但念各州县应给兵粮，例不在缓征之内，军糈固为紧要，而被灾黎庶于粒食之余，责其输纳粮米，未免艰于措办。尔部行文山东巡抚陈世倌，著于起运雍正三年漕米内，截留五千石，以为支给兵粮之用，倘有余剩，即留为下年兵米。其支给米石，俟秋收后征补还项，尔部速遵谕行。

三月甲辰

上谕大学士等：去岁畿南被水，深轸朕怀。虽截漕发粟，赈粜频施，然犹恐小民甫经灾沴之后，无力供输，是以又特降旨，将雍正四年通省钱粮，俱令缓征。夫今年钱粮，尚且缓征，则从前未完之项，岂有转行急征之理？今闻地方官竟有仍追比前欠者，漠视民瘼，莫此为甚，深负朕忧念斯民之至意！著传旨与直隶总督速饬各地方官，凡旧欠钱粮，一概缓征。所有兵饷工料各项需用之处，俱动藩库银两拨给，不得短少扣克。如地方官仍有私征等弊，一经察出，定行从重治罪。

五月庚申

上谕都察院：闻京城近日米价腾贵，恐有奸人囤积射利，因天气连阴，借此扰乱。著都察院转饬五城，晓谕各行户，不得过高价值勒索小民。倘有囤积遏粜，不遵劝谕者，该城御史密行察访，从重治罪。将京仓好米发五万石，分给五城，每城领米一万石，照例立厂，委员平粜，俟市价平减，即行停止。其未粜之米即存贮该城，将来或市价复昂，即将此米平粜。若此米用完，仍需平粜，著都察院再行请旨。

雍正五年丁未十二月辛丑

署两江总督范时绎奏：江南太仓州镇洋县境内刘河巨工，已蒙发帑开浚七浦一河，该地士民情愿自行开浚，候旨遵行。

上谕内阁：君民原属一体，民间之生计，即国计也。倘遇国用不敷之时，势不得不资藉于民力。今国用充足，朕为地方筹画万年之利，不惜多费帑金，兴修巨工，养育万姓，若仍用民力以办公事，非朕本心也。况小民效力工程，或致荒其本业，而又不免官吏之督催烦扰，朕心实为不忍。著仍动公帑办理，并将朕旨遍行晓谕该州县士民。伊等当体朕爱养元元之心，于工程告成之后，加意照看，岁岁疏浚防护，俾地方永受其益，则胜于目前之趋事赴功多矣。

雍正六年戊申二月甲辰

上谕内阁：上年闻湖广、广东、江西等省之民，因本地歉收米贵，相率而迁移四川者不下数万人；已令四川督抚设法安插，毋使失所。但思上年江西收成颇好，即湖广、广东亦非歉岁，不过近水之地略被淹损，何至居民轻去其乡者如此之众也？因时时留心体察。今据各省陆续奏闻，大约因川省旷土本宽，米多价贱，而无知之民，平日既怀趋利之见，又有传说者谓川省之米三钱可买一石；又有一种包揽棍徒，极言川省易于度日，一去入籍，便可富饶。愚民被其煽惑，不独贫者堕其术中，即有业者亦鬻产以图富足，独不思川省食物价贱之故，盖因地广人稀，食用者少，是以如此。

若远近之人，云集一省，则食之者众，求如从前之贱价，岂可得乎？况彼此相隔，或至千里，或数千里，小民离弃乡井，扶老挈幼，跋涉山川，安有余资以供路费？中途困厄，求救无门，不相率而为匪类，势必为沟中之瘠矣。岂非轻举妄动，自贻伊戚乎？草野识见庸愚，必须训示，方能醒悟。为地方官者，当抚绥之于平日，而劝教之于临时，开其愚蒙，恤其穷困，时勤训导，使百姓知故土之可恋，转徙之非宜，则愚民之不醒悟者亦少矣。

且各省皆有可垦之田土，而所以任其废弃者，其故有二：一则民俗好为争竞。当其未垦之时，则置之不问；及至既垦之后，则群起相争，是以将可耕之壤，抛为旷土，甚为可惜。一则垦田必须工本，而寒苦之民不能措办，以致委诸草莽。为有司者，诚能经其疆界以息争端，助其籽种以资耕作；宽其升科之年，优其上农之赏，则百姓断无有不踊跃鼓舞、趋事赴功者矣。朕宵旰勤劳，无刻不以百姓生计为念。兹颁谕旨，并非禁百姓之谋食于他方也，只以愚民无知，图利心切，惑于邪说，见异而迁，遂轻舍故乡，甘受流离之苦，朕心实为不忍。夫在彼在此，皆吾赤子，若本籍果逢歉岁，难以资生，该地方有司仰体朕心，即时奏闻，朕必沛以恩膏，使之得所，何必分散他方，以冀不可必得之利？著各督抚晓谕官民等知之。

三月壬子

湖广总督迈柱奏：各属堤塍，向系按粮派夫岁修，今各业户感恩，情愿加高修筑，其支河淤塞之处，业户亦自行挑浚。

上谕内阁：修筑江堤，疏浚河道，该地方既有岁修之定例。今百姓踊跃从事，加工修浚，甚属可嘉，用沛特恩，助其力作。查康熙五十五年，湖北、湖南地方兴修堤岸河道工程，蒙圣祖仁皇帝特恩，赏助米粮人工之费，共计银六万两，今朕遵照此例，将帑银赏赐六万两。令迈柱于湖北、湖南二省，酌量工程多寡，分派散给。并饬地方有司实心料理，使小民均沾实惠，工程永远坚固，以副朕爱养楚民之至意。

八月乙酉

上谕湖广督抚等：桑植土司向国栋、保靖土司彭御彬，暴虐不仁，动辄杀戮，且骨肉相残，土民如在水火，朕闻之深加悯恻。既有被害男妇纷纷来归，情愿编入版籍，以免残虐，若拒而不纳，则结怨之土民必至无遗类矣。朕抚有四海，内地苗疆，皆朕版图；汉土民人，皆朕赤子。偶有一夫不获，皆廑朕怀，况数千里土民，安忍置之度外？今俯顺舆情，俱准改土为流，设官绥辑弹压，其应行审理之旧案，著该督抚一并审结。但带兵入内官弁等，须仰体朕心，不得杀戮无辜。并晓谕平日奉法之土司，仍各安居乐业，不必疑惧。其土民向被桑植、保靖二土司残虐者，著加意抚恤，去其苛政，务使出水火而登衽席，以副朕除暴安民之意。如有助恶党与，即行剪除；倘归诚向化，皆从宽释。其向国栋、彭御彬应安插何省，不令失所之处，著该督抚酌量定议，以广朕法外之仁。仍将此晓谕附近土司，咸使悉知朕意。

十月辛巳

上谕户部：向来江浙收兑漕粮，俱用本地粳米，择其干圆洁净者方准交纳。遇收成稍薄之年，该督抚每以红白兼收为请，朕皆允行。夫米粮干洁，皆可久贮，原不在色之红白。江浙二省，户口繁多，每年应纳漕粮，将及四百万石，若必拘定本地粳米，恐米价昂贵，民间难于输将。嗣后江浙征收漕米，但择干圆洁净，不必较论米色，准令红白兼收，秈粳并纳，著为例。

卷十六

爱　民（二）

雍正七年己酉十一月庚子

上谕内阁：奉天地亩，向来多有隐匿，每有三四亩报一亩者，是以概以上则征科，民力输将，甚为宽裕。后因有隐匿积弊，民间互相争竞，纷纷讦讼，官民不便。前岁朕遣大臣官员清丈，渐次厘正，田亩皆得实数。今若按亩俱照旧则征粮，恐小民输将无力。著盛京户部侍郎会同奉天府府尹，确查田亩之肥瘠，分别上、中、下三则起科，酌定成额，永著为令。

雍正八年庚戌二月戊辰

上谕陕西督抚等：安西、沙州等处，招民屯垦，原为惠养边民之计，是以累年以来，备极筹画经营，期其得所。今从雍正六年民户到齐之日计算，至辛亥年，例当输赋之期，但念小民甫经安插，公私兼顾为难，著宽期二年，于癸丑年升科。俾民力宽裕，俯仰有资，以副朕格外加恩之至意。

三月乙未

上谕内阁：昔年，圣祖仁皇帝驻跸热河时，凡商民货物往来，俱不输税。嗣后，著严行稽查，无论满洲绿旗兵弁，倘有需索商民者，即指名题参治罪。

七月戊寅

上谕四川巡抚宪德：据奏，打箭炉口外需用米石，成都、新繁等州县士民情愿捐运，急公输挽，甚属可嘉。著该抚宣旨奖谕，应领夫价，仍著照数给领；其已捐之米，将存仓米石给还。

九月乙酉

户部遵旨覆奏：太平峪所用民地，已经加倍偿给，其旗人地亩，应请行旗查案。

上谕曰：旗人地亩，若赏给银两，则旗人固得实惠，而佃种之人未免无地可耕。著再查入官地亩赏给，使原佃之人仍得耕种。

十月壬子

上谕户部：陕西、四川地方，民风醇朴，历年逋赋甚少。查每年征收钱粮之期，四月完半，十月全完，此定例也。朕思四月、十月，既届纳课之期，小民必须预先经营，是麦谷未收之时，即为输将之计，或因称贷而受剥于富豪，或因预粜而大亏其价值。且如甘肃地方，有征收本色者，若在粮谷未获之前，更为竭蹶。历来川陕钱粮，既无拖欠之陋习，著将四月完半者，宽至六月；十月全完者，宽至十一月。俟夏麦秋禾筑场纳稼之后，从容完课，俾民力舒徐，以副朕爱养黎元之至意。

戊午

上谕内阁：乌蒙逆蛮不法，云贵四川现在用兵征剿。闻川省之永宁、建昌地方，山路崎岖，所用军粮，皆须民人背负方能运送，非若坦途之可以车马驮载也。旧例，每粮一石，运送百里，给与脚价一钱，而民夫一名止能背负米粮三斗，百里之程须行两日，是百姓一日之所得无几，未足供其日用之资。著该抚即行确查，凡川省有山路险峻之处，运送军粮需用人力，与永宁、建昌相类者，著将脚价速议加增，一面奏闻，一面即行给发。其他云贵等省，若有似此脚价不敷之处，亦著该督抚确查增添，仍一面奏闻。该地方有司务当实力禁止侵冒等弊，使力役之民，实沾恩泽。

十二月丁巳

上谕户部：朕查陕西临洮府属之保安堡，番民归化多年，按照田亩起科，共额征粮八百一十五石五斗。因该堡向日止设番兵一百二十名，即以应纳之额粮，抵作应支之兵食。伊等知种地而不完赋，知充伍而不领粮，相沿已久。嗣因番兵差操未便，于是另募内地民兵二百名以备防汛，即将额征之番粮，充作兵丁之月饷，其旧设番兵悉行开除。惟是保安一堡，与新附上下龙布阿步喇等番族，界址相接，新附番族，俱按户科粮，每户止纳青稞一斗，而保安则按田起科。以不及千户之番民，岁征粮八百余石，未免多寡悬殊，非朕一视同仁之意。著将保安堡番粮，亦照新附番民之例，每户纳粮一斗，征收在仓，留为积贮。其现募之兵丁二百名所需粮料，俱照例给与折色，以示朕加恩番民之至意。

雍正九年辛亥四月戊午

上谕内阁：闻天津一带，民间渔船专以贩鱼为业。每年谷雨以后，芒种以前，是其捕取之时，亦犹三农之望秋成也；若此时稍有耽误，则有妨一年之生计矣。目今天津运往山东积贮米粮，皆雇觅渔舟装载，然亦当听小民之情愿，勿以济山东百姓之储，而妨直隶民生之计。著直隶总督、天津总兵官速饬办理粮务人员，就近酌量，此时不可强雇渔船，致令失业。此系积贮备用之米石，俟过芒种以后运送，亦未为迟。其速将朕谕遍行传知。

六月庚戌

上召入大学士、九卿等，谕曰：自五六月以来，直隶、山东、河南雨泽愆期，亢旱日久。我君臣间，必有上干天和之处，仰蒙上天仁爱，特以旱灾垂象示儆。朕心忧惧焦劳，时加修省，辗转思维，无以自解。此皆朕薄德之所致，无可推诿；但大臣等亦当敬畏悚惕，省愆思咎，各矢诚心，寤寐警勉。念此三省数百万苍黎，皆吾赤子，将来秋禾不登，无以养生，必致狼狈。若不先期筹画，多方储备，临时虽欲补救，亦恐无及。著大学士、九卿等悉心酌议，作何先期料理，务期人力能周，救荒有策，米谷可以转运，膏泽不致稽迟。俾此被灾民人，咸庆生全，无一人转乎沟壑。如此，则朕之殷忧，可以稍释于万一，或邀上天慈鉴，稍宽吾君臣之谴责也。

丁巳

上谕内阁：朕因今年五六月间，直隶、河南、山东三省雨泽愆期，宵旰焦劳，无时或释，深恐秋稼不登，百万黎民艰于粒食，将来救荒济困，人力难周，特命大学士、九卿等竭虑殚心，为先事图维之计，以赎上天之谴责，稍解朕心之忧烦。昨大学士、九卿等会议截漕通商，及遣官分查、赏给籽种、捐谷议叙，各条具奏，朕已一一允行。又特降谕旨，将山东、河南二省本年漕粮，暂停征收，盖欲使本地之米，散布于民间，更胜借资于他省也。

今据河南署抚张元怀奏报，河南、南阳、汝宁、归德四府，从前陆续沾被甘霖，六月十四、十五两日，开封省城大雨滂沛，四野沾足。又据山东巡抚岳浚奏报，东省自六月以来，陆续得雨，六府九州，膏泽已遍。直隶署督唐执玉，亦以所属得雨之州县陆续奏报。观此景象，仰蒙上天矜悯下民而赐以生全之庆，将来即有成灾之州县，亦不至于甚广，人力尚可展施矣。朕以手加额，既感且慰，其廷臣所议预筹各件，朕意仍照前议预备为是。惟是“本地绅衿富户捐谷助赈，予以议叙”一条，此等事向来奉行不善，辄生虚冒滥窃之弊，且捐谷多寡如何分别议叙之处，原议俱未明晰，恐临时难于遵行，亦须预先定议。又河东二省漕粮暂停征收，将来成灾之处，自另有恩旨；其不成灾之处，或用折色交官，或仍征本色，将此谷石即粜卖于本省之民人，二者孰于民间有益，著大学士、九卿再行详议具奏。

七月乙酉

上谕内阁：朕以直隶、山东、河南夏间雨泽愆期，特命截漕查赈，既而三省陆续奏报得雨，朕心稍慰。兹闻直隶、山东及河北彰德、卫辉二府，有穷民因秋成无望，预为渡河而南，以图就食者，盖因本地歉雨之时，尚未闻截漕查赈之谕旨，辄思就食他省，若即令资遣还乡，恐时届仲秋，耕种之期已过，转致失所。著该抚饬令沿河州县于各渡口，详询其所欲往地方，有力不能自达者，量给路费，仍知照该州县，善为安插。除有亲朋可依及已佣工得食者，听其自便外，其乏食之民，著用截漕米石，照例计口赈给。有欲回本籍者，即给资遣回；其不愿即归者，候来春给以资粮，使之回籍，俱照例动用存公银两，造册送部。如各省乐善之家有能存恤周济者，该地方官酌量轻重，赏给花红旗匾；最优者详请题达，给以顶带，以示鼓励。设愚民无知，因邻省安插得宜，仍复离乡弃业，该地方官务悉心安集，剀切晓谕，令其勿离故土。又闻渡河流民有欲往湖广者，去乡更远，回籍愈难。著该地方官即于所到地方安插，务须规画尽善，无使一夫失所，以副朕勤恤民隐、子惠元元之意。

十二月甲辰

奉天府府尹杨超曾奏：“奉天各属，从前一切公务皆取给里下，总计一岁之科派，多于正额之钱粮。臣已严饬各属，勒碑永禁，并令嗣后彻底澄清，不许丝毫派累。”

上谕户部：从来地方科派陋规，甚为民间之扰累，杨超曾通行查禁办理，甚是。但恐相沿已久，官吏人等尚有阳奉阴违者；又恐日久法弛，将来接任之员，或有仍袭从前之陋习者。著将杨超曾所奏宣示于外，令奉天官吏人等永远遵行，以除积弊，以惠闾阎。

雍正十年壬子七月庚寅

上谕办理军机大臣等：京中送往军营之器械等项甚多，驿站虽备有车辆，每遇物件繁多之时，官车不能敷用，势必雇募民车运送，宽裕给与价值。惟是官吏等奉行不善，每于数日之前，即将商民车辆、牲口拘集于驿站地方，令其守候备用。至起运日期，始给运价，其余耽搁之日，并不准算，以致商民探知信息，即行远避，行旅畏惧不前，嗣后著严行禁止。

雍正十一年癸丑五月丁亥

上谕户部：山东通省近报甘雨沾足，但从前有得雨稍迟之州县，今年二麦歉收，民力未免拮据，钱粮输纳，承办维艰，朕心轸念。尔部即行文该督抚，得雨稍迟之州县卫所，应征新旧钱粮，缓至秋成之后，再行开征，以示朕体恤闾阎之至意。

庚寅

上谕户部：各省州县设立社仓，原以便民济用；若遇应行借给之时，该州县一面申详上司，一面即速举行，方可以济闾阎之缓急。倘其中有假捏虚冒等弊，自难逃督抚之耳目。闻直隶百姓借领社谷，必待督抚咨请部示而后准行，往返动经数月，小民悬待孔殷，仍不免重利告贷之苦。嗣后著该督李卫酌量定例，变通办理，咨报存案。

辛 卯

上谕户部：上年江苏等处被水之州县，朕已降旨多方赈济，今春又复添赈四十日，以加惠贫民。兹当征收钱粮之时，其被灾稍重之处，小民输课未免艰难，著该督抚秉公确查，将应行缓征之州县奏闻缓征，待至秋成，再令完纳，以纾民力。

雍正十二年甲寅二月壬子

上谕内阁：闻江南通州滨海地方，上年秋收稍歉，现今米价昂贵，盐场灶户谋食维艰，将来青黄不接之时，尤不可不加赈恤。著署总河高斌，即将通州盐义仓存贮之谷，酌拨数千石，委员分运各场，设厂煮赈，再行酌量拨运平粜。至各场灶户有现在应征折价钱粮，著一概暂缓，至秋成之后再行征收。

九月丁酉

上谕内阁：陕省今岁秋禾受旱，水田虽可有收，而旱田收成大减，明年青黄不接之时，米粮或至腾贵，不可不预为筹备。查陕省与河南接壤，雍正十一年春间，拨运豫米十万石，自水次装载，直抵西安，已有成效。上年曾令河东总督王士俊于沿河州县水次贮谷三十万石，并将上年豫省漕米截留易谷，以备陕省之用，是豫省备运陕省之米，甚为充裕。倘明年陕省有需用之处，著巡抚史贻直等一面具奏，一面即将需用米数，行文王士俊料理，照上年之例，由水道运赴西安应用，将此并谕王士俊知之。

十月丁未

上谕内阁：数年以来，甘肃等处地方办理军需，民人等挽输效力，朕心深为轸念，已屡加恩泽，以示嘉奖。前据督抚等奏报，今年禾麦收成俱好，朕心深慰。今闻秋间有雨少之州县，如阶州、靖远、环县数处，收成不足，民食稍艰，或他处有似此者，亦未可定。著刘于义、许容确加查访，所有歉收之处，或应蠲免，或应停征。其乏食之民，如何抚恤，一面定议奏闻，一面即行办理。若西安所属有秋田歉薄之州县，著史贻直、硕色亦即确查奏闻，照此办理。

雍正十三年乙卯三月庚寅

上谕内阁：朕闻南方滨江两岸，多系芦洲，民间俱将芦苇堆贮洲上，卖以度日。而江楚及上江各帮漕船，由江往回，竟有不法水手，每遇芦柴堆积之处，辄纠集多人，蜂拥上岸，恃强夺取；洲民拦阻，动辄殴詈，民多怨言。夫领运弁员，即坐本帮粮船之内，水手肆行如此，安得推为不知？至督运之粮道，押运之厅员，虽云统辖众帮，亦当留心查察，何得任其多事？著漕运总督通行晓谕，倘有仍蹈前辙者，经朕访闻，必将文武大小运官，分别严加议处。

闰四月戊寅

上谕礼部：凡烈妇轻生从死，昔年圣祖仁皇帝曾降旨禁止；朕于雍正六年，又降旨晓谕，至明且悉。数年以来，因各省奏请旌表烈妇者尚少，朕是以格外加恩，准其旌表。今数日之内，题奏殉夫尽节之烈妇烈女如此之多，可见地方官未将从前谕旨剀切晓谕，乡曲愚民尚未深悉圣祖仁皇帝与朕重惜民命之至意，以致民间妇女激烈捐躯者更多于前。嗣后若概予旌表，恐转相则效，易致戕生，深可悯恻。著地方有司将朕前旨广为宣布，俾遐陬僻壤家喻户晓。倘宣谕之后，仍有不顾躯命、轻生从死者，不必概予旌表，以长闾阎愤激之风。

卷十七

恤兵

雍正元年癸卯三月己酉

上谕八旗都统等：私行科派，殊非善事。贫乏兵丁所恃以为生者，惟在钱粮。嗣后各旗佐领下一应公中事务，概不许私自派取。若有擅行私派者，即以作弊治罪。

四月丁卯

上谕吏部、户部、兵部：各省给发驻防官兵米谷草豆等项，价值不一。除已有定额省分照常给发外，其余未曾定额省分，多寡不符。理应将本省历年给发之价，酌处其中，画一定议。价值一定，便于遵行。如遇年丰价平，稍有赢余，于官兵亦属有益。倘岁歉价昂，该督抚据实陈奏，朕自加恩。

五月庚辰

兵部议覆：云贵总督高其倬奏免鹤永等处取藏兵丁，赔补倒毙马匹。应不准行。

上谕曰：兵丁远驰异域，甚属劳苦，且满洲、绿旗俱当一视，其倒毙马匹，若仍令伊等赔补，朕心不忍，著尽行豁免。

十月辛未

上谕八旗大臣等：八旗满洲为我朝根本，植本不可不固。近见八旗兵丁，技勇产业大减于前。此皆文武臣工仰恃皇考之宽仁，遂乃怠于公务，不勤厥职，玩忽苟安，因而法制废弛。兵丁等既无教训之人，遂少儆惕之意，不习骑射，不谙生计，妄费滥用，竞尚服饰，饮酒赌博，渐至困穷。从前皇考恩养兵丁，屡加赏赉，代偿逋欠，又设立公库以利济之。惠泽虽频，空乏如故，曾何裨益乎？朕今初登大位，未遑遍行查视，惟尔诸臣是赖。限于三年内，将一切废弛陋习，悉行整饬。其各实心任事，训练骑射，整齐器械，教以生理。有顽劣者，即惩之以法。倘至三年，仍不悛改，朕必行罚无赦。再，参领一官管辖多人，办理旗务甚属紧要，优者留用，劣者即行罢黜。至于兵丁器械，既于明年十月点阅。尔诸臣应即行查看有不齐者，令其佐领内预为补足。今不置备，临期倍价赊买，又为债负所累，贫乏兵丁何以为生？凡此等处，诸臣宜各留意也。

雍正二年甲辰正月辛丑

上谕八旗都统等：八旗满洲、蒙古、汉军人等，俱经累世效力。现今承平既久，满洲户口滋盛，余丁繁多，而护军马甲，额设有定，是以不得披甲之闲散满洲，至有窘迫不能养其妻子者。朕每加悯念，将如何施恩俾得资生之处，再四筹度，并无长策。若欲增编佐领，恐正项米石不敷；若不给与钱粮养赡，伊等何以聊生？既不能养其家口，何由造就以成其材？今将八旗满洲、蒙古、汉军内共选取四千八百人，为教养兵，训练艺业。所选人等，每月给与钱粮三两，计四千八百人，每年共需钱粮十七万二千八百两。每一旗，满洲、蒙古、汉军共六百名。内满洲四百六十名,蒙古六十名,汉军八十名。其汉军之八十名,令为步兵,每月给与钱粮二两。就此钱粮数内计其赢余,通融料理。可以多给四十名兵丁,每汉军一旗,著选取一百二十名。再军器内,长枪尤为有用。著满洲、蒙古每佐领下,选取护军四名、马甲四名,令其学习长枪。汉军每佐领下,选取马甲四名,令其学习藤牌挑刀。此四千八百名教养兵,若计佐领选取,恐其人有多寡不同,应于旗下甲喇内,通计人数选取,则护军马甲益得有用之人,而闲散余丁亦得学习成就矣。至于如何编录教训管辖之处,八旗都统、护军统领、副都统等公同尽心详酌,务期永远可行,定议具奏。

九月癸卯

上谕户部:前往台湾换班兵丁,俱在台湾支给粮饷。伊等所留家口,无力养赡,必至内顾分心。著将兵丁所留家口,每户赏月米一斗。内地米少,即动台湾所有之米合算船价,雇运至厦门,交地方官按户给发,务使均沾实惠。

雍正三年乙巳六月壬辰

上谕户部:今年雨大屋漏,墙欹者多。朕轸念披甲人等,家贫不能修理,特加恩赐,务使人人得所。著动户部库银九万两,赏给八旗,每旗一万两,上三旗内府佐领一万两,令得修理房屋。著八旗都统、前锋统领、护军统领、副都统、内务府总管会同酌议,分别赏给。

雍正四年丙午十月甲子

上谕兵部:各省驻防兵丁已故者,其妇女每年以船载送回京。江南、浙江等处,俱于七八月起程。福建、广东、荆州等处,俱于四五月起程。沿途换船,船户惟利是图,故意延挨,一到临清、济宁地方,即称恐致冰冻,仍令岸路来京。中途苦累,甚属可悯。嗣后著于定限之前一月起程,交与沿途地方官,速换船只,与粮船一例照管督催,务令必至张家湾,庶寡妇等不致苦累,而回空船只亦不致守冻矣。

十二月戊午

四川巡抚法敏奏:进剿建昌冕山苗蛮之官兵请暂照松潘戍守兵丁之例,支给口粮,陆续扣还。

上谕兵部:向来官兵凡在内地行走者,例不给与口粮。朕思内地亦有远近之分,行走不无迟速之别,宜酌加恩泽,以奖勤劳。今建昌官兵因进剿贼蛮,已经深入梁山。此地旧称险远,并非内地可比,而贼徒金格等潜匿荒僻之区,尚未授首。现在官兵各处搜剿,奋勇效力,甚属可嘉。查前岁进剿南坪时,官兵俱经给与口粮。今进剿梁山官兵,著照南坪之例,一体支给口粮,以示朕抚恤兵丁之至意。

雍正五年丁未九月丁卯

云贵总督鄂尔泰奏:云南提督郝玉麟带兵进乂木多时,各兵曾借饷银,原议分三年扣还,请展限六年,以纾兵力。

上谕兵部:当日兵丁前往乂木多时,未免起身匆忙,马驼之属,略觉多费。朕心轸念,原欲将借支饷银全行豁免,以示恩恤,因一时未暇降旨。今览鄂尔泰所奏,著将应扣银四万三千两悉行豁免,其已扣之七千余两,仍照数赏给兵丁,以副朕爱养兵丁之至意。

十月丙戌

上谕内阁:八旗满洲火器营护军校及兵丁等,往芦沟桥操演枪炮,起身甚速。天气寒冷,著每人赏给银五两,制备御寒衣服,不得妄费。

雍正六年戊申九月己酉

上谕兵部:各省水师兵丁,惟福建最为熟练。朕前降旨,令蓝廷珍拣选五十名发往浙江,照陕西兵丁赴浙之例,令其补充营伍,教习浙江水师。其起身盘费及到浙安插之处,令高其倬、李卫照例赏给。查湖北、湖南共有水师七营,向来操演亦未精熟,须得闽人为之教导。著照浙江之例,令蓝廷珍拣选熟练之兵丁五十名发往湖广,交与总督、提督分拨各营,令其教习。其起身盘费,及在楚安插之处,亦著高其倬、迈柱等照浙江之例料理赏给。再,旧例湖广镇标协标,考拔千把,先行咨送提督,转送总督,再加考试,方行补用。但湖南、湖北路途遥远,又隔洞庭之险,微弁往返艰难,资斧不易,且致久旷汛守。嗣后,湖北二十四营千把,专隶总督考定,咨知提督。湖南二十四营千把,专隶提督考定,咨知总督。俾微员得省远行之费,而汛守亦不至于久旷。若新任总督、提督到楚之时,南北各标武职等官仍听总督、提督通行调试,分别优劣。

十一月戊午

上谕内阁:迩年川陕汉土官兵剿抚番苗,远涉藏地,效力勤劳。朕心深为轸念,著动支库帑银十万两,交与总督岳钟琪会同四川提督黄廷桂酌量分别等次,通行赏给,以示朕加恩沛泽之至意。

乙亥

上谕兵部：云南等省所有苗蛮獞獞，种类甚多，残忍性成，逞凶嗜杀，剽掠行旅，贼害良民；又或劫去人口，重价勒赎，所以为内地平民之害者，不可枚举。而众苗之中，又复互相仇杀，争夺不休；于其所辖土民，则任意伤残，草菅人命。朕念普天率土之民，皆吾赤子，岂肯令边省苍黎，独受苗人之侵扰？而苗众繁多，朕亦不忍听其独在德化之外，是以从封疆大臣之请，剿抚兼行，切加训诲，务以化导招徕为本，不可胁以兵威，或致多有杀戮，屡颁谕旨甚明。今幸数年之内，苗人陆续归诚者甚众，将来可望地方宁谧。但官弁士卒跋涉于深林密箐之间，历险峻之区，染瘴疠之气。而苗性狡狯反覆，当用兵之际，往往诡诈负嵎，出其不意，以致官兵受伤，亦间有之事。夫弁兵受国家多年教养之恩，虽临阵捐躯，义不避难，但以蠢然无知之苗蛮而致损我义勇之士卒，得失不足相抵，朕心深为悯恻。除已降旨赐恤赏赉外，其云南、贵州、四川剿抚苗蛮之官弁兵丁，从前若有预借银两，俱免其还项。阵亡之官弁兵丁，著照阵亡例加倍赏给银两。得病身故及受伤之官弁兵丁，著照阵亡例赏给银两。俱交与鄂尔泰、岳钟琪各于所属确查动帑，遵旨赏赐，务俾均沾实惠，以副朕优恤弁兵之至意。

十二月戊戌

上谕兵部：哈密驻防官兵每年轮换，定期于十二月内派往。朕思腊月天寒，草枯水冻，官兵跋涉为难。查从前甘肃官兵驻防哈密，有五月内更换之例，今仍著于五月内派往。

雍正七年己酉正月己未

上谕兵部：福建、台湾戍守之兵丁，父母妻子留在内地，前已加恩，每月给与米粮，以资养赡。闻台兵之例，每月将所领钱粮，扣留五钱于内地，为养赡家口之用。朕思兵丁远涉海洋，所得饷银又复扣除以养家口，恐本身用度或有不敷，今沛特恩于驻台兵丁，每年赏银四万两，为养赡家口之用。著总督等均匀分派，按期给发，俾兵丁本身食用既得宽舒，而父母妻子之在内地者又得养赡，以示朕恤兵赏劳之至意。

二月丁丑

上谕兵部：陕省兵丁年来效力甚多，朕深为轸念。伊等出征之时，若因已给行粮，遂扣其坐粮，则伊等妻子在家，难以养赡。嗣后出征兵丁于照例支给行粮外，仍给与坐粮银米，俾免内顾之虑。再，陕西营伍甚属紧要，若兵丁有派出之处，著总督岳钟琪酌量召募充补，另行按名给以钱粮。

三月戊午

上谕内阁：朕为在京八旗兵丁悉心筹画，其家若有吉凶之事，需用之费无所取办，一时拮据，实为可悯，特给内库银两，令王大臣等营运生息，以备兵丁一时之用。今思外省驻防之满洲汉军兵丁等，亦当一体加恩。江宁、杭州、西安、京口、荆州、广东、福建、宁夏、右卫共九处，每处赏银二万两。天津、河南、潼关、乍浦、成都共五处，每处赏银一万两，俱著于布政司库内支给，交与该将军副都统等公同存贮，营运生息。如该处驻防兵丁家有吉凶之事，将息银酌量赏给，以济其用。其本银永远为存公生息之项，不令缴还。该将军副都统等务须尽心办理，使兵丁均沾实惠。倘该管大臣官员有私自侵蚀挪移，或委任非人，以致本利亏缺者，定行从重治罪，仍于该管及委用等官名下，严追还项。其营运利息之处，亦必公平办理。倘指称官银名色，或占夺百姓行业，或重利刻剥闾阎，与商贾小民争利，扰累地方，著各督抚不时稽查，即行参奏。倘督抚徇隐不奏，经朕访闻，必将该督抚一并议处。此项本利银两，每年出入之数，交与在京八旗都统、副都统查核。一旗或管一省，或管二省，著怡亲王、大学士等酌量派定。每年于岁底，各省该管大臣官员等造册赍送各该旗查核奏闻。再，各省督标、抚标、提标、兵丁等亦仿此例，每标或给银一二万两，或给银数千两，按照兵丁之额数，分别银两之多寡。亦著怡亲王、大学士等酌量派定。其银即交与各该督抚、提督委员料理，以惠济兵丁，一切照驻防之例行。其前后接任之时，将此造入交代册内查核。至于各省镇标兵丁等，一时难以遍及，候朕酌量国用之出入，次第加恩，陆续降旨。

四月丁丑

上谕内阁：官兵马匹，其有倒毙免赔桩银者，各省不同。从前补以中茶马匹，及后则给以朋银采买，此诸省通行之例。惟有陕甘各营，因停止招中茶马之时，未将动支朋银声明，是以相沿至今。凡有倒毙马匹，俱系兵丁出资买补，深可轸念。著总督岳钟琪详悉查明，将嗣后作何准报补给之处，分晰定议具奏。

甲午

上谕内阁：八旗兵丁并各省驻防，以及各标兵丁，朕已赏给银两。令该管官员经营生息，以济其吉凶缓急之用。今因征剿准噶尔，派出两路大兵，远临边塞。此所派兵丁等，既为国家效力行间，朕心更为轸念。已于行粮恩赏外，给与坐粮，以养赡其家口。但兵丁等出门之后，家中若有吉凶之事，料理无资，不可不为筹画周济。除京城八旗出征兵丁，该旗照例支给外，其奉天等处八旗出征兵丁,著照京城护军之例:吉礼,赏银十两;丧礼,赏银二十两。其直隶、山东、山西、河南、陕西等处,出征绿旗兵丁,著照京城骁骑之例:吉礼,赏银六两;丧礼,赏银十二两。凡此赏给银两,其有已经孳生利息之处,即于利息内支给;其未曾赏银,及虽经赏银,而尚无利息可支之处,即动正项钱粮支给。著该管官员通行晓谕,使出征兵丁咸共知悉。伊等家中遇有应领赏银之时,即报明本管官,出具领结,照数支领,毋得稽迟。俾效力行间之士,均沾实惠,无内顾之忧,以副朕加恩沛泽之至意。

闰七月庚辰

上谕兵部:驻藏兵丁,其家口在家,著照出征兵丁之例,给与坐粮以为养赡之资。若家有喜丧事件,亦照出征兵丁例,赏给银两。

八月甲辰

上谕兵部:凡兵丁等承应官差,养赡家口,专于粮饷是赖。乃有射利之铺户土豪人等,交结队目,广放营债,以取重利。兵丁堕其术中,借银到手,随意花费,及至领饷之时,不足以饱债主之溪壑,此实兵丁等暗中耗费以致窘乏之由也。向来旗人有放印子钱各色等弊,今严禁之后,兵丁渐觉从容。著通行文武官员出示晓谕,嗣后不许铺户土豪人等再放营债,违者从重治罪。其从前已经借给者,著清还本银,不许收取利息。将此惩债主之贪心,以杜暗蚀兵粮之患。其营伍兵丁彼此借贷者,除朋情缓急通融外,若有放债图利、剥削同辈者,著该管官稽查严禁。倘违禁不遵,一经发觉,将该管官一并议处。

十二月癸卯

署陕西总督查郎阿奏：西路一应军需兵马，俱由嘉峪关出口，肃州米豆、草束昂贵，该镇标兵额饷本色少而折价多，不敷籴买之用，请酌量加增。

上谕内阁：朕前因宁远大将军岳钟琪之请，特念哈密为军需往来之地，将驻防兵丁增给口粮盐菜。今肃州为大军出口要道，办理军务之员咸集其地，食指繁多，未免物价昂贵。著将肃镇兵丁折支米豆，每石于折中一两之外，增给银五钱；每草一束，增给银一分，自雍正七年秋季起，至大兵凯旋之日，俱照增加价值，每季按名给发，毋得扣克侵渔，统入该年奏销册内，报部查核，以示朕轸念边兵至意。

丁巳

上谕兵部：天津水师营兵丁钱粮，前经部议，每月定为一两五钱。朕近闻兵丁用度稍有不敷，已降旨加为每月二两。浙江乍浦水师营兵丁，亦应一体加恩。其新拔之兵丁等，每月支银一两五钱者，亦著照天津之例，加为二两。

雍正八年庚戌三月乙酉

上谕内阁：从前陕甘各标及松潘镇出征兵丁，添补衣装，据大将军岳钟琪奏明，动支各兵家口夏秋二季一半饷银制备。今总督查郎阿等奏报，俱已制办运送军前讫。兵丁等效力行间，远征边塞，朕心深为轸念。此所添补衣装银两，著加恩赏给，不必扣除伊等家口月饷。即行文陕、甘、川三省并大将军处，晓谕兵丁知之。

八月癸丑

上谕兵部：从前以武弁一年所得俸薪不敷所用，令自提镇以至千把总，俱量给与亲丁名粮，以资养赡。今各省添设外委千把，尚未议及。念此外委人员，所办者千把总之事，而所食者仍止本身一分马粮，一应公差纸笔衣马之费，实有不敷。著将各省添设外委千把总每员给与步粮一分，即令伊之子弟家人顶食，以资养廉。倘有巧借办公名色，扣克兵饷，滋扰地方者，著该管官即行揭报，该辖大员指参，毋得姑徇宽纵。

九月丁卯

上谕八旗都统：八旗兵丁等房屋倾圮者，昨已每旗赏银三万两，为修理之用。闻该管之都统官员等，不论坍塌墙屋之多寡，及有无伤损人口之处，一概均匀给散，并无差等，其名则均，而实则不均之甚。总因伊等潦草塞责，不肯以实心经理公事，俾朕之恩泽不滥不偏，登众兵于衽席也。除从前所赏银两，各旗已经均给外，朕再赏每旗帑银三万两。著该旗大臣等悉心确查，分别等次，秉公赏给，务令苦寒之家，实沾恩惠。倘仍任意给发，不能公当者，经朕访闻，必于该旗之大臣官员是问。至于八旗官弁已给半年之俸，不在查赏之内。

十月辛亥

上谕内阁：年来出征兵丁，在外支给口粮，而仍给与坐粮以养赡其家口。盖因其荷戈持戟，效力戎行，不忍令有内顾之虑也。至各省土兵，有派拨征剿者，则于起程时赏给银两，而无养赡家口之例。朕思本身远出在外，则于营生之计不能兼顾，其父母妻子或至俯仰无资，深可轸念。嗣后土兵之出征者，除恩加赏赉外，其父母妻子在家，照守兵坐粮之例，每月给银九钱、米三斗，米折银赏给。著督抚、提镇差委官弁前往该地方，会同土官，秉公散给，务令均沾实惠。倘有侵蚀扣克等弊，一经发觉，定行从重治罪，决不宽贷。目今云、贵、川、广等省效力之土兵，即照此例行，并将此旨通行晓谕各省土兵知之。

十二月戊戌

上谕兵部：前因口外用兵，哈密为军需往来之地，特准大将军岳钟琪之请，将驻防兵丁口粮盐菜，加恩增给。又准署总督查郎阿之请，将肃镇兵丁折支米豆草束银两，各行增给。总以肃州、哈密一带地方，兵马往来，物价未免昂贵，故加恩于常格之外也。今思嘉峪关在肃州、哈密之间，其地苦寒，所需兵粮皆从肃州转运，事属一体。其营汛兵丁折支米豆草束之价，俱著照肃镇之例，米豆每石加银五钱，每草一束加银一分。其加增之期，亦照肃镇补行给发，以示朕轸恤边兵之至意。

雍正九年辛亥二月丁未

上谕大学士等：从前阿尔泰兵丁驻扎之时，粮运维艰，是以廷议每兵每月只给米一斗并羊价五钱。迩年以来，羊价渐长，所给银两不足羊只之值，月米一斗亦有未敷，不免半菽之虞，朕心深为轸念。查察罕叟尔每年屯种所获，富有余贮，而运送粮石较前亦易。著将现今调拨军营防守之满洲兵丁，每名月给米二斗四升九合；其戍守阿尔泰之满洲兵丁，每名月给米二斗；至察哈尔土默特兵丁，每名月给米一斗五升，以示朕恩恤兵丁之意。

五月甲子

上谕兵部：今岁命往陕西西安驻防兵丁，派出直隶张家口营兵一百八十余名。闻各兵家口支领钱粮，而该管武弁等，以各兵应有钱粮，俱给与新募之兵支领，无可给发，以致各兵家口三月未曾领饷，日食不敷，四路奔诉。凡兵丁拨派他往者，如马兵一名原领月饷二两，则以九钱付本兵，为途中盐菜之用，以一两一钱为养赡家口之资，所有兵米亦仍令其家口支领。若有新募兵丁，则另行给与月饷，并无以本兵钱粮付新募兵丁之事，何以张家口官弁等错误迟延，以至各兵家口糊口无资？著该督、该提镇即速查明，照例给发，并将迟误之处据实参奏。

癸未

上谕内阁：朕视天下兵丁皆为一体，莫不冀其生计有赖，俯仰从容。然养育于平时者，自有经常画一之道；而加恩于格外者，则不得不由近及远，次第举行。如恩赏兵丁生息银两一事，首先及于在京之八旗，次则推广于外省驻防及督抚、提督标下，又次推广于各省镇标，皆令将军、副都统、督抚、提镇大臣会同经理，以为长久之计。数年来，固有料理得宜、可济兵丁之缓急者，而措置未协、启人议论者亦往往有之，则此事经画之难可知矣。至于各省协标兵丁，虽同列行伍，而驻扎分防之处，与督抚、提镇相隔遥远。若偶遇缓急，必须文移往来，多延时日，始得领此数金，岂能济其一时之用？若照例给发，则现今督抚、提镇、大臣办理此事尚觉繁难，未能妥贴，副将以下等官岂可交办此事？恐徒贻累于弁员，而无裨于兵丁之实用也。近闻各省协标兵丁，有谓督抚、提镇等不为代请而生怨望之心者，不知国家之施恩，并无偏向；戎行之沐泽，自有后先。将来西陲军务告竣，国用充饶，朕自徐思周遍加恩之策。若伊等不察事势,此时遽欲均沾,妄生冀幸,是因朕逾格之恩,而启非分之望,则朕惟有将现行之恩赏悉令撤回,然后可以画一,岂不因数人之无知而阻众人受恩之路乎?思之!思之!

七月癸未

上谕大学士等:各省驻防兵丁生齿日繁,现今余丁甚多,若听其闲散,既无从学习技勇,而定额钱粮亦难以养赡家口。著各处将军于满洲余丁内,择其能骑射、可供驱使者,于额设兵丁之外,添设若干名,并作何给与钱粮、操演技勇之处,悉心定议而行。

九月丁丑

上谕大学士等:上年西路击贼有功,及带伤、患病之兵丁,前已降旨,令其各回内地营汛,休息调理,以示恩恤。其冻伤手足、致成残疾者,旧例查其子弟一人入伍食粮,仍令地方官每月给米三斗,养赡终身。朕思本兵若成废疾,而家无可以入伍食粮之子弟,恐月给官米三斗,不敷糊口之用,实为可悯。著该管大臣确查上年西路兵丁,因击贼受伤致成废疾,而家无子弟入伍者,俱给与守粮一分,以终其身,用示朕加恩优恤之至意。

雍正十年壬子二月乙卯

上谕大学士等:贼人侵犯哈密、塔尔纳沁等处,所派官兵征剿堵截,其中多有步行者,虽因将领无能,观望退缩,致令贼众逃遁,而兵丁之奋力前驱勤劳,实堪轸念。著大将军将大营塔尔纳沁、哈密等处,此次出征之兵丁查明,分别赏赉。其阵亡、受伤之兵丁,尤可怜悯,著查明照例赏恤。

三月戊午

上谕大学士等：坐卡兵丁，专司瞭望哨探之事，较之在营驻扎兵丁更为辛苦。且汛地离营既远，市买盐菜未免多费。著传谕大将军岳钟琪，除三大卡伦外，其他各处坐卡兵丁，每月加赏银一两，羊价七钱，俾伊等食用充足，以示朕格外加恩之至意。嗣后倘再有疏忽贻误之事，定行从重治罪。其如何挑选轮班之处，听大将军酌量办理。

甲申

上谕内阁：各直省督抚、提镇标下之兵丁，朕俱赏给生息银两，以济其缓急之用。而各省协营甚多，一时难以普及，欲俟军务告竣，国用充裕，再思周遍加恩。从前所颁谕旨，言之详矣。上年大学士鄂尔泰在云、贵、广西总督任内，奏称滇省舟楫不通，所有生息银两，分派营运则易，聚总生息则难。若督抚、提镇各标赏银过多，转致不能营运，渐生弊端，因将各镇应领银两令与各协营均匀分给，同受国恩。黔、粤两省，亦仿佛照此办理。此鄂尔泰因地制宜行之于边远三省，使兵丁均沾赏赉者。今据广东总督郝玉麟奏称"广东督抚、提镇各标蒙赏帑银共十万两，计每年生息，除赏给督抚、提镇标兵外，尚有余剩银两。应照各协营寨兵数之多寡，均匀分给，于雍正癸丑年开赏"等语，朕爱养兵丁，一视同仁，本欲令其均沾恩泽，但次第经理不得不有先后之别。今鄂尔泰、郝玉麟通融办理，俾协营兵丁亦有以济其缓急，深慰朕加惠戎行之至意。著各省督抚等酌量本地情形，悉心筹运，若可以照此变通办理，则协营兵丁可以早受恩赏，诚属有益。但各省地方之利息轻重不同，余银多寡不一，若不能行之省分，不必勉强从事仿而行之也。

四月壬辰

上谕办理军机大臣等：西路兵丁口粮，从前议定每名日支粟米八合三勺，或炒面一斤。驻扎之时本无不足，惟有事行走及对敌之际，昼则追奔攻击，夜则防范巡查，非驻扎之时可比，恐旧数稍有不敷。嗣后凡遇此等日期，著每名日支粟米一升，其应支炒面之日，每名日支一斤四两，俾兵丁等口粮宽裕，以昭朕格外加恩之至意。至分派屯种各兵耕耘播耨，胼胝为劳，其耕种之一月内所支口粮，亦照行走攻战之兵，米面一体增给。著即传谕大将军岳钟琪等知之。

五月戊辰

上谕办理军机大臣等：巴尔库尔出征之西安，满洲兵三千名，宁夏兵一千名，出口已将二年，冬衣不无敝损，应行加恩添补。查庄浪现有存贮皮袍褂三千套、皮帽三千顶，著署督查郎阿、巡抚许容，再于兰州添制皮衣一千套、皮帽一千顶，俱于秋间解送军营，赏给西安、宁夏满洲兵，以示朕格外加恩之至意。

庚　午

上谕办理军机大臣等：去年遣往巴尔库尔军营之京城骁勇官兵一百名、巴尔虎兵一百名，原令于袭击乌鲁木齐旋师之后即行撤回。此兵俱系精锐，军营现资差遣，暂停撤回。每人著再赏银三十两，以为整理衣服等物之用。

闰五月乙未

上谕办理军机大臣等：前因西路军营兵丁行走攻击之时，从前所定口粮不敷,朕已加恩增给。今思兵丁驻扎之时,亦应使之口粮宽裕,以鼓勤劳。其如何酌量加增之处,尔等妥议具奏。

八月癸亥

上谕办理军机大臣等:闻北路所派四省绿旗官兵,数年以来有陆续在军前病故者。今年七月间,该管将弁始接到部文,而各兵家口从前所领月饷,例应从病故之日追出,归入截旷项内。朕思国家养育兵丁,加恩优渥,而出征身故之兵丁,尤朕所格外矜悯者。其未奉文之先,家口所领月饷,悉著加恩免追。再今年七月间,该提镇等始接部文,而所辖协营,道路远近不齐,奉文先后不等,其秋季饷银,必有已经散给者,著将各兵应扣秋季之项,无论已领未领,一概赏给,以示朕恩恤故兵之至意。

雍正十一年癸丑五月乙巳

上谕办理军机大臣等:北路所派四省绿旗官兵,有在军前病故者,其本营于未奉部文之前,家口所领月饷,朕已于上年八月降旨,免其追还。今思西路亦有调拨别省之绿旗兵丁,其中岂无在军前病故者?若将本营未奉部文之先,伊等家口所领月饷按日著追,实为可悯。著行文各该省,若有军前病故兵丁,月饷于未奉部文之前已经支领者,免其追还。倘有借给库银之处,著以该省司库存公银两代为补项。

六月癸亥

上谕办理军机大臣等:各省挑选之勇健兵丁,原冀其黾勉出力,各图上进之路,以膺国家厚泽。因其中贤愚不等,优劣不齐,不得不甄别挑汰,以示劝惩。今挑出赴营各兵,既循分守法,有奋勇效力之心,著给与马步战粮,俾得内外充裕。其自甘起程之时,每人借支银两,并上年十月借过等项,俱著赏给,免其在月饷内坐扣,以示朕格外加恩之至意。著勇健营总统周一德等,晓谕各兵知悉。

十二月丙辰

上谕户部:本年江南应征漕米,朕已降旨,密饬该督抚等以半本半折征收,为接济民食之用。惟是漕粮既一半改折,则漕船亦应一半停运。定例漕船减歇之年,运丁给与一半月粮以为养赡。但上年业已缓截,本年又复减歇,其行装等项俱经预备,于将次出运之时旋复停运,则所领一半月粮或不敷用,未免艰苦,著将本年应支月粮等项悉行赏给。

雍正十二年甲寅十一月辛丑

上谕内阁:朕赏各省兵丁生息银两,原交与该管大员善为营运,以济缓急之用。从前有草率从事者,即将此银借给兵丁,收取利息,以为赏恤。似此办理,甚不妥协。朕已降旨训饬,严行禁止。近闻仍有无识无能之总兵官希图省事,暗中借给兵丁者;又有兵丁假商人借领之名,而其实自用官银缴利者。朕思兵丁切要用度,莫大于吉凶二事。朕既已赏给官银,则二事可以粗备。至于寻常衣食之类,无银则可节省,有银易至轻费,此乃人情之常。今见有官银可借,到手甚易,一时用去,将来补偿无资,其拮据之苦,仍兵丁身受之,岂朕爱养加惠之本意乎?至于兵丁假借商名,领银缴利,更为不可。兵丁既非殷实之家,又非久惯贸易之人,亏折之后,从何赔补?不但领银之兵受累于目前,且致将来之兵不能沾国家之恩泽,此显然可见者。著各该管大员一一清查,若有似此情弊,速行更改。倘官银不敷营运,不妨据实奏闻;或地僻难于招商,不妨轻减利息。若取兵丁之息银以为赏恤,是以朕惠兵之心，而成将来累兵之举，则该管大员经理不善之罪，无可宽贷，除从重议处外，仍将亏欠之项，责令赔补。

雍正十三年乙卯闰四月甲申

上谕内阁：从前赏给各省驻防兵丁生息银两，因兵丁数少之处无大员管领，难于经理，是以未曾议及。今查保定、太原、德州三处，各驻防兵五百四名，热河驻防兵八百名，为数虽少，亦应一体加恩，以资吉凶之用。保定、太原、德州三处，各赏银二千两；热河赏银三千两。保定、热河二处银两，交与总督李卫派员管理；太原银两，交与巡抚石麟；德州银两，交与巡抚岳濬，务令办理妥协，俾兵丁等得沾实惠。

卷十八

察史

雍正元年癸卯五月丁亥

上谕广西巡抚孔毓珣：据奏梧州府知府张若霈等，请升补苍梧道等缺，苍梧道员业已部选殷邦翰。朕闻张若霈居官声名较优，所以允行。至其余各员，俱照尔所请。尔统率一省，该属员自必有深知灼见处，始行奏请。假若日后改易操行，切毋存回护之念，姑息从事。今日因其贤能而保荐，后日因其改易而纠参，正见尔之公正无私。将朕此旨转谕伊等，俾各知警惧，时加慎勉，庶不敢恃被荐在前而稍有放纵也。保荐一事甚难，人或怀炫玉求售之心，掩其不善而著其善，一被愚惑，他日受累不浅，断不可轻忽于一时也。朕将合省百万赤子，付托督抚，似此荐举数人，有何可疑，而不推心信任？其间设有徇情纳贿、假公济私实据，断不轻恕。

庚寅

上谕大学士等：刑部直省命盗案件，主稿虽在刑部，然必由三法司等衙门公同确勘画题，方行请旨。今刑部议覆被盗疏防及人命失察等案，有该督抚未将所属地方官弁报参者，刑部于具题完结本尾，声明行令查参到日再议。嗣经该督抚有照例补参者，亦有援例请免者，止用咨覆刑部，既不再题，又不照会都察院、大理寺衙门,是以部中奸猾胥役得以操纵其事,暗地招摇,有部费者则为援引轻例。且有竟将咨文沉匿,日久潜消者。如无部费,虽督抚声明,在所可宽,不准邀免,欺隐朦混,事同议异。嗣后凡三法司会议案件,本尾有带及行令补参者,督抚咨覆到部,其或处分、或宽免,作何完结之后,令刑部知会画题衙门公同刷卷。如此则胥役不得萌逞故智,上下其手矣。

六月乙亥

上谕吏部、兵部:三年举行大计,五年举行军政。其居官优者列为卓异;劣者分别轻重,置之八法,所以澄叙官方,劝善惩过,典至重也。朕思卓异八法,所举所劾,不过十数人,而平等供职、不列举劾者,尚有多员。如文官仓库之盈亏,办事之能否;武官骑射之优劣,训练之勤惰,皆未填注考语。是考课群吏,尚有遗漏之处也。嗣后大计军政除卓异八法照旧例举行外,其平等官员文职自知县以上,武职自守备以上,俱于大计军政之年,令督抚、提镇注明考语,造册报明吏、兵二部。务期秉公核实,不得徇情任意,颠倒是非,尔等确议具奏。

是日

上谕户部:各仓监督,向有年限,满汉一同更换,立法最善。前任若有未清,后任岂肯接受?所以稽钱粮之出入,而除亏空之弊端也。惟通州坐粮厅,贮有通济库,每年动用轻赍等项,司其出入,关系钱粮数十万两。而坐粮厅一差,并无年限,或满员升转则更满员,或汉员升转则更汉员。满汉参差更换,彼此牵制回护,势难彻底澄清。况在任日久,倘有亏欠,必至积累增多,更难清理。尔部可将通济库钱粮逐一确查,务期明晰。其坐粮厅一差,嗣后或限二年,或限三年,满汉一同更换,庶接受之际不至含糊,而弊端亦自此清厘。尔部即确议具奏。

雍正二年甲辰七月乙巳

上谕直省总督、巡抚等：引见月官内，经朕改调人员，特因地方紧要，观其人言动举止似属可用，是以记名调用。然必俟任事后，方可定其贤否。若督抚不实心访察，而因朕一时称许，遂尔优容，任其恣意行事，岂朕改调之意乎？再，拣选命往各省人员，该督抚亦不可因系拣选之人，听其妄为，不行纠参。此等人系朕特用，必当益加勉励，实心爱民，方不负简拔之意。倘任意放纵，有玷官箴，即当从重治罪。嗣后督抚题参官内有此等官员，著将原系奉旨调用，或拣选命往，不思报效，辜负擢用之处，于参本内声明。

雍正三年乙巳四月戊子

上谕直省督抚等：为政首重安民，安民必先察吏。迩年有司不能仰体圣祖仁皇帝宽仁德意，吏治渐致废弛。朕即位以来，严加训诫，整饬官方，欲其洁己爱民，奉公尽职。在朕并非苛刻，亦非偏私。乃有庸懦无能之督抚，间有参劾，每向人云："我若不参，恐非上意，又恐他人参劾，于我不便。"以此等语解释于众，似觉参劾为迎合朕意而出于不得已者。即如浙闽总督满保参劾知府何国栋，似属迎合。朕察其无贪污之迹，仍准留任，则朕无成心可知矣。前满保曾奏浙闽属吏已劾多员，若再题参，恐致无人办事。魏廷珍巡抚湖南时，亦曾奏称"属员参劾过半，容再查奏"等语。夫属员之去留，惟视居官之优劣，岂论参劾之多寡？朕心总出于至公，尔督抚等安得以庸鄙之见、偏私之心，妄为窥测乎？又闻外间议论云"朝廷惩盗臣而重聚敛之臣"，此语尤为荒诞。自朕临御以来，蠲免旧欠钱粮不下千百万两，江南苏松之浮粮、江西南昌之浮粮，共免额征银五十余万，此皆惟正之供，尚且大沛恩膏，特行豁免。现今各省督抚大吏将诸项名色，私派陋规，裁革甚多，莫非推惠于民，尚得谓之聚敛乎？至若亏空侵蚀以及贪婪枉法之辈，蠹国殃民，有干法纪。既宽其诛，已属格外；若又不严追完项，一任贪吏优游自得，国法安在耶？此明系朋党匪人怀私捏造悖谬之语，以惑众听，殊属可恨。故特谕众知之，愿尔内外大小臣工深知朕心。凡事秉公据理，不可稍存迎合之见，则庶政皆得其宜，而吏治民生均有攸赖矣。

雍正四年丙午八月丙戌

上谕内阁：吏治惟在得人，而各省有司员缺甚多，非广收博取，不足备庶官之位。故数年以来，各省官员经朕拣选命往者亦多。然当其拣选之时，或见其奏对明白，举止从容，或见其条陈事宜似属可采，遂入于拣选之中，命往各省以试用之。又有奉旨特用之员，大约因督抚上司等荐举保奏，朕召来引见，见其才具可用，遂加迁擢以鼓励之。此等人员，朕不过取拔于临时，并未曾试验于平日，实不知其居心行事何如也。伊等莅任后，自应倍加敬谨，勉为良吏，方不负朕格外之恩。若自恃为拣选特用之员，傲上凌下，恣意妄行，而该管上司以为朕所拣选特用之员，不加约束，委曲宽容，则大非朕澄清吏治、整饬官方之意矣。朕以大公之心，抚驭万方，凡属臣工，只论其居官之贤否以为进退，岂以部选拣选、常用特用，分别异视，有所偏向？凡为督抚者，宜深知朕心，切勿以其为拣选特用之员，有意优待而姑容之。倘居官不善，即据实参奏，不为隐蔽，不涉瞻徇。如此则人皆知儆，官皆得人，而于吏治大有裨益矣。

十月戊寅

上谕云、贵、川、广、湖南各省督抚：直省地方官办理钦部案件，皆有定限，其不依限完结者，例有处分。惟边省苗疆，间有督抚自行归结之案，地方官因无限期，遂生怠玩，以致案件稽迟，民人受其拖累。嗣后遇有民苗争讼事件，该督抚严饬该管各官作速查审完结。如地界两省，或有关提之人，或有会勘之处，两省大吏务须和衷办理，不得互相推诿。其有不肖有司，托故稽迟、巧为推卸者，即指名题参，毋得徇庇。

雍正五年丁未三月丙申

上谕吏部：盛京五部司官，多系本处居住之人，互相交结，瞻徇情面，欺蔽上司。朕屡降谕旨，不能悛改，若不尽行调换，难于整顿。尔部将盛京本处之人，现任郎中以下、主事以上人员，查明人数，悉行调来，以京员用。其员缺，著在京各部堂官拣选办事中等司官，尔部带领引见补用。所遗员缺，即将盛京撤回之员补授。如此则盛京堂官易于办理，而盛京部院积习可以悛改矣。

闰三月丙寅

上谕内阁：凡州县钱粮之亏空，总不出侵欺、挪移二项。当其侵挪之时，官固主之，而经手之经承自无不知也，乃不行禀阻，且从而怂恿之，以便作奸分肥。迨至本官监追，而经承且优游于事外；本官问重罪，而经承仅得不行禀阻之处分。故凡亏空累累，多由于官吏之相成也。朕以为经承库吏，经管仓库之人，亦宜重其处分之例，更定以劝惩之法。凡州县官到任，先拣选殷实老成胥吏二人，充钱粮总吏，通详报部。凡征收钱粮，即令随征报解，不得存留内署。承办五年，该县无亏空者，即将总吏咨部以九品杂职即用。本官少有亏空，该总吏力行禀阻；如不听从，许径赴司院呈明免罪。若该吏不行禀阻，致本官以亏空纠参，即将经承一同监追，减本官一等治罪。如此则经承有所劝惩，不敢顺从本官擅动国帑，亦杜绝亏空之一法也。

乙酉

上谕内阁：各省建立忠义节孝祠宇及赏给老民老妇布绢、米石，皆系朕之特恩。凡地方有司，自应实心奉行，以彰朝廷旷典。昨据安徽巡抚参奏，太湖县知县冒开老妇名数至二千余名之多，即此则各省有司之奉行不能无弊可知矣。建立忠义节孝祠宇，表扬德行，在地方有司奖善慕义之公心，即捐输己资，亦当勇往。今朕动用国帑为之建立，而承办各官，尚忍于冒销钱粮，草率从事，以致易于倾圮，有此情理乎？著行文各省督抚详加察勘，有无冒销、果否坚固之处，不得容其朦混。并令各地方官，将所建祠宇，造入盘查册内，前后交代。倘工程不坚，未久即至坍塌者，仍著落原办之人赔补。至于永远照看修葺，则系地方官分内之事，若能随时整理，所费不过数金，多亦不出数十金，甚易为力。嗣后责成于地方官，则彼必视为己事，时时留心，大于祠庙有益。倘准其动用正项钱粮修理，则不肖有司，必至借端开销，而奸胥猾吏又从中侵渔入己，有名无实，屋宇必至颓坏，负朕彰善阐幽之至意矣。太湖县冒开老妇名数，业已被参，各省州县必有冒滥开销及胥吏朦混侵蚀等弊，著各省督抚一并确查。如该地方官将浮冒之处自行出首，免其治罪。倘仍隐匿不报，若经旁人告发，或被督抚科道等题参，定行严加治罪。

六月丁亥

上谕内阁：学政一官，所以化导士习，养育人材，职任甚重。近年以来，各省督学诸臣，颇能仰体朕心，祗遵朕训，矢公矢慎，杜绝苞苴，深可嘉奖。但向来学政，恣行贪劣，以国家兴贤造士之途，视为射利营私之地。此固本人之不肖，而亦大半由于提调官员赞成之也。其学政之秉心贪劣者，与提调官通同作弊，固不待言。而学政之可与为善、可与为恶者，提调官则引诱之，或挟制之，使不得全其操守，而于其中网取厚利。此提调官之恶习，而天下之所通知者也。学政原有关防，若提调官持正秉公，则学政必不能肆行无忌。学政果能公明廉洁，提调官更当敬礼而玉成之，岂可反导之为非乎？提调与学政相为表里，嗣后学政声名不好，应将提调官一并议处。其如何定例之处，著九卿会议具奏。

七月丁巳

上谕吏部：各衙门笔帖式在部院办事者，必当慎重拣选补用，方于部务有益。嗣后补用笔帖式时，尔部将应补之人，俱带来引见，朕酌量补用。再，笔帖式内若有不愿在伊本衙门行走，因而告病解退，希图另补好缺者，其起补时，俱著于伊本衙门缺出补用。再，盛京人员赴任，向来原无凭限，往往补用之后，经年累月竟不到任，其堂官亦不咨查。至现任官员，有告假来京者，亦多无故稽留，不回本任，以致部务废弛。此等风俗，不可不加意整理。嗣后选补盛京官员，以奉旨之日为始，扣限一个月到任。若有违限者，该堂官查明咨部题参，照例议处。除公事差遣外，有告假来京者，该堂官奏明，奉旨给假，方准其来京。

雍正六年戊申五月己巳

上谕内阁：国家举行大计，乃三年考绩之大典。其中卓异人员，皆加以特恩，不次擢用。诚以该管上司为国家荐拔人材，必深知灼见，然后列为卓异。断无有徇私受托，草率冒滥，以负国恩而辱巨典者。而到任未久之上司，不能深知属员之贤否，又准其题请展限，以俟确访。如此则属员人品之邪正，自无有不能辨晰之理。乃见有从前卓异之员，而后任内竟至贪赃枉法、罹于重罪者。

夫以三年之久,数百属员之多,保举数人,以光大典,则非一时应诏荐举可比也。其人既犯贪赃枉法之条,则平日必系行止奸邪之辈,又非寻常诖误及才力不及之类可比也。督抚、提镇等专以察吏为务,而乃以此等之人列为卓异,及至败露之后,尚可藉口于知人之不易,不能保其将来乎?此等若不定以处分,恐相沿日久,必有滥举失实之弊。嗣后文武卓异官员,有犯贪赃不法之款,而审讯确实者,将从前列为卓异之上司一并议处。倘于该员未败露之先,有能查出参奏者,免其处分。其如何定例之处,著九卿详议具奏。

七月戊午

江西巡抚布兰泰参奏:清江县知县牛元弼祈雨不亲,屠禁方开,张筵唱戏,政务不理。临江府知府吴恩景代为隐饰,请均予革职。

上谕内阁:牛元弼于屠宰开禁之后开筵唱戏,不比祈祷之时。若牛元弼平日性好声歌,耽于逸乐,则布兰泰何以不早行参奏?至所参政务不理,亦当实指其废弛者何事。今因一时意见,遽将该县严参,并知府一同革职。定例内,属员犯贪赃重罪者,知府徇庇及失于觉察,其处分止降级调用。今因属员唱戏而遂将知府奏请革职,似此越例之事,几有作福作威之意矣。朕之待督抚大臣,深加信任,常有督抚参劾尚轻,而朕从重处分者,总以揆情度理,期于公当而已。凡为督抚者,当为国家爱惜人才,而于参劾之间,尤当加意慎重,若误去一干员,其过更在误荐劣员之上。盖荐一劣员而误用之,异日自然败露。若将干员误行罢斥,则其人终身放废,不可复振。天下人才几何,岂可因一时之喜怒而滥行摧折乎?察吏之道,公明二者,缺一不可。若存心本公,而识见不到,必致为属员所欺瞒,浮言所蒙蔽。布兰泰之存心虽无徇私,而少知人之明，且琐屑不识大体。地方雨旸之时若，水旱之为灾，全系乎督抚大臣之感召。若果能布德存仁，安民察吏，自能上感天和，丰亨有庆。若政事有阙，举劾失宜，以致雨泽不能应时而降，此时徒恃祈祷之虚文，已属庸鄙之见，而乃欲诿过于属员，以谢己之责，不亦屈抑之甚乎？牛元弼、吴恩景不必革职。若二人任内，另有亏空劣迹，著布兰泰查明续参，再降谕旨。若别无款迹可参，著将牛元弼、吴恩景送部引见，候旨另用。

乙亥

上谕内阁：前山东参革知县朱成元令家人叩阍一案，朕命学士缪沅前往审理。据缪沅将朱成元蒲台县任内，馈送巡抚、布按各官规礼印簿查出陈奏。朕一一阅看，知系朱成元任内二十余年，馈上司之陋规，而自雍正元年以后，仍复馈送如故，已交部严察议奏。自朕即位以来，严饬官方，禁止私贿，又恐督抚等官用度不敷，暗中巧取，是以给与养廉之项，俾其公私有赖，俯仰从容，庶永杜苞苴，以为澄清吏治之本。盖上司既受属官之馈遗，又何以禁止属官之贪墨？甚至以馈遗之多寡，分情谊之厚薄，则属员之优劣何由辩别？而吏治尚可问乎？各省督抚养廉之项，皆经奏闻奉旨者，司道等官亦皆于公用内支给；其无公项可支之员，亦应于督抚前陈明，准其收受何项以为用度。岂有朝廷既给养廉，而仍收受属员陋规之理？今观山东巡抚司道等官之私受陋规如故，则他省或有似此欺隐私受者，亦未可知。著各省督抚一一严查，据实陈奏。在地方官薪水之资，自不可缺，但于属员之手，接受节礼陋规，则断乎不可。目今各省内，或有尚未分给养廉之员，著各省督抚悉心商酌办理奏闻。宁可以州县应出之项，解至藩库，从公发给，而不可使其自相授受，废公议而徇私交，留礼仪交际之名，而长贪婪贿赂之弊也。倘再有私收规礼者，将该员置之重典，其该管之督抚亦从重治罪。

八月己卯

上谕直省督抚等：知府一官，管理通郡，有察吏之责。如知府得人，则察吏以安民，于地方实有裨益。但知府内有仅系循分供职，不能察吏，而又素无过犯、不至于参劾者，此等人员，若令其久任地方，于属员贤否必不能详察周知，于吏治无益。著各省督抚将现任知府详加甄别，其有才具中平、不能察吏者，一面具题，以在京部属改补，仍令该员暂留本任办事；一面于本省同知以下、知县以上等官内，拣选能胜知府之任者，保题送部引见。如所保人员可用，准其补授。俟伊到任后，著前任知府，交代清楚来京，以部属之缺改用。如此则因才器使，办理部务得人，而各省知府均属胜任之员矣。若所保人员到京引见时，朕察其才具亦属中平，则仍将前任知府留于原任。各省督抚宜秉公详择，以副朕澄叙官方之至意。

雍正七年己酉正月癸丑

上谕户部：朕闻粮船过淮所费，陋规甚多，有一帮费至三四百金者。旗丁既多苦累，势必多索于民，甚为漕政之弊。嗣后著派御史二员，前往淮安，专司稽察之任，不许官吏人等向旗丁额外需索，以致扰累。其粮艘携带物件，除照例许带外，该旗丁如有夹带私盐及违禁等物者，亦著该御史稽察。但不得过于吹求，以致粮运迟滞。至粮船抵通之时，其该管衙门官吏及经纪车户人等，恐有额外需索陋规者，亦著派御史二员前往稽查。差往淮安之员，著于二月初派往；差往通州之员，著于三四月内派往。不必拘定满汉各一员，著都察院按期开列请旨。

五月庚申

上谕内阁:凡远省烟瘴之地,及沿边沿海之区,因其险阻荒凉,或民情难治,是以有司缺出,或拣选补授,或将内地之员保题调补。该员到任之后,有历俸三年即升者,亦有五年即升者,所以恤其苦而赏其劳,加恩于常格之外也。乃向来督抚等徇情受托,往往庇护私人,以保题烟瘴边缺为名,俾得速于升迁,仍将其人委署近地,展转留滞,而本任竟属虚悬。是以紧要之缺,转成闲旷之所矣。近年以来,虽州县正印官不敢仍蹈故辙,而同知通判等员则闻尚有借委署他处之名,不到本任,延至数年俸满,居然得以升迁者。此等弊端,甚有关系。嗣后著严行禁止,倘有应行署理之处,著该督抚就近差委,不得使属员巧为规避之计。倘有仍前营私作弊者,经朕查出,定将该督抚及本员一并从重议处。

闰七月壬午

吏部带领各督抚保举之知府引见。

上谕曰:知府一官,承上接下,以察吏安民为要务。督抚统辖全省,地方辽阔,属官多至百数十员,察核贤否,自难人人确当。所赖者汝等府道耳,一府所属,其多者不过十余州县,耳目易于周知。如能与督抚同心协力,则举劾悉当,吏治自然肃清。但不得背公违理,迎合督抚之意。如属员果贤,督抚或有苛求,尔等须竭力保全,不可搜求详揭。若系不肖之员,虽督抚密露庇护之意,亦不可委曲顺从。盖劣员贻误地方,即此时顺从督抚,曲为徇庇,将来倘被新任督抚题参,徒然贻累己身。若秉公察吏,获罪上司,即被参劾至于降革。朕调来引见,面加询问,果系情真理当,必将误参之上司,严加处分,在汝等何害乎?至秉公持正之督抚,尔等又不得与所属人员,通同欺诈蒙蔽。譬如督抚与朕,必能一德一心,方可整官方而清吏治。若各怀欺隐之心,朕亦难于办理矣。从来人才难得,朕欲尔等察吏,并非苛刻搜求细事,以参劾详揭为能。如属员之过出于无心,情有可恕,务必尽心教训,冀其悛改。至再蹈前辙,然后参揭,方不屈抑人才。尔等皆有志上进之人,若能协同督抚,报效国家,抚绥百姓,将来升授大员时,自有贤能属员来相赞助也。古语云"使天下无一夫不获其所",实非人力不能之事。一府之大,或一人之力不能周到,若一州县得一好官,则一方百姓自受其福庇。推之天下州县,各得其人,岂非匹夫匹妇各得其所之明验乎?所以治天下之道,惟在察吏一事。再,近来外官多有视督抚之行事以为进退者,如遇才守兼优,不徇情面,不避嫌怨之督抚,即踊跃向前。若遇中等督抚,则凡事因循观望,不肯尽心,殊非臣子竭诚供职之道。尔等总宜改除陋习,勉尽职守,以图上进。若不公忠勤慎,报效尽职,不惟深负朕恩,且有何颜面以对保举之人,而忍贻累于知己之上司耶?尔等赴任,务期夙夜凛遵,毋负朕谆切训诲之至意。

十一月乙亥

上谕内阁:各省兵丁于粮糈之外给以季饷,所以抚养士卒,令得仰事俯育,以为地方捍卫,所关甚重。而朋银一项,于俸饷内扣留贮库,为各营买补马匹之用,亦国家恤兵至意也。近闻直隶布政使衙门奸吏,于请领朋银时,每匹扣陋规二两至二两五钱不等,直隶如是,他省大约皆然。夫倒马立有限年,报销复有成额,岂容奸胥舞弊侵扣?嗣后著各督抚及布政司查照定例,按期给发。如有奸吏增减克扣迟延等弊,各该督抚即行拿究,按律重处。倘督抚失于觉察,布政司不能厘剔弊端,朕有访闻,定一并严加议处。至兵丁岁底预借春饷及支放季饷,亦闻有不肖饷书,于放饷则需索季规,于借饷则科敛借费。此种奸弊,深可痛恨!著各督抚一并严查禁革，务须按季给发，不得迟延。该部通行直省督抚、布政使将朕谕旨刊刻晓谕，俾官吏兵弁等咸知之。

雍正八年庚戌五月壬辰

湖南安陆府知府谈九叙等恭请圣训。

上谕曰：知府一官，有承上率下之责，关系吏治民生，最为紧要。尔等勿视为传舍，但务逢迎上司，以图升迁为荣身之计。果能察吏安民，实尽其道，即使终身不得迁转，亦足留名誉于将来。若一味请托钻营，希图保荐，纵一时幸获寸进，而公论难免，何能掩人之耳目哉？刑名事件，知府尤为上下关键，务期明允公当，地方始无冤民。不可听属员恳求，亦不可畏上司驳诘，而草率苟且，以致讼狱颠倒，下结民怨，上干天和。若催科一节，固有考成，果遇水旱灾荒，自当据实申详，加意抚恤，不可隐匿，以图省事；亦不可捏报，以滋弊端。

夫宽大惠爱者，乃为政之要道。朕非令尔等严厉苛刻以从事也，但古人云："养稂莠者伤禾稼，惠奸宄者贼良民。"若保全贪官污吏以博长厚之名，纵容地棍土豪以沽安静之誉，此大有害于人心吏治者也。沽名邀誉，乃居官之大患。大凡在任时，贴德政之歌谣；离任时，具保留之呈牒，皆非真正好官也。惟去任之后，绅衿百姓，思念不忘，则不愧古之循良矣。知府与知县不同，知县为一邑之宰，果能殚竭心力，使四境之内，民人乐业，便是良有司。至于知府，则有统辖属员之职，若各属之内，有一人居官不善，在知府分内，即为一分旷职，不可云洁己谨守，遂可无忝牧守之任也。天下人才难得，倘过于苛刻摧残，则因细故微瑕，而至于放废终身者不少矣。总之，遇好官，则当爱重保护之；遇中材，则当劝导扶掖之；遇劣员，则当惩治罢黜之。以此督课属员，有不观感兴起者，无此情理也。至于参罚案件，外官必不能免。朕从不肯以情有可原之案废弃贤员，常有因公参处之州县官，朕见其人才可用而逾格加恩迁擢者。尔等勿存见小之念，顾惜功名，局于庸众之规模，而无远大之器量也。将此谕旨，吏部通行天下之知府、直隶知州知之。

雍正十三年乙卯七月乙巳

上谕九卿：各省拿获赌具，查其制造年月，在半年之内者，大小官员，有议叙之例，所以奖励臣工，使之实心禁约赌博也。今朕访闻各省拿获赌具，均称造卖在半年以内，追细心根究，率多不实。盖地方官希冀议叙，未免支饰邀功，所恃上司稽核精详，庶几功过不爽；然上司又例得并叙。苟非公正不欺者，势必苟且雷同，此朕访闻最确者。夫赌博之害，最关风俗人心，澄源端本，则赌具在所必严；计效责功，则劝惩诚难偏废。然州县身任查拿，而上司则不过严为督率，本属分内之事。今因并叙之例，转滋徇揑之端，而不能收劝惩之实效。应作何分别定例，著九卿悉心妥议具奏。

卷十九

训臣工（一）

雍正元年癸卯正月癸卯

上谕直省主考官：尔等俱系皇考选用之人，朕谅尔等必能自好，是以特简为主考官。尔等务秉公考取学问优长之士，果能不徇私情，声名无忝，则不但无负朕之选用，亦不负皇考爱养之恩矣。回京之日，朕自加升擢。如有徇私之处，经朕访闻，定行从重治罪，决不宽贷。

四月丁卯

上谕满汉文武大臣官员等：朋党最为恶习，明季各立门户，互相陷害，此风至今未息。惟我皇考允执厥中，至仁在宥，各与保全，不曾戮及一人。尔诸大臣内，不无立党营私者，即宗室中亦或有之。尔等若以向蒙皇考宽大，幸免罪愆，仍蹈前辙，致干国法，昏昧极矣。岂但满洲，即汉人亦与一家骨肉无异，何苦波累及之？夫人之性情各有所向，岂有与通国之人无不投契之理？但办理公事不可存私。今诸大臣俱在朕前，朕居藩邸曾与尔等议及私事，密相往来乎？皇考知朕中立不倚，是以命朕缵承大统。朕自思之，亦惟朕方能不戮一人，无一人不保全耳。朕非独因皇考付托之重，实感皇考四十余年教养深恩，委曲周至，言念弘慈，昊天罔极。此朋党之习，尔诸大臣，有则痛改前非，无则永以为戒。尔等当思皇考数十年宽厚之恩，亦当共体朕委曲保全至意。若仍怙恶不悛，朕虽欲勉强仰体皇考圣衷，力为宽宥，岂可得乎？夫朕言是，即宜遵行；朕言非，即宜陈奏，朕未尝拒也。朕屡诏求言，虽小臣欲进言者，咸得上达，每多召入，屏去左右，令其面陈。尔诸大臣非不得奏之人，乃隐匿不奏，退有后言，某人不当用，某事不当行，诚小人之恶习也。夫朕所用之人、所行之事，如有不当，尔等身为大臣何难陈奏？所言果是，朕即用之，如不奏而但肆讥议，设有人诘以不奏之故，能无愧于心耶？贤者朕之所好，尔等即宜好之；不肖者朕之所恶，尔等即宜恶之。乃或其人为朕所信任，尽心竭力于国家之事，则反谓其专擅作威，如此人孰肯效其所为，自取诽谤乎？其或唯诺成风，诸事不问，但思自便其身，为己则得矣，于国何补？夫君亲，大义也，譬若父之仇，则与之相爱；父之爱，则与之为仇，为人子者有是理乎？要之以君之好恶为好恶，然后人人知改其恶而迁于善，君臣一心，国之福也。传之万世，亦有令名，尔等其祗承朕谕！

十月戊午

上谕内阁、九卿、詹事、科道等：从来用人之道，必兼听并观，畴咨博采，方能允当而无失。朕于选用人员，勤加咨访，正以朕一人之耳目有限，不若合尔诸臣之见闻，始无遗漏也。乃尔等佥云“未能深知”，互相推诿。夫百职在廷，四方具集，同乡亲故岂无见闻？其贤者，即小善亦应称举；不肖者，即小恶无容隐匿。若知其贤而不言，是谓蔽贤；知其不肖而不言，是谓党恶。即如月选官内有刘尚俭者，系四川夔州府参革贪酷知府刘天观之子。其父刻剥民膏，为伊子捐职，罪莫大焉。如此之人，岂可录用？在廷岂无一人知之者，乃俱缄默不言。以此推之，可见知而不言者甚多。尔等之意，惟恐结怨于朋友，不若徇情容隐，自保功名。虽误朕选用之事而不顾，贻害于地方而不恤。试思得罪于朋友与见弃于君父，孰重孰轻？全一人之功名与贻地方之患害，孰大熟小？即所举之人为贤、为不肖，朕不过于引见时借以参酌，自有裁夺。并非责尔等保其终身无过，致贻日后之累，何必过虑乎？嗣后务宜痛改积习。苟有见闻，即从实举出，进贤勿避嫌，退不肖勿避怨。朕生平惟以真诚待人，尔等亦当以至诚报朕，尚其各抒忠悃，勿负朕推心置腹之至意。

雍正二年甲辰二月丙午

上谕八旗文武官员人等：我国家念尔等祖父皆属从龙旧臣，著有勋绩，故加恩后裔，量材授官，冀收心膂驱策之效。尔等自当恪守官箴，勤劳王事，建股肱之盛烈，垂清白之家声。庶几上以仰报君恩，下以显扬世美。乃每见旗员居官，不能悉体朝廷期望之意，贤否杂出，志行不齐。由筮仕之初，辄谓旗人与汉人不同，汉人无累，可以硁硁自守；旗人则本旗官属需索多端，亲族往来责望甚众，万一任满又不免有当差之累，此念一起，百弊丛生。不以忠君体国为心，不以旷职殃民为惧，潜通贿赂，恣意苞苴，惟期囊橐之充，尽丧廉隅之守。殊不思国家察吏，廉者奖，贪者惩，满与汉无二法也。尔等果能洁己奉公，始终一节，休声丕著，惠政日闻，朕自当从优擢用，以示奖励。凡所过虑，皆可不必。如其不然，则法网难宽，纵家拥厚赀，安能坐享乎？至于尔等家世武功，业在骑射，近多慕为文职，渐至武备废弛，而由文途进身者，又只侥幸成名，不能苦心向学，玩日愒时，迄无所就。平居积习，尤以奢侈相尚。居室器用，衣服饮馔，无不备极纷华，争夸靡丽。甚且沉湎梨园，遨游博肆，不念从前积累之维艰，不顾向后日用之难继。任意糜费，取快目前，彼此效尤，其害莫甚。朕特加谆谕，自此以后，出仕者各宜精白乃心，靖共尔位，人人以廉能自矢，不得藉“旗人有累”之说，以遂其罔上行私之术。八旗子弟各习其业，文则潜心制义，博览诗书，务求用世之实学；武则娴习弓马，讲究韬略，预储阃外之良材。且各崇俭戒奢，安分循礼，父诫其子，兄诫其弟。与其恣情纵意，博一日之豪华，何如量入为出，谋百年之生计？与其荡检逾闲，作无藉之匪类，何如谨身寡过，勉有用之事功？以报朝廷，以绵世泽，以敦风俗，以保身家，顾不美欤？《大雅》之诗曰：“凡周之士，不显亦世。”盖欲疏附后先之子孙，亦世世修德与周匹休也。尔八旗皆佐命后昆，深愿克绍前修，荣名悠远，国家亦重有赖焉，其各钦承毋忽！

三月丁丑

上谕山东巡抚黄炳：尔以父子兄弟同登仕籍，缮折谢恩。尔一门荣宠，固幸遭逢，然必能互相砥砺，感恩图报，方期福泽绵远。若倚恃家庭显耀，任情纵恣，朋比党援，转相请托，顺之者曲意容隐，逆之者多方排挤，甚至欺君虐民，有所不顾，如此则目前富贵非为福基，翻为祸媒。历观古今人事，履盛满之时，不惟不敢称庆，且更加谦谨，所以世代子孙长保安全也。尔可体此意，传亲族之在仕籍者，俱令知之。

戊寅

衍圣公孔传铎子孔继溥率五氏后裔六十六人具表谢恩。

上谕孔继溥等曰：尔等是圣贤后裔，与众不同，必心为圣贤后裔之心，恪守先圣先贤之训，方为不愧。朕诣学大典，尔等远来，特行召见，面谕尔等，慎修厥德，以继家声。

六月庚寅

上谕吏部：直省督抚统辖属员，必中正和平、推诚体察。属员有一善，则奖劝诱掖以成之；其微瑕小疵，则多方训导，使之省改，必至怙过不悛，方据实题参。如此始能激浊扬清，于地方有益。若妄自尊大，暴戾恣睢，甚而一言不当，即加叱辱。如四川巡抚蔡珽慢骂属官，以致重庆府知府蒋兴仁愤激而死，似此褊急任性，不惟有乖大臣之体，且恐属吏相率顾畏，阿顺取容，丧其气节，尚欲建立功名，安可得乎？尔部行文各督抚，须仰体朕意，正己率属，虚怀待下。即檄行申饬，亦无慢骂之理；至尊卑相见，尤有一定典仪。毋得倨傲，致长谄谀之风。其部院堂官亦当和衷翕受，待属员以礼，始不负朕委任之意。

七月丁巳

上谕诸王、贝勒、公、满汉文武大臣官员等：朕即位后，于初御门听政日，即面谕诸王文武大臣，谆谆以朋党为戒。今一年以来，此风犹未尽除。圣祖仁皇帝亦时以朋党训诫廷臣，俱不能仰体圣心，每分别门户，彼此倾陷，分为两三党，各有私人。一时无知之流，不入于此，即入于彼。朕在藩邸时，敬慎独立，深以朋党为戒，从不示恩，亦无结怨。设若朕当年在朋党之内，今日何颜对诸臣降此谕旨乎？皇考深知朕从无偏党，必能保全尔诸臣名节，故命朕缵承大统。今日大小臣工所以安然无事、得享太平之福者，皆我皇考之恩赐也。朕平日并未树立党援而登践宝位，尔等亦可知朋党之无益矣。

夫朋友，亦五伦之一，往来交际，原所不废。但投分相好，止可施于平日。至于朝廷公事则宜秉公持正，不可稍涉党援之私。朕今御制《朋党论》一篇颁示，尔等须洗心涤虑，详玩熟体，如自信素不预朋党者，则当益加勉励；如或不能自保，则当痛改前非，务期君臣一德一心，同好恶，公是非，断不可存门户之见。即尔等彼此亦当互相砥砺，时相训诫，行事共求当理，诸臣不负朕心，则朕可不负皇考付托之重。朕之不负皇考，全在尔诸臣之赞成，朕得为天下之令主也。诸臣不负朕，朕岂忍负诸臣乎？朕之用人加恩容有未当之处，或不能自信，至于治人以罪，无不详慎，间有法外宽贷之处不令人知者，即下一严旨亦求至当，从未随意轻加呵斥，此朕可自信者也。如七十之恶乱，举国皆知，发遣在道，竟宽其械系；临行时，王大臣内多有赠遗，此朋党未消之明验也。夫朕用一人，而非其党者嫉之；罚一人，而是其党者庇之。使荣辱不关于赏罚，则国法安在乎？嗣后朋党之习务宜尽除。尔等须扪心自问，不可阳奉阴违，以致欺君罔上，悖理违天。毋谓朕恩宽大，罪不加众。倘自干国法，万不能宽。朕虽未必尽行诛戮，然或千人之中百人，百人之中十人，尔等能自保不在百人、十人之列乎？尔等务期断绝党私，同心辅佐，尽诚极言，勿使朕躬有过，此朕所厚望于尔等也。凡人于朋友箴规尚不可背，况君臣大义耶？尔等当上念朝廷任用之恩，下为身家子孙之计，各勉之、慎之！

雍正三年乙巳六月丁卯

上谕内阁：昔圣祖仁皇帝明目达聪，无微不照，而关系国计民生之事，尤殷采访，屡降谕旨，令内外臣工各抒所见，不时条奏，无非欲洞悉下情，兴利剔弊，期臻上理也。在廷诸臣不能仰体圣怀，未见有剀切敷陈、裨益政事者。如科道等官之章奏，或请开例捐纳，或请开设矿厂，或请节省钱粮，种种假公济私之处，不可枚举，皆在圣祖仁皇帝洞鉴之中。故近年来条奏之事，圣心裁择其可行者，见之施行；其不可行者，概置勿用。而言官之不得遂其私者，反有圣祖仁皇帝不甚纳谏之妄议。此等小人情状，朕在藩邸知之甚悉，疾之甚深。故临御以来，谆谆告诫，期其各矢公忠，直陈无隐。夫条奏者，原欲上以匡君，下以泽民，非为臣子沽名之具也。

朕原有旨，即密奏中朕不行者，若有真知灼见，力恳施行，仍准其露章陈奏，非必止于密奏也。因念诸臣之欲进言者，或多所顾忌，或恐招怨尤，或有牵制之情，或有不便显言之处，故令各人密封进呈。其中言有可采，而易于招怨者，朕将折内职名裁去发出；或令诸臣会议，或即见诸施行，而外间不知何人所奏。其所以如此者，无非欲人人尽其所言，无所瞻顾回避，而朕得收听言之实效，于治理大有裨益也。乃有诈伪之人，因所奏既行，而夸耀于人者。亦有因裁去衔名，无可稽考，竟将他人陈奏之事据为己有者。亦有谓出之自朕，托言诸臣，而实非诸臣之条奏者，种种浮言，深可痛恨。又常见人文集中，有拟稿未上之奏疏。夫既有此疏，何以未上？既云未上，何故存稿？此乃欺罔之徒，内怀诈伪，外托忠诚，遇事不敢直言，故饰虚词，传播人口，以欺世盗名也。且更有以特恩施行之事而冒为己功者，如蠲免苏松浮粮一事，系户部所奏，恩自朕出，并无一人条陈。近闻有人自称为彼之密奏者，人而无耻，至于此极。

朕念为政之道，首在得人，故自即位以来，于文武大小臣工，皆留意简选。而于伊等陛见之日，必召入面询，亲加训诲，欲其洁己奉公，勤修职业，谨守法度，爱养兵民，丁宁诰诫，至再至三，无非谕及内外事务，及勉励官方之语。而诸臣出外，每每任意增减，多方粉饰，以夸示于众。竟有与原降谕旨甚不相符者，此皆大有关系。著凡文武官员曾经面奉谕旨，除不能记载者，俱将训旨一一详细，将年月日一同缮写进呈。内外文武大臣，著自行封进。其不应折奏之员，著封固交与该上司转奏。自今以后，凡面奉谕旨者，俱著缮写进呈。若不缮写进呈，但私相传播及私自记载者，即系假捏旨意，定当从重治罪。

雍正四年丙午正月乙未

上谕满汉大臣等：今日君臣同堂合宴，海宇承平，上下和乐，皆我圣祖仁皇帝深仁厚泽之所留贻也。岂能暂忘思慕之情，岂敢稍弛警惕之念乎？朕之才德，远不及我皇考。今万几殷繁，一人识力有限，用是朝乾夕惕，晷刻靡宁。仰惟祖宗付托之重，下念万民待泽之殷，全赖尔诸臣同心一德，辅佐朕躬，使庶政无不就理，兆民无不被泽，以成熙熙皞皞之风，此朕所深望也。

夫移风易俗，端于大臣是赖。自古人臣之谊，公尔忘私，不可有游移瞻顾之心、党援朋比之习。每见徇私不法之人，好为夤缘，互相请托，揆之于义，则请托实为可羞；而度之于命，则请托究属无益。且积习相沿，遂成风俗，既为子弟亲戚营求作弊，是教之不以正矣，何足为其师范？徒使子弟亲戚有所恃以无恐，终归于坏品丧志，不能上进，其害可胜言哉？朕于尔诸臣实以股肱手足一体相视，尔诸臣亦当公忠体国，视君上如元首腹心。若悠悠忽忽，安于习俗而不知奋发鼓励，尔诸臣自待居何等耶？况朕在藩邸阅历四十余年，人情世态无不周知，亦非可以欺隐蒙蔽者。如年羹尧、隆科多营私挟诈，深负朕恩，不旋踵而事事败露。尔诸臣自度，才干伎俩，未必能如彼二人，若营私自便，稍有不检，不惟薄待其身，兼惧罹于国法，尚可立身朝端，为众人之表率耶？从来朋友箴规一言，尚当听受，况君上乎？朕谆谆诰诫者，无非欲尔诸臣各矢公心，尽除私意。如果能时时仰体朕训，彼此互相劝勉，则天下之人观感变化，而风俗尽归于淳厚，尔诸臣之身家子孙亦并受其福矣。

三月甲寅

上谕八旗汉军官员等：人臣事君，须明大义。固不可矫情立异,尤不可挟私党同,习气陷人,流而不返,每至乖于大义,皆由察之不早、挽之不力故也。八旗汉军,向来恶习,好通声气,凡内外文武官员,无论平素识与不识,一登仕籍,必信息相通,互相袒护。虽其初意,不过矜名图利,然积久不改,种种偏私固结,害正误公,渐成大恶矣。夫立身事主,岂有二理?若果能孤介,一秉至公,自然能获乎上;否虽竭尽心力,徒然败品丧名,而且犯义撄法,况此辈要结,原非至诚,利则同争,害则各避,究何益乎?夫同此固结之心也,于君则为忠,于友则为党。忠则为君子,而赏必及之;党则为小人,而罚亦必及之。虽至愚之人,亦未有不欲为忠良之君子,而甘为匪党之小人,以避赏就罚者也。毫厘之差,天渊之判,可不慎欤?或有云,人非圣人,谁能无私?又云,瞒上不瞒下。此等陋谚,不知出自何典?尔等既登仕籍,奈何为此市井无赖之谈,以自绝于圣人,而愿为有私瞒上之人耶?况朕从前局外旁观三四十年,一切情态知之甚悉。汝欲瞒上,而上究不能瞒;汝不瞒下,而下实互相瞒也,深可悯叹。汉军中公正不阿之人,朕皆委任信用,如杨宗仁持身刚介,既殁之后,尚屡邀朕恩。尔等若咸能实心遵朕训谕,效法正人,必宠渥厥身,庆流后裔。若面是心非,不能悛改恶习,不但身遭黜罚,此风不息,后人效尤,必且贻害子孙。嗣后各宜公忠自立,共绝攀依。官无论崇卑,惟尽己职;事无论大小,惟尽己心。人人皆能孤介,则众孤介和合,而成一德同风之盛矣。

四月庚午

贵州巡抚何世璂奏请训旨。

上谕曰:地方要务,朕既未亲历其境,安能悉知?即有所见,亦不过得之传闻。总赖尔等大臣无欺无隐,据实入告,君臣同心商酌则可耳。至于居心立志应如何处,朕今一一谕示于尔,若能实力遵奉而行,于地方吏治自大有裨益也。

不可惟务虚名而废实事,不可但求洁己而不奉公,不可以因循为安静,不可以生事为振作。毋偏柔善以盗宽仁之誉,毋事姑息以邀属员之感,毋徇友朋之情而欺主,毋受权要之托而诳君。黔省钱粮有限,尔之操守,朕所素知。再者,武备不宜轻视,稍致懈弛,当十分留心,时加鼓励。苗夷虽蠢而无知,然亦人也。若地方有司实意矜恤,令其知感;营伍严肃,令其知畏,朕可保其永远无事。"恩威"二字,万不可偏用。偏用之,目前虽有小效,将来必更遗大患,非为国家图久安之策,朕所不取。鉴别属员,不可尽以科甲为人材,而视他途为市井小人。自古用人无方,贤愚岂宜如此区别?凡事虚衷秉公,切勿预蓄成见,平心以待,彼来此应,何事不得其理也?勉之!勉之!莫负朕倚任之重。

六月乙丑

上谕山西巡抚伊都立:地方大吏,一切关系地方事件,务必实力行之,不可视为具文。即如严保甲、查私铸、断烧锅、禁赌博,皆朕令尔等奉行之事。倘接到谕旨,毫不经意,只发几张告示,行之州县,贴于通衢,即以为我已奉行矣、严禁矣,是将谁欺乎?要必实心遵奉,细访密查;果有违犯,重治其罪,则惩一可以儆百,使法在必行,方为有益。并谕令属官,使皆知奋励,办理一切事件悉出诚心。即如盗案获贼过半,照案缉拿,虽有成例,然必设法访查,务期全获,抵之于法,则人知畏惧,盗源可清矣。大凡为大吏者,当正己率属,砥砺廉隅,持身孤介,固不可贪婪肆志,亦不可矫饰偏枯,不可一味姑容以贻误,亦不可谬加参劾以塞责。凡事悉准天理,尊君亲上,善则归君,过则归己,人臣之义,当如是也。朕待臣下,开诚布公,尔等有何疑虑,而不坦白乃心以取信于朕,庆君臣之交泰乎?其竭力经营,殚心筹画,毋负朕简任之意。

十月庚申

上谕内阁部院大臣等：朕宵旰勤劳，励精图治，谆谆以正人心、端风俗为首务。而欲人心风俗同归于善，必先去其营求请托之私，而后可以成公平之化。大臣者，群僚之表率也；职官者，士庶之仪型也。大臣不能去营求请托之私，则标准不立；而百僚士庶相习成风，更无所底止矣。外省督抚、藩臬皆地方大吏，其所办理皆地方紧要之事。若在京大臣，以私情嘱托，必致进退人材不得其实，听断狱讼不得其平，种种倚仗势力，颠倒是非，夤缘奔竞之事，皆由此起。民生何由安？吏治何由肃乎？夫交以道，接以礼，圣人所不废。内外官员，凡有问候书札，及馈遗往来，而无所干渎者，不必拒绝。有关说请托者，宜严行禁止。地方大吏，正当谢绝知交嘱托之私情，以除向来相沿之陋习。在廷诸臣，亦可举国法以谢亲知，秉公去私，共襄移风易俗之化。慎之！勉之！

十二月庚辰

上谕内阁：年来冬月封印之后，政务略有余闲。朕手书"福"字赐内外大臣；诸臣奏谢，皆称受朕赐福之恩。此世俗之言，非正理也，朕何能以福赐诸臣哉？不但朕也，即上天亦岂能以福私与一人哉？《书》曰："惠迪吉，从逆凶。"又曰："天道福善祸淫。"《易》曰："积善之家，必有余庆。"《诗》曰："自求多福。"古圣人之垂训，深切著明如此。从来善恶之报，如影随形，福缘善庆，视乎其人之自取，他人不能助纤毫之力也。且所谓福者，不在乎富贵贫贱之间，有富贵人之福，有贫贱人之福。或贫贱之人循理守分，无患无忧，其心志安舒，四体畅适，转在富贵人之上，是人人各有其福也。朕之每年颁赐"福"字者，盖欲诸臣触目警心，时时存可以获福之心，行可以获福之事，如诗人之所言"自求多福"，则诸福集于其身矣。诸臣又尝言赖朕之福,此言亦属非是。盖必诸臣皆有福,方为朕之福,是朕实赖诸臣之福也。又必天下百姓皆有福,然后为吾君臣之福,是君与臣皆赖百姓之福也。愿与诸臣共勉修福之道可耳。

卷二十

训臣工（二）

雍正五年丁未正月甲辰

上谕内阁：览诸王大臣等奏，称河水澄清二千里，期逾两旬，为从来未有之瑞，恳请升殿庆贺。朕尝言天下至大，庶务至繁，断非人主一身所能经理，必赖内外臣工协力赞襄，然后可以成一道同风之盛。若上有凉德之主，而下皆皋夔稷契之臣，则工虞水火、佐理有人，政务亦不患其不举。若上有尧舜之主，而下皆共工、欢兜之辈，则耳目股肱无所资藉，政务亦必至于废弛。故人君之道，以得人为要；而人臣之道，以奉职为先，此一定之理也。朕统临万方，虽刻刻有励精图治之念，然必赖内外臣工共矢公忠，各殚才力，然后有实政实效及于吏治民生，方可以感天和而锡繁祉。不然，则朕虽有勤政之念，岂能事事躬亲办理也？

今见数年之中，荷蒙上天、皇考默佑，叠锡嘉祥，兹又有河清之上瑞。朕细推天人感应之理，自非无因，当由内外臣工能体朕宵衣旰食之怀，洗阳奉阴违之习，分猷效职，有数端之善，上合昊天、皇考之心，是以锡兹福庆以励将来。尔等试再思之，人事甫修，仅有数端之善，即邀上天、皇考之嘉贶若此，倘能益竭忠诚，事事皆善，则其获福又当何如？或由此而侈然自足，怠惰前修，则其获谴又当何如？可不慎乎？可不惧乎？况天道恶盈，朕心方且因此益加戒儆，所请庆贺典礼，朕必不行。朕念君臣之间，实属一体,上天、皇考既垂训于朕,朕即以此训及诸臣;上天、皇考既锡福于朕,朕即以此福及诸臣。凡属京官,自大学士、尚书以下、主事以上,内大臣、都统、前锋统领、护军统领、步军统领以下、参领以上;凡属外官,自督抚以下、知县以上;武官自将军、提镇以下、参将以上,俱著加一级。其王公等,管理部院都统事务者,应如何加恩之处,著宗人府议奏。自兹以往,内外臣工,当益加黾勉,精白乃心,和衷共济,矢勤矢慎,秉公去私,凛天鉴之匪遥,念感应之不爽,以至诚至敬,仰承上天、皇考之眷佑,则受福孔多,永永勿替矣。勉之!勉之!

八月庚子

上谕大学士、九卿等:天下庶务殷繁,断非一人所能办理。朕宵旰勤劳,励精图治,而分猷赞理之任,实于尔诸大臣是赖。为大臣者,必须视国事如家事,方可谓之公忠,不负朕股肱心膂之寄。如尔等自理家务,必商酌尽善,措置得宜,断无漫然为之、听其错误不为厘正之理。至于教导家人,约束奴仆,其分别优劣、赏罚宽严之间,尔等亦断无率意而行之事。而独至办理公事之时,类多苟且塞责,漫不经心;或随众画题画行,而于其中之原委曲折,茫然不知;或心知其不可,而瞻顾不肯直言,以为非我一人之事,不如随班逐队以免是非。至于接待属员,如同僚友,平时不辨别其是非,不督责其过失,及至甄别之际,又复瞻徇情面,曲直不分。种种陋习,皆部院大臣所不能免。古人云:“公尔忘私,国尔忘家。”言人臣既以身许国,即当置家事于不问也。今纵不能如古人之体国奉公,忘私忘家,亦安可视国事家事,截然分为两途,而轻重疏密,其相去若是之远哉?庸臣具臣之习,切宜深戒。朕日以良臣名臣之道期望大臣,尔等慎勿菲薄自待,重负朕期望之心。至于诸臣存心之诚伪,朕观其陈奏之言、办理之事,即可洞悉其隐微。或改变初心,或屏除旧习,朕一见无不知之,不可不自勉也。夫人臣之弊,莫大于迎合上意,此朕所深恶而日加训诫者。朕欲大小臣工俱为好官,尔等若欲迎合朕意,何不即以勉为好官为迎合之首务?则朕之心慰,尔等亦无负于朕矣。

庚戌

八旗都统带领各旗副佐领引见。

上谕:八旗人员乃国家根本,所关甚重,养育教诲,不可少懈。佐领者,乃统辖一佐领之人,俾佐领下人等皆不失生计,不染恶俗。养之教之,使趋于善,莫要于佐领。尔等理宜为国家宣力,正己率物,教育所辖佐领下人。佐领内,有原管佐领,有世管佐领,有公中佐领。原管佐领,乃太祖、太宗时,尔等之祖或率所部来归,或战阵有功,赏赐人口,各编为佐领,令其管理。是尔等与佐领下人,同是满洲,其中亦有从尔等之祖宣力国家,得受世职,逮于子孙,尔等理宜骨肉(原为"月")视之。若自以为原管佐领,将佐领下人视同奴隶而凌贱之,岂惟国法不容,亦败汝祖勤劳所立之基业矣。世管佐领,因尔等之祖曾宣力国家,或人材可用,善于管辖,故令其管理佐领,世世相传,以至于尔等之身。尔等理宜将佐领下人爱惜训诲,念尔祖之勤劳,以永保累世所管之佐领也。再,管公中佐领之人,特以其能理佐领之事,能教佐领下人,是以拣选令其管理,益宜视佐领下人如同手足,诱掖训导,诚切肫笃,则佐领下人无不成就,佐领内事无不办理矣。

夫佐领之管佐领下人,无异州县之于百姓。州县所辖地方,或百里有余,或几二百里,户口人民不下数万,征粮断讼,事件繁多;然犹可为地方兴利除弊,惩恶劝善,俾庶民各遂其生。一佐领下满洲多不及二百人,少或七八十人,计户不过四五十家,世为同里,孰守分节俭,孰越礼奢侈,孰孝弟勤学,孰妄乱生事,谅无有不知者也。管佐领之人,诚于佐领内之善者,奖劝、优待、荐举以鼓励之,则善者益乐为善。其劣者视如子弟,初教之不改,再则斥辱之,诚如此爱惜而训诲之,虽系下愚,亦必中心省悟。倘有赋性顽劣、怙终不悛者,即申详参领都统等惩戒之,或送部治罪,以警众人,则佐领下顽梗之徒咸惧而不敢为非矣。今佐领内或有不肖之人,自恃身为佐领,凌虐佐领下人,不论是非,恣意妄行。其或昏懦怠惰之辈,将佐领事尽诿之骁骑校领催,转相传示。其或贪鄙之辈不知爱惜,反贪小利而朘刻之,则佐领下人何由心服?何由成就?是以朕今特令每佐领设副佐领一员,协同佐领办事,和衷共济。倘副佐领目无佐领,不问事理,肆行无忌,该佐领即申详都统。若佐领与佐领下人结党,目无副佐领,朦胧作弊,副佐领亦即申详都统,不可彼此瞻徇情面。尔等以朕训旨,谨识于心,将佐领下人教育约束,勉习文武之业,副朕乐育八旗人材之至意。

十月癸卯

上谕满汉文武大臣等:凡为国家大臣者,非爵位崇显、体貌魁梧之谓,必其胸襟识量所见者大,方可谓之大臣。朕观诸臣中有器量小者,见朕赏赐,则欣喜不胜,见于词色。夫受赏而欣喜若此,则受罚必怨忿于心矣。朕之赏罚悉出大公,总视乎其人之自取。受赏者当思所以致赏之由,并思所以不愧乎赏之道,则可以常保其恩赏。受罚者当思所以致罚之由,并思所以免罚之道,则可以不至于再罚矣。

雍正六年戊申九月甲戌

上谕内阁:大凡为臣者,必以报称君上为心,而不得有瞻顾身家之念。古圣贤之教忠,皆是道也。盖在平时,则正其谊不谋其利,明其道不计其功,孝弟忠信,一一皆尽其实,而不可有一毫之虚假。及乎居官,则国尔忘家,公尔忘私,尽屏其偏陂党同之习,悉去其沽名市惠之念。此之谓实心任事,而智名勇功于是乎出矣。夫臣下之用心,在上未有不洞烛其隐微者。古之良臣,有嘉谋嘉猷,则入告于内,而顺应于外。其诚意之交孚,何如其恳挚?苟或挟诈任术,饰貌修文,隐微有潜伏之私,则必不能忠敬以事上。而上有不知其情伪者乎?凡学古入官者,宜矢之以至诚,将之以笃敬,秉虚公以揆大中之则,务正直以遵王道之平,存忠君为国之实心,务立身行道之大本,以此自勉,更以此交勉,则可以成明良一德之盛矣。

十月甲午

上谕诸王大臣等:《易经·谦卦》之辞曰:"天道亏盈而益谦,地道变盈而流谦,鬼神害盈而福谦,人道恶盈而好谦。"盖满则招损,谦则受益,此一定不易之道,古圣人所以惓惓垂训也。人之所以能谦,尤在于公而不私,和而不同。《周书》之示诫,则曰"以公灭私"。《虞书》之陈谟,则曰"同寅协恭,和衷哉"。公私和同之间,实君子、小人之所由分。凡人立身行已,待人接物,未有不严辨于此而可以无失者也。朕日以公和训诲诸臣,而能遵奉者少。尔等同为国家大臣,彼此实属一体,若见彼有错误之处,即当密告之,令其悛改;而听受之人,默感其意,即改其愆,方为正理。今则见人有错误,于背后讥诮之,而当面且作褒扬之词。间有箴规过失者,听者不但不感,且从而怨恨之。身为国家大臣,岂可蹈此等陋习?子路人告之以有过则喜,其乐于闻过者,正其勇于改过也。今人能自知其过者甚少,如朕降旨诘责处分之人,伊等心中尚怀怨望,不能省愆。何况朋友箴规之言,安能欣然听受乎?《易》曰:"君子以虚受人。"周子《通书》曰:"无欲则静虚动直。"盖凡人之心,虚则明,有所蔽锢则昏。人有欲求好之心,尚流于偏而不得其正。况心意之间,全是一团私欲蒙蔽,其颠倒错乱可胜言乎?诸臣能公,则可以祛意念之私;能和,则可以去阿比之习。既公且和,则自然能谦能虚,于己则乐受规劝之言,于人则能尽直谅之道,人己之间两得之矣。

十一月己巳

广东将军蔡良参奏左营中军副将金国泰、右营游击吴廷元酗酒不职。

上谕兵部:广东文武官员每以饮酒宴会为事,相习成风。今将军标下将弁群聚酗饮,致相争殴,此风不改,官箴安在?《书经》以“三风十愆”儆于有位,曰:“敢有恒舞于宫,酣歌于室,时谓巫风。“又曰:“卿士有一于身,家必丧。”古训所垂,岂非官方之炯戒?嗣后,该督抚将军应将属员严加申饬,其或不悛,即行参处。大凡居官者或遇节令之期,或有喜庆之事,设酒开筵,原所不禁。若以酒食游戏,征逐应酬,不惟玩愒时日,废弛政务,并起忿争结怨之端,有关大体。各省文武大臣,俱宜约束属员,时加训诲,庶于风俗、官方并有裨益。

雍正七年己酉五月丙午

上谕内阁:屡年以来,朕以天人相感之理,谆谆晓谕内外臣工。盖朕实切敬天勤民之念于寤寐之中,而确见其感应之不爽。尤愿各省督抚有封疆之重任者,体朕此心,至诚至敬,各尽其道,以为感格上天之本,惠我蒸民,共登衽席。朕并非以年谷之顺成,有意归美于大吏;亦非以雨旸之差忒,强欲卸责于臣工也。假使为督抚者,因朕有地方丰歉,由于吏治得失之谕旨,而欲自彰其善,自护其短,于奏报秋成,或有溢美之词;于奏报歉收,或有讳灾之意,则事天为不诚,事君为不忠,临民待下为不仁不信。有此数端，而欲荷上天嘉佑，锡福凝禧，有是理乎？况粉饰一己之声名，而不顾民生之休戚，其何以对所属之官民而无愧怍乎？朕留心体察，觉近来督抚等之奏报年谷，间有此弊，不得不通行晓谕，以防其渐。在尔督抚等返躬自思，有则改之，无则加勉。况朕之见闻甚广，访察维勤，倘掩饰于此而败露于彼，岂不自取朕之轻视乎？人臣事君之道，惟以诚实无欺为本，尔督抚等其共勖之！

七月辛未

上谕都察院：凡人臣办事，务须秉公持正，不可存一恐惧好乐之心。若先有恐惧好乐之心，则心既不得其正，事必不能合中。或太过，或不及，皆非中庸之道。所谓中庸者，本日用常行之事，即至当不易之理，而人每多习而不察也。且人臣事君，尤当至诚不欺；若稍存欺心，便是获罪于天。试观大奸大恶之人，天不遽加之显报，必俟其罪恶贯盈，全体败露，然后降之灾殃，以昭著于天下后世。尔等必先问心，若果能不愧幽独，方可质诸大廷广众，遇事又必须审定是非，不可偏执己见、自以为是。如办一事，初信为是者，宁可再加详审，将他事比较；并将他人议论详酌，或有未协之处，必求至是而后行。盖天下自有公是公非，必心无私曲，方能辨别是非。凡被他人所惑，溺爱不明，其为害尚小。盖以人为凭，可冀有时觉悟；倘自身溺爱不明，其为害也更甚，而觉悟体察也尤难。夫心怀偏私，则一己之是非，已不能定，又何能定他人之是非乎？大凡立心行事，必从根本上用力，方能有济；若专务枝叶，虽费尽心思，于事无裨。朕办理天下事务，廓然大公，因事制宜，实不预立成见。尔等凡有条奏，如果有益于国计民生，朕自采纳；若预揣朕意，曲为迎合，或祖庇瞻徇，畏首畏尾，不惟于国家政事无补，实难逃朕之洞察，在国法何得宽贷也。总之，人情任劳易，任怨难。任怨之事，不独在臣工，即为君者亦然。但存心合乎天理，虽有一二无知之辈肆为怨谤，久之天下后世自有公论。尔等果能公忠为国，目下即被小人怨尤，日久自然消释，上天必加垂佑，人主必能体察。尔等敬聆谕旨，各思奋勉，勿负朕教诲之至意。

雍正八年庚戌九月戊辰

上谕内阁：自古为治之道，在于和衷。《孟子》曰："天时不如地利，地利不如人和。"盖天下之事，未有不和而能有成者。果能和矣，则天地神明尚觉呼吸可通，而况于人乎？然能和之道，惟在于公。公则必不至于不和，不公则断不能和，此又一定不易之理。朕所日日训诲天下臣民，而望其洗心涤虑、信受奉行，以共享升平之福也。文武虽属两途，然同在一省一方之中，同办国家之事，则不但有同舟之谊，实如手足臂指之同在一身也。人身一体不适，则百骸皆为之不宁，此亦显而易见者。奈何为私欲蔽锢，而任肢体之互相戕贼以贻腹心之患乎？数年以来，朕留心体察，内外同事臣工颇能遵朕谕旨，勉矢和衷之义。即文武各官同在一方，而各殚其职，无争竞嫉忌之念者，亦多有之。此皆人心风俗之善，亦该省文武大臣实心表率化导之功也。

惟有广东一省，恶习相沿，颓风难挽，文与武既分为两党，而文与文、武与武又各分为一党。如杨文乾、石礼哈、常赉、阿克敦、官达之互相排陷，仇怨相寻，则皆方愿瑛一人从中播弄之所致。至于文武彼此告讦之言，不可殚述。文官则言武职诸员，或向知府包揽漏税，或向州县嘱托人情，稍不如意，即出谤言，以勤谨办事者为过于躁急，以不徇私情者为擅作威福。又如兵米一项，地方有司给与本色，而营弁以不能折价为憾，往往蓄怨于心。此文员陈诉之大概也。武官则言文职诸员贪鄙居心，党援不解，恃有承审之柄，藐视武途。大小有司夤缘交结，武弁若拂其意，即启衅端，以为报复之计。常有武职查拿违禁之事，如赌博、私宰等类，而文员则置若罔闻,或徇情释放。又如矿山聚众至数千人,系府县官员之家人勾引奸徒开采,希图重利,武弁遣兵驱逐,以致结怨益深。此武弁陈诉之大概也。年来似此等语达于朕听者,不止数处,亦不止数人,虽出于怨怼之口,不足尽信,然以未必皆全无影响之谈。尔文武各员自思之,膺国家简命之荣,受管辖兵民之寄,乃以营私网利之故,相倾相轧,效市井无赖小人之所为,而置人心风俗、官方戎政于不问。尔等不自知愧,朕实为尔等愧之也。况督抚、藩臬而有袒护文官之心,则武弁必有被其屈者矣;提督、总兵而有袒护武弁之心,则文员必有受其枉者矣。文员而有袒护百姓之心,则必有无辜受累之兵丁矣;武弁而有袒护兵丁之心,则必有无辜受累之百姓矣。不和之故,由于不公;不公之害,至使官弁兵民并受其困。为臣工者,尚可狃于故习而不猛省速改乎?巡抚统率全省文员,提督统率通省武弁,至于总督则兼文武而统辖之者,果能秉公持正,无党无偏,以己身为庶官之坊表,而又时时宣扬朕谕,俾其儆戒提撕。若遇属员有争竞告讦之事,则以理判其曲直,不存文武偏向之见。过小者切加戒饬,过大者即入弹章。俾强弱不得相凌,是非无或倒置,如此而属员有不革面革心、向风率教者,无是理也。

朕今再颁谕旨,通行晓谕。著该督抚等遵照刊刻,通省文武大小官弁各给一道,俾令朝夕观览,改前愆而敦善行。倘再有蹈袭故辙,罔知悛悔者,则是冥顽不灵,自违越于德教之外矣,国法具在,本人自无所逃。而文武大臣表率无方,训导不力,有忝封疆之任,负朕倚任之恩,亦定行严加处分,不稍宽贷。观风整俗使,亦当留心稽察可也。

雍正十年壬子闰五月甲午

上谕八旗官员人等:昔人云:"和气致祥,乖气致异。"此天人相感之至理，古今不爽。朕以此训导天下臣民，至详且悉矣。去夏今春，京师亢旱，地犹微动未息。朕戒慎恐惧，思过省愆，幸邀上天慈恩，锡以霖雨，不致大为灾患。然所以垂象示儆，必有由来。朕留心体察，于旗人得一二事，似有抑郁不舒之气，以致上干天怒，朕不得自宽，众亦各应自省也。如用兵准噶尔一节，八旗将士远役于外，父母妻子愁望于家，或者以为朝廷不惜士卒，有此可已而不已之举，不知准噶尔贼夷狡狯凶顽，世济其恶，扰害我臣服之蒙古，窥伺我西北之边疆，若不加创惩，则蒙古不获安居，边塞不能宁谧，我八旗之人尚得优游燕处、度外置之乎？是知皇考经理于前，朕绍述于后，皆出于万不得已，并非穷兵黩武，欲拓地开疆，而疲劳将士于沙漠穷荒之地也。观近日贼夷跳梁之状，以我朝大兵驻扎边境，而犹心怀觊觎，敢肆狂逞。则从前虽欲弃置不问，以图息事宁人，其可得乎？我满洲八旗人等素有忠义之心、勇敢之气。尔等祖父自从龙入关，以及各处征讨，削平寇乱，皆以捐躯致命为荣，以老死牖下为耻。今乃承平日久，习于宴安，因数年之征戍，即生愁怨之心，而忘乃祖乃父之劳绩，何志气隳惰，自暴自弃，一至于此乎？从来急公殉难者，享千古不朽之荣名；而奏凯献功者，膺国家宠褒之爵赏。岂但出征弁兵，当勇往争先，即其父母妻子亦当深知大义，遏抑私情，务其远大，则忠君报国之悃诚，必蒙上天垂鉴，默加福佑，大功可以立成。凡列在戎行者，均受国家逾格之恩泽矣。

又如催追亏空一节，闻八旗人等亦以为苦累。独不思居官之人，侵盗国帑，剥蚀民膏，律以国法，皆在不赦之列。朕以习染既久，人数众多，不忍加戮，特从宽典，勒追还项，以儆将来。使知侵盗横取之物不足以长子孙，庶可以止奸贪而厉廉耻。此朕之苦心，实欲为人心风俗计也。若云朕为财物计，而为此综核之事，独不思十年以来，朕之减除正赋，蠲免积逋，与夫兴修工程，赈济赏赉，加惠于官弁兵民者，所费不下数千万，曾无吝惜，岂有惟与旗人较量锱铢之理哉？且雍正三年以前之旧欠，朕已令该旗大臣等查奏酌免矣。朕之意旨，旗人既未能悉知；该管官员又不能宣布开示，每于催追之时，过于严刻，甚且牵累无辜。此庸劣不忠之大臣奉行不善，而更隐示以奉朕意旨，致令若辈心怀怨怼，朕旨果如是乎？夫获罪而不知悔，沐恩而不知感，此皆乖戾之气，均足上干天和。用是再颁谕旨，通行晓谕，倘八旗人等果能遵朕训诲，洗涤肺肠，共矢爱君亲上之怀，永绝昧理欺公之习，不但朕之沛泽施恩必先自旗人始，而上天福佑善良，诸事吉庆，亦可预信其必然矣。

雍正十二年甲寅正月己卯

上谕诸王大臣等：尔诸王大臣以元旦立春，恰遇甲寅年丙寅月戊寅日甲寅时，瑞雪缤纷，竟日盈尺，考之占书，最为嘉祥，丰年可庆，为朕称贺。朕素不言祥瑞，降谕至再至三。尔诸王大臣闻之熟矣。凡祥瑞者，特其兆耳。兆为吉之先见，全在人事赞成。凡灵芝卿云、麟凤嘉禾之属，皆天心所以示喜，岂得不以为庆？但须君臣益加修省，以祇承休命。果能事事上合天心，则祥乃成其为祥；否则其事尚在未成，何得遽为称庆？《洪范》“恭”之对待曰“狂”，如或因有嘉兆，而不加修省，遂侈然自肆，则咎征特在转移之间耳，祥其可恃乎？譬如尔诸王大臣，朕以其人可用许以加恩，其人一闻朕旨，便自放纵，顿改前操，朕亦惟有收回成命，加之以罪，岂得更不转移而仍以恩待乎？朕于天人感应之际，信之甚笃，知之甚明。信之笃，是以一刻不敢自懈自逸；知之明，是以不惮反覆申明诰诫。《诗》云“天维显思”，“无曰高高在上”，盖面前虚空，即是昊天；足履撮土，即是大地。如人有七尺之躯，拔一毫毛，则通体皆知痛痒，岂人于天地之中，举一念、行一事，而天地有不呼吸相通者乎？作善降之百祥，作不善降之百殃。如影随形，如响应谷，形谷既存，而以影响为不可必之数，岂不愚昧之甚？

夫善者公而已矣，心乎天下国家之谓公，心乎一身一家之谓私。为大臣者，诚心乎天下国家之公，而不计及一身一家之私，天有不降之百祥者，朕信其必无是理。然则其一身一家之计，正复得则两得也。苟心乎一身一家之私，而不计及天下国家之公，天有不降之百殃者，朕亦信其必无是理。然则其一身一家之计，亦复失则两失也。朕虽深信此理，朝乾夕惕，不敢刻忘，然天下国家之事非朕一身所能独理。《书》曰："天工，人其代之。"朕不能不赖尔诸王大臣之克代天工，则朕固不能已于谆谆训诫尔诸王大臣也。人惟无志则不能自立，而推诿他人。如为大臣者以天下国家之事为己事，身任之而不辞，一人如是，人人如是，则内外大小诸务，有不事事合宜者乎！如使内而八旗部院，每事诿之参佐司属，参佐司属又诿之大臣；外而督抚藩臬，每事诿之府厅州县，府厅州县又诿之督抚藩臬；又或内则诿之于外，外则诿之于内，皆谓主上自有乾断。如此则朕虽朝乾夕惕，亦何由使事事合宜，以仰邀上天之嘉祥福应乎？今岁元旦，时雪既有其兆，当益加奋励，朝夕修省，以成此瑞庆。我君臣其共勉之！

雍正十三年乙卯正月壬辰

上谕内阁：朕每见天下督抚、有司等，于人命盗案查审定拟时，曲为开脱，以行其妇寺之仁。意谓宽宥一人，可以种阴德于冥冥之中。不知君与臣皆任教养斯民之责，平时不能殚教养之道，使之不陷于重辟，在吾君臣已有不得辞之过，然尚属伊等干犯法纪，自取其罪。国家设立科条，原以禁暴除奸，使人共守，非可枉法市恩。是故刑罚之设，乃不得已而然。至于水旱灾荒，天时有不齐之数；鳏寡孤独，人生有所遇之穷。彼宁填沟壑而不肯为匪者，率皆良民。似此无辜之赤子，不幸而遭值困厄，朕以牧养斯民之任，寄之天下督抚、有司，而不能保护抚绥、登之衽席，乃视同秦越，听其饥饿流离，此《孟子》所谓“受牧牛羊，立而视其死”者。天高听卑，必加重谴。而顾欲于命盗案中，曲活一二有罪之人，以冀幸邀福报，何识见颠倒一至此乎？朕望天下督抚董率有司，屏弃虚文，敦尚实政。平时则劝农教稼，辟地垦荒，崇俭黜奢，储粮积粟，以立其根本。偶遇旱潦，即据实奏闻，殚心区画。俾泽中鸿雁，共庆乐郊。有此济人利物之功，方不负父母斯民之职，较之曲活一二罪人者，相去奚啻霄壤耶？至于乐善好施，史称义举；扶危济困，人有同心。《周礼》以“六行”教万民，孝、友、睦、姻而继以任、恤，可见任、恤之道，与孝、友并重也。邻里乡党之间，原有休戚相关之谊，以己之有余，济人之不足，在我本为不多之费，而在人已为当厄之施。况民有秉彝，自然观感兴起，众擎易举，利益孔多。从来积善之家，必有余庆。一人行善，则庆在一家；众人行善，则庆在万姓。果然风俗淳良，号称仁里，则和气致祥。天道之感应，捷于影响，凡水旱灾祲之戾气，悉变为五风十雨之休征矣。然兴仁乐善者，乃乡邻长厚之风；而鼓舞旌扬者，则大吏有司之责。如所属内有绅衿士庶惠爱乡闾，力行善事，该督抚等当优礼褒嘉，加意培植，以表扬之，应题请者即行题请。将朕此旨刊刻颁布，务使远乡僻壤人人知悉。

卷二十一

励将士

雍正元年癸卯正月辛巳

上谕提督：国家武功赫濯，绥靖区夏，用资专阃，统率全省将士，俾黎庶诚和，疆圉宁谧，提督之任綦重矣。当兹海宇承平，士卒狃于晏安，不以兵革为事，相沿日久，营伍渐弛，非所以肃军政，饬戎行也。尔等皆系皇考简用节钺之大臣，尤宜恪遵令典，倡率所属将弁，简阅卒伍，整理器械，操演技勇，平时讨论军实，训练精勤，乃称节制之师，折冲御侮，庶几有备无患矣。夫储粮裕饷，所以足兵食、壮干城，非为饱一人之私橐也。乃虚名冒饷，侵渔扣克，视为故常，以致朝廷恤兵养士之典，止供将吏肥家之计。居心多欲，自难弹压下僚；驭众寡恩，何以振兴士气？提臣职任拊循，果能廉正自持，无虚给饷，俾士饱马腾，有不感激思奋者乎？至山海要区，得人最重，尔身为大帅，凡将佐偏裨果其智勇素著，才技优长，肃纪律而辑兵民，历有成绩之员，或军政荐举，或破格题请，皆当予以优擢。如本系庸劣之弁，徇情面、受贿赂，始则权宜委任，旋复列名保奏，不特冒干名器，必致贻误地方。滥用匪人之咎，其能逃于功令乎？且设兵所以卫民，文武官属殊途，而辖兵爱民，均有责焉。如各执己见，不相和协，势必有纵兵虐民、挟制长吏以逞威作奸者，在文臣岂容辞咎？而提臣统领水陆重师，管辖不严，调剂不力，致文武抗衡、兵民异视，责更难逭。《书》曰："同寅协恭，和衷哉！”尔当一秉虚公，和衷办事，严饬将弁于所属汛地，实心捍卫，勤缉奸宄。俾民居安堵无虞，地方咸受其利益。尔等皆勤劳素著、效力年久之人，皇考屡加拔擢，洊膺斯任。朕祇遵成宪，优遇大臣，保全终始。尔等其各抒忠悃，以无负朕爱养兵民之至意。其总兵、副将、参游等官，各有谕旨，尔亦应详细体察，同心协力，共相策励，靖共尔位，永奠封疆！

是 日

上谕总兵官：国家幅员广大，凡岩疆重镇，关塞要害之地，设立总兵，俾之镇守。上承督臣之节制，下树将弁之表率，辑兵安民，厥任綦重。居是官者，当以宁谧地方为念，严饬官兵，巡缉奸宄。倘有匪类，务必穷尽根株，使宵小无从潜匿，良民得以宁居。若平时漫无觉察，日久必致蔓延，绸缪未雨之谓何？武臣虽不干民事，然保障捍卫，责有攸归。守此方即当轸念此方之民，毋得视之膜外，纵兵肆扰。至文武职任虽分，尽心王事则一，彼此和衷，同心共济，自不致贻误公事。况揆文振武，经术同源，善于恤兵，必善于爱民，尚何至纵兵虐民，失国家设兵卫民之意乎？总兵统辖营汛甚多，当以训练为先，娴骑射，整队伍，备器械，限期校阅，勤惰严分，赏罚明而军政肃，隐然一长城矣。所属将弁兵丁，智勇超群则立登荐剡，武艺精熟则特拔戎行，以之鼓励军士，犹有古良将风焉。兵之所需粮饷最重，给粮而扣克，则师旅有枵腹之忧；缺兵而不补，则营伍有空虚之患。总兵率先洁己，严饬偏裨，毋得久悬兵缺，以恣侵渔；毋得克减额粮，以肥囊橐，则兵籍无虚，士气益奋，有不收臂指之效者乎？至于驭兵之道，务在宽严得中；过宽则兵以怠玩而生骄，过严则兵以拘迫而滋怨。能于严明之中，隐寓爱恤之意，庶几上下一心，忠义自奋，此又在尔镇臣之善为运用者也。仰惟皇考垂诫提镇诸臣，有曰：“韬钤宜裕，纪律宜明，拊循宜至，训练宜精。”又曰：“文武辑睦，毋相抗衡。军民调剂，各得其平。”煌煌天语，勒于箴规久矣。尔等皆系皇考简畀之人，果能实心力行，不致始勤终怠、上负圣训，朕心嘉乃成绩，必懋锡殊典。如其徒拥厚禄，虚縻尔位，既无益于兵民，致有乖于令典，国法森严，朕不尔贷也。

是日

上谕副将、参将、游击等官：朕惟国家兵制，凡疆宇要地，既设提督、总兵统率镇守，又设副将、参游分列营伍，递相钤辖。盖从古治兵，有大帅必有偏裨，所以宣扬威武，协赞军机，收指臂之效，奠磐石之安也。尔等所属地形有险易，兵数有多寡，各宜预定练兵之法，亲校骑射，严试技勇，简拔骁锐，更换老羸，务令一营士卒，人材雄健，武艺精娴。又时教以行阵，使之步伐进退，井然有法。日演月习，气壮心齐，自成有制之师，而无难折冲御侮矣。乃有不肖将弁，不勤训练，按籍徒有虚名，责效毫无实济，营伍废弛，为害最大。究其弊由，于将弁之贪利而废法，一在冒虚粮而兵无实数，一在克月粮而兵有怨心，上亏天家之粮饷，下朘穷卒之脂膏。身司戎务而不能廉正以服众，虽日示训练之法，谁为之踊跃用命乎？尔等遇有兵丁空缺，即选力勇技精者补足队伍。至于马步各粮，按期领给，不得克减分毫。

古之良将，多以爱恤士卒，克建肤功，投醪挟纩之风，尔等宜知向慕焉。官军之协守一方，所以捍卫一方之百姓，故曰设兵以卫民也，防乱于未萌，缉奸于已发，俾居民安家乐业，共享升平，自然受兵之利而不受兵之害。倘或约束不严，纵兵肆虐，诱赌放债，恃强夺利，甚至地方小警，漫不防御缉捕，以致奸宄滋蔓，徒卸责于有司，文武失和，秦越相视，殊背国家设兵镇守之意。律法具在，罪有攸归！至于尔等简用督抚中军，责任匪轻，尤宜洁己奉公，恪遵法纪。至都司、守备、千总、把总等员，各有城守汛防之责，亦宜努力称职，自奋功名。朕念尔等曾受皇考选擢之恩，自应保守前劳，力图后效。果能整饬戎伍，允著干城之望，朕自不惜宠以崇阶。倘若废隳武备，侵渔糗刍，甚且妄执武官不惜死之言，恣意逞威，虐民生事，为害地方，王法森严，决难轻贷。

四月丁卯

上谕领侍卫内大臣、八旗大臣等：国家武备，关系重大，尔等皆有训兵责任。昔皇考常躬率士卒，寓训练于较猎之中。皇考骑射超伦，士卒无不钦服，各相鼓励，并非尔等训练所致。朕不能企及皇考，则训练之事，惟尔等是赖。但训练士卒，有实心操习者，亦有虚应故事者。若尔等按期较射以图塞责，不过闲谈饮茶而散，则不但徒劳军士，尔等亦徒多往返，何益之有？此皆朕居藩邸时素所深知者。尔等能尽职，朕必全尔等颜面，尔等亦宜全朕继述之孝思。嗣后尔等务宜实心训练！比来军士生计稍艰，皇考教养六十余年，恩赉频施，无不周备，以天下之正供赡养兵丁，如此外再欲加增钱粮，亦恐难给。兵丁生计之艰，其故虽多，大抵因奢侈所致。尔等皆管辖兵丁之人，应将平素守分者加以优奖，奢侈者加以训饬，则自知惩劝矣。此事一时亦难移易，朕与尔等约以三年为期。如三年后仍不能改，尔等之罪不止罢黜，且一经罢黜，勿希复用，彼时勿更怨望。

六月乙亥

上谕领侍卫内大臣、八旗都统等：附近京畿等处驻防八旗官员兵丁内，尽有曾经出征效力者，伊等并无升转之处，应选其汉仗好、人去得、劳绩宣著者，给与升阶，著公同会议具奏。

九月辛卯

上谕湖广总督杨宗仁：天下绿旗兵丁，大率十分中有二三分空粮，为专阃大臣及将弁等所侵冒。而老弱残疾、不能骑射者，复充当兵数，徒令国家钱粮费于无用之地。夫武备关系重大，额设兵数，不特缓急恃以为用，并借以防缉盗贼，守护城汛。岂可任听将弁挑选随丁一无拘限？今奉天等处将军、副都统官员，俱令酌选数名，著为定额。其提督、总兵以下等官，亦宜照例酌定。各于该管兵内，查有不堪者，亟应沙汰，选择年力精壮、汉仗雄伟者顶补。嗣后营伍骑射，须时加操演，火器营兵在春秋二季操演，水师营兵在战船操演。其安营布阵、进退作止之法，务令精熟。盔甲、器械、船只等项，务令坚固。沿途守望烟墩之兵，量增数名，酌计几墩，令千把等员轮流分辖，不时稽察。至山谷林麓、近江滨海、险僻处所，或有匪类潜藏，亦未可定。应派委参游以下二员领兵四十名，时往巡哨。更须严饬所领兵丁，经过地方，毋许骚扰。兵丁内有实能效力、弓马娴熟者，遇有把总缺出，即行录用，以示鼓励。其懒惰刁悍者，严行责革，以彰法纪。从前把总一缺，提镇将弁每将家丁及同乡戚属虚冒钱粮，毫无劳绩者朦混占补，似此何以服士卒之心？今限一年之内彻底肃清，倘不遵谕旨，仍蹈前辙，定将该管大臣及将弁等从重治罪。尔封疆大吏，各宜敬凛毋忽！

雍正三年乙巳五月壬寅

上谕直省提镇等：我皇考圣祖仁皇帝优待武臣，恩眷之隆，自昔希比。诸武臣感激恩宠，遇事则奋力效命；但平日居官砥砺操守，抚恤兵民之道尚多不及。夫为将弁者，虽贵乎材勇，然使有冲锋破阵之才，而不能洁己爱人，抚绥士众，或至扣克贪婪，人罹其害,则与盗贼何异?彼盗贼之肆行劫掠,不恤身命,何尝不勇?惟因利人财物,遂谓之为盗贼,而法必诛,勇不足称,即为可耻。凡尔武官,务须廉洁持躬,奉法循令,恤兵爱民,绥辑地方,遵国宪正,所以重身家也。设或婪财贪利,横生事端,致干法网,则地方既滋扰害,而法所不容,国家又失一勇力有用之材,岂不可惜?是知心存报国,最在平日之爱恤兵民,安静守分耳。若至生事扰害之后,虽或捐躯,亦何所补?从前纵有微劳,亦不足以赎此日之罪愆矣。尔将弁当各轻目前小利,勉为国家栋梁,垂名竹帛,以图光前裕后之功业可也。勉之!戒之!勿负朕谆谆告诫之意!

十二月乙酉

上谕兵部:朕君临万方,中外一体,有功必赏,有罪必惩,初无偏党之心,亦并不存依违之见。前以罗卜藏丹津潜行悖逆,谋扰边陲,朕命将出师,用彰天讨。满洲绿旗汉土官兵,皆能奋勇争先,克成懋绩,论功行赏,恩所宜施。乃年羹尧以私昵人员冒滥入册,以致绿旗官兵议叙至今,驳查未定,而土司功册亦因之暂停,朕心深为悯念。夫土司非比内地,凡所遣调目兵,皆预定名数,按名随师,无从虚冒。其功绩等,第必当详确稽查。如四川属之瓦斯、杂谷二土司部下目兵,与三寨包坐之头目所部番兵,皆屡年效力,战功尤多。小金川土司汤鹏、陕西土司鲁华龄于攻取桌子山时,其目兵亦能戮力用命。似此边远番众,知效忠诚,则其寸功必宜尽录。尔部查照领兵官所报各土司功册,除各土兵已给赏赐外,其官目应各加以职衔,仍予恩赏。阵亡带伤者,照依绿旗兵丁一体优恤,务期均沾实惠。仍将此旨下与该管督抚提镇,转饬各土司。自兹以往,尤宜益矢忠勤,各安驻牧,严束部落,不得滋事生非;和睦族邻,不可恣行仇杀。尺地莫非王土,率土莫非王臣,番苗种类固多,皆系朕之赤子,或有强悍不平,各土司只宜赴该管上司陈告,岂得任意戕杀,以背朕好生保赤之念?各该土官果能凛遵训诫,则世守职土,朕自加恩。若敢恃功骄肆,阳奉阴违,则国法具在,亦断不因今日之功赏更从宽贷也。

雍正五年丁未二月庚申

上谕直省督抚、提镇等:向例千把总,俱由督抚、提镇拔补,往往以其家人长随及私自效力、请托夤缘之人补用,徇情面而无公道,以致老弱不堪之人,得授千把总者甚多,其所管汛地,道路之远近俱茫然不知。而兵丁内年力精壮、技勇可观者,转不能得一官职,甚为可悯。千把总职掌关系营伍,有稽查汛地、管束兵丁之责,又为行伍出身之途。若听其因循冒滥,何以整饬戎政、鼓舞兵心?今定半年之限,令该督抚、提镇将所辖千把总内,除曾经效力、久历行伍、尚堪任使之人外,凡有老弱不堪、不能称职者,秉公细加看验考试,尽行沙汰,不可姑容一人。其所出之缺,务将兵丁内年力精壮、技勇可观之人,从公选择拔补,不得仍蹈故习。

十一月丁丑

上谕八旗都统等:历来满洲人材壮健,弓马技勇,罕与比伦。前令八旗查得亲军护军内,能开八个力以上硬弓者,现有一万八千余人。昨朕在瀛台考试天下武举骑射之后,令八旗人等当众人之前校射。伊等所用之弓,自十八个力以至十三个力不等,举重若轻,从容合度。众武举等咸惊异以为从来罕睹,朕心甚为嘉悦,著分别赏给银两。伊等艺勇超群,是其尽心学习之所致,嗣后务须更加勉励,演习熟练,不可以弓力相争尚。将此通谕八旗知之。

雍正六年戊申正月庚辰

上谕值班侍卫及守卫护军等:满洲旧制,最重学习清语。近见挑选之侍卫护军等，弃其应习之清语，反以汉语互相戏谑，甚属不合。且满洲人等，俱系太祖、太宗、世祖、圣祖皇考之所留遗者，当日耆旧大臣务以造就后进为心，每将习学满洲本务、努力上进之语，时时教导。今兵丁值班之处彼此戏谑，殊非善习。嗣后各宜勉励，屏除习气，以清语、拉弓及相搏等技，专心习学。此尔等进身之阶，国家亦收得人之效矣。

雍正七年己酉正月戊申

上谕兵部：各省守备内，有操守廉洁，汉仗去得，谙练营务，熟习水师，堪用游击之员，尔部行文该提督，出具考语，分别水师陆路，填写年岁、籍贯、履历，照保举副将、参将分定等第之例，开列一等者咨部。俟降谕旨，再行调来引见。所保人员，务期秉公据实，毋得瞻顾徇私。倘保举之后，有改易前辙、不思奋励精进者，亦照副将、参将更换等第之例，咨部改定，以副朕简选任使之至意。

十二月乙巳

上谕内阁：国家设兵卫民，所以安良除暴。虽尚武勇之力，然必谨守法度，顾惜廉耻，不为犯法干纪之行，始不负朝廷豢养之恩，可以有上进之望。八旗兵丁，国家所以养之者甚厚，偶有差遣征剿之事，复加意体恤，赏给各项银两、行粮之外，复给坐粮，所以筹画其用度，养赡其身家者，至周至渥矣。为兵丁者，自宜感戴国恩，兢兢奉法，共知自爱，以邀爵赏而沐宠荣。况朕之训饬教导者，至再至三，岂伊等尚不知猛醒、痛改恶习乎？乃自藏回陕之八旗兵丁四百名，仍有沿途骚扰居民之事。经抚臣宪德两次参奏，共一百三十余件。似此负恩犯法，无知无耻，朕实为伊等深愧之。且其所得有限，乃一时率其犷悍之性，不知检束，以至身投法网，罪无可逃，能不愧悔？况损人利己者，天理之所不容；强夺横取者，国法之所不宥。尔兵丁等，奈何惟利是贪，而不顾天理，不畏国法，为此可羞可愧之行乎？今将该抚所参各款，一一开出，并降此旨，著交与八旗及各省驻防管兵官员等，各抄录一道，每月传集兵丁，敬谨宣读，令其触目警心，时时检束，恪谨遵奉。

雍正八年庚戌四月丙午

给事中王瓒疏言：设兵所以卫民，每见督抚提标之兵驻扎省会地方，自谓大标。平素欺压良民，挟制上官。又或因公调遣，先有许多借贷求恳，以致镇协标兵闻风借口。此实臣见闻所及，特行奏闻。

上谕兵部：从来教练兵丁之道，固在乎技勇优长，尤在明晓礼义，谨守法度。圣贤所以著有勇知方之训。数年以来，朕轸念兵丁，屡加恩恤。其该管官弁，若有扣克粮饷者，必严加惩治。又为督抚提标兵丁等筹画生息之策，济其吉凶之用，无非望其循理奉公，以受国家之恩养也。但闻有数省兵丁骄纵之习难除，傲慢之风未改，而湖广为尤甚。今见给事中王瓒所奏，甚为详悉，切中兵丁之弊，此实该管官员之责。著直省督抚提臣切加训诲，严行约束；倘有生事不法者，即重治其罪，毋得姑容，以长恶习。如徇隐宽纵，经朕访闻，必将该管官从重议处。该给事中虽称镇协之兵，不若督抚提标之甚，然兵志易骄，难分优劣，该管官亦应时加训饬；倘蹈故辙，咎有攸归。著通行晓谕督抚、提镇等标共知之。

七月壬申

上谕八旗武职大臣等：武艺者，乃满洲之本务。八旗大臣有管辖兵丁之责，理宜操练武艺，习劳苦，耐寒暑，以及疾趋超距扑跌等技，留心谙习。近观大臣官员侍卫等值班，俱不亲佩腰刀，一味偷安,又不操练,服习劳苦,倘遇紧要处,不能争先,独使兵丁前进乎,抑停留等待乎?且至彼时力不能支,即怀奋勇之心亦属无用,安能使兵丁克称精锐乎?从前皇考每岁行围,令众人学习技勇,服习劳苦。及朕即位,仰思皇考付托之重,八年以来,励精图治,未及巡幸郊外,而武职大臣侍卫官员兵丁技力亦渐不如前,不可不急为整饬。嗣后八旗武职人员及各省驻防之武职人员,年未至五十五岁者,勒限半年,令各奋力学习一切技勇。若仍有自图安逸不肯学习者,或经朕调来引见,或经朕行幸时查出,必重加惩治责革,照违旨例治罪。如有学而不能者,准其告退。

雍正九年辛亥二月乙卯

上谕管理旗务大臣等:朕因八旗兵丁不甚整齐,曾屡降谕旨,命都统等善为训练,俾各兵丁俱成精锐。乃至今尚未整齐,此皆都统等未尝悉心训练之所致也。著传旨与八旗都统等,于骁骑营兵内,择其年少无疾、骑射不堪、不能满洲蒙古言语之人,满洲蒙古每旗合派一百名,共八百名;八旗汉军合派二百名,共一千名,在西厂子、圣化寺等处,设立一营,令其学习一切技艺。更于骁骑营官员内,择其年少而行走怠惰者,满洲旗分,各派二员;蒙古汉军旗分,各派一员,令与兵丁一同学习,使人人皆成精锐。至于八旗前锋护军内,骑射稍优,年力精壮,人材可观,而未经服习勤苦之人,有愿入其中学习者,亦著挑选一千名,另立一营,令其学习。其前锋参领、护军参领、副护军参领、护军校之内,有愿与兵丁等一同在彼学习者,每旗各派二员。此项兵丁,诸处俱不得差遣。每日学习骑射,所用之马,令伊等亲身饲养,以习勤苦。营内一概不许汉语,惟习清语或蒙古语。其教习趋走超距及清语等事于索伦新满洲乌拉齐内,挑选好者,分为三四班,令其教习。至于总管二营,不必派委都统等,著将领侍卫内大臣、散秩大臣,职名开列。

朕酌量派委，令其管理。

雍正十年壬子正月丁卯

上谕八旗兵丁等：兵可百年不用，不可一日不备。帝王之治天下，未有不以明武备为先务，而兵丁之武艺，亦未有不勤加训练而能有成者。从来士农工商，各治一业，苟不专心竭力，则其业必不精。况兵丁所司者，皆战斗之事。弯弓挟矢，冒镝冲锋，非膂力刚强，不能披坚执锐；非技艺娴熟，不能克敌宣威。奈何怠惰苟安，虚度岁月，不思国家设兵之本意，不念自己专司之职业乎？尔兵丁等世受国恩，朝廷爱养犹如赤子。凡八旗将军大臣等，多由行伍出身，渐登荣显。尔等诚能立志向上，奋勉自励，勤加练习，技勇可观，将来建立功勋，驰名军伍，不但本身有上进之阶，且光耀宗祖，荣及子孙，受福曷可限量哉？国家承平日久，人人耽于安逸，武备渐弛。今当边陲用兵，是以降旨令勤加操演。又念操演之兵，若仍轮流值班，则其力难以兼顾，而工夫未免间断，是以不令该班，俾得专心训练。又复给以饭钱，资其食用，无非体恤尔等之勤劳也。尔等各宜勉力学习，如骑射、长枪之类，必令纯熟精强，用成国家之劲旅。以柔弱怯懦为耻，以安逸华丽为戒。人之力量，用之则日增，不用则日减。如出城操练之际，正可演习步行，又何必骑马乘车，徒多糜费？嗣后果能仰遵朕训，努力向前，且互相劝勉，鼓励锐气，朕必闻知，加以格外之恩赏。如有不肖之徒，苟且怠玩，甚至妄生怨言，摇惑众听，此不但藐视公事，自误功名，实为人心风俗之害。经朕察出，必以军法从事。勉之！勉之！

是日

上谕八旗该班兵丁等：目今军兴之际，兵丁等训练操演甚为紧要。若以操演之兵，仍令照旧该班，则训练未有专功，技艺难以纯熟，是以特加挑选，令其每日操演，将尔等分作两班，轮流当差，所以使操演之兵，得专心学习也。然人果有上进之志，何时不可黾勉？何地不可学习？即如尔等换班之时，原可练习技艺。虽该班之地，不便演放枪炮，而拉弓、相扑、舞棍、趋走等技艺，在领班之大臣官员，未尝不可训练。尔等慎勿以未经入选，不在操演之列，自甘懦弱，而不勤加训练也。夫该班与操演，俱系一体出力。且操演兵丁，如有缺少，自必于该班兵丁内挑补，则尔等不更当奋勉乎？现今虽将尔等分为两班，较前稍为劳苦，然较之军前之人，则劳苦又相悬绝矣。数年后，仰邀天眷，大兵凯旋之时，尔等差使，仍得暇豫从容。倘目今不思黾勉，但偷一时之安，以致技艺生疏，则日后必为无用之废人。国家经制钱粮，岂有养赡废人之理？如有此等无知不肖之徒，一经查出，除革退钱粮外，仍从重治罪。

三月戊寅

上谕兵部：向因武员养廉不敷，以致扣克兵饷，是以酌定亲丁名粮，以为养赡家口之费。又因营伍公用无资，定有额兵百名准抽二名之例。似此曲加体恤，无非施恩于弁员，使应有之兵数再无虚冒，以收戎行之实用也。近闻各省中，尚有数处不能全除空粮之弊，或于亲丁名粮之外，仍有家人长随顶名支领者；又有字识匠作之类，亦得滥充额数、暗占兵粮者。且或游手之辈，贿求滥充，而勇力之人转不得入选，每遇调拨差用，则委靡退缩，不耐劳苦。前岁湖广提标曾以兵丁二百名调补镇筸四营，其中逃避者即已过半。又如援剿黔苗时，提标兵丁往来镇筸六里等处，跋前疐后，行役维艰。国家岁费帑金，养一兵期获一兵之用；若实存之名数，既有空虚，而在伍之兵丁又复怯懦不振，则所谓武备修明者安在乎？著该管大臣用心稽查，勤加训练，务将陋规永革，诸弊悉除，毋得溺于积习，苟且因循，负朕委用。倘屡经训饬之后，仍有不知悛改者，定当加以严谴。

雍正十一年癸丑正月丁亥

办理军机大臣等议准，署陕西总督刘于义奏：驻扎陕西省勇健营兵丁，其中多骄悍不可用之人，请令总兵周一德等甄别挑汰，递回原籍。

上谕曰：朕前以各省民人内，必有人材壮健、技勇可观、愿为国家效力、以图上进者，是以特降谕旨，令各省督抚召募拣选，送京训练，以备军旅之用。伊等如果能奋勇出力，建绩立功，将来俱可为干城之寄。故叠加恩赉，于应募后，即各给守粮一分赡养家口。到京后，拨给房屋居住，月饷银米从优给发；起程赴陕，又各赏衣装路费银两，暂令驻扎近边地方以候差用，俾伊等各展效力之心，并图进身之路。是朕加恩于勇健兵者，至为优渥。伊等各自揣量，实为过分，乃其中多有放纵骄悍、生事不法者。上年到京，即不安本分，肆行争斗。及令赴陕，沿途又复生事骚扰，该督抚曾具折参奏。而驻扎甘州之后，竟有私自脱逃之人，陈天培又经具奏。此等无赖之徒，固由各省督抚不慎重拣选，滥募充数；总统大员不能严行约束，整饬教导。而在伊等受恩而不知感，自甘废弃，冥顽恶劣，即令调赴大营，亦不可用。著总兵周一德即行甄别挑汰，递回原籍，交该地方官严加收管，不令出境生事。若有心怀怨望，捏造浮言，并恃强肆横，斗殴不法等事，该地方官立即拘拿，禀知督抚提镇，一面奏闻，一面按法究治。至于挑存可用之人，俱应感激朕恩，遵循法纪，嗣后益加黾勉，努力戎行，以图上进，朕必加以恩泽。著将此旨晓谕知悉。

六月丁巳

上谕兵部：武弁中熟习水师之人，甚为难得。该管大臣若不于平日留心储养,何以收人地相宜之效?每见督抚提臣中,有将熟习水师人员题请调用陆路者,此皆未曾周详筹算之故。著通行传谕,嗣后细加体察。若在水师中平常而长于陆路者,准其调补。若系长于水师之员,俱留于水师题补,不可因陆路需人,轻易改调,以致用违其长。从前有如此误用者,可查明题请改调。向后部中推升之缺,亦著该部申明请旨。

十一月辛丑

上谕兵部:从来将备之选,务须精悍之材,虽目不识丁,而胆略岂关文采?纵貌非出众,而义勇无碍粗疏。盖整肃部伍,委寄干城,矢奔走于疆场,甘勤劳于行列,类非薄具聪明、小有才干者之所能为。而劲健浑朴、气盛力充之裨弁,所当略短取长,加意造就,以储将材,以重武备者也。近见各省督提等保题引见之大小弁员,除军功劳绩外,大率以明白勤敏、才堪办事注考。朕亲加简阅,并逐一询问,奏对便给者有之,才具明晰者有之,而人材雄伟、技勇超轶者,曾不数见。岂明白勤敏即可为将材,而才堪办事即所为武备耶?嗣后该督提等凡保题将弁,务重弓马,兼选汉仗。全材难得,实效须收。如仍有以软弱而谬称熟练,以机巧而谬称通达,滥行保题者,是重违朕训,膜视封疆矣,定将该督提等严加议处。

雍正十三年乙卯三月甲午

上谕兵部:国家设立兵丁,原以充缉盗安民之寄。广东为滨海岩疆,武备尤宜勤练,不应少有废弛。查通省兵丁共计七万余名,不为不多;岁费俸饷将及二百万两,国家养之者不为不厚。乃近年以来,朕留心访察粤省兵丁,怯懦退缩者多,奋往用力者少。曾有客船被劫,盗止八人,汛弁兵丁一任事主喊救,闭门不出。又巡哨私盐，不能擒捕，屡被打伤，抢去器械，此朕访闻甚确者。同一广东之人，而为盗贼私枭者，则强悍无比；其食粮入伍者，转怯弱不堪，皆由将备选募时，多凭兵家子弟亲戚夤缘充当，但取其应对熟娴，趋跄便捷。不但民间强壮勇敢之人，无由入选，即余丁中之勇健而质朴者，亦弃而不录。以致营伍之中，习尚虚文，全无实济，此乃戎政之最有关系者。著广东督抚、提镇等严饬所属将弁，痛改从前陋习。嗣后募补，务取强健勇敢之人，时加训练，申明赏罚。如再有遇贼退怯等情，必重惩以示儆。其现在老弱之辈，滥充营伍者，作何沙汰募补之法，著该督抚、提镇等秉公妥议办理。倘仍蹈前辙者，经朕访闻，必将督抚、提镇及大小将弁分别严加议处，不少宽贷。

卷二十二

广言路

雍正元年癸卯二月丙寅

上谕科道等官：皇考临御六十余年，至圣至明，无日不以国计民生为念，凡所以咨访吏治、通达民情之意，至为殷切。迩年以来，无知小人见科道疏章稀少，遂疑皇考不甚信纳群言，又讥言官皆缄默取容，此大失皇考本怀，真所谓坐井观天也。当时内而满汉大臣，外而督抚提镇，皆许其密折言事，盖因各省地方事务，督抚身亲阅历，自能详悉周知，较言臣闻风言事，胜什倍矣。以此皇考据所闻见，折衷行之，大小国政，措置咸宜。言官无所用其建白，而实则天下之利弊，无不洞烛于圣心也。

朕仰承大统，一切遵守成宪，尤以求言为急。在京满汉大臣、外省督抚提镇，仍令折奏外，尔等科道诸臣，原为朝廷耳目之官，凡有所见，自应竭诚入告，绝去避嫌顾忌之私，乃为忠荩。若此时不能尽言，即后日官至大僚，岂能期尔建立谋猷乎？今著各科道，每日一人上一密折，轮流具奏。一折只言一事，无论大小时务，皆许据实敷陈。即或无事可言，折内亦必声明无可言之故。在外候旨，或召进面见，或令且退，其所言果是，朕即施行。即或未甚切当，朕亦留中不发，不令人知。倘有徇私挟仇等情，巧为渎奏，亦不能惑朕之耳目也。折内之言，不许与人参酌。如有漏泄或同僚知而言之，则同僚即可据以密闻。朕将两人之折，合验情事，必不能隐讳推诿矣。至于有能面折廷诤，或弹劾权要，或更革弊端，不妨仍以露章奏闻，朕亦不拒。又朕居藩邸时，在朝大小官员及皇考御前之人，以至艺术之流，从无熟识往来者。即藩邸岂无素所任使之人，然从不假以颜色、信用其言。今朕躬揽大权，所用一二大臣，皆深悉其人可用而用之，非有念旧偏徇之心。诚恐向日效力微员，借称王府旧臣，在外招摇吓骗，生事干法，其害甚大，断难姑容。尔等可不时留心察访，一有闻见，著即密参，切勿畏忌。尔诸臣其敬承明谕，各抒忠悃，毋负朕悬鞀设铎之意。

四月丁卯

上谕大学士等：尔等皆皇考简任耆旧大臣，论年齿虽与皇考相等，若经历事务，岂能仰及皇考万一，皇考实足为尔等之师。是以尔等但能奉遵谕旨者，斯称善已。朕自幼未曾理事，皇考命朕绍承大统，朕深念付托之重，凡朕所降谕旨，尔等以为是，则曰是；以为非，则即陈奏，勿得面从。虽封还朱批谕旨，朕亦深喜，断不谴责。若但随声附和，致自取辱，非朕所望也。

五月乙未

上谕满汉九卿、詹事、科道等：天时亢旱，朕夙夜焦劳，敬谨斋戒。久未得雨，意者用人行政之间，尚有缺失，不能感召天和，以致甘霖未沛。朕欲在廷诸臣，直言得失，犹恐视为具文，概以谀词颂扬，负朕实心求言之意。今特谕尔等各具密折，凡朕所行之事，或有过失，务尽言无隐。即所行无过，或更有应行事宜，亦各据己见陈奏，使朕有则改之，无则加勉，方得古大臣责难于君之义。至用人一途，或有未当，尔等务必据实指陈，勿避嫌怨。即朕亲信重臣，亦不妨指出。上古君臣，都俞吁咈，至今传为盛事。尔等若能披肝露胆，极言直谏，即所奏未尽合宜，朕亦重其人品；倘仍瞻徇依违，浮词塞责，朕亦薄其为人。尔等各宜副朕实心，果有嘉谟嘉猷，俾得见之政事，将召天和而苏民困，胥在于此矣。

雍正二年甲辰九月乙丑

上谕大学士、九卿等：朕前因兵部所奏年满千总一事，未询定例，误降谕旨。彼时大学士等应即详陈其故，使朕不致有误。今幸所降谕旨尚未发出，朕已询知定例。倘朕知之不早，势必将发出谕旨追还更改，殊妨政体。皇考御极六十余年，诸事无不谙练。朕在藩邸年久，虽于群情利弊，事理得失，无不周知。至于国家政事有关定例者，朕既经历未久，如何可比皇考？其匡正之责，实在尔等。朕屡降谕旨，君臣谊同一体，即使人君不能容纳臣下之言，犹当一心爱主，极陈无隐。况朕自御极以来，痛惩逢迎之弊，谆谆以实心匡弼，朕躬期望尔等。“君子之过也，如日月之食，其过也，人皆见之；及其更也，人皆仰之。”朕之素性不吝改过，苟自知其非，即于大廷广众之中，明言以改之，从无护庇粉饰之事。今为年满千总所降谕旨，尔等具悉成例，办事有年，岂不知朕偶误？总以逢迎缄默为心，或是或非，听朕为之而不言，则待朕者何薄耶？嗣后尔等各宜深悔前非，务思君臣一体之大义，竭诚殚虑，仰副朕怀。

雍正四年丙午六月壬戌

上谕大学士、九卿、翰詹、科道等：朕自即位以来，念皇考付托之重，惟恐天下之人，有一夫一妇不获其所。自朝至夜，殚心竭虑，晷刻靡宁，无非欲休养民生，澄清吏治，使中外永享升平之福，以仰慰我圣祖仁皇帝在天之灵。即如前岁雨泽偶愆，去岁畿辅被潦，朕在宫中虔祷上天，中夜屡起，瞻望云色，以卜晴雨。祈祷之时，尝终日饮膳不御，不止于减膳而已。此皆朕默尽其心，不肯令人知之。在朕心以为敬天勤民、励精图治之意，至真至切，可以自信，无少愧歉于中。故凡下诏求言之事，未曾举行。今夏二麦登场之时，适值连雨，目前虽晴，尚未开霁，朕为小民深切轸念。且奸民郭允进私贴谣歌，有“军民怨新主”之语，朕因此返躬自省，不能无疑，或用人行政之间，在朕已实尽其心，而众人观论，尚有以为未当之处，亦未可知。总之，千万人之中有一二人或有异议，朕心即欲省察而权衡之。尔诸臣皆朕简用之员，职在勖勷，谊同休戚。若朕身有过，可直言无隐；政治得失，亦即各抒己见，据实陈奏，朕必嘉纳。勿视为具文，勿有所瞻顾，苟且塞责，重负朕真切清问之至意。

雍正五年丁未闰三月丁巳

上谕吏部：朕日理万几，惟欲周知庶务，通达下情，是以广开言路，令人条奏事件，冀于政治有所裨益。近见条陈人员内，颇有能据实陈奏，不避嫌怨，切中情弊者。朕思此等之人，其言既可采录，则其善亦不可泯。嗣后凡内外大小引见人员，如有条奏，发交廷议允行者，著该部记明档册，其人日后或被堂官参劾，或被督抚纠参，该部议处覆本之时，将该员某年条奏某事曾经允行之处，写签夹于本内进呈，以便斟酌其事之轻重，量与宽减，则国家政治既得条奏之益，而其人亦深受敢言之效，庶可共加勖励也。

九月己巳

云贵总督鄂尔泰疏奏：开浚江南水利事宜。

上谕内阁：览鄂尔泰所奏江南水道事宜，甚属周详，但折内有“越职陈奏”字样。凡内外大臣越职办事，固为不可。至非己身职任之事、有关国计民生者，既有见闻，据实入告，方合公忠体国之义，乃尽职，非越职也。鄂尔泰所奏，发与范时绎、陈时夏、齐苏勒、陈世倌、鄂礼，就近详加相度，悉心妥议具奏。

雍正七年己酉二月丙子

上谕科道等官：尔等职司言路，迩来并不陈奏一事。以此观之，尔等科道官除徇私报复、党同伐异之外，遂无可言之事矣。朕从前令尔等轮奏密折，大有深意，因崔致远等不堪小人，妄行渎奏，是以将密折停止，令尔等露章明言。凡有关于国计民生、用人行政之事，尔等何一不当据实奏闻乎？明季吏治之坏，多由科道巡按结党营私、紊乱是非所致。朕励精图治，耳目甚广，虽不专恃尔等，但尔等身居言路，自当尽其职守。外而督抚以及州县，内而部院八旗五城等衙门，如有不法及不称职之人，闻见确实，皆可参奏。使朕躬或有过失，更当直陈极谏，尔等何竟默无一言？为臣之道，惟在公忠，如自揣不能供职，即当引退，何得苟且因循，有旷职守？嗣后其共勉之！

五月辛未

上谕内阁：自古明目达聪之道，欲以周知庶务，博采群情。其责端在于臣工之襄赞，然必公正居心，斯能以忠言谠论，裨益政治。苟或植党营私，辩言乱政，此倡彼和，颠倒是非，实国家之罪人，为王章所不宥。尝观前明季世，一二新进后生窃居言路，遂朋比固结，挟制大臣，把持朝政，以致国是日非而不可挽，此其炯鉴也。我世祖章皇帝、圣祖仁皇帝圣神御极，大观在上，言路弘开，群邪屏息，一切猖狂浇薄之风早已翕然丕变。虽有不肖之徒，亦无能施其伎俩矣。

朕即位以来，以公听并观为务，以纳忠广益为先，既命满汉文武大臣指陈政务，又命科道等于露章之外准具密折奏事。盖以国家事务殷繁，人情弊端种种，诸臣有陈奏之心，或有不便显言之处，故令密封进呈，所以免其瞻顾，去其嫌疑，俾得各抒所见，尽言无隐，庶国计民生均有攸赖。又如国家任事出力勤慎素著之大臣，所办公务既多，岂能保其无所错误？若因此而被指摘，殊非情理。其他偶罹过愆，或其子弟家人生事，失于觉察，一经弹劾，若朕不加处分，则近于护庇；若加以处分，则彼之宣力甚多，而不能恕其一眚，朕心实为不忍。不若言事者密陈朕前，待朕为之斟酌轻重，训诲区处，亦两全之道。凡此皆须出于至公至当，方有裨益于风俗人心，非使不肖言官藉密奏以自便其私也。乃营私植党之徒，竟欲以此逞其奸黠，甚或密行告讦，诋毁大臣，挠乱国政，此风断不可长。朕是以降旨停止科道官之密奏，止令各用露章，盖以其在大廷广众之间，自不敢挟私心而昧公道也。乃复有公然紊乱黑白、颠倒是非，辄欲轻变旧章，擅作威福者；其余则摭拾陈言，苟且塞责；又或相率而为依违缄默之计，竟未见一人一事实有所建白，裨益于国计民生者。夫以朝廷耳目之官，视国家之政治如陌路，而又欲以进谏之美誉归之于己；以不能纳谏之名，归之于君上，忍心害理，莫此为甚。言官以进言为职，岂容以国家之事沽一己之名？朕之广开言路者，实欲以众人之耳目为朕之耳目，使民隐得闻，万事就理，并非邀虚怀受谏之名，博建鞀置铎之颂也。乃向来科道官密奏之弊如此，近来露章之习又如此，此中外所共知共见者，朕不得不再行训饬。言官有补阙拾遗之职，庶其痛改颓风，洗涤故习，尽谠言献替之道，成荡平正直之风；科道不愧谏议之官，国家得收纳言之效。倘复蹈昔年故辙，则有害而无益矣。著传谕科道等，嗣后条奏事件，著如文武大臣等轮班具奏。

七月己酉

上谕满汉文武大臣等：《书》曰："兢兢业业，一日二日万几。"盖言为君之难也。又曰："予违汝弼，汝无面从，退有后言。"盖言人臣之当匡赞其君也。朕之行事,若有可议,诸臣岂得漠然视之,而全无相关之意乎?纵不能如古直臣之面折廷诤,而时常进见,可以从容密奏,朕乐于闻善,不吝改过。惟冀诸臣尽言规正,以补其阙。若面从心非,岂朕所望于诸臣者哉?朕即位之初,或尚有不知朕心而不敢尽言无隐者,今廷臣侍朕六七年矣,岂于朕之居心行事,尚不能深知而存猜疑之见乎?至于朕每日训饬诸臣者,并非但以责人而不求之于己也。朕事事以身先之,且深觉为善之可乐,循理之甚安。《书》曰:"作德心逸日休。"孔子曰:"君子坦荡荡。"圣人之言,确乎不易。诸臣但试行之,必有畅然自得之乐也。

雍正十年壬子五月丁卯

上谕大学士、九卿等:京师地方冬间少雪,数月以来,自近京以至直隶、山东,雨泽愆期,而兖州、东昌尤甚。朕心深为焦劳,日夜思维,必朕与在廷诸臣政事有缺,以致上天示儆。饮食寤寐,无刻稍安;虔诚修省,冀格天心。尔诸臣当恐惧悚惕,以凛天戒,凡用人行政及各部事务,关系民生利弊,应行应改之处,周详审察。苟有所见,或公同具奏,或自行陈奏。至于刑名衙门,尤宜慎重,大小事件均期至公至当,不可稍有疏忽。朕之谆谆诫谕,出于忧劳敬畏之实意,并非虚饰求言之名。尔诸臣各宜殚心竭虑,切实指陈,务使民生攸赖,感召天和,以副朕轸恤群黎之至意。

卷二十三

理财

雍正二年甲辰二月丙午

上谕各省关差、盐差等官：从来关榷盐税之设，所以通商裕国，或用钦差专辖，或令督抚兼理，无非因地制宜，利商便民之至意也。朕前于关、盐两差各下谕旨，诰诫谆切。但旗员向来相沿成习，阳奉阴违，任意侈靡，不知撙节，额外加派，苦累商民。差满之日，惟恐回京有当差效力之事，每以缺额恳求宽限，希图掩饰，是以不惮叮咛，再加申饬。大抵关差之弊，皆惟知目前小利，恣意侵渔，听信家丁，纵容胥吏，开关分别迟早，肆无厌之诛求；报单任意重轻，为纳课之多寡。饱溪壑者，则任其漏税，代为朦胧；不遂欲者，则倒箧倾箱，不遗纤细。致商贾畏惧，裹足不前；行旅徬徨，越关迂道，则困商实所以自困也。盐差之弊，尤合重惩。飞渡重照，贵卖夹带，弊之在商者犹小；加派陋规，弊之在官者更大。若不彻底澄清，势必致商人失业，国帑常亏。夫以一引之课渐添至数倍有余，官无论大小，职无论文武，皆视为利薮。照引分肥，商家安得而不重困？赔累日深则配引日少，配引日少则官盐不得不贵，而私盐得以横行，故逐年之课，难以奏销；连岁之引，尽皆壅滞，非加派之所致欤？故关差惟在严禁苛求，使舟车络绎，货物流通，则税自足额。盐差惟在力除加派，使商困少苏，尽复旧业，则课自赢余。

至于督抚系封疆大吏,更当仰体朝廷归并之意。关政不得视为带理,漫不经心,误任属员,听其剥削。盐政不得罔恤穷商,独专厚利,硬派州县计口征钱。夫榷关部属,尚有顾忌,恐督抚持其短长,今归督抚,则何所瞻顾?巡盐御史,地方官或不奉约束,今归督抚,则孰敢抗违?况钦差犹每年更换,而督抚兼理则无限期,若不实心奉行,使风清弊绝,则大负归并之本意矣。至将耗羡充课,固属急公,但恐以耗羡归正额,而正额之外复加耗羡,商民重输叠出,何以堪此?朕深悉关盐扰累之害,垂念商民营逐之苦,特谕尔等经理榷税者,务期奉公守法,遴委得人。知商旅之艰辛,绝箕敛之弊窦。通商即所以理财,足民即所以裕国。如自利自便,罔上行私,责有攸归,其悉遵朕旨!

三月丁丑

上谕河南巡抚石文焯:据奏请将捐谷耗羡银两收存司库,留充公用。耗羡存库,不过暂寄以备地方公用,断不可归入钱粮之内。凡此等羡余,概不得牵混正项,国家经费自有常额。若将此入正项,尔等羡余必仍另取,不特名实相违,且恐移东就西,反致滋弊。

雍正三年乙巳五月癸丑

上谕内阁:制钱乃日用必需之物,务使远近流通,以便民用。京师钱局每岁鼓铸,则制钱应日加增。今虽不致缺乏,而各省未得流布,民用不敷,是必有销毁官钱以为私铸者。且闻湖、广、河南等省,私铸之风尤甚。著直隶及各省督抚申饬该地方官,密访查拿,严行禁止,毋使奸徒漏网。倘稽察少疏,仍蹈前弊,一经访觉,定将地方大小官吏分别治罪。

雍正四年丙午四月己丑

上谕内阁:各省耗羡银两,与营伍中数分公粮,存贮公所,原为本省本营之中,或有公事需用,或为各官养廉,使地方营伍备用有资,不致派累兵民,乃通权达变之法,其来久矣,并非正项钱粮可比也。迩来督抚、提镇中小心拘谨者,恐目前经手,将来无以自明,具折奏请咨部,以记出纳。原系见小之举,该部只应存案,此并非开销正项钱粮也。若将耗羡银两,俱比照正项具题报销,相沿日久,或有不肖官员指耗羡为正项,而于耗羡之外又事苛求,必致贻累小民,此风断不可长。

九月丙申

上谕内阁:钱文乃民间日用之所必需,向因钱价昂贵,朕悉心筹画,至再至三。今鼓铸之钱日增,而钱文不见其多,钱价仍复不减,是必奸民图利,有销毁制钱、打造器皿之事。若不禁止铜器,则钱价究不能平。嗣后除三品以上官员准用铜器外,其余人等不得用黄铜器皿,定限三年,令将所有黄铜器皿悉行报出,官给应得之价。如旗人则于本旗交官领价,汉官民人则于五城该管之处,交官领价。不论轻重多寡,随便收买,不许发价之人丝毫扣克,违者重治其罪。若三年之后,仍有私藏黄铜器皿者,亦加重处。如此可永杜毁钱制器之弊,而国宝流通,民用充裕,实为有益,著九卿确议具奏。

十二月丙子

上谕都察院及五城御史等:制钱乃日用之所必需,务使充足流通,始便民间之用。国家开局,年年鼓铸,而京师钱文不见加增,外省地方亦未流布,是必有销毁制钱,制造器皿,以致钱文短少，钱价日昂。朕念切民生，屡降谕旨，而钱价仍未平减，是以禁用黄铜器皿，凡民间所有，俱给价令其交官，以资鼓铸。此悉心筹画，专为民间资生便用起见，并非朕有需用铜斤之处，而广收民间之铜器于内府也。似此有益于民间之事，即当踊跃急公，欣然交纳，使钱文赢余，日用（原为"月"）赡足，尚何待于上官稽查催迫耶？况铜器交官，皆如数领受价值，又何乐而不为？且民间器皿非必定需黄铜制造，其在有力之家，则白铜、红铜皆非难得之物；而无力之家，如木盆、磁器价廉工省，亦未尝不适于用，非若钱文为人人所万不可缺者。与其将黄铜器皿藏匿于家，将来限满三年，犯禁获罪，何如彼此相劝，早为交纳，既得价值，而又受钱价减省之利益乎？著将此旨通行晓谕，其咸体朕意！

雍正五年丁未四月壬辰

上谕户部：国家设立宝源、宝泉二局，鼓铸制钱，原期充足流通，以便民用。乃鼓铸日增，而钱文不见其多，钱价不见其平，必有奸伪之徒，销毁制钱，造作器皿，以贾利害民者。向经九卿会议，凡黄铜器皿，除乐器、镜面、戥盘外，其余不准使用，悉令交官，给与价值。朕令先试行于直隶及各处省城，无非欲杜毁钱之弊而清其源也。乃立法甚明，而玩法者尚众。昨步军统领阿齐图，现于崇文门外拿获销毁制钱之人。近在辇毂，尚有此辈，则乡邑偏僻之地可知矣。此弊不除，钱文何以得充？著直隶总督严饬各地方官，密行缉拿，如有疏纵，将该地方官照溺职例革职。至于铜器交官给价，先试行于直隶及各处省城。其余各府州县地方，一时难于通行，故尚准其使用。然既准其使用，又复任其打造货卖，则将来仍滋弊端，于事无益。著该督抚通行禁饬，嗣后各处铺户人等，不得制造黄铜新器，违者照例治罪。

九月乙卯

上谕各省督抚等:民生日用所需,制钱最为切要。朕特为便民起见,屡颁谕旨,严禁销毁制钱,并令京城及各省督抚驻扎之省城,不许铸造黄铜器皿,三品以下官员及兵民人等不得私用。此朕欲期钱文丰裕,为小民易于资生,非朕有所需用也,已曾谆切详谕,不啻再三。京城现今奉行,钱价已觉稍平。乃近闻各处督抚驻扎之省城铜器店内,仍用黄铜铸造者甚多。此明系各省督抚不实力奉行,徒以告示晓谕,虚文掩饰而已。朕向因钱局鼓铸日增,而钱文日见短少,即知有销毁制钱、铸造铜器之弊。嗣于京城内屡次拿获销毁制钱之奸民,而钦差官员至甘肃地方,亦见有毁钱为器者。省会乃督抚驻节之区,耳目最近,政令易行,非若远乡僻壤之难于稽察也;若果实心遵奉,甚属易事。朕为制钱筹画,宵旰焦劳;各省地方官,办运铜斤,亦甚费经营跋涉之苦,然后官局得以鼓铸钱文,以资百姓之用。夫以铸钱如此之难,而奸棍贪财射利,竟将已成之钱,复行销毁。故禁用黄铜者,所以杜毁钱之源也。今特再加训诫,各省督抚务宜实力奉行,倘仍前疏忽,定将督抚严加处分。至从前曾斟酌三品以上许用黄铜器皿,今觉滥用者多,嗣后惟一品官员之家,器皿许用黄铜,余著通行禁止。

戊辰

上谕户部:向来山西亏空甚多,国帑久虚,不能弥补。历任抚臣每请将亏空人员革职留任弥补,不但毫无益于国帑,此等劣员转将亏空为护符,无所不为,民生实受其害。诺岷莅任后,将亏空人员尽行参革,酌定以公完公之法,将州县之火耗重者严行裁汰,酌中量留耗羡,抵补无著之亏空,不使累及民间,而官员亦免承追不力之参罚。又恐官员无以养廉,复酌拨以为日用之资,凡地方公务所需，亦皆取给于此，上不误公，下不累民，此实通权达变之良策也。诺岷在任二年，将山西数十年未清之积案渐渐就绪。伊都立接任，柔懦无能，且好务虚名，因循瞻顾。从前诺岷之未及清理者，未能清理一事，当诺岷在任之时，高成龄不得已，协力相助，上紧办理。及伊都立接任，高成龄苟且怠忽，赞成伊都立之废弛。今见年岁已久，旧案不能楚结，又经朕数次严谕，始请定承追之限。独不思数年以来，藏匿花费，弊端种种，清理愈难。高成龄何不陈奏于从前，而乃迟至于今日乎？应如何追完之处，俟石麟到任后，与高成龄悉心定议具奏。伊都立曾奏称地方亏空弥补全完之后，应将耗羡解充公帑。他省亦屡有如此陈奏之人，朕皆严切训饬之。盖耗羡者出产于地方，即小民之膏脂也，以地方之出产，完本地之亏项，所谓以公完公，官民均有裨益。若亏空既完，则此项耗羡应仍归于本地之官民，岂有收入公帑之理？他省亦有将州县之耗羡提解十分中之二三以备公用者，该地方大吏应念此项虽充公用，实民力之所输将，百凡撙节爱惜，不使妄费。遇有应用之事而后动用，方为节用爱人之道。乃近来督抚、藩司等多以此项既已捐之于公，取携甚便，任意支用，如此非诺岷提解火耗之初心矣。

昨田文镜奏称"河南固始县东关官河一道，地势洼下，七月间骤雨水涨，东岸长兴集、西岸站马集二处被水浸注，民房倒塌，漂没人口，幸而水退甚速，禾稼无恙，并不成灾，无庸题请蠲免。其被水人民，已将司库存贮耗羡之银动拨，令道员确查散赈，加意抚恤"等语，如田文镜之办理此事，乃以地方之耗羡为地方之公用，百姓得沾恩惠，而耗羡之留诚为有益。大凡地方小有水旱之事，勘不成灾，于例不应题本者，该督抚当就近酌量料理，并具折奏闻。务令朕得知地方情形，无丝毫隐匿，方不负封疆大臣之任。田文镜所奏固始临河乡村被水之处，河道或有应修浚以除水患者，著田文镜商酌办理。

雍正六年戊申二月丙申

上谕直省督抚、布政使等：任土作贡，天地之常经；守法奉公，生民之恒性。断无有食地之利而不愿输纳正供，以甘蹈罪戾者，何以钱粮亏空拖欠之弊积习相沿，难于整理如此？一则胥吏中饱之患未除也；或由包揽入己，或由洗改串票，或将投柜之银钓封窃取，或将应比之户匿名免追。种种弊端，不可枚举。其故皆由于钱粮完欠细数，官未尝显示于民。在官则以为民欠，在民则以为已完，故吏胥得以作奸，而官民并受蒙蔽。应饬州县官，每年令各乡各里书手将所管欠户各名下已完钱粮若干、尚欠若干，逐一开明，呈送州县官，查对无差，即用印出示，各贴本里，使欠粮之民家喻户晓。如有中饱等弊，许执串票具控，则吏胥不得肆其奸盗矣。再则不肖有司借端侵渔，挪新掩旧之弊，不可不察也。朕因各省旧欠甚多，恐民力难于输纳，格外开恩，准其分年带征。其应征之数，有在十年以上者，亦有宽至十年以外者，酌其多寡，分别远近，此朕爱养黎元之至意，期于民欠易完而民力可纾也。乃闻有不肖州县官另立私册，于每年应征分数之外，溢额多收，及至报解之时，止照分数起解。该管上司因其已经照数起解，不复再行稽查，而此多征之数，遂得任其侵挪，又成亏空之项。且民间见已经完纳者，徒供官吏之侵渔，亦遂怠其急公之念，而抗延拖欠之事由此而起。朕意分年带征之项，亦应将花户名下，每年应完若干之处，详细开明，出榜晓示，令其按数完纳。以上二条乃据朕所闻书示，其作何因地制宜与斟酌立法之处，总在地方大臣详察弊端，权衡损益，督率有司实心经理。果有忠诚廉干之人，自无不可清厘之事。信乎，治赋在乎得人，除弊方能立政。任地方之重寄者，其慎思之！

九月庚午

上谕户部:《论语》曰:“百姓足,君孰与不足?”朕宵旰孜孜,惟以足民益下为念,是以各省逋赋,则蠲至数百万;每年正额,则免至数十万。凡兴作工程,俱支国帑;偶逢旱涝,蠲赈兼施,此中外所共知共见者。乃迩年以来,各省督抚等有以地方旧有之项,不敢入己,奏请归公者,彼时陈奏之际,似出急公奉法之心。今细加体察,此等款项多系地方相沿之积弊,历年未革之陋规,不取之于民,即取之于国者。一种欺世盗名之督抚,往往奏请归公,以博清廉之美誉。更有本系一己之赃私,入己囊橐,又恐败露,不得已而奏请归公,以盖前愆。又或回护前任之员,而奏请归公以掩其短。则是诸臣欲沽一己之名,欲逃一己之罪,而巧借奉公之说为此遮饰之计也。著各省督抚等悉心确查,若无碍于国、无碍于民,可以归公之项,则将缘由备细声明,具折陈奏,候朕批示。其有上窃之于国而下取之于民者,则应永行裁革,不许借归公之名以遂其私心,而掩其积弊。如有仍蹈旧习者,经朕察出,定行严加处分。

十一月丙子

上谕户部:苏州巡抚所属七府五州,自康熙五十一年起至雍正四年,未完地丁钱粮积至八百一十三万八千余两。其中苏、松、常三府,太仓一州,积欠最多,自一百四十余万两至一百八十余万两不等。朕念切民瘼,凡闾阎疾苦,周知洞悉。此未完钱粮,或有产去粮存而不能完纳者,或有人产已尽而无可催追者,又或有从前遇歉收之岁,而地方官匿荒未报,小民无力输将,致成拖欠者。累积十余年之久,其数至千百万两,但其中有或本系该地方官亏空而希图卸脱,捏作民欠者;或粮户已经交纳,而奸胥蠹役侵蚀入已，仍作民欠者。是此项未完，大约官亏空者十之一二，吏侵蚀者十之三四，其实民欠不过四五而已。在贫窭之民，固不能为无米之炊，而官吏因缘作弊，蠹国害民，情罪可恶。若非彻底清厘，即欲加惠于百姓，其道无由。是以从前令张楷将江苏民欠清查分晰。张楷并不清查，奏称俱系民欠，请分年带征。朕虽姑允其请，意甚未惬。鄂尔泰于苏州布政使任内，实力稽查，将有头绪。时以云南巡抚职任綦重，将鄂尔泰补授，而清查之案又未竟其事。后陈时夏到任之后，一味怠忽疲玩，毫无整理厘剔之心，将从前分年带征之项一并催追，以致小民艰于输纳。地方官又奉行不善，日事敲扑严比。七府五州之黎庶，不得沾被恩泽，朕心深为轸念。乃陈时夏又奏称苏、松积欠，难于清结。从前既蒙圣恩蠲免浮粮，今请以旧欠之粮均派于新粮户内，分年征收，以抵补积欠。夫苏、松浮粮，朕仰承皇考圣心，每岁额免四十五万两，煌煌明旨，布告亿兆，岂有既蠲正额而复借此抵补积欠之理？朕以诚信待天下臣民，宁肯为巧诈之术乎？且旧欠自有本人，即非本人，亦自另有着落。若舍此不追而均派新粮，是刁民因积欠而得利，良民因先输而倍征，从此人人效尤，谁复输供正赋？况以旧欠派入新粮，旧欠未必全完，而新粮又致欠缺。此种狂悖之论，不过因朕留伊在苏州清理未完，一时不能脱身，借此草率完结耳。今尹继善现在清查，尹继善初任封疆，兹事烦重，非一人心力所能办理。苏、松等七府，太仓等五州，历年带征地丁钱粮，著一概暂停征比。俟朕派员前往，与该地方官协理清查。将各州县官侵若干、吏蚀若干、实在民欠若干，一一厘剔清楚，朕当再降谕旨，户部即遵谕行，令该督抚遍行出示晓谕。其派员分查之处，著户部详悉定议具奏。

雍正七年己酉二月甲午

上谕户部：盐、茶皆民生日用所必需，查川省盐课考成，惟责之产盐州县,其余并无巡查之责。且有僻远地方,不行官引,以致私贩充塞,甚为盐政之弊。应将官引通行合省,约计州县户口之多寡,均匀颁发,令其各自招商转运。倘有壅滞,责成各州县,定为考成。如此则有司等自必加意查察,使私贩息而官引销,弊端可以厘剔矣。又闻川茶皆论园论树以定税额,夫茶树有大小不同,园地有广狭不一,若概以园树之数为额,未为允当,应将茶税照斤两收纳方得其平。以上二项,著该督抚详议,定为成例,使川省盐、茶经理妥协,于民生均有裨益。

乙未

上谕户部:钱为国宝,固贵流通以利民。然必权衡轻重,使得其平,方能便民用而无囤积私销之弊。近闻马兰峪地方、奉天直隶数府,钱价过贱,民间贸易,物价必致亏损,且恐奸弊从此而生。著该督及奉天府府尹严饬地方官,通行晓谕,嗣后钱价每银一两,止许换大制钱一千文,并著该部行文各省督抚转饬各地方,每银一两,所换制钱不得过一千文,俾民用便利而国宝流通,以为经久平准之定则。

戊戌

上谕内阁:各省关口,开放船只,向例有部颁号簿,以便稽查。兹闻各关另设私簿征收,报部时始将号簿挨日填造,其意以船只往来多寡不齐,不能逐日有征收之数目,是以匀派填造。如此则簿内数目,与商船过税串票,毫不相符,殊非政体。且凡事据实则可以无弊,作伪则弊窦丛生。嗣后各关于部颁号簿,务须据实填写;如无船只过税之日,亦即注明。倘仍蹈前辙,定行严加议处,该部亦不得混行指驳,致滋弊端。

十月甲子

上谕内阁：朕夙夜孜孜，以吏治民风为念。惟苏、松所属，粮赋浩繁，民欠累积，官吏借此侵渔，奸徒肆其包揽；若不彻底清查，则吏治难以整肃，民风无由淳厚。是以特命大臣总理清查之事，又遴选大员分查，州县协理，令将官侵、吏蚀、民欠三项，明晰清厘，不得丝毫朦混。又屡次降旨，将苏、松等七府，太仓等五州，历年带征地丁漕项钱粮，一概暂停征比。俟厘剔清楚之后，再降谕旨，并令该督抚遍行出示晓谕。是朕于清查一案，已申示再四，可谓明白详备矣。乃承命之员，奉行不善，其始以为官侵无几，遂将绅衿所欠带征之项，指为官侵，以致奸胥蠹吏，借端挟诈。如松江候选州同朱荣椿者，积欠钱粮九百余两，而为蠹书讹诈，亦至九百余两，此其明验也。又闻不肖州县，有以里图柜书侵蚀之项，将来难于归著，议令官户富户分派摊赔者。又有将带征钱粮，加增火耗以补官亏者。其说虽未足尽信，然人言籍籍，总理其事者宁未闻之耶？此皆由于承命之员，不能深体朕心，而以征比为清查之误也。设朕欲藉此为催征钱粮之计，从前又何以降旨停征乎？其有自愿完纳，仍令地方官收受者，缘浙江总督李卫来京陛见时，奏称“江南旧欠钱粮，自奉谕停征之后，凡有愿完者，州县官恐涉先侵后吐之嫌，概不收受，于民情颇有未便”等语，朕以民间凡有隐匿钱粮，尚准其自首，岂有愿完旧欠而不准其输纳之理？是以谕令户部，行文该总理清查大员知之。乃不意奉行者，遂借此为由，将停征之项概行催征，名曰“劝输”。而差役追呼，甚于严比。近见各员所奏，有称已完一百余万者，有称旬余之内州县完三万余两者。而温而逊奏云：“此番清查，首在劝其完纳，不徒在于造册。”又闻朱鸿绪告人云：“镇江一府旧欠，二年内必令其全完。”是各员俱以完纳钱粮为重，而于清查官侵、吏蚀、民欠置之度外矣，与朕旨不大相径庭乎？著将未完积欠，概行停征。其中或有官吏侵蚀，今自首完纳赎罪者，听其交库外，其余民欠，即有情愿交纳者，亦不准收受。该总理之员，务令分查协理各员，恪遵前旨，将官侵、吏蚀、民欠，分别清厘，无得丝毫朦混。倘仍有私行征纳，及将民欠内之官户、富户，掩盖官吏侵蚀者，该督抚及总理大臣即行指参，从重治罪。倘隐徇不举，或失于觉察，经朕访闻，定将该督抚等一并交部严加议处。又闻分查之员，令各欠户自行首报。夫前旨之准令自首者，乃侵蚀钱粮之官吏，此等侵蚀之人，本有应得之罪，朕不忍其尽罹国典，是以令其据实自首，则从宽免其治罪。至于历年积欠，前已分年带征，今又一概停征，伊等又有何罪而令其自首乎？总之，各员不知朕澄清吏治、惠养小民之心，而惟以钱粮为重，朝廷之德意，不能宣究于下，司其事者宁无愧乎？谕到，著督抚、布政使即刊刻颁发所属，凡远乡僻壤，悉行张挂，使官吏绅衿军民人等咸知朕意。

十二月癸卯

上谕内阁：朕即位以来，屡有臣工条奏，各处地方官征收落地税银，交公者甚少，所有赢余皆入私橐。雍正三年，又有人条奏“广西梧州一年收税银四五万两不等，止解正项银一万一千八百两。浔州一年收税银二万两，止解正项银四千六百两。应令该抚查核，据实奏闻。并令各省抽收税银之处，俱据实奏报”等语。随经九卿议，令各省督抚遴委干员，监收一年之后，视其赢余若干，奏闻候旨。

朕思孟子言治国之道，首称“取于民有制”。所谓有制者，即一定额征之数也。若税课之属，无显然额征之数，则官吏得以高下其手，而闾阎无所遵循。即如从前各处税课，经地方官征收，有于解额之外多数倍者，且有多至数十倍者。既无一定之章程，则多寡可以任意，其弊不可胜言。属员既已贪取，上司必致苛求；官员既已营私，胥役必至横索。日积月累，渐有增加之势，而难于稽查，岂非民生之隐患乎？朕是以允从条奏所请及九卿所议，令各省督抚委员监收，以定科则。其征收不及旧额者，亦令奏闻，降旨裁减。年来报出赢余之处，朕皆令留于本地，或作各官养廉之需，或为百姓公事之用。使官员用度有赖，自不妄取民财；使地方公用有资，即可宽恤民力。无非以小民之财物，仍用之于民间，不令饱贪官污吏之欲壑而已。若该督抚等果能督率有司，奉行尽善，将一年所收者，悉行奏闻，不及额数者，请旨减免，则赋有常经，万民共受其福矣。

乃闻外省中多有奉行不善者，以朕爱民除弊之善政，而庸劣有司借归公之名，或肥身养家，或争多斗胜，以致肩挑背负之微物，皆征收税课，而该督抚等又不悉心稽查，民间苦于扰累，或起朝廷加税之疑。独不思朕爱养斯民，如江南、浙江、江西三省额征钱粮，则永远豁免六十余万。各省每年蠲免之正赋，又一二百万不等，而发帑为地方兴修工程者，又不下数百万。岂有于数千百万之帑金，并不吝惜，而转与小民争此蝇头之利乎？至于提解火耗，乃均平通便之道。官员有养廉之资，民间无苛派之扰，上司无得受馈遗徇情瞻顾之私，下属无请托钻营暗通贿赂之弊。屡颁谕旨甚明，从前督抚中有请将耗羡归公者，朕切加训饬。盖此项乃民间之物，惟有用之于本地；若将丝毫归公，是朕利其所有矣，朕必不为也。著各直省督抚将朕此旨刊刻颁布。自谕到通行之后，倘仍有加添重耗者，一经发觉，将经征之员于本地方即行正法。其该管各上司失于觉察者，亦必从重治罪，决不宽贷。

雍正八年庚戌正月丙申

衍圣公孔传铎奏：兖州府属屯庄集税银两，旧充尼山书院及林墓岁修之用。今各省清查税课,请将此项报明归公充饷。

上谕曰:目今他省有清查税务之事,盖因税课一项向无定额,地方官吏每多侵蚀欺隐,高下其手,刻剥小民,是以令将实数查出。凡旧额之外,所有赢余,即留为本地官民之用,并未将丝毫归入公项也。兖州屯庄集税银两,向充书院、林墓岁修之费,正是阙里之公用。而孔传铎忽请解部充饷,是将此项税银视为私橐也。朕于文庙工程敬谨办理,一切动用帑金,所费不下数十万,孔传铎宁不知之?而为此卑鄙之陈奏,甚属不合。嗣后著将此项集税银两,核实支给,为书院、林墓之用。

九月丁丑

上谕大学士等:从前直省应行起运钱粮,该省抚藩以解部为艰,每至拨饷之时,百计营求,借备公协饷之名,存留本省。而户曹堂司亦就中渔利,将杂项税课尽留该省司库,即正项解部者亦属寥寥,以致外省抚藩得藉存库名色,通同挪用;而州县效尤,亦不肯随征随解,官侵吏蚀,亏空累累。自怡贤亲王总理户部以来,与二三大臣同心厘整,直省一切正杂钱粮,除实在存留并各封贮数十万两以备公用外,其余悉于春秋二季按数拨解。从此各省不敢有虚收虚报之弊,是以亏项渐清,帑藏充裕。今怡贤亲王薨逝,户部大臣仍遵守遗规,未尝稍易。但恐不肖司官及奸猾胥吏,乘间觊觎,希图撞骗,而无知外吏或冀幸可以复行旧习,稍留掩藏亏空余地,仍令书吏家人到京钻营,亦未可定。倘有此等,或经户部大臣察出参奏,或朕亲有访闻,定将抚藩革职究拟,司官书吏即行正法,决不姑贷。

十一月戊子

上谕内阁:朕即位之初,清查户部钱粮,始知历年以来,亏空竟至二百五十余万两之多。是时怡贤亲王管理部务,奏称此项亏空,历年已久,若一一根究,责令赔补,则获罪之人甚众,恳请宽免查究。嗣后以本部余平银两陆续代为完补。数年以来,该部既有补帑之事,是以各省解银交库之时,平银未免稍重,但从前解京银两到部交纳时,杂费繁多,又有暗中包揽,官吏勒索,种种情弊,此中外所共知者。自怡贤亲王管理三库以来,弊绝风清,各色浮费,悉行禁革。虽余平银两,略觉加添,而较之从前杂费,则减省已多。且怡贤亲王之意,原欲俟亏空弥补全完之后,仍将平银裁减,此亦王屡次陈奏于朕前者。今库中亏空之项,俱已补足,著将辛亥年春拨解部银两,照从前余平之数,减去一半,该部即行文各省巡抚、布政使知之。此项银两,大约出自耗羡项下,嗣后著留于本省,以备地方公事之用。若司库官员有额外多索者,著管理三库之王大臣查参。若外省官员因此次恩旨,将解部之项,或有扣克短少等弊,亦著王大臣指参议处。

雍正十一年癸丑十月甲寅

上谕内阁:各省商牙杂税、额设牙帖,俱由藩司衙门颁发,不许州县滥给,所以防增添之弊,不使贻累于商民也。近闻各省牙帖岁有增添,即如各集场中有杂货小贩,向来无藉牙行者,今概行给帖;而市井奸牙,遂恃此把持,抽分利息。是集场多一牙户,商民即多一苦累,甚非平价通商之本意。著直省督抚饬令各该藩司,因地制宜,著为定额,报部存案,不许有司任意增添。嗣后止将额内退帖顶补之处,查明换给。再有新开集场,应设牙行者,酌定名数给发,亦报部存案,庶贸易小民,可永除牙行苛索之弊矣。

十一月癸巳

上谕内阁:鼓铸钱文,专为便民利用,铜重则滋销毁,本轻则多私铸，原系随时更定，筹画变通，斯可平钱价而杜诸弊。顺治元年，每文铸重一钱，二年改铸一钱二分，十四年加至一钱四分。康熙二十三年，因销毁弊多，仍改重一钱。嗣因私铸竞起，于四十一年仍复一钱四分之制。迨后铜价逐渐加增，以致工本愈重。今宝泉、宝源二局，额铸钱文，岁计亏折工本约银三十万两。朕思钱重铜多，徒滋销毁，且奸民不须重本，便可随时镕化，踩缉殊难。若照顺治二年之例，每文铸重一钱二分，在销毁者无利，而私铸者亦难，似属权衡得中，可以行之久远。再现今五省采办洋铜，三省采办滇铜，朕思与其令三省办铜解部，莫若即令滇省就近铸钱，运至四川永宁县，由水路运赴汉口，搭附漕船解京，可省京铸之半，甚为便益。至于户工两局，需用铅斤，旧系商办。闻贵州铅厂甚旺，如酌给水脚，令该抚委员解京，较之商办节省尤多。著酌定规条，妥协办理。

卷二十四

慎刑

雍正元年癸卯二月壬子

办理土默特事务刑部郎中福柱等奏：披甲阿纳等盗牛二头，照例应绞立决。

上谕内阁：偷盗一二牲饩，即将蒙古立绞，人命重大，嗣后应改为拟绞监候。若从此蒙古盗案渐少，则照此例行。倘蒙古无知，法轻多玩，而盗案比往年较多，则仍照原例拟罪。

六月己酉

上谕刑部：热审减等，国朝旧有成例，盖念时当盛暑，囹圄之地倍觉炎蒸，笞杖所加更为酷烈，故特予减等，以昭法外之仁。迨后日久弊生，罪人妄希巧脱，胥吏因缘为奸，故延日期，致逃法网，是以停止热审减等之例，以杜弊端。我圣祖仁皇帝如天好生，凡阅谳章，哀矜详慎，秋审决囚，屡行停止。至每岁夏月，必特沛恩纶，监候者宽其刑具，枷责者缓至秋凉。虽停热审之例，仍寓减等之心，恩至渥也。朕仰体圣慈，时深钦恤。嗣后每逢热审之期，仍复减等旧例。其监禁重犯，亦量加宽恤，至情罪可疑及牵连待质人等，暂予保释，俟秋后再行拘禁。凡内外谳狱衙门，一体详慎遵行，庶几刑期无刑之意。其有故意迟延、仍蹈前弊、希图漏网者，除本犯不准减等外，官吏严加议罪。

尔部即通行直省。

雍正二年甲辰二月庚戌

上谕刑部:部内汇奏本内有罪应割筋者,定例固然;但割后即成废人,理宜审慎。今部奏入汇题册中,恐致疏忽。嗣后满洲人等有此罪之案,另行具奏。

壬申

上谕刑部:今届仲春,雨泽愆期,时有大风,朕心深用兢惕。念自临御以来,惟恐政事或有缺失,时时省察,不敢少有忽略,且令诸臣直言陈奏;而诸臣所奏,徒事颂扬,毫无裨益。朕之虚公至意,可以质诸天地,实堪自信,无少愧处。熟思刑名为国家之要务,上关天和,下系民命。若刑狱未能清理,即为天时亢旱之由,是以朕于谳狱再三详慎,即惩治之人,虽置之于法,朕于其中从宽从轻之处,惟天地知之。至于凶顽之徒,情罪重大,众人有知者,亦有不能尽知者。朕俱于法外从宽,不可胜数,并未冤抑一人,此亦可自信者。但尔部所办案件,虽如朕亲理,然其中终有微间。夫用法不得不严,所谓火烈而民畏之。尔等执法之官,固宜外示严明,而中心须存仁恕。凡案件到部,数日可结者,不得固执定限,即当速行审结,以免拖累牵连,则轻罪之人,不致久羁囹圄。且案件早完一日,则无辜者得早脱一日之苦。若因限期未满,任意耽延,虽所告得伸者,亦必致其含怨。即讯鞫罪人,亦不可轻用重刑。若云非夹讯不能定案,此尤尔部之大谬。录囚之际,当如惩治家人子弟,严切之下,务存矜悯之心,但求平允,不可过当。所谓如得其情,则哀矜而勿喜也。

朕在藩邸时,奉圣祖谕旨发审事件,初见用刑,遍体惊颤,不觉泪下。至数见之后,遂觉少异于前。尔等刑官讯狱动刑,习为常事，若少有未当，所关甚巨，即大负朕任用之意。且尔等亦当自念其子孙，岂可疏忽致有后悔乎？盖刑部非他曹可比，尤不可以愚昧意想不到，以致错误为辞。嗣后诸事，当同寅协恭，速为办理，毋得恃才偏执，毋得瞻徇推诿，务宜仰体朕心，钦恤民命也。

三月己卯

上谕刑部：昨曾面谕尔部，刑狱上关天和，当钦恤民命，无得牵连多人，久行羁禁。当即恪遵朕旨，释放数百余人。不越三四日，甘霖大霈，远近沾足，可见天人之感捷如影响。莫谓适逢其会，事属偶然也。嗣后宜更加详慎，以副朕刑期无刑之至意。

甲午

上谕刑部：刑狱关系重大，必须虚公详慎，尽得实情，不可疏忽遗漏，以致民有冤抑。夫君臣之义，本同一体，朕视臣下如手足也。尔等遇事有可疑不能决者，不妨面奏，俟朕斟酌至当，然后施行。若既不面奏，又以私心揣度，巧为迎合，及刑罚不中，则退有后言，将所谓股肱大臣之任，而存心卑污如此，岂不可耻？或朕有未当之处，亦不妨直陈所见。人非圣人，孰能无过？君子之过，如日月之食；过而能改，善莫大焉。朕之不吝改过，谅尔诸臣素所共知。凡有功者加之以赏，有罪者加之以刑，此乃帝王驭世之大权。朕但知因事顺应，并不先有成见。尔等皆宜体朕钦恤之意，不可自恃己见，亦不可彼此推诿，和衷协恭，平心静气，毋得有意逢迎，务使用法如衡之平、如鉴之明。庶几民不轻犯，国无冤狱，以共成咸中有庆之治。

四月庚戌

上谕刑部：朕惟明刑所以弼教，君德在于好生。从来帝王于用刑之际,法虽一定而心本宽仁,是以虞廷以“钦恤”垂训,《周书》以“慎罚”为辞。诚以民命至重,少涉疑案,宁过乎仁,无过乎义也。朕自临御以来,一切章奏,无不留心细览,于刑谳一事,尤加详慎,诚恐法司未能平允,情罪未能悉当。故凡京城及直省题奏谳狱,少有可矜者,无不法外施仁,量加末减。独念朝审重囚,其情实者,刑科必三覆奏闻;勾除者,方行处决。而外省情实重囚,惟于秋审后法司具题,即咨行该省,无覆奏之例。朕思中外一体,岂在京诸囚宜加详慎,在外省者独可不用详慎乎？人命攸关,自当同仁一视。自今年为始,凡外省重囚,经秋审具题情实应决者,尔法司亦照朝审之例三覆奏闻,以副朕钦恤慎刑之至意,尔部即遵谕行。

壬子

上谕刑部:禁止私刨人参,旧例不论已得未得,俱解送刑部。往返拖累,故于盛京刑部监禁,每年差官前往审理。朕思伊等俱系图利穷民,春夏时被获,监至九月、十月方得审结,延挨日月,身受寒暑,多致疾病死亡,甚属可悯。宁古塔有将军、办事御史,盛京有将军、刑部并副都御史永福,嗣后将各地方所获者即行审理,作速完结,年底汇齐具本启奏。自今将审理偷刨人参之部院衙门堂官,停其遣往,如此则案内之人无久禁冻馁之苦累矣。

闰四月戊寅

上谕刑部:朕披览奏章,其中人命案件,如故杀、谋杀者尚少,而以斗殴伤人者甚多。或因口角相争,或因微物起衅,挥拳操戈,一时殒命。及至抵罪,虽悔何追？此皆由于愚贱乡民不知法律,因一朝之忿,贻身命之忧,言之可为悯恻。古有月吉读法之典,圣祖仁皇帝《上谕十六条》内有“讲法律以儆愚顽”一则,盖欲使民知法之不可犯，律之无可宽，畏惧猛醒，迁善而远过也。但法律包举甚广，一时难以遍喻，尔部可将大清律内所载凡殴杀人命等条，逐条摘出，疏解详明，通行各省。令地方有司刊刻，散布于大小乡村处张挂，遍加晓谕。风雨损坏，仍复再颁。俾知斗殴之律尚然如此，则故杀、谋杀罪更可知。父兄子弟互相讲论，时存提撕警戒之心，以化其好勇斗狠之习，庶命案可以渐少，以副朕好生慎罚之至意。

六月癸未

上谕刑部：刑法上关天和，下系民命，实为政治之要。朕御极以来，谳断必加详慎，务期当罪而得其平，惟明克允，所以体天心而重民生也。向来八旗官军人等，待家人过严，微小之失，甚至殴责毙命。奴仆虽贱，彼亦人子，况性命攸关，何得任意荼毒？朕于刑部成狱，除强盗、故杀、谋杀等犯，不得不依律正法，其余罪犯略有可恕者，俱行宽免，从未降旨特杀一人。朕大君也，于有罪者尚不忍轻加刑戮，为臣下者乃可殴死无辜之奴仆乎？且奴仆奔走服劳，又性多愚暗，易获过愆，全赖上人之矜恤而原宥之。即有酗酒冒犯之处，应加惩治，亦不宜过重致于死地，以逞一时之愤怒。该部即行文晓谕八旗，嗣后务宜待下以宽，不得擅自殴死家人。凡遇殴毙家人，详其情罪分作三等，定例议奏。

十二月丁丑

上谕刑部：杀人之犯，因伊亲老，家无次丁，奏请免死留养。然亦须查明被杀之人有无父母，是否独子；若系亲老，又系独子，一旦被杀，以致亲老无人赡养。而杀人之人，反得免死留养，殊与情理未协。著行文直省督抚，如奏请杀人之犯存留养亲，务须将被杀之人有无父母，及以次成丁之处，一并查明，于本内声明具奏。

雍正三年乙巳六月壬辰

上谕刑部：朕每览审理案件，常有无辜之人，因稍有干连，即行解审，以致往返拖累，守候日久，必待结案之后始得归业。此等株累之人，深为可悯。乃承审各官并不留心民瘼，视为故常，殊非朕爱育黎民之至意。嗣后尔部暨各直省审案，凡系干连之人，作何即行释放；或有待质者，作何取保之处，尔部详议具奏。

九月癸丑

勾决四川、广东、福建三省情实人犯。

上谕大学士等：人命至重，按罪务使情法得中。严固不可，宽亦不可，须平心研究，求罪犯可生之路。至于万无可生，然后勾决，则国法所不容，亦其自取耳。从来法宽则愚民易犯，非刑期无刑之意，尔等识之。

十月丁卯

勾决河南、山东二省情实人犯。

上谕大学士等：法律关系重大，必至公至当，俾用法者之心与死者之心皆几微无憾，方为明允。各省情实人犯，若轻重之间少有未协，朕必再四详酌。尔大臣等各据所见，直陈无隐。

辛未

勾决山西省情实人犯。

上谕大学士等：用刑贵于平恕，惟平惟恕，斯宽非滥而严非枉。但“平恕”二字，必详慎精密，得其至情，方能无误。若只照旧例断决,则一巡抚衙门老吏能之,何待朕与尔等大臣悉心商酌?尔等须竭力赞襄,有言必尽,毋畏毋隐。

雍正四年丙午七月丁未

上谕刑部:国家立法,本以惩凶暴之徒,而因事原情,则时深恻隐之念。《书》云:"宥过无大,刑故无小。"所以斟酌权衡,用广好生之德也。朕慎重刑罚,矜恤下民,每遇谳鞫之案,往复披览,至再至三,求其可生之路。尝见各直省命案内,或缘细事起争,或因护亲情急;或已经退避,而殴者势不相容;或本意恐吓,而误伤者遂至莫救。其误伤之中,有经报官保辜者,亦有未经保辜者;有延至数日殒命者,亦有延至数十日殒命者。当其争角之时,只知乘愤直前,岂计因伤至毙。按律抵罪,法所当然。但念蚩蚩愚氓,只因一朝之忿,顿罹重罪,每详阅案情,朕心实为不忍。且秋审时,凡情轻之案,多以情可矜原,减等发落。今特沛殊恩,予以自新之路,现在各直省具题到部已,未入秋审案内,除情由可恶者不准宽免外,其余一百七十七名,俱著释放。分别有力无力,照追埋葬银两,给付死者之家。此朕格外生全浩荡之恩,为旧例之所未有。凡兹小民,当体朕省刑宥过之慈怀,身受者力图改悔,以赎前愆;旁观者观感提撕,时存警醒。父训其子,兄勉其弟,比闾族党,互相劝勉,各安本业,不犯王章。则是朕之法外加恩,与小民之望外受恩,均为移风易俗之美事。倘以为法网宽恕,希图幸免,不改其好勇斗狠之习,重负朕牖民迁善之心,则格外之宽典,岂能屡邀?而异日之追悔,亦属何益?尔部将此行文各该地方官,遍行晓谕,务使乡里愚民尽皆知悉。

八月丙戌

上谕内阁:朕钦恤刑狱,每遇谳决,无论罪之轻重,必原情酌理，再三推求，务使情罪允协。又念罪人幽囚丛棘，易致瘐毙，屡谕问刑衙门，修整监狱，督责禁卒，不时洒扫洁净。遇有疾病，必加意调治，务令痊可，此亦矜恤罪囚之一端也。乃近阅各省本章，监毙人犯不少，多由羁禁之处局隘倒敝，以致严寒酷暑侵骨刻肌，潮湿秽恶之气薰蒸传染之故也。况监狱不固，防御多疏，罪人越狱脱逃，亦所不免。特饬各直省督抚通查所属监狱，逐一修葺，并高筑墙垣以资防范。其地势低洼者，改造高阜之处；狭隘者，酌量刑狱烦简，展宽盖造。凡枷号暂羁之门关仓所，亦必缮治完固。正印官仍不时稽查，毋令狱官狱卒任意凌虐，懈弛疏防。如此则罪人不致瘐病，而监禁既固，亦可免越逃之虞。该督抚其各仰体朕好生至意，督令有司，遵行毋忽！

十二月丁丑

上谕九卿：从来监毙人犯，多由狱官疏忽，一任禁卒凌逼所致。若使本犯有应死之罪，又当别论。其军流以下轻罪之人，瘐毙在狱，甚属可悯。嗣后监毙不应死之轻犯与应死之重犯，其处分似应分别轻重，著为定例。其犯轻罪之人，在狱患病者，应否保释调治？再，督抚题报监毙人犯本内，务将本犯情罪并病故缘由声明，毋令朦混，著九卿一并议奏。

雍正五年丁未九月丁丑

上谕刑部：刑名关系民命，死者不可复生，断者不可复续。故《礼记·王制》曰："刑者，侀也。侀者，成也。一成而不可变，故君子尽心焉。"朕于刑名，更加慎重。《书》曰："天讨有罪，五刑五用哉！"五刑有轻重之等，无一非天理之当然。故当轻当重，必须至公至平，乃为钦承天道。若应严而宽，便是逆天；稍宽且不可，而况于严乎？朕为人君尚不可宽严稍失其平，况人臣居法司之任者乎？凡有案件始之以听断，继之以研讯，定之以律例；若稍有不公不平之处，则情罪之轻重不得其宜，而用法之宽严皆失其当矣。盖鸱鸮不除，无以致鸾凤；稂莠不剪，无以植嘉禾。司刑名者姑息养奸，则小人无所惩戒，必不能改恶以从善，此所谓妇人之仁，其害岂浅小哉？故刑法者，使人迁善远罪，所以辅教化者也。舜之勉皋陶曰："汝作士，明于五刑，以弼五教，期于予治。刑期于无刑，民协于中。"夫持法之平，可以成协中之化。故居法司之任者，不但重罪不可疏忽，即轻罪亦当详慎，务操至公至平之心，而时凛天监在兹之惧，使用法之宽严悉当，情罪之轻重允孚，则不愧明允之司，而成无刑之治矣。

雍正六年戊申正月戊寅

上谕内阁：凡律例之设，乃详情察理、揆度至当而后定者也。审拟罪案之时，应引某条则引之，断无轻重任意或介在两可之理。常见外省本章及法司议覆疏内，往往有先引一例，复云不便照此治罪，更引重罪以坐之，此乃臣下巧于营私之陋习，或欲以严刻之名归之于上，或冀法外之恩巧于开脱，均非明允之道。从前已经降旨禁止，而去冬刑部本内，犹有蹈此者。夫治狱之道，贵得其平；而司刑之官，在乎执法。今以一罪而引两律，则是法无一定，而狱不得其平矣，岂朕明刑弼教之至意乎？嗣后再有两引条例者，外省督抚、提镇本章，著通政司驳回，将情由参奏；三法司本章，著内阁驳回，将情由参奏。若所犯之罪，当引轻律而故意坐以重罪，亦难逃朕之洞鉴。内外执法臣工，各宜凛遵毋忽！

十二月己丑

上谕刑部：今年各省秋审情实人犯内，有情罪略可原者，已于勾到之时改为监候。刑部情实人犯，今年暂停处决，其情罪略可原者,分别减等发落。至于督抚、九卿所拟缓决之犯,论法则均有应得之罪,而其中情事不一,尚有彼轻于此,稍可从宽者,或因一朝之忿,奋不顾身,或因纤毫之利,偶相争角,或因旁观不平而致斗,或因被打情急而还殴。似此类者,均非有谋害之念于平日,并无必杀之意于临时,只以愚民无知,好勇斗狠,遂致陷于重辟。虽悔难追,深可悯恻。兹朕再四酌量,特施法外之仁,将此等人犯照可矜人犯、免死减等之例发落。伊等试思,生于人世,同为父母妻子所倚赖之身,何苦舍命轻生,自罹法网?纵使终身缓决,亦只于囹圄之中幽囚待毙,不亦大可哀乎?今幸遇国家宽典,特予矜全,从此再生之年,皆为迁善之日。当知恩不可以幸邀,法不可以再试,痛自悔恨,悛改前非,共为良善之民。倘或再有过犯,则断乎不能苟免矣。著该督抚于各犯发落之时,将朕此旨明白宣谕,加意训诫,务令人人改过自新,以副朕矜恤下民之至意。

雍正七年己酉五月辛亥

上谕内阁:朕慎重民命,留心刑狱,每于谳决之际,往复审察,至再至三,是以外省每年秋审,亦照朝审之例,悉令三覆奏闻。今思每日所进本章内,有拟以极典及斩绞立决之犯,虽其情罪俱属重大,律无可宽,然朕心犹欲慎审而后置之于法。嗣后如遇此等本章,已阅过票签交与本房者,著批本官员照三覆奏之例进呈三次,候朕再加详慎,然后批发,以副朕钦恤矜慎之至意。

雍正八年庚戌四月庚申

上谕内阁:向因各省员缺需人,朕于部选之外,特旨命往甚多,恐其中贤愚不等,或有倚恃特用而生纵佚恣肆之心者;又或该管上司,不知朕心,以其为特用之员,而存瞻徇姑容之见者。是以曾有特用人员，深负朕恩，则加倍治罪之旨，盖欲其知所儆惕，以图上进也。然必其所犯之罪，果系贪婪不法，不可宽宥，方行加倍惩治，非谓因公诖误，一切参罚案件，皆以其为特用之员，而概行加倍也。从前屡降谕旨甚明，近来该部及各省督抚，尚有不问事之轻重，概以加倍议罪者，甚非朕立法之本意。至于盗案越狱，亦曾有加倍治罪之旨。盖因朕整饬吏治，于地方事务不许隐匿，是以有司不敢讳盗讳命，每有案件，即行详报，以致监禁之犯未免较多。而奸宄凶恶之徒，往往乘间越狱，冀脱重罪。又有罪本不至于死，亦乘机越逃者，尤为逞奸玩法，藐视宪典，是以有加倍治罪之条，以惩顽慝。又恐罪犯等不知此例，误蹈重辟，特令各地方官刊木榜置于狱中，使身系囹圄之人，莫不知悉，免致一时误犯。以上加倍治罪二条，系朕曾经降旨者，乃内而法司，外而督抚，往往比照此例，以加倍定拟具题；又有将本犯轻罪，议以加倍而抵之于死者，尤非平允之道。且国家立法，原一定而不可易，其有应行从重加倍者，亦必待朕酌其情罪，特颁谕旨，非臣工所可擅定者也。嗣后凡有议处议罪之条，俱照本律定拟；其有负恩犯法，情罪重大，应从重定拟者，必须折衷平允，不得擅用“加倍”字样，开朦混苛刻之端，负朕立法牖民、警省防闲之至意。

六月丙寅

上谕内阁：《尚书 · 舜典》云：“钦哉！钦哉！惟刑之恤哉！”朱子曰：“所谓钦恤者，欲其详审曲直，令有罪者不得免，而无罪者不滥刑也。”吾弟怡贤亲王尝奏朕云：“今法司衙门凡有审问事件，并不究其情之虚实，动以夹讯。夫听断之下，求之于辞气耳目以察其情；设诚以待之，据理以鞫之，未有不得其实者，何庸夹讯？倘有证佐确据，情罪显著，而本犯犹狡狯不以实供，则不得已而用刑。若并不详鞫其情，而概用重刑严讯，三木之下，何求不得？此重案之未免有冤抑牵累也。”吾弟之言如此，是以八年以来，凡朕交王承审数十件繁难大案，皆以诚敬用心，以情理感格，简孚阅实，愚顽自将罪犯委曲招吐。从未曾夹讯榜楚一人，而诸案情罪无不允当。吾弟之存心忠厚如此。

今外省有司既不能听辨五辞，无明决折狱之才，每遇重大案件，至期限将满之时，虑及处分，则连用重刑。该犯欲缓须臾之命，凡官吏讯问之语，靡不承认，遂据其供招，锻炼成狱。且凡遇命盗案件，其中牵连之人，有司亦明知其无辜，而欲为开释，恐致上司之翻驳，遂有非夹讯不能归结之论。夫欲保全一己之功名，弥缝上司之查驳，无论情之虚实、罪之轻重，辄用三木以讯，每致未结而有刑毙之人，此其居心尚可问乎？吾弟怡贤亲王存心仁恕，固不待言，而其本怀，总不欲使天下有一冤抑之人，俾国家受滥刑之议，此其忠君爱国之心，出于诚恳笃挚。是以凡有听断，归乎至当，能使群议帖服，刑章式叙也。今吾弟薨逝之后，凡启灵大祀之日，上天必赐以清和景象；而群工黎庶，各致其哀慕深情。天之报吾弟，亦云厚矣。吾弟嘉谟入告之事，不可胜数。偶因戒饬问官轻用三木一节，将吾弟敷奏之言，宣示于众，且布告各省有司，令咸以吾弟怡贤亲王之听讼居心，奉为按鞫之规范，则明慎用刑，庶几咸中有庆矣。著凡掌刑名衙门，将此谕刊榜，永示于堂署。

十月甲辰

上谕内阁：各省人命抵罪之案，其应轻应重，朕确有所见者，即降旨定夺。若其情罪在疑似之间，而拟罪在可轻可重之际，朕心不能即定者，方交与九卿定议，以期平允。乃往往见九卿定议之案，概以减等发落覆奏，如此则朕何不即令减等，而必多此曲折乎？凡此交与九卿定议之案，其中有应行减等者，或有可以枷责完结者，亦有不可宽贷，仍应按律抵罪者，向后务期权衡允当，宽严适中，以副朕明罚敕法之至意。

雍正九年辛亥六月癸卯

上谕内阁：仲夏以来，京师亢旱，雨泽愆期。朕心焦劳，无时或释。因思刑狱，上关天和，法司衙门，此时尤当加意。除重罪监候处决人犯不应宽释外，凡有牵连待质及候审候结轻罪之人，将来拟罪，不至于死，而羁禁在狱者，著刑部堂官，逐一速查，应完结者即行完结，应保释者即行保释，俟处暑后再行审明结案。八旗高墙拘禁人犯，著该旗大臣亦照此速行办理，毋得稽迟。至于枷号人犯，除情罪重大，奉旨永远枷示者不宥外，其有限期未满枷号之犯，著照旧例暂行保释，于处暑后补枷，以满期限。刑部、八旗、顺天府、五城御史可一体遵行。

雍正十年壬子二月丙申

上谕内阁：冬春以来，京师未得雨雪。朕与诸大臣等戒惧修省，虔诚祈祷，以冀仰格天心。闻畿辅地方及河南、山东，雨雪亦少。山西、陕西二省，虽有得雪之处，亦未周遍。朕心忧虑，深恐二麦歉收，小民难于糊口。已切谕该督抚等多方筹画，为思患预防之计。从来天人感召之理，捷如影响，所赖该督抚等以恤民之心，为格天之本，果能使民气舒畅，未有不感召天和者。至于清理刑狱，亦祈求雨泽之要务。除在京已命刑部法司清查案件，速行归结，以免拖累外，其畿辅地方及河、东、山、陕等省，郡县繁多，有司贤否不一，其中或有听断刻核，滥及无辜者；或有淹滞羁留，尘案莫结者；或有牵连待质，致误恒业者，该督抚大吏等当悉心体察，严饬属员速为清理。应释放者释放，应取保者取保，务期平允矜慎，俾闾阎各安生业。其他政令稍有不便于民者，急思力为改图,总在该督抚等体朕若保赤子之心,各切恫瘝乃身之念,至诚恻怛,勤求民隐,殚竭实心,普行实政,庶几上天昭格,早降甘霖。勉之!勉之!

八月壬戌

上谕内阁:向来偷挖人参之犯,若系满洲、蒙古,则发往江宁、荆州,有满洲兵驻防之省城当差;若系汉军汉人,则发往广东、广西、云、贵,烟瘴地方当差。近闻发遣广东人犯,例在崖州、陵水等处,此地水土最恶,易染疾病,每多伤损。朕思此等不良之辈,虽孽由自作,然其情罪较之盗犯尚觉稍轻,即发遣之本意,亦欲全其性命也。今因水土不服,以致伤生,殊可悯恻。若将此等人犯,改发沿海一带卫所,入伍充军,俾得保全躯命,似亦法外之仁。著广东督抚会同按察司确查议奏。其云、贵、广西等处地方,风土有与此相类者,亦著该督抚将如何改发之处,妥议具奏。

雍正十一年癸丑九月庚子

上谕刑部:尔等身为大臣,须务其大者、远者。如国家之水旱,生民之冻馁,最为紧要。一夫不获其所,即系朕与诸大臣之责。至犯法论死,本由其人自取,原不必过为宽纵。或谓刑官开释罪人,可以积阴德于子孙,此大不然。如果秉公据法,使刑皆当罪,则庆流子孙,此理之可必者。如将残忍凶恶之人,屈法姑容,欲邀一己之福,而令死者含冤于地下,不但不能致福,且足以遗殃。有罪之人,法所难贷,原不得任意从宽也。夫宽且不可任意,而况于严乎?朕处事惟至公无私,据案件而论其事之是非,初不先存一毫意见。至于平日不能化导,使不犯罪,朕与诸臣方且抱愧,断无以不杀人为刑措之理。朕见之最真最切,特与尔诸大臣言之。

壬寅

上御洞明堂,阅秋审湖广等省情实招册。

谕刑部曰:尔等所进秋审册,俱经细加酌勘,拟定情实。但此内有一线可生之机,尔等亦当陈奏。盖在秋审定拟时,自当执法。而在勾到时,倘有可宽之处,又当原情,二者原不相背。断不可因已定情实,欲符前奏,难于更改,遂隐默不复奏也。执法原情,总归于大公至当而已。

阅毕,又谕曰:朕阅招册,得宽一犯,便心意顺适;若不能宽,便觉不快。诸臣自同此心,即质之天下之人,自亦同此心,断未有以多杀一犯为快者。但犯人情罪,必实有可宽之处,而后予以矜全,此心顺适方出于自然。若犯人情罪,万无可宥,勉强求一时之顺适,屈法从宽,致令恶人无所儆惧,恣(原作"姿")肆妄行,则罹于法网者必多,皆此姑息之一念,贻之害也。辟以止辟,欲求斯民之迁善远罪,正不得暂图一时之顺适耳。

十月丁卯

上谕刑部:从来明刑所以弼教,除暴所以安民。何恩何怨,何宽何严,处之无心,并非二事。准乎天理,善亦不为慈;协乎人情,杀亦不为忍。朕临御万方,日夕乾惕,念不能一道同风,俾吾民各安生理,免于刑戮,每以自咎。所望内外诸大臣,务识大体,持正秉公,抱刑期无刑之心,执辟以止辟之法。先使民不敢犯,俾无漏网之奸凶;继则导人不为,渐化向风之顽懦。如此设施,需之岁月,虽不敢遽望刑措或庶几可移习俗。应知刑即是教,怨即是恩;义刑义杀,即所以仁育仁怀,自古至今,莫之能易者。

朕十年以来,一切刑狱,莫不虚衷敛息,详慎推研。凡情有可原者,务从缓减,而意非主宽;凡法无可贷者,便依斩绞,而意非主严。本无成见，惟其自取。朕每见诸廷臣并督抚大吏，谆切讲求，反复开示，谅已悉朕心、喻朕旨矣。今者秋审大典，详览直省各册，往往有法无可贷、情无可原者，而各该督抚概拟缓决，并无勘语；且有上次定拟情实，而今年又自改缓决者；有监候年久之犯，而每年秋审，忽拟情实、忽拟缓决者；有本定缓决，因部改情实，即照拟情实；本定情实，因部改缓决，即照拟缓决者。业经九卿法司详核改定，试问该督抚等，谳狱录囚，何等重大之事，岂竟漫不经心，抑竟毫无定见耶？夫封疆重任，为民大父母，利济安全，实有攸赖。一夫失所，当引为己愆；一政未平，当引为己耻。水旱灾祲，以及盗窃愚顽，皆当引为己责。朕实存此心、执此行，以望诸臣工匡佐承宣，俾德意广敷，万姓蒙福。至于杀人者死，国有常刑。倘杀人者不死，则冤死者何伸？朕尝谓疏纵之过，甚于苛刻；姑息之害，等于残忍。但本公诚之至意，达仁义之通权，此心此理，至公无我，方为平允。若以为欲严，是负朕恩；若以为欲宽，亦辜朕训。内外诸大臣务筹远大，不任法，不弛刑，由此类推，庶政皆然，其各身体而勤求之，毋忽！

十二月甲戌

上谕内阁：直省州县重囚轻犯，例应分别监禁，不许混杂一处。其余干连人犯，即令取保候审，不得滥行监禁。定例昭然，且朕屡降谕旨，严饬奉行。乃近闻州县中，有将一切斩绞、流徒罪犯混杂监禁，全无分别，并将未经审结之笞杖轻罪，与大案干连人犯，一概混行收禁。狱官禁卒，以流徒杖罪之人不至于死，可无意外之虞；干连人犯指日省释，谅无脱逃之事，因而任其亲属馈送探望，又利其出入之贿赂，不为严禁。此牵彼引，借探视轻犯为由，代重囚传递消息；或密送挖墙断锁行凶之具，致令重犯越狱脱逃。种种弊端，总由轻重罪犯混杂监禁所致。著各省督抚严饬府州县等官，务将重囚、轻犯分别监禁，不许混杂，致滋弊端。或间有州县监狱房屋甚少，不能分别者，酌量另造数间于监狱之外，以收禁流徒等犯。其杖罪以下及干连人犯，仍遵照定例，取保看守，毋得滥禁。如不肖州县仍蹈前辙，即行参处。

雍正十二年甲寅九月乙亥

上谕九卿：国家刑名，最关紧要，而九卿秋审定拟，尤为谳狱大典。各省抚臣所奏，若轻重不同，九卿当悉心斟酌，务期画一，以成协中之治。假使宽纵者仍其宽纵，严刻者仍其严刻，则各省刑名，委之督抚，更无余事，又何用廷臣之集议乎？嗣后秋审案件，若其中有应改而不改，及不应改而妄改者，经朕察出，定将九卿从重议处。若九卿及与议之官员等意见或有不同，准两议陈奏，请旨定夺；即众人皆同，而一人独异者，亦准陈奏。

癸巳

上谕刑部：尔等职司邦禁弼教明刑，惟一秉至公，庶几大小狱讼，归于平允。夫胸中不存一物，但存一片公心，犹恐人之情伪难穷，未必事事协于至是。何况先存一从宽从严之见，横据胸中以待事至，是则纤尘着眼，泰山在前而不能睹，岂能得其实情？又况挟私徇情，颠倒是非乎？至于用刑，不可视为习惯，人情乍见则心怵目惊，相习则安之若素。朕在藩邸时，奉圣祖仁皇帝谕旨审理事件，初见夹讯，竟至战栗悲涕，迨经数次办理之后，便视为寻常。人情熟习薰染之为害如此，尔等日日习见，未免临事轻率，务须保守此心，常如初见之怵惕。更须将面前听讯之人之心详细体量，委曲追求，则不特不敢轻易用刑，且心诚求之，何患情实之不得？夫事之情形不一，如人之面目不同，虽极相似之案件，若细心推求，必有不同之处，非律例之所能该。纵使加倍增添律例，亦断不能全该未来之案件。若非实心办理，秉公衡量，其轻重之间，岂能无失？尔等如肯以至公之心，求其平允，则刑贪戮暴，正所以为集福之基。如其宽严任意，轻重失衡，或且以妇寺之仁，曲贷奸宄之命，以为求福之道，斯则自求其祸，有何福之可得？朕于此理见之甚明，尔等深信力行，自有效验。勉之！慎之！

是日

上谕刑部：朕每阅狱谳，至罪重恶极人犯，虽情理可恶，必平心静气，将伊致罪情由，详加审度。苟有一线可生之路，必为之细细推求，求其生而不得，方置之于法，不敢因一时之见而失于严；至情似可原者，朕推情度理，必其实有可原，然后加以矜恤，亦不敢任一时之见而失于宽。尔等刑宪大臣，尤须详体此意，于谳狱时，必设身处地，详慎推求，以期允当。一案有一案之委曲，一犯有一犯之情罪，不可有意于宽，亦不可有意于严。大凡人之处事，始而矜持，久则渐熟，未必不轻忽任意。若于用刑之时，能常存初任刑宪之心，庶刑狱得其平，而天下无冤民矣。

雍正十三年乙卯三月癸未

上谕内阁：据刑部议覆"江西民人徐节孙因救母情急致死黄起鹏"一案，本内有"徐节孙若不夺打，听其下手，则其罪与杀母无异"等语，殊为错谬。凡父母与人争斗，而救护情急，致伤人命者，止当原其救父母之情；若救护不力，而即加以杀父母之罪，自古及今，无此科条也。此等过当之语，即见之谈论尚且不可，今乃载入奏章，通行天下，是迫人子以不得不杀人之势，又添杀人救亲之条例矣。况果如部议，设有凶恶之徒，谋欲杀人，先令伊父母寻衅斗殴，故作跌扑伤损之状，而伊子继至，迫切救护，毙人性命，且得引此案以自辩（原作"辨"），则贻害长奸，岂可胜言乎？数年以来，屡降谕旨，凡救亲情急、致成命案者，当察其情罪之重轻，以定减等与否。假若一概从宽，则其中诈伪百出，弊端丛生，刑罚多不得其平矣。徐节孙之罪，实有可原，但部议“与杀母无异”一语，大有疵病，不得不指出，晓谕内外之秉持法宪者。

闰四月戊戌

上谕内阁：各省秋审，定例该督抚会同司道等官审录，分晰情实、缓决、矜疑具题，关系最为重大。向闻外省会审之时，不论案件多寡，务于一日之内悉行定议，一切俱听督抚主张，不特守令不敢置喙，即司道亦无一辞。轻重定于俄顷之间，是非决于一人之口，究其实际，督抚亦未必了然，不过令幕客创一略节，贴于册上，徒饰观瞻而已。况有席毡悬彩，鼓吹喧阗，日甫逾中，即退而肆筵饮酒，竟有似于宴会之礼者，甚至召令优人演剧为乐。近来晓明义理者多各检点，而此风犹未尽革。

夫刑罚者，国家不得已而用之者也。天以父母斯民之责畀之吾君臣，凡兹犯法获罪之民，皆吾赤子也。平时不能抚绥化导，使之遵守法度，免于罪愆，已有忝于教养之职矣。及陷于刑辟之后，又复视为泛常，不察情罪之轻重，率定爰书之出入，宽所不当宽，而严所不当严，以致谳狱不得其平，冤情抑而莫诉，劝惩两失，凶暴肆行，所谓明刑弼教者安在？清夜扪心，能无愧赧乎？朕自临御以来，于一切刑名案件，莫不虚衷敛息，详慎推研。每于法司所进立决本章，悉令内廷管本官员三次覆奏，然后批发。每年秋审朝审时，朕先将招册细细披览，及至勾到之日，复面与大学士、刑部堂官等往复讲论，至再至三，然后降旨。盖哀矜恻怛之意，动于不能已，而发于不自知，并非欲博钦恤好生之名于天下臣民也。圣祖当年于勾到日，皆著素服，朕亦效法行之。凡为督抚大臣者，受朕封疆之寄，应与朕同此哀矜恻怛之心。乃各省秋审大约皆于一日之间，草率定局，并未博采群议，详察实情，不过视秋审为具文。于会审之日，虽不便穿着素服，岂有结彩设席、征歌演剧之理？此则残忍性成、不学无术者之所为。嗣后各省秋审时，该督抚务率司道等官敬慎周详，殚心办理，必使权衡不爽，情罪相符。向来并无限期，何妨多宽时日？安得视为虚文故套，轻忽民命，以供其自便之私？至于会集既久，除日食常餐外，倘有肆筵设席，仍蹈从前陋习者，经朕访闻，必严加议处。

六月丁酉

上谕内阁：朕闻奉天地方，凡事关旗民者，俱送盛京刑部会审。虽司员会同有司承审，实皆司员主稿。乃奉天司员，积成陋习，惟事威严。一切人犯到案，先将锁链盘于地上，令其膝跪，谓之“跪锁”；继以荆条互击其背，任意敲打，谓之“背花鞭”。又案无定限，如上年八月间，辽阳州民郭金美殴死旗人裴玉亨一案，旗员及知州会验，任听尸亲串同仵作，混报多伤，刑夹供认，草率定拟。本年闰四月内葛森到任，始驳令另行验审，相距已十余月，尚未定案。又笔帖式皆本处生长之人，所司者不过翻译之事，乃当审讯之时，辄亦列坐诘问，此皆朕访闻甚确者。国家定例，讯鞫人犯，必须审问实情，其应用刑讯者，自有一定规条。今奉天司员承审人犯于定例之外，创为“跪锁”等项，似此严刑重罚，其中岂无冤滥？至于笔帖式微员，公然列坐，审诘命案，有乖体制。以上二事，著严行禁止，倘再蹈陋习，经朕察出，定将该堂官及司员等一并严加议处。至人命等案，若无定限，则拖累牵连之弊，不可胜数。嗣后应如何定限，永远遵行，著盛京刑部侍郎会同该将军悉心定议。

卷二十五

重农桑

雍正元年癸卯四月乙亥

上谕户部：朕临御以来，宵旰忧勤，凡有益于民生者，无不广为筹度。因念国家承平日久，生齿殷繁，地土所出，仅可赡给；偶遇荒歉，民食维艰。将来户口日滋，何以为业？惟开垦一事于百姓最有裨益，但向来开垦之弊，自州县以至督抚，俱需索陋规，致垦荒之费浮于买价。百姓畏缩不前，往往膏腴荒弃，岂不可惜？嗣后各省凡有可垦之处，听民相度地宜，自垦自报，地方官不得勒索，胥吏亦不得阻挠。至升科之例，水田仍以六年起科，旱田以十年起科，著著为定例。其府州县官能劝谕百姓开垦地亩多者，准令议叙；督抚大吏能督率各属开垦地亩多者，亦准议叙。务使野无旷土，家给人足，以副朕富民阜俗之意。该部即遵谕行。

雍正二年甲辰二月癸丑

上谕直隶各省督抚等：朕惟抚养元元之道，足用为先。朕自临御以来，无刻不廑念民依，重农务本。但我国家休养生息，数十年来，户口日繁而土田止有此数，非率天下农民竭力耕耘，兼收倍获，欲家室盈宁，必不可得。《周官》所载巡稼之官，保介田畯，皆为课农设也。今课农虽无专官，然自督抚以下，孰不兼此任。其各督率有司，悉心相劝（原为“劝相”），并不时咨访疾苦，有丝毫妨于农业者,必为除去。仍于每乡中择一二老农之勤劳作苦者,优其奖赏,以示鼓励,如此则农民知劝而惰者可化为勤矣。再舍旁田畔以及荒山旷野,度量土宜,种植树木桑柘可以饲蚕,枣栗可以佐食,柏桐可以资用,即榛楛杂木亦足以供炊爨。其令有司,督率指画,课令种植,仍严禁非时之斧斤,牛羊之践踏,奸徒之盗窃,亦为民利不小。至孳养牲畜,如北方之羊、南方之彘,牧养如法,乳字以时,于生计咸有裨益。总之,小民至愚,经营衣食非不迫切,而于目前自然之利反多忽略。所赖亲民之官,委曲周详,多方劝导,庶使踊跃争先,人力无遗而地利始尽,不惟民生可厚,风俗亦可还淳。尔督抚等官各体朕惓惓爱民之意,实心奉行!倘视为具文,苟且涂饰,或反以扰民,则尤为不可也。

甲子

上谕直隶各省督抚等:朕惟四民以士为首,农次之,工商其下也。汉有孝弟力田之科,而市井子孙不得仕宦,重农抑末之意庶为近古。今士子读书砥行,学成用世,国家荣之以爵禄;而农民勤劳作苦,手胼足胝,以供租赋,养父母、育妻子,其敦庞淳朴之行,虽宠荣非其所慕,而奖赏要当有加。其令州县有司,择老农之勤劳俭朴、身无过举者,岁举一人,给以八品顶带荣身,以示鼓励。

雍正四年丙午八月丙戌

上谕内阁:国以民为本,民以食为天。朕即位以来,念切民依,举行耕耤之礼,殚竭精诚,为民祈谷于上帝。乃雍正二年三年,耤田特产嘉禾,有至一茎九穗者,朕心亦以为偶然之事。今据府尹刘于义进呈,今岁耤田所产,自一茎双穗、三穗以至八穗、九穗,皆硕大坚好,异于常谷。朕见之心甚慰悦,特令宣示廷臣。朕并非以此为祥瑞夸耀于众也,盖实有见于天人感召之理捷于影响，无纤毫之或爽。朕以至诚肫恳之心，每岁躬耕耤田，以重农事，即蒙上帝降鉴，叠产嘉谷，以昭休应。似此八穗、九穗之谷，岂人力所能强为？亦岂人君所能强之使有乎？天人感应之理，朕见之最真最切，但恐此心不诚耳，诚则未有不动者。盖天生民而立之君，鉴观在上，人君一念敬谨，政事无阙，天必嘉之佑之；一念放逸，政事有乖，天必儆之戒之，此一定之理也。况人君抚驭臣庶，位处极尊，所以赏罚之者，独有上天耳。是以朕每于水旱等事，皆实心内省，至于各省旱涝之事，朕皆视同一体，原无彼此之别。惟是督抚受朕委任之重，为朕养育万民，必视百姓之疾苦如痛养之在己身。一遇水旱饥馑，必思所以致此之由，或因本省之政事吏治有阙，即思速为改易之；或因本地之人心风俗不端，即思速为化导之。兢兢业业，修省祈祷，竭尽诚心，一如朕之朝乾夕惕，断无不可以挽回天意者。假若闻朕之政治，稍有缺失，亦即直言陈奏，不必隐讳。如此则官与民联为一体，臣与君又联为一体，太和翔洽，实意交孚，天听虽高，诚呼吸可通矣。朕每岁躬耕耤田，并非崇尚虚文，实是敬天勤民之至意。《礼》曰："天子为藉千亩，诸侯百亩。"据此则耕耤之礼，亦可通于臣下矣。朕意欲令地方守土之官，俱行耕耤之礼，使知稼穑之艰难，悉农夫之作苦，量天时之晴雨，察地力之肥硗。如此则凡为官者，皆时存重农课稼之心；而凡为农者，亦断无苟安怠惰之习。似与养民务本之道，大有裨益。著九卿详议具奏。

雍正五年丁未二月乙酉

上谕内阁：广西巡抚韩良辅奏称"广东地广人稠，专仰给于广西之米。在广东本处之人，惟知贪财重利，将地土多种龙眼、甘蔗、烟叶、青靛之属，以致民富而米少。广西地瘠人稀，岂能以所产供邻省多人之贩运"等语，此奏与朕前旨相符。可知闽广民食之不敷，有由来矣。著两省总督、巡抚等，悉心劝导，俾人人知食乃民天，各务本业，尽力南亩，不得贪利而废农功之大，不得逐末而忘稼穑之艰。至于园圃果木之类，当俟有余地余力，而后为之。岂可图目前一时之利益，而不筹画于养命之源，以致缓急无所倚赖而待济于邻省哉？假使邻省或亦歉收，则又将何如哉？该督抚等务须谆切晓谕，善为化导，俾愚民豁然醒悟，踊跃趋事，则地力不致虚耗，而米谷不致匮乏矣。

每见各省督抚大吏，皆各私其所辖之地方，而于邻省之休戚，膜外视之。如高其倬则请运江南之米于福建，而陈时夏又欲留贮于江南；杨文乾则欲运广西之米于广东，而韩良辅又欲留贮于广西。伊等各从疆界起见，甚属褊小。朕君临万方，普天率土，皆吾赤子。一省米谷不敷，自然接济于邻省，有无相通，古今之义。若封疆大吏各据本地实情奏闻，则朕易于办理；倘各存偏向本省之见，不肯通融接济，则朕办理甚难。若开捐纳以积谷，则地方米价必致高昂；若截漕米以济民，则天庾所关更为紧要。辗转思维，实无善策。是在凡为督抚者，体朕一视同仁之意，酌地方之缓急，为有无相通之道。勿以彼此隔属，有心区别，如此方不愧大臣公忠之谊，而于国家怀保小民之治，大有裨益也。

三月庚寅

上谕内阁：自古帝王致治诫民，莫不以重农为先务。《书》陈《无逸》，先知稼穑之艰难；《诗》载《豳风》，备叙田家之力作。《论语》云：“百姓足，君孰与不足？”《孟子》云：“民事不可缓也。”盖国以民为本，民以食为天。农事者，帝王所以承天养人，久安长治之本也。我国家抚绥寰宇，圣祖仁皇帝临御六十余年，深仁厚泽，休养生息。户口日增，生齿益繁，而直省之内，地不加广。近年以来，各处皆有收成，其被水歉收者，不过州县数处耳，而米价遂觉渐贵。闽广之间,颇有不敷之虑,望济于邻省。良由地土之所产如旧,而民间之食指愈多,所入不足以供所出,是以米少而价昂,此亦理势之必然者也。夫米谷为养命之宝,人既赖之以生,则当加意爱惜,而不可萌轻弃之心。且资之者众,尤当随时撙节,而不可纵口腹之欲。每人得省一勺,在我不觉其少,而积少成多,便可多养数人。若人人如此,则所积岂不更多,所养岂不更众乎?养生家以食少为要诀,固所以颐神养和,亦所以节用惜福也。况脾主于信,习惯便成自然。每见食少之人,其精神气体,未尝不壮,此显而可见者。至于各省地土,其不可以种植五谷之处,则不妨种他物以取利;其可以种植五谷之处,则当视之如宝,勤加垦治,树艺菽粟。安可舍本而逐末,弃膏腴之沃壤,而变为果木之场;废饔飧之恒产,以幸图赢余之利乎?至于烟叶一种,于生人日用毫无裨益,而种植必择肥饶善地,尤为妨农之甚者也。小民较量锱铢,但顾目前而不为久远之计,故当图利之时,若令其舍多取寡,弃重就轻,必非其情之所愿。而地方官遽绳之以法,则势有所难行,转滋纷扰。惟在良有司,勤勤恳恳,谆切劝谕,俾小民豁然醒悟,知稼穑为身命之所关,非此不能生活,而其他皆不足恃,则群情踊跃,不待督课而皆尽力于南亩矣。

朕闻江南、江西、湖广、粤东数省,有一岁再熟之稻,风土如此,而仍至于乏食者,是地土之力有余而播植之功不足,岂非小民习于怠惰,而有司之化导者有未至耶?或者曰:“米谷太多,则价贱而难于粜卖。”昔人有“谷贱伤农”之说,谚语所谓“熟荒”者。此则不必过虑,假若小民勤于耕作,收获丰盈,致于价贱而难于出粜,朕必多发官价以籴买之,使重农务本之良民,获利而有余赀也。朕生平爱惜米谷,每食之时虽颗粒不肯抛弃,以朕玉食万方,岂虑天庾之不给?而所以如此撙节爱惜者,实出于天性自然之敬慎,并不由于勉强。且以米谷乃上天所赐以生养万民者,朕为天下生民主,惟有敬谨宝重,仰冀天心默佑,雨旸时若,岁获有秋,俾小民家有盖藏,人歌乐土。朕既为亿万生民计,不敢轻忽天贶,尔等绅衿百姓,独不自为一身一家之计乎?朝夕生养之需既受上天之赐,若果加意爱惜,随时撙节,则天必频加锡赉,长享盈宁之福。若恣情纵欲,暴殄天物,则必上干天怒,不蒙眷赉,而水旱灾祲之事,皆所不免,其理岂或爽哉?又闻江西、广西地方竟有以米谷饲养豚豕者,试思谷食之与肉食,孰重孰轻,孰缓孰急?而乃以上天之所赐小民终岁勤苦之所获者,为豢养物类之用,岂不干天和而轻民命乎?朕所以惓惓训谕者,惟期天下之人专务本业,以杜浮靡,爱惜物力,以图久远。共体朕敬迓天庥,勤恤民隐之意,则尔等家室必益至于丰饶。尔等子孙,必永绵其福泽。思之!思之!毋忽朕言!著将此晓谕内外官民人等,并通行远乡僻壤,咸使闻知。

七月癸未

上谕直省总督、巡抚等:自雍正二年以来,朕躬耕耤田。而耤田之中,每岁必产嘉谷。上年自双穗至于九穗,今岁则自双穗至于十三穗,在廷诸臣及京师耆庶,皆惊讶以为奇。朕之宣示于众者,并非矜诩夸张以为祥瑞,盖实有见于天人感召之理捷于影响,而朕敬天之心至诚至切,愿与内外大小臣工共勉之也。稼穑为天地之宝,民命攸关。我圣祖仁皇帝临御六十余年,无刻不以重农力穑为先务。仰观天时,俯察地利,辨土性而课人功,咨雨旸而防旱潦,绸缪区画,旰食宵衣。偶遇雨泽愆期,圣心忧劳之切,侍侧臣子皆惶悚不宁,所以为万世谋粒食者,至矣尽矣。朕朝夕瞻仰者四十余年,今缵承大统,竭诚效法,念切民依。每年虔祀先农,躬耕耤田,仰蒙上天眷佑,叠锡嘉禾。是以特颁谕旨,令各省守土官共举耕耤之礼,为万方百姓祈祷秋成。今见各省督抚奏报,处处风雨均调,春麦秋禾并登丰稔,虽边远荒僻之地,亦庆有秋。惟直隶、湖广、安徽数州县近水最低之处，常年被潦者，略有浸注，亦不为灾，是今岁可称大有年矣。良由各省初耕耤田，各该有司自然小心敬慎，斋祓虔诚，是以感格上苍，而获此盈宁之锡。倘从此益加敬谨，不懈初心，则岁岁屡丰，可以预必。尔督抚等可通行晓谕所属官民，当凛帝鉴之匪遥，勿视耕耤为故事，永矢严恪，以迓天和。天下臣民受福，斯朕之福也。

雍正六年戊申八月乙未

上谕内阁：蝗蝻最为田禾之害，迅加扑灭，犹可以人力胜之。昔我圣祖仁皇帝训饬地方各官，谆谆以捕蝗为急务，其不力者，加以处分，无非养民防患之至意。乃州县有司，往往玩忽从事，不肯实心奉行。而小民性耽安逸，惮于捕灭之劳；且愚昧无知，又恐捕扑多人，以致践伤禾黍，瞻顾迟回，不肯尽力。不知蝻子初生，就地扑灭，易于驱除。一或稍懈，听其生翅飞扬，则人力难施，且至蔓延他境，为害不可言矣。前两江总督范时绎折奏邳州地方有蝗蝻萌生，朕即谕令竭力扑灭，无俾遗种，莫被属员蒙蔽。近闻彼处蝗虫，该地方官并未用力扑灭，怠玩从事；而督抚付之不闻。著范时绎查明题参，并将该督抚交部严加议处，以儆怠玩。

十二月丁亥

上谕户部：朕惟善政养民，利赖必资地力；而率作兴事，倡先端藉缙绅。惟兹宁夏所属之插汉拖辉，地广土饶，水利充裕，朕特遣大臣会同该督抚等悉心经理，浚治渠道，设县筑城，募民垦种，次第修举。行见人民乐业，饶沃殷阜，渐成西北蕃庶之区。此朕经国裕民之至计，欲使地无遗力，而亦宁夏一方人数千百年未兴之乐利也。闻彼中得水可垦之地，计二万余顷，每户以百亩授田，可安置二万户。朕已谕令广行召募远近人民，给以牛具、籽种、银两，俾得尽力开垦，给为世业。惟是原议宁夏本籍现在出仕文武官员，俱令开垦授业，俾为世享之利；今闻报垦者寥寥。《记》曰："货恶其弃于地也，力恶其不出于身也。"况乎上以急公而裕国，下以力本而厚生。缙绅者，小民之望也。果能身先倡率，则民间之趋事赴功者必众。凡属本籍之人，不论文武官员，或现任，或家居，均当踊跃从事，急先垦种，不可观望因循，耽延善举。凡兹所垦地亩，俱照原议，给为世业，三年起科。果能使沃土腴田，有广收之益，无闲旷之区，则不但于体国经野之谟重有攸赖，而经营世产，伊等子孙亦蒙永远之泽矣。

雍正七年己酉正月壬申

上谕内阁：朕令各州县岁举老农，给以顶带荣身，乃劝民务本力田，还醇返朴之至意。为有司者，自当仰体朕心，恪遵朕旨，择其谨慎勤劳、身无过举者，据实保送，以为万民劝。乃朕闻直省之举老农也，州县凭绅士之保举，绅士纳奸民之货财，上下相蒙，苟且塞责；而强有力者，幸邀顶带之荣，遂成暴横之势，深负朕劝农务本之意。著直省督抚确实查明，将冒滥生事之老农，悉行革退，另选题补。从前有举报不公，或因贿嘱情面、营求而得者，准老农本身及保送之官员自行出首，朕从宽免其治罪，但革去老农顶带。若此时不行自首，各州县官员又不行查出，日后发觉，定从重治罪，该督抚等一并议处。

四月戊子

上谕户部：国家承平日久，户口日繁，凡属闲旷未耕之地，皆宜及时开垦，以裕养育万民之计，是以屡颁谕旨，劝民垦种。而川省安插之民又令给与牛种口粮，使之有所资藉，以尽其力。今思各省皆有未垦之土，即各省皆有愿垦之人，或以日用无资、力量不及，遂不能趋事赴功，徘徊中止，亦事势之所有者。著各省督抚各就地方情形转饬有司，细加筹画，其情愿开垦而贫寒无力者，酌动存公银谷，确查借给，以为牛种口粮，俾得努力于南亩。俟成熟之后，分限三年，照数还项；五六年后，按则起科。总在该督抚等董率州县，因地制宜，实心经理，务使田畴日辟，耕凿维勤，以副朕爱养元元之至意。

雍正八年庚戌正月辛未

上谕贵州巡抚张广泗：据奏：普安州农田收获之后，稻根重长青苗，渐致茂盛。黔省土薄性寒，而普安州乃有稻孙之瑞，皆因地方大吏劝稼重农，而该省民人力田务本，是以感格上天，昭示瑞应。嗣后当益加黾勉，以承天眷。

四月辛酉

上谕内阁：古称蝗蝻生于水泽之中，乃鱼子变化而成者。是以江南淮扬之州县，地接湖滩，往往易受其害。盖蝗之所生，多因低洼之区，秋雨停集，生长小鱼，交春小鱼生子，水存则仍复为鱼。若值水涸日晒，入夏之后，即化为蝻，不待数日，便能生翅群飞，即被害之家，亦莫知所自。盖以其地寥廓荒凉，人迹罕至，平时忽而不察，及至鼓翼飞扬，则有难于扑灭之势。所当审视体察，防之于早者也。凡直省地方，向有蝗蝻之害者，该督抚大吏应转饬有司，通行晓谕附近居民，于大热久晴之后，周历湖滨洼地，及深山穷谷无人之处，见有萌动之机，无分多寡，即行剪除消灭。倘民力或有不敷，即禀报该地方官，督率人工，协同助力。更令文武官弁，派出诚实兵役，会同里长耆民等留心察视，不可疏忽怠玩。如此则人力易施，虫灾可杜，于禾稼大有裨益。但小民愚昧无知，又复苟且慵惰,其晓谕开导,防患于未然者,有司不得辞其责。实心任事之良吏,必不肯于此等事膜外视之也。

癸亥

上谕内阁:据直隶地方文武各官报雨奏折称"今年三月及四月初旬,两次得雨。今于四月二十四日,又得时雨,四野沾足,二麦茂盛,秋谷皆可播种"等语。据此,则四月以前竟有未种之田可知矣。夫农事贵乎及时,二月土膏初动,三月即为播种之期。况已得雨二次,何以迟延观望,直待四月下旬方始播种?倘小民怠惰偷安,为民父母者则当开导劝课,使之踊跃趋事于南亩。又或籽种、牛力稍有不敷,则当留心体察,设法相助,不使有后时之叹。即以今岁论之,若从前三月得雨之时,早先播种,目今又得甘霖,岂不更为优渥?假若霖雨愆期,彷徨观望,则从前之怠惰迟延,岂非小民自误生计、自荒恒产耶?西北寒冷之乡,布谷或不宜太早。若畿辅可以早种之地,又当甘雨既零之时,而乃袖手逍遥,以待时雨之再沛,不亦愚昧之甚乎?况直隶地方,春夏之交,常稽雨泽,岂可不及时努力,致虚上天甘澍之赐乎?此皆愚民习于懒惰,而地方有司又不以民事为念,漠然不加董率之故。著该督传朕谕旨,通行申饬。倘再有牧民之官,轻视农事,不实心化导,任百姓之悠忽,有误播种之期者,必从重议处。

雍正九年辛亥七月甲申

上谕内阁:今岁五六月间,直隶、山东、河南等处雨泽愆期。朕即虑及上年被水低洼之地,鱼子存留,今夏烈日蒸晒,或变蝗蝻,为禾苗之患。特令大学士传谕直省督抚,严饬属员,留心访察,预为防遏。兹据河东河道总督沈廷正奏报:"山东济宁之南乡新店等处,有蝻子萌动,已饬令扑灭。"又据署河南巡抚张元怀奏称:"光州所属竹园内,生有青虫似蝗，今已捕除。”从来蝗蝻始生之时，以人力制之尚易，而小民耽逸偷安，惮于用力，又恐践踏禾稼，瞻顾逡巡。及至飞扬之后，远近蔓延，势不可遏。是在实心任事之官员，督率乡民力为捕治，不得姑顺舆情，酿成大患。著直隶、山东、河南、江南等处督抚，通行所属，实力奉行。倘视为具文，苟且塞责，将来飞扬之时，朕必察其发生之处，将该地方官从重治罪。直隶、山东、河南三省钦差大臣、科道等，著一同留心访察，毋忽！

八月癸巳

上谕大学士等：肃州金塔寺，原种进贡之哈密瓜。朕思与其种瓜，何如种谷以资民食。著行文该督抚等，嗣后不必进献，并晓谕彼处人民知之。

雍正十年壬子闰五月丁酉

上谕内阁：上年冬间，北方雨雪稀少，朕恐今岁夏间蝗蝻萌动，已密谕该督抚留心防范。顷闻江南淮安府属之山阳、阜宁二县，海州所属之沭阳县，扬州府属之宝应县，各有一二乡村生发蝻子。虽目前萌动之处不过数里，然恐捕治不力，渐致蔓延为禾田之害。著该督抚有司，督率人役乡民速行扑灭，无俾遗种。倘有怠忽从事者，即行纠参，从重议处。

雍正十一年癸丑七月己亥

上谕内阁：去冬今春，北地雨雪稀少，朕即恐夏月有蝗蝻之患，曾降谕旨，通行直隶、山东、江南等省督抚大吏，饬令所属官弁先事预防，不得苟且塞责。嗣于五月间，闻江南淮扬所属之山阳、宝应等处，蝻子萌动，朕又降旨，责令加紧捕治，毋得稽缓。随据漕运总督魏廷珍、两江总督高其倬等先后奏报，俱严切批谕。朕之为民先事防维者，亦殚竭心力矣。今河东总督王士俊奏称“曹县、鱼台、济宁等处，蝻子生发，现今扑灭。邻近之江南丰、沛、砀山等县，尚有未尽”等语。朕览各督抚先后所奏，是蝗蝻萌动之处，山东、江南二省州县皆有之，只因彼此接壤，不肖官吏遂谓可以卸过于邻封，而巧为推诿，捕治不力，情事显然。著传旨速行晓谕，倘余孽未净，将来灾及田禾，将两省地方有司官均加严处，其督抚等一并从重察议。

雍正十二年甲寅十月戊辰

上谕内阁：朕从来不言祥瑞，屡颁谕旨晓示天下臣民。是以数年来，凡以嘉祥入告者，朕皆屏拒弗纳，而各省之瑞谷嘉禾诞降者甚多，悉令停其进献。盖欲天下臣民共敦实行，不尚虚文，以为敬天勤民之本也。今据湖广镇筸总兵官杨凯奏报“镇筸红苗甫经向化。今年苗民所种之山田水地，黍稷稻粱，盈畴遍野。及至秋成，则皆双穗、三穗、四五六穗不等，万亩皆然。苗民额手欢呼，以为从来未有之奇瑞”等语。又据侍郎蒋洞奏报“高台县属双树墩地方，在镇夷堡口外，自开垦以来，人烟日盛。今岁秋成，粟谷挺秀。有一本之内，枝抽十余穗者；有一穗之上，丛生五六穗者。屯农共庆为奇观，司垦咸称为盛事”等语。朕思苗疆播种，乃夷民务本之先资；远徼屯田，关边塞军储之重计。今值经营伊始，欣逢瑞谷呈祥，且地广穗多，超越于见闻纪载之外，仰见天心眷佑，锡福方来。苗民之乐利可期，军旅之糗粮有赖。此非空言祥瑞，而无济于实用者可比，朕心不胜感庆！在廷臣工莫不有抚绥苗众，筹边足食之同心，闻之定为色喜。是以将杨凯、蒋洞奏折及谷本图样，发出共观之。

卷二十六

厚风俗

雍正元年癸卯二月癸亥

上谕礼部：致治之要，首在风化；移风易俗，莫先于鼓励良善，使人人知彝伦天则之为重，忠孝廉节之宜敦。古帝王劳来匡直，所以纳民于轨物者，舍是无由也。朝廷每遇覃恩，诏款内必有旌表孝义贞节之条，实系巨典。迩来直省大吏往往视为具文，并未广咨远访，只凭郡县监司申详，即为题请建坊。而山村僻壤，贫寒耕织之人，或菽水养亲，天性笃孝；或柏舟矢志，之死靡他。乡邻嗟叹为可钦，而姓氏不传于城邑，幽光湮郁、潜德销沉者，何可胜数？尔部即行传谕督抚学政，嗣后务令各属加意搜罗，虚公核询，确具本人乡评实迹，题请旌奖。勿以匹夫匹妇而轻为沮抑，勿以富家巨族而滥为表扬，以副朕成俗化民、实心彰善至意。

八月己酉

上谕各省盐政官员：国家欲安黎庶，莫先于厚风俗；厚风俗莫要于崇节俭。《周礼》一书，上下有等，财用有度，所以防僭越、禁骄奢也。《孟子》亦曰："食时用礼，菽粟足而民无不仁。"朕临御以来，躬行节俭，欲使海内之民，皆敦本尚实，庶康阜登而风俗醇。夫节俭之风，贵行于闾里；而奢靡之习，莫甚于商人。朕闻各省盐商内实空虚，而外事奢侈，衣服屋宇，穷极华靡；饮食器具，备求工巧;俳优妓乐,恒舞酣歌;宴会嬉游,殆无虚日;金钱珠贝,视为泥沙。甚至悍仆豪奴,服食起居同于仕宦,越礼犯分,罔知自检;骄奢淫佚,相习成风。各处盐商皆然,而淮扬为尤甚。使愚民尤而效之,其弊可胜言哉?尔等既司盐政,宜约束商人,严行禁止。出示晓谕,谆切劝诫,使其痛自改悔,庶循礼安分,不致蹈僭越之愆。而省一日之靡费,即可以裕数日之国课,且使小民皆知警惕,敦尚俭约,于民生亦有裨益,庶不负朕维风振俗之意。若仍前奢侈,不知悛改,或经朕访闻,或被督抚参劾,商人必从重究治,尔等亦不能辞徇纵之咎。

九月乙巳

上谕大学士等:人臣膺命效职,果能实心爱民,清白自矢,则官去民思,甘棠留咏,有愈久而不能忘者,从古有之。若今之生祠书院,不知始自何人?自督抚、提镇以及监司、守令,所在多有。究其实,不过该员在任之时,或系属员献媚,或系地方绅士逢迎,甚至有出入公门、包揽词讼之辈,倡议纠合,假公派费,占地兴工,以致园囿亭台,穷极华丽;劳民伤财,一无顾惜。营造之后,或为宴会游玩之场,或本官竟据为产业。果系官去民思,不忘遗爱,特为兴建者甚少。此事向曾禁止,而踵弊如故,应加严饬。嗣后如有仍造生祠书院,或经告发,或被纠参,即将本官及为首之人严加议处。其现在之生祠书院,如实系名宦去任之后,百姓追思盖造者,准其存留。其余俱著地方官查明,一概改为别用,或为义学,延师授徒,以广文教。如此则以无用为有用,惜民财力,杜绝虚浮,于地方风俗大有裨益。

雍正二年甲辰四月戊申

上谕八旗官员等:朕以八旗满洲等生计时廑于怀,其纵肆奢靡，歌场戏馆、饮酒赌博等事，屡经降旨训诫。即诸臣条奏，所请应行禁止之处，亦已施行。凡朕所降谕旨及各项禁约，务将历年利弊，详加剖晰，明白书写。每旗每佐领各颁一张，严示众人。各都统亦宜时加训诫，谓主上廑念八旗满洲等生计，种种恩施，不一而足，各宜安分，遵守俭朴之道，力改奢靡。凡赌博纵饮、遨游园馆等事，洗涤恶习，以副主上训谕仁爱至意。倘不实心感戴，不学为善，不遵法度，则一生徒自暴弃，不但终身卑贱，且无益于生计。虽主上叠布恩施，何益之有？主上频劳心虑，谆谆训饬，尔等诚宜省悟，日夜仰戴，遵行俭朴之道。凡清语骑射、当差行走、操演技艺、娴习礼仪等事，皆当尽心努力学之。或有不改前愆、不遵法度之人，一经查出，务必从重治罪，以警众人。并将此语书写，不时传示，始为有益。不然，但于朕降旨时，暂申禁令，久而遂辍，亦何益哉？将此传谕八旗都统知之。

雍正三年乙巳三月乙卯

上谕九卿等：节行为风化之首，故旌扬盛典，历代崇之。朕即位以来，拳拳以敦教化、励风俗为务。恩诏中敕令旌表节义，嗣又颁发谕旨，至再至三，诚欲地方有司加意采访。每见直省举报节行，俱系民间妇女，而营伍中人绝少。岂旌典例由生员具呈，教官具结，与兵丁声气渺不相通，无由举报耶？嗣后必使兵民一体，凡营伍中节行贞烈之妇女，尽得举报，不致冒滥，亦不致隐漏，以副朕广励风节至意。

四月庚辰

上谕盛京将军等：迩来盛京诸事隳废，风俗日流日下。朕前祭陵时，见盛京城内酒肆几及千家，平素但以演戏饮酒为事。稍有能干者，俱于人参内谋利。官员等亦不以公务为事，衙门内行走者甚少。其聚会往来,不过彼此相请,食祭肉嬉戏而已。司官竟有终年不一至衙门者,堂官亦置若罔闻。坐台之人,看守边口,俱系关东人。伊等虽有押送罪人之差,而当兵者全无当兵之实,为官者亦无为官之道。朕深知此等陋习,虽降谕旨数次,竟不悛改。因将将军大臣内不及者革退,另简尔等补授。尔等虽系新任,但能留心细访,即便知之。应将盛京陋习极力整饬,令其悛改,复还满州旧日俭朴风俗,勤学骑射武艺。若有恶乱之人,即加重处,以儆其余。将军大臣,其钦遵朕旨,与下属官员同心协力,各自黾勉,力改从前陋习。再,盛京地方乃本朝创业之地,关系甚重,尔等将聚集恶乱之人不时稽查,应逐去者作速逐出境外。大臣等若仍相推诿,不实心效力,朕访闻治罪之时,勿复怨悔。

雍正四年丙午十月己巳

上谕大学士、九卿等:直隶地方,旗民杂处,往往以强凌弱,势力相加。而谨朴良民,常被欺压,因而相习于强悍之风,不知悛改。俗不淳厚,或由于此。朕励精图治,欲四海之广,道德一而风俗同。况辇毂之下,首善之区,尤当整饬化导,以为万邦之式。今欲将满汉汉军御史各差二员,令其巡查直隶八府地方。凡旗下告退官员,及在屯之庄头,内监之族戚,与在籍之乡绅衿监,倘有不安本分、凌虐良民、不畏官吏、恣行暴悍者,或即行惩治,或具本参奏。其地方命盗案件,为听其查访,务使豪强敛迹,良善安居,以副朕移风易俗之至意。其何如遣官分巡之处,尔等定议具奏。

辛未

上谕户部:朕览所奏恩诏内赏给老人一项,直隶各省七十以上至百岁以上老民老妇,共一百四十二万一千六百二十五名。其仕宦、绅士、商贾、僧道,皆不入此数内。《洪范》以寿居五福之首,而昔人称七十为古稀,诚以寿为难得而可贵也。乃今日老人之多,至于如此,皆由我皇考圣祖仁皇帝六十余年以来,深仁厚泽,休养生息。凡山陬海澨,僻壤穷乡,无不沐浴鸿慈,涵濡大化,太和翔洽,寿国寿民,所以期颐耄耋、庞眉皓首之人,至数百余万之多。所谓老耆以寿终,幼孤得遂长者,皆我皇考之赐也。从此益加培养,日积月累,则民间之享高年、介眉寿者,更不知如何之众矣。此等老人,躬际昌期,年登上寿,大抵皆居心忠厚,力行善事之人。即或有一二年少时未尽醇谨者,亦必中年暮齿,能自悔悟。盖一念修省,即荷上天福佑也。是国家有培养之恩,而本人又能修善以祇承之,非幸而致之者也。

尔等百姓睹太平之盛事,当欢欣鼓舞,谨身修德,以迓天庥。父与父言慈,子与子言孝,兄弟友恭,夫妇和顺;比闾族党之间,相亲相爱,无诈无欺,革薄从忠,循分守法,尽除乖戾之气,为国家淳朴善良之民,则天地佑善锡福,长享遐年,此必然之理也。但生齿日盛,食指繁多,则谋生之计,不可不讲。尔等百姓当重农桑以顺天时,勤开垦以尽地利,务本业以戒游惰,谨盖藏以裕久远,而且节省食用,爱惜物力,毋尚奢侈,毋竞纷华,毋任意糜费以耗有用之财,毋但顾目前而忘经久之计。朕以勤俭先天下,宫禁之中尚多方撙节爱养,以为加惠元元之本。尔等小民安可忘物力之艰难乎?诚能体朕谆谆训谕之意,敦善行则心体安,务本计则俯仰足,惜财用则家室裕,人心和乐,风俗醇美,同为寿考之人,长享升平之福,朕盖有厚望焉。

十一月癸丑

上谕内阁:满洲风俗,尊卑上下,秩然整肃,最严主仆之分。家主所以约束奴仆者,虽或严切,亦无不相安为固然。及至见汉人凌替之俗,彼此相形,而不肖奴仆,遂生觖望。虽约束之道无加于畴昔，而向之相安者，遂觉为难堪矣。乃至一二满洲大臣渐染汉人之俗，亦有宽纵其下，渐就凌替者。此于风俗人心大有关系，不可不加整饬。夫主仆之分一定，则终身不能更易。在本身及妻子，仰其衣食，赖其生养，固宜有不忍背负之心。而且世世子孙长远服役，亦当有不敢纵肆之念。今汉人之奴仆，乃有傲慢顽梗，不遵约束，加以诃责，则轻去其主，种种敝俗，朕所洞悉。嗣后汉人奴仆，如有顽傲，不遵约束，或背主逃匿，或私行讪谤，被伊主觉察者，应作何惩治？与满洲待奴仆之法，作何画一之处？著满洲大学士、九卿详悉定议具奏。

雍正五年丁未正月癸巳

上谕八旗官员、兵丁等：满洲风俗原以淳朴俭约为尚，今渐染汉人习俗，互相仿效，以致诸凡用度皆涉侈靡，不识撙节之道。因酌定品次，以禁服色，勒限一年，令其各按品次着用，谕旨甚明。此特轸念八旗满洲官兵如同保赤，关系尤切，故曲为筹画。或有无知之徒，于已禁之后，新制衣服诳称禁前所制；若如此，则终无底止时矣。人之尊荣，不在衣服，惟在各人行止。盖富足之人少，而贫乏之人多，既已贫乏，而强相仿效，则生计愈窘。尔等与其为衣服拮据仿效，岂若安守本分，砥砺于技艺品行？如果能奋勉，得至官员大僚，即可服用矣。凡官员兵丁所恃以谋生者，惟在俸饷。且各有应当之差，若因制一衣服，即耗费数月之钱粮，其日用尚能饶裕乎？夫俭约为持家根本，不能节省于衣服等项，焉能有益于生理？若能谨遵朕谕，俭约自持，不事奢靡滥用，驯至比户充盈，方感戴朕教养之深恩也。著交与八旗该管处再行晓谕，务使咸知朕心，各图俭约，以副朕轸恤优待旗人之至意。

四月己亥

上谕管理旗务诸王及满洲文武大臣等：自古人生以节俭为

本，盖节俭则不至于困穷，糜费则必至于冻馁，此理所必然者也。本朝满洲素性淳朴，凡遇出兵行围，俱系自备，并无违误，而生计各足。近来满洲等不善谋生，惟恃钱粮度日，不知节俭，妄事奢靡。朕屡曾降旨，谆谆训谕。但兵丁等相染成风，仍未改其糜费之习，多有以口腹之故而鬻卖房产者。即如每饭必欲食肉，将一月所得钱粮，不过食肉数次，即罄尽矣。又将每季米石，不思存贮备用，违背禁令，以贱价尽行粜卖，沽酒市肉，恣用无余。以致阖家匮乏，冻馁交迫，尚自夸张，谓我从前曾食美物、服鲜衣，并不悔悟，所以致此困穷者，乃以美食、鲜衣之故也。今汉人谋生，尚知节俭，殷实之家，每日肉食者甚少；其贫乏之人，孳孳谋食，仅堪糊口。若满洲等果能节俭，将每月所得钱粮少使留余，则日久习成，生计自裕，产业可立矣。或有不肖之辈，不守本分，妄行糜费，既至贫乏，惟希恩赏。

从前皇考轸念兵丁效力行间，致有债负，曾发帑金五百四十一万五千余两，一家获赏俱至数百。如此厚赉，未闻兵丁等置有产业生计滋益者，悉由妄用于衣食，徒令贸易之人得利。一二年间，荡然无余。心愈奢侈，而生计较前反加窘乏。其后又发帑金六百五十五万四千余两，赏赐兵丁人等，亦如从前，立时费尽。朕自即位以来，除特行赏赐外，赏给兵丁一月钱粮者数次。每次所赏，需银三十五六万两。此银一入兵丁之手，亦不过妄用于饮食，不及十日，悉为乌有，亦何裨益？且库帑俱系国家之正项，天下百姓之脂膏，岂可无故滥行赏赉，以累百万之帑项，徒供伊等数日口腹之费乎？若不将恶习改除，朕即有施恩之意，亦不可举行。兵丁等果将朕训谕之意晓然明晰，实心遵行，痛改妄行糜费之习，朕加恩赏赐，众亦可得永远均沾。至生计各遂之时，始知朕所以爱养满洲之恩，为至深且切也。王大臣等亦宜各从俭约，以为下人之表率，行之既久，自可挽此恶习。

满洲乃国家根本，朕知之既深，岂有不教之理？朕自即位以来，众人有论朕为太严者，斯亦由朕欲众人痛改恶习，进于善良，止其奢靡，使知俭约。凡朕意虑所及之处，悉申禁令；而不肖匪类，不得肆行其意，或妄加议论。如朕曾有禁止酗酒，禁止赌博、赴园馆、斗鸡及鹌鹑蟋蟀、雇人当差、放印子银两、典钱粮米石、用黄铜器皿等谕旨，悉为兵丁等身家计也。如此训诲不已，众人咸应体朕苦衷。且此等训诫，咸系皇考从前禁止之事，并非创始于朕。但当时之臣工，未能实心奉行，是以一应恶习未得尽改。今王大臣官员内仰体朕旨，加意奉行者，不过十居其五，大半未惬朕怀。而无知之人，遂论以为过严。如欲使若辈称为宽仁之主，何难之有？但不加约束，任其种种糜费，则不但坐视满洲等渐流至于不得衣食，毫无颜面。即以国家全力养赡伊等，亦且不能给足，朕意实有所不忍，势亦必不可也。尔等其仰副朕意，各将所属官兵及闲散人等，剖晰情理，不时详加训诫。

五月己未

上谕内阁：前织造等衙门贡献物件，所进御用绣线黄龙袍曾至九件之多，又灯帏之上有加以彩绣为饰者，朕心深为不悦，即降旨诫谕。近因端阳令节，外间所进香囊宫扇中，有装饰华丽、雕刻精工者，此皆开风俗奢侈之端，朕所深恶而不取也。向来外省诸臣，凡有进献方物，朕每颁赐诸王内外大臣，如黄龙绣缎之类，既不可以颁赐，不过收贮于宫中耳。其余华灿之物，在朕用之，心中尚觉不安，若赐诸王大臣，在伊等亦觉非分，岂非费于无益之地乎？况朕素性实不喜华靡，一切器具惟以雅洁适用为贵。此朕撙节爱惜之心，本出自然，并非勉强，数十年如一日者。凡外臣进献，惟应量加工价，少异于市肆之物，即可见恭敬之忱，何必过于工巧？人情喜新好异，无所底止，见一美丽式样，初则竞相慕效，后必出奇斗胜。此雕文纂组，古人所以斥为奇衺，岂可导使为之而不防其渐乎？

盖治天下之道，莫要于厚风俗；而厚风俗之道，必当崇俭而去奢。若诸臣以奢为尚，又何以训民俭乎？朕观四民之业，士之外，农为最贵。凡士工商贾，皆赖食于农，以故农为天下之本务，而工贾皆其末也。今若于器用服玩争尚华巧，必将多用工匠，市肆中多一工作之人，则田亩中少一耕稼之人，且愚民见工匠之利多于力田，必群趋而为工；群趋为工，则物之制造者必多；物多则售卖不易，必致壅滞而价贱。是逐末之人多，不但有害于农，而并有害于工也。小民舍轻利而趋重利，故逐末易而务本难，苟遽然绳之以法，必非其情之所愿，而势有所难行，惟在平日留心劝导，使民知本业之为贵，崇向朴实，不为华巧，如此日积月累，遂成风俗。虽不必使为工者尽归于农，然可免为农者相率而趋于工矣。至于士人所业，在乎读书明理，以为世用，故居四民之首。然父兄之教子弟，亦当观其才质如何，若果颖悟醇谨，可望有成，则当使之就学而为士。若愚浊中下之资，读书难通，即当早令改业，使尽力于南亩。诚恐读书不成，而又粗识数字，旷废闲游，必致非分妄为，越礼犯法，是浮慕读书之名而不得其道，其伤农而害本者为尤甚也。朕深揆人情物理之源，知奢俭一端，关系民生风俗者至大，故欲中外臣民黜奢贱末，专力于本，人人自厚其生，自正其德，则天下共享太平之乐矣。朕自身体力行，为天下先；诸王内外大臣、文武官弁与乡绅富户，当深体朕心，钦遵朕谕，期共勉之！

十一月庚辰

上谕内阁：向来常有演习拳棒之人，自号教师，召诱徒众，鼓惑愚民。此等多系游手好闲、不务本业之流。而强悍少年从之学习，废弛营生之道，群居终日，尚气角胜，以致赌博、酗酒、打降之类，往往由此而起。甚且有以行教为名，勾引劫盗窃贼，扰累地方者。若言民间学习拳棒，可以防身御侮，不知人果谨遵国法，为善良，尚廉耻，则盗贼之风尽息，而斗讼之累自消，又何须拳棒以防身乎？若使实有膂力、勇健过人，何不学习弓马？或就武科考试，或投营伍食粮，为国家效力，以图荣身上进，岂可私行教习，诱惑小民耶？著各省督抚转饬地方官，将拳棒一事，严行禁止。如有仍前自号教师及投师学习者，即行拿究。庶游手浮荡之徒，知所儆惧；好勇斗狠之习，不致渐染，而民俗可归于谨厚矣。

雍正七年己酉三月戊申

上谕内阁：直省各处富户，其为士民而殷实者，或由于祖父之积累，或由于己身之经营，操持俭约，然后能致此饶裕，此乃国家之良民也。其为乡绅而有余者，非由于先世之留遗，即由于己身之俸禄制节谨度，始能成其家计，此乃国家之良吏也。是以绅衿士庶中家道殷实者，实为国家之所爱养保护，则本身安可不思孳孳为善，以永保其身家乎？夫保家之道，奢侈糜费，固非所以善守；而悭吝刻薄，亦非所以自全。《周礼》"以乡三物教万民"，有曰孝友、睦姻、任恤。可知公财行惠任恤之义，与孝友而并重也。盖凡穷乏之人，既游闲破耗，自困其生，又不知己过，转怀忌于温饱之家。若富户复以悭吝刻薄为心，朘削侵牟，与小民争利，在年谷顺成之时，固可相安，一遇歉荒，贫民肆行抢夺，先众人而受其害者，皆为富不仁之家也。逮富家被害之后，官法究拟，必将抢夺之贫民置之重典，是富户以敛财而倾其家，贫民以贪利而丧其命，岂非两失之道，大可悯恻者乎？朕为此劝导各富户等，平时当以体恤贫民为念，凡邻里佃户中之穷乏者，或遇年谷歉收，或值青黄不接，皆宜平情通融，切勿坐视其困苦而不为之援手。如此则居常能缓急相周，有事可守望相助。忮求之念既忘，亲睦之心必笃，岂非富户保家之善道乎？从来家国一理，若富户能自保其身家，贫民知共卫夫富户，一乡如此，则一乡永靖；一邑如此，则一邑长宁。是富户之自保其家，犹富户之宣力于国也。况积善之家，必有余庆。种福果于天地之间，子孙必长享丰厚，岂不美欤？著各省督抚将朕此旨，通行该属之乡绅士民人等共知之。

六月丁丑

上谕内阁：游惰之民，自昔治天下者所深恶。若赌博之人，又不止于游惰而已，荒弃本业，荡废家赀，品行日即于卑污，心术日趋于贪诈。父习之，则无以训其子；主习之，则无以制其奴。斗殴由此而生，争讼由此而起，盗贼由此而多，匪类由此而聚，其为人心风俗之害，诚不可以悉数也。凡为不善之事者，虽干犯功令，犹可得微利于一时。独至赌博，则今日之所得，明日即未必能保。若合一年数月而计之，胜者与负者同归于尽，此人所共知者。无如邪僻之人，一入其中，迷而不悟。数年以来，屡次降旨严禁，而此风尚未止息者，以尚有制造赌具之人，而有司之禁约未尽力也。百工技艺之事，可以获利营生者，何事不可为？而乃违禁犯法，制此坏风俗、惑人心之具，其罪尚可言乎？尝思赌博之风所以盛行者，父兄为之，子弟在旁见而效之；家主为之，奴仆在旁见而效之；甚至妇人女子，亦沉溺其中而不以为怪。总因习此者多，故从风而靡者众也。假若严行禁止，使人不敢再犯，则日积月累，此风自然止息，无俟条教号令之烦也。凡地方大吏有司，均有化民成俗之责，而乃悠悠忽忽，视为泛常，安辞溺职之咎。今特定本地官员劝惩之法，以清其源，嗣后拿获赌博之人，必穷究赌具之所由来，其制造赌具之家，果审明确有证据，出于某县，将该县知县照溺职例革职，知府革职留任，督抚、司道等官各降一级留任。如本地有私造赌具之家，而该县能缉拿惩治者，知县著加二级，知府著加一级，督抚、司道等官著纪录二次。将此劝惩之法，永著为例，于雍正庚戌年为始。著该督抚通行晓谕，使城邑乡村，及远陬僻壤，咸各闻知。

雍正八年庚戌正月壬午

上谕内阁：从来左道妖言，如谶纬、图记、禨祥、祸福之属，皆足以惑世诬民，为人心风俗之大患。自古帝王，皆深恶而严禁之；苟有犯者，必置重典，虽赦不宥，所以为世道民风计者，至深远也。朕观陕西之人，秉性直鲁，凡好为诞妄之说者，多至此省摇惑人心。年来屡有其事，已降旨切加训诫矣。观满洲汉军人等，亦每易为此等邪说所惑。昨总督范时绎又于江南人家查出违禁图谶之书，是草野之间，妖言惑众之风未尝止息。地方官员倘不能化导禁约，转从而崇信之，是竟以身为庶民之倡，又何怪闾阎无知之人沉溺其中而不知觉悟耶？凡造为灾异祸福之说者，其言不验，则为害尚小。倘天时气数，偶与其言相合一二，则信者愈众，而为害愈大。甚至心怀不轨之徒，借此妖言，妄兴兵革，荼毒生灵，不可不防其渐也。

满洲八旗大臣弁兵等，皆国家干城腹心之寄，况我满洲忠义之气，技勇之才，实为人所莫及。果能安分循理，尽忠孝之道，无邪僻之行，自然上邀天地之恩，永受国家之泽。《书》曰："惠迪吉，从逆凶。"又曰："作善降之百祥，作不善降之百殃。"尔等但当于己身求之，为善必获善报，为恶必获恶报，所谓如影随形也。奈何舍可以获福之正理，而信从奸民无稽之言？被其牵累，轻则罹于刑罚，重则丧及身家，不亦可悯之甚乎？大凡为欺人惑众之说者，皆市井凶顽无赖之辈，或胸怀不轨，冀以摇动人心；或贫困无依，欲以骗取财物。尔等试思之，天下焉有修道前知之人，不遁迹于清净寥廓之乡，而奔走红尘，与世俗相征逐者乎？凡我满洲、汉军官弁兵丁等，世受国恩，共矢尊君亲上之素志，岂肯听奸人妖妄之言,而遂为其所摇动?但恐渐染日久,有邪说在其意中,而遇有委用使令之时,或稍存疑贰之念,则所关匪细,故不得不训诲开导之于平时,使之恍然醒悟也。著将此旨,通行晓谕八旗及各处驻防弁兵等共知之。

雍正十二年甲寅五月壬辰

上谕八旗都统等:向来八旗官员,遇有吉凶之事,竞尚繁华,恣意糜费,以致兵民效尤,罔知撙节,大有累于生计。朕屡降训谕,并令九卿等,按其品级,分别等次,酌定规条,颁行已久。伊等自当体朕教养之苦心,各循分位,谨守章程,以为仰事俯育之道。乃近闻八旗人等,仍有未改陋习,以夸多斗靡相尚者。不知圣人教人,以生养死葬合礼为孝。又曰:"礼,与其奢也宁俭。丧,与其易也宁戚。"朕之教人,亦即此意。如父母之祭葬,必以耗财为孝,独不思荡费家产,以致不能顾恤品行,辱及先人,其不孝也更为何如?子女之婚嫁,必以厚资为慈,独不思无所贻谋,以致不能养育子孙,饥寒困苦,其不慈也更为何如?况越礼逾分之事,但觉可耻,更有何荣?朕之提撕警觉,已至再三,而庸愚之人尚未醒悟。今特再行宣谕,该都统等务须谆切化导,并不时稽察,俾八旗人等遵照所颁定例实力奉行,毋得阳奉阴违,负朕崇俭黜奢、维风训俗之至意。

十一月壬午

上谕内阁:朕闻闽省漳泉地方,民俗强悍,好勇斗狠,而族大丁繁之家,往往恃其人力强盛,欺压单寒。偶因小故,动辄纠党械斗,酿成大案;及至官司捕治,又复逃匿抗拒,目无国宪。两郡之劣习相同,而所属之平和、南胜一带为尤甚。朕思上天阴骘下民,与以至善之性。故云:"民之秉彝,好是懿德。"虽五方风气不齐,而本然之性，则有善而无恶。漳泉之民，亦未有天秉独异者，其所以不善之故，则因俗尚嚣凌，渐成积习，耳闻目见，皆剽悍桀骜之风，而无礼让逊顺之气，遂令本然至善之性陷溺而不自知也。其中即有善良之人，亦不过自洁其身，实难以数人之力，挽风俗之浇漓。朕自临御以来，屡颁谕旨，训迪内外黎庶，详明谆切，至再至三。自通都大邑至僻壤遐陬，咸使之家喻户晓。而各省民风，渐能奉法循理，不敢荡检逾闲。且如最难化者，莫过苗蛮猺獞之人，近亦颇知革面革心，有欣欣向化之意。岂漳泉内地之民，转不如苗众等之悔过迁善，革薄从忠，而甘于自暴自弃，陷身法网乎？朕心深为不忍，特降谕旨，切加训导。

《易》曰："积善之家，必有余庆；积不善之家，必有余殃。"《书》曰："作善降之百祥，作不善降之百殃。"此言善恶感召之机，捷于影响。作奸犯科之人，既为王法所不宥，必为天理所难容。祸福利害之间，判然两途，则尔等亦何所惮而不为善，何所利而为不善乎？大抵居乡之道，亲睦为要；保身之道，循分为先。毋以强凌弱，毋以富欺贫，毋以智侮愚，毋以众逼寡，毋为行险侥幸之事，毋为干名犯义之行；父老子弟，联为一体；邻里乡党，视若一家，相友相助，息讼息争，使朝廷旌为义乡，有司表为仁里，身名俱泰，刑罚不加，天下乐利之事、安适之境，无过于此。况闽省文风颇优，武途更盛，而漳泉二府人材又在他郡之上，历来为国家宣猷效力者，实不乏人。独有风俗强悍一节，为天下所共知，亦为天下所共鄙。何不翻然醒悟，共相勉励，而成礼义仁让之乡乎？著该督抚仰体朕心，时加训诫，更立劝惩之法，实力奉行，务俾俗易风移，以副朕一道同风之至意。

卷二十七

治河（附水利）

雍正元年癸卯正月癸未

上谕大学士等：前年因黄河冲决，皇考特遣牛钮、齐苏勒等堵筑修理堤工，一切完竣，交与杨宗义。乃杨宗义不能时时加谨防守，致修筑之处又复冲决。经九卿议，将杨宗义革职，拿交刑部从重治罪。皇考从宽恕免，将一切河工令其效力赎罪。今被冲决之堤工俱已合龙，仍著杨宗义加谨防守，不时修筑。春日冰融之先，务期预为防守坚固，断不可似从前疏忽，又致冲决。果能加谨防护，即可赎其前愆。如将已完堤工，再致冲决，朕必重治其罪。

五月戊戌

上谕河道总督齐苏勒、漕运总督张大有、山东巡抚黄炳：历年漕船迟滞，皆由运河浅阻。运河之水，全赖山东诸湖蓄水以资灌注。近岁诸湖渐就淤积，附近居民，或侵占耕种，以致水少，不能引以济运。今宜乘夏秋雨水之时，预为蓄水之计。尔诸臣应各留心相度，凡沿河近地，已经成田者不必追究。其未经耕种者，当湖水稍落，速宜严禁，不可仍令侵占。至诸湖堤防，务须修筑坚固；引河闸座，务须启闭得宜，则湖水深广，运道流通，将来漕艘更无阻滞之虞矣。

七月甲午

上谕工部:沿河州县向有额设河夫,自百名至数十名不等,兴工则并力浚筑,工停则分遣巡防。损者随补,塌者随培,修抢拥护,俱系熟谙夫役,故虽偶有冲决,不能为患。近闻管夫河官侵蚀河夫工食,每处仅存夫头数名,遇有工役,临时雇募乡民充数塞责,以致修筑不能坚固,损坏不能堤防,冒销误工,莫此为甚。嗣后著总河及近河各省巡抚严饬河道,不时稽查,按册核实,禁绝虚冒。倘有仍前侵蚀,贻误河防者,即行指名题参。

雍正二年甲辰闰四月己亥

上谕两江总督查弼纳、署江苏巡抚何天培、河道总督齐苏勒、漕运总督张大有等:京口一带运河,为南北漕运咽喉。历年以来,挑浚淤浅,皆系丹徒、丹阳两县百姓派办。工役物料,俱出民间,殊属偏累。此运河乃杭、嘉、湖、苏、松、常六郡共济之河,而独累两邑之民,其何以堪?朕深为轸念。今后须确估每年经费,悉心会商,或令地方官支用地丁钱粮,或令河员专司其事,于河帑内动支开销,无致累民。更闻六郡向有协济之例,抑或共襄工费,以济运道,尔等确议奏闻,以副朕爱惜黎元至意。

雍正三年乙巳七月乙卯

上命内阁学士何国宗等阅视河道。

谕曰:运河关系重大,言者皆似近理,而议论多有不同。今蒋廷锡条奏款项,尔等前往详加阅看。凡泉源湖身与各水源流地方形势,务须身到测看,方得确准定议。不可苟且草率,意为揣度,以致后日势不可行。河道总督,凡黄河所经,皆其管辖,岂能处处亲到?即河属官员偶有所见,亦未敢轻易举行。尔等将仪器、舆

图一并带去，再有算法馆行走明白测量人员，著何国宗指名举奏二人带去，详加测量。或蒋廷锡条奏款项之外，有关系运道，应查看修理之处，亦逐一审视，会同该督抚详议具奏，务期一劳永逸。尔等于八月二十日起身乘驿前去，倘遇无驿递之处，尔等轻骑减从，该抚照料前往。总河齐苏勒现在堵筑黄河决口，尔等此去先看漳河、卫河，后至济宁，则总河堤工事完，便可会同阅看。倘该督抚有紧要事务，尔等或稍候数日，或躬往就之，勿致贻误地方。

丁巳

上谕河道总督齐苏勒等：今岁立夏以来雨水过多，朕念黄淮伏秋两汛必然水势浩瀚，甚以为忧。所以从前批发嵇曾筠奏折，有"无日不神驰淮黄两岸"之语。今据田文镜奏称：仪封县南岸大寨、兰阳县北岸板厂后两处，冲开决口，各十余丈。朕反躬惕厉，夙夜不安。其冲决堤工可星速会同副总河嵇曾筠督率各属河员，并力抢筑，务期永久坚固。其一带危险工程，亦当增卑培薄，预为之防。至被灾人民，著速委能员实心确查。应赈恤者，即动正项钱粮赈恤。冲没田地，详加估勘，应豁免者，题请豁免。朕从前曾命将河属官员分别议叙，今仪封、兰阳既被冲决，其疏防官吏例应参处；今止停其议叙，不必参处，并从宽免其赔修。

十二月己丑

上谕河道总督齐苏勒：宿迁以下，因黄河决口，尚未堵成。黄河大溜，不能畅直通流，至有淤浅一二处，水势急溜，河身复多沙砾。该地方官概不实心料理，以致回空漕船，至此不无阻滞。倘冬底春初，决口尚未合龙，河溜不归故道，宿迁运河一二浅处，明年重运漕船定多梗阻，干系甚大。该总河当严饬河员，上紧堵筑，必于桃汛之前，将宿迁决口修筑坚固，其淤浅处加工挑浚，则来岁粮艘重运方无迟误之患。

雍正四年丙午七月甲辰

上谕九卿：据奉使阅河内阁学士何国宗等条奏河道事宜，河南小丹河一件，何国宗等与田文镜、嵇曾筠两议具奏。何国宗等乃一己之见，田文镜、嵇曾筠身在地方，所见必确，著照田文镜、嵇曾筠所议行。其山东疏浚泉源一件，何国宗等议设管泉通判一员甚是，著照所请行。山东挑浚马颊徒骇二河，前经陈世倌差委道员徐德俶办理，此处工程紧要，徐德俶不称此任，著御史尤清、王之锜各管一处，听陈世倌调度，不得自立意见。其高家堰加修堤工，关系紧要，若于岁修案内逐渐增修，恐致迟缓。著照何国宗等所议，即动正项钱粮，作速估计兴修，著九卿会议具奏。

十月壬申

上谕河道总督齐苏勒等：据奏报，秋汛情形，年来河水甚大。在工人员甚属效力，应分别等次，报部议叙，以示嘉奖。夫奖劳赏功，乃国家激劝臣工之大典，亦上司鼓舞属员之要务，必须秉公持平，方足以服众心而收实效。此次举报河工人员，务秉公心，勿徇情面，以副朕加恩河员之至意。

雍正五年丁未十二月戊申

上谕工部：向来汉军得补河员，凡经手一切工程，修筑既不完固，防守复多疏虞，上下通同，侵欺浮冒，虚縻国帑，甚至冀幸堤工之冲决，以遂其侵挪开销之私计。种种弊端，朕所洞悉。今总河齐苏勒悉心厘剔，一应工程，整顿料理，俱有成效。凡属河员，亟宜洗心涤虑，痛改前非，各自奋勉。盖河工关系运道民生，河官之责任较之他员实为重大，务须悉知利害，殚心竭力。若涂饰耳目，苟且塞责，经该督题参，定加重处，断不能宽也。著将此旨遍谕河员，互相儆戒，以副朕廑念运道民生之至意。

雍正六年戊申正月癸丑

上谕内阁：从前将江南河兵一千名，拨往河南教习桩埽。原议回日裁汰，但此兵丁既熟悉桩埽，尚可留用。今询河道总督齐苏勒，南河仍有需用之处，此一千兵丁不必裁汰，著仍留营差用。河工差遣武弁之处甚多，每营止有守备一员管辖，亦属不敷，且缺少武职大员。著添设参将一员、游击二员、守备十员，令参将统辖，游击分管，名为河营。

雍正七年己酉二月庚辰

上谕内阁：齐苏勒练达老成，深悉河工事务，是以授嵇曾筠为副总河，专管北河，而令齐苏勒兼理南北两河之事。今尹继善新管河务，朕意欲令其与嵇曾筠分任南北两河。又思治河之道，必合全河形势，通行筹画，方可疏导安澜。若分令两员管理，恐有推诿掣肘之处。著怡亲王、大学士等会同署苏州巡抚王玑，及九卿内本籍江南、河南、山东之人，通晓河务者，详悉速议具奏。

七月辛亥

上谕内阁：黄河堤岸，乃运道民生所关，最为紧要。年来殚心经理，增卑培薄，幸堤工坚固，共庆安澜。独是工程报竣，例应归汛修防，而额设河兵堡夫，只能修补水浪冲激之区，防备临险抢护之用。至于堤身一年之内，风雨淋漓，车马践踏，渐至侵蚀者，亦势所必有。而堤远工多，不能责诸寥寥兵役也。朕留心访察已久，又复询问通晓河工之人，知故明总河潘季驯，每岁派夫加高五寸，载在《河防一览》。即从前河臣靳辅，亦有每兵一名、招募帮丁四名，给以堤内空地耕种免粮，岁令加土五寸之议。与朕计虑之处，实相符合。朕思堤工虽千有余里，若按丈每年加修五寸，计费不过三四万两。倘置之不议，一年剥削四五寸，合十年而计之，其所费之多，恐有不止于加修之数者。况河流涨漫不时，难以预料，何若逐年增修保固，为未雨绸缪之计也。著南北两河总督尹继善、嵇曾筠，悉心商酌具奏。至于州县派夫锢弊，久经严革，而募丁给田之说，亦不可行。其每年岁修之费，或动用藩库帑金，或于临河州县应解公用银两内就近支给。若有不敷，仍于藩库拨补，亦著河臣一并定议具奏。

十一月甲戌

上谕内阁：朕思治河之道，惟有使黄水畅流，无所壅滞，则永庆安澜。然欲黄水无所壅滞，必须保固高家堰堤工，使清水力能敌黄，且以助其畅流之势，则河工永远无虑。从前齐苏勒虽将石工稍加帮修，而朕以为不若多费帑金，于堤工险要之所及单薄之处，俱加修石工，务令坚固高厚，以为久远之计。前孔毓珣陛见时，朕以此谕之，伊亦深以为然。可见高堰堤工，乃必应加增修理者也。著发户部帑银一百万两，交与孔毓珣、尹继善筹画相度，有应豫备物料之处，即于岁内采买，早为豫备。再著汪漋、对琳、张坦麟、吴昌祚前往淮上，协同河臣等，悉心办理。

十二月壬寅

上谕江南河道总督孔毓珣：据奏“清口引河工程，俟明年水汛时，相度妥确，然后试行”，犹非探本寻源之策。若能使淮强黄弱，势可相敌，即不行挑浚，亦必畅流无滞。不然，徒恃此数道引河，恐湖水未必能应手济用也。惟速将湖南一带石工，加高增厚，一例修砌坚固，俾湖水无涓滴漫溢之虞，其势自强，自当从清口畅流而出，可免淤浅之患矣。宜急为斟酌筹画，毋因慎重钱粮区区小见，贻误河防要务。

雍正八年庚戌正月己卯

上谕江南河道总督孔毓珣等：据奏修理高堰大工事宜，朕不惜百万帑金以卫民济运，工程当务久远坚固，一劳永逸。此外即再增数十万两，亦不为多。若因省小费致误大计，则所费百万，仍属虚用也。堤工卑矮之区，固应增高；而单弱之所，尤宜加厚。可再详加相度勘视，切勿胸存小见。凡有卑薄以及倾圮处，悉将堤身拆砌，务令自顶至底，一律坚实，期于永久获益。所需钱粮，不必限定此数。

丁酉

上谕内阁：北运河青龙湾修筑减水坝并挑浚引河工程，据怡亲王等奏请，交与侍郎何国宗督理监修。朕思原任侍郎牛钮在北运河管工年久，于地方情形甚为熟练，著与何国宗协同办理。其一应钱粮工程等项，令都统莽鹄立、耿化祚、副都统佛保、副都御史二格会同何国宗办理稽查。其减水坝金门及所开引河，或应宽二十丈，或应宽四十丈，及运河西岸可否另开减水坝，并何国宗查议各条，是否妥协，有裨河工之处，尔等可详悉询问牛钮，会同定议办理。

雍正十一年癸丑十一月己亥

上谕内阁：年来江南河工，因总河诸臣经画有方，调度得宜，是以湖河奠定，民庆安澜。但河防关系重大，将来河务必得通晓熟练之人，遵循分理，斯克继前功。而全河形势，非平日讲求，亲身阅历，必不能胸有成算，洞晓机宜。即修防堵筑，以及估工查料等事，亦非经练熟谙、备悉利弊，必不能随时损益，有裨工程，是通晓河务之员，不可不预为储备也。著每年在各部院拣选贤能勤慎司官二员，带领引见，派往南河，学习河务，酌量委办估工查料等事，以二年为期，出具考语，咨回本任。如有操守才具实堪任用者，即行保奏留工，酌量题补。其不堪学习者，不必拘定二年，于试用数月后，即咨回原任，另行派员前往学习。如此数年后，通晓熟练者自不乏员，于河工诸务大有裨益矣。

雍正十三年乙卯二月辛亥

上谕内阁：朕闻河工官员每于装运工料，差役封捉船只，而所差胥役即藉端生事骚扰。及至三汛抢工，则称装运紧急物料，百般需索，甚至将重载之客船，勒令中途起货，以致商船闻风藏匿，裹足不前。查河工装运物料，原有额设浚船。即使抢筑之时，浚船或不敷用，只应雇募本地民船，协济运送，原不必封捉客船，阻遏商旅。著河道总督饬行所属河员，严行查禁。

附：水利

雍正元年癸卯九月癸巳

总理事务王大臣等议准浙闽总督觉罗满保修筑海塘事宜。

上谕曰：钱镠时所筑塘堤，中间虽被冲坏，至今尚有存者。数年来，督抚等所修塘堤，俱虚冒钱粮，于不当修筑处修筑，以至随修随坏。又闻赭山有三处海口，今一处淤沙壅塞，水不通流。若浚治疏通，使潮汐不致留沙壅塞，则海宁一带塘工方可保固。言之者虽未必稔知，然不可不留意。抑或地方大臣恐糜费钱粮，此等处虽明知而不顾也，传谕该督抚知之。

雍正三年乙巳五月甲寅

上谕内阁：江南浙江海塘，已差尚书朱轼会同江浙巡抚查勘估议具奏。但沿海黎庶，全赖坚筑海塘捍御潮汐，得以保全生聚。事关民瘼，朕时刻在念。若塘工迟误，则海滨之人未能安居乐业。所派效力人员，虽经赴工，惟恐迁延时日，骤难告竣，亦未可定。著巡抚张楷、法海等，星速遴委干员，动支司库钱粮，立限坚筑，克期报完。务使永保安澜，毋得因循延缓，亦不得草率塞责，贻误民生。

雍正四年丙午四月庚辰

上谕大学士等：去岁畿南被水，朕轸念民生，除截漕赈济，种种加恩外，又特命怡亲王等亲身前往，查勘地理情形以除水患，以兴水利。今一切工程事务，虽有分发效力人员，但地非素经，人非素辖，恐有呼应不灵之处，必得本处地方官公同实心协办，始克有济，且事权必欲专一，方可奏功。凡直隶地方文武官，于水利事务，务须与分发效力人员，秉公和衷协助；如有漠视推诿及阻挠者，俱著怡亲王题参；有实力奉公者，亦著怡亲王保题。

七月庚戌

上谕湖广总督李成龙、湖北巡抚郑任钥：荆州长江两岸堤防，关系民生，最为紧要。盖因川、湘二江之水，汇归于此，易于泛溢。闻今年雨水连绵，水势甚猛，陆地之水为江水所拒，不能减退，以致低洼之地，禾苗淹没。又闻往年黄滩等处堤岸两次冲决，江陵、潜江等州县田苗被淹，甚为民害。长江两岸州县虽每年各自兴修，然地方辽远，少有疏忽，则民生重受其累。尔等可公同商酌，委员踏勘，应否作何修筑防护之处，悉心妥议具奏。

雍正五年丁未正月乙卯

上谕内阁：地方水利，关系民生，最为紧要。如江南户口繁庶，宜更加修浚，时其蓄泄，以防旱涝。向来屡有条奏之人，但未经本省督抚奏请，朕意亦久欲兴修，以资农务。因海塘工程正在营治，且水利事关重大，必得实心办事之人，方有裨益。即如目今畿辅水利，赖有忠诚任事之怡亲王，始可兴此大工，不然则亦未敢轻易遽行也。我皇考念切民依，周知稼穑。康熙四十六年巡省江浙，所至必细验水土燥湿高下之宜，详考五谷种植之性，躬亲讲求，将附近太湖及通江潮之处，条分缕析，特颁谕旨，令江浙督抚于苏、松、常、镇、杭、嘉、湖地方疏浚河港以资灌溉，修建闸座以便启闭，皆动用公帑钱粮，不使丝毫出于民力，恩至渥也。乃当时督抚诸臣不能实心仰体，惟以虚文奉行，糜费帑金二十余万，大都饱于官吏之侵渔，而无实效，深可痛恨。

朕即位以来，事事仰继皇考之贻谋，永图民生之远计。本欲俟直隶水利兴修之后，令怡亲王前往江浙地方，相度情形，商酌兴修之举。今巡抚陈时夏特行奏请，且称费用不过十余万两即可成功。据陈时夏陈奏，应是地方不可迟缓之事。副都统李淑德，昔任江南松江府同知，谙习水利事宜，曾经条奏，颇为明晰。原任山东巡抚陈世倌，年力精壮，现在闲居。著李淑德、陈世倌会同巡抚陈时夏、总河齐苏勒、总督孔毓珣悉心踏勘，详加酌议。倘河工紧要，齐苏勒不能亲身前往，即行商酌定议具奏。凡建立闸座，疏浚河流，务期尽除淤塞，以杜泛溢之虞；广蓄水泉，以收灌溉之益。其一应公费，俱动用库帑支给。一切工程，交与李淑德、陈世倌监督办理，并谕吏部将各部现任司员、候选司员，及府州县人员内，有具呈愿往效力者,挑选十余人,带往江南。不必令出赀财,惟令办理事务,交李淑德、陈世倌二人酌量委用。

二月癸酉

上谕内阁:朕闻陕西郑渠、白渠、龙洞,向来引泾河之水溉田甚广。因历年既久,疏浚失宜,龙洞与郑白渠渐至淤塞,垚堰坍圮,醴泉、泾阳等县,水田仅存其名,深为可惜,特令该督岳钟琪详酌兴修。今据该督亲勘奏称"龙洞急宜挑挖,郑白渠务当疏浚。更须修筑堤堰,建设闸口,以俾坚久,已于西安布政司備公羡余银内,先动一千两,委员将龙洞、郑白渠及时挑浚,其建闸工料约估银七千两,请亦于司库贮羡余银内动用"等语。朕惟兴修堤堰,乃于民生大有裨益之事,著动用正项钱粮,俟一切工程告竣,造报工部查核(原为"该")。务期渠道深通,堤堰坚固,俾农田得以永赖,以副朕保惠元元之至意。

十二月乙亥

上谕内阁:吴淞石塘,当日勘估时,于海潮纡缓之处,酌量修筑土塘。盖因工程浩大,节省钱粮起见。但东南财赋之区,灌溉田亩,保聚室庐,全赖海塘捍卫。朕思海势冲激,风涛旋转难定,土塘经历年久,未免可虞。不若一例改筑石塘,为百姓万年之利。著该抚确行勘估,不得惜费省工,苟且塞责,务须坚固,永垂久远,以副朕经理海疆、爱养民命之至意。

雍正七年己酉十二月辛亥

上谕内阁:据署山东巡抚费金吾等折奏:"疏浚山东济宁、嘉祥等县,及江南沛县、徐州等处水道,使归宿于海,则山东、江南二省,历来被水州县皆成乐土。"朕思此项工程,既于民生大有裨益，则举行不宜稽迟。应先期派出官员前往，专司督修之事，以便备办物料，早动工程。原任侍郎阿克敦前在广东署事任内，尚无贪赃犯法等情，今著宽免释放，命往水道工程效力，以赎前愆。再著原任巡抚陈世倌、甘汝来前往，与阿克敦同司督修之事，一切办理机宜，悉听田文镜、嵇曾筠、孔毓珣、尹继善筹画调度。其工料等费，悉动帑金支给。至在工差委人员，听阿克敦等酌量派用；有应从京师带往之员，准其奏请带往；其湖广革职粮道王恕，著交与阿克敦等带往办事效力。

雍正八年庚戌三月庚辰

上谕内阁：宁夏地方，万民衣食之源，在大清、汉、唐三渠水利，是以定例每年疏浚修理，使水流畅足，民田均沾灌溉。自历年官员疏忽怠玩，以致闸道堤岸，损坏冲决，日见浅窄。而三渠之中，惟唐渠为尤甚。近来其口过低，其梢过高，水势不能逆流而上，多误小民耕种之期。虽每春定有岁修之例，然不能以一月之工程整十数年之荒废也。现今兵部侍郎通智开浚惠农、昌润二渠，于宁夏水利自然明悉。著会同光禄寺卿史在甲即行查议。今岁预备物料，明春动工修补，务令三渠坚固，俾边境黎元灌溉有资，永享盈宁之庆。

雍正十年壬子正月己卯

上谕内阁：宁夏为甘肃要地，渠工乃水利攸关。万姓资生之策，莫先于此。是以朕特遣大臣，督率官员等，开浚惠农、昌润二渠，又命修理大清、汉、唐三渠，以溥万民之利。年来惠、昌二渠及唐渠工程渐次告竣，于民田大有裨益。其大清渠、汉渠虽未竣工，然闻连年加谨堵叠，极力挑浚，水泽已可敷用，不过湃崖闸座有应行修理之处，可以从容经理，非比唐渠之必应及时速成也。目今甘省军兴之际，挽运兵粮正需车辆。兹因修理渠工，又复雇车运送物料，恐小民承应公事，力难兼顾，有误春耕，所当酌量变通，以体恤民隐者。查宁夏有专司水利之同知，著将未竣之渠工，交与该员，照通智、史在甲等所料估之处，于每岁春工内，分年陆续修理。再令宁夏道鄂昌勤加督率，不时稽查，务期工程坚固，利济有资，使民田永沾膏泽。通智、史在甲将各件与鄂昌交代清楚，即行回京。其在工效力之文武官弁，交与该署督查郎阿，计其在工之久暂，访其奉职之勤惰，量其办事之能否，应留陕题补委用者，留陕题补委用；应咨部请旨者，咨部请旨；应发回本地者，发回本地。其现任武弁及兵丁等，派拨渠工效力者，俱令各归营汛。在工夫役等，交与鄂昌；将附近者，令归南亩；远来者，酌量遣回。

雍正十一年癸丑正月庚寅

上谕内阁：江南范公堤为沿海之藩篱，盐场之保障。原系商人捐办工程，闻现在残缺甚多，急应修筑坚固。现据两江总督魏廷珍委员确勘料估，著即一面具题，一面乘二三月间作速兴工，使沿海穷民，得以佣工糊口。但工程绵远，需大员董理，著交与协理河务西柱，即行督率各工，悉心查办。

雍正十三年乙卯正月癸酉

上谕内阁：朕闻浙江海塘工程，现在修理尖山，已堵筑三分之一，人心甚是踊跃。但夫役每日给工银三分六厘，稍觉不足。今当初春之月，水浅潮平，正趱筑工程之候，著照引河挑夫例，每日加足五分之数。又闻从前采运石块，每方给银八钱九分有零。今运送多资人力，著每方增银六分。俾夫役等工食宽裕，努力修筑，早告成功，以慰朕念。

七月丙辰

上谕内阁:浙江海塘工程,关系民生,最为紧要。朕宵旰焦劳,不惜多费帑金,为亿万生灵谋久远乂安之计,所以告诫在事臣工者,已至再至三矣。不料经理诸臣各怀私意,彼此参差,以致乖戾之气上干天和,有今年六月风浪溃堤之事。今虽勉力抢修,尚不知能捍御秋潮否?至于建筑石塘,工程浩大,若诸臣陋习不改,仍似从前,则大工何所倚赖?朕再四思维,大学士朱轼廉慎持躬,昔曾巡抚浙江,谙练塘工。今虽年逾七旬,精神不逮,而董率指示,似尚能为。朕以此询问朱轼,自称情愿效力。著由水路乘船前往,令该部给与水程勘合,并令沿途拨兵护送。伊子朱必阶,著随伊父去。朱轼到浙之日,稽察指授,总理大纲,至一切工程事务,仍著隆升、程元章、汪漋、张坦麟等照前办理,俱听朱轼节制。若大臣中有怀私龃龉者,著朱轼据实参奏,朕必严加处分。若文武官员等有营私作弊或怠玩因循者,朱轼即行纠参,从重治罪。朱轼未到之先,所有应办工程物料,著隆升、程元章等,上紧办理,毋得藉口等候钦差,徘徊观望,以致稽迟。

卷二十八

蠲赈（一）

康熙六十一年壬寅十二月癸丑

上谕户部：皇考御极六十余年，泽周兆姓，恩洽人心。凡巡幸所经州县，小民无不除道清尘，趋事恐后。古北口一路，为我皇考每年行幸之地，农工商贾皆得瞻仰天颜，亲承膏泽。今闻皇考宾天，民心倍深悲痛。朕念此路百姓历年殚力，宜加恩恤。著将宛平、顺义、怀柔、密云、平谷五县，昌平一州，雍正元年正项钱粮尽行蠲免。又，陵寝一路，此时正当修道，亦宜加恤，著将大兴、三河二县，通、蓟、遵化三州，雍正元年正项钱粮，亦尽行蠲免。尔部即遵谕行。

雍正元年癸卯正月庚戌

上谕山东巡抚黄炳：朕缵承大统，父母斯民；普天之下，皆吾赤子。凡身任封疆者，当深体朕心，遇有灾荒，及时赈济，使穷黎实被其泽。据奏，东、兖两属去岁二麦失收，小民未免困苦，直隶、河南邻境之民资生无策，亦有携家觅食者，朕览奏恻然。尔奏欲各捐己资，以为赈济。朕思尔等资从何出，势必仍取之于民，是赈民实以累民也。不如动用仓储，遴选贤员，确查乏食穷民，分路赈济，小民庶得均沾实惠。至邻省流移之民，亦宜一体抚恤，毋令失所。又奏请平粜仓谷，于民食大有裨益。必得实心任事之人，方副朕惠养元元之意。再奏请漕粮十万石,分贮各县,往年曾经屡次截留,此项曾否支用、所存多寡,并如何分贮之处,著具本奏闻。

二月丙寅

上谕户部:治天下要道,莫过安民。朕缵承大统以来,轸念苍生,痌瘝时切。直隶、山东、河南连年歉收,特命缓征额赋,遣官赈济。至于京师,每年自十月初一日起,至三月二十日止,五城设立粥厂,令巡视五城御史煮粥赈饥。今尚在青黄不接之时,著展期一月,煮粥散赈,至四月二十日止。但四方穷民就食来京者颇多,著每日各增加银米一倍,务使得沾实惠,以副朕悯念穷黎至意。

三月辛丑

上谕户部:陕省自军兴以来,大兵驻扎,运送粮饷,供支草豆,无一不需民力,皇考每为轸念。今当大沛恩膏,子惠元元。所有康熙六十年以前,陕西全省除借给籽种,著该督抚查明定议,分年带征外,其余凡有民屯卫所,实在未完银米豆草,悉予蠲免。倘有不肖官吏以亏空捏称民欠,滥邀旷典者,一经发觉,罪在不赦。该部作速行文,毋得迟留。

甲辰

江苏巡抚吴存礼奏请宽免芦课等项银两。

上谕户部:江苏等属民欠地丁等项银一百三十一万余两,内芦课等项银九万八百余两。虽非恩诏内应行豁免之项,但历年最久,倘行催征,穷民必致受累,著一并豁免。

四月癸亥

上谕总理事务王大臣等:朕临御以来,时以天下苍生为念。

凡自外省来京之员，各处雨旸丰歉，必面加详询，盖欲周知民隐也。今差往致祭华岳侍读学士田文镜回京，朕询彼经过地方情形与百姓生理，据奏山西平定州、寿阳县、徐沟县、祁县等处，雨泽歉少，民间生计维艰；汾州府属地方，得雨亦未沾足，地方官现在征比钱粮。夫巡抚以抚绥地方、爱养百姓为职，今平定、寿阳等处黎民饥馑，并未奏请赈济缓征，反行催科，小民何以存活？此皆因伊等去年曾奏得雨，今欲掩饰前言，甚属不合。巡抚德音、布政使森图，著交该部察议。仍即命侍读学士田文镜会同巡抚德音，率领地方官员，将平定等四州县饥民速行赈济，务使恩泽实沾，抚养得所，毋羁时日，以致群黎失业。尔等即传谕遵行。

雍正二年甲辰正月甲辰

户部议覆：山东巡抚黄炳奏：康熙六十年并雍正元年散赈银米，著落各官赔补。

上谕曰：地方偶有灾祲，朕即轸念穷黎，遣官散赈，动支正项银米，务使均沾实惠，此拯救灾黎之至意也。如将散赈银米，不入正项开销，著落各官赔补，殊非朕特遣官员拯救灾黎之本意。巡抚黄炳所奏，康熙六十年散赈用过谷石，及雍正元年散赈用过银两二疏，俱交与该部，准入正项报销。

八月甲午

上谕户部：前因江浙督抚等折奏："七月十八、十九等日，骤雨大风，海潮泛溢，冲决堤岸。沿海州县、近海村庄，居民田庐多被漂没。"朕即密谕速行，具本奏闻赈恤。但思被灾小民望赈孔迫，若待奏请方行赈恤，致时日耽延，灾民不能即沾实惠，朕心深为悯恻。著该督抚委遣大员，踏勘被灾小民，即动仓库钱粮速行赈济，务使灾黎不致失所。其应免钱粮田亩，即详细察明请蠲。

凡海潮未至之村庄，不得混行滥冒。至于紧要堤岸冲决之处，务须速行修筑，无使咸水流入田亩。朕念切痌瘝，务令早沾实惠。该地方官各宜实心奉行，加意抚绥，俾凋瘵得苏，生全速遂，以副朕勤恤民隐至意。

十月癸巳

户部议覆：直隶巡抚李维钧疏奏："直属九郡丰收，惟霸州、东安、大城、武清、玉田、宝坻、梁城七州县所田禾偶有淹损，本年钱粮，请缓至雍正三年带征。"应如所请。

上谕曰：霸州等七州县所被水村庄，朕已谕巡抚李维钧将仓粮发赈。念此时小民，生计维艰，若将今岁钱粮归于明岁带征，则新旧之赋，输纳于一年之内，势难兼顾。尔部行文该抚，著将霸州等七州县所被水村庄，今年应征钱粮内或应有蠲免之处，详查议奏，以纾民力。

雍正三年乙巳三月丁未

上谕户部：豫省阳武、封邱、中牟三县，从前两被水灾。闻其近堤地亩有被水涨漫，流为支河者；有水去沙停，变为沙滩者；有地土变为咸碱者，昔年特遣大臣，专司堵筑。又念民间输赋维艰，于蠲免之外，将应纳钱粮宽期分年带征。今幸修筑功成，河流顺轨，民获安居。但念被灾之后，元气未复，若将新旧钱粮并征，民力未免竭蹶，且恐被水与停沙之地，以及咸碱之区，一时未能耕种，则国课何由而办？朕心深为轸念，著户部侍郎托时前往，会同巡抚田文镜，将三县昔年被灾地方悉心查勘，其地土被灾之轻重及荒地成熟之迟早，与旧欠、新征之钱粮应征、应免之处，一一确实，分别定议。

丁巳

管理户部事务怡亲王奏请,酌减苏、松浮粮。

上谕曰:苏、松浮粮,常廑皇考圣怀,屡颁谕旨,本欲施恩裁减,乃彼时大臣以旧额相沿已久,国课所关綦重,数以"不应裁减"固执覆奏。凡国家大事,因革损益,必君臣计议画一始可举行,若皇考违众独断,即非询谋佥同之意,且恐一时减免,倘后来国用不足,又开议论之端,是以从众议而中止。然圣慈轸念苏松,诞敷渥泽,屡蠲旧欠,以纾民力,其数较他处为多,是亦与裁减正额无异也。今怡亲王等悉心筹画,斟酌奏请。朕仰体皇考爱民宽赋之盛心,准将苏州府正额银蠲免三十万两,松江府正额银蠲免十五万两。《论语》曰:"百姓足,君孰与不足?"《易》曰:"损上益下,民说无疆。"朕但愿百姓之足,时存益下之怀,用是特沛恩膏,著为定例。俾黎民轻其赋税,官吏易于催科,可饬令该地方官知之。

五月丙辰

上谕户部:去岁江浙海潮冲溢,沿海场灶淹没之处甚多。两淮盐政所属地方,经噶尔泰奏闻,朕即发帑赈恤,并将雍正元年、二年灶户未完折价银四万余两,悉行蠲免。其两浙盐政所属地方,该巡盐并未将被灾之处题报。今谢赐履折奏,去秋海涛飘决情形,两浙与两淮无异。朕一视同仁,务使均沾膏泽。著将华亭、娄、上海、海宁、余姚、萧山、慈溪等县,雍正元年、二年未完场课银两,悉行蠲免。

九月丁酉

上谕大学士等:前因天津仓廒潮湿,不能收贮米石,故停止截留。今据蔡珽奏称"天津仓廒,虽不能贮米,可分发各州县以备赈济,请仍截留二十万石"等语。著户部速派贤能满汉司官各一员,前往天津,会同仓场总督托时,将河南小米截留二十万石。一面行文蔡珽,令其酌量应贮米之州县,拨派官员于天津地方领运收贮备赈。前李维钧奏请赈济一月,朕思赈济原不可拘定日期,著加赈三个月,务令小民得所。现今遣增寿等前往奉天采买米石,运至天津。可即行文伊等,于米石之外,采买高粱,或十万石,或七八万石,一并运至天津,于赈济大有裨益。尔等即遵谕行。

十月戊子

上谕都察院:五城煮赈,旧例自十月初一日起,至次年三月二十日止。每城每日发米二石、柴薪银一两。今岁直隶各州县,截留漕米二十三万石,仍复运送通仓米十万石,令散赈平粜。但恐来京就食之民尚多,每城日给米二石或不敷用,著每日各增米二石,柴薪银亦倍之。各该巡城御史亲率司坊官散给,尔等不时稽查,务使穷民得沾实惠。

十一月乙未

上谕大学士等:今年直隶州县被水,小民乏食,朕轸念殷切,除截留漕米发给常平仓谷外,又将通仓米六成以上者,著托时、陈守创亲交余甸、蔡起俊运赴天津,分散赈粜。今朕访得所发之米,朽烂不堪,其高者不过三四成,低者全属灰土。朕轸念灾黎,宵旰忧劳,无时或释。乃托时等全不仰体朕心,将此无用之米运给,有名无实,小民何所资藉?此已运成色米十万石,著赏给各处穷民,再另发六成以上米十万石,令托时、陈守创、余甸、蔡起俊运往天津。再,今岁秋季所发官俸兵粮,米色俱不好,嗣后若再如此,必从重治罪。康熙五十五年,曾发通仓米五万石分贮各州县备用。

历年已久，闻俱陈腐，甚为有司之累，著从宽豁免。

十二月丁亥

上谕大学士等：今岁直隶地方被水，小民乏食，朕轸念维殷，已截漕发粟，多方赈恤。但恐停赈之后，正值东作之时，农民谋食无策，著再加赈一月。如从前所发之米不足赈粜，著署理总督蔡珽确查奏请，增发米石，以副朕爱养黎元之意。

雍正四年丙午六月癸酉

上谕江西巡抚裴𢓴度：闻福建今年春夏以来，雨水稍多，天气寒冷，禾苗兴发甚晚。目前米价昂贵，民食颇觉艰难。江西素称产米之乡，况去岁今春，皆获丰收，理宜通融，以济闽省。近闻江西地方官遏籴，不令出境，甚非情理。著将江西存仓之谷，碾米十五万石，动用脚价，遴委能员，即速运至闽省交界地方；先期知会闽省督抚，委员领去，分给各地方，以济民食，毋得迟缓。其动用脚价，作何还项，可与闽抚酌议。动用仓谷，作何还项，可与两江总督酌议具奏。

甲戌

上谕户部：江南泗州逼近黄河，地势低洼，因去年黄水冲决之岸，尚未合龙，今年四月间，水势漫溢，以致泗州地方禾麦又被淹损，朕心深为轸念。著布政使石麟动支库银二万两，亲自前往泗州，确查被灾之民，逐户散给，勿令乡约里长及胥吏人等丝毫侵蚀，务使穷民均沾实惠，不至失所。

十月甲子

上谕户部：从前因泗州逼近黄河，常有水患，今岁又复被水，特命布政使石麟动支库银二万两,亲身带往,散给穷民,此朕格外之恩也。今魏廷珍奏称"已奉谕旨动库银二万两赏给,无庸再议赈恤"等语,殊非朕格外加恩、轸念穷黎之意。且赈济之例,应照被灾分数,酌定多寡。若云已加特恩,便不照常赈济,倘恩赏之数不及应赈之数,则小民因此转未蒙恩矣。著交与魏廷珍,仍照定例,将应赈之处,确核具题散赈。

十一月己亥

广东巡抚杨文乾奏:归善、博罗等十一县,滨海被水,秋收歉薄,请加赈恤。

上谕九卿:上年广东、福建二省所属郡县,有数处歉收,是以今年春夏,米价昂贵,已谕该督抚等设法接济,抚恤贫民。今年福建雨泽调匀,秋成丰稔。广东早禾大收,惟八月间雨水稍多,恐晚禾收成歉薄,至明岁青黄不接之时,小民不无乏食之虑。此时正当预为筹及,应如何运送米谷赴广备用,著九卿确议。该抚所报滨海被水之十一县,应如何赈恤之处,一并速议具奏。

雍正五年丁未六月丁未

上谕内阁:据怡亲王奏称,玉田县还乡河堤岸冲决,附近之田禾、庐舍被淹伤损。朕心深为轸念,著散秩大臣常明率同御史勒音特、钱兆沆二人,前往查勘,并带帑金二万两,速行赈济。若有动用仓谷之处,将本县仓谷即行动用,务使小民得所,不致流离。再,被水地亩本年应纳之钱粮,朕本欲全免,恐此时有已经完纳者,著行缓征;明年钱粮,蠲免一年。该地方有司,应加意抚绥,以副朕爱养穷民之至意。

七月乙卯

上谕户部：湖北地方，今年四五月间，雨水稍多，江流泛涨，沿江之地罹于水患。如武昌府属之咸宁、蒲圻、嘉鱼三县，武昌、武左二卫，汉阳府属之汉阳、汉川二县，荆州府属之江陵、荆州卫，黄州府属之黄陂、黄梅二县，田亩被淹，米价渐昂。朕心深为轸念，著该地方官加意抚恤。朕又思此县卫数处既经被水，仍令其输纳钱粮，民间未免竭蹶，著将今岁钱粮全行蠲免。倘有已经完纳者，准作雍正六年应完之项。再，各省藩库俱有酌留银两备用，因湖北并无存剩银两，是以未曾酌留。今既有蠲免之州县，恐俸饷公用等项一时或有不敷。查湖南藩库有存贮银三十万两，著将银十万两就近拨解湖北布政司。再将两淮盐课拨动二十万两，以十万两解送湖南补项，以十万两解送湖北备用。又闻湖南近江州县亦有数处被水，著总督、巡抚确实查明，亦照湖北咸宁、蒲圻等县卫之例，将今岁钱粮蠲免。

戊辰

上谕内阁：朕前令该督抚行查湖南被水之地，今据署湖南巡抚布兰泰奏报，十一州县卫被水，甚为可悯。著照湖北被水之地，一体加恩。虽据布兰泰奏称，已经动用银两，委员赈恤，朕恐所发之银或未敷用，著再动用司库帑银二万两，作速确查散给，务使穷民均沾实惠。如王国栋已经到任，即交与王国栋料理。至湖南、湖北近江滨湖之地，虽地势低洼，易至泛溢，然居民常被水患，朕心甚为悯恻。或有堤岸未修，或有疏浚不力，俟迈柱到任后，会同湖北、湖南巡抚悉心商酌，将如何兴修防护之处，详悉定议。又闻近日湖南米价稍贵之时，即有奸民撑驾小舟，指称被水灾民，求乞米粮，而抢劫客舟财物者。凡属良民，断无有因一时被水米贵而肯甘心为盗之理，此皆平素凶恶匪类，胸怀诡诈，乘地方稍有旱潦，遂以迫于饥寒为名，煽惑众心，妄行不法，甚属可恶。据布兰泰称，生事为首之奸民，已被擒获，著该抚严加审讯。或另有指使之人，或尚有凶恶之党，究问明白，分别首从定拟。

八月辛亥

上谕湖广督抚等：湖广近江滨湖之州县，如咸宁、蒲圻数处，今岁被水，特颁谕旨，将今岁钱粮全行蠲免。沔阳、潜江、监利，一州二县及卫所屯田，皆属低洼之地，与咸宁等处相同，照例将今岁钱粮全免。其有已经完纳者，准抵算明年额赋。朕因轸念楚省穷民，已发帑银二万两，令该督抚加意赈恤。此银倘有不敷，湖北现有买谷备用之银六万两，即将此项银两动支，于应用之州县分给赈恤，务令均沾实惠。

九月乙丑

上谕户部：朕闻江南、浙江近水之地，数处被水，轸念穷民，朕怀殷切。著江南总督范时绎动用库银二万两，于上下两江应用之处散赈。浙江巡抚李卫动用库银一万两，于应用之处散赈，令穷民均沾实惠。

十月戊戌

上谕署直隶总督事宜兆熊：据奏，霸州、雄县等二十四州县被水穷民，已蒙恩散赈，其各属被水地亩暂请缓征。朕念直隶滨河之地，易于被水，用沛特恩，遣官发帑，加意赈恤，此乃格外惠及穷民之意。至于被水之处，仍应勘明分数，题请照例蠲恤。不得因已经遣官发帑，遂不照定例遵行，并谕各省知之。

乙酉

上谕户部:朕御极以来,爱养黎元,勤求治理。各省钱粮耗羡,原非应有,本欲悉行革除。因广为咨询,留心体察,知州县官员实有必不得已之用度。若将耗羡尽行禁止,在廉谨之员,实难支持;而贪污不肖之徒势必藉口无以养廉,恣意苛索,百姓转受其累。是以钱粮之有火耗,由来已久,各处皆有相沿之例,其数亦多寡不同。惟应于火耗过重之员,重治其罪。若有司官酌量收纳,不加重苛取于民,小民亦觉相安,此各省之大势也。查各省之中,赋税最多者,莫如江南之苏、松二府,浙江之嘉、湖二府,每府多至数十万,地方百姓未免艰于输将。其赋税加重之由,始于明初洪武时,四府之人为张士诚固守,故平定之后,籍诸富民之田以为官田,按私租为税额。夫负固之罪,在士诚一人,而乃归咎于百姓,加其税赋,此洪武之苛政也。有明二百余年,减复不一。我朝定鼎以来,亦照明例征收,盖因陆续办理军需经费所在,未便遽行裁减。我皇考圣祖仁皇帝常论及此。雍正三年,朕仰体皇考多年宽赋之圣心,将苏、松二府额征浮粮豁免,彼时颁发谕旨甚明。本欲一体加恩于嘉、湖二府,因浙江风俗浇漓,正须化导,不便启其望恩幸泽之心,故尔暂止。今见浙俗渐次转移,改而迁善,朕心深慰,用沛恩膏。查嘉兴府额征银四十七万二千九百余两,湖州府额征银三十九万九千九百余两,俱著减十分之一,二府共免银八万七千二百两有奇,永著为例。至于浙省地方各官养廉之资,更无别项,而耗羡则每两不过五六分。以通省额征之数计之,每年耗羡仅十四万两,自督抚、将军、副都统、学政,及藩臬、道府、同知、通判、州县等官,共一百二十员,凡用度公费,皆取资于此,似不足支应。除嘉、湖二府钱粮已经减免外,著将杭州、宁波、绍兴、台州、金华、衢州、严州、温州、处州等九府,额征银二百五万两,按十分之一内存半计算,得银十万两,赏给各官,以为养廉,合之州县耗羡则有二十四万两。从雍正六年为始,俱著提解司库,令该抚酌量官职之大小,府州县地方之繁简,秉公派定数目奏闻,余银存为本省公事之用。朕轸念浙省官民,施恩格外,百姓赋税之稍重者,则将征额之数特赐裁减;官员用度之不足者,则将惟正之供赏给养廉。朕今施恩于官者,实施恩于民之意,无非欲百姓等催科不扰,皆乐业于田间;官员等俯仰裕如,咸尽心于官守。倘官员不知副朕爱民之苦心,仍有作奸犯科、隐粮逋赋,及侵渔公帑、剥削民膏者,在天理、国法俱难姑容,加以重惩,更无可贷。思之!慎之!

雍正六年戊申三月癸丑

上谕户部:君民上下之间,休戚相同,本属一体。《论语》曰:"百姓足,君孰与不足?"是民间之生计,即国计也。自古人君,无不恤民之灾、济民之困者,而至于歉岁蠲免之数,往往多寡不同者,则时势赢绌为之,出于不得已也。如明洪武时,凡水旱地方,税粮即与蠲免。成化时,凡被灾之地,以十分为率,减免三分。弘治时,全荒者免七分,九分者免六分,以是递减,至被荒四分免一分而止。我朝顺治初年,凡被荒之地,或全免,或免半,或免十分之三,以被灾之轻重,定额数之多寡。顺治十年议定,被灾八九十分者,免十分之三;五六七分者,免十分之二;四分者,免十分之一。康熙十七年议定,歉收地方,除五分以下不成灾外;六分者,免十分之一;七分八分者,免十分之二;九分十分者,免十分之三。此例现在遵行,凡此多寡不同之数,或旋减而旋增,皆因其时势为之,亦非先后互异,意为增损也。数十年来,虽定三分之例,然圣祖仁皇帝深仁厚泽,爱养斯民,或因偶有水旱而全蠲本地之租;亦且并无荒歉,而轮免天下之赋。浩荡之恩,不可胜举。而特未曾更改旧例者,盖恐国家经费或有不敷,故仍存成法而加恩于常格之外耳。

朕即位以来,命怡亲王等管理户部事务,清查亏项,剔除弊端,悉心经理。数年之中,库帑渐见充裕。以是观之,治赋若得其人,则经费无不敷之事。用沛特恩,将蠲免之例,加增分数,以惠烝黎。其被灾十分者,著免七分;九分者,著免六分;八分者,著免四分;七分者,著免二分;六分者,著免一分。将此通行各省知之。朕视万民实为一体,恫瘝念切,怀保情殷。因思自古无不爱民恤下之人君,亦断无不急公亲上之黎庶。只以时势所值,各有不同。今就目前国用计之,可以加惠吾民,使沾渥泽,是以斟酌分数,定为规条。倘将来国用益饶,更可加增于此数之外。假若经费或有不足,百姓自然踊跃输将,则此例又可变通,必不因朝廷格外之恩,而遂忘奉公之本念也。如此则君民一心,上与下各尽其道,太和洋溢,感格上苍,将见灾沴全消,雨旸时若,丰亨有庆,旱涝无闻,岂不美欤?并令各省督抚转饬有司,遍谕乡村众庶,咸使闻知。

十月辛卯

上谕户部:直隶为首善之地,今岁春麦秋禾俱登丰稔,民人乐业,朕心深慰。但地方有历年带征之钱粮,若令新旧并纳,虽逢丰稔之岁,而民力未必宽然有余。若欲使小民共被恩泽,惟有将明年之赋预行蠲免。著将直隶雍正七年额征钱粮内,蠲免四十一万七千八百九十两。尔部可确查分数,行文该督,通行所属州县,一体敬谨遵奉,以副朕爱养黎元、加惠畿辅之至意。

十一月庚戌

上谕户部:福建历年地丁钱粮,雍正四年册报,共未完银四十四万二千一百余两。其或欠在官,或欠在民,从前未曾分别明晰。

经朕特遣大臣会同督抚彻底清查，除查出官吏侵蚀挪移亏空外，实在民欠银三十三万八千三百余两。朕思今年闽省州县有数处微欠雨泽，收成谅不能十分丰足，若于明年征收正额之外，仍带征历年旧欠，恐民力艰于输将，兹特大沛恩膏，将康熙五十五年起至雍正四年，民欠地丁银三十三万八千三百余两，概予蠲免。其有已征在官者，即照数留抵雍正己酉年本户正赋。此朕惠养黎元、勤求民隐之至意。该督抚等应仰体朕心，家喻户晓，并严饬州县等官实力奉行，务俾小民均沾实惠。倘有不肖州县阳奉阴违，或将已征在官者侵匿入己，仍作民欠开报；或将应行蠲免者私自征收，一经察出，定将州县官从重治罪，该督抚一并严加处分。再，云南、贵州、四川、广东、广西等省，皆系边远地方，如有历年实在民欠钱粮，俱著该督抚详细查明，将实数具奏。

十二月甲午

四川巡抚宪德奏：西藏乌蒙等处办理军需，蒙恩动用仓谷，毋许丝毫累民。今崇庆州绅衿士庶以己资代办，谷数至三千余石。及催令赴仓领回，皆称情愿捐输，留为本州储备。

上谕户部：崇庆州士民慕义急公，情词肫挚，此皆圣祖仁皇帝六十余年深仁厚泽，浃髓沦肌之效，朕心甚为慰庆。著将崇庆州雍正七年额征钱粮全行蠲免，以示格外加恩善良之至意。

卷二十九

蠲赈（二）

雍正七年己酉二月辛丑

上谕内阁：浙省为财赋重地，民力输将，朕所轸念。其旧欠钱粮，非不欲开恩豁免，只以屡年未完之项，乃顽户之所拖欠。若以抗正供而沾膏泽，则顽民获利，而良善转未邀恩，非所以化导人心风俗也。今据性桂折奏，浙省绅士庶民咸能知朕教养之殷怀，感朕训诲之至意，踊跃完纳正赋。即此一事，可以见其感恩迁善之诚，朕实为浙省之士民风俗称庆，非重此数十万之国帑也。浙省向善之速，甚属可嘉，用沛鸿恩，将雍正七年额征地丁屯饷钱粮，蠲免十分之二，共计六十万两，著李卫转饬各属，恪遵奉行，务使闾阎均沾实惠。并将朕加恩奖善之意，遍行宣谕，俾远乡僻壤，咸共知悉。

癸卯

四川巡抚宪德奏：上年九月间，泸州里民呈称军需米石，情愿捐助。臣见永宁、建昌各路军粮，俱派就近州县里民背运，实属劳苦。而泸州里民，亦在派拨之内，是以未允所请。

上谕户部：朕前见崇庆州绅衿士民好义急公，风俗淳厚，深为嘉悦。是以格外加恩，蠲正赋以示奖励。今据抚臣宪德陈奏，知泸州里民，曾经具呈在先，且泸民既有背运军饷之勤劳，又有乐助仓储之忱悃，虽抚臣未允所请，而民情之忠厚善良，实为罕见。著照崇庆州之例，将雍正七年额征钱粮全行豁免。巡抚宪德务体朕心，转饬该州恪遵奉行，使闾阎均沾实惠。倘谕旨颁到之日，有已征在官者，准其抵算庚戌年额赋。

三月丙午

上谕内阁：总督田文镜公忠历练，自莅任豫省以来，抚绥化导，以实政实心，为察吏安民之本。是以风清弊绝，吏畏民怀，地方舒畅之气，感召天和。数年之中，年谷悉登丰稔。该督之功，实为可嘉。兼该省绅士庶民，风俗向来醇朴，又能遵封疆大臣之教，人人向义输忠，以受上天之恩，实可谓良民矣。夫因荒歉而蠲免正赋者，乃赈穷恤困之意。若群黎共敦善行，以迓天庥，屡岁有秋，灾祲不作，则赏善旌良，朕之加恩沛泽，更为愉快。著将豫省雍正七年额征钱粮，蠲免四十万两。总督田文镜可确查分数，通行所属州县一体遵奉，使闾阎均沾实惠。

六月乙酉

上谕内阁：朕爱养黎元，遐迩一体。而边远之地，小民家计不及近省，尤朕心之所系念。数年以来，甘肃、四川、云南、贵州、广西五省，有用兵西藏及剿抚苗蛮等事，其一应军需皆动用公帑备办，秋毫不派及于民间。而粮饷转输，亦有资于民力。今藏地、苗疆俱已宁谧，朕心嘉慰，特沛恩膏，著将庚戌年甘肃、四川、云南、贵州、广西额征地丁银两悉行蠲免。其西安各属地方，近日亦有预备军需之事，朕心轸念，著将庚戌年额征钱粮，蠲免十分之三。此六省督抚大吏，宜仰体朕心，转饬所属有司，敬谨奉行，务使闾阎均沾实惠。如有奉行不力，被不肖有司暗饱私囊，或奸胥土棍、强绅劣衿包揽侵蚀者，经朕访闻，必将通省大小官员分别从重治罪。至于国家设官，本以理民，官有恤下之责，民有奉上之义。若设官而不为计及养廉之资，则有司之贤者将窘迫而莫能支，不肖者又横取而无所检，是以酌定将钱粮耗羡，均给各官，此揆情度理、上下相安之道。但思加恩百姓，豁免正赋，若将耗羡一并蠲除，是民虽邀额外之恩，而官员转有拮据之苦。上司或因此稍有宽假，则必致巧取苛索于民，流弊种种，转多于耗羡之数，于吏治民生均无裨益。著于庚戌年为始，凡遇特恩蠲免钱粮者，其耗羡仍旧输纳，谅必民所乐从。若因水旱蠲免者，不得征收耗羡，将此永著为例。

八月癸丑

上谕内阁：自古帝王之治天下，设官分职不得其人，则庶政莫由振举，而理财不得其道，则国用不足。虽欲减赋蠲租，沛膏泽于万姓，其势有所不能，此自然之理也。数年以来，怡亲王、大臣等办理户部事务，敬慎公忠，风清弊绝，阜民裕国，府库充盈。国家经费既敷，则蠲除惟正之供，施恩常格之外，使群黎百姓俯仰有余，乃朕痌瘝之至愿也。

昨署山东巡抚费金吾奏称："今岁东省秋成大稔，父老皆言二十余年以来所仅见。"朕思此乃督抚之贤，有以感召天和也。则凡为督抚者，宜何如之敬谨居心，公忠奉职，以不愧屋漏之诚，为感格上天之本耶！闻今年秦省西安一带，夏月甚旱，而地方文武大臣官员罔知修省，此则封疆大臣之所当切戒者。朕非卸责于臣工而屡颁此等谕旨也，盖实有见于天人感应之理，纤毫不爽，而夙夜敬谨乾惕，觉鉴观之有赫，而呼吸之可通。倘朕心有一刻之懈弛，而徒以训诫之词责诸臣下，其又何以对越天地神明乎？又据广东督抚布按等奏称："今年粤东雨泽均调，百谷顺成，合计通省米价，自八钱至五六钱，实粤省从来希有之事。"朕闻之，深为慰悦。此皆该省民人等革薄从忠、醇厚良善之心，上天垂佑，而锡以丰穰之所致也。著将山东、广东二省，庚戌年地丁钱粮各免四十万两，以奖地方官民之善。直隶、陕西今年各蠲银四十万两，庚戌年著再各免地丁钱粮四十万两。山西通省连岁皆获丰收，著免庚戌年地丁银四十万两。安徽等属亦著免庚戌年地丁银四十万两。此六省共蠲免额征银二百四十万两，乃朕加惠闾阎之特恩。该督抚等应转饬有司，仰体朕心，敬谨奉行，务使小民均沾实惠。倘不肖官吏及绅士土豪等，有侵蚀包揽等弊，一经发觉，定行重治其罪，并将失察之督抚上司等，严加议处。

九月甲戌

上谕户部：据宁远大将军岳钟琪奏称“自西安起程，历西凤、平临以至甘、凉等处，小民承办军需，莫不踊跃欢呼，趋事赴公，争先恐后。而靖逆卫屯民，于应办草束之外，情愿另备余草，运赴大东渠站所堆积，以佐军需”等语。靖逆远处边外，人民无几，而自备割运草束，输力效诚，可见师以义行，统领大臣又能令承办军需各员，无丝毫扣克，是以舆情鼓舞，相率办公，朕心深为嘉悦。著将靖逆卫庚戌年应征正粮马粮四百六十石零大草五千三百八十八束，全行蠲免，以示加惠边民急公之至意。

己丑

上谕内阁：年来用兵西藏，剿抚苗蛮，一切办理军需皆动支公帑，而粮饷转输不无资于民力，朕心深为轸念。是以降旨，将甘肃、四川、云、贵、广西五省庚戌年地丁钱粮，全行豁免。查甘属之河西四府，如宁夏、西宁及甘凉肃，以至嘉峪关外之靖逆、赤金、柳沟等卫所，历来额征，俱系粮料草束，与各省额征折色无异。今当用兵之际，虽丝毫不派及民间，而黎民踊跃急公之意，大将军岳钟琪屡次奏闻,甚属可嘉。著将额征本色加恩豁免,以示惠爱边民之至意。

十一月丙子

上谕内阁:前因北路军需须用骆驼鞍屉,谕令山西地方制办,闻该省民人凡有羊毛绳料之家,各出所有,赴官领价,工匠亦一时争先应募,共计二十余万件之物料工作,不劳而集于月余之内。此皆该省大吏平日善于训导民人,其制办器物,雇募人工,又照数给与价值;而该省民人又怀尊君亲上、急公趋事之心,是以备办军需,群情欢跃,克期告竣,甚属可嘉。巡抚石麟、布政使蒋泂著交部议叙,凡委派办理之员亦著议叙,再将该省辛亥年额征地丁银蠲免二十万两,于办理鞍屉之各州县,按亩均派,使小民共沾实惠,以示朕恩奖官民之至意。

雍正八年庚戌六月己未

上谕户部:甘肃地方,雍正八年地丁钱粮,前已降旨蠲免。其河西四府州县暨各卫所,额征粮料草束,又经一体免征。朕念新归内地番民向风慕义,愿附版图,其地亩额征本色粮草,与河西等处赋税相同,亦应一体蠲除,俾令同沾恩泽。著将雍正八年河东之河州厅、洮州卫、归德所,河西之西宁、凉州府属应征番粮,共一万二千有奇,俱加恩蠲免。该督抚即督率所属有司,敬谨奉行,俾番民均沾实惠。

七月己卯

江南河道总督嵇曾筠奏河水暴发情形。

上谕内阁:今年春夏之交,北方雨泽略少,朕即虑夏秋之间,雨水必多,屡谕河臣加谨保护工程,以防伏秋之汛。今观湖河涨溢情形，有非人力所能捍御者，朕惟有修省戒惧，以凛上天示儆之深恩。更念邳州、宿迁、桃源等处，水势骤长，禾稼、室庐必遭淹没，深可悯恻。著差往江南清查钱粮之侍郎马尔泰、彭维新、御史安修德等，星赴被水地方，动支藩库银数万两，速行赈济。并遴选廉干人员，带往分派各处，会同地方官悉心办理，勿稍稽迟，勿令遗漏，务使穷民人人安堵宁居咸得其所。其被灾之处，今年额征钱粮，著悉行蠲免。倘有已经完纳者，准作明年额征之数。闻山东发水之处，民间田舍亦被损伤，著巡抚岳浚遴选贤能官员前往查勘，动支库银，速行赈济，勿使一人失所。其应行蠲免钱粮之处，著一并确查，奏闻请旨。

八月己亥

上谕户部：前闻直隶地方有被水之州县，朕心轸念，已星遣侍郎牧可登、副都统阿鲁等分路前往，蠲赈兼施。兹据署督唐执玉奏称，各属被水情形，消长不一，有上谕所及之处而水势消落，可免成灾者；亦有上谕未及之处，而田庐被灾，急须拯恤者。著行文交与牧可登、阿鲁等，照该督所请，悉心查勘，核实通融。其前谕未及之处，有应行赈济者，即交附近差往之大臣官员等速行料理，务令得所，以慰朕拯恤灾黎之至意。

是日

上谕户部：据河东总督田文镜奏报，山东被水各州县，朕已降旨，谕令动支银谷，加意赈恤。兹闻莱州府属之昌邑、寿光、潍县，青州府属之益都、沂水、博兴、高苑、临朐，济南府属之邹平等县，俱被水患，民舍田禾，不无伤损，著该督抚委员查勘，应否与从前所报州县一体加恩之处，一面办理，一面奏闻。倘再有续报被水者，亦著遵照前旨，速行料理，毋使稽迟。

丙 午

上谕户部：向来蠲免钱粮，额征漕米不在所蠲之内。今年山东地方被水稍重，而直隶、江南、河南三省，亦间有被水之州县。夫地方既已歉收，则漕米输将，未免竭蹶。著将山东被水之州县漕粮，全行蠲免。直隶、江南、河南被水州县之漕粮，按其成灾分数蠲免。其山东未被水州县应完漕粮，不必运送京师，即留于东省，以充兵饷。

九月甲申

上谕内阁：朕临御万方，宵旰勤求，惟以爱养斯民为念。数年以来，除租减税，叠沛恩膏。不但旱涝歉收之处，蠲赈兼施，即该省年谷顺成，不须宽赋，而朕欲使民力饶裕，每加格外之恩。盖国家经费既敷，则富藏于民，俾各家给而人足，乃朕之至愿也。查各省钱粮，朕特降谕旨蠲免者已多。今次第举行，应及于江西、湖北、湖南三省，著将辛亥年三省额征钱粮，各蠲免四十万两。又念直隶乃畿辅首善之地，应沛殊恩。山东今岁被水之州县稍多，朕心甚为轸念。除二省涝溢地方，已加意赈恤，并将本年额赋照例蠲免外，著将辛亥年二省钱粮，各蠲免四十万两。以上五省，各该督抚应仰体朕心，严饬有司，敬谨奉行，务令闾阎均沾实惠。

十一月庚辰

户部议覆：河东总督田文镜奏称“今年豫省被水州县收成虽有不等，实未成灾，且士民踊跃输将，所有奉旨蠲免之漕粮，请仍照额完兑”，应如所请。

上谕曰：士民等急公奉上，甚属可嘉。但被水州县虽未成灾，而收成分数既有不等，著该督确查歉收分数，仍照例蠲免。即将现在已兑漕粮,准作辛亥年正供,以示朕嘉惠豫民至意。

雍正九年辛亥正月戊辰

上谕内阁:朕思惠养黎元之道,莫先于除赋蠲租,使万姓均沾渥泽。陕西、甘肃二省,经理军需数年,凡米粮、刍牧、车马、牲畜之类,皆动支公帑备办,一丝一粟,不使扰民。然朕每念地方既有军务,纵不取办于民财,未尝不资藉于民力;而陕、甘二省之民人踊跃趋事,甚为可嘉。年来已屡降蠲赋之旨,兹特再沛恩膏,将雍正九年西安所属额征地丁银,蠲免十分之三;甘肃所属额征地丁银,全行蠲免。该督抚等可转饬有司,敬谨奉行,务令闾阎均沾实惠。

丁亥

上谕内阁:山东地方,上年遭值水患,穷民乏食,朕心轸念,屡颁谕旨,并遣大臣赐粟赐金,加恩赈济,不忍使一夫不获其所。又念该省上年禾稼歉收,则今春青黄不接之时,米价必致腾贵。特命截留邻省漕粮三十五万石,拨运奉天米谷二十万石,减价平粜,以惠济闾阎。朕之为东省民食计者,亦备极筹画矣。细思上年济、兖、东三府之被水,较平时为甚,今发粟平粜,固不虑价值之高昂,而赤贫之民仍苦于籴买之无力。且闻被水之后,有糊口转徙四方者;今各省渐次资送回籍,此等民人回籍之后,无以为资,势必至于失业,深属可悯。著侍郎刘于义、牧可登、巡抚岳濬确查,实在穷民无力籴买谷石者,再给两月口粮以恤其困苦,资其耕作。查济、兖、东三府,尚有存仓谷四十万石,即将此为散赈之需;倘不敷用,再将截留之漕米以二十万石平粜,以十五万石增添散赈。著该侍郎等遴选贤员,作速分途办理,使黎民均沾实惠。并传宣朕旨,晓谕百姓等,受朕格外之恩,当乘此春和努力耕种,勿因失业而作邪僻之事,勿因困厄而怀怨尤之心。果能祇遵朕训,则豫顺之气自能感召天和,赐以安全之福。思之!勉之!

庚寅

上谕内阁:上年江南邳宿等十八州县遭值水患,穷民乏食,朕心深切轸念。特命大臣会同该督抚,动帑发粟,抚绥赈恤,增给口粮之数,加添散赈之期,并赏给修葺室庐之费,务使被水黎民咸登衽席。今据该督抚等奏报,正月十五日,已满散赈之期。朕思江南麦熟,在四月之杪,其间青黄不接之时,尚应为之筹画。虽本省邻境,皆有平粜之米谷,而赤贫之民无资籴买者,仍复艰于糊口,深可悯恻。查扬州盐义仓有积谷数十万石,原备赈济之用。著动支二十余万石,加赈穷民四十日口粮,以济其困乏,资其耕作。该督抚会同钦差侍郎彭维新等悉心奉行,并晓谕百姓,乘此春和,尽力南亩,勿再游手失业,有负朕恫瘝轸恤之至意。

二月戊午

上谕内阁:从来备办军需,于地方不无劳费,朕深知其弊,惟恐累及民间,是以于征剿准噶尔之举,悉心密筹于数年之前,一丝一粟,皆用公帑。而民间并不知国家将有军旅之事,从来未闻预备军需地方能如此毫不骚扰者也。此天下所共知,更为三秦百姓所深悉者。及至大兵既出,时日既多,挽粟飞刍,脂车秣马,虽不取办于民财,恐不免借资于民力,此亦事势之不得不然。只以准噶尔狡狯凶顽,父子济恶,实蒙古之巨患,为国家之隐忧。若因循苟且,纵贼养奸,则狡寇一日不灭,边境一日不宁;即内地之民,亦一日不得休息。此朕熟思详审,至于再三,而出于万不容已者。并非好大喜功,利其人民土地,而为此举也。即以上年之事言之,贼夷先遣使臣诈称求和,及朕降旨,暂停进兵,而贼众乘我不备,大肆猖獗。然则此等狡寇，顾可置之度外，听其贻害于边方哉？即此愈见圣祖皇考当年不得已之情，朕今日继承先志，不能不办理之苦衷也。惟是国家设兵，所以卫民，今因用兵而有不得不资民力之势，朕心实为怜悯。是以年来屡蠲陕、甘二省额征钱粮，使群黎均沾膏泽。而三秦绅士庶民，感激国恩，兼明大义，踊跃趋事，志切急公，二十年来如一日，朕实嘉之。如昨岁据督抚奏报，甘肃士民等，有愿捐车辆以资挽运者，有愿捐草束以供刍牧者。朕皆降旨，一一照数给与价值。而其服劳宣力之诚悃，亦大可见矣。今年添办军需，朕又切谕督抚、有司等，体恤民情，不得丝毫扰累。其粮饷运费特令加增，倘再有不敷，仍令据实陈奏，无非轸念民劳之意。惟望陕、甘二省绅士庶民等，欢欣鼓舞，勿懈初心，则和气致祥，仰邀天眷，不数年间，必见肤功克奏。不但边城内外，共享宁静之福，即尔等世世子孙，永保安居之乐矣。查雍正九年，甘肃所属额征钱粮业已全行蠲免；西安所属额征钱粮，前降旨蠲免四十万两，著再蠲免四十万两，以昭朕体恤之恩。该督抚务饬有司，敬谨奉行，使闾阎同受实惠。并将此旨刊刻颁布，俾陕、甘二省远乡僻壤之民共知之。

己未

上谕内阁：上年秋月，山东地方，山水为患；即闻河南亦有数县被水。朕以总督田文镜身在地方，自能经理妥帖。冬间见总督迈柱奏折，知豫省被水之民，有觅食糊口于湖广者，该省已陆续资送回籍。朕又切谕田文镜督率有司，加意抚恤。且念豫省连岁丰稔，今不过数处歉收，自可支持度日，不致困穷失所，是以未遣专官前往查赈。今闻祥符、封邱等州县乏食穷民，沿途求乞，而村镇中更有卖鬻男女，为山陕客商买去者。田文镜欲将说合之中保媒人，拘拿惩治。至于乡村有粮之家，多被附近穷民呼群觊觎，于昏夜之中，逼勒借贷，有司不能究问，朕闻之深为骇异。朕以爱养百姓为心，惟恐一夫失所，即如上年直隶、山东、江南被水之州县，朕皆叠沛恩施，岂独于豫省之民，靳兹膏泽？田文镜近来年老多病，精神不及，故为属员所欺诳耳。夫卖男鬻女之事，在平时亦有之，此乃出于本人之情愿，非官长所可禁止者。至于荒歉之岁，自以抚绥安插，使民不至离散为第一义。若不能抚绥安插，而但禁其卖鬻子女，以避离散之名，是绝其生路也，岂为民父母者所忍言乎？刑部侍郎王国栋，向曾在豫省居官，著给与钦差大臣关防，驰驿前往，将被水之州县一一查明。飞饬该地方官，动用本地仓谷钱粮，核实赈济，务使穷民咸登衽席，不得稍有遗漏。俟麦熟之后，奏闻停止。倘地方官奉行不善，怠忽从事，著王国栋严参重治。其应行缓征之州县，著传朕谕旨，即行缓征，以免追呼之扰。

三月乙亥

湖广总督迈柱遵旨将沔阳州实在民欠粮银三万二千余两，分晰造册具题。

上谕户部：朕爱养元元，时下减赋蠲租之诏。每思豁除旧欠，则顽户独蒙恩；蠲免新粮，则善良均被泽，此亦情事之易知者。惟是沔阳民欠与他处不同，该州近水，常有涝溢之患，朕所深悉。其未完民欠银两，著从宽豁免。

四月乙未

上谕内阁：朕因直隶州县之被水，不过近河村庄；其他高阜之处，收成丰稔，彼此可以相资，不致艰于谋食，是以未颁加赈之旨。今闻畿南州县之中，有被水轻重之不同，其被水轻者，民间可以支持；而被水稍重者，即有日食不敷之虑。即如大名府属之长垣、东明、开州等处，皆地势洼下之区，失业之民，甚觉艰窘，恐其他州县亦有与之相类者。今去麦熟之时尚有月余,应筹接济之道,以资其耕作。若从京师遣官分查,必致稽迟时日。副都统赵宏济系上年散赈之员,著驰驿前往保定,会同该督唐执玉、布政使王謩等,查阅上年散赈档案,将其中被水稍重、应行加赈之州县,一一确查明白。遴选贤员,星速分途前往,会同该地方官,或动仓谷,或动帑银,核实散赈,至麦熟之时停止。倘奉行不力,或有遗漏浮冒等弊,经朕访闻,定将大小官员从重议处。

雍正十年壬子闰五月丁酉

上谕八旗官员人等:朕自御极以来,普天率土,未尝歧视。而八旗人等,尤国家教养百年,望其遂生复性,共享安乐于久远。若其中顽劣贪鄙之习,故加宽纵,将为人心风俗忧,无所底止。朕实不忍听其陷溺,不为援手,有负皇考之付托也。从前严治贪婪,清厘帑项,即追呼牵扰,有所不恤,诚欲八旗人等各思罪愆,渐自醒悟,知有所不为,庶无往不利,此朕训爱之初心也。昨于雍正三年以前亏空各项,令查奏酌免。谕旨内业经明白晓谕,今特再沛恩膏,将雍正三年以后、九年以前,八旗官员人等应追银两,除本身亏空、侵蚀、借帑及贪赃盗用等项不准查免外,其有年远之案,于雍正八年恩旨以后发觉者,与本身已故、著落子孙追赔、坐扣俸饷抵补者;或本身虽在,其应追之银,实系分赔代赔无著之项;或因公挪用,并未入己者;又或应追之本人已经豁免,而开欠之人尚在著追;或本身已经宽免,而在奉旨以前报出田房人口抵补,其间人口病故、田房变价不敷,仍行追补者,著该旗将各项情由,造册开送内阁转奏,候朕酌量分别,加恩宽免。此次谕旨,著再遍传,俾八旗人等深知朕恩,恪遵朕训,洗心涤虑,痛改前非,循理奉公,谨身节用,以副朕教育谆诚之至意。

七月壬辰

上谕内阁：甘肃地方，年来预备军需，虽事事取办于公帑，而百姓输挽效力亦甚勤劳。朕心轸念，屡加恩泽。闻今岁兰州、平凉、西宁等府所属州县内，有雹损虫伤之处，已谕该督抚留心赈恤，停止催科。嗣闻从前雨少之处，俱已沾被甘霖，秋成可望，朕心深慰。因念甘肃为军需总汇之区，百姓急公趋事，所当格外加恩，以昭朕子惠元元、奖劳赏善之至意。著将河东、河西各属民户、屯户及番民等，本年应征各项银米草束，一概蠲免；若有已经完纳者，准作来年正赋。该督抚等务体朕心，督率有司，敬谨奉行，俾秦民均沾实惠。倘有豪胥猾吏舞弊作奸，使泽不下逮者，经朕访闻，定将该管大小官员，严加议处。

雍正十一年癸丑正月庚寅

上谕内阁：上年江南沿海被水地方，如常熟等二十二州县，并续报之华亭等六县，该督抚等已遵旨轸恤，定议大赈三次，每次以一月为期。料寒冬初春以来，穷民存养有资，不致失所矣。朕念二三月间，正青黄不接之时，尚须筹画接济，资其力作，庶可无误春耕。著再加赈四十日，其有从前遗漏贫民，并前可糊口、而目下力不能支者，俱著查明，添入补赈之内。再被水之盐场灶户，亦照贫民例加赈一月。该督抚、盐政务须督率有司，实力奉行，使被水之家，均沾恩泽，以副朕恤灾拯困之至意。

六月己未

上谕内阁：据署河南巡抚孙国玺奏报“豫省历年耗羡银两，除本地公事支用外，现存司库银七十万两有奇，又社仓存贮谷麦等项，共计二十八万石有奇”等语，从前提解耗羡，本是澄清吏治、休养民生之意。屡经降旨，此项出自民间，若本地公用充裕之时，朕仍当加恩本地官民，使之沾被惠泽，不令归入公帑也。今豫省存贮耗羡既有七十万之多，而该省官员等所得养廉又已敷用，正当加惠闾阎，俾令邀恩格外。著将河南本年地丁钱粮蠲免四十万两，即以存贮之耗羡，照数拨补还项。该督王士俊可督率有司，敬谨奉行。大凡耗羡多余之省，该督抚、藩司等往往不甚爱惜，并不为百姓计而存撙节之心。若伊等留意民生，储蓄充盈，亦可为加惠编氓之助矣。

七月己亥

上谕内阁：直隶山东地方，自去冬以及今春，雨雪稀少，朕心忧虑，为民虔诚祈祷，幸蒙上天垂鉴，叠沛甘霖，远近沾足。目前秋禾秀实，大有丰稔之象，朕心不胜感庆。兹据直隶河道总督王朝恩奏报，知近水低洼之地，因伏雨稍多，河流涨发，禾稼被淹，人口亦有伤损者，朕心深为悯恻。著直隶总督、山东督抚遴选贤员，速行查勘，或动仓谷，或动帑银，确实赈济，务令被水穷民均沾实惠。

雍正十二年甲寅十月癸丑

上谕内阁：今年六月间，江苏地方雨水稍多，州县低洼之地，有被水淹浸，收成歉薄者，朕心轸念。且恐将来米价渐昂，不可不预为筹画。著将乙卯年江南起运漕粮，截留二十万石，于被水成灾之州县，各就近留一万石，或五六千石；于被水不成灾之州县，量留三四千石，俟开春市价增长之时，将此平粜，以便民用。其成灾田地，应征新旧条银，若仍行征输，小民不无竭蹶，著缓至来年麦熟开征。再，本年应征南漕等米，亦准缓至明秋折纳。所有被灾地方无力乏食之穷民，据该督等奏称，已动公项酌赏。但冬春之际，此等民人觅食艰难，应动支仓谷，分别赈济，毋令失所。著该督抚悉心办理，并督率有司，实力奉行，务令均沾恩泽。

十一月甲午

上谕内阁：今岁春夏之间，陕西地方禾麦颇好，及至仲秋，闻有雨少之州县，如甘肃所属，则有阶州、靖远、环县等处；西安所属，则有临潼、渭南、高陵、泾阳、三原、醴泉、富平、同州、郃阳、澄城、韩城、朝邑、华州、华阴、蒲城、潼关，以及榆、葭二府州所属等处。朕心深为轸念，特谕该督抚速筹蠲免赈恤，并转运接济之策，务使贫民不致失所。兹据刘于义、许容奏称“阶州、靖远、环县新旧钱粮，已概行停征。至乏食之民，已照例借给口粮，统俟夏收征还。其他州县，有一村一堡被旱薄收者，亦照阶州等处之例办理”等语。据史贻直、硕色奏称“西安所属州县，秋间雨泽愆期，嗣于九月内大沛甘霖，所种之麦滋润畅茂，明岁夏收可望。现在粮价有减无增，约计本地存贮谷石，足以接济明春之用。至本地钱粮，百姓感戴皇仁，且值连年丰稔，已经完纳十之八九，亦无庸加恩蠲免。惟从前借粜之谷粮，应于秋后还仓者，今西安、同、华、榆、葭等府州，既有薄收之属，请暂缓征买，统俟明秋还项，则民力可纾”等语，刘于义、史贻直等所奏地方情形已悉。阶州等三州县乏食民人所借之口粮，俱著赏给，明年夏收时不必征还。所有本年未完之钱粮，亦著蠲免，明年不必补征。其应征旧欠，著概行停止。仍令刘于义、许容督率有司，加意抚绥，务令小民得所。至西安、同、华、榆、葭等府州属，百姓所借之仓粮，亦著赏给，明年不必交还。其粜出之谷，著史贻直等酌量于明年买补还项。

雍正十三年乙卯五月甲辰

上谕内阁：西陲用兵以来，一应军需皆取资于公帑，丝毫不以累民。惟是甘肃等处,运送粮饷,不能不藉民力之挽输。朕心轸念,屡沛恩膏,即当丰稔之年,亦下蠲租之诏,所以赏百姓之急公,示朕心之体恤也。兹闻甘省所属地方,入夏以来,有雨泽愆期之州县,或恐收成稍薄,纳课艰难。著将雍正十三年甘肃通省所属应征地丁钱粮全行蠲免,俾催科不扰,民力宽舒。该督抚可董率有司,实力奉行,以副朕加惠秦民之至意。

卷三十

积贮

雍正元年癸卯六月丁丑

上谕户部:朕去年亲阅京通各仓,虽有积贮,但京师人民聚集,食指浩繁,米粮储备不可不裕。查有漕各省,惟湖广、江西产米最广。近年盛京年岁丰收,米价亦贱。此三处酌量动正项钱粮,采买数十万石,雇募民船,运送京师,大有裨益。著怡亲王、隆科多会同详议具奏。

雍正二年甲辰闰四月丁丑

上谕直省总督、巡抚等:社仓之设,原以备荒歉不时之需,用意良厚;然往往行之不善,致滋烦扰,官民俱受其累。朕意以为奉行之道,宜缓不宜急,宜劝谕百姓,听其自为之,而不当以官法绳之也。近闻各省渐行社仓之法,贮蓄于丰年,取资于俭岁,俾民食有赖,而荒歉无忧,朕心深为嘉悦。但因地制宜,须从民便,是在有司善为倡导于前,留心稽核于后,使地方有社仓之益,而无社仓之害。此则尔督抚所当加意体察者也。

雍正三年乙巳七月癸亥

上谕户部:归化城土默特地方,年来五谷丰登,米价甚贱。查黄河自陕西黄甫川界入口,河之两岸,一属山西,一属陕西,应自归化城购买米石，从黄甫川界黄河运至内地，到土拉库处修建仓廒收贮。其归化城、大青山、黄河岸口，亦建一仓，买米存贮，以便由黄甫川界运至土拉库处，再修造船只运至陕西潼关地方。其修仓、修船、往来挽运，所费钱粮，谅亦无多。刑部员外郎觉罗明寿，系朕深知之人，再著理藩院遴选谨慎笃实贤能司官一员，同伊驰驿速往，会同山西巡抚伊都立、归化城都统丹晋等，将查仓、修船、挽运、水手及需用等项，详议具奏。若此事易办，则外而蒙古，内而百姓，大有裨益。

八月丙寅

上谕户部侍郎蒋廷锡、内务府总管来保：今年六七月间，京师雨水较多，闻京城八仓内，颇有积水停滞，支领甲米，车辆来往甚艰。其城外万安仓附近城垣、城上泻水流下，仓内道路亦复泥泞，如何令各仓积水通泄，低洼处加土修垫，俾收放粮米之所，高燥洁净，既便于车辆行走，亦不致米粮狼籍。又各仓廒底，或应铺垫石灰，或应支架平板。尔等至各仓详悉查看具奏。

辛卯

上谕大学士、九卿等：前于天津，盖造仓廒，原备截留漕米。是以朕谕托时等，将湖北、湖南之米，截留二十万石，存贮天津。托时因奏：天津仓廒地势卑湿，廒底须铺垫干草以隔潮气。昨牛钮奏称：垫草亦不免浥烂。如此则截留漕米无益。前所降谕旨截留之米，可仍令抵通归仓。当时盖造仓廒，原系李维钧及地方官员经手，乃并不相度高燥之地，草率营建。著托时前往天津，会同莽鹄立、柯乔年详审地形，或另择高阜之处，或将旧基培垫；交与李维钧，亲同当时经手之员，赔补修造。即著莽鹄立、柯乔年监督工程。至于直隶州县仓谷，李维钧曾奏亏空无多，今岁秋收，即可全补无缺。今蔡珽奏称，清苑仓谷，并无颗粒。清苑为保定附郭之县，仓谷尚亏空如此，则他处可知。李维钧前此所奏不实，著大学士会同刑部问明具奏。

又，蔡珽奏称“目下省城米价腾贵，请令臬司浦文焯携带脚价，亲至天津，将截留漕米星速运三万石，以二万石直至省城平粜，以一万石量留沿途被水之处，以济急”等语。畿辅之地，百姓艰食，朕心深为轸念。著托时到天津，将漕米拨三万石，交与浦文焯，作速运去。今岁近京一带雨水较多，恐此米尚不敷用，再令陈守创将通仓变色米六成以上者，拨十万石，交与余甸、蔡起俊，动用脚价，运至天津。或平粜，或赈济，应运何处，俱听蔡珽调度。朕念直隶地方低洼之处，众水积而不泄，以至有水之害，而无水之利。疏通之道，不可不讲。已谕朱轼、张灿经理此事。闻陕西潼商道王全臣在陕挑浚秦渠，熟习水利，著王全臣来京。其潼商道员缺，著松茂道孟以恂调补。

九月丁巳

上谕大学士等：古者视岁之上中，为储蓄之节。盖官民经画久远，不为一时苟且之计。积之于丰年，用之于歉岁，所谓有备无患，法良而意美也。朕自临御以来，宵旰勤求，无刻不以民依为念。乃重农积粟之诏屡下，而闾阎卒少盖藏，官仓亦多亏缺。即如直隶保定等府，去岁颇称有秋，今春二麦亦熟，乃以夏秋雨水过多，田禾被涝，而民间遂有饥色。若非多方赈恤，穷民必至失所。此皆草野无知，食不以时，用不以礼，但快目前之有余，罔计异日之不足。一朝旱涝，追悔无从。至于常平义仓，原为备荒而设，乃有司奉行不力，多至缺额，罪何可逭？兹据江南、浙江、江西、湖广、福建、河南、山西、陕西、广东、广西、云南、贵州等省督抚报称，今岁秋成，八九十分不等，朕览奏不胜慰悦。又重为吾民计及长久,宜乘此时讲求储蓄之道,以备将来。该督抚等可转饬有司,遍行晓谕,务须撙节爱惜,各留余地,预为他时缓急之需。社仓之法,亦宜趁此丰年,努力行之,勿但视为虚文故事。朕为吾民筹画养赡之道,惓惓于怀,无时或释。而吾民自谋其身家,若但苟且因循,不复长顾远虑,则重负朕轸念元元之意矣。至于州县仓储,向有亏缺者,若不趁此丰收之时,速行买补,将来发觉,断不姑贷。慎之！慎之！

十二月戊寅

上谕户部:湖广为产米之乡,谷石最宜多贮,将来运往别省,皆为近便。今查湖广通省存仓之谷,只数十万石,为数无多。今岁湖广收成丰稔,著即行文该省督抚,令其动支库银十余万两,遴委贤员,采买谷石。于省仓及府州县应贮之处,加谨收贮。此时只宜陆续办理,不可因有官价一时采买,致令谷价腾贵。设若民间谷价稍昂,即便停止,俟明年再行采买。江南、浙江今岁俱获丰收,著各该抚,就近商酌,若亦可动项采买谷石,著即一面定数奏闻,一面采买。

戊子

上谕大学士等:积贮仓谷,关系民生,最为紧要。朕屡降谕旨,令该督抚严饬州县,及时买补昔年亏空之数。无如苟且迟延,奉行不力。即如原任直隶总督李维钧,曾奏称各属仓谷已补足七八分,及今冬发仓赈济,亏空甚多,若非截留漕米,并发给通仓之米,穷民几至失所矣。昨据月选官陈克复条奏:亏空仓谷,请支动正项买补,一面严追本官还项。朕已交与九卿议行。今直省地方,俱著定限三年,将一应仓谷,务期买补完足,不得颗粒亏欠。三年之后,朕必特差官员,前往盘查,如有缺项,定行重治其罪。

倘有不能补足情由,著该督抚题奏,凡亏空钱粮,犹可勒限追完,无损国帑。若亏空仓谷,则一时旱涝无备,事关民瘼,是亏空仓谷之罪,较亏空钱粮为甚,自宜严加处分。并著内阁、九卿确议定例具奏。

乙丑

上谕陕西总督、巡抚等:西安地方紧要,又有满洲驻防兵丁,省仓米石,应当多贮。查西安现在所贮米石为数无多,今岁秦省收成丰稔,著总督岳钟琪、巡抚图理琛就近商酌,动用库银采买米石,存贮省仓,以为备用。其米数多寡,该督抚酌定奏闻,务须陆续采买,勿令价值腾贵。倘仓廒不足,亦令该督抚酌议收贮之法。该督抚等宜仰体朕心,实力奉行。

雍正四年丙午正月乙巳

上谕户部:据两淮巡盐御史噶尔泰奏称"众商感戴赈恤蠲免之恩,今盐课丰裕,商业已隆,情愿公捐银二十四万两,备交运库。又噶尔泰名下,有应得银八万两,亦愿报部拨解"等语。从前两淮盐课,亏欠甚多,自噶尔泰办理以来,历年商欠、正项、赢余俱一一完纳,恤商裕课,盐政肃清,甚属可嘉。朕前曾谕令江南督抚酌议积谷备用,今众商公捐及噶尔泰奏请解部之项,共计三十二万两,著将二万两赏给噶尔泰,其三十万两可即为江南买贮米谷、盖造仓廒之用。所盖仓廒,赐名"盐义仓"。即著噶尔泰交与商人经理,如此则于地方积贮甚为有益,而众商急公之项亦得实济。

九月甲辰

上谕户部:去年山东济南、兖州、东昌三府,偶有水患,朕心轸恤,蠲赈兼施,复将本年漕米,或全缓征,或缓征一半,以纾民力。

今年山东雨水调匀，二麦丰登，民生乐业。惟是去岁被水低洼之处，又经今夏之雨，未必能及时播种以获全收。查去岁缓征漕米，应于今年并征，诚恐民力艰于输将，用是再沛恩泽，将去年全缓之州县，令其于今年带征一半，明年带征一半，务使民力宽余，以副朕加惠闾阎之意。又闻山东登、莱、青三府，连年丰稔，此时商贩之米，自东而西者，络绎不绝。著山东巡抚酌量动用帑银，委官购买，分贮于济南等属米少之州县。再劝谕各商贩等多运米石至济南三府，俾民间得以收买存贮，则明岁青黄不接之时，米价不至腾贵，实预筹足民之善策也。

十二月丁卯

上谕户部：今岁江南秋雨稍多，其江安所属被水州县，已令该督抚转饬有司，确查赈恤，务使小民得所。但闻入冬以后，时有阴雨，积水未消，春麦未能及时耕种，恐交春米价渐昂，而青黄不接之时，更须预为筹及。况苏、松户口繁多，民间食米多取给于外贩，尤当早为留意。查江安粮道，有存贮还漕一项，约计二万八千余石。安庆、庐州、凤阳、淮安四府，各有分贮留漕之项，共计九万余石。此米原为地方备用而设，迄今年月已久，未必实贮在仓，应差京官一员前往确查，并会同江南督抚，作何分别留运平粜之法，以济民食。但江南地广人稠，需米之处，此数未必敷用，必设法多贮，方觉宽裕。其应作何采买、运送、备用之处，著九卿速议具奏。

雍正五年丁未正月乙巳

上谕户部：两淮巡盐御史噶尔泰奏称：乙巳纲商人呈称“感戴皇恩抚恤，盐丰课裕，家足户盈，情愿公捐银二十四万两，以充公用，以达微忱”等语。朕轸恤众商，是以减除浮费，加添盐斤，种种施恩之处，无非欲使众商均沾利益，资本饶裕，并不计其感激报效也。伊等上年公捐银两，朕因其既已捐出，难于退还，故令即于本地方建立“盐义仓”，以裕积贮，备地方之用。今伊等又复公捐，大非朕意。但据噶尔泰所奏，众商情词恳切，著将此项银两，令众商各暂行存贮，将来遇有公事动用之处，再候谕旨。或将此项任伊等资生利息，亦从其便，向后不必再捐。又据噶尔泰奏称“众商备伊公务银八万两，今一并交库”等语，此系噶尔泰应得之项，若有需用之处，听其自行支用。伊若不接受，任其退还众商，朕不收受。闻得煎盐灶户皆居住滨海之地，离城最远，一遇歉收之岁，觅食维艰，若远赴“盐义仓”，领取米石，恐穷民多往返之劳，朕意应计地之远近，人之多寡，酌立数仓于近灶之地，积贮米谷，以备贫苦灶户一时缓急之用。令诚实商人经管其事，若遇歉岁，即以此为赈贷之资，济其困乏。著噶尔泰悉心经理，即于乙巳纲商人公捐银两内，酌量动用若干，以为建仓积谷之费，并遴选商人管理，务期实有裨益。

六月丙戌

上谕署湖广总督福敏：据奏，亏空社仓谷石各员，请分别议处。社仓之设，所以预积贮而备缓急。朕御极以来，令各省举行，曾屡颁训谕，务俾民间踊跃乐输，量力储蓄，不可绳以官法。诚以官法相绳，则勉强催迫，转滋烦扰。惟期设法开导，使众乐从，不致一毫扰累，乃为尽善也。数年之内，各省督抚奉行最力者，惟湖广总督杨宗仁。今据福敏陆续盘查，具奏前来，始知原报甚多，而现贮无几，此中情弊，想因不肖有司侵蚀入己，或挪移以掩其亏空。又或杨宗仁锐于举行，而各官迎合其意，虚报谷数，以少为多，均未可定。总之，举行社仓之法，其中实有甚难者。我圣祖仁皇帝深知其难，是以李光地奏请而未允，张伯行暂行而即罢，此实事势使然也。以民间积贮言之，在富饶之家，自有蓄积，虽遇歉收，而无藉乎仓谷，则当输纳之时，往往退缩不前。至贫乏之家，仰给社仓，固为殷切，而每岁所收，仅供生计，又无余粟可纳，以备缓急，此责诸民者之难也。至于州县官，实心视百姓为一体者，岂可多得？今以常平之谷为国家之公储，关系己身之考成，尚且侵欺挪用，亏空累累，况民间之社仓，安能望其尽心经理，使之实贮以济用乎？朕之举行社仓，实因民生起见；又诸臣条奏，多言之凿凿，是以令各省酌量试行，以观其成效何如，并非责令一概施行也。湖广社仓亏空之数，即交与福敏悉心清查，倘谷已如数交仓，而州县侵蚀挪移，忍以百姓预备之需，充一己之私用者，著即于原侵挪之州县名下，严追赔补。或民间原未交仓，或交仓之数与原报之数多寡不符者，若必欲令民间照数完纳，恐小民力有未敷，未免竭蹶，非朕曲体民隐之意。福敏办理此事，必须至公至当，方于吏治民生两有裨益也。自古有治人，无治法，必有忠信乐善之良民，方可以主社仓之出入；必有清廉爱民之良吏，方可以任社仓之稽查。各省官民，果能实力奉行，而善全无弊，朕实嘉之。至于绳以官法，而好尚虚名，则有司奉行之不善，负朕本意矣。

辛卯

上谕内阁：常平仓谷，乃民命所关，数年以来，朕为此事宵旰焦劳，谆谆训诫。若地方大小官员，苟有人心，断不忍置之膜外。查福建通省应贮米谷，共一百七八十万石，为数可谓足矣。乃上年稍觉歉收，米价略长，而地方大小官员与兵民之心，皇皇以缺米为虑。彼时朕即疑闽省积贮之数，必有亏空，故地方情形若此也。近闻闽省各属仓谷钱粮，虚悬者甚多；有银谷两空者，有无谷而仅存价值者；至于实贮在仓者，则十无三四。毛文铨身为巡抚，奉朕面训切谕，乃将无作有，捏称实贮在仓，敢于欺罔，且忍以百姓性命之所需，供属员之侵挪作弊，负国负恩，莫此为甚。向来直隶、江西二省，仓储不实，经朕特遣大臣前往，逐一清查，并遴选人员命往，将亏空之州县官即行更换，是以二省仓谷渐次清楚。今闽省积弊若此，亦当特遣大臣会同新任巡抚常赉，将通省仓谷秉公据实，一一清查。其拣选府州县等官，著即带往，并前所发人员，遵照谕旨，分别题补委署。如有查出亏空之州县，并失察之知府等官，即将伊等解任审追。其员缺，将前后命往人员，应题补者题补，应委署者委署。务期彻底澄清，不使丝毫朦混，以副朕察吏惠民之至意。

癸巳

上谕内阁：仓场米石，乃国家第一要务。试思此项米石，民间输纳何等辛苦？官员征解何等烦劳？粮艘运送京师何等繁难？一颗一粒，皆当爱惜，不忍轻忽。朕为此时加训饬，曾降旨令修理仓廒，不惜多费帑金，务期完固。托时、陈守创身为仓场侍郎，自当仰体朕心，悉心料理。昨朕特遣大臣等前往查看京通各处仓廒，屋瓦渗漏、墙壁损坏者十居八九。所贮米石，渐至潮湿霉烂。夫以如珠如玉之米粮，而视为泥沙弃掷，忍心害理，莫此为甚。若不严行稽察，无以儆怠忽而清弊端。在京十仓，每仓派都统或副都统各一员；御史中不论满汉，每仓各派一员，专任稽察之责。所有米石出入、支放、奏销事件，仍属仓场侍郎管理。其房屋渗漏，墙垣损坏，与仓内铺垫，及匪类偷窃，一切情弊，俱交与派出之都统、副都统、御史稽察。遇有查出之处，即行知仓场侍郎。若仓场侍郎等不即办理妥协，敢致迟延，著都统、副都统、御史奏闻。倘有应行查出之处不行查出，将缺少米石，著落仓场监督等官与派出之都统、副都统、御史分赔。其通州三仓，交与通永道、通州副将稽察，亦照依京仓例行。

雍正六年戊申四月庚寅

上谕内阁：积贮米谷，所以备旱涝缓急之需，民命攸关，最为切要。朕无时不加训饬，严其考成，务期地方有司，实力奉行，庶可有备无患。又念仓廒若不坚固，必有霉烂亏折等弊，是以雍正四年谕令各省加意修理。但恐有司视为具文，奉行不力，且新旧官未定仓廒交代之例，或去任之员以损坏渗漏之廒座任意交代，贻累于后官；或接任之员，有霉烂亏空等情，而藉口旧日仓廒之不修，委咎于前任。似此种种弊端，皆于积贮之政大有关系。嗣后著将各府州县仓廒入于交盘项内，新旧交代。若有倾圮渗漏之处，著接任官即行揭报。倘有徇情滥受者，即系接任官之责，除照例处分外，仍令赔修。如此则有司各顾考成，于积谷养民之道实有裨益。其如何定例之处，著九卿会议具奏。

雍正七年己酉六月己亥

上谕户部：据陕西总督岳钟琪奏"陕属设立社仓事宜，请特颁谕旨，恭录镌石。又谨拟社仓条约，亦请刊刻木榜，以昭程式"等语。朕惟国家建立社仓，原令民间自行积贮，以百姓之资粮，济百姓之缓急。其春贷秋偿及滋生羡息，各社自为经管登记。地方有司，但有稽查之责，不得侵其出纳之权，此社仓之古法也。是以各省有请立社仓者，朕皆令其听从民便，毋得强勒捐输，绳以官法，以致便民之举，转为民累。所以晓谕各省督抚者，不啻至再至三矣。从前岳钟琪在京时，请于通省加二火耗内，应行裁减每两五分之数，且暂行征收，发与民间采买谷石，分贮社仓。俟采买数足，即行裁减。是于暂收耗羡之中，隐寓劝输之法。实则应行酌减之耗羡，即小民切己之资财，而代民买贮之仓粮，即小民自捐之积贮。此藏富于民之良法，最为切实而易行，是以俞允所请，令其办理。乃陕省官员，不知此项谷石本系民资，又未识从前岳钟琪奏请之由，以为收贮在官，即是公物，不肯付民经管，而胥吏司其出纳者，遂有勒买勒借之弊。殊非数年以来朕之周咨详画、多方生养斯民本意矣。今特降谕旨，将朕允从岳钟琪之请，并岳钟琪陈奏原委，明白晓示。著署督查郎阿、巡抚武格刊石颁布，俾各州县乡社小民咸知朝廷经营设法之盖藏，实百姓自为敛散之资用。倘地方官有于社仓谷石创议交官，不交百姓；或指称原系公项，预为公事侵挪之地者，俱以扰挠国政、贻误民生论，从重治罪。其岳钟琪所拟社仓条约，著户部抄录，交与该督抚分发各州县，刊刻木榜，于各乡社仓竖立，以为永久程式。

闰七月戊戌

上谕户部：各州县之设立常平仓，积贮米谷，原以备地方一时缓急之需，所关甚重。朕为此备极焦劳，多方筹画，务期仓储有备，旱潦无虞。年来所颁谕旨，亦深切著明矣。夫收贮米谷，必须仓廒坚固，始可为经久之计。是以从前降旨，将仓廒完整与否，一并入于交盘之内，以为州县官考成。今闻各省中偏僻之邑，竟有向来本无仓廒，而有司苟且因循，不行详请。督抚、藩司等亦漫不查察，致将养民备荒之具或寄顿于寺庙，或借放于绅士富户之家；而霉烂亏折、生事滋扰之弊多由此起，大非朕慎重民储之意。凡各省未有仓廒之州县，著督抚详悉查明，即行商酌建造。

九月辛丑

上谕户部：据奉天将军多索礼奏称，今岁盛京秋成大稔，禾稼瓜菜等项俱获丰收，米粮价贱。朕思米谷者乃上天恩赐以养育万民者也，若人人存心敬受天赐，随时撙节，常留有余，崇俭去奢，谨身节用，则天心必垂默佑，雨旸时若，俾常享盈宁之福。若暴殄天物，轻弃五谷，不思稼穑之可宝，罔念农事之艰难，则必上干天怒，而水旱灾祲之事皆所不免。此从来天道人事之断然不爽者。奉天地方，百谷顺成，已八年于兹矣。今岁收成又庆丰稔，谷价之贱，自昔罕闻。朕心深为慰悦，感戴上天赐佑之恩，则本地官民人等，宜敬谨爱惜，以仰承天贶。向来奉天居民，有以米谷饲养豚豕之陋习，此即暴殄天物之一端，已令地方官劝谕禁止，今不可因米谷饶余，复蹈前辙。积贮乃王政之要图、民生之切务。奉天地气干燥，不比南方潮湿之区，正当乘此丰收之时，以为储蓄之计。著该地方官员通行晓谕，劝导所属民人，若有谷之家，果能留心积贮，至于谷多价贱难于出粜者，著大臣官员等即行奏闻，朕当发官价籴买，或从海道运至京师，俾积谷之家实获利益，必不使有谷贱伤农之叹也。

十一月乙未

上谕署川陕总督查郎阿：安西屯垦地亩，今年人力既勤，天时复稔，各种粮谷俱获丰收，朕心深为慰庆。今据奏，禁止奸徒兴贩射利，办理甚是。惟是饬令民户多余之谷，只许在本处粜卖，尚未妥协。朕思民户盈余之谷，原期粜价以为日用之资，若本地籴谷者少，则出粜未免艰难，不可不为计及。著该地方官酌量本地情形，不必相强。若有将盈余之谷情愿出粜者，著动支官银照时价籴买，存贮公所。明年倘有需用之处，听办理军饷之大臣及该督抚行文支拨。安西现有备用银两，即可动用采买，再于西安藩库拨补还项。此朕体恤民户，俾粜谷得价，用度丰裕之至意。著地方官善于奉行，不可勒令粜卖，生事滋扰。

雍正八年庚戌正月戊寅

上谕内阁：雍正六年内，湖南布政使赵城折奏“湖南现贮仓谷共计六十余万石之多。又有收捐谷石,本省可云有备。但楚南地势卑湿,积贮既久,不无霉烂之虞。请分拨别省,令其来楚运往,以免霉变”等语。朕将此折发与户部议奏,经户部议称,应行文江浙督抚,令其详酌,如有应需谷石之处,即委员往楚转运。朕降旨俞允。随据两淮巡盐御史噶尔泰折奏“据两淮商人黄光德等具呈,情愿出资将湖南积谷三十余万石,照依原买之价,交纳湖南藩库领运,随地随时售卖,仍将所售价银交纳运库”等语。随经王国栋题明,将雍正三年动帑所买谷一十六万二千余石,照原价每石三钱四分九厘给商交价运售。此湖南巡抚布政使及两淮巡盐御史前后具折办理之案也。

今据湖广总督迈柱奏称“今年湖南岳常二府之临湘、武陵等十州县,微欠雨泽。臣等豫为绸缪,动用公项银一万两买米备粜,而贮仓之现谷,与其照原价以给商,不若留俟来年春夏,照原价平粜,以济本地之民食。似应饬商暂停领卖,俟明年无需用之处,仍听该商领运”等语。朕思向因湖南抚藩皆言地方积谷甚多,难以久贮,奏请分拨别省运售,以免霉变。是以两淮商人有赴楚领运,效力急公之请。今商人既已交价,而迈柱又称楚南需米备粜,应请饬商暂停领卖。是湖广督抚、藩司前后自相矛盾也。湖南现贮谷六十余万石之多,欲分拨别省以免霉变,则本省府县有需米之处,正可将此奏闻平粜,以济民食。而迈柱乃云正在动用公项银一万两买米备粜,是迈柱之奏,又自相矛盾也。且迈柱又称“此时饬商停运,俟楚省不需米谷之时,仍听该商领运”等语,是米贵之时则令商人停运,而米贱之时则令商人领卖,亦甚非情理之平。朕意此米谷中必有亏空情弊。至于噶尔泰既代商人具奏,而又不为伊等行催楚省,归结其事,亦属不合。查从前噶尔泰代众商具奏领运之时,原有随时随地售卖之语。今江浙俱获丰收,米价甚贱。湖南既有需米之州县,著该商仍照前议领米,即于湖南需米之处照时价粜卖,不许地方官抑勒商人,亦不许商人高抬价值。

倘商人获有余利，听其自取，不许交官。如此则淮商领米得以贸易，而楚省积谷仍得流通，于商民均有裨益，湖广督抚等即遵谕行。

乙亥

上谕八旗都统等：数年来荷蒙天眷，米价甚贱。尔等八旗米局，系将兵丁所关之米发卖。若米价甚贱，不能卖完，则积贮日久，米色易变。朕以为此等米石，宜俟下季发米之时，视各佐领下兵丁分内应领之米，将局内米照数给发，即行文仓场衙门照数坐扣，则兵丁既可就近得米，而局内积贮之米，亦不致变色糜烂矣。

十二月丁巳

上谕户部：今岁山东被水之州县，朕心轸念殷切，已令地方有司加意抚绥。又特遣大臣等按户查赈，并给以修葺室庐之资。其成灾州县之地丁钱粮及漕粮并行豁免，欲使闾阎厚沾恩泽，咸登衽席也。顷又思该省既有被灾之州县，则本地所产之米较少于平时。其不成灾州县应有交官漕粮，若此时仍照旧征收，则米谷之存于民间者较少，且恐因此而致谷价稍昂，未免输将竭蹶。但查漕粮向无豁免之例，今年之暂免征收者，出于朕之特恩。至不成灾之州县，尤难越格蠲除。今再四思维，著将东省不成灾之州县，今岁应征之漕粮，停其征收，俾民间多留谷石，则民力自觉宽余；俟明岁收成之后，令百姓照数交官。此项亦不必运送京师，即存贮本省，补完今岁散赈之仓谷，如此庶于地方大有裨益，著即遵谕行。

雍正九年辛亥二月乙未

上谕内阁：山东济南、兖州、东昌三府，从前积谷甚多。因去年水灾之后,朕特命大臣动发仓粮赈济,用谷一百八十余万石。又念今春二三月间,青黄不接,小民粒食维艰,再发仓谷二十万石,截留漕米二十万石,重赈两月。是三府各州县存仓谷石,俱作赈济之用。虽登、莱、青三府尚有存仓之谷百余万石,而转运甚难,与济、兖、东三府无益。况天时不可预,必自宜早为筹画积贮之计。查去岁直隶收成颇丰,目今米价亦平。或从直隶采买米石,令回空粮船运至东省,或将南漕截留数十万石,分贮水次州县,尔等详悉查议。再,德州现有驻防兵丁,应否于德州照天津建仓之例,起建仓廒,以备每年截留存贮,倘河南、山东有需用米石之时,则一水可通,似属有益,尔等一并确议具奏。

雍正十一年癸丑十月壬戌

上谕内阁:浙江杭、嘉、湖三府上年偶被水灾,兼以飞蝗伤稼,朕特沛恩施,将应完漕米分年带征,发帑赈恤,黎民不致失所。惟是本地所产米石不敷食用,现今年岁虽获丰收,而上年借粜仓谷,恐一时未能买补足数,明岁青黄不接时,尚须米石酌拨平粜以济民食,不可不预为筹备。著将杭、嘉二府属本年额征漕米各截留五万石,存贮备用。再,湖州府之归安、乌程二县,今岁收成稍歉,所产米粮尤应留为本地之用。著将两县本年分应征漕米一十八万余石,并带征雍正十年分漕米七千余石,一并照部定折价,改征银两解部。著该督严饬地方官,实力奉行,无得纵役需索,以仰副朕加惠黎民至意。

卷三十一

谨制度

康熙六十一年壬寅十二月癸亥

上谕九卿等：自皇考升遐以来，朕心哀慕无已。一应典礼，俱详考旧章，务从隆备，盖不敢以天下俭其亲也。但上之所行，下必效之。向来八旗官员于丧葬等事，每多糜费。今见朕备礼如是，恐习以成风，竞尚奢侈，而兵民等或至倾家荡产，殊非朕以礼教天下之意。《论语》云："礼，与其奢也宁俭。丧，与其易也宁戚。"《礼记》云："丧具称家之有无。"载在典籍，灼然昭著。著九卿等，将满汉职官，按其品级分为等次，及兵民丧葬，务从简朴，毋得僭妄。并将婚嫁等礼，详议定例，著为令。

雍正元年癸卯二月丙寅

上谕都察院：各衙门募设书办，不过令其缮写文书、收贮档案。但书办五年方满，为日既久，熟于作弊，甚至已经考满，复改换姓名，窜入别部，奸弊丛生。更有一等缺主名色，掌握一司之事，盘踞其中，交通贿赂，上下朋奸。书办尚有更换，缺主总无改移，子孙世业，遂成积蠹。自后书办五年考满之后，各部院堂司官查明，勒令回籍听选。如有逗遛不归者，饬令五城司坊官稽察遣逐。其缺主倚恃势力，抗违潜匿者，刻即参究，押解回籍。各部院一年一次保结具奏。倘仍有潜居京师者，或经朕闻知，或被科道题参，将出结之大臣官员一并治罪。

三月乙酉

上谕部院各衙门：凡一应衙门卷案，各有典守之官。稽查引据，全以旧档为凭。此固一代之典册，六官之掌故，不得视为具文也。收贮卷案，封禁虽严，而翻阅查对，不能脱书吏之手。盗取文移，改易字迹，百弊丛生，莫可究诘。嗣后司官迁转，将所掌卷案，新旧交盘，各具甘结，说堂存案。如有疏失、换易等弊，一经发觉，与受同罪。尔各部院衙门急宜查核清楚，设法封贮，永杜弊端。不得因卷案浩繁，畏难退沮。其交盘事例，尔部院诸臣公同确议具奏。

五月甲申

上谕八旗大臣步军统领及都察院：大小官员，有一定之品级，即有一定之服式，所以重名器、辨等威也。近多不按品级佩带数珠，且马项悬缨，前用导马。更有将紬为坐具者，尤属僭越。嗣后应各按品级，遵奉定例而行。尔等严加稽查，有仍前僭越，即行参处，大臣官员亦无得徇情隐庇。再，旧例诸王等，以数珠、鞍辔赏其属下，许令服用。今后著将赏用之处，行文该旗存案，年终汇奏，以便稽查。

七月癸巳

上谕内阁：下五旗诸王将所属旗分佐领下人，挑取一切差役，遇有过失，辄行锁禁，籍没家产，任意扰累，殊属违例。嗣后仍照旧例，旗分人员止许用为护卫、散骑郎、典仪、亲军校、亲军。或诸王挑取随侍之人，或欲令所属人内在部院衙门及旗下行走者兼管家务，或需用多人以供差役，或补用王府官职，或令随侍子侄，著列名请旨。将奉旨之处知会该旗都统等,令都统等覆奏。其旗分人员,不许擅行治罪,必奏闻交部。倘有仍将旗分人员妄行扰累,令其多供差役,兼管散职,著该都统等奏闻。若都统等隐匿瞻徇,一经御史参劾,即将该都统等治罪。

雍正三年乙巳三月癸丑

上谕各省督抚等:《周礼》称“惟王建国,体国经野”,《孟子》亦言“仁政必自经界始”。经界所关,诚为至重。从来两省交壤之地,其界址多有不清,云、贵、川、广等处为尤甚。间有一省之内,各州县地界亦有不清者,每遇命盗等事,则互相推诿;矿厂盐茶等有利之事,则互相争竞,甚非息事宁民之意。各省督抚,其共矢公心,详细清查,如与邻省地界有不清者,则两省各委贤员公同勘定;若本省内地界有不清者,即委本省贤员勘定。地皆朕土,人皆朕臣,此盈彼绌,悉在版图之内,无容分视也。虽地界或间有难定之处,但平心勘画,即使稍有不协,然一定之后,久远得以遵据,永无推诿争竞之处,于地方大有裨益矣。

六月己卯

上谕八旗都统等:国家设立法制,特欲使众人遵行也。若定制之内,及条奏准行事件,有不便施行者,诸臣可将不便施行之故,声明具奏,朕即谕令停止。若既传示众人,令其遵循事件,必须实力奉行,方为有益。倘仍照常疏忽,则与未尝传谕于众者何异?如白塔及九门,例有信炮纛帜,乃晓示士卒之标准也。今不惟兵丁等不知此例,即新任大臣亦有不知者。大臣等俱系管辖兵丁之人,倘值用兵,尔等即为士卒之观瞻,职任甚属要密,不可妄意轻视。尔等各旗俱给有开载号令之书一册,作何晓示,新旧兵丁咸令知悉。凡事务须防于未然,周思详虑,不少忽略,则自无可虞之事。至于军器,为用最要,闻得兵丁等佩刀,俱系粗铁,并无锋刃,尚可谓之军器乎?且东华门、西华门外,闻有赁刀之处,步军统领衙门应将此查明禁止,尔等公同详议具奏。

雍正四年丙午三月甲寅

上谕九卿:汉人为外官者,俱回避本省。朕思汉军之在直隶,亦当如汉人之回避本省也。直隶去京城甚近,汉军中亲戚朋友散处直隶州县,且伊等庄田地土,亦多分隶其地,保无请托牵制、徇私报怨之弊乎?嗣后应照汉人回避本省之例,停其在直隶居官,令于别省各缺铨用,著九卿速议具奏。

四月乙亥

上谕内阁:督抚、提镇俱系朝廷简用之大臣,其因公晋接,自有一定之礼仪,不应过卑过亢,以违制度。乃间有督抚倨傲妄行,而提镇等遂卑躬屈节,以为谄媚者。如年羹尧当日视提镇等如同奴隶,每令其披执进见;常鼐在江南时,令两司侍立于旁,此皆妄诞不法之甚。嗣后督抚、提镇相见,务遵《会典》所载一定仪注,倘有违例披执者,一经发觉,定将倨傲、谄媚之人一同治罪。又属员谒见上司,遇应穿公服之日,只用补服,不许擅用朝服。向日屡申明禁,近来仍有违背不遵者,今晓谕后,若再有此等,察出必加重处。

八月辛酉

上谕八旗大臣等:侍郎一官,系办理部务大臣,职任与副都统相等。嗣后按班坐立之处,俱令在满洲副都统之次,蒙古、汉军副都统之上。

九月甲寅

上谕内阁:向来边省要缺,题请调补,乃督抚、提镇拔用私员之捷径。其中多有委用非人,且有题补后并未身履其地,而因边俸遂得速升者。是以圣祖仁皇帝曾下特旨,以督抚、提镇题补太多,此习相沿日久,大有关系。著九卿议奏,经九卿以停止题补,议准遵行在案。朕思边省地方,或烟瘴难居,或苗蛮顽桀,官斯土者,与内地不同,是以边俸较腹俸之升迁为速耳。今太平日久,亦有烟瘴渐消、风俗渐淳之处,仍照旧例题补升转,亦觉太滥。著九卿将各边俸之缺,或系瘴疠未除,宜令督抚等题补;或系风气已转,可照内地选用,一一分晰议奏。至文武原属一例,武职官员亦应照文官迁转之例,以边俸较(疑缺"腹"字)俸为宜,著一并议奏。

雍正五年丁未九月戊辰

上谕吏部:圣人之道,为人臣者,过阙必趋,而于家庭父母之前,亦有趋庭之礼。盖因敬谨之念素存于中,故举动威仪之间,自无怠忽也。前者大朝之时,有汉司官二人,于班联之中,大失礼节。朕降严旨欲重治二人之罪,嗣后众人皆知儆惕,因而宽释。至于引见之时,往往汉官有在朕前高视阔步,举动不恭者,又闻各部堂司官办理公事,满司见满堂,则屈一膝应对;而汉司之对堂官,则或立或蹲,一任其意。同一堂司,何以满汉之礼互异?即科道满汉礼节,亦不相同。况汉司官升迁,方为道府。道府之见督抚,卑躬屈节,竟有违例,朝服跪道以为恭敬,惟恐以简略获罪者。夫督抚品级既不及部院堂官,而司官品级则又卑于道府,何以为京官则傲慢不恭,而为外吏则谦抑过度?是伊等不知爵位之尊卑,而但论权势之轻重也。司官不敬堂官,相沿日久。平日不知礼仪,是以至朕前,亦不能约束身心,每至草率不恭。如昨日御史韩瑛,于朕御门时,捧持本章,竟不恭敬高举,今已被参,现在部议。又如原任侍郎陈守创,年羹尧曾奏其粗率无礼,一日在诸王大臣会议之处,曳衣露足,见者无不哂笑。从来满洲风俗尊君亲上,出乎至诚,事事不敢越礼。而汉人不知仿效,何也?朕以诲人不倦为心,有一见闻,即明白指示,欲其醒悟悛改,不忍听其暗昧终身。大凡为司官而不敬堂官者,其人必无上进之志。满汉司官之礼,自应画一。如何酌定,著九卿会议具奏。

十二月癸巳

上谕八旗大臣等:旗员以习武为要,即文职亦不可废。若将弟兄子侄带赴外任,家口既多,如何能为廉吏?而子弟但知倚仗势力,无所不为,扰害百姓,最为恶习。汉军内不得人才,皆由于此也。年幼者随任犹可,十八岁以上,理应留京,令其披甲,学习马步弓箭,与国家出力。如可以习文者,送赴官学读书。著将外省旗员带族人赴任所之处,永行禁止。倘系亲子,十八岁以上欲带赴任所者,著具呈该旗大臣请旨。再,旗人不应作外省驿丞典史等杂职,汉军内壮丁多之佐领,添编佐领,或在直隶绿旗营当兵,俱著会同吏、兵二部定议。

雍正六年戊申八月庚辰

福建巡抚朱纲奏:部颁《耤田仪注》,应建东郊,但闽省州县地势不同,难于画一。

上谕内阁:礼部所议《耤田仪注》,引《礼记》"天子耕于南郊,诸侯耕于东郊"之文,是以将各省耤田议于东郊建置,此礼部识见拘泥之处。夫建立耤田,必在郡邑近城之地,而各郡各邑,地势不同。其城东一面,或依山岭,或近河渠,未必俱系平壤,即无山水阻隔，亦未必俱系洁净丰腴之区，安得以诸侯东郊为比，而令地方有司难于办理乎？况已建之坛、已置之田，又令迁移他所，不但耗费更张，亦大非敬谨虔诚之道。闽省已设坛田，不必更动。其各省与此相类者，著将此谕旨通行各巡抚，晓谕所属知之。

雍正七年己酉十一月丙戌

上谕内阁：私贩硝黄，禁约甚严。闻湖广永顺之耶里等处，与川省连界地方，素产焰硝。土人以煎熬为业，外省小贩多以布盐杂物零星换易，运至梅树地方分发。而私贩者即于此处雇船装载，分往各处发卖。以致附近之苗人，得以偷买，私制火药。此皆州县有司疏忽怠玩之故。著四川、湖广该督抚等，转饬该地方官，严行查禁。倘有犯者，按律治罪。若地方官仍玩忽疏纵，著即题参议处。

十二月壬寅

上谕内阁：百官章服，皆有一定之制，所以辨等威、昭品秩也。近来服色顶带，及坐褥顶马胸缨之属，每有不按定例、任意僭越者。御史有稽查部院之责，而各御史中即有参差不齐之处，是己身先有逾分违礼之咎，又何以弹劾他人？嗣后紫禁城内，著派三旗侍卫稽查；大城内，著步军统领稽查；外城，著五城御史稽查。倘有违例僭越之人，该侍卫提督、御史不行参奏，别经发觉者，将稽查之员一并处分。

雍正八年庚戌二月乙巳

上谕直省督抚、提镇等：兵民各有职业，是以分隶文武管辖，不使混杂，难于约束，致生事端。闻得广东琼州远隔海外，其弁员等竟于额设兵丁之外，另有挂名兵丁。乃系无赖之徒，千把等员利其馈送,即准附名投充。而此辈居然以营兵自居,不服地方官拘管。在营弁则以原非兵丁,又无粮饷,不行约束;在州县则以名列戎行,非同编户,不便置问。以致介在两岐,恣行不法,欺压良善,聚集匪人,甚为居民之累。琼州一处如此,恐他处与此相类者不少。著各省督抚、提镇等悉心确查,严行禁革。

乙丑

上谕内阁:向来外省各标营沙唬赶缯等船,原令道员会同副将监督修造,道员遴委同知通判承修,副将遴委营都司守备监修。闻承修之员,备办物料,必经监修验看,自千把以及游副,逐层需索。及如式修造,赴各标营交收,又有验看勒措之弊。迨交收之后,一任船只弃置河干,雨淋日晒,船中器械绳索,为头舵等人盗窃变卖,而该管将弁概不追究。夫始则借端勒索,后则听其毁弃,岂非以承修之责专在文员,而监修之武弁置身局外,遂至视同陌路乎?此等锢弊,闻各处皆然,而京口将军标下为尤甚。嗣后修造标营船只,著道员、副将会同领价,道员遴委丞倅,副将遴委都守,协同办理修造。如系将军标下船只,即遴委参领以下等官同领同办。其船只交收之后,在汛停泊,责令头舵苫盖浇洗。每岁令该管将弁出具印结,送督抚查核。如有升迁事故,令其具结交代。至于修造船只,有小修、大修、拆造之不同,是以工料多寡悬殊。今闻船未发厂,头舵人等已将在船什物私行盗卖。即届小修,亦必令其拆换添备,甚属不法。嗣后著将什物一并具册移交,如有短缺,将该管将弁及头舵人等分别参追。总之,各省船只,每当修造之时及交收之后,其中种种弊端,难以枚举。今就朕所闻,颁发谕旨。在各省将军、督抚、提督等,悉心商酌,时加访察,以除诸弊。倘谕旨中有难于奉行之处,亦著据实陈奏。

三月辛卯

上谕内阁:午门外朝房之南,科房之北,有碑亭一所,供奉皇考圣祖仁皇帝御制台省箴碑文,理宜恭敬严肃,洒扫洁清,以昭俨恪之诚。闻朝会之期,各官齐集,往往列坐碑亭之内,谈笑喧哗,箕踞傲慢。又或书吏奴仆等,抱牍出入,无人禁止,甚为不敬。查此地与六科相近,即著六科轮班拨人护守,每日扫除洁净,虔谨启闭。倘官吏人等仍敢擅入,视为憩息之所,著轮班之科衙门即行参奏。如科员不行查参,经朕访闻,定行交部察议。其碑亭建立已久,如有应行修理之处,著工部敬谨修理。

四月己酉

上谕吏部:道员有盘查钱粮、审缉命盗案件之责,是以州县有亏空迟延等事,该道与司府一例处分。闻四川所属州县,刑名钱谷等事,竟直详藩臬,该道并不与闻。若有处分,则将该道一并参罚,甚为屈抑,且非设官本意。著吏部行文四川巡抚,令该省四道于所属州县,每年巡历一周。如有亏空、挪移、讳盗等事,即咨牒两司,详报巡抚,确查题参。其地方词讼,该道亦得听受审断。凡各州县案件,俱从该道申转,以专守巡之职。

七月癸巳

上谕内阁:闻刑部右侍郎常赉回京,路过西安府,该省督抚二人及副都统四人率同文武等官奏请朕安。乃于齐集之处,副都统陆实、陈良栋等与巡抚争论班次,大失体统。朕思同为满洲大臣,共事一方,自应倍加和协,彼此敬礼,以为官弁兵民之表率。况请安关系大礼,而乃于大庭广众之前,互相争竞,俾远近传为笑谈,深可愧耻。此番若系巡抚倡论在先,朕自将巡抚议处。今闻争论之端，起于副都统等，则其过不在巡抚矣。大约武臣平日以文臣缺于周旋，或有应付不到之处，怀怨于心，是以假公济私，加文臣以无礼，而不顾大臣之体。此风断不可长！西安副都统四人，著交与总督查郎阿，务将何人倡议，何人附和之处，一一查明，无得稍为徇隐。其倡议之人，交部严加议处；附和之人，交部议处。若查郎阿不能据实查明，朕即将副都统四人俱调来京，另派大臣审讯。嗣后西安一应会集之处，巡抚班次著在副都统之上，永远遵行。该省巡抚、副都统等，若因此番争论之故，文臣或有胁制武臣之意，武臣或有怨忿文臣之心，别寻事端，暗生嫌隙，经朕访闻，必究问根由，将理屈之人，从重治罪。大凡文武不和，皆起于私心蔽锢；若公，则未有不和者。朕之训诫，至详且悉，同为国家之臣，同办国家之事，不能遵朕训旨，共矢和衷，只因一念之私，遂至怀挟猜疑，各立门户，置国家公事于不问，有是理乎？嗣后各省倘再有文武不和者，朕定将文武官一并调取来京，严加究治，以为人臣因私废公者之戒。

雍正十年壬子五月戊辰

上谕内阁：织造本非大员，而在外体统任意僭越。至于司库、笔帖式，官职尤卑，乃以钦差为名，妄自尊大，与督抚拜帖称呼，俱用平行礼，妄诞已极。嗣后著严行禁止，倘有以片纸只字干谒地方官，及不按品级规矩，僭越妄行者，定行从重治罪。

七月乙酉

上谕内阁：我朝设立各省驻防兵丁，原以捍卫地方，申明武备。其历来所定规条，俱属尽善，无可更张。乃近有以一二事渎陈朕前者，一则称驻防兵丁子弟，宜准其各省乡试。独不思国家设立驻防弁兵，原令其持戈荷戟，备干城之选，非令其攻习文墨，与文人学士争名场屋也。在弁兵之子弟,有能读书向学,通晓文义者,原听其来京应试,以广伊等进取之途,并未禁其从事文学也。若悉准其在外考试,则伊等各从其便,竞尚虚名,而轻视武事,必至骑射生疏,操演怠忽,将来更有何人充驻防之用乎?况我圣祖仁皇帝临御六十一年,所以教养弁兵者,至周至渥。如果应行,早已著为令典,又何待今日之喋喋敷陈乎?一则称驻防兵丁身故之后,其骸骨应准在外瘗葬,家口亦应准在外居住。独不思弁兵驻防之地,不过出差之所,京师乃其乡土也,本身既故之后,而骸骨家口不归本乡,其事可行乎?若照此行之日久,将见驻防之兵皆为汉人。是国家驻防之设,竟为伊等入籍之由,有是理乎?以上二条,皆事之必不可行者。著将朕旨颁布于外,俾无知之人,豁然醒悟,不得再行妄奏。

雍正十一年癸丑十月癸酉

上谕内阁:督抚、提镇为封疆大吏,总理军务、粮储、刑名、钱谷、营伍、汛防等事,责任甚重,是以简命之初,颁给坐名敕书,将所管辖地方、所节制官员并应行事宜,备细开载,令其详酌施行。而督抚、提镇等于奉到之日,即誊黄刊刻,通行所属,各为遵守,此定例也。但国家承平百年,因革损益,备极周详。各省州县卫所,有原隶该省,后经改隶邻省者;有邻省所属,原听本省兼辖,今已无须兼理者;有文武官弁,原系本职,后经另改职衔者;有地方改设已久,员缺裁汰多年者。而敕书所载,只照旧式缮誊,并未另行改定,是竟视为具文矣,其何所遵守?嗣后颁给敕书,该衙门务将督抚、提镇等现在管辖之地方、节制之官弁,与任内一切应行事宜,逐细查明,详确开载,俾节制经理,厘然可据,庶不失慎重封疆,以昭职守之至意。

十二月戊午

上谕内阁：从前广东巡抚鄂弥达条奏：台湾地方僻处海中，向无城池，宜建筑城垣、炮台以资保障。经大学士等议，令福建督抚妥议具奏。今据郝玉麟等奏称"台湾建城，工费浩繁。请于现定城基之外，买备莿竹，栽植数层，根深蟠结，可资捍御。再于莿竹围内，造建城垣，工作亦易兴举"等语。郝玉麟不过虑其地滨大海，土疏沙淤，工费浩繁，成功非易，故有莿竹藩篱之议。殊不知城垣之设，所以防外患。如必当建城，虽重费何惜！而台湾变乱，率自内生，非御外寇比，不但城可以不建，且建城实有所不可也。台郡门户，曰鹿耳门，与府治近，号称天险。港容三舟，旁皆巨石，锋棱如剑戟，舟行失尺寸，顷刻沉没。内设炮台，可恃以为固，其法最善。从前平定郑克塽、朱一贵，皆乘风潮，舟行入港，水高港平，众艘奔赴，无所阻碍。大兵一入，即获安平港之巨舟，贼无去路；而抚其府市人民，南北路商贾一闻官军至，络绎捆载而来，相依以自保。物力既充，军气自倍，贼进不能胜，退无可守，各鸟兽散，终无所逃遁，故旬日可以坐定。向使贼众有城可据，收府治人民财物以自固，大兵虽入，攻之不拔，坐守安平，旷日相持，克敌不易。盖重洋形势与内地异，此即明效大验，固未可更议建置也。若谓台湾筑城即以御台湾外寇，是又不然。从前两征台湾，皆先整兵泊舟于澎湖之南风澳，以候风潮。风潮之便，岁不过一时，时不过数日。若盗贼窃发，或外番窥伺，泊舟澎湖，则夕至而朝捕之矣。至南北二路可通之地虽多，然如南路之蛲港，北路之八掌溪、海翁港、鹿仔港、甲西、二林、三林、中港、竹堑、篷山，惟小舟可入。其巨港，大舟可入者，不过南路之打狗中港，北路之上淡水。其次则北路之笨港、咸水港，去府治较远，纵有外寇，亦不取道于此。备设炮台，派拨汛兵，朝夕巡视，自足以资控御。今郝玉麟等请于现定城基之外,栽种莿竹,藉为藩篱,实因地制宜,甚有裨益。其淡水等处炮台务须建造,各属并应增修,不可惜费省工,或致潦草。应如何举行之处,著该督抚妥协定议具奏。

卷三十二

崇祀典

雍正元年癸卯三月甲午

上谕内阁、礼部：至圣先师孔子，道冠古今，德参天地，树百王之模范，立万世之宗师，其为功于天下者至矣。而水源木本，积厚流光，有开必先，克昌厥后。则圣人之祖考，宜膺崇厚之褒封，所以追溯前徽，不忘所自也。粤稽旧制，孔子之父叔梁公，于宋真宗时，追封启圣公。自宋以后，历代遵循。而叔梁公以上，则向来未加封号，亦未奉祀祠庭。朕仰体皇考崇儒重道之盛心，敬修崇德报功之典礼，意欲追封五代，并享烝尝，用伸景仰之诚，庶慰羹墙之慕。内阁、礼部可会同确议具奏。

四月丁卯

礼部奏：孔子先世五代，俱应封公爵。

上谕曰：五伦为百行之本，天地君亲师，人所宜重；而天地君亲之义，又赖师教以明。自古师道无过于孔子，诚首出之圣也。我皇考崇儒重道，超轶千古，凡尊崇孔子典礼，无不备至。朕蒙皇考教育，自幼读书，心切景仰，欲再加尊崇，更无可增之处，故敕部追封孔子先世五代。今部议封公，上考历代帝王，皆有尊崇之典。唐明皇封孔子为文宣王；宋真宗加封至圣文宣王，封孔子父叔梁纥为齐国公；元加封孔子为大成至圣文宣王，加封齐国公为启圣王；至明嘉靖时，犹以王系臣爵，改称为至圣先师孔子，改启圣王为启圣公。王、公虽同属尊称，朕意以为王爵较尊，孔子五世应否封王之处，著询问诸大臣具奏。

七月甲申

上谕礼部：国家祀典，必贵洁诚。先农坛每岁展祀，且为亲耕耤田之所，最宜清肃。旧制，围墙内有地一千七百亩，以二百亩给坛户，种植五谷蔬菜以供祭祀；余一千五百亩，每年交租银三百两，以备修理。闻康熙四十年间，内务府拨给园头耕种，粢盛蔬菜，无所从出，惟向市井采买，殊非洁净精诚之意。今著园头清还地亩，仍给太常寺坛户耕种，以供祭祀之需。余地一千五百亩，著将内外围墙查明丈尺，每种地十亩，估计令其修墙若干，务期加谨葺护，毋致倾坏。每年派满汉太常寺少卿一员，不时稽察，庶坛壝清洁，祀事更加虔谨矣。

九月乙未

上谕大学士等：朕近于圣祖仁皇帝所遗书笥中，检得未经颁发谕旨一道，以明太祖崛起布衣，统一方夏，经文纬武，为汉、唐、宋诸君之所未及；其后嗣亦未有如前代荒淫暴虐亡国之迹。欲大廓成例，访其支派一人，量授官职，以奉春秋陈荐，仍令世袭。朕伏读之下，仰见我圣祖仁皇帝海涵天覆，大度深仁，远迈百王，超轶万古。朕思史载“东楼”，《诗》歌“白马”，商周以来，无不推恩前代。后世类多疑忌，以致历代之君，宗祀殄绝。朕仰体圣祖如天之心，远法隆古盛德之事，谨将圣祖所贻谕旨颁发，访求明太祖支派子姓一人，量授职衔，俾之承袭，以奉春秋祭享。但恐有明迄今，年代久远，或有奸徒假冒，致生事端。尔内阁大学士即会同廷臣详明妥议，以副圣祖仁皇帝宽仁矜恤之至意。

雍正二年甲辰五月辛酉

礼部等衙门遵旨议奏，从祀孔庙诸儒。

上谕曰：先儒从祀文庙，关系学术人心，典至重也。宜复宜增，必详加考证，折衷尽善，庶使万世遵守，永无异议。尔等所议复祀诸儒，虽皆有功经学，然戴圣、何休未为纯儒，郑众、卢植、服虔、范宁谨守一家言，转相传述，视郑康成之淳质深通，似乎有间。至若唐之陆贽、宋之韩琦，勋业昭垂史册，自是千古名臣。然于孔孟心传，果有授受而能表彰羽翼乎？其他诸儒，是否允协，以及宰予、冉有增置博士之处，著再公同确议，务期至当不易。

八月甲午

礼部等衙门遵旨再议从祀孔庙先贤先儒，宜复祀者六人——林放、蘧瑗、秦冉、颜何、郑康成、范宁。宜增祀者二十人——县亶、牧皮、乐正子、公都子、万章、公孙丑、诸葛亮、尹焞、魏了翁、黄干、陈淳、何基、王柏、赵复、金履祥、许谦、陈浩、罗钦顺、蔡清、陆陇其。入崇圣祠者一人——张迪。宜增置博士者四人——冉雍、冉伯牛、子张、有若。

上谕曰：朕念先贤先儒扶持名教，羽翼圣经，有关学术人心，爰命九卿详议。今诸臣参考周详，评论公正，甚合朕心，著依议行。

雍正六年戊申二月丁亥

上谕内阁：朕惟风雨时若，百物繁昌，皆由诚敬感格天心，用能福佑下民，时和岁稔。而司天号令，长养阜成；风神之贶，厥功允懋。频年以来，朕虔祀龙神，福庇苍生，历有明验。因思古称雨旸燠寒，以风为本，亦宜特隆祀典，以答洪庥。考之《周礼》："大宗伯以槱燎祀风师。”《虞书》：“禋于六宗。”刘歆、郑康成之说，咸谓六宗之内，风其一也。历代各置坛兆，至宋祥符间，曾立风伯庙。近代及本朝，俱列南郊四配之中，典礼具备。今欲于都城和会之地，特建庙宇，因时祷祀，以展朕为民祈福之诚。其考据礼仪、相度营建之处，著礼、工二部会同内务府，详议具奏。

三月癸丑

上谕礼部、光禄寺：陵寝祭祀银器等项，向从光禄寺临期运送。此器皿关系祭祀大典，路远运送往返，恐不洁净，且或致有损伤，殊非诚敬奉祀之意。况每逢祭祀运送，未免徒费跋涉。其作何办理之处，著查议具奏。

雍正七年己酉正月庚申

上谕礼部：山川之神锡福于地方百姓，是以自古帝王皆诚心展祀，以答神贶。即如向来盛京之地，旱潦不时者凡六载。康熙五十九年，朕奉皇考命，躬诣祖陵，道经山麓，谒北镇庙，洁蠲致祭，因捐赀庀工，载修庙宇，嘱令地方官员虔恭致祭。自康熙六十年以至于今，盛京年谷悉登丰稔。又如黄河之神，虔诚祷祀，果见安澜有庆，万姓宁居。皆神祇垂佑，显然昭著，纤毫不爽者。此盖以目前一二事而言，其他难以枚举也。古称江海为百川之长，而湖广境内，西南数省之水汇入大江，又为川泽之总会。凡属地土民人，及舟楫行旅，皆仗江神默佑，保护安宁。允宜修建庙宇，按时致祭，以崇报享。著湖广总督会同湖北、湖南巡抚确查妥议，南北两省应于何处各建庙宇，或旧有祠庙，敬谨兴修，皆动支公帑办理。此朕虔祷神祇、护国佑民之意，并非谄媚以求一己之福也。并令该督抚晓谕居民，不得私结社会，妄事祈求，以滋亵慢。

二月壬辰

上谕内阁：朕惟云雨风雷之神，代天司令，俾百昌万宝，普含膏泽，以锡福于烝民，厥功并懋。朕恭承天眷，恪修祀典，为四海苍黎仰祈嘉佑，已经特建庙宇，崇祀龙神、风伯，而云师、雷师尚阙专祠。尝考《虞书》"禋于六宗"之文，汉人以"乾坤六子"释"六宗"，震雷巽风，均列禋祀。而《易》曰："雷以动之，风以散之。"则风雷之发生万物，功实相等。《礼记》曰："天降时雨，山川出云。"《周礼》亦以五云辨年岁。是云与雨，皆运行造化、同昭天贶者也。前代及本朝南郊大祀，云雨风雷，俱列从坛之次，式隆配享，典礼亦既备矣。迩年以来，云物兆祥、雷行应候、茂育庶汇、宣布阳和、庇国佑民之德，灵应显然。今欲特建庙宇，虔奉云师、雷师之神，因时祷祀，敬迓洪庥，以展朕为民祈福之意。其考据礼仪、相度营建之处，著礼、工二部详议具奏。

丙申

上谕内阁：朕于兴修阙里文庙一事，尽诚尽敬，颁发国帑，务令规模宏壮，坚固辉煌，计日告竣。雍正三年六月，即敕令原任巡抚陈世倌领帑兴工，遴员修造，拳拳委托，至再至三。嗣于塞楞额接任之时，又复谆谆训谕。岂料陈世倌委用不得其人，既已耽误于前，而塞楞额又复因循怠玩于后，以致工程迟滞，久未告成。昨已特遣通政使留保前往，协同署抚岳浚督催，令在事人员，殚心竭力，迅速竣事。陈世倌，著速赴东省，尽心办理，以赎前愆。此次修理文庙工程，务期巍焕崇闳，坚致壮丽，纤悉完备，灿然一新。倘旧制之外，有应行添设者，有应加修整者，俱著估计奏闻，添发帑金，葺理丹雘。工成之日，朕当亲往瞻谒，以展尊礼先师至诚至敬之意。

八月丙寅

上谕工部：朕惟古圣人之制祭祀也，凡山川岳渎之神，有功德于生民，能为之御灾捍患者，皆载在祀典。盖所以荐歆昭格，崇德报功，而并以动人敬畏祗肃之心也。雍正二年，浙江海塘潮水冲决，朕特发帑金，命大臣察勘修筑。并念居民平日不知畏敬明神，多有亵慢，切谕以虔诚修省之道，令地方官家喻户晓，警觉众庶。比年以来，塘工完整，灾沴不作，居民安业，盖已默叨神佑矣。今年潮汐盛长，几至泛溢，官民震恐，幸而水势渐退，堤防无恙。此皆神明默垂护佑、惠我烝民者也。兹特发内帑银十万两，于海宁县地方敕建海神之庙，以崇报享。著该督遴委贤员度地鸠工，敬谨修建，务期制度恢宏，规模壮丽，崇奉祀事，用答明神庇民御患之休烈。且令远近人民奔走瞻仰，兴起感动，相与服教畏神，迁善改过，永荷庥祥，则于国家事神治人之道均有赖焉。

九月甲戌

上谕内阁：山东泰安州神庙，奉祀东岳泰山之神，历代相传，灵显昭著，佑庇万民，俾国家享升平之福者，明神之功德其来久矣。远近人民，感荷默佑之恩，焚香顶礼，罔不虔肃。其庙宇重修于康熙十二年，距今五十余年。兹据署巡抚费金吾奏称，庙宇盘道有倾圮颓坏之处，应加缮葺，山路亦当修整。著发内帑银两，命内务府郎中丁皂保、赫达色前往督工，敬谨修理。务使庙貌辉煌，工程坚固，速行告竣，以副朕为民报享之至意。

雍正八年庚戌四月丁未

上谕内阁：古称黄河之神，上通云汉，光启《图》《书》。《礼》曰：“三王之祭川也，皆先河而后海。”惟神泽润万国，福庇兆民，自古及今，功用昭著。我朝自定鼎以来，仰荷神庥，尤为彰显。或结为冰桥，以济师旅；或淤成沃壤，以惠黎元；或涌出沙洲，作天然之保障；或长就堤岸，屹永固之金汤；他如济运通漕，安澜顺轨。有祷必应，无感不通。至于澄清六省之遥，阅历七旬之久，稽诸史册，更属罕闻。神之相佑我国家者至矣！朕敬礼之心，至为诚切。因念江南、河南等处，皆有庙宇，虔恭展祀，而河源相近之处，向来未建专祠，以崇报享，典礼亟宜举行。查河源发于昆仑，地隔遥远，人稀境僻；其流入内地之始，则在秦省之西宁地方，朕意于此地特建庙宇，专祀河源之神，敬奉烝尝，以答神贶。其如何加封神号及度地建庙一应典礼，著九卿悉心详议具奏。

雍正十年壬子三月乙丑

上谕内阁：直省各府州县设立坛壝，致祭社稷及风、云、雷、雨、山川、城隍之神，每岁春秋展祀，以崇报享，典至重也。从前初建之时，有司或视为具文，规制未必周备；及历年既久，渐有倾圮之处，又未必及时修葺。是以僻远之郡县，规模简略，礼仪草率者，往往有之，甚非肃将禋祀之本意也。著礼部查照定例，行文各该督抚，转饬府州县，敬谨如式修理，以重祀典。仍令造册报部，每遇该管官员升迁事故，俱照先农坛忠孝节义祠例，入交盘项内，查明接受，则有司自顾考成，经理益加虔恪矣。

雍正十一年癸丑六月庚午

上谕内阁：祀事修明，国家令典。孔子文庙春秋祭仪，尤宜备物尽敬。闻外省州县中，有因荒裁减公费者。朕思公费既减，必致祭品简略，或转派累民间，二者均未可定。著各省督抚查明所属，若有因荒减费之州县，即于存公银内拨补，以足原额。务令粢盛丰洁，以展朕肃将禋祀之诚，其各凛遵毋忽！

雍正十二年甲寅十月甲子

上谕内阁：坛庙乃祭典攸关，俱当洁净严肃。太庙社稷，更宜恭敬，故派太监等，专责以扫除之事，又派旗员轮班看守。若非祭祀之日，一应官员，不许擅入，原系定例。近闻在内住宿之太监等，将伊等亲友纵令出入行走，看守之旗员亦将亲友引入廊院乘凉。此皆平日懈弛之所致也，著交礼部太常寺严查禁止。割草之人，令太常寺酌量选择数名，令其敬谨除治。并交与内务府御史等不时稽查，如有容留闲散人等混入者，即行指名题参，严加治罪。如仍前懈弛，经朕闻知，定将礼部太常寺堂官及御史等一并交部议处。

卷三十三

笃勋旧

雍正元年癸卯九月丙午

上谕内阁：朕惟我太祖高皇帝天锡智勇，肇造鸿基；太宗文皇帝缵业恢图，布昭圣武；世祖章皇帝统一寰区，功成治定。其时内外文武、勋旧臣工，戡乱效力，茂著厥功。皇考圣祖仁皇帝特敕内阁、翰林院诸臣，纂修三朝国史，用扬列祖之鸿谟，并及诸臣之劳绩，迄今尚未编辑。矧惟圣祖仁皇帝垂统六十余年，以守兼创，恩泽声教远及海外绝域，德业之盛超于百世。凡于指授所及，能显立功勋，诚敬任事之大臣，与夫轶群出众有才之人，若不及今博采闻见，荟萃成编，恐阅世久远，或致阙略。著将国初以来文武诸臣内，立功行间、诚敬任事、卓越之才有应传述者，行文八旗，将诸王、贝勒、贝子、公以及文武大臣之册文、诰敕、碑记、功牌、家传等项，详加查核，暨有显绩可纪者，亦著详察，逐一按次，汇成文册，悉付史馆；删去无稽浮夸之词，务采确切事实，编成列传。如此可以垂之万世，庶为国家宣力有功之大臣不致泯没矣。

雍正二年甲辰六月癸未

大学士王顼龄年老乞休。

上谕曰：卿学识优裕，品行端雅，增重岩廊。年虽耄耋，体素康宁；今力辞禄位，朕弗忍焉。即不获已，而谅暗之年，卿其可不强留耶？盖一日之留，胜千里之暌也。卿当少安，体朕眷旧之至意。

又谕内阁：诸老臣皆系皇考简用贻朕之人，如因衰老休致，朕心不忍。大学士王顼龄，著仍在内阁办事。年迈之人，间时行走可也。

十月乙亥

上谕吏部：八旗世袭官员，如因罪革退，不准其子孙承袭，应令伊嫡亲兄弟承袭；若无嫡亲兄弟，即袭与亲兄弟之子孙；如兄弟亦无子孙者，将原立勋绩之处，及获罪缘由与原立功人之子孙，一并查奏。其应否承袭之处，俟朕阅定。如此，庶为国家宣力之人不至泯没矣。

雍正三年乙巳六月乙亥

上谕领侍卫内大臣公马尔赛等：尔等俱系勋旧大臣之子孙，孰不当为国家效用乎？但今择人任用，大臣等之子孙内，能胜任者不可骤得。今大臣之子及散秩大臣侍卫等之子内，尔诸臣有知其善者，即行举奏，纵不深知，访问于章京护军校等，如得其人，亦行举奏以备朕之试用，如此则人各加鼓励矣。且今大臣等多有不教其子弟者，虽不教以汉书，即教以清书，亦可得明义理。乃其中家资丰裕者，并不黾勉正务，而习为嬉戏，此皆不教之所致也。其家道窘乏者，又无教训之力，以致子弟往往陷于不才。尔诸臣公同将上三旗勋旧世臣，如公侯伯、精奇尼哈番、阿思哈尼哈番、阿达哈哈番及登城巴图鲁等之子，自二十岁以下、十四岁以上，或十二三岁而身躯长成者，亦同拣选，开明伊等履历，带领引见，朕量酌其宜加教训成就之处，另降谕旨。

雍正四年丙午正月乙卯

上谕吏、礼二部：原任礼部尚书顾八代，品行端方，学术醇正。昔蒙皇考简用，服官有年。当征剿吴逆时，以学士协赞军务，从将军莽吉图、赖塔等，克复粤西滇南，劳绩茂著，备承恩眷，擢授秩宗。且深知其品学优长，足为模范，特命为朕兄弟之师。朕自幼与共朝夕，讲论忠孝之大义，研究经书之至理，肫诚周至，获益良多。嗣以公事诖误罢职，仍在内廷课读数载。后因抱疾，遂就闲居，于戊子之冬物故。是时朕亲临其丧，并遣人经理殡葬。本欲陈情于皇考之前，求加恩赐恤，适值圣体违和，不敢渎奏。迄今回忆当年诵读情景，宛然如昨。老成旧学，时眷于怀，应加优赠恤，以展朕笃念师资、酬奖前劳之至意，尔部会议具奏。

五月己酉

上谕领侍卫内大臣等：朕思教育三旗之记名功臣子孙，若令伊等在一处读书，则教授之人必不加勉，而众幼童聚于一处，亦不得实在肄业。将此内二十岁以上、曾习清汉书者，尔等查明，各与二两钱粮米石，令在部院为贴写笔帖式。令该管大臣将优者保奏，以笔帖式补用。若二十岁以上之不曾读书者，照护军与四两钱粮米石，令在捕牲执事人处行走，并给养马钱，优者即可用为侍卫或补授官职。其十九岁以下者，如在家能延师教训，无庸并及；其余每月与四两钱粮，以为延师肄业之费。此次恩施，并将大臣等之子孙一体均沾，交伊等父兄，令将子弟之文武学业加意教训，俟伊等至二十岁时奏闻。朕所以如此施恩者，凡欲成就功臣之子孙也。伊等父兄，理宜仰体朕意，各自谆切教其子弟。庶伊等之文武学业，俱得渐进，以底于成就矣。

雍正五年丁未五月庚申

上谕内阁：朕览《治河方略》，见原任河道总督靳辅昔年修理河工，劳绩茂著，欲加恩泽，以奖勋庸。据该部查奏，靳辅于康熙四十六年已蒙圣祖仁皇帝加赠宫保，给与世职。今著追赠工部尚书衔，予祭一次，以示朕笃念前劳至意。

八月癸卯

上谕大学士等：皇祖妣、皇妣外家，俱有世袭公爵。孝诚仁皇后外家之公爵，因常泰获罪，奉皇考谕旨革退，而彼时未令承袭者，皇考或有深意存焉。今可著常海之子伦布承袭。再，原任都统赖塔当三逆变乱时，伊统兵征剿，克复云南，功绩懋著。朕恭阅《圣祖仁皇帝实录》，备悉其详。因伊身有过犯，其功过适足以相抵，是以未封公爵，给以阿思哈尼哈番，在国法实为允当。且当日之不优封赖塔者，欲使立功之人，咸知儆惕收敛，不可恃功骄肆妄为。今事历多年，后人已知鉴戒奉法。著将赖塔追封为一等公，令伊孙博尔屯承袭，以示朕眷念旧臣之至意。

十一月丁卯

上谕内阁：昔圣祖仁皇帝常称：巴图鲁公鳌拜效力处甚多，厥功甚大，因犯重案，不得已将伊治罪。伊孙达礼善，朕甚望其成立，欲加恩育，但伊人甚平常，行止不堪，可惜不能承朕恩眷。当时谕旨如此。朕数十年来惟闻鳌拜僭妄无礼、擅权作威之罪，未深知伊之功勋，并不知鳌拜子孙现在者何人。昨引见达福时，方知达福人去得。朕又恭阅《圣祖仁皇帝实录》，鳌拜所效功绩，每多超众之处。是以康熙五十二年，圣祖特命查鳌拜之子孙，加恩赏给一等阿思哈尼哈番。皇考既已施恩宽免鳌拜之罪，应将鳌拜效力所得一等公爵，给达福承袭，世袭罔替，仍授为散秩大臣。鳌拜著致祭一次。至建立石碑加恩等处，交该部查例具奏。

雍正六年戊申七月乙亥

上谕正红旗、汉军都统等：原任大学士宁完我，乃国家旧臣。朕念伊功绩，查伊后人，其三世孙宁兰人老成，若有骁骑校缺出，带领引见。宁兰家贫，赏住房一所、内库银五百两。四世孙宁邦玺人平常，系康亲王属下，交与康亲王给伊拜唐阿钱粮。若能习文，即令其读书；倘不能习文，则挑在拜唐阿上教导行走。成就时，著王奏闻。

九月癸丑

上谕内阁：原任南阳总兵官李永升向以居官不职、收受军政陋规，经接任官参劾，部议革职治罪，朕令发往阿尔泰驿站坐台效力。今年春间，朕恭阅《圣祖仁皇帝实录》，见原任四川总督李国英擒剿逆冠，劳绩茂著，因命查其子孙带领引见。彼时将伊孙李永安授为副参领，并知李永升即李国英之孙，特从台站地方调回，授为参领。面谕之曰："尔不自念尔之祖父，勉为好官，朕心实不忍忘尔祖父之劳绩也。今特加恩宥，仍予录用，尔其思之，勉之！"昨该旗奏伊名下应追未完银两，伊情愿变产扣俸完纳，朕又降旨免追矣。大凡官员等之祖父为国家宣力抒诚、致身殉节者，其子孙应体祖父之忠心，倍加黾勉，以绍家声，斯不愧名臣之后。若犯法婪赃，亏空国帑，不修名节，有玷家风，是不忠之外，又加不孝之罪。以情理论之，应加倍重惩。然朕继述先志，褒功奖善，追维往昔，时时眷注于怀。是伊等不肖之子孙忍于自忘其祖父，而朕则不忍以其子孙之不肖，遂忘其先人之善，不加恩于其后嗣也。著八旗通查，凡有祖父阵亡尽节及伟绩殊勋，载在国史，而子孙犯法问罪及亏空拖欠者，无论已结、未结，著该旗大臣等秉公据实确查具奏。又汉人中，如嵇曾筠之父，钱以垲之祖，抗节捐躯，舍生取义，已荷国恩，优加荣奖。又如赵申乔、杨宗仁，清廉公正，乃国家实心任事之大臣，其任内一切应赔银两，朕已概从宽免，无使丝毫牵累。著各省督抚等，确查所属，有居官清正如赵申乔、杨宗仁、汤斌、陈瑸、张伯行之比，而其子孙犯法问罪及亏空拖欠者，无论已结、未结，俱行秉公据实具奏。若其祖父系阵亡尽节者，亦照八旗例查奏。

十二月甲午

大学士朱轼以积疴未痊，奏请解任调养。

上谕曰：卿才具优长，品行端谨，老成练达，勤敏和衷。朕所深知，正资倚任！今偶患咳嗽之症，自可从容调理，待其痊可。向来汉大学士，多用二员，现今阁中有大学士张廷玉、蒋廷锡二人办理，实无旷缺。卿当颐养之时，必须宽怀澄虑，不以事物撄心，自然药饵有功，渐次平复，以慰朕之殷怀。今若以久未入直，仍虑及内阁职务，虽矢心匪懈，具见卿之悃诚；而思虑纷萦，殊有乖于调摄之道。朕昨以卿抱病多时，特遣内大臣前往看视。闻卿于内大臣之前力疾叩谢，礼数繁多，甚觉劳顿。次日清晨，又至宫门谢恩，是转增朕心之不安，于义深为未协。朕知卿素性拘谨，举动备极小心，是以比来一切饮馔服食之类，未便频频颁赐，正所以冀卿之安逸，望卿之速痊也。嗣后宜恪遵朕训，时加颐养，导引中和，节劳静摄。即受朕恩赉，亦免其拜跪，始于病体为宜。卿年尚未老，若调摄有方，自然全愈，为朕宣力之处甚多，此时不必以解退陈情。用是特手书谕旨赐卿，其悉朕惓惓之至意！

雍正七年己酉正月丁巳

上谕内阁：满汉内阁大学士，俱各全备，办理事务亦甚属妥协，无容再为增添。朕因圣祖仁皇帝时，所有年久老臣，目今在朝者甚少，时深注念。礼部尚书陈元龙、左都御史尹泰历事圣祖仁皇帝多年，屡经任使，今虽年近八旬，而精力尚健，特加恩授为额外大学士，以示朕优眷老臣、成全耆旧之至意。

二月己亥

上谕内阁：马兰泰之祖明安，原系兀鲁特部落贝勒。太祖高皇帝时，纳款归顺，在军中亦甚效力，建立功勋，授为二等伯。现今马兰泰承袭。朕念明安当年劳绩，格外施恩，著封为一等侯，令马兰泰承袭，世袭罔替。

雍正八年庚戌二月庚子

上谕内阁：我国家膺图受命，则有佐命元臣，际会风云，开拓疆宇。至于承平之世，亦有劳臣宣力，绥靖不庭。凡厥鸿猷骏烈，焜耀旂常。于是酬庸奖功，锡以公爵，分为一等至二等、三等，以第其勋劳，表其阀阅。比于古者河山带砺之盟，爰及苗裔，永久勿替，甚盛典也。朕考古封爵之制，汉唐以来，公侯皆系以郡县之名。而汉世功名显著者，则加以美号，如信武、冠军、建忠、定远之属，并以荣名，垂光史册。本朝封王者，选用嘉美字样，其嗣王袭封皆因之。而公爵则但分等次，未有封号字样。朕意欲考其当日勋庸，锡以嘉名，追加为某公，使勋劳之臣，显功丕绩，常赫赫在人耳目间。而其子孙承袭封号，亦皆顾名思义，共知奋勉，世为国家效忠抒力，期踵美前人之光，以副朕褒念勋旧之至意。至于宗室外戚，则仿古恩泽侯之例，命为奉恩公或承恩公，以昭宠锡。其如何命名定制，并将历来功臣勋戚加锡美号之处，该部详查定议以闻。

雍正九年辛亥十一月己卯

上谕八旗都统等：八旗汉军兵丁技艺俱未娴熟，皆失于训练所致。今于额数之外，挑选丁壮二千名，另设一营，教习训练，务期精锐。再，八旗汉军勋旧大臣等子弟，因其父兄失于教导，甚乏可用之才，朕心深为怜悯。现今尚、耿、石、李、佟、祖、蔡、王诸家之子弟，无论在京在外，其年至十五岁以上、二十岁内外者，著拣选带领引见。朕量其才器，令其学习行走，日后俾得成就，以副朕加恩造就勋旧子弟之至意。

雍正十一年癸丑十一月戊戌

正蓝旗汉军都统公庆复等遵旨议覆：八旗世职绝嗣人员，有以近族远族子孙为后者，有以亲戚收养为后者，应分别降等，令其承袭。至坟墓在盛京，及不知坟墓所在者，既无人承管祭奠，应无庸承袭。

上谕曰：朕加恩绝嗣人员，为之立后，赏给世职，令其承袭，皆念伊等勋劳，不忍听其血食断绝也。其坟墓在盛京，而承袭世职之人在京当差者，如情愿往盛京居住，即令移往盛京，随彼处当差。至不知坟墓所在者，亦可立坟祭奠。著一体加恩，赏给世职，令其承袭。

卷三十四

褒忠节

雍正二年甲辰十月癸未

上谕九卿、詹事、科道等:朕惟《周礼》有司勋之官,凡有功者,书名太常,祭于大烝。《祭法》曰:"以死勤事则祀之。"凡以崇德报功,风励忠节也。太祖高皇帝肇造鸿图,太宗文皇帝式廓区夏,世祖章皇帝奄有万邦,自创业以至定鼎,将帅之臣致命立功者不少。圣祖仁皇帝临御六十一年,中间歼灭三逆,永清朔漠,以及平定西藏、台湾,虽天戈所指,如疾风振槁,而师旅之臣捐躯马革,及守土之官见危授命者,所在多有。迩者青海荡平,西域效顺,然自用兵以来,将士奋勇前驱,亦有殁于行阵者,此皆尽忠报国之臣。朕甚嘉之,亦甚悯之!当于京城建立祠庙,春秋妥侑。其偏裨士卒,力战敌忾,舍生取义者,亦附列左右,用以褒崇大节,扬表芳徽。俾远近观听,勃然生忠义之心,于治道亦有裨益。仍令翰林官纂其籍贯事迹,各为立传,汇成一编,垂诸永久。尔等悉心详议具奏。

雍正七年己酉五月壬戌

上谕内阁:自本朝开国及平定三藩、廓清朔漠以来,褒忠录功之典最为优渥。凡文武官弁兵丁之效力行间,著有劳绩,及临戎致命、遇敌受伤者,皆赤心报国之人,朝廷沛泽加恩,惟恐不速。

乃近年以来，部臣办事迟缓因循，往往因一二事之驳查，遂将众人恤赏之典，俱致淹滞。即如陕、甘、川省，从前攻剿南川、北川、青海、桌子山等处之文武官弁兵丁，已经查核明晰，应行恤赏议叙。只因青海等处功加册结内，有原任巡抚王景灏、同知张梅，革职离任，所造册结无印可钤，部议驳查，以致南川等案恤赏之处一并稽延，经朕访察而后知之。夫官弁例应议叙者，不得早沾国恩，固为不可；而阵亡受伤人等迟至数载之后，尚未邀帑金之赐，尤可悯恻，著该部速行恤赏议叙。嗣后凡有出兵加恩之案，其中若有应行驳查者，止将应查之人扣除，俟查明补给，不得因一二人之行查，而稽迟众人应得之恩典，将此永著为例。又如从前进藏出征之官弁兵丁，若有预借银两，而本身阵亡，或在军中受伤病故者，除照例恤赏外，其所预借银两，概免追还。

十月乙未

上谕礼部：云贵广西总督鄂尔泰忠诚体国，经理苗疆，勋绩懋著。伊曾祖图扪于开国时，奋勇陷阵，效命疆场，忠节炳然。垂光衍庆积于其孙鄂尔泰，为不世出之良臣。祖孙忠良，后先辉映，朕甚嘉焉。今鄂尔泰奏称"曾祖图扪与祀昭忠寺牌位列衔佐领，请将苗疆议叙之案，移赏曾祖、祖父诰封"等语，著将鄂尔泰之曾祖、祖父，俱照总督加内大臣兵部尚书职衔，给与一品诰封。其昭忠寺牌位，改书新赠之衔，入于大臣之列。鄂尔泰苗疆之案，仍著议叙。

十一月戊寅

上谕内阁：从来开国之初，必有从龙之佐，或辟疆拓土，茂建崇勋；或陷阵冲锋，捐躯殉节。至于承平之后，伐叛讨逆，其抒诚宣力之臣，壮猷忠节，并足以垂光竹帛，流誉无穷。为人上者，无不存笃念忠勋之心，于本身厚加赠恤，尤切望其子孙克绍前徽，永受优待功臣之泽。为之子孙者，自当谨守家风，努力奋志，砥砺廉隅，世世为国家有用之材，以继述先烈。即或贫窭不能自振，国家自必加以恩泽，周恤其身家，而不至于困苦无依也。乃功臣之后，往往有不肖子孙自甘败类，或谋私结党，欺君误国；或贪赃坏法，亏空国帑，陷身刑辟，以致发遣远边，妻子入辛者库。在国家之法，虽宗室懿亲，亦不能曲为宽宥，岂能于忠节之子孙别开宽假之路乎？此等之人，不念先人之心迹，以致深负国恩，非惟不忠，更兼不孝。其祖父有知，亦应深恶而痛绝之。且国家遇此等人，宽之以恩，则法有所不伸；置之于法，则情有所不忍，为君者实处两难之地。其人之罪，尚可言乎？然伊等忍于负国，而并忘其先人，朕岂忍不念旧勋，而不推恩及其后裔？上年降旨，令各旗将功臣之子孙内，有犯法问罪及亏空拖欠者，一一查出具奏。今年各该旗陆续查奏前来，朕详加披览，斟酌情罪，或其中勋节之后，嫡派止此一二人者，如施世骅等共六十二员，名下应追未完银共五十四万六百九十五两、金五百两、米一千七百二十一石。此各项钱粮，俱系国家公帑，非朕所得私自用恩豁免者。著将内库银两照数拨补，代为伊等完项。其或拟以充发监候及妻子家属入辛者库等罪者，概行宽释。凡此邀恩宥贷之人，皆当扪心自愧，刻骨铭肌，并勉其子弟，迁善达辜，毋或仍蹈故辙；倘有过犯，岂能再邀幸免？凡属忠节之子孙，皆当以此为戒，共加奋勉。倘因此次格外之恩，或生玩法之念，是朕之加恩不能劝人为善，转至导人为非矣，岂不重负朕念旧褒忠之至意乎？凡此宽宥人等，倘有贫乏不能自给者，准其于该都统处具呈。俟该都统奏闻，朕当另加恩恤以存养之。

雍正八年庚戌六月乙丑

上谕宗人府：怡亲王第三子弘暾，朕指配富察氏，尚未婚娶，而弘暾病故。富察氏闻信即恸哭截发，至王府恳求持服守制。彼时怡亲王不允，富察氏于门外跪哭，以夜继日；王始终未允，并未遣人与彼一语。王之意以王子已故，不忍再误富察氏之终身也。乃富察氏归至母家，持服守节，二年以来，之死靡他。今年吾弟薨逝，富察氏又至王门悲恸衔哀，恳求服孝。从前之事，吾弟并未奏闻，今王之管事人员，以应否准其服孝奏请，朕始知之。遂降旨准伊服孝，令进王府，谕王妃收以为媳。富察氏以幼年之女，能知大义，矢志柏舟，其情可悯，其行可嘉。弘暾身后一应礼仪，俱照贝勒之例。著于弘暾亲侄内，以一人为弘暾之嗣，即袭封贝勒，令富察氏抚养。俾其无子而有子，以彰节女之厚报焉。

七月戊寅

上谕内阁：国家效忠宣力之臣，勋绩茂著，必膺崇报之典，令其世享烝尝。雍正二年，朕已敕建昭忠寺，自开国以来，致命立功、尽忠报国之俦，皆得春秋妥侑，世世血食。顾念古者大烝之祭，凡法施于民、以劳定国者，皆得并列祀典，永受明禋。则我朝名臣良弼，其经邦佐治、黼黻升平者，皆祭法所必登。朕欲为之建立祠宇久矣，即如怡亲王之精白一心，忠诚体国，勋在社稷，泽被生民，其功德隆盛，又岂一切效忠宣力者之所可比伦乎？

洪惟太祖、太宗创业垂统，厥有一德佐命之良；世祖抚绥万邦，实多奋庸熙载之彦；迨我圣祖临御六十余年，其间良臣硕辅，后先相望。据朕所深知者举其一二，如大学士公图海、公赖塔、大学士张英、尚书顾八代、马尔汉、赵申乔、河道总督靳辅、齐苏勒、总督杨宗仁、巡抚陈瑸等，持躬正直，奉职公忠，或垂节钺之勋，或励冰霜之节。俯仰无愧，为朝野所共钦；终始不渝，无瑕疵之可指。似此等靖共尔位，不愧古大臣之风者，正不乏人。既树羽仪于一世，宜隆俎豆于千秋。且使世世为臣者，观感奋发，知所慕效，群以皋夔稷契共相期待，则明良喜起之盛，朕于斯有厚望焉。著于京城内白马关帝庙之旁，选择吉地，特建庙宇，命名“贤良祠”，春秋以时展祀。其应入祠之员，著内阁会同该部，确查本朝满汉文武大臣才德著闻、完名全节者，详慎开列，具奏请旨。将来继起之臣，亦并得沾被恩光，永为盛典。

十一月丁亥

上谕内阁：各省选拔生员到京，朕俱特派大臣秉公考试，分别等次进呈。前有湖北应山县生员杨可镜一卷，文理荒疏，经部议照例革去选拔。顷朕闻杨可镜乃明臣杨涟之元孙，昔顺治四年，杨涟之子杨之易为江南松江府同知，遭提督吴胜兆之叛，捐躯殉难，忠节凛然。蒙世祖章皇帝之恩，优加赠恤，此即杨可镜之曾祖也。朕思杨涟父子，两世忠义，其后嗣子孙，若稍能自立，品行无亏，虽文艺不工，亦当格外造就。杨可镜准作选拔，赴国子监肄业，仍著礼部带领引见。

雍正九年辛亥正月乙亥

上谕大学士等：准噶尔贼人乘我西路军营不备，倾其丑类，犯我卡伦，盗赶驼马。总兵官樊廷等领兵二千，转战七昼夜，击杀贼众，又将盗去驼马牲畜夺回。樊廷忠勇冠军，颇得胜算；总兵张元佐、副都统绰般、台吉衮布、三等台吉定匝拉锡领兵应援，奋力夹攻，大败贼人。副将张朝良以孤军被困，而能全师出围。凡此将弁，皆见义能勇，致身效力，均属可嘉。樊廷著赏银一万两，给一等阿达哈哈番；张朝良、冶大雄俱著赏银五千两，给拜他喇布勒哈番；张元佐、绰般俱著赏银三千两，给拖沙喇哈番；台吉衮布，著封公爵；三等台吉定匝拉锡，著授为扎萨克一等台吉。其余有功将弁，俱著大将军岳钟琪查明奏闻，加恩从优议叙。再，著署内务府总管鄂善驰驿前往肃州，于军需银两内动支十万两，令大将军将此番出征弁兵等，查明战功等第，按名赏给。至阵亡将弁兵丁，分晰查明造册具奏，从优赏恤。该督抚动用正项钱粮，于安西地方建立“忠勇祠”，将阵亡之将士等设造牌位致祭。俾义烈将士，永远流芳，以示朕崇奖忠勋之至意。

甲申

上谕大学士等：准噶尔贼众，侵犯西路汛界，盗窃驼马；乘我不备，事起仓猝。其力战克敌者，甚属可嘉；而授命疆场者，尤为可悯。前已降旨令建“忠勇祠”，春秋祭享，以表忠节矣。兹应赏给世职，令其子孙承袭，永志恩施。副将徐宗仁，著给与拜他喇布勒哈番，守备刘贵才、刘芳雨、李国勋俱著给与拖沙喇哈番；其应得恤典，仍著该部察例具奏。千总王大谟、徐维新，外委把总方正、刘世勋，俱著该部从优议恤。此外如有应加恩恤之弁员，俱著大将军岳钟琪查明具奏。凡阵亡兵丁，于恤赏定例之外，俱倍加赏赐。其随役人等，有受伤亡故者，照兵丁恤赏定例给赏。朕今以酒三爵，遥酹阵亡将士，著署内务府总管鄂善将酒赍往军营。凡阵亡将士，每名以羊一只奠祭，宣朕悯恻伤悼至意。朕不得已而用兵，本期全师克敌，不损一人，乃为至愿。岂必捐躯致命，始称效忠报国乎？今此阵亡弁兵，朕虽加恩优恤，而恻怛不忍之念，愈觉难释于怀。著鄂善将朕谕旨遍行宣布，令众知之。至所赏赉银十万两，鄂善至军营时，或与大将军岳钟琪，或与护大将军印务纪成斌，分别将弁兵丁建功出力之等次，秉公赏给，务使均沾恩赐，以示国家酬庸奖励之令典。

雍正十年壬子二月辛卯

上谕内阁：我朝从前文武大臣，持躬正直、奉职公忠、树绩建勋、完名全节者，朕已降旨于京师“贤良祠”，永远展祀，以彰令范。因思外任大臣，镇抚封疆、宣猷布化、忠勇效命、威爱宜民，其政绩卓然可纪者，若于身故之后，建立“贤良祠”，俾得永膺祀典。既足慰兵民懿好之公，亦足为后来居官者之劝。如近日之将军蔡良、提督张起云、总兵苏大有、魏翥国，皆素有贤声，勤劳王事，而殁于官者，允宜在贤良之列。著直省各于省会之地建立祠宇，其与祀之人，即从近年为始，向后凡有应请入祠者，该地方督抚于一人各具一本请旨，不必汇奏。

五月庚辰

上谕兵部：去年六月，准噶尔贼夷犯我北路，弁兵奋勇进剿，遂致失利。其效力之官员兵丁，已降旨军营，著优加赏赉。至于阵亡之大臣官员兵丁，今据大将军顺承亲王详查，造册送部。此阵亡人等皆荷国家历年养育，朕原欲伊等建立伟功，以膺国家重赉。伊等世受国恩，笃思报效，勇往直前，以致身陷疆场，虽误入危机而致命效忠，诚切可悯。朕自闻报以来，至今中心凄恻，难释于怀。著交该部按册详查，应加赠荫及祭葬赏恤之处，照例分别详议具奏。

雍正十一年癸丑正月戊戌

上谕内阁：大定副将杨馥统兵击贼，奋勇先登，为暗枪所伤。其忠义之气，甚属可嘉。伊子杨恒新现在军前，技勇颇优，亦甚有志气，著授为游击，不必在军前效力。遇有游击缺出，即行题补。平越营游击罗资衮以带兵应援，勇往被害，深可悯恻。伊子罗云标现在随征效力，著授为守备，该督等酌量题补。至杨馥、罗资衮应得恤典，俟事竣题报，到日仍照例赏给。

卷三十五

绥藩服

雍正元年癸卯正月丙戌

上召来京叩谒梓宫之科尔沁达尔汉亲王和硕额驸罗卜藏滚布等，入养心殿。

谕曰：尔等先世俱在太祖时归诚效顺，竭力同心，谊若一家，懋著勤绩。尔等皆深沐皇考加恩爱养之人，今闻皇考升遐，叩谒梓宫，哀号擗踊，朕心深为悯恻。仰惟皇考视尔等如子孙，于兹六十余年，恩隆情笃。今龙驭上宾，属大位于朕躬。朕仰承皇考付托之重，当视尔等亦如一家，深加爱养。尔等宜感念皇考深恩，和衷共励，竭诚效力。尔等众扎萨克俱有办理旗务、统辖众庶之责，凡事秉公矢慎，各抚恤属下人等，慎勿扰累。

三月癸巳

礼部议覆：福建巡抚黄国材奏，琉球国进贡头号船内贡使、表文及方物，一半沉海。二号船内彝目应准其返国，令补具表文、方物进呈。

上谕曰：琉球国进贡使臣毛宏健等，所坐头号船内人员俱冲礁覆没，甚属可悯。所失表文、方物，免其补进。二号船内所存方物，交与来使带回，仍准作进贡。其赏给之处，著察例具奏，所赏之物，行文该地方官赏给，令其起程。

四月乙卯

上谕理藩院：尔衙门人员来往蒙古地方者，闻有不肖之徒肆行无礼，勒索凌虐。夫外藩之与天朝，不但扎萨克王，即台吉亦系宾客，岂可令领催等卑贱之人肆其欺凌？尔衙门严行申禁，详定条例，嗣后永远遵行。

六月乙卯

上谕理藩院：郭尔罗斯乏食，尔等议“将邻近扎萨克公巴图旗下仓粮拨给散赈”等语，殊未妥协。若将此项仓粮拨给，将来伊旗下倘遇灾旱，又将何处米石拨给乎？朕思白都纳贮存仓粮颇多，可备散赈之用。但止给与米粮糊口，并无产业营生，亦非久远之计。从前给产业买牲饩之事，俱将富户派出，以致苟且塞责，所给之物，浮报数倍，蒙古并不得实惠。夫科尔沁一旗，与别部落蒙古不同。太祖高皇帝时，首先臣服，且为朕皇曾祖妣孝庄文皇后、皇祖妣孝惠章皇后之母家，世为国戚，恪恭巽顺，历今百有余年。今闻伊属下之人乏食，朕心轸恻，著即动用正项钱粮三万两往赈。再派出大臣一员、司官一员往郭尔罗斯旗下，将实在穷苦、并无牲饩之人，查明数目，按其户口给与乳牛羊只，务令宽裕足用。尔衙门会同总理事务王大臣速议具奏。

丙子

上谕八旗蒙古都统等：塞外居住之八旗察哈尔、蒙古护军骁骑之器械，三年查看一次。而前往之护军参领、骁骑参领等，骚扰蒙古，勒索马牛等物。其三年一往比丁之官员，亦有勒索之处，朕所洞悉。再，察哈尔蒙古内，未曾出痘者甚多，若来京挑选护军，倘遇出痘，恐有损伤。嗣后察哈尔八旗护军缺出，即著察哈尔总管、副总管、参领公同阅看人材，可用者挑补。其挑补之护军，俟三年查看军器时，从京中奏派大臣一员，前往查看军器，将所挑之护军一并验看。其三年比丁，亦照外省例，交与该总管等详察明白。将比过丁数，造册送各该旗都统，则众蒙古无骚扰之患，亦无往返京师之事，于伊等大有裨益。著八旗蒙古都统、领侍卫内大臣、前锋统领、护军统领公同议奏。

七月辛卯

上谕礼部：朝鲜国归顺我朝以来，恪尽藩职，进贡年久。在太宗文皇帝、世祖章皇帝、圣祖仁皇帝时，屡次施恩，将伊国贡物减免。今所贡礼物尚多，此内若有可减去者，尔部会同内务府确议具奏，再加减免，以纾朝鲜民力。

是日

颁赐朝鲜国王李昀及使臣李檝等。

上召使臣李檝进见，谕曰：尔朝鲜国王启疆东土，于我太宗文皇帝时，诚心豫附，恪守藩封。我太宗文皇帝、世祖章皇帝视同一家，恩施优渥。尔国王祖父亦能仰承厚泽，奉职惟谨，百年于兹矣。我圣祖仁皇帝化成久道，万国来王。念尔国君李焞幼缵嗣服，克绍前猷，权不下移，惠能抚众。数十年来，职贡匪懈，用是隆恩异数，宠眷有加。赉予便蕃，贡物频减；病则赐之以珍药，殁则锡之以荣名。特遣近臣，优颁奠吊。今朕缵承大统，尔嗣王李昀遣尔恭进贺表。朕嘉尔嗣王忱悃肫笃，又念尔系嗣王宗族，特行召见，以示优礼。尔归告尔嗣王，继乃祖父之绪，夙夜黾勉，慎守纲维，毋替厥服，长为屏翰，不忘恭顺，克殚忠诚。朕必体列圣怙冒宏仁，俾尔远藩保安全于永久，尔其识之。

八月己巳

管理藩院侍郎事都统拉锡奏，喀喇沁等处岁歉乏食，请于查覆到日赈济。

上谕曰：据奏，俟查覆到日加恩拯救，现今乏食人等必至失所，著户部作速派官二员，领银五万两前往。再著侍郎本锡、副都统阿林保作速驰驿赴喀喇沁处，俟钱粮一到，即行散赈。扎萨克八处俱一面清查，一面给发，毋得稽迟。

丙子

上诣景陵奉移梓宫敬安地宫，率诸王、大臣、蒙古诸王台吉、塔布囊等，行礼举哀毕。

谕蒙古王等曰：自尔先世归附太祖、太宗，蒙被圣化，于兹五六代矣。世缔国姻，恩深禄重，兄弟主臣，洽比保聚，安居乐业，百有余年。其间厄鲁特噶尔丹猖獗弄兵，破喀尔喀七旗，侵及内扎萨克蒙古，蹂躏游牧之地。皇考为尔等三次自将出师，乃灭噶尔丹，使尔等永享太平之福。六十余年以来，尔等属下偶有饥馑灾伤，莫不发帑与粮，资给畜牧。更派富户屯田代耕，使饥者复安，散者复聚。皇考养育尔等蒙古恩泽重矣大矣。

曩者郭尔罗斯以岁饥闻，朕仰体皇考圣意，即遣大臣前往，发仓赈救，赏给牛羊。今喀喇沁、翁牛特八旗，又以岁饥闻，复遣大臣前往。即速查明饥口，动用正项钱粮，买米散赈，夫一时阻饥。朕虽赈之，常年贫乏之民，在尔各君长于本旗内裒多益寡，互相赒恤以养育之，庶几得所耳。若仍然厚敛重徭，纳之于阽危之域，使之至于散亡，孰为尔等纳赋？孰为尔等供徭？爱民惠下，是第一要务，不可不知也。连岁灾旱频仍，今年又遭饥馑，尔等各子其民者，如何减赋，如何轻徭，如何裕其农功，如何孳其畜牧，尔等王、贝勒、大臣等议定，务使各得生理，以仰副我皇考圣心，以慰朕心。定议之后，倘有显背公议，仍然重赋苛役者，国法具在，非朕所得而私也。我皇考目睹尔等长成，爱如子孙，事事包容，处处轸恤。尔等视皇考如祖父，恃皇考之慈爱，每事懈逸。朕新即位，务须各尽尔职，谨慎小心，管辖属下，训练兵丁，严禁盗贼，奉公守法，循分安生，仰报我皇考轸爱之恩。俾朕得以仰法皇考慈惠尔等至意，始终保全，永永勿替，朕之愿也。今日特于皇考梓宫前，谕尔等知之。

九月丁亥

理藩院奏，扎鲁特等处乏食，请加赈恤。

上谕曰：著再给银二万两，交与本锡、阿林保赍往。此项因从前发去银五万两，或有不敷，添解备用，并非分别此一旗给与若干，彼一旗给与若干也。可将两次银两，合数旗之人通行散给，如有不敷，再行请旨。

雍正二年甲辰正月丁丑

上谕理藩院：朕问贝勒博贝管辖之吴梁海人民近时何以资生，据奏“在将军祁里德处借饷一万八千五百六十两，买牲分给，各得产业，今胜于昔。其所借饷银，伊将俸银逐年抵补”等语。朕思博贝历年宣力，勋绩卓然，且吴梁海等众均系朕之百姓，岂有养育朕之百姓而借饷于朕之理？所借银两不必扣还，著行文将军祁里德知之。

三月壬辰

上敕谕准噶尔台吉策妄阿喇布坦：尔前者无故侵扰我哈密疆界，罪在不赦。皇考圣意，止令于边地防守，虽各路发兵，原无剿灭准噶尔之意也。其后泽卜尊丹巴胡土克图为尔奏恳，皇考欲施恩宽宥，所以遣使楚杨托音等谕尔，前年尔所遣使垂纳木喀布厓等，至泽卜尊丹巴胡土克图处，转至总督年羹尧军前，送至京师。朕定尔平生功罪，开示大义，面谕遣回。今尔深省前非，归诚请罪，遣使根顿同楚杨托音前来，奏辞恭顺，得遂皇考初心，朕意嘉悦。尔奏称惟祈"休养生灵，阐扬正教为第一要务"等语，尔台吉不过准噶尔一部落之主，尚欲休养生灵，阐扬正教，何况朕为四海臣民之主，普天之下皆朕土，率土之滨皆朕臣乎！用是特遣御前总管京城喇嘛班第、副扎萨克大喇嘛、达尔汉、楚杨托音，内阁学士众佛保、副都统扎锡喇嘛锡拉卜格春等宣谕，若台吉果欲辑宁尔国，尚其诚一乃心，与朕所遣大臣等申定疆圻，诸事循理妥议，归于和顺。朕必施恩轸念，永加眷顾，仍前通市，使命往来。尔台吉诚能以鲜终为戒，其必惟和惟顺，无贰无疑，披沥悃忱，以期永好。不特克协于朕休养生灵至意，尔台吉游牧地方亦永永无虞，安居乐业矣。特此谕示，并赐各色缎二十七疋，尔其祗承！

四月戊申

上谕理藩院：据苏尼特、阿霸垓、阿坝哈纳蒙古人等俱称"连年灾伤，今又遭大雪，牲饩俱已倒毙"等语。若差官查奏，始行加恩，则现今乏食之人，恐至饥馁。著参领多索礼、侍卫纳兰驰驿前往查核，发户部帑银二万两，会同阿霸垓公德木楚克逐一查明，计算实在无畜牧、不能度日者，将此银两酌量散给，均使沾恩。

五月辛亥

上谕礼部、兵部：安南国王黎维祹遣陪臣范谦益等贺登大宝，贡献方物并三年岁贡，从广西桂林府水路进京。朕因向来驿递供应多有骚扰，曾谕定例，供给之外，不许溢额应付。今安南庆贺大礼,遣使远来,应加恩恤。其经过地方,供给食物酌量增加,令其充足,以示朕嘉惠远人至意。

十月乙亥

广东巡抚年希尧奏:暹罗国运米并进谷种等项。

上谕内阁:暹罗国王不惮险远,进献稻种、果树等物,最为恭顺,殊属可嘉,应加奖赉。其运来米石,令地方官照粤省现在时价,速行发卖,不许行户任意低昂。如贱买贵卖,甚非朕体恤小国之意。嗣后且令暂停,俟有需米之处,候旨遵行。其压船随带货物,一概免征税银。来船捎目徐宽等九十六名,虽系广东、福建、江西等省民人,然住居该国历经数代,各有亲属,实难勒令迁归,著照所请,免令回籍,仍在该国居住,以示宽大之典。

十一月己酉

上谕怡亲王允祥:外藩人等来朝,给以食物;及其归国,颁以赏赐,俱有定制。但该管官员未免忽略,遂使远人不沾实惠。朝鲜国守职恪顺,百年有余,今琉球来使亦甚恭谨。伊等归国时,一切应赏之物,择其佳者给与,务使得沾实惠。嗣后除理藩院蒙古宾客外,朝鲜、鄂罗斯、暹罗、安南等国,遣使来朝,所给食物,归时所颁赏赐,尔会同该部办理。或有应行加赏之处,酌量定议奏闻。

雍正三年乙巳四月己丑

上谕云贵总督高其倬:览奏交阯旧界有远近互异等情,朕思柔远之道,分疆与睦邻论,则睦邻为美;畏威与怀德较,则怀德为上。据云都龙南丹等处,在明季已为安南所有,是侵占非始于我朝也。安南自我朝以来,累世恭顺,深属可嘉,方当奖励是务,宁与争尺寸之地,况系明季久失之区乎?其地果有利耶,则天朝岂宜与小邦争利？如无利耶，则又何必与之争？朕居心惟以大公至正为期，视中外皆赤子。且两地接壤连境，最易生衅，尤须善处以绥怀之。非徒安彼民，正所以安吾民耳。即以小溪为界，庸何伤贪利幸功之举，皆不可为训。悉朕此意，斟酌行之。

寻安南国王黎维祹奏称：臣国渭川州，向与云南开化府接壤，以赌咒河为界。河之西归开化府，河之东归渭川州聚龙社。忽接云贵总督移咨臣国聚龙斜路村等六寨，皆系开化属内地，向为都龙土目占侵，至今四十余年，合行清立疆界，臣已具文回覆。随有开化总镇，亲来斜路村之鞍马山，去赌咒河一百二十里，就立界牌，设立房屋，分兵防守。臣备录情由，谨具奏闻。

上敕谕安南国王：此事王未奏之先，云贵总督高其倬方差员勘界之时即已折奏矣。朕念安南累世恭顺，王能恪继职守可嘉。且此地乃弃自明朝，安南之民住居既久，安土重迁，恐有流离之苦。朕心存柔远，中外一视，甚为不忍，已批谕将斜路村等处人员撤回，别议立界之地，务期允当。谅兹时所批已到，必另有料理矣。王但自共厥职，以绥尔民，静候可也。

十月癸酉

上敕谕西洋教化王伯纳弟哆：览王奏并进贡方物，具见悃诚。我圣祖仁皇帝怙冒万方，无远弗届。龙驭升遐，中外臣民，悲思永慕。朕缵承大统，勉思绍述前徽。教化王地处极远，特遣使臣赍章陈奏，感先帝之垂恩，祝朕躬之衍庆，周详恳至，词意虔恭。披阅之余，朕心嘉慰。使臣远来，朕已加礼优待，至于西洋寓居中国之人，朕以万物一体为怀，时时教以谨饬安静。果能慎守法度、行止无愆，朕自推爱抚恤。兹因使臣归国，特颁斯敕，并赐妆缎、锦缎、大缎六十疋，次缎四十疋，王其领受，悉朕惓惓之意。

雍正四年丙午十月丁卯

浙闽总督高其倬奏：苏禄国王遣使表贡方物。

上谕内阁：苏禄国远在海外，隔越重洋，从来未通职贡。今输诚向化，甚属可嘉。闽省起送来京之时，著沿途地方官护送照看，应用夫马食物，著从厚支给，以示朕加惠远人之至意。

丙戌

礼部奏：琉球国中山王尚敬为谢恩，遣使臣进表，并贡方物，应照例查收。

上谕曰：琉球国王因朕颁赐御书、匾额，及玉器、彩缎等物，特遣使臣进表谢恩，贡献礼仪，具见诚悃。朕加恩远藩，不欲收其贡物，但既航海远来，不忍令其带回本国，著交内务府存留，准作二年一次正贡，以示朕体恤远人之至意。

十二月丙戌

上谕理藩院：向来四十八旗王台吉，派为两班，来往京城。伊等即有本地要务，或身抱疾疴，亦必前来，交春始回。明岁冬季，又复该班，日期既近，冬寒往返劳苦，深可轸念。伊等内有愿请朕安者，当于草青时，照常前来。其年例应分为三班，二年一次，俾伊等得以休息，尔等议奏。

雍正五年丁未十一月丁巳

上谕理藩院：今年口外蒙古地方，收获甚丰。科尔沁、敖汉等十六处扎萨克地方，未能丰收，宜加特恩。科尔沁地方五旗，著赏银三千两，交与现今在京科尔沁王罗卜臧滚布、贝子拉锡等带去，查明赏给。敖汉等十一处扎萨克地方,著赏银六千两。尔衙门派司官二员,分两路带去,会同各处扎萨克查明赏给。再,此等扎萨克各旗仓内,现有存贮米粮,其未能丰收者,应如何酌量借给之处,尔衙门议奏。

雍正六年戊申正月己卯

上敕谕安南国王:朕前令守土各官,清立疆界,原属行之于内地,未令清查及于安南也。督臣高其倬以职任封疆,详考志书,兼访舆论,知开化府与安南分界之处,当在逢春里之赌咒河。于是一面设立防汛,一面奏闻。比因该国王陈奏,朕特降谕旨,令该督另议立界。又恐高其倬固执己见,复命接任总督鄂尔泰秉公办理。鄂尔泰体朕怀远之心,定界于铅厂山下小河,一面设立防汛,一面奏闻。较之旧界,已缩减八十里,诚为仁至义尽。此皆地方大臣经理边疆职分所当为者也。

朕统驭寰区,凡属臣服之邦,皆隶版籍。安南既列藩封,尺地莫非吾土,何必较论此区区四十里之壤?若该国王以至情恳求,朕亦何难开恩赐与?只以该督臣两次定界之时,该国王激切奏请过于觖望,种种陈诉甚为不恭。该国王既失事上之道,朕亦无从施惠下之恩。此天地之常经,上下之定体,乃王之自取,非朕初心也。顷鄂尔泰将该国王上年十二月内本章呈奏,知该国王深感朝廷怙冒之仁,自悔从前执迷之误,踊跃拜命,词意虔恭。朕览阅之余,甚为嘉悦。在王既知尽礼,在朕便可加恩。况此四十里之地,在云南为朕之内地,在安南仍为朕之外藩,一毫无所分别。著将此地仍赏赐该国王世守之,并遣大臣等前至该国宣谕朕衷。朕念已加惠藩王,亦当俯从民便,倘此地居住民人有情愿迁入内地者,已令督臣鄂尔泰酌量料理,并谕该国王知之。

二月甲申

上谕礼部：朝鲜年贡之例，每年贡米百石。朕念该国路程遥远，运送匪易。著减去稻米三十石，江米三十石，每年止贡江米四十石，足供祭祀之用，永著为例。

雍正七年己酉正月丙午

上谕蒙古王等：朕思从前所定外藩扎萨克蒙古王等之俸禄，比于内地王等较少者，必非以内外之故，遂有多寡之分也。或因尔蒙古王等人员众多，且在外藩居住，费用尚为俭约，而国家钱粮亦或有不敷之处，故将尔等俸禄从少定议耳。今朕恭承上天垂佑，圣祖仁皇帝贻庥，天下太平无事。数年以来，屡登丰稔，国家钱粮颇为饶裕。朕为统驭天下万物之主，凡事当周详筹画而行。尔蒙古王等以下、扎萨克一等台吉以上之俸，令著概行加增一倍赏给。再，平常一等台吉，从前俱无俸禄，今亦著照扎萨克一等台吉等所食百金之俸赏给。此乃朕特行加恩尔等之处，朕亦未敢遽为定例，总以国家钱粮之出入敷与不敷为定耳。嗣后著户部、理藩院于每年岁底，将仍给与原俸。或加赏之处，会同具奏请旨，朕于临时酌降谕旨。

七月己巳

上谕礼部：暹罗国王遣使远来，贡献方物，具见悃诚。朕念该国远隔海洋，所进方物赍送不易，欲酌量裁减，以示恩恤远藩之意。但此次贡物，既已赍送前来，难以带回本国，著照往例收纳。其常贡土物内，有束香、安息香、袈裟、布疋等，在内府无须应用，嗣后将此等免其入贡，永著为例。该部详悉行文该国王知之。

八月丁未

福建巡抚刘世明奏：吕宋夷船被风飘入闽广地方。

上谕内阁：吕宋被风夷船既已开往广东佛山，著广东督抚查照给与口粮，加意抚恤，听其候风回国。嗣后凡有外国船只遭风飘入内地者，俱著该地方官查明缘由，悉心照料，动支公项，给与口粮，修补船只，俾得安全回其本国，以副朕恩恤远人之至意。

九月甲午

云贵广西总督鄂尔泰奏：附近云南之南掌国王岛孙，贡象二只。

上谕内阁：南掌国远在西南徼外，从来未通职贡。今输诚向化，甚属可嘉。滇省起送来京之时，著沿途地方官护送照看。应用夫马食物，著从厚支给，以示朕加惠远人之至意。

十月辛亥

琉球国中山王尚敬遣陪臣毛鸿基等，表谢敕书蟒缎、玉器恩，并贡方物。

上谕礼部：琉球地处重洋之外，奉表修贡，远涉风涛，朕心深为轸念。是以从前降旨，令将雍正四年该国王谢恩所贡仪物，准作雍正六年正贡，以示恩眷。今该国王以六年正贡之期，仍遵定制，遣使航海远来，奉表进贡，情词恳切，具见悃忱。著将六年进贡之物，准作八年正贡；若八年贡物已经遣使起程，即准作十年正贡，著行文该国王知之。

乙未

上谕礼部：朝鲜国王世笃恭顺，虔修职贡。昔蒙世祖章皇帝轸念藩封，特颁敕谕。所有应进圣寿冬至元旦表仪，俱准于元旦并贡，以彰柔远之至意。近见该国王于领受赏赉等事，皆特遣使臣赉表奏谢。朕念该国距京三千余里，贡使往来，未免劳费。嗣后凡属谢恩本章，俱著与三大节表一同赉奏，不必特遣使臣，永著为例。该部即行文该国王知之。

十一月丙申

上谕理藩院：八旗游牧地方甚属紧要，近来总管等仍有贪婪勒索属下之事，蒙古等虽欲陈诉情由，因无巡察之人，即有含冤受抑者，亦无处控告。著于每年，或部属司官，或监察御史，派出一员，令其巡察。如有此等之事，即著据实参奏。倘徇庇隐匿，被接任之员查出，将巡察官一并从重治罪。其归化城，亦照此派往。

庚子

议政王大臣等议覆：署广东巡抚傅泰奏，暹罗国进贡方物，并请采买京弓铜线，应否采买赏给之处，请旨遵行。

上谕曰：暹罗国远隔重洋，输诚向化，恭顺修职，历有年所。其所请采买物件，著行令该抚采买赏给，以示朕嘉惠远人之意。

雍正九年辛亥二月乙巳

上谕贝勒颇罗鼐：朕为统一天下之主，凡四海生灵，一视同仁，无分中外。乃者附近帕尔城之布鲁克巴地方人等，起衅构兵，互相仇杀，朕闻之深为不忍，轸念于怀。尔能仰体朕意，遣使与班禅额尔得尼之使一同前往和说，又遣使宣谕朕之恩德。布鲁克巴地方人等，遂感悟息争，输诚向化，各带部落，敬顺无违，且请朕施恩训诲，朕甚嘉悦。布鲁克巴地方人等，自兹以往，宜各守疆界，共相和睦，永遵佛教，祗奉恩纶。如能黾勉力行，朕自益加优眷。布鲁克巴之诺颜林亲齐雷喇布集后身喇嘛渣色礼布鲁克古迹等，著加恩赏赐；噶碧东罗布喇嘛，率众先归，尤为可嘉，著从优赏给，以示朕怀远嘉顺之至意。尔可将此谕旨，宣谕布鲁克巴地方人等知之。

七月庚辰

上谕青海王、贝勒、贝子、公、台吉等：尔等俱系顾实汗之子孙，自祖宗以来，依附内地边疆，恪顺供职。我圣祖仁皇帝视尔等如子孙，抚育六十余年，宠遇之隆，至优极渥。且念尔等尊崇黄教，是以我朝于达赖喇嘛、班禅额尔得尼，备极恩眷。若准噶尔者，暗遣贼兵，侵犯西地，杀害喇嘛，毁灭供器，实为黄教之罪人。尔等倘违弃先人崇祀之教，辜负国家历沛之恩，一家之内，兴起兵戎，以启贼人侥幸之端，虽愚昧之人，亦不出此。前者罗卜藏丹津听信流言，敢行背叛，我朝发兵征剿，逃窜在准噶尔处，困苦辱耻，尔等无不闻知。今尔等若到彼处，路途如许遥远，马畜必致疲羸，彼岂能为尔等置立产业，分与游牧地方，令尔等各统所属依然保聚乎？况准噶尔四面皆成仇敌，终岁争战不休，凡用兵之处，必置尔等于前，虐使任意。岂若各守祖父基业，永享太平之为得乎？尔等若不熟计利害，听伊诳诱之词，依附贼人，妄思蠢动，将来兴师问罪，必先及尔等。彼时即欲悔祸，国法不尔贷也。朕所以频降谕旨，反覆开导，令尔等会集兵丁，小心防守，将属下人早行移入者，实冀保全尔等，非欲调遣尔等为进剿之用也。尔等当思朕爱护安全之至意，详细晓谕属下人等，合力防范。果能遵旨奉行，朕自大沛恩膏，尔等游牧妻子，既无吞并之忧，而中外安居，亦永享无穷之福矣。

九月戊辰

上谕理藩院：边疆地方报称，鄂罗斯之郎喀前来。鄂罗斯近来甚属恭顺，伊等货物至楚库拜星处，即行申报。而边疆地方迟延，致使伊等久候，时值隆冬，其盘费马畜，未免困苦。朕特施恩，著理藩院派官一员，于户部库内领银一万两，前往赏给，以为途中买换马畜之资。

庚　午

上谕四十九旗扎萨克蒙古等：尔等于太宗皇帝时，即敬顺归降，创业之际，辅佐效力。至于朕身，受恩四世。尔等感戴之忱，朕所确知。尔等之骑射技艺，亦倍胜于准噶尔。但恐尔等之意，以喀尔喀远居绝塞，准噶尔即有劫掠，亦不过及于喀尔喀，尔等可置于度外。不知喀尔喀之王台吉，俱系尔等成吉思汗之苗裔，一姓之兄弟也。准噶尔者，自元朝背叛，至今世为尔等仇敌。喀尔喀乃众扎萨克之屏障，可置于度外乎？从前皇考亲自领兵在图拉、昭莫多地方，灭噶尔丹，保全喀尔喀者，亦为尔众蒙古也。其后策妄阿喇布坦之兵来侵哈密，被我兵击败；来扰吐鲁番，被我兵剿杀。又暗使策零敦多卜等袭破西藏，皇考为尔众蒙古奉佛之地，遣将兴师，破贼定藏。今朕于两路驻扎大兵，亦为尔内外之蒙古也。嗣后王台吉与弁兵等，果能出群效力，朕自从优议叙，并赐与世袭巴图鲁达尔汉之号，使令名垂于永远。准噶尔事定之后，干戈永息，长享太平之乐矣。勉之！勉之！

十月戊午

上谕大学士等：八旗察哈尔，俱累世效力之旧人。从前征讨南方，剿灭噶尔丹，并随围出猎，以及数年用兵于准噶尔，宣力之处，不可枚举。此次达什率领察哈尔兵一千名，较众先到军营，又击败准噶尔贼人策零敦多卜等，夺回驼马等物，甚属可嘉。昨厄鲁特大臣来京，奏称“旧察哈尔人等之生计，反不如新厄鲁特”等语，朕闻之恻悯。今沿边居住之蒙古并王大臣等、马群之蒙古，多有伊主不能养赡者，似此生计艰难，朕心不忍，爰命大臣前往查勘，令伊等各得养赡。将朕此旨，通行传谕。

十一月丙寅

上谕喀尔喀汗王、贝勒、贝子、公、扎萨克台吉并各属下人等：近日准噶尔贼夷噶尔丹策零，寄信与王喇嘛扎卜，称“喀尔喀、厄鲁特法教相同，本属和好，及噶尔丹博硕克图时失睦，既而我父追念前好，曾屡奏皇帝，乞将喀尔喀、青海，复旧安置。今皇帝欲将我如喀尔喀、青海，入于旗下佐领之内，给与封号，以故我等兴兵至此。若能成事，则将喀尔喀、青海照旧安置；即不能成事，亦不令统属于人”等语，此实系贼夷奸诈离间之诡计。从前尔喀尔喀人等被噶尔丹战败，以致失地。我圣祖皇考悯念尔等归诚，存恤爱养，将喀尔喀诺颜等按伊原品，封为汗王、贝勒、贝子、公、扎萨克；属下人等，俱各赐生业，安享富饶，令归原游牧处。尔等之感恩报德，同心效力，乃人所共悉者。准噶尔贼夷出狂悖之言，借安置尔等为词，欲肆行扰乱。即论尔等之封号，亲王、郡王、贝勒、贝子等爵位，俱系我朝册封宗室子孙、兄弟之号。其余臣下，虽效力立功，并无封贝子之例。惟四十九旗扎萨克成吉思汗之后，博尔济锦氏台吉等诚心归顺，我太宗皇祖俱赐以宗室封号，视如骨肉，结为姻亲，累世荣宠，何尝视为奴仆乎？至编设旗分佐领，亦欲其易于查考，以便加恩，并恐扎萨克等互起争端之故。今已及百年，何尝役使尔等一人乎？自分旗以来，尔喀尔喀之鄂托克达鲁哈等属，便于查管，遇饥馑则赈济之，行围出兵则厚赏之，可有催征之事乎？此亦尔等所共知者。

准噶尔贼夷奸诈狡狯，外托黄教而扰乱藏地，违背教原。口虽称为青海、喀尔喀两家，而又抢掠尔等，将胡土克图俱欲抢夺，奸恶极矣。且准噶尔一姓，自鄂尔柏克尼古勒苏克齐汗之后，兴兵扰乱诸部落，残杀博尔济锦氏，几至断绝，至今仇怨未已。今策零敦多卜前来，被尔喀尔喀等剿杀败遁，贼夷怀恨必深，思欲报复，乘隙扰乱。若贼夷之事不定，则尔喀尔喀不得安，众蒙古亦不得安。朕是以不惜国帑，发数万大兵远行征剿，绥靖边圉，只为尔等生全之计也。尔属下人等，宜仰体朕心，各加奋勉，藉朕威力，效法此次进兵之王、贝勒、贝子、公、台吉等，朕必为尔等剿灭贼夷，永保安宁。前者噶尔丹作乱时，尔等互为抢掠盗窃，今又有抢掠盗窃者，此种恶习，甚属愚贱，其务力为悛改！且尔等既属内地多年，共知法度。若舍弃游牧，擅行掠窃，干犯王章，何不力战贼夷，立功雪耻乎？即尔等归顺贼夷，亦断不能保全尔等，令尔等安享也。尔等宜熟计之。

雍正十年壬子三月己卯

上敕谕喇达克汗德中纳木扎尔：朕统御寰区，内外视为一体。凡抚恤远人，奖励恭顺，惩治悖逆，皆朕分内事也。尔德中纳木扎尔遣使向办理藏务大臣等呈称“臣惟以办理国事，尊崇佛教，量力行走。探取叶尔启木准噶尔处信息，报知贝勒颇罗鼐，转行奏达，乞早降恩谕”等语，朕览之甚为嘉悦。从前因尔父尼玛纳木扎尔与贝子康济鼐，同心报效，朕已沛恩膏。今尔亦效法尔父，与贝勒颇罗鼐一体效力，甚属勤劳，嗣后益加黾勉，以绍前徽，则永享朕恩于无既矣。兹特颁恩赐，赏给缎疋等物，尔其祗领，特谕！

八月庚午

办理藏务侍郎僧格等奏：巴尔布国雅木布、叶楞、库库穆三汗奉表进贡方物。

上敕谕巴尔布国雅木布、叶楞、库库穆三汗：据尔等奏称“从前不知内地礼仪，未遂观光之志。今遣使朝觐，恭请训谕。进贡之物不多，略尽恭敬之忱”等语。朕为天下主，一视同仁，尔等汗越在边远，自古未通华夏，慕朕仁化，万里输诚，朕甚嘉悦。所进方物，悉已收纳。第念道路遥远，往返艰难，尔使臣即由西藏遣回，尔等汗但与西藏贝勒颇罗鼐协力和衷，维持黄教，以副朕普育群生之至意。特赐缎疋、玻璃、磁器各种，一并发往。

十月辛酉

理藩院奏：杜尔伯特固山贝子班珠尔等三旗地亩歉收，请赏给米石，并借给买米银两。

上谕曰：若俟行文扎萨克等行查，未免迟延。其扎鲁特两处地方，著派出侍卫达哈苏并户部司官一员，带银一万两到彼，将家口数目查明赏赈。杜尔伯特与黑龙江相近，著速行文将军卓尔海会同该处御史，将杜尔伯特蒙古人等家口数目查明，或动用仓谷，或动用库银，酌量赏给。

雍正十一年癸丑七月庚辰

上谕办理军机大臣等：据侍卫达哈苏奏称“科尔沁公喇嘛扎卜旗分并无牲畜，其贫苦人等止有六月至八月米粮。今年种谷无多，又经亢旱无收”等语。朕思此所种之谷，即使全收，亦不足养赡数千人口，恐至饥馑流散，不可不预为筹画。伊等与何处相近，即动支彼处米谷赈济，及如何养赡，俾其过冬之处，尔等查议具奏。

八月丁丑

上谕理藩院：喀喇沁王伊达木扎卜等旗分，田谷歉收，著派侍卫司官各一员，前往查勘；实在贫人，按名赈给。再，贝勒僧滚扎卜等旗分，地亩虽称五六分以上收成不等，或其中亦有乏食不能糊口者，著一并查出，酌量赏给。

雍正十二年甲寅十一月庚子

上谕办理军机大臣等：据哈密贝子额敏奏称“所属回民等，有可种四百石谷之地。现在军营屯田界内，愿将此作为官地”等语。哈密地方悉皆朕土，无俟伊等献纳。且大兵既撤之后，此地皆可留与哈密，亦断无因其献地，另行安置民人之理。但此地现与官地交错，若不允其所请，照旧令回民耕种，难免互相争角。倘收为官地，又系回民生计所资。朕意或另赏伊等地亩及牛具、籽种，或每岁将应得谷石折给银两之处，著署大将军查郎阿等就近查议。

雍正十三年乙卯六月壬辰

福建提督王郡奏：吕宋国以麦收歉薄，今附洋船载谷二千石、银二千两、海参七百斤，来厦卖银籴麦。查五谷不许出洋，律有明禁。今吕宋以谷易麦，请旨钦定。

上谕内阁：朕统御寰区，内外皆为一体。吕宋虽隔重洋，朕心并无歧视。国家之所以严禁五谷不许出洋者，乃杜奸商匪类私贩私载，暗生事端之弊。若该国偶然缺少米粮，以实情奏闻于朕，朕尚酌量丰余以济之。今吕宋以麦收歉薄，载谷易麦，更为情理之当从者，著该督抚等转饬有司，按照谷麦时价均平粜籴，不许内地之人抑勒欺诈。俾番船载麦回国，以济其用，并将朕旨传谕来商知之。

卷三十六

弭盗

雍正元年癸卯八月己未

上谕两江总督查弼纳等：太湖三万六千顷，连跨数郡，地势既广，支流复多，为盗贼出没之所。平时既易藏奸，巡捕恐难尽力。尔等均有统辖之责，可公同确议，遴选贤员，清查严缉。务俾匪类就擒，余党解散，地方长享宁静之福，以副朕禁盗安民之意。

十月己未

上谕江西巡抚裴徕度：据奏擒获宁州铜鼓营奸匪，其党与请严加搜捕。此等匪类，固不容姑息，亦不宜急迫。若涉因循，恐渐致滋蔓；若不辨奸良，又恐惊众，激成事端。但须整理营伍，修饬政治，官吏廉明，百姓畏威怀德，此一二匪类，何难消弭？全在封疆大吏相机而行，实心任事也。

十二月庚申

上谕九卿等：朕惟靖盗所以安民，而欲靖盗必须严讳盗之处分，并正窃盗之刑法。州县有司因畏盗案参处，往往讳盗不报；或以强为窃，或以多为少；或贿嘱事主，通同隐匿，以致盗贼肆无忌惮。定例讳盗处分，不为不严，无如督抚等官，全无觉察，殊负朕保爱良民之至意。且窃贼虽非强劫，然行窃日久，必至伙劫。所以《律》载“窃盗三犯即绞”，立法之意，原在防微杜渐。今各直省窃盗依律究拟者绝少，盗案之多，实由于此。如何使有司不敢讳盗，并如何重惩窃盗之处，该部会同详议具奏。

雍正二年甲辰六月甲戌

上谕刑部：向来盗案有滚案之弊，强盗被获审实定罪者，于别府州县，或邻省未结案内，贿嘱他盗，供称同伙。州县官即关提质审，一案甫毕，一案复起，名曰“滚案”。辗转相连，动历年岁。或更中途脱逃，遂使已结之案，终归未结，劫杀大盗借此支延，无所畏惧。而州县转喜此等供扳可为获贼过半之地，附会了事。此弊不除，无以锄莠安良，尔部定例议奏。

十一月壬子

上谕大学士等：广西地方，猺獞杂处，匪类不时窃发，逾山越岭，难以擒缉。汛兵各守地界，不敢擅自越境。嗣后分防各弁，不论何标何汛，凡系附近处所，毋分彼此，互相应援，庶匪类不得潜藏矣。设兵原以卫民，设有匪类，自当彼此策应，协力擒缉。著广东、广西督抚提镇公同酌议，严饬各营汛一体遵行，并传谕直省督抚提镇等，凡地方有此等事，当公同协力，不可以疆界为限而分彼此。

雍正三年乙巳八月己卯

上谕吏部、都察院：安民必先弭盗，盗风不息，皆由有司官讳盗不报之故。不但江南地方盗贼素多，近闻河南、湖广路上，有过往官员被劫者，州县官贿赂事主，通同隐匿。司道既无觉察，督抚亦受蒙蔽，以致盗贼无忌，贻害不小，不可不严行稽察。朕思巡按御史久经裁汰，自不可复。今或于满汉御史并部员内，拣选贤能官，酌量于湖广、江南、浙江、福建、山东、河南等省，每省或差二员或一员，或两省差一员兼理。令其专司稽察盗贼，并巡查驿站烟墩。倘有纵容盗贼，隐讳不报者，许据实题参。一切地方事务，差员不得干预；若生事滋扰，必从重治罪。尔等详细酌议具奏。

雍正四年丙午二月壬申

上谕内阁：安民必先弭盗，而捕盗之法在于速拿。闻有交界地方失事，盗贼窜匿邻境，有司以地非管辖，不便径拘，必用文移关提，添差缉拿，以致需迟时日，闻风远扬。即使日后拿获，而赃已花销，悬案不结。凡系地方官均有弭盗之责，何分此疆彼界？嗣后交界地方失事，探实赃盗藏匿之处，无论隔县隔府隔省，一面即行密拿，一面移文关会。拿获之后，仍报明所在该管地方官添差移解。倘捕役借端诬害良民，照例从重治罪。各该有司务须协力稽查，使奸宄无可潜藏，以副朕息盗安民之至意。

四月甲申

上谕大学士等：弭盗之法，莫良于保甲。朕自御极以来，屡颁谕旨，必期实力奉行。乃地方官惮其繁难，视为故套，奉行不实，稽查不严。又有藉称村落畸零，难编排甲，至各边省，更藉称土苗杂处，不便比照内地者。此甚不然；村落虽小，即数家亦可编为一甲；熟苗熟獞，即可编入齐民。苟有实心，自有实效。嗣后督抚及州县以上各官不实力奉行者，作何严加处分？保正甲长及同甲之人，能据实举首者，作何奖赏？隐匿者，作何分别治罪？其各省通行文到半年以内被举盗犯，可否照家长自首之例，暂治以轻罪？举首之盗，倘有从前未经发觉之案，地方官可否从轻处分，以免瞻徇畏缩？著九卿详议具奏。再，盗案疏防，文武各有处分，虽著有成例，但其中尚有分别。凡山海大盗，聚众多人；土獞苗蛮，成群劫夺,及响马、老瓜等贼,聚有窝穴,势难擒捕者,当责之弁兵。如久无缉获,则文武一例处分,情罪俱当。若盗止十人以下,踪迹散处者,则捕役力能擒制,虽事发潜逃,亦能躧探。而营汛弁兵,各有职守,势难远缉。此等盗犯,似当专责州县武职处分。可否酌量从轻,庶情法得平,中无枉抑?著九卿一并确议具奏。

十一月癸卯

上谕大学士等:朕览九卿所议欲停伙盗减等发遣一案。当日将伙盗分别减等,乃皇考圣祖仁皇帝好生至德,从古未有之仁政也。若照律不分首从,皆斩立决,则受戮者甚多,其中不无应酌量矜减之人,是以伙盗减等,立法诚为尽善,朕惟照旧遵行。但行之既久,地方官吏捕役人等,悉知此例,或将愚劣无能之辈,严刑逼迫,令其认为造意为首之人,反将奸狡积盗,入于伙盗之中,得邀减等,亦未可定。凡盗案内,必有实在为盗者,亦有被人诱胁、并非素常为盗、情尚可悯者,若将实在强盗拿获,即行正法,不但法无不当,且盗案亦不至于并积。当日圣祖仁皇帝未将伙盗减等之条,著为定例,原有深意。但既施法外之仁,通行年久,朕意将此条另立档案,首载圣祖仁皇帝谕旨,次将凡因盗案所下谕旨,存案遵行。嗣后遇有盗案,务令地方各官详察情形,确实究审。将案内之悍恶凶暴、实在为盗,及被人诱胁,或出于一时救死之计,并非素常为盗者,一一分注明白,于疏内声明。著大学士会同三法司,将造意为首与极恶难留者,仍按律拟斩。其被人诱胁,或非素常为盗,情尚可悯,有应行减等发遣者,将应减等缘由,于本内声明具题。至发遣之地,亦不必定于黑龙江、宁古塔等处。应如何分发各省内地之处,尔等公同详细定议具奏。

雍正五年丁未二月丙寅

刑部议:嗣后直省盗案,务将法所难宥及情有可原者,一一分晰，于疏内声明。大学士会同三法司，仍照从前，将应正法、应减等发遣者，分别详议请旨。

上谕曰：缉盗乃安民之要务，凶暴不剪，则善良不获宁居，故立法不容宽贷。只因同伙多人，其中原有被人诱胁，而非秉性奸回、屡行劫夺者，朕仰体圣祖仁皇帝好生之仁，施恩法外，必须各省督抚大吏实心奉行，分晰至当，使积贼大盗不至漏网，方为用法之平。倘姑息养奸，意谓多宽一人，即可造福，是乃纵盗殃民，其造作罪孽，更甚于严厉苛刻者。嗣后督抚所议减等之盗犯，倘至发遣之处，怙恶不悛，一经发觉，定将原议之督抚从重议处。

九月癸亥

上谕大学士等：弭盗安民，乃为治之首务。但缉盗之例，最难于斟酌尽善。如立法稍严，似可防盗犯漏网之虞，杜地方官讳匿不报之患。然上司督责州县，州县督责捕役，按期处分，勒限责比，过于迫切，人多顾惜考成，巧图脱卸，势必有诬陷冤滥之事。如立法稍宽，似可详筹缉捕，免累无辜。然又恐州县视同膜外，漫不经心，捕役玩法养奸，盗风愈炽，此缉盗设法之难也。至于失事之家，往往亦有张大其词者，或以少为多，或以窃为强，甚至扳害平人，泄其私愤，挟制官长，任意肆行，此又报盗之弊也。以上种种情形，朕皆知之甚悉。

今览田文镜奏折，豫省地方，有全无影响而捏报被盗者，有别因事故而托称盗案者；有以窃为强，欲快其挟制之私者；有以口角微嫌，遂报被盗，欲逞其刁诬之计者。既有如此恶习，法当严加禁止。但思若严捏报被盗之处分，刁诈者固知敛迹，恐谨良者必至不敢报盗矣，朕实难之。夫弭盗之法，贵乎至公至平，宽严轻重之间，皆须斟酌得宜。俾盗犯不能漏网，平民不致拖累；官吏皆尽缉盗之责，而不敢任意以失实；事主得伸被盗之苦，而不敢借端以滋扰。如此匪类方知儆惧,而良民悉得宁居。尔等可会同九卿科道及部曹内曾经外任年久者,悉心酌议,务期妥协,并将田文镜折奏详议具奏。

十一月癸酉

上谕兵部:昔年圣祖仁皇帝颁谕朝鲜国王,倘有盗贼前往伊国劫掠,著该国王即行追拿杀戮,生擒解送。自朕即位以来,又降谕旨,若飘风船只入内,有无票妄行生事者,该国王即照伊国律例,惩戒治罪,屡次谕旨甚明。今内地盗窃之辈,因各处捕缉禁约甚严,无处可以藏匿,是以潜逃外国,苟且偷生。该国王既列藩封,当为朝廷尽捕盗安民之职。乃柔懦不能遵奉,转使内地犯法之人,恃朝鲜以为潜踪避罪之地,此风断不可长。嗣后倘有匪类越境生事,而朝鲜不能擒获以致漏网者,著该国王将伊国防汛之员题参治罪,该部将该国王一并议处,以为藩王不能遵旨奉行捕盗安民者之戒。著将此行文与朝鲜国王知之。

十二月壬辰

内阁等衙门议覆河南总督田文镜条奏弭盗各款。

上谕曰:盗案逾限不完,即行参处,原为官役弛纵而设。若因限期迫促,致有诬拿平民、栽赃买赃、教唆口供、扳累无辜诸弊,甚非清理盗案之道。嗣后果有虚实情形未分,盗赃未确,限内不能完结,承审官应如何详报,上司应如何报部展限之处,著另议。倘有将易结之盗案不行速结,滥请展限,该督抚漫为咨部,经部驳查者,应将该督抚及该有司如何处分之处,亦著详议。又议称,凡报盗案,责令州县正印官会同营汛,星往事主家查勘情形,所以防事主狡饰之端也。夫事主之强悍者,或以窃报强;柔懦者或以强改窃,固有狡饰之情。至于地方文武官员,因畏疏防承缉处分,恐吓事主，抑勒改供，亦未可定。如有此等不肖官吏，应作何处分之处，亦著详议。又议称，初报盗劫，正印官公出，应令佐贰捕官会同营汛速验；但佐贰捕官未可深信，如遇失事而正印官公出，佐贰捕官一面会同汛弁查验，先行缉捕，一面申请邻邑印官至事主家覆加查验，尤为详慎。应如何定例之处，俱著详议具奏。

雍正六年戊申七月辛未

上谕刑部：为治莫要于安民，安民莫急于弭盗。朕夙夜孜孜，勤求治理，无时不以安辑万姓为念。岂忍沽宽大之虚名，姑息养奸，以贻害吾善良之赤子乎？迩者各省文武大吏，亦知仰体朕怀，严缉盗贼之踪迹，穷治盗贼之根株。如浙江、江南，数十年之大盗积贼，悉行拿获，而究问从前，则供出劫财害命之案不可胜数。似此狡狯渠魁，尚不能逃于法网，则凡为盗贼之人，其可不知悔惧乎？朕念为盗贼者，前此之愚顽，皆自陷于死而不知；而今此之穷蹙，又将求其生而不得。辗转思维，深为不忍。因是特颁训谕，指示迷途，而望其自新悛改。凡为盗贼者，皆吾民也，乃不肯为国家爱养之良民，而甘为国家诛殛之匪类，岂非自作之孽，更复何所归咎乎？而为盗贼者，每藉口于饥寒所迫，计出无聊。夫虑饥寒者，谋生之心也；而为盗贼者，取死之道也。以求生之心，而趋必死之路，虽在下愚，不应出此。凡能为盗贼之人，必非老弱残废之辈，有可用之膂力，有可用之心思，若务农耕种，负贩佣工，即可为糊口之计；或入营食粮，当差效力，且可为上进之阶。宇宙间谋生之人百千万亿，而谋生之策亦甚多端，奈何作此丧心昧理，违条犯法之事乎？盖由此辈，或游手好闲，或赌博纵饮，或好勇斗狠，一旦困乏穷苦，利欲熏心，遂生杀害劫夺之念；以为昏夜之间，无人识认，未必即被拘执而受刑戮也。不知一案败露，则众案皆难掩藏；一人被擒，则伙党皆难隐匿。往事具在，岂不闻之？盗贼若肯为善良，必不致于饥寒而死，以视身首异处，肆于市曹，桎梏囹圄，伤残肢体；父母妻子，迁徙流离。果何得而何失，孰危而孰安乎？朕心恶此辈之肆行不法，又深悯此辈之愚昧无知，示以自新之路，特施法外之仁，许其自首免罪。凡各省盗贼未经缉获到官者，其中为首造意及伤害人命之犯，若自行陈首，朕酌其情稍可原者，量从宽减。若被人引诱迫胁，跟随为盗之犯，自行出首，则将伊应得之罪，予以宽宥，俾得改除旧恶，永为良民，受国家惠养之泽。若此旨既到之后，而为盗贼者，不行自首；其有已经自首免罪之后，而复为盗贼者，定行加重治罪。倘有不肖官员，因盗案不结，有碍考成，贿买无赖之人，冒认为盗，自行出首，以图销案者，一经察出，将贿买之官，及代认之人，俱即正法不贷。著在京、在外地方大吏通行所属，俾远乡僻壤之民咸共知之。

九月乙亥

川陕总督岳钟琪奏：永寿县拿获窃贼党奇等，忽被卦子数十人拒捕脱逃。

上谕刑部：闻卦子匪类隶籍于江南之庐凤，及河南、山东、直隶、山陕地方。其男妇皆习拳棒技艺，携带马骡，遨游各省。每遇人烟稠密之地，则以技艺博取钱米；及至孤村独舍，行旅单身，则恣意抢夺，与盗贼无异。如陕西永寿县一案，公然持械拒捕，抢夺贼犯，其肆行不法可知。又闻汉中府盘获挈家游荡之男女数十口，现在审讯。嗣后著各该地方官悉心稽查，倘有此等匪类，潜匿境内，即著查出，押解回籍，收入保甲。如在外别有伙盗不法事情，仍按律治罪。倘容留之地方，不行查出，或已经解回之后，纵令再出者，将该管官严加处分。

十一月丙辰

刑部议准原任江西巡抚布兰泰奏，信丰县民殷志素家仆殷来福仔,伙同邱文远等偷窃伊主财物。殷来福仔应依奴婢盗家长财物,减凡盗一等例,免刺佥流。

上谕曰:查律内监守自盗,并赃论罪,是较平常窃盗拟罪较重。今奴婢盗家长财物,与监守自盗官物者,情罪相等。岂盗官物者应从重,而盗家长财物者便可从轻乎?况殷来福仔起意勾引外人,同盗伊主财物,情罪尤属可恶。部议引减等之律定拟,尤属未协。嗣后奴婢盗家长财物,应如何定例之处,该部详议具奏。

雍正七年己酉六月癸巳

上谕刑部:前因直隶盗案,往往多于他省,是以降旨,令将直隶盗案,仍照旧例,不分首从皆斩。后因定例伊始,乡僻愚民未必人人尽知,若一概置之重辟,于心实为不忍,是以将直隶盗案,亦暂照各省盗案,分别斩决、发遣二项归结。原冀愚顽之辈,感恩畏法,迁善改恶,共为良善之民也。乃年来直隶盗案,虽似略减,而仍复不少。且有所得赃物甚微,非积盗行劫数次之人,而甘心罹于重法者。朕推原其故,必系地方有司未将从前首从皆斩之谕旨,恺切详明,通行晓谕,是以伊等罔知儆惧,复蹈前辙。用是再颁此旨,著直隶总督遍行宣谕。自庚戌年为始,直隶境内再有为盗劫之事者,定照首从皆斩之旧例行。如地方官仍疏忽从事,不明白遍行晓谕,将来事发,一并严加治罪。

雍正八年庚戌八月癸卯

上谕兵部:广东地方,山海交错,民猺杂处,贼盗易于潜踪,所恃以防范者则有安设之塘汛,星罗棋布,络绎声援,无事则相为守望,一遇盗贼,则协力擒拿,勿使逋逸。其水汛与陆汛不相比附者,则应各自管辖巡防;若陆汛设于江边,虽无舟楫,亦当与水汛为犄角之势,此设立防汛之本意也。朕闻广东防汛兵弁,甚属废弛。今年四月间,三水县太监沙汛有行舟被盗,劫物杀人,并无汛兵救护。及贼众去后,亦不追拿。其失事之处,则紧贴汛地,似此怠玩成风,视同秦越,则设立汛兵,有何裨益?彼河南、浙江之防汛,整齐严肃,众人皆知,岂广东之文武大臣独不知之乎?著该提镇严行稽查整饬,倘再有似此推诿怠忽者,即将该管弁员题参,兵丁从重治罪。若该提镇有心徇隐,或失于觉察,经朕访闻,定行严加议处。

雍正十一年癸丑四月乙丑

上谕刑部:向来直隶盗案,往往多于他省。朕以畿辅重地,理宜倍加清肃。乃宵小肆行如此,不得不严加惩创,以示儆戒。是以预先屡次晓谕,然后定例。于雍正八年为始,将盗伙不分首从,皆行正法。此朕辟以止辟,不得已之苦心也。近年以来,直隶盗案较前减少,是小人颇知畏法。朕仍可遵奉皇考法外施仁之意,从宽办理矣。著将直隶盗案,仿照各省,分别法无可贷、情有可原,定拟具奏。倘奸民玩法,日后盗案复多,朕必仍照不分首从皆斩之例行。若各省盗案,有加多于平日者,亦照不分首从之例行。著各该督抚、地方有司通行晓谕,务使远乡僻壤之民共知之。

提　要

臣等谨案：

《世宗宪皇帝圣训》三十六卷，皇上特命儒臣分类纂辑，凡三十类，九百十六条，告成于乾隆五年，制序刊布。举十三年中，宏纲巨目，宣为谟训者，靡不毕载。而我皇上缵懿前徽、善继善述之道，永隆万古矣。

乾隆四十二年九月　恭校上

总纂官：臣　纪　昀

臣　陆锡熊

臣　孙士毅

总校官：臣　陆费墀